ŒUVRES CHOISIES

DE

KRISTIEN OSTROWSKI

LE THÉATRE — LES LIVRES D'EXIL

LES LÉGENDES DU SUD — LES LETTRES SLAVES

ÉDITION REVUE PAR L'AUTEUR

PARIS
ALPHONSE LEMERRE, ÉDITEUR
34, PASSAGE CHOISEUL, 34

1875

ŒUVRES CHOISIES

DE

KRISTIEN OSTROWSKI

Tous les exemplaires sont revêtus de la marque ci-dessous :

ŒUVRES CHOISIES

DE

KRISTIEN OSTROWSKI

LE THÉATRE — LES LIVRES D'EXIL
LES LÉGENDES DU SUD — LES LETTRES SLAVES

(ÉDITION REVUE PAR L'AUTEUR)

PARIS

ALPHONSE LEMERRE, ÉDITEUR

34, PASSAGE CHOISEUL, 34

1875

Tous droits réservés.

PRÉFACE.

I.

Parmi les réfugiés polonais qui sont allés offrir à la Belgique indépendante leur épée et leur expérience de la guerre, faute d'avoir trouvé à les utiliser en France, nous citerons le jeune officier d'artillerie M. Kristien Ostrowski, fils du général de ce nom, et qui vient de publier sous le titre de *Nuits d'exil* un charmant volume de poésies où les sentiments les plus mâles se mêlent aux images les plus gracieuses. A peine âgé de vingt-quatre ans, M. Ostrowski a connu les grandes scènes de la guerre; il a été frappé dans ses plus chères affections par la catastrophe qui a détruit pour lui famille, bonheur domestique, fortune, patrie; et la gloire et le malheur l'ont fait poëte, oui, grand poëte, c'est-à-dire plus vraiment poëte que ne le sont ces chantres d'infortunes à la mode, qui, dans le cours d'une vie comblée, ont eu le chagrin de se très-bien porter et de voyager par le monde pour leur agrément. Lui, M. Ostrowski, a vu s'éteindre ce premier amour de jeunesse qui dans toute âme bien polonaise se confond avec l'amour du pays; il a erré d'exil en exil, et s'il s'est mis à chanter son désespoir, du moins ce n'est pas le désespoir de la monomanie ou de la *fashion*. C'est vraiment là l'exilé de Sion pleurant aux bords des fleuves babyloniens. On est éloquent, on est vrai, quand on célèbre des infortunes et des souffrances réelles. On sera surpris, en lisant ces strophes énergiques et si polonaises par le sentiment, de les trouver si françaises par le goût et le langage. M. Ostrowski écrit une langue qui n'est pas la sienne, avec une pureté, une exactitude, une élégance simple, un respect de l'ordre logique, que beaucoup de nos bardes académiciens se piquent de laisser aux écoliers. Ces qualités du jeune poëte polonais nous ont semblé remarquables, entre autres, dans sa traduction des *Amours des Anges* de Thomas Moore, morceau considérable et qui fait passer on ne peut plus heureusement dans notre langue toutes les grâces du barde irlandais. Puissent ces lignes parvenir à l'intéressant émigré dans son séjour actuel, et annoncer à ses nouveaux hôtes un talent de poëte fait pour enrichir et honorer toute terre qui lui servira de refuge!

Armand Carrel.

Le National, 27 avril 1836.

II.

J'ai lu avec grand plaisir les *Nuits d'exil* de M. Ostrowski; j'y ai trouvé, comme vous me l'aviez dit, une facture, une harmonie d'autant plus remarquables, qu'on s'attendait moins à les rencontrer chez un étranger. Cette harmonie *instinctive*, si je puis dire, jointe à une profonde sensibilité, n'est-ce pas là ce qui fait le poëte? Ces deux qualités, M. Ostrowski me paraît les posséder à un haut degré.

Que Français par la forme, il reste étranger-polonais-oriental quant à la pensée; c'est ainsi qu'il sera original et vrai au milieu de notre littérature contemporaine, si fausse et si monotone.

CHATEAUBRIAND.

Lettre à Mme la comtesse de Lostange, 1837.

III.

Écrire des vers français sans être Français soi-même, c'est là une tâche maintes fois déclarée impossible, et M. Ostrowski vient pourtant de la tenter avec bonheur. Les hommes du Nord ont, il est vrai, une facilité merveilleuse à descendre, en quelque sorte, la pente et le courant des langues, que nous autres gens du Midi ou de l'Ouest avons d'ordinaire tant de peine à remonter. Je ne sache guère d'Italiens, d'Espagnols, qui aient su faire convenablement des vers français. Le prince de Ligne, Frédéric de Prusse et plusieurs autres étrangers tournaient fort aisément le vers; et si la poésie, à proprement parler, n'avait rien de commun avec ces délassements de société, elle n'avait rien de commun non plus avec la plupart des agréables gentillesses rimées par les auteurs français du temps. A des jours plus graves doivent répondre des essais plus sérieux et plus accentués. M. Ostrowski, fils d'un des plus nobles défenseurs de la nationalité polonaise et l'un de ses défenseurs lui-même, fort jeune, mais d'autant plus nourri des idées de rénovation poétique qui allaient à travers l'Europe, de Byron à Mickiewicz, M. Ostrowski, très-enthousiaste en particulier de l'école d'André Chénier et de Victor Hugo, a produit ses inspirations d'exilé dans des formes et avec des couleurs qui lui assignent un rang distingué dans la jeune littérature contemporaine.

Les pièces qui composent ce que l'auteur appelle *Nuits d'exil*, *la Chênaie*, *le Monument de Kosciuszko*, *le Doute et la Foi*, *le Songe*, *le Néant*, *Résignation*, etc., sont remarquables par la noblesse et la tendresse des sentiments, et quelques-unes par une fraîcheur de paysage et de couleurs qu'on ne s'attendait pas à trouver dans une imagination du Nord; la première pièce, entre autres, *la Chênaie*, a tout un parfum qu'on croirait venu d'Italie ou mieux d'Orient.

Ce volume, à coup sûr, lui mérite les sincères encouragements de la critique française. Ce serait un beau rôle, je me le figure, et qui ne serait pas impossible à prendre, avec la facilité qu'ont les Polonais en particulier à être Français même par la langue, ce ne serait pas un rôle impraticable à un jeune poëte de cette nation, maître de notre rhythme et de notre accent, que de nous donner, dans une série de poëmes, des images vives et touchantes de cette France du Nord; que de greffer, en quelque sorte, sur notre tronc poétique un rameau qui y mêlerait sa séve, tout en gardant sa physionomie à part, quelque branche du chêne slave au front du chêne gaulois. Un de nos charmants poëtes, M. Brizeux, a fait dans son poëme de *Marie*, pour le paysage et quelques-unes des traditions de la Bretagne, ce qui serait possible d'autre part, selon moi, à un poëte polonais qui épouserait la France, et qui la voudrait doter d'un apanage poétique de plus.

SAINTE-BEUVE.

Revue de Paris, 1838.

IV.

Celui qui avait eu « des chants pour toutes les gloires, des larmes pour tous les malheurs », descendait dans la tombe. Le deuil était public. Après les discours d'usage et quand chacun allait se retirer, un jeune homme fendit la foule, s'approcha, ouvrit un sachet rempli de terre polonaise et l'épandit pieusement sur le cercueil de Kasimir Delavigne. Il ajouta quelques mots, pour expliquer son hommage à l'auteur de la *Varsovienne*. Ce jeune homme s'appelait Kristien Ostrowski; il était beau, de grande race et de haute lignée; à son regard limpide et bleu comme un ciel d'été, à la mobilité expressive de ses traits fins, mâles et réguliers, à sa démarche aisée et modeste à la fois, à tout son être enfin, on aurait pu deviner un chevalier, un poëte et un apôtre, au service d'une de ces causes que certains caractères n'abandonnent pas, même quand elles paraissent désespérées.

Trois fois, depuis 1773, la force a primé le droit en Pologne. (Où ne le primera-t-elle pas, grâce aux Bismark de l'avenir?) Trois fois la patrie des Jaghellons a été démembrée devant l'Europe stupéfiée et presque complice, par son indifférence, de ce triple attentat. Tout est consommé; l'ordre règne à Varsovie, et depuis un siècle, trois générations de héros ont succombé dans la lutte d'autant plus glorieuse qu'elle est inégale, contre le Moloch du Nord.

Et pourtant la Pologne est vivante! « *E pur si muove.* » Terrassée? soit; dispersée? sans doute; crucifiée corps et âme? c'est encore vrai; mais invaincue, puisqu'elle combat toujours.

La lutte se poursuit par l'épée, par la faux, par la plume. — Kristien Ostrowski a lutté par l'épée, celle de ses aïeux, tous patriotes comme lui. Refoulé vers la France, où il a trouvé un abri contre le communisme des tzars, la plume est devenue la seule arme au moyen de laquelle il pouvait encore combattre, et il a combattu avec elle.

Nous avons sous les yeux l'œuvre entière de ce proscrit resté Polonais par le cœur et devenu Français par le talent. C'est immense. Elle se compose en grande partie de l'histoire lamentable de sa chère patrie : d'une savante annotation des *Révolutions de Pologne* de Rulhière, des *Trois Démembrements* de Ferrand, et d'un vaste recueil de *Lettres slaves* qui, ne fût-ce qu'au point de vue de la forme, sont des travaux de premier ordre. La France les connaît à peine, ce n'est que de l'histoire; par ce temps de nations qui se meurent, à quoi bon savoir comment elles ont vécu, pourquoi elles sont mortes et de quelle manière elles pourraient ressusciter?

Kristien Ostrowski ne s'est pas borné à cette grande tâche : poëte, il a traduit Mickiewicz en français et Delavigne en polonais; il a composé dans notre langue plus de vingt drames en vers; plusieurs ont eu l'honneur d'être représentés : *Françoise de Rimini*, à la Porte-Saint-Martin; *Griselde ou la Fille du peuple*, à la Gaîté; *Edvige ou les Jaghellons*, à l'Ambigu; *la Lampe de Davy*, à l'Odéon; *l'Avare* de Molière, mis en vers, à la Porte-Saint-Martin, etc. D'autres n'ont été qu'imprimés et ne sont pas moins dignes d'être joués : entre autres une *Marie-Magdeleine* et un *Jean Sobieski*. Ce dernier, traduit en italien, est applaudi encore en ce moment sur les scènes principales de la Péninsule. Nous ne parlons pas, et pour cause, de son théâtre polonais (*Hamlet, Cléopâtre, Shylock, Chatterton, la Marâtre, Louis XI*, etc.), admis et joué à Varsovie, malgré l'arrêt de proscription qui pèse depuis plus de quarante ans sur la tête de son auteur.

Enfin plusieurs volumes de poésies, des légendes, des opuscules nombreux, tous empreints du plus ardent patriotisme et du plus louable respect pour la langue française, qu'il s'est assimilée comme aucun étranger n'a pu le faire. C'est sous ce dernier rapport que Kristien Ostrowski est bien notre fils et notre frère d'adoption : il l'est par l'honneur qu'il a fait autant à notre hospitalité qu'à notre littérature par son œuvre considérable, commencée en 1832, et qu'il ne cessera d'augmenter que le jour de sa mort. Comme les Condé, il aura eu cela de beau

« De ne croiser ses bras qu'au fond de son tombeau. »

A chaque page, à chaque vers, il fixe un souvenir, un espoir, une prière, un cri, une malédiction. Ajoutons à cette liste déjà très-variée, des travaux d'artillerie et d'optique, un choix de Mélodies populaires dans les deux langues, etc. Assurément, cette organisation multiple, développée par un labeur incessant, lui aurait valu le premier rang dans son pays, s'il avait eu le bonheur de naître aux jours de son indépendance.

J. MARET-LERICHE.

Gazette des Théâtres, 1874.

THÉATRE

K. Ostrowski, *OEuvres choisies.*

GRISELDE

OU

LA FILLE DU PEUPLE

DRAME EN TROIS ACTES, EN VERS

THÉATRE DE LA GAITÉ, 17 MARS 1849.

« Le peuple, c'est le roi. »
Acte. I, scène VIII.

PERSONNAGES

ARTUS Ier, roi d'Angleterre.
KENNETH D'ÉCOSSE, gendre et neveu du roi.
PERCEVAL,
TRISTAN LE SAGE, } chevaliers de la Table ronde.
LANCELOT DU LAC,
GAUVIN, grand veneur.
CÉDRIC, père de Griselde.
RONALD, serviteur de Perceval.

OGIER, neveu de Ronald.
GINÈVRE, reine d'Angleterre.
ORIANE, sœur de Ginèvre.
ELLINOR, fille majeure du roi.
GRISELDE, femme de Perceval.

CHEVALIERS, DAMES DE LA COUR, PAGES, VASSAUX
DE PERCEVAL, PEUPLE.

La scène est en Angleterre, au VIe siècle.

ACTE PREMIER.

Salle d'apparat, au palais du roi Artus, à Cardueil. Un rideau dans le fond. — On entend par bouffées une musique de bal. — Des pages portant des rafraîchissements. — Un fauteuil.

SCÈNE PREMIÈRE.

ARTUS, GAUVIN

ARTUS.
Oui, Gauvin, ces loisirs, c'est toi qui nous les causes;
Tout est d'un choix exquis, les femmes et les roses!
Je suis surpris, charmé! ton magique talent
A changé la nuit sombre en jour étincelant;
Ce n'est pas d'aujourd'hui qu'on te nomme le maître...
GAUVIN.
Sire!
ARTUS.
Au sein des hivers dont le froid me pénètre,
Je sens autour de moi les brises du printemps;
Vrai Dieu! tu m'as rendu mon humeur de vingt ans!
J'aime la vie, un sang plus chaud bout dans mes veines :
Puis-je assez, mon ami, te payer de tes peines!
GAUVIN.
Sire, vous me comblez. On devait ces honneurs
A tous ces paladins, ces illustres seigneurs
Qui viennent souhaiter, du cœur et de la lèvre,
Votre beau jour de fête à la reine Ginèvre.
C'est l'élite, la fleur des guerriers d'Albion;
A notre appel pas un n'a fait rébellion :
Pas même Perceval, le puissant tributaire,
Et le plus insoumis des tigres d'Angleterre.
ARTUS.
Perceval à la cour? Perceval chez son roi?
GAUVIN.
Le voilà tout armé comme pour un tournoi,
Couvert de peau de buffle, et le front toujours sombre,
Avec son cher Tristan, qui le suit comme une ombre!
ARTUS.
En effet! son costume est un peu singulier;
Mais l'habit ne fait pas le moine, chevalier.
Son rude vêtement nous cause plus de joie
Que ces papillons d'or, ces phalènes de soie,

Bourdonnant à l'entour du foyer souverain;
Plus d'un s'y brûlera!... La fille du marin,
Griselde est avec lui? C'est bien, c'est très-bien!

GAUVIN.

Sire,
Défiez-vous du comte Henri...

ARTUS.

Que veux-tu dire?

GAUVIN.

Je dis que ce harnais cache, sous le soldat,
L'orgueilleux suzerain, l'habile homme d'État;
Je dis que ce front pâle, où frémit la pensée,
Couve une ambition monstrueuse, insensée;
Je dis que Perceval, dans ses rêves jaloux,
Se croira mal payé de ce qu'il fait pour vous
A moins d'une couronne...

ARTUS.

Ah! tu le crois un traître?

GAUVIN.

Je n'ai pas dit cela!

ARTUS.

Tu l'as pensé, peut-être!...
Mon ami, je crains bien de mourir tout entier,
Il est rare, à cent ans, qu'on ait un héritier :
Pourtant, cela c'est vu, dans le meilleur ménage...
Abraham eut un fils à peu près à mon âge,
Et Ginèvre est, pardieu, plus jeune que Sarah!...
Des enfants, quel bonheur! Crois-tu qu'elle en aura?

GAUVIN.

Toujours, sire!...

ARTUS.

Tu mens!... Jamais dans ma famille...
N'y pensons plus. D'ailleurs j'ai mon gendre et ma fille.
Mais que le comte Henri, ce marin si loyal,
Ait atteint, dans ses vœux, jusqu'au siége royal;
Que par lui quelque jour ma couronne usurpée...
Va! je me défierais plutôt de mon épée.

GAUVIN.

Sire, rappelez-vous combien de vos aïeux
Se sont ainsi perdus...

ARTUS.

Oui! les plus glorieux,
Ceux dont l'histoire un jour bénira les grands règnes!...
Pour ma postérité je veux bien que tu craignes;
Mais, pour moi, j'aime autant, quoi qu'il puisse en coûter,
Subir la trahison que de la redouter.
D'ailleurs, à mon avis, la suprême science,
L'art de régner, s'appelle : « Amour et confiance. »
Je le sais, moi, Gauvin, que la mort semble avoir
Oublié, près d'un siècle, au sommet du pouvoir!
Autrefois j'ai rempli l'Angleterre et le monde
Du nom d'Artus premier, chef de la Table ronde...
Aujourd'hui je m'amuse à donner des tournois;
Je fais la chasse aux loups, comme alors aux Danois
Que du Nord, ton pays, chaque hiver nous ramène!
J'ai sondé le néant de toute gloire humaine...
Aimer, c'est obéir; en un mot, je suis vieux;
Pourtant, je crois le mal impossible!

GAUVIN, à part.

Tant mieux!

(Haut.)
Mais Perceval...

ARTUS.

Allons, allons! tu m'importunes
Avec ta jalousie et tes vieilles rancunes!
Il t'a fait prisonnier dans un vaisseau normand;
Je t'ai fait grand veneur du roi, pour un serment,
Et tu m'as fait... Voyons, est-ce vrai? je m'oublie;
Ne songeons qu'au plaisir dont la coupe est remplie.
La joie est une fleur que l'on glane en passant...
Que personne ne puisse, avant le jour naissant,
Déserter Cardueil, ma maison souveraine,
Sans boire à la santé de madame la reine,
Et de sa damoiselle, après. Je l'ai promis,
Vous vous embrasserez comme de vieux amis.

(Il sort.)

SCÈNE II.

GAUVIN, seul.

Jamais!... Divertis-toi, prince infirme et crédule;
Tandis que sur ton front l'orage s'accumule,
Va noyer dans l'ivresse aux ardentes sueurs
De ta faible raison les dernières lueurs;
Jusqu'au jour où la mort, l'implacable fantôme,
Le grand veneur des rois, mettra sceptre et royaume
Aux pieds d'un ennemi, de Cathmor le Géant,
Pour que la royauté rentre dans le néant!
Voici Kenneth d'Écosse... Allons faire l'aumône
De quelque peu d'esprit à l'héritier du trône.

SCÈNE III.

GAUVIN, ORIANE, KENNETH,
en costume jaune.

KENNETH.

De grâce! m'aimez-vous, belle Oriane?

ORIANE.

Non!

KENNETH.

Me haïssez-vous?

ORIANE.

Non.

KENNETH.

Alors c'est l'abandon,
Le mépris! C'est la plus noire métamorphose?

ORIANE.

Non.

GAUVIN, à Oriane.

C'est un frelon jaune agaçant une rose.

KENNETH.

Toujours non, quel ennui! Cher et charmant trésor,
Puis-je espérer qu'un jour...

ORIANE.

La princesse Ellinor,
Votre femme!

KENNETH.

Ah! mon Dieu!

(Oriane sort en riant.)

SCÈNE IV.

GAUVIN, KENNETH, ELLINOR,
en costume d'amazone.

ELLINOR.
　　　　　　Voyons, monsieur, j'écoute :
Que disait la rêveuse?
　　　　　KENNETH.
　　　　　　Oriane?
　　　　　ELLINOR.
　　　　　　　　　　Sans doute!
　　　KENNETH, en tremblant.
Elle me demandait... sous quel astre maudit...
J'ai vu celui du jour.
　　　　　ELLINOR.
　　　　　　Vous avez dit?
　　　　　KENNETH.
　　　　　　　　　　J'ai dit...
Le Capricorne!
　　　　　ELLINOR.
　　　　　Assez! Contez une autre histoire!
Je saurai bien, monsieur, vous rendre la mémoire
Lorsque nous serons seuls! M'entendez-vous, vaurien?
　　　　　KENNETH.
Oui... ma tante.
　　　　　ELLINOR.
　　　　　　Ma femme!
　　　　　KENNETH.
　　　　　　　Oui... ma femme.
　　　　　ELLINOR.
　　　　　　　　　　Fort bien.
　　　　　KENNETH.
Des sels!... je défaillis...
　　GAUVIN, lui tâtant le pouls.
　　　　　　L'accident n'est pas grave...
　　(On apporte un plateau.)
　　　　　KENNETH.
Merci... cela va mieux... quand j'ai bu, je suis brave!
　　　　　ELLINOR.
Voyez-vous cet oison qui vient parler d'amour
A ma nièce!
　　　　　GAUVIN.
　　　Un bouffon manquait à notre cour;
Lui, Perceval, Tristan dit le Sage : à bon compte,
Voilà trois beaux esprits pour un fou...
　　(S'avançant vers Perceval.)
　　　　　　　Seigneur comte...
　　(Kenneth essaie de tirer son épée et sort.)

SCÈNE V.

GAUVIN, TRISTAN, PERCEVAL.

　　　　　TRISTAN.
Maître Gauvin, salut.
　　　　　GAUVIN.
　　　　　　Puis-je au moins vous prier
De vider avec nous le coup de l'étrier?

　　　PERCEVAL, froidement.
Merci, je ne bois pas.
　　　　　GAUVIN.
　　　　　　Artus, le roi mon maître,
M'a chargé, monseigneur, de vous faire connaître
Qu'il veut, devant Ginèvre, et de son meilleur vin,
Honorer vos amours, Griselde, au front divin;
On jouera, l'or ruisselle et la table s'apprête :
De toute sa noblesse il me fait l'interprète.
　　　　　PERCEVAL.
Soit!... j'y vais.
　　　GAUVIN, avec courtoisie.
　　　　Seigneur comte, agréez mes saluts.
　　　　　　　　　(Il sort.)

SCÈNE VI.

TRISTAN, PERCEVAL.

　　　　　PERCEVAL.
Tristan, je hais cet homme.
　　　　　TRISTAN.
　　　　　　　Il vous hait encor plus,
Ce me semble.
　　　　　PERCEVAL.
　　Il est vrai, nul ici ne l'ignore;
Mais son respect m'offense et sa haine m'honore.
　　　　　TRISTAN.
Prenez garde! cet homme est un ambitieux
Comme vous, et, de plus, méchant, astucieux,
Impénétrable : il a sur vous trois avantages.
　　　　　PERCEVAL.
Mon sentiment est vrai, puisque tu le partages.
Chez lui, chaque pensée est une trahison;
Sa parole, en glissant, distille le poison.
Sur ses traits, le bandit le dispute à l'esclave,
La bassesse germaine à l'orgueil scandinave;
Tous les mauvais instincts de ces races du Nord
Se peignent dans ses yeux : le pillage et la mort.
En le voyant si près du trône d'Angleterre,
Je sens qu'un de nous deux est de trop sur la terre...
Tous le disent méchant, je le crois insensé.
Cet homme finira comme il a commencé;
Comme on voit échouer au pied de nos falaises
Les flots qui l'ont vomi sur nos îles anglaises.
Demeure si tu veux! Sans doute, en cet instant,
Griselde pense à moi, s'inquiète et m'attend.
　　　　　TRISTAN.
Je comprends... Perceval n'a des yeux, ici même,
Que pour sa jeune épouse.
　　　　　PERCEVAL.
　　　　　　　　Oui, je l'aime! je l'aime
Plus que la gloire, autant que l'honneur; chaque jour
Donne plus d'ascendant, de force à mon amour.
Chaque fois que Griselde à mes yeux est ravie,
Elle semble emporter la moitié de ma vie!
Et j'ai pu m'éloigner? Retourne à ce festin;
Pour moi, je veux la voir aujourd'hui, ce matin.
　　　　　TRISTAN.
Voilà les amoureux! Mais son gardien fidèle,
Cédric, son père aveugle, est sans doute auprès d'elle?

PERCEVAL.
Cédric ne paraîtra jamais dans Pendenny ;
Son père, il ne l'est plus.
TRISTAN.
Comment ?
PERCEVAL.
Je l'ai banni.
Devant tous mes vassaux, m'insulter dans le temple !
Au service divin ! J'ai dû faire un exemple,
Je l'ai fait.
TRISTAN.
Une insulte, à vous ?
PERCEVAL.
Ce vieux marin
De Richard, notre fils, voulait être parrain ;
Il l'aurait baptisé de son nom populaire :
Cédric ! beau nom vraiment ! de là vient sa colère.
TRISTAN.
Quel orgueil ! Vous deviez, ce débat éclairci,
Les présenter au roi ?
PERCEVAL.
Pas encor, Dieu merci !
Pour se plaire parmi ces intrigants sans âme,
Et ces folles sans cœur, qui viennent, chose infâme,
Se jeter par essaims sur le vieux trône anglais,
Il faudrait être lâche ou pervers... Ce palais
N'est point fait, vive Dieu ! pour une âme si belle ;
Ne pouvant se corrompre, elle y mourrait.
TRISTAN, effrayé.
Rebelle !...
Il aimera le peuple alors qu'il sera roi.

(Le rideau du fond se lève et découvre un pavillon richement éclairé. — Tableau. — La reine Ginèvre, environnée de sa cour, vêtue en Diane. — Une danse de faunes et de nymphes. — Musique dans le lointain.)

PERCEVAL, désignant Ellinor et Kenneth.
Quelle est cette amazone au feutre en désarroi,
Poursuivant ce jeune homme au plumage écarlate
Comme un vaisseau royal capturant un pirate ?
TRISTAN.
C'est l'auguste Ellinor, notre reine avant peu,
Fille unique d'Artus ; et voici son neveu,
L'héritier présomptif, mais non pas présumable :
Kenneth, mon jeune élève.
PERCEVAL.
Un oison fort aimable.
Le sceptre d'Angleterre aux mains de cet enfant !
Kenneth, après Artus ? non, jamais, moi vivant !...
TRISTAN.
Ne vous emportez pas !...
PERCEVAL.
Singulière famille !
La femme du vieux roi plus jeune que sa fille !
C'est l'hiver et l'été, l'automne et le printemps !...
Et cette jeune nymphe, aux longs cheveux flottants,
Regardant une étoile, et, comme une liane,
Se penchant sur les fleurs ?
TRISTAN.
C'est la blanche Oriane,
Sœur de Ginèvre ; esprit charmant, traits fabuleux !
Tous nos hommes d'État brûlent pour ses yeux bleus :
Douglas, le prince noir ; Kenneth, le prince jaune...
PERCEVAL.
Deux méchantes couleurs.
TRISTAN.
C'est l'enseigne du trône.
Maître Gauvin le rouge...
PERCEVAL.
Encor ?
TRISTAN.
Le blond Seymour...
PERCEVAL.
Peste ! le vieux ministre est bien jeune en amour !
TRISTAN.
Toute la cour, en somme... On dit, malgré son âge,
Qu'elle est un peu sorcière...
PERCEVAL.
A seize ans ? c'est dommage.
L'autre, je ne dis pas. Qu'en penses-tu, Tristan ?
Le savoir chez la femme est l'œuvre de Satan ;
Il lui ravit bien plus qu'il ne donne, peut-être :
Ève a perdu le ciel pour vouloir trop connaître.
L'innocence et l'amour, voilà sa royauté !
TRISTAN.
C'est rare, ici surtout.
PERCEVAL.
Vois-tu cette beauté,
Le diadème au front ?
TRISTAN.
Oui, la reine Ginèvre !
(Ginèvre se lève ; la cour s'éloigne.)
PERCEVAL.
Je l'aimais autrefois d'un amour plein de fièvre,
Comme on aime à vingt ans ! pour ces regards vainqueurs
Dont la douce magie embrasait tous les cœurs ;
Pour son nom de Ginèvre, et plus que tout encore
Pour ce maintien royal qui toujours la décore.
Un jour, dans un tournoi, se trouvaient réunis
Tous les princes voisins. Deux lions de Tunis
Irrités, l'œil en feu, s'élancent dans l'arène ;
Soudain tombe un bouquet : c'est celui de la reine.
J'étais à ses côtés. D'un accent calme et fier :
« Si vous m'aimez, dit-elle, aujourd'hui, comme hier
Vous me l'avez juré, d'un amour sans partage,
Rendez-moi ce bouquet ! » Sans tarder davantage
Je franchis la barrière ; et, comme un insensé,
Parmi les deux lions je me suis élancé.
J'enlève mon trophée, un cri part sur ma tête ;
On applaudit. Jetant à ses pieds ma conquête :
« Vous m'avez bien jugé, lui dis-je, avec fierté ;
A vous, reine, ces fleurs, à moi la liberté !
Je fais comme je dis : adieu, je romps ma chaîne ! »
Depuis, j'ai combattu sans amour et sans haine,
Jusqu'au jour où Griselde... Oui, le jeu fut cruel,
Mais je n'ai jamais su refuser un duel !
TRISTAN.
La voici...
PERCEVAL.
Viens, sortons.
(Ils s'éloignent.)

SCÈNE VII.

ELLINOR, KENNETH, GINÈVRE, LANCELOT, ORIANE, GAUVIN, LA COUR.

UN PAGE, annonçant.
La reine!

LANCELOT.
　　　　　　　　　　O ma Ginèvre!
Rendez-moi le bonheur dont votre oubli me sèvre;
Jusqu'à quand m'avez-vous banni de votre cœur?

GINÈVRE, suivant Perceval du regard.
Il me fuit!...

LANCELOT.
　　　　Quoi! faut-il, pour toucher sa rigueur,
L'anneau de Salomon ou le cistre d'Orphée?

GAUVIN.
Sublime!...

GINÈVRE.
　　　　Lancelot, dans quel conte de fée
Avez-vous su trouver tant d'esprit?

LANCELOT.
　　　　　　　　　　　Dans vos yeux!
Un regard, ou je meurs!

GAUVIN.
　　　　　　Charmant, délicieux!

LANCELOT.
Quel jeune Endymion rend Diane pensive?
Est-ce Douglas le Noir, à l'humeur expansive,
Qui courtise Oriane, et ne se doute point
Des billets de Kenneth glissés dans son pourpoint?

GAUVIN.
Ah, ah! l'excellent oncle!

LANCELOT.
　　　　　　　Est-ce Prandon l'apôtre,
Qui veut le bien du peuple en lui donnant le nôtre?
Et qui, Gauvin le sait, pour quelques pièces d'or,
Vendrait son âme au diable!... ou le beau Lucindor,
Qui gouverna si bien, qu'après son ministère
A peine on put trouver dans la vieille Angleterre
Quarante-cinq artus!

(Rire général.)

GINÈVRE.
　　　　　Nous savons, chevalier,
Que pour vous l'ironie est un art familier;
Vous portez une pointe en vrai maître d'escrime!
Médire des absents, ce n'est pas un grand crime,
Ni même un grand mérite : on le peut sans danger!
Mais, tenez, quel était ce superbe étranger
Au front pâle, aux cheveux flottants sur ses épaules?

LANCELOT, sèchement.
Je ne le connais pas.

ELLINOR.
　　　　　Lui, Perceval des Gaules?

GINÈVRE.
Perceval!

GAUVIN, avec intention.
　　　Nom jadis fameux, dans les tournois.

ORIANE, le regardant fixement.
Le vainqueur de Cathmor, le transfuge danois...

GAUVIN.
J'y crois, comme Oriane à Merlin qui l'exploite.

ORIANE.
Donnez-moi votre main.

GAUVIN.
　　　　　La gauche?

ORIANE.
　　　　　　　　　Non, la droite.

GAUVIN.
De grand cœur!...

ORIANE.
　　　　　Vous aimez!

GAUVIN.
　　　　　　　　Une fille des rois?

ORIANE.
Non! du peuple... Griselde!

GAUVIN.
　　　　　　　Il suffit, je vous crois!

ORIANE.
Gardez-vous d'irriter le tigre qui sommeille,
Car il voudrait du sang!...

(Elle s'éloigne vers le fond.)

GINÈVRE.
　　　　　C'est la rose vermeille
Qu'il portait pour devise au tournoi d'Hamalot,
Lorsqu'il vainquit Douglas, Algar et Lancelot,
Et tous ces chevaliers portant la rose blanche?
Oh! ne rougissez pas! vous prendrez ma revanche!...

GAUVIN.
Le comte, en vérité, leur fit beaucoup d'honneur;
Le chasseur de lions!

GINÈVRE.
　　　　　Monsieur le grand veneur,
Vous chassez trop l'esprit.

GAUVIN.
　　　　　Rien que le nécessaire :
Sur vos terres, madame.

GINÈVRE.
　　　　　Ah! c'est juste : un corsaire!...

KENNETH, le frappant sur l'épaule.
Touché!

GAUVIN.
　　Pauvre idiot!

GINÈVRE.
　　　　　Une fée aux doux yeux
Aurait, dit-on, promis le trône à ses aïeux?

ORIANE.
Oui, la dame du lac, Vivienne!

LANCELOT.
　　　　　　　Il est notoire
Que la fable a donné plus d'un prince à l'histoire.

GINÈVRE.
Quel beau lutin le rend invisible à la cour?

GAUVIN.
Un dieu qui fait la pluie et le beau temps... l'Amour.

GINÈVRE.
Perceval amoureux!

GAUVIN.
　　　　　Depuis trois ans, madame.

ELLINOR.
De qui donc, s'il vous plaît?

GAUVIN.
De Griselde, sa femme.

GINÈVRE.
Lui, marié!

GAUVIN, appuyant.
Depuis trois ans.

GINÈVRE, à part.
Malheur à moi!...
Sans notre assentiment? sans l'aveu de son roi!

GAUVIN.
Comme il craint de ne pas l'obtenir, il s'en passe.

ELLINOR.
Est-elle noble?

GAUVIN.
Adam fut le chef de sa race.

GINÈVRE.
Et belle!

GAUVIN.
Oui, comme vous.

GINÈVRE.
Trêve de compliments!

GAUVIN.
Quand même je dis du vrai, vous croyez que je mens.

ELLINOR.
Nommez-moi son château.

GAUVIN.
Non pas, pour un royaume!

GINÈVRE, détachant une fleur de son corsage.
Alors, pour cette fleur.

GAUVIN.
C'est...

TOUS.
C'est?

GAUVIN.
Le toit de chaume
Du charbonnier Cédric.

GINÈVRE.
A-t-elle un fils?

GAUVIN.
Mais oui,
Beau comme le soleil.

ELLINOR.
Quel scandale inouï!...
Comment! l'ami du roi de toutes les Bretagnes,
Gendre d'un charbonnier!

KENNETH.
Mais oui!

ELLINOR.
Dans ses montagnes
Votre comte a jugé notre sang trop ancien,
Ou trop jeune plutôt pour s'allier au sien?
Pourtant le roi daignait me nommer sa future!

LANCELOT.
Mais oui! c'est pour cela qu'il épouse en roture.

KENNETH.
J'en voudrais faire autant.

(Perceval paraît.)

ELLINOR.
Suivez-moi, prince. Adieu!
Je ne saurais souffrir sa présence en ce lieu.

GINÈVRE.
Restez, de grâce!.., Et vous, soyez prudents..

ELLINOR.
Je reste;
Mais c'est pour protester, madame : je proteste!...

(Ginèvre s'assied entre Oriane et Ellinor; Lancelot debout,
Kenneth assis, et Gauvin.)

SCÈNE VIII.

LES MÊMES, PERCEVAL, TRISTAN.

PERCEVAL.
Par saint Henri, je pars! J'avais cinquante artus
En arrivant ici! Les avoir tous perdus!
Tant mieux! j'aurai payé ma dépense à la fête.
Ces vieux vins espagnols m'ont échauffé la tête...
De l'air! j'ai besoin d'air! Ma poitrine est en feu!

GAUVIN.
Bonne chance en amour, mauvaise chance au jeu.

PERCEVAL.
Viens, Tristan.

TRISTAN.
Regardez cet orage qui monte;
Restez jusqu'au matin.

PERCEVAL.
Non, je pars.

GINÈVRE.
Seigneur comte!

PERCEVAL.
Qui m'appelle?

TRISTAN.
La reine : approchez.

GINÈVRE.
Monseigneur,
Puisque vous nous quittez, accordez-nous l'honneur
De pouvoir vous offrir au moins la bienvenue!

PERCEVAL.
Madame, excusez-moi, ma rudesse est connue;
Je ne sais point mentir comme un homme d'État.
Ma parole, trop franche, est celle d'un soldat,
Et jamais ne faillit à ma vieille devise :
« Fais ce que dois, et dis ce que fais! »

GINÈVRE.
La franchise
Est une vertu rare, aux champs comme à la cour;
Nous l'estimons beaucoup. Parlez donc sans détour :
Vous êtes marié!

PERCEVAL.
C'est vrai.

ELLINOR.
Par Notre-Dame,
Il en convient!

GINÈVRE.
On nous apprend que cette femme
Qui nous ravit le cœur de son beau prisonnier,
Est fille d'un manœuvre, un ancien charbonnier...

PERCEVAL.
Un vieux soldat!

ELLINOR.
Peut-on déroger de la sorte!
Une fille du peuple!

PERCEVAL.
Oui, du peuple! Et qu'importe?
Le sang d'un gentilhomme, aussi noble qu'il soit,
Ne lui fait de l'honneur qu'autant qu'il en reçoit,
Et toujours se rattache à la source commune :
Le peuple!
KENNETH, à part.
Il a raison!
GAUVIN.
Ce mot fera fortune.
ELLINOR.
C'est une indignité!
PERCEVAL.
Le peuple, c'est le roi!
C'est nous, c'est tout le monde enfin.
ELLINOR, se levant.
Excepté moi.
KENNETH, à part.
Vieille idole!
GINÈVRE.
Et pourtant, grâce à votre vaillance,
Vous auriez pu choisir cette illustre alliance
Ailleurs que sous le chaume obscur d'un vieux marin ;
Près de notre famille et du rang souverain :
Près de vous-même aussi...
PERCEVAL.
Je rêvais une femme
Simple, aimante, fidèle; et celle-là, madame,
Je l'aurais vainement cherchée à votre cour.
GINÈVRE, à part.
Oh! je me vengerai!
PERCEVAL..
J'ai parlé sans détour.
ELLINOR.
Je vais m'en plaindre au roi.
GINÈVRE.
Votre belle amoureuse,
Nous la verrons un jour... Mais quelle étoile heureuse
Fit tomber dans vos mains ce trésor précieux?
PERCEVAL.
Je vais vous obéir, madame, de mon mieux.
Quatre ans sont écoulés depuis cette journée
Où la flotte étrangère, au naufrage entraînée,
Est venue échouer sous le cap de Stafford.
Après avoir lutté jusqu'au dernier effort
Avec un chef normand, la poitrine entr'ouverte,
Nous périssions tous deux sur la plage déserte,
Sans les soins de Cédric, franc marin comme moi,
Qui sauva la couronne et l'honneur de son roi.
Depuis ce jour, souvent j'ai revu ces rivages
Témoins de ma victoire, et ces chênes sauvages
Protégeant la cabane où Cédric demeurait...
Sa fille... Ah! je renonce à tracer son portrait!
Quel peintre ou quel poëte oserait vous décrire
Sa grâce de madone et son jeune sourire?
Si jamais un archange envoyé du Seigneur
Paraissait à nos yeux, cet esprit de bonheur
Aurait un corps pareil à celui qui l'abrite;
La beauté n'est pourtant que son moindre mérite,
C'est la splendeur d'une âme immortelle!... Le jour
Où, naissant d'une étoile au céleste séjour,
Ce chef-d'œuvre échappa de sa main satisfaite,

Dieu lui baisa le front et lui dit : « Sois parfaite! »
Jamais plus belle fleur, soleil plus radieux,
Ne porta le reflet du souverain des cieux!
KENNETH, ému.
Est-il possible! Après trois ans de mariage?
ELLINOR.
Peut-on s'éprendre ainsi d'une Agnès de village!
PERCEVAL.
Par saint Henri, je crois qu'on raille!
TRISTAN.
Vous rêvez;
Ce n'est qu'enchantement, surprise...
GINÈVRE.
Poursuivez,
Comte.
PERCEVAL.
Un jour, je la vis dans son tartan de laine
Près de Cédric, son père, et de sa mère Hélène,
Qui n'en détachait pas ses regards amoureux.
Je compris qu'elle était tout l'univers pour eux.
Ce moment décida du destin de ma vie ;
Je m'arrêtai, le cœur ému, l'âme ravie,
Et cet enchantement soudain me révéla
Que Griselde, la sœur de mon âme, était là!
Je lui dis, m'inclinant sur sa tête charmante :
« Griselde, saurais-tu m'aimer comme une amante ? »
Elle leva sur moi des yeux pleins de langueur,
Dont l'humide rayon pénétrait tout mon cœur ;
Et, m'offrant une rose avec un trouble extrême,
Fit un signe léger qui disait : « Oui, je t'aime!
— Griselde, ai-je ajouté, tombant à ses genoux :
Veux-tu m'être fidèle ainsi qu'à ton époux,
Quand je serais proscrit du pays où nous sommes,
Déshérité, maudit du ciel, maudit des hommes?
— Oui, seigneur, je le veux! — Griselde, sois à moi!
Lui dis-je avec transport, je te donne ma foi ;
Le ciel même est jaloux du bonheur qui m'enivre :
Veux-tu quitter ton père et ta mère, et me suivre?... »
Elle tomba muette aux bras de ses parents ;
Mais ses pleurs répondaient pour elle: Oui, je me rends!
KENNETH.
Oh! la charmante enfant! c'est une rose noire ;
Mais avec un cœur d'or.
ELLINOR.
Ne me faites pas croire,
Monsieur, pour votre honneur, que vous la connaissez!
KENNETH.
Non, ma tante.
ELLINOR.
Ma femme!
GINÈVRE.
Ellinor, finissez.
PERCEVAL.
Alors, m'ayant donné cette fleur éphémère
Pour l'anneau nuptial que je tiens de ma mère,
Griselde fut conduite au bourg de Pendenny,
Où par l'homme de Dieu notre hymen fut béni.
Je lui vouai mon cœur, ma pensée et mon âme...
Voilà comment Griselde est aujourd'hui ma femme.
KENNETH, se jetant dans les bras de Gauvin.
Ah! ma femme! ah! ma tante!...

ELLINOR, le repoussant.
Assez!
GINÈVRE.
Monsieur Gauvin,
A nos séductions l'homme résiste en vain;
Vous en ferez vous-même un jour l'expérience :
C'est un exemple à suivre...
ELLINOR.
Une mésalliance!
GAUVIN.
Si l'horreur du beau sexe est un vice odieux,
Il s'en est corrigé, madame, sous vos yeux!
PERCEVAL.
Insolent!...
TRISTAN.
Calmez-vous!
ORIANE, à Ginèvre.
Prenez garde!
GAUVIN, à part.
A merveille!
La lionne rugit, le chasseur se réveille!...
GINÈVRE.
Quand verrons-nous, de près, ce chef-d'œuvre si doux?
PERCEVAL.
Jamais!
GINÈVRE.
C'est un refus? Vous en êtes jaloux?
Adieu donc, seigneur comte; et, pour faveur dernière,
Portez nos vœux brûlants à votre charbonnière.
PERCEVAL, s'emportant.
Avant de lui porter cet outrage moqueur,
Je plongerais, madame, un poignard dans son cœur!
GINÈVRE, se levant.
Mais vous n'espérez pas que le roi se résigne
A voir, sans la briser, cette alliance indigne!
PERCEVAL.
Il ne l'osera pas!
GINÈVRE.
Qui peut l'empêcher?
PERCEVAL.
Moi!
Car, s'il l'osait jamais, je prouverais au roi
Que je commande au camp mieux que Ginèvre à Londre!
GINÈVRE.
Lancelot, demeurez : c'est à moi de répondre!
LANCELOT, jetant son gantelet.
Ce mot vaudra du sang!
GINÈVRE.
Gauvin, séparez-les!
PERCEVAL.
Arrière!
GINÈVRE.
Une révolte? ici, dans mon palais?
KENNETH, essayant de tirer son épée.
C'est un duel! j'en suis!
ELLINOR.
Mais vous êtes trop jeune!
KENNETH.
Je me bats, en anglais, veut dire : je déjeune!
GINÈVRE.
Sortez!

PERCEVAL, l'épée à la main.
Je ne crains pas vos regards méprisants;
Et je l'atteste ici devant vos courtisans,
Comme je le dirais devant le roi lui-même :
Que si le seul honneur donnait un diadème,
Griselde serait reine; et vous, madame, vous
Qui raillez sa vertu, seriez à ses genoux!
(Il fait sauter l'épée de Lancelot.)
KENNETH.
L'épée au clair... Enfin!
(Il se met en garde.)
GINÈVRE.
Le roi!

SCÈNE IX.

LES MÊMES, ARTUS, GARDES.

ARTUS.
Restez, vous dis-je!
Tout beau, mes chevaliers! Quel esprit de vertige
A rempli mon palais des clameurs du combat,
Et troublé le sommeil du père de l'État?
PERCEVAL.
Je vous dois...
ARTUS.
Taisez-vous!... Gauvin, qu'on les désarme!...
(Perceval et Kenneth rendent leurs épées.)
Vous, Tristan, répondez! D'où vient tout ce vacarme?
TRISTAN.
Sire, la reine est là.
GINÈVRE.
Monseigneur et mon roi,
L'insolence, l'orgueil, se dressant jusqu'à moi,
Viennent de me frapper, moi reine, votre femme,
Et dans votre maison.
ARTUS.
Par saint Artus, madame,
Nous vous ferons justice; et ce bras sera prompt,
Quel que soit le coupable, à châtier l'affront.
PERCEVAL.
Le coupable, c'est moi.
ARTUS.
Perceval? Qu'est-ce à dire!
GINÈVRE.
Il a tiré le glaive en ma présence.
PERCEVAL.
Oui, sire!
ARTUS.
Tu viens de profaner la royale maison,
De commettre un forfait de haute trahison;
Pourtant nous voulons bien, par égard pour ta race,
User en ta faveur de notre droit de grâce :
Que peux-tu dire, Henri, pour te justifier?
PERCEVAL.
Sire, j'ai fait le crime, et je veux l'expier.
Prenez mon sang, il est à vous comme ce glaive;
Vers le ciel aujourd'hui, qu'importe s'il s'élève
Ou d'un champ de bataille ou bien d'un échafaud?
J'en ai versé pour vous, et bien plus qu'il ne faut :
La grève de vos mers en est encor trempée!
Il vous reste mon fils, rendez-lui cette épée;

Il saura s'en servir un jour, pour votre bien,
D'un bras aussi fidèle, aussi fort que le mien.
GINÈVRE.
Son fils!... Dois-je expliquer, seigneur, votre silence?
Courber mon front royal devant une insolence?
KENNETH.
Bien dit!...
ELLINOR.
Prince, rentrons.
KENNETH.
C'est comme l'autre soir :
Non !...
ARTUS.
Corbleu, mon neveu!...
KENNETH.
Sire...
ARTUS.
Allez vous asseoir.
(Kenneth reprend sa place en gesticulant.)
A genoux, comte, afin que nous puissions t'absoudre!
PERCEVAL.
A genoux! devant qui? Non, jamais, par la foudre !
ARTUS.
Gauvin, lisez la loi!
GAUVIN.
« Pour lèse-majesté
Le coupable mourra, dans son fief dévasté;
Si l'offense remonte à l'honneur de la reine,
Sa femme et ses enfants sont soumis à la peine
Du cloître et de l'exil. »
ARTUS.
A moi, gardes!
GINÈVRE.
Seigneur !
Daignez lui faire grâce, au nom de votre honneur...
Ce débat, je saurai l'étouffer dans son germe,
Sans ravir à l'État son appui le plus ferme...
KENNETH.
Allons! plus de duel !
GINÈVRE.
Or, si l'emportement
Qui vient de nous atteindre exige un châtiment,
Je veux me prosterner devant celle qu'il aime ;
Mais il nous prouvera que si le diadème
Était toujours le prix de la fidélité,
Griselde serait reine...
PERCEVAL.
Oui, c'est la vérité!
GINÈVRE.   [coûte,
Pour mieux m'en assurer, quelque effort qu'il m'en
J'impose à sa vertu trois épreuves...
PERCEVAL.
J'écoute.
GINÈVRE, à Gauvin.
Vous, messire, écrivez : « Ordonnons que demain
Griselde, ayant livré son fils par votre main,
Soit rendue à son père, épouse abandonnée,
Pauvre et sans vêtement, comme il vous l'a donnée...»
PERCEVAL.
Après...
GINÈVRE.
« Pour vous soustraire à l'arrêt souverain,

Griselde ayant quitté Cédric, le vieux marin,
Doit se résoudre à vivre esclave, au fond d'un cloître.
Son amour généreux de ses pleurs doit s'accroître ;
Et, trois fois éprouvé, paraîtra sans défaut,
Comme ce diamant. »
ARTUS.
Mais, Ginèvre!...
GINÈVRE.
Il le faut !...
« Si Griselde obéit sans orgueil et sans haine,
Je me jette à ses pieds, moi Ginèvre, moi reine !
Si sa fidélité lui coûte un seul remord,
Pour votre fils, l'exil; pour vous, comte, la mort! »
PERCEVAL.
Son père... son enfant... un éternel divorce!...
GINÈVRE.
Ainsi, vous n'avez plus le courage ou la force?
PERCEVAL.
J'accepte !...
GINÈVRE.
Êtes-vous prêt?
GAUVIN.
Oui, madame.
ARTUS.
Un instant!...
Perceval, tu te perds toi-même en résistant.
Tel qui règne sur soi peut régner sur le monde...
Épargne à sa vertu cette douleur profonde,
Ces angoisses de mère où tu vas la plonger ;
Avant d'y consentir, je te laisse y songer.
PERCEVAL, signant.
Je fais comme je dis, sire, c'est ma réponse.
TRISTAN, à part.
Attacher à son front la couronne de ronce !
PERCEVAL, de même.
Non, le bandeau royal!
GINÈVRE.
Vous jurez devant Dieu
De laisser ignorer à Griselde l'enjeu
De ce pari d'honneur, jusqu'à ce que j'entr'ouvre
Moi-même, à ses regards, le voile qui le couvre ?
PERCEVAL.
Je le jure!
GINÈVRE.
Donnez!
(Elle signe.)
A vous, sire !...
ARTUS, signant du pommeau de son épée.
Voici !...
(A Lancelot.)
Seigneur comte, après vous, pour témoin j'ai choisi
Mon gendre...
KENNETH, se levant.
A la bonne heure...
ARTUS.
Avec Tristan le Sage !
GINÈVRE.
Kenneth et Lancelot, chargés d'un tel message ?
Mieux vaudrait n'envoyer personne, en vérité,
Qu'un sage entre deux fous!...
LANCELOT.
Madame!... Majesté...

ARTUS, remettant l'écrit à Gauvin.
C'est juste : il faut un homme, et non une poupée...
Demain, pour oublier cette folle équipée,
Grande chasse à Stafford, la perle du désert.
TRISTAN, le reconduisant.
Sire, vous y verrez comment Gauvin vous sert.

SCÈNE X.

TRISTAN, PERCEVAL, GINÈVRE, GAUVIN.

PERCEVAL.
A moi, Tristan !... Demain, le peuple sur la plaine.
TRISTAN.
Qu'espérez-vous ?
PERCEVAL.
Je veux que Griselde soit reine !
GINÈVRE.
A moi, Gauvin !... Ce fer que vous m'avez donné
Fait mourir ce qu'il touche ?
GAUVIN.
Il est empoisonné !
GINÈVRE, lui remettant son poignard.
Demain, sur cette femme il faut que je l'emporte !
Perceval à mes pieds : sinon, Griselde morte !

ACTE DEUXIÈME.

Salle d'armes au château de Pendenny. — Un trône sur une estrade. — Une croisée. — On entend le bruit de l'orage.

SCÈNE PREMIÈRE.

GRISELDE, seule.

Trois jours, sans le revoir ! il a quitté le roi ;
Qui peut le retenir si longtemps loin de moi ?
Loin de son noble fils, mon beau Richard !... Silence !
(Entr'ouvrant une porte.)
Il doit rêver le ciel !... Je me fais violence
Pour ne pas l'embrasser !
(Elle s'assied et chante.)

    Jadis un grand seigneur
      Vit une rose
      Éclose
    Sur la pelouse en fleur.

(On entend le tonnerre.)
Quel orage, bon Dieu !...

    Lui dit : « O mon trésor,
      Viens, mon amante
      Charmante,
    Sur ma couronne d'or !... »

Tout l'Océan s'embrase... On respire du feu !
(L'éclair brille ; un coup de tonnerre ; le vent ouvre la croisée.)
Ciel !... Protégez mon fils, puissances éternelles !
On vient !... Le cor répond au cri des sentinelles !
C'est la voix de Tristan, l'ami le plus ancien...
Mon cœur bondit de joie, il vole vers le sien !
Tristan ! vous seul encor ?

SCÈNE II.

GRISELDE, TRISTAN.

TRISTAN.
    Salut à la patrie
Du comte Perceval, à l'épouse chérie !
GRISELDE.
Où l'avez-vous quitté ?
TRISTAN.
Prenant congé du roi,
Au bourg de Cardueil. Mon noble palefroi,
Bondissant comme un tigre à travers les mélèzes,
Faillit vingt fois tomber du haut de ces falaises.
J'ai laissé votre époux sous les murs de Stafford...
GRISELDE.
Oh ! ces rochers maudits ! ce sombre château fort !
Je frissonne en voyant sur des ruines saintes
D'une prison d'État se dresser les enceintes !
Que ne puis-je aux captifs rendre la liberté !...
Mais est-il bien joyeux, est-il bien escorté ?
TRISTAN.
Maître Gauvin le suit.
GRISELDE.
    Gauvin, dans ma demeure !
Pourquoi vient-il ici, cet homme, à pareille heure ?
TRISTAN.
Lui seul peut vous l'apprendre... Un message pressant
Convoque en ce château le peuple, au jour naissant.
GRISELDE.
Je prévois des malheurs dont j'ignore la cause ;
L'homme suit son destin, mais Dieu seul en dispose !
Vous avez vu mon père ?
TRISTAN.
Oui, madame ! hier soir,
Sous le chêne où jadis nous aimions à l'asseoir,
S'informant comme un père, et d'une voix émue,
De Richard, votre fils ; m'offrant la bienvenue...
GRISELDE, avec joie.
Merci, mon père !...
TRISTAN.
    Alors, quand je parlai de vous,
« Va, dit-il, le visage enflammé de courroux,
Va dire au noble comte, à celle qui m'exile,
Que les pieds de Cédric, le vieillard sans asile,
Ne toucheront jamais le seuil de leur palais. »
GRISELDE.
Mon père !... Est-ce donc moi, grand Dieu qui l'exilais ?
N'est-ce pas Perceval, mon époux et mon maître ?
Pouvais-je, en résistant, perdre à jamais peut-être
L'espoir de son pardon ?
TRISTAN,
    C'est ce que je pensais !
Comme toute vertu, l'amour a son excès ;
Tout bonheur, disait-il, a sa mélancolie...
Pourtant il est des torts que jamais l'on n'oublie :
Ceux qui viennent du cœur... Les enfants sont ingrats !
Sa pauvre mère, Hélène, expirait dans mes bras ;
Tandis qu'un nom chéri s'exhalait de sa bouche,

Trois nuits, trois jours entiers, se tordant sur sa couche,
Elle appelait Griselde; elle étendait la main
Comme pour l'embrasser : regardant le chemin,
Suppliant, se dressant chaque fois que la porte
S'ouvrait devant le prêtre... Un jour, sa mère est morte;
L'enfant ne revint pas, n'osant pas revenir,
Et son cœur s'est brisé sans pouvoir la bénir!... »
GRISELDE, d'une voix entrecoupée.
Perceval était là, mourant, comme ma mère :
Pouvais-je le quitter?... Faut-il que j'énumère
Ces tortures sans nom... Que Dieu juge mon cœur!...
Des serments d'une épouse il connaît la rigueur...
Moi, j'étais mère aussi!...
TRISTAN.
Pleurez, sainte martyre!
GRISELDE.
Que dois-je encore entendre?
TRISTAN.
Adieu, je me retire...
GRISELDE.
Non! de grâce, achevez!
TRISTAN.
« Orgueil, démon subtil,
C'est toi qui m'a ravi mon enfant, disait-il; [songe
C'est pour des biens trompeurs, fugitifs comme un
Qu'elle a vendu son âme à l'esprit du mensonge,
Étouffé dans son cœur tous les bons sentiments
Et renié sa mère à ses derniers moments.
Que le ciel l'abandonne au jour de sa colère,
Comme elle a, fille ingrate, abandonné son père! »
GRISELDE.
Qu'entends-je? O désespoir! Pardonne-lui, mon Dieu!
TRISTAN.
J'ajoutai quelques mots; mais, d'un geste d'adieu
M'ordonnant de sortir, d'un pas ferme et rapide
Il disparut dans l'ombre, avec Ogier, son guide...
GRISELDE.
Son guide? un étranger!
TRISTAN.
C'est ce que l'amitié
M'imposait envers vous...
GRISELDE, joignant les mains.
Seigneur, ayez pitié
De mon fils!
TRISTAN.
Espérez! Dieu vous garde, madame!
Un jour il vous rendra son cœur, toute son âme;
Voyez, sur l'Océan, l'azur s'est éclairci...
Il en sera de même avec vos pleurs.
GRISELDE.
Merci!...
(Tristan sort.)

SCÈNE III.

GRISELDE, seule.

« Que le ciel l'abandonne au jour de sa colère,
Comme elle a, fille ingrate, abandonné son père! »
Moi, de l'orgueil! j'ai tout perdu, j'ai tout quitté
Pour un nom, des honneurs?... Mensonge et vanité!
(Regardant son anneau.)
N'est-ce pas pour toi seul, gage de sa tendresse,
Qu'en échange il reçut ma première caresse?
Toi, pour qui je rendrais, talisman précieux,
Tous les biens réunis de la terre et des cieux,
Oui, pour toi seul ma vie entière et sans partage!
Pouvais-je donner moins ou donner davantage?...
(S'approchant de la croisée.)
L'infini m'apparaît dans toute sa grandeur,
Et la mer apaisée a repris sa splendeur...
Du foyer créateur divines étincelles!
Magnifique Océan!... Dieu, si j'avais des ailes,
Pour m'élancer vers lui, comme cet alcyon,
Sur la vague argentée où tremble ce rayon...
Mon regard ébloui ne cherche qu'une étoile,
Celle de nos amours... Je n'attends qu'une voile,
La même qui jadis m'apportait le bonheur...
Prions, pour notre enfant!... Que l'ange du Seigneur
Nous le rende bientôt!...
(Elle s'endort sur un fauteuil.)

SCÈNE IV.

GRISELDE, PERCEVAL, TRISTAN, GAUVIN, RONALD.

PERCEVAL, jetant son manteau; après un moment de silence.
Sur ce front de madone
Ne vois-tu pas, Tristan, briller une couronne?
TRISTAN.
Oui, vous êtes heureux, plus heureux que le roi;
Ce trésor sans égal, gardez-le, croyez-moi!
Craignez de couronner ce front plein de prestige
Des palmes du martyre!
PERCEVAL.
Elle vaincra, te dis-je!
Et je verrai, ce soir, la reine à ses genoux.
GAUVIN, à part.
Elle m'appartiendra!...
TRISTAN.
Que Dieu soit avec nous!
PERCEVAL.
Griselde!
GRISELDE, s'éveillant.
Perceval!... dans mes bras je t'enlace!
Sur mon cœur!... qu'il est pâle! et ses mains sont de glace,
Ses vêtements trempés!... Oh! l'ingrate saison!
Mais aussi tu reviens si tard dans ta maison :
C'est mal!
PERCEVAL.
Griselde!
GRISELDE.
Après trois longues nuits d'attente!
Trois jours de solitude!... Oh! je suis bien contente!
Tu ne m'embrasses pas?
PERCEVAL.
Griselde, mais vois donc,
Nous ne sommes pas seuls...
GRISELDE, apercevant Gauvin.
Dieu! j'oubliais... pardon...

Je ne voyais que lui... J'en suis toute confuse...
TRISTAN.
C'est la rose vermeille!
GAUVIN, s'avançant vers Griselde.
Agréez notre excuse
D'avoir osé troubler les transports du retour...
(On apporte un plateau.)
La colombe a frémi sous les yeux du vautour.
GRISELDE.
Le repas vous attend...
PERCEVAL.
Qu'on apprête l'office!
Le maître et le château sont à votre service.
TRISTAN, prenant un verre.
Votre santé, madame...
PERCEVAL.
A la tienne, Tristan.
GAUVIN.
A la reine Ginèvre... Eh bien! comte?
PERCEVAL.
Va-t'en!
GAUVIN.
A vos amours...
PERCEVAL.
Tais-toi, démon.
GAUVIN.
Toujours affable :
C'est comme à Cardueil!
PERCEVAL, s'emportant.
Prends garde! ou cette table...
GRISELDE.
Perceval, voulez-vous embrasser votre enfant?
Je vais vous l'apporter.
PERCEVAL.
Non! demain, pas avant.
GRISELDE.
Demain?
PERCEVAL.
Laissez-moi seul.
GRISELDE.
Adieu donc!...
(Revenant.)
O mon maître!
Qu'avez-vous, aujourd'hui? Parlez! je veux connaître
Pourquoi ce front couvert de sinistres pâleurs,
Comme un ciel de tempête, annonce des malheurs.
PERCEVAL, d'une voix brève.
Tu le veux donc? Écoute. Hier, dans la journée,
Un jugement du roi, frappant notre hyménée,
Et brisant tous les nœuds qui nous ont asservis,
M'ordonna le divorce et l'exil de mon fils.
GRISELDE.
Le divorce et l'exil de ton fils?... Je t'écoute
Et ne te comprends pas! tu me railles, sans doute...
Pourquoi ce jeu cruel? Va, c'est trop ou trop peu
Pour alarmer mon cœur! Dis-moi que c'est un jeu!
Tu souris?... Perceval!... ton regard qui m'évite
Ne peut répondre au mien! Mais dis-moi donc bien vite
Que ce n'était qu'un jeu...
PERCEVAL.
Par un ordre absolu,
Je dois livrer mon fils au roi qui l'a voulu.

GRISELDE.
Non, je ne te crois pas! je lui ferais outrage.
PERCEVAL.
Parlez donc, chevaliers; vous manquez de courage!
TRISTAN.
A vous, Gauvin!
GAUVIN.
A vous, Tristan!
GRISELDE.
Le roi voudrait...
PERCEVAL, impérieusement.
Faites votre devoir!
TRISTAN, s'inclinant.
Je l'atteste à regret.
GRISELDE.
Comment! deux chevaliers si justement célèbres,
L'honneur de notre cour, viendraient, dans les ténèbres,
Tout armés, et chaussés de leurs éperons d'or,
Ainsi que deux larrons, me ravir mon trésor?
Tu les entends, mon Dieu, pardonne leurs blasphèmes!
GAUVIN, lui montrant l'écrit.
Nous devons obéir aux volontés suprêmes.
GRISELDE, après avoir lu.
Et vous avez signé cet arrêt plein d'effroi!
Vous!
PERCEVAL.
Mon fils m'appartient, je l'ai promis au roi.
GRISELDE.
Tu l'as promis, barbare! Eh bien! je vous défie
D'y parvenir! Plutôt mon sang! plutôt ma vie!
TRISTAN.
Comte, je vous l'ai dit!
PERCEVAL.
Laissez-nous un moment!
GAUVIN.
Il y va de vos jours!
PERCEVAL.
Vous avez mon serment :
Allez!...
(Tristan et Gauvin sortent.)

SCÈNE V.

GRISELDE, PERCEVAL.

PERCEVAL, à part.
Préparons-nous à ce cruel martyre...
Écoute-moi, Griselde...
GRISELDE.
Eh! que pouvez-vous dire
Qui soit plus effrayant que ces mots sans pitié :
« Je veux livrer mon fils à leur inimitié! »
Mais le lion poursuit de ses dents vengeresses
Le bras qui vient saisir le fruit de ses tendresses!
Et vous, mon noble Henri! vous brisez votre enfant,
L'espoir de vos amours, votre reflet vivant:
Où vos traits, confondus avec ceux de sa mère,
Appellent nos baisers sur sa tête si chère...
Pour quel crime inconnu ce pauvre ange si beau
Doit-il fuir du sommeil dans la nuit du tombeau?
Il est là, souriant, sous les ailes d'un songe...
Mais je le savais bien, ce n'était qu'un mensonge.

PERCEVAL, avec un rire amer.
Un mensonge?... « Si veut le roi, si veut la loi! »
GRISELDE.
Toujours le roi le veut! Et que m'importe, à moi!
Qu'il appelle aux combats, qu'il verse goutte à goutte
Le sang des chevaliers d'Angleterre; oui, sans doute,
C'est son droit légitime, il l'exerce, il fait bien :
La guerre est le devoir de tout bon citoyen.
Mais de quel droit vient-il effeuiller sous nos larmes
La fleur de notre vie et l'espoir de ses armes?
Qu'il garde sa couronne, et me laisse mon sang!
PERCEVAL.
Le souverain l'exige!
GRISELDE.
Et le père y consent!
Mais avant d'immoler cet ange de lumière,
Savez-vous qu'il faudra me tuer la première?
Que vous ne pourrez pas l'arracher de mes bras?
Car, soyez-en certain, je n'y survivrai pas!
PERCEVAL.
Finissons! je l'ai dit; je n'y vois point d'issue.
J'ai promis d'obéir, ma promesse est reçue,
Et, partant, je le veux!
GRISELDE.
Vous le voulez? Eh bien!
Moi, je ne le veux pas! Votre fils est le mien,
Et j'entends le garder!
PERCEVAL.
Mon honneur me l'ordonne!
GRISELDE.
Mon amour le protége!...
(Tombant à genoux.)
Oh! pardonne! pardonne!
Grâce pour notre enfant! Crédule que je suis!
Non, non! tu ne peux pas assassiner ton fils!
Songe à ces pleurs de joie et de reconnaissance
Qui ravissaient ton âme au jour de sa naissance;
Tu le pris sur mon sein, et, remerciant Dieu,
Tu dis à tes vassaux réunis dans ce lieu :
« Voilà Richard, mon fils, mon soutien, je l'espère!
Il sera brave! » Alors, dans ton orgueil de père,
Tes yeux ne voyaient plus de soleil dans l'azur,
De fleur assez brillante et de voile assez pur
Pour couronner son front, ni pour orner sa couche :
Et tu veux, pour un maître inflexible et farouche,
Le livrer dans les mains de ces deux courtisans!
Mais tu peux désarmer le roi par des présents;
Par ton courage au moins tu sauras le contraindre :
Qui vainquit tant de rois peut-il encor les craindre?
Ou s'il est sans pitié pour lui-même et pour nous,
Eh bien! moi, dès demain, je me jette aux genoux
De Ginèvre; elle est femme, elle doit me comprendre,
Elle voudra sauver mon fils, ou me le rendre.
PERCEVAL.
Toi, Griselde, à ses pieds!
GRISELDE.
Ah! ce regard!... O ciel!
Qu'ils osent donc franchir le seuil! Et toi, cruel,
Quand tu veux accomplir un arrêt sanguinaire,
Moi, je le défendrai!

PERCEVAL.
Qui, toi!
GRISELDE, s'emparant de son poignard.
Je suis sa mère!
PERCEVAL.
A notre tour; l'instant suprême est arrivé.
Je n'y résiste plus : ton fils sera sauvé.
GRISELDE.
Sauvé?... Répète encor ce que tu viens de dire!
PERCEVAL.
Je ne veux pas qu'un jour il puisse nous maudire!...
Que je sois accusé de haute trahison,
Dépouillé de mes fiefs, chassé de ma maison;
Que mon nom criminel soit couvert d'infamie,
Jusqu'au jour où ma tête, à la foule ennemie,
Sanglante, soit jetée aux pieds d'un échafaud :
Eh! que t'importe, à toi! C'est ton fils qu'il te faut.
GRISELDE.
La honte!...un échafaud!...Dieu! Tristan m'a trompée...
PERCEVAL.
Oui, je suis prisonnier... j'ai rendu mon épée.
GRISELDE.
Prisonnier! pour quel crime?
PERCEVAL.
Enfin, tu m'as compris.
Indigné de te voir en butte à ses mépris,
J'ai défié Ginèvre; et la loi d'Angleterre
Veut l'exil de mon fils ou la mort de son père.
Mais pourquoi t'en parler? Que t'importe mon sort!
GRISELDE.
Quoi! pour mon fils, l'exil? Pour son père, la mort?
Je suis mère, il est vrai; mais avant, votre femme!
Le père de Richard ne mourra pas infâme...
Henri... je vous le rends!
PERCEVAL.
A moi, Tristan, à moi!

SCÈNE VI.

PERCEVAL, GRISELDE, TRISTAN,
GAUVIN, RONALD.

TRISTAN.
Seigneur!
PERCEVAL.
Allez remplir la sentence du roi...
GRISELDE.
Pitié! mon fils!...
PERCEVAL, impérieusement.
Griselde!
(Elle chancelle et vient tomber dans ses bras.)
RONALD.
O mère infortunée!...
PERCEVAL.
Ronald, veille sur elle!
GAUVIN.
A vous cette journée,
Mais à moi la revanche!
(Griselde et Ronald s'éloignent; Tristan et Gauvin, du côté opposé.)

SCÈNE VII.

PERCEVAL seul, tombant sur un fauteuil.

Achève, Dieu puissant!
Ses larmes... je voudrais les payer de mon sang...
J'ai combattu Cathmor; au bruit de la tempête
J'ai vu la mer en feu se briser sur ma tête;
Jeune encor, j'ai rendu ce nom que j'ai porté
Formidable aux tyrans, cher à la liberté;
Mais jamais un désastre, après vingt ans de gloire,
Ne m'a coûté, mon Dieu, plus que cette victoire!...
Le sort en est jeté!... Mon cœur, ne faiblis point;
Quelques pleurs ont-ils pu t'émouvoir à ce point?...
« Tel qui règne sur soi peut régner sur le monde; »
C'est Artus qui l'a dit, sa sagesse est profonde :
Dieu seul, si je triomphe, aura vu ma douleur...
Je veux faire aujourd'hui l'essai de ma valeur...
Voir Ginèvre à ses pieds!... Qu'elle me semblait belle,
Quand, ce fer à la main, la compagne rebelle,
La mère au désespoir menaçait son époux!
Je me serais jeté vingt fois à ses genoux,
J'aurais tout avoué; mais ce royal outrage,
Le sang de mes aïeux, la vengeance, la rage,
Tout, mon serment enfin, refoulait cet aveu
Jusqu'au fond de mon cœur!... La flétrir, c'était peu!
Il fallait la tuer, ma Griselde, mon ange!
Oui, dussé-je mourir, il faut que je la venge!
C'est au palais du roi, devant toute la cour
Que l'orgueil de Ginèvre insultait mon amour;
Eh bien! devant le peuple achevons la gageure,
Pour que son châtiment s'égale à mon injure.
Griselde en sortira plus parfaite à mes yeux,
Plus digne du respect, comme l'or précieux
Se concentre et s'épure au foyer de l'orfèvre.
Je vois déjà l'ardente et superbe Ginèvre,
La reine d'Angleterre, esclave d'un désir,
Qui tantôt, devant moi, l'accablait à plaisir
Des traits les plus sanglants de sa fureur jalouse,
Humblement prosternée aux pieds de mon épouse!
Ses courtisans d'hier lui rejettent, surpris,
Sarcasme pour sarcasme et mépris pour mépris;
Je les vois, souriant, ajustant leurs panaches :
Insulter aux vaincus, c'est le bonheur des lâches!...
Qui saisira le sceptre après la mort du roi?
Gauvin ou Lancelot?... Jamais! ce sera moi!...
Car moi seul je le puis : c'est ma croyance intime!...
J'aurai changé les pleurs d'une sainte victime
En perles sur sa tête, avant la fin du jour,
Et l'esclave sans nom sera reine à son tour!

(Il sort.)

SCÈNE VIII.

KENNETH, ELLINOR.

ELLINOR.

Cher prince! Monseigneur! peut-on fuir de la sorte?
Vingt milles d'un seul trait! J'étouffe, je suis morte!

KENNETH.

Délassez-vous!

ELLINOR.

Plaît-il?

KENNETH, avançant un siége.

Sur ce trône...

ELLINOR, s'asseyant.

Ah! quel trou
Que ce manoir du diable... un vrai nid de hibou!
C'est une indignité d'avoir bâti son aire
A deux cents pieds du sol... tout auprès du tonnerre!
Une route en zigzag; en bas, le gouffre ardent :
Le frisson vous saisit rien qu'en y regardant...

(S'éventant.)

Maudit cheval! vingt fois, sous mon feutre à plumage,
J'ai failli prendre un bain dans la mer!

KENNETH.

C'est dommage!...

ELLINOR.

Quoi! Monseigneur a-t-il conçu l'affreux dessein
De me noyer?

KENNETH.

Fi donc! en hiver, c'est malsain!
L'eau froide rend l'humeur taciturne et maussade;
On n'est pas un poisson... Je guette une ambassade
En France, en plein midi...

(Il boit.)

ELLINOR.

Dans quel état, bon Dieu!
Mais parlez; quel démon vous attire en ce lieu?

KENNETH.

D'abord, je rends visite à la cave du comte,
J'inspecte ses tonneaux...

ELLINOR.

N'avez-vous pas de honte,
Vous, le neveu du roi, l'honneur de sa maison,
D'étouffer dans l'ivresse, avec votre raison,
La fleur de nos amours, l'espoir d'une famille!

KENNETH.

Oui! la fleur des maris, une tendre jonquille...
Un tournesol...

ELLINOR, lui reprenant la gourde.

Rentrons.

KENNETH, s'asseyant à sa place.

Je suis si bien dedans...
Je hais le mot rentrer, comme le mal de dents;
J'aime la liberté... c'est le soleil de l'âme!
Il fait clair aujourd'hui!

ELLINOR.

Qu'est-ce à dire?

KENNETH.

Eh! madame!
Je dis que je suis las de vos soupçons jaloux,
De vos emportements, de vos cris, de vos coups;
Je dis que dès ce soir j'emploierai toutes choses
Pour briser nos liens, qui ne sont pas de roses;
Que j'adore Griselde, et je viens défier
Le comte Perceval en combat singulier!

(Il essaie de tirer son épée.)

ELLINOR.

Il se fera tuer!

KENNETH.

Si je suis las de vivre!...
Son mari, s'entend bien.

ELLINOR.
Prince, vous êtes ivre!
KENNETH.
C'est pour aller plus droit à mon premier combat.
Je me révolte enfin! Dieu fit le célibat,
L'homme, le mariage; or, l'ouvrage de l'homme,
Depuis qu'Ève a, dit-on, mangé certaine pomme,
A toujours perverti l'ouvrage du bon Dieu!
ELLINOR.
Je vais m'en plaindre au roi.
KENNETH, se levant.
Je vais juger, adieu!
Le roi m'a fait tantôt président honoraire
Des cours d'amour... Je veux fonder, pour me distraire,
En faveur du divorce, un jury d'examen.
ELLINOR.
Le divorce? une horreur!
KENNETH.
Que deviendraient l'hymen
Et la société, si cette loi bénie
Ne venait dans nos mœurs rétablir l'harmonie?
Sans le divorce, enfin, combien de prétendus,
Plutôt que mariés, voudraient être pendus!
ELLINOR.
C'est une indignité!
KENNET.
Les femmes... quel mystère!
Font les trois quarts du mal qui règne sur la terre;
Nous, à peine le quart,... et pour leur plaire encor'
Leur mignon, c'est Satan... s'il a deux cornes d'or,
En voici par milliers!
ELLINOR.
Voyez le philosophe!
Allez donc prodiguer aux gens de cette étoffe
Tous les trésors du cœur, pour qu'au moindre soupçon
Ils vous laissent percher seules dans la maison!
Le divorce!
KENNETH.
Oui, ma tante.
ELLINOR.
Oh! les hommes! les hommes!
Si je les tenais tous!
KENNETH.
Princesse, tu m'assommes!
Voici notre instrument, signé de Saint-Gréal.
Il n'y manque, ma foi, que le grand sceau royal;
Mais sans peine Gauvin m'obtiendra cette grâce,
Car on compte sur moi pour prolonger la race.
ELLINOR.
C'est-à-dire, sur nous...
KENNETH.
Je l'ai cru bien longtemps;
Mais l'hiver a glacé tes cinquante printemps.
ELLINOR.
Tu mens!... vingt-cinq.
KENNETH.
Tant pis!...
ELLINOR.
Ingrat! en héritage,
Je t'aurais tout donné; peut-être davantage!...
Tu me feras mourir!

KENNETH.
Tant mieux!...
ELLINOR.
Impertinent!
KENNETH.
A ton âge, la mort n'aura rien d'étonnant.
ELLINOR.
Eh bien! non, je vivrai cent ans.
KENNETH.
Miséricorde!
ELLINOR.
Mais c'est pour me venger.
KENNETH.
Si la loi te l'accorde;
Me battre et se venger, c'est bien femme, cela!
ELLINOR, avec douceur.
Cher Kenneth!
KENNETH.
Non... plus tard!
ELLINOR, s'emparant de l'acte.
Je le tiens... le voilà!
KENNETH.
Mon divorce ou la mort!
ELLINOR, le plaçant dans son corsage.
Viens le prendre...
(Kenneth trébuche en la suivant.)
A merveille!...
Voilà donc le neveu d'un grand roi de la veille!
Il ferait beau souffrir un pareil potentat!
Comment peux-tu prétendre à gouverner l'État,
Lorsque tu ne peux pas te gouverner toi-même?
KENNETH.
Puisqu'il en est ainsi, malgré l'horreur extrême
Que j'ai pour l'eau de mer, j'aime autant renvoyer
Mon âme à son étoile...
ELLINOR.
Où vas-tu?
KENNETH.
Me noyer!
(Il salue et saute par la fenêtre.)
ELLINOR, seule.
Au secours!... s'il allait se donner une entorse!
J'ai perdu mon mari, mais je tiens mon divorce...
Ah! mon Dieu! mais il dort, couché sur le gazon!
Qu'on a de peine à faire un aigle d'un oison!
(Elle sort en courant.)

SCÈNE IX.

PERCEVAL, TRISTAN, GAUVIN, RONALD.

PERCEVAL.
Griseldereine!... Allons! notre œuvre est commencée;
Recueillons cet espoir au fond de ma pensée!
(On entend le son du cor dans le lointain.)
Ronald!
RONALD, s'avançant.
La sentinelle, à l'enseigne du fort,
Signale à tous les vents le peuple de Stafford
Accourant au château, comme pour une fête.

PERCEVAL.
Ainsi Dieu l'a voulu, sa volonté soit faite!
Que l'on ouvre à l'instant la salle du festin!
Qu'on amène Griselde!
(Ronald sort.)
TRISTAN, à la croisée.
Aux clartés du matin,
Un groupe d'étrangers sort du vieux monastère;
Sur leurs drapeaux brillants les couleurs d'Angleterre!
GAUVIN.
C'est la reine.
TRISTAN.
Il dit vrai!
PERCEVAL.
Ginèvre ici! chez moi!
TRISTAN.
Le comte Lancelot retient son palefroi,
La soulève du siége... il range son escorte...
Sur son bras appuyée elle a franchi la porte...
GAUVIN, à part.
Le jeu sera complet!...
(A Perceval.)
« Ordonnons que demain
« Griselde, ayant livré son fils, par votre main,
« Soit rendue à son père, épouse abandonnée,
« Pauvre et sans vêtement, comme il vous l'a donnée.
« Signé : moi, Perceval... »
PERCEVAL.
J'aurais dû le prévoir.
Grand veneur de Ginèvre, allez la recevoir
Avec tous les respects que son rang vous suggère;
Mais sans nommer la reine, et comme une étrangère
Qui viendrait demander asile en mon palais...
TRISTAN.
Vous nous trompez!...
GAUVIN, en sortant.
Je gagne, en jouant les valets.
(Il sort.)

SCÈNE X.

TRISTAN, PERCEVAL.

TRISTAN.
Pouvez-vous souhaiter ce triomphe éphémère
Au prix du désespoir, des larmes d'une mère?
Songez qu'en triomphant vous creusez un cercueil;
Cette épreuve aurait dû suffire à votre orgueil.
PERCEVAL.
Que parles-tu d'orgueil? Mais Dieu sait si je l'aime
Il sait si j'ai souffert cent fois plus qu'elle-même!
Mais, Griselde, c'est moi! C'est ma vie et mon sang!
C'est moi seul adoré dans un cœur innocent!
Mon regard le soutient et ma force l'inspire;
Par ma seule tendresse, il vit, pense, respire :
Je suis son roi, son Dieu, sa destinée, oui, tout!...
Mais j'ai fait un serment, qu'il soit vrai jusqu'au bout!
TRISTAN.
C'est la mort pour un rêve, une vaine querelle!...
PERCEVAL.
Pour moi c'est la vengeance, et la gloire pour elle!

TRISTAN.
Ginèvre est généreuse, elle pardonnera...
PERCEVAL.
Ginèvre! y songes-tu? Non! Griselde mourra!
Je verrai sous mes pieds ce nid d'aigle, où je règne,
S'écrouler avec moi dans la mer qui le baigne,
Par la main du bourreau ce blason insulté,
Avant de me résoudre à cette lâcheté!
Plutôt sur ce rocher que le ciel me foudroie!...
Ah! Ginèvre, tu viens te jeter sur ta proie,
Ici, dans mon repaire? Eh bien! par ce soleil
Qui sème de brillants la mer au flot vermeil,
Je dis qu'avant ce soir Griselde sera reine!
Oui, la lutte me plaît, la victoire m'entraîne!
Je rendrai son destin si beau, si glorieux,
Que tous les rois du monde en seront envieux!
TRISTAN.
Fol espoir...
PERCEVAL.
Va, Tristan, qu'une bonne parole
La prépare au combat, l'éclaire et la console...
TRISTAN.
J'y mettrai tout mon cœur.
(Ronald entre.)
PERCEVAL.
Tous nos gens sont-ils prêts?
RONALD.
Oui, maître.
PERCEVAL.
Ouvrez!... Du calme, et le triomphe après!...
(Les deux portes latérales s'ouvrent en même temps, et laissent passer d'un côté Griselde en robe d'apparat avec ses femmes; de l'autre, Ginèvre en habit de chasse, avec sa suite, Oriane, Lancelot et Gauvin. Le peuple s'avance par le fond, avec ses bannières. Perceval monte sur l'estrade et s'arrête devant le fauteuil. — Marche guerrière.)

SCÈNE XI.

RONALD, PERCEVAL, GRISELDE,
TRISTAN, LANCELOT, GINÈVRE,
ORIANE, GAUVIN, LE PEUPLE.

LE PEUPLE.
Salut à Perceval!
PERCEVAL.
Gallois et frères d'armes,
Salut! Vous savez tous, qu'ébloui par ses charmes,
Nous avons épousé Griselde, que voici,
La fille de Cédric. Vous savez tous aussi
Qu'un fils a couronné cette union prospère,
Héritier du domaine et du nom de son père.
Mais le roi,
(Se découvrant.)
notre maître et seigneur, irrité
De voir passer nos fiefs et notre autorité
Dans les mains d'un vassal, par un édit sommaire,
Nous enjoint d'exiler le fils avec la mère;
Notre fils est proscrit. Le roi, l'ayant connu,
Déclare notre hymen nul et non avenu,
Et nous fait contracter une chaîne plus digne

Avec un autre objet que son choix nous désigne.
Tel est notre plaisir, tel est son droit divin...
Griselde!
GRISELDE.
Me voici.
GINÈVRE.
Qu'elle est belle, Gauvin!...
Tous ceux qui l'ont aimé, voilà comme il les brise!
PERCEVAL, avec effort.
Les liens qu'entre nous nulle loi n'autorise,
Ainsi que cet anneau, plus cher que le bonheur,
Je les romps pour jamais; soyons libres!
(Il rompt l'anneau.)
GRISELDE.
Seigneur!...
Vous m'entendrez, du moins, avant notre divorce!
Dieu qui soutient mon âme et lui prête sa force,
Dieu seul aurait le droit d'exiler sans retour
Et de briser ce cœur fidèle à votre amour!
Parlez! de quel devoir me suis-je défendue?
N'ai-je pas accompli toute leur étendue?
N'ai-je pas tout quitté? mon père aux cheveux blancs,
Mon fils, mon beau Richard! Voyez ces pleurs brûlants!
Eh bien! j'ai tout donné sans une plainte amère,
Jusqu'au dernier baiser promis par une mère!
Mais, parlez, messeigneurs, parlez donc! Qu'ai-je fait
Pour me briser ainsi?
TRISTAN.
Je l'atteste, en effet,
Griselde est la plus chaste épouse et la plus sainte.
GINÈVRE.
Tristan! vous osez dire?...
TRISTAN.
Oui, madame, et sans crainte,
Dussé-je devant Dieu comparaître à l'instant!
LES FEMMES DU PEUPLE, apportant des fleurs.
Grâce pour notre sœur!
PERCEVAL.
Retirez-vous!... Tristan,
Ordonnez qu'on se taise ou qu'on vide la salle!...
Toi, mon épouse hier, aujourd'hui ma vassale,
Tu me rendras d'abord les gages de ma foi;
Les portes d'un couvent s'ouvriront devant toi,
Pour y finir tes jours loin de Cédric, ton père;
Ainsi le roi le veut, ainsi je lui défère,
Devant vous, chevaliers; madame,
(A la reine.)
et devant vous,
Pour que nul n'en ignore. A présent, laisse-nous!
GRISELDE.
Eh quoi! dans cette foule, où règne l'épouvante,
Pas un ne me défend? pas une âme vivante?
Mon arrêt est rendu! je dois sortir d'ici!...
Recevez-moi, mes sœurs; mes frères, me voici;
Portez-lui ces présents, les voilà, j'y renonce :
Cet emblème d'abord, ma couronne... de ronce...
Ce bouquet, retraçant à mes yeux éblouis
Tous mes songes si beaux, si vite évanouis!
Ces perles, ces colliers!... souvenirs pleins d'ivresse
Vous n'aviez d'autre prix que sa seule tendresse!...
Adieu!... tous ces trésors, prenez-les! gardez-les!
Humble fille des champs, je quitte son palais,
Comme ces fleurs, mourante et brisée avant l'heure!
Ma place à moi ne fut jamais dans sa demeure...
J'ai mérité mon sort!...
(Ses femmes la dépouillent de ses vêtements.)
ORIANE.
Se peut-il qu'une fleur
Si belle soit éclose au souffle du malheur?
LANCELOT.
La rose aime parfois à fleurir dans la plaine!
GINÈVRE.
Il l'aime!... il doit l'aimer... je le sens à ma haine!
GAUVIN.
Vengez-vous donc, madame!
GRISELDE.
A présent, je n'ai rien
A lui, que cet anneau... C'est le dernier lien
Entre la terre et moi... Son éclat me rappelle
Ma vie à ses côtés, si charmante, si belle...
Laisse-moi le garder!... Tu détournes les yeux?
PERCEVAL.
Griselde!
GRISELDE, le portant à ses lèvres.
Oui, je comprends! Adieu, don précieux,
Séparons-nous... ma main gardera ton empreinte;
Mon cœur, le souvenir de sa dernière étreinte...
Ce vêtement du peuple, oui, le mien... c'est le seul
Que j'emporte en exil, suffit pour un linceul...
Car vous avez rompu ce prestige de flamme
Qui retenait mon âme enchaînée à votre âme;
La voilà qui remonte en vous disant adieu...
Vivez, je vous pardonne!... au revoir devant Dieu!...
Comte... c'est une mère à vos pieds, suppliante...
Je vous donnai ma vie heureuse et confiante,
Je vous quitte aujourd'hui sans espoir... et demain...
Demain, je serai morte... Oh! tu me tends la main,
Sois béni... Laisse-moi la couvrir de mes larmes!
Un jour... cette pensée adoucit mes alarmes,
Tu te repentiras de mon supplice affreux!
Qu'une autre... une autre alors, te rende plus heureux,
Et je la bénirai! car, tu le sais toi-même,
Aucune ne saurait t'aimer comme je t'aime!...
(Perceval lui retire sa main et couvre son visage. Griselde le quitte lentement; ses femmes se pressent autour d'elle.)
PERCEVAL, à part.
Elle s'éloigne!
GRISELDE.
Adieu, Tristan! Je vous remets
Mon fils; ne le quittez jamais!
TRISTAN.
Oh! non, jamais!
GRISELDE.
Jurez-moi sur l'honneur qu'après sa délivrance
Un vaisseau portera l'orphelin vers la France,
L'asile des proscrits?...
TRISTAN.
Sur l'honneur, devant Dieu!
GRISELDE.
Merci, Tristan; Ronald, et vous, mes sœurs... adieu!
Je pars...
ORIANE, aux pieds de Ginèvre.
Grâce, Ginèvre!

LANCELOT, de même.
Ayez pitié, madame!
GINÈVRE, impérieusement.
Levez-vous!
(Griselde se dirige lentement vers le seuil.)
TRISTAN.
Arrêtez!... Mais vous n'avez pas d'âme,
Vous autres, qui souffrez cet indigne abandon!...
Lâches! vous vous taisez? Griselde, invoquez donc
Celle qui tient de Dieu le pouvoir d'allégeance!
GRISELDE.
Quoi! Ginèvre?
TRISTAN.
A genoux!
GRISELDE, suppliant.
Pour mon fils!...
(Perceval, se dressant, fait un signe impérieux; elle s'éloigne.)
PERCEVAL.
Oh! vengeance!
TRISTAN, montrant Ginèvre.
Elle n'a pas d'enfants!...

SCÈNE XII.

LES MÊMES, moins GRISELDE.

GAUVIN, à la reine.
Il nous reste un espoir;
Son fils doit disparaître avec elle ce soir.
GINÈVRE, se levant.
Comte, l'adorateur est digne de l'idole,
C'est vraiment merveilleux!... Sa dernière parole
Fut l'adieu d'une amante espérant le retour,
Son suprême regard, une extase d'amour!
Vous l'emportez encore, et Griselde l'emporte;
Mais il nous reste à nous l'épreuve la plus forte,
C'est la troisième : à moins que vous ne consentiez
A courber, sur-le-champ, votre orgueil à nos pieds!
PERCEVAL.
Chapeau bas!
(Tous, excepté lui, se découvrent.)
GAUVIN, à Tristan.
Bien joué! mais la belle est certaine...
PERCEVAL.
Chevaliers, à vos rangs! Vassaux, place à la reine!
(La reine sort avec sa suite.)

ACTE TROISIÈME.

La rade de Stafford. — D'un côté, la cabane de Cédric; de l'autre, le château de Pendenny. — Dans le lointain la mer. — Un vaisseau à l'entrée du port.

SCÈNE PREMIÈRE.

ARTUS, GAUVIN.

ARTUS, armé d'un épieu.
Asseyons-nous un peu sur ce banc de gazon.
Le soleil, roi déchu, s'incline à l'horizon;
Il renaîtra demain, tandis que moi... c'est triste!
Pendant un jour entier suivre un cerf à la piste,
Et le diable à dix pas lui fait sauter le gué!...
Tu n'auras jamais vu de roi plus intrigué,
Ni de chasseur plus las!... un dix-cors! quelle honte!
Que dira Lancelot, et Tristan, et le comte?
Toute gloire s'éteint, tout soleil s'obscurcit.
GAUVIN.
Sire, permettez-moi de vous faire un récit
Du bon vieux temps...
ARTUS.
Fais donc! J'aime assez les histoires
Qui mentent bien...
GAUVIN.
Jadis...
ARTUS.
Comprends-tu mes déboires!
Griselde en pleurs! Le comte en prison, ou proscrit!
GAUVIN.
Oui, vous avez signé!
ARTUS.
Donne-moi cet écrit.
GAUVIN.
Il n'est plus temps...
ARTUS.
Mieux vaut ajourner ces épreuves.
GAUVIN.
Que non pas! Les beaux yeux sont pareils à des fleuves
Toujours prêts à couler pour toutes les douleurs;
La rosée embellit les femmes et les fleurs.
Leur sexe, par instinct, plus changeant que le nôtre,
A d'un côté l'orage, et l'arc-en-ciel de l'autre;
C'est l'ombre avec le jour. En passant sur leurs traits,
Le sourire et les pleurs se suivent de si près,
Qu'on ne sait si l'on doit, en admirant leurs charmes,
S'attrister d'un sourire, ou sourire à des larmes.
ARTUS.
On sait que tu crois peu, Gauvin, à leur vertu;
Mais voyons ton récit. Il est court, me dis-tu?
GAUVIN.
Très-court.
ARTUS.
Commence donc.
GAUVIN.
Certain roi de Golconde...
ARTUS, toussant.
Bon, la grippe à présent! C'est vieux comme le monde!
J'aime autant Mélusine ou le Petit-Poucet.
GAUVIN.
Il était un vieux prince enrhumé, qui toussait...
ARTUS, se levant.
Atchi!... Pendre à son clou ma javeline vierge!
Pourtant, depuis six jours, je fais brûler un cierge
A saint Hubert des Champs...
GAUVIN.
Puisque j'ai commencé,
Permettez que j'achève!
ARTUS.
Oui, le cerf est lancé!
GAUVIN.
Sire, c'était un roi. Jeune et belle à merveilles,
La reine aimait beaucoup les roses, ses pareilles;

ACTE III, SCÈNE I.

Or, l'automne avait fui, la fleuriste manquait,
Et pour son jour de fête il fallait un bouquet...
ARTUS.
Un dix-cors!
GAUVIN.
Voulez-vous écouter mon histoire?
Je ne pourrai jamais...
ARTUS.
Oui, le cerf allait boire!
GAUVIN.
Mais il ne s'agit pas d'un cerf; c'était un roi!
ARTUS, se rasseyant.
J'entends bien! il manquait des fleurs pour un tournoi.
GAUVIN.
On annonce une artiste habile à faire éclore
D'un seul coup de pinceau tout le règne de Flore!
C'était un vrai bijou. Son front blanc comme un lis
Appelle le baiser; sa bouche, aux doux replis,
Semble un pavot vermeil que la rosée inonde,
Et ses yeux, deux bluets, les plus charmants du monde.
ARTUS.
Un animal superbe!... Il est vrai, mon ami,
Qu'hier, c'était ma fête, et j'ai fort mal dormi...
Je l'ajuste à dix pas; l'épieu vole avec force,
Et, frappant un jeune orme, il s'arrête à l'écorce!
Avoir failli tuer Kenneth, ce cher neveu!
Je l'ai pris pour un daim!
GAUVIN.
Vous me trompiez de peu.
ARTUS.
Avec l'âge et le temps ses rameaux vont s'accroître...
Mais où donc est Ginèvre?
GAUVIN.
A Stafford, au vieux cloître.
ARTUS.
Seule?
GAUVIN.
Avec Lancelot...
ARTUS.
Son rosaire à la main?
GAUVIN.
Oui, sans doute; et priant pour vous, jusqu'à demain.
ARTUS.
Atchi!
GAUVIN.
Dieu vous bénisse.
ARTUS, s'endormant.
Il paraît dans la brume,
Qu'au lieu de prendre un cerf, je n'ai pris qu'un gros
GAUVIN. [rhume.
Je reprends mon récit : pendant un jour entier
La belle travailleuse est assise au métier;
Les roses, les œillets, les tendres pâquerettes,
Naissent comme à l'envi; trois corbeilles sont prêtes,
Et la reine, au travail pour la mieux disposer,
Promet de lui payer chaque fleur un baiser :
Jugez si notre artiste est ardente à lui plaire!
Aussi bien, vers le soir, implorant son salaire,
Elle apporte ses fleurs, elle en avait un cent;
Les présente et reçoit, rougissant, frémissant,
Sa récompense...

ARTUS, s'éveillant.
Atchi! mieux vaudrait, ce me semble,
Voir la meute et le cerf se noyer tout ensemble!
GAUVIN.
Au diantre!...
ARTUS.
Va toujours.
GAUVIN.
On emporte l'enfant :
« Grâce, dit-il, je veux rester, mort ou vivant!
Si, pour être à vos pieds, j'employai cette ruse,
Amour seul fut mon crime : Amour soit mon excuse! »
ARTUS.
C'était son page!...
GAUVIN.
Oui, sire! On dit même à la cour
Qu'ils ne firent jamais de fleurs, depuis ce jour.
ARTUS.
Charmant!... Par saint Artus! comme nous allons rire,
Quand Ginèvre saura... Je vais le faire écrire;
Un baiser chaque fleur! Et que faisait le roi?...
GAUVIN.
Le roi chassait toujours.
ARTUS.
Vraiment? C'est comme moi!
GAUVIN.
Souvent même il tuait un chien, pour une chèvre...
ARTUS.
Ah! diable!... Il se nommait?
GAUVIN.
Le mari de Ginèvre.
ARTUS.
Et lui?...
GAUVIN.
Qui?
ARTUS.
Le galant...
GAUVIN.
C'est Lancelot.
ARTUS.
Corbleu!...
Je dis que c'est un conte.
GAUVIN.
Oui, sire.
ARTUS.
Un conte bleu...
GAUVIN.
Oui, sire.
ARTUS.
Invraisemblable!
GAUVIN.
Oui, sire.
ARTUS.
Absurde! infâme!
GAUVIN.
Ah!
ARTUS.
César ne veut pas qu'on soupçonne sa femme!
GAUVIN.
César est tout-puissant.
ARTUS.
Et moi, je n'en crois rien.

GAUVIN.
Ni moi non plus.
ARTUS.
Ni moi!... Voyez-vous ce vaurien,
Ce Lancelot du Lac, nourrisson d'une fée,
Venir à ma couronne attacher son trophée?
Qui fut son devancier?
GAUVIN.
Perceval.
ARTUS.
C'est trop fort!
Lui! mon meilleur soldat, le héros de Stafford!
GAUVIN.
C'est un conte.
ARTUS.
Et, dis-moi... J'en aurai la jaunisse!
Il ne prend qu'un baiser?... Atchi!...
GAUVIN.
Dieu vous bénisse!...
ARTUS.
Qui l'eût pensé, le traître!... Il m'en rendra raison!
Kenneth! Je les ferai chasser de ma maison!
A ces folles amours je veux mettre des bornes.
Les femmes, vois-tu bien, sont des diables sans cornes;
C'est nous qui les portons. Kenneth!...

(Il éternue et tousse en appelant.)

SCÈNE II.

LES MÊMES, KENNETH.

ARTUS.
Vite, à cheval!
Cours assembler mes gens.
KENNETH, boitant.
J'y cours.
ARTUS, détachant un feuillet de ses tablettes.
A Perceval!
KENNETH.
Mais...
ARTUS, le contrefaisant.
Mais!
KENNETH.
Je suis...
ARTUS.
Un sot!
KENNETH.
Le cerf...
ARTUS.
Va-t'en au diable!
(Il le pousse dehors par les épaules.)
Et toi, songe à ton cou, si ce n'est qu'une fable!
GAUVIN.
J'ai tout vu.
ARTUS.
Foi d'Anglais?
GAUVIN.
Foi de prince... normand.
ARTUS.
Assez! je m'en doutais. Quoi! ce beau garnement
Vient me faire... corbleu! tout l'enfer m'environne;
Et le chêne royal se meurt, par la couronne!...
Ils me trahissaient tous! et toi peut-être aussi?...
Tiens! les femmes, vois-tu!... Suis-moi.
GAUVIN.
J'ai réussi.

(Ils s'éloignent.)

SCÈNE III.

CÉDRIC, OGIER.

CÉDRIC.
Où sommes-nous, enfant?
OGIER.
Sur le vieux promontoire,
Près de votre maison.
CÉDRIC.
Monuments de victoire,
Contemporains du roi dont j'ai sauvé les jours,
Vieux chênes de Stafford! vous êtes là, toujours,
Témoins des temps passés, sous les yeux de mon âme!
Oui, je le vois debout, sur son navire en flamme,
Terrassant le Danois qui fuit épouvanté,
Et semant de corps morts le pont ensanglanté!
Sa voix couvre en tonnant le bruit de la tempête;
La hache de Cathmor se lève sur sa tête...
Elle va le frapper, je m'élance!... et mon bras
La jette sur la mienne... Oh! les rois sont ingrats!...
Pour moi, plus de soleil!... mon ange de lumière,
Griselde, a déserté le seuil de ma chaumière!...
Et ne pouvoir mourir!
OGIER.
Là, toujours son refrain!
CÉDRIC.
L'amiral d'Angleterre et Cédric le marin!
Quel caprice du sort de si loin les rassemble?
L'un devait briser l'autre! Et pourtant, ce me semble,
Pétris de même argile, arrachés du néant
Par Dieu, qui nous fit tous égaux en nous créant!
Devant un jour paraître aux pieds du même juge!...
Griselde... la comtesse... est dit-on, sans refuge,
Séparée à jamais de son fils?
OGIER.
On l'a dit
Ce matin, au village...
CÉDRIC.
Et, par un même édit,
Le comte, en criminel, chassé de son repaire,
Dépouillé de ses fiefs?
OGIER.
C'est Ronald, mon beau-père,
Qui le disait aussi; mais tous, dans notre val,
Accusent hautement Artus et Perceval;
Tous appellent sur eux la divine colère
Pour Griselde, autrefois notre ange tutélaire!
CÉDRIC.
Oui, j'en avais déjà comme un pressentiment!
Toute faute ici-bas trouve son châtiment!
C'était peu de me fuir; Griselde me renie,
Comme elle a renié sa mère à l'agonie!
La voilà par le comte exilée à son tour!...

Perceval dégradé! bafoué par la cour! [l'archange
Oh! c'est bien! c'est très-bien!... Dieu qui punis
Pour le crime d'orgueil, c'est ta main qui me venge!...
Un jour, le roi peut-être... Oh! je ris, jusqu'aux pleurs.
(Il cache sa tête dans ses mains, et rêve profondément.)

OGIER.
Calmez-vous, bon Cédric! Venez, mes belles fleurs;
Pour Griselde, un bouquet!
(Il chante.)

  Jadis un grand seigneur
   Vit une rose,
    Éclose
  Sur la pelouse en fleur;
  Lui dit : « O mon trésor,
   Viens, mon amante
    Charmante,
  Sur ma couronne d'or.

  « Je te prends avec moi,
   Ma souveraine;
    La reine
  Est moins belle que toi!
  — Ta couronne, seigneur,
   Lui dit la rose,
    Je n'ose...
  Mais prends-moi sur ton cœur! »

CÉDRIC, l'arrêtant.
      Griselde! il me l'a prise,
Le noble comte; et puis, lâchement, il la brise;
Il l'insulte à ses pieds d'un sourire moqueur :
Car ma rose flétrie est morte, sur son cœur!
Son cœur! A-t-il un cœur? C'était sa courtisane!
Pourquoi l'ai-je accueilli mourant dans ma cabane?
Anathème sur elle et sur lui!...
(On voit Griselde descendant la montagne.)

SCÈNE IV.

LES MÊMES, GRISELDE.

OGIER, s'approchant de Cédric.
       Votre main,
Rentrons dans la chaumière...

CÉDRIC.
      Oui, ma tombe demain!...
Quel est ce bruit?

OGIER.
    Le vent frémit sous la charmille...

GRISELDE, s'agenouillant.
Mon père...

CÉDRIC.
C'est Griselde!

GRISELDE.
     Oui, c'est moi, votre fille!

CÉDRIC.
La comtesse!...

GRISELDE.
  Pitié... je m'attache à vos pas...

OGIER.
Pardonnez-lui...

CÉDRIC.
Jamais! je ne vous connais pas...

OGIER chante en s'éloignant.

  « Ta couronne, seigneur,
   Lui dit la rose, etc.

SCÈNE V.

GRISELDE, seule.

Jamais!... Ils m'ont tuée avec cette parole!...
Qu'ai-je donc fait, mon Dieu? j'ai peur de mourir folle;
Mourir, foulée aux pieds par tous ceux que j'aimais!
Mourir sans le revoir, car il a dit : Jamais!...
Angoisse déchirante et que rien ne tempère!
Je sens peser sur moi l'anathème d'un père!...
(S'asseyant.)
Sur ce banc de gazon, des fleurs? O douces fleurs!
Dites, qu'avez-vous fait de vos fraîches couleurs?
Mortes, avant le soir, sous le vent de l'automne!
C'est ainsi qu'un orage a brisé ma couronne!
Perdre à jamais mon fils, mon père, mon époux!
Mes roses, pleurez-moi! car je meurs comme vous!...
(Elle essaie de marcher et s'arrête, en pleurant.)
Oh! non, je n'ose pas!... si j'étais reconnue
Par les gens du village... errante, demi-nue...
La honte me tuerait!
(Elle se voile avec ses cheveux.)
     Adieu, calme séjour,
Où ma jeunesse a fui comme un songe d'amour,
Sous les ailes d'un ange à toute heure abritée...
Ma mère, elle était là!... Pourquoi l'ai-je quittée?
Je n'aurais pas connu ce supplice infini
De maudire en pleurant celui qu'on a béni!
Je vais à toi, ma mère!... Et lui, je serais morte
Sans l'embrasser?... Un mot d'adieu!... Voici la porte,
Ah!... tout mon sang se glace... Une affreuse torpeur
Me saisit, me rend folle... Et personne?... J'ai peur...
Fermée?... Adieu, mon père!
(Elle tombe évanouie sur le seuil.)

SCÈNE VI.

GRISELDE, PERCEVAL, TRISTAN.

PERCEVAL.
    Écoute... Est-ce un prestige?
Ce cri de mort!...

TRISTAN.
  D'où vient?...

PERCEVAL.
      Je l'ai senti, te dis-je,
Là, dans mon cœur!...
(Lisant un feuillet.)
     Le roi désire me parler?

TRISTAN.
Au premier son du cor, je dois faire assembler
Toute sa cour.

PERCEVAL, s'avançant.
　　　　　Grand Dieu! ta justice me frappe...
Griselde!... Morte?
　　　　　　　TRISTAN.
　　　　　Oui, morte! et Gauvin nous échappe,
Au moment du triomphe!
　　　PERCEVAL, la plaçant sur un banc.
　　　　　　　　　　Ah! son cœur bat!...
　　　　　　　TRISTAN.
　　　　　　　　　　Voyez;
Ses yeux s'ouvrent...
　　　　　　　GRISELDE.
　　　　　　Mon père!
　　　　　　　PERCEVAL.
　　　　　　　　　　Anges du ciel, priez!
　　　　　　　GRISELDE.
Où suis-je?
　　　　　　　PERCEVAL.
　　　　　Dans mes bras, sur mon cœur!
　　　　GRISELDE, comme en rêve.
　　　　　　　　« Viens, repose
Sur mon cœur... » C'est ainsi qu'il disait à la rose...
　　　　　　(Elle chante.)

　　　　　« Ta couronne, seigneur,
　　　　　　Lui dit la rose,
　　　　　　Je n'ose... »
　　　　　　　PERCEVAL.
Dieu! sa raison perdue?
　　　　　　　TRISTAN.
　　　　　　　　Oui, c'est un jeu cruel!
　　　　　　　GRISELDE.
Qui dit que c'est un jeu?... Pour moi, tout est réel!
Plus d'amour... c'est l'oubli, la pitié qu'il m'apporte!,..
Il fallait que je fusse évanouie, ou morte,
Pour être dans ses bras!
　　　　　　(On entend le cor.)

SCÈNE VII.

Les Mêmes, GAUVIN.

　　　　　　　GAUVIN.
　　　　　　　　Le prince vous attend;
C'est le signal!
　　　　　　　TRISTAN.
　　　　　Si vous tardez un seul instant,
Malheur à vous!
　　　　　　　PERCEVAL.
　　　　　Regarde!...
　　GRISELDE, effeuillant des fleurs avec délire.

　　　　　« Je te prends avec moi,
　　　　　　Ma souveraine;
　　　　　　La reine
　　　　　Est moins belle que toi... »
　　　　　　　PERCEVAL.
　　　　　　　Eh bien?...
　　　　　　　GAUVIN.
　　　　　　　　　Pourquoi ces larmes?

Dois-je annoncer au roi que, vaincu par vos armes,
Vous rompez ce traité librement consenti?
　　　　　　　PERCEVAL.
Va!...
　　　GRISELDE, jetant une fleur au vent.
　　　Cette fleur a dit qu'il t'aime... elle a menti!...
Ainsi, venu des cieux, ton beau rêve s'envole;
Ainsi tu meurs, brisée, aux pieds de ton idole!...
　　　　　(Elle rit en sanglotant.)
　　　　　　GAUVIN, lisant.
　　« Si sa fidélité lui cause un seul remord,
　　« Pour votre fils, l'exil; pour vous, comte, la mort! »
　　　　　　　PERCEVAL.
Eh bien, soit! je mourrai.
　　　　　　　GAUVIN.
　　　　　　　Perceval se rétracte?...
Puisque le cœur vous manque à la moitié du pacte,
J'oserai donc pour vous.
　　　　　(S'approchant de Griselde.)
　　　　　　Comtesse!
　　　　　　　GRISELDE.
　　　　　　　　Ah! le Normand!
　　　　　　　GAUVIN.
Un seul mot d'entretien.
　　　　GRISELDE, toujours égarée.
　　　　　　　　Sur les fleurs, en dormant,
D'une vipère... en songe... elle était poursuivie...
　　　　　　　GAUVIN.
Il y va de l'honneur du comte, ou de sa vie!
　　　　GRISELDE, revenant à elle.
Ciel!... Henri! laisse-nous!...
　　　　　　　PERCEVAL.
　　　　　　　　Seule avec lui? Jamais!
　　　　　　　GRISELDE.
Il est sur cette plage un réduit que j'aimais,
Comme un nid d'alcyon, penché sur l'onde amère,
Berceau de nos amours et tombeau de ma mère;
Va, je t'y rejoindrai bientôt!
　　　　　　　PERCEVAL.
　　　　　　　　Ange d'amour,
Adieu! que de bonheur, que d'ivresse au retour!
Puisse ma vie entière, à tes pieds prosternée,
Expier les douleurs dont je t'ai couronnée!...
　　　　　　(On entend le cor.)
　　　　　　　TRISTAN.
Partons!
　　　　　　　GRISELDE.
　　　Veillez sur lui!...

SCÈNE VIII.

GRISELDE, GAUVIN.

　　　　　　　GRISELDE.
　　　　　　　　Quel est donc le péril
Qui menace ses jours?
　　　　　　　GAUVIN.
　　　　　　　　Le déshonneur, l'exil!
　　　　　　　GRISELDE.
Perceval exilé?

ACTE III, SCÈNE VIII.

GAUVIN.
Voyez-vous ce nid d'aigle?
GRISELDE.
Oui, c'est Stafford.
GAUVIN.
C'est là qu'asservie à la règle
Des sœurs de saint Artus, martyres de la foi,
Vous finirez vos jours.
GRISELDE.
A Stafford! et pourquoi?
GAUVIN.
Le roi craint qu'un retour d'amitié... ne resserre
Les liens qu'a rompus sa rigueur nécessaire;
Il accorde à ce prix, comme il me l'a juré,
Sa grâce à Perceval... Moi, je vous sauverai!...
Voyez-vous ce navire? Aux clartés des étoiles,
Vers des bords plus heureux je dirige mes voiles;
Loin d'un époux sans cœur, justement déserté,
Je vous rends la patrie avec la liberté!
GRISELDE.
Vous le haïssez donc?
GAUVIN.
Si je le hais, madame?
Lui!... Mais si vous pouviez lire au fond de mon âme,
Y sonder d'un regard tous les déchirements,
Tous les pleurs dévorés, les longs ressentiments,
Amassés jour par jour dans le sein de l'esclave,
Comme au fond d'un cratère où fermente une lave!
Griselde, ignorez-vous que depuis le combat
Où l'enfer a permis que Gauvin succombât,
Flétri, déshonoré par son orgueil sauvage,
Je porte à cette cour le collier du servage?
Et vous me demandez si je dois le haïr!...
Moi, louvetier d'Artus? moi, contraint d'obéir
A ce spectre royal que la tombe réclame,
Ce squelette attaché sur le cœur d'une femme!...
Moi, banni de mon ciel, sans espoir de retour?
A lui la gloire, à lui l'empire, à lui l'amour,
A moi les fers!... Vraiment, la demande est étrange!
Mais vous le voyez bien; il faut que je me venge!
GRISELDE.
Lui, qui vous a sauvé, vous osez le haïr?
Vous ne servez le roi que pour mieux le trahir!
Vous n'êtes pas un homme!
GAUVIN.
Ah! Perceval des Gaules!
Le grand Artus! deux noms à hausser les épaules!...
Artus, le roi dix-cors, qui trône tant qu'il peut;
Pour un récit de chasse on en fait ce qu'on veut:
Ne sentant même pas que, s'il reçoit le comte,
Il accueille avec lui le sarcasme et la honte!...
Je suis du sang des Skiold... Ici, vous l'avez dit,
Tous m'appellent Gauvin le démon, le bandit;
Mais là, sur l'Océan, où je commande en maître,
Je porte un nom plus beau, plus terrible peut-être:
Je suis Cathmor!
GRISELDE.
Cathmor!
GAUVIN.
Nom jadis proclamé
De l'Islande neigeuse au Bosphore enflammé...
Les échos de vos mers, les harpes des poëtes
De Cathmor le Géant redisent les conquêtes!
Jusqu'alors invincible, et vaincu par le sort,
A ces flots teints de sang je demandai la mort;
La vague me jeta devant cette chaumière,
Où je vis m'apparaître un ange de lumière...
Depuis, je sens revivre en moi l'espoir du ciel;
Je n'ai plus dans le cœur ni vengeance, ni fiel,
Oui, je voudrais en vain me le taire à moi-même,
Je ne veux plus mourir, Griselde : je vous aime!
GRISELDE.
Vous m'aimez? vous! grand Dieu!
GAUVIN.
Griselde! à vos genoux.
Je demande pitié pour Richard et pour vous!
Sur le Nord, ma patrie, où l'amour vous entraîne,
Comme sur mon vaisseau vous serez souveraine!
Votre fils nous attend, nous unit pour toujours...
J'ai de l'or, l'avenir lui promet de beaux jours;
Vos pleurs, je les taris; vos chaînes, je les brise :
Je vous aime!... je t'aime!
GRISELDE.
Et moi, je vous méprise!
GAUVIN.
Ah! malheur!
GRISELDE.
Perceval!
GAUVIN.
Griselde, songez-y;
Je vous perds tous les trois si le comte est saisi!
La loi punit de mort qui lui prête un refuge :
Je vais le dénoncer, le livrer à son juge!
GRISELDE.
Osez-le donc!...
GAUVIN.
Veux-tu mon amour, ou Stafford?
Le cloître, ou ce vaisseau? choisis!
GRISELDE.
Je veux la mort!
GAUVIN, saisissant son poignard.
Eh bien!...
GRISELDE, tombant à genoux.
Frappez!... Pourquoi m'avez-vous épargnée?
GAUVIN.
Non! je t'aime!... Griselde, un mot. Cette poignée
Renferme un suc mortel des fleurs de mon pays...
GRISELDE.
Donnez!
GAUVIN.
Tu vas me suivre... ou sinon, j'obéis
A l'arrêt souverain...
GRISELDE.
Donnez!
GAUVIN, voulant s'éloigner.
Quelle espérance!...
Ce poison, pour ton fils!
GRISELDE, le désarmant.
Pour moi, la délivrance!...
GAUVIN.
Tu me suivras!
GRISELDE.
Jamais!

GAUVIN, frappant dans ses mains.
Satan ! protége-nous !
(Deux marins apparaissent. — Une barque s'approche du rivage, portant Ginèvre et son cortége.)
La reine !...

GRISELDE, se jetant à ses pieds.
Ayez pitié...

SCÈNE IX.

Les Mêmes, ORIANE, GINÈVRE, LANCELOT, Gardes, au fond de la scène.

GINÈVRE.
Griselde, à mes genoux ?
S'échappant de vos bras !...
(A Lancelot.)
Fouillez cette demeure ;
Cherchez le fugitif, qu'on l'arrête, ou qu'il meure :
Allez !
(Lancelot sort avec les gardes.)
Et toi, réponds, sois franche... ne crois pas,
A force de grandeur le sauver du trépas ;
Tu mourras avec lui !

GRISELDE.
Qui cherchez-vous, madame ?
GINÈVRE.
Perceval, ton amant.
GRISELDE.
Je suis encor sa femme !
GINÈVRE, prenant l'écrit.
Il a signé cet acte hier, devant le roi !
GRISELDE, sanglotant.
Qu'importe ! en le sauvant, je mourrai sans effroi !...
GINÈVRE.
Comme elle l'aime !... Et lui, l'ingrat que tu protéges,
N'a-t-il pas profané sous ses mains sacriléges
Les trésors de ta vie, et versé sur ton front,
Comme un calice amer, la douleur et l'affront ?
N'a-t-il pas d'un regard, d'une seule parole,
Brisé tous les rayons de ta jeune auréole,
Devant tous ses vassaux, témoins de son forfait ?
Devant moi qui te parle !

GRISELDE.
Oui, madame, en effet !
GINÈVRE.
Et même en ce moment, par un nouveau caprice,
N'a-t-il pas exigé ce dernier sacrifice,
L'abandon de ton père et de ta liberté,
Pour l'accomplissement d'un rêve ? En vérité,
Si tu l'aimes toujours, ta constance m'étonne :
Tu devrais le haïr !

GRISELDE.
Non, je ne hais personne,
Pas même vous, madame.
GINÈVRE.
Enfant ! lui, t'aimait-il
En vouant sa compagne au malheur de l'exil ?
Vos amours lui semblaient une indigne faiblesse,
Un jouet, que l'on brise aussitôt qu'il nous blesse !
Mais le reptile impur, se tordant sous nos pas,
Mord le pied qui l'écrase ; et tu ne conçois pas
Combien la joie est grande et la vengeance est douce,
Quand on frappe celui dont l'orgueil nous repousse !
Il t'a pris tout au monde : espoir, patrie, honneur...
Sa liberté du moins paiera pour ton bonheur !

GRISELDE.
Il ne m'a pas aimée ? Oh ! vous mentez, madame !
Tout le passé peut-il sitôt fuir de son âme ?
Tant d'amour ne meurt point !... Mais devait-il pour moi
Renoncer à sa gloire ? à l'amitié du roi ?
Même à son héritage un jour, dont il est digne !
Me venger, dites-vous ? Jamais ! Je me résigne ;
Il n'est point de douleur trop cruelle à ce prix :
Prenez mon sang, madame, et gardez vos mépris !

GINÈVRE.
Le cloître, ou Perceval !...
GRISELDE.
Vous l'aimez !
GINÈVRE.
Malheureuse !
GRISELDE, avec exaltation.
Oui, vous l'aimez, vous dis-je !... Eh bien ! plus généreuse,
Je le cède à la reine !... Il me sera permis
De donner le bonheur à tous mes ennemis...
Écoutez !... L'Angleterre est libre !... oui, j'en suis fière !
Le clairon sonne... Où vont, dans ce flot de poussière,
Ces enseignes de feu ? ces aigles déployés ?...
Quel monde autour de lui !... Venez, mes sœurs ; voyez,
Il me salue ! Il m'aime !... Un jour, je me rappelle,
Son cœur m'a préféré l'amante la plus belle :
La patrie !... Et ma main, n'osant le retenir,
S'étend sur ma rivale aussi, pour le bénir !

GINÈVRE.
Je l'aimais avant toi...
GRISELDE.
Vous ! la reine !
ORIANE.
Imprudente !...

GAUVIN, montrant la reine aux chevaliers.
Voyez, la rose blanche est devenue ardente !

SCÈNE X.

Les Mêmes, LANCELOT, CÉDRIC.

CÉDRIC, amené par les gardes.
Où me conduisez-vous ? Quelle foule en émoi,
Comme une vaste mer, se presse autour de moi !

GAUVIN, à Ginèvre.
Non ! tout n'est pas perdu !
GRISELDE.
Grand Dieu !
GINÈVRE.
C'est votre fille ?
CÉDRIC.
Ma fille ? Un vieux soldat a-t-il une famille !
(Touchant sa figure et ses vêtements.)
Où sont vos beaux atours, comtesse ?... Oui, voilà bien
Sa mère, à dix-huit ans ! ses traits, son doux maintien,
Tout... excepté son cœur.

GINÈVRE.
Gardes, qu'on les sépare !
CÉDRIC, avec autorité.
Qui donc commande ici, chez moi ? l'audace est rare !
Sortez tous !...
GAUVIN.
Charbonnier, dit-on, maître chez soi !
GRISELDE.
Oui, de ses cheveux blancs, Dieu l'a couronné roi !
CÉDRIC, saisissant une hache.
Sortez ! ou cette hache !...
GINÈVRE, à ses gardes.
Algar, qu'on les enchaîne !
LANCELOT.
Assez ! Ginèvre, assez !
CÉDRIC, écoutant.
Ginèvre ! eh quoi, la reine ?...
Seigneur ! je vous bénis d'avoir éteint mes yeux !
(Il laisse tomber sa hache en levant les mains au ciel. —
A Griselde.)
Ton fils, qu'en as-tu fait ?... Crains que le roi des cieux,
Un jour, en te brisant sous l'affront qui me navre...
GRISELDE.
Grâce !...
GAUVIN, l'entraînant.
Tu m'appartiens !
GRISELDE, portant le poison à ses lèvres.
Vous n'aurez qu'un cadavre !...
(Elle tombe dans les bras de Gauvin.)

SCÈNE XI.

Les Mêmes, PERCEVAL, ARTUS, TRISTAN, la Cour, le Peuple.

PERCEVAL, repoussant Gauvin.
Misérable !... Rends-moi ce poignard !...
(Il arrache le poignard des mains de Griselde.)
GAUVIN, tirant son épée.
Trahison !
GRISELDE.
Prends garde !...
GAUVIN, se jetant sur Perceval.
A toi ce fer !...
PERCEVAL, le frappant du poignard.
Serpent, bois ton poison !
GAUVIN, tombant à terre.
Ah !...
GRISELDE.
Fuis ! tu viens mourir !...
PERCEVAL.
Je suis libre, te dis-je !
Qui t'a donné cette arme ?
GRISELDE.
Un moment de vertige...
Les conseils de Gauvin... Ce poison que le roi
Destinait à mon fils...
ARTUS.
Ah ! traître, c'est donc moi ?...
GAUVIN, expirant.
Non ! c'est Ginèvre !...

TRISTAN, avec joie.
Il meurt !...
ARTUS.
Emportez cet infâme !
Qu'on le jette à la mer !...

SCÈNE XII.

Les Mêmes, moins TRISTAN et GAUVIN.

PERCEVAL, à Ginèvre.
A notre tour, madame !
Vous avez torturé par un supplice affreux
Ce cœur, le plus fidèle et le plus généreux
Que reçut une mère, une fille, une épouse ;
Ne pouvant le flétrir sous votre main jalouse,
Vous vouliez le briser ; et vous croyez ici
Pouvoir me satisfaire en lui criant merci ?
Non, non ! retirez-vous ; sortez, vous dis-je encore :
Car ce que je ferais moi-même je l'ignore !
ARTUS.
Henri, reviens à toi ; laisse à nos lois le soin
De te rendre justice, et, Dieu m'en est témoin,
Je la veux éclatante, aussi bien que toi-même,
Afin qu'il me la rende à mon heure suprême !
Quand un roi se refuse à remplir ce devoir,
Le peuple devient libre en changeant de pouvoir :
Et le peuple a raison !...
(A Lancelot.)
Vous, mon beau gentilhomme,
C'est assez, Dieu merci, d'un roi dans un royaume ;
Partez, sur ce vaisseau !...
LANCELOT.
Ginèvre... hélas !
ARTUS.
Adieu !...
(Lancelot monte sur une barque et s'éloigne entre deux gardes.)
Nous voilà délivrés d'un bandit de haut lieu.
(A Perceval.)
Insulter au vieillard, trahir ton frère d'armes ;
Je te pardonne en frère, et le cœur plein de larmes...
Et vous aussi, Ginèvre... Ingrats, vous me trompiez !...
Je vous pardonne à tous !... Va tomber à ses pieds !
(On entend au loin l'air de la romance, chanté par Ogier.)
PERCEVAL.
Griselde ! mon trésor, ma souveraine !...
GRISELDE, presque égarée.
Il m'aime !...
PERCEVAL.
J'ai juré devant Dieu que si la vertu même
Donnait la royauté comme le vrai bonheur,
C'est toi qui l'obtiendrais. J'ai promis sur l'honneur
D'élever ton amour au-dessus de la haine,
De prouver que Griselde a le cœur d'une reine !
Ton triomphe est complet ; tu vas voir devant tous
Perceval dans tes bras, Ginèvre à tes genoux :
Si par excès d'orgueil j'ai commis une faute,
Veux-tu me pardonner une gloire si haute ?...
GRISELDE, lentement, comme en rêve.
Mon fils, mon père, et lui !... Tout cela dans un jour !

PERCEVAL.
Que tout soit oublié, si ce n'est notre amour!
TRISTAN, en entrant, avec une épée.
Sire! Gauvin n'est plus!
ARTUS.
Puisse, avec ce corsaire,
Disparaître à jamais la fraude et la misère!...
(A Perceval.)
Tu rendras cette épée à Richard, ton enfant,
Notre héritier bientôt!
GINÈVRE.
Sire!...
GRISELDE.
Mon fils, vivant?...
ARTUS.
Tiens, le voilà!...
(Griselde chancelle en s'appuyant sur Perceval. — La cabane s'est ouverte, Ogier paraît sur le seuil.)
CÉDRIC, s'approchant du roi.
Mes yeux! lumière que j'envie!...
A vos pieds...
ARTUS.
Dans mes bras! tu m'as sauvé la vie!...
TRISTAN.
Bien, sire!...
ARTUS, montrant Perceval et Griselde.
En vain l'hiver blanchit nos vieux sommets;
L'amour, fleur du printemps, ne s'effeuille jamais!...
(A Ginèvre.)
Perceval a gagné; payons notre gageure...
Allons, madame!...
GINÈVRE.
A moi, cette mortelle injure?
Devant vos chevaliers!...
ARTUS.
Le peuple est roi chez nous:
Gloire à Griselde!...
LE PEUPLE.
Gloire à Griselde!...
ARTUS, avec autorité.
A genoux!...
(On entend les cors de chasse du roi Artus. — Les chevaliers de la Table ronde, avec leurs enseignes et leurs armes, paraissent sur les hauteurs. — Le vaisseau monté par Lancelot s'éloigne de la rade. — La reine tombe à genoux. Le roi détache son diadème et couronne Griselde.)

COMPTE RENDU

Le drame de *Griselde* ne se passe point du temps que la reine Berthe filait; il faut remonter encore plus haut. La fameuse Berthe, fille de Lothaire, roi de Lorraine, filait au xe siècle; et M. Ostrowski nous transporte en Angleterre, à la cour du roi Artus, qui monta sur le trône en 516. Nous sommes sur le terrain fleuri de la légende, au milieu des chevaliers de la Table ronde. Il était impossible de faire un choix plus poétique; c'est un grand mérite au théâtre de s'emparer d'un siècle vraiment neuf, et d'oser un des premiers en secouer la poussière. Le public est tellement fatigué de voir sans cesse exploiter les mêmes époques! Les Romains ont usé sur la scène leurs vieilles toges, qui ne sont bonnes aujourd'hui qu'à leur faire des linceuls: l'éternelle Saint-Barthélemy a trop souvent assommé des spectateurs bons catholiques en les traitant comme des huguenots, et le duc de Richelieu nous a jeté plus de cent fois sa poudre aux yeux.

Salut donc aux chevaliers de la Table ronde! Vous saurez qu'un jour la superbe reine Ginèvre, applaudissant à un combat de lions, laissa tomber son bouquet dans le champ de bataille. Ginèvre, qui n'avait pas comme nos femmes à la mode l'art de charmer les lions, eut recours à un nouveau Daniel; elle chargea le vaillant Perceval de ramasser le bouquet. Il le lui rapporta victorieusement, mais lui retira son cœur pour le donner à la fille du peuple. Au lever du rideau, Perceval raconte ses nouvelles amours et son mariage avec Griselde. Il vient braver la fière Ginèvre en lui parlant de sa rivale. La reine trouve le trait d'autant plus noir que Griselde est la fille d'un charbonnier; mais c'est une colombe égarée dans un nid de corbeau. Ginèvre veut se venger, et propose de soumettre Griselde à trois cruelles épreuves: si la jeune femme ne peut y résister, Perceval mourra; si elle sort victorieuse de la lutte, la reine s'agenouillera devant elle. Perceval accepte bravement le défi; on vient dire à Griselde que, pour sauver Perceval, il faut s'éloigner de son fils, renoncer à son titre d'épouse, abandonner son père, puis s'enfermer dans un cloître. Griselde se soumet, subit toutes les humiliations, toutes les douleurs; l'orgueilleuse reine avoue sa défaite, se prosterne devant elle, et l'humble Griselde échange sa couronne de martyre contre une couronne de reine.

Cette pièce est le second ouvrage de M. Ostrowski, poète et proscrit polonais, qui n'en écrit pas moins de très-bons vers français. Elle atteste une grande connaissance de la scène, une profonde étude du cœur humain.

Le premier acte, poétiquement posé, a tout le charme d'une légende. Le drame s'engage au second acte, et les adieux de Griselde font verser bien des larmes. Le troisième acte est plein d'intérêt, et le dénoûment est d'un très-heureux effet dramatique.

Mais ce qui nous semble une nouveauté charmante au boulevard, c'est d'entendre une pièce en vers. Nous voilà bien loin du patois de mélodrame ou du style de bulletin d'armée, qui sert à confectionner les épopées du Cirque. On aime à voir le superbe Perceval, le vaillant Tristan et Lancelot du Lac, favori d'une fée, combattre avec les lances d'or des alexandrins. Vous me direz bien que parfois ce sont des armes dangereuses; elles servent à la tragédie, elles forment le bataillon carré de la tirade, et les généraux de l'école dite du *bon sens* en arment tous les soirs des soi-disant Grecs et Romains, pour assassiner d'honnêtes et crédules spectateurs. Mais ces armes-là sont aussi les fins stylets de la comédie satirique et les bonnes dagues du drame moderne. Des mains de M. Ostrowski, elles sortent finement ciselées. Remercions-le du courageux exemple qu'il vient de donner! Pourquoi nos poètes craindraient-ils les théâtres du boulevard? Est-ce que la belle fleur de la poésie ne pourrait éclore que dans la serre chaude du Théâtre-Français? ne peut-elle venir dans les théâtres populaires, ainsi que ces églantines des champs, qui naissent en pleine terre? Voyez comme ce public sympathique a récompensé son poète, comme il a applaudi le beau style et jusqu'aux vers lyriques; lui qui voit tant de maçons littéraires, comme il a compris le sculpteur! Ah! c'est que le public, quel qu'il soit, a de l'esprit comme deux mille.

Les acteurs de la Gaîté ont parlé ce noble langage rimé, comme si c'eût été la langue du pays. Albert a joué le rôle de Perceval avec sa verve et son intelligence habituelles: il a bien la diction poétique, et sait mettre en lumière les vers à effet pour les jeter aux applaudissements du parterre. Saint-Mars, Brémont et Taillade ont su donner de l'importance à des rôles secondaires. Mlle Meignan, qui a fait ses études littéraires à l'Odéon, s'est retrouvée là comme dans sa patrie; elle a joué Griselde avec autant de grâce que de sentiment, et nous lui souhaitons, en finissant, beaucoup de rôles pareils à celui-ci.

A. SÉGALAS.

Le Figaro, 24 mars 1849.

FRANÇOISE DE RIMINI

TRAGÉDIE EN TROIS ACTES.

THÉATRE DE LA PORTE-SAINT-MARTIN (23 DÉCEMBRE 1849).

« Quel giorno più non vi leggemmo avante. »
INFERNO, canto v.

A M. CASIMIR DELAVIGNE.

A vous ce premier drame, né dans l'exil et sous l'inspiration du malheur; à vous, le plus digne représentant de l'art dramatique en France; à vous, le chantre inspiré de la *Varsovienne*. En dépit du conseil d'Ugo Foscolo : « *Non revochiamo d'inferno i dannati danteschi; farebbero paura ai vivi* », j'ai détaché du tableau d'Ary Scheffer cette belle ombre de Francesca, tant aimée des poëtes et des peintres, pour lui faire raconter son roman d'amour et de larmes, au delà duquel se trouve l'*Enfer* du Dante, le plus beau poëme du moyen âge italien.

Quelles que soient les destinées de cet ouvrage, en vous le dédiant, je ne regrette pas d'avoir consacré les longues veilles de l'exil à m'entretenir avec le prisonnier du Spielberg, Silvio Pellico, et le vieux proscrit de Florence, l'amant de Béatrice.

K. O.

Versailles, 23 octobre 1838.

PERSONNAGES.

GIOVANI MALATESTE, duc de Rimini.
PAOLO-BELLO, son frère.
GUIDO DA POLENTO, duc de Ravenne.

ISOLIER, page de Françoise.
FRANÇOISE, fille de Guido.
CHEVALIERS, GARDES.

La scène est à Rimini, en 1289.

ACTE PREMIER.

Une salle d'armes. — Un trône armorié. — Un fauteuil et une table gothiques. — Au fond, un jardin.

SCÈNE I.

GUIDO, MALATESTE.

GUIDO.
De Ravenne, as-tu dit, Françoise me rappelle?
Il n'est point à mes yeux de couronne assez belle
Pour me faire oublier ma fille et Giovani,
Mes enfants adorés, l'espoir de Rimini!

MALATESTE, *l'embrassant*.
Mon père!

GUIDO.
Je croyais, par l'hymen des deux princes,
Rendre au peuple romain ses antiques provinces;
Unissant nos États par ce nouveau lien,
J'ai voulu ton bonheur, même aux dépens du mien...
Se peut-il, ô mon fils! qu'un chagrin que j'ignore
De nos premiers beaux jours vienne éteindre l'aurore,
Et tromper tous nos vœux?

MALATESTE.

          Mon père, vous voici
Près du fils, de l'époux que vous avez choisi ;
Mais quel voile assombrit mon cœur et ma pensée,
Depuis que j'ai reçu ma jeune fiancée...
Ces beaux jours ne sont plus. Du seuil de Giovani,
Comme un hôte importun, le plaisir est banni ;
Je voyais Rome entière aux pieds de mon épouse,
Rimini triomphante et Ravenne jalouse ;
Les peuples et les rois m'offraient leur amitié :
A présent, tout se tait, tout me fuit sans pitié !...
Les yeux baignés de pleurs, la figure pâlie,
Françoise était pour moi l'ange de l'Italie ;
J'y crus voir ces regrets, ce souvenir fiévreux
Que laisse la patrie à tout cœur généreux :
Et son front virginal, que la grâce décore,
Plus digne de respect me charmait plus encore !...
Le temps vint à mon aide et calma ses douleurs.
Sa beauté reprenait de plus vives couleurs ;
Ses yeux moins qu'autrefois cherchaient la solitude ;
Des souffrances du peuple elle fit son étude,
Et souvent me disait, implorant mon appui :
« Sois fier de son amour, car tu règnes pour lui ! »
Mais, du jour qu'un message envoyé de Byzance
Me fait de notre frère espérer la présence,
Sa tristesse redouble ; elle veut me quitter.
Je pressens des malheurs que je dois éviter...
De son départ prochain j'ai voulu vous instruire.
A Ravenne, seigneur, vous allez la conduire ;
J'aime mieux la savoir, en lui rendant sa foi,
Heureuse près de vous, que souffrante avec moi.

GUIDO.

Rassure-toi : je t'aime, et Françoise est ma fille.
Depuis que j'ai fermé le tombeau de famille
Sur sa mère, envolée au céleste séjour,
Sa beauté, son courage, ont grandi chaque jour.
Ange au front couronné de sa grâce première,
Pour mes yeux pâlissants elle était la lumière ;
De la vie, avec moi, descendant les chemins,
Elle y cueillait des fleurs écloses pour ses mains ;
Tous ceux que rencontrait son regard plein de charmes
Se sentaient, à sa vue, attendris jusqu'aux larmes...
Qui l'aurait cru, mon fils ! les premiers coups du sort
De cette âme si jeune ont brisé le ressort :
La guerre moissonna de sa faux vengeresse
Un héros qu'elle aimait de toute sa tendresse...

MALATESTE.

Son frère Fernando, le plus fier centenier
De l'antique Romagne...

GUIDO.

       Oui, mon fils... le dernier !
Nos aïeux, divisés par les haines civiles,
Luttaient, depuis un siècle, aux remparts de nos villes.
Ton frère, Paolo, fit mourir mon enfant ;
Ma tendresse l'accuse, et l'honneur le défend !
Le vainqueur de Césène, attristé de sa gloire,
D'un exil volontaire a payé sa victoire.
Mon fils lui tend la main du séjour des élus...
Dernier des Polento, je ne te verrai plus !...
Avec lui s'éteignaient nos splendeurs les plus chères ;
Ravenne allait passer sous des lois étrangères,
Je veux te la donner : je veux que par tes mains
Notre patrie échappe au pouvoir des Germains.
Toi seul peux soutenir la gloire de nos armes ;
Peut-être quelque jour, consolant ses alarmes,
Un fils de votre sang, par son peuple adopté,
A l'Italie en pleurs rendra sa liberté !

MALATESTE.

Que ne puis-je avec vous partager cette joie,
Ces rêves généreux que le ciel vous envoie !
Mais, comme on fuit la haine, elle fuit mon amour ;
Françoise et le bonheur m'ont quitté sans retour.

GUIDO.

Tu la crois infidèle ?

MALATESTE.

       Ah ! ce doute m'offense !
Sans crainte, devant Dieu je prendrais sa défense ;
Et puissé-je mourir, avant que le soupçon
De son souffle empesté n'égare ma raison !
Mais sa douleur muette insulte à ma tendresse.
Un pouvoir inconnu la poursuit et l'oppresse ;
Ses sanglots étouffés, son étrange langueur,
Tout décèle un secret comprimé dans son cœur...
Un jour, je vois passer la flotte byzantine ;
On me rend ces drapeaux conquis en Palestine,
Qui m'annoncent mon frère : aussitôt, suppliant,
Je demande à Françoise un accueil bienveillant...
Un cri de désespoir me trahit sa pensée :
« Il revient ! Paolo !... » défaillante, insensée,
Elle fuit sans vouloir m'entendre, en le nommant
Fratricide et parjure à son premier serment !
Je vous ai fait mander, car vous êtes son père ;
Son âme devant vous s'ouvrira, je l'espère :
Vous seul de votre fille obtiendrez les aveux,
Lui rendrez son bonheur, le plus cher de mes vœux !

GUIDO.

Sa vie est en danger, si j'en crois ton message...
Dans mes rêves, souvent, saisi d'un noir présage,
Je vois ma fille morte !... Oui, je tremble toujours,
Seul, entre deux tombeaux, de finir mes vieux jours !

MALATESTE.

Puisse la main de Dieu me frapper avant elle !...
Que de fois, torturé d'une angoisse mortelle,
Quand ses yeux demi-clos, son visage vermeil,
S'éteignaient doucement sous le poids du sommeil,
Que de fois, écartant les rideaux de sa couche,
J'interrogeai le rêve expirant sur sa bouche...
Pendant de longues nuits, penché sur son chevet,
J'épiais un aveu que mon cœur achevait :
Le même nom, toujours, dans l'ardeur de la fièvre
A demi prononcé, s'arrêtait sur sa lèvre...
Alors, à son réveil, j'essayais vainement
De lui rendre un peu de calme à ce front si charmant ;
Je lui parlais d'amour, de gloire, de puissance,
Ses regards n'exprimaient que la reconnaissance :
Voyant tous mes efforts pour m'en faire chérir,
Elle cachait ses pleurs et parlait de mourir !...
Ah ! je crains aujourd'hui d'en connaître la cause ;
Jaloux, désespéré, je veux parler... je n'ose...
Dans ce cœur éperdu l'amour seul est vivant...
Mais, la voici !...

SCÈNE II.

FRANÇOISE, GUIDO, MALATESTE.

FRANÇOISE.
Mon père!...

GUIDO, *remontant.*
Approche, mon enfant;
Embrasse-moi, ma fille!

FRANÇOISE.
O moment plein de charmes
Votre main... laissez-moi la couvrir de mes larmes

GUIDO.
Que ton âme et la mienne unissent leurs transports,
O toi, le plus charmant, le plus doux des trésors,
Françoise; et vous, mon fils, partagez mon ivresse!
Enlacés dans mes bras, sur mon cœur je vous presse.
Vous protège le ciel, comme vous je bénis
Le jour, trois fois heureux, qui vous a réunis!

FRANÇOISE.
Seigneur, pour les bienfaits que sa main nous dispense,
Votre fils méritait une autre récompense
Que ces pleurs éternels, ce délire fatal
Qui me suit, malgré moi, loin du séjour natal...
Je vous vois, et pourtant ce trouble involontaire
Vous dit que mon bonheur n'est pas sur cette terre!
Vous connaissez mon âme... A Ravenne, souvent
J'ai rêvé le silence et le deuil du couvent;
Mais vous me répondiez : « Ta mère t'en supplie,
Rends-moi, rends-moi mon fils, au nom de l'Italie!... »
J'ai cédé... je l'ai dû.

GUIDO.
Reproches accablants!
Pouvais-je renoncer, vieillard aux cheveux blancs,
A qui le sort jaloux, de toute ma famille
Immolée à mes yeux n'a laissé qu'une fille,
A voir naître un soutien du sang de mes aïeux,
Son fils, beau comme toi, comme lui glorieux;
A seize ans, d'un tombeau j'aurais fait ta demeure!

FRANÇOISE.
Un arrêt implacable ordonne que je meure.
Oui, je vois un abîme entr'ouvert sous mes pas;
Mon destin, je l'attends, je ne le fuirai pas!...
De tristes pensers rien ne peut me distraire;
C'est l'ombre de mon frère, immolé par son frère,
Qui se dresse entre nous; que j'entends s'écrier
Comme une voix du ciel : Vengeance au meurtrier!...
Quand pourrai-je, ô ma mère, épancher sans contrainte
Des soupirs sans témoins et des larmes sans crainte,
Avant que ta pitié, consolant mes douleurs,
Ne tarisse à jamais la source de mes pleurs!
C'en est trop... de vos soins que ma mort vous délivre...
Soyez heureux!...

GUIDO.
Tu meurs, et m'ordonnes de vivre?...

FRANÇOISE.
N'est-il pas votre fils?...

MALATESTE.
Françoise! au nom du ciel!
Si tu pars, je mourrai... cœur injuste et cruel,
Au moins dans un tombeau que l'amour nous rassemble.

FRANÇOISE. [tremble
Il m'aime! et moi, grand Dieu!... je l'écoute... je
De profaner l'objet dont ses yeux sont épris,
Et que son désespoir ne se change en mépris...
Qu'ai-je dit... malheureuse... Adieu! je dois me taire...
Cet amour est un crime!

MALATESTE.
Un crime?...

GUIDO.
Quel mystère!...

MALATESTE.
Achève, qu'un seul mot dissipe mon effroi!

FRANÇOISE.
Non, jamais! ce secret doit mourir avec moi!...

MALATESTE.
D'un indigne soupçon justement alarmée,
Pardonne à ton époux de t'avoir trop aimée!
Cet anneau t'appartient... trois ans je l'ai porté,
Reprends ce don funeste, avec ta liberté!
Adieu, toi que j'aimais jusqu'à l'idolâtrie,
Bien plus que tout au monde, autant que la patrie!
Sous ce toit solitaire, asile de l'honneur,
Où jamais avec moi n'habita le bonheur,
Je vivrai pour pleurer ces jours que Dieu m'envie,
Si tristes, et pourtant les meilleurs de ma vie!
Ah! j'ai mieux espéré qu'une froide pitié!...
Seigneur, si quelque jour me rend son amitié,
Si Françoise regrette un époux qui l'adore
Et dont le cœur brisé la chérit plus encore,
Cet anneau lui dira tout ce qu'il doit souffrir,
Mais qu'il l'aimait assez pour la perdre, et mourir :
Malgré son abandon, ce cœur toujours fidèle
Et ces murs désertés s'ouvriront devant elle!...
Tiens, prends... sois libre... adieu!

FRANÇOISE.
Des larmes! Vous voyez
Une fille mourante, une ingrate à vos pieds...
Pour un père que j'aime, un époux que j'outrage,
D'être heureuse, ô mon Dieu! donne-moi le courage;
Oui, déjà dans mon cœur le ciel est triomphant...

GUIDO.
Dieu! rends-lui son épouse, et sauve mon enfant!

SCÈNE III.

LES MÊMES, ISOLIER.

ISOLIER, *une lettre à la main.*
Seigneur, un étranger vous demande audience.

MALATESTE.
Qu'il vienne!

ISOLIER.
Oui, monseigneur.

GUIDO.
Mon fils, prends confiance;
Je vais prier pour toi.

(Ils sortent.)

SCÈNE IV.

ISOLIER, puis PAOLO.

ISOLIER.
                    Par ici, chevalier!
J'ai rendu le message...
PAOLO.
                    Asile hospitalier,
Salut! premier séjour de mes jeunes années,
Sous le vent de l'exil à jamais profanées;
Salut! pays natal, Rimini, je te vois...
Enfin, je puis mourir.
ISOLIER.
                    Ces armes! cette voix!
Me trompé-je? C'est lui!
PAOLO.
                    Sous des cieux pleins de flamme,
Patrie, où j'ai laissé tous les trésors de l'âme,
Tu me suivais toujours! Les dépouilles des rois
Vaincus par mes aïeux, ces antiques parois,
L'aigle de Rimini, ces glorieux emblèmes,
Rien n'est changé : nos cœurs sont-ils toujours les [mêmes?
ISOLIER.
Plus de doute... Seigneur Paolo...
PAOLO.
                    C'est mon nom!
Tu me connais?
ISOLIER.
                    Très-bien... regardez-moi!
PAOLO.
                              Mais non...
C'est l'aimable Isolier, mon page!
ISOLIER.
                              O mon doux maître,
Voyez comme ce cœur tremble à vous reconnaître!...
PAOLO.
Après quatre ans d'absence?
ISOLIER.
                    Oh! moi, je me souviens,
Je n'ai rien oublié!...
PAOLO.
                    Pardonne-moi; viens, viens!
Qu'il est changé, grandi!
ISOLIER.
                    Votre retour, je pense,
Va faire des heureux?
PAOLO.
                    Après quatre ans d'absence!
ISOLIER.
Mon maître! vous savez combien je vous aimais;
Ce qu'on donne une fois se reprend-il jamais?
Et mon cœur est à vous!
PAOLO.
                    Je le garde avec joie!
ISOLIER.
Et pourtant vous pleurez... que faut-il que je croie?
Voyez cette Madone aux rosiers tout en fleurs...
Je posais pour cet ange, en broyant vos couleurs...
PAOLO.
C'est vrai!...
ISOLIER.
Dans ce bosquet, sous le vieux sycomore,
Vous me chantiez, le soir, la romance du Maure;
Dans ce même salon, vous m'appreniez, seigneur,
Comment il faut mourir pour sa dame et l'honneur,
Ou bien rompre en champ clos une lance courtoise
Aux pieds de la beauté, sous les yeux de Françoise!
PAOLO.
Françoise?... Quel nom cher et funeste!
ISOLIER.
                              Le sien,
C'est la Madone aux fleurs...
PAOLO.
                    Tais-toi!
ISOLIER.
                              Regardez bien :
Connaissez-vous ce livre?
PAOLO.
                    Oui, les tercets du Dante!
C'est toi, fier gibelin, dont l'âme indépendante
Maudissait les tyrans que ton peuple a soufferts;
Exilé comme moi, tu chantais les enfers,
Recueillant le mépris de rivage en rivage,
Et l'hospitalité, pire que l'esclavage!
Tu savais, comme moi, si le cœur est léger
Au moment de franchir le seuil de l'étranger!
Oublié, comme moi...
ISOLIER.
                    Non! voyez cette page :
Chant cinquième... Ginèvre et Lancelot, son page!
PAOLO.
De qui tiens-tu ce livre?
ISOLIER, fièrement.
                    Elle me l'a donné.
PAOLO.
Mais qui donc?
ISOLIER.
          Elle!
PAOLO.
Enfant!
ISOLIER.
                    Vous semblez étonné?
Regardez!...
PAOLO.
          Son portrait!
ISOLIER.
                    Et le vôtre auprès d'elle,
Aux genoux de Ginèvre!
PAOLO.
                    Isolier! cœur fidèle!
ISOLIER.
On n'aime qu'une fois pour toujours!
(Il s'échappe de ses bras en laissant le livre sur la table.)

SCÈNE V.

PAOLO, seul.

                              Il a fui,
Ce charmant souvenir est bien digne de lui!...
(S'asseyant.)
Je suis las de poursuivre un bonheur illusoire,
D'immoler ma jeunesse aux autels de la gloire.
Sur le sol d'Orient que le Christ a foulé,
Pour Byzance en péril trop de sang a coulé;
Revêtu par César d'un lambeau de sa toge,

Orné du laurier d'or par Venise et le doge,
Paolo, pour un maître, a courbé sous ses pas
Les tribus du désert qu'il ne connaissait pas :
Et ces vaines grandeurs, dont le bruit l'importune,
Sans charmer son exil élevaient sa fortune...
(Se levant.)
Et pour qui dans le sang allait-il se plonger ?
Pour des princes jaloux d'un pouvoir mensonger !
N'as-tu pas, fils ingrat, n'as-tu pas l'Italie,
Par les dons éternels des dieux même embellie,
Que souille impunément le sabre du Germain,
Et dans Rome, aujourd'hui, n'est-il plus un Romain ?
Si l'avide étranger s'enrichit de tes larmes,
A toi seule, ô ma mère ! appartiennent ces armes ;
Et, frappant tes bourreaux, les traîtres couronnés,
Je te rendrai les jours que ton sein m'a donnés !...
Romagne ! n'es-tu pas la plus belle contrée
Qu'un soleil radieux ait jamais éclairée?
N'es-tu pas la patrie et le temple des arts,
Le berceau des Caton, la tombe des Césars?
Que ma cendre romaine avec toi se confonde,
Toi, libre, toi jadis la maîtresse du monde !
Plutôt qu'un trône ailleurs, sous ton ciel toujours beau,
Puissé-je, ô mon pays, mériter un tombeau !

SCÈNE VI.

MALATESTE, PAOLO.

MALATESTE.
Mon frère ! Paolo ! mon ami le plus tendre !
PAOLO.
Ces larmes de bonheur, laisse-moi les répandre !
MALATESTE.
Oh ! je n'espérais plus te revoir ici-bas !
C'est toi, le front paré de quatre ans de combats ;
Conçois-tu les transports dont mon âme est remplie ?
PAOLO.
Frère, à toi ces drapeaux, ma gloire à l'Italie...
Mon père ! je l'appelle et n'entends plus sa voix !
MALATESTE.
Ici tu l'embrassais pour la dernière fois...
Mort dans mes bras !
PAOLO.
Mon père !...
MALATESTE.
A son heure dernière,
Trois fois il prononça ton nom dans sa prière ;
Son âme avait passé dans sa main, dans ses yeux,
Pour nous bénir ensemble et s'enfuir vers les cieux...
Soyons dignes de lui, par notre amour...
PAOLO.
Mon père !...
MALATESTE.
L'avenir nous réserve un destin plus prospère ;
La paix, du sol natal l'ineffable douceur :
Et, pour te consoler, Dieu te donne une sœur...
PAOLO.
Une sœur... ton épouse ?
MALATESTE.
Oui... D'où vient que tu changes ?...

Vois son portrait vivant, cette reine des anges...
Ton père nous disait, au moment de l'adieu :
« Mon peuple à Giovani, mon âme au sein de Dieu,
A votre fils, un jour, le nom des Malateste... »
Elle a reçu ma foi... don stérile et funeste !...
Lorsqu'un père supplie, un fils doit obéir.
PAOLO.
Funeste, me dis-tu ? peut-elle te haïr ?
Peut-elle méconnaître une si belle flamme ?
Le ciel de l'Italie est moins pur que son âme !
Romaine par le sang, elle est fière de toi ;
Mais nos troubles civils ont jeté leur effroi
Dans cette âme si tendre... Une injure mortelle
A dû vous séparer.
PAOLO.
Plus de doute, c'est elle !...
Parle ! quel est mon crime, et que dois-je entrevoir ?...
MALATESTE.
Tu lui ravis... un frère.
PAOLO.
Un frère ? ô désespoir !
L'ai-je vue, à Ravenne ?
MALATESTE.
Au sein de sa famille,
A la cour d'un parent.
PAOLO.
De Guido ?
MALATESTE.
C'est sa fille.
PAOLO.
Elle, ici ! près de nous !...
MALATESTE.
Françoise est mon bonheur ;
Ce que j'ai de plus cher au monde, après l'honneur.
PAOLO.
Oh ! mourir à présent !...
MALATESTE.
Depuis que ton étoile
Au port de Marinus nous ramène ta voile,
Françoise veut partir...
PAOLO.
Et maudit mon retour ?
Au tombeau paternel un adieu... dès ce jour
Je vous quitte à jamais. Je veux jeter un monde
Entre mon désespoir et sa haine profonde !
(Isolier paraît dans le fond.)
MALATESTE.
Qu'on appelle Françoise !... Allons, cède à mes vœux.
Tu restes avec nous, il le faut : je le veux !
PAOLO.
Une épouse est l'objet qu'à tout autre on préfère !
Tu l'aimes... sois heureux... souviens-toi de ton frère.
Aujourd'hui, prends ce glaive en échange du tien ;
C'est mon bien le plus cher, mon plus ferme soutien :
Qu'il te reste après moi !... Cette vaillante épée
Des larmes d'une amante autrefois fut trempée...
Ce nœud fut attaché de sa main... Fallait-il
Que l'oubli, le parjure !... O destin de l'exil !...
MALATESTE.
Elle est à Rimini ?

PAOLO, posant son épée.
Morte!...
MALATESTE.
Que l'espérance
Par la voix d'une sœur apaise ta souffrance;
Nous allons lui parler...
PAOLO, la main sur la poignée.
Jamais! sur cette croix!
Car ma présence ici nous perdrait tous les trois.

SCÈNE VII.

MALATESTE, puis **FRANÇOISE**.

MALATESTE.
Il part... dans ce grand cœur toute joie est tarie...
Avoir si longuement rêvé de la patrie,
Et puis, voir au retour son beau rêve envolé;
Nous quitter et mourir, sans être consolé!...
Françoise, je t'attends.
FRANÇOISE.
Moi, seigneur? je suis prête...
MALATESTE.
Ne crains plus un reproche, une plainte indiscrète!
Je viens de recevoir sous ce toit fortuné
Un ami... le plus cher que le ciel m'ait donné.
Dans un combat terrible, où les hordes germaines
Ont moissonné l'espoir des familles romaines,
Pour la première fois j'ai lutté sans bonheur;
Et j'allais, Dieu le sait, tout perdu, fors l'honneur!
J'allais être captif; déjà ton jeune frère
Portait sur mon épée une main téméraire...
FRANÇOISE.
Seigneur!...
MALATESTE.
Pardonne-moi s'il me faut éveiller
De cruels souvenirs!... lorsqu'un preux chevalier,
Comme un aigle irrité, s'élance avec furie
Parmi les combattants, les arrête et s'écrie:
« Prince, sauvez l'honneur! soldats, sauvez le roi! »
Il sème autour de lui la mort, le pâle effroi;
Le flot qui me pressait tourbillonne et s'entr'ouvre;
L'étranger me saisit, il m'entraîne, il me couvre,
Il me fait un rempart de mourants, de blessés,
Et tombe sous les coups qui m'étaient adressés.
Mais son bras protecteur et fidèle à sa gloire
Avait à nos drapeaux attaché la victoire;
Il sauva ma couronne et ma vie en ce jour,
Je lui dois plus encor: je lui dois ton amour!
Depuis, comme un coupable, il a fui ma présence;
Portant sa noble épée aux Césars de Byzance,
Du grand Paléologue il obtint la faveur...
Et tu n'as pas encore embrassé mon sauveur?
Aujourd'hui l'Océan le rend à mes prières;
Le peuple avec ivresse acclame ses bannières...
(On entend des cris hors de la scène.)
Écoute!... mais ton front se couvre de pâleur...
FRANÇOISE.
Achève! Ce guerrier?...
MALATESTE.
C'est mon frère.

FRANÇOISE.
Malheur!
Ton frère à Rimini!...
MALATESTE.
De ce dernier asile
Faut-il que ta vengeance ou ta haine l'exile?
J'ai reçu ses adieux.
FRANÇOISE.
Il part!
MALATESTE.
En ce moment,
De quitter sa patrie il a fait le serment.
FRANÇOISE.
Il part... et pour jamais?
MALATESTE.
Le désespoir dans l'âme;
Mais nous le retiendrons, notre honneur le réclame!
Je te l'atteste ici par ce gage d'amour
D'une fille des rois, morte avant son retour.
FRANÇOISE.
Cette écharpe, grand Dieu!
MALATESTE.
Quand le sort nous rassemble,
Songe que d'heureux jours nous pourrons vivre en-
La clémence grandit les peuples et les rois; [semble!
C'est mon premier devoir, le plus cher de mes droits.
A l'effort du pardon que ton cœur se résigne;
Ton père a pardonné: parle, il n'attend qu'un sign
Pour tomber à tes pieds...
FRANÇOISE.
Non! plutôt le trépas!
Je ne veux pas le voir, je ne le verrai pas!...
Pourquoi vient-il encore insulter à mes larmes?
Mon sang devait suffire à l'éclat de ses armes!
Glorieux de l'effroi qu'il a dû m'inspirer,
Vient-il voir s'il me reste un cœur à déchirer?

SCÈNE VIII.

FRANÇOISE, PAOLO, MALATESTE.

PAOLO, dans le fond.
Grâce!...
FRANÇOISE.
J'entends sa voix...
MALATESTE.
Françoise vous pardonne;
Venez, mon frère!
FRANÇOISE, chancelant.
Hélas!
PAOLO.
O céleste Madone!
O mes rêves d'enfance!... après quatre ans d'exil,
Devais-je la revoir dans ses bras?...
FRANÇOISE.
Que dit-il?...
PAOLO, s'avançant.
Françoise... votre cœur ne doit plus se contraindre;
Quel que soit mon arrêt, je l'attends sans me plaindre.
Fernando, j'en conviens, est tombé sous mes coups,

Mais il cherchait la mort. Furieux et jaloux
D'avoir vu son armée à ma voix dissipée,
Il s'est précipité, sanglant, sur mon épée ;
Mais au prix de mes jours je l'aurais épargné !
FRANÇOISE.
Ce cruel assassin ne s'est pas éloigné ?
Fuyons !...
PAOLO.
Au nom du ciel !...
MALATESTE, à demi-voix.
Vous pâlissez, madame !
FRANÇOISE.
Qui, moi ?
MALATESTE.
Vous !... quel soupçon s'empare de mon âme !
PAOLO.
N'était-ce pas assez que ce cœur déchiré
Fût trahi par l'amour qui l'avait inspiré ;
Que par le désespoir ma jeunesse flétrie...
Oh ! c'est mourir deux fois que de fuir sa patrie !
FRANÇOISE.
Vivez !... pour Giovani ; ne l'abandonnez pas !...
PAOLO. [trépas,
Vous l'aimez ? Quand proscrit, cherchant un beau
A des mains de carnage et de sang altérées
J'arrachais des vieillards, des femmes éplorées ;
Quand l'Arabe enchaîné proclamant le vainqueur,
Disait que sa clémence égalait son grand cœur,
Je pensais à mon père et gardais l'espérance
Qu'après tant de combats, de périls, de souffrance,
Il pourrait m'embrasser, et, debout sur le seuil,
M'ouvrirait son palais, plein de joie et d'orgueil ;
Pour Rome sainte, un jour, couronnant mes victoires,
Je rêvais, moi son fils, la plus belle des gloires :
La liberté !... trésor divin, rêve charmant...
Voici donc le réveil !...
FRANÇOISE.
Eh quoi ! fidèle amant,
Vous sauviez, dites-vous, sur la rive numide
Le vieillard sans défense et la vierge timide ?...
Et vous avez trahi, généreux chevalier,
Un amour que jamais on ne doit oublier !
PAOLO.
Que dites-vous, grand Dieu !
FRANÇOISE.
Moi ? rien !... Je vous déteste !
PAOLO.
Adieu donc, pour jamais, Françoise Malateste !
(Il sort par le fond.)

SCÈNE IX.

FRANÇOISE, MALATESTE.

FRANÇOISE.
Il a fui ! Paolo... je meurs.
MALATESTE.
Ce cri d'effroi !...
Tu l'aimes, n'est-ce pas ?...
FRANÇOISE.
Malheur ! malheur à moi !...

Je tremble... Sous mes pas la terre se refuse...
Tiens, plutôt frappe-moi de ce fer qui m'accuse...
Où me cacher ? où fuir ?
MALATESTE, tombant assis, à droite.
Françoise !... Il est donc vrai !
Que t'ai-je fait, parjure ?... Ah ! je me vengerai !...
FRANÇOISE.
Toi, cruel ! toi, l'auteur de ma peine profonde !
Tu l'oses demander ? que l'enfer te réponde !...
C'est toi qui m'as ravi l'espérance, l'amour ;
C'est toi qui m'enchaînas dans cet affreux séjour
Où je meurs ton esclave en doutant de Dieu même !...
Sois maudit ! sois maudit !... A moi, pays que j'aime,
A moi, fleuve natal, tombeaux chers à mes pleurs !
Quand pourrai-je aspirer le parfum de vos fleurs ?
Sans toi, la solitude eût calmé ma détresse ;
Ici, tout la nourrit, m'épouvante, m'oppresse :
Et pour ma liberté faisant un vain effort,
Mon désespoir n'a plus qu'un refuge : la mort !

SCÈNE X.

MALATESTE, seul.

Plus de doute à présent ; mais aussi, plus d'alarmes !
Voilà donc quelle était la cause de ses larmes !
Se peut-il que mon frère... Oh ! ce rêve insensé,
Chaque jour, chaque nuit vingt fois recommencé !...
Tant d'amour, de bonheur... tout a fui comme un songe !
Oui, je veux m'affranchir du soupçon qui me ronge ;
Et, dussé-je expirer de douleur et d'effroi,
Vérité, je t'appelle ! enfer, découvre-toi !...

ACTE DEUXIÈME.

SCÈNE I.

GUIDO, FRANÇOISE.

GUIDO.
Arrêtons-nous, ma fille !
FRANÇOISE.
Ici, l'air est plus libre ;
Écoutez !... Cet adieu, c'est comme un dard qui vibre
Au cœur qu'il a frappé !...
GUIDO.
Paolo ? vain effroi !
Il ne doit plus jamais paraître devant toi :
Dès ce soir il retourne aux rives du Bosphore...
FRANÇOISE.
Sait-il bien, en partant, à quel point je l'abhorre ?
GUIDO.
Françoise !
FRANÇOISE.
Que nous veut ce mortel ennemi ?
Tantôt, à son aspect, tout mon cœur a frémi.

Cette ville, autrefois, me semblait si déserte;
A présent tout m'émeut, tout conspire à ma perte!
Si j'osais!...

GUIDO.
Nous n'avons pour témoin que Dieu seul;
Achève!

FRANÇOISE.
Si j'osais déchirer le linceul
Qui pèse sur mon âme! O mon père, il me semble
N'avoir personne ici devant qui je ne tremble,
Personne devant qui je ne doive cacher
Le secret menaçant que l'on veut m'arracher!
Un sinistre avenir à mes yeux se déploie;
Je ne sais déguiser ni mes pleurs, ni ma joie,
Cependant, joie et pleurs, tout me semble interdit!
Si je me trahissais lui présent! qu'ai-je dit!...
Malheur à moi! vous seul ici pouvez m'entendre,
Vous, mon père adoré, mon ami le plus tendre...
Vous le voyez, je souffre... une morne langueur...
Ah! je voudrais mourir dans vos bras!

GUIDO.
Sur mon cœur!...
O toi, des nations puissance tutélaire,
Sur le front du vieillard j'invoque ta colère;
Mais sauve cette enfant, frêle et dernier soutien
D'un nom riche d'honneur, dont j'étais le gardien!...
Épanche dans mon sein la douleur qui t'opprime!

FRANÇOISE.
Lui parler, c'est la honte, et me taire est un crime!...
Triste, le cœur brisé, me voici devant vous,
Vous qui m'avez unie au meilleur des époux,
En vouant au remords ma jeunesse éplorée!

GUIDO.
Au remords, as-tu dit! toi, ma fille adorée,
Toi, ma vie et mon sang!...

FRANÇOISE.
Ma constante vertu
Contre un amour profane a longtemps combattu;
Mais épuisée enfin par ce combat funeste,
De ma force aujourd'hui je sens fuir tout le reste...
Loin de moi ces dangers sur ma tête amassés,
Au nom de votre honneur!

GUIDO.
Ma fille, c'est assez!

FRANÇOISE.
Non, je vous dirai tout. Malheureuse victime,
Giovani m'accablait d'un soupçon légitime!
Grâce! je suis encor digne de votre sang!
Mon père... Oh! détournez ce regard menaçant!

GUIDO.
Fille parjure... assez!

FRANÇOISE.
La force l'abandonne...
Mon père, tuez-moi!...

GUIDO.
Non! je t'aime... pardonne
Une première offense... oh! parle-moi toujours...
Qu'il est doux pour un cœur las de gloire et de jours,
De voir sourire un ange à son heure dernière,
De sa belle jeunesse image printanière,
Fleur sainte, à peine éclose aux mains des immortels...

FRANÇOISE.
Pitié!... c'est trop souffrir... Là, devant ces autels,
Punissez-moi, frappez!

GUIDO.
Son nom! quel est le traître
Dont l'audace a flétri la femme de son maître?

FRANÇOISE.
N'accusez que moi seule! il ne saura jamais
Combien je suis coupable et combien je l'aimais!

GUIDO.
Son nom!... vous avez fui votre époux pour le suivre?

FRANÇOISE.
Plutôt de son aspect que la mort me délivre!

GUIDO.
Et sans doute, à Ravenne, où vous l'avez banni,
L'infâme vous attend?

FRANÇOISE.
Il est à Rimini!...

GUIDO.
Paolo!... Dieu vengeur! Vieillesse infortunée,
A quel excès d'opprobre étais-tu condamnée!
Meurtrier de mon fils... frère de son époux!...
Madame, il faut partir!

FRANÇOISE.
Seigneur! à vos genoux...

GUIDO.
Maudit soit pour jamais cet amour exécrable!
Loin du toit paternel, fille ingrate et coupable,
Vous viendrez l'expier le reste de vos jours,
En pleurant dans le cloître, où l'on pleure toujours!...

SCÈNE II.

FRANÇOISE, seule.

Ciel! détourne de moi l'anathème d'un père!...
Demain, le monde entier m'oubliera, je l'espère,
Mais lui... penchant funeste! éternel souvenir!
De mon cœur désolé saurai-je vous bannir?...
Que ces jardins fleuris à mes yeux ont de charmes,
Remplis de son image, et témoins de mes larmes!
Une prière encore, et je pars... Dans ce lieu
Mon âme, par l'amour, s'élève jusqu'à Dieu!...
(Se relevant.)
Non! je n'ose achever ma prière insensée!
Entre le ciel et moi, toujours cette pensée!
Fuyons!... dans ce palais tout me parle de lui;
Si je dois le quitter, quel sera mon appui?
Dieu! permets que je meure aux bords où je suis née;
Là, devant tes autels jour et nuit prosternée...
Je pense encore à lui, malheureuse!...

SCÈNE III.

FRANÇOISE, ISOLIER.

FRANÇOISE.
Isolier...
D'où vient que je frémis?

ISOLIER.
Madame, un chevalier

Appelé par la gloire aux campagnes tyrrhènes,
Veut être armé, béni, de vos mains souveraines...
FRANÇOISE.
Son nom?
ISOLIER.
C'est Paolo, je crois...
FRANÇOISE.
Jamais!...
ISOLIER.
J'entends
Des pas...
FRANÇOISE.
Cours appeler mon père!
ISOLIER.
Il n'est plus temps:
Le voici.
(Il s'incline et sort.)

SCÈNE IV.

PAOLO, FRANÇOISE.

FRANÇOISE.
Paolo! vous osez, téméraire?...
PAOLO.
Françoise, écoutez-moi.
FRANÇOISE.
L'assassin de mon frère!
PAOLO.
Un seul mot, le dernier!
FRANÇOISE.
Soumise à mon devoir,
Épargnez-moi, seigneur, le tourment de vous voir;
Dans l'asile sacré gardez-vous de me suivre!
PAOLO.
Restez, au nom du ciel! ou je cesse de vivre!
Dans ce temple où bientôt je rejoins mes aïeux,
Nos soupirs confondus monteront vers les cieux...
FRANÇOISE.
Jamais! n'espérez pas...
PAOLO.
Vous obtiendrez sans peine
La mort d'un exilé que poursuit tant de haine.
Je n'espère plus rien ; j'ai revu mon pays :
Ordonnez que je parte à l'instant, j'obéis!
FRANÇOISE.
Si je dois vous haïr, vous quitter pour la vie,
Songez à votre frère; en vos mains je confie
Sa gloire, son bonheur... Quand je ne serai plus,
C'est à vous d'apaiser des regrets superflus;
Lui seul, à Rimini, doit gémir de ma perte,
En jetant un regard sur ma place déserte...
S'il me demande un jour, devenez son appui;
Donnez-moi, par pitié, quelques larmes, pour lui!
PAOLO.
Par pitié, dites-vous? Nos destins sont étranges!
Vous, belle à tous les yeux, comme un de ces archanges
Que le ciel a formés dans un transport d'amour,
Vous déployez votre aile et songez au retour?
C'est à moi de mourir, moi, dont l'âme est flétrie,
Déjà morte au bonheur, morte pour la patrie;
Moi, qui, la revoyant dans l'espoir le plus beau,
Viens pleurer une amante et mon père au tombeau :
Mon père! Il eût compris cette âme désolée,
Et jamais, pour un monde, il ne l'eût immolée!
FRANÇOISE.
Cet amour sur votre âme a-t-il tant de pouvoir
Qu'il lui fasse oublier le chemin du devoir?
Il est d'autres liens pour les cœurs magnanimes :
La foi, la liberté! deux amantes sublimes;
Rome enfin, votre mère! elle a vu ses enfants
Sous les pieds des Césars se dresser triomphants :
La gloire est belle aussi, tout grand cœur sait l'atteindre!
PAOLO.
La gloire! et votre haine à sa voix peut s'éteindre?
Par quel trône abattu ce fer victorieux
Doit-il me conquérir un nom plus glorieux ?
Parlez! un mot de vous me rendrait invincible;
Pour Françoise et l'honneur il n'est rien d'impossible!
Des tyrans étrangers je déteste l'orgueil.
Ce bras libérateur ne connaît plus d'écueil;
Il portera partout, comme une providence,
La foi de l'Italie en son indépendance :
Que dis-je! un seul regard, un sourire plus doux!...
FRANÇOISE.
O ciel! que dois-je entendre...
PAOLO.
Ah! je n'aime que vous,
Vous seule, ange invoqué dans mes nuits les plus mornes!
Vous, pour qui, sans espoir, mon amour est sans bornes!...
FRANÇOISE.
Frère de mon époux, j'ai dû vous écouter;
Mais puisque, même ici, vous osez m'insulter,
Cet affront, savez-vous quel supplice il entraîne?
Je suis fille des rois et votre souveraine!
Je suis à Rimini!... De plus dignes amours
Ont reçu vos serments!
PAOLO.
Je les tiendrai toujours
A toi, sœur de mon âme, à toi qui m'es ravie,
Mon seul rêve d'amour, le dernier de ma vie,
Mon seul bien dans ce monde et dans l'éternité!...
J'aurais donné le ciel pour ta fidélité;
Toi, parmi ces honneurs dont l'éclat t'environne,
Tu trahis tes serments pour ceindre une couronne!...
De ces mots solennels ne te souvient-il pas :
« Unis sur cette terre, unis dans le trépas!... »
Mais la gloire à mon front vaut bien un diadème;
Je la mets à tes pieds, en te disant : Je t'aime!
FRANÇOISE.
Vous m'aimez!...
PAOLO.
Par ce livre, où Dieu nous dévoila
Nos premiers sentiments!
FRANÇOISE, *s'asseyant.*
Le Dante!
PAOLO, *s'appuyant sur le fauteuil.*
Oui, le voilà!...
« Nous lisions le récit tout plein de douces larmes,
Du page Lancelot que l'amour a surpris.
Nous étions seuls, ce jour, sans aucunes alarmes.
« Déjà, plus d'une fois, nos yeux s'étaient compris;
Je sentais sur mon front les pâleurs de la fièvre,

Un seul vers acheva d'égarer nos esprits :
« Quand nous lûmes la stance où l'amant de Ginèvre
Baise un premier sourire, inspiré par l'amour,
Ma bouche, en frémissant, se posa sur ta lèvre...
« Et nous n'en lûmes point davantage, ce jour! »
FRANÇOISE.
Souvenirs pleins d'ivresse où mon cœur s'abandonne!
PAOLO. [donne?
Des pleurs! des pleurs récents! Françoise me par-
FRANÇOISE.
On vient, partez!... Ma main dans la sienne a frémi!
PAOLO.
Je t'aime!... Paolo n'est plus ton ennemi?
FRANÇOISE.
Qui... toi, mon ennemi? Si tu voyais mon âme!...
Qu'ai-je dit? Non! la mort, plutôt que d'être infâme!...
PAOLO.
N'achève pas... grand Dieu! la mort... le déshonneur...
Oh! j'étais insensé... pour moi, plus de bonheur!
De votre souvenir un proscrit n'est pas digne;
Vous l'avez renié, Paolo se résigne:
Pourquoi vivrais-je encor, sans amour, sans espoir...
Je suis un Malateste et je fais mon devoir.
ISOLIER, accourant.
Le prince...
PAOLO.
A sa fureur laissez-moi vous soustraire...
Viens, Giovani! je pars.

SCÈNE V.

FRANÇOISE, GUIDO, MALATESTE,
PAOLO, ISOLIER.

MALATESTE.
Nous quitter? toi, mon frère!
Madame! demeurez...
PAOLO.
Nous nous verrons ailleurs,
A bientôt...
FRANÇOISE.
Non, jamais!
PAOLO.
Dans les mondes meilleurs,
Au sein de Dieu!...
FRANÇOISE, dans les bras de Guido.
Mon père!...
MALATESTE.
Ah! ma raison s'égare:
Paolo!
PAOLO.
Sois heureux, si tu l'oses, barbare!
Moi, je n'ai qu'à mourir.

SCÈNE VI.

MALATESTE, ISOLIER.

MALATESTE.
Ils ont fui... cœurs ingrats!...
Pas encore! Ils sauront ce que pèse mon bras!

Sombre fatalité qui doit nous perdre ensemble!
Page! cours au château; que le conseil s'assemble,
A l'instant, ici même!... Un regard attentif
M'apprendra... Paolo! qu'on l'amène captif.
ISOLIER.
Votre frère, seigneur?
MALATESTE, tombant assis.
Mon frère!... oui... c'est la trace
De cette main de sang qui pèse sur ma race...
(Jetant les yeux sur le livre.)
Le Dante! O grand penseur, tu connais mon tourment,
Toi qui viens des enfers... Paolo son amant!...
Non, non! je n'y crois pas; je souffre, je blasphème...
Ces portraits... ce sont eux... voici la preuve... Il l'aime!
Un éclair teint de sang vient de luire à mes yeux...
(Se levant.)
Rien ne m'arrêtera... ni l'enfer, ni les cieux:
Paolo doit mourir.
ISOLIER.
Lui, seigneur! votre frère?
MALATESTE.
Mon frère! lui? jamais! celui qu'elle préfère:
Mon rival, mon esclave!... Opprobre et trahison!
De ce deuil prolongé je conçois la raison;
L'hypocrite envers lui n'a montré tant de haine
Que pour mieux déguiser l'inceste qui l'entraîne...
Mes armes!...
(Isolier lui donne l'épée; Malateste l'éloigne du geste.)

SCÈNE VII.

MALATESTE, seul.

Son écharpe!... avec ce don moqueur,
C'est l'infamie alors qu'il attache à mon cœur...
Oh! tais-toi, doute affreux; car ma main indignée
De cette arme avec rage a saisi la poignée!...
Voilà ce nœud charmant, ce gage mensonger
De l'amitié d'un traître, et qui doit me venger!
Je ne sais quel plaisir, à l'aspect de ce glaive,
Quel transport inconnu dans mon âme s'élève;
Que j'aime son éclat et son bruit menaçant!...
Il me parle, il frissonne, il vibre, il veut du sang!
Du sang!... oui, j'ai compris ton langage sinistre,
O toi, de ma vengeance inflexible ministre;
Dans l'ombre du trépas, où tu guides ma main,
De son cœur détesté montre-moi le chemin:
Afin que sur toi seul retombent tous les crimes
Du sang des Malateste, assassins ou victimes!...
(Plus calme.)
Trahir tous les serments d'une sainte amitié!
Pour qui fut sans honneur je serai sans pitié.
Se peut-il que cet ange apparu sur la terre
Ait souillé sa couronne aux feux de l'adultère?...
Et lui, lui! Paolo!... Se peut-il que le ciel
M'ait donné dans un frère un ennemi cruel?
Gloire à toi, peintre habile! On vient! plus de faiblesse;
Mon cœur; délivre-toi de ce dard qui te blesse!
Frappons! Dieu!... c'est Guido.
(Il retombe accablé.)

SCÈNE VIII.

MALATESTE, GUIDO.

GUIDO.
Le céleste courroux
A des pleurs éternels nous a condamnés tous...
MALATESTE.
Parlez : Françoise ?...
GUIDO.
Ouvrant sa débile paupière,
Courbée à mes genoux et le front sur la pierre,
Elle me suppliait de lui donner la mort.
« As-tu trahi ta foi? lui dis-je avec effort :
Es-tu coupable, enfin? » Mais, à peine vivante,
Elle ne répondait que par son épouvante...
MALATESTE.
Achevez !
GUIDO.
Saisissant le glaive meurtrier,
Déjà prêt à frapper, je l'entends s'écrier :
« Mon père, écoutez-moi; dites à Malateste
Que je meurs innocente.—Est-il vrai?—Je l'atteste ! »
Sa voix, sous mon regard, sous ce glaive irrité,
Avait l'accent que Dieu prête à la vérité;
Les mains jointes, le front paré d'une auréole,
Elle avait la splendeur d'un ange qui s'envole...
Alors j'ai vu combien de fois on peut mourir,
Ce qu'il est dans un cœur de force pour souffrir,
Quand l'honneur le domine et lui prête assistance...
[constance !
Oui, son malheur est grand, moins grand que sa
Je pleurais, je priais... sur mon sein triomphant,
Avec joie et douleur je pressais mon enfant;
Car je la sauverai ! je le dois, je l'espère...
Vous êtes son époux, son maître : et moi son père !...
MALATESTE.
Moi duc et podestat, je veux être vengé !
Tout mon amour pour elle en haine s'est changé !...
GUIDO.
Mon fils !
MALATESTE.
J'aurais donné le salut de mon âme
Pour la croire innocente... Ah ! voilà cet infâme !
GUIDO.
Paolo ?
MALATESTE, s'asseyant sur le trône.
Mon rival ! son destin sera prompt :
Chevaliers, prenez place, et vengez mon affront.
Avance, malheureux !...
(On enlève le fauteuil.)

SCÈNE IX.

Gardes, PAOLO, ISOLIER, MALATESTE, Juges, GUIDO.

PAOLO.
Le prince qui me brave
Croit-il interroger son frère, ou son esclave?
Mais, malgré ce défi, je reconnais en toi
La majesté d'un père et la suprême loi;
J'attends.
MALATESTE.
Si tu voyais un parjure, un impie,
Se jouer lâchement du bonheur de ta vie,
En donnant au remords les traits de la vertu :
De ce vil imposteur, dis-moi, que ferais-tu?
PAOLO.
La menace enhardit toute âme bien trempée...
Et je vois sous ta main tressaillir mon épée :
Venge-toi... Paolo bénira son vainqueur.
MALATESTE.
Mais si ton propre frère, un ami de ton cœur,
T'avait pris ton épouse?...
PAOLO.
A l'instant, je le jure,
La mort du ravisseur laverait mon injure.
MALATESTE.
Tu viens de te juger.
PAOLO.
Oui ! je suis enflammé
Pour l'objet le plus beau que le ciel ait formé !
Cet amour fait ma gloire ; et le cœur qu'il anime,
D'orgueilleux, de jaloux, redevient magnanime !
Pour ma chère Italie ayant tout déserté,
J'aime plus saintement Rome et la liberté;
Je me sens invincible : et, malgré ces entraves,
Je méprise les rois et je plains leurs esclaves !
Mais qu'importe la vie où je perds le bonheur?
Venge-toi, je suis prêt !
MALATESTE.
Misérable !... Ah ! seigneur,
Tout son sang lavera cet aveu téméraire !
GUIDO.
Giovani, souviens-toi que tu juges ton frère,
Que son sang est le tien !
MALATESTE.
Leur amour criminel
Ne me couvre-t-il pas d'un opprobre éternel?
Moi, je puis oublier un frère qui m'outrage;
Mais son perfide cœur aura-t-il ce courage?
Oui, déjà l'infidèle, épiant mon trépas,
Vers la tombe, où je cours, précipite mes pas;
Et lui gardant son âme elle veut, sans mystère,
Des lauriers d'un cercueil couronner l'adultère !...
Et pourtant, je t'aimais ! J'en atteste le ciel ;
Ce cœur, tu l'as brisé, tu l'as rempli de fiel...
Pour toi j'aurais donné mon sang, ma vie entière,
Françoise de mon trône eût été l'héritière ;
Insensé ! je comptais vivre dans vos regrets :
Et toi, tu me trompais, tu me déshonorais !
Va, tu n'es qu'un ingrat.
PAOLO.
Par notre sainte mère,
Par mes quatre ans d'exil et de gloire éphémère,
Enfin par tes serments, ton amour et ta foi,
Rends-lui la liberté !... Grâce pour elle et toi !
MALATESTE, allant vers Paolo.
Tu parles de serments pour me trahir encore,

Infâme! Sais-tu bien quel tourment me dévore?...
Mais je dois te confondre, odieux ravisseur,
Et de ton âme enfin pénétrer la noirceur.
Tu veux sur ton vaisseau t'assurant un refuge,
L'enlever à son père, ainsi qu'à moi, ton juge!
                    GUIDO.
Quel indigne soupçon!
                    MALATESTE.
                            Des soupçons, dites-vous?
Ces portraits, cette écharpe!...
                    GUIDO.
                            Ah! j'étreins vos genoux!
Grâce pour mon enfant!
                    MALATESTE.
                            Toute prière est vaine;
Mon honneur veut du sang : retournez à Ravenne!
    (Guido remonte au fond; Isolier sort en courant.)
                    PAOLO.
Frappe... l'ingrat, c'est toi!... Tu n'as pas oublié
Que, vainqueur de Césène, à son père envoyé,
Paolo triomphant fut séduit par ses charmes!
Compare nos vertus, cite-nous tes faits d'armes?
Que serais-tu sans moi, frère indigne et pervers?
J'ai sauvé ta couronne et je porte des fers!
Avant de me juger, souviens-toi qui nous sommes :
Chacun de ces drapeaux et chacun de ces hommes
Dira qui parmi nous est le frère sans cœur,
Le tyran sans pitié!
                    MALATESTE.
                        Tu braves ma rigueur?...
Gardes, saisissez-le!
        PAOLO, saisissant l'épée d'un garde.
                        Que ce glaive en décide;
Et ta vie ou la mienne...
                    MALATESTE.
                        Eh bien, meurs!
                    GUIDO.
                            Fratricide!...

SCÈNE X.

LES MÊMES, FRANÇOISE, ISOLIER.

                    FRANÇOISE.
Arrêtez!... Par ce fer, la main sur cette croix,
La clémence, as-tu dit, fait la grandeur des rois!
            PAOLO, baissant le fer.
Va, je suis désarmé : que ta haine assouvie...
                    FRANÇOISE.
Souviens-toi de Césène! Il t'a sauvé la vie!
                    MALATESTE.
Il m'a ravi l'honneur... Dieu même briserait
Ce glaive dans ma main, sans fléchir mon arrêt!
                    GUIDO.
Au nom de votre mère!...
                    MALATESTE.
                        Assez! plus d'indulgence!
Qu'on l'enchaîne!...

                    FRANÇOISE.
                        Ah! cruel!...
            PAOLO, jetant son épée.
                        Françoise... adieu.
                    MALATESTE.
                            Vengeance!...
        (Les gardes entraînent Paolo.)

ACTE TROISIÈME.

Appartement de Françoise, éclairé par une lampe brûlant sur un piédestal. — Françoise étendue sur un lit de repos; à ses pieds un luth et des fleurs. — Un prie-Dieu, vitrines gothiques. — Au fond, une draperie. — Orage au dehors. — Deux sentinelles.

SCÈNE I.

ISOLIER, FRANÇOISE.

                UNE SENTINELLE.
Qui vive?... Le mot d'ordre.
                    ISOLIER.
                        « Espérance! »
                    (La sentinelle se retire.)
                        Elle dort,
De ce sommeil profond qui ressemble à la mort!
Et pourtant, que d'attraits!... La Madone des grèves
Jamais ne m'apparut plus belle dans mes rêves...
Son âme est envolée au pays, ses amours,
Où l'Éridan rapide, après mille détours,
Va trouver le repos dans ce golfe... silence!
Un soupir, puis un nom de sa lèvre s'élance...
Écoutons.
            FRANÇOISE, endormie.
Paolo!
                    ISOLIER.
                Venez, songes légers,
Des mondes inconnus radieux messagers,
Bercez-la, doucement, de votre voix bénie!
Sur le cœur d'une rose ou l'aile d'un génie!
Achevons ce bouquet... plutôt, à demi-voix,
Oui, cet air castillan qu'elle aimait autrefois!
(Il prend son luth, s'assied aux pieds de Françoise, et chante.)

I

Le roi de Castille
Avait une fille,
Orgueil de sa cour;
Don Carle et don Sanche
Tous deux aimaient Blanche,
    Blanche d'amour.
L'aîné des deux princes
De trente provinces
Est maître et vainqueur;
    L'autre a du cœur!

II

« Celui, dit son père,
Que ton cœur préfère,

Ne reviendra pas.
Dans la Palestine
Le ciel lui destine
　Un beau trépas;
A tout ce qui brille,
Rose ou jeune fille,
Il faut un appui :
　Règne aujourd'hui! »

III

Mais les flots s'entr'ouvrent;
Cent vaisseaux les couvrent,
Le Maure apparaît :
« Me voici, don Carle!
C'est moi qui te parle,
Lâche, es-tu prêt? »

FRANÇOISE.
Ces éclairs... le sang coule... Arrêtez!
ISOLIER.
　　　　　　　　Quel délire!
Ma romance...
　　　　FRANÇOISE.
　　　　Isolier! donne-moi cette lyre,
Je te dirai la fin :

Blanche les sépare,
Mais le fer barbare
L'a frappée au cœur...
　Carle est vainqueur!

ISOLIER.
　　Vous pleurez?... O tourment!...
On sait que doña Blanche a suivi son amant,
Et don Carle épousa la superbe Isabelle...
Oh! pardon!... qu'as-tu fait, lyre ingrate et rebelle!
Voici ton chant du cygne; oui, tais-toi désormais :
Va-t'en!
　　(Il la jette par la croisée ouverte.)
　　　　FRANÇOISE.
Cher Isolier!... Tantôt, quand je dormais,
Il m'a semblé descendre au fond des précipices,
Affreux séjour du crime et d'éternels supplices.
J'ai vu l'arrêt terrible, anathème de fer
Que le ciel inscrivit sur le seuil de l'enfer :
　　(Se levant.)
« Par moi, tu descendras aux cités des ténèbres;
« Par moi, tu descendras aux royaumes funèbres,
« Par moi, tu descendras au monde des tourments.
« La vengeance de Dieu posa les fondements,
« Et pour éternité leur donna la souffrance :
« Entrez, spectres maudits, laissez toute espérance! »
Grâce, ô mon Dieu! parmi les remords éternels
Gardés par ta justice aux amants criminels,
J'ai vu!... mais sur la terre il n'est point de langage
Qui de ce songe affreux te retrace l'image;
Et, le front accablé d'une vague torpeur,
Je crois le voir encor : je frissonne... j'ai peur!...
N'entends-tu pas ces voix, ces cris pleins d'épouvante?
ISOLIER.
Loin de vous ces tableaux que la nuit sombre enfante
Et que doit effacer le sourire du jour.
Soyez toute au bonheur, soyez toute à l'amour;
Quelle fête à Ravenne, au retour de Françoise!
De drapeaux et de fleurs l'Éridan se pavoise :
Ses bords ont-ils perdu leur ancienne fraîcheur,
La rose son parfum, et le lis sa blancheur?
Nos pins harmonieux, couronnant ses rivages,
N'ont-ils pas ce murmure et ces ombres sauvages
Qui nous faisaient rêver aux amours d'autrefois?
Le cygne de Florence est-il mort ou sans voix?...
Venez! tout vous sourit! vous appelle, vous aime;
Tous les cœurs sont à vous, car l'amour, c'est vous-même :
Lorsque vous allez voir tant d'objets adorés,
Quand tout se réjouit, vous seule, vous pleurez?
FRANÇOISE.
Tu parles de bonheur, de retour, de Ravenne;
Enfant de Fiesolé, que ta croyance est vaine!
D'un passé bienheureux pourquoi me souvenir,
Quand le jour qui va naître est tout mon avenir?
Il se lève et je meurs!...
ISOLIER.
　　　　Vous, bel ange?
FRANÇOISE.
　　　　　　Eh! qu'importe?
La vie est un enfer quand l'espérance est morte!
Ce monde, où je déchois, n'offre plus à mes yeux
Qu'un immense désert, un exil odieux,
Où la foule, en brisant les objets de mon culte,
D'un regard de pitié me prodigue l'insulte;
Et quand tout me trahit, tout me glace d'effroi,
Hormis le déshonneur, que me reste-t-il?
ISOLIER.
　　　　　　　　Moi!...
Qui n'ai rien que mon cœur, mais un cœur sans alarmes;
Qui donnerais mon sang pour épargner vos larmes;
Moi, qui rendrais mon âme aux anges du Seigneur,
Pour voir vos yeux charmants sourire de bonheur!
FRANÇOISE.
Merci, noble Isolier! j'ai donc pu méconnaître
Ce cœur si généreux, si fidèle à son maître!
Si j'avais... pauvre reine! Ah! tiens, cet anneau d'or,
Celui de Giovani.
ISOLIER, à part.
　　Paolo?... Quel trésor!...
FRANÇOISE.
A toi ce diamant, source vive de flamme,
Plus brillant qu'une étoile et moins pur que ton âme.
Celui qui remettra ce signe à mon époux,
Les bienfaits qu'il souhaite, il les obtiendra tous;
Et par lui que du moins une larme effacée...
Ta main!
ISOLIER.
Elle est à vous, comme mon cœur.
FRANÇOISE.
　　　　　　　　　Blessée?
ISOLIER.
Comme mon cœur...
FRANÇOISE.
　　　Que vois-je! et quels crimes nouveaux
Dois-je craindre?
ISOLIER.
　　　Écoutez! au fond de ces caveaux,
Dans ces cachots muets qu'un tribunal austère
Fit creuser sous nos pas jusqu'au sein de la terre,
C'est là qu'avant le jour Paolo doit mourir...

ACTE III, SCÈNE IV.

FRANÇOISE.
Dieu juste! il faut le suivre!...

ISOLIER.
Il faut le secourir!...
L'or m'en ouvre l'entrée; une étroite spirale
Me présente un chemin dans la nuit sépulcrale.
J'ai vu, dans ces tombeaux gardés par nos tyrans,
Depuis vingt ans d'oubli les martyrs expirants...
Dieu! ces bruits inconnus! ces plaintes étouffées!
Des vengeances des rois ces lugubres trophées ;
Ces anneaux teints de sang et ces grilles de fer :
Oui, c'est là que le Dante a dû rêver l'enfer !

FRANÇOISE.
Mais Paolo?

ISOLIER.
J'entends sa voix qui vous appelle ;
J'accours, je veux briser une porte rebelle...

FRANÇOISE.
Et ce sang?...

ISOLIER.
J'ai meurtri mon bras sur les verrous :
Ce sang est le premier que je verse pour vous !

FRANÇOISE.
Que soigné de ma main...

ISOLIER, à la porte du fond.
Silence !... Votre père !
Je garde ce présent; avant peu, je l'espère,
Vous sauvant tous les deux je l'aurai mérité.
Maintenant, ô mon maître, à toi la liberté !

SCÈNE II.

GUIDO, FRANÇOISE.

FRANÇOISE.
Quel arrêt doit tomber, seigneur, de votre bouche?

GUIDO.
A peine m'a-t-il vu, qu'aussitôt sur sa couche,
Pâle, les yeux en pleurs, ton époux s'est dressé;
D'une longue insomnie il semblait oppressé.
« La voilà, disait-il, cette aurore si prompte,
Qui revient éclairer son parjure et ma honte ;
Soleil, regard de Dieu planant sur l'univers,
Éteins-toi pour jamais dans la nuit des enfers! »
O du cœur des humains éternelle inconstance !
L'amant a de l'époux déchiré la sentence ;
Isolier s'accusant d'avoir joint les portraits,
Veut délivrer son maître et puis mourir après...
Voici le jour, partons.

FRANÇOISE.
Ah! plutôt que je meure!
Je ne veux pas ainsi déserter sa demeure,
Maudite et sans adieu! Dans ce triste abandon
Que du moins j'en obtienne un regard de pardon !
Sauver notre Isolier, le fléchir pour un frère,
A cet espoir si doux je ne puis me soustraire;
Alors, je serai libre : et, si mes torts passés
Sous un voile de deuil peuvent être effacés,
Dites à votre fils que, le front sous la cendre,
Suppliante, au tombeau je suis prête à descendre,
Que je meurs sans regret, si ma mort peut unir
Deux cœurs nés d'une mère, et qui vont me bénir !

SCÈNE III.

FRANÇOISE, seule.

Adieu donc, Rimini, cité chère et fatale,
Flots brillants qui baignez la rive orientale ;
Ciel toujours plein de flamme, ombrages toujours verts,
O toi, mon seul abri dans ce vaste univers :
Où Paolo... Que dis-je !... O mon juge suprême,
Exauce ma prière en sauvant ceux que j'aime ;
Du fond de ma douleur je t'invoque à genoux :
Si le ciel, avant moi, rappelle mon époux,
Jamais le souvenir d'une ardeur insensée
Ne troublera mon cœur ni ma triste pensée...
Morte pour l'espérance, et vivant pour toi seul,
J'éteindrai mon amour sous les plis d'un linceul!...
Mais déjà la clarté m'enveloppe et m'inonde;
A moi, chants infinis! échos d'un meilleur monde!
Déjà mon âme heureuse apparaît devant Dieu !
Ma mère, dans tes bras! patrie, amour... adieu!...

SCÈNE IV.

FRANÇOISE, PAOLO.

PAOLO.
Françoise!

FRANÇOISE, reculant avec effroi.
Paolo!

PAOLO.
Je suis libre!...

FRANÇOISE.
Silence !

PAOLO.
J'ai trompé les gardiens : honte à leur vigilance;
Et, grâce à cet anneau, par ton page apporté...

FRANÇOISE.
Vous voulez donc ma mort?

PAOLO.
Je veux ta liberté !
Nos soldats sont armés et nous prêtent main-forte ;
La barque d'Isolier nous attend à la porte,
Et tous trois nous conduit, loin de cette prison,
A bord de mon vaisseau qui cingle à l'horizon...

FRANÇOISE.
Fuir mon époux? jamais !

PAOLO.
Un despote barbare !
Il faut que cette nuit l'Océan nous sépare!...
Viens! l'amour, le bonheur nous suivront loin du port;
Prononce entre nous deux : c'est la vie ou la mort !

FRANÇOISE.
Qu'ai-je fait, imprudente!

PAOLO.
Il faut que je te voie
Sauvée, heureuse, libre, et je meurs avec joie!...
Je ne sais si je viens de l'enfer ou des cieux ;
Écoute... le sommeil descendait sur mes yeux,

Quand soudain, dans ma tombe, une clarté mouvante
Fit dresser mes cheveux d'une affreuse épouvante.
C'était toi ; je voyais ce regard pâlissant
Qui m'appelle au secours ; ce poignard teint de sang,
Ce monstre furieux accroupi sur sa proie,
Dont le cœur vibre encor sous l'acier qui le broie...
Bondissant jusqu'à lui, je frappe l'assassin ; [sein.
Tu me dis : « Viens, je l'aime ! » et tu meurs sur mon
Tout disparaît !... Françoise, ah ! permets qu'une
Apaise mon délire et dissipe ma crainte... [étreinte
Ce songe est là : toujours ! des fantômes hagards
Agitant leurs linceuls poursuivent mes regards ;
Ici même, à tes pieds, je sens qu'à ce présage
Une sueur mortelle a glacé mon visage !...

FRANÇOISE.

Ce songe... ah ! c'est le mien !...

PAOLO.

Mais je suis libre encor !
Je renais, je respire !... et, grâce à ce trésor,
J'ai bravé le tyran, sa vengeance est trompée,
Et j'ai, pour le punir, ressaisi mon épée !...
Françoise, ah ! je craignais de ne plus te revoir.

FRANÇOISE.

Qu'espérez-vous, grand Dieu !

PAOLO.

Viens, quittons ce manoir ;
Je n'ai plus qu'un souhait : vivre ou mourir ensemble !
Dieu nous a séparés, que l'enfer nous rassemble...
Rien ! pas même un regard !... Non, tu n'aimas jamais !
Eh bien... malheur à toi !...

FRANÇOISE.

Frappez !... je m'y soumets !

PAOLO.

Je t'aime !... Et cet anneau ?

FRANÇOISE.

C'est l'anneau de mon maître,
L'anneau de Giovani !

PAOLO.

Qu'il périsse, le traître,
Ainsi que cet anneau ; Giovani votre époux,
L'anneau de Giovani !

(Il brise l'anneau.)

FRANÇOISE.

Seigneur, que faites-vous !
Cet anneau, c'est l'honneur, la liberté, la vie !

PAOLO, jetant son épée.

C'est la mort !... A présent Paolo les défie.

FRANÇOISE.

Écoutez !... Ce sont eux !

PAOLO, froidement.

Oui, je les attendrai ;
Cette écharpe a menti ! prenez-la... je mourrai.

(Il cache sa tête dans ses mains ; puis, aux pieds de Françoise.)

Si tu m'avais aimé !... dans la nuit qui s'achève,
Si ces quatre ans cruels s'effaçaient comme un rêve ;
Et si tu t'éveillais, sans crainte désormais,
Sur des bords plus heureux, libre et mienne à jamais,
Songe de quel amour serait environnée
La fille de Guido que le ciel m'eût donnée !

Ta vie aurait passé comme un jour calme et pur,
Comme une onde, où le soir vient mirer son azur...
Un fils peut-être, un fils ! ô divine chimère !
Apprendrait à t'aimer comme on aime sa mère,
A murmurer ton nom, le premier après Dieu,
Ce nom que j'aime tant !... Puis, au jour de l'adieu,
Nos esprits consolés, comme deux âmes saintes,
Auraient fui de la terre aux célestes enceintes ;
Et, pressant sur le mien ce cœur qu'on immola,
J'aurais dit au Seigneur : La voilà ! la voilà !
Maintenant !... rien, plus rien !

FRANÇOISE, avec abandon.

Oui, Paolo, je t'aime ;
Pour toi j'aurais donné mon sang et l'honneur même :
Ce bonheur idéal dont tu fais le tableau
Pour toi, je l'ai rêvé ! pour toi seul, Paolo,
Je voulais tous les biens que le sort nous envie :
Oui, je t'aime !...

PAOLO.

Grand Dieu !

FRANÇOISE.

Je t'aime pour la vie !
Heureuse si le ciel, dans un monde plus beau,
Nous unit l'un à l'autre au delà du tombeau...
Fuis ! après cet aveu d'une flamme adultère,
Tu ne dois plus jamais me revoir sur la terre !

PAOLO.

Moi, fuir ! moi, te quitter ! Françoise ! en ce moment,
Où mon cœur est saisi d'un tel ravissement,
Qu'il n'ose souhaiter, dans l'espoir qui l'enivre,
Le bonheur de mourir, ni le tourment de vivre !
O puissances du ciel ! ô nuit ! protége-nous...
Voici l'aube ; viens, viens, je t'en prie à genoux !

FRANÇOISE.

Et je t'écoute encore !... O délire funeste...
Craignez la main de Dieu si vous restez !

PAOLO.

Je reste !...
Oh ! l'enfer avec toi, pour son éternité !

FRANÇOISE.

Mon père !...

PAOLO.

Il ne l'est plus cet homme, en vérité,
Dont l'orgueil implacable a flétri tant de charmes,
Des beaux jours de ta vie a fait des jours de larmes !...
Ce n'est qu'un ennemi !

FRANÇOISE.

Mon père !...

PAOLO, l'entraînant.

Oui, je le hais
Presque autant que je t'aime ! oublions pour jamais
Ceux qui nous ont jetés dans cet affreux repaire,
Esclaves d'un tyran !...

FRANÇOISE.

Pardonnez-moi, mon père !

ISOLIER, accourant.

Le prince ! au nom du ciel !

FRANÇOISE.

Fuyez ! par votre honneur !

PAOLO.

Par mon amour, Françoise !...

ACTE III, SCÈNE IV.

FRANÇOISE, dans ses bras.
　　　　Adieu donc!
　　PAOLO.
　　　　　　O bonheur!...
　　ISOLIER.
Le voici!...
(Malateste paraît; Paolo recule sur l'avant-scène droite, Françoise à gauche.)
　　MALATESTE, sur le seuil.
　　　Misérable! ici même il m'affronte!...
Vous m'avez rappelé pour témoin de ma honte,
Et je vais la venger.
　　PAOLO.
　　　　Frappe!...
　　MALATESTE, s'avançant.
　　　　　　Non... défends-toi!...
　　FRANÇOISE.
Grâce! pitié pour lui!
　　MALATESTE, la frappant.
　　　　　　Femme ingrate et sans foi,
Meurs!...
　　GUIDO, accourant.
Ma fille!
　　MALATESTE.
　　　A nous deux!
　　PAOLO, avec calme.
　　　　　　Je brave ta colère,
Je t'ai sauvé la vie.
　　MALATESTE, le frappant.
　　　　Et voilà ton salaire!...

　　PAOLO.
Anathème sur toi, fratricide maudit!
Elle meurt innocente.
(Il tombe aux pieds de Françoise; la lampe s'éteint; au dehors, le ciel illuminé d'éclairs.)
　　MALATESTE, en délire.
　　　Innocente, as-tu dit?
Elle ne m'aimait pas!... Ciel!... je ris de ta foudre...
J'ai tué mon rival, et ce fer va m'absoudre... [quoi
Qui donc m'ose arrêter?... Spectre horrible!... pour-
Te dresser du cercueil, entre l'enfer et moi?...
Viens plutôt! descendons sous ces voûtes funèbres...
N'es-tu pas le gardien du séjour des ténèbres?
Je la vois, je la vois, la cité des tourments;
Quels langages divers! quels affreux grincements!
Quels abîmes nouveaux, creusés sous des abîmes!
Des sépulcres de feu consumant leurs victimes;
Des traîtres couronnés, les yeux noyés de sang...
Tout l'enfer sous mes pas jette un cri menaçant :
Caïn! vil meurtrier, qu'as-tu fait de ton frère?...
Le voilà, dans ce gouffre... Arrête, téméraire!
Il approche!... il me dit : Fratricide, assassin.
Quel est donc ce fantôme, un poignard dans le sein?...
Là : Françoise, toujours dans ses bras?...
　(Voulant se poignarder.)
　　　　　　Tiens, barbare!
Jusqu'au fond des enfers, que ce sang vous sépare!...
　　GUIDO, l'arrêtant.
Non! tu vivras, courbé sous la haine de Dieu!...
Vois-tu cet anathème écrit en traits de feu
Sur le seuil infernal du séjour de souffrance :
Entrez, spectres maudits! laissez toute espérance!
　(Giovani tombe à ses pieds.)

A Paris, grâce à une jeune actrice (Mlle Rachel), dont le talent s'est révélé tout à coup, la tragédie a repris ses nobles avantages ; à Versailles, grâce à un jeune étranger, un Polonais émigré qui veut être naturalisé par Corneille et Racine, Melpomène a reçu quelques grains d'un encens pur et suave.

Cette pièce est le coup d'essai de M. Kristien Ostrowski; son sujet appartient au Dante. Nous ne dirons que deux mots sur le sujet de l'ouvrage.

Françoise aime le compagnon de son enfance, le jeune Paolo ; mais celui-ci a donné la mort à son frère, elle est donc obligée de cacher son amour, et, pour obéir aux ordres de Guido, son père, d'épouser Giovani Malateste, frère de Paolo. Pendant l'absence de celui qu'elle aime, Françoise soutient avec courage les souffrances secrètes de son cœur; mais Paolo revient, il est accueilli avec tendresse par son frère, qui lui présente son épouse : alors Françoise se trahit, tout en opposant une vive résistance aux désirs de Paolo. Leur secret une fois découvert, l'amitié fraternelle cesse; la haine et la vengeance arment le bras de Malateste, qui frappe au même instant et Françoise et son frère.

Ce cadre est simple, on le voit; il a été rempli avec bonheur. Les scènes, bien amenées, sont généralement d'un style chaleureux, élevé, sans emphase, et qui annonce dans le jeune écrivain des études faites à l'école de nos grands maîtres. Un des passages saillants de ce poëme est le retour de Paolo dans sa patrie : M. Ostrowski a rendu ce passage avec tout son cœur de poëte et de proscrit. Le public de Versailles, quelquefois peu indulgent, a accueilli la pièce avec une faveur méritée; l'auteur a été nommé après avoir été demandé par ce que la ville renferme de notabilités, de gens de goût, et même par cette masse de spectateurs dont la réunion laisse toujours percer le tact le plus juste: enfin le succès a été complet.

Les acteurs, MM. Thérigny, Panseron et Simonot, quoique habitués à un genre plus simple ou plus extravagant (le mélodrame), ont donné à cet ouvrage le caractère de dignité qui lui convenait, et ont reçu des applaudissements de bon aloi. Mlle Maxime a rempli le rôle de Françoise avec une chaleur soutenue, une âme qui a donné à ce rôle un vif intérêt.

Gazette des Théâtres, 26 octobre 1838.

EDVIGE DE POLOGNE

OU

LES JAGHELLONS

DRAME EN CINQ ACTES, EN VERS

THÉÂTRE DE L'AMBIGU-COMIQUE, 12 JUIN 1850.

> « Fair, as the first that fell of womankind;
> Soft, as the memory of buried love;
> Pure, as the prayer which childhood wafts above
> Was she.
>   LORD BYRON, The bride of Abydos.

PRÉFACE.

En 1833, dans une ville libre, moitié belge, moitié française (Liége), dans laquelle j'ai passé quelques-unes des premières années d'exil, les moins inquiètes et les plus occupées, je lisais un volume nouvellement écrit sur l'histoire de Pologne; excellent ouvrage de style, quoique tout illustré de légers anachronismes. Plusieurs jeunes filles jouaient et chantaient sous ma fenêtre; l'une d'elles, la plus jolie, disait une romance dont je crois me rappeler encore quelques passages :

« Ma lèvre a l'éclat de la rose,
Mes yeux, les rayons d'un beau jour;
Auprès de moi, quand tout repose,
Viens, ou je meurs d'amour!

« L'amour, c'est la fleur qu'on moissonne
Avant que l'hiver n'ait son tour;
Mon front pâlit, mon cœur frissonne,
Viens, ou je meurs d'amour... » etc.

C'était une de ces kermesses wallonnes, sans fin et sans commencement, un de ces airs ambulants que Méhul et Grétry ont transportés dans leurs meilleures compositions. La jeune Sapho liégeoise, qui les chantait d'une voix enfantine et pure, n'attachait encore aucune expression passionnée à ces paroles. A chaque couplet elle les disait sur un mode plus aigu; mélodie aérienne qui s'élevait en s'éloignant, comme un oiseau, sautant de branche en branche, atteint jusqu'au sommet de l'arbre. Je quittai ma lecture, et les jeunes filles m'apercevant s'enfuirent, ou plutôt s'envolèrent dans toutes les directions; il ne resta que la chanteuse, qui, plus délibérée ou plus curieuse que les autres, n'avait pas encore achevé son couplet. Je lui fis signe d'approcher, et lui montrai le crayon avec lequel je prenais des notes en marge de mon volume. Elle était belle, mais d'une beauté toute polonaise : des cheveux d'or fluide, encadrant un visage idéal, d'une régularité parfaite et d'une expression angélique. C'était la jeune reine Edvige que Bielski, son chroniqueur, compare à la plus belle moitié de Ménélas : « *Helena pulchrior!* » Elle étendit son tablier, et je laissai tomber mon léger tribut. Puis elle s'éloigna, prit une corbeille posée sur un banc de pierre, et, en l'entr'ouvrant, me fit voir un gros œillet, rouge et frais comme ses lèvres. La fleur, jetée au vent avec un geste d'adieu, vint tomber au pied de ma fenêtre, et fut pieusement recueillie dans le livre, à la page même qui renfermait l'histoire d'Edvige. La ronde s'était dissipée; que devint la jeune fille? je l'ignore : la fleur, je l'ai toujours. Cette gracieuse apparition n'est pas tout à fait étrangère à la composition du drame que je livre aujourd'hui au public.

Quelque temps après, mon poëme achevé, je me rendis dans certain grand théâtre (autrefois), où, grâce à de hautes instances, je parvins à me faire ouvrir ce sanctuaire redouté des jeunes écrivains, que l'on nomme le COMITÉ DE LECTURE.

Lecteur novice, je fus écouté d'une oreille fort distraite; et je m'aperçus, dès les premiers vers, que ma sentence avait été rendue bien avant mon admission devant l'auguste tribunal de queues-rouges et de cotillons. Le plus gai de mes juges, R***, trouvait la pièce trop classique, c'est-à-dire trop simplement écrite; le plus triste, G***, la croyait trop romantique, c'est-à-dire surchargée d'incidents et de coups de théâtre; le plus savant,

S***, d'un ton patelin, objecta que le sujet pouvait avoir de l'analogie avec une tragédie gauloise qu'il avait en portefeuille depuis vingt-cinq ans; qu'Edvige aurait dû s'appeler Clotilde; que l'action aurait dû se passer, non pas à Krakovie, mais à Soissons. Le plus simple, L***, lui trouva de la ressemblance avec le *Venceslas* de Rotrou, à cause de la désinence des noms polonais en *las*, comme *Nicolas, Agésilas, Babylas*, etc. La plus ingénue, A***, s'écria que le rôle d'Aldona lui paraissait immoral, parce qu'elle parlait d'amour à un homme qui allait se marier. Le *Præses* du comité, B***, homme d'affaires peu communicatif, mais complètement sourd, en ouvrant l'œil après un sommeil très-agité, jugea la pièce trop longue de tout le temps qu'il avait dormi. Chacun y crut voir ce qui convenait le moins à ses habitudes et à la tournure de son caractère. Tous furent d'accord sur un point, c'est que j'étais un lecteur indigne; et en effet j'avais lu... comme ces messieurs composent. Que faire contre un arrêt unanime, fondé sur de tels motifs? je me résignai; et je me lassai bientôt de frapper à une porte bastionnée qui ne s'ouvre plus que devant les morts. Le Théâtre Français ne veut décidément ni vivre ni mourir. C'est un paralytique égoïste et fantasque, qui s'amuse à tuer un peu ses héritiers, comme jadis Ugolin ou le vieux Saturne aimaient à dévorer leurs enfants... pour leur conserver un bon père. Aussi, depuis vingt ans, il a tout dévoré, ses auteurs, sa troupe et son répertoire. Plaise à Dieu qu'il ne finisse pas un jour par se dévorer lui-même!

Je portai mon manuscrit au théâtre des essais, au delà des ponts, où ma *Françoise*, reçue par le comité depuis plusieurs années, attendait son tour de faveur (elle l'attend toujours). La pièce, lue ou plutôt *chantée* devant l'illustre aréopage de ce théâtre par un déclamateur d'office, fut reçue à *l'unanimité*. Jugez de ma joie! lorsque, dès le lendemain, le directeur me fit déclarer, par l'organe de son secrétaire, que l'unanimité du comité n'était qu'un piège innocent tendu sous les pas des jeunes auteurs aspirant aux honneurs de la scène; qu'il lui serait impossible de s'occuper de mon poëme à moins de *quinze mille francs*, nécessaires pour monter et costumer convenablement une pièce du moyen âge polonais.

« Quinze mille francs! juste ciel! trois mille francs par acte!

— Pas un liard de moins. La gloire est un produit très-coûteux en France; c'est à peine le prix de fabrique.

— Mais où les prendre?... Je suis proscrit depuis 1831; tous mes biens ont été confisqués... vendus à l'encan à des spéculateurs juifs, devenus jésuites pour mieux tromper les honnêtes gens...

— Ce n'est pas notre affaire. Demandez-les à MM. Z—ski, ou C—ski, vos compatriotes, qui ceux-là, n'ont rien perdu à votre guerre d'indépendance; bien au contraire!... »

Je refusai net, et pour cause. A l'Odéon, ce n'était pas le public qui payait, mais les auteurs joués *(Odéon, mot dérivé du grec, veut dire le théâtre où l'on fait* chanter... les auteurs). C'est ainsi qu'ont été rançonnés MM. de la R***, L. G***, F. D***, et beaucoup d'autres, dont les noms ont parfois retenti très-bruyamment dans la presse. Quelques-uns même ont payé, sans pouvoir se faire jouer... par les acteurs. On me faisait une fois de plus l'honneur de croire que j'étais riche à millions, comme certain propriétaire de mines dans le Kaukase, et que je faisais à Paris un voyage d'agrément. A dater de ce jour, il me fut impossible de me faire ouvrir les portes de ce triste théâtre, malgré de nombreuses réclamations, fondées sur une lettre de réception, qui, malheureusement, n'était pas une lettre de change.

Vainement j'eus recours aux membres du comité qui m'avaient accueilli; pour toute réponse je reçus du digne et respectable vieillard qui le présidait une autre lettre fort polie, dans laquelle il m'engageait à attendre et à persévérer (M. de Villenave, père). Je persévère et j'attends toujours. C'est alors que l'école dite du *bon sens*, charmante bouffonnerie de l'insolvable et facétieux directeur (A. Lireux), inaugurée par la mystification *subventionniste* de *Lucrèce*, passa sur la scène comme un ouragan, un peu bien calme à la vérité. Les écoliers se sont mis à glapir à toutes les bornes et sur tous les tons leurs vers malsonnants; tous les fantômes grecs et romains ont secoué leurs linceuls moisis sur le théâtre, et les maîtres de la scène française, tels que Casimir Delavigne, Victor Hugo, Alfred de Vigny, Alfred de Musset, ont brisé leurs lyres de désespoir, de lassitude et de dégoût. Ce fut une véritable incursion de barbares, couverts de panoplies et de toges romaines, comme messieurs les Huns et les Vandales revenant du pillage de la ville éternelle. L'école rétrospective de 1843 fut un saut en arrière, une furieuse réaction dramatique, et c'est ce que personne, homme d'État, directeur ou journaliste, n'a eu le *bon sens* de comprendre, ou la *bonne foi* de déclarer. Elle pourra faire des académiciens ou des sous-préfets, elle ne produira jamais un poëte. D'ailleurs, à l'exception de deux charmantes études d'après l'antique, la *Fille d'Eschyle* et le *Testament de César*, dans dix ans au plus il en restera fort peu de chose, rien peut-être.

Après la défaillance de l'Odéon, la cent et unième, je crois, depuis sa fondation, je m'adressai au directeur nouvellement privilégié, qui devait ouvrir pour la jeune littérature une ère de splendeur et de prospérité encore inouïes, selon le cahier des charges. Voici à peu près le colloque dont je fus gratifié par le trop célèbre archonte (Boccage) :

« On m'a rapporté qu'il y avait de bonnes choses dans votre *Edvige*; mais ce sont des vers : toujours des vers! morbleu, nous sommes mangés aux vers! Pourquoi diable n'écrivez-vous pas en prose, comme tout le monde, comme M. Jourdain, mon régisseur? (*sic*). »

Cette apostrophe ne laissa pas que de me surprendre un peu, de la part d'un directeur aussi littérairement subventionné.

« Et d'ailleurs votre principal personnage, celui qui occupe toujours la scène et le public, est un jésuite!

— Un jésuite? m'écriai-je, en protestant hautement contre cette qualification impolie, qui s'adressait sans doute à la grande figure d'Adalbert. Mais à l'époque du drame, c'est-à-dire à la fin du XIVe siècle, le nom même de cette honorable compagnie n'avait pas encore été inventé! Je lui citai la date de la naissance d'Ignace Loyola, en 1491. Il est vrai qu'Adalbert est la personnification du prêtre polonais et chrétien, dans la plus simple, dans la plus humaine valeur de ce mot.

— N'importe; prêtre ou jésuite, je ne veux point de goupillon sur mon théâtre! » Cet argument à la façon de Haynau me parut sans réplique, et je renonçai à faire violence aux convictions du célèbre et profond magistrat-comédien qui n'aimait pas les vers et les jésuites.

C'est ainsi que se passaient les choses sous la monarchie. Il est vrai que sous certains rapports elles ne vont pas mieux de nos jours. Je me rappelai alors, mais trop tard, que j'étais étranger, c'est-à-dire *hors la loi*. Je fus amené à faire en moi-même cette triste réflexion, que le « *væ victis!* » est encore aujourd'hui la devise de Brennus, devenu souverain, de par l'égalité, la fraternité, l'humanité... et bien d'autres choses encore.

Cependant une révolution, c'est-à-dire plus qu'une catastrophe, vint renouveler la France, et secoua le vieux monde jusque dans ses fondements. Cette aurore de liberté qui semblait se lever sur mon pays m'attirait invinciblement vers l'Orient! Porté par le flot de Février, je partis avec mes frères d'exil, espérant ne jamais revenir... Sur la parole d'un illustre et fécond orateur, je croyais voir la Pologne renaissante et rompant ses chaînes; je ne trouvai que le tombeau d'un grand peuple gardé par trois assassins couronnés. Je revins en France le cœur navré, l'âme plus triste que jamais, parce qu'une croyance religieusement nourrie pendant dix-huit ans d'épreuve, croyance innée au cœur de tout Polonais, venait encore de la quitter.

Pour revenir à notre Edvige, jamais sujet plus populaire, plus complet, ne s'est offert à la pensée d'un auteur dramatique; s'il présente quelques écueils dans l'exécution, c'est en ce qu'il a de trop idéal, de trop divin, dans la réalité meme de l'histoire. Ce point lui est commun avec l'héroïne de Domrémy, sujet dont personne jusqu'à présent, pas même le brillant et pindarique Soumet, n'a pu atteindre et dominer l'inspiration. Ange envoyé du ciel, comme Jeanne Darc, elle y remonta aussitôt sa destinée remplie. Dans ce drame, tiré des entrailles même de l'histoire, j'ai voulu peindre la dernière lutte du druidisme lithuanien, personnifié dans la prêtresse Aldona (poétique croyance, dont on retrouverait peut-être le point de départ dans les théogonie pélagisque des chants d'Hésiode), avec le christianisme polonais, représenté par la reine Edvige, qui cimenta par sa mort l'éternelle alliance des deux peuples jumeaux de l'Orient, la Pologne et la Lithuanie.

Le roi Kasimir Jaghellon, fils de Vladislas, fit des démarches auprès de la cour de Rome pour obtenir la canonisation d'Edvige. Mais on demandait un prix exorbitant à la chancellerie du Vatican (tout comme à l'Odéon); et les Polonais, espérant fléchir le pape, lui proposèrent de payer après la guerre les frais de la canonisation. Nicolas V fut inébranlable; il répondait à toutes les suppliques : « Point d'argent, point de sainte ! » Rome a refusé, mais l'amour de toute une nation a sanctifié la mémoire d'Edvige ; la somme recueillie pour cette solennité fut employée à la défense de la patrie, dans la campagne de 1450 contre les chevaliers teutoniques : et la fille des Piast, comme le Cid et Duguesclin, après sa mort nous donnait encore des victoires.

Aujourd'hui une auréole nouvelle vient d'être ajoutée à ce beau front déjà couvert de tant de splendeurs. Le nom d'*Edvige* n'est plus ignoré de la France; il vient d'être applaudi par ce même public qui avait accueilli déjà ses deux devancières, *Griselde*, la fille du peuple, et *Françoise*, l'héroïne du Dante; car le peuple aime la poésie d'instinct, comme l'enfant aime tout ce qui rayonne : le chant, le soleil et les fleurs.

Quant à la forme, je suis persuadé qu'il y a vers et vers, comme il y a république et république, comme il y a fagots et fagots. Que vos tendances résument celles de l'humanité, que vos vers expriment la pensée et les aspirations du peuple, que vos personnages ne soient pas des fantômes sans vie et sans entrailles, au parler académique, aux sentiments impossibles, mais qu'ils soient des êtres réels et vivants comme nous, avec des larmes dans les yeux et du sang dans les veines; et le public vous entendra parfaitement, de même qu'il n'entend rien à la prose de MM. tels et tels, lorsqu'ils daignent écrire, dans leurs moments perdus, une tragédie en prose pour les boulevards. Ce n'est pas lui qui ne sait pas vous comprendre, c'est vous qui ne savez pas lui parler son langage, parce qu'on ne vous l'a pas appris dans vos classes de latinité. Tout cela n'est pas facile, me direz-vous; pardieu, je le sais bien ! Et vous aussi.

Shakspeare et Calderon écrivaient bien en vers pour le public de leur époque, qui certes n'était ni plus cultivé ni plus intelligent que le nôtre; Molière faisait de même, quand le temps, ce complice du génie, et le caprice du grand roi le lui permettaient.

Pourquoi n'élèverait-on pas pour ce public des boulevards un théâtre de drame littéraire, une scène d'enseignement national? Sans vouloir imiter les anciens Colisées, ne pourrait-on pas réunir dans une vaste enceinte toute une portion du peuple environnant, que les moyens nouveaux de communication permettraient de transporter, à peu de frais, dans les grands foyers de civilisation? Le drame ne pourrait-il pas être l'incarnation vivante d'un pays, le miroir véridique et fidèle de son passé? Ne devrait-on pas à jamais renoncer à cette nécessité puérile de transformer les faits historiques en les dénaturant, de les *arranger* pour la scène? Autrement, à quoi servirait donc l'art dramatique, sinon à corrompre davantage des mœurs déjà profondément dégénérées?

Un théâtre fondé sur ces principes serait tout différent de ceux que l'habitude ou la manie des priviléges ont fait ériger de nos jours :

Faire vivre une génération pendant quelques heures dans les siècles écoulés; lui donner les grandes leçons des faits accomplis, par ceux même qui en ont été les moteurs ou les instruments; lui montrer le châtiment après le crime, pour les empires aussi bien que pour les individus; quand ce n'est pas le châtiment par le fer ennemi, c'est par la honte, l'isolement, ou par l'expiation suprême, la guerre civile : voilà quelle serait la tâche d'un poëte qui voudrait en même temps garder sa qualité de citoyen, voilà quel serait le but de ce théâtre dont nous appelons de tous nos vœux la création, et qui aurait pour nom glorieux LE THÉATRE DU PEUPLE.

Paris, le 14 juillet 1850.

EDVIGE DE POLOGNE

OU LES JAGHELLONS

« Edvige, quelque jour, vengera ma mémoire. »
Acte III, scène vi.

PERSONNAGES

VLADISLAS JAGHELLON, élu roi de Pologne.
ADALBERT RADLIÇA, aumônier d'Edvige.
ALEXANDRE VITOLD, parent de Jaghellon.
LE PRIMAT DE POLOGNE.
LE DUC DE VARSOVIE.
HERMAN, chevalier teutonique.
YVAN, son affidé.
JEAN TARNOWSKI, maréchal du palais.

LOUIS MORSTIN, page de Guilhem.
MANFRED, page d'Herman.
EDVIGE D'ANJOU, reine de Pologne.
ANNA DE CILLY, parente d'Edvige.
MARIE, sa sœur, suivante d'Edvige.
ALDONA, sœur de Vitold.
LA COUR, LE SÉNAT, LES CHEVALIERS, LE PEUPLE.

La scène est à Krakovie, le 12 février 1386.

ACTE PREMIER.

Salle du grand conseil. — Une croisée donnant sur la Vistule. — Un fauteuil armorié. — Au fond, un tableau de la Madone; aigles blanches, drapeaux et panoplies ornent les murailles.

SCÈNE I.

EDVIGE, sur le fauteuil; ANNA et MARIE à ses côtés; HERMAN, sur l'avant-scène gauche; ADALBERT, LE PRIMAT, LE DUC DE VARSOVIE, JEAN TARNOWSKI, sur l'avant-scène droite; CHEVALIERS, LA COUR.

TARNOWSKI, annonçant.
L'envoyé du grand-duc.
EDVIGE.
Qu'il s'éloigne; c'est bien!
Il a fait son devoir, et je ferai le mien.
ADALBERT.
Ainsi, vous refusez un trône?
EDVIGE.
Je refuse!
Moi, reine et fiancée à Guilhem de Raguse.
L'hymen qu'il me propose est contraire à nos vœux;
Qu'il retourne à Vilno : c'est assez, je le veux!
LE DUC DE VARSOVIE.
Reine Edvige, nos lois, que vous devez connaître,
Seules ont le pouvoir de nous donner un maître;
Jamais prince allemand ne régnera sur nous :
Et c'est à la Pologne à choisir votre époux!

EDVIGE.
Nos vœux, depuis dix ans, sont bénis par l'Église!...
LE PRIMAT.
Rome les a reçus, Rome nous autorise,
Madame, à vous offrir ses dispenses...
EDVIGE.
Jamais!
Si même le saint-père, à qui je me soumets,
Cédant à votre orgueil, m'imposait un divorce,
J'aurai de mes serments le courage et la force,
Même au prix des États que l'on daigne m'offrir.
HERMAN.
Ce pays qu'on vous donne, on peut le conquérir...
LE PRIMAT.
Le soldat parvenu, le fils d'un homme lige,
De quel droit prend-il place au grand conseil d'Edvige?
HERMAN.
Nos droits, seigneur primat, sont égaux à vos droits;
Nous portons, comme vous, le surplis et la croix :
Et, de plus, au respect que ce fer vous engage...
ADALBERT.
D'un moine chevalier quel indigne langage!
Fils d'un Ordre parjure, intrus dans ce pays,
Vos serments à nos rois, vous les avez trahis;
Il ne vous reste plus, commandeurs et grands-maîtres,
Qu'à trahir après nous le Dieu de vos ancêtres!...
Chevaliers, sénateurs, vous tous ici présents;
Vous, la fille des Piast, couronnée à quinze ans,
Et vous, peuple, écoutez les conseils que m'inspire
Mon dévouement au peuple, au salut de l'empire.
Proscrit, sous vos drapeaux par la gloire abrité,
Je vous dois aujourd'hui toute la vérité!...

K. OSTROWSKI, OEuvres choisies.   4

Lorsque Louis d'Anjou, vainqueur des rois bohêmes,
Sur le front de sa fille unit trois diadèmes,
Edvige de Hongrie, appelée à genoux
L'ange de la Pologne, a promis devant nous
De la rendre à jamais glorieuse et prospère,
Comme sous Kasimir, son illustre grand-père!
Jaghellon triomphant vous offre son appui;
Le sénat polonais se déclare pour lui,
L'armée avec orgueil pour son chef le désigne,
En offrant, par vos mains, la couronne au plus digne.
Du jour qui doit unir par la foi, par l'hymen,
Les heureux habitants des deux bords du Niémen,
A vous les vastes mers, les campagnes fécondes;
Notre aigle blanche étend ses ailes sur deux mondes :
L'Orient et le Nord, la Baltique et l'Euxin.
Affranchis par ses lois, réchauffés dans son sein,
Vingt peuples, détachés du vieux chêne des Slaves,
Sous le joug teutonique indignés d'être esclaves,
Viennent vous demander leur antique unité,
Au nom de la patrie et de l'humanité.
Le torrent de l'Asie, entravé dans sa course,
Tourbillonne, s'arrête et remonte à sa source;
Je vois deux nations renaître à vos bienfaits,
Les arts s'épanouir au soleil de la paix,
L'espoir dans tous les cœurs : et déjà ce prodige
S'accomplit, sous nos yeux, par les grâces d'Edvige!...
Si Louis le Hongrois, m'accueillant à sa cour,
Pour sa fille, en mourant, m'a transmis son amour;
Si les conseils pieux que mon zèle m'inspire
Sur cette âme chrétienne ont gardé quelque empire,
Répondez à Vitold, aujourd'hui, dans ce lieu :
C'est la voix du pays, la volonté de Dieu !

EDVIGE.

Eh bien! vous l'exigez; qu'il vienne, je suis prête!
Du prince de Vilno je verrai l'interprète.
Épouse de Guilhem, rien ne peut me changer;
Mais la fille des Piast ne craint pas l'étranger :
Introduisez le peuple et Vitold.

SCÈNE II.

LES MÊMES, VITOLD, suivi de pages portant des armes et des drapeaux; PRINCES LITHUANIENS, LE PEUPLE.

VITOLD.
Qu'elle est belle!..

EDVIGE, avec des pleurs, étendant la main vers la Madone.
Vers moi, reine des cieux, que son cœur le rappelle!

VITOLD, s'avançant.

Fille des Boleslas et de Louis le Grand,
Au nom de Jaghellon, moi Vitold, son parent,
Je viens vous proposer l'éternelle alliance
De deux peuples rivaux, d'une égale vaillance;
Et, bien que séparés, marchant avec ardeur
Par des chemins divers à la même grandeur.
Jaghellon m'a choisi pour défendre sa cause;
Fidèle à mon message, à vos pieds je dépose
Ces armes, ces trésors qu'il croit digne de vous,
Rançon des rois germains soumis par votre époux.

LE DUC DE VARSOVIE.

Prince du sang royal, devant Dieu j'abandonne
Tous les droits souverains que la gloire me donne.
Je les cède au grand-duc; l'intérêt du pays
Commande un sacrifice, il parle, j'obéis ·
Madame, imitez-moi.

EDVIGE.
Je saurai lui répondre!

HERMAN.

Guerriers, votre silence a droit de me confondre;
Peuple! souffrirez-vous qu'un satrape inhumain,
Chef d'un État d'hier, prêt à mourir demain,
Succède à vos grands rois?

VITOLD.
Choisissez dans cet Ordre,
Vampire insatiable et toujours prêt à mordre,
Le Teuton! noir essaim de transfuges, d'ingrats;
Mais on sait à Malborg ce que pèsent nos bras :
Vos aïeux l'ont appris dans des luttes célèbres!...
Voyez vos champs prussiens couverts de bois funèbres;
Les autels écrasés sous les temples fumants,
D'une juste vengeance éternels monuments :
Voilà nos droits, mon frère, au moins à votre estime,
Que j'implore en ami, comme un bien légitime.

HERMAN.
Vous servez un rival...

EDVIGE.
De grâce, laissez-nous!

VITOLD.

Pour son peuple et pour lui je tombe à vos genoux.
Achevez saintement votre œuvre, ô belle reine!
Réservée à l'amour et non pas à la haine;
Dites un mot : j'accepte! Et le fils de nos rois,
Une main sur le glaive et l'autre sur la croix,
Fait tomber les faux dieux du sommet de leurs temples;
Son armée, imitant de si nobles exemples,
N'aura plus, convertie à son culte vainqueur,
D'autre idole que vous, d'autre autel que son cœur!...
Avant de prononcer l'immuable sentence
Qui de vingt nations changera l'existence,
Regardez cette mer qui s'approche; voyez
Ces pavillons flottants, ces drapeaux déployés,
De leurs vagues de flamme étreignant cette ville :
Choisissez, l'alliance ou la guerre civile!
Un signal de ce cor, traversant le vallon,
Soulève tous ces flots au cri de Jaghellon...

HERMAN, aux chevaliers.
Vous l'entendez!

EDVIGE.
Seigneur Herman!...

VITOLD.
Je vous conseille
De laisser en repos son glaive qui sommeille!
Notre chef, on le sait, ne fait rien à demi;
S'il n'est point votre roi, craignez votre ennemi!...

EDVIGE, se levant.

Non! jamais ce pays n'eut pour maître un barbare!
Songer qu'un flot de sang pour jamais nous sépare!
Votre peuple est le seul entre les nations,
Qui, plongé dans la nuit des superstitions,
Et du saint Évangile ignorant les symboles,
Le front dans la poussière, invoque les idoles!
Emportez ces trésors, ces armes, ces harnais;

ACTE I, SCÈNE III.

Nous sommes tous ici chrétiens et Polonais :
Ils souilleraient nos mains.
VITOLD.
Guerre! guerre éternelle!
Que l'ange de la mort vous frappe de son aile!
Puisque l'éclair a lui, que le sang répandu
Ne tombe que sur vous!
(Il s'approche du balcon, et s'apprête à sonner du cor.)
ADALBERT.
Mon fils!
VITOLD.
Qu'ai-je entendu?...
Keystout! mon père!...
(Adalbert s'éloigne et disparaît dans la foule.)
HERMAN, tirant son glaive.
Il ose outrager votre reine!
Aux armes!...
LE DUC DE VARSOVIE.
Duc Vitold, quel transport vous entraîne!
VITOLD.
A moi, Lithuanie!...
HERMAN.
A moi, peuple!
EDVIGE, descendant au milieu.
Arrêtez,
Au nom de la Pologne à qui vous insultez!...
Si quelqu'un, dans ce lieu tout rempli de sa gloire,
Des bienfaits de son règne a perdu la mémoire,
Fille du grand Louis, devant Dieu, j'ai juré
D'écraser la révolte, oui, je l'écraserai!...
(A Herman.)
Vous qui, bravant ma loi, sans pitié pour mes larmes,
Avez osé jeter ce cri de guerre : aux armes!
Désirant prévenir de pareils attentats,
Je vous donne deux jours pour quitter mes États.
Mon père, en ce château, vous offrit un asile;
Vous l'avez outragé : sortez! Je vous exile!
HERMAN.
Madame!
EDVIGE.
Obéissez!
(Herman s'incline et sort à droite. — A Vitold.)
Quant à vous, monseigneur,
Portez à Jaghellon nos souhaits de bonheur.
Qu'il choisisse à Vilno de plus dignes conquêtes;
Nous bravons la menace, et nos armes sont prêtes!...
Soyez chrétiens d'abord, et nous verrons après
Si l'État nous permet d'unir nos intérêts;
Car vous ne voudrez pas nous forcer, je l'espère,
A trahir des serments consacrés par mon père!
Prenez cette oriflamme!... Un jour, dans les combats,
S'il invoque ce Dieu qu'il ne connaissait pas,
Touchant ce labarum que ma main vous désigne,
Vous direz : « A genoux! Tu vaincras par ce signe! »
(Au primat.)
Mais, parjure à l'honneur, à mes vœux les plus chers,
Si je suis condamnée à régner dans les fers,
Interroi de Pologne, annoncer l'interrègne!
Excepté l'esclavage, il n'est rien que je craigne;
Moi je livre à l'oubli ce front découronné,
Je vous rends ce fardeau que vous m'avez donné :

Je ne souffrirai plus, par ce saint diadème,
Que l'on ose, sans moi, disposer de moi-même!...
Allez dire au sénat que l'arrêt est porté;
La couronne à mon peuple, à moi la liberté!
Vous m'avez entendue...
(Elle sort, suivie d'Anna, de Marie et des seigneurs. — Le duc de Varsovie sort par l'autre porte, suivi du cortége de Vitold et du peuple.)

SCÈNE III.

ADALBERT, VITOLD.

ADALBERT, dans le fond.
O soutien de ma race,
Vitold, mon noble fils!
VITOLD.
C'est donc vous que j'embrasse,
Vous mon père et mon roi... Bénissez votre enfant!...
ADALBET.
Partage les transports de ce cœur triomphant!
Je vois ton front paré de quatre ans de victoires,
De tous les dévouements et de toutes les gloires!
Couronner son rival, c'est être plus qu'un roi;
Ton père, avec respect, s'incline devant toi!
VITOLD.
Oui, mes pressentiments étaient vrais! Quel prodige
Vous rend à mon amour près du trône d'Edvige?
Vous, le prince Keystout! vous, mon père adoré!...
ADALBERT.
Plus bas, Vitold... Ce nom doit s'éteindre ignoré!
Qu'importe un peu de gloire à qui sert la patrie?
Fils du grand Gédimin, né dans l'idolâtrie,
J'ai pour nom, moi, Keystout, que toi seul reconnais,
Adalbert Radliça, l'aumônier polonais.
Ce nom veut dire un soc, le fer d'une charrue;
C'est mon glaive à présent! La gloire disparue
N'est pour le vieux soldat qu'un lointain souvenir;
Mon bras ne sait plus vaincre : il ne peut que bénir...
Tu sais que la discorde a perdu ma famille;
Mon neveu Jaghellon, ayant séduit ma fille,
Pour joindre au grand-duché mes États et les tiens,
M'enferma prisonnier dans la Tour des chrétiens,
Parmi les ossements que rongeait la vipère...
VITOLD.
Lui! l'amant d'Aldona, meurtrier de mon père!...
ADALBERT.
Écoute, sois prudent! Tu connais Jaghellon;
Du crime ayant franchi le premier échelon,
Il marche, sans jamais regarder en arrière :
Malheur à qui voudrait poser une barrière
Entre l'empire et lui!... Mais ma fille Aldona,
Prêtresse des faux dieux que la croix détrôna,
Pénètre dans la tour, n'apportant que sa lyre,
Sa beauté de quinze ans, ses pleurs et son délire.
« Je viens pour te sauver ou mourir avec toi, »
Dit-elle. — A son aspect, je jette un cri d'effroi :
« Dieu chrétien! si jamais ta bonté souveraine
Préserva le martyr exposé dans l'arène,
Prends mon sang, prends mes jours, Dieu juste! Dieu
Et je te bénirai; mais sauve mon enfant! » [vivant!
A travers ma prison j'entends crier aux armes!

Aux accents de sa lyre, à ses chants pleins de larmes,
Les serpents fascinés se dressent à l'entour ;
Mais des sbires germains escaladent la tour,
Et, laissant à mon front cette plaie entr'ouverte,
Ils entraînent ma fille... et la tour fut déserte...
Et puis, tout disparut !... Quand je rouvris les yeux,
Je me vis dans les bras de ces moines pieux
Qui fondaient à Vilno, recueillis par un pâtre,
Un asile chrétien sur le sol idolâtre.
La charité céleste enflammait leurs discours.
Dès lors, tout fut changé. Guéri par leur secours,
J'apprenais à chérir ce Dieu, dont la puissance
Se révélait à moi par la reconnaissance !
Lorsqu'un vil renégat, complice de l'enfer,
Porte sur nos autels l'incendie et le fer.
Le brasier boit le sang de mes frères ; leurs âmes
Remontent vers les cieux en chantant sur les flammes !
Seul, je fus épargné. Depuis ce jour d'effroi,
Je mendiai pour vivre... et pourtant, j'étais roi !...
Sur la terre natale, étranger, sans asile,
Je fuis loin des cités dont la crainte m'exile ;
Marchant la nuit, scrutant les passages secrets,
Le jour, me reposant à l'ombre des forêts,
Où souvent le proscrit trouve à peine une pierre,
Quand l'aile du sommeil vient toucher sa paupière !
Un seul espoir me luit : c'est le martyre !... Enfin
Je vois à mon chevet le spectre de la faim !
Maudit, abandonné de toute la nature,
Du mépris des passants je subis la torture...
Mais pourquoi rappeler ce malheur déchirant,
Quand je souffre à toute heure un supplice plus grand :
L'exil, le dur exil ! tourment que rien n'exprime,
Plus sombre que l'enfer, plus poignant que le crime ;
Ce rêve d'un bonheur qu'on ne peut retrouver...
Jaghellon puisse-t-il ne jamais l'éprouver !

VITOLD.
Mon père !

ADALBERT.
Cependant le ciel de la Hongrie
Apparut devant moi comme une autre patrie.
Attachant cette croix sur mon sein mutilé,
La reine Élisabeth recueillit l'exilé.
Saint Louis, roi de France, a fondé sa famille ;
Je lui fis le serment de veiller sur sa fille,
Appelée à monter, seule enfant de vingt rois,
Sur le trône vacant de Louis le Hongrois.
De sa rare beauté subissant le prestige,
Ma tendresse retrouve Aldona dans Edvige ;
Mais plus sainte à mes yeux, telle qu'au premier jour,
Avant que le bûcher n'expiât son amour...
Pour briser à jamais ses dieux que je déteste,
J'ai reçu l'huile sainte... Edvige a fait le reste...
Jaghellon sera roi ; lui seul est assez fort
Pour vaincre et désarmer les barbares du Nord ;
Au joug de l'étranger lui seul peut nous soustraire...
Imite-moi, mon fils : pardonne, et sois son frère !

VITOLD.
Son frère !... Oui, comme vous, sur la croix j'ai promis
De servir Jaghellon contre ses ennemis,
Je n'ai plus qu'un souhait, il domine tout autre :
C'est d'élever mon cœur au dévouement du vôtre.

ADALBERT.
Dans mes bras, cher Vitold ! Que la main du Seigneur
Vous donne, ô mes enfants ! la gloire et le bonheur ;
Par vous dans le tombeau, calme, je puis descendre,
Car deux peuples unis grandiront sur ma cendre !...
Le page de Guilhem, arrêté sur le seuil ?
Que vient-il annoncer ?

SCÈNE IV.

LES MÊMES, LOUIS MORSTIN.

MORSTIN.
La Hongrie est en deuil !
La reine mère...

ADALBERT.
Morte ?

MORSTIN, lui remettant un écrit.
Oui, morte...

ADALBERT, lisant.
Assassinée !...

MORSTIN.
Voilà son vœu suprême.

ADALBERT.
Edvige... O destinée !...
Souvent un Dieu vengeur, de ses foudres ardents,
Pour les crimes des rois frappe leurs descendants !...

MORSTIN.
Témoin de son martyre et de ses funérailles,
Guilhem me suit de près.

ADALBERT.
Guilhem dans ces murailles ?...
Prévenons son retour... Vitold, sors avec lui !
Que rien dans le château ne transpire aujourd'hui...

VITOLD.
La reine !

ADALBERT.
Laissez-nous ! c'est le ciel qui l'envoie.

(Vitold sort suivi de Morstin.)

SCÈNE V.

EDVIGE, ADALBERT.

EDVIGE.
Dois-je en croire ce bruit qui me comble de joie !
Guilhem revient ce soir... Vous détournez les yeux ?

ADALBERT.
Reine Edvige ! invoquons la clémence des cieux.

EDVIGE.
Vous pleurez ? Quel malheur faut-il que je redoute ?

ADALBERT.
Le plus affreux de tous !

EDVIGE.
Parlez, je vous écoute...
Ma mère ?...

ADALBERT.
Du courage !... Élisabeth n'est plus !...
Son âme est remontée au séjour des élus...
Elle priera pour vous !

EDVIGE.
Ma mère !

ADALBERT.
　　　　　　　Un servant d'armes
Vous apporte un écrit tout trempé de ses larmes;
C'est le vœu d'une sainte et son dernier désir
Tracé par une main que la mort va saisir :
Cet écrit, le voici.
　　　　　EDVIGE.
　　　　　　　Les larmes de ma mère!...
Du sang...que dois-je apprendre? O douleur trop amère!
Non, je ne puis... Lisez!
　　　　　ADALBERT.
　　　　　　　« Je vais prier pour toi,
Ma fille, mon bonheur, ma dernière pensée!...
La Pologne est ta mère, et le peuple est ton roi!... »
Ellle écrivait encore, et sa main s'est glacée...
　　　　EDVIGE, joignant les mains.
Pitié, mon Dieu!... Marie, ô vierge des douleurs,
Sois ma mère à présent!
　　　　　ADALBERT.
　　　　　　　Sois fière de tes pleurs,
Edvige, pure et sainte entre toutes les femmes!
Ces pleurs, bénis de Dieu, descendront sur les âmes
Dans la nuit infernale, attendant que ta main,
Des célestes clartés leur ouvre le chemin.
Pour laisser la patrie après toi forte et grande,
Tu dois au sacrifice égaler ton offrande;
Martyre couronnée, Edvige, gloire à toi!
La Pologne est ta mère, et le peuple est ton roi!...
　　　　　EDVIGE.
N'ai-je pas tout donné? Parlez, que dois-je faire?
　　　　　ADALBERT.
Convertir Jaghellon, sauver un peuple frère!
　　　　　EDVIGE.
Convertir Jaghellon? Guilhem est mon époux!
　　　　　ADALBERT.
Dieu reçut tes serments, mais Dieu les a dissous!
　　　　　EDVIGE.
Laissez-moi, par pitié, ma dernière espérance!
　　　　　ADALBERT.
Le chemin qui conduit au ciel, c'est la souffrance!
　　　　　EDVIGE.
La mort! plutôt la mort!
　　　　　ADALBERT.
　　　　　　　Fille du grand Louis,
Il faut vivre et régner; Dieu le veut : obéis!
Songe au sang des héros, couronnés dans ce temple,
Et qui tous, en mourant, t'ont laissé leur exemple;
Ton aïeul Kasimir, le roi des paysans,
Edvige, moissonnée à la fleur de ses ans,
Étienne de Hongrie et saint Louis de France :
Le monde slave attend de toi sa délivrance!
La païenne Vanda, sa bannière à la main,
Échappait dans ce fleuve à l'amour d'un Germain!
Eh quoi! chaque sillon de la terre où nous sommes,
N'est-il pas, mon enfant, le tombeau des grands hommes,
La cendre des martyrs, mourant avec fierté,
Soldats de la Pologne et de la liberté!
Ces exemples si grands, c'est à toi de les suivre :
Femme, il faut obéir; souveraine, il faut vivre!
Mais mon âme entrevoit les clartés du Seigneur...
Ta place est désignée au séjour de bonheur;
Et déjà dans les cieux, dont je suis l'interprète,
Fille des Boleslas, ta couronne s'apprête!...
　　　　　EDVIGE.
J'attendrai Jaghellon; il connaîtra mon cœur,
Et peut-être lui-même...
　　　　　ADALBERT.
　　　　　　　Achève, Dieu vainqueur!
(Il détache la croix de son sein et l'étend sur la tête
d'Edvige.)
Par ce sang qui coula sur la croix de Solyme,
Par les pleurs de ta mère et son trépas sublime,
Dieu consacre ton âme à sauver ton pays;
C'est sa voix qui te parle, à genoux : obéis!
Il a donné son fils pour le salut du monde...
　　　　EDVIGE, à genoux.
Qu'avec ta volonté la mienne se confonde...
Ma mère!...
　　　　　ADALBERT.
　　　　　A moi, Vitold!...
(La porte s'ouvre, Vitold paraît sur le seuil.)
　　　　　　　Proclamez à l'instant
Le roi Vladislas quatre, au peuple, qui l'attend.
(Edvige se jette dans ses bras.)

ACTE DEUXIÈME.

Grande salle du trône. — Sur l'avant-scène droite, Anna lisant. —
Sur l'avant-scène gauche, Edvige écrivant; Marie, auprès d'elle,
occupée à sa couronne de fleurs. — Le trône à droite. — Au
fond, large portail fermé, donnant sur la cathédrale du château.

SCÈNE I.

ANNA, EDVIGE, MARIE, Dames
DE LA COUR.

　　　　　MARIE.
Anna, si tu lisais cette vieille chronique
Qu'Adalbert apporta d'un manoir teutonique,
Pendant que je finis mon poëme de fleurs?
　　　　ANNA, ouvrant un livre.
Toujours la même page... humide de ses pleurs!
　　　　　MARIE.
J'écoute.
　　　　ANNA, lisant.
« Or, à cette époque, florissait en Bourgogne une jeune
reine, célèbre par sa beauté comme par ses vertus. Des
chevaliers et des princes de tous les pays se disputaient
le cœur et la couronne de Clotilde...
　　　　　MARIE.
　　　　Ah! si j'étais assise au rang suprême,
Le front superbe, orné d'un pareil diadème...
　　　　　ANNA.
Eh bien?
　　　　　MARIE.
　　　　Dans un tournoi, j'offrirais au vainqueur
De tous les chevaliers, ma couronne et mon cœur!

ANNA.
Jaghellon serait roi!...
(Reprenant.)
« Les députés de Clovis, l'ayant vue, en parlèrent avec tant d'éloges au roi des Francs, qu'il fit serment de brûler ce qu'il avait adoré, et d'adorer ce qu'il avait brûlé... »

MARIE.
Pour Dieu seul?

ANNA.
Qui t'oblige
A parler?

MARIE.
Je me tais.

ANNA.
« Tant pour se faire couronner roi de Bourgogne que pour jouir de chose si belle; car elle était belle à merveilles... »

MARIE.
Oh! moins belle qu'Edvige :
Regarde donc!...

ANNA, fermant le livre.
Enfant!... que j'aime ce trésor
Cent fois relu, cent fois quitté, repris encor!
Que j'aime à mesurer l'abîme qui sépare
Le roi du meurtrier, le chrétien du barbare;
Et qu'un amour heureux, si longtemps combattu,
Au cœur qu'il ennoblit fait germer de vertu!

MARIE.
Maintenant, pour Clovis, notre sainte est parée...
A genoux le Sicambre!

ANNA.
As-tu vu son entrée,
Marie?

MARIE.
Oui, j'observais, sur la tour du beffroi;
Il passait, sérieux et fier, sur son blanc palefroi,
Nos guerriers l'acclamaient; les cloches ébranlées
Au canon du château répondaient par volées :
Tout un peuple en émoi, les seigneurs, les prélats,
Saluaient le grand-duc du nom de Vladislas,
Le plus beau cavalier de toute sa province!
Hier, j'ai même appris par un page du prince
Qu'une sœur de Vitold, la prêtresse Aldona,
Fit plus que de l'aimer...

ANNA.
Et Vitold pardonna?

MARIE.
Pour un regard d'Edvige, à présent leur idole!...

ANNA.
Quand doit-il arriver?

MARIE.
Revêtu de l'étole,
Monseigneur le primat lui fait un beau discours
Sur la dîme au saint-siège... Il en a pour trois jours!

ANNA, se levant.
Assez!
(Elle fait un signe; Marie et les femmes s'éloignent.)
Ma belle Edvige! ô ma sœur bien-aimée!
Voyez ces fleurs de lis dont la ville est semée...
Vous ne m'écoutez pas?

EDVIGE, écrivant.
« Guilhem, pardonne-moi!
L'amour de la Pologne est ma suprême loi...
Dieu nous a séparés... Sa volonté soit faite!... »
Oh! plutôt un linceul que ces habits de fête!...
Et ne pouvoir finir son chiffre commencé...
« Adieu... moi, ton Edvige... A mon cher fiancé!... »

ANNA, s'approchant.
Son page lui rendra l'écharpe et la réponse...

EDVIGE.
La voici!... Va, dis-lui qu'à le voir je renonce.

ANNA.
Guilhem, votre parent!

EDVIGE.
L'oublier, c'est mon sort.

ANNA.
Vous craignez sa présence?

EDVIGE.
Oui, bien plus que la mort.

ANNA.
Vous ne l'aimez donc plus?

EDVIGE.
Que ce doute m'offense!
Lui, le cher compagnon, l'ami de mon enfance;
Lui, mon frère adoré, mon époux devant Dieu!
Lui, qui mourra sans doute en lisant cet adieu!..
Je te rends ce portrait; le plus beau diadème
Ne vaut pas son regard qui me disait : Je t'aime!
Et cet anneau... moi, reine, il ne m'appartient pas...
Le mien, je dois l'attendre au jour de son trépas!

ANNA.
Comment?

EDVIGE.
A son départ, quand nous nous fiançâmes,
Quand Dieu, par un serment enchaîna nos deux âmes,
« Si cet anneau, dit-il, te revient avant moi,
Mes jours seront comptés... » Puis, voyant mon effroi :
« Nous nous réunirons bénis par notre mère!... »
Amour des premiers ans, douce et sainte chimère,
Vague reflet du ciel où l'âme a dû passer,
Que nulle autre splendeur ne saurait effacer!
Après lui, tout s'éteint, toute joie est tarie!...
Un jour, devant Guilhem, devant ta sœur Marie,
J'essayais sur ton front ces perles, ces brillants,
Dont l'éclat se mirait dans tes yeux souriants;
Lorsque, reine jalouse; il fallut nous les rendre,
Quel fut ton désespoir!... Guilhem dut les reprendre,
Et tu dis : « Garde bien cet emblème de roi ;
Mais je le porterai plus longtemps, après toi!... »
Ce présage exprimait ta destinée entière...
De Kasimir le Grand tu seras l'héritière!
Ce roi fut ton aïeul; son digne successeur,
Louis, du sang de France, est le fils de sa sœur :
Hongroise d'origine et de cœur polonaise,
Demain, je te rendrai ce dépôt qui me pèse...
Si nos droits sont pareils, pauvre Anna de Cilly,
Ton berceau fut un cloître, et ton trône est l'oubli!

ANNA.
Mon ciel, c'est votre cœur; mon bonheur, c'est le vôtre;
Vos bras sont ma couronne, et je n'en veux point d'autre.
A de vaines grandeurs je préfère mon sort;
Vous aimer, c'est ma vie : et vous perdre, ma mort!

EDVIGE, lui donnant l'écharpe.
A toi ces lis de neige, unissant leurs corolles;
Ce sont nos âmes sœurs...

SCÈNE II.

LES MÊMES, MARIE, MORSTIN.

MARIE.
                    Voyez ces banderoles,
Ces croix, ces beaux coursiers plus légers que le vent !
Le cortége est déjà sous les murs du couvent...

EDVIGE.
Dieu ! je me sens mourir !

ANNA, *à la croisée.*
                    Tel jadis, plein de gloire,
Revenait Kasimir après une victoire !

EDVIGE.
Guilhem !... Oui, c'est ainsi qu'ils t'auraient accueilli !...
Portez-lui nos adieux, comtesse de Cilly !

(Elle lui remet la lettre ; Anna sort à gauche avec Morstin,
Marie à droite.)

SCÈNE III.

EDVIGE, *seule à genoux devant une croix.*

Seigneur, tu l'as voulu ; que mon sort s'accomplisse !
L'esclave couronnée est prête au sacrifice...
A présent, le front calme et le cœur sans effroi,
Allons vers cet époux que mon peuple a fait roi...

MANFRED, *en entrant.*
L'envoyé du grand-maître...

SCÈNE IV.

EDVIGE, HERMAN.

HERMAN.
                    En son nom, je réclame
Un suprême entretien.

EDVIGE.
                    Tant d'audace !

HERMAN.
                                        Madame...
Un seul mot, ou je meurs !

EDVIGE.
                    Malgré ma volonté ?...
Messager d'un vassal que mon père a dompté,
Vous avez mal compris l'emploi qu'il vous destine :
Je vous l'ai retiré !

HERMAN.
                    Jadis, en Palestine,
Lorsque je combattais Soliman le Vainqueur,
Le zèle de la foi suffisait à mon cœur ;
Aujourd'hui vos bienfaits, malgré ma servitude,
M'ont fait de ce palais une douce habitude :
Et de quel soin nouveau ce cœur est agité,
Celui de votre honneur, de votre dignité !
Mais, si mon dévouement, si le feu qui l'anime,
Ont pu vous offenser, qu'un pardon magnanime
Efface mes forfaits de votre souvenir...

EDVIGE.
Vous savez à quel prix vous devez l'obtenir !

HERMAN.
Différez, croyez-moi, cette union funeste ;
Loin de vous ce païen que votre âme déteste !
L'empereur Sigismond, époux de votre sœur,
Le grand maître Konrad, son vaillant défenseur,
Vous assurent, par moi, de leur obéissance ;
Et je traite avec vous de puissance à puissance.
Le volcan de la guerre est loin de se fermer ;
Voyez : il fume encore et peut se rallumer.
La Pologne, livrée au démon des discordes,
Saura-t-elle arrêter ce déluge de hordes
Qui, du fond de l'Asie ayant pris son élan,
Jette au monde effrayé le nom de Tamerlan ?
La révolte est partout ; son cri vous environne !
Voulez-vous un soutien plus fort que la couronne ?
Disposez de mon bras, du glaive des croisés :
Il en est temps encor, madame, refusez !

EDVIGE.
Un ministre de Dieu s'oublier de la sorte ?
Le refus, c'est la guerre !

HERMAN.
                    Oui, la guerre ; qu'importe ?
Oui, l'on est invincible en combattant pour vous.
Demain, peuples et rois seront à vos genoux ;
Et je vous livre ici, pour première conquête,
Les États du grand-duc, sa couronne et sa tête !
Trop heureux si j'obtiens un regard sans mépris,
Un regret sur ma tombe... Ah ! vous m'avez compris !
Tout mon sang est à vous ; parlez, je vous écoute...

EDVIGE.
Laissez-moi !...

HERMAN.
                    Cet aveu vous étonne sans doute ?
Reine Edvige, à vos pieds j'ai trahi mon serment...
Vous ne savez donc pas que le cœur d'un amant
Peut encor palpiter sous l'armure du prêtre !...
Moi-même, loin de vous, je l'ignorais peut-être ;
Mais la nature enfin, sous la pourpre ou la croix,
Se venge, tôt ou tard, de l'oubli de ses droits :
Mes regards vous l'ont dit, madame, je vous aime !
Et l'enfer m'a permis d'achever ce blasphème,
Car l'enfer a des feux moins ardents que mon cœur !

EDVIGE.
O mon Dieu, soutiens-moi ! je suis seule... j'ai peur !...

HERMAN.
Demeurez, par pitié !... D'un amour sacrilége,
Cette croix sur mon cœur à jamais vous protége ;
La mort, comme un linceul, bientôt va le couvrir...
Laissez-moi seulement l'avouer et mourir !
Quand je suis près de vous, moi, maudit par mon père,
Je sens qu'il est un Dieu : j'aime, je crois, j'espère !
Banni de vos regards, plein de trouble et d'effroi,
J'appartiens au néant qui s'empare de moi !
En vain j'ai déchiré mon corps sous le cilice ;
En vain, pour échapper à cet affreux supplice,
J'ai voulu m'enivrer du souffle des combats :
Et j'ai trouvé la gloire en cherchant le trépas !...

Dans les bras d'un rival voir passer tant de charmes,
[larmes]
Moi, qui voudrais donner tout mon sang pour vos
Punissez-moi, frappez! Le destin le plus doux
Ce sera de mourir de vos mains, près de vous!
EDVIGE.
Dieu puissant! Quel est donc le forfait que j'expie,
Pour avoir mérité l'amour de cet impie?
HERMAN.
Oh! je ne prétends pas surprendre votre amour!
Que Guilhem, Jaghellon, soient payés de retour,
Leur bonheur, j'y consens; leur mépris, je le brave :
L'univers est à moi si je suis votre esclave!...
Révoquez ma sentence! Oui, le sort le plus vil
Me rendra plus heureux qu'un trône dans l'exil!...
Reine!... on vous a parlé de ces juges célèbres
Qui tiennent leurs conseils au milieu des ténèbres,
Et qui frappent le jour... Herman règne sur eux ;
Il est riche, au sénat ses amis sont nombreux,
Même à la cour de Vienne, il n'est pas sans puissance :
Que lui demandez-vous?
EDVIGE.
Sortez de ma présence!
HERMAN.
Faut-il que Jaghellon meure?
CRIS, au dehors.
Vive le roi!
HERMAN.
Damnation!
EDVIGE.
Ces cris vous font pâlir d'effroi?
HERMAN.
C'est à vous de trembler pour Guilhem... reine Edvige!
Il y va de ses jours!
EDVIGE.
Sortez! sortez, vous dis-je!
HERMAN, à genoux.
Grâce pour lui, pour vous!...

SCÈNE V.

LES MÊMES, ANNA, MARIE.

MARIE, accourant.
Ils viennent, les voici!
HERMAN.
Grâce! par votre mère!
ANNA.
Encor cet homme ici?
Lui, banni du palais! Où sont nos hommes d'armes?...
HERMAN.
Il mourra donc, madame!
(Il se relève et sort.)
ANNA.
On vient! cachez vos larmes...

Edvige, la couronne au front, sur le trône à droite; Anna et Marie à ses côtés. — Entrée par le fond droit du duc de Varsovie, du primat, du nonce apostolique, de Tarnowski et des seigneurs polonais, qui viennent se ranger autour d'Edvige. — Entrée par le fond gauche, à la tête des princes lithuaniens, de Vitold, qui vient se placer en face du trône ; Jaghellon entre le dernier au milieu du théâtre et fléchit le genou devant Edvige.

SCÈNE VI.

JAGHELLON, VITOLD, ANNA, EDVIGE, MARIE, LE PRIMAT, LE DUC DE VARSOVIE, TARNOWSKI, CHEVALIERS, PRINCES LITHUANIENS, GARDES, LA COUR.

JAGHELLON.
Reine Edvige, voici, prosterné devant vous,
Le plus heureux mortel, Vladislas, votre époux;
A vous mon sang, à vous ma vie, à vous mon âme!
EDVIGE, le relevant.
Prince, vous êtes roi; je ne suis qu'une femme...
Inclinez devant lui ces drapeaux triomphants,
Peuple, voici ton père! et voilà vos enfants!
De ses droits souverains la Pologne jalouse
Au grand-duc de Vilno me donne pour épouse;
Je dois, au nom du peuple, accepter cet honneur.
Dieu remit dans mes mains sa gloire, son bonheur,
Je vous en ai cru digne, et je vous le confie.
JAGHELLON.
Je jure devant Dieu de consacrer ma vie
A mériter, madame, un choix si glorieux,
Et de grandir le nom que portaient vos aïeux!
A présent j'ai deux cœurs pour aimer la patrie,
Du sang pour la défendre; et votre voix chérie
M'apprendra, par l'amour, le chemin de la foi!
(Aux chevaliers.)
Messeigneurs et féaux, vous m'avez nommé roi;
Je saurai me montrer digne de votre attente,
En couvrant ce beau front d'une gloire éclatante.
LE PRIMAT.
Soyez les bienvenus!
JAGHELLON.
Hongrois et Polonais,
J'aime à voir dans vos rangs des noms que je connais:
Vous, prince, dont le bras me vaut seul une armée,
Le vaillant Tarnowski, les deux tzars de Krimée,
Le nonce du saint-siége, et vous, fiers hospodars!
Mais du fief teutonique où sont les étendards?
VITOLD.
Le grand maître de Prusse, invité par moi-même,
Pour vous tenir, seigneur, sur les fonts du baptême,
Refuse de venir...
JAGHELLON, montrant son glaive.
Nous irons, en passant
A Malborg, lui donner le baptême de sang :
Son parrain, le voici!... Messeigneurs de Pologne,
Votre chevalerie aura large besogne
Contre tous ces pillards qui nous viennent du Nord;
Et ma hache est instruite à frapper vite et fort
Le Germain trop avant répandu sur la terre :
Voler le bien d'autrui, voilà son caractère!...
Mais, avec une armée, un peuple tel que vous,
Princes, rois ou césars, je puis les braver tous;
Et, l'Occident tombé, notre race est choisie
Pour porter la lumière aux confins de l'Asie!...
Franc soldat, comme moi, dormant l'armure au cou,
Trois fois mon père Olghierd a campé dans Moskou;

Le Kremlin de sa lance a gardé le stigmate :
Avec les ongles d'or de notre aigle sarmate,
Duc, allons-y graver le nom de Vladislas !...
Bercé par les discours de ses doctes prélats,
Le vieux Paléologue, endormi sur son trône,
Croit vaincre les païens par le jeûne et l'aumône ;
Et l'Allemagne, au bruit du flot toujours croissant,
Ne rêve que visirs, cimeterre et croissant ;
Rome invoque la France, un peu loin pour l'entendre :
Du schisme et de l'Islam, nous saurons la défendre.
(Le nonce s'incline.)
Et cette mission sainte, nous la voulons
Transmettre en héritage à tous les Jaghellons,
Tous les Slaves romains ; car, si Dieu nous seconde,
La Pologne avec nous, c'est le rempart du monde !
Aujourd'hui livrez-vous aux douceurs du repos ;
Demain la Gallicie appelle vos drapeaux :
Demain, chef d'un grand peuple, au combat je m'élance,
Ma couronne est un casque, et mon sceptre, une lance !
Aux champs de Léopol, qui veut suivre le roi ?
Qui veut l'accompagner à la frontière ?

EDVIGE, se levant.
   Moi !...
Je suis fille des Piast, et j'aime aussi la gloire ;
Je veux à Sigismond disputer la victoire ;
Et je veux opposer, pour le mieux affermir,
A mon père Louis, mon aïeul Kasimir !...

JAGHELLON.
Par mes dieux paternels, la Vierge, ma marraine,
Est moins belle que vous !

EDVIGE.
   Sire, elle est notre reine !...

JAGHELLON.
Puissent tous ses enfants partager mon bonheur !
Où sont nos prisonniers ?

VITOLD.
   Les voici, monseigneur !

SCÈNE VII.

LES MÊMES, LES PRISONNIERS,
descendant du fond gauche.

JAGHELLON, aux prisonniers.
Liberté ! liberté ! Reprenez confiance,
Vous, dont le sort aveugle a trahi la vaillance ;
Un seul regard d'Edvige a fait tomber vos fers :
Oubliez tous les maux que vous avez soufferts,
Aussi libres que l'air de vos riches campagnes,
Que les aigles planant au-dessus des montagnes !
(Les prisonniers viennent tomber aux pieds de la reine.)

EDVIGE.
Enfants, soyez heureux... Dieu nous a réunis !...

UN VIEILLARD, aveugle.
Je vous vois... dans mon cœur... vous aime et vous
   JAGHELLON.   [bénis !]
Tout ce peuple est à vous, et je viens vous le rendre !

EDVGEI.
Qui lui rendra les pleurs que l'exil fait répandre ?...

JAGHELLON.
Nous saurons les tarir. Citoyens et soldats,

Que tout homme soit libre en touchant nos États ;
Plus de proscrits chez nous, la justice est ma règle !
Bientôt mon cavalier, s'accouplant à votre aigle,
Poursuivra le vautour moskovite ou germain ;
A ce soir les banquets, mais la guerre à demain !

TOUS.
Oui ! la guerre !

JAGHELLON, montrant sa suite.
   Vitold ! qu'on prépare le temple ;
Qu'ils soient tous baptisés : le roi donne l'exemple !
(Vitold sort.)

LE PRIMAT, lisant le bref du pape.
« Nous, Vladislas, quatrième du nom, élu roi de Pologne, recevons des mains de notre saint-père Urbain VI la foi romaine pour nous et pour tous nos adhérents ; adjoignons à perpétuité à la Couronne nos États de Lithuanie et nos terres russiennes, et jurons aux lois de la République obéissance et respect. »

JAGHELLON, ayant signé.
A vous, madame !...

SCÈNE VIII.

LES MÊMES, HERMAN, ALDONA.

ALDONA, voilée.
Edvige !...

HERMAN, dans le fond.
   Oui, venge-toi...
(Il indique la reine et sort.)

ALDONA, apercevant Jaghellon.
   C'est lui !
Mânes de mes aïeux, prêtez-moi votre appui !
Justice !

TARNOWSKI.
Rangez-vous !

EDVIGE.
   Approche, pauvre fille !
(Aux prisonniers.)
J'ai vos cœurs pour gardiens ; vous êtes ma famille !...
Que viens-tu demander ?

ALDONA.
   Justice de ton roi !

EDVIGE.
Sire, à vous d'exercer votre suprême emploi ;
Voici le jour de grâce. En ceignant la couronne,
Soyez grand comme Dieu, le juge qui pardonne !
Vous lui rendrez justice ?

JAGHELLON.
   Oui, madame.

EDVIGE, signant.
   Merci !...
Messeigneurs, à l'autel !
(Elle sort à droite avec sa suite.)

SCÈNE IX.

ALDONA, JAGHELLON.

ALDONA, couronnée de gui, s'avançant et levant
son voile.
Jaghellon, me voici !

JAGHELLON.
Ciel! Aldona!... Sortez!
(Les gardes se rangent au fond.)
ALDONA.
　　　　　　　Tu crois donc, par la fuite,
Éluder l'anathème et tromper ma poursuite?
Les dieux l'ont ordonné... je m'attache à tes pas!
JAGHELLON.
Qui t'amène? réponds! je ne te connais pas!...
ALDONA. [d'alarmes,
Toi? perfide!... Il est vrai, tant de jours pleins
Tant de nuits ont creusé le sillon de mes larmes...
Ces quatre ans de souffrance et de captivité
Ont pesé sur mon front comme une éternité;
Celle qui t'a nourri, seule au monde peut-être,
Ma mère Birouta, pourrait me reconnaître...
Mais toi, l'élu de Dieu! toi, l'idole du jour!...
Dirai-je ici mon nom souillé par ton amour?
Aldona, ta complice! Aldona, ta victime!
La fille de Keystout! l'épouse légitime!
JAGHELLON, à part.
Aldona!...
ALDONA.
　　　　C'est moi-même, ingrat... tu te souviens!
Tu ne m'attendais plus, n'est-ce pas? et je viens!...
Attisant mon amour du feu de la vengeance,
Pour toi j'ai tout bravé, le mépris, l'indigence;
Dans nos forêts, partout la croix, en me guidant,
Comme un signe de mort, me montrait l'Occident:
Je te suivais toujours!... La colombe échappée
Du toit natal, portant le trait qui l'a frappée,
C'était moi; l'âme en pleurs, la poitrine ou la main
Meurtrie, ensanglantée, aux ronces du chemin,
Je te suivais toujours!... Tantôt, sur ton passage,
Un homme, au regard sombre, au sinistre visage,
Me rencontre, et me dit: « Tiens, voici ton amant,
Et voici ta rivale, Edvige au front charmant... »
Je te retrouve enfin, ma tendresse est la même;
Je suis ton Aldona, ta compagne... je t'aime!
JAGHELLON.
L'amante du grand-duc sur le trône du roi!
ALDONA.
Depuis quand, Jaghellon, suis-je indigne de toi?
JAGHELLON.
Tu l'espères en vain; mon épouse est Edvige.
ALDONA.
Edvige, ton épouse!... Et moi, traître, que suis-je?
JAGHELLON.
A demain, si tu veux; le temple va s'ouvrir!
ALDONA.
Demain?... tu l'aimes donc! adieu, je vais mourir!...
JAGHELLON.
Mais que puis-je pour toi? parle... que viens-tu faire?
ALDONA.
Venger mon déshonneur et la mort de mon père...
Moi, je tiens mes serments! Jadis un autre accueil
Après un jour d'exil m'attendait sur le seuil!...
Écoute, ou sois maudit!... Je suis la messagère
De nos dieux, dispersés sur la terre étrangère:

« S'il reçoit, disaient-ils, cette branche de gui,
Jaghellon reviendra, la victoire avec lui... »
Par ce signe, obéis à leur voix souveraine;
Sinon, je veux du sang au festin de la reine!
JAGHELLON.
Du sang!... Je reconnais vos conseils odieux,
Parricides sans cœur, ministres des faux dieux!
Jadis j'en ai versé dans les flots du Passarge,
Et j'ai fait aux vautours une part assez large;
Mes rêves sont remplis du rire affreux des morts...
Le Dieu d'Edvige aura pitié de mes remords!
Mais pourquoi rappeler ces funestes images?
Un ange du Seigneur a reçu mes hommages;
Pourtant, voici ma main, si tu viens demander
Quelque grâce qu'un roi chrétien puisse accorder.

ALDONA.
Un roi chrétien, dis-tu?... Je veux mettre à l'épreuve
L'honneur de Vladislas.
JAGHELLON.
　　　　　　　J'écoute.
ALDONA.
　　　　　　　　Au bord du fleuve,
Dans les flancs du rocher qui porte ce manoir,
Il est un antre, affreux comme le désespoir,
Et qui semble un passage aux vallons des ténèbres;
Quand le soir étendra ses bannières funèbres,
A neuf heures, tu vas y descendre avec moi...

MANFRED, passant dans le fond.
A neuf heures!
(Il s'éloigne.)
JAGHELLON.
　　　Descendre au Vavel! mais pourquoi?
ALDONA.
Ton sort est dans mes mains!
JAGHELLON.
　　　　　　　Ma promesse l'exige...
ALDONA.
As-tu peur, Jaghellon?
JAGHELLON.
　　　　　　J'y viendrai.
ALDONA.
　　　　　　　　　Par Edvige?
JAGHELLON.
Par mon amour!
ALDONA.
C'est bien. A ce soir?
JAGHELLON.
　　　　　　　A ce soir!
ALDONA.
Dieux vengeurs, dieux jaloux, secondez mon espoir!
(Le portail s'ouvre: on voit le parvis de la cathédrale. — Le nonce, assisté du primat et suivi de tout le clergé, s'apprête à donner le baptême au roi. — Jaghellon va au-devant de la reine; il lui offre la main, et tous deux vont s'agenouiller devant Adalbert, debout au milieu du perron. — Peuple au fond, orgue à l'intérieur, les cloches sonnant dans la ville.)

SCÈNE X.

VITOLD, JAGHELLON, LE PRIMAT, ADALBERT, EDVIGE, ANNA, MARIE, LE DUC DE VARSOVIE, TARNOW-SKI, ALDONA et HERMAN, sur le devant; LA COUR, LES CHEVALIERS, LE PEUPLE.

TARNOWSKI.

La reine! le primat!
(Tous se découvrent.)

LE PRIMAT.

Dieu puissant! que ta foudre
Éclate sur celui dont la main veut dissoudre
Cet hymen glorieux de deux peuples chrétiens,
De l'Église éternelle invincibles soutiens;
Ils n'ont plus sous ta loi qu'un pasteur et qu'un temple,
Des Slaves réunis le symbole et l'exemple.
Votre nom?

JAGHELLON.

Vladislas.

LE PRIMAT.

Que voulez-vous?

JAGHELLON.

La foi.

LE PRIMAT.

Peuple, avez-vous choisi?

LE PEUPLE.

Vladislas, notre roi!

LE PRIMAT.

Esclave de Satan, reçois la robe blanche,
Et que l'eau du salut sur ta tête s'épanche!
(On entend le canon.)

ADALBERT.

Votre anneau, reine Edvige!

EDVIGE.

O mon Dieu!... j'obéis...
Bénissez cette offrande au nom de mon pays...

ALDONA.

Soyez maudits... je meurs...
Elle s'évanouit.)

LE PEUPLE.

Vive Vladislas quatre...

JAGHELLON.

Malheur à tous les rois qui viendront nous combattre!
(Le primat étend les mains et bénit les deux peuples.)

ACTE TROISIÈME.

Site agreste et sombre. — Au fond, entrée du Vavel (grotte sépulcrale). — Une flamme sur une large pierre. — Au lointain gauche, le château. — Au lointain droit, la cathédrale avec une croix inflammable au portail. — Une galerie conduisant du château à la cathédrale, avec une pente praticable descendant de droite à gauche. — Une sentinelle. — Un banc de pierre. — Un homme assis, couvert d'un manteau blanc avec une croix noire. — Nuit complète.

SCÈNE I.

HERMAN, seul.

Maudit soit le destin du proscrit! Toujours seul...
Il demande une larme, on lui jette un linceul;
On lui brise le cœur avec indifférence;
On lui dit : « Va mourir! pour toi plus d'espérance! »
Eh bien! meurs, feu du ciel!... Mon plaisir désormais,
C'est de haïr Edvige autant que je l'aimais!...
Chassé par elle!... Adieu, superbe Krakovie,
Tant de bonheur perdu, tout l'espoir de ma vie!
Vladislas couronné!... Sous un chef si vaillant,
Ces Sarmates hautains, les rois de l'Orient,
Construiraient leurs palais sur nos tombes germaines,
Et sur le monde slave étendraient leurs domaines?
Il ne régnera pas, moi vivant! dût ce fer
Nous jeter l'un et l'autre au brasier de l'enfer!
(Il aperçoit la flamme.)
Une flamme? Il est bon, par un soir de tempête,
De réchauffer ses mains... L'éclair bout dans ma tête;
Aldona, c'est ma foudre! elle a vu Jaghellon :
La colombe a donné rendez-vous à l'aiglon,
Et le miel du Niémen est moins doux que ses charmes!
Il viendra lui parler, seul peut-être, sans armes...
Manfred m'a bien instruit... Si quelqu'un le tuait?...
Tout dort; le ciel est sombre... et le fleuve muet :
Je l'attends!... Mais s'il vient suivi de son beau-frère,
Vitold?... ce prétendant joue un jeu téméraire...
Petit-fils d'un grand homme, il espère être roi,
L'insensé!... Tôt ou tard il reviendra vers moi.
Adalbert?... Ah! pour lui, c'est comme un rêve étrange!
Un abîme sans fond! Lucifer ou l'archange,
Tout en lui m'épouvante... Il sait tout, il peut tout...
C'est mon mauvais génie ou l'ombre de Keystout...
Encore un crime... et puis, je deviens plus qu'un homme!...
(On voit des lumières dans le château.)
Quelle fête au château! Dans ce lieu, moi qu'on nomme
Le damné, j'ai pu croire au bonheur des élus!
L'amour pour un proscrit n'est qu'un tourment de plus.
Sort bizarre et cruel! Prêtre, puis sacrilége,
Puis chevalier croisé, puis renégat... que sais-je?
Je crains d'énumérer tous mes titres ce soir;
Rien n'est sûr que ma honte et que mon désespoir :
Replongé dans ma nuit! chassé comme un infâme!...
Jaghellon, il est là, joyeux, l'orgueil dans l'âme!
Prodiguant sa tendresse et les noms les plus doux
A cet ange du ciel, dont Dieu même est jaloux;

Et bientôt...
(Neuf heures sonnent.)
Mais le bronze a frémi dans la nue :
Tremble, roi Vladislas ! car ton heure est venue !...
Je te couronne aussi, tout l'enfer dans le cœur !
Je veux que le soupçon, comme un spectre moqueur,
Dans les bras d'une épouse empoisonne ta joie,
Comme un dard acéré qu'il s'attache à sa proie :
Et, lion du désert, je te vois, rugissant,
Secouer, fugitif, ta crinière de sang !

SCÈNE II.

HERMAN, YVAN.

HERMAN, la main sur son épée.

Qui vive?

YVAN.

Un affidé.

HERMAN.

Le signal?

YVAN.

Dieu vous garde.

HERMAN.

La devise?

YVAN, montrant son glaive.

Une croix.

HERMAN.

Du sang?

YVAN.

Jusqu'à la garde !

HERMAN.

De Guilhem?

YVAN.

De Guilhem.

HERMAN.

Me voici près du port...

Il est blessé?

YVAN.

Bien mieux !

HERMAN.

Prisonnier?

YVAN.

Presque mort !

HERMAN.

Paix à son âme !

YVAN, se signant.

Amen !

HERMAN.

L'affaire est réussie !

Ton nom?

YVAN.

Yvan le serf de la grande Russie.

HERMAN.

Tu l'as fouillé?

YVAN.

Très-peu... j'ai pris, nonchalamment,
Ces deux lettres...

HERMAN.

D'Edvige?... Après!

YVAN.

Son testament...

HERMAN.

Après!

YVAN.

L'anneau royal...

HERMAN, le lui prenant.

A merveille!... La suite...

YVAN.

Sa suite? Ils étaient treize; aucun n'a pris la fuite !

HERMAN.

Veux-tu gagner de l'or, ou bien être pendu?

De l'or?... Il faut tuer quelqu'un, c'est entendu !

HERMAN, la bourse à la main.

Il vaut mieux l'enlever.

YVAN.

Qui?

HERMAN.

La reine.

YVAN, effrayé.

La reine!...

HERMAN.

Est-tu brave, après boire?

YVAN.

Essayez!... Il m'entraîne...

HERMAN.

Je t'offre dix écus, ma gourde et ce manteau...

YVAN.

L'heure?

HERMAN.

Aux vêpres.

YVAN.

Le lieu?

HERMAN.

L'église du château.

YVAN.

L'église?... un sacrilége! un scandale effroyable!

HERMAN.

Tu ne crois pas en Dieu...

YVAN.

Mais la justice? diable!

HERMAN, faisant sonner sa bourse.

La bourse ou le gibet!...

YVAN, voulant la saisir.

Je l'enlève...

HERMAN, réfléchissant.

Un moyen,
Pour évoquer le mort?...

YVAN, ouvrant sa casaque.

Son armure...

HERMAN.

Fort bien !

YVAN.

Son écharpe...

HERMAN, s'approchant.

Encor mieux !

YVAN.

Ce n'est pas pour me pendre?

HERMAN.

Qu'importe! esclave ou tzar, tout vrai Russe est à [vendre.

YVAN, tendant la main.

C'est vingt écus... la gourde a pour moi des appas;
Mais le chanvre est malsain...

HERMAN, lui donnant la gourde.

On ne te pendra pas.

ACTE III, SCÈNE V.

YVAN.
La potence?... j'en rêve!... une échelle... une corde...
On est si laid, pendu!...

HERMAN.
Quelquefois, je l'accorde.

YVAN.
Peste! une fois suffit!

HERMAN.
Tu connais nos agents;
Vertueux comme toi, sobres, intelligents...

YVAN.
Oui, monseigneur...

HERMAN.
Tu vas leur montrer cette lettre...
Il faut tout préparer, tout prévoir, tout promettre;
Cela n'engage à rien. Dis tout bas aux Morstin
Qu'Edvige veut conclure un hymen clandestin,
Que Guilhem doit à Vienne emmener son amante;
La parole est donnée au Russe pour qu'il mente...

YVAN.
Oui, mon prince...

HERMAN.
Voici le roi!... tu vas partir...
Edvige en fait un saint; moi, bien mieux : un martyr!
Trente écus, m'as-tu dit?

YVAN.
Oui, sire!...

HERMAN, lui jetant sa bourse.
A toi, vipère!...
Pour dix de plus, j'allais monter jusqu'au saint-père!
(Yvan sort, Herman s'éloigne du côté opposé.)

SCÈNE III.

JAGHELLON, VITOLD.

VITOLD.
Nous sommes au Vavel!

JAGHELLON.
Voici donc l'heureux jour
[amour...
Qu'appelaient tous mes vœux, qu'attendait mon
Près de toi, mon Edvige, il me semble renaître!

VITOLD.
Vous l'aviez pour sibylle avant de la connaître...

JAGHELLON.
Par le dieu de l'éclair, je l'atteste et maintiens
Ce que j'ai dit. Souvent les esclaves chrétiens,
Que sa douce magie a sauvés de nos armes,
Me vantaient ses vertus, me parlaient de ses charmes...
Des messages suivis, dont j'ignore l'auteur,
Grandissaient chaque jour ce portrait enchanteur;
Lorsqu'un moine étranger, durant une bataille,
Attacha sur mon cœur cette sainte médaille :
Dans mes rêves, depuis, je la vois bien souvent...
Edvige à Sainte-Croix, va doter un couvent;
J'y cours : tableau divin! c'est la Vierge immortelle
Dans le cercle angélique, à genoux devant elle!...
Voilà par quel prestige et quel charme vainqueur
Elle a su captiver mes regards et mon cœur.

VITOLD.
Tout amour vient de Dieu; c'est son œuvre accomplie.
Sœur des princes de Tver, l'héroïque Julie

Vous transmit ses vertus, son exemple, son sang;
Soyez digne du trône en vous convertissant :
Un souhait maternel, c'est la voix de Dieu même!

JAGHELLON.
Roi par ton amitié, chrétien par le baptême,
Par mon amour, je suis l'époux d'Edvige... adieu!
(Vitold s'éloigne.)

SCÈNE IV.

JAGHELLON, seul.

Quand le dôme ceindra sa tiare de feu,
Couronné roi... La vie a des jours bien étranges;
Edvige dans mes bras... c'est le bonheur des anges!
Son époux dans une heure... et pourtant, mon cœur bat...
Ce rendez-vous fatal... c'est mon dernier combat...
Pourquoi l'ai-je accepté?.. Ton amour, pauvre femme,
A passé sur mon cœur comme un torrent de flamme!
Tu ne sauras jamais que ton père... Oui, Dieu seul,
Au jour du jugement, ouvrira son linceul!...
M'aura-t-il pardonné?... Devant la cathédrale,
Ce vieillard, qui, sur moi, répandait l'eau lustrale,
C'était lui! lui, vivant! j'ai reconnu ses traits!...
Oh! que j'obtienne Edvige, et que je meure après!...
On vient... Qui vive?...

SCÈNE V.

JAGHELLON, HERMAN.

HERMAN.
Honneur au roi Vladislas quatre!
Ce n'est pas par le fer que je veux vous combattre,
C'est par mon dévouement; et ma seule vertu
Me défend contre vous!
(Il jette son épée aux pieds du roi.)

JAGHELLON.
Ton nom! que me veux-tu?

HERMAN.
Quoi! le roi Vladislas, qu'étonne ma présence,
Ne se souvient-il plus, au jour de sa puissance,
Des anciens serviteurs du grand-duc Jaghellon?
D'un ami, d'un complice, Herman ou Vodillon?

JAGHELLON.
Le renégat?...

HERMAN.
Pour vous servir.

JAGHELLON.
Ce noir visage,
D'un malheur ou d'un crime est toujours le présage!

HERMAN.
Les temps son écoulés, et tout change avec eux.
Du vivant de Keystout, ce régent belliqueux,
J'étais son porte-glaive, et vous n'étiez qu'un traître...
Je veux dire un proscrit. Keystout est mort, peut-être!
Vous êtes sur le trône; et moi, pour tout bienfait,
Soldat, comme autrefois... Dieu fait bien ce qu'il fait!
Je veux me rattacher au char de la fortune.

JAGHELLON.
Fais tes conditions.

HERMAN.
Sire! je n'en fais qu'une...

Mais d'abord, je vous livre un secret important.
JAGHELLON.
Parle, et surtout sois bref, car la reine m'attend.
HERMAN.
Peut-être !
JAGHELLON.
Que dit-il ?
HERMAN.
Veillez bien sur Edvige..
JAGHELLON.
Edvige !... une Madone !...
HERMAN.
Et sa ferveur l'oblige
A l'amour du prochain...
JAGHELLON.
Misérable !..
HERMAN.
Seigneur !
Je suis moine et soldat, je suis homme d'honneur.
Edvige est jeune, Edvige est belle, Edvige est reine ;
Trois raisons pour céder au désir qui l'entraîne
D'éprouver sur les cœurs ses doux enchantements :
Toute reine est un peu magicienne...
JAGHELLON.
Tu mens !
HERMAN.
On vous a bien parlé de Guilhem, duc d'Autriche,
Grand ami des Mrostin ; c'est tout simple, il est riche :
Neveu de Sigismond et petit-fils d'Albert,
Dit le Sorcier...
JAGHELLON.
Tu mens !
HERMAN.
Un devin très-expert,
Qui fait naître en janvier des roses sous la neige...
Il est son fiancé ; plus peut-être : que sais-je ?
JAGHELLON.
Tu mens !...
HERMAN.
Que ce rocher m'écrase si je mens !
Toutes nos femmes, sire, ont au moins deux amants ;
C'est la loi du pays : j'approuve leur système.
D'ailleurs, vous souvient-il, durant votre baptême,
Quel effroi convulsif...
JAGHELLON.
Oui !...
HERMAN.
Le traître était là.
JAGHELLON.
Qui, toi ?
HERMAN.
Non ! l'autre amant.
JAGHELLON.
La preuve !
HERMAN, lui remettant un anneau.
La voilà...
JAGHELLON.
L'aigle blanc de Pologne, et la croix de Raguse !...
Toujours voleur !
HERMAN.
Toujours pauvre, c'est mon excuse...
On doit bien, pour un trône, une obole à Satan...
Grand trésorier du roi, c'est mon prix.

JAGHELLON.
Non, va-t'en...
Demeure...
HERMAN.
J'obéis.
JAGHELLON.
Un soldat de fortune,
Un prince de hasard dont l'audace importune...
Tiens, reprends cet anneau... Ton neveu d'empereur
Ne me cause pourtant ni soupçon, ni terreur...
Soupçonner la vertu, l'innocence d'Edvige ?
Plutôt douter de Dieu... Tu l'as volé, te dis-je !...
Mais reprends cet anneau... Je serais insensé
Si j'en prenais ombrage...
HERMAN, montrant la lettre.
« A mon cher fiancé,
Guilhem, roi de Pologne... »
(Aldona paraît à l'entrée du Vavel.)
JAGHELLON.
Aldona !... Cette lettre !...
(Il prend la lettre et s'éloigne.)
HERMAN, remontant vers Aldona.
Tu vas fuir avec elle, esclave, ou te soumettre !
(Il sort par le fond.)

SCÈNE VI.

ALDONA, seule.

« S'il reçoit de tes mains la couronne de gui,
Jaghellon reviendra, la victoire avec lui !
Et les os des aïeux que le temps va dissoudre,
Combattront les Germains aux lueurs de la foudre ;
Sinon, maudit soit-il par tous et pour toujours !
Car le combat suprême aura lieu dans trois jours :
Dans trois mois, nos autels, épars sur le rivage,
Pour trois siècles enfin, la honte, l'esclavage !... »
Vous l'avez dit, grands dieux ! Sur ces fleurs j'ai juré
De vous le rendre ou bien de mourir... Je mourrai !...
Personne ! il ne vient pas ! Sans doute, aux pieds d'Edvige
De quelque maléfice il subit le prestige !
Pour vous j'ai moissonné les roses du vallon...
Dieux justes, rendez-moi le cœur de Jaghellon !
(Elle s'approche du foyer et prend sa lyre.)

Salut ! flamme éternelle !... Amour, toi qui t'abrites
Sur le sein des glaïeuls, des blanches marguerites,
A toi l'ambre et le miel !
Pâle soleil des morts, qui brilles sur les tombes,
Char divin de Milda, porté par les colombes,
Salut, reine du ciel !

Le revoir, et mourir !... Ames vierges des roses,
Déployez dans l'azur vos ailes demi-closes...
Exhalez votre encens !
Le feu s'agite... il vient !... Brûlez, fleurs d'asphodèle !
Mais tu jettes vers lui, ton esclave infidèle,
Des éclairs menaçants ?...

Plus rien ! c'était un songe !... Et toi, lyre aux sept fibres,
Toi, ma sœur en exil, demain nous serons libres ;
Demain, c'est le trépas !
Edvige, quelque jour, vengera ma mémoire...
Mais ton cœur sur le mien jette un cri de victoire...
C'est lui ! j'entends ses pas !
(Elle pose sa lyre sur l'autel.)

ACTE III, SCÈNE VIII.

Flamme, éteins ta splendeur : étoiles, ma couronne,
Fermez vos yeux si doux ; que la nuit m'environne,
Pour lui cacher ma joie !...

SCÈNE VII.
ALDONA, JAGHELLON.

JAGHELLON.
Aldona, me voici !
ALDONA.
Je ne m'attendais pas à te revoir ainsi...
JAGHELLON.
Ne t'ai-je pas donné ma parole royale ?
ALDONA.
Parole de chrétien, promesse déloyale ;
Aldona, comme Edvige, a des enchantements :
J'avais foi dans mes dieux et non dans tes serments !
JAGHELLON. [léges,
Il n'est qu'un Dieu !... Pourquoi tous ces vains sorti-
Ces couronnes de chêne et ces feux sacriléges ?...
Que me veux-tu ? j'attends.
ALDONA.
Ah ! cruel ! se peut-il ?
Jadis, j'ai partagé ta honte et ton exil ;
Aujourd'hui, sur le trône avec toi je remonte :
Sinon, viens partager mon exil et ma honte !
JAGHELLON.
C'est un rêve insensé.
ALDONA.
Prends garde, Jaghellon !
JAGHELLON.
Nomme-moi Vladislas.
ALDONA.
Quoi ! tu changes de nom
En changeant de patrie ?... Elle est donc bien puis-
Cette fille de roi, magicienne innocente, [sante
Pour t'avoir perverti ; pour avoir effacé
De ton cœur oublieux l'image du passé...
Mais moi, qui me souviens... je te dirai l'histoire
Des jours qui ne sont plus : je serai ta mémoire !...
Oh ! tu m'écouteras ; car de cet entretien
Va dépendre le sort du royaume et le tien !
Ombre de ma patrie ! oui, c'est toi qui m'inspires !...
(S'asseyant.)
Quatre hivers ont passé sur deux vastes empires,
Ayant pour souverains deux frères, deux héros,
Dont le dernier périt sous la main des bourreaux.
Des champs lithuaniens où leur tombe s'élève,
L'un était le rempart, l'autre était notre glaive...
HERMAN, à Manfred, paraissant dans la galerie.
Cours, préviens Adalbert.
JAGHELLON.
N'entends-tu pas ce bruit ?
ALDONA.
Oui, c'est le vol pesant de quelque oiseau de nuit ;
Ou le cri du remords, monstre au dard de vipère,
Qui vient épouvanter l'assassin de mon père !...
LA SENTINELLE.
Qui vive ?...
MANFRED.
Au nom du roi...
(Il entre dans le château.)

JAGHELLON.
Je suis trahi... malheur !...
ALDONA.
Mais d'où vient sur ton front cette étrange pâleur ?...
C'était un vieux soldat ; la plus vaillante épée
Qui jamais dans le sang des chrétiens fût trempée !
Il avait une fille au cœur simple, au front pur,
Consacrée à Milda, déesse aux yeux d'azur.
Un jour, avant l'automne, à la moisson des seigles,
Le grand-duc se présente escorté de ses aigles ;
Il voit la jeune fille, et bientôt son amour,
Pardonnez, dieux vengeurs ! est payé de retour.
Le feu du ciel s'éteint sur l'autel redoutable...
Aldona, c'est le nom de la vierge coupable,
Déjà, la cendre au front, va subir son arrêt ;
Elle monte au bûcher, quand le prince apparaît :
Saisissant Aldona de ses mains triomphantes,
Il ravit leur victime aux noirs hiérophantes...
JAGHELLON.
Assez !
ALDONA.
Le vieux soldat, maudissant son neveu,
Jure de se venger par le glaive ou le feu ;
Jusqu'aux murs de Kowno le poursuit et l'assiége :
Il combat, il triomphe, et, surpris dans un piége,
Il meurt... Mais tu connais l'assassin de Keystout ?
JAGHELLON.
Assez, te dis-je !...
ALDONA.
Il tremble... Oui, les dieux savent tout !
Je voudrais que l'enfer de ses lueurs funèbres
Éclairât ton visage... Oh ! fuis dans les ténèbres,
Car Edvige elle-même aurait horreur de toi...
JAGHELLON.
Mensonge ! calomnie !
ALDONA.
Eh ! c'est peu, pour un roi !...
J'ai vu tuer mon père, et je suis ta complice !
Mais faut-il te conter les détails du supplice ?
Te nommer les bourreaux ?... Vodillon, ton ami,
Kaïm, l'agent du tzar, que l'enfer a vomi ;
Le Russe aux yeux de tigre... et l'Allemand, le traître :
Voilà deux serviteurs, dignes d'un pareil maître !
JAGHELLON, la menaçant de son poignard.
C'est trop ! Va-t'en, va-t'en !...
ALDONA.
Frappe, et sois sans pitié ;
Ne laisse pas ton œuvre achevée à moitié :
Que ce fer, teint du sang de toute ma famille,
Réunisse à Keystout les mânes de sa fille !
(Elle tombe à genoux.)
JAGHELLON.
Meurs !...

SCÈNE VIII.
LES MÊMES, ADALBERT, à l'entrée de la galerie.

ADALBERT.
Jaghellon !...
JAGHELLON.
Grand Dieu ! j'ai jeté mes remords
Dans le flot de l'oubli, sombre linceul des morts ;

Et quand je m'abandonne à la trompeuse ivresse
De mes songes d'amour, cette voix vengeresse
Me crie : Assez de sang!...
ALDONA.
Tu frémis, traître? hélas!
Tu n'es plus Jaghellon; honte à toi, Vladislas!
Que cette voix partout te poursuive et t'opprime,
Car tu n'as même pas l'audace de ton crime!...
(Adalbert disparaît au seuil de la cathédrale. — On entend l'angélus.)
JAGHELLON.
Priez pour moi, ma mère!...
ALDONA.
Et moi, qui fus ta sœur;
Si je voulais flétrir l'indigne ravisseur,
Je dirais : « Ce païen, qui reçut le baptême
Des mains de votre évêque, est un vil anathème,
Il a déshonoré la prêtresse Aldona;
Ce roi, que votre Edvige aujourd'hui couronna,
Ce sauveur, ce grand homme, en qui le monde espère,
Est un lâche, un ingrat : il a tué mon père!... »
JAGHELLON.
Tais-toi! sinon ce fer va me percer le sein!
ALDONA, à ses pieds.
Grâce!... qui que tu sois, sacrilége, assassin,
Qu'à cet aveu le ciel ou l'enfer me décide,
Je t'aime, renégat... je t'aime, parricide...
Je t'aime, époux d'Edvige!... O terre, engloutis-moi!
Dieux immortels! cachez ma honte et mon effroi;
Tombe sur Aldona, formidable repaire,
Car j'aime ce maudit, l'assassin de mon père!...
JAGHELLON, jetant le poignard et cachant son visage.
Songe horrible!
ALDONA, sanglotant.
Qui, moi t'accuser? te flétrir?
Moi, te déshonorer? Non, non! plutôt mourir!
Plutôt perdre mon âme et mon intelligence!
Folle, quand je parlais de mépris, de vengeance,
Je mentais, je mentais! Ce n'est pas le devoir
Qui m'amène vers toi; c'est l'amour! c'est l'espoir
De mourir sous tes pas, en te disant : Je t'aime!...
Ingrat, quand tu venais ceindre le diadème,
Que ne m'as-tu brisée aux pieds de ton coursier?
Que ne m'as-tu frappée avec de même acier...
Pardonne-moi, mon père!... Aldona serait morte
Sans regret, comme meurt une esclave... qu'importe!
A présent, roi chrétien, sous ta couronne d'or
Je voudrais te haïr... je t'aime plus encor!...
Ta sœur dès le berceau, du même lait nourrie,
J'avais fait le serment de venger ma patrie;
Mais enfin je te vois... mes vœux sont oubliés!
Morte pour l'univers, je veux vivre à tes pieds :
Je t'aime! et si les dieux ont maudit tes complices,
Mes pleurs de l'enfer même éteindront les supplices!...
JAGHELLON, après un silence.
Oui, je fus bien coupable! un indigne apostat
Guidait mon bras dans l'ombre à ce crime d'État;
Le tzar Yvan lui-même... Oh! les rois, les faux prêtres!
Cet invisible aimant qui conduit tous les traîtres,
Qui pousse à l'homicide au nom du Tout-Puissant!
Pires que ces corbeaux qui demandent du sang!...
« Les dieux de la patrie ordonnent cette offrande :

Qu'il meure, disaient-ils, et Vilno sera grande! »
Moi-même, à son trépas si j'ai prêté les mains,
Jamais Keystout, sans moi, n'eût fait fuir les Germains;
Souvent dans les combats, je le vois apparaître :
Aux bras même d'Edvige il me suivra peut-être!...
Je puis vaincre à présent! deux peuples généreux
M'ont remis leur honneur, je régnerai pour eux;
Et si je ne dois plus tenter de grandes choses,
Je veux faire le bien : juge-moi, si tu l'oses!...
Voilà mon avenir. Si mes crimes passés
Par un beau dévouement peuvent être effacés,
Laisse-moi de ton père apaiser le fantôme;
Et dût-il m'en coûter la moitié du royaume,
Je suis prêt!...
(On entend sonner dix heures.)
ADALBERT, reparaissant.
Jaghellon!...
JAGHELLON.
Entends-tu cette voix?
Le spectre!... tiens, regarde; il est là : je le vois!
ALDONA, détachant sa couronne et l'entraînant vers l'autel.
Merci, grande déesse! il est à nous! victoire!...
Viens! partage avec moi le signe expiatoire;
Dans mes embrassements, protégé par la nuit,
Viens! retourne au désert : Aldona te conduit!
JAGHELLON, au fantôme.
Que tu viennes du ciel, ou du séjour des ombres;
Qu'exiges-tu de moi, pour fléchir les dieux sombres?
Parle, j'obéirai!...
ALDONA.
Roi parjure et félon,
Si tu ne cèdes pas, malheur!...
(Elle se baisse pour prendre le poignard; son père la saisit par le bras.)
Ah!
ADALBERT.
Jaghellon!...
L'heure a sonné : suis-moi!...
(Il entre dans la cathédrale; la croix sur le portail s'illumine.)
ALDONA.
C'est lui! mon père! où suis-je?
Là! cette croix!... toujours!
(Elle tombe évanouie.)

SCÈNE IX.

Les Mêmes, TARNOWSKI, VITOLD, HERMAN, Peuple et Soldats, portant des torches.

VITOLD.
Seigneur! la reine Edvige...
Dans ce moment...
JAGHELLON.
Achève!
TARNOWSKI.
Est aux mains d'un bandit,
D'un lâche ravisseur.
JAGHELLON.
Guilhem?
HERMAN.
Je vous l'ai dit.
JAGHELLON, l'épée à la main.
Trahison!

VITOLD.
Hâtez-vous!... Il entraîne sa proie!...
JAGHELLON, renversant l'autel.
Tombez, faux dieux!... plutôt que le ciel me foudroie!..
(L'éclair brille, la flamme s'éteint.—Il s'élance vers le château.)

SCÈNE X.

HERMAN, ALDONA.

HERMAN.
Aigle, suis ton essor ; mais prends garde à l'archer!...
Son père!... Oui, cette voix semblait vivre et marcher...
Nous verrons. Aldona!
ALDONA, revenant à elle.
Seule, dans les ténèbres!...
Le spectre!... il était là!... Dieux! ces accents funèbres!
Cette croix... ce poignard... voilà son souvenir!...
Roi Vladislas!... mes pleurs n'ont pu te retenir?...
Des pleurs! toujours des pleurs! et jamais la vengeance?
Edvige! à toi ce fer! Allons, plus d'indulgence ;
Esprits du mal, fermez mon cœur à la pitié!
(Elle s'élance le poignard à la main.)
HERMAN.
Ma vengeance est plus sûre... en veux-tu la moitié ?
ALDONA, se retournant à demi.
Quel écho de l'enfer achève ma pensée?...
HERMAN, la ramenant.
Ou du ciel, que t'importe... un poignard? Insensée!...
La prêtresse Aldona ne sait pas se venger.
(Il lui reprend le poignard.)
ALDONA.
Mais alors, que faut-il?
HERMAN.
La flétrir sans danger...
Je crois à ton amour; veux-tu croire à ma haine?
ALDONA.
Où veux-tu me conduire?
HERMAN.
Au procès de la reine!
(Ils sortent.)

ACTE QUATRIÈME.

Une galerie. — Au fond, paroi mobile donnant sur la salle du grand conseil. — A droite, une croisée avec rideau et balcon donnant sur la Vistule.

SCÈNE I.

HERMAN, ALDONA, MANFRED, UN CHEVALIER TEUTONIQUE, puis YVAN.

HERMAN, en entrant.
Ah! larrons! Ah! bandits! la reine en liberté!...
Mais l'esclandre est complet et le coup bien porté.
Comte Edgard, à cheval... Ce rapport au grand maître.
(Aldona passe par le fond avec Manfred; le chevalier sort.)
Toi, devant le conseil sois prête à comparaître...
(Aldona fait un signe, et s'éloigne.)
Eh bien, seigneur Yvan?
YVAN, pris de vin, revêtu de l'armure de Guilhem.
Altesse, sauf erreur!
Je suis Guilhem d'Autriche et cousin d'empereur.
J'ai relevé la mort par quelques patenôtres;
C'était justice au moins... j'en ai couché tant d'autres!
Mais enfin, grâce à moi, tout marche galamment :
La reine est compromise et je suis son amant!...
Déjà la jeune épouse, à la lueur d'un cierge,
S'avançait, tout émue, à l'autel de la Vierge,
Quand Morstin et Firley, gens de bonne maison,
Me poussent vers l'abside en criant : Trahison!
Il fallait voir Edvige en pleurs, la face blême,
Plus blanche que ces lis jumeaux, le chaste emblème
De nos amours...
HERMAN, détachant son écharpe.
Vil rustre... à bas tout ce harnais!
YVAN.
La monture est en or... n'importe!... Ah! je renais!...
Plus de potence au moins?...
HERMAN.
Non!
YVAN.
Le tour n'est pas mince
De cacher un bandit sous l'écaille d'un prince!...
HERMAN.
Manfred!
(Le page paraît; Herman lui remet l'armure.)
Au tribunal!
YVAN, effrayé.
Comment, au tribunal?...
Ah! j'y suis!... Un procès, le primat-cardinal,
Le divorce!...
(Il rit.)
HERMAN.
Sais-tu nager?
YVAN.
Quelle demande!
Grâce à ces deux bateaux de ma jeune Allemande,
J'ai traversé vingt fois la Vistule à pied sec...
HERMAN.
Nous verrons bien.
YVAN.
Plaît-il?... Si cet homme est un grec,
Soyons arabe!... Alors, l'aventure est charmante.
Dans mes bras, moi, Guilhem, je saisis mon amante,
Je cours vers le portail; mais le roi, son époux,
Comme un aigle irrité vient tomber parmi nous...
(S'approchant du balcon.)
J'ai dû quitter ma proie au milieu de la foule.
La chapelle est en feu : regardez! le sang coule!
Trente écus, ce n'est rien pour ce service-là!
J'ai tout fait, tout prévu...
HERMAN, le frappant à la gorge.
Tout, excepté cela!
YVAN, tombant par la croisée.
Tzar Satan, venge-moi!...

K. OSTROWSKI, OEuvres choisies.

EDVIGE DE POLOGNE.

HERMAN.
Moskovite crédule,
Va boire ton salaire au fond de la Vistule!...
(Il jette son poignard, et ferme le rideau.) [sans moi.
Ce n'est qu'un serf... qu'importe... il mourrait bien
Rien au couronnement n'a manqué que le roi,
Qui va fuir plein de rage, après cette avanie,
Jusque dans les forêts de sa Lithuanie!...
Edvige reviendra pour moi de sa rigueur;
Ce beau Guilhem, vivant, lui tenait trop au cœur :
Son fantôme noyé, je deviens légataire
Universel. Vouloir, voilà tout le mystère.
Je suis comme la flamme aspirant aux sommets;
Monter, monter toujours : ne descendre jamais!
Ce qui me résistait, je l'obtiens par surprise,
Et trouvant un obstacle en chemin, je le brise...

MANFRED, en entrant.
Le roi!

SCÈNE II.

HERMAN, JAGHELLON, VITOLD.

VITOLD.
Deux mots, seigneur!
JAGHELLON.
Que ce jour soit maudit!
Guilhem, amant d'Edvige!
HERMAN.
Oui, partout on le dit!
Sans moi, vous n'étiez plus qu'un simple gentilhomme
Veuf avant d'être époux, roi d'un jour sans royaume;
Mais j'ai su déjouer cet affreux coup d'État :
J'ai sauvé la patrie, en ministre, en soldat,
Et de plus, j'ai saisi dans la foule confuse
Cette écharpe aux couleurs de France et de Raguse...
JAGHELLON.
Raguse, dès ce jour, veut dire trahison!
Ainsi le déshonneur a frappé ma maison!...
Et la reine avec eux était d'intelligence?...
HERMAN, lui montrant l'écharpe.
Voyez ces lis couplés, leur devise...
JAGHELLON, s'en emparant.
Vengeance!
HERMAN.
Sire, modérez-vous! Le vœu n'est pas chrétien.
Laissez faire les lois, réclamez leur soutien;
Elles vous vengeront, et bien mieux que vous-même :
De l'or, sire, de l'or! c'est le moyen suprême!
JAGHELLON.
Après!...
HERMAN.
Gardez-vous bien, grand Dieu, d'être jaloux!
Laissez cette faiblesse au commun des époux.
Du jour où vous ceignez la couronne et le glaive,
Au-dessus d'un affront l'empire vous élève;
D'ailleurs, un tribunal, désigné par la loi,
Veille ici, nuit et jour, sur l'honneur de son roi.
Certain de ressaisir son pouvoir et ses titres,
Monseigneur le primat réunit vos arbitres;
Par le vœu populaire espérant être élus,
Tous rêvent jugement, interrègne et bien plus!
Surtout vos sénateurs, ce ramas de transfuges...
C'est peu de les convaincre, il faut gagner ses juges!...
A la trouver coupable ils ont tous intérêt;
De l'or, sire, de l'or! je réponds de l'arrêt!
JAGHELLON.
Que justice soit faite!
VITOLD.
O démence fatale!...
Frère, ne donnez pas l'exemple du scandale!
Le scandale a brisé plus de têtes de rois
Que le vent de l'émeute ou le glaive des lois;
Quand la foule inconstante est lasse d'une idole,
Elle en rit et l'outrage : et puis, elle l'immole!
Sceptre et roi, tout périt dans le même torrent,
Vous perdez la couronne en la déshonorant!
JAGHELLON.
Prince, je vous écoute et j'hésite à vous croire;
Vous prenez aujourd'hui trop de soin de ma gloire :
M'obéir, c'est assez!... Mais, par le Dieu vivant!
Suis-je un faible roseau pour plier sous le vent?
Trésorier du palais, grand hetman de l'armée,
Allez, au nom du roi, que la cour informée...
VITOLD, remontant.
Vous en avez menti!
JAGHELLON.
Les glaives au fourreau!
Sinon, vous porterez vos têtes au bourreau.
HERMAN.
C'est un duel à mort!
VITOLD.
Soit!
JAGHELLON.
Le roi vous l'ordonne :
Allez exécuter les ordres qu'on vous donne!
HERMAN.
Duc, votre main!
(Vitold la retire.)
JAGHELLON.
Sortez!...
HERMAN.
A votre aise, au revoir!
(Il sort.)

SCÈNE III.

JAGHELLON, VITOLD.

JAGHELLON.
Qu'est-ce à dire, Vitold!
VITOLD.
Je ferai mon devoir
Jusqu'au bout, car je suis votre frère...
JAGHELLON.
Peut-être!
Un frère est un rival, quand il n'est pas un traître!
Je ne sais pas aimer ni haïr à demi;
J'aime mieux qu'un faux frère un loyal ennemi!
VITOLD.
Mais, de grâce, osez-vous faire juger la reine
Sur d'infâmes soupçons répandus par la haine?
Malheur aux souverains qui, dans l'ombre des cours,
De pareils conseillers écoutent les discours!

ACTE IV, SCÈNE V.

Gardez-vous des flatteurs bien plus que des vampires;
C'est par les courtisans que tombent les empires!

JAGHELLON.

Tu parles de soupçons! toi, le fils de Keystout?
Regarde cet anneau... cette lettre surtout:
« A mon cher fiancé; signé : moi, ton Edvige. »
Son Edvige... Eh bien, soit! Je suis trahi, te dis-je;
Perdu, déshonoré : Guilhem est son amant!
Il lui lègue, dit-on, ses biens par testament!...
Et moi, pour sa beauté, chef d'un État prospère,
Je me suis fait chrétien, j'ai renié mon père!...
Ah! seigneurs polonais, vous irritez les pleurs
Du lion qui s'endort dans ses chaînes de fleurs?
Si vous m'avez trompé, moi, l'élu de la veille,
Tremblez, fiers potentats! Jaghellon se réveille!...

VITOLD.

N'avez-vous pas juré d'être juste et clément?

JAGHELLON.

Oui, juste; et tu verras si je tiens mon serment.

VITOLD.

Aldona... Dieu punit votre amour sacrilége!...

JAGHELLON.

Dieu, l'enfer et Satan! que m'importe? que sais-je!
Edvige était mon dieu, ma vertu, mon seul bien;
N'y croyant plus, Vitold, je ne crois plus à rien !
Ta sœur, première ivresse au réveil du jeune âge,
Avait tari mon cœur... quand cette douce image
L'a rempli d'espérance en le sanctifiant:
Edvige était le ciel, Edvige est le néant!
A l'un vendre sa main, donner le reste à l'autre,
C'est flétrir son amour, et se jouer du nôtre;
Ce paradis créé d'un sourire enchanteur
S'écroule dans l'abîme avec son créateur :
Éternité, bonheur sans fin... songe et chimère...
Cet ange est un démon!...

(Il jette le médaillon à ses pieds.)

VITOLD.

Tu blasphèmes ta mère!
Sa vertu même aurait souffert de tes soupçons!

JAGHELLON.

Ma mère, qu'as-tu fait? Je maudis tes leçons!

VITOLD.

Fils ingrat!...

JAGHELLON, tordant l'écharpe dans ses mains.

Par l'enfer! cette écharpe s'embrase!...
Chrétiens maudits!... Jamais vos martyrs en extase,
Offrant sur le bûcher leurs âmes au Sauveur,
N'ont prié la Madone avec plus de ferveur
Que moi je n'invoquai l'amour de cette femme!
Sainte, je l'adorais; je l'aime encore infâme!...
Pourquoi m'apprendre aussi cette foi que je hais,
Bonne pour le cœur faible et les tièdes souhaits
De ces Germains qui n'ont que du fiel dans les veines?
Pour moi, leur ciel est faux, leurs croyances sont vaines
Vous savez, dieux jaloux, si ce cœur est changé...
Que je souffre!... Aldona, ton opprobre est vengé!...

VITOLD.

Mauvais frère!... des pleurs?

JAGHELLON.

Moi? jamais! quel outrage!
Mon frère Narimond, grandi par son courage,
Sur une croix ardente insultait les Germains;

Moi j'ai dû, par pitié, l'achever dans leurs mains..
J'ai vu notre maison trois fois livrée aux flammes,
J'ai vu fuir en exil les enfants et les femmes,
Nos autels en ruine, un peuple massacré;
J'ai vu mourir mon père, et je n'ai pas pleuré!...
Je n'avais que vingt ans; et tu crois qu'à cette heure,
Je me laisse attendrir comme un lâche qui pleure?...
Assez de pleurs : du sang! Suis-je encor Jaghellon?
Tiens! je la briserai comme ce médaillon!...
Magicienne, elle aura le brasier pour supplice;
Que ne puis-je, avec elle, égorger son complice?
Elle fut sans honneur : je serai sans pitié!

VITOLD.

Puisque ni tes serments, ni ma franche amitié,
Ne peuvent dominer cette rage inhumaine,
Tu trahis ton amour; moi, je reprends ma haine!
Roi parricide, adieu!

JAGHELLON.

Vitold!...

SCÈNE IV.

JAGHELLON, seul, lacérant l'écharpe.

Me voilà seul.
Ce voile a fait ma honte... il sera son linceul!...
Voilà bien cette cour stupide et sans vergogne,
Qui m'acclamait hier : « Salut, roi de Pologne! »
Ces fiers républicains... tous égaux par la loi!
Leur dernier porte-glaive est plus maître que moi!
Vitold!... frère imprudent, toi-même tu me braves?
La liberté pour tous, pour moi seul des entraves!...
Et ce spectre... Adalbert!... sur le front du vieillard
N'ai-je pas reconnu la trace d'un poignard?
Ses cheveux blancs semblaient couverts d'une auréole..
Si c'était lui!... Prestige! illusion frivole!
On ne meurt qu'une fois!...

(Entr'ouvrant la porte.)

Edvige est là... tout dort!...
Si je la réveillais dans les bras de la mort?...
Elle rêve à Guilhem?... Que l'enfer les rassemble!
Ange ou démon, je veux... Dieu du ciel!... Il me semble
Que ma mère!... le sang d'Edvige sur ma main!...
Horreur! je n'ose pas; non, je l'aime!... et demain
L'avide renommée, à flétrir toujours prompte,
Va partout publiant son parjure et ma honte?
Ce peuple que je hais, de son rire moqueur,
Comme un limier hargneux viendra mordre mon cœur?...
L'arrêt est prononcé!... Dors, épouse adultère;
Je veux que ton supplice épouvante la terre!...
Meurs donc, sous cette écharpe!...

(Il s'élance; Adalbert paraît sur le seuil.)

SCÈNE V.

ADALBERT, JAGHELLON.

JAGHELLON.

Encor lui! lui, partout!
Que tu sois Adalbert ou l'ombre de Keystout,

Fuis, va-t'en!...
(Adalbert lui saisit le bras.)
Ce regard! cette puissante étreinte!
Oui, je te reconnais : c'est toi... voici l'empreinte!...
Grâce, au nom d'Aldona... dans la Tour des chrétiens
Je l'ai vue à mes pieds, comme je suis aux tiens;
Je veux lui mettre au front la couronne de reine!
Parle! sers-tu les dieux de clémence ou de haine?
Loin de moi ce regard, cette étreinte de fer :
Je me sens pénétré du souffle de l'enfer!...
(Il jette l'écharpe.)

ADALBERT.
Tu demandes pitié, tu veux que je pardonne,
Toi qui n'eus de pardon, de pitié pour personne;
Toi, bourreau de Keystout! qui même, en l'implorant,
Pour laver ton forfait par un crime plus grand,
Allais rougir ta main dans le sang d'une épouse!...
L'eau du ciel qui descend sur ton âme jalouse
A changé l'univers, et ne t'a pas changé!

JAGHELLON.
Keystout respire encore! et ne s'est point vengé?

ADALBERT.
La vengeance est à Dieu qui te frappe et t'éclaire!

JAGHELLON.
Sois juste! Jaghellon ne craint plus ta colère!
J'ai supplié Péroun; j'ai jeté sous ses pas
Biens, trésors, tout le fruit de dix ans de combats,
Son mage a répondu par la voix de la foudre :
« Loin de nous, sois maudit! »

ADALBERT.
Prêtre, je viens t'absoudre!...
Tu m'as ravi l'honneur; et moi, pour me venger,
Je viens joindre à ton peuple un royaume étranger.
Je devrais te maudire; et pourtant, Dieu l'exige,
Je te donne le ciel en te donnant Edvige...
Qu'en dis-tu, Vladislas?... Hier tu m'as promis
De te venger de même envers tes ennemis!

JAGHELLON.
Edvige est adultère!...

ADALBERT.
Oses-tu bien le croire?...
Les anges seraient fiers d'un rayon de sa gloire!
C'est au prix de son âme, au prix de son bonheur
Qu'Edvige, en t'épousant, se livre à ton honneur;
Et toi, triste jouet d'une intrigue ennemie,
Pour son choix glorieux, tu lui rends l'infamie!
Ah! j'étais insensé de compter sur ta foi;
Parjure! un mauvais fils peut-il être un bon roi?
Sur le seuil du tombeau qui déjà me réclame,
Je veux sauver ses jours, je veux sauver ton âme!
Viens, reçois sur ton front les eaux du repentir
Dont la source est aux cieux; au nom du Dieu martyr,
Viens! reçois sur ton front les pleurs de ta victime :
Parricide, à genoux! repens-toi de ton crime!

JAGHELLON.
Frappez! pour l'expier je vous donne mon sang!

ADALBERT.
Vladislas, je t'absous, au nom du Tout-Puissant;
Mon fils, viens dans mes bras!

JAGHELLON.
Moi! seigneur?

ADALBERT.
Je l'ordonne!

JAGHELLON.
Moi, bourreau de Keystout?

ADALBERT.
Adalbert te pardonne!

JAGHELLON.
Vous, père d'Aldona?

ADALBERT.
Je veux être le tien!

JAGHELLON.
La vengeance est d'un roi!

ADALBERT.
Le pardon d'un chrétien!
(Il le presse avec transport dans ses bras.)

JAGHELLON.
Honneur à vous! Soyez mon chef, mon bon génie!
Venez rendre Keystout à la Lithuanie!...
Les grands hommes jamais n'ont laissé d'héritier,
La mort frappe avec eux leur siècle tout entier;
Le ciel en est avare à l'époque où nous sommes :
Vivez, régnez longtemps pour le bonheur des hommes!

ADALBERT.
Ne parlons pas de moi! Mes ans sont révolus;
Mon cœur est jeune encor, mais mon bras ne l'est plus!
Ce temple, ces autels, c'est tout mon patrimoine;
Le prince a disparu sous la bure du moine,
N'ayant plus qu'un espoir, une pensée, un vœu :
Ramener sa patrie à la foi du vrai Dieu!
Edvige est ton épouse, elle est aussi ma fille.
Oui, j'ai tout immolé, mon bonheur, ma famille,
Les larmes d'Aldona, ta sœur que tu trahis,
Tout! à ce sentiment : l'amour de mon pays!...
Fais comme moi, rends-lui les beaux jours de mon règne!
Que le faible t'honore et le puissant te craigne;
Sois juste, aime ton peuple autant que je t'aimais :
Vivant dans son amour, tu vivras à jamais!...
Et moi, je puis mourir; car, dans ce jour prospère,
J'ai retrouvé mon fils!

JAGHELLON.
J'ai retrouvé mon père!
(Un coup de cloche; la paroi du fond se partage. — La salle du grand conseil, comme au premier acte.)
Ah! courons prévenir ce complot infernal,
Châtier l'imposteur devant le tribunal...

ADALBERT.
Au jugement de Dieu tu défendras ta cause;
Laisse nous : c'est la loi qu'aujourd'hui je t'impose!...
(Au fond, sous le tableau de la Madone, le tribunal ; douze juges sur douze sièges, celui du milieu vacant. — Sur la table, tendue de noir, une Bible, un crucifix, une armure couverte d'un voile et des flambeaux.)

SCÈNE VI.

ANNA, MARIE, EDVIGE, ADALBERT, Juges, LE DUC DE VARSOVIE, HERMAN, LE PRIMAT, Gardes.

EDVIGE, la couronne au front.
Ne me soutenez plus, arrêtez sur le seuil...

ACTE IV, SCÈNE VII.

Anna, pourquoi ces pleurs et ces femmes en deuil ?
Faut-il que leur présence ajoute à mes alarmes ?
J'ai besoin de ma force et non de vaines larmes ;
Demeurez, je l'ordonne !...
(S'avançant vers Adalbert.)
     Arbitre de mon sort,
Vous voyez si je tremble en face de la mort...
Vous m'avez condamnée, ami juste et sévère,
A monter sur ce trône où je trouve un calvaire ;
Parlez ! suis-je innocente ou coupable à vos yeux ?
    ADALBERT.
Ta cause, ô mon enfant, est la cause des cieux !
Viens ! reçois du Seigneur, dont l'amour t'environne,
Reine, vierge, martyre, une triple couronne !
    EDVIGE.
Merci !... Reçois mon âme, ô roi de l'univers !
   LE PRIMAT, se levant.
L'accusée a paru, les débats sont ouverts.
Redoutables gardiens des divines colères !
O vous tous qui tenez dans vos mains tutélaires
Le glaive de la loi, la parole de Dieu ;
La reine de Pologne est présente en ce lieu :
Faisons tous le serment de lui rendre justice !
 (Il étend la main sur l'Évangile ; tous les juges l'imitent.)
Reine Edvige, approchez.
  HERMAN, ramassant l'écharpe à terre.
     Page, qu'on avertisse
Les témoins du forfait... Vous voyez son effroi !...
     (Manfred sort.)
    EDVIGE.
L'écharpe de Guilhem... Il est donc mort, pour moi !...
    LE PRIMAT.
Duc, instruisez la cause.
   LE DUC DE VARSOVIE.
      Edvige, on vous accuse
D'avoir osé promettre à Guilhem de Raguse
Le trône de Pologne... et tantôt, cette nuit,
Dans les murs du palais de l'avoir introduit :
Est-il vrai ? répondez !
    EDVIGE.
      C'est un mensonge infâme !...
Celui qui le soutient, doit savoir que mon âme
N'eût jamais supposé tant de haine et de fiel
Dans un prêtre, un soldat !... j'en atteste le ciel ;
Il ment, vous dis-je : il ment !... Sur le seuil de ce temple
Moi, votre reine encor, je vous donne l'exemple
Du respect à nos lois qu'on veut faire oublier ;
Tous mes aïeux sont prêts à me justifier !...
J'en atteste ce Dieu qui lit dans ma pensée,
De Guilhem au berceau j'étais la fiancée ;
Mais mon père expirant m'a remis son honneur,
J'ai reçu la couronne au prix de mon bonheur.
Je suis du sang de France ! Et qui de vous peut croire
Que mon règne ait terni quatre siècles de gloire ?
Pour vous j'ai tout quitté ; tout m'échappe en un jour,
Ma mère, mes amis, tous mes rêves d'amour ;
Pour vous ma vie entière a perdu tous ses charmes,
Et vous osez me faire un crime de mes larmes ?...
Tantôt dans la chapelle, où j'ai fui pour prier,
J'ai vu couler le sang sous le fer meurtrier ;
J'ai cru même entrevoir, frémissante et confuse,
Des armes, des drapeaux aux couleurs de Raguse :

Mais, j'en fait le serment sur les lois de l'État,
Guilhem n'est point l'auteur de ce lâche attentat !
Quel est-il ? Je l'ignore ; et s'il veut se défendre,
Demandez à cet homme : il saura vous l'apprendre !
Vous m'avez ordonné de parler, j'obéis ;
Mais si j'ai bien gardé l'honneur de mon pays,
Je m'en remets aux lois, mon suprême refuge,
Je m'en remets à Dieu, qui nous voit et nous juge !...
J'ai trouvé la Pologne en proie aux factions,
Je la rends glorieuse entre les nations,
Hier encore esclave, elle est libre ! elle est fière !
Voilà ce que j'ai fait : jugez ma vie entière !
   LE DUC DE VARSOVIE.
Témoin accusateur, persistez-vous toujours ?
    HERMAN.
Oui, sans doute.
    LE PRIMAT.
     Songez qu'il y va de vos jours !
    HERMAN.
Qu'importe !
   LE DUC DE VARSOVIE.
   Mais avant de vous perdre peut-être,
Herman, connaissez-vous le châtiment du traître ?
La torture, les fers !
    HERMAN.
     Je l'ai dit, monseigneur ;
La reine de Pologne a forfait à l'honneur.
    LE PRIMAT.
Avant de prononcer entre la reine Edvige
Et son accusateur, la haute cour exige
Qu'un deuxième témoin, vienne attester ici
L'entière vérité du crime.
    HERMAN.
      Le voici !

SCÈNE VII.

LES MÊMES, ALDONA, conduite par MANFRED.

    ADALBERT.
Ma fille !
    HERMAN.
Paraissez ! et venez la confondre !
    ALDONA.
Juges, que voulez-vous ? Je suis prête à répondre !
    EDVIGE.
Que me veut cette femme ?
    LE PRIMAT.
     En accusant à tort,
Vous aurez mérité, dans ce monde, la mort,
Et les feux de l'enfer dans l'autre !
    ALDONA.
      Je suis prête !
   ADALBERT, à part.
Malheureuse !
    LE PRIMAT.
  Adalbert, soyez notre interprète,
Et dictez au témoin la forme du serment.
   ADALBERT, se levant.
« Sur la croix, l'Évangile et le saint sacrement,

Sur l'âme de mon père et ma vie éternelle,
Je jure devant Dieu qu'Edvige est criminelle ! »
ALDONA, d'une voix brisée.
« Sur l'âme de mon père... »
HERMAN.
Aldona! quel effroi
Te saisit?
EDVIGE.
Aldona?
HERMAN.
La reine est devant toi...
ALDONA.
La reine !... « Sur ma vie éternelle, je jure... »
HERMAN.
Devant Dieu...
ALDONA.
« Devant Dieu ! »
ADALBERT.
Qui punit le parjure !
ALDONA, le reconnaissant.
Grâce, mon père !...
LE PRIMAT.
Assez!
HERMAN.
Folle! tu m'as perdu;
Va-t'en !
ADALBERT.
Ma fille, hélas!
(Aldona sort.)

SCÈNE VIII.

LES MÊMES, moins ALDONA.

LE PRIMAT.
Ce témoin entendu,
Votre accusation retombe sur vous-même,
Coupable au premier chef d'outrage et de blasphème...
Qu'on l'arrête à l'instant!
(Deux gardes se placent à ses côtés.)
HERMAN.
Je n'en soutiens pas moins
Que Raguse, à prix d'or, a gagné vos témoins;
Qu'Edvige est sa complice... en faut-il une preuve?
Ce testament!...
LE DUC DE VARSOVIE.
Voici son page...
MORSTIN, en entrant.
Au bord du fleuve
On a trouvé cette arme et des traces de sang;
Le corps a disparu : mais un écrit récent,
Percé de ce poignard, me désigne mon maître.
(Il dépose un poignard et une lettre sur le tribunal.)
HERMAN.
Je suis sauvé !...
LE PRIMAT.
Madame, osez-vous reconnaître
Ce message à Guilhem ?
EDVIGE.
Oui, je le reconnais !
HERMAN, rejetant le voile noir de l'armure.
Voyez ! l'aigle d'argent, l'écusson polonais,
Sous le bandeau royal...
EDVIGE.
C'est donc moi qui le tue !
(Les juges se lèvent et délibèrent.)
HERMAN, reprenant le poignard et descendant vers la reine.
Vous voilà sous mes pieds, frémissante, abattue,
Comme j'étais hier encore, à vos genoux !
Maintenant la partie est égale entre nous;
C'est moi qui vous exile : et, malgré vos prestiges,
Le sénat m'appartient, l'or a fait des prodiges!
Un mot d'espoir, un seul! je puis tout réparer...
EDVIGE.
Jamais !

SCÈNE IX.

LES MÊMES ; les deux portes latérales s'ouvrent; DIX CHEVALIERS armés, parmi lesquels JAGHELLON, la visière baissée. VITOLD et TARNOWSKI; MORSTIN et MANFRED.

LE PRIMAT, lisant la sentence.
« A tous présents, nous faisons déclarer,
Sur preuves et témoins, qu'Edvige de Hongrie,
Et jadis notre reine, est coupable et flétrie
Du crime d'adultère ; et que, par conséquent,
L'interrègne commence et son trône est vacant. »
HERMAN, rendant l'écharpe à Edvige.
Votre écharpe !
EDVIGE, la pressant sur son cœur.
Ah! je meurs !...
ADALBERT.
Grand Dieu ! qu'on l'environne !...
ANNA.
Évanouie !
HERMAN, au primat.
A nous le peuple et la couronne !
(Edvige, entre les bras d'Anna et de Marie, et les juges, s'éloignent.)

SCÈNE X.

LES MÊMES, moins EDVIGE, ANNA, MARIE, LE PRIMAT et LES JUGES.

LE DUC DE VARSOVIE.
Chevaliers, arrêtez ! j'en appelle en ce lieu
Du tribunal suprême, au jugement de Dieu !
VITOLD.
Mon défi, noble duc, a prévenu le vôtre ;
Et le champ m'appartient.
HERMAN.
Je reçois l'un et l'autre.
VITOLD.
Le mien te suffira.
LE DUC DE VARSOVIE.
Vous raillez, monseigneur;
Il n'appartient qu'à nous de venger notre honneur,
De châtier ce moine insolent et farouche.
ADALBERT.
La couronne est à Dieu; maudit soit qui la touche!

ACTE IV, SCÈNE X.

HERMAN.
Quoi! douze champions de l'honneur conjugal?
Autrement, le combat serait trop inégal;
Mais qui veut commencer? Qui se sent le plus digne
De tomber sous mon bras?

ADALBERT.
Qu'un scrutin le désigne!

HERMAN.
D'accord...
(A Manfred, à part, en désignant Vitold.)
Ce sera lui!...

ADALBERT, à Tarnowski.
Votre casque.

TARNOWSKI, le remettant à Manfred.
Un Germain
Ne l'a jamais touché sans périr de ma main :
Prenez!
(Un flot de cheveux blancs couvre ses épaules.)

LE DUC DE VARSOVIE.
Êtes-vous prêts, messeigneurs?

VITOLD ET LES CHEVALIERS.
Nous le sommes!

ADALBERT, écrivant les noms et les jetant dans le casque.
Le ciel juge à présent la justice des hommes!
(Les chevaliers étendent la main vers le casque.)

LE DUC DE VARSOVIE.
Nous jurons devant Dieu, sans crainte, sans remord,
De combattre avec toi dans un duel à mort,
Par le fer ou le feu, le poignard ou la hache;
Qui demande merci sera traité de lâche!

HERMAN, de même.
Je jure par le ciel, l'enfer ou le néant,
D'ameuter contre vous le Nord et l'Orient;
Jusqu'au jour de vengeance, où tous les fils des Slaves,
Hongrois et Polonais, deviendront nos esclaves!...

JAGHELLON, s'avançant.
Tu mens, vil renégat!

HERMAN.
Mais qui donc êtes-vous?
(Jaghellon lève sa visière.)

TOUS.
Le roi!

JAGHELLON.
Nous, Vladislas, attestons devant tous
Qu'Edvige, notre reine, est innocente et pure;
Disons cet homme atteint de fraude et d'imposture,
Du crime capital de haute trahison,
Dont il faut que sur l'heure il nous rende raison,
En face d'une tombe ouverte... A toi ce gage,
Dont je frappe et flétris ton indigne visage!
(Il lui jette son gantelet.)

HERMAN.
Malheureux!

TOUS.
Arrêtez!

HERMAN.
Ah! traîtres! vous croyez
Pouvoir impunément me fouler à vos pieds?
Eh bien! regardez-moi; j'ai ressaisi le glaive :
Le moine a disparu, le croisé se relève!...
(Il jette son manteau et paraît complètement armé.)

ADALBERT, à Morstin.
Qu'on lui donne ce casque...

HERMAN, la main dans le casque.
Écoutez-moi d'abord!...
Au nom de Wallenrod, grand maître de Malborg,
Moi, komthour de Riga, votre vassal naguère,
J'apporte à votre race un message de guerre!
Ce n'est plus un vain nom signé sur un cartel
Que j'appelle et défie à ce combat mortel;
Guerre à tout ce pays! guerre ardente et funeste,
Et telle que jamais le Moskal ni la peste
Ne vous l'ont déclarée!... Oui, déjà vos parents,
Vos frères, vos amis, se pressent dans nos rangs;
Des proscrits sans honneur! des traîtres que nous donne
La folle ambition de ceindre une couronne!...
Ah! vous m'avez chassé de ces murs!... nous verrons!
Bientôt je reviendrai les broyer sur vos fronts
Pour vous écraser tous, de même que je presse
Tous vos noms réunis sous ma main vengeresse!...
Celui que je choisis va tomber le premier,
Dût votre aigle royal couronner son cimier;
Rien ne le sauvera, ni Satan, ni Dieu même :
Par l'enfer, je le jure!

ADALBERT.
Anathème!

TOUS, étendant les mains.
Anathème!

LE DUC DE VARSOVIE.
Décidez votre choix; vous combattrez demain.

HERMAN, jetant un nom.
Lisez!

MANFRED, ramassant.
Vitold!

TOUS.
Vitold!

VITOLD, passant du côté d'Herman.
Tu mourras de ma main.

JAGHELLON.
Frère, à moi le combat!

VITOLD.
Cette gloire où j'aspire,
Je ne la cède pas même au prix d'un empire.

HERMAN.
C'est comme il vous plaira!... Manfred, avant huit jours,
Qu'on m'attende à Malborg.
(Le page s'éloigne.)

VITOLD.
On t'attendra toujours.

JAGHELLON.
Je serai ton garant... Achevons la besogne :
Justice pour Edvige, et gloire à la Pologne!

ACTE CINQUIÈME.

Une crypte (église tumulaire) sous la cathédrale. — Tombeaux des rois de Pologne; statues en fer couchées sur des socles de granit. — Un autel avec le monument de Kasimir. — A la muraille, une épée; une lampe au milieu de la voûte. — Ouvertures latérales. — Une autre entrée souterraine communiquant avec le Vavel, masquée par le monument; escalier au-dessus.

SCÈNE I.

HERMAN, seul.

Il faut qu'Edvige meure... Oui, c'est le seul moyen
D'éloigner Jaghellon... Je romprai ce lien!
Aujourd'hui l'interrègne, et demain la régence;
Un partage peut-être !... Avant tout, ma vengeance.

SCÈNE II.

HERMAN, ALDONA, venant par l'escalier souterrain.

HERMAN.
Aldona, c'est ainsi que tu tiens ton serment?
Malheur à toi, perfide!
ALDONA.
    Oui, malheur!... au moment
Où je portais la main sur ce livre terrible
Que vos juges nommaient l'Évangile ou la Bible,
Le spectre de Keystout, de sa tombe élancé,
L'a fermé devant moi...
HERMAN.
    Quel vertige insensé!
ALDONA.
Lorsque je m'égarais sous ces voûtes funèbres,
Son ombre m'apparut au milieu des ténèbres :
« Sois chrétienne, dit-il en me tendant les bras,
Et dans le sein de Dieu tu me retrouveras. »
HERMAN.
Ou du néant, qui sait?... l'herbe croît sur sa tombe!
Cette rouille, Aldona, c'est ton sang!...
ALDONA.
    Qu'il retombe
Sur la tête d'Edvige!
HERMAN.
    Eh bien! sers mon dessein;
Ce poignard, oses-tu le plonger dans son sein?...
ALDONA.
Donne!...
HERMAN.
    Auras-tu l'audace et l'ardeur de ma haine?
ALDONA.
Donne!!...
HERMAN.
    A toi ce poison; ce poignard à la reine!
ALDONA.
Donne!!!... Dieux paternels, venez me secourir!
HERMAN.
La perdre et me venger!
ALDONA.
    Me venger et mourir!
(Elle s'éloigne; Herman sort.)

SCÈNE III.

EDVIGE, seule, entrant par le fond, et s'avançant vers l'autel avec l'écharpe de Guilhem et la couronne.

Gage de mon serment, voile que je révère,
Débris cher et sacré d'un passé de bonheur;
Quand j'immole aujourd'hui ma tendresse à l'honneur,
C'est donc tout ce qui reste à ma douleur amère?...
    Car je n'ai plus de mère!
Et, pour me consoler, je n'ai rien que toi seul;
Voile des souvenirs, que n'es-tu mon linceul!

Je m'incline, en pleurant, sous ta loi rigoureuse;
J'ai vu fuir l'espérance au printemps de mes jours...
Renoncer à Guilhem? l'oublier pour toujours?
Plus j'y pense, ô mon Dieu! plus je suis malheureuse!
    O destinée affreuse!
Et mes pleurs n'auront plus de témoin que toi seul...
Voile des souvenirs, que n'es-tu mon linceul!

Détourne les malheurs qu'aujourd'hui tu m'annonces,
Grand Dieu! j'ai tant souffert, et je n'ai pas seize ans!
Quoi! mon front est paré de ces riches présents,
Quand le tien, doux Sauveur, est couronné de ronces?...
    Les vœux que tu prononces,
Mon âme! n'auront plus d'autre objet que Dieu seul;
Voile des souvenirs, que n'es-tu mon linceul!

Reçois ce sacrifice, ô divine statue!
L'offrande de mon cœur... qu'il repose à jamais
Avec le souvenir de tous ceux que j'aimais,
Sous ce voile de deuil dont je t'ai revêtue...
    Désespoir qui me tue!
Et maintenant, mon Dieu, je me livre à toi seul...
Voile des souvenirs, tu seras mon linceul!

Adieu donc... Que la main qui t'aura détachée,
Toile sainte, à jamais périsse desséchée;
Le jour où son anneau doit me rendre ma foi,
Ce jour, il doit mourir... Guilhem! pardonne-moi...
(Elle s'endort en priant sur les marches de l'autel.)

SCÈNE IV.

EDVIGE, ADALBERT, JAGHELLON,
puis VITOLD.

ADALBERT.
De Kasimir le Grand voici le mausolée...
Approchons; elle dort! pauvre enfant désolée...
Repose en paix... Déjà ton âme est dans les cieux;
Que l'ange de l'oubli descende sur tes yeux;
Dors!... Le réveil pour toi serait la mort peut-être...
JAGHELLON.
De quel tendre respect sa beauté me pénètre!
Et j'ai pu l'accuser!... Comment puis-je, seigneur,
Expier mon offense?
ADALBERT.
    En vengeant son honneur.
JAGHELLON.
Oui, c'est mon droit.
ADALBERT.
    Hier, dans le conseil nocturne,
C'est mon fils dont le nom devait sortir de l'urne;
S'il fallait cependant qu'Edvige succombât

Ou qu'un autre que toi fût vainqueur du combat,
Le tien serait couvert d'opprobre et d'anathème;
C'est toi qui combattras : tu sais bien que je t'aime!
JAGHELLON.
Merci!
ADALBERT.
Sur ce tombeau, viens jurer à genoux
De rendre glorieux le nom de son époux.
Du meilleur de nos rois voilà tout ce qui reste...
Cette arme est consacrée à la Vierge céleste :
Elle est à toi!... Ce fer grandira dans ta main ;
Du cœur des ennemis il connaît le chemin...
Vladislas! prends ce glaive, et tu vaincras, te dis-je!
JAGHELLON.
Je jure par ce fer de venger mon Edvige,
Ou de mourir... Et toi que j'ai pu soupçonner,
Ange de la Pologne, il faut me pardonner!
Si je fus criminel, chère et sainte victime, [crime,
Ma douleur, mes regrets sont plus grands que mon
Au prix de tout mon sang je veux l'anéantir;
Reçois donc cet anneau, gage du repentir!
C'est celui d'un rival dont mon âme est jalouse;
Pour que la gloire un jour dise de mon épouse:
« Vladislas lui promit sur ce don solennel,
Pour l'offense d'une heure, un amour éternel! »
(On entend le canon; Vitold paraît dans le fond.)
VITOLD, lui tendant les bras.
Mon frère!...
JAGHELLON.
Dans vos bras ma force est retrempée!
ADALBERT.
Enfants, soyez bénis.
JAGHELLON.
Donnez-moi cette épée!...
(Adalbert détache le glaive et le lui donne; ils sortent par le fond.)

SCÈNE V.

EDVIGE, ANNA.

EDVIGE, s'éveillant.
Où suis-je?...
ANNA.
Gloire à vous, mon Edvige, ma sœur;
Le conseil souverain nous donne un défenseur:
Le champ-clos doit s'ouvrir aux clartés de l'aurore!
EDVIGE.
Ce noble défenseur, quel est-il?
ANNA.
Je l'ignore;
On m'a dit seulement que trois coups de canon
Doivent nous annoncer sa victoire et son nom...
Votre ennemi mourra, convaincu de mensonge...
EDVIGE.
Tantôt, ma mère en deuil m'apparut dans un songe,
Là, devant cet autel, adorant le Sauveur.
Un ange à ses côtés priait avec ferveur...
J'entendais sa prière, aussi pure, aussi calme
Que la brise du soir... quand soudain, de sa palme
Il me montre les cieux, il m'appelle trois fois ;
Il parle, et mes sanglots interrompent sa voix :
« Edvige! le Seigneur te choisit pour épouse;

Et de cette union, dont la terre est jalouse,
Naissent pour le pays, sous ton aile abrité,
Trois époques de gloire et de prospérité... »
Tout à coup, l'éclair brille, et le linceul des âges
S'ouvre à mes pieds : je vois, j'entends de noirs présages!
Quels sont ces flots de sang, ces abîmes de feu?
Où vont ces orphelins, ces proscrits? O mon Dieu!
Le dernier Jaghellon profané dans sa tombe!
Sous les rois conjurés quel grand peuple succombe?
Malheur aux nations qui le laissent mourir!...
Cet ange radieux dont l'aile va s'ouvrir,
C'est lui, mon fiancé! des torrents de lumière,
D'ineffables splendeurs inondent ma paupière...
Quand soudain, j'aperçois, en le reconnaissant,
Sur sa blanche tunique un poignard teint de sang!...
Il me rend son anneau... puis, des hymnes funèbres
Vont, suivant un cercueil, au séjour des ténèbres ;
Et les spectres disaient, en passant près de moi :
« La Pologne est ta mère, et le peuple est ton roi!... »
Ce n'est donc pas un songe? ô ma mère chérie!
Je n'ai plus de parents, je n'ai plus de patrie!
ANNA.
Bannissez loin de vous ces images de deuil,
Au nom du beau pays dont vous êtes l'orgueil ;
Tantôt, quand nous étions devant la cour suprême,
J'ai vu, dans son tableau, la Madone elle-même
Qui semblait vous sourire : et le divin enfant
Attachant avec grâce à ce front triomphant
Une blanche auréole...
EDVIGE.
Oui, celle du martyre!
Le froid de ces tombeaux me saisit et m'attire...
Une secrète voix m'avertit chaque jour
Que ma mère m'attend au céleste séjour;
Que rien ne restera de moi, sur cette terre,
Pas même un souvenir, un regret solitaire...
Rien, sinon ce linceul attaché à la croix,
Dont j'ai couvert mon âme, aux pieds du roi des rois!
Héritière des Piast, reconnais ta famille...
Nièce de Kasimir, je veux rendre à sa fille
Ce brillant cercle d'or que ta race a porté :
A toi le diadème, à moi la liberté!
ANNA.
Tu veux donc t'envoler chez tes frères, les anges?
Vois, je pleure à tes pieds! Tes souhaits sont étranges!
Demeure parmi nous, toi, si chère à nos yeux,
Ou prends-moi sur ton aile, en fuyant vers les cieux!
EDVIGE.
Ma tâche est accomplie et la tienne commence;
Moi, j'attends seulement que l'ange de clémence,
Inclinant sur mon front sa couronne de lis,
Montre un jour plus limpide à mes yeux affaiblis
Et me dise, en prenant son essor vers la nue :
Viens, ma sœur, Dieu t'appelle, et ton heure est venue!
Qu'importe... si je meurs, la Pologne vivra;
Par moi, libre et puissante, elle me bénira...
Le pauvre peuple ira prier pour son Edvige...
Règne pour son amour : tout le reste est prestige!
Peut-être alors, touché d'un rayon du Seigneur,
Vladislas, ton époux, te devra son bonheur;
Et je prierai pour toi, pour ta douce Mario,
Morte, en vous bénissant, au nom de la patrie!...

SCÈNE VI.

Les Mêmes, MARIE.

MARIE, entrant du fond.

Déjà le peuple armé veut combattre pour nous...
Le roi résiste en vain...

(On entend la cloche du matin.)

EDVIGE, entre Anna et Marie.

Voici l'aube... à genoux !...
O Christ ! ô Dieu martyr, sauve un pays que j'aime,
Au prix de ma couronne, au prix de l'honneur même ;
Fais que tous ses enfants s'étreignent, dès ce jour,
Dans un baiser de paix, d'alliance et d'amour !
Celui qui veut ma honte, ô divine Madone,
Daigne lui pardonner, comme je lui pardonne ;
Inspire la clémence au cœur des combattants...

(Se levant.)

Va chercher le primat... Qu'il soit seul... tu m'entends.

ANNA.

Viens, Marie... à bientôt !...

(Elles sortent par le fond. — Le jour naissant rougit la rosace de l'autel et la statue de Kasimir.)

SCÈNE VII.

EDVIGE, seule.

Soleil, source de vie !
Tu parais, roi du ciel, et la terre est ravie ;
Salut, reflet de Dieu !... Ta flamme, astre vermeil,
De ces géants tombés n'atteint plus le sommeil,
Et l'éternité seule, éclairant leurs fronts mornes,
Marque un jour infini, dans l'espace sans bornes !...
Toi, le premier des Piast, fils du peuple élu roi ;
Boleslas, né païen, couronné par la foi ;
Toi leur fils, Kasimir, le juste, le superbe,
Moissonneur las de gloire, incliné sur la gerbe ;
Toi, mon père, Louis, qui dors sous ce rocher,
Dont jamais nos voisins n'oseront approcher ;
Vous tous, que l'aigle blanche a couvés sous son aile !
Je veux rendre après moi la Pologne éternelle :
Que mon honneur succombe, ou qu'il soit triomphant,
J'abdique entre vos mains... bénissez votre enfant !
Dominer le Teuton, vaincre l'idolâtrie,
Rendre aux mères la paix, aux proscrits la patrie,
Donner au monde slave un symbole, une loi,
Est-ce assez pour mourir ? Vous tous, répondez-moi !

(Un deuxième coup de canon, puis une fanfare. — Aldona paraît derrière le monument.)

Jadis, peuple fait homme, à ce cor qui résonne
On voyait se dresser ta royale personne,
Plus grande par le cœur que par la royauté ;
Ta forte main saisir le glaive à ton côté :
Aujourd'hui, tu ne peux soulever ta paupière...
Le jour brille, et tu dors sur ta couche de pierre !
Seule au monde, à seize ans, laisse-moi m'endormir
Dans ton linceul de gloire, ô grand roi Kasimir !...

(Elle se penche au pied du monument.)

SCÈNE VIII.

ALDONA, EDVIGE.

ALDONA, après avoir traversé le théâtre.

Me venger et mourir... O toi, sombre furie,
Nia, viens à mon aide !... Approchons ; elle prie ?
Keystout priait aussi quand ce fer l'a frappé !...
Pourquoi donc ce sanglot de son âme échappé ?
Des pleurs ?... Non, tu vivras ! Essayons d'autres armes,
Ce poison doit tarir la source de mes larmes...
Reine Edvige !...

EDVIGE.

Viens-tu m'instruire de mon sort,
Chère Anna ?

ALDONA.

Reine Edvige !...

EDVIGE.

Est-ce un cri de la mort
Qui m'appelle du sein des tombeaux ?...

ALDONA.

Reine Edvige !...

Achève ta prière... il faut mourir, te dis-je ;
C'est moi.

EDVIGE.

Ciel ! Aldona !

ALDONA.

Non ! la mort qui t'attend !...

EDVIGE.

Que puis-je craindre ici ?... Kasimir nous entend !

(Le tocsin se fait entendre jusque vers la fin de cette scène ; le théâtre s'éclaire peu à peu.)

ALDONA.

Écoute ! Le tocsin fait vibrer ces murailles ;
Cette cloche de mort sonne tes funérailles !...
Avant que cet airain n'ait cessé de frémir,
Tu vas, dans ce tombeau, rejoindre Kasimir ;
Ton lâche défenseur va tomber sur l'arène,
Et son sang rejaillir sur l'honneur d'une reine !...

EDVIGE.

Mon honneur est à Dieu ! Mais que t'ai-je donc fait ?

ALDONA.

Ce que tu m'as fait, toi... Je suis folle, en effet...
Mais regarde-moi bien !... Ta surprise est étrange...
C'est ma foi, ma patrie et mes dieux que je venge !
C'est toi qui me ravis tout espoir ici-bas :
Le cœur de Jaghellon... Il t'aime, n'est-ce pas ?

EDVIGE.

Je n'ai pas souhaité son amour ni ta haine.

ALDONA.

Tu ne veux pas qu'il t'aime ?

EDVIGE.

Aldona, je suis reine !

ALDONA.

Mais il t'aime, entends-tu, comme il n'aima jamais !

EDVIGE.

Dieu l'a fait mon époux ; je pleure et me soumets !...

ALDONA.

Reine Edvige, oh ! pardon ! j'étais une insensée !
N'as-tu pas enchaîné son cœur et sa pensée
Par l'attrait d'un grand nom, la douce royauté

D'un front épanoui dans toute sa beauté?...
Mais, puisque tu connais les paroles secrètes
Pour embraser l'éclair, ou calmer les tempêtes,
Fais qu'il ne t'aime plus!

EDVIGE.
Tu me prêtes en vain,
A moi, faible mortelle, un pouvoir tout divin ;
Je ne puis que prier ce pouvoir tutélaire
Qu'un sourire de Dieu te console et t'éclaire !
C'est en lui que deux cœurs séparés par le sort,
S'uniront enflammés d'un éternel transport !...
N'as-tu pas des parents, une mère adorée ?

ALDONA.
Ma mère... mes parents... à moi, déshonorée ?
A moi, qui vais mourir ?... le jour m'est odieux ;
Rien, je n'attends plus rien des hommes ni des dieux !
Ma mère, c'est Vilno, c'est la Lithuanie,
Ses autels profanés, et sa race bannie ;
C'est tout ce que j'aimais dans ce vaste univers,
Expirant sous le glaive ou flétri par les fers ;
C'est tout un peuple esclave et rêvant la vengeance :
Car son lâche oppresseur n'eut jamais d'indulgence !
Mes parents sont les morts ; ma foi, c'est le néant,
Qui nous brise le front sous son pied de géant ;
C'est ce délire affreux qu'en nos cœurs font éclore
La haine et le mépris de celui qu'on adore !...
L'amour de Jaghellon, idolâtre ou chrétien,
Cause de mon malheur, te présage le tien ;
Les dieux n'ont pas béni votre hymen sacrilège !
Vous, vous avez le ciel, l'éternité ! que sais-je ?
Nous n'avons que ce monde où l'on meurt sans retour :
Son cœur est ma patrie, et mon ciel son amour !...
Edvige... à tes genoux... c'est en toi que j'espère...
Jaghellon m'a perdue... Il a tué mon père !

EDVIGE.
Et tu l'aimes, grand Dieu !...

ALDONA.
Je voudrais le haïr,
Mais ce cœur insensé ne veut pas obéir !...
On m'a dit que ta foi, c'est le désert de l'âme ;
Qu'elle éteint ses ardeurs ; la nôtre les enflamme !
Mon dieu, mon tout, c'est lui ! Mais tu ne peux savoir.
Enfant, ce qu'est l'amour sans bornes, sans espoir !

EDVIGE.
Guilhem !...

ALDONA.
Tu l'aimes donc ?... sans moi, tu serais veuve...
Prends cet écrit !
(Elle lui remet une lettre.)

EDVIGE.
Guilhem !...

ALDONA.
Au Vavel, près du fleuve,
Son sang, je l'ai tari ; toi seule, en me suivant,
Peux rappeler son âme... allons !...

EDVIGE.
Guilhem, vivant!!!

ALDONA.
Par nos dieux immortels, par ma mère païenne,
Je réponds de ses jours !.. Viens, ta main dans la mienne,
Lui porter ce dictame ; et tes yeux sur ses yeux,
Tu les verras s'ouvrir à la clarté des cieux...

EDVIGE, lisant.
« Le jour où tu cesserais d'être à moi, j'ai juré de mourir, et je meurs... Au seuil de l'éternité j'espérais te revoir une dernière fois, tu ne l'as pas voulu... je te pardonne et te bénis !... Cette lettre écrite avec mon sang sera désormais tout ce qui doit te rester de ton fiancé !... »

ALDONA, lui prenant la main.
Cet anneau, c'est le sien...

EDVIGE.
Grand Dieu !

ALDONA.
Qui t'épouvante ?

EDVIGE.
Oui, le sien... il expire ! et moi, je suis vivante !...
Va !... rends-lui cet anneau... Grâce ! pitié pour nous !
Sa vie, au nom du ciel !... Je t'implore... à genoux...

ALDONA.
Veux-tu fuir avec lui, si je fais ce prodige ?
Renonce à Jaghellon, Guilhem vivra, te dis-je !
Vous irez loin, bien loin ! et tous deux oubliés...

EDVIGE, tombant à genoux.
Qu'il soit sauvé, qu'il vive, et je meurs à tes pieds !

ALDONA.
La reine de Pologne aux pieds de sa rivale ?
Entre nous sa frayeur a comblé l'intervalle !
Je suis vengée !... Allons, prends ce philtre et suis-moi ;
Guilhem a ton amour...

EDVIGE.
Vladislas a ma foi !
(Un 3ᵉ coup de canon. — La cloche cesse de sonner.)

ALDONA, tirant son poignard.
Tremble donc ! car déjà cette lutte me pèse !

EDVIGE.
Frappe ! Je suis chrétienne, et je suis Polonaise !

ALDONA.
Tu me suivras !...

EDVIGE.
Je reste...
(Elle tombe au pied de l'autel ; on entend des cris de joie hors de la scène, et l'air national polonais.)

SCÈNE IX.

Les Mêmes, ANNA, MARIE, MORSTIN, arrivant par le fond ; puis ADALBERT et VITOLD.

ALDONA.
Entends-tu ces clameurs ?

ANNA, MARIE et MORSTIN, dans le fond.
Victoire à Vladislas !

ALDONA.
Il triomphe ?... eh bien, meurs !...
(Elle s'élance le poignard levé sur Edvige ; Adalbert paraît.)

ADALBERT.
Aldona... mon enfant !...

ALDONA.
Dieux du ciel ! c'est son ombre...
C'est bien lui ! je le vois !... Fantôme auguste et sombre,
Tu devais m'apparaître, au jour de mon trépas !...

(Adalbert lui tend les bras ; Aldona veut s'y précipiter, elle aperçoit la croix sur le sein de son père et recule.)

Mon père... Ah! cette croix!... je ne vous connais pas!

VITOLD, la désarmant.

Rends-moi ce fer!

ALDONA, avec rage.

Vitold! Que ne l'ai-je étouffée!...

SCÈNE X.

Les Mêmes, JAGHELLON, LE DUC DE VARSOVIE, LE PRIMAT, TARNOWSKI, les Chevaliers.

LE PRIMAT et LES CHEVALIERS, fléchissant le genou devant Edvige.

Gloire à la reine!

LE DUC DE VARSOVIE.

A vous, madame, ce trophée;
Le glaive et le collier de ce traître sans foi,
L'assassin de Guilhem!

EDVIGE.

Et son vengeur?

JAGHELLON.

C'est moi!...

ALDONA.

Lui!...

JAGHELLON.

Frappé comme un chêne abattu par l'orage,
Il reconnaît Keystout et jette un cri de rage;
Tout à coup, saisissant un poignard : « Le Germain
Ne doit périr, dit-il, que de sa propre main! »
En se perçant le cœur il s'est rendu justice!
Que la gloire d'Edvige en tous lieux retentisse ;
Que les Slaves, brisant un pouvoir détesté,
S'unissent par l'amour, la foi, la liberté!

ALDONA, prenant le poison.

Je mourrai donc! assez de honte... à toi, perfide!...

ADALBERT.

Oh! ma fille!...

ALDONA.

Anathème à l'ingrat parricide!
Que l'horreur, le mépris, accompagnent partout
Vladislas votre roi, l'assassin de Keystout!

VITOLD.

Ma sœur!

ALDONA.

Oses-tu bien, esclave téméraire,
Prendre ici, devant moi, le saint nom de mon frère?
Toi, mon frère, as-tu dit! Le sang du ravisseur
A-t-il déjà lavé les affronts de ta sœur?
D'une sainte victime a-t-il vengé la cendre?
C'est Vitold qu'il se nomme; on t'appelle Alexandre!
Va, tu n'est pas mon frère...

(A Jaghellon.)

Et toi, pour qui je meurs,
Traître! jouis en paix du fruit de nos malheurs;
Mais puisse de ton sang, entaché d'infamie,
Naître, un jour, de démons une race ennemie,
Qui, jaloux de régner sur ce peuple insolent,
Aux pieds de ses bourreaux le jettent tout sanglant!
Puisse le dernier roi de cette race immonde
Voir ton peuple détruit, dispersé dans le monde;
Et lui-même expirer, l'instrument et l'appui
Des esclaves d'hier, des tyrans d'aujourd'hui!...
Va ramper jusqu'au trône, aux pieds de ta complice;
Mais bientôt cet amour deviendra ton supplice :
Et lorsqu'à tes forfaits l'univers applaudit,
Vladislas.... reine Edvige... Aldona vous maudit!

(Elle meurt entre les bras de son père et de Vitold.)

EDVIGE.

Et moi, je te bénis; malheureuse victime,
Dieu te juge et t'absout, car ta mort fut un crime :
Cœur de feu, tu n'as pu survivre à ton amour...
Pauvre exilée, adieu, remonte à ton séjour!...

(Un rayon de soleil couronne le front d'Aldona.)

ADALBERT, tombant à genoux.

O Christ! que ta clarté dans son âme s'épanche!

JAGHELLON, prenant un drapeau.

Chevaliers, à Malborg! Victoire à l'aigle blanche!

Le 12 juin dernier, la pièce en vogue au boulevard a cédé la place à un drame en cinq actes, intitulé *Edvige de Pologne*, dû à la plume élégante et patriotique de M. Kristien Ostrowski. La plupart des journaux parisiens ont rendu compte de cette représentation, qui a été couronnée par le cri de « Vive la Pologne! » jeté par toute la salle. Cette acclamation seule suffirait pour dignement récompenser le poëte. Au moment où nous nous proposions de payer à cette œuvre son juste tribut d'éloges, on nous communique ces quelques vers adressés à l'auteur par M. Eugène de Pradel. Nous ne pouvons mieux faire que donner la parole au spirituel improvisateur :

A plus d'un titre on est poëte;
Vous, digne du laurier divin,
Du Parnasse touchez le faîte :
Moi, je suis à peine écrivain.
Négligeant les beautés du style,
Ma muse légère et facile
N'atteint pas à cette hauteur ;
Mes rimes, venant à paraître,
Expirent en recevant l'être :
Je ne suis qu'improvisateur.
Les vôtres, riches, cadencées,
Couronnant de grandes pensées,
Vivront pour la postérité.
Je vis de pain, vous d'ambroisie;
Et pourtant, de la poésie
J'invoque la fraternité!

. . . .

EUG. DE PRADEL.

Le Théâtre, juin 1850.

JEAN III SOBIESKI

TRILOGIE GUERRIÈRE

DEUXIÈME PARTIE

LE SIÉGE DE VIENNE

DRAME EN CINQ ACTES, EN VERS

> « Dignior imperio numne Austrius anne Polonus?
> « Odrysias acies his fugat, ille fugit. »
> ARMAND DE BÉTHUNE, évêque du Puy. 1683.
>
> « Les grands noms ne se font qu'en Orient. »
> BONAPARTE, 1799.

PRÉFACE.

« Admed-Kiuperli ne vivait plus... Kara-Mustapha, son beau-frère et favori du Grand-Seigneur, avait hérité du sceau de l'empire... Il venait de recevoir la main d'une fille de Mohamed IV, au moment où l'ambassadeur polonais paraissait sur le territoire ottoman[1]. »

Voilà, en quelques mots, le principal ressort du sujet, transporté presque sans altération dans le drame. Je n'ai pas eu besoin, pour exciter l'intérêt dans cet ouvrage, d'imaginer une action en dehors de l'histoire; il a suffi, cette fois, de détacher quelques pages de cette épopée moderne, et de les traduire pour la scène le plus fidèlement qu'il est possible. C'est la dernière croisade du monde chrétien contre l'islamisme, et la seule qui ait réussi. « C'est depuis lors, dit encore M. de Salvandy, que les Turks ont cessé d'être pour l'Europe un objet d'épouvante... La chute de Candie, dont le monde tremblait encore, et celle des places fortes de la Hongrie supérieure, venaient menacer à la fois l'Italie par le nord et le midi. L'islamisme semblait s'avancer sur l'Europe, dans son progrès éternel, d'une façon fatale. L'invasion de Kara-Mustapha s'était offerte aux imaginations comme une suite de ce débordement destructeur et inévitable. Jean Sobieski survient, le torrent se brise à ses pieds. Ses victoires ont quelque chose d'héroïque et de miraculeux, de désintéressé et d'utile au genre humain. Elles tranchent un débat qui tenait également fixés les regards d'Aureng-Zeb, poursuivant ses conquêtes à travers l'Asie, et ceux de Penn, dictant ses vertueuses lois au nouveau monde. Toutes les églises de l'univers chrétien célébraient les louanges de cet autre Machabée; les académies les consacraient par leurs dissertations savantes, les poëtes s'inspiraient, avec le goût peu sûr d'alors, à ce triomphe de Jean et de Jésus-Christ. *Il arriva de France un distique...* (Voyez l'épigraphe.) Un évêque eut ce courage; du reste, toute notre littérature fit silence. Il est digne de remarque qu'on n'y trouve *nulle part* ce nom de Sobieski, partout écrit chez les poëtes *italiens, anglais* et *allemands*... de cette époque. C'est que l'adulation, toujours prête à charger les rois de ses bassesses, avait inventé parmi nous de se déclarer jalouse du héros de la Pologne, pour faire honneur à Louis XIV; et, il faut le dire, Louis XIV eut le tort de provoquer cet injurieux hommage... etc. »

D'après ce passage, mes lecteurs s'expliqueront eux-mêmes les motifs pour lesquels ce drame, tiré des annales de la Pologne indépendante, et reçu à l'Odéon depuis 1848 (comme *Françoise* et comme *Edvige*, jouées en 1849 et en 1850 au boulevard), n'a pas encore pu se faire jour sur une scène d'ordre à Paris. Il est venu se heurter contre un *veto* anonyme de certains poëtes tombés, de vrais barbouilleurs, parvenus non du talent, mais de la servilité, très-heureux de pouvoir exercer sur l'art dramatique en France une mission de haine et de repré-

---

1. *Histoire de Jean Sobieski*, par A.-N. de Salvandy, tome II, livre VIII.

sailles. Ces profonds diplomates ont jugé que l'admission de Jean Sobieski au théâtre pourrait déplaire à la Prusse, à la Russie, à l'Autriche, etc., avec lesquelles la France se trouve, à ce qu'il paraît, dans une étroite quoique secrète alliance. Évidemment, ils ont suivi en cela les traditions du grand siècle et du grand roi, qui ne payaient à la victoire elle-même de Jean Sobieski qu'une admiration très-limitée. On voit que rien n'a changé depuis; et, pour ma part, je n'ai pas le droit de m'en plaindre. Si Louis XIV défendait qu'on prononçât le nom de Jean Sobieski en sa présence, il semble tout naturel qu'on me défende aujourd'hui de le prononcer au théâtre. Les scènes littéraires de Turin, de Milan et de Naples n'ont pas eu les mêmes appréhensions ou les mêmes ménagements à garder; et cette œuvre, bien que polonaise par le nom de son héros et par les sentiments qu'elle exprime, a fait le tour du nouveau royaume d'Italie, déjà assez affermi pour n'avoir pas à redouter le succès d'une tragédie.

« Dimanche dernier (20 octobre 1861), dit le *Monde illustré* de Turin, la compagnie dramatique lombarde, si habilement dirigée par le professeur Alamanno Morelli, nous a donné, au théâtre Gerbino, le drame de *Jean Sobieski, ou le Siége de Vienne*. Cette pièce, bien que traduite en prose, et par conséquent dépouillée de la moitié de sa valeur, a obtenu le succès le plus éclatant. Les deux rôles de Sélim, khan des Tartares, et de Myrrha, l'esclave chrétienne, joués par le directeur-artiste et par Mlle Adélaïde Tessero, la nièce de Mme Ristori, ont soulevé d'unanimes applaudissements et ont valu à leurs interprètes un rappel à la chute du rideau. Le frère de la grande tragédienne, E. Ristori, a dignement rempli le personnage de Jean Sobieski. »

Ce succès obtenu sans ma participation, sans ma présence, par de vaillants artistes que je regrette de ne pas connaître et que je compte aller remercier personnellement de leur courage, est déjà un très-beau dédommagement de mon travail. Il fait le plus grand honneur à M. Alamanno Morelli surtout, qui, non content de le soutenir de son talent éprouvé, n'a reculé devant aucun des sacrifices que nécessitait une mise en scène dispendieuse et brillante. Cette épreuve difficile d'une traduction en prose d'un ouvrage littéraire me fait bien espérer du mérite scénique de mon poëme. Quelques critiques ont cependant relevé l'exaltation et l'âpreté du caractère de Sélim, le proscrit hongrois devenu musulman par vengeance contre l'Autriche, et forcé de servir un chef débauché qu'il méprise et qu'il déteste. Je les prie de se reporter deux siècles en arrière, à cette époque de transition, si récente et déjà si ancienne, où le feu des bûchers se rallumait encore au souffle des passions religieuses en Bohême, en Hongrie, en Italie, en Espagne et même en France; dernière explosion d'un fanatisme incendiaire dont la Pologne, seule en Europe, n'a jamais voulu déshonorer son histoire. Le caractère de Sélim est, selon ma pensée, entièrement conforme aux mœurs et aux sentiments de cette sanglante période. Un poëte dramatique n'est pas solidaire des actions et des idées qu'il prête à chacun de ses personnages en particulier; il n'est responsable que de l'effet d'ensemble qui résulte de son œuvre, et cet effet, je puis le dire avec assurance, est tel qu'il devait ressortir du sujet que j'ai traité : le triomphe définitif de la civilisation chrétienne sur la barbarie orientale, du principe de nationalité sur la conquête. Voilà la seule réponse que je me permettrai de faire aux analyses, d'ailleurs très-judicieuses et très-bienveillantes, de mon drame en Italie.

Il rencontrerait sans doute, même à Paris, les loyales sympathies du public et de la presse. « La France, dit M. Charles Monselet dans un petit livre fort spirituel, n'a eu pour M. K. Ostrowski qu'une demi-hospitalité. Il a écrit des pièces de théâtre très-passionnées, qu'on ne joue pas ou qu'on jouera trop tard. — Que voulez-vous? *J'aime la Pologne!* »

M. Édouard Brisebarre, directeur de l'ancien Théâtre-Historique (au boulevard du Temple), m'écrivait en 1864 : « *Je crois qu'on n'autorisera jamais un drame polonais;* si vous croyez le contraire, essayez, je ne demande pas mieux. »

M. Brisebarre avait cent fois raison.

JEAN III SOBIESKI

LE SIÉGE DE VIENNE

PERSONNAGES

JEAN III SOBIESKI, roi de Pologne.
YAKOUB SOBIESKI, son fils.
JÉROME LUBOMIRSKI, chevalier de Malte.
STANISLAS IABLONOWSKI, grand hetman..
STÉPHAN POTOÇKI, écuyer du roi.
LE COMTE MALIGNY, envoyé de Louis XIV.
KARA-MUSTAPHA, grand visir de l'armée ottomane.
SÉLIM-GHÉRAY, khan des Tartares.
ANCHAR, son lieutenant.
GIAFFER, kislar-agha (de la race noire).
MYRRHA, sœur du sultan, fiancée du visir..
HAYDÉ, sa suivante.

MAÜRO, drogman (père de Myrrha).
LÉOPOLD Ier, empereur.
LE PRINCE CHARLES DE LORRAINE, son beau-frère.
LE DUC DE CRÖY.
LE COMTE ROGER DE STAREMBERG, gouverneur de Vienne.
LE BARON COLLONITS, grand chancelier (évêque de Neustadt).

CHEFS POLONAIS, PRINCES ALLEMANDS, CAPTIFS, PEUPLE DE VIENNE, SÉRAIL DE MUSTAPHA, etc.

La scène est aux alentours de Vienne, assiégée par l'armée ottomane, en 1683.

ACTE PREMIER.

LE CAMP TURK.

Devant la tente du visir, en face de Vienne. — Sur l'avant-scène, une croix de pierre; un cortége de prisonniers chrétiens gardés par des soldats tartares. — Soldats turks étendus à terre. — Dans le fond, la ville et le Danube, avec un pont praticable. — Cinq heures du matin.

SCÈNE I.

ANCHAR, CHEF DES TARTARES, YAKOUB SOBIESKI, STÉPHAN, CAPTIFS POLONAIS ET ALLEMANDS, MUEZZINS.

CHŒUR DES MUEZZINS, *sur les hauteurs.*

L'ombre s'enfuit, en déchirant ses voiles;
Fils du soleil,
Assis sur un trône d'étoiles,
Grand Mohamed, tu nous dévoiles
Ton front vermeil :
Tout l'univers te chante à son réveil !

CHŒUR DE SULTANES, *dans la tente du visir.*

Déjà l'aurore a couronné de roses
L'ange du jour;
Pour toi ses splendeurs sont écloses,
Belle Myrrha! toi qui reposes
Dans ton séjour :
Ouvre tes yeux et ton âme à l'amour !

ANCHAR.
Esclave, allons, debout!
STÉPHAN.
    Ma poitrine s'enflamme...
Au nom du ciel, de l'eau! si vous avez une âme !
ANCHAR.
Bois ton sang, vil giaour!...
        (Il s'éloigne.)
YAKOUB, *s'approchant de la croix sous laquelle Stéphan vient de tomber.*
        Un soldat polonais!
Ces traits... ce médaillon! oui, je te reconnais...
Mon cher Stéphan!
STÉPHAN, *se dressant avec effort.*
        Mes yeux sont brûlés par les larmes...
Je vois à peine... Yakoub?
YAKOUB.
        C'est moi, ton frère d'armes!
STÉPHAN.
Vous, prince, au camp païen !
YAKOUB.
        J'y mourrai, comme toi !
STÉPHAN.
Vivez, pour me venger... voici l'ordre du roi
Votre père... lisez.
YAKOUB.
        « Au camp de Varsovie.
Cher Yakoub, souviens-toi que ta vie est ma vie;
Je remets mon royaume à la garde de Dieu,
Laissant peuple et famille à la Vierge bénie,

Patrone de Pologne et de Lithuanie.
Le quinze août, mil six cent quatre-vingt-trois. Adieu!
Le roi, Jean Sobieski. »
(Un coup de canon dans le lointain.)
ANCHAR, s'approchant.

Debout! voici l'aurore!
(Les prisonniers se lèvent.—On entend la diane.)
STÉPHAN.

Chrétien, je veux mourir sous cette croix...
ANCHAR, le menaçant.
Encore?

YAKOUB.

Grâce, un enfant!
STÉPHAN, lui remettant un médaillon.
A vous ce lien de cheveux,
Souvenir de ma mère...
YAKOUB.
Oh! jamais!
STÉPHAN.
Je le veux...
Prenez... Ce médaillon renferme un peu de cendre
Du tombeau paternel où j'espérais descendre...
Ces reliques, daignez les jeter sur mon front...
De cette terre un jour nos vengeurs surgiront...
Je rends mon âme à Dieu, ma dépouille flétrie
Au sol natal, à toi Pologne, ô ma patrie!
YAKOUB.
Je le jure!

STÉPHAN.
A présent, mon supplice est fini...
Souviens-toi de ma sœur!...
YAKOUB.
Oui, frère!... sois béni!...
(Stéphan expire dans ses bras.)
Mort!...
ANCHAR.
Prince, éloignez-vous!... Emportez ce cadavre
Au charnier des chrétiens!
CHOEUR.
Allah sourit, et le matin rayonne
A son réveil;
La rose, en ouvrant sa couronne,
Aux baisers du jour abandonne
Son sein vermeil;
Allah sourit, et voici le soleil!...

(Le cortège s'éloigne. — Le jour se lève; on voit dans le lointain le Danube et la ville de Vienne, avec la brèche ouverte devant le palais impérial.)

SCÈNE II.

YAKOUB, seul.

O douleur qui me navre!...
Stéphan est libre... et moi... je veux l'être demain!...
Voilà donc ces vainqueurs du Slave et du Germain;
Dignes fils du désert!... Sur ces tombes récentes,
Où jadis ondoyaient les moissons florissantes,
Le pillage, la mort, l'incendie en tout lieu,
Vienne en flammes, son peuple abandonné de Dieu!...
Et plus près, ce camp turk, fleuve d'or où s'étale
Sur cent jeunes beautés la pourpre orientale;

Là, règne le plaisir, la démence, l'orgueil,
Et l'Occident vaincu, prosterné sur le seuil :
C'est tout notre avenir!... Telle sera l'Europe
Sous ce déluge humain qui déjà l'enveloppe :
Le flot grandit toujours : le voilà! Devant qui
Viendra-t-il se briser? C'est toi, Jean Sobieski,
Toi, mon père et mon chef, dont la main fut choisie
Pour construire une digue au torrent de l'Asie;
Évoquer du tombeau Charlemagne et Baudouin,
En disant comme Dieu : « Tu n'iras pas plus loin !... »
Captif, je ne dois plus partager sa victoire...
Mourir au champ d'honneur, c'est naître pour la gloire;
Mais vivre obscur, sans nom, sans amour, sans péril,
Entre deux désespoirs, l'esclavage ou l'exil :
Voilà le sort qui m'est réservé sur la terre!
De quel sombre passé suis-je donc tributaire?...
Myrrha, ma bienfaitrice... Ah! fuyons.
(Il veut s'éloigner.)

SCÈNE III.

YAKOUB, MYRRHA, HAYDÉ, MAÜRO,
dans le fond.

MYRRHA, en costume grec moderne.
Le voici!...
Toujours triste!...
(S'approchant.)
Seigneur Yakoub!... c'est donc ainsi
Qu'un jeune prisonnier, dont le sort m'intéresse,
D'une sœur, d'une amie, insulte la tendresse?...
Après trois jours d'absence, est-ce trop d'un regard?
YAKOUB.
Oui, ta voix de Sélim fit tomber le poignard;
Mon sang, tu l'as tari; prisonnier sur parole,
J'ai vu ton front si pur sous sa jeune auréole,
Dans mes nuits sans sommeil, s'incliner sur le mien.
Puis-je payer ma dette à mon ange gardien?
A toi la fleur que j'aime, éclose au bruit des armes...
MYRRHA, la recevant.
La fleur du souvenir!... elle est pleine de larmes!
Du sang... de la blessure?
YAKOUB.
Un proscrit sait souffrir;
Mais j'en porte une au cœur que Dieu seul peut guérir.
MYRRHA.
Dieu seul?.. Oui, bien des fois, dans l'ardeur de la fièvre,
Un nom mystérieux s'échappait de ta lèvre;
Bien des fois je t'ai vu, comme dans cet instant,
Suivre au loin vers le nord le nuage flottant ..
Ce n'est pas ton pays! c'est une fiancée
A qui tu renvoyais quelque douce pensée...
YAKOUB.
Je songeais à ma mère.
MYRRHA.
Elle attend ton retour?
YAKOUB.
Une mère pour nous est le premier amour;
L'autre est la liberté!

ACTE I, SCÈNE IV.

MYRRHA.
Quel est son nom?
YAKOUB.
Marie.
MYRRHA, lui tendant la main.
Frère, le mien aussi!.. Myrrha, dans ma patrie,
De la sainte Madone est le nom glorieux!
Écoute... en te parlant des Césars, mes aïeux,
Je sens mon cœur plus fort, ma pensée agrandie!...
Fils d'Athènes, mon père, un des chefs de Candie,
Vit tomber ce rempart des chrétiens du Levant;
Banni par Ibrahim, le visir triomphant,
Il parvint en Pologne : une main souveraine
Fut le prix de sa gloire... Un jour, aux champs d'Ukraine
Où l'hetman Sobieski de héros devint roi,
Ma mère, en esclavage entraînée avec moi,
Fut vendue au sultan ; depuis ce jour funeste,
Ce collier de mon père est tout ce qui me reste :
Son destin, je l'ignore!...
MAURO.
Espère en Dieu, Myrrha!
Noble fille d'Hélène, un jour, il te rendra
Ton père et ton pays!
MYRRHA.
Mon pays doit renaître!...
Ma mère s'éteignit dans les bras de son maître,
En me donnant un frère, un fils à son époux;
Dans mes rêves souvent, je la vois à genoux
Devant cet Osmanide, âme altière et profonde,
Désarmant son orgueil prêt à frapper le monde!
Mais le noir Mustapha, compagnon de plaisir
Du jeune souverain, fut élu grand-visir.
Digne fils d'Aïcha, juive au cœur de marâtre,
De la guerre en Europe il porta le théâtre;
Par eux, ma mère est morte : en me laissant à moi
Ce signe de clémence, emblème de sa foi,
Et ce stylet vengeur, symbole de la mienne!...
Je sens dans ma poitrine une âme athénienne!
J'aime la liberté ! nom si triste et si beau,
Comme on aime une mère étendue au tombeau...
Moi, sœur de Mohamed, tyran que je méprise!
Moi, femme du visir, quand Vienne sera prise?
Vivre esclave?... plutôt mourir en combattant;
Plutôt rejoindre au ciel ma mère qui m'attend !
YAKOUB.
Je reconnais mon sang dans la fille d'Athènes !
MYRRHA.
J'attends de ta vertu des preuves plus certaines ;
Veux-tu venger ma mère et sauver ton pays?
YAKOUB.
Je suis ton frère... ordonne, à l'instant j'obéis.
MYRRHA.
Ose le déliver du maître qui l'opprime !
YAKOUB.
La liberté n'est point le salaire du crime.
MYRRHA.
Veux-tu que ce poignard lui déchire le sein?
YAKOUB.
Soldat, je ne fais pas le métier d'assassin.
Dans un combat loyal, pour une cause juste,
Je sens mon cœur vaillant, mon bras ferme et robuste ;
Mais frapper l'ennemi dans l'ombre et sans danger,
Jamais !...
MYRRHA.
La femme insulte en voulant se venger ;
L'homme fait mieux, il tue...
YAKOUB.
Et le chrétien pardonne.
MYRRHA.
Même s'il est esclave?... Alors, tout m'abandonne...
YAKOUB.
Hors celui qui deux fois a sauvé l'Occident,
A Chocim, Léopol ; et qui, son peuple aidant,
Le sauvera demain, dans la plus forte épreuve ..
Un messager m'apprend qu'il a franchi le fleuve,
Hier, au pont de Tuln ; ses troupes le suivant,
Dix-huit mille soldats, les bannières au vent,
La tête du visir est promise à leur glaive ;
Et, l'Islam abattu, l'Orient se relève :
La Grèce, ayant repris honneur, gloire et fierté,
De Sparte à Marathon s'ouvre à la liberté !...
MYRRHA.
L'Orient libre... Yakoub, oh! parle, parle encore !
C'est tout un avenir qui pour moi vient d'éclore...
Tout ce que tu m'as dit, je le sens, je le vois;
La patrie au tombeau se ranime à ta voix :
Dût ma mort expier cet aveu qui t'offense,
Je t'ai donné mon âme !...
CRIS, au dehors.
Allah !...
HAYDÉ, s'approchant.
Sélim s'avance!
MYRRHA.
Sélim ! Dois-je subir ses regards détestés !

SCÈNE IV.

Les Mêmes, SÉLIM, Soldats dans le fond.

SÉLIM, impérieusement.
Chrétiens, retirez-vous!
MYRRHA.
Yakoub, Maüro, restez!
SÉLIM.
Vous m'avez entendu...
MYRRHA.
Sélim, qui t'autorise
A commander ici ?
SÉLIM.
Pardonne à ma surprise;
Deux ennemis d'Allah ! tu parais l'oublier !
MYRRHA.
Deux captifs comme nous...
(Aux soldats.)
Gardez ce chevalier;
Je veux l'entendre : et toi, Sélim, fais mieux paraître
Le respect que tu dois à la sœur de ton maître !
SÉLIM, à part.
Le respect !...

K. OSTROWSKI, Œuvres choisies.

MYRRHA.
Qui t'amène?
SÉLIM.
Un firman du visir.
Des bois de Moravie où je comptais saisir
Léopold fugitif, et bientôt notre esclave,
Je viens prendre d'assaut Vienne, la cité slave;
Dans un fleuve de sang le brasier s'éteindra...
Tu vois si je sers bien le frère de Myrrha.
MYRRHA.
Tu le sers, toi, Sélim, digne chef de ta horde;
Toi, dont le nom veut dire : esclavage et discorde!
Toi, fils de Jean Zrini, le sauveur des Hongrois!...
SÉLIM.
Oui, je descends d'Arpad, le premier de nos rois;
Aujourd'hui, seul espoir d'une race opprimée,
J'ai nom Sélim-Ghéray, dernier khan de Krimée!
Le sort m'a désigné pour venger mon pays;
Adopté par l'Islam, à lui seul j'obéis :
Je cède sans murmure à la loi souveraine
De la fatalité qui me pousse et m'entraîne!...
Regarde ces remparts que surmonte un croissant;
Vois ce fleuve à tes pieds, rouge de notre sang :
Demande-lui combien ses grèves détrempées
Ont roulé d'ossements et de têtes coupées!...
Regarde ces cachots du palais des Habsbourgs;
Ces spectres se dressant au bruit de nos tambours,
Ce sont tous mes aïeux, fauchés par sa clémence,
Poursuivant Léopold d'une clameur immense;
Et ce cri d'anathème, en lui disant mon nom,
Couvre la voix du siége et le bruit du canon!
Mais déjà l'Orient contre lui se soulève;
Tel qui frappe du glaive est puni par le glaive :
Quand le pouvoir devient tyrannique et pervers,
Le droit du peuple esclave est de rompre ses fers!
Par moi, Vienne est promise aux vengeances divines;
Il n'en restera rien, pas même les ruines,
Pour que César absent, revenu sur ses pas,
Demande un jour sa trace, et ne la trouve pas!
YAKOUB.
C'est donc pour assouvir cette soif de vengeance
Que tu flétris ton âme et ton intelligence?
Que du sombre héritier d'illustres empereurs,
Tu fais à tout un peuple expier les fureurs?
Ne crains-tu pas, Sélim, que Dieu ne se décide
A graver sur ton front le sceau du fratricide?
Que ne vas-tu prier Tököly-le-Magyar
D'invoquer pour arbitre entre vous et César,
Mon roi, Jean Sobieski!...
SÉLIM.
Sobieski pour arbitre
Entre César et nous? Dans quel but? à quel titre?...
Vois cet écrit signé de Presbourg!...
YAKOUB, lisant.
Se peut-il!
Huit cents arrêts de mort! une liste d'exil!..
SÉLIM.
Je viens de la saisir sur son char de victoire...
Voilà comme il pardonne, et voilà son histoire!
Connais-tu bien cet homme inflexible et cruel?
Enfant! mais la clémence est une fleur du ciel :
Jamais aux cœurs flétris son parfum ne s'attache!

Lui, juste? un assassin; lui, généreux? un lâche!
Le premier de sa race, écuyer d'Ottocar,
Rodolphe, ayant volé la pourpre de César,
Du vieux roi de Bohême exigeait les hommages :
« Je ne te dois plus rien, je t'ai payé tes gages! »
Dit le Slave indigné. Léopold en naissant
Fut ondoyé, m'a dit mon père, avec du sang;
Mais il verrait le ciel s'écrouler dans l'abîme,
Plutôt que de manquer une seule victime!...
Mon père, en l'adoptant par une noble erreur,
D'enfant l'avait fait homme, et de prince empereur;
Aussitôt couronné, l'enfant devenu juge,
L'a fait décapiter comme traître et transfuge...
Et ma mère en est morte... et puis, ce fut ma sœur
Qui périt dans ce fleuve, aux yeux du ravisseur...
Mais pourquoi raviver les tourments de mon âme!
Quand pourrai-je aux Sept-Tours le conduire, l'infâme,
Le montrer à la foule, atroce épouvantail,
Et voir clouer sa tête aux saillants du portail!
MYRRHA.
Dieu ne permettra pas qu'un tel vœu s'accomplisse.
SÉLIM.
Votre Dieu des tyrans fut toujours le complice!
YAKOUB.
Il nous reste un appui plus fort que ce rempart.
SÉLIM.
Léopold? vil esclave! as-tu vu son départ?
YAKOUB.
Et si je te disais le grand nom de mon père,
Tu tomberais, païen, la face contre terre!
SÉLIM.
Oui, quelque serf obscur, vagabond comme toi...
Tu n'es qu'un émissaire aux gages de ton roi!
YAKOUB, saisissant une épée à terre.
Sur mon âme! tu mens!
SÉLIM, à sa suite.
A moi, soldats!... Meurs, traître!...
MYRRHA.
Arrière tous, au nom du visir, votre maître!
Yakoub, rends-moi ce fer... Toi, Sélim, obéis!
Foulant aux pieds l'honneur, la foi de ton pays,
Tu frappes un captif!... Laisse-lui son outrage,
Frère, ce renégat ne vaut pas ton courage!
SÉLIM.
Ah! c'est trop m'insulter... Songes-y bien, Myrrha,
Ce que n'a pu l'amour, la haine l'obtiendra;
Si même le destin contre nous se déclare,
J'aime comme un Hongrois : je hais comme un Tartare!
(A Yakoub.)
Va, rejoins ta tribu!... Mais, par le sang d'Arpad,
Giaours, vous entendrez, dans les cris du combat,
Le nom de Jean Zrini!...

SCÈNE V.

LES MÊMES, ANCHA.

ANCHAR, sortant de la tente du visir.
Khan Sélim!...
SÉLIM.
Qui m'appelle?
MAURO.
Anchar, ton lieutenant.

ANCHAR, un écrit à la main.
De la cité rebelle,
Ce message secret, au César des Germains,
Signé de Staremberg, est tombé dans nos mains.

SÉLIM, le passant à Mauro.
Quel est-il?

MAURO, lisant.
« Pas un jour à perdre, » écrit le comte.

SÉLIM.
Le message est précis !

ANCHAR.
Et la réponse est prompte
Comme un glaive.

MAURO.
« A demain ! » Signé : moi, grand visir.

SÉLIM.
Est-ce tout?

ANCHAR.
Lis plus bas.

MAURO.
« Sélim pourra choisir
Un messager chrétien. »

SÉLIM.
Sa volonté soit faite...
Approche !...

YAKOUB.
Que veux-tu?

SÉLIM.
Rends hommage au prophète
Qui te permet de fuir ma haine et mon mépris;
Veux-tu la liberté?

YAKOUB.
Qui, moi? libre? à quel prix?...
Mourir avec honneur vaut mieux que vivre infâme...

SÉLIM.
Le démon de l'orgueil a soufflé sur ton âme;
De ton sang polonais réprime la fierté...
Réponds-moi franchement : veux-tu la liberté?

YAKOUB.
Parle.

SÉLIM.
Rends ce message, avec cette réponse,
Au gouverneur de Vienne... à ce prix je renonce
A ta rançon.

MYRRHA.
Adieu... Souviens-toi de Myrrha...
Jusqu'aux murs de la ville Anchar te conduira...
Sois libre !...

YAKOUB, s'éloignant.
J'obéis.

MAURO, lui serrant la main.
A bientôt, je l'espère...
Annoncez aux Viennois, Sobieski, votre père!

SCÈNE VI.

LES MÊMES, moins YAKOUB.

MYRRHA, le suivant du regard.
Écoute bien, Sélim, que t'importe sa mort;
Il vivra, je le veux !... Rappelle-toi le sort
Des deux fils du visir, nés d'une Frangistane,
Amoureux de Fatmé, sa première sultane !
Le Bosphore a reçu trois cadavres sans nom;
Toi, son fils adoptif, prends bien garde : sinon,
Par Mohamed le Sage, Osman ou saint Étienne,
Pour la tête d'Yakoub, je fais tomber la tienne !...

SÉLIM.
Quoi ! Myrrha...

MYRRHA.
Plus un mot... Tu m'as comprise; adieu !
Tu ne dois me revoir, Sélim, que devant Dieu !

SCÈNE VII.

SÉLIM, ANCHAR.

SÉLIM.
Tu vois, elle me chasse !

ANCHAR.
Oui, l'insulte à la bouche !

SÉLIM.
Quel est, pour ce captif, l'intérêt qui la touche?...
Le sais-tu?

ANCHAR.
Quoi ! ton cœur ne te l'a-t-il pas dit?

SÉLIM.
Non !...

ANCHAR.
Il est son amant.

SÉLIM.
Cet esclave maudit?

ANCHAR.
Fils du roi de Pologne !

SÉLIM.
Achève !...

ANCHAR.
En ton absence,
Le sort m'a révélé sa royale naissance;
Qu'ils avaient chaque soir un secret entretien,
Ici, sous cette croix...

SÉLIM, tirant son poignard.
Ah ! son sang ou le tien !

ANCHAR.
Voici le grand-visir...

SÉLIM.
Ce traître nous échappe !...

ANCHAR.
Non ! je pars avec lui... dis un mot, je le frappe...

SÉLIM.
Vois-tu ce chiffre d'or gravé sur ce poignard !

ANCHAR.
« A Sélim-ben-Zrini, moi, l'émir montagnard. »

SÉLIM.
Il donne à ce qu'il touche une mort aussi sûre
Que l'aspic, de sa bave irritant la blessure !

ANCHAR.
Le poison de l'Upas est inflexible et prompt.
Une étrange douleur vous comprime le front;
Puis un rire insensé, des pleurs à la paupière,
Et puis le cœur s'éteint dans un sommeil de pierre...

SÉLIM.
Rejoins-le; son firman, c'est toi qui le rendras...

ANCHAR.
J'entends... Et ce poignard?
SÉLIM.
Qu'il meure, ou tu mourras.
Va!...
(Anchar s'éloigne.)

SCÈNE VIII.

LE VISIR KARA-MUSTAPHA, SÉLIM, GIAFFER, LES PACHAS, SUITE.

LE VISIR.
Lève-toi, Sélim! devancé par la gloire,
Ton retour nous présage une prompte victoire;
Étranger parmi nous, je t'aime comme un fils.
A toute heure, en tout lieu, je reçois tes avis :
Ici, l'air est plus libre et l'espace est plus ample.
SÉLIM.
Visir de Mohamed, mon chef et mon exemple,
Tu sais que Léopold, son cachot déserté,
A sa fuite honteuse a dû la liberté.
Ce tyran des Hongrois, des Lombards et des Slaves,
Qui foulait à ses pieds vingt millions d'esclaves,
Je l'ai vu, lâchement accroupi sur un char,
Près de sa fière épouse, enceinte d'un César.
Vingt mille fugitifs remontaient le Danube;
Son geôlier Collonits, le moine au front d'incube,
Leur montrait le chemin... J'apparais devant eux :
Dès la première attaque, ô désastre honteux!
L'ennemi se disperse... Et l'empereur de Rome
Comprit qu'un roi déchu n'est même plus un homme.
Je promets un trésor à qui le saisirait;
Mais tu veux un assaut, me voici, je suis prêt...
Laissant fuir Léopold au fond des bois moraves,
Je t'amène à Neustadt vingt mille de ses braves;
C'est à toi d'ordonner leur échange ou la mort :
Marchons! pour avoir Vienne, il suffit d'un effort!
LE VISIR.
J'appartiens à Myrrha; c'est le jour du prophète!
SÉLIM.
Je viens pour un assaut et non pour une fête!
LE VISIR.
J'obéis au sultan; mais tu dois m'obéir!
SÉLIM.
Te laisser perdre un jour, ce serait te trahir!
LE VISIR.
Réprime les élans d'un orgueil qui me blesse!
SÉLIM.
Écarte les témoins!
LE VISIR.
Giaffer! qu'on nous laisse!
(Les pachas et la suite s'éloignent vers le fond.)

SCÈNE IX.

LE VISIR, SÉLIM.

LE VISIR.
Nous sommes seuls.
SÉLIM.
Pardonne à la sincérité
D'un cœur sur toute chose aimant la vérité!
Trois mois sont écoulés, visir, qu'il t'en souvienne,
Depuis qu'Allah nous dit : Je veux Rome après Vienne!
Ses remparts sont ouverts, sa défense est à bout;
Et, comme au premier jour, Vienne est encor debout!
Trois cent mille croyants, pleins d'ardeurs et de haine,
N'attendent qu'un signal, et leur attente est vaine!
Il est temps d'en finir avec tous ces apprêts;
La victoire d'abord, les triomphes après!
Plus d'un siècle avant toi, Soliman, le grand homme,
Méditait sous ces murs la conquête de Rome.
Il prépare un assaut; Charles-Quint cependant,
Fils du soleil, se lève au fond de l'Occident :
Il marche, et Soliman, ébloui de sa gloire,
Recule, et sans combat lui cède la victoire!
Si tu tardes encor, crains de fuir comme lui;
Ce qu'était Charles-Quint, Jean Trois l'est aujourd'hui :
C'est le lion du Nord, le simoun invincible ;
Par lui, dit le Vaillant, ta défaite est possible,
Et pour toi la défaite est un arrêt de mort!...
LE VISIR.
Mais tu rêves, Sélim! Ce vieux lion du Nord,
Sous le poids de son âge et de sa renommée,
Ne songe même pas à conduire une armée!
La trêve de dix ans lui barre le chemin!
SÉLIM.
Demain la trêve expire, il arrive demain!...
LE VISIR.
Qu'il vienne! en ce débat j'ai l'appui de la France.
SÉLIM.
Son appui? j'ai pitié de ta folle assurance!
Jamais elle ne tend la main à l'oppresseur;
La France défendra la Pologne, sa sœur!
Réveille-toi, visir, car le péril est grave;
Sinon, malheur à toi!
LE VISIR.
Malheur à qui me brave!...
Laissons dans ses forêts l'empereur fugitif;
Moi, je l'aime encor mieux exilé que captif :
Et dans Vienne aux abois j'ai des intelligences,
Qui bien mieux que ton bras serviront nos vengeances.
SÉLIM.
Comment?
LE VISIR.
Vois cet écrit; les Serbes, les Lombards,
Cette nuit, à prix d'or, m'ouvriront les remparts :
Oui, demain, sans combat, la couronne d'Autriche
Voit tomber dans nos mains son joyau le plus riche!...
C'est Paris qu'il me faut! c'est l'Espagne au ciel pur;
Rome, avec la fraîcheur des jardins de Tibur,
Son printemps éternel, qui me berce et m'enivre :
Au sommet de mes jours, je veux me sentir vivre,
Poser sur l'Italie un trône indépendant
Dont la base géante étreigne l'Occident!
Fonder, nouveau calife, un empire célèbre
S'étendant de Mossoul jusqu'aux bouches de l'Èbre,
Où régnaient nos aïeux!... C'est dans un but pareil,
Médité longuement dans mes nuits sans sommeil,
Que vingt peuples obscurs, dont j'ai courbé la tête,
Enchaînés par l'effroi, marchent à la conquête
De ce vieil Occident, dont les princes jaloux
Ne sont plus les pasteurs des peuples, mais les loups.
A présent tu sais mieux où tend mon âme altière;

Vienne pour moi n'est rien : je veux l'Europe entière!
Et dans Rome ou Paris, libre enfin de mes fers,
Je prétends à mon tour dominer l'univers!
Il me faut un Zéïde, un cœur qui me soutienne,
Une âme ardente et vaste, enfin, comme la tienne!
SÉLIM.
Je suis fils d'un Zrini; qu'exiges-tu de moi?
LE VISIR.
Si tu sers mon amour, Sélim, tu seras roi!
SÉLIM, à part.
Son amour!
LE VISIR.
Oui, bientôt, ce sanglant diadème
Qui du front d'un Habsbourg tombe sous l'anathème
Aux pieds de Tököly, c'est toi qui l'obtiendras;
J'en veux ceindre ton front, mais il me faut ton bras!
Avec l'or des Césars le sultan nous seconde :
A lui Stamboul, à toi Belgrade, à moi le monde!...
Qu'en penses-tu, mon fils?
SÉLIM.
Allah est tout-puissant!
Ce nom, j'en serai digne, et je t'offre mon sang!
L'esprit d'Ismaël même éclaire ta pensée!...
LE VISIR.
Mais que veut Giaffer?
(On entend une symphonie dans la tente du visir.)

SCÈNE X.

LES MÊMES, GIAFFER, HAYDÉ.

GIAFFER.
Myrrha, ta fiancée,
Est prête à recevoir l'anneau de son époux.
LE VISIR.
Dis-lui que ses souhaits sont un ordre pour tous.
(Haydé s'éloigne. — A Sélim.)
Écris à ton héros, le vaillant roi des Slaves,
Que pour mille onces d'or je rends vingt mille esclaves;
L'amour de ses enfants, de sa patrie en deuil,
Doit parler dans son cœur plus haut que son orgueil :
S'il persiste à combattre, au péril de sa vie,
Qu'il s'apprête à nous voir un jour dans Varsovie...
Ta main!... Quelques instants de prière et d'amour,
Et ce soir, chez Myrrha, j'attendrai ton retour...
(Il sort avec Giaffer et son cortège.)

SCÈNE XI.

SÉLIM, seul.

De l'or, quand il faut vaincre, et Myrrha son épouse?
Jamais!... Où me conduit cette fureur jalouse!
Dans ma chaîne brûlante en vain je me débats;
Je voudrais être libre, et je ne l'ose pas!...
Je pleure, moi, Sélim!... Tout un monde idolâtre
Sert le fils d'une juive... Il est là, ce mulâtre,
Au milieu d'un essaim de houris à l'œil noir,
Rêvant gloire et richesse au fond de ce manoir!...
Je n'aurais donc vendu mon sang, ma foi, mon âme,
En échange des noms de transfuge et d'infâme,
Que pour lier ma honte à son char triomphal
Et jeter ce que j'aime aux bras de mon rival?
Moi, Jean Zrini, donner à Vienne un pareil maître!
Allons rejoindre Anchar; dès cette nuit peut-être
Le brisant sous mes pas, j'aurai recommencé
Ma vengeance qui meurt aux mains d'un insensé!...
Quel est ce bruit?... Au lieu du clairon des batailles,
Le chant des muezzins, le chœur des fiançailles!...
Frappons! d'un cri de mort ces chants seront suivis...
Il m'a serré la main!... Il m'a nommé son fils!..
Ma main tremble à ce nom... C'en est fait! désespère
Et meurs sans te venger... pardonne-moi, mon père!...
CHŒUR DES MUEZZINS, dans la tente du fond.

Roses d'Allah, chantez vos airs de fête!
Saintes clartés,
Couronnez le front du prophète;
Versez vos parfums sur sa tête,
Jeunes beautés :
Roses d'Allah, filles du ciel, chantez!

(Le portail s'ouvre, Sélim s'élance vers le fond.)
UN MUEZZIN, sur le seuil.
Gloire au fils d'Aïcha!...
(On entend le canon.)
SÉLIM.
Mourir... oui, je l'ai dit;
Fils de Marie, à toi mon sang...
(Il tombe devant la croix sur l'avant-scène.)
Je suis maudit!...

ACTE DEUXIÈME.

LES FIANÇAILLES.

Dans la tente du visir. — Draperie écarlate semée d'étoiles d'or. — Dans le fond, l'étendard du prophète, en soie verte semée d'étoiles d'argent.

SCÈNE I.

LE VISIR, assis sur un divan, auprès de lui MYRRHA, voilée (costume oriental), HAYDÉ, DEVINS, ICOGLANS, LES FEMMES ESCLAVES DU SÉRAIL, MAÜRO, dans le fond.

CHŒUR DES ESCLAVES.

« Fleur du printemps, j'aime tes lèvres roses,
Ton sein vermeil.
Après l'été, les froids moroses;
Femmes et fleurs, à peine écloses,
N'ont qu'un soleil! »
Ainsi l'oiseau chantait à son réveil.

La fleur répond : « Si ma beauté rayonne
A peine un jour,
Ce jour vaut mieux qu'un mois d'automne... »
— Cueillons la fleur dans sa couronne;
En ce séjour
Femmes et fleurs, nous vivons pour l'amour! [1]

[1]. Les chœurs chantés peuvent être supprimés au théâtre, à l'exception de celui-ci.

LE VISIR.
C'est le chant de Sâdi, le poëte des roses...
Prompte est leur destinée! Hier à peine écloses,
Mortes avant ce soir!... Hâtons-nous d'en jouir...
La fleur de nos amours tarde à s'épanouir...
Mais ton âme, en fuyant sur l'aile des génies,
Semble suivre un écho des saintes harmonies...
(Il découvre la face de Myrrha.)
J'admire ta splendeur, ô perle du sérail!...
J'aime tes beaux cheveux, ta lèvre de corail,
Ta taille de sultane où tant de grâce abonde,
Qu'on croit voir un palmier sous les fruits de Golconde;
L'aurore a tes couleurs, la gazelle à tes yeux...
Je voudrais détacher les étoiles des cieux,
Pour les mettre à tes pieds, les semer sur ta route...
MYRRHA.
Visir, je suis esclave!
LE VISIR.
Oui, jusqu'au soir!... Écoute :
Je t'ai prise à Stamboul, sujette et sans appui,
Reine de l'Orient, mon idole aujourd'hui,
Tu n'as pas un caprice, un rêve, une folie,
Que pour toi je ne change en merveille accomplie...
Mon épouse demain, les rois que j'ai domptés
Vont servir, à genoux, tes moindres volontés;
Tache à ton front pur, vivante poésie,
Plus beau diamant des écrins de l'Asie...
Temple de soie et d'or, ton palais byzantin
Fait pâlir la mosquée aux coupoles d'étain :
A toi le luth sonore, à toi l'encens suave...
Que peux-tu souhaiter?...
MYRRHA.
Moi? rien! Je suis esclave!...
LE VISIR, lui remettant son anneau.
Demain, tu seras libre... à toi ce talisman;
Par l'anneau du prophète et du grand Soliman,
Dût Allah, comme impur, me frapper d'anathème,
A toi le monde entier : j'obéis, car je t'aime!...
MYRRHA.
Va, je m'en souviendrai.
LE VISIR.
J'ai deux chefs : Mohamed
Et le sultan, à qui tout Islam se soumet;
Eh bien, je donnerais mille fois l'un et l'autre,
Le trône du sultan et le ciel de l'apôtre,
Pour un mot d'espérance, un sourire d'amour...
MYRRHA.
L'espérance?... une fleur brisée avant le jour...
Je n'aime plus, depuis qu'ils ont tué ma mère!...
LE VISIR.
Toujours ce froid dédain, cette parole amère!...
Aurais-tu fait, dis-moi, quelque songe pareil
A ceux dont l'ange Éblis a troublé mon sommeil?...
Qui peut m'en expliquer les menaces lointaines!
MYRRHA.
Cet art est familier aux esclaves d'Athènes :
Parle! je répondrai.
LE VISIR.
C'était, comme aujourd'hui,
Soir de fête à Stamboul. Le soleil avait fui;
Des montagnes d'Asie aux palais du Bosphore,
Les nocturnes splendeurs luttaient avec l'aurore;
Sur la grande mosquée, en traits d'or s'enflammait
Dans un large croissant, le nom de Mohamed;
Et ce nom, reflété sur la triple coupole,
Formait autour du temple une vaste auréole.
Comme un brasier vivant, tout Stamboul était là,
Disant avec ferveur les louanges d'Allah.
Soudain, je vois Issa, le prophète au front calme;
Il s'avance, en levant vers le ciel une palme...
D'une douce clarté ses regards sont remplis,
Le peuple vient baiser sa tunique aux longs plis;
Il entre dans le temple et la foule s'écrie
Prosternée à ses pieds : « Gloire au fils de Marie! »
Alors luit un éclair; il embrase le ciel
Comme le glaive ardent de l'ange Gabriel;
Il brise le croissant, qui s'éteint dans les ondes
Avec un bruit pareil à la chute des mondes :
La terre a tressailli sous le souffle de Dieu,
La mer fuit, le vent gronde, et Stamboul est en feu!
Quand je lève la tête, un aigle aux blanches ailes,
Soleil nouveau, semant des gerbes d'étincelles,
Sort du brasier immense; et le jour renaissant
Éclaire une croix d'or où brillait le croissant;
Seul, un temple est debout; et la foule s'écrie
Comme une voix du ciel : « Gloire au fils de Marie!...»
Songe plein d'épouvante! oui, je crois voir encor
Cet aigle, ce bûcher, cette ardente croix d'or;
Ils sont là, devant moi!...
MYRRHA.
Prends les flèches arabes,
Ou d'un pieux verset consulte les syllabes :
(Lisant.)
« Tout meurt, dit le prophète, Allah seul est puissant;
La fête des maudits s'éteindra dans le sang!... »
LE VISIR.
Laisse-là le Koran! je crains peu les présages;
Ce qui doit arriver arrive, ont dit les sages...
Nul ne peut se soustraire à la loi du destin;
L'ange Azraël nous frappe au milieu d'un festin,
Le jour, dans un combat; la nuit, dans une étreinte :
La mort n'est qu'un sommeil sans douleur et sans crainte!
Aimons-nous! L'espérance est un mot décevant;
La foi? triste roseau qui cède au premier vent;
La gloire? vil jeton; l'amitié? mensongère...
Tout cela ne vaut pas cette feuille légère
Qui prête au narguilhé son encens vaporeux :
Et les grandes vertus sont des crimes heureux.
A moi ces vases d'or, et ce vin, doux mélange
Des parfums d'Yémen et des roses du Gange;
Dis-nous un de ces airs d'Athiné, ton pays,
Qui berçaient ton enfance... Écoutons.
MYRRHA.
J'obéis!...
Cette lyre a vibré sur le cœur de ma mère!
Et vous, enfants proscrits de Tyrtée et d'Homère,
Vous, mes sœurs, écoutez notre antique refrain!...
HAYDÉ, apportant la lyre.
Tu vas donner une âme à ces cordes d'airain!...
MYRRHA, bas à Haydé.
As-tu vu nos captifs!
HAYDÉ, bas à Myrrha.
Oui; parmi tous ces braves

ACTE II, SCÈNE III.

Il n'en est pas un seul qui, rompant ses entraves,
Ne te donne avec joie et sa vie et son sang.
MYRRHA.   [sant!
C'est bien! qu'ils soient tous prêts demain, au jour nais-
(Elle pose le pied sur un socle de bronze; les cheveux épars, la lyre à la main, elle prélude. — Les enfants se groupent à ses côtés. — Récit en mélopée.)
Patrie! où sont les jours où, déesse féconde,
    Aphrodite-Astarté
Des flots ioniens se levait sur le monde
    Avec la liberté!...
Athènes! lève-toi! tes guerriers sont esclaves!
Au Parthénon, vois-tu ces rois germains et slaves,
    Ces bourreaux, ces soldats?
Lacédémone! où sont les trois cents hommes libres?
Où sont tes vrais enfants, le peuple aux fortes fibres,
    Et ton Léonidas?
Non, non! l'âme est vivante où le sang coule encore!
    Ses yeux s'ouvrent; voyez
De quel éclat nouveau sa beauté se décore :
    Ses bras sont déployés!
La Grèce se réveille! « Aux armes! vous dit-elle;
Ma main va couronner d'une palme immortelle
    Vos drapeaux triomphants!
Vous vengerez mes pleurs dans le sang des barbares;
Et vainqueurs ou martyrs, debout, fiers Pallicares!
    Vous êtes mes enfants! »
    MAURO, voulant l'arrêter.
Myrrha!...
    LE VISIR.
    Retire-toi!... c'est un chant d'Ionie;
J'aime de vos refrains la magique harmonie,
Comme j'aime le bruit qui se mêle, au printemps,
Aux senteurs des jardins du Bosphore... J'attends.
    MYRRHA.
« Aux armes! levez-vous aussi grands que vos pères!
Montez sur vos vaisseaux!
Léopards de Souli, sortez de vos repaires!
    Alcyons de Naxos!
Que la soif de vengeance embrase vos poitrines;
La foudre est dans vos mains, brûlez jusqu'aux racines
    L'arbre d'oppression!
Unis, vous êtes forts! que la croix triomphante
Annonce aux oppresseurs la liberté vivante,
    Et leur destruction! »
    MAURO.
Seigneur, daigne accomplir la sainte prophétie!
    LE VISIR.
A merveille! Israël compte sur un messie,
Byzance de ta race espère un souverain;
J'y crois, car c'est écrit... Mais un joyeux refrain
Est mieux fait pour ta voix qu'une chanson rebelle...
La sultane Fatmé, comme toi jeune et belle,
A Stamboul, pour une heure, oublia son devoir;
Son sort, tu t'en souviens. La nuit, sur le flot noir,
Glisse un esquif muet; le flot s'ouvre et l'abîme
Emporte, en se fermant, la coupable et son crime!
    MYRRHA, à part.
Parricide!...
    LE VISIR.
    Mais toi, tu m'aimes, je le sais;
Tu la suivras demain, si tu me trahissais!...
Allons, roses d'Allah! déployez ces longs voiles,
Répandez, en dansant la ronde des étoiles,
Entre l'astre des nuits et le flambeau du jour,

Deux divines splendeurs : la jeunesse et l'amour!
    (Une danse orientale.)
    CHŒUR DES ESCLAVES.
Allah régnait dans le ciel solitaire,
    Et sans désir;
Il fit l'homme, roi de la terre :
A toi l'amour, fleur du mystère,
    O grand-visir!
A toi nos cœurs, talismans du plaisir!
    LE VISIR, lui tendant une coupe.
A toi, Myrrha...

SCÈNE II.
LES MÊMES, GIAFFER.

    GIAFFER.
Seigneur!
    LE VISIR.
    Giaffer, qui t'amène?
    GIAFFER.
Sous les remparts maudits de la cité germaine,
Un giaour prisonnier, porteur de ton firman,
Vient de blesser à mort un agha musulman.
    LE VISIR.
Un prisonnier?...
    GIAFFER.
    Sélim l'a chargé tout à l'heure
De ta réponse à Vienne.
    MYRRHA, posant la coupe, en tremblant.
    Yakoub, c'est lui!...
    LE VISIR.
    Demeure!
Il a pu s'échapper?
    GIAFFER.
    Mes gardes l'ont saisi,
Ce poignard dans les mains.
    MYRRHA.
    Ciel!
    LE VISIR.
    Qu'on l'amène ici!

SCÈNE III.
LES MÊMES, YAKOUB, enchaîné.

    YAKOUB, apercevant Myrrha.
Myrrha!
    MYRRHA, se voilant.
    Silence!...
    LE VISIR.
    Eh quoi! c'est cet enfant?
    GIAFFER.
    Lui-même.
    LE VISIR, désignant l'étendard.
Esclave, incline-toi devant ce saint emblème!
    YAKOUB.
Jamais je ne courbai mon front que devant Dieu.
    LE VISIR.
Choisis ton châtiment : par le fer ou le feu...
    YAKOUB.
Peu m'importe!...
    LE VISIR.
    Veux-tu, brisé par la torture,
Qu'aux lions du désert je te jette en pâture?

MYRRHA.
Oh! prends garde!...
LE VISIR.
Ils ont faim de toi, mon beau Daniel!
YAKOUB.
Mes jours, comme les tiens, sont inscrits dans le ciel,
Roi Balthazar!
LE VISIR.
Ton nom?
YAKOUB.
Yakoub, fils de Marie.
LE VISIR.
Ton âge?
YAKOUB.
Dix-huit ans.
LE VISIR.
Approche : et ta patrie?
YAKOUB.
J'appartiens à ce peuple où l'on ne tremble pas
D'offrir sa vie à Dieu pour un noble trépas!
LE VISIR, à Myrrha.
Cet esclave a du cœur!
YAKOUB.
Ton orgueil que je brave,
Jamais d'un Polonais ne fera ton esclave!...
LE VISIR.
Ce rêve... oui, c'était lui!... Sois libre, j'y consens;
Qu'on détache ses fers!... Plusieurs princes puissants
Ont déjà déserté la ligue ragusaine:
Apaffi, Kantemir, Ducas, Cantacuzène;
C'est la fleur des Roumans, des Serbes, des Hongrois.
Voici mes icoglans, les filles de vos rois;
Leur sang, comme le tien, a la couleur des roses...
Veux-tu vivre avec nous, réunir nos deux causes?
Je te fais la part belle, et maître de ton sort,
Je m'épargne, à ce prix, le regret de ta mort :
Choisis.
YAKOUB.
Moi, te servir?... moi, vivre avec ces traîtres?
Moi, qui reçus avec le sang de mes ancêtres
L'amour de la patrie et de la liberté,
J'irais flétrir mon nom par cette lâcheté?
Mais tu n'espères pas qu'à ce point je m'égare!...
Tu peux la conseiller à Sélim le Tartare;
Moi, j'aime mieux la mort! Polonais et chrétien,
Tu verras si mon sang a la rougeur du tien!
LE VISIR.
A moi, gardes!
MYRRHA, se jetant à genoux.
Seigneur, pitié!...
LE VISIR.
Pourquoi ces larmes?
Souviens-toi de Fatmé!...

SCÈNE IV.

Les Mêmes, SÉLIM, un Groupe
DE SOLDATS.

SÉLIM, sur le seuil.
Debout, visir, aux armes!
MYRRHA.
Sélim!

LE VISIR.
Qui te rappelle, et d'où vient ton effroi?
SÉLIM.
Debout! Jean Sobieski lui-même est devant toi!
LE VISIR.
Sobieski près de nous? Comment? par quel prodige?...
SÉLIM.
J'ai vu son avant-garde; il faut vaincre, te dis-je!
LE VISIR.
Tes captifs de Neustadt désertant leur tombeau?
La mine est prête; allons, qu'on y jette un flambeau...
Tout sera dit.
SÉLIM.
Non, non! qu'Azraël me foudroie!
Conduis-nous à l'assaut, courons à notre proie!...
LE VISIR.
Restez!
SÉLIM, s'élançant vers le drapeau.
Enfants d'Islam, à moi, jeune ou vieillard...
Yakoub!
YAKOUB.
Oui, ta victime, et voici ton poignard.
SÉLIM.
Anchar, tué?
GIAFFER.
Par moi ses paupières sont closes.
SÉLIM, saisissant le poignard.
Ah! je le vengerai!...
MYRRHA, se jetant devant lui.
Frappe-moi, si tu l'oses!...
LE VISIR.
Myrrha!
MYRRHA.
Tiens ta promesse : « A toi ce talisman;
« Par l'anneau du prophète et du grand Soliman,
« Dût Allah, comme impur, me frapper d'anathème,
« A toi le monde entier, j'obéis, car je t'aime!... »
SÉLIM.
Rien n'engage un croyant pour un giaour sans foi!
MYRRHA, à Sélim, à part.
Sélim, un mot de plus, et je meurs avec toi!
SÉLIM.
Malheur! tu l'aimes donc?...
MYRRHA.
Tout captif est mon frère!

SCÈNE V.

Les Mêmes, ANCHAR, apporté mourant
par des soldats tartares.

SÉLIM.
C'est lui... Vengeance!...
ANCHAR, revenant à lui.
Où suis-je?... et quel glas funéraire
Me réveille?... Sélim... regarde... un feu subtil
Met l'enfer dans mon cœur...
LE VISIR.
L'assassin, quel est-il?
ANCHAR, se dressant.
Yakoub!...

ACTE II, SCÈNE VII.

YAKOUB, montrant le poignard.
Tu mens, païen! car tu dois reconnaître
Le poignard de Sélim, ton complice ou ton maître!
Avais-je droit de faire échouer son dessein?
J'ai fait bonne justice en frappant l'assassin.
LE VISIR, lui jetant une poignée de sequins.
A toi, cent pièces d'or!...
ANCHAR.
De l'or? ah! tu me railles,
Visir! quand le poison déchire mes entrailles!...
LE VISIR, à Maüro.
Ce collier, pour sa vie!...
ANCHAR.
Arrière!... Je mourrai,
Comme meurt un croyant, sous l'étendard sacré...
(On le porte sous l'étendard.)
Mon sein brûle; j'ai soif!...
LE VISIR.
Myrrha, verse à ce brave
Un peu de vin de Chypre.
(Myrrha remplit une coupe.)
ANCHAR.
Au bûcher, vile esclave!
Du vin!... vois-tu mon sang qui jaillit sous tes pas?
Tu mourras, comme moi, d'un horrible trépas!...
Puisse Allah te briser ainsi, chrétienne infâme!...
(Il brise la coupe.)
Visir, prends garde à toi!... ce démon... cette femme...
C'est ton mauvais génie!...
(Embrassant le drapeau et se tordant à terre avec un rire d'agonie.)
Et toi, grand Mohamed!
Livre-nous ces remparts que l'Islam nous promet!...
A la brèche... à l'assaut! Pour qui ces glas funèbres?
Malheur! la croix triomphe! oui, là, dans les ténèbres,
J'aperçois le vainqueur! Yakoub... Il vient... c'est lui,
Ton père!...
(Il tombe aux pieds du visir.)
LE VISIR.
Achève!
GIAFFER.
Il meurt... l'ange Azraël a fui;
Son âme est dans les cieux...
LE VISIR.
Femmes, qu'on se retire!
Qu'on rende à ce croyant les honneurs du martyre!
Sortez!...
(On emporte Anchar. — Haydé sort avec les femmes.)

SCÈNE VI.

LES MÊMES, LE COMTE MALIGNY.

MALIGNY.
A toi, visir.
LE VISIR.
Une lettre, de qui?
MALIGNY.
Du roi Louis le Grand.
LE VISIR.
Donne! « Yakoub Sobieski,
Notre filleul, à Vienne envoyé par son père,
Est parmi vos captifs. » Jour d'Allah! jour prospère!...
C'est lui!...
MALIGNY, à Yakoub, à part, lui donnant un écrit.
Prince! à vous seul...
(Yakoub le prend et le met dans son sein.)
LE VISIR.
« S'il est encor vivant,
Je t'offre pour rançon de ce royal enfant,
Moi, Louis, son parrain, la moitié de l'Autriche. »
Pour un roi très-chrétien la rançon n'est pas riche;
Et je prétends le vaincre en générosité :
En échange d'Yakoub gardant cette cité,
Je veux une entrevue à Rome, aux bords du Tibre.
MALIGNY.
Si la France le veut, l'Orient sera libre!
LE VISIR.
La France est un peu loin; l'Orient sous ma loi.
MALIGNY.
L'univers est à Dieu... Que dirai-je à mon roi?
LE VISIR.
Ma réponse, lui-même il peut venir l'entendre.
MALIGNY.
Le vainqueur de Rocroy n'est pas homme à l'attendre!
LE VISIR.
Parle-moi de Paris... J'espère bien un jour,
Vainqueur du roi ton maître, y faire mon séjour;
Allah, par ce devin, m'en donne l'assurance.
MALIGNY.
Un chef de Sarrasins compte envahir la France?
Vos aïeux l'ont tenté... sur les plaines de Tours,
On voit leurs ossements rongés par les vautours.
Tel sera le destin de ces troupeaux d'esclaves
Qui voudront à la France imposer leurs entraves;
Car ce sol généreux que Dieu nous a remis,
Donne asile aux vaincus, la mort aux ennemis!
Livre-nous ton captif, mes efforts sont sincères;
Sinon, tu nous verras parmi tes adversaires!
LE VISIR, brisant une fleur.
Porte à Louis le Grand ces trois feuilles de lis...
(Il les jette à terre.)
MALIGNY, en sortant.
Au revoir.

SCÈNE VII.

LES MÊMES, moins MALIGNY.

LE VISIR.
Par Allah! tous nos vœux sont remplis!
Gardez cet homme!.!. Yakoub, c'est toi qui le ramènes;
Mais tu vas nous montrer, sous les tentes germaines,
Ce fils du sang royal... Myrrha veut son trépas.
YAKOUB.
Païen! fais-moi mourir, mais ne m'insulte pas!
LE VISIR.
Au festin des lions il manquait un convive...
MYRRHA.
Non! arrêtez... je veux qu'il soit libre et qu'il vive!...
LE VISIR.
Prends ces flèches, devin; quel est l'arrêt du sort?
LE DEVIN.
Il a dit : « Fer pour fer, sang pour sang, mort pour mort! »

LE VISIR, se levant.

Mort à tous les giaours!...

MYRRHA.

Frappe-moi donc, barbare!
Je suis chrétienne!...

LE VISIR.

Enfant, quel prestige t'égare!...
Toi, sœur de Mohamed?

MYRRHA.

Moi, Myrrha Lascaris,
Je n'ai pour ton sultan qu'horreur et mépris,
Ce gendre d'Aïcha, ta juive de Naplouse,
Marâtre sans pitié, dont la haine jalouse
Dans le sein de ma mère a versé le poison!
Qui, moi, de ce forfait je serais la rançon?
Moi, fille de l'Ukraine et du Péloponèse!...
Frappe! j'attends la mort d'une âme polonaise,
Puisque pour être libre il suffit de mourir!...
Insensé, tu croyais que je pourrais souffrir
L'assassin de ma mère et vivre ta complice?...
Frappe!... Je veux aussi ma part de leur supplice!...

LE VISIR.

Que sa fureur me plaît! Va, Sélim, venge-moi!

YAKOUB.

Mon sang te suffira; c'est le sang de mon roi!

LE VISIR.

Toi, son fils?

YAKOUB.

Je l'atteste!

LE VISIR.

Allah! je te rends grâce!
Les voir tous dans ma main, lui, son peuple et sa race!
Fils d'un simple soldat, je pouvais t'échanger;
Fils d'un héros, ta vie est pour nous un danger...
A quel signe certain dois-je te reconnaître?

YAKOUB.

A mon courage.

LE VISIR.

Yakoub a le cœur de son maître;
Mais on voit parmi vous mille obscurs prétendants
Qui, tous, des Jaghellons se disent descendants...

YAKOUB.

Alors, à sa devise!...

(Il découvre un aigle blanc sur sa poitrine.)

LE VISIR.

Un aigle, qui se cache!

YAKOUB.

Tu mens! car le voici radieux et sans tache...

(On entend au loin la marche de Sobieski.)

Entends-tu ces clairons?

LE VISIR.

C'est l'orage!

YAKOUB.

Non pas!
C'est son cri de victoire appelant aux combats!
Sa grande aile, en frappant les parois de la tente,
La déchire!

(Un vent d'orage entr'ouvre la paroi du fond; on voit dans le lointain le sommet des montagnes.)

Vois-tu, par la brèche flottante,
Passer, à l'horizon, les soldats polonais?
Les géants de Chocim? Visir, tu les connais,
Ces hussards, flot d'airain que le soleil embrase!
Si le ciel, dit mon père, inclinait sur sa base,
Leurs lances suffiraient pour lui faire un appui!...
Ce drapeau rouge et blanc, c'est le nôtre! oui, c'est lui,
L'aigle des Boleslas qui, du haut de son aire,
Va tomber sur vos fronts, dans un coup de tonnerre!...

LE VISIR.

Fils du prophète, à Vienne!

TOUS.

A Vienne!

(Le visir s'avance vers l'étendard; un éclair vient le frapper et le brise.)

YAKOUB.

Il est trop tard!
Tiens, tu seras brisé comme cet étendard!...
Ah! tu trembles, visir! je conçois tes alarmes...
Ton vainqueur, le voilà... Tout mon sang pour des armes
En son nom je vous brave, et soutiens vos défis;
Mais vous le voyez tous, je dois être son fils!...

LE VISIR.

Je te crois... Musulmans! soyez prêts à combattre!
Écris!

(Il donne à Maûro un blanc-seing.)

« Au nom d'Osman et de Mohamed quatre,
A toi, Jean Sobieski! Si tu me tends la main,
Vingt mille prisonniers seront libres demain;
Réponds-moi par ton fils: ou nos foudres sont prêtes
En guise de boulets, à te rendre leurs têtes!
Moi, Kara-Mustapha, visir. »

MYRRHA.

Dieu tout-puissant!

LE VISIR.

Cette fête, as-tu dit, s'éteindra dans le sang...

(A Giaffer.)

En signe de pardon, portez-lui cette épée!

(Il l'essaye et la brise.)

Une autre! celle-ci me paraît mieux trempée...
Ainsi je briserai tous vos rois assemblés;
Et demain nous dirons: « L'ordre est à Vienne! » Allez!...

YAKOUB.

Oui, l'ordre des tombeaux, la mort ou l'esclavage!...

LE VISIR.

Une croix domptera cette vertu sauvage!...
Rappelez Maligny!...

(Maligny est ramené par Maûro.)

Ce message à son roi;
Tu me réponds de lui!

YAKOUB.

Je te réponds de moi!

LE VISIR.

Partez! Avec Sélim je t'attends dans une heure!

MYRRHA, à Maûro.

Les prisonniers!...

(Maûro sort; Yakoub, en passant près de Myrrha, lui remet la lettre de Maligny.)

SCÈNE VIII.

LE VISIR, MYRRHA.

LE VISIR.

Eh bien! tu ne veux pas qu'il meure,
Il vivra, j'accomplis tes généreux souhaits;

Tu défends, par pitié, ces giaours que je hais,
Je suspends ma victoire ; et bientôt, je l'espère,
Au prix d'une rançon je les livre à son père ;
Maître du monde entier, je cède à ton amour,
Mais tu dois m'accorder une grâce à ton tour :
Au chant du ramadan, à la première étoile,
Tu prendras de Fatmé la couronne et le voile...

MYRRHA.

Jamais !...

LE VISIR.

Si dans une heure Yakoub ne revient pas,
Le camp chrétien s'effondre en sautant sous leurs pas ;
Et demain, si le roi tente des représailles,
J'ajoute à cet anneau, pour don de fiançailles,
La tête de son fils !

(Il sort.)

CHOEUR DE FEMMES, hors de la scène.

Dans ces jardins ta sultane sommeille,
    Avec langueur ;
Viens presser la grappe vermeille,
Bois le miel, présent de l'abeille,
    Douce liqueur :
La rose au front, la beauté sur ton cœur !

Gloire à celui dont la sainte parole
    Créa les cieux,
Du matin l'ardente auréole,
Les fleurs à la fraîche corolle,
    Et vos doux yeux,
Roses d'Allah, aux chants délicieux !

SCÈNE IX.

MYRRHA, seule, lisant la lettre.

    Suis ton destin maudit !...
Que vois-je ? à nos projets le grand peuple applaudit !
La France !... Yakoub vivra, mon amour était juste !
Ce cœur m'avertissait de sa naissance auguste !
Qu'il était noble et fier quand, les bras déployés,
Du seul nom de son père il les a foudroyés !
Fils de Jean Sobieski ! je l'aime, et je l'envie !...
Oui, je le sauverai ! fût-ce au prix de la vie,
Fût-ce au prix de l'honneur... Éteins-toi, mon amour,
Comme la fleur déjà cueillie au point du jour,
Avant que le soleil, embaumant sa corolle,
N'aspire, amant heureux, son parfum qui s'envole !
Soyons digne de lui ! C'est pour lui que je meurs,
Lui, qui ne m'aime pas !...

CHANT DES HELLÈNES, au dehors.

Debout, fils des Hellènes !
Jusqu'à quand serons-nous
Sur les monts, sur les plaines,
Dans les fers, à genoux ?
Marchons, fils des Hellènes,
Aux armes ! Levons-nous !

MYRRHA.

    On vient... Assez de pleurs !

(Les prisonniers entrent par la porte du fond.)

SCÈNE X.

MYRRHA, MAÜRO, LES PRISONNIERS.

MYRRHA.

Amis, l'heure a sonné, notre vengeance est prête ;
Nos frères de Paros, ceux de Chypre et de Crète,
N'attendent qu'un signal avec nous concerté,
Pour frapper les échos d'un chant de liberté...
La France nous soutient ; jurez-vous de me suivre ?

LES PRISONNIERS.

Nous le jurons !

MYRRHA.

    Captifs, que ce jour nous délivre !
Brûlons, avec leur camp, ces maîtres inhumains !

UN PRISONNIER.

Pour combattre, où trouver des glaives ?

MYRRHA.

                        Dans leurs mains !...

UN PRISONNIER.

Soyons unis pour vaincre !

MAÜRO.

          Avec Dieu, je l'espère !

MYRRHA.

Yakoub sera sauvé ! Je vais dire à son père
Que la Grèce chrétienne implore son appui...

MAÜRO et LES PRISONNIERS.

Aux armes !...

(Ils sortent.)

MYRRHA.

    Cet anneau me guidera vers lui !...

SCÈNE XI.

MYRRHA, seule.

Tout mon cœur est saisi d'une indicible extase ;
L'âme d'un peuple entier me pénètre et m'embrase !
Je me sens libre enfin !... Mustapha doit mourir ;
Il faut qu'en même temps, prompt à nous secourir,
Tombant sur son armée où la terreur domine,
Le héros triomphant l'attaque et l'extermine !...
Détruire en un seul jour les complots des tyrans,
Venger mes aïeux morts, mes frères expirants,
Ma mère, mon pays, sauver tous ceux que j'aime,
Rendre Yakoub à son père ; et puis, mourir moi-même !
Enfants des Piast, à moi ! secondez mon dessein ;
Et vous, fils de la gloire ! étouffez dans mon sein
Les terreurs d'une esclave et l'amour d'une femme !
Liberté sainte ! à toi mon cœur, à toi mon âme !
Athènes, mon berceau ! rives de l'Ilissus,
A vous mon sang ! à vous ces jours que je reçus...
Ils viennent !... je les vois, glissant le long des grèves,
Nos vengeurs, ce sont eux qui parlaient dans mes rêves !
Ils ont frappé la terre ! il en sort des soldats,
Dignes enfants d'Achille et de Léonidas !...
Un peuple de martyrs s'est armé de ses chaînes !
Il frappe ses bourreaux... gloire aux fils des Hellènes !
Tombe, orgueilleux visir, et tombe sous ma main !
Avant ce soir, la Grèce est libre ! et moi, demain !...

(Elle s'élance dans l'appartement du visir.)

SCÈNE XII.

Sur les hauteurs du Kahlenberg, devant Vienne. — Vignobles en pente, coupés par des ravins.

LE ROI JEAN SOBIESKI, en marche avec son armée; LE GRAND-HETMAN STANISLAS IABLONOWSKI, JÉROME LUBOMIRSKI, LE DUC DE CRÖY, CHEFS POLONAIS ET ALLEMANDS; l'escorte du roi, HUSSARDS avec des ailes d'aigle aux épaules; au lointain, la canonnade du siége.

JEAN, à cheval.

Mes amis, vos coursiers tombent de lassitude;
Vingt-huit jours d'un seul trait! le passage était rude,
Aussi vos vêtements sont restés en chemin...
Vous vous reposerez sous leurs tentes demain.
Dans un cercle de feu par le Turk enfermée,
Depuis deux mois entiers Vienne attend notre armée;
Hâtons sa délivrance. A Lorraine un exprès :
Comte Lubomirski, je vous suivrai de près,
Car je veux le premier, devant la cité veuve
De son triste empereur, boire l'eau de ce fleuve.

(*Jérôme s'éloigne. — Au grand-hetman.*)

Stanislas, déblayons les ravins que voilà;
Des Turks dans un vignoble? Et que dirait Allah!

DE CRÖY.

C'est le pacha de Bude, avec ses janissaires.

JEAN.

Enfants, voilà de quoi réparer nos misères :
Vrai Dieu! c'est un sérail de soie et de velours!
Prouvons à ces païens que nous sommes toujours
Les soldats de Chocim! Voyez, sur Saint-Étienne
Ce croissant qui protège une église chrétienne;
Ce signe y fut placé par le grand Soliman,
Jaloux de préserver du canon musulman
Un temple si fameux. Sur cette tour qui penche,
Au lieu du croissant d'or, nous mettrons l'aigle blanche.
En route!... Avant ce soir, j'embrasserai mon fils,
Car nous serons vainqueurs... c'est moi qui vous le dis!

(*L'armée se remet en marche.*)

ACTE TROISIÈME.

LE CAMP DE CHARLES DE LORRAINE.

Colline boisée. — A droite, la chapelle de Saint-Léopold, avec un tableau de la Madone. — A gauche, une échappée sur la ville et les remparts. — Un pont sur le Danube. — Dans le lointain, le camp turk et la tente du visir.

SCÈNE I.

CHARLES DE LORRAINE, JÉROME LUBOMIRSKI.

CHARLES.

Il vient nous secourir, ce héros, ce grand homme,
Avec les envoyés de l'empire et de Rome?

JÉROME.

Je l'ai vu devant Tuln, au passage du pont;
A votre écrit d'hier, par ma voix il répond :
« Allez à Charles-Cinq mander mon arrivée,
Vienne appelle, et j'accours. »

CHARLES.
    Ainsi, Vienne est sauvée!
Montjoie et Saint-Denis! Il ne pouvait charger
D'un plus heureux message un meilleur messager!

JÉROME.

Un éloge pareil de Charles de Lorraine,
Neveu de l'empereur!

CHARLES.
    Son épouse, la reine,
A permis son départ?

JÉROME.
    La cour et le pays
Se prononçaient tantôt pour la France et Louis,
Tantôt pour Léopold, issu de Charlemagne;
Un jour, les deux légats de Rome et d'Allemagne
Viennent tomber au pied du monarque incertain :
« Roi, sauvez l'empereur, dit le comte Valstein;
Sauvez la chrétienté, » dit le prélat d'Éphèse.
Le roi lève aussitôt la diète polonaise,
Il en fait une armée; il dit : « La gloire est là,
Sous les remparts de Vienne. » Il marche, et le voilà!
La reine sanglotait en lui donnant ses armes;
Sobieski, tout joyeux, s'étonnait de ses larmes :
« Je pleure, dit Marie, aux pieds du Dieu martyr,
Avec ton second fils, trop jeune pour partir! »

CHARLES.

Digne épouse d'un roi! son âme est bien française!
Quand doit-il arriver?

JÉROME.
    Ce soir même, avec seize
Escadrons d'avant-garde.

CHARLES.
    Oui! l'amour des combats
A mis des ailes d'aigle aux pieds de vos soldats!
Vrai Dieu! de tels guerriers sont rares dans ce monde;
La Pologne, leur mère, entre toutes féconde,
Leur donne avec du blé, du sel gemme et du fer,
Un bras robuste, un cœur vaillant, un esprit fier!
Et quel chef est le vôtre! Énergie et constance!
Vingt-huit jours ont suffi pour franchir la distance
De Krakovie à Vienne, où le premier rapport
Fait sur son fils, doit être un message de mort!

JÉROME.

Plus l'héroïsme est grand, plus la douleur est grande!
Il donnerait pour lui sa main droite en offrande!
Par trois fois la Pologne a payé de son sang
Le salut de la croix, la chute du croissant!

CHARLES.

C'est notre dette à tous... Mais le camp se réveille
A la droite du fleuve!

JÉROME.
    Oui, sa voix est pareille
A des cris de triomphe!

CHARLES.
    Encor?

MALIGNY, en entrant.
    Voici le roi
De Pologne!

SCÈNE II.

Les Mêmes, JEAN SOBIESKI, MALIGNY,
Princes allemands.

JEAN.
Salut au fils de Godefroy !
CHARLES.
Salut à Sobieski ! Ce nom trois fois sublime
Rend mon cœur plus joyeux que l'aspect de Solyme,
Godefroy, mon aïeul...
JEAN.
Duc Charles, bon espoir !
L'hetman Iablonowski n'arrive que ce soir,
Moi, je viens ce matin préparer la victoire ;
Vous ne m'en voulez pas ?
CHARLES.
Jadis, rivaux de gloire,
Ce que Louis m'a pris, Sobieski me le rend ;
Je suis fier de servir sous un maître aussi grand.
JÉRÔME.
Le comte Maligny.
JEAN.
L'ambassadeur de France !
Vous avoir parmi nous, c'est mieux qu'une espérance ;
C'est déjà la victoire !
MALIGNY.
On le sait à Paris,
Vous êtes son amant.
JEAN.
Alors, ses deux maris
Sont Turenne et Condé.
MALIGNY.
Maris d'une infidèle
Qui les trompe...
JEAN.
Et moi donc !
MALIGNY, lui donnant un diplôme.
Pour vous assurer d'elle,
Mon roi vous fait offrir l'ordre du Saint-Esprit.
JEAN.
Ah ! c'est l'ordre de vaincre ! et noblement écrit !
Je répondrai demain. Mort captif, mon grand-père
M'a transmis sa vengeance... Il l'aura, je l'espère.
Mais je cherche quelqu'un parmi ces chevaliers
Qui déjà m'ont tendu leurs bras hospitaliers !
Yakoub est-il blessé ? Jérôme... prince Charle !...
Vous ne répondez pas ?... C'est ton roi qui te parle...
Dis-lui que je l'attends... Déshonoré ? grand Dieu !
Mais non, il est mon fils ! Il est mort ? en quel lieu ?
Comment ?
JÉRÔME.
Punissez-moi, soyez inexorable...
Votre fils est captif.
JEAN.
Lui, captif ? Misérable !
Yakoub, lui, prisonnier... vois-tu trembler mon bras ?
Je t'ai donné mon fils, et tu m'en répondras !
JÉRÔME.
Sire !
JEAN.
Oh ! pardonne-moi ! Le métier de la guerre
N'éteint pas dans une âme héroïque ou vulgaire
Ce tendre instinct du cœur que tout homme ressent,
Pour un fils bien-aimé, pour l'espoir de son sang !...
JÉRÔME.
Que tout le mien...
JEAN.
Tais-toi ! laisse pleurer mon âme...
CHARLES.
Sortons !
JEAN.
Restez, messieurs ; ces pleurs, qui donc les blâme ?
Ils n'attiédiront pas le zèle du soldat...
Songeons à la victoire ! au salut de l'État !
Raconte-moi sa mort ; je le veux !... je t'en prie...
Est-il digne de nous ? digne de sa patrie ?
JÉRÔME.
Au combat de Presbourg, sa bannière à la main,
Vers le camp de Neustadt nous frayant un chemin,
Il est tombé, blessé, sous les flèches tartares...
JEAN.
A la poitrine ?...
CHARLES.
Oui, sire...
JEAN.
Oh ! merci !... Les barbares !
Et mon page Stéphan ?
JÉRÔME.
Mort aussi...
JEAN.
Dieu vivant !
Et je n'étais point là pour sauver mon enfant !...
Que dirai-je à la reine !...
JÉRÔME.
Un jour, votre victoire,
La paix, une rançon, le rendra plein de gloire ;
Tous nos chefs sont témoins qu'il a bien combattu...
Il n'est que prisonnier.
JEAN.
C'est faux ! le connais-tu ?
Il se serait tué plutôt que d'être esclave !
Charles, vous m'assurez qu'Yakoub est mort en brave ?
Comme mon frère Marc, Zolkiewski mon aïeul...
Trois générations à venger... par moi seul...
CHARLES.
Songez à votre gloire...
JEAN.
Orgueilleuse chimère !
JÉRÔME.
A son frère Alexandre !
JEAN.
Et toi, songe à sa mère !...
Ah ! c'est du sang qu'il faut !... sa mort n'a rien changé !
Je veux pleurer mon fils quand je l'aurai vengé !
Soyons calme à présent. Demain, sous ces murailles,
Je veux lui préparer d'illustres funérailles !
A bientôt, messeigneurs ; comte Jérôme, allez,
Tous les chefs au conseil ! Et vous, prince, parlez,
Quel est l'état de Vienne ?

SCÈNE III.

JEAN SOBIESKI, CHARLES DE LORRAINE.

CHARLES.
　　　　　　　　Un message sinistre
Du tuteur de l'infant, aujourd'hui son ministre,
Vous dira sa détresse... un pieux caloyer,
Drogman des ennemis, vient de me l'envoyer.
　　　　　　JEAN.
C'est?...
　　　　　　CHARLES.
« Pas un jour à perdre. »
　　　　　　JEAN.
　　　　　Oui, son feu doit s'éteindre...
Réponds à Staremberg : « Pas de revers à craindre. »
Après !
　　　　　　CHARLES.
　« La faim, la peste, ont dépeuplé nos rangs
Bien mieux que la mitraille ; et, fléaux bien plus grands,
Le Serbe, l'Esclavon, troupe abjecte et servile,
Vont livrer, cette nuit, les portes de la ville :
Sous Neustadt aux vainqueurs la main eouvre un chemin,
Enfin Vienne aux abois n'a plus de lendemain. »
　　　　　　JEAN.
Et l'armée ?
　　　　　　CHARLES.
　　　Oh ! l'armée est dans un état pire
Que la place ! Voici tout l'espoir de l'empire !
Vingt mille combattants frappés, par la terreur,
Depuis l'exil honteux du nomade empereur.
Il serait plus aisé de faire croître un chêne
Aux pieds de cette brèche où l'effroi les enchaîne,
Sur les sables du Nil, sur les flots écumants,
Que de rendre l'audace à ces cœurs allemands !
　　　　　　JEAN.
Et Mustapha ?
　　　　　　CHARLES.
　　　　　Voyez ce camp d'or et de soie
Dont la splendeur païenne à vos pieds se déploie ;
Préférant au pillage une bonne rançon,
Ce mécréant, pour vaincre, attend la trahison ;
La foudre éteinte échappe à sa main désarmée :
Tel est l'état du camp, de Vienne et de l'armée.
　　　　　　JEAN.
J'aurai peu de mérite à le battre. C'est bien.
Léopold revenu, je ne réponds de rien ;
Nous agirons sans lui. Leur ligne est faible au centre !
Je la brise, et je prends le sanglier dans son antre !
　　　　　　CHARLES.
Vous croyez ?
　　　　　　JEAN.
　　　J'en suis sûr, vrai Dieu, nous le vaincrons.
Ce chef qui, protégé par trois cents escadrons,
Nous laisse sans obstacle arriver jusqu'à Vienne,
Et poster notre armée à deux pas de la sienne,
Ce Saül en démence est un homme battu ;
Campé tout en désordre... est-ce vrai, qu'en dis-tu ?

SCÈNE IV.

LES MÊMES, JÉROME, COLLONITS.

COLLONITS.
C'est le roi Sobieski ?
　　　　　　JÉROME.
　　　　　Lui-même.
　　COLLONITS, revenant.
　　　　　　　Un mot, de grâce ;
Je croyais qu'il portait sur l'or de sa cuirasse
Le grand aigle royal !
　　　　　　JÉROME.
　　　　　Son armure est d'airain,
Le cœur d'aigle est dessous.
　　COLLONITS, présentant un écrit scellé.
　　　　　　　　Auguste souverain...
　　　　　　JEAN.
Auguste, moins l'empire.
　　COLLONITS, lisant.
　　　　　　　« Instruit de la présence
Du roi Jean Sobieski près de notre neveu,
Daignons lui conférer notre entière puissance
Sur les chefs et soldats réunis en ce lieu.
Au nom des empereurs de Rome et de Byzance,
Nous, Léopold premier, par la grâce de Dieu. »
　　　　　　JÉROME.
Ou de Satan.
　　　　　　JEAN.
　　　Ce soir on attend une éclipse ?
　　COLLONITS.
Oui, saint Jean l'a prédit dans son Apocalypse.
　　　　　　JEAN.
Dites à l'empereur que demain le soleil,
Devant Vienne, au camp turk, saluera son réveil.
Faites entrer les chefs.

SCÈNE V.

LES MÊMES, MALIGNY, PRINCES ALLEMANDS, CONSEIL.

CHARLES.
　　　　　L'empire et les provinces,
Sire, sont devant vous.
　　JEAN, aux généraux.
　　　　　Approchez. Rois et princes,
Salut ! Jamais depuis les croisés, vos aïeux,
Un camp n'a rassemblé tant de noms glorieux.
L'empereur a remis sa cause à mon épée,
Son attente avec vous ne sera pas trompée ;
Ayant mis le Danube entre l'Europe et moi,
J'ai fait serment de vaincre ou de mourir en roi :
Demain, au point du jour, soyez prêts à combattre.
　　UN PRINCE ALLEMAND.
Deux cent quarante mille opposés à vingt-quatre !
Dix Turks contre un chrétien ! Attendons les renforts !
　　　　　　JEAN.
Après avoir vaincu, nous compterons les morts.

UN SECOND PRINCE.
Mais nos gens de fatigue expirent dans la plaine!
JEAN.
Demain, en combattant, nous reprendrons haleine.
LE PREMIER.
Mais la brèche élargie est prête à s'écrouler!
JEAN.
Avec les corps païens nous irons la combler.
LE SECOND.
Mais toute place est prise après deux mois de siége!
JEAN.
Un jour suffit pour vaincre, et que Dieu nous protége!
LE PREMIER.
Mais...
JEAN.
Mais vous m'obsédez!... j'arrive de trop loin,
Et je reste avec vous, ou sans vous, au besoin!
Que des feux allumés parmi ces vieux mélèzes
Annoncent aux Viennois les aigles polonaises;
Que l'espoir du salut renaisse dans vos cœurs:
Par ce signe,
(La main sur son épée.)
Je dis que vous serez vainqueurs!
COLLONITS.
Ah! Sire!
JEAN.
J'ai laissé mon sceptre à Varsovie;
Le nom de votre chef est le seul que j'envie,
Et comme à l'empereur, compagnons, à genoux,
Jurez-moi d'obéir sur cette épée!
LES PRINCES ALLEMANDS, s'inclinant.
Oui, tous!
JEAN.
Dieu reçoit vos serments!

SCÈNE VI.

LES MÊMES, LE DUC DE CRÖY.
DE CRÖY.
Sire, je vous annonce
L'envoyé du visir.
JEAN.
Il aura ma réponse
Devant tous, en ce lieu qu'à dessein j'ai choisi...
COLLONITS, embarrassé.
Mais, Sire...
JEAN.
Je le veux; qu'il vienne!
DE CRÖY.
Le voici.

SCÈNE VII.

LES MÊMES, SÉLIM, GIAFFER, Suite.
(Sélim porte un bandeau sur les yeux; un officier le détache.)

SÉLIM.
Je rends grâce au destin qui permet que je serre
La main de Sobieski, notre digne adversaire.
On te croit invincible au fond de l'Orient;
Et les peuples d'Islam t'ont nommé: « le Vaillant! »
JEAN.
C'est bien; que me veux-tu?
SÉLIM.
C'est à toi que je parle...
(Montrant Collonits.)
Cet homme ici?
JEAN.
Restez!... Voici l'archiduc Charle,
Jean de Saxe, et Waldeck; tu vois donc, sauf erreur,
Tous les chefs de l'empire.
SÉLIM.
Excepté l'empereur...
JEAN.
Qu'importe! allons au fait; et voilà nos arbitres.
SÉLIM.
Au nom du grand-visir...
JEAN.
Épargne-moi les titres.
SÉLIM.
Moi, Sélim khan Ghéray, messager de pardon,
Je t'offre des deux mains ce glaive ou ce cordon;
C'est la guerre ou la paix. Si tu touches ce glaive,
De Chocim pour dix ans je prolonge la trêve,
Qui rend le saint sépulcre à la foi des Romains;
Et de plus, je m'engage à livrer dans vos mains
Vingt mille enfants d'Issa, prisonniers dans nos tentes,
Contre mille onces d'or. Ils mourront si tu tentes
De vider, par le fer, ce suprême débat;
J'ai dit.
JEAN.
Moi, transiger, la veille du combat!
D'un triomphe sans doute! et Sélim a pu croire
Qu'à ce juif, à prix d'or, je vendrais tant de gloire?
Mais tu n'y penses pas!... Moi, vainqueur de Chocim!
Dois-je signer la paix?
LES PRINCES.
Non! non!
JEAN.
Eh bien, Sélim!
Vois tu cet aigle blanc qui plane dans l'espace?
Vous fuirez devant lui, comme un torrent qui passe!
SÉLIM.
Vois-tu ce flot vivant qui bouillonne à tes pieds?
Vous y périrez tous, je le jure...
JEAN.
Essayez!
SÉLIM.
Par prudence, crois-moi, livre-nous le passage;
C'est beau d'être vaillant, mais plus beau d'être sage:
Nous sommes dix contre un.
JEAN.
C'est trop peu!... j'ai promis!
Qui sert la liberté ne craint pas d'ennemis!...
SÉLIM.
La liberté! je l'aime... et pourtant, ce me semble,
Autriche et liberté s'accordent mal ensemble!
Ces deux noms, réunis pour la première fois,
Se détruisent l'un l'autre et mentent par ta voix!
Dis fanatisme, orgueil, mensonge, ingratitude,
Voilà toute l'Autriche et sa vieille habitude!...
Ah! tu viens les sauver, ces Germains belliqueux?
Tu trahis ta patrie et te perds avec eux!

Songe au grand Wallenstein avant de t'y résoudre;
Les lauriers du héros n'écartent pas la foudre!...
Ce n'est pas au Levant, mais bien loin, vers le Nord,
Que se lève pour vous l'étoile de la mort!
C'est Moskou, dont les tzars, vos esclaves naguère,
Sèment dans vos conseils la révolte et la guerre;
Vos fiefs de Brandebourg, ces despotes rampants,
Leurs valets de bourreaux, nourris à vos dépens;
C'est Léopold enfin, qui, voulant davantage,
Médite, avec cet homme, un projet de partage...
N'est-ce pas, Collonits? Quant à nous, le destin
Nous offre en Italie un plus riche butin
Que la Pologne entière entraînée à ta suite ;
Vienne a persécuté, Vienne sera détruite :
Reçois ce sauf-conduit avec moins de fierté,
Car tu sers l'esclavage et non la liberté!
    JEAN, le déchirant.
Je ne sers que Dieu seul!... Entre nous, point de trêve,
Tant qu'un seul Polonais pourra tenir le glaive!...
Sélim, porte au visir tes conseils insultants;
Je ne traite avec lui qu'au palais des sultans!
L'échange des captifs, c'est mon droit, et j'y compte;
Vous craignez le combat, je ne crains que la honte !
    SÉLIM.
La honte, vous l'aurez!... Un orgueil tout mondain
Commande à ta vertu ce superbe dédain!...
Pour tous les fils de rois l'Autriche a des infantes;
L'or des Césars conduit vos aigles triomphantes!
C'est que Louis le Grand, ce rival détesté,
T'écrit : A Son Altesse, et non : Sa Majesté!
Suis-je bien informé?
    JÉRÔME.
     Tu mens!
    SÉLIM.
      Quel est cet homme?
    JÉRÔME.
Je suis Lubomirski; toi, Sélim, je te nomme
Zrini le renégat : l'un ou l'autre, à ton choix.
    TOUS.
Zrini!...
    SÉLIM, tirant son cimeterre.
  Tu l'auras dit pour la dernière fois!
    JÉRÔME.
Avant ta mort!
    DE CROY.
  Un traître!...
    JEAN.
     Arrêtez!... Vos épées
A vaincre au champ d'honneur seront mieux occupées;
Il est notre hôte... Allez, qu'on me laisse avec lui :
Sortez tous!

SCÈNE VIII.

JEAN SOBIESKI, SÉLIM.

    JEAN.
Khan Sélim!
    SÉLIM.
    C'est mon titre aujourd'hui.
    JEAN.
Va! j'ai connu ton père! A la cour de Versailles,
Comme ont fait nos aïeux au jour des fiançailles,
Sur une pièce d'or, dont voici la moitié,
Nous avons échangé des serments d'amitié;
Devais-je voir le fils du premier des rois slaves,
Un Zrini, revêtu du caftan des esclaves!...
    SÉLIM.
Fils de la liberté, tu sers bien un tyran!
    JEAN.
Fils d'un martyr chrétien, tu meurs pour le Koran!
    SÉLIM.
Ce martyr, je le venge; à bon droit, je l'espère!
    JEAN.
Qui n'aime point son Dieu, peut-il aimer son père?
    SÉLIM.
Dieu veut que tout forfait soit puni par le sang!
    JEAN.
La justice est son droit, car il est tout-puissant!
    SÉLIM.
La vengeance est le mien!
    JEAN.
     Connais-tu l'Evangile?
    SÉLIM, avec désespoir.
Connais-tu l'esclavage?
    JEAN.
     Ame fausse et fragile!
Lorsque tout l'Occident, les peuples et les rois,
A ce cri : « Dieu le veut! » se rangent sous la croix;
Lorsqu'un nouveau déluge, affluant vers l'Europe,
Du vieux monde romain va briser l'enveloppe,
Fallait-il qu'un Zrini pour jamais lui légât
Ce nom trois fois maudit : Sélim le renégat!...
Ombres du grand Corvin et de Jean Huniade,
Vous dont la vie entière était une croisade
Pour la cause du Christ et de la liberté,
Voyez, c'est votre fils! mais il a déserté;
Reniant votre nom, souillé d'apostasie,
Il a vendu son âme aux tyrans de l'Asie!
Lève-toi du cercueil, saint martyr! Jean Zrini,
Viens briser ton blason que ce lâche a terni!
Quand de vingt nations l'avenir se décide,
Lève-toi, viens maudire un enfant parricide!
    SÉLIM, la main à son épée.
Par le sang de mon père, assez, te dis-je! assez!
Si tu pouvais compter toutes les pleurs amassés
Dans ce cœur plein de fiel, brisé par le martyre,
Tu m'absoudrais toi-même au lieu de me maudire!
Pitié!... chaque lambeau de ce sol frémissant
Laisse au pied qui le foule une empreinte de sang!
C'est mon pays natal!... Vois ce palais qui tombe,
Dans ces cachots profonds, muets comme la tombe,
Oui, c'est là que mon père est mort assassiné!
Mon père! il me bénit de son bras enchaîné;
Venge-moi, me dit-il, et sa tête sans tache
Qu'épargnaient les combats, a roulé sous la hache!
Et pour quel crime, ô ciel! cet excès de rigueur?
C'est qu'il rendait hommage à Dieu, selon son cœur;
C'est qu'il croyait qu'un homme est frère d'un autre homme
Dans la foi de Byzance et dans celle de Rome!
Apprends tout... Je maudis le jour qui m'a jeté
Sous le pied d'un visir... Souvent sa lâcheté
M'indigne, me fait honte; alors je me rappelle
Ma sœur morte en esclave et mon père en rebelle...
Ils demandent justice, ils sont là... j'ai juré

De te venger, mon père : et je te vengerai !...
JEAN.
Ce serment fratricide a donc plus de puissance
Que celui du baptême au jour de ta naissance ?...
Il n'appartient qu'à Dieu de pouvoir te changer ;
Venge ton père : et moi, j'ai mon fils à venger.
(Yakoub et Maligny dans le fond.)
SÉLIM.
Regarde !
JEAN.
Yakoub !... mon fils...
(Sélim sort avec Maligny.)

SCÈNE IX.

JEAN SOBIESKI, YAKOUB.

JEAN.
O destin ! je te brave !
C'est toi, vivant et libre !
YAKOUB.
Oui, vivant, mais esclave !
JEAN.
Esclave ? mais qui donc est plus libre que toi,
Toi, le fils d'un soldat que le peuple a fait roi !...
Quand le chef ennemi nous propose l'échange
De tous nos prisonniers...
YAKOUB.
De tous ?
JEAN.
Oui...
YAKOUB.
C'est étrange...
Vous ignorez...
JEAN.
Quoi donc ?
YAKOUB.
Qu'à mon retour, ce soir...
JEAN.
Eh bien ?...
YAKOUB.
Vous acceptez ?
JEAN.
C'est mon plus saint devoir.
YAKOUB.
Vous combattrez ?
JEAN.
Demain.
YAKOUB.
Vous vaincrez ?
JEAN.
Je l'espère ;
Avec toi, nous vaincrons : ne suis-je pas ton père ?
YAKOUB.
Une esclave chrétienne avec vous combattra,
La sœur de Mohamed.
JEAN.
Quel est son nom ?
YAKOUB.
Myrrha.
JEAN.
Songe à ta pauvre mère, et non à ta maîtresse,

A tes sœurs, dans nos bras épanchant leur tendresse...
De combien de baisers ton front va se couvrir !
YAKOUB.
Ma mère ! oh ! je n'ai plus la force de mourir !...
Un jour, en l'embrassant, vous lui rendrez mes armes,
Avec ce médaillon...
JEAN.
Que vois-je, Yakoub, des larmes ?
YAKOUB, voulant partir.
Bénissez-moi, mon père !...
(Il se jette à ses pieds.)
JEAN.
Où vas-tu ?
YAKOUB.
J'ai promis
Ma rançon, dans une heure, au camp des ennemis...
JEAN.
Tu mens... tu vas mourir !
YAKOUB.
Oui, l'honneur me réclame !
Si je reste avec vous, je meurs comme un infâme...
Lisez !
(Il lui remet la lettre.)
JEAN.
Du grand visir ? « Si tu me tends la main,
« Vingt mille prisonniers seront libres demain ;
« Réponds-moi par ton fils : ou nos foudres sont prêtes
« En guise de boulets, à te rendre leurs têtes... »
Faut-il combattre ou fuir ? l'honneur me le défend ;
Que me conseilles-tu ?...
YAKOUB.
De vaincre !
JEAN.
Noble enfant,
Je saurai te garder au prix d'une victoire !
YAKOUB, se relevant.
Suis-je donc votre fils pour flétrir votre gloire ?
JEAN.
Ma gloire t'appartient, mais tes jours sont à moi !
YAKOUB.
Ils sont à Dieu d'abord, à mon peuple, à mon roi.
JEAN.
Tout l'espoir de ma vie éteint dans une tombe ?
YAKOUB.
C'est à vous de venger ma mort, si je succombe.
JEAN.
Dois-je te retrouver et te perdre en un jour ?
YAKOUB.
Vingt mille prisonniers attendent mon retour.
JEAN.
Si tu reviens, tu meurs...Yakoub ! que vas-tu faire ?...
YAKOUB.
Et vous, l'ayant promis, que feriez-vous, mon père ?
JEAN.
Moi ?
YAKOUB.
Vous !
JEAN, avec entraînement.
Je reviendrais !
YAKOUB.
Oh ! je le savais bien !
Vivez pour votre honneur, je mourrai pour le mien.

JEAN.
Comment?
YAKOUB.
Sur une croix de feu...
JEAN.
C'est le martyre!
YAKOUB.
Fils de Marie, un jour, ce trépas qui m'attire,
D'une gloire immortelle illumine mes fers :
Il est beau de mourir en sauvant l'univers!
JEAN.
Vivre sans toi... mon fils...
YAKOUB.
Des pleurs... Pourquoi me plaindre?
Hormis la liberté, tout pouvoir doit s'éteindre;
Pour tout cœur vraiment noble un trône a peu de prix.
Un jour, si j'étais roi, l'abandon, le mépris,
Expiant les bienfaits de son règne prospère,
Feraient rougir le fils de la gloire du père;
Et peut-être l'exil, plus cruel que la mort...
Non! je veux mourir jeune et mourir sans remord,
Avec toute ma force; offrant à la patrie
Une âme que le temps n'a pas encor flétrie :
Triomphant, vous verrez la Pologne à genoux,
Pleurer le digne fils d'un héros tel que vous...
Partons!... j'entends la voix de Dieu qui me rappelle!
(L'heure sonne dans le lointain.)
JEAN.
Mourir, à dix-huit ans, quand la vie est si belle!
Faut-il nous séparer, quand ce cœur abattu
N'ose même applaudir à ta haute vertu!
Si tu meurs, à qui donc laisserai-je ma gloire?
Avec toi, je sens fuir le prix de ma victoire...
Ton père cependant sera digne de toi!...
Approchez tous.

SCÈNE X.

Les Mêmes, CHARLES DE LORRAINE, JÉROME, MALIGNY, DE CRÖY, Princes allemands.

JÉRÔME, se jetant dans les bras d'Yakoub.
Yakoub!
JEAN.
Premier fils de ton roi,
Orgueil de son pays, qui serait roi lui-même
Si toujours la vertu donnait un diadème!
Je ne puis le sauver que par mon déshonneur;
Mon fils a préféré la gloire à mon bonheur,
Et mon fils va mourir. Vous, Lorraine et Jérôme,
Sitôt que paraîtront les aigles du royaume,
Que trois coups de canon nous en donnent l'avis...
Frère, console-toi; je vengerai mon fils.
JÉRÔME.
Quoi, c'est vous...
YAKOUB.
Plus un mot! vois sa douleur amère!...
CHARLES, à ses pieds.
Grâce, au nom du pays!
JÉRÔME, de même.
Grâce, au nom de sa mère!

JEAN, avec autorité.
Levez-vous!... Appelez Sélim.
JÉRÔME.
Viens, renégat!...

SCÈNE XI.

Les Mêmes, SÉLIM, GIAFFER, Suite.

JEAN.
Va dire à Mustapha qu'il s'apprête au combat,
Demain, au jour levant.
SÉLIM.
Vous êtes téméraires!
JEAN.
Prends ces mille onces d'or, la rançon de nos frères...
Cette épée à ton maître... il en aura besoin;
De tout autre message épargne-lui le soin :
Va-t'en!
SÉLIM.
Mais lui, ton fils?
JEAN.
Mon fils... tu vas le suivre...
Je te bénis... c'est toi qui devais me survivre...
Va sauver nos captifs... Le combat n'aura lieu
Qu'au point du jour, demain, sur mon honneur....Adieu!
(Yakoub s'arrache de ses bras, et s'éloigne avec Sélim et Giaffer.)

ACTE QUATRIÈME.

SÉLIM - ZRINI.

Même décor.

SCÈNE I.

JEAN SOBIESKI, seul, assis près d'une table chargée de cartes et de plans, un portrait à la main.

Demain... ombre chérie, inspire ma pensée!...
Comme l'arc vibre encor quand la flèche est lancée,
Ainsi le désespoir, en changeant de chemin,
Arrive au même but: mon fils meurt... et demain,
La dernière bataille... O funeste entreprise!
Honneur, lien de fer, qui m'enchaîne et me brise!...
J'ai compté sur l'appui d'un César... j'avais tort;
Et je n'attends plus rien des hommes ni du sort.
Je pressens Léopold dans son lâche ministre...
Mais quel spectre à mes yeux trace d'un doigt sinistre:
« Ton fils meurt en héros ; malgré son beau trépas,
La défaite... » O mon Dieu! Tu ne souffriras pas
Qu'après mon frère Marc, mon fils meure de même,
Sans vengeance, tous deux...Oh! c'est plus qu'un blasphème
Et pourtant, je n'ai pu que choisir mes remords!
Devais-je, pour sa vie, offrir vingt mille morts?
Père, l'aurais-tu fait? Que nous diraient leurs mères!
Oui, mais la sienne!...Amour, bonheur, folles chimères!...

Oh! j'étais plus heureux soldat que souverain!
Pourquoi cette couronne à mon casque d'airain?
De sa vaine splendeur mon âme est détrompée,
Et le sceptre à ma main pèse plus qu'une épée...
N'étais-je pas son père avant d'être élu roi?...
Depuis qu'ils m'ont donné ce dangereux emploi,
Jour par jour, sur ce glaive arrêtant ses conquêtes,
J'arrachai des lambeaux du monstre aux mille têtes;
Et quand le fer se rompt, quand ma force est à bout,
Le cadavre s'agite... il rampe : il est debout!...
Déroulant ses anneaux sur Vienne sans défense,
Vers Rome, au Vatican, le voilà qui s'avance!
Moins puissant par l'acier que par l'or corrupteur,
Sur le monde il vomit son venin destructeur...
Les Français sauront-ils sur le Rhin, sur la Loire,
O Martel! Charlemagne! évoquer votre gloire?...
Moi seul, je l'oserai!... Dans un suprême effort,
Voit s'unir les chrétiens de l'Ouest et du Nord;
Ravir au fils d'Islam que demain je foudroie,
La Grèce, sa première et sa plus noble proie;
Aux cris de l'aigle blanc qui lui jette un grand nom,
Réveiller les échos de l'ancien Parthénon;
Arracher le tombeau du Dieu qui s'est fait homme
Aux gardiens étrangers ; délivrer Vienne et Rome,
Je l'ai juré par toi, Dieu le veut, j'obéis!...

(Se levant.)

Non, tu ne mourras pas sans gloire, ô mon pays!
Si les rois conjurés, jaloux d'un peuple libre,
De l'antique univers détruisant l'équilibre,
A la croix du supplice attachaient tes deux bras;
Si tes propres enfants te disaient : Tu mourras!
Par moi, Jean Sobieski, par ce jour qui s'envole,
Ton nom sera couvert d'une telle auréole
Que sa splendeur, après cent générations,
Luira sur ton sépulcre, ô Christ des nations;
Que ce nom deviendra symbole de victoire,
D'honneur, de liberté; qu'au jour expiatoire,
Tes bourreaux prosternés croiront tous voir sortir
Du sein des morts le Dieu vivant, le Dieu martyr!...
Pas de signal... mon fils!...

(Il tombe sur son siége le front dans ses deux mains.)

SCÈNE II.

JEAN SOBIESKI, JÉROME.

JÉRÔME.
      Une esclave infidèle
Vous demande audience.
JEAN.
     A moi!... non... Que veut-elle?
JÉRÔME.
Elle apporte un message.
JEAN.
      Encore?... Laissez-nous.

SCÈNE III.

JEAN SOBIESKI, MYRRHA.

MYRRHA, jetant le voile qui la couvre.
Le voilà!... Permets-moi d'embrasser tes genoux,
Toi que la Grèce attend, comme la race humaine
Attendait le Sauveur du monde...
JEAN.
      Qui t'amène?
MYRRHA.
Je viens au nom d'Yakoub.
JEAN.
     De mon fils? parlons bas!...
Tu l'as sauvé?
MYRRHA.
   Je l'aime!...
JEAN, se dressant.
      Il revient, n'est-ce pas?...
Je dois le voir encore?
MYRRHA.
     Oui, bientôt, je l'espère!
« Va, ma sœur, me dit-il, va consoler mon père;
Au prix de mon supplice, il vivra triomphant:
Qu'il retrouve dans toi le cœur de son enfant! »
JEAN.
Ton nom?
MYRRHA.
  Du grand visir j'étais la fiancée
Vois cet anneau...
JEAN, lisant.
   Myrrha!
MYRRHA.
    Forte de ma pensée,
Je promis à Sélim ma vie et mon amour,
S'il te rend ses drapeaux avant la fin du jour.
J'allais frapper son maître, et me suis souvenue
De ma mère, martyre... une force inconnue
A désarmé mon bras... Cet anneau que je tiens
Me conduit vers Neustadt, jusqu'au camp des chrétiens.
Je vois ton fils, portant la rançon de nos braves;
Mais pas un, à prix d'or, ne veut fuir ses entraves;
Pour payer leur échange ils ont trop de fierté,
Car on n'achète pas l'honneur, la liberté!
Alors Yakoub s'écrie : « A moi, fils des Hellènes! »
L'hymne de nos aïeux retentit par les plaines;
Moi, je viens pour leur chef implorer ton appui:
Tous préfèrent mourir qu'être libres sans lui!
JEAN.
Mon épée!... ah! malheur!... le signal!
MYRRHA.
      Qui t'arrête!
Ton bras peut-il faiblir quand le bûcher s'apprête?...
Hâte-toi, chaque instant décide de son sort;
Ordonne le combat : sinon, Yakoub est mort!
Ce n'est donc rien, mon Dieu, qu'une victoire immense;
Et voilà que pour moi la lutte recommence?
Qui donnera du cœur à ces princes germains?
La frayeur a brisé les glaives dans leurs mains!
Qui donc les conduira?
MYRRHA.
   Toi!
JEAN.
    Non! c'est impossible;
Le brave peut mourir, le lâche est invincible!...
Dois-je attendre les miens? S'ils étaient là, mon Dieu!...
Dois-je sous le serment qui m'enchaîne en ce lieu,

Voir mon fils mis en croix?... sa dernière parole
M'appelle : « A moi, mon père ! » Et son âme s'envole...
C'est moi qui l'ai trahi !...
MYRRHA.
Prends ce fer et sois prompt;
D'où vient cette pâleur indigne sur ton front?
Es-tu bien Sobieski? Me serais-je trompée!
Et pourtant, sous ta main, je vois luire une épée !
JEAN.
Demain! je l'ai juré sur mon âme et ma foi !...
S'il en était un seul qui pût vaincre après moi,
Simple soldat, j'irais, sans haubert, tête nue,
Brisant les rangs païens dont cette arme est connue,
Dire aux bras de mon fils que j'ai su retrouver :
« Tiens, me voici... je t'aime et je viens le prouver ! »
Mais non ! pas un d'entre eux ! Yakoub seul... il expire...
Chef d'armée, il faut vivre... il faut sauver l'empire !...
Anathème, anathème au serment que je fis
Tantôt, sur mon honneur : il m'a coûté mon fils !...
MYRRHA.
Ton honneur! n'est-ce pas cette voix qui te crie
Plus haut que le serment, plus haut que la patrie,
Qu'il faut sauver ton fils s'il est encor vivant?
L'honneur veut-il qu'un père immole son enfant !...
Nous répandrons pour lui tout le sang de nos veines;
Ou, si pour t'émouvoir nos prières sont vaines,
Si ton âme est fermée aux larmes de Myrrha,
Songe aux pleurs de sa mère ! Elle te maudira
D'avoir tué son fils !
JEAN.
Tais-toi !
MYRRHA.
Je ne puis croire
Qu'au prix d'un parricide on achète la gloire !
Qu'un homme, un père, un roi, pour sauver un tyran,
Le livre sans défense au glaive du Koran !
Le voilà suspendu sur sa tête; s'il tombe,
Le passé, l'avenir, tout s'éteint sur sa tombe :
On croira que, du crime escomptant les profits,
Pour les faveurs d'un maître il a vendu son fils !...
Que te dirai-je enfin? sa mère, pauvre femme,
Eût trouvé des accents plus dignes de ton âme;
Mais moi, pour te toucher, je n'ai rien que mes pleurs;
Si tu viens, il vivra : si tu restes, je meurs !
(Elle veut se frapper.)
JEAN, lui arrachant le poignard.
Dieu du ciel !... Tu comprends mon angoisse profonde,
Toi qui donnas ton fils pour le salut du monde !
MYRRHA se relevant, avec amertume.
Voilà donc ce grand roi, ce héros triomphant!
Il hésite à combattre ! Il trahit son enfant !
Qu'est-ce donc que la gloire ?... Est-ce que cette armure
D'un cœur d'acier comme elle étouffe le murmure?
Ce cœur est-il déjà glacé comme un cercueil ?...
Adieu ! je te maudis ! que l'ange de l'orgueil
Te déchire le sein de son dard de vipère !...
Tu gémis? pourquoi donc, si tu n'es pas son père ?...
Un roi n'a pas d'enfants, pas plus que le bourreau!
JEAN.
Tais-toi, te dis-je !
MYRRHA.
Adieu !...

SCÈNE IV.
LES MÊMES, MAÜRO, une épée à la main.
MAÜRO.
Myrrha !
MYRRHA.
C'est toi, Maüro !
MAÜRO.
Le visir, averti de notre intelligence,
A fait miner le camp; son atroce vengeance
Veut ouvrir sous nos pas un brasier dévorant.
Yakoub seul des vainqueurs fait plier le torrent;
Sans doute il tombera sous leurs mains téméraires,
Mais dans un chant de gloire, au milieu de ses frères...
CHANT DES HELLÈNES, dans le lointain.
Debout, fils des Hellènes!
Jusqu'à quand serons-nous
Sur les monts, sur les plaines,
Dans les fers, à genoux?
Marchons, fils des Hellènes!
Aux armes! Levons-nous!
MYRRHA.
Ces chants de liberté, ne les entends-tu pas?
S'ils cessent, je n'ai plus qu'à venger son trépas;
En frappant le visir, et me frappant moi-même,
Ce fer, teint de mon sang, lui dira que je l'aime...
JEAN, d'une voix brisée.
Dis-lui que mon serment, l'honneur du nom royal
Me défend de te suivre !... Un signal ! un signal !...
MYRRHA.
Viens, Maüro... mais ton fils est mis en croix sur l'heure,
En maudissant son père !
(Le chant cesse de se faire entendre.)
JEAN.
Arrêtez !... vois... je pleure...
Plus rien... je suis vaincu !... Lorraine, à moi ! Je pars.
MYRRHA.
Enfin !

SCÈNE V.
LES MÊMES, CHARLES DE LORRAINE,
JÉROME, DE CROŸ,
COLLONITS, LE PEUPLE.
CHARLES.
Sire ! les Turks sont au pied des remparts.
Les Tartares d'Azof, jetant l'arc et la flèche,
Avec des cris de mort s'élancent sur la brèche;
L'incendie est partout : la cité des Germains,
Dans une heure au plus tard va passer dans leurs mains.
JEAN.
Ainsi, de mon serment, le destin me relève;
Je vais mourir en roi, la main scellée au glaive :
Merci, visir, merci !
(Le jour baisse un peu.)
COLLONITS, accourant avec le peuple.
Fuyons!
JEAN.
Vous m'insultez !...

ACTE IV, SCÈNE VI.

COLLONITS.
La bataille est perdue...
(On entend un coup de canon à droite.)
JEAN.
Est gagnée!... écoutez!
C'est le signal!
MYRRHA, suppliante.
Seigneur! n'auras-tu que des larmes,
Quand le sang coule à flots?
(Un second coup de canon.)
JEAN.
Non! plus de pleurs! Aux armes!
(Un troisième coup de canon. — Avec un cri de joie.)
Victoire!... Ce sont eux, mes braves Polonais!...
A leur aspect mon cœur prend feu... je me connais!
Viens, Lorraine! vois-tu rouler cette avalanche?
C'est lui, mon Stanislas, l'honneur de l'aigle blanche!...
A moi, mes compagnons!... courez, mon fils est là!
On peut donc vivre un siècle en un jour!... Les voilà!...
(Le jour s'éteint par degrés.)
Mais quelle nuit soudaine!... à mes yeux tout s'efface...
C'est comme un noir linceul qui tombe sur l'espace...
(Tirant sa montre.)
Trois heures... et déjà le jour perd sa clarté?
Voyez! sur le soleil, dans sa course arrêté,
On dirait que la mort étend ses larges voiles,
Car son ombre grandit de la terre aux étoiles!...
COLLONITS, se frappant la poitrine.
Épargnez-moi, Seigneur!...
JÉRÔME.
J'y songe! à pareil jour,
Kopernik d'une éclipse a prédit le retour?
Calmez-vous!
COLLONITS.
Je respire.
CHARLES.
Oui, cette ombre mouvante,
Jetant parmi les Turks une folle épouvante,
Permet au grand hetman de nous joindre...
JEAN.
A genoux!
Par ce signe, le ciel se déclare pour nous!...
Gloire à toi, Kopernik! En disant à la terre:
De l'étoile du jour sois l'humble tributaire!
Tu fixas le soleil dans le centre des cieux...
Prions, que son flambeau reparaisse à nos yeux!
(Au seuil de la chapelle.)
O toi! qui, déchirant l'obscurité première,
D'un seul mot fit jaillir l'océan de lumière,
Fais resplendir partout le soleil de ta foi,
Afin que l'univers t'adore, comme moi!...
(Sélim paraît dans le fond, couvert du manteau d'Yakoub et suivi d'un soldat tartare.)
SÉLIM.
Que trois lignes d'attaque à l'instant soient formées!
Va!
(Le Tartare s'éloigne.)
MAURO.
Reçois sa prière, ô toi, Dieu des armées!...
(Ils sortent. L'éclipse envahit de son ombre les lointains, puis les premiers plans. Une lampe brûlant devant l'autel de la Madone. Éclairs muets.)

SCÈNE VI.

MYRRHA, SÉLIM, dans le fond.

MYRRHA.
Prions aussi pour lui... L'éclair brille... essayons...
J'ai peur... Est-ce le jour promis aux nations,
Où les morts, se dressant devant Dieu qui les juge,
Au champ de Josaphat chercheront un refuge?
(La scène s'obscurcit entièrement.)
SÉLIM, au fond.
Myrrha!...
MYRRHA.
Sur cet autel, une femme... un enfant...
O ma mère!... on dirait que ce Christ est vivant!
Il me tend ses deux bras!
(A genoux.)
Sainte vierge Marie,
Étoile du matin, ma patronne chérie,
Protége-nous!
SÉLIM, s'approchant.
Myrrha!...
MYRRHA.
Mais, d'où vient mon effroi?
Des pas dans l'ombre!... Yakoub, ici?
SÉLIM, paraissant à la lueur d'un éclair.
Myrrha, c'est moi!...
MYRRHA.
Sélim!...
SÉLIM.
Oui, son vainqueur!... Sous cette nuit subite
Qui de l'astre du jour vient d'éteindre l'orbite,
Grâce au manteau d'Yakoub je parviens jusqu'à toi;
Viens! je mets le Danube entre nous et son roi!...
MYRRHA.
Jamais!
SÉLIM.
Oses-tu bien te jouer de ma haine?
Regarde, et souviens-toi qu'un complot nous enchaîne:
(Lisant.)
« Je promets à Sélim ma vie et mon amour,
S'il nous rend ses drapeaux avant la fin du jour.
Signé, Myrrha. »
MYRRHA.
Tu mens!
SÉLIM, l'entraînant.
Écoute! il faut me suivre!
Ou bien à l'instant même Yakoub cesse de vivre!...
Au premier coup de feu tiré par les tiens,
La mine engloutira tout le camp des chrétiens...
MYRRHA, s'emparant de son poignard.
Va-t'en, va-t'en! te dis-je! ou par cette Madone,
Je me perce le cœur!
(Elle s'échappe de ses bras et s'attache à l'autel.)
SÉLIM.
Ah! je frémis!... Pardonne!...
Si tu meurs, je mourrai!... Fils du peuple magyar,
D'un martyr égorgé sous les pieds de César,
Je t'ai vue à Stamboul, quand, le cœur plein de larmes,
Pour ma patrie en deuil je mendiais des armes...
Je t'ai vue, assistant tes frères malheureux,
Et détournant le bras déjà levé sur eux...

Tu m'apparus alors si touchante, si belle,
Que pour toi j'oubliai le serment qui m'appelle;
Et devant ta beauté dont je fus ébloui,
Patrie, honneur, devoir, tout s'est évanoui...
Myrrha! si tu savais quel monde de pensées,
Que d'aspirations brûlantes, insensées,
Se pressent dans mon âme! Oublié du Seigneur,
Je n'eus pas dans la vie un seul jour de bonheur;
La vie? un rêve étrange! une ironie amère!
Quel crime ai-je commis dans le sein de ma mère?
Qu'ai-je donc fait à Dieu pour naître et pour souffrir,
Seul toujours, ne pouvant ni vivre, ni mourir?...
Sans espoir et sans foi, grandi sous l'anathème,
Je hais ce monde abject qui m'exile, et je t'aime!

MYRRHA.
Je te plains!... car le bras de la fatalité
Nous divise en ce monde, et dans l'éternité!
Moi Myrrha Lascaris, toi Sélim le barbare,
L'honneur, le cri du sang, l'amour, tout nous sépare!...
C'est toi qui m'as vendue!... As-tu donc oublié
Que tu dois ta puissance au prix qu'on t'a payé?
Toi, le chef de bandits, à toute loi contraires!
L'ennemi de mon Dieu! l'assassin de mes frères!
J'aimerais mieux, Sélim, je t'en donne ma foi,
Mourir, libre, avec eux, que régner avec toi!...

SÉLIM.
Du mépris?...

MYRRHA.
Je te plains... c'est à Dieu de t'absoudre!

SÉLIM.
Ton Dieu, je n'y crois pas, et je brave sa foudre!
Je t'aime! Que m'importe Elohim ou le Christ,
Moïse ou Mohamed?... Chef d'un peuple proscrit,
Je ne crois qu'au destin qui jamais ne varie,
Et je n'ai plus de Dieu, n'ayant plus de patrie!...
Mais s'ils avaient au ciel un soutien de leurs droits,
Les peuples seraient-ils écrasés par les rois?
Au pied de ses autels courbant ma tête altière,
J'ai demandé son nom à la nature entière;
Partout je n'ai trouvé que crimes et douleurs,
Le vice couronné, la vertu dans les pleurs,
Des esclaves plus vils que les maîtres eux-mêmes!
Et s'il existe un Dieu, s'il entend mes blasphèmes,
Qu'il frappe! ayant maudit ce monde en le créant,
Il sait que son chef-d'œuvre appartient au néant!

MYRRHA.
Oh! comme il sait haïr!...

SÉLIM.
Oui, la haine m'honore,
Car je hais nos tyrans... je t'aime plus encore!...
Ma haine est le simoun qui gronde au Sahara;
Le chant de l'oasis, c'est l'amour de Myrrha!...
Pardonne! Un mot d'espoir! que mon sort se décide!
Pour toi, je sauve Yakoub! J'oublie un parricide;
L'opprobre de ma sœur vengé par son trépas,
Tout pour ce mot divin : Myrrha ne te hait pas!...
Le repentir naîtra dans mon âme ravie,
Rends-moi le ciel! rends-moi l'espérance, la vie!

MYRRHA.
Je reconnais Sélim! Va, tu me fais horreur!
Tu trahis Mohamed pour sauver l'empereur?
Va! tant de perfidie à mes yeux te dégrade;

Vos chefs, l'arrêt vengeur les attend à Belgrade!
J'aime Yakoub, oui, je l'aime, autant que je te hais :
Va-t'en! je puis mourir, mais te suivre, jamais!

SÉLIM.
Eh bien! malheur à lui!... J'entends le bruit des armes;
La mine va s'ouvrir... tout son sang pour mes larmes!
Pas un cri de terreur échappé de ton sein?...
Si je reste, il est mort!...

MYRRHA.
Fratricide! assassin!...
(Un coup de feu; puis une explosion terrible se fait entendre.)

SÉLIM.
Je suis vengé... Pour lui que Dieu fasse un prodige!

MYRRHA, à genoux, voulant se frapper.
Seigneur, pardonne-moi!

SÉLIM, lui arrachant le poignard.
Tu me suivras, te dis-je!
Viens!...
(Myrrha tombe prosternée sur les marches de l'autel. — Yakoub paraît dans le fond, tenant dans ses mains le drapeau du visir.)

SCÈNE VII.

LES MÊMES, YAKOUB.

(Le jour revient par degrés.)

YAKOUB.
L'effroi m'a sauvé des mains de ces bandits...
Dieu!... Sélim avec elle!...

MYRRHA, se jetant dans ses bras.
Yakoub!...

SÉLIM, tirant son cimeterre.
Soyez maudits!

YAKOUB.
Je suis libre!... A nous deux!

SÉLIM, se jetant sur lui.
Meurs!...
(Son fer se brise.)

YAKOUB.
Ta rage est trompée!
Poursuivons, si tu veux; mais prends une autre épée:
Ou rends-toi!

SÉLIM.
Non, jamais!

YAKOUB.
Le malheur te rend fier!
Te voilà mon captif, comme j'étais hier;
Seulement, je te traite avec plus d'indulgence :
Mon Dieu veut le pardon.

SÉLIM, voulant le poignarder.
Le mien veut la vengeance!...
(Le poignard glisse sur la poitrine d'Yakoub; Myrrha reçoit le coup sur le bras.)

YAKOUB, le perçant de son épée.
Tiens, misérable!

SÉLIM, chancelant.
Enfer!... sous ta main sans vigueur,
Le glaive ne sait pas pénétrer jusqu'au cœur...
Je veux vivre... et bientôt, voir ma haine assouvie...

YAKOUB.
Ange d'amour, deux fois tu me sauves la vie...
Blessée?

MYRRHA.
Oh! ce n'est rien.
SÉLIM.
Je cède à mon rival
Ton cœur, jusqu'à la mort.

SCÈNE VIII.
LES MÊMES, GIAFFER, UN GROUPE DE TARTARES.

GIAFFER.
Khan Sélim! à cheval!
SÉLIM.
Giaffer!
GIAFFER.
Qui t'arrête auprès d'une infidèle?
SÉLIM.
Vois-tu ce sang...
GIAFFER.
Blessé!... ta blessure est mortelle!
SÉLIM.
Je ne mourrai pas seul!...
(Combat.)
YAKOUB, tombant sur un genou.
Ah! je suis désarmé!
GIAFFER.
Enlevez cette esclave!
MYRRHA.
A moi, mon bien-aimé!
SÉLIM.
Tu m'appartiens!
(Il l'emporte dans ses bras.)
UNE VOIX, au dehors, du côté opposé.
Yakoub!
YAKOUB.
C'est la voix de mon père!
Ils l'entraînent!
GIAFFER.
Allah!
(On entend plusieurs coups de feu.)

SCÈNE IX.
YAKOUB, JEAN SOBIESKI, puis MAURO et SOLDATS.

JEAN.
Sans atteinte, j'espère!...
Toi mort, j'allais mourir; je vis, puisque tu vis:
Je redeviens moi-même, ayant sauvé mon fils!...
MAURO, déployant le drapeau.
Gloire à vous, gloire à Dieu!
JEAN.
L'enseigne du prophète...
Le drapeau vert! Je suis jaloux de ta conquête;
Présage bienheureux!... Prince Yakoub, à genoux,
(Il le frappe trois fois de son épée et lui donne l'accolade.)
Je te fais chevalier.
YAKOUB, montrant la plaine.
Mon père, vengez-nous!
MAURO.
Ma fille!...

JEAN.
On nous l'enlève!... Oh! par les saints apôtres,
Le Turk ne l'aura pas.

SCÈNE X.
LES MÊMES, JÉROME, COLLONITS, LE GRAND HETMAN JABLONOWSKI.

JÉROME, respirant à peine.
Sire, voici les nôtres!...
JEAN.
Salut au grand hetman! à mes fiers bataillons!
COLLONITS.
Juste ciel! nos sauveurs vêtus de ces haillons!
JEAN.
Ces vingt-huit jours de marche ont usé leur toilette;
Demain, ils auront tous une armure complète...
Salut au cavalier! salut à l'aigle-roi!
Que l'armée et les chefs paraissent devant moi!
JÉROME.
Un instant...
JEAN.
Qu'est-ce à dire?...
JÉROME, lui présentant un étrier d'or.
Admirez ce trophée!...
JEAN.
Quelque joyau tombé de l'écrin d'une fée!...
L'étrier du visir!
JÉROME.
Repris aux musulmans
Sur son cheval hongrois couvert de diamants;
Je ne le vendrais pas au prix d'un diadème...
Il est à vous.
JEAN.
Pourquoi?
JÉROME.
Parce que je vous aime!
JEAN.
J'accepte!...
(Le remettant à un écuyer.)
Ce présent à la reine... dis-lui
Qu'un visir prisonnier doit le suivre aujourd'hui.
(L'écuyer sort. — Prenant le drapeau.)
Talenti, cette enseigne au pape Innocent onze;
En échange, il nous faut de la poudre et du bronze :
S'il nous aide à franchir les sommets du Balkan,
Je l'en remercîrai moi-même, au Vatican.
(On entend l'air national polonais, et des cris de joie au dehors.)

SCÈNE XI.
LES MÊMES, CHARLES DE LORRAINE, ROGER DE STAREMBERG, DE CRÖY, MALIGNY, LES PRISONNIERS HELLÈNES, LES PRINCES ALLEMANDS, LES CHEFS POLONAIS, L'ARMÉE, LE PEUPLE DE VIENNE.

LES PRISONNIERS HELLÈNES, en arrivant.
Debout, fils des Hellènes!
Jusqu'à quand serons-nous

Sur les monts, sur les plaines,
Dans les fers, à genoux?
Marchons, fils des Hellènes!
Aux armes! Levons-nous!

MAURO.

Voici mes Albanais.

STAREMBERG.
Sire, je vous amène
Les derniers défenseurs de la ville germaine;
Tous les autres sont morts.

JEAN.
En vrais héros, dit-on!
Nous leur ferons cortége à Vienne, ou chez Pluton.
(A ses soldats.)
Polonais! je vous offre une bataille en règle!
Le corbeau du prophète aura peur de notre aigle!
Mais nous saurons l'atteindre en marchant comme vous;
Rois, princes et soldats, voici l'ordre pour tous:
Droit au camp du visir! que chacun se souvienne
Qu'à tout prix, par la brèche, il faut entrer à Vienne!
Waldeck, à vous le centre; à droite les canons:
Lorraine à gauche, et moi partout! Nous les prenons
De flanc, puis à revers.

LE GRAND HETMAN.
J'attends vos ordres, Sire...

JEAN.
Frère, fais de ton mieux... tu m'entends. Je désire
Sauver Vienne ou mourir pour l'honneur et la foi.
Tuez-moi si je fuis; si je meurs, vengez-moi!

TOUS.

Vive Jean Sobieski!

JEAN.
Quel est ce bruit... Silence!
(On entend les cloches des tours de Saint-Étienne.)

CHARLES.
L'airain de l'Angelus dans les airs se balance;
Vienne rend grâce au ciel, vous sachant dans ce lieu.

JEAN.
Soleil, découvre-toi sous le Verbe de Dieu!
C'est le douze septembre... ô jour de gloire immense!
La naissance d'Yakoub... mon règne qui commence...
Chocim et Vienne... en blanc nos mères l'ont inscrit!
(L'armée se met à genoux en se découvrant.)

MAURO, sur le seuil de la chapelle.
Au nom du Père, au nom du Fils, du Saint-Esprit!
Soldats, je vous bénis! Comme devant Solyme
Les anciens chevaliers, dans un hymne sublime
Unissons nos accents!... Prions Dieu que sa main
Nous donne la victoire ou le martyre... Amen.

L'ARMÉE, chantant à genoux.

Reine des cieux, sainte Marie,
Protége-nous,
Peuple-soldat, qui chante et prie
A tes genoux!
Vierge à la couronne fleurie,
Au front si doux,
Défends, soutiens notre patrie;
Sois avec nous!

Toi qui veillais sur la chaumière
De nos aïeux;
Porte à ton Fils notre prière,
Nos chants pieux:

Vierge d'amour, que ta lumière
Brille à nos yeux,
Et nous vaincrons sous ta bannière,
Reine des cieux!
(Un jour éblouissant illumine la scène.)

JEAN.
Debout; voici le jour! que César se souvienne
Que nous l'avons sauvé: marchons!

LE GRAND HETMAN.
A Vienne!

L'ARMÉE.
A Vienne!

JEAN, s'élançant à cheval.
Le temps, c'est la victoire!... Aigles blancs et germains,
Partez!... A toi mon fils, Jérôme!
(Il sort. — On entend une canonnade.)

MAURO, à genoux dans la chapelle.
Ils sont aux mains!

SCÈNE XII.

LA BATAILLE.

LES MÊMES, puis SÉLIM, MYRRHA,
LES DEUX ARMÉES.

(Les remparts se couvrent de soldats et des habitants de la ville.—
Yakoub et Jérôme poursuivent les spahis et les rejettent dans
le fleuve. — Maligny fait avancer deux canons.)

MALIGNY, désignant la tente du visir.
Pointez au croissant d'or... ma montre à qui le touche!
(Le coup part, le croissant se brise et disparait.)

LE SERVANT.

C'est fait!

MALIGNY, lui donnant sa montre.

Rompez le pont!

LE SERVANT, en chargeant sa pièce.
Plus de bourre à cartouche!

MALIGNY.
Bourrez avec mes gants, ma perruque... eh! voilà
Des papiers français... Feu!...

LE SERVANT.
Le pont s'écroule...

LES SPAHIS, en tombant dans le fleuve.
Allah!

(Giaffer et les Tartares de Sélim arrivent en désordre, poussés par
le grand hetman et les hussards du roi, pesamment armés. —
Les uns traversent le Danube à la nage, les autres périssent
dans les flots. — Sélim arrive le dernier, portant Myrrha en
croupe. — Il va se jeter dans le fleuve; Yakoub abat son cheval
d'un coup de pistolet. — Jérôme veut s'élancer sur lui.)

YAKOUB, arrêtant Jérôme d'un geste.

Vos armes!...

SÉLIM, brisant son épée.
Les voici!... que mon fleuve les garde!...
De Crőy, va voir mourir ton fils, à l'avant-garde!...
(Il la jette dans le fleuve.)

MYRRHA, accourant.

Yakoub! ô mon sauveur!...

YAKOUB, la recevant dans ses bras.
Tout cela dans un jour!
La liberté, la gloire et bien plus, mon amour!
(Dans ce moment, le roi paraît poursuivant les janissaires, commandés par les pachas de Bude et de Silistrie. — Arrêtés par le fleuve, les janissaires jettent leurs armes et se rendent prisonniers.)
JEAN.
Bonne journée, Yakoub.
MAURO.
Myrrha, fille chérie,
Au nom du Dieu vivant, je t'appelle Marie!
Réunis par vos mains, Seigneur, bénissez-nous;
Tout l'univers chrétien s'incline à vos genoux!
(Il tombe à genoux entre Yakoub et Myrrha.)
L'ARMÉE, avec un cri de triomphe.
Victoire!
JEAN, à Charles.
Que ce cri parvienne jusqu'au Tibre :
Victoire à l'aigle blanche!...
(Embrassant Staremberg.)
A présent Vienne est libre!
STAREMBERG.
Sire, vous êtes grand...
JEAN, se découvrant.
Soldats, cessez le feu;
Respect aux prisonniers, nos frères devant Dieu!...
(Les deux pachas tombent à ses pieds.)

ACTE CINQUIÈME.

MYRRHA — MARIE.

Devant la tente du visir, comme au premier acte. — Aux premiers plans, les drapeaux de l'Empire et des États. — Sentinelles dans le fond.

SCÈNE I.

L'EMPEREUR LÉOPOLD, DE CRÖY, COLLONITS, OFFICIERS DE LA COUR, puis STAREMBERG.

UN OFFICIER.
Le comte Staremberg.
LÉOPOLD, à l'officier.
Suspendez l'audience!...
Vous répondez bien tard à notre impatience;
Gloire au sauveur de Vienne!...
STAREMBERG.
Un titre, en vérité,
Que le roi de Pologne a bien mieux mérité!
J'ai servi Wallenstein; son exemple naguère
A formé ma jeunesse aux travaux de la guerre;
Par Guillaume d'Orange en Flandre secondé,
J'ai failli, dans Senef, battre le grand Condé;
Mais le roi Sobieski, dans le siècle où nous sommes,
Est notre maître à tous, le plus brave des hommes.
COLLONITS.
Mon maître et souverain, c'est l'empereur, d'abord.

STAREMBERG.
Sire, je suis soldat.
LÉOPOLD, avec humeur.
Faites-nous le rapport
De votre délivrance!
COLLONITS.
Il est fort en tactique
Et même en stratégie; oui! mais en politique!
STAREMBERG.
Depuis que votre char a franchi le portail
Du palais de Schœnbrunn...
LÉOPOLD.
Passons sur ce détail.
STAREMBERG.
Quel récit peut atteindre à l'image encor fraîche
De ces deux mois d'angoisse, où debout sur la brèche,
La peste avec la faim appelaient nos vainqueurs,
Et tout espoir de vaincre avait fui de nos cœurs!
Lorsqu'un jour, le clairon, du haut de Saint-Étienne,
Signale à l'occident la bannière chrétienne;
Et ce cri de bonheur se propage en tout lieu:
« C'est lui, Jean Sobieski, l'homme envoyé de Dieu! »
Descendant des hauteurs comme un torrent de lave,
Il marche et rend la vie au cœur de Vienne esclave;
Le canon du château se rallume : et longtemps
Le sort muet chancelle entre les combattants.
Des lanciers de Jérôme une forêt mouvante
A la gauche des Turks vient jeter l'épouvante;
Le grand hetman le suit comme un bélier d'airain,
Les spahis écrasés lui cèdent le terrain :
Jean Sobieski paraît! Son regard les foudroie,
Il vole aux Sarrasins comme l'aigle à sa proie,
Et, le geste irrité, le regard provoquant,
Il franchit d'un seul trait les trois lignes du camp.
Le visir fait sortir le drapeau du prophète;
Il le jette à Sélim. Honteux de leur défaite,
Les spahis fugitifs reviennent au combat,
Entourent leur drapeau, mais un boulet l'abat;
Tous reculent d'horreur, et, signe plus funeste,
Le soleil a pâli sous la voûte céleste :
« Voyez, lui dit Sélim, ce qui se passe aux cieux!»
Tremblant, désespéré, n'osant lever les yeux,
Le visir prend son glaive et s'élance avec rage,
Suivi du chef tartare; inutile courage!
Jean Sobieski triomphe! A sa voix, le jour luit;
Un nuage sanglant le précède et le suit;
Un long cri de terreur sort de cette fumée,
Comme un râle mortel sorti par une armée :
Et tout se tait... Déjà le soleil moins ardent
Comme un globe rougi s'incline à l'occident,
Et descend radieux sur les monts qu'il enflamme...
Sélim tombe à genoux, vaincu, la mort dans l'âme;
Ce flot qui menaçait le monde, hier encor,
Venait de se briser sur le bouclier d'or
D'un héros dont nos fils béniront la mémoire :
Vingt siècles passeront sans éteindre sa gloire!
COLLONITS, avec aménité.
Soit, s'il rend à César ce qui...
DE CRÖY.
Mais en fuyant,
Ce flot jette à nos pieds les trésors d'Orient;

Les chaînes que pour nous l'Asie avait forgées,
Des milliers d'orphelins, des femmes égorgées,
Des berceaux que le fleuve entraînait dans son cours :
Mon fils, mort dans mes bras. Ah! du fond de leurs cours,
Si les rois triomphants osaient compter nos larmes,
Ils trouveraient trop cher de régner par nos armes!
    LÉOPOLD, sèchement.
Duc, il vous reste un fils.
    COLLONITS.
      Sur la tour du château,
J'ai vu le grand Rodolphe, avec sceptre et manteau,
Priant pour notre armée...
    LÉOPOLD.
      Ah! vraiment?
    COLLONITS.
       Je l'atteste!...
    LÉOPOLD.
Cardinal, je vous crois.
    COLLONITS, se couvrant.
      Merci!... bonté céleste!
    LÉOPOLD.
Et le visir? ..
    COLLONITS.
    On dit qu'il s'est donné la mort.
    LÉOPOLD.
Paix à son âme!
    COLLONITS.
    Un Turk, un mécréant!...
    LÉOPOLD.
      J'ai tort.
Où donc est Sobieski?
    COLLONITS.
    Dans la ville sauvée,
Avec l'archiduc Charle...
    LÉOPOLD.
      Avant notre arrivée?
    COLLONITS.
Le peuple à Saint-Étienne avec eux s'est rendu,
Chantant le *Te Deum*...
    LÉOPOLD.
     Sans m'avoir attendu?
Monseigneur a permis ce scandale?...
    COLLONITS.
      Non, sire...
Mais il faut bien vouloir ce qu'un peuple désire...
Il s'est fort bien passé de ma permission!
    LÉOPOLD.
C'est donc une révolte! une sédition!
Il faut la réprimer.
    COLLONITS.
    Oui, sire!
    LÉOPOLD.
      Sur ma vie,
Ce superbe vassal se croit à Varsovie!
Pour le maintien de l'ordre il n'était pas besoin
De son secours!
    COLLONITS.
    Non, sire!
    LÉOPOLD.
      Aussi, nous aurons soin
De l'éloigner.
    COLLONITS.
    Oui, sire!

    LÉOPOLD.
    On dit qu'il nous délivre?
Il n'a rien fait.
    COLLONITS.
    Non, sire!
    STAREMBERG, s'approchant.
    Au moment de poursuivre
Le païen fugitif, ce vainqueur contesté
Demande une entrevue à Votre Majesté.
    LÉOPOLD.
A moi?
    DE CRÖY.
Vous ne pouvez refuser cette grâce...
    LÉOPOLD, à Collonits.
Pensez-vous?
    COLLONITS.
    Mais ce prince est le seul de sa race!
    STAREMBERG.
Vous l'avez dit, le seul.
    COLLONITS.
      Mais l'empereur romain
A nul autre que Dieu ne peut céder la main!
    DE CRÖY.
Le roi vient en son nom.
    COLLONITS.
      Mais il est des usages,
Des principes de cour, consacrés par les âges!...

SCÈNE II.

Les Mêmes, CHARLES DE LORRAINE.

    CHARLES, venant du fond.
Qu'ai-je entendu! Le jour d'un semblable bienfait,
Outrager qui nous sert? Monseigneur, en effet,
On croirait l'infidèle au delà du Bosphore,
A cent milles de Vienne! et Vienne brûle encore!
Sire, défiez-vous de ministres pareils,
Car vous perdez le trône en suivant leurs conseils!
Faut-il tant de bassesse autour d'une victoire?...
Si vous ne voulez pas que la voix de l'histoire,
De Léopold premier flétrissant la hauteur,
Dise qu'il a rougi devant son bienfaiteur;
Si vous craignez qu'un jour, à son règne sans tache,
Un stigmate infamant pour jamais ne s'attache,
Sire, vous m'entendrez : l'entrevue aura lieu,
Ici même, à l'instant, devant tous, devant Dieu!
    LÉOPOLD.
Comment dois-je accueillir un prince électif?
    CHARLES.
       Sire,
A bras ouverts, en roi, puisqu'il sauve l'empire!
    COLLONITS.
Avec l'aide du ciel...
    LÉOPOLD.
    Monseigneur, c'est assez;
Nous venons de payer vos services passés,
Et nous vous dispensons de nous en rendre encore...
    (A Charles.)
Cousin, cette franchise à nos yeux vous honore :
Nous recevrons le roi.
    (Charles fait signe à un officier qui sort.)

COLLONITS.
Ce sera déroger
A tous les précédents!
LÉOPOLD, à Staremberg.
Pour vous, comte Roger,
En exaltant toujours les mérites des autres,
Modeste et généreux, vous oubliez les vôtres;
J'adopte vos enfants et vous fais chevalier
De la Toison-d'Or.
STAREMBERG, fléchissant le genou.
Sire...
LÉOPOLD, l'embrassant.
A vous donc ce collier...
CRIS DU PEUPLE, au dehors.
Vive Jean Trois!...
LÉOPOLD.
Déjà!...
COLLONITS.
Tout Vienne l'accompagne!

SCÈNE III.

LES MÊMES, JEAN SOBIESKI, YAKOUB, JÉROME, IABLONOWSKI, MALIGNY, MAÜRO, CHEFS POLONAIS, PRINCES ALLEMANDS, LES MAGISTRATS ET BOURGEOIS DE VIENNE, hommes et femmes, portant des rameaux fleuris et couverts de festons qu'ils agitent au-dessus de la tête de Sobieski et des soldats, vêtus à la turque.

JEAN, au peuple.
Hommage à Léopold, empereur d'Allemagne!...
(Quelques moments de silence.)
Sire, avant de chasser les Turks du sol magyar,
Je viens rendre à César ce qui fut à César :
Ses drapeaux reconquis, son peuple ivre de joie,
Avec ces orphelins que Vienne vous envoie...
JÉRÔME.
Eh quoi! pas un salut, même aux grands magistrats?
MALIGNY.
En Autriche un bienfait sert toujours des ingrats!...
(Nouveau silence.)
JEAN.
C'est un prince muet.
(Il porte la main à sa moustache; Léopold, croyant qu'il va le saluer, ôte son chapeau et le remet avec colère.)
STAREMBERG.
Sire, je vous envie,
Vous aime et vous bénis; car je vous dois la vie,
Et bien plus, mon honneur! car vous seul, après Dieu,
Sauvez la chrétienté réunie en ce lieu!...
Si le sceptre du monde appartient au plus digne,
Vous êtes le grand roi que sa main nous désigne...
JEAN, le relevant.
Comte, Dieu seul est grand, soyez-en convaincu;
Je suis venu, j'ai vu... mais l'Europe a vaincu.
COLLONITS.
Sur les fils d'Amalec la Judée est conquise;
Gloire à vous, Josué! gloire au nouveau Moïse,
Le pape Innocent onze!...
JEAN.
A lui seul tout l'honneur!...

Le pape Innocent onze aura joie et bonheur
De vous voir rétabli dans votre saint office.
(A Léopold.)
Vous ne me devez rien pour ce léger service,
Sire; mon grand hetman, si vous le souhaitez,
Vous rendra le butin. Viens, Jérôme!...
(Mouvement. — Léopold fait un signe.)
STAREMBERG.
Arrêtez!...
LÉOPOLD, avec amertume.
Pour payer dignement une gloire si grande,
Nous voulons au service égaler notre offrande;
La Hongrie est en proie aux vassaux triomphants :
Allez y rétablir l'ordre, pour vos enfants.
JEAN.
Sire, je n'ai rien fait, tant qu'il me reste à faire;
De vingt rois plus fameux, en cela je diffère.
J'ai deux fils, et pourtant, même après mon trépas,
La couronne d'Étienne, ils ne la ceindront pas;
Car je vois à leurs fronts la couronne de ronce!...
César et Godefroy m'ont dicté ma réponse;
D'ailleurs, l'ordre en Autriche une fois rétabli,
La Hongrie appartient à son chef, Tököly.
LÉOPOLD.
Staremberg! vous voyez!... Eh bien! si Votre Altesse
Nous refuse, son fils aura la politesse,
D'accepter l'amitié de l'empereur romain.
Pour mieux la cimenter, nous lui gardons la main
De notre archiduchesse infante, Éléonore.
JEAN.
C'est à lui de répondre.
YAKOUB.
Un pareil choix m'honore;
Mais je croirais trahir mon peuple, en l'acceptant.
LÉOPOLD.
Viens, Collonits... sortons.
(Après quelques moments d'hésitation, il se dispose à sortir;
Sélim paraît devant lui.)

SCÈNE IV.

LES MÊMES, SÉLIM.

SÉLIM, s'appuyant sur un tronçon d'épée.
Non pas, sire, un instant!
Un seul!... Si Dieu forma les rois à son image,
Il ressemble à Satan... Je viens te rendre hommage.
LÉOPOLD.
Que nous veut cet esclave?
SÉLIM.
Esclave!... oui, tu l'as dit,
Je suis né sous ta loi.
DE CROŸ.
C'est Sélim le maudit,
L'assassin de mon fils!
SÉLIM.
Un beau nom, je l'espère;
Plus noble que le tien, meurtrier de mon père!
LÉOPOLD.
A moi! gardes, frappez!

SÉLIM.

Il n'en est plus besoin;
Voyez!
(Découvrant sa poitrine.)
Un Sobieski s'est chargé de ce soin!
Je ne suis plus Sélim; c'est la mort qui vous parle...
César, je te salue; et toi, le prince Charle!...

LÉOPOLD.

Que voulez-vous?

SÉLIM.

Je viens implorer ta merci;
Pour le peuple d'Arpad sous ta hache éclairci;
Tiens, ma faux s'est brisée à frapper sur ta race...
Moi, la mort, je pardonne : imite-moi, fais grâce,
Au nom de tes enfants...

LÉOPOLD.

Jamais!

SÉLIM.

Jamais, dis-tu?
C'est un mot bien cruel... digne de ta vertu!
Prends garde, je le veux... Non! je pleure et je prie...
(Il tire de son sein un écrit, couvert d'un drapeau déchiré.)
Au nom de ces trois mots : « Dieu, liberté, patrie. »
Inscrits sur ce haillon par le ban Tököly,
Révoque ce décret dont l'enfer eût pâli...
Tu l'as vaincu, c'est bien assez pour ta vengeance;
Que te faut-il de plus? Eh quoi ! pas d'indulgence?
Eh bien, justice alors ; la justice de Dieu!...
Vois ce champ de bataille et cette ville en feu :
Ce deuil du fils de Cröy qui noircit dans l'espace...
Découvre-toi, César! car c'est la mort qui passe!...
(Un cortége funèbre passe dans le fond.)

LÉOPOLD.

Qu'on l'entraîne!...

SÉLIM, d'une voix terrible.

Je suis Zrini!... faites un pas,
Il meurt sous ce poignard !...
(D'une main il presse le poignard sur la poitrine de Léopold, de l'autre il saisit ses deux mains.)
Tu ne sortiras pas!
C'est Zrini qui te presse entre ses bras robustes,
Sur ce cœur déchiré par tes mains très-augustes...
Rends-moi ma sœur, infâme !... Ah! ton front saigne...

LÉOPOLD, tombant sur un siége. [horreur!
Grâce!... grâce!...

SÉLIM.

Allemands! voyez votre empereur,
Plus lâche que Néron ! plus cruel que Tibère!
Voyez sa main sanglante!... il a tué mon père!...
Zrini fut son parrain, son guide et son tuteur;
Notre juge, c'est lui : voici l'accusateur,
Et voilà l'aumônier, ce spectre au linceul rouge!
Tous trois l'ont saintement égorgé dans leur bouge!...
Et depuis cette nuit, leurs mains, en s'unissant,
Laissent l'une sur l'autre une rouille de sang...

JEAN.

Tais-toi, Sélim, sois homme!

SÉLIM.

Il l'a dit, point de trêve !...
Des supplices, des fers, des massacres, quel rêve !...
En voici le réveil... Tout cela je l'ai fait,
Pour venger ma patrie et mourir satisfait;
Pour te maudire en face, et que ton front placide
Brûle une éternité sous ce nom : Parricide!...
Moi, te tuer? non pas!... Vis, despote honteux,
Vis, sanglant héritier du noir Philippe deux
Qui voua sa famille aux célestes vengeances;
Pour les crimes des rois Rome a des indulgences,
Moi, j'incruste à ton front la marque de Satan :
Le lion ne veut pas d'un corps mort... Tiens, va-t'en!...
(Il le délivre.)

JEAN.

Sire, ouvrez une fois votre âme à la clémence!
Qu'un meilleur avenir pour vos peuples commence,
Avenir d'équité, de réparation ;
C'est le vœu d'un héros cher à sa nation.
Si du sang d'un César votre race est sortie,
Prononcez donc ce mot qui le prouve : amnistie!
Dans un proscrit qui meurt, l'ennemi disparaît;
Écrivez le pardon, au-dessous de l'arrêt!...

LÉOPOLD.

Votre Altesse Royale aurait tort de prétendre
Que je veuille, chez moi, sous mes yeux, voir s'étendre
Cet esprit d'hérésie et de rébellion,
Dont ce chef de bandits fut l'heureux champion.
S'il meurt en bon chrétien, je remets tous ses crimes...

SÉLIM.

Fais ton métier, bourreau, sans railler tes victimes;
Frappe!

LÉOPOLD à Collonits.

Seigneur évêque, il est à vous.

SÉLIM.

Prenez!
Vous n'aurez pas mon âme !...
(Léopold sort avec ses gardes. — Le peuple s'écoule lentement. — On place des sentinelles.)

SCÈNE V.

LES MÊMES, moins LÉOPOLD, COLLONITS, STAREMBERG et LA COUR.

SÉLIM.

Enfin, vous comprenez
Ce que vaut un César! Ma revanche est bien prompte!
Tu demandes la gloire et n'obtiens que la honte!...
Mais tu n'es pas au bout! tu sauras mieux demain
Si jamais un Sarmate eut pour frère un Germain!
Avoir sauvé l'empire est un trait de génie :
A moi le coup de hache, à toi l'ignominie !

UN PRINCE ALLEMAND.

Pour nous, pas un débris, pas un os du festin!

UN SECOND PRINCE.

Abandonnons César à son heureux destin!

LE PREMIER.

Léopold nous doit tant, qu'il nous paye en outrages!

LE SECOND.

Pour des rois mieux pourvus réservons nos courages!

TOUS.

Partons !...
(Mouvement.)

JEAN.

Par la mort Dieu, saisissez les fuyards!...
Ah! les mauvais soldats font toujours des pillards!...

ACTE V, SCÈNE VI.

A peine à sa moitié, vous quittez la besogne !
M'avez-vous pris pour chef, moi, le roi de Pologne,
Pour me déshonorer ? C'est un piége insensé !
Sans vous, j'achèverai ce que j'ai commencé.
Vous me suivrez, Lorraine ?

CHARLES.
Oui, jusqu'au bout du monde.
DE CRÖY.
Et moi, de même !
TOUS.
Et nous, de même !
SÉLIM.
Allah confonde
Cet enchanteur... Sa voix rend la vie aux cœurs morts.
JEAN.
Ainsi, tous me suivront ?
LES ALLEMANDS.
Tous !
JEAN.
A Byzance alors !...
De l'Orient chrétien j'ai posé la limite ;
Notre danger commun, ce n'est plus l'Islamite,
C'est le Russe... A Belgrade, Yakoub, au point du jour ;
Hâtez-vous d'être heureux !

(Il se retire et travaille dans la tente du visir avec Charles et Mauro. — Nuit complète ; on voit le champ de bataille jonché d'armes et de faisceaux, éclairés aux rayons de la lune ; plus loin, le Danube ; à l'horizon, Vienne incendiée et brûlant encore sur quelques points.)

SCÈNE VI.

YAKOUB, MYRRHA, puis SÉLIM.

YAKOUB.
Heureux, par notre amour !
Tu m'aimes, n'est-ce pas ?
MYRRHA.
Que ce cœur te réponde...
Quelle félicité n'ai-je pas en ce monde,
Puisque je suis à toi, ta compagne à jamais !
Avant de t'avoir vu, je crois que je t'aimais...
A toi ma vie entière !... A présent, je veux vivre...
YAKOUB.
Qu'as-tu donc ?
MYRRHA.
Je ne sais... ce bonheur qui m'enivre,
Si ce n'était qu'un songe...
YAKOUB.
Ange adoré ! pourquoi
Ce sourire et ces pleurs ?... Regarde autour de toi ;
L'œil plonge en liberté dans l'infini sans voiles ;
Vois-tu, sur cette croix, ce beau nimbe d'étoiles ?
N'est-ce pas que vos nuits, sous ton ciel d'Orient,
N'ont pas plus de splendeurs ? L'espace est si brillant,
L'air si pur, si limpide, après un soir d'automne,
Que je vois notre mère, aux pieds de la Madone !..
MYRRHA.
Quand ma mère expirait, cette aurore, ces fleurs,
C'était, comme à présent, un sourire et des pleurs !
YAKOUB.
Oh ! par pitié !
MYRRHA, frissonnant.
Vois-tu, devant la croix de marbre,
Cette blancheur qui passe ?
YAKOUB, la conduisant du côté opposé.
Assieds-toi sous cet arbre...
Hier, sur cette croix qui t'ouvre ses deux bras,
Sans toi, j'allais mourir...
MYRRHA.
Si je meurs, tu vivras ?
YAKOUB.
Marie, au nom du ciel...
MYRRHA.
J'étais folle, pardonne !
Je t'aime ! à ces terreurs souvent je m'abandonne...
Mon beau rêve d'amour me semble trop divin ;
Je voudrais m'y livrer sans crainte... mais en vain !
Il me faudra du temps... voilà pourquoi je pleure !...
Comme le liseron, que le soleil effleure,
Je n'ose soutenir sa trop vive clarté ;
Je n'ose, après l'exil, croire à la liberté !...
Si pourtant nos amours ne sont qu'une chimère,
Si je ne vois jamais le pays de ma mère,
Prends cette fleur... tu sais... ton présent généreux...
Une autre t'aimera... pense à moi... sois heureux !
(Elle l'enlace de ses bras.)
SÉLIM, chancelant.
Et moi !... je mourrai donc sans vengeance, avant elle !
YAKOUB.
On a parlé... Grand Dieu ! cette pâleur mortelle...
MYRRHA, l'attirant vers elle.
Je veux... la vie... attends... qu'un suprême transport..
(Elle rit convulsivement.)
YAKOUB
Ah ! ce rire effrayant !... Sélim !
SÉLIM, paraissant.
Non ! c'est la mort,
Qui se dresse entre vous et réclame sa proie !
Ah ! tu n'as pas prévu ce coup qui te foudroie !
Connais-tu bien Sélim, jeune homme ? as-tu pensé
Qu'il te laisserait vivre avec elle, insensé !...
YAKOUB.
Marie !
MYRRHA.
Yakoub !
SÉLIM, à ses genoux.
Myrrha !... n'est-ce pas bien infâme
De voir s'ouvrir la tombe au moment d'être femme !
Pauvre fleur d'Orient, brisée avant le jour,
Et si près du bonheur, morte avec ton amour...
Pourtant... cet élixir épanché sur ta lèvre,
Une larme, une seule... éteindra cette fièvre ;
Tu vivras après moi... pour un mot de pardon,
Pour un regard !...
MYRRHA, mourante et se cramponnant à Yakoub.
Yakoub, je t'aime !
SÉLIM, brisant la fiole à ses pieds.
Eh bien, meurs donc !...

SCÈNE VII.

Les Mêmes, SOBIESKI, CHARLES DE LORRAINE, MAÜRO, JÉROME.

YAKOUB.

Mon père!

SÉLIM.

Approchez tous... Ma haine est plus fidèle
Que son amour... Les cieux descendraient autour d'elle
Sans pouvoir la sauver! Ce dard que m'a donné
L'émir de la montagne...

JEAN.

Achève!

SÉLIM.

Empoisonné!...
Qu'en dis-tu, Sobieski?... Ta pâleur est étrange!
Allemands! c'est ainsi que le Magyar se venge!...

MAURO, *posant la main sur le cœur de Myrrha.*

Morte!...

SÉLIM.

Sélim n'est plus... et je meurs Jean Zrini!
Danube, à toi mon corps; mon âme à l'infini!...
Peuples, jetez à bas vos sanglantes idoles...
Soyez libres!

(Il se jette dans le fleuve.)

JEAN.

Dieu juste, accomplis ces paroles...

YAKOUB.

Je te suivrai, Marie... à toi!

(Il veut se jeter sur son épée.)

JEAN, *l'arrêtant.*

Non, tu vivras!
Au nom de la Pologne, Yakoub, viens dans mes bras!
Et sache préférer, pour suprême victoire,
La gloire à ton amour, la patrie à ta gloire!

(Les drapeaux s'inclinent sur Myrrha.)

MARIE-MAGDELEINE

OU

REMORDS ET REPENTIR

DRAME EN TROIS ACTES, EN VERS

« Majora canamus. »
VIRGILE.

PRÉFACE.

Je désire être jugé, comme écrivain dramatique, sur cet ouvrage, peut-être le dernier. En choisissant le sujet de Magdeleine repentante, ce type admirable de la femme déchue et réhabilitée par l'amour, j'ai voulu rattacher le théâtre à sa source, qui, dans les temps modernes de même que dans l'antiquité, ne fut autre que la foi religieuse; j'ai voulu mettre en regard le remords personnifié dans Judas Ischariote et le repentir apporté par Jean l'apôtre à la pécheresse de Magdale. Cette donnée, je le demande à tout homme de bon sens, ne peut-elle pas servir de thème à une œuvre d'art, puisée dans le berceau même de notre foi de charité? Je le crois, et beaucoup de personnes très-compétentes en matière de convenance religieuse sont de mon avis. Traiter avec respect un sujet religieux sous quelque forme que ce soit, tableau, drame ou statue, n'est pas faillir à sa croyance. Beaucoup de chrétiens douteux, sinon de simples athées, condamneront l'œuvre au bûcher avant même de l'avoir lue. Je les laisserai faire et dire sans m'en inquiéter le moins du monde.

Ce poëme était-il composé pour la représentation théâtrale? Oui, certes; je ne crains pas de l'avouer: aussi bien qu'*Esther, Athalie, Polyeucte, Saint-Genest* et beaucoup d'autres de même nature. Les chefs-d'œuvre que je viens de citer, sans parler des habiles imitations de Voltaire, ne sont pas des blasphèmes et n'ont scandalisé personne; pas plus que les saintes de Raphaël ou les sibylles de Michel-Ange. Mais, il faut bien en convenir, nos théâtres soi-disant littéraires, gouvernés, accaparés par les faiseurs à millions, n'offrent plus les éléments nécessaires à une exécution quelque peu adaptée au sujet que j'ai choisi. Je n'en excepte pas même le Théâtre-Français, qui depuis vingt ans s'évertue à démontrer que Racine et Corneille sont deux grands hommes... puis-qu'ils résistent à la parodie, habilement préméditée, de leur interprétation. (L'Odéon ne compte pas; ce n'est pas un vrai théâtre, c'est un gâteau de miel que l'on jette tous les trois ou quatre ans aux Cerbères apprivoisés de la presse indépendante.) D'ailleurs, il n'y a plus personne au pouvoir, comme au temps du *Tartufe*, pour casser les arrêts, aujourd'hui souverains, des Caïphe et des Judas ministériels. L'intrigue, la faveur ont, je le sais, de tout temps joué un grand rôle dans le monde des arts et des artistes; mais le talent y avait aussi sa part, souvent même la part du lion. Aujourd'hui ce troisième terme éliminé, prohibé, comprimé d'en bas et d'en haut, témoin le répertoire courant depuis un quart de siècle, il ne reste plus que les deux premiers, fraternisant avec l'ardeur inassouvie d'un lucre obtenu *per fas et nefas*, la passion juive par excellence. Sion a déteint sur Paris. Nous voyons partout les résultats d'une telle association, à la scène, dans les livres, dans les journaux; fruits malsains d'une décadence prématurée qui s'arrêtera... Dieu sait dans quel abîme. Voilà pourquoi je me résigne à faire comme Alfred de Musset, Alfred de Vigny, maître Hugo, voire l'heureux auteur de *Médée*, qui parfois laissent publier leurs œuvres sans attendre la représentation.

Pourquoi donc le théâtre contemporain, souillé par l'oubli le plus absolu de toute raison et de toute dignité, livré aux plus vils instincts de l'âme humaine, dégradé jusqu'au métier (et quel métier, juste ciel!), ne pourrait-il pas, comme Marie la pécheresse, se relever par un peu de repentir et s'ennoblir par un peu de charité envers cette foule qu'il tend à dépraver encore, pour prix du salaire douteux qu'il en reçoit?

Puissé-je, par ce drame tiré de l'Évangile, lui en avoir donné l'impulsion!

Paris, 1861.

MARIE-MAGDELEINE

OU

REMORDS ET REPENTIR

PERSONNAGES.

MARIE-MAGDELEINE.
MARTHE, sa sœur.
MARCELLE, esclave gauloise, nourrice de Magdeleine.
COLOMBE DE NAÏM, nièce de Marcelle.
SALOMÉ, nièce d'Hérode-Antipas.
SIHORA LA SIBYLLE.
NATHANAËL, amant de Magdeleine.
LUC, peintre d'Antioche.
JEAN, \
JUDAS, { apôtres.
CAÏPHE, prince des prêtres.
BARUCH, chef du sénat.

SIMON, trésorier d'Hérode.
HILDÉRIK, chevalier gaulois.
JOSEPH D'ARIMATHIE, essénien, docteur de la loi.
ÉMILIE, \
SUZANNE, { leurs femmes.
HIRAM, maître maçon.
ZACHARIE, son fils.
DANIEL, \
JONAS, { tailleurs de pierre.
BARRABAS LE BANDIT, portefaix.
Peuple, Ouvriers, Lévites, Licteurs,
Familiers de Magdeleine.

La scène est à Jérusalem, an 33 de l'ère nouvelle.

ACTE PREMIER.

L'AMOUR.

Jérusalem. — Palais et jardins de Magdeleine.

SCÈNE I.

MAGDELEINE, DANIEL, JONAS, Familiers, puis MARCELLE.

MAGDELEINE.
Ouvrez vos ailes d'or, glorieux scarabées;
Étendards de Ruben, le fils des Machabées;
Fumant sur les trépieds, que le nard et l'encens
D'un arome subtil pénètrent tous les sens :
Des fleurs dans le portique et du vin aux amphores.
Parmi les chants joyeux et les harpes sonores,
Au signal convenu, je veux que le jardin
D'un jour éblouissant s'illumine soudain;
Que partout l'hymne éclate et la flamme étincelle;
Le festin dans une heure : allez.
 (Daniel, Jonas et les familiers s'éloignent; Marcelle entre.)
                    C'est toi, Marcelle ?...
Mon collier...
    MARCELLE.
        Le voici.

MAGDELEINE.
        Mon bracelet, mes fleurs...
Bien; mon voile de Tyr... il cachera mes pleurs...
    MARCELLE.
Des pleurs! en recevant cette foule empressée
Qui t'adore...
    MAGDELEINE.
        Oui, c'est vrai... ma couronne est tressée...
J'ai promis d'être heureuse... on oublie en riant...
Demain, c'est l'inconnu... peut-être le néant!
    MARCELLE.
L'âme revient à Dieu... mais je veux que tu vives!...
    MAGDELEINE.
Dans les bosquets voisins réunis les convives,
Avant de faire ouvrir le portail du palais...
Quels sont nos invités ?
    MARCELLE, *montrant des tablettes.*
        Les voici.
    MAGDELEINE.
            Nomme-les.
    MARCELLE, *lisant.*
« Hildérik le Gaulois, venant de Massilie...
    MAGDELEINE.
C'est ton compatriote.
    MARCELLE.
        « Et sa femme Émilie...
    MAGDELEINE.
Oui, du sang de César!

MARCELLE.
« Luc, votre peintre...
MAGDELEINE.
Après.
Je lui dois cinq talents pour un de ses portraits.
MARCELLE.
« Baruch, chef du sénat ; Joseph avec Suzanne...
MAGDELEINE.
Deux docteurs de la loi chez une courtisane?
MARCELLE.
« Colombe de Naïm... le publicain Simon...
MAGDELEINE.
La folie et l'argent... deux moitiés d'un démon.
MARCELLE.
C'est ma nièce...
MAGDELEINE.
Poursuis.
MARCELLE.
« Caïphe...
MAGDELEINE.
Ah! que je meure!
Jamais la chaîne d'or entourant ma demeure
Ne s'ouvrira pour lui... lui, pontife de Dieu!
Pourquoi vient-il encor m'insulter en ce lieu?
C'est le témoin vivant d'un passé qui m'accable...
Cet homme est le remords...
MARCELLE.
Sa haine est implacable...
MAGDELEINE.
Son amour l'est bien plus!... mais je ne le crains pas :
J'ai pour moi Salomé, la nièce d'Antipas,
Le tétrarque de Rome, à la main sûre et prompte...
MARCELLE.
Qui fit emprisonner son frère à Machéronte ;
Et lui-même épousa, plus tard, sa belle-sœur,
Meurtrière de Jean, nommé le Précurseur...
MAGDELEINE.
N'importe, il faut la voir ; mais ce Caïphe, un fourbe,
Qui pour vous mordre au cœur s'assouplit et se courbe,
Parmi tous mes amants, je l'exècre le plus ;
De ma fête aussi bien c'est le seul que j'exclus...
C'est la dernière... après.
MARCELLE, lisant.
« Jean et Judas, apôtres. »
MAGDELEINE.
Les apôtres chez moi!...
MARCELLE.
Ne sont-ils pas des nôtres?
Comme nous fils du peuple et proscrits comme nous,
Disciples du vrai Dieu... je t'en prie à genoux!...
MAGDELEINE.
Qu'ils viennent donc mêler quelques saintes paroles
Aux accents de l'ivresse, aux entretiens frivoles ;
Jean, c'est le repentir... Heureux trois fois le jour
Où le Dieu d'Israël m'a laissé ton amour!
Cet amour est le seul qui jamais ne varie...
C'est toi qui m'as donné le doux nom de Marie :
Tu connais mieux que moi tous les vœux de mon cœur,
Toi, ma seconde mère!...
MARCELLE, à part.
Achève, Dieu vainqueur,
Ce que j'ai commencé!

K. OSTROWSKI, *OEuvres choisies.*

MAGDELEINE.
Va voir, quelqu'un s'approche.
MARCELLE.
C'est Luc, le médecin, le peintre d'Antioche.

SCÈNE II.

MAGDELEINE, LUC, MARCELLE.

MAGDELEINE, avec joie.
Ah! c'est vous, maître Luc... vous venez à propos
Pour ouvrir avec moi ce séjour de repos.
LUC.
Il est digne en tous points de celle qui l'habite ;
Mes yeux sont éblouis d'une splendeur subite,
Comme sous le portail du temple de Sion :
C'est un temple, en effet, moins la dévotion.
MAGDELEINE.
Un ami sûr a droit d'être un juge sévère!
Vous en usez souvent, et moi je persévère...
Suis-je bien aujourd'hui?... mais admirez d'abord
Ce tableau qui s'étend vers l'ouest et le nord ;
D'ici vous découvrez Sion, la ville sainte,
Du palais de David la glorieuse enceinte,
La maison du préteur, la tour Antonia,
Et le temple nouveau, sur le mont Moriah ;
Le Golgotha, ce lieu d'épreuve et de supplices ;
Plus loin, vers l'orient, ce jardin de délices,
Mon bosquet d'oliviers, où parfois, dans les airs,
Des anges du Seigneur on entend les concerts...
LUC.
J'admire et j'applaudis. Je voudrais, pour ma gloire,
Dans un pareil tableau retracer notre histoire.
MAGDELEINE.
Mon portrait... oh! pardon! je l'avais oublié...
Voici de l'or, prenez...
LUC.
Il est déjà payé.
MAGDELEINE.
Par qui?
LUC.
Par Salomé. Dans mon œuvre infidèle
J'ai peine à retrouver les grâces du modèle ;
Je le sens, plus j'avance, et moins je réussis :
Comment puis-je expliquer ces regards indécis,
Ce sourire enfiellé qui s'éteint dans les larmes,
Et ce voile invisible étendu sur vos charmes...
D'où vient ce changement qu'on ne peut concevoir?
MAGDELEINE.
Comme artiste ou docteur vous voulez le savoir?
LUC.
Comme peintre... un portrait doit refléter la vie.
MAGDELEINE.
Je veux donc, maître Luc, contenter votre envie.
Va, Marcelle!...
(Marcelle sort.)
Approchez, et prenez vos couleurs.
Il vous faut, n'est-ce pas, le secret de mes pleurs?
Eh bien! écoutez-moi.

LUC.
J'écoute avec mon âme.
MAGDELEINE, avec force.
Vous voyez devant vous la courtisane infâme,
La folle Magdeleine, un surnom de mépris
Que m'a donné le monde et que j'ai trop compris;
Celle qui hait la vie et rougit d'elle-même...
Celle qui va mourir...
LUC, tressaillant.
Vous, mourir? quel blasphème!...
La tombe est, à vingt ans, plus loin que le berceau...
MAGDELEINE.
Ne m'interrompez pas; ramassez ce pinceau...
Le Psalmiste a chanté cette plage fleurie
Entre le mont Liban et la mer de Syrie,
Qu'on nomme Sarepta : là, mon père martyr,
Sirius, descendant des anciens rois de Tyr,
Et ma mère Eucharie, une gloire de Rhode,
Tombaient dans un massacre ordonné par Hérode.
Voyez sur ce collier le signe d'Astarté,
Symbole de la mort et de la liberté,
Sous mon nom de Myrrha, nom flétri par l'inceste...
Ce signe est mon espoir, oui, le seul qui me reste!...
A la suite d'Hérode, un monstre sans pitié
Des orphelins d'Aram enleva la moitié;
L'autre moitié périt sur le sein de nos femmes...
Je vois encor ma mère, étreinte par les flammes,
Dans un cri d'agonie implorant le vainqueur;
Toujours ce cri terrible a vibré dans mon cœur...
Nous étions deux jumeaux, et le vent de l'incendie
Nous atteignait déjà... lorsqu'une main hardie
Nous saisit aux cheveux, nous jeta sur un char
Qui portait vers Sion le butin de César;
Puis, le toit s'écroula sur sa base enflammée...
Ce brave était Ruben, un des chefs de l'armée.
Jérusalem reçut les fils de Sarepta;
Depuis, mon frère et moi, Ruben nous adopta,
Nous enseigna la foi d'Israël, sa patrie,
Et nous donna les noms de Lazare et Marie.
LUC.
Comme ta sainte mère, ô divin Rédempteur,
Mon maître!...
MAGDELEINE, avec intérêt.
Vous parlez de ce jeune docteur
Fils d'un pauvre artisan, de la race exilée
Remonte au roi David, Jésus de Galilée?...
LUC.
Oui... reine par le sang, reine par la beauté,
Le ciel a consacré sa double royauté
Par l'amour du travail qui répugne à tant d'autres...
Ses cheveux d'or fluide ont la couleur des vôtres;
Déliez ces anneaux : que ce voile écarté
Répande leur couronne en rayons de clarté...
Bien... j'écoute à présent.
MAGDELEINE.
Le guerrier patriote
Avait pour héritiers Marthe et l'Ischariote,
Dit plus tard Isaac; esprit fourbe et pervers,
Cœur pétri par Satan du limon des enfers.
Son regard... un de ceux que jamais l'on n'oublie...
Joint l'audace du crime à l'ardente folie;
Quand il sourit, il tue... Il me parla d'amour;
Je craignais cet aveu depuis le premier jour...
Ne pouvant me séduire, il menace, il éclate,
Et, chassé par son père, il s'enfuit chez Pilate.
Bientôt Ruben mourut, dans ce même palais,
Assassiné, la nuit, par un de ses valets;
Ce jour même, il devait, par un saint hyménée,
Près de Marthe, à la sienne unir ma destinée...
Oh! ne plus te revoir, mon Liban bien-aimé,
Mon paradis perdu que l'exil a fermé!
Pitié pour l'orpheline au malheur asservie,
Quand Dieu lui prend sa mère et lui laisse la vie!
LUC.
Il vous reste un ami. Vers ce temps, n'est-ce pas,
Lazare fut proscrit par Hérode-Antipas,
Avec son compagnon, le fils de l'Ombre-Noire?
MAGDELEINE.
En effet, ce tyran d'odieuse mémoire,
Le bourreau de Lazare et de Nathanaël,
Étouffait dans le sang la race d'Israël.
Agrippa, son neveu, voulait venger son père,
Nathanaël, son peuple, esclave de Tibère.
L'aigle d'or des Romains qu'Hérode avait placé
Sur le fronton du temple, à jamais terrassé,
Donnait aux conjurés le signal de la lutte;
Il devait écraser le tyran dans sa chute.
Lazare était leur chef. La veille du grand jour,
Le traître Ischariote envahit leur séjour;
Il désigne aux Romains Lazare et ses complices,
Dont les uns, les martyrs, meurent dans les supplices,
Les autres, les proscrits, brûlant de se venger,
N'ont trouvé qu'un tombeau sur le sol étranger.
Le désespoir au cœur, je m'enfuis à Magdale.
Depuis lors, j'habitai ce palais de scandale
Qui m'a donné son nom... La paresse et l'orgueil,
Avec leurs chaînes d'or, m'attendaient sur le seuil
Vous connaissez Magdale aux antiques tourelles,
Aux rosiers tout fleuris de blanches tourterelles,
Aux coteaux inclinés sur un lac vaste et pur :
Dans le ciel, du Liban on distingue l'azur...
Là, vingt jeunes oisifs, les festins, les louanges,
Ma beauté, don fatal qui perdit les archanges,
Du soleil d'Orient l'énervante langueur,
Tout fut charme et poison pour corrompre mon cœur...
A la chasse, Isaac, fils d'une Égyptienne...
Ce médaillon contient mon image et la sienne, —
Me sauva d'une louve abattue à mes pieds;
Je maudis ses bienfaits par ma honte expiés!
Lévite, il m'entraîna dans sa chute profonde...
Libre et riche à seize ans, et déjà seule au monde!...
Infidèle, il partit... Dans mon orgueil jaloux,
Je voulus me venger, me faire aimer de tous,
Et n'en aimer aucun... Mon rêve solitaire
Suivait un idéal qui n'est pas de la terre,
Sans doute un souvenir du céleste jardin;
Je croyais le toucher... je découvrais soudain
Quelque vice du cœur... une lèpre vivante,
Et je me détournais d'horreur et d'épouvante!...
Alors vint le mépris des autres et de moi.
Folle, l'âme éperdue et l'esprit plein d'effroi,
Je tombai, je roulai jusqu'au fond de l'abîme,
Me livrant tout entière à l'ivresse du crime;
En quatre ans j'épuisai la coupe du plaisir,

Lorsqu'un jour le dégoût est venu me saisir :
Pleurant cet idéal dont mon âme était pleine,
J'étais la courtisane enfin, la Magdeleine!...

LUC.
A travers ces aveux, je vois l'amour divin
Vous conduisant vers lui!

MAGDELEINE.
Non, cher Luc... c'est en vain!
On ne vit pas deux fois... tout s'éteint dans la tombe!.
Voulant un jour au temple offrir une colombe,
J'entrai dans le saint lieu... Caïphe était absent.
Les prêtres m'ont chassée en me reconnaissant;
Tous criaient : « Anathème à la prostituée!
Mort à la Tyrienne!... » Ah! s'ils m'avaient tuée!
Le peuple m'entraînait, des pierres dans les mains...
Isaac, d'un seul mot, dompta ces inhumains...
Mais, en sortant, je vis, dans cette foule immense,
[mence,
Un homme au front paisible, aux yeux pleins de clé-
Ce grand cœur que Lazare appelait son ami...
Sous le même palmier souvent il a dormi...
Soudain tout disparut... Croyant le reconnaître,
Sous ce regard divin je me sentis renaître...
Rien ne peut égaler la douceur de sa voix;
Et même en ce moment, il est là : je le vois!
Ce regard me saisit d'une extase divine!...
D'un voile de cheveux je couvris ma poitrine,
Où déjà le remords venait s'appesantir.

LUC.
Le remords devant lui se nomme repentir;
Méritez son pardon par un effort suprême!...

MAGDELEINE.
Me pardonner, à moi?... mais le puis-je moi-même!...
Il est trop tard... tout crime entraîne un châtiment;
L'arrêt est prononcé... qu'importe le moment!
Ma pâleur vous émeut; c'est bon signe, et j'y compte :
La pudeur disparue, il me reste la honte!
Je serai libre avant que mes charmes flétris
Ne me fassent pour tous un objet de mépris,
Avant de supporter la vieillesse de l'âme!...
Être lasse à vingt ans, c'est pis que d'être infâme,
C'est être sans courage... Eh bien, Luc, ai-je tort?
Je ne crois qu'au néant, je n'aime que la mort!...
C'est pourquoi Magdeleine au festin vous convie,
Et fera dignement ses adieux à la vie;
Je veux, sans repentir, et tout remords vaincu,
Mourir dans une orgie, ainsi que j'ai vécu!

LUC.
Eh bien! moi, je vous dis : Vivez pour l'espérance!
Car celui dont la main guérit toute souffrance,
Qui rend l'ouïe aux sourds, aux vieillards la vigueur,
La vue aux yeux éteints, guérira votre cœur...
Croyez à son amour!...

MAGDELEINE, montrant un écrin.
Cette perle recèle
Un remède plus prompt...

LUC.
Grand Dieu!...

MAGDELEINE.
Que veut Marcelle?

SCÈNE III.

LES MÊMES, MARCELLE.

MARCELLE.
La nièce d'Antipas, la fière Salomé...

MAGDELEINE.
Seule?

MARCELLE.
Avec un seigneur qui ne s'est pas nommé.

MAGDELEINE.
Relève mes cheveux...
(A Luc.)
Ce récit de mes fautes
Il me faut l'oublier, pour sourire à mes hôtes.

LUC.
Du courage!

MARCELLE.
Est-ce au moins pour la dernière fois?...

MAGDELEINE, se levant.
Je te l'ai dit!... qu'elle entre.

SCÈNE IV.

LES MÊMES, SALOMÉ, NATHANAËL, SIMON.

SALOMÉ.
Enfin, je vous revois!
Toujours belle!... Je viens la première à la fête,
Jouir de mon portrait... ressemblance parfaite!...
Ces cheveux d'or, ce front charmant, ces yeux si doux!
Vrai chef-d'œuvre!.. Et pourtant... il pâlit devant vous.

SIMON.
J'en donnerais...

SALOMÉ.
Combien?...

SIMON, après réflexion.
Mon Cyrus, roi des Perses.

SALOMÉ.
Le vieux ladre... Je crois que dix mille sesterces...

SIMON.
Cinq talents... Dieu du ciel!...

SALOMÉ.
Vous êtes argentier,
Avare et publicain, les trois noms du métier.
Allons! ne tremblez pas... ce n'est pas de la fraude!..
Nous les trouverons bien dans la caisse d'Hérode.

SIMON.
Je n'ai plus un écu...

SALOMÉ.
Vous ferez des impôts.

SIMON.
Ils sont tout dépensés...

SALOMÉ.
Dépenser à propos,
C'est savoir s'enrichir. Vous prendrez dans ma bourse.

SIMON.
Vide...

SALOMÉ.
Je vous croyais un homme de ressource !
SIMON.
Ruiné...
SALOMÉ.
Je le veux !...
(A Magdeleine.)
Voici Nathanaël,
L'envoyé de César au peuple d'Israël.
Syrien par le sang, comme vous et Lazare,
Il revient tout exprès dans ce pays barbare,
A vos pieds, belle reine, enchaîner sa fierté.
NATHANAËL.
Belle comme l'amour, comme la liberté.
MAGDELEINE.
Vous l'aimez?... je vous plains!
NATHANAËL.
De toute ma puissance !...
SIMON, à Magdeleine, à part.
Homme illustre et très-riche.
NATHANAËL.
Orphelin de naissance,
Lorsque notre patrie eut perdu tous ses droits,
L'obscur Nathanaël, d'ennemi de vos rois
Devint leur prisonnier, puis soldat de Tibère,
Puis Maximin, tribun.
SALOMÉ.
Pour moi, je délibère
A quel prix chez Lazare on peut le retenir.
NATHANAËL.
Vous aurez plus de peine un jour à m'en bannir.
MAGDELEINE.
Il était votre ami?...
NATHANAËL.
Bien plus, mon frère d'armes !...
MAGDELEINE, lui tendant la main.
Je suis donc votre sœur !...
SALOMÉ.
Ce portrait plein de charmes
Ornera mon palais reconstruit par Simon,
Et qui doit effacer tout l'art de Salomon.
Rachel et Bethsabée y paraîtront moins belles !...
J'ai déjà vingt tableaux de Zeuxis et d'Apelles,
Des meubles de tigrine ou de grains de persil :
Des vases de Myron pareils à celui-ci...
Mais voyez, cher tribun, le beau vase d'albâtre !...
NATHANAËL.
D'où vient-il ?
MAGDELEINE.
De Corinthe.
SALOMÉ.
Et puis, dans mon théâtre,
Des groupes de Lysippe, et l'autel de l'Amour
Sculpté par Polyclète... aussi beau que le jour !
Je dois l'ouvrir demain, pour fêter l'amnistie
De Lazare et des siens... vous êtes avertie.
MARCELLE.
Vivant !
NATHANAËL.
Et pardonné !
MAGDELEINE, à part.
Dois-je m'en réjouir?...

SALOMÉ.
Vous le verrez chez moi... Je veux vous éblouir !
Voici la loi de grâce, en lettres d'or écrite
Par mon beau-père... Allez! j'ai bien peu de mérite...
Vos amis, maître Luc, y seront au complet,
Tous les Nazaréens, car le nouveau me plaît.
Pour combattre l'ennui, ce fantôme qui rôde
Sous le palais des rois, j'ai le cirque d'Hérode,
Dix beaux lions d'Égypte et la pièce d'adieux
De Philostrate : « *Auguste admis parmi les dieux.* »
LUC.
Eh quoi ! tout l'appareil de votre idolâtrie,
Quand la peste et la faim désolent la patrie?
Quand le peuple gémit sous votre oppression,
Rome ajoute une insulte aux malheurs de Sion !
Pour des maux simulés, des pleurs imaginaires !...
SALOMÉ.
Voilà des plébéiens les clameurs ordinaires !
Edom par Israël fut longtemps effacé ;
L'aîné reprend ses droits, votre règne est passé !...
D'ailleurs, je tiens à voir ces apôtres d'un homme
Se disant fils de Dieu ; c'est Jésus qu'il se nomme...
Hérode veut aussi les admettre au combat.
SIMON.
Il m'a chassé du temple au saint jour du sabbat,
Pour avoir à Jonas vendu quelques oboles...
SALOMÉ.
Et vous sentez encor son fouet sur vos épaules !...
Médecin des lépreux, puisqu'il traite pour rien,
Allez le consulter... Luc, je vous connais bien :
Vous êtes son disciple !
LUC.
Oui, Jésus est mon maître !...
Et vous-même aujourd'hui vous pourrez le connaître ;
Il vient de Nazareth fêter nos anciens jours,
La Pâque, en guérissant les infirmes, les sourds,
Aux chants d'un peuple entier, dont les larmes taries
Deviennent sous ses pas des couronnes fleuries.
SALOMÉ.
Est-il beau ?
LUC.
Comme un Dieu.
SALOMÉ.
Certes ! je veux te voir.
SIMON.
Prenez garde à Caïphe, aux hommes du pouvoir :
Pour eux, c'est un rebelle...
SALOMÉ.
A l'époque où nous sommes,
Qu'importent les discours et les rêves des hommes,
Ces fantômes doués d'imagination !...
Qu'importe un dieu de plus dans Athène ou Sion :
Rome en a déjà tant !...
LUC.
Que tous elle les nie.
NATHANAËL.
Pour vingt mille faux dieux, un homme de génie...
Ceux qu'Israël acclame, il les tuera demain !...
SIMON.
En effet, le préteur l'a déjà sous sa main.
Ses agents sont nombreux dans cette foule étrange
Qui suit les douze élus comme un ruisseau de fange,

Ce ramas de pêcheurs, d'artisans furieux...
Le plus cher est un homme au front mystérieux,
Au sourire où frémit comme un dard de vipère...
Il aurait par vengeance assassiné son père,
Et les enfants, dit-on, pleurent en le voyant...
Sa parole éloquente entraîne en effrayant;
Rien n'y peut résister : son orgueil en abuse...
Ce qu'il ne peut de force, il l'obtient par la ruse;
Il fait le mal sans but, sans profit, sans plaisir,
Par haine pour le bien; son intime désir
Est de briser Caïphe, un rival qu'il déteste :
Il n'estime que l'or et méprise le reste...
NATHANAËL.
Oh! mais cet homme est fou!...
SIMON.
Tous les méchants le sont;
Mais les plus dangereux savent bien ce qu'ils font...
Prêtre chassé du temple, à présent faux apôtre,
Il se nomme Judas.
MAGDELEINE.
Judas? j'ai cru qu'un autre...
SIMON.
Partout, comme un maudit, on l'évite avec soin;
Et quand Judas paraît, le crime n'est pas loin...
Son regard seul foudroie et peut tous nous atteindre!...
MAGDELEINE.
Il se repent peut-être...et d'ailleurs, qu'ai-je à craindre,
Moi qui n'aime et ne hais personne...
SALOMÉ.
Votre sœur,
Dont on vante l'esprit, l'angélique douceur,
Souvent reçoit son maître...
MAGDELEINE.
Oui, Marthe est bien heureuse!...
SALOMÉ.
Pour vous mieux consoler, voici, belle amoureuse,
Un talisman certain : cette couronne d'or...
Prenez!...
(Une esclave noire vient s'agenouiller aux pieds de Magdeleine.)
Vous, maître Luc, demain, à mon trésor
Vous vous ferez payer ce chef-d'œuvre si rare;
Et quoique ayant passé par les mains d'un avare,
L'or sera de bon poids...
SIMON.
Je le pèse en détail,
Pour payer vos talents...
(Marcelle entre.)
MAGDELEINE.
Fais ouvrir le portail.

SCÈNE V.

Les Mêmes, HILDÉRIK LE GAULOIS, JOSEPH D'ARIMATHIE, ÉMILIE ET SUZANNE, leurs femmes, BARUCH, chef du sénat, COLOMBE DE NAÏM Échansons et Servantes.

MAGDELEINE.
Salut à Hildérik; à vous, belle Émilie;
Vous, Baruch, la sagesse escortant la folie,
Colombe de Naïm !

COLOMBE.
Comme il sait bien mentir !
Magdeleine est mourante et veut se repentir...
Nous vivrons, n'est-ce pas?...
MAGDELEINE, à Marcelle.
Des coupes et des roses;
Hors le dieu du plaisir, oublions toutes choses...
Éclairez le jardin !...
(Elle frappe sur une cloche d'argent avec une aiguille d'or prise dans ses cheveux. Le jardin s'illumine à jour. La table, servie des deux côtés, glisse sur le devant, entre deux rangées de lits couverts de fleurs.)
COLOMBE, posant au front de Baruch une couronne de pampres fleuris.
Bacchus, protége-nous!...
MAGDELEINE, à Marcelle.
Ce vase auprès de moi.
NATHANAËL.
Je reste à vos genoux.
(Tous les convives prennent leurs places.)
BARUCH, au milieu.
La vie est un éclair. Pendant huit ou dix lustres,
Le guerrier va cherchant des conquêtes illustres;
L'avare aux doigts crochus amasse des trésors
Qu'il enfouit en terre avec ses coffres-forts;
Le savant, l'œil fixé sur les bibles poudreuses,
Assemble de vains mots et des formules creuses;
Puis un jour, Astaroth, le spectre sans regard,
Posant sa main osseuse au chevet du vieillard,
Emporte les lauriers, les trésors, les sentences,
Et les jette à la tombe avec leurs existences!
Magdeleine a dit vrai : hâtons-nous de saisir
Cette fleur d'un instant... la rose du plaisir.
(Il offre une rose à Magdeleine.)
ÉMILIE.
Qu'est-ce que le plaisir, docteur plein d'éloquence?
BARUCH, gravement.
C'est le principe...
SALOMÉ.
Un mot, avant la conséquence.
Promettons tous d'abord de parler sans détour;
Pas un pharisien, pas un homme de cour;
César dort à Caprée...
LUC.
Oui, mais Dieu vous écoute !
SALOMÉ.
Le plaisir alors, c'est?...
ÉMILIE.
La sagesse.
HILDÉRICK.
J'en doute.
BARUCH.
Vous, son mari?... c'est mal.
JOSEPH D'ARIMATHIE.
C'est le bien que l'on fait
Simplement, franchement, sans prévoir son effet.
BARUCH.
Il est essénien; je suis fils de Socrate.
COLOMBE.
Chauve et laid, comme lui !
BARUCH.
Laïs est une ingrate.

SIMON.
Antigone et Sadoc, dieux gnostiques fameux,
Disent : C'est la richesse; et je pense comme eux
Qu'une fois dans la tombe où nous allons descendre,
Rien ne reste après nous, sinon un peu de cendre!...
    HILDÉRIK.
Il reste aussi la gloire.
    BARUCH.
      O Gaulois redouté!
Ton laurier ne vaut pas le sang qu'il a coûté!...
Noé le vigneron, voilà mon patriarche,
L'aïeul du roi David qui dansa devant l'arche...
Aux vertus de Colombe!
  (Il lui jette une feuille.)
    COLOMBE.
      Ah! je dois le punir...
Le plaisir, c'est le lis qu'un soleil peut brunir.
Je cueille n'importe où cette plante fragile,
Sur un vase d'agate, ou dans un pot d'argile...
    SALOMÉ.
Vous, Luc?...
    LUC, peignant.
     C'est le travail.
    SIMON.
      Sa devise est un bœuf.
    BARUCH.
La tienne est le Veau d'or.
    SIMON.
     Soit! le mot n'est pas neuf.
    BARUCH.   [lympe;
C'est comme toi... Ces vins sont plus vieux que l'O-
Gloire aux ceps de Magdale!
  COLOMBE, tendant une coupe à Nathanaël.
     Où la vigne qui grimpe
Tend sa coupe au soleil.
    SIMON.
     Cet astre est bienfaisant.
    BARUCH.
Ce n'est plus comme toi...
    MAGDELEINE.
      Baruch est médisant.
    SIMON.
Et pauvre comme Job.
    BARUCH.
     A quoi sert ta richesse?
    SIMON, buvant.
A la garder... Chacun pour soi : c'est ma sagesse!
    COLOMBE, de même.
La mienne est : Dieu pour tous!
    SIMON.
      J'en ai mille témoins;
Je prête aux pauvres gens.
    BARUCH.
      Pas ton esprit, du moins.
  COLOMBE, à Nathanaël.
Puisque tu ne bois pas, cite-nous une strophe
De quelque buveur d'eau, poëte ou philosophe :
Qu'est-ce que le plaisir?
  NATHANAËL, comme sortant d'une rêverie.
     C'est l'ombre du bonheur.
    MAGDELEINE.
Et le bonheur, alors?

    NATHANAËL.
     Un vain mot, sur l'honneur!
Enfant, je l'ai cherché dans les rêves étranges;
Dans l'amour, fleur éclose au sourire des anges,
Puis dans la liberté : poisons délicieux!...
Nous avons le parfum, mais la fleur est aux cieux.
    COLOMBE.
Du platonisme... assez! parlons d'amour en prose!
Dans son sein, Magdeleine, effeuille cette rose;
Montre-lui le bonheur dans le rayon mouvant
Qui jaillit de tes yeux... Luc l'a dit bien souvent :
Quel est du Créateur le plus parfait ouvrage?...
C'est la femme!
    SALOMÉ.
  Est-ce vrai?...
    LUC.
    C'est vrai, comme un mirage.
    COLOMBE.
N'est-il pas le dernier?... Moïse en fait l'aveu.
    LUC.
La femme est, j'en conviens, le chef-d'œuvre de Dieu;
Mais l'artiste immortel, en créant le cœur d'Ève
Perfide comme l'onde et changeant comme un rêve,
Était las de son œuvre : or, le septième jour,
Avec son idéal d'innocence et d'amour,
Il n'a fait qu'une ébauche, une vaine apparence.
    HILDÉRIK.
Un arc-en-ciel plutôt, symbole d'espérance!
    COLOMBE.
Il est charmant.
    BARUCH, regardant Magdeleine.
     Surtout s'il ne fond pas en eau.
    HILDÉRIK.
Gaulois, j'aime l'amour, j'ai le culte du beau.
    COLOMBE.
Mon père était Gaulois.
    ÉMILIE.
     L'amour n'est dieu qu'à Rome.
  SALOMÉ, montrant Nathanaël.
Pour en faire un tableau, tenez, voici notre homme.
    NATHANAËL.
Ah! la grande cité sous le règne actuel!...
Tibère après César, c'est le tigre cruel
Succédant au lion, le vautour après l'aigle;
Le despotisme affreux, sans mesure et sans règle,
De Caprée à Baïa promenant son ennui...
Son ministre, Séjan, aussi pervers que lui,
Chaque jour à ses pieds, dans une immense orgie,
Jette d'un sénateur quelque tête rougie,
Pour servir de pâture aux yeux de ses valets;
J'en ai vu des monceaux au seuil de son palais!
Il ne s'arrêtera que lorsque la dernière,
Sanglante, aura roulé dans la fatale ornière
Où bientôt ce licteur, qui le tient dans sa main,
Vengera sur César tout le sénat romain.
    SALOMÉ.
Et le peuple?...
    NATHANAËL.
    Le peuple est vil comme un esclave.
Vésuve encor fumant sous l'éclair de sa lave,
Il veut changer de maître; et bientôt, sur un char,
Il va proclamer dieu l'assassin de César.

Plus rien de vertueux dans une âme romaine!
L'antique liberté vient de fuir son domaine;
C'est pour tout malfaiteur l'antre de Romulus :
Si Rome se survit, les Romains ne sont plus.
Donnez-leur seulement du pain et des spectacles,
Et pour les subjuguer vous n'aurez plus d'obstacles;
Ce n'est plus qu'un égout plein de corruption,
Le tombeau d'une forte et belle nation.
Tout est mort ou flétri, la race et les familles;
Les fils ne naissent plus : il ne vient que des filles,
Bien belles, mais sans cœur... les plus nobles instincts
Par la fièvre de l'or à jamais sont éteints...
D'un peuple assassiné quelque vaste hécatombe,
Le bronze d'un tyran qui s'élève ou qui tombe;
Un prisonnier sarmate étouffé dans le sang,
Aux acclamations d'un peuple rugissant;
Le bruit lointain du flot des barbares qui monte,
Les femmes sans pudeur et les hommes sans honte;
Les autels sans respect, la vertu dans les fers,
Partout le mot : « Jamais! » comme au seuil des enfers,
Des esclaves hideux, des bouffons, pas un homme :
Voilà, sous les Césars, la liberté de Rome!
ÉMILIE.
Ah! vous nous méprisez!...
NATHANAËL.
Fils d'un peuple étranger,
Tout proscrit que je suis, j'aurais tort de changer...
ÉMILIE.
C'est vrai, vous êtes Juif.
NATHANAËL.
Que le ciel m'en préserve!...
Si j'avais ce malheur, par Hercule ou Minerve,
Je me tuerais avant de le dire...
SIMON.
Pourquoi!...
NATHANAËL.
Le culte du Veau d'or est abject, selon moi.
JOSEPH D'ARIMATHIE.
C'est le peuple de Dieu...
NATHANAËL.
Dieu, selon mon idée,
Aurait pu mieux choisir que chez vous, en Judée.
LUC.
Mon maître lui rendra la vie, en le sauvant.
NATHANAËL.
J'ai bien peur que les morts n'immolent le vivant.
MAGDELEINE, montrant ses femmes.
Leurs enfants, n'est-ce pas, ont eu grand tort de naître?
NATHANAËL.
Qu'importe!... je vous aime.
MAGDELEINE.
Avant de me connaître?
NATHANAËL.
Je vous ai vue au temple...
MAGDELEINE.
Où j'ai vu le Seigneur...
NATHANAËL.
Que ce nom soit pour nous un lien de bonheur...
Comme tout exilé, je n'ai plus de famille...
MAGDELEINE.
Comme moi!

NATHANAËL.
Si ce n'est ma nourrice, une fille
Des champs de Madian, près du mont Nébo,
Où le ciel de Moïse a caché le tombeau;
Sihora, que le peuple appelle l'Ombre-Noire,
La louve du désert...
MAGDELEINE.
N'est-ce pas mon histoire?...
NATHANAËL.
Unissons nos regrets... laissez-moi, dès ce jour,
Nous faire une patrie à deux dans mon amour;
Nos cœurs sont fiancés par la même souffrance :
Donnez à ma nuit sombre un rayon d'espérance...
Que par un doux regard mon ciel soit éclairci!...
MARCELLE, au fond.
Les apôtres!...

(Magdeleine jette une rose.)
SALOMÉ.
Prenez cette fleur!
NATHANAËL.
Oh! merci!...

SCÈNE VI.

LES MÊMES, JEAN, JUDAS, APÔTRES,
BARRABAS, au fond.

JEAN, sur le seuil.
Paix à cette maison; salut à Magdeleine!
MAGDELEINE.
Soyez les bienvenus.
JEAN.
Salomé d'Abylène!
La nièce d'Antipas, l'oppresseur de la foi!...
SALOMÉ.
Oui, vous vous nommez Jean...
MAGDELEINE.
Madame, ils sont chez moi!...
SALOMÉ.
Je ne viens pas ici faire tomber les têtes;
Les troubler, si je puis... ce sont d'anciennes dettes :
Simon vous les paiera, si vous le méritez.
JUDAS, à Magdeleine.
Vous m'avez oublié parmi vos invités...
BARUCH.
Maître Isaac, salut.
MAGDELEINE.
Que vois-je! Ischariote!...
JUDAS.
Judas de Gamala, le disciple et votre hôte.
MAGDELEINE.
Judas!...
JUDAS.
Qui ne doit plus vous quitter désormais :
Les morts seuls de l'exil ne reviennent jamais!
SALOMÉ.
Entre Colombe et nous votre place vous reste.
JEAN.
J'aime mieux celle-ci, comme la plus modeste;
Car le maître l'a dit : « J'abaisse l'orgueilleux,
Et j'élève le simple en lui montrant les cieux! »

Nous sommes fils du peuple. A la veille de Pâques,
J'apprêtais ma nacelle avec mon frère Jacques,
Pour pêcher en pleine eau, près de Génézareth;
Lorsqu'allant vers Sion, Jésus de Nazareth
Nous dit : « Venez à moi; vous pêcherez des hommes,
Et me suivrez tous deux. » Voilà pourquoi nous sommes
Partis de Bethsaïde, en plongeant nos filets
Devant l'humble chaumière ou les vastes palais,
Ramenant au pasteur la brebis égarée.

MAGDELEINE.
Pour vous, pour vos amis, la table est préparée;
Voici du pain, du vin...

JUDAS.
Nous n'y toucherons pas;
Donnez aux indigents les miettes du repas!
Hérode nous gouverne, et la misère est grande;
Je viens, au nom du peuple, accepter une offrande...
Quand la peste et la faim, ces deux fléaux de Dieu,
Sèment le désespoir et la mort en tout lieu,
Pour les fils orphelins devant vous j'intercède!

MAGDELEINE, offrant sa couronne.
Prenez!... prenez pour eux tout ce que je possède!

NATHANAËL.
Voici ma chaine d'or.

BARUCH.
L'emblème des Romains.

LUC.
Le prix de mon tableau sera mis dans vos mains.

ÉMILIE et SUZANNE.
Nos anneaux d'alliance...

JUDAS.
Ah! c'est trop...

COLOMBE.
Au passage,
Puis-je au moins vous offrir la fleur de mon corsage?

BARUCH, jetant une pièce d'or.
Simon n'a rien donné.

ÉMILIE.
Que son cœur.

SALOMÉ.
C'est trop peu!

HILDÉRIK.
Un sesterce... en étain...

SIMON.
Raillez! j'ai mon neveu.

COLOMBE.
Que n'ai-je un pareil oncle!

JUDAS, à Magdeleine.
Allons! la pêche est bonne!
Pourtant, j'espérais mieux de vous qu'une couronne...
(A part.)
Cet or sent l'usurier... n'importe. Barrabas!

BARRABAS, s'avançant.
Présent!

JUDAS, lui remettant les bijoux.
Voici le pain des pauvres.

NATHANAËL.
N'est-ce pas
Un ancien serviteur, un soldat de Lazare?
Oui... je te reconnais...

BARRABAS.
Vous? vraiment! c'est bizarre!...
Vous, un tribun!...

JUDAS.
Tais-toi.
(Malchus entre et remet un message à Barrabas.)
BARRABAS, le rendant à Judas.
De Caïphe.

JUDAS.
Voyons...
(Lisant, à part.)
« Lazare est de retour avec nos légions... »
Lazare, ici?...

MAGDELEINE.
Ce nom vous fait pâlir...

JUDAS.
Un frère!
Un vrai soldat! J'aspire à le voir, au contraire!...
J'aime à lui pardonner tout le mal qu'il m'a fait :
Le pardon est si doux...
(A part.)
S'il revient, en effet,
Ma fortune est à lui... ces nouvelles sont graves...
(A Barrabas, à part, en lui donnant une bourse.)
Tiens, frappe!...
(Barrabas sort avec Malchus.)
MAGDELEINE, les observant, à part.
Ah! ce sourire...

BARUCH.
Au retour de nos braves!...
Causons... Jean nous dira qu'est-ce que le bonheur.

JEAN.
C'est de suivre l'exemple et la loi du Seigneur.

NATHANAËL.
Et quels sont les devoirs que sa loi nous impose?...

JEAN.
« Tu chériras ton Dieu par-dessus toute chose,
« Et ton prochain autant que toi-même. »

SIMON.
Est-ce tout?...

JEAN.
Oui.

SIMON.
Ces Nazaréens mettront le feu partout!...

NATHANAËL.
C'est bref, mais c'est sublime.

SIMON.
Impie!... osez-vous dire?...

JEAN.
Cette loi, je l'atteste, et j'attends le martyre!...

BARUCH, regardant Judas.
Parmi les douze élus, nous prendrons notre agent.

SIMON.
Et nous, les publicains, les prêtres de l'argent,
Qu'aurions-nous sans l'emprunt, le luxe et la famille?...
Car on verrait entrer dans le trou d'une aiguille
Un câble de chameau, disait leur maître un jour,
Plutôt qu'un mauvais riche au céleste séjour;
Sans nous, adieu l'escompte, et l'impôt double ou [triple!
Mais que ferai-je, moi?...

BARUCH.
Tu seras son disciple...

SIMON.
Docteur!
HILDÉRIK.
Ah! j'oubliais Tibère en sa prison;
Il m'envoie obtenir de Jean sa guérison :
De trois mages d'Égypte en vain il la réclame.
JEAN.
Notre maître l'a dit : son domaine, c'est l'âme.
HILDÉRIK.
Je le reconnaîtrai pour Dieu, s'il le guérit!
JEAN.
Il faut que sa clarté touche avant ton esprit.
HILDÉRIK.
C'est qu'alors vous doutez de sa vaine science!
JEAN.
Je plains ton fol orgueil et ton impatience.
HILDÉRIK.
Un pêcheur!
JEAN.
En effet! fils des rois d'Israël,
Il pêche et reconduit les âmes vers le ciel;
A la mer soulevée il commande en monarque...
Un jour, notre Seigneur monta sur une barque;
Et voici qu'un orage, éclatant sur les flots,
Couvrit le frêle esquif avec les matelots.
Lui, cependant, dormait. Pierre, effrayé, s'approche,
L'éveille en lui disant : « Seigneur, sur cette roche
La barque va sombrer! — Hommes de peu de foi,
Que craignez-vous? dit-il, vous êtes avec moi;
Jetez donc hardiment vos filets dans les ondes. »
La mer montait toujours, et ses vagues profondes
Allaient nous engloutir. Alors, lui, se levant,
D'un seul geste enchaîna la tempête et le vent;
Un grand calme se fit. Tous, nous nous reposâmes.
Ce pêcheur est l'élu du ciel, le roi des âmes!
SALOMÉ.
Je l'invite avec vous à ma fête... Échansons,
La nuit, à sa moitié, veut des fleurs, des chansons;
Israël peut chanter quand Tibère est malade...
JEAN.
Oui, tu dansais aussi, fille d'Hérodiade,
Quand le sang de Baptiste a jailli sous tes pas!
MAGDELEINE.
De grâce!...
SALOMÉ, lui tendant une harpe.
Un chant d'amour... on ne l'écoute pas!...

MAGDELEINE, se dépouillant de son voile.
Je dors, mais mon cœur bat du désir qui l'enflamme;
Oh! qu'il tarde à venir, l'adoré de mon âme!
Trois fois je l'ai rêvé
Pâle, couvert de sang!... Le cœur saisi de crainte,
J'ai déserté ma couche, et, dans la ville sainte,
Trois fois j'ai traversé le portique et l'enceinte,
Et ne l'ai point trouvé!...

Je demande aux gardiens avec un trouble extrême :
« Un rival aurait-il frappé celui que j'aime?... »
Nul ne répond d'abord;
Mais enfin, je le vois!... je l'appelle, il se livre
A mes transports; captif, je le force à me suivre
Sous mon toit bienheureux : car l'amour qui m'enivre
Est vainqueur de la mort!

(Baruch s'assoupit; Hildérik lui présente sa coupe.)

SCÈNE VII.

LES MÊMES, SIHORA.

SIHORA, dans le fond.
La mort, c'est le néant!...
HILDÉRIK.
Sihora l'étrangère,
La folle aux cheveux blancs, couronnés de fougère...
A l'Ombre-Noire!...
(Il lui tend une coupe.)
COLOMBE.
Un spectre!
SALOMÉ.
Un palmier de Memphis!
SIHORA.
Magdeleine! rends-moi Nathanaël, mon fils!
SALOMÉ.
Est-il vrai? vous, le fils de cette infortunée?...
MAGDELEINE, se levant.
Mais qui donc êtes-vous?...
SIHORA.
Je suis ta destinée!...
Vois ces fleurs des tombeaux... la couronne des morts,
Comme toi, desséchée au souffle du remords :
La ronce aux dards de feu, la ciguë au front blême,
Le lierre qui grandit en rampant, ton emblème...
Dans trois jours tu sauras combien ce mot cruel
Contient de désespoir... l'exil perpétuel...
Dans sept ans tu mourras, solitaire et flétrie...
Malheur, malheur à toi!
BARUCH, s'éveillant.
Prophétesse ou furie,
Va-t'en!
SIHORA, s'avançant vers Nathanaël.
Reviens à nous... fuis de cette maison;
Ce festin de lépreux, où jaillit le poison,
L'amour de Magdeleine!...
HILDÉRIK, se levant.
Ah! pour cette parole!...
NATHANAËL, de même.
Ma mère!...
MAGDELEINE.
Épargnez-la; vous voyez qu'elle est folle!
SIHORA, devant elle.
Folle!... et toi, possédée! oui, tu me vengeras;
Ton amour est maudit! qu'il meure dans tes bras!...
Que ces fleurs sur vos fronts unissent leur haleine!...
(Jetant la couronne à ses pieds.)
Tiens! voici ta couronne!... Au revoir, Magdeleine,
Au pied du Golgotha!
(Elle sort; Nathanaël la suit, comme fasciné par son regard.)

SCÈNE VIII.

LES MÊMES, moins SIHORA.

SALOMÉ.
Rallumez ces flambeaux...
Qu'un chant joyeux succède à l'effroi des tombeaux...

HILDÉRIK. (Il chante.)

Couronne ton front de pampre et de rose,
  L'été n'a qu'un jour;
Aux baisers du ciel la terre est éclose :
  Buvons à l'Amour!

Heureux qui s'endort, bercé par un songe,
  Sur un sein vermeil;
L'amour seul est vrai, le reste est mensonge :
  Buvons au Sommeil!

Le fils d'Aphrodite, Éros nous convie
  Au plus doux transport;
Vivons pour aimer, si courte est la vie :
  Buvons à la Mort!

L'époux de Rhéa, le Temps, notre père,
  Aimait en créant;
Gaulois et Romains, buvons à Tibère :
  Buvons au Néant!

SALOMÉ, à Magdeleine.

Fort bien!... à votre tour.

COLOMBE, montrant Baruch.

Il dort, le vieux Silène!

MAGDELEINE, laissant tomber sa harpe.

Malheur à moi!...

(Elle éclate en sanglots.)

JOSEPH D'ARIMATHIE.

Buvons aux pleurs de Magdeleine!

TOUS.

Aux pleurs de Magdeleine!...

JEAN.

Au premier repentir!...

COLOMBE.

Je proteste! à ce vœu je ne puis consentir :
Elle dont la beauté rend les reines jalouses!
L'idole des époux! la terreur des épouses!...
A l'âge de Marcelle, on fera ses adieux;
Mais jusque-là...

MARCELLE.

Ma nièce!

(Elle sort.)

HILDÉRIK.

A Mars, le roi des dieux!

JUDAS.

A Tibère, empereur!

JOSEPH D'ARIMATHIE.

A Judas, son ministre!

SIMON.

A Satan, leur compère!

COLOMBE.

Il a le vin sinistre!

ÉMILIE.

A votre liberté!

MAGDELEINE.

Moi, je bois à la mort!

COLOMBE.

Vois, Marcelle est sortie... Après l'ivresse, on dort!

MAGDELEINE, ouvrant l'écrin.

Ce poison est plus sûr... On dort mieux dans la tombe...

COLOMBE.

Oui, la mort c'est l'oubli... J'accepte!

MAGDELEINE, jetant une perle dans sa coupe.

A toi, Colombe!...

JEAN.

Malheureuse!... ton âme invoque le néant!
Dieu n'a point de pardon pour ce crime effrayant,
Le suicide!... avant qu'il puisse te maudire,
Magdeleine, entends bien ce que je vais te dire!...
Il enseignait la foule, au temple, au point du jour;
Les scribes, les docteurs, qui veillaient tout autour,
Amenèrent au maître, expliquant un mystère,
Une femme du peuple, une épouse adultère;
Le coupable tremblait comme un jonc desséché.
« Maître, disaient les Juifs, cette femme a péché.
Or, la loi de Moïse, établie en Judée,
Ordonne qu'à l'instant elle soit lapidée :
Que nous conseillez-vous? » Jésus, au même endroit
Se courbant, écrivait à terre avec le doigt;
Puis il dit à voix haute, en levant la paupière :
« Que celui d'entre vous dont la première pierre
Doit la frapper, soit juste et n'ait jamais failli!... »
A ces mots, dans son cœur chacun a tressailli;
Tous voyaient les docteurs sortir et disparaître
De la foule attentive autour du divin maître :
De sorte que bientôt on ne vit au milieu
Que la fille du peuple et l'homme fils de Dieu.
Jésus avec douceur dit à l'infortunée :
« Quelqu'un parmi ces gens t'aurait-il condamnée?
—Non, maître.—Un seul pécheur au ciel vaut cent élus;
Tes torts sont expiés : femme, ne pèche plus!... »

(A Nathanaël.)

Ayant remis sa faute à la pauvre adultère,
Il trouve un homme aveugle étendu sur la terre;
Prenant un peu de boue, il en touche ses yeux,
Et l'homme aveugle-né voit la clarté des cieux!...

MAGDELEINE, se levant.

Qu'entends-je? il est un Dieu d'amour et de lumière,
Qui rend au repentir l'innocence première,
La vue au triste aveugle errant à l'abandon?...
Luc, allez, dites-lui que j'attends son pardon!...

(Luc sort joyeux.)

Il a sauvé la vie à la Juive adultère
Qui faillit une fois, dans l'ombre et le mystère;
Mais moi, moi qui donnai le scandale en plein jour,
Moi qui n'ai même pas pour excuse l'amour,
Peut-il sauver mon âme?...

JEAN.

Écoute sa parole!...
Il n'est point de douleur que sa voix ne console :
Fuis ce séjour honteux, ces hommes dissolus :
Tu seras pardonnée...

(La coupe tombe des mains de Magdeleine.)

JUDAS, à part.

Elle ne mourra plus.

MAGDELEINE.

Qui m'y conduira?...

JEAN.

Moi.

MAGDELEINE, prenant son voile des mains de Colombe.

Donne!

MARCELLE, en entrant.

Votre sœur, Marthe!...

MAGDELEINE, à ses convives.

Ma sœur!... Ah! laissez-nous; car, avant que je parte,
Je veux lui dire adieu...

SALOMÉ.
Vous nous l'avez promis;
A bientôt chez Simon?...

MAGDELEINE.
A bientôt, mes amis!

COLOMBE, éveillant Baruch.
Docteur!...

JUDAS.
Vous reverrai-je au moins, sans vous déplaire?

MAGDELEINE.
Jamais!...

SCÈNE IX.

MAGDELEINE, MARTHE, MARCELLE.

MAGDELEINE.
Marthe! ma sœur! mon ange tutélaire!...
Chez Magdeleine!... Oh! viens... brise-moi sous tes
Je l'ai trop mérité... Tu ne m'écoutes pas?... [pas;
Ce sanglot éternel, captif au fond de l'âme,
Qu'il s'épanche à présent, plus libre que la flamme...
Ces chaînes, ces anneaux, que ma honte a payés,
Je les maudis, vois-tu... je les foule à mes pieds...
Grâce! pardonne-moi!...

MARTHE, sanglotant.
Lazare!

MAGDELEINE.
Eh bien, Lazare?...
A ce nom quel effroi de mon âme s'empare!...
Il revient aujourd'hui...

MARTHE.
Ton frère... infortuné...

MAGDELEINE.
Eh bien... mon frère... achève!...

MARTHE.
Est mort... assassiné!

MAGDELEINE.
Mon frère!...

MARTHE.
Oui, par le peuple ameuté dans la rue,
Au seuil de ta maison...

MARCELLE.
Ciel!

MARTHE.
J'étais accourue
Au-devant des amis qu'Antipas exila;
Nathanaël nomma ton frère... le voilà...
Je m'élance vers lui... quand soudain, dans la foule,
Je vois luire un poignard... il frappe... le sang coule...
Et Lazare expirant vient tomber dans mes bras...

MARCELLE.
Mon fils!

MAGDELEINE.
Qu'ai-je entendu?... Seigneur! tu le rendras
A ma tendresse... Allons!... je veux sauver mon

MARTHE.   [frère!
Vain espoir... il attend sous le dais funéraire
Le baiser de l'adieu que tu vas lui donner...
(Nathanaël entre avec Luc et les familiers.)

MAGDELEINE, égarée.
Lazare, mort?...

NATHANAËL.
Oui, mort!

MAGDELEINE.
Mort sans me pardonner!...
Mort en me maudissant!... car il meurt par ma faute...
Et ce sont mes amants, Caïphe, Ischariote,
Qui l'ont assassiné par la main d'un bandit!...
Non, c'est moi!... moi, sa sœur... Mon amour est maudit!
Luc, à vous ce palais; prenez cet or, vous dis-je...
Mais sauvez-nous tous deux!...

LUC.
Vous voulez un prodige!...

MAGDELEINE, suppliante.
Au nom du Rédempteur!...

LUC.
Lui seul est tout-puissant!

MAGDELEINE, avec désespoir.
Vous ne le pouvez pas? même au prix de mon sang,
Même au prix de mon âme!... O mon frère, mon frère...
Ainsi donc à la mort je ne puis te soustraire!
C'est moi qui t'ai tué!... te flétrir, c'était peu!...
Malheureuse! et j'ai pu croire au pardon de Dieu!...
Non, non! plus de pardon pour moi, la pécheresse!...
Que ne puis-je briser sous ma main vengeresse,
Avec ces ornements, mon cœur et ma raison!
Ah! ce fer!... il sera plus prompt que le poison!

MARCELLE, lui arrachant le poignard.
Marie! ô mon amour!

MAGDELEINE.
Dis plutôt Magdeleine!...
L'amour tue ou flétrit... Appelle-moi la haine!
Je suis la possédée, à qui le sort cruel
N'a laissé qu'un espoir : l'exil perpétuel!
Va-t'en!... non! je ne puis éluder l'anathème
Qui pèse sur ma race et frappe ceux que j'aime...
Le front sur ces rochers, je cesse de souffrir;
Pour fuir le déshonneur, il suffit de mourir!...
(Elle veut se jeter du balcon.)

SCÈNE X.

LES MÊMES, JEAN.

JEAN, sur le seuil.
Mourir, dans ce moment, quand le Seigneur t'appelle?

MAGDELEINE.
Qui m'a parlé?

JEAN.
Moi, Jean, que ton âme rebelle
A jadis repoussé; moi, qui viens aujourd'hui,
Disciple du Sauveur, te conduire vers lui!

MAGDELEINE.
Peut-il rendre la vie à son frère, à Lazare?...

JEAN.
Oui, le Dieu tout-puissant par ma voix le déclare!

La mort ne sera pas plus forte que l'amour;
Des prodiges nouveaux l'attestent chaque jour,
Samarie en est pleine et Sion le répète :
Celui dont la parole enchaîne la tempête,
Commande à l'Océan de respecter ses bords,
Peut aussi de ton cœur apaiser les transports...
MAGDELEINE.
Rendez-lui tous mes biens!
JEAN.
Il veut l'âme en offrande!
MAGDELEINE.
Mais mon crime est si grand!...
JEAN.
Sa clémence est plus grande!...
Il n'est rien d'impossible au roi de l'univers...
« Je suis venu, dit-il, en ce monde pervers,
Pour les pauvres proscrits de la famille humaine,
Les troupeaux dispersés qu'un bercail je ramène,
Pour tous les orphelins dépouillés de leurs droits;
Et pour vaincre la mort, je mourrai sur la croix ! »
MAGDELEINE.
Il mourra, dites-vous?...
JEAN.
En vous donnant la vie!
MAGDELEINE.
Je crois en lui... Partons!...
(Aux familiers.)
Vous qui m'avez servie,
Indulgents pour mes torts, fidèles à ma voix,
Frères, vous me voyez pour la dernière fois.
Magdeleine n'est plus... c'est la pauvre Marie,
L'orpheline de Tyr, qui, mourante et flétrie,
Vous demande à genoux si vous lui pardonnez
Les peines, les tourments qu'elle vous a donnés!...
Ce domaine est à vous; Simon vendra les autres :
Vous remettrez le prix dans les mains des apôtres...
Luc, brûlez mon portrait... puissé-je anéantir
Les remords que j'éprouve au feu du repentir!...
MARCELLE.
Te dépouiller pour nous?...
MAGDELEINE.
Pour Jésus, je l'espère!...
Par lui, l'homme a le droit d'aimer Dieu comme un père;
J'ai foi dans sa clémence... Au revoir dans les cieux!...
Je garde en mon exil ce vase précieux...
Ce pain aux indigents; ces lustres d'or au temple :
J'ai donné le scandale, et veux donner l'exemple...
JEAN, leur imposant les mains.
Soyez libres!...
MAGDELEINE.
Soyez heureux!... Je vois le jour!
JEAN.
Puisse-t-elle, ô Jésus, renaître à ton Amour!
(Le jour se lève, Magdeleine s'éloigne avec Jean.)

ACTE DEUXIÈME.

LA FOI.

Tombeaux des Machabées, à Jérusalem. — A droite, le caveau de Lazare, fermé par un portail. — Magdeleine endormie; près d'elle, le vase de parfums. — Une autre porte au fond; au-dessus, une lucarne en croix taillée à jour dans le rocher. — Dans le lointain, le désert.

SCÈNE I.

MAGDELEINE, JOSEPH D'ARIMATHIE, HIRAM, ZACHARIE son FILS, DANIEL, JONAS, Ouvriers.

JOSEPH D'ARIMATHIE.
Hâtez-vous, sage Hiram; maître Luc vous accorde
Une heure pour finir.
HIRAM, dressant une échelle.
Le traçoir et la corde!...
Par le roi Salomon c'est l'usage établi,
Lazare, après trois jours, doit être enseveli
Sous la croix qui, dans Tyr, préside aux funérailles...
Tous les Asmonéens vont peupler ces murailles;
Depuis Éléazar, le tueur d'éléphants,
Jusqu'à lui, votre chef, qui mourut sans enfants :
Au temps où nous vivons, ce n'est plus un reproche!...
Cœur de roi, qu'il repose en roi, sous cette roche;
Vous étiez ses soldats, vous êtes mes maçons.
Vous avez fait serment de garder mes leçons;
Le grand art de bâtir est encore un mystère :
Je veux le propager avec vous sur la terre,
Afin que le Seigneur ait dans toute cité
Un symbole vivant de sa triple unité.
Aujourd'hui, ce héros, votre orgueil, votre exemple,
Doit trouver pour sa gloire une tombe assez ample;
Et le fils de Ruben couché dans ce caveau,
L'ange de Josaphat l'ouvrira de nouveau!
JONAS.
Son fils! un étranger, d'une race tombée!
DANIEL, travaillant à la croix du portail.
Par le courage au moins c'était un Machabée;
Le fils, par testament, du vainqueur syrien,
Au lieu d'Ischariote, un bâtard, un vaurien,
Qui se nomme Isaac ou Judas...
ZACHARIE.
L'un des Douze?
DANIEL.
Il voulait Magdeleine autrefois pour épouse;
Mais, chassé par Lazare, il s'est vengé sur lui!
JOSEPH D'ARIMATHIE.
Son maître doit venir l'éveiller aujourd'hui.
JONAS.
Jésus?
HIRAM.
C'est un archange, ou le prophète Élie.
JONAS.
Lui, prophète, un manœuvre? Allons, quelle folie!

ZACHARIE.
C'est l'ami des enfants.
JOSEPH D'ARIMATHIE.
C'est le sang de nos rois.
DANIEL.
C'est plus! le Rédempteur, dit le peuple, et j'y crois,
L'esprit de Dieu fait homme... En faut-il une preuve?
La fille de Jaïre et le fils de la veuve,
Sémida de Naïm! Tenez, le mois dernier,
N'a-t-il pas ranimé le fils d'un centenier,
Devant moi, qui l'ai vu, devant tous ses apôtres?...
Il fera bien pour lui ce qu'il fait pour tant d'autres,
Puisqu'il descend des rois de Tyr et de Sidon,
Par Sirius, son père... et même enfants, dit-on,
Le voyant au pied gauche atteint d'une morsure,
Il fit boire au serpent le sang de la blessure;
Le serpent seul mourut, brûlé par le poison,
Et Lazare, en sautant, revint dans sa maison...
JONAS, haussant les épaules.
Pauvre Daniel!...
ZACHARIE.
Un prince, après cinq ans de guerre,
Tué par un bandit, comme un homme vulgaire!
JOSEPH D'ARIMATHIE.
C'est la mort qui choisit l'homme, dit le Seigneur.
TOUS.
C'est vrai, c'est vrai!...
DANIEL.
Du moins, il aura le bonheur
De ne pas voir son peuple esclave aux pieds d'Hérode,
Ce vil Iduméen couronné par la fraude;
De ne pas renier sa patrie et sa foi...
HIRAM.
Daniel! fais ton ouvrage; obéis, et tais-toi!
DANIEL.
Dieu créa l'homme libre, afin qu'il le révère!
HIRAM.
Prends garde, avec ton Dieu, de monter au Calvaire!
ZACHARIE.
Crucifier Jésus? lui, si bon et si doux!...
JOSEPH D'ARIMATHIE.
Enfant! n'a-t-il pas dit : « Venez à moi, vous tous!
Je suis celui qui donne aux captifs l'espérance,
Le pain aux affamés, aux serfs la délivrance!... »
ZACHARIE.
C'est pour cela?...
JONAS.
Mais oui, Caïphe l'a promis!
DANIEL.
Caïphe? ah! ces vautours, l'enfer les a vomis.
Il m'a fait travailler, un jour de Pentecôte,
Dans son nouveau palais. C'est mal; à qui la faute?
Je prie en travaillant... et puis il me rabat
La moitié du salaire, en raison du sabbat!
Je menace, il en rit; je me plains à Pilate,
Il me jette en prison. Mais bientôt, je m'en flatte,
Comme Baruch me sait artiste intelligent,
Il me rendra justice.
JONAS.
As-tu beaucoup d'argent?
DANIEL.
J'ai celui que je gagne.

JONAS.
Et Caïphe a tes juges,
Maître sot! comme il a les soixante transfuges,
Le sénat juif!...
HIRAM.
Assez!...

SCÈNE II.

LES MÊMES, MARCELLE, NATHANAËL,
puis MARTHE.

MARCELLE.
Silence, autour du mort!
N'éveillez pas sa sœur!
NATHANAËL.
Magdeleine!...
MARCELLE.
Elle dort!
Depuis trois jours entiers, seule, auprès de sa couche...
Pas un cri de douleur n'est sorti de sa bouche!...
C'est notre sœur à tous : n'est-ce pas votre avis?
ZACHARIE.
Elle a soigné ma mère...
HIRAM, montrant Zacharie.
Elle a guéri mon fils;
Cette blessure au front sous sa main s'est fermée.
JONAS.
Mon frère Job lui doit sa rançon de l'armée.
MARCELLE, les embrassant.
Tu les entends, mon Dieu! J'aime les gens d'honneur!
DANIEL.
Chacun de nous mourrait pour elle avec bonheur!...
MARTHE, en entrant.
Frères! soyez bénis par l'âme de Lazare!
A suivre notre deuil que chacun se prépare;
Voici l'eau du Jourdain, la myrrhe et le flambeau :
Cet or vous appartient, l'offrande du tombeau.
Priez pour lui... que Dieu l'accueille dans sa gloire!...
DANIEL, recevant le salaire.
Oui, nos cœurs le suivront, comme un jour de victoire!
MARTHE.
Bien, Daniel!... laissez-moi seule avec ma douleur;
(A Nathanaël.)
Demeurez!
(Les ouvriers partagent leur salaire et s'éloignent avec Joseph d'Arimathie et Marcelle.)
La voilà, muette et sans couleur...
Comme un ange endormi devant le sanctuaire.
Elle a fermé les yeux près du lit mortuaire,
Et des sanglots amers s'échappent de son sein...
Marie!...
MAGDELEINE, s'éveillant.
Ah! ce baiser de Judas l'assassin,
Judas le parricide!... il va trahir son maître!...
Pourtant, je le sais, moi : Lazare va renaître!
Voici ma coupe vide... et là, mon frère... il dort!...
Silence!... car l'amour est vainqueur de la mort!...
MARTHE.
Reviens à toi, Marie!...

MAGDELEINE.
O ciel!... serais-je folle?
Non... ce n'est pas un rêve!... et j'entends sa parole :
« Il dort, a dit le Christ; mais ses yeux s'ouvriront,
Quand la croix du salut brillera sur son front! »
NATHANAËL.
Comme elle doit souffrir!...
MARTHE.
Ma pauvre sœur, Marie!...
MAGDELEINE.
C'est toi, Marthe... pardon!... ma tête endolorie
Par ces trois jours d'angoisse... un sommeil plein d'effroi!
J'ai rencontré Lazare en sortant de chez moi;
Joseph, Luc avec Jean suivaient ses frères d'armes...
Je me jetai sur lui, le couvris de mes larmes,
Puis, j'entrai chez Simon... le Sauveur était là...
De loin, en le voyant, mon âme se troubla...
J'écoutais, j'aspirais sa parole divine...
Aux sanglots étouffés qui brisaient ma poitrine,
Jésus me reconnut; puis, faisant un effort :
« Seigneur, dis-je à ses pieds, Seigneur, Lazare est mort!
Vous présent, il vivrait!...» Dans une sainte extase
Il pleura... j'épanchai les parfums de ce vase;
La salle en fut remplie... et je baignai ses pieds,
Avec ma chevelure et mon voile essuyés...
« Je suis le Christ, dit-il, femme, ta gloire est grande! [1] »
Judas, en souriant, blâma mon humble offrande :
« Ce voile et ces parfums coûtent trois cents deniers;
Elle aurait dû les rendre aux pauvres prisonniers :
Si le maître savait ce que vaut cette femme... »
Jésus d'un long regard interrogea son âme;
Et puis, rompant le pain : « Écoutez-moi, Simon!
— Parlez, maître! — Un de vous a le cœur d'un démon!
Un seigneur, ajouta cette bouche éloquente,
Avait deux débiteurs, dont l'un devait cinquante,
L'autre cinq cents deniers; l'un et l'autre indigent.
Comme au jour d'échéance ils étaient sans argent,
Le divin créancier, leur cédant les deux sommes,
Les renvoya chez eux. Lequel de ces deux hommes
L'aimera davantage? — Et Simon répondit :
Celui qui devait plus. — Oui, vous avez bien dit! »
Alors, en m'appelant d'une voix relevée :
« Tu peux aller en paix, car ta foi t'a sauvée!
Je te rendrai ton frère; et, l'ayant ranimé,
Je te remettrai plus, pour avoir plus aimé!... »
MARTHE.
Tu crois donc qu'il viendra?
MAGDELEINE.
Serais-je encore vivante
Si je n'y croyais pas?... Ici, la nuit suivante,
Je l'ai vu dans un songe, éclatant de beauté;
Il marchait dans sa gloire et dans sa royauté,
Mais portant à son front la couronne d'épines...
Une croix déchirait ses épaules divines...
Il montait au Calvaire entouré de soldats!...
Alors je crus sentir le baiser de Judas;
Et trois fois j'entendis, dans mon rêve lucide,
Ces mots pleins de terreur : « Judas le parricide!... »

[1] *Christ* (en hébreu *Messias*) veut dire *oint*, nom que les Juifs donnaient à leurs rois.

Ce baiser me pénètre; il est là : c'est du feu!...
S'éteindra-t-il jamais sous les larmes d'un Dieu?
MARTHE.
O pauvre sœur! ton front est brûlé par la fièvre...
Depuis trois jours le pain n'a pas touché ta lèvre...
Et Jésus ne vient pas!... il sème son jardin
Nommé Betharaba, tout auprès du Jourdain!...
MAGDELEINE.
Ah! tu doutes de lui?... si tu voyais mon âme!...
Hier encor j'étais la pécheresse infâme;
Je doutais aussi, moi... ses pleurs ont effacé
Sur mon front criminel la honte du passé...
Je ne me souviens plus de mon ignominie;
Je n'ai plus dans le cœur qu'une joie infinie :
Car il le sauvera... pour cet espoir divin,
Je donnerais mon sang!...
NATHANAËL.
Vous l'espérez en vain;
Jésus ne viendra pas secourir votre frère,
Car lui-même à la croix je n'ai pu le soustraire...
MAGDELEINE.
A la croix, dites-vous?
NATHANAËL.
Hier, je fus instruit
Par Joseph qu'on devait l'arrêter cette nuit;
Qu'un infâme transfuge, au lieu de le défendre,
Au conseil des soixante a juré de le vendre...
MAGDELEINE.
Son nom?
NATHANAËL.
C'est Isaac, l'affidé du sénat,
Le lévite banni pour un assassinat...
MAGDELEINE.
Oh! c'est Judas!...
NATHANAËL.
Poussé par une voix secrète,
Pour avertir Jésus, j'allai vers sa retraite,
Votre bois d'oliviers, nommé Gethsémané...
Je l'ai vu plein de gloire et déjà condamné...
Il enseignait le peuple; et je conçois l'empire
Qu'il exerce ici-bas sur tout ce qui respire :
Il m'apparut plus grand, sous ces beaux arbres verts,
Que César, demi-dieu, trônant sur l'univers.
D'un homme doux et grave il avait l'apparence;
On ne saurait le voir avec indifférence,
Il faut ou le haïr, ou lui donner son cœur :
Et je suis tout à lui! je crois à mon vainqueur!
La foule avec respect recueillait ses paroles,
Son langage imagé de simples paraboles,
Tous l'écoutaient ravis, consolés, triomphants!...
Mais du fond de son âme il chérit les enfants :
Et jusqu'à leur baiser quand sa tête s'incline,
Son beau front resplendit d'une clarté divine!...
Oui, c'est plus qu'un génie, un sublime orateur,
C'est le fils du ciel même, un Dieu libérateur!...
MAGDELEINE.
Il vivra, n'est-ce pas?...
NATHANAËL.
Sur la terre où nous sommes,

Le martyre d'Abel c'est l'histoire des hommes[1] ;
La justice est aux cieux!... Vers la chute du jour,
Je parvins jusqu'à lui, dans le même séjour ;
Je lui parlai... saisi d'une grande amertume,
Il voulut être seul, et, selon sa coutume,
Pour lui servir de garde éloigna ses amis.

MAGDELEINE.

Ils l'ont quitté?...

NATHANAËL.

La nuit, tous se sont endormis...
Dans une grotte obscure, au milieu de l'enceinte,
« Mon père, disait-il, que ta volonté sainte
Soit faite, et non la mienne! » Une sueur de sang
Répandait sa rougeur sur son front pâlissant ;
Sans doute il pressentait l'horreur de son supplice...
Un ange en ce moment lui tendit un calice ;
Il le prit de ses mains, et l'envoyé de Dieu
Pleurait, en s'abritant sous ses ailes de feu...
Puis il dit à sa suite avec un doux reproche :
« Amis, réveillez-vous, car mon heure s'approche!... »
Malchus le centenier sous la grotte apparaît :
« Qui cherchez-vous? dit-il. — Jésus de Nazareth.
— C'est moi ; mais épargnez mes disciples, que j'aime! »
Et, livré dans leurs mains par un noir stratagème,
Aux soldats de Caïphe il se rend prisonnier.

MAGDELEINE.

Et les Douze?

NATHANAËL.

Ils ont fui... Jean resta le dernier.

MAGDELEINE.

Mais Baruch, Salomé...

NATHANAËL.

Je ne puis que les plaindre...
Tant que mon cœur battra, vous n'avez rien à craindre ;
Je vous aime... voici mon trésor le plus cher :
Mon anneau de soldat... Aujourd'hui comme hier,
Magdeleine est pour moi la sœur d'un frère d'armes,
Ce souvenir, payé de mon sang, de mes larmes,
Laissez-moi vous l'offrir avec un nom plus doux !...
Acceptez cet anneau de la main d'un époux !...

MAGDELEINE.

Vous, seigneur, mon époux?

NATHANAËL.

Oui, moi, qui vous adore !...

MAGDELEINE.

Vous savez qui je suis, et vous m'aimez encore !...

MARTHE.

Oh! Marie!

MAGDELEINE.

Il est vrai, je n'ai plus, dès longtemps,
Le droit de m'offenser de l'aveu que j'entends ;
Mais j'en rougis pour vous !... Cette offre généreuse
Dont toute autre à ma place eût été trop heureuse,
N'évoque, en ce tombeau, que des échos railleurs ;
Demandez à ces morts, les plus grands, les meilleurs,
Que leur cœur se ranime et leur voix vous réponde !...
Déjà mon âme est morte à tout amour du monde !...

[1] Trahi par un des siens, Jésus est prisonnier.

MAGDELEINE. } Pour la scène.
Et les Douze?

Mon amour, le voici... le dernier ici-bas...
Et je vous aimerais, vous ne le sauriez pas ;
Mais devant cet aveu que vous daignez me faire,
Je me mets à vos pieds, en vous nommant mon frère...

NATHANAËL.

De grâce...

MAGDELEINE.

Laissez-moi votre main... car je vois
En vous les mêmes traits... le même son de voix,
Le front, le doux regard... et presque le même âge !...
Par le corps, si déjà vous êtes son image ;
Ressemblez-lui par l'âme, imitez ses vertus...
Relevez, consolez tous les cœurs abattus ;
Soyez des opprimés le conseil et l'exemple ;
Consacrez votre vie, et faites-en le temple
De toutes les splendeurs, afin qu'en le suivant,
On reconnaisse en vous l'esprit du Dieu vivant...
Toutefois, s'il vous faut, dans cette voie austère,
Un guide, un compagnon de l'exil sur la terre,
C'est Marthe à qui le ciel destine cet emploi ;
Portez-lui cet amour égaré jusqu'à moi...
Cette fleur de l'Éden, de son souffle encor pleine,
Se ternirait bien vite aux mains de Magdeleine...
Qu'elle soit votre épouse honorée en tout lieu ;
Je serai votre sœur et votre amie en Dieu !...

NATHANAËL.

Moi, disciple du Christ? Cette tâche est bien grande!
Mais je veux lui porter mon sang libre en offrande ;
L'arracher au supplice, ou mourir avec lui...

SCÈNE III.

Les Mêmes, JEAN, LUC.

JEAN.

Ce souhait tu pourras l'accomplir aujourd'hui,
Car son heure est venue...

MARTHE.

O ciel!

LUC.

Je viens d'apprendre
Que Caïphe à l'instant près de vous doit se rendre,
Avec le meurtrier de Lazare ; et j'accours
D'un millier d'artisans vous offrir le secours.

MAGDELEINE.

Mais le Christ?...

LUC.

Au sénat sa perte est décidée.

MAGDELEINE.

Quel est son crime?...

JEAN.

Il veut soustraire la Judée
Au joug de l'étranger, détrôner Antipas ;
Il soulève le peuple et lui défend tout bas
De payer à César le tribut légitime.
« Cet homme, dit Caïphe en montrant sa victime,
Cet homme de désordre et de sédition
Veut abattre en trois jours le temple de Sion,
Pour en construire un autre à la place où nous sommes,
Qui sera respecté par le temps et les hommes.
Tandis que nos aïeux, leurs pontifes présents,

Ont pour le relever mis quarante-six ans,
Trois jours lui suffiraient? C'est un blasphème impie!...
La justice du ciel serait-elle assoupie?
Des signes menaçants ont apparu dans l'air :
J'ai vu le bras d'Énoch agitant un éclair,
Sept coupes épanchant la peste et la famine,
Un aigle d'or planant sur la sainte colline... [pas,
Qu'il meure, ou vous mourrez!... S'il échappe au tré-
Tremblez! César est juste! il ne pardonne pas! »

MAGDELEINE.
Et Pilate a pu croire aux cris de son esclave?

LUC.
Refuser le tribut, pour Pilate, c'est grave.
L'homicide à ses yeux n'est qu'un simple attentat,
Mais frustrer le trésor! c'est un crime d'État!

NATHANAËL.
C'est juste... Allons guider le peuple à sa défense!

LUC.
Le peuple à son arrêt se résigne d'avance,
Et déjà, dans son âme, il l'a crucifié.

MAGDELEINE.
Quoi! ce peuple perfide a-t-il donc oublié
Les bienfaits répandus chaque jour, à toute heure?
Les rameaux d'olivier semés sous sa demeure?
Qu'hier tout Israël se courbait devant lui?...

LUC.
Voilà pourquoi sans doute il se dresse aujourd'hui,
[chaîne...
Pour mordre, chien hargneux, la main qui rompt sa
Son orgueil n'a sur lui plus de Dieu qui le gêne!
Désertant les autels que Moïse éleva,
N'a-t-il pas mille fois renié Jéhova
Pour offrir son encens à Baal, son idole?
Premier-né du Seigneur, gardien de sa parole,
Au culte du néant le voilà descendu;
Il a tout abjuré, tout flétri, tout vendu.
Je serais peu surpris si, plus vil que ses maîtres,
Israël exhumait les os de ses ancêtres,
Pour les vendre au vainqueur qui vient le dominer...

MARTHE.
Il a produit Jésus!

LUC.
Oui, pour l'assassiner!...
Mais Dieu réprouvera cette race inhumaine
Comme les fils de Cham chassés de son domaine,
Pour adopter, après sa sentence d'exil,
Les oiseaux de Chaldée ou les pierres du Nil!

MARTHE.
Qui donc, avant huit jours, a changé sa pensée?

JEAN.
Huit jours, c'est tout un siècle!... Une pauvre insensée
Qu'un soldat de Ruben jadis déshonora,
Après avoir tué ses enfants... Sihora,
Dont l'aveugle ignorance a fait une sibylle;
Qu'on invoque parfois, car on la sait habile
A guérir les lépreux gisant sur les chemins...
Elle qui veut le monde esclave des Romains,
Et Sion retombé jusqu'à l'idolâtrie,
Pour venger Chanaan, son ancienne patrie!...
Le Rédempteur, pour elle, est un ambitieux
Appelant sur les Juifs tous les fléaux des cieux;
Et ces cœurs qui doutaient de Dieu même, ont pu croire

A la folle de Tyr, Sihora, l'Ombre-Noire!
« Imitez, lui disais-je, Élie ou Samuel,
En foudroyant ce peuple ingrat, lâche et cruel!
— Jean, s'écria le maître, annoncez à Tibère
Que je vais demander sa grâce à notre père;
César est pardonné s'il pardonne aux Hébreux :
Aux mains de ses bourreaux je me livre pour eux! »

MARTHE.
Quel est ce bruit?
(On entend un tumulte au dehors.)

SCÈNE IV.

LES MÊMES, MARCELLE.

MARCELLE, accourant.
La foule, acclamant le pontife,
Entoure le jardin.

MARTHE.
Déjà!

CRIS, au dehors.
Vive Caïphe!

NATHANAËL.
Hier : Vive Jésus!... place au maître nouveau!

MARTHE.
Il ne doit pas franchir le seuil de ce caveau;
Viens! la loi nous prescrit de fermer cette porte...

MAGDELEINE.
Quitter mon cher Lazare? Oh, non! vivante ou morte,
Je reste!... avant ce soir il ouvrira les yeux,
Quand la croix du salut brillera dans les cieux!

MARTHE.
Toujours ce rêve!

JEAN.
Amis, que la foi vous soutienne!

MAGDELEINE.
Qu'il entre! Il verra bien si mon âme est chrétienne!
O Christ! j'espère en toi, je crois à ton amour.

SCÈNE V.

LES MÊMES, CAÏPHE, LÉVITES, parmi lesquels JUDAS déguisé, MALCHUS, DANIEL, JONAS, OUVRIERS et PEUPLE dans le fond.

CAÏPHE, en entrant.
Arrêtez sur le seuil du funèbre séjour,
Lévites du Très-Haut. Selon nos lois antiques,
Au son des harpes d'or et des pieux cantiques,
Je viens faire à Lazare un adieu solennel,
Et sceller son tombeau du nom de l'Éternel,
Pour qu'il repose en paix dans ces demeures sombres,
Au sein de Jéhova.

(S'avançant vers le milieu.)
Salut, illustres ombres
Des rois asmonéens : Jean, Simon, Jonathas,
Frères d'Éléazar; et vous, noble Judas,
La gloire de Sion, les vainqueurs d'Épiphane!
Faut-il que votre sang, par un meurtre profane,
Soit tari pour jamais!... Quel que soit son auteur,

Je viens, comme grand prêtre et sacrificateur,
Faire, au nom de César, justice entière et pleine.
LE PEUPLE.
Vive César!
CAÏPHE, jetant de l'or.
Allez!... Vous ici, Magdeleine?
Parée, un jour de deuil!...
MAGDELEINE.
Le deuil est dans mon cœur.
CAÏPHE.
Nos prêtres, j'en conviens, avec trop de rigueur
Vous ont fermé le temple où, quittant les parures,
Nul ne doit pénétrer que l'âme et les mains pures;
Pourtant, ils ont agi de leur autorité :
Moi, présent au saint lieu, je l'aurais évité.
MARTHE.
Ah! par ces mots cruels vous doublez leur offense!
CAÏPHE.
Vous êtes généreuse et prenez sa défense;
Je vous approuve, ainsi que ces riches apprêts
Conduits par maître Luc, attestant vos regrets;
Ils nous font mieux sentir une perte commune :
Dignes de son génie et de votre fortune.
JEAN.
Que te fait leur fortune, à toi, l'homme de Dieu?
Est-ce l'or de Ruben qui t'attire en ce lieu?
CAÏPHE.
A qui parle cet homme?
JEAN.
Au tyran de Judée!
MARTHE.
Pardonnez-lui!...
CAÏPHE.
Son nom?
JEAN.
Jean, fils de Zébédée!
CAÏPHE.
Pontife d'Israël, j'ai pour suprême emploi
De faire respecter les autels et la loi.
Dieu veut pour ces maudits des rigueurs intraitables;
Et Rome ouvre une enquête, au nom des Douze-Tables,
Sur la mort d'un héros, sur ce lâche attentat
Qui vous ravit un frère, une gloire à l'État.
MARTHE.
Nous sommes trop heureux, seigneur, de votre estime.
CAÏPHE.
Amenez l'homicide auprès de la victime...
Malchus, gardez le seuil.

SCÈNE VI.

LES MÊMES, BARRABAS, entre deux lévites armés.

CAÏPHE.
Votre nom?
BARRABAS.
Barrabas,
Un des forts d'Israël, cité dans vingt combats;
D'abord soldat d'Hyrcan, puis de la garde urbaine,
Puis portefaix, bandit : toujours homme de peine.

CAÏPHE.
Et toujours vagabond!
BARRABAS.
Le chien fuit le collier!...
Pour avoir entamé la peau d'un familier,
Ruben me renvoya, moi, son compatriote,
Comme il avait chassé son fils, l'Ischariote.
JUDAS, à part.
Silence!...
CAÏPHE.
Avouez tout, montrez du repentir,
On vous pardonnera.
BARRABAS.
Je ne sais pas mentir.
CAÏPHE.
Autrement, c'est la mort!
BARRABAS.
Jamais rien ne m'effraye.
CAÏPHE.
Quel maître servez-vous?
BARRABAS.
Le maître qui me paye!
J'appartiens au tétrarque, à Pilate, à Simon;
Je crois que pour de l'or je serais au démon;
Mais, une fois payé, mon maître c'est moi-même.
CAÏPHE.
Vous détestiez Lazare?
BARRABAS.
Autant que je vous aime.
NATHANAËL.
Et vous l'avez tué?
BARRABAS, le toisant.
C'est possible.
CAÏPHE.
Et pourquoi?
BARRABAS.
Il m'avait insulté... dent pour dent, c'est la loi.
CAÏPHE.
Comment?
BARRABAS.
A son retour, j'ai dit à gorge pleine :
« C'est l'ami de cet homme, amant de Magdeleine! »
Il m'a frappé trois fois, pâle, les yeux ardents...
Maximin a pu voir si le chien a des dents.
CAÏPHE, le regardant avec attention.
Maximin, lui? D'où vient qu'il ressemble à la mère
De ce fils qu'autrefois... Un rêve, une chimère...
(A Barrabas.)
En frappant votre chef, qu'avez-vous pris?
BARRABAS.
Moi? rien!
J'en voulais à son âme et non pas à son bien;
Je suis un peu bandit, c'est ma seule ressource,
Je laisse aux magistrats de fouiller dans la bourse :
Ils le font mieux que nous.
CAÏPHE.
Comme vous, n'est-ce pas,
L'assassin de Ruben se nommait Barrabas?
BARRABAS.
C'était mon oncle.
JUDAS.
Assez!... Je réponds de cet homme;

K. OSTROWSKI, Œuvres choisies.

Fidèle serviteur du tétrarque et de Rome,
Lui-même il a tué l'assassin du vieillard!...
CAÏPHE.
Vous le jurez?
JUDAS.
J'ai vu la trace du poignard!
CAÏPHE.
Isaac, je vous crois... Que Pilate en décide;
Voici la loi que Rome applique au parricide :
« Comme Lazare était l'égal, par ses exploits,
De Judas Machabée... »
BARRABAS.
Oh! je connais vos lois!
J'admire leur justice en vous voyant à l'œuvre!...
On met le patient avec une couleuvre,
Une panthère, un coq, dans une outre de cuir,
Puis on plonge le tout dans le Jourdain.
JUDAS, à part.
Où fuir?...
CAÏPHE.
Restez!...
(A Barrabas.)
Vous avez dit votre arrêt!
BARRABAS.
Peu m'importe!
Au moins je me serai vengé, devant sa porte,
Sur un de ceux qui font la misère et la faim;
Un noble, un fils de prince, une sangsue enfin!
CAÏPHE.
Pilate répondra d'office à vos attaques.
BARRABAS.
Vous n'avez pas le droit, l'avant-veille de Pâques,
De répandre le sang... toujours d'après la loi;
J'ai donc trois jours à vivre, et d'ici là...
JUDAS.
Tais-toi.
CAÏPHE.
Au prétoire avec lui vous allez comparaître.
JUDAS.
J'ai brisé le disciple; il vous reste le maître.
(Il sort avec Barrabas et le peuple.)

SCÈNE VII.

LES MÊMES, moins JUDAS et BARRABAS.

CAÏPHE.
C'est donc un grand malheur encor plus qu'un forfait;
La cause est évidente aussi bien que l'effet :
Et nous attribuons le meurtre de Lazare
A son mépris du peuple, à cet orgueil bizarre
Qui le rendit rebelle au pouvoir d'Antipas...
MAGDELEINE.
Frappez ceux qu'il proscrit, mais ne les jugez pas!
MARTHE.
Oh! prends garde, ma sœur!
CAÏPHE.
Laissez-lui son insulte!
Vos trésors serviraient à propager un culte
Inspiré par l'esprit de mensonge et d'erreur,
A livrer la Judée au fer de l'empereur,

Comme l'a fait jadis votre aïeul Antigone.
Il est mort dans l'exil. Or, la loi nous ordonne
D'étouffer les complots par le fer et le feu,
De venger le pouvoir : tout pouvoir vient de Dieu!
MAGDELEINE.
Vous en êtes la preuve!
CAÏPHE.
Ah! craignez ma colère!...
Si parmi les Hébreux ma pitié vous tolère,
Ne me rappelez pas l'état d'où vous sortez!
MAGDELEINE, avec calme.
Vous rendez la justice, et vous vous emportez?
CAÏPHE.
Pontife, à vos respects j'ai des droits légitimes!
MAGDELEINE.
Votre éphod a rougi dans le sang des victimes!
CAÏPHE.
Rebelle!... On reconnaît l'homme qui vous instruit
A votre impiété, comme l'arbre à son fruit;
Il se croit tout-puissant, comme ces faux messies
Mis à mort par Élie avec leurs prophéties,
Et sous le mont Carmel à jamais oubliés...
On n'en parlera plus dans un an.
MAGDELEINE.
Vous croyez?...
CAÏPHE.
« Vous briserez les dieux étrangers, » dit Moïse;
Si nous les admettions dans la Terre promise,
Rome étendrait son bras sur les douze tribus,
Et Sion reprendrait l'ancien nom de Jébus...
Il se dit roi des Juifs dans la foule assemblée,
Lui, l'obscur apprenti d'un bourg de Galilée!
Il nous traite partout de sépulcres blanchis,
De fruits morts pleins de cendre; et ces vils affranchis,
Ces publicains impurs dont l'essaim le protége,
Et dont chaque festin voit grossir le cortège,
Entreront avant nous au royaume des cieux!
Oui, c'est l'auteur du meurtre et le seul à nos yeux.
Orgueilleux courtisan du peuple qu'il déprave,
« Le maître, vous dit-il, n'est plus que l'esclave! »
Par le bruit du travail profanant le sabbat,
Il enseigne, il soulève, il menace, il combat;
C'est un fils de Baal, c'est l'ennemi de Rome!
Pour un peuple il convient d'immoler un seul homme
Ses actes l'ont jugé, ses pas sont arrêtés,
Et nous le traiterons comme il nous a traités.
MAGDELEINE.
Vous voulez le tuer, vous n'osez le dire,
Vous qui devrez la vie à son divin martyre!...
Oui, c'est le fils de Dieu! Tout amour vient de lui,
Car en vous pardonnant il le prouve aujourd'hui!
Oui, c'est le roi des Juifs, car c'est le roi du monde!
Vous l'accuserez d'orgueil?... Que sa voix vous réponde:
« Aimant votre prochain, vous rendrez en tout lieu
Son tribut à César et son hommage à Dieu! »
Isaïe a-t-il fait pressentir sa puissance?
Désigné Bethléem pour lieu de sa naissance?
Moïse a-t-il inscrit dans la sixième loi :
« Le sang ne sera plus répandu pour la foi? »
CAÏPHE.
Nos saints législateurs, pouvez-vous les connaître?
Vous êtes courtisane!...

JEAN.
Et Caïphe est grand prêtre !
Dieu dit : Je briserai les tyrans sous mes pas !...
MARTHE.
Grâce !...
MAGDELEINE.
Debout, ma sœur !...
CAÏPHE.
Vous l'aimez, n'est-ce pas ?
MAGDELEINE.
Oui ! mon Sauveur, je l'aime, et mon Dieu, je l'adore !
Mon âme est toute à lui ! Pour l'aimer plus encore,
De son éternité je voudrais me couvrir ;
Son amour me fait vivre, et j'espère en mourir !
Vous pouvez nous unir dans la même vengeance ;
Qui ne craint pas la mort peut braver l'indigence :
Frappez, maudissez-moi, prêtre avare et jaloux ;
Mais vous ne vaincrez pas l'horreur que j'ai pour vous !
CAÏPHE.
L'amour est même ici votre dieu, Magdeleine !
MAGDELEINE.
Et le dieu de Caïphe, est-ce l'or ou la haine ?
NATHANAËL.
Seigneur, c'en est assez !
CAÏPHE.
J'aurais dû le prévoir...
Il nous reste à remplir un suprême devoir,
En fermant du défunt l'éternelle demeure.
Le troisième soleil s'éteindra dans une heure...
(A Magdeleine, à part.)
Si vous vouliez pourtant...
MARCELLE.
Seigneur, à vos genoux...
MAGDELEINE.
Vous n'y toucherez pas, car cette heure est à nous ;
Sortez ! car votre main, que le vol a flétrie,
Souillerait son linceul, comme notre patrie !
CAÏPHE.
Entourez ce tombeau, lévites et soldats !
NATHANAËL.
Arrière !...
CAÏPHE.
Vous osez ?...
NATHANAËL, aux ouvriers:
Je ne suis pas Judas !
A moi, mes compagnons !...
(Daniel et ses compagnons se rangent autour du tombeau.)
CAÏPHE.
Vous aussi leur complice ?...
Vous avez de leur maître abrégé le supplice.
Dans une heure, à la croix j'attends cet imposteur !
JEAN.
Non ! l'imposteur, c'est toi, l'infâme délateur,
Toi, l'agent d'un bourreau que la pourpre décore,
Toi, rampant à ses pieds, pour t'élever encore !
C'est par des hommes vils et pervers comme toi
Que Rome a fait plier l'univers sous sa loi ;
Mais un monde nouveau va surgir dans la lutte,
Caïphe entraînera tout l'ancien dans sa chute :
Et la race de Sem, dispersée en tout lieu,
Suivra, sous le mépris, l'anathème de Dieu !...
Par toi Jérusalem, l'inflexible marâtre,

Sera trois fois livrée au vainqueur idolâtre ;
Et devant cette croix, sur le tombeau romain,
Déicide apostat, tu mourras de ta main !
MAGDELEINE.
Jean, bien-aimé du Christ !...
CAÏPHE, déchirant sa robe.
Qu'à l'instant vos blasphèmes,
Nazaréens maudits, retombent sur vous-mêmes,
Sur toi, la pécheresse ! Au nom du Sanhédrin,
Moi, successeur d'Aaron, pontife souverain,
Je rends ton patrimoine au temple, et te condamne,
Comme esclave étrangère et comme courtisane,
A l'exil éternel avant la fin du jour,
Pour mourir lapidée au moment du retour.
A fermer ce tombeau que Marthe se prépare !
(Aux lévites.)
Qu'on me donne de l'eau...
MAGDELEINE.
Lave tes mains, barbare :
Ton âme restera sordide !... Laisse-moi !...
(Caïphe sort avec les lévites et Malchus.)

SCÈNE VIII.

MAGDELEINE,
NATHANAËL, MARTHE, MARCELLE,
JONAS, DANIEL, Ouvriers.

MARTHE.
Tous perdus, sans espoir !
MAGDELEINE.
Non ! sauvés par la foi !
Par l'amour qui m'inspire !
NATHANAËL.
Oh ! cette secte immonde !
Ces vils pharisiens !... S'il peut tromper le monde,
Pourra-t-il tromper Dieu !
JONAS.
Nous sommes dans sa main ;
La misère ou l'exil nous attend tous demain.
MAGDELEINE.
Répondez-leur pour moi, cendres des Machabées !
Vos palmes, ce tyran les a-t-il dérobées ?
Vous êtes leurs soldats ; et, dans tout cœur viril,
Le courage grandit à l'aspect du péril !
NATHANAËL.
Quand ses licteurs seraient les aigles de Pompée,
Leur cœur ne sera pas plus dur que mon épée.
DANIEL.
Nous sommes désarmés ! Nos anciens, où sont-ils ?
NATHANAËL.
Artisans, vous avez vos bras et vos outils ;
Lazare était mon chef, moi, je serai le vôtre.
JEAN.
Cette ardeur de guerrier ne sied point à l'apôtre,
Le maître la réprouve ; il vous disait hier :
« Qui frappe avec le fer périra sous le fer. »
Ce n'est point par le sang et le meurtre sauvage
Qu'Israël des Romains brisera l'esclavage ;
C'est par la charité, souveraine en tout lieu,
La sainte loi d'amour, dont la source est en Dieu !

NATHANAËL.
Vous laisser spolier par un acte arbitraire !...
MADGELEINE.
Déposez cette épée aux pieds de votre frère !
(Nathanaël obéit.)
DANIEL.
Plus de justice, alors?
MAGDELEINE.
Ne craignez rien, Daniel;
Tout Sion, dans trois jours, verra le fils du ciel
Remonter dans sa gloire!
(Jean, Daniel, Jonas et les ouvriers s'éloignent.)

SCÈNE IX.

LES MÊMES, ÉMILIE, SUZANNE,
HILDÉRIK, JOSEPH D'ARIMATHIE,
BARUCH ET COLOMBE.

MAGDELEINE.
Émilie et Suzanne!
COLOMBE, à ses pieds.
Vous daignez recevoir la pauvre courtisane?
MAGDELEINE.
Oh! Colombe, ma sœur!
ÉMILIE.
Le maître a proclamé
Qu'il vous remettrait plus, pour avoir plus aimé;
Chacun doit l'imiter, sans être plus sévère
Que celui dont le sang va rougir le Calvaire...
MAGDELEINE.
Merci pour votre deuil; quand moi seule... oh! pardon!
Suzanne, ce manteau de pourpre de Sidon,
Prenez, je vous le donne en échange du vôtre...
Comment vont vos enfants?
JOSEPH D'ARIMATHIE.
Très-souffrants l'un et l'autre;
Ils veulent de nos bras s'envoler vers le ciel!...
MAGDELEINE.
Leurs noms?
JOSEPH D'ARIMATHIE.
Deux noms jumeaux : Marie et Raphaël.
MAGDELEINE.
Prenez pour eux ce voile; il a touché le maître :
Lui seul peut les guérir.
JOSEPH D'ARIMATHIE.
Ah! mon cœur va renaître...
BARUCH.
Pardonnez-moi !
MAGDELEINE.
Seigneur Baruch, je vous remets
La coupe de Ruben.
BARUCH.
Je n'y bois plus jamais!
MAGDELEINE, donnant à Marcelle un coffret.
Ce coffret pour ta nièce; et pour toi, ma nourrice,
(Prenent des ciseaux.)
Tiens, voici mes cheveux...
MARCELLE.
O ciel! que je périsse
Avant de voir tomber cette couronne d'or
Que Dieu mit sur ton front! Grâce pour ce trésor,
Ces beaux cheveux tressés d'un rayon de lumière!
Marie... ah! tiens, plutôt, frappe-moi la première!
Songe qu'ils sont baignés des larmes du Sauveur!
MARTHE.
A ta servante accorde au moins cette faveur...
HILDÉRIK.
Ayez pitié...
MAGDELEINE, sanglotant.
Ma mère... adieu donc... sois bénie...
Ils seront mon linceul au champ de l'agonie!
Marthe, et vous, Maximin, au nom du Dieu martyr,
Je vous unis... vivez... je suis prête à partir...
Partagez toute joie, oubliez toute peine :
Vos enfants, nommez-les Lazare et Magdeleine!
MARTHE.
Où vas-tu, chère sœur?
MAGDELEINE.
Au désert qui m'attend.
MARCELLE.
Avec moi!
MAGDELEINE.
Non... je veux le veiller un instant.
COLOMBE.
Quoi! seule?
MAGDELEINE.
Je t'en prie!
(Tous sortent, excepté Magdeleine.)

SCÈNE X.

MAGDELEINE seule, à genoux devant le caveau.
O mort, génie avare,
Pitié, rends-moi mon frère!... O Lazare... Lazare...
Lazare... ouvre tes yeux fermés par le trépas!
Myrrha, ta pauvre sœur, ne la connais-tu pas?
Ta mère nous donna la vie à la même heure,
Je t'aurais attendu dans la sombre demeure;
Et déjà sur ton front si beau, mais si beau,
Ce baiser de la mort, l'empreinte du tombeau!...
A peine as-tu revu le foyer de ton père,
De cupides parents devenu le repaire,
Ce chêne des aïeux flétri devant le seuil,
Qui semble murmurer des présages de deuil,
Et le chien familier, qui, te voyant paraître,
S'étendit, mort de joie, aux pieds de son cher maître:
La Terre sainte! Et moi, pardonne, ange adoré!
J'étouffais dans l'orgie un cœur déshonoré!...
Si je pouvais pour toi, cher Lazare, ici même,
M'éteindre sous tes pleurs, dans cet adieu suprême,
Comme depuis trois jours je te couvre des miens...
Seigneur! tu l'as promis, viens briser ces liens,
Déchire ce linceul dont l'aspect me désole;
Que j'entende sa voix, une seule parole,
Dût-il me dire : Arrière! en me jetant ce nom
D'opprobre et de mépris : Magdeleine!... Mais non,
La mort ne rend jamais... tout est calme, immobile!
Ton amour est maudit! m'a crié la sibylle...
(Judas paraît dans le fond.)
Ciel! ce soupir... il vit, ranimé par ma foi!
Pardonne-moi, mon Dieu, d'avoir douté de toi!

SCÈNE XI.

MAGDELEINE, JUDAS.

JUDAS, à part.

Pour trente pièces d'or!... Il faut qu'elle me venge.
J'ai fait garder le seuil... Mon cœur bat... c'est étrange!
A présent ou jamais. Marie!

MAGDELEINE.

Ah! cette voix!
C'est lui, notre ennemi!

JUDAS.

Votre frère autrefois.

MAGDELEINE, avec horreur.

Ischariote!

JUDAS.

Enfant! je le suis pour vous seule;
Ce nom, je l'ai reçu d'Ischara, mon aïeule,
Mère des sept martyrs qu'Épiphane immola;
Pour le peuple, je suis Judas de Gamala :
Pour Caïphe, Isaac, sous ce manteau de laine,
Comme en deuil, vous, Myrrha, vous êtes Magdeleine!

MAGDELEINE.

Arrière!...

JUDAS.

Un mot, de grâce... Oublions le passé,
Par la mort de Lazare à jamais effacé;
Sans vos mépris, les siens, je l'eusse aimé peut-être...
Je viens de chez Pilate au nom de votre maître.
Jugé par le sénat, le préteur des Romains
Le renvoie au Calvaire en se lavant les mains,
Au lieu de Barrabas, nommé chef du prétoire.
Ayant frappé Malchus, Pierre, dans l'auditoire
Aperçu par le Christ, l'a trois fois renié.

MAGDELEINE.

Lui!... c'était peu de voir son corps crucifié;
Mais voir briser son âme!

JUDAS.

Et fléchir ses apôtres!
Car la peur du supplice a gagné tous les autres,
Oui, tous, excepté moi... Je veux le secourir;
Suivez-moi chez Pilate, ou Jésus va mourir.

MAGDELEINE.

Vous suivre? Ah! je pressens quelque infâme surprise,
Digne de vous, Judas!

JUDAS.

Qui donc vous autorise
A douter de ma foi? Mais j'absous votre erreur.
Pilate est l'affidé, l'ami de l'empereur.
Il fut jadis le mien... Son épouse, Procule,
L'esprit tout en émoi d'un songe ridicule,
Nous offre un sauf-conduit à Rome, au jour naissant,
Sur un vaisseau chargé d'un message pressant.
Votre maître y joindra sa réponse à Tibère;
Je le sauve avec vous, sans vous j'en désespère :
Venez, je vous attends.

MAGDELEINE.

Vous voulez le trahir,
Ce regard me l'a dit!

JUDAS.

J'ai droit de le haïr!

MAGDELEINE.

Vous! son disciple!

JUDAS.

Oui, moi! Vous l'aimez; car il porte
Le nom de roi des Juifs.

MAGDELEINE.

Eh bien! que vous importe?

JUDAS.

Oh! rien... votre beauté, le sceptre, un nom royal...
Mais je veux vous parler comme un ami loyal,
Trop longtemps méconnu. Je suis de cette race
Des rois asmonéens, dont vous voyez la trace
Partout vivante encor dans les murs de Sion.
Qui pouvait rendre une âme à cette nation?
Est-ce un fils de David, dont l'enfance première
Du charpentier Joseph honora la chaumière?
Est-ce Hérode-Antipas, fils d'Esaü le chasseur,
Le geôlier de Philippe et l'époux de sa sœur?
Est-ce Lazare, enfin, l'exilé de Syrie,
Lui qui ne voulait plus de rois dans sa patrie?
C'est moi, fils de Ruben! Ce but ambitieux,
Impénétrable à tous et visible à mes yeux,
C'est un trône en Judée, et sur lequel je fonde,
Entre César et nous, tout l'avenir du monde.
Fils d'un héros, je puis commander ses soldats;
Je suis un Machabée et m'appelle Judas!

MAGDELEINE.

Vous, roi! vous, couronné d'une gloire si haute!
Vous Judas chez le Christ; chez nous, Ischariote;
Chez Caïphe, Isaac; vous, trois fois lâche et vil!...
Dans votre organe on sent glisser l'aspic du Nil;
Sous le mépris de tous votre tête est courbée...
Et vous portez le nom du plus grand Machabée,
Vous, le fils d'une esclave!

JUDAS, s'éloignant.

Allons, c'est résolu;
J'aurais sauvé ce Dieu, si vous l'aviez voulu!

MAGDELEINE.

Un mot... Quel intérêt vous porte à sa défense?

JUDAS, revenant.

Ah! vous me rappelez... nos souvenirs d'enfance,
Ma haine pour Caïphe, autrefois mon rival,
Qui m'enchaîne, vainqueur, à son char triomphal,
Et, fantôme odieux d'un passé qui m'opprime,
Me condamne à le suivre en m'ordonnant le crime.
Je suis las de ces jours de délire et d'effroi,
De ces remords sanglants que je traîne après moi;
J'ai de l'or pour nous deux, et n'ai plus d'autre envie
Que d'être libre!... Enfin, vous me devez la vie!

MAGDELEINE.

Prenez... Je vous suivrai; mais jurez-moi d'abord,
La main sur ce tombeau, devant mon frère mort,
Que vous n'êtes pour rien dans ce crime.

JUDAS, avec effort.

Je jure...
Qu'un autre... Barrabas...

MAGDELEINE.

Arrêtez!... le parjure!
Il craignait que le sang ne jaillît de son sein;
Car il a, sous mes yeux, payé son assassin!

JUDAS.

Qui, moi?

MAGDELEINE.
Vous, fils ingrat, monstre au cœur de vipère;
Vous avez bien payé la mort de votre père!
JUDAS.
Mensonge!
MAGDELEINE.
Ah! vous tremblez! car je puis jurer, moi!
JUDAS, se rassurant.
Jurer! votre serment n'est pas digne de foi;
Vous n'êtes qu'une femme étrangère et flétrie;
On ne peut vous entendre.
MAGDELEINE, tordant ses mains.
O désespoir!
JUDAS, à demi-voix.
Marie,
Acceptez-vous ma main? je vous rends tous vos droits.
MAGDELEINE.
Jamais!
JUDAS.
Écoutez donc!
CRIS au dehors.
A la croix! à la croix!
MAGDELEINE.
Grand Dieu! vous me trompiez!
JUDAS, s'avançant vers elle.
Que mon sort se décide :
Mon amour ou l'exil...
MAGDELEINE, près du tombeau de Ruben.
Loin de moi, parricide!
(Le cortège paraît dans le lointain, précédé d'un héraut.)
LE HÉRAUT s'arrête et lit.
« Jésus, fils de Joseph, l'homme de Nazareth,
Se disant roi des Juifs, va subir son arrêt,
Et mourir sur la croix, par ordre de Pilate. »
JUDAS, vers le fond.
Le voyez-vous, portant la tunique écarlate,
Des ronces pour couronne et pour sceptre un roseau?
Chaque pas de son sang fait jaillir un ruisseau...
LE HÉRAUT, au dehors.
Place au préteur!
JUDAS, entraînant Magdeleine.
Allons, qu'à ses pieds je vous mène!
MAGDELEINE, avec un cri d'angoisse.
Mon frère, adieu!
(Judas la conduit vers le fond.)

SCÈNE XII.

Les Mêmes, JEAN, NATHANAËL, DANIEL, MARTHE et MARCELLE.

JEAN, en entrant.
Judas, auprès de Magdeleine!
Et la foudre du ciel ne vient pas t'écraser,
Toi qui viens de trahir le Christ par un baiser?
Et les rois tes aïeux, déchirant leurs suaires,
Ne se sont pas dressés devant leurs ossuaires?
Voici ce qu'il t'écrit, Ischariote!
JUDAS.
A moi?...
« Mon fils, à tes remords ma pitié t'abandonne;
Ne t'ai-je pas aimé quand j'ai reçu ta foi?
Judas, l'ami te plaint et le Dieu te pardonne... »
(Avec désespoir.)
Mon fils!
(Il laisse tomber le message à terre.)
DANIEL, lui jetant une corde.
Tiens, misérable!... enfouis ton trésor,
Et va te pendre après!
JUDAS, une bourse à la main.
Marie, à toi cet or!
JEAN.
Anathème sur toi, le disciple hypocrite,
Sur l'air qui t'environne et le seuil qui t'abrite;
Meurtrier de Ruben, de Lazare et du Christ,
Que ta vue épouvante et ton nom soit proscrit;
Que l'ange du remords à tes songes préside!
Judas, trois fois maudit, parjure et déicide!
JUDAS, portant la main à son front.
Ce glaive!... cette croix... tout l'enfer sous mes pas!
Fuyons!... Dans le néant, Dieu ne m'atteindra pas!...
(Il saisit la corde et s'enfuit. — Le jour disparait.)

SCÈNE XIII.

Les Mêmes, moins JUDAS.

JEAN, à Daniel.
Rends-lui cet or; Satan lui rendra son étreinte.
L'ange au glaive de flamme à son front met l'empreinte
Qui fera peur à tous : « Judas, fils de Caïn,
Qu'as-tu fait de ton Dieu? »
(Daniel sort.)
CRIS au dehors.
Mort au Nazaréen!
MAGDELEINE.
Les entends-tu, ma sœur?
JEAN.
Quelles brises funèbres
Ont tendu sur l'espace un linceul de ténèbres?
La terre a tressailli! les morts, en se levant,
Viennent se prosterner aux pieds du Dieu vivant;
Il marche avec la croix... plus loin, le peuple immense...
Est-ce un monde qui meurt? un monde qui commence?
Voyez sur Golgotha poindre un soleil plus beau :
La Foi!...

SCÈNE XIV.

Les Mêmes, BARRABAS, Gardes, puis SIHORA.

BARRABAS.
L'heure est passée; on ferme le tombeau :
Sortez!
MAGDELEINE, s'attachant au portail.
Non! laissez-moi vivante, avec Lazare!
NATHANAËL.
La mort nous unira!
SIHORA, dans le fond.
Le néant vous sépare!

BARRABAS.
Femme ou démon, va-t'en !
SIHORA, le repoussant.
Arrière !... me voilà,
Magdeleine ; je suis celle qui dévoila
Ton avenir. Lazare attend : tu vas le suivre !
Crois-tu qu'il est un Dieu pour vous faire revivre ?
Fille de Loth, enfin, te voici dans nos mains ;
Ils sont là, tes trésors dérobés aux Romains !
Nue et sans fard, livrée aux prêtres de Judée,
Au seuil de ton caveau tu mourras lapidée !
Vous, les fils d'Abraham, vous suivrez notre sort :
Car Sion doit mourir quand le Christ sera mort,
Avec sa foi maudite et son règne éphémère !...
NATHANAËL.
Vous maudissez toujours ! vous n'êtes pas ma mère !
(Le cortège s'approche ; la croix du portail s'illumine.)
SIHORA, s'élançant vers le fond.
Salut, roi d'Israël ! salut, Messie hébreu !
César nouveau, salut !... Ah ! cette croix de feu !...
(Le caveau s'ouvre ; on voit le corps de Lazare étendu sur une table en marbre noir.)
VOIX INVISIBLES, dans le lointain.
Hosannah !
Gloire à toi, dans le ciel,
Paix à l'homme sur terre !
Jésus de Nazareth, salut, roi d'Israël.
O Christ, Emmanuel,
Remonte vers ton Père !
Hosannah !
MAGDELEINE, à genoux.
Seigneur, je crois en vous ; que Lazare renaisse !
Ranimez d'un regard la fleur de sa jeunesse !
Un prodige ! un prodige ! et le monde à genoux
Bénira le Sauveur qui s'est offert pour nous !
Que votre nom soit saint, que votre règne arrive...
Par ce vase sacré, que je meure et qu'il vive !...
VOIX INVISIBLES, s'approchant.
Hosannah !
Chantez, sœurs immortelles !
Voici le roi des cieux,
Le vainqueur de la mort, vivant et glorieux !
Priez, âmes fidèles !
Lazare ouvre les yeux !
Hosannah !

SCÈNE XI.

LES MÊMES, CAÏPHE, LICTEURS, JOSEPH D'ARIMATHIE, LUC, DANIEL, JONAS, OUVRIERS.

MARTHE.
Caïphe !
CAÏPHE.
Il est trop tard ; voici votre chemin !
Licteurs, qu'on obéisse au tétrarque romain :
La pécheresse à mort !
(Les licteurs s'avancent des deux côtés du tombeau.)
JEAN.
Arrêtez !... une étoile
Descend sur ta victime... il écarte son voile..

BARRABAS, montrant le fond.
« Voilà l'Homme ! »
JEAN.
A genoux !
(Tous, excepté Caïphe, se prosternant.)
UNE VOIX, au dehors.
« Lazare, lève-toi ! »
(Lazare étend la main vers la croix du portail.)
MAGDELEINE, avec un cri de joie.
Mon frère !
JEAN.
Il est vivant et sauvé par ta Foi !
(On voit passer le cortège vers le Calvaire.)

ACTE TROISIÈME.

L'ESPÉRANCE.

La grotte de l'Agonie, près de Gethsémané. — D'un côté, le désert de la mer Morte ; de l'autre, dans le lointain, Jérusalem et le Golgotha. — Le point du jour.

SCÈNE I.

MAGDELEINE seule, se réveillant
d'un sommeil pénible.

Seule, depuis sept ans... Je m'étais assoupie
Parmi les souvenirs d'un passé que j'expie.
Le Christ, Abel nouveau, par son père envoyé,
Venait sauver le monde... il meurt crucifié !...
Par Jean, le fils de l'aigle, il m'ordonne de vivre...
J'obéis et j'attends que sa voix me délivre...
Encore un jour, un seul !... J'ai vu, quittant les cieux,
L'ange de l'espérance apparaître à mes yeux ;
Il étend sur mon front une palme fleurie ;
Je reconnais ma mère : « O ma fille, Marie,
Pardonne, me dit-elle en me tendant les bras...
Sois bénie... oui, bientôt, tu me retrouveras !... »
Ses cheveux blancs, ses pleurs inondent mon visage ;
Puis, elle se confond avec une autre image...
Un spectre, au regard fauve, éteint par le remords,
Me désigne à la foule avec un cri de mort :
« La voilà parmi vous !... frappez !... c'est Magdeleine !
Du sang !... » Tout disparaît... pourtant, mon âme est pleine
Des premiers pleurs de joie épanchés dans l'exil,
Car Jean ne peut tarder... Seigneur, quand viendra-t-il ?
Cet ange, est-ce bien lui ?
(Sortant de la grotte.)
Voici l'aube vermeille,
Couvrant de pourpre et d'or la terre qui sommeille ;
Et l'oiseau matinal, dans les bois, dans les airs,
Mêle au bruit du Cédron d'invisibles concerts...
Baignés de sa splendeur, Adonim, Béthanie,
Étalent à mes pieds leur beauté rajeunie...
Elle couronne au loin la croix du Golgotha...
Là, vainqueur de la mort, l'Homme-Dieu remonta !...
Je l'attestai sans crainte... on me crut insensée...

Le rejoindre est dès lors mon unique pensée...
Par cette ardeur céleste avant moi consumé,
Ce crâne était le tien... mon frère bien-aimé!...
Marthe, et lui, Maximin... exilés, morts peut-être!...
Leurs âmes dans un rêve auraient dû m'apparaître;
Ils vivent donc encor : mais où?... Sont-ils heureux?
Leurs enfants ont grandi... j'ai tant prié pour eux!...
Mes genoux sur ce marbre ont creusé leurs empreintes,
Des ronces dans ma chair j'ai senti les étreintes :
Les pleurs ont sillonné mon visage amaigri...
Et mon sang et mes pleurs n'ont pas encor tari?...
Grâce pour moi, mon Dieu! que ta justice abrége
Ce sommeil de douleur... quand me réveillerai-je?
Du fond de mon exil je t'appelle en mourant,
Comme le cerf aspire après l'eau du torrent...
Fais surgir du tombeau notre sainte patrie;
Arrache ses enfants au joug qui l'a flétrie, [toi...
Ah! daigne ouvrir ses yeux!... Seigneur, j'espère en
Que je meure martyre en lui donnant la foi!...

(Après une pause.)

Le jour se lève... un aigle a traversé la nue...
Il s'enfuit vers Sion... Si j'étais reconnue,
Moi, chassée en Lydie, où je n'ai pu mourir,
N'ayant que mes cheveux épars pour me couvrir...
Esclave, où j'étais reine... Ah! que mon cœur s'arrête
Avant de fuir encor cette calme retraite...
Ces souvenirs pieux, objets de ma ferveur,
Ce sol, où sont empreints tous les pas du Sauveur!...

(Elle tombe à genoux dans la grotte.)

SCÈNE II.

MAGDELEINE, JEAN.

JEAN.
Le bois des Oliviers!... son refuge, sans doute...
Mon cœur a suivi l'aigle au terme de ma route...
Est-ce bien Magdeleine? est-ce une ombre à genoux?

(Approchant.)

Ma sœur, au nom du Christ, me reconnaissez-vous?...

MAGDELEINE.
C'est l'ange d'espérance apparu dans mon rêve!
Jean, le fils de Marie!... Ah! mon exil s'achève!...
Jean, mon libérateur si longtemps attendu!...

JEAN.
Depuis que l'Homme-Dieu sur la croix étendu
Nous a dit, consolant notre douleur amère :
« Femme, voici ton fils; frère, voici ta mère! »
Il nous a réunis tous trois dans son amour...
Je viens chercher sa fille!

MAGDELEINE.
Heureux trois fois le jour
Où le Christ me nomma sa servante fidèle,
Moi, l'humble pécheresse... Ah! courons auprès d'elle,
Frère, conduisez-moi!...

JEAN.
Vous ne la verrez plus...
Elle vous tend les bras du séjour des élus!...

MAGDELEINE, avec angoisse.
Morte!... morte!...

JEAN.
Elle est née à la vie éternelle!
La mort n'a pas osé la toucher de son aile;
Elle a béni ce voile en remontant vers Dieu...
Devais-je vous revoir, vous, proscrite, en ce lieu?...

MAGDELEINE.
Vous savez qu'avec moi par Caïphe exilée,
Je suivis d'Emmaüs la Vierge en Galilée;
Là, j'appris que Lazare était au lit de mort,
Qu'il voulait me bénir... Je résistai d'abord;
Mais, du cri de mon âme à toute heure obsédée,
Par Magdale et Sichem je revins en Judée.
Lazare me nomma dans son dernier soupir;
Rayonnant, dans mes bras je le vis s'assoupir...
Puis, lasse d'éprouver la pitié mensongère
Qui s'attache aux proscrits sur la terre étrangère,
J'ai dû cacher mon deuil au pied de ce rocher,
Devant ce lac de feu dont nul n'ose approcher...
Là règne le néant... sous des cieux sans étoiles,
Une nuit sans aurore étend ses sombres voiles,
Et le tertre de Loth dresse au loin ses sommets...
Toute fleur, tout oiseau s'en éloigne à jamais!
Cette plage, où bientôt le désert va descendre,
Ne produit à présent que des fruits pleins de cendre,
Amers, comme cette onde aux livides reflets,
Qui de la Pentapole a couvert les palais...
C'est la mer Morte! Ainsi, le céleste anathème
Descend du peuple hébreu sur la terre elle-même;
Jadis l'Éden du monde, où partout semble écrit :
« Stérile et réprouvé pour le meurtre du Christ! »

JEAN.
Seigneur! qu'il soit chrétien, ton pardon sera juste!...
Chargé de sa réponse à l'héritier d'Auguste,
Avec Luc je suivis un aigle au vol ardent,
Qui nous guidait à Rome, au cœur de l'Occident!...
Trois ans après le Christ, j'ai vu l'affreux Tibère
Par Nævius-Macron tué dans son repaire;
Mais l'un meurt couronné de toutes les vertus,
L'autre, César sans âme, aux pieds d'un faux Brutus.
Frappant tous ses bourreaux d'un arrêt légitime,
Caligula promet de venger la victime.
Leur affidé, Pilate, à Jupiter-Stator
Envoie avec Judas un vaisseau chargé d'or;
Le navire se brise en touchant sur le môle :
Pilate est déporté dans son pays, la Gaule,
Et trop vil pour mourir, l'homme de trahison
Va finir son message au fond d'une prison.
Le cruel Antipas et sa chaste compagne,
L'altière Hérodiade, exilés en Espagne;
Agrippa les remplace : et leur digne instrument
Caïphe, attend ce soir l'éternel châtiment!...
Ainsi, le déicide atteint tous ses complices;
Ainsi, la croix grandit au milieu des supplices,
Couvrant de ses rameaux, comme un cèdre géant,
Le passé, l'avenir, la vie et le néant!...
Étienne qui ceignit la première auréole,
Pierre, crucifié devant le Capitole,
André, chez les Teutons qu'il n'a pu convertir,
Paul, notre exemple à tous, d'oppresseur fait martyr,
Ont baigné de leur sang la moisson qui s'élève...
J'ai vu Jacques, mon frère, expirer sous le glaive...
Mille autres l'ont suivi... je veux les imiter :

ACTE III, SCÈNE III.

La mort fuit quand j'approche et paraît m'éviter...
Cette main mutilée, à leur culte fidèle,
Vous dira si jamais j'ai fléchi devant elle!...
MAGDELEINE.
Oh! laissez-moi couvrir de mes pleurs à genoux,
Ces stigmates sacrés!...
JEAN.
Ma sœur, que faites-vous?...
N'avez-vous pas souffert le martyre de l'âme,
Plus saint que le trépas sous le fer ou la flamme!...
Vous avez triomphé, déjà loin de l'écueil
Que l'enfer met souvent sur ma route : l'orgueil!...
Est-ce à moi, fils du peuple, à rajeunir le monde?
Je jette mes filets dans cette mer profonde,
Le cœur de l'homme... heureux si le ciel, vers le soir,
Fait abonder ma pêche et remplit mon espoir!...
Seul, ma tâche m'effraye et sa grandeur me pèse!
Près de vous, consacrant les Églises d'Éphèse,
De Smyrne, de Pergame, avec Luc et Matthieu,
J'écrirai l'Évangile ou le Verbe de Dieu!...
Pathmos verra finir notre œuvre commencée;
Déjà la Vision frémit dans ma pensée,
La Solyme nouvelle apparaît devant moi :
C'est Rome, tout un monde affranchi par la foi!...
Déjà, las de son joug, du Niger à l'Euphrate,
Le Celte, le Gaulois, le Germain, le Sarmate,
Tous, de la délivrance ont conçu le dessein;
L'esprit de Dieu s'éveille et prend chair dans leur sein...
Notre appel touchera leurs plus vaillantes fibres;
Faites-en des martyrs, et moi, des hommes libres!
Marthe avec Maximin, l'ancien Nathanaël,
Suivront nos pas : venez!
MAGDELEINE.
Marthe!... Qu'entends-je... ô ciel!...
Marthe vivante?...
JEAN.
Au pied d'une verte colline
Où le cours du Cédron vers l'Orient s'incline,
Tantôt, je les ai vus moissonnant le blé mûr,
Cachant à tous les yeux leur bonheur calme et pur,
Entre deux beaux enfants qui jouaient dans la plaine,
Parmi les gerbes d'or... Lazare et Magdeleine...
MAGDELEINE.
Voir ma sœur aujourd'hui... ses enfants, son époux...
Caïphe... oh! non, jamais!...
JEAN.
Ils viendront ici tous;
Votre âme à l'espérance auprès d'eux va revivre :
Restez!... Ils sauront bien vous forcer à les suivre...
MAGDELEINE.
Les presser sur mon cœur, et puis mourir après!...
JEAN.
A bientôt!...
MAGDELEINE, le reconduisant.
L'éclair brille au milieu des cyprès...
Je serai votre guide...
(Elle emporte son vase; montent sur un rocher.)
Ah!... voici leur demeure!...
Ils sont là!...
JEAN.
Dans vos bras, Marie, avant une heure...
(Ils s'éloignent.)

SCÈNE III.

JUDAS, seul, couvert de haillons, un bâton de voyage à la main. — Éclairs d'orage.

Quel temps affreux!... J'ai cru reconnaître une voix...
Sion! ville maudite... enfin, je te revois...
Le Golgotha, c'est là... le tombeau de Lazare...
Mes trente sicles d'or, où sont-ils?... Sort barbare!...
Peut-être au champ du Sang?... Mon front brûle, il est vrai...
(Il fouille la terre avec son bâton.)
Les voilà!... Rien encore... Ah! je m'en souviendrai!
(S'asseyant.)
Fatalité railleuse, étrange, inexplicable,
Qui m'a pris au berceau, qui m'enchaîne et m'accable,
Rameau d'un tronc royal brisé sur un torrent...
J'entends toujours le cri de mon père expirant :
« Tu feras peur à tous!... » Arrêt terrible et juste!
Je puis lutter encor, je suis jeune, robuste.
Un Dieu... je n'y crois plus. Mais ce cœur qui l'a fait?...
Qui?... C'est Satan... la cause est digne de l'effet.
Le mal produit le mal, voilà tout le problème!...
Mais qui créa Satan?... Ah! mon front devient blême
Quand je cherche à sonder ce mystère profond,
Gouffre qui m'éblouit... car l'enfer est au fond!...
N'y pensons plus... Je viens, de Rome, au nom de Claude
Ajouter Samarie aux conquêtes d'Hérode;
Soyons riche d'abord, et puis, je me repens...
(Se levant avec effort.)
Cette corde m'étreint comme un nœud de serpents,
Je ne puis l'arracher... Fuyons!... Où me soustraire
A cette voix : « Caïn, qu'as-tu fait de ton frère? »
A ce spectre abhorré qui me suit en tout lieu
Pour me crier: « Judas, qu'as-tu fait de ton Dieu? »
A pareil jour je l'ai vendu par jalousie
Aux bourreaux de Tibère, aux tyrans de l'Asie;
Mais, puisqu'il est un Dieu, même sur cette croix
Il ne peut pas mourir... Qu'il descende... et je crois!
Retourner en exil?... Est-il un coin du monde
Où je puisse échapper à ce sang qui m'inonde,
A cette lèpre horrible, au dernier cri d'adieu
[Dieu!... »
Du Christ mourant : « Judas, qu'as-tu fait de ton
Contre son anathème en vain je me redresse...
Je suis déjà touché par la main vengeresse...
Il m'aimait comme un frère, et je le trahissais!
Je souffre, donc je suis; c'est tout ce que je sais.
Roi des Hébreux, quel rêve!... ironique ou sincère,
En voici le réveil : ces haillons... la misère!...
Mourir? Son jugement survit même au trépas!...
Il faut vivre!... c'est bien!... je ne fléchirai pas!...
S'il a créé la faim ce vautour qui me ronge,
Sa puissance est un joug, sa justice un mensonge...
(Il aperçoit, sur une natte, un pain entamé.)
Du pain!... ne soyons pas digne de son mépris,
Comme ces Juifs abjects, frappant leurs seins meurtris,
Se flagellant, pleurant, lorsque par aventure
Le sang d'un ver immonde a souillé leur pâture!...
(Il ramasse le pain et veut sortir.)
Un crâne! Esclave ou roi, tel un jour je serai...

Pauvre race d'Adam!... ce jour-là, je saurai
Si Dieu n'est qu'un fantôme évoqué par la crainte...
(Il repousse du pied le crâne. — L'éclair brise un arbre à ses
côtés en dispersant les pierres.)
Oui, frappe... Esprit vengeur, je ris sous ton étreinte ;
La foudre a peur de moi... C'est l'hôtesse du lieu...
Digne de son palais.

SCÈNE IV.
JUDAS, MAGDELEINE.

MAGDELEINE.
 Ils vont venir, mon Dieu!...
J'ai cru voir Sihora, rôdant comme une louve
Autour de ces rochers... chaque nuit, je la trouve
L'œil en feu sur mes pas... Me haïr... et pourquoi ?...
Pourquoi toujours ce cri : « Malheur, malheur à toi !... »
Elle doit bien souffrir... je la plains, et je l'aime...
Que vois-je ? un étranger !...

JUDAS, montrant la croix,
 Si j'en crois cet emblème
De l'hospitalité, votre foi vous prescrit
De secourir un frère...

MAGDELEINE.
 Entrez, au nom du Christ...

JUDAS.
Oui... voici le roseau... la couronne de ronce...
(Il hésite.)

MAGDELEINE.
Cet homme me fait peur !...

JUDAS.
 Peur ? le mot sans réponse !
En effet, ce manteau... mon linceul de damné !...
Il aurait mieux valu pour moi n'être pas né...
Marche, marche toujours!...

MAGDELEINE.
 Laissez fuir cet orage ;
Restez !

JUDAS.
 Non! ma vertu, ma foi, c'est le courage,
Hors elle et la fierté, Satan m'a tout repris ;
Adieu... pas un jeton pour payer son mépris !...

MAGDELEINE.
Le délire, ô mon Dieu!... Je plains votre misère...
Prenez tout ce que j'ai !...

JUDAS, revenant.
 Bien peu m'est nécessaire ;
Je sors d'une prison et je viens faire un roi...
L'ange au glaive de feu court sans cesse après moi...
La mer n'éteindrait pas la soif qui me dévore...
Partout du sang !...
(Il tombe accablé.)

MAGDELEINE.
Voici de l'eau, dans cette amphore ;
Et voici du pain noir, le don des cœurs pieux :
Du blé d'Haceldama...

JUDAS, se ranimant.
 Quel vase merveilleux !...
De l'albâtre et de l'or !... Merci... l'eau fait renaître...
Le nom de Magdeleine !... et j'ai pu méconnaître
Ce crâne... ce jardin... ces arbres...

MAGDELEINE.
 Autrefois
Ils ombrageaient le Christ mourant...

JUDAS.
 Oui, c'est sa voix,
Sa beauté, que le temps n'a pas même effleurée...
Ses traits, ses yeux charmants !... Toi, ma sœur adorée,
Marie, ange d'amour dont le ciel est jaloux !...
Vivante, en ce tombeau !...

MAGDELEINE.
 Mais qui donc êtes-vous ?...

JUDAS, écartant ses cheveux et découvrant son front.
Regarde !...

MAGDELEINE, avec terreur.
Ischariote !...

JUDAS, avec un rire étrange.
 Oui, moi, sans une obole,
Moi, l'anathème au front, comme toi l'auréole :
Moi, demain tout-puissant ! moi, riche !... en vérité,
Cet instant pour Judas vaut une éternité !...

MAGDELEINE.
Judas ! malheur à moi... Comment ? par quel prodige ?
Oh ! la mort à présent !...

JUDAS.
 Non ! tu vivras, te dis-je,
Ma compagne à jamais... sur mon âme et ma foi !...
Oh ! ne meurt pas qui veut ; je l'ai bien voulu, moi !...
Notre maître, frappé d'un édit trop sévère,
A ce lien vengeur attachant mon calvaire,
J'ai cherché sous un tremble un trépas vil, mais prompt ;
L'arbre maudit se brise, en me blessant au front :
Et moi, je vis encore. — Après ma fuite, à Rome,
J'ai voulu me jeter, sans arme, à l'hippodrome,
Sous la dent des lions du Nil, souillés de sang ;
Tous ont fui d'épouvante en me reconnaissant :
Et moi, je vis encore. — Ici même, j'appelle
Les éclairs sur ma tête ; et leur flamme rebelle,
En frappant un vieux tronc que l'orage a ployé,
Est remontée aux cieux sans m'avoir foudroyé :
Et moi, je vis toujours ! — Trop souvent poursuivie,
La mort m'a rejeté dans l'enfer de la vie...
Plus d'obstacle entre nous ; dépouillant nos linceuls,
Morts pour le monde entier, nous vivrons pour nous seuls ;
Nos destins sont changés, mais nos cœurs sont les mêmes ;
Demain, j'aurai de l'or, et je veux que tu m'aimes !...

MAGDELEINE.
Oui, tu vendrais le ciel et Dieu même à Satan,
S'il pouvait te payer... je n'ai plus rien : va-t'en !

JUDAS.
Tu me connais... tant mieux !... Ce souvenir m'honore.
Oui, j'aime ce métal radieux et sonore,
Image du soleil, toujours jeune et vivant,
Qui tarit comme l'eau dans la main d'un enfant...
Mais l'or n'est qu'un moyen... mon culte, c'est la femme,
Ce mélange de chair, de caprice et de flamme...
L'homme, ce n'est qu'un monstre... il est même des jours
Où je voudrais le voir disparu pour toujours...
Bientôt, avec sa nièce, Agrippa me patronne,
Comme à son héritier, me rend sceptre et couronne,
C'est si beau d'être roi !... Demain, si tu voulais,
Pour toi je changerais cette grotte en palais,
Cette haire d'esclave en robe souveraine !

ACTE III, SCÈNE IV.

Par le sang, la beauté, n'es-tu pas une reine?
Moi, des Asmonéens le dernier descendant,
Je t'érige en Judée un trône indépendant;
Je te rends ce château, celui des Machabées,
Les terres de Ruben aux fécondes gerbées;
Je rachète Magdale et ce temple écarté
Où tu fus adorée à l'égal d'Astarté...
Viens... de fleurs, de joyaux ta maison sera pleine!
Judas ne peut mourir tant que vit Magdeleine!...
A toi l'ancien empire et ces beaux jours passés,
Comme des anneaux d'or l'un à l'autre enlacés,
Quand vingt jeunes amants s'enivraient de tes char-
[mes...
Chasseresse des cœurs, voici l'aurore! aux armes!
Veux-tu Jérusalem entière à tes genoux,
Comme moi, ton gardien, ton frère, ton époux?

MAGDELEINE.

Toi, mon frère?... Après Dieu, que Judas me décide
A déchoir jusqu'à lui, l'apôtre déicide!
Moi, la sœur de Lazare!... Oh! non, je ne suis plus
L'orpheline au cœur faible, aux vœux irrésolus,
Qui se sentait pâlir sous ton regard de flamme...
L'exil, la solitude, ont retrempé mon âme;
Je suis forte à présent... Quel que soit ton dessein,
Tu ne peux m'effrayer : car je vois dans ton sein
Le désespoir caché sous l'orgueil et l'outrage...

JUDAS.

Assez!...

MAGDELEINE.

Nier le bien, voilà ton seul courage.
Va, j'ai pitié de toi... comme l'ange maudit,
Tu te mens à toi-même!...

JUDAS, avec tristesse.

Assez!... qui te l'a dit?...
Oui, le remords est là! ton regard me devine...
J'ai beau fuir, sur mon front pèse la main divine...
L'éclair frappe le seuil que mes pas ont touché;
L'arbre qui m'a prêté son ombre est desséché!...
Tout est vrai, tout est faux... vertu, crime ou démence;
Nous sommes tous les fils d'un fratricide immense,
Tous issus de Caïn, qui tua le bonheur :
Abel n'eut point d'enfants...

MAGDELEINE.

Pardonne-lui, Seigneur!...

JUDAS, suppliant.

Si tu m'avais aimé!... si mon âme jalouse
Eût trouvé dans Marie une sœur, une épouse,
Le Christ vivrait encore, et Lazare, et ma foi;
Qui nous a tous perdus? Magdeleine, c'est toi!...
J'étais là, chez Simon, quand, ravie en extase,
Tu répandais sur lui les parfums de ce vase;
Et moi! moi, je riais... dans ce rire insensé
L'éternel désespoir a pour moi commencé!...
C'est toi qui dans ma race apportas l'anathème;
Tu m'as pris jusqu'au cœur de mon père... et je t'aime!
Au nom de cet amour unique, illimité,
Pour qui j'ai bravé Dieu, trahi l'humanité,
Pour qui je dois souffrir d'éternelles alarmes, [mes
Vois... je pleure à présent... moi qui cachais mes lar-
Lorsque ma mère est morte... Arrière, vain orgueil!
Non! tu ne voudras pas qu'au delà du cercueil
L'un habite les cieux, l'autre les noirs abîmes;

Aimé de toi, je puis réparer tous mes crimes :
Et si Dieu de son sein nous bannit sans retour,
Laisse-moi te créer un ciel de mon amour!...

MAGDELEINE.

Prie alors... à genoux, pour qu'il puisse t'absoudre!

JUDAS.

Non; mon crime est trop grand... Plutôt prier la foudre!...

MAGDELEINE.

Prie, au nom de sa mère... un seul élan de foi!..

JUDAS.

Non...

MAGDELEINE.

Réprouvé, va-t'en! je ne puis rien pour toi!

JUDAS.

C'est donc ainsi... prends garde!... Oh! j'ai compris d'avance
Que tu me chasserais, moi, ton ami d'enfance!...
Et pourtant, autrefois, folle de tes appas,
Souvent tu t'es donnée à qui ne t'aimait pas,
Par dédain, par vengeance... et moi, moi qui t'adore
Comme le jour, la vie... oh! cent fois plus encore!...
Quoi, rien? pas un regard!... Magdeleine pour eux,
Pour moi seul, une sainte?... Ils seraient trop heureux!

(Il découvre un médaillon sur le sein de Magdeleine.)

MAGDELEINE, sous la croix.

Sacrilége!... et pourtant une mère mortelle
T'a porté dans ses flancs...

JUDAS.

Son image!

MAGDELEINE.

Oui, c'est elle
Sur qui rejaillira l'affront que je reçois!...

JUDAS.

Ma mère...

MAGDELEINE, à part.

Il a frémi!...

(Haut.)

Si lâche que tu sois,
Oses-tu, devant elle, outrager une femme?...
La sœur de Marthe, enfin!

JUDAS.

Ma mère!...

MAGDELEINE, lui donnant le médaillon.

Oh! c'est infâme!
Profiter de ta force et de mon abandon!...
Elle est morte en exil... demande-lui pardon :
N'as-tu pas un cœur d'homme... Ah! tu pleures?...

JUDAS, à genoux, sanglotant.

Ma mère!...
Comme Agar, son aïeule, une maîtresse amère
A chassé l'humble esclave; et moi, comme Ismaël,
J'ai dû venger sa mort... ô justice du ciel!...
Dans mes rêves souvent je la vois, je la touche,
Pâle, avec des sanglots, s'inclinant sur ma couche,
Montrant le seuil fatal qu'elle a fui pour jamais...
Morte, de faim, pour moi!... Tu sais si je l'aimais!...
L'oublier dans tes bras, c'est tout ce que j'espère...
Viens!...

MAGDELEINE.

Du sang sur ta main... meurtrier de ton père!...

JUDAS, se dressant.

Magdeleine!... suis-moi, sinon... c'est trop souffrir!

UNE VOIX, au dehors.
Marie!...
MAGDELEINE, s'élançant vers le fond.
A moi, ma sœur!
JUDAS, levant son poignard.
Marthe!... tu vas mourir,
Car je sens dans Judas renaître Ischariote...
Sœur de Lazare! à moi le crime, à toi la faute!...
MAGDELEINE.
Frappe!... Jean! Maximin!
JUDAS, jetant le poignard.
J'ai Caïphe et son roi;
Tiens, je te briserai comme ce vase!
(Il saisit le vase d'albâtre, le jette à terre et s'enfuit.)
MAGDELEINE, chancelant.
A moi!...
Je meurs!...
(Elle s'évanouit et tombe.)

SCÈNE V.

MAGDELEINE, MARTHE, JEAN,
NATHANAËL, COLOMBE.

MARTHE.
Grand Dieu! Judas!
NATHANAËL.
A genoux sur la pierre...
Un frisson d'épouvante agite sa paupière!
COLOMBE.
Elle s'éveille...
MAGDELEINE, se ranimant peu à peu.
Où suis-je!... Oui, c'est Marthe! Viens, viens!
Vous, mon frère... et Colombe... Hier, je me souviens,
Ce démon était là... ma force est épuisée...
Ah!... ce vase... avec lui, que ne m'a-t-il brisée...
Mon seul bien sur la terre... il t'a vue accourir,
Il te dénoncera... fuis, laisse-moi mourir!
MARTHE.
Se peut-il que ce monstre ait le sang de mon père!
Riche par notre absence, à la mort de Tibère,
Pour Pilate et Caïphe il nous a dépouillés...
Viens! quittons ces rochers que ses pas ont souillés...
MAGDELEINE.
Tes enfants, où sont-ils?...
COLOMBE, montrant la plaine.
Dans le champ de Marcelle,
Là... plus près...
MAGDELEINE, se dressant.
Ce sont eux!... Soutiens-moi... je chancelle...
Le sol fuit sous mes pas...
(Elle retombe à genoux.)
MARTHE.
Ma sœur, te voilà donc,
Seule, à peine vivante... et dans quel abandon!...
Toi que le Christ aima de l'amour le plus tendre,
Après sa sainte mère... Elle doit nous attendre...
Ta part, c'est son amour... seul bien essentiel...
Et tu la garderas dans la gloire du ciel!...
La mienne est le devoir... la part humble et cachée,
Qui convient à mon âme, à la terre attachée...
Je t'admire!
MAGDELEINE.
Je t'aime... ô fille du Seigneur,
Tes mains... non, dans mes bras... ta part, c'est le bonheur..
Car vous êtes heureux?...
NATHANAËL.
Heureux!... qui donc peut l'être,
Dans ce pays esclave... et sous un pareil maître!
Quand nos frères sont morts par le fer ou le feu!...
Caïphe a tous nos biens; mais pour lui c'était peu
D'avoir tué le Christ... chaque jour, sa colère
Soulève contre nous la haine populaire;
A cet homme de sang nul ne peut échapper,
Et le bras du bourreau se lasse à nous frapper...
Croyant que dans les cieux vous l'aviez précédée,
Marthe voulait mourir ici même, en Judée;
Aussi, près du Cédron, un potier m'afferma,
Pour cent gerbes de blé, le champ d'Haceldama...
MAGDELEINE, à Marthe.
Il ne méprise plus le peuple?
NATHANAËL.
Oh!... nous en sommes!...
Nous vivons du travail, la loi de tous les hommes;
Aidant les indigents, nos frères désormais :
L'amour peut se lasser, la charité jamais!...
Venez vivre avec nous, présider à nos fêtes,
Prendre part à nos soins, au bonheur que vous faites :
Nos enfants sont si beaux!
MAGDELEINE, comme en rêve.
Être heureuse un seul jour...
Sentir ce cœur brisé renaître à leur amour...
Voir le ciel dans leurs yeux refléter sa lumière!
MARTHE, joignant les mains.
Marie, ô chère sœur, viens! dans notre chaumière,
Tu les embrasseras!
MAGDELEINE, se soulevant avec effort.
Dieu!... mes genoux ployés
Me soutiennent à peine!... Il n'est plus temps... voyez...
Je suis comme ce lierre enlaçant ma demeure,
Qu'on ne peut séparer du rocher sans qu'il meure!...
Avant que le soleil ait quitté l'horizon,
Vous rendrez, quand mon âme aura fui sa prison,
Mon corps à cette grotte?...
(Ils traversent la scène pour sortir.)
SIHORA, paraissant au fond.
Au bûcher!...
COLOMBE.
L'Ombre-Noire!...

SCÈNE VI.

Les Mêmes, SIHORA, puis BARRABAS.

SIHORA.
Magdeleine... Oui, ton ombre... As-tu bonne mémoire?
Sept ans à pareil jour je t'ai prédit ton sort;
L'âme n'est qu'un mensonge et tout cesse à la mort;
Tu mourras lapidée!... O vous, puissants Kabires,
Dieux jumeaux, qui régnez sur les sombres empires,
Fils d'Astarté, pardon... fidèle à vtre loi,
J'aurais dû la tuer!...

NATHANAËL.
Ma mère !...
SIHORA.
Ingrat, tais-toi !
Tu n'est qu'un renégat, son plus digne complice !...
COLOMBE.
Son frère !
SIHORA.
C'est donc toi, belle sous un cilice,
Comme autrefois sous l'or et la pourpre de Tyr !
Le front découronné, jouant le repentir,
Tu trahis à leurs yeux ta beauté demi-nue !...
Va, fille de Ruben, je t'ai bien reconnue !...
Mais sur le feu sacré j'avais fait le serment
De te faire périr avec lui, ton amant !...
(Vers le fond.)
Centenier ! la voici, l'impure enchanteresse !...
BARRABAS, paraissant.
Marthe, Nathanaël ! vous, ma noble maîtresse !...
SIHORA.
Frappe, c'est Magdeleine !
MAGDELEINE.
Oui, hâtez-vous... je meurs !...
BARRABAS.
Cesse de m'étourdir, folle, avec tes clameurs,
Ou va-t-en... Oui, c'est moi, Barrabas, nom célèbre,
Le roi de la taverne à l'enseigne du Zèbre ;
Oh ! si vous connaissiez ce cénacle maudit,
Où l'on entre honnête homme et d'où l'on sort bandit...
Enfer de volupté !... Là, Judas et l'orgie
Exaltaient de mes sens la fiévreuse énergie ;
J'ai perdu, comme enjeu, mon âme à ce bâtard...
J'ai voulu ma revanche, il m'a crié : « Trop tard !... »
J'ai frappé... que le sang retombe sur sa tête !...
Mais le jour où j'ai vu mourir ce saint prophète,
Qui du haut de la croix, les bras longtemps ouverts,
Semblait de sa clémence étreindre l'univers,
Quelque chose d'humain vibra dans ma poitrine ;
J'ai gémi... j'ai prié... devant vous je m'incline :
Je crois... je suis chrétien !...
MAGDELEINE.
Que tout soit oublié ;
Je vous pardonne !
(Barrabas tombe à genoux.)
JEAN, le baptisant.
Au nom du Dieu crucifié,
Sois Mathias, apôtre.
SIHORA.
Encore une victoire !
Caïphe avec Judas te couronne au prétoire !...
(Elle s'éloigne vers le fond.)
BARRABAS.
Ne craignez pas Caïphe et ses licteurs maudits !...
Moi, leur chef, je m'en charge ; et, de plus, je vous dis
Que vous pouvez encor lui gagner sa partie !...
Ayez Luc, Salomé, Joseph d'Arimathie,
Leurs conseils d'Agrippa fléchiront la rigueur.
MARTHE.
Oui, Joseph, comme Luc, est un homme de cœur ;
Mais voulant nous défendre, à sa perte il s'expose...
BARRABAS.
Deux hommes, c'est beaucoup, pour une bonne cause !

C'est souvent le triomphe !... Obtenez leur appui ;
Moi, le long du Cédron, je vous mène aujourd'hui
Jusqu'au val d'Éphraïm, abri sûr et commode...
MAGDELEINE.
Plus d'exil, par pitié !
JEAN, à Nathanaël.
Je cours auprès d'Hérode...
Rassemblez nos amis... moi, je tente un effort
Pour vous, pour vos enfants...
MARTHE.
Pour notre sœur d'abord...
NATHANAËL, à Barrabas.
Jusqu'au retour de Jean, frère, veillez sur elle !...
BARRABAS.
Allez en paix.

SCÈNE VII.

LES MÊMES, moins JEAN ET NATHANAËL.

SIHORA, s'approchant.
Va, traître, embrasser leur querelle ;
Et de son impudeur partage les profits !...
MAGDELEINE.
Arrêtez !... je vois bien qu'il n'est pas votre fils...
Car vous le maudissez !...
SIHORA.
Et tu l'aimes encore !
MAGDELEINE, à Marthe.
Oh !... pardonne...
SIHORA.
A Sichem, né d'un sang que j'abhorre.
Il est...
MARTHE.
N'achevez pas !...
SIHORA, avec force.
Fils de Caïphe !...
COLOMBE.
O ciel !
MAGDELEINE.
Maximin ?... Quel blasphème !...
SIHORA.
Oui, lui ! Nathanaël !...
De l'amour au mépris te voilà descendue !...
Esclave de cet homme, à qui je fus vendue
Par son maître Antipas, l'Hérode syrien,
J'ai dû nourrir son fils à la place du mien,
Perdu, comme sa sœur, dans un jour de carnage...
MAGDELEINE.
Comme Lazare et moi !
SIHORA.
L'enfant avait son âge,
Ses traits, sa voix, son âme... il eut tout mon amour...
Je l'ai bien expié !... puis on voulut, un jour,
Me ravir de mon ciel cette étoile vivante...
Du palais de Caïphe exiler la servante...
Ce fils, je l'ai volé... j'en avais bien le droit,
On m'a tué le mien !,.. Dans un passage étroit,
Sous le mont de Nébo j'abritai ma tendresse...
Que ne l'ai-je étouffé de ma main vengeresse !
Il me croyait sa mère ! A son bras faible encor

J'apprenais à jouer dans la crinière d'or
Des lions de Zared... à frapper dans l'espace
L'aigle de l'Idumée ou le cygne qui passe...
Mais il rêvait la gloire, après la liberté!...
Il part, ne me laissant qu'un rocher déserté,
Le désespoir, la mort!... Depuis ce jour, la fièvre,
Le délire parfois... L'eau tarit sous ma lèvre...
Rien ne vit dans mon sein, ni crainte, ni souhaits;
Je ne puis plus aimer, moi-même je me hais!...
Je ne l'ai plus revu qu'aux pieds d'une autre femme!
Oh! ces enfants cruels!... Ils emportent votre âme,
Le cœur, la vie entière... ils rêvent dans vos bras
Du ciel tout souriant... puis un jour... les ingrats,
Donnant l'âme et le cœur pour un baiser profane,
Vont acheter le ciel chez une courtisane!
Comprends-tu maintenant le serment que je fis
De livrer à Caïphe, assassin de mon fils,
Le sien, Marthe, ta sœur, avec toi, Magdeleine!...
Et que si vous pouviez échapper à ma haine,
Je me tuerais, vois-tu, sans regret, sans effroi...
Car mon vengeur, c'est lui! ma victime... c'est toi!...

MAGDELEINE.

Marthe n'est point ma sœur... orpheline éplorée,
Comme vous, j'ai perdu ma patrie adorée...
Dans une ville en feu son père m'adopta,
Captive avec Lazare...

SIHORA.
Où donc?
MAGDELEINE.
A Sarepta.
SIHORA.
Ruben n'est pas ton père!... Es-tu née en Syrie?...
MAGDELEINE.
Oui...
SIHORA.
Votre mère, alors, se nommait Eucharie?
MAGDELEINE. [bat!...
Oui... Comment savez-vous?... parlez!... Oh! mon cœur
SIHORA.
Attends... Je me souviens!... Au milieu d'un combat,
Je vois un de vos chefs s'élancer de la foule...
Se jeter dans la flamme... et puis... le toit s'écroule...
(Avec un cri d'angoisse.)
Ah!... je n'ai plus d'enfants!
MAGDELEINE.
Ce cri... Dieu tout-puissant!...
Le sien!... Vous souvient-il d'un signe qu'en naissant
L'orpheline a reçu... d'un joyau de famille?...
SIHORA.
Oui, la croix d'Astarté...
MAGDELEINE, montrant son collier.
La voici!...
SIHORA.
Toi! ma fille?...
Ce collier sur le sein de Magdeleine? Oh! non!...
Je ne te connais pas!
MAGDELEINE, suppliante.
Mais, Myrrha, c'est mon nom!...
SIHORA.
Qui te l'a dit?... Tes mains?... Je rêve... Je suis folle...
[Elle lui prend les deux mains et la regarde avec extase.) (vole...
Toi, Myrrha... C'est donc vrai... Vers toi mon cœur s'en-

MAGDELEINE.
Ma mère!
SIHORA, la recevant dans ses bras.
Ah! je te vois! mon enfant! mon seul bien!...
Myrrha!... les battements de ton cœur et du mien
Me disent que c'est toi!... c'est mon âme! c'est elle!
C'est mon sang!... Sois bénie, ô déesse immortelle!...
Vois, l'incendie éclate... un tison embrasé
Vient me frapper au front.... S'il l'avait écrasé!
Mais non!... tout devient rêve... et mon intelligence
N'a qu'un instinct : la haine! un désir : la vengeance!...
Mon amour, le voici... Ce cœur mort le sentait
Même en te maudissant... C'est ma voix qui mentait!
Lazare était mon fils... Mère dénaturée,
J'ai prévenu Caïphe, et ta perte est jurée...
Tiens!... pardonne, ou je meurs!...
MAGDELEINE.
Vivez!... bénissez-moi!
SIHORA.
Par ton père martyr et ton frère... Pourquoi
Frissonnes-tu?... Fuyons, sous nos calmes ombrages,
Où du golfe d'Aram expirent les orages...
Pleins du chant des oiseaux, des rayons du ciel bleu;
Temple que la nature édifie à son Dieu!...
Les cèdres du Liban... le désert!... Viens! des larmes?
De joie, oui, n'est-ce pas?
BARRABAS, venant du fond.
Partez!... je vois des armes...
Les faisceaux du prétoire!...
COLOMBE.
Oui, les voilà, fuyez!
C'est Judas et Malchus...
MARTHE.
Vois ta mère à tes pieds!...
MAGDELEINE, avec résolution.
Tu la suivras; je reste!
SIHORA, égarée.
A mes yeux tout vacille...
Malheur!...
BARRABAS.
Voici Caïphe.
SIHORA, chancelant.
Ah!... j'ai tué ma fille!...
Myrrha... non, Magdeleine!...
(Elle s'affaisse anéantie, le regard immobile.)

SCÈNE VIII.

Les Mêmes, CAÏPHE, JUDAS,
MALCHUS, Licteurs.

CAÏPHE, aux licteurs.
Entourez ce rocher,
Licteurs, et que personne ici n'ose approcher.
(Apercevant Magdeleine et Marthe.)
Bien, seigneur Isaac, le rapport est fidèle;
Des amis d'Agrippa vous êtes le modèle :
Claude rend Samarie à votre bienfaiteur,
Et vous pouvez compter sur l'emploi de préteur.
BARRABAS.
Voilà! Malchus le lâche, à l'oreille coupée,
Sert Judas le pendu... Jette donc cette épée...

ACTE III, SCÈNE IX.

Ta corde suffira pour trouver enfoui
Ton or au champ du Sang...
JUDAS.
Haceldama?
BARRABAS.
Mais oui!
JUDAS, avec un cri de joie terrible.
Je suis riche!...
CAÏPHE.
Est-ce vous, Magdeleine, en Judée?
Malgré la loi de Dieu, par trois fois éludée,
Qui sous peine de mort proscrit tous les chrétiens!...
MAGDELEINE.
Moi! c'est moi! je me livre et je vous appartiens.
MARTHE.
Je suis Marthe, sa sœur.
CAÏPHE.
Toujours même démence!...
Abjurez vos erreurs... invoquez ma clémence,
Vos biens vous sont rendus; tout peut être oublié...
JUDAS.
Leurs biens!... ceux de mon père!...
CAÏPHE, avec hauteur.
Ah!... vous êtes payé!...
BARRABAS.
Dix fois plus qu'il ne vaut.
CAÏPHE.
Gardes! qu'on les enchaîne!
BARRABAS, ramassant un arbre.
Le premier qui s'approche, avec ce tronc de chêne
Recevra mon baptême...
JUDAS.
Ainsi, vous trahissez!...
BARRABAS.
Chacun son tour.
CAÏPHE, d'une voix tonnante.
Au nom d'Hérode, obéissez
Aux ordres du préteur!...
BARRABAS, arrachant son collier.
Ton préteur, je le brave!
Tiens, rends-lui ce collier pour son licou d'esclave!...
(Il le brise et le jette à terre.)
Mon service est fini; les sept ans révolus,
Je veux ma liberté... je ne vous connais plus.
JUDAS.
A moi, licteurs!
BARRABAS, se jetant entre eux et Magdeleine.
Arrière!... ou par le roi-prophète...
CAÏPHE.
Frappez!...
(Les licteurs se jettent sur Barrabas, qui renverse les premiers. Malchus le frappe à la tête.)
BARRABAS, chancelant.
Ah! venge-moi, Seigneur!...
JUDAS.
Justice est faite!...
COLOMBE.
Ah! misérable!
CAÏPHE.
Ainsi leurs pareils sont traités!...
Lapidez-les!...
(Magdeleine, Marthe et Sibora se tiennent enlacées; Colombe à genoux; les licteurs ramassent des pierres.)

SCÈNE IX.

Les Mêmes, NATHANAËL, LUC, HILDÉRIK, JOSEPH D'ARIMATHIE, DANIEL, JONAS, le Peuple.

JOSEPH D'ARIMATHIE, dans le fond.
Au nom du tétrarque, arrêtez!...
BARRABAS, mourant.
Daniel, Jonas, à moi!... Vous vivrez, je l'espère...
(Il expire aux pieds de Magdeleine; Daniel et Jonas désarment les licteurs.)
MAGDELEINE, à Marthe.
Maximin ne doit pas reconnaître son père...
La honte le tuerait!...
CAÏPHE.
Parlez!... que voulez-vous?...
HILDÉRIK.
Ravir cette victime à votre orgueil jaloux.
Je viens de chez Hérode, avec l'édit de grâce
Pour elle et pour les siens que sa justice embrasse.
« Rome est grande, a-t-il dit; elle trouve odieux
Que le sang soit versé pour la cause des dieux :
L'étrangère vivra, si sa famille entière
D'Israël, ce soir même, a quitté la frontière! »
Laissez la hache aux mains des licteurs, croyez-moi...
Et d'ailleurs, Magdeleine échappe à votre loi,
Comme fille de Tyr, libre, par sa naissance,
De choisir un abri loin de votre puissance.
CAÏPHE.
Toujours entre elle et moi Suzanne ou Salomé!...
Le lieu de son refuge?
LUC.
Il ne l'a pas nommé.
CAÏPHE.
Je veux donc faire grâce. Au lever des étoiles,
Dans le port d'Ascalon, une barque sans voiles
Livrera les proscrits à la merci des flots,
Loin du sol de Judée achevant leurs complots.
Aux apprêts du départ moi-même je préside...
NATHANAËL.
Vous?
CAÏPHE.
Moi!...
NATHANAËL.
Soyez maudit, pontife déicide!...
HILDÉRIK.
Je vous suivrai!
MAGDELEINE.
Mon frère... au prix de votre exil
Je serais libre?... Et vous, Luc, Joseph, se peut-il
Qu'un outrage pareil... Au prétoire!...
MARTHE.
Oh! Marie!
MAGDELEINE.
Vous ne savez donc pas ce que vaut la patrie!...
MARTHE.
Marcelle et nos enfants.
(Caïphe veut sortir.)
JEAN, l'arrêtant d'un geste.
Demeurez!...

SCÈNE X.

Les Mêmes, JEAN, MARCELLE, les Enfants.

MAGDELEINE, les recevant dans ses bras.
　　　　　　　　　Dieu puissant!...
J'aurais offert pour eux et ma vie et mon sang;
Et quand je les embrasse avec joie, avec crainte,
Ils reçoivent l'exil dans ma première étreinte!
Voilà donc ce qu'Hérode appelle pardonner...
Par lui, de cette gloire, il me fait couronner!...
Caïphe... avant une heure, aux pieds de notre juge!...

CAÏPHE.
Partez!...

MAGDELEINE.
　　　　Adieu, ma mère... et toi, dernier refuge...
　　　　　　　　　　　　　　　　　　　　　[yeux...
Mon cœur se brise... enfants... venez, là... sous mes
Vous suivrez le soleil... ma route est vers les cieux...
Ce voile sur mon sein... je renais... je suis calme.
(Elle tombe, défaillante, en embrassant sa mère.)

MARTHE.
Luc, sauvez notre sœur!...

LUC.
　　　　　　　　Voyez-vous cette palme
De martyre à son front?...

SIHORA, revenant à elle.
　　　　　　Magdeleine!... en rêvant,
J'entendais ses sanglots... son cœur bat... mon enfant...
(Elle la soulève.)
Myrrha, morte!... et ce spectre à ses pieds immobile!...
Caïphe, son bourreau!...

CAÏPHE.
　　　　　　Sa mère, la sibylle!...

SIHORA, découvrant son front.
Connais-tu cette empreinte?

CAÏPHE.
　　　　　　Eucharie!

SIHORA.
　　　　　　　　　Oui, c'est moi,
La Tyrienne esclave amenée à ton roi,
Qui t'ai pris, noir démon, ton infâme couvée...

CAÏPHE.
Pitié!... rends-moi mon fils... ta fille retrouvée...

SIHORA.
Tu viens de les briser, grand prêtre d'Israël!...
Et ton fils t'a maudit!...

CAÏPHE, lui tendant les bras.
　　　　Grâce!... Nathanaël!...
(Nathanaël veut se tuer; puis, jetant le poignard, il tombe à genoux entre ses deux enfants, aux pieds de Magdeleine. — Caïphe sort avec sa suite.)

NATHANAËL.
Oh! mes enfants... pardon!...

MAGDELEINE, se ranimant.
　　　　　　　　Marthe, voici ta mère...
Enfants, ne pleurez pas... Cette vie éphémère
Vaut-elle donc le ciel? Me plaindre, quand je vais
Rejoindre nos élus, l'ange à qui je rêvais...
Et lui, mon Rédempteur!... Guidant votre nacelle,
Hildérik vous escorte au pays de Marcelle,
Dont les sillons, creusés par le fer des Romains,
Attendent la moisson que Dieu met dans vos mains...
La loi de charité...
(Son front s'illumine; en extase.)
　　　　　Je la vois... oui! c'est elle!
La cité du Seigneur, la Solyme immortelle!...
C'est tout le genre humain, libre de son linceul,
Comme Lazare et moi... n'adorant que lui seul!...
Rome!... quel jour nouveau brille sur tes ruines!
Trois Césars inclinant leurs fronts et leurs poitrines
Sous le Verbe éternel... Là, bien loin, vers le Nord,
Voyez... le Christ, fait peuple, est conduit à la mort;
Mais, le troisième jour, naît de sa main féconde
La paix des nations, l'espérance du monde!...
Patrie!... à toi mon corps... mon âme au roi des rois!
Son Fils, à pareille heure, expirait sur la croix...
Vivante, il me couronne, à la droite du Père...
Seigneur, je crois en vous... je vous aime... j'espère...
(Elle meurt; Sihora tombe à ses côtés.)

JEAN.
Saintes, montez vers Dieu!...
(Il étend sur elles le voile de la Vierge.)

JUDAS.
Non... Magdeleine!... Attends!...
(Il saisit le fer et veut se frapper.)

JEAN, arrêtant son bras.
Marche! et sois réprouvé jusqu'à la fin des temps!...
Ployé sous le mépris, rongé par la souffrance,
Vis, pour le désespoir... et moi, pour l'Espérance!..

CHŒUR DES ANGES.
　　　Hosannah!
　　Espérance éternelle,
　　Resplendis à ses yeux!
Voici le Rédempteur, vivant et glorieux!
　　　Marie, ouvre ton aile,
　　Et monte vers les cieux!
　　　Hosannah!

(L'ange de l'Espérance apparaît sous un triple arc-en-ciel de lumière; l'âme de Magdeleine s'envole vers les cieux.)

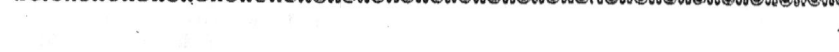

Un déplacement de la littérature théâtrale s'opère en ce moment. Les dix-huit matinées littéraires, tragiques et comiques, qui ont eu lieu à la Gaîté depuis le 7 janvier dernier jusqu'au moment où nous écrivons ces lignes, n'y ont pas peu contribué.

Ce mouvement hebdomadaire de quatre mois aura prouvé une chose, c'est qu'il y a un public pour toutes les manifestations possibles de l'esprit humain, depuis les plus triviales jusqu'aux plus grandioses, depuis *Sganarelle* jusqu'à *Athalie*.

Deux tragédies religieuses ont été représentées à la Gaîté : *Athalie*, que nous venons de nommer, et *Polyeucte*, que les *crevés* et les *ramollis* de tous les temps ont appelés les chefs-d'œuvre de l'ennui. Eh bien, ces mêmes chefs-d'œuvre, qui ne parlent que des choses les plus élevées de l'âme, et qui, pour parler de Dieu, ont des accents divins qu'on croyait incompréhensibles pour la génération actuelle, ce même *Polyeucte*, ce héros du martyre, *Athalie*, cette création biblique, ont trouvé un public enthousiaste, avide de se retremper aux sources vives de la poésie biblique et apostolique ; présage parlant d'une ère nouvelle dans la littérature théâtrale.

De telles manifestations ne devaient pas rester infructueuses pour l'art ; un poëte a surgi, Polonais d'origine, chrétien par la persécution, Français par le langage. Il a fait une tragédie-drame, destinée à fixer l'étape de la rénovation et du retour vers l'idéal ; sur un sujet ancien, il a fait des vers nouveaux, et son œuvre, teintée de la coloration orientale qui plaît tant aux masses, parce qu'elles sentent plus qu'elles ne pensent, est sortie brillante et parée de toutes les grâces et de toutes les séductions. L'œuvre de M. Kristien Ostrowski, que nous avons sous les yeux, n'attend que le moment de se livrer au juge moderne : le public.

M. Kristien Ostrowski n'est pas un inconnu ; après *Françoise de Rimini*, jouée à la Porte-Saint-Martin ; *Griselde ou la Fille du Peuple*, jouée à la Gaîté ; *Edvige de Pologne*, jouée à l'Ambigu ; *Jean Sobieski*, joué en Italie ; *Humphry Davy*, à l'Odéon, il vient de mettre au jour cette *Marie-Magdeleine* qui le révèle définitivement comme poëte dramatique. C'est comme tel que l'auteur attendri des *Livres d'Exil*, si éloquents comme forme et comme pensée, se présente à la France.

Un pays qui a accueilli avec tant de faveur toutes les tentatives de réhabilitation de l'amour humain par l'amour divin, c'est-à-dire du remords par le repentir, un pays qui a acclamé depuis Marion Delorme jusqu'à Marguerite Gautier, qui a plaidé la cause de toutes les pécheresses, ne saurait repousser la Marie-Magdeleine, amante platonique du Sauveur du monde ; il se trouvera un directeur qui osera monter cette belle œuvre, car il sera certain de trouver de grands artistes pour l'interpréter et un public sympathique pour l'applaudir.

Pour nous qui avons étudié l'œuvre que nous saluons beaucoup plus que nous ne la recommandons, persuadé qu'elle se recommande d'elle-même par sa haute valeur, nous ne pouvons dire qu'un seul mot à tout ce qui a encore souci de grand art et de grande littérature : Halte-là, détournez un instant vos regards et vos pas des sentiers réalistes et des choses vulgaires ; il y a près de vous, au milieu de vous, un véritable poëte qui vit de votre vie, qui souffre et aime avec vous et pour vous ; regardez-le, écoutez-le : son front et ses accents sont ceux des élus, des dévoués et des éprouvés. Sa vie et son œuvre sont tout amour, écho des grandes douleurs et des grands sacrifices. Il a saisi la lyre des grandes mélancolies de la nature ; il a recueilli le souffle de sa patrie absente et de sa patrie d'adoption, et les trois cordes vouées à la foi, à l'espérance et à la charité ont fixé ce chant que l'on nomme *Marie-Magdeleine* et que son talent a revêtu de la forme tangible du drame.

On ne saurait certes répondre de rien sans témérité ; cependant ce ne serait pas être prophète que d'affirmer que la représentation de la *Marie-Magdeleine* de M. Kristien Ostrowski serait, en même temps qu'une excellente affaire, une véritable rénovation de l'art dramatique, correspondant sérieusement à des besoins véritables qu'on peut méconnaître si l'on est aveugle et corrompre si l'on est corrompu et corrupteur, mais que l'on ne saurait détruire en France, le vieux pays où fleurissent malgré tout la foi, l'honneur et la vertu, ces trois sources éternelles des grandes œuvres et des nobles actions.

L'International 29 mai 1869.

ADALBERT

MARTYR

POËME LYRIQUE EN DEUX PARTIES

(MUSIQUE DE M. ALBERT SOWINSKI)

SALLE DES CONCERTS HERZ, 17 AVRIL 1845.

PERSONNAGES

LE ROI DE POLOGNE.
ADALBERT, archevêque de Gnesno.
AZAËL, l'ange de la Pologne.
RADION, } esprits de lumière.
ASTÉRÉE, }

LE ROI DES CHASSEURS PAÏENS.
UNE MÈRE. — UNE CAPTIVE.
CHOEUR D'ÉTOILES, CHOEUR D'ESPRITS CÉLESTES, CHOEUR DE PRISONNIERS, CHOEUR DE FIDÈLES, CHOEUR DE PAÏENS.

La scène est à Prague, puis à Krakovie et Gnesno, au xe siècle.

PREMIÈRE PARTIE.

LA VOCATION.

INTRODUCTION.

CHOEUR DES ÉTOILES.
Gloire au Seigneur! chantez, saintes phalanges,
Soleils qu'il anime et conduit ;
Tout l'univers est plein de ses louanges,
Et le jour l'annonce à la nuit!

UN ANGE.
Dieu créateur que la nature adore!
Voilé sous ta triple unité,
Tu resplendis du couchant à l'aurore,
Et tu remplis l'éternité!

Fleuve-Océan, déjà loin de sa source,
Le temps rapide, impétueux,
Roule à tes pieds, entraînés dans sa course
L'infini, la terre et les cieux!

Chantez, chantez, immortelles phalanges!
Le soleil paraît, l'ombre fuit ;
Les cieux sont pleins des divines louanges,
Le jour les annonce à la nuit!

L'ANGE AZAËL, récitant.
Tels étaient devant Dieu les cantiques des anges,
Sur l'enfant nouveau-né que la terre a produit.

VOIX DU TABERNACLE.
Radion, Astérée! esprits purs de lumière,
Qui jadis à ma voix
Portiez au laboureur, dans l'étroite chaumière,
La couronne des rois ;

Anges de la Pologne, ouvrez vos blanches ailes ;
Protégez cet enfant!
Qu'avec vous il enseigne aux Slaves infidèles
Mon Verbe triomphant!

Que le sang du martyr, que vos larmes fécondent
Les sables du désert ;
Adalbert est son nom. — Les archanges répondent :
« Adalbert!... Adalbert!... »

PREMIÈRE PARTIE. — LA VOCATION.

AZAËL.
Comme deux blancs ramiers, fuyant d'une aile égale,
Les deux saints messagers
Des soleils à la terre ont franchi l'intervalle
Radieux et légers;

Éteignant de leurs fronts l'auréole angélique
Et l'éclat trop ardent,
Ils viennent se poser sur une basilique
Des Slaves d'Occident.

I.

AZAËL.
Or, dans Prague vivait une famille sainte
De la race des rois,
Qui gardait le parfum et la splendeur éteinte
Des vertus d'autrefois.

— « Salut aux étrangers! » — On leur ouvre l'entrée
Que la Vierge défend;
Et voici, devant eux, une mère éplorée
Au berceau d'un enfant.

LA MÈRE.
Mon fils! réveille-toi! Si tu cesses de vivre,
Toi, si jeune et si beau!
Si tu meurs, cher enfant! je mourrai, pour te suivre
Dans la nuit du tombeau!

RADION, ASTÉRÉE.
Mère, console-toi! prends ce livre et ce cierge;
Crois, espère : à genoux!
Viens poser ton enfant sur l'autel de la Vierge,
Et chante comme nous :

RADION, LA MÈRE, ASTÉRÉE.
Vierge Marie,
Vois cette fleur
Déjà flétrie
Par la douleur!
A sa paupière
Rends la lumière,
Vierge d'amour!
Et que sa vie,
Digne d'envie,
Te glorifie
Comme un beau jour!

Reine des anges
Aux yeux si doux,
Saintes phalanges,
Priez pour nous!
Blanche colombe,
Neige qui tombe,
Ont sa candeur;
Prends cette rose
A peine éclose :
Qu'elle repose
Près de ton cœur!

RADION.
Regarde!
LA MÈRE.
Mon enfant!...
ASTÉRÉE.
Dieu ne veut pas qu'il meure.

CHOEUR.
Bienheureux le mortel qui reçoit à toute heure
Le proscrit, l'étranger :
Car les anges des cieux, visitant sa demeure,
Viennent le protéger!

II.

AZAËL.
L'enfant avait grandi; mais, fuyant les exemples
De ses anges gardiens,
A la cour de Bohême il poursuit, loin des temples,
Les plaisirs des païens.

Pleurez, anges d'amour, et cachez sous vos ailes
Vos couronnes de feu;
Il oublie à jamais vos leçons immortelles
Et le bienfait de Dieu!

Dieu ne l'oublia point! il instruit ceux qu'il aime
Par la voix du remord;
Adalbert eut un songe envoyé du ciel même,
Vision de sa mort.

ADALBERT.
Où suis-je? ô mon pays! ô torrents de lumière!
O séjour familier!
Est-ce toi, ma patrie; est-ce toi, ma chaumière,
Mon chêne hospitalier?

Les voilà... Pour qui donc cette couche d'ivoire
Sous ce trône éclatant?
C'est la fille d'un roi qui m'appelle à la gloire,
C'est l'amour qui m'attend!

Aigle, je fends les airs tout peuplés de génies
Au sourire amoureux;
A moi, songes brûlants, voluptés infinies,
A moi! je suis heureux!

VOIX DU CIEL.
Adalbert!...
ADALBERT.
C'est ta voix trop souvent méconnue...
O ma mère!... prions!
Dieu paraît sur son trône; et voici dans la nue
Deux saintes légions :

L'une a l'éclat du lis dans nos fraîches vallées,
Que je ne verrai plus...
Brillantes fleurs du ciel, guirlandes étoilées :
C'est l'essaim des Élus!

L'autre a le teint vermeil des roses printanières
Sous l'aile des zéphyrs;

Elle porte le Christ mourant, sur ses bannières :
　　C'est l'essaim des Martyrs!

CHOEUR.

Adalbert! Adalbert! viens parmi nos phalanges
　　Qui pour toi vont s'ouvrir;
Ta place est désignée au milieu des archanges :
　　Pour vaincre, il faut mourir!

ADALBERT.

O mes anges gardiens! ô ma mère chérie!
　　Ô Christ! inspire-moi!
Pour vaincre, il faut mourir! Merci, vierge Marie,
　　Je mourrai donc pour toi!

III.

ADALBERT.

Avant de commencer le grand pèlerinage
　　A la grâce de Dieu,
O famille! ô patrie! ô témoins du jeune âge!
　　Je viens vous dire adieu!

Voici le seuil natal... D'où vient que je frissonne?
　　Quel silence profond!
Mes frères! mes parents! quoi? personne, personne!
　　L'écho seul me répond...

AZAËL.

Tes frères! tes parents! ô mortelles alarmes,
　　Inutiles remords!
Adalbert! fuis ces lieux pleins de sang, pleins de
　　Ils sont morts! ils sont morts! 　　　[larmes!

Le Germain idolâtre a choisi pour repaire
　　Le toit de tes aïeux;
Ton père était chrétien : ils ont brûlé ton père,
　　Et ta mère est aux cieux!

Ils ont tué l'enfant, déshonoré la fille
　　Sur le sein du vieillard!
Exilé, tu n'as plus de parents, de famille :
　　Arrête!... il est trop tard.

CHOEUR DES MORTS.

Viens à nous; dût la mort déchirer tes entrailles :
　　Cette croix dans la main,
Viens creuser nos tombeaux, chanter nos funérailles,
　　Et reprends ton chemin!

IV.

AZAËL.

Or, Miécislas régnait sur nos aïeux, les Slaves.
　　Les yeux privés du jour,
Il appelle le saint, banni par des esclaves,
　　Au Vavel, son séjour.

LE ROI.

Frère, voici ma main... que ton Dieu soit le nôtre;
　　Viens bénir le soldat
Qui change le bourdon du martyr, de l'apôtre,
　　En crosse de primat.

Comme un chêne, au printemps, sur la neige encor blanche
　　Étend ses rameaux verts,
Ainsi, des rejetons naissants de cette branche,
　　Que nos champs soient couverts!

C'est à toi d'éclairer la Pologne et le monde
　　Des splendeurs de la foi.
Aussi loin que s'étend la Vistule féconde,
　　Ce grand peuple est à moi!

ADALBERT.

Seigneur, Dieu seul est grand! moi, son ministre indigne,
　　Je vais en tout pays,
Baptisant les païens, travaillant à la vigne;
　　Il règne, j'obéis!

Je viens ouvrir ton âme et ta paupière éteinte
　　A la clarté des cieux :
Fils de Piast, à genoux! païen, reçois l'eau sainte!
　　Aveugle, ouvre les yeux!

LE ROI.

Je vois... la terre immense et les cieux pleins de flamme...
　　Que le soleil est beau!...
Merci, mon Dieu!... le jour succède dans mon âme
　　A la nuit du tombeau!

Mais, quelle voix touchante a frappé mon oreille?
　　D'où viennent ces sanglots?
C'est la reine captive : et sa plainte est pareille
　　Au murmure des flots.

LA CAPTIVE.

O frères! témoins de mes larmes,
　　Quel Dieu finira nos malheurs?
Notre patrie appelle aux armes,
　　Et moi, je n'ai rien que mes pleurs!
Seigneur, je t'invoque à l'aurore,
Le soir, je te cherche et t'implore,
L'oiseau seul répond à mes cris!
O mort! mon unique espérance,
Viens hâter notre délivrance,
Viens briser les fers des proscrits!

Hirondelles, sœurs fugitives,
Plus heureuses, libres toujours,
Portez les plaintes des captives
Au pays natal, nos amours!
Penchés sur le bord de nos fleuves,
Les fils orphelins et les veuves
Attendent le jour du trépas;
Le temps fuit, pareil à ces ondes,
Entraînant les cieux et les mondes,
Et nos pleurs ne passeront pas!

ADALBERT.

Entends la voix des proscrits de Bohême!
Songe qu'un roi clément est pareil à Dieu même :
　　Liberté, grâce, ô roi!

PREMIÈRE PARTIE. — LA VOCATION.

LE ROI.
Oui, l'amour parle à mon âme attendrie !
Cette enfant m'appartient ; voici votre patrie :
Restez auprès de moi !

ADALBERT.
Elle est à Dieu, qui m'inspire et m'appelle !
Je vais ceindre mon front d'une palme plus belle
Que ta couronne, ô roi !

LE ROI.
Tu veux mourir ! Gardes, qu'on les enchaîne !
Vous bravez mon amour, je vous livre à ma haine...

ADALBERT.
Je vais prier pour toi !...

CHOEUR.
Grâce pour nous ! Frère, tu vois nos chaînes !
Par le sang des martyrs qui coule dans tes veines,
Daigne exaucer nos vœux !

ADALBERT.
Ces prisonniers, ces proscrits sont tes frères ;
Sois aveugle ou sois juste ; à tes mains téméraires
Je me livre pour eux !

LE ROI.
Dieu de l'éclair, que leur sort s'accomplisse !
Des prêtres de Péroun tu seras le complice :
Qu'on les livre à nos dieux !

RADION, ASTÉRÉE, AZAËL.
Heureux celui qui s'immole et qui pleure !
Souviens-toi que la terre est un exil d'une heure :
La patrie est aux cieux !

(On entend le tonnerre.)

LE ROI.
Au bûcher !

ADALBERT.
Arrêtez ! si vous craignez la foudre !...
Je jure, avant un mois, mort ou vif, pour t'absoudre
De paraître en ce lieu ;

Enfant, je te consacre à la Vierge Marie :
Par toi ces prisonniers reverront leur patrie !...

LES ANGES.
Gloire à Dieu !... Gloire à Dieu !

V.

HYMNE A LA VIERGE.

ADALBERT.
Vierge du ciel, protége-nous !
Mère du Christ, Marie,
Voici ton peuple à tes genoux :
Défends notre patrie !
De l'abîme en furie
Apaise le courroux,

Vierge du ciel, Marie !
Kyrie eleison !

CHOEUR.
O Christ ! que ta sainte lumière
Daigne éclairer nos yeux !
Martyrs, à notre heure dernière,
Conduis-nous vers les cieux.
Donne-nous la foi dans ce monde,
Et dans l'autre une paix profonde.
Kyrie eleison !

LE ROI.
Fils du ciel que j'atteste et proclame,
Dieu sorti du sein pur de la femme,
C'est par toi
Que la foi
Règne dans notre âme !

Le Seigneur a quitté ses domaines ;
L'enfer s'ouvre à ses lois souveraines,
Et ses mains
Des humains
Ont brisé les chaînes !

Vieil Adam, patriarche des hommes !
Souviens-toi de la terre où nous sommes ;
Que tes fils
Soient admis
Aux divins royaumes !

LE ROI, ADALBERT et CHOEUR.
O bonheur sans égal !
Volupté suprême !
C'est Dieu, c'est Dieu même !
Et Satan, son rival,
Foudroyé, blasphème !

Chantons le Roi des rois !
Sa grâce féconde
En tous lieux abonde ;
Il est mort sur la croix
Pour sauver le monde !

C'est pour nous, Dieu puissant,
Que tes mains divines,
Ton front ceint d'épines
Ont rougi de ton sang
Les saintes collines !

Le Seigneur triomphant
Ordonne qu'on l'aime
D'un amour suprême ;
Et l'homme, son enfant,
Autant que soi-même !

O mère du Sauveur !
Belle entre les femmes,
Source de nos flammes ;
D'une sainte ferveur
Embrase nos âmes !

Dieu de gloire et d'amour!
  Déjà tu nous ranges,
  Parmi les archanges,
Qui, la nuit et le jour,
  Chantent tes louanges!

Marie, ainsi soit-il,
  Très-sainte Madone,
  Par toi, Dieu nous donne,
Après un jour d'exil,
  Le ciel, ta couronne![1]

AZAËL.

Fleuve majestueux qui berças l'aigle blanche!
Vistule! que ce chant sur tes plaines s'épanche
  Durant l'éternité!
Bénis soient ton rivage et tes sources fécondes!
Car, du sang des martyrs qui se mêle à tes ondes,
  Naîtra la liberté!

DEUXIÈME PARTIE.

LE MARTYRE.

I.

ADALBERT.

Seigneur! où trouver le supplice
  Qui doit m'ouvrir le ciel?
Ah! daigne approcher mon calice
  D'amertume et de fiel!

Comme les herbes odorantes
  Dans le saint encensoir,
Ouvrent leurs ailes transparentes
  A l'aurore du soir :

Ainsi, du tombeau qui m'attire,
  Je m'élance vers toi;
Partout j'ai cherché le martyre,
  Et je trouve la foi!

VOIX DU CIEL.

Mon fils, tu suivras cette étoile
  Qui descend vers le nord;
Pêcheur du Christ! livre ta voile
  Au souffle de la mort!

ADALBERT.

La mort! c'est la vie éternelle!
  Puissé-je, ô Roi des rois!
Convertir la Prusse infidèle,
  Et mourir sur ta croix!

---

1. Cet Hymne à la Vierge est la traduction littérale du chant de saint Adalbert, *Bogarodzica-Dziewica*, composé vers 997 pour le roi de Pologne Boleslas le Grand. Par respect pour son antiquité, nous le transcrivons en entier.

AZAËL.

Côtoyant la Vistule, il enseigne; la foule
  Se presse autour de lui :
Et sur la chrétienté, comme un flot qui s'écoule,
  Dix siècles avaient fui.
Or, les pêcheurs disaient, écoutant ses paroles :

CHOEUR.

O ministre du ciel
Qui bénis et consoles,
Ta voix, source de miel,
A brisé nos idoles!
Oui, c'est Dieu, le vrai Dieu
Que ta voix nous enseigne;
Que la terre en tout lieu
Le connaisse et le craigne :
Oui, c'est Dieu, le vrai Dieu
Qu'Adalbert nous enseigne!

Des temples du désert
Renversons les images;
Ton Dieu, saint Adalbert,
Est seul digne d'hommages!
Oui, c'est Dieu, le vrai Dieu
Que ta voix nous enseigne;
Que la terre en tout lieu
Le connaisse et le craigne :
Oui, c'est Dieu, le vrai Dieu
Qu'Adalbert nous enseigne!

ADALBERT et CHOEUR.

Que la terre et les cieux soient témoins de son règne!

II.

AZAËL.

Étoiles d'or, chantez au beau front de la nuit!
L'onde brille; un esquif a glissé sur la plage :
  Le roi des chasseurs le conduit.
Il descend, fait un signe, et l'écho du rivage
Répète les clameurs de la troupe sauvage;
  Le clairon sonne, le fer luit!

CHOEUR.

Un chrétien parmi nous? Qu'il périsse, qu'il meure!
Maudit soit l'étranger et celui qui le sert!
Jamais un vil chrétien n'a souillé la demeure
  Des enfants du désert :
Qu'il meure!...

LE ROI.

  Arrêtez tous! Le premier qui s'approche
Tombera foudroyé sous cet éclat de roche...
Vieillard, qui donc es-tu?

ADALBERT.

  Je me nomme Adalbert.

LE ROI.

Qui t'amène? réponds!

ADALBERT.

  Dieu, dont je suis l'apôtre.

LE ROI.

Je ne le connais pas!

ADALBERT.

  Sans lui, tu ne peux rien.

LE ROI.
Tu mens, vil étranger! ton dieu n'est pas le nôtre,
Et son pouvoir finit où commence le mien!
ADALBERT.
Son trône est l'univers qu'il anime et féconde!
LE ROI.
Tu mens, vil imposteur! Dieu, pour nous convertir,
Nous enverrait un roi...
ADALBERT.
Ce Dieu, le roi du monde,
Ne veut, pour te sauver, que le sang d'un martyr!
LE ROI.
Ah! c'en est trop! crains ma colère!
Que le soleil qui nous éclaire
Jamais ne te voie en ces lieux!
Va-t'en, ce rivage est funeste;
Sinon, la mort!
CHŒUR.
La mort!
ADALBERT.
Je reste.
LE ROI.
Chrétien, sacrifie à nos dieux!
ADALBERT.
Tombent ces dieux que je déteste!
LE ROI.
Pour prix de ta rage funeste,
Tu mourras, esclave orgueilleux!
ADALBERT.
La mort, pour un chrétien, est le chemin des cieux!
AZAËL.
Et le roi des chasseurs va saisir une rame;
Il la brise en éclats sur le front d'Adalbert :
« Va, demande à ton Dieu le salut de ton âme!
Justice est faite... et nous, retournons au désert... »
Il chancelle, mourant, sur le sein de l'archange.
Le livre de la Foi s'échappe de ses mains;
Et les chasseurs disaient avec un rire étrange :
« Périssent avec lui tous les dieux des Romains! »

III.

ASTÉRÉE.
Adalbert, lève-toi! ta coupe est encor pleine;
Ame de peu de foi,
Vois jaillir cette source au milieu de la plaine :
Adalbert, lève-toi!
ADALBERT.
Dieu! quelle voix touchante
M'appelle du tombeau?
La nuit rayonne et chante
Autour de son flambeau.
J'ai soif!... Une onde pure
Dans la grotte murmure
Et m'appelle en secret;
Dévoré par la fièvre,
J'y cours plonger ma lèvre...
Un ange m'apparaît.
UNE CAPTIVE.
Arrête, au nom du ciel! si tu tiens à la vie!
Cette onde, c'est la mort!

ADALBERT.
Ange ou fille des rois, quelle pieuse envie
T'intéresse à mon sort?
LA CAPTIVE.
Je suis ta sœur... Mon père est mort en esclavage,
Étranger comme toi;
Et ma mère, ici près, m'attend sur le rivage.
Sois notre hôte, suis-moi!
ADALBERT.
Mais pourquoi m'empêcher de puiser dans cette onde,
Au pied de ces autels?
LA CAPTIVE.
Approche... Vois-tu bien, sous la mousse profonde,
Nos serpents immortels?
ADALBERT.
Le Seigneur est plus fort que vos dieux homicides :
Regarde, mon enfant!...
LA CAPTIVE.
Que vois-je? un aigle blanc, sur les rougeurs splendides
D'un beau soleil levant!
Il tombe avec l'éclair sur les ondes sanglantes;
Il saisit les faux dieux,
Et les porte écrasés, dans ses serres brûlantes,
Jusqu'au plus haut des cieux!
ADALBERT.
A ce signal, reconnais la présence
De Celui que je sers!
Par toi le Christ étendra sa puissance
Au sein de vos déserts.
Je suis ton frère, et ma race est la tienne;
L'amour est notre loi!
Par cette eau sainte, esclave, sois chrétienne!
Sois libre, par la foi!
LA CAPTIVE.
A ce signal, j'ai senti la présence
De Celui que tu sers!
Par moi le Christ étendra sa puissance
Au sein de nos déserts.
Quel changement dans mon âme s'opère!
Le ciel s'ouvre pour moi;
Il est un Dieu!... Bénissez-moi, mon père :
J'aime, je vois, je croi...
ADALBERT.
Mon Dieu! je l'ai sauvée, et veux mourir pour toi!
LA CAPTIVE.
Mon Dieu! je suis chrétienne, et veux vivre pour toi!

IV.

CHŒUR DES CHASSEURS.
Au bruit de la corne sacrée,
Par les monts et les bois,
Nous chassons la biche égarée
Et le cerf aux abois.
Seule, trompant notre poursuite,
La vierge, nos amours,
Emportant nos cœurs dans sa fuite,
Nous échappe toujours.
UN CHASSEUR.
Un chrétien maudit l'a séduite!

CHŒUR.
Tremblez, chrétiens! race maudite!
Notre soleil jaloux
Éteindra plutôt son orbite,
Que de luire pour vous!
Les vents tariront leurs haleines;
Et le vaste Océan
Couvrira nos bois et nos plaines
De son gouffre béant!

LE ROI.
Arrêtez! quels accents étranges!...

LA CAPTIVE, ADALBERT.
Marie, étoile des archanges,
Veille sur nous des cieux!
L'aurore chante tes louanges,
L'amour luit dans tes yeux!

LE ROI.
Chasseurs, n'est-ce pas la captive
Dans le creux du rocher?
De l'alcyon la voix plaintive,
Ou le chant du nocher?

LE ROI et LE CHŒUR.
Tremblez, chrétiens! race maudite!
Notre soleil jaloux
Éteindra plutôt son orbite,
Que de luire pour vous!

LA CAPTIVE, ADALBERT.
O Christ! que ta sainte lumière
Daigne éclairer leurs yeux!
Martyrs, à notre heure dernière
Conduis-nous vers les cieux!

V.

LA MÈRE.
Où donc es-tu, fille chérie?
Je t'attends nuit et jour;
Ma belle fleur déjà flétrie,
Je meurs sans ton amour...
Marie!

L'ÉCHO.
Amour... Marie!

LA MÈRE.
De mes pleurs la source est tarie;
Je te perds sans retour :
O toi que mon sein a nourrie,
Je meurs sans ton amour...
Marie!

L'ÉCHO.
Amour... Marie!

ADALBERT.
Mère, voici ta fille.

LA MÈRE.
Est-ce bien toi? Merci,
Dieux bons, dieux tout-puissants!

LA CAPTIVE.
Mon sauveur, le voici!

LA MÈRE.
Il a sauvé tes jours?

ADALBERT.
Non, j'ai sauvé son âme!

LA CAPTIVE.
Il a rempli mon cœur d'une céleste flamme!

LA MÈRE.
Que vois-je? un étranger!

LA CAPTIVE.
Un ministre de Dieu,
Mon bienfaiteur! mon père!

LA MÈRE.
Un chrétien dans ce lieu?
Fuyez! je vois déjà ces bandits téméraires...

ADALBERT.
Je ne crains que Dieu seul! les hommes sont mes frères,
Et pour briser leurs fers l'Éternel m'a choisi.

LA MÈRE.
Partez! ils vous tueront!

ADALBERT.
Je reste!

LA CAPTIVE et LA MÈRE.
Les voici!

LE ROI.
Plus de doute! c'est elle!

CHŒUR.
Avançons!

LA MÈRE.
Le fer brille!
Grâce! prenez mon sang; mais pitié pour ma fille!

LE ROI.
Rends-moi ta fille, ou meurs!

LA MÈRE.
Je mourrai donc, ô roi!

LA CAPTIVE.
Vous, ma mère, à leurs pieds!

LE ROI.
Qui t'a séduite?

ADALBERT.
Moi!...

LE ROI.
L'esclave de nos dieux!

LA CAPTIVE.
Je suis chrétienne, et libre!

CHŒUR.
Mort! mort à l'étranger!

LE ROI.
Vois-tu ce dard qui vibre?...
A toi, chrétien maudit!

ADALBERT.
Frappez!... Je vous absous.

RADION, ASTÉRÉE.
Son corps à Boleslas; Seigneur, son âme à vous!

. . . .

CHŒUR.
Quel est-il donc ce dieu mortel si magnanime?
C'est la mort d'un héros!
Pour la première fois, nous voyons la victime
Prier pour ses bourreaux!

AZAËL.
Heureux celui qui meurt martyr de la foi sainte
Ou de la liberté!
L'âme, en fuyant vers Dieu, sur son front laisse empreinte
L'angélique fierté!

DEUXIÈME PARTIE. — LE MARTYRE.

Proscrits! ceignez vos reins par les routes divines;
En Pologne! debout!
Le soleil est ardent, le sentier plein d'épines,
La patrie est au bout!

CHOEUR.

O ciel! reçois ce noble esprit
De ton apôtre,
Que notre sol s'ouvre au proscrit,
Au martyr Adalbert, pour sa gloire et la nôtre!

VI.

CHOEUR DES ANGES, portant le corps d'Adalbert.

Chantez, légions angéliques;
Harpes, résonnez dans les airs!
Relevez-vous, saintes reliques,
Au bruit des célestes concerts!
Bercé dans la main des génies,
Couvert de splendeurs infinies,
Frère, monte aux cieux comme un chant!
Ainsi le parfum s'évapore,
Ainsi l'arc-en-ciel se colore
Des rayons vermeils du couchant.

RADION.

O toi, mon orgueil et ma gloire,
Dors paisible au sein du trépas!
Les cieux proclament ta victoire,
Et la terre a fui sous tes pas!
Soldat de la Foi souveraine,
Tombé sans effroi sur l'arène,
Martyr, monte au rang des Élus!
Après quelques jours de souffrance,
A toi l'éternelle espérance,
Et le jour qui ne s'éteint plus!

ASTÉRÉE.

Adalbert, patron des vieux Slaves,
Gloire à toi, céleste ouvrier!
Tu meurs de la main des esclaves
Le premier, mais non le dernier!
Tu rends ton corps à la poussière,
Ton esprit, rayon de lumière,
A son immortel élément;
Pour toi, plus de temps ni d'espace :
Tu contemples Dieu face à face
Jusques au jour du Jugement!

VII.

FINALE.

AZAËL.

Aux chants d'un peuple entier, quelle Église s'élève?
Boleslas la fonda, la Pologne l'achève;
C'est Gnesno, le nid déserté
Que l'aigle de Pologne a couvert de son aile
Pour prendre son essor vers la voûte éternelle,
Au soleil de la liberté!

CHOEUR DES ÉTOILES.

L'orgue saint retentit dans ses voûtes profondes,
Comme la voix de Dieu lorsqu'il créa les mondes!

CHOEUR DES FIDÈLES.

Vierge du ciel, protége-nous!
Mère du Christ, Marie,
Voici ton peuple à tes genoux :
Défends notre patrie!
De l'abîme en furie
Apaise le courroux,
Vierge du ciel, Marie!
Kyrie eleison!

VOIX DU TABERNACLE.

Consolez-vous, chrétiens! Peuples, brisez vos fers!
Protégez cette Église, angéliques cohortes;
Et les puissances des enfers
Viendront expirer à ses portes!

BOLESLAS, CHOEUR DES FIDÈLES.

Consolez-vous, pécheurs! car, pécheur comme vous,
Adalbert a conquis la palme du martyre.
Anges du ciel, priez pour nous;
Que l'amour de Dieu nous inspire!

AZAËL.

Voici l'hymne sans fin que le maître conduit :

**ADALBERT, AZAËL, CHOEUR DES ANGES,
CHOEUR DES ÉTOILES,
BOLESLAS, CHOEUR DES FIDÈLES.**

Gloire au Seigneur! chantez, saintes phalanges!
O toi! dont l'amour nous instruit,
Tout l'univers est plein de tes louanges,
Et le jour t'annonce à la nuit!

AZAËL

OU

LE FILS DE LA MORT

POËME LYRIQUE

« Abîme contre abîme. »
BALZAC, *Seraphîtus.*

AU LECTEUR

Avez-vous longtemps regardé, dans une des quatre voussures géantes qui supportent la coupole du Panthéon, l'admirable tableau de Gérard?

La Mort, cette reine du monde invisible, en étendant la main, touche le front d'un jeune homme qui tombe à ses genoux dans une extase d'agonie. En voyant ce tableau, il y a bien des années, je sentis une émotion profonde qui, pour la première fois, m'a révélé la mort dans toute sa majesté; depuis, je l'ai retrouvée auprès du lit de douleur de mon père. C'est cette impression d'un instant, fortifiée par les sévères enseignements de toute ma vie, qui donna le jour à cette seconde partie du *Drame humain,* conçu le jour même de mon expatriation.

Azaël est, selon le livre d'Enoch, l'un des anges qui se révoltèrent contre Dieu. « Il est enchaîné sur des rochers arides et pointus, dans un désert sans bornes, en attendant le jugement dernier. » C'est donc le Prométhée de la mythologie biblique. — La signification hébraïque du nom d'Azaël est : *Voyant-Dieu.*

Paris, 1847.

PERSONNAGES

AZAËL, l'ange de la Foi.
ELOHIM, l'ange de la Liberté, son frère.
ASTARTÉ, la reine des Ténèbres.
BÉATRICE, amante d'Azaël.

CHOEUR { les anges maudits,
les anges repentants.

LA VENGEANCE DIVINE.

La scène est aux enfers.

Site d'un aspect sévère, mais calme; ciel de rochers transparents. — Arbres géants, aux feuilles à pointes. — Un tombeau de chaque côté de la scène; un trône vide au milieu. — Le jour se lève.

SCÈNE I.

ASTARTÉ, AZAËL.
ANGES MAUDITS, ANGES REPENTANTS.

CHOEUR DE GAUCHE.

Reine des cités sombres!
Tout l'empire des ombres
Est soumis à ta loi;

La terreur t'environne :
Sous ta triple couronne,
Astarté! gloire à toi!

Tu parais : les étoiles,
Fleurs du jour que tu voiles,
S'éteignent dans les cieux;
Et la foudre qui passe
S'allume dans l'espace
A l'éclair de tes yeux.

UNE VOIX, récit.

Jadis, enfants du ciel, aujourd'hui des ténèbres;
C'est le jour où Satan, roi des mondes funèbres,
Fut saisi de remords;

Ce jour même, Astarté, le spectre au cœur de glace,
Fille du roi déchu, vint régner à sa place
          Sur l'empire des morts.
Six mille ans, comme un rêve, ont passé sur sa gloire !
Célébrons par nos jeux sa dernière victoire
          Sur notre dernier roi.
Livrons-nous au plaisir, c'est le jour de sa fête !
A nous l'oubli des cieux ! que l'abîme répète :
          Astarté ! gloire à toi !

(Astarté paraît dans le fond avec son cortége, et s'avance
vers le trône.)

CHŒUR DE DROITE.

A genoux ! la voici, la reine d'épouvante !
    Ses yeux se dirigent vers nous ;
Proscrits, mêlons nos pleurs à leur voix triomphante :
    Anges repentants, à genoux !

CHŒUR DE GAUCHE, CHŒUR DE DROITE.

    Jour d'ivresse et de gloire !
    Célébrons sa victoire
    Sur notre dernier roi ;
    C'est le jour de sa fête !
    Que l'abîme répète :
    Astarté ! gloire à toi !

    Jour de deuil et d'alarmes !
    Dieu, témoin de nos larmes,
    Rends-nous la liberté !
    Nos frères, les archanges,
    T'offriront nos louanges,
    Dieu de l'éternité !

(Ils découvrent, en se prosternant, Azaël endormi
sur le tombeau d'Uriel.)

UNE VOIX, récit.

Voyez ce prisonnier qui dort sur une tombe,
    Seul, parmi nous, rêvant le ciel !
Son front, comme un blanc lis se soulève et retombe...
    Qu'il s'éveille et pleure !

CHŒUR DE GAUCHE.

          Azaël !...

ASTARTÉ, se levant.

Esclaves ! gardez-vous d'approcher de sa couche ;
Cet ange m'appartient... malheur à qui le touche !
Respectez son sommeil, ou craignez mon courroux !
Est-il rien de commun entre Azaël et vous ?
Allez, esprits du mal, retournez à la fête !
Que des songes légers rayonnent sur sa tête ;
Que les airs soient remplis de suaves accents,
Du son des harpes d'or, de parfums et d'encens ;
A l'ivresse, au plaisir, que l'enfer s'abandonne :
Laissez-nous ! par ce sceptre, Astarté vous l'ordonne !...

LE CHŒUR, à demi-voix.

    Reine des cités sombres !
    Tout l'empire des ombres
    Est soumis à ta loi ;
    La terreur t'environne :
    Sous ta triple couronne,
    Astarté ! gloire à toi !

SCÈNE II.

ASTARTÉ, AZAËL.

ASTARTÉ.

Que ce bruit m'importune... Il dort, mon Azaël !
Il dort ! le cœur ému par un songe du ciel !
Sur ce front incliné que de grâce est empreinte !
Je voudrais lui parler, et je n'ose... de crainte
Qu'un regard, un soupir, trahissant mon ardeur,
Ne ternît de ce front l'immortelle splendeur !
Mon Azaël, je t'aime !... ô vengeance céleste !
Mon amour est maudit ! mon étreinte est funeste...
Adieu, repose en paix ! que la fleur du sommeil
Couronne ton beau front !... mais quel disque vermeil
Apparaît dans les airs ?...

(Un triple arc-en-ciel paraît sur le tombeau d'Uriel ; bientôt après,
l'ange Elohim.)

          L'ange au glaive de flamme,
Elohim !... que l'orgueil rentre au fond de mon âme...
Serviteur du Très-Haut, qui t'amène ?

SCÈNE III.

ASTARTÉ, ELOHIM, AZAËL.

ELOHIM.

                    Astarté !
Je suis l'ange du peuple ayant nom Liberté,
Des oracles de Dieu l'immuable interprète ;
Est-u prête à les suivre ?

ASTARTÉ.

          Elohim !... je suis prête !

ELOHIM.

Deux élus du Seigneur sont soumis à ta loi.
L'un est l'ange du peuple immolé pour la Foi ;
C'est mon frère Azaël, captif dans tes domaines :
Sous ce glaive, Astarté, je viens rompre ses chaînes.

(Désignant le tombeau de droite.)

L'autre, fantôme enfant, par le Dante animé,
Est morte, dans Florence, avant d'avoir aimé.
Par toi, du Fiésolé, cette rose est ravie ;
Astarté ! c'est à toi de lui rendre la vie.

ASTARTÉ.

A moi ?

ELOHIM.

    Pour être admis au céleste séjour,
Tous les deux vont subir l'épreuve de l'amour.
Tant que le jour naissant luit sur les sept collines,
Ce flambeau fait briller ses trois gerbes divines ;
A minuit, l'un ou l'autre avec moi dans le ciel...
Tel est l'ordre suprême : obéis !

(Du bout de son glaive il allume le flambeau sur le tombeau
d'Uriel, et disparaît : l'arc-en-ciel s'efface.)

SCÈNE IV.

ASTARTÉ, AZAËL.

ASTARTÉ.
                Azaël!...
Dieu même à mon amour n'oserait te soustraire!
Non, jamais! je le jure!

AZAËL, en songe.
                Elohim!... ô mon frère!...
Dans tes bras, vers les cieux!...

ASTARTÉ.
                Quelle douce clarté
Se répand sur ses traits... Il s'éveille!...

AZAËL.
                Astarté?...
Fuyons!...

ASTARTÉ.
(A part.)
    Un seul instant!... Saurai-je me contraindre?
(Haut.)
Eh quoi! faut-il toujours m'éviter et me craindre?
Suis-je pour Azaël un objet de terreur?
Regarde! en ce vallon de supplice et d'horreur,
Rien n'atteste aujourd'hui l'infernale géhenne;
Ton amour, c'est le ciel; et l'enfer, c'est ta haine!
Pour toi ces lis soyeux dont nos champs sont couverts;
La rose du bonheur fleurit même aux enfers...
Pour toi ces chants de fête et ces voix caressantes
Qui se mêlent au bruit des coupes frémissantes:
Viens! prends part à nos jeux, tu seras notre roi!

AZAËL.
Vous parlez de bonheur... il n'en est plus pour moi!
Le bonheur peut-il être où n'est pas l'espérance?
Vous croyez être heureux en niant la souffrance!
Non! laissez-moi les pleurs, ils soulagent mes fers!

ASTARTÉ.
Ces pleurs n'éteindront pas les flammes des enfers!
Ange d'amour, pourquoi perdre ainsi ta jeunesse
A gémir sans espoir, à t'isoler sans cesse?
Fais plutôt comme nous que le ciel a proscrits;
Rendre haine pour haine et mépris pour mépris,
Endurer sans se plaindre est d'un cœur magnanime:
Notre grandeur, à nous, c'est la fierté du crime!...
Plus de tristesse; allons, lève ce front joyeux!
Que l'éclair du plaisir brille enfin dans tes yeux:
Et tu seras égal à ce fils de Dieu même
Dont tes traits sont l'image!

AZAËL.
        Arrêtez! quel blasphème!
Et qu'est-il de commun entre le Rédempteur
Et moi, fils du néant, son dernier serviteur!
De son être infini tout ce que je devine,
Moi, rayon passager de sa flamme divine,
C'est qu'il est la raison première, et moi l'effet,
Et je n'ai rien en moi qui ne soit son bienfait!
Je l'aime, et crois en lui, comme on croit ce qu'on aime;
Je m'élève en esprit vers ce maître suprême
Sur deux ailes de feu: la pensée et l'amour!
Mais sa face est voilée ainsi qu'au premier jour...
Ame et foyer du monde, il est, puisque je pense;
Il voit tout, il peut tout: il frappe, récompense,
Il est juste et clément... Quand pourrai-je, ô mon Dieu!
Libre, me replonger en toi, source de feu!

ASTARTÉ.
Il est juste et clément... j'admire sa clémenc
Qui te frappe, après moi, de son pouvoir immense!
Mais non; si j'ai compris le secret de tes pleurs,
Ce n'est pas l'exil seul qui cause tes douleurs:
Non! c'est l'amour!

AZAËL.
      Ce doute a droit de me confondre...
Qui donc êtes-vous?

ASTARTÉ.
      Moi? je suis... Que lui répondre!...
Je suis dans l'univers la plus grande après Dieu!
Bien des fois les anciens, au moment de l'adieu,
M'invoquaient sous les noms d'une sœur, d'une épouse.
Je donne tous les biens dont la terre est jalouse;
A ceux qui vont mourir sous la faux des combats,
Des voluptés de gloire au moment du trépas;
Aux exilés, par moi, la patrie est promise!
Les portes des cachots, d'un regard je les brise:
Les enfers subjugués m'ont nommé Astarté,
Mais parmi les vivants, je suis la liberté!

AZAËL.
La liberté! qui! vous? vous, cette jeune amante
Que je porte en mon cœur, dont l'image charmante,
Quand mes ailes s'ouvraient à la clarté du jour,
Me guidait vers les cieux avec un chant d'amour?
Qui, vous? cette beauté plus belle que la gloire!...
Mais, je suis votre esclave, hélas! et j'ai pu croire...
Non, non! c'est un mensonge!... Adieu!

ASTARTÉ.
                Cher Azaël!...
(Un rocher s'ouvre, Azaël disparaît.)

SCÈNE V.

ASTARTÉ, seule.

Il s'éloigne!... il mourra comme l'ange Uriel!...
Et pourtant sur ses traits je vois la ressemblance
Du fils que j'ai perdu... tais-toi, mon cœur! silence!
La colère divine a dû l'anéantir,
Et ce n'est plus ici le temps du repentir.
Tantôt, si j'ai bien lu dans sa pensée, il aime!
Pour la première fois j'ai douté de moi-même;
(Désignant le tombeau de droite.)
Cette femme est à moi! L'un ou l'autre aujourd'hui
Va remonter aux cieux: ce ne sera pas lui!...
(Elle frappe sur le portail de bronze du tombeau d'Uriel.)

SCÈNE VI.

ASTARTÉ, CHŒUR.

CHŒUR.
A ton appel
Nous voici prêts,
Nous, sans regrets,
Proscrits du ciel,
Rire toujours,
Haïr le bien
Et n'aimer rien:
Voilà nos jours.

Fleur-diamant
Dans le ciel bleu,
Soleil, milieu
Du firmament;
Vierge au cœur d'or
Et qui demain
Livres ta main
Pour un trésor;

Peuple-héros
Armant ton bras
Pour des ingrats,
Tes vrais bourreaux;
Époux vendu
Par ta moitié,
Qui sans pitié
Te voit pendu;

Rimeurs braillards
Semant de vers
Tout l'univers.
Pour quatre liards;
Nain ou géant,
Infirme ou fort,
Tous à la mort,
Tous au néant!

Dans le charnier
Rois et valets!
Détruisons-les
Jusqu'au dernier!
Proscrits du ciel,
Cœurs sans regrets,
Nous voici prêts
A ton appel!

ASTARTÉ.

Ce n'est pas pour frapper qu'Astarté vous appelle;
Non! je veux vous offrir une tâche plus belle :
Je veux rendre la vie à cette ombre qui dort!

CHŒUR.

La vie?

ASTARTÉ.

Elle est sujette et fille de la mort!...
L'un de vous doit quitter l'infernale demeure;
S'il ne se donne à moi, je le perds dans une heure.
Azaël est son nom. Tel est l'ordre odieux
Que vient de m'apporter un ministre des cieux.
Cet exemple bientôt serait suivi par d'autres;
Vengez-moi, vengez-vous : mes destins sont les vôtres.
Je veux, par cette femme, enchaîner mon amant;
Offrir à ses regards le corps le plus charmant
Qui jamais soit sorti de la main créatrice :
Hélène! et lui donner l'âme de Béatrice!
Je le veux!...

(Elle s'approche du tombeau; on entend des harpes et des voix invisibles.)

La voilà dans sa tombe de fleurs!
Belle, au sein du trépas! belle, à verser des pleurs!
Type idéal, parfait, de la figure humaine!
O fille de Léda! Comme un cygne ramène
Sa tête sous son aile, en attendant le jour,
Elle semble livrée à des songes d'amour...
Commençons!

UNE VOIX.

Vous, esprits de la vie,
Qui portez, radieux,
A la terre ravie
Les semences des cieux;
Oiseaux, fleurs, étincelles,
Accourez au bruit de nos ailes.
Par l'amour et la foi,
Par tes sœurs immortelles,
Hélène-Béatrice-Eldjéni, lève-toi!...

ASTARTÉ.

C'est en vain! toujours froide, immobile!
Saurai-je l'animer, moi qui ne suis habile
Qu'à donner le trépas?...

UNE VOIX.

Par le Verbe sublime
Qui jadis éclata
Sur les murs de Solyme
Au jour de Golgotha;
Qui, semblable à la foudre,
Doit briser, détruire et dissoudre
L'univers plein d'effroi :
Par Troie et Rome en poudre,
Hélène-Béatrice-Eldjéni, lève-toi!

ASTARTÉ.

Voyez! à vos concerts
Une étoile d'azur tombe du haut des airs;
Elle vient se poser sur sa tête! courage!
Bien, mes noirs compagnons, achevez votre ouvrage!

UNE VOIX.

Étoile bienheureuse,
Répands, fille du ciel,
Ta splendeur amoureuse
Dans le sein d'Azaël!
Béatrice charmante,
Renais! tu seras son amante;
Son bonheur est ta loi :
Par Homère et le Dante,
Hélène-Béatrice-Eldjéni, lève-toi!

ASTARTÉ.

Esclaves, c'est assez! suspendez vos accords!
Une blanche lumière a rempli tout son corps.
Victoire! son cœur bat sous ma main frémissante!
Hélène a disparu : Béatrice est présente!...

(Les spectres d'Homère et du Dante passent au loin ; les fleurs du tombeau s'écartent doucement; on voit d'abord une forme blanche et transparente comme un nuage ; peu à peu elle prend un corps, une consistance ; Astarté rejette le voile qui la couvre, les fleurs se referment, le tombeau disparaît.)

LE CHŒUR.

Victoire! qu'elle est belle!
Jamais une mortelle
N'eut ce front brillant de clarté;
Béatrice, oui, c'est elle!
Victoire! qu'elle est belle!
Gloire à toi, puissante Astarté!

SCÈNE VII.

ASTARTÉ, BÉATRICE, CHŒUR.

BÉATRICE, s'éveillant.

Où suis-je? Est-ce bien toi, mon bel Arno fleuri,
Doux ruisseau murmurant le nom d'Alighieri?

Tantôt, cueillant des fleurs sur tes rives lointaines,
Je me suis endormie auprès des trois fontaines,
Parmi les chênes verts de mon beau Fiésolé...
ASTARTÉ.
Enfant, réveille-toi ! ce séjour désolé,
Ce n'est pas le jardin qui règne sur Florence ;
Ce fleuve ténébreux, ce vallon de souffrance,
Ce n'est point ton Arno de fleurs environné !...
BÉATRICE.
O mon Dieu ! cette voix! ce spectre couronné !
J'ai peur... d'un songe affreux serais-je poursuivie?...
Qui donc es-tu ?
ASTARTÉ.
C'est moi qui t'ai rendu la vie !
BÉATRICE.
La vie?... Ah ! ce tombeau !... ce sommeil plein d'effroi,
C'était la mort?...
ASTARTÉ.
La mort éternelle, sans moi !
BÉATRICE.
O ciel ! il est donc vrai ! c'est le rêve du Dante !
L'enfer !... ah ! maudits soient tes bienfaits !...
ASTARTÉ, l'arrêtant.
Imprudente !
Ne te souvient-il plus rien de tes visions ?
BÉATRICE.
Rien ; sinon qu'un archange au front ceint de rayons
M'apparut quelquefois dans mes rêves... nos âmes
Échangèrent bientôt leurs serments et leurs flammes :
Je crois entendre...
ASTARTÉ.
Ici, tous les songes sont vrais :
Tiens, regarde !...
(Elle lui montre Azaël.)
BÉATRICE.
Un esprit passe entre les cyprès...
C'est bien lui, mon archange !
(Azaël s'éloigne.)
Oh ! non, c'est un prestige !
Dois-je le voir encore ?
ASTARTÉ.
Il est à toi, te dis-je !...
Que m'offres-tu ?
BÉATRICE.
Ma vie et mon éternité !
ASTARTÉ.
Je les accepte.
BÉATRICE.
O ciel ! ai-je donc mérité
D'être à lui ? qu'ai-je fait pour être son amante ?
ASTARTÉ.
Regarde cette source !
BÉATRICE.
O vision charmante !
Elle me tend les bras ! sa beauté m'éblouit !...
Je voudrais la saisir... elle s'évanouit !...
Oh ! plus belle que moi !...
ASTARTÉ.
C'est ton ombre fidèle !...
Viens ! prends ce diadème !
(Elle lui pose une couronne au front.)
Il te fait immortelle !

BÉATRICE, à genoux.
Un pouvoir inconnu m'incline sous ta loi ;
Mais, pour tant de bonheur, qu'exiges-tu de moi ?
ASTARTÉ.
Retenir aux enfers Azaël par tes charmes.
Tu peux tout employer, les caresses, les larmes...
(Azaël reparaît.)
Silence ! et souviens-toi qu'il faut vaincre aujourd'hui ;
Sinon, la mort !
TOUS.
La mort !...
ASTARTÉ.
Je te laisse avec lui.

CHOEUR.
Victoire ! qu'elle est belle !
Jamais une mortelle
N'eut ce front brillant de clarté ;
Béatrice, oui, c'est elle !
Victoire ! qu'elle est belle !
Gloire à toi, puissante Astarté !
(Le chœur s'éloigne avec Astarté.)

SCÈNE VIII.
BÉATRICE, AZAËL.

BÉATRICE.
Azaël !...
AZAËL.
J'ai laissé mon luth sur ces collines...
Ruine, je me plais au milieu des ruines...
Mais, que vois-je ?
BÉATRICE.
Azaël !!..
AZAËL.
Est-ce un rêve du ciel ?
Un prestige infernal ?... il approche !...
BÉATRICE.
Azaël !!!.
AZAËL.
Va-t'en, qui que tu sois...
BÉATRICE.
Qui je suis ? je l'ignore !
Je ne sais rien de moi, sinon que je t'adore !
Ton image divine a sans doute effacé
Tout ce qui me restait des songes du passé...
Je suis née au berceau des saintes harmonies ;
Un homme qui parlait la langue des génies
Me donna sa tendresse : et moi, je n'aimais pas !
Je pressentais déjà qu'au delà du trépas,
Dans un monde inconnu, j'obtiendrais en échange
De l'amour d'un mortel, la tendresse d'un ange !
Béatrice est mon nom... déjà presque oublié,
Puis un autre... Eldjéni...
AZAËL.
La divine pitié
A ces traits, cette voix... noble fleur d'Italie
Que les souffles d'en bas n'ont jamais avilie...
Béatrice...

BÉATRICE.
Apprends-moi ce qui cause tes pleurs :
Est-ce que ton étoile aux changeantes couleurs
A péri dans l'espace, errante et solitaire,
Tandis que tes regards s'attachaient à la terre?
Est-ce l'amour?... souvent les anges, tes pareils,
Pour les yeux d'une femme ont quitté leurs soleils!
Quoi! tu n'aimes donc rien? Réponds-moi, je t'en prie!
AZAËL.
Oui! j'aime sur la terre un peuple, ma patrie!
BÉATRICE.
Oh! parle, si ma mort pouvait le secourir,
Lui donner le bonheur, je veux, je veux mourir!
Si ma vie, à tes pieds, peut consoler tes larmes,
Je veux vivre toujours!...
AZAËL.
     Apprends donc mes alarmes!
Fils de l'ange Uriel, exilé comme lui,
J'étais l'ange gardien d'un peuple évanoui.
Dieu l'avait désigné parmi les tribus slaves,
Pour mourir sur la croix de la main des esclaves;
Et trois vautours, l'œil morne et le cœur pantelant,
S'apprêtaient à ronger son cadavre sanglant.
Je courus le sauver même au prix de mon âme;
Comme le Rédempteur né du sein de la femme,
J'évoquai du tombeau ses générations,
Pour le rendre immortel parmi les nations!...
Écoutez!... Des proscrits à la voix prophétique
Entonnent de l'exil un immense cantique;
Et les fers sont brisés sous leurs pas triomphants :
Les larmes des martyrs, des vierges, des enfants,
Se changent dans leur âme en torrents d'harmonie,
Et chacun porte au front l'étoile du génie!
Je combats le démon qui règne sur le Nord,
Je triomphe! Un grand peuple est sauvé de la mort,
Avant le jour choisi par les destins suprêmes;
Et le ciel me condamne à subir les blasphèmes,
Le rire des enfers, mon plus cruel tourment :
Voilà d'un jour d'orgueil l'éternel châtiment!
BÉATRICE.
Quoi! l'exil sans espoir, dans l'enfer où nous sommes?
AZAËL.
La justice de Dieu n'est point celle des hommes!...
BÉATRICE.
Nous défend-il l'amour, l'espérance et la foi?
AZAËL.
Crains plutôt de mourir, de te perdre avec moi!
BÉATRICE.
Et qu'importe la vie ou la mort!... Je succombe
A ma douleur!... Hélas! pourquoi quitter la tombe,
S'il faut vivre sans toi... mon cœur se brise; adieu!
Adieu, mon Azaël!...
(Elle s'éloigne en pleurant.)

SCÈNE IX.

AZAËL, seul.

Elle pleure!... O mon Dieu!
Un proscrit ne sait pas résister à des larmes!...
[charmes!
Que ces pleurs m'ont troublé! que d'amour, que de
Oui, c'est bien Béatrice, une enfant du soleil!...
L'amour?... Ah! c'est jadis pour un crime pareil
Que mon père... Prions! je puis prier encore!
Même dans les enfers Dieu permet qu'on l'adore.
Prière! oiseau du ciel, qui viens me consoler,
Pleure et chante à genoux, avant de t'envoler!
PRIÈRE [1].
« Du fond de mon exil que ma voix retentisse,
Que mon chant de douleur s'élève vers les cieux!
Si tu veux nous juger par la seule justice,
Qui pourra, Dieu puissant, trouver grâce à tes yeux?
Mais ta miséricorde est féconde, est immense;
Quel que soit mon destin, frappe, je m'y soumets!
Sur un peuple expirant j'appelle ta clémence :
 Nos fers s'ouvriront-ils jamais... »
L'ÉCHO.
     Jamais! jamais!...
AZAËL.
« Échappant au malheur sous lequel tu m'inclines,
Seigneur! je te rends grâce au jour de mon trépas;
Mais pour fermer tes yeux sur les saintes collines,
Christ avait une mère, et moi, je n'en ai pas!...
Si mon peuple est sauvé, je bénis ma souffrance;
Au prix de mon martyre et du ciel que je perds
Rends-lui la foi, l'amour, l'espérance... »
L'ÉCHO.
     Espérance!...

CHŒUR, invisible.
L'espérance est un songe,
La prière un mensonge,
Le printemps du cœur n'a qu'un jour;
Les femmes et les roses
Meurent à peine écloses :
Cueillons la rose de l'amour!
(Éclats de rire.)

AZAËL.
Prier! lorsque j'entends le rire des enfers!
Je vois leurs vils ébats, leurs étreintes funèbres,
Partout ces chants maudits qu'exalte le remord!...
Dieu! quels spectres affreux passent dans les ténèbres?
Fuyons! ah! ce vertige... est-ce la mort?
L'ÉCHO.
     La mort!...

SCÈNE X.

AZAËL, CHŒUR,

NYMPHES et LAMIES, sortant des arbres
et des rochers.

UNE CORYPHÉE.
Des vierges la plus belle,
Béatrice t'appelle,
Pour te donner l'oubli des cieux;
Sa figure est pareille
A la rose vermeille,
Et l'amour sourit dans ses yeux!

Viens! que ta fiancée,
Dans tes bras enlacée,

---
1. Psaume CXXIX.

S'abandonne à toi sans remord ;
Le bonheur te convie :
Car aimer, c'est la vie,
Et ne pas aimer, c'est la mort !

AZAËL.

Dois-je les écouter? O funeste pensée !
Dois-je dans les torrents d'une joie insensée
Éteindre ma douleur; et, le front avili,
Me plonger avec eux dans le flot de l'oubli?
Plutôt que de flétrir, de souiller dans leur fange
Ce débris du passé, ma couronne d'archange,
Plutôt rendre au néant ce cœur abandonné,
Aussi pur, aussi saint que Dieu me l'a donné!
Souffle des anciens jours, lève-toi sur mon âme,
Dussé-je être embrasé par tes ailes de flamme;
Leur folle abjection m'a rendu ma fierté.
O mon frère Elohim! rends-moi la liberté!

VOIX DU CIEL.

Azaël!...

AZAËL.

Écoutons!... Bienfait de la prière!...
Illusion bénie!... à mon heure dernière,
C'est mon nom que j'entends prononcé par sa voix!..
Vain prestige!...

LA VOIX, se rapprochant.

Azaël!!..

AZAËL, portant la main à son front.

C'est bien lui cette fois!...
Sur mon front, une larme? Oui, c'est toi qui me pleures!
Hélas! pour pénétrer dans ces sombres demeures,
Aurait-elle franchi l'immensité du ciel?
Je ne te verrai plus, ô mon frère!...

LA VOIX, sur sa tête.

Azaël!!!

AZAËL.

Ah! je sens le frisson de son aile divine!
Brises d'amour, venez inonder ma poitrine!
Brillez, clartés du ciel, sur mon front obscurci,
Car je revois mon frère!

(L'éclair brille, Elohim paraît.)

CHŒUR.
Elohim!
(Il se disperse.)

SCÈNE XI.

AZAËL, ELOHIM.

ELOHIM.
Me voici!

AZAËL.

Ange de liberté! c'est toi, chef de ma race!

ELOHIM.

Oui; j'apporte aux proscrits la sentence de grâce!
Les enfers vont s'ouvrir : sois libre !

AZAËL.
Que dit-il?

ELOHIM.

Frère, avec ce flambeau finira ton exil!...
Je comprends, à l'aspect de ces voûtes si mornes,
Qu'Azaël a connu des souffrances sans bornes!

AZAËL.

Et la plus déchirante était le désespoir,
O mon cher Elohim, de ne plus te revoir.
Patrie! ô nom sacré pour cette âme abattue,
Rêve du ciel natal qui nous charme et nous tue;
Exil! source de pleurs, que rien ne peut tarir,
Dont on meurt tous les jours sans jamais en mourir,
Tout cela je l'éprouve : et ma douleur extrême
Se surprend quelquefois à douter de Dieu même!
J'ai pu croire... pardonne, ô céleste envoyé,
Que toi-même, Elohim, tu m'avais oublié !

ELOHIM.

Moi t'oublier, mon frère? ah! ce doute est un crime!
Nuit et jour incliné sur les feux de l'abîme,
Je te cherchais, guidé par la voix de mon cœur;
Puis, j'allais en pleurant supplier le Seigneur,
Et lui disais : « Mon Dieu, prends ma vie éternelle;
Mais laisse-moi porter les rayons de mon aile
Vers celui que l'amour de ta gloire exila!
— Pars, » me dit le Seigneur! Je pars et me voilà!...
Viens! fuyons ces esprits de remords et de haine!

AZAËL.

Ta main, cher Elohim! je me soutiens à peine!...
Que ne puis-je entraîner du séjour des douleurs
Tous les anges proscrits... mes tourments sont les leurs!
Ces murs suintent le sang; sous leurs voûtes glacées,
Tout se teint malgré moi du deuil de mes pensées...
Témoins de mon exil, recevez mes adieux !...
Que vois-je! Béatrice?...

SCÈNE XII.

AZAËL, ELOHIM, BÉATRICE.

BÉATRICE.
En croirai-je mes yeux?
Aux portes des enfers les trois sœurs angéliques
Descendent vers l'abîme, en chantant des cantiques,
Et semant, par milliers, les célestes chemins,
De couronnes de fleurs écloses sous leurs mains;
Qui, mêlant leurs parfums, deviennent, chose étrange!
Chaque rose une étoile, et chaque étoile un ange!...
Astarté, seule encor, superbe, l'œil hagard,
Enflamme ses démons du geste, du regard;
En nommant Elohim, ils saisissent leurs armes,
Et bientôt le combat... mais que vois-je, des larmes!...
Quel horrible secret voulez-vous m'épargner?...

ELOHIM.

Au sort qui vous sépare il faut te résigner;
Tel est l'ordre divin!...

BÉATRICE.
Quel indigne message!
Azaël! tu frémis? tu changes de visage?

ELOHIM.

Partons!

BÉATRICE.
Vous me fuyez? Je vous perds sans retour?
Ah! cruel! est-ce donc le prix de mon amour?
Faut-il dans ce tombeau que je reste vivante,
Esclave d'Astarté? son nom seul m'épouvante!

ELOHIM.
L'heure approche!...
BÉATRICE.
Pitié! vous ne partirez pas!
Ou bien je me tuerai moi-même sous tes pas!
AZAËL.
Arrête!... O désespoir!... implacable anathème!
Dois-je dans ma ruine entraîner ceux que j'aime?
Seul, je mourrai!... qu'importe une lyre au tombeau!
Le soleil n'en sera ni moins pur, ni moins beau;
Et les cieux voudront-ils, si j'accepte l'échange,
Sous les traits du proscrit reconnaître l'archange?
Ces quelques ans d'exil dans les fers d'Astarté
Ont pesé sur mon front comme une éternité!
Je sens là, jour et nuit, une douleur secrète,
Mais qui grandit sans cesse; un mal que rien n'arrête:
C'est la main de la mort, frissonnant de plaisir,
De sentir battre un cœur qu'elle est prête à saisir...
Je reste!...

SCÈNE XIII.

Les Mêmes,
CHŒUR, ASTARTÉ, dans le fond.

LE CHŒUR, accourant armé.
Ils sont à nous!
ELOHIM, levant le glaive.
Arrière, vile engeance!
CHŒUR.
Aux armes!
AZAËL, à son frère.
Sauve-la!
ELOHIM.
Que le fer de vengeance
S'embrase dans ma main!
CHŒUR.
Aux armes! défends-toi!
(Combat.)
ASTARTÉ, s'avançant.
Esclaves, à genoux! car voici votre roi!...
Je vous ai défendu d'approcher de cet ange!
A ma loi souveraine est-ce ainsi qu'on se range?
A bas! prosternez-vous! ou craignez en fuyant
Qu'un regard d'Astarté ne vous jette au néant!...
(A Azaël.)
Je dépose à tes pieds cette vaine couronne
Que j'ai mal défendue, et je te l'abandonne;
Que l'enfer désarmé s'incline devant toi:
Esclaves, à genoux! car voici votre roi!...
(A Elohim.)
Et vous, ange de paix, qui, bravant ma colère,
Portez dans mon royaume un message de guerre,
Que venez-vous chercher au séjour du trépas?
Serviteur du Très-Haut, vous ne tremblez donc pas
De ternir votre front et de souiller vos ailes
Aux fumantes ardeurs des flammes éternelles?
Si vous tardez encor, craignez mon désespoir!
ELOHIM.
Ton courroux impuissant tonne sans m'émouvoir.
Viens, Azaël, suis-moi, voici l'heure suprême!

ASTARTÉ.
M'arracher Azaël? Prenez garde vous-même,
En voulant le sauver, de vous perdre avec lui!
Un seul de mes sujets doit vous suivre aujourd'hui!
BÉATRICE.
L'ai-je bien entendue? un de nous doit le suivre?
Azaël son esclave? et moi, je pourrais vivre...
Oh! j'étais insensée!...
ASTARTÉ.
Elohim, vous voyez
Ce qui vous reste à faire!
BÉATRICE.
Ah! je tombe à vos pieds!
Si l'on me proposait un choix comme le vôtre:
L'enfer avec cet ange, ou le ciel avec l'autre,
(Désignant Astarté.)
Je choisirais...
ASTARTÉ.
Lequel?
ELOHIM.
Achève!
BÉATRICE, montrant Elohim.
Celui-ci!
ASTARTÉ.
Misérable, tais-toi! tu me trahis aussi,
Vil serpent, que j'ai fait se dresser sur la fange!
Eh bien! tu vas savoir comme Astarté se venge!
Meurs donc!
(Elle s'élance vers Béatrice.)
ELOHIM, l'arrêtant.
Par cette croix, si tu fais un seul pas...
BÉATRICE, se réfugiant dans les bras d'Azaël.
Sur le sein d'Azaël tu ne m'atteindras pas!...
ASTARTÉ, avec horreur.
Ah! je tremble!
BÉATRICE, s'avançant.
D'où vient ta soudaine épouvante,
Frappe... tu n'oses pas châtier ta servante?
Pâle, tu tressaillis... de colère ou d'effroi?
Mais tu ne peux plus rien ni sur lui, ni sur moi;
Tu n'as plus, Astarté, qu'à te frapper toi-même!
Tiens, je brise à mes pieds ce fatal diadème!...
Tu veux garder cet ange au séjour du remord;
Moi, je veux lui donner la vie: et toi, la mort!
ASTARTÉ, se cachant le visage dans les mains.
O fureur!
BÉATRICE.
Azaël! je vivrai, dans ton âme...
Remonte au sein de Dieu! je ne suis qu'une femme...
Heureuse de t'avoir rendu la liberté.
Je reste!... à moi la tombe, à toi l'éternité!
AZAËL.
Qu'entends-je!... Est-ce le ciel ou l'enfer qui m'entraîne?
C'est la vie et la mort! C'est l'amour et la haine!...
ELOHIM, montrant le flambeau.
Une flamme s'éteint!...
AZAËL.
Partons! j'espère en Dieu!
Je viendrai la sauver!
BÉATRICE.
Adieu!

ELOHIM, l'entraînant.
Viens, viens!
AZAËL.
Adieu!
(Azaël sort avec Elohim et les anges repentants.)
BÉATRICE, avec joie.
Ils sont partis!
ASTARTÉ.
Vengeance! enchaînez cette esclave!...
(Les démons enchaînent Béatrice.)
L'insensée! Elle aussi me défie et me brave?
Malheur! malheur!! malheur!!! Ce pouvoir que je perds
Peut encor dans sa chute écraser l'univers!
(La scène s'obscurcit.)

SCÈNE XIV.

ASTARTÉ, CHŒUR.

ASTARTÉ.

Venez! entourez-moi de vos ailes funèbres,
Noirs enfants du Chaos, immortelles Ténèbres;
Et vous, fléaux impurs, ministres de la Mort!
Allez!... de l'Orient, de l'Ouest et du Nord,
Que le sang coule à flots; que la guerre en furie
Fauche les nations comme l'herbe flétrie;
Que les princes jaloux déchaînent sans pitié
La moitié des mortels contre l'autre moitié;
Que la flamme et la faim, l'esclavage et la peste,
Des vainqueurs, des vaincus, exterminent le reste :
Frappez, frappez toujours! que du monde en lambeaux
Rien ne reste debout, pas même les tombeaux!

CHŒUR.

Sous nos ailes funèbres,
Unissons, fils du Nord,
La Lumière aux Ténèbres,
Et la Vie à la Mort!

ASTARTÉ.

Bien, mes aigles! partez! fondez sur votre proie!...
Que l'horreur du carnage excite votre joie!
N'épargnez ni l'enfant, ni le prêtre à l'autel,
Ni le front couronné qui se croit immortel,
Ni l'époux qui sommeille aux bras de son épouse;
L'univers apprendra que la Mort est jalouse!
Cette terre est à vous; j'abandonne à vos mains,
Sur son dernier débris, le dernier des humains :
Qu'un soleil sans clarté se lève sur le monde,
Et qu'avec le Néant Dieu même se confonde!

CHŒUR.

Partons! le soleil blême
S'éteint dans l'Océan;
Que le monde et Dieu même
Rentrent dans le néant!

SCÈNE XV.

ASTARTÉ, seule.

Je me retrouve enfin! maudite dès le jour
Où j'immolai mon frère à mon premier amour,
Par la main d'un rival et d'un frère perfide,
Moi, la sœur de Caïn, le premier fratricide!
Depuis, l'homme et le ciel, rien n'échappe à ma loi;
Tout commence par Dieu, tout s'achève par moi :
Je moissonne toujours, lui, sans cesse il enfante,
Et pour l'Éternité la Mort seule est vivante!
(Azaël paraît dans le fond.)
On vient... c'est Azaël! que l'enfer abattu
Jette un cri de triomphe!...

SCÈNE XVI.

ASTARTÉ, AZAËL.

AZAËL.
Astarté!
ASTARTÉ.
D'où viens-tu?
AZAËL.
Au moment de me joindre aux milices des anges,
Des soleils teints de sang, et des signes étranges
Qui semblaient annoncer la mort de l'univers,
Ont arrêté mes pas sur le seuil des enfers.
Je viens te demander, avant l'adieu suprême,
Grâce pour Béatrice et grâce pour toi-même!
Sois clémente une fois, Dieu t'écoute, Astarté;
Tu me disais tantôt : « Je suis la liberté! »

ASTARTÉ.

Penses-tu me toucher par ce maintien paisible,
Moi, que l'enfer tremblant a nommée : «Inflexible?»
Au moment de trahir, tu parles de pardon?
La liberté pour vous, et pour moi, l'abandon?
Mais ta pitié m'inspire et ta crainte m'éclaire;
Tu n'as plus qu'un moyen de fléchir ma colère :
Si tu veux me sauver, viens me faire à genoux
Le serment éternel de rester avec nous!

AZAËL.

Et cet affreux serment, d'où vient que tu l'exiges?
Quoi! l'enfer tout entier, soumis à tes prestiges,
Ne peut-il plus suffire à ton immense orgueil?
Que t'importe une esclave arrachée au cercueil,
Quand ton règne s'étend sur la moitié du monde?

ASTARTÉ.

Tu l'oses demander? Que ce cœur te réponde!
Dis plutôt : Que m'importe ou l'enfer ou le ciel
Si tu dois me quitter!...

AZAËL.
Quel mystère!
ASTARTÉ.
Azaël!
Ne l'as-tu pas compris à mes regards de flamme?
Au trouble de mon cœur? Sors enfin de mon âme,
Aveu triste et fatal expliquant mes bienfaits...
Je t'aime, ingrat, je t'aime autant que tu me hais,
Je t'aime avec fureur et désespoir; je t'aime,
D'un amour plus puissant que l'enfer et Dieu même!...

AZAËL.

Ciel vengeur! pour quel crime ai-je donc mérité
Cet aveu sacrilège et l'amour d'Astarté?

ASTARTÉ.

Ah! la seconde flamme est morte!... Cœur barbare,

L'éternité, bientôt, pour jamais nous sépare;
Laisse-moi seulement dans ton âme épancher
Cette ardeur, que longtemps j'ai voulu te cacher.
Hélas! si tu savais quelle fut ma souffrance,
Toi, plus doux qu'aux mourants l'ange de l'espérance,
De te voir parmi nous captif dans ce séjour!
Alors, à ton bonheur immolant mon amour,
Pour toi, j'ai réuni, sous mon haleine ardente,
L'héroïne d'Homère à la vierge du Dante;
J'espérais seulement que ton inimitié
Pourrait peut-être enfin se changer en pitié!
A l'amour d'Azaël mesurant ma puissance
Je voulais t'enchaîner par la reconnaissance;
Et tu me haïssais! toi, qui gardes des pleurs
Pour tous les habitants du séjour des douleurs,
Tu n'avais que mépris, ô destinée affreuse!
Pour moi la plus aimante et la plus malheureuse!

AZAËL.

Non, je ne te hais point, je ne sais point haïr;
Mais le Seigneur m'appelle, et je dois obéir :
Qu'exiges-tu de moi?

ASTARTÉ.
Je veux t'aimer encore!
T'adorer!... Ce n'est pas ton amour que j'implore,
Pas même ta pitié... mais demeure avec nous;
Méprise-moi... je veux te servir à genoux!
C'est ton bonheur, vois-tu : car au sein de Dieu même
Jamais tu ne seras aimé comme je t'aime!...
Six mille ans de forfaits ont rempli les enfers;
D'un seul regard je puis embraser l'univers :
Ton amour seul éteint ma vengeance profonde,
Et mon bras te bénit, prêt à frapper le monde!...
(Elle s'approche en lui tendant les bras.)

AZAËL.

Je te connais enfin!... Ces sombres visions,
Ce baiser de la mort! malheur à moi!... Fuyons!...

ASTARTÉ.

Oui! je dois faire horreur à toute âme vivante!...
Jadis, comme un des tiens, mon amour t'épouvante!
Comme toi, je l'aimais; comme toi jeune et beau,
Tué par mon étreinte, il dort dans ce tombeau...
Le fruit de nos amours, que Dieu seul doit connaître,
Fut ravi de mes bras le jour qui l'a vu naître :
Sans doute, il est aux cieux!...

AZAËL.
Quelle affreuse clarté!
Mon père?...

ASTARTÉ.
Tu pâlis!...

AZAËL.
Implacable Astarté,
Son nom? son nom?

ASTARTÉ, lui montrant l'inscription.
Regarde!...

AZAËL, lisant.
Uriel?... Anathème!
Vous, la sœur de Caïn!... je vous maudis!

ASTARTÉ, l'étreignant dans ses bras.
Je t'aime!...

AZAËL, se jetant sur le tombeau.
O mon père!... reçois mon âme!...

SCÈNE XVII.

LES MÊMES, BÉATRICE, ELOHIM, CHŒUR.

BÉATRICE, accourant.
Au nom du ciel!
Fuis! c'est la Mort!

UNE VOIX.
Minuit!
(On entend un coup de tonnerre; le flambeau s'éteint; Azaël tombe foudroyé. — La scène se remplit de ténèbres; on voit seulement le nom d'URIEL écrit en traits de feu sur le tombeau.)

ASTARTÉ.
Le spectre d'Uriel!...

URIEL, se dressant du tombeau.
Marâtre des enfers! sois maudite!...
(Il se penche sur Azaël et disparaît.)

AZAËL, mourant.
La foudre
Me consume... je sens mon âme se dissoudre...
Viens, frère... à toi ce luth... Béatrice... Eldjéni...
Soyez heureux... Seigneur, que ton nom soit béni!...
Mon peuple renaîtra... je crois en toi... j'espère...
(Il meurt.)

CHŒUR.
O Tout-Puissant! prends pitié de son âme!
Par sa mort l'abîme est fermé;
Comme le Dieu né du sein de la femme,
Seigneur, il a beaucoup aimé!

ELOHIM.
Malheureux Azaël! Va rejoindre ton père!
(Il dépose Azaël dans le tombeau.)
Et toi, fille du Dante! après ce chant d'adieu,
Ton nom d'ange, Eldjéni, te ramène vers Dieu!
(Béatrice étend ses ailes.)

CHŒUR, à demi-voix, en se retirant.
Si de ton sang la terre est arrosée,
Seigneur! prends pitié d'Azaël!
Pleurs des Élus, tombez, sainte rosée;
Et qu'il renaisse dans le ciel!...

SCÈNE XVIII.

ASTARTÉ, seule.

Ils ont fui... je frissonne... et quel affreux vertige!...
Qui donc est Azaël?... et moi-même, qui suis-je?
O bonheur!... le voilà! Silence!... Il dort... il dort!...
Grand Dieu! pâle et glacé... ce sommeil, c'est la mort!
J'ai tué ce que j'aime! Oui, c'est Dieu qui se venge!

CHŒUR DES ANGES, dans le lointain.
Sœur de la nuit, déjà blanche aurore
Épanouit l'azur vermeil;
Comme un parfum, notre chant s'évapore
Aux premiers rayons du soleil!

ASTARTÉ, *pressant Azaël dans ses bras.*
Non, tu ne mourras pas! Ouvre les yeux, mon ange!
C'est en vain, Dieu jaloux! tu punis mon orgueil;
Le pouvoir d'Astarté s'éteint sur un cercueil!...
Je te suivrai du moins... Azaël, toi que j'aime!
Vengeance sur le ciel, l'enfer, et sur moi-même!
Et pour m'anéantir, par un dernier effort,
Je veux... Dieu tout-puissant! ne suis-je pas la Mort?
Je te maudis!... Eh bien, ta vengeance dort-elle?
C'est par moi que tout meurt : je suis seule immortelle!

SCÈNE XIX.

ASTARTÉ, LA VENGEANCE DIVINE.

LA VENGEANCE DIVINE, *avant de paraître.*
Astarté!...
   ASTARTÉ.
  Dans la nuit, quelle est donc cette voix
Qui s'approche?
LA VENGEANCE, *paraissant, des chaînes et un linceul à la main.*
  Astarté!!..
   ASTARTÉ.
  Sur le ciel une croix,
Le signe rédempteur...
   LA VENGEANCE.
   Astarté!!!
  ASTARTÉ, *l'apercevant.*
     Je devine...
Ces chaînes!... ce linceul!!!.. La Vengeance Divine!!!

   LA VENGEANCE.
Oui!...
   ASTARTÉ.
 Frappe, eh bien! J'attends.
  LA VENGEANCE, *l'enchaînant.*
     Tu porteras ces fers;
L'amour d'une mortelle a sauvé les enfers :
Azaël est ton fils!...
   ASTARTÉ, *à genoux.*
   Mon fils...
(Après une convulsion terrible et prolongée, elle jette sa couronne et tombe anéantie; la Vengeance Divine étend sur elle le linceul.)
   LA VENGEANCE.
     Point de clémence!...
Meurs, toi qui fais mourir : l'Éternité commence!...

(L'enfer s'ouvre; on voit les portiques célestes. — Azaël entre Elohim et Béatrice, remonte vers le ciel, avec les chœurs des élus et des anges.)

CHŒUR FINAL.

Nous triomphons! gloire au Dieu des armées!
 L'amour a sauvé les enfers;
L'espace est plein d'étoiles enflammées :
 Les chemins des cieux sont ouverts!

Gloire au Seigneur! chantez, saintes phalanges!
 Sonnez, clairons du dernier jour!
Amants proscrits, montez parmi les anges,
 Car la liberté, c'est l'amour!

LA LAMPE DE DAVY

OU

L'AMOUR ET LE TRÁVAIL

COMÉDIE EN UN ACTE, EN VERS

THÉATRE DE L'ODÉON, 19 JUIN 1854.

AUX ARTISTES ÉTRANGERS.

Cette bluette, improvisée en 1844, reçue en 1849, et jouée en 1854, a mûri dans mes cartons juste le temps qu'il a fallu aux Grecs pour faire le siége de Troie, et dix fois autant qu'il n'en faudrait à MM. tels ou tels pour faire fortune sur une scène quelconque, avec de l'argot de vaudeville et des mots à double entente. Six mois d'un labeur opiniâtre et de sacrifices de toute sorte ont à peine suffi pour trouver et réunir deux jeunes artistes de bonne volonté; certains grands acteurs de Paris ayant déclaré qu'un dialogue en un acte était trop au-dessous de leur condition. N'est-il pas au moins bien étrange que, si les faiseurs indigènes sont partout accueillis comme des demi-dieux; caressés, choyés, cousus d'or et criblés de décorations; s'ils sont honorés plutôt à cause de leur qualité de Français que d'habiles praticiens, les artistes étrangers à Paris sont, bien au contraire, soumis à toutes les vexations d'un stage interminable; réduits à la nécessité de passer par les mains d'une foule de gens peu scrupuleux sur les moyens de s'enrichir; rançonnés, éconduits, molestés, jusqu'à voir pousser des cheveux blancs à leurs œuvres, et, parfois même, ce qui est plus grave, à leur menton! Faut-il attribuer cette cruelle ingratitude au grand nombre d'hommes de génie qui écrivent actuellement en France pour le théâtre? Nullement; et la commission des récompenses offertes aux chefs-d'œuvre littéraires se plaint chaque année de ne trop savoir où placer sa richesse. Est-ce plutôt à la défaveur qui s'attache à la qualité d'étranger, à cette matière taillable et corvéable à merci, et qui, chose surprenante! frappe cette classe déshéritée jusque dans ses productions françaises? C'est probable; car beaucoup d'autres et bien plus appuyés que moi, depuis Giacomo Meyerbeer jusqu'à Henri Heine, ont éprouvé les mêmes mécomptes et souffert les mêmes tribulations. Attendre, postuler, se morfondre des années entières, si l'on n'a pas une clef d'or pour se faire ouvrir le cabinet d'un impresario privilégié ou d'un premier rôle en renom, telle est la destinée invariable de l'artiste étranger, écrivain, compositeur ou simple exécutant, qui s'avise de chercher, dans ce pays de la cabale et des jugements faits à l'avance, sa part de renommée ou sa place au soleil de Dieu. Point de grâce, point de quartier pour vous, eussiez-vous tout l'entregent de Scribe, doublé de l'esprit de Dumas, si vous ne pouvez produire un acte de naissance daté de Pézenas ou de Quimper-Corentin; à l'exception toutefois de la musique et de la danse, admises en France à titre d'importation exotique, n'ayant que fort peu de traits de ressemblance avec la gaudriole et le cancan. Soyez donc musicien ou danseur, s'il plaît au ciel; mais auteur dramatique? point n'y songez, à moins que vous n'ayez quatre ou cinq petits millions. Exploiter un étranger, lui prendre son idée ou son or, à merveille; mais lui payer son talent? jamais! On est bien plus habile que vous, et vous faites concurrence à une *industrie* parisienne érigée en société... j'allais dire en monopole. Tout en protestant contre cette flagrante iniquité, je déclare qu'elle fait le plus grand tort à l'art français lui-même, copiste par sa nature, et qui, depuis quelque vingt années au moins, se débat dans l'isolement, l'impuissance et la vulgarité.

C'est donc aux artistes étrangers, à ces innocentes victimes de l'esprit exclusif et jaloux du CHACUN POUR SOI, considéré comme esprit national, que j'adresse cet opuscule avec cette leçon, dont ils ne manqueront pas de profiter, s'ils veulent s'épargner à l'avenir des travaux stériles et de navrantes déceptions.

Paris, 19 juin 1854.

LA LAMPE DE DAVY

ou

L'AMOUR ET LE TRAVAIL

PERSONNAGES.

HUMPHRY DAVY, chimiste. | MINA MAC'ALLAN, sa pupille.

La scène est à Penzance, dans les Cornouailles, vers 1810.

Un salon gothique, remis à neuf. — A gauche de l'acteur, une table de travail avec une lampe de mineur, un briquet à gaz et un récipient. — A droite, une table à thé, une croisée donnant sur la campagne, avec un treillage en métal et des fleurs. — Une porte latérale avec tapisserie. — Au fond, la porte d'entrée.

SCÈNE I.

DAVY, en entrant et se retournant vers le fond.

Merci, messieurs, merci; vous êtes trop aimables,
Par l'escalier, à droite!... Allez à tous les diables,
Et ne remontez plus sans vous tordre le cou,
Créanciers insolents! C'est à devenir fou!
Ne pouvoir plus ni sortir ni rentrer sans escorte,
Reconduit tous les jours jusqu'au seuil de ma porte...
C'est trop payer la gloire... une gloire en haillons,
Voilà mon avenir!... Il le faut, travaillons.
La lampe des mineurs, mon idée immortelle!
(Il s'assied.)
Lord Carlisle me doit mes quatre ans de tutelle;
Payons les ouvriers d'abord, c'est plus urgent.
Il faut du pain pour vivre à qui donne l'argent:
Trois cents livres sterling... Hier, dans la contrée,
Une fuite de gaz vers minuit s'est montrée;
On craint le feu grisou, des désastres nouveaux,
Les mineurs de Penzance ont quitté les travaux...
Vainement Georges trois promet la baronnie,
Et Bonaparte un siége au temple du génie,
A qui de nos savants fera l'invention
D'une lampe à l'abri de toute explosion:
Ce secret, je l'aurai! fût-ce au prix de ma vie!
Sans cela tout m'échappe, et Mina m'est ravie,
L'héritière d'un nom plus ancien que Fingal!
Moi, fils d'un charpentier, je me crois son égal!
En France, on a détruit ce préjugé barbare;
Mais nous! en Angleterre! un monde nous sépare!
Ici, le nom c'est l'homme!... Achevons ce sonnet;
Des vers... pauvre amoureux!... Baronnet, baronnet!
Membre de l'Institut, grâce à mes découvertes!
Il faut qu'au vrai talent les portes soient ouvertes!
Tomkin!...
(Il sonne; un mineur paraît, dans le costume des Cornouailles.)
Pour les mineurs: c'est la solde du jour.
Mais quel bruit... un landaw s'arrête dans la cour?
C'est elle!... oh, mon cœur bat!... Ne perdons pas la tête;
Sous Davy le savant cachons bien le poëte!
(Il serre sa lettre dans ses comptes.)

SCÈNE II.

MINA, DAVY.

MINA, en élégant costume de voyage.
Bonjour, monsieur Davy... je viens vous annoncer
La fin de mon exil... Mais, que dois-je penser
De cette émotion? Craignez-vous ma présence?

DAVY.
Soyez la bienvenue au château de Penzance;
Mais trouver si matin un tuteur en défaut,
Sans l'avoir averti, sans écrire un seul mot,
C'est mal!

MINA, lui tendant la main.
Pardonnez-moi, vous en feriez de même;
L'oiseau vole à son nid, le cœur à ce qu'il aime...
De loin, je saluais avec ravissement
Ce doux pays natal, un peu froid, mais charmant!
Partout, sur mon chemin, le vieux comté de Galles
Étalait devant moi ses beautés sans égales;
Mais, que tout est changé! Quel talent merveilleux
A si bien rajeuni le toit de mes aïeux,
Répandu ces trésors, cette sève nouvelle,

Où, comme à son insu, l'artiste se révèle!
Ces prodiges naissants dont mes yeux sont témoins,
Vous en êtes l'auteur, je rends grâce à vos soins.
DAVY, gravement.
Si leur aspect a pu vous causer quelque joie,
Je ne puis regretter tous les soins que j'emploie.
MINA, courant à la croisée.
Ce jardin, c'est le mien! Comme il est agrandi!
Plus charmant que jamais!
DAVY.
Comme vous, milady.
MINA.
Oh! les jolis bouquets! les belles marguerites!
DAVY.
C'est votre jour de fête.
MINA, avec joie.
Il s'en souvient!... Mais, dites,
Pourquoi donc ce treillage?
DAVY.
Un procédé certain
Pour maintenir dans l'air la fraîcheur du matin.
MINA.
Que de bonté!... je viens vous apprendre en échange
Le retour de Carlisle.
DAVY.
O ciel! déjà?
MINA.
Qu'entends-je!
Mon bienfaiteur, mon père!
DAVY.
Et bientôt... votre époux?
MINA.
Lord Richard?
DAVY.
Oui, sa Grâce a des projets sur vous.
MINA.
Vous croyez?
DAVY.
J'en suis sûr... et sans doute vous-même...
MINA.
Je l'aime, j'en conviens.
DAVY, à part.
Malheureux!
MINA.
Oui, je l'aime
Comme un père.
DAVY.
A merveille!...
MINA.
Et vous?
DAVY.
Sous ce rapport
Votre cœur et le mien seront toujours d'accord.
MINA.
C'est un vrai gentilhomme!
DAVY.
Oh! je puis en répondre!
Il m'a fait suppléant au Collége de Londre,
Près d'un grand professeur qui ne professait pas;
Membre du cabinet, guidant mes premiers pas,
Il m'admit près de vous, sa jeune fiancée;
Et d'un mot créateur féconda ma pensée,

En me disant: « Travaille et sois homme. »
MINA.
En effet,
Votre reconnaissance est digne du bienfait!
Je n'ai plus que lui seul de ma famille entière;
De son nom de Carlisle il m'a fait héritière:
C'est lui qui m'envoya mûrir mon jeune esprit
Au soleil de la France, où mon père proscrit,
Irlandais par le sang, mais Français par la gloire,
Est mort au champ d'honneur, dans un jour de victoire...
DAVY.
Oui, le jour d'Yéna.
MINA.
Toute enfant, je l'aimais!
Ces liens, croyez-moi, ne se brisent jamais;
Il donne à l'Angleterre un homme de génie,
Et vos inventions...
DAVY.
Milady, je le nie!
Je dois tout à Carlisle.
MINA.
A vous, peut-être, un peu?
DAVY.
Moins que vous ne pensez.
MINA.
Vos systèmes!
DAVY.
Un jeu.
MINA.
Vous l'avez découvert, en jouant, j'imagine:
Diamant et charbon sont de même origine...
DAVY.
C'est l'aristocratie et le peuple...
MINA.
Comment?
DAVY.
Nous sommes le charbon, et vous, le diamant.
MINA.
Ou le strass... bien souvent on a pris l'un pour l'autre!
Le talent fait noblesse, et j'ai foi dans le vôtre.
En France, l'Institut couronne vos succès,
Bien qu'ils troublent un peu le sommeil d'un Français.
Chaptal en est jaloux, le souverain lui-même,
Lui, ce grand connaisseur, vous honore, vous aime;
Souvent, à Saint-Denis, mon orgueil partageait
Ses admirations dont vous étiez l'objet:
« Le génie, a-t-il dit, c'est la persévérance;
Pour tout homme de cœur, la patrie est la France! »
C'est la vôtre, Davy... Mais, quel grave intérêt
Vous domine à ce point? Vous paraissez distrait?
Vous ne m'écoutez pas?
DAVY.
Si fait, je vous écoute,
Milady... je songeais...
MINA.
A vos mines, sans doute?
DAVY, à la croisée.
Et voici justement, au gnomon du portail,
Onze heures... je conduis les mineurs au travail...
Vous plaît-il, milady, d'ordonner quelque chose?
MINA.
C'est ma fête aujourd'hui, je veux qu'on se repose...

DAVY.
Ah! j'oubliais!
MINA.
Quoi donc?
DAVY.
Je suis bien étourdi...
Le déjeuner!... Pardon, Mina... non! milady...
MINA, saluant.
C'est comme il vous plaira.

SCÈNE III.

MINA, seule.

Ma présence l'étonne...
Quel changement, bon Dieu! dans toute sa personne!
M'aurait-il oubliée? O ciel! plus je le vois,
Et moins je reconnais mon Davy d'autrefois
Qui, le front inspiré, sur ces mers sans rivages,
Me lisait d'Ossian les poëmes sauvages!
S'il m'aime, pourquoi donc ce visage assombri?
Que sera-ce plus tard, s'il devient mon mari!
De mon plus beau salon faire un laboratoire!
Et ma boîte en émail changée en écritoire?...
Que j'aurais de plaisir à brûler ces papiers!
A voir ces appareils se briser à mes pieds!
Quelle déception!... Ces beaux vers qu'on m'adresse,
Dont chaque rime exhale un parfum de tendresse,
N'étaient pas de Davy? Mais l'auteur, quel est-il?
Quel est donc ce génie invisible et subtil
Qui me peint son amour en paroles de flamme...
Rêves évanouis dont j'ai bercé mon âme,
Je vous quitte!... et pourtant, s'il eût pris ce moyen
Pour me donner son cœur en échange du mien?...
Mais cet accueil distrait... ce regard impassible...
Lui, poëte, un savant? jamais! c'est impossible!

(Tomkin apporte un plateau.)

SCÈNE IV.

MINA, DAVY.

DAVY, dans le fond.
Milady...
MINA.
C'est cela!... le projet est hardi,
Mais je veux tout savoir.
DAVY.
Laissez-nous.
(Tomkin s'éloigne.)
Milady!...
MINA, feignant la surprise.
Ah! vous m'avez fait peur! Qu'est-ce donc?
DAVY.
Une lettre...
MINA.
De qui?
DAVY.
De lord Carlisle.
MINA.
Il faut vous la soumettre...
Lisez; mylord absent, vous êtes mon tuteur.

DAVY.
Mais... vous êtes majeure...
MINA.
Ah! déjà? c'est flatteur;
Je puis donc faire un choix comme une autre mortelle.
Mais déjeunons.
DAVY.
Voici mes comptes de tutelle...
MINA.
Vos comptes?
DAVY.
Oui, mylord... milady... daignez voir...
MINA.
Quoi, le jour de ma fête!
DAVY.
Il est de mon devoir
De vous faire toucher le produit de vos terres,
De vous mettre, moi-même, au courant des affaires...
MINA.
Puisque Carlisle arrive, adressez-vous à lui.
DAVY.
Mais, milady... je vais le rejoindre aujourd'hui...
MINA.
Vous me quittez déjà?... C'est donc moi qui vous chasse?
C'est moi qui vous fais peur? Mais répondez, de grâce:
Suis-je donc si terrible à vos yeux?
DAVY.
Milady,
Mon dévouement pour vous ne s'est pas attiédi...
MINA.
Je le sais; vous avez excellente mémoire.
DAVY.
Mais de grands intérêts, mais le soin de ma gloire...
MINA.
Eh quoi! n'avez-vous pas assez fait pour l'honneur,
N'est-il pas temps, voyons, de songer au bonheur?
DAVY, à part.
Mon bonheur!...
MINA.
Le bonheur, Davy, c'est quelque chose!
Des secrets avec moi!... bien graves, je suppose...
Mettez-vous là... plus près!... voici du thé, pour vous...
Causons... Vous souvient-il de ces moments si doux,
Lorsque tous deux, enfants, parmi ces vieux mélèzes,
Nous admirions le jour naissant sur les falaises...
Et puis, le soir, assis aux bords de l'Océan,
Moi, je tressais des fleurs, vous lisiez Ossian,
Mon poëte chéri... suivant dans les nuages
De Fingal, de Selma les ardentes images;
Votre voix se mêlait au cri des alcyons
Que le soleil couchant dorait de ses rayons!...
J'étais bien jeune alors... ne songeant qu'à me plaire,
Vous m'appeliez, tout bas, votre ange tutélaire...
Et l'âge de raison venu, vous paraissez
Rêveur, préoccupé... Davy, vous pâlissez!
Qu'avez-vous donc?
DAVY, se levant.
Moi, rien!... c'est le fruit de mes veilles;
Vous savez! j'ai souvent des absences pareilles...
L'air des mines!...
MINA, de même.
Pourquoi vous exposer ainsi?...

Vous oubliez tous ceux qui vous aiment ici.
DAVY.
Moi! je suis un proscrit, je n'ai personne au monde!
MINA.
Personne! et moi, Davy? faut-il que je vous gronde?
Voilà bien les savants!
DAVY.
Dites les indiscrets.
La nature pour l'homme a beaucoup de secrets,
Trop heureux s'il soulève un petit coin du voile!
MINA.
Est-il vrai qu'ici-bas tout homme ait son étoile?
DAVY.
J'ai la mienne...
MINA.
Comment se nomme-t-elle... Eh bien?
DAVY, voulant sortir.
Pardon... je ne dois pas... ce secret, c'est le mien.
MINA.
Un instant... autrefois, vous étiez plus sincère,
Car nous avons tous deux le même anniversaire...
Vous êtes mon tuteur; donc, j'ai des droits sur vous
Et sur tous vos secrets...
DAVY.
Oui, milady... sur tous,
Hors un seul... Vous riez?
MINA.
Voulez-vous que je pleure?
DAVY.
Non, milady.
MINA.
Parlez alors, je suis majeure...
DAVY.
Oui, milady...
MINA.
Non, oui, milady... désormais
Appelez-moi Mina, votre sœur!
DAVY.
Non, jamais!
MINA.
Je le veux! je sais tout : pourquoi ce stratagème?
Vous aimez!
DAVY.
Oui... Mina!
MINA.
Vous aimez...: qui donc?
DAVY.
J'aime
La minéralogie...
MINA.
Et puis? que de détours!
DAVY.
C'est...
MINA.
La chasse?
DAVY.
Oui, beaucoup.
UNE VOIX, à la porte du fond.
Maître Davy!
DAVY.
J'y cours!

MINA.
La botanique?
MINA, riant.
(On sonne au dehors.)
DAVY.
Encore!
MINA.
Ou la pêche à la ligne?
(On sonne.)
DAVY.
J'y vais!... Ne touchez rien surtout!
MINA.
J'en suis indigne...
A bientôt!
(Davy sort en courant.)

SCÈNE V.

MINA seule, riant aux éclats.

Il s'envole... à moitié d'un aveu!
Mais il m'aime, il m'adore, et ce n'est plus un jeu!
Sa tendresse pour moi, sa tendresse infinie,
A grandi dans l'absence, autant que son génie!
Tout, jusqu'à ce treillage aux brillantes couleurs,
Et qui rafraîchit l'air embaumé par ces fleurs,
Tout me peint sa bonté, son loyal caractère...
Un savant amoureux, c'est rare, en Angleterre!
Esprit toujours aux champs, rêveur, même aujourd'hui;
Le héros de Regnard est moins distrait que lui :
Des plus nobles pensers quand son front se décore,
Même alors qu'il vous parle, on croit qu'il rêve encore..
Mais aussi plein d'honneur, de sensibilité,
Mélange de génie et de simplicité,
Cœur d'enfant, tête d'homme! oui, voilà son image...
Et tout cela pour faire un savant... quel dommage!
Voyons ce que m'écrit sa Grâce.

(Elle lit.)

« Ma chère enfant. Permettez-moi de vous garder ce nom que j'aime, bien que votre esprit soit peut-être aussi mûr que vos années.

Il est charmant!
Et ce n'est pas ainsi qu'écrirait un amant!

« Vous savez que jadis proscrit, fugitif, j'ai trouvé dans la famille des Mac'Allan asile et protection... Aujourd'hui, lorsque vos chers parents ne sont plus, je serai votre père... Préparez-vous donc à recevoir sir Humphry, baronnet, ***, mon fils adoptif et votre futur époux. »

Sir Humphry, baronnet! le hasard est étrange!
C'est le nom de Davy!... Tout mon plan se dérange...
Est-ce que je connais cet autre sir Humphry!...
Trois étoiles... c'est trop lointain pour un mari!...
Écrivons... puis-je enfin me déclarer moi-même?
Un Français m'eût déjà cent fois juré qu'il m'aime!
Fille d'un général, je ne crains pas le feu...
J'aurai plus de courage!

(Elle allume la lampe pour cacheter.)

Ah! je me risque un peu.
Cachons ma lettre ici... le tout sous mon écharpe...
C'est Davy!

(Elle jette son écharpe sur le récipient ouvert.)

SCÈNE VI.

DAVY, MINA.

DAVY.
　　　　Vos mineurs, précédés d'une harpe
Et d'un drapeau...

MINA.
　　　　　Plus tard!

DAVY.
　　　　　　　　Ils sont dans le jardin...
Grand Dieu! ce vase ouvert!...

MINA.
　　　　　　Mais quel effroi soudain...

DAVY, écartant la lampe.
Cette lampe allumée!... une seule étincelle
Touchant ce réservoir et le gaz qu'il recèle,
Pourrait faire jaillir ses débris sous vos pas!...

MINA.
Voyez, il vous ressemble; il ne s'enflamme pas!

DAVY, désignant l'écharpe.
En effet, ce tissu... cette frêle barrière,
A suffi pour dompter sa force meurtrière...
Si je pouvais, de même!...

MINA.
　　　　　　Il est original...
Veuillez au moins me dire...

DAVY.
　　　　　　　Un sinistre infernal...
Un malheur trop fréquent, le grisou dans les mines...
Tout un pays couvert de deuil et de ruines...

MINA.
Mais quel songe!...

DAVY, lui donnant un journal.
　　　　Lisez.

MINA, lisant.
« Une explosion terrible vient d'avoir lieu, cette nuit, aux mines de Newcastle... Huit cents ouvriers, couverts par les décombres, et dont la plupart étaient pères de famille... »

　　　　　　Grand Dieu!...

DAVY.
　　　　　　　Tout est réel!
Des pères de famille abandonnés du ciel!...
Toujours le sort jaloux prend plaisir à poursuivre
Ceux qui doivent avoir plus d'intérêt à vivre!...
Et moi!...

MINA.
« De beaux traits de courage et de dévouement ont, comme toujours, signalé cette fatale journée... »

　　　　Le dévouement! Oh! sans lui, je les plains!
Il nous fait croire en Dieu, père des orphelins...
Venez, Davy, venez! S'il en est temps encore,
Si nos soins, nos secours...

DAVY.
　　　　　　　Cet élan vous honore;
Des larmes, noble enfant! Pleurez, ange d'amour!
Mais c'est en vain.

MINA.
　　　　Davy! si vous pouviez un jour
Ouvrir tant de berceaux, rassurer tant de mères,
Tarir dans tous les yeux tant de larmes amères,
Le monde, bénissant vos travaux créateurs,
Vous rangerait parmi ses divins bienfaiteurs;
Glorieux entre tous, dans le temps où nous sommes,
Vous seriez le plus grand, le plus aimé des hommes.
A bientôt.

(On entend par intervalles le son d'une harpe.)

SCÈNE VII.

DAVY, seul, marchant à grands pas.

Que dit-elle!... oui, c'est bien cette voix,
Comme un écho céleste entendue autrefois...
Son amour à ce prix... Définir, c'est résoudre.
L'homme, Titan moderne, ayant conquis la foudre,
Doit-il aux éléments rebelles à sa loi,
Se soumettre en esclave ou commander en roi?
Assurer le travail, vaincre la mort jalouse,
Sauver tous ceux que j'aime, et Mina mon épouse?
Quel rêve!... Et pourquoi pas?... Franklin, né dans nos r
Ravit la flamme au ciel, et leur sceptre aux tyrans!...
L'amour donne aux grands cœurs des instincts plus subli
A l'œuvre maintenant!...

(Il s'assied.)

　　　　　　Je les vois, ces abîmes,
Trésors de l'industrie, où de pâles flambeaux
Brillent, comme l'étoile au milieu des tombeaux:
C'est là que, loin du jour, des peuplades humaines
De l'éternel silence habitent les domaines.
Soudain, une lueur a jailli dans la nuit;
L'air s'embrase alentour, sous leurs pas le sol fuit,
On entend vers le ciel comme un cri d'épouvante,
Et puis, tout est muet : la mort seule est vivante...
Pitié, mon Dieu!... Que faire?... Oui, je découvrirai
Ce secret qui toujours m'échappe, ou je mourrai!...
Mais ce léger tissu, cette écharpe de gaze,
Fléchit au moindre effort... se déchire, s'embrase...
Entre l'air et la flamme il faudrait un milieu
Solide... impénétrable!... Oh! je souffre!...

(Jetant les yeux sur la lettre de lord Corlisle.)
　　　　　　　　Grand Dieu!...
Cette lettre... voyons! J'ai le droit de la lire...
« Sir Humphry, son époux! » Mais non, c'est du délire...
C'est vrai!... je suis perdu. Quelque fat insolent,
Mendiant blasonné qui, sans cœur, sans talent,
Amoureux d'une dot à millions, l'infâme!
M'a volé mon bonheur, mon nom, toute mon âme!...
Et moi!... vivre en exil, sentir l'oubli moqueur,
Comme un linceul ardent, s'attacher à mon cœur!...
Malheur à moi!... plutôt mon sang sur ces murailles!...

(S'approchant de la croisée.)
Sainte nature, adieu!... soleil des Cornouailles...
Brise des mers si douce à travers ce réseau...
Flots d'azur qui chantiez autour de mon berceau...
Mina, patrie... à vous ma dernière pensée...
Puis, mon âme au Seigneur...

(Il applique son front sur le treillage en métal qui garnit la croisée.)

Cette toile est glacée...
Dieu! quel éclair soudain!... Tomkin! j'ai réussi!
Ce milieu protecteur, je le tiens, le voici!...
Dans l'espoir du succès mon âme se retrempe;
Des trésors vont surgir au feu de cette lampe!
Tomkin!...
(Il sonne.)

SCÈNE VIII.
DAVY, TOMKIN.

DAVY, détachant le treillage de la croisée.
    Prends ce réseau! tu vas le déployer,
Le fixer à demeure autour de ce foyer!
Ma place à l'Institut n'est plus une chimère...
Tiens, prends... dépêche-toi!...
(Tomkin se retire dans la pièce voisine; on entend le bruit d'un marteau sur le treillage. Davy tombe sur un fauteuil.)
                Si j'avais une mère!...
Solitude éternelle!... Un grand nom, que c'est peu...
Sauveur des nations, soyez béni, mon Dieu!
Car bientôt la science, en prodiges féconde,
Par le travail de l'homme affranchira le monde!...
Le destin a rendu mon arrêt, j'obéis!
On entendra parler de moi dans mon pays;
Un jour, l'humanité vengera ma mémoire
De l'oubli, par ses pleurs; de l'exil, par la gloire!...

SCÈNE IX.
MINA, DAVY, TOMKIN.

MINA, soulevant la tapisserie.
Ah! j'ai peur...
DAVY, montrant aux mains de Tomkin la lampe achevée.
        La voilà!... maintenant, essayons.
Étoile du mineur, elle étend ses rayons
Sur le gaz frémissant qui l'étreint, l'enveloppe...
(Il penche la lampe sur le récipient ouvert; quelques jets de flamme se dégagent et s'éteignent.)
Victoire!...
            MINA.
        Il est sauvé!...
            DAVY.
                Tomkin! mon bon cyclope,
Embrasse-moi!... voici du pain pour tes vieux jours...
Une épreuve, et partons.
(Tomkin sort.)
            Adieu, tous mes amours;
Adieu, mes pauvres fleurs, mes chères marguerites!...
            MINA.
Il m'aime!...
    DAVY, se disposant à partir.
    Et maintenant, mylord, nous sommes quittes :
J'ai payé vos bienfaits!

SCÈNE X.
MINA, DAVY.

MINA, paraissant.
        Est-il bien vrai, Davy,
Vous avez réussi?... Que mon cœur est ravi!
Quel succès! quel triomphe! une gloire si grande!
            DAVY.
A mon pays natal je devais cette offrande;
Je n'ai plus qu'à partir.
            MINA.
            Partir! y songez-vous?
            DAVY.
Plus que jamais, madame.
            MINA.
            Et d'où vient ce courroux?
Qui peut vous inspirer une telle pensée?
            DAVY.
Que vous fait mon départ, à vous, la fiancée
Du baronnet Humphry...
            MINA.
            Vous aussi!... C'est bien mal!
Mais comment avez-vous découvert ce rival?...
            DAVY.
Ne m'aviez-vous pas dit de lire cette lettre?...
            MINA.
Sans doute; à vos projets je ne puis me soumettre...
Vous resterez!
            DAVY.
        Qui, moi? Vous comptez m'asservir?
Je dois tout à Carlisle et j'ai pu le servir;
Mais votre sir Humphry, non jamais, sur mon âme!
Je suis du sang gallois, je suis libre, madame!
            MINA.
Où tend votre génie, et votre liberté?
            DAVY.
En France, où le savoir est au moins respecté,
Aux volcans du mont d'Or, aux glaciers de Norvége;
En Amérique, au bout du monde, et puis... que sais-je!...
            MINA.
Adieu donc! Poursuivez de si nobles travaux!
Peut-on se mesurer avec de tels rivaux :
Les volcans du mont d'Or!... Après tout, que m'importe!
Un savant vaut-il bien l'intérêt qu'on lui porte?
Non! je ne prétends pas à cet honneur si grand,
Qu'on s'occupe de moi comme un frère, un parent...
Partez! soyez fidèle à votre destinée!
Je ne vous retiens plus; trahie, abandonnée,
Demain, puisqu'il le faut, j'aurai d'autres appuis :
Je tâcherai d'aimer sir Humphry... si je puis.
            DAVY.
Qu'entends-je! à votre cœur il oserait prétendre?
            MINA.
Je l'aimerai, monsieur, s'il est bon, jeune et tendre;
Je n'ai pas vos secrets, ni vos inventions,
Pour me mettre à l'abri de ces explosions!
    DAVY, lui présentant ses comptes.
Veuillez jeter les yeux...
            MINA.
            Ajoutez à la somme
Vos cinq ans de tutelle...
            DAVY, exaspéré.
            Un salaire!
            MINA.
                Quel homme!
            DAVY.
Du mépris! ah! Mina... l'ai-je donc mérité?

MINA.
Du mépris, à présent!... Monsieur, en vérité,
Vous êtes un artiste, un inventeur célèbre;
Vous connaissez à fond la chimie et l'algèbre;
Mais le cœur d'une femme, oh! tenez, je vois bien,
Quels que soient vos talents, vous n'y comprenez rien!
(Tomkin entre.)
DAVY.
Ah! Tomkin!
MINA.
Vous rendrez à mylord ma réponse?
DAVY.
Soit!...
MINA.
C'est donc pour toujours que Davy me renonce?
DAVY.
Oui... pour toujours... Adieu! l'exil m'attend là-bas;
Ou la mort, seul espoir de ceux qui n'en ont pas...
Je me trahis... sortons.
MINA.
Davy!...

SCÈNE XI.

MINA, seule.

Non! j'étais folle
De croire à son amour... Mon beau rêve s'envole...
Voyez l'ingrat, le monstre! Il ne m'aima jamais!...
Oh! je n'aimerai plus personne désormais :
Pas même mon mari... Quel triste apprentissage!
Rêver trois amoureux pour déchoir sur un sage!...
Et ce noble étranger!... Tout ministre qu'il est,
Lord Carlisle saura que son choix me déplaît :
M'épouser pour ma dot!... Combien je le déteste!...
De mon pauvre savant, voilà tout ce qui reste...
Ses comptes de tutelle... en ferai-je un cornet
Pour ces fleurs?... Un billet! des vers? c'est un sonnet :
Voyons.
(Elle lit.)

 « L'Être infini dont l'image réside
  « Dans le ciel bleu,
 « Dans les splendeurs de l'Océan limpide,
  « Règne en tout lieu.

 « Te souvient-il quand, tout bas, à ton guide
  « Disant adieu,
 « Tu murmurais, d'une voix plus timide :
  « Il est un Dieu!

 « Reviens à nous! sur nos vertes montagnes
  « Le soleil d'un beau jour,
  « Dans nos campagnes

 « Toutes les fleurs appellent ton retour :
  « Les roses, tes compagnes,
   « Et mon amour[1]! »

1. Ce sonnet appartient à sir Humphry Davy.

L'amour de qui?... Toujours sans signature!
Mais j'y songe... en effet! c'est la même écriture
Que ceux d'hier!... Davy, poëte!... Oui, je comprends
Cet accueil solennel, ces adieux déchirants...
Il part! il va tenter une épreuve suprême!
Et je n'ai pas osé lui dire que je l'aime?...
Eh bien! je veux le suivre, implorer son retour,
Lui prouver que je suis digne de son amour...
C'est lui!...

SCÈNE XII.

DAVY, escorté par les mineurs et Tomkin, MINA.

DAVY.
Bien, mes enfants! allez dire à vos pères
Que le ciel a béni leurs familles prospères;
Orphelin, sous ce toit vous m'avez abrité,
Je vous rends le travail et la sécurité!

LES MINEURS.
Vive Davy!

DAVY, à Mina, lui remettant un pli.
L'exprès doit porter la réponse...

MINA, ouvrant l'enveloppe.
Donnez... C'est de mylord... sans doute une semonce!
Non, vraiment!...

DAVY.
De mes soins tel est le résultat;
Et bientôt sir Humphry...

MINA.
Le cachet de l'État!
Écoutez!...
(Lisant.)

Le titre de baronnet est conféré au savant Humphry Davy, professeur à l'École des mines, et gendre de lord Carlisle.

DAVY.
Moi, son gendre?

MINA.
Oui, faut-il que j'épèle?
« A Davy, l'inventeur de la lampe immortelle,
Lord Carlisle, ministre. » Eh bien, quand partons-nous?

DAVY.
Oh! n'est-ce pas la fin d'un rêve, à vos genoux?

MINA.
Pour qu'il se réalise, il manque peu de chose :
Vous ne m'avez pas dit que vous m'aimiez, en prose!

DAVY.
Si je vous aime!

MINA.
Et moi!... Plus de secrets surtout?
(Lui rendant le diplôme.)
L'amour et le travail font arriver à tout.
(Lord Carlisle entre, et reçoit dans ses bras Davy et Mina.)

L'AVARE

COMÉDIE EN CINQ ACTES DE MOLIÈRE

MISE EN VERS

THÉATRE DE LA PORTE-SAINT-MARTIN, 11 JANVIER 1874

(Matinées littéraires de M. Ballande.)

PRÉFACE.

Du temps de l'*Avare*, on daignait à peine écouter une comédie en prose; de nos jours, c'est tout le contraire. Voici ce que nous lisons dans la *Vie de Molière* par Grimarest :

«... Cependant, il ne saisissait pas toujours le public d'abord; il l'éprouva dans son *Avare*. La prose dérouta les spectateurs. « Comment ! disait M. le duc de ***, « Molière est-il fou, et nous prend-il pour des benêts, « de nous faire essuyer cinq actes en prose !... »

« Mais Molière, ajoute le biographe, fut bien vengé de ce public injuste et ignorant, quelques années après; il donna son *Avare* pour la seconde fois, le 9 septembre 1668 : on y courut en foule, et il fut joué presque toute l'année, etc. » Tant il est vrai qu'un chef-d'œuvre finit toujours par être un chef-d'œuvre, en vers, en prose, dans tel pays et sous telle forme que ce soit. Mais le vers est, selon moi, l'ornement le plus naturel de la comédie; il rend la pensée plus solide, plus brillante; il la cristallise en quelque sorte, en lui donnant l'éclat d'une pierre fine. Souvent d'une phrase vulgaire, mais vraie, il fait un excellent proverbe, un dicton facile à retenir et qui devient monnaie courante à l'usage de tous. C'est ce que pensaient déjà, très-probablement, Aristophane, Plaute, Térence, Calderon, Shakespeare, etc.; c'est aussi l'avis de Jules Janin, l'enfant gâté de ces grands hommes[1].

Voltaire dit quelque part : « Molière avait écrit son *Avare* en prose, pour le mettre ensuite en vers; mais il parut si bon, que les comédiens *voulurent* le jouer tel qu'il était, et que personne n'osa depuis y toucher. Dans les grandes pièces remplies de portraits, de maximes, de récits, et dont les personnages ont des caractères fortement dessinés, les vers me paraissent absolument nécessaires; et j'ai toujours été de l'avis de Michel Montaigne (*Essais*), qui dit que : « La sentence, « pressée aux pieds nombreux de la poésie, s'eslance « bien plus brusquement, et me fiert d'une plus vifve « secousse[1]. » On a peine à s'expliquer comment l'auteur du *Misanthrope* a trouvé les loisirs nécessaires pour achever trente chefs-d'œuvre, entre ses fonctions de directeur, d'acteur, de répétiteur (comme dans l'*Impromptu de Versailles*), de véritable Maître-Jacques de son théâtre; sans compter celles de valet de chambre du roi et de mari d'une coquette. Dix existences auraient à peine suffi à cette tâche immense, où la sienne s'est enfin brisée de fatigue, d'épuisement, presque de désespoir; comme celle du divin Raphaël, de Mozart, de Byron, de Donizetti... et de bien d'autres encore.

En versifiant l'*Avare*, je n'ai donc fait que ce qu'il aurait fait lui-même s'il avait assez vécu pour accomplir son œuvre; ce que Thomas Corneille a fait pour le *Festin de pierre*, sur la recommandation formelle de son auteur. J'ai littéralement extrait de la prose de Molière plus de trois cents vers, sans y changer une seule syllabe; dans les intervalles, j'ai cherché à reproduire le plus exactement possible son style, sa manière, et jusqu'aux singularités de son dialogue. Si j'ai réussi, je le dois à l'étude approfondie du premier des poëtes français; dans tous les cas, c'est un hommage de plus que j'ai voulu rendre à son génie.

---

[1]. Voyez le *Journal des Débats*, 11 juillet 1853, reprise de *Don Juan*; et *Cours de littérature*.

[1]. *Dictionnaire philosophique*, article *Comédie*, édition Beuchot, tome XXVII, page 101.

L'AVARE

PERSONNAGES

HARPAGON, père de Cléante et d'Élise, amoureux de Mariane.
ANSELME, père de Valère et de Mariane.
CLÉANTE, fils d'Harpagon, amoureux de Mariane.
VALÈRE, fils d'Anselme, amant d'Élise.
UN COMMISSAIRE.
MAÎTRE SIMON, courtier.
MAÎTRE JACQUES, cuisinier et cocher d'Harpagon.
LA FLÈCHE, valet de Cléante.
BRINDAVOINE, } valets d'Harpagon.
LAMERLUCHE, }
ÉLISE, fille d'Harpagon.
MARIANE, fille d'Anselme.
FROSINE, femme d'intrigues.
DAME CLAUDE, servante d'Harpagon (personnage muet).

La scène est à Paris, dans la maison d'Harpagon.

ACTE PREMIER.

Le théâtre représente une salle garnie de siéges et d'une table du côté droit.

SCÈNE I.

ÉLISE, VALÈRE.

VALÈRE.
Hé quoi! charmante Élise, au bonheur qui nous lie,
Devez-vous opposer votre mélancolie?
Après tous les serments, tous les gages d'amour
Que de votre bonté je reçois chaque jour,
Je vous vois soupirer au milieu de ma joie;
D'un si prompt changement que faut-il que je croie?
Auriez-vous le regret de m'avoir fait heureux,
Et vous repentez-vous du succès de mes feux?

ÉLISE.
Non, Valère, jamais vous n'aurez à vous plaindre
De ce fidèle amour qui ne doit plus s'éteindre;
Je ne regrette pas ce que je fais pour vous,
Je m'y sens entraîner par un pouvoir trop doux.
Mais, à vous dire vrai, le succès m'embarrasse;
Pour mon cœur, malgré moi, je crains quelque dis-
Je crains de vous aimer plus que je ne devrais. [grâce,

VALÈRE.
Eh! que pouvez-vous craindre et quels sont vos regrets?

ÉLISE.
Cent choses à la fois! l'emportement d'un père,
Les censures du monde, et plus que tout, Valère,
D'un cœur trop enflammé le changement soudain;
Cette froideur cruelle et même ce dédain
Dont je vois, trop souvent, votre sexe volage
Payer de notre amour l'innocent témoignage.

VALÈRE.
Ah! vous me faites tort, Élise, en vérité,
Si vous jugez ainsi de ma sincérité!
Soupçonnez-moi de tout plutôt que de parjure!
Non, je vous aime trop pour cela, je vous jure;
La mort seule éteindra nos sincères amours.

ÉLISE.
Ah! Valère, chacun tient les mêmes discours;
C'est par leurs actions que diffèrent les hommes.

VALÈRE.
Puisque nos actions font voir ce que nous sommes,
Attendez-les au moins à juger de mon cœur,
Et ne m'accablez pas d'une injuste rigueur;
Ne m'assassinez point, en tenant ce langage,
Par les sensibles coups d'un soupçon qui m'outrage;
Laissez-moi vous prouver, avec un soin jaloux,
L'honnêteté des feux que je ressens pour vous.

ÉLISE.
Qu'avec facilité le cœur croit ce qu'il aime!
J'éprouve, à vous entendre, une douceur extrême.
Oui, Valère, je tiens vos aveux sans détour;
Je crois que vous m'aimez d'un véritable amour.
Mon chagrin se réserve à la crainte du blâme
Qu'on pourra me donner.

VALÈRE.
Et pourquoi donc, madame?

ÉLISE.
Je n'aurais rien à craindre et bénirais mon choix,
Si chacun vous voyait des yeux dont je vous vois;
Et mon cœur prévenu trouve en votre personne
De quoi justifier tout l'amour qu'il vous donne;
Ce cœur, pour son appui contre les vains discours,
De la reconnaissance emprunte le secours.

e n'oublierai jamais quel péril fut le vôtre,
Le jour qui nous offrit aux regards l'un de l'autre;
Cet élan qui vous fit, généreux étranger,
Exposer votre vie au plus grave danger,
Pour dérober la mienne à la fureur des ondes.
Puis, signes évidents des tendresses profondes,
Les gages assidus de cet ardent amour
Que vous fîtes dès lors éclater chaque jour;
Que n'ont pas rebuté le temps et les obstacles,
Dont la douce magie enfante des miracles;
Qui vous fait négliger et patrie et parents
Parmi des envieux ou des indifférents :
Et qui, pour m'obtenir d'un père despotique,
Vous fit solliciter l'emploi de domestique.
Tout cela fait sans doute un merveilleux effet
Pour absoudre, à mes yeux, votre amour satisfait;
Mais ce n'est pas assez d'être absous par les nôtres,
Pour le justifier de même à tous les autres :
Voilà pourquoi je crains...

VALÈRE.
D'après ce que j'entends,
Ce n'est que par mon seul amour que je prétends,
Élise, auprès de vous, mériter quelque chose.
Quant aux scrupules vains que l'honneur vous oppose,
Votre père, Harpagon, ne prend que trop de soin
De vous justifier, s'il en était besoin.
Son excès d'avarice et la manière austère
Dont ce vieillard bourru, déplaisant, volontaire,
Vit avec ses enfants, deux êtres si charmants,
Pourraient autoriser de plus durs traitements.
Pardonnez-moi ce zèle, aimable et chère Élise,
D'en parler devant vous avec cette franchise,
Vous savez qu'en prenant ce sujet d'entretien
On n'en peut, après tout, dire beaucoup de bien;
Mais enfin, si je puis, ainsi que je l'espère,
Retrouver quelque jour mes parents et mon père,
Vos attraits n'auront pas de peine à le toucher,
Au bout de l'univers dussé-je le chercher!

ÉLISE.
Ne bougez, je vous prie, et songez, cher Valère,
A vous bien mettre au moins dans l'esprit de mon père.

VALÈRE.
Vous voyez que j'y songe et comme je m'y prends,
Pour masquer ma conduite à ses yeux pénétrants.
Vous savez quels détours, quel adroit artifice
J'ai dû mettre en usage, en offrant mon service,
Pour tâcher d'acquérir ses sentiments secrets.
Déjà, dans son esprit, j'ai fait d'heureux progrès;
Car, pour gagner les gens, il n'est meilleure voie
Que d'user avec eux du moyen que j'emploie;
Feindre de partager leurs inclinations,
Encenser leurs défauts, flatter leurs passions,
Applaudir ce qu'ils font, narguer la médisance,
Sans jamais avoir peur d'outrer la complaisance :
Voilà par quel prestige on leur fait accepter
Tous les contes en l'air qu'il vous plaît d'inventer.
Hélas! vous le savez : le beau ciel d'Italie
M'a vu naître et grandir; mais près de vous j'oublie
Mes souvenirs d'enfance et les biens les plus doux;
Ma patrie à présent, c'est la France, c'est vous!
Il est vrai que parfois j'aurais lieu de me plaindre
De ce servage amer qui m'ordonne de feindre,

Mais qu'importe! il n'est point, je le dis sans détour,
D'assez grand sacrifice, au prix de votre amour.
La sincérité nuit au pays où nous sommes;
Et quand, pour son malheur, on a besoin des hommes,
Si ce n'est qu'en flattant que l'on est écouté,
La faute est à celui qui veut être flatté.

ÉLISE.
Mais que ne tâchez-vous à nous gagner Cléante,
Si nos secrets étaient trahis par la servante?

VALÈRE.
On ne peut ménager l'un et l'autre, ma foi;
Or, le père et le fils sont tous deux, selon moi,
Si contraires d'esprit, et de corps ce me semble,
Qu'il serait dangereux de s'y fier ensemble.
Mais vous, de votre part, par des aveux discrets,
Tâchez à le jeter dans tous nos intérêts.
Je me retire... il vient!... Surtout, de la prudence!

ÉLISE.
Comment le préparer à cette confidence?

(Valère sort.)

SCÈNE II.
CLÉANTE, ÉLISE.

CLÉANTE.
Je suis ravi de vous trouver seule, ma sœur;
Je brûlais de vous voir, de vous ouvrir mon cœur.

ÉLISE.
Me voilà prête à vous servir de confidente;
Qu'avez-vous à me dire?

CLÉANTE.
Élise!

ÉLISE.
Eh bien! Cléante?

CLÉANTE.
Cent choses dans un mot : J'aime!

ÉLISE.
O ciel! vous aimez?

CLÉANTE.
Oui, j'aime! et d'un regard nos deux cœurs enflammés...
Mais avant que d'aller plus loin dans cette affaire,
Je sais que je dépends des volontés d'un père;
Que nous ne devons point engager notre amour,
Sans l'agrément de ceux dont nous tenons le jour;
Qu'il nous faut plutôt croire à leur vieille prudence,
Qu'aux aveugles conseils de notre indépendance :
Et que l'enivrement de nos jeunes transports
Trop souvent nous entraîne au comble des remords!
Je vous dis tout cela dans l'ardeur qui m'inspire,
Pour vous mieux épargner la peine de le dire;
Car enfin, cet amour ne veut rien écouter,
Et je viens vous prier de ne pas l'irriter!

ÉLISE.
Avez-vous échangé, mon frère, une parole?
Ou n'est-ce qu'une idée, un caprice frivole?

CLÉANTE.
Un caprice? non, non! j'y suis bien résolu;
Ne m'en détournez pas, ce serait superflu.

ÉLISE.
Suis-je à ce point, mon frère, une étrange personne?

CLÉANTE.
Non, mais vous n'aimez pas et l'amour vous étonne,
L'amour, ce feu divin, qui pénètre mon cœur ;
Et de votre sagesse on connaît la rigueur !
ÉLISE.
Hélas ! ne parlons point si haut de ma sagesse ;
On en manque une fois au moins dans sa jeunesse ;
Et si je vous ouvrais ma pensée, entre nous,
Je serais à vos yeux bien moins sage que vous.
CLÉANTE.
Plût au ciel que votre âme eût, ainsi que la nôtre...
ÉLISE.
Finissons une affaire avant d'entamer l'autre ;
Et me dites quel est l'objet d'un si beau feu.
CLÉANTE.
Une jeune personne, habitant depuis peu
En ces quartiers ; chez qui tant d'attraits se déploient,
Qu'elle se fait chérir de tous ceux qui la voient.
La nature, ma sœur, n'a jamais rien formé
De plus parfait, d'objet plus digne d'être aimé ;
Du jour que je la vis, sa beauté qui m'enflamme
M'a saisi, transporté jusques au fond de l'âme.
Mariane est son nom ; elle vit sous les yeux
D'une mère un peu vieille, étrangère en ces lieux,
Très-souffrante, et pour qui cette adorable fille
A des soins !... Mariane est toute sa famille !
Elle la sert, la garde avec une amitié
Qui m'a touché le cœur d'une tendre pitié !
Elle se prend d'un air le plus charmant du monde
Aux choses qu'elle fait : et tant de grâce abonde
En tous ses mouvements, tant d'aimable douceur,
Tant d'attraits, de bonté, que vous-même... ah ! ma
Si vous pouviez la voir !...   [sœur,
ÉLISE.
J'en vois beaucoup, sans doute,
Et je prends intérêt aux choses que j'écoute ;
Mais pour la bien connaître et savoir ce qu'elle est,
Votre amour me suffit : Mariane me plaît !
CLÉANTE.
J'ai découvert, sous main, que nos deux protégées
Par l'aveugle fortune étaient mal partagées ;
Leur discrète conduite aisément m'a fait voir
Le mince revenu qu'elles peuvent avoir.
Figurez-vous, ma sœur, quel plaisir ce peut être,
De servir ce qu'on aime avec tout son bien-être ;
De donner en secret quelques petits secours
A ceux de qui dépend le bonheur de nos jours :
Concevez quel chagrin ce doit m'être, au contraire,
De voir qu'à tout propos l'avarice d'un père
M'empêche de goûter ce plaisir enchanteur,
Et de faire à ses yeux éclater mon ardeur !
ÉLISE.
Ce chagrin des amants est l'éternelle histoire.
CLÉANTE.
Ma sœur, il est plus grand qu'on ne saurait le croire !
Car enfin, peut-on voir, sans un juste courroux,
Ces cruelles rigueurs qu'on exerce sur nous ;
Cette épargne odieuse et cette sécheresse
Où l'on nous fait languir au sein de la richesse !
Eh ! que nous servira d'avoir un peu de bien,
Si dans notre bel âge il ne profite à rien ;
S'il ne doit nous échoir qu'au terme de la vie,
Alors que d'en jouir nous n'aurons plus l'envie !
Si, voulant satisfaire aux plus simples penchants,
Nous devons acheter le secours des marchands,
Et recourir sans cesse à leurs mains charitables
Pour porter seulement des habits présentables !
J'ai voulu vous parler, pour m'aider à sonder
Ce qu'en dira mon père et pour me seconder ;
Mais si, l'ayant appris, je l'y trouve contraire,
A cette oppression je saurai me soustraire :
Et je suis résolu d'aller en d'autres lieux,
Confier nos destins à la grâce des cieux.
Pour hâter ce voyage, et que rien ne l'empêche,
Je fais chercher partout de l'argent par la Flèche
(C'est mon valet de pied) ; et si rien, chère sœur,
De ce père obstiné n'adoucit la rigueur,
Si votre âme est toujours forte, comme la mienne,
Nous le quitterons là, tous deux, quoi qu'il advienne :
Et la fuite, à l'instant, saura nous affranchir
De son joug odieux, que rien n'a pu fléchir.
ÉLISE.
Il est vrai qu'il nous rend la vie assez amère,
Qu'il nous contraint sans cesse à pleurer notre mère,
Et que...
CLÉANTE.
J'entends sa voix ! éloignons-nous un peu,
Pour en causer à l'aise et cacher notre jeu.
Nous reviendrons après et nous joindrons nos forces
Pour faire agir sur lui de plus sûres amorces.
(Ils sortent tous deux.)

SCÈNE III.

LA FLÈCHE, HARPAGON.

Harpagon entre en tenant la Flèche par le collet, et le pousse rudement sur la scène.

HARPAGON.
Hors d'ici, tout à l'heure, et cherche un autre emploi !
Allons vite, que l'on détale de chez moi !
Maître juré filou ! vrai gibier de potence !
LA FLÈCHE, à part.
Je n'ai jamais rien vu de si méchant ; je pense
Que, sauf correction, il a le diable au corps.
HARPAGON.
Quoi, traître !
LA FLÈCHE.
Qu'ai-je fait pour me mettre dehors?
HARPAGON.
Tu m'as fait que je veux que tu sortes !
LA FLÈCHE.
Quel homme !
Pourquoi me chassez-vous ?
HARPAGON.
Sors vite, ou je t'assomme ;
C'est bien à toi, pendard, à demander raison !
LA FLÈCHE.
Mais j'attends votre fils, mon maître, à la maison.
HARPAGON.
Attends-le dans la rue et non à cette place,
Planté comme un piquet, à voir ce qui se passe,
Et faire ton profit de tout. Qu'ai-je besoin

ACTE I, SCÈNE III.

D'un espion, d'un traître, et dont l'unique soin
Est de fourrer partout son museau qui m'obsède,
De dévorer des yeux tout ce que je possède;
Dont les regards maudits ne cessent de rouler
De tous côtés, pour voir s'il n'est rien à voler.

LA FLÈCHE.
Comment diantre, monsieur, voulez-vous qu'on vous
Êtes-vous donc volable? Où trouver une obole? [vole?
Lorsque vous renfermez toutes choses sans bruit,
Et faites sentinelle à l'entour, jour et nuit!

HARPAGON.
Je prétends renfermer tout ce que bon me semble,
Et faire sentinelle à loisir.

(A part.)
Mais je tremble
Qu'il n'ait vu mon trésor.

(Haut.)
N'aurais-tu pas lâché
De faux bruits que chez moi j'ai de l'argent caché?

LA FLÈCHE.
Vous avez de l'argent caché?

HARPAGON.
Non pas!

(Bas.)
J'enrage!

(Haut.)
Je ne dis pas cela; de l'argent! quel outrage!
Je te demande si, malicieusement,
Tu n'as pas fait courir que j'en ai?

LA FLÈCHE.
Non, vraiment!
Que nous importe à nous qu'un maître ait quelque [somme,
Ou qu'il ne soit qu'un gueux, si pour nous c'est tout [comme?

HARPAGON, levant la main pour donner un soufflet à la Flèche.
Tu fais le raisonneur! Sors, encore une fois!
Ou je te frotterai les oreilles, sournois!

LA FLÈCHE.
Et mes gages, monsieur?

HARPAGON.
Puisque je te renvoie!

LA FLÈCHE.
Hé bien, je sors.

HARPAGON.
Attends. Viens çà, que je te voie.
Tourne un peu... c'est assez! Ne m'emportes-tu rien?

LA FLÈCHE.
Que vous emporterais-je?

HARPAGON.
Approche ici, vaurien!

LA FLÈCHE.
Tels maîtres, tels valets; leurs vertus sont les nôtres.

HARPAGON.
Ça, montre-moi tes mains.

LA FLÈCHE.
Les voilà!

HARPAGON.
Rien : Les autres!

LA FLÈCHE.
Les autres?

HARPAGON.
Oui!

LA FLÈCHE, retournant ses mains.
Voilà!

HARPAGON, montrant le haut-de-chausses de la Flèche.
N'as-tu rien là-dedans?

LA FLÈCHE.
Voyez partout.

HARPAGON.
Ces grands haut-de-chausses pendants
Sont bons à recéler les choses qu'on dérobe;
Tu vas me déposer toute ta garde-robe!

LA FLÈCHE, à part.
Ah! qu'il mériterait ce qu'il craint, par ma foi;
Et que j'aurais de joie à le voler!

HARPAGON.
Euh?

LA FLÈCHE.
Quoi!

HARPAGON.
Que parles-tu tout bas de voler? mauvais drôle!

LA FLÈCHE.
Je dis, fouillez-moi bien, pour voir si je vous vole.

HARPAGON, le dépouillant peu à peu.
C'est ce que je ferai.

LA FLÈCHE.
Fourrez partout vos yeux!
Au diantre l'avarice et l'avaricieux!

HARPAGON.
Tu dis?

LA FLÈCHE.
Ce que je dis?

HARPAGON.
Que dis-tu d'avarice
Et d'avaricieux?

LA FLÈHE.
Je dis que c'est un vice.

HARPAGON.
Après?

LA FLÈCHE.
Le diantre soit de ce vice odieux.

HARPAGON.
De qui veux-tu parler?

LA FLÈCHE.
Des avaricieux.

HARPAGON.
Qui sont-ils?

LA FLÈCHE
Des vilains et des ladres.

HARPAGON.
Sottises!

LA FLÈCHE.
De quoi vous mêlez-vous?

HARPAGON.
Je veux que tu me dises
A qui tu parles!

LA FLÈCHE.
Moi? je parle à mon chapeau.

HARPAGON.
Et moi, je pourrais bien parler à ton museau!

LA FLÈCHE.
Voulez-vous m'empêcher, monsieur, de les maudire?

K. OSTROWSKI, Œuvres choisies.

12

HARPAGON.
Non; mais je te défends de jaser et d'en rire !
LA FLÈCHE.
Je ne nomme personne.
HARPAGON.
Ah ! je te rosserai
Si tu parles !
LA FLÈCHE.
Alors, ce que je dis est vrai.
HARPAGON.
Encore ?
LA FLÈCHE.
Qui se sent le nez morveux, se mouche !
HARPAGON.
Te tairas-tu ?
LA FLÈCHE.
Pardieu ! vous me fermez la bouche.
HARPAGON.
Ah !
LA FLÈCHE, montrant à Harpagon une poche de son justaucorps.
Cette poche encor. Suis-je quitte à ce prix ?
HARPAGON.
Rends-le, sans te fouiller.
LA FLÈCHE.
Quoi ?
HARPAGON.
Ce que tu m'as pris.
LA FLÈCHE.
Je ne vous ai rien pris ; ce serait incroyable.
HARPAGON.
Assurément ?
LA FLÈCHE.
Sur mon honneur.
HARPAGON.
Va-t'en au diable !
LA FLÈCHE.
Adieu, monsieur.
(A part, en s'en allant.)
Très-bien ! me voilà renvoyé !
HARPAGON.
Je le mets sur ton âme, au moins...

SCÈNE IV.

HARPAGON, seul.

Congédié !
Ce chien de boiteux-là qui volait son salaire,
Eut toujours le talent de me mettre en colère.
Certes, il faut avoir un soin bien diligent
Quand on garde chez soi quelque somme d'argent :
Et bien heureux celui qui, de toute sa rente,
Conserve seulement la dépense courante ;
Qui n'a point à chercher dans toute une maison
Une cache à l'abri de quelque trahison ;
Pour moi, les coffres-forts, si bien que l'on y veille,
Pour garder les écus, n'ont jamais fait merveille :
Je les tiens justement une amorce à voleurs ;
Et les trésors cachés sont pour eux les meilleurs.

SCÈNE V.

HARPAGON, ÉLISE et CLÉANTE, parlant ensemble et restant au fond du théâtre.

HARPAGON, se croyant seul.
Cependant, je ne sais si je suis excusable
D'avoir, dans mon jardin, enfoui sous le sable
Dix mille écus en or qu'on me rendit hier :
Mieux vaudrait les placer chez quelqu'un du métier !
Dix mille écus en or, chez soi, c'est une somme
Assez...
(Apercevant Élise et Cléante.)
O ciel ! quelqu'un ! Peste soit du jeune homme !
En raisonnant tout seul, j'aurai parlé tout haut,
Et me serai trahi moi-même, comme un sot.
(A Cléante et Élise.)
Qu'est-ce ?
CLÉANTE.
Rien !
HARPAGON.
Depuis quand es-tu là ?
CLÉANTE.
Que je meure
Si tous deux...
ÉLISE.
Nous venons d'arriver tout à l'heure.
HARPAGON.
Vous avez entendu ?
CLÉANTE.
Quoi, mon père ?
HARPAGON.
Là !...
ÉLISE.
Quoi ?
HARPAGON.
Ce que je disais ?
CLÉANTE.
Non.
HARPAGON.
Si fait !
ÉLISE.
Pardonnez-moi.
HARPAGON.
N'importe ! je disais que l'argent qu'on dépense
En ce temps difficile est plus cher qu'on ne pense ;
Et qu'il est bien heureux, ajoutais-je, à part moi,
Celui qui peut avoir dix mille écus chez soi.
CLÉANTE.
Nous craignions d'approcher de peur de vous surprendre.
HARPAGON.
Au fait, je ne suis pas fâché de vous l'apprendre,
Afin que vous soyez pleinement convaincus
Que je ne possédai jamais dix mille écus.
CLÉANTE.
Je vous crois.
HARPAGON.
Ce serait une excellente affaire !
ÉLISE.
Sans doute.

ACTE I, SCÈNE V.

HARPAGON.
J'en aurais bon besoin.
CLÉANTE.
Vous, mon père ?
HARPAGON.
Je ne me plaindrais pas toujours, comme je fais,
Que l'argent est fort rare et les temps fort mauvais.
CLÉANTE.
Mon Dieu ! vous n'avez pas tant besoin de vous plaindre ;
Et l'on sait, entre nous, pour vous parler sans feindre,
Que vous avez du bien.
HARPAGON.
Comment ! moi, j'ai du bien ?
Ils en ont tous menti ! Sachez qu'il n'en est rien ;
Et ce sont des coquins qui disent le contraire.
ÉLISE.
Ne vous emportez point ! Soyez sage, mon frère.
HARPAGON.
Ils me trahissent tous ! Se peut-il que mon fils
Conspire ouvertement avec mes ennemis ?
CLÉANTE.
Est-ce donc être votre ennemi que de dire
Que vous avez...
HARPAGON.
Silence ! Il me met au martyre !
Vos dépenses sans frein et de pareils discours,
Fils imprudent, seront cause qu'un de ces jours
On viendra m'égorger chez moi, sur vos paroles,
En pensant que je suis tout cousu de pistoles.
CLÉANTE.
Quelle grande dépense est-ce que l'on vous fait ?
HARPAGON.
Vous l'osez demander ! Quelle ? Est-il, en effet,
Rien de plus scandaleux que ce luxe inutile
Que vous et votre sœur promenez par la ville ?
Je la grondais hier ; mais vous, c'est encor pis.
Voilà qui crie au ciel vengeance ! Oui, mon fils,
A vous prendre depuis les pieds jusqu'à la tête,
On aurait de quoi faire une rente complète.
Je vous l'ai dit vingt fois ; vos façons de marquis
Dissipent tout l'avoir que mes soins ont acquis :
Vous tranchez grandement du seigneur, tête folle !
Et, pour aller ainsi, traître, il faut qu'on me vole !
CLÉANTE.
Et comment vous voler ?
HARPAGON.
Mon Dieu ! que sais-je, moi ?
Où prenez-vous l'état que vous portez ?
CLÉANTE.
Ma foi,
C'est que je joue ; et quand le bonheur m'accompagne,
Je mets sur moi tout l'or et l'argent que je gagne.
HARPAGON.
C'est fort mal fait ! Si vous êtes heureux au jeu,
Vous devez pour plus tard, en réserver un peu ;
Et mettre à bon profit l'argent que Dieu vous prête
Afin de le trouver au jour de la retraite.
Je voudrais bien savoir à quoi servent ces nœuds
Dont vous voilà lardé des talons aux cheveux ?
Quel besoin d'employer l'argent à des perruques
Quand ceux de votre crû couvrent assez vos nuques,
Et ne vous coûtent rien ? Pardieu ! jeune insensé,
Je gage qu'en chiffons vous avez dépensé
Vingt pistoles au moins : et par an, vingt pistoles [1]
Donnent dix-huit tournois, huit deniers, six oboles,
Et rien qu'au denier douze.
CLÉANTE.
Eh ! vous avez raison !
HARPAGON.
Parlons d'une autre affaire après cette oraison !
(Apercevant Élise et Cléante qui se font des signes.)
Quels sont ces gestes-là ? Je crois qu'ils se font signe
De me voler ma bourse.
ÉLISE.
Allons, je me résigne...
Nous marchandons lequel de mon frère ou de moi
Parlera le premier...
CLÉANTE, bas à Élise.
Commence donc !
ÉLISE, bas à Cléante.
Tais-toi.
(Haut.)
Et nous avons tous deux quelque chose à vous dire.
HARPAGON.
Vous parler est aussi tout ce que je désire.
CLÉANTE.
J'avais, d'un mariage, à vous parler ici.
HARPAGON.
Et je veux vous parler de mariage aussi.
ÉLISE.
Ah ! mon père !
HARPAGON, à part.
Ceci me paraît un peu louche.
(Haut.)
Est-ce la chose ou bien le mot qui t'effarouche ?
CLÉANTE.
C'est selon ! Tous les deux nous font peur à la fois,
Si notre cœur n'est point conforme à votre choix.
HARPAGON.
Un peu de patience. Eh ! qu'avez-vous à craindre ?
Vous n'aurez l'un ni l'autre aucun lieu de vous plaindre
De ce que je prétends faire ; et pour commencer
Par un bout, avez-vous, dites-moi, vu passer
Une jeune beauté du nom de Mariane,
Qui loge près d'ici ?
CLÉANTE, à part.
C'est elle ! Dieu me damne !
HARPAGON.
Plaît-il ? vous l'avez vue ?
CLÉANTE.
Oui, mon père.
HARPAGON, à Élise.
Et vous ?
ÉLISE.
Oui.
HARPAGON.
Comment la trouvez-vous ?
CLÉANTE.
Un lis épanoui.
HARPAGON.
Sa physionomie ?

---

1. La pistole valait 22 livres en 1668.

CLÉANTE.
Est tout honnête.
HARPAGON.
Ajoute
Son air et sa manière.
CLÉANTE.
Admirables, sans doute!
HARPAGON.
Croyez-vous qu'une fille aussi riche d'appas
Mérite qu'on y songe?
CLÉANTE.
Oui, certes!
HARPAGON.
N'est-ce pas?
Que ce serait en somme un parti souhaitable?
CLÉANTE.
Très-souhaitable!
HARPAGON.
Et puis une taille...
CLÉANTE.
Adorable!
HARPAGON.
Un vrai trésor. Je crains une difficulté :
C'est de n'y point trouver tout le bien souhaité.
CLÉANTE.
Ah! mon père, le bien aisément s'abandonne,
Lorsqu'il est question d'une honnête personne.
HARPAGON.
Pardonnez-moi. La dot avant tout doit frapper;
Pourtant, sur autre chose on peut se rattraper.
CLÉANTE.
Cela s'entend!
HARPAGON.
Enfin, je suis vraiment bien aise
Que, par ses qualités, Mariane vous plaise,
Car je veux l'épouser.
CLÉANTE.
L'épouser!
HARPAGON.
Du moment
Que j'y trouve à toucher quelque chose...
CLÉANTE.
Euh!
HARPAGON.
Comment?
CLÉANTE.
Vous êtes résolu...
HARPAGON.
D'épouser Mariane.
CLÉANTE.
Qui? vous, vous?
HARPAGON.
Oui! moi, moi! Quelle sotte chicane?
CLÉANTE.
Il m'a pris tout à coup un éblouissement...
HARPAGON.
Cela ne sera rien. Allez donc promptement
Boire dans la cuisine un grand verre d'eau claire,
Et venez me parler tout à l'heure...
CLÉANTE, en sortant.
Oui, mon père.

SCÈNE VI.

ÉLISE, HARPAGON.

HARPAGON.
Ces damoiseaux flouets n'ont pas plus de vigueur
Que des poules. Voilà pour les soins de mon cœur;
J'ai résolu l'affaire et j'en ferai l'épreuve.
Pour ton frère, il s'agit d'une certaine veuve
De ma main; et pour toi, je t'offre pour époux
Le bon seigneur Anselme.
ÉLISE.
Anselme, dites-vous?
HARPAGON.
Lui-même; un homme mûr, rangé, prudent et sage;
C'est une affaire d'or à cueillir au passage :
Un homme... un homme enfin, de cinquante ans au plus,
Dont on vante beaucoup les biens et les vertus.
ÉLISE, faisant la révérence.
Je ne veux point, mon père, entrer dans sa famille,
S'il vous plaît.
HARPAGON, contrefaisant Élise.
Et je veux vous marier, ma fille,
S'il vous plaît.
ÉLISE, faisant encore la révérence.
Je refuse et je suis, s'il vous plaît,
Sa très-humble servante.
HARPAGON, contrefaisant Élise.
Et moi, votre valet;
Mais vous l'épouserez, et dès ce soir encore.
ÉLISE.
Dès ce soir?
HARPAGON.
Dès ce soir. Voyez-vous la pécore?
ÉLISE, faisant la révérence.
Moi, je vous dis que non.
HARPAGON, contrefaisant Élise.
Moi, je vous dis que si.
ÉLISE.
Cela ne sera pas, mon père, Dieu merci!
HARPAGON.
Cela sera.
ÉLISE.
Non!
HARPAGON.
Si!
ÉLISE.
Non, vraiment!
HARPAGON.
Si, vous dis-je!
ÉLISE.
Mon honneur le défend.
HARPAGON.
Mon intérêt l'exige!
ÉLISE.
Je me tuerai plutôt que d'accepter son bras!
HARPAGON.
Tu ne te tueras point, et tu l'épouseras.
Une fille parler de la sorte à son père?

ÉLISE.
On ne peut m'épouser contre mon gré, j'espère.
HARPAGON.
Gageons que tout le monde approuvera mon choix.
ÉLISE.
D'aucun homme sensé vous n'obtiendrez la voix.
HARPAGON.
C'est ce que nous allons savoir.

SCÈNE VII.

VALÈRE, ÉLISE, HARPAGON.

HARPAGON, apercevant de loin Valère.
Voilà Valère;
Veux-tu qu'entre nous deux il juge cette affaire?
ÉLISE.
J'y consens.
HARPAGON.
Viens, Valère, et là, de bonne foi,
Dis lequel a raison, de ma fille ou de moi.
VALÈRE.
C'est vous, monsieur.
HARPAGON.
Sais-tu ce que je lui propose?
VALÈRE.
Non, monsieur; du débat quelle que soit la cause,
Vous seul dans ce logis ne sauriez avoir tort,
Et, vous êtes, monsieur, toute raison.
HARPAGON.
D'accord.
Je lui veux, dès ce soir, faire épouser un homme
Aussi riche que sage, aussi sûr qu'économe;
Et voyez la coquine! elle me rit au nez!
Que dis-tu de cela?
VALÈRE.
Vraiment?... vous m'étonnez!
HARPAGON.
Eh bien?
VALÈRE.
Ce que j'en dis?
HARPAGON.
Tu l'approuves peut-être?
VALÈRE.
Je dis que, dans le fond, sans vouloir en connaître
Tous les motifs, je suis de votre sentiment;
Mais n'a-t-elle pas tort tout à fait, et...
HARPAGON.
Comment?
Anselme est un parti vraiment considérable;
Un gentilhomme noble, aisé, d'humeur affable,
Un veuf n'ayant ni fils, ni fille, ni neveu :
N'est-ce pas un époux comme on en voit fort peu?
VALÈRE.
C'est juste. On doit se rendre à de pareilles causes.
Mais n'est-ce point un peu précipiter les choses?
Et ne pensez-vous pas qu'il faudrait quelque temps
Pour voir si son humeur s'accorde avec...
HARPAGON.
J'entends;
Mais on n'a jamais vu deux rencontres pareilles!
C'est une occasion à saisir aux oreilles,
Puisque enfin il s'engage à la prendre sans dot.
VALÈRE.
Sans dot?
HARPAGON.
Oui.
VALÈRE.
Diantre! alors je ne dis plus un mot.
Qu'il soit donc son époux, si la place est vacante;
Et c'est une raison tout à fait convaincante!
HARPAGON.
Considère surtout quelle épargne pour moi!
VALÈRE.
J'en conviens. Il est vrai qu'en engageant sa foi,
Votre fille dirait que le soin de sa gloire
L'oblige à réfléchir plus qu'on ne peut le croire;
Qu'il y va pour son cœur, dans ce pas dangereux,
D'être, une vie entière, heureux ou malheureux :
Qu'un lien sur lequel tout l'avenir se fonde...
HARPAGON.
Sans dot!
VALÈRE.
Que voulez-vous, monsieur, qu'on vous réponde?
On pourrait objecter qu'en telle occasion,
Il faut avoir égard à l'inclination :
D'autant que cette grande inégalité d'âge
A des revers fâcheux expose un bon ménage...
HARPAGON.
Sans dot!
VALÈRE.
Ah! je n'ai pas de réplique à cela :
Qui diantre peut aller contre ces raisons-là?
Ce n'est pas que l'on trouve un bon nombre de pères,
Soigneux de leurs enfants plus que de leurs affaires;
Et recherchant surtout cette conformité
Qui maintient le bonheur et la tranquillité;
Et que...
HARPAGON.
Sans dot!
VALÈRE.
C'est vrai! cette raison me touche.
Sans dot! ah! je me rends! sans dot ferme la bouche
A tout!
HARPAGON, à part, écoutant du côté du jardin.
Ouais! j'entends aboyer quelque chien!
N'est-ce pas par hasard qu'on en veut à mon bien?
(A Valère et Élise.)
Ne bougez, je reviens.
(Il sort.)

SCÈNE VIII.

ÉLISE, VALÈRE.

ÉLISE.
Vous moquez-vous, Valère,
De lui parler ainsi?
VALÈRE.
Je connais votre père;
C'est pour ne point l'aigrir et pour en venir mieux
A bout. Heurter de front son vouloir envieux,
Est le moyen de tout gâter. Il faut s'y prendre

En biaisant; et, pour moi, réussir, c'est attendre.
Il est certains esprits que la sincérité
Fait cabrer, sottement, contre la vérité;
Que par la patience il faut savoir réduire,
Et qu'on mène, en tournant, où l'on veut les conduire.
Pour vous, faites semblant de consentir à tout;
Et, si vous m'en croyez, nous en viendrons à bout.
ÉLISE.
Oui; mais ce mariage, il faudrait l'interrompre...
VALÈRE.
Sans doute, on cherchera quelque biais pour le rompre.
ÉLISE.
Mais comment? dès ce soir le contrat est scellé!
VALÈRE.
Feindre une maladie, obtenir un délai.
ÉLISE.
Mais si les médecins reconnaissent la feinte?
VALÈRE.
Vous moquez-vous? Allez, n'ayez aucune crainte;
Vous feindrez avec eux le mal qui vous plaira,
Chacun d'eux, autrement, vous le définira.

SCÈNE IX.

ÉLISE, VALÈRE, HARPAGON.

HARPAGON, à part, dans le fond du théâtre.
Ce n'est rien, Dieu merci!
VALÈRE, sans voir Harpagon.
Pour tout dire, la fuite
Nous peut mettre à couvert, au moins de sa poursuite;
Et si votre constance...
(Apercevant Harpagon et haussant la voix.)
Une fille, en effet,
Ne doit point regarder comme un époux est fait;
Quand la grande raison de *sans dot* s'y rencontre,
Elle doit être prête à tout ce qu'on lui montre.
HARPAGON, s'approchant.
Bon! voilà bien parler.
VALÈRE.
Ah! mon maître, pardon,
Si je parle à madame avec cet abandon;
Pour punir mon oubli, vous prendrez mes étrennes.
HARPAGON.
Comment! j'en suis bien aise, et je veux que tu prennes
Dès à présent sur elle un pouvoir absolu;
Je te donne celui qui m'était dévolu.
(A Élise qui sort.)
Oui, vous avez beau fuir; quoi qu'il dise ou qu'il fasse,
Il faut s'y conformer sans la moindre grimace :
Je lui cède les droits de la paternité.
VALÈRE, à Élise.
Résistez, maintenant, à mon autorité!

SCÈNE X.

VALÈRE, HARPAGON.

HARPAGON.
Elle t'obéira.
VALÈRE.
Monsieur, je vais la suivre,
Lui donner des leçons et lui montrer à vivre!

HARPAGON.
Oui, tu m'obligeras, certes!
VALÈRE.
Il faut tenir
La bride haute aux gens.
HARPAGON.
Je dois en convenir,
Il faut...
VALÈRE.
Soyez sans peur, la chose m'est facile!
HARPAGON.
Fais, fais. Je m'en vais faire un petit tour en ville,
Et reviens tout à l'heure.
VALÈRE, adressant la parole à Élise, et s'en allant du côté par où elle est sortie.
Oui, l'or est précieux
Plus que tout ici-bas; rendez grâces aux cieux
De vous avoir donné ce brave homme de père :
Il sait comme on doit vivre et conduire une affaire.
Lorsqu'on s'offre de prendre une fille sans dot,
Regarder plus avant n'est le fait que d'un sot;
Et *sans dot* nous tient lieu de beauté, de jeunesse,
De naissance, d'honneur, de vertu, de sagesse,
Même de probité... *sans dot* remplace tout!
(A Harpagon, en s'en allant.)
Comptez sur moi, monsieur, nous en viendrons à bout.
HARPAGON, seul.
Ah! le brave garçon! voyez comme il s'emporte!
Heureux qui peut avoir un valet de la sorte!

ACTE DEUXIÈME.

SCÈNE I.

CLÉANTE, LA FLÈCHE.

CLÉANTE.
Ah! traître, arrive donc! où te vas-tu cacher?
Ne t'avais-je pas dit?...
LA FLÈCHE.
Monsieur, sans vous fâcher,
Je vous guettais céans; mais le plus volontaire,
Le plus malgracieux des hommes de la terre,
M'a chassé dans la rue et m'a presque battu.
CLÉANTE.
Comment va notre emprunt? car, la Flèche, vois-tu,
Je viens de me trouver un rival.
LA FLÈCHE.
Qui?
CLÉANTE.
Mon père!
LA FLÈCHE.
Votre père, amoureux?
CLÉANTE.
Ce qui me désespère,
C'est d'avoir pu trahir la douleur et l'effroi

Dont cette découverte est trop pleine pour moi.
LA FLÈCHE.
Lui, se mêler d'aimer! se moque-t-il du monde?
De quoi s'avise-t-il? croit-il qu'on lui réponde,
Et l'amour est-il fait pour des gens comme lui?
CLÉANTE.
Pour mes péchés, sans doute, il en tient aujourd'hui!
LA FLÈCHE.
Mais par quelle raison faites-vous un mystère
De votre amour?
CLÉANTE.
Je crains son mauvais caractère,
Et veux me réserver à de meilleurs instants...
D'en faire confidence il sera toujours temps.
Qu'a répondu le juif?
LA FLÈCHE.
Ma foi, c'est pitoyable,
Quand il faut par la queue aller tirer le diable,
Et lorsqu'on est réduit, pour vivre quelque peu,
A passer par les mains de ces fesse-mathieu.
CLÉANTE.
Ainsi tout est rompu?
LA FLÈCHE.
Que monsieur me pardonne;
Notre maître Simon, le courtier qu'on nous donne,
Homme agissant, fidèle, a fait rage pour nous,
Et dit que votre air seul le prévient envers vous.
CLÉANTE.
J'aurai donc les cinq mille écus que je demande?
LA FLÈCHE.
A des conditions méritant qu'on le pende,
Mais qu'il faut accepter, si l'emprunt est urgent.
CLÉANTE.
T'a-t-il montré celui qui doit prêter l'argent?
LA FLÈCHE.
Ah! vraiment, non; cela ne va pas de la sorte.
Nous le montrer? oui-dà! maître Simon apporte
Encore plus de soin de se bien cacher que vous,
Et ce sont des secrets trop graves pour les fous.
On ne veut nous montrer l'homme utile qui prête,
Que dans une maison empruntée et discrète,
Pour être instruit par vous des biens de vos parents,
Qui de notre marché sont les plus sûrs garants;
Mais, dès qu'il apprendra le nom de votre père,
Le reste ira tout seul...
CLÉANTE.
Et surtout que ma mère
Étant morte, ses biens ne peuvent m'être ôtés.
LA FLÈCHE, tirant un papier de sa poche.
Voici quelques écrits que lui-même a dictés
A notre entremetteur, avant que de rien faire :
(Lisant.)
« Admis que le prêteur trouve ses sûretés,
Et que l'emprunteur soit majeur, qu'il ait un père
Dont le bien soit solide, ample et net, on fera
Bonne obligation par-devant un notaire
(Prendre le plus honnête homme qu'il se pourra),
Et que, pour cet effet, le prêteur choisira,
Ayant plus que tout autre intérêt à l'affaire. »
CLÉANTE.
C'est juste.

LA FLÈCHE.
« Le prêteur, pour ne se point charger
D'aucun scrupule vain, ne prétend engager
Son argent qu'au denier dix-huit. »
CLÉANTE.
Quel honnête homme!
LA FLÈCHE.
« Comme ledit prêteur n'a pas chez lui la somme
Dont il est question, et que, pour l'emprunteur,
Lui-même, il est contraint de l'emprunter d'un autre,
Il conviendra payer à ce second prêteur
Un intérêt de cinq, sans préjudice au nôtre;
Attendu que ce n'est qu'afin de l'obliger
Qu'à cet emprunt légal on prétend s'engager. »
CLÉANTE.
Comment diable! quel juif! C'est plus qu'au denier quatre!
LA FLÈCHE.
C'est bien ce que j'ai dit, on n'en veut rien rabattre.
CLÉANTE.
Quel arabe est-ce là? m'écorcher tout vivant!
LA FLÈCHE.
Puisque c'est son métier! Songez-y bien avant,
C'est à prendre ou laisser. Je vous ouvre la voie,
Vous verrez là-dessus.
CLÉANTE.
Que veux-tu que je voie?
J'ai tant besoin d'argent que je consens à tout.
Encore quelque chose?
LA FLÈCHE.
Écoutez jusqu'au bout :
« Des quinze mille francs qu'on inscrit sur les livres,
On ne compte en argent que douze mille livres;
Et pour les mille écus restants, notre emprunteur
Prendra nippes, bijoux dont s'ensuit le mémoire,
Lesquels, de bonne foi, sont mis par le prêteur
Au plus modique prix... »
CLÉANTE.
Quel est donc ce grimoire?
LA FLÈCHE.
Voulez-vous m'écouter, monsieur? « Premièrement :
Un lit de quatre pieds, tours de point de Hongrie,
Sur drap couleur d'olive appliqués proprement.
La courte-pointe idem; six chaises, draperie
Doublée en taffetas chatoyant, rouge et bleu,
Le tout en bon état. »
CLÉANTE.
Qu'ai-je affaire, morbleu!
LA FLÈCHE.
« Pavillon en coutil d'Aumale, rose sèche,
Avec franges de soie et mollet... »
CLÉANTE.
Mais, la Flèche,
Que veut-il que j'en fasse?
LA FLÈCHE.
Attendez! j'ai passé :
« Un tapis des amours de Gombaud et Macé.
Plus, un fauteuil à bras en rosier véritable.
Un vase du Japon... » Le reste est effacé.
CLÉANTE.
Est-ce tout?
LA FLÈCHE.
Un seul mot : « Plus, une grande table

En bois de noyer dur, se tirant par deux bouts,
Douze piliers tournés, et garnie en dessous
De six bons escabeaux. »

CLÉANTE.
Ah! qu'il s'en aille au diable!

LA FLÈCHE.
Donnez-vous patience : « Enfin, trois gros mousquets,
Et fourchettes idem; plus un fourneau de brique
Avec récipient, très-propre à la fabrique
De bonne huile de lampe ou d'essence à bouquets. »

CLÉANTE.
J'enrage!

LA FLÈCHE.
Doucement : « Plus, un luth de Bologne
Garni de toutes ses cordes ou peu s'en faut;
Archet de crin choisi, manche en cou de cigogne,
Crevé par le milieu, du reste sans défaut;
Trou-madame et damier avec un jeu de l'oie,
Renouvelé des Grecs »... Passe-temps qu'on emploie
Lorsque l'on n'a que faire avant d'être endormi :
« Une peau de lézard de trois pieds et demi,
Pleine de foin tout neuf, de musc et de gingembre,
Chose agréable à pendre au plancher d'une chambre.
Le tout mentionné, valant loyalement
Quatre mille cinq cents livres, et qu'on rabaisse
A la valeur de mille écus, à trois francs pièce,
Par la discrétion dudit prêteur. »

CLÉANTE.
Vraiment?
Que la peste l'étouffe, avec son prêt du diable,
Et sa discrétion! Quelle usure incroyable!
Et n'est-il pas content, le bourreau, d'exiger
Un si gros intérêt, sans vouloir m'obliger
A prendre tous les vieux rogatons qu'il ramasse?
Et pour trois mille francs! Que veut-il que j'en fasse?
Je n'aurai pas deux cents écus de tout cela!
Cependant, il faut bien que je passe par là;
J'accepte aveuglément les chaînes qu'il me forge :
Il me tient, le vieux juif, un poignard sur la gorge!

LA FLÈCHE.
N'en déplaise à monsieur, je le vois cheminer
Juste comme Panurge, allant se ruiner,
Prenant argent d'avance, et, selon le proverbe,
Payant cher, vendant mal, mangeant ses blés en herbe.

CLÉANTE.
Que veux-tu que j'y fasse? Et puis, les jeunes gens
N'ont pas tous, comme moi, des pères exigeants,
Qui les forcent, pour vivre, à donner dans l'intrigue.
Tu sais l'adage : « A père avare, enfant prodigue. »
Et l'on s'étonne après qu'on souhaite leur mort!

LA FLÈCHE.
Je l'avoue; avec lui, ce n'est pas un grand tort.
Je n'ai pas, Dieu merci, les goûts patibulaires;
Et, sans trop me flatter, parmi tous mes confrères,
De commerces discrets se mêlant quelque peu,
Je tire adroitement mon épingle du jeu;
Vous savez, entre nous, que je mène avec zèle
Maint petit tour galant qui sent un peu l'échelle;
Mais, à vous dire vrai, toutes ses actions
Donnent à le voler tant de tentations,
Que je croirais faire œuvre utile et méritoire
En le volant un peu.

CLÉANTE.
Donne donc ce mémoire!

SCÈNE II.

MAITRE SIMON, HARPAGON,
CLÉANTE ET LA FLÈCHE, au fond.

MAITRE SIMON.
Oui, monsieur, ce jeune homme a bien besoin d'argent;
Je le crois empêtré dans un cas très-urgent,
Nous le ferons passer par le trou d'une aiguille.

HARPAGON.
Mais, savez-vous le nom, les biens et la famille
Du jeune homme pour qui vous venez m'emprunter?
N'avons-nous avec lui rien à péricliter?

MAITRE SIMON.
Non, je ne puis pas bien à fond vous en instruire;
Chez moi, par aventure, on a dû le conduire;
Mais vous serez de tout par lui-même éclairci,
Et vous me saurez gré de mes soins, Dieu merci!
On m'a bien assuré que sa famille est riche,
Que sa mère est défunte et son père très-chiche,
Et qu'il s'obligera, comme on fait quelquefois,
A le porter en terre avant qu'il soit huit mois.

HARPAGON.
C'est quelque chose au moins. Mais qu'à cela ne tienne;
On peut attendre un an. La charité chrétienne,
Maître Simon, oblige à secourir ainsi
Tous ceux que nous pouvons.

LA FLÈCHE, bas à Cléante, reconnaissant maître Simon.
Que veut dire ceci?
Notre maître Simon, qui parle à votre père!

CLÉANTE.
Qui donc m'a dénoncé? Serais-tu leur compère?

MAITRE SIMON, à La Flèche.
Ah! ah! vous êtes bien pressés! Qui vous a dit
Que c'était de céans que me vient mon crédit?
(A Harpagon.)
C'est fâcheux; mais le mal est moins grand qu'il ne semble,
Et vous pouvez ici vous expliquer ensemble.
Monsieur est l'emprunteur dont je vous ai parlé.

HARPAGON.
Comment, maître Simon!

CLÉANTE.
Ah! le juif endiablé!

HARPAGON, à Cléante.
Comment, pendard! c'est toi dont l'esprit s'abandonne
A de pareils excès? tant d'audace m'étonne!
(La Flèche s'enfuit.)

CLÉANTE.
Comment, mon père, vous! c'est vous qui vous portez
A ces actes honteux, à ces extrémités!
(Maître Simon s'enfuit.)

SCÈNE III.

CLÉANTE, HARPAGON.

HARPAGON.
Vouloir te ruiner par des emprunts semblables!
CLÉANTE.
Vouloir vous enrichir d'usures si coupables!
HARPAGON.
Oses-tu bien après paraître devant moi?
CLÉANTE.
Osez-vous bien après vous couvrir de la loi?
HARPAGON.
Et tu ne rougis pas de fouiller dans mes poches,
Pour te précipiter dans de folles débauches!
De dissiper ainsi l'avoir, jeune insensé,
Avec tant de sueurs par ton père amassé?
CLÉANTE.
Ne rougissez-vous point de vous livrer encore
A ce commerce indigne, et qui nous déshonore?
D'immoler votre vie avant d'avoir vécu,
Au désir d'entasser l'or, écu sur écu;
De renchérir, en fait de juiverie infâme,
Sur tous les usuriers sans pudeur et sans âme?
HARPAGON.
Ah! pendard! ah! coquin! ôte-toi de mes yeux!
CLÉANTE.
Quel est plus criminel, plus vil, plus odieux,
Ou celui qui vous paye un argent nécessaire
Ou qui vole un argent dont il ne sait que faire?
HARPAGON.
Retire-toi, te dis-je!
(Cléante sort.)
Eh! ce m'est un avis
D'avoir plus que jamais l'œil ouvert sur mon fils.

SCÈNE IV.

FROSINE, HARPAGON.

FROSINE.
Monsieur...
HARPAGON, à part.
Attends! il est à propos que je jette
Un coup d'œil, au jardin, sur ma chère cassette.
(Il sort.)

SCÈNE V.

FROSINE, LA FLÈCHE.

LA FLÈCHE, sans voir Frosine.
L'aventure est fort drôle. Il faut qu'il ait ailleurs
Un magasin d'habits dérobés aux tailleurs,
Car je n'ai rien trouvé de ce maudit mémoire.
FROSINE.
C'est ce pauvre La Flèche! Eh! bonjour! quelle histoire!
D'où vient cette rencontre?
LA FLÈCHE.
Oui, c'est moi, Dieu merci!
Bonjour, Frosine. Et toi, que viens-tu faire ici?
FROSINE.
Ce que je fais partout... m'entremettre d'affaires,
Me rendre utile aux fils à la barbe des pères;
Et profiter, du mieux qu'il est en mon pouvoir,
Des talents qu'il leur faut et que je puis avoir.
Tu sais que dans ce monde il faut vivre d'adresse;
Et qu'aux gens comme moi, Dieu, pour toute richesse,
N'a donné que l'intrigue et l'esprit vif et prompt.
LA FLÈCHE.
As-tu quelque négoce avec notre patron?
FROSINE.
Oui, je traite pour lui quelque petite affaire,
Dont j'espère tirer un honnête salaire.
LA FLÈCHE.
Un salaire? de lui! Bien fine tu seras!
Jamais, crois-moi, Frosine, un sol n'en tireras;
L'argent, je t'en préviens, est céans chose rare.
FROSINE.
Certains soins délicats touchent même un avare.
LA FLÈCHE.
Je suis votre valet et te baise les mains.
Le seigneur Harpagon est, de tous les humains,
L'humain le moins humain; dans la ville où nous sommes,
Le plus dur et le plus serré de tous les hommes.
Il n'est petit service, il n'est soins délicats
Qui poussent ce vieux ladre à montrer ses ducats.
Nul ne peut délier les cordons de sa bourse;
L'amitié, les grands mots coulent comme de source,
Mais de l'or? point d'affaire : et vous lui parlez grec
Si vous en demandez. Il n'est rien de plus sec
Que les bons procédés de ce méchant avare;
Et le mot de *donner* lui paraît si barbare
Que, lorsqu'il vous rencontre en ville ou dans la cour,
Il ne *donne* jamais, il *prête le bonjour*.
FROSINE.
Mon Dieu! mon cher, je sais l'art de traire les hommes,
Avare ou dépensier, d'en tirer quelques sommes,
De m'ouvrir leur tendresse en chatouillant les cœurs,
Et d'un sort indigent corriger les rigueurs.
LA FLÈCHE.
C'est bagatelle ici. Tu ne sauras, Frosine,
Du côté de l'argent corriger sa lésine.
Il est turc là-dessus, c'est moi qui t'en réponds;
Mais d'une turquerie à damner les fripons :
Et l'on pourrait crever de besoin, sur la paille,
Qu'il n'en branlerait pas plus que cette muraille.
En un mot, ce vieux cancre aime l'argent, vois-tu,
Plus que condition, qu'honneur et que vertu;
L'aspect d'un demandeur lui donne la colique,
Le fait gesticuler comme un épileptique :
C'est le frapper au cœur par son endroit mortel...
Il vient... je te verrai ce soir à ton hôtel.
(Il sort.)

SCÈNE VI.

FROSINE, HARPAGON.

HARPAGON, à part.
(Haut.)
Bon, tout va comme il faut. Hé bien? qu'est-ce, Frosine?
FROSINE.
Ah! mon Dieu! quel teint frais! quelle excellente mine!
Que vous vous portez bien!
HARPAGON.
Qui, moi? presque un vieillard!
FROSINE.
Jamais! Vous? on n'est pas plus frais et plus gaillard!
HARPAGON.
Tout de bon?
FROSINE.
Vous n'avez été, de votre vie,
Si jeune; et je connais, sans vous porter envie,
Des gens de vingt-cinq ans qui sont plus vieux que [vous.
HARPAGON.
Soixante bien comptés!
FROSINE.
Soixante ans? Entre nous,
Qu'est-ce que soixante ans? mais c'est la fleur de l'âge!
Heureux d'avoir passé la jeunesse volage,
Vous entrez maintenant dans la belle saison.
HARPAGON.
Il est vrai, je suis vert, plus vert que de raison;
Oui, mais vingt ans de moins feraient bien mon affaire.
FROSINE.
Vous moquez-vous? vingt ans! vous n'en avez que faire;
Vous êtes d'une pâte à vivre un siècle entier.
HARPAGON.
Un siècle?
FROSINE.
Assurément! Je connais mon métier.
Tenez-vous un peu; là! Mais voyez quel bon signe
Entre vos deux yeux!
HARPAGON.
Vrai?
FROSINE
Regardez cette ligne
De longue vie!
HARPAGON.
Eh bien?
FROSINE.
Si j'en crois les devins,
Je vous donnais cent ans, vous passerez six-vingts.
HARPAGON.
Se peut-il?
FROSINE.
Il faudra vous assommer, vous dis-je;
Et vous mettrez en terre, on verra ce prodige,
Enfants et les enfants de vos enfants!
HARPAGON.
Tant mieux!
Comment va notre affaire?
FROSINE.
Êtes-vous curieux?
Et me voit-on mêler de rien dont je ne vienne
A bout, pour peu du moins que le choix me convienne?
J'ai pour le mariage un merveilleux talent;
J'ai pour toute beauté quelque prince galant,
Et pourrais marier, si j'avais sa pratique,
Le Grand-Turc en personne, avec la République
De Venise.
HARPAGON.
A merveille!
FROSINE.
En cette affaire-ci,
J'aurai moins d'embarras et de mal, Dieu merci!
Sa mère sait déjà quel amour vous pénètre,
D'avoir vu Mariane, assise à sa fenêtre.
HARPAGON.
Quelle fut sa réponse?
FROSINE.
Elle vous fait savoir
Puisque vous souhaitiez que sa fille, ce soir,
Assistât elle-même au contrat de la vôtre,
Que je pourrais ici les montrer l'une à l'autre.
HARPAGON.
C'est qu'il faut que je donne un souper conjugal
A mon gendre, et je veux qu'elle soit du régal.
FROSINE.
C'est trop juste. Elle doit, si j'ai bonne mémoire,
Aller, après dîner, faire un tour à la foire,
Pour venir au souper...
HARPAGON.
Hé bien! je les prendrai
Dans mon carrosse bleu que je leur prêterai.
FROSINE.
Diantre!
HARPAGON.
As-tu consulté la mère de famille
Touchant le bien qu'elle a réservé pour sa fille?
As-tu dit qu'il fallait qu'elle s'aidât un peu?
Qu'elle fît un effort, quelques efforts, morbleu!
Car je n'épouserai celle qu'on me propose,
Que si je suis certain de toucher quelque chose.
FROSINE.
Je vous la garantis, et je tiens le pari
Que cette jeune fille apporte à son mari,
En tout bien, tout honneur, cinq mille écus de rente.
HARPAGON.
Cinq mille écus?
FROSINE.
Cinq mille! Oui; sa digne parente
L'a nourrie, élevée, avec un soin touchant,
Dans une grande épargne et de bouche et d'argent.
C'est une fille apprise à vivre de salades,
De fromage, de lait, comme font les malades;
A qui, par conséquent, il ne faudra jamais
Ni table bien servie et pliant sous les mets,
Ni ces orges mondés, ni ces délicatesses
Qu'il faudrait acheter pour nos jeunes comtesses:
Et cela ne va pas, au dire des témoins,
Sans monter tous les ans à mille écus, au moins.
De plus, la propreté fait toute sa parure;
Elle ne goûte point, fille modeste et pure,
Les superbes habits ni les riches bijoux,
Les meubles somptueux, ce fléau des époux:
Et cet article-là, sans y compter les livres,

Les chansons, les romans, vaut quatre mille livres.
De plus, le jeu lui cause une horreur, un ennui!
Ce qui n'est pas commun aux femmes d'aujourd'hui;
J'en sais de nos quartiers dont le trente et quarante
Mange, bon an mal an, vingt mille francs de rente.
N'en prenons que le quart. Cinq mille francs au jeu,
Quatre mille en habits et bijoux, c'est bien peu :
Cela fait au total, par an, neuf mille livres;
Avec deux mille écus que je mets pour les vivres,
Et ne voilà-t-il pas, sans ses autres bontés,
Vos quinze mille francs de rente, bien comptés?

HARPAGON.
Ma foi! ce compte-là n'est pas mal, pour un conte!

FROSINE.
Si fait! N'est-ce donc pas quelque chose qui compte,
Que d'apporter l'appoint de la sobriété,
Le fonds d'un grand amour pour la simplicité
Et la haine du jeu, pour dot, en mariage?

HARPAGON.
C'est une raillerie et je veux davantage.
Je n'irai point donner, malgré tous ses appas,
Quittance de valeurs que je ne reçois pas;
Il faut qu'absolument je touche quelque chose.

FROSINE.
Mon Dieu! vous toucherez assez; on vous propose
D'épouser seulement, et vous n'y perdrez rien.
Dans un certain pays elle a beaucoup de bien :
Et, si vous l'épousez, vous en serez le maître.

HARPAGON.
Il faudra voir cela, Frosine, et tout connaître!
Une chose me donne à penser toutefois.
Mariane est encor très-jeune, tu conçois;
Souvent les jeunes gens n'aiment que leurs semblables,
Et j'ai peur que, malgré mes qualités aimables,
Un homme d'âge mûr ne soit pas de son goût,
Et ne fasse un mari comme on en voit partout.

FROSINE.
Vous la connaissez mal et lui faites injure!
C'est un goût singulier que le sien, je vous jure;
Elle hait à la mort tous les jeunes galants
Et n'aime que les vieux, avec des cheveux blancs.

HARPAGON.
Elle?

FROSINE.
Elle. Je voudrais que vous l'eussiez ouïe
Raisonner là-dessus; j'en suis toute éblouie!
Elle ne peut souffrir le babil ni l'aspect
D'un jeune homme; et se sent tout amour et respect
Pour un majestueux vieillard, à taille ronde.
Les plus vieux à son gré sont les plus beaux du monde;
Surtout, gardez-vous bien d'aller vous rajeunir,
Si, de son propre fait, vous voulez l'obtenir :
Elle veut que l'on soit au moins sexagénaire!
L'autre jour, devant moi, devant sa vieille mère,
Elle rompit tout net un contrat bien précis,
Sur ce que son futur comptait cinquante-six;
Et, de plus, qu'au moment de signer les articles,
Le nez de ce jeune homme était veuf de besicles!

HARPAGON.
Sur cela?

FROSINE.
Ceux qui n'ont que cinquante-six ans

Ne lui paraissent pas en amour suffisants;
Elle est pour les grands nez qui portent des lunettes.

HARPAGON, mettant ses lunettes.
Oui-dà! cela rendra nos affaires plus nettes.

FROSINE.
Et cela va plus loin que vous ne le pensez!
Dans sa chambre on lui voit des tableaux commencés;
Que pensez-vous qu'ils soient? Adonis ou Céphale?
Apollon |ou Pâris? Hercule aux pieds d'Omphale?
Non : mais de beaux portraits d'Ulysse, de Mentor,
De Saturne, du roi Priam, du vieux Nestor,
Et du bon père Anchise enlevé par Énée!

HARPAGON.
Vraiment! C'est à coup sûr une fille bien née!
Je suis ravi de la savoir de cette humeur.
Moi, si j'avais été femme, sur mon honneur,
J'aurais fui ces galants taillés pour les églogues!

FROSINE.
Certes, je le crois bien. Voilà de belles drogues
Que tous ces beaux morveux, ces porteurs d'oripeaux,
Pour nous donner envie de tâter de leurs peaux!

HARPAGON.
Moi, je ne comprends pas quelle amorce secrète
Vous les fait adorer, quand ils content fleurette.

FROSINE.
Qui? moi! tous ces blondins, je n'en fais pas cela!
Et peut-on s'attacher à ces animaux-là?

HARPAGON.
C'est bien ce que je dis; avec leur ton de poule
Laitée, et leurs trois brins de barbe qui se roule
En poil de chat : cheveux par le fer tiraillés,
Hauts-de-chausses tombants, estomacs débraillés!...

FROSINE.
Les voilà bien bâtis, près de votre personne!
C'est un homme cela, dont la beauté foisonne;
Et c'est ainsi qu'il faut être fait et vêtu,
Pour donner de l'amour à la même vertu.

HARPAGON.
Tu me trouves bien!

FROSINE.
Peste! une figure à peindre!
Tournez-vous donc un peu! vous n'avez rien à craindre.
Avancez quelques pas. Il ne se peut pas mieux;
C'est un corps sans défaut et cela saute aux yeux.

HARPAGON, toussant.
Je suis sain, Dieu merci, très-sain; sauf le catarrhe,
Qui me tourmente un peu.

FROSINE.
C'est un charme assez rare
Et qui vous sied fort bien, d'avoir un peu de toux;
On a grâce infinie à tousser comme vous.

HARPAGON.
Mais, dis-moi : Mariane a dû faire connaître
Qu'elle aimait à me voir passer sous sa fenêtre?

FROSINE.
Non; mais souvent de vous je lui parle en secret;
Et de vos qualités j'ai fait un tel portrait,
J'ai tant, de votre hymen, fait sonner l'avantage,
Qu'elle n'oserait plus l'ajourner davantage.

HARPAGON.
Tu peux tout espérer d'un cœur comme le mien.

FROSINE.
J'aurais à vous prier, monsieur, de presque rien.
Je suis en train de perdre une petite affaire ;
C'est un ancien loyer qu'il me faut satisfaire,
Et quelque peu d'argent pour les frais du procès
Pourrait, par vos bontés, m'assurer le succès.
(Harpagon prend son air sérieux.)
Vous ne sauriez penser combien elle est jalouse
Du bonheur de s'entendre appeler votre épouse !
Ah ! que vous lui plairez ! que ce col si bien fait
Fera sur son esprit un admirable effet !
Mais ces grègues surtout, sans rubans ni paillettes,
Qu'on attache au pourpoint avec des aiguillettes,
C'est pour la rendre folle à courir après vous ;
Un homme aiguilleté, c'est la fleur des ragoûts !
HARPAGON.
Certes, tu me ravis par cette confidence.
FROSINE.
Oui, monsieur, ce procès m'est d'une conséquence
Grande ; et quelque secours, même le plus léger,
(Harpagon reprend son air sérieux.)
En cette occasion pourrait me soulager.
Ah ! si vous l'eussiez vue, enchantée et ravie
De m'entendre parler du bonheur de sa vie !
(Harpagon reprend son air gai.)
Dans ses yeux éclataient la joie et le plaisir ;
Enfin, ce mariage est son plus cher désir.
HARPAGON.
Le plaisir est pour moi, Frosine, je l'avoue ;
Et je veux te donner un baiser sur la joue.
FROSINE.
Accordez-moi plutôt ce tout petit secours,
(Harpagon reprend son air sérieux.)
Et je vous bénirai jusqu'à mes derniers jours.
HARPAGON.
Adieu ! je vais, Frosine, achever mes dépêches.
FROSINE.
Prêtez-moi cet argent ; les huissiers sont revêches.
HARPAGON.
Maître Jacques tiendra mon carrosse tout prêt.
FROSINE.
De toute autre que moi ce serait indiscret.
HARPAGON.
Et j'aurai soin aussi qu'on soupe de bonne heure ;
Votre belle santé s'en trouvera meilleure.
FROSINE.
Ne me refusez pas ce prêt ; il me le faut
Pour...
HARPAGON, feignant qu'on l'appelle.
Voilà qu'on m'appelle. Adieu, jusqu'à tantôt !
(Il sort précipitamment.)

SCÈNE VII.

FROSINE, seule.

Que la fièvre te serre avec ton maître Jacques !
Le ladre est resté ferme à toutes mes attaques.
A ce chien de vilain il ne faut plus penser ;
Mais j'ai l'autre côté pour me récompenser.

ACTE TROISIÈME.

SCÈNE I.

HARPAGON, CLÉANTE, ÉLISE, VALÈRE, DAME CLAUDE, tenant un balai, MAITRE JACQUES, LAMERLUCHE, BRINDAVOINE.

Tous, excepté Harpagon, sont dans le fond, et s'approchent à mesure qu'il leur adresse la parole.

HARPAGON.
Allons, venez çà tous ; que je vous distribue
Mes ordres pour tantôt, et vous passe en revue.
Dame Claude, approchez, commençons par un bout.
Je vous commets au soin de nettoyer partout ;
Bon, les armes en main ; la brosse est présentable !
N'essuyez pas trop fort les meubles ni la table,
De peur de les user par trop de frottement ;
Suivez le vieux dicton : « Hâtez-vous lentement ! »
De plus, je vous prépose à l'ordre des bouteilles ;
Les jeunes en avant : respectez les plus vieilles !..
Et si vous m'en cassez quelqu'une par hasard,
Je vous la rabattrai sur vos gages plus tard !

MAITRE JACQUES, à part.
Châtiment politique !

HARPAGON, à Dame Claude.
Allez !
(Dame Claude va au fond.)
Vous, Lamerluche,
Vous aussi, Brindavoine, ayez l'eau dans la cruche !
Vous verserez le vin avec ménagement,
Lorsque l'on aura soif ; et non pas follement,
Comme certains laquais, qui vous pressent l'éponge
Sans que vous y songiez : attendez qu'on y songe !...
Et vous ressouvenez de porter beaucoup d'eau.

MAITRE JACQUES, à part.
Vin pur monte à la tête et fait mal au cerveau !

HARPAGON.
Allez !

LAMERLUCHE.
Quitterons-nous, monsieur, nos siquenilles ?

HARPAGON.
Plus tard ! et gardez bien de les mettre en guenilles.

BRINDAVOINE.
Vous savez bien, monsieur, que mon meilleur pourpoint
Sur tout le côté droit, d'huile de lampe est oint.

LAMERLUCHE.
Et moi, que j'ai, monsieur, un grand trou, révérence
Parler, sur le derrière et qu'on me voit...

HARPAGON.
Silence !
Rangez cela devers la muraille, en servant,
Et présentez toujours au monde le devant ;

(A Brindavoine, en lui montrant comment il doit mettre son chapeau au-devant de son pourpoint pour cacher la tache d'huile.)
Et vous, tenez toujours ainsi votre coiffure
Lorsque vous servirez, pour cacher la peinture.
(Lamerluche et Brindavoine sortent.)

SCÈNE II.

Les Mêmes, moins LAMERLUCHE et BRINDAVOINE.

HARPAGON.
Çà, ma fille, approchez! Vous aurez l'œil ouvert
Sur ce qui restera, jusqu'au dernier couvert.
Que rien ne soit gâté. Cela sied bien aux filles
D'apprendre à faire un jour des mères de familles.
Cependant, qu'on s'apprête à très-bien recevoir
Ma maîtresse, qui doit nous visiter ce soir
Pour aller à la foire avec la dame Claude.
M'entendez-vous, ma fille?
ÉLISE.
Oui, mon père.
HARPAGON, la contrefaisant.
Oui, nigaude!
(Élise sort avec dame Claude.)

SCÈNE III.

Les Mêmes, moins ÉLISE.

HARPAGON, à Cléante.
Vous, mon fils le muguet, à qui, c'est mon défaut,
J'ai déjà pardonné l'histoire de tantôt,
Vous ne lui comptez pas faire mauvais visage?
CLÉANTE.
Mauvais visage? moi?
HARPAGON.
Mon Dieu! tel est l'usage
Des fils d'un premier lit, quand l'auteur de leurs jours
S'apprête à convoler en nouvelles amours.
Nous savons de quels yeux leur haine opiniâtre
S'obstine à regarder la meilleure marâtre.
Mais si vous souhaitez que je perde aujourd'hui
Le souvenir de vos fredaines, faites-lui
Bon visage, soyez prévenant et sensible;
Montrez-lui du respect au moins, si c'est possible!
CLÉANTE.
A vous dire le vrai, je ne vous promets pas
De voir avec plaisir, malgré tous ses appas,
Que je sois son beau-fils; mais je puis vous promettre
Quant à ce dernier point, d'obéir à la lettre:
De la bien recevoir.
HARPAGON.
Prenez-y garde au moins.
CLÉANTE.
Vous serez satisfait, j'y mettrai tous mes soins,
HARPAGON.
Vous ferez sagement.
(Cléante sort.)

SCÈNE IV.

HARPAGON, Maître JACQUES, VALÈRE.

HARPAGON.
Bon garçon, un peu braque,
Çà, Valère, aide-moi; vous aussi, maître Jacque,
Approchez: je vous ai gardé pour le dernier.
MAÎTRE JACQUES.
Est-ce au cocher, monsieur, ou bien au cuisinier
Que vous voulez parler? car je suis l'un et l'autre.
HARPAGON.
C'est à tous les deux.
MAÎTRE JACQUES.
Mais, à qui d'abord?
HARPAGON.
A notre
Cuisinier.
MAÎTRE JACQUES.
Attendez, s'il vous plaît.
(Il ôte sa casaque de cocher et paraît en cuisinier.)
Me voilà!
HARPAGON.
Quelle cérémonie, et que diantre est cela?
MAÎTRE JACQUES.
Vous n'avez qu'à parler et je suis tout oreille.
HARPAGON.
J'ai du monde à souper ce soir.
MAÎTRE JACQUES.
Grande merveille!
Mais, répétez plus haut: je crains de me tromper...
HARPAGON.
Maître Jacques! ce soir j'ai du monde à souper!
MAÎTRE JACQUES.
Ah!...
HARPAGON.
Dis-moi, peux-tu faire une chère passable?
MAÎTRE JACQUES.
Oui, si vous me donnez bien de l'argent.
HARPAGON.
Que diable!
A-t-on jamais ouï rien de plus affligeant?
De l'argent! de l'argent! et toujours de l'argent!
C'est le cri familier de cette valetaille!
Leur épée au chevet, leur coursier de bataille!
De l'argent!
VALÈRE.
C'est parler comme un impertinent!
Voilà bien, sur mon âme, un prodige étonnant
De faire bonne chère en nous vidant la bourse!
Les sots n'ont que l'argent pour unique ressource;
Mais pour agir en homme habile, intelligent,
Faites-moi bonne chère avec très-peu d'argent.
MAÎTRE JACQUES.
Peu d'argent, bonne chère?
VALÈRE.
Oui.
MAÎTRE JACQUES.
Courez à l'office,
Et vous m'obligerez de prendre le service

De tourne-broche ou bien de premier marmiton,
Pour montrer ce secret, monsieur le factoton!
HARPAGON.
Taisez-vous! Que faut-il pour nous tirer d'affaire?
MAÎTRE JACQUES.
Monsieur votre intendant vous fera bonne chère
Pour peu d'argent.
HARPAGON.
Ouais! Tu ne répondras pas!
Je veux...
MAÎTRE JACQUES.
Combien de gens serez-vous au repas?
HARPAGON.
Nous serons huit ou dix; mais ne fais de dépense
Que pour huit, rien de plus. Qui prend pour huit, je [pense,
A bien assez pour dix.
VALÈRE.
Cela s'entend.
MAÎTRE JACQUES.
Très-bien!
Il faudra vous servir, pour qu'il n'en reste rien,
Quatre potages gras, cinq assiettes d'entrées...
HARPAGON.
Comment?
VALÈRE.
Voyons un peu.
MAÎTRE JACQUES.
Potage de purées,
De perdrix aux choux verts, de bisque et de canards...
HARPAGON.
Ah! traître!...
MAÎTRE JACQUES.
Un riz de veau, jambon aux épinards,
Tourte de pigeonneaux, boudin blanc et morille...
HARPAGON.
Mais que diable! voilà pour traiter une ville
Tout entière!
VALÈRE.
Attendez.
MAÎTRE JACQUES.
Rôt dans un grand bassin
En pyramide, orné de faisans...
HARPAGON.
Assassin!
MAÎTRE JACQUES.
Deux longes de chevreuil et de veau de rivière;
Trois poulardes du Mans, dix pigeons de volière,
Douze perdreaux truffés, six lapereaux...
HARPAGON, mettant la main sur la bouche de maître Jacques.
Vaurien!
MAÎTRE JACQUES.
Trente ortolans...
HARPAGON, même jeu.
Assez! tu manges tout mon bien[1]!
VALÈRE, à maître Jacques.
Maître Jacques veut-il, après cette ripaille,
Voir crever tout le monde à force de mangeaille?
Allez-vous-en un peu consulter, en sortant,

Les lois de la santé, sur ce point important;
Demandez aux docteurs, s'il est rien sur la terre
De plus pernicieux qu'une trop bonne chère!
HARPAGON.
Il a, ma foi, raison; tu suivras ses conseils.
VALÈRE.
Apprenez, maître Jacque, et vous et vos pareils,
Que c'est un guet-apens pour les bouches friandes
Qu'un diner somptueux trop rempli de viandes;
Qu'il faut, pour se montrer ami de l'invité,
Qu'un repas soit brillant par la frugalité;
Et d'ailleurs, c'est toujours un bon précepte à suivre
Que ce mot d'un ancien: « Il faut manger pour vivre,
Non vivre pour manger... »
HARPAGON.
Ah! c'est vraiment bien dit!
Ce conseil devrait être imposé par édit.
Je n'ai rien entendu de plus beau dans ma vie!
« Que l'on vit pour manger... » Eh! non, je me défie
De ma mémoire. Encor, que je dise à mon tour...
VALÈRE.
« Qu'il faut manger pour vivre et non pas vivre pour
Manger. »
HARPAGON.
C'est merveilleux!
(A Valère.)
Quel est donc le grand homme
Qui fit cette sentence?
VALÈRE.
Il se nomme...
HARPAGON.
Il se nomme?
VALÈRE.
Je ne me souviens pas maintenant de son nom.
HARPAGON.
Tu m'écriras cela. Je fais, dans ce salon,
Graver en lettres d'or... je veux dire de cuivre:
« Faut vivre pour manger, et non manger pour vivre!»
VALÈRE.
Souvenez-vous au moins de ne pas vous tromper.
HARPAGON.
Je n'y manquerai pas. Et pour notre souper...
VALÈRE.
Laissez-moi tout régler, car je me sens en veine.
HARPAGON.
Fais donc.
MAÎTRE JACQUES.
Tant mieux, morbleu! j'en aurai moins de peine.
HARPAGON.
Maintenant, maître Jacque, il faut faire approcher
Mon carrosse.
MAÎTRE JACQUES.
Attendez! c'est le tour du cocher!
(Il remet sa casaque.)
HARPAGON, à Valère.
Il faudra de ces mets dont on ne mange guères:
Qui bourrent tout d'abord; de ces choses vulgaires.
Quelque pâté bien lourd, bien garni de marrons.
Un haricot bien gras...
VALÈRE.
Oui, nous y pourvoirons.

---

[1]. Ce menu est littéralement extrait de l'édition de l'*Avare* du 1682.

MAÎTRE JACQUES, à Harpagon.
Vous dites?
HARPAGON.
Qu'il faudra nettoyer mon carrosse,
Tenir mes chevaux prêts pour conduire la noce.
MAÎTRE JACQUES.
Qui? vos chevaux, monsieur? je ne puis vous cacher
Qu'ils ne sont pas du tout en état de marcher.
Je ne vous dirai point qu'ils sont sur la litière,
Les bêtes n'en ont point. Hélas! l'année entière
Vous leur faites subir de si rudes travaux,
Des jeûnes si complets, que ces pauvres chevaux
Ne sont plus à présent que des spectres maussades,
Des façons de chevaux.
HARPAGON.
Les voilà bien malades!
Ils ne font rien.
MAÎTRE JACQUES.
Ils font comme ils mangent, morbleu!
HARPAGON.
Qui dort, dîne!
MAÎTRE JACQUES.
C'est faux! qui dîne mal, dort peu;
Quand j'ai dîné, j'ai soif: qui boit bien, dort de même!
Car j'ai, pour mes chevaux, une tendresse extrême;
Cela me fend le cœur de les voir dépérir,
Et je maigris moi-même en les voyant maigrir.
Pour eux, quand ils ont faim, tant leur santé me touche,
Je m'ôte tous les jours les choses de la bouche;
Et c'est être, monsieur, d'un naturel trop dur
Que de voir son prochain crever au pied du mur.
HARPAGON.
Le travail n'est pas grand d'aller jusqu'à la foire!
MAÎTRE JACQUES.
Jamais! Vous auriez beau me donner un pourboire!
Non, monsieur! je croirais commettre un attentat,
En leur donnant du fouet dans un pareil état!
Comment voulez-vous donc qu'ils traînent la voiture?
Ils ne se traînent plus eux-mêmes, je vous jure!
VALÈRE.
Notre voisin Picard s'oblige à cet emploi.
MAÎTRE JACQUES. [moi.
Soit! qu'ils meurent aux mains d'un autre homme que
VALÈRE.
L'esprit de maître Jacque est parfois trop sincère.
MAÎTRE JACQUES.
Et monsieur l'intendant fait bien le nécessaire!
HARPAGON.
Paix!
MAÎTRE JACQUES.
Je ne puis souffrir les flatteurs; et je vois
Que ses perpétuels contrôles sur le bois,
Sur le pain et le vin, le sel et la chandelle,
Sont pour vous mieux gratter et faire le fidèle.
J'enrage de bon cœur et me mets en courroux,
D'entendre tous les jours ce qui se dit de vous;
Car enfin je me sens, en dépit que j'en aie,
Pour vous de l'amitié, c'est la vérité vraie :
Et vous êtes, monsieur, pour tout dire en deux mots,
Ce que j'aime le plus après mes animaux.
HARPAGON.
J'en suis flatté. Pourtant, je voudrais bien connaître
Ce que l'on dit de moi!

MAÎTRE JACQUES.
Si j'étais sûr, mon maître,
De ne vous fâcher point...
HARPAGON.
En aucune façon;
Et tu peux délier ta langue, mon garçon.
MAÎTRE JACQUES.
Pardonnez-moi; j'ai peur de vous mettre en colère.
HARPAGON.
Du tout! tu me feras grand plaisir, au contraire!
J'aimerais bien savoir comme on parle de moi.
MAÎTRE JACQUES.
Puisque vous y tenez, je vous dirai, ma foi,
Qu'on vous traite partout de barbon ridicule,
Qui n'a d'autre souci que d'enfler son pécule;
Que chacun, au dehors, nous jette à ce sujet
Mille brocarts plaisants dont vous êtes l'objet;
Qu'on n'est pas plus ravi que de vous prendre aux chausses,
Pour vous accommoder, monsieur, à toutes sauces.
L'un dit que vous avez chez vous, depuis vingt ans,
Des almanachs doublant vigile et quatre-temps,
Afin de profiter du carême et des jeûnes
Où vous nous obligez sans pitié, vieux et jeunes.
Un tel : quand un valet quitte votre maison,
Ou que vers l'an nouveau, vous lui cherchez raison,
Afin de l'empêcher de sortir les mains pleines,
Ou pour vous dispenser de donner des étrennes.
Celui-là : qu'une fois, mais ce n'est qu'un fagot,
Pour vous avoir mangé le reste d'un gigot,
Vous fîtes assigner le chat de la voisine.
Celui-ci : qu'une nuit, poussé par la lésine,
On vous prit dérobant l'avoine à vos chevaux;
Et que votre cocher, en jurant de gros mots,
Le valet d'avant moi, vous asséna dans l'ombre
De grands coups de bâton, dont nul ne sut le nombre.
Voulez-vous que je dise? on ne saurait aller
Nulle part que de même on n'entende parler.
Vous êtes la risée et la fable du monde :
Et je n'en vois aucun, que le ciel me confonde!
Qui, pour vous désigner, ne vous traite en tout lieu,
D'avare, de vilain et de fesse-mathieu.
HARPAGON, battant maître Jacques.
Impudent! triple sot! tiens! voilà ton pourboire!
MAÎTRE JACQUES.
Ne l'avais-je pas dit? vous n'y vouliez pas croire;
Quand j'étais sûr, monsieur, de vous mettre en courroux!
HARPAGON.
Apprenez à parler, ou sinon, taisez-vous!
(Harpagon sort.)

SCÈNE V.

VALÈRE, MAÎTRE JACQUES.

VALÈRE, riant.
Ah! ah! mon pauvre ami! je vois avec surprise
Que l'on paye assez mal votre accès de franchise!
MAÎTRE JACQUES.
Morbleu! monsieur l'intrus, qui faites l'important,
Vous rirez de vos coups, s'il vous en donne autant;
Et je prie ardemment le ciel qu'il vous en donne :

Mais, sauf respect, mon dos ne regarde personne.
VALÈRE.
Ah! monsieur maître Jacque, allons, remettez-vous;
Et ne vous fâchez pas, de grâce.
MAÎTRE JACQUES, à part.
Il file doux.
Je veux, pour l'effrayer, faire le diable à quatre,
Et s'il est assez sot pour me craindre, le battre
Quelque peu.
(Haut.)
Savez-vous bien, monsieur le rieur,
Que je ne ris pas moi? Le savez-vous, monsieur?
Que si mon sang s'échauffe et ma tête s'emporte,
Je vous ferai, monsieur, rire d'une autre sorte?
(Il pousse Valère jusqu'au fond du théâtre en le menaçant.)
VALÈRE.
De grâce!
MAÎTRE JACQUES.
Impertinent!
VALÈRE.
Hé, doucement!
MAÎTRE JACQUES.
Comment?
Il ne me plaît pas, moi, de parler doucement!
VALÈRE.
Ah! monsieur maître Jacque!
MAÎTRE JACQUES.
Il n'est pas pour un double
De monsieur maître Jacque!
(A part.)
Allons, ferme! il se trouble.
(Haut.)
Si je prends un bâton, je...
VALÈRE.
Comment, un bâton?
(Il fait reculer maître Jacques à son tour.)
MAÎTRE JACQUES.
Hé! je n'en parle pas.
VALÈRE, à part.
Il a changé de ton.
(Haut.)
Savez-vous bien, monsieur le fat, que je suis homme
A vous rosser vous-même, et que je vous assomme?
MAÎTRE JACQUES.
Mais je n'en doute point.
VALÈRE.
Osez-vous bien nier
Que vous n'êtes qu'un grand faquin de cuisinier?
MAÎTRE JACQUES.
Je le sais bien.
VALÈRE.
Et qui de nous deux est le maître?
MAÎTRE JACQUES.
C'est vous, monsieur.
VALÈRE.
Tantôt vous allez me connaître!
MAÎTRE JACQUES.
Je vous connais déjà.
VALÈRE.
Vous voulez me rosser,
Dites-vous?
MAÎTRE JACQUES.
En raillant, rien que pour nous gausser.

VALÈRE.
Et moi je ne prends point de goût à votre gausse;
(Donnant des coups de bâton à maître Jacques.)
Vous êtes un mauvais railleur, une gâte-sauce.
MAÎTRE JACQUES.
Un gâte-sauce? Ah! ah!
(Valère sort.)

SCÈNE VI.

MAÎTRE JACQUES, seul.

Foin de la vérité;
C'est un métier de chien que la sincérité,
J'en ai le dos moulu! Battre un poltron, le lâche!
Passe encor pour mon maître, et tant pis s'il se fâche,
Mais lui, lui!... Rira bien qui rira le dernier.
(Il se promène en gesticulant.)

SCÈNE VII.

FROSINE, MARIANE,
MAÎTRE JACQUES.

FROSINE.
Le maître est-il céans, monsieur le cuisinier?
MAÎTRE JACQUES.
Il n'est que trop céans!
FROSINE.
Dites-lui que madame
L'attend dans ce salon.
MAÎTRE JACQUES, en sortant.
Gâte-sauce... l'infâme!

SCÈNE VIII.

MARIANE, FROSINE.
MARIANE.
Ah! que je suis, Frosine, en un étrange état!
Et dans ce rendez-vous que je crains un éclat!
FROSINE.
Quel est donc le malheur que redoutent vos charmes?
MARIANE.
Hélas! figurez-vous les cruelles alarmes,
Le profond désespoir, impossible à cacher,
D'un cœur prêt au supplice où l'on veut l'attacher!
FROSINE.
Je vois bien que ce cœur, pour mourir avec grâce,
Cherche un autre tourment qu'avec joie il embrasse;
Et le jeune blondin que vous m'avez décrit,
Un peu plus qu'il ne faut vous revient à l'esprit.
MARIANE.
Je vous l'ai dit Frosine, et pourquoi m'en défendre?
Il m'inspire déjà l'intérêt le plus tendre;
Les visites, les dons que sans cesse il nous fait,
Dans mon cœur, je l'avoue ont produit quelque effet.
FROSINE.
Mais savez-vous au moins quel il est?
MARIANE.
Je l'ignore,
Mais il est fait d'un air qu'il faut bien qu'on l'adore;
Que si l'on remettait les choses à mon choix,

Mon cœur, sans balancer, se rendrait à ses lois :
Et que son souvenir n'est pas pour peu de chose
Dans l'horreur de l'hymen qu'Harpagon me propose.
FROSINE.
Mon Dieu, tous ces blondins ont assez d'agrément,
Et débitent fort bien leur petit compliment ;
Mais la plupart sont gueux comme des rats d'église.
Il vaut bien mieux pour vous, croyez-en ma franchise,
De prendre un vieux mari, donnant beaucoup de bien,
Qu'un jeune damoiseau qui ne rapporte rien.
Les sens, ma belle enfant, n'en ayez pas de honte,
Du côté que je dis trouvent bien moins leur compte ;
On risque d'essuyer quelques petits dégoûts
A perdre sa jeunesse avec un tel époux ;
Mais ce mal passager dure autant que la cause,
Et sa mort a bientôt réparé toute chose.
MARIANE.
Mon Dieu ! Frosine, c'est un étrange embarras
Lorsqu'il faut de quelqu'un souhaiter le trépas,
Avant que d'achever de si longues épreuves !
FROSINE.
Oui-da ! nous n'épousons que pour devenir veuves ;
Il serait insolent de vivre dans trois mois.

SCÈNE IX.
Les Mêmes, HARPAGON, avec des lunettes sur le nez.

MARIANE, bas à Frosine.
Frosine, quel visage !
FROSINE.
Eh ! pardieu, je le vois !
HARPAGON.
Ne vous offensez pas, ô ma toute gentille,
Si je vous considère avec cette lentille,
Je sais que vos appas frappent assez les yeux,
Et tout autre, à l'œil nu, pourrait les voir bien mieux ;
Mais enfin, de nos jours, c'est avec des lunettes
Qu'on observe les cieux et le cours des planètes :
Et quand je vous regarde avec ces appareils,
Je vous proclame un astre, un astre sans pareils,
L'astre le plus charmant dans le pays des astres !
(Il ôte ses lunettes.)
Frosine, pour mes feux je crains quelques désastres ;
Elle ne répond mot, et ne me semble avoir
Aucune émotion du bonheur de me voir.
FROSINE.
C'est qu'une jeune fille est souvent trop saisie
Pour témoigner d'abord toute sa fantaisie.
HARPAGON.
C'est juste, à sa pudeur il faut l'attribuer.

SCÈNE X.
Les Mêmes, ÉLISE.

HARPAGON.
Voilà ma fille. Approche et viens nous saluer.
MARIANE.
Je m'acquitte bien tard d'une telle visite,
Madame.

ÉLISE.
C'est pourtant plus que je ne mérite,
Madame.
HARPAGON, à Mariane.
Vous voyez qu'elle est grande à vingt ans ;
Mauvaise herbe est précoce et croît avant le temps.
MARIANE, bas à Frosine.
Oh ! l'homme déplaisant !
HARPAGON, à Frosine.
Que dit cette mignonne ?
FROSINE.
Qu'elle est folle de vous.
HARPAGON.
Adorable personne !
C'est beaucoup trop d'honneur pour moi.
MARIANE, à part.
Quel animal !
HARPAGON.
Je vous suis obligé !
MARIANE, à part.
Je vais me trouver mal...
Partons !

SCÈNE XI.
Les Mêmes, CLÉANTE, VALÈRE, BRINDAVOINE.

HARPAGON.
Voici mon fils. Venez, que je vous montre ;
Faites la révérence.
MARIANE, bas à Frosine.
O ciel ! quelle rencontre !
C'est justement celui dont je vous ai parlé.
FROSINE, bas à Mariane.
C'est un coup merveilleux !
HARPAGON.
Votre esprit s'est troublé
De me voir ce grand fils, qui doit être le vôtre ;
Mais je serai bientôt défait de l'un et l'autre.
CLÉANTE, à Mariane.
Mon père, à dire vrai, ne m'a pas peu surpris,
Madame, en m'instruisant du dessein qu'il a pris.
MARIANE.
Je puis en dire autant ; et mon âme égarée
A pareille aventure était peu préparée...
Frosine, soutiens-moi !
CLÉANTE.
Mon père, assurément,
Madame, ne pouvait faire un choix plus charmant ;
Mais avec tout cela, je ne vous dirai guère
Que j'aime à vous donner le nom de belle-mère ;
Le compliment serait trop pénible pour moi,
Et pour vous, ce beau nom m'inspire trop d'effroi.
Ce discours paraîtra brutal aux yeux des autres,
Mais je suis assuré qu'il est bon pour les vôtres ;
Que vous n'ignorez pas, sachant ce que je suis,
Combien ce nœud fatal doit me causer d'ennuis :
Et que vous voudrez bien enfin que je vous dise,
Pourvu qu'à cet aveu mon père m'autorise,
Que si vos sentiments secondaient mes souhaits,
Cet hymen imprévu ne se ferait jamais !

HARPAGON.
Voilà, pour un beau-fils, un aveu bien farouche!
Il aurait mieux valu ne pas ouvrir la bouche.
MARIANE.
Et moi, de mon côté, je ne vous cache point
Que la chose à mes yeux est égale en tout point.
Hélas! je connais trop la répugnance amère
Qui s'attache toujours au nom de belle-mère;
Si ce nom peu flatteur vous cause des ennuis,
Je n'en aurais pas moins à vous voir mon beau-fils.
Mais je ne prétends pas vous donner cette crainte,
A moins qu'on ne m'y force en usant de contrainte;
Et pour vous rassurer, j'engage ici ma foi
De rompre cet hymen qui se fait malgré moi.
HARPAGON.
Bon! à sot compliment la réponse est de même.
(A Mariane.)
Veuillez lui pardonner son insolence extrême;
Ce n'est qu'un étourneau qui ne sait ce qu'il dit.
MARIANE.
Cet aveu ne l'a pas perdu dans mon esprit,
Au contraire, il me cause une joie assez forte;
J'aime à l'entendre faire un aveu de la sorte :
Et s'il avait parlé de toute autre façon,
Je l'en estimerais bien moins.
HARPAGON, à part.
Méchant garçon!
(A Mariane.)
C'est généreux à vous de pardonner ses fautes,
Et de les excuser par des raisons si hautes;
Vous verrez que le temps saura le corriger.
CLÉANTE.
Non, non! je ne suis point capable de changer,
Et je prie instamment madame de le croire.
HARPAGON.
Mais quel extravagant! voyez, il s'en fait gloire!
CLÉANTE.
Voulez-vous qu'à ses yeux je mente effrontément?
HARPAGON.
Encore! as-tu fini ton mauvais compliment!
CLÉANTE.
Hé bien! puisque l'on veut employer la menace,
Madame, souffrez donc que je prenne sa place,
Et que je vous avoue aux yeux de votre époux,
Que je ne connais rien de si charmant que vous,
Et ne voit rien d'égal au bonheur de vous plaire,
Pas même le destin des princes de la terre!
Oui, madame, il n'est pas au monde de pouvoir
Que je ne puisse vaincre avec un tel espoir
Dont...
HARPAGON.
Doucement, mon fils, quelle sotte harangue!
CLÉANTE.
Je la faisais pour vous.
HARPAGON.
J'ai pourtant une langue
Pour m'expliquer moi-même; et je n'ai pas besoin
D'un pareil procureur, que diable!... Il va trop loin.
(A Brindavoine.)
Des siéges.
FROSINE.
Il vaut mieux, si vous voulez m'en croire,
Que de ce pas, monsieur, nous allions à la foire,
Afin d'en revenir plus tôt, pour le souper,
Et d'avoir tout le temps de nous en occuper.
HARPAGON.
L'avis me paraît sage... Eh bien! que l'on attelle
Mes chevaux au carrosse.
(Brindavoine sort.)

SCÈNE XII.

LES MÊMES, moins BRINDAVOINE.

HARPAGON, à Mariane.
Excusez-moi, ma belle,
Si je n'ai pas songé pour cette occasion,
A vous faire donner quelque collation.
CLÉANTE.
On a pourvu, mon père, à ce qui vous chagrine;
J'ai là quelques bassins d'oranges de la Chine,
Des cédrats que j'ai fait quérir de votre part.
HARPAGON, bas à Valère.
Valère!
VALÈRE, bas à Harpagon.
Il a perdu le sens.
CLÉANTE.
Si par hasard,
Vous trouvez que c'est peu, mon zèle était sincère;
Excusez-moi, madame.
MARIANE.
Il n'est pas nécessaire :
Je vous sais gré, monsieur, de ce soin attentif.
CLÉANTE.
Avez-vous vu, madame, un diamant plus vif?
Mon père l'a payé mille écus de sa poche.
FROSINE.
Il doit valoir le double.
CLÉANTE, ôtant du doigt de son père le diamant,
et le donnant à Mariane.
Un bijou sans reproche.
Il faut le voir de près. Mais regardez un peu!
MARIANE.
Il est vraiment superbe et jette un fort beau feu.
CLÉANTE, se mettant au-devant de Mariane qui veut rendre
le diamant.
Il est en bonnes mains. Son maître est, je l'espère,
Heureux de vous l'offrir.
HARPAGON.
Moi?
CLÉANTE.
N'est-ce pas, mon père,
Que vous voulez, usant de votre droit d'époux,
Que madame le garde en souvenir de vous?
HARPAGON, bas à son fils.
Comment?
CLÉANTE, à Mariane.
Belle demande! il me répond par signe
De vous le mettre au doigt, si vous l'en jugez digne.
MARIANE.
Je ne puis...
CLÉANTE.
Le lui rendre? Il en serait confus!

HARPAGON, à part.
J'enrage!

MARIANE.
Ce serait...

CLÉANTE, empêchant toujours Mariane de rendre le diamant.
L'offenser d'un refus!

MARIANE.
De grâce...

CLÉANTE.
Point du tout.

HARPAGON, à part.
Peste soit!

CLÉANTE.
Lorsqu'il l'ôte
Il ne peut le remettre.

HARPAGON.
Ah! traître!

CLÉANTE.
Est-ce ma faute?
Je fais ce que je puis pour le faire accepter,
Mais madame s'obstine et je n'ose insister.

HARPAGON, bas à son fils, avec emportement.
Pendard!

CLÉANTE, à Mariane.
Vous le voyez, c'est pour vous qu'il me gronde.

HARPAGON, bas à son fils, avec les mêmes gestes.
Le coquin!

CLÉANTE, à Mariane.
Il en est le plus jaloux du monde;
Vous le rendrez malade. Il aura des soupçons
Sur votre attachement.

FROSINE, à Mariane.
Mon Dieu! que de façons!
Prenez le diamant; tel qui reçoit, oblige!

MARIANE.
Pour ne point vous fâcher, puisque monsieur l'exige,
Je le garde à présent; je le rendrai plus tard.

SCÈNE XIII.

LES MÊMES, BRINDAVOINE.

BRINDAVOINE, à Harpagon.
Monsieur, un homme est là qui vous demande à part.

HARPAGON.
Je n'y suis pas...

BRINDAVOINE.
Mais c'est de l'argent qu'il apporte.

HARPAGON.
J'y suis! Il ne faut pas le laisser à la porte.

SCÈNE XIV.

LES MÊMES, LAMERLUCHE.

LAMERLUCHE, accourant et faisant tomber Harpagon.
Monsieur...

HARPAGON.
Ah! je suis mort!

CLÉANTE, aidant Harpagon à se relever.
Quoi? mon père...

(Brindavoine aide aussi Lamerluche à se relever.)

HARPAGON.
Ce fou
A reçu de l'argent pour me rompre le cou!

VALÈRE, à Harpagon.
Cela ne sera rien.

LAMERLUCHE.
Cette porte maudite!

HARPAGON.
Qui t'a payé, bourreau, pour courir aussi vite?

LAMERLUCHE.
C'est qu'il nous manque...

HARPAGON.
Quoi?

LAMERLUCHE.
Quatre fers par cheval!

HARPAGON.
Hé bien! pour les ferrer, cours chez le maréchal
Ferrant.
(Lamerluche et Brindavoine sortent.)

SCÈNE XV.

LES MÊMES, moins LAMERLUCHE
et BRINDAVOINE.

CLÉANTE.
En attendant que cet homme les ferre,
Si vous le permettez, mesdames, je vais faire
Les honneurs du jardin et de ce pavillon,
Où je ferai porter notre collation.
(Il sort avec Mariane, Élise et Frosine.)

HARPAGON.
Valère, aie un peu l'œil à cela, je te prie;
Prends soin de m'en sauver quelque pâtisserie,
Pour pouvoir au marchand demain le retourner.
(S'appuyant sur Valère.)
O fils impertinent! veux-tu me ruiner?

ACTE QUATRIÈME.

SCÈNE I.

FROSINE, MARIANE, CLÉANTE,
ÉLISE.

CLÉANTE.
Ici, personne au moins ne pourra nous surprendre;
Rentrons.

ÉLISE.
On vient, madame, aujourd'hui de m'apprendre
L'amoureux sentiment que mon frère a pour vous.
Je sais les déplaisirs et les chagrins jaloux
Qu'éprouve un noble cœur en perdant ce qu'il aime;
Et c'est, je vous assure, avec un zèle extrême
Que le mien s'intéresse au succès de vos feux.

MARIANE.
Lorsque la destinée a trahi tous nos vœux,
Qu'une telle amitié console nos alarmes !
Je viens vous supplier, madame, avec des larmes,
De me garder toujours cet intérêt du cœur
Qui de notre infortune adoucit la rigueur.
FROSINE.
Vous êtes, par ma foi, de grandes malheureuses
De m'avoir pu céler vos flammes amoureuses !
Je vous aurais bientôt détourné cet ennui,
Et les choses pour vous iraient mieux qu'aujourd'hui !
CLÉANTE.
Que veux-tu ? c'est le sort cruel qui me condamne
A gémir en secret. Mais, belle Mariane,
Qu'avez-vous résolu pour que nous agissions ?
MARIANE.
Hélas ! vous me parlez de résolutions ?
Mais dans la dépendance où je me vois réduite,
Je n'ai que des souhaits pour régler ma conduite !
CLÉANTE.
Hé quoi ! pour détourner ces liens que je hais,
Point d'autre appui pour moi que de simples souhaits ?
Point d'utiles secours ? point de constance active ?
De zèle officieux ? de tendresse effective ?
MARIANE.
Que vous dirai-je encor ? Voyez ce que je puis,
Et pour nos sentiments cherchez d'autres appuis.
Avisez, ordonnez vous-même, le temps presse ;
Je m'en remets à vous du soin de ma tendresse,
Et vous crois trop sensé pour vouloir à mon cœur
Imposer d'autres lois que celles de l'honneur.
CLÉANTE.
Où donc réduisez-vous ma tendresse, madame,
Que de me renvoyer, dans la crainte du blâme,
Aux fâcheux sentiments d'un rigoureux devoir,
Et de l'honneur jaloux, qui trahit mon espoir !
MARIANE.
Hélas ! quand je pourrais oublier l'honneur même,
Dois-je oublier, pour vous, une mère que j'aime ?
Après tous les bienfaits que j'en reçois toujours,
Saurai-je me résoudre au malheur de ses jours ?
Agissez auprès d'elle, employez votre empire
A gagner son esprit ; vous pouvez faire et dire
Tout ce que vous voudrez, autant et plus que moi,
Je m'abandonne à vous : et j'engage ma foi,
S'il faut, par un aveu, me déclarer moi-même,
A lui faire connaître, enfin, que je vous aime !
CLÉANTE.
Frosine, toi du moins, veux-tu nous seconder,
Nous servir ?...
FROSINE.
Par ma foi, faut-il le demander ?
Vous savez quel motif près de vous me ramène,
Que de mon naturel je suis assez humaine ;
Le ciel ne m'a point fait une âme de rocher :
Je ne suis que trop prompte à me laisser toucher
Par un couple d'amants affligés, qui s'entr'aime
En tout bien, tout honneur, et d'un amour extrême.
Voyons, que pourrions-nous faire en des cas pareils ?
CLÉANTE.
Songe un peu, par pitié.

MARIANE.
Donne-nous tes conseils.
ÉLISE.
Trouve une invention, quelque petit mensonge,
Pour rompre cet hymen.
FROSINE.
Vous voyez que j'y songe !
(A Mariane.)
Votre mère n'est pas sans raison tout à fait ;
Peut-être pourrait-on la résoudre, en effet,
A transporter au fils le don fait à son père.
(A Cléante.)
Mais le mal que j'y trouve et qui me désespère
Pour enlever madame à l'auteur de vos jours,
C'est qu'il est votre père ; et qu'un père est toujours
Père, et ne saurait être autre chose qu'un père.
CLÉANTE.
Cela s'entend.
FROSINE.
Pour peu qu'il vous trouve contraire
A ses projets sur elle, il aura trop d'humeur
Pour serrer ces doux nœuds qui font votre bonheur.
Il faudrait un refus, mais qui vînt de lui-même,
Le dégoûter de vous par quelque stratagème.
CLÉANTE.
Oui, Frosine a raison.
FROSINE.
Pardieu, je le sais bien !
Le diantre est seulement d'en trouver le moyen.
Attendez ! Si j'avais quelque vieille commère
Qui fût de mon talent, pour pouvoir contrefaire,
Par le moyen d'un train, à la hâte inventé,
La veuve d'un marquis, dame de qualité,
Que nous supposerions de la basse Bretagne ;
J'aurais assez d'adresse, avec cette compagne,
Pour faire accroire à tous, sans crainte de soupçons,
Que c'est une beauté riche, outre ses maisons,
De deux cent mille écus en bon argent de France :
Surtout, à votre père inculquer l'assurance
Qu'elle est et de sa personne éprise éperdûment,
Au point de lui donner son bien par testament.
Et je ne doute pas qu'il n'y prête l'oreille ;
Car il vous aime enfin d'une ardeur sans pareille,
Mais un peu plus l'argent ; et quand de son aveu
Vous seriez fiancés, il importerait peu
Qu'il se désabusât de la fortune acquise,
En venant à voir clair au train de sa marquise.
CLÉANTE.
C'est fort bien inventé !
FROSINE.
J'ai peut-être, en effet,
Une commère, à moi, qui sera notre fait.
CLÉANTE.
Sois assurée, au moins, de ma reconnaissance,
Frosine, si tu crois la chose en ta puissance.
Mais, belle Mariane, essayons tout d'abord
De fléchir votre mère, et, d'un commun effort,
Empêchons cet hymen : c'est toujours beaucoup faire
Que de gagner du temps pour conclure une affaire.
Servez-vous du pouvoir que donne sur un cœur
Son amitié pour vous. Déployez cette ardeur,
Ce charme souverain qui séduit et qui touche,

Dont le ciel a doté vos yeux et votre bouche;
Surtout, n'oubliez rien de ces tendres accents,
Des soins respectueux, des propos caressants,
A qui l'on ne saurait refuser rien au monde.
MARIANE.
J'y ferai mon possible.
FROSINE.
Et que Dieu vous seconde!
(Cléante baise la main de Mariane.)

SCÈNE II.

FROSINE, MARIANE, HARPAGON, CLÉANTE, ÉLISE.

HARPAGON, à part, sans être aperçu.
Ouais! monsieur mon fils qui lui donne un baiser!
Et la friponne est loin de s'en formaliser!
(A haute voix et s'approchant.)
Le carrosse est tout prêt!
MARIANE.
Ciel!
CLÉANTE.
Bon! voilà mon père!
HARPAGON.
Et vous pouvez partir...
(A part.)
J'appréhende un mystère!
CLÉANTE.
Puisque vous n'allez pas, j'y vais...
HARPAGON.
Non, demeurez...
Elles iront sans nous.
MARIANE.
Allons!
HARPAGON.
Quand vous voudrez.
(Mariane, Élise et Frosine sortent.)

SCÈNE III.

HARPAGON, CLÉANTE.

HARPAGON.
Intérêt de beau-fils à part, causons ensemble
De ma future épouse; et dis-moi que t'en semble?
CLÉANTE.
A moi? ce qui m'en semble?
HARPAGON.
Oui, de son air charmant,
Sa taille, sa beauté...
CLÉANTE.
Là, là!
HARPAGON.
Mais...
CLÉANTE.
Franchement,
Je la croyais parfaite, et ce n'est qu'une ébauche.
Son air? évaporé; sa tournure? assez gauche;
Sa beauté? médiocre; et son esprit? commun.
Je ne dis pas cela pour vous être importun
Ni vous en dégoûter; marâtre pour marâtre,
J'aime autant celle-ci.
HARPAGON.
Quel ton acariâtre!
Tu lui disais pourtant...
CLÉANTE.
Moi? rien! quelques fadeurs;
Mais c'était pour vous plaire et servir vos ardeurs.
HARPAGON.
Si bien que tu n'aurais aucun penchant pour elle?
CLÉANTE.
Aucun!
HARPAGON.
J'en suis fâché; sans te chercher querelle.
J'avais une pensée en la voyant ici...
J'ai rêvé sur mon âge et sur le tien aussi.
Enfin, j'ouvre les yeux et je me rends justice;
C'est faire à ses beautés un triste sacrifice
Que de lui présenter, en lui donnant ma foi,
Tout l'âge et les enfants que je traîne après moi.
Si ton cœur n'eût montré cette haine jalouse,
Je te l'aurais donnée à l'instant pour épouse...
CLÉANTE.
Vous?
HARPAGON.
Oui.
CLÉANTE.
Quoi! tout de bon?
HARPAGON.
Tout de bon.
CLÉANTE.
Après tout,
Mariane, il est vrai, n'est pas fort à mon goût;
Mais si vous y tenez, pour vous rendre service,
Je veux bien me résoudre à ce grand sacrifice.
HARPAGON.
Je ne veux pas forcer ton inclination.
CLÉANTE.
Je ferai cet effort pour votre affection.
HARPAGON.
Sans amour, il n'est point de bonheur en ménage.
CLÉANTE.
L'amour vrai fut souvent le fruit du mariage.
HARPAGON.
Non! du côté de l'homme on ne doit pas risquer
Certains désagréments qui ne sauraient manquer.
Si ton âme eût senti quelque peu de tendresse,
A la bonne heure; un fils vaut bien une maîtresse;
Mais cela n'étant pas, je garde mes bienfaits,
Et je l'épouserai, quels qu'en soient les effets.
CLÉANTE.
Puisqu'il en est ainsi, libre enfin de contrainte,
Je puis vous révéler notre secret sans feinte;
Voici la vérité : j'aime, depuis le jour
Que je vis Mariane au jardin de la cour;
Et rien n'a retenu cet aveu de ma flamme,
Sinon le juste effroi d'encourir votre blâme.

HARPAGON.
L'avez-vous visitée?
CLÉANTE.
Oui, mon père; souvent!
HARPAGON.
Vous a-t-on bien reçu? diantre!
CLÉANTE.
Oui, mon père; avant
De savoir qui j'étais : si je l'ai bien comprise,
C'est même ce qui vient de causer sa surprise.
HARPAGON.
Avez-vous déclaré dans quelque occasion
Vos projets d'alliance et votre passion?
CLÉANTE.
Oui, mon père; à sa mère, avant cette aventure,
J'en avais déjà fait quelque peu d'ouverture.
HARPAGON.
L'on t'écoute?
CLÉANTE.
Oui, mon père; et fort civilement.
HARPAGON.
La fille répond-elle à votre sentiment?
CLÉANTE.
Oui, mon père; et je crois, selon toute apparence,
Qu'elle ne me voit pas avec indifférence.
HARPAGON, à part.
Je suis aise d'avoir appris de tels secrets,
Et voilà justement ce que je désirais.
(Haut.)
Çà, mon fils, savez-vous ce que veut votre père?
C'est qu'il faut, s'il vous plaît, songer à vous défaire
De votre amour; cesser votre importun emploi
Auprès d'une beauté que je prétends pour moi :
Vous allez épouser celle qu'on vous destine.
CLÉANTE.   [sassine?
Moi, mon père! est-ce ainsi, pour Dieu! qu'on m'as-
Hé bien! puisque la chose est venue à ce point
Je vous déclare, moi, que je ne prétends point
Quitter la passion que j'ai pour Mariane;
Qu'à toutes vos rigueurs, enfin, je me condamne,
Pour vous la disputer : si vous avez la loi,
J'aurai d'autres secours qui combattront pour moi.
HARPAGON.
Oses-tu bien, pendard, aller sur mes brisées?
CLÉANTE.
Pensez-vous me contraindre à changer mes visées?
HARPAGON.
N'ai-je pas, fils ingrat, des droits à ton respect?
CLÉANTE.
Mon droit seul est certain; et le vôtre est suspect!
HARPAGON.
Avec un bon bâton je te le fais connaître!
CLÉANTE.
Vous menacez en vain, le cœur n'a pas de maître!
HARPAGON.
Veux-tu bien renoncer à Mariane?
CLÉANTE.
Non!
HARPAGON.
Donnez-moi tout à l'heure un bâton! un bâton!

SCÈNE IV.

HARPAGON, Maître JACQUES, CLÉANTE.

MAÎTRE JACQUES.
Hé, hé, hé! qu'est ceci? messieurs, de la prudence!
De grâce!
HARPAGON.
Me parler avec cette impudence!
CLÉANTE.
Je m'en moque!
MAÎTRE JACQUES.
Ah! monsieur!
HARPAGON.
Laisse-moi faire.
MAÎTRE JACQUES.
Eh quoi!
N'est-ce pas votre fils? encor passe pour moi!
CLÉANTE.
Je n'en démordrai point.
MAÎTRE JACQUES.
N'est-ce point votre père?
HARPAGON.
Je te veux faire ici juge de cette affaire,
Pour montrer comme quoi j'ai raison.
MAÎTRE JACQUES.
J'y consens.
(A Cléante.)   (A part.)
Éloignez-vous, monsieur. Ils ont perdu le sens!
HARPAGON.
J'aime une jeune fille; et ce traître a l'audace
De l'aimer avec moi, d'y prétendre à ma place.
MAÎTRE JACQUES.
Il a tort.
HARPAGON.
N'est-ce pas une chose sans nom
Qu'un fils que je nourris, le fils de la maison,
Veuille avec moi, son père, entrer en concurrence?
Et ne devrait-il pas, au moins par déférence,
S'abstenir de toucher...
MAÎTRE JACQUES.
J'entends. Demeurez là!
CLÉANTE, à maître Jacques qui s'approche de lui.
Hé bien! puisqu'il te veut faire juge en cela,
Je n'y recule point. D'ailleurs, je m'en rapporte
A maître Jacque ou bien au diable, peu m'importe!
MAÎTRE JACQUES.
Bien obligé, monsieur, d'un honneur aussi grand.
CLÉANTE.
Voici quel est l'objet de notre différend :
Je suis épris, vois-tu, d'une jeune personne
Qui répond à l'espoir où mon cœur s'abandonne;
Et mon père s'avise, en troublant notre amour,
De l'épouser lui-même, à mes yeux, en plein jour!
MAÎTRE JACQUES.
Il a grand tort.
CLÉANTE.
N'a-t-il point de honte, à son âge,
De vouloir, lui barbon, se remettre en ménage?

Lui sied-il bien d'aimer? et ne devrait-il pas
Laisser aux jeunes gens de pareils embarras?
MAÎTRE JACQUES.
Laissez-moi lui parler; sa tête se dérange!
(A Harpagon.)
Hé bien! non, votre fils n'est pas si fort étrange
Que vous voulez le dire : il entendra raison,
Et saura se soumettre au chef de la maison.
Connaissant le respect qu'un fils doit à son père,
Il se résigne à tout. Seulement il espère
Que de votre côté vous en ferez autant;
Qu'il fasse un choix sortable, et vous serez content.
HARPAGON.
Dis-lui que, moyennant cette métamorphose,
Il pourra, de mon cœur, espérer toute chose;
Et que, hors Mariane, il est libre, à son tour,
De choisir, à son gré, l'objet de son amour.
MAÎTRE JACQUES.
(A Cléante.)
Hors Mariane? soit! Hé bien! mais votre père
N'est pas si malappris que vous voulez le faire;
Car il m'a témoigné que vos transports jaloux
Ont seuls troublé sa tête, et l'ont mis en courroux.
Il dit qu'à vos souhaits il est prêt à se rendre,
Pourvu qu'avec douceur vous sachiez vous y prendre,
En lui montrant le zèle et la soumission
Qu'un fils doit à son père en toute occasion.
CLÉANTE.
Maître Jacques, dis-lui qu'aux termes où nous sommes,
Il me verra toujours le plus soumis des hommes;
Et que, jusqu'au trépas bénissant ses bontés,
Je ne ferai plus rien que par ses volontés.
MAÎTRE JACQUES, à Harpagon.
A merveille! il consent à tout ce que vous dites.
HARPAGON.
Tout va donc pour le mieux.
MAÎTRE JACQUES, à Cléante.
Vous en verrez les suites.
CLÉANTE.
Le ciel en soit loué!
MAÎTRE JACQUES.
Vous n'avez qu'à parler,
Et vous allez tous deux, sans moi, vous quereller,
Comme deux médecins, faute de vous entendre.
CLÉANTE.
C'est un service heureux que tu viens de nous rendre!
HARPAGON.
Tu m'as fait grand plaisir, maître Jacques, ma foi!
CLÉANTE.
Que d'obligations!
MAÎTRE JACQUES.
Vous n'avez pas de quoi.
HARPAGON.
Cet accommodement mérite récompense!
(Harpagon fouille dans sa poche; maître Jacques tend la main, mais Harpagon ne tire que son mouchoir, en disant :)
Je m'en souviendrai bien, va!
MAÎTRE JACQUES.
Je vous en dispense,
Et vous baise les mains.
(Il sort.)

SCÈNE V.

HARPAGON, CLÉANTE.

CLÉANTE.
Ah! mon père, pardon!
HARPAGON.
Cela n'est rien; j'excuse un moment d'abandon.
CLÉANTE.
Je vous dis que j'en ai tous les regrets du monde.
HARPAGON.
Du plaisir que je sens que mon cœur te réponde.
CLÉANTE.
Quelle clémence à vous d'oublier mes transports!
HARPAGON.
On pardonne aux enfants qui regrettent leurs torts.
CLÉANTE.
Quoi! nul ressentiment de mes extravagances?
HARPAFON.
Tu m'y contrains toi-même et tu m'en récompenses.
CLÉANTE.
Je vous fais le serment que, jusques au tombeau,
Mon cœur se souviendra de cet accord si beau.
HARPAGON.
Et moi, je te promets qu'il n'est rien sur la terre
Que ta soumission n'obtienne de ton père.
CLÉANTE.
C'est assez me donner que le consentement
A me voir épouser Mariane.
HARPAGON.
Comment!
CLÉANTE.
Je dis que ce bienfait, je l'accepte avec joie;
Que dans l'heureux transport où mon âme se noie,
Je bénis cet excès de générosité
Qui promet Mariane à ma fidélité.
HARPAGON.
Voyons, qui diantre ici te promet Mariane?
CLÉANTE.
Vous-même!
HARPAGON.
Moi?
CLÉANTE.
Sans doute.
HARPAGON.
Il est fou, Dieu me damne!
Comment, n'est-ce pas toi qui viens d'y renoncer?
CLÉANTE.
Y renoncer, moi?
HARPAGON.
Toi.
CLÉANTE.
Pouvez-vous le penser?
HARPAGON.
Tu ne t'es pas encor départi d'y prétendre?
CLÉANTE.
Au contraire, je l'aime et ne veux rien entendre.
HARPAGON.
Quoi! pendard, derechef?
CLÉANTE.
Rien ne peut me changer!

HARPAGON.
Traître! je t'ôterai le boire et le manger!
CLÉANTE.
Soit.
HARPAGON.
Je te déshérite!
CLÉANTE.
Allez.
HARPAGON.
Je t'abandonne!
CLÉANTE.
Abandonnez.
HARPAGON.
Pendard! Je te chasse et te donne
Ma malédiction!
(Il sort.)
CLÉANTE.
Gardez vos dons pour vous.

SCÈNE VI.

LA FLÈCHE, CLÉANTE.

LA FLÈCHE, sortant du jardin avec une cassette.
Ah! monsieur! je vous trouve à propos. Sauvons-nous!
Venez vite!
CLÉANTE.
Quoi donc? es-tu pris de vertige?
Es-tu fou?
LA FLÈCHE.
Que non pas! Mais suivez-moi, vous dis-je!
Nous sommes bien.
CLÉANTE.
Comment?
LA FLÈCHE.
C'est votre affaire.
CLÉANTE.
Quoi?
LA FLÈCHE.
J'ai guigné tout le jour ceci.
CLÉANTE.
Qu'est-ce?
LA FLÈCHE.
Ma foi,
C'est le trésor.
CLÉANTE.
Comment as-tu fait, je te prie?
LA FLÈCHE.
Vous saurez tout. Fuyons! car je l'entends qui crie.
(Cléante et la Flèche se sauvent.)

SCÈNE VII.

HARPAGON, seul, criant au voleur dès le jardin.

Au voleur! au voleur! au meurtre! à l'assassin!
Justice, juste ciel! On me perce le sein!
On m'égorge! on m'a pris mon argent! Qui peut-ce être?
Où? Qu'est-il devenu? Comment trouver le traître?
Où courir? Où ne pas courir? N'est-il point là?
N'est-il point ici? Qu'est-ce? Arrête! le voilà!

(A lui-même, se prenant le bras.)
Rends-moi l'argent, coquin... Ah! c'est moi! Je me trouble
J'ignore qui je suis, où je suis, j'y vois double...
Mon argent! mon argent! hélas! mon pauvre argent!
Mon cher ami! Plutôt mourir qu'être indigent!
On m'a privé de toi, ma cassette si chère;
C'en est fait, je me meurs, je suis mort, l'on m'enterre!...
N'est-il personne ici qui me rende le jour
En me rendant mon bien, mon argent, mon amour?
En m'apprenant du moins qui l'a pris? Euh! de grâce,
Que dites-vous? Ce n'est personne... aucune trace!
Quiconque a fait le coup, il faut que l'on ait pris
Le temps que je parlais à mon traître de fils.
Sortons! je veux aller requérir la justice,
Mettre à la question la cuisine et l'office,
Servantes et valets, et fils, et fille, et moi...
Que de gens assemblés! Quelle foule en émoi!
Je ne jette mes yeux désormais sur personne
Qui ne soit mon voleur; oui! tous, je vous soupçonne
D'avoir pris mon argent. Hé! que parle-t-on là?
Quel bruit fait-on là-haut? Est-ce lui que voilà?
De grâce! si l'on sait des nouvelles du traître,
Que l'on m'en dise! Eh! quoi? ce n'est pas vous, peut-être?
Ils se mettent à rire, et chacun m'est suspect.
Vous verrez qu'ils ont part au vol que l'on m'a fait.
Allons, vite! un procès, des juges, des sentences,
Des archers, des prévôts, des gênes, des potences,
Et des bourreaux! Je veux commander les apprêts,
Pour pendre tout le monde, et moi, moi-même après!

ACTE CINQUIÈME.

SCÈNE I.

HARPAGON, UN COMMISSAIRE.

HARPAGON.
Monsieur, on m'a volé!
LE COMMISSAIRE.
Fort bien! je suis habile
A découvrir les vols qui se font par la ville;
Puissé-je avoir autant de sacs de mille francs
Que, par les gens du roi, j'ai fait pendre de gens!
HARPAGON.
Oui, tous les magistrats ont intérêt à faire
De ce vol sacrilège une importante affaire;
Et si l'on ne me fait retrouver mon argent,
Si l'on n'a pas pitié d'un vieillard indigent,
Hé bien! j'assignerai la justice en justice.
LE COMMISSAIRE.
Instrumentons d'abord. Recueillons tout indice,
Cherchons tout document au sujet du voleur.
Quelle était bien, monsieur, la susdite valeur?
HARPAGON.
Dix mille écus comptés!

ACTE V, SCÈNE II.

LE COMMISSAIRE.
　　　　　Dix mille écus?
　　HARPAGON.
　　　　　　　　　　Dix mille!
　　LE COMMISSAIRE.
Diable! l'affaire est grave autant que difficile!
　　HARPAGON.
Il n'est point de supplice assez grand, en effet,
Contre l'énormité d'un semblable méfait;
S'il demeure impuni, les choses les plus saintes
De ces jurés filous subiront les atteintes :
Et le trésor public n'est plus en sûreté!
　　LE COMMISSAIRE.
Était-ce argent frappé, sans curiosité?
　　HARPAGON.
De l'or bien trébuchant, que le ciel les confonde!
　　LE COMMISSAIRE.
Et qui soupçonnez-vous de ce vol?
　　HARPAGON.
　　　　　　　　　　Tout le monde!
Oui, vraiment; et je veux, avec votre secours,
Faire mettre en prison la ville et les faubourgs.
　　LE COMMISSAIRE.
Il faudrait pour Paris une prison bien grande;
Mieux vaut suivre, sous main, tous les chefs de la bande,
Afin de procéder après, par la rigueur,
A recouvrer vos fonds. J'y mettrai tout mon cœur.

SCÈNE II.

Les Mêmes, Maître JACQUES, au fond d'abord.

　　MAÎTRE JACQUES, se retournant du côté par lequel
　　　　　　　il est entré.
Je m'en vais revenir. Qu'on l'égorge sur l'heure,
Qu'on lui mette les pieds à griller dans du beurre;
A l'eau bouillante ensuite il faut me l'écorcher,
Et puis, la tête en bas, me le pendre au plancher.
　　HARPAGON.　　　　[Jacques?
Le pendre! Oui, mon voleur; n'est-ce pas, maître
　　MAÎTRE JACQUES.
C'est le cochon de lait, monsieur, né d'avant Pâques,
Que votre factoton vient de nous envoyer,
Et sur qui mes talents sauront se déployer.
　　HARPAGON.
Il n'est pas question de cela; peu m'importe!
Et monsieur te fera parler d'une autre sorte.
　　LE COMMISSAIRE, à maître Jacques.
Ne vous effrayez point. Nommez le ravisseur,
Et les choses, pour vous, iront dans la douceur.
　　MAÎTRE JACQUES, à Harpagon.
Monsieur est du souper?
　　LE COMMISSAIRE.
　　　　　Du souper! j'en veux être;
Mais avant, il vous faut tout dire à votre maître.
　　MAÎTRE JACQUES.
Ma foi, mon cher monsieur, tantôt je montrerai
Tout ce que je sais faire; et je vous traiterai
Du mieux que je pourrai.
　　HARPAGON.
　　　　　Ce n'est pas là l'affaire.

　　MAÎTRE JACQUES.
Si je ne vous fais pas une aussi bonne chère
Que je voudrais, avec ledit cochon de lait,
C'est la faute à monsieur votre premier valet
Qui voudrait voir tomber les ailes du génie
Sous les ciseaux mesquins de sa parcimonie.
　　HARPAGON.
Traître! il ne s'agit pas ici que du souper;
Il s'agit de l'argent qu'on vient de m'attraper.
　　MAÎTRE JACQUES.
On vous prit de l'argent?
　　HARPAGON.
　　　　　Et je te ferai pendre,
Si toi-même, à l'instant, tu ne viens me le rendre!
　　LE COMMISSAIRE, à Harpagon.
Ne le maltraitez point. A son air engageant,
Je vois qu'il se dispose à vous rendre l'argent
En serviteur honnête, et sans se faire mettre
En prison, pour le vol qui vient de se commettre.
　　　　　(A maître Jacques.)
Oui, mon ami, parlez, ne craignez aucun mal,
Monsieur vous paiera bien ce service loyal;
C'est un vol important que l'on vient de lui faire :
Vous devez bien connaître un peu de cette affaire?
　　MAÎTRE JACQUES, à part.
Hé! pour me bien venger, voilà ce qu'il me faut;
J'ai sur le cœur les coups de bâton de tantôt!
　　HARPAGON.
Qu'a-t-il à ruminer?
　　LE COMMISSAIRE.
　　　　　Qu'il vous rendra la somme;
Et je vous ai bien dit qu'il était honnête homme.
　　MAÎTRE JACQUES, à Harpagon.
Monsieur, si vous voulez que je vous dise tout,
C'est ce cher intendant qui vous a fait le coup.
　　HARPAGON.
Valère?
　　MAÎTRE JACQUES.
　　　Oui.
　　HARPAGON.
　　　　Lui! Valère? il paraît si fidèle!
　　MAÎTRE JACQUES.
Lui-même! des valets un si parfait modèle!
　　HARPAGON.
Et sur quoi le crois-tu?
　　MAÎTRE JACQUES.
　　　　　Sur quoi?
　　HARPAGON.
　　　　　　　　Là...
　　MAÎTRE JACQUES.
　　　　　　　　　　Je le crois...
Sur ce que je le crois.
　　LE COMMISSAIRE.
　　　　　Mais il faut quelques droits
Pour pouvoir l'inculper; produisez les indices,
Les preuves du délit; nommez tous les complices.
　　HARPAGON.
L'aurais-tu vu rôder près de mon argent?
　　MAÎTRE JACQUES.
　　　　　　　　　　　　Oui.
Mais, où donc était-il?

HARPAGON.
Je l'avais enfoui
Tout au fond du jardin.
MAÎTRE JACQUES.
Le soir il y circule.
HARPAGON.
Le drôle!
MAÎTRE JACQUES.
Et dans quoi donc gisait votre pécule?
HARPAGON.
Mais, dans une cassette.
MAÎTRE JACQUES.
Eh! j'ai vu justement
Une cassette en fer dans son appartement.
HARPAGON.
Une cassette en fer! Comment est-elle faite?
MAÎTRE JACQUES.
Comment elle est faite?
HARPAGON.
Oui.
MAÎTRE JACQUES.
Mais, comme une cassette.
LE COMMISSAIRE.
Cela s'entend. Voyons, sa forme, sa couleur?
MAÎTRE JACQUES.
Une grande cassette.
HARPAGON.
Et la mienne, ô douleur!
Est petite.
MAÎTRE JACQUES.
Petite?
HARPAGON.
Oui, très-petite.
MAÎTRE JACQUES, à part.
Diable!
(Haut.)
Petite, si l'on veut, pour vous être agréable,
Mais grande selon moi pour ce qu'elle contient.
LE COMMISSAIRE.
Et de quelle couleur était-elle?
MAÎTRE JACQUES, à part.
Il y tient.
(Haut.)
De quelle couleur?
LE COMMISSAIRE.
Oui.
MAÎTRE JACQUES.
Couleur claire... ou foncée...
Ne sauriez-vous m'aider à rendre ma pensée?
HARPAGON.
Euh?
MAÎTRE JACQUES.
N'est-elle pas rouge?
HARPAGON.
Eh non! grise!
MAÎTRE JACQUES.
Voilà;
C'est ce que je disais! gris-rouge : c'est cela!
HARPAGON.
Je n'ai plus aucun doute. Assurément c'est elle!
(Au commissaire.)
Écrivez donc, monsieur, sa mémoire est fidèle!

Le fait est à présent bien acquis aux débats.
Ciel! à qui se fier?... Mais vous n'écrivez pas!
(Le commissaire va s'asseoir devant une table.)
Il ne faut plus jurer de rien; et sans blasphème
Je suis homme, je crois, à me voler moi-même!
MAÎTRE JACQUES, à Harpagon.
Il vient! mais n'allez pas dire à ce monsieur-là
Que c'est moi qui vous ai découvert tout cela.

SCÈNE III.

LES MÊMES, VALÈRE.

HARPAGON, à Valère.
Ici! viens confesser l'action la plus noire,
Le plus vil attentat dont on ait la mémoire!
VALÈRE.
Que voulez-vous, monsieur?
HARPAGON.
Ne dois-tu pas trembler?
VALÈRE.
Moi? de quel attentat voulez-vous donc parler?
HARPAGON.
De quel crime je veux parler, voleur infâme?
Prétends-tu qu'on l'ignore? Ah! c'est trop, sur mon âme!
C'est en vain que tu veux me tromper jusqu'au bout;
L'affaire est découverte, oui, pendard, je sais tout!
Comment! de ma bonté c'est ainsi qu'on abuse?
S'introduire chez moi tout exprès par la ruse,
Pour me jouer ce tour qui m'assomme et me perd!
VALÈRE.
Monsieur, puisqu'on vous a déjà tout découvert,
Je ne veux rien nier; vous allez tout connaître!
MAÎTRE JACQUES, à part.
Aurais-je deviné sans y penser?
HARPAGON.
Ah! traître!
VALÈRE.
C'était bien mon dessein d'en parler; seulement
J'attendais pour cela le plus juste moment.
Mais puisqu'il en est ainsi, monsieur, je vous conjure
D'entendre mes raisons sans vous fâcher.
(Maître Jacques passe à côté du commissaire.)
HARPAGON.
Parjure!
Voleur infâme! Eh bien! dis-les-nous, tes raisons.
VALÈRE.
Ah! monsieur, je n'ai pas mérité tous ces noms.
S'il est vrai qu'envers vous j'ai commis une offense,
Ma faute est pardonnable et mérite indulgence.
HARPAGON.
Ta faute est pardonnable! un pareil guet-apens!
VALÈRE.
De grâce! calmez-vous, puisque je me repens.
Quand vous m'aurez ouï, vous verrez que mon crime,
Moins grand qu'il ne paraît, n'a qu'un but légitime.
HARPAGON.
Moins grand qu'il ne paraît? Voyez-vous l'innocent!
Mes entrailles, mon sang!
VALÈRE.
Hé! monsieur, votre sang

ACTE V, SCÈNE III.

N'est pas tombé, je crois, dans des mains trop indignes ;
Bien qu'étranger chez vous, je porte tous les signes
D'une bonne naissance : et j'ose déclarer
Que mes torts, envers vous, je les puis réparer.

HARPAGON.
Mais j'entends bien, pardieu, que tu me restitues
Ce que tu m'as ravi, scélérat qui me tues !

VALÈRE.
L'honneur, monsieur, sera pleinement satisfait.

HARPAGON.
Il est bien question de l'honneur, en effet !
Mais qui t'a conseillé cette indignité grande ?

VALÈRE.
Me le demandez-vous ?

HARPAGON.
Oui, je te le demande.

VALÈRE.
Un dieu qui porte en soi son excuse, l'amour.

HARPAGON.
L'amour ?

VALÈRE.
Oui.

HARPAGON.
Bel amour, mon beau larron de cour !
L'amour de mes écus !

VALÈRE.
Non, monsieur, vos richesses
Ne m'ont pas ébloui. Je n'ai point ces faiblesses ;
Et je proteste ici de ne prétendre rien
A tout votre or, pourvu qu'on me laisse mon bien.

HARPAGON.
Non ferai, mécréant ! non, de par tous les diables !
Mais voyez l'insolence ! avec ces airs affables,
Prétendre à me voler jusqu'à mon dernier sol !

VALÈRE.
Vous l'appelez un vol ?

HARPAGON.
Si je l'appelle un vol ?
Un si riche trésor !

VALÈRE.
Le plus vrai, somme toute,
Et le plus précieux que vous ayez sans doute ;
Mais ce ne sera pas, monsieur, sans vous blesser,
Le perdre tout entier que de me le laisser.
Je demande à genoux ce trésor plein de charmes ;
Ah ! laissez-vous fléchir à mes vœux, à mes larmes...
Il faut me l'accorder !

HARPAGON.
Non, je n'en ferai rien !

VALÈRE.
Laissez-moi l'épouser !

HARPAGON.
Qu'est-ce à dire, vaurien ?

VALÈRE.
Nous nous sommes promis une foi mutuelle ;
La mort, j'en fais serment, nous serait moins cruelle !

HARPAGON.
La promesse est plaisante et parfait le serment !

VALÈRE.
Nous nous sommes liés l'un à l'autre !

HARPAGON.
Vraiment ?
Je vous délierai bien tantôt, je vous assure.

VALÈRE.
Mieux vaut mourir tous deux que commettre un parjure !

HARPAGON.
Ah ! c'est être endiablé pour avoir mon trésor !

VALÈRE.
Je vous l'ai déjà dit, et le répète encor,
Ce cœur n'a point agi par des ressorts vulgaires ;
Votre argent ne me tente et ne me séduit guères :
J'atteste devant Dieu qu'une autre ambition
A pu seule inspirer ma résolution !

HARPAGON.
Ah ! vous verrez que c'est par charité chrétienne
Qu'il veut avoir mon bien ! Mais qu'à cela ne tienne !
J'y donnerai bon ordre ; et s'il me pousse à bout,
La justice, pendard ! fera raison de tout.

VALÈRE.
Un père est toujours juge en pareille matière,
Je suis prêt à souffrir sa rigueur toute entière ;
Mais je vous prie au moins, sans vouloir m'excuser,
De croire que c'est moi qu'il en faut accuser.
Votre fille en ceci n'est nullement coupable !

HARPAGON.
Je le crois bien, vraiment ; il serait impayable
Que ma fille eût trempé dans ce lâche complot !
Mais rends-moi sur-le-champ mon affaire ; ou plutôt
Confesse en quel endroit tu me l'as enlevée.

VALÈRE.
Elle est encor chez vous.

HARPAGON, à part,
Ma cassette est sauvée !
(Haut.)
Elle n'est point sortie encor de ma maison ?

VALÈRE.
Non, monsieur !

HARPAGON, à part.
Et dis-moi... J'en perdrai la raison !
(Haut.)
Tu ne l'as point touchée ?

VALÈRE.
Y toucher ? moi ? je l'aime !
Ah ! vous lui faites tort aussi bien qu'à moi-même ;
C'est du feu le plus pur, le plus respectueux,
Que pour elle a brûlé son amant vertueux.

HARPAGON, à part.
Brûlé pour ma cassette ?

VALÈRE.
Oui, la mort la plus prompte
Plutôt qu'un seul regard qui la couvre de honte ;
Mais elle est trop honnête et sage en ses désirs.

HARPAGON, à part.
Ma cassette, trop sage ?

VALÈRE.
Enfin, tous mes plaisirs
Se sont bornés, vous dis-je, à jouir de sa vue,
Des attraits tout-puissants dont le ciel l'a pourvue ;
Et rien de criminel n'a profané l'amour
Que ses beaux yeux n'ont fait qu'exalter chaque jour.

HARPAGON, à part.
Quels beaux yeux ! les beaux yeux de ma cassette ? Il jase

Comme d'une maîtresse un amant en extase!
VALÈRE.
Dame Claude, monsieur, connaît la vérité;
Elle peut témoigner avec sincérité...
HARPAGON.
Quoi? ma servante aussi, complice de l'affaire?
Écrivez, écrivez, monsieur le commissaire!
VALÈRE.
Sachant tous nos secrets, elle a plaidé pour moi,
Décidé votre fille à me donner sa foi.
HARPAGON, à part.
Est-ce que la stupeur lui tourne la cervelle?
(Haut.)
Que viens-tu nous brouiller d'une histoire nouvelle...
VALÈRE.
Je dis, monsieur, je dis que toute mon ardeur
Fit à peine, à mes vœux, consentir sa pudeur.
HARPAGON.
Mais la pudeur de qui?
VALÈRE.
Celle de votre fille!
C'est seulement d'hier que, malgré sa famille,
Elle a pu se résoudre à signer un contrat.
HARPAGON.
Ma fille t'a signé... Tu mens, vil scélérat!
VALÈRE.
Oui; comme de ma part, dans un écrit sincère...
MAÎTRE JACQUES.
Écrivez tout, monsieur l'honnête commissaire!
HARPAGON.
Rengrégement de mal! surcroît de désespoir?
(Au commissaire.)
Allons vite, monsieur, faites votre devoir:
Dressez-lui son procès comme larron pendable
Et comme suborneur!
MAÎTRE JACQUES.
Mettez: deux fois coupable,
Suborneur et larron!
VALÈRE.
Non, monsieur, sur l'honneur,
Je n'ai jamais été larron ni suborneur!

SCÈNE IV.

LES MÊMES, FROSINE, MARIANE, ÉLISE.

HARPAGON, à Élise.
Ah! fille scélérate! ah! perfide vipère!
C'est ainsi que tu suis les leçons de ton père?
Tu vas prendre un infâme, un voleur pour amant,
Et lui donnes ta foi sans mon consentement?
Mais vous serez trompés, sur l'honneur, l'un et l'autre:
(A Élise.)
Quatre bons murs épais me répondront du vôtre;
(A Valère.)
Et pour toi, la potence, au seuil d'une prison,
De ton double attentat va me faire raison.
VALÈRE.
D'autres juges que vous porteront ma sentence.

HARPAGON.
Je me suis abusé de dire une potence;
Tu seras roué vif!
ÉLISE, aux genoux d'Harpagon.
Nous sommes dans vos mains;
Mon père, ayez pour nous des souhaits plus humains!
Laissez-moi vous fléchir, vous sauver de vous-même,
Et n'allez point pousser les choses à l'extrême;
Gardez-vous des transports, des conseils irritants
De votre passion, et donnez-vous le temps
De mieux considérer ce que vous voulez faire.
Prenez la peine, au moins, de connaître, ô mon père,
Et de mieux voir celui dont vous vous offensez;
Il est tout différent de ce que vous pensez!
Votre justice, alors, trouvera moins étrange
Que je me sois donnée à lui par un échange.
Oui, mon père; c'est lui qui vint me secourir
Dans ce péril suprême où j'ai failli mourir,
Qui dès lors appartient de droit à la famille,
Puisqu'il vous rend l'amour de cette même fille
Dont...
HARPAGON.
Tout cela n'est rien; il valait mieux pour moi
Qu'il te laissât noyer que d'extorquer ta foi!
ÉLISE.
Je tombe à vos genoux! Grâce, je vous conjure,
Par l'amour paternel...
HARPAGON.
Non, non! fille parjure!
Je ne veux rien entendre et ne veux rien savoir;
Que la justice informe et fasse son devoir!
(Élise se relève.)
MAÎTRE JACQUES, à part.
Tu me paieras les coups dont la peau me démange!
Monsieur l'ex-intendant!
FROSINE, à part.
L'aventure est étrange!

SCÈNE V.

LES MÊMES, ANSELME.

ANSELME.
Qu'est-ce, mon cher voisin? Je vous vois tout ému!
HARPAGON.
Ah! vous voyez un homme entièrement perdu,
Le plus infortuné, le plus dupé des pères;
Et voici bien du trouble, hélas! en nos affaires!
On m'assassine ici dans le bien, dans l'honneur;
Et voilà devant vous un traître, un suborneur,
Qui s'avise d'entrer au sein de ma famille,
Pour tromper mon argent et pour voler ma fille!
VALÈRE.
Qui songe à votre argent? libre à vous d'en user.
HARPAGON.
L'un à l'autre ils se sont promis de s'épouser.
ANSELME.
Votre argent?
HARPAGON.
Non! ma fille; et voilà son complice.
C'est donc vous qui devez les traduire en justice,
Et faire, à vos dépens, poursuivre le procès,
Pous nous venger tous deux de semblables excès!

ANSELME.
Je ne viens pas ici me faire aimer par force,
A deux cœurs enflammés imposer un divorce.
Quant à vos intérêts, si j'en vois les moyens,
Je les veux épouser, comme s'ils étaient miens.

HARPAGON, montrant le commissaire.
Ce monsieur à la plume, honnête commissaire,
A ce qu'il dit, fera pour nous le nécessaire,
Et sans rien oublier.
(Au commissaire, en lui montrant Valère.)
　　　　　Chargez-le comme il faut;
Prouvez-moi ce coquin digne de l'échafaud.

VALÈRE.
Je ne vois pas quel crime, ici, l'on peut me faire
De l'amour que m'inspire une beauté si chère :
A quel supplice on veut que je sois condamné.
Et lorsque l'on saura de quel sang je suis né...

HARPAGON.
J'aime mieux un manant qu'un voleur de famille.
Je hais ces imposteurs dont le monde fourmille,
Ces larrons de noblesse, et dont l'avidité
Voudrait tirer parti de leur hérédité;
Insolemment vêtus de quelque nom illustre,
Créé par un grand homme et flétri par un rustre!

VALÈRE.
Sachez que j'ai le cœur trop bon pour me parer
D'un nom que je ne puisse en tout lieu déclarer;
Que tout Naples pourrait attester ma naissance!

ANSELME.
Tout beau! Naple est pour moi pays de connaissance:
Vous risquez en cela plus que vous ne pensez :
L'homme à qui vous tenez ces propos insensés
Peut aisément, monsieur, voir clair dans votre histoire.

VALÈRE.
Si vous connaissez Naple, et je veux bien vous croire,
Vous avez bien dû voir don Thomas d'Alburci.

ANSELME.
Peu de gens l'ont connu mieux que moi, Dieu merci!

HARPAGON.
De don Thomas ou don Martin je m'embarrasse
Autant que de cela!

ANSELME.
　　　　　Laissez parler, de grâce;
Nous verrons ce qu'il peut nous en dire à son tour.
(Harpagon voyant deux chandelles allumées, en souffle une.)

VALÈRE.
Rien, sinon que c'est lui qui m'a donné le jour.

ANSELME.
Lui?

VALÈRE.
Lui!

ANSELME.　　　　　[histoire;
Vous vous moquez ! cherchez quelque autre
Le conte est trop hardi pour que je puisse y croire!

VALÈRE.
Songez à mieux parler. Ce que j'avance ici,
J'en puis justifier.

ANSELME.
　　　　Don Thomas d'Alburci
Serait donc votre père?

VALÈRE.
　　　　Oui; je puis en répondre
Contre qui que ce soit!

ANSELME.
　　　　Afin de vous confondre,
Apprenez que seize ans déjà sont écoulés
Depuis que don Thomas, l'homme dont vous parlez,
Périt sur mer, avec ses enfants et sa femme,
En voulant dérober leur vie au joug infâme,
Aux persécutions dont nous fûmes témoins,
Qui de Naple ont banni cent familles au moins.

VALÈRE.
Oui, mais sachez vous-même, historien véridique,
Qu'un enfant de sept ans, avec un domestique,
Échappé du naufrage et jeté sur le sol,
Fut sauvé par le chef d'un navire espagnol,
Qui le fit élever à bord de son corsaire
Comme un fils, lui donnant tout le soin nécessaire;
Que les armes, depuis, furent son seul emploi;
Son plaisir fut la guerre, et l'honneur fut sa loi!
Qu'il a su, depuis peu, que don Thomas, son père,
Vivant en Italie, était riche et prospère;
Que de passage ici, pour trouver son séjour,
Un hasard, concerté par le ciel et l'amour,
Offrit à ses regards la séduisante Élise;
Qu'à sa vue, aussitôt, son âme fut éprise;
Que la sévérité d'un père, j'en rougis,
Lui dicta le projet d'entrer dans son logis :
Et que ce fils, perdu sous le nom de don Carle
N'est autre, assurément, que celui qui vous parle.

ANSELME.
Avez-vous un témoin qui nous puisse attester
Ce que vous avez dit, à n'en pouvoir douter?

VALÈRE.
J'ai le chef espagnol, commandant la frégate,
Un cachet de rubis, un bracelet d'agate,
Que ma mère a porté, talisman protecteur!
Enfin le vieux Pedro, son ancien serviteur,
Mort depuis, de besoin, sur le pavé de Londre.

MARIANE.
Hélas! à vos discours je puis ici répondre
Que vous n'imposez point; et je vois clairement
Que vous êtes mon frère!

HARPAGON.
　　　　　Elle est folle, vraiment!

VALÈRE.
Vous! ma sœur?

MARIANE.
Dès l'instant que j'ai pu vous entendre,
J'ai senti dans mon cœur l'amitié la plus tendre;
Et notre mère aussi, que vous allez charmer,
M'a bien parlé de vous : je puis donc vous aimer!
Le ciel ne nous fit point périr dans ce voyage;
Mais en sauvant nos jours, nous donna l'esclavage.
D'une barque flottant au caprice des mers,
Des pirates d'Alger nous mirent dans les fers;
Après dix ans d'exil, ayant brisé nos chaînes,
Seules, ma mère et moi, nous passâmes par Gênes,
Pour aller recueillir un débris trop léger
Des biens que sa famille a daigné s'adjuger.
De là, fuyant l'orgueil de ses parents avides,
Elle vint en ces lieux, souffrante, les mains vides,

Pour y vivre avec moi, désormais sans espoir.
ANSELME.
O ciel! quels sont les traits de ton juste pouvoir!
Rien n'est désespéré lorsqu'en toi l'on espère!
Venez, mes chers enfants! embrassez votre père!
VALÈRE.
Vous êtes notre père?
ANSELME.
Et toi, ma fille aussi!
MARIANE, à part, avec joie.
Oh! ma mère!
ANSELME.
Je suis don Thomas d'Alburci,
Que le ciel garantit des forbans, du naufrage,
Avec tous les trésors sauvés par son courage;
Qui, vous croyant tous morts depuis plus de seize ans,
Accablé de soucis, de souvenirs pesants,
Voulait reconquérir l'espérance ravie,
Et dans un autre hymen, recommencer la vie.
Le peu de sûreté que j'ai vu pour mes jours,
M'a fait à mon pays renoncer pour toujours;
Malgré ma parenté, dans une heure opportune,
J'ai trouvé le moyen d'y vendre ma fortune :
Et sous le nom d'Anselme, au malheur endurci,
J'ai pu faire oublier don Thomas d'Alburci.
HARPAGON.
C'est là votre fils?
ANSELME.
Oui!
HARPAGON.
Je vous prends sur parole,
Pour les dix mille écus que ce traître me vole.
ANSELME.
Lui, vous avoir volé!
HARPAGON.
Lui-même.
VALÈRE.
Qui le dit?
HARPAGON.
Maître Jacques.
VALÈRE.
C'est toi, gâte-sauce maudit?
MAÎTRE JACQUES.
Du tout! je ne dis rien!
HARPAGON.
Monsieur le commissaire
A reçu son rapport, et cet homme est sincère!
VALÈRE.
Moi capable, grand Dieu! d'un trait aussi méchant?
HARPAGON.
Capable ou non coupable, il me faut mon argent!

SCÈNE VI.

LES MÊMES, CLÉANTE.

CLÉANTE.
Ne vous tourmentez point, et n'accusez personne,
Mon père, que moi seul! Pourvu que l'on me donne
La main de Mariane, il est bien entendu
Qu'aussitôt votre argent doit vous être rendu!

HARPAGON.
Où donc est-il?
CLÉANTE.
Il est... il est dans sa cassette!
HARPAGON.
N'en a-t-on rien ôté?
CLÉANTE.
Non, rien! je vous répète
Que tout dépend de moi; c'est vous en dire assez.
Mariane ou l'argent, l'un des deux, choisissez!
HARPAGON.
J'ai choisi.
CLÉANTE.
Quoi?
HARPAGON.
L'argent.
CLÉANTE.
Vous aurez la cassette.
HARPAGON.
Tout entière?
CLÉANTE.
Oui, monsieur! j'en réponds sur ma tête!
HARPAGON.
Ma bague!
MARIANE.
De grand cœur.
CLÉANTE, la prenant.
Pour ce beau diamant
Vous voudrez joindre ici votre consentement
A celui de sa mère, avec pleine licence
D'opter entre nous deux en toute connaissance.
MARIANE.
Mais vous ne savez pas que ce n'est point assez
De ce consentement que vous nous annoncez;
Et qu'il faut m'obtenir de la main de mon frère,
(Montrant Valère.) (Montrant Anselme.)
Car avec lui, le ciel vient de me rendre un père!
ANSELME.
Oui, le ciel, mes enfants, ne me redonne à vous
Qu'afin de vous bénir comme deux bons époux.
(A Harpagon.)
Seigneur, vous jugez bien que ce choix qu'il espère,
Tombera sur le fils plutôt que sur le père;
Ne vous faites point dire un mot toujours blessant,
Consentez à leurs vœux, quand leur père y consent.
HARPAGON.
Pour me donner conseil, je veux voir ma cassette.
CLÉANTE.
Vous la verrez tantôt, saine, intacte et complète.
HARPAGON.
Mais je n'ai pas d'argent à leur donner en dot.
ANSELME.
Hé bien! j'en ai pour eux!
MARIANE.
Mon père!
HARPAGON.
Encore un mot;
Vous obligerez-vous, selon les bons usages,
A faire tous les frais de ces deux mariages?
ANSELME.
Oui! je m'oblige à tout. Êtes-vous satisfait?

HARPAGON.
Il me faut pour la noce un vêtement bien fait.
ANSELME.
Je vous l'accorde. Allons jouir de l'allégresse
Que le ciel nous présente en ce jour plein d'ivresse!
LE COMMISSAIRE, se levant et s'approchant.
Holà! messieurs, holà! Doucement, s'il vous plaît!
Qui me paiera ceci?
(Montrant ses écritures.)
HARPAGON.
Je suis votre valet,
Vous trouverez ailleurs quelques bonnes captures;
Mais nous n'avons que faire avec vos écritures.
LE COMMISSAIRE.
Nous, les hommes de loi, ne faisons rien pour rien!
HARPAGON, montrant maître Jacques.
Hé bien! pour vous payer, pendez-moi ce vaurien!

MAÎTRE JACQUES, à part.
J'ai menti, l'on me pend; j'ai dit vrai, l'on m'assomme.
Scélérat de métier que celui d'honnête homme!
ANSELME.
C'est un bon domestique, il a droit au pardon!
HARPAGON, montrant le commissaire.
Vous paierez donc, monsieur?
ANSELME.
Oui, seigneur Harpagon.
(Cléante rend le diamant à son père.)
HARPAGON.
A la bonne heure!
ANSELME, à ses enfants.
Allons faire part de la fête
A votre mère.
HARPAGON.
Et moi, voir ma chère cassette!

PYGMALION

POËME LYRIQUE

D'APRÈS J.-J. ROUSSEAU

PERSONNAGES

PYGMALION, sculpteur. | GALATHÉE.

La scène est à Tyr.

La musique de *Pygmalion*, composée par J.-J. Rousseau, se trouve aux archives du Théâtre-Français.

Le théâtre représente un atelier de sculpteur. — Sur les côtés, des blocs de marbre, des groupes, des statues ébauchées. — Dans le fond, une autre statue cachée sous un pavillon d'une étoffe légère et brillante, orné de crépines et de guirlandes.

PYGMALION, assis et accoudé, rêve dans l'attitude de la tristesse et de l'abattement; puis, se relevant tout à coup, il prend sur une table les outils de son art, va donner, par intervalle, quelques coups de ciseau sur ses ébauches, puis les regarde d'un air mécontent et découragé.

Comment donner une âme à ce marbre insensible?
Jadis, à mon ciseau rien n'était impossible...
Souffle des anciens jours, génie, où donc es-tu?
Tout mon feu s'est éteint; dans ce front abattu,
Rien ne peut ranimer l'ardeur de ma pensée,
Et la pierre m'échappe, inflexible et glacée...
Pygmalion, sois homme, et ne fais plus de dieux;
Ton art n'est qu'un mensonge, un blasphème odieux!
J'y renonce, et je jette, afin de n'y plus croire,
Ces outils désormais impuissants pour ma gloire!

(Il jette avec dédain ses outils, puis s'assied en rêvant.)

Quel changement étrange est en moi survenu?
Par quel charme secret suis-je ici retenu?
Dans ces groupes je cherche en vain à reconnaître
Le talent créateur qu'ils attendent pour naître;
Ces ouvrages grossiers, morts, à peine formés,
Ne sentent plus la main qui les eût animés.

(Il se lève impétueusement.)

Malheureux! c'en est fait! j'ai perdu mon génie!
Je survis sans espoir à ma gloire ternie!...

L'artiste doit mourir, lorsque les passions
N'échauffent plus son âme!...

(Il ramasse ses outils.)

Il le faut; essayons...
J'avais craint que l'aspect de mon meilleur ouvrage
Pour de moindres travaux n'affaiblît mon courage;
Depuis que sous ce voile il demeure captif,
Je suis plus triste : hélas! suis-je plus attentif?...
Quand mon esprit éteint, quand mon ciseau stérile
Ne sauront plus créer rien de grand ni d'utile,
Je montrerai ce marbre, et je dirai : Voilà
Mon chef-d'œuvre; admirez! tout mon génie est là!
Mais pourquoi le cacher sous ce rideau de moire?
N'ai-je pas sa beauté présente à ma mémoire?
O toi, ma Galathée! idéal précieux,
Chef-d'œuvre de mes mains, de l'amour et des cieux,
Viens, je t'aime!... Peut-être y trouverai-je encore
Quelque tache invisible? un défaut que j'ignore?
Faut-il, pour l'embellir, un plus riche ornement?
Non! rien ne doit manquer à cet objet charmant!
Quelle œuvre, pour l'artiste, est jamais terminée?...
Hélas! je ne l'ai point encore examinée :
Je n'ai fait qu'admirer!...

(Il va pour lever le voile, et le laisse retomber comme effrayé.)

Quel respect surhumain,
Quelle frayeur j'éprouve en y portant la main!
Je crois toucher un dieu!... Cette statue est morte,
Pygmalion, ce n'est qu'une pierre... Qu'importe!...
Dans leurs temples que sont les dieux? du marbre aussi!
Qu'on adore pourtant, grâce à moi!...

(Il lève le voile en tremblant et se prosterne.)

La voici!...
Pardonne, ô Galathée! au trouble qui m'oppresse;
L'homme, au lieu d'une nymphe, a fait une déesse!
Pardonne! Vénus même est moins belle que toi!...
Vanité de l'artiste!... à genoux, plein d'effroi,
Je ne puis me lasser d'admirer mon ouvrage;
Je m'enivre d'amour pour une vaine image!
Fol orgueil!... juste espoir!... Non, jamais le soleil
N'assouplit ses rayons sur un torse pareil :
J'ai surpassé les dieux!... Eh quoi! l'âme fiévreuse,
Je m'approche en tremblant de sa lèvre amoureuse...
J'aperçois un défaut... Ce léger vêtement
Couvre trop son épaule; et ce contour charmant
Doit, avec les trésors, les grâces qu'il recèle,
Être mieux accusé...
(Il prend son maillet et son ciseau, puis il monte en hésitant les gradins de la statue; enfin, le ciseau déjà levé, il s'arrête.)
Je tremble!... je chancelle!
J'ai peur de voir le sang jaillir sous le marteau!...
(Il en donne un seul coup; et, saisi d'effroi, il le laisse tomber.)
Dieux! j'ai senti la chair repousser le ciseau!...
(Il redescend, tremblant et confus.)
De l'emporter sur moi que mes rivaux se vantent!...
Je n'y toucherai point, car les dieux m'épouvantent!
Sans doute elle est déjà consacrée à leur rang.
(Il la considère de nouveau.)
Eh! que veux-tu changer? quel prestige plus grand
Pourrait-on lui donner? Quelle grâce nouvelle?
Moins parfaite sans doute elle eût été plus belle!
(Tendrement.)
Ah! sa perfection fera son seul défaut!...
Hélas! mais c'est une âme, une âme qu'il te faut!
Tu ne peux t'en passer!...
(Avec entraînement.)
Combien une âme faite
Pour animer ce corps devrait être parfaite!...
(Après une pause, d'une voix lente et changée.)
Quels vœux! et quels désirs! et qu'est-ce que je sens?
Je n'ose examiner le trouble de mes sens;
La honte fait jaillir des pleurs de ma paupière...
C'est donc pour cet objet, cette masse de pierre,
Taillée avec ce fer, pour un marbre glacé,
Que je demeure ici tout le jour... Insensé!...
Allons, Pygmalion, rentre enfin dans toi-même!
Gémis sur ton erreur, vois ta folie extrême...
Mais non!...
(Impétueusement.)
Les dieux n'ont point égaré tes esprits!
Ce n'est pas d'un corps mort que l'artiste est épris!
J'aime un être vivant, parfait, qui lui ressemble
Dans toutes les beautés que la sienne rassemble!
En quelque lieu que soit ce visage enchanteur,
Ce corps fait par l'amour et pour son créateur,
Il aura tous les vœux de mon âme ravie :
Discerner la beauté, c'est l'orgueil de ma vie!
Mon seul crime est d'avoir un cœur pour la sentir,
Pour la proclamer reine et maîtresse dans Tyr!
(Avec véhémence.)
Grands dieux! n'ai-je pas vu se gonfler sa poitrine?
Est-ce un rêve nouveau dont l'erreur me domine?...
Hélas! son cœur est tout de glace, quand le mien
Voudrait quitter mon corps pour échauffer le sien!

K. OSTROWSKI. *Œuvres choisies.*

Quand mon âme s'enfuit, vers la sienne emportée...
Meure Pygmalion, pour vivre en Galathée!
Mourir?... Que dis-je, ô ciel! dans la nuit du trépas
Je ne pourrais la voir! je ne l'aimerais pas!
Non! plutôt que je vive avec elle et pour elle,
Pour l'admirer toujours plus parfaite, plus belle,
Pour l'aimer sans partage, et pour en être aimé!
(Avec transport.)
Tourments! vagues désirs, dont je suis consumé!
Rage impuissante! amour coupable, amour funeste!
Émotion du cœur, infernale ou céleste!
Dieux puissants! si jamais vous connûtes l'amour,
Si vous nous regardez du bienheureux séjour,
Si, rendant vos arrêts par la voix des oracles,
Pour de moindres douleurs vous fîtes des miracles,
Un prodige! un prodige! et qu'aux yeux des mortels
Elle puise la vie au feu de vos autels!...
(La flamme s'allume d'elle-même sur un trépied.)
Salut! flamme éternelle! ô toi, première essence,
Foyer de l'univers! source de l'existence,
Qui donnes, par l'amour, la force aux éléments,
L'idée à la matière, aux cœurs les sentiments :
O Vénus-Astarté, salut! grande déesse,
Par qui tout se conserve et s'engendre sans cesse,
Et qui me vis toujours si fidèle à ta loi,
Prends pitié des tourments que je souffre pour toi!
Donne-lui la moitié de mon âme éternelle!
Donne-lui tout; oui, tout! je veux revivre en elle!
Toi, qui daignes sourire à l'encens des humains,
Achève, en l'animant, cette œuvre de mes mains!
Ce qui n'éprouve rien peut-il te rendre hommage?
O déesse! à la vie épargne cet outrage,
Que son plus vrai modèle, orné de tant d'appas,
Soit poussière et néant, comme ce qui n'est pas!...
(En revenant à lui.)
J'ai prié... grâce à toi, la force m'est rendue...
J'éprouve une fraîcheur soudaine, inattendue...
Une fièvre mortelle embrasait tout mon sang;
Le calme avec l'espoir dans mes veines descend :
Je renais... je respire!... Ainsi, joie et souffrance,
Tout sentiment trop vif mène à l'indifférence;
Et de quelque malheur que soit l'homme accablé,
Il invoque les dieux, il se sent consolé...
(Se relevant.)
Non, je souffre!... il est temps que mon sort s'accomplisse!
Je suis las d'endurer cet étrange supplice!...
Quand je lève les yeux sur cet objet fatal,
Je sens un nouveau trouble, un vertige infernal,
Une secrète horreur me suffoque, me tue...
Ose donc, malheureux, briser une statue!...
Frappons!...
(Il s'avance vers elle, le marteau levé; la foudre brille.)
Ciel!... Dans ses yeux j'ai vu luire un éclair!
D'où lui vient ce reflet, ce coloris de chair?...
La raison m'abandonne, ainsi que mon génie.
Ne le regrettons pas! dans ce jour d'agonie
Sa perte excusera mon opprobre...
(Avec amertume.)
Voyons!
Suis-je pas bien heureux d'être homme à visions,
Moi, l'amant d'une pierre!...

(Saisissant un poignard.)

Ah! ce poignard me reste!
Adieu, ma Galathée! objet cher et funeste!
Puisque de mon ardeur je n'ai pu t'embraser,
Reçois toute mon âme en ce dernier baiser!...

GALATHÉE, s'éveillant.

Ah!

PYGMALION. [prestige!

Dieux!... son sein palpite! oh, non! c'est un
Son front s'est animé sous ma lèvre!... Que dis-je?
De mon délire ardent ce n'était qu'un effet...
Allons!... c'est trop souffrir...

(Il va se frapper; Galathée étend la main vers lui.)

Où suis-je? ah! c'en est fait!
Le mouvement! la vie!...

(Il voit la statue s'animer et descendre elle-même les gradins par lesquels il est monté sur le piédestal. Il se jette à genoux et lève les mains au ciel.)

O Vénus! Galathée!
Extase de l'amour dans mon âme enchantée!
Dieux immortels!...

GALATHÉE, la main sur son cœur.

Moi!...

PYGMALION, de même.

Moi!...

GALATHÉE, portant la main à son front.

C'est moi!

PYGMALION.

Divins accents
Qui frappent mon oreille et pénètrent mes sens...

GALATHÉE, faisant quelques pas et touchant un marbre.

Ce n'est plus moi!...

(Pygmalion, dans une agitation qu'il a peine à contenir, suit tous ses mouvements; Galathée s'avance vers lui; Pygmalion lui tend les bras et la contemple avec extase. Elle pose la main sur l'épaule de l'artiste; il tressaille, prend cette main et la couvre d'ardents baisers.)

GALATHÉE, avec un soupir.

C'est moi... toujours!...

PYGMALION.

Douce merveille!
Dont le premier soupir dans mon âme s'éveille,
Laisse-moi mon bonheur ou mon illusion!
Oh! parle, parle encor... plus rien?

GALATHÉE.

Pygmalion!

PYGMALION.

Vivante! elle est vivante!

GALATHÉE.

Oui, je suis une femme!
Tantôt, dans un baiser, tu m'as donné ton âme!
Ce poignard me tuait... les dieux t'ont désarmé...
Je ne veux pas mourir avant d'avoir aimé!...

(Elle tombe dans ses bras.)

LIVRES D'EXIL

« Tu proverai si come sa di sale
Lo pane altrui, e quanto è duro calle
Lo scendere e salir per l'altrui scale! »
                                   Dante.

A SES FRÈRES D'ARMES

ET

COMPAGNONS D'EXIL

K. O.

Paris, 1836.

LIVRE PREMIER

NUITS D'EXIL

> « L'homme a appartenu à deux états bien différents ; mais il a emporté dans le second quelques souvenirs du premier. »
>
> Ch. Nodier, *Jean Sbogar.*

I.

LA CHÊNAIE.

> « Ha! banishment? be merciful, say death;
> For exile has more terror in his look
> Much more than death! »
> Shakespeare, *Romeo and Juliet.*

Goustek, premier refuge, île verte et fleurie,
Oasis de bonheur dans ma chère patrie,
Ciel natal, que ma voix chaque jour invoqua ;
Dois-je encor du vieux chêne écouter le murmure ?
Dois-je, comme autrefois, voir sa vaste ramure
    Se mirer dans la Volborka ?

Volborka, nom chéri ! tu le pleures toi-même,
Le poëte exilé qui te chante et qui t'aime ;
Tu le pleures sans fin dans le bruit de tes eaux,
Dans le triste concert du saule et du zéphire,
Dans le cri du ramier qui se plaint et soupire,
    Dans le frôlement des roseaux !

Le rossignol s'est tu sur les buissons de roses ;
Les bleus myosotis, fleurs d'une larme écloses,
Inclinant leurs yeux d'or, s'effeuillent à jamais ;
L'écho ne répond plus à l'âme qui l'écoute...
Les oiseaux de tes bois ont oublié sans doute
    Le nom de celle que j'aimais !

Tes chênes et tes fleurs sont brisés par l'orage ;
Tes vallons sans parfums, tes bosquets sans ombrage,
La Volborka sans voix se glace aux vents du nord !

Un hiver a flétri toutes ses violettes,
Dévasté ses berceaux ; les peupliers squelettes
    Semblent dire entre eux : Tout est mort !

Goustek ! lorsque autrefois les enfants de mon âge
Fuyant leur vieux mentor, trop savant personnage,
De leurs cris, en jouant, remplissaient le château,
Le front pensif, tout bas, descendant le coteau,
Je glissais, comme en songe, à l'ombre des vieux chênes...
Là, sûr d'être oublié, libre enfin de mes chaînes,
J'évoquais, tout joyeux, par un hymne vainqueur,
Les rêves qui déja s'agitaient dans mon cœur ;
Et, rompant ma pensée à d'austères études,
Je préparais ma vie aux longues solitudes.
Quels prodiges alors surgissaient à mes yeux !
L'infini de la terre à l'infini des cieux
Mariait ses splendeurs ; la nature paisible
Me parlait, m'inspirait, comme une âme invisible.
A son appel magique, un monde s'animait ;
Des troupes d'Ariels peuplaient chaque sommet ;
Filles de l'Orient, j'entendais les sylphides
Murmurer dans les fleurs, sur les sources limpides ;
Et de ces mille bruits qui venaient à la fois
Du penchant des coteaux, des profondeurs des bois,
Me semblait ressortir une vaste harmonie,
Chant de l'âme du monde, éternelle, infinie,
Modulant, dans l'extase et l'adoration,
Le nom du maître empreint sur la création !
Tout à l'heure, c'était le choral mortuaire
S'exhalant, à minuit, des murs du sanctuaire ;
A présent, cataracte aux parois de rocher,
Le bruit lointain grandit, il semble s'approcher :
Il éclate... et puis rien, que la feuille qui tombe

Comm des pleurs muets glissant sur une tombe...
Soudain, la forêt gronde, orgue aux cent jeux divers,
Comme la voix de Dieu lorsqu'il fit l'univers...
Quand la lune brillait sur les ondes charmées,
Que de fois j'entendis le choc de deux armées
Se livrant, dans la nue, un combat de titans!
C'étaient des coups pressés sur les corps palpitants,
Des blasphèmes, des cris, des râles, des murmures,
Le sifflement des dards, le fracas des armures ;
Le tumulte apaisé, mille clairons joyeux
Saluaient au retour le chef victorieux :
Puis, les chants éplorés des lentes funérailles
Conduisaient au tombeau les martyrs des batailles...
Deux peuples étaient là, le Sud-Est et le Nord,
Ennemis dans la vie et rivaux dans la mort,
Se dressant pour combattre et cherchant à résoudre
Le problème éternel aux lueurs de la foudre!...
Chaque nuit je voyais ces guerres de géants,
Comme une lutte immense entre deux océans;
Bientôt j'ai dû les voir s'étendre entre deux mondes,
Le slave et le mogol, sur nos plaines fécondes,
Ces plaines aujourd'hui couvertes en tout lieu
Des vengeances du tzar criant vengeance à Dieu!
Vagues pressentiments d'ineffable tristesse !
Voix intime, étais-tu la sombre prophétesse
De cette autre Ilion, venant me révéler
Les désastres mortels qui devaient l'accabler?
Mystérieux tableaux, suprêmes harmonies,
Me veniez-vous des cieux ou bien des noirs génies?
Si mon âme, ô Goustek! en suivant ces accords,
Avait pu s'affranchir des entraves du corps,
Si, gardant sa splendeur et sa force première,
Elle eût osé plonger dans ces flots de lumière,
Oh! combien de tourments s'épargnait dès ce jour
L'exilé qui s'éteint sans espoir de retour!

         [veilles,
Quels étaient mes regrets quand, au bout de mes
Il me fallait quitter ce bois plein de merveilles,
Et, reprenant mes fers, le sourire glacé,
Cacher à mes geôliers mon beau rêve effacé!
Goustek, chênes amis, vous seuls pouvez connaître
Ces précoces transports qui troublaient tout mon être ;
Nul autre que vous seuls ne doit se souvenir
Du rêveur orphelin, proscrit sans avenir!
Famille, amour, bonheur, doux et tristes mensonges,
Vous êtes envolés dans le pays des songes;
Et vous laissez mon cœur d'autant plus épuisé
Que vous l'aviez jadis puissamment maîtrisé :
Mais tes nuits, ô Goustek! les seules, je l'atteste,
Dont l'image me suit comme un rêve céleste,
M'ont ouvert, saint trésor dans l'exil emporté,
L'amour de la patrie et de la liberté!

Qu'elle était belle à voir cette forêt profonde,
Semblable en sa vieillesse aux bois du nouveau monde,
Où jamais un oisif, de ses pas ennemis,
Avant moi n'éveilla les échos endormis ;
Où Volborka, la fée inconstante et rieuse,
Déroulait au soleil son écharpe soyeuse ;
Où son prisme irisé d'un arc-en-ciel changeant
Se divisait parfois en aigrettes d'argent,
S'unissait, retombait en cascade sonore,
Et s'enfuyait au loin pour revenir encore!
Les arbres n'y tombaient que ployés par le temps,
Ou bien déracinés par l'effort des autans.
Ici, le chêne mort s'abat sur les deux rives;
Des lianes, des fleurs, des branches fugitives,
Viennent s'y rattacher flottant sur le ruisseau,
Et le pont, grandissant, fleurit comme un berceau!
Des phalanges d'oiseaux, tourterelles nomades,
Fauvettes, rossignols, volant par myriades,
D'amour, de liberté, se parlent dans les airs ;
Le pic bat la mesure : ainsi, dans les concerts,
Le Moïse, guidant mille voix réunies,
Fait jaillir sous l'archet un fleuve d'harmonies!

Le Goustek était beau, quand l'orient vermeil
Du haut de la colline annonçait le soleil ;
Quand le soir dénouait sa ceinture dorée,
Des flammes du rubis richement colorée;
Quand le ciel s'embrasait des flammes du midi,
Rafraîchi par ses eaux, par son ombre attiédi;
Et dans tous ces tableaux si profonds et si vastes,
Que d'instant en instant variaient leurs contrastes,
A toute heure il m'offrait, comme au pied des autels,
Les saints ravissements que Dieu donne aux mortels,
Que le prophète hébreu dut sentir en son âme,
Lorsqu'il vit Jéhovah dans le buisson de flamme!

Mais parmi les géants qui peuplaient ce séjour,
Un seul, chêne vieillard, m'attirait chaque jour.
J'ai vu tourner longtemps l'aigle, oiseau du tonnerre,
Pour s'asseoir au sommet douze fois centenaire ;
Et mes bras grands ouverts l'ont étreint douze fois,
Pour mesurer le tronc de ce prince des bois.
Quand le soleil paraît, sa cime la première
Reçoit par les coteaux la gerbe de lumière
Qui le couronne en roi d'un large cercle d'or.
La clarté devient flamme; elle descend encor
Sur les arbres voisins, et, d'étage en étage,
Embrassant les massifs, les troncs qu'elle partage,
Elle vient se mirer au cristal des ruisseaux,
Et jusqu'au sein des fleurs qui nagent sur les eaux.

Chêne majestueux, témoin de jours sans nombre,
Que de rêves éclos, disparus sous son ombre!
Pour la première fois devant toi j'ai pleuré
En prononçant un nom dans mon cœur adoré ;
Pour la première fois devant toi j'ai cru lire
Dans ses yeux le pardon, sur sa lèvre un sourire ;
Pour la première fois devant toi j'ai jeté
Dans l'essai d'un sonnet mon bonheur projeté...
T'en souvient-il encor? ta cime aérienne
Avait une âme aussi qui parlait à la mienne!
Absente, elle me parle, à travers l'infini,
Des anges d'autrefois, d'Hélène, d'Eldjéni!...
Comme sous l'Alhambra la coupole moresque
Découpe dans l'azur sa brillante arabesque,
Par ton feuillage ému d'invisibles soupirs,
J'aimais à voir le ciel étoilé de saphirs ;
A suivre tes degrés contournés en spirales,
Comme ceux des donjons aux flancs des cathédrales;
J'aimais à m'enlacer à ton faîte mouvant,

Comme un mousse au grand mât balancé par le vent...
Là, penché sur l'espace et vivant de ta vie,
J'embrassais d'un coup d'œil, l'âme heureuse et ravie,
Les plaines, les forêts, chaque pli du sentier
Parcouru jusqu'à toi... mon Goustek tout entier!

Chêne des souvenirs au ciel de ma jeunesse!
Le sort veut-il qu'un jour près de toi je renaisse ?
Doyen de nos forêts, tant de rudes hivers
Ont passé sans flétrir tes rameaux toujours verts;
Un seul orage, hélas! m'emporta sans défense
Loin du sol paternel, condamné dès l'enfance
A tous les désespoirs qu'un proscrit peut souffrir,
Dont on gémit toujours sans jamais en mourir :
L'oubli de tous les miens, l'amère ingratitude,
Et le malheur suprême enfin, la solitude!
Grandi sous ton orbite, inspiré de ta voix,
A peine t'ai-je vu reverdir seize fois;
Quand brisé par l'exil aujourd'hui je succombe,
Ah! n'étendras-tu pas ton linceul sur ma tombe?
Au moment d'expirer, ne pourrai-je, mon Dieu,
T'embrasser en pleurant comme au jour de l'adieu,
Et puis m'éteindre après, calme, sous ton ombrage?...
Mais non! la feuille morte et livrée à l'orage,
Si même un souffle ami venait la rechercher,
A son arbre natal ne peut se rattacher!...

Si pourtant, par prodige, un sauveur que j'implore,
Me ramène vers toi vivant et libre encore,
Jamais plus belle fête, essaim plus gracieux,
N'aura porté des fleurs sous ton front spacieux;
Jamais fruits plus vermeils ni plus verte guirlande
N'auront chargé tes bras d'une plus riche offrande.
Ton royaume désert, le Goustek révéré
Pour toi déjà se change en bocage sacré,
Plein du chant des ramiers, du vol des hirondelles,
Où viennent s'abriter tous les amours fidèles;
Le long du frais ruisseau serpente le sentier,
La rose refleurit sur le rude églantier;
Le cytise odorant, la blanche clématite,
Remplacent le lichen et le gui parasite;
Tu vois sous ton autel, dans la froide saison,
Comme un tapis moelleux s'aplanir le gazon;
Parmi les grands tilleuls et les clos domestiques
Se dresser à l'envi les demeures rustiques :
Tu couvres tout un peuple heureux, comme jadis,
Ancien temple vivant du nouveau paradis...

Mais où va ma pensée et quel songe m'égare!
Goustek! déjà peut-être un despote, un barbare,
Pour armer ses vaisseaux des foudres de l'enfer,
A porté dans ton sein l'incendie et le fer !
Effrayé par les cris de ses sbires sauvages,
Les rossignols ont fui vers de lointains rivages;
Et la biche plaintive, effarée, aux abois,
Déserte avec ses faons les lisières des bois!
Le bruit sourd des marteaux, le fracas des cognées,
De ton peuple asservi les clameurs indignées,
Sans doute ont remplacé l'hosanna solennel
Qui jadis de ton cœur montait vers l'Éternel !
Le temple profané ne rend plus ses oracles;
Parmi les troncs brisés, tes anciens tabernacles,

Un seul chêne est debout : de ses bras il maudit
Les bourreaux, noirs démons, que l'enfer applaudit!
Au lieu de chants joyeux, règne un silence étrange;
A travers les débris roule un ruisseau de fange,
Styx de pleurs et de sang, noirci par le remord,
Et répand à l'entour les affres de la mort.
Le soleil, se levant comme un spectre livide,
N'éclaire qu'à regret cette contrée aride;
Et l'ange de l'oubli, renversant son flambeau,
S'assied, morne et muet, sur ce vaste tombeau!

Liéga, 1832.

II.

SUR LE MONUMENT DE KOSCIUSZKO.

A FRÉDÉRIC CHOPIN.

« The man that has no music in himself,
Nor is not moved with concord of sweet sounds,
Is fit for treasons, stratagems and spoils;
The motions of his spirit are dull as night,
And his affections dark as Erebus :
Let no such man be trusted ! »
SHAKESPEARE, *The Merchant of Venice.*

« Wilt thou be gone! it is not yet near day;
It was the nightingale, and not the lark,
That pierc'd the fearful hollow of the air! »
Romeo and Juliet.

Voici l'heure où la terre, avant de s'assoupir,
Au soleil fugitif donne un dernier soupir;
Où, comme Roméo, le pâle crépuscule,
S'exilant à regret du sein de la Vistule,
Sur les glaciers lointains va briser son flambeau.
Malgré le froid de mars, le soir est calme et beau,
L'azur tout étoilé... la chaîne des vieux Tatres
Dessine à l'horizon ses losanges bleuâtres,
Cratères épuisés où, selon nos aïeux,
Les gnomes ont caché leurs trésors merveilleux.
Plus près, un monticule... une rampe en spirale
Me conduit au sommet; colline sépulcrale,
Construite avec la terre où dans trente combats
Nos faucheurs paysans ont bravé le trépas.
O nuit enchanteresse, ô nature parfaite!
Ainsi la jeune fille, en désertant la fête,
Détache de son sein le collier chatoyant,
Et rêveuse, timide, effeuille en souriant
Des roses de son front l'inutile parure;
Libre de tous liens, sa blonde chevelure
Sur ses bras demi-nus s'épanche en rayons d'or;
Elle prie à genoux... bien plus charmante encor
Par la splendeur de l'âme, et que l'âme devine,
Que par le talisman de de sa beauté divine !

Mère de nos cités, veuve des Jaghellons,
Krakovie aux vieux murs, aux fertiles vallons!
Tes monuments détruits, changés en places d'armes,
Tes temples dévastés sont plus chers à mes larmes
Que les palais brillants de ces peuples ingrats
Sauvés par nos malheurs, défendus par nos bras!

Peut-on jeter les yeux sur tes vastes enceintes
Sans voir quelque lambeau des gloires les plus saintes?
Ici, le noir Vavel, la caverne de sang,
Où Krakus immola le monstre mugissant;
Là, le château des Piasts, ville de mausolées
Qu'habitent de vingt rois les ombres désolées;
Sur ces murs ébréchés qu'il n'a pu maîtriser,
Le torrent de l'Asie est venu se briser;
L'aigle de Boleslas avait bâti son aire
Au faîte de ces tours, voisines du tonnerre;
Au loin fleurit le tertre où la reine Vanda,
Plutôt que d'épouser un Germain, demanda
La mort au bleu Vandale, au grand fleuve sarmate...
Partout quelque beau nom, quelque illustre stigmate!
A mes pieds, Kosciuszko, la montagne de deuil
Que tout cœur polonais contemple avec orgueil,
Trophée indestructible et qui doit sa naissance
A la vertu du peuple, à la reconnaissance;
Avec ses deux aînés, que le temps mutila,
Bravant l'avidité des nouveaux Attila!...
Tombe de Kosciuszko, salut, coupole austère,
Vanda, morne Krakus, triangle du mystère,
Vistule, flot guerrier, qui brilles au soleil
Comme un jour brillera notre aigle à son réveil,
Vous avez vu passer la noble et sainte vie
Du Christ des nations, la Pologne asservie!
Monts pieux, vous direz à ses derniers enfants
Par quelles trahisons ses bourreaux triomphants
L'ont mise sur la croix, victime expiatoire,
Et nos bûchers éteints, vous serez son histoire!
Vous direz à l'Europe oublieuse et sans foi :
« Je fus leur proie hier, demain ce sera toi! »

Qu'un esclave à la nuit aisément s'accoutume!
La nuit, il peut du moins rêver sans amertume ;
Il se sent libre encor, comme le montagnard
N'ayant que Dieu pour chef, pour loi, que son poignard.
Oh! quel serait l'effroi de l'ennemi farouche,
Dans l'ivresse endormi, le blasphème à la bouche,
Si le soleil d'hier, oubliant son chemin,
N'allait plus reparaître au ciel du lendemain;
Si du sein des tombeaux, sur cette vile engeance,
Comme un soleil de mort, se dressait la vengeance!

Venez, entourez-moi, mes fantômes amis!
Le zéphire est si doux sur les flots endormis,
L'air est si pur, si frais, qu'on perçoit dans l'espace
Une feuille qui tombe, un insecte qui passe,
Et dans les cieux profonds le bruit des harpes d'or..
Mon Dieu, de ce sommet, si je pouvais encor
Voir la chênaie en fleur, la Volborka chérie
Qui me parlait de gloire, invisible Égérie,
Mon château familier, tous ceux que j'aime tant...
Entendre cette voix qui me dit en partant:
Sois heureux! ou mon nom murmuré dans un rêve...
Vain espoir! sur ma route aucun cri ne s'élève,
Pas un cœur ne m'appelle!... allons, il faut partir;
Marche, jusqu'à la mort: sois proscrit et martyr!...

O ciel! n'est-ce qu'un rêve, ou bien quelque génie
A-t-il de cette voix emprunté l'harmonie?
Oui, je la reconnais au frisson de mon cœur...

C'est bien elle, chantant le mazurek vainqueur,
L'hymne des légions de l'Adige et du Tibre,
Cri de gloire et d'amour à la Pologne libre,
Guidant vers nos cités vieux drapeaux, cœurs et bras,
Le chant de Dombrowski : « *Pologne, tu vivras!* »
A ce cri, le volcan s'éveille sous la cendre ;
C'est lui qui fait pâlir les soldats d'Alexandre,
Qui plus tard, en novembre, éclate meurtrier,
Comme un clairon d'archange au jugement dernier!
C'est le refrain d'Hélène ; et jamais poésie,
Jamais suite d'accords dont l'oreille est saisie
N'aura pour moi l'attrait d'une simple chanson,
De son cœur et du mien ineffable unisson.
En l'écoutant un jour, une céleste flamme
Pour la première fois enveloppa mon âme...
Mais d'où vient-elle ici? cet hymne radieux,
Est-ce un chant de retour ou le glas des adieux?...
Sur un mode mineur, la voix douce et tremblante
S'éloigne en faiblissant, plus timide et plus lente;
Et je n'entends plus rien que le cri des oiseaux,
Et le bruit du grand fleuve agitant ses roseaux...

D'où vient, cher Frédéric, l'invincible puissance
De ces voix du pays, depuis notre naissance
Nous guidant vers la tombe, et dont, jeune ou vieillard,
Nous préférons la grâce aux merveilles de l'art?
N'est-ce pas que ces airs dans leurs strophes plaintives
Nous portent les sanglots de nos mères captives?
Leurs accents familiers, soit graves soit moqueurs,
Ne nous sonnent-ils pas la note de nos cœurs?
Toi-même, j'en suis sûr, évoquant, comme Orphée,
La Pologne au tombeau dans le sang étouffée,
Pour charmer sa grande âme apparue à regret
Devant un auditoire impassible ou distrait,
Tu préfères, cher maître, à la harpe qui vibre
Et gémit sous ta main, faire dire un chant libre
Sorti du cœur du peuple, où Dieu coopéra,
Que les plus beaux motifs d'un grand air d'opéra!
Aussi tous les joyaux de ton œuvre choisie,
Impromptu, mazurek, nocturne, fantaisie,
Même valse et scherzo, pour moi qui te connais
Depuis grec et latin, sont toujours polonais!
Sous leurs savants accords résonne opiniâtre
L'archet du paysan ou la flûte du pâtre;
Et dans quelque allegro que s'égare ta main,
Ils reviennent toujours par un autre chemin!
Ainsi dans nos forêts, le chêne patriarche
Nous retrouve à ses pieds, après un jour de marche...

Frère, nous avons vu s'éteindre autour de nous
Famille, liberté, ces deux mots les plus doux
Après le mot patrie... Un seul trésor nous reste
Saintement préservé comme un écho céleste:
Ces hymnes du passé, son espoir, son orgueil,
Que ton art enchanteur fait surgir du cercueil.
Car ces chants polonais, c'est son âme vivante,
Poursuivant nos bourreaux comme un glas d'épouvante;
Car, s'ils ont de l'archange et le charme et la voix,
Ils ont aussi, vengeurs, son glaive quelquefois!
L'étranger les admire; et notre âme ravie,
En pensée, avec eux, recommence la vie...
Cédant à leur prestige, il me semble revoir

Le vieux clocher d'Uiazd, son antique manoir
Relevant ses créneaux, ses voûtes corrodées,
Ses dentelles à jour par les sylphes brodées,
Ses vitraux colorés des feux de l'arc-én-ciel,
Et sa tour en spirale escaladant le ciel!
Voici le parc immense et son riant dédale;
Mais ces murs ont perdu leur morgue féodale:
Ici, plus de guichets, de donjons sourcilleux,
Un rempart de rosiers les protége en tous lieux,
Et le lierre, en grimpant sur le fût des colonnes,
Couvre les vieux blasons de ses fraîches couronnes.
Là, nos chers villageois, apportant leurs chansons,
Leur bluets, leurs épis, prémices des moissons...
Mais le soir est venu... mille fanaux de fête
Du château par étage illuminent le faîte;
Le portail cède, il s'ouvre au flot des moissonneurs;
Les filles, les garçons, les pages, les seigneurs,
Envahissent la salle où siége l'abondance,
Et les reines du jour, la musique et la danse.
Tes charmants mazureks font vite leur chemin,
Unissant bien des cœurs heureux jusqu'à demain...

                                     [étrange
Demain!... pourquoi ce mot, comme un accord
Sonne-t-il dans mon âme?... Écoutez... le lieu change;
Les fleurs ont disparu... quelques rares flambeaux
Comme au vendredi saint brillent sur les tombeaux...
Quels sont ces arcs géants, ces murs que je contemple?
J'entends l'orgue sacré sous les voûtes d'un temple;
Au pied d'un crucifix, une foule à genoux
Prononce à l'unisson: « *Seigneur, délivrez-nous!* »
Sur le seuil, des soldats: leurs yeux de bête fauve
                                     [chauve.
Plongent tous vers le prêtre, un vieillard au front
Soudain roule un signal, mille éclairs ont jailli;
De mille cris de morts le temple a tressailli...
Le peuple entonne une hymne à la vierge Marie,
Le choral d'Adalbert, que chantait ma patrie
Refoulant à Varna le Turk épouvanté,
Puis, sous Jean Sobieski, sauvant la chrétienté!...

Oh! même après mille ans de tzarisme sauvage,
Si quelqu'un de nos fils, marqué pour le servage,
Ignorant jusqu'au nom que portaient ses aïeux,
Entendait ces débris d'un passé glorieux
Chantés sur nos tombeaux par les forêts de chênes,
Honteux de sa misère, indigné de ses chaînes,
Il saurait les briser sur le front des bourreaux,
Et, vivant en esclave, il mourrait en héros!
Ainsi remonteraient les anges de ténèbres
Si l'Espérance, ouvrant leurs abîmes funèbres,
D'une larme éteignait l'empreinte de leurs fers,
Et si la voix de Dieu pénétrait aux enfers!

O nuit! ange des cœurs que l'espoir abandonne
Porte jusqu'à ses pieds notre hymne à la Madone;
O mon pays natal! que ta brise à l'écho
Redise chaque soir le chant de Kosciuszko;
O Frédéric, tes airs applaudis par la France
Sont pour nous, les proscrits, les pleurs de l'Espérance!

    Liége, 1832.

III.

LE DOUTE ET LA FOI.

« Cependant Amalec vint à Raphidim combattre contre Israël.

« Et Moïse dit à Josué: Choisissez des hommes et allez combattre contre Amalec. Je me tiendrai demain sur le haut de la colline, ayant en main la verge de Dieu.

« Josué fit ce que Moïse lui avait dit, et il combattit contre Amalec. Mais Moïse, Aaron et Hur montèrent sur le haut de la colline.

« Et lorsque Moïse tenait les mains élevées, Israël était victorieux; mais lorsqu'il les abaissait, Amalec avait l'avantage.

« Cependant les mains de Moïse étaient lasses et appesanties: c'est pourquoi ils prirent une pierre, et l'ayant mise sous lui, il s'y assit, et Aaron et Hur lui soutenaient les mains des deux côtés. Ainsi ses mains ne se lassèrent point jusqu'au coucher du soleil. »

                  BIBLE, trad. de SACY.

« Votre malheureux pays, déchiré par la guerre civile, pour s'être révolté contre l'autorité légitime... Il convient que, pour l'avantage et l'honneur des disciples de Jésus-Christ, la perfidie et la méchanceté de pareils prophètes du mensonge soient mises dans leur jour... Votre empereur magnanime....... Maintenant la tranquillité et l'Ordre sont rétablis... »

                  GRÉGOIRE XVI, 1832.

Quand le glaive brisé, la poitrine meurtrie,
Dans un suprême adieu saluant la patrie,
Le soldat pèlerin vit s'ouvrir sous les pas
L'exil, gouffre maudit, d'où l'on ne revient pas;
Lorsque l'ange gardien, sous l'ombre de son aile
Dérobant à ses yeux la rive maternelle,
Lui dit: « Prends ton essor au ciel, en me suivant,
C'est là qu'est ta patrie, au sein du Dieu vivant! »
Foi sainte, tu devins son étoile polaire;
Ta voix d'un cœur de feu maîtrisait la colère;
Ton rayon prophétique, éclairant son destin,
Lui montrait l'Orient libre, dans le lointain,
Comme aux fils d'Israël, la colonne enflammée
Indiquait au désert le chemin d'Idumée.

Pologne, ô mon pays, si puissant autrefois
Que tout l'Est et le Nord s'inclinaient sous ta voix,
Aujourd'hui, mère en deuil d'une race asservie,
Faut-il perdre avec toi tous les biens de la vie?
Chants du réveil d'un peuple entourant mon berceau,
Reflet de ton beau ciel dans l'azur du ruisseau,
Premier songe d'amour et premières alarmes,
Doux serments d'amitié naissante au bruit des armes,
Dans ton cercueil, bientôt profané par l'oubli,
Fortune, espoir, bonheur, j'ai tout enseveli.
Devais-je encore y voir s'éteindre, don céleste,
La foi de mes aïeux, seul trésor qui me reste,
Et suivre désormais, sans guide, sans flambeau,
Cette voix qui me dit: « Marche, jusqu'au tombeau! »
Telle, au bord de l'Indus, la jeune épouse veuve
Meurtrit son sein d'ébène; et jetant dans le fleuve
Ses colliers, ses cheveux, court au brasier fumant
Pour y périr, vivante, auprès de son amant.
Éden des premiers jours, perdu sans espérance,
Pourquoi t'ai-je quitté? pourquoi cette souffrance

Devait-elle expier, sans en avoir joui,
Mon rêve d'avenir, trop vite évanoui?
Ne dois-je plus te voir dans cette vie amère,
Uiazd, nid familier, saint tombeau de ma mère?

Bienheureux les cœurs purs qui n'ont jamais douté!
Souvent, à l'angélus, en silence écouté,
Quand sur la blanche église, à travers les vieux frênes,
Le soleil inclinait ses clartés souveraines,
Le pied leste et joyeux, je quittais la maison.
Des nuages vermeils, sillonnant l'horizon,
Comme au fils de la Vierge assoupi dans ses langes,
Formaient au roi du jour sa couronne d'archanges;
L'arc-en-ciel reflété sur les brumes du soir,
Comme au fond d'une abside un immense ostensoir,
Dans le lac aplani complétait son orbite;
Parfois, sur la colline, une lueur subite
D'un éclair d'incendie embrasait le château...
Pas un cri sur la plaine, un chant sur le coteau;
Seulement, dans ces voix lointaines et profondes,
Dans le parfum des prés, le murmure des ondes,
Dans ce concert muet qui montait en tout lieu,
La nature exhalait sa prière vers Dieu!
Les orgues des forêts, les chênes, ses oracles,
Frémissaient comme un prêtre, à l'heure des miracles,
Quand il porte à sa lèvre, avec un saint effroi,
Le corps immaculé du Christ, le divin roi!
Tout respirait l'amour, l'infini, le mystère.
Fier de joindre un accord à l'hymne de la terre,
Je chantais... je priais... quelque songe fuyant
Descendait sur mes yeux: dans chaque aile, un brillant,
Sur le front, une étoile.., achevant le mystère,
Je le suivais en rêve, au pays de lumière;
Et quand le rossignol m'éveillait de son nid,
La lune, lampe sainte, éclairait le zénith...

O jours pleins de délice! ô nuits pleines de songes!
Quel vrai bien peut valoir vos aimables mensonges?
Quel que soit mon destin, votre charme infini
Reste empreint pour toujours dans l'âme du banni,
Comme, au pied d'une croix, l'immortelle dorée
Couronne de ses fleurs une cendre ignorée...
C'est à vous que je dois, ô nuits de mon printemps,
Mon amour du pays, ma ferveur de vingt ans;
Depuis... je ne crois plus qu'au malheur qui m'opprime,
Je n'aime que la mort, je ne vois que le crime,
L'ancien temple est désert, sans autel, sans foyer,
Et, n'ayant plus d'espoir, je ne sais plus prier...

[génie
D'où vient ce changement? quel homme ou quel
A détruit d'un seul mot cette intime harmonie?
Qui donc, aux coups du sort ajoutant sa rigueur,
D'un souffle a fait pâlir le flambeau de mon cœur?
Est-ce toi, l'héritier de Pierre et des apôtres,
Les proscrits des Césars, leurs tyrans et les nôtres?
Toi, gardien d'une loi de paix, de vérité,
Dont la source est en Dieu, la loi de charité?
Est-ce toi, dont le front, sous sa triple tiare,
Fléchit devant un monstre, un Hérode barbare,
Et qui du Dieu fait homme invoques le courroux
Sur un peuple martyr qui s'est offert pour tous;

Un peuple assassiné comme son divin maître,
Qui, de même que lui, dans trois jours doit renaître?
Ah! connais-tu ce livre appris aux nations,
Ce livre plein d'amour, de consolations,
Dont sa force a doté notre race fragile;
Pontife du Très-haut, connais-tu l'Évangile?
Car à chaque feuillet dans ce livre est inscrit
Le droit d'égalité des hommes, fils du Christ;
Car il ordonne au prêtre, ayant pouvoir d'absoudre,
De prier, de bénir, non de lancer la foudre;
Car il dit aux pasteurs: Mourez pour vos troupeaux;
Aux peuples: Prospérez et vivez en repos;
Car tu verrais, plus loin, le fils de Samarie
Recueillant le blessé; sa blessure tarie,
Lui servant sous son toit le froment et le miel...
De même, au Capitole, au nom du roi du ciel,
Tu nous aurais bénis... mais non, roi de la terre,
Tu nous dis: anathème!...

   Arrête, juge austère!
Souviens-toi, souviens-toi du pacte souverain
Qu'au roi Piast fit jurer Adalbert, son parrain;
Confirmé par Edvige et sa triple victoire
Sur les tigres germains, les fléaux de l'histoire;
Sous les murs de Varna scellé du sang des rois,
Devant Vienne, illustrant les drapeaux de Jean Trois;
Souviens-toi du saint nom de la Vierge bénie,
Patrone de Pologne et de Lithuanie,
Des frères Pulaski, des enfants de Praga,
Des prêtres aumôniers, de Dembek et Loga,
Qui marchaient dans nos rangs avec cette devise:
« Pour votre liberté, par la nôtre conquise! »
Des martyrs de Kaniow, des martyrs d'Oszmiana,
Tombés sous les autels que le tzar profana;
De Varsovie enfin, la cité d'héroïsme,
De ses temples changés en repaires du schisme...
O saint-père! est-ce assez de crimes, de douleurs,
Pour désarmer ta foudre éteinte dans nos pleurs?
Est-ce assez de cent ans, depuis notre partage,
Pour expier les torts transmis par héritage?
Et ne devons-nous pas, dans tout prince chrétien,
Fût-il pontife et roi, voir un juste soutien?
Ta royauté d'un jour t'impose une autre règle;
Le vautour moskovite, ayant peur de notre aigle,
S'est enfui jusqu'à Rome, et devant ton palais
Nous accuse d'émeute, en criant: maudis-les!
Nous sommes, as-tu dit, prophètes d'imposture?
Devions-nous renoncer à ce droit de nature,
Jour par jour insulté par les tzars, nos vainqueurs,
Le droit d'indépendance, inscrit dans tous les cœurs?
O Christ, ô roi des rois! quel avenir sinistre
Prépare aux nations la voix de ton ministre!
Si cet ange mortel doit faillir aujourd'hui,
Que de cœurs égarés vont déchoir avec lui!
Je vois la vieille Europe, épuisée, avilie,
Se plonger dans le flot d'une aveugle folie,
Au culte du néant ériger des autels,
Livrer au dieu du mal ses instincts immortels;
Je vois sa liberté, fuyant vers d'autres mondes,
Grandir un peuple éclos sous ses ailes fécondes;
Un peuple né d'hier, que l'on verra demain
Traverser l'Océan, son symbole à la main!

Je vois surgir au loin, délirante et maudite,
L'ère des rois teutons et du tzar moskovite,
Par le droit du gibet, du massacre et des fers,
Devenus désormais les dieux de l'univers !...

Telle, au ciel d'Italie, une vaste coupole
Domine des Romains l'antique nécropole;
Sur son faîte, la croix montre à l'humanité
Le chemin de la vie et de l'éternité;
Le chœur semble éternel, comme Dieu qui l'habite...
Lorsque la clef du dôme entraînant tout l'orbite,
Se détache, se brise... et ce temple des arts,
L'œuvre de Michel-Ange et l'orgueil des Césars,
De ses tronçons géants couvre la terre entière...
Mais malheur à celui qui fit tomber la pierre !...

Comment croire et prier, quand les peuples en deuil
Contre leurs chefs n'ont plus qu'un abri, le cercueil;
Quand, digne fils d'Yvan, un bourreau sans entrailles
Des crânes des vaincus érige des murailles,
Ou les dresse en monceaux dans son enfer glacé,
Pour indiquer la route où son char a passé;
Quand l'égoïsme est roi, la gloire est dans la tombe;
Quand l'Europe au tzarisme offrant une hécatombe,
Au dernier cri d'un peuple à ses pieds abattu
Répond, comme Judas : « Que te sert ta vertu? »
Dieu juste! nos aïeux, sur le Rhin, sur le Tibre,
Ont versé tout leur sang pour la Pologne libre;
Si nous devions tomber de même, au champ d'honneur,
Ta volonté soit faite, et gloire à toi, Seigneur!
Mais quel crime a commis notre sœur profanée,
De désespoir, de honte, à mourir condamnée?
Qu'ont-ils fait ces milliers de pauvres orphelins
Déportés dans l'Oural, aux cachots toujours pleins?
Quel anathème affreux pèse sur tous les Slaves,
Décimés, torturés, vendus, toujours esclaves;
Tandis que le Germain, du couchant jusqu'au nord,
Les égorge en criant : « Le tzarisme ou la mort! »

J'ai vu, sur le Niémen, les derniers de nos frères,
Armés de faux, d'épieux, partisans téméraires,
Sans espoir de secours, comme un troupeau de cerfs,
Traqués dans Bialoviès, l'aïeul de nos déserts.
De leur sang, fils du peuple, ils épanchaient le reste...
Blessés, mourants de faim, lorsqu'un nimbe céleste
Rayonnait de leurs fronts sur l'escorte à genoux :
« A vos rangs! disaient-ils, frères, imitez-nous;
Nous mourrons le cœur libre et l'âme consolée,
Car la terre natale est notre mausolée! »
Presque tous ont péri; les autres, en s'armant
Pour le dernier combat, ont juré par serment
De ne jamais se rendre au chacal moskovite;
Et bien longtemps après, dans ces bois qu'il évite,
Les échos ont redit, au milieu des hourras,
Le chant des légions : « Pologne, tu vivras! »
Bien que chaque veillée aux feux d'un incendie,
Chaque jour se levant sur la troupe hardie,
Éclairât une tombe, une croix sur le bord,
Leur courage indompté grandissait dans la mort.
Les âmes des martyrs qui restaient dans la plaine
Passaient dans les vivants, avec toute leur haine,
Avec ce noble amour mêlé dans notr esang

Que tout vrai Polonais porte au cœur en naissant,
Feu divin qui se nomme : Amour de la Patrie !
Il ne resta qu'un seul de la bande amoindrie ;
Mais il avait la foi dans son réveil certain,
Dans la chute du tzar mogol et byzantin.
Des mille âmes des siens son âme était formée;
Il semblait invincible et fort comme une armée;
Souvent la nuit l'a vu dans les camps ennemis,
Seul, parmi ces pillards dans l'ivresse endormis,
Une faux à la main, frapper comme la foudre,
Et puis, spectre géant, dans l'ombre se dissoudre.
Le Russe, ayant rêvé d'échelle et de licou,
Croyait voir Zolkiewski, le vainqueur de Moskou;
Sinon l'ange vengeur de Solyme aux sept portes,
Qui de Sennachérib terrassa les cohortes.

Une nuit, il dormait au pied d'un chêne vert,
Dans son dernier sommeil par un juif découvert;
Le maudit était bien de cette race immonde,
Ce bourbier de Sion répandu sur le monde,
Qui pour nos biens volés, notre hospitalité,
Nous rend l'espionnage et la vénalité.
Lorsqu'il ouvrit les yeux, voyant sa mort prochaine,
Le jeune homme, sans arme, étreignit le vieux chêne,
Voulant dans ce regard, cette étreinte d'amour,
Saluer sa patrie, esclave dès ce jour :
« Me voici! cria-t-il à la féroce engeance;
Mais puisqu'il est un Dieu, j'invoque sa vengeance,
Et demain sur ma tombe on verra se lever
La Pologne immortelle... » Il ne put achever:
Feu! commanda le chef; et de sa propre épée
Par le sbire à l'instant sa poitrine est frappée...
Depuis, squelette affreux, rongé par les corbeaux,
De sa main vers le ciel il étend les lambeaux,
Dont le vent du désert a noirci chaque fibre...
Ainsi devait périr le dernier homme libre.

Seigneur, j'espère en toi! tu m'as nommé Kristien,
Par ce nom, moi, ton fils, j'implore ton soutien;
Malgré les tzars, les rois, les transfuges, les traîtres,
Rends mon âme fidèle au Dieu de mes ancêtres!

Liége, 1832.

IV.

LE SONGE.

« Despair and die! »
SHAKESPEARE, *Richard III*.

LE PROSCRIT, en rêve.

« C'est par moi que finit le doute et l'espérance,
C'est par moi que s'endort toute humaine souffrance,
C'est par moi que s'éteint le pouvoir des tyrans... »
Tu l'as dit, morne Hécate, astre aux rayons errants,
Aux âmes qui s'en vont ta lumière préside...
Et toi, libérateur, toi, stylet homicide,
Comme un dernier trésor caché là, dans mon sein,
Ami fidèle et vrai, propice à mon dessein,
Tu réponds, frémissant, d'une voix sourde et brève :
« Seul je donne la paix et le sommeil sans rêve;

Seul, je romps tous les fers, je taris tous les pleurs ;
Seul, je brise à tes pieds la coupe des douleurs... »
Oh, viens ! délivre-moi de cette chaîne infâme !
Si la mort c'est l'oubli, qu'importe où va mon âme ?
Ah ! j'espérais pourtant un plus noble trépas !
Pour quelque cause sainte, aux éclairs des combats,
Arrachant quelque peuple à son joug tyrannique,
Renaissant dans sa gloire... espoir trop ironique,
Depuis trois ans d'exil, j'ai vécu par toi seul...
La paix sur l'univers s'étend comme un linceul
Taché de notre sang... le crime est roi du monde...
L'avarice, la peur, ont tué, souffle immonde,
La foi, la liberté... pourquoi vivrais-je encor ?
Souffrirais-je l'orgueil des puissants, gorgés d'or,
La haine, les affronts de la foule sujette,
La pitié des ingrats, cette aumône qu'on jette
Au malheur incompris que rien ne peut changer,
Mensonge qui veut dire : « Arrière l'étranger !... »
Onze heures... autrefois c'était l'heure bénie,
L'heure des visions... sur l'aile d'un génie
Je planais dans le ciel créé par mon désir ;
Aujourd'hui... crime ou non, la mort va me saisir...
Je vois les jours passés, tout armés de supplices,
D'amours évanouis, d'infernales délices,
Dans un cri d'anathème unissant leurs clameurs,
Me jeter cet arrêt : « Fuis, désespère et meurs ! »
Faut-il qu'au dernier jour mon courage s'émousse ?
Je n'ai pas demandé l'être, je le repousse ;
Dans son excès de mal cherchant la guérison,
Je m'enivre de pleurs... trop débile poison !...
Allons, que tout s'achève... à moi le fer qui vibre !
J'entends son dard crier : « Frappe, tu seras libre... »

(Il saisit son poignard.)

L'ANGE.

Mon frère !

LE PROSCRIT.

Est-ce ta voix, ô mon guide, Azaël,
Qui descend dans mon cœur comme un écho du ciel ?
Est-ce la voix d'Hélène, ange de la patrie,
Sœur du triste orphelin... fleur divine, flétrie
Avant la primevère éclose sous mes pas ?
Quatre automnes déjà... la tombe ne rend pas !...
A ton appel je sens les regrets pleins de flamme,
Le cri du désespoir, s'éteindre dans mon âme ;
Comme la mer s'apaise au chant des matelots,
Quand la Madone étend son voile sur les flots...
Que me veux-tu ?

L'ANGE.

Mon frère, étoile abandonnée,
Ton heure, dans le ciel, n'est pas encor sonnée...
Tu peux vouer ta vie à quelque noble emploi,
Mais une mort sans gloire est indigne de toi.
Le crime que tu veux commettre sur toi-même
Est le seul que poursuit l'éternel anathème ;
Car tu n'as pas le droit de jeter au néant
L'âme que le Seigneur nous donne en nous créant !
Laisse tomber cette arme... En frappant ta poitrine,
Tu me tuais aussi, moi, d'essence divine !
Car je serais maudit, là-haut, pour ton forfait,
Que je dois prévenir ainsi que je l'ai fait.
Je suis ton bon génie, et tu dois me connaître ;
Un Dieu fut notre père, un monde nous vit naître,

Sous une même étoile éclos un même jour.
Deux esprits différents, mais unis par l'amour,
Comme sur un rameau la fleur et la corolle...
Ton âme, ton esprit, ton regard, ta parole,
Sont le reflet des miens ; je souffre tes douleurs,
J'ai ma part du désir, de la joie et des pleurs ;
Et j'ai pleuré sur toi... Vaincu, brisant tes armes,
Abandonné, trahi, je recueillais tes larmes,
Et j'allais, suppliant, les porter au Seigneur...
Depuis le jour fatal, le dernier du bonheur,
J'ai suivi ton exil, loin de toi, sur la route,
Écartant les poisons de la haine, du doute,
Et le fiel de l'orgueil, plus dangereux encor...
Quand tu chantais, c'est moi qui sur ma harpe d'or
Accompagnais, de loin, ton hymne solitaire :
Ton prélude, parfois, commencé sur la terre,
C'est moi qui l'achevais dans l'infini des cieux...

LE PROSCRIT.

Je t'aime, esprit divin, voilé devant mes yeux,
Mais présent à mon cœur... la céleste rosée
Est moins douce, le soir, à la terre embrasée ;
De ton aile jaillit l'effluve accoutumé
Des roses de l'Éden encor tout parfumé ;
C'est toi qui, protégeant mon enfance éphémère,
Avais pour l'orphelin les baisers d'une mère...
Mais pourquoi me parler de ces beaux jours passés,
Du livre de ma vie à jamais effacés !
Au sort qui me poursuit tu ne peux me soustraire,
Je suis las de souffrir et de vivre...

L'ANGE.

O mon frère !...
A tout rayon du ciel ton cœur est-il fermé ?
Ignorant le bonheur d'aimer pour être aimé,
Pur encore, à la vie, à vingt ans, tu renonces ?
Tu n'as donc pas trouvé, sur ton chemin de ronces,
L'âme sœur de la tienne, un cœur pareil au tien,
Aux jours bons et mauvais te prenant pour soutien,
L'être prédestiné que sans peine on devine
Par un mot, un regard... une amante divine ?
Cette seconde sœur que Dieu mit sur tes pas,
Elle est là, près de toi... mais tu ne la vois pas ;
Tes yeux sont assombris par le deuil de ton âme...
L'amour chaste, ô mon frère, est une sainte flamme
Qui prête aux jeunes fronts son éclat le plus beau,
Les suit, les glorifie, au delà du tombeau...
Et tu veux étouffer cette unique étincelle,
Rayon de l'infini, que toute âme recèle ;
Abdiquer ce présent de la Divinité,
Ta part de son bonheur, de son éternité !...
Mortel, tu veux hâter l'heure, déjà si proche...
O pauvre fleur humaine ! attends-la sans reproche ;
Elle viendra trop tôt, et tu me reverras
Vers le Dieu de pitié te portant dans mes bras...
Grâce, au nom de ta mère ! elle voit mes alarmes ;
Moi, ton guide, à tes pieds je tombe, avec des larmes !
Et lorsqu'un ange pleure, oh ! c'est qu'il dit adieu
A l'homme qu'a frappé la sentence de Dieu !...
Je sais qu'en t'approchant je brave sa défense ;
Mais je t'aime, à mon sort je me soumets d'avance :
Vers l'Éden, mon berceau, je remonte aujourd'hui,
Cette heure t'appartient, tout le reste est à lui !...
Écoute donc... tu vois, sous l'étoile polaire,

Notre astre familier... sa couronne solaire,
En traçant une croix de flamme dans l'azur,
Te conduit vers un ciel plus clément et plus pur,
Vers un sol plus heureux, ta seconde patrie...
Là, tu retrouveras ta compagne chérie,
Vivante, ayant ses traits, sa beauté, sa douceur ;
Tu la reconnaîtras à son amour de sœur,
A son premier regard, plus vif, plus tendre encore,
Comme imprégné des feux que le sud fait éclore;
Elle te chérira de même, en te nommant
Son bonheur... nom trois fois béni, dès ce moment...
Aime-la, comme moi... comme autrefois Hélène,
Du matin de ta vie angélique phalène;
L'une en fut la lueur, l'autre en est la clarté,
C'est la Patrie esclave, et c'est la Liberté!...
De ces deux sœurs tu dois oublier la première,
Sois heureux, près de l'autre...

   LE PROSCRIT.
     O divine lumière!
Oublier ce premier et ce suprême amour,
Cette terre sacrée où j'ai reçu le jour,
La Patrie! ô mon Dieu! c'est tout ce que j'adore,
Ma famille, ma mère... oh! c'est bien plus encore!...
J'aurais, pour éloigner son supplice cruel
D'une heure, d'un instant, offert au roi du ciel,
Avec la foi d'un saint, la ferveur d'un apôtre,
Mon bonheur en ce monde et mon salut dans l'autre :
Et je dois l'oublier, quand ses fils expirants
Palpitent, dans ses bras, sous le fer des tyrans!
Comme l'ilote abject, je pourrais dans l'ivresse
Étouffer, fils ingrat, ma première tendresse...
Ah! puisque je ne puis rien pour la secourir,
Tu m'as trompé, va-t-en! j'ai le droit de mourir...
    (Il veut se frapper.)
   L'ANGE.
Arrête! de l'exil déplorable victime!
L'esprit du désespoir te pousse vers l'abîme...
Pardonne-lui, mon Dieu, ce dessein criminel,
Mais son malheur, si grand, doit-il être éternel?...
Approche... sur ton front j'incline cette palme.
Mets ta main dans la mienne, et ton cœur sera calme.
Tu monteras vers Dieu; moi, jusqu'au dernier jour,
Je reste, et prends ta place au terrestre séjour.
Pour toi je veux souffrir, avec force et courage,
La haine des méchants, l'abandon et l'outrage...
Souviens-toi, dans le ciel, de cette âme de feu
Qui t'aima, frère, au point de renoncer à Dieu,
D'accepter ton exil sur la terre où nous sommes,
Et de mourir, bientôt, comme meurent les hommes...
Ton seul amour fidèle, immense, illimité,
Suffira pour me faire une autre éternité...
Ta main, donne...
   UNE VOIX.
    Azaël!
     (L'heure sonne.)
   L'ANGE.
    Minuit... Dieu me rappelle...
Non! je n'ai pas le cœur de l'archange rebelle!
Je pars... Songe à ce nom que le ciel a béni,
Sœur d'Hélène, sur terre on la nomme Eldjéni...
Demain ta fiancée... aime-la pour la vie...
Je veillerai sur vous, l'âme heureuse et ravie...
Soyez bénis tous deux, par l'Amour, par la Foi,
Par l'Espérance... adieu!
   LE PROSCRIT, en s'éveillant.
    Mon Hélène... est-ce toi?
Demeure, par pitié!... Ne crois pas que je veuille
Te survivre... Le songe a fui... mais cette feuille
Me reste... une relique... elle a touché sa main...
Ah! tu refleuriras sur ma tombe demain!

  Anvers, 1833.

V.

LE NÉANT.

INVOCATION.

  « All's well that ends well. »
     SHAKESPEARE.

C'est donc toi que j'invoque, ô fantôme géant,
Toi, sans forme et sans nom, mystérieux Néant,
Sombre époux de la Mort! Ta haine inassouvie
Veille sur ces foyers, ces sources de la vie
Que le Verbe éternel de ton sein fit sortir,
Et qu'à la fin des temps tu dois anéantir;
Lorsque leurs feux taris, leurs clartés infécondes,
Cesseront de jaillir aux limites des mondes,
Et que leur vol brillant sur l'arène des cieux,
Chars vieillis et sans guide, usera leurs essieux.
Ici, sur cette terre où tout change, où chaque être
Naît, grandit, aime un jour, et puis meurt pour renaître,
Où tout est force, esprit, lumière, mouvement,
Multiple expression d'un unique élément,
Où toute âme en naissant par le corps dominée,
Suit l'orbite fatal qu'on nomme destinée,
L'étoile dans l'espace et la fleur sous nos pas,
Ici, dieu d'épouvante, on ne se comprend pas.
Le cœur faible et troublé de l'homme qui succombe
Frissonne à ton seul nom sur le bord de la tombe,
Comme au désert, l'Arabe égaré dans la nuit,
Sous les yeux flamboyants d'un tigre qui le suit.
Mais nous, les exilés, les maudits, les rebelles,
Qui voyons chaque jour les âmes les plus belles
Se flétrir sous l'orgueil des maîtres absolus,
Néant, suprême exil, nous ne te craignons plus.
D'un regard, moi, mortel, j'ai sondé ton empire;
Dieu sombre, à te combattre, à te vaincre j'aspire;
Naufragé sans espoir, mais aussi sans effroi,
Par trois fois je t'appelle: apparais, viens, c'est moi!...

Que ceux qui vont puisant le vertige et la fièvre
Dans le flot du plaisir qui tarit sous la lèvre;
Ceux qui cherchent le ciel vainement imploré
Dans les bras amoureux de l'objet adoré;
Qui suivent, couronnés d'une palme illusoire,
Ce fantôme sanglant qu'ils appellent la gloire;
Ou, cent fois les plus vils, ceux qui n'ont d'autre soin
Que de ramasser l'or dont ils n'ont pas besoin,
Que ceux-là, rois ou serfs, heureux ou misérables,
Craignent du temps qui fuit les coups irréparables.
Pour nous seuls qui, du monde ignorant les bienfaits,

Mesurons sa largesse aux maux qu'il nous a faits,
Qui d'une âme plus haute et d'un cœur moins timide,
N'avons jamais pris place à ses festins d'Armide,
Proscrits, nous sommes nés sans espoir de bonheur,
Et nous pouvons aussi sortir sans déshonneur
De ce gîte d'un jour, quitté la nuit suivante,
Sans laisser un regret dans une âme vivante.
Oh! quand je sommeillais dans ton ombre, ô Néant!
Avant que le Seigneur ne mît, en me créant,
L'étincelle divine en ce corps de matière,
De son éternité périssable héritière,
Pourquoi m'a-t-il contraint, lui juste, en me disant:
« Sois homme, souffre et meurs! » d'accepter son pré-
La vie! un rêve abject, l'odieux ou l'étrange; [sent?
Mélodrame sanglant sur un tréteau de fange,
Où le crime reçoit des honneurs surhumains,
Et la vertu s'exile ou meurt, les fers aux mains!
Pourquoi m'ayant doué d'un souffle plus intense,
Dieu m'a-t-il révélé, dans ma courte existence,
Le bien, le vrai, le beau, mirage éblouissant,
Qui fuit quand on le touche ou s'éteint dans le sang?
Pourquoi sur cette terre? ai-je demandé l'être,
L'ai-je accepté quand même avant de le connaître?
Ce don triste et fatal de l'esprit créateur
Doit-il être éternel comme son donateur?...
Oui, peut-être aujourd'hui ce souffle, cet atome,
Enveloppe de chair où s'agite un fantôme,
Dormirait sur un astre encore inhabité,
Parcourant avec lui l'espace illimité;
Bercé, comme un esquif sur une onde aplanie,
Par l'unisson divin, la source d'harmonie,
L'Océan de splendeurs prêt à se déployer,
De l'âme universelle entourant le foyer!

Que vois-je à mon réveil? La pauvre race humaine
Qui d'erreur en erreur follement se démène;
Adore au-dessus d'elle un maître sans pitié,
De son œuvre oubliant de briser la moitié,
Saturne ou Jéhovah, nommé Dieu des armées,
Pour bénir le massacre et les chairs consumées;
Suivant depuis Caïn, le premier criminel,
Trois instincts: l'or, le meurtre et le plaisir charnel;
Qui, voulant être libre, orgueilleuse et débile,
Ne bannit un tyran que pour en trouver mille
Dans ses propres tribuns, flattant ses passions,
Pour les mieux façonner à leurs ambitions;
Race inepte, oscillant, dans sa triste impuissance,
Entre la servitude et l'affreuse licence;
Là, le Juif, né voleur; le Français né changeant,
Mais fidèle aux amours que lui donne l'argent;
Le Polonais crédule, affolé d'un mirage;
L'Italien, dans l'art épuisant son courage;
L'Espagnol, né bandit, moine orné d'un tromblon;
L'Anglais, l'ogre des mers, s'enivrant du houblon;
L'Allemand, qui voudrait terre et ciel pour pâture;
Le Russe enfin, servile et féroce nature...
Voilà l'humanité, l'œuvre du Dieu d'amour,
Telle que je la vois depuis mon premier jour!
Et moi-même... à ce Dieu qu'ai-je donc fait pour naître
Sans mère, sans patrie et sans amour peut-être,
Proscrit dès le berceau... Deux marâtres d'abord:
La Russie, un enfer... l'esclavage et la mort;

Et l'autre, l'imposture... oh! c'était assez d'une!
Puissantes toutes deux, courtisant la fortune,
S'enivrant des succès par le monde applaudis,
Et nous... des parias sans asile et maudits!
Maudits, pour quel forfait? Sous des lois plus prospères,
Nous voulions réparer la faute de nos pères;
Rendre au serf, notre frère, avec la liberté,
Sa part du bien commun dont il fut écarté,
Le sol et la lumière... oui, ce crime est le nôtre;
Il nous faut l'expier dans ce monde et dans l'autre,
Car, même après la mort, nos mânes sont exclus
Du natal mausolée, où nous n'aspirons plus!

Opprobre à notre siècle, à son culte idolâtre!
Son Messie est le tzar, ce tyran de théâtre,
Qui, fidèle à sa loi d'extermination,
Fouille au cœur d'une grande et belle nation,
Ne pouvant ni mourir ni vivre; condamnée
A ployer sous le joug sa tête profanée,
A livrer ses enfants aux corbeaux du désert...
Lorsque peuples et rois, l'oubliant de concert,
Ou de ses meurtriers se faisant les complices,
Insultent les martyrs sur la croix des supplices!...
Quand verrai-je, ô Néant! le jour libérateur,
Où tu dois engloutir l'œuvre du Créateur,
Avec tous ses faux dieux, ses bourreaux et ses sbires:
Comme Tyr t'invoquant à l'autel des Kabires,
Aujourd'hui disparue avec ses habitants,
Ses trésors, son commerce et ses palais flottants;
Comme sa sœur Carthage, aux superbes galères,
Immolant ses sauveurs et ses chefs populaires
A Moloch-Astarté, spectre aux bras étouffants,
Lui faisant un festin de ses propres enfants!...

Ainsi s'écrouleront ces cités orgueilleuses,
Ces générations de leur âme oublieuses,
Incapables du bien, n'ayant plus d'autre dieu
Que le tzar moskovite ou le veau-d'or hébreu;
On se demandera quelque jour: Où sont-elles?...
Ces Palmyres des mers, ces Romes immortelles,
Adoraient le Néant... leur nom même effacé,
Sur leurs derniers débris le dieu spectre a passé!
Ainsi disparaîtra cet enfer d'esclavage,
Qui, blasphémant le ciel de son rire sauvage,
Comme autrefois Satan, le défie aujourd'hui
D'en créer un second plus réprouvé que lui!...

Noire divinité voilée aux yeux des hommes,
Dont le culte domine à l'époque où nous sommes,
Entends mon dernier vœu; si mon astre fatal
Jamais ne me ramène au rivage natal,
Reçois-moi dans ton sein: je te fais l'héritière
De ma vie ici-bas... reprends-la tout entière!
Refuge du malheur ou du crime accompli,
Tu donnes à tous deux le bienfait de l'oubli;
L'un y trouve la fin d'un tourment implacable,
L'autre court y plonger le remords qui l'accable;
L'un y cherche la paix, l'autre l'impunité,
Seul, le bonheur aspire à l'immortalité!
Voir tomber de mon corps la charpente grossière,
Secouer loin de moi toute cette poussière,
Est-ce la fin de tout? C'est le commencement,

Du drame de la vie un heureux dénoûment.
C'est la fraîcheur du soir après un jour d'orage,
Le chant du laboureur contemplant son ouvrage,
C'est la première étape, au seuil calme et béni,
Du voyage de l'âme, allant vers l'infini !
Tous l'ont dit, les martyrs, les sages, les poëtes :
La mort est une extase aux voluptés muettes ;
Beauté sainte, entrevue à travers un linceul,
Épouse, mère et sœur... trois amours en un seul !
Libre de ses liens, que mon souffle invisible
Repose dans la nuit ténébreuse et paisible ;
Ce corps qu'il habita quelques tristes moments,
Va rendre leur parcelle à tous les éléments...

O lumière incréée, infinie, éternelle,
Pardonne ce transport de douleur criminelle...
Grâce pour mon pays, mes frères, Dieu puissant !...
Ce Moskal dont la pourpre est faite de son sang,
Que ta puissante main, Seigneur, l'anéantisse !
N'es-tu pas la raison, la bonté, la justice ?
Si je vois réunis ses aigles dispersés
Au jour de son réveil dans sa gloire bercés ;
Rempart des nations libres et désarmées,
Si je vois sous ta main ses blessures fermées ;
Que le reflet vivant de l'antique grandeur,
A ce jour que j'appelle ajoute sa splendeur,
Alors je veux descendre au tombeau de ma mère :
Et mon âme, oubliant son exil éphémère,
Ses angoisses, ses pleurs, effacés dès ce jour,
S'éteindra dans ta foi d'espérance et d'amour !

Liége, 1834.

VI.

RÉSIGNATION.

A M. SAINTE-BEUVE.

« Auch ich war in Arkadien geboren ;
Auch mir hat die Natur
An meiner Wiege Freude zugeschworen :
Doch Thrœnen gab der kurze Lenz mir nur ! »
SCHILLER.

Et moi, printemps du cœur, j'ai connu tes chimères,
Tes rêves de l'Éden, fragiles, éphémères,
Comme l'épi brisé sous la main du glaneur ;
J'ai bu dans un regard ta divine ambroisie,
Cherché dans les combats, le chant, la poésie,
  Ce rien qu'on nomme le bonheur !

[larmes !...
Le bonheur... fruit vermeil, plein de cendre et de
Si je fuis les plaisirs de mes compagnons d'armes,
Libre, loin des cités si je porte mes pas,
Si jamais un sourire, une douce pensée,
N'illuminent ma vie, à peine commencée,
  Frères, ne me condamnez pas !

C'est que d'un lait amer ma jeune âme est nourrie ;
J'ai trop rêvé d'amour, de gloire, de patrie,
Ces trois astres pour moi disparus à jamais...

C'est que mon cœur s'éteint sous le deuil qui l'oppresse ;
Et je suis resté seul, sans espoir, sans tendresse,
  Survivant à ceux que j'aimais !

Malheur à tout génie orgueilleux et rebelle
Qui des fleurs de l'Éden croit saisir la plus belle,
Pour qui l'art alluma son magique flambeau ;
Mirage insaisissable au désir qu'il enflamme,
Son noble enthousiasme, en s'éteignant dans l'âme,
  Ne laisse après lui qu'un tombeau !

Tous ces ravissements dont l'enfance est avide,
En fuyant de mon cœur, ont dû creuser un vide
Qu'aujourd'hui le ciel même à peine comblerait ;
Mais du moins j'ai connu leurs voluptés étranges,
J'ai vécu des instants enviés par les anges,
  Et je puis mourir sans regret !

Dois-je du Créateur accuser la puissance
Si la lune de mai brillait à ma naissance ;
Aux chants des nids d'oiseaux si j'ai reçu le jour ?
Dois-je l'importuner d'une indigne prière
De me rendre pareil à ces hommes de pierre,
  Ignorant la haine et l'amour ?

Non ! il est dans mon âme une voix qui me crie :
« Prends ton luth, jeune barde, et chante la patrie ;
Ne rien faire éprouver, rien souffrir, c'est la mort...
Au souffle inspirateur, nocher, livre tes voiles :
Pologne, Liberté, voilà tes deux étoiles,
  Va, demain tu verras le port ! »

Demain, l'oubli peut-être... Ah ! ce jour d'espérance
Dût-il être ma vie, est-ce à l'indifférence
De dire au dernier jour : « J'aimai, je fus aimé ! »
Si le sort m'a trompé, tout grand cœur doit m'absoudre ;
Du ciel même plutôt je ravirai la foudre,
  Dussé-je en mourir consumé !

Quels radieux essaims, quels concerts magnifiques,
Entouraient mon berceau de leurs voix séraphiques !
Je sentais poindre en moi le feu qui ne meurt pas ;
Dès l'enfance, au réveil d'une âme ardente et forte,
L'aigle de l'idéal nous saisit, nous emporte,
  Et nous garde jusqu'au trépas !

Qui dira mon ivresse et mes heures d'extase
Dans nos vertes forêts qu'un beau soleil embrase,
Sur nos fleuves des nuits reflétant la splendeur ;
Que de mondes plus beaux créait ma fantaisie !
A douze ans, j'essayais si quelque poésie
  Du monde égalait la grandeur !

Dieu sait combien j'aimai ce fils de la peinture,
Mon frère, par l'essor vers la belle nature...
Comme la mimosa, mon cœur mal aguerri
Sous son rude toucher se ferma de lui-même ;
Devais-je donc, plus tard, le haïr à l'extrême,
  Autant que je l'avais chéri ?

Quel fut mon désespoir, quand cette âme inspirée,
Par le dard de l'orgueil en secret déchirée,

Déserta l'idéal pour la réalité ;
Lorsqu'il fit, reniant son culte du jeune âge,
La gloire, du malheur ce splendide apanage,
  Du veau-d'or, sa divinité !

Bientôt le froid calcul ternit ce front d'archange ;
Il brisa ses pinceaux, pour puiser dans la fange
L'oubli des beaux instincts qui fuyaient tour à tour ;
Méconnaissant les pleurs de l'amitié flétrie,
Il trahit son génie et quitta la patrie
  Dont il fut l'espoir et l'amour...

Malheur, trois fois malheur à ces âmes artistes,
Cœurs de feu, s'attachant à des cœurs égoïstes ;
Aimer sans être aimés, voilà leur triste sort :
Comme sur un rocher la liane flexible
Enlace de ses bras le granit impassible,
  Sans y rien trouver, que la mort !

Printemps évanoui de mes tendres années,
Qui me rendra tes fleurs qu'un soleil a fanées,
Tes rêves, tes tourments, tes pleurs délicieux ?
Par toi tout se revêt d'une beauté suprême,
Car l'intime clarté qui jaillit de toi-même,
  Embellit la terre et les cieux !...

Une autre âme était là... c'était une âme pleine
D'amour et de lumière... elle avait nom Hélène...
Déjà, comme un jeune ange, ayant le mal du ciel ;
La mort avait gravé son stigmate cruel
Sur ses traits de quinze ans, l'indice de la tombe...
On eût dit la blancheur d'une aile de colombe,
Ou la neige qui fond sous le soleil de mai...
Je ne sais plus pourquoi ni comment je l'aimai ;
Elle était orpheline, et comme de naissance,
Nos cœurs s'appartenaient de toute leur puissance.
Du même lait nourri, pour lui sauver des pleurs,
Mon Dieu, j'aurais bravé l'abîme des douleurs !
Un soir, à mon retour d'une ville prochaine,
Je vis un blanc cercueil étendu sous un chêne ;
Quelques bons villageois l'entouraient à genoux,
Disant, avec le prêtre : « Ayez pitié de nous ! »
Car chacun pour la morte avait le cœur d'un frère...
En vain à cet aspect on voulut me soustraire ;
Je l'avais vue en songe et j'étais accouru :
Avec les fleurs d'automne elle avait disparu.
J'étais là, sans parole, égaré, les yeux mornes,
Pressentant un supplice immuable et sans bornes ;
C'était plus qu'une sœur, c'était l'ange gardien,
Son cœur, en s'envolant, avait brisé le mien...
La nuit, je restai seul sur la tombe fermée,
Veillant, comme autrefois, près de ma bien-aimée,
Priant et blasphémant de ne pouvoir l'ouvrir,
Car du même linceul je voulais me couvrir.
Enfin, Dieu m'exauça dans un songe de flamme...
Germe d'éternité, l'étincelle de l'âme
De mon cœur dans le sien fit jaillir un éclair ;
Autour de moi vibraient des chants pieux dans l'air,
C'étaient ceux qu'elle aimait, vivante cantilène,
Ceux qu'elle avait appris aux échos de la plaine.
Sainte extase que rien ne saurait exprimer,
Lorsque sous mes sanglots je la vis s'animer,

Pâle, levant sur moi sa paupière élargie...
Ce n'était plus la mort, c'était la léthargie,
Couronnant sa beauté de ce nimbe vermeil
Qu'imprime sur les traits le baiser du sommeil...
Comme la rose agreste entr'ouvrant ses corolles,
Ses lèvres essayaient quelques vagues paroles,
Deux noms mystérieux entendus par moi seul :
« Eldjéni... Liberté... » J'arrachai son linceul,
Je l'appelai trois fois ; plein d'espoir et de crainte,
Je crus sentir son cœur battre sous mon étreinte,
Lorsque dans le lointain, sombre écho des enfers,
J'entendis un bruit sourd de verroux et de fers ;
Puis, les gémissements et les cris de démence
D'un peuple de captifs dans un désert immense :
Et là, vers l'Occident, une voix qui maudit...
J'appelai du secours, rien ne me répondit ;
J'invoquai le Seigneur, mais le ciel semblait vide,
Et je n'embrassai plus qu'un front blême et livide...
Comme un essaim de morts près du lit d'un mourant,
Des spectres à genoux l'entouraient en pleurant ;
L'orgue saint gémissait au loin, dans les ténèbres ;
Aux tremblantes lueurs de cent torches funèbres,
Je voyais tour à tour ces fantômes en deuil
S'incliner sur sa main, et rentrer au cercueil :
Le dernier, le plus morne, avait ma ressemblance...
Je m'éveillai, la nuit s'achevait en silence ;
Le jour vint... Ce dernier, sous un ciel toujours beau,
Semblait l'ange sculpté priant sur un tombeau...

Comme un coursier arabe, agitant sa crinière,
Vole, au bruit du clairon, vers la sainte bannière,
Ainsi je me jetai dans le noir tourbillon
Qui suivait du Vingt-neuf le jeune bataillon.
Novembre avait donné le signal des alarmes ;
Tout un peuple était là, plein d'ardeur, sous les armes :
Le lancier renommé, le faucheur, l'artisan,
Le chasseur de nos bois, devenu partisan,
Tous, d'un beau dévouement les âmes dominées,
Fiers de rendre au pays ses grandes destinées,
Unissaient cœurs et bras dans un même transport :
« Il vivra, disaient-ils, libre par notre mort ! »
Oui, le réveil d'un peuple a des heures sublimes !
J'ai vu pendant dix mois ses luttes magnanimes,
Et, la mèche à la main, les suivant pas à pas,
Je m'enivrai de gloire en cherchant le trépas.
Les jeux, les chants guerriers, sous l'ardente volée,
Sont les plus doux loisirs d'une âme désolée ;
J'aimais les feux du soir aux bandières des camps,
Les éclairs des canons, ces nomades volcans,
Et l'obus qui s'élance, au signal de son maître,
Au cœur de l'ennemi, qu'il semble reconnaître...
Mais les peuples alors, divisés par troupeaux,
Après trente ans de guerre, avaient soif de repos
Ils avaient oublié ce tzarisme barbare
Dont la Pologne esclave aujourd'hui les sépare :
Les rois seuls ont frémi, les rois l'ont emporté,
Car Pologne pour eux veut dire Liberté.
O France, notre sœur... nom stérile et funeste !
Quand d'un sang héroïque elle épanchait le reste,
Le poëte chantait : « Polonais, en avant !
Tous à la baïonnette ! au nom du Dieu vivant ! »
Tes ministres, gagnés par l'or de Sibérie,

Ton roi Louis-Philippe, un maître en fourberie,
Disait à nos soldats : « On vient vous secourir;
Attendez!... » Mais attendre, ô ciel, c'était mourir !
Et la Pologne est morte, illustrant de victoire
Trois cents jours de combats, les plus beaux de l'his- [toire.
Oh! silence, mon âme... est-ce donc par les pleurs
Que l'on peut exprimer de si grandes douleurs?...

Ainsi l'enfant rêveur, l'adulte volontaire,
Voyait s'évanouir tous les biens de la terre;
Comme l'octogénaire achevant le sentier
Vers la tombe où son siècle est couché tout entier.
Depuis, par un amour... le dédain, le sarcasme,
D'un sourire idiot raillent l'enthousiasme;
Parfois l'orgueil stupide, affectant l'amitié,
Lui fait l'indigne affront d'un regard de pitié :
Tous entourent l'exil d'ironiques hommages...
Les vœux, les souvenirs, les accents, les images,
Qui font battre mon cœur de colère ou d'effroi,
Pour eux inanimés, ne vivent que pour moi.
Que de fois, parcourant les campagnes prospères,
Leurs cités, leurs châteaux, défendus par nos pères,
Je me souvins d'Uiazd, ce coin du sol natal,
Plus cher que leurs palais de marbre et de cristal...
Alors, un rien me trouble, un rien me fait envie;
La chaumière en bois peint, le vieillard plein de vie,
Assis dans les rayons d'un soleil éclatant;
Le jeune laboureur qui revient en chantant
Vers la mère joyeuse, et l'enfant qui repose,
Souriant dans ses bras, comme un bouton de rose;
Des jeux sous le grand chêne et des danses le soir,
Tous ces plaisirs pour eux sont pour moi désespoir...
Combien je donnerais de mes jours inutiles
Pour vivre un jour comme eux, sur nos plaines fertiles,
Oublié des jaloux dans ce calme bonheur
Qu'éprouve en s'endormant le simple moissonneur,
Lorsque après la veillée il revoit dans un rêve
Son jardin qui fleurit, sa moisson qui s'élève;
Pour goûter son pain noir, partager ses travaux,
Chaque jour louer Dieu pour ses bienfaits nouveaux;
A tous les bruits du monde heureux de me soustraire,
M'entendre aussi donner les noms d'ami, de frère,
Et puis, comme l'encens s'évapore au saint lieu,
M'éteindre sans regret, sûr de revivre en Dieu!

Délices du foyer, félicité suprême,
Recevez les adieux d'un enfant qui vous aime;
Exilé du bonheur, le voilà condamné
A porter sur la terre un cœur non profané,
Parmi des hommes vils et des Phrynés sans âme;
Un cœur qui pourrait seul embraser de sa flamme
Ce monde sourd-muet qui ne l'a pas compris,
S'il ne lui rendait pas sa haine avec mépris;
Du haut de l'idéal s'il daignait redescendre
A ses fleurs sans parfum, à ses fruits pleins de cendre,
Et s'il n'aimait pas mieux, dans cet âge de fer,
S'éloignant des élus, souffrir seul son enfer!

   Lorsque le présent me dévoile
   Tout un avenir de malheur;
   A mon zénith, pas une étoile,
   Sur mon chemin, pas une fleur;

   Dois-je sur cette terre ingrate,
   Courtisane d'un autocrate,
   Voir se flétrir mes derniers jours?
   Attendre qu'une mort commune
   Efface, avec mon infortune,
   Tout souvenir de mes amours?

   Faut-il, par honte du naufrage,
   Chercher un asile au tombeau,
   Comme le soldat sans courage,
   La nuit, désertant son drapeau?
   Faut-il, abjurant mon nom slave,
   Comme à Sparte, la race esclave,
   Sans pudeur et sans dignité,
   Dans le torrent de la folie
   Ternir sur mon âme avilie
   Le sceau de la Divinité?

   Non! de mon sang je fais l'offrande
   A l'avenir, libre et vainqueur;
   Des royautés la brèche est grande,
   A l'assaut, tous les gens de cœur!
   Lorsque, achevant mon saint délire,
   Le glaive aura brisé ma lyre,
   A moi la foudre des combats!
   L'ère des Césars est finie;
   Et pour fonder l'Europe unie,
   Il faut encor de beaux trépas!

   Paris, 1835.

VII.

LES DEUX AMES.

> « The world was all before them, where to choose
> Their place of rest, and Providence their guide;
> They hand in hand, with wand'ring steps and slow
> Through Eden took their solitary way. »
>   MILTON, *Paradise lost*, XII.

A travers les rochers, se tenant par la main,
Deux voyageurs suivaient un aride chemin.
Le premier, le plus jeune, orphelin sans défense,
Au malheur de l'exil condamné dès l'enfance,
D'un regard inquiet semblait interroger
L'infini sans étoile et son guide étranger.
Pourquoi se presse-t-il? c'est que la blanche aurore
Sur le toit paternel à ses yeux doit éclore;
Il va revoir demain tous ceux qu'il aime tant,
Ses frères, ses amis, sa mère qui l'attend!
Le guide au pied léger, au maintien pur et calme,
Le conduit en tenant sur sa tête une palme;
Et jamais la Madone avec autant d'amour
Ne berça l'enfant-Dieu que son sein mit au jour,
Lorsque dans Bethléem, sous les ailes des anges
Elle vit les pasteurs l'adorer dans ses langes,
Que le guide inconnu ne prêtait son appui
Au timide orphelin qui glissait devant lui.
Si, penché sur l'abîme et cédant au prestige,
L'enfant croyait sentir le démon du vertige
Dont les yeux enflammés, fascinant sa raison,

K. OSTROWSKI. *OEuvres choisies.*

D'en bas, pour l'engloutir, lui dardaient leur poison,
Le guide lui cachait son rire satanique
Sous les plis rayonnants de sa blanche tunique;
Ou par un doux noël, de ses craintes vainqueur,
Lui faisait partager le repos de son cœur.
C'était l'adolescent dans sa grâce première;
Ses beaux cheveux de lin épanchaient la lumière;
Quand il avait chanté, sa voix vibrait encor
Comme au souffle du soir vibre une harpe d'or.
Et comme un somnambule, attiré vers la nue,
Sur un dôme escarpé suit sa route inconnue,
Tels ces deux pèlerins, l'un à l'autre attachés,
Suivaient la voix de Dieu qui leur disait : « Marchez...
Revenez vers le ciel, âmes sœurs exilées,
Depuis l'éternité par l'amour assemblées!... »

Voici leurs chants d'adieu, triste et dernier concert,
Qui m'ont été redits par l'écho du désert.

LE VOYAGEUR.

Où sommes-nous? l'espace est noir et sombre;
Vois-tu ce spectre au regard dévorant?
Quel est ce cri qui m'appelle dans l'ombre,
Là, dans le gouffre où mugit le torrent?
Le vent glacé de son aile m'effleure;
C'est dans les bois comme une âme qui pleure...
Mon cœur s'arrête, et l'ange du trépas
    Sonne la douzième heure :
Le jour est loin, et l'abîme à deux pas!

LE GUIDE.

    Heureux celui qui repose
    Sous l'aile du Tout-Puissant!
    Lorsque sa paupière est close,
    Dieu veille, en le bénissant.
    Qu'un roi du monde l'exile,
    Le ciel devient son asile
    Et le Seigneur son appui:
    Que notre amour le protége,
    La mort, avec son cortége
    S'arrête et fuit devant lui!

VOIX DES BOSQUETS.

Viens a moi, beau proscrit! Vois-tu dans les vallées
Comme un tapis de fleurs à tes pieds étalées,
    Ces lacs de diamants,
Ces fleuves de saphirs scintillants de lumière,
Ces bosquets d'émeraude où, dans chaque chaumière,
    Reposent deux amants?

Ici, la jeune fille a déserté sa couche;
Le chant du rossignol, le rayon qui la touche
    Tout la glace d'effroi;
Les cheveux caressés par la brise odorante,
Elle donne un signal; et, blanche, délirante,
    Elle dit : Viens à moi!

LE VOYAGEUR.

    Voix des bosquets, plus douce que les songes,
    Conduis mes pas où m'attend le plaisir;
    Guide inconnu, loin de moi tes mensonges,
    Brillant mirage impossible à saisir!

Tu m'as trompé par tes pieux blasphèmes;
Le ciel n'est point ailleurs que dans nous-mêmes :
Va-t'en, vaine ombre au sourire moqueur!
    A moi, splendeurs suprêmes,
    Folles amours, je vous livre mon cœur!

LE GUIDE.

    Le juste aime sans murmure
    Un Dieu qu'il doit supplier;
    L'espérance est son armure,
    Et la foi son bouclier.
    Il ne craint dans les ténèbres
    Ni les visions funèbres,
    Ni les piéges suborneurs;
    Devant lui, tombez, superbes,
    Peuples et roi, comme gerbes
    Sous la faux des moissonneurs!

VOIX DES CITÉS.

Viens à moi! viens goûter d'enivrantes délices!
Vois-tu ces tables d'or pliant sous les calices?
    Ces femmes, ces flambeaux?
Où fuyant les ennuis, les souffrances rebelles,
Tu pourras oublier... où nos nuits sont plus belles
    Que tes jours les plus beaux?

Tu fouleras du pied la vile populace;
Aux conseils des puissants tu prendras une place;
    Proscrit, tu seras roi!
Palais, jardins, réduits où l'amour seul respire,
Tout cela vaut le ciel : c'est Paris, c'est l'empire!
    Viens à moi! viens à moi!

LE VOYAGEUR.

Voix des cités, voix de la folle orgie,
Est-ce l'enfer qui bouillonne à mes yeux?
Que ton regard, par sa douce magie,
Frère, me rende un souvenir des cieux!
M'ayant quitté comme un songe à l'aurore,
Tu viens, le soir, pour disparaître encore!
La Vierge sainte a bien moins de douceur...
    Toi que mon âme implore,
    Qui donc es-tu, mon génie ou ma sœur?

LE GUIDE.

    Dieu permet à ses archanges
    De bercer l'homme en leurs mains,
    Parmi les noires phalanges
    Et les écueils des chemins.
    Le juste qu'un Dieu seconde
    Ose dans la nuit profonde
    Briser le front du serpent;
    Et la lionne numide
    A ses pieds, humble et timide,
    Vient se coucher en rampant.

VOIX DES TORRENTS.

Viens à moi! viens puiser l'ambroisie, ô poëte!
Je remplirai ton âme et ta bouche muette
    D'harmonie et de feu;

De l'inspiration tu connaîtras la fièvre,
Et des peuples entiers suspendus à ta lèvre
    S'écrieront : Homme et Dieu !

La gloire de ton nom couvrira l'orbe immense;
Tes chants, nouveau David, calmeront la démence
    De Saül, prêtre et roi;
Ton courroux descendra comme un torrent de lave;
Les vierges chanteront : Bienheureuse est l'esclave
    Qui lui dit : « Viens à moi ! »

LE VOYAGEUR.

Voix des torrents, faut-il fuir ou te suivre?
Pauvre orphelin par l'exil ennobli,
Dois-je renaître au souffle qui m'enivre,
Dois-je mourir dans la honte et l'oubli,
Seul, ignoré sous le cilice infâme,
Dans ce tombeau d'un grand peuple sans âme?
Non ! trop longtemps j'ai pleuré, combattu;
    A moi, lyre de flamme!
    A moi la gloire, elle vaut la vertu !

LE GUIDE.

    Bienheureux celui qui pleure!
    Enfant, la terre à nos yeux
    N'est qu'un passage d'une heure,
    Notre patrie est aux cieux!
    Qu'importe au cœur sans alarmes
    Si sa prière et ses larmes
    Sont le jouet du destin?
    Tu vois le sort de l'impie :
    Longtemps la foudre assoupie
    Le frappe un jour de festin!

VOIX DES ROCHERS.

Viens à moi, faible enfant que le malheur opprime!
La fortune ne sert que l'audace et le crime,
    Fruits de l'arbre infernal;
De Dieu même avec moi partage la puissance :
A lui le jour, son œuvre, et le bien, son essence,
    A moi l'ombre et le mal!

Tu ne reverras plus ta patrie et ta mère!
Patrie? un peu de boue; amour? folle chimère;
    Le ciel? fermé pour toi!
Qu'importe! dans l'ivresse éteins ce cœur qui souffre,
A toi le sceptre d'or, la couronne du gouffre :
    Viens à moi! viens à moi!

LE VOYAGEUR.

Voix des rochers, nuit dans l'abîme éclose,
Esprits du mal, fuyez, cortége impur!
Vous, sœurs d'Hélène, Amour, céleste rose,
Foi, lis sans tache, Espérance d'azur,
De l'infini brillantes étincelles,
Recevez-moi!... Je sens croître mes ailes...
Vous que je quitte en m'élançant vers Dieu,
    Seuls cœurs toujours fidèles,
    Frères d'exil, et toi, patrie... adieu!

LE GUIDE.

    Harpes d'or, chantez victoire!
    L'ange a rompu ses liens;

    Source d'amour et de gloire,
    Dieu l'a comblé de ses biens.
    L'orgueil s'élève et succombe;
    La mort lui creuse une tombe
    Dans l'infernale cité :
    Mais vous dont l'âme est flétrie,
    Pour la terrestre patrie,
    Dieu vous rend l'éternité!

La patrie!... est-ce là cette zone dorée,
Se levant sur la mer de ses feux colorée?
L'azur oriental se teint de vermillon,
Et l'ombre d'un clocher paraît sur un sillon :
Le soleil brille!... on voit dans ses clartés mouvantes
Des lointains étoilés de chaumières vivantes!...
Comme deux blancs ramiers, les deux anges d'amour
S'envolent vers les cieux dans un chant de retour.
Plus loin, toujours plus loin, leurs ailes réunies,
S'empourprant aux reflets des gloires infinies,
Les deux âmes font naître une étoile de feu,
Astre jeune et brillant plein du souffle de Dieu.
En vain on chercherait leur vestige en ce monde;
Le lendemain, le jour se lève au sein de l'onde,
Et son premier rayon frappe, sous le clocher,
Une croix solitaire au déclin du rocher.

    Paris, 1835.

VIII.

LES DERNIÈRES AMOURS.

> « I am your wife when you will marry me;
> If not, I'll die your maid : to be your fellow
> You may deny me, but I'll be your servant,
> Whether you will or no. »
> SHAKSPEARE, *Tempest*.

Tu m'aimes, tu l'as dit de ta voix caressante,
Douce comme un écho de la patrie absente,
Comme du paradis le récent souvenir
Sur un front nouveau-né que le Christ va bénir...
Tu m'aimes... oh! tais-toi! ton regard m'atteste,
Car mon cœur s'illumine à sa clarté céleste!...
Enfant, pourquoi rougir ? on aime sans remords
L'image d'un ami, des absents ou des morts.
Parfois l'aube du jour à l'écharpe dorée
Couvre de ses rubis une tombe ignorée;
Mais son jeune sourire et son éclat si beau
Peuvent-ils ranimer la cendre du tombeau?

Jadis, en Orient, à l'âge des merveilles,
Sous les chênes sacrés protecteurs de mes veilles,
Oiseau rose, glissant dans les ombres du soir,
Une inconnue auprès de moi venait s'asseoir.
De bleus myosotis sa tête couronnée,
D'étoiles, fleurs du ciel, semblait environnée;
Reflété dans le mien, son regard calme et pur
Modérait ses rayons de lumière et d'azur,
Comme pour déguiser à mes yeux pleins d'ivresse
Sa nature angélique et sa sainte tendresse.
Dans chacun de ses traits, l'intime royauté

D'une âme plus divine, achevait sa beauté ;
C'était l'ange annoncé par un songe de flamme,
Sur la tombe d'Hélène, une sœur de son âme...
Je la vois dans mes nuits, je la cherche longtemps,
Je la trouve... elle a dit : Je t'aime!... il n'est plus
[temps...

Il n'est plus temps!... mon cœur est l'urne funéraire
Gisante dans l'oubli, sur la tombe d'un frère ;
Où le serpent caché du doute et de l'orgueil
Compose son poison des cendres du cercueil...
En saluant au loin les forêts et les plaines
Du pays maternel, de mon âme encor pleines,
Brisé, ne sachant plus s'il existait un Dieu,
J'ai dit à l'amour même un éternel adieu...
Cette intime splendeur de mon âme ravie,
Fleur de lotus qui s'ouvre une fois dans la vie,
Morte comme un bluet aux pieds du moissonneur,
A tari dans mon sein la source du bonheur.
Mon destin me condamne à vivre solitaire ;
Il me dit : « Tu ne dois rien aimer sur la terre,
Car ton amour fatal, c'est le mancenillier,
Sous lequel on s'endort pour ne plus s'éveiller! »
Tel un génie en pleurs, l'aile morne et déteinte,
Exilé sans espoir sur une étoile éteinte,
Contemple en gémissant les délices du ciel,
Jusqu'à blasphémer Dieu qui le fit immortel !

[ardente
Et pourtant, c'est bien toi!... Quand ma jeunesse
Rêvait pour ma patrie une ère indépendante,
Un avenir sans fin d'héroïque fierté,
C'est toi qui m'inspirais mon chant de liberté !
Je reconnais en toi l'âme de mon Hélène ; [pleine]
C'est sa voix, mais alors moins vibrante et moins
C'est bien là son regard, mais les feux du Midi
De ses yeux dans son cœur n'avaient pas resplendi...
Oh! dis-moi, n'es-tu pas sa sœur par la naissance,
Comme par la beauté, la grâce, l'innocence?
N'es-tu pas née auprès de ce fleuve enchanté,
La Piliça, la fée au corsage argenté,
Semant l'or des moissons sur les champs qu'elle arrose,
Coupés de chênes verts et de bosquets de rose?
Connais-tu Tomaszow, cette fraîche oasis,
Au rustique castel, aux grands toits cramoisis ;
Tout auprès, la chênaie, où je devins poëte
Aux soupirs de la brise, aux chants de l'alouette ;
Là, ma ville natale, horizon bien-aimé,
Où tout ce qui m'est cher se trouve renfermé...
Pays béni du ciel, où l'azur est sans voiles,
Les jours ont plus d'éclat, les nuits ont plus d'étoiles,
Tout est pur, tout est vrai, le sourire et les pleurs...
Où les filles des champs, belles comme les fleurs,
Sont plus fortes aussi par l'âme et la pensée ;
Car de l'autel parfois, la jeune fiancée,
Si le clairon guerrier l'appelle en ce moment,
Va combattre et mourir auprès de son amant...
Oui, c'est là ton berceau, ta demeure première,
C'est le ciel dont ton âme a gardé la lumière !...
Rose de la Pologne, ah! quel souffle fatal
T'a portée aussi loin du rivage natal?
Ne te pèse-t-il pas, cet air que tu respires?

Peux-tu vivre en exil? Dis-moi, quand tu soupires,
N'est-ce pas le regret de ce rêve effacé,
Paradis du jeune âge où l'enfer a passé?

Je puis t'aimer encor de tout l'amour d'un frère ;
Aux périls de la vie heureux de te soustraire,
Comme une ombre fidèle attachée à tes pas,
Témoin d'un autre amour, je ne me plaindrai pas :
Ton gardien familier, jour et nuit sous les armes,
Je te verrai sourire et j'oublierai mes larmes ;
A ton premier appel, je viendrai près de toi,
Partager ta douleur, apaiser ton effroi,
Éloigner de ton front la tristesse éphémère
Qu'autrefois emportait le baiser d'une mère...
Et quand le doux sommeil aura fermé tes yeux,
J'appellerai vers toi tous les songes des cieux,
Ne laissant approcher que les rêves paisibles,
Des anges du berceau compagnons invisibles ;
Méritant par mes soins, à toute heure, en tout lieu,
Ce doux nom de bonheur, donné dans un adieu...

Ton bonheur, c'est ma vie ; et nos deux destinées
Sont pour l'éternité l'une à l'autre enchaînées ;
Mais ne demande pas à ce cœur désolé
L'ivresse d'un amour à jamais envolé,
Son hymne d'espérance à l'homme sans patrie,
Et son onde vivante à la source tarie.
Un jour... écoute-moi. La fontaine des prés
Reflétait le soleil dans ses flots azurés ;
De moissons et de fleurs sa corbeille était pleine.
Elle dit au torrent qui roulait sur la plaine :
« Je te donne mes blés, mon soleil et mes fleurs,
Et tous deux réunis, mêlant joie et douleurs,
Fuyons vers l'Océan, plus forts et plus rapides.
— Non, lui dit l'étranger ; garde tes eaux limpides,
Ce beau soleil captif dans ton sein transparent ;
Je reviendrai plus calme... aujourd'hui le torrent,
Brisé sur les rochers dans sa course lointaine,
Ternirait de ses pleurs l'âme de la fontaine ! »
Il passa, disparut, après deux ou trois jours,
Comme passe un torrent... la source attend toujours.
Ce sont là nos destins... le tien, c'est d'être belle,
C'est d'aller au-devant du bonheur qui t'appelle,
C'est l'amour partagé... le mien, c'est l'abandon,
L'outrage des méchants, éteint sous le pardon.
Si même il retournait aux bords qui l'ont vu naître,
Ses frères, plus heureux, voudraient-ils reconnaître
Le proscrit oublié, lui rendre son lambeau
Du sillon paternel, pour y mettre un tombeau?
Un jour peut-être, au bout de son pèlerinage,
Venu pour saluer le foyer du jeune âge,
Le vieillard méconnu, son bourdon à la main,
De l'exil, en pleurant, reprendra le chemin...

Des larmes dans tes yeux... le deuil qui m'environne
Doit-il jeter sa nuit sur ta fraîche couronne?
Faire pâlir ce front, si doux, si caressant,
Qu'il semble illuminer le ciel dont il descend?
Non! mon cœur est trop fier, malgré cette souffrance,
Pour ravir à ton âme une seule espérance...
Ah! s'il m'était donné, ne pouvant l'oublier,
De choisir mon tombeau loin du sol familier,

Je voudrais reposer, las de mon rêve étrange,
Dans ce lieu consacré par les larmes d'un ange ;
Car les pleurs d'Eldjéni, fussé-je criminel,
Fléchiraient la rigueur de mon juge éternel...
Tu verras refleurir, près de ma tombe écloses,
Pour ton cœur les amours, pour ta beauté les roses ;
Laisse-moi jusque-là, bel ange de pitié,
Des débris du bonheur sauver ton amitié ;
Comme dans mon pays, le lierre, aux feuilles sombres,
Des châteaux écroulés enlace les décombres.

Oh ! si jamais tu vois mon regard plus riant,
Suivre une croix de feu dans le ciel d'Orient,
Signe d'éternité, qu'un jour verra descendre,
Sur trois peuples martyrs surgissant de leur cendre ;
Si ma lyre brisée exhale un chant d'adieu,
Que ton amour achève et fait monter vers Dieu ;
Si du sein d'un éclair tu vois une aigle blanche
Paraître et recevoir une âme qui s'épanche,
Alors, dis en fuyant au séjour de clarté :
« Il a vécu pour moi... mort pour la liberté ! »

Liége, 1836.

IX.

LE BAISER DES MORTS.

LÉGENDE.

Les autels d'or sont ployés sous les cierges ;
Le chœur est plein d'angéliques accents :
La rose blanche, au front des jeunes vierges,
Mêle son âme aux nuages d'encens.
La fiancée, Inès de Vallombreuse,
De Notre-Dame invoque le secours ;
Et, souriant comme une bienheureuse,
Lui dit tout bas : Protége nos amours !

Son père est mort, dit-on, en Palestine ;
Sa sainte mère est là, sous ce pilier :
Le roi René, son parent, la destine
Au plus vaillant, au plus beau chevalier.
Or, dans une heure aux chants de l'hyménée,
Elle prendra le nom de Savoisy,
Et dans une heure elle sera donnée
Au fiancé que son cœur a choisi.

Voici la tombe où repose Ildegonde ;
Un solitaire est près d'elle à genoux.
Le couple heureux, plein d'une foi profonde,
Dit en priant : Mère, bénissez-nous !
La tombe s'ouvre... Une forte secousse
Fait vaciller le flambeau pâlissant ;
Jetant les yeux sur sa main blanche et douce,
Elle aperçoit une tache de sang !

Inès frémit... sa couronne embaumée
De son beau front roule au pied de l'autel ;
Elle a cru voir sa mère bien aimée
Dans son cercueil, sous le voile mortel...

« Rassure-toi, lui dit le solitaire ;
Car cette marque est le baiser d'adieu
De l'ange absent qui t'aima sur la terre,
Et pour ton âme au ciel va prier Dieu ! »

Un cri de joie éclate : « O jour prospère !
C'est lui, vivant ! lui, l'effroi des païens !
Car cette voix, c'est la voix de mon père,
Ces cheveux blancs, ces traits, ce sont les siens !
— C'est moi, dit-il, en ouvrant son cilice,
Moi qui renais sur vos cœurs généreux ;
Moi qui reviens, après un long supplice,
Pour vous bénir... Enfants, soyez heureux ! »

X.

DERNIER RÊVE.

Il est donc vrai, mon Eldjéni, je t'aime !
D'un seul regard mon sort fut décidé ;
Par quel pouvoir ignoré de moi-même,
Auprès de toi mon cœur fut-il guidé ?
Que t'ai-je dit ? Un de ces froids mensonges
Qu'un danseur jette en te pressant la main ?
Vœux éternels, plus trompeurs que les songes,
Bouquets d'hier, fanés le lendemain ?
Non ! j'éprouvai cette invincible extase
Des exilés au moment du retour ;
Le doux transport d'une âme qui s'embrase
Épanouie au soleil de l'amour !

L'amour, c'est Dieu ; l'amour, c'est le génie ;
C'est de mon âme un reflet dans tes yeux ;
C'est de deux cœurs la vibrante harmonie ;
C'est le lien qui nous rattache aux cieux !
L'amour, c'est toi, quand ta douce parole
Me fait rêver de gloire et de bonheur ;
Comme en ce jour où sous ton auréole
J'ai reconnu l'envoyé du Seigneur.
L'amour me rend la vie et l'espérance ;
Au premier son de ta voix, j'ai pâli :
Car le malheur, c'est ton indifférence,
Le désespoir, la mort, c'est ton oubli !

De ta beauté, reine des amoureuses,
Je m'enivrais, doucement ébloui ;
Nous n'étions plus que deux âmes heureuses,
Le monde entier s'était évanoui !
Quand sur ton front ma lèvre avec délire
Cueillit le ciel dans un premier baiser,
C'était le cri radieux de la lyre
Qu'une aile d'ange est venue embraser !
Oh ! reste encore ainsi, dans mon étreinte,
Le front penché sous mon regard de feu,
N'ayant qu'une âme, un désir, une crainte,
Anges captifs qui s'envolent vers Dieu !

Que n'ai-je, hélas ! tous les biens de la terre,
Douce Eldjéni, pour les mettre à tes pieds !
Mon ciel natal, mon manoir solitaire,
Et mes beaux jours, dès longtemps oubliés !

Mes chers vassaux et mon coursier rapide,
Mes frais vallons et mes sombres forêts,
Mon beau Goustek où, chasseur intrépide,
Pendant des jours entiers je m'égarais !
Je n'ai plus rien de ces dons du jeune âge;
Le sort jaloux de mon ciel m'a banni;
Mais il me reste un cœur à ton image,
Qui sait aimer d'un amour infini !

Mais à ton front je puis mettre une étoile,
Rayon divin qui ne pâlit jamais;
De l'avenir je déchire le voile,
Et les grands cœurs sauront que je t'aimais.
Jamais le temps de son haleine ardente
Ne flétrira tes lauriers toujours verts ;
Près des amours de Pétrarque et de Dante,
Tu revivras plus belle dans mes vers!
Je veux t'offrir cette riche couronne
Que le génie attache à la beauté ;
Car le proscrit que la mort environne
Peut te donner une immortalité!

XI.

L'HOMMAGE DU PHARIS.

CASSIDE, D'APRÈS L'ARABE.

« Elles sont tristes aussi, parce qu'elles viennent d'un monde où elles ont quitté l'amour d'un esprit ou d'un dieu. »
CH. NODIER, *Smarra*.

O filles du Liban ! sous les tulipiers roses
Respirez du matin les parfums et les pleurs ;
   Aux baisers des sylphes écloses,
   Cherchez vos compagnes, les roses
Et la perle embaumée au sein brillant des fleurs!

Étoile de bonheur, céleste messagère,
Toi qu'Allah a choisie entre les purs esprits
Pour guider mon chemin sur la terre étrangère,
Reçois, douce Eldjéni, l'hommage du Pharis!
A cet astre attaché sur ton front, douce flamme,
Des plus riches couleurs s'animant tour à tour,
Youssouf t'a reconnue, ange devenu femme,
Ange par la tendresse et femme par l'amour !
Quels palmiers t'ont vu naître, esprit cher aux familles,
Avec ces yeux d'azur, si profonds et si doux,
Qu'ils font pâlir d'envie et nos fleurs et nos filles?
Trésor de l'Yémen, adorable entre tous!
Car le Prophète a dit : « Dans les races bénies
Qui gardent de mon sang les restes précieux,
Naissent, fleurs de l'Éden, les filles des génies,
Apportant aux mortels tous les bienfaits des cieux. »
Quand les bois de santal, les bosquets de grenades,
Brillent sous la rosée aux changeantes couleurs,
Des essaims de péris et de sylphes nomades
Dans les rayons du soir glissent au sein des fleurs;
Alors, la jeune vierge, à l'heure où tout sommeille,
Le cœur pur, mais déjà plein de vagues désirs,
Porte la fleur vivante à sa lèvre vermeille,
Et d'un sylphe amoureux recueille les soupirs.

O filles du Liban! sous les tulipiers roses
Respirez du matin les parfums et les pleurs;
   Aux baisers des sylphes écloses,
   Cherchez vos campagnes, les roses
Et la perle embaumée au sein brillant des fleurs!

Ces anges ignorés et s'ignorant eux-mêmes
Ont le pouvoir fatal, pouvoir qui fait mourir,
De lire au fond des cœurs les divins anathèmes
Qui doivent les briser, qu'on ne peut secourir.
Aussi, voit-on souvent leurs yeux baignés de larmes;
Parfois un long soupir s'exhale de leur sein...
Tel le fils du désert pleurant un frère d'armes,
Mais n'osant arracher le dard de l'assassin !
De ces êtres bénis la lumière s'épanche;
On dirait dans leur âme un magique flambeau :
Et dans cette clarté qui les suit, pure et blanche,
Tout reflète le ciel, s'ennoblit, devient beau!
Femmes par l'abandon, la grâce enchanteresse,
Par le charme des pleurs, don qui ne s'éteint pas,
De l'ange ils ont la foi, la pitié, la tendresse...
La foule avec respect s'incline sur leurs pas;
Le méchant craint en eux un pouvoir qu'il ignore;
Le fakir, l'inspiré, les comprend, les chérit;
Seul, Youssouf l'invincible à genoux les adore,
Car l'éclair du malheur a touché son esprit !

O filles du Liban ! sous les tulipiers roses
Respirez du matin les parfums et les pleurs ;
   Aux baisers des sylphes écloses,
   Cherchez vos compagnes, les roses
Et la perle embaumée au sein brillant des fleurs!

J'ai vu le tulipier au milieu des fontaines
Arrosant l'oasis du désert de Tadmor ;
Roi des bosquets grandis sous ses ombres lointaines,
Il couvre les gazons d'un flot de pourpre et d'or.
De son front souverain la couronne éphémère
Abrite le Pharis contre les feux du jour ;
Heureux comme l'enfant dans les bras d'une mère,
Comme le bengali qui gazouille à l'entour.
Cet arbre est le palais de la reine des songes;
Dans chaque fleur, dit-on, se cache un songe ami,
Qui, berçant le guerrier de ses plus doux mensonges,
Murmure un chant d'amour à son cœur endormi.
Il rêve de coursiers, de combats, de faits d'armes,
D'un père aux blancs cheveux il écoute la voix,
D'un enfant, son image, il voit grandir les charmes,
Il s'éveille... plus triste et plus seul qu'autrefois!
Mais ta vue, Eldjéni, me paraît plus suave
Que l'eau de l'oasis baignant mon front brûlé,
Qu'un cri de liberté qui parvient à l'esclave,
Qu'un rêve de patrie au cœur de l'exilé !
J'oublie à ton aspect tout un passé de gloire,
Fauché comme une gerbe aux pieds du moissonneur ;
Le présent, l'avenir, ont fui de ma mémoire,
Mon âme en t'écoutant croit encore au bonheur!
Je n'ai plus que toi seule... Allah lit dans nos âmes!
Je voudrais mettre un monde à tes pieds... Eldjéni,

Femme, es-tu sans amour, comme toutes les femmes?
Ange, es-tu sans pitié pour Youssouf le banni?

O filles du Liban! sous les tulipiers roses
Respirez du matin les parfums et les pleurs;
    Aux baisers des sylphes écloses,
    Cherchez vos compagnes, les roses
Et la perle embaumée au sein brillant des fleurs!

Oh! ne t'envole pas encor, je t'en supplie!
Quand ton regard s'anime et s'éteint sous mes yeux,
Des perles de Bahryn quand ta bouche embellie
Promet, en souriant, les extases des cieux,
Quand tes cheveux de jais, se jouant de leur voile,
S'épanchent sur tes bras, dénoués par ma main,
Tu me sembles alors, Eldjéni, mon étoile,
Quelque rêve trop beau pour ne pas fuïr demain!
Je puis encore une heure admirer tes merveilles;
Mon coursier va bientôt m'emporter aux déserts,
Où je n'entendrai plus d'autre voix dans mes veilles,
Que les cris du simoun bondissant dans les airs!
J'aime à voir frissonner, sur tes blanches épaules,
Ces ailes de phalène aux yeux de papillon,
Dont la gaze légère et les trois auréoles
Font briller sur ta tête un lumineux sillon!
J'aime à voir ondoyer cet anneau diaphane,
Au milieu de chaque aile incrustant un saphir:
Semblable aux yeux d'Helva, la blonde Frangistane,
Fleur d'azur que le soir agite d'un soupir!
J'aime à voir ton essor défiant les gazelles,
Quand soudain de mes bras le beau sylphe envolé,
Comme un cygne à la brise étendant ses deux ailes,
Semble un nuage blanc sur un ciel étoilé!

O filles du Liban! sous les tulipiers roses
Respirez du matin les parfums et les pleurs;
    Aux baisers des sylphes écloses,
    Cherchez vos compagnes, les roses
Et la perle embaumée au sein brillant des fleurs!

Si jamais vous voyez un être plein de charmes,
Qui n'ait, comme Eldjéni, de sourire ou de larmes
Que pour ceux qu'il chérit; dont à chaque moment
La vie à leur bonheur soit un pur dévouement;
Dont les yeux inspirés d'une céleste flamme
Éveillent d'un sourire une âme dans votre âme;
Dont la voix de l'Éden vous semble un souvenir,
Un écho du passé guidant votre avenir,
N'allez plus, compagnons, ravir les jeunes filles!
Car voici devant vous l'ange cher aux familles,
Un esprit bienveillant et doux, comme Eldjéni,
Né du sang du Prophète et qu'Allah a béni!
Heureux, trois fois heureux les toits qui l'ont vu naître;
Plus heureux mille fois le cheïk d'Yémen
Qui pour sœur de son âme a pu la reconnaître,
Et la voir embellie aux trésors de l'hymen!

O filles du Liban! sous les tulipiers roses
Respirez du matin les parfums et les pleurs;
    Aux baisers des sylphes écloses,
    Cherchez vos compagnes, les roses
Et la perle embaumée au sein brillant des fleurs!

Liége, 1836.

XII.

ELDJÉNI

OU LA NUIT AU DÉSERT.

O nuit de l'Yémen, nuit féconde en merveilles!
Quel jour peut égaler la splendeur de tes veilles?
Fantômes d'Eléna, d'Elhaïra, d'Eldjéni,
Ouvrez vos ailes d'or sur Youssouf le banni!

1.

Quand l'izan du sommeil sur les plaines plus sombres
Du haut des minarets descend avec les ombres,
Quand des tours d'Istamboul aux palmiers de Damas
Retentit la prière et le chant du namaz,
Alors, brillante étoile au zénith élancée,
Sur le front du cheïk se lève la pensée!

Fleurs du jardin d'Allah, vierges des premiers jours,
Vous souvient-il de ceux qui vous aiment toujours?...
L'une au turban moiré que la rose environne,
L'autre, aux tendres jasmins tressés dans sa couronne,
La troisième, aux bluets couvrant ses cheveux blonds,
Djins joyeux et légers, ont franchi les vallons.
Les voici près de moi, secouant de leurs ailes
Des colliers de rubis, des gerbes d'étincelles,
Puis, le doigt sur la lèvre, elles me disent: Viens!
Moi, j'incline le front, je rêve et me souviens...

Je me souviens des jours où ces ombres légères,
Belles comme un mirage aux teintes mensongères,
M'ont jeté ce sélam aujourd'hui sans valeur,
L'amour, qui fuit aux cieux quand paraît le malheur.
Et pourtant, leur tendresse à mon âme est présente,
Écho toujours vivant de la patrie absente;
Ainsi, le vent du soir traversant l'Yémen,
Aux bosquets de santal, aux coteaux de gramen,
M'apporte sur son aile un arome suave:
C'est comme un fil de pourpre au turban de l'esclave...

Mais toi seule, Eldjéni, l'ange du dernier jour,
Toi, dont le nom veut dire: espoir, bonheur, amour,
Astre pur et charmant de ma nuit ténébreuse,
Tu ravis ma pensée et lui dis: Sois heureuse!
Je retrouve en tous lieux ton sourire et ta voix,
Dans la brise des mers, sous la feuille des bois;
Plus douce que le bruit des harpes invisibles,
Le chant du rossignol sur les ondes paisibles,
Les baisers d'une mère au réveil d'un enfant,
Ou le cri glorieux du Pharis triomphant!

Deux roses d'Yémen ont fleuri sur ma route,
Leur sourire est éteint, leur couronne dissoute;
L'une avait ta beauté, l'autre avait ta douceur,
Aucune ton amour, mon étoile, ma sœur!

2.

Le jour s'éteint, voici l'aurore;
Entends-tu les djins dans les airs?

Vois-tu les fleurs du ciel éclore
Dans l'azur brillant des déserts?
C'est l'heure où notre âme éblouie,
Plus librement épanouie,
Grandit en montant vers les cieux;
C'est l'heure où l'amour nous fait vivre...
Aux pieds d'Allah je veux te suivre,
Ou viens à moi, que je m'enivre
Aux saphirs brûlants de tes yeux!

Nous volerons d'une aile égale,
Tout joyeux, la main dans la main,
Parmi les rosiers du Bengale,
A Schiraz, aux bois de jasmin.
Tu verras s'ouvrir les calices
Embaumés, remplis de délices
Des fleurs d'aloès, de santal;
Ou par le Prophète enchantée,
Tu verras la lune argentée
Mirer sa face brillantée
Dans les océans de cristal.

Nous passerons, ô ma compagne,
Rayonnants, heureux et légers,
De la prairie à la montagne,
De la montagne aux frais vergers.
Et le pasteur de la vallée
Nous prend, sous la voûte étoilée,
Pour deux âmes fuyant au ciel;
Et le muezzin qui s'éveille
Tout bas racontant la merveille,
Fait serment d'avoir vu la veille
Passer l'archange Gabriel!

L'amour guidera notre course;
Et, pareils à deux blancs ramiers,
Nous nous baignerons dans la source
De l'oasis aux grands palmiers.
Et puis, descendant sur les roses,
Je te conterai de ces choses
Que l'on voit au sein du sommeil;
Rêves qu'un baiser fait éclore,
Dont le souvenir s'évapore
Comme l'encens, lorsque l'aurore
Monte sur son trône vermeil.

Je te chanterai la ghazèle
Des amours d'Antar et d'Abla;
Comment sous ses yeux de gazelle
Le Pharis vainqueur se troubla;
Je te dirai la jeune Oxane
Suivant la cavale persane
De l'émir à la barbe d'or;
Lorsque sa dague menaçante,
Sauvant la Grecque gémissante,
Sur une tribu pâlissante
Versa la coupe de la mort.

Je te conterai la défaite
Du visir Kara-Mustapha;
Comment l'étendard du Prophète
En tombant sur lui l'étouffa.

Je te chanterai les cassides
De la fille des Abassides
Enchaînée au char de Timour;
Ou plutôt... silence, ô ma lyre!
Dans mes yeux tes yeux sauront lire;
Que mon extase et leur délire
Soient les seuls drogmans de l'amour!

Vois-tu dans les bois, sur les plaines,
Rayonner les yeux des péris?
Les sylphes au vol de phalènes
Dansant sur les prés tout fleuris?
Entends-tu ce bruit doux et vague?
C'est le murmure de la vague :
« Soyons heureux, soyons heureux! »
Les djins ont dressé notre couche;
Et le tulipier qui la touche,
Effeuillant ses fleurs sur ta bouche,
Nous tend ses festons amoureux!

C'est l'heure où la beauté sans voiles
Murmure un nom dans un soupir;
Où même les yeux des étoiles,
Pris d'amour, semblent s'assoupir.
C'est l'heure sainte où la nature,
Comme une amante heureuse et pure,
A l'esprit d'Allah se soumet:
Mêlant nos regards et nos âmes,
Sur ce rivage, au bruit des lames,
Unissons-nous, comme deux flammes
Brûlant aux pieds de Mohammed!

3.

Je t'aime, ô belle nuit, dont la douce puissance
Me fait revivre, en songe, aux lieux de ma naissance;
Là-bas, sur les tombeaux de mes preux compagnons,
Dont le désert fidèle a gardé les grands noms.
Youssouf, n'entends-tu pas comme une plainte immense
Sortant de cette plage où l'Orient commence?
C'est ton pays natal d'où viennent ces sanglots!...
Ces étoiles, sans doute, ont brillé dans ses flots;
Cette brise a frémi dans ses forêts de chênes...
Tu demandes un glaive et tu n'as que des chaînes;
Tu n'es plus qu'un esclave... Allah! c'était écrit.
O nuit, jette un linceul sur le front du proscrit!

Je t'aime, ô nuit d'orage, où du sein des ténèbres
On voit briller l'éclair suivi de cris funèbres;
Où le glaive d'Allah, châtiant les pervers,
Du couchant à l'aurore embrase l'univers.
Ta grande voix ressemble aux clameurs du carnage,
Au clairon des combats qui charmait mon jeune âge;
Quand le fanal d'alarme allumé sur la tour
Des troupeaux attardés protége le retour;
Lorsqu'on entend mugir les lointaines volées
Du canon de secours sur les mers affolées,
Et que le char ardent de l'ange Gabriel,
Météore de flamme, épouvante le ciel!

Je t'aime, ô nuit profonde et pleine de prestiges,
Quand mes pas des mortels ont perdu les vestiges;

Quand seul avec Allah, tout-puissant et sans fin,
Je l'invoque et lui parle un langage divin.
J'appelle, autour de moi nul écho ne s'éveille;
Sur le sable brûlant j'applique mon oreille :
Tout dort, tout est muet, hors le bruit de mon cœur,
Et le cri du chacal, cri sauvage et moqueur.
Il me semble parfois, sur des rives lointaines,
Entendre bouillonner d'invisibles fontaines;
Mais le bruit disparaît, le mirage s'enfuit,
Et puis, tout redevient désert, silence, nuit !

Je t'aime, ô nuit d'amour, d'ivresse et de mystère;
L'infini dans les cieux, le sommeil sur la terre;
Nuit d'extases sans nom dont Allah est jaloux,
Prodiguant à deux cœurs tes rêves les plus doux;
Houri qui nous endort et soudain nous rappelle
A la vie, au plaisir, plus ardente et plus belle ;
Quand la terre et les flots que tu viens apaiser
Se fondent réunis dans un divin baiser;
Nuit du temple au Baïram, à l'ombre solennelle,
Nuit sainte qui finit, qu'on voudrait éternelle,
Quand l'amour est en nous comme Allah dans les cieux,
Éclairée, ô mon ange, aux saphirs de tes yeux !

O nuit de l'Yémen, nuit féconde en merveilles,
Quel jour peut nous charmer à l'égal de tes veilles ?
Fantômes d'Eléna, d'Elhaïra, d'Eldjéni,
Fermez vos ailes d'or sur Youssouf le banni !

Liége, 1836.

XIII.

A M. ARY SCHEFFER.

> « Je suis venu pour guérir ceux qui ont le cœur blessé, et pour annoncer aux captifs leur délivrance. »
> ÉVANGILE.

Le doute avait ôté l'espérance au génie.
Son sourire était plein d'une amère ironie,
Et pareil à celui de l'archange pervers,
Lorsqu'Ève eut appelé la mort dans l'univers.
Dans l'immense Paris, la ville où l'on oublie,
Où rien ne peut durer si ce n'est la folie,
Où le cri d'un grand peuple étouffé dans le sang
Occupe les oisifs un quart d'heure, en passant,
Noircit quelques journaux, puis devient monotone
Comme un air de ballet joué tout un automne,
Dans ce désert humain le jeune homme errait seul,
Sans daigner pour le voir soulever son linceul.
Ce qu'il craignait surtout, c'était la sympathie,
Pitié de l'égoïste aussitôt démentie ;
Mot sonore, mais creux, traînant par les chemins,
Qu'inventa feu Pilate en se lavant les mains.
[sommes,
Tout ce qui nous séduit, vieux enfants que nous
La sagesse des sots, les vices des grands hommes,
Les amours sans vertu, les semblants d'amitié,
Tous ces riens le faisaient sourire de pitié;
Car il avait ce don que le malheur amène,
De mieux lire à l'envers de la pensée humaine,
De voir de tout bienfait le sordide élément,
Et les motifs honteux de tout beau dévouement.

A ce maintien superbe, à ce regard étrange,
On voyait le proscrit, on devinait l'archange,
Mais l'archange déchu; car, pour ne point mentir,
Il avait dans la haine éteint le repentir :
Et c'eût été Satan, s'il n'eût craint, comme un crime,
D'étendre autour de lui le malheur qui l'opprime...
Comme un soldat blessé, mais fidèle au drapeau,
Il dédaignait pourtant de s'enfuir au tombeau;
Rien que pour épargner la surprise, ou peut-être
La joie à ses amis de le voir disparaître :
Car il en recevait à toute heure du jour
Des baisers fraternels et des marques d'amour...
Il vivait curieux de voir la fin du monde.
Cette nuit de son âme était calme et profonde
Comme le désespoir, cet enfer partiel,
Où ne peut pénétrer aucun rayon du ciel.
Il avait vingt-cinq ans, âge où l'âme s'éveille;
La sienne était flétrie... et pourtant, ô merveille!
Dans son sein palpitait un cœur jeune et fervent...
Quelle mère eût en lui reconnu son enfant!...

Voici le mois d'avril... sans but et sans pensée,
Il suit, en désœuvré, la foule condensée,
S'agitant nuit et jour, sur les quais, sur les ponts,
Dans cet Eldorado des juifs et des fripons.
Le torrent le conduit jusqu'aux portes du Louvre :
Du carrousel fangeux d'un regard il découvre
Ces palais dont l'équerre et le fil des maçons
S'efforcent vainement d'aligner les tronçons;
Problème plus ingrat, plus fécond en sinistres,
Que celui d'accorder le peuple et ses ministres.
Sans promettre à ses yeux une heure de plaisir,
Il entre, car l'exil lui donne du loisir;
Et toujours amoureux de la belle nature,
Il aime à voir au moins l'héroïsme en peinture.
Il monte... le voilà dans ce temple des arts,
Où mainte Phryné blonde enlevée aux bazars
Devient reine des cieux sur la toile docile;
Où Léda sort du bain près de sainte Cécile;
Où chaque Raphaël qu'un jury couronna
Expose le portrait de sa Fornarina,
Comme le dey d'Alger, au marché des sultanes,
Découvrait les appas des blanches Frangistanes.
Il s'écrie, étourdi, ballotté par ces flots :
« Tant de peintres, bon Dieu, pour si peu de tableaux ! »
Consultant le livret, il y trouve une liste
A rompre le cerveau d'un expert journaliste;
Mille noms, tous fameux, chacun étincelant
De croix, de grands cordons... où donc est le talent ?
Voyez comme, en rêvant aux bois de la patrie,
Il effleure au hasard cette tapisserie,
Quand son regard distrait, courant avec dédain,
Sur une inscription s'est arrêté soudain :
« Je viens des cœurs blessés consoler la souffrance,
Annoncer aux captifs le jour de délivrance... »
Oui, le peintre saint Luc l'a dit dans un verset
D'après son divin maître, alors qu'il s'exerçait
A mourir sur la croix pour le salut du monde...

Voyons l'œuvre à présent... merveilleuse, profonde,
Vrai prodige!... soudain, tout ce peuple accouru,
Conscrits, Louvre et tableaux, tout a fui, disparu ;
Ce qu'il voit, c'est ce Dieu couronné de lumière,
C'est ce jeune insurgé mourant sur sa bannière,
L'étendard polonais, l'aigle sur champ vermeil,
Qui lui sert d'oreiller pour son dernier sommeil :
De plus, vers ce martyr, quand son âme s'élance,
De ses traits dans les siens il voit la ressemblance...

O vision céleste !... Oui, c'est le Dieu vivant,
Tel qu'en songe autrefois il le voyait souvent,
Lorsque l'ange gardien, le couvrant de son aile,
Lui portait un écho de la voix maternelle...
Son cœur à cette vue enfin s'est retrouvé ;
Il éclate en sanglots, il prie... il est sauvé !
Gloire à toi, noble artiste, à ton œuvre parfaite !
Ta conscience a droit d'en être satisfaite ;
Car son langage intime a dû te révéler
Qu'il est d'âpres douleurs que l'art doit consoler ;
Qu'il n'est pour le talent qu'un emploi légitime :
Flétrir les oppresseurs pour venger la victime ;
Et, qu'avec ce tableau, tu donnais dès ce jour,
Ton bras à nos efforts, ton cœur à notre amour.
Tu prends des parias que Dupin calomnie
Sous la protection de ton vaste génie ;
Et fidèle au malheur, courtisan pour lui seul,
Du manteau de ce Dieu tu lui fais un linceul !
Les arts de la Pologne ont consacré la gloire ;
Ils ouvrent aux proscrits leur ville expiatoire :
Chateaubriand, Hugo, Béranger et Scheffer,
Valent bien l'insulteur et son soulier de fer !...

Ce n'est pas des partis quelque sourde manœuvre
Qui t'inspira pourtant ce sublime chef-d'œuvre ;
Ni les déceptions de toute vanité
Jalouse du pouvoir : non, c'est l'humanité,
Avec tout ce qu'elle a de forces encor saines,
De larmes dans les yeux et de sang dans les veines.
Là, le Tasse outragé par des princes ingrats,
Délivré par le Christ, consolé dans ses bras ;
Là, c'est l'enfant qui meurt sur le sein d'une veuve ;
Pauvre, son lait tari sous quelque rude épreuve,
Elle implore Jésus et porte sous ses pas
L'enfant évanoui, pour qu'il ne meure pas ;
Plus loin, la jeune fille, au regard pur et tendre,
Priant pour des douleurs qu'elle ne peut comprendre ;
Là, c'est le paysan, c'est l'homme nourricier,
Chêne vert qui grandit sous la flamme et l'acier,
Penché, la bêche en main, sur le sol qu'il féconde,
Et toujours oublié par les maîtres du monde ;
Puis, ce sont les marins, les forçats de la mer,
Par le luxe enchaînés sur l'élément amer,
Rêvant à leur patrie, à leur enfant qui souffre,
Et peut-être demain englouts dans le gouffre ;
Puis, le moine captif qui dort dans son cercueil ;
Le Pallikare, ayant pour asile un écueil,
Indigné de subir dans la moderne Athènes
D'un prince bavarois les allures hautaines ;
Enfin c'est l'Africain vendu pour un peu d'or,
L'esclave du planteur qui se croit homme encor,
Tendant ses bras meurtris vers le Dieu d'espérance ;

C'est Jeanne Darc brûlée ayant sauvé la France...

Mais quelle est cette femme, ô Christ, à tes côtés,
Assemblage divin de toutes les beautés ?
C'est la fille des rois, c'est l'Ève rédemptrice,
Notre sainte patrone et notre protectrice,
C'est ta mère, Marie... avec quelle langueur
Ses beaux cheveux dorés se pressent sur ton cœur ;
Comme avec un regard de respect et de crainte
Sur ton bras tout-puissant sa lèvre s'est empreinte !...
Oui, ces pleurs maternels qui tombent sur ta main
Demandent le salut de tout le genre humain ;
Mais c'est pour lui surtout, ce martyr, qu'elle prie,
Car c'est aussi ton frère et le fils de Marie...
Exilé, comme toi, ta mère l'adopta ;
Plus tard, elle le vit traîner au Golgotha,
Lorsque, le corps brisé par le fouet du supplice,
Comme toi, sur la croix il vida son calice...
De même, en le jugeant, Caïphe a blasphémé,
Son sang, avec le tien, sur le monde est semé...
Mais pour subir, ô Christ, sa mortelle agonie,
Quand Pierre au dernier jour par trois fois le renie,
Quand pour lui Barrabas par Rome est acquitté,
Ce saint n'est pas doué de ta divinité :
Ce n'est qu'un Christ mortel...

     O bonheur ! ô surprise !
Le Dieu touche ses mains, et leur chaîne se brise ;
Ses yeux, déjà voilés par l'ombre de la mort,
Pour voir le Rédempteur font un suprême effort ;
J'entends comme le son d'une harpe qui vibre :
« Sois libre ! » Mais mourir, c'est encore être libre !
Et le souffle divin dans ce corps sans couleur
Doit-il, en l'animant, répandre sa chaleur ?
Anges de Dieu, priez !... Grâce pour lui, ton frère !
Quand Lazare dormait dans l'abri funéraire,
Tu parus sur le seuil et lui dis : « Lève-toi ! »
Et la mort se leva pour vivre sous ta loi ;
Magdeleine, sa sœur, la grande pécheresse,
Obtint, par ses regrets, par sa vive tendresse,
Le salut de Lazare ; et ta mère aujourd'hui
Ne pourrait l'obtenir par ses larmes pour lui,
Pour ce peuple-soldat, dormant comme Lazare,
Lâchement égorgé dans ce siècle barbare,
Siècle des histrions, de l'or déifié,
Qui toi-même, ô Sauveur, t'aurait crucifié ?
Grâce, pour votre mère !...

     Errant dans les ténèbres,
Le voilà descendu dans les mondes funèbres,
Parmi les anciens Piasts, qui ne verront les cieux
Que lorsque que leur pays renaîtra sous tes yeux...
O femmes ! apportez le suaire et l'arome,
Car voici du tombeau surgir le fils de l'homme ;
Car, sur la pierre assis, l'ange de liberté
Vous montre le cercueil par le mort déserté !
Satan est terrassé ; loin du Dieu qu'il outrage,
Sous les glaces du pôle il cache, avec sa rage,
Son front noir sillonné des foudres de Sion...
Voici le second jour de la Rédemption ;
Peuple-Christ a sauvé tous ses frères de gloire...
Ciel et terre, chantez l'hymne de la victoire !

O Scheffer! tout cela, ton tableau nous l'a dit!
L'âme, en le contemplant, s'illumine et grandit;
La lyre de David a frémi sur la toile,
Et Luc, peintre divin, la signe d'une étoile...
Certes, pour admirer la puissance de l'art,
Le vrai, le grand, le beau, c'est assez d'un regard;
Mais moi, fils de la muse, ému par ce prodige,
Il me faut de la rime emprunter le prestige,
Et par de froids quatrains détailler longuement
Ce que ton saint tableau nous offre en un moment!
La forme est une entrave aux ailes du génie;
Et comme l'idéal sa pensée infinie,
Pour animer le luth, le marbre ou le pinceau,
S'amoindrit en sortant de l'âme, son berceau.
Pourtant, je ne veux pas, enfant de la Pologne,
Fils d'un peuple chrétien immolé sans vergogne,
Passer devant ton œuvre, ô peintre créateur,
Sans offrir une larme au Christ consolateur :
Sois béni par sa main!...

    Non, cette foule morte,
Venue avec l'ennui qu'en sortant elle emporte,
Ne sent pas comme nous; elle voit du même œil
Un bouquet de théâtre et les fleurs d'un cercueil.
Son admiration n'égale pas la nôtre,
Elle applaudit l'artiste et méconnaît l'apôtre;
Elle aime l'art pour l'art et non pour le devoir :
Il faut avoir souffert pour te bien concevoir...
Toi-même, j'en suis sûr, dus vider goutte à goutte
Le calice profond du malheur et du doute:
Et mon œil fraternel, par les pleurs obscurci,
Te trouve dans ton œuvre... Ary Scheffer, merci!

Peut-être à l'instant même où j'achève ces lignes,
Ta toile va passer entre les mains indignes
D'un nabab, qui n'aura pour elle que de l'or ;
Et puis, comme un avare enfermant son trésor,
Va mesurer le cadre et compter ce qu'on use
Pour cinq pieds de peinture en étoffe et céruse...
Avant l'instant fatal, hâtez-vous d'accourir,
Vous tous qui d'amertume avez dû vous nourrir ;
Qui, de même que nous, dans l'enfer où nous sommes,
Subissez le mépris ou la haine des hommes;
Vous tous, déshérités, dépouillés et trahis,
Qui ne reverrez plus les moissons du pays...
Le génie appartient, comme le jour et l'onde,
A tout le peuple humain répandu sur le monde;
Venez, pauvres martyrs, partager son bienfait :
Frères, c'est pour vous seuls que ce prodige est fait!

Avant de te quitter, encore une prière !
Cette œuvre ne doit pas terminer ta carrière;
En doublant ton triomphe, artiste glorieux,
Donne-lui pour pendant le Christ victorieux!
Que toutes ces douleurs, ces larmes soient taries,
Que tous ces exilés retrouvent leurs patries ;
Que ce front suppliant, penché vers le Seigneur,
Se lève épanoui de joie et de bonheur;
Rends à cet aigle blanc l'essor de la jeunesse,
Sur le sein maternel que cet enfant renaisse;
Rends-leur à tous la foi, l'espérance, l'amour,
Pour bénir cette voix qui leur disait un jour :

« Je viens des cœurs blessés consoler la souffrance,
Annoncer aux captifs le jour de délivrance!... »

Lorsque ce dernier vœu dans son cœur se formait,
Le soleil de la salle avait fui le sommet;
Aux ombres de l'hiver, à ses pieds écroulées,
Le proscrit s'aperçut des heures écoulées ;
Mais plus calme, il sentit, sous leur charme vainqueur,
La Résignation éclose dans son cœur.
Dès ce moment, la Foi, ce soleil du jeune âge,
Le guida jusqu'au bout de son pèlerinage;
Et vers un autre exil, après ce jour d'adieu,
Il reprit son chemin, se confiant à Dieu!

Paris, 1er avril 1837.

XIV.

A TONY ROBERT-FLEURY

PEINTRE.

Frère, accepte le don de la reconnaissance,
Artiste, garde-nous ton amour et ta foi;
Ton œuvre du génie atteste la puissance,
L'art dans sa majesté s'y révèle par toi!
Quand ce siècle brumeux devient plus sombre encore,
Lorsqu'on y cherche en vain la trace d'un grand nom,
Cette toile revêt d'une splendide aurore
La Pologne à genoux sous l'éclair du canon!

O vous, nos détracteurs, sans âme, sans courage,
Vous que l'or du tzarisme a ravalés si bas,
Que vous frappez les morts d'ironie et d'outrage,
Voyez notre calvaire, et ne l'insultez pas!
Voyez l'affreux Moskal, avide d'infamie,
Massacrant sans pitié les femmes, les enfants,
Parce que votre maître à la France ennemie
A dit : « Je sévirai sur ceux que tu défends...

« Je ne laisserai pas debout pierre sur pierre
« Dans ce pays rebelle, où je veux régner seul;
« Et le désert, selon le testament de Pierre,
« Demain, sur Varsovie étendra son linceul ! »
Il l'a dit, il le fait... Voyez ce cadre immense,
Cette toile où se peint le mirage infernal
Du huit avril, ce jour plein d'horreur, de démence,
L'œuvre du tzar maudit, du tzar, le dieu du mal!

Ici les fils de l'Aigle, égorgés sans vergogne,
Là, ceux du Cavalier, Ruthènes et Lettons,
Sans armes, pleins d'amour pour leur mère Pologne,
Marchant, sainte phalange, au feu des pelotons...
Tous entonnent le chœur à la Vierge immortelle
Sous la colonne où siége un fantôme de roi;
Quand soudain un signal part de la citadelle :
Ils tombent pêle-mêle, indignés, sans effroi...

L'ivresse et la rapine excitent les esclaves.
Deux prêtres polonais meurent l'étole au cou;
Dans ce temple où tantôt vibraient nos hymnes slaves,
Retentit le hourra des sbires de Moskou!...

Mais, voyez! rien n'émeut l'ardeur calme et stoïque
Des braves défendant la foi de liberté;
Tous égaux par le sang, par leur mort héroïque,
Tous le front couronné d'un nimbe de clarté!

Voyez ce crucifix rouler dans la poussière...
Les veuves des martyrs vont partager leur sort;
Car nos sœurs, sous l'hermine ou la bure grossière,
Ne pâlissent jamais en face de la mort!
Pas une n'a crié grâce, miséricorde,
En voyant leur sang pur s'épancher à grands flots;
Et devant ce carnage, et devant cette horde,
C'est pour bénir leurs fils qu'éclatent leurs sanglots!

Telle presse un enfant sur son cœur qui l'abrite;
Telle, blessée au sein, les cheveux déployés,
Semble encor défier le bourreau moskovite,
Et tombe en embrassant ses frères foudroyés.
A son tour, cette belle et vaillante jeunesse
Va, formée en essaim, d'un élan radieux,
Mourir pour la patrie, afin qu'elle renaisse,
Chantant jusqu'au trépas le choral des aïeux!

Puis, au pied de la croix, voici l'homme champêtre,
Implorant du Sauveur, au plus fort du danger,
Pitié pour son pays, qu'il délivrait peut-être,
S'il eût armé son bras pour chasser l'étranger!
Pour lui le champ natal n'avait eu que des ronces,
Il l'adore pourtant, il mourra sans gémir;
Demandez-lui pourquoi?...Toujours dans ses réponses
Palpite le grand cœur de son roi Kasimir!

Quel est donc ce vieillard à la sainte auréole
Les traits décomposés, le front morne et hagard?
Sur sa lèvre le cri d'une âme qui s'envole;
Sur sa face du sang, la mort dans son regard...
Dans ses bras qu'a meurtris du temps la lourde chaîne
Un jeune homme s'endort de son dernier sommeil;
Une balle a tranché ce lis naissant à peine;
Ainsi le jour s'éteint sur le ruisseau vermeil...

Ah! ce sont deux martyrs du despote kosaque!
C'est le fils du proscrit, son espoir, son appui;
Sans vengeance tous deux, car, au jour de l'attaque,
Le cor des insurgés ne sonne plus pour lui...
Pourtant sa mort est sainte, elle est digne d'envie.
Qui de nous n'est jaloux d'un exemple si beau?

Pour l'honneur de son peuple il a donné sa vie,
Trouvé la liberté... dans la paix du tombeau!

Tu vivras dans nos cœurs, victime expiatoire,
Toi dont le dévouement fait notre juste orgueil;
Ton sang doit effacer l'opprobre de l'histoire,
Quand la Pologne un jour sortira du cercueil!
Quiconque ose sonder l'abîme de nos fastes,
Leçon grande et sévère aux peuples comme aux rois,
Trouvera nos combats, nos efforts les plus vastes,
Nos supplices, nos fers, traduits sous cette croix!

Il y verra, plus loin, cette nuit d'épouvante
Où le Russe éventrait les enfants de Praga;
A quel point dans nos cœurs la patrie est vivante,
Ce que vaut le tzarisme, et ce qu'il nous légua!
Quelle main a tracé dans ce tableau sublime
Ce que l'Europe en paix semble avoir oublié:
Le juste châtiment qui suit toujours le crime,
La chute du dieu-tzar à sa honte lié?

Dans cette belle France, oublieuse et distraite,
Qui donne à tout venant son amour et sa voix,
De sa grandeur passée il est un interprète,
Un cœur qui se souvient des frères d'autrefois!
Ce peintre, pour sentir toutes nos agonies,
Enfant, du lait des forts sans nul doute est nourri;
Le beau sur sa palette a mis ses harmonies,
Son œuvre, un saint trésor: son nom, Robert Fleury!

Que le monde avili nous craigne et nous efface
Du rang des nations, nous livre aux tourmenteurs,
Cette œuvre, en nous plaçant avec eux face à face,
Flagelle les Émile et les congrès menteurs!
Honneur à toi, jeune aigle à l'essor prophétique,
Peintre de l'idéal dans le vrai transporté;
Nous te remercions, fils d'une race antique,
Au nom de la Pologne et de la liberté!

Nous, proscrits, dépouillés de tout bien dans ce monde
Par de vils renégats, courtisans du succès,
Nous portons dans notre âme une amitié profonde
Pour les cœurs généreux, les anciens cœurs français.
Notre vertu suprême est la reconnaissance;
Garde-nous, cher Tony, ton amour et ta foi...
Ton œuvre du génie atteste la puissance
Qui sur notre avenir se reflète par toi!

Paris, 3 mai 1866.

LIVRE DEUXIÈME

VARSOVIENNES

« Melius est nos mori in bello, quam videre mala gentis nostræ. »
MACHABÉES.

1.

HYMNE A KOSCIUSZKO.

(1794.)

1.

Accourez tous sur vos coursiers de flamme,
    Mânes sacrés de nos aïeux !
Le canon tonne et sa voix vous acclame :
    Debout, ossements glorieux !
Vous qui dormez dans les sables numides,
    Sous le Kremlin, dans les déserts,
A Saint-Domingue, au pied des Pyramides,
    Debout, par les monts, par les airs !

Entendez-vous la voix d'un peuple libre
    Redire en chœur aux nations
L'hymne immortel des phalanges du Tibre ?
    Debout, nos vieilles légions !
« L'heure a sonné ! notre aigle triomphante
    Vers l'Orient guide nos pas ;
Tant que son âme en nos cœurs est vivante,
    La Pologne ne mourra pas ! »

L'Europe libre a marqué notre place
    Entre la croix et le croissant ;
Et le tzarisme, idole aux pieds de glace,
    S'écroule déjà dans le sang !
Accourez tous sur vos coursiers de flamme,
    Mânes sacrés de nos aïeux ;
Le canon tonne et sa voix vous acclame :
    Debout, ossements glorieux !

    De la tombe ils répondent
    Au nom de Kosciuszko ;
    Les voici... les vents grondent,
    Leurs appels se confondent,
    Répétés par l'écho !
    La trompette guerrière
    Lance dans la carrière
    Des fantômes hagards ;
    Ils combattent sans trêve ;
    Ils tombent sur la grève...
    Les siècles, comme un rêve,
    Passent à mes regards.

O ma patrie ! où sont tes jours de gloire !
Depuis trente ans, les barbares du Nord,
Les trois bourreaux d'exécrable mémoire,
    Sur ton calvaire expiatoire
    Ont déployé l'étendard de la mort.
L'épouvante s'assied au front de l'innocence ;
La foi sur nos autels voit pâlir son flambeau,
Les mères des enfants maudissent la naissance,
Et la Pologne entière est un vaste tombeau.

    Mais quelle étoile a brillé sur les ondes ?
    De Washington le conseil et l'appui,
    C'est Kosciuszko, le héros des deux mondes :
        Ténèbres, fuyez devant lui !
Krakovie a jeté le signal des alarmes,
« Aux armes ! » et partout l'écho répète : Aux armes !
Varsovie et Vilno, dites, ô cités sœurs,
    Où sont-ils vos fiers oppresseurs ?

2.

Enfants de Piast, votre faux vengeresse
    Sur le camp tartare a passé ;
Vous éteignez, dans vos cris d'allégresse,
    Le canon de Raçlavicé !

Peuple sarmate, honneur à ton courage,
　Reprends ton antique fierté;
Sur tes sillons tu sèmes le carnage,
　Pour moissonner la liberté!

　　Une immense avalanche
　　Que grossit l'aquilon
　　Roule, éclate et s'épanche
　　En cataracte blanche
　　Dans le sein du vallon.
　　Tel l'homme des deux mondes,
　　Dans ses luttes fécondes,
　　Entraîne tous les rangs;
　　Et les fils des Sarmates
　　Aux drapeaux écarlates
　　S'élancent des Karpathes
　　Pour frapper les tyrans.

O trahison! impuissante victoire!
Un contre trois, qui peut être vainqueur?
L'aigle sans tache est tombé, plein de gloire,
Et trois vautours lui déchirent le cœur!
Lâches Césars, vous qui tremblez à Vienne,
Déjà l'abîme est ouvert sous vos pas;
Craignez qu'un jour le Mogol ne revienne:
Les rois chrétiens ne vous sauveront pas!

Voyez! le ciel semble rougir de honte;
C'est l'incendie éclatant sur Praga:
Kosciuszko tombe, et la mort qu'il affronte
N'ose tarir le sang qu'il prodigua.
De ses lauriers nous laissant l'héritage,
Kosciuszko meurt dans l'exil, dans l'oubli...
Sainte patrie, il a vu ton partage,
Pologne, adieu... le crime est accompli!...

3.

Riant Niémen, et toi, Vistule blonde,
　Piliça, fleuve nourricier,
Verrai-je encore au cristal de ton onde
　S'abreuver mon noble coursier?
Liberté sainte! heureux celui qui tombe
　Sous ton étendard glorieux;
Un peuple entier vient prier sur sa tombe,
　Le sol natal couvre ses yeux!

Déjà l'exil et ses peines intimes
　Ont fauché nos vieux généraux;
La douleur seule a fait plus de victimes
　Que le fer sanglant des bourreaux.
Vous souvient-il, enfants de Varsovie,
　Des champs de Stoczek, de Wawer,
Quand pour l'honneur chacun offrait sa vie,
　Et changeait son or pour du fer?

Vous souvient-il des trois tzars de Russie
　Demandant grâce à nos genoux?
Ils sont puissants, mais par notre inertie·
　Fils de Kosciuszko, levons-nous!

Par notre sang, nos combats et nos larmes,
　Français, donnez-nous un drapeau;
Nous ne voulons aujourd'hui que des armes,
　Et dans la Pologne, un tombeau[1]!

II.

LE MASSACRE DE PRAGA.

(4 NOVEMBRE 1794.)

> « ... Cet ennemi qui parle de clémence
> En avait-il, quand son sabre vainqueur
> Noyait Praga dans un massacre immense? »
> 　　　CASIMIR DELAVIGNE, *Varsovienne.*

C'était vers le déclin d'un combat meurtrier,
Sous le bois de Grochow, le vingt-cinq février;
Un mois entier depuis l'héroïque séance
Où la diète acclama l'acte de déchéance
Des ducs Holstein-Gottorp, ces despotes sanglants,
Cette lèpre germaine attachée à nos flancs;
Le jour où l'immortel quatrième, au bois d'aunes,
Fit trembler le tzarisme accroupi sur deux trônes,
Où, jetant sur Dybitch ses éclairs de volcan,
Varsovie a flétri les lauriers du Balkan.
Le sol était jonché de victimes sans nombre,
Et le bronze ennemi grondait encor dans l'ombre.
Les cuirassiers d'Albert, aux superbes cimiers,
Qui naguère à Paris sont entrés les premiers,
De la sainte-alliance avant-garde princière,
Étaient tous, noirs géants, couchés dans la poussière.
Je tenais dans mes bras l'adjudant Kasimir;
Blessé par un obus, il semblait s'endormir,
Heureux d'être tombé, dans un jour de victoire,
De la mort la plus prompte et la plus méritoire.
Comme un simple artilleur il servait le canon;
Mais moi seul ai connu sa naissance et son nom,
Ce nom qui, dans le temps où l'Europe était libre,
Illustra nos drapeaux sur l'Adige et le Tibre;
Ce nom que les soldats de Bar, de Kosciuszko,
Saluaient en portant la main à leur shako;
Que le monde entendra, si Dieu me prête vie,
Lorsqu'il aura vengé le sang de Varsovie.
Aujourd'hui, quand sur nous l'avenir s'assombrit,
Son souvenir vivant retrace à mon esprit
Ce sinistre tableau, qu'à lui seul je consacre,
De vingt mille martyrs tués dans un massacre;
Unissant pour jamais ces noms que nous légua
La vengeance des tzars: Catherine et Praga!

Couché sur un affût, noir de sang et de poudre,
Voici ce qu'il disait, lorsqu'au bruit de la foudre,
Pour la dernière fois ses yeux semblaient s'ouvrir:
« C'est à Praga, mon fils, que je devais mourir.
J'y reçus, presque enfant, le baptême de flamme;

---

1. Cet hymne, avec la partition composée par M. Joseph Mainzer, devait être exécuté à Montigny-sur-Loing, le 3 septembre 1837, pour l'inauguration du monument de Kosciuszko. Cette fête des proscrits a été défendue par le gouvernement de Juillet.

Ici même au Seigneur je veux rendre mon âme.
Mourant pour mon pays, je bénis mon destin...
Mais avant, tu sauras quel horrible festin
Souwaroff, ici même, apprêtait en offrande
A sa divinité, Catherine la Grande,
Avec le sang d'un peuple égorgé lâchement,
Exécrable forfait du tzarisme allemand!...
Maudite soit du ciel cette horde sauvage
Propageant le désert, la peste et l'esclavage;
Que ce récit parvienne, avec tout son effroi,
Aux générations qui vont naître après toi;
Que l'âme des aïeux, en passant dans leurs âmes,
D'une haine éternelle alimente les flammes;
Que le monde s'écrie, en fouillant dans ce lieu :
« La Russie et le tzar, c'est le fléau de Dieu!... »

Puis il reprit plus calme, indiquant sa poitrine :

« Garde bien cet écrit, signé de Catherine,
Qui vouait Varsovie au fer de l'assassin;
Depuis trente-sept ans il est là, sur mon sein;
Sur le corps d'un Kalmouk je l'ai pris au passage.
A la Pologne, un jour, tu rendras ce message :
Le voici!... » Je reçus cet écrit précieux,
Et j'y lus ce qui suit, des larmes dans les yeux :

« Lasse des mouvements excités par les têtes
« Chaudes des Polonais, entravant nos conquêtes,
« J'ai hâte d'en finir avec ce peuple ingrat;
« C'est pourquoi, n'écoutant que l'honneur du tzarat,
« Je recommande aux chefs et soldats en Pologne
« D'accomplir au plus tôt leur utile besogne,
« Sans se préoccuper de cette illusion
« D'humanité, contraire à notre intention;
« De manière à tarir tout germe de révolte,
« Et faire de mutins une bonne récolte.
« Il ne faut épargner aucun des habitants
« Qui même allégueraient une vie en tous temps
« Calme, dans leurs foyers, prête à tout sacrifice;
« Hormis ceux toutefois qui, propres au service,
« Faits prisonniers par nous les armes à la main,
« Et qui, s'étant montrés plus vaillants, dès demain
« Seront incorporés dans nos braves armées,
« Par d'incessants combats quelque peu décimées,
« Que nous devons bientôt, notre empire agrandi
« Jusqu'aux bords de l'Oder, jeter sur le Midi.
« CATHERINE SECONDE à Repnin, son ministre
« A la cour de Pologne... »

       Oh! cet arrêt sinistre
Était digne, en effet, de ses admirateurs,
Voltaire et Diderot, les Dupin créateurs,
Payés de notre sang pour leurs flagorneries;
Digne d'être accompli par ces hommes furies,
Repnin et Souwaroff : quatre esclaves jumeaux!

Mon camarade alors poursuivit par ces mots :

« Sept lustres ont passé depuis qu'en ces murailles
Un barbare a semé d'atroces funérailles;
Aux champs de Podzamczé, par Fersen envahis,

Tombe, avec Kosciuszko, tout l'espoir du pays;
La guerre va toucher à sa dernière crise,
L'ordre règne à Posen, Krakovie est reprise;
Praga nous reste encor; mais le vieux Souwaroff,
Le vainqueur de Rimnik, le boucher d'Ismaïlow,
Conduit vers la cité quarante mille esclaves
Du tzarisme allemand, ce vampire des Slaves,
Faisant briller aux yeux de ces hommes du Nord
Le pillage, le vin, l'incendie et la mort.
A lutter sans espoir la ville est résignée...
Au faubourg de Praga s'abrite une poignée
De faucheurs, fils du peuple, uniques défenseurs
De ses remparts de terre érigés par nos sœurs,
Sous Jacques Iasinski, s'apprêtant à combattre
Les soudards du tzarisme, un homme contre quatre.
Iasinski, mon émule et mon chef adoré,
De quel trouble à ton nom suis-je encor pénétré!
Même après Kosciuszko, sans ta mort trop hâtive,
Ton génie eût sauvé la Pologne captive....
Triomphant à Vilno, ton front se couronna
Des lauriers de Sioly, Niémenczyn, Oszmiana;
Mais Praga te réserve une palme plus sainte
Et, nouveau Colisée, elle ouvre son enceinte
Aux fils de Gédimin, qui pour la secourir
T'ont juré devant Dieu de vaincre ou de mourir;
Aux Ruthènes de Minsk, à la race endurcie
Des Sarmates lettons de la Samogitie,
Dont le sang va sceller, sur le même sillon,
Le pacte fraternel d'Edvige et Jaghellon;
Unissant aujourd'hui sous la main d'une hyène
La Pologne lékite et la lithuanienne!
Iasinski les commande; avec de tels soldats,
Il est sûr de tomber comme Léonidas;
Par son zèle inspirés, les fils de Varsovie
Chèrement au vainqueur veulent vendre leur vie,
Et, la pioche en main, travaillant au flambeau,
Sous les murs de Praga lui creusent un tombeau...
Mais que peut un grand peuple avec un roi sans âme,
Cet amant couronné de la tzarine infâme,
Et qui ne se maintient que par elle et Repnin
Sur le trône des Piasts, souillé de son venin?
Fallait-il, ô mon fils, que ce vil sybarite,
Étalant à nos yeux sa douleur hypocrite,
Bâtard né du sang juif, blasonné du Veau-d'Or,
Eût vendu la Pologne à Repnin, son Mentor!
Cet intrus, détestant la terre polonaise,
Parmi ses fils armés se sent mal à son aise;
Et, de par ses bourreaux, chef de la nation,
N'attend plus que le jour de sa soumission!...
Leur complice, la faim, sur son peuple accroupie,
Assiége la cité de ses dents de harpie;
Le Prussien, toujours traître et parjure à sa foi,
Sème sur la Narew le carnage et l'effroi;
Lorsqu'arrive un courrier : conduisant ses cohortes,
Dombrowski triomphant va paraître à nos portes...
Les Russes, que l'hiver assiégeait à leur tour,
Par l'assaut général préviennent son retour... »

Il s'arrête... Un rayon du soleil qui s'efface,
De Kasimir mourant illumine la face;
Il parle avec effort, tout couvert de son sang,
La voix toujours plus lente et le front pâlissant :

« C'était le trois novembre; une neige d'automne
Sur la plaine étendait son linceul monotone;
Un brouillard épaissi, qu'on touchait de la main,
Du corps des assaillants protégeait le chemin;
La nuit à sa moitié, favorable au mystère,
Aux regards de Dieu même aurait caché la terre.
Cinquante bataillons, trente escadrons épars,
Sont arrivés sans bruit jusqu'au pied des remparts;
Potemkin, Islenieff, sont au centre; à la gauche,
Fersen et Tormansoff soutiennent leur approche;
A la droite, Lascy, nous prenant à revers,
Zouboff et Derfelden, par trois chemins divers
Se jettent sur le pont. La colonne d'attaque
Se brise au premier choc; le Baskir, le Kosaque,
Roulent dans les fossés avec des cris affreux,
Et la fange en sifflant se referme sur eux.
Ceux qu'épargne le fer tombent dans la Vistule;
La horde avec effroi tourbillonne et recule.
Il se fait sur la plaine un silence de mort;
Souwaroff, de fureur, prend son glaive et le mord.
Il donne le signal : trois vastes batteries
Ouvrent avec fracas leurs gueules de furies,
Et leurs langues de feu, rougissant les brouillards,
Sous des flots de mitraille arrêtent les fuyards.
Comme dans Sahara, monstre aux ailes ferventes,
Le simoun fait bondir des montagnes vivantes,
Tels, ces fils du désert, que la peur subjugua,
S'élancent pêle-mêle à l'assaut de Praga.
Séduit par Stanislas et sa ligue secrète,
Le félon Zaïonczek fait battre la retraite;
D'un coup de feu dans l'aine Iasinski lui répond :
Il fuit à Varsovie et fait rompre le pont.
Offrant à leur patrie un sublime holocauste,
Nos dix mille n'ont plus qu'à mourir à leur poste.
Souwaroff averti, par un suprême effort,
Sur des monceaux sanglants pénètre dans le fort,
Et la torche à la main, déjà sûr de sa proie,
Promet aux Grecs vainqueurs les dépouilles de Troie.
Il se fait préparer un bain rafraîchissant,
Un bain de glace... Oh, non ! plutôt un bain de sang!
Il s'y plonge à trois fois, criant aux soldats ivres :
« Amusez-vous! trois jours de pillage, et des vivres!... »
Mais quel récit, mon fils, peut jamais égaler
L'horreur de ce tableau, dont l'enfer dut trembler!
Même aujourd'hui, je vois, après des jours sans nombre,
Ces forfaits que la nuit a couverts de son ombre;
Et je vais dans le ciel crier vengeance à Dieu
Pour ce peuple étouffé dans le sang et le feu!... »

« Pourtant, je l'essaierai, me dit mon frère d'armes;
Voici ce que j'ai vu dans cette nuit d'alarmes :
Mais je dois me hâter, car je sens que mes yeux
Vont se fermer bientôt à la clarté des cieux... »

« L'incendie, allumé dans l'enceinte octogone,
Lève sur le faubourg sa face de Gorgone;
On voit à sa lueur le Kalmouk, le Mogol,
Ivres du sang humain et gorgés d'alcool,
Vingt peuplades sans nom que l'Asie a vomies,
Briser nos monuments sous leurs mains ennemies,
Achever les blessés, lacérer les enfants,
Portés, le crâne ouvert, sur leurs dards triomphants...

Le feu, marchant toujours, reptile aux mille têtes.
Rugit comme une trombe annonçant les tempêtes,
Avec leurs habitants engloutit les maisons,
Et jusqu'aux pieds du roi fait jaillir ses tisons.
Il avance, en broyant dans ses fortes entrailles
Des temples, des palais et des pans de murailles,
Qui s'écroulent alors dans le fleuve écumant,
Et, comme un fer rougi, s'éteignent en fumant.
L'hydre enfin devient aigle... et comme une fusée
Franchit tout l'horizon de son aile embrasée,
Tel, semant des éclairs, son souffle a retenti
Aux deux extrémités du bourg anéanti...
Par moments il s'apaise; on entend le massacre
Bouillonner à travers les parois qu'il consacre;
Brandissant leurs couteaux, les popes chevelus,
Du Moloch féminin ministres dissolus,
Sur un fleuve de sang où la flamme surnage,
Par d'atroces clameurs excitent au carnage;
Et, souillant sur l'autel les filles du saint lieu,
Dans leur langue infernale invoquent le tzar-dieu...
L'abîme seul répond; sur ce peuple en démence
Un cyclone glacé lève sa voix immense :
De signes menaçants l'espace s'est couvert,
Et Praga, toute en feu, semble un gouffre entr'ouvert...
Grand Dieu! retiens encor ta colère qui gronde,
Et ton bras qui s'apprête à foudroyer le monde!
C'est pour de tels forfaits, commis au nom des rois,
Que le fils de Marie expirait sur la croix!...

« Quel est ce bastion que la flamme environne,
Comme un tigre aux abois, d'une ardente couronne?
C'est le fort de la Vierge, au saillant des remparts.
Stahl, Sewitch et Zouboff l'assiégent des deux parts;
Mais Grabowski, Korsak et leur vaillante escorte
De soixante faucheurs, en défendent la porte;
C'est en vain qu'Islenieff amène des renforts,
Il ne les soumettra qu'en marchant sur leurs corps.
Blonde enfant du Niémen, l'héroïque Marie,
Que notre chef nommait l'ange de la patrie,
Espérait sur son front unir, ce même jour,
Aux lauriers des combats les roses de l'amour.
Dans l'asile pieux dominant la colline,
La sainte mère avait accueilli l'orpheline,
Qui pressentait d'avance, en franchissant le seuil,
Que son lit nuptial devait être un cercueil.
Aux pieds de sa patrone en pleurant prosternée,
Elle la suppliait, durant cette journée,
De bénir nos drapeaux, le combat commencé,
Ou de ne pas survivre à son cher fiancé.
Le bruit gronde plus près... lorsqu'un éclat de bombe
Frappe le crucifix, qui se brise et retombe;
Et soudain, par la brèche ouvrant une paroi,
La foule entre, confuse, avec des cris d'effroi :
C'est le moment suprême et le glas d'agonie...
On voit dans le lointain, vaincus par félonie,
A travers le brasier, nos derniers combattants
Reculant pas à pas sur des corps palpitants,
Puis, le brave Iasinski. Saisissant une lance,
Au plus fort de la lutte avec rage il s'élance :
Sewitch, Karr, Baturlin, sont tombés sous le fer,
Et leur âme a plongé jusqu'au fond de l'enfer.
Une digue de faux hérisse la redoute;

L'ennemi reconnaît le héros qu'il redoute,
Ces fils de Kosciuszko, ces faucheurs, dont les dards
Ont à Raçlavicé broyé ses étendards;
Dont Sobieski disait, aux jours de ses conquêtes :
« Ils soutiendraient le ciel, s'il tombait sur les têtes! »

« A cet aspect, l'espoir renaît dans tous les cœurs;
Le Moskovite a fui, les nôtres sont vainqueurs!
Nous crions : En avant! mais d'une tour prochaine
Un coup part; Iasinski chancelle comme un chêne
Atteint par la cognée, et tombe aux mêmes lieux
Où sont morts les soixante et leurs chefs glorieux;
Où nos pères jadis, quittant leurs toits de chaume,
Donnaient au plus vaillant le sceptre et le royaume...
A sa voix bien connue, en jetant un long cri,
L'orpheline s'élance au cou de son mari,
Étanche sa blessure; et jamais à l'écorce
Ne s'attache le lierre avec autant de force
Que ses bras sur son cœur n'enlacent le héros :
« Quitte ces murs, dit-il, souillés par les bourreaux,
« Chère Marie, adieu... sois heureuse et bénie;
« Va, retourne à Kowno, dans ma Lithuanie...
« Où ma mère... »

          « Il se tut; mais on voyait sa main
De la maison natale indiquer le chemin;
Il étreignit la mienne... ô douleur qui me navre!
Ses doigts, de glace inerte, étaient ceux d'un cadavre.
Ainsi devait tomber la fleur de nos guerriers,
Achille de vingt ans, le front ceint de lauriers;
Sans survivre d'une heure à sa sainte patrie,
Sans subir dans l'exil, atroce raillerie,
De l'avide étranger les égards méprisants,
Tourment que j'ai soufferts durant trente-six ans...
De cette honte enfin le Seigneur me délivre;
Ce jour tant souhaité me permet de te suivre,
Pour te dire là-haut que, malgré son malheur,
Notre race est toujours digne de ta valeur!...

« Marie, une âme forte et vraiment polonaise,
Prenant son fer, bondit vers l'ardente fournaise,
A la brèche, où déjà pénètre l'ennemi.
Avec ce même acier, d'un bras mal affermi,
Elle blesse Islenieff, fait tomber son épée;
De vingt morts aussitôt sa poitrine est frappée...
Sa chute est le signal d'un carnage effrayant;
La maison du Seigneur n'est qu'un brasier géant.
Je vois encor, je vois ces vierges gémissantes,
Entourant les autels de leurs mains frémissantes;
Ce vieux prêtre, disant les prières des morts,
Tué d'un coup de hache et roulant sur leurs corps;
Ces membres tremblotants découpés en trophées,
Dans le sang de leurs fils les mères étouffées;
Ces miasmes de chairs ardentes; cet enfer
Digne de Catherine ou du tzar Lucifer!...

« Au dehors, l'incendie achève ses ravages;
Les enfants, les vieillards parcourent les rivages;
Mais le pont de bateaux, à demi consumé,
Se divise et se tord comme un monstre enflammé.
La Vistule à leurs pieds, comme un fleuve de soufre
Rougi du sang humain, leur présente son gouffre,

Tandis qu'à l'autre bord, leurs amis, leurs parents,
Entendent leurs clameurs, leurs sanglots déchirants!
On voit ces fugitifs, le désespoir dans l'âme,
Arrachant leurs cheveux, leurs vêtements en flamme,
Pour éteindre l'ardeur qui pénètre leurs os,
Courir le long du fleuve et plonger dans ses eaux!
Potemkin dans Praga fait enfin son entrée,
En foulant à ses pieds la Pologne éventrée;
Vingt mille corps brûlés gisent dans le charnier
Sur des mares de sang... pas un seul prisonnier.
J'entends, j'entends toujours ce bruit sourd dans l'espace,
Le craquement des os sous le canon qui passe;
Les cris des moribonds écrasés sous le char
De Catherine deux, l'aïeule du dieu-tzar!

« O mon pays! voilà l'implacable sentence
Qui devait accomplir dix siècles d'existence,
Dix siècles de grandeur, d'héroïque fierté,
De combats pour la gloire et pour la liberté!
Et quel était ton crime? incliné sous un maître
Vassal de l'étranger, d'avoir voulu renaître;
D'avoir montré de loin aux peuples plus heureux
Comment on devient libre, en restant généreux!
Mais, à ton dernier jour, cette sanglante idole,
Catherine, à ton front attache une auréole
Qui, malgré tes douleurs et tes convulsions,
Te rend saint à jamais parmi les nations;
Qui te donne ce nom que le monde révère,
Peuple-Christ, immolé dans Praga, ton Calvaire;
Étoile de salut pour l'Europe à venir,
Symbole d'une paix qui ne doit plus finir!
Ah! quand la Messaline apprendra ton désastre,
Elle tordra ses mains et maudira son astre
De n'avoir pu jeter, du haut de son palais,
La torche incendiaire à ses dignes valets,
Comme en ces nuits d'orgie où, nouvelle Locuste,
Se livrant aux Orloff, à Stanislas-Auguste,
A mille obscurs bandits échappés de prison,
La bacchante à son philtre infusait le poison,
Pour sentir se mêler le frisson d'agonie
Aux lascives fureurs des tigres d'Hyrcanie!
Mais son cœur de marâtre, usé par les plaisirs,
Fut depuis ce moment rebelle à ses désirs;
Chaque nuit, le remords lui présentait en rêve
Des corps sans sépulture étendus sur la grève;
Les spectres l'étreignaient dans leurs bras étouffants,
Ses doigts se rougissaient dans les pleurs des enfants...
L'aurore boréale était comme la flamme
Du gouffre de Caïn qui déjà la réclame,
Lui criant les forfaits que sa main prodigua...
Et son cœur se noya dans le sang de Praga!

« Mais que fait Stanislas? Étendu sur sa couche,
Assisté d'un laquais au regard faux et louche,
Un rire judaïque incrusté sur les traits,
Ce roi, de l'incendie observe les progrès.
« Grâce à Dieu! » Ce seul cri s'échappe de sa lèvre;
Mais à ses doigts tremblants et crispés par la fièvre,
A sa détresse, on voit que le feu du dehors
Peut à peine égaler l'horreur de ses remords.
Il tressaille à tout bruit; d'une main convulsive
Il froisse avec terreur une infâme missive

Écrite à la tzarine, où sa plume enlaça
Les noms de Stanislas et de Targoviça.
Parfois, d'un éventail il couvre sa paupière,
Ne pouvant supporter la trop vive lumière
Du brasier de Praga, cet immense fanal
Qui rougit sa pâleur d'un reflet infernal.
On distingue dans l'ombre une atroce figure,
Repnin, aux yeux de flamme et d'un sinistre augure;
Près de lui, Braniecki, son rival clandestin :
Dans leurs traits, le roi cherche à lire son destin...
Sur ces fronts de Kalmouk par degrés se déploie,
Au canon qui s'approche, une cruelle joie;
L'histrion couronné, le cordon russe au cou,
S'enquiert de la santé des Phrynés de Moskou ;
Le premier, il propose, âme ingrate et servile,
De livrer au vainqueur l'arsenal et la ville,
Et, par sa trahison lui livrant nos soldats,
Il donne à Varsovie un baiser de Judas...
O roi lâche et vénal ! n'as-tu pas une larme
Pour ce peuple égorgé dont le râle t'alarme ?
Trois générations périssent sous tes pas
D'un supplice barbare, et tu ne pleures pas?
Est-ce que dans Kaniow ton ancienne maîtresse
Épuisa pour jamais tes élans de tendresse?
Et, dans tous ces tableaux d'épouvante et de mort,
N'auras-tu qu'un regret : ton royal coffre-fort ?
N'arrachant à Repnin qu'une seule province,
Ce qu'il faut de sillons pour un titre de prince,
Dès demain, échappé de ce Capharnaüm,
Traître, cours avec lui chanter un *Te Deum* ;
Puis, au tzar Paul premier, à ton dieu tutélaire,
La couronne à la main demander ton salaire!
Fais-lui serment d'amour, prosterné sous la croix,
Roi créé par l'orgie et dernier de nos rois!...

« Le dernier ! Oh ! depuis ce Codrus de théâtre,
Tant d'opprobre s'attache à ce nom idolâtre,
Qu'instruits par nos malheurs, mais plus fiers désormais,
Ce roi, fût-il un Piast, nous n'en voudrons jamais !
A ce titre souillé la Pologne renonce;
Elle a, comme le Christ, sa couronne de ronce...
O toi, des nations auguste Niobé!
Si de sa main le sceptre à tes pieds fût tombé;
Si, ne prenant conseil que de ta délivrance,
Tu l'eusses détrôné; plus sage que la France,
Lui laissant ses remords, ses hontes, ses jouets,
De toute ambition proscrivant les souhaits,
Tu serais grande et libre, et ta race guerrière,
Des vainqueurs du Kremlin eût suivi la carrière :
Mais clémente, aux combats toujours prête à courir,
Contre la trahison tu ne sais que mourir!...

« Praga, noble tombeau de l'ancienne Pologne,
Qui doit te relever?... Nicolas? ô vergogne!
Lui qui disait un jour : « J'en finirai demain
« Avec le *polonisme* et le culte romain;
« Pour dompter Varsovie ou la réduire en cendre,
« Je transmets ma vengeance à mon fils Alexandre...»
Oui, fils d'Yvan, je vois ce cruel empereur
Des vautours de Praga ravivant la fureur ;
Malheur à notre époque, à l'Europe en démence,
Qui, pouvant le combattre, implore sa clémence !

Pour sauver la Pologne une fois pour jamais,
Il faut briser Moskou, de la base aux sommets;
Problème de l'empire ayant lassé la foudre,
Que la liberté seule est digne de résoudre...

« Peut-être du massacre un Sauveur échappé,
Que l'Hérode nouveau de l'exil a frappé,
Jusqu'au fond du martyre ayant bu le calice,
De vingt mille des siens vengera le supplice...
Je ne le verrai plus, achevait Kasimir,
Contre l'affût brisé cherchant à s'affermir,
La tête vers Praga lentement soulevée,
Car je me sens mourir...

— La Pologne est sauvée !
Crie un faucheur blessé conduit par un mazour;
Vingt-cinq mille Moskals moissonnés en un jour !
A nous la grande aunaie ! à nous le champ de gloire!
Victoire !... »

Tout le camp a répété : Victoire!
Ce cri, de Kasimir interrompt le sommeil;
De sa large blessure arrachant l'appareil :
« Je meurs libre, dit-il, et ma journée est pleine... »
Les fanons des lanciers rayonnent sur la plaine,
Les aigles triomphants s'inclinent sur le mort...
Son nom?... Le peuple Slave... il ne meurt pas, il dort !

29 novembre 1844.

III.

TU NE MOURRAS PAS !...

Jeszcze Polska nie zginęla...

CHANT DES LÉGIONS POLONAISES.

(1797.)

La Pologne vit encor
   Dans son peuple libre ;
L'aigle blanche, en son essor,
   Dit aux flots du Tibre :
« Non, non, tu ne mourras pas,
   Pologne, ô patrie!
Ton soleil, ou le trépas,
   Liberté chérie !

« Tant que l'Europe à genoux
   Rougit d'être esclave,
Que le dernier d'entre nous
   Peut mourir en brave,
Non, non, tu ne mourras pas
   Pologne, ô patrie!
Ton soleil, ou le trépas,
   Liberté chérie !

« Tant qu'au monde il est un lieu
   Qu'aucun roi n'opprime,
Tant qu'au ciel il est un Dieu
   Qui punit le crime,

Non, non, tu ne mourras pas,
　　Pologne, ô patrie !
Ton soleil, ou le trépas,
　　Liberté chérie !

« Si, couvert de son drapeau,
　　Le soldat succombe,
Demain, un soleil plus beau
　　Luira sur sa tombe !
Non, non, tu ne mourras pas,
　　Pologne, ô patrie !
Ton soleil, ou le trépas,
　　Liberté chérie ! »

IV.

« BOZE COS POLSKE. »

(1816.)

Dieu qui donnas à la Pologne sainte
Plus de mille ans de force et de splendeur,
Qui défendis sa glorieuse enceinte
Contre les rois jaloux de sa grandeur,
Vers toi, Seigneur, un peuple en deuil s'écrie :
« Ah ! donne-nous la mort ou la patrie ! »

Dieu qui, plus tard, touché de son partage,
De ses débris semant tout l'univers,
Nous as laissé sa gloire en héritage,
Avec un nom grandi par les revers,
Vers toi, Seigneur, un peuple en deuil s'écrie :
« Ah ! donne-nous la mort ou la patrie ! »

Dieu qui, d'un mot, peux lui rendre la vie,
Anéantir ses bourreaux triomphants,
Daigne bénir le sang de Varsovie,
Daigne exaucer les pleurs de ses enfants !
Vers toi, Seigneur, un peuple en deuil s'écrie :
« Ah ! donne-nous la mort ou la patrie ! »

Dieu dont la main, brisant sceptre et couronne,
Venge toujours les peuples opprimés,
Qu'avec la foi, la liberté rayonne
Sur tes autels qu'un despote a fermés !
Vers toi, Seigneur, un peuple en deuil s'écrie :
« Ah ! donne-nous la mort ou la patrie ! »

Dieu de justice ! après tant de souffrance,
Rends-nous notre aigle et nos vieux bataillons ;
Fais dans nos cœurs renaître l'espérance,
Fais refleurir les blés sur nos sillons !
Vers toi, Seigneur, un peuple en deuil s'écrie :
« Ah ! donne-nous la mort ou la patrie ! »

Dieu tout-puissant ! confonds ces téméraires
Qui, l'arme au poing, nous parlent de bienfaits ;
Par notre amour, unis les peuples frères
Sous le rameau de l'ange de la paix !
Vers toi, Seigneur, un peuple en deuil s'écrie :
« Ah ! donne-nous la mort ou la patrie ! »

V.

GLOIRE AU SOL POLONAIS.

Czesc polskiéj ziemi.

(1820.)

Gloire au sol polonais !
Gloire à toi pour jamais,
　　Terre des braves !
Que tout homme de cœur,
Sous ce drapeau vainqueur,
Vienne chanter en chœur
　　L'hymne des Slaves !
Notre peuple eut jadis,
Avant les jours maudits,
　　Des jours prospères ;
Quand trois tzars de Moskou
Marchaient, la corde au cou,
Et ployaient le genou
　　Devant nos pères !

L'aigle des Boleslas
Ouvrait sur trois États
　　Ses grandes ailes ;
Implorant son appui,
Ses maîtres d'aujourd'hui
Se courbaient devant lui :
　　Les infidèles !
Tu veux anéantir
Tout un peuple martyr,
　　Ingrate Vienne !
C'est au sang de nos rois,
Au glaive de Jean trois,
Perfide, que tu dois
　　D'être chrétienne !

Guillaume, ancien sujet,
Qui conçus le projet
　　De son partage ;
Un jour tu connaîtras
Le destin des ingrats :
Et demain tu rendras
　　Notre héritage !
O France, notre sœur !
Que font à l'oppresseur
　　Tes vaines larmes ?
Pour briser dans ta main
Le Russe et le Germain,
Tu n'auras plus demain
　　Tes frères d'armes !

Peuple de Kasimir,
Souffre et meurs sans gémir
　　Dans l'indigence ;
Mais qu'il tremble à son tour
Le stupide vautour ;
Car voici le grand jour
　　De la vengeance !
Ombre de Kosciuszko,

Lève-toi du tombeau
De nos ancêtres;
Frères, sœurs, jurons tous
De mourir sous leurs coups,
Avant que parmi nous
Règnent des traîtres!

VI.

LIBERTÉ!

(1830.)

« La liberté fut-elle donc *montrée* à l'homme pour qu'il ne pût jamais en jouir? Fut-elle sans cesse offerte à ses vœux comme un fruit auquel il ne peut porter la main sans être frappé de mort? »
CARNOT, *Discours contre l'Empire.*

Du fer, du fer, disait la France!
A ce cri, du Tage à l'Euxin,
Ouvrant leur âme à l'espérance,
Vingt peuples sonnaient le tocsin.
Entendez-vous le glas de délivrance?
Un ange, éclatant de clarté,
Du haut des cieux s'écria : Liberté!

De l'or, de l'or à nos esclaves!
Disent les rois en frémissant;
Ils veulent briser leurs entraves,
Retrempons-les avec du sang!
Pour l'épancher, des millions de braves!
Pour le payer, des monceaux d'or!
Il faut du sang, du sang, du sang encor!

Du fer, du fer! l'airain s'éveille
Et gronde trois jours dans Paris;
Victoire aux enfants de la veille,
Au vieux drapeau qu'ils ont repris!
Mais de la fraude admirez la merveille :
Les nains ont vaincu les géants,
Plus de Bourbons, voici les d'Orléans!

De l'or, de l'or à la Belgique!
A son lion qu'on étouffait
Il faut une mort moins tragique...
Vite, un Cobourg! Le tour est fait.
Il se rendort d'un sommeil léthargique...
Gardons sa peau pour nos combats;
Enchaînons-le, ne le réveillons pas!

Du fer, du fer aux fils du Tibre!
Gloire à leurs antiques vertus!
Rome éternelle, un instant libre,
Croit revivre aux temps des Brutus!
Au Capitole!... écoutez; l'airain vibre...
Vous fuyez?... où sont vos aïeux
Que Brennus même avait pris pour des dieux?

De l'or, de l'or pour la Pologne,
Pour le sang de ses défenseurs!
Rois et bourreaux, à la besogne!
Frappons à la fois les deux sœurs!
A nous le crime, aux Français la vergogne!
Relevons nos droits absolus...
Peuples, tremblez! vos remparts ne sont plus!

Du fer, du fer, mais plus de chaînes!
Soyons tous frères dès ce jour;
Brisons le joug des vieilles haines,
Ouvrons l'époque de l'amour!
Plus de proscrits, d'hécatombes humaines :
Les peuples sont rois, tout est là...
La Liberté sur ces mots s'envola.

VII.

LE XXIX NOVEMBRE.

(1830.)

« Apparent rari nantes in gurgite vasto,
Arma virum, tabulæque, et Troia gaza per undas. »
ÆNEIDOS, I.

« Il a fallu toutes les fautes de leurs généraux, toutes les turpitudes de leur diplomatie, pour réduire à rien ces dévouements sans bornes, cet élan passionné vers la liberté, dont tout le pays semblait embrasé! »
LETTRES SLAVES.

1.

Salut! jour du réveil, jour du vingt-neuf novembre,
Par notre sœur, la France, acclamé dans la chambre,
Où de ton cri de guerre apportait un écho,
Lafayette, l'ami de notre Kosciuszko!
Salut! de l'aigle blanc glorieuse bannière,
Sur la terre d'asile aujourd'hui prisonnière,
Mais frémissante, et prête à reprendre ton vol
Vers le pays sarmate, esclave du Mogol!
Salut! notre annuelle et septième assemblée,
Plaise à Dieu, la dernière... où l'auguste exilée
Célèbre par le chant, la prière et le deuil,
La nuit impérissable où, brisant son cercueil,
En face des bourreaux consternés d'épouvante
Nous jetâmes ce cri : « La Pologne est vivante! »
Comme dans ce moment, ce cri de liberté
Fut redit par vos cœurs avec joie et fierté;
Comme il doit l'être un jour, quand pour elle et la France
Ensemble, aura sonné l'heure de délivrance!...
Oui, son âme immortelle est présente en ce lieu...
« Six jours, sur le chaos plana l'esprit de Dieu;
Le septième, il créa l'ordre... » dit la Genèse :
Telle est la mission de l'âme polonaise,
La liberté, pour nous descendue aux enfers,
Mais qui sera, demain, l'âme de l'univers.
Par elle, en cette nuit, pleine d'espoirs sublimes,
Sous les glaces du pôle, au fond des noirs abîmes,
Tout Polonais vivant, les captifs, les proscrits,
Avec nous, homme et peuple, unissent leurs esprits.

Rappelez-vous ce jour où la Pologne en larmes
Déchira son linceul pour nous crier : Aux armes!

Où dix-sept jeunes gens, quittant grec et latin,
Des murs de Varsovie expulsaient Constantin.
Héros improvisés, lycéens téméraires,
Ils n'ont fait qu'accomplir le vœu de tous nos frères,
Des Faucheurs polonais, fils des soldats de Bar,
Prêts à livrer leur tête aux vengeances du tzar.
Voyez! des conjurés la troupe solidaire
Se rassemble en criant : « Marchons au Belvédère! »
L'âme de la Pologne, une croix à la main,
Dans les sombres couloirs leur montre le chemin.
Ils foulent en passant le cadavre de Gendre,
Un de ces renégats que la bassesse engendre,
Dont l'Europe à genoux quêtant des millions,
Offre sur notre sol de beaux échantillons;
L'infâme, à l'instant même, au grand-duc fataliste,
Des dix-sept, nombre étrange, avait porté la liste.
Un seul était soldat; de réduit en réduit,
La baïonnette au poing, Trzaskowski les conduit;
Au parc de Lazienki, ce débris des grands règnes,
Wysocki l'a choisi parmi ses porte-enseignes,
Pour guider ces enfants jusqu'au bourg sépulcral
Où le frère du tzar jouait au caporal.
C'est là, de ce dortoir souillé par ses orgies
Que sortent jour par jour, de notre sang rougies,
Ces sentences de mort, ces oukases maudits,
Du sensible Alexandre en secret applaudis;
C'est là que Grudzinska, devenu moins farouche,
Apprivoise le monstre en partageant sa couche;
Qu'elle lui fait livrer, assoupi dans ses bras,
Le trône moskovite à ses frères ingrats.
Gloire aux jeunes héros que l'esclave dénigre!
Seuls, ils ont pénétré jusqu'à l'antre du tigre;
Mais l'antre était désert, car le tigre aux abois
Eut peur de nos aiglons, et s'enfuit dans les bois.

Les voilà, du château repassant les poternes...
« Qui vive?
            — Porte-enseigne!
                            — En avant! aux casernes!
— Marchons! » dit Wysocki.
                         Trois régiments choisis
Des dragons du tzarisme ont jeté leurs fusils.
Au faubourg de Solec éclate l'incendie...
Par un flot d'habitants la cohorte agrandie,
Traversant la cité, s'écrie : « A l'arsenal! »
Aux lueurs du brasier qui lui sert de fanal,
Le mur épais se brise; et la foule accourue
Partage les faisceaux dispersés dans la rue.
Les chants, les cris guerriers de son âme ont jailli;
Les tombes de Praga de loin ont tressailli...
Plus de fers maintenant, excepté pour les traîtres;
Des combats glorieux, comme sous nos ancêtres,
Lorsqu'aux champs de Kluzyn, deux tzars, la corde au cou,
Rendaient à Zolkiewski les clefs d'or de Moskou!

« Aux prisons! » une voix dans la foule s'écrie;
Là, saignent les grands cœurs vivant pour la patrie,
Nos prisonniers d'État liés, les mains en croix,
Ou par des clous de fer incrustés aux parois;
Voyez dans ces cachots, leur noire sépulture,
Ces bouges cloisonnés, ces engins de torture
Pour l'âme et pour le corps, meurtri, tendu, pressé,
Ne jetant qu'un cadavre à l'échafaud dressé...
Que de sang, que de pleurs!... Sous ces voûtes plombées
Des mains de nos martyrs les chaînes sont tombées;
Emportés dans nos bras, demi-nus, délirants,
Tous ont béni le peuple et maudit les tyrans;
Et quittant les geôliers enchaînés à leur place,
Spectres vivants, ont fui de leurs cercueils de glace...
Un seul, Lukasinski... respect à ce grand nom!
Dut suivre le grand-duc, cloué contre un canon!...

O prodige! voyez, l'aurore boréale
Rougit de Sigismond la colonne royale;
C'est le sang des guerriers morts pour la liberté
Refluant vers sa source : un nimbe de clarté
Couvre tout Varsovie... à sa lueur mouvante
Les sbires du grand-duc ont pâli d'épouvante,
Elle éclaire leur fuite; et sur le front du tzar
Écrit, avec ce sang, l'arrêt de Balthazar!

O réveil d'un grand peuple, ô nuit expiatoire!
Nuit qui des légions recommence l'histoire!...

Comme le premier jour où le souffle de Dieu
Remplit l'immensité d'harmonie et de feu;
L'aurore souriant au cantique des mondes
Pour la première fois se leva sur les ondes,
Et bientôt sur son char lumineux et vermeil
Sortit de l'Océan le globe du soleil;
Blanche, le sein fleuri, comme une fiancée,
Sur l'aile des oiseaux la prière élancée,
De la terre monta dans les cieux entr'ouverts...
Ainsi la liberté vint charmer l'univers.
Consolés dans un jour de quinze ans de supplices,
De l'Éden retrouvé nous rêvions les délices;
L'horreur des échafauds, les hontes du passé,
L'empreinte de nos fers, tout semblait effacé
Par ces mots qui faisaient trembler toutes nos fibres,
Ce cri d'un peuple entier : Frères, nous sommes libres!
Lequel de nous, cédant à cet appel vainqueur,
A d'anciens ennemis n'a pas ouvert son cœur;
N'a pas tendu les bras, même à de mauvais frères,
Égarés par l'orgueil, de croyances contraires;
Même en doutant du ciel, qui donc vers le Seigneur
N'a pas jeté son chant de gloire et de bonheur;
Senti naître et grandir cette force nouvelle
Qui par la liberté dans l'âme se révèle,
Lorsque, chef ou soldat, maître ou simple ouvrier,
Tout ce qui tient l'outil, le pinceau, l'encrier,
Tout ce qui pense enfin, travaille, espère et prie,
S'unit dans un devoir, un amour, la patrie!

2.

Pour un rêve si beau, quel affreux lendemain!...
Voici la trahison, fléau du genre humain,
Se glissant dans la nuit, sordide corruptrice,
Avec ses deux limiers, la peur et l'avarice,
Et creusant sous nos pas son abîme infamant,
Où tout notre avenir s'écroule en un moment!
Quels fantômes, grand Dieu, voyons-nous apparaître
A la tête du peuple aspirant à renaître?
C'est l'adroit Lubecki, le gardien du trésor,

Par qui le judaïsme a repris son essor,
Intrigue dont ce jour brisait le monopole
S'étendant, grâce à lui, de l'Oder jusqu'au pôle.
N'osant plus de l'émeute arrêter le torrent,
Il jura de la perdre en la déshonorant;
Il n'y parvint que trop, grâce à ces vieux ministres
Reparaissant toujours aux époques sinistres :
Czartoryski d'abord, — esprit faible et caduc,
Ancien ami du tzar, mais rival du grand-duc,
Très-patriote, après qu'un simple gentilhomme,
Zaïonczek, fut nommé lieutenant du royaume; —
Radziwill; — Niemcewicz, grand poëte autrefois,
Dont l'âge avait éteint le génie et la voix; —
Paç et Kochanowski, — tous jetés dans l'orbite
Que traçait autour d'eux le Turgot moskovite,
L'homme à qui Souwaroff, pour croix d'honneur,
Le stigmate infernal du brasier de Praga ! [légua
Tel maître, tels valets : trois princes et deux comtes,
Cinq vieillards, à l'émeute imposés pour archontes;
Pas un homme de tête, ou du moins de vigueur...
Ces pâles revenants, sans cervelle et sans cœur,
N'ont vu dans le Vingt-neuf qu'un tumulte vulgaire,
Et non pas le signal de cette grande guerre
De deux mondes rivaux, l'Occident et le Nord,
Qui doit nous affranchir ou nous donner la mort!
Et voyez ! ces tribuns, à leur insu, peut-être,
Devenus désormais les complices d'un traître,
Chez le vieux prince Adam, tout confus et troublés,
Au nom de Nicolas à la hâte assemblés,
Tandis que des corps morts jonchaient la capitale,
Ont osé rédiger cette adresse fatale
Dont voici le début, d'un style heureux et neuf :
« *Le triste événement de la nuit du vingt-neuf*
A mis notre patrie au bord du précipice...
Rentrez dans le devoir et dans l'ordre propice
Aux intérêts du peuple, à ceux du tzar et roi... »
Puis, ces mots pour finir : « *Nous maintiendrons la*
  Loi... »
Oui, la loi du tzarisme et du knout, son symbole;
La loi ! c'était de dire une seule parole :
« Aux armes ! levez-vous, nobles et paysans !
Soyez libres ! brisez vos chaînes de quinze ans;
Unis, le fer en main, vous êtes invincibles ! »
Mais non! ces vieux magnats, rêvant des jours paisibles,
Sous leurs croix, leurs cordons, façonnés au mépris,
N'avaient rien oublié, rien prévu, rien appris !
Ces hommes que Dieu donne aux jours de sa colère,
Courtisans fourvoyés dans le camp populaire,
Espéraient obtenir, par leurs soumissions,
Du clément Nicolas, quelques concessions !
Il leur fallait un trône et deux ou trois provinces,
Le doux règne du Nord flattait ces cœurs de princes;
Dix siècles d'existence ont disparu pour eux
Sous on ne sait quel rêve absurde et désastreux
D'esclavage bâtard, déguisé sous le titre
De royaume sans roi, sous le fer l'arbitre !
Ils prennent pour appui le sage Lelewel,
L'antiquaire unissant Tacite à Machiavel,
Qui voudrait affranchir les serfs de la corvée :
« À ce prix, leur dit-il, la Pologne est sauvée...
— Pas aujourd'hui ! plus tard ; et ne compliquons pas
D'un trouble intempestif les apprêts des combats... »

Ils formulent dès lors ce nuageux système :
« Combattre Nicolas par Nicolas lui-même;
L'empereur, par le roi... »

              Ces Cromwells belliqueux
Appellent à son tour à siéger avec eux
L'inepte Chlopiçki, soldat plein de vaillance,
Détestant le grand-duc et la sainte-alliance,
A Naple, à Saragosse admiré des Français,
Mais depuis, remportant de moins nobles succès
Dans les cercles galants, où, nouveau Bonaparte,
Il fait la guerre aux rois... en leur coupant la carte.
Cet homme de prestige, aux principes flottants,
Au vouloir inflexible, on le cherche longtemps
Sans découvrir sa trace : « Il est parmi nos troupes,
Dit-on, ou bien du peuple il commande les groupes...
Il marche à l'arsenal... » Étrange illusion!
Lui, qui se séparant de notre nation,
S'étant fait de joueurs un servile entourage,
N'eut rien de polonais que son brillant courage;
Qui s'avouant vaincu, même avant le combat,
Prit en main notre cause afin qu'elle tombât,
Et l'émeute étouffée au cœur de la Pologne,
Pour dire à Nicolas : « J'ai fait votre besogne! »
Tel était Chlopiçki, ce faux libérateur,
Et tels étaient les gens qui l'ont fait dictateur.
Dès ce jour, en deux camps Varsovie est formée :
Dans l'un, le peuple entier, la jeunesse, l'armée;
Dans l'autre, le faux droit, l'orgueilleuse raison,
L'avarice, la peur... enfin, la trahison !

Les hommes du passé tout à coup se redressent;
Faux juifs et faux chrétiens, les Lubienski paraissent:
Pierre, le faux Caton, fait gardien par l'État
De sa sécurité; Thomas, le faux soldat,
Président de la ville; et pour que rien n'y manque,
Henri, le faux banquier, directeur de la banque...
« Que voulez-vous que fit un peuple contre trois?
— Qu'il mourût! » dit Corneille, en attestant ses droits;
C'est ce qu'il fit bientôt, sur vingt champs de bataille,
Faute d'avoir trouvé des hommes à sa taille...
Vladislas Zamoyski, faux grand nom, mal porté,
Fait litière au grand-duc de notre liberté;
Imberbe aide-de-camp, fort en diplomatie,
Il intrigue, il nous livre à la sainte Russie.
Dès lors, tout est perdu... le faux nous envahit,
La trahison gouverne, et l'émeute obéit;
Lubeçki s'applaudit d'avoir hâté sa chute,
Et désarmé nos bras, au moment de la lutte...
Leçon grande et terrible à tout peuple insensé,
Se servant, pour finir son travail commencé,
De ces faux dévouements que la peur électrise;
Écoutant leurs avis dans ces moments de crise
Qui, perdus une fois, ne reviennent jamais;
Quand la loi du salut, la seule désormais
Fécondant les débris que tout grand siècle entasse,
C'est ce cri de Danton : « L'audace, encor l'audace! »

Un manant s'est trouvé, qui risqua le conseil
De franchir le Niémen dès le jour du réveil :
« Notre salut, dit-il, est en Lithuanie,
Traîtons, Vilno reprise, avec la tyrannie...

En marche!... » Eh bien! ce rustre, aussitôt en prison,
Faillit payer bien cher sa haute trahison;
Il saisit le mousquet du chasseur qui le garde,
Et simple fantassin s'élance à l'avant-garde[1]...
Sombre fatalité, que rien n'a pu changer,
Depuis qu'un roi parjure, élu par l'étranger,
A trempé, l'aigle russe étreignant sa poitrine,
Dans l'infâme complot ourdi par Catherine;
Poursuivant le pays, sans cesse renaissant,
Et sans cesse étouffé dans un fleuve de sang;
Pesant encor sur nous... Quel homme, ou quel génie,
De ce peuple martyr vengera l'agonie,
Sera-t-il reconnu? Cet homme viendra-t-il
A temps, pour l'arracher à la tombe, à l'exil?
Ou bien, doit-il grossir la liste des victimes
S'immolant, d'âge en âge, à ses droits légitimes :
Depuis les Pulaski, jusqu'aux dix-sept héros
Du Belvédère, offrant leurs têtes aux bourreaux?...

3.

Ainsi, le mouvement du Vingt-neuf, cette aurore
De notre liberté, déjà se décolore;
Ainsi, de son réveil éteignant le flambeau,
La Pologne, déjà, rentre dans le tombeau...
Le dictateur dissout un conseil qui le gêne;
Il ne veut qu'un pouvoir sans contrôle, homogène,
Dont un faux néophyte, agent neuf du tzar,
Krysinski, tient les fils et dirige le char...
Mais le brave Szembek vient à marches forcées,
Amenant ses chasseurs, les armes amorcées;
Il entre dans la ville aux clartés du matin.
Les chefs, à son exemple, ont quitté Constantin,
Un peu tard, il est vrai, venant offrir leur vie,
Leurs talents, leur courage, aux fils de Varsovie.
Ils ont tous, en marchant, arraché de leurs fronts
Le vautour bicéphale, aux livides fleurons;
Voyez, sur leurs shakos, ce glorieux stigmate,
L'étoile au cœur de feu, la cocarde sarmate;
Sur leurs fanons vermeils, cet aigle éblouissant,
Comme un phénix nouveau des flammes surgissant...
«Vivent nos francs-tireurs!» La foule, avec ivresse,
Tend la main aux soldats, dont le front se redresse
Comme un champ de blé mûr sous la brise; et l'écho
Répète : « Honneur et gloire aux fils de Kosciuszko! »
Le cortège à l'envi grossissant leur phalange,
Dans le troisième rang avec eux se mélange;
Il emboîte le pas, le manque, en vrai conscrit,
Mais sur son front déjà le mot gloire est écrit.
Il combattra demain, le bouillant volontaire;
Ce n'est plus, cette fois, pour les rois de la terre,
Mais pour la liberté, reine de l'avenir,
La seule qu'on ne peut détrôner ou bannir.
Il va braver pour elle, oubliant ses blessures,
La faim, le froid polaire aux cruelles morsures;
Fils du peuple, il mourra sur un sillon glacé,
Auprès de l'ennemi qu'il aura terrassé;
Mais libre, en fécondant cette terre sacrée,
Du sang de ses aïeux et du sien pénétrée!

[1]. Maurice Mochnacki, célèbre historien et publiciste.

Le frère aîné du tzar avec dix mille serfs,
Sans être poursuivi, s'enfuit dans ses déserts;
On le laisse partir, lui captif, dont un geste,
Du corps lithuanien désarmant tout le reste,
Le jetait dans nos bras, pour nous rendre avec lu
Le berceau de nos rois, notre tombe aujourd'hui!...
« Au revoir, nous dit-il, sur le champ de bataille! »
Il reviendra bientôt, avec sa valetaille,
Rosen, Toll, Schachoffskoï, tous nourris dans les camps
De Palhen, de Dybitch, le vainqueur des Balkans,
Et quatre cents canons, prêts à jeter leur foudre
Dans cette lutte à mort, que Dieu seul peut résoudre...
« Il obtiendra, dit-on, nous cédant le terrain,
Pour prix d'un sauf-conduit, le pardon souverain...

— Le pardon, dites-vous?... ô démence! ô vergogne
Traiter avec le tzar c'est trahir la Pologne!
Pouvant faire parler la poudre et le canon,
Implorer sa pitié c'est souiller notre nom!
Vous faites un pont d'or à cette vile engeance,
A ce monstre blessé, méditant sa vengeance,
Qui pour prix du bienfait dont vous êtes si fiers,
Nous rendront l'échafaud, le massacre et les fers!...
Arrêtez, courtisans! pourvoyeurs d'infamie!
Vous livrez au bourreau la Pologne endormie,
Pour qu'il l'égorge, après vos baisers de Judas!...
Voyez dans le repos s'indigner vos soldats;
Elles saignent encor, les larges cicatrices,
Stigmates flétrissants de vos mains protectrices,
Dont le peuple gémit, que Dieu seul peut guérir :
Marchez donc avec nous, pour vaincre ou pour mourir!
Mais votre espoir secret, nos troupes bien formées,
C'est de jeter l'Europe entre les deux armées...
Toujours même ineptie!... En face du danger,
Compter sur l'inconnu, le secours étranger!
Secours qui ne vient pas, malgré vos ambassades,
Plater, Wielopolski, pédant aux airs maussades,
Car l'Europe est vendue au tzar, à son vrai roi;
Dupin la définit d'un mot : « *Chacun pour soi!* »
Nous-mêmes, autrefois vos amis et vos frères,
Dans votre jeune orgueil, dans vos vœux téméraires,
En vous offrant nos bras, notre sang et nos biens,
Nous vous nommions nos chefs et nos anges gardiens;
Nous avons trop compté sur notre enthousiasme,
Pour échauffer vos cœurs éteints dans leur marasme,
Et nous créer, par vous, un Éden de bonheur
Qui s'écroule aujourd'hui dans votre déshonneur;
Armés de notre foi, source vive et féconde,
Vainqueurs, vous auriez pu régénérer le monde;
La couronne civique en eût été le prix...
Et vous n'avez conquis qu'un succès de mépris!
Vos remords sauront-ils l'arracher à la tombe
Cette sainte patrie et son peuple qui tombe,
Les prêtres, les vieillards, les femmes, les enfants,
Dans un enfer de glace aux cercles étouffants?...
Oh! cessez de parler de vertu, de prudence,
Hors de vous est l'espoir de notre indépendance;
Car si, trahi par vous, le peuple désolé
N'était pas immortel, vous l'auriez immolé!
Mais si jamais, vengeur, s'emparant de leur glaive,
Pour frapper ses tyrans ce peuple se relève,
Adoptant cette fois de plus dignes élus,

Il vous pardonnera... mais vous ne serez plus ;
Vous mourrez dans l'exil, comme le vieux Moïse
Au moment de toucher à la Terre promise,
Mourut au mont Nébo, laissant à d'autres mains
La garde de son peuple errant par les chemins !

Oh ! quand viendra la fin de ce pèlerinage,
Quand le ciel nous rendra nos trésors du jeune âge,
Et la Pologne en deuil aura vu cet essaim,
Par ce même drapeau ramené dans son sein,
Alors, suivant la loi d'amour et d'indulgence,
Vous aimer, vous bénir, sera notre vengeance ;
Nos cœurs se souviendront que, proscrits avec nous,
Devant le même autel vous pleuriez à genoux,
Cherchant dans la prière un suprême refuge,
Confessant vos erreurs devant Dieu qui les juge !
Même ici, je vous vois, fiers de vos blancs cheveux,
Loin de nous condamner, vous unir à nos vœux ;
Mais, de la liberté reprenant la querelle,
Afin qu'elle pardonne, il faut mourir pour elle !

4.

Et vous qui m'entourez, jeunes gens de Paris,
L'Athènes d'autrefois changée en Sybaris ;
Comme dans le délire enfanté par la fièvre
Le beau fruit disparaît, l'eau tarit sous la lèvre,
Ou comme les pêcheurs de l'Etna mugissant
Sur le pyrite éteint s'enivrent en dansant,
Pourquoi donc voyez-vous se flétrir feuille à feuille
La rose du plaisir sous la main qui la cueille ?
Dans vos philtres vermeils, entourés de glaçons,
Le serpent de l'ennui distiller ses poisons ?
Ah ! c'est que vous savez que, pleurant ses défaites,
L'âme de la Pologne est assise à vos fêtes ;
C'est que vous entendez une voix qui vous dit :
« Que celui qui me livre aux bourreaux, soit maudit ! »
Écoutez cette voix étrangère, inconnue.
De ce pays lointain jusqu'à vous parvenue,
Malgré les renégats, jadis nos compagnons,
Aujourd'hui nos geôliers... l'Europe sait leurs noms...
Qui nous jetaient d'avance aux pieds de la Russie :
« L'ordre est à Varsovie ! » Étrange prophétie
Que dément le tzarisme avec sa main de fer,
Ses haines, ses fureurs, ses tourments de l'enfer !
Cet ordre quel est-il ?... O France citoyenne,
Ne vois-tu pas au Nord cette féroce hyène
Le poil sanglant, la gueule en feu, sur un tombeau,
D'un cadavre à des loups disputant le lambeau ?
N'entends-tu pas jaillir le torrent des prières
Des sommets de l'Oural, des mines meurtrières ;
Les pleurs des orphelins condamnés en naissant,
Et le bourreau qui crie au juge : « Assez de sang ! »

Tel est l'ordre d'après les tzars et leurs complices ;
Tout n'est pas dit pourtant... Dieu compte nos sup-
Et Dieu les vengera, lorsqu'au jour du trépas, [plices,
Le gouffre de Caïn s'ouvrira sous leurs pas !
Demandez au tyran, ses parades finies,
Si ses nuits ne sont pas d'ardentes insomnies ;
S'il n'entend pas gronder les imprécations

De votre sœur de gloire entre les nations ;
Le cri de désespoir de vingt peuples esclaves :
« Tzar maudit, qu'as-tu fait de nos frères, les Slaves ! »
Voyez ! déjà pour lui l'enfer a commencé ;
Chaque nuit, torturant cet Oreste insensé,
L'ombre de la Pologne apparaît sur sa couche ;
A son réveil, sa main flétrit tout ce qu'il touche...
Il voit à la lueur des villages en feu
Le désert s'étendant sous le souffle de Dieu,
Flot de neige rougie ; et sous l'éclair qui passe,
Des vautours affamés tournoyant dans l'espace...
Demandez aux Moskals, ses valets de bourreau,
S'ils osent s'endormir leur épée au fourreau ;
Aux appels du clairon, combien de places vides
S'ouvrent, chaque matin, dans leurs bandes livides ;
Ils tremblent, ces vainqueurs, que la voix du remords
N'ait soulevé contre eux tout le peuple des morts,
Dont le glaive invisible et certain de sa proie,
Fouille, comme l'aimant, dans le cœur qu'il foudroie...
Plus d'asile pour eux, même au sein des tombeaux ;
Notre sol les rejette en pâture aux corbeaux ;
Notre air devient poison ; nos forêts et nos fleuves
Leur portent les sanglots des enfants et des veuves ;
Chaque épi de nos blés cache un dard venimeux...
Pour nous, mieux vaut mourir que triompher comme eux !

Hélas ! que d'orphelins, de vierges condamnées
A compter dans le deuil de stériles années,
Sous un morne horizon de villages fumants,
Attendent sans espoir leurs frères, leurs amants !
Où sont-ils ? que font-ils ? en pleurant, disent-elles ;
Reviendront-ils demain ? Oh ! pleurez, cœurs fidèles,
Demain... jamais peut-être... et pareille à ce jour,
Pour vous, la vie entière aura fui sans amour !...
J'aperçois à leur cou ces sublimes reliques,
Talismans fraternels des âmes angéliques,
Ces croix d'aunes brisés sous le feu meurtrier
Des canons de Grochow, le vingt-cinq février ;
Dans leur sein virginal protégé par ce signe,
Ne naîtra désormais aucune flamme indigne ;
Le fiel du souvenir sans cesse les nourrit...
Leur âme pleure encor, quand leur lèvre sourit !...
Heureuses, si le Russe en buvant les oublie ;
Si sa férocité, par l'ivresse avilie,
Ne vient pas enlever sur son coursier tatar
La fille du proscrit, pour jouet du dieu-tzar !...
Anges de la Vistule aux chevelures blondes,
Si la voix des absents vous parle par ses ondes,
Cette voix vous dira, comme au jour de l'adieu,
Que nos cœurs sont à vous, comme notre âme à Dieu !

5.

Quoi ! faut-il abjurer cette sainte espérance
Qui soutient le proscrit sur le sol de la France ?
L'arbre de février, l'aune aux saints talismans,
Ne doit-il refleurir que sur nos ossements ?
Et pour les fils d'Adam, la liberté n'est-elle
Qu'un fruit empoisonné, dont la sève est mortelle ?
Voyez Rome exilant la race des Tarquin ;
Le Suisse, le Français, le Grec, l'Américain,

Chaque peuple eut son Christ, république ou royaume :
Washington, Kanaris, la Pucelle, Guillaume ;
Chacun d'eux survécut aux jours du désespoir,
Enfin, pour être libre, il n'eut qu'à le vouloir.
Et le nôtre... Seigneur, n'as-tu touché sa lèvre
Du charbon embrasé, n'as-tu mis cette fièvre
D'héroïsme en ses flancs, cette force en sa main,
Que pour vouer le Slave au vampire germain ?
Serais-tu le Dieu juste, en livrant notre race
A ce tzar furieux, à sa meute vorace
D'espions, de bourreaux, plus vils que l'animal ;
Au tzar, le fratricide... au tzar, le dieu du mal?...
Laisseras-tu mourir la Pologne asservie,
Notre sol nourricier, l'âme de notre vie,
Sans que nous lui donnions, anathèmes ingrats,
Tout le sang de nos cœurs, tout l'effort de nos bras ?
Devons-nous voir nos fils condamnés, d'âge en âge,
A renier la foi, notre saint apanage...
Non ! plutôt le supplice aux mains des égorgeurs,
Et des os des martyrs surgiront les vengeurs !
Non, non ! le despotisme étayé sur le crime,
Secondé par l'effroi des lâches qu'il opprime,
Avec l'or qui corrompt, la torture et les fers,
Ne deviendra jamais le roi de l'univers !...
Nous avons dans notre âme un foyer trop intense
Pour éteindre en un jour dix siècles d'existence,
Étouffer sous la honte, esclaves oublieux,
Jusqu'à notre naissance, au nom de nos aïeux !
Tout fléau n'a qu'un temps, le tzarisme et la peste ;
Et notre jour viendra, devant Dieu je l'atteste !...
Quel cœur n'a pas bondi d'amour et de fierté
A ces trois noms : POLOGNE, AVENIR, LIBERTÉ !
S'ils font pâlir les rois de haine et de colère,
Les peuples en ont fait leur arche tutélaire ;
Car ils savent d'instinct qu'un jour, pour les bénir,
De notre sang naîtra la foi de l'avenir ;
Ce symbole est pour eux l'Europe unie et libre,
Sur trois fleuves : le Rhin, la Vistule et le Tibre ;
Pour les rois et leurs serfs, c'est l'oracle effrayant
De leur destruction, le signe du néant !

Pologne, mon seul bien, ma seule idolâtrie,
Liberté, noble amante, âme de ma patrie !
Si le glaive du tzar profanant ton linceul,
Se détournant de toi, ne frappait que moi seul ;
Et si toute l'horreur de ta longue agonie
S'épuisait sur la mienne en angoisse infinie,
Comme ce Dieu clément dont je porte le nom,
Du ciel, pour mes bourreaux, j'obtiendrais le pardon !...
Ma mère, ange adoré, la plus tendre des mères !
Devais-tu me nourrir d'enivrantes chimères,
Chanter sur mon berceau de tes larmes baigné
Cet hymne à Boleslas par le Christ enseigné,
Ce choral d'Adalbert à la Vierge Marie,
Dombrowski, le Trois mai, dont le chant se marie
Au bruit de nos forêts, aux rayons du ciel bleu,
Sortis du cœur du peuple, et remontant vers Dieu !
Devais-tu dans le miel de ta parole sainte
De l'horreur des tyrans mêler la sombre absinthe,
Laissant son amertume infiltrée à jamais
Au souvenir vivant de tout ce que j'aimais?...
Devais-tu me parler de liberté, de gloire,

Du temps des Sigismond évoquer la mémoire,
Si tout cela n'est plus qu'un songe évanoui,
Navrant de sa splendeur mon regard ébloui !...
Puis-je oublier, soldat, cette terre héroïque
Dont le moindre lambeau contient une relique ;
Sol fertile, aujourd'hui désert noyé de sang...
Même en deuil, sur les cœurs son charme est tout-puissant !
Est-il un être humain que sa beauté n'inspire ?
Je le demande à vous, vétérans de l'empire,
Fils de la liberté, grandis dans les combats ;
Vos cœurs ont tressailli quand nous luttions là-bas...
Nos pères pour la France ont fait mainte campagne,
Sur le Rhin, sur l'Adige, en Russie, en Espagne ;
Ils ont légué leurs fils à vos bras triomphants :
Nous voici devant vous... sommes-nous vos enfants?...

Paris, 29 novembre 1837.

VIII.

LE RÊVE DE SANG

OU LES MARTYRES DE MINSK.

(1845.)

« La pourpre des rois est faite avec du sang. »
CAMILLE DESMOULINS.

1.

Minuit!... l'ange Azaël a touché ma paupière...
Quel est donc ce palais, au grand dôme de pierre
　　Élancé vers le ciel ?
Rêve de marbre et d'or ! — Ce palais, me dit l'ange,
C'est le temple de Dieu construit par Michel-Ange
　　Et peint par Raphaël.

Le Vatican... regarde ! — Il incline sa palme...
A ce signe, je vois un vieillard au front calme,
　　Aux regards imposants ;
La Rome des Césars par le Christ affranchie
Dort paisible à ses pieds ; et sa tête est blanchie
　　Sous la neige des ans.

Est-ce lui, l'héritier de Pierre et des apôtres ?
Lui, dont l'empire immense embrassait tous les autres ?
　　Lui, l'effroi des erreurs,
Tenant de Dieu le droit de maudire et d'absoudre ?
Lui, dont la main, du haut des cieux, lançait la foudre
　　Sur des fronts d'empereurs ?

Quelle est donc cette femme implorant une grâce ?
Pâles, mais toujours beaux, ses traits portent la trace
　　Des maux qu'elle a soufferts ;
Comme celui du Christ, son front est ceint d'épines ;
Et je vois sur ses mains les empreintes divines,
　　Stigmates de ses fers.

Elle fait un récit d'une voix suppliante,
Coupé par des sanglots; sa droite défaillante
  Vers le trône s'étend;
Sa tête s'illumine à la lueur d'un cierge :
Et les anges vivants du tableau de la Vierge
  Pleurent en l'écoutant...

2.

Je suis la Pologne martyre !
Au nom de mon peuple égorgé,
Je viens à toi, pour te redire
Son supplice affreux, prolongé.
Comme le Christ sur le Calvaire,
Il se meurt, sanglant et blessé;
Maudit par les rois de la terre,
De même il s'écrie : « *O mon Père,*
Pourquoi donc m'as-tu délaissé? »

Je viens à toi, voulant t'apprendre
Le désastre de mon pays;
Des malheurs que rien ne peut rendre,
Des forfaits encore inouïs !
Comme la Mère douloureuse,
J'ai vu mes fils crucifiés
Descendre au tombeau que nous creuse
Du tyran la main ténébreuse,
Et je viens mourir à tes pieds !

Se peut-il qu'au siècle où nous sommes
Des crimes pareils soient soufferts?
Se peut-il qu'un homme à des hommes
Fasse désirer les enfers?
Demande à Dieu qu'il me soutienne,
Un frisson de mort me saisit;
Que ma main s'unisse à la tienne :
Je crains d'expirer, moi chrétienne,
Avant de finir mon récit !

Elle pleure en silence; elle attend, elle espère
Un signe de pitié. — Parle! dit le Saint-Père.
Macrène lève aux cieux son visage éclairci,
Et poursuit avec calme, en lui disant merci :

Dans un antique et saint asile,
A Minsk, nous étions deux cents sœurs,
Vivant sous les lois de Basile,
Loin des yeux de nos oppresseurs.
Aujourd'hui... voici leurs reliques;
Toutes sont déjà dans les cieux,
Parmi les essaims angéliques :
Aucune, dans nos basiliques,
N'a trahi la foi des aïeux !

L'apostat... faut-il que je nomme
L'émule d'Yvan ou d'Omar?
Cet homme... ce n'est pas un homme :
Ce n'est que l'esclave du tzar !
Ayant, pour de l'or, à son maître
Vendu son Dieu, trahi l'État,
Siemiaszko doit bien reconnaître
Que parmi nous, Dieu fait renaître
Cent martyrs pour un apostat !

Honteux de sa chute éclatante,
Jaloux, ulcéré de remords,
Comme Lucifer, il nous tente,
Étale à nos yeux des trésors.
Il offre des croix, des couronnes,
Il veut exalter notre orgueil;
De l'or, des palais et des trônes,
A nous, qui vivons des aumônes,
Nous, dont la couche est un cercueil !

Puis, voyant sur nos âmes pures
Tous ces prestiges impuissants,
Par les appareils des tortures
Il cherche à réduire nos sens.
Aussitôt, le schisme idolâtre
Répand le supplice et l'effroi ;
Des tourments que Rome marâtre
Faisait subir dans un théâtre
Aux premiers martyrs de la foi.

Je vois les corps des chastes vierges,
Dépouillés de leurs vêtements,
Meurtris par le fer, par les verges,
Avec d'affreux ricanements.
Les soldats ivres, impassibles,
Frappent sans pitié, sans terreur;
Sur des cadavres insensibles,
Ils achèvent, bourreaux paisibles,
Les coups prescrits par l'empereur !

Celles qui restent sur la terre,
Qu'épargne le fouet du soldat,
Des débris du saint monastère
Dressent un temple à l'apostat.
Et les murs croulent sur leur base,
Et le sol s'ouvre sous leurs pas;
Sous le rocher qui les écrase
Le cœur plein d'une sainte extase,
Elles bénissent leur trépas !

D'autres expirent sous la glace;
Sur leur front l'eau coule à torrents :
Et le cristal qui les enlace,
Se change en cercueils transparents !
Crime inouï ! supplice étrange !
Tourment qu'inventa Lucifer !
Celui qui peint le noir archange
Dans un lac de glace et de fange,
A compris le tzar et l'enfer !

D'autres... pleurez, filles martyres !
Digne successeur de Mathan,
L'apostat les jette à ses sbires,
Au nom du tzar et de Satan.
Elles invoquent, faibles femmes,
La mort pour sauver leur honneur;

Ils les déchirent, ces infâmes,
Les foulent aux pieds... mais leurs âmes
Sont pures devant le Seigneur !

Sœurs des bourreaux, les *filles noires*
Sont là, toujours, battant des mains,
Applaudissant à leurs victoires,
Brisant les croix sur les chemins...
Ainsi, dans Rome encor païenne,
Les nobles sœurs des décemvirs
Poussaient des cris d'ardente hyène,
Quand la tigresse nubienne
Dévorait la chair des martyrs !

Où sont aujourd'hui mes compagnes ?
Sous les coups des vils égorgeurs,
Leur sang a rougi nos campagnes ;
Mais il en naîtra des vengeurs !
Je t'ai dit sept ans de souffrance,
Les rois ont permis mon trépas ;
Aucun ne me crie : Espérance !
Et l'un d'eux disait à la France
Que sa sœur ne périrait pas !

C'est donc à toi, fils de saint Pierre,
A nous plaindre, à nous secourir ;
Pitié pour la Pologne entière,
Pitié pour ceux qui vont mourir !
Grâce aussi pour ceux dont les crimes
Ont perdu mes fils, mes héros ;
Afin que le sang des victimes,
Rejailli du fond des abîmes,
Ne tombe que sur les bourreaux !

Ames de mes sœurs innocentes !
Du haut des cieux, écoutez-moi ;
Tendez vos ailes frémissantes
Vers le pontife de la foi !
Mon cœur faiblit... dans chaque fibre
Je sens de mortelles douleurs ;
O toi qui règnes sur le Tibre,
Dis un mot, et je serai libre,
Daigne me bénir, car je meurs !...

3.

Et la sainte se tut ; et je vis dans mon rêve
Une main sur son front se lever comme un glaive :
Est-ce pour la bénir ? la sauver du trépas ?
Voyez ! la main s'étend, et ne retombe pas !
L'homme n'est plus ; je vois un fantôme de pierre
Œuvre de Michel-Ange, image de saint Pierre,
Sur le trône où siégeait l'immuable vieillard !...
Et cette main de marbre, et cet œil sans regard,
Seront ainsi fixés sur le front de la sainte,
Entre l'homme et le ciel, la justice et la crainte,
La Pologne et le tzar, comme une question
Formidable, muette, et sans solution
Durant l'éternité...

Qui pourra la résoudre ?
Celui dont le bras fort est armé de la foudre ;
Celui pour qui toi-même, implacable géant,
Et ton dernier sujet, vous n'êtes que néant ;
Celui qui seul est juste, en qui tout peuple espère ;
Celui qui fit mourir ton aïeul et ton père,
Et qui doit te frapper toi-même et tes enfants,
Quand ta mort remettra dans leurs bras étouffants
Le sort des nations que ta démence opprime.
Mais si le châtiment devait répondre au crime,
On verrait, tzar bourreau du Slave gémissant,
Ton cadavre noyé dans un tonneau de sang !

Les anges du tableau de la Vierge Sixtine
S'animent sur la toile ; et leur voix enfantine
Se mêle avec les pleurs
De la sainte invoquant la Mère des douleurs.

4.

Gloire à toi, sainte femme !
Macrène, gloire à toi !
Que Dieu donne à ton âme
L'espérance et la foi !
Jésus, mort à Solyme,
Du tombeau s'est levé ;
Et ton peuple sublime
Sera libre et sauvé !

Martyre, espère et prie
Le Dieu de liberté ;
Ton' antique patrie
Reprendra sa fierté !
Elle étendra ses armes
Jusqu'au Kremlin maudit ;
Dieu sourit à ses larmes,
Et la terre applaudit !

5.

Et cet hymne est celui que les saintes colombes
Élevaient en pleurant des cachots et des tombes ;
La sainte avec extase écoute leurs accents.
Le cantique achevé, les anges caressants
Se détachent du cadre ; ils étendent leurs ailes :
Leurs voix sont des parfums, des fleurs, des étincelles,
Et dans leurs doux ébats dont les airs sont remplis,
Ils posent sur sont front la couronne de lis ;
Couronne destinée aux âmes les plus fortes,
Edvige, Élisabeth, Émilie, et vous, mortes
Martyres, dont le sang a scellé votre amour,
Pour le sol polonais qui vous donna le jour !

Et l'hymne va montant vers le ciel qui l'achève !...

Alors, tout s'éteignit... et le sommeil sans rêve,
Léthargique, profond, vint peser sur mes yeux,
Comme une main de glace... Et quand parut aux cieux
Le jour, morne linceul couvrant la capitale,
J'entendis les échos de ma terre natale
M'apporter cette voix du ciel ou de l'enfer :
Car ce rêve de sang... c'est l'histoire d'hier...

IX.

LE RÉVEIL.

(1846)

1.

Je ne suis point « cette prostituée
 Qui prête à tous son large flanc,
Pour qu'on l'étreigne, au meurtre habituée,
 Avec des bras rouges de sang ! »

Ceux qui l'ont dit ne m'ont jamais connue ;
 Leur plume est vendue aux tyrans !
Vierge au sein pur, je suis la bienvenue
 Pour les jeunes cœurs de tous rangs.

J'ai pour l'enfant l'étreinte maternelle,
 Le premier baiser du bonheur ;
J'offre au vieillard, dans les plis de mon aile,
 Le pardon, la paix du Seigneur.

A l'homme mûr, je donne l'assurance
 Des droits sacrés du citoyen ;
Pour tous, avec les traits de l'espérance
 J'ai la voix de l'ange gardien.

Fille de Dieu, j'ai traversé les âges
 Dans mon immortelle beauté ;
Mon amour fit les poëtes, les sages,
 La justice est ma royauté !

Aux temps nouveaux, amante et fiancée
 De Lafayette, Washington,
De Kosciuszko j'inspirai la pensée,
 Et j'ai brisé Napoléon.

Ma main toujours ouverte à l'indigence,
 Prête à consoler, à bénir,
Sème les champs de votre intelligence
 Que doit moissonner l'avenir.

Rien ne résiste à l'époque où nous sommes
 A mes prestiges immortels ;
Je suis la foi commune à tous les hommes,
 Car tous les cœurs sont mes autels.

A mes deux sœurs, la Pologne et la France,
 J'ai dit : « La force est l'unité ; »
Aux nations : « Je suis la délivrance ; »
 Aux rois : « Je suis la Liberté ! »

2.

« La France était trop loin de sa sœur morte,
 Dieu trop haut pour la secourir ;
Pauvre Pologne... enfin, que nous importe !
 Nous ne l'avons pas fait mourir.

« Las de frapper, d'insulter un cadavre,
 Nos rois ont cloué son cercueil ;
Cachons comme eux la honte qui nous navre
 Sous la dignité de l'orgueil !

« Chacun pour soi... quelques fleurs sur sa tombe ;
 Honneur aux bourreaux triomphants !
Plus de Pologne, et que son sang retombe
 Sur les têtes de nos enfants... »

Vils imposteurs, cessez vos chants funèbres
 Sur un grand peuple anéanti ;
Fils de la nuit, rentrez dans vos ténèbres !
 Assez, vous en avez menti !

Elle est vivante ! au lieu de funérailles,
 Donnez-lui quelques bataillons ;
Elle est vivante ! un homme sans entrailles
 Peut-il tuer vingt millions ?

Elle est vivante !... à ce deuil hypocrite,
 On dirait un lâche assassin
Baisant au front le mort dont il hérite,
 Un poignard caché dans le sein !

Ainsi disaient les Juifs, peuplade immonde,
 Devant le Sauveur mis en croix ;
Ils sont maudits, dispersés sur le monde...
 Et le Christ renaît, roi des rois !

De même, un jour, le grand peuple se dresse ;
Il s'est armé de sa faux vengeresse,
Il foule aux pieds son tombeau déserté,
Aux cris joyeux de tous les hommes libres
Dont les cœurs forts sentent bondir leur fibres
A ces deux noms : Pologne et Liberté !
Arrière donc ! pour attester sa vie,
Son étendard palpite à Krakovie !

3.

Dans ces climats maudits où la nature en deuil
Dort pendant huit longs mois dans la nuit du cercueil,
Où comme un flot de sang, l'aurore boréale
Pose au front des glaciers sa couronne idéale,
Quand le vent du midi se lève à l'horizon,
Soudain la mer esclave a rompu sa prison ;
Tout change, tout renaît, tout se presse de vivre :
La verdure et les fleurs grandissent sous le givre :
Mille voix s'éveillant dans les bois, sur les flots,
De la bise enragée ont couvert les sanglots,
Et l'on voit le désert, ce géant hydropique,
Passer du froid polaire aux ardeurs du tropique...
C'est le réveil d'un peuple !... Ainsi, son cœur joyeux
Passe du désespoir aux transports glorieux,
Lorsqu'après quinze hivers d'esclavage et de honte
Il a brisé le joug du tyran qui le dompte ;
Lorsque la liberté, féconde en beaux instincts,
Embrase de ses feux même les cœurs éteints...
Oh ! quiconque a pu voir un tel jour dans sa vie,
Celui-là peut mourir, sans regret, sans envie ;

Et même le vieillard, un pied dans le tombeau,
Se sent renaître et dit : « Ce jour fut grand et beau ! »

4.

Au sein d'une forêt, à l'ombre des vieux chênes,
   Contemporains des Slaves indigènes,
     Quels sont, brisant leurs chaînes,
  Ces jeunes gens sous les feux de la nuit ?
Leurs traits sont recueillis, leurs entretiens sont graves;
  Autour des chefs, tout un peuple de braves,
     L'aigle polonais les conduit.

Ce peuple de leurs mains attend sa délivrance;
  Tous ont les yeux dirigés vers la France,
     Les cœurs pleins d'espérance :
  Au bruit du glaive, au vol des étendards,
On voit qu'ils vont tenter quelque mâle entreprise
   Pour affranchir la Pologne soumise
     Du joug odieux des Césars.

Voyez ! de cette foule un jeune homme s'élance;
  Son nom... qu'importe ! il va parler : silence !
     Il prend la forte lance
  D'un vétéran blanchi sous le harnais;
L'histoire a recueilli ces sublimes paroles
   Qui briseront « *les sanglantes idoles.* »
     Il parle; il a dit : — « Polonais!

« L'heure du grand combat vient de sonner : aux armes!
Notre peuple a grandi dans le sang, dans les larmes;
Nos frères de Posen, les trois Pologues sœurs,
Se lèvent aujourd'hui contre nos oppresseurs;
Que le Slave enchaîné par la ruse ou la force
Fasse avec l'esclavage un éternel divorce :
Assez de honte ainsi, de larmes à venger!
La fleur de nos guerriers combat pour l'étranger;
Nos pères, nos soutiens, sont voués à l'insulte;
Le clergé sans respect menacé dans son culte :
Quiconque a voulu vivre et mourir libre enfin,
Périt dans les cachots de misère et de faim.
Il est temps d'en finir ! Les plaintes des esclaves,
Déchirés par le knout, chassés sous leurs entraves
Dans ces déserts maudits où règnent des bourreaux,
Tout ce qu'on peut souffrir lorsqu'on meurt en héros,
Les pleurs des orphelins, les supplices des femmes,
Tout cela, compagnons, vibre assez dans nos âmes !
Quoi ! faut-il abjurer la foi de nos aïeux,
Oublier leur langage et leurs noms glorieux?
Faut-il voir opposer d'invincibles barrières
Au travail affranchi des classes ouvrières?
Le seigneur au fermier, l'épouse à son époux?
Frères, encore un pas, c'en est fait de nous tous !
Nos enfants maudiront un jour notre mémoire
D'avoir laissé périr la Pologne et sa gloire;
Sur ce sol, aujourd'hui déchiré par lambeaux,
De n'avoir rien semé que déserts et tombeaux;
A son peuple héroïque, avec l'affreux servage,
Et le patois grossier d'une horde sauvage,
D'avoir transmis un nom que l'on maudit partout,
La foi de son dieu-tzar, dont l'emblème est le knout!
C'en est assez, vous dis-je ! Entre nous et nos maîtres,

Voyez-vous se dresser les os de nos ancêtres?
Crier vengeance au ciel nos derniers descendants :
« Rendez-nous nos foyers libres, indépendants ! »
Déjà l'Europe entière, au tzarisme asservie,
Nous marque au front avec le sang de Varsovie;
Et Dieu s'en souviendra, lui, si nous l'oublions!

« Nous sommes un État d'au moins vingt millions,
Levons-nous comme un homme; et nulle force humaine
Ne saura terrasser le drapeau qui nous mène!
Soyons libres enfin, mais d'une liberté
Que le monde salue avec joie et fierté;
Créons-lui, dès ce jour, une loi magnanime,
Loi de fraternité qui l'instruise et l'anime;
Premier et vaste essai des cités à venir,
Des fédérations que le temps doit finir !
Que chacun dans la loi librement consentie,
Pour lui, pour ses enfants trouve une garantie;
Que l'homme inférieur par l'esprit ou le corps,
Du concert fraternel secondant les accords,
Trouve l'appui certain de la famille entière
Du sol, non divisé, la suprême héritière;
Qu'il soit heureux selon son mérite et ses droits.
Plus d'injustes faveurs, de partages étroits;
Plus de jours du seigneur, d'onéreuse corvée,
Monopole exclusif d'une caste énervée :
Laissons un patrimoine assuré, dès demain,
Aux fils de qui mourra les armes à la main !

« Polonais, invoquons le Dieu de la victoire!
Mais pour mieux accomplir notre œuvre expiatoire,
Soyons hommes pour tous, et martyrs ou vainqueurs,
Que nul acte infamant ne flétrisse nos cœurs;
Laissons la violence et l'orgueil à nos maîtres.
Épargnons les captifs, ne frappons que les traîtres;
Car nous ne faisons pas la guerre aux nations,
Mais aux crimes des rois, à leurs oppressions.
De l'Europe à venir nous sommes l'avant-garde;
Le corps d'armée entier des peuples nous regarde!
L'étoile au cœur de flamme est notre ralliement,
Et pour nous mieux guider, répétons ce serment :

  « Je jure obéissance aux chefs, à qui je cède
     « Tout pouvoir, toute autorité;
     « Ainsi, que Dieu me soit en aide
     « Sur le seuil de l'éternité ! »

« Le serment prononcé, que le ciel accomplisse
    Les ardents souhaits de vos cœurs !
    Tout un peuple est votre complice :
    Gloire à vous, martyrs ou vainqueurs ! »

5.

« Amis, embrassons-nous, dit le jeune homme; aux armes!
    Suivez-moi, quiconque est vivant!
    En avant, marchons, plus d'alarmes ! »
    Et l'écho répète : En avant!

Les voilà, bondissant comme les avalanches,
    L'étendard frémit sous le vent;

Aigles, ouvrez vos ailes blanches :
Fils de Krakovie, en avant!

La cité les reçoit sous la nuit qui les couvre,
Rempart formidable et mouvant;
Voici l'ennemi... le feu s'ouvre,
Dix contre un... qu'importe, en avant!

Qui peindra la terreur de ce combat immense,
Où l'amour du pays lutte avec la démence
D'un troupeau de Germains;
Où femmes et vieillards, dans l'ardente mêlée
Se jettent par milliers, la tête échevelée,
Des couteaux dans les mains!

Un peuple à peine armé fait reculer ces sbires
Aguerris à tuer les peuples, noirs vampires
Gorgés de notre sang;
Dans le château des Piasts l'Autriche est prisonnière;
Un prêtre aux blancs cheveux, ayant pris leur bannière,
Dit en nous bénissant :

« Victoire! la voilà, cette sainte patrie,
Par les complots des rois démembrée et flétrie,
Vivante sous mes yeux!
Je touche de mes mains ses blessures fermées!
Je vois sa tombe ouverte, et le Dieu des armées
La bénit dans les cieux!

« O proscrits tant pleurés, héritiers de sa gloire!
Que n'étiez-vous présents à ce jour de victoire?
Hâtez-vous d'accourir!
Le vingt-deux février glacera d'épouvante
Les bourreaux couronnés... la Pologne est vivante,
Et nous pouvons mourir! »

6.

Gloire à toi, sainte ville,
Antique et sûr asile
De ce peuple vainqueur;
Si malgré la conquête
Varsovie est sa tête,
Krakovie est son cœur!

Gloire à vous, nobles femmes,
Qui formez de vos âmes
L'âme de vos enfants;
Votre lait, c'est la vie,
L'amour de la patrie,
Et l'horreur des tyrans!

Gloire à toi, belle France,
Symbole d'espérance
Du monde gémissant;
Pour ta sœur qu'on immole
N'auras-tu qu'une obole,
Et des pleurs pour du sang?

7.

Quand le peuple triomphe, il est grand, il est juste;
Il imite le Christ au Calvaire... voyez :
Il est prêt à bénir de sa droite robuste
Ceux même qui tantôt le foulaient à leurs pieds.
Il ne garde en son cœur ni haine ni vengeance;
Il n'a plus qu'une foi : la sainte humanité;
Qu'un mot de ralliement : le pardon, l'indulgence;
Un drapeau : la patrie; un but : la liberté!

Quand le bourreau triomphe, il aiguise sa hache,
Il creuse des cachots pour les plus nobles cœurs;
Il est aussi cruel qu'il avait été lâche :
Tremblez, peuples soumis! les Césars sont vainqueurs!
Le désordre a cessé, l'ordre vengeur commence;
Les traîtres, du pouvoir disputent les lambeaux,
On entend un grand cri de haine et de démence,
Et puis, tout est muet... c'est la nuit des tombeaux!

Et vous rêvez en paix, vos lyres sont muettes!
Et vous ne chantez pas de si grandes douleurs?
Un peuple entier se meurt... Mais quand donc, ô poëtes,
Verrez-vous des sujets plus dignes de vos pleurs?
Oracles de salon, bardes mélancoliques,
Vous qu'émeut un nuage, une fleur dans les champs,
Qui jetez à tout vent vos pâles bucoliques,
Nous ne demandons pas l'aumône de vos chants!

Ombre de Kasimir, que leur silence indigne!
Fais rougir tous ces nains de leur lâche sommeil...
Oh! quel hymne de gloire eût jeté Delavigne,
S'il eût vu la Pologne au jour de son réveil!
Eh bien, moi, son ami, moi, qui pleurai ta perte,
Je veux suivre ta trace, immortel vétéran;
Pour que l'on dise un jour sur ma tombe entr'ouverte:
« Il préféra la mort au pardon d'un tyran! »

X.

LA HONGROISE.

(1849.)

Liberté! que ta foudre
Fasse entendre sa voix;
Viens briser, viens dissoudre
L'alliance des rois :
Du canon, de la poudre,
Pour venger les Hongrois!

Les derniers rois disaient dans leur démence,
Comme en Juillet, désertant leur séjour :
« Soyons unis, notre force est immense;
La liberté ne régnera qu'un jour! »
Ils ont menti, ces puissants de la veille,
Leurs attentats seront vains désormais;
Tremblez, tyrans! la France se réveille!
La royauté ne reviendra jamais!

A ce refrain : « Mourir pour la patrie! »
Fiers potentats, vous avez pâli tous;
Bientôt après, votre aveugle furie
Devant le peuple est tombée à genoux!
Rage impuissante! inutiles colères!

Toujours la foudre attaque les sommets;
L'heure a sonné pour les droits populaires :
La royauté ne reviendra jamais!

    Liberté! que ta foudre
    Fasse entendre sa voix;
    Viens briser, viens dissoudre
    Tous les complots des rois :
      Du canon, de la poudre,
      Pour venger les Hongrois!

O Février! quels transports unanimes
Tu ravivais dans tous les nobles cœurs!
Les opprimés se sentaient magnanimes;
Sous les haillons, quels généreux vainqueurs!
Après seize ans, la vieille monarchie
Te croyait morte, alors que tu dormais;
France, debout! l'Europe est affranchie,
La royauté ne reviendra jamais!

Vaillant Kossuth! chef d'un peuple de braves!
Le sort trahit ton glorieux effort;
Puissent bientôt, maudissant leurs entraves,
Fuir devant toi les barbares du Nord!
Grand Dieu! protége une cause si belle;
De son triomphe à toi je m'en remets :
Qu'à ses Midas Vienne un jour soit rebelle,
La royauté ne reviendra jamais!

    Liberté! que ta foudre
    Fasse entendre sa voix;
    Viens briser, viens dissoudre
    Les couronnes des rois :
      Du canon, de la poudre,
      Pour venger les Hongrois!

Lasse du joug qu'un Cimbre lui ramène,
Rome a repris ses antiques vertus;
Rome se meurt : mais la splendeur romaine
Fait tressaillir les cendres des Brutus!
Honneur à toi, sous ta couronne sainte,
Plus fière encor lorsque tu te soumets;
Rome éternelle, écris sur ton enceinte :
« La royauté ne reviendra jamais! »

L'aile du temps flétrit rois et couronnes,
Jette en exil les races des tyrans;
Je vois son souffle emporter tous les trônes,
La paix partout, les petits sont les grands!
Partout la fraude en fuite ou prisonnière,
Le travail seul ennoblit désormais;
Déjà l'histoire inscrit sur sa bannière :
« La royauté ne reviendra jamais! »

    Liberté! que ta foudre
    Fasse entendre sa voix;
    Viens briser, viens dissoudre
    Les familles des rois :
      Du canon, de la poudre,
      Pour venger les Hongrois!

Vous, cœurs brisés, pour qui, dès son aurore,
La liberté voila son étendard,
N'en doutez pas, vous l'entendrez encore
Aux prétendants crier : « Il est trop tard!
Portez ailleurs vos discordes publiques,
Vos colliers d'or, vos galons, vos plumets;
Voici le jour des grandes républiques :
La royauté ne reviendra jamais! »

Et vous, enfants d'une terre chérie,
Déshérités par ces monstres ingrats,
Consolez-vous, car bientôt la patrie
Avec orgueil doit nous tendre ses bras!
Vous lui direz, martyrs de Varsovie :
« Salut, Pologne! et toi, ciel que j'aimais...
Mais où sont ceux qui m'ont donné la vie?
— La royauté ne reviendra jamais! »

    Liberté! que ta foudre
    Fasse entendre sa voix;
    Viens briser, viens dissoudre
    Les trônes et les rois :
      Du canon, de la poudre,
      Pour venger les Hongrois!

XI.

LE COUP D'ÉTAT.

(AIR DE *Charles VI.*)

    La France a l'horreur du servage;
    Brisant un trône détesté,
    Après dix-huit ans d'esclavage,
    Elle acclama la liberté.
    Voici qu'un complot judaïque
    En pleine paix la déchira;
Mort au tyran! jamais en République
    Le Badinguet ne régnera!

    Lâche héros du Deux-Décembre,
    Suivi d'un tas de sacripants,
    Il brisa le peuple et la Chambre
    Par un odieux guet-apens.
    Boulogne et Strasbourg, tout explique
    Comment ce bandit trônera;
Mort au tyran! jamais en République
    Le Badinguet ne régnera!

    Hugo, Bedeau, Lamoricière,
    Grands penseurs, vaillants généraux,
    Tous vos lauriers sont en poussière,
    Tous vos glaives dans les fourreaux.
    Martyrs de la cause publique,
    Lui-même un jour vous vengera;
Mort au tyran! jamais en République
    Le Badinguet ne régnera!

    Vêtu comme un vil saltimbanque,
    Pour tromper les vieux bataillons,
    Ce gardien des lois, à la Banque
    A volé vingt-cinq millions.

C'est peu pour sa cour famélique ;
Un milliard y passera...
Mort au tyran! jamais en République
Le Badinguet ne régnera !

Vidant le trésor qu'il gaspille,
Bâtard insolent et moqueur,
Il n'a pas un trait de famille,
Pas un sentiment dans le cœur.
Le front bas, le regard oblique,
Comme un faune de l'Opéra...
Mort au tyran! jamais en République
Le Badinguet ne régnera !

Battant les murs comme un ivrogne,
Vrai Charlemagne de hasard,
Il trahit Rome et la Pologne
Pour lécher les pieds du dieu-tzar.
Badinguet, ce nom historique
A tout jamais lui restera ;
Mort au tyran! jamais en République
Le Badinguet ne régnera !

Banquiers juifs, mouchards et jésuites,
Étrange association !
Vos mains, par un traître conduites,
Ont enchaîné la nation.
Votre trinité diabolique
Dans le mépris disparaîtra ;
Mort aux tyrans! jamais en République
Le Badinguet ne régnera !

Réveille-toi, France opprimée !
On te croit morte... et cependant,
Paris tient tête à son armée,
Aux fiers-à-bras du prétendant.
Avec son conseil impudique
Ta foudre, un jour, le brisera ;
Mort au tyran! jamais en République
Le Badinguet ne régnera !

Jamais en France un Bonaparte
N'aura vaincu la liberté ;
Déjà la main de Dieu l'écarte
D'un trône à jamais déserté !
L'exil attend toute sa clique,
Vaillant, Plonplon et cœtera...
Mort aux tyrans! jamais en République
La trahison ne régnera !

Paris, 4 décembre 1851.

Et la France s'est réveillée
De son opprobre de vingt ans,
Vaincue, amoindrie et souillée ;
Mais la revanche aura son temps !
A ton réveil, France héroïque,
L'Europe entière applaudira !
Mort aux tyrans! jamais en République
Juif ni Prussien ne régnera !

Paris, 4 décembre 1871.

XII.

« AVEC LE SANG... »

(D'APRÈS CORNEILLE UIEISKI.)

« Blut ist ein besonderer Saft. »
GŒTHE.

(1854.)

Avec le sang, les larmes de nos frères,
Que nos clameurs montent vers toi ;
Pitié, Seigneur ! à nos chants funéraires
Tout front devient blême d'effroi !
Chanter, pour nous, c'est te crier justice,
Les fers aux mains, la ronce aux fronts ;
Que dans ton cœur notre voix retentisse,
Il en est temps : car nous mourons !

Oh ! que de fois, d'une douleur immense,
Tu nous frappas comme aujourd'hui ;
Mais nous disions : « C'est le Dieu de clémence,
C'est notre père et notre appui ! »
Quand sous la croix un peuple entier se range,
Le Russe impie entre au saint lieu,
En nous criant, avec un rire étrange :
« Dieu n'est plus rien ; le tzar est Dieu ! »

Nous crûmes voir, en levant nos paupières,
Tomber sur lui trois cents soleils ;
Le ciel pour nous est sourd, comme les pierres,
Les jours aux jours sont tous pareils !
De désespoir, sous nos pieds nous brisâmes
Nos vieux drapeaux, jadis vainqueurs ;
Nous blasphémons : mais regarde nos âmes !
Ah ! juge-nous d'après nos cœurs !

Seigneur, Seigneur ! sur un ordre arbitraire,
Un cri d'effroi de nos tyrans,
Fils parricide, un frère égorge un frère ;
Que de Caïns sont dans nos rangs !
Si dans leur sang, ces tigres implacables
Ont des Césars teint le manteau,
Tu sais, Dieu juste, où sont les vrais coupables ;
Punis la main, non le couteau !

Dans notre exil nous t'adorons encore,
Nous te prions, comme jadis ;
Comme l'oiseau fuit d'instinct vers l'aurore,
Au nid natal, son paradis !
Lorsque la foi du monde se retire,
Rends-lui sa force et sa clarté ;
En nous donnant la palme du martyre,
Donne à nos fils la liberté !

Guidés par toi, de ces aigles funèbres
Nous verrons fuir le noir troupeau ;
Et sur le corps de l'ange des ténèbres,
Nous planterons le saint drapeau !

Ouvrant nos cœurs à toute âme qui tombe
Et pardonnant à des ingrats,
Au tzar maudit nous dirons sur sa tombe :
« Dieu n'est pas mort ; toi seul mourras ! »

XIII.

HYMNE A LA POLOGNE.

(1855.)

Le tzar a dit au Nord maudit :
 « Je suis le roi du monde !
A moi l'Euxin ; dans mon dessein
 Dieu même me seconde !
Tout l'Occident, le knout aidant,
 Suivra la loi de Pierre ;
Et sous nos pas ne laissons pas
 Debout, pierre sur pierre !
Allons, mes serfs, plus de déserts ;
 L'Europe est notre proie !
Vaincre est un jeu : Stamboul en feu
 Aura le sort de Troie ! »

A cette voix, l'aigle gaulois
 Jette sa grande armée ;
Trois cents vaisseaux fendent les eaux
 De leur proue enflammée !
Et tout le Nord, portant la mort,
 S'élance au pas de course ;
Le flot grandit, quand Dieu lui dit :
 « Remonte vers ta source ! »
Le tzar vainqueur, la rage au cœur,
 S'enfuit, plein d'épouvante ;
Sur son chemin, sa foudre en main,
 La Pologne est vivante !

Oui, la voilà, fils d'Attila,
 Ta victime immortelle !
Ses ennemis, le front soumis,
 S'inclinent devant elle !
Nobles aiglons des Jaghellons,
 Vous cessez d'être esclaves ;
Tous les chrétiens sont vos soutiens,
 Vos frères, tous les Slaves !
Turk ou Magyar, contre le tzar
 Vous tend sa main amie ;
Tout l'univers brise vos fers,
 Rivés par l'infamie !

C'est qu'en nos jours, les fers sont lourds
 Au peuple armé du glaive ;
D'un vol uni, vers l'infini
 L'humanité s'élève !
Chaque soleil, à son réveil,
 Répand plus de lumière ;
La liberté de sa clarté
 Couvre la terre entière !
Et nous voyons les nations
 Formant un peuple immense ;

« Tout homme est roi ! » telle est la loi
 Du monde qui commence !

Dieu tout-puissant ! prends notre sang,
 Mais rends-nous la patrie ;
Rends-lui, Seigneur, l'antique honneur
 Dont son âme est nourrie !
Toi qui donnais aux Polonais
 Dix siècles de victoire,
Que l'aigle blanc au cœur sanglant
 Renaisse dans sa gloire !
N'avons-nous pas des faux, des bras,
 Du vieux sang dans les fibres ?
Pologne ! un jour par ton amour,
 Les peuples seront libres !

XIV.

VIVE LA PAIX !...

A BÉRANGER.

(1856.)

Toute grandeur sourit à ton génie ;
O Béranger, tu te tais... et pourquoi ?
Quand l'univers sort de son agonie,
Quand Dieu lui dit : « Lazare, lève-toi ! »
La liberté dort, la main sur sa lance,
 Prête à jeter sa lumière partout ;
Vive la paix ! c'est le cri de la France,
 Mais l'honneur avant tout !

Lorsque exilé d'une terre épuisée
Par des ingrats qu'il change en demi-dieux,
L'homme du siècle eut fait, l'âme brisée,
A ses soldats de sublimes adieux,
Ton luth chantait la commune espérance,
Le *Vieux Drapeau*, glorieux jusqu'au bout :
Vive la paix ! fut le cri de la France,
 Mais l'honneur avant tout !

Après Juillet, quand de vieux frères d'armes
Du coq gaulois appelaient le secours,
Lorsqu'on payait d'une aumône de larmes
Leur noble sang, si prodigue toujours,
Ta voix, de loin, secondait leur vaillance ;
A l'avenir tu t'adressais surtout :
Vive la paix ! disais-tu pour la France,
 Mais l'honneur avant tout !

Des aigles d'or vois-tu l'essaim sans nombre
D'un autre Achille entourant le cercueil ?
Paris reçoit sa dépouille ; et son ombre
Du Moskovite a terrassé l'orgueil !
Vois-tu, là-bas, l'ennemi qui s'avance ?
France, en avant ! car déjà ton sang bout !
Vive la paix ! c'est le cri de la France,
 Mais l'honneur avant tout !

En Orient le soleil va paraître...
Pour réchauffer les cœurs et les esprits,
Il s'en retourne aux lieux qui l'ont vu naître;
Mais il échappe à mes regards surpris...
J'appelle en vain le jour de délivrance;
Reprends ton luth, qu'il éclate, et debout!
Vive la paix! c'est le cri de la France,
 Mais l'honneur avant tout!

L'ange de paix a passé sur l'Europe,
Avec terreur les rois l'ont reconnu;
Puis, en montrant Varsovie et Sinope :
« Mon jour, dit-il, n'est pas encor venu.
Des tzars, d'abord, châtions l'insolence;
Guerre aux traités déchirés par le knout! »
Vive la paix! c'est le cri de la France,
 Mais l'honneur avant tout!

Celle que Dieu fit lever sur le monde,
Comme un bel astre aux cieux resplendissant,
Verrait tarir sa lumière féconde,
Le front penché sur des fers teints de sang?
Non! de sa foudre évoque la puissance;
Que sa splendeur se répande partout!
Guerre pour guerre à la sainte-alliance,
 Car l'honneur avant tout!

XV.

ODE A L'OBÉLISQUE.

A MM. ÉMILE ET ANTONI DESCHAMPS.

(1857.)

Oracle du passé, témoin des splendeurs mortes,
Gigantesque débris de la ville aux cent portes,
Quel peuple de Titans a taillé ce granit!
Quel simoun t'a jeté sur la terre française,
Le pied sur l'échafaud où tomba Louis seize,
 Le sommet touchant au zénith?

Trente siècles ont fui devant toi, comme un rêve;
Cent peuples ont passé comme un flot sur la grève;
A tes pieds, écartant ses liquides parois,
La mer Rouge s'ouvrait aux enfants de Moïse
Guidés par le Seigneur vers la Terre promise,
 Et puis, se fermait sur tes rois!

Sous ton ombre accroupis, les mages solitaires
D'Osiris à l'Égypte enseignaient les mystères,
D'Uranie à Platon découvraient le trésor;
Arcanes engloutis sous les eaux du déluge,
Que le noir Misraïm, fils de Cham le transfuge,
 Grava sur ta pierre, ô Lûqsor!

De quels fleuves de sang ta colonne est trempée!
Sur ton socle a roulé la tête de Pompée;
Du Nil à l'enfant-Dieu tu montrais le chemin...
Maudissant sa beauté, l'altière Cléopâtre
Attachait la vipère à sa gorge d'albâtre,
 Plutôt que de suivre un Romain!

Tandis qu'avec sa gloire et ses palais en cendre,
Veuve des Pharaons, la cité d'Alexandre
S'écroule sous le fer de l'Islam conquérant,
Que le Christ a brisé les faux dieux et leurs temples,
Toi seul restes debout, et toi seul nous contemples
 Si petits, devant toi, si grand!

Mais quel cri de carnage autour de toi s'élève?
Quatre-vingt-treize!... Ici s'inclinaient sous le glaive
La fille des Césars, le fils de saint Louis;
Ici tombait Chénier, couronné de sa gloire!
Des sages, des guerriers blanchis par la victoire,
 Sont là, sous ta base enfouis!

Un autre Mahomet, vainqueur des Pyramides,
Du Caire et de Ghizeh visitant les djamides,
S'emparait de l'Asie au saint nom du Koran;
Souillé par deux mille ans d'un esclavage immonde
Il voulait dans son peuple unifier le monde,
 Il tombe... il n'est plus qu'un tyran!

Fils de la liberté, quand d'Espagne et de Gaule
Cinq cent mille soldats te suivaient vers le pôle,
Tu repoussas du pied la Pologne à genoux;
Du sang des nations la mesure était pleine...
Et l'Anglais te jeta captif, à Sainte-Hélène,
 Vaincu, désarmé, comme nous!

Monument éternel! aujourd'hui, plein d'ivresse,
Le flot parisien t'environne et te presse,
Comme un champ tout couvert de moissons et de fleurs;
Toute la France est là... Mais, d'où viennent ces ombres
Au langage étranger, les fronts pâles et sombres
 Et les regards baignés de pleurs?

Sur le cœur, du courage ils portent le stigmate..
Ah! tu les reconnais : c'est le peuple sarmate,
Aujourd'hui sans patrie; et d'exil en exil
Suivant son aigle blanc dans sa longue Odyssée,
Des murs de l'Alhambra jusqu'à Laodicée,
 Du Dellaware jusqu'au Nil!

Comme dans Babylone inclinés sur les fleuves,
Leurs enfants orphelins et leurs compagnes veuves
Attendent qu'un Sauveur vienne les secourir;
O France, ils te donnaient cent fois plus que leur vie,
Et des Français ont dit : « *L'ordre est à Varsovie,*
 La Pologne devait mourir! »

Les peuples sont maudits pour ce nouveau Calvaire!
Dieu leur dira : « Caïn, qu'as-tu fait de ton frère? »
Des pleurs, de vains serments, quand il faut nous venger!
Ton souffle a redressé ce sanglant monolithe,
Relève-nous, Seigneur, comme l'Israélite,
 Errants sur le sol étranger!

Victimes et bourreaux, les rois sans conscience,
Les peuples sans vertu lassent ta patience;
Honneur, foi, liberté, tout s'éteint, tout s'en va...
Mais quel astre inconnu surgit dans les ténèbres?
D'où tombent ces soleils? et quelles voix funèbres
 Ont crié : Voici Jéhovah!

Sur son trône d'éclairs le Juge va descendre;
L'orbe du ciel noircit comme un monceau de cendre,
Les volcans ont vidé leur cratère géant;
Et la main créatrice, en déchaînant leurs laves,
Brise comme un faisceau les rois et les esclaves,
 Et les jette ensemble au néant!

Symbole de la mort, colonne du mystère!
Tu vis naître les temps au berceau de la terre,
Tu les verras tomber dans l'éternel oubli;
Et puis, quand le Seigneur fera déchoir les astres,
Tu crouleras aussi, témoin des grands désastres,
 Sous leur poussière enseveli!

RÉPONSE.

LE LANCIER POLONAIS.

(31 mars 1814.)

C'était le dernier jour de l'héroïque lutte.
Un obus égaré, qui venait de la butte
Montmartre ou Saint-Chaumont, éclata par hasard
Au-dessus de la foule errante au boulevard;
Car chacun était là, dans l'angoisse civile,
Écoutant le canon s'approcher de la ville...
Un lancier polonais de fatigue rendu,
A l'arçon du cheval son tchapka suspendu,
D'un fanon déchiré la tête enveloppée,
M'apparaît tout à coup; sa voix entrecoupée
Laisse sur la journée échapper quelques mots;
De la foule avec peine il traverse les flots,
Car le peuple l'entoure et la foule assemblée
Aspire dans ses yeux le feu de la mêlée...

Et ce soldat, couvert de sang et de sueur,
S'avance à pas comptés comme un triomphateur.
Cette image n'est point par le temps effacée;
Ce soldat est encor présent à ma pensée,
Et je le vois toujours, dans ce moment fatal,
Pâle, blond et sanglant courbé sur son cheval...

C'est la Pologne, hélas, par le destin trompée,
Pour la France donnant son dernier coup d'épée!

Antoni Deschamps.

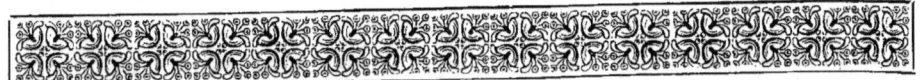

LIVRE TROISIÈME

L'HERBIER

« O! felice chi mai non pose il piede
Fuori della nativa dolce terra! »

PINDEMONTE.

FLEURS MORTES.

I.

LES ADIEUX.

« Comme craindront de voir finir leurs jours
Ceux qui les passeront près d'elle. »
ANDRÉ CHÉNIER.

Le soleil de mes jours a pâli de bonne heure;
A peine ai-je aspiré les brises du matin
J'entends gronder l'orage, et déjà mon destin
Me jette, avant le soir, dans la sombre demeure!

La vie, à dix-sept ans, n'est pas ce que je pleure;
Je laisse aux plus heureux les douceurs du festin;
Mais fuir le sol natal, pour un tombeau lointain...
Sans amour, sans patrie, il faut donc que je meure!

A toi, jeune ruisseau, le beau ciel transparent,
Les bosquets frémissants sous les ailes des anges;
Crains de mêler ton onde au flot noir du torrent...

A lui la solitude et les routes étranges;
Par toi-même oublié, souffre au moins qu'en mourant,
Dans son cri d'agonie, il dise tes louanges!

1829.

II.

DANS LES ALPES DE ZURICH.

Me voici sur l'Alwys, loin de toi, mon Hélène;
Sur mon front l'infini, que sais-je?... ou le néant!

Dans la nue, à mes pieds, plane un aigle géant :
Des fleurs sur le rocher... l'arc-en-ciel sur la plaine.

Marchons! je touche au faîte, et je manque d'haleine...
Descendre?... loin de moi ce souhait malséant;
Plutôt déchoir d'un trait dans l'espace béant!...
A genoux et prions, car mon âme est trop pleine!

Mon Dieu! daigne garder à cet ange si beau
Les restes d'une vie au malheur fiancée;
Et puisque de mes jours tu brises le flambeau,

O mort! que par moi seul l'heure soit devancée;
Et qu'Hélène du moins cueille sur mon tombeau
Ces tristes fleurs d'exil, qu'embaume sa pensée!

1830.

III.

LE RIGHI.

Que de fois, ô Righi! sur tes crêtes sublimes
J'ai vu, nouveau Manfred, l'orbe immense des cieux
Luire à mes pieds, au fond du lac silencieux,
Et la pourpre du soir s'argenter sur tes cimes!

Une nuit, le cœur las, le regard anxieux,
Je mesurai, d'en haut, tes profondeurs intimes;
Déjà mon âme, en proie au frisson des abîmes,
Suivait, en y plongeant, le rayon de mes yeux.

Alors, l'image sainte et la voix maternelle
De la patrie en deuil m'arrêta sur le bord,
Comme l'ange gardien me couvrant de son aile;

Aujourd'hui me voilà, naufragé loin du port,
Sondant les profondeurs de la vie éternelle,
Et n'ayant pour gardien que l'ange de la mort!

1830.

IV.

A L'ITALIE.

D'après Filicaia.

Italie! Italie! ô toi dont le front porte
La suprême beauté, nimbe aux divins rayons,
Sainte par ton martyre entre les nations,
Pourquoi Dieu te fit-il un présent de la sorte?

Que n'es-tu moins parfaite, ou plutôt assez forte
Pour dominer l'orgueil, vaincre les passions
De ces fils de Brennus qu'aujourd'hui nous voyons
Profaner tes splendeurs, quand ta puissance est morte?

Oh! ne plus voir tomber des Alpes, ces torrents
De canons ennemis, lourde chaîne vivante,
Et le Tibre abreuver les coursiers des tyrans!

Ne plus te voir subir leur tutelle étouffante,
Porter, même aux combats, des fers déshonorants,
Vivre esclave toujours, vaincue ou triomphante!

1832.

V.

A EUGÉNIE D***.

Ainsi, tu ne veux pas que je puisse mourir,
Quand mon pays se meurt en invoquant la France!
Qu'est-ce donc que la gloire après cette souffrance?
Mon front d'un vain laurier ne veut plus se couvrir.

Torturé par l'envie ou par l'indifférence,
Quand la tombe à mes pieds tardait trop à s'ouvrir,
Vers de nouveaux combats j'étais prêt à courir;
Ta voix me dit : « Restez, car je suis l'Espérance! »

Tu m'appelles bonheur, ange au front radieux,
Qui réveilles mon âme aux feux de ton génie,
Et grandis ma pensée en l'élevant aux cieux!

De ta voix à mes vers tu prêtes l'harmonie;
Tous mes rêves d'amour, je les vois dans tes yeux,
Ange de l'exilé, sois heureuse et bénie!

1833.

VI.

L'ORPHELINE.

A LA MÊME.

Proscrit, je ne suis pas un poëte de cour,
Aux propos tout fleuris de mielleuses paroles;
Qui, semant au hasard des mensonges frivoles,
Blasphème en prononçant ce mot sublime : Amour.

L'Amour! ce mot pour moi contient trois grands symboles:
Deux âmes en exil aspirant au retour,
Deux jeunes cœurs unis jusqu'à leur dernier jour,
Deux anges devant Dieu joignant leurs auréoles.

Cet idéal si pur dont je suis pénétré,
Dût sa flamme céleste embraser ma poitrine,
Oui, je saurai l'atteindre, ou sinon, je mourrai...

Mais pourquoi le chercher? Cette extase divine,
Promesse d'un bonheur suprême, inespéré,
Ne l'ai-je pas trouvée auprès d'une orpheline?

VII.

A LA RISTORI.

Ristori, c'est la Muse au tragique idiome,
L'art ancien, retrouvé par Michel-Angelo;
Son geste embellirait la Vénus de Milo,
Sa voix du miel d'Hymète a gardé tout l'arome.

La voilà!... ce n'est plus une ombre, un vain fantôme,
C'est Françoise elle-même aux bras de Paolo,
Telle qu'Ary Scheffer l'a peinte en son tableau,
Couvrant de sa clarté tout le sombre royaume.

Ristori, diamant de l'antique trésor,
Dans ton jeu tout nous plaît, nous ravit, nous enivre;
Parmi nous, qui t'aimons, reste longtemps encor!

Nos bravos sur le Tibre auront peine à te suivre;
Par toi l'art de Sophocle a repris son essor,
Melpomène était morte et tu la fais revivre!

VIII.

A ANTONI DESCHAMPS.

Frère, tous les proscrits ont deux anges fidèles;
Dante les a nommés : Espérance et Malheur.
Quand je prie, à ma voix ils unissent la leur;
Quand je dors, sur ma tête ils étendent leurs ailes.

Frère, tu les connais; ta sublime pâleur
Reflète par instants leurs clartés immortelles;
Amant des visions, tu te plais auprès d'elles,
Et le monde vulgaire est pour toi sans valeur.

Frère, console-toi! dans l'époque où nous sommes,
Plus sainte que l'amour est la haine des hommes;
Mieux vaut être exilé que roi de l'univers.

Oui, pour comprendre ainsi le poëme de Dante,
Ce douloureux voyage à la vallée ardente,
Il fallait, comme nous, traverser les Enfers!

IX.

MALHEUR.

Malheureux le poëte au cœur d'homme, au front d'ange,
Poursuivant l'idéal, sylphe aux ailes de feu ;
Malheureux le soldat, paria sans aveu,
Vendant sa liberté pour quelque leurre étrange ;

Plus malheureux l'amant, après un tendre adieu,
Qui rêvait des amours sans terme et sans mélange ;
Mais le plus malheureux, dans ce monde où tout change,
Est le proscrit qui meurt, doutant s'il est un Dieu.

Oh ! que n'est-il tombé jeune, sur le rivage
Où ses aïeux sont morts pour le peuple en danger,
Où leurs os produiront des fils pour les venger ;

Plutôt que de subir les affronts du servage,
L'arrogante pitié du barbare étranger,
Et l'hospitalité, pire que l'esclavage !

X.

AU CHRIST.

O Christ, ô mon Sauveur ! prosterné sous tes pas,
Ruine d'un grand peuple éteint sous les ruines,
Je porte sur mes traits tes empreintes divines,
Et j'achève aujourd'hui l'âge de ton trépas.

J'ai ton nom, j'ai souffert ton exil ici-bas ;
J'ai rougi de mon sang ta couronne d'épines ;
Mais pour fermer ses yeux sur les saintes collines
Christ avait une mère... et moi, je n'en ai pas !

Homme, du Dieu martyr si je porte l'emblème,
Dois-je aux pieds de ta croix me soumettre à ton sort,
Souffrir tous les tourments pour le peuple que j'aime ?

Pardonne à mon orgueil ce coupable transport ;
Proscrit, je puis braver le supplice et la mort ;
Mais pour subir l'outrage, il faut être Dieu même !

XI.

TABLEAU D'HISTOIRE.

> « Henker, kannst du keine Lilie knicken ?
> Bleicher Henker, zittre nicht ! »
> SCHILLER.

Qu'as-tu fait, ô Vanda, de ta blanche couronne ?
Des trésors épanchés sur ton front de Madone ?
    Veuve de l'exilé,
Où sont tes bleus regards, ta chevelure blonde,
Sous les fleurs des moissons brillante comme l'onde
    Sous un ciel étoilé ?

Pourquoi veiller si tard ? pourquoi sur cette porte
Fixer tes yeux éteints comme ceux d'une morte,
    Immobile et sans voix ?
Où sont tes deux enfants, heureuse et chaste épouse,
Que jadis tu montrais à ta mère jalouse,
    Aux amis de ton choix ?

Dieu ! peut-être le tzar... je comprends ton angoisse...
Ce message de deuil, cette main qui le froisse,
    Ce regard effacé...
Les enfants du proscrit vont assouvir sa haine ;
Et peut-être déjà le désert les entraîne
    Dans son enfer glacé !

Non, regarde... ils sont là ! l'un et l'autre ils sommeillent ;
Tu n'oses respirer de peur qu'ils ne s'éveillent...
    Ils seront tes soutiens !
Comme deux lis jumeaux nés de la même branche,
Ils dorment enlacés sous l'aile rose et blanche
    De leurs anges gardiens !

Silence !... un nom sinistre a frémi sur ta lèvre...
Tes doigts sur un poignard sont crispés par la fièvre...
    Au loin, le bruit d'un char,...
Sur ce poignard, du sang ! du sang sur ton cilice !
Vanda, toi criminelle ? Et qui fut ton complice ?
    C'est Satan... c'est le tzar !

Est-ce toi, radieuse enfant de Podolie,
Triste et belle pourtant dans ta mélancolie
    Comme un beau soir d'été ;
De deux êtres divins adorable mélange,
Les grâces de la femme et la candeur de l'ange,
    Voilà ta royauté !

Est-ce toi, de pitié sublime et pur emblème,
Qu'une goutte de sang mettait hors de toi-même ;
Toi qui ne pouvais voir sans répandre des pleurs,
Ternir d'un papillon les fragiles couleurs,
Arracher un arbuste, effeuiller une rose :
Maintenant ton regard, morne et glacé, repose
Sur la couche où tes mains ont semé le trépas
    Et tu ne pleures pas !

Voyez ! la porte s'ouvre, et des soldats sans nombre
Comme de noirs démons apparaissent dans l'ombre.
Un sbire au collier d'or se détache d'entre eux ;
La mère, en s'éveillant comme d'un songe affreux,
Appelle ses deux fils... blême, à peine vivante,
Elle court au berceau, jette un cri d'épouvante,
Et se tait... dans ce cri toute une âme a vibré ;
La voilà qui s'enfuit de son cœur déchiré !
D'un lugubre flambeau la lueur éphémère
Éclaire le poignard, les enfants et la mère ;
Dans la main des soldats, qui reculent d'horreur,
On voit un ordre écrit, signé de l'empereur.
Le sbire, un Allemand, d'un œil plein d'ironie
Regarde, sans broncher, cette triple agonie ;
Puis, blasphème tout bas que la mort en ce lieu
Ait devancé le tzar... car le tzar est son dieu :
« S'il allait me chasser en apprenant le crime...
Des cadavres ? n'importe... il lui faut sa victime ! »

Il fait signe aux soldats, et, montant sur le char,
Emporte trois corps morts en offrande au dieu-tzar[1].

Paris, 1832.

XII.

L'AMOUR ET LA MORT.

Encore une heure, un baiser, quelques larmes,
Le coursier piaffe et le page m'attend ;
Et puis, l'exil... l'exil ! mot plein d'alarmes !
Puissé-je au moins tomber en combattant.
Hélène, adieu ! ton amour qui m'enivre
Comme un beau rêve, hélas ! doit se flétrir !
    Et si pour toi je n'ai pu vivre,
    Pour toi du moins je puis mourir !

Te souvient-il quand à l'ombre du chêne,
Je t'ai juré ma tendresse et ma foi ;
Puis, tu disais dans mes bras, mon Hélène :
« Jusqu'à la mort je n'aimerai que toi ! »
Jusqu'à la mort ! oui, je vais la poursuivre ;
Dans les combats tout mon sang doit tarir,
    Et si pour toi je n'ai pu vivre,
    Pour toi du moins je vais mourir !

L'heure a sonné... Je quitte ce rivage ;
A l'orient voici l'aube du jour.
Fuis cette terre où règne l'esclavage,
Ange exilé, remonte à ton séjour !
De nos serments que ma mort te délivre ;
Voici l'étoile où nos cœurs vont s'unir...
    Et si pour toi je n'ai pu vivre,
    Pour toi du moins j'ai su mourir !

XIII.

AUX HEUREUX.

« Ah ! qu'un front et qu'une âme à la tristesse en proie
Feignent mal aisément et le rire et la joie ! »
ANDRÉ CHÉNIER.

Si vous voulez d'une gaîté sincère
Dans vos foyers partager les transports,
N'invitez pas, au nom de sa misère,
L'hôte fatal naufragé sur ces bords !
Car il viendra, fantôme hostile et sombre,
Vous apporter l'effroi de son destin ;
Et parmi vous s'asseyant comme une ombre,
Troubler de fiel la coupe du festin.

Voyez ce front courbé sous l'anathème,
De tous ses traits la mortelle pâleur,
Dans son regard, un éternel blasphème...
Tout semble au ciel reprocher son malheur !
A vos enfants s'il veut rendre un sourire,
Des pleurs amers s'échappent de ses yeux ;
S'il veut chanter, il ne peut que maudire ;
S'il veut prier, il insulte les cieux.

A son aspect, dans l'âme à peine éclose,
La gaîté fuit, comme au glas d'un mourant ;
De vos bouquets voyez pâlir la rose,
Le lis fermer son calice odorant.
Des jeunes fronts disparaissent les charmes,
Vos entretiens ont perdu leur douceur ;
Il a parlé, vous pleurez : et vos larmes
Comme du sang retombent sur son cœur.

Quel est cet homme, et pourquoi donc le plaindre ?
Est-ce un grand cœur brisé par le remords ?
Est-ce un proscrit dont le nom doit s'éteindre ?
Que vous importe et sa vie et sa mort !
La mort pour lui se nomme délivrance,
Calme réveil de son rêve agité ;
Le dernier jour d'une longue souffrance,
Le premier jour de l'immortalité !

Fuyez, amis, fuyez le solitaire
Qui vous attriste et voudrait vous bénir ;
Il n'attend plus de bonheur sur la terre,
Toute son âme est dans le souvenir.
C'est donc en vain qu'une foule importune
Veut le sauver au prix de son honneur ;
Retirez-vous, et loin de l'infortune,
Suivez en paix vos rêves de bonheur !

Liége, 1832.

XIV.

LE PRINTEMPS.

« Go, take a wyfe untoe thie armes, and see,
Wynter and brownie hills wyll have a charme for thee.
CHATTERTON.

Pourquoi nous fuir, quand la nature
Met un baiser dans chaque fleur ?
Quand le ruisseau brille et murmure :
« L'amour, dit-il, c'est le bonheur ! »
Pourquoi, lorsque de son haleine
Le doux printemps vient nous charmer,
Gémir sans maux, veiller sans peine ?
    — Besoin d'aimer !

Pourquoi pleurer, quand le ciel même
Semble sourire à nos amours ?
Le rossignol chante : Je t'aime !
La rose lui répond : Toujours !
Pourquoi le soir, sous le vieux chêne,
En vains soupirs te consumer ?
Est-ce une joie ? est-ce une peine ?
    — Besoin d'aimer !

Pourquoi songer aux noirs orages,
Rêver de gloire et de combats ?
Suivre des yeux, dans les nuages,
L'oiseau qui fuit bien loin, là-bas !

---

1. Le mari de cette malheureuse mère est aujourd'hui notre compagnon d'exil.

Pourquoi mourir, pauvre âme humaine
Qu'un seul regard peut enflammer?
Est-ce un espoir? est-ce une peine?
— Besoin d'aimer!

Liége, 1833.

XV.

L'EXILÉ.

On me disait sur les bords de la Meuse :
« Jeune étranger, pourquoi verser des pleurs?
Oublie un jour ta Pologne brumeuse;
L'air est si pur, la plaine a tant de fleurs! »
Les fleurs pour moi ne doivent plus éclore;
Mon cœur est mort, comme au sein d'un reclus...
Ah! pour vous seuls je chanterais encore,
　　Mais l'exilé ne chante plus.

Peut-il chanter, quand le présent l'accable,
Quand le passé de sang est inondé?
L'arrêt du sort fut-il bien implacable,
Sur lui la foudre a-t-elle assez grondé?
Quand l'avenir d'un mot se décolore :
Du sol natal ses restes sont exclus...
Pour son supplice, hélas! il vit encore,
　　Mais l'exilé ne chante plus.

Peut-il chanter quand les rois en délire,
De sa patrie ont juré le trépas?
Mieux vaut l'épée aujourd'hui que la lyre;
Les insulteurs ne la briseront pas!
Quand, pauvre esclave, une sœur qu'il adore,
Suivra demain les vainqueurs chevelus...
Pour la vengeance il peut souffrir encore,
　　Mais l'exilé ne chante plus.

Peut-il chanter des peines éphémères,
D'un art frivole invoquer les profits,
Lorsque le tzar brise le cœur des mères,
Et boit leur sang dans les crânes des fils!
Entendez-vous mugir l'airain sonore?
L'hymne de gloire et les cris des vaincus?
Amis, voilà les chants qu'il aime encore,
　　Mais l'exilé ne chante plus!

Comme autrefois les martyrs d'Ibérie,
Quittant le seuil où dorment ses aïeux
Il n'emporta de la sainte patrie
Qu'un peu de cendre à jeter sur ses yeux...
Ils ont lutté du couchant à l'aurore,
Brisant partout les trônes vermoulus;
Suivant leur trace, il veut combattre encore,
　　Mais l'exilé ne chante plus!

Il eut aussi son beau rêve de gloire,
Ce rêve seul vaut une éternité;
Car il a vu, dans un jour de victoire,
Tzars et bourreaux fuir son peuple irrité.
Bientôt après, des traîtres qu'il abhorre
Ont ressoudé les fers qu'il a rompus...
Dans son tombeau ce peuple vit encore,
　　Mais l'exilé ne chante plus!

On l'a revu, prodigue de sa vie,
D'un sang impur son fer était trempé;
Soudain il tombe, en criant : Varsovie!
Et bénissant le coup qui l'a frappé.
Comme l'encens sur le feu s'évapore,
L'âme s'envole au séjour des élus...
En remontant elle grandit encore,
　　Mais l'exilé ne chante plus!

Liége, 1834.

XVI.

L'ORAGE.

　　　　« Provence, adieu. »
　　　　　　DELAVIGNE.

LUI.

Étranger, dis adieu
A Saint-Marc, à ta belle;
A genoux, prions Dieu,
Car la vague est rebelle!
Entends-tu ciel et flots
Déchaînant leur furie;
L'alcyon qui s'écrie,
Le chant des matelots :
Protége-nous, sainte Marie!

MOI.

Le ciel dans sa fureur
Demande une victime;
Je te porte malheur
Et t'entraîne à l'abîme!
Mon sort est plus amer
Que la vague assombrie.
Fratello, je t'en prie,
Jette-moi dans la mer!
Protége-le, sainte Marie!

LUI.

Que tu sois un bandit,
Un roi de Moscovie,
Jettatore maudit,
Ton salut, c'est ma vie!
Mais le flot va s'ouvrir
Sous ma barque meurtrie...
O Bianca, sœur chérie,
Adieu, je vais mourir!
Protége-la, sainte Marie!

MOI.

O spectacle divin!
Tonnez, sombres tempêtes!
La foudre brille en vain
En passant sur nos têtes!
La mort est sans effroi
Pour une âme flétrie...
O ma chère patrie,
Adieu, mon cœur à toi!
Protége-la, sainte Marie!

LUI.

Vois, l'orage s'endort,
Bercé par le zéphire;
Et Bianca sur le bord
M'appelle d'un sourire.
Déjà, sur le Lido,
Le soleil se marie
A Venise fleurie
Comme un Eldorado!
Bénissez-nous, sainte Marie!

XVII.

A E*** D***.

« Ut pictura poesis. »

Si j'étais peintre, ô ma brune Andalouse,
Je n'oserais tracer dans mon tableau
Ce bleu regard dont Séville est jalouse;
Car il faudrait Rubens ou Murillo.

Mais je ferais un Océan sans bornes,
Calme et profond comme le désespoir;
A l'horizon, sous des cieux froids et mornes,
Une nacelle et l'étoile du soir.

Puis, je peindrais quelques récifs bien sombres;
Sur le sommet, un manoir espagnol
Du temps du Cid; et parmi les décombres,
Un bois de rose où chante un rossignol.

Plus haut encor, les rapides losanges
D'un trait de foudre éclairant le castel;
Et l'arc-en-ciel, auréole des anges,
Reflet de Dieu, le grand peintre immortel!

Rose, arc-en-ciel, nacelle, blanche étoile,
Ce serait toi; tempêtes, vieux manoirs,
C'est ton captif, comme dans une toile,
Triste Ariel, pris dans tes cheveux noirs!

Liége, 1835.

XVIII.

SON PORTRAIT.

« It is a pretty mocking of the life. »
SHAKESPEARE.

Pourquoi me demander ton portrait, jeune fille,
Dont je rêve la nuit?
Peut-on peindre, dis-moi, cette étoile qui brille,
Ce songe qui s'enfuit?
Si j'étais Torquato, si j'étais Michel-Ange,
Poëte et peintre roi,
Je dirais en beaux vers cette magie étrange
Qui m'entraîne vers toi...

Je dirais ce qu'il est de grâce et de tendresse
Sur ce front virginal,
Lis s'ouvrant au soleil, sous la douce caresse
Du souffle matinal.
D'un carmin transparent je peindrais de ta joue
L'admirable contour,
Quand sylphe aux yeux d'azur, le sourire s'y joue
En appelant l'amour.

De la mer tout en feu quand la vague déferle
Sur les rochers ardents,
Parfois dans le corail elle enchâsse une perle,
Moins blanche que tes dents.
Les brises du printemps sur les vertes pelouses,
Les senteurs des vergers,
N'ont pas le doux parfum dont les fleurs sont jalouses
De tes cheveux de jais.

J'admire de tes doigts, quand tu me fais un signe,
Le suave dessin;
Ton bras plus blanc que neige, et le duvet du cygne
Qui frémit sur ton sein.
Mais quel peintre oserait rendre les harmonies,
L'éclat de diamant,
Le saphir velouté, les grâces infinies
De ton regard charmant?

Pardonne si, laissant ton image incomplète,
Dans mon juste courroux,
Je brise, sans pitié, pinceaux, toile, palette,
Pour tomber à genoux!
Hélas! de mon tableau j'ai perdu le modèle,
Mon rêve de bonheur...
Si tu veux, jeune fille, un portrait plus fidèle,
Regarde dans mon cœur!

Liége, 1835.

XIX.

MON PORTRAIT.

« And who can tell how hard it is to climb
The step, where Fames proud temple shines a far;
And who can tell how many a soul sublime,
Has felt the influence of malignant star,
And waged with Fortune an eternal war!
Check'd by the scoff of Pride, by Envy's frown,
And Poverty's unconquerable bar,
In lifes low vale remote has pined alone,
Then dropp'd into the grave, unpitied and unknown!»
BEATTIE'S *Minstrel.*

Oh! puisque ni soupirs, ni prière, ô poëte,
Ne peuvent retenir ton étoile inquiète
Fuyant vers d'autres cieux,
Dût-elle raviver une peine endormie,
Laisse ta souvenance au cœur de ton amie,
Ton image à ses yeux!

Mon image, Eldjéni? qu'est-ce donc qu'une image?
Spectre inerte et sans âme évoqué par un mage
Aux regards des vivants;
Des couleurs et du trait capricieux mensonge,
Plus vain que le désir, plus trompeur que le songe,
Plus léger que les vents!

Le vrai beau, l'idéal, a déserté la toile;
Devant l'éclat de l'or j'ai vu pâlir l'étoile
　　Du génie et des arts;
La débauche a conquis le livre et le théâtre :
La gloire est en exil, et la foule idolâtre
　　Rampe aux pieds des Césars!

O peintres couronnés! qui de vous peut prétendre
A fixer cet éclair si brûlant ou si tendre
　　Aux yeux bleus d'Eldjéni?
Comme dans un foyer qui concentre la flamme
Il faudrait réunir tous les rayons de l'âme,
　　Le divin, l'infini!

Si l'art de Raphaël, par un heureux mélange,
S'alliait au dessin hardi de Michel-Ange
　　En sublime faisceau,
Ce regard qui me suit et me charme loin d'elle,
Dont le rêve est encore un reflet plus fidèle,
　　Défierait leur pinceau!

Mon image, Eldjéni, puisqu'enfin tu l'exiges,
La voilà d'un seul trait, sans couleurs, sans prestiges,
　　Celle qui ne ment pas;
Garde-la dans ton âme et donne une pensée
A ce triste exilé, qu'une lutte insensée
　　A jeté sous tes pas!

Il n'eut dès le berceau ni mère, ni patrie...
Mortes, le même jour... dès l'enfance flétrie,
　　Sa vie est un combat;
Dès ce jour, l'orphelin, sous la dent de harpie
D'une avide marâtre et du tzarisme impie,
　　Vainement se débat...

Son cœur sera brisé sous leur haineuse étreinte;
Et voyez! sur sa face, à dix ans, s'est empreinte
　　La pâleur du linceul...
Déjà comme un éclair brille dans sa prunelle
Une pensée unique, implacable, éternelle,
　　Visible pour lui seul!

Sur ses traits qu'un hiver trop hâtif décolore
Un vague souvenir par moments fait éclore
　　Des reflets plus touchants;
Comme les feux errants sur les tombes glacées,
Ou les fleurs d'un herbier, gardant, même effacées,
　　Les aromes des champs.

On dit qu'en souriant il rappelle sa mère;
Si parfois ce sourire, hôte bien éphémère,
　　Sur sa bouche a frémi,
Un seul mot le dissipe; et jamais le poëte
N'épancha sa douleur incomprise et muette
　　Dans le sein d'un ami!

Jamais une parole échappée à sa lèvre
N'a trahi le secret de cette ardente fièvre
　　Qui le tue aujourd'hui;
Il se plaît à souffrir... la flamme du génie
Que toi seule inspiras, que le monde renie,
　　Doit s'éteindre avec lui!

Parfois, le cœur trop plein de sa mélancolie,
Parmi ses compagnons d'armes ou de folie
　　Il prend part aux festins;
Mais son âme est ailleurs... quittant l'essaim frivole,
Oubliant le présent, rêveuse, elle s'envole
　　Vers des jours trop lointains...

S'il porte le front haut, comme un proscrit doit faire,
C'est qu'il suit le devoir indiqué par son père,
　　Cœur loyal et chrétien;
Tous deux issus d'un peuple autrefois grand et libre,
Et sentant fièrement bondir dans chaque fibre
　　Le vieux sang des Kristien...

L'âge d'or pour la gloire était mil huit cent onze;
Mais pour la liberté c'était l'âge de bronze,
　　Le règne du canon :
Moskou, puis les Cent-jours, Waterloo, Sainte-Hélène..
Tout un siècle en trois ans, dont chaque heure était plein
　　De désastres sans nom!

Son père patriote, au jour même où sa bouche
Jeta le premier cri, déposa sur sa couche
　　Les armes des aïeux;
Et puis des visions pleines du bruit des glaives,
Des éclairs du combat, passaient, comme des rêves
　　Éblouissant nos yeux!...

Eh bien, que reste-t-il de ce songe de gloire?
L'exil, un nom sans tache, et la palme illusoire
　　Qui le couvre aujourd'hui;
Mais ce nom de Kristien légué par son ancêtre
Lui dit qu'il doit mourir avant l'âge peut-être,
　　Mais libre comme lui!...

Oh! silence, mon cœur! ces souvenirs étranges,
Tristes comme la mort, feraient pleurer les anges
　　De douleur ou d'effroi;
A tous ceux qui m'aimaient dois-je coûter des larmes?
Hélas! tu ne peux rien sur de telles alarmes,
　　Que te perdre avec moi!

Mon portrait, le voici, le reflet de mon âme...
Pour toi je l'ai tracé sur la brillante trame
　　De mes derniers beaux jours;
Sois heureuse, et pardonne au poëte qui t'aime
Trop fier pour partager avec toi l'anathème,
　　D'avoir fui pour toujours!

Liége, 1836.

XX.

LUCCIOLA.

Lucciola, symbole de ma vie,
A quel soleil as-tu pris tes couleurs?
Beau diamant des bosquets de Servie,
Viens près de moi, viens sourire à mes pleurs:
　　O perle de Golconde
　　Que le sylphe Ariel
　　Fit tomber sur le monde
　　En fuyant vers le ciel!

Que ton vol se repose,
Étincelle de feu,
Colibri rose et bleu,
Sur le cœur d'une rose,
Lucciola!

Lucciola, n'es-tu pas une fée
Prêtant sa voix aux glaïeuls du ruisseau?
N'es-tu pas l'âme en exil étouffée,
Après la mort visitant son berceau?
Est-ce bien toi qui donnes
Les bluets aux moissons,
Aux jardins leurs couronnes,
Aux forêts les chansons?
Sœur des jeunes pervenches,
Es-tu ce liseron
Échappé du giron
De Lucie aux mains blanches?
Lucciola!

Lucciola, j'aime tes étincelles
Quand tu parais dans le feuillage obscur,
Flamme vivante, agitant tes deux ailes,
Semant des flots de rubis et d'azur;
Et la fleur inconnue
Que tu viens embraser,
Rougissant d'être nue,
Se livre à ton baiser.
Étoile fugitive,
Changée en papillon
Sur le beau vermillon
D'une rose captive,
Lucciola!

Lucciola... vois-tu ces lueurs sombres?
Le vent du nord dans les bois a gémi;
Minuit approche, et la reine des ombres
Couvre les cieux de son voile ennemi...
Seule, jusqu'à l'aurore,
Écoutant mes refrains,
Tu brilleras encore
Sur les Monténégrins.
Telle après le naufrage,
Dans la nuit de mon cœur
Souvenir de bonheur,
Brillera ton image,
Lucciola...

Septembre 1836.

XXI.

LA SPINAROSE.

SUR UN AIR POLONAIS.

(*Kalina.*)

La Spinarose
Pimpante et rose,
Près d'une source fleurit éclose.
La jeune aurore,
Sœur du soleil,
Baigne et colore
Son fruit vermeil.
A sa couronne de vertes branches
Pendent des grappes rouges et blanches;
Et la coquette,
Matin et soir,
Mire sa tête
Dans son miroir.

Au frais murmure
De l'onde pure
Le vent caresse sa chevelure.
Jeannot lui chante,
Quand fuit le jour,
Simple et touchante
Chanson d'amour.
Faisant sa flûte d'un petit saule,
Souvent il presse sa jeune épaule,
Quand l'écho porte,
Porte sa voix
Joyeuse et forte
Par monts et bois.

Certain dimanche,
L'arbre qui penche
Met pour l'attendre sa toison blanche.
A pareille heure,
Sa mère en deuil
Sanglote et pleure
Sur un cercueil...
La Spinarose l'aimait sans doute,
Car sa couronne tombe dissoute;
Et dans les ondes
Tout fut jeté :
Ses tresses blondes
Et sa beauté!

Paris, 1837.

XXII.

ROSE DU CIEL.

Quand de mon exil, rêve étrange,
Je sens venir les derniers jours,
Que le ciel te donne, ô mon ange,
Mon bonheur perdu pour toujours!
Quand viendra mon heure dernière,
Après le baiser de l'adieu
Sur les ailes de ta prière
Sans effroi monter près de Dieu,
C'est mon espoir, ma seule envie,
Rose du ciel!
A toi tous les biens de la vie,
A toi le miel,
A moi le fiel!

Quand tu cueilleras, jeune et belle,
Les fleurs naissantes sous tes pas,
Que leur tristesse te rappelle
Celui qui t'aimait ici-bas!
Quand tu verras, heureuse mère,
Tes enfants prier sous la croix,

Que leur voix, ô douce chimère,
Te semble un écho de ma voix!
C'est mon espoir, ma seule envie,
    Rose du ciel!
A toi tous les biens de la vie,
    A toi le miel,
    A moi le fiel!

Quand le vent courra sur les grèves
En effleurant tes beaux cheveux,
Revenir parfois dans tes rêves
Te parler de nos premiers vœux;
Quand je dormirai dans la tombe,
Si mon souvenir t'attendrit,
Sentir une larme qui tombe
Sur le front glacé du proscrit,
C'est mon espoir, ma seule envie,
    Rose du ciel!
A toi tous les biens de la vie,
    A toi le miel,
    A moi le fiel!

Paris, 1838.

XXIII.

HYMNES A LA VIERGE.

POUR LES ORPHELINS POLONAIS A PARIS.

1.

Vierge d'amour, sainte Marie,
Ton peuple entier vers toi s'écrie :
Délivre-nous, protége-nous,
Demandant grâce à tes genoux!
Vierge du ciel pleine de charmes,
    Reçois nos larmes!

Entends la voix des sœurs, des mères,
Pleurant leurs fils, pleurant leurs frères;
Dans leurs cachots que ta clarté
Fasse briller la liberté!
Vierge du ciel aux palmes saintes,
    Entends nos plaintes!

Que la Pologne enfin renaisse
Pleine de force et de jeunesse,
Avec la foi du premier jour,
Son espérance en ton amour!
Vierge du ciel, sèche nos larmes,
    Bénis nos armes!

XXIV.

CHANT DE GUERRE.

IMITÉ DU CHORAL DE SAINT ADALBERT.

(997.)

« Ave, Maria, morituri te salutant! »

2.

Vierge Marie, ô patrone des anges,
Nom glorieux inspirant nos phalanges!
De l'enfant-Dieu que ton sein mit au jour
Tourne vers nous le sourire et l'amour!
Avec la foi, garde au peuple qui t'aime
La sainte ardeur de son premier baptême;
Que l'espérance, embrasant tous les cœurs,
    Nous fasse martyrs ou vainqueurs!

Toi qu'en naissant la Pologne a nommée
Sa souveraine, exauce ton armée;
Un peuple entier te supplie à genoux :
Viens nous guider, viens combattre avec nous!
Astre immortel de nos tribus guerrières,
Porte à ton fils nos chants et nos prières;
Et que ta palme, étendant ses rameaux,
    Fleurisse encor sur nos tombeaux!

O Christ! c'est donc pour nos fautes passées,
Que tes deux mains par le fer sont percées?
Le jour pâlit et les cieux ont tremblé,
Quand sur la croix ton sang pur a coulé!
Voulant mourir sur la terre où nous sommes,
Homme, tu vins t'immoler pour les hommes,
Et de ta race ayant brisé les fers,
    Enchaîner le tzar des enfers!

Ame d'Adam! monte avec nos cantiques
Du sombre abîme aux célestes portiques;
L'éternité, l'amour suprême à toi,
A nous l'espoir, la prière et la foi!
Le jour paraît : aux armes! voici l'heure!
Heureux celui qui s'abaisse et qui pleure,
Au nom du Christ il sera relevé;
    Par lui, notre peuple est sauvé!

Accorde-nous, Vierge chaste et parfaite,
Un beau trépas, plutôt que la défaite;
A tes élus quand le ciel va s'ouvrir,
Reçois les vœux de ceux qui vont mourir!
Aux armes! Dieu promet à nos milices
Après la mort, d'immortelles délices;
Et dans sa gloire, embrasant tous les cœurs,
    Nous vivrons, martyrs ou vainqueurs!

XXV.

REINE DES CIEUX.

3.

Reine des cieux, dont le divin sourire
Couvre nos champs de moissons et de fleurs;
Dans les cachots, sous le fer du martyre,
Protége-nous, console nos douleurs!
Toi dont l'amour, depuis notre naissance,
Nous a bercés de chants mélodieux,
Tu nous donnas dix siècles de puissance,
    Délivre-nous, reine des cieux!

Reine des cieux, par nos cités en flammes,
Par notre peuple oublié dans les fers,
Par notre sang, par les pleurs de nos femmes,
Par tous les maux que nous avons soufferts,

Par notre exil, pleurant aux bords des fleuves
Le ciel natal, dont nos cœurs sont trop pleins,
Nous t'invoquons pour les épouses veuves,
    Et pour les enfants orphelins !

Reine des cieux, sois aujourd'hui leur mère,
De l'exilé soutiens les derniers pas ;
Lorsqu'il succombe à sa douleur amère,
Maudit par tous, ne l'abandonne pas !
Rends au vieillard ses rêves du jeune âge,
A nos drapeaux leur antique fierté ;
Les fleurs aux champs, aux forêts leur ombrage,
    Au grand peuple, la liberté !

Reine des cieux, pour des luttes prospères,
Que la Pologne appelle ses enfants ;
Que des tombeaux, la cendre de nos pères
Surgisse au cri des aigles triomphants !
A son réveil, quand ses lèvres muettes
Nous béniront dans leurs premiers soupirs,
Que tes lauriers, descendant sur nos têtes,
    Couronnent vainqueurs et martyrs !

Reine des cieux, daigne encor nous sourire,
Couvre nos champs de moissons et de fleurs ;
Comme autrefois, sous le fer du martyre,
Protége-nous, console nos douleurs !
Toi dont l'amour, depuis notre naissance,
Nous a bercés de chants mélodieux,
Tu nous donnas dix siècles de puissance,
    Exauce-nous, reine des cieux !

Paris, 29 novembre 1839.

XXVI.

PSAUME.

« Super flumina Babylonis, illic sedimus et flevimus dum recordaremur tui Sion. »

4.

De l'antique Israël harpe sainte et fervente,
Viens, résonne à la voix du Sarmate indompté :
Au cœur des ennemis, viens porter l'épouvante,
A la Pologne en pleurs, un cri de liberté !

    O France ! exilés sur tes fleuves,
    Quand tous les rois nous ont trahis,
    Nous pleurons les fils et les veuves,
    En nous souvenant du pays.
    Suspendue au front des vieux saules,
    Harpe sainte, ô toi qui consoles,
    Porte nos soupirs sur les flots ;
    Brise de la Pologne absente,
    Viens ! que ton aile frémissante
    Réveille un concert de sanglots !

    Lorsque les tyrans et les traîtres,
    Monstres déchaînés des enfers,
    Demandaient les chants des ancêtres
    A ceux qu'ils traînaient dans les fers,

    Nous leurs disions : « Sous vos entraves
    Pourrions-nous, courbés en esclaves,
    Chanter nos hymnes radieux ?
    Nous avons, au seuil de vos temples,
    Oublié jusqu'aux saints exemples,
    Jusqu'au langage des aïeux ! »

    O ciel ! lorsqu'un peuple sans armes
    Gémit sous le fer étranger,
    N'aurons-nous pour lui que des larmes ?
    Il faut du sang pour le venger !
    Patrie ! ô mon bien et ma gloire,
    Si jamais je perds ta mémoire,
    Puisse mon bras se dessécher !
    Si jamais, Seigneur, je t'oublie,
    Puissé-je à ma langue avilie
    Voir ma lèvre en feu s'attacher !

    Dieu clément qui vois nos supplices !
    Songe à ce fleuve teint de sang,
    Où le tzar avec ses complices
    Étouffait ton peuple innocent !
    Songe à cette nuit de massacre
    Quand sous la croix qui les consacre,
    Ils brisaient nos saints monuments ;
    A ce cri : Fauchons comme l'herbe
    Ce peuple rebelle et superbe,
    Brûlons tout, jusqu'aux fondements !

    N'épargnons dans notre colère
    Ni le prêtre au pied de l'autel,
    Ni le temple, abri tutélaire
    D'un Dieu qui se croit immortel !
    Volant sur l'aile des tempêtes,
    Que l'incendie aux mille têtes
    Couvre le ciel ensanglanté ;
    Que les flots rougis par les flammes
    Roulent des enfants et des femmes
    Vers l'Océan épouvanté !

    Tremble ! ô fille de Babylone !
    Car le Dieu vengeur de Sion
    Écrit déjà sur ton pylône
    L'arrêt de ta destruction !
    Il viendra, porté par la foudre,
    Briser ton orgueil et dissoudre
    Dans la mer tes ports embrasés !
    Tu crouleras, pierre sur pierre ;
    Et sur le rocher du tzar Pierre,
    Tes enfants mourront écrasés[1] !

XXVII.

LE TROIS MAI.

CHANSON POPULAIRE.

    La campagne est refleurie,
    Le trois mai revient toujours ;
    Mais pour moi plus de beaux jours

---

1. Composé pour être exécuté le 29 novembre 1840, défendu par le gouvernement de Juillet.

Loin du ciel de la patrie !
    Chantons mai
    Bien-aimé,
C'est le mois de nos amours.

O Trois mai ! sous ton présage
Le peuple reprit ses droits;
En ce jour, au nom des lois,
Il disait : Plus d'esclavage !
    Chantons mai
    Bien-aimé,
C'est le plus heureux des mois !

O constance, bien céleste !
Sois notre ange et notre appui ;
Le bonheur, perfide, a fui,
Mais la gloire, amis, nous reste !
    Chantons mai
    Bien-aimé,
Rien n'est aussi beau que lui !

Mais déjà l'on crie : aux armes !
Viens, amis, pressons le pas ;
L'aigle blanc ne mourra pas !
Plus de craintes, plus d'alarmes !
    Chantons mai
    Bien-aimé,
C'est le signe des combats !

O Pologne, ô terre sainte !
Te voici, pays d'amour !
Sur ton sein je vis le jour
Et je puis mourir sans crainte !
    Chantons mai
    Bien-aimé,
C'est le mois de mon retour !

Paris, 1842.

XXVIII.

RÊVE D'ENFANT.

AUX FILLES D'EXILÉS.

Bel ange au front couronné de saphirs,
Viens, prête-moi tes deux ailes de flamme,
Pour m'envoler où vont tous mes soupirs,
A l'Orient, au berceau de mon âme !
J'ai tant pleuré ce radieux séjour,
Rêve brillant qui me charme et m'oppresse...
Le triste exil où j'ai reçu le jour
    N'est pas digne de ma tendresse !

Oh ! que de fois j'ai cru voir en dormant
Les frais vallons que la Vistule arrose ;
Là, chaque fleur semblait un diamant...
Moi-même étais-je une étoile ? une rose ?
Je ne sais plus... Mais ce songe d'amour
A mon réveil m'a laissé son ivresse ;
Le triste exil où j'ai reçu le jour
    N'est pas digne de ma tendresse...

A ces deux noms : Pologne, liberté,
D'un doux transport je ne puis me défendre ;
Mon cœur bondit de joie et de fierté,
Je les aimais, avant de les comprendre !
Ma mère aussi les nommait tour à tour
En me donnant sa dernière caresse...
Le triste exil où j'ai reçu le jour
    N'est pas digne de ma tendresse !

Ce songe enfin, le voilà sous mes yeux...
Du Nord au Sud quel orage s'élève ?
Un cri de guerre a traversé les cieux...
Pologne, libre... hélas ! ce n'est qu'un rêve !
Vivre et mourir, sans espoir de retour !
Pitié, mon Dieu, tu connais ma détresse !
Le triste exil où j'ai reçu le jour
    Doit-il enchaîner ma tendresse ?

Paris, 1843.

XXIX.

DANS L'ÉGLISE DE L'ASSOMPTION.

AUX ENFANTS POLONAIS.

Harmonieux accords, échos de la patrie,
Qui vibrez dans les cœurs des proscrits à genoux,
Doux parfums exhalés du rosier de Marie,
Chants de gloire et d'amour, de quels cieux venez-vous ?
Est-ce l'hymne guerrier du saint martyr des Slaves,
Qui jadis aux combats guidait nos bataillons ?
Ou la voix de l'archange enseignant à nos braves
Le cri libérateur, le chant des légions ?

Est-ce dans le *Stabat* du pieux Pergolèse
Le soupir que rendit la Mère aux sept douleurs,
Lorsqu'elle agonisait sous la croix de mélèze
Aux pieds du Christ mourant, inondés de ses pleurs ?
Est-ce Dieu, qui parmi les célestes phalanges,
Chérubins couronnés d'un rayon de ses yeux,
A choisi les plus beaux, les plus purs de ses anges,
Pour apprendre à la terre un cantique des cieux ?

Oh ! qui que vous soyez, enfants aux voix divines,
Qui priez en chantant pour vos frères bannis,
Répandez vos parfums sur leurs fronts ceints d'épines,
Au nom de notre peuple, enfants, soyez bénis !
Chantez, priez toujours ! que vos chants, que vos larmes
Comme l'encens du soir montent vers le Seigneur ;
Qu'ils changent dans nos cœurs enfiellés, pleins d'alarmes
Le cri du désespoir en concert de bonheur !

Enfants nés dans l'exil, que vos mères vous aiment ;
Dieu vous exaucera : l'avenir est à vous !
Déjà, sous vos accents, nos sillons se ressèment
Des plus belles moissons et des fruits les plus doux !
Ouvrez, oiseaux du ciel, vos trésors d'harmonies ;
Inspirez-nous la foi, l'espérance, l'amour :
Et quand l'heure viendra, que nos voix réunies
Donnent aux exilés le signal du retour !

Paris, 1844.

XXX.

SI TU M'AIMAIS.

Si tu m'aimais comme je t'aime,
Je donnerais pour ta beauté,
Roi souverain, mon diadème,
Fils du peuple, ma liberté!
Le cœur joyeux, l'âme ravie,
Proscrit, je mettrais sous tes pas
Mon avenir, mon sang, ma vie,
Oui, tout!... mais tu ne m'aimes pas!

Si tu m'aimais comme je t'aime,
D'un saint amour, illimité,
Tu serais mon plus doux poëme,
Mon laurier d'immortalité!
La gloire longtemps poursuivie,
Hélas! ne m'offre plus d'appas;
Mon seul bonheur, ma seule envie,
C'est toi... mais tu ne m'aimes pas!

Si tu m'aimais comme je t'aime...
Ange ou mortelle, en vérité,
Sans toi, que serait le ciel même
Et l'espoir d'une éternité?
Mon âme à ton âme asservie,
C'est là mon seul rêve ici-bas,
Et même au delà de la vie,
Toujours... mais tu ne m'aimes pas!

Paris, 1844.

XXXI.

OH! DIS-MOI...

(Benedetta sia la madre.)

Oh! dis-moi, je t'en supplie,
Qui t'a faite si jolie;
Toi que j'aime à la folie,
Comme on aime sous nos cieux!
Quand le soir sous ta mantille
Tu parais, ô jeune fille,
C'est comme un soleil qui brille
Dans mon âme et dans mes yeux!

Quand tu daignes me sourire,
C'est la fleur sous le zéphire
Qui tressaille et qui respire
Les premiers parfums du jour.
Puis, quand ta voix si charmante
Dit : Je t'aime! ô mon amante,
Mon cœur bat, mon sang fermente,
Et mon front pâlit d'amour!

Mais quand ton baiser m'enivre
De l'extase où je me livre,
O Genna! je voudrais vivre
Et mourir de volupté!
N'es-tu pas, ô ma maîtresse,
Mon trésor, ma seule ivresse,
Mon seul rêve de tendresse,
N'es-tu pas l'éternité!

XXXII.

NAPOLITAINE.

Que j'envie aux vaisseaux
Leurs transparentes voiles,
A la nuit, ses étoiles,
Leur plumage aux oiseaux!
Sur la terre et sur l'onde
Tu me fuis tour à tour;
Las! je n'ai par le monde
Que mon amour :
Saint Janvier me seconde,
Me seconde nuit et jour!

Moi, Beppo gondolier,
Si j'étais fils de prince,
Seigneur d'une province,
Noble et fier chevalier,
Et la brune et la blonde
Me paîraient de retour;
Mais je n'ai par le monde
Que mon amour :
Saint Janvier me seconde,
Me seconde nuit et jour!

Paris, 1845.

XXXIII.

ABSENCE.

Faut-il à toi penser toujours,
Et loin de toi vivre sans cesse?
Ce cœur fidèle à sa tendresse
Doit-il survivre à nos amours?
Du rossignol la voix charmante
Dit à la rose : O mon amante,
Chanter pour toi, voilà mon sort,
Mon seul bonheur jusqu'à la mort!

Un autre amour... mot plein d'effroi!
L'oubli peut-être... affreux mystère!...
Hélas! quel autre sur la terre
Peut te chérir autant que moi?
Douter de toi serait blasphème,
Et tu comprends ma peine extrême...
T'aimer toujours, voilà mon sort;
Vivre sans toi jusqu'à la mort!

Reprends au moins ton souvenir
Si tu veux que je t'abandonne...
Un jour, devant cette Madone
Tu m'as promis de revenir!
Tu lui disais : « Vierge immortelle,
Je fais serment d'être fidèle... »
L'oubli du cœur, voilà mon sort;
C'est le linceul avant la mort!

Paris, 1846.

XXXIV.

LES SERMENTS DE SIRE ÉLOY.

Descends, descends de la tourelle,
Et prends pitié de sire Éloy !
Bayard, mon destrier fidèle
En croupe a porté mainte belle,
Mais jamais plus belle que toi !
    Bien des fois gente dame
    M'enchaîna sur ses pas ;
Mais je n'éprouvai tant de flamme
Que pour toi seule : sur mon âme
Je jure... — Hélas ! ne jurez pas !

Sais-tu ce qu'Éloy te destine ?
Que je sois captif ou vainqueur,
Je te donne, ô ma Célestine,
Une couronne... en Palestine,
Et le royaume de mon cœur !
    Nuits d'amour, jours de fête,
    Des chansons, des combats ;
Et si le diable ou son prophète
Voulait me ravir ma conquête,
Je jure... — O ciel ! ne jurez pas !

Je grisonne, barbe et moustache,
Et je suis laid comme Bertrand ;
Mais, dame ! ainsi que ma rondache
Le nom d'Éloy reste sans tache,
Saint Louis même est mon parent !
    Au galop, sur l'arène !
    Ne crains rien dans mes bras ;
Avant qu'un païen ne te prenne,
De m'occire, ô ma souveraine,
Je jure... — Assez ! ne jurez pas !

Mais tu frémis, gente madone ?
Moi t'attrister ? plutôt mourir !
Je suis à toi, commande, ordonne !
Te faut-il mon sang ? je le donne !
Aux Armagnacs faut-il courir ?
    Quel bonheur est le nôtre !
    Les beaux yeux ! quels appas !
Je suis fidèle et bon apôtre ;
De ne jamais aimer une autre
Je jure... — Éloy ! ne jurez pas !

    Paris, 1847.

XXXV.

LA ROSE AUX BOIS.

1.

Quoi, si tard dans le bois,
    Bel ange !
Entends-tu le hautbois
    Étrange ?
Vois-tu le chasseur noir
    Qui chasse ?
C'est le sire au manoir :
    Fais place !

« Des fraises, voulez-vous,
    Beau sire ?
— Non, tes yeux sont plus doux,
    Sans rire !
Ai chassé tout le jour,
    Ma lige ;
Apprends-moi, bel amour,
    Où suis-je ?

« Ai vu le chasseur noir,
    Sans doute ;
Trouverai-je un manoir
    En route ?
Si n'encontre un chemin
    Viable,
Courrai jusqu'à demain
    Le diable !

— Lors, suivez ce sentier
    Sous l'herbe,
Trouverez un noyer
    Superbe ;
Puis un bourg, un rieu,
    Un hêtre,
Puis le castel. Adieu,
    Mon maître ! »

Il s'élance à cheval,
    L'accole,
Et sonnant un signal,
    S'envole.
Rose exhale un soupir
    Sonore ;
Que dit-elle au zéphir ?
    — J'ignore.

2.

Quoi, si tard dans le bois,
    Bel ange !
Entends-tu le hautbois
    Étrange ?
Vois-tu le chasseur noir
    Qui chasse ?
C'est le sire au manoir :
    Fais place !

Il s'écrie en courant :
    « Bergère,
Ta route est un torrent,
    Ma chère !
En vain clame au secours,
    Et sonne ;
N'est lieu propre au discours :
    Personne !

« Onc n'ai vu ni noyer,
    Ni hêtre ;
Voudrais-tu me noyer ?
    — Peut-être !

— Ton sourire moqueur
M'enchante;
Veux-tu prendre mon cœur,
Méchante?

— Non, j'ai trop de vertu,
Je n'ose...
— Comment t'appelles-tu?
— La Rose.
Prenez par l'éclairci
(Fit-elle);
Beau sire, adieu! — Merci,
La belle! »

Il s'envole au galop
Dans l'ombre;
Le soir dort sur le flot
Plus sombre.
Rose exhale un soupir,
Chemine;
Que dit-elle au zéphir?
— Devine!

3.

Quoi! si tard dans le bois,
Bel ange!
Entends-tu le hautbois
Étrange?
Vois-tu le chasseur noir
Qui chasse?
Non, le sire au manoir
Repasse.

Du palefroi descend
Morose;
L'appelle en menaçant :
« La Rose!
Quel chemin m'as tracé,
Faux guide!
Tombai dans un fossé,
Perfide!

« Veux-tu me secourir,
Sois prompte;
Ou veux-tu voir mourir
Un comte!
Près de toi cueillerai
Des fraises;
Et prendrons sur le pré
Nos aises.

« Mon cheval meurt de faim;
Qu'il mange.
M'as fait boire au ravin,
Cher ange! »
Près d'elle vient s'asseoir,
L'implore;
Que disaient jusqu'au soir?
J'ignore!

Zéphyrant un zéphyr
Bien tendre,
Rien n'ai pu qu'un soupir
Entendre...
Chantaient-ils l'angélus?
J'en doute;
Mais ne demandait plus
La route.

XXXVI.

PROLOGUE POUR GRISELDE.

CONTE DE LA REINE GINÈVRE.

Laissez-moi vous conter une histoire d'amour.
Jadis était un roi qui chassait tout le jour,
Et qui dormait la nuit. Jeune et belle à merveilles,
La reine aimait beaucoup les roses, ses pareilles;
Mais l'automne avait fui, la fleuriste manquait,
Et pour son jour de fête il fallait un bouquet.
La reine au désespoir appelle ses suivantes :
« Mes roses de brillants pour des roses vivantes!
Messire louvetier, dit-elle avec des pleurs,
Songez-y bien, avant ce soir il faut des fleurs!
Or, ce que femme veut, Dieu le veut, dit le sage.
« Où trouver, en janvier, des fleurs pour son corsage?
Revenir sans bouquet? je vois d'ici l'accueil...
J'ai, dit-il, mon affaire! avec un juste orgueil. »
On annonce une artiste habile à faire éclore
D'un seul coup de pinceau tout le règne de Flore.
Elle entre... un vrai bijou. Son front blanc comme un lys
Appelle le baiser; sa bouche aux doux replis
Semble un pavot vermeil que la rosée inonde,
Et ses yeux, deux bleuets, les plus charmants du monde.
Toutes de l'admirer, de lui prendre les mains,
D'arranger ses cheveux tout fleuris de jasmins,
De dire, en l'embrassant, mille choses gentilles,
Comme c'est la coutume entre les jeunes filles.
Le louvetier sourit. Pendant un jour entier
La belle travailleuse est assise au métier;
Les roses, les œillets, les tendres pâquerettes
Naissent comme à l'envi; trois corbeilles sont prêtes
Et la reine au travail, pour la mieux disposer,
Promet de lui payer chaque fleur un baiser :
Jugez si notre artiste est ardente à lui plaire!
Aussi bien, vers le soir, implorant son salaire,
Elle apporte ses fleurs, elle en avait un cent;
Et pour chaque, reçoit, frémissant, rougissant,
Un baiser de la reine (elle avait nom Ginèvre),
Si doux que tout son cœur se répand sur sa lèvre.
La reine tressaillit, surprise quelque peu;
Lorsqu'au dernier baiser, lui payant tout l'enjeu,
Sous son tablier rose elle sent une épée;
Elle jette un grand cri : « Ciel! vous m'avez trompée
Messire louvetier, emportez cet enfant!
— Grâce! dit-il, je veux rester, mort ou vivant!
Si pour être à vos pieds j'employai cette ruse,
L'amour seul fut mon crime, ah! qu'il soit mon excuse
La reine pardonna. Dans ce moment, le roi
Revenait de la chasse. On sonne le tournoi.
Dans le champ clos fleuri le beau page s'élance;

Couronné par Ginèvre après trois coups de lance,
L'artiste chevalier fut heureux en amour,
Mais il ne fit jamais de fleurs, depuis ce jour[1].

<small>Paris, 17 mars 1849.</small>

XXXVII.

PROLOGUE POUR FRANÇOISE DE RIMINI[2].

Ne vous étonnez pas, messieurs, de ce costume;
Je ne viens pas ici, selon notre coutume,
Le saxophone en main, vous dire un de ces airs
Que vous applaudissez, le soir, à nos concerts :
Guillaume Tell, Freyschütz, le Prophète, Lucie,
Œuvre toujours si jeune et si bien réussie,
Ou Linda, chant d'adieu du cygne italien,
Dont Blankmann[3] enrichit son trésor quotidien;
Non! je vais, m'enivrant de poésie ardente
Dérouler à vos yeux une page du Dante :
Celle de Francesca, de ce couple amoureux
Dont l'histoire a produit tant d'ouvrages heureux;
A qui notre Scheffer sut donner tant de charmes
Que tous les saints du ciel sont jaloux de ses larmes
C'est cette page enfin qu'un poëte proscrit,
Polonais de naissance et Français par l'esprit,
Immolant aux beaux-arts les sciences exactes,
Dans ses nuits d'insomnie a traduite en trois actes;
Drame où j'aurai l'honneur, artiste fantassin,
De jouer devant vous le royal assassin[4].
Artiste? et pourquoi pas? le noble art du théâtre
N'est-il pas un de ceux que la France idolâtre?
N'a-t-il pas répandu son nom tout aussi loin
Que cent combats fameux dont le monde est témoin?
A ses lauriers vainqueurs toute gloire s'allie,
Comme au glaive de Mars le masque de Thalie.
Jadis, chez les Romains, je les cite au hasard,
L'histrion Roscius fut l'ami de César;
Eschyle, ce géant dont l'esprit nous domine,
Eut un frère tué le jour de Salamine,
Un autre à Marathon. Quand déjà sur les eaux
Les Perses fugitifs regagnaient leurs vaisseaux,
Le bouillant Cynégire, altéré de carnage,
Saisit une galère et la suit à la nage;
D'abord il perd un bras, puis un autre, et puis mord
La poupe avec les dents, jusqu'à trouver la mort.
Mais pourquoi rechercher de si lointains exemples?
Le génie a chez nous ses autels et ses temples;
Ici même l'écho me rappelle un beau nom :
Le grand Talma, l'ami du grand Napoléon!
C'était un fils d'Eschyle; et nous, suivant sa trace,
Nous sommes ses neveux, et de la même race.
Naguère Joanny, père noble entre tous,
Respecté du public et des acteurs jaloux,
Le sein tout labouré par le plomb des esclaves,
Portait sous son manteau le signe aimé des braves,
L'étoile de l'honneur, quand de son glaive à la main
Il disait : « Qu'il mourût! » en vrai soldat romain.
Nous ne prétendons pas, dans l'enceinte où nous sommes,
Romains d'une soirée, égaler ces grands hommes,
Ni les Talma vivants du Théâtre-Français,
Chanoines enrichis de paisibles succès;
Le temps nous reste à peine, entre deux exercices,
Pour fixer nos décors, aligner nos coulisses.
A l'heure où le soleil, redoublant ses ardeurs,
Dans le parc de Saint-Cloud aux vertes profondeurs
Appelle tout Paris sous l'ombre des vieux hêtres,
Nous apprenons la prose et les vers des grands maîtres;
Aussi, plus d'un quatrain sabré sans repentir,
Plus d'un geste pointu viendront vous divertir;
Nos perruques pourront vous sembler un peu drôles,
Nous n'avons peur de rien! car nous savons nos rôles :
Avantage réel, voyez le résultat,
Sur les acteurs en titre et les hommes d'État.
Pourtant, à cet essai ne jugez pas nos forces;
Nous irons *crescendo*, comme les bandits corses
Qui montrent aux marchands, dépouillés sans façon,
D'abord quelques hochets, des pierres d'Alençon,
Puis, offrent à leurs yeux, plus splendides richesses,
Les diamants conquis sur le sein des duchesses!
De même nous marchons vers la gloire à pas lents,
Certains que le succès mûrira nos talents.
Mais qu'un jour l'étranger nous appelle aux frontières,
Que des aigles d'Iéna nos aigles héritières,
En déployant leur aile au feu des bataillons,
Nous ouvrent un théâtre immense, en pleins sillons,
Alors, nous lui jouerons une autre tragédie,
Un drame à grands effets, une pièce hardie
Avec un dénouement tel qu'on s'en souviendra,
Et que la France libre en chœur applaudira!

<small>Saint-Cloud, 3 août 1852.</small>

XXXVIII.

A Mlle PHILIPPE-BELPHÉGOR.

TRIOLETS.

Oh! le petit lutin charmant
Que ce joli monsieur Philippe!
Il chante, il vole, il se dissipe,
Il se transforme à tout moment;
Toujours plus frais qu'une tulipe,
Toujours plus vif qu'un diamant...
Oh! le petit lutin charmant
Que ce joli monsieur Philippe!

Comme la Belle au bois dormant,
Comme l'écho du Pausilippe,
Comme le sphinx devant Œdipe,
Le cœur s'éveille en le nommant!
On a beau prendre Amour en grippe,
On aime encor plus ardemment...
Oh! le petit lutin charmant
Que ce joli monsieur Philippe!

<small>1. Cette légende, que nous avons entendu raconter il y a... bien des années, a peut-être donné naissance à l'une des pages les plus adorables de la DIVINE COMÉDIE, celle de *Françoise de Rimini*. C'est à ce titre que nous l'insérons dans ce recueil.
2. Jouée par le 72e régiment de ligne, au théâtre de Saint-Cloud.
3. Chef de musique du 72e.
4. Giovanni Malatesta.</small>

Trois fois heureux sera l'amant
Qui dans ses bras... mais j'anticipe,
Son cœur, dit-on, qui s'émancipe,
Est vierge encor de ce tourment.
Se faire aimer, c'est son principe;
N'aimer personne, est son serment...
Oh! le petit lutin charmant
Que ce joli monsieur Philippe!

XXXIX.
MIGNON
D'APRÈS GOETHE.

Vois-tu ces champs où les citrons fleurissent?
Où les fruits d'or de l'oranger mûrissent?
Le doux zéphyre embaume un ciel si pur...
Myrte et laurier s'enlacent dans l'azur :
    Les vois-tu bien? — Hélas, hélas!
C'est mon berceau; l'espoir m'attend là-bas!

Vois-tu ce toit sur ses colonnes blanches?
Autour du seuil, des roses, des pervenches;
Les grands bouleaux penchés te disent tous :
« Pauvre Mignon, reviens, reviens à nous! »
    Les vois-tu bien? — Hélas, hélas!
C'est mon pays; l'amour m'attend là-bas!

Vois-tu ce mont où dorment les orages?
L'étroit sentier qui meurt dans les nuages?
Et ce grand aigle au regard dévorant...
Le rocher tombe, et sur lui le torrent!
    Les vois-tu bien? — Là-haut, là-haut!
C'est mon destin... je vais mourir bientôt!

XL.
CONSOLATION.
IAMBE.

Enfant, tu veux cesser de vivre,
Rebelle à la suprême loi!
Le jour qui sauve et qui délivre
Est-il encor si loin de toi?

Proscrit, le ciel est ta demeure,
La terre est un exil d'un jour;
Espère et chante encore une heure,
Et puis, remonte à ton séjour!

Bonheur, désir, tristesse, alarmes,
Tout doit rentrer dans le néant;
Ruisseau divin, troublé de larmes,
Va, coule en paix vers l'Océan!

XLI.
A M. JOSEPH RICCIARDI
LE JOUR DE LA CONFISCATION DE SES BIENS
PAR LE ROI DES DEUX-SICILES.

Non! ton exil ne suffit pas;
Il faut encore à cet infâme
Frapper tes enfants et ta femme,
Broyer ton grand cœur sous ses pas!

Honte au despote, à ses complices,
A ses bourreaux, honte et malheur!
Mais ta constance et ta valeur
Seront plus forts que les supplices

Se maintenir, c'est leur souci;
Briser les lois, que leur importe?.
Espère en Dieu, ton âme est forte :
Ton jour viendra... le sien aussi!

Tours, 17 novembre 1858.

XLII.
LE RÉVEIL.
CHANT DES INSURGÉS DE 1863.

Polonais! assez de larmes,
Voici l'aube du réveil!
Plus de chaînes, mais des armes,
Des combats en plein soleil!
Que la peur ou la démence
Souffre un joug longtemps porté;
Aux aiglons l'espace immense,
Aux grands cœurs la liberté!

CHOEUR.

En avant, jeune ou vieillard;
Sous la faux, sous le poignard,
Que chacun de nous s'écrie :
    Vive la patrie!

Fière de sa sainte cause
La Pologne nous a dit :
« Que celui qui se repose
Sur ma tombe, soit maudit! »
Voyez-vous ces pauvres veuves
A leur fils disant adieu?
Notre sang rougit les fleuves,
En criant vengeance à Dieu!

CHOEUR.

En avant, jeune ou vieillard;
Sous la faux, sous le poignard,
Que chacun de nous s'écrie :
    Vive la patrie!

« Voyez-vous ma jeune race
Repeuplant d'affreux déserts?
Ces corbeaux suivant sa trace,
Et ces flammes dans les airs?
Sur le ciel mon sang s'épanche...
Mais Dieu parle : je renais!
Vive donc notre aigle blanche,
Gloire au peuple polonais! »

CHOEUR.

En avant, jeune ou vieillard;
Sous la faux, sous le poignard,
Que chacun de nous s'écrie :
    Vive la patrie!

XLIII.

SERMENT A LA PATRIE.

De t'aimer jusqu'à la tombe,
Je te jure, ô mon pays;
Que sur moi la foudre tombe,
Si jamais je te trahis!
Dans les jours heureux ou mornes,
A toute heure, en chaque lieu,
Je te jure amour sans bornes,
Sur mon âme et devant Dieu!

Pour prouver ce que nous sommes,
Un serment ne suffit pas;
Que le ciel l'atteste aux hommes
Par ma vie et mon trépas!
Je suis fils de tes entrailles,
Ce que j'aime vient de toi;
Puisse un jour, dans les batailles,
Tout mon sang sceller ma foi!

Posen, 1863.

XLIV.

L'OFFRANDE.

A Mlle JULIE W***.

Espérance, amis et frères!
Devant Dieu je vous le dis :
Si les grands nous sont contraires,
La victoire est aux petits!
Échafauds, amas de cendre,
Cris de mort d'un chef tatar,
C'est le règne d'Alexandre,
Ce sont les bienfaits du tzar!

Mais le sang de Varsovie,
De son peuple déporté,
Chez l'esclave, avec sa vie,
Va semant la liberté!
Même au cœur de l'ancien monde,
Sur le vieux sol allemand,
De ce grain que Dieu féconde,
Naît la fleur du dévouement!

Et voyez! une âme grande,
Une vierge aux chastes vœux,
Aux proscrits porte en offrande
Sa couronne de cheveux.
Comme un songe affreux s'envole,
Nos tyrans disparaîtront
Aux splendeurs de l'auréole
Que revêt ce jeune front!

Ange au nom si doux, Julie,
Sois béni de nos enfants;
La Pologne rétablie
T'ouvre ses bras triomphants!

Aujourd'hui, chargés d'entraves,
L'âme en deuil, mais libre encor,
Sur la tombe de nos braves
Déposons ce saint trésor[1]!

Paris, 1865.

FABLES.

XLV.

LE BOULET ET L'ANE.

A M. A.....E L....X.

Sur un champ de bataille, au pied d'une redoute,
Un boulet de canon, près de finir sa route,
    Roulait avec effort;
Un âne qui broutait toucha le projectile;
Le boulet rebondit aux cieux comme un reptile,
    Et l'âne tomba mort.

Prends garde à tes écrits, Zoïle téméraire,
Toi, que l'homme inspiré fait toujours aboyer;
Quand il serait déjà sur le lit funéraire,
D'un vers, en te nommant, il peut te foudroyer!

Paris, 1845.

XLVI.

L'ARAIGNÉE.

Dame Araignée avait dressé sa toile
Sur un bouquin pondu par un bas-bleu.
Les moucherons, que leur mauvaise étoile
    Égarait vers ce mauvais lieu,
S'y morfondaient; car la bête malsaine
Attendait qu'elle en eût six-vingt,
Pour les manger ensuite, à la douzaine.
    Un gros moucheron vint
    (Le *mororus*, d'après Linnée);
Et d'un seul coup de son aile d'azur
    Frôlant le livre impur,
Il déchira la toile d'araignée.
Qui fut joyeux? c'est la bande échappée,
Prenant son vol sans lui dire bonsoir;
Qui fut penaud? la commère attrapée,
Criant, jurant, hurlant au désespoir,
Les yeux hagards et les gestes farouches:
« Mes mouches, mes mouches, mes mouches!»
    C'était tragique à voir.
Ami cousin, la voyant presque folle,
Par un sermon coupa sa farandole
    (Or, le cousin sans aiguillon
    A qui la dame se confie,
    Était riche d'un million
    Gagné dans la philosophie):
« Belle Arachné, le sage nous l'a dit,

---

1. Mlle Julie Wienbrack, fille d'un homme de lettres de Leipzig, a fait aux proscrits polonais de 1864 l'offrande de ses cheveux.

Le vrai bonheur est dans l'indifférence...
Consolez-vous, la colère enlaidit;
Des moucherons point n'est disette en France. »
  En effet, dans se pays-là,
Comme autrefois les moustiques d'Athènes,
S'il en meurt dix, il en naît par centaines...
  Dame Arachné se consola.
Fermant les yeux, repliant les antennes,
  L'affreuse bête se gonfla,
Et vomit des poisons à noircir dix volumes.
Fière de sa vengeance, elle taille des plumes,
Pour écrire une suite à son Campanella.

Paris, 1846.

XLVII.

UN MIRACLE.

Quand les Juifs s'en allaient vers la Terre promise,
L'eau jaillit d'un rocher entr'ouvert par Moïse;
De ce pieux symbole on devine le sens :
Ce rocher du désert, c'est le cœur des puissants;
L'eau, c'est la liberté, qui vaincra tout obstacle;
Mais pour la voir jaillir, que faut-il ? Un miracle!

Paris, 1847.

XLVIII.

LA MER ET LES VAISSEAUX.

Un jour, deux cents vaisseaux se disputaient la mer.
Voyez leurs pavillons touchant à l'empyrée,
Leur superbe carène ouvrant l'onde azurée,
Le flot captif bouillant sous leur talon de fer!

Chaque enseigne au grand mât signale sa province :
Ici, l'aigle à deux becs, le hibou, le canard,
Le disque impérial couronne le renard,
Et là, deux bois dix-cors, une mitre de prince.

Les nomades volcans, armés de part en part,
Se jettent des obus, des boulets de vingt-quatre;
Sur les vergues en feu, ne cessent de combattre
L'aigle avec l'ours, le coq avec le léopard.

Soudain, l'orage éclate; et sur la mer profonde
Une voix retentit comme la voix de Dieu :
« Vous êtes tous perdus; seul je règne en ce lieu,
Car je suis l'Océan, j'environne le monde ! »

Le jour vient, le soleil reparaît sur les eaux;
La mer reste la mer... mais où sont les vaisseaux ?

Paris, 24 février 1848.

XLIX.

LE SINGE ET SES ENFANTS.

A M. DELMONTET.

Le singe, dit Buffon, cette ébauche de l'homme,
  Est ingrat, jaloux, comme lui;
  Paresseux, brouillon, gastronome,
  Lorsqu'il va cueillir une pomme,
Il s'inquiète peu s'il prend le bien d'autrui.
Mais parmi ces défauts, dit le naturaliste,
  Dont je pourrais grossir la liste,
Une seule vertu lui reste néanmoins :
Il aime ses enfants d'un amour incroyable,
Et sous ce rapport même il nous rendrait des points,
  Comme nous l'apprend cette fable.

Un singe avait perdu ses enfants dans un bois.
  Ils étaient dans cet âge tendre
Où l'on ne peut encor ni voir, ni bien entendre :
  Les chers jumeaux n'avaient qu'un mois!
Grande fut sa douleur... c'étaient des cris, des larmes,
  A faire pâmer dix gendarmes;
Un neveu n'en ferait, certes, ni plus ni moins,
  En héritant devant témoins.
Un soir, il les retrouve auprès d'un champ de seigle,
  Sur un chêne, dans un nid d'aigle
  (Cet aigle les avait emportés en exil) :
  « Voilà mes enfants! cria-t-il,
Mes nobles rejetons, seul espoir de ma race !
  Bien fin qui me les reprendra ;
Jamais dans nos forêts l'aigle ne régnera ! »
  Cela disant il les embrasse,
Les remporte chez lui, fou de joie et d'amour,
  Les met dans un lit de vieux linges,
D'oripeaux ramassés dans les bois d'alentour
  (Telle est la coutume des singes),
Et s'accroupit dessus... si bien qu'au point du jour
  Avec tendresse il les appelle,
Les examine... hélas! jugez de ses transports,
  Les pauvres babouins étaient morts.
Le singe se remet à pleurer de plus belle;
  Le cœur ulcéré de remords,
Et dit en sanglotant : « Par mon amour extrême,
En l'embrassant trop fort, j'ai tué ce que j'aime ! »

Messieurs les modérés, plaignez cet animal,
Mais ne l'imitez pas ; l'excès perd toute chose :
Exagérez le bien, vous en faites le mal.
Dans la raison suprême heureux qui se repose !

Paris, 13 octobre 1852.

L.

LE BIJOUTIER EN FAUX.

Deux sortes de conseils entourent les monarques:
Ceux-ci viennent de Dieu, ceux-là droit des enfers ;
Des suprêmes faveurs les uns portent les marques,
Les autres sont payés par l'exil ou les fers.
Homme obscur, je m'adresse aux puissants de la terre;
Je me tairai bientôt, quand mon cœur sera froid.
Voudront-ils m'écouter ? voilà tout le mystère!
Peu m'importe, après tout ; je chante, c'est mon droit.

Dans certaine cité... je ne puis vous répondre
Si c'était à Paris ou si c'était à Londre,
Mais ce sera demain si ce n'était hier...
Vivait le bijoutier le plus fameux du monde;

Tous vantaient son talent, sa main sûre et féconde,
Tous admiraient en lui l'artiste heureux et fier.
Mais, par excès d'orgueil... vous me croirez à peine !
L'orfévre novateur avait pris l'or en haine !
Souvent il répétait : « L'or est un préjugé,
L'or est une chimère, et j'en suis corrigé ;
Je suis prêt à montrer devant l'Europe entière
Que ma pensée à moi prévaut sur la matière ;
Tout est dans la façon, le reste importe peu,
Sous la main du génie une cuvette est dieu :
Dans mon premier travail j'en donnerai la preuve
En façonnant, sans or, une couronne neuve... »
Et bientôt il reçut d'une cour en renom,
D'une reine, je crois, dont j'ignore le nom,
La commande et le prix d'un riche diadème.
Mais au lieu de l'or pur, fidèle à son système,
De son vieil ennemi croyant mieux se venger,
Il prit du maillechort ou du métal d'Alger,
Dont, la dorure aidant, l'apparence est la même.
Cependant, il rendit un bijou si parfait,
Si finement ouvré du sommet à la base,
La ciselure avait tant de grâce et d'effet
Que tous les courtisans crièrent en extase :
« Quel trésor ! mais voyez ce globe de cristal !
Cette croix de clinquant... un bijou sans reproches !
Un peu léger, c'est vrai... fi de l'or, vil métal !
Il est bon pour les juifs... mettons-le dans nos poches. »
Le bijoutier en faux se gonfla de dédain ;
Mais voyez quel mécompte il éprouva soudain.
Lorsque ses compagnons vinrent, à tour de rôle,
[trôle,
Soumettre leurs chefs-d'œuvre aux poinçons du con-
Le maître expert lui dit : « C'est vraiment un malheur
De dépenser tant d'art, tant de soins et de veilles
A faire un rien charmant, merveille des merveilles...
Mais les bijoux sans or n'ont aucune valeur. »

O vous qui m'écoutez du fond de vos boutiques,
Suivez bien ce conseil, joailliers politiques !
Vainement vous perdez main-d'œuvre et capital
A forger d'un impur et vulgaire métal,
Et non pas d'or massif, la royale enveloppe
Qui doit ceindre le front de notre reine Europe ;
Sa Majesté demande une couronne d'or,
Sans quoi vous n'aurez fait qu'une vaine besogne.
On vous dira d'en haut : « C'est à refaire encor ! »
Le maître expert, c'est Dieu ; l'or pur, c'est la Pologne.

RÉPONSE.

LE GRAIN DE SABLE.

Une montagne de sable
Se démenait comme un diable
Sous le pic d'un terrassier ;
La maudite dent d'acier
La déchirait d'heure en heure !
Mais c'est en vain qu'elle pleure,
Qu'elle s'amoindrit toujours,
Point d'argent, point de secours !
Tandis qu'elle se désole,
Un grain de sable s'envole,
Frappe l'œil du niveleur,
Qui jette un cri de douleur ;
Blotti dans un coin sensible,
Il rend sa tâche impossible,
Et l'instrument du rustaud
S'arrête et tombe aussitôt.

Quand le sort vient nous atteindre,
Ne perdons pas à nous plaindre
Le temps que prend le chagrin :
Imitons le petit grain.
Dans un moment difficile,
Toute parole est stérile,
L'acte seul est souverain ;
Lorsqu'il sait se rendre utile,
Un grain de sable en vaut mille !
Voilà quel est mon refrain.

CALLIER, *ingénieur.*

RÉPLIQUE.

Mais qui suis-je donc, que diable !
Sinon votre grain de sable,
Ou plutôt le cauchemar
Troublant les rêves du tzar !
Si puissant que soit un homme,
Il est peu de chose, en somme,
Contre un peuple tout entier
Qui ne sait pas son métier,
Et qui met son espérance
Dans le secours de la France !
Tels sujets, tel souverain,
Voilà quel est mon refrain.

Paris, 1864.

AIGUILLONS.

LI.

SUR LA MORT DE RÉBARD,

ACTEUR DES VARIÉTÉS

Fort à propos sa mort viendra
Nous délivrer d'un vaudeville ;
Rébard est mort du choléra
Pour ne plus jouer du Clairville.

LII.

A Mlle BÉRANGÈRE,

DE L'ODÉON.

Où donc est le soleil, gentille Bérangère ?
Et les bois parfumés ? et les gazons fleuris ?
L'été comme l'hiver, tout est sombre à Paris !
Où donc est le soleil, gentille Bérangère ?

Faut-il que nous cherchions le voleur à grands cris?
Avec vos yeux d'azur, votre robe légère,
Rendez-nous le *Printemps*, c'est vous qui l'avez pris!

LIII.

A M. A*** M***,

MEMBRE DU COMITÉ DE LECTURE DE L'ODÉON.

Membre d'un comité grotesque et ridicule,
Vous avez beau bâiller, regarder la pendule,
Pour troubler vos lecteurs que vous interrompez;
Œil jaune, doigts crispés, dents longues et cruelles,
Vous me faites l'effet d'un Saturne sans ailes,
Car vous pourriez voler, monsieur, et vous rampez!

15 janvier 1851.

LIV.

A ROSETTE M***.

J'aime ton front si pur où la grâce repose,
Tes yeux bleus où sourit la clarté d'un beau jour;
Rosette, Dieu te fit d'une fleur blanche et rose,
En te donnant un cœur tout exprès pour l'amour!

LV.

LES DEUX BROHAN.

Dans certain grand théâtre il existe deux sœurs,
Charmantes toutes deux à damner un apôtre;
Pour les bien distinguer il faut des connaisseurs :
L'une fait de l'esprit, et l'esprit a fait l'autre.

LVI.

LA COMTESSE IDA.

Selon vous, belle Ida, les lettrés sont des ânes;
De ce mot délicat je dois être enchanté :
S'ils n'ont pas le talent de plaire aux courtisanes,
C'est que pour la folie aucun d'eux n'a chanté.

LVII.

LE MÉCÈNE FRANÇAIS.

La morale malsaine.
Et le langage obscène,
Voilà comment Mécène
Veut diriger la scène.

LVIII.

A M. BELMONTET.

Conseillers de malheur, par vous le mal empire;
L'an trois fut misérable, et vous rêvez l'an pire!

1851.

LIX.

A L'AUTEUR DE « LUCRÈCE ».

Dieu Ponsard, pourquoi donc n'es-tu plus adoré?
C'est que ton faux Brutus n'a qu'un bâton doré.

1854.

LX.

LA GÉOGRAPHIE ROMAINE

D'APRÈS TACITE.

Le Gaule est un pays très-plat, vers le couchant,
Où le vin est très-bon, et l'homme très-méchant.

LXI.

LA SŒUR DE TARTUFFE

D'APRÈS NATURE.

Voyez cette dévote, en noir, comme une truffe,
Aux grands soupirs de flamme, au visage amaigri,
Que demande à son dieu cette sœur de Tartuffe?
La mort de son mari.

LXII.

SUR LA TOMBE D'ESTHER.

La juive Esther, l'infâme pieuvre,
Dans ma patrie a fait son œuvre;
De nos cités, tout en lambeaux,
Rien n'est debout que les tombeaux.
De même a fait, en l'an de grâce...
Une marâtre de sa race;
Elle a jeté, sans un remords,
Tous les vivants parmi les morts!

Krakovie...

LXIII.

A MA TANTE OCTOGÉNAIRE
LUCIE MORSKA.

Un prince d'Orient, d'après un conte arabe,
De l'admiration du monde était l'objet;
Car chaque mot d'amour, chaque douce syllabe
Qui tombait de sa lèvre, en perle se changeait.
Child-Harold ou Byron, le poëte rebelle,
Fut le plus généreux, le plus fier des amants;
Et, parmi cent beautés choisissant la plus belle,
Il semait à ses pieds l'or et les diamants.

Perles et diamants, pour moi, ce sont des songes :
De ces brillants trésors je ne suis point jaloux;
Pour moi, votre amitié vaut mieux que leurs mensonges :
Je n'ai rien que mon cœur, mais ce cœur est à vous.

Comme ces blanches fleurs à mi-novembre écloses,
Du centième printemps vous verrez le réveil;
Puisse l'hiver pour vous n'avoir plus que des roses,
Et l'été que des jours d'azur et de soleil!

17 novembre 1847.

LXIV.

A LA MÊME,

SUR SON LIVRE D'HEURES.

Oui, je craignais le temps avant de vous connaître;
Il peut tout, me disais-je, excepté de renaître!
Ce tyran sur mon cœur ne peut rien désormais.
Tout change autour de nous, les hommes et les choses;
L'automne a beau flétrir les lauriers et les roses,
Seul, mon amour pour vous ne changera jamais!

17 novembre 1851.

LXV.

SOUS LE BUSTE DE J. LELEWEL.

Fils d'un peuple héroïque et gardien de sa gloire,
Illustre Lelewel, sois fier de son amour;
Et, portant le flambeau dans son antique histoire,
Par ce qu'il fût, dis-lui ce qu'il doit être un jour!

LXVI.

AU PRINCE PRÉTENDANT.

Prince Czartoryski, votre nom philanthrope
Est czar pour la Pologne et tory pour l'Europe;
Mais du czar Alexandre un ancien favori
Pour l'Europe et le czar n'est ni czar ni tory.
Le torysme et le czar vous servant d'enveloppe,
Votre nom, czar tory, ne peut plaire à l'Europe;
Votre Altesse est en somme un pauvre sire, en qui
Le tory sert le czar, prince Czartoryski!

29 novembre 1852.

LXVII.

A M. FLORIMOND LEVOL,

COMMISSAIRE PRÈS LA MONNAIE.

Vivre noyé dans l'or, et n'avoir pas le sou,
Compter des millions sans cesser d'être honnête,
Cher Florimond Levol, pour ne pas mourir fou,
Il faut que vous soyez né trappiste ou poëte!

LXVIII.

A Mme LA BARONNE DE MONTARAN.

Je vois maints aspirants au fauteuil des Quarante;
Pour moi, poëte obscur, je ne veux rien de tel :
J'ai mon ambition, mais bien moins dévorante...
Vivre dans votre cœur, c'est mieux qu'être immortel!

31 mars 1857.

LXIX.

A MM. ÉMILE ET ANTONI DESCHAMPS.

Lorsque sa sœur l'appelle et se meurt, faute d'armes,
La France ne lui doit qu'une aumône de larmes!
O mon Dieu! qu'est-ce donc que notre humanité?
Tout n'est que trahison, folie et vanité!...

9 juillet 1864.

LXX.

A VICTOR HUGO.

Poëte dont le monde écoute la parole,
De ton ange envolé tu gardes l'auréole;
Proscrit, ton jour approche, et par lui déserté
Ton cœur vit pour le peuple et pour la liberté!

29 août 1868.

LIVRE QUATRIÈME

FRAGMENTS

> « Io sono un cert'uomo che, quando altre persone non vogliono fare a mio modo, io fo a modo loro. »
>
> Apostolo Zeno.

DU POLONAIS[1]

I.

JULIEN NIEMCEWICZ

AU GÉNÉRAL KNIAZIEWICZ.

(Montmorency, 1834.)

Camarades d'enfance et frères du drapeau,
Puisqu'avant de dormir dans le même tombeau
Le sort dans ce vallon nous réunit encore,
Permets qu'à ton déclin rappelant ton aurore,
Je déroule en trois mots à tes yeux étonnés
Tout l'orbite des jours que Dieu nous a donnés.

Frère, que de combats, que d'opprobre et de gloire,
A ce nom : la patrie, assiégent ma mémoire!
Dès l'enfance, un vieillard, que tous nous connaissons,
Nous offrait son exemple et ses grandes leçons;
Te souvient-il du jour où nous venions entendre
Les conseils inspirés de ce cœur noble et tendre,
Disant à ses soldats : « Mes enfants, mes amis
Que notre mère à tous à mes soins a commis,
Vous, les jeunes soutiens d'une race guerrière,
A vos yeux va s'ouvrir une illustre carrière;
Le pays gémissant sous le fer étranger
Compte sur vos efforts, vous devez le venger.
La crainte du Seigneur, l'amour de la patrie,
Sont les purs éléments dont votre âme est nourrie;
Conservez le foyer des antiques vertus,
Jamais par les revers ne soyez abattus;

[1]. Les traductions qui suivent sont généralement *interlinéaires*.

Fuyez la fausse gloire, et l'astuce, et l'envie,
C'est à vous d'affranchir la Pologne asservie! »
Ces conseils ont germé dans nos cœurs enfantins;
Quels que fussent dès lors nos penchants, nos destins,
Comme une voix du ciel, nous sentions dans notre âme
La féconde parole empreinte en traits de flamme.
Comme Hercule au berceau, sur des frères ingrats
Ramenés au devoir, tu signalais ton bras;
Moi, soldat citoyen, je donnais la réplique
A l'orgueil des magnats sapant la république.
Aux champs de Podzamczé, trahis par le hasard,
Tous deux on nous traîna dans les cachots du tzar;
Catherine mourut : bientôt, heureux et libre,
Tu suivis l'aigle blanche aux campagnes du Tibre,
Et dans chaque bataille où tu les commandas,
Attachas la victoire aux pieds de nos soldats.
Moi, près de Kosciuszko, fidèle à son étoile,
Vers un monde inconnu je dirigeai ma voile,
A travers l'Océan suivi par mes regrets...
O chênes du déluge, ô profondes forêts!
Dites combien de fois, parcourant les savanes,
Sol nouveau, vierge encor du pas des caravanes,
Pleine de mon pays, mon âme s'égara
Jusqu'au gouffre bruyant de la Niagara;
Suivant à l'horizon quelques voiles bien vagues,
J'allais sur les écueils rêver au bruit des vagues...
Mais de ces grands tableaux nul ne me consola;
Mon cœur saignait toujours, ma patrie était là...
Plus ému cependant, je me souviens de l'heure
Où d'un héros antique abordant la demeure,
Je crus voir des Romains un dernier rejeton
Quand sur le seuil ouvert j'aperçus Washington!
Colomb trouvait un monde, il brisa ses entraves.
Jamais je n'oublierai ses regards doux et graves,
Ses cheveux déjà blancs, son front large et sa voix
Captivant tous les cœurs, calme et forte à la fois;

La franchise des camps, le dévouement sublime
Formaient une auréole à ce front magnanime.
Que de fois, accourant, tressaillant à son nom,
J'écoutai ses récits dans le frais Montvernon ;
Et quand je lui contai par quelles sourdes trames
La Pologne est tombée entre les mains infâmes,
Ce qui nous fit déchoir du rang de nos aïeux,
J'ai vu des pleurs furtifs s'échapper de ses yeux...
O larmes! don sacré de son âme attendrie,
Que n'ai-je pu vous rendre à ma belle patrie !
Vous diriez quel hommage, écrasant ses bourreaux,
Lui portait devant moi l'âme d'un vrai héros !

A ce deuil du passé quand mon âme succombe,
Toi, de jeunes lauriers tu couronnes sa tombe,
Et de Hohenlinden proclamant le succès,
Jettes trois cents drapeaux sous les pieds des Français ;
Ou devant l'étendard de Jean trois, ton idole,
Signes : « Ordre du jour daté du Capitole. »
Quand chaque instant grandit le guerrier que tu sers,
Tu suis son char vainqueur, je parcours mes déserts ;
Tous deux loin du pays : car le sang de nos veines
Coule pour des ingrats, nos attentes sont vaines!
Respirant pour lui seul, un jour avec mépris
De tes nombreux exploits tu refuses le prix ;
Enfin, las de servir un trône qui s'élève,
Au foyer paternel tu rapportas le glaive.
Dieu bénit par trois fois les champs que tu semais ;
Moi, proscrit, oublié de tout ce que j'aimais,
Seul, souffrant, fugitif, je dévorais mes larmes...
J'allais mourir, un ange a compris mes alarmes ;
Si d'abord ce ne fut qu'une douce pitié,
Plus tard, de mes chagrins réclamant la moitié,
Cette sœur étrangère à mon sort fut unie.
Quelque bonheur suivit cette union bénie...
Oh! que de fois depuis, l'aurore du matin
Me surprit dans la plaine au mirage argentin,
Armé du long ciseau, de la courbe faucille,
Émondant les vergers, fauchant l'herbe docile,
Ou sur un sauvageon, plus habile fermier,
Greffant avec prudence un rameau de pommier.
De quels soins attrayants, de quels plaisirs suprêmes
Nous comble un sol fécond, cultivé par nous-mêmes,
Loin des sombres ennuis qui planent sur nos toits,
Loin des malheurs du peuple et des crimes des rois!
L'ambition, l'envie, avec tous leurs mensonges,
Y viennent rarement inquiéter nos songes ;
Certain que son esprit doit survivre au trépas,
L'homme, plus résigné, souffre et ne se plaint pas!
O jours de saint travail, de bonheur sans mélange,
Jours que Dieu me donna par la main de mon ange,
Vous auriez fait l'orgueil de tout mon avenir
Si vous aviez en moi tari le souvenir...
Mais non! à nos amours mon âme encor fidèle
Volait vers la patrie et ne rêvait que d'elle ;
Et j'enviais ton sort, car je savais que là,
Ce domaine où souvent le sang russe coula,
Zielince te voyait consacrant jours et veilles
A cultiver les fleurs, les fruits et les abeilles.

Tandis que je bêchais mon paisible jardin,
La voix de l'empereur a retenti soudain :

« Polonais! nous disait cette voix bien connue,
Pour vous jusqu'à l'Oder mon armée est venue ;
A vos rangs et marchez! car aujourd'hui je veux
Donner l'indépendance à vos derniers neveux! »
Comme un essaim captif d'abeilles printanières,
Nos fils à cette voix volent sous les bannières,
Les fanons des lanciers rayonnent au soleil,
De leur aigle chérie annonçant le réveil.
Déjà le clairon sonne et le coursier tressaille ;
Tout s'élance et s'enivre au vent de la bataille :
Pologne, lève-toi! les rois ont dû frémir
Aux noms de Dombrowski, de Gora, Sandomir ;
L'ennemi fugitif reconnaît avec rage
Que ton nom peut mourir, mais jamais ton courage !

Des champs plus renommés, de plus larges travaux
Rappellent ta vaillance à des combats nouveaux.
L'homme choisi du ciel dans l'époque où nous sommes
Pour montrer la grandeur et le néant des hommes,
Brise et jette à ses pieds les trônes trop étroits,
Distribue aux soldats des couronnes de rois,
Et, suivant vers le nord son étoile obscurcie,
Traîne l'Europe entière aux steppes de Russie.
L'aigle des Sigismond que le monde applaudit
Brille encore une fois sur le Kremlin maudit ;
Ce Kremlin où, vaincus, les tzars de Moskovie
Aux pieds de Zolkiewski mendièrent la vie.

Pour de si beaux succès quel affreux lendemain !
Que peut contre un ciel mort tout le génie humain?
Regarde... vois-tu bien ce tourbillon de neige
Qui poursuit les vainqueurs, les étreint, les assiège?
Des glaciers de l'Oural ce simoun flétrissant
Qui déchire en lambeaux la chair teinte de sang?
Vois-tu noircir au loin ces bandes affamées,
Mascarade sans nom, débris de vingt armées ;
Sur les os des coursiers ces spectres demi-nus,
Encombrant par monceaux des chemins inconnus?
Ce soleil sans rayons, pâle comme un suaire,
Baignant de ses lueurs cet immense ossuaire,
Où nagent dans le sang des cadavres confus
Parmi des chevaux morts et des tronçons d'affûts!...
Quel désastre inouï! que de peuples victimes
D'un tyran de génie ont expié les crimes !
A quels maux sans remède, à quels longs jours de deuil,
Des rois, Molochs sanglants, les expose l'orgueil!
Plus d'un jeune héros né sur l'Èbre ou la Loire,
Qu'attendait au retour le bonheur ou la gloire,
Sous un linceul de neige a trouvé le trépas ;
Et sa mère et ses sœurs ne le reverront pas!

Le temps peut réparer cette immense hécatombe.
L'homme, si grand qu'il soit, ne quitte plus la tombe ;
Les peuples asservis relèvent leurs autels,
Reprennent leurs drapeaux, car ils sont immortels!
Mais toi, Pologne, hélas! gardienne de l'Europe,
Toi qu'un triple faisceau d'ennemis enveloppe,
Tu n'es libre qu'un jour, amer jouet du sort,
Et ton dernier triomphe est une belle mort!
Bientôt les trois vautours, convoitant leur pâture,
D'un partage nouveau t'infligent la torture...
Survivre à ton martyre, à ta gloire, ô destin!...

Ayant gémi quinze ans sous l'affreux Constantin,
Lorsqu'un beau désespoir te fit prendre les armes,
Dieu voulut t'abreuver d'un océan de larmes!

. . . .

O principe éternel, immuable pouvoir,
Les pleurs des orphelins n'ont-ils pu t'émouvoir?
N'entends-tu pas les morts qui demandent justice?
Combien doit-il durer ce sanglant sacrifice?
Sommes-nous seuls pécheurs, Dieu terrible et jaloux;
Ta foudre ne doit-elle anéantir que nous?
Foulant aux pieds tes lois, quand le tzarisme immonde
De ses bras de polype emprisonne le monde,
La Pologne se meurt, ses fils sont dispersés!...
Pardonne, ô Dieu clément, ces pleurs que j'ai versés!
Est-ce à moi de me plaindre, atome périssable,
A peine né d'hier sur ce vil grain de sable?
Ah! plutôt jusqu'à terre humiliant nos fronts,
Ayons foi dans sa grâce, adorons, espérons,
Espérons le bonheur, car le mal est extrême;
Suivons jusqu'au tombeau la volonté suprême,
Assurés que celui qui nous donna le jour
Est un Dieu de bonté, de sagesse et d'amour;
Quand même les proscrits mourraient tous en offrande,
Il fera la Pologne indépendante et grande;
Les siècles rediront, comme un vivant écho,
Les noms de Dombrowski, Kniaziewicz, Kosciuszko!

Je rêvais, je priais, tout plein de ce présage;
A mes pieds s'étendait un brillant paysage,
Le val Montmorency, tout peuplé de bosquets,
De villages groupés comme autant de bouquets.
Le soleil s'inclinait sur les collines blondes
Et l'azur plus profond resplendissait de mondes.
Soudain, je m'écriai : « Lorsque viendra le jour
Où cet astre à mes yeux s'éteindra sans retour,
Où donc ira mon âme? où donc revivra-t-elle?
Peut-être, abandonnant sa dépouille mortelle,
L'esprit libre, porté sur un trône d'éclairs,
Verra-t-il de plus beaux, de plus grands univers?
Le principe de l'âme et sa route infinie,
De l'être illimité l'éternelle harmonie?
Le jour libérateur promis aux nations,
Et surtout le bonheur de ceux que nous aimions?...»

Et tout cela peut-être, ami, n'est qu'un beau rêve!..
Bientôt nous le saurons; notre route s'achève.
Aujourd'hui que le temps a sillonné nos fronts,
Qu'abreuvés de dégoûts, d'injustice et d'affronts,
Nous touchons l'un et l'autre au terme octogénaire,
Sans que dans le malheur notre âme dégénère,
Que faire en notre exil? D'un cœur calme et constant
Braver et recevoir le coup qui nous attend;
Fidèles au passé, quand la mort nous délivre,
Sachons mourir ainsi que nous avons su vivre!

Le temps sur les cités s'abaisse tour à tour.
Rome, Athènes, Palmyre, ont péri sans retour;
Un peuple naît, grandit, sur un peuple qui tombe :
Partout où vous creusez, la terre est une tombe.
Vois ce cirque immortel qu'un Borgia mutila;
La Pologne eut un tzar, Rome eut un Attila.

Partout la main de Dieu, dans sa juste énergie,
Écrase les tyrans au milieu de l'orgie;
La pompeuse cité qu'un despote éleva,
Lourd cachot de granit dominant la Néva,
Doit disparaître un jour sous les ondes livides
Du lac de Ladoga, de leur conquête avides;
Avec ses monuments, son faux air de grandeur,
Ses trésors à l'Europe arrachés sans pudeur;
Sur ses palais de marbre, où le luxe étincelle,
Glissera du pêcheur l'oublieuse nacelle.
Sans doute aussi l'écharpe ou les riches coussins,
D'un nouveau prince Orloff appuyant les desseins,
Ce mal héréditaire et qui frappe dans l'ombre,
Des jours de son dieu-tzar abrégera le nombre.
Les peuples décimés, dépouillés de leurs droits,
Ne seront pas toujours la pâture des rois,
Eux seront rois de fait : sans haine, sans contrainte,
Libres, ils s'uniront d'une éternelle étreinte...

Ami, voici l'aurore, espérons le soleil!
Nous-mêmes, déjà vieux, altérés de sommeil,
Nous ne le verrons pas, notre âge nous l'atteste.
De nos anciens amis j'ai vu périr le reste;
Combien d'entre eux sont morts, même avant de partir!
Combien sont couronnés des palmes du martyr!
L'un dédaigna la vie à sa première phase,
Un autre eut pour tombeau les mines du Kaukase;
Enfin, nous voilà seuls, nos jours sont révolus,
Étrangers à ce monde, on ne nous connaît plus;
De la liberté sainte émérites apôtres,
Il est temps, au combat, de faire place à d'autres
Et comme un pur encens s'évapore au saint lieu,
Sur l'aile de la Foi de remonter vers Dieu!

Paris, 1838.

II.

LE MAJOR ANTOINE RUDZKI

AU GÉNÉRAL MATHIEU RYBINSKI,

Commandant en chef l'armée polonaise.

(1855.)

« Illicita prævalent... »
TACITE.

On a tort, par orgueil ou par timidité,
De vouloir à ses chefs cacher la vérité;
Souffrez donc, général, que d'après ce principe
Avec vous, aujourd'hui, ma plume s'émancipe,
Pour dire qu'il vous faut, trop longtemps inactif,
Au nom des Polonais faire un pas effectif.
Un quart de siècle a fui sur nos longs sacrifices;
Et la patrie attend le fruit de nos services.
Qui fut jeune, a grandi; qui fut homme, a vieilli;
Dans plus d'un noble cœur le courage a faibli;
Filles du désespoir, la mort ou la démence
Dans les rangs des proscrits ont fait un vide immense;
Notre antique drapeau, rongé comme un haillon,
Couvre de vétérans à peine un bataillon.
Tous, vos anciens soldats... mais dans cette phalange
Vit le patriotisme et l'honneur sans mélange!
La guerre d'Orient qui s'enflamme alentour,

eut bien nous appeler aux armes quelque jour;
Et la Pologne en deuil nous demande indignée:
Que peut contre le tzar cette faible poignée,
Sans chefs, sans discipline? Il faut attendre un peu;
Mais depuis vingt-cinq ans nous jouons à ce jeu!
Attendre, c'est mourir : car bientôt, je soupçonne
Qu'au moment du combat nous n'aurons plus personne!
Étreints par l'indigence ou par le point d'honneur,
Contre tous les dangers nous luttons sans bonheur;
Ceux qui doivent agir, plus puissants et plus libres,
Ont de leur énergie usé toutes les fibres;
Certains ambitieux, se croyant tout permis,
Pour leur compte exploitant deux partis ennemis,
D'un troupeau mercenaire attamans sans vergogne,
Vendent à beaux deniers le sang de la Pologne;
Et, trompant le pays, recruteurs assassins,
Font servir sa jeunesse à leurs lâches desseins,
Pour jeter au désert, dans d'obscures attaques,
Les os des Polonais transformés en Kosaques!...

Mais des bords du Danube il nous arrive enfin
Une sombre clameur de détresse et de faim;
Des plaines de Varna jusqu'aux murs de Byzance,
Tous, du chef dynastique[1] ont maudit la présence;
Je transcris mot à mot :

« On nous avait promis
De glorieux combats contre nos ennemis;
Mais mourir sans combattre, avoir pour adversaire
La famine implacable ou l'affreuse misère,
Voilà notre avenir!... Frères, nous croira-t-on ?
Ceux qu'épargne la faim tombent sous le bâton
Du farouche attaman; et demain, tout le reste
Va combattre à Damas le simoun et la peste!... »
Et quels sont les martyrs qu'atteignent ces tourments?
Des Russes? du dieu-tzar les passifs instruments?
Non! de pauvres enfants qui, changeant de croyance,
Font avec Mahomet une triste alliance;
Là, le pope et le juif, le sbire et le forban,
Tous ont caché leur foi sous un même turban,
Pour invoquer ce dieu qu'ignoraient nos ancêtres
Et que nous détestons : l'aumône de leurs maîtres!
« Si ce dieu peut absoudre ou punir sans raison,
Garantir du gibet, sauver de la prison,
Faut-il, pour un vain rêve, une gloire importune,
Négliger les faveurs que promet la fortune ? »
Ainsi leur ont parlé des gens que je connais,
Usurpant le saint nom de soldats polonais;
Qui, des cours d'Occident pour extorquer leurs grades,
Forment sous nos drapeaux d'ignobles mascarades,
Et, prosternant leur face au palais des sultans,
Exposent notre honneur aux mépris insultants;
Si l'on peut faire outrage à cette troupe immonde,
Ce ramas de bandits de tous les coins du monde,
Qu'ils nomment légion anglo-kosaque, et qui
Dans un prince caduc rêve un Jean Sobieski!...

Ton cœur souffre, ô patrie! en voyant cette intrigue
Plus que de notre sang, de ta gloire prodigue;
Tandis qu'aucune main ne lève ton linceul!...
Mais cette grande tâche appartient à vous seul,
D'arrêter ces bourreaux dont le chef sacrilége
De notre déshonneur se fait un priviIége!

Par ce mot douloureux dont je sens la rigueur,
Je n'ai pas le dessein de blesser votre cœur;
Je sais bien que l'Europe, aujourd'hui notre asile,
Pour la paix à tout prix fut toujours trop facile;
Mais tout change ici-bas par la suprême loi,
Et tous mes vrais amis conviendront avec moi
Qu'il ne s'offrît jamais de meilleure espérance
De sauver la Pologne en relevant la France;
Que Napoléon trois, l'héritier d'un grand nom,
Ne peut pas nous laisser dans l'esclavage : non!
Car ce serait trahir cette Europe, encor pleine
De l'âme du proscrit mourant à Sainte-Hélène;
Car il n'a pas rempli l'auguste testament
Tant qu'il nous voit courbés sous le joug infamant,
Et tant que la Pologne, au martyre endurcie,
Gémit sous le talon sanglant de la Russie!

C'est à vous, général, qu'il convient, clair et bref,
D'expliquer aux Français, car vous êtes le chef:
Que depuis trente mois notre valeur murmure
De n'être pas rangés sous le casque et l'armure,
Auprès des alliés, qui de Sébastopol
N'ont qu'à tendre la main pour toucher notre sol;
Que du fond de l'exil chacun de nous espère
Voir sur l'Europe enfin luire un jour plus prospère,
Avant que le trépas, qui décime nos rangs,
Ne nous jette avec elle aux pieds de nos tyrans!
Dites-leur, général, qu'en France, chez nos frères,
Pèsent encor sur nous des règles arbitraires,
Dès lois d'exception; que cette chaîne au cou,
Nous rend plus malheureux que les serfs de Moskou!
Que dira la Pologne et que dira l'histoire!...
Non, la postérité ne voudra jamais croire
Que l'on fasse, sans nous, la guerre à nos bourreaux!
Pourquoi donc cette insulte à nos vieux généraux,
A tous nos souvenirs?... Le grand cœur de la France
Peut-il être accusé de cette incohérence,
De croire, obstinément, ceux qui nous ont trahis,
Les serviteurs du tzar et non ceux du pays?
Ah! la cause du mal est dans la perfidie
Des cruels artisans de cette parodie,
Nourrissant à plaisir une fatale erreur
Dans le sein de la France et de son empereur!
C'est à vous, général, d'évoquer la lumière
En rendant notre cause à sa splendeur première;
De confondre à jamais les fourbes insolents
Qui de la nation compriment les élans,
Ces trafiquants d'honneur et du sang de nos braves;
Qui vendraient la Pologne et tous les peuples slaves
Pour voir des anciens Piasts le glorieux cimier
Au front d'un clambellan d'Alexandre premier[1]!
Mais malgré leurs complots et leur vile industrie,
Tu ne périras pas, ô ma sainte patrie!

---

1. Le colonel comte Vladislas Zamoyski, neveu du prince Czartoryski, dangereux maniaque, inventeur de la légion anglo-kosaque.

1. Le prince Adam-Georges Czartoryski, l'ami et le ministre du tzar depuis 1795 jusqu'en 1818; aujourd'hui représentant à Paris les intérêts de la Pologne.

Quand même tous les tzars et les princes du Nord,
Avec ces imposteurs ayant juré ta mort,
Auraient fait de ton peuple une vaste hécatombe,
Demain tu sortiras vivante de ta tombe;
Plus grande que jamais, honorée en tout lieu,
Et jetant sur les rois l'anathème de Dieu!

Pardonnez, si, prenant votre esprit pour arbitre,
J'adresse à votre cœur cette sincère épître;
Mais soyez assuré qu'en cette occasion
Vous aurez pour appui toute la nation;
Vous en avez le droit, le devoir, la puissance,
Et vous pouvez compter sur sa reconnaissance...
Je n'en dirai pas plus de peur d'être suspect.

J'ai l'honneur d'être, avec le plus profond respect,

A*** R***.

Paris, 1855.

III.

D'APRÈS ADAM MICKIEWICZ.

A UNE MÈRE POLONAISE.

STANCES.

O mère polonaise! alors que le génie
Brille aux yeux de ton fils d'une vive splendeur;
Que son front, couronné de grâce et d'harmonie,
De vingt nobles aïeux atteste la grandeur;

Lorsque loin des enfants, saisi d'un noir présage,
Il s'en va du vieux barde écouter les beaux vers,
Et qu'alors, tout pensif, inclinant son visage,
De la Pologne sainte il apprend les revers,

Que ton fils est à plaindre, ô reine détrônée!
Va, regarde plutôt la mère du Sauveur;
Vois des ronces du Christ sa tête couronnée...
Car les mêmes tourments vont payer ta ferveur!

Lorsque les nations, reniant leur histoire,
S'abandonnent sans crainte au plus lâche sommeil,
Son destin le condamne à des combats sans gloire,
Au trépas du martyr... sans espoir de réveil!

Ah! qu'il aille, la nuit, solitaire et farouche,
Du souffle des tombeaux respirer le poison;
Avec le vil serpent qu'il partage sa couche,
Qu'il se fasse aux horreurs de l'humide prison!

Qu'il couve dans son sein la colère ou la joie,
Que ses discours prudents distillent le venin;
Comme un livre fermé que son cœur se reploie,
A terre, lui géant, qu'il rampe comme un nain!

Le Christ à Nazareth, aux jours de son enfance,
Jouait avec la croix, symbole de sa mort;
Mère du Polonais! qu'il apprenne d'avance
A combattre le crime, à dompter le remord!

Accoutume ses mains à la chaîne; qu'il sache
Traîner en souriant l'immonde tombereau,
Qu'il apprenne à dresser le billot sous la hache,
A toucher sans rougir la corde du bourreau.

Car ton fils n'ira point, sur les tours de Solime,
Comme les anciens preux, détrôner le croissant;
Ni, comme le Gaulois, planter l'arbre sublime
De la liberté sainte, et l'arroser de sang!

Il lui faudra, devant la haine et l'imposture,
Ramasser le défi du sbire le plus vil;
Ses armes? le carcan; son champ-clos? la torture;
Son juge? un renégat; sa sentence? l'exil...

Lui mort, son monument et ses gloires funèbres?
D'un gibet desséché les infâmes débris;
Quelques pleurs d'une amante... et là, dans les ténèbres,
Les os de nos martyrs déportés ou proscrits!...

Genève, 1830.

IV.

LE JOUEUR DE LYRE.

Vois ce vieillard aux vêtements étranges,
  Barbe touffue et cheveux blancs;
Deux beaux garçons, roses comme des anges,
  Guident vers nous ses pas tremblants.
Il suit la route en jouant de la lyre,
  Ses deux enfants, du chalumeau;
Sur son passage on se presse, on admire,
  On veut l'amener au hameau.

« Viens égayer la fête du village,
  Les fruits ne te manqueront pas;
Tous nos vergers seront mis au pillage,
  Et notre gîte est à deux pas. »
En s'inclinant il dit : « Dieu vous protége! »
  Sous un tilleul il vient s'asseoir;
A ses côtés s'établit son cortège,
  Regardant la fête du soir.

Ici l'on danse; un bûcher fume et brille,
  Ici fillettes et garçons,
Devant la flamme où le sapin pétille,
  Célèbrent les jours des moissons.
A son aspect, tout s'arrête : silence!
  Tout se tait, fifre, tambourin;
Le feu pâlit, et la foule s'élance
  Vers le siège du pèlerin.

« Bon voyageur, salut! le ciel t'amène
  Pour bénir nos jeunes amours;
Tes pieds sont las : voici notre domaine,
  Dieu nous donnera de beaux jours!
Reste avec nous; vois ces riches corbeilles,
  Vois ces coupes sur le gazon;
Veux-tu goûter ce vin de nos abeilles
  Ou les fruits mûrs de la saison?

« Garde ta lyre et reçois nos offrandes;
 Ces beaux enfants suivront ta voix;
Pour nos présents, nos gâteaux, nos guirlandes,
 Chantez-nous un air d'autrefois!
— C'est bien, dit-il, écoutez, je commence!
 (La foule à l'entour se serra);
Que voulez-vous? chansonnette, romance
 Ou rondeau? — Ce qu'il vous plaira. »

Il prend son luth, l'accorde, tend sa coupe,
 La boit d'un trait, pleine de miel,
Et, faisant signe aux enfants, à sa troupe,
 Il chante, les yeux vers le ciel :
« Amis, je vais de village en village,
 Suivant le cours du bleu Niémen,
Chantant toujours dans mon lointain voyage
 Les amours, la joie et l'hymen.

« A m'écouter les uns trouvent des charmes,
 D'autres ne me comprennent pas;
Je vais plus loin, offrant à Dieu mes larmes,
 Et le Niémen guide mes pas!
Si parmi vous quelqu'un daigne m'entendre,
 Qu'il vienne me presser la main;
S'il mêle aux miens les pleurs d'une âme tendre,
 Ici finira mon chemin... »

Il s'interrompt, et d'un regard humide
 Parcourt les vergers et les champs;
Quelle est, là-bas, cette vierge timide,
 Debout, attentive à ses chants?
Sa main distraite ouvre un panier de roses,
 Fait un nœud, défait tour à tour;
Heureux l'amant, à qui ces fleurs écloses
 Diront : A toi seul mon amour!

A des serments elle prête l'oreille,
 Suivant la brise dans les blés;
Son front est pur, mais son âme est pareille
 Aux flots qu'un orage a troublés.
Comme la feuille au rosier se dérobe
 Quand le vent paraît s'assoupir,
Sur sa poitrine on voit frémir la robe,
 Mais on n'entend pas le soupir!

Après avoir pris une feuille morte
 Longtemps gardée auprès du cœur,
Elle la jette et la brise l'emporte;
 L'amant sourit d'un air vainqueur...
Elle la jette, elle lui parle encore,
 Lève ses regards vers les cieux;
Son front si blanc d'incarnat se colore,
 Des pleurs ont perlé dans ses yeux...

Le vieux chanteur attache un œil de flamme
 Sur les traits de la belle enfant;
En préludant, il pénètre son âme
 D'un regard vengeur, triomphant.
Puis, de sa lèvre il approche l'amphore;
 Le luth a vibré sous ses doigts;

Il fait un signe, et le groupe sonore
 Recommence un chant à trois voix :

« Pour qui tresses-tu la couronne
 De lilas, de rose et de thym?
Si ton cœur changeant m'abandonne,
Qui donc portera ta couronne,
 De son bonheur gage certain?
Est-ce un époux, douce madone,
 Qui doit obtenir la couronne
De lilas, de rose et de thym?

« Donne-lui donc cette couronne
 De lilas, de rose et de thym;
Et lorsque ton cœur m'abandonne,
Moi, je t'adore et te pardonne...
 Laisse les pleurs, soir et matin,
A ton amant, douce madone,
 Quand l'époux obtient ta couronne
De lilas, de rose et de thym[1]! »

Il s'interrompt; l'écho jette à la plage
 Un bruit cent fois multiplié :
« On a chanté cet air dans le village...
 Le chanteur, tous l'ont oublié! »
Le voyageur lève un front plus austère,
 Presse aux doigts les cordes d'airain :
« Frères, dit-il, voici tout le mystère;
 Je connais l'auteur du refrain!

« Lorsque guidé par mon errante étoile
 J'ai vu la Baltique aux flots bleus,
Un jeune frère arriva sous la voile,
 Suivant le Niémen onduleux.
Il souffrait tant! du secret de ses larmes
 Seul je reçus le triste aveu;
Seul j'eus pitié de ses longues alarmes :
 Une autre en rendra compte à Dieu!

« Soit que la mer à l'orient s'enflamme,
 Que le ciel s'argente au zénith,
Je l'ai vu fuir, la tristesse dans l'âme,
 Sur les falaises de granit.
Dans un esquif, plein d'une ardeur secrète,
 Sans rame, il bravait vents et flots;
Des noirs écueils il gravissait la crête,
 Aux mers confiant ses sanglots.

« Je vais à lui... le jeune homme en délire
 Semble aussi ne pas m'éviter;
Sans dire un mot, je fais parler ma lyre,
 Et puis, je me mets à chanter.
Il s'attendrit, de loin me fait un signe,
 Car ma voix calmait ses douleurs;
A m'écouter bientôt il se résigne,
 Je parle... un langage de pleurs!

« Depuis ce jour, il se fait violence
 Pour sourire à mon amitié;

---

1. Ces triolets sont imités de l'héroïque Thomas Zan, l'ami d'enfance et le premier inspirateur de Mickiewicz.

Lui, par orgueil, garde un morne silence,
  Et moi, je me tais, par pitié!
Lorsque bientôt sa peine trop amère
  L'eut brisé, mourant, il pâlit;
J'eus pour l'enfant tous les soins d'une mère,
  Sans cesse au chevet de son lit.

« De jour en jour il s'éteint, il succombe;
  Enfin il m'attire vers lui :
« Je sens, dit-il, l'angoisse de la tombe,
  « Ami, Dieu m'appelle aujourd'hui!
« Dois-je pleurer tant de jeunes années
  « Fleurs de l'âme, mortes en vain?
« Un seul printemps les a toutes fanées,
  « Un amour, un seul, mais divin!

« Tu sais! depuis que ce port solitaire
  « Ensevelit tous mes remords,
« J'ai détaché mon esprit de la terre,
  « Je ne vis plus qu'entre les morts!
« Jusqu'au tombeau tu me restes fidèle... »
  Mêlant ses pleurs avec les miens,
« A Dieu, dit-il, je rends l'âme immortelle,
  « A toi, les plus chers de mes biens!

« Tu dois connaître, ami qui me consoles,
  « Ma simple chanson d'autrefois;
« Tu te souviens de ces douces paroles
  « Et du triste accent de ma voix.
« Prends cette fleur et cette boucle blonde;
  « Prends cette feuille de cyprès :
« Tous les trésors que je laisse en ce monde,
  « Tous mes amours, tous mes regrets!

« Prends-les; peut-être, en remontant le fleuve,
  « Tu verras l'objet de mes vœux;
« Tu lui rendras, lorsqu'elle sera veuve,
  « Cette fleur, ce chant, ces cheveux!
« Comblé de soins par une sœur chérie,
  « Dis-lui... » — « Mais son œil s'est glacé,
Il murmurait le saint nom de Marie...
  Un ange aux cieux l'a prononcé!

« Dans les frissons d'une lente agonie
  Il voulait me parler encor;
Montrait son cœur et la Lithuanie,
  En me confiant son trésor! »
Le vieux se tait... ses yeux mélancoliques
  Semblent chercher autour de lui;
De sa ceinture il tire les reliques...
  Mais le couple heureux avait fui.

Pourtant, au loin, il voit sous la ramée
  La vierge étouffant ses sanglots;
Puis, le jeune homme avec sa bien-aimée
  Disparaît parmi les bouleaux.
Du pèlerin on entoure le siége...
« Quels sont ces jeunes amoureux?
— Sa fiancée et son frère... que sais-je!... »
Il ajouta : « Qu'ils soient heureux! »

V.

LE PHARIS.

CASSIDE.

En l'honneur de l'émir à la Barbe-d'or,
Tadj'ul-Fekher (Wenceslas Rzewuski).

« Away! Away! »
BYRON, *Mazeppa.*

Comme un esquif joyeux se livrant à la brise
Glisse avec volupté sur la vague soumise,
Et, frappant de sa rame un flot paisible et pur,
Cygne au cou délié, fend l'espace d'azur,
Tel l'Arabe aime à voir son cheval au poil sombre
Se jetant d'un rocher dans le désert sans ombre;
Quand le sol, entr'ouvert sous les pas du coursier,
Bouillonne comme l'onde où se trempe l'acier;
Et, requin du désert, rapide, insaisissable,
Quand il nage au milieu d'un océan de sable!

  O mon coursier, prends ton essor
  Dans le tourbillon de poussière;
  Quitte le sol, fange grossière,
  Vole plus haut, plus haut encor!

Il est noir, mon coursier, comme un ciel de tempête.
Sa crinière, un fanon déployé dans les airs;
De ses pieds argentés jaillissent des éclairs,
Et l'astre du matin rayonne sur sa tête.

Fuyez, bois et rochers, sur le sable mouvant;
Mon cheval aux blancs pieds, en avant, en avant!

  La palme au tronc léger qui penche
  M'offre son ombrage et ses fruits;
  Sans daigner la voir, je m'enfuis.
  Elle descend et se retranche
  Au fond d'une verte oasis;
  Décroît encore, arbuste, branche,
Et disparaît au loin, morte sous mon mépris.

Du désert souverain compagnons et ministres,
Les rochers, noirs géants, de leurs têtes sinistres
Menacent le bédouin; et d'échos en échos
Poursuivant son cheval, lui répètent ces mots :

  Où vas-tu, bédouin imbécile?
  Parmi nous, il n'est point d'asile
  Contre les flèches du soleil;
  Pas un palmier, pas une tente,
  Feuille légère, ombre flottante,
  Qui puisse abriter ton sommeil!
Le rocher seul ici peut s'endormir sans peine,
Car il n'est au désert qu'une tente, les cieux!

  Vains mensonges! menace vaine!
  Je bondis, l'éclair dans les yeux;
  En avant! je cours sur la plaine,
  Fuyant les rochers envieux;

Et bientôt les géants, honteux de leur défaite,
Jusqu'à terre, à mes pieds, ont incliné leur faîte!

Un vautour était là... me voyant fugitif,
Il jura, l'insensé, de me prendre captif;
Il déploya son aile et, sûr de sa victoire,
Trois fois il me ceignit d'une auréole noire;
Puis, il cria : Je flaire un cadavre qui fuit;
Cheval et cavalier sont à moi, cette nuit!

    Le cheval cherche un pâturage,
    L'Arabe, des bois chevelus;
    Plaines sans fleurs, bois sans ombrage,
    Qui vient ici n'en revient plus!
    L'ouragan seul passe et repasse,
    En ne laissant aucune trace
    Des hommes qu'il a poursuivis;
    Dans ces campagnes infertiles
    On nous voit, vautours et reptiles,
    De leur chair maudite assouvis!

Trois fois me menaçant de ses serres avides,
Le vautour sur les miens fixa ses yeux livides.
Lequel eut peur? Lui seul, car il prit son essor;
Et lorsque du regard je le défie encor,
Que je bande mon arc contre l'oiseau rapace,
De vautour qu'il était il se change en aiglon,
    En papillon, puis en frelon,
Et puis, maigre cousin, il se perd dans l'espace.

Fuyez, rochers, vautours, sur le sable mouvant;
Mon cheval aux blancs pieds, en avant, en avant!

Un nuage avait vu le vautour et sa fuite;
Blanc, sur un ciel d'azur, il fond à ma poursuite.
D'un vol aussi rapide il veut fendre les airs,
Que l'Arabe à cheval traversent les déserts;
Et, déployant sur moi deux ailes diaphanes,
Il m'adresse en sifflant ces paroles profanes :

    Où vas-tu, bédouin trop hardi?
    Chez moi, pas de pluie argentine
    Qui rafraîchisse ta poitrine,
    Sous l'ardent rayon de midi.
    Chez moi, pas de fontaine pure
    Dont le cristal, dont le murmure,
    Charment ton oreille et tes yeux;
    Avant que la froide rosée
    N'ait touché la terre embrasée,
    Je t'emporte au loin, dans les cieux!

Vains propos! je m'élance et m'enfuis de plus belle;
Je laisse à l'horizon le nuage rebelle.
Sans couleur, sans haleine, il semble s'accrocher
    Au sommet aigu d'un rocher;
Et lorsque, dédaigneux, je poursuis ma carrière,
    Je le vois, fuyant en arrière,
    A l'autre extrémité du ciel;
Mais je lis sur son front la douleur qui le navre :
    Rouge d'orgueil, jaune de fiel,
Et noirci par la mort, ce n'est plus qu'un cadavre.

Fuyez, spectres, brouillards, sur le sable mouvant;
Mon cheval aux blancs pieds, en avant, en avant!

Alors, nouveau soleil, sous la céleste voûte,
    Seul, je règne en maître et vainqueur;
Mes rivaux ne sont plus : jetés loin de ma route,
    Ils ont tous fui, la rage au cœur.
    Jamais un enfant de la terre
D'un triomphe pareil n'a sondé le mystère!
    Partout le calme de la mort;
Les échos sont muets, le vent même s'endort,
    Comme sur de nouveaux rivages
    Les troupeaux de bêtes sauvages
De l'homme, hôte inconnu, ne craignent pas l'abord.

Allah! je me trompais... sur la plaine s'élève
Un rempart de guerriers à cheval, ceints du glaive;
Voyageurs ou bandits guettant un voyageur?
Je ne sais; mais ils sont d'une horrible blancheur!
Je cours, je crie, en vain... ces ombres sont muettes!
Armée ou caravane enfouie au désert,
    Le simoun a tout découvert!
Sur les os des chameaux, des cavaliers squelettes
Ne pouvant plus descendre; et, du creux de leurs têtes,
Par les bouches sans chair, par les yeux sans regards,
Le sable seul descend. De ces spectres hagards
Il redit le supplice et la dernière plainte :
    Où vas-tu, bédouin insensé?
    Ici, le simoun a passé!
Mais le fils du désert ne connaît pas de crainte!

Fuyez, morts et simoun, sur le sable mouvant;
Mon cheval aux blancs pieds, en avant, en avant!

Un simoun, le plus fort des enfants de l'Afrique,
Remuait le désert sous son vol frénétique;
Soudain il m'aperçoit, il s'arrête, et surpris,
Bondissant sur lui-même, il crie avec mépris :
Quel est donc ce simoun au vol bas et timide
Foulant ces flots d'airain dont j'ai seul hérité?
Il mugit, grandissant comme une pyramide;
Et, voyant que j'étais mortel, mais intrépide,
Il frappe le désert de son pied irrité :

    Sous sa colère frémissante
    L'Arabie entière a tremblé;
    Il saisit dans sa main puissante
    Mon corps de douleur accablé;
    Il me brûle comme la foudre,
    M'abat sous deux ailes de poudre,
    Me lance dans les cieux ardents;
    Mais en tombant je me redresse,
    Je le mords, l'étreins et le presse,
    Et je l'écrase entre mes dents!

Le simoun fuit vaincu; mais mon bras redoutable
Le retient; son grand corps se brise en deux moitiés,
    Son crâne éclate en flots de sable,
Et mort, comme un rempart, il s'allonge à mes pieds.

Je respire à présent! mes paupières mortelles
Regardent fièrement l'immensité des cieux,

Ses vivantes clartés souriant à mes yeux,
Car dans tout l'univers je suis seul avec elles!
Que j'aime à respirer l'arome, à pleins poumons,
Que des jardins d'Allah m'apporte le zéphire!
Tout l'air de l'Arabie à peine peut suffire
A ma poitrine ouverte aux effluves des monts!
Que j'aime à contempler cet azur plein d'étoiles,
Océan de splendeur où ce monde est noyé;
Et cet autre infini devant moi déployé,
Ce désert que la nuit couvre au loin de ses voiles!
Je porte à la nature une étreinte d'amour;
Ah! je l'embrasserais du couchant à l'aurore!
Mon esprit devient libre; il monte, il monte encore
Jusqu'au faîte brillant du céleste séjour;
Et comme avec son dard l'abeille perd la vie,
Ma pensée est aux cieux... mon âme l'a suivie!

VI.

LE FORT D'ORDON,

RÉCIT D'UN ADJUDANT.

(6 septembre 1831.)

« ... et quorum parva pars fui. »
VIRGILE.

Je pointais un canon; deux cents bronzes épars
D'une trombe de feu foudroyaient nos remparts.
Déjà les fils du Nord en colonnes sans nombre
Autour de Varsovie étaient formés dans l'ombre;
Paskéwitch est leur chef; il accourt, à sa voix
L'armée a resserré son immense pavois.
Parmi les artilleurs, l'infanterie esclave
S'avance lentement, comme un ruisseau de lave
Semé de mille éclairs; et mesurant ses pas,
L'aigle noire à deux fronts la conduit au trépas.
Sur cette mer qui marche et ce champ de victoire,
Le fort du brave Ordon se dresse en promontoire;
Six canons dans ses flancs résonnent furieux;
Et la rage est moins prompte en cris injurieux,
Le ciel a moins d'éclairs que, durant la bataille,
Ces bronzes n'ont vomi de flamme et de mitraille.
Vois cet obus qui plonge au sein d'un bataillon;
Il laboure en tombant un lugubre sillon;
Comme un volcan sous l'onde il fume, siffle, tonne,
Et d'une brèche immense entr'ouvre la colonne.
Vois ce boulet de douze; il roule, se débat,
Mugit comme un taureau qu'irrite le combat;
Ou, boa formidable, il bondit sur la plaine,
Écrasant de ses nœuds, brûlant de son haleine.
Quelquefois, plus rapide, il ne laisse en courant
Que le choc d'un cadavre ou le cri d'un mourant;
Comme si, d'un seul trait, franchissant deux armées,
L'ange exterminateur les avait décimées.
Mais le tzar dont l'orgueil les envoie à la mort,
Est-il parmi les siens? partage-t-il leur sort?
Non! du pôle lointain il contemple la guerre.
C'est lui qui fait trembler la moitié de la terre;
Quand du haut de son trône il fronce les sourcils,
Toute mère en tremblant s'incline sur son fils.

C'est lui, c'est l'empereur, dont un geste, un oukaze,
Jette un arrêt de mort du Niémen au Kaukase;
Au signal de sa main, le knout obéissant
Dépouille jusqu'aux os le peuple gémissant.
O toi, comptant tes jours par milliers de victimes,
Toi, Dieu par ta puissance et Satan par tes crimes,
Quand le Turk, dégradé, fuit devant ton courroux,
Quand les rois d'Occident baisent tes deux genoux,
La Pologne, bravant l'effroi qui t'environne,
Se dresse contre toi, t'arrache une couronne
Héritage sacré des Jean, des Boleslas,
Que ton front déshonore, et que tu lui volas!
Le tzar est étonné, tous ses courtisans pleurent;
Le tzar est inquiet, tous d'épouvante ils meurent.
Mais voici les soldats dont la divinité,
Dont la foi, c'est le tzar: « Le tzar est irrité,
Massacrons les enfants pour venger notre père! »
Paskéwitch, conduisant un nomade hémisphère,
Actif comme le knout dans la main du bourreau,
Vient de tirer son glaive en jetant le fourreau.
Hourra! hourra! voyez cette immonde peuplade
Déjà sur nos remparts montant à l'escalade;
Déjà, vivants faisceaux, ils comblent les fossés.
De torses palpitants, de membres désossés;
Un bastion, un seul, de son bronze sonore
Repousse leur attaque et les foudroie encore:
Tel un beau ver-luisant, rongé par les fourmis,
Brille avant de mourir. Déjà les ennemis
Ont couronné le fort, quand sa dernière foudre
Après le dernier coup, a roulé dans la poudre;
Lorsqu'un bras emporté, Jaroszak, son servant,
La rechargea de l'autre et tomba mort devant.
Tous les feux ont cessé, le Russe est aux barrières.
Où sont donc les fusils? Leurs balles meurtrières
Ont mille fois autant résonné ce matin
Qu'aux assauts simulés du grand-duc Constantin!
Pourquoi se taisent-ils? Ah! c'est qu'une poignée
Dans le sang moskovite aujourd'hui s'est baignée;
C'est que nos fantassins, l'un sur l'autre égorgés,
N'entendent plus la voix qui leur dit: Feu! chargez!
C'est qu'ils ont tous mordu leur dernière cartouche;
Une écume noircie est figée à leur bouche;
C'est que, depuis le jour, sans reculer d'un pas,
Le héros fils du peuple affronte le trépas;
Ivre de sang, les yeux fixes, presqu'en démence,
Il arme, il met en joue, il tire, il recommence;
Ses bras, comme agités par un secret ressort,
Font mouvoir son fusil, et l'instrument de mort
Semble emprunter l'instinct de l'œil qui le gouverne.
Lorsqu'enfin le soldat fouille dans sa giberne
Longtemps, profondément, jette au ciel un cri sourd;
Il sent que le mousquet s'embrase et devient lourd;
Il s'affaisse avec lui le couvrant de sa bave,
Et n'a plus qu'un souhait: mourir sans être esclave!
Cependant le Moskal pénètre dans le fort,
Comme les vers impurs qui s'emparent d'un mort.
Ici, des pleurs de rage assombrissent ma vue.
J'entends mon général... que sa voix est émue!
Armé de sa lunette, il avait bien longtemps
D'un regard inquiet suivi les combattants:
« Perdu! » dit-il enfin, trahissant ses alarmes.
Ses yeux, comme les miens, se remplissent de larmes.

« C'est là, sous ce drapeau, qu'Ordon a combattu;
Le fier, le brave Ordon, ami, le connais-tu? [verre.
Vois, ton jeune coup d'œil vaut bien mieux que ce
— Ordon! le compagnon, l'ami sûr et sévère !
Tantôt je le voyais, debout sur ce hangard,
Animant ses soldats du geste, du regard...
Oui, je le vois encore, à travers la fumée,
Menaçant l'ennemi d'une lance allumée...
On le saisit... il meurt... Eh, non ! la flamme en main,
En bas, vers la poterne il se fraye un chemin...
— Bon, dit le général, ils n'auront pas les poudres. »
Un bruit sourd, un silence... et l'éclat de cent foudres.
La terre en noirs lambeaux a volé jusqu'aux cieux;
Les canons déchargés roulent sur leurs essieux;
La mine ouvre, en sautant, ses parois écrasées,
Le sol tressaille au loin... les mèches embrasées
D'étincelles sans nombre ont parsemé les airs,
Et le vent nous apporte un tourbillon d'éclairs...
Le bruit cesse... on n'entend que le choc de la bombe
Qui rugit, fume, éclate, en creusant une tombe.
Je regarde le champ, les soldats et le fort,
Tout a fui, disparu, comme un rêve de mort;
Seulement du rempart la ruine isolée
S'élève tristement, noirâtre mausolée
Où le Polonais libre et le mougik épais
Se sont donné sous terre une étreinte de paix.
Si même le dieu-tzar lui disait de renaître,
Pour la première fois à la voix de son maître
Le Moskal serait sourd. Que de corps ennemis
Dans un même tombeau côte à côte endormis!
Où vont après la mort l'âme libre et l'esclave?
Qui le sait? Mais Ordon! c'est le patron du brave,
L'ange des grands combats. Car la destruction
Est un acte aussi saint que la création,
Quand son œuvre accomplit l'éternelle justice.
Dieu prononça : « Qu'il soit ! » Dieu dira : « Qu'il pé-
Lorsque du monde ancien par la foi déserté, [risse ! »
Devant la soif de l'or fuira la liberté;
Quand l'affreux despotisme, échappé des abîmes,
L'aura couvert, vaincu, d'échafauds et de crimes,
Punissant l'univers dominé par les tzars,
Dieu le fera sauter comme Ordon ses remparts!

VII.

LA MORT DE MARIE.

(*Les Aïeux, IVe Partie.*)

Là-bas, où fleurit la vallée
Sous le bleu Niémen étalée,
Quel est ce tertre abandonné?
Sous le cormier, la douce armoise,
Sous l'aubépine, la framboise
Comme une Willi couronné?

J'ai vu par la tombe ravie
La plus charmante de nos sœurs
N'ayant rien connu de la vie
Que ses plaisirs et ses douceurs,
Voler au ciel qui nous l'envie!

Approchons. Sur un oreiller
Blanche, elle paraît sommeiller,
Comme l'aurore humide et pâle
Dort sur un nuage d'opale.
Un vieux prêtre est là, sur le seuil;
Ici, des compagnes en deuil,
Plus triste encor, je vois sa mère ;
Et le plus triste parmi tous,
Son amant prie à ses genoux.
De ses yeux l'éclat éphémère
S'anime et s'éteint tour à tour;
Sa bouche, où fleurissait la rose,
Se fane et pâlit sans retour :
La violette y semble éclose
Un morne sourire y repose.
Voyez ce dernier souvenir,
Ce diamant baigné de flamme;
Ainsi dans ses yeux de saphir
Brille, au moment de s'assoupir,
Un dernier rayon de son âme :
Imitant l'insecte argentin
 Qui charme nos ombrages,
 Ou pareil aux pleurs du matin
 Glacés par les orages.

Levant un front décoloré
D'un regard elle nous caresse;
Mais voyant le cercle éploré,
Elle retombe avec tristesse,
Blanche, comme le pain sacré
Qu'une pieuse main lui porte;
Sous une croix, le sein tremblant
Respire encor, toujours plus lent,
Il ne bat plus... Marie est morte !

VIII.

LA VILIA.

(*Konrad Wallenrod.*)

La Vilia sur nos plaines fécondes
Cache un fond d'or sous des vagues d'azur;
La blonde enfant qui puise dans ses ondes
Est aussi belle, a le front aussi pur.
La Vilia, parmi des bois de rose,
Suit de Kowno le sinueux vallon;
Mais plus brillants que les fleurs qu'elle arrose
Sont nos guerriers, les fils de Jaghellon.

La Vilia, dans son cours éphémère,
Cherche, en fuyant, le Niémen, son vainqueur;
La jeune fille, ayant quitté sa mère,
Suit l'étranger, le maître de son cœur.
La Vilia déserte ses rivages,
Pour le Niémen, le fleuve au vol géant,
Qui, l'entraînant dans ses forêts sauvages,
Roule avec elle au fond de l'Océan !

La Vilia meurt loin de sa patrie,
L'onde étrangère a tout enseveli;

Tu meurs aussi, mais seule, mais flétrie,
Trop tôt jetée au gouffre de l'oubli !
La Vilia fuit plus rapide encore...
N'arrêtons pas le cœur et le torrent;
L'une a rejoint le fleuve qu'elle adore,
L'autre, en exil, aime et pleure en mourant !

IX.

ALPUHARA.

BALLADE.

(*Konrad Wallenrod.*)

Déjà du Christ l'étendard triomphant
　Des Maures a vu fuir le reste;
Seule et sans peur Grenade se défend,
　Mais Grenade en proie à la peste.
Almanzor seul, des tours d'Alpuhara
　Sème d'atroces funérailles;
Demain, le chef espagnol les prendra,
　Car demain il monte aux murailles.

Voici le jour ! Déjà de toutes parts
　Le canon gronde, le fer brille;
Déjà la croix flotte sur les remparts :
　En avant, Burgos et Castille !
Le roi, voyant ses meilleurs chevaliers
　Morts ou prisonniers, prend la fuite,
Vole à travers champs, manoirs et halliers,
　Des vainqueurs trompant la poursuite.

Campéador fait servir un festin
　Au milieu des palais en flammes ;
Les Espagnols partagent le butin,
　Commandent du vin et des femmes.
La garde annonce aux chefs, aux généraux,
　Un Maure au livide visage ;
Sans doute un prince et peut-être un héros...
　Il salue, offrant un message.

C'est Almanzor, l'émir des musulmans,
　Qui, voyant Grenade asservie,
Vient se livrer à la foi des serments,
　Et ne demande que la vie :
« Fiers Espagnols, je reviens dans ce lieu,
　Converti par tant de défaites,
Bénir vos lois, adorer votre Dieu,
　Croire enfin à tous vos prophètes.

« Vous triomphez ! Allah ! c'était écrit.
　Qu'il soit dit par toute la terre
Qu'hier un prince, à présent un proscrit,
　Du chrétien sera tributaire ! »
Les Espagnols estiment la valeur;
　Chacun, déplorant sa disgrâce,
Lui tend la main, console son malheur ;
　Le roi lui fait signe et l'embrasse.

Lui, dans ses bras les étreint tour à tour ;
　Et, dans un baiser plein de fièvre

Au souverain témoignant son amour,
　Se pend, noir démon, à sa lèvre.
Puis il chancelle, il pâlit en tombant;
　Sa main décharnée, ô mystère !
Aux pieds du prince attache son turban,
　Il rampe après lui sur la terre.

Sur l'assemblée il jette ses regards
　Pleins d'un feu sinistre et farouche;
Un rire affreux crispe ses traits hagards,
　L'écume jaillit de sa bouche.
« Regardez-moi tous, je vous ai trahis.
　Giaours, Almanzor vous déteste!
Je vais mourir; Grenade est mon pays
　Je suis l'envoyé de la peste !

« Dans un baiser j'ai transmis à vos cœurs
　Le feu mortel qui me dévore.
Vous mourrez tous comme moi, mes vainqueurs!
　La vengeance est la loi du Maure ! »
Il tord ses bras, se roule à leurs genoux,
　Le sang inonde sa prunelle;
Contre son cœur il veut les presser tous
　D'une étreinte horrible, éternelle !

Mourant, il rit avec férocité;
　Son regard se trouble et s'efface;
L'âme s'éteint, mais pour l'éternité
　Le rire est figé sur sa face!
L'Espagnol fuit, mais la mort le suivra:
　Mort cruelle, ignoble et funeste :
Sujet ou prince, autour d'Alpuhara
　Rien ne doit survivre à la peste !

X.

GRAJINA

OU LA LITHUANIE AUX TEMPS PAÏENS.

Légende.

Le vent du nord fraîchit, redoublant les ténèbres.
La lune au front voilé de nuages funèbres
Argente le brouillard de douteuses clartés;
Et le ciel semble un dôme aux cintres écartés
Roulant vers l'horizon, sous une meurtrière
En croissant, qui d'en haut fait jaillir la lumière.
Un antique château, comme un nid de vautours,
Du mont de Novogrod domine les contours;
Comme un phare géant, sa grande ombre écroulée,
Glissant sur les remparts de verdure foulée,
Tombe dans les fossés, pleins de vase et noircis,
Du manoir féodal couronnant les glacis.

Ville et château, tout dort, toute flamme est éteinte;
Seulement le gardien jette, comme une plainte,
Son nocturne qui-vive aux échos du manoir ;
Soudain, dans la vallée apparaît un point noir,
Il approche : on dirait des hommes sur la plaine,
Suivis d'un rameau d'ombre, accourant hors d'haleine..
Des cavaliers sans doute, armés d'or et de fer,

Car ils brillent beaucoup et vont comme l'éclair.
Les chevaux ont henni, les pavés retentissent;
Autour des bastions trois longs fantômes glissent.
Ils s'arrêtent : l'un d'eux crie et sonne du cor,
Attendant la réponse il sonne, il crie encor,
Sur une tour voisine on entend la trompette;
Un flambeau de la tour illumine le faîte,
Les verrous ont gémi, la lumière descend,
Le pont-levis s'abaisse et retombe en grinçant.

La garde à ce signal aux poternes s'élance,
Reconnaît les guerriers, les entoure en silence;
Le premier est armé comme pour les tournois,
Son large manteau blanc est noirci d'une croix;
Une autre croix en or scintille à son armure,
Une autre au chapelet lui pend à la ceinture :
Un cornet en métal sur son dos est jeté,
Sa lance est en arrêt, sa rapière au côté.
A ces signes pieux, les soldats reconnurent
Un komthour de Malborg; car tout bas ils murmurent:
« Voyez ces échappés du chenil des Croisés,
Gorgés de notre sang, de notre or pavoisés!
Oh! n'était notre duc, cette figure altière
Au fond de ce marais plongerait tout entière;
Dans l'eau, d'un coup de poing, j'abattrais son orgueil! »
Sans paraître écouter, mais surpris de l'accueil,
Ils ont tout entendu; car quoique gentilshommes
Teutons, ils comprenaient le langage des hommes.

Le chef demande enfin : « Le prince est-il chez lui?
— Oui; mais vous ne pouvez lui parler aujourd'hui,
C'est bien tard pour venir frapper à sa demeure...
Vous reviendrez demain.
    — Demain? non, tout à l'heure!
A l'instant, je le veux!... » Puis, en changeant de ton :
« Mandez à Litavor un messager teuton;
Allez : tout le danger, je le prends sur ma tête.
Mais je veux que ce seing me serve d'interprète;
S'il daigne reconnaître un signe convenu,
Il saura qui je suis, pourquoi je suis venu. »

Tout repose à l'entour sous le deuil de l'automne;
Minuit répand son ombre opaque et monotone;
Pourquoi donc ce flambeau rayonne-t-il encor
Aux grilles du donjon qu'habite Litavor?
Il vient d'un long voyage; et dans sa tour de pierre
Le doux sommeil devrait planer sur sa paupière.

Il veille cependant; on envoie à la tour,
Il veille... mais aucun des seigneurs de la cour
Ni des gens du château n'ose franchir sa porte;
Le messager teuton les supplie et s'emporte :
Impuissante prière, inutile courroux!
On éveille Rymvid; lui seul est, parmi tous,
Son digne confident, son ministre suprême;
Litavor en disait : « C'est un autre moi-même. »
Ame de ses conseils, doyen des vieux guerriers,
Aux chênes du civisme unissant les lauriers, [heure,
Au château, dans les camps, en tous lieux, à toute
Il peut du jeune maître approcher la demeure.
Rymvid va le trouver. Luttant contre la nuit,
Une lampe mourante éclaire le réduit;

Le prince encore armé, qu'un sombre ennui dévore,
Se promène à grands pas sur la dalle sonore.
Par moments il s'arrête et son front s'obscurcit;
De son vieux serviteur écoutant le récit,
Il rougit, il pâlit; son regard qui s'enflamme,
Son maintien, tout trahit les orages de l'âme.
Vers la lampe d'acier il tend ses doigts distraits,
Il feint de ranimer la mèche; et, soit exprès,
Soit par hasard, la plonge en noyant sa lumière;
Et puis, tout disparaît, sa face la première.

Voulait-il déguiser ses intimes transports,
Faisant pour les calmer d'inutiles efforts?
Voulait-il empêcher que Rymvid pût connaître
Le douloureux secret qui torture son maître?
Il parcourt le donjon d'un pas plus mesuré;
Mais sitôt qu'il arrive au grillage éclairé,
On distingue aisément aux rayons de la lune
Reflétant sur ses traits son image importune,
La morne expression de son front soucieux,
Les sinistres éclairs jaillissant de ses yeux,
Sa lèvre frémissante, où la rage se joue,
Et la vive rougeur empreinte sur sa joue.
Dans un fauteuil enfin Litavor s'est jeté;
Puis, voilant son dépit d'un sourire affecté,
Il ordonne au vieillard de refermer la porte,
Prend un accent plus calme et parle de la sorte :

« Rymvid, ne m'as-tu pas hier soir informé,
Que le prince Vitold, notre duc bien-aimé,
Comblant tous les bienfaits que sa main nous dispense,
Daigne nous accorder en juste récompense
Des services rendus, notre fief de Lida;
Qu'en frère généreux Vitold se décida,
Comme d'un sol conquis qu'aux vassaux on partage,
A me livrer les clefs de mon propre héritage?
— Oui, Monseigneur.
    — Eh bien ! suivant sa volonté,
Nous recevrons en roi les dons de sa bonté.
Qu'avec tous nos drapeaux à me suivre on s'apprête;
Qu'on éclaire la cour du parvis jusqu'au faîte;
Que les sonneurs de trompe, à l'heure de minuit,
Sur la place de ville assemblés à grand bruit,
Sonnent aux quatre vents le signal des alarmes,
Pour que dans le pays chacun prenne les armes;
Que tous nos combattants se lèvent à ma voix;
Qu'ils aiguisent l'épée, emplissent le carquois;
Qu'on rentre les chevaux laissés au pâturage,
Qu'on les fasse apprêter, qu'on prenne du fourrage,
Que tout homme avec soi garde assez d'aliment
Pour pouvoir quelques jours se nourrir aisément;
Que chacun, se couvrant du casque et de l'armure,
D'un glaive et de poignards garnisse sa ceinture;
Et sitôt qu'à Stchorsé rallumant son flambeau
Le ciel, du roi Mendog rougira le tombeau,
Pour marcher sur Lida que tout se réunisse :
Qu'on soit prêt et dispos. Allez! qu'on m'obéisse! »

Il se tait, le vieillard le regarde étonné.
Pour la route, il est vrai, tout est bien ordonné;
Mais d'où vient ce projet? pourquoi cette heure indue?
Pourquoi dans ce qu'il dit la pensée éperdue

Semble-t-elle à moitié s'épancher de son sein,
Quand l'autre moitié meurt, comprimée à dessein?
Cette fièvre trahit une lutte invisible;
Ce flux de mots n'est point sorti d'un cœur paisible!

Le prince, impatient, d'un oblique regard
Exprime le désir d'éloigner le vieillard;
De son côté, Rymvid paraît encore attendre :
Car ce qu'il vient de voir et ce qu'il vient d'entendre,
Plus il y réfléchit, lui semble présager
De graves actions sous un discours léger.
Que faire cependant? le prince veut, ordonne,
Et ne daigne jamais se livrer à personne.
D'une discussion haïssant les lenteurs,
Il arrange en secret tous ses plans destructeurs,
Qui, sitôt arrêtés, deviennent des oracles.
Alors son cœur de fer ne connaît plus d'obstacles.
Mais Rymvid, dès longtemps son féal conseiller,
Rymvid connu de tous pour un preux chevalier,
Se couvrirait de honte, au déclin de son âge,
S'il n'essayait au moins de conjurer l'orage.
Doit-il se taire, ou bien exposer aujourd'hui
Sa tête blanche? Enfin, s'avançant jusqu'à lui :

[sommes;
« Quoi que vous ordonniez, vous savez qui nous
Pour vous suivre, dit-il, les chevaux et les hommes,
Tout s'élance avec joie au-devant du trépas;
Le vieux Rymvid aussi ne vous trahira pas!
Mais il est, ô mon maître! il est une distance
Entre ceux que leur âge et leur indépendance
Placent bien au-dessus du commun des humains,
Et la foule ignorante, instrument de vos mains.
Il est vrai, Monseigneur, qu'à ses conseils de guerre
Votre père était loin d'appeler le vulgaire;
Mais avant que verser le sang de ses sujets,
Il daignait aux anciens soumettre ses projets.
Leur doyen, c'était moi; dans ce débat suprême
Je pensais librement et je parlais de même;
Veuillez donc pardonner, ô prince bien-aimé,
Si j'énonce le vœu que mon cœur a formé.
Seigneur, voyez ce front couvert de cicatrices;
Ces cheveux qu'ont blanchis quarante ans de services;
Jamais le vieux soldat, vers la tombe incliné,
N'a vu de tels dangers son maître environné.
Cette expédition, comme un flot qui déborde,
Parmi tous vos sujets répandra la discorde;
Vos soldats attendront les prémices offerts,
Et vos fiefs de Lida, l'esclavage et les fers.
Alors, la renommée, en déployant son aile,
Va partout publier la guerre fraternelle;
Ces germes, savez-vous quels en seront les fruits?
L'envie au front moqueur, les soupçons, les faux bruits;
On dira que, jaloux des bourgades prochaines,
Vous n'entrez dans Lida qu'en lui portant des chaînes!
Jadis de ce pays les vaillants potentats
Allaient d'une autre sorte investir leurs États!
Leurs bienfaits sont toujours présents à ma mémoire;
Ils marchaient entourés d'opulence et de gloire :
Imitez, Monseigneur, l'exemple des aïeux,
Comptez sur moi, Rymvid fera tout pour le mieux.
D'abord, nous envoyons un message du prince
Aux guerriers de la ville, à ceux de la province,
Qui tous doivent se rendre avec vélocité,
A la cour souveraine, au sein de la cité.
Les premiers magistrats, les seigneurs tributaires,
Avec tout le cortége affluant de leurs terres,
Trouveront les apprêts d'un splendide festin,
Disposés par moi seul, demain, de grand matin
Je pars, sans oublier le prêtre et l'assistance;
Vins, liqueurs et gibier, tout marque l'abondance,
Tout est saint et béni. Car sujets ou seigneurs,
Tous d'un ample festin recherchent les honneurs;
Et les grands, de leur prince admirant les largesses
D'avance, lui régnant, rêvent gloire et richesses.
Ainsi firent toujours les Samogitiens,
Sous les ducs vos aïeux : demandez aux anciens! »

Le vieillard ajouta, s'approchant du vitrage :
« Quel vent! pour la journée il annonce un orage.
Mais que vois-je? là-bas, au pied de l'escalier,
Un coursier; sur l'arçon s'appuie un chevalier...
Un second... un troisième! Oh! j'en fais la gageure,
Quelque piége nouveau de la race parjure,
Les Teutons! ferez-vous monter ces bons amis,
Ou plutôt par ma voix que vos ordres transmis... »
Tout en parlant ainsi, non sans dessein peut-être,
Il fermait les panneaux de l'étroite fenêtre;
Sans doute il hasardait sa demande, en passant,
Pour savoir d'où venait ce groupe menaçant.

« Si jamais, dit le prince avec impatience,
Voulant mieux éclairer ma jeune expérience
Je demande secours aux lumières d'autrui,
Je sais que ton grand âge est mon meilleur appui.
Tous vantent ta sagesse et je n'en doute guère;
Toi, vieillard au conseil, toi, jeune homme à la guerre.
Pourtant, si je répugne à livrer mes secrets
A la merci du peuple aux regards indiscrets;
S'il faut, germant au cœur, que l'intime pensée
A sortir au dehors ne soit pas trop pressée;
Que le projet soit mûr pour paraître au grand air,
Qu'alors, comme la foudre, il frappe avant l'éclair,
Je veux voir ta demande en trois mots éclaircie :
Nous partons, cette nuit, pour la Samogitie.
Voilà tout le mystère et l'objet de mes vœux.
— Cette nuit?
      — A l'instant!
            — Mais pourquoi?
                  — Je le veux!...
Ce n'est pas tout. J'ai su qu'aposté sur ma route
Vitold veut m'assaillir et me perdre sans doute;
A Lida le félon m'attirant à dessein,
Veut me faire captif ou me percer le sein :
Mais pour le prévenir j'ai fait prendre les armes,
Sonner aux quatre vents le clairon des alarmes.
Aussitôt que j'ai su ce complot arrêté,
Avec l'Ordre ennemi j'ai dû faire un traité,
Par lequel, dès demain, si j'en crois son langage,
A me prêter appui le grand maître s'engage,
Sauf sa part du butin. Si ses gens sont venus,
On voit qu'il se souvient des détails convenus.
Donc, avant le coucher des septuples hyades,

Nous irons ajouter à nos fortes brigades
Trois mille chevaliers armés jusqu'aux mentons,
Avec deux fois autant de lansquenets teutons.
Moi-même j'ai choisi dans le camp du grand-maître
Les hommes, les chevaux... tu dois bien les connaître;
Tu sais comme le glaive est terrible en leurs mains,
Nos dards n'égalent pas les lances des Germains;
Dépassant nos soldats en vigueur, en stature,
Ils sont tout cuirassés, cavaliers et monture;
Chacun d'eux est armé d'un reptile de fer,
Il le nourrit de plomb, sortilège d'enfer!
L'œil au guet, le corps droit et la main prête à l'œuvre,
Soudain, d'une étincelle il blesse la couleuvre,
L'éclair brille, et celui que son œil a visé,
Tombe, comme un épi que l'orage a brisé.
Tel, l'aïeul Gédimin, de divine mémoire,
Des murs de Viélona descendit, plein de gloire.
Demain, lorsque Vitold, ne se doutant de rien,
Ne laisse dans Lida qu'un drapeau pour gardien,
Sur le château désert je tombe avec la foudre;
Et Lida, toute en feu, disparaît dans la poudre! »

Rymvid, le vieux Rymvid, écoute stupéfait
Le projet forcené d'un semblable méfait;
Il prévoit les dangers, les malheurs prêts à fondre
Sur la Lithuanie, et ne sait que répondre;
Enfin, ne pouvant plus retenir le torrent
De sa juste douleur, il s'écrie en pleurant.
« Puissé-je être étendu sur le lit funéraire,
Avant de voir un frère égorgé par un frère!
Celui qui du Germain ose invoquer l'appui,
Hier encor levait sa hache contre lui!
Les Teutons dans nos rangs? Que plutôt se confonde
Le ciel avec la terre et la flamme avec l'onde!
On a vu de nos jours des voisins ennemis
Auxquels de père en fils le duel fut transmis,
Sous les chênes sacrés déposant leurs colères
Offrir un sacrifice à nos dieux tutélaires;
On a vu récemment le Sarmate pieux
Et le Lithuanien de sa gloire envieux
Aux tournois, à la guerre, associer leurs armes,
Et sous les mêmes toits reposer sans alarmes;
On a vu dans nos bois l'homme avec le serpent
Faire un pacte amical; car si le dieu rampant
Est invité par l'homme à ses foyers rustiques,
Si devant les autels des lares domestiques
Cet homme le nourrit de laitage et de pain,
Le serpent désarmé vient ramper sous sa main,
Réclame à ses repas sa place familière,
Boit aux mêmes bassins une onde hospitalière,
Et souvent au berceau, l'hôte reconnaissant
Revêt l'enfant qui dort d'un anneau caressant.
Mais l'Ordre de Malborg! vampire aux mille têtes,
Rien n'assouvit sa rage et sa soif de conquêtes:
Des coteaux de la Prusse aux champs mazoviens
Ce monstre a dévoré le pays, corps et biens;
Et toujours affamé, le Teuton, race impie,
Veut tous nous engloutir sous sa dent de harpie!
Pour le salut commun, il nous faut réunir.
C'est en vain que nos ducs, jaloux de le punir,
S'épuisant chaque année en efforts inutiles,
Vont briser les remparts, incendier les villes,
Sur les temples maudits plantent nos étendards;
Cet Ordre diabolique est une hydre aux cent dards:
Frappez le monstre : à peine une tête coupée,
Dix autres ont surgi, grandissant sous l'épée!
Tranchons toutes d'un coup! Il n'est point de traité
Qui puisse nous lier, par vous-même arrêté;
Est-il, sujet ou prince, un seul qui ne connaisse
Leur esprit conquérant, leur fourbe, leur bassesse;
Un seul qui n'aime mieux, le glaive dans les mains,
La mort au champ d'honneur que l'appui des Germains;
Un seul qui n'ait maudit leur amitié funeste,
Comme en Krimée on fuit le Moskal ou la peste;
Un seul qui ne saisisse un tison embrasé,
Plutôt qu'un gantelet de chevalier croisé!...
Mais Vitold nous menace! Ah! des mains aussi viles
Devraient-elles trancher nos discordes civiles?
Et ne saurions-nous plus, entre amis et parents,
En champ clos, sans témoins, vider nos différends ?
Ah! Monseigneur, souffrez que ces mains paternelles
Tarissent pour jamais nos luttes criminelles,
Sans l'intervention du perfide étranger,
Et gardant nos efforts pour un même danger!
Qui vous dit que Vitold, dans sa démence extrême,
Foule aux pieds des traités consentis par lui-même?
Veuillez m'entendre, ô prince! envoyez-moi vers lui,
L'alliance entre vous sera faite aujourd'hui!

—C'en est assez, Rymvid; je connais mieux mon frère,
Son intraitable orgueil, son caprice arbitraire;
Ce prince versatile et changeant comme l'air,
Détestant aujourd'hui ce qu'il aimait hier,
Entre deux volontés jamais ne se décide;
Naguère encor, crédule à sa foi fratricide,
De Lida sans effort je comptais me saisir,
Et voici que le prince a changé de désir!
Sachant qu'après la paix j'ai dissous mon armée
Quand la sienne à Vilno reste unie et formée,
Il proclame aujourd'hui que tous les habitants
Du nouveau souverain sont déjà mécontents;
A lui seul de Lida le superbe héritage,
Quant à nous, le désert sera notre partage;
La Russie au ciel morne, ou les marais finnois!
Car c'est là que Vitold, à la chasse, aux tournois,
Dissipant les trésors de la Lithuanie,
Proscrit de nobles cœurs, des frères qu'il renie;
Et lui-même usurpant le trône des aïeux,
Nous destine la tombe ou l'exil odieux!
Voilà comment il veut écraser sur sa route
Et tous ceux qu'il déteste et tous ceux qu'il redoute!

« Grands dieux! jusques à quand tiendra-t-il nos guerriers
A cheval pour faucher sa moisson de lauriers?
Le fer ne quitte plus notre ardente poitrine,
Sur nos fronts, tout meurtris, le casque s'enracine;
De victoire en victoire et d'hivers en hivers,
Nous avons fait pour lui le tour de l'univers,
Combattant les Croisés, les Tatares nomades,
Du beau sol polonais saccageant les bourgades,
Ou chassant devant nous, sur les sables mouvants,
Les tentes du Mogol que transportent les vents!
Et tous les prisonniers des luttes journalières,
Tous les trésors conquis, les armes, les bannières,

Ce qu'épargna le fer, ou la flamme, ou la faim,
De Vitold, sous nos yeux, vient grossir le butin!
S'il grandit tous les jours, il ne doit à ce glaive;
Et c'est sur nos travaux que son pouvoir s'élève!
Déjà de la mer Noire aux parages finnois,
Cent peuples, par nos mains, sont soumis à ses lois;
Quels palais il construit sur le sol de nos pères!
On vante des Croisés les splendides repaires,
Dont l'aspect fait pâlir les esclaves prussiens; [siens!
Ces châteaux sont moins forts et moins beaux que les
On vante du Niémen les rives bienheureuses,
Où, dans les frais bosquets, les Willis amoureuses
Font un tapis de fleurs des gazons toujours verts;
Ce doux vallon n'a point d'égal dans l'univers!
Eh bien, dans son palais, séjour plein de merveilles,
On voit des fruits plus beaux, des roses plus vermeilles;
Tellement ces lambris sont d'un luxe outrageant,
Aux fleurs de pourpre et d'or, au feuillage d'argent,
Plus brillants que l'opale aux teintes fugitives,
Plus fins que les tissus des Sarmates captives,
Plus riches que les dons de nos divinités,
Du vallon de Kowno pour lui plaire imités!
Le dirai-je, Rymvid? les immenses croisées
De cristaux transparents me semblaient pavoisées,
Amenés à grands frais des pays d'outre-mer;
Tel reluit le Niémen, lorsqu'après un hiver
Il découvre au soleil sa face éblouissante,
Ou l'archer polonais sous l'armure glissante.
Et moi, qu'ai-je gagné pour prix de tout mon sang?
Moi, qui dès le berceau, soldat presque en naissant,
Mes maillots échangés pour la cotte de mailles,
Du lait de la cavale ai nourri mes entrailles?
Chaque jour un combat; précoce cavalier,
La nuit, le dur arçon me servait d'oreiller;
Et je dormais debout; puis, avant chaque aurore,
La trompette au combat me rappelait encore!
Et lorsque, chevauchant sur des morceaux de bois,
Les enfants de mon âge, au bruit de leurs exploits
Faisaient rire leur sœur ou leur vieille grand'mère,
Moi, servant mon pays, glorieuse chimère!
J'écrasais le Tatare, ou bien je moissonnais
De plus nobles lauriers dans les champs polonais!
Pourtant, depuis Erdvill, ces luttes inhumaines
N'ont jamais d'un arpent élargi mes domaines;
Vois ces murs de sapin sur ce tertre isolé,
De mes nobles aïeux refuge désolé;
Parcours ces vieux réduits construits en brique rouge,
Sombres comme un cachot et suintants comme un
Où sont les parois d'or, les vitraux de cristal, [bouge,
Les armes des vaincus, les brasiers en métal?
Qu'ai-je donc emporté des bras de la victoire?
Des pays? des trésors? rien, rien! hormis la gloire!

« La gloire? de son nom, ce prince audacieux,
N'a-t-il pas fatigué les hommes et les cieux?
Déjà le Vaydelote, à la lyre bénie,
A l'égal de Mendog exalte son génie;
Et couvrant ses hauts faits d'un éclat emprunté,
Tout vivant, le consacre à l'immortalité;
Le front environné d'une fausse auréole,
Des siècles à venir Vitold sera l'idole;
Mais qui donc sauvera du gouffre de l'oubli

Le nom de Litavor, par lui seul ennobli?
Cependant, à sa gloire, aux splendeurs de sa vie,
Ma fière pauvreté ne porte point envie;
Mais, pour Dieu! respectant des traités solennels,
Qu'il cesse de prétendre à nos biens fraternels!
Car, est-il loin ce jour où sa ruse fatale
Au milieu de la paix surprit la capitale;
Et, chassant Skirghellon du trône de Vilno,
Lui-même il s'empara de son ducal anneau?
Une terre usurpée est la seule qu'il aime;
Il voudrait qu'un agent de son pouvoir suprême
Comme le messager du puissant Kriveitas,
Pût à son gré reprendre ou donner des États.
Il est temps de fixer un terme à ses conquêtes,
D'abaisser ce tyran qui marche sur nos têtes.
Tant que ce cœur de feu déteste les ingrats,
Que cet acier fidèle obéit à mon bras,
Tant que dix palefrois des races de Krimée,
Seul butin remporté des débris d'une armée,
Aux regards flamboyants, aux ailes de vautour,
En frappant sur le roc hennissent dans ma cour;
Rymvid en aura deux en retour de son zèle:
Tant que mon coursier vole et mon sabre étincelle... »

Il ne put achever; de son brûlant discours
Un transport de colère interrompit le cours;
Et comme s'il s'était élancé de sa placée,
On entend gémir sa pesante cuirasse.
Quel est donc cet éclair qui brille dans la nuit?
Comme du haut des cieux une étoile s'enfuit,
Sa tresse aux cheveux d'or la suivant sur sa route,
Tel, son glaive irrité, du sommet de la voûte
Vient frapper sur le marbre, et des gerbes d'éclairs
Du sol retentissant jaillissent dans les airs.
Il se fait un silence; et d'épaisses ténèbres
Les recouvrent tous deux de leurs voiles funèbres.

Litavor reprenant : « Trêve à ces vains propos,
La nuit, à sa moitié, nous invite au repos.
Bientôt le second coq va proclamer l'aurore...
Mes ordres sont donnés : que nul ne les ignore...
Peut-être le sommeil, descendant sur mes yeux,
Va rendre un peu de calme à mon front soucieux;
Depuis trois jours, Rymvid, il fuit ma couche austère...
La nuit, sombre linceul, pèse encor sur la terre,
Mais la lune d'octobre accomplit son croissant.
Ainsi donc à Lida, bientôt, au jour naissant;
Pour céder à Vitold, qui veut nous la reprendre,
Un amas effrayant de débris et de cendre! »

Il s'assit et frappa sur un timbre argentin,
Quelques vieux serviteurs s'avancèrent soudain.
Litavor se jeta sur un lit. Mais quel songe
Peut délivrer son cœur de l'ennui qui le ronge?
Telle âme, tel sommeil. Rymvid au désespoir,
Connaissant d'un soldat l'impérieux devoir,
Redescend vers la ville. Au son de la trompette,
Il transmet l'ordre aux chefs, l'explique, le répète,
Et revient au château. Veut-il tenter encor
D'ébranler le dessein du bouillant Litavor?
Non; il tourne ses pas vers l'aile solitaire
Qui donne sur la plaine, asile du mystère,

Par l'épouse du prince en ce temps habité,
Et par un pont-levis touchant à la cité.

D'un seigneur de Lida la fille enchanteresse
(Grajina fut son nom, ou la belle maîtresse),
Des rives du Niémen la merveille et l'honneur,
Avait de Litavor accompli le bonheur.
Et, bien que sa beauté, ce céleste apanage,
Inclinât de l'aurore au midi de son âge,
Les dieux ont réuni sur ce front enfantin
Les splendeurs d'un beau jour à l'éclat du matin,
Les grâces d'une vierge aux attraits d'une mère.
On eût dit à la voir le printemps éphémère
Brillant de mille fleurs sous les feux de l'été ;
Tel, au même rameau, le regard enchanté
Voit le fruit qui déjà de vermeil se colore,
Tandis qu'auprès de lui le bouton semble éclore.
Encor que son beau front resplendit parmi tous,
Elle seule à la cour égale son époux ;
Couple bien assorti, digne de la couronne !
Lorsque des serviteurs l'essaim les environne,
On dirait au jardin deux peupliers jumeaux,
Dominant les buissons et les humbles ormeaux.
Mieux encor que ses traits, que sa taille élancée,
Elle a le même cœur et la même pensée.
Méprisant la quenouille et les jeux féminins,
Souvent elle saisit une épée à deux mains ;
On la voit, chasseresse aux travaux endurcie,
Guider un palefroi de la Samogitie ;
Le tigre au blanc poitrail, la pesante peau d'ours
Enlacent rudement ses gracieux contours ;
Litavor applaudit aux rustiques hommages
Des vassaux apportant leurs tributs, leurs fermages,
Ou, travestie en roi, quand soldats et seigneurs,
Lui rendent, au retour, les suprêmes honneurs.

Grajina, partageant ses amours et ses peines,
Reine épouse, en commun gouverne ses domaines ;
Et sûre de son cœur, s'étudie à saisir
Sa part dans le danger comme dans le plaisir.
Aussi loin de l'orgueil que des craintes vulgaires,
Elle arrange, sous main, le traités et les guerres ;
Cependant ni les chefs, ni le peuple indiscret
De ce règne à deux cœurs n'ont compris le secret.
Heureuse de l'amour qu'à ce peuple elle inspire,
La princesse avec soin lui cache son empire ;
Même les serviteurs, qui suivent tous ses pas,
Subissent son prestige et ne s'en doutent pas.
Rymvid seul le comprend ; son cœur lui dit sans cesse
Qu'il n'a plus d'autre espoir que la belle princesse ;
Il la trouve et lui fait un fidèle récit,
Lui mande quel orage autour d'eux s'épaissit .
Quelle tache de sang, affreuse, ineffaçable,
Va rendre à son pays le prince méprisable !

Grajina, que ces mots pénètrent de frayeur,
Dissimule pourtant son trouble intérieur ;
Elle feint quelque doute au sinistre présage
De si graves dangers ; composant son visage,
Et voilant son effroi sous un calme affecté :
« Je ne sais, lui dit-elle avec sérénité,
Si les faibles conseils, les avis d'une femme,
Mieux que ceux de Rymvid toucheront sa grande âme ;

Mais je sais que ses vœux, prudents et modérés,
Par la réflexion sont toujours éclairés ;
Si pourtant, quelquefois, une cause légère
Suffit pour évoquer sa fureur passagère,
S'il se fait trop souvent, cœur robuste et viril,
Un suprême plaisir d'un suprême péril,
Attendons un quart d'heure : et le temps, ce remède
Des orages de l'âme, accourant à notre aide,
Et calmant des transports réprouvés par l'honneur,
A chacun nous rendra la paix et le bonheur.

— Oh ! non ! ce ne sont pas, ô princesse chérie,
Les paroles sans frein d'une bouche en furie,
Un projet qu'un instant de délire a formé,
Que le cœur désavoue aussitôt que calmé ;
Qui pareil au nuage éclipsant la lumière,
Se dissipe, et lui rend sa splendeur coutumière :
Cet éclair de tempête est un avant-coureur
De quelque grand désastre, un signe de terreur !
Ce n'est pas d'aujourd'hui que je connais mon maître ;
Je l'ai servi vingt ans, avec gloire peut-être,
Mais jamais Litavor à l'homme aux blancs cheveux
N'a fait de si complets, de si sombres aveux !
Les ordres sont précis : que le ciel nous seconde
Je dois guider l'armée à l'étoile seconde
Au tertre où de Mendog s'élève le tombeau ;
La nuit va s'éclaircir, le chemin sera beau !...

— Qu'entends-je ! cette nuit ? à la seconde étoile ?
Déjà ? Quel avenir à mes yeux se dévoile !
On dira que pour moi deux frères, deux héros,
De leur propre famille ont été les bourreaux !
Non ! je vais lui parler, je cours à l'instant même...
Il me pardonnera ; je le connais, il m'aime...
Si nous gagnons du temps... j'en ai jusqu'au matin,
Il ne partira pas : mon succès est certain ! »

Après cet entretien, chacun d'eux se retire ;
Mais la même pensée aussitôt les inspire :
Grajina que déjà l'espérance conduit
Par ses appartements vole vers le réduit
Où dort son cher époux. Le soldat, moins crédule,
Traverse le château, se rend au vestibule ;
Du seuil de Litavor il s'approche craintif,
Et par les ais disjoints glisse un œil attentif.
Bientôt, il voit s'ouvrir la cloison transversale ;
Un fantôme de femme apparaît dans la salle.
Le prince se réveille et s'écrie en courroux :
« Qui vive !
— Moi, dit-elle ; oui, c'est moi, mon époux. »
Elle parle, supplie ; à peine s'il l'écoute ;
Mais les sons de leurs voix absorbés par la voûte,
Ou bien avec l'écho des couloirs confondus,
Par le vieux conseiller ne sont pas entendus.
Des paroles de feu tantôt semblent éclore,
Tantôt semblent s'éteindre et renaissent encore
Plus souvent de la femme on distingue la voix ;
Litavor est muet, il sourit quelquefois,
La femme à ses genoux se jette avec des larmes,
Des caresses d'amour elle emprunte les armes,
Mais en vain : Litavor, comme s'il s'emportait,
La repousse : elle fond en pleurs, et tout se tait.
Rymvid écoute encor : la cloison transversale

S'entr'ouvre de nouveau; quelqu'un sort de la salle;
Soit qu'elle ait su fléchir le cœur de son époux,
Soit qu'elle ait craint plutôt d'exciter son courroux,
De joie ou de douleur la poitrine oppressée,
La princesse à pas lents rejoint son gynécée;
Litavor se retourne, et pressant l'oreiller,
Sous l'aile du silence il paraît sommeiller.

Les ordres sont transmis, le clairon les propage.
Rymvid sort; dans la cour il aperçoit un page
De la princesse, avec le messager chrétien.
Il ne peut d'aussi loin saisir leur entretien,
Car le vent matinal vers la plaine l'emporte.
Le page étend la main, il indique la porte.
Rymvid a deviné ce geste impératif;
L'orgueil du chevalier, irrité jusqu'au vif,
Éclate en le poussant hors des murs, en furie;
Il se jette à cheval, se retourne et s'écrie :
« Si je ne portais pas le nom de messager,
Je jure qu'à l'instant je saurais me venger;
Et que pour cet affront, la croix de mon épée
De votre sang païen serait déjà trempée :
J'en jure ce collier, signe de commandeur!
Vingt ans près des Césars je fus ambassadeur;
Mais à Rome, à Madrid, l'empereur ni le pape
Ne m'ont jamais traité comme votre satrape!
C'est à la belle étoile, au pied de cette tour
Qu'il me fait du matin attendre le retour?
Partir sans être admis, renvoyé par un page!
Ah! ton sang est trop vil pour laver cet outrage!
Nous ferons de son peuple un exemple éclatant;
Lui-même va se prendre au piége qu'il nous tend!
Ainsi, contre Vitold Litavor nous appelle,
Pour nous trahir ensemble, en esclave rebelle?
Nous verrons si Vitold saura parer les coups
De ce glaive germain, déjà trop près de vous!
Nous prendre entre deux feux, l'adroite intelligence!
Va redire à ton duc ce serment de vengeance;
On ne nous trompe pas, rustre mal avisé!
Ne va rien oublier; des discours d'un Croisé
Non plus que du *pater*, on ne peut rien omettre;
Et ce que je promets, je le tiens à la lettre!
Il n'en est pas ainsi de ton fier hobereau;
Mais nous nous reverrons, l'acier hors du fourreau!
Il se repentira de cette indigne fraude,
Aujourd'hui, cette nuit. Moi, Didier de Kniprode,
Je l'annonce à ton maître; et j'engage ma foi
Qu'il sera fait ainsi. Chevaliers, suivez-moi! »

Cependant, il hésite, il brandit son grand sabre,
Puis il pique des deux son coursier qui se cabre.
Les échos du vallon répètent dans la nuit
Le galop cadencé du groupe qui s'enfuit;
De plus bas en plus bas on entend leurs murmures,
De plus loin en plus loin scintillent les armures,
Un point de feu les suit, s'agite et disparaît
Caché par la colline et la sombre forêt.

« Allez, chrétiens maudits! que votre tyrannie
Disparaisse avec vous de la Lithuanie,
Disait le vieux Rymvid au saillant du rempart;
Mais à qui devons-nous cet ordre de départ?

Le prince a donc sur eux fait tomber sa colère?
O Grajina, merci, notre ange tutélaire!
Toi seule as pu calmer ton époux irrité!
Qui donc peut à présent dire sans vanité
Que du cœur des humains il connaît les abîmes?
Les femmes, je l'avoue, ont des élans sublimes.
Il aurait emprunté les ailes d'un vautour
Pour fondre sur Vitold; lorsqu'un seul mot d'amour,
Une douce prière, un gracieux sourire,
Désarment sa vengeance, apaisent son délire :
Le glaive impatient s'échappe de sa main,
Et Litavor, vaincu, rompt avec le Germain!
Vieillard aux blancs cheveux, faut-il qu'on te rappelle
Que le prince a trente ans, que la princesse est belle! »
Ainsi disait Rymvid, regardant à l'entour;
Si nul feu ne s'allume au sommet de la tour;
Il monte, au seuil muet il applique l'oreille,
La salle est sans lumière et le prince sommeille.

« C'est étrange! dit-il, en y réfléchissant.
Naguère Litavor, comme altéré de sang,
Fit convoquer l'armée en toute diligence;
Maintenant, jusqu'au jour différant sa vengeance,
Il dort, quand les Germains, que lui-même appela,
N'attendent qu'un signal... dans une heure, ils sont là!...
Qui leur donna congé, cause de ce tapage?
La princesse peut-être?... Oui, c'était bien son page!...
Aurait-elle osé plus que n'admet son devoir?
Peut-être connaissant l'invincible pouvoir
Que sur son jeune époux exercent tant de charmes,
Son courage a-t-il fait ce que n'ont pu ses larmes?
Il est vrai que son cœur à la crainte étranger
A toujours avec calme affronté le danger,
Mais un trait si hardi passerait la mesure!... »
Tandis qu'il rêve ainsi devant une embrasure,
Une suivante approche et l'appelle tout bas;
Par des détours secrets elle conduit ses pas
Vers l'aile du château qu'habite sa maîtresse;
Rymvid obéissant à la suivre s'empresse,
Une main invisible ouvre l'appartement,
Et la porte sur eux se ferme lentement.

« Je ne puis vous donner de nouvelle prospère,
Dit-elle; mais l'amour jamais ne désespère.
Si le ciel aujourd'hui se montre rigoureux,
Demain, Rymvid, demain, nous serons plus heureux.
Ainsi, prenons courage; et que surtout l'armée
Par de fâcheux soupçons ne soit pas alarmée.
J'ai bien dû renvoyer l'orgueilleux messager,
Pour que Litavor le courroux passager
Aujourd'hui ne lui fasse accorder au grand-maître,
Ce qu'apaisé demain il renierait peut-être.
Ne craignez rien, Rymvid; quoi qu'il puisse arriver,
La victoire est à nous, rien ne peut l'entraver.
La nuit porte conseil; s'il résiste à mes larmes,
Demain il sera temps d'employer d'autres armes.
A peine reposé de ses anciens travaux,
Peut-il déjà courir à des combats nouveaux,
Abandonner son fils, lui, ce cœur noble et tendre?...

— O princesse! est-ce vous qui me parlez d'attendre?
Après tous ces délais, saurait-il, inconstant,

Retarder son départ, d'un seul jour, d'un instant?
Non, ne l'espérez pas ! mais au moins que j'apprenne
Ce qu'a dit aux Germains ma noble souveraine... »
Grajina répondait dans un trouble profond,
Lorsqu'un autre incident l'arrête et la confond.

Le pas d'un cavalier retentit sur la plaine;
Un piqueur dans la cour s'arrêtant hors d'haleine
Lui présente un rapport par un poste transmis.
Surveillant nuit et jour le front des ennemis,
D'un prisonnier de guerre il avait pris langage :
« Leur camp du bois prochain sur nos terres s'engage;
Les cavaliers, dit-il, mis en marche à minuit,
Suivis des fantassins, se rapprochent sans bruit.
Ils veulent, assurés d'un succès trop facile
Avant le point du jour s'emparer de la ville,
Et puis, d'un seul assaut, prendre le château fort.
Que Rymvid aille donc chez le prince d'abord
S'informer si les murs sont prêts pour nous défendre,
Ou si dans la campagne il vaut mieux les attendre.
Le chef du poste croit qu'il est moins hasardeux,
Pour les voir de plus près, d'aller au-devant d'eux;
Avant que les canons n'arrivent à leur suite,
Tombant sur les chevaux, on peut les mettre en fuite;
Leurs pesants cuirassiers, repoussés sans effort
Sur les marais voisins, y trouveront la mort,
Puis, sur les lansquenets revenant d'un pied leste,
De cette race impie on détruira le reste. »

Rymvid en l'écoutant est comme foudroyé;
Mais l'œil de Grajina dans les pleurs s'est noyé:
« Où sont les chevaliers? qui rendit le message?
— Moi, » dit le page ému; fixant sur son visage
Un regard plein d'angoisse, il ajoute étonné:
« Moi, princesse... tantôt vous m'avez ordonné...
Voilà, s'il m'en souvient, vos récentes paroles:
« Le prince par ma voix commande que tu voles
« Prévenir les chrétiens qu'avant l'aube du jour
« Ils ont à s'éloigner, sans songer au retour.
« Tu les reconduiras hors des portes toi-même.
— C'est vrai, » dit la princesse, avec un trouble extrême
Détournant ses regards; le désordre des sens
Se peint dans son maintien, dans ses vagues accents:
« Voyez comme aujourd'hui tout fuit de ma pensée!
C'est vrai, je m'en souviens... oh! j'étais insensée!
Je cours... ou bien; suivons ces conseils précieux... »

Elle n'ose achever; mais on voit dans ses yeux,
Voilés par la douleur, sur son front qui se brise,
Poindre quelque lointaine et sinistre entreprise;
Elle erre sur ses traits, s'efface, reparaît,
Soudain, elle mûrit et devient un arrêt.
Le visage éclairci, confiante et sereine,
Vers ses deux serviteurs elle s'avance en reine:
« Oui, je cours chez le prince; et que tout sans retard
Dans l'armée, au château, se dispose au départ.
Écuyer, mon cheval; prends le meilleur, Hestère.
Je vous prescris le zèle, et surtout le mystère;
Les bannières au vent: je vous l'ordonne à tous
Au nom de Litavor, mon maître et mon époux!
Rymvid de tout cela me répond sur sa tête; »

Où tendent nos desseins, quel voyage s'apprête,
Nos guerriers le sauront en plaine, au point du jour.
Allez ; bientôt leur chef paraîtra dans la cour. »

Sur ces mots, Grajina vers sa chambre s'élance.
Rymvid court aux guerriers. Il médite en silence
Sur l'ordre qu'il remplit mais qu'il n'approuve pas;
Il veut parler au prince ; et marchant à grands pas
Monte sur le perron, lorsqu'au seuil de la porte
Le prince, ou son fantôme, apparaît sans escorte.
On se presse aussitôt autour de Litavor;
Ses riches vêtements brillent de pourpre et d'or;
C'étaient ceux qu'il prenait pour les grandes batailles,
Un léopard au front, une cotte de mailles,
Au lieu d'une cuirasse, emprisonne son sein;
Un léger bouclier s'arrondit sur sa main,
Et de l'autre avec force il étreint une épée;
Soit qu'il ait d'un projet l'âme tout occupée,
Ou le cœur tout troublé par de graves soucis,
Au milieu des seigneurs il s'avance indécis.
Quand les chefs, les soldats environnent leur maître,
A peine son regard daigne les reconnaître.
Il reçoit en tremblant ses dards et son carquois;
Et le glaive, à sa droite attaché cette fois,
Des princes, des guerriers, provoque la surprise;
Nul n'ose cependant relever sa méprise.

Il s'avance. Déjà son étendard doré
S'agite, aux feux de l'aube ardemment coloré.
Il s'élance à cheval. Son cortège et ses gardes
Veulent le saluer de leurs trompes criardes;
Mais il donne du geste un signal de départ,
Et, volant à leur tête, il franchit le rempart.
Par son ordre, on conduit les serviles escortes
Hors des murs du château, dont on ferme les portes.
Bientôt abandonnant la route sur le val,
Vers la droite, au taillis, il tourne son cheval;
Il traverse au galop les arides bruyères;
Par un nouveau circuit, de ses troupes guerrières
Il pousse l'ouragan dans un col plus étroit,
Qui plus près du chemin va s'ouvrir en détroit.

Aussi loin du glacis de la ville ducale
Qu'un mousquet allemand peut porter une balle,
Coule un ruisseau sans nom, demeure des Willis,
Qui d'un filet d'azur festonne le taillis.
Arrivant au grand lac, il élargit ses ondes,
Et se jette écumant dans ses gorges profondes.
Au milieu du désert, un mont audacieux,
Tombeau du roi Mendog, s'élève jusqu'aux cieux.
C'est que les guerriers, débouchant sur la plaine,
Aperçoivent aux feux de la lune mi-pleine,
Des armes, des drapeaux argentés par la nuit.
L'éclair brille, un coup part; et soudain à ce bruit
De chevaux, de soldats une troupe innombrable
Se dresse devant eux comme un mur formidable.
Tels, les bois suspendus au front de Ponary
Livrent aux vents du nord leur feuillage flétri;
Quand la rosée attache à leurs flottantes crêtes
Ses perles en colliers, ses brillants en aigrettes,
Le voyageur croit voir sous leur dais colossal
Des coupoles de nacre aux arceaux de cristal.

Le prince à cette vue enflammé de colère,
L'épée en main, s'élance au rocher tumulaire,
Parmi les cavaliers à sa suite entraînés;
Mais les chefs, plus prudents, demandent étonnés
Pourquoi le souverain laisse-t-il son armée
Courir à tout hasard avant d'être formée?
Quels sont les combattants qu'il confie à leur voix,
Et lui-même, où veut-il diriger ses exploits?
Alors, le vieux Rymvid, par ses ordres sans doute,
Parcourt les escadrons, les range sur la route,
Les dispose en croissant tourné vers les rochers,
Les triaires au centre, aux ailes les archers;
Ainsi toujours nos rangs pour combattre s'ordonnent.
Le signal est donné; des cordés qui résonnent
S'envole vers les airs un nuage mouvant :
« Jésus et Notre-Dame !
— Aux Germains ! En avant ! »

Les deux ailes dehors, dans un morne silence,
L'armée à l'ennemi comme un aigle s'élance.
Oh ! pourquoi cette nuit, de son voile envieux
Couvrit-elle à jamais tant d'exploits glorieux !
Les vainqueurs, les vaincus se frappent, se saisissent,
Tous luttent corps à corps ; les casques retentissent,
Les fronts heurtent les fronts, les haubergs sont brisés :
Ceux qu'épargne le glaive expirent écrasés.
Litavor intrépide au milieu du carnage,
Cent fois, comme un plongeur, disparaît et surnage ;
Tout cède à son aspect; les Teutons en fuyant
Reconnaissent de loin son manteau flamboyant :
L'ennemi dispersé jette un cri de détresse,
Litavor triomphant le poursuit et le presse.

Mais quel dieu, quel prodige a détruit sa vigueur ?
Que lui sert de lutter, de poursuivre en vainqueur,
Et de frapper toujours, s'il n'immole personne ?
Si le glaive impuissant sur les casques résonne,
Glisse sur la cuirasse au poitrail bien trempé,
Ou semble défaillir quand le fer l'a frappé ?
Les fuyards avertis et reprenant courage
Reviennent sur leurs pas, poussent un cri de rage,
Sur le prince entraîné fondent de toutes parts
Et l'entourent soudain d'une forêt de dards ;
Le héros, comme à bout de ses forces éteintes,
Ne sait plus se défendre et parer leurs atteintes.
Quel miracle à présent pourra sauver ses jours !
Les Croisés de leurs traits le menacent toujours ;
Lorsqu'un détachement de guerriers plus rigides
Délivre Litavor, le prend sous les égides,
L'entoure comme un mur, et d'un commun effort
Répand autour de lui la terreur et la mort.

L'ombre s'évanouit; des roses de l'aurore
Le ciel oriental doucement se colore;
La lutte cependant ne se ralentit pas.
Aucun des deux partis n'a reculé d'un pas;
Le dieu Kawas, dieu fort, qui préside en silence
Au sort des nations, dans sa juste balance
Pèse le sang versé ; mais l'arrêt du destin
Parmi les combattants flotte encore incertain.
Tel, le père Niémen se redresse et s'arrête
Quand du roc de Rumschis il rencontre la crête;
De ses bras furieux il presse le géant,
Bat l'écueil suspendu sur son gouffre béant :
Celui-ci le retient. Ses épaules fumantes
Compriment les efforts des ondes écumantes ;
Le Niémen obstiné veut poursuivre son cours,
Et le roc frémissant lui résiste toujours.

Les ennemis lassés, chancelants, hors d'haleine,
Du pied de la montagne appellent sur la plaine
Un bataillon conduit par Didier, le komthour,
Qui devait protéger et couvrir leur retour.
Par de si longs efforts les troupes épuisées
Leur cèdent le terrain, les lignes sont brisées ;
Trois contre un, l'Allemand devient audacieux,
Lorsqu'un long cri de guerre a traversé les cieux.
Tous vers le mont sacré se tournent d'épouvante ;
Est-ce Mendog lui-même ou son ombre vivante ?
Comme un grand pin noircit les neiges d'un glacier,
Tel paraît ce guerrier sur un sombre coursier,
Vêtu d'un manteau noir agité par la bise,
Tout est noir : son cimier, son casque, sa devise.
Il a rugi trois fois, il fond comme l'éclair,
Quels fronts brisera-t-il sous sa hache de fer ?

Il court sur les Croisés, dans leur foule il se noie;
L'aspect du sang germain semble exciter sa joie ;
On ne voit pas l'acier, mais au râle des morts
On devine la place où portent ses efforts.
Là, s'abîme une enseigne, ici roule une tête,
L'homme, comme un faucheur, suit la troupe en retraite.
Comme des pionniers ébréchant leurs outils
S'entourent dans un bois d'un immense abatis ;
On entend retentir la pesante cognée,
De temps en temps s'affaisse une cime éloignée;
Enfin, on aperçoit par les troncs renversés,
L'acier brillant aux mains des sapeurs exercés :
Ainsi le guerrier noir, en pressant sa cavale,
De corps morts vers les siens a jonché l'intervalle.

O guerrier ! hâte-toi de rejoindre les rangs,
De soutenir les cœurs des braves expirants,
Avant que sous leurs yeux Litavor ne périsse !
De dards, de boucliers l'enceinte protectrice
N'existe déjà plus; Kniprode furieux
Appelle Litavor, le demande en tous lieux;
Le prince lui répond, il baisse sa visière,
L'un ou l'autre bientôt va mordre la poussière.
Litavor bondissait debout sur l'étrier,
Lorsque atteint par le feu d'un tromblon meurtrier
Il chancelle... le fer de ses mains défaillantes
Tombe aux pieds du komthour, et les rênes sanglantes
Flottent au gré des vents sur le dos du coursier:
Comme un lis de sa tige enlevé par l'acier,
Aux genoux du vainqueur il s'étendait peut-être,
Quand Rymvid accourut au secours de son maître.

Le spectre jette un cri d'horreur. Comme l'éclair
Tonne et percé d'un trait les espaces de l'air,
Ainsi vers le komthour, le fer haut, il s'élance.
A peine en mille éclats a-t-il rompu sa lance,
Kniprode roule à terre; et déjà son rival
Sur le corps palpitant fait passer son cheval.

Puis, il court à l'endroit où Litavor expire
Aux bras de ses soldats; il saisit, il déchire
L'agrafe du manteau, le haubert teint de sang,
Sonde le plomb fatal, l'arrache en gémissant,
Quand de la plaie ouverte un sang plus noir ruisselle
Le rayon de la vie un instant étincelle
Aux yeux mourants du prince éteints par la douleur;
Il abaisse l'armet sur son front sans couleur,
Éloigne avec effort la foule bienveillante
Qui l'entoure, et pressant d'une main défaillante
La main du vieux Rymvid, il lui dit : « Bon vieillard,
Garde bien mon secret; je meurs... il est trop tard !
O ma patrie, adieu, toi qui me fus si chère!...
Adieu, tout ce que j'aime; et toi, pardon, ma mère !...
C'est en vain que tes soins veulent me secourir,
Rymvid... c'est près de lui que je voudrais mourir ! »

Il se tait. De Rymvid qui peindra la détresse?
Il croit qu'un rêve affreux, qu'un délire l'oppresse;
Son front est inondé de mortelles sueurs.
Laissant tomber la main qu'il baignait de ses pleurs,
Il entend cette voix qu'il a pu méconnaître,
C'est la voix d'une femme et non pas de son maître!
Cependant le fantôme, en pressant le départ,
Jette les rênes d'or dans les mains du vieillard ;
Il étanche avec soin la blessure récente,
Soulève le mourant d'une main caressante,
Et tous trois à cheval, d'un vol précipité,
Du champ jonché de morts tournent vers la cité.
Ils approchent du fort. Comme un fleuve qui roule,
Accourt au-devant d'eux le service et la foule;
Mais lançant leurs chevaux, les guerriers d'un essor
Ont sauté dans l'enceinte, en portant leur trésor;
Le pont-levis se dresse, et l'homme noir ordonne
Aux gardiens étonnés, de n'ouvrir à personne.

Bientôt, dans leurs foyers rentrent les combattants;
Ayant tous accompli des hauts faits éclatants,
Aucun, chef ni soldat, n'a revu la princesse;
On s'informe du maître; on demande sans cesse :
Le prince est-il vivant ou déjà dans les cieux?
Le deuil dans tous les cœurs, l'effroi dans tous les yeux.
De l'horrible secret rien ne transpire encore;
Tous les ponts relevés, on espère, on ignore...
Cependant les soldats descendent dans les champs;
Les arbres d'alentour sous leurs glaives tranchants
Tombent découronnés ; les sapins et les ormes,
Les arbustes rampants et les chênes énormes,
Au sein de la cité sont traînés sur des chars,
Et sèment un parfum de mort dans les remparts.

Dans ce lieu plein d'horreur où l'oiseau du tonnerre
Auprès du dieu des vents avait construit son aire,
Où les bœufs, les chevaux et les béliers dorés
Rougissaient les autels de leur sang colorés,
Là se dresse un bûcher de poutres bien soudées,
De troncs d'arbre équarris, haut de trente coudées,
Un grand chêne au milieu; muet et consterné,
Un captif allemand à mi-corps enchaîné,
A cheval, sous le heaume et dans sa panoplie.
Trois fois autour des bras court la chaîne assouplie;

C'est Didier de Kniprode, arrêté par nos mains,
C'est l'assassin du prince et le chef des Germains !

Le peuple, les soldats se montrent en silence
Sa croix de commandeur, son pavois et sa lance ;
Deux fois traître et parjure, il mérite son sort!
Tous jettent pleins d'angoisse un regard sur le fort,
Recueillant tous les bruits d'une oreille attentive;
Une lueur d'espoir par instants les captive.
Le cor a retenti du faîte de la tour,
Le pont tombe; un convoi s'avance dans la cour,
Portant sur un écu les dépouilles sacrées,
De drapeaux éclatants et d'aigles entourées.
Près d'elles l'arc, le glaive et les épieux polis,
La pourpre d'un manteau les étreint de ses plis;
Voilà ses vêtements, son casque, son armure,
Mais sa face est couverte et le peuple murmure :

« C'est lui, c'est Litavor, généreux souverain,
Homme au vaste savoir, soldat au cœur d'airain !
Qui saura, comme lui, notre juge équitable,
Aux Moskals, aux Teutons se rendre formidable?
Gloire à lui !... Mais pourquoi nos rites redoutés
Ne sont-ils plus chez nous saintement écoutés ?
Non, ce n'est pas ainsi que jadis nos ancêtres
Honoraient à la mort ses parents et leurs maîtres !
Pourquoi ne prends-tu pas, ô prince gracieux,
Ton page inséparable, avec toi, dans les cieux?
Où donc est, des combats comme toi-même avide,
Ton cheval de bataille, en noir, la selle vide?
Où sont les deux faucons, les fidèles limiers
Au flair divinatoire, et les prompts lévriers? »

La foule ainsi se plaint. Les chevaliers déposent
Le corps sur le bûcher, et les prêtres l'arrosent
De torrents parfumés de lait et d'hydromel.
Le Vaydelote alors s'avance vers l'autel;
Tous entonnent en chœur le chant des funérailles.
Le cor résonne au loin... Déjà dans les entrailles
Des béliers le grand prêtre a plongé son acier...
Arrêtez ! voici l'homme au funèbre coursier.
Quel est cet homme noir et quel dessein l'amène?
Est-ce un spectre, est-ce un dieu sous une forme humaine?
On ne sait; mais c'est lui qui durant le combat,
Empêchant qu'à ses pieds Litavor ne tombât,
Terrassa le komthour, nous rendit le courage,
Et lava dans son sang un éternel outrage.
C'est bien lui... voilà tout ce que l'on peut savoir.
C'est le même coursier, le même manteau noir;
Mais quel est le pays, le nom de ce fantôme?
Que veut-il?... Regardez ! il soulève le heaume,
Il découvre son front... Litavor! dieux puissants!
La surprise ravit la parole et les sens;
De joie et de bonheur tous agitent leurs armes :

« C'est lui pour qui nos yeux ont versé tant de larmes,
C'est Litavor, vivant! » Mille cris à la fois
Éclatent vers les cieux comme une seule voix.
Le prince, armant ses traits d'un calme imaginaire,
Des acclamations écoute le tonnerre.
Regardant à l'entour, comme sans y songer,
Il sourit tristement... Sourire mensonger !

Ce n'est pas cet éclair jailli du fond de l'âme
Reflétant dans les yeux une céleste flamme;
C'est plutôt ce sourire éphémère, contraint,
Qui se pose un moment sur la lèvre, et s'éteint;
Aux pleurs du désespoir qui parfois se marie,
Comme au front d'un cadavre une rose flétrie...
« Allumez!... L'incendie a monté jusqu'aux cieux.
Connaissez-vous, dit-il, ces restes précieux,
Ce guerrier, ce martyr que dévore la flamme?...
— Tout se tait. — Apprenez que c'était une femme,
Femme par ses attraits, héros par ses vertus...
Amis, je suis vengé; mais mon cœur ne vit plus!... »
Il dit, court au bûcher, près de sa bien-aimée,
Et périt dans l'enfer de flamme et de fumée.

XI.

ODE A LA JEUNESSE.

Des squelettes sans cœur, voilà les nations.
    Jeunesse, prête-moi tes ailes
Pour planer au-dessus des demeures mortelles,
    Dans les sublimes régions
Où ton enthousiasme enfante des merveilles;
    Où l'espérance aux doux rayons
Sème de diamants et de fleurs sans pareilles
    Tes lumineuses visions!

    Courbé sur le sol qu'il habite
    Que l'infirme, que le vieillard
    N'ose quitter l'étroit orbite
    Décrit par son faible regard.
    Jeunesse! au-dessus de l'espace
    Prends ton vol dans l'immensité;
    Pars! que ton coup d'œil d'aigle embrasse
    L'océan de l'humanité!

Regarde en bas... Vois-tu cette masse assoupie
    Sous un déluge épais d'abjection?
C'est la terre!... soudain, de l'eau noire et croupie
    Sort un mollusque... il creuse son sillon...
A la fois gouvernail, pilote et pavillon,
    Pour capturer des êtres de sa sorte
Il monte à la surface ou plonge en les suivant;
Sans s'attacher à la mer qui le porte,
Sans que la mer s'attache au navire vivant...
    Quand sur l'écueil tout à coup il se brise;
    Sa vie, on l'ignorait... sa mort, on la méprise :
    C'est l'égoïsme, aujourd'hui triomphant!

Jeunesse! il est bien doux le nectar de la vie,
Lorsque l'amitié sainte y dépose son miel;
Seuls les cœurs généreux, sans haine, sans envie,
Ont droit de s'abreuver aux délices du ciel!

    A l'œuvre donc, jeunes amis et frères!
    Le but commun, c'est le bonheur de tous;
    Unis et forts, sagement téméraires,
    Jeunes amis, à l'œuvre, embrassons-nous!
    Gloire au premier qui meurt dans la carrière!
    Son âme aura le nimbe des élus;
    Son corps devient un échelon de plus
    Vers la cité d'amour et de lumière!
    Gloire aux martyrs, gloire aux cœurs résolus!
    Si le chemin en est rude et rapide,
    La peur, la force en défendent le seuil,
    Opposons-leur un courage intrépide,
    Foulons aux pieds la bassesse et l'orgueil!
    Qui tout enfant brisa l'hydre aux cent têtes,
    Homme, vaincra les centaures pervers;
        Ravira leur proie aux enfers,
    Jusqu'à l'Olympe étendra ses conquêtes!

    Monte où jamais le regard n'a monté;
    Crois à l'instinct, quand tu ne peux résoudre :
    Ton vol, jeunesse, est d'un aigle indompté,
    Ton bras est armé de la foudre!

A l'œuvre! esprits et cœurs dans un même foyer!
    Autour du globe, épaule contre épaule!
Terre, déplace-toi! redresse ton vieux pôle!
    Vers d'autres cieux nous allons t'envoyer!
Arbre au tronc vermoulu, dépouillant ton écorce,
    Fleurs et rameaux brisés par les autans,
Par nous tu renaîtras plein de sève et de force,
    Plus radieux qu'aux jours de ton printemps!
Comme dans le chaos, le domaine des ombres,
    Quand le *fiat* retentit dans les cieux,
L'orage s'apaisa sur les océans sombres,
    Le char divin roula sur ses essieux;
L'espace fut rempli de millions d'étoiles,
    Puis vint le jour, la lumière sans voiles :
Ainsi l'humanité lutte encor dans la nuit;
    Mais que l'amour l'inspire et la féconde,
La paix universelle en sera le produit,
    Et du chaos naîtra l'ordre du monde!

    Salut! rayonnante clarté;
    Sur la terre heureuse et bénie
    Après les splendeurs du génie,
    Le soleil de la liberté[1]!

XII.

LE JUGEMENT DE LIBUSZA,

LE PLUS ANCIEN POËME SLAVE [2].

(721.)

Vltava, de tes eaux pourquoi troubler la paix?
Qui donc ose ternir tes ondes argentées?
Par les vents en fureur sont-elles agitées?
Amassant sur ton sein des nuages épais,
Vont-ils glacer le front de nos vertes montagnes,
Ou de leurs moissons d'or dépouiller les campagnes?

Comment puis-je garder le calme de mes flots,
Quand deux frères, sortis d'une royale souche,

---

[1]. Pour l'entière intelligence de cette ode, voyez les *Œuvres poétiques complètes* d'Adam Mickiewicz, tome I, page 430, note 20, sur les *Rayonnants* de Vilno.

[2]. Voyez les *Lettres slaves* (la Légende slave).

Éternisent sur eux une lutte farouche?
L'un, des bords de l'Otave, où parmi les bouleaux
Roule une onde au fond d'or; l'autre vient de la rive
Du froid Radburz...Hrudosz et Stoglow, deux jumeaux
Issus des Klénowicz, ce vieux tronc qui dérive
Du sang du roi Popiel; race aux vastes rameaux
Des bords du triple fleuve, et qui dans ma contrée
Avec la tribu tchèque autrefois s'est montrée.

Mais des champs de l'Otave une hirondelle accourt.
Elle entre à Vyszehrad, se pose à la fenêtre
Du vieux manoir, bâti par un mage, un ancêtre
De Libusza, puis jette un cri plaintif et sourd.
Et sa sœur aussitôt répond à l'hirondelle,
En priant Libusza, messagère fidèle,
D'assembler à l'instant dans le palais des rois
Un tribunal de paix pour finir cette guerre :
De citer à sa barre et Stoglow et son frère,
Pour les faire tous deux juger selon les lois.

Aussitôt Libusza par des hérauts appelle
Sutoslaw de Lubicz la blanche, aux moissons d'or,
Aux bois de chênes verts; et le fier Lutobor,
Seigneur de Dobroslawsk, où l'Orliça-la-Belle
Meurt dans les bras de l'Elbe; et Racibor, du mont
Où le San de torrent devient fleuve profond.
Puis le vieux Radowan, seigneur de Pont-en-Pierre,
Iarozvr du vallon coupé de cent ruisseaux;
Strezibor, Samorad de la Mza, toute fière
Des épis argentés qui flottent sur ses eaux ;
Enfin Hrudosz lui-même, et Stoglow plein de rage,
Qui d'un père au tombeau lui ravit l'héritage.

Kmiets et lechs et vladyks pour la cause attendus[1]
Aux murs de Vyszehrad sont déjà tous rendus;
Au pourtour de la salle un peuple entier se presse :
En robe blanche alors, la royale prêtresse,
Libusza vient s'asseoir au trône des aïeux.
Dans l'art judiciaire instruites par les dieux,
Siégent à ses côtés deux vierges inspirées;
L'une tient dans ses mains les tables de la loi,
L'autre, le glaive nu, qui du crime est l'effroi :
Près d'elles, pour servir aux épreuves sacrées,
L'eau lustrale et le feu brillent sur deux trépieds.

« C'est à vous, dit la reine, illustres envoyés,
Vous, kmiets lechs, et vladyks, de juger ces deux frères,
Qui vont débattre ici des intérêts contraires,
Et qu'un amour funeste a jadis désunis.
Selon la loi des dieux immortels et bénis,
Ils doivent en commun posséder l'héritage,
Ou jouir de leur bien par un égal partage.
Mes kmiets, lechs et vladyks, tel est mon jugement.
Si, tel qu'il est rendu, votre raison l'approuve,
Confirmez-le; sinon, j'attendrai que l'on trouve
Une nouvelle loi qui, fraternellement,
Des fils d'un sang royal épuise enfin la haine. »
Ici, kmiets et vladyks s'inclinent vers la reine,
Se parlent à voix basse et, discutant toujours,

[1] Les représentants des communes, de l'armée et du tiers état.

Exaltent la princesse et son noble discours.
Le sieur de Dobroslawsk, Lutobor, esprit sage,
Se lève de son siége et lui tient ce langage :
« Divine Libusza, du trône de nos rois
Tu viens de prononcer des paroles royales;
Nous avons tout pesé : fais recueillir les voix. »
Dans l'urne sainte alors les deux vierges loyales
Reçoivent gravement les votes, que tout haut
Elles font proclamer par la voix d'un héraut.
L'austère Radowan, seigneur de Pont-en-Pierre,
Ayant compté les noms, veut voir les deux jumeaux
Jugés par les vladyks, la nation entière
Confirmant la sentence, et termine en ces mots :

« Oui, frères Klénowicz, nés de la même couche,
Tous deux braves, sortis d'une royale souche,
Du vieux sang de Popiel, de ce même Popiel
Dont les fils, franchissant trois rivières lointaines,
Avec la tribu tchèque ont paru sur ces plaines,
Frères, embrassez-vous, sans rancune et sans fiel;
Chacun de vous aura sa part, libre d'entrave,
De la terre commune et des bienfaits du ciel! »
A ce discours, Hrudosz, maître aux bords de l'Otave,
Se dresse comme un chêne, appelle ses vassaux,
S'agitant, frappant l'air de sa droite en furie,
Et d'une voix de buffle il menace et s'écrie :

« Malheur, trois fois malheur aux timides oiseaux,
Alors que dans leur nid se glisse la vipère!
Mais malheur bien plus grand aux hommes, aux soldats
Qu'une femme gouverne à la mort de leur père!
A l'homme de régir les hommes, les États :
Donc, à moi, fils aîné, revient tout l'héritage! »
Libusza, se levant, répond à cet outrage :
« Chers kmiets, lechs et vladyks, la fille de vos rois
Vient ici de subir des injures cruelles;
A vous seuls de juger entre eux, selon vos lois :
Désormais je renonce à vider vos querelles.
J'abdique; choisissez un homme, un souverain,
Qui vous fera ployer sous son sceptre d'airain:
Car la main d'une femme est trop faible... »

                              Elle pleure;
Au mont de Kerkonosz possédant sa demeure,
Racibor s'est levé pour parler sur ce ton :

« Honte au spoliateur! honte au droit du Teuton!
Honte à qui le suivrait! Car nos lois sont sacrées,
Ces lois que nos aïeux apportèrent, dit-on,
Des bords des trois cours d'eau dans ces riches contrées. »

. . . .

XIII.

LE JUGEMENT DE DIEU

(D'APRÈS VLADISLAS MEDYNSKI.)

IAMBE.

Europe, est-ce le bruit des chaînes qu'on te forge
    Qui tressaille au fond de ton cœur?
Est-ce le râle affreux d'un peuple qu'on égorge,
    Ou les cris de mort du vainqueur?

Vois le cruel tableau d'indicible souffrance
  Planant sur un noble pays;
C'est, comme Jeanne Darc ayant sauvé la France,
  La Pologne que tu trahis!

Tandis qu'un songe d'or caresse tes paupières,
  Ce peuple ami lutte là-bas;
Mais ton oreille est sourde aux plaintes, aux prières,
  Car tu ne veux plus de combats!
Il te crie: «A moi, France!» et tu réponds: «Qu'il lutte!
  De la croix qu'il descende seul! »
Il tombe, un contre trois... mais, au jour de ta chute,
  Le mort sortira du linceul!

La paix que tu cherchais t'a conduite à la honte;
  La paix aujourd'hui... mais demain?
Demain... vois-tu le flot des barbares qui monte,
  L'Anglais, le Russe, le Germain,
Cent millions de serfs suivant leur chef de horde!
  Rome du tzarisme ouvre ses bras:
L'Asie est à ton seuil... dans ton sein, la discorde,
  Seule aussi, demain, tu mourras!

Tu te crois invincible... Oui, tu l'étais naguère,
  Libre et donnant la liberté;
Aujourd'hui, meurs esclave, et la première guerre
  Saura détrôner ta fierté!...
Ta Lutèce n'est plus qu'un vaste cimetière,
  Où l'âme se glace et s'endort;
Son dieu, c'est le néant; son culte, la matière;
  Son vrai souverain, c'est la mort!

Ainsi le lis qu'on jette aux mains d'une harpie
  Se dessèche et tombe en lambeaux;
Ainsi la coupe d'or que souille une eau croupie
  Gardera l'odeur des tombeaux!
Car le Seigneur nous dit à notre heure suprême
  Que tout meurtre a son châtiment;
Tel qui souffre le crime est criminel lui-même,
  De plus, il agit lâchement!

Au front de tous les deux, le sang du Juste imprime
  Le sceau qui ne peut varier;
Judas, le renégat, eut la marque du crime,
  Comme Caïn le meurtrier!
Europe, entends l'arrêt que l'Éternel prononce:
« Caïn, je te livre aux remords;
Judas, à tout pardon que ton âme renonce,
  Abel, Dieu veille sur ton corps! »

1er janvier 1865.

DE L'ITALIEN

XIV.

L'ENFER DU DANTE.

Chant cinquième.

FRANÇOISE DE RIMINI.

Ainsi je descendis de la première enceinte
Dans le deuxième enfer, dont l'orbite est moins grand,
Mais plus fort le supplice et plus vive la crainte.

Minos est sur le seuil; juge au flair pénétrant,
Il reçoit les pécheurs, les appelle à voix haute,
Et selon leurs forfaits les dispose en entrant.

Là, toute âme, aussitôt qu'elle devient son hôte,
De ses crimes secrets vient lui faire l'aveu;
Et le monstre infernal qui connaît toute faute,

Sachant quel châtiment doit l'atteindre en ce lieu,
Retourne autant de fois sur lui sa queue immonde
Que l'homme a de degrés à déchoir loin de Dieu.

Devant lui, les damnés se pressent comme un monde.
Chacun vient à son tour se courber sous sa loi;
Parle, écoute et s'enfuit sous la voûte profonde.

Étranger, qui t'amène en ce séjour d'effroi?
Crie en grinçant le monstre à l'aspect des deux anges,
Et suspendant le cours de son terrible emploi:

Mortel, apprends qu'ici sous mes lois tu te ranges;
Tout y vient aisément, mais jamais rien n'en sort.
Paix! lui dit mon gardien: pourquoi ces cris étranges?

N'arrête point ses pas ordonnés par le sort;
C'est l'envoyé de Dieu sans qui rien n'est possible,
Et pour nous arrêter tu n'es pas assez fort.

Les cris aigus, les pleurs d'un gouffre inaccessible
Montaient par intervalle au point où nous étions;
J'avançai: sous mes pas tout l'enfer fut visible.

Et je vins dans un lieu muet de tous rayons,
Grondant comme les flots battus par la tempête,
Quand deux vents opposés lancent leurs tourbillons.

L'infernal ouragan, qui jamais ne s'arrête,
Emporte les damnés dans sa trombe de feu,
Les tournant, les frappant, et roulant sur leur tête.

Froissés, meurtris, brisés sous ce terrible jeu,
Ils jettent des clameurs dans les airs, dans les flammes,
Des imprécations contre l'amour de Dieu.

Je sus qu'à ce tourment sont soumises les âmes
Des pécheurs succombés aux appâts de la chair,
En tuant la raison sous les plaisirs infâmes.

Comme les étourneaux s'en vont, avant l'hiver,
Traversant l'horizon d'une large cohorte,
Tel, menant les esprits, ce souffle de l'enfer

Les jette, les reprend, les abat, les emporte,
Eux qui n'auront jamais l'espérance de voir
Leurs tourments suspendus ou leur peine moins forte.

Et comme les pluviers vont en chantant, le soir,
Dans l'azur obscurci de leurs files sans nombre,
Ainsi je vois venir, traînant leur désespoir,

Ces damnés tout en pleurs qui font la nuit plus sombre.
Tout saisi d'épouvante, ô mon maître, ai-je dit,
Quels sont ces malheureux qui gémissent dans l'ombre?

Celle qui semble ouvrir ce cortége maudit
Fut la fille d'un roi : l'histoire nous assure
Que sur vingt nations son règne s'étendit.

Elle s'abandonnait au vice de luxure
Si bien que, dans sa loi, l'inceste fut permis,
Pour ôter de son front toute sa flétrissure.

Cette femme impudique eut nom Sémiramis,
L'amante de son fils, sa sœur et sa marâtre;
De nos jours, ses États aux sultans sont soumis.

L'autre porta le fer dans son cœur idolâtre,
Expiant son parjure à Sichée ; à son tour
Vois s'avancer vers nous l'altière Cléopâtre.

Puis Hélène, ce nom qui tarit dans un jour
Le sang d'un peuple entier ; plus loin, le fier Achille,
Invincible pour tous et dompté par l'amour.

Voici Pâris, Tristan ; et plus loin, quelque mille
Suicidés obscurs, dont le cœur s'est perdu
Dans les sentiers fangeux d'un amour trop facile.

Mon guide s'arrêta. Quand j'eus bien entendu
Nommer tous ces héros, ces dames glorieuses,
L'effroi me vint au cœur, je restai confondu.

Je repris : Quelles sont ces deux âmes heureuses
Qui traversent l'enfer d'un vol léger et prompt,
Et sur l'aile des vents s'embrassent amoureuses ?

Je voudrais leur parler. Attends que sur ton front
Plus près, me dit Virgile, elles puissent descendre;
Invoque leurs amours, elles t'obéiront.

J'appelai, d'aussi loin qu'elles purent m'entendre :
Ames en peine, ô vous que je voudrais saisir,
Parlez-moi, s'il n'est rien qui le puisse défendre!

Comme deux ramiers blancs qu'appelle le plaisir,
Volent à tire-d'aile à leur doux nid de mousse,
Emportés dans l'azur par un même désir,

Ainsi, d'auprès Didon, sur le vent qui les pousse
A travers l'air épais ce beau couple descend,
Si fort fut mon appel, ma prière si douce.

O mortel généreux, ange au front caressant,
Qui viens nous visiter dans ce lieu redoutable
Loin du sol que jadis nous teignîmes de sang,

Si le maître des cieux nous était favorable
Nous lui demanderions ta paix et ton bonheur,
Puisque tu prends pitié du mal qui nous accable.

Quel que soit ton souhait, nous voici prêts, Seigneur ;
Nos âmes te diront leurs plus tendres mystères,
Pourvu que l'ouragan suspende sa fureur.

Le lieu qui nous vit naître est caché dans les terres
Où l'Éridan finit son cours aventureux,
Pour trouver le repos avec ses tributaires.

Amour, qui plus souvent touche un cœur généreux,
Le prit pour ma beauté d'une tendresse extrême;
J'étais belle : à présent... mon supplice est affreux!

Amour, qui ne pardonne à nul objet qu'on aime,
Me consume à mon tour et ne m'épargne pas,
Et, comme tu le vois, me tourmente ici même.

Amour nous a conduits vers un même trépas;
Mais l'enfer de Caïn attend le fratricide.
Tels furent les aveux qu'ils murmuraient tout bas.

Les ayant écoutés dans mon rêve lucide,
J'inclinai mon visage et mes yeux tout en pleurs;
Quel projet, dit Virgile, en ton cœur se décide?

Plus calme, je repris : Par quel sentier de fleurs,
Quels suaves pensers, quels ébats pleins d'ivresse
N'ont-ils pas dû descendre au séjour des douleurs

Je me tournai vers l'ombre, et dis avec tendresse :
Ton histoire aux grands cœurs coûtera des soupirs;
Françoise, à tes amours ma pitié s'intéresse.

Mais réponds : au début de ces heureux loisirs,
A quel signe innocent d'une flamme imprudente
Avez-vous reconnu la voix de vos désirs?

Il n'est point, ô mortel, de douleur plus ardente
Qu'un souvenir de joie au sein du désespoir:
Et celui qui l'a dit fut le maître du Dante.

Mais puisque, reprit-elle, il te plaît de savoir
Comment vint cet amour si funeste à mes charmes,
Mes pleurs te le diront, s'ils en ont le pouvoir.

Nous lisions le roman tout plein de douces larmes
Du page Lancelot que l'amour a surpris;
Nous étions seuls, ce jour, sans aucunes alarmes.

Déjà, plus d'une fois, nos yeux s'étaient compris;
Je sentais sur mon front les pâleurs de la fièvre,
Un seul vers acheva d'égarer nos esprits.

Quand nous lûmes la stance où l'amant de Ginèvre
Baise un premier sourire inspiré par l'amour,
Mon amant pour jamais s'approcha de ma lèvre;

Frémissante et sans voix, je l'embrasse à mon tour :
Galléaut fut l'auteur aussi bien que son livre,
Et nous n'en lûmes pas davantage, ce jour.

Tandis qu'à ses regrets ce fantôme se livre,
L'autre pleure, agité d'un si cruel remord,
Que, saisi de pitié, je crus cesser de vivre

Et tombai sur le roc comme tombe un corps mort.

DE L'ANGLAIS.

XV.

ODE A SAINTE CÉCILE
OU LE FESTIN D'ALEXANDRE
d'après Dryden et Hœndel.

1.

Des rebelles persans la ' Grèce entière en fête
    Célèbre la défaite.
    Alexandre orgueilleux
    Monte, semblable aux dieux,
    Les degrés de son trône.
Un cortége de rois s'incline sur ses pas ;
    Au lieu du laurier des combats
    La rose aujourd'hui les couronne.
L'aimable fiancée au regard souriant,
    Thaïs, la perle d'Orient,
    De ses bras charmants l'environne :
      Car c'est à toi
      Tout-puissant Alexandre,
      Héros et roi,
      Que Thaïs doit se rendre.
      Honneur à toi !

2.

    Le divin Timothée
    Sur la foule agitée
    Lève un front blanchissant.
    Son luth retentissant
    Gémit, chante, soupire ;
    Il dit, en commençant,
    Jupiter, fuyant son empire,
    Blessé par un trait de l'Amour ;
Et d'un dragon prenant la forme impie,
    Poursuivant la jeune Olympie,
    Sublime et rampant tour à tour :
    Pressant un beau sein qu'il féconde,
    Se roulant autour de son corps,
Et lui donnant pour fils un souverain du monde !
    L'essaim muet applaudit ses accords :
      Un saint prophète
      Est en ce lieu ;
      L'écho répète :
    C'est un dieu, c'est un dieu !
    Comme un navire aux grandes voiles,
      A ce refrain
      Le souverain
      D'un front serein
    Semble atteindre aux étoiles.

3.

Le vieillard triomphant chante le dieu du vin,
    Le doux Bacchus et son philtre divin ;
    Le voici, le dieu de la treille !
Le tambour bat, le clairon se réveille :
    Quelle pourpre aujourd'hui
    Fleurit sur sa tempe vermeille !
Sonnez hautbois, il approche, c'est lui !
    Bacchus nous apprit à bien boire,
    Ses présents nous charment toujours ;
    C'est le trésor de la victoire,
    C'est le soutien de nos amours,
    C'est le seul vrai bien de nos jours !
      Dans l'allégresse
      Ou la détresse,
      Buvons sans cesse
      A nos amours !

4.

A ces accents, le roi brandit sa lance ;
    Trois fois à l'attaque il s'élance,
Et trois fois dans leur tombe il va frapper les morts
    Voyant éclater ses transports,
    Sa rougeur, ses yeux en délire,
    Par un cri plaintif de sa lyre
    Le maître évoque les remords.
    Sa voix devient lugubre et sombre,
    La Perse en deuil gémit dans l'ombre.
    C'est Darius, roi tout-puissant,
      Qui tombe, tombe, tombe
      De l'empire
      à la tombe,
      Et roule dans le sang.
      Trahi par la victoire,
      Les hommes et les dieux,
      Sans linceul et sans gloire
Il meurt, sans qu'un ami vienne fermer ses yeux !
    Courbant le front et dévorant ses larmes,
      Alexandre est pâle et troublé ;
      Le cyprès s'enlace à ses armes,
      Maint soupir trahit ses alarmes,
      Et déjà ses pleurs ont coulé !

5.

L'homme inspiré, plaignant sa folle ivresse,
    Lui dit : Je chante ta maîtresse !
Une nuance accomplit ce retour,
Car la pitié nous dispose à l'amour.
    Le mode lydien ramène
    Un chant qui promet le bonheur :
    Il maudit Pallas l'inhumaine,
    Le vain fantôme de l'honneur ;
    Si le prestige de la gloire
    Entre un désastre et la victoire
    Peut charmer tes yeux éblouis,
    Et si l'univers tout en cendre
    T'adore, ô divin Alexandre,
    Ton plus beau laurier, c'est Thaïs !
    Honneur au maître de la lyre !
    Que l'amour emporte le prix !
    Le roi, que Vénus même inspire,

A son côté
Voit la beauté
Cause de son martyre,
Soupire, regarde et soupire,
Regarde et frémit tour à tour,
Puis, dans ses bras il dépose l'empire,
Et le vainqueur du monde est vaincu par l'amour !

6.

Fuyez, fuyez, strophes légères !
Essaim frivole au sourire vermeil,
Partez, visions mensongères,
Et que la foudre éclate à son réveil !
La mer profonde
S'avance et gronde
Autour du roi,
Sous la tempête
Courbant la tête
Avec effroi !
O noires Euménides,
Accourez des enfers,
Que vos serpents avides
Se dressent dans les airs !
Les voilà ! ce sont elles,
Les trois sœurs immortelles,
Sous le vent de leurs ailes
Agitant des flambeaux ;
O patrie ! ô vengeance !
Les tyrans, vile engeance,
Frappent sans indulgence
Ta poitrine en lambeaux !

Et je vois dans mon rêve
Tes enfants, sur la grève
Immolés par le glaive,
En pâture aux corbeaux !
C'est leur voix qui te crie :
Vengeance, ô ma patrie,
Pour ta gloire flétrie,
Pour ces corps sans tombeaux !
Voyez, voyez ! l'auditoire en furie
Porte la flamme aux remparts des Persans,
Brise leur temple et leurs dieux impuissants.
Chefs et soldats, tout tressaille de joie ;
Le souverain s'élance vers sa proie :
Thaïs, une torche à la main
Éclairant son chemin,
Seconde Hélène, embrase une nouvelle Troie !

7.

Avant que dans l'espace eût grondé le beffroi,
Quand les orgues étaient muettes,
Tel, Timothée enseignait aux poëtes
La volupté, la vengeance ou l'effroi.
Alors vint la tendre Cécile ;
Dans sa main la lyre docile
Seconda les accents d'un immortel amour :
En donnant aux nouveaux cantiques
Le rhythme et les grâces antiques,
Elle les fit pleurer et chanter tour à tour.
Ainsi, que nos justes louanges
Se partagent entre eux :
Le chant élève l'homme au séjour bienheureux,
Mais la prière en appelle les anges !

LIVRE CINQUIÈME

LES AMOURS DES ANGES

D'APRÈS THOMAS MOORE

> « Il advint en ces jours que les fils des hommes se furent multipliés, qu'ils eurent des filles belles et gracieuses; et lorsque les anges, les fils du ciel, les eurent vues, ils en tombèrent amoureux. »
>
> *Livre d'Énoch,* chap. VII, sect. 2.

A THOMAS MOORE.

Barde national d'un peuple qu'on immole,
D'où te vient le prestige entourant ta parole?
D'où jaillit la splendeur de ton front étoilé?
O Moore! n'es-tu pas un prophète voilé,
Ou l'un de ces enfants de Dieu, dont tu racontes
Les terrestres amours, les tourments et les hontes,
Qui planant dans l'espace, éblouis par ses yeux,
Pour le cœur d'une femme ont déserté les cieux?...
Du chantre des Péris partageant le délire,
Enfant, je m'enivrais des accents de ta lyre;
Les brises m'apportaient, sous un ciel plus serein,
Les bruits mélodieux de la harpe d'Érin:
Et souvent à ma voix, l'écho de la Vistule
A redit les soupirs du moderne Catulle.
Mon âme allait vers toi, quand tes hymnes vainqueurs
Des tigres d'Angleterre ont dompté les rigueurs;
Quand des bords du Shannon, ta muse, jeune fée,
Mariant le sarcasme au divin miel d'Orphée,
Et des gloires d'Érin lui rendant les affronts,
Endormit les abois du Cerbère à trois fronts;
Lorsque, dieux infernaux, les rois que tu désarmes,
Sur les fers qu'ils rivaient ont dû verser des larmes[1]!

Émule de Byron et du barde écossais,
Le premier, Thomas Little instruisit le procès
Du lourd esprit saxon, ce grossier crépuscule,
Qui gonflant à Guildhall son orgueil ridicule,
Et noyant dans le gin ses douteuses lueurs,
De ton île affamée exploite les sueurs.

---

1. Voyez la mélodie : *Oh! blame not the bard*, etc.

A toi donc, Thomas Moore, à toi donc cette offrande,
Hommage à ton génie, aux larmes de l'Irlande!
La Pologne des mers, c'est le nom fraternel
Que donne notre cœur au pays d'O' Connell;
Mais plus heureux cent fois, il n'a pas le tzarisme
Étendant sur sa race un affreux terrorisme;
Ton peuple déjà mûr, instruit par tes leçons,
Lui-même va cueillir ses fruits et ses moissons;
L'oligarchie éteinte avec ses vieux ministres,
Viendront pour lui des temps moins durs et moins sinistres.
Vois ces jeunes essaims se groupant près de toi,
Fils du peuple et sans nom, mais ardents, pleins de foi,
A travers l'Océan répandus sur deux mondes,
Prêts à verser leur sang dans des luttes fécondes,
Tous, voulant que l'Irlande ait sa part au soleil,
Et qui, chantant tes vers, salueront son réveil!
Mais nous... Vois ces brasiers rougissant des cieux mornes:
C'est l'enfer du dieu-tzar, sans espoir et sans bornes!...
Ombres du beau Zaraph, de Léna, d'Azraël,
Venez, entourez-moi des effluves du ciel;
Parlez-moi de bonheur, d'enfance, de patrie,
Vous, exilés aussi, l'auréole flétrie,
Portant au cœur le deuil d'un éternel amour,
Mais non pas, comme moi, sans espoir de retour!..
Si tu trouves parfois des erreurs dans ce livre,
C'est que l'idée anglaise est difficile à suivre,
Surtout dans un langage, orgueilleux mendiant,
Qui repousse l'aumône, ou l'accepte en raillant.
Le vers, tel que j'ai fait une règle insensée,
Est une lourde chaîne au vol de la pensée;
Ne pouvant la briser, elle y meurt à demi...
Que faire?... il faut bien vivre avec son ennemi.

Deux archanges déjà, deux élus que tu pleures,
Sont montés, pleins de gloire, aux célestes demeures;
L'un, dans la fleur de l'âge, entouré de soldats,
Sur le sol où jadis mourut Léonidas;
L'autre, enfant d'Ossian, retrouvait dans les nues
Des héros qu'il chantait les ombres bien connues :
Tes frères tous les deux, frères par le devoir,
Frères par leurs instincts; car tous deux voulaient voir
Entre vos trois pays un plus juste équilibre,
A leur exemple, un jour, l'Europe unie et libre!
Que ton front éclairé par leurs astres jumeaux,
Ami, garde longtemps les palmes de Téos;
Que, fidèle à ta voix, la lyre de Tyrtée
Vibre, comme un clairon, sous ta main redoutée!

Ainsi, quand le soleil abdique sous les mers
Ses rayons souverains qui charmaient l'univers,
Lorsque la pâle Hécate, aux flottantes images,
Revêt d'un blanc linceul son trône de nuages,
Comme un phare sauveur, brille dans le lointain,
Toujours belle à nos yeux, l'étoile du matin.

Liége, 1835.

PROLOGUE.

C'était en Orient, au principe du monde.
Les heures commençaient leur course vagabonde,
Le temps venait de naître; et le ciel plein d'ardeur,
Du soleil, jeune encore, admirait la splendeur.
Sur les flancs des coteaux, au sommet des collines,
Les anges, les humains, deux natures divines,
Jouaient dans sa lumière et ne se fuyaient pas;
Avant qu'un jour le Crime et son fils le Trépas,
Entre le ciel jaloux et la terre coupable
N'eussent jeté leur voile immense, impénétrable.
La terre avec le ciel formait un paradis;
Les fils d'Ève sans crainte, avant d'être maudits,
Voyaient les yeux d'azur, la chevelure blonde
D'un bel ange effleurant la surface de l'onde.
Le Remords devait-il souiller des fronts divins,
Bannir du lieu natal hommes et séraphins!
Fallait-il que pour eux ce céleste anathème,
Cet exil sans espoir, fût né de l'Amour même!...

Au déclin d'un beau jour, quand le soleil couchant
D'un paisible coteau colorait le penchant,
Sur un lit de verdure et de fleurs inclinées,
Trois étrangers causaient de leurs jeunes années.
A leurs fronts, par moments levés avec amour
Vers l'espace où déjà fuyait l'aile du jour,
Interrogeant au loin la splendeur pâlissante
Et les bruits expirants de la patrie absente,
On devinait sans peine un groupe radieux
Des premiers nés du ciel; essaim mélodieux,
Du soleil sans déclin lumineuse auréole,
A travers l'infini transmettant sa parole.

Ils parlaient de l'Éden; et plus souvent encor
Des premières amours, des premiers rêves d'or;
Jusqu'à l'heure où cédant à la douce magie
Du silence étendu sur la vague rougie
Par l'aurore brillant des plus riches couleurs;
Des suaves parfums versés du sein des fleurs,
Comme au jour tant pleuré de la première ivresse,
Chacun d'eux raconta cet élan de tendresse,
Moment doux et fatal où, comme un jeune oiseau,
Désertant de son nid le mobile berceau
Fasciné d'un regard qui le charme et l'attire,
Ainsi, l'ange a quitté le ciel pour un sourire.

Le premier qui parla fut celui dont les yeux
Gardaient à peine encore un souvenir des cieux;
Génie inférieur, dont les gloires éteintes
Ont pris plus aisément les terrestres empreintes.
Même avant son exil, étranger dans les chœurs
Des ardents séraphins, les archanges vainqueurs
Qui plongèrent Satan au séjour des supplices,
Cet ange appartenait aux lointaines milices
Veillant sur le Chaos, dont les ailes d'azur
Reçoivent un éclat moins durable et moins pur.

Toujours beau, toujours fier; pourtant, son origine
Parmi les trois esprits semblait la moins divine;
Une blanche auréole entourait sa pâleur,
Mais ternie, altérée au souffle du malheur.
L'amour avait empreint sur ses traits diaphanes
Sa noble expression; mais des feux plus profanes,
Plus communs que l'amour ont touché ce beau front,
Et l'ont stigmatisé d'un éternel affront.

L'ange ayant soupiré, comme si la mémoire
Eût fait revivre en lui son passé plein de gloire,
Essuyant une larme et les yeux éclaircis,
Reprit avec douceur ces magiques récits :

HISTOIRE DU PREMIER ANGE.

C'était dans l'Yémen, le jardin de l'Asie;
Ce pays où la nuit, vivante poésie,
Éprise du soleil, se livre en souriant
A son beau fiancé qu'annonce l'Orient.
Un matin que, chargé d'un céleste message
Je flottais dans les airs, je vis sur mon passage...
(O charmant souvenir d'un abandon fatal!)
Se baignant comme un lis dans une eau de cristal.
Une enfant, une vierge aux formes séraphiques.
Dans leurs jeux caressants, les ondes pacifiques
Voilaient d'un arc-en-ciel sa naissante beauté.
Par ce réseau brillant, toute la royauté
De cet être divin, sans mystère et sans voile,
Rayonnait à mes yeux comme une blanche étoile.

J'arrêtai mon essor dans mon ravissement.
Presqu'au bord du ruisseau, fluide diamant,
Elle agitait des mains la vague familière,
Et faisait autour d'elle ondoyer sa lumière.
Pour admirer de près ce magique tableau,
De l'azur, lentement, je m'inclinai vers l'eau;
Mais au bruit rapproché de mes ailes de flamme
Que je sentais frémir du trouble de mon âme,

Désertant aussitôt sa mobile prison,
Légère, elle glissa sur la pente en gazon ;
Plus blanche que la neige au ciel à peine éclose,
Teintée, aux feux du soir, des couleurs de la rose...
Elle était là... Jamais je n'oublierai ses yeux,
Ces deux saphirs vivants pleins du reflet des cieux,
De surprise et d'effroi ce pudique mélange,
Quand plongés dans l'espace, ils y virent un ange...
Comme l'héliotrope, amante du soleil,
Immobile et levant son visage vermeil,
On eût dit une fleur au sol enracinée,
Et d'un rayon de Dieu son âme illuminée !...

M'arrachant à regret à cette vision,
Mais voulant lui garder sa douce illusion,
Je descendis à terre, et sous l'or de mes ailes
Je voilai de mon front les gloires immortelles,
Les feux de mes regards, qui, je le sentais bien,
Répandaient trop d'éclat pour son cœur et le mien.
Et lorsque, découvrant ma paupière craintive,
Je regardai les eaux, et les fleurs, et la rive,
Elle avait déjà fui, bien loin, dans la forêt...
Telle, sur un beau ciel la lune disparaît
Quand un épais nuage, éclipsant son orbite,
Sur le monde attristé jette une ombre subite.
Oh ! comment exprimer l'irrésistible émoi,
L'impérieuse ardeur qui s'empara de moi,
Quand, nuit et jour, j'allais demandant son image
Au cristal des ruisseaux, aux ombres du bocage ;
Et, cherchant mon idole, à ses traces lié,
Dieu, vertu, terre et ciel, j'avais tout oublié :
Tout au monde, excepté le rêve trop rapide
Sorti du sein brillant de la vague limpide !

J'ai pu, sous peu de jours, m'asseoir à ses côtés,
M'enivrant des splendeurs de ses jeunes beautés,
De sa voix si touchante, et dont les harmonies
Égalaient en douceur les harpes des génies
Quand l'amour fait vibrer leurs hymnes ravissants ;
Mais sans lui, pourrait-on comparer leurs accents !
J'ai pu revoir ces yeux, dont la flamme est pareille
Au rayon d'un beau jour dans l'onde qui sommeille ;
Où brillait pour mon âme un Éden plus charmant
Que l'Éden, mon berceau, perdu dès ce moment !
Que m'importait ce ciel dont j'osai redescendre,
Quand je pouvais ainsi l'admirer et l'entendre !
L'air que je respirais me semblait-il moins pur ?
Les roses sans parfum ? l'infini sans azur ?
Son regard leur prêtait ses charmes, sa lumière.
Dès lors m'ont apparu dans la nature entière
Deux mondes bien distincts : l'un, ces flots, ce gazon,
Où je voyais toujours, sous le même horizon,
L'image de Léna ; l'autre sombre et néfaste
Où Léna n'était pas, plus désert et plus vaste !

Tout soupir était vain, tout prestige impuissant...
Bien que pour obtenir de cet être innocent
Un regard plus humain, de plus douces étreintes,
J'aurais sans hésiter, brisant mes ailes saintes,
Répandu leurs lambeaux sur ces gouffres maudits
Ces feux, qu'on n'ose point nommer au paradis,
Rien n'a pu la toucher ; calme, sous ma parole,

Elle était comme un lis dont la blanche corolle
Reçoit sans se flétrir les baisers du soleil ;
Et bien qu'elle m'aimât d'un amour sans pareil,
Cet amour n'avait rien d'une terrestre flamme.
Ce qu'elle aimait en moi, sans bornes, c'était l'âme ;
Je lui semblais alors l'être supérieur,
Le divin messager de ce monde meilleur
Fermé pour ses regards, mais qu'elle voit en rêve,
Vers qui dès le matin sa prière s'élève,
Et le soir, en pensée, elle se dresse encor :
Désirant, jeune fille, avoir deux ailes d'or
Pour quitter cette terre, et d'un vol séraphique
Remonter vers le ciel, son berceau magnifique !...

C'était, je m'en souviens, à l'approche du soir,
L'heure où près du ruisseau Léna venait s'asseoir.
Elle admirait, pensive, une étoile brillante,
Comme une fiancée, heureuse et souriante ;
Le silence régnait dans les bois, sur les flots.
Son regard s'assombrit ; le cœur plein de sanglots,
Elle dit : « Si j'étais le gardien, le génie
De cet astre que j'aime, à ses feux réunie,
Comme lui pure et sainte, à lui seul pour toujours,
A luire, à prier Dieu consacrant nuits et jours,
Comme lui je voudrais en hymnes d'allégresse
De mon âme trop pleine épancher la tendresse,
Allumer au soleil mon céleste encensoir
Et l'agiter vers Dieu, le matin et le soir ! »
Telle était cette enfant, angélique nature,
Et d'esprit et de corps exempte de souillure ;
Chef-d'œuvre de beauté, de candeur : et jamais
Je ne saurais vous dire à quel point je l'aimais !

Oh ! si vous aviez vu ce regard plein de flamme
Quand le fatal aveu s'échappa de mon âme !
Non, ce n'était pourtant ni dédain ni courroux :
Elle ignorait l'orgueil ; plus paisible et plus doux,
Comme après le réveil d'un songe plein de charmes
C'était un long regret s'éteignant dans les larmes ;
Tellement tout son cœur était plein jusqu'au bord,
Si grand, si douloureux lui paraissait l'effort
De songer désormais qu'un immortel génie
Dont l'amour tout divin, flamme sainte et bénie,
Aurait dû l'élever jusqu'à sa pureté
D'un seul trait pût déchoir de sa divinité
Jusqu'aux viles amours, jusqu'aux terrestres fanges
D'un désir flétrissant même le cœur des anges ;
Désir qui le plus tôt étouffé en notre sein
Le principe éternel de tout noble dessein !
Et tandis qu'elle-même, être faible et fragile,
Pareille à l'exocet, quittant son corps d'argile,
Essayait, jeune oiseau, d'un élément plus pur,
Moi, fils du ciel, créé dans un berceau d'azur,
En tombant de ma gloire aux abîmes du monde,
Je devais l'entraîner dans ma chute profonde,
Et la forcer à boire à toute heure, en tout lieu,
Dans l'océan du mal, l'anathème de Dieu !...

De l'amour, du bonheur, les instants sont rapides !
Les sept Gardiens, planant sur les voûtes limpides
Si quelque météore au brûlant tourbillon
Partageait le ciel bleu d'un plus rouge sillon,

Croyaient y voir l'éclat de mon aile empourprée
Dans son retour vers Dieu traversant l'empyrée !
Que de fois, jour par jour, le Verbe essentiel
Confié par Dieu même aux envoyés du ciel,
Pour qu'il soit prononcé quand leur message expire,
Fut-il près d'échapper de ma bouche en délire !
Mais non, je n'osais plus quitter l'être adoré !...
Une fois qu'en secret je l'avais murmuré,
Mon aile frissonna sous la brise céleste;
Lorsqu'une voix chérie... ô puissance funeste !
Par un seul mot d'amour le charme fut détruit;
Du Verbe inachevé j'avais perdu le fruit,
Et prête à s'élancer, l'aile d'or qui m'ombrage
Se reployait sur moi, sans force et sans courage !...

Oh ! pouvais-je, loin d'elle ayant fui sans retour,
L'exiler de ce cœur, si plein de son amour,
Que j'aurais renoncé, prêt à toute souffrance,
Au monde, au ciel, à Dieu, dans la seule espérance
De la voir, d'adorer son ombre, à tout moment,
Ou réprouvé, maudit, de mourir son amant !
Je n'avais désormais d'avenir, de patrie,
Que le cœur de Léna, ma seule idolâtrie;
Plutôt que de la fuir, d'échapper à mes fers,
Tenez, j'aurais bravé tous les feux des enfers !...

J'abrége mon récit. Une fête joyeuse
Eut lieu ce même soir; la jeunesse rieuse
Accourut d'alentour à l'appel du plaisir,
Des roses sur le front, dans les yeux le désir.
De cent jeunes beautés, l'orgueil de la nature,
Elle était la plus belle, âme sereine et pure;
Bien qu'un léger nuage, au lever matinal,
Eût attaché son voile à ce front virginal :
Le premier que jamais sur sa blancheur de neige
Ait mis le souvenir d'un aveu sacrilége.
Un noir linceul pesait sur mon âme ce soir.
Dévoré par le fiel d'un secret désespoir,
Je livrai tout mon être à ces transports de joie,
Que pour feindre le calme un cœur blessé déploie,
Et que nomment gaîté, les jugeant par les leurs,
Ceux qui n'ont pas connu l'infini des douleurs.
Tourment de réprouvés, d'apparence placide,
Empruntant ses lueurs à la flamme homicide
Du choc des passions, et pareil aux éclairs
De deux glaives aigus se croisant dans les airs.
Puis, on me présenta cette essence maligne,
Ce nectar, ce poison exprimé de la vigne,
Dont le philtre enchanté troublant l'âme et les yeux,
Mêle aux pleurs des enfers les extases des cieux.
Pour la première fois, ce breuvage perfide
Dans mon sein pur encor versa son feu liquide,
Étouffant sans pitié ce qui m'était resté
Des vertus de l'archange et de leur majesté;
Pour la première fois, je sentis ma pensée
S'éteindre dans le flot d'une ivresse insensée :
Des spectres m'entouraient, pareils à ces flambeaux
Qui s'agitent, la nuit, sur le flanc des tombeaux...

Voici le dénoûment. La fête consommée,
J'allai dans le bosquet suivant ma bien-aimée.
Là, quand tombait le soir, sous les calmes rayons
De l'astre des amours, souvent nous nous trouvions...
Qu'elle était belle alors ! Grand Dieu, toi qui la venges
Pourquoi de la lumière as-tu doué les anges ?
Ou pourquoi dans l'Éden ne pouvais-je cueillir
Des fleurs que sa beauté n'ait dû faire pâlir ?
Comme au jour précédent, sa paupière attendrie
Suivait au fond des cieux son étoile chérie,
Qui, des monts de l'Éden éclairant les sommets,
Rayonnait ce jour-là plus pure que jamais.
Elle aspirait sa flamme ; et comme dans un vase,
Ses yeux, son âme entière, y puisaient leur extase !

Oh ! dans ce doux tableau régnait une vertu,
Un charme que mon cœur n'aurait pas combattu,
Comme si de Dieu même il contemplait la gloire,
Si le vin n'eût troublé mes sens et ma mémoire.
Tandis que j'étais là, plein d'aveugles transports,
Et comme un criminel tremblant sous ses remords
Devant la faible enfant qu'un amour sans mélange
Plaçait en cet instant bien au-dessus de l'ange,
Elle a pourtant compris mon tendre dévouement,
Cet amour immortel d'un immortel amant,
Lorsqu'avec un accent plein de mélancolie
Auquel de mes désirs l'enivrante folie
Avait encor prêté son magique pouvoir,
Je lui dis, incliné sous le rayon du soir :

« Adieu, Léna, je pars... Dans mon vol solitaire,
Dois-je, sans ta pitié, m'exiler de la terre?
Sans emporter le seul, oui, le seul souvenir
Qui me consolerait de tout mon avenir,
Et serait désormais bien plus cher à ton ange
Que tout ce que le ciel lui promet en échange !
Oh ! voir un seul instant ce regard sans effroi,
Rayonnant de bonheur, se reposer sur moi;
Sentir un seul instant sur ma joue enflammée
Se presser doucement cette lèvre embaumée,
Ou si c'est encor trop pour mon triste revoir,
Voir ce front si charmant s'incliner sur ma main...
Léna, pourquoi trembler ? Une seule parole,
Un regard, un sourire, et soudain je m'envole;
Vois s'étendre et briller ce beau plumage d'or :
Vers mon exil bientôt je reprends mon essor,
Je pars, et pour jamais !... Une tendre caresse...
Dieu peut-il nous punir d'un seul moment d'ivresse ?
Un baiser !... tu sauras le mot mystérieux
Qui m'a conduit sur terre et me ramène aux cieux ! »

Tandis que je parlais, frémissante, effrayée,
Sous ma parole en feu la vierge était ployée,
Comme sous le simoun, les palmiers d'Engaddi
S'inclinent jusqu'à terre aux ardeurs du midi.
Mais quand je lui parlai du talisman céleste...
(Il m'en souvient encor, bien qu'un trouble funeste
Eût égaré ce jour et ma vue et mes sens),
Je vis, pleins de désir, ses yeux resplendissants
Se lever sur les miens ; et d'une voix plus fière,
Qui trahissait dans l'âme un éclat de lumière :
« Oh ! ce Verbe sacré, dis-le moi, je le veux;
Parle, s'écria-t-elle, et je cède à tes vœux ! »
Éperdu, plein d'orgueil et réprouvé dans l'âme,
J'imprimai sur sa bouche un baiser plein de flamme,

Et je lui révélai, vainqueur audacieux,
Ce Verbe inentendu sous la voûte des cieux.
A peine avais-je dit, plus prompt que la pensée,
Le saint nom échappé de ma bouche insensée
S'envola vers la sienne; et ses mains et sa voix
En se levant au ciel l'acclamèrent trois fois,
Avec ce fier regard de l'amour, du courage,
Qui ne laisse aucun voile, aucun terrestre ombrage
Entre le ciel ouvert et le désir fervent,
Lorsqu'aux yeux de la Foi paraît le Dieu vivant!
Et dans ce même instant mon amante adorée
S'envolant de mes bras, parut transfigurée;
Je vis, rayons de feu, s'ouvrir à ses côtés
Deux ailes qui brillaient de changeantes clartés,
Semblables par leur forme aux ailes enflammées
Des plus purs séraphins de nos saintes armées!
Lorsqu'elle déploya sur mon front ébloui
Ces rayons de saphirs... ô prodige inouï!
Je vis, par ce réseau, l'orbe triple et suprême,
Le ciel trahi par moi, tous mes frères, Dieu même!
Vision de splendeur! Non, rien de si brillant
Ne parut à mes yeux, hors ce jour effrayant
Où Satan révolté, l'auteur de nos désastres,
Entraîna dans sa chute un tiers de tous les astres;
Et ce nouveau soleil rendait à l'univers
L'éclat qu'il a perdu par l'archange pervers!

Hélas! pouvais-je voir sa fuite de la terre
Sans prononcer aussi le Verbe du mystère,
Devant au plus haut ciel, ma demeure jadis,
Bonheur qui vaudrait seul tous ceux du paradis,
Réunir pour jamais dans une sainte flamme
Son cœur avec mon cœur, son âme avec mon âme!
J'articulai trois fois le triphthongue divin;
Je pleurai, je priai, j'adjurai, mais en vain!
A mes cris, à mes pleurs, le ciel fut insensible;
Je me sentais étreint d'une chaîne invisible,
Et lorsque j'essayais de la suivre en son vol,
Le poids de l'infini m'attachait sur le sol..
Morte depuis ce jour, mon aile, arrêt funeste,
Jamais ne doit s'étendre à la brise céleste!...

N'était-ce pas un rêve ou quelque illusion?
Une fois je crus voir dans son ascension
Un regard de pitié pour l'ange solitaire
Que l'ombre de son aile effleurait sur la terre,
Pour celui qui l'aima, qui l'aimera toujours;
Et si l'on se souvient, là-haut, des heureux jours,
Si les yeux des élus s'abaissent vers ce monde,
Dont elle plaint l'exil, la tristesse profonde!

Ce rêve, le dernier, s'éteignit avant peu;
Plus loin, toujours plus loin brillait l'astre de feu,
Et je ne vis bientôt de Léna, mon idole,
Qu'une trace légère, une pâle auréole,
Pareille à ces lueurs que le jour épuisé
Dissipe en points brillants sur l'espace irisé.
Puis, lorsqu'elle plongea, bienheureuse et ravie,
Dans l'étoile-berceau de sa seconde vie,
Quand ses derniers rayons, à mes yeux éblouis,
Avec tout mon bonheur furent évanouis,
A ce moment fatal, je sentis dans mon âme

S'éteindre tout reflet de la divine flamme;
Oubliant mon amour, impassible, abattu,
Dans le poison des sens j'énervai ma vertu;
Des terrestres plaisirs je savourai la fange...
La débauche... voilà ce qui reste d'un ange!

L'esprit baissa son front noyé dans les regrets...
Pudeur, larme du ciel, toi seule nous dirais
Ce qu'il devait souffrir loin de ce lieu sublime
D'où l'amour l'a jeté dans les chemins du crime,
S'il ne restait plus rien de divin sur ce front,
Où d'humaines ardeurs ont laissé leur affront.
Quand l'innocence a fui, ta rougeur est l'aurore
Qui, par le repentir, la voit renaître encore!
Une fois seulement, vers la fin du récit,
L'ange se releva, son regard s'éclaircit;
En désignant au loin l'étoile radieuse
Où vivait sa Léna, toujours sainte et joyeuse,
Il semblait s'enivrer d'un souvenir charmant;
Puis, comme s'il sentait quelque horrible tourment
Briser ce cœur flétri, plongé dans l'indolence,
Il inclina la tête et garda le silence.

Quel est donc ce génie éclatant de beauté
Dont le front du malheur porte la royauté,
Et semble en souverain dominer tout l'espace?
Son regard, fulgurant comme un éclair qui passe,
Interroge et pénètre à travers l'infini
Les vastes profondeurs des cieux qui l'ont banni.
Dans le calme onctueux d'une belle soirée
Cent mobiles couleurs sur son aile moirée,
Couverte d'yeux ardents comme ceux d'un autour,
Font rayonner leurs feux sur les bois d'alentour.
Quoiqu'elle ait vu pâlir son nimbe de lumière
Et l'orient nacré de sa teinte première,
En regardant ses plis, ses contours gracieux,
Tout ange ou tout mortel aurait baissé les yeux.

Il se nomme Azraël... un de ces beaux archanges
Entourant le Seigneur de leurs triples phalanges,
Les brillants Chérubins, les esprits du Savoir,
Sur le Temps et l'Espace étendant leur pouvoir;
Ne le cédant qu'à Dieu, dont les gloires sans nombre
Sont à leur propre éclat, comme le jour à l'ombre.
Entre eux et le Très-Haut l'intervalle est pareil
Au chemin que parcourt le rayon du soleil
De sa source aux lointains où finit la matière.
Azraël fut leur chef; ses yeux, sa tête altière
Qu'environne toujours un cercle incandescent,
Ont gardé la fierté qu'ils avaient en naissant.
Sa parole rappelle à l'âme qui l'écoute
Le timbre harmonieux de l'écho sous la voûte,
Dans un vaste manoir dès longtemps oublié,
Par une voix amie en sursaut réveillé.
Son sourire d'archange a conservé la grâce
Du prisme fugitif, mais charmant, dont la trace
Forme autour de la lune un orbite d'azur.
Le feu de son regard, toujours limpide et pur,
S'imprègne par instants d'un rayon de tendresse;
Et, bien que son beau front, que le malheur redresse,
Exprimât quelquefois un sinistre dédain,
Ces rapides lueurs se modéraient soudain,

Comme un dernier éclair, prompt mais terrible encore,
D'un superbe palais que la flamme dévore.
C'est l'ange de la Mort, guidant l'homme vers Dieu...
Son organe vibrant comme l'orgue au saint lieu
Frappa les airs muets, quand le premier génie
Eut raconté sa faute et sa peine infinie.
Et tandis qu'en parlant un sourire léger
Colorait sa pâleur d'un carmin passager,
Que tout accompagnait sa voix ardente et pure,
L'expression des yeux, le front, la chevelure,
Pareille aux vagues d'or sous les feux du couchant,
Il leur fit ce récit véridique et touchant :

HISTOIRE DU DEUXIÈME ANGE.

Vous souvient-il du jour, ô célestes génies,
Où, traçant leur orbite aux étoiles bénies,
Le Verbe créateur nous appela soudain
Vers ce monde naissant, ce splendide jardin,
Afin d'y témoigner de la merveille étrange
Qu'il devait accomplir après l'homme et l'archange,
En donnant désormais à la création
Le dernier sceau de grâce et de perfection...
Ce jour, vous avez dû voir naître à son image
La femme, son dernier, son plus charmant ouvrage.
Autour de son berceau nous étions à genoux ;
Elle ouvrit ses beaux yeux sur le monde et sur nous,
Et son premier regard, fleur de la vie éclose,
D'une extase d'amour embrasa toute chose.

Vous souvient-il encor comme au souffle des cieux
Un esprit s'éveillait dans ce corps gracieux ;
Comme à chaque pensée une beauté nouvelle
Descendait sur ce front où l'âme se révèle ;
Comme il nous semblait voir, ou plutôt nous voyions,
De son sein transparent s'épancher des rayons...
Ainsi, la tiède brise, en l'ouvrant sous ses ailes,
Fait jaillir de la vague un torrent d'étincelles
Et caresse des cieux les mobiles reflets ;
Ainsi, des feux du soir s'illumine un palais :
Son front, qui tout le jour avait dormi dans l'ombre,
Lentement nous trahit ses prestiges sans nombre,
Le palais devient temple, et, pleins de sa splendeur,
Nos yeux sont éblouis de gloire et de grandeur !

Pourriez-vous oublier sa rougeur, sa surprise,
Quand reine aux cheveux d'or, ondulés par la brise,
Elle ouvrit sa paupière aux clartés du matin ;
Lorsque écoutant un bruit d'ailes, dans le lointain,
Qui s'enfuyaient vers Dieu comme un essaim d'abeilles,
Elle vit nos regards, charmés de ses merveilles,
Peut-être aussi les miens, ne quittant qu'à regret
Cet astre nouveau-né, dont l'éclat m'enivrait !
Cette heure trop rapide, et jamais oubliée,
Décida de ma vie à la sienne liée ;
Elle a causé ma perte, et pourtant je bénis
Le charme tout-puissant qui nous a réunis !
Quel que soit mon désir, ma pensée ou mon rêve,
A toute heure, en tout lieu, dans mon esprit s'élève
Sa radieuse image, et vient m'entretenir
D'elle, de ses amours, de sa race à venir.

Ce que je vois, j'entends, je respire, c'est elle ;
Elle remplit ma vie et mon âme immortelle ;
Ce qu'elle a de splendeur, de magie et d'attraits
A remplacé pour moi tout ce que j'admirais :
J'adore sa beauté, son cœur plus adorable,
Ce chef-d'œuvre du ciel, mystère inexplorable !

Mon destin l'a voulu... Depuis qu'en nous créant
Pour porter ses rayons dans l'ombre du néant,
Dieu jeta des soleils la poussière dorée
S'élançant de sa main dans leur voie ignorée,
Cet instinct de nature, instinct trop séduisant
Qu'on attise et grandit en le satisfaisant,
Et qui mit dans mon sein sa soif inassouvie
Devant être l'orgueil, le tourment de ma vie,
Car, selon son objet, criminel ou béni,
Ce fut, comme à présent, l'amour de l'infini !
Quelle que fût l'idole exerçant ce prestige,
J'explorais, je sondais chaque nouveau prodige,
Son principe, sa fin et son intime loi,
Comme si l'existence en dépendait pour moi !

Oh ! combien j'admirai ces étoiles sans nombre,
Ces roses de l'Éden qui fleurissaient dans l'ombre,
Quand je les vis rouler sous mes regards surpris,
Comme des chars de feu pour porter les esprits !
Ce fut ma passion, ma volupté première ;
J'aimais à me plonger dans leur bain de lumière,
Jusqu'à ce que mes sens, pénétrés, éblouis,
Dans un seul sentiment fussent évanouis ;
J'aimais à mélanger leurs flammes nuancées,
Comme des arcs-en-ciel l'une à l'autre enlacées ;
Et puis, je m'enfuyais vers ces vastes déserts
Où commence le vide et finit l'univers,
Où les yeux des soleils, lucides sentinelles,
Veillent sur les confins des clartés éternelles ;
Précipitant toujours mon vol silencieux,
Je suivais leurs chemins par l'abîme des cieux,
Demandant à chacun quel était le génie
Habitant ses ardeurs, guidant son harmonie,
Et cherchant à comprendre au feu de leurs rayons
Le langage secret de leurs émotions.
O plaisirs innocents ! que de peines cruelles
Me serais-je épargné, si repliant mes ailes
Je n'eusse pas cherché le crime et le remord,
Pour être un jour nommé l'Archange de la Mort !

Ces jeux, génie enfant, plaisaient à mon audace.
Que de fois, tout un jour, je suivis dans l'espace
Jusqu'à ce qu'à mes pieds le ciel se fût voilé,
Quelque ardent météore, immense, échevelé,
Promenant dans l'éther ses routes vagabondes,
Pour visiter au loin les frontières des mondes !
Je n'oublierai jamais, comme au plus haut des cieux,
Je chantais de bonheur, quand soudain à mes yeux
Du sein de l'infini, des étoiles nomades
Sous la comète en feu naissaient par myriades !

Tels étaient mes plaisirs, ma seule ambition,
Pure de tout mélange et de séduction,
Avant d'avoir connu cette terre où nous sommes
Et la plus douce étoile offerte aux yeux des hommes,

Ce beau rêve d'Adam que nous vîmes jadis
Devenir femme et reine au sein du paradis.
Dès lors tout fut changé; mon âme tout entière
Abandonnant le ciel, n'aima que la matière;
Et celui qui tantôt, d'un essor impuni,
S'élançait, l'aile ouverte, à travers l'infini,
Ne cherchait maintenant, devenu moins superbe,
Que l'ombre d'une femme ou sa trace sur l'herbe!
A la terre, à ce monde inclinaient désormais
Tous mes élans vers Dieu; les vœux que je formais :
Tel un pic dont le front semble porter la foudre,
Et dans le sein des mers l'ombre va se dissoudre!

Pourtant ce n'était pas l'amour, je le sens bien,
Qui par un cœur de femme avait conquis le mien;
Ni la flamme des sens, qui brûle à son haleine
D'un amour chaste et pur l'angélique phalène;
Non, c'était cet instinct, cette admiration,
Dans mon cœur vierge encor changée en passion,
S'exerçant jusque-là sur toute œuvre divine,
Que l'œil ne peut sonder, mais que l'âme devine;
Ce besoin d'explorer les prestiges secrets
Du génie inspirant des yeux si pleins d'attraits;
D'y surprendre une fois, si comme dans la pierre
Pour en faire un rubis pénètre la lumière,
Les rayons de ces yeux pouvaient se replover,
Pour illuminer l'âme à leur divin foyer!
J'attisais cette ardeur fatale, dont les flammes,
Suivant jusqu'à ce jour tout le peuple des femmes,
N'attendaient qu'un regard, fût-il plein de tourments,
Pour n'adorer qu'un seul de tant d'êtres charmants!

Lorsque Ève eut admiré l'Éden, cette merveille
Que Dieu fit pour charmer toute âme qui s'éveille,
Lorsque les plus brillants, les plus purs d'entre nous,
Ravis de sa splendeur, l'entouraient à genoux,
Vous dirai-je à quel point ma fierté fut jalouse
De celui qui dès lors la nomma son épouse?
J'ai vu tout leur bonheur, fugitif, mais divin;
J'ai d'abord pressenti leur chute, mais en vain!
Pouvais-je préserver ce cœur plein de tendresse
De croire à toute voix dont le son la caresse?
De céder au désir, séducteur tout-puissant,
Lorsque des passions il emprunte l'accent?
Surtout à ce coupable instinct, que je partage,
Qui m'a dépossédé du céleste héritage,
Cherchant à pénétrer tout objet inconnu,
Qui de pur et divin, du ciel même venu,
Profané maintenant, jette sa nuit profonde,
La nuit du repentir, sur elle et sur le monde!
J'ai vu l'homme, enivré d'orgueil et de pouvoir,
A son premier soupir se laisser émouvoir,
Tomber aveuglément, ébloui par ses charmes;
Sa superbe raison fondre sous quelques larmes,
Comme un glacier s'écroule au soleil de l'été :
Même en quittant l'Éden perdu pour sa beauté,
Devant subir pour elle une mort infamante,
J'ai vu l'homme étreignant sur son cœur son amante,
Oublier son exil, et la nommer toujours,
Comme au jour du réveil, sa Vie et ses amours [1] !

---

1. Ève, Zon en grec, Chavah dans les dialectes sémitiques, Zywa, en polonais, signifie la Vie.

Sa Vie! oui, c'est le nom, plein d'un pardon sublime,
Que l'homme lui donna, réprouvé pour son crime;
Même quand de sa main, pour cet amour si beau,
Comme un premier présent, il reçut le tombeau!
Celle qui m'enseigna mon nom dans la nature,
Nom terrible... était là, céleste créature,
Reflétant les splendeurs dont ils sont exilés
Sur son front calme et pur, dans ses cheveux bouclés,
Épanchant à ses pieds leur cascade soyeuse;
Si douce de maintien, simple et mélodieuse,
Qu'il semblait qu'elle aurait par ses divins appas
De tous ceux qu'elle aimait racheté le trépas,
Excepté le sien même; ou l'aurait auprès d'elle
Fait paraître plus doux qu'une vie immortelle!
Oh! pouvais-je avec eux me défendre d'aimer
Un être si plaintif, si bien fait pour charmer;
Auquel le ciel dispense un empire si tendre
Pour donner le bonheur, le fixer, le reprendre;
Dont les traits sont toujours si fiers, si gracieux,
Qu'ils semblent sur la terre un souvenir des cieux!

Ici ne finit point ma brillante chimère;
Toutes les filles d'Ève ont reproduit leur mère;
Aussi riches de cœur, faciles à déchoir,
Arbitres des mortels soumis à leur pouvoir,
Par la honte ou l'orgueil, le blâme et la louange;
Elles que l'homme adore au-dessus de l'archange,
Si dignes de régner, que le ciel à leurs mains
Semble avoir départi le monde et les humains
Pour étendre sur eux la loi réparatrice,
Les perdre ou les sauver, au gré de leur caprice!
Oh! depuis, quelle ardeur a brûlé dans mon sein
De trouver quelque jour dans ce brillant essaim
Quelque femme choisie entre toutes les femmes,
Idéal merveilleux de leurs corps, de leurs âmes,
Dont j'apprendrais un jour, m'attachant à ses pas,
Tous les enchantements de leurs divins appas;
Ce pouvoir d'attirer, de charmer, de séduire,
Ou, selon mes instincts, de frapper et détruire;
Dont l'âme radieuse et le cœur virginal
Auraient pu m'enivrer au parfum matinal
De toutes ces beautés, pour le ciel même écloses,
Comme l'insecte à miel butine au cœur des roses.
Un jour, je blasphémai... car j'osai, sans trembler,
En secret prier Dieu de me la révéler...
Enfin... ce souvenir assombrit ma pensée...
Le destin exauça ma prière insensée :
Pour le ciel ou l'enfer? Anges, écoutez-moi;
Voici mon châtiment plein de honte et d'effroi...

Il était une enfant parmi tous ces fantômes,
Assemblages divins de terrestres atomes,
Souveraine beauté, digne d'être l'autel
D'un amour angélique et d'un cœur immortel;
Par son front rayonnant, son port plein de mystère,
Tandis qu'inaperçue elle effleurait la terre,
Heureuse, elle semblait à mes regards épris
Faite pour s'envoler au monde des esprits,
Et planer librement dans cet azur sans voile
Où chacun de ses pas trouverait une étoile...
Ce n'est pas seulement ce maintien ravissant
Qui fascina mon cœur d'un charme tout-puissant;

Ni ses fraîches couleurs pleines de poésie,
Ni ses lèvres de rose exhalant l'ambroisie,
Ni sa taille ondoyante et pareille aux rameaux
Fleuris par le printemps sur les jeunes ormeaux,
Mais d'un divin corsage étalant la jeunesse,
Comme un fruit du soleil remplissant la promesse;
Ce n'est pas seulement cet attrait de son corps
Éblouissant les yeux par de si doux accords
Qu'il pourrait de l'excès de sa grâce céleste
De ses mortelles sœurs embellir tout le reste;
Non! ce fut la pensée en toute sa splendeur,
De Dieu sur son image attestant la grandeur;
Ce fut cette harmonie, inhérente à sa race,
De tout ce qu'il a mis de majesté, de grâce,
De plus mélodieux, d'adorable et divin,
Sur ce front virginal digne d'un séraphin!
Voilà ce que j'aimais dans cette âme ingénue,
Sainte fleur pour moi seul du ciel même venue,
Et devant avec moi remonter vers le ciel!

Oh! depuis... mais voici le châtiment cruel
D'un instant de bonheur... et, malgré les morsures
Du dard envenimé qui rouvre mes blessures,
Écoutez le récit de l'amour plein d'appas,
Et pourtant réprouvé, qui conduisit nos pas
Par un sentier de fleurs vers le même supplice,
Et nous perdit tous deux, moi l'ange, et ma complice.

Depuis que je la vis, sans la quitter jamais,
Même aux pieds des autels, car déjà je l'aimais,
J'appris à lire au fond de toutes ses pensées;
Dans ces heures d'extase, hélas! trop tôt passées,
Je vis tous les désirs que l'amour seul comprit,
De leurs premiers éclairs traverser son esprit.
Ivresses du jeune âge et regrets pleins de charmes,
Sourires d'arc-en-ciel, s'éteignant dans les larmes;
Naissantes passions, germes de nos douleurs,
Pareilles au frelon qui dort au sein des fleurs;
Parmi tous ces penchants, ces rêves de l'enfance,
Je vis surgir aussi dans ce cœur sans défense
D'ambitieux souhaits d'elle-même ignorés,
Ou par son âme ardente en secret dévorés;
Tristesses sans objet, vagues instincts de gloire,
Courant vers toute chose invisible, illusoire,
Élans de fantaisie au vol audacieux,
Aiglons à peine éclos qui pressentent les cieux;
Mais avec tout cela, quelle faiblesse d'âme
Pour venir se briser à quelque piège infâme:
Car on n'a jamais vu dans un si jeune cœur
Un zèle de savoir plus ardent, plus vainqueur,
Dès l'instant où la femme, au genre humain funeste,
Possédant tous les fruits de son jardin céleste,
Préféra se couvrir d'un éternel linceul
Et renoncer à tous, qu'en ignorer un seul!

Ce fut dans le sommeil, ce pays de mensonges,
Que je voulus d'abord m'assurer de ses songes;
Durant ce crépuscule où, du corps endormi,
L'âme, effluve divin, dégagée à demi,
De son pâle rayon confusément colore
Les mobiles tableaux que les sens font éclore.

Ce fut à sa faveur que j'offris à ses yeux
Des fantômes changeants, sombres ou gracieux,
Des Édens qui fuyaient sur l'aile des orages;
Dédales sans issue, éblouissants mirages,
Palais surnaturels qui, parfois entr'ouverts,
S'écroulaient et bientôt se fondaient dans les airs;
Perspectives sans fin, belles de transparence;
Enfin tout ce qui peut éveiller l'espérance,
Charmer l'ambition, irriter le désir,
Sans donner à leur vol un instant de loisir;
Et moi-même, à travers ces flottantes images,
Comme l'astre des nuits adoré par les mages,
Moi, l'habile enchanteur de ces illusions,
J'apparaissais les mains pleines de visions,
Et lui disais: « Veux-tu ces couronnes d'étoiles? »
Et puis, comme à plaisir, j'abaissais tous les voiles!

Lorsque, longtemps après, je vis que nuit et jour
Sa pensée et son cœur se livraient sans détour
Aux prestiges mouvants du magique royaume,
A moi, surtout, à moi, l'impalpable fantôme
Qui hantais sa pensée aux heures de la nuit,
Disparaissant le jour comme un chant qui s'enfuit;
Lorsque par le pouvoir de ces doux artifices
J'exaltai tous ses vœux de mes desseins complices,
Une nuit... nous étions dans un antre écarté,
Choisi pour y prier en toute liberté;
Dans des vases fleuris, attachés à chaque arbre,
Brillaient des feux discrets tamisés par le marbre,
Limpides et pareils au jour mystérieux
De son regard, qu'embrase un désir curieux.
Elle était à genoux, et tous les cris de l'âme,
Tous les ardents souhaits qui partageaient sa flamme
Entre un amour terrestre et le divin amour,
De son cœur à sa lèvre accouraient tour à tour,
Comme on voit au printemps la brume passagère
Trop dense pour monter, pour déchoir trop légère;
C'est alors que sa voix, pleine de passion,
Murmura vers l'autel cette invocation:

« Qui que tu sois, idole de mes songes,
    Être mortel, souffle divin,
Pourquoi te plaire au trouble où tu me plonges?
    Faut-il t'aimer toujours en vain?
Homme ou génie, ô toi qui fais le rêve
    Plus beau que l'éclat du soleil,
Ah! laisse-moi, quand l'aurore se lève,
    T'aimer, te voir à mon réveil!

« Pourquoi ce voile, à mon âme ravie,
    Doit-il jour et nuit te couvrir?
Pour l'écarter, je te donne ma vie,
    Pour être à toi, je veux mourir!
Car bien longtemps, avant que tout mon être
    Fût troublé par ta vision,
J'avais déjà cette ardeur de connaître...
    Tu l'as changée en passion!

« Car tout objet qui brille sur la terre,
    Au fond des mers, au firmament,
Séduit mon cœur par l'attrait du mystère;
    Et toi surtout, ô mon amant!

Viens, viens à moi! je t'adjure et te nomme
Du nom le plus saint dans ce lieu;
Veux-tu, mortel, être aimé comme un homme,
Ou qu'on t'adore comme un dieu?

« Je rêve à toi la nuit, quand je sommeille;
Je veux te voir les yeux ouverts :
Viens m'emporter sur ton aile vermeille
Dans ton ciel ou dans tes enfers!
Ange ou démon, ô toi qui tiens le livre
Des destins par l'homme oubliés,
Pour l'entr'ouvrir avec toi je veux vivre,
Et puis que j'expire à tes pieds!

« Par ta beauté, par ton aile adorée,
Plus pure que le diamant.
Dont chaque essor, là-haut, vers l'empyrée,
Est une idée, un sentiment!
Par ces cheveux, que les brises divines
Ont si récemment déployés,
Que leurs baisers, leurs senteurs les plus fines,
Dans tes boucles d'or sont noyés!

« Par ce regard, qui verse au fond de l'âme
Un rayon si doux, si touchant,
Qu'on croirait voir un océan de flamme
Baigné des splendeurs du couchant!
Descends vers moi de ta sainte demeure,
Mon seigneur, mon ange et mon roi;
Que je t'admire et te possède une heure :
Viens, je t'aime, et n'aime que toi! »

Sans force, sans haleine, inclinant la paupière,
Elle s'évanouit sur les marches de pierre,
Aussi blanche qu'un cygne, et comme si la mort
De cette âme trop tendre eût brisé le ressort;
Lorsque effleurant sa joue, un long soupir de flamme,
Harmonieux écho des élans de son âme,
La rendit à la vie : elle leva vers moi
Ses regards éblouis, son front pâle d'effroi.
J'étais devant l'autel, dans mon éclat suprême,
Mais moins fier qu'un archange, et sans mon diadème,
Tressé de saintes fleurs, trop brillant pour ses yeux,
Que j'avais déposé sur la route des cieux.
Mon aile était ployée, ainsi qu'une bannière
Roulant après la paix sa toile prisonnière,
Ou comme un soir d'automne éteignant ses éclairs
Quand une jeune étoile apparaît dans les airs.
Oui, je dépouillai tout, hors le charme invincible
D'un prince aimé sans crainte et pour tous accessible,
D'un amant jeune et fier de son émotion,
Dont les yeux reflétaient toute sa passion,
Dont le tort fut égal, la chute fut la même,
Et qui perdait pour elle en ce jour d'anathème
Plus de splendeur céleste, étouffée à jamais,
Que Dieu même aux élus n'en rendrait désormais...
Mais quelle heure d'extase !...

A ce cri d'agonie
L'archange s'arrêta, comme si l'harmonie
De sa parole en feu donnait un libre cours
A des maux qu'il croyait assoupis pour toujours...
Telle au milieu d'un chant, la corde trop tendue
Se brise en y mêlant sa plainte inattendue.
Tandis que son beau front, penché comme une fleur,
S'appuyait sur sa main, sans force et sans couleur,
Levant les yeux, trop fier pour essuyer ses larmes,
Azraël acheva son récit plein de charmes :

Des jours, des mois entiers passèrent sur nos feux;
Et, bien que le destin eût comblé tous mes vœux
En me donnant son cœur, étais-je heureux sans crainte?
Mon Dieu! toi seul connais l'éternelle contrainte,
L'amour sans abandon, le plaisir infernal
Des archanges tombés dans les piéges du mal!
C'était une douleur poignante, vengeresse;
D'autant plus forte, hélas! que dans chaque caresse
Aux transports les plus doux elle mêlait son fiel:
Comme, près d'être admis aux délices du ciel,
Les esprits repentants entendent sous leurs nimbes
Les clameurs de l'enfer qui traversent les limbes...
Alors ma seule joie et le seul vrai plaisir
D'une abandonnée aux ardeurs du désir,
Fut de voir le bonheur de l'amante adorée;
Elle, la source vive à tout autre ignorée
Où ma lèvre puisait tout espoir, tout amour,
La trouvant pure et fraîche ainsi qu'au premier jour;
D'élever sa pensée, en reflétant sur elle
Mes rayons d'autrefois, gloire surnaturelle
Couvrant mon satellite et mon écho charmant,
Dont l'âme idolâtrait l'ombre de son amant!

Qu'elle était fière aussi, la noble créature,
Fière de notre amour! son ardente nature
Dans cette vertu même a trouvé son écueil;
Car son cœur débordait d'un si royal orgueil
Que nul autre, après Dieu, n'a vu fléchir encore
La hauteur de ce front, hors l'ange qu'elle adore :
Car cette passion d'apprendre ou deviner,
Que même son amour ne pouvait dominer,
C'est moi qui l'excitais par ma rage insensée!
C'est moi qui fis jaillir dans sa jeune pensée
De tels flots de splendeur, sans cesse épanouis,
Que des yeux immortels en seraient éblouis!
Sur la terre, dans l'onde et sous le ciel immense,
Où le savoir finit, le mystère commence,
Nous y fûmes en rois, et l'amour avec nous,
Certains d'être accueillis en triomphe, à genoux!

De ses trésors cachés prodiguant les largesses,
J'instruisis la nature à porter ses richesses
En tribut à ses pieds, en lui disant toujours :
« Tout cela t'appartient, ô reine des amours! »
Alors le diamant aux facettes sans nombre,
Semblable aux yeux du lynx qui s'allument dans l'ombre,
Parut pour éclairer d'un reflet chatoyant
La soyeuse blancheur de son col ondoyant;
Alors, du sein des mers la vague qui déferle
Vint jeter à ses pieds l'écaille avec sa perle,
Telle qu'un noble esprit dans un corps déformé,

Pour couronner son front rayonnant et charmé;
Jamais, quelque jouet que son caprice appelle,
Ma Djéni n'oublia ce doux soin d'être belle,
Désir qui sied si bien à son sexe vainqueur,

Subjuguant par les yeux la pensée et le cœur;
Armant la royauté pour qui tout est possible
Des attraits féminins, d'un prestige invincible!
Lorsqu'elle désirait quelque nouveau trésor
Caressé par sa vue, aussitôt d'un essor
J'allais le lui porter; si son regard limpide
Vers les astres lointains s'élançait plus rapide,
Triste, je lui disais : « Oh! cesse de les voir,
Car de te les donner je n'ai plus le pouvoir! »

Mais outre les soleils, ces vivantes pensées
Ornant le sanctuaire où Dieu les a lancées,
Tout objet invisible, impalpable, éthéré,
Fascinait son esprit, de savoir enivré.
L'arcane ténébreux de la première source
D'où le fleuve vital a jailli dans sa course,
Soit qu'il doive animer par d'intimes chaleurs
Un ange ou des mortels, une étoile ou des fleurs;
Le travail incessant de la divine idée
Sur la création, qui par elle guidée,
S'élançant du chaos dans l'orbite du ciel,
Durant l'éternité, jour providentiel,
Donne un germe fécond à toute créature;
Puis, le traité que Dieu fit avec la nature
Après sa déchéance; et la chaîne du sort
Liant à l'infini l'homme, fils de la mort,
Jusqu'à l'heure où brisant son œuvre souveraine
Il rompra leur attache; où l'amour et la haine,
Où le bien et le mal se séparant entre eux,
Tout esprit renaîtra libre, aimant, bienheureux!

Tels étaient les secrets, les arcanes étranges,
A peine révélés aux plus purs des archanges,
Dont j'ornai son esprit curieux et mouvant;
Et, bien que mainte erreur s'y glissât trop souvent,
On pouvait voir déjà l'aurore du vrai culte
Pénétrer dans la nuit de ma science occulte,
Et, sans illuminer l'univers endormi,
Des pénombres du jour l'éclairant à demi.
Plus d'une vérité, plus d'un profond mystère
Caché sous un symbole aux regards de la terre
Jusqu'au Révélateur annoncé par les cieux,
Crépuscule hâtif, apparut à nos yeux!
Des dogmes précurseurs de lumière inégale :
Telle au pôle glacé l'aurore boréale
Ensanglante la nuit de son orbe vermeil,
Et nous fait croire au jour bien avant le soleil.

Quelques mois avaient fui dans cette heureuse ivresse,
Surtout pour ma Djéni, dont l'ardente tendresse
Ne voyait, n'aspirait que science et qu'amour;
Elle à qui je semblais, comme l'astre du jour,
Source de toute gloire et de toute harmonie,
Des cieux, du sol, des mers le souverain génie,
Dont le pouvoir sans fin, sans partage, immortel,
A pour foi son amour et son cœur pour autel.
Heureux enthousiasme! Oui, malgré la souffrance
Qui depuis de mon sein a banni l'espérance,
Malgré le noir exil, ce spectre à double front,
Qui voit les jours passés et tous ceux qui viendront,
Tous de même noyés dans les pleurs et dans l'ombre,
La vie à chaque pas plus déserte et plus sombre,

Oui, malgré tout cela, l'un à l'autre lié,
Jusqu'à l'Éden perdu, j'aurais tout oublié;
Ou bien, si le remords n'eût jamais pu s'éteindre,
J'aurais tout supporté, sans fléchir, sans me plaindre,
Si l'amer souvenir du Dieu que j'ai quitté,
D'un crime irréparable et de l'éternité,
Ne m'eût fait endurer l'incessante torture
De tout temps épargnée à l'humaine nature,
Et que seul peut connaître un génie abattu,
Dégradé jusqu'au vice en aimant la vertu!
Mais alors son regard, par sa douce puissance,
Ravivait mon amour, sinon mon innocence :
Comme l'astre des nuits, de son chaste baiser
Éclaire un flot troublé qu'il ne peut apaiser.

Que de fois j'éprouvai cette terreur profonde
Que tout cœur généreux dut connaître en ce monde,
S'il eut, en étreignant l'objet de son amour,
L'affreux pressentiment qu'il doit le perdre un jour;
Ce délire fiévreux remplissant de fantômes
L'extase du bonheur; dont les premiers symptômes
A deux pas du berceau nous montrent un cercueil...
Spectre au rire fatal, qui brisant notre orgueil,
Sous des appas divins nous fait voir des squelettes,
Et déploie un suaire entre deux jeunes têtes!...
Oh! sentir ce frisson, si cruel aux amants,
Éterniser pour moi ses immenses tourments;
Savoir qu'elle devait, comme la neige vierge,
A peine ayant touché le flot qui la submerge,
S'éteindre sans laisser la trace de ses pas;
Tandis qu'à mes sanglots refusant le trépas
Terme de tout exil, seul bienfait que j'envie,
Le sort m'infligerait chaque jour de ma vie
L'angoisse du tombeau, sans pouvoir expirer!...
Oui, parfois, le néant, j'ai pu le désirer;
Bien plus, je l'invoquai... quand son jeune sourire,
Rempli d'une douceur que rien ne peut décrire,
Dissipait mes tourments, de toute ombre vainqueur,
Ou les illuminait des clartés de son cœur!
Il était un éclat dans sa belle existence
Qui semblait défier la commune sentence;
Un feu dans son regard! un baiser virginal
Était plein d'un parfum si pur, si matinal,
Qu'une île de l'Éden par le soir arrosée
N'a pas de plus doux fruits, de plus fraîche rosée!
Un charme dans sa voix! ayant pu l'écouter
Une fois, par hasard, qui donc pourrait douter
Qu'elle ne vînt du ciel, et craindrait sans blasphème
De voir s'évanouir cet écho de Dieu même?
Ainsi, j'ai dû rêver pour moi l'impunité,
Pour elle un avenir d'amour illimité!
Mais un bonheur coupable a trop peu de durée;
Son expiation vient à l'heure assurée.
Cet avenir si beau, c'est moi qui l'ai détruit.
Comme en brisant la fleur on fait mourir le fruit :
Oh! s'il vous reste encor des larmes à répandre,
Versez-les sur Djéni... Dieu peut-il les défendre?

C'était un soir d'automne, au déclin d'un beau jour,
Consacré sans partage aux rêves de l'amour;
C'était dans ce jardin et dans ce même asile
Où jadis, profitant d'un accès trop facile,

Et, laissant ma couronne à la garde des cieux,
Pour la première fois j'apparus à ses yeux.
C'était la même ardeur... Tout rayonnait en elle;
Le ciel s'embellissait du feu de sa prunelle,
La brise par instants touchait les rameaux verts,
Et secouait les fleurs... nous en étions couverts.
Les lampes s'éteignaient sous la grotte paisible
Qu'un génie abritait de son aile invisible...
Nous écoutions tous deux, sans oser la troubler,
La voix de notre cœur qui semblait nous parler...
Sous le recueillement de cette heure muette
Je voyais ma Djéni frémissante, inquiète,
Croyant voir approcher dans ces calmes tableaux
Qu'un soir limpide étend sur les bois, sur les flots,
Le moment des adieux, la suprême agonie
De tout objet qui brille et de toute harmonie,
L'hymne de la nature à son dernier soleil,
Devant s'éteindre aussi dans la nuit sans réveil...
Alors une soudaine, une ardente pensée,
Épanouit son front de son âme élancée,
Ainsi qu'un jeune oiseau s'envole de son nid,
Lorsque aux feux du matin l'orient rajeunit;
Elle ouvrit ses beaux yeux pleins de l'ardeur mouvante
Que leur donne l'amour, la joie ou l'épouvante,
Et, de ses doigts distraits déroulant mes cheveux,
Me fit, en souriant, ces timides aveux :

« J'ai cette nuit fait un rêve, ô mon ange,
    Pareil à ceux des premiers jours
Nous annonçant un bonheur sans mélange,
    Et préludant à nos amours.
Comme autrefois, ta couronne d'étoiles
    Éclairait ton front calme et pur;
Comme autrefois, ces ailes que tu voiles
    Rayonnaient de pourpre et d'azur.

« Le doux parfum, c'est l'âme de la rose;
    Ainsi, tes cheveux écartés,
De ce beau front qui sur mon sein repose,
    S'exhalaient de vives clartés.
Je me sentis doucement attirée
    Sur ton cœur, mon ange et mon dieu;
Et je me vis aussitôt entourée
    Par une atmosphère de feu.

« Et comme alors, ô merveille infinie !
    Ton âme passait dans mon sein,
Pareille à toi, devenue un génie,
    J'ai fui vers l'angélique essaim !
Oh ! dis-le-moi, ce rêve magnifique
    Doit-il jamais s'accomplir, dis !
Verrai-je encor ta beauté séraphique,
    Dans tout l'éclat du paradis?

« Je veux encor voir briller ton plumage;
    Et comme en ce rêve si doux,
Du Dieu d'amour la plus céleste image,
    Sur mon cœur... non, à tes genoux !
Oh ! quel orgueil de dire la première :
    Ce brillant génie est à moi;
C'est mon amant, mon ange, ma lumière,
    Mon époux, mon maître et mon roi !

« Si ta compagne était ange à ta place,
    O mon Azraël, ne crois pas
Qu'elle oserait, sous ce bras qui l'enlace,
    Voiler un seul de ses appas !
Non, non, jamais ! Et toi, beauté suprême,
    Viens sanctifier ton autel;
Et ne crois plus qu'à ce regard qui t'aime
    Ton éclat puisse être mortel !

« Ange adoré ! faut-il qu'un si beau rêve
    De mon âme ait fui sans retour?
Non ! jusqu'à toi que mon esprit s'élève,
    Brûlant d'un éternel amour !
Fais-moi sentir la flamme de ton aile
    Source d'une extase sans fin;
Que je la touche : et d'amante mortelle
    Que je devienne séraphin ! »

Ainsi disait Djéni, confiante et sans crainte,
Enlaçant son captif de la plus douce étreinte;
Femme par son amour, ange par sa beauté,
Qui voyait tout fléchir devant sa royauté,
Qui, ne pouvant me suivre à la voûte éternelle,
L'abaissait en désir au niveau de son aile !
Ainsi disait Djéni, rêvant parmi les fleurs,
Sans voir à son chevet le spectre des douleurs !
Et moi qui ressemblais à ces mondes funèbres,
Moitié sous le soleil, moitié dans les ténèbres,
Je n'ai pas pressenti le supplice à venir !
Oh ! comment évoquer ce cruel souvenir,
Comment vous retracer ce châtiment impie,
Sans subir de nouveau son horreur assoupie...
Pourtant, écoutez-moi... mon cœur éclaterait
S'il lui fallait garder ce terrible secret !...

Quelques vagues soupçons, aux heures les plus douces,
Dans mon âme, il est vrai, s'éveillaient par secousses;
D'obscurs pressentiments de quelque affreux péril,
Pour elle ou pour nous deux... présage puéril,
Me disais-je aussitôt, ne pouvant le comprendre.
Ne puis-je à son désir sans faiblesse me rendre,
Et cette fois du moins, tout mystère écarté,
Lui dévoiler mon front dans toute sa clarté?
En parcourant l'espace et ces sombres parages
Où dans leurs noirs berceaux reposent les orages,
Pleines du feu divin, ces ailes dans les airs
Ont-elles fait jaillir un seul de leurs éclairs?
Ayant touché ma main, la neige qui retombe,
N'a-t-elle pas l'éclat d'une aile de colombe?
Et mon amante aussi... la voyant reposer
N'ai-je pas imprimé plus d'un chaste baiser
Sur toutes ses beautés? puis, quand venait l'aurore,
Ne brillait-elle pas au réveil, pure encore,
Comme la rose est pure, après qu'un rossignol
Cent fois durant la nuit l'a frôlée en son vol?...
Même quand j'épanchais l'éclat le plus intense
Sur ses rêves d'amour, sa seconde existence,
Aucun frisson mortel, aucun signe ennemi,
L'a-t-il fait tressaillir, éveillée à demi?
Non ! ce feu plus subtil et plus vif que la foudre
Ne peut qu'éclairer l'âme et non pas la dissoudre;

Comme le ver luisant, aux jours de la moisson,
Sans brûler une feuille illumine un buisson...

Ainsi, je conjurais toute crainte et tout blâme...
Devais-je, en refusant d'obéir à sa flamme,
Infliger le soupçon à celle que j'aimais,
Le regret d'un amour envolé pour jamais?...
Incliné jusque-là, doucement je me lève;
Elle aussi, près de voir s'accomplir son beau rêve,
Tremblante de désir, mais déjà sans effroi,
Tout espoir, tout amour, s'élance près de moi.
De toute la splendeur qui là-haut m'environne,
Je n'avais rien quitté que ma sainte couronne...
Voyez là, dans l'azur, un astre plus ardent,
Où ces flots constellés cinglent vers l'occident,
Des mondes à venir semence non germée,
C'est là que brille encor ma couronne fermée.
Ce don seul du Très-Haut dans sa gloire est resté...
Mais d'un front souverain la douce majesté,
Mais flottant sur mes bras, ma chevelure blonde
Pareille aux fleurs d'iris qui s'inclinent sur l'onde,
Des yeux auxquels l'amour de l'objet adoré
Ajoutait un éclat d'eux-mêmes ignoré,
Largement déployés, les rayons de mes ailes,
Du feu générateur lumineuses parcelles, [d'or
Tout couverts d'yeux vivants, frangés de pourpre et
J'avais tout emporté du céleste trésor,
De merveilles, d'attraits la riche panoplie
Qui pare un chérubin d'une grâce accomplie.
Alors, fier d'étaler tous ces dons surhumains,
J'étais là, plein d'orgueil, je lui tendais les mains;
Et tandis que, n'osant supporter ma lumière,
Djéni jusqu'à mes pieds s'inclinait la première,
Ses deux bras entouraient d'un lien gracieux
L'ange, par son amour, déjà tombé des cieux...

Dieu clément, ta vengeance a-t-elle pu s'étendre
D'un coupable génie à cette âme si tendre?
Et ton bras devait-il foudroyer cette nuit
Avec le tentateur, l'enfant qu'il a séduit?
A peine avais-je, hélas! sur mon cœur qui l'attire
Pressé l'infortunée... oh! c'est horrible à dire!
Qu'aussitôt de mon sein un éclair a jailli...
Comme un rameau brisé son corps a tressailli;
Et bientôt ma Djéni ne fut qu'un peu de cendre...
Grand Dieu! la mort sur elle a-t-elle osé descendre?
Quoi! ce baiser plus doux dans sa sérénité,
Que le premier nectar de l'immortalité
N'est à l'ange naissant aux célestes ivresses;
Ces deux bras étendus vers moi, dont les caresses
Étaient de tous mes vœux le cercle bien-aimé,
L'horizon où mon âme avait tout enfermé,
Pour me faire oublier les suprêmes délices;
Qui même en cet instant de terreur, de supplices,
Serraient autour de moi leur lien dévorant,
Tordus par le feu, m'étreignaient en mourant,
Ces cheveux dont j'aurais au prix de mille vies
Sauvé les fleurs d'ébène à la flamme ravies;
Et toute sa beauté, jusqu'à ce jour fatal
Chef-d'œuvre sans pareil du monde oriental,
Oh! comment tout cela n'est-il dans ma mémoire
Qu'une chose sans nom, méconnaissable et noire!

Et c'est moi dont l'orgueil devait la consumer,
Sans que tout mon amour puisse la ranimer;
Moi j'étais le démon dont la flamme assouvie
Devait rendre au néant une si belle vie!

Mais apprenez mon sort dans toute sa rigueur;
Si je n'avais brisé que sa vie et son cœur,
Si, voyant de ses maux la mesure épuisée,
Le Seigneur eût éteint sa colère apaisée,
Ce serait moins horrible... Approchez... car le ciel
Frémirait trop d'entendre un aveu si cruel;
Dans son dernier regard j'ai vu, comme un blasphème,
Un cri de désespoir jeté contre Dieu même...
C'était le feu maudit... je tremble en le nommant,
De l'abîme des pleurs éternel élément!
Oui, je le vois encor... ce sera mon supplice...
Quelle que soit, mon Dieu, l'horreur de mon calice,
Ce souvenir est là, dans mon cœur, dans mon sang;
Et de sa lèvre en feu ce baiser flétrissant,
Dernier embrassement de l'amour et du crime...
Voyez, même aujourd'hui... tourment que rien n'exprime
En vain, sous mes cheveux je cherche à le cacher,
Ce stigmate infernal, je ne puis l'arracher!...
Peut-il en être ainsi, divine Providence,
Que tandis qu'elle aurait, avant cette imprudence,
Fait la joie et l'orgueil du séjour bienheureux,
Elle soit condamnée à déchoir... c'est affreux!
Ange à peine sorti de tes mains paternelles,
Pour un moment d'ivresse, aux flammes éternelles?
Non! jamais, Dieu clément, ta bonté ne pourrait
Porter sur elle au moins l'irrévocable arrêt;
Et pourtant ce regard, non d'angoisse ou de crainte,
Ce regard de la haine... et cette noire empreinte
D'un feu qui ne ressemble à rien dans l'univers,
Si ce n'est, le dirai-je? aux flammes des enfers!...

Depuis... oh! plaignez-moi!... courbé sous l'anathème,
Je dois ôter la vie à tout être que j'aime;
Et je suis devenu, brisé par le remord,
De l'ange du Savoir, le démon de la Mort.
Concevez-vous l'effroi qui surgit dans mon âme
Quand je touche une fleur, une étoile, une femme,
Tout être rayonnant qui m'attire et me plaît,
Tout ce que j'aime encor... moi, dont le seul reflet
Donne un frisson mortel à toute âme vivante;
Maudit par tous, objet d'horreur et d'épouvante,
Déjà las de frapper, qui, pour me désarmer,
Me condamne au tourment de ne plus rien aimer!
Je vois l'aigle tomber des cieux sous mon haleine,
Je sens l'herbe à mes pieds se flétrir sur la plaine;
Je sais tout ce que Dieu révèle à ses esprits,
Et n'ai pour mon savoir que haine et que mépris!
Je fuis, je fuis toujours, en cachant sous mon aile
Ce front maudit, ces yeux, cette ardente prunelle
Qui tue en regardant... Étreint par mon linceul,
Moi seul je ne meurs pas... je suis, je serai seul!...

C'est la première fois que, depuis ma ruine,
A tes pieds, Dieu puissant, cette tête s'incline;
Si, comptant mes sanglots, favorable à ma voix,
Tu te laisses toucher à ces pleurs que tu vois,
Si cet ange a failli, pardonne à sa jeunesse;

Sur ton sein créateur que sa beauté renaisse
Et la coupe des maux que tu gardais pour lui,
Sur mon front prosterné se répande aujourd'hui !
Deux autres exilés de ta gloire éternelle,
Eux-mêmes sans espoir, intercèdent pour elle ;
Et, pleins de repentir, ô mon père et mon roi,
Invoquent ton pardon pour leur sœur et pour moi !
A tes yeux souverains qui pourra trouver grâce,
Avec le criminel, si ta colère embrasse
Un être faible et pur, que rien ne protégeait,
Et dont la faute même eut le ciel pour objet !
Je t'implore à genoux, délivre ma victime;
A moi le châtiment, puisqu'à moi fut le crime,
Je suis le seul coupable, et, pour tarir ses pleurs,
Je subirai, mon Dieu, d'éternelles douleurs!...

Il se tait... son beau front tombe sur sa poitrine;
Remplis d'une pitié solennelle et divine,
Moins coupables pourtant, les deux anges proscrits
Élèvent jusqu'à Dieu leurs cœurs et leurs esprits.
Tandis que de leur sein la prière s'envole,
Les brises de l'Éden caressent l'auréole
De leurs ailes de feu, qui ne brilleront plus
Des suprêmes splendeurs dont ils se sont exclus.
Providence du ciel ! Si tu ne peux entendre
Leur muet repentir, leur prière si tendre,
Qui croira désormais ce que la piété
Raconte à l'univers de ta divinité?...

Ils priaient... quand soudain d'une touffe sauvage
De cèdres, de palmiers, couronnant ce rivage,
Vibra sur les hauteurs le son timide et lent
D'un luth aérien, qui suivait en tremblant
Quelque inspiration pleine de fantaisie,
Mêlant aux bruits du soir sa fraîche poésie ;
Plainte de tourterelle au collier de saphir,
Dont chaque note épanche un amoureux soupir.
Et comme l'alcyon de ses cris doux et vagues
Accompagne, en été, le murmure des vagues,
Bientôt, au fond du bois, un organe charmant
Vint se joindre aux accords du magique instrument;
De cette âme qui chante image cadencée,
Voix et luth s'inspirant formaient une pensée,
Qui sans le rhythme ailé traduisant ses amours
Dans les cordes d'argent sommeillerait toujours.

Tous trois furent frappés de ces accords étranges,
Mais surtout le plus beau, le plus jeune des anges
Dont les traits, de l'exil attestant la douleur,
Des roses de l'enfance ont gardé la couleur;
Comme si, dominant sa peine passagère,
L'espérance à son cœur n'était pas étrangère.
Ses yeux, bluets vivants échappés au glaneur,
Plutôt que la surprise exprimaient le bonheur,
Lorsqu'il les dirigea vers le bois solitaire
Où chantait cette voix trop douce pour la terre...
Il regarda, joyeux, les deux adolescents,
Tandis que le zéphire apportait ces accents :

« Où donc es-tu, mon amour, mon idole?
J'essaye en vain de prier aujourd'hui ;
En vain vers Dieu ma pensée aura fui,

Si, jeune oiseau, ma prière s'envole
Avec mon cœur... O mon ange, pourquoi
Ne puis-je plus prier Dieu loin de toi ?

« Sur ton autel, dans la verte clairière,
J'ai mis des fleurs, des branches de noyer ;
Contre le froid j'ai couvert le foyer,
Mais il s'éteint, tout comme ma prière :
Sa flamme est morte... O mon ange, pourquoi
Ne veut-il plus s'allumer loin de toi ?

« Sans aviron, la nacelle échappée
Au gré des flots voguant seule à minuit;
Le luth plaintif dont l'accord est détruit,
D'un trait cruel la colombe frappée,
L'aile brisée et le cœur plein d'effroi,
C'est moi, Nama, quand je suis loin de toi !

« Sans ton amour, c'est mourir que de vivre;
Ne me fuis plus, comme ce soir encor;
Et quand vers Dieu tu prendras ton essor,
Ombre fidèle, au ciel je veux te suivre;
Même à tes pieds, ô mon ange et mon roi,
Bien plus heureuse ainsi, que loin de toi ! »

Le chant avait cessé; lorsque de la colline
Où la pointe du bois vers le ruisseau s'incline,
Un rayon lumineux les effleura soudain,
Comme une luciole éclairant un jardin ;
Et bientôt les proscrits, sous la ramée obscure
Virent un point brillant, une blanche figure
Qui, levant un flambeau, le feuillage écarté,
Sur le groupe divin dirigeait sa clarté.
Sous sa flamme on voyait, se frayant un passage,
Les saphirs de deux yeux, les roses d'un visage,
Pareils à ceux qu'évoque un poëte attardé
Sur un fond de brouillards trop longtemps regardé.
Ce ne fut qu'un instant; luth, sourire, lumière,
Tout s'éteignit dans l'ombre, et la voix la première;
Mais avant, l'ange aimé, devinant son effroi,
Lui jeta ces trois mots : « Nama, je suis à toi ! »
Doucement murmurés d'une voix familière,
Cette voix dont l'accent, musique journalière,
Contient tous les trésors d'un pieux souvenir,
Embellit le présent, éclaire l'avenir ;
Où parmi l'espérance et sa sœur la mémoire,
Nous trouvons tout bonheur, tout repos, toute gloire !

Celui des trois proscrits que la voix invoquait,
Zaraph, ne tarda pas à voler au bosquet;
Bientôt il eut conté cette histoire ingénue
De ses jeunes amours, bien que déjà connue
De ses frères d'exil, plus désolés que lui,
Car pour eux d'être aimés l'espoir même avait fui...
Cette histoire du cœur fut depuis tout entière
Gravée en lettres d'or sur les tables de pierre,
Qu'un des fils de Noé, le pasteur chaldéen,
Cham, ravit aux fureurs du flot diluvien.
Voici cette légende échappée au désastre,
Que recueillit plus tard le mage Zoroastre
Sur les égaremens des anges malheureux,
Et de Zaraph aussi, le plus jeune d'entre eux:

HISTOIRE DU TROISIÈME ANGE.

Parmi tous les esprits créés de pure flamme
Entourant le Très-Haut, le grand foyer de l'âme,
Sphère au centre divin, dont l'orbite géant
Va se perdre effacé dans la nuit du néant,
Les premiers-nés du ciel, dont l'essaim environne
La triple déité d'une triple couronne,
Sont les purs Séraphins; trois étoiles de feu
Tracent sur leur bannière : «Amour et Gloire à Dieu!»

Par son rang, ses honneurs dans les saintes phalanges
Le brillant séraphin domine tous les anges,
Même ceux de Sagesse; ainsi que tout amour
Prévaut sur tout savoir, même au divin séjour.
Zaraph était l'un d'eux; parmi tous les génies
Nul autre n'éprouvait ces ardeurs infinies,
Ces élans de tendresse et de désir fervent,
Dont il donnait l'exemple aux pieds du Dieu vivant.
Son amour n'était point cette aurore banale
Qui jette sur nos fronts sa lueur matinale;
Mais le suprême instinct de tout autre vainqueur,
Mais l'âme de son âme et le cœur de son cœur.

Souvent, quand trop d'éclat, des lumières trop vives,
Éblouissaient les yeux des célestes convives;
Lorsqu'autour du Seigneur les anges à genoux
Sous leurs ailes de feu voilaient leurs fronts si doux,
L'audacieux Zaraph, seul parmi tous ses frères,
Comme un jeune aigle, ouvrait ses regards téméraires,
Aimant mieux les éteindre, aveuglés de splendeurs,
Que de les refermer aux divines grandeurs.
Quand les cieux célébraient aux accents du théorbe
Le nom du Dieu clément dont l'amour les absorbe,
Quand de toutes leurs voix, les esprits anxieux
Saluaient le moment qu'épiaient tous les yeux,
Où l'âme d'un pécheur, repentante, épurée,
Devait franchir le seuil du suprême empyrée,
Que la voix de Zaraph dominait leurs concerts!
Que son luth puissamment résonnait dans les airs!
L'amour, souffle céleste, animait chaque corde;
Un amour infini, comme Dieu seul l'accorde,
Jetant un cri de gloire, un cantique sans fin,
Que seul pouvait répandre un cœur de séraphin!

Fallait-il que du mal le terrible mystère
Eût sa part dans le ciel, comme ici, sur la terre,
Où rien ne peut surgir de brillant et de beau
Qui n'ait à ses côtés pour ombre le tombeau?
Où souvent la vertu ressemble tant au crime,
Que ce que nous prenons pour un penchant sublime
Est le premier degré vers la perdition
D'un cœur où va pâlir le céleste rayon;
Où l'amour et la mort font intime alliance
Et, tandis qu'il embrase un cœur sans défiance,
Le serpent du désir se glisse sous l'autel,
Prêt à frapper le cœur de son venin mortel!
Hélas! tel fut le sort de Zaraph; ce prestige
Qui devait le jeter, comme pris de vertige,
De l'excès de l'amour à l'amour anormal,
Et des hauteurs du bien aux abîmes du mal,
En contraignant son cœur, fidèle à sa nature,
Après le Créateur, d'aimer la créature!

Au bord d'un lac, le soir, pour la première fois
Il entendit un luth et le son d'une voix
Qui glissait doucement sur la vague endormie,
Caressant son esprit comme une voix amie.
La chanson radieuse expirait en touchant
A la rive opposée, où brillait le couchant;
Où du jour fugitif la lumière dorée
Inondait l'horizon, de pourpre colorée.
Elle parlait du ciel, du divin Créateur,
De la sainte Pitié, l'ange consolateur
Qui de l'homme proscrit tarissant les alarmes
Rachète l'univers protégé par ses larmes,
Et quand Dieu va frapper, le supplie à genoux
De retenir l'éclair qu'il dirige vers nous;
De la Foi, lis du ciel, dont l'arome si tendre
Se mêle avec les pleurs que l'exil fait répandre...
Ainsi chantait la voix. La sainte Piété
Donnait à ses accords tant de sérénité,
Que Zaraph crut entendre, à travers les collines,
Un chœur d'esprits des eaux et des blanches ondines,
Ou l'écho de l'Éden, traversant l'univers,
Par un ange captif répété sous les mers...

Bientôt, par la pensée, il découvrit la source
D'où transpiraient ces chants, ralentis dans leur course;
Et sur le bord du lac aux contours onduleux,
Il vit, blonde sirène, une vierge aux yeux bleus.
Dans son cristal poli reflétant son image,
L'onde, avec un sanglot, lui portait son hommage,
Comme aux pieds du calife un fellah méprisé
Vient jeter son tribut, et puis meurt épuisé.
Et tandis que son luth reposait auprès d'elle,
Comme s'il n'osait plus, interprète infidèle,
Suivre sa voix de fée, avec un doux soupir
Elle leva sur l'ange un regard de saphir,
Regard qui lui semblait, par sa beauté suprême,
Moins fait pour adorer qu'adorable lui-même;
Tel qu'on en voit briller du céleste séjour,
Mais vers lui n'ont jamais resplendi de retour!

Amour, Religion, Musique, sœurs chéries,
De l'Éden disparu roses toujours fleuries,
Vous que l'homme emporta du trésor de bonheur
Pour lui faire espérer le pardon du Seigneur,
Vous qui lui rappelez sa céleste origine,
Que vos plaisirs sont purs, votre extase est divine!
L'Amour sanctifié, dans toute région
S'abrite sur ton sein, douce Religion;
Là, des plaisirs maudits écartant les miasmes,
Il garde ses pudeurs et ses enthousiasmes;
Tous deux se combinant dans cet art précieux,
Harmonique lien qui les rattache aux cieux,
Langage intuitif de sa première vie,
Que l'âme eût oublié, par les sens asservie!

Le cœur du beau Zaraph, ému par ses douceurs,
Pouvait-il résister aux trois célestes sœurs?
Déjà près de déchoir, dans ce moment d'ivresse

Le jeune ange ignorait si c'était la tendresse,
L'harmonie ou la foi, dont le charme idéal
Avait séduit son âme et l'entraînait au mal.
Cette heure fut rapide; et quoique tant pleurée,
Jusqu'ici pour le monde elle reste sacrée,
Car on voyait alors pour la première fois
A l'autel du Seigneur, accourant à sa voix,
Par un saint hyménée et ses chaînes bénies
Dans la vie et la mort deux âmes réunies.
C'est alors que la rose et le lis matinal
Mêlèrent leurs splendeurs sur un front virginal,
Qui, sur un front de veuve une fois trépassées,
Jamais par d'autres fleurs ne seront remplacées.
Chaste et sainte union, seule ivresse sans fiel!
Chef-d'œuvre de bonheur digne d'un fils du ciel!
Sanctuaire où notre âme, abritant sa croyance,
Se refait un Éden, après sa déchéance!

Bien que l'ange infidèle à son premier devoir
De remonter là-haut ait perdu le pouvoir,
Jamais Dieu, châtiant Zaraph et sa complice,
Ne tendit au pécheur un plus léger calice;
Car leur amour naissant fut humble en son essor,
Avec crainte et respect gardé comme un trésor;
Pleins de reconnaissance ils en goûtaient les charmes,
Et sur un bien si doux leurs yeux versaient des larmes.
L'esprit d'humilité, ce germe des vertus,
Habitait ces deux cœurs par l'exil abattus;
Elle semblait encor plus vraie et plus profonde
Dans celui de Nama, qui seule dans ce monde
Paraissait ignorer le pouvoir de ses yeux,
Qui fit tomber Zaraph de la gloire des cieux.
Et lorsqu'elle pressait sur sa blanche poitrine
La main de son archange ou sa tête divine,
Elle disait tout bas : « Ai-je donc mérité
Ce comble de tendresse et de félicité? »

Jamais on n'a surpris dans cette âme si chaste
Le désir de savoir, soif ardente et néfaste,
Pour la femme surtout trop féconde en malheurs.
Depuis Ève, quittant l'Éden avec des pleurs,
Jusqu'à Sarah la juive, aux pieds des tabernacles
Des anges, de Dieu même épiant les oracles.
Oh, non! Aimer et croire ardemment et sans fin,
D'un cœur calme et pieux, comme un Séraphin,
Contre l'adversité, passant comme un orage
Avoir pour bouclier la douceur, le courage,
Pour guide l'Espérance, astre au nimbe de feu,
Qui dans un noir torrent nous fait voir un ciel bleu,
Pour sagesse la Foi, qui jamais ne dévie,
Voilà ses voluptés, les trésors de sa vie;
Tant pour elle était vrai, ce récit le fait voir,
Qu'aimer, croire, espérer, vaut bien mieux que savoir!

Ainsi, devant son Dieu, ce couple solitaire,
Déchu, mais repentant, passait sur notre terre;
Et dans tout son orbite on chercherait en vain
Un exemple plus digne, un tableau plus divin,
Que lorsqu'ils unissaient leurs prières profondes,
Sous les rayons du ciel dorant leurs têtes blondes,
Se tenant par la main, l'un vers l'autre penchés;
De la chaîne d'amour deux chaînons détachés,

Mais toujours accouplés, jusqu'à l'heure funeste
Où la mort de leurs jours dispersera le reste :
Deux égales Splendeurs de l'Arbre immaculé
De boutons et de fruits en tous temps constellé,
Qui même en le quittant, jusqu'à l'heure dernière,
Garderont leur beauté, leur fraîcheur printanière!

Mais comme toute erreur porte des fruits amers.
(Ajoute le récit sauvé du sein des mers),
Ces deux anges d'amour, sans foyer, sans patrie,
Tant que vivra la terre, île jeune et fleurie
De l'immense Océan comprimé dans ses bords,
L'un et l'autre immortels, pleins des mêmes transports
Marcheront en levant leur paupière soumise
Vers le ciel, leur asile et leur Terre promise;
Pèlerins dont la route est le temps limité,
Dont le repos final sera l'éternité;
Subissant jusque-là toutes les destinées
De deux âmes de feu par les sens dominées :
Les angoisses du cœur attristant ses plaisirs,
Ses vœux non satisfaits, ses doutes, ses désirs,
Les mirages trompeurs qu'il perçoit dans sa course,
Invitant l'âme ardente à puiser à leur source,
Où n'ayant rien trouvé de pur, d'essentiel,
L'homme exilé reprend sa route vers le ciel,
De paix et de bonheur source tant désirée,
Où sa lèvre à jamais sera désaltérée!

Voilà ce qu'ils souffraient, résignés et constants.
Ils goûtaient toutefois d'angéliques instants;
Ces rencontres du soir sur le même rivage,
Après des jours entiers passés dans le veuvage;
Bonheur toujours nouveau, quand sous un calme abri,
Par une douce larme on voit l'objet chéri;
Ce besoin d'épancher le trésor des pensées,
D'une âme, sans témoins, dans une âme élancées,
Libres de toute crainte et pures de soupçon,
Comme un soleil rayonne aux jours de la moisson
Dissipant les vapeurs et les ombres lointaines,
Ou réfléchi sans tache au miroir des fontaines.
Mais parmi leurs plaisirs, le plus cher, le plus doux
C'est l'espoir du moment, bienheureux entre tous,
Où leurs esprits sauvés, que son pardon rassemble,
Infaillibles, vers Dieu remonteront ensemble;
Récompensés enfin de leur foi dans Celui
Dont nous vient ici-bas tout secours, tout appui;
Ce moment où du ciel les deux âmes bénies,
Déployant à la fois leurs ailes rajeunies,
S'enfuiront à jamais, libres par le trépas,
Vers la sainte patrie, où l'amour ne meurt pas!

Leur consolation suprême sur la terre
Est ce pouvoir divin, pouvoir que rien n'altère,
Comme rien ne tarit la puissance de Dieu,
De répandre l'amour et la vie en tout lieu.
Pour les yeux de Zaraph l'avenir est sans voile;
Chacun de ses regards fait briller une étoile,
Chaque pas de Nama fait éclore une fleur.
La rose, sous leur main, ravive sa couleur;
Le lis, déjà flétri, lève sa tête blanche,
L'oiseau, saisi de froid, gazouille sur la branche,
L'enfant qu'ils ont touché, déjà près du trépas,
Tend les bras à sa mère et ne la quitte pas;

Les époux dont l'amour avait fui la chaumière
Retrouvent leurs transports, leur ivresse première ;
Même inerte et stérile, à leur attouchement,
L'herbe devient épi, la pierre diamant !
Aussi, tout les invoque ; et partout sur leurs traces,
On entend s'élever des actions de grâces :
Ils ne peuvent pourtant s'arrêter en chemin,
Et s'avancent toujours, se tenant par la main...

Dieu seul et les esprits, ceux dont la vigilance
Est commise à leur garde et les suit en silence,
Pourraient nous révéler en quels pays lointains
Ce couple séraphique accomplit ses destins.
Mais si nous rencontrons, en cherchant leurs vestiges,
Deux époux, de l'amour gardant tous les prestiges,
Qui, s'ils pouvaient avoir des ailes, à nos yeux
Sembleraient deux ramiers qui s'envolent aux cieux ;
Et quel que soit le lot que le ciel leur assigne
Répandant sur leur trace une lumière insigne,
L'arome du genêt, qui mourrait sous nos pas
Si son humble parfum ne le trahissait pas ;

Par le cœur et l'esprit deux âmes fiancées,
Exprimant à la fois de pareilles pensées,
Comme font deux échos, se renvoyant les bruits
Des vallons et des bois, ou comme deux beaux fruits,
Si semblables entre eux, qu'on ne peut reconnaître
Laquelle des deux fleurs la première a dû naître ;
Ah ! si nous retrouvons ces deux rares époux,
Courbés sur leur passage admirons à genoux,
Et, ravis à l'aspect de ce bonheur étrange,
Disons : « Voici Nama qui passe avec l'Archange ! »

Ainsi se rencontraient, réunis par le sort,
L'Archange de la Vie et celui de la Mort ;
L'un au seuil du berceau, l'autre au seuil de la tombe,
Ouvrant l'un, fermant l'autre à l'humaine hécatombe,
Pour lui faire expier le crime originel,
Jusqu'au jour du pardon promis par l'Éternel.
De Zaraph désormais Azraël devint l'hôte ;
Les feux du repentir ont consumé leur faute,
Tous deux bénis de Dieu, sauvés le même jour,
L'Archange du Savoir par celui de l'Amour.

LÉGENDES

ET

CONTES POPULAIRES

DU SUD

PAR UN HOMME DU NORD

> « All is true. »
> SHAKESPEARE.

LÉGENDES

A M. JULES MICHELET
AUTEUR DES « LÉGENDES DU NORD »

Toutes ces Légendes, recueillies à leur source même, et fidèlement retracées d'après les narrations populaires, sont vraies dans tous leurs détails : *All is true.* C'est pourquoi je vous les dédie, à vous notre ami, dont la vie entière est une glorieuse aspiration vers le bien, le beau et le vrai.

Paris, 1862.

K. O.

LA TOUR-AUX-CRANES
LÉGENDE AFRICAINE
(1561)

Ceci a tout l'air d'un roman ; et c'est pourtant une histoire réelle, mais d'une sombre et sanglante réalité. C'est un souvenir de voyage, recueilli en 1833 sur les côtes de l'Afrique septentrionale, du mois de juin au mois de septembre, et par une chaleur de 60 degrés au soleil. On pourra me demander, à moi fils de la Vistule, ce que j'allais faire sous le 33ᵉ degré de latitude et sous une température à laquelle le métal Darcet entre en fusion. Rien de plus simple cependant. Vivant dans le passé de mon pays, et peut-être un peu de l'Europe entière, passé glorieux, qu'il n'est donné à personne de détruire, pas même aux traités de Vienne et de Paris, j'allais non pas découvrir la Méditerranée, mais profiter des loisirs de l'exil pour explorer ses rivages, pour y ramasser, chemin faisant, quelques *Légendes populaires*. La légende, c'est l'histoire du peuple ; c'est le récit de *faits vrais* arrangés par lui et pour lui : c'est tour à tour Calliope et Clio, vêtues en paysannes. On sait que ce costume sied généralement à ravir aux grandes dames. Tout proscrit est un peu touriste par nécessité, contraint qu'il est de voir du pays chez les autres, faute de pouvoir librement demeurer dans le sien ; surtout lorsque de bons parents l'ont délivré des ennuis de la propriété, pour lui laisser tout le repos nécessaire au travail de la pensée. Quant à moi, voyageur par goût, par tempérament et par vocation, je considère les voyages comme la meilleure partie de ma vie actuelle ; et si j'avais été libre de l'arranger selon mes penchants, j'aurais déjà fait trois fois le tour du monde.

Je m'embarquai donc à Marseille, avec quelques compatriotes, sur une forte brigantine de Trieste, du port de 130 tonneaux, qui devait, moyennant un fret mensuel, rester à notre disposition aussi longtemps que l'exigerait notre tournée. Nous cinglâmes directement vers Alger, avec l'intention d'y prendre du service dans la légion étrangère, qui, disait-on, devait se recruter parmi les officiers et soldats polonais de 1831 ; mais des vents contraires ou des calmes prolongés retardèrent de plusieurs jours notre arrivée dans cette colonie. Je n'écrirai rien touchant cette nouvelle possession française, de crainte de tomber dans les redites ; il suffira de mentionner que nous avons été reçus par le gouverneur général de l'Algérie avec un sans-façon remarquable, et que nos services, faute d'instructions positives, n'ont pas été immédiatement agréés. Après un séjour d'une quinzaine, nous longeâmes la côte jusqu'à Bone, également en possession des Français ; nous nous y arrêtâmes pour visiter les ruines d'Hippone, la patrie de saint Augustin, l'ancien *Hippo-Regius,* où j'espérais pouvoir découvrir quelques antiquités romaines.

Nous avions pour interprète un renégat maure, d'origine juive, qui, pendant son exil à Naples, avait été au service de l'ex-dey d'Alger. C'en était assez, à cette époque, pour mettre en suspicion tout l'équipage; et, je l'avoue, cette figure asiatique, crispée d'un faux sourire européen, m'avait constamment fait l'effet d'une pièce de fausse monnaie.

Le jour même de notre débarquement, nous nous procurâmes une escorte de quelques cavaliers arabes à la solde française, sous le commandement du fameux Youssouf, pour nous guider à travers la forêt, assez mal hantée, qui sépare la ville des ruines de la cité romaine.

Après avoir visité ces vestiges d'un monde évanoui, qui plusieurs fois sans doute avaient été recouverts par les ailes de sable du simoun, nous retournâmes à bord de notre brick, comptant le soir même porter nos civilités au gouverneur de Bone. Mais, tandis que nous étions à table, un officier de la marine royale vint nous prévenir que, désormais, il ne serait plus permis à personne de notre équipage de descendre à terre. L'officier français s'acquitta de sa mission avec beaucoup de courtoisie; mais il nous intima l'ordre, au nom du commandant de la place, de lever l'ancre dans le plus court délai possible, et en nous avertissant pour notre gouverne que deux fameux pirates grecs avaient été récemment signalés dans les parages tunisiens. Sur nos représentations, il nous dit que cette mesure de rigueur était pleinement justifiée par la présence, à notre bord, de l'interprète Aly, que l'on savait être un agent de l'ex-dey.

A cause des vents contraires, obligés de rester deux jours encore en rade, nous fîmes de l'eau; nos barils ayant été scrupuleusement visités à la douane, pour se convaincre qu'ils ne contenaient ni fusils anglais ni munitions de guerre. Toutes ces précautions pouvaient être utiles dans un temps où la conquête de l'Algérie, encore mal assurée, exigeait, de la part des commandants militaires, même pour les chrétiens des pays étrangers, une surveillance active et des soins de tous les instants. Cette inspection terminée, on nous dit de partir.

Pendant notre route de Bone à Tunis, je ne cessai de m'occuper des grands souvenirs que nous allions y rencontrer : Carthage et Marius; Saint-Louis de France et les Abencerrages d'Espagne! C'était un mois entier d'études intéressantes et d'émotions nouvelles.

Nous n'eûmes que fort peu de brise et moins encore d'incidents mémorables; une nuit toutefois, nous vîmes à tribord un long bâtiment d'une apparence très-équivoque et ne donnant aucune réponse à notre appel. En un instant, tous mes compagnons, bien armés, se rangèrent sur le pont, prêts à tout événement. Après s'être approché à portée de pistolet, le mystérieux navire tourna brusquement sur ses talons et disparut dans l'obscurité. Ses intentions étaient bien évidentes : s'il ne nous avait pas trouvés préparés à le recevoir, nous aurions eu un combat sur mer, pendant la nuit et corps à corps.

Notre séjour à Tunis se passa de la manière la plus agréable, entre nos excursions dans la plaine de Carthage et l'accueil très-hospitalier dont nous fûmes l'objet à Abdalléah, de la part du consul anglais. Toutefois, nous n'y restâmes que le temps nécessaire pour la réparation du brick, qui en avait grand besoin, et pour mes recherches historiques, qui pourront quelque jour être publiées. Le brick remis en état et mes notes achevées, nous partîmes pour Tripoli, décidés à visiter en route Medhia, Susa, Sphaks et surtout *l'île de Jerbeh,* dont je ne connais aucune description antérieure à la mienne.

Cette île, vue de la rade, n'offre d'abord rien de remarquable, sinon les cimes des dattiers (sans doute le *lotus* d'autrefois), les plus grands que j'aie encore vus, sur un terrain très-uni, et qui semblent couvrir toute sa surface. Ces arbres sont ici d'une rare beauté, avec leurs rameaux pesamment chargés de grappes dorées qui les inclinent jusqu'à terre; ainsi que les oliviers, qui atteignent parfois à des hauteurs énormes[1]. Jerbeh est renommée pour ses fabriques de cette étoffe imperméable dont les Arabes font leurs burnous; et pour ses poteries d'une élégance toute romaine. On en exporte une grande quantité d'huile, d'eau-de-vie de dattes, et de laine très-fine. L'eau y est généralement d'un goût saumâtre comme celle de la mer. Jerbeh est à peu près à 180 milles de Tripoli et relève aujourd'hui du gouvernement de Tunis.

Mais l'objet le plus digne d'attention qu'elle renferme est une tour de crânes humains, construite sur le rivage, en face du mouillage des navires. Il me fut d'abord impossible de rien apprendre concernant l'origine de ce singulier monument; j'espérais toutefois qu'un hasard, une légende populaire, un plus long séjour dans l'île, pourraient me donner quelques indices. L'île de Jerbeh avait été, il est vrai, plus d'une fois le théâtre de la lutte sanglante entre les giaours et les croyants, au temps des croisades; plus d'une fois l'orgueil des vainqueurs ottomans avait fait entasser des monceaux de têtes ennemies à l'entrée de leurs tentes; mais un trophée de cette nature, une muraille de crânes humains, n'existe sans doute dans aucun autre pays du monde. Les tumulus mêmes, élevés sur les chemins de l'Ukraïne, recouvrant les ossements des Tatars mêlés avec les nôtres, sont bien loin d'avoir l'aspect formidable de la *Tour-aux-Crânes;* c'est là très-certainement le chef-d'œuvre de la haine des races, armées l'une contre l'autre par le fanatisme religieux[2].

1. L'île de Jerbeh (ou Zerbi), anciennement *Girba, Hirba* ou *Lotophagitis insula,* est située dans le golfe de *Qabès* par 33° lat. N., et 10° long. E. Elle devint le refuge de Marius après son exil de l'Afrique.

2. Lorsqu'en suivant le cours du Danube on approche de la petite ville de Visli, on recule d'horreur à la vue d'un monument digne d'un hameau de cannibales.

C'est une pyramide tronquée, dit M. Henri Thiers, dans son ouvrage relatif à la Serbie, qui rappelle aux passants la victoire de 1809, remportée par les musulmans sur les chrétiens serbes. Quatre ou cinq mille crânes sont incrustés dans ce trophée barbare, défi de la barbarie à la civilisation.

La forme de ce monument bizarre pourrait être comparée à celle d'une grande fourmilière au Sénégal; c'est un cône de 30 à 35 pieds de haut, avec 25 pieds de diamètre à la base. La muraille consiste en couches de crânes superposées, avec les fémurs des cuisses et les os des avant-bras dans les intervalles; le tout cimenté avec de la chaux vive, pour la plus grande solidité de la construction. Du côté de la mer, le mortier, presque entièrement disparu, a laissé les crânes en beaucoup d'endroits à découvert. Je garde, comme reliques, plusieurs dents qu'un matelot en détacha devant moi, en se servant, d'une manière très-peu respectueuse, pour grimper jusqu'au sommet de la tour, des os maxillaires en guise d'échelons. Notre pilote arabe m'informa que la tour, appelée *Burjes-Roos* par les indigènes, était en entier construite de têtes infidèles, c'est-à-dire chrétiennes; mais c'est tout ce qu'il put m'apprendre : quelques personnes de l'île que je questionnai ne purent m'en dire davantage. Heureusement, nous étions munis de la part du dey de Tunis, auquel nous avions fait cadeau de quelques armes bien éprouvées, souvenirs de la guerre de 1831, d'un firman de bienvenue, qui devait nous faire trouver dans toutes ses dépendances l'accueil le plus cordial. Nous avions un écrit spécial pour le *kaïada* ou gouverneur de l'île, absent, il est vrai, pour le moment, mais remplacé par un lieutenant ou *vice-kaïade*, à qui je dois tous les renseignements consignés dans cette narration.

Celui-ci était un beau vieillard aux manières affables, aux tendances très-libérales; car il buvait du vin tout comme un infidèle, en guise de médicament bien entendu, et préférait même parfois le rhum, comme plus fort et, par conséquent, plus salutaire. J'avais appris avec soin le *sélam* turk, et je m'étais revêtu d'un costume musulman pour l'audience. Je trouvai le vice-kaïade plongé dans cette espèce de demi-rêve qui fait presque toute la vie des Orientaux, quand ils ne sont pas sur le champ de bataille, ou quand ils ne discutent pas leurs intérêts pécuniaires. Après l'exhibition de mon firman, nous fumâmes une pipe sans dire un mot de part et d'autre; j'allais me retirer, lorsqu'une bouteille de vieux rhum de la Jamaïque, sortant comme par mégarde de la poche de l'interprète, attira toute l'attention du croyant; ses yeux s'enflammèrent aussitôt comme ceux du tigre, et ses lèvres murmurèrent onctueusement le mot : *Ullah! ullah!* auquel je répondis par un grand salut musulman. La conversation s'établit; le drogman affirma que la bouteille contenait un spécifique français infaillible contre les rhumatismes et les anciennes blessures, que je l'avais apporté tout exprès de Marseille pour le lui faire essayer. Le Turk soupira profondément, en pressant sa main sur sa poitrine, et toussa à plusieurs reprises. Le drogman se hâta d'approcher la bouteille d'une coupe d'argent qui se trouvait, par hasard, à côté du vice-kaïade. Celui-ci marmotta quelques prières, en secouant la tête en tous sens, comme un magot chinois; puis, ayant goûté de mon spécifique, jura par sa barbe et le tombeau de son père que je devais être un grand docteur, et me souhaita de traverser heureusement le pont suspendu qui conduit au séjour des *hurus* du prophète.

Nous nous séparâmes enchantés l'un de l'autre; il me promit même de me rendre ma visite, dès le lendemain, à bord du bâtiment. Il tint parole, comme on peut bien le penser; il parla beaucoup plus que la veille, mangea de grand appétit et but tant de spécifique sans le moindre dérangement, que je pouvais bien me douter qu'il en avait l'habitude, le vieux croyant! Toutes les différentes sortes de vins que nous lui servîmes, mes compagnons et moi, n'eurent d'autre résultat que de le rendre plus communicatif : disposition dont je profitai pour lui demander quelques renseignements sur le Burjes-Roos du rivage. Il feignit de ne pas avoir entendu ma demande, et ses yeux se refermèrent comme au début de notre première entrevue. Le drogman fit servir le punch, qui apparut aussitôt sur la table tout flamboyant; mais le rusé musulman n'eut pas du tout l'air de s'en apercevoir.

« Le serviteur de votre gloire pourrait-il se permettre, dit Aly en s'inclinant avec respect, de lui demander au nom de son patron, quand et pourquoi le Burjes-Roos a été construit?

— Le Burjes-Roos! Et comment pourrai-je donc le savoir, dit le Turk en hochant la tête; ce sont des choses oubliées depuis des siècles!... ni mon père ni mon aïeul ne furent témoins de sa construction; puissent leurs tombes rester intactes et sans insulte!

— Mais, observa Aly, en remplissant la coupe d'argent du vice-kaïade avec le punch enflammé, peut-être pourrait-on se souvenir de quelques paroles concernant la Tour-aux-Crânes, comme on se souvient d'un trésor caché, dont le secret nous fut révélé par un génie?

— Eh bien! oui, peut-être... dit le Turk, après une gorgée de son remède préféré; on m'en a bien parlé autrefois, dans ma jeunesse; mais il me serait impossible de m'en souvenir... Et d'ailleurs, dit-il tout bas, en se penchant vers le drogman, la tour du rivage est bâtie avec les crânes de ces chiens de chrétiens... puisse le feu éternel consumer leurs âmes!... Je ne puis croire votre jeune docteur un giaour; et cependant, entre nous, je ne voudrais pas en parler en sa présence...

— Vous avez bien jugé mon patron, dit Aly; il est du pays de Léhistan, c'est-à-dire qu'il aime les musulmans, déteste les Moskovites, et se réjouit quand il entend parler des hauts faits des vrais croyants.

— Ah! s'il en est ainsi, dit le vice-kaïade, c'est différent; je veux lui conter l'histoire de la Tour-aux-Crânes : ce sera curieux!... Mais, *Ullah, ullah,* c'est bien la peine de tant s'intéresser à quelques têtes d'infidèles!... Que le père-chien, aïeul de toute cette race, veuille souiller leurs tombes, *Insch'allah!*

— Il n'existe donc rien d'écrit à ce sujet?

— D'écrit? A quoi sert d'écrire! répondit le Turk avec humeur. La malédiction d'Éblis sur tous les griffonnages! Je lis le Koran, je sais s gner mon nom, et cela me suffit, *Masch'allah!*

Quant à moi, je ne fus pas fâché de pouvoir mettre par écrit la relation du vice-kaïade, que je reproduis aujourd'hui textuellement, d'après mes notes de voyage.

L'île de Jerbeh, conquise par les Arabes de l'ouest, c'est-à-dire les Maures d'Espagne, sous le règne de Moâwgah Ier, était gouvernée par un chef indigène, relevait du pacha de Tripoli et payait un tribut annuel à la Porte. En 1564 (la 939e année de l'hégire), sur les instances du célèbre La Valette, grand maître de l'Ordre de Malte, Philippe II réunit aux forces navales des chevaliers un certain nombre de galères espagnoles, dans le but de reconquérir la ville de Tripoli sur les musulmans. Mais ce prince fanatique et sans âme n'avait guère de bonheur dans ses entreprises maritimes; et cette campagne fut une seconde édition de la fameuse *Armada*, dans les eaux de la Méditerranée. La place de Tripoli, emportée d'assaut par l'invincible Doophoot, avait été faiblement défendue par les chevaliers; il y eut entre eux et le grand maître d'alors, Omedès, beaucoup de récriminations réciproques: on alla même jusqu'à l'accuser de trahison. Doophoot, qui comprenait l'importance d'une conquête qui pouvait lui donner la haute main sur tout le commerce du Levant, fit aussitôt remettre en état les anciennes fortifications et construisit de nouvelles batteries, presque au niveau de la mer, qui rendaient la place très-difficile à prendre, à moins qu'elle ne fût entièrement investie. Tel était l'état des choses à Tripoli, au moment où l'on conçut le dessein d'en faire la conquête. L'escadre chrétienne se composait de 50 galères et de 28 grands bâtiments de transport, montés par 30,000 hommes des meilleures troupes de l'époque, sans compter un bon nombre de chevaliers et de volontaires de tous pays.

La flotte fut mise sous le commandement du vétéran Doria, la gloire de l'Italie, et les troupes de terre sous celui de Lacerda, duc de Médina-Céli, récemment nommé vice-roi de Sicile, et dont l'orgueil n'avait d'égal que sa profonde incapacité. Tous, à l'exception de Doria, regardaient la chute de Tripoli comme inévitable; mais un séjour de vingt-quatre heures à Malte, point de réunion générale, avait suffi pour convaincre le vieil amiral qu'il avait bien jugé le talent et le courage de Lacerda; qu'une expédition, si redoutable qu'elle fût, placée sous les ordres d'un pareil chef, était exposée à un désastre presque certain. Celui-ci ne se promettait rien moins que la destruction totale de la puissance turque en Afrique; Tripoli allait tomber à sa première sommation, et le brigand Doophoot, chargé de chaînes, ornerait son entrée triomphale en Sicile.

Mais, comme disait notre vice-kaïade en prenant une dose de mon cordial:

« Chien qui aboie ne mord pas, *Choukr'allah!* »

Doophoot eut bientôt connaissance, par ses émissaires à Malte, du départ de la flotte; et, aussitôt, il expédia une brigantine à Stamboul, pour demander du secours.

L'expédition fit voile sous les meilleurs auspices et dans l'ordre le plus parfait, équipée avec luxe pour un voyage de plusieurs mois. Trois jours après, l'escadre était en vue de Tripoli; et là, le caractère du vice-roi se montra dans toute son orgueilleuse nullité.

Après avoir examiné les nouvelles batteries, et reçu de Doophoot une bordée en réponse à sa sommation, il déclara qu'une attaque de vive force était trop hasardeuse et coûterait la vie à beaucoup de monde; qu'il fallait attendre l'arrivée des grosses pièces de siége et des engins nécessaires pour dominer le feu de la place. A cet effet, il envoya deux galères à Malte, désigna l'île de Jerbeh pour point de rassemblement, et donna l'ordre à la flotte d'y faire voile à l'instant. Il savait que cette île était à peine défendue; et, par un excès de prudence trop souvent funeste en pareil cas, il se proposait de faire une démonstration qui lui vaudrait quelque renommée dans son pays, au lieu de se porter résolûment et sans délai au cœur même du danger. Telle est à peu près l'histoire de toutes les expéditions malheureuses.

L'ordre de cette retraite fut accueilli par un cri de réprobation unanime de la part des chevaliers; il ne fallut pas moins que les efforts réunis de tous les officiers, pour empêcher une révolte ouverte parmi les vieux lions d'Espagne, qui n'étaient pas accoutumés à plier devant l'ennemi et encore moins à se retirer sans combat.

Arrivée à l'île, la flotte opéra son débarquement sans obstacle, en face de l'endroit où se trouve aujourd'hui la Tour-aux-Crânes. Les gros bâtiments mouillèrent à quatre milles environ en mer, et les transports portèrent les troupes vers la rade. Les indigènes, rassemblés à la hâte, se présentèrent pour défendre le rivage; mais, que pouvait un groupe d'insulaires, à peine armés, contre les rangs pressés des giaours, dans leurs carapaces de fer et d'airain!

Après une lutte de quelques instants, on pénétra dans la ville. Ici eurent lieu des scènes de pillage, d'incendie et de violence, sur lesquelles il me sera permis de jeter un voile, bien qu'elles m'aient été décrites avec énergie par le narrateur musulman; il me suffira de dire que, cette fois, les *nazaréens* se comportèrent comme de vrais mécréants, pour se venger sans doute de leur déconvenue devant les murs de Tripoli. Toutes les horreurs d'une ville prise d'assaut régnèrent pendant cette journée de massacre; toute discipline avait disparu: ni l'âge ni le sexe ne furent épargnés, à l'exception de quelques blessés, qui furent réservés pour un plus horrible supplice. On les soumit à la torture pour leur faire avouer où se trouvaient cachées leurs richesses; mais pas un des habitants de Jerbeh ne voulut racheter sa vie, et l'échanger contre l'esclavage.

Un faible parti de ces braves s'était rejeté dans le *Burjes-Sook*, ou Tour-du-Marché, qui se trouvait à l'ouest de la place d'arrivée; mais, poursuivis par les assaillants, après une courte résistance, ils se frayèrent passage hors de la ville, et se réunirent aux autres habitants du pays, accourant des villages voisins pour les soutenir. C'était sous un groupe de dattiers, non loin du village *Wadez-Zebeeb* que le chef de l'île, le vieux Yokhdah, assembla ses guerriers; tous ayant soif de vengeance, tous n'épiant qu'un moment favorable pour ressaisir la victoire. Comme chez les Indiens du nord de l'Amérique, la vengeance est le plus énergique sentiment, la passion dominante de la race arabe, issue de la conquête, exaltée par le fanatisme, et se souvenant que ses aïeux avaient jadis régné aux embouchures de l'Èbre et du Mançanarès. La loi du talion est inscrite dans leurs âmes aussi profondément que l'existence du Dieu unique; la clémence et le pardon n'appartiennent qu'à l'Évangile : le Koran tout entier est un code de représailles.

Une des choses sur lesquelles Yokhdah comptait le plus, était le manque d'eau douce dans la ville, ainsi que la grande distance que les giaours avaient à parcourir pour s'en procurer. Il fit réunir de grandes quantités d'eau-de-vie de dattes, et les fit disposer sur les chemins; quant aux moyens de subsistance, l'invasion avait été si subite qu'on n'avait rien pu emporter de part ni d'autre des magasins incendiés de Jerbeh; mais des dattes sèches et de l'eau de source suffisent à ces fils du désert pour attendre patiemment le combat.

Une douleur plus grande encore que celle de la défaite remplissait l'âme du vieux chef arabe; sa fille bien-aimée, Zobbah, le bonheur de sa vie, le soleil de son cœur, la lumière de ses yeux, avait disparu pendant le massacre : il implorait l'ange Azraël de la couvrir de son aile, car il la préférait morte que déshonorée. Elle avait échappé, comme par miracle, au carnage qui eut lieu dans la maison de son père, pendant que celui-ci combattait à la tête de ses guerriers; mais bientôt découverte par un Bavarois ivre, elle fut traînée ignominieusement devant un monstre à face d'homme, capitaine aux gardes du vice-roi, nommé don José de Sâvera. C'était un officier d'aventure, d'une bravoure éprouvée, d'une vigueur athlétique, mais d'une âme aussi noire que son visage de bête fauve. Sâvera avait le premier abordé à l'île de Jerbeh; avant même que les canots eussent atteint le rivage, il s'était jeté à la mer, et pendant quelques moments avait seul soutenu le choc des Arabes. Ayant reconnu leur chef dans le vieux Yokhdah, il l'avait provoqué, blessé d'un coup de hache, et l'aurait probablement tué ou fait prisonnier s'ils n'avaient été séparés pendant l'action. Il fut aussi le premier qui pénétra dans la ville; et les scènes d'horreur qui s'y passaient n'étaient que trop de son goût. Cette race d'hommes, disons-le pour l'honneur de l'Occident, semble s'être aujourd'hui exclusivement réfugiée parmi les égorgeurs de Praga et de Sinope.

La pauvre jeune fille, apportée évanouie dans la tente de Sâvera, avait vainement cherché son salut dans une bague empoisonnée qui ne la quittait jamais; mais le poison infidèle la trahit : et, quand elle rouvrit les yeux, elle était déshonorée. Cette affreuse nouvelle fut portée à son père par un jeune nègre qui l'avait suivie, et qui s'était glissé dans la tente comme un djin invisible; il rapportait à Yokhdah la bague vide, en témoignage de ses paroles. Le désespoir du vieux chef, qui se trouvait au conseil en recevant ce message, fit place à la fureur; on fut obligé de le retenir de force pour l'empêcher de se jeter à cheval et de courir à tout hasard pour venger son honneur sur l'infâme giaour. Les sentiments du père finirent par céder aux devoirs du soldat; un nouveau messager vint l'avertir que les chrétiens, divisés en plusieurs détachements, parcouraient l'île en tous sens pour la saccager; mais qu'ils semblaient accablés par la chaleur ou vaincus par l'ardente boisson qu'on leur avait préparée. Yokhdah jugea le moment favorable pour exécuter son projet de vengeance et surprendre au moins un détachement ennemi; aussitôt il arrêta son plan d'opérations, en prévenant les siens que le succès de leur attaque dépendait surtout de la promptitude et du secret de leurs mouvements. En un instant, deux mille fantassins et mille cavaliers furent prêts pour le départ. Ils atteignirent un village incendié, d'où le vent leur apportait d'horribles clameurs de rage et de désespoir; par les ordres d'Yokhdah, ils le cernèrent de tous côtés, afin que pas un des assaillants ne pût leur échapper. Le signal fut donné, le corps arabe se précipita comme un ouragan; les chrétiens n'avaient pas seulement posé une sentinelle : de manière que la surprise fut facile et la victoire certaine. La chaleur du jour, la fatigue ou l'ivresse, leur avait fait à tous ôter leur cuirasse. Aucun coup ne fut perdu, aucun trait ne s'égara, aucun chrétien ne put porter aux siens la nouvelle de cette défaite; et, selon le récit du vice-kaïade, plus de 2,000 âmes infidèles furent envoyées en enfer. Cela disant, il avala une coupe entière du liquide embrasé.

Rien ne pouvait désormais arrêter la fureur des Arabes. Enflammés par la soif du sang, ils se jetèrent sur un second parti d'Espagnols qui exerçaient les mêmes horreurs dans le village d'*Essook*. Là aussi, les giaours furent taillés en pièces, bien que la victoire fût plus difficilement obtenue; et les Arabes, vainqueurs une seconde fois, entrèrent avec les derniers fuyards dans la ville. Yokhdah était à leur tête, semblable à Mohammed lui-même, donnant l'exemple et combattant comme le dernier soldat. Les Espagnols, épouvantés par cette attaque imprévue, se sauvèrent dans les canots, malgré les efforts des officiers et de Sâvera, qui cherchaient en vain à les rallier. Malheureusement, la plupart des embarcations étaient à sec, la mer venant de se retirer avec le reflux. Yokhdah se jeta dans les flots en entraînant les siens; ils atteignirent les Espagnols pesamment armés et chargés de butin : la mer et les bancs de sable se teignirent du sang des infidèles. Sâvera, avec quelques officiers, se battait encore en désespéré sur le rivage; mais, écrasés par le nombre, ils tombèrent l'un après l'autre; et, d'après les ordres du chef arabe, Sâvera, resté seul, fut amené vivant devant lui.

Cependant le vice-roi de Sicile avait contemplé du pont de son trois-mâts ce combat, ou plutôt ce carnage, désirant ne se rendre à terre que le jour suivant, pour prendre possession avec éclat, au nom de Philippe II, de sa prétendue conquête. Il ne put donner aucun secours aux fuyards, tous les canots étant dispersés, et les vaisseaux de haut bord ne pouvant approcher du rivage. Au même instant, une flotte ennemie, composée de 35 voiles, apparut à l'horizon, avança rapidement, et, rangée en croissant, selon la coutume orientale, présenta le combat. C'étaient les secours envoyés de Stamboul au pacha de Tripoli, et qui, par un hasard sinistre, se trouvaient à point nommé à la hauteur de Jerbeh, pour achever la destruction de l'escadre chrétienne.

Doria s'aperçut le premier de ce nouveau danger; avec son coup d'œil d'aigle, il en mesura toute l'étendue : il fit lever l'ancre en toute hâte, disposa ses galères en redan, et tenta de percer la demi-lune des vaisseaux turks qui cherchaient à l'envelopper. Mais il n'était plus temps : le vent donnait avec force dans la rade; lui seul, suivi de cinq galères vénitiennes, parvint à couper la ligne ennemie et à se frayer un passage vers la haute mer : tous les autres bâtiments tombèrent aux mains de l'amiral ottoman. Dans ce seul combat naval, suivant le rapport envoyé à Stamboul, les chrétiens perdirent 14,000 hommes; onze mille furent tués dans l'île de Jerbeh : la perte des Turks pendant toute l'expédition ne fut évaluée qu'à 5,000 hommes.

Sauvé par Doria, le vice-roi Lacerda passa le reste de ses jours dans le mépris et la honte. La vengeance des Arabes était satisfaite; mais celle de Yokhdah ne l'était encore qu'à demi : il lui fallait élever un trophée sanglant de sa victoire. Les têtes coupées des giaours furent entassées par monceaux sur le rivage; on se mit à bâtir la Tour-aux-Crânes; et Yokhdah lui-même se réserva d'y poser la dernière pierre.

Le châtiment de Sâvera fut le digne prix d'une vie de crimes et de débauches. Brisé par la torture, couvert de sang, il fut traîné la corde au cou sur la place où l'on érigeait la Tour-aux-Crânes. En la voyant, il sentit quelque chose d'humain tressaillir dans sa poitrine, et demanda la mort; mais Yokhdah lui répondit par un affreux ricanement en lui montrant sa fille. Zobbah, tombant aux genoux de son père, implora la grâce du prisonnier; Yokhdah exaspéré lui plongea son yatagan dans le cœur. Alors commença pour l'Espagnol un supplice atroce, et qui dura jusqu'à ce que la construction de la Tour fût entièrement achevée; il fut empalé vivant, et la dernière tête posée au sommet fut la sienne.

. . . .

Ici, le vieux croyant, après avoir absorbé une dernière dose du médicament, et se trouvant tout à fait guéri, pencha la tête et s'assoupit en refermant les yeux, comme un automate dont le ressort vient à s'arrêter. Voyant qu'il n'y avait plus rien à en obtenir, je m'enfermai dans ma cabine pour écrire cette relation, confirmée plus tard par mes propres recherches, et telle que je viens de la transcrire aujourd'hui.

RÊVE DE BONHEUR

LÉGENDE MALTAISE

(1840)

I.

Les nombreux biographes de lord Byron, depuis John Galt jusqu'à Thomas Moore, ont presque tous passé sous silence un épisode qui se rattache à son premier voyage en Orient, en 1810, et dont le souvenir se reflète sur ses meilleurs poëmes, comme la trace du seul amour sérieux et durable que l'illustre barde anglais ait peut-être éprouvé. C'était le premier depuis son exil... le dernier peut-être; car je ne pense pas que la belle *Fornarina* blonde de Ravenne (la comtesse Thérésa Guiccioli) ait été autre chose pour le noble lord qu'une très-vive préoccupation artistique. Je tiens le récit de cet épisode d'un témoin oculaire, acteur lui-même dans la scène intime que je m'empresse de restituer au drame de sa vie.

Dans un des ports les plus fréquentés de la Méditerranée, le major Ponsomby, après avoir fait avec éclat les premières campagnes de la Péninsule, remplissait les fonctions d'agent consulaire de S. M. britannique. Il devait cette charge importante à de hautes influences parlementaires, à ses titres de famille, une des plus anciennes de la noblesse anglaise, et surtout à son mérite individuel, qui prévaut toujours, en Angleterre, dans le choix des personnages diplomatiques. Devenu veuf au moment de son entrée en fonction, il avait réuni toutes les affections de sa vie sur une fille unique qui atteignait sa dix-septième année à l'époque où commence cette narration.

Miss Thérésa Ponsomby, célébrée par lord Byron sous le nom athénien de *Thyrza*, tenait à la fois de la nature anglaise par son père et de la nature espagnole par sa mère, qu'elle avait perdue vers l'âge de trois ans. A toutes les deux, elle semblait avoir emprunté ce qu'elles ont de plus délicat et de plus exquis. Sa figure, d'une harmonie et d'une régularité parfaites, portait le type breton dans toute sa pureté; son ovale, digne du crayon de Greuze ou de Murillo, son nez légèrement aquilin, ses lèvres vermeilles, semblaient sortir de la pensée de l'Amour lui-même, le peintre et le sculpteur par excellence, l'artiste suprême et divin. Ses cheveux blonds et soyeux, bouclés à l'anglaise, prenaient au soleil une teinte lumineuse et formaient à sa beauté comme une auréole de madone; de loin, on les aurait crus semés d'une poussière d'or. Ses mains finement attachées, sa taille élégante, un peu au-dessus de la taille moyenne, ses pieds mignons, étaient évidemment d'une Castillane de haute race. Dans les moments de calme, sa physionomie avait cette expression tout idéale que Paul Delaroche a donnée aux deux anges de son tableau de *Sainte Cécile*; miss Ponsomby semblait alors n'appartenir à la terre que par l'amour profond, le culte enthousiaste qu'elle rendait à son père adoré. Mais lorsqu'une inspiration soudaine venait à passer sur cette âme ardente, comme au récit de quelque belle et noble action, à la vue d'un chef-d'œuvre incomparable, à quelques paroles du cœur bien senties et bien exprimées, son front s'illuminait d'un rayon céleste; une plus vive rougeur animait ses joues, une flamme étincelante jaillissait de son regard... c'était Thérésa l'Espagnole dans tout l'enivrement de sa généreuse organisation : ou plutôt c'était sainte Cécile elle-même, laissant tomber le luth de ses doigts distraits, oubliant la terre et levant les yeux au ciel pour écouter la musique des archanges.

Sa jeune âme portait aussi cette double empreinte de deux natures d'élite, qui se trahissait dans l'émotion contenue de sa voix, dans l'ineffable éclat de ses yeux, dans la grâce de tous ses mouvements. Ouverte et franche, comme le sont les âmes de ces douces filles d'Albion, dans lesquelles il nous semble retrouver des sœurs longtemps inconnues, elle charmait au premier regard, elle attachait au premier sourire. Depuis son enfance, elle n'avait eu d'autres maîtres que son père, qui en avait fait une femme accomplie, et le soleil méridional, qui en avait fait une artiste éminente. Versé dans la plupart des langues et des littératures du Midi, cachant un savoir très-étendu sous les apparences d'un homme du monde, peintre et musicien très-distingué, le consul avait consacré à sa chère Thérésa tout le temps que lui laissaient les occupations de sa charge; et le maître pouvait à bon droit s'applaudir de son élève. Toutefois, il ne pouvait se défendre d'une certaine inquiétude en voyant que, depuis sa sortie du rêve de l'enfance, une extrême sensibilité se développait dans son âme et grandissait avec elle; souvent Thérésa cherchait la solitude en s'enfermant avec un livre aimé qu'elle dévorait sans le quitter; ou bien, pendant des heures entières, elle errait au bord de la mer, en laissant aller sa pensée au gré des vagues... Et lorsque son père lui reprochait doucement son abandon, elle se jetait dans ses bras, en le couvrant de larmes qu'elle ne pouvait retenir... L'âge d'aimer était arrivé pour elle, sans que son cœur eût encore parlé; car, à part quelques voyageurs compatriotes qu'ils étaient tenus de recevoir, le consul et sa fille vivaient dans une retraite absolue. La vivacité de son esprit, tous les dons de l'imagination et du cœur dont la nature l'avait si richement douée, répandaient sur leur exil cette félicité de tous les instants que les proscrits ont bien rarement éprouvée, et qui leur fait trouver une patrie en eux-mêmes; Thérésa était pour son père la famille, la patrie, le monde!

Cependant, le regard du consul s'assombrissait parfois, en songeant que, tôt ou tard, devait sonner pour eux l'heure de la séparation; que ses derniers jours devaient s'écouler dans l'isolement et l'oubli... Le terme fixé pour sa retraite était encore bien loin; et pourtant il avait rêvé pour sa fille un autre avenir que celui qui lui semblait réservé dans cette contrée, loin de toutes ses anciennes relations. Il ne pouvait admettre la pensée que cette fleur si belle pût s'épanouir et vivre inaperçue dans un désert... Il formait alors le projet de lui faire visiter son pays natal, et passait en revue tous les illustres parents sous la patronage desquels Thérésa pourrait être présentée dans les cercles de Londres. Déjà, plus d'une fois, il avait essayé de l'habituer à l'idée de ce grand voyage; mais Thérésa ne pouvait concevoir l'existence sans lui, son maître bien-aimé, l'inséparable compagnon de son enfance. Leur plus longue séparation avait été de trois jours, trois jours dont le souvenir lui faisait l'effet d'un rêve de douleur.

Le major Ponsomby, cadet de famille, n'avait pour toute fortune que le revenu de son emploi et la pension militaire attribuée à ses blessures, reçues au service de l'État; mais ces modestes ressources suffisaient au delà pour leur assurer le bien-être et même un semblant d'opulence sous le radieux climat où leur destinée les avait conduits. Pendant l'hiver, ils habitaient, à la ville, un ancien palais, orné des ouvrages des meilleurs peintres et sculpteurs italiens; en été, ils avaient pour résidence une charmante villa mauresque, avec un parc superbe, ayant vue sur la mer, planté d'orangers, de figuiers et d'aloès géants. Du pavillon du parc, on découvrait la rade avec ses vaisseaux de tous les pays se croisant sur le môle, ses banderoles de toutes les couleurs flottant sur les mâts pavoisés; les îles voisines bleuissant à l'horizon; et plus loin encore, l'espace, l'immensité, l'infini! C'est là que Thérésa, chaque soir, au chant du rossignol, allait admirer le beau soleil d'Italie éteignant ses derniers rayons dans une mer calme et limpide comme son âme.

II.

A l'heure la plus ardente d'un jour d'été, lorsque tout habitant des contrées méridionales se livre aux douceurs de la sieste, un voyageur levantin, amené par un trois-mâts sous pavillon anglais, venait frapper à la maison du consul. C'était un jeune homme de vingt-cinq à trente ans, et dans l'extérieur duquel on devinait aisément le fils d'une caste privilégiée. Son riche costume oriental était celui que les Turks portaient autrefois, avant la réforme de Mahmoud, qui dépoétisa l'Orient, sous prétexte de le civiliser ; mais son noble visage, sa démarche altière, bien que parfois ralentie par un imperceptible boitement, et surtout un grand air de distinction et de bienveillance répandue sur toute sa personne, annonçaient un homme familiarisé de longue main avec les mœurs et les usages de l'Europe. Son front, largement développé, portait entre les deux sourcils, comme un signe fatal, la ride indélébile du génie ou du malheur.

Arrivé à la maison du consul, on le fit passer, à travers une rangée de salons et de portiques ouverts, dans une chambre de travail. Cette pièce, autrefois la bibliothèque d'une résidence princière, était devenue le bureau du consulat. Les murs étaient garnis de boiseries de cèdre, chargées de livres et de manuscrits, entre lesquelles on voyait des bustes en marbre, des groupes en bronze, des vases de porphyre ; et dans le fond, une grande table d'ébène couverte de papiers, avec un fauteuil vide, représentait le trône consulaire. Sur une paroi de la chambre on voyait le portrait du roi Georges IV ; au-dessus de la cheminée en marbre vert, on remarquait un autre portrait, qui, dès son entrée, fixa l'attention du visiteur. C'était l'image d'une jeune fille peinte en pied et de grandeur naturelle, dans une basquine espagnole, assise sur une terrasse et regardant la mer ; une guitare, accessoire obligé de toute jeune Castillane, reposait à ses pieds sur un riche tapis de velours ; mais son front blanc et dégagé, ses longs cheveux d'or mat, indiquaient une beauté d'origine anglaise. Dans ses doigts se jouait une branche d'oranger en fleur, moins légère et moins délicate pourtant que la main adorable de la jeune fille.

Un bon quart d'heure se passa avant que le voyageur fût distrait de sa contemplation.

« Signor levantin, » dit enfin une voix chevrotante.

L'étranger se retourna vers son interlocuteur, petit vieillard au regard équivoque, « tout de noir habillé », les souliers garnis d'une large paire de boucles d'argent, et qui roulait entre le pouce et l'index la carte de visite qu'il venait d'envoyer au consul.

« Georges Ferrers, répliqua le voyageur en s'inclinant légèrement.

— Georges Ferrers ? un nom anglais !... et pourtant votre mise semble indiquer...

— Un homme qui vient de visiter l'Orient, voilà tout.

— J'ai l'honneur d'être le chancelier du consulat britannique, ajouta le petit vieillard avec un accent napolitain très-prononcé. Signor Ponsomby se trouve à sa villégiature, et je vais à l'instant même l'informer de votre arrivée... d'Otrante, ce me semble ?

— Pour vous servir.

— Voulez-vous avoir la bonté de me remettre votre passe-port... Je regrette qu'on vous ait fait attendre si longtemps ; mais, vous m'excuserez, signor : je suis Italien, et je faisais ma sieste... Parfaitement en règle !... Le consul sera charmé de vous recevoir à sa villa, le plus beau site de la contrée. Ne puis-je vous demander, mylord, quelles sont vos lettres de recommandation pour Son Excellence ?...

— Je n'en ai aucune, répliqua l'étranger.

— Aucune ! » dit le chancelier, en se dirigeant vers la porte, avec une moue presque dédaigneuse, comme s'il se repentait d'avoir interrompu sa méridienne en faveur d'un étranger qui n'avait pas une seule lettre ministérielle. Il s'attendait à voir au moins le sceau du sultan ou les armes de l'ambassade anglaise à Constantinople.

L'étranger se disposait à partir ; puis, s'arrêtant tout à coup :

« Oserai-je vous demander, dit-il, quelle est la personne que représente ce portrait ?

— C'est la fille du consul, signora Thérésa Ponsomby, » répondit le chancelier, en s'éloignant avec humeur.

III.

Le même jour, une heure avant le coucher du soleil, sur un superbe cheval arabe, ayant pour guide un jeune mousse grec, beau comme l'Amour lui-même, notre voyageur s'acheminait vers la maison de campagne du consul, qui voulait lui faire les honneurs de son jardin. Le domestique par lequel il fut introduit, ancien soldat du major, le mena vers un beau platane, formant pavillon, où se trouvait servie une collation composée de fruits recherchés, de café dans des tasses d'une forme orientale, et de vins du Levant frappés à la glace.

A l'approche de l'étranger, le consul se leva ; sa fille en fit autant, en laissant tomber sa guitare sur le gazon. Le modèle du portrait qu'il venait d'admirer se trouvait devant ses yeux ; et le peintre n'avait eu qu'à copier pour faire un chef-d'œuvre. L'étranger répondit au salut cordial du major Ponsomby et de sa fille avec une courtoisie parfaite, mais en homme que rien ne saurait troubler. Il exprima sa reconnaissance pour leur empressement à le recevoir, son admiration pour le magnifique pays qu'il venait de parcourir, et rendit hommage au talent de l'artiste qui avait reproduit les traits de Thérésa, sans que rien dans sa conversation trahît l'émotion du jeune homme, ou la vanité si commune aux voyageurs. Il refusa poliment la chibouque d'Alger qui lui était offerte par le consul, ainsi que les revues et journaux anglais, dont le contenu, disait-il, ne l'intéressait nullement. Il jeta sur la *Revue d'Édimbourg* surtout, très-accréditée à cette époque, un regard de haine et de mépris. Son hôte était, comme lui-même, trop bien élevé pour le presser de questions sur le but réel de son voyage ; et l'étranger, qui portait évidemment un nom d'emprunt, lui semblait très-reconnaissant de cette réserve. Tout ce qu'il daigna faire connaître, c'est que depuis un an il avait quitté l'Angleterre, parcouru la Grèce, la Roumélie, l'Archipel, et séjourné quelque temps dans Athènes. Une brise de mer, tiède et parfumée, soulevait les fleurs et frémissait dans les branches des arbres... C'était l'heure à laquelle Thérésa avait coutume de chanter à son père quelques airs espagnols, souvenirs de sa jeunesse; le major le lui rappela : aussitôt la jeune fille, en s'accompagnant sur la guitare, se mit à chanter un délicieux boléro, dont les échos du parc, déjà couvert par la nuit, lui renvoyaient le refrain. Sa voix fraîche et pure s'harmoniait singulièrement avec le chant de la brise du soir et les derniers reflets de l'aurore sur l'Océan... Georges l'écoutait avec ravissement; à la dernière strophe, il pâlit; puis il la pria, d'une voix émue, de recommencer sa chanson. Mais il se faisait tard; et sur l'observation du major, la reprise du boléro fut remise au lendemain.

On rentra dans la maison. La pièce principale était ornée de dessins faits par la main de Thérésa ; les sujets représentaient des sites de la contrée environnante, et semblaient exécutés de main de maître. Georges les examina l'un après l'autre; et comme il s'anima beaucoup en parlant de paysages, il finit par convenir que le crayon et le pinceau occupaient parfois ses heures de loisir. Tout en prenant congé du major, il offrit à Thérésa de lui porter le lendemain son livre d'esquisses qui pouvait, disait-il, lui fournir le motif d'un de ses plus jolis tableaux; cette offre fut acceptée avec empressement: et, dès lors, un lien mystérieux, mais charmant, fondé sur un même enthousiasme, s'établit entre Georges Ferrers et Thérésa Ponsomby.

Après son départ, le major ne put s'empêcher de passer en revue toutes les familles de sa connaissance, dont le nom pourrait lui rappeler celui de Georges Ferrers; mais cette recherche demeura sans résultat. Toutefois, il ne pouvait que s'applaudir de sa visite, et se sentait porté vers lui par un sentiment du cœur qui valait mieux, à son avis, qu'une lettre de recommandation.

IV.

Le jour suivant, Georges Ferrers, ayant quitté cette fois son brillant costume levantin pour notre affreuse défroque de clercs endimanchés, apporta son livre d'esquisses à Thérésa dans leur maison de ville, où le major était appelé par des affaires de commerce. En vain le consul essaya de lui faire accepter une invitation à dîner, il rencontra sur ce point une résistance invincible, qui lui fit promettre de revenir le soir à leur villa. Vers les sept heures, le même coursier arabe amenait le jeune voyageur devant la porte du jardin. On prit le café en plein air, on partagea quelques oranges cueillies à la main ; et, le boléro chanté, on se mit à parcourir le livre d'esquisses. Le contenu en était riche et varié : c'était un répertoire de tout ce que les alentours de la Méditerranée offrent de plus remarquable : des palais sarrasins, des temples égyptiens, des mosquées de Syrie et des fontaines de Stamboul. Ici l'on voyait une señorita espagnole enveloppée dans sa mantille; là, un camp de bédouins ombragé par des palmiers : plus loin, une caravane saluant, hommes et chameaux, le soleil levant au désert. Une singularité cependant attira les regards et l'attention de Thérésa; partout les initiales et le nom de l'artiste étaient soigneusement effacés, comme s'il avait voulu, en leur montrant ses dessins, leur offrir une énigme de plus à deviner. Plusieurs pages de l'album reproduisaient les différents aspects d'un yacht de guerre, élégant trois-mâts de structure anglaise.

La demande à qui appartenait ce navire embarrassa visiblement le voyageur; mais il répondit après quelques instants d'hésitation, qu'il le croyait monté par un de ses amis qui se trouvait justement à Cadix au moment de son passage.

« Par lord Gordon de Rochdale, n'est-ce pas? dit le consul; car voici sa devise, je crois, sur cette bannière : un cœur de feu sur pavois d'argent...

— En effet, dit Georges avec plus d'assurance ; c'est le nom qu'il porte aujourd'hui.

— Connaissez-vous lord Gordon? demanda miss Ponsomby; nous en avons souvent entendu parler... On nous avait même annoncé sa visite... On en dit des choses bien étranges, bien merveilleuses... On prétend qu'il aurait quitté pour toujours l'Angleterre, sa patrie; et qu'à peine arrivé en Turquie, il se serait fait musulman...

— Quitter sa patrie est une chose toujours bien douloureuse, dit Georges; et je ne pense pas qu'il ait pu renoncer à la revoir; mais qu'il ait embrassé l'islamisme, qu'il ait abjuré la foi de ses pères, je puis vous assurer que c'est une calomnie.

— Et pourtant, s'il faut en croire les récits que l'on publie sur son compte, dit le consul, ce doit être un homme bien excentrique, un énergumène comme il y en a tant parmi nos jeunes fils de famille...

— Grâce pour lui, mon cher hôte; lord Gordon est mon ami, peut-être le meilleur...

— Au reste, c'est un voyageur ardent, un hardi marin, et cela le réhabilite à mes yeux.

— Sa conduite a peut-être des motifs que nous ignorons, dit Georges en souriant.

— On prétend, dit Thérésa, qu'il est tantôt chef de guérillas, tantôt brigand bédouin, ou pirate, que sais-je encore !... Le colonel Garth, l'ami de mon père, ne pouvait en parler sans faire le signe de la croix... On le dit aussi poëte éminent, malgré les méchantes critiques de la *Revue d'Édimbourg*...

Georges fit, sans répondre, un geste de mépris.

— Est-il beau? ajouta miss Ponsomby.

— Ses ennemis sont sans doute, sur ce point, de meilleurs juges que moi... Ils le disent contrefait... Quant aux poëtes lauréats ou critiques de profession, je les déteste plus encore que les chefs de guérillas et les brigands bédouins... Je ne suis rien moins que savant; mais le seul goût, la seule passion que je partage avec lord Gordon, c'est celle de l'indépendance... »

Puis, il appela l'attention de Thérésa sur un autre dessin, celui d'un enfant grec tenant entre ses bras une gazelle. La conversation prit une autre tournure, et bientôt lord Gordon fut oublié.

Quinze jours s'écoulèrent l'un après l'autre, et Georges demeurait toujours sur notre île de la Méditerranée, à la veille de partir, malgré les vents favorables et la belle saison. Ses relations avec le consul et Thérésa étaient restées sur le pied d'une cordiale hospitalité. Chaque jour il leur faisait une visite à la campagne; chaque soir, après son départ, il leur laissait la même incertitude et les mêmes conjectures.

La curiosité de jeune fille de Thérésa finit par prévaloir sur sa résistance. Le jour de la naissance du roi Georges IV étant arrivé, plusieurs des notabilités de la ville se trouvèrent invités chez le consul. Celui-ci désira vivement pouvoir leur présenter son compatriote; et s'en remit, pour cette négociation, à l'habileté de Thérésa, qui se chargea de la faire réussir. Elle saisit une occasion favorable pour dire à Georges qu'elle avait une grâce à lui demander.

« Cette demande me rendra plus heureux que je n'avais jamais osé l'espérer, répondit Georges.

— Alors, il faut que vous passiez avec nous la journée, pour célébrer la fête de notre souverain, dont vous portez le nom, et que vous devez aimer, puisque vous êtes Anglais. »

Le front de l'étranger se rembrunit.

« C'est singulier... Oh! ne me regardez pas en fronçant le sourcil comme vous le faites en ce moment, continua miss Ponsomby; car vous me feriez croire que vous êtes notre ennemi, comme ce lord Gordon de Rochdale, qui passe sa vie à médire de l'Angleterre et à courir les mers sous un pavillon musulman!... Pensez-vous que nous allons vous offrir un banquet italien avec le poison des Borgia au fond des coupes?... ou bien ne vivez-vous que de fruits et de café depuis votre pèlerinage en Orient? Savez-vous qu'on pourrait vous prendre vous-même pour un enfant du prophète?... Craignez-vous de rompre le pain avec les giaours, par respect pour le Koran? »

Un sourire mêlé d'ironie passa rapidement sur les traits de Georges.

« Vous ne répondez pas; vous viendrez donc? ajouta Thérésa avec plus d'insistance.

— Je n'ai déjà que trop abusé de l'hospitalité du major Ponsomby, n'y ayant aucun droit...

— Comment? Vous êtes notre compatriote!

— Compatriote... inconnu.

— C'est tout naturel, chez un voyageur.

— Il est vrai; mais...

— Mais vous viendrez! dit miss Ponsomby avec un regard qui aurait fondu toutes les glaces de l'Etna. Vous viendrez, j'en suis sûre... je vais à l'instant le dire à mon père, qui sera ravi de votre soumission. »

Georges devint donc leur convive, c'est-à-dire, d'après les mœurs anglaises, plus qu'un ami, presque un parent. Jamais Thérésa ne s'était montrée plus séduisante qu'à cette fête, en faisant les honneurs de chez elle, heureuse de la victoire qu'elle avait remportée. Elle chanta le boléro de l'autre soir, dessina de mémoire un vieux château des environs, et même, instamment priée par les amis du consul, dansa une mauresque en s'accompagnant du tambourin.

Georges, en quittant la maison, se dirigea, tout pensif, vers la jetée du port, et fixa un long regard rêveur sur la mer, argentée par les onduleux rayons de la lune. En interrogeant son cœur, dont les battements précipités contrastaient avec le calme profond d'une belle nuit de septembre, il s'aperçut qu'il était temps de prendre un parti, de quitter Thérésa pour toujours, sous peine de ne plus jamais pouvoir s'en séparer.

A dater de ce jour, Georges n'avait plus à douter de l'état de son âme; il aimait, pour la première fois, et pour toute la vie. Thérésa se serait de même assurée de ce qui se passait dans la sienne, si elle avait osé se recueillir un seul instant. En réfléchissant à ce qu'elle éprouvait, peut-être aurait-elle découvert avec une certaine frayeur que, depuis quinze jours, son être intime avait subi comme une influence magique, un changement que la présence assidue de Georges pouvait seule lui laisser ignorer... Mais il était trop tard; le cœur des deux jeunes gens avait chanté son hymne d'espérance : la jeunesse, l'irrésistible attraction de deux natures d'élite, avaient déjà fait leur office. Et pourtant, Georges ne s'était jamais écarté des lois de la plus exquise courtoisie; pas un regard, pas une allusion qui pût lui faire supposer un plus tendre sentiment!... Il semblait se plaire, il est vrai, à se trouver avec elle; il recherchait son entretien et différait l'instant de la séparation : il était resté dans l'île bien au delà du terme désigné. Mais après une vie d'agitations et d'orages, le besoin du repos, de l'isolement, l'estime dont il se sentait l'objet de la part du consul, suffisaient pour expliquer sa conduite. Le cœur de la jeune fille était vivement impressionné, bien qu'elle n'en ressentît aucune honte, aucun regret : car la nature avait doué Georges de qualités éminentes, développées par tout ce que l'étude du cœur humain et les trésors de la pensée pouvaient y ajouter. Son jugement droit et solide, sa conversation qui, malgré lui, trahissait un artiste de génie, l'ardeur et l'imprévu de son imagination, peut-être aussi le voile de mélancolie et de mystère qui l'environnait, tous ces prestiges conspiraient à tracer autour de cette jeune âme espagnole un cercle enchanté qui chaque jour se resserrait davantage... Son père n'était plus, comme autrefois, le seul objet de ses rêves de bonheur; et lorsqu'elle songeait que bientôt l'hôte étranger devait leur faire ses adieux, elle fermait les yeux, comme pour éloigner la douleur que lui causerait son départ... Si ce n'était point l'amour, son cœur était bien près de ce sentiment, à la fois le plus inquiet et le plus délicieux de la vie!

Cet état de choses dura tout un mois encore, pendant lequel Georges la quittait à peine quelques heures de la journée, toujours les mêmes, pour écrire, disait-il, ses souvenirs de voyage. Son père, plus que jamais occupé des affaires du commerce anglais, qui, dans cette saison, faisaient de son île le centre d'un immense mouvement maritime, les laissait ensemble sans aucune arrière-pensée; car, bien qu'il ne sût pas au juste ce qu'était sir Georges, il l'avait pris en grande amitié, et se reposait sur sa loyauté, ne doutant pas qu'il ne fût un gentleman accompli. A son retour de la ville, quand Thérésa l'accueillait avec la même effusion de tendresse, dans ce rayonnement de bonheur qui auréolait son front, il était loin de soupçonner un autre sentiment que celui de la joie enfantine qu'elle éprouvait à le revoir. Il savait, d'ailleurs, que son cœur ne pouvait s'ouvrir qu'à des affections dignes d'elle et de lui-même.

Le soir, au chant du rossignol, au milieu du parfum des orangers fleuris, Georges lui parlait souvent de la Grèce, où fermentait alors le généreux levain de la liberté; des souvenirs brisés de ses grands hommes; de Missolonghi, du Parnasse, de Chéronée, de Thèbes, changés en misérables bourgades : d'Athènes surtout, d'Athènes, que lui aussi, fils du Nord, doué comme Thérésa d'une âme de feu, aimait comme une autre patrie... Il lui disait le beau soleil couchant dans les mers de l'Hellade, les femmes grecques, cousues dans un sac de cuir et jetées dans le Bosphore par la jalousie des pachas... le poëte patriote pressentant, dès lors, que la Grèce serait libre!... Thérésa l'écoutait avec ravissement; elle aspirait ses récits héroïques avec toute son âme : la parole de Georges vibrait dans son sein comme dans une lyre éolienne, en y réveillant des accords célestes... Elle devinait en lui l'artiste sublime qui devait faire un jour l'honneur de son pays et remplir le monde de chefs-d'œuvre impérissables... Mais alors, Georges, craignant d'avoir trop laissé parler son âme, se taisait soudain, ou, changeant brusquement de conversation, se plaisait à déchirer par quelque sarcasme le magique tableau qu'il avait évoqué...

V.

Un soir, à leur retour à la maison, Georges fut accosté par un jeune mousse grec, dans le costume de son pays, qui lui remit une lettre cachetée à l'orientale; il était accompagné d'une gazelle, qui le suivait en sautillant avec grâce. En approchant de Thérésa, elle posa familièrement sa jolie tête dans sa main, et se mit à la regarder avec des yeux d'une douceur inouïe. Georges, ayant ouvert la lettre, tressaillit, il était visible qu'une lutte violente s'établissait dans son âme; puis, d'une voix altérée, il dit adieu à Thérésa, en lui promettant sa visite pour le lendemain; mais cette visite, ajouta-t-il, devait être la dernière.

« La dernière!... » répéta Thérésa avec une angoisse indicible. Elle dut s'appuyer sur le socle d'une statue pour ne pas défaillir; et, longtemps après, elle suivit du regard Georges, qui s'éloignait avec l'enfant dans l'avenue assombrie du jardin. Ce mot seul : la dernière!... resta plongé dans sa pensée, comme le dard d'une abeille brisé dans le sein d'une fleur; et vingt fois, en rêve, elle entendit la voix de Georges qui lui disait : Adieu... Le lendemain, il reparut à l'heure habituelle, vêtu comme le jour de sa première visite; mais sa pâleur attestait que la nuit entière avait passé pour lui sans un instant de sommeil.

« Thérésa, lui dit-il, je dois vous quitter plus tôt que je ne l'avais désiré; de bien longtemps peut-être nous ne devons pas nous revoir!...

— Nous quitter? déjà?... Georges... vous n'êtes donc pas heureux parmi nous?

— Oh! n'essayez pas de me retenir... ma résolution est irrévocable; et le sacrifice de ma vie ne saurait la changer... Plaise à Dieu que tout le reste de mes jours soit aussi bien rempli que ces derniers, les seuls qui compteront dans mes souvenirs de bonheur...

— Mais alors, pourquoi partez-vous? dit à demi voix Thérésa.

— Pourquoi? je ne puis encore vous le dire... Je me suis arrêté dans cette île un mois de plus que je n'en avais le dessein... un mois qui, grâce à vous, a fui comme un beau rêve...

— Et pourtant, vous partez, sans même vouloir me dire la cause de votre départ?...

— Il le faut... ma destinée m'entraîne... Il y a de mon honneur, du salut de ceux que je dois chérir et qui ne m'aiment pas... Écoutez-moi, Thérésa, dit-il en la conduisant vers le pavillon; ma vie n'a plus de charme et d'espérance que pour vous et par vous; je voudrais, dès ce moment, pouvoir vous la consacrer tout entière... Thérésa, je vous aime!... »

Le bras de miss Ponsomby trembla contre sa poitrine.

« Oui, je vous aime! ajouta Georges, et ces mots, croyez-le bien, n'expriment pas un sentiment vulgaire; c'est le don de toute mon existence pour la vôtre; c'est toute mon âme que je vous offre, sans partage et pour l'éternité! Je vous aime avec autant d'ardeur qu'il y a de calme et de fermeté dans mes paroles!... »

Thérésa laissa tomber sa tête et se couvrit le visage des deux mains.

« Chère Thérésa, reprit Georges avec une profonde émotion, pardonnez-moi cet aveu s'il peut vous avoir blessée; Dieu sait que mon respect pour vous est égal à ma tendresse... Je ne suis à vos yeux qu'un étranger, un inconnu; et même en ce moment, lorsque ma destinée se décide, il ne m'est pas permis de vous expliquer ma conduite; mais je suis digne de toute votre estime, de votre confiance illimitée, par l'étendue et la ferveur de mon attachement... Je vous en conjure, par tout ce qu'il y a de bon et d'affectueux dans votre âme, par tout ce que l'avenir nous réserve de jours heureux, laissez-moi la douce persuasion que je ne vous inspire aucune crainte, aucun soupçon, que vous croyez à mon amour sans bornes!

— Oui, j'y crois... dit Thérésa, levant sur lui ses beaux yeux noyés de larmes; et rien ne saura jamais m'en faire douter; car le jour où je cesserais d'y croire, je mourrais!...

— Chère Thérésa! ma fiancée!... »

Il la pressa doucement sur son cœur, et, passant un anneau d'or à sa main, il prit sur ses lèvres un baiser plein d'une indicible extase.

« Oui, je t'appartiens désormais, comme cet anneau!... Quoi qu'il puisse arriver, nous sommes unis devant Dieu!... Je dois quitter l'île ce matin même ; je pars, en emportant ton image adorée... Maintenant, un mot encore ; pendant mon absence, si l'on cherche à me ravir ton cœur, souviens-toi que je t'aime ; si je vis, je reviendrai avant la fin de l'automne : si je meurs, tu le sauras la première... J'ai des ennemis puissants : leur haine ne pouvant m'atteindre, on voudra me flétrir, me déshonorer... Sois fidèle, et garde-moi ton souvenir pur et sans tache comme ce diamant!...

— Georges, je suis à toi ; je t'aime et n'aimerai jamais que toi...

— Spiridion! dit Georges après un moment de silence, en appelant le mousse qui se tenait à l'écart et jouait avec la gazelle ; voici ta nouvelle maîtresse : je te donne à Thérésa... Tu l'aimeras toute la vie et la serviras jusqu'à mon retour... »

Ces paroles étaient dites dans une langue étrangère ; mais Thérésa les comprit à leur accent. Spiridion fit un salut militaire, en portant les mains à son front, puis sur son cœur. Elle s'éloigna, en laissant dans la main de Georges une écharpe de soie de Tunis, brodée de sa main ; vrai talisman de fée, où l'on voyait leurs deux initiales enlacées par une torsade de ses cheveux... Georges la saisit, la couvrit de baisers, et l'agitait encore en signe d'adieu, en disparaissant dans l'avenue qui descendait vers le port.

VI.

Georges était parti. Après cette matinée si riche d'émotions, la vie de Thérésa Ponsomby était entièrement transformée. Elle ne s'appartenait plus à elle-même ; elle était la fiancée de Georges : et Georges apparaissait toujours couvert à ses yeux d'un voile impénétrable. Elle passait des journées entières à se rappeler ses moindres paroles, sans pouvoir découvrir aucun indice. Son âme, dominée par une seule pensée, avait perdu son calme habituel ; elle ne pouvait même prendre sur elle de parler à son père : mille fois elle entr'ouvrit ses lèvres pour un aveu, mille fois une puissance invincible les referma. Parfois, elle cueillait des fleurs qu'elle semait au vent, ou regardait la mer, en suivant d'un œil distrait les alcyons et les blanches voiles qui scintillaient à l'horizon. « Georges ne revient pas!... » pensait-elle, en quittant sa muette contemplation... Mais elle ne pouvait croire à son abandon, à son oubli : car son dernier regard, plein d'une ineffable tendresse, était toujours empreint dans sa mémoire ; car son dernier adieu qui lui promettait le retour, vibrait encore dans son âme!

Le changement qui s'était fait dans le cœur de Thérésa ne pouvait échapper au consul. Il craignit qu'il ne fût produit par le départ de Georges, et cette pensée le remplit de tristesse. Il était douloureux pour un père, pour un homme de sa condition, de songer qu'un hôte qu'il avait accueilli avec tant de cordialité, s'était fait un jeu des plus nobles sentiments de sa fille chérie. Il l'interrogea ; mais elle répondit qu'elle se sentait heureuse, plus heureuse même qu'autrefois ; que son bonheur dépendait uniquement de celui de son père. En effet, son maintien accusait plutôt une certaine exaltation qu'une peine intérieure ; son regard était sérieux : mais dans sa belle figure se peignait plus de mélancolie que d'inquiétude, plus de rêverie que de douleur. Parfois elle semblait être d'une gaieté excessive ; elle chantait, riait et pleurait à la fois. Le consul se reprochait alors d'avoir laissé se développer en elle ce germe de sensibilité fiévreuse qui lui tenait de sa mère ; il redoublait de soins pour lui faire oublier une affection naissante que selon lui le temps et l'absence devaient finir par effacer.

Sur ces entrefaites, toute l'île fut mise en émoi par l'arrivée de deux autres Anglais, avec lesquels le consul avait fait autrefois ses premières armes en Espagne.

Le capitaine Ormsby et le major M'Intyre étaient deux joyeux compagnons, bien différents du rêveur et silencieux Georges Ferrers. Ils venaient en congé d'une des garnisons anglaises du voisinage, parcourant les îles, tirant des perdrix rouges aux côtes de la Barbarie, et prétendaient avoir entièrement exploré sinon découvert la Méditerranée. Ils semblaient enchantés de tous les lieux qu'ils avaient honorés de leur présence, de tous les dangers auxquels ils s'étaient bravement exposés, enchantés d'eux-mêmes surtout, et ne tarissaient pas en récits merveilleux sur tous les pays sauvages qu'ils avaient conquis. Thérésa ne prenait que peu de part à leur conversation ; elle pensait à Georges en écoutant d'une oreille distraite les pompeux mensonges dont les touristes ont la coutume de décorer leurs souvenirs de voyage, depuis Gulliver jusqu'au chantre d'Elvire. Mais, par déférence pour son père, il fallait leur tenir compagnie ; tandis qu'ils se gorgeaient de thé, cueillaient des oranges, ou jouaient aux échecs avec le consul, Thérésa, par cette politesse exquise qui ne se dément jamais dans une Anglaise de race, avait l'air de les écouter avec intérêt.

« Vous avez été probablement à Venise, major Ponsomby ? » demanda le capitaine Ormsby.

Le consul fit un signe muet d'affirmation.

« Pendant le carnaval ? » ajouta son partner.

Même réponse du consul.

« Fort bien. Avez-vous vu l'église de Saint-Pierre, à Rome ? »

Nouveau signe affirmatif.

« Pendant la semaine sainte, le jour de la bénédiction papale ? *Urbi et orbi!...* »

Encore un signe de tête.

« A merveille, je vois que nous n'avons plus rien à vous apprendre. Vous avez donc aussi vu la ville et le dey d'Alger en personne ?

— Pendant le Ramazan ou le Baïram ?

— Non ; c'est la seule ville et le seul souverain

de la côte d'Afrique que je regrette de ne pas connaître.

— Par Mohammed ! j'en suis fâché pour notre allié ! un dey magnifique, aimant les pendules comme Charles-Quint, et buvant le vin d'Espagne comme un Irlandais!... N'est-ce pas, major M'Intyre?

— Pour moi, je regarde Alger comme plus intéressant à voir qu'aucune des villes musulmanes... Les plus belles Mauresques !... N'êtes-vous pas de mon avis, capitaine Ormsby ? »

Le consul demanda aux deux militaires s'ils avaient rencontré dans cette ville mal famée quelques-uns de leurs compatriotes.

« Certainement! il y avait à l'ancre la brigantine de lord Gordon de Rochdale, *le Kraken;* et, s'il m'en souvient, le noble lord devait faire prochainement une descente dans l'île où nous sommes... Ah! c'est un homme bien singulier, lord Gordon! un des plus riches héritiers du Royaume-Uni... récemment admis au sénat britannique, bon vivant, et de plus éminent poëte!... Il n'a qu'un seul défaut, mais un grand défaut, selon moi.

— Lequel ?

— C'est d'avoir pour ami un certain Georges Ferrers, l'homme le plus sombre et le plus taciturne... son véritable antipode. »

Thérésa devint subitement attentive et se mit à écouter de toute son âme.

« Vous connaissez donc Georges Ferrers? dit le consul.

— Si je le connais! c'est un Spartiate du temps de Léonidas, ou plutôt...

— Eh bien?

— Eh bien, on dit, mais ce n'est qu'un on dit, car on ne sait rien de positif sur cet original... qu'il a plusieurs fois changé de religion.

— Ah!

— Il ne se met jamais à table avec des chrétiens, et ne boit que de l'eau; jugez s'il peut avoir mon estime... Quant à ses amours sur terre et sur mer, lui-même il n'en sait pas le nombre.

— En cite-t-on quelques-unes?

— Eh oui! toutes plus bizarres les unes que les autres... Nous avons entendu des histoires d'enlèvement, des femmes jetées, la nuit, dans le Bosphore, avec une pierre attachée à leur linceul... Des contes de fées ou de lutins, mais qui pourraient bien n'être pas tout à fait du goût de miss Ponsomby... »

Thérésa rougit et se pâma, comme si le souffle s'était arrêté dans sa poitrine.

« Il est venu même ici, n'est-ce pas?... Où n'a-t-il pas été, cet homme! L'avez-vous jamais vu le soir?

— Pourquoi cette question?

— Parce que ses yeux brillent dans l'ombre comme deux flambeaux. Ils ont cette analogie avec ceux du tigre... »

Thérésa, ne pouvant plus contenir son émotion, sortit. Elle se rendit dans le jardin, y trouva Spiridion avec Zili, sa fidèle compagne, la gazelle que Georges lui avait donnée... Elle ne put causer avec l'enfant, qui ne savait pas un seul mot d'anglais, et qui ne répondait que par des signes muets à toutes les questions que lui adressait Thérésa... En la voyant si triste, si accablée, il lui chanta quelques airs dans la langue de son pays, dont les paroles elles-mêmes sont une mélodie... Mais ni les strophes ioniennes de Spiridion, jetées à la brise, ni les douces caresses de Zili, qui semblait comprendre sa douleur, ne pouvaient la distraire de la profonde et navrante impression que les récits des deux militaires lui avaient fait éprouver... En rentrant dans le salon, elle vit son père, le regard soucieux comme le sien, prenant congé de ses deux hôtes; et le major M'Intyre lui dit à demi-voix, en se retirant :

« Prenez garde, miss; ce Georges Ferrers, auquel vous semblez prendre tant d'intérêt, est un homme très-dangereux! C'est un marin dont le drapeau n'appartient à aucun pays du monde.

— Vous voulez dire un pirate?

— Peut-être pis encore!... il n'a jamais fait grâce, même aux plus vaillants équipages... mais il a une aversion particulière pour le pavillon anglais... »

VII.

Trois mois s'étaient péniblement écoulés sans que Thérésa reçût la moindre nouvelle de Georges, et durant lesquels un épais nuage de tristesse et de doute ne cessa de planer sur la maison, autrefois si heureuse, du consul britannique. Pendant ces trois mois, le page et la gazelle étaient constamment aux genoux de Thérésa, qui s'était prise, pour la charmante fille du désert, d'une affection particulière. Le jour, Zili la conduisait instinctivement aux endroits que Georges aimait à parcourir; et ne le trouvant pas, ses yeux parlaient à Thérésa de l'hôte absent. Le beau Spiridion semblait désapprendre l'anglais, à mesure que sa maîtresse cherchait à le lui enseigner. Il le trouvait rauque et barbare; et sa bouche, habituée à la mélopée romaïque, se refusait à prononcer les sons gutturaux ou sibilants du dialecte anglo-saxon, cette langue si belle à lire, si terrible à entendre. Il ne lui répondait qu'en montrant l'Océan et le ciel, qu'en pressant sa main sur son cœur ou sur ses lèvres brûlantes, comme pour témoigner de sa fidélité. Alors elle se mit à lui enseigner l'italien, la langue du Dante *dove il si suona,* toujours dans l'idée qu'elle pourrait en apprendre quelque chose sur le compte de Georges, mais avec aussi peu de succès. Elle luttait en vain avec la distraction moqueuse de l'enfant. Un papillon qui volait sur les fleurs, une vague azurée qui moutonnait et déferlait sur le rivage, une nappe d'écume frisée au soleil, la forme d'un nuage qui lui rappelait le contour de la goëlette chérie, suffisaient pour attirer l'attention de Spiridion, en lui faisant oublier sa leçon vingt fois recommencée. Souvent il s'enfuyait loin d'elle, en appelant Zili dans une langue qui leur paraissait familière... Thérésa était au désespoir; jamais pédagogue n'avait instruit plus assidûment un écolier plus inattentif. Elle ne savait plus par quelles conjurations elle pourrait enchaîner l'esprit insaisissable et vagabond du petit lutin, dont elle se sentait pourtant aimée jusqu'à l'adoration, et qui pour elle aurait donné sa vie. Elle eut quelquefois la pensée d'apprendre le grec moderne, et chercha dans sa bibliothèque les livres qui pourraient lui en donner le secret; mais rien que la vue des lettres romaïques l'effrayait! D'ailleurs, ayant interrogé son père sur son dessein, elle s'assura que la langue d'Homère et de Platon n'était point celle que parlaient les Grecs d'aujourd'hui; qu'elle l'aurait même apprise sans pouvoir se faire entendre de Spiridion. Que faire alors? Elle dut se résigner à souffrir et à se taire.

Un jour, lord Gordon, depuis si longtemps annoncé, vint se présenter à la maison du consul; il attendait, disait-il, son équipage qui devait le rejoindre dans quelques jours. Le major l'accueillit avec joie, espérant trouver dans sa présence un moyen de diversion à la mélancolie de sa fille. Ce n'était ni un chef de guérillas, ni un bédouin, ni un pirate; c'était un jeune et beau seigneur, dont les manières affectées et le ton de suffisance déplurent dès le premier jour à Thérésa, mais dont la conversation amusante et spirituelle semblait ravir le consul. Il avait à sa suite un chasseur highlander que Spiridion accueillit comme une ancienne connaissance; et ce détail ne put échapper à l'œil vigilant de Thérésa.

Lord Gordon avait tout vu, tout appris, tout éprouvé : il ne lui restait plus, comme au docteur Faust, qu'à faire des découvertes dans les oasis de l'amour. Il tenait à la fois du pédant et du dandy, du sceptique et du poëte, du hâbleur et du philosophe. Aucun art ne lui était étranger, pas même l'art de guérir, sur lequel il aimait à discourir avec une complaisance particulière. Il doutait d'une foule de choses; mais il croyait ou faisait semblant de croire au vampirisme, au magnétisme, au somnambulisme, à la double vue des Écossais, et surtout à la *jettatura* des Italiens. Il parlait bien et beaucoup; mais il affectionnait un peu trop les soliloques, faisait à lui seul tous les frais de la conversation, s'écoutait, se répondait, s'admirait et ne se souciait guère de la réplique de son interlocuteur. C'était l'Encyclopédie doublée de l'Arioste, en gants beurre-frais et en habit vert-dragon; assemblage de toutes sortes de contrastes, formant un ensemble très-réjouissant pour un homme, et très-dangereux pour toute autre femme que Thérésa. Mais elle avait son amulette au doigt et ne pouvait être atteinte par les charmants sortiléges dont Sa Grâce avait jusque-là reconnu l'infaillibilité. Peu à peu il devint le convive inséparable du consul et de sa fille. Dans le courant de la journée, il parcourait avec eux tout ce que l'île avait d'intéressant; le soir, il leur déclamait des poëmes dont il se disait l'auteur, en recevant les éloges de ses deux hôtes comme des hommages légitimes dus à son génie. Ces compositions étaient, en effet, admirables; il suffira de les nommer : le *Giaour*, le *Corsaire*, la *Fiancée d'Abydos!*... Jamais, depuis Milton et Pope, la poésie anglaise n'avait rendu de plus nobles et de plus généreux accents! Campbell, Southey, Coleridge, les auteurs contemporains, et Walter-Scott lui-même, étaient dépassés! Il y ajoutait souvent une étude psycho-physiologique, intitulée *Le Vampire*, qu'il savait par cœur d'un bout à l'autre, et qui pourtant était bien loin de valoir les susdits chefs-d'œuvre. Il faut dire aussi qu'il les lisait, ou plutôt qu'il les récitait de mémoire avec un talent de déclamation tout italien. Évidemment, mylord n'avait d'anglais que le nom.

Le jour anniversaire de la naissance de Thérésa, il donna une fête vénitienne où toute l'île fut invitée, dans un ancien château presque en ruine, mais qui, ce jour-là, comme sous la baguette d'une fée, devint un palais arabe, rival de l'Alhambra, tout éblouissant de lumière et de fleurs. Il fut bientôt constaté que Sa Grâce avait des sentiments d'admiration peu communs pour Thérésa, qui s'en affligeait intérieurement, et qui cherchait une occasion pour faire comprendre à mylord qu'elle ne pouvait les accueillir.

Quelques jours après, lord Gordon, en parcourant un album jeté par hasard sur la table, aperçut avec étonnement un dessin représentant le *Kraken*, son yacht de guerre. Le consul lui expliqua la chose; le dessin était de sa fille, d'après l'esquisse d'un voyageur anglais qui avait passé quelques jours dans l'île.

« Georges Ferrers! s'écria Sa Grâce; car lui seul peut l'avoir reproduit avec tant de vérité!

— Lui-même, dit le consul avec un peu d'embarras.

— Ferrers ici! Ferrers le... Qu'avait-il donc à faire dans cette maison, auprès de vous?

— Il nous a dit que vous étiez son ami, repartit vivement Thérésa.

— Son ami, je l'étais..., je le suis peut être encore, puisque vous le voulez... dans tous les cas, il doit s'estimer bien heureux d'avoir trouvé son défenseur dans miss Thérésa.

— Les amis qui nous défendent mal pendant notre absence ne méritent pas ce nom; au reste je ne pense pas que sir Georges Ferrers ait besoin d'être défendu.

Pour toute réponse, mylord fredonna un air de Cimarosa.

« Sir Georges nous a longtemps honorés de sa présence, reprit le consul, ne désirant pas voir tomber la conversation; et rien ne nous fait présumer qu'il ne soit pas un galant homme.

— Il est tout naturel qu'il ait voulu prolonger son séjour; je m'étonne seulement qu'il soit parti. Oh! oui, c'est un galant homme! cœur de feu, intelligence hardie, il coule de noble sang dans ses veines!... C'est bien dommage que sa réputation de renégat et de forban ne soit que trop méritée...

— J'ignore ce que c'est qu'un forban, repartit avec chaleur miss Ponsomby; mais si ce terme exprime la délicatesse des pensées et la convenance du langage, sir Georges a certainement plus que personne droit à ce titre.

— Prenez garde, mylord, dit le consul avec un sourire forcé; vous pourriez bien vous brouiller avec Thérésa, en disant trop de mal de votre ami!

— Oh! tenez, mylord, vous êtes un ingrat; il vous a constamment défendu des mêmes accusations : il est plus généreux que vous!

« — Heureux, trois fois heureux Georges Ferrers!..., dit Sa Grâce avec un soupir. Puis, en reprenant sa cavatine commencée, où les mots *amore, cuore, oh Dio! tesor mio!* se trouvaient répétés avec une constance remarquable, il entraîna le consul dans le jardin. »

Thérésa resta seule. Ô mon Dieu ! s'écria-t-elle, se peut-il que Georges se soit joué de ma tendresse! Que cet amour si saintement, si loyalement juré ne soit qu'un rêve ! Qu'a-t-il donc fait pour être ainsi calomnié par tous ceux qui le connaissent? Georges un renégat, un forban? Non, non, je ne puis le croire. Et pourtant sa conduite a toujours été si singulière, si mystérieuse ! Ses paroles entrecoupées, sa longue résistance à venir s'asseoir à notre table, ses absences journalières, à la même heure, presqu'au même instant ; tout, jusqu'à son beau page, que l'on prendrait plutôt pour un sylphe que pour un enfant de la terre... Oui, tout cela m'apparaît comme une énigme étrange, effrayante, comme les indices d'une existence aventureuse, criminelle peut-être!... Et je l'aime pourtant ! ma vie est à jamais enchaînée à la sienne!... J'ai des ennemis puissants, me disait-il en partant !... Mais ces ennemis, comment a-t-il pu mériter leur haine ?... C'est sans doute un proscrit... Eh bien ! s'il en est ainsi, je veux l'aimer autant qu'ils le haïssent, je veux lui faire une patrie de mon amour !

Une morne tristesse s'empara de son âme ; elle cacha son visage dans ses deux mains, et se mit à pleurer. Un léger attouchement la fit frissonner ; c'était sa chère Zili, la gazelle qu'il aimait tant !... Elle la pressa sur son cœur, se leva et la suivit dans le parc, en obéissant à une voix intime qui se réveillait en elle et qui lui disait :

« Espérance ! »

VIII.

L'air de l'île devait avoir une qualité essentiellement attractive ; car lord Gordon, qui convenait lui-même n'avoir jamais pu tenir en place au delà d'une semaine, ne paraissait nullement disposé à la quitter. Chaque jour il offrait à Thérésa de nouveaux plaisirs ; chaque soir il déployait à ses yeux de nouvelles magnificences, et, pressentant, depuis leur dernier entretien, qu'il ne pourrait s'en faire aimer, il cherchait au moins à l'éblouir. Le nom de Georges ne revenait plus que très-rarement dans la conversation, malgré l'adresse que mettait miss Ponsomby à l'y ramener ; mais lord Gordon en parlait toujours d'une manière si vague, si douteuse, qu'il la laissait chaque fois moins avancée qu'auparavant. Naissance, fortune, âge, condition, tout cela était encore enveloppé du même voile, du même mystère. Ce dont Thérésa ne pouvait plus douter, c'est qu'une certaine admiration et même le respect se mêlaient aux paroles ambiguës, sinon aux sarcasmes dont Sa Grâce honorait son rival absent.

Un matin le consul entra dans sa chambre, pour lui annoncer la visite de lord Gordon et lui demander une entrevue particulière, qui devait, disait-il, immédiatement précéder son départ. Elle l'accorda de bonne grâce, et se rendit dans le salon, bien décidée à ne lui laisser aucun espoir, aucun doute sur ses sentiments : car elle prévoyait à l'avance l'offre qui lui serait faite par mylord. Elle se jeta dans les bras de son père, en le remerciant de la laisser seule maîtresse de sa destinée.

Lord Gordon entra. Thérésa s'attendait à la proposition d'un homme qui, jusque-là, n'avait probablement pas éprouvé de refus, mais elle se trompa, jamais le jeune seigneur n'avait été moins entreprenant, moins sûr de lui-même. Il s'arrêtait à chaque mot et craignait d'en avoir trop dit ; son embarras était plus grand que celui de Thérésa : le lord avait tout à fait disparu sous l'amant. Enfin, après des détours très-longs et très-pénibles, se jetant à genoux, il lui fit l'hommage de son cœur et de sa main. Elle refusa poliment, mais sans hésiter, la proposition flatteuse de lord Gordon, malgré la peine, disait-elle, que ce refus pourrait causer à son père. Sans paraître profondément affecté de son refus, mylord hasarda la question, si le temps ne pourrait peut-être pas changer un jour sa résolution.

« Jamais ! dit-elle avec fermeté.

— Jamais ! répéta Sa Grâce avec un sourire étrange ; alors il ne me reste plus qu'à prendre congé de vous, en faisant des vœux sincères pour votre bonheur !... Puis, en revenant :

— Je sens, dit-il, que je prends une liberté grande pour un amoureux éconduit ; mais, croyez-moi, chère miss Ponsomby, la question que je vais vous adresser prend sa source dans le dévouement le plus pur, le plus désintéressé...

— Parlez librement, mylord, car je suis sûre de pouvoir vous répondre de même...

— Votre cœur ne s'est-il pas déjà donné à un autre, un meilleur, peut-être ?

— Pourquoi cette question ? dit-elle en se penchant sur une rose qu'elle effleura de ses lèvres, et la couvrant de ses longs cheveux comme d'un feuillage d'or fluide.

— Parce que je voudrais que le cœur de miss Ponsomby appartînt à un homme qui fût digne d'un pareil trésor.

— S'il en est ainsi, milord... si cet homme était Georges Ferrers ?

— Oh ! alors, j'applaudirais à votre choix, et de toute mon âme !

— Que dites-vous? et comment accorder vos paroles avec ce que vous me disiez l'autre jour ?...

— Cette écharpe n'est-elle pas la vôtre? ne la lui avez-vous pas donnée au moment de son départ?

— En effet !... dit Thérésa avec un trouble inexprimable. Mais comment cette écharpe se trouve-t-elle entre vos mains?

— C'est mon secret... Vous voyez si Georges Ferrers est fidèle... un don si précieux !... un nuage tissu des rayons de l'aurore et du parfum des fleurs !... Mais maintenant je n'ai plus le droit de le garder.

— Au nom du ciel, rendez-la-moi !

— Ce serait peut-être à mon tour de vous répondre : Jamais!... »

Il s'approcha du balcon en déployant l'écharpe, qui s'étendit légère et lumineuse comme un arc-en-ciel.

« Mon écharpe! dit Thérésa, en pressant ses deux mains sur son front; mon écharpe donnée à un étranger!...

— Qui ne le sera pas désormais pour vous, car dès à présent il est certain de ne jamais vous quitter : et comptera ce jour parmi les plus fortunés de sa vie! »

Il jeta l'écharpe, qui tomba lentement, comme une plume de cygne. Spiridion se trouvait sous le balcon; il la ressaisit au vol et, suivi de la gazelle, monta sur un rocher voisin en l'agitant.

En ce moment, Thérésa vit entrer dans la rade, sous toutes voiles, une magnifique goëlette, doublée en cuivre, avec une mâture toute pavoisée, et portant pour devise un cœur de feu sur fond blanc, comme dans le dessin de Georges Ferrers.

C'était la brigantine si longtemps attendue de lord Gordon lui-même. Le page fixa son regard sur e bâtiment, le salua d'un long cri de joie; puis il tira de son sein une lettre qu'il baisa par deux fois, descendit rapidement, et tombant à genoux devant Thérésa : « Voici mon maître qui revient, » dit-il cette fois en excellent anglais.

Thérésa reconnut la main de celui dont le souvenir ne l'avait pas quittée un seul instant. Elle pâlit, un nuage passa devant ses yeux; puis, recueillant ses forces, elle lut les mots suivants :

« Chère Thérésa, vous êtes restée fidèle à nos serments, malgré le temps, le destin et les hommes. Je reviens chercher ma fiancée, mon épouse, et lui consacrer désormais une vie qui n'aura plus d'autre objet que son bonheur, d'autre espérance que son amour !

« Georges. »

IX.

Le jour suivant, le consul reçut à sa maison de ville un message qui le priait, de la part de lord Gordon, de se rendre à dix heures à sa campagne, où Sa Grâce désirait lui faire ses adieux. A peine arrivé au jardin, il aperçut sa fille causant familièrement avec Georges Ferrers... A la vue de son père, Thérésa quitta précipitamment le bras de son compagnon, et disparut derrière une charmille.

« Vous ne vous attendiez pas à me voir ici, cher major Ponsomby? dit Georges en s'approchant.

— En effet, vous me voyez surpris et satisfait à la fois, répliqua le consul. Vous venez sans doute rejoindre lord Gordon, votre ami?

— Ne nous occupons pas maintenant de lord Gordon, dit Ferrers en faisant un signe d'adhésion; je désire avant tout obtenir de vous deux minutes d'audience.

— Je suis tout à vos ordres; parlez, monsieur.

— Je sais que ma conduite a dû vous paraître suspecte, inexplicable; mais il est temps que je vous en fasse connaître les véritables motifs.

— Je vous écoute avec la plus grande attention.

— Figurez-vous un jeune homme au cœur ardent, aux passions indomptables, comblé de tous les dons de la fortune et de la naissance, entouré des adulations qui s'adressaient bien plutôt à son nom illustre, à ses hautes relations dans le monde, qu'à ses qualités personnelles, et qui pourtant rêvait un amour sincère et vrai, pour en faire en même temps la joie et l'orgueil de sa vie... Figurez-vous cet homme, orphelin dès l'enfance, forcé de fuir ce monde ingrat et perfide, de détester cette fortune que tant d'autres lui enviaient, et qui avait été la cause de toutes ses souffrances, de son isolement, de déguiser son rang et sa richesse pour trouver les seuls biens que le sort ne donne pas et ne peut ravir : l'amour et l'estime de ses semblables...

— Je me figure tout cela... Mais, je vous l'avoue, j'ai peine à saisir l'objet de cet entretien, et des affaires pressantes...

— Ce préambule était nécessaire pour me justifier à vos yeux... Supposez maintenant ce proscrit, en possession du trésor qu'il a si longtemps cherché... Il est aimé pour lui seul, aimé par un ange de candeur et de beauté, réalisant tous les rêves de sa jeunesse... Mais son bonheur même l'effraye; averti par une triste expérience, il craint que cet élan d'un jeune cœur vers le sien ne soit qu'un entraînement passager, un charme imaginaire que bientôt l'absence et quelques paroles perfides sauront briser... Alors, voulant sortir à tout prix de cette incertitude qui l'accable, il n'hésite pas à se séparer de sa bien-aimée sans soulever le voile qui l'environne... Pendant son absence, il l'expose à toutes les épreuves, à toutes les tentations; il fait briller à ses yeux toutes les merveilles d'une opulence fabuleuse, tous les prestiges de la gloire... Et pourtant elle lui reste invariablement fidèle; et pourtant cette fille si tendre et si confiante va jusqu'à cacher à son père ce secret du cœur que toute sa tendresse ne peut parvenir à lui arracher...

— Cette histoire est, en effet, fort touchante; mais je ne conçois pas bien quel rapport elle peut avoir avec notre situation actuelle...

— Cette histoire est la mienne, major Ponsomby; me pardonnerez-vous de la terminer en vous demandant la main de miss Thérésa?

— J'ai donc l'honneur de parler... vous seriez... mais non, c'est impossible !

— Georges Ferrers; ou, si vous l'aimez mieux, Georges Gordon de Rochdale ; car tous les deux ne font qu'une seule et même personne.

— Vous... lord Gordon Byron de Rochdale!

— C'est le nom de ma mère et celui de mon lieu de naissance.

— Se peut-il?... Mais alors votre homonyme, qui tantôt... et tenez, le voici qui s'approche avec ma fille...

— Je vous présente le commandant de mon navire et mon meilleur ami, le célèbre auteur du *Vampire*, le docteur Polidori...

~~~~~~

Cette heureuse union ne dura qu'une seule année; Thérésa s'éteignit entre son père et son mari, de cette fièvre lente, inexorable, qui avait tué sa mère... mais Byron l'immortalisa dans les stances suivantes, adressées au souvenir de la seule femme qu'il ait jamais sincèrement aimée :

« Douce Thyrza! tu n'es plus pour moi qu'un rêve évanoui, une étoile éteinte, après avoir réfléchi sur les flots sa tremblante lueur et réjoui la terre de ses doux rayons...

« Mais le voyageur égaré dans le sombre sentier de la vie, alors que le ciel orageux a voilé sa face, regrettera toujours l'astre éclipsé qui lui montrait sa route, etc. »

Ces stances furent inscrites sur une pierre tumulaire, à la date du 6 décembre 1811.

Lord Byron n'était pas prédestiné au bonheur, qui aurait peut-être absorbé sa gloire... Dès l'enfance, il avait connu toutes les agonies de l'âme; sa mère ne l'aimait pas... et les souffrances de cet âge reflètent leur deuil ineffaçable sur la vie entière. Son caractère, son génie, son amour de l'indépendance, en faisaient un proscrit...

Thérésa n'était plus qu'un rêve... le réveil, ce fut miss Milbanke Noël, « laide et riche comme un oranger aux fruits mûrs », cette altière puritaine, à laquelle, une année après son veuvage, il donna son grand nom, sa gloire universelle, sa fortune géante; toutes choses, si ce n'est son âme : car son âme était restée auprès du tombeau de sa bien-aimée Thyrza.

ANTONIO SOLARIO

ou

LA VOCATION

LÉGENDE NAPOLITAINE

(1406)

« Ars longa, vita brevis. »

I.

Antonio Solario, appelé vulgairement dans les fastes de la peinture italienne *Zingaro* ou le bohémien, était natif de la province des Abruzzes, de cette province tant décriée par les mésaventures qui, dit-on, ne manquent pas d'y arriver aux jeunes miss anglaises richement pourvues de charmes, ainsi qu'à leurs nobles époux pesamment chargés de guinées; et dont les habitants, depuis les temps les plus reculés, auraient fait le désespoir de la vaillante milice napolitaine. Quoi qu'il en soit, notre Antonio n'avait rien de commun que la naissance avec les héros d'opéra-comique de cette contrée; car, selon le pieux chroniqueur auquel nous avons emprunté les éléments de cette véridique histoire : « Jamais jeune apprenti ne s'était rendu plus dévotement en pèlerinage à *Santa Maria del Carmine*, la patronne de Naples, qui l'en a récompensé par le talent, la gloire et la félicité. » Sa vocation de zingaro, c'est-à-dire de vagabond, s'est manifestée beaucoup plus tard qu'à l'époque où commence ce récit.

Son père exerçait à Civita, près de Chieti, chef-lieu de l'Abruzze citérieure, la modeste mais utile profession de ferblantier. Il avait appris à son fils la seule chose qu'il sût faire lui-même, voire à fabriquer avec du fer battu, du cuivre et de l'étain, cette famille d'ustensiles multiformes dont un ménage bourgeois ou même royal ne saurait se passer. Par un travail assidu et parfois pénible, le jeune homme avait grandi sa taille, développé ses forces; il était devenu la joie et l'orgueil de sa parenté. Sa figure basanée avait cette distinction native propre aux enfants des montagnes, et qui donne aux simples paysans des Abruzzes des airs de princes déguisés. Son abondante chevelure noire, épanchée en ondes bouillonnantes sur ses larges épaules, ses yeux pleins d'expression et de feu, son front où l'intelligence avait imprimé son signe infaillible, avaient déjà fait battre plus d'un jeune cœur à Civita, sans que le fier Antonio parût le moins du monde s'en apercevoir. Il venait d'atteindre sa vingt-quatrième année, quand le vieux père Solario songea qu'il serait temps de laisser échapper du nid familier un oiseau dont les plumes avaient si bien poussé; d'autant plus que tout apprenti, selon la règle du pays, était tenu de voyager avant de monter au rang de compagnon, de chef ouvrier, et puis de maître; l'ambition paternelle n'allait pas au delà. Au jour du départ, il lui donna un peu d'argent et beaucoup de bons conseils sur la manière dont il fallait se comporter à l'étranger, le portrait de sa mère peint sur bois, et son ancien bâton de voyage, en couronnant le tout de sa bénédiction et d'une robuste étreinte d'adieu. Antonio se mit lestement en route en récitant son *pater*, avec ses espérances de jeune homme dans le cœur et son bagage de ferblantier sur les épaules, et se dirigea tout naturellement vers la grande, la superbe et glorieuse capitale des Deux-Siciles.

Or, la guerre civile et la guerre étrangère étaient à leur apogée, dans ce beau pays de Naples, en 1406, sans compter de terribles et fréquentes éruptions volcaniques, accompagnées de tremblements de terre, qui faisaient presque journellement exécuter au sol napolitain une tarentelle désordonnée. Naples était alors déchirée par deux factions rivales : celle des Duras ou Durazzo, ayant à sa tête Ladislas, ou Lancelot, roi de Naples, dont le père, Charles III de Duras, avait fait assassiner le roi Robert d'Anjou; et celle d'Anjou, ayant à sa tête Louis II, également roi de Naples, dont la mère adoptive, Jeanne de Naples ou *Giovanna primà*, avait tout doucement fait étrangler son mari, le roi Andréas de Hongrie, avant d'être étouffée elle-même entre deux coussins par Charles III de Duras. On était bien un peu parents et cousins de part et d'autre; mais qu'importe! entre souverains, on n'y regarde pas de si près. Naples avait donc en même temps deux rois parfaitement légitimes ; tous deux reconnus par les barons, couronnés, l'un par le pape, l'autre par l'empereur, et qui se faisaient la guerre avec acharnement, en ralliant autour d'eux les partis rivaux des Guelfes et des Gibelins. Certes, comme moralité, ils avaient peu de chose à se reprocher ; mais Ladislas, plus heureux, ou plutôt plus habile, instruit à l'école de l'exil et des guerres civiles, avait eu le talent de lancer une bulle d'excommunication à la tête de son royal émule, puis, de le faire mettre sans cérémonie à la porte de ses États. Après ce coup d'essai, il avait répudié sa première femme, la reine Constance de Sicile, dont la dot lui servit à reconquérir son royaume, et finit par mourir empoisonné par son médecin de Pérouse, dont la fille avait été sa dernière maîtresse. Rien qu'à scruter cette curieuse chronique du moyen âge italien, on entend crier les chevalets de torture, bouillonner l'eau des entonnoirs, pétiller les flammes des saints bûchers; on voit se démener entre ciel et terre les cadavres des augustes pendus, au bout de leurs lacets d'or et de soie. Cependant les affaires privées n'en allaient pas plus mal à l'intérieur du pays; on chantait, on peignait, on devisait d'amour et de chevalerie, en attendant la fin du monde prédite avec certitude pour l'année suivante par le solitaire du mont Vésuve. Les arts surtout semblaient vouloir refleurir en Italie, en lui offrant, comme aujourd'hui, un refuge modeste mais inviolable contre sa mauvaise fortune. Ces circonstances ne furent donc pas aussi défavorables à la destinée d'Antonio qu'on pourrait se l'imaginer; car les troubles civils, en rapprochant les conditions, en confondant les intérêts de tous dans le besoin de la sécurité de la commune, les mettaient plus souvent en contact les uns avec les autres, et les forçaient à se tendre fraternellement la main.

L'échoppe du jeune ferblantier se trouva bientôt, à Naples comme à Civita, remplie de travaux et de commandes de toute espèce. La bonne mine d'Antonio, cette enseigne perpétuelle que la nature avait mise sur son visage, lui rendait favorables toutes les jolies ménagères de la cité royale; d'autant plus que ses produits avaient une certaine élégance artistique qui révélait en lui un goût supérieur à son état, une vocation peut-être!... Il martela, souda, étama, du matin jusqu'au soir, parfois aussi du soir jusqu'au matin; si bien que ses marmites, ses casseroles, ses poêles, ses râpes et ses chandeliers, lui avaient fait en peu de temps une sorte de réputation. Le petit bouge enfumé dans lequel débuta le jeune Antonio devint bientôt un atelier respectable; il ne se trouva plus à Naples une seule officine un peu recherchée qui ne lui demandât un des ses accessoires les plus indispensables. Il rajustait aussi, le cas échéant, des pièces d'armures brisées ou des boucliers pourfendus pour les seigneurs et chevaliers, qui souvent, dans ces guerres homériques, se servaient de leurs casques de bataille en guise de chaudrons.

Ce succès imprévu, loin d'enfler d'orgueil le cœur de l'artisan préféré, lui inspira l'amour du travail; intelligent et sobre, il s'accommodait de tout, et ne refusait même pas, si cela lui était demandé par quelque gentille *padrona*, d'aller travailler en ville. Sa renommée parvint jusqu'aux oreilles du signor Giovanni Carraciolo, premier *camerario* de la reine mère Marguerite de Duras, et qui, dans ses rêves d'ambition, aspirait ardemment au titre de duc de Venuze. C'était un fin gourmet, amateur passionné des arts, généreux protecteur des belles; mais parmi tant d'excellentes qualités, les méchantes langues lui prêtaient une énorme convoitise d'honneurs, de richesses et de propriétés de bon rapport dans le paradis de Naples, depuis le détroit de Messine jusqu'au golfe de Venise. L'homme de cour fit appeler notre jeune ouvrier, le questionna, le mit à l'épreuve dans le palais royal même, en lui indiquant en personne, avec une scrupuleuse précision, la forme et les dimensions principales de ses ustensiles.

A la même époque, on vit s'établir à Naples un peintre célèbre, natif des États romains, maître Colantonio del Fiore, que sa grande réputation avait fait accueillir à la cour de Ladislas avec tous les honneurs possibles. Le roi, la reine Marie de Lusignan sa seconde femme, Giovanna sa sœur, une des princesses les plus belles et les plus accomplies du royaume, la reine mère, tous les seigneurs de la cour, rivalisaient de zèle et d'attentions pour prouver au grand artiste la joie qu'ils avaient de le posséder; tous achetaient à l'envi ses tableaux, ses cartons, ses dessins et jusqu'aux esquisses jetées au vent : c'était un entraînement universel.

C'est qu'en effet maître Colantonio était un des peintres les plus savants et les plus habiles de l'Italie, aussi bien pour l'ingénieuse préparation des couleurs que pour la touche délicate, alors peu commune, qu'il donnait à leur emploi. L'art de la couleur, oublié depuis des siècles, semblait retrouvé par lui : chimiste, autant qu'on pouvait l'être à cette époque, il savait lui prêter, comme plus tard le grand Leonardo da Vinci, une solidité et une transparence inconnues à ses rivaux; aujourd'hui même, malgré le temps écoulé, ses rares créations épargnées par les années n'ont presque rien perdu de leur éclat. Un de ses tableaux, peint en fresque, fut extrait en 1509 des murs d'un palais par les ordres du cardinal Annibal di Capoa, archevêque de Naples, pour être transporté processionnellement au-dessus du maître-autel de la chapelle royale. L'art en Italie est un culte; partout ailleurs, il n'est qu'un passe-temps. Indépendamment de son génie, le caractère et l'esprit du peintre étaient faits pour inspirer à ceux qui l'approchaient la déférence et le respect; on remarquait en lui le sentiment de sa dignité justifié par le talent, mais tempéré par une grande bienveillance et une extrême facilité à s'associer à toutes les généreuses aspirations. Son entourage était en harmonie avec ces brillantes qualités personnelles; sa maison était montée sur un grand pied; tout respirait autour de lui le faste et la magnificence, et son art l'avait suffisamment enrichi pour lui permettre de satisfaire à ce noble penchant : il était assez sûr de lui-même pour oser s'y livrer sans crainte et sans regret.

Un jour que l'heureux Antonio martelait avec ardeur dans la pièce qui lui avait été assignée au palais, le hasard fit passer devant sa porte la reine-mère, accompagnée de la princesse Giovanna et du peintre Colantonio. Leur attention, éveillée d'abord par le cliquetis importun du maillet sur le cuivre, se changea bientôt en curiosité; au premier coup d'œil jeté sur l'ouvrier des Abruzzes, cette curiosité devint de l'intérêt : au second, la fortune d'Antonio était assurée. Les princesses lui firent signe d'approcher; il leur plut par la beauté tout idéale de sa figure, par l'aisance innée empreinte sur sa personne, par le tact parfait et l'esprit original avec lesquels il répondait à leurs questions. Dès ce jour, Antonio se sentait adopté; il recevait des commandes incessantes pour la cour, et chaque fois la princesse Giovanna, aussi douce que belle, ne manquait pas de lui adresser quelques paroles bienveillantes. Le peintre, après l'avoir considéré de son regard d'aigle, l'invita à se rendre dans sa maison pour quelques réparations urgentes aux pièces de son atelier, qui demandaient, disait-il, une semaine ou deux de travail. Mais aussitôt qu'il se fut présenté, le maillet en main, le maître lui fit ôter son tablier, défaire sa cravate, et le plaça devant son chevalet, en lui recommandant de se tenir immobile. Il peignait alors un de ses derniers tableaux, celui de saint Jérôme, commandé par la reine pour l'église San Lorenzo. Au dire de tous les connaisseurs, et d'après son propre sentiment qui trompe rarement les artistes de son âge et de son mérite, ce tableau devait être son chef-d'œuvre; aussi le vieillard y mettait tout son amour, toute sa passion, tout son génie: cette œuvre l'avait rajeuni de vingt ans.

Notre Antonio était donc passé à l'état de modèle; il posait pour une des deux têtes d'anges qui se trouvaient à l'entrée de la grotte du saint cénobite; le fils du peintre, Aniello del Fiore, avait posé pour l'autre. C'était un jeune homme hautain et peu communicatif; né dans l'opulence, il dissimulait mal l'aversion que lui inspirait la profession libérale de son père, et que celui-ci cherchait vainement à lui faire embrasser. Il ne se sentait de goût que pour la diplomatie; après un premier amour malheureux, ayant dissipé sa fortune, il se fit sculpteur : mais il mourut sans avoir jamais rien produit qui fût digne de l'attention de la postérité.

A côté du rigide Aniello se tenait la fille du peintre, jolie comme son nom de Lauretta, une lyre à la main. C'était, comme apparence et comme caractère, la véritable contre-partie de son frère; la nature se plaît souvent à réunir de pareils contrastes dans une même famille. Autant Aniello intimidait le jeune ouvrier par son maintien superbe, son regard glacial, sa parole mesurée, autant Lauretta l'attirait par tous les prestiges d'une âme affectueuse, expansive et rayonnante. C'était une heureuse organisation italienne : tendre et forte, réfléchissant dans sa pureté matinale toutes les ardeurs du ciel napolitain; un cœur plein d'entraînement et d'harmonie, s'ignorant lui-même et ne se doutant pas qu'il y eût des larmes et des regrets pour tous les amours profonds et sincères de la vie. La figure de Lauretta répondait en tous points à ces enchantements intérieurs; c'était un vrai bouton de rose éclos aux premières aurores du printemps, et qui ne demandait qu'à s'épanouir au soleil.

Le pauvre Antonio, l'ayant vue, sentit qu'il lui serait désormais impossible de l'oublier. Il retardait à dessein la fin de son travail, pour pouvoir prolonger son séjour dans la maison du peintre. Il commençait et recommençait sans cesse; chaque matin il défaisait l'ouvrage de la veille, sans que Lauretta se sentît le courage de le renvoyer. Il faut dire aussi que les appareils de chimie dont il était rempli, transformaient l'atelier du peintre en un vrai laboratoire de nécromant. Tout en les ajustant selon les instructions du maître, Antonio parlait avec adoration, avec des larmes dans la voix, de la pauvre mère, morte comme celle de Lauretta, en le bénissant; il lui montrait son portrait, peint sur bois par un artiste ambulant, bien obscur mais non pas dépourvu de mérite : et dès lors un lien de sympathie, presque d'intimité, s'établit entre l'artisan et la jeune fille. Souvent il lui rapportait des coquillages de Nisida ou des pierres de lave de Portici, polies par les vagues; le jour de sa fête il les incrusta dans un vase de cuivre rose d'une forme antique, et le lui offrit à genoux, rempli de fleurs et de fruits, se croyant richement payé d'un sourire. Il se livrait, le malheureux, à un charme invincible, sans trop se rendre compte de ce qui se passait dans son âme. Mais enfin, sa besogne finie et la tête d'ange terminée, il fallut dire adieu à Lauretta, quitter la maison de son père, peut-être pour jamais!...

Antonio s'en retourna tristement chez lui, espérant pouvoir s'étourdir par un labeur opiniâtre, et retrouver son ancienne insouciance, le trésor du pauvre;

hélas! ce fut en vain. L'image de la belle jeune fille le suivait partout, lui souriait de toutes les planches de métal poli qu'il avait à façonner; le son de sa voix résonnait sans cesse dans son âme comme une musique céleste : souvent il suspendait le bruit régulier de son marteau pour l'entendre. Il aimait Lauretta, il l'aimait pour toute la vie, et, il le sentait bien toutes les fois qu'il osait y réfléchir, d'un amour sans espoir et sans avenir. Au lieu de chanter gaiement à l'ouvrage, comme il le faisait autrefois en battant la mesure avant son maillet, il ne songeait plus qu'aux moyens de revoir sa bien-aimée, dût-il sacrifier une journée entière de travail pour la rencontrer; et quand cela lui avait réussi, une parole amicale échangée en passant, un regard des yeux charmants de Lauretta, le laissaient encore plus triste et plus abandonné aux heures de l'absence. Son mal étrange s'aggravait de jour en jour; c'était un sort jeté sur sa vie, une *jettatura* insurmontable : au point qu'il ne vit plus d'autre espoir d'en guérir que dans la possession de l'objet aimé ou dans la mort.

Un matin, il retourna dans son atelier encore plus chagrin que de coutume, car il avait en vain essayé de voir Lauretta à la sortie de l'église. C'était jour de fête, aucun bruit ne résonnait dans les ateliers voisins; jour de joie pour les heureux ayant une famille, une patrie; jour de deuil pour les orphelins, les déshérités, les proscrits... Le cœur du jeune homme lui semblait seul, par ses élans passionnés, troubler le pieux repos du dimanche. Le soleil printanier brillait joyeusement à travers les vitrines rondes de la croisée, et son orbite se centuplait dans les ouvrages de fine poterie dont Antonio avait décoré sa cellule. La mer de Naples était là, devant lui, plane et souriante, avec le panache du Vésuve dans le lointain. Elle l'attirait par le prestige de l'immensité, puissance mystérieuse que les cœurs aimants ont seuls éprouvée dans toute sa plénitude; car tous les infinis se compénètrent et cherchent à se réunir en Dieu. Il lui semblait, du fond de ses abîmes, entendre jaillir une voix enivrante comme un chant de sirènes qui lui disait :

« Viens à moi, pauvre âme blessée; et tu trouveras dans mes lumineuses profondeurs le calme et le bonheur vainement cherchés sur la terre.

« Viens à moi, triste cœur solitaire; et tu sentiras s'éteindre le feu qui te dévore, comme les laves du volcan refroidies dans mes ondes.

« Viens à moi, proscrit sans espérance; et tu pourras oublier Lauretta qui ne t'aime pas, qui ne t'aimera jamais!... »

Jamais!... ce mot terrible retentit dans sa pensée et plongea dans son cœur comme un dard empoisonné... Un frisson le saisit et parcourut ses membres quand il songea qu'un bond hardi, dans cet autre infini étendu à ses pieds, pouvait lui rendre à l'instant même l'oubli, la paix, le bonheur... Ébloui, fasciné, hors de lui-même, il ouvrit violemment la croisée... Dans ce moment une clarté soudaine vint frapper le portrait de sa mère attaché à la muraille, en entourant son front d'une auréole de sainte; un religieux son tinta dans les airs, et la branche de buis bénit dont il l'avait couronné vint tomber à ses pieds... Antonio, le cœur plein de sanglots, comme éveillé d'un rêve douloureux, la ramassa, se mit à deux genoux en joignant les mains et priant avec ferveur...

Peu à peu son âme s'apaisa, son cœur revint à des battements plus réglés; la terre lui sembla d'une beauté si souveraine qu'il lui devint impossible de la quitter.

« Heureux les hommes élus, s'écria-t-il, qui savent reproduire par le pinceau les traits de ceux qu'ils ont aimés... Oui, c'est un art sublime, divin, que la peinture!... Ame de ma mère, pardonne et sois bénie : car c'est ton portrait qui m'a sauvé!... »

Il ne songea plus à mourir; car dès lors il se sentait artiste : sa vocation s'était révélée.

A cette époque, les arts et les métiers n'étaient pas encore aussi nettement séparés qu'ils le sont de nos jours; soumis aux mêmes règles du compagnonnage et de la maîtrise, ils se confondaient dans l'esprit du peuple comme de ceux qui les exerçaient : un nom général servait à désigner les artistes et les artisans. Il n'est donc pas étonnant qu'il vint dans l'idée d'Antonio, étranger qu'il était aux convenances sociales et aux distinctions des classes, qu'un ouvrier intelligent et laborieux pouvait bien, sans être taxé d'effronterie et de démence, prétendre à la fille d'un peintre renommé. Cette idée acheva de le rassurer; et chez les hommes de son caractère l'exécution suit toujours immédiatement le projet.

« J'étais fou, s'écria-t-il en prenant ses habits du dimanche, de vouloir mourir sans avoir encore rien tenté pour mon bonheur; maître Colantonio, placé très-haut dans l'estime du monde, honoré des faveurs de la cour, riche à millions, est sans doute bien au-dessus de moi, pauvre paysan des Abruzzes; mais je puis devenir riche aussi : un bon métier est un pont d'or, disait mon père, pour arriver à la fortune, et la princesse Giovanna m'a promis son aide et son appui pour pouvoir le franchir. Je vais aller demander la main de Lauretta; et si je ne puis briser la barrière que les préjugés élèvent entre les conditions humaines, alors, mais alors seulement, il sera temps de mourir. »

Il s'élança hors de la maison et courut présenter sa requête au père de Lauretta; car il craignait de voir s'évanouir, s'il y réfléchissait davantage, son courage et sa résolution.

Il entra dans l'atelier du peintre, haletant, troublé comme un criminel au moment de paraître devant son juge.

II.

En s'arrêtant sur le seuil, Antonio vit le maître absorbé dans une rêverie profonde, assis devant son chevalet, le pinceau à la main, et n'osant pas s'en servir, comme si pour la première fois il avait douté de son génie. C'était une de ces heures d'épuisement et de dépression morale, si bien connues de tous les artistes; l'enivrement de la création s'étant usé sur les difficultés matérielles de l'exécution, il n'en reste plus rien que la fatigue, le sommeil de l'âme. Antonio s'approcha pâle et tremblant, car dès son entrée il avait senti que sa fermeté l'avait abandonné.

« Maître! murmura-t-il enfin d'une voix presque éteinte.

— Ah! c'est toi, dit l'artiste en relevant la tête. Voyons, que me veux-tu ? Parle!... »

Antonio balbutia un peu au début ; mais il se remit de sa première émotion et plaida sa cause avec une chaleur, une impétuosité toujours croissantes...

Le peintre ne le comprit pas ou ne prêta nulle attention à ce qu'il disait, car il ne répondit rien.

« Alors, dit Antonio en se retournant vers la porte, il ne me reste plus qu'à mourir. »

A ce mot, le peintre tressaillit.

« Mourir, toi, si jeune?... Oh! pardonne!... c'est que dans ce moment je songeais moi-même qu'entre la pensée et l'œuvre il y a souvent une tombe... De quoi s'agit-il ? j'écoute. »

Antonio, plus calme, répéta sa demande. Sa noble contenance, l'expression de cette belle et régulière physionomie, les éclairs qui jaillisaient de ses yeux à mesure qu'il s'animait en parlant, plurent sans doute au vieillard, car il n'osa pas le renvoyer avec une parole de dédain, bien qu'il trouvât sa démarche presque insensée.

« Jeune homme, dit-il enfin, après l'avoir écouté jusqu'au bout, tes désirs s'adressent bien haut pour un simple ouvrier. Je ne t'en blâme pas, par égard pour ton âge ; mais réfléchis un peu, et tu verras toi-même tout ce qu'il y a d'orgueilleux, d'inconsidéré dans une pareille demande... La fille du peintre Colantonio del Fiore ne sera jamais la femme d'un artiste, comme son père, et qui lui soit au moins égal en réputation. Ainsi, tourne tes vœux d'un autre côté ; je te pardonne et n'en parlons plus. »

Antonio, désarmé par la bonté du vieillard, se pâma et faillit perdre connaissance ; mais bientôt, recueillant ses forces pour un dernier assaut, il s'écria :

« Maître, vous avez dit qu'un peintre célèbre, comme vous, pourrait seul obtenir la main de votre fille?

— Sans doute ; eh bien, après?

— Eh bien! si l'amour que Lauretta m'inspire, et qui m'élève déjà au-dessus de moi-même, puisqu'il m'enhardit à vous faire cet aveu ; si cet amour profond, éternel comme mon âme, transformait ma nature et me donnait par le travail ce que vos pareils obtiennent par le génie : si de simple ouvrier il me faisait devenir un homme illustre, comme vous !...

— Qui, toi, devenir un peintre, un artiste !.... allons donc! tu déraisonnes.

— Maître ! je serai peintre ou je mourrai... Tantôt, je vous l'atteste sur l'âme de ma mère, au moment d'entrer chez vous, ma vocation s'est révélée..

— Ta vocation ?... Décidément, c'est un fou ! Il faut que je sois bien indulgent pour écouter de pareilles billevesées... Ta vocation! mais tu crois donc que c'est l'affaire d'un jour, d'une heure, d'un instant... Va-t'en, retourne à ton atelier, et cesse de m'étourdir avec tes rêves stupides... Ta vocation !..

— Et pourquoi pas, dit Antonio en rougissant ; pourquoi ne serais-je pas un artiste comme vous ? Ne suis-je pas un fils de l'Italie, comme vous ? Dieu ne m'a-t-il pas donné, comme à vous, un cœur, une âme, une pensée ?... Ah ! vous ne savez pas ce que l'amour de Lauretta peut faire !

— Un prodige, peut-être !

— Non, pas un prodige, mais un acte de courage et de volonté ; la destinée de l'homme n'est-elle pas dans sa main ? Le talent et le génie sont-ils le privilége exclusif de la classe opulente? De grâce, daignez m'écouter ; bien des fois, en posant devant ce même tableau, j'ai rêvé, seigneur, que si je pouvais espérer d'obtenir la main de Lauretta, le souffle divin viendrait à moi, comme il est venu à vous ; je remplirais l'Italie de mon nom, je produirais des chefs-d'œuvre immortels ! Au nom de cet amour qui me vient du ciel, le premier et le dernier de ma vie, ne me repoussez pas ; soyez juste et clément : donnez-moi le temps nécessaire pour tenir ma promesse, vous égaler peut-être... cinq ans me suffiront... accordez-moi cinq ans, je vous en supplie à genoux!

— Cinq ans! et pourquoi pas deux ans, un an même, ambitieux jeune homme ! Va, ce serait absolument la même chose... Ah! je te plains, car j'aime ton ardeur, tu me parais loyal et brave, capable de nobles et belles actions... Mais ce que tu veux tenter est impossible, absurde... Sais-tu bien que ce n'est pas trop d'une existence entière pour se rendre maître seulement des moyens matériels de notre art immense!... Tiens, moi-même qui te parle, je me trouve là, presque au terme de ma carrière, après mille travaux accomplis, arrêté devant cette toile inachevée par un écueil que je ne puis éluder ni franchir... Regarde cette goutte de sang qui doit jaillir sous cette épine de la patte du lion blessé.... Tout le reste est à peu près bien ; cette goutte seule ne vit pas, ne veut pas s'animer... Ce n'est pas du sang, c'est une tache immobile de carmin... je ne puis donner à mon pinceau ce que je n'ai plus moi-même, le mouvement, la souplesse, la vie : moi Colantonio del Fiore ! Oh! la vieillesse, la vieillesse! »

Il se tut et son front pâle retomba douloureusement dans ses deux mains, en les inondant de ses cheveux blancs.

Antonio, profondément ému, voulut sortir ; puis, se ravisant, il ajouta d'un accent désespéré :

« Cinq ans, au nom du ciel, pour pouvoir mériter Lauretta ; cinq ans, pour mettre à ses pieds un cœur digne de sa tendresse ; cinq ans, pour une éternité!... Si je ne suis pas, après mon retour, selon votre jugement et le sien, tel que je dois être pour l'obtenir, c'est qu'alors il n'y aura plus pour moi de bonheur en ce monde...

— Encore! ah, c'en est trop ! s'écria le peintre impatienté ; va-t'en! ou je te fais chasser !... »

Dans ce moment, le pinceau s'échappa de sa main

et vint frapper contre la toile, juste à l'endroit désigné par son regard...

« Tiens, malheureux ! tu viens de me faire gâter mon tableau !

— Eh bien ! s'il vous faut encore un modèle pour le rétablir, faites-moi donc ouvrir les veines, et vous verrez s'il en jaillira du sang...

— Du sang ? il a jailli déjà sous ce pinceau... Par le ciel !... Oui, c'est un jet de sang fluide, animé comme le tien !... »

En effet, le pinceau de l'artiste irrité, en effleurant le châssis, avait remplacé l'ancienne empreinte par un jet de sang d'une vérité parfaite ; transparence, éclat, vigueur, rien n'y manquait : c'était bien du sang de lion ! Le hasard avait ainsi vaincu un obstacle contre lequel toute la puissance de l'art avait échoué !... Antonio ramassa le pinceau avec le même respect avec lequel, un siècle plus tard, Charles-Quint a ramassé celui du Titien ; le peintre le reçut, le considéra avec des yeux ardents de plaisir, et s'écria :

« Merci, Antonio, merci ! car je te dois le plus beau fleuron de mon laurier... Embrasse-moi !...

— C'est un heureux présage, dit Antonio, en s'inclinant sur la main du vieillard ; vous le voyez, Dieu vient à mon aide... ce que son pouvoir a fait, mon amour peut aussi le faire...

— Nous en reparlerons plus tard... Tu veux cinq années d'épreuve ? Eh bien ! je t'en donne dix... ce n'est pas trop ! mais à condition que ma fille y consentira, car cela la regarde aussi bien que moi-même... »

Il frappa sur un timbre et dit à un domestique d'aller appeler Lauretta.

« Quel est ton âge ? demanda le peintre.

— Vingt-quatre ans, au 17 janvier. Je suis né en 1382.

— Eh bien ! dans dix ans ma fille aura justement ton âge d'aujourd'hui, et il ne sera pas trop tard pour lui permettre de faire alors un choix convenable... »

Lauretta parut. Quand elle aperçut le jeune homme en conférence avec son père, elle rougit, comme si elle avait le pressentiment de la scène qui l'attendait.

« Regarde bien d'abord ce tableau !

— O mon père, vous êtes grand ! vous êtes heureux ! dit-elle en jetant un coup d'œil sur la toile.

— Heureux surtout... mais tu sauras plus tard... Sais-tu l'étrange confidence que ce jeune homme vient de me faire ? »

Les longues paupières de la belle enfant s'abaissèrent aussitôt, comme si elles avaient quelque doux mystère à voiler.

« Il prétend qu'il t'aime...

— Oh ! de toute mon âme ! disait le regard d'Antonio.

— Qu'il t'aime d'amour, entends-tu bien ? »

Lauretta fit un signe de tête qui voulait dire : « Je le savais déjà.

— Et tantôt il vient de me demander ta main !... Mais comme je lui ai répondu que la fille de Colantonio ne pouvait épouser qu'un peintre célèbre, il veut quitter le maillet et le poinçon, qu'il manie si bien, et veut se mettre à faire des tableaux... le pauvre garçon !...

Lauretta leva les yeux et les fixa résolûment sur Antonio ; un regard rapide, mais rempli d'une supplication muette, répondit au sien.

« Veux-tu maintenant attendre dix années avant de savoir s'il tiendra sa promesse, et s'il peut se trouver un artiste de talent sous l'enveloppe d'un ouvrier des Abruzzes ? »

Lauretta avait à peine atteint sa quatorzième année ; mais dans ce jardin de l'Italie les boutons deviennent des fleurs et les enfants des femmes accomplies, avant qu'on ait eu le temps de les voir s'épanouir. Antonio tombant à genoux éleva les mains vers le ciel, comme pour le prendre à témoin de son serment. L'amour héroïque dont elle était l'objet se révéla à la jeune fille par toutes les fibres de son cœur ; après un instant d'hésitation elle courut vers lui, le releva en lui tendant la main : et prompte, légère, confuse, elle s'enfuit de l'atelier comme un rêve bienheureux...

Colantonio la regarda sortir tout étonné, sans même essayer de la retenir. Il avait autrefois aimé, de même qu'Antonio ; la mère de Lauretta avait été pareillement d'une condition bien supérieure à la sienne ; mais aujourd'hui l'illustre vieillard avait près de soixante ans !

« A la bonne heure, dit-il, tu n'as pas perdu ton temps chez moi ; car je vois que le cœur de mon enfant a fait la moitié du chemin... Tu n'as pas mauvaise chance, compère Antonio !

— Promettez-moi, seigneur, de n'accorder à personne la main de votre fille avant que la dixième année soit expirée...

— Je te le promets... seulement, ne me demande pas de t'admettre au nombre de mes élèves, car je ne veux pas employer le peu de jours qui me restent à t'enseigner la peinture ; et ta vocation, je te l'ai déjà dit, je n'y crois pas...

— Et moi, j'y crois à présent, j'y crois comme à mon amour, comme je crois en Dieu !... Tout ce que je vous demande pour aujourd'hui, avant de me livrer à ma destinée, c'est votre bénédiction : elle me portera bonheur !

— Si ma bénédiction ne peut te donner le talent que Dieu seul dispense à ses élus, elle ne peut au moins te reprendre le courage dont ton âme paraît si richement douée... Au nom de saint Luc, le premier peintre chrétien ; au nom de Giotto et de Cimabuë, les premiers peintres de l'Italie, Antonio Solario, sois béni !

— Mon père ! mon père !... »

Le jeune apprenti ne put en dire davantage : portant les mains du vieillard à ses lèvres, il jeta un adieu muet à sa bien-aimée et s'élança hors de l'atelier.

« Étrange jeune homme ! se dit Colantonio en le suivant par la croisée d'un regard de surprise, presque d'admiration ; j'aurais dû me défier de ce garçon-là dès son entrée dans la maison : il a trop bonne mine pour rester ce qu'il est. Ou c'est un insensé, ou bien un esprit divin le conduit ; mais qu'il soit l'un ou l'autre, par san Gennaro, je lui dois d'avoir achevé mon dernier chef-d'œuvre ! »

III.

Poussé par un amour ardent, une volonté invincible, Antonio eut bientôt achevé ses préparatifs de départ ; mais avant de quitter Naples pour dix ans... c'est souvent la vie entière... il voulut faire ses adieux à son protecteur, il signor Gianni Carraciolo. Il le remercia de tout ce qu'il avait fait pour lui, de son introduction dans la maison du peintre, et ne put s'empêcher de lui dire, avec le motif de son voyage, les principales circonstances de l'événement de la veille. Le camerario, ravi de cette amoureuse confidence, peut-être même au fond un peu jaloux du crédit dont le grand artiste jouissait à la cour de Ladislas, n'eut rien de plus pressé que d'aller faire un rapport à la reine Marguerite de tout ce qu'il avait appris. Jamais la reine mère, très-sceptique en matière d'amour, par caractère et par expérience, n'avait ri d'aussi bon cœur ; elle traita le jeune ouvrier d'extravagant et d'ambitieux, et recommanda le vieux peintre à son médecin. La princesse Giovanna ne fut pas du même avis ; elle croyait à la sincérité de l'amour d'Antonio : le père de Lauretta, disait-elle, pouvait bien avoir pressenti sa vocation. Toutes deux arrangèrent un petit complot, en distribuant rapidement les rôles parmi les assistants.

On annonça le peintre avec son tableau de saint Jérôme. Marguerite donna sur-le-champ l'ordre de faire amener l'amoureux artisan, et fit introduire, avec des honneurs inusités, le plus grand artiste de l'Italie. Colantonio entra, escorté de son tableau couvert d'un voile, entre le pompeux camerario et la belle Lauretta. Le voile soulevé, saint Jérôme apparut dans toute la splendeur d'une composition magnifique, traitée avec un talent incomparable. Ce fut un concert général de louanges, d'applaudissements, d'admirations passionnées, exprimées avec cette redondance italienne, léguée par le Dante à Métastate, et qui fait de ce beau parler méridional la langue des improvisateurs ou des lauréats, lorsqu'elle n'est pas celle du vrai génie. Marguerite donnait l'exemple ; mais le camerario se faisait remarquer entre tous par l'ardeur de son enthousiasme. La pose admirable de calme et de placidité du saint cénobite, le regard soumis et reconnaissant du lion, dont la patte velue aux griffes déployées saignait sur le giron de son libérateur, la figure attentive et recueillie des deux anges, témoins mystérieux de cette scène de merveilles, tout fut passé en revue, tout fut exalté jusqu'au fanatisme. Le peintre humait avec la déférence d'un homme de cour, mais avec la dignité d'un homme de cœur, un encens qui venait de si haut, et qui pourtant devait lui sembler légitime ; Lauretta était à ses côtés toute rayonnante d'orgueil et de plaisir.

« Savez-vous, maître Colantonio, disait Marguerite, que ce tableau est ce que vous avez encore fait de meilleur, vous, l'honneur de notre école italienne renaissante, vous, le modèle et le désespoir de l'avenir ! Quelle vigueur ! quelle hardiesse ! quelle perfection de détails !... Mais regardez donc, messieurs, ne trouvez-vous pas, comme moi, que c'est un chef-d'œuvre unique, et que rien au monde ne saurait payer ?

— Que rien au monde ne saurait payer... sinon la faveur et l'approbation de Votre Majesté, dit avec emphase Carraciolo.

— Et ce sang qui ruisselle de la patte du monstre ! Mais, en vérité, c'est du sang bien réel ! Ne dirait-on pas qu'il vient de jaillir de la blessure ?... Que de veilles, que d'études patientes il vous a fallu traverser pour animer ainsi les œuvres de votre pensée du souffle vivant de la nature elle-même ! L'antiquité n'a rien produit de plus beau !... Ah ! vous êtes sans rival parmi vos contemporains ; et parmi ceux qui vous suivront, vous n'aurez que des imitateurs !

— Oui, vous n'aurez que des imitateurs !... »

Le peintre s'inclina ; mais il se garda bien de dire comment le hasard, ou plutôt un mouvement de colère, lui avait servi pour terminer son tableau.

« Et pourtant, reprit la reine, il signor Carraciolo prétend qu'il ne faut qu'un peu d'amour et beaucoup d'audace pour vous égaler...

— Votre Majesté veut railler sans doute ; moi, j'aurais pu proférer un semblable blasphème ?

— Oh ! ne vous troublez pas, cher camerario ; ne nous avez-vous pas raconté ce matin l'histoire d'un jeune ouvrier, d'un paysan de Civita, je crois, qui, touché d'une passion soudaine pour la fille d'un peintre célèbre, fit vœu de devenir lui-même un artiste en renom, afin de pouvoir mériter son alliance ?

— C'est une ancienne légende, du temps de la Table ronde... »

Le front du vieillard se rembrunit, car évidemment il était question de l'aventure de la veille, qu'il avait sans doute oubliée, comme on oublie un rêve... Il porta la main vers son tableau ; sa fille l'arrêta d'un geste suppliant.

« Eh bien... oui, c'est vrai, dit-il en prenant brusquement son parti.

— Cette histoire... ou plutôt ce roman, vous le connaissez aussi ?

— Mieux que personne, madame, car cette histoire est la mienne ; le vieux peintre, c'est moi, et le jeune ouvrier, c'est le ferblantier Antonio, le protégé de Votre Majesté.

— Le protégé de Votre Majesté... et le mien, dit en se rengorgeant le camerario.

— Antonio Solario ?... mais oui, cette figure d'ange est la sienne... un excellent modèle, n'est-ce pas, Lauretta ?... Et vous avez consenti à lui donner votre fille, après dix ans d'épreuve, vous, Colantonio del Fiore, le premier peintre de l'Italie ?

— Le premier peintre de l'Italie ! répéta l'écho.

— Et pourquoi pas, dit l'artiste piqué au vif ; ne suis-je pas moi-même issu du peuple, le fils de mes œuvres ? Ne dois-je pas toute ma réputation à ce faible talent qui m'a valu les bonnes grâces de Votre

Majesté?... Ce titre vaut bien, au moins pour moi, les avantages de la naissance. »

Tout l'auditoire, y compris Carraciolo, éclata en murmures de surprise, presque d'improbation.

« Ne vous scandalisez pas, messeigneurs, reprit l'artiste; puisque l'illustre camerario a trouvé à propos de vous mettre au fait de cet incident, je ne veux pas m'en défendre... Au surplus, le vieux Colantonio del Fiore n'est pas homme à retirer sa parole, dût-il l'avoir engagée à un simple ouvrier... Et qui donc pourrait y trouver à redire?

— A Dieu ne plaise, maître Colantonio; bien que notre amie Lauretta puisse par sa beauté, autant que par notre appui royal, prétendre aux partis les plus élevés...

— Aux partis les plus élevés!...

— Épargnez-la, ma mère, dit doucement Giovanna. Taisez-vous, camerario...

— Mais puisqu'il vous a plu de pourvoir vous-même à son établissement, êtes-vous prêt, seigneur peintre, à répéter devant nous cette parole donnée au jeune artisan, et qui doit le transformer, dans dix ans, en un homme de génie?

— Devant le monde entier, madame, s'il le fallait...

— Je vous prends au mot... et tenez, le voici sur le seuil, tremblant comme une colombe sous les yeux d'un aigle...

— Madame! dit le peintre avec un mouvement d'impatience.

— Oh! si c'est une trahison, n'en accusez que moi et la princesse Giovanna... Nous l'avons fait appeler, pour faire plaisir à notre bien-aimée Lauretta. »

La jeune fille rougit jusqu'au blanc des yeux et voulut s'éloigner. Giovanna la retint d'un regard et la fit asseoir à ses côtés.

« Approchez, jeune homme, dit la reine, et venez entendre d'un des maîtres les plus justement célèbres, de notre ami personnel, du père de Lauretta, la sentence qui doit fixer votre destinée. »

Antonio s'avança; puis, ayant respectueusement salué les deux princesses, il fléchit le genou devant Lauretta.

« Vous le voyez, messieurs, reprit Marguerite; sa vraie souveraine, la voilà!

— A votre gré, madame, dit à demi-voix Colantonio; je ne vois pas pourquoi je refuserais de faire ma partie dans une saynète dans laquelle Vos Altesses ont elles-mêmes accepté les premiers rôles... Antonio Solario, voici ma main; Lauretta vous attendra dix ans : et si d'ici là vous devenez digne d'elle et de moi, si vous vous distinguez dans la noble carrière des arts, comme mon successeur, mon émule, ma fille est à vous.

— Je tiendrai ma promesse, dit fièrement Antonio, aussi vrai que je suis fils des Abruzzes.

— Et moi la mienne, aussi vrai que je suis né dans le Transtevere... Mais, songes-y bien, tu reviendras couronné de gloire, ou ne reviens jamais!... Lauretta ne se mariera pas, dussé-je mourir dans l'intervalle; car je sens que la vieillesse approche, et plus que jamais les soins de mon enfant me seront nécessaires...

— Vous vivrez, maître, et je reviendrai.

— Et toi, Lauretta, qu'en dis-tu? demanda Marguerite. »

La jeune fille ne répondit pas, mais elle se jeta, pour cacher sa confusion et sa rougeur, sur le sein de la princesse Giovanna.

« A merveille! dit Marguerite; voici presque un aveu.. Ton anneau, belle Lauretta; et vous, Antonio, le vôtre... Que vois-je? un anneau d'argent contre un anneau d'or! Ah! laissez-moi le remplacer par ce diamant! »

L'anneau d'argent reçu par Giovanna avait déjà passé au doigt de sa protégée.

« Eh bien! heureux Antonio, dit en riant la reine-mère, doutez-vous à présent de votre bonne étoile, de votre vocation d'artiste?

— Je n'en ai jamais douté, madame, depuis le jour où les yeux de Lauretta me l'ont révélée... Soyez bénie, car vous venez de donner au monde un homme de cœur, à l'Italie un artiste de talent, et dont le premier titre de gloire sera de prouver à Votre Majesté qu'il était digne de ses bienfaits.

— Vous commencez déjà, *maître* Solario! dit-elle en appuyant à dessein sur cette dénomination; au revoir donc, dans dix ans!

— Au revoir!... murmura le jeune homme, en passant auprès de Lauretta, avec un accent rempli d'une indicible tendresse. »

Il sortit; des louanges à demi railleuses l'escortèrent jusqu'au seuil de l'appartement royal : car on n'admettait pas que cette promesse illusoire put jamais recevoir sa réalisation. On complimente beaucoup le vieux peintre sur le sérieux avec lequel il avait prêté les mains à cet innocent badinage; la princesse Giovanna elle-même ne put s'empêcher de prendre part à l'entraînement général. Vainement Colantonio cherchait à se soustraire à ce triomphe improvisé, en donnant un autre tour à la conversation; lorsque le camerario le tira d'embarras en rappelant à la reine ses éternelles prétentions d'avancement :

« Votre Majesté me permettra, dit-il, de la faire souvenir à ce propos, que...

— Oh! je vois, à votre air engageant, que vous allez encore me demander quelque chose... Vous demandez toujours... Mais je suis en veine de libéralités; vous pouvez parler.

— Que le comté d'Avellino se trouve justement vacant par la mort de son dernier titulaire, et...

— Et vous désirez en avoir la survivance?... Est-ce bien votre pensée?... Qu'à cela ne tienne! Premier camerario de la cour, je viens de vous nommer hier duc de Venuze; vous souhaitez encore être investi du comté d'Avellino? Eh bien! je vous l'accorde; mais pour le ciel, que ce soit votre dernière demande, au moins jusqu'au retour d'Antonio. Lauretta vous remettra votre diplôme. »

On revint au tableau de saint Jérôme, aux deux anges, à la patte du lion blessé... La journée avait été bonne pour chacun; seulement, sur les traits purs et suaves de Lauretta on voyait flotter un léger nuage de mélancolie, un recueillement solennel et profond, traversé par les éclairs de bonheur qui par instants brillaient dans ses beaux yeux noirs...

Le même jour, Antonio avait quitté sa modeste demeure, vendu tout ce qu'il possédait, hors ses ustensiles et l'image de sa mère, et disparu sans que personne apprît de longtemps ce qu'il était devenu . . . .
. . . .
Ici finit l'histoire d'*Antonio Solario* le ferblantier, et commence celle d'*Antonio Zingaro* le peintre, nom qu'il devait glorifier par ses nombreux ouvrages, pour le perpétuer jusqu'à nos jours. Nous le suivrons pas à pas dans cette seconde période de sa vie, en ayant soin de ne pas interrompre le fil chronologique de notre narration.

IV.

La justesse de jugement dont notre jeune apprenti était doué lui conseilla tout d'abord de se rendre à Rome, cette cité trois fois souveraine, par la puissance, l'art et la foi, pour se faire admettre au nombre des élèves d'un des peintres choisis que les libéralités d'Innocent VII groupaient à cette époque autour du trône pontifical. Mais à peine sorti de Naples, il tomba dans un camp de vrais zingaros, un peu mendiants le jour, un peu maraudeurs et même, au besoin, voleurs de grands chemins la nuit; parfois étameurs de vaisselle, bateleurs, musiciens ambulants, sorciers, condottieri, mangeurs de sabres ou danseurs acrobates : selon le temps, le lieu, la clientèle, et surtout la distance à laquelle se trouvaient messieurs les gendarmes napolitains de leur point de réunion. Ces industriels peu scrupuleux le dépouillèrent sans façon de tout ce qu'il possédait; et après l'avoir lié à un arbre, dans le simple costume d'un modèle d'académie, se disposaient à le faire servir de point de mire pour s'exercer au tir à l'arbalète. Cependant sur les instances d'une jeune bohémienne au teint de jonquille fleurie, mais qui jouait du triangle à ravir, et qui consentit à le prendre pour époux, ils ajournèrent leur exercice; à la condition toutefois qu'il deviendrait bohémien comme eux et les accompagnerait dans leurs expéditions. Le dilemme étant rigoureusement posé, la mort ou le mariage, Antonio choisit tout naturellement le dernier. Il faut dire à sa justification que beaucoup d'entre nous en auraient fait autant. Après avoir heureusement franchi tous les degrés d'initiation, la cruche cassée, la danse sur les œufs, le mannequin à grelots, la coupe géante vidée d'un seul trait, Antonio devint *zingaro, tsigane* ou bohémien, et l'époux de la jeune fille au triangle. Bientôt par son habileté comme ouvrier, par sa valeur personnelle et surtout par la vigueur musculaire dont il leur donna des preuves frappantes le jour même de son arrestation, devenu leur chef, il engagea les bandits à se rendre à Rome, menacée alors par les Gibelins de Florence, et qui recrutait partout des soldats de fortune pour sa défense. Ce parti, tout à fait conforme aux goûts aventureux de ces hommes sans patrie, fut agréé à l'unanimité, moins quelques récalcitrants qui furent pendus haut et court par les plus nombreux adhérents du capitaine de bande, au bord du lac Fucino, la mer Morte des Abruzzes, dont le Liris est le Jourdain. On se mit en marche; mais à peine aux portes de la ville éternelle, ayant fait de tendres adieux à sa compagne, donné un bon coup d'épée à son lieutenant, notre Antonio, libre comme l'air, escalada les remparts et pénétra dans la place.

Rome était alors toute remplie du choc des glaives et du bruit des discussions savantes; l'opinion publique se trouvait divisée d'une part entre les Guelfes et les Gibelins, de l'autre entre deux maîtres célèbres : Lippo Dalmasio, de Bologne, et Victor Pisano, dont les deux écoles rivales ressemblaient à deux armées en face l'une de l'autre. On discutait sur leur mérite dans les places publiques, en se poussant des estocades; dans les académies de peinture, en lacérant les toiles de leurs adversaires. Lippo avait autant de partisans parmi les Guelfes que Victor parmi les Gibelins. Bologne et Pise avaient été leurs mères, leurs nourrices et leurs premières maîtresses; or tout homme est un peu l'incarnation sommaire de son pays. Le premier excellait surtout par l'ampleur irréprochable de son dessin; le second, par la grâce vivante du coloris. Lippo était le peintre spiritualiste de la renaissance italienne à son début; le précurseur, d'un peu loin, il est vrai, de Masaccio et de Léonard. Après avoir enrichi la métropole de ses tableaux, il était allé jouir dans sa ville natale de sa fortune et de sa renommée. Pisano, qui devait être plus tard le collaborateur et l'émule de notre héros, était le peintre réaliste de l'époque, le poëte de la couleur, le trait d'union entre Colantonio et le Titien, entre l'école de Naples et celle de Venise.

Antonio, qui sentait le vieux sang des Samnites bouillonner dans ses veines, eut un instant l'idée de se faire soldat; mais il se rappela son serment, et voulut, avant toute chose, se rendre compte de l'effet produit par les créations des deux peintres sur le peuple romain : il courut d'abord voir les ouvrages de Lippo Dalmasio. Le proscrit qui revoit son pays natal, l'amant qui retrouve sa maîtresse fidèle après une longue absence, le marin naufragé qui touche enfin la rive tant désirée, éprouvent moins d'émotion que n'en ressentit le jeune homme à la vue de ces angéliques madones, de ces vierges célestes divinisées par l'adoration, et dont il croyait retrouver l'archétype vivant dans son cœur, tout rempli de l'image de sa chère Lauretta. Dès lors sa vocation artistique prévalut sur ses instincts guerriers; il choisit Lippo Dalmasio pour chef et pour guide, et résolut de s'engager dans la glorieuse phalange dont l'arme inoffensive est le pinceau, et dont les basiliques ou les palais de l'Italie sont les plus célèbres champs de bataille.

Il se rendit donc à Bologne; et, sur la recommandation de sa bonne mine, se présenta dans l'atelier du peintre. Lippo le reçut amicalement, écouta sa demande et le récit de ses aventures avec un intérêt tout paternel; mais, quand il eut fini, il lui conseilla sans détour de renoncer à une entreprise hasardeuse, et même, d'après sa pensée, inexécutable.

« Comment, lui dit-il, dans ta vingt-cinquième année, tu veux t'acheminer vers les hauteurs de l'art que j'exerce, inaccessibles pour la plupart de ceux qui comptent les atteindre ? Mais il faut se mettre en route dès l'enfance ; et encore n'est-on pas sûr de parvenir à la moitié du chemin ! As-tu bien réfléchi à ce que tu veux faire, orgueilleux jeune homme ? Il est vrai que je vois de l'inspiration dans ton regard, de l'énergie sur ton front bien développé, de la noblesse de race dans ton maintien ; intelligence, animation, tendance intérieure vers le bien et le beau, ces deux expressions équivalentes de l'idée divine : tout cela se révèle en toi par des signes évidents pour mes yeux instruits à lire dans une âme comme dans un livre ouvert... Mais ce n'est qu'une étincelle dont tu n'obtiendras jamais une flamme vive et brillante. Jamais ta main alourdie par le travail des métaux ne saura se familiariser avec la brosse et le crayon ; jamais ton esprit inculte ne saura s'enrichir de toutes les connaissances préliminaires que l'enfant acquiert presque en jouant, par simple curiosité, et que rien au monde ne peut remplacer pour l'homme accompli. Vingt-cinq ans ! mais c'est l'éternité pour l'artiste, pour le peintre surtout, qui doit être à la fois érudit, poëte, chimiste, homme du monde et, par-dessus toutes choses, penseur et philosophe ! Tu lutteras sans cesse contre le mécanisme de notre art, contre les difficultés sans nombre qui, chaque jour, se dresseront sous tes pas ; tu succomberas... oui, tu succomberas, te dis-je ! avec une déception de plus, et quelques bonnes années de moins dans la vie !... Va, crois-moi, reprends ton état qui te vaut déjà tant d'honorables témoignages, plutôt que de renier la réalité pour l'ombre, d'immoler la vie à l'illusion, en poursuivant une chimère qui ne peut que te conduire à l'abîme !... »

Il parlait à un sourd, comme le sont tous ceux qui veulent *per fas et nefas* devenir artistes.

« Je vous l'ai dit, seigneur, répondait Antonio à toutes ses objections, ma résolution est irrévocable.

— Mais alors, ne peux-tu pas choisir un art moins difficile et qui s'accorde mieux avec ton ancien métier, comme celui de graveur sur métaux, de ciseleur ou de fondeur en bronze ?... Chacun de ces trois états peut conduire à la fortune et même à la gloire !... Je pourrais t'en citer plus d'un exemple.

— La gloire et la fortune peuvent venir quand il leur plaît, après le talent.. Je ne cherche ni l'une ni l'autre ; je ne fais qu'obéir à cette voix impérieuse qui me conduit vers vous en me disant : « Tu seras peintre !... » Cette voix ne ment pas ; car c'est la voix de la conscience : c'est la voix de Dieu !

— Suis-je donc le seul artiste vivant en Italie, pour que tu viennes t'adresser à moi de préférence à tout autre ? N'y en a-t-il pas beaucoup de plus illustres, qui seront heureux de te seconder, peut-être avec plus de conviction ? Le grand Colantonio del Fiore, par exemple, à Naples, dans ton pays natal... Tu dois bien un peu le connaître ?...

— Si je connais maître Colantonio ! l'ami du roi Ladislas et du signor Gianni Carraciolo !... Ah ! seigneur Lippo, quel souvenir venez-vous de réveiller !... S'il avait écouté ma prière, s'il avait daigné m'admettre parmi ses élèves, vous ne me verriez pas ici, devant vous... Il m'a refusé ses conseils ; il croyait aussi ma vocation illusoire, impossible, à moins d'un prodige...

— Il avait raison, peut-être...

— De grâce, ne me poussez pas au désespoir ! Soyez généreux comme vous êtes illustre... mettez-moi du moins à l'épreuve ! Renvoyez-moi, chassez-moi dès que vous aurez acquis la certitude que je ne serai jamais autre chose qu'un ouvrier ; mais, songez-y bien ! il y va de mon bonheur dans cette vie et de mon salut éternel dans l'autre : car si je sortais de chez vous avec la douleur d'un nouveau refus, je n'irais pas ailleurs, je me tuerais ! »

A la fin, maître Lippo se laissa persuader. Il avait fait son devoir d'honnête homme en éprouvant la fermeté de résolution du rude apprenti ; mais il s'était convaincu que rien ne saurait l'ébranler. La bonté du cœur est généralement la pierre de touche du génie. J'ai remarqué, par ma propre expérience, que les esprits vraiment supérieurs aiment à condescendre aux besoins, aux espérances, à toutes les nobles passions des jeunes gens. Ils suivent en cela, d'instinct, l'exemple donné par le Christ, et prennent pour règle de conduite ce mot sublime : « *Sinite parvulos venire ad me !* » Tels sont ou tels étaient Chateaubriand, Lamennais, Béranger, Delavigne, Victor Hugo, Michelet, Mickiewicz, etc. La médiocrité seule est inflexible, arrogante et jalouse ; toute communication d'idées, tout échange de sentiments avec ceux qu'elle regarde comme ses vassaux et ses tributaires, lui paraissent une brèche irréparable faite dans sa dignité. Inquiète et méchante, elle se drape dans son orgueilleuse impuissance, comme l'histrion dans ses oripeaux d'emprunt et sa couronne de papier doré. Elle est surtout inexorable pour la jeunesse ; car elle ne se souvient plus d'avoir été jeune, ou plutôt elle ne l'a jamais été... Tels...

— Qu'il me soit permis de ne pas énumérer les beaucoup trop nombreux exemplaires de cette caste privilégiée. Combien de talents ont-ils étouffés ! combien d'autres ont-ils éconduits, égarés, forcés à se renier eux-mêmes ! Cela ne leur importe guère ; pourvu que ceux qui survivent soient pour toujours enchaînés à leurs pieds par le servage de la pensée, comme la douce Miranda l'aurait été par l'affreux Caliban, le fils de la sorcière Sycorax, sans l'intervention magique de Prospero, dans l'île enchantée du poëte anglais.

V.

Antonio ne s'était pas trompé sur le choix de son maître. Avec un effort presque surhumain il commença le dessin sous sa direction. Jour et nuit il travaillait à donner à sa main, raidie par la lime et le marteau, la souplesse et la légèreté nécessaires pour le maniement du crayon. Il nourrissait son intelligence d'excellentes lectures des auteurs anciens, ces inépuisables modèles du vrai et du beau; aujourd'hui même on voit à Naples, chez les Pères de l'Oratoire, un manuscrit de Sénèque le Tragique entièrement illustré de sa main à cette époque de sa vie. Ces tentatives désespérées, sans cesse renouvelées, et chaque jour couronnées d'un progrès, lui firent dès lors entrevoir la possibilité d'atteindre au succès final; il fit et refit vingt fois de souvenir le portrait de Lauretta : le dernier était tout simplement un prodige. Ce fut un moment décisif dans son âme. L'image de sa bien-aimée le conduisait, comme un bon génie, à travers cette immensité qu'il avait à franchir; à cette inspiration il sentit bientôt se joindre une autre impulsion souveraine, un amour ardent de l'art en lui-même, un besoin impérieux de revêtir sa pensée d'une forme visible : et ces deux flammes réunies n'eurent désormais qu'une seule splendeur, qui pénétra, grandit, éclaira d'un rayon divin son être tout entier.

Lippo Dalmasio révoqua le trop sévère jugement qu'il avait porté sur son élève, et l'encouragea sérieusement à persévérer. Franchissant à grandes étapes les degrés intermédiaires, Antonio passa du dessin à la couleur. Il copia tous les fragments antiques qu'il put recueillir; les vierges romaines, ces statues de chair vivante descendues de leur piédestal, reproduites par le pinceau du jeune artiste, avaient toutes je ne sais quelle vague ressemblance avec Lauretta : telle son regard, telle autre ses cheveux de jais fluide, telle enfin l'angélique expression de son sourire. Les mains et les pieds, imités d'après de pareils modèles, étaient d'une délicatesse infinie; en cela il s'éloignait un peu de la manière de Colantonio, le grand coloriste, auquel on ne pouvait reprocher qu'un peu de nonchalance ou de dédain dans l'exécution des extrémités. Les connaisseurs et même ses émules le proclamaient à l'unisson le plus digne élève de maître Lippo; et bientôt, à l'exemple de Bologne, la Romagne entière retentit de la gloire naissante d'Antonio Zingaro.

Malgré ce triomphe inespéré, il resta dans l'atelier de Lippo jusqu'à la septième année. Plusieurs fois il l'aida dans l'exécution de ses grands ouvrages, et les parties achevées par lui avaient toute la perfection magistrale; ou bien il l'associait à ses propres compositions, et alors le savoir du maître s'effaçait à son tour sous l'inspiration de l'élève. Sûr enfin de lui-même et de sa destinée, il quitta, le cœur plein de reconnaissance, celui qui le premier lui avait ouvert les portes du sanctuaire. Il se mit à parcourir l'Italie où florissaient à cette époque vingt peintres autrefois célèbres, et qui ne sont plus connus aujourd'hui que par leurs noms dans l'histoire de l'art italien : tels que Lippo Fiorentino, Lorenzo di Ricci, Galeasso dal Prado, etc. Admis à voir leurs ouvrages, il observa leurs différentes méthodes, leurs procédés de couleur, leurs jours et leurs ombres, leur perspective, ne prenant à chacun que ses meilleures qualités et se gardant d'imiter sa manière, car il voulait avant tout être et rester lui-même. A Venise, il se lia avec les frères Vivarini, alors grandement admirés, aujourd'hui parfaitement oubliés. C'est ainsi qu'il établit et grandit sa réputation, qui lui valut dans toutes les villes qu'il a traversées un peu d'or et beaucoup d'honneurs. De retour à Rome, il fut chargé par le pape Martin V de décorer l'église de Saint-Jean de Latran, de concert avec Victor Pisano et Gentile da Fabriano. Bien des années après sa mort, on reconnaissait encore les groupes ou les lointains créés par son pinceau, à la vérité du coloris, au mouvement des figures, à la vie inhérente à tous ses ouvrages. Le célèbre Luca Giordano, surnommé *Fa Presto*, le range immédiatement auprès de Matteo di Sienna, dont le *Massacre de Bethléem* brillait encore après trois siècles dans toute la fraîcheur de sa carnation primitive.

Tant d'éminentes qualités ne manquèrent pas de lui susciter des admirateurs passionnés et d'implacables ennemis. Le vieux Colantonio lui-même ne pouvait se défendre d'un secret sentiment de jalousie en entendant sans cesse parler d'un certain Antonio Zingaro, sous lequel il était loin de soupçonner son ancien apprenti des Abruzzes, et dont les toiles avaient, de l'aveu de tous, autant de valeur que les siennes. L'envie, cette expiation obligée du vrai mérite, qui sommeille parfois aux heures du succès en attendant le jour de la réaction, vint aussi troubler de ses amertumes les dernières années du vieux peintre. On lui découvrait alors des défauts que personne n'avait encore osé relever; on allait jusqu'à lui comparer ses rivaux d'autrefois terrassés par son génie; son pinceau, disait-on, n'avait plus la même assurance; son dessin était incorrect, barbare; sa couleur même n'était plus aussi solide. C'était là la triste, mais inévitable vengeance de la médiocrité révoltée contre le talent. Job sera le type éternel de tous ceux qui ont eu le malheur de se survivre à eux-mêmes; les grands artistes ne devraient jamais vieillir, ou plutôt, en vieillissant, ils devraient, comme le prophète Élie, remonter au ciel sur un char de feu. « Je n'en suis pas moins Colantonio del Fiore, » répondait fièrement le vieux peintre, comme plus tard Pierre Corneille, à ses détracteurs. Après lui, Léonard, le Titien, Paul Véronèse et le grand Michel-Ange lui-même ont subi la même destinée; il ne fut donné qu'à l'heureux Raphaël de mourir jeune, dans toute la plénitude de sa gloire, dans tous les rayons de son angélique auréole.

Cependant les événements les plus graves s'étaient accomplis à Naples, sans qu'il y parvînt le moindre indice de l'existence ou du retour prochain d'Antonio. Le roi Ladislas était mort dans les bras d'une courtisane, et son trône était échu par succession à sa sœur, qui depuis 1414 régnait sous le nom de Giovanna II. Le règne violent de Ladislas n'avait légué à son héritière que ruines et tombeaux ; les troubles civils et la guerre étrangère surgissaient de toutes parts comme un incendie mal éteint, pour faire de ce paradis de l'Italie une contrée horriblement malheureuse, comme elle l'est encore en ce moment, comme elle le sera toujours, tant que l'unité nationale ne lui sera pas rendue par la réconciliation de tous ses enfants... Il semblait que la combustion intérieure du Vésuve s'était propagée au sol napolitain... Cependant, malgré le réveil du parti d'Anjou, soutenu alors par l'autorité de l'antipape Jean XXIII, que le roi défunt, pour prix de son alliance, assiégea jusque dans sa capitale ; malgré l'inimitié constante de l'empereur, auquel il avait essayé d'arracher sa couronne, en inscrivant sur ses drapeaux : « *Aut Cæsar, aut nihil !* » Giovanna était restée fidèle au culte des beaux-arts qui avaient fait les délices de sa jeunesse, et qu'elle protégeait maintenant comme la seule consolation et la gloire de sa vie. Au milieu de ces tempêtes sans cesse renaissantes et que la main d'une femme était impuissante à conjurer, elle semblait n'avoir d'autre soin et d'autre mission que de faire oublier à tous le règne désastreux de son frère. Aussi, personne parmi les artistes contemporains, sculpteur, peintre ou poëte, ne pouvait quitter Naples sans avoir reçu quelque témoignage de sa munificence.

Les malheurs publics entraînent nécessairement les malheurs privés, et la maison du peintre Colantonio n'était pas plus calme que le royaume. Son fils Aniello l'avait quitté, pour aller chercher au loin un bonheur que son ambition n'avait pu trouver sous le toit paternel ; et sans la présence de Lauretta, le glorieux vieillard aurait terminé sa carrière dans la solitude et l'oubli. Neuf années s'étaient écoulées l'une après l'autre depuis le départ d'Antonio ; sa mort, ou du moins son abandon d'une entreprise au-dessus de ses forces, conçue dans l'ardeur de la passion et l'ignorance, n'était plus à mettre en doute : Lauretta seule, dont la grâce virginale venait d'atteindre tout son épanouissement, n'avait jamais désespéré de son retour.

Plusieurs partis très-brillants étaient venus tout naturellement s'offrir à la belle jeune fille ; c'étaient pour la plupart des hommes de cour très-haut placés, désirant s'élever encore par l'influence du peintre. Mais dans ces occasions elle ne manquait pas de lui faire observer que le délai de dix ans accordé par lui-même à Solario n'était pas encore expiré ; que son retour pouvait seul les délier tous deux d'une promesse solennelle ; enfin, qu'elle l'aimait toujours et ne pouvait, ne voulait être qu'à lui. Cette résistance opiniâtre provoquait presque journellement une scène orageuse entre elle et son père, pour qui l'âge des infirmités et des souffrances avait déjà commencé. Dans ces altercations qui se suivaient avec une violence toujours croissante, la pauvre Lauretta passait de bien tristes et de bien douloureux moments ; elle se retirait chez elle pour pleurer tout à son aise, sans qu'aucune lettre d'Antonio vînt lui donner la force nécessaire pour supporter patiemment le courroux paternel et sa propre angoisse. Souvent elle se rendait à l'église San Lorenzo pour demander à Dieu le courage de son amour, et peut-être aussi pour revoir les traits chéris de son Antonio dans la figure de l'ange de saint Jérôme. Elle ne pouvait se rappeler, sans en être profondément touchée, cet amour héroïque qui lui avait fait quitter une existence aisée, un avenir honorable dans son pays, pour aller poursuivre au loin, à travers des écueils et des dangers sans nombre, un idéal insaisissable aux yeux de tout autre. Elle ne voulait pas être en reste avec cet amour qu'elle avait inspiré ; malgré le silence d'Antonio, malgré les instances de son père qui lui reprochait cet engagement comme une humiliation à laquelle sa légèreté l'avait exposé, Lauretta s'était bien promis de ne pas faillir à la parole donnée : y songer seulement lui semblait une perfidie et une lâcheté. Parfois, dans ses rêves de jeune fille, elle le voyait revenant de Naples tel quelle l'avait vu le jour de son départ, tressaillant au seul bruit de ses pas, rayonnant de joie et d'espérance quand elle daignait lui sourire ; mais grandi par le talent, ennobli par la renommée et le laurier au front : plus souvent encore elle le voyait accablé de fatigue, le désespoir au cœur, succombant sous le poids du doute et de l'indifférence, mourant loin d'elle, sans avoir pu lui dire une dernière fois qu'il l'aimait toujours !... Mais elle n'en voulait pas moins rester invariablement fidèle au vœu de son âme : car elle se considérait déjà comme sa fiancée devant Dieu, avant que, le terme de son absence accompli, elle ne devînt son épouse parmi les hommes.

L'année 1446 avait commencé ; il s'en fallait de quelques mois qu'elle ne fût entièrement évolue. Le désir de voir Lauretta mariée se réveilla dans le cœur du vieillard avec une puissance inconnue jusqu'à ce jour ; il appelait de tous ses vœux l'instant qui devait le dégager de sa promesse, seulement pour n'en plus entendre parler. A la même époque, la main de Lauretta lui fut demandée par le jeune et brillant comte Lorenzino Carraciolo, le fils du premier camerario, appelé par sa naissance et ses talents diplomatiques aux plus hautes fonctions de la cour de Naples. Il était secondé dans ses vœux par la reine Giovanna, qui, de cette manière, espérait pouvoir assouvir l'insatiable avidité du vieux courtisan. A chaque conquête nouvelle dans le domaine des arts, il lui demandait un titre ou une donation, certain qu'il était de l'obtenir de la faiblesse de la reine. C'est ainsi qu'il était successivement devenu grand sénéchal, duc de Venuze, comte d'Avellino et seigneur de Capoue ; mais il convoitait encore la principauté de Salerne, qui devait doubler sa fortune, déjà colossale. La reine lui promit de faire droit à sa requête le jour où il lui présenterait un artiste plus grand que Colantonio lui-même ; et, voulant en finir une fois avec ses exigences, elle lui offrit son intercession auprès du peintre, pour le faire consentir au mariage de sa fille avec le comte Lorenzino.

Ce parti convenait à tous égards à Colantonio, qui voyait dans cette alliance tous les avantages d'une position inattaquable, d'une existence à l'abri des orages et des périls auxquels toute famille plébéienne se trouvait exposée, si elle n'était pas protégée par l'inviolabilité d'une maison souveraine ;

c'était plus que son orgueil de père n'avait jamais rêvé pour l'avenir de son enfant. Lauretta résista longtemps; mais le vieillard, aigri par cette obstination qui lui semblait à présent insensée, après un dernier effort pour la fléchir, tomba dangereusement malade. Le médecin de la cour, envoyé par Giovanna, déclara que ses jours étaient gravement menacés, si une crise heureuse ne venait, pour quelque temps au moins, rappeler la vie dans ce corps usé par la pensée et le travail. Qui saurait peindre ce qui se passait dans l'âme de la pauvre Lauretta?... Aimant son père par-dessus toute chose, plus qu'elle-même, elle aurait donné sa vie pour le sauver... Elle finit par céder; mais dans son désespoir elle crut trouver un moyen suprême pour satisfaire à tous les intérêts de son cœur, pour concilier toutes ses affections. Elle fixa le jour de son mariage avec le comte à celui qui devait accomplir les dix ans d'épreuve, afin que dans l'intervalle il fût possible à son Antonio, s'il vivait encore, de revenir et de faire valoir ses droits. Cette résolution, bien qu'elle contrariât l'impatience du malade, ramena peu à peu le calme dans son esprit; et dès ce jour sa santé se rétablissait visiblement. Pour hâter sa guérison, la reine Giovanna lui promit de venir assister en personne à la cérémonie nuptiale, qui devait faire de sa famille, déjà honorée, la plus riche et la plus puissante de l'Italie.

VI.

Un jour, le signor Gianni Carraciolo, le front radieux, l'air épanoui, vint demander à la reine la permission de lui présenter un peintre étranger qui désirait lui faire hommage d'un de ses tableaux. Il avait enfin découvert, disait-il, cet artiste immortel, ce phénix incomparable, qui devait lui faire obtenir sa principauté de Salerne. L'audience fut accordée sur-le-champ et marquée pour le lendemain. L'artiste vint accompagné de son introducteur et précédé d'une toile de moyenne dimension. Après les compliments d'usage, il la plaça devant les yeux de Giovanna, dans le jour le plus favorable qui en effet : c'était une Madone allaitant l'enfant Jésus, au milieu d'une atmosphère de roses vivantes et de têtes d'anges, qui la couronnaient reine du ciel. Il était difficile de décider ce qu'il y avait de plus merveilleux, de la pureté du dessin ou du fini de l'exécution. La figure, la main de la Vierge, l'ineffable tendresse du regard maternel, la carnation fleurie de l'enfant, la transparence du lointain : tout cela rayonnait d'une perfection idéale; il semblait que cette toile lumineuse éclairât l'appartement. La reine, qui s'y connaissait, resta longtemps en contemplation devant ce chef-d'œuvre; sans cesse elle y découvrait de nouvelles beautés. Par une singulière illusion, elle croyait retrouver dans cette sainte et virginale figure des traits familiers, sans qu'elle pût y rattacher un nom, une signification positive...

A la fin, elle dirigea son regard sur l'étranger, qui, soit timidité, soit toute autre cause, semblait vivement embarrassé de cette interrogation. Il paraissait dans toute la force de l'âge; son abondante chevelure noire, partagée au milieu du front et retombant à longs flots sur ses épaules, donnait à sa pâle, mais éloquente physionomie, une expression tout inspirée. L'émotion respectueuse avec laquelle il soutenait le regard de Giovanna, l'aisance de son maintien, la distinction empreinte sur toute sa personne, témoignaient du sentiment de sa propre dignité, de son habitude au grand monde, et n'avaient rien de commun avec l'orgueil ou l'excessive humilité du courtisan. En l'examinant, on comprenait qu'une longue souffrance avait dû séjourner dans son âme, sans pouvoir l'abattre et la ternir... Son élégant costume romain, taillé selon la mode du temps, prouvait par sa noble simplicité le bon goût de l'artiste; Giovanna le voyait pour la première fois, et pourtant ses traits ne lui semblaient pas absolument étrangers, ils lui rappelaient je ne sais quel vague et lointain souvenir... La reine rompit enfin le silence et lui demanda son nom, pour qu'elle apprît, dit-elle courtoisement, à qui elle était redevable de ce rare et précieux trésor.

« Inestimable! vociféra le camerario.

— Mon nom est encore bien obscur, dit le peintre; toutefois, je ne puis le dire qu'à Votre Majesté...

— Seigneur comte, ou duc... On se perd dans vos titres... Vous l'entendez, à moi seule!

— Parfaitement... Votre Majesté me permettra de lui rappeler que la principauté de Salerne...

— Mais, de grâce! laissez-moi tout entière à mon tableau!... Nous en reparlerons plus tard... demain, si vous voulez! »

Carraciolo sortit en se frottant les mains d'un air de triomphe et faisant force courbettes à l'étranger. Celui-ci mit un genou à terre, et dit à la reine d'une voix mélodieusement sonore, comme le sont par un don de nature les voix de ces enfants du soleil :

« On me nomme Antonio Zingaro.

— Antonio Zingaro! Oui, ce nom était déjà parvenu à Naples sur les ailes de la renommée. Mais sans doute vous y venez vous-même pour la première fois?...

— Non, madame; je suis né dans vos États, et j'y reviens avec l'intention de ne plus les quitter.

— Et cependant, il ne nous souvient pas vous avoir jamais rencontré...

— Daignez vous rappeler, madame, un pauvre apprenti des Abruzzes, qui rajustait autrefois les ustensiles de ménage dans ce même palais, et qui dut à la protection du signor Carraciolo d'être présenté à Votre Majesté.

— En effet, Antonio Solario, qui devint plus tard modèle dans l'atelier de maître Colantonio del Fiore... mais quelle analogie peut-il y avoir?...

— Ne vous paraît-il pas que ses traits avaient beaucoup de ressemblance avec les miens?

— Quoi! vous seriez?... Mais non, c'est incroyable!... Vous, Antonio Solario, l'ancien protégé de ma chère Lauretta?

— Moi-même! Je suis Antonio Solario, le fils du peuple, auquel la renommée a donné depuis le nom de Zingaro; qui remit son amour sous la garde de Votre Majesté et qui revient, après dix ans d'épreuve, mettre à vos pieds sa gloire et tous ses rêves de bonheur!

— En vérité, rien ne manque à l'admiration que vous nous inspirez déjà! Nous avions pressenti votre avenir, et nous bénissons Dieu d'avoir si bien réalisé nos espérances... Mais comment avez-vous fait, maître Antonio, pour transformer ainsi toute votre nature, pour revenir artiste de génie au lieu que vous avez quitté simple artisan, n'ayant que la jeunesse et l'amour pour tout bien?... Vraiment, ce doit être un conte de fées!

Antonio s'empressa de déférer à sa demande en lui racontant, en termes élégants et précis, toute son histoire passée : son séjour involontaire parmi les zingaros, son voyage à Rome et à Bologne, ses premières tentatives, son premier succès, son départ pour Venise, la ville des lagunes; son glorieux pèlerinage à travers les villes de l'Italie, et enfin son retour à Naples. Les noms de ses maîtres, ses bienfaiteurs, furent tous cités dans sa narration; celui de Lippo Dalmasio surtout : avec une expression si profonde de reconnaissance et de respect, que la reine en fut touchée jusqu'aux larmes. Elle écouta d'un bout à l'autre, avec une attention soutenue, le récit d'Antonio; bien des fois, en le pressant de questions, avec cette adroite curiosité féminine qui vaut la diplomatie de tous les hommes d'État, elle lui fit avouer des détails que sa modestie aurait probablement supprimés.

— Le souvenir de Lauretta, dit-il en finissant, a seul opéré tant de prodiges, en me soutenant contre les obstacles qui m'ont accueilli vers le début de ma carrière. Cet idéal d'une beauté impérissable, saintement préservé dans mon âme comme une étincelle divine, s'est reflété sur tous mes ouvrages, comme sur celui-ci, le dernier... Il m'a fait ce que je suis, ce que je puis être un jour; inspiration, renommée, avenir de gloire et de travail, elle a tout créé d'un regard... mais tout cela n'aurait aucun prix à mes yeux, pas même le bonheur de revoir mon pays natal, s'il me fallait renoncer à Lauretta, le premier et le dernier amour de ma vie!

Les femmes, quels que soient leur âge et leur rang, sont les protectrices-nées de tout amour fidèle, alors même qu'elles n'en sont pas l'objet. La reine, avec sa douceur habituelle, essaya de relever les espérances d'Antonio, tout en lui traçant le portrait le plus amical de Lauretta. Elle dut toutefois lui faire connaître le nouvel engagement contracté par son père, mais en prenant sur elle de lui faire différer ce mariage et même de le faire revenir sur sa décision. Pour y mieux parvenir, elle résolut de se faire peindre par Antonio, dont le tableau, exécuté devant elle, devait servir de témoignage irrécusable à son talent. Elle l'invita, jusqu'à ce que son portrait fût achevé, à demeurer dans son palais, en laissant ignorer à tout son entourage sa présence à Naples. Ce retard dans la solution finale de sa destinée parut coûter beaucoup à l'amoureux de Lauretta; mais il n'y avait pas à délibérer, c'était le seul moyen de salut : il se soumit avec une confiance illimitée aux bienveillantes dispositions de sa bienfaitrice.

Il se mit sur-le-champ à l'œuvre, et commença son travail avec une ardeur sans égale, inspiré qu'il était par le désir de revoir le plus tôt possible sa bien-aimée. Le crayon courait sur la toile avec une habileté merveilleuse, les couleurs semblaient se mêler et s'ordonner d'elles-mêmes, le pinceau paraissait vivre et frémir sous la pensée de l'artiste. Il voyait avec un saint ravissement son œuvre grandir et se développer à vue d'œil; jamais, d'après son propre aveu, il n'avait fait aussi vite et aussi bien. Le huitième jour, son portrait était achevé comme par enchantement; la douce figure de Giovanna lui souriait de son cadre, comme d'un miroir magique, avec une ressemblance parfaite, avec un maintien plein de grâce et de dignité, telle que nous la voyons jusqu'aujourd'hui dans le musée de Naples, à côté de l'immortelle Madone de Solario.

La reine s'écriait au prodige; il signor Carracciolo, qui ne les avait pas quittés d'un instant, proclamait le Zingaro le plus grand, le plus célèbre, le plus magnifique de tous les artistes de l'Italie! Les deux tableaux furent placés en regard l'un de l'autre; maître Colantonio fut mandé au palais, et Giovanna voulut le recevoir seule dans son appartement. Ce jour était précisément celui où le mariage du jeune comte avec Lauretta devait être célébré à l'église San-Lorenzo.

« Je vous ai fait appeler, maître Colantonio, dit la reine, pour avoir votre opinion sur ces deux tableaux, dont l'un vient d'être achevé sous mes yeux; examinez-les selon toutes les règles de l'art, et veuillez me dire si le peintre qui m'en fait hommage mérite que je m'intéresse à son avenir. »

Colantonio demeura longtemps muet devant chacune des deux toiles, et les considéra tour à tour avec une attention toujours croissante. Son premier sentiment fut celui d'une approbation sans réserve; mais bientôt son front se rembrunit, il attachait sur la figure et les mains de la Vierge un regard particulier, plein de je ne sais quelle expression de méfiance et de terreur. Parfois il murmurait quelques paroles inintelligibles, hochait la tête, comme il avait coutume de le faire lorsqu'un objet grave absorbait profondément sa pensée. Il allait de la Madone à Giovanna, de Giovanna à la Madone, toujours plus inquiet et plus troublé. Évidemment il se voyait dépassé. La reine attendait le résultat de cet examen prolongé qui lui semblait trahir au fond une grande admiration mêlée de quelque peu de jalousie; mais à la fin elle fut forcée de lui demander son avis.

« Que Dieu soit loué, ainsi que tous les saints! s'écria-t-il avec véhémence, car le grand art de la peinture auquel j'ai voué ma vie ne périra pas, même après moi; car il me sera donné, avant de fermer les yeux pour jamais, de voir deux incomparables chefs-d'œuvre, longtemps rêvés par moi-même, accomplis par ce sublime artiste!... Ah! quel que soit son nom, je le bénis!

— Ainsi vous consentiriez à l'accepter pour gendre? à lui donner la main de votre Lauretta?

— A lui donner... certainement, j'y consentirais, et sans hésitation... si je n'étais déjà lié par un autre engagement et si ce matin même le comte Lorenzino...

— Oh! pour ce qui est du comte Lorenzino, j'en fais mon affaire et me charge de lui faire retirer sa promesse... Votre fille ne l'aime pas, ne peut pas l'aimer : je le sais...

— Et pourquoi cela, madame?

— Parce qu'elle en aime un autre... Elle me l'a dit elle-même; elle n'épouse le comte que par déférence, par soumission filiale... C'est moi qui ai conclu ce mariage, et c'est à moi, son amie et la vôtre, de l'en détourner.

— Il n'est plus temps... tous les préparatifs sont faits... le comte va se rendre dans une heure à l'église San-Lorenzo, où sera sa fiancée...

— Le comte n'ira pas... il vient d'être appelé à l'instant pour s'en expliquer avec moi.

— Mais, alors, je dois me souvenir d'une promesse antérieure, donnée en présence de Votre Majesté, il y a dix ans, à un jeune fou nommé Antonio Solario, qui, je ne sais trop comment, s'est emparé du cœur de ma fille...

— Ah! vous l'avouez donc... Eh bien?

— Eh bien, cet homme a disparu depuis; disparu probablement pour jamais... et malgré cela, Lauretta s'obstine, jusqu'à ce jour au moins, à lui rester fidèle...

— Cette promesse, je puis également vous en dégager.

— Plaise à Dieu que vous y fassiez consentir Lauretta!... Mais vous auriez beau le tenter, je la connais... elle est plus entêtée que moi.

— Oh! beaucoup moins!... Elle consentira.

— Jamais!

— A l'instant même... et voici celui qui saura l'y déterminer.

La porte de l'appartement s'ouvrit; l'étranger s'avança, conduit en cérémonie par l'heureux camerario.

— Je vous présente l'auteur de mon portrait, dit la reine, et de cette Madone que vous avez tant admirée.

Le vieillard le regarda sans le reconnaître.

— J'espère, dit-il, pour la gloire de l'Italie, qu'il est un de ses enfants?

— Il est votre compatriote, de Naples, dit la reine, et se nomme Antonio Zingaro.

— Antonio Zingaro! s'écria le vieux peintre avec un geste de colère, lui que tous mes détracteurs ont osé me comparer! lui, mon rival!

Antonio voulut parler; la reine lui imposa silence.

— Votre successeur plutôt... et vous allez bientôt lui donner un nom plus amical...

— Il y a dans tout cela, dit le vieillard en le toisant de la tête aux pieds, un mystère que je cherche en vain à démêler; tout ce que je sais, c'est qu'on a voulu m'attirer dans un piége, et que vous-même, madame, vous me paraissez avoir prêté les mains à ce complot...

— Et Lauretta en est aussi... demandez-le-lui; je l'ai fait venir tout exprès pour lui faire présent de mon portrait, comme cadeau de noces...

— Oui, comme cadeau de noces... Je l'accepte en son nom.

Carracciolo ravi s'inclina jusqu'à terre. Un cri de surprise et de joie, à peine articulé, s'échappa du cœur et des lèvres de Lauretta, aussitôt son entrée dans le salon. La pâleur et les roses, qui passèrent presque en même temps sur ses traits, prouvèrent que du premier regard elle avait reconnu son amant.

— Vous le voyez, dit la reine; leur mémoire est meilleure que la vôtre.

— Mais qui êtes-vous donc? je ne vous connais pas! je ne vous ai jamais vu, dit le peintre avec emportement.

— Lauretta vous dira qu'il est votre ancien modèle, son fiancé...

— Son fiancé! dit Carracciolo, avec un soubresaut de surprise.

— Oui, le protégé de notre premier camerario, l'élève de Lippo Dalmasio de Bologne; Antonio Solario, qui vous promit de revenir dans dix ans digne de votre alliance, Antonio Solario qui vient aujourd'hui vous demander la main de votre fille.

— Le comte Lorenzino, mon fils, nous attend à l'autel pour échanger les anneaux... Partons!.

— Permettez-moi, signor, dit Lauretta d'un ton résolu, de disposer de ma main à mon gré, et selon le vœu de mon père... Mon anneau nuptial, le voici, ajouta-t-elle en montrant l'anneau d'argent de Solario.

Il s'ensuivit quelques instants de silence, pendant lesquels Giovanna jouissait intérieurement du bonheur des deux amants et du désespoir de Carracciolo. En reconnaissant dans le peintre étranger Antonio Solario, qui revenait à point nommé pour faire rompre le mariage de son fils, il faillit s'évanouir. Et c'est lui-même qui l'avait introduit au château! lui, le diplomate habile, vieilli dans les intrigues de cour et les négociations délicates! La reine lui fit présenter un fauteuil.

Antonio était tombé sur un genou; il tendit les bras à Lauretta, comme s'il craignait que cette vision céleste ne disparût. Ce n'était plus l'artisan d'autrefois, au front bruni par les baisers du soleil des Abruzzes, aux rustiques vêtements, au langage inculte; mais le peintre adoré de l'Italie, l'amant fidèle et dévoué, l'émule et l'égal de son père, était là s'inclinant devant elle, l'assurant par la tendresse de son regard, par l'extase de bonheur qui soulevait sa poitrine, par sa main levée au ciel comme à l'instant de l'adieu, de l'invariable attachement de son âme!

— Tu l'aimes donc toujours, Solario!... maître Antonio Zingaro!... dit le vieillard comme en s'éveillant d'un rêve.

— Regardez cette Madone. N'est-ce pas là le portrait vivant de notre Lauretta? Comparez et jugez; et pourtant il n'est fait que de souvenir...

— Oui, cette toile vaut tous mes tableaux... l'amour seul peut l'avoir inspirée!... Relève-toi, mon fils, dit-il, en mettant la main de Lauretta dans celle du jeune homme ; reçois avec cette main le digne prix de ta fidélité, de ta persévérance, de ton travail... et que cette main reste à jamais unie à la tienne! Puis, se tournant vers la reine :

— Votre Majesté voulut être témoin de ma promesse ; qu'elle le soit aussi de son accomplissement. Quel que soit le rang dans lequel naquit Antonio Solario, il sera mon fils et l'époux de Lauretta, dût le nom de Zingaro, couvert d'honneur par lui, devenir son seul titre de noblesse.

— Le premier, soit, mais non le dernier... Va donc pour Zingaro! Que ce nom lui reste comme un glorieux témoignage de son ancienne condition, de dix ans de constance, de toutes les palmes conquises pour l'amour de Lauretta, pour la joie et l'orgueil de l'univers!... Elle et son mari, désormais, ne me quitteront plus.

— Son mari! un homme de rien! un paysan des Abruzzes! dit Carraciolo d'un ton lamentable. Et mes invitations! et mes dépenses! déshonoré! perdu! ruiné!...

— Consolez-vous, signor; je suivrai l'exemple du maître, et je veux aussi m'acquitter envers vous. Gianni Carraciolo, notre premier camerario, grand sénéchal, duc de Venuze, comte d'Avellino, seigneur de Capoue... ce sont bien là tous vos titres, n'est-ce pas?... grâce au talent d'Antonio di Solario Zingaro, vous êtes prince de Salerne!...

— Ah! vous êtes, grâce à Dieu, la plus grande souveraine du monde! s'écria le titulaire.

— Vous me le dites si souvent que je finirai par y croire... Au reste, ce ne sera pas payer trop cher le bonheur de fixer parmi nous le plus grand artiste de l'Italie...

— Après Colantonio del Fiore... dit cette fois le nouveau prince de Salerne.

VII.

Tant d'honneurs accumulés sur la tête du vieux courtisan devaient lui porter malheur. Les seigneurs napolitains, irrités de sa puissance et de son crédit, n'attendaient qu'une occasion pour le perdre; cette occasion ne se fit pas longtemps attendre. Le jour du mariage de son fils avec une des plus riches héritières de Naples, alliée à la famille royale, le vieux favori demandait encore le duché d'Amalfi pour compléter ses possessions. Giovanna, fatiguée du despotisme intolérable de cet homme, devant lequel son mari, Jacques de Bourbon, avait été forcé de fuir, résista cette fois à ses prétentions; celui-ci s'emporta au point d'invectiver la reine en pleine assemblée. Dès lors, la mort de Carraciolo fut résolue. Il fut assassiné pendant la nuit qui suivit le mariage du comte Lorenzino; et le lendemain, la foule se portait dans la cour du palais pour y voir le cadavre de celui qui avait si longtemps spolié toute la noblesse de Naples. Ce tragique événement eut lieu le 17 août 1432.

L'heureux époux de Lauretta s'établit auprès de Giovanna sous le nom d'*Antonio Zingaro*, ou le bohémien. Un homme de talent l'est toujours un peu avant de devenir quelque chose de plus. Ses travaux accomplis depuis cette époque jusqu'à sa mort, en 1455, sont presque innombrables. Nous citerons : la *Descente de croix*, dans la chapelle de Saint-Thomas, chez les dominicains; les fresques du noviciat de Montoliveto, chez les bénédictins; la *Vie de saint Thomas*, déroulée autour du couvent de Saint-Séverin; son portrait et celui de Lauretta, dans le tableau de la *Vierge*, au maître-autel de Saint-Pierre-*ad-Aram*, qui tous, bien que couverts de la poussière des siècles, attestent la puissance et la fécondité de son génie. Enfin Genoïno de Naples a fait jouer, en 1824, sous le titre de : *Le Nozze dello Zingaro, pittore*, une comédie dont notre Antonio est le héros.

— Et le comte Lorenzino Carraciolo?

— C'est juste, j'allais l'oublier. La reine Giovanna vient de lui proposer le rang de ministre plénipotentiaire à la cour de France, pour y combattre les intrigues de la maison d'Anjou; et j'ai tout lieu de croire qu'il acceptera.

Oh! pourquoi tous les amours fidèles, après dix années d'épreuve, ne sont-ils pas couronnés du même bonheur, sinon de la même gloire!

HELVA
ou
LA REINE DES ELFES

LÉGENDE SUISSE

Dans l'Oberland bernois, ce splendide épanouissement des Alpes, une des contrées les plus riches en merveilles de toute sorte, est le petit village d'Ellisried, non loin de Grasbourg et de Schwartzbourg. C'est la dernière inflexion de cette chaîne rugueuse de montagnes qui, partant du Stackhorn, traverse les sommets du Gauterisch, du Gurnigel et du Guggisberg, pour venir expirer entre les deux rivières sœurs de la Sense (*la Faux*) et du Schwartzwasser (*l'Eau-Noire*). Que ce pays fût jadis conquis et habité par les Romains, nous en avons vu la preuve évidente dans les briques et les tuiles de façon romaine, enfouies à une légère profondeur sous le sol, et dans les traces d'anciennes substructions, vestiges d'un monde de géants à jamais disparu. Il est probable cependant que, lors de leur établissement dans ces contrées, ils y trouvèrent déjà l'ancienne ville helvétique de Windisch (*Vindonissa*) et Wifflisbourg (*Aventicum*), à trois lieues du pays qui sert de cadre à notre légende. Remarquons en passant que ce nom de *Windisch*, d'origine slave ou *vende*, est un indice irrécusable que les aïeux des Slaves chrétiens, les *Vendes* ou Vandales, ont laissé leurs empreintes sur les crêtes granitiques de l'Helvétie, comme ils l'avaient fait en Pologne sur les plaines moissonneuses de la Vistule (l'ancien fleuve *vende* ou vandale), sur la *Vendée* en France, sur l'*Andalousie* ou, pour mieux dire, la *Vandalousie*, en Espagne.

Quoi qu'il en soit, cette bourgade antérieure aux Romains s'appelait alors Heilisée (*l'Eau-Sainte*), de même que le petit lac voisin, enclavé dans les forêts de l'Oberland, et dont les eaux possédaient, dit-on, des propriétés merveilleuses. De nos jours, la ville et le lac ont disparu; il n'en reste que des fragments d'anciennes fortifications (sans doute d'un camp romain), sur une terre mouvante et semée de roseaux, expliquant les noms des villages environnants, Ellisried, Kuhnried et Gazenried, dont la finale *ried* signifiait « un terrain planté de roseaux ».

Aux premiers jours de la conversion de l'Helvétie païenne au christianisme, un jeune chasseur de chamois, l'intrépide Erni, trouva dans un vieux souterrain une petite statue en marbre blanc, haute de deux palmes, posée sur un socle de granit noirâtre, entaillé de cinq lettres d'or d'un caractère inconnu. Fils unique d'une pauvre veuve dont il gardait les chèvres sur la montagne, il avait fait cette trouvaille en déblayant les ruines couvertes de gazon de l'antique cité, dans lesquelles sa mère espérait découvrir un trésor gardé par les *Elfes*, les esprits familiers de l'Helvétie, et que l'une d'elles lui avait signalé dans un songe. La statuette était un trésor en effet. Le torse à demi découvert, d'une pureté tout idéale, la tête d'une noblesse et d'une grâce infinies, aux cheveux doucement ondulés, attestant une origine orientale, les mains fines et déliées comme les grappes roses des bruyères alpestres, tout l'ensemble enfin de cette exquise figurine semblait digne du ciseau de Phidias ou de Praxitèle. On ne voyait pas ses pieds, cachés en entier sous les plis exubérants d'une draperie tombant le long de ses épaules demi-nues, et retenue à sa taille élégante par une ceinture constellée, avec l'image du soleil au fermoir.

Enflammé jusqu'à l'adoration par l'incomparable beauté de sa statuette, le jeune Erni ne doutait pas qu'elle ne fût l'image d'une sainte, d'une des vierges élues célébrées par l'Église. Il ne fit part à personne de sa découverte; il ne la montra pas même à sa mère, dans la crainte qu'on ne lui enlevât son trésor. Mais, pour apprendre au moins le nom de sa bien-aimée par l'inscription gravée sur le socle, il en détacha le granit et le porta chez le pasteur de Wallsleben... Hélas! ce n'était rien moins qu'une sainte. Le bon pasteur hocha la tête et garda la pierre, sur laquelle il avait déchiffré le nom païen d'*Helva*, la reine des *Elfes*, tracé en caractères runiques. Il n'en fallut pas davantage pour plonger le jeune homme dans le désespoir. Fervent chrétien, comme tous les nouveaux convertis, il ne cessait pourtant de la contempler à genoux; il redisait son nom jusque dans ses songes, il récitait devant elle toutes les prières helvétiques, romaines, gauloises ou teutonnes que sa pieuse mère lui avait enseignées... Il avait atteint l'âge dangereux de vingt-cinq ans, sans que son cœur eût encore parlé.

Ni sa joyeuse cousine Ritta, ni les belles filles du Guggisberg, la montagne voisine, au fichu de lin gracieusement noué autour de la tête, au corsage entr'ouvert, à la jupe relevée comme celle des anciennes druidesses des Gaules, et laissant voir la blancheur de neige de leurs genoux, n'avaient encore obtenu du jeune chasseur de chamois un regard de tendresse. Sa mère désolée et ses jeunes compagnes, dont la moins jolie aurait embrasé le cœur d'un ermite, le croyaient ensorcelé... Lui, que l'on nommait partout le beau Erni, lui jadis le plus heureux chasseur de l'Oberland, pendant des jours entiers il oubliait son arbalète et ses flèches; fuyant les jeux de ses camarades, il courait auprès de sa chère Helva, l'idole de ses rêves; seul avec son image, il baisait la chaste bordure de son vêtement, ses mains divines qui semblaient lui rendre caresse pour caresse, étreinte pour étreinte; puis enfin, devenu plus familier, sa tête charmante, ses yeux et ses lèvres, qui lui répondaient par un sourire plein d'une indicible expression... Parfois il croyait voir son sein virginal s'émouvoir à son approche; il sentait son cœur s'animer et battre amoureusement contre le sien... Comme Pygmalion auprès de Galathée, il s'abandonnait à une passion d'autant plus ardente qu'elle se concentrait tout entière dans son âme, sans pouvoir se propager à l'objet qui l'avait inspirée!...

Aux vacillantes lueurs du crépuscule couché dans les bruyères contre une paroi de rocher aux flancs déchirés, il était ainsi absorbé dans son amoureuse extase, lorsqu'il vit apparaître à ses pieds une forme humaine de la taille de son idole, à l'extérieur agreste, aux cheveux blancs comme la neige des Alpes. Il se dressa sur son séant, en pressant avec effroi la statuette d'Helva contre son sein.

« Sois sans crainte, lui dit le petit vieillard; je me nomme Eigger, et je suis le frère de ton Helva. Rends-moi l'image de ma sœur, et je te donne en échange la plus belle fille de la montagne.

— Moi, te rendre l'image de ma sainte! Va-t'en, lui cria Erni avec épouvante. Le soleil ni les étoiles n'ont jamais éclairé de beauté qui soit comparable à la sienne! »

Le petit vieillard s'inclina et disparut en souriant. Mais voilà qu'aussitôt un autre génie, plus difforme que le premier, sortit de la fente du rocher; il portait au bras gauche une corbeille en cristal, remplie de pierres fines reflétant toutes les couleurs de l'arc-en-ciel.

« Sois sans crainte, lui dit le nain couronné; je me nomme Mungg, et je suis le frère de ton Helva. Rends-moi l'image de ma sœur, et je te donne en échange ces diamants, ces rubis et ces saphirs, plus précieux que les joyaux de tous les rois de la terre.

— Moi, te rendre l'image de ma sainte! Va-t'en, lui cria Erni avec emportement. Le soleil ni les étoiles n'ont jamais éclairé de beauté qui soit comparable à la sienne! »

Le gnome hideux s'inclina et disparut en maugréant.

Erni, resté seul, en embrassant sa chère image, lui fit serment d'une éternelle fidélité; et, cette fois, ayant senti sur sa joue la douce impression d'un baiser, il ferma les yeux pour la revoir encore dans ses rêves.

A ce moment, un bruit singulier résonna à son oreille; c'était un son mystérieux, pénétrant, comme le murmure d'une harpe éolienne. Cette voix, d'abord confuse, prit un accent de parole humaine, devint intelligible; c'était une prière, un chant, une invocation qui semblait s'exhaler des lèvres de la statue et lui dit :

« Sois sans crainte; je me nomme Helva, la sœur d'Eigger et de Mungg, et je suis la reine des Elfes. Rends-moi cette image, qui est la mienne, et je te donne en échange mon amour, je te fais immortel et pareil à moi-même. »

Le chasseur se réveilla; sa vue intérieure s'ouvrit, et le songe devint réalité. Le feuillage des arbres et des buissons environnants s'illumina d'une douce lumière, comme aux reflets d'émeraude de la luciole; les rochers devenus transparents, tout en gardant leurs formes et leurs couleurs, semblaient exhaler de leur sein une clarté vivante; dans son rayonnement, il vit de jolies et singulières figures de jeunes filles voltigeant parmi les fleurs épanouies des buissons, les unes se berçant sur les lianes enlacées entre deux tiges, les autres courant le long des branches qui s'inclinaient à peine sous leurs pas. Toutes avaient la taille abrégée de l'image de pierre, bien que l'harmonie de leurs proportions indiquât l'âge où la beauté féminine reçoit son parfait développement. Leur vêtement, comme celui d'Helva, demi-transparent au corsage, tombait en plis onduleux autour de leurs pieds invisibles, blanc comme les nuages perlés du soir, riche en mille couleurs fugitives, qui se jouaient dans une incessante mobilité. Toutes étaient parfaitement belles, bien que d'une beauté différente; et cependant leur reine, comme la rose au milieu d'un parterre de lis, de tulipes et d'hyacinthes, semblait effacer tout son entourage. Telles étaient les Elfes, les compagnes d'Helva, les sœurs des sylphes de l'Orient, les génies protecteurs des Alpes.

Toute l'âme d'Erni avait passé dans ses yeux, pour contempler cette révélation surnaturelle de la grâce qui brillait dans les traits d'Helva et de ses compagnes. Le sein haletant, la main étendue, il s'écria :

« Helva! ma sainte Helva!

— Il n'y a de saint que Dieu, répondit-elle; nous sommes, de même que vous, l'ouvrage de ses mains, quoique d'une substance différente, moins fragile et moins périssable que la vôtre. Nées des amours des anges et des filles de la terre, nous aimions jadis à fréquenter les hommes; visibles et bienfaisantes, les guidant de nos conseils, chacune de nous veillait aux destinées d'un frère de sa race... Ta pauvre mère Elfriede est issue de la mienne...

— Oh! c'est donc la pitié qui t'amène vers moi, lui dit le chasseur en joignant les mains.

— Non, ce n'est point la pitié; c'est un sentiment plus doux que l'amour même... Aime-moi comme on doit aimer un être d'une nature supérieure; comme la colombe, comme l'agneau, comme le chien fidèle aime l'homme, en lui obéissant, en soumettant ses instincts au rayon de l'âme immortelle que Dieu mit sur son front! Aime ton Helva sans réserve, mais aussi sans égoïsme et sans faiblesse, pour qu'elle puisse t'aimer de même... Mais malheur à toi, malheur à moi, si tu m'aimes d'un amour infime et terrestre... Songe que ton premier désir profane nous perdrait tous deux pour l'éternité! L'homme ne doit aimer humainement que des êtres de son rang et de sa condition ; il en est de même des êtres supérieurs aux hommes. Les fils du ciel, les premiers-nés de l'amour divin, les anges, nos aïeux, sont jadis tombés pour avoir failli à cette loi suprême, éternelle... Voilà pourquoi mon amour est déjà coupable... Puisse-t-il ne jamais être fatal qu'à moi seule ! Réfléchis encore, ajouta-t-elle d'une voix plus douce; tu peux retourner parmi tes semblables, prendre pour compagne une fille de la terre, et vivre heureux avec elle, humainement : tandis qu'ici peut-être... »

Erni ne la laissa pas achever ; il s'écria en se jetant à ses pieds :

« Plutôt mourir misérable, abandonné, maudit, que te quitter désormais ! Un seul jour avec toi plutôt qu'une éternité parmi les hommes! Elfe, fée ou génie, je t'aime, je t'adore comme un être d'essence divine ; je te donne ma vie, ma pensée et mon âme!

— Qu'il en soit donc ainsi ! répondit Helva avec une émotion qu'elle avait peine à dominer ; brise cette image de pierre, et je suis à toi pour toujours! »

Après une lutte intérieure, soutenu par le regard de son amante, il brisa la statue et tressaillit comme si, dans cet effort suprême, la moitié de son âme s'était envolée. Elle inclina sa tête vers celle du jeune homme, posa ses deux mains sur ses épaules, et ses lèvres muettes rencontrèrent celles du chasseur. Ce premier baiser d'Helva le pénétra d'une seconde vie; absorbant en lui son être divin par l'inspiration, il sentit une âme éclore dans son âme. Les compagnes d'Helva entourèrent les deux fiancés en voltigeant dans les airs, qu'elles remplissaient de cris de joie et de voix harmonieuses.

« Suis-moi, lui dit-elle alors en se dirigeant vers une fente du rocher de granit ; elle y pénétra en l'entraînant par la main. »

Cette fente était celle par laquelle le roi des gnomes avait disparu. Le chasseur hésita un instant; il lui semblait impossible qu'un être vivant pût franchir cette ouverture fermée par deux blocs de pierre; mais à mesure qu'il en approchait, il croyait voir le rocher dilater ses parois, et sa taille prenait insensiblement les dimensions de celle de sa divine fiancée. Bientôt toute la suite de la reine des Elfes avait pénétré sous le dôme de la montagne.

Après avoir parcouru plusieurs avenues sombres et glacées, il vit la crevasse s'arrondir en grottes brillantes, en murs de cristal diaphane, avec des girandoles de stalactites suspendues aux voûtes en mille formes bizarres. Là, c'était une forêt d'ormes et de frênes géants chargés de neige ; là, des villes populeuses entourées de remparts immenses ; plus loin, des tableaux de chasse ou des mers agitées couvertes de mille vaisseaux. Il entendait de toutes parts le bruissement continu de sources bouillonnantes; il voyait les allées se déployer en éventail, se partager en plusieurs couches superposées et se réunir par des escaliers babéliens aux degrés d'or fin, d'argent, de cuivre ou d'acier. Mais tous ces prodiges du labyrinthe souterrain pouvaient à peine arrêter son regard; il ne contemplait, n'admirait que sa blanche Helva, qui marchait ou plutôt glissait devant lui comme une âme lumineuse, avec ses compagnes qui lui semblaient à présent égales en grandeur aux jeunes filles d'Heilisée. C'est en vain qu'il cherchait à s'expliquer cette transformation, tout point de comparaison lui manquant depuis leur entrée sous la voûte.

Le cortège s'avançait toujours comme dans un rêve. Erni ne se sentit plus d'une fois défaillir aux côtés de sa belle conductrice ; il lui semblait parfois que la terre fuyait sous ses pas et qu'il ne marchait plus que dans le vide.

« Ne suis-je pas ton Helva? lui disait-elle pour le rassurer. Tu peux cheminer sans crainte et sans péril sur cet air épaissi par le poids immense de cent montagnes de granit ; comme le liège flotte sur l'eau, comme le fer se maintient à la surface du vif-argent. Courage donc, mon ami, nous arrivons bientôt à ma demeure. »

A ces mots, elle l'environna de ses bras caressants, l'attira doucement sur son cœur, et dans un second baiser lui transmit la sécurité du sien.

A la sortie du rocher, lorsque sous leurs pieds et au-dessus de leurs têtes il n'y avait plus que l'infini :

« Nous nous trouvons, lui dit-elle, au creux intérieur de la terre ; c'est à présent qu'il faut réunir toutes tes forces pour me suivre jusqu'à son foyer. »

Elle le pressa plus étroitement sur son sein, et se précipita dans l'espace.

Là-bas, dans des profondeurs inouïes, et là-haut, dans l'étendue sans bornes, scintillaient des flammes bleuâtres et phosphorescentes; ce n'était pas le jour, et cependant sous ces milliers d'astres ambiants on y voyait comme aux plus purs rayons du soleil. C'était comme un beau ciel de nuit, lorsque l'âme ailée suit plus librement le regard et croit pouvoir atteindre jusqu'aux étoiles. Météores vivants sur cet océan de lumière, troupeaux de cygnes aux ailes étendues reflétant les lueurs de l'aurore, les Elfes se jouaient dans les ondes de leur propre splendeur. Le cœur d'Erni ne battait plus maintenant de crainte, mais d'un ravissement plein de délices, sous le bras protecteur d'Helva, qui l'entourait comme d'une chaîne magnétique.

Soudain, après avoir parcouru la moitié de cette lumineuse immensité, ils se retrouvèrent sur la terre ferme. Là se déployèrent devant eux des salles aux lambris de porphyre, aux ogives d'une hauteur donnant le vertige, et radieuses comme si leurs parois étaient construites en tronçons de lumière. Lorsque son œil fut accoutumé à l'éclat éblouissant de ces palais de génies, le jeune homme vit de larges péristyles voûtés aboutissant de droite et de gauche, par des colonnades à perte de vue, à d'autres palais aux portiques jaspés d'or et d'argent.

« Cette avenue à droite, dit Helva, conduit à la demeure d'Eigger, mon frère, le roi des sylphes de l'espace et le gardien du monde végétal ; cette avenue à gauche, au palais du noir Mungg, mon autre frère, le roi des gnomes et le gardien du feu terrestre; et voici devant toi ma demeure souveraine, le trône d'Helva, la source de clarté, le sommet inaccessible aux pas des mortels. Nos maisons éternelles sont construites avec des murailles de montagnes dépassant les nuages, et nos toits transparents sont bâtis avec la glace des Alpes. Ce palais indestructible, c'est mon père qui me l'a donné; mon père, le tout vivifiant, le tout animant; mon père Yol, le fils d'Æther, Yol, la lumière éternelle. Que ton âme reste pure comme cette lumière, et nous serons heureux pour jamais[1]!

Ce mot « *pour jamais!* », en s'exhalant de sa bouche comme une musique céleste, retentit de voûte en voûte jusqu'aux portiques les plus éloignés, et fut répercuté par les mille échos des palais environnants. C'est alors qu'un troisième baiser, doucement imprimé sur les lèvres d'Erni, acheva de le rendre pareil à son Helva, en lui donnant un sixième sens, celui de la divination.

Le chasseur d'Ellisried jouit dans le palais de la reine des Elfes de délices infinies. Combien de jours passèrent sur leur heureuse union, c'est ce que personne ne peut dire, c'est ce qu'ils ignoraient eux-mêmes, les jours et les années n'ayant ici d'autre mesure que les pulsations de leurs cœurs aimants. Le souffle immortel de la vierge Helva, dont il était inspiré, lui permettait de se transporter en pensée d'une extrémité du monde à l'autre, et de voir aussi clairement qu'à la portée de son regard les actions et même les sentiments secrets de tous les êtres qui l'habitaient. Par ce don de seconde vue qu'il avait acquis, il concevait un autre univers, une autre magnificence de création, une autre grandeur de nature que celle dont nous jouissons ici-bas; il apprenait alors, pour la première fois, à connaître l'immensité de l'essence divine se reflétant sur son œuvre. Eigger, l'aîné des frères d'Helva, le conduisait sur les sommets des glaciers souterrains, lui désignait les troupeaux des chamois, des boucs sauvages, premiers types de l'espèce; lui montrait les nids des grands aigles et des milans, dont les sylphes des montagnes se servent pour messagers ou pour augures prophétiques. Mungg, l'autre frère d'Helva, dompté par sa prière, lui expliquait le jeu des éléments et des puissances; comment les gaz impondérables du foyer central de la terre se transforment d'abord en liquides incandescents, puis se figent et se cristallisent en métaux, en quartz, en diamants; il lui faisait voir les lacs souterrains d'où s'échappent les sources vivifiantes et les torrents destructeurs : les ateliers fumeux où se produisent les bitumes inflammables, et les cratères embrasés où se développent les laves des volcans.

Chaque coup d'œil d'Erni sur ces artères cachées du monde invisible lui révélait tout un enchaînement de vérités qu'il était loin de soupçonner à la surface de la terre. Dans cet enchantement perpétuel, il ne sentait pas la fuite du temps, qui s'écoulait sans fatigue et sans inquiétude auprès de sa charmante Helva, comme une nuit d'amour et de félicité; et lorsqu'elle lui demandait de sa voix caressante comment il se plaisait dans cet univers de merveilles, il se contentait de lui répondre :

« Oh! je voudrais que chaque heure de mon séjour auprès de toi fût une éternité!

— Pauvre mortel, disait-elle alors; ta destinée, comme celle d'un être moins parfait, est soumise à des changements bien plus prompts et plus fréquents que la nôtre; par l'amour seul tu peux t'égaler à nous, placés sur des degrés bien supérieurs dans l'échelle des êtres. Ton année est à peine un jour de la nôtre; ta demeure sur l'écorce rugueuse de la terre, avec tous ses fleuves et ses océans, tous ses paradis et ses déserts, n'est qu'une mince parcelle de notre propre domaine, embrassant à la fois l'extérieur et l'intérieur de l'univers. Tout est animé en dehors comme en dedans de la création; tout est éternel dans les villes de l'éternité : nulle part il n'y a place pour le néant dans ce qui existe, parce qu'il n'y a pas de mort en Dieu.

— Heureuse Helva! dit en lui-même Erni, cherchant à comprendre le sens intime de ces paroles; que n'es-tu mortelle comme moi, ou que ne suis-je plutôt immortel comme toi!

— Ton souhait est simplement téméraire, répondit Helva à sa pensée; car il aspire à un autre bonheur que celui qui t'est assigné par les décrets éternels! L'animal doué d'instinct oserait-il demander à Dieu de le rendre semblable à l'homme par l'intelligence? Et pourtant la distance qui les sépare est à peine égale à celle qui divise nos deux natures! Que son esprit regarde au-dessus de lui dans le monde immatériel, ou qu'il s'abîme dans les profondeurs de la création accessible aux sens, l'homme ne trouve partout que ténèbres et qu'énigmes indéchiffrables; au lieu de la perception distincte des choses, il ne lui reste de cette étude que l'appréhension et le sentiment de sa faiblesse! Nous-mêmes, qui possédons la vue précise de la gradation des âmes, des forces naturelles, des transformations des éléments; nous qui reconnaissons avec clarté la loi du devoir, là où des yeux mortels ne sauraient entrevoir que celle de la nécessité : aussitôt que nous portons nos regards vers une sphère dominant la nôtre, dans le brillant et vaste édifice de l'empire de Dieu, nous sentons avec confusion combien nous sommes placés dans une région infime relativement à Celui duquel viennent toute sagesse, toute intelligence, toute lumière! »

Erni ne cessait d'écouter avec ravissement ces paroles peu intelligibles pour lui, et qui pourtant lui semblaient exprimer des vérités familières pour les esprits épurés par la divination. Tandis qu'elle parlait, il lui suffisait d'admirer le gracieux mouvement de ses lèvres, les saints éclairs qui jaillissaient de ses yeux, le radieux sourire qui brillait sur son visage comme un bonheur visible. L'entourant de

---

1. On remarquera, pour l'intelligence de ce récit un peu symbolique, que le nom d'*Helva*, la reine des *Elfes*, est dérivé du celtique *Alp*, signifiant le *blancheur*, qu'on a donné aux *Alpes* neigeuses et, par extension, à l'*Helvétie*. La *Jungfrau* ou la *Vierge* est un glacier inaccessible, placé entre deux autres rois des Alpes, nommés Eigger et Mungg.

ses bras, il baisait ces lèvres éloquentes, ces yeux, ce sourire extatique; et ce qu'il éprouvait dans cette étreinte, aucune langue humaine ne saurait le définir. Dans l'ivresse toujours croissante de son amour, il ne s'apercevait pas qu'il aimait chaque jour plus humainement, plus matériellement. Et comment aurait-il pu connaître un autre amour, lui, le pauvre chasseur dont la jeunesse s'était passée sur la montagne, entre ses chèvres broutant les gras pâturages, le parfum des forêts de pins et les tièdes haleines du printemps qui portaient à son cœur les chants lointains des joyeuses filles d'Ellisried !

Parfois son âme s'assombrissait en descendant, par intuition, auprès de sa pauvre mère qu'il avait quittée dans le vallon, et qui, ne le voyant pas revenir, le croyait sans doute couvert par une avalanche, perdu dans une crevasse de rocher, noyé dans un torrent! Helva lui témoignait alors la plus tendre compassion et redoublait de caresses; mais ces caresses et cette compassion ne pouvaient qu'attiser la flamme dévorante qui le consumait. Elle ne s'éloignait chaque jour que pendant une heure, pour prendre, disait-elle, un bain dans un réduit écarté de son palais; là seulement il n'avait pas le droit de la suivre. Mais cette absence de jour en jour lui semblait plus longue et plus cruelle; il aurait racheté chaque moment de séparation au prix de sa vie. Il n'avait encore entrevu que son buste charmant; mais était-ce bien une femme qu'il aimait? était-ce une monstrueuse sirène? Quelle difformité secrète lui faisait voiler avec tant de soin le reste de son corps, dont les contours devaient porter l'empreinte d'une perfection idéale? Un jour, désolé de son refus, il la quitta brusquement et vit la première larme éclose sous sa paupière se dissoudre en nimbe de clarté, qui vint couronner son front d'une éblouissante auréole.

Qu'elle était belle ainsi, la fille du ciel, divinisée par la pitié, s'oubliant pour un être digne à peine de la contempler à genoux !

Un désir impétueux, irrésistible, s'empara du chasseur d'assister au moins en témoin invisible à ce bain virginal de sa bien-aimée. Pendant six jours il lutta, il se maîtrisa au point de ne plus vouloir songer à la grotte du bain, de peur d'encourir la colère d'Helva, de ternir, même pour un instant, la douce sérénité de son regard. Mais le septième jour, ne pouvant plus réprimer ce désir souverain qui le dominait, il y transporta sa pensée; il voulut voir Helva dans toute sa beauté, la voir sans être vu, pour ne porter aucune atteinte à la pudeur de celle qu'il aimait plus que la vie, et pour laquelle il aurait donné le monde entier, le ciel, l'éternité.

Hélas! cette pensée était un crime, et le chasseur d'Ellisried avait déjà failli à sa promesse !

Il se trouva soudain, comme dans un rêve lucide, sur l'avenue qui conduisait à la grotte; mais un large rideau couleur de feu en fermait l'entrée et l'empêchait de voir ce qui se passait à l'intérieur. C'est en vain qu'il cherchait à le sonder du regard, ce sixième sens dont elle l'avait doué n'ayant aucun pouvoir sur les êtres différents de lui-même, sur Helva et ses immortelles compagnes. Mais sa résolution était prise; il entendit des sons de harpe et des chants joyeux se dégager du fond de la grotte, un éclair de soupçon et de jalousie traversa son âme : il repoussa brusquement le rideau et pénétra dans le sanctuaire. Là se baignait son Helva, plongée à mi-corps dans un nuage couleur de rose, et lui laissant voir son corsage blanc et poli comme l'albâtre; tandis que deux jeunes Elfes inondaient ses pieds de précieuses essences, exprimées de corbeilles de fleurs d'un éclat et d'un parfum incomparables. Ces pieds mignons qu'il entrevoyait pour la première fois, voilés qu'ils étaient sans cesse par les riches replis de son vêtement, n'étaient point conformés comme ceux des jeunes filles de Guggisberg; mais ils se déployaient en éventail comme ceux d'un oiseau, avec les doigts vermeils unis l'un à l'autre par des membranes et des plumes brillantes comme la neige.

Helva, femme-oiseau, était là devant lui dans toute la magie de sa beauté sans voile, dépassant tout ce qu'il avait osé rêver du ciel et des anges; et c'est dans ce moment même qu'il devait la perdre à jamais !

Un cri d'effroi retentit dans la grotte; les deux Elfes, ayant aperçu le malheureux Erni, plongèrent leurs mains dans le nuage fluide, et lui en jetèrent des gouttes ardentes au visage. Ces gouttes vengeresses pénétrèrent dans ses prunelles comme des flammes corrosives; Erni, foudroyé par une douleur terrible, ferma les yeux pour ne plus les rouvrir. Courant au hasard, il heurtait à chaque pas aux marbres des palais souterrains; il trébuchait, tombait, se relevait encore; puis il se sentit lancé dans l'espace, qui ne le portait plus comme autrefois, mais qui s'ouvrit à l'entour, immense, infranchissable, comme un abîme de ténèbres. Chaque effort qu'il faisait pour se retenir aux sphères fuyantes qu'il traversait, semblait précipiter sa chute. Il entendait derrière lui, comme un cri de haine et de malédiction, les voix d'Eigger et de Mungg réunies qui l'accusaient d'avoir tué leur sœur; sentence implacable, qui tonnait et grandissait sans cesse, répétée d'étoile en étoile, comme si l'univers entier allait s'écrouler sur sa tête et l'écraser. Enfin, brisé de douleur, aveugle, vivant à peine, il sentit le souffle opaque de l'atmosphère que nous respirons, et tomba à terre.

Heureusement il s'y trouva deux bras robustes pour le recevoir; une voix d'homme, hargneuse et brutale, lui dit en l'apostrophant:

« Te voilà donc, misérable rêveur, dans notre bourg d'Ellisried, que tu as quitté depuis sept ans, sans donner à personne de tes nouvelles! Ta vieille mère est morte de douleur; ta cousine Ritta, lasse de t'attendre, est mariée au batelier Sténi; et toi, tu reviens au pays dans ces vêtements en lambeaux, plus pauvre et plus délabré qu'un mendiant chassé de porte en porte, et qui meurt au revers du chemin ! »

Cette voix était celle de Ruodi, son oncle maternel, le maire d'Ellisried.

Erni pleura les dernières larmes de ses yeux éteints, et se laissa conduire dans le village. Les jeunes filles ne reconnaissaient plus celui qu'elles appelaient autrefois le beau Erni; presque toutes étaient devenues d'heureuses mères de famille. Une autre génération avait succédé à la sienne; le lac même d'Heilisée, qui aurait pu lui rendre la vue, avait disparu comme un rêve. Et quand il racontait les choses extraordinaires qui lui étaient arrivées, les hommes accusaient le pauvre aveugle de folie, et les femmes éloignaient leurs enfants, craignant pour eux la contagion du malheur. Le proscrit, se sentant abandonné, refusa toute assistance; il baissa la tête et mourut le troisième jour, en invoquant dans son soupir d'agonie le nom mystérieux de la reine des Elfes.

MARC L'AUMONIER

LÉGENDE POLONAISE

(1768-1772)

I.

A part l'*Histoire des Révolutions de Pologne*, par Rulhière, exposition rapide et souvent éloquente des événements qui préludèrent au premier partage, la confédération de Bar, cet héroïque soulèvement national contre l'invasion étrangère, n'a pas encore eu d'historien spécial. Et pourtant aucune période de notre existence, pas même à l'époque de la Pologne florissante, au XVIe siècle, n'était plus digne de la plume d'un écrivain de génie que cette Vendée polonaise, cette lutte de cinq ans soutenue à outrance par une poignée de braves contre toutes les forces de la Russie, contre les trahisons de Stanislas-Auguste et de ses adhérents, et contre l'inconcevable apathie de l'Europe. Là, tout est non-seulement beau, mais presque surnaturel; ce n'est pas une histoire, c'est une épopée; mais le merveilleux s'y trouve remplacé par le vrai, la fiction par la réalité, et le poëte par le simple narrateur.

Est-il, en effet, rien de comparable dans les temps modernes à cette noble figure de Kasimir Pulaski, ce héros de vingt-deux ans, auquel obéissent, par un accord unanime, les plus anciens généraux, les premiers dignitaires du pays? La Pologne, parcourue en tous sens, depuis Chocim jusqu'à Czenstochowa, depuis les Karpathes jusqu'en Livonie, par un groupe de confédérés, tout au milieu des armées moskovites, maîtresses du roi et de la couronne; Kasimir se jetant du haut des rochers d'Okopy dans le Dniester chargé de glaçons, et traversant une seconde fois, la nuit, le fleuve débordé pour aller délivrer son frère François qu'il croit prisonnier; Beniowski proclamant l'acte de la confédération sur les limites de l'Asie, au Kamtchatka, y saisissant le projet de la conquête de la Chine par la Russie, projet que le roi de France Louis XV envoie, pour le prémunir, au souverain du Céleste Empire; la prise du château de Krakovie par 400 volontaires, aidés de l'expérience des excellents ingénieurs français, de Choisy et de Vioménil surtout, que le ministre Choiseul leur avait donnés; et, par-dessus tout cela, le sublime dévouement de cette famille des cinq Pulaski, dont le père, prisonnier par trahison et mourant au fond d'un cachot, fait jurer à ses fils de ne jamais venger sa mort autrement que sur les ennemis de la patrie: tels sont les différents épisodes de cette croisade de liberté dont le père Marc fut le Pierre l'Ermite, et dont les frères Pulaski furent les Godefroy de Bouillon, les Tancrède et les Beaudouin! Oui, certes, il y a là de quoi exercer non-seulement le talent d'un historien, mais l'inspiration d'Homère ou du Tasse, si notre vénale et judaïque époque pouvait encore le laisser vivre, sans le proscrire ou le mettre aux fers.

Simple moine d'un couvent de Carmes, à Berdyczew en Volhynie (jadis célèbre comme le monastère de Czenstochowa par un tableau miraculeux de la Vierge), le père Marc imprime à cette croisade un caractère éminemment religieux. Il reçoit, à l'hôtel de ville de Bar, en Podolie, le serment des confédérés; il bénit leurs drapeaux, sur lesquels rayonnait l'aigle blanche à côté de l'image de la Madone, reine de Pologne et grande-duchesse de Lithuanie, avec l'inscription: *Pour la Patrie et la Foi*; et depuis ce jour (29 février 1786), il s'attache constamment à leurs destinées. Il est le premier de cette génération immortelle de prêtres polonais qui, la croix à la main, comme de nos jours l'abbé Loga, Dembek ou Romanowski, conduisaient nos soldats à la défense du sol polonais. On peut, à juste titre, appeler notre valeureux clergé l'Église militante de l'Europe; plus d'une fois, ses domaines, ses vases sacrés, ses ornements ont été volontairement déposés sur l'autel de la patrie; ses revenus ont été de tous temps une succursale du trésor national. Nos évêques, comme Krasinski, Soltyk, Woronicz, rivalisaient avec nos généraux de dévouement et de patriotisme, et souvent les surpassaient. Voilà d'où vient notre inviolable attachement pour la foi de nos pères; voilà pourquoi, dans ce moment encore, le sang coule en Pologne, et dans la Pologne seule, pour la suprême et plus puissante consécration de la vérité chrétienne, celle du martyre.

Tout ce qui concerne la vie antérieure du père Marc, son origine, son nom de famille, à part son nom de moine, tout, jusqu'à sa mort même, est resté voilé de mystère; il n'apparaît qu'un moment sur la scène historique, mais ce moment, il le remplit de gloire et de merveilles. On dit seulement qu'il était le dernier fils d'une race éteinte, descendant des anciens rois de la Russie polonaise. Cette extraction princière, en supposant qu'elle soit vraie, n'ajoute rien à notre admiration; dans un pays d'égalité chevaleresque comme le nôtre, il n'y avait d'autre distinction admise par les mœurs, sanctionnée par les lois, que celle du mérite personnel. Il serait donc impossible d'offrir sa biographie complète au public; j'emprunterai toutefois quelques détails inconnus, mais vrais, pour les narrations qui suivent, aux *Mémoires de Séverin Soplica,* ancien compagnon d'armes des frères Pulaski, et par conséquent témoin immédiat des événements qu'il raconte, en leur gardant, autant que je pourrai, leur couleur légendaire et leur rusticité toute martiale. Ces Mémoires, publiés par son fils, le comte H. R***, sous forme de journal, et sans aucune prétention littéraire, portent le cachet de la plus incontestable véracité.

Selon ma conviction, dit Séverin Soplica, il est des hommes prédestinés auxquels Dieu, comme à ses apôtres et ses délégués, attribue une part de sa puissance sur la nature et sur les cœurs de leurs semblables. Tel était le père Marc, notre aumônier, dont se souviennent tous les confédérés qui ont survécu aux désastres de la patrie, et dont la plupart des habitants de la Podolie et de l'Ukraine peuvent avoir entendu parler, si leurs pères ont eu le bonheur de servir, comme moi, sous les drapeaux des Pulaski. Témoin oculaire des faits et des gestes du père Marc, de ces combats prodigieux, livrés jour par jour, un contre dix, et constamment victorieux lorsqu'ils se passaient en sa présence, il m'est impossible de ne pas le considérer comme un être surhumain, comme un génie envoyé de Dieu pour couvrir de splendeur la dernière heure de la Pologne martyre. Son influence sur les esprits des chefs, les noms les plus illustres de la république, et de la noblesse belliqueuse qu'ils commandaient, tenait déjà du prodige.

Lui que l'on connaissait à peine d'hier, lui qui avait passé sa vie au pied des autels, d'un regard, d'un signe, d'une parole, il les rendait dociles et soumis, il apaisait les rixes, étouffait les querelles. Cette autorité, il la devait surtout à son éloquence incomparable; non pas cette éloquence des orateurs vulgaires, fondée sur je ne sais quelle abondance de langage, *copia verborum,* arsenal de mots sonores, couvrant trop souvent l'absence de toute conviction; mais sur un sentiment vrai, sentiment irrésistible pour tout cœur polonais : l'amour de la patrie. Chose plus merveilleuse, il attisait dans tous les cœurs le feu de la persévérance, sans les flatter le moins du monde par l'espoir du succès; bien au contraire, je l'ai moi-même entendu parler maintes fois d'une issue malheureuse, d'un prochain démembrement, de grandes calamités devant fondre sur le pays, sans que personne songeât à déserter son devoir de chrétien et de Polonais.

« Ce n'est rien, nous disait-il après la défaite de Stolowiczé, que de servir une cause déjà gagnée; ce n'est le plus souvent qu'un calcul d'égoïsme et non un acte de vertu; mais se dévouer pour une cause malheureuse, quoique juste, lui rester fidèle jusqu'au bout, lui donner son sang et son avoir, c'est mériter pour elle le respect des peuples et le triomphe final, pour soi la bénédiction de l'avenir. Douter qu'une offrande pareille soit agréable à Dieu, qu'elle ait quelque poids dans ses arrêts éternels, serait un blasphème égal à celui de dire que Dieu n'existe pas. Il est juste, ajoutait-il, mais il désigne lui-même le jour de sa justice! »

Les paroles qu'il aimait le plus à répéter étaient celles de saint Jean l'Évangéliste qui, déjà centenaire, blanchi comme l'aigle des montagnes, n'avait plus que la force de dire à ses enfants qu'il bénissait de sa main mutilée par le martyre : « Aimez-vous les uns les autres! » Puis il complétait ainsi le précepte de l'apôtre : « Aimez votre patrie en Dieu, et priez pour elle; mais agissez toujours comme si son salut ne devait dépendre que de vous-mêmes. » C'est par de telles paroles qu'il ranimait les courages attiédis, et qu'il redressait de toute sa hauteur la confédération déjà prête à se dissoudre.

Nous campions une fois à Iendrychow, devant le château du sénateur castellan Ankwicz, patriote distingué, bien que son fils, élevé à la cour galante du roi Stanislas, ait quelque peu dégénéré. Ce seigneur fit inviter tous nos chefs à dîner dans sa maison, tandis que, faute de place, des tables géantes furent dressées pour nous dans le jardin. A ses côtés se trouvaient Kasimir Pulaski et le père Marc, dont le castellan avait déjà souvent entendu parler, et qu'il servait lui-même avec la plus exquise courtoisie. On portait des toasts aux plus vaillants, que tous sans les nommer désignaient du cœur et des regards, aux héros des précédentes victoires, aux braves tombés sur le champ d'honneur. Après chaque toast, des salves de petits mortiers de fête tonnaient joyeusement autour de l'enceinte. La musique militaire jouait l'hymne immortel de saint Adalbert, composé pour Boleslas le Grand, à la fin du xe siècle, *Bogarodziça.* Le père Marc s'étant levé, la coupe à la main :

« Mes frères, nous dit-il, permettez-moi de porter la dernière santé, au nom de tous, en présence du peuple et de l'armée. »

La fenêtre s'ouvrit; il s'avança sur le balcon, suivi de tous les généraux. Là, les yeux levés, il demeura quelques moments comme plongé dans une sainte extase. Le ciel était pur et brillant, un seul petit nuage blanc planait au-dessus de nos têtes, comme l'aile d'un ange invisible; puis, élevant sa coupe après une prière muette, il dit : « *Gloire éternelle à la Très-Sainte Trinité!* » Aussitôt une atmosphère d'éclairs nous environna; et sept coups de foudre, l'un après l'autre, comme sept paroles qui se suivent, répondirent à l'invocation du père Marc. Dans les regards de tous les assistants, on pouvait lire une profonde impression d'étonnement sinon de terreur; et lui-même semblait avoir au front une lumineuse auréole.

« Ne craignez rien, mes enfants, ajouta-t-il; c'est Dieu qui nous parle et bénit notre festin. »

Il leva la croix et le chapelet d'ivoire qu'il portait à sa ceinture, selon la règle des frères Carmes; il en fit le signe sur le nuage et dit *amen*. Aussitôt le nuage se dissipa, se fondit dans les cieux, et le jour le plus éblouissant vint inonder le château, le jardin et la contrée. Tout cela je l'ai vu, et je m'en souviens comme si c'était d'hier.

Un autre jour, devant Rzeszow, en Gallicie, nouveau prodige. Notre camp touchait aux collines de Rozwadow, établi dans une position très-forte, choisie par le colonel Goreçki, chef d'état-major de la confédération. Les Russes tentèrent un matin de nous surprendre et de nous en déloger; mais vertement repoussés, ils durent se replier jusqu'à leurs retranchements de Przeworsk, demeure des princes Lubomirski, en abandonnant un bon nombre de leurs, morts ou prisonniers. Tant que dura l'engagement, le père Marc, à cheval, se trouva au plus fort de la mêlée, donnant des conseils, secourant avec un zèle égal les blessés des deux nations; et plus d'une fois il fut enveloppé par les kosaks du Don, les plus effrontés pillards d'une armée d'intrus et de bandits.

Ces mécréants le connaissaient déjà de réputation; ils savaient que sa présence nous valait mieux que cent canons : seulement ils s'imaginaient que son pouvoir lui venait de l'enfer, qu'il avait fait un pacte avec le diable. Ils désespéraient de le tuer, car ni le fer ni le plomb ne pouvaient l'atteindre; les lances glissaient sur son habit, les balles semblaient rebondir contre les assaillants; cependant ils s'efforçaient de le saisir, de l'enlever à bras, avec d'autant plus d'acharnement que son cheval était d'une allure médiocre, et que lui-même, en sa qualité de prêtre, le montait un peu en latin. Mille roubles étaient promis à celui qui le ferait prisonnier. Mais aussitôt qu'un de ces brigands s'approche, le père Marc lève sa croix d'ivoire, en fait le signe devant son front, et le kosak, démonté par une force invisible, fait la culbute, roule à terre et s'étend les quatre fers en l'air... J'en ai vu plus d'un descendu de cette façon, et ne pouvant plus revenir vers les siens, car son cheval devenu libre s'enfuyait tout droit parmi les nôtres.

Il n'en restait plus qu'un seul, un grand coquin aux formes de géant, monté sur un alezan brûlé, replet mais vigoureux, les pieds presque rasant le sol, et qui semblait littéralement courir au galop sur la plaine. C'était le Goliath de la troupe. Je le vois encore avec sa chevelure rousse tordue en spirales, avec sa barbe épaisse et crépue qui lui descendait jusqu'à mi-corps, le tout encadrant un visage hideux, du type asiatique, aux yeux petits et louches, aux lèvres charnues, au nez aplati; il tenait à la main une faux redressée en guise de lance, et quatre grandes sacoches pleines de butin, sans doute le fruit de ses pillages, flagellaient en cadence les jambes de son coursier. Il court droit au père Marc, la lance en arrêt, et lui porte un terrible coup de pointe dans la poitrine. Soit que celui-ci l'ait écartée de la main, soit que le coup ait porté à faux, la hampe se brise par le milieu, et le fer, avec le tronçon de bois fracassé, va s'enfoncer dans la terre, à vingt pas en avant.

« Ah! je te reconnais! lui crie le kosak furieux. C'est toi qui suscites contre nous tous les génies de l'enfer! C'est toi qui viens ensorceler les piques et les balles de S. M. la tzarine! Mais je suis le fils aîné du diable; je m'appelle Zelezniak le sorcier, le vautour de Human et de Kaniow : donc, sortilége contre sortilége! »

Il dégaîne son sabre, une rapière à deux tranchants, longue et lourde comme une massue, et la lève sur le front du vieillard.

A ce nom de Zelezniak, fameux dans les massacres de l'Ukraïne, et que les mères jusqu'à présent ne prononcent qu'avec terreur, car il leur rappelle les enfants égorgés par milliers, les jeunes filles violées au milieu de l'incendie, tous les crimes enfin qui se sont accomplis au nom de Catherine II, sur cette terre de sang et de larmes, le père Marc tressaillit, ses yeux se remplirent de pleurs de compassion et de douleur.

« Frappe, lui dit-il, assassin de femmes et d'enfants; frappe et sois maudit! »

Et soudain le glaive pesant s'abat, non sur la tête du père Marc, mais sur un arbre voisin; la lame brisée à la poignée, à demi noyée dans le tronc, vibre quelques instants avec un bruit sinistre, comme un câble de vaisseau tendu par l'ouragan.

« Ah, ah! tu fais le jongleur, le drôle; mais quand tu serais saint Lucifer en personne, voici qui va te mettre à la raison! »

Le kosak saisit son tromblon à gorge évasée, la seule arme qui lui reste, et tire presque à bout portant. Le canon, chargé jusqu'à la gueule, se déchire, et la crosse éclatant dans sa main disparaît au loin dans les airs. Alors, comme si le bras de Dieu l'eût frappé, le géant désarmé se jette en bas de son cheval, tombe sur ses genoux, et sans dire un mot se prosterne, en touchant le pan du surplis de son vainqueur, et le portant à ses lèvres pour implorer sa grâce.

« Tes crimes, lui dit le père Marc, sont de ceux que je ne saurais absoudre. Un homme ne peut sauver un démon. Va-t'en, et demande à Dieu d'avoir pitié de ton âme! » A ces mots, le kosak bondit par trois fois comme une bête fauve blessée au cœur; ses yeux de réprouvé s'allumèrent un moment en jetant une dernière menace, et puis s'éteignirent comme voilés par la mort. Le moine étendit la main, et le monstre, s'arrachant par poignées les cheveux avec ses mains crispées, proférant des paroles de blasphème et jetant des cris de rage, courut vers un marais voisin, y sauta les pieds joints et s'y plongea tout entier. La fange rejaillit et se ferma sur le corps du géant, comme la terre labourée s'éparpille en éclats sous un boulet de canon.

Témoins de la mort de leur chef, les kosaks poussèrent une clameur d'épouvante et se dispersèrent en tous sens, comme une volée de corbeaux frappée par le plomb du chasseur. Nous étions à leurs trousses, en les poursuivant jusqu'aux retranchements de Przeworsk; et sans leur maudite artillerie, vingt fois plus nombreuse que la nôtre, tout leur camp, ce soir même, serait tombé dans nos mains.

Mais ce n'était pas la fin de cette bonne journée. Après notre retour avec les prisonniers, hommes et chevaux, le général Pulaski fit publier par les adjudants qu'une fois la retraite et le couvre-feu sonnés, personne ne pourrait plus s'absenter du camp sans son ordre formel. Lui-même il se rendit dans sa tente avec son inséparable compagnon et chef d'état-major Goreçki, non pas pour prendre du repos, mais afin d'arrêter ses dispositions pour le lendemain. A l'heure où tout le monde dormait, le père Marc entra dans la tente, pour solliciter, disait-il, une faveur insigne.

« Parlez, père Marc, dit le général; tous vos désirs seront accomplis sur-le-champ, s'il est en mon pouvoir de les satisfaire.

— Permettez-moi donc, général Pulaski, de franchir le front de bandière et de sortir du camp à l'instant même...

— Sortir du camp, à cette heure indue? sans escorte?... Nous sommes, vous le savez, entourés d'ennemis...

— C'est précisément chez eux que je désire me rendre... Je dois me trouver dans une heure au camp moskovite...

— Y pensez-vous? après l'affaire d'aujourd'hui? après le nouveau triomphe que vous avez donné à nos armes? lorsque votre tête est mise à prix?... Mais, vous le voyez bien, c'est impossible!

— Je serai désolé de votre refus, général; et pourtant j'obéirai, comme le dernier de vos soldats.

— Vous laisser partir serait une grave imprudence; sans doute la mort pour vous-même!... Le moine hocha la tête.

— Ma vie et ma mort sont dans la main de Dieu... C'est en son nom que je viens vous demander cette permission que vous seul avez le pouvoir de donner.

— Mais qui vous fait entreprendre cette expédition, et dans quel intérêt?

— Dans le plus important de tous, celui de sauver une âme... Un colonel ennemi vient, ce matin même, de recevoir une blessure mortelle... Il doit expirer avant le jour. Polonais de naissance, il était jadis de notre religion; et, quoique souillé d'apostasie, comme il est tombé frappé d'une main polonaise, c'est moi qui dois le disposer à la mort.

— Vous, père Marc!... si vous nous abandonnez, nous qui pouvons mourir demain aussi, songez que nous serons privés de votre assistance...

— Laissez-moi vous dire, observa le colonel Goreçki, qu'il y a plus de trois milles d'ici au camp de Przeworsk; le blessé mourra avant que vous n'ayez le temps d'arriver. Faites plutôt comme nous, reposez-vous des fatigues de la journée, et que l'âme du renégat s'en aille au diable qui l'attend!

— Vous avez tort, colonel. Le Christ n'a-t-il pas souffert la passion pour le dernier des bandits? S'il m'enjoint d'aller secourir un mourant, c'est qu'il lui permettra de vivre assez longtemps pour implorer et recevoir son pardon. Demain, selon l'usage, je dirai l'office divin à nos soldats.

— Mais êtes-vous bien sûr de revenir? reprit le général.

— A quelle heure la messe doit-elle avoir lieu?

— A l'heure accoutumée, après la diane...

— Je reviendrai moi-même, une heure avant, vous annoncer mon retour. Celui dont la voix me conduit seul et sans défense dans le camp infidèle, saura bien sans atteinte, et je le dis aussi en toute humilité, sans danger, me ramener parmi vous... Je vous demande seulement de me faire escorter jusqu'aux postes avancés, afin qu'on me laisse sortir.

— Ah! s'il en est ainsi, j'y consens. Colonel Goreçki, veuillez faire reconduire le père Marc à l'escadron d'avant-garde... Mais songez qu'en nous quittant vous nous laissez dans une grande inquiétude... Des hommes comme vous, mon père, sont nécessaires au salut d'une cause sainte... Je vous aime, et votre perte laisserait dans les rangs polonais un vide irréparable... »

Le moine s'inclina sur la main du général, et sortit. Goreçki, qui rarement laissait faire à d'autres ce qu'il pouvait faire lui-même, profita de cette excursion pour s'assurer de la vigilance des postes. Ayant franchi le dernier, les mots d'ordre échangés, et connaissant le terrain mieux que personne, il donnait encore au père Marc des indications sur le chemin qu'il avait à suivre, quand celui-ci disparut à ses yeux dans une nuit plus sombre que le chaos à la veille du *fiat lux*.

Une heure après, il se trouvait au chevet du colonel russe, récitant les hymnes des agonisants, l'exhortant à se repentir, à racheter les crimes de sa vie par une mort exemplaire; et bientôt, lui ayant administré les saints sacrements, il se mit à genoux et pria. Comment il avait franchi les trois lignes de sentinelles sans savoir le mot de passe, comment il avait pénétré dans le camp russe, dans la tente du moribond, c'est ce que je ne me chargerai pas d'expliquer. Ce ne fut que vers minuit, à la lueur des flambeaux apportés par les soldats, les fuyards de la veille, qui venaient, pour dernier adieu, baiser la main de leur chef, qu'il fut aperçu par ces barbares. Quelques-uns s'avancèrent vers lui, avec des cris et des paroles de menace, sans oser pourtant le toucher, de crainte qu'il ne disparût à leurs yeux, ou que d'un signe de croix il ne les fît rentrer sous terre; d'autres, moins hardis, s'enfuyaient à toutes jambes, et répandaient l'alarme dans le camp. Tous l'avaient reconnu à son camail blanc sur une robe noire, à son large front couronné d'un nimbe de cheveux grisonnants, à cette croix d'ivoire suspendue à sa ceinture de corde à nœuds, et surtout à la majesté souveraine empreinte sur ses traits, qui suffisait pour désarmer les plus braves et les jeter à ses pieds. Lui, une main appuyée sur la tête du mourant, et de l'autre pressant la croix sur son cœur, dont il comptait les dernières pulsations, ne daignait même pas se retourner pour les voir. Il priait tout haut; et le son de sa voix forte et grave retentit seul pendant quelques instants dans l'intérieur de la tente...

A ce moment un officier, l'épée nue, entra :

« Le père Marc! s'écria-t-il avec colère, en se frayant un passage à travers les soldats pétrifiés. Le moine de Berdyczew près du lit de mort de notre colonel!

— La place d'un prêtre, dit-il, est au chevet d'un mourant, comme celle d'un soldat à son poste de bataille. Votre colonel était jadis polonais et chrétien; grâce à moi, il est mort en chrétien. Puisse sa mort effacer la tache de son double parjure envers Dieu et sa patrie!

— Saisissez ce rebelle! cria l'officier. Puis, frappé de son air de grandeur, il reprit en le raillant :

— Ah! père Marc, vous voilà donc au bout de votre croisade de révolte! Vous ferez connaissance avec la kibitka, roulant au galop sur les glaçons de la Sibérie! Il parait que le Dieu russe est l'aîné du vôtre, son supérieur en grade! Si vous êtes son apôtre, qu'il fasse donc un prodige, qu'il vienne vous tirer de nos mains!

Pour toute réponse, le père Marc se leva avec dignité, le front calme, et se livra aux mains de ces misérables.

— Qu'on lui lie les bras avec son cordon, ajouta l'Allemand russifié, le sbire kourlandais; plus tard, il pourra nous servir à le pendre!...

— Qui que vous soyez, dit le père Marc, j'ai pitié de vous et je vous pardonne! »

La nouvelle de la prise du père Marc se répandit dans le camp et fut partout accueillie avec des hourrahs d'allégresse. Autour des bivouacs on voyait ces demi-sauvages sauter, bondir avec une joie féroce sur le passage du captif, conduit sous bonne escorte au quartier général. Le commandant russe, l'infâme Drëwitch, celui qui faisait écorcher vifs les confédérés prisonniers, en leur taillant dans les épaules, disait-il, des pourpoints et des fausses manches à la polonaise, donna l'ordre de le transférer immédiatement à Léopol, capitale de la Gallicie, où se trouvait alors le prince Repnin, l'odieux représentant de Catherine, qui sous le titre de *protecteur* officiel du roi Stanislas-Auguste et de son détestable parti, consommait l'œuvre de dissolution de la Pologne. Pieds et poings liés, le père Marc fut jeté sur un fourgon, entre deux centeniers de kosaks du Don, les plus solides gaillards qu'on pût trouver, avec cinquante cavaliers zaporogues à l'entour, pour le dérober à la vue des passants jusqu'au lieu de sa destination. Une lettre à Repnin remise à l'un des deux guides devait l'informer du nom du captif, et lui demandait une prompte exécution. De cette manière, sa perte, à moins d'un miracle, semblait inévitable. Pendant le trajet, les kosaks s'efforçaient de le faire parler et le houspillaient de toute sorte pour l'empêcher de se recueillir ou de prier; car lorsqu'il se met en oraison, disaient-ils entre eux, c'est qu'il s'entretient avec le diable. Tantôt ils lui demandaient s'il était vrai, comme le bruit en courait parmi ces barbares, qu'il eût le pouvoir de se changer en oiseau; tantôt ils resserraient ses cordes pour lui arracher un cri de douleur, et n'en obtenaient qu'un regard de commisération ou même une parole de clémence.

C'est ainsi qu'ils croyaient le mener à Léopol; lorsque sur le coup de cinq heures, au moment où ils pensaient être à mi-chemin, ils entendirent à leur grande stupéfaction la voix tonnante de notre brave colonel François Dzierzanowski, dont les hommes avaient ce jour-là la garde du camp, et qui lui-même avait été envoyé par le général à la rencontre de l'aumônier :

« *Pologne!* s'écria cette voix bien connue, qui les fit tressaillir jusqu'aux os.

— *Pulaski!* lui répondit le père Marc en lui tendant les bras.

— Jetez-moi ces bandits en bas du chariot! cria le colonel à ses chasseurs de Gumbin, en courant à bride abattue vers le convoi. »

Les kosaks s'étaient trompés de chemin; par une méprise inexplicable ils l'avaient conduit juste au beau milieu de notre camp, et non pas chez le prince Repnin. Ce ne fut qu'alors qu'ils s'aperçurent de leur fausse direction, et qu'ils se mirent à fuir avec des cris d'épouvante, sans regarder derrière eux. Le colonel, qui ne se séparait jamais de son mousqueton, fit feu et se mit à les poursuivre avec ses chasseurs; mais le vent de la steppe aurait seul pu les atteindre. Amenés devant le général, les deux centeniers semblaient avoir perdu la parole, et roulaient de tous côtés des yeux effarés, plutôt pareils à des bêtes féroces qu'à des hommes. Gorecki conseilla de les faire fusiller en guise de représailles; mais le père Marc intercéda pour eux :

« Je vous en supplie, général Pulaski, dit-il, faites grâce à ces hommes; ils ont droit à votre indulgence, car ce sont eux qui m'ont ramené parmi vous.

— Et les mauvais traitements qu'ils vous ont fait endurer!

— Ils n'ont été que les instruments aveugles de la volonté de leurs chefs. Ils appartiennent, d'ailleurs, à une milice qui, jadis, avant la révolte de Bogdan Chmielnicki et la trahison de Mazepa, avait été tributaire de la Pologne. »

Aucun souhait du père Marc ne pouvait essuyer un refus parmi les confédérés. Pulaski les fit mettre en liberté, au grand regret de M. Dzierzanowski, soutenant qu'il avait droit d'en disposer, comme ayant été faits prisonniers par ses soldats. Les deux kosaks se jetèrent à ses pieds avec des larmes de reconnaissance, en lui demandant pardon d'avoir osé porter la main sur un homme à qui Dieu avait accordé le pouvoir de faire des miracles. Le vieillard les bénit et leur fit promettre de ne plus jamais porter les armes contre leurs anciens frères, les Polonais. La lettre adressée au prince Repnin, qu'ils nous ont remise volontairement en échange de leur liberté, nous apprit exactement le nombre et la situation des troupes russes, avec les points principaux de leur plan de campagne.

Tel était le père Marc, cet homme presque divin, à qui nous devons une grande partie de tous nos succès, et dont les prophéties circulent encore aujourd'hui parmi le peuple. Il s'en trouvera qui, en entendant ces merveilles, hausseront les épaules et nous plaindront d'avoir osé les affirmer. Mais est-il au monde rien de vrai, d'évident, que les hommes n'aient contesté? Il est pourtant difficile de traiter de fables ce qu'on a vu de ses propres yeux, non pas isolément, non pas en songe ou dans un accès de fièvre, mais devant mille témoins, en plein jour, et en parfaite santé d'esprit et de corps. Quant à moi, qui toujours le vaillant Soplica, je fais peu de cas des opinions ou des discours de ces esprits forts, comme on les appelle, qui nient ce qu'ils ne peuvent comprendre; et, soit dit entre nous, je les ai en grande pitié. Mais je ne cesserai de bénir le Très-Haut qui, par le père Marc, son serviteur, a daigné faire pour nous de si grandes choses.

II

Puisque je viens de citer le nom du colonel François Dzierzanowski, qu'il me soit permis d'en dire quelques mots, d'autant plus qu'il était mon ami personnel, qu'il passait pour être le brave des braves, quoique d'un caractère parfois un peu trop enclin à la querelle. Il était d'une adresse de corps merveilleuse, d'une vigueur presque incroyable ; aimant et recherchant le danger comme d'autres courent après le plaisir ou la fortune, il combattait comme un simple soldat, s'aventurait sans cesse ; et, lorsque tous le croyaient irrévocablement perdu, il se tirait des pas les plus difficiles par quelque bon stratagème, quelque ruse burlesque, qui pendant un jour au moins faisait la joie et l'étonnement de ses camarades. C'était ce qu'on appelle en langage des combats un casse-cou; poussant la témérité jusqu'au délire pour ce qui le concernait personnellement, mais économe du sang de ses soldats, et surtout doué d'un coup d'œil infaillible, qualité suprême et qu'aucune autre ne saurait compenser dans un chef militaire digne de ce nom. Il m'était particulièrement dévoué; car une fois j'avais eu le bonheur de lui sauver la liberté et même la vie : M. Dzierzanowski n'étant pas de ceux qu'il serait aisé de saisir vivants. Aussi le féroce Drewitch avait-il fait publier que celui qui le prendrait mort ou vif, fût-il simple kosak, serait immédiatement nommé par la tzarine gouverneur de Saint-Pétersbourg.

Ses parents possédaient en viager la terre de Sulowicé, près de la forteresse de Zamosç, dans le palatinat de Lublin. Tous ses frères avaient complété leur éducation, soit en fréquentant les maisons des grands dignitaires de la république, selon l'ancienne coutume de nos aïeux, soit en visitant les pays étrangers. L'aîné, Michel, de retour de nombreux et lointains voyages, fut élu maréchal de la noblesse dans le district de Nowogrodek; on dit même qu'il avait été roi je ne sais plus où, chez les sauvages d'Amérique, je crois : ce dont la relation se trouve tout au long dans l'histoire de Rulhière. Il avait formé le projet d'enlever l'odieux Repnin, afin de soustraire la Pologne à sa tyrannie, et de le livrer aux confédérés; mais, comme toujours, il avait été trahi par le roi Stanislas-Auguste, qui, charmé de son intarissable esprit, de ses vastes connaissances du monde et des hommes, venait de le nommer son grand chambellan. Seul de toute la famille, M. François Dzierzanowski avait fort peu de goût pour l'étude, se sentait une horreur instinctive pour la diplomatie, et ne rêvait que le bruit des camps, le tumulte des combats. Dès sa classe de grammaire, il avait déserté le collège des jésuites; et, sans attendre la permission de ses parents, il s'était engagé comme simple volontaire dans le régiment royal de Mir. M. le palatin Mniszech, grand échanson de la couronne et chef du régiment, l'avait aussitôt pris en grande affection et lui avait donné gratuitement une lieutenance ; mais l'air de la cour pullulant de mercenaires étrangers, incommodait les poumons de M. François : le jour même où la confédération de Bar fut proclamée, après avoir fait d'énergiques adieux aux officiers des régiments russes stationnant à Varsovie, qui le trouvaient partout sur leur chemin, il réalisa son modeste patrimoine et courut rejoindre les confédérés. Le conseil des généraux le nomma séance tenante chef d'un régiment de chasseurs, dont la formation et l'équipement lui furent confiés sans réserve, et qui, grâce à lui, devint célèbre entre tous, comme le furent plus tard les faucheurs de Raçlawicé ou les lanciers de Somo-Sierra. La beauté de l'uniforme, une *czamara* bleue à revers et passe-poils jaunes, avec un bonnet carré aux mêmes couleurs nommé *konfederatka*, attirait tous les yeux ; les excellents petits chevaux samogitiens montés par les volontaires de choix, la fleur de la noblesse des deux rives du Niémen, ne le cédaient en rien aux coursiers de l'Ukraïne ou de la Krimée : tout l'ensemble enfin des brillants escadrons de Gumbin faisait l'admiration et l'orgueil de nos frères d'armes. La tenue du colonel lui-même ne différait de celle des soldats que par une carabine en bandoulière, deux pistolets passés dans sa ceinture à cartouches, et deux autres dans les arçons, un large panache aux couleurs polonaises, rouge et blanc : équipage dans lequel notre chef avait l'air d'un héros du temps de Jean Sobieski. Dumourier, notre généralissime, l'estimait beaucoup ; il regrettait seulement de ne pouvoir s'entretenir avec lui en latin, comme avec tous ses autres subordonnés, et de ne pouvoir s'en faire entendre que par un intermédiaire. Son éducation inachevée empêcha seule M. François de parvenir au grade de général ; son écriture même donnait parfois du fil à retordre à M. Pulaski, lorsqu'il daignait lui adresser un rapport ; mais, à vingt pas, à cheval, il ne manquait jamais un as de cœur, et faisait d'un coup de sabre sauter une tête ennemie aussi lestement qu'un bouchon de vieux tokaï.

Nous étions campés devant l'abbaye de Tyniec, sous les ordres de Dumourier et de Kasimir Pulaski. La défense réitérée de sortir du camp une fois le couvre-feu sonné, pour ne pas tomber dans les mains des kosaks qui maraudaient à l'entour, chagrinait beaucoup M. François; car à deux milles de Tyniec, à Burzymow, demeurait une jeune veuve, Mme Suleiowska. Jolie, bien portante, fille unique de M. Boner, premier échevin de Krakovie, elle avait été mariée toute enfant avec M. le juge Suleiowski; et, peu après la mort de celui-ci, M. François s'était mis sur les rangs pour la préserver des ennuis et des dangers du veuvage. Elle ne semblait pas avoir pour lui beaucoup d'aversion; et sa recherche était agréée avec d'autant plus d'empressement, que dans un pays comme le nôtre, constamment dévasté par la guerre, toute femme issue d'une race patriotique avait besoin d'une protection assidue et vigilante. Mais toute la famille, y compris M. l'échevin Boner, instruite de certain penchant trop prononcé de M. François pour le jeu et la dissipation, était loin de favoriser ses espérances matrimoniales. Il faut dire aussi que M. François, doué d'un caractère peu conciliant, et qui s'irritait aisément d'une volonté contraire à la sienne, s'était permis de dire à M. Boner, dans un moment de dépit, « que son sabre de confédéré lui semblait bien valoir une aune de marchand de drap ». Cette épigramme ne servit guère à rendre ses relations plus agréables avec la parenté de sa jeune veuve; et M. Boner lui gardait une rancune d'autant plus tenace que, d'après l'opinion généralement reçue : « *Civis cracoviensis nobili par.* » Mais le postulant n'était pas d'humeur à se rebuter pour si peu; homme d'expérience, il savait qu'en amour comme en guerre il ne faut jamais désespérer du succès, surtout si l'on a des intelligences dans le camp ennemi.

Heureusement pour lui, Mme veuve Suleiowska n'avait pas d'enfants; car, disait-il, « se remarier quand on a fils ou fille de son premier conjoint, c'est pour la femme une honte, pour l'homme une sottise et une lâcheté, pour ces pauvres êtres un tort irréparable. » Et, à mon avis, il avait triplement raison :

> Dans le palais des rois, sous le chaume du pâtre,
> Mieux vaut être orphelin qu'avoir une marâtre,

dit Sophocle; pardieu, je crois bien. Cela fait malheur sur malheur; le dernier est même parfois un meurtre involontaire. Toute mère est plus ou moins jalouse des enfants d'une autre, surtout s'ils sont mieux venus que les siens. C'est une loi de la nature, et que nulle convenance au monde ne saurait changer.

Après une chaude journée, durant laquelle les chasseurs de Gumbin s'étaient, comme toujours, signalés par des prouesses fabuleuses, vers la tombée de la nuit, M. François, malgré la défense publiée, s'esquiva doucement de parmi les siens, et s'envola tout d'un trait, guidé par le flambeau de l'amour, vers le petit castel de Burzymow. C'était la première fois qu'il enfreignait un ordre de ses chefs; aussi nous allons voir qu'il faillit en être cruellement puni. Au lever du jour, les soldats de garde entendirent au loin des coups de fusil, parmi lesquels on distinguait aisément le bruit particulier de la carabine de M. Dzierzanowski, qui faisait à elle seule à peu près autant de vacarme qu'une pièce de quatre. Je me doutai sans peine de ce qui était arrivé, et j'en fis part à M. le régimentaire Zaremba, qui, tout en maugréant contre l'escapade de son ami, me fit prendre les armes avec une vingtaine de cavaliers et m'envoya sur-le-champ à la recherche du coupable. Après une demi-heure de marche au grand trot, vers le lieu du combat, nous aperçûmes une nuée de kosaks se démenant sur la plaine comme des possédés, et, plus loin, la lueur d'un incendie. J'ordonnai la charge; dès le premier choc, cette nuée se dissipa : il ne resta sur la place que M. Dzierzanowski en personne, à cheval, couvert d'un large manteau gonflé par le vent, et tenant en laisse d'autres chevaux qu'il menait triomphalement à notre rencontre.

« Ah! monsieur Sopliça! me cria-t-il de loin, vous arrivez à propos, car sans vous je désespérais déjà de pouvoir nous sauver.

— Vous sauver? ce serait la première fois, mon colonel.

— Et la dernière fois sans doute!... Figurez-vous que j'ai failli rester aux mains de ces mécréants... A mon arrivée à Burzymow, quatre d'entre eux qui m'avaient reconnu se sont mis en embuscade... Ils sont venus me déranger au plus beau moment, lorsque j'allais faire ma déclaration à la belle châtelaine... mais comme la personne d'un kosak, du Don surtout, offre plus de surface qu'un as de cœur, je les ai tous quatre couchés sur le carreau... Les brigands, avant d'entrer, avaient mis le feu à la maison... ils y rôtissent en ce moment!... Cependant je n'ai pu résister au désir d'emmener leurs chevaux, vrais enfants des steppes, qui me serviront à remonter mes cavaliers de Gumbin, descendus dans l'affaire de la veille. Les voici, liés par les rênes au harnais de mon brave samogitien...

— Vous avez fait une bonne remonte, mon brave commandant.

— Meilleure que vous ne pensez!... Mais l'éveil était donné; déjà toute la bande s'était mise à mes trousses... Trois autres sont venus me demander mes papiers. Un d'eux s'est permis de déchirer mon manteau neuf d'un coup de lance... Je crois même que le fer s'est arrêté sur mon bras... Regardez! me dit-il, en écartant son manteau, qui s'étendait largement sur la croupe de son cheval et semblait couvrir un objet d'un volume considérable. »

C'était une jeune femme, toute pâle, échevelée, mais le regard assuré, belle comme le jour, enlaçant d'une main la taille de son cavalier et de l'autre étanchant le sang qui ruisselait de son bras à travers le fin mouchoir blanc dont elle l'avait entouré. A leurs pieds gisaient par terre trois énormes kosaks, tous trois frappés d'une balle en pleine poitrine.

« Au moins, ceux-là ne l'auront pas volé! dis-je au colonel.

— Je vous présente, me dit-il, la belle châtelaine de Burzymow, Mme Julie Suleiowska, et bientôt ma femme.

— Je vous félicite d'avoir emporté à travers les hordes ennemies, et préservé de toute atteinte un si précieux fardeau.

— Oh! ce n'est pas sans peine; car, mes pistolets déchargés, j'allais être atteint et enveloppé par une centaine des leurs, lorsque vous êtes arrivé juste à point pour me délivrer, ainsi que ma jeune compagne, qui s'est confiée à mon honneur, et qui m'est cent fois plus chère que la vie. »

Elle me tendit la main en signe de remercîment, et nous reprîmes en toute sécurité le chemin de Tyniec. M. François n'était pas exempt d'inquiétude, car il n'ignorait pas qu'une punition sévère l'attendait pour avoir le premier transgressé les ordres formels du commandant en chef, et violé la consigne.

« M. le régimentaire Zaremba vous aime, lui dis-je pour le rassurer.

— Pardieu! entre gentilshommes, nous pourrons bien nous entendre; aussi ce n'est pas lui que je crains, mais ce damné général Dumourier, ce pédant fieffé, qui parle toujours en latin, comme un vrai jésuite, et qui ne plaisante pas lorsqu'il s'agit de discipline.

— Vous aurez pour vous le staroste Kasimir Pulaski.

— Vous croyez? Il n'écoute que ses conseils, il ne jure que par la France, surtout depuis qu'elle lui a promis l'intervention de la Turquie... S'il allait me renvoyer aux bagages pendant la première affaire!

— Il ne voudra pas se priver d'un bras comme le vôtre... vous savez qu'il vous place toujours à l'avant-garde.

— Si pourtant il osait me mettre en serre-file, jour de Dieu! dites-lui de ma part, en latin, en turk ou en français, comme il vous plaira, qu'une fois le service fini, nous sommes égaux, ou à peu près; que je suis homme à le payer de sa monnaie...

— Y pensez-vous, colonel? un envoyé de Sa Majesté Très-Chrétienne! M. Paç lui-même le considère... Il y va de l'alliance d'une grande nation.

— Qu'il soit l'envoyé du diable, s'il me montre les cornes, nous nous battrons! »

Nous arrivâmes. M. Dzierzanowski en fut quitte à meilleur marché qu'il ne croyait; car le général Dumourier, après l'avoir vivement réprimandé, toujours par interprète, se contenta de le mettre aux arrêts simples pour dix jours, nécessaires, disait-il, pour soigner et guérir sa blessure. Il prit, en outre, un de ses chevaux pour lui-même, sans doute le meilleur, bien que M. François prétendît qu'il montait à cheval comme un prêtre. Pendant sa convalescence, il ne fut pas interdit à la belle amazone de Burzymow de le visiter; aussi sa complète guérison ne se fit pas attendre, et, peu de temps après, arriva de Krakovie une lettre de M. l'échevin Boner, d'un style modérément affable, mais faisant pressentir son consentement au mariage de sa fille avec son libérateur. Vous pouvez penser si M. François eut hâte de mettre à profit l'autorisation paternelle.

Le père Marc, en sa qualité d'aumônier, leur donna la bénédiction nuptiale en présence des chefs et de l'armée; et M. Dumourier lui-même but à la santé des nouveaux mariés. Il porta, cette fois, un toast en bon polonais. Depuis lors, du meilleur compagnon de M. François, je devins son ami de cœur; et l'on sait que les amitiés cimentées sur les champs de bataille, éprouvées par les mêmes dangers, sont les plus solides, les plus durables; tout est sincère et vrai quand on s'attend d'heure en heure à passer de ce monde dans l'autre, du réel dans l'inconnu : la mort se tait, mais ne ment pas!

Je ne le quittai qu'après le premier partage de la Pologne, lorsque l'héroïque Korsak, mon bienfaiteur, et plus tard notre nonce de Nowogrodek, se rendit à la diète de Varsovie, en me sommant, au nom de la patrie, de l'accompagner. Vingt ans après, le 4 novembre 1794, je l'ai vu tomber sur les remparts de Praga, la faux à la main, dans cette nuit de massacre qui réunit à jamais sous l'anathème des peuples les trois noms exécrables de Catherine II, de Repnin et de Souwaroff.

III.

On a maintes fois accusé la noblesse polonaise, c'est-à-dire la partie militante et souveraine de la nation, d'égoïsme et d'orgueil. « Cette noblesse, a-t-on dit, ayant sans cesse opprimé les campagnes, son nourricier, est elle-même la cause principale de ses désastres; et, comme elle seule constituait l'État, sa ruine devait fatalement entraîner celle de la patrie. » Accusation perfide, injurieuse, que les malheurs du pays, trois fois brisé par une triple conjuration de despotes, ont pu colorer d'une apparence de réalité. Toute notre époque de renaissance, depuis les confédérés de Bar jusqu'au moment actuel, lui donne le démenti le plus complet. Le servage du peuple n'a jamais existé chez nous sous une forme légale; on n'en trouve la trace ni dans le statut de Wisliça (1347), ni dans le code lithuanien (1529), ni dans les constitutions de 1791, de 1807 et de 1815 : il a été imposé de force par la conquête étrangère, et seulement dans les provinces démembrées de la Pologne. C'est donc tout simplement un anachronisme, un mensonge forgé par l'ignorance.

Récemment encore, en Lithuanie, cette noblesse a donné un témoignage éclatant de ses sentiments envers le peuple en prenant l'initiative de son affranchissement; initiative péniblement suivie par la Russie elle-même, et qui doit, dans un temps donné, régénérer toute l'étendue du territoire slave. La loi fondamentale de cette noblesse, ou plutôt de cette *milice* qui pendant huit siècles a couvert l'Europe de l'invasion des barbares, était la plus parfaite égalité entre tous ses membres. Tout gentilhomme pouvait, du fond de sa bourgade, aspirer aux premières dignités du pays, au siége sénatorial ou même au trône des Piasts et des Jaghellons, au prix de son sang et de ses mérites, bien entendu. C'est de cette manière qu'ont été élus rois Étienne Batory, Michel Wisniowiecki, Jean Sobieski et Stanislas Leszczynski, qui n'étaient que de simples particuliers. Ce droit, on ne le perdait pas, même en entrant au service d'un magnat; et comme celui-ci n'était généralement qu'un haut serviteur de l'État, on pouvait, sans déroger, s'attacher à sa maison, car en le servant on servait en même temps le pays : « *Nobilis polonus regibus par,* » disait autrefois Jean Zamoyski au roi Sigismond III Vasa, de désastreuse mémoire. Un seigneur était un gentilhomme riche, un gentilhomme était un seigneur sans fortune. Du reste, la conformité la plus absolue de rang, de condition et de prérogatives; point de hiérarchie nobiliaire, point de priviléges ni de fonctions reversibles du père aux enfants, point de majorats admis, et partant point de féodalité.

Mais l'égalité ne fut pas le seul apanage de notre belle et vaillante noblesse; l'élection libre, bien plus que l'hérédité, en formait le caractère principal. Nul ne pouvait être jugé ni gouverné que par celui qu'il avait lui-même choisi, soit dans les comices du district, soit dans l'assemblée générale de la nation. Tous les fonctionnaires publics, y compris le roi, étaient éligibles, révocables; tous relevaient de leurs électeurs, et non des faveurs de la cour ou du hasard de la fortune. La chevalerie polonaise, aux temps de sa plus grande splendeur, de ses victoires sur les Tatars, les Turks ou les Moskovites, admettait dans ses rangs les enfants du peuple, et même les étrangers, lorsque ceux-ci se distinguaient par quelque belle aptitude ou par de brillantes qualités militaires. Les archevêques, les primats, les ambassadeurs, les ministres, étaient souvent des fils d'artisans. Le chef de la dynastie des Piasts fut un simple charron. Le cardinal Stanislas Hosius, un des présidents du concile de Trente, était un enfant trouvé. Les grands hetmans anoblissaient en masse les soldats qui s'étaient signalés par quelques faits d'armes, et proposaient à la sanction de la diète leur admission à la classe nobiliaire. Après la bataille de Kluzyn, en 1610, l'hetman Stanislas Zolkiewski créa chevaliers quarante paysans, et la diète leur donna à tous l'héroïque nom de Zolkiewski. L'hetman Rewera Potocki en fit autant pour beaucoup de familles ukraïniennes, soit pour n'avoir pas trempé dans le complot kosaque de Bogdan Chmielnicki, soit pour l'avoir combattu. De cette souche sont sortis plusieurs des plus vaillants champions de notre confédération de Bar et des autres soulèvements nationaux qui l'ont suivie. Ces nouveaux venus se nommaient *ex charta belli,* vulgairement *scartabellati;* ils étaient considérés à l'égal de la plus ancienne noblesse, car ils procédaient de la même origine.

Voilà pourquoi cette milice s'est maintenue compacte et libre de tout alliage, dans les campagnes surtout, où depuis vingt et trente générations elle cultive le champ héréditaire; voilà pourquoi les étrangers du plus haut rang briguaient l'honneur d'en faire partie. Le prince souverain de Ligne écrivait dans ses *Mémoires* : « Qu'il croyait plus aisé d'être nommé roi en Allemagne que gentilhomme en Pologne. » C'était, après le mariage de son fils avec une Massalska, lorsqu'il sollicitait de la diète de 1786 le droit d'*indigénat* pour lui-même et pour ses descendants. Il exista pendant quelque temps, il est vrai, une constitution accordant le titre nobiliaire à tout juif embrassant la religion catholique; loi pieuse et conforme à la mission tout apostolique de notre nation; mais cette loi, féconde en abus, trop souvent exploitée par la fraude et la cupidité judaïques, tomba d'elle-même en désuétude. Malheureusement elle a laissé des traces profondes dans notre population; on y trouve des familles soi-disant nobles, revêtues de noms et de titres d'emprunt, sans patriotisme, sans courage, sauf de rares exceptions, et pratiquant même toujours en secret les anciens rites de la religion de Moïse. Cet égoïsme et cet orgueil n'étaient donc uniquement pour notre chevalerie que l'instinct de sa conservation; elle ne se défendait avec tant de soin de tout élément étranger que pour perpétuer sa force, assurer son avenir et celui de sa patrie.

Cette organisation, j'ai hâte d'en convenir, avait ses vices et ses dangers. Plus d'une fois les discussions religieuses ont provoqué, dans les provinces non catholiques, de sanglantes explosions; plus d'une fois les interrègnes et les élections des rois ont ouvert et livré le pays aux intrigues de nos voisins; mais, je le déclare aussi, en face de cette invasion continuelle, périodique, qui revenait d'année en année, comme une marée humaine, des quatre points de l'horizon, elle ne pouvait être différente. Seule aux confins de l'Europe, environnée de Russes et d'Allemands, sans cesse ravagée par les Tatars, les Turks et les Suédois, la Pologne ne devait être autre chose qu'une milice, un camp, une assemblée; ses rois, ses chefs et ses législateurs devaient être ses soldats, et non pas, comme ailleurs, ses marchands, ses rhéteurs ou ses histrions. Seule, parmi toutes les nations chrétiennes, elle n'a pas pris de part directe aux croisades; mais, en revanche, toute son existence, depuis Boleslas le Grand jusqu'à Kasimir Pulaski, devait être une longue croisade contre les ennemis de la chrétienté. La trahison seule, représentée par la famille maternelle de Stanislas-Auguste et par les conjurés de Targowiça, a pu dissoudre et briser ce rempart contre lequel un assaut journalier de huit siècles avait échoué.

D'après ce qui précède, on comprendra pourquoi tout soldat polonais était noble de fait, ou pouvait le devenir; ce dont M. Sawa, kosak de naissance, et qui devint maréchal de Zakroczym, l'égal des Radzivill, des Pac et des Potocki, nous fournit une preuve incontestable. Joseph Calinski, dit Sawa, est né dans le village et dans la starostie de Czehryn, au même endroit que le traître Bogdan Chmielnicki, le premier attaman qui livra les kosaks à la Russie. Comme tout enfant de l'Ukraïne, il chantait, dansait et jouait de la guitare, sans l'avoir jamais appris. M. Woronicz, alors staroste de Czehryn, charmé de sa bonne mine et de ses talents, l'amena tout enfant à Varsovie, où bientôt les premières familles se disputèrent à l'envi le petit ménestrel kosaque; et l'accueil cordial qu'il y reçut, les caresses dont il fut comblé, n'eurent pas une médiocre influence sur toute sa destinée. Après la mort de Woronicz, plusieurs seigneurs voulurent se charger de sa fortune; mais l'enfant, ayant un peu grandi, sentit quelque chose de martial se réveiller dans son âme : il jeta la guitare et se fit soldat.

Durant la guerre de Sept-Ans, il se distingua dans le régiment de Przybylski, simple paysan comme lui; proposé par Frédéric II pour le remplacer, à l'issue de la guerre, il préféra revoir la Pologne, où se préparaient alors les plus graves événements. Très-jeune encore, il était tout transformé par le nouveau genre de vie qu'il avait adopté, d'un coup de pistolet, il tuait un lièvre à la course, il domptait et rendait docile le cheval le plus sauvage; à la lance comme au sabre, il n'avait pas d'égal, même parmi les Polonais. De plus, il parlait notre langue, peu différente il est vrai de la sienne, sans le moindre accent; et de grec-uni qu'il était, il devint catholique romain, pour nous ressembler le plus possible par toutes ses habitudes, comme il nous ressemblait déjà par le cœur.

Sur ces entrefaites, la confédération de Bar s'arma et s'organisa, prenant pour devise la défense de la foi et l'expulsion des étrangers de la terre polonaise. Les confédérés débutèrent par de glorieux combats; on parlait déjà de la défaite de Soltikoff près Rozrazewo, et son vainqueur, le staroste Kwileçki, approchait à grandes journées de Varsovie, en poussant devant lui les débris de l'armée moskovite. Une grande assemblée provinciale avait lieu à Piotrkow, pour la rentrée des conférences du tribunal civil; de nombreux seigneurs s'y trouvaient réunis avec leurs escortes, composées souvent de plusieurs centaines de kosaks en armes, la plupart d'entre eux ayant des propriétés de bon rapport dans les terres russiennes. Sawa, qui commandait alors la suite de M. Dzialynski, président de la cour et qui pouvait compter sur ses compatriotes comme sur lui-même, réunit deux à trois cents volontaires, sort en plein jour de la ville, court à la rencontre de Soltikoff, lui prend ses canons, ses bagages et le fait lui-même prisonnier; puis il va rejoindre le staroste Kwileçki, lui remet son butin et marche de concert avec lui vers la capitale.

Cet événement parut décisif pour la confédération. Sawa, mis à la tête de l'avant-garde, ne cessait de conseiller au chef de l'armée d'emporter Varsovie d'un coup de main; ce qui semblait d'autant plus aisé qu'une partie des troupes royales s'y prononçait hautement pour les confédérés, et que ses patriotiques habitants suffisaient pour tenir en échec, ou même pour désarmer les régiments russes de la garnison. Il s'offrait de marcher le premier à l'assaut avec les troupes légères, demandant seulement à Kwileçki de couvrir sa retraite en cas de non-succès, avec son corps de réserve. Si ses conseils avaient été suivis, le sort de la campagne était assuré; Varsovie et la Pologne à jamais délivrées de la tutelle moskovite, imposée par l'odieux Repnin et les princes Czartoryski, déjà vendus à la Russie, subie avec résignation par leur neveu, le lâche Stanislas-Auguste.

Malheureusement les conseils de la routine, ou plutôt de la *peur,* pour l'appeler par son véritable nom, ce mauvais génie de tous les grands mouvements nationaux, prévalurent sur ceux de l'inspiration populaire. Kwileçki avait servi plusieurs années, il est vrai, dans les troupes françaises, et passait pour un soldat consommé; mais il se fiait bien plus aux règles banales de l'art militaire, tel qu'il existe chez les étrangers, qu'aux instincts et aux sentiments polonais. En outre, il était appuyé dans son opinion par l'ingénieur Gavard, naturalisé en Pologne depuis son mariage avec une Polonaise, et qui jouissait, comme habile tacticien, d'une réputation méritée. Les hommes spéciaux, ceux qu'on appelle dans le langage des camps les soldats de cabinet, peuvent être très-utiles pour l'exécution des plans conçus par les hommes d'action, les vrais militaires; pour leur combinaison préalable jamais : à moins qu'ils n'aient donné d'avance, comme notre Thadée Kosciuszko, des gages de civisme. Les pédants de toute sorte sont les fléaux de la guerre, d'une guerre d'insurrection surtout.

C'est en vain que tout un escadron du régiment royal de Mir, conduit par le lieutenant François Dzierzanowski, vint sous Bolimow se joindre aux insurgés, et confirma, par des rapports plus récents, tous les renseignements de Sawa sur les dispositions de l'armée régulière et sur l'esprit de la capitale; rien ne put contraindre M. Kwileçki à se porter en avant. A Bolimow même, il avait reçu la nouvelle, par un émissaire digne de foi, que le palatinat de Ploçk et tout le pays au delà de Varsovie étaient prêts à s'insurger à notre approche. Cette considération lui fit négliger Varsovie, en le décidant à passer sur la rive droite de la Vistule, pour se fortifier dans le susdit palatinat, ouvrir des communications avec la Lithuanie, et puis revenir à grands pas vers la capitale, du côté le moins défendu. L'avenir démontra que son plan, si bien combiné qu'il était, devait échouer; tandis que le projet de Sawa eût sauvé la Pologne, l'occupation de la capitale entraînant presque toujours la soumission du pays tout entier.

C'est donc avec une grande douleur, mais avec l'obéissance d'un soldat, que Sawa dut abandonner le chemin de Varsovie, et conduire son avant-garde vers Wyszogrod, où l'armée opéra sans obstacle son passage à travers le fleuve polonais. Aussitôt après, les terres de Kuiavie et de Ploçk se hâtèrent d'arborer le drapeau de la confédération. Kwileçki marcha sur cette ville; il détacha Sawa avec ses kosaks et l'escadron de Mir vers Zakroczym, afin de propager. l'insurrection aux portes de la capitale. M. Dzierzanowski, toujours un peu mauvaise tête, fut mis, quoique officier de l'armée régulière et gentilhomme, sous les ordres de l'Ukraïnien Sawa; il essaya bien d'abord de se soustraire à son autorité, mais après un quart d'heure d'un entretien très-animé, il fut tellement convaincu de la supériorité de son nouveau chef, qu'il lui fut désormais soumis comme un moine à la cloche de son couvent. La jeunesse mazovienne affluait en foule et s'enrôlait sous les enseignes de Sawa; sa petite armée augmentait à chaque combat, au point que bientôt il crut pouvoir risquer une bataille.

L'occasion ne se fit pas longtemps attendre. A Zakroczym stationnait un bataillon d'infanterie russe et quelques centaines de kosaks du Don; un fort détachement de carabiniers fut, en outre, envoyé de Varsovie. A notre approche, les Russes sortirent de la ville, se déployèrent sous le feu de leur artillerie, et, sûrs de la victoire, se jetèrent sur nous à bride abattue. Mais nos deux chefs avaient pris leurs dispositions; Dzierzanowski devait simuler une retraite avec ses cavaliers, et Sawa lui-même, couvert par son mouvement, devait se porter vers la gauche pour prendre leur infanterie à revers, aussitôt que leur ligne de bataille se serait étendue. Ce plan réussit au delà de toute attente. Tandis que Dzierzanowski, tout en maugréant du rôle insolite qui lui était imposé, fuyait à la manière des Parthes devant les carabiniers et les kosaks du Don, qui s'acharnaient à sa poursuite, Sawa apparut comme la foudre aux portes mêmes de Zakroczym. L'infanterie, surprise, n'avait eu que le temps de se former en carré; mais, avant qu'elle ait pu faire feu une seconde fois, Sawa avait rompu le carré, pris quatre canons et haché tout le bataillon. Au même instant, Dzierzanowski fit volte-face et ramena vigoureusement les cavaliers trop ardents à le poursuivre. Ceux-ci se retiraient en bon ordre, par échelons, croyant marcher sur les leurs. Mais, à portée de fusil, Sawa leur lança une volée de mitraille avec les canons qu'il venait de prendre, les prit entre deux feux, les dissipa; et M. François fit le reste en prenant à volonté hommes et chevaux, tout ce qui n'était pas couché sur le terrain.

Après cette brillante affaire, Sawa fit son entrée à Zakroczym. Son premier soin fut d'ouvrir les portes des prisons aux nombreux citoyens que les Russes y avaient enfermés par mesure de sécurité. Puis il assembla la noblesse, afin qu'elle publiât l'acte insurrectionnel. Le même jour, la confédération de Zakroczym était organisée, et Sawa, d'un élan unanime, proclamé maréchal, c'est-à-dire gouverneur civil et militaire, avec MM. Potoçki, fils du palatin de Volhynie, et Lelewel, commandant de la place, pour régimentaires. Ce choix glorieux devait être présenté à la ratification de la diète.

Promu à cette dignité, la plus haute du palatinat de Mazovie, le cœur de la Pologne, Sawa ne cessait pourtant de s'exposer tout comme un simple soldat. Ses habits, constamment troués de balles, étaient rapiécés d'un jour à l'autre; ses aides de camp et ses ordonnances tombaient sans cesse à ses côtés, et lui-même ne recevait point de blessure. « Cet homme, disaient les Russes, n'a aucun mérite à être brave; il doit avoir sur lui des *caractères* magiques pour le préserver de toute atteinte. » Ils ne le nommaient jamais autrement que *Sawa le Sorcier*. Ce bruit, qui se propageait même déjà parmi les nôtres, affligeait beaucoup le maréchal, fervent catholique et soldat intrépide; il maudissait par moments son bonheur, qui le faisait passer aux yeux de tous pour invulnérable. Il ne fut blessé qu'une seule fois, mais il en mourut, heureux de donner un démenti à ceux qui le taxaient de sortilège.

Il me serait difficile d'énumérer tous ses combats, presque tous victorieux, et plus difficile encore de les raconter en détail; j'ai hâte d'arriver aux deux derniers. Sawa n'avait abandonné qu'en apparence son projet de s'emparer de Varsovie, d'en chasser les soldats de Repnin, de délivrer le roi de sa tyrannie; tous ses mouvements tendaient vers ce triple objet. Dans les bois du district de Radom, à Iankowicé, il défit complétement le féroce Dréwitch, et l'aurait fait lui-même prisonnier, si M. Potoçki ne s'était trouvé en retard d'une demi-heure avec sa troupe. C'est à cette occasion qu'il menaça le jeune régimentaire de le faire passer par les armes s'il ne se montrait pas plus exact à l'avenir, sans que personne des chefs présents, dont quelques-uns étaient parents du coupable, osât murmurer contre la menace du kosak patriote, devenu leur égal. Ayant appris la déconfiture de Dréwitch, le général russe Weymarn (toujours des noms allemands!) se mit à notre poursuite avec six mille hommes, et nous offrit le combat près de Mlawa.

Notre petite armée avait mille cavaliers environ. Les Russes, maîtres de la ville, devaient traverser un vaste étang et une digue étroite pour nous joindre. Malgré l'inégalité du nombre, Sawa tenta de les arrêter. Selon la tactique qui lui avait déjà maintes fois réussi, il laissa passer une moitié de leur cavalerie; et puis, en la chargeant de flanc, il voulut la couper, la détruire, pour revenir ensuite sur l'autre moitié. Tout allait à souhait, le pont de la digue se couvrait déjà de fuyards, lorsque l'artillerie postée sur l'autre rive de l'étang fit feu, et Sawa tomba de cheval, blessé à la cuisse par un éclat d'obus. « Vous voyez bien que je ne suis pas plus sorcier que vous, » dit-il en souriant aux soldats qui s'élançaient pour le relever. Avec le plus grand calme il remit le commandement au régimentaire Lelewel, lui ordonna d'achever la déroute des escadrons russes engagés, et se fit porter à l'hôtellerie voisine, où je me trouvais avec la réserve de Potoçki. Les premiers bandages posés sur la plaie, quoique affaibli par la perte de sang, brisé par la douleur, il ne cessait de suivre du regard l'issue du combat.

Cependant, malgré les efforts du brave Lelewel, nos cavaliers, ne voyant plus le maréchal à leur tête, perdaient du terrain et cherchaient à se rallier autour de l'hôtellerie; l'infanterie russe, suivie de canons, débouchait déjà par la digue. Sawa, voyant que tout était perdu s'il ne se montrait à ses troupes, fit aussitôt sortir de la chambre commune un grand bahut, le fit attacher par des sangles aux harnais de deux vigoureux chevaux kosaques, montés par deux soldats éprouvés, se fit placer sur cette espèce de brancard et, prenant en main un drapeau, nous reconduisit à l'attaque. Je ne crois pas qu'il se trouve dans les fastes de la guerre un autre exemple pareil, d'un chef au milieu des angoisses de l'agonie essayant de ressaisir la victoire. Aussitôt qu'ils l'eurent aperçu, nos soldats, s'élançant avec impétuosité, firent une large trouée dans les lignes ennemies. Mais il était trop tard ! l'artillerie légère avait passé la digue au galop, s'était mise en batterie et faisait feu de toutes ses pièces. Sawa, désespéré, oubliant ses souffrances, voyant tomber les nôtres sans aucun résultat possible, ordonna la retraite; il la dirigea lui-même avec le plus grand sang-froid à travers le village attenant à Mlawa, et, l'ayant franchi le dernier, y fit mettre le feu. A l'abri de ce rempart de chaume et de bois embrasé, sous un vent qui soufflait dans la direction de l'ennemi, Sawa partagea son armée entre ses deux régimentaires, Lelewel et Potocki, en les envoyant tous deux, par des chemins différents, vers les hauteurs et les défilés du palatinat de Krakovie, plus propre que tout autre à continuer une guerre de partisans. Après leur avoir promis, aussitôt sa blessure fermée, d'aller les rejoindre en quelque lieu qu'ils se trouveraient, il dit adieu à ses soldats et se fit porter à bras par ses deux fidèles kosaks et par moi dans la forêt voisine.

Quinze jours après, le général Weymarn, ayant atteint et détruit le détachement de Potocki, apprit par les prisonniers que notre chef avait été grièvement blessé à l'affaire de Mlawa, qu'on l'avait perdu de vue, mais qu'il était probablement caché dans les environs; il délégua donc vers cette ville le général Potapoff, avec la mission de retrouver le fugitif et de s'en emparer à tout prix. Celui-ci, Moskovite de naissance, avait très à cœur de venir à bout de Sawa, qu'il considérait, en sa qualité de kosak, comme sujet de S. M. la tzarine de toutes les Russies. Il avait un aide de camp très-habile dans de pareilles recherches, un néophyte nommé Salomon, pour qui le knout, la bastonnade, la torture, appliqués sans compter à ses victimes, n'étaient qu'un moyen très-simple et très-efficace de découvrir la vérité, et même, au besoin, de leur faire dire des mensonges.

Il faut dire ici que les transfuges, les Polonais russifiés, furent de tout temps nos plus cruels persécuteurs, et surpassèrent même parfois en atrocité leurs maîtres d'adoption. L'aide de camp de Potapoff était du nombre de ces coquins. Cet homme avait découvert, grâce à l'espionnage qui fleurit toujours à la suite des camps moskovites, que le chirurgien juif de Mlawa s'esquivait toutes les nuits et prenait à travers champs du côté de la forêt. Il n'en fallut pas davantage à ce limier en épaulettes pour le mettre sur la trace de Sawa, dont la prise devait lui mériter une croix, un grade supérieur, peut-être une pension impériale. Le chirurgien saisi, interrogé, bâtonné, ne déclara rien d'abord : il allait, disait-il, acheter le gibier qu'il rapportait au marché ; à la seconde épreuve, il avoua qu'il allait vendre de la poudre fraudée au garde-chasse. On voulut sonder la forêt; on mit à cheval le juif connaissant le terrain, et on envoya quarante carabiniers sous sa conduite et sous celle de l'aide de camp.

Au point du jour on cerna la maison du garde-chasse, cachée tout au milieu de la forêt par un taillis très-épais ; et comme, selon ses conjectures, elle pouvait servir de refuge à Sawa, l'officier russe entreprit d'en faire le siége en règle. Dix dragons, le pistolet au poing, entrèrent dans la première pièce, pendant que le reste de la bande gardait toutes les issues. Ils n'y trouvèrent que le forestier et sa famille, très-étonnés de leur visite, et leur offrant ce dont ils pouvaient avoir besoin. Le brigadier, tout en furetant autour de la chambre, aperçut une porte masquée par une armoire, et somma l'hôte de l'ouvrir. Sur le refus de celui-ci, disant que cette pièce ne contenait que son équipement de garde-chasse, on enfonça la porte; aussitôt trois coups de feu partirent de l'intérieur, et trois dragons restèrent étendus sur le plancher. Les autres, poursuivis à coups de coutelas par le forestier, prirent la fuite ou sautèrent par les fenêtres.

L'officier qui, pour diriger le combat, était prudemment resté au dehors, appela à haute voix le maréchal et le somma de se rendre, en le menaçant, en cas de refus, de mettre le feu à la maison. Trois autres coups, tirés par les fenêtres, furent la réponse de Sawa. On alluma une meule de paille adossée aux parois, et le feu prit à l'instant au toit de chaume qui les couvrait.

« Sortez! cria Sawa au forestier et à ses enfants; moi, je reste, car j'aime mieux être brûlé vif que de tomber en leurs mains. »

Cela ne faisait pas le compte de l'officier, qui avait promis de l'amener vivant au général Potapoff.

« Si vous vous soumettez, lui dit-il, je m'engage, au nom de la tzarine, à respecter votre vie et celle de vos compagnons ; et, de plus, la guerre finie, à vous rendre la liberté.

— Vous mentez, vous et votre tzarine; je suis Sawa le Kosak, et je sais ce que valent vos promesses. Quant à toi, misérable, je te reconnais à ton accent, tu n'es qu'un traître !... »

En achevant ces mots, il lui lança son pistolet déchargé au visage. Le front et les yeux de l'officier se couvrirent de sang. Alors, sous une pluie de brandons enflammés, les armant de pioches et de troncs d'arbre en guise de béliers, le sbire fit démolir à ses soldats la cloison de briques et de bois attenant à l'alcôve ; elle s'écroula presque en un clin d'œil, et l'on vit le maréchal, blessé, s'appuyant sur le bras du forestier, se dressant de toute sa hauteur et s'apprêtant à vendre chèrement sa vie...

Ce brave forestier se nommait Kleczkowski. Bien que chargé d'une troupe d'enfants et vivant avec tous les siens du produit de la chasse, il nous avait recueillis dans sa cabane sans même s'informer qui nous étions, ne cessait de nous prodiguer, avec sa jeune femme, tous les soins imaginables ; il était allé chercher le chirurgien et comptait nous retenir chez lui jusqu'à la complète guérison du blessé... Que ce nom soit désormais entouré de respect pour ceux de sa famille qui vivent encore... Puisse un jour la Pologne délivrée leur payer la dette de Sawa et de ses frères d'armes!

« Saisissez ce *métejnik* (rebelle), et mettez-lui les menottes, dit le Russe à ses dragons.

— Tuez-moi, s'écria Sawa d'une voix tonnante; mais vous ne m'aurez pas prisonnier ! »

Il étendait la main pour saisir une hache qui se trouvait suspendue au-dessus de sa couche, lorsqu'une balle, tirée presque à bout portant par le brigadier, lui fracassa le bras. Alors cette cohue, enhardie par la vue du sang, comme une meute furieuse, se rua sur le maréchal, que nous soutenions à demi évanoui, nous arracha tous quatre de la maison entr'ouverte, massacra le forestier et ses enfants; et, peu d'instants après, comme pour éclairer ce beau fait d'armes par une dernière explosion, le toit s'effondra sur sa base, en jetant dans les airs une colonne de flamme et de fumée.

. . . .

Lorsqu'il revint à lui, Sawa se trouvait étendu sur un lit de camp, dans la chambre du général Potapoff. Ses deux fidèles kosaks, qui n'avaient pas voulu se rendre, avaient été mis en pièces; moi-même, après avoir vainement cherché à le couvrir de mon corps, j'avais reçu de l'officier transfuge un coup de sabre à la tête. Le général, vieux soldat, et comme tel estimant le vrai courage, nous traita avec les plus grands égards; il me fit partager la demeure du maréchal, tança vertement l'officier pour sa conduite barbare envers des prisonniers, et le renvoya devant le conseil de guerre pour certains vols administratifs qu'il avait depuis longtemps soupçonnés. Il vint en personne demander à Sawa s'il voulait qu'on lui amenât le chirurgien.

« C'est inutile, répondit froidement celui-ci, je sens que mon heure a sonné; mais je voudrais mourir en bon chrétien dans la foi de mon pays. Le général appela; un pope barbu sortit d'une pièce voisine.

— Pas celui-ci, dit Sawa; libre toute ma vie, je ne saurais mourir votre esclave. Ma mère était catholique-romaine, et ma foi n'est autre que la sienne... Je veux un prêtre polonais.

— Me voici, » dit le père Marc en paraissant sur le seuil.

A cette voix bien connue, Sawa bondit et se dressa sur son séant, mais sans nommer l'aumônier. Un éclair de joie brilla dans ses yeux et vint se refléter sur le front blanchi du vieillard. Saisi de respect, le général russe s'inclina, fit un signe de croix et sortit avec les siens.

« C'est donc vous, mon père, dit Sawa; vous qui daignez venir alléger mes derniers moments? Ah! je pressentais bien que vous viendriez!... » Le prêtre soupira profondément et s'assit au chevet du mourant.

« Mon fils, dit-il, je t'ai donné le second baptême, celui qui t'a fait Polonais; aujourd'hui je viens t'apporter la couronne du martyre! » La confession et les prières finies, récitées à haute voix par les deux héros :

« Permettez-moi, dit Sawa, de donner à mon camarade un dernier témoignage de mon amitié. Voici le scapulaire que j'ai reçu de vos mains le jour où vous avez béni nos drapeaux... Il contient des reliques de saint Adalbert, le premier martyr polonais... Ce fut là mon seul talisman contre les balles et les lances ennemies... Dieu m'en est témoin, je n'employai jamais d'autres sortilèges que ces restes vénérés, pieusement gardés sur mon cœur... Après ma mort, il remettra ce souvenir à notre illustre chef Kasimir Pulaski... » L'aumônier reçut le scapulaire et le remit entre mes mains.

« Quand vous le verrez, ajouta le maréchal en se tournant vers moi, dites-lui que je suis heureux de mourir pour la Pologne... que jusqu'à mon dernier souffle je n'ai cessé de faire des vœux pour sa délivrance, pour le salut de notre sainte cause, immortelle et bénie quand même... » Il ajouta quelques paroles inintelligibles, parmi lesquelles il me semblait distinguer les noms du saint apôtre polonais, du père Marc, de son pays natal, de sa mère... Un instant après, il avait cessé de vivre.

Dans ce moment, un rayon de soleil vint, à travers la fenêtre ouverte, illuminer sa tête d'une large auréole.

Je tombai à genoux au pied de son lit, et je priai. En relevant le front, je me vis seul, dans une chambre remplie d'armes et d'effets militaires, en face du cadavre de Joseph Sawa. Peu de jours après, je fus envoyé à Kazan, avec M. Potoçki, mon compagnon de captivité, que le général Weimarn avait renvoyé, chargé de chaînes, dans le camp de Mszczonow. Mais la perte de ma liberté me semblait moins douloureuse que celle de mon ancien chef, un des plus vaillants soutiens de la confédération de Bar, et pour lequel chaque année, depuis mon retour sur la terre natale, je fais dire une messe le jour anniversaire de sa mort.

IV.

« Une bonne action ne reste jamais impunie, » me disait un jour certain railleur qui voulait m'en faire commettre une mauvaise. Cela peut être vrai chez les nations dégénérées, chez qui toute foi s'est éteinte, et avec elle tout amour du bien et du beau, toute espérance d'une meilleure vie; mais non pas chez les peuples primitifs comme le nôtre, qui, loin encore d'avoir atteint leur point culminant, au delà duquel se trouve la déchéance et la mort, ont besoin d'appuyer sur de généreuses convictions leur essor de grandeur et de gloire nationales.

« Toute bonne action rapporte son fruit, même en ce monde, » me disait souvent mon père, ancien soldat et compagnon d'exil de Stanislas Leszczynski; mais une bonne action, bien entendu, à laquelle se lie quelque beau dévouement, quelque sacrifice de sa fortune ou de son amour-propre; car il y a peu de mérite à jeter une poignée d'or, lorsqu'il nous reste des monceaux. Le Sauveur, en voyant des aumônes abondamment distribuées par les riches de Sion, disait que la pauvre veuve qui n'avait donné qu'une obole avait donné bien plus que les autres.

« J'ai bon espoir, ajoutait-il, pour l'avenir de ma nation, et je crois que Dieu, quelque jour, aura pitié de ses enfants, car elle est animée d'un grand esprit de sacrifice et de bienveillance envers ses semblables. Selon la formule habituelle inscrite à la fin de chaque lettre, nos aïeux se *servaient* littéralement les uns les autres; et cela non pas en vue d'une récompense, non pas pour augmenter le nombre de leurs clients et de leurs adhérents, mais uniquement pour s'acquitter, par des actes mieux encore que par des paroles, de leur devoir de bons citoyens. Telle était la vraie signification de ces termes de courtoisie qu'ils échangeaient entre eux, et que les étrangers, moins familiarisés avec nos mœurs, taxaient parfois de servilité. Il y a sans doute parmi nous des vices blâmables; où donc n'y en a-t-il pas, et de plus graves que les nôtres? Jeunes encore, nous avons toutes les passions de la jeunesse; mais que cet esprit de dévouement et de fraternité, démontré par toute notre histoire depuis les temps héroïques jusqu'à nos jours, n'a nulle part existé au même degré que chez nous, qu'il forme l'essence de notre caractère national, c'est ce que personne ne saurait contester, pas même nos ennemis et nos bourreaux[1].

C'était à cette époque, néfaste dans notre histoire, où Pierre Iᵉʳ et Charles XII intervenaient à main armée dans nos affaires, l'un en faveur du roi Auguste II de Saxe, l'autre en faveur de son compétiteur au trône, Stanislas Leszczynski. Tous deux inondaient notre pays de troupes barbares qui, sous prétexte de nous protéger, pillaient, dévastaient, incendiaient ce qu'elles ne pouvaient emporter. Russes et Suédois n'avaient, sous ce rapport, rien à se reprocher. Pour la première fois, les armées moscovites envahissaient le sol polonais, et se frayaient ainsi, sous des apparences d'amitié, le chemin de la conquête. M. Czapski, palatin de Malborg (Marienbourg), un des soutiens les plus influents du parti saxon, avait en garnison, dans ses domaines, un détachement d'artillerie russe. Son fils unique, staroste de Chelmno (Culm), que j'ai connu plus tard dans les rangs de la confédération, et qui partagea notre captivité à Kazan, s'était pris d'amitié pour le jeune cornette, homme aimable et bien né, qui commandait le détachement. Entre jeunes gens ayant les mêmes goûts, les mêmes instincts, la confiance mutuelle est bien vite établie. Depuis quelque temps, l'officier russe, habituellement expansif et plein de gaieté, recherchait la solitude, et toute sa manière d'être décelait quelque grande affliction. Le jeune Czapski, s'apercevant de ce changement, voulut le faire parler, mais en vain; il redoubla d'efforts pour lui arracher le secret de sa tristesse, lorsqu'un jour, touché par les pressantes sollicitations de son ami, l'officier lui avoua qu'un de ses adjudants avait disparu en emportant la caisse du détachement; que, n'étant pas en mesure de remplacer cette perte, il ne voyait d'autre moyen d'échapper au châtiment qui l'attendait, sans doute à la dégradation, que par le suicide.

« Quelle est la somme, lui demanda Czapski, volée par ce misérable?

— Deux mille ducats environ. Je ne puis les demander à mes parents, dont les fonds sont engagés dans des entreprises de commerce; et quand même je le pourrais, ils viendraient trop tard pour me soustraire au sort qui m'attend.

— Mais ne pouvez-vous pas demander un délai?

— C'est en vain, dans quatre jours le général inspecteur doit arriver; c'est un homme irascible, implacable, comme il y en a tant en Russie; et s'il ne trouve pas ma caisse au grand complet, je suis perdu... Ma pauvre mère en mourra de douleur. »

Le jeune staroste aimait passionnément sa mère. Il comprit le désespoir de l'officier et voulut entreprendre de le sauver. Le palatin, tout en servant Auguste II, à l'élection duquel il avait puissamment contribué, ne souffrait pas les étrangers et détestait surtout les Russes, dans lesquels il pressentait des spoliateurs. Comment faire? Il fit promettre à l'officier qu'il n'attenterait pas à ses jours avant leur seconde entrevue; il alla se jeter aux pieds de son père, et, s'accusant d'avoir perdu sur parole deux mille ducats en jouant aux cartes, il le supplia de le sauver du déshonneur qu'il redoutait plus que la mort. Le palatin, qui n'avait pas d'autre héritier, le réprimanda sévèrement; on dit même, mais le jeune Czapski ne l'a jamais avoué, qu'il lui fit donner sur un tapis, comme à un gentilhomme, une correction paternelle. Puis il lui fit jurer sur l'Évangile que de sa vie entière il ne toucherait plus à un jeu de cartes; à cette condition, disait-il, il lui fournirait de quoi réparer sa folie. Le jeune homme prêta ce serment et, mieux encore, il le tint avec fidélité jusqu'à sa dernière heure. Tout joyeux, il courut rejoindre l'officier et lui cria, les bras ouverts :

« Voici votre argent; vivez pour votre mère, vivez pour moi, qui vous dois le plus grand bonheur que j'aie encore éprouvé! »

Bientôt les Russes s'en retournèrent chez eux au bruit de la défaite de Charles XII, de cet homme de caprice et d'agitation, qui seul pourtant parmi les rois du nord de l'Europe, avait compris la nature et les projets ambitieux de ses voisins. L'année suivante, le palatin reçut du fond de la Russie une lettre chargée à l'adresse de son fils, dans laquelle le cornette, devenu capitaine, faisait le récit détaillé du bienfait qui lui avait sauvé la vie, et renvoyait, avec les bénédictions de sa famille, la somme que le jeune staroste lui avait prêtée. On conçoit quelle fut l'ivresse du père en apprenant que cette faute imaginaire que son fils prétendait avoir commise, servait à cacher une louable et généreuse action; il lui pardonna de l'avoir trompé, tout en reconnaissant que l'officier russe, dont il recevait cette preuve de gratitude, méritait son estime et l'amitié d'un gentilhomme polonais.

Après bien des années, témoin de l'affreux supplice de Sawa, je fus déporté à Kazan, avec plusieurs

---

[1]. Nous pourrions en trouver un témoignage évident dans cette belle devise inscrite en 1831 sur nos drapeaux : *Pour votre liberté et la nôtre.*

frères d'armes, MM. Potoçki, Pawsza, Moszczenski, Gruzewski et autres. Là, des centaines des nôtres nous avaient déjà précédés; prisonniers sur parole, ils circulaient dans la ville et parlaient librement leur langage, au point que si ce n'étaient les coupoles bizarres des églises russes, on aurait pu se croire dans une ville polonaise. J'appris avec une vive satisfaction que le général Woïeykoff, gouverneur de Kazan, contre la coutume générale, ne négligeait rien pour alléger, en tant qu'il lui était possible, la captivité de mes compagnons; qu'il les traitait comme des soldats vaincus, et non comme des criminels. A la misérable paye qui nous était allouée il ajoutait de ses propres deniers; sa femme et ses enfants soignaient les blessés. Une telle conduite, sans exemple peut-être en Russie, devait avoir un motif inconnu; sans chercher à le pénétrer, nous lui avions tous voué la plus vive reconnaissance, à jamais ineffaçable dans le cœur des soldats.

Le staroste de Chelmno nous suivit de près et fut amené à Kazan. Dès le lendemain, il reçut l'ordre de se présenter devant le gouverneur. Introduit avec les plus grands égards, il vit à son entrée une dame environnée de trois beaux enfants, sans doute la femme du gouverneur; et lui-même, debout, causant au milieu d'une nombreuse assemblée des principaux habitants de la ville.

« Me reconnaissez-vous, monsieur le staroste? dit-il en allant à sa rencontre.

— Non, général; je ne me souviens pas en quelle circonstance j'aurais pu avoir l'honneur de vous voir.

— Ah! je conçois, tant d'événements se sont passés depuis... Mais vous devez avoir toujours sous votre uniforme le portrait de Mme la palatine, votre mère?...

— Il est vrai... mais comment, général, pouvez-vous connaître ce détail?

— Comment!... votre cœur ne vous dit-il pas que vous devez posséder un ami dans les rangs de vos adversaires; un homme à qui vous avez sauvé la vie et l'honneur, et qui se trouve heureux de pouvoir aujourd'hui s'acquitter d'une partie de sa dette?...

— Quoi! vous seriez...

— Le jeune cornette d'artillerie, qui vous doit tout: avancement, famille et bonheur... Venez, enfants, ajouta-t-il; venez vous jeter aux pieds de votre mère aux pieds de notre bienfaiteur: il se nomme Czapski. »

A ce nom qu'ils connaissaient déjà, les beaux enfants blonds poussèrent un cri de joie et vinrent embrasser les genoux du prisonnier. Celui-ci les releva, les serra sur son cœur avec effusion, et baisa la main que lui présentaient leur mère. Puis les deux amis se jetèrent dans les bras l'un de l'autre, oubliant tout, si ce n'est leurs premiers rêves de jeunesse, leurs premiers élans de gloire; tandis que tous les assistants les contemplaient avec des larmes...

Depuis ce jour, le captif partagea la demeure du général, et plusieurs de ses compagnons furent constamment admis à sa table. Son empressement à prévenir nos moindres désirs était tel, que son hôte lui-même crut maintes fois devoir modérer son zèle, pour ne pas exciter la méfiance du cabinet russe:

« J'aime mieux, lui répondait Woïeykoff, encourir la disgrâce de la tzarine que de me rendre coupable devant Dieu d'une lâche ingratitude. »

Les Russes savent circonvenir les étrangers; ils savent au besoin s'emparer de leur confiance et gagner leurs sentiments, et cette qualité n'est pas un des moindres ressorts de leur diplomatie. Mais cette fois, la cordialité du gouverneur Woïeykoff était sincère, elle partait d'une âme vraiment élevée. Les Slaves de naissance, fils des anciens compagnons d'Igor et Swiatoslaw, sont même en Russie d'honnêtes gens, bien que leur race soit souillée par une foule d'intrus de toute sorte, d'Allemands surtout, qui l'ont abrutie, énervée, pour en faire l'instrument docile de leur insatiable avidité. Malheureusement toutes les bassesses qu'ils font, toutes les violences qu'ils exercent sur leurs voisins, retombent sur les Russes eux-mêmes, coupables surtout de les tolérer et d'en subir l'ignominie. Agents d'oppression des autres peuples, ayant à leurs dépens étendu leurs frontières, les ayant dépouillés du bien le plus cher aux hommes, la liberté, les Russes ont à leur tour subi le joug des mercenaires étrangers, qui les exploitent, les corrompent et les méprisent. Triste et déplorable destinée d'un peuple que celle de porter aux autres la lèpre maudite dont il est lui-même infecté, l'incurable contagion de l'esclavage!

L'exemple du gouverneur fut suivi par la plupart des habitants de Kazan, qui s'efforçaient à l'envi de nous faire oublier notre captivité. Beaucoup d'autres de nos frères répartis sur toute l'étendue de la Sibérie, isolés parmi les glaces et les frimas éternels, furent moins heureux que nous... Cependant le dicton : *Ibi patria ubi bene*, n'eut jamais cours parmi les Polonais; et chacun de nous ne cessait de soupirer après le sol bien-aimé de la patrie.

Notre situation changea quelques mois après, au moment où la révolte de Pougatcheff, de ce Kosak du Don qui prétendait être le dernier des Romanoff assassiné par l'ordre de la tzarine, mit en péril, pendant quelque temps, l'existence même de la Russie. A ce moment, après avoir vaincu Bibikoff, il marchait à grandes journées sur Kazan. Le clergé russe le favorisait, irrité contre le gouvernement pour la confiscation de ses immenses domaines, en échange d'une solde qui assimilait les diacres et les évêques à de simples employés. Woïeykoff, après des prodiges de valeur, dut se retirer; et Pougatcheff, une fois maître de la ville, ayant appris qu'il s'y trouvait un grand nombre de captifs polonais, nous fit tous comparaître devant lui. Après une harangue dans laquelle il se proclamait l'envoyé de Dieu pour délivrer la Russie du joug des Allemands, il nous rendit la liberté, à la condition que les chefs, MM. Potoçki, Ielowiçki, Zabloçki, Gruzewski et moi, seraient incorporés dans son armée. Sauf M. Zabloçki, ingénieur distingué, il choisissait généralement les plus grands de taille, soutenant que les petits étaient des bâtards du diable ou des avortons. Lui-même avait une stature de géant.

Ce barbare, sans aucune capacité militaire, pillard, ivrogne, presque idiot, tenait pourtant à passer aux yeux des siens pour très-instruit. Certain jour, avec un morceau de craie, il se mit à tracer sur une buffleterie toutes sortes de caractères. Il fit appeler un pope et lui ordonna de lire tout haut ce qu'il avait écrit. Sur la réponse du pope que Satan lui-même ne saurait déchiffrer ces zigzags qui n'étaient point de l'écriture, il lui fit appliquer le knout, et n'interrompit l'opération que sur mes instances et celles de M. Zablocki. On sait que trois coups de knout, savamment administrés, suffisent pour tuer l'homme le plus robuste; il est rare que le patient survive au dixième : mais on achève sur le cadavre le nombre de coups déterminé.

Le monstre appela M. Zablocki, le saisit de sa main nerveuse et lui réitéra son ordre. La position de notre compatriote devenait fort embarrassante; tous s'attendaient à lui voir expier son mouvement de compassion, en prenant la place du malheureux qu'il venait de sauver; mais il s'en tira, comme toujours, par un trait d'adresse et de présence d'esprit :

« Illustrissime tzar, lui dit-il, quand Dieu le Père daigne écrire quelque chose, il ne faut pas moins que Dieu le Fils ou Dieu le Saint-Esprit pour le déchiffrer; et, pour lire l'écriture de Votre Majesté le tzar, il faudrait un autre tzar, tout aussi sage et puissant qu'elle-même. Hommes, nous ne comprenons que les écrits des hommes. »

Cette réponse plut tellement à Pougatcheff, qu'il fit immédiatement M. Zablocki son chef d'état-major. Alors il se mit à lire lui-même les signes cabalistiques qu'il avait tracés, et qui signifiaient :

« Quand la Pologne sera délivrée des Allemands et des juifs, nos ennemis communs, elle contractera une alliance éternelle avec la Russie, parce que moi, le tzar Pierre III, je le veux ainsi. »

Plus d'une fois nous fûmes témoins de pareilles incartades; et nous pressentîmes dès lors que toute cette expédition finirait comme elle avait commencé, par l'orgie et le massacre. Tel chef, telle armée; et tout ce qui l'environnait, généraux et soldats, n'était qu'un ramas de bandits. Forcés de le suivre, nous n'avions aucun commandement réel; nous étions le cortége d'apparat de Sa Majesté, tandis que des diacres ou de simples kosaks étaient à la tête des régiments. Instruit par l'expérience, je lui conseillais sans cesse de se rendre droit à Moskou, au Kremlin, où l'attendaient plus de cent mille serfs et tout le clergé orthodoxe; mais il se jeta sans aucune nécessité dans les monts de l'Oural, où il fut atteint, désarmé et fait prisonnier presque sans résistance. L'imposteur Pougatcheff, amené dans une cage de fer à Saint-Pétersbourg, fut empalé sous les yeux de la tzarine, curieuse de voir de près le fantôme de Pierre III; et nous fûmes conduits à Smolensk, pour subir une enquête officielle sur le soulèvement kosaque. Durant cette enquête, dont j'épargne à mes lecteurs les affligeants détails, le gouverneur de Smolensk, ancien barbier attaché à la police, me demandait toujours si je connaissais certain *Livre jaune*, le code martial russe, et ce qui s'y trouvait écrit relativement aux rebelles envers S. M. la tzarine.

« Je ne suis point un rebelle, répondais-je; car étant Polonais, je n'ai point l'honneur d'être le sujet de votre souveraine.

— Comment ! s'écriait l'inquisiteur furieux, des feld-maréchaux, des *tchinowniki* (fonctionnaires) de première classe, des chevaliers de l'ordre du Saint-Esprit, sans compter les princes étrangers, se reconnaissent vassaux et tributaires de S. M. ; et vous osez dire, vous, qui n'avez pas le moindre *tchin*, la moindre épaulette, que vous n'êtes pas son sujet ? »

Ajoutant les coups à l'injure, il se mit à me frapper de toutes ses forces... J'essayai de me défendre : on me lia les mains, et on m'emporta tout sanglant dans un cachot. Là, j'appris que plusieurs autres de mes compagnons avaient subi le même interrogatoire, qu'on les avait brisés sous le bâton, pour leur faire avouer que nous étions depuis longtemps en correspondance avec Pougatcheff, que la confédération de Bar n'était qu'une ramification de sa révolte, et d'autres énormités semblables. M. Gruzewski et moi, nous étions surtout l'objet des plus actives investigations de ce sbire ; car on nous avait entendu parler en latin avec un pope qu'on nous avait envoyé, sans doute, pour nous arracher un aveu : et cette seule circonstance nous fit supposer les chefs et les promoteurs du complot.

Nous nous attendions à subir le même châtiment que le faux Pierre III, le pal, comme issue de notre captivité, lorsqu'une nuit un adjudant de place entra dans la prison, fit desceller nos fers, et, sans dire un mot, nous conduisit hors des remparts de la ville. Là, des traîneaux nous attendaient ; l'adjudant nous remit à chacun 25 roubles (100 fr.), et nous signifia de nous en aller où nous voudrions, pourvu que le jour suivant nous vît déjà hors du territoire moskovite. Nous nous hâtâmes d'obéir à cette injonction; les chevaux partirent au galop, et dès le lendemain nous touchions le sol de la république. A la frontière même, l'*izwostchik* barbu (le cocher) nous remit un message du général Woïeykoff, qui, par des instances pressantes et bien appuyées, avait obtenu de la tzarine notre mise en liberté, et nous souhaitait bon voyage. Nous devions donc encore notre salut au souvenir d'un bienfait.

La première personne que nous rencontrâmes sur le sol de la patrie fut le père Marc, qui nous accueillit avec des paroles de paix et nous bénit. Ses prières avaient sans doute obtenu notre délivrance, autant que les intercessions du brave Woïeykoff. Nous aurions pu, M. Gruzewski et moi, nous reposer sous le toit natal après tant de fatigues et de souffrances, mais la confédération de Bar était encore en pleine activité; d'ailleurs j'avais toujours sur moi le dépôt précieux qui m'avait été confié par Sawa mourant, et qu'il m'avait chargé de remettre à notre valeureux chef, Kasimir Pulaski. Nous nous rendîmes donc par des chemins divers dans le palatinat de Krakovie, où nous eûmes le bonheur d'embrasser nos frères d'armes qui ne comptaient plus nous revoir.

Quelques années après, le jeune héros de la confédération, le seul survivant des cinq Pulaski, tombait sous les remparts de Savannah (1778), en défendant, avec Thadée Kosciuszko, contre les Anglais de lord North, le Palmerston d'alors, la liberté naissante de l'Amérique. Mais une cause juste, même vaincue, n'est pas anéantie, et finira, le ciel aidant, par être la plus forte. A la condition toutefois qu'elle ne désespère pas d'elle-même, ou qu'elle ne se suicide pas par la trahison, en se livrant, comme en 1830 et 1848, à des mains ineptes et déloyales. Le jour actuel, jour de réparation pour tous, en est la preuve la plus évidente.

LA FAMILLE DE SENNEVILLE

LÉGENDE RUSSE[1]

(1812)

Au sein de la population flottante de Moskou se trouvait, en 1812, un grand nombre de familles françaises qui étaient venues s'y établir à la suite de l'émigration, attirées par l'espérance de faire fortune dans un pays où la civilisation, les arts et l'industrie sont encore si loin de la perfection qu'ils ont atteinte en Occident. L'élégance et l'aménité de leurs mœurs, la reconnaissance que faisaient naître les nombreux services rendus par eux à ce pays barbare, leur avaient acquis depuis longtemps la protection intéressée du gouvernement moskovite, la bienveillance des grands seigneurs et la considération des habitants. Quand Napoléon eut déclaré à la Russie cette guerre de Titans qui, sans le rétablissement de la Pologne, devait avoir une si funeste issue pour l'Europe et pour lui, lorsque la nouvelle de cette déclaration de guerre parvint à Moskou, et qu'on y apprit le résultat des premières hostilités, rien d'abord ne fut changé dans la conduite du gouvernement à l'égard des Français, ni dans les relations qui existaient entre eux et les Russes. Mais lorsque Smolensk, la ville frontière de la Pologne, fut tombée au pouvoir de nos armes, lorsque l'aigle russe fut obligée de fuir le champ de bataille de la Moskowa devant les aigles impériales, en leur laissant poursuivre leur marche victorieuse sur l'ancienne métropole de la Russie, les Français de Moskou furent obligés de se conduire avec une extrême circonspection, pour ne point s'exposer à la farouche vengeance d'une population dont l'orgueil était humilié par les défaites de ses compatriotes.

Le comte Rostoptchin ayant organisé l'incendie de Moskou sans le consentement des habitants, auxquels il cacha, jusqu'au dernier moment, le but véritable de ses préparatifs, ordonna à toute la population russe de suivre la retraite de l'armée, défendit aux familles françaises de quitter la ville, et les laissa à la merci d'une nouvelle population composée de galériens et de filles de joie qu'il avait fait sortir des bagnes et des hospices pour exécuter son projet. On peut se figurer la terreur que devaient éprouver les Français en se voyant laissés en proie à de semblables instruments de vengeance; mais, heureusement pour eux, l'armée impériale suivait de si près l'armée russe qu'un engagement eut lieu dans la ville même entre nos tirailleurs et l'arrière-garde ennemie. Vigoureusement canonnée par le roi de Naples, dès que l'armée vaincue se trouva hors des murailles, les régiments français occupèrent tous les quartiers; et leurs compatriotes furent ainsi préservés des violences qu'ils redoutaient avec de si justes motifs de crainte.

Dans la nuit qui suivit leur entrée à Moskou, l'incendie préparé par Rostoptchin avec tant d'art et de mystère éclata sur tous les points de la ville avec une telle intensité, qu'il fut bientôt démontré que toute tentative de s'en rendre maître deviendrait inutile, et qu'il n'y avait plus qu'à laisser l'élément destructeur exercer ses ravages. Napoléon, qui occupait le Kremlin avec sa garde, fut obligé de le quitter; menacé par les flammes, il établit son quartier général au château de Pétrowskoï, situé à quelque distance de la ville. Ce fut le signal d'horribles scènes de désordre et de pillage que l'imagination peut bien concevoir, mais que la plume se refuse à décrire. Le cinquième jour, l'incendie s'éteignit faute d'aliment, après avoir dévoré, avec l'immense cité, les magasins qui devaient faire vivre l'armée pendant plusieurs mois; et les familles françaises qui n'avaient rien pu sauver du désastre, se trouvèrent aussitôt plongées du sein du luxe et de l'abondance dans la plus profonde détresse. Sans asile et sans vivres, elles étaient forcées de mendier les secours des soldats qui s'empressaient de leur four-

---

1. En admirant dans le grand salon des Beaux-Arts, au palais de l'Exposition, le superbe tableau de M. Yvon, *la Retraite de Russie*, je me suis rappelé une histoire déjà bien ancienne, mais vraie, se rattachant à ce désastre, et qui m'a été racontée par mon père. Je me suis efforcé de la reproduire le plus fidèlement possible, d'après mes notes et mes souvenirs.

nir, chacun selon ses moyens, les objets les plus indispensables. Dès que l'empereur en eut connaissance, il prit les mesures nécessaires pour rendre leur sort plus supportable; mais il ne pouvait alléger que bien imparfaitement les pertes immenses qu'elles venaient de faire.

Parmi les familles françaises établies à Moskou à la suite de l'émigration, se trouvait en 1812 celle du comte de Senneville, composée du chef de la famille, de la comtesse de Senneville, d'un fils âgé de vingt-deux ans et d'une fille qui venait d'atteindre sa dix-huitième année. Quoique le comte de Senneville fût sincèrement attaché aux principes et à la dynastie que la Révolution avait renversés, il ne pouvait s'empêcher d'admirer le génie militaire de Napoléon; et s'il n'était pas rentré en France, c'est qu'il avait jugé plus convenable à ses intérêts de se fixer à Moskou que de retourner à Paris. A son admiration pour Napoléon, son fils, le vicomte Henri de Senneville, joignait un orgueil national qui lui faisait éprouver un vif sentiment de satisfaction chaque fois que les succès des armées françaises parvenaient jusqu'à lui; souvent même il avait éprouvé un profond regret de ne pouvoir aller rejoindre tant de jeunes fils de famille qui, dans les rangs de l'armée, illustraient de nouveau des noms déjà glorieux. La comtesse de Senneville ne partageait pas, sur ce point, les idées de son fils et de son mari; elle n'avait jamais cessé de regretter amèrement le passé, et ne voyait rien qui pût remplacer ce qu'avait détruit la Révolution. Mlle Louise de Senneville pensait comme sa mère, qui lui avait inculqué ses principes en donnant à son éducation tous les soins et toute l'étendue qu'elle aurait pu lui donner en France. Aussi Mlle de Senneville, dont la figure était ravissante, la tournure et le maintien remplis d'un charme exquis, dont l'élocution élégante et facile attestait une instruction solide, joignait à tous ces avantages une grande modestie; elle se faisait admirer, sans s'en apercevoir, et citer, sans en être éblouie, comme un modèle de toutes les grâces et de toutes les vertus. Mais tant de qualités ne devaient pas la préserver du malheur de l'exil; et avec l'incendie de Moskou commença pour la famille de Senneville une suite d'épreuves et de désastres qui ne s'arrêtèrent qu'à la tombe.

L'hôtel de Senneville ne fut pas tout entier la proie des flammes; la solidité de sa construction garantit l'étage inférieur de la fureur de l'incendie et conserva un abri à ses propriétaires; mais il fut soumis à la loi commune du pillage. Cependant, grâce aux précautions et à la fermeté du comte et de son fils, la comtesse et Louise furent préservées de toute violence, de toute insulte, et n'eurent à déplorer que des pertes matérielles, sans doute irréparables, mais bien au-dessous de leurs craintes. Lorsque les flammes furent assouvies, Napoléon, rentré au Kremlin, s'occupa de rétablir, autant que possible, l'ordre et la discipline; les maisons épargnées furent affectées au logement des généraux. Le comte de Senneville partagea ainsi, avec le général polonais W*** et ses aides de camp, les débris fumants de son habitation; et s'il leur donnait un abri, il en recevait en échange des vivres et une protection qui, dans ces circonstances, étaient d'un prix inestimable. Henri de Senneville fut bientôt intimement lié avec un des aides de camp du général, le comte Thadée O***, officier de cavalerie, chez qui une excellente éducation se trouvait réunie à tous les talents militaires. En lui entendant raconter ses campagnes, Henri rougissait de son inaction; et bientôt, du consentement de son père, mais au grand regret de sa sœur, il demanda du service à l'empereur. Napoléon s'empressa de lui faire expédier un brevet de sous-lieutenant pour un des corps de cavalerie qui composaient l'avant-garde commandée par Murat. Le jour de son départ fut fixé à celui d'une colonne de marche qui allait rejoindre l'avant-garde; car il était impossible de voyager isolément sans s'exposer à être enlevé par les partis de kosaks infestant les environs de Moskou, ainsi que toutes les positions qui n'étaient pas encore occupées par les Français. Après le départ d'un fils et d'un frère si tendrement aimé, bien des larmes furent versées sur son absence, bien des prières ferventes furent adressées au ciel; et chacun ne se mit à supporter ses regrets avec un peu de courage, que lorsqu'on apprit, au bout de quinze jours, qu'il avait heureusement rejoint son régiment, où il avait reçu l'accueil le plus cordial. On disait aussi que le tzar Alexandre avait accueilli favorablement les propositions de paix de Napoléon et qu'il allait se soumettre aux conditions qu'il lui imposait. Les hostilités avaient cessé entre les corps du roi de Naples et les kosaks de Platoff, et les chefs des deux armées se rendaient réciproquement des visites et des honneurs qui semblaient promettre une prochaine réconciliation; mais la lenteur que mettait Alexandre à donner une réponse positive à Napoléon, et les politesses de Platoff n'avaient d'autre but que de donner à l'armée de Moldavie et au général *Hiver* le temps de rejoindre l'armée russe. En effet, le 18 octobre, à 7 heures du matin, sans même avoir dénoncé la rupture de la trêve, l'armée russe attaqua sur toute la ligne. Il résulta d'abord de cette attaque imprévue un certain désordre dans les corps d'avant-garde; mais bientôt, les régiments étant parvenus à se former, et se trouvant soutenus par divers détachements, on put offrir à l'ennemi une vigoureuse résistance qui dura jusqu'à la nuit. Cependant on avait été forcé de battre en retraite, et les Russes couchèrent sur le champ de bataille.

Ceci se passait à vingt lieues en avant de Moskou. Aussitôt que Murat se vit attaqué, il envoya en toute hâte un de ses aides de camp à l'empereur, pour lui annoncer que les Russes avaient engagé le combat. Napoléon passait en revue quelques régiments dans la cour du Kremlin, lorsqu'il reçut la dépêche. Sa surprise et sa colère furent grandes en apprenant ce qu'il appelait la trahison d'Alexandre, et qui, selon les traditions de la Russie, n'était qu'une ruse de guerre. Prenant sur-le-champ son parti, il n'acheva pas la revue et donna ordre à toutes ses troupes de se préparer au départ. Dès lors, la position des familles françaises restées à Moskou devenait excessivement précaire; attendre le retour des Russes, c'était s'exposer aux plus mauvais traitements, sinon à une mort certaine; partir avec l'armée française, c'était se soumettre à tous les hasards d'une guerre d'extermination, sur un sol déjà dévasté, au commencement d'une saison qui, dans ces climats, rend les éléments plus destructeurs que les armes. Cependant toutes, ou presque toutes firent leurs préparatifs, en emportant les effets qu'on avait pu sauver de l'incendie. Les plus heureux avaient un ou deux paquets contenant des vivres et quelques vêtements; mais quant aux moyens de transport, il fallut y renoncer : ils avaient été mis en réquisition pour le service de l'armée. Le comte de Senneville se disposait à suivre, avec sa femme et sa fille, l'exemple de ses compatriotes, lorsque le général W***, reconnaissant des soins et des égards dont il avait été l'objet, et touché de compassion à l'idée des fatigues et des dangers auxquels cette famille allait se trouver exposée, lui proposa de voyager dans une de ses voitures. Son offre fut acceptée avec empressement; on se mit en route vers la France avec un peu moins de crainte pour l'avenir.

Les ordres que Napoléon avait donnés pour le départ de l'armée furent promptement exécutés. Ce fut d'abord un tumulte extraordinaire dans toute la ville; mais les tambours et les trompettes se firent entendre, chacun vint prendre son rang; et bientôt de longues colonnes de troupes commencèrent à déboucher de Moskou pour se porter au devant de l'ennemi. Elles étaient suivies d'interminables files de bagages, autour desquelles on voyait marcher à pied les malheureux fugitifs. On doit dire cependant qu'ils trouvèrent tous à se placer plus ou moins commodément sur les voitures à la suite de l'armée.

A quelques lieues de Moskou, une horrible détonation se fit entendre; le ciel et la terre en furent ébranlés : c'était le Kremlin que Napoléon avait fait miner, et que venait de faire sauter l'arrière-garde pour dernier adieu à l'antique capitale de la Russie.

L'empereur voulait joindre l'ennemi, lui livrer bataille, le vaincre, et s'ouvrir un chemin vers les provinces méridionales de la Lithuanie que la guerre n'avait pas dévastées, soit pour y prendre des quartiers d'hiver et y reformer son armée si les Russes consentaient à le laisser passer, soit pour opérer sa retraite sans être soumis à trop de privations s'il était forcé de plier devant des forces supérieures. C'est dans ce but qu'eurent lieu tous ses mouvements jusqu'à la sanglante bataille de Malo-Iaroslaveç, où l'armée polonaise se couvrit d'une gloire immortelle sous les ordres de son habile chef, le prince Joseph Poniatowski. Mais il était trop tard; la grande faute de l'Empire était commise : il aurait fallu hiverner en Pologne et la rétablir. Après cette bataille, il fut reconnu qu'il était désormais impossible de forcer Alexandre à livrer passage; et au milieu de la seconde nuit qui suivit le combat, la retraite de Russie commença à s'effectuer.

Durant les premiers jours de cette marche rétrograde, les éléments ne se montrèrent pas trop hostiles; et, bien que l'on fût au mois de novembre, la température n'avait encore rien de bien rigoureux. Pendant le jour, un soleil magnifique éclairait la route; et la nuit, sous un ciel brillant d'étoiles, les feux du bivouac suffisaient au bien-être du soldat : mais la rareté des provisions se faisait déjà cruellement sentir. Pressée de toutes parts par les Russes, l'armée fut obligée de traverser dans sa retraite le pays dévasté qu'elle avait parcouru quelques mois auparavant, et qui n'offrait plus aucune ressource en vivres ni en fourrages. Aussi lorsque bientôt après, les vents du pôle se déchaînèrent, et que le ciel, se couvrant d'un manteau de glace, lança sur la terre des torrents de neige qui la couvrirent à plusieurs pieds d'épaisseur, lorsque des froids inconnus en Europe vinrent joindre leur excessive rigueur à toutes les tortures de la faim, en y ajoutant les attaques des Russes et les hourrahs furibonds des kosaks, le désordre et l'indiscipline commencèrent à s'introduire dans les rangs de l'armée. Bientôt les colonnes de traînards sans armes, l'uniforme couvert de tout ce qu'ils pouvaient trouver à mettre sur eux pour se préserver du froid, marchant serrés les uns contre les autres, triste image d'une affreuse mascarade, devinrent plus nombreuses que celles des hommes restés fidèles à leurs aigles. C'était au milieu de ces colonnes de traînards que voyageaient les équipages. Déjà le nombre en était bien diminué par le manque de chevaux que le froid et la disette avaient tués; une grande partie des émigrés de Moskou était maintenant obligée de cheminer à pied. La voiture du général W***, qui contenait la famille Senneville, avait conservé son excellent attelage; des fourrures et quelques provisions l'avaient aidée à ne pas mourir : mais quel affreux spectacle pour la comtesse et pour Louise que cette longue route couverte de cadavres d'hommes et de chevaux morts de froid et de faim, que ces châteaux et ces villages incendiés, que ce champ de bataille de la Moskowa surtout, couvert de soixante mille cadavres que la gelée avait surpris en putréfaction, et qui leur offrait le plus horrible et le plus effrayant tableau!

A la vue des maux qui accablaient leurs compatriotes, ces cœurs français souffraient cruellement de tant de misères qu'ils ne pouvaient soulager. A ces tourments venaient se joindre les plus vives inquiétudes sur le sort d'Henri, dont il était impossible de recevoir aucune nouvelle, et que l'on se représentait tantôt mortellement blessé et abandonné sans secours, tantôt succombant sous le poids de fatigues inouïes. Le comte de Senneville souffrait presque autant que sa femme et sa fille; mais sa tendresse pour elles lui faisait surmonter ses angoisses; il cherchait à leur rendre un courage et des espérances qui commençaient à l'abandonner. Bientôt les kosaks, conduits par la passion du pillage, firent de plus fréquents hourrahs sur les colonnes d'équipages. Leurs assauts étaient ordinairement précédés de quelques coups de canon; alors ces barbares, en poussant de sauvages hurlements, chargeaient les malheureux sans défense et se ruaient sur les voitures qu'ils dévalisaient, quand ils ne pouvaient les emmener, avec une dextérité toute particulière. Si un détachement armé paraissait, si quelques balles sifflaient à leurs oreilles, on les voyait disparaître avec autant de rapidité qu'on les avait vus fondre sur leur proie, et rentrer dans les bois pour y attendre une occasion plus favorable. C'est dans une de ces attaques, qui se renouvelaient à plusieurs reprises pendant les heures de marche, que la voiture du comte de Senneville fut entourée par une bande de ces malfaiteurs. A la vue du danger qui les menaçait, le comte voulut défendre sa femme et sa fille, ou mourir en combattant; mais il fut désarmé au moment de faire feu. Au lieu de piller la voiture sur la route, les kosaks eurent probablement, à la vue des deux femmes, quelque affreuse idée, car ils les forcèrent le cocher à la diriger à travers champs vers le bois d'où ils étaient sortis. D'horribles craintes s'emparèrent de la famille Senneville; elle n'avait plus d'espoir qu'en la providence divine, lorsque parut dans la plaine un détachement de cavalerie légère se dirigeant vers elle au galop.

A cinquante pas, les chasseurs firent une décharge de carabines qui jeta plusieurs de ces bandits à terre; les autres s'empressèrent de prendre la fuite: mais avant de quitter leur capture, ils percèrent de nombreux coups de lance le cocher et les chevaux. Pressés par le détachement, ils furent taillés en pièces avant d'atteindre la forêt. Bientôt la famille Senneville fut entourée de ses libérateurs; mais qui dira son bonheur, son ravissement, lorsque le comte et la comtesse reconnurent un fils, Louise un frère, dans l'officier qui venait de les délivrer! La joie du jeune cavalier ne fut pas moins grande. Après les premiers épanchements, il leur raconta qu'ayant reçu l'ordre de se porter en avant avec sa compagnie, pour remplir une mission, il était arrivé sur la route un moment après le hourrah des kosaks; qu'ayant vu des femmes dans la voiture capturée, il avait pris sur-le-champ le parti de les arracher à la brutalité des assaillants. C'est ainsi que, suivi de ses chasseurs, il était devenu l'instrument de leur délivrance.

La comtesse et Louise adressèrent de vifs remercîments aux braves qui avaient si bien secondé leur chef, et M. de Senneville leur offrit une bouteille d'excellente eau-de-vie qui fut acceptée avec joie. Cependant il fallut bientôt penser à une nouvelle séparation; la mission dont Henri était chargé ne souffrait aucun retard. L'événement qui venait de se passer allait rendre bien plus terrible encore la situation, déjà si cruelle, de la famille Senneville. Désormais privée de moyens de transport, elle allait être obligée de suivre à pied cette longue route que chaque jour le froid et la faim jalonnaient de cadavres; de se mêler à la foule grossière des traînards, qui n'avaient gardé qu'un seul sentiment humain: l'instinct de leur conservation, et de coucher au bivouac si elle ne trouvait pas un toit pour s'abriter.

Le moment du départ étant arrivé, leurs adieux furent empreints d'une profonde tristesse; ils se séparaient ayant de part et d'autre le funeste pressentiment qu'ils venaient d'être réunis pour la dernière fois, qu'ils venaient de se donner un dernier embrassement...

La suivante journée de marche fut une des moins pénibles; le jour étant avancé déjà lorsque l'attaque avait eu lieu, on n'eut qu'un mille à faire pour arriver à un assez gros village désigné pour la station de nuit. Bientôt toutes les maisons furent envahies par les arrivants; une foule considérable restait en dehors exposée à la rigueur d'un froid excessif; et ce ne fut qu'à prix d'or que le comte obtint d'un juif un coin dans une chambre déjà remplie de soldats. Dans la nuit, plusieurs maisons furent incendiées, d'autres furent démolies par les derniers venus qui manquaient de bois pour se chauffer. Au milieu du tumulte et de la confusion qu'occasionnèrent ces événements, il fut impossible aux Senneville de prendre aucun repos; et le lendemain matin, lorsqu'il fallut se remettre en route, le découragement bien plus que la fatigue se peignait sur les figures des trois émigrés. En sortant du village, ils virent une foule d'hommes couchés autour de feux à demi éteints, et que le froid avait tués... Ils semblaient vivre encore; mais si on les touchait, leur corps rendait un son mat, comme le bois ou la pierre...

Vers le soir, Mme de Senneville, qui avait assez bien supporté les fatigues de la journée, se plaignit de vives douleurs aux pieds; ce fut en vain qu'on offrit de l'or aux conducteurs d'équipages pour la recevoir sur une voiture: elles étaient surchargées, et les chevaux épuisés pouvaient à peine les traîner. Elle fut donc obligée, tout en s'appuyant sur Louise, d'avancer jusqu'au lieu d'étape. Lorsqu'on arriva aux quelques maisons qui subsistaient encore, elles étaient tellement encombrées qu'il fut impossible d'y trouver un refuge pour la nuit; il fallut donc se résigner à passer la nuit au bivouac, par un froid de vingt degrés...

La comtesse donnait les plus vives inquiétudes à son mari et à Louise; ses forces l'abandonnaient sensiblement, et lorsqu'il fallut se remettre en route, il était visible qu'il lui serait impossible de supporter les fatigues de la nouvelle journée. Après avoir marché pendant environ deux heures, elle fut prise d'un évanouissement et glissa à terre entre les bras de son mari et de sa fille; elle était tombée pour ne plus se relever. Ses yeux se rouvrirent un instant, sa bouche balbutia quelques mots de bénédiction et de prière; puis, un long soupir exhalé de sa poitrine, l'immobilité de ses yeux et de ses traits, déjà saisis par le froid, annoncèrent qu'elle venait de rendre son âme à Dieu. Une fosse lui fut creusée dans la neige; et là se bornèrent les derniers devoirs que purent lui rendre son époux et sa fille brisés de douleur! En proie, d'ailleurs, à tous les maux qui les torturaient et qui ne pouvaient qu'augmenter par la suite, ils enviaient le sort de la comtesse, et considéraient la mort comme un bienfait du ciel... ce bienfait ne devait pas se faire attendre. A quelques jours de là, le comte fut blessé mortellement en défendant sa fille contre un parti de kosaks; Louise, séparée de son père pendant l'action, n'apprit qu'après la retraite de l'ennemi la nouvelle perte qu'elle venait de faire... Alors, sans appui, sans protection, au milieu d'une cohue d'hommes que leurs propres souffrances rendaient inexorables, elle appelait de tous ses vœux cette mort qu'elle craignait tant aux jours de bonheur, et qu'elle invoquait maintenant comme le repos, le salut, la délivrance! Bientôt ses forces s'épuisèrent, sa tête s'égara; vaincue par les agonies physiques et morales les plus poignantes, elle tomba morte dans un fossé qui bordait la route, et n'eut même pas une tombe de neige pour la couvrir... Mais en passant, les hommes dont le cœur n'était pas encore tout à fait pétrifié donnèrent des larmes à la pauvre jeune fille destinée à tant de bonheur, et qui venait de périr victime innocente d'une guerre contre les éléments, entreprise sans objet et restée sans compensation. Plusieurs jours après, les cadavres du comte et de Louise furent reconnus par le jeune officier polonais qui les avait vus à Moskou; il leur fit donner la sépulture dans le cimetière d'un village voisin de son pays. Quant à Henri, dernier membre de la famille Senneville, il fut tué en combattant glorieusement à Krasnoë, sans même avoir appris la fin déplorable de ses parents.

. . . .

En retraçant ce véridique tableau, nous avons dit tout ce qui nous fut transmis sur les émigrés français de Moskou, dont un très-petit nombre eut le bonheur de revoir la patrie.

LES MARTYRS D'OSZMIANA

LÉGENDE LITHUANIENNE

(1831)

C'était un dimanche, le 17 avril 1831, dans la petite ville d'Oszmiana, sur le chemin de Minsk à Vilno.

Dans cette saison et dans cette contrée les matinées sont encore froides, mais déjà la verdure reparait sous le givre, et la terre commence à refleurir au soleil printanier. Son lever pur et ses nuages semblait annoncer une belle journée; la population des environs se rendait joyeusement à la ville, les uns pour vendre leurs grains et vaquer aux affaires, les autres pour rendre grâce à Dieu du réveil de la patrie.

Vers les onze heures du matin, quelques coups de fusil se firent entendre. Le commandant des francs-tireurs, avec son peloton, réduit de moitié par le combat de la veille, osa disputer le passage de la rivière à l'ennemi vingt fois plus nombreux. La fusillade dura une heure entière, et les derniers des insurgés lithuaniens teignirent de leur sang le pont qui conduisait à la ville.

« *Moskale* (les Russes)! s'écria un volontaire blessé accourant sur le marché, où l'on avait élevé quelques barricades de troncs d'arbres et de chariots.

— Aux armes! répétèrent les habitants, en saisissant leurs faux et tout ce qu'ils purent trouver sous la main pour se défendre.

— *Rabiuta* (enfants)! la ville est à vous, cria en entrant le colonel Wierzulin, chef des Moskovites. »

Et comme des chiens lâchés par le chasseur, la soldatesque, avide de butin, se dispersa dans les rues et se mit à piller les maisons que les habitants avaient quittées pour se grouper sur la place.

Quelques-uns s'étaient réfugiés dans le temple, espérant trouver leur salut dans la sainteté du lieu. C'étaient les enfants, les femmes et les vieillards. Quinze jours auparavant, les jeunes gens étaient partis en expédition avec le colonel Przezdziecki, un des vétérans du grand-duché de Varsovie. La foule, prosternée devant l'image du Seigneur, attendait sa dernière heure avec recueillement et résignation. Un silence solennel, interrompu de temps en temps par la voix du prêtre qui récitait les prières des morts, régnait dans l'enceinte sacrée. Un vieillard en cheveux blancs, seigneur des environs, dont tous les fils avaient rejoint l'armée, priait au milieu du chœur entouré de paysans, et s'appuyait sur le bras d'une fille en grand deuil, dont le fiancé venait de tomber dans un des combats précédents.

« Une pinte d'eau-de-vie, Yvan, que j'abats ce corbeau, dit l'un des Kalmouks qui parurent à l'entrée.

— Va, répondit l'autre. »

La balle siffla, et le prêtre s'affaissa aux pieds de l'autel, la croix à la main.

C'était le signal du carnage. Le sabre au poing, le poignard entre les dents, les Kalmouks se ruèrent dans le temple. Qui pourrait jamais peindre cette scène horrible, où le sacrilége, le viol et le meurtre, avec leurs cris sauvages, leurs blasphèmes et leurs malédictions, profanèrent la maison de Dieu; où le rire féroce des assassins se mariait au râle des victimes! Il faudrait pour le décrire une langue nouvelle, empruntée à l'enfer, une langue que l'Europe ne connaît pas bien encore, mais que les hordes asiatiques d'Ismaïl, Oczakow, Praga et Sinope, se sont chargées de lui apprendre.

Un enfant de cinq ans, entourant de ses petites mains le corps inanimé de sa mère, gênait le Kalmouk occupé à dépouiller le cadavre. Déjà le monstre levait le bras pour le frapper.

« Camarade, dit l'autre en l'arrêtant, que vas-tu faire? Ce marmot-là ne vaut pas un coup de poignard. »

Et il saisit le garçon par la jambe, fit un moulinet avec son corps, et la tête de l'enfant alla se briser contre le mur de l'église.

Blottie derrière un confessionnal et entièrement cachée par un grand tableau de la Sainte-Vierge, la jeune Adèle M*** croyait échapper aux regards avides des meurtriers. Vain espoir! un soldat ivre de sang et d'eau-de-vie la trouva.

« Viens, *Laszka* (Polonaise), dit-il viens te marier avec moi. Et la saisissant par sa chevelure dénouée, le barbare l'entraînait hors de l'église, lorsque son vieux père, essayant en vain de l'arrêter d'une main brisée par l'âge, s'écria d'une voix suppliante :

— Au nom du tzar, ton dieu, ton idole, prends mon or, ma vie, mais laisse-moi ma fille!

— Toi, ton or et ta fille, tout m'appartient, » dit le Russe en le jetant à terre d'un coup de pied.

Le vieillard tomba sans connaissance; le Russe entraîna sa victime demi-morte.

« Cela va bien, *Nikita;* n'est-ce pas que cela va très-bien? prononça une voix rauque et railleuse.

— Pas mal, mon commandant, dit le soldat en ramassant une bourse d'or tombée des mains du vieillard.

— A toi cet or, à moi la captive, dit l'officier. La petite est fort avenante; c'est un morceau de prince, et tu me la céderas.

— Excusez, *uradnik* (lieutenant); la fille est à moi, et je l'épouse.

— Je te l'ordonne, entends-tu?

— Eh bien! prenez-la donc, » répondit le soldat avec un rire infernal; et il enfonça son poignard dans la gorge découverte de la jeune fille.

L'uradnik contempla d'un air farouche les restes inanimés de la victime, et lui enlevant sa pelisse :

« Elle est encore assez neuve, dit-il; et, quoique tachée de sang, un juif pourra toujours l'acheter. Ce qui est bon à prendre est bon à vendre. »

Un quart d'heure après, *l'ordre régnait à Oszmiana;* tout était tranquille et muet : seulement un tas de cadavres encombrait l'entrée de l'église, et un torrent de sang humain inondait la terre.

« Une *krasninka* (10 roubles), mon cher monsieur, et je vous vends ce bijou, disait un Russe à demi ivre, en montrant un objet ensanglanté. » C'étaient les boucles d'oreilles avec les oreilles mêmes de sa victime que le Moskovite voulait vendre; et le vieillard moribond auquel il s'adressait était son père...

Celui-ci tomba mort en les recevant en échange du prix convenu. Les boucles d'oreilles se trouvent aujourd'hui, comme trophée de victoire, entre les mains de l'uradnik, devenu lieutenant général.

Le lendemain un *Te Deum* fut chanté par ordre du commandant russe, en actions de grâce.

LE DERNIER ONCLE

ou

COMMENT VIENT LA FORTUNE

LÉGENDE GASCONNE

(1836)

« Je vous dis, s'écria Georges avec vivacité, que la fortune ne vient aujourd'hui ni au travail, car j'en saurais quelque chose; ni à l'intelligence, car notre ami Albert serait millionnaire; ni à la probité, car nous serions tous trois à notre aise : la fortune vient aux riches, par cette loi physique, invariable, qui fait que les masses pesantes attirent les corps de même nature et les entraînent dans leur orbite... Moi qui vous parle, je suis l'auteur d'un projet de chemin de fer très-hardi, qui ferait honneur au plus habile ingénieur; mais comme il émane d'un pauvre employé, comme il descend d'une mansarde au cinquième, on ne se donnera seulement pas la peine de l'examiner, et mon projet s'en ira... où vont toutes les inventions méconnues, tous les amours malheureux, toutes les gloires usurpées, tous les systèmes sans point d'appui... dans la lune, je crois.

— Et moi, dis-je à mon tour, en remplissant ma

partie dans un trio d'anciens amis originaires de Bordeaux, j'ai osé demander à mon banquier de vouloir bien augmenter mes appointements, après quatre années de bons et loyaux services, pendant lesquels il avait doublé son capital... Savez-vous ce qu'il s'empressa de me répondre? « Que pour 800 francs par an, il pourrait trouver autant de commis qu'il en voudrait, et du premier choix! Voilà pourquoi vous me voyez aujourd'hui dans le pandémonium de Paris.

— Et moi, dit Albert, je viens de terminer une trilogie antique qui certes ferait ma réputation... si je voulais prendre quelques arrangements avec le directeur de l'Odéon pour les frais de décors, de mise en scène, de costumes, qui peut-être serviraient à toute autre pièce que la mienne!... »

Un rire homérique s'empara de l'auditoire du poëte cornélien. C'est ainsi que nous nous plaignions tous trois des rigueurs du destin; mais comme on se plaint à vingt et quelques années, le sourire aux lèvres et l'espérance dans le cœur, autour d'un bol de punch dont la vapeur se mêlait à la fumée des cigares. A nous trois, nous représentions le monde en abrégé : les arts, la finance, l'industrie. La finance, c'était moi, Louis de Méran, ex-commis de Bordeaux, débarqué depuis huit jours à Paris, dans un modeste hôtel de la rue Croix-des-Petits-Champs.

« Mes chers amis, je vous ai déclaré, dit Georges, que je vous ménageais une surprise... Nous ne sommes pas riches, vous le savez; et nos trois fortunes réunies suffiraient à peine à payer les frais de mise en scène de la trilogie d'Albert... Eh bien! j'ai trouvé... un moyen victorieux, une recette infaillible pour devenir millionnaires.

— Voyons un peu ta recette.

— Vous avez entendu ma profession de foi... c'est de nous faire passer pour très-riches, d'abord.

— A quoi bon?

— Mais cela rend toute chose facile en ce monde... même la probité... Un gros héritage! c'est la considération, c'est l'esprit; c'est le talisman qui fait ouvrir à deux battants toutes les portes de plomb ou d'airain qui nous interdisent l'entrée de la vie : à nous, les parias de l'intelligence, et alors...

— Et alors on ne trouve même pas de quoi solder le mémoire de son tailleur, dis-je en me rappelant que, par une étourderie de jeune homme, le jour même de mon arrivée, j'avais commandé chez Huber une redingote neuve dont je lui devais encore la moitié.

— Ne m'as-tu pas parlé d'un oncle, dit Georges, parti depuis ton enfance pour la Jamaïque, ou la Martinique, ou je ne sais plus quelle Amérique, et qui depuis n'a jamais donné de ses nouvelles?

— Oui; eh bien?

— Eh bien! cet oncle précieux, s'il est mort, nous allons le faire revivre; s'il est vivant, nous allons le faire mourir.

— Un oncle d'Amérique? fi donc! le moyen est usé.

— Usé tant que tu voudras... mais les moyens qui ont le plus souvent réussi sont ceux qu'il faut choisir de préférence... ce sont les meilleurs! n'est-ce pas, monsieur l'auteur dramatique? C'est ce que, dans votre art, si c'en est encore un, vous appelez les ficelles!...

Albert s'inclina majestueusement.

— Il faut donc le tuer, ce cher oncle, qui ne s'en portera pas plus mal après sa mort...

— Un parricide! Y songes-tu?

— Je te dis qu'il ne nous faut pas davantage pour faire fortune... C'est le levier d'Archimède auquel nous attacherons tout le poids de notre génie; tu vas voir mon programme : Jacques de Méran, riche colon de Bordeaux, mort à la Martinique, vient de laisser, par dévouement pour sa famille, à Louis de Méran son neveu, ses plantations de sucre, deux cent cinquante nègres, avec autant de négresses, avec leurs négrillons, et sa bénédiction pour couronnement. Le tout évalué à deux millions, ou peu s'en faut. Voilà!

— Allons donc! c'est une plaisanterie.

— Mais non! je parle très-sérieusement... tu vas devenir légataire universel de feu ton oncle; et comme je suis homme d'initiative, je puis déjà t'annoncer un commencement d'exécution... Prépare-toi donc à devenir un nabab comme il y en a tant, un riche seigneur comme il y en a peu... et surtout à prendre le langage et les manières qui conviennent à ta nouvelle dignité.

Je protestai de toutes mes forces contre cette heureuse invention de Georges, et dont j'allais probablement payer tous les frais, mais ce fut en vain; le silencieux Albert, déjà passablement impressionné par le second bol de punch, trouva la fable parfaitement charpentée et pouvant amener des péripéties fort intéressantes.

— Deux millions de fortune! disait-il, tu feras jouer ma trilogie.

— Je te le promets, dit Georges; et de plus, un succès d'enthousiasme!...

Le concierge de l'hôtel, que j'avais réussi à me rendre favorable, selon le conseil que Georges m'en avait donné le jour même de mon installation, montra sa calotte noire à la porte et m'annonça la visite de mon tailleur. Cette visite intempestive me ramena tout à coup à la réalité la plus absolue.

— Faut-il faire monter ce bon M. Huber? fit le concierge.

— Certainement! s'écria Georges en prévenant ma réponse; il ne pouvait venir plus à propos!

Le tailleur entra, l'air épanoui, comme un huissier qui aurait vendu à forte prime 500 promesses d'actions, et salua mes deux convives jusqu'à terre. Je le vis glisser, en passant, une pièce de cinq francs dans la main du concierge.

— Bonjour, monsieur Huber, dis-je avec embarras, vous venez sans doute pour vos cinquante francs?

— Croyez-fous tonc, monsieur te Méran, répondit le tailleur avec l'accent du plus pur alsacien, que che sonche à te bareilles pacatelles?... Che suis fenu bour le teuil...

— Quel deuil?

— Ah! *id,* bour le teuil de M. fotre ongle, mort à la Mardinique... Il fous fautra sans toute un habillement gomplet... Che sais que vous l'aimez peaucoup, monsieur!

— Mon habillement?

— Non! votre ongle; et c'est tout naturel : une crante fortune! Ah! vous le recretterez longtemps, ce cher ongle!... Teux hapits noirs, trois chilets et six bandelons... une retincote pien fourrée bour le matin... »

Albert et Georges étaient d'un sérieux désespérant.

« En ce moment-ci, monsieur Huber, il me serait tout à fait impossible...

— Ah! çà, ch'espère que fous n'allez bas me faire t'infitélité... Terteifle!... Foulez-fous pien bermettre...

— Je vous le répète, mon cher monsieur Huber, je n'ai pas encore reçu...

— Che fous en brie, ne me parlez plus t'archent, ou je m'en fais... che fous en offrirais, si fous poufiez en afoir pesoin... Foyons, monsieur, fous en faut-il? Gompien? ch'ai là tans mon bordefeuille tout ce que fous pouzef exicher... fous ne me ferez bas l'inchure de me refuser...

— Accepte! dit tout bas Georges.

— Je suis vraiment touché de vos intentions, mais j'ai tout ce qu'il me faut, et je ne puis... »

Le tailleur avait déjà passé sa bande de papier autour de ma taille, et m'avait littéralement garrotté comme une momie égyptienne. J'avais réellement besoin de quelques vêtements d'hiver, et je n'insistai pas davantage. Maître Huber, ayant pris mesure, s'inclina et partit.

Mais il avait, comme par mégarde, laissé sur la table un billet de 500 francs. Je le saisis en l'apercevant, et je m'élançai à sa poursuite. Je fus arrêté sur le seuil par le propriétaire de l'hôtel, M. Criquet.

« Monsieur, me dit-il, il faut que vous me rendiez un service signalé!

— Lequel?

— Achetez-moi ma maison!

— Vous acheter votre maison! moi?

— Vous-même!... Vous êtes riche, très-riche, et vous devez avoir besoin d'immeubles... Moi, j'ai besoin d'espèces; vous voyez donc que nous pouvons nous entendre... 50,000 francs pour vous, ce n'est pas une affaire; c'est à peine la moitié de votre revenu annuel; et ma maison vaut le double.

— Vous me croyez devenu millionnaire?

— Pardieu! toute la ville en parle depuis trois jours... Plusieurs de mes voisins se souviennent parfaitement avoir connu M. Jacques de Méran, votre oncle, déjà riche au moment où il allait s'embarquer pour les colonies... et aujourd'hui!... Je croyais d'abord que M. Félix, l'agent de change, voulait me l'acheter.

— Qui! mon oncle?

— Non! ma maison... mais il ne peut pas venir à bout de se décider... Entre nous... je ne crois pas M. Félix très-solvable, je ne compte que sur vous.

— Sur moi! mais c'est une folie!

— Une folie? mais pas du tout! c'est une opération très-avantageuse; et votre oncle lui-même serait de cet avis... Vous y ferez quelques réparations urgentes...

— A mon oncle?

— Non! à ma maison... et dans quelques mois, comme elle est comprise dans un plan de démolition déjà décidé par la ville, vous la revendrez juste le double de ce qu'elle vous aura coûté. Vous le voyez, c'est une affaire d'or; qu'en pensez-vous, messieurs?

— Sans doute! sans doute! s'écrièrent Albert et Georges à l'unanimité.

— Ainsi, vous acceptez; j'en suis ravi pour vous autant que pour moi-même... Ah! je suis bien heureux de vous avoir eu pour locataire! J'ai votre parole, c'est un marché conclu. »

Et, sans attendre ma réponse, il quitta la chambre. De locataire, j'étais soudainement passé, comme par un coup de baguette magique, à l'état de propriétaire.

« Tu le vois, mon moyen produit son effet, dit Georges; la maison est à toi.

— Excellent moyen, répondis-je, quand on n'a pas de quoi payer son loyer... » Je doutais encore si mon drôle ne s'était pas entendu avec mes amis pour prolonger cette mystification, que je voulais avoir l'air de prendre au sérieux, lorsque M. Félix, l'agent de change, entra chez moi, de l'air d'un homme qui vient se plaindre d'un mauvais procédé.

« Vous m'avez coupé, monsieur, l'herbe sous le pied, me dit-il. Je regardais déjà cette maison comme m'appartenant, et j'en avais offert 49,000 fr. à son ancien propriétaire. C'est ma faute, après tout! je ne pensais pas que pour une aussi légère différence il la céderait à un autre... à vous, monsieur. J'en ai absolument besoin pour y installer les bureaux de ma compagnie... *le Prométhée!...* dont voici les dernières actions. Je n'espère pas vous faire accepter les mêmes conditions qu'à M. Criquet; ainsi, peu de mots! je vous en offre 15,000 fr. en sus de votre marché.

— En actions du *Prométhée!* s'écria Georges effrayé.

— Mais non, mais non, en effets de commerce; au comptant, si vous le désirez. Voyons, les voulez-vous?

— Monsieur Félix, lui dis-je, je n'avais pas de vues sur cette maison, lorsque M. Criquet est venu me l'offrir, en me priant instamment de la lui acheter... J'ai fini par céder, et la maison m'appartient, à ce que je crois. Maintenant vous me proposez 15,000 francs pour vous la revendre... Libre à vous! j'y consens volontiers pour vous faire plaisir.

— A la bonne heure! je savais bien que M. Louis de Méran devait être un galant homme! Vous serez payé dans quinze jours, en traites sur un des banquiers de Paris. Je suis vraiment charmé de la rondeur avec laquelle vous menez les affaires, et vous me permettrez de venir vous voir de temps à autre?

— Quand il vous plaira, monsieur Félix. »

Il sortit, en me laissant entre les mains 15,000 fr. en trois billets à ordre, qu'il venait de souscrire à mon nom, réalisables à l'échéance d'une quinzaine, chez MM. Hugues et Bergeret.

Je connaissais leur adresse, parce qu'ils étaient chargés de toucher en mon nom une rente de deux cents francs qui m'avait été léguée par une parente inconnue.

Le doute n'était plus possible et je commençais à réfléchir aux avantages que je pouvais retirer, pour mes amis et pour moi, de leur ingénieux stratagème.

J'écrivis aussitôt au chef de la maison en lui demandant conseil pour le placement de quelques fonds disponibles. Il paraît que dans le commerce ces mots « *quelques fonds* » ont plusieurs significations, suivant le nom et la position de celui qui les emploie. La nouvelle de mon héritage fictif étant déjà parvenue au banquier, mes « *quelques fonds* » voulaient dire tout simplement, une mine d'or. C'est ce que je pensai en recevant trois jours après, de MM. Hugues et Bergeret, la lettre que voici :

« Monsieur et cher correspondant, nous vous accusons réception de votre honorée du 17 courant. Nous l'avons reçue au moment même de la conclusion de l'emprunt des *Cortès,* à laquelle notre maison, comme vous devez le savoir, a pris une part très-active. Comme nous voulons favoriser nos clients par des *mises de fonds* très-avantageuses, nous vous avons réservé un achat de 20,000 piastres de rente. Si vous trouviez cette somme trop forte, ce que nous ne pensons pas, dans votre état actuel de fortune, il vous sera facile de pouvoir les réaliser dès ce moment, en tout ou en partie, puisque les effets souscrits sont en hausse. Toujours prêts à vous servir de notre mieux, nous avons l'honneur, etc.

« P. S. Nous avons appris avec plaisir l'heureux événement survenu à un ancien ami ; nous l'en félicitons cordialement, et le prions d'agréer, etc. »

Vingt mille piastres de rente ! La lettre me tomba des mains ; je la ramassai et je la relus plusieurs fois pour me convaincre que je n'étais pas le jouet d'une hallucination : car c'était une fortune qui me tombait du ciel, sans que j'eusse rien fait pour la conquérir. Le chiffre seul du capital représenté par ce revenu me donnait le vertige ! J'écrivis aussitôt à mon correspondant que cette somme dépassait de beaucoup celle dont je pouvais disposer. Je n'avais pas encore reçu d'argent de la Martinique, et il me serait peut-être impossible d'en opérer le versement immédiat.

« Nous avons vu avec peine, me répondit le banquier, que l'emprunt espagnol ne vous ait point inspiré de confiance. En conséquence, nous avons, suivant votre désir, ordonné la vente de la moitié de vos bons ; et, très-heureusement, vos instructions nous sont arrivées le jour d'une forte hausse. Elle vous a produit un bénéfice net de 80,000 fr. Pour ce qui concerne le reste, nous connaissons trop la lenteur des liquidations d'héritage pour insister sur la mise de fonds à terme fixe ; mais notre maison vous procurera tout l'argent dont vous pourrez avoir besoin. Nous prenons même la liberté de vous faire observer qu'il est nécessaire de prendre vos mesures à temps, afin que vous ne vous trouviez pas surchargé de capitaux sans emploi lors de la réalisation de vos valeurs de la Martinique. Nous avons ménagé vos intérêts comme s'ils étaient les nôtres.

« Dans l'espérance que les papiers français trouveront chez vous meilleur accueil que ceux de la Péninsule, nous vous envoyons un projet de banque du Crédit foncier. Nous vous ferons remarquer que la prise d'actions n'exige nullement le payement au comptant, et que les versements devant être faits à des époques très-éloignées, on pourra, avant les termes échus, réaliser vos bons d'Espagne. En tout cas, nous vous réserverons cinquante de ces actions, que nous vous délivrons avec plaisir contre reçu, et dont la valeur doit être en harmonie avec le crédit que nous vous avons ouvert, etc. »

Quatre-vingt mille francs de profit immédiat sur mes bons d'Espagne ! Bienheureux Cortès ! nobles Castillans, qui me valez en un seul jour cet accroissement de fortune, soyez bénis ! Décidément, les *Contes des Mille et une Nuits* sont dépassés. Et pourtant, je suis bien éveillé, j'ai là toute ma correspondance, mes cinquante actions du Crédit foncier assurées !... Il fallut enfin m'habituer à l'idée extravagante et vraie pourtant, que j'étais devenu millionnaire !

Je sortis. On m'accabla de félicitations lorsqu'on me vit « tout de noir habillé ». Le journal du soir se crut obligé de donner la biographie de mon oncle ; on me demanda des détails, qu'Albert se chargea de fournir. On me pressa de faire connaître la manière dont je voulais monter ma maison, les œuvres de bienfaisance que je comptais prendre sous ma tutelle, etc., etc. Plusieurs dames de charité m'avaient écrit pour me recommander les établissements placés sous leur direction. Cependant on me ruinait avec les ports de lettres ; car, au milieu de toutes ces splendeurs supposées, je me trouvais sans le moindre métal. Mais du moment où l'on fut instruit de mon héritage, personne ne voulait plus recevoir un centime, et les marchands se battaient à ma porte pour m'offrir à crédit tout le contenu de leurs magasins.

Je devais une visite à mon généreux banquier, et j'en fus reçu avec tous les honneurs possibles. M. Bergeret m'apprit que les fonds espagnols venaient de monter encore, en m'exprimant le regret d'en avoir déjà vendu la moitié.

« Voudriez-vous bien avoir la bonté de me dire, lui demandai-je, quel est le total des valeurs que vous avez achetées pour mon compte ?

— Le calcul est facile, répliqua courtoisement l'homme de chiffres : 10,000 piastres de rente à 70 francs, la piastre à 5 francs 5 centimes, si vous vendez le tout aujourd'hui, pourront produire instantanément de 210 à 220,000 francs en espèces sonnantes.

J'écoutais avec la plus grande attention, presque avec stupeur.

« Vous dites, monsieur, que je puis être en possession d'une somme de 210 à 220,000 francs ? Est-ce bien ainsi ?

— Autant que l'on peut évaluer une affaire, à quelques centaines de francs près.

— Ah ! je m'en rapporte entièrement à votre saga

cité... Vous m'avez aussi parlé, je crois, d'une banque de nouvelle formation...

— En effet; mais l'établissement de cette banque a rencontré quelques obstacles... Cependant cette affaire n'en est pas moins avantageuse pour vous, et les promesses d'actions sont en hausse...

— Pourrait-on se défaire de ces promesses?
— Sans aucun doute.
— Je désirerais réaliser toutes ces valeurs réunies pour en former un capital que je placerais alors, suivant vos indications...

— Sur nos 5 pour 100, monsieur, c'est le plus sûr... Je ne connais rien de plus solide; et, avec leur taux actuel, on pourrait toucher jusqu'à 6 pour 100 du capital.

— A merveille!... si je place le tout sur les 5 pour 100, j'aurai donc une rente de?...

— Voici l'estimation approximative: 300,000 fr., au moins, sur la rente à 80, cela ferait déjà 18,000 fr.; admettons une somme ronde de 20,000 francs.

— Ah!... et quand pourrai-je réaliser ces 20,000 fr. de rente?

— Dès demain, si vous voulez confier cette opération à notre maison.

— Avec le plus grand plaisir, cher monsieur Bergeret! Quelle autre maison pourrait m'inspirer une confiance plus absolue?... »

Le banquier s'inclina.

« Oserai-je vous prier, monsieur Bergeret, dis-je en rougissant, de vouloir bien m'avancer quelque argent pour mes premières dépenses à Paris?

— Comment donc! ma caisse est à vos ordres. Combien désirez-vous? Trois, cinq, dix mille francs? Ne vous gênez pas.

— Trois me suffiront, pour le moment.

— Qu'on appelle le caissier; les voulez-vous en or ou en billets de banque?

— Comme il vous plaira! »

Possesseur d'une fortune aussi splendide, j'éprouvais pourtant un embarras réel en demandant à son dépositaire une somme très-minime, mais indispensable; car après avoir renvoyé le billet de 500 fr. à M. Huber, déduction faite de mes frais de voyage, il me restait 5 francs. Mais la force de l'habitude est telle, que je ne croyais encore avoir droit qu'à ma petite rente de 200 francs, dont le terme était loin d'être échu (?).

Le caissier me remit six billets de 500 francs.

« J'ai à mon tour une prière à vous faire, dit le banquier.

— Parlez, monsieur!

— Vous avez encore peu de relations dans la capitale... cela viendra plus tard... Acceptez pour aujourd'hui l'offre de mon dîner de famille; ma femme sera charmée de faire votre connaissance. Nous dînons à six heures; et si vous n'êtes pas engagé pour la soirée, vous nous ferez, n'est-ce pas? le plaisir de la passer avec nous. Nous aurons quelques amis... »

Il y a peu de moments dans ma vie auxquels je pense avec plus d'attendrissement que celui où je quittai la maison de M. Bergeret, emportant mon trésor, et commençant à croire sérieusement que tout cela n'était pas un songe. J'avais 3,000 francs en portefeuille, ce qui ne m'était pas encore arrivé. Je courus à la poste, je rachetai mon porte manteau que j'avais dû laisser au facteur, avant de pouvoir trouver un logement. Je me fis conduire à l'hôtel des Princes, et m'installai dans un superbe appartement, après avoir payé ma note à M. Criquet.

J'arrivai avec une telle exactitude au rendez-vous indiqué par M. Bergeret, qu'il avait à peine eu le temps d'achever à sa femme le récit de mon histoire; mais elle en avait assez entendu pour me recevoir comme un ami de la maison. Tout le monde m'accueillit avec beaucoup d'égards; j'y surpris de très-aimables sourires, et je saisis même au vol les paroles suivantes, qu'on se disait à l'oreille: « De la modestie, du maintien, beaucoup d'habileté; des affaires excellentes! » Après dîner, on joua du piano, on chanta, et je me trouvai beaucoup plus d'esprit qu'à l'ordinaire. J'avais accepté avec empressement l'offre de M. Bergeret, de considérer sa maison comme la mienne; mais Mme Hugues, la femme de son associé, voulut à toute force m'avoir pour le reste de la soirée: on me conduisit aux Bouffes, et les jours suivants, ce furent des invitations à pleines mains. Dès lors, j'étais posé dans le monde, et le jeune employé gascon se trouva subitement métamorphosé en lion parisien.

Cependant mes deux amis, Georges et Albert, étaient inquiets sur ce prodigieux vol d'Icare de leur victime, et dont les ailes de cire devaient fondre, à leur avis, au soleil de la vérité. Ils se reprochaient maintenant les suites de cette fausse nouvelle qu'ils avaient répandue, et qu'ils n'osaient plus désavouer, de crainte de voir s'écrouler en un instant toute cette fortune échafaudée sur une fable. Mon départ de Paris coupa court à leurs appréhensions.

Trois mois après mon retour dans mon pays, on m'annonça leur visite.

« Qu'ils entrent! m'écriai-je, et qu'on ne reçoive plus personne. »

Lorsqu'ils virent les meubles somptueux qui décoraient mes appartements, ils se frottèrent les yeux avec incrédulité, presque avec terreur.

« Il est bien difficile, à présent, d'être admis chez toi, me dit Albert.

— En effet! je suis assiégé de solliciteurs et de faiseurs de projets; j'ai dû me mettre sur la défensive... mais vous, mes chers amis, vous ne doutez pas du bonheur que j'ai à vous recevoir. Vous arrivez à propos pour m'accompagner à ma maison de campagne...

— Ta maison de campagne?

— Oui, une très-belle acquisition, et qui ne m'a coûté que 100,000 francs... Mais comme elle est à deux lieues de la ville, je vous y mènerai dans ma calèche.

— Ta calèche?

— Attelée de deux excellents chevaux bai-bruns que j'ai ramenés de Paris... Je n'ai pas encore pu me procurer de chevaux de selle convenables; mais je viens d'écrire à Crémieux de me réserver les meilleurs qu'il pourra trouver... »

Mes deux amis se retirèrent dans l'embrasure d'une croisée et se parlèrent quelque temps à voix basse, avec les larmes aux yeux. Je fus obligé de les interpeller.

« Mon pauvre Louis, me dit Georges, tu sais bien que ton oncle n'est pas mort millionnaire.

— Je ne sais s'il est mort, car je ne suis même pas bien sûr qu'il ait jamais vécu; tout ce que je sais, c'est qu'il m'a laissé le plus splendide héritage qu'un oncle d'Amérique ait transmis à un neveu de Bordeaux...

— Mais cet héritage aussi n'est qu'un rêve!

— Un rêve d'or, mon cher Georges; d'ailleurs qu'importe, si nous en sommes tous trois pleinement persuadés?

— Oui, toi, peut-être; mais nous... ah! nous sommes au désespoir d'avoir poussé si loin cette plaisanterie...

— Au contraire, je vous en ai toutes les obligations du monde... vous en voyez les résultats.

— Nous en sommes les auteurs responsables; il est aussi de notre devoir de nous rétracter...

— Gardez-vous-en bien! je serais forcé de déplacer mes capitaux, de m'expatrier peut-être, pour aller à la recherche de mon oncle!... Je vous en conjure, laissez les choses dans l'état où elles sont; et si mon digne oncle n'est pas mort sur la terre étrangère, je lui ferai en France un oreiller de brocart pour sa vieillesse!... »

On annonça la voiture, et les trois amis se mirent en route en parlant de la trilogie d'Albert, du grand Albert, qui avait joui d'un succès littéraire sur les théâtres du boulevard.

Cependant la vérité ne tarda pas à se faire jour; on était aux aguets à Paris comme à Bordeaux, et l'on ne voyait rien venir de la Martinique. Les plus dévoués de mes anciens clients ne faisaient que hocher la tête quand on leur parlait de mes dépenses. Le chimérique échafaudage menaçait de s'écrouler à tout instant, et je faillis être enseveli sous ses décombres.

Je reçus une lettre de M. Félix, qui me redemandait ses 15,000 francs sous menace de faire du scandale; puis une lettre de M. Bergeret, qui me pressait de solder ses actions du Crédit foncier. Je vis bien que la tempête avait commencé, lorsqu'un jour je trouvai douze autres lettres sur mon secrétaire, toutes à peu près du contenu de celle-ci :

« Monsieur NN. présente ses civilités à M. de Méran, et comme il a besoin de fonds pour une fin de mois, il le prie de vouloir bien lui payer dans la journée la petite note ci-jointe. »

Mes réponses étaient toutes formulées de la manière suivante :

« M. de Méran remercie M. NN. d'avoir bien voulu lui envoyer sa note, depuis longtemps attendue, et dont il s'empresse de lui transmettre le montant. »

La plupart de mes créanciers me renvoyèrent les effets, tout en me suppliant de les considérer désormais comme mes clients.

Une seule parmi les douze lettres n'était point une demande d'argent; en voici la teneur :

« Mon cher Louis, Cause involontaire de ta ruine, je me crois en devoir de t'informer que les rumeurs les plus désobligeantes circulent sur ton compte à Paris, et qu'on parle même déjà de poursuites judiciaires. Le vrai coupable c'est moi; car Georges n'a fait que jouer avec talent un rôle que j'avais tracé par avance. Ayant atteint le comble de mes vœux par un mariage auquel je dois le bonheur de ma vie, je suis prêt néanmoins à m'offrir aux rigueurs de la justice. Si tu te décidais à quitter le pays pour te soustraire aux funestes conséquences de mon étourderie, voici 500 francs qui te seront aujourd'hui plus utiles qu'à moi.

« Ton invariable ami,

« ALBERT. »

Je lui répondis sur-le-champ :

« Mon cher Albert, C'est à moi de te rassurer et de calmer tes craintes; car il n'y a dans ton invention et dans ta mise en scène rien que de très-juste et de très-légitime. La fortune s'est d'elle-même présentée à mon seuil; je n'ai fait qu'ouvrir la porte, voilà tout. Je te renvoie tes 500 francs et je garde ton amitié, plus précieuse et plus durable assurément que toutes les fortunes du monde.

« Ton bien dévoué,

« LOUIS DE MÉRAN. »

Pendant une semaine entière je fus encore le sujet de toutes les conversations :

« Il est heureux, disaient les uns.

— Heureux si vous voulez, disait tel autre; mais surtout d'une habileté suprême, celle qui sait profiter des circonstances.

— Bah! j'en aurais fait tout autant à sa place! » disait un troisième.

Moi-même je me surprenais parfois à me trouver habile; cependant un instant de réflexion suffisait pour me convaincre qu'il n'y avait aucun mérite de ma part. Je pris tout doucement dans le monde l'emploi, le rang et la dignité d'un homme possédant 20,000 francs de rente; avec l'amitié d'Albert pour consolation, dans le cas où l'adversité viendrait à m'atteindre.

« Ainsi, mon cher Georges, la fortune ne vient ni aux riches, qui n'en ont pas besoin; ni au travail, puisque je n'ai rien fait pour le devenir; ni même à l'intelligence, puisque je n'ai rien inventé; la fortune a les yeux couverts d'un bandeau : elle a cela de commun avec l'amour.

— Et avec la justice.

— On vient de faire à celle-ci l'opération de la cataracte... Elle voit aujourd'hui parfaitement clair, et de tous ses anciens attributs elle n'a gardé que son épée...

— Alors, selon toi, comment vient la fortune?

— Eh! mon Dieu! comme vient toute chose ici-bas, par le hasard.
— Le hasard, c'est l'incognito de la Providence, dit Albert; elle donne ou reprend la fortune à son gré; le seul mérite réel, c'est d'en savoir faire un bon usage.

— Elle vient aussi parfois par le vol ou la spoliation; mais alors, elle tourne à mal à ceux qui l'ont acquise de cette manière devient à la fois la faute et le châtiment, et rentre ainsi dans la règle harmonique de l'univers. »

LE SERMENT

LÉGENDE NORMANDE

(1840)

C'était il y a quelques années, par un jour brumeux d'automne, vers cinq heures du soir. Quatre hommes quittaient la cabine d'un élégant trois-mâts qui se balançait fièrement dans le bassin du Havre, cette rade creusée de main d'homme, où peuvent se mouvoir jusqu'à cinq cents navires, et qui, parmi les travaux du commerce maritime, tient la seconde place après les docks géants de Londres. Après avoir mis pied à terre, nos voyageurs, devisant de chose et d'autre, s'acheminèrent vers le café-restaurant Lether, situé à quelques pas du théâtre.

Quatre couverts préparés dans un petit salon, avec bon feu, attendaient les convives qui se mirent gaiement à table aussitôt leur arrivée.

D'un côté du parallélogramme se trouvait un capitaine au long cours accompagné de son lieutenant; de l'autre étaient deux négociants armateurs, dont le plus âgé venait de vendre, et le plus jeune, d'acheter le susdit bâtiment. Ils s'étaient réunis en partie carrée pour fêter à la fois le marché conclu et les adieux; car, le jour suivant, le navire devait passer du bassin dans le port, et de là, déployant ses grandes ailes, prendre son essor et courir au large.

Le repas fut animé, bruyant et splendide; déjà les commensaux ressentaient l'influence des vins généreux que le restaurant havrais, aimé des marins, ne leur avait pas épargnés, lorsque, le dessert servi, les toasts échangés, il se trouva que le nouveau patron avait déjà voyagé, dans sa jeunesse, avec l'ancien capitaine; que le *midshipman* d'autrefois et le propriétaire armateur d'aujourd'hui n'étaient qu'une seule et même personne.

Ce fut une scène de reconnaissance comme il y en a dans toutes les tragédies de l'Odéon, et comme on peut aisément se la figurer entre marins revenant des antipodes, anciens amis et nouveaux associés. On se jeta tout naturellement dans les bras les uns des autres.

« Comment! c'est lui! c'est vous... Pardon! c'est toi, mon cher petit Stanislas, le mousse le plus intrépide et parfois le plus dur à manier du *Serpent-de-mer!*

— Eh! mon Dieu, oui; c'est bien moi, mon vieux capitaine!... Un peu changé, il est vrai, au moins en apparence; par quelques bonnes opérations en Normandie, et surtout par un heureux mariage qui m'a fixé à terre pour quelque temps encore... tant que ma chère Marie et mes enfants auront besoin de moi... une fille et deux beaux garçons...

— La Madone avec trois anges, n'est-ce pas? »

Le lieutenant toussa et fit une grimace diabolique en se retournant.

« Tu les verras toi-même en passant à Cherbourg, ajouta l'armateur.

— Tope! c'est précisément notre première station... Je te prends à bord, et nous voyageons ensemble.

— C'est impossible.

— Impossible!... Ce n'est pas un terme de marine française... craindrais-tu la mer, à présent?

— Si je crains la mer?... Non, pardieu; tu le sais bien; mais j'ai promis d'aller d'abord à Caen, où je suis attendu... Je retourne chez moi par terre.

— Par terre! du Havre à Cherbourg! Allons donc, tu veux rire. Tu ne seras pas assez pingre pour nous laisser partir, vent debout, vent arrière, après nous être croisés dans ces parages, que diable... A ta santé!

— A la vôtre, mon capitaine.

— A ta femme, à ses enfants!

— Merci, mes bons amis, pour eux et pour moi...

— A notre heureuse traversée! dit le lieutenant, qui n'avait pas encore pris la parole; mystérieux personnage d'un caractère indéchiffrable, d'un aspect dur et hautain, presque repoussant; mais, en revanche, hardi navigateur et connaissant parfaitement la mer.

— Je vous l'ai déjà dit, reprit Stanislas en posant son verre, je ne puis m'embarquer avec vous.

— Bon! voilà ta petite tête normande qui fait des siennes, comme à la manœuvre! Oh! je te connais; mais je suis encore plus entêté que toi : tu sais, je suis Breton... Tiens, nous restons en panne, moi et mon trois-mâts, si tu ne viens pas avec nous... Fais ton quart comme tu voudras.

— J'ai déjà retenu ma place à la diligence.

— A la diligence ! Qu'est-ce que tu dis là ?... Je te laisserais naviguer en patache, tout comme une bourriche d'huîtres ?... J'ai grande envie de m'emballer avec toi dans ta chaloupe à roulettes, par curiosité...

— Vous n'auriez peut-être pas tort, dit le lieutenant en essayant de sourire.

— Vous l'entendez! va pour la gondole. Si le patron ne veut pas nous tenir compagnie, c'est qu'il trouve apparemment que la mer est chaude, et il s'y connaît!... Nous allons prendre son véhicule; le bâtiment s'en ira tout seul, on lui dira la route; et s'il ne se retrouve pas sans moi, nous le mettrons sur l'impériale.

— L'idée est lumineuse, ajouta le lieutenant.

— Mais la mer est excellente! avec la brise qu'il fait, on pourrait filer de huit à dix nœuds à l'heure... Je serais trop heureux de pouvoir faire route avec vous, si je n'étais un peu malade...

— Toi, malade, avec ce teint de chanoine !... Aimes-tu mieux te faire cahoter dans une mauvaise rotonde, au risque d'être écrasé vingt fois entre une nourrice du Calvados, des tartines, un épagneul et des oiseaux en cage?... Pauvre cher Stanislas! la terre ne te vaut rien, il te faut un peu de brise et de roulis pour te remettre... D'ailleurs, nous avons un excellent médecin : c'est le cuisinier... Hé! le maître coq du bord !

— Voilà, mon capitaine, dit en entrant un gros personnage à face rebondie, coiffé d'un casque normand, armé de quatre bouteilles de champagne, deux dans les mains et deux sous les aisselles.

— Tiens, voilà son spécifique contre toute espèce d'infirmité... Nous te soignerons en route.

— Je ne puis; j'ai promis à ma femme sur l'Évangile... »

Le lieutenant fit sauter les quatre bouchons à la fois.

« Vaine défaite ! j'ai promis au lieutenant de t'emmener, et je tiendrai ma parole... Ta femme ne nous pardonnerait jamais si, pâle et souffrant comme tu parais l'être, nous te laissions prendre le mal de mer sur une banquette... Garçon! un bol de punch et servez chaud. »

Le lieutenant répéta l'ordre, en faisant un porte-voix de sa main.

« Serais-tu né le 13 d'un mois impair, par hasard, pour faire ainsi le réfractaire avec moi, ton ancien chef?

— J'y songe, c'est demain vendredi, observa le lieutenant.

— Non! je suis né le 6 août; c'était un mardi, s'il m'en souvient.

— Sous le signe du Capricorne, alors?

— Dieu m'en garde! je suis marié. J'ai vu le jour sous le signe de la Vierge... »

Le lieutenant bondit sur sa chaise et laissa tomber une bourse pleine de pièces d'or, qui se répandirent bruyamment sur le parquet. Le maître coq se mit en devoir de les ramasser; et, par mégarde, il en mit quelques-unes dans ses poches. Le lieutenant le regardait faire en ricanant. C'était, à ce qu'il paraît, un homme excessivement nerveux.

« Alors, tu partiras avec nous...

— Mais...

— Pas un mot de plus! ou, mille tonnerres, je ne mets plus jamais le pied à bord du bâtiment.

— Soit, je partirai... Mais je vous rends responsables de tout ce qui peut advenir...

— Un naufrage, peut-être ! dit le lieutenant en haussant les épaules.

— Je n'aime pas cet homme, dit tout bas Stanislas à son voisin.

— Et moi, donc! répondit de même le négociant; mais il a fait ma fortune, et sans doute il doublera la vôtre...

— Ainsi, c'est convenu... Tu vois bien que je suis toujours ton chef de file... J'ai gagné mon pari !

— Qui perd gagne », dit le lieutenant en saluant courtoisement l'armateur.

Le punch arriva. Les dernières hésitations du pauvre Stanislas, déjà coupable dans l'âme, s'évanouirent aux flammes bleuâtres du bol incandescent, qui répandaient une étrange lueur dans le salon. Vers minuit, les quatre amis se séparèrent, et le départ fut arrêté pour le lendemain vendredi, à dix heures du matin. L'armateur monta sa chambre; et, tout en se livrant à la joie d'un prochain retour, il sentait sur son cœur comme le poids d'une mauvaise action.

C'est qu'en effet, par sa promesse d'accompagner son ancien camarade, il en avait commis une. Marié depuis six ans avec une jeune parente de Cherbourg, père de trois enfants qui faisaient l'orgueil et l'espoir de sa vie, il avait promis à sa femme, par une clause expresse insérée dans le contrat, de ne plus jamais s'aventurer sur mer aux approches de la mauvaise saison, qui, dans ces parages tourmentés de la Manche, fait chaque année de si nombreuses victimes. Le jour même de son départ pour le Havre, où il devait fréter un navire de commerce, Marie et ses enfants tombèrent à ses pieds en le conjurant avec des larmes, de leur accorder une grâce de laquelle dépendait tout leur avenir. Cette grâce fut consentie à l'avance. La mère ouvrit un Évangile; et, l'ayant conduit vers la table, fit prêter à Stanislas le serment de revenir par voie de terre à Cherbourg. Elle l'accompagna jusqu'à la voiture de Saint-Malo; et ce serment errait encore sur ses lèvres, lorsque après le baiser d'adieu elle vit les chevaux de poste entraîner rapidement son mari vers les portes de la ville. Et, malgré cela, la seule rencontre d'un joyeux compagnon, son chef d'autrefois, quelques sarcasmes d'un inconnu jetés au hasard, avaient suffi pour lui faire rompre un engagement contracté d'une manière si solennelle. Le devoir du père de famille avait cédé devant l'orgueil du marin; sa parole avait été consumée à la flamme d'un bol de punch!

Rompre un serment, c'est toujours une félonie; mais dans cette circonstance c'était plus encore :

c'était un manque de cœur. Son sommeil se ressentit de cette pensée, il eut des visions effrayantes; mais il n'y avait plus à délibérer : sa fortune exigeait le départ immédiat du navire, et le capitaine était homme à remplir sa menace si le nouveau patron refusait à présent de le suivre. Il deviendrait bientôt la fable de tout Cherbourg, et l'implacable ironie du lieutenant pourrait lui faire tort jusque dans l'estime de ses associés, quand même qu'il les instruirait du véritable motif de son refus. D'ailleurs la mer était calme, le vent favorable; et, pourvu que sa femme le vît revenir sain et sauf, peu lui importait la manière dont on avait voyagé. C'est par de tels sophismes qu'il cherchait à donner le change à sa conscience, lorsqu'au coup de dix heures le capitaine entra; le lieutenant avait déjà pris toutes les dispositions du départ, et l'armateur, bon gré, mal gré, se laissa conduire à bord.

Le maître coq lui tendit la main pour l'aider à monter l'escalier, et s'écria tout en comptant les passagers :

« Dites donc, capitaine, nous voilà treize à table ! attention, que la marmite ne verse pas en route.

— Comment, treize ! dit l'armateur, mais je croyais que vous étiez déjà quatorze avant moi !

— Oui, répondit le capitaine; mais deux passagers nous rejoindront par terre : l'un vient de gagner à la loterie et l'autre de perdre son oncle dont il hérite...

— Deux lots magnifiques ! s'écria le lieutenant.

— Ils sont, ma foi, bien avisés, ceux-là ! marmotta l'homme au bonnet blanc.

— Tu vois qu'on n'a pas besoin de se noyer pour mourir, quand on le veut absolument.

— Ni de soupière pour prendre un potage...

— Vous êtes bien bons d'écouter les billevesées de ce gâte-sauce, interrompit le lieutenant. Allons ! la brise fraîchit, et nous n'avons pas de temps à perdre. »

Le coq lui montra le poing, grommela quelque bonne imprécation maritime et s'éloigna.

On leva l'ancre par un bon vent de nord-nord-est. L'équipage se mit à chanter joyeusement le refrain du *Henri IV*, que toute la France répétait alors, après le beau fait d'armes de ce vaisseau sur les rives du Maroc, et la vengeance qu'il a tirée de l'insulte faite au drapeau français par le sultan Abderrahman.

Au second couplet, lorsqu'on était à peine éloigné de la rade de quelques portées de canon, la mer devint très-dure.

« Veux-tu retourner à terre ? dit en riant le capitaine à son hôte, on va descendre le canot. »

Stanislas regarda le capitaine; il hésita quelques instants, mais le lieutenant était là, un âpre sourire figé sur les lèvres, il n'osa pas dire oui !

La mer grossissait de plus en plus; les dernières paroles du refrain, répété en chœur par tous les passagers, furent couvertes par les premiers rugissements de l'orage. Alors commença cet hymne formidable que la mer chante aux jours de sa colère, et qu'il faut avoir entendu au moins une fois dans sa vie, pour concevoir toute la faiblesse de l'homme, pour se faire une idée de l'immensité de la nature. Nous disons *une idée*, car cette immensité relative n'est qu'un point imperceptible, moindre que ces atomes flottant dans un rayon de lumière, en comparaison de l'immensité réelle, de l'infini.

A quatre heures du soir, lorsqu'on pensait être à moitié chemin, la roue du gouvernail, dans un violent coup de tangage, échappa à l'homme de barre; trois matelots des plus robustes, parmi lesquels le chef de cuisine, furent employés à la maintenir; mais une heure après, en vue du cap de Barfleur, elle s'échappa de nouveau, tua le maître coq et renversa ses aides. On entendit un éclat de rire strident, bientôt suivi d'un violent coup de tonnerre. La foudre brisa le mât de beaupré, dont les fragments embrasés s'éteignaient en sifflant sur les ondes. Le capitaine s'élança vers l'arrière, et, d'une main d'acier, il saisit la barre; le navire se cabra, puis, comme un coursier rétif maîtrisé par une volonté inflexible, il sillonna la mer de toute la vitesse des vents déchaînés, en laissant derrière lui une large traînée de flamme. Il semblait voler dans l'espace, emporté par le génie de la tempête.

A minuit, on aperçut le fanal du fort des Flamands, sur la côte de Cherbourg; il fallut à tout prix changer de route, car il y aurait eu plus que de la témérité à vouloir aborder par un temps aussi formidable. On voulut doubler le promontoire en le laissant à l'est-sud-est, pour découvrir les feux de la digue que l'on espérait pouvoir conserver en vue jusqu'au lever du jour. A peine avait-on commencé la manœuvre, qu'une furieuse rafale enveloppa tout le bâtiment d'un torrent de grêle et de neige, en lui dérobant ce point lumineux qui devait le guider dans l'obscurité. C'est alors seulement que l'armateur se recueillit et pria Dieu de lui pardonner son parjure; car, à moins d'un miracle, sa femme allait devenir veuve et ses enfants orphelins. Mais ce miracle était encore possible; cette pensée tripla son énergie, en rappelant à sa mémoire toutes les ressources que le sang-froid et le courage peuvent créer dans de semblables occasions. Il se rendit auprès du capitaine, que les matelots regardaient dans un morne silence; il leur dit quelques paroles bien inspirées; et soudain tous ces hommes, épuisés de fatigue et découragés, se mirent aux manœuvres avec la fiévreuse résolution que donne le désespoir. Une lueur se montra tout près du navire; c'était le fanal du Fort-Royal, cette sentinelle située au milieu de la mer, à une lieue de Cherbourg, sur un amas de rochers qu'on ne peut franchir sans danger, même en plein jour et par un temps calme.

« Virons de bord, mes enfants, ou nous sommes perdus ! s'écria le capitaine d'une voix terrible.

— Il est trop tard ! dit l'impassible lieutenant. »

Et aussitôt la mer prit le navire par le travers, l'enleva comme une feuille jetée au vent, et le porta d'un seul élan sur les récifs de l'île Pelée. Il était alors deux heures du matin. Les vagues bouillonnantes, la neige, la grêle, avec les restes des voiles et des agrès rompus, s'abattirent en même temps sur le pont, en fouettant le visage et brisant les membres des matelots. La scène de consternation qui s'ensuivit serait impossible à décrire. Le bastingage de tribord était arraché ; le tillac, à demi soulevé, menaçait d'éclater : la carcasse craquait d'une manière effrayante. Deux hommes avaient disparu sous les lames qui, de moment en moment, balayaient le navire en entraînant tout ce qu'elles trouvaient sur leur passage. Sur les figures ensanglantées de ceux qui restaient, on lisait l'angoisse d'une mort prochaine, inévitable ; et de toutes ces lèvres bleuies par l'épouvante, on n'entendait plus jaillir qu'un seul cri de rage et de malédiction. Le lieutenant, debout à l'avant, la main étendue vers l'abîme, semblait indifférent et muet comme le destin ; son manteau noir flottait au vent d'orage comme l'aile d'un vautour ; sa silhouette se découpait en traits angulaires sur un ciel couleur de bronze ; ses yeux, brillants comme ceux du tigre, trahissaient une joie infernale...

Au milieu de cette scène indescriptible, l'armateur, inspiré par le souvenir de ses enfants, seul agissait encore. A force de prières, de menaces, d'invectives, il avait fini par décider un matelot, le plus jeune de tous, à se jeter à la nage pour essayer de porter une amarre de sauvetage au Fort-Royal. Il la noua lui-même autour de son corps ; et, d'une main robuste, il lança le jeune homme à la mer. Après une lutte d'une demi-heure contre la tempête, l'intrépide marin réussit à prendre pied sur un écueil ; mais, presqu'aussitôt rejoint par les vagues, il fut refoulé dans l'abîme. Excellent nageur, dix fois il atteignit le rocher, et dix fois il en fut de même repoussé. Le voyant près de succomber, l'armateur saisit le porte-voix, lui cria de quitter l'amarre et de tâcher de gagner le fort pour appeler du secours. Libre enfin du lien qui le retenait, le nageur, après des efforts inouïs, escalada le rivage et trouva les barreaux d'une grille sous sa main. A moitié mort de fatigue, il se traîna jusqu'à l'entrée du fanal ; et là, poussant un cri suprême avec tout ce qui lui restait de souffle dans la poitrine, tomba sans connaissance à terre. Ce cri fut entendu, mais trop tard : déjà toute trace du navire avait disparu sous les flots !

L'orage s'apaisa, comme assouvi par la pâture vivante qu'il venait de dévorer. Le lendemain, au point du jour, il ne restait plus au commandant du fort qu'à recueillir les débris. En voyant tous ces corps morts apportés par les vagues, les éclats du bâtiment fracassé, les larmes aux yeux, il ordonna de hisser le pavillon à mi-mât, et fit tirer le canon de détresse.

Ce bâtiment n'était pas seul que la mer impitoyable avait submergé. Dès le matin, on voyait la plage se couvrir d'un monceau d'épaves et de fragments, sur lesquels la foule, mise en éveil par le canon d'alarme, se précipitait, le cœur plein d'effroi, pour découvrir à quelque signe certain la perte d'un parent, d'un ami, d'un associé. Bientôt la ville apprit par le jeune matelot le nom du bâtiment naufragé ; on recueillit les noyés, et chacun remerciait le ciel de n'avoir pas à porter une nouvelle de deuil à sa famille : car l'équipage se composait pour la plupart d'*étrangers*... Ainsi, dans notre âge d'airain, l'égoïsme se trouve au fond de tous les sentiments de joie et de douleur ; ainsi, notre patrie, à nous, c'est la famille, seul foyer de nos affections, de nos regrets, tant que le cœur de chaque individu ne battra pas dans le cœur collectif de la nation : tant que famille et nation ne seront pas étendues, par une alliance universelle, jusqu'au vaste ensemble de l'humanité ![1]

Le cadavre seul du lieutenant ne fut pas retrouvé ; mais, quelques années après, un homme tout pareil, dit-on, de figure et de son de voix, remplissait les fonctions de quartier-maître de timonerie sur le *Henri IV*, ce beau navire si malheureusement échoué en touchant les côtes de Krimée...

Marie, la femme de l'armateur, adressait au ciel de ferventes actions de grâces pour l'heureuse inspiration qu'elle avait eu d'en exiger le serment de revenir par terre à Cherbourg ; c'est cette inspiration, croyait-elle, qui lui avait conservé son époux, rendu un père à ses enfants : car elle ne doutait pas qu'il n'eût saintement accompli sa parole. L'Évangile, resté depuis ce jour ouvert à la même page, en était pour elle un gage infaillible. Pleine de confiance dans l'avenir, elle courut à l'église avec ses trois enfants, pour y faire dire une messe à l'intention des naufragés, et pour demander à Dieu le prompt retour de son mari. Après s'être acquittée de ce pieux devoir, elle voulut voir si sa présence sur le lieu du naufrage pouvait être de quelque utilité pour les travaux de sauvetage qu'on allait certainement entreprendre, et dans le noble espoir de soulager, autant qu'il était possible, les victimes du désastre. Au moment de son arrivée, elle y vit aborder une barque chargée de noyés... Elle en détourna ses regards avec horreur, en ramassant autour d'elle ses enfants. Elle allait s'éloigner ; et la foule, déjà instruite de son malheur, s'ouvrait avec respect devant la pauvre veuve, lorsque sa petite fille l'arrêta par le pan de sa robe et s'écria :

« Maman, regarde donc, voici papa qui revient !... »

Le doigt de l'enfant, indiquant le rivage, lui fit tourner les yeux dans la même direction. Le premier cadavre qu'on retira de la barque était celui de Stanislas, son mari !...

Elle s'évanouit. On la porta chez elle ; et le lendemain, à son réveil, sa raison était à jamais perdue !...

Depuis, on la voit chaque jour, à l'arrivée de la diligence de Caen, se presser contre les voitures et demander aux passagers son mari ; puis, elle les supplie d'aller le rejoindre au Havre-de-Grâce, pour lui rappeler son serment !

[1] *Hôte* était synonyme d'*étranger* chez les barbares d'autrefois ; notre civilisation les a séparés. Ne serait-il pas temps de supprimer le dernier, dans la langue de tous les peuples dignes de ce nom ?

FRANCE ET MAROC

LÉGENDE BRETONNE

(1851)

PERSONNAGES

DUPLESSIS, homme d'affaires.
GEORGES D'AVRIGNY, aspirant de marine.
NÉITA, jeune captive de l'empereur du Maroc.
DOMESTIQUE NÈGRE.

La scène est à Versailles, dans l'atelier de M. Horace Vernet.

SCÈNE I.

DUPLESSIS, GEORGES, UN DOMESTIQUE.

DUPLESSIS, une liste d'invités à la main.

Toutes nos invitations doivent être arrivées... même celles de ce matin, que nous avons été forcés d'expédier à Paris par le télégraphe électrique... le télégraphe! merveilleuse invention pour les hommes de notre temps qui voudraient arriver avant même d'être partis!... Voyons si je n'ai oublié aucun des amis de la maison... toutes les notabilités des arts et de la diplomatie... la noblesse du Musée et celle de l'Institut... Ah! monsieur Vernet! vous m'avez chargé d'une tâche au-dessus de mes forces, en me priant de faire les honneurs de votre salon à tant d'hôtes illustres, moi, le plus obscur et le plus ignoré de vos clients; moi qui me suis toujours si bien occupé des affaires des autres, que je n'ai jamais eu le temps de songer aux miennes... Et cette fête tombe juste au moment où l'heureux comte de Stafford, cet homme vingt fois millionnaire, hier encore simple ouvrier chauffeur sur un bâtiment de la marine anglaise, vient de me confier la mission délicate de lui découvrir une famille en France... Placer un million de rentes au milieu d'une fête artistique, et trouver à mylord un héritier, moyennant une simple guinée partagée en deux!... Il le faut cependant; sans cela, gare le lord-trésorier du Royaume-Uni... légataire universel de tous ceux qui n'en ont pas!... Allons!... voilà le monde qui afflue dans le vestibule, et je n'ai pas arrêté mes dernières dispositions! Ben-Sélim!... La Flèche!... Fumichon!... Cette toile qui couvre un tableau de marine n'est pas encore enlevée... Voilà comme on est servi... Quel est ce bruit!... Y aurait-il quelque lettre perdue? J'en perds la tête!...

GEORGES, à la cantonade.

Laissez-moi donc entrer en rade...

DUPLESSIS.

C'est un marin.

UN DOMESTIQUE, bégayant.

Mais, mo... monsieur, ma co... consigne ne... ne me permet pas...

GEORGES, de même.

Je respecte beaucoup la consigne, mais elle ne peut exister pour moi... mille bombes!

DUPLESSIS.

C'est un militaire.

LE DOMESTIQUE.

Mais, mo... monsieur, vous n'êtes pas en te... tenue.

GEORGES.

La grande ou la petite? J'ai sur moi tout mon bagage... allons, noir chérubin!

DUPLESSIS.

Et de plus, il me semble fort peu civil.

LE DOMESTIQUE.

Mais, mo... monsieur, vous... vous me ferez tom... tomber...

GEORGES.

C'est déjà fait. (Il le culbute et s'introduit dans l'atelier.) Heureusement le drôle est solide.

LE DOMESTIQUE.

Mais, mo... monsieur!...

SCÈNE II.

M. DUPLESSIS, GEORGES.

GEORGES.

Touché!... C'est ainsi que je touche toujours... en brisant quelque chose... Déposons nos armes. (Il pose un rouleau sur la table.)

DUPLESSIS.

Serait-ce une bouche à feu!

GEORGES.

Oh! n'ayez pas peur... elle n'est pas chargée à mitraille... Il n'y a que des grenades du Maroc.

DUPLESSIS.

Des grenades!... j'aurai l'honneur de vous faire observer que ce n'est pas la bonne manière de s'introduire dans une réunion toute pacifique.

GEORGES.

Que voulez-vous? on fait comme on peut; et puisque ce marabout faisait mine de me barrer le passage, j'ai bien dû pénétrer de vive force... comme dans le port de Tanger ou de Mogador... (A part.) La bonne figure!

DUPLESSIS.

Nous ne sommes pas en Afrique, monsieur.

GEORGES.

C'est encore vrai; nous sommes à Versailles, au Jeu de Paume, chez M. Horace Vernet; vous me permettrez donc d'en agir sans façon...

DUPLESSIS.

Et de quel droit, s'il vous plaît? M. Vernet ne reçoit aujourd'hui, pour fêter l'ouverture du Musée, que ses plus intimes amis.

GEORGES, s'asseyant.

C'est précisément pour cela... Puis-je vous offrir?...

DUPLESSIS.

Merci... je ne fume pas... des cigares!

GEORGES.

Et vous vous dites l'ami de M. Vernet?... vous êtes libre.

DUPLESSIS.

Libre! Pas tout à fait... dans ce moment au moins.

GEORGES.

On n'en fume pas de meilleurs sur le *Henri IV*, en faisant le quart de nuit... Quant à moi, c'est bien différent, et je vais...

DUPLESSIS.

Que faites-vous, monsieur! que faites-vous?

GEORGES.

Aïe! aïe! je me suis brûlé les doigts... Tenez, j'y renonce.

DUPLESSIS.

C'est bien fait.

GEORGES.

Je vous sais gré de ce bon sentiment... Avez-vous jamais fait le quart, monsieur?... une longue-vue en main, un porte-voix à la bouche et toutes sortes d'étoiles au-dessus, et même au-dessous du gaillard d'arrière qui vous porte?

DUPLESSIS.

Quel gaillard! si j'ai fait le quart, moi? jamais! J'ai la coutume de faire mon devoir tout entier!

GEORGES.

Oh! alors, vous ne connaissez pas les véritables douceurs du panatella... Figurez-vous...

DUPLESSIS.

Je me figure tout cela, monsieur; mais vous ne sauriez vous figurer combien vous m'embarrassez par votre présence.

GEORGES.

C'est-à-dire que je ferais mieux de m'en aller, n'est-ce pas? M. le contre-amiral...

DUPLESSIS.

Contre-amiral!

GEORGES.

Puisque me voici, je reste; et quand vous saurez mon histoire... Que vois-je? mon portrait achevé! Je comptais l'envoyer à ma pauvre mère, à Nantes; mais dans quelques jours, elle aura bien mieux que le portrait : je lui ramène l'original.

DUPLESSIS.

Très-original, en effet.

GEORGES.

D'ailleurs, je ne suis pas fâché de prendre part à cette fête, où je dois être naturellement invité.

DUPLESSIS.

A la bonne heure!... Veuillez alors me présenter votre lettre d'invitation.

GEORGES.

Ma lettre d'invitation ne m'est pas encore parvenue, et je viens la chercher moi-même.

DUPLESSIS.

Tout le monde pourrait en dire autant, et vous comprenez... Veuillez au moins me confier votre carte.

GEORGES.

Celle de Tanger ou de Salé?... Les voici toutes deux dans ce rouleau. (Duplessis recule effrayé.) Que vois-je? ces maudits pirates les auront enlevées! Fort bien, Neïta y a mis ses mandarines et ses bonbons!

DUPLESSIS.

Mais non, vous n'y êtes pas; votre carte personnelle, vos prénoms et qualités...

GEORGES.

Vous voulez dire mon livret d'aspirant... Le voici.

DUPLESSIS.

Je vais le porter à M. Vernet.

GEORGES.

Ah! j'oubliais... Monsieur le capitaine...

DUPLESSIS.

Je suis simple garde national et l'ami de la maison; je vous écoute.

GEORGES.

C'est que... c'est assez embarrassant à dire... je ne suis pas seul... j'amène avec moi un compagnon de voyage...

DUPLESSIS.

Encore un autre aspirant, comme monsieur?

GEORGES.

Pas tout à fait... une aspirante... jolie comme l'aurore en Orient, une fleur du désert nommée Neïta... Aimez-vous ce nom, monsieur, Neïta?

DUPLESSIS.

Beaucoup... mais j'aimerais encore mieux voir la personne qui le porte...

GEORGES.

Je crois bien... Je l'ai laissée en bas de l'escalier, à l'entre-pont... Elle sait le français, monsieur, et sans le moindre accent marocain... vous allez en juger... Mademoiselle Sylvie!

DUPLESSIS.

Bon! Sylvie, à présent!

GEORGES.

C'est son nom de naissance, qui se prononce Néïta en arabe... Entrez donc, mademoiselle, puisque ce bon monsieur veut bien nous ouvrir le port... n'est-ce pas, monsieur le quartier-maître?...

DUPLESSIS.

Sans doute! sans doute!... Quartier-maître!...

SCÈNE III.

LES MÊMES, NÉÏTA.

NÉÏTA.

Je n'ose pas... je ne connais personne...

GEORGES.

Ne suis-je pas ici pour vous rassurer?... Je vous préviens qu'elle est timide comme une gazelle. (Il découvre sa figure.) Comment la trouvez-vous?

DUPLESSIS.

Charmante, en effet; surtout si son caractère répond aux agréments de sa physionomie.

GEORGES.

Vous vous attendiez peut-être à des cheveux d'un noir d'ébène, à des yeux fendus en amande, une bouche au sourire oriental, un embonpoint de sultane et des cils longs comme le bras... Eh bien, pas du tout; c'est une beauté toute anglaise, et qui ferait honneur à une reine d'Espagne.

NÉÏTA.

Georges, songez donc à ce que vous dites.

GEORGES.

Oh! pardon; j'ai l'honneur de vous présenter la pupille de Sa Majesté le sultan de Maroc.

DUPLESSIS.

Tout cela me paraît un peu bien étrange; et je ferais peut-être mieux d'aller prévenir M. Vernet en personne...

GEORGES.

Faites, faites!... monsieur!... surtout n'oubliez pas de lui dire que nous avons le plus vif désir, Néïta et moi, d'assister à sa soirée... n'est-ce pas, chère Sylvie?...

NÉÏTA.

Une soirée?... Qu'est-ce donc qu'une soirée?...

GEORGES.

C'est une réunion d'hommes distingués, comme monsieur, et de jolis visages comme le vôtre; chez un maître de maison qui sait apprécier les uns et faire valoir les autres, comme M. Vernet; où l'on cherche souvent l'attrait de la nouveauté, l'imprévu, que l'on rencontre quelquefois avec un homme qui vient de loin, comme moi... A nous trois, nous composons une soirée complète avec tous ses éléments de succès; vous y serez donc parfaitement à votre aise... Trouvez-vous ma définition exacte, monsieur le chargé d'affaires?...

DUPLESSIS.

Hommes d'affaires, seulement; Duplessis et compagnie, pour vous servir. Vous oubliez un léger détail, le costume.

GEORGES.

Ah! c'est juste... Des gants bleu de mer et des souliers jaunes... Au fait, quand on vient du Maroc et quand on n'a pas eu le temps de se mettre en pékin... Mais qu'à cela ne tienne; et tout à l'heure, vous allez nous voir transformés de la tête aux pieds.

DUPLESSIS.

De la tête, je le veux bien. N'importe, ils sont très-gentils... pour des Turks.

GEORGES.

Quittez ce long burnous, Néïta, qui vous enveloppe la taille comme l'étui d'une embarcation attachée à ses pistolets. (Il découvre Néïta, en grand costume oriental.) La voilà toutes voiles dehors, et pavoisée en fête... Vous concevez que la pupille de Sa Majesté marocaine ne peut être mise comme une petite pensionnaire de Saint-Denis...

DUPLESSIS.

J'en conviens; ce costume lui sied à ravir.

GEORGES.

Ainsi que ce collier, auquel est attaché ce talisman.

DUPLESSIS.

Une turquoise. Vous croyez donc aux talismans, mademoiselle Néïta?

NÉÏTA.

Je crois du moins à celui-ci, qui me fera, je l'espère, retrouver ma famille en France...

DUPLESSIS.

Mademoiselle a donc aussi de la famille en France?

GEORGES.

J'ai déjà eu l'honneur de vous dire qu'elle était d'origine celtique... Ce collier lui a été donné par l'héritier présomptif de Fez et de Maroc, Sidi-Mohammed, le jour de sa majorité... à dix ans!

DUPLESSIS.

Quoi! si jeune?

GEORGES.

On se marie à douze ans dans le Maroc; et ce n'est pas trop tôt, sous cette latitude.

DUPLESSIS.

Voyez-vous cela!

GEORGES.

J'ai vu maintes fiançailles à Tanger, et qui se font toujours de la même façon... Vous allez voir. Le père de la promise, qui s'appelle Boudroulboudour, je suppose, s'exprime à peu près en ces termes : J'accepte M. Abdallah ou Mustapha pour gendre, pourvu qu'il apporte à ma fille quarante mesures de grain, douze livres de cire, six mesures d'huile, quatre charges de charbon, deux moutons, un bœuf... n'importe. Les amis du fiancé posent leurs mains à plat sur une table, comme pour la faire tourner; elle ne tourne pas. Ils lèvent les yeux au ciel, et poussent trois cris de là! lé! li! pour le père, la mère et la future; ces cris, quand on les entend de loin, ne ressemblent pas mal au ronron d'une locomotive lancée à fond de train; puis, avant de se retirer, ils ont soin de se passer la main sur la figure, depuis l'occiput jusqu'au menton, ce qui veut dire : Merci, mon Dieu! Tenez, ce n'est pas plus difficile que cela. Pour le mariage de l'empereur, c'est absolument la même chose; seulement il y ajoute une chaîne... Croyez-vous ce collier de quelque valeur?

DUPLESSIS.

C'est de l'or du titre le plus fin... une vraie chaîne de cabestan !

GEORGES.

Ah! je vous y prends! un excellent terme de marine... Quant à ma grande tenue, c'est bientôt fait. (Il ôte son paletot.) Et voilà ce qui la complète. (Il découvre une croix de la Légion d'honneur sur le revers de l'habit.)

DUPLESSIS.

Cela seul suffisait, monsieur... monsieur ?

GEORGES.

Georges d'Avrigny, cadet de famille, Breton de naissance et de caractère, marin français depuis la sixième génération, prisonnier de guerre depuis 1851, et votre très-humble serviteur depuis un instant.

DUPLESSIS.

Ah! mademoiselle Georges, ah! monsieur Néïta, combien j'ai de pardons à vous demander pour l'accueil excessivement peu cordial que j'ai cru devoir vous faire... avant de savoir qui vous étiez... (Il prend la main de Néïta et la porte à ses lèvres.) Vous permettez, monsieur Georges ?

GEORGES.

Du moment que la consigne l'autorise...

DUPLESSIS.

Décidément, ils sont très-amusants... pour des Turks. (Revenant.) Surtout, monsieur l'aspirant, ne vous avisez pas de fumer !

GEORGES.

Soyez tranquille.

SCÈNE IV.

GEORGES, NÉÏTA.

GEORGES.

Enfin, nous voilà dans la place. Je jouis d'avance de l'étonnement qu'éprouvera ce cher ami en me revoyant ; lui qui me croyait sans doute occupé à jouer à cache-cache, au fond de la mer, avec les requins et les cachalots, la tête d'un côté, le corps de l'autre. Il fera sans doute aussi votre portrait, heureux de trouver un pareil modèle... et moi de lui conter mes voyages !

NÉÏTA.

Oh ! oui, mon cœur me dit que nous sommes ici parmi ceux qui nous aiment, et qu'il doit m'arriver aujourd'hui quelque bonheur.

GEORGES.

J'y crois, chère Sylvie ; j'ai souvent eu moi-même de pareils pressentiments... dans les casemates de Salé, par exemple, où j'entrevoyais vaguement, comme en rêve, qu'un jour je serais libre... que je reverrais la France, que je pourrais embrasser ma bonne mère qui m'attend et ne m'espère plus... Oh ! tiens !... j'ai senti comme une goutte de pluie... c'est une larme, une vraie larme... elle est de joie au moins !

NÉÏTA.

Mon bon Georges, je vous aime, parce que vous aimez votre mère ; je vous envie, parce que vous devez encore la revoir.

GEORGES.

Oh ! c'est vrai ! voyez pourtant comme le bonheur rend égoïste... j'oubliais que vous étiez orpheline... je ne pensais pas, j'éprouvais seulement... tout ce qu'on éprouve en revoyant son pays... Puisque vous êtes ma sœur... tout ce que j'ai vous appartient, elle la première...

NÉÏTA.

Voudra-t-elle de moi, la pauvre exilée, de moi qui n'ai qu'un seul protecteur au monde... celui des orphelins et des proscrits ?

GEORGES.

Pouvez-vous en douter un instant ! N'est-ce pas à vous que je dois la liberté, la vie ? n'est-ce pas à vous qu'elle devra mon retour ? n'a-t-elle pas mon cœur ? Mais avant qu'elle puisse vous recevoir dans ses bras, regardez toutes ces belles choses qui nous environnent... que de marbres, de tableaux ! On devinerait un grand artiste, rien qu'à la manière dont ils sont disposés.

NÉÏTA.

Se peut-il que tout cela soit l'ouvrage d'un seul homme ?

GEORGES.

Comment donc ! ce n'est que la centième partie de ses créations... disséminées sur toute la surface du globe... Nous en avons fait le tour ensemble, et il n'est pas encore au bout, fort heureusement ! Voilà un tableau de haut-bord... Mais pourquoi donc est-il couvert d'un voile ?... J'ai toujours eu de l'antipathie pour les voiles... excepté pour celles du *Henri IV !*... Une marine ? bon ! nous sommes en pays de connaissance !

NÉÏTA.

Quelle admirable peinture !... l'œil plonge dans ces vagues transparentes, comme dans le sein d'une émeraude...

GEORGES.

Elle est de Joseph Vernet, le grand-père d'Horace ; je voudrais pouvoir dire des Horaces, car on n'en a jamais assez de ces hommes-là... Et pourtant, cette toile, plus ancienne que moi, me rappelle un combat tout récent... Attendez !... mais oui !... cette rade, c'est Salé ou à peu près ! Ce doit être Salé !...

NÉÏTA.

Une des trois villes saintes, une autre Mecque pour les musulmans !

GEORGES.

Tellement sainte que les habitants la croyaient à l'épreuve de la bombe, jusqu'au jour de son incendie.

NÉÏTA.

C'est ce jour-là, m'avez-vous dit, que vous avez été fait prisonnier ?

GEORGES.

Oui, prisonnier contre le droit des gens... J'étais chargé de porter un drapeau au commandant de la ville, qui devait l'arborer sur la grande mosquée s'il ne voulait pas s'exposer à des remontrances. Au lieu de cela, il a eu l'indélicatesse de me faire arrêter, le sacripant !

NÉÏTA.

Est-ce un mot français ou arabe?

GEORGES.

C'est un terme de marine, pour désigner un homme très-peu civilisé... J'ai vainement réclamé en français, ils m'ont traité en marocain... Je fus conduit à Fez, capitale de l'empire... Mais le *Henri IV* et le *Gomer* se sont fort bien chargés de me venger; car, dix heures après, Salé n'avait plus guère l'apparence d'une ville sainte, mais d'une salière renversée.

NÉÏTA.

Je me rappelle encore la fureur du sultan lorsqu'il en reçut la nouvelle.

GEORGES.

Il y avait bien de quoi! Aussi je fus jeté dans un cachot, à deux pas du sérail et sous les yeux mêmes de Sa Majesté, qui s'amusait à me regarder à travers les barreaux de ma cage comme Schahabaham les petits poissons rouges au fond d'un bocal.

NÉÏTA.

Schahabaham?

GEORGES.

Mais oui, le pacha des Variétés, qui ressemble, à s'y méprendre, au sultan Abderrahman.

NÉÏTA.

C'est alors que je vous ai reconnu pour un Français, et que je vous ai fait des signes d'intelligence.

GEORGES.

En me jetant des bouquets, comme vous seules, jeunes filles de l'Orient, savez les faire... et qui signifiaient d'un côté : « Je voudrais bien prendre la clef des champs, » et de l'autre : « Je vous aime. » Tenez, voici le dernier.

NÉÏTA.

Oh! c'est que la liberté est une si douce chose!

GEORGES.

Surtout quand on a les murs d'un sérail pour horizon, et la dignité de première favorite de Sidi-Mohammed ben Muley-Abderrahman en perspective!... Aussi bien, à la troisième sommation, ou plutôt au troisième bouquet...

NÉÏTA.

Je vous ai jeté une bourse pleine d'or!

GEORGES.

Qui m'a servi à gagner la confiance d'un de mes estafiers...

NÉÏTA.

Vous m'avez tendu l'écharpe de soie qui vous servait de ceinture!

GEORGES.

Le long de laquelle vous vous êtes doucement glissée dans mes bras...

NÉÏTA.

Nous avons rejoint une caravane qui se rendait à Tanger!

GEORGES.

Avec des grenades et des essences pour Marseille... et, quelques jours après, le *Gomer*, qui nous ramène en France, répétait joyeusement la chanson du *Henri IV*, paroles et musique...

NÉÏTA.

Oh! dites-la moi, Georges; c'est un chant de délivrance et de retour, je veux l'apprendre.

GEORGES.

Volontiers!

AIR : *Adieu, mon beau navire.*

1ᵉʳ COUPLET.

O toi! qui dans l'espace
Lançant tes pavillons,
Domines avec grâce
La mer aux bleus sillons,
Toi, sans rival sur l'onde,
Sois fier de tes exploits,
Car la France et le monde
Rediront mille fois :
Salut!
Salut, vaillant navire,
Salut, mon beau vaisseau;
Plein d'orgueil je t'admire,
Roi sur terre et sur l'eau!

2ᵉ COUPLET.

Quand la vague écumante
Que soulèvent les vents,
Vient se briser, fumante,
Contre tes larges flancs,
Loin de courber la tête,
Tu parais un géant,
Qui, narguant la tempête,
Plane sur l'Océan.
Salut!
Salut, vaillant navire, etc.

SCÈNE V.

LES MÊMES, DUPLESSIS.

DUPLESSIS.

Bravo! bravo! monsieur d'Avrigny, vous avez là un magnifique instrument!... Je croyais entendre tout un équipage.

GEORGES.

Vous confondez ma modestie.

3ᵉ COUPLET.

S'il faut un jour combattre
L'univers assemblé,
Va! fais le diable à quatre
Comme devant Salé!
Bientôt dans la mer Noire,
Commandants et marins,
Chantant en chœur : Victoire!
Rediront nos refrains.
Salut!
Salut, vaillant navire, etc.

DUPLESSIS.

De mieux en mieux. C'est-à-dire que vous avez un talent lyrique de première force... Vous avez cinquante mille francs dans votre gosier.

GEORGES.

Vous croyez?

DUPLESSIS.

J'en suis sûr. Cette romance est-elle de vous, monsieur?

GEORGES.

Cette mélodie maritime a été composée par notre quartier-maître de timonerie, nommé Andrevan, à l'embouchure du Tage.

DUPLESSIS.

C'est prodigieux! Une idée!... Ah! monsieur Georges, vous pourriez me rendre un bien grand service!

GEORGES.

Parlez, monsieur.

DUPLESSIS.

Le grand chanteur Fortangolini, que nous attendions pour ce soir, vient d'être atteint de la grippe, ou d'un bulletin négatif de son directeur, ce qui revient au même; et si vous vouliez le remplacer...

GEORGES.

Remplacer Fortangolini? c'est un peu fort!... Quand on n'a jamais chanté que devant un sabord... au moment du branle-bas!

NÉÏTA.

Je vous en prie...

GEORGES.

Après tout, ma chanson pourra bien avoir ici de la couleur locale... J'accepte.

DUPLESSIS.

Que d'obligations, monsieur d'Avrigny!

GEORGES.

Il n'y a pas de quoi.

DUPLESSIS.

Et maintenant, courez vous jeter dans les bras de votre ami, qui s'impatiente déjà de ne pas vous voir.

NÉÏTA.

Vous reviendrez bientôt, n'est-ce pas, Georges?

GEORGES.

Si M. Duplessis et compagnie le permet.

DUPLESSIS.

Comment donc! Ils sont charmants... pour de Turks. Et moi qui voulais les mettre à la porte!

SCÈNE VI.

DUPLESSIS, NÉÏTA.

DUPLESSIS.

Vous l'aimez donc bien, ce M. Georges?

NÉÏTA.

Vous me demandez si j'aime celui qui m'a rendu la France, ma patrie, ou plutôt celle de mon père, ce beau pays de mes rêves, vers lequel toute enfant j'étendais les bras en l'appelant à moi, puisque moi, pauvre recluse, je ne pouvais aller à lui! Du sein de ma prison de soie et de fleurs, je voyais parfois, à travers l'étendue, comme un mirage de palais flottants, avec des tourelles aux flammes tricolores, avec des aigles d'or déployées sur le portail, et des ailes mouvantes, creusant la mer aux deux flancs!... Ce mirage, c'était la France qui s'avançait vers moi et qui me recevait dans ses bras... Georges m'a tendu le premier une main fraternelle, en me nommant sa sœur et sa compagne dans une langue déjà presque oubliée, et dont les sons réveillaient en moi tous les souvenirs de mes premières années... Georges m'a désormais tenu lieu de famille, de soutien, de tout au monde, si ce n'est de patrie; et vous me demandez si je l'aime!

DUPLESSIS.

Diable! diable!... les affaires sont déjà plus avancées que je ne croyais... Ils n'ont pas perdu leur temps, ces braves jeunes gens... Il est vrai que les marins, quand ils ont le vent en poupe...

NÉÏTA.

Vous êtes marin, monsieur?

DUPLESSIS.

Jamais, mademoiselle... Je n'ai presque pas quitté le port... du quai d'Orsay... J'ai toujours fui la mer, par tempérament... Et pourtant, en ma qualité d'homme d'affaires, j'ai filé bien des nœuds; j'en ai même défait quelques-uns...

NÉÏTA.

Oh! pourvu que ce ne soit pas le nôtre!...

DUPLESSIS.

Rassurez-vous... Vous m'avez dit, n'est-ce pas, que grâce à certain talisman, vous n'aviez pas perdu tout espoir de retrouver en France les auteurs de vos jours?

NÉÏTA.

En effet; ce médaillon, c'est tout ce que ma mère m'a laissé... Je ne sais pas au juste combien d'années se sont écoulées depuis; car, pour nous autres captives, les années et les jours se ressemblent comme les anneaux d'une même chaîne... Il renferme son portrait, et ce précieux souvenir auquel ma vie est peut-être attachée...

DUPLESSIS.

Son portrait... Je puis le voir, n'est-ce pas?

NÉÏTA.

Permettez!... moi seule et Georges nous en avons le secret... Le voici.

DUPLESSIS.

Les traits sont d'une grande distinction; mais ces belles anglaises encadrant un ovale parfait, et ces yeux bleu foncé ne me semblent pas caractériser une femme du Midi.

NÉÏTA.

Aussi ma mère n'était-elle pas une femme du Midi... Elle était Anglaise de naissance, mariée à un officier français de l'armée d'Afrique.

DUPLESSIS.

Si c'était!... quelle étrange ressemblance... Continuez, de grâce, continuez... ce souvenir...

NÉÏTA.

C'est la moitié d'une pièce d'or que je devais remettre à un ami d'enfance de mon père, à Paris, si jamais je pouvais être rendue à la liberté...

DUPLESSIS.

Une pièce d'or, dites-vous? partagée au moment de leur séparation?... Eh! oui, c'est cela! Votre père ne s'appelait-il pas le commandant Desrosiers, un de nos plus braves combattants de l'Algérie, un héros ?

NÉÏTA.

Tué, en 1839, à l'affaire de Maskara...

DUPLESSIS.

Et votre mère, miss Anna de Stafford, n'a-t-elle pas été prise par les pirates de Salé, pendant la traversée d'Alger à Toulon ?

NÉÏTA.

En effet... Mais comment le savez-vous, monsieur ?

DUPLESSIS.

Je sais tout, c'est mon état... Plus de doute, à présent !... voici l'autre moitié de votre pièce, déposée chez moi comme pièce de conviction... Me voilà donc armé de toutes pièces... Une recherche accomplie en si peu de temps, un jour à peine... Cette pièce d'or est le plus beau jour de ma vie !... Tiens ! je parle comme M. Prudhomme !

NÉÏTA.

Que dites-vous, monsieur ?

DUPLESSIS.

Je dis que j'ai trouvé en vous celle que je cherchais... et bien mieux encore... car, au lieu d'une cousine mariée, je pourrai remettre au noble lord une nièce de seize ans, belle comme le soleil, et qu'il sera heureux d'adopter pour sa fille...

NÉÏTA.

Vous connaissez donc mes parents ?

DUPLESSIS.

Si je les connais ! c'est-à-dire, non, je ne les connais pas encore... mais vous êtes une des plus riches héritières du Royaume-Uni... la nièce du chauffeur de Devon... Mademoiselle Sylvie, vous êtes la comtesse de Stafford.

NÉÏTA.

Moi !

DUPLESSIS.

Vous-même ; et demain, si vous voulez me suivre dans mon étude, je suis prêt à vous remettre en possession de tous vos titres.

SCÈNE VII.

Les Mêmes, GEORGES.

GEORGES.

Venez, chère Sylvie, que je vous présente à notre ami, à qui je viens de raconter les principales circonstances de notre évasion... et comme il est allié de ma famille à la mode de Bretagne, au dixième degré, il consent à donner son autorisation à notre mariage.

DUPLESSIS.

Votre mariage, monsieur ? n'y songez plus, c'est impossible !

GEORGES.

Impossible ? Ce mot n'est plus un terme de marine !... et pourquoi donc, s'il vous plaît ?

DUPLESSIS.

Parce que mademoiselle Anna ne dépend plus d'elle-même, qu'elle n'est plus libre de faire un choix.

GEORGES.

Mademoiselle Anna ?

DUPLESSIS.

Je veux dire la comtesse de Stafford...

GEORGES.

Comment ? la comtesse...

DUPLESSIS.

Mais oui ; mademoiselle Sylvie, ou Néïta, comme vous voulez... la nièce du chauffeur de Devon... c'est-à-dire de mylord... Décidément je m'embrouille.

GEORGES.

Je ne puis vous comprendre... c'est de la haute diplomatie ; et, je vous en avertis, je suis très-ignorant en fait de politique... Veuillez donc m'expliquer...

DUPLESSIS.

Que celle que vous voyez devant vous n'est plus la pauvre orpheline Néïta, enlevée avec sa mère Anna de Stafford par les pirates de Salé et vendue au sultan de Fez et Maroc, mais bien la nièce du comte de Stafford, son héritière unique et légitime, et riche d'un million de rentes... Est-ce clair ?

GEORGES.

Ah çà ! quelle fable nous contez-vous là...

DUPLESSIS.

Des fables ? *le Constitutionnel !*... un article magnifique, à la date du 23 février de cette année... septième colonne... Lisez, monsieur, lisez !

GEORGES, lisant.

Que vois-je ! Oh ! je comprends tout, à présent... Oui, vous avez raison ! j'étais un insensé !... Le pauvre aspirant de marine, le cadet d'une famille bretonne ne peut pas, ne doit pas prétendre à la main de la comtesse Sylvie de Stafford. Oh ! pardonnez-moi de vous avoir aimée, de vous aimer encore... Vous m'oublierez peut-être quand je tomberai sous le plomb des barbares, dans le premier combat, je l'espère... Pardonnez-moi tous mes rêves d'amour et de félicité !... Je suis bien malheureux...

NÉÏTA.

Vous pardonner ? quand c'est moi plutôt qui devrais m'incliner à vos pieds pour vous avoir causé cet instant de douleur... Mais vous le savez bien, et monsieur peut aussi l'entendre comme ami de ma famille : Je vous aime !

GEORGES.

Vous m'aimez !... Qu'en dites-vous, monsieur Duplessis ? Ce mot seul vaut tous vos arguments... que je trouverais superbes s'ils ne venaient s'opposer directement à mon bonheur... Si, du moins, j'avais une paire d'épaulettes... Oh ! tenez, je ne sais plus ce que je dis...

DUPLESSIS, essuyant une larme.

Les nobles enfants ! Ils sont bien dignes l'un de l'autre... et cette émotion me le prouve, à moi, l'homme insensible par état... Je mettrai mes soins à déterminer mylord...

UNE VOIX, dans la coulisse.

Georges! Georges!... Mais où donc est-il, ce marin d'eau douce ?... sans doute, embarqué dans une affaire d'amour!... Vite, portez-lui ce papier...

DUPLESSIS.

C'est la voix de votre ami qui vous appelle : obéissez!

LE DOMESTIQUE, apportant une lettre.

Pour vous, mo... monsieur.

GEORGES.

Donnez donc! C'est le groom qui tantôt me barrait le passage... Une belle variété du chimpanzé... je parie qu'il vient du Maroc... Qu'ai-je vu!... un brevet de lieutenant signé de Son Excellence le ministre... Déjà?

NÉÏTA.

Oh! mes pressentiments ne m'avaient pas trompée ! Vous le voyez, monsieur, c'est notre talisman qui produit son effet.

DUPLESSIS.

A merveille !

GEORGES.

Prenez ce diplôme, chère fiancée, il vous appartient ainsi que son titulaire... Tous mes souhaits accomplis, comme dans un conte arabe !

DUPLESSIS.

Dites plutôt un roman.

GEORGES.

Oui... un roman maritime... en plusieurs volumes... qui tous ressembleront au premier... avec une vignette de Salé pour illustration.

DUPLESSIS.

Ce sera plein de sel, et du meilleur ! Vous pourrez en offrir des exemplaires dorés sur tranche à vos amis... J'en retiens un.

GEORGES.

Fort bien. Mais quelle couverture faudra-t-il lui donner ?

DUPLESSIS.

Eh pardieu ! en maroquin.

VIÉSLAV

ou

LES PAYSANS POLONAIS

LÉGENDE KRAKOVIENNE

(D'APRÈS KASIMIR BRODZINSKI.)

(1822)

« Assiduo lucus resonat cantu. »
VIRGILIUS.

PERSONNAGES

STANISLAV, paysan.
BRONISLAVE, sa femme.
MARIETTE, leur fille.
VIÉSLAV, leur fils adoptif.
JEAN, adjoint à la mairie.
DOROTHÉE, veuve.

HÉLÈNE, sa fille.
LAMOUCHE, organiste de la paroisse.
ALBERT, } fiancés.
ROSE,

TÉMOINS, VIOLONEUX, VOISINS ET VOISINES.

La scène est aux environs de Krakovie, devant la maison de Dorothée.

Une campagne sur la lisière d'une forêt. — A droite, la maison de Dorothée, dans un enclos fermé par une haie vive, avec un banc sous les fenêtres et une ruche dans le jardin. — Une noce. — Albert et Rose à la tête des danseurs. — Sur une colline, à gauche, un vieux chêne avec une image de la Vierge et un banc circulaire de gazon. — Sous le chêne, les musiciens. — Près de la table, du même côté, Jean et Lamouche. — Krakovie dans le lointain.

SCÈNE I.

ALBERT, ROSE, JEAN, LAMOUCHE, TÉMOINS, VIOLONEUX, VOISINS ET VOISINE.

CHŒUR D'ENSEMBLE.

Mazourek.

Jeune rose, fleur éclose
Aux baisers du ciel,

Que ton âme se repose
  Sur un cœur sans fiel.
Le temps presse, sois maîtresse;
  Aimer est si doux :
En échange d'une tresse,
  Reçois un époux!

LAMOUCHE, se levant.

Rose chère, fleur légère,
  Songe à ton destin;
Ta jeunesse passagère
  Brille un seul matin.
Fleur jumelle, fais comme elle,
  Ne crains pas le jour;
Toute rose n'est si belle
  Que pour notre amour!

(Hélène et Dorothée sortent de la cabane.)

JEAN.

Voici dame Dorothée avec sa fille... Monsieur Lamouche, vite un compliment à mamselle Hélène.

LAMOUCHE.

Comment donc! c'est la fauvette de la paroisse... j'espère bien un jour être parrain de son premier.

HÉLÈNE, en posant son panier sur la table.

Vous êtes trop bon, monsieur Lamouche.

Je préfère, libre et fière,
  Mon verger fleuri,
Mes abeilles, ma chaumière,
  Au toit d'un mari.
Blanches laines, gerbes pleines,
  L'or du moissonneur;
Bruit des serpes sur les plaines,
  Voilà mon bonheur!

C'est à l'ombre du bois sombre
  Quelque chant joyeux;
Les étoiles, fleurs sans nombre
  Du jardin des cieux;
Puis encore, c'est l'aurore
  D'un beau jour d'été;
C'est ma mère que j'adore,
  C'est la liberté!

ALBERT, ROSE et HÉLÈNE.

En famille, l'amour brille
  Comme un vrai trésor;
Point de frères que l'on pille,
  Pour un monceau d'or!
Chaque fibre sonne et vibre
  L'accord infini;
Par lui, l'homme devient libre,
  Le monde est béni!

CHŒUR.

Jeune rose, fleur éclose
  Aux baisers du ciel, etc.

LAMOUCHE.

A moi, Krakovie!
A moi, les Mazours!
Chanter vos amours,
Voilà votre vie!
Par ces deux plaisirs,
La danse et la guerre,

K. OSTROWSKI. Œuvres choisies.

Vos aïeux, naguère,
Charmaient leurs loisirs.
Chantons tous en chœur,
Ne vous en déplaise,
Une polonaise
Qui viendra du cœur!

(Il prend du tabac.)

Polonaise.

Chez nous, point de valse étrangère,
Point d'habits anglais ou prussiens;
Voici la danse, toujours chère,
Que jadis aimaient nos anciens.
Ainsi les chapkas sur l'oreille,
Ayant déposé le harnais,
Après le combat de la veille,
Ils dansaient le pas polonais.

Ainsi, le fleuve des Sarmates,
La Vistule au front calme et clair,
Jaillissant du haut des Karpathes,
Danse notre pas vers la mer.
Fleurs et blés, voilà sa richesse,
Sa couronne et son manteau d'or;
Et les vents lui chantent sans cesse :
« Oui, la Pologne vit encor! »

Elle salue, à Krakovie,
Les tombes des rois, des héros;
La cité martyre où sa vie
Se centuple aux mains des bourreaux;
Dantzig, la ville hanséatique
Que Jean Sobieski restaura :
Puis, va tomber dans la Baltique,
Qui fut à nous et le sera!

Vistule! ton cours nous rappelle
Tout notre passé glorieux;
Toi, toujours aussi pure et belle
Que les âmes de nos aïeux!
Comme de ses rives prospères
Vers la mer ce fleuve est porté,
En dansant le pas de nos pères,
Nous marchons vers la liberté!

CHŒUR.

Oubliant un joug qui nous pèse,
Les fleurs aux fronts, jeunes et vieux,
Dansons la ronde polonaise;
C'est le pas qu'aimaient nos aïeux!

(Toutes les jeunes filles donnent à Rose leurs couronnes; Albert les réunit et les porte devant l'image de la Vierge.)

LAMOUCHE, en s'essuyant le front.

Une cruche d'hydromel par ici!... C'est la dernière. Jour de Dieu! votre ruche, dame Dorothée, est la meilleure du pays... je m'y connais. Voilà pourquoi je vous amène toutes les noces de la paroisse. Vous, mes amis, écoutez; après la chanson, la leçon. Nos pères, les vieux Polonais, une fois la guerre finie, après avoir fait danser les Turks, les Tatars et autres Allemands de toute sorte, y compris les tzars de Moskovie, se plaisaient à ce pas grave et martial; plus sages en cela que certains jeunes seigneurs de nos jours, qui dansent en rond à se donner le vertige... Hé, les enfants, en route!

une bonne promenade dans les champs, deux à deux, pour se redonner de l'appétit ; et le soir nous reprendrons la noce... Apportez-moi des airelles et des framboises, mais sans les écraser... Attention ! je vois courir vers nous une voiture toute pimpante, comme une mariée... (On entend un bruit de clochettes et le claquement du fouet.)

JEAN.

C'est Viéslav, mon filleul... on le reconnaît de loin à sa chanson.

SCÈNE II.

Les Mêmes, VIÉSLAV.

VIÉSLAV.

Amis et voisins, salut et bonne joie ! En revenant du marché de la grand'ville, où je viens d'acheter pour Stanislav mon père les deux fameux bai-bruns que voilà, j'entendais, tout le long de la route, comme un bruit de fête, des danses et des chants qui me faisaient battre le cœur ; et l'idée me vint que ce devait être une noce... à mes chevaux aussi, je pense, car ils se mirent à trotter vaillamment sur le pavé... Eh, mais ! voilà de belles jeunesses couronnées de rue et de romarin !... Je suis votre voisin, mes sœurs, car j'habite ce village que l'on voit tout là-bas, juste entre les bouleaux de l'étang... Vous voudrez bien me permettre, à ce titre, de vous souhaiter à toutes de beaux et bons maris, à mamselle Rose, de longues années de bonheur, la paix et la prospérité à toute l'honorable compagnie.

JEAN.

Soyez le bienvenu, mon jeune élève.

LAMOUCHE.

C'est un garçon qui fera son chemin. Chez nous autres, jeune homme, plus on est de voisins, plus on danse. Nous ne sommes pas de ces manants titrés qui renient leurs frères et les chassent ; fi donc ! Votre parrain, M. l'adjoint à la mairie, préside à la fête en qualité de staroste.

VIÉSLAV.

Le père Jean est l'ami de mes parents ; je le respecte autant que je l'aime. Bonjour, Albert.

JEAN.

C'est fort bien, Viéslav, d'avoir des amis dans la contrée ; car, noble ou paysan, un jour ou l'autre on en aura besoin. Mangez et buvez ; d'ailleurs, on sait que vous n'êtes pas perclus des jambes, un jour de noce.

HÉLÈNE, s'approchant timidement, avec une corbeille.

Bon voyageur, à vous ces fleurs et ces gâteaux de froment. C'est Hélène, la fille de Dorothée, qui vous les offre, et de bon cœur.

VIÉSLAV.

Pour ces fleurs de votre main, qui ne donnerait son âme ? (A part.) Sur ma vie, cette enfant-là m'aimera... nous verrons bien tout à l'heure.

LAMOUCHE, une coupe à la main.

Avant tout, cher hôte, il convient de vider une coupe à la santé de ci-devant mamselle Rose. C'est du miel de Dorothée, la boisson du pays ; et je la préfère à toute autre, aussi vrai que je me nomme Lamouche. Autrefois on la voyait sur la table des rois et des palatins ; mais aujourd'hui on ne voit plus dans leurs caves que des vins du Rhin, aigres parfois à vous figer le sang dans les veines !

VIÉSLAV.

Merci pour votre civilité, père Lamouche. Albert me permettra bien de boire à la santé de sa fiancée.

LAMOUCHE, prenant une prise.

Sa femme depuis ce matin et pour toute la vie... J'ai chanté moi-même à l'office. En guise de mortier, je charge mon nez de tabac.

VIÉSLAV.

A la jeune mariée ; au bonheur de son époux !
(Lamouche éternue avec bruit.)

TOUS.

Vivat ! (La musique joue une fanfare.)

LAMOUCHE.

Merci.

VIÉSLAV.

Pour m'acquitter d'une autre dette de cœur, laissez-moi remercier mamselle Hélène pour ses belles fleurs et ses bons gâteaux ; après quoi, mes gentilles voisines, si vous le voulez bien, nous danserons une krakovienne.

TOUTES.

Volontiers ! volontiers !

LAMOUCHE.

J'en étais sûr. Il parle comme un bréviaire... s'il savait y lire, au moins !

JEAN.

A tout étranger, tout honneur. Choisissez une danseuse à votre gré, donnez la mesure aux musiciens et placez-vous au premier rang. Telle est la coutume.

LAMOUCHE.

Passez-moi la cruche. C'est la dernière. Après le printemps viennent les fleurs ; après les fleurs, le miel ; après le miel, la gaieté ; après la gaieté, la danse ; après la danse... parfois un baiser... après... le reste se devine. Telle est la coutume.

JEAN.

Monsieur Lamouche, bourdonnez un peu moins, s'il vous plaît, et versez davantage.

VIÉSLAV.

A vous, charmante Hélène ; à vous, chers cousins et cousines ! (Lamouche éternue plus fort.)

TOUS.

Vivat ! (La musique joue une fanfare.)

LAMOUCHE.

Merci. Et maintenant, à vos places ! Ménétriers, jouez-moi cela en mesure ! (Viéslav tend la main à Hélène, salue les assistants et frappe la mesure avec le pied.)

VIÉSLAV.

Krakovienne.

Que je meure, ô jeune fille,
Mon bien précieux,
Si jamais fleur plus gentille
A ravi mes yeux !

Quitte ce cruel silence,
Ce regard moqueur ;
Dieu sait que mon cœur s'élance
Tout droit vers ton cœur!

Mariette, l'héritière
En vain m'a choisi ;
Mon bonheur, ma vie entière,
Pardieu, la voici !
Jeune sang n'est pas de l'onde,
Tout cède à l'amour ;
L'homme sème et Dieu féconde
Le grain du labour !

LAMOUCHE.

Attention, Jean ! je ne suis pas sorcier, moi ; mais je parierais que nous aurons deux noces pour une... *Bis repetita placent...*

JEAN.

Je ne sais pas le latin, moi ; mais il me semble bien aussi... Bah ! que Dieu les seconde, c'est de bon sang tous les deux.

VIÉSLAV, poursuivant Hélène.

Reste encore, ô mon idole,
Ton cœur sur le mien ;
C'est mon âme qui s'envole :
Je reprends mon bien !
Ainsi, dans les vertes branches,
Fuit un jeune oiseau ;
Bientôt, de ses plumes blanches,
Il fait son berceau !

Mon père, après ce voyage,
Aura du souci ;
Je lui mène un attelage,
Mon cœur reste ici !
Jouez-moi, sur ce vieux thème,
Quelques airs nouveaux ;
Tu m'as pris mon cœur qui t'aime,
Prends mes deux chevaux !

(Hélène, rougissante, s'enfuit auprès de Dorothée.)

Non, je le jure, cet amour de fille ne sera pas à un autre !

LAMOUCHE.

Aussi vrai que je tiens depuis vingt ans l'orgue de la paroisse... un peu en désarroi depuis quelques hivers, notre voisin ne perd pas son temps auprès de la belle !... Vous dites bien les chansons du pays, compère, quoique laïque...

JEAN.

C'est obligatoire. Toute l'assistance vous en remercie, mon filleul.

HÉLÈNE.

Cet air, je crois déjà l'avoir entendu... où cela ? je l'ignore !

VIÉSLAV.

Dame ! c'est tout simple. Chaque pays a sa chanson qui passe de père en fils, de fils en petit-fils, pendant de longues années... Cet air-ci appartient à notre village.

HÉLÈNE.

Oh ! je voudrais l'entendre toute ma vie !

VIÉSLAV.

Et moi vous le chanter toute la mienne... mais je ne puis demeurer plus longtemps, mes parents pourraient s'inquiéter de mon absence. (Stanislav, avec Bronislave et Mariette, viennent du côté gauche.) Mais les voici qui viennent eux-mêmes à ma rencontre... A revoir, Hélène !

HÉLÈNE.

Quoi, déjà ?

LAMOUCHE, à Jean, en sortant.

Que vous disais-je ? Après une noce... deux baptêmes... Allons, mes enfants !... Il vient à deux chevaux, et pourrait bien s'en retourner à quatre...

(Hélène et Dorothée rentrent dans la cabane ; tous s'éloignent, excepté Jean, Viéslav et ses parents.)

SCÈNE III.

JEAN, VIÉSLAV, BRONISLAVE,
STANISLAV et MARIETTE.

BRONISLAVE.

Enfin, te voilà, mon cher fils !

STANISLAV.

Toujours au milieu d'une fête villageoise... sous votre bonne garde, père Jean. Mariette et sa mère ont voulu courir vers toi dans leurs plus beaux habits du dimanche ; j'ai bien dû les suivre. Mes écus, je le vois, ont fait du chemin ; deux amours de bai-bruns, tout assortis et vifs comme du feu ! La grand'route en aura des nouvelles... Hé ! ha !

BRONISLAVE.

Donne-nous d'abord des tiennes, mon fils. Cela va bien, n'est-ce pas ?

VIÉSLAV.

Très-bien, Dieu merci.

BRONISLAVE.

Hier, après l'angélus, le souper servi, je disais à Mariette : « Il avait pourtant promis de revenir ce soir... lui serait-il arrivé quelque brouille au marché ? aurait-il chanté quelques airs défendus ? » Mon Dieu, pourquoi nous les défend-on, ces prières, qui sont à présent notre seule consolation ?... car je te connais obéissant, courageux au travail, mais aussi parfois mauvaise tête, va ! Tu n'aimes pas à te déranger de ta route, même pour un palatin ; et tu mets volontiers à la porte de l'hôtellerie ceux qui veulent danser à l'allemande...

VIÉSLAV.

Ne soyez point en peine de moi, ma bonne mère. Quand je me mets en voyage, je prends d'avance mes précautions ; en saisissant les rênes, avec le fouet, je fais toujours le signe de la croix devant mes chevaux, aussi je ne crains pas qu'il m'arrive malheur.

MARIETTE.

Alors, tout va selon tes souhaits ?

VIÉSLAV.

Dame, oui.

MARIETTE.

Et pourtant tu parais avoir quelque chose...

STANISLAV.

Que voulez-vous qu'il ait? Est-ce une affaire pour lui que d'aller à Krakovie? Il est plus prudent que vous ne pensez. Tout petit, je l'ai retiré de la mare, où il a failli se noyer; maintenant il est homme à se tirer d'embarras tout seul, je vous en réponds. D'ailleurs, le père Jean est là pour lui montrer le droit chemin.

JEAN.

J'ai peu de chose à faire après vous, mon bon ami.

STANISLAV.

Mon fils unique, Thadée... Que Dieu veuille avoir son âme!... est mort à la guerre, la faux à la main, comme un brave soldat; je me fais vieux, et je sens qu'il me faudra bientôt quitter la partie. Je connais les hommes, et je ne veux avoir besoin de personne... Viéslav est ma main droite, le soutien de ma maison; il fait de la besogne pour quatre, aussi bien, après ma mort, c'est lui qui me remplacera... Voilà que Mariette se fait tout de même grandelette; elle n'a que douze ans, mais elle aura le cœur de sa mère, et tu es assez jeune, mon fils, pour l'attendre. A moins, toutefois...

BRONISLAVE.

Oui, c'est bien pour toi que je garde cette enfant comme la prunelle de mes yeux. Sa sœur aînée... tiens, je la pleure encore comme si c'était d'hier... C'était l'année même où j'avais perdu mon fils... cinq ans à peine depuis notre mariage.

MARIETTE.

Voilà le mal secret qui vous tue, ma mère, et qui me fait tant pleurer, rien qu'à regarder vos larmes... Je vous aime bien aussi, moi!... Devant cette sainte image, où vous venez porter des offrandes, vous mêlez souvent à vos prières le nom d'une autre fille que vous avez perdue... Est-elle morte? Espérez-vous encore la revoir?

BRONISLAVE.

Oui, dans le ciel, mon enfant! car ici-bas, un prodige seul pourrait me la rendre!

> Lorsque la guerre eut frappé la patrie,
> Lorsqu'à la voix d'un despote cruel,
> Le fer, la flamme unissaient leur furie,
> En appelant les vengeances du ciel,
> Ivre de sang, le Russe impitoyable
> Portait la mort, l'incendie en tout lieu;
> Tout s'abîmait sous sa rage effroyable :
> Le vent grondait comme la voix de Dieu!...

> C'était la nuit... ma fille bien-aimée
> Vint m'embrasser pour la dernière fois;
> Sous un torrent de flamme et de fumée
> Longtemps encor je distinguai sa voix...
> Et puis, plus rien!... En maudissant la vie,
> Jusqu'à ce jour je cherchai mon enfant;
> Mais pour jamais elle m'était ravie...
> Prends pitié d'elle et de moi, Dieu vivant!

STANISLAV.

Seigneur, que ta volonté soit faite!

VIÉSLAV.

Bonne mère... Vous n'avez aucun indice certain de sa mort... le père Jean, m'avez-vous dit, l'emportait dans ses bras hors de la cabane incendiée, lorsqu'il est tombé lui-même blessé d'une balle à la jambe...

JEAN.

Bah! on n'en meurt pas... et quand même! Mais elle... oh! ce sera le remords de toute ma vie!

VIÉSLAV.

Et qui donc oserait tuer un enfant?

BRONISLAVE.

Qui? demande-le plutôt à ton père... On ne peut pas croire à ces choses-là; il faut les avoir vues...

VIÉSLAV.

Croyez à vos prières, à celles de Mariette... notre sœur aura trouvé un asile chez quelques braves fermiers des environs, qui l'ont admise à leur foyer, et qui seront heureux de vous la rendre... Vous la reconnaîtrez un jour, espérez.

BRONISLAVE.

Ah, mon fils! longtemps cet espoir m'a soutenue contre ma douleur!... Aujourd'hui je ne m'abuse plus; vivante, elle serait déjà dans mes bras!... C'est alors que je te reçus des mains de mon mari, après la mort de tes parents; et, dès lors, je te vouai toute ma tendresse... elle m'a rattachée à la vie qui s'en allait sans toi... Amour pour amour, me disais-je, Dieu aura pitié de ma fille, comme j'ai eu pitié de l'enfant qu'il m'a donné!

VIÉSLAV, débouclant sa ceinture.

O ma mère! pour tant de soins et de peines, le pauvre orphelin pourra-t-il jamais s'acquitter envers vous? L'intention sans le fait est, dit-on, comme un arbre dont les fruits sont mangés par les oiseaux du ciel... veuillez pourtant l'accepter comme gage de ma reconnaissance; et, pour à-compte de ma dette, je vous offre tout le salaire de mon travail; le voici, prenez-le, je vous en supplie à genoux!

STANISLAV, le relevant.

La gratitude, mon fils, est la vertu des anges; c'est la tienne, et l'intention pèse autant que le fait dans la main de Dieu... Le peu que nous avons fait pour toi est déjà bien payé par ton attachement. Tu n'es pas notre débiteur, à Dieu ne plaise!

VIÉSLAV.

Acceptez donc au moins, chère sœur, ce ruban de Varsovie...

MARIETTE, le saisissant et sautant de joie.

Ah! le gentil cadeau, mon bon ami, mon frère! Tu es bien, comme Rose me disait hier encore, le plus aimable garçon de tout le village! Un beau ruban tout de soie, et tout vermeil comme son bouquet de mariée!... (Le déployant.) Tiens, j'en ferai deux parts: une moitié pour mes cheveux, l'autre pour ma collerette; Edvige et Sophie me mangeront des yeux, vrai, lorsqu'elles me le verront le dimanche... Moi, je m'en irai gravement, le long du sentier (Marchant avec gravité.), comme la grande Annette, la fille de M. le maire, comme cela!... et puis, frou, le vent l'enlève de mes épaules... je l'attache de mon mieux, en regardant de droite et de gauche; émue et rougissante, j'en aurai l'air au moins; je m'enfuis, et je fais courir tous les cœurs après moi!... (Elle saute au cou de Viéslav, et disparaît en agitant le ruban.)

SCÈNE IV.

Les Mêmes, moins MARIETTE.

JEAN.
Voilà un cadeau bien placé, mon jeune ami.

STANISLAV.
Je vois dans tes yeux je ne sais quoi qui m'afflige... Tu nous caches quelque chagrin, mon garçon... crois-moi, le silence ne vaut rien aux jeunes gens, et encore moins avec ceux qui les aiment...

JEAN.
Stanislav a dit vrai ; on doit au moins la sincérité à ceux qui nous partagent leur pain... Allons, de la franchise, mon filleul ; nous te donnerons peut-être un bon conseil.

STANISLAV.
Tu peux te confier au père Jean, mon meilleur ami depuis l'enfance. Ancien soldat, il a vécu et connaît le monde ; il s'est assis à la table des grands, et leur a dit vertement leur fait à l'occasion... excellent pour mener une fête comme pour débrouiller une querelle entre voisins, nous l'avons nommé adjoint à la mairie ; et, certes, depuis un an, il nous a épargné bien des frais de chicane !... aussi nous lui réservons partout la place d'honneur au foyer.

BRONISLAVE.
On vous nomme le bon père Jean, dans toute la contrée...

JEAN.
Oui, père des enfants qui ne sont pas les miens... leur parrain seulement... merci pour la louange. Je n'ai pas, à soixante ans, d'autre famille que la vôtre ; et si je l'ai choisie entre toutes, c'est que sans doute elle est meilleure. Je n'ai aucun mérite à faire le bien, car j'y trouve mon contentement. Vider une coupe avec un ami, le soir, en causant, lui demander conseil, s'enquérir de ses enfants, de sa moisson, des affaires du pays, notre grande famille à tous, voilà le plus vrai de la vie ; le reste n'est rien ou peu de chose.

BRONISLAVE.
Tu l'entends, Viéslav ; tout à l'heure ton père faisait ton éloge : ton voyage avait parfaitement réussi...

VIÉSLAV.
J'aurais dû plutôt y laisser ma vie, comme j'ai perdu ma liberté, mon âme !...

BRONISLAVE.
Juste ciel ! que veux-tu dire ?... des voleurs t'auraient-ils dépouillé ?

VIÉSLAV.
Ah ! si ce n'était que cela !

BRONISLAVE.
Parle donc, c'est ta mère qui t'en prie...

VIÉSLAV.
Puissé-je n'avoir jamais quitté votre maison !... Mais le malheur vous arrive toujours comme un larron, la nuit, quand vous y songez le moins... En allant à la grand'ville, tout au bord de la route, j'ai rencontré une belle jeunesse dont le premier regard m'a comme ensorcelé... depuis ce moment, je ne m'appartiens plus ; je cherche en vain à la fuir, à l'oublier... mon cœur, ma pensée, ma vie, Hélène m'a tout dérobé...

STANISLAV.
Quelle Hélène ?

VIÉSLAV.
Mais la fille de la veuve Dorothée, qui demeure dans cette maison, sous ce bouquet de hêtres... Notre village est à deux pas, et pourtant nous ne les connaissions que de nom...

BRONISLAVE.
Et toi... tu l'aimes ?

VIÉSLAV.
Moi... je ne sais pas comment cela s'appelle, mais je sais que la mort seule pourra m'en séparer... Un orphelin, dit-on, est un pesant fardeau pour les hommes ; c'est presque un proscrit... je le sens aujourd'hui mieux que jamais, et je veux vous en affranchir...

BRONISLAVE.
Que dis-tu, malheureux enfant ! tu voudrais nous quitter ?

VIÉSLAV.
Je le dois, dussé-je en mourir de chagrin ; et ce ne sera pas long, je l'espère. Je vous dois tout au monde ; vous m'avez ouvert votre porte, vous m'avez donné du pain, une famille ; et moi, pour prix de tant de bienfaits, je dois vous dire adieu !... Pardonnez-moi tous deux, et que Dieu vous bénisse pour votre pardon ! Sauvez du désespoir le malheureux, mais non l'ingrat, qui voudrait racheter de sa vie la peine qu'il vous cause en ce moment... Tenez, il faut que je parte ! car si je reste avec vous, je deviendrai parjure et lâche ; car loin d'Hélène, la force me manquera pour travailler ; oubliez-moi, je vous en conjure avec des larmes de honte et de regret !...

STANISLAV.
Lorsque ton père, le premier, allait mourir, il te remit dans mes mains et me dit : « Aime-le, frère, puisqu'il t'appartient déjà, comme ton propre enfant ! » Je l'ai fait, et Dieu m'est témoin que le vœu du mourant est resté gravé là... Et toi, sans pitié pour mes vieux ans, tu veux t'en aller, renoncer à ma tendresse, à l'honnête et paisible avenir qui t'attendait dans ma maison... et cela pour une étrangère, entrevue une fois, au bord du chemin, et dont tu sais à peine le nom !... Mais l'homme ne peut rien contre Dieu... Je te laisse libre d'agir selon ta volonté ; ton bonheur m'est plus cher que le mien... Si l'étrangère consent à te suivre, si ses parents te sont favorables, voici le père Jean qui te choisira les témoins ; fais ta demande, et ramène-moi ma belle-fille à la maison.

VIÉSLAV.
Quoi, vous consentiriez à mon mariage avec Hélène ?

STANISLAV.
Je te l'ai dit ; ce n'est pas assez d'être père à moitié, pour mériter l'amour de ses enfants.

VIÉSLAV.
Ah ! pour la seconde fois vous me sauvez la vie !

BRONISLAVE.

Pour ton bonheur, Viéslav, pour celui de ta fiancée, nous partagerons avec vous tout le peu que nous avons.

VIÉSLAV.

O ma mère! j'en mourrai de joie!

JEAN.

S'il en est ainsi, mon filleul, veuillez me suivre... (A ses parents.) Au fait, vous avez pris le parti le plus sage en agréant aux vœux du jeune homme; il vous doit obéissance et respect, mais son cœur lui appartient. Nous reviendrons ce même soir avec les témoins pour faire ta demande à dame Dorothée, et dussé-je me faire chasser...

BRONISLAVE.

Silence! pas devant Mariette, au moins.

SCÈNE V.

Les Mêmes, MARIETTE.

BRONISLAVE, allant au-devant d'elle.

Mais d'où viens-tu, mon enfant? te voilà presque aussi rouge que ton ruban de tantôt...

MARIETTE.

Ah! ma mère, je l'ai perdu...

BRONISLAVE.

Comment cela?

MARIETTE.

Je courais après un beau papillon, qui repassait toujours à portée de ma main, comme s'il voulait se laisser prendre... J'allais le saisir, lorsque j'aperçus un pauvre petit oiseau, tout jeune, qui venait de tomber dans la source, au pied de la colline... Il se débattait sur l'eau qui l'entraînait; et sa mère volait tout alentour avec des cris si plaintifs, si désolés, qu'il me semblait entendre comme une voix qui m'appelait au secours... J'étendis mon ruban sur la source et je ramenai l'oisillon; puis, en m'éloignant, je vis sa mère lui donner la becquée en le réchauffant de ses ailes... Le ruban seul s'était noyé...

JEAN.

Bien... et le papillon?

MARIETTE.

Le papillon avait fui dans le jardin de la veuve Dorothée... Mais je n'en ai point de regret; demain j'en trouverai bien un tout pareil!

JEAN, l'embrassant.

Oh! assurément.

STANISLAV.

Viens, Mariette; il nous faut regagner le village, et la vallée n'est pas bonne à traverser la nuit. Dieu te garde, mon fils!

VIÉSLAV, les reconduisant.

Reposez en paix, mes chers parents; vous aurez bientôt deux cœurs pour vous aimer comme je vous aime!

(Seul, en revenant.)

Voici sa demeure,
Son toit familier...
Qui la voit une heure,
Peut-il l'oublier?
Le bleuet rayonne
Dans les gerbes d'or;
Ses yeux de madone
Sont plus doux encor.
Viens, ô ma colombe,
Recevoir ma foi;
Car plutôt la tombe
Qu'un seul jour sans toi!

Quand tu m'es ravie
Je maudis le jour;
Oh! mon sang, ma vie,
Pour un mot d'amour!
Refrains sur la plaine,
Joie et liberté,
Un regard d'Hélène
A tout emporté!
Viens, ô ma colombe,
Recevoir ma foi;
Car plutôt la tombe
Que le ciel sans toi!

(Il sort.)

SCÈNE VI.

HÉLÈNE, DOROTHÉE.

HÉLÈNE.

Je crois toujours entendre la voix de Viéslav... mais il est déjà bien loin, avec ses parents... Voyez, ma mère, comme les oiseaux s'attroupent dans le vieux chêne... ils viennent chanter leur prière du soir... En travaillant, je veux faire comme eux. (Elle s'assied au rouet et se met à filer.)

Lasse du jour, ma paupière était close;
Un ange, en rêve, apparut à mes yeux :
« Laisse ton cœur fleurir comme une rose,
Aux pieds, dit-il, de la Reine des cieux.
Dieu la choisit dans une humble chaumière,
Fille du peuple, épouse d'un pasteur;
Bientôt son front rayonna de lumière,
Et dans ses bras, voici le Rédempteur.

« Imite-la; fuis ces biens éphémères,
Ces faux plaisirs dont notre âge est bercé :
Le peuple est libre, où sont les bonnes mères,
Il est esclave où l'exemple a cessé!
Malheur à vous, qui dites à vos filles,
Qu'au fond de l'âme on peut être pervers;
Que la vertu pèse dans les familles,
Qu'un lingot d'or est roi de l'univers!

» Où vient la foi, l'amour et l'espérance,
Chêne éternel des orages vainqueur,
Tout s'ennoblit, le plaisir, la souffrance,
Là, tout jeune homme ira porter son cœur!
Donc, chère enfant, travaille, espère et prie;
Et quand viendra l'époux choisi de Dieu,
Rends-lui l'amour de la vierge Marie... »
— Avec ces mots, l'ange me dit adieu.

DOROTHÉE.

Écoute... ne vois-tu pas quelqu'un à la porte du jardin?

LES TÉMOINS, au dehors.

Quand sur le seuil, devant la rue,
Fleurit le thym avec la rue,
Dans leur couronne, assurément,
Doit se cacher un cœur d'amant.

Du champ voisin vient un jeune homme;
Ouvrez, dit-il, puis il se nomme;
Puis les témoins et les garants
Disent un mot aux deux parents.

HÉLÈNE, apportant une couronne posée sur la fenêtre.

La belle couronne que voici, ma mère! tout enrubannée!... On dirait que l'aurore y a mis ses flammes roses... D'où vient-elle?...

LES TÉMOINS et VIÉSLAV, dans le fond.

Notre maison n'est pas merveille,
Pourtant elle a du miel d'abeille;
La jeune fille et le parrain
Ont partagé le romarin.

Elle s'en va chez le beau-père;
Tout dans sa main croît et prospère :
Ouvrez, ouvrez, malgré la nuit,
Car c'est l'amour qui nous conduit!

HÉLÈNE.
Encore la voix de Viéslav!

DOROTHÉE.
Rapporte-lui ces fleurs... Ce sont des fianceurs qui passent... ils se seront trompés de chemin... Mais, c'est le père Jean, il me semble... Entrez, mes chers hôtes, et soyez les bienvenus! (Elle ouvre la porte du jardin.)

SCÈNE VII.

VIÉSLAV, JEAN, DOROTHÉE, HÉLÈNE, LES TÉMOINS.

JEAN.
Nous voici chez vous, dame Dorothée, pour la seconde fois depuis ce matin... Dame! tout vieux qu'on est, on revient volontiers voir une belle et florissante jeunesse. (Montrant Hélène.)

DOROTHÉE.
Vous êtes trop bon pour nous, père Jean. Vite, Hélène, le banc pour M. l'adjoint et ses compagnons; le panier du jeune homme sur la table.

VIÉSLAV à Hélène, à part.
Cette couronne est à vous, Hélène, puisque je l'ai tressée avec vos fleurs de ce matin.

JEAN.
Si vous nous voyez à cette heure, dame Dorothée, ce n'est pas une simple visite de politesse; c'est comme qui dirait une députation... veuillez donc m'accorder quelques instants d'une attention sérieuse, et souffrez que je fasse toutes choses selon l'ancienne coutume. Les vieux usages sont le patrimoine des vieillards, et j'ai le triste avantage de m'en souvenir plus que les autres. Ouvrez ce panier, Viéslav, et tirez-en ce flacon; l'hôtesse nous donnera une coupe à boire.

DOROTHÉE.
La voici. Que veut dire cela, père Jean?

JEAN.
Un peu de patience; vous voulez d'abord tout savoir. Remplissez cette coupe jusqu'au bord, mon filleul. Notre hydromel est moins renommé que le vôtre, dame Dorothée, qui vaut tous les vins du monde, même ceux de Hongrie... c'est l'avis du père Lamouche, et je le laisse dire; mais celui-ci vient de la ruche de Stanislav... vous savez, le riche fermier qui demeure à l'autre bout du val... et son fils, que voilà, s'est mis en tête l'idée singulière de vous en faire goûter... Mais quand une fois ces jeunes gens ont bien résolu quelque chose... Cette liqueur, versée avec mesure, ressemble à l'amour tendre et profond du jeune villageois et le rend plus expansif; car l'un et l'autre signifient douceur, union et travail.

DOROTHÉE.
Ce sont là de bonnes paroles, père Jean; mais je voudrais savoir...

VIÉSLAV.
Puissent ces paroles!...

JEAN.
Ne m'interrompez pas, je vous prie. A présent, présentez cette coupe à mamselle Hélène.

VIÉSLAV, prenant la coupe et la portant à Hélène.
Voici, chère Hélène, des gouttes d'or de la ruche paternelle; acceptez-les de la main de Viéslav, avec le serment d'un amour qui durera autant que ma vie.

HÉLÈNE, la coupe à la main.

Dois-je rendre l'amour tendre
Qui me vient de Dieu?
O ma mère, dois-je entendre
Son premier aveu?
Il me semble voir ensemble
L'ange d'autrefois...
Dans ce pauvre cœur qui tremble,
C'est la même voix!

HÉLÈNE et VIÉSLAV.

Les abeilles, nos pareilles (vos)
Pour des jours meilleurs
Nous apportent ces merveilles, (vous)
Ce miel et ces fleurs.
Que la reine souveraine
Des essaims du ciel
Nous partage, toujours pleine,
La coupe de miel!

(Elle interroge sa mère du regard, reçoit timidement la coupe de Viéslav, la vide à moitié en se détournant et en relevant le tablier sur son visage, et lui passe la seconde moitié pardessus l'épaule; Viéslav l'achève d'un seul trait.)

JEAN.
Voilà ce qui s'appelle déguster rubis sur l'ongle. Allons, puisque mamselle Hélène n'a pas trop l'air de nous avoir en méfiance, trouvez bon que le père Jean vous fasse sa demande aussi, dame Dorothée. Ce jeune homme, mon filleul, après la mort de ses

parents, honnêtes fermiers du voisinage, a trouvé asile et protection chez deux gens de cœur, mes amis, qui l'ont élevé dans l'amour du travail et la crainte de Dieu. Cette bonne action leur a profité, car ils sont aujourd'hui à leur aise, autant qu'on peut l'être dans un pays ruiné par la guerre. Leur champ produit de bon froment, et leur pré nourrit de beaux moutons. C'est de l'or et de l'argent. De plus, ils ont une étable proprette et quatre chevaux agiles pour battre le pavé de la grand'route. Ajoutez-y l'ordre qui fait prospérer le tout, et qui vaut mieux pour le paysan qu'un gros héritage.

DOROTHÉE.
Sans doute... cependant...

JEAN.
Cette modeste fortune, ils la doivent surtout à l'intelligence, à l'activité, à la conduite exemplaire de mon filleul; aussi l'ont-ils jugé digne d'être leur héritier, et même ils viennent de lui réserver une partie de leur avoir. Viéslav en fera un bon usage, je puis vous l'assurer; car il connaît le prix du pain, ayant vu de près la disette. D'ailleurs, il chante comme un oiseau, joue de la flûte à ravir, et danse!... mais mamselle Hélène sait tout cela mieux que moi. Bref, ce jourd'hui, ses père et mère nous ont chargés de les représenter auprès de vous, moi et les témoins ici présents, et de vous apporter leur consentement au mariage de leur fils avec mamselle Hélène, dans le cas où vous voudriez bien y ajouter le vôtre. Quant à moi, je me porte garant pour mon filleul. Voilà.

DOROTHÉE, essuyant ses larmes.
Un bonheur si nouveau me touche jusqu'aux larmes, mes dignes voisins. Mais avez-vous bien songé à ce que vous venez me demander? Hélène n'est point ma fille, et je n'ai pas le droit d'en disposer sans l'aveu de ses parents.

JEAN.
Hélène n'est point votre fille?

DOROTHÉE.
Non, bien que j'aie pour elle le cœur d'une mère... Orpheline depuis l'enfance, n'ayant ni dot ni tutelle, mon Hélène ne saurait croire plus que moi-même à ce beau rayon de soleil qui vient de traverser ma demeure... Nous sommes de pauvres gens, mais nous ne voulons le bien de personne. Toutefois, jeune homme, que Dieu vous récompense pour ce bon cœur que vous nous témoignez.

JEAN.
Hélène est orpheline, dites-vous; mais sa parenté, ses proches, vous devez les connaître... Qui donc l'a confiée à votre garde?

DOROTHÉE.
Lors de la dernière guerre, qui mit à notre patrie bien-aimée sa couronne de martyre, mon brave mari saisit sa faux, courut à la défense de ses frères, et ne revint plus... Ce fut l'ennemi qui revint, pillant les châteaux, dépeuplant les villages, incendiant les bois, dernier refuge des veuves et des orphelins... Un brasier sanglant fumait chaque jour et rougissait chaque nuit aux quatre points de l'horizon... Les femmes, les vieillards erraient par milliers dans les campagnes; la faim achevait ceux qui n'avaient pu mourir... Trois jours je contemplai cet enfer sans pouvoir pleurer, et pourtant ma poitrine suffoquait de sanglots... Ma tête s'égarait, je n'osais plus prier le ciel, j'allais devenir folle... Une pauvre petite fille parut devant moi, s'attachant à ma robe et me demandant du pain... Je voulus savoir d'où elle venait, quels étaient ses parents, le nom de son village; mais ce fut en vain : à peine pouvait-elle se souvenir du sien... Helenka...

VIÉSLAV.
Continuez, de grâce! Il y va de bien plus que vous ne pensez!

DOROTHÉE.
La consolant de mon mieux, partageant avec elle mon dernier morceau de pain, je pleurai... Je me jetai à genoux en remerciant le ciel, car Dieu m'avait envoyé un ange sauveur!... Voilà tout ce que je sais, père Jean; ma pauvre Hélène ne peut pas vous en dire davantage.

JEAN.
Ah! voilà qui est étrange!... (A Viéslav.) Ramenez vite votre père, et ne perdez pas un instant... Il n'est encore qu'à mi-chemin du village... Laissez ici vos chevaux et prenez tout droit par la vallée, vous le joindrez plus promptement... Hâtez-vous! (Viéslav sort avec les Témoins.)

SCÈNE VIII.

LES MÊMES, moins VIÉSLAV et LES TÉMOINS.

DOROTHÉE.
Quel est votre dessein?

JEAN.
Dieu sait ce qu'il en adviendra... mais j'entrevois des choses bien nouvelles, bien graves... Quoi! cette enfant serait!... En effet... ce nom, cette ressemblance... Qui l'aurait pensé! si près de nous, presque à notre seuil... Mais achevez, je vous prie... quel était son âge?

DOROTHÉE.
Hélène avait cinq ans... Elle a grandi, vous le voyez, forte et belle par le travail. Il y a trois ans, aux Pâques fleuries, je m'établis dans votre voisinage, avec le vague espoir d'y retrouver quelqu'un de sa parenté... C'est un bonheur perdu sans retour, mais, en revanche, aussi longtemps que je vivrai, ma chère fille ne me quittera pas!

HÉLÈNE.
O ma mère adorée! moi, vous quitter! mais votre amour, n'est-ce pas toute ma vie?

JEAN.
Dix-sept ans... oui, c'est bien cela!... Je la retrouverais, je pourrais la rendre à ses parents!... Que de joie pour tous!... Secondez-moi, Seigneur, et je pourrai mourir en vous bénissant!

HÉLÈNE.
Mes parents, vous les connaissez donc?

JEAN, la prenant par la main.

Viens ici, enfant, sur la colline... vois-tu bien, là-bas, blanchir le village, tout pareil à un grand jardin, et cachant ses chaumières dans les tilleuls fleuris?... Vois-tu la cabane de Viéslav que l'on dirait à deux pas?... (On entend, dans le lointain, un refrain de flûte sur la krakovienne de Viéslav ; les sons se rapprochent peu à peu.)

HÉLÈNE.

Entendez-vous, ma mère ?

DOROTHÉE.

Ah! voyez, mon ami, comme cet air lointain lui va droit au cœur !

HÉLÈNE, comme en rêve.

Il chantait ainsi, ce matin, au mariage de Rose...

JEAN.

Est-ce tout ce qu'il te rappelle? Ce chant n'est-il pas pour toi un souvenir d'enfance?... Regarde bien là, devant toi... cette vieille église dominant le village, cette croix au sommet, si brillante qu'elle semble illuminer le monde, cette cloche dont les tintements arrivent jusqu'à nous... Mais d'où viennent ces larmes, ces joues embrasées, cette poitrine agitée de sanglots?... (On entend au loin la cloche du village.)

HÉLÈNE, d'une voix entrecoupée.

Oui, je me souviens... ma mère chantait ainsi sur mon berceau... C'est la maison de mon père!... mais, que tout est changé... Cette chaumière... non, ce n'est pas comme je la voyais dans mon âme... O ma mère, tout cela n'est-il pas un rêve ?

JEAN.

Dieu qui t'a sauvée, chère Hélène, a voulu te garder tes parents ; leur chaumière brûlée a fait place à une autre, où tu vas les embrasser ce soir même...

HÉLÈNE, à genoux devant l'image de la sainte Vierge.

Reine du ciel, dont l'image divine
Protége encor la cité des aïeux,
Entends la voix d'une pauvre orpheline,
Sur ton enfant daigne abaisser les yeux !
Vierge d'amour ! par ta grâce céleste
De mes parents les pleurs sont essuyés ;
Cette couronne est tout ce qui me reste :
Avec mon cœur je la pose à tes pieds.

SCÈNE IX.

LES MÊMES, BRONISLAVE, MARIETTE, STANISLAV et VIÉSLAV.

BRONISLAVE, accourant du fond.

Hélène, ma fille adorée!

HÉLÈNE, dans ses bras.

Ma mère !

STANISLAV.

O mon enfant! te voilà!

MARIETTE.

Chère sœur, que je t'aime! mon cœur me dit que c'est toi !

HÉLÈNE.

Vivre si près de vous, depuis tant d'années...

BRONISLAVE.

Viéslav, mon fils, c'est donc toi qui me ramènes mon enfant!

VIÉSLAV.

Son père ne m'a-t-il pas deux fois sauvé la vie?... Mais cette joie que vous éprouvez tous deux, vous la devez surtout à Dorothée, sa bienfaitrice, sa seconde mère, comme vous êtes la mienne...

BRONISLAVE.

Tout ce que j'ai au monde ne saurait payer un tel bienfait...

DOROTHÉE.

Je partage votre bonheur et n'en veux pas d'autre... Hélène vous appartient, je vous la rends...

STANISLAV.

A Dieu ne plaise qu'il en soit ainsi, dame Dorothée... vos droits sur cette enfant sont pareils aux nôtres. Restez avec nous... Hélène aura désormais deux mères... (On entend les violons hors la scène.)

JEAN.

Enfants, allez ouvrir à toute la noce ; leur bonheur ne peut avoir assez de témoins.

SCÈNE X.

LES MÊMES, ALBERT, ROSE, LAMOUCHE
en tête des VILLAGEOIS et des VILLAGEOISES,
VIOLONEUX.

TOUS, en entrant.

Vive Hélène ! Vive Viéslav ! Vivent leurs parents !
Vive M. Lamouche !

LAMOUCHE, un bouquet à la main.

Merci.

Final.

Le ruisseau fuit sur la plaine
Reflétant l'azur du ciel ;
Viéslav porte à son Hélène
Un bras sûr, un cœur sans fiel.
Le vieux mage qui vous aime
Vous prédit des jours heureux ;
Car l'hymen, c'est le ciel même,
Pour un couple d'amoureux !

La nuit sombre étend ses voiles ;
L'oiseau chante sur son nid ;
Et je vois dans les étoiles
Une main qui vous bénit.
Dans vos âmes fleurs écloses,
Les enfants auront leur tour ;
Le printemps nous rend les roses,
Mais Dieu donne seul l'amour !

(On entend l'orgue dans le lointain. — Tous s'agenouillent autour de Jean.)

HÉLÈNE, ROSE, BRONISLAVE, VIÉSLAV,
ALBERT, STANISLAV et LAMOUCHE.

Dieu créateur, âme et foyer du monde !
Que la Pologne, après les jours amers,
Par notre sang devienne plus féconde
Que les soleils, que le sable des mers !
Des vents du Nord fais tarir les haleines ;
Par notre amour sauve l'humanité,
Rends l'espérance et la vie à nos plaines,
Et par la foi, rends-nous la liberté !

LAMOUCHE.

Et maintenant, compagnons, puisque nous voilà en famille, il convient que les mariés sautent un peu, pour donner l'exemple aux autres. Demain, aux fiançailles, je vous barytonnerai un *Veni Creator* à faire frémir les voûtes de l'église, comme une forêt sous l'orage!

VIÉSLAV, en pleurant de joie.

Pères et mères, j'embrasse vos genoux...

LAMOUCHE, prenant une prise.

Bah! bah! les larmes ne valent rien pour un jour de fiançailles; nous avons le temps... Par ici la cruche d'hydromel!... C'est bien la dernière. (Aux musiciens.) Raclez-moi, vous autres, un bon mazourek à partir de l'oreille gauche, et à nous fendre les nôtres... Que vois-je! ils dorment en soufflant dans leurs caisses!... Violons! réveillez-vous! (Il éternue avec fracas.)

TOUS.

Vivat! (La musique joue une fanfare.)

LAMOUCHE.

A la bonne heure! Merci. On ne ronfle pas à la fête, entendez-vous, double cruche?... Elle est vide. En avant, feu des talons, et Dieu garde la Pologne!

(Les jeunes gens se groupent pour la danse.)

VIÉSLAV, sur l'avant-scène, en battant des talons.

Mazourek.

Enfants de Krakovie,
L'amour, c'est notre vie;
Le monde nous envie
Nos danses que voilà!
  Hop, ha! tous par là!
Le travail sur la plaine,
Je l'aime, comme Hélène
Dans son corset de laine,
Où mon cœur s'envola;
  Hop, ha! le voilà!

STANISLAV.

Dès ce jour est levée
La dîme, la corvée;
La discorde achevée
Que le Nord nous souffla!
  Hop, ha! tuons-la!
Parmi nous, point de traîtres,
Plus de serfs et de maîtres;
Mais, comme nos ancêtres,
La patrie, aimons-la!
  Hop, ha! tout est là!

ALBERT et ROSE.

Malgré nos froids rebelles
Les rois, dans leurs chapelles,
N'ont pas de fleurs plus belles;
Ma rose (La mienne), la voilà!
  Hop, ha! cueillons-la (gardons-la)!
Secourir l'indigence,
Oublier la vengeance;
Aux voisins, bonne chance,
La foi nous dit cela:
  Hop, ha! suivons-la!

JEAN.

La paix à tous les Slaves,
Le pardon aux esclaves;
Soyons unis et braves,
La grandeur, la voilà:
  Hop, ha! montrons-la!
Gloire à toi, notre Rome;
Tant que le monde nomme
Sobieski, ton grand homme,
Tant que ton peuple est là!
  Hop, ha! nous voilà!

HÉLÈNE.

Nous portons vers la France
Notre hymne d'espérance,
Pour que la délivrance
Nous vienne aussi de là!
  Déjà! la voilà!
Prions notre madone
Que sa grâce nous donne
La plus belle couronne,
Les amis que voilà!
  Oui, tous! prions-la!

(Une voiture à deux chevaux s'arrête dans le fond; Hélène, Viéslav et leurs parents y montent, escortés d'une double rangée de flambeaux.)

CHOEUR GÉNÉRAL.

Que ta sainte auréole,
Liberté, nous console;
Déjà la nuit s'envole,
Et ton jour, le voilà!

LETTRES SLAVES

LETTRES SLAVES

PREMIÈRE PARTIE

(1833-1863.)

> « Jeszcze Polska nie zginęła. »
> HYMNE NATIONAL.

> « L'an 1793 a vu commettre deux grands crimes : la mort d'un roi par les représentants d'un peuple, la mort d'un peuple par les ministres des rois. *Mais les peuples peuvent renaître!...* »
> SALVANDY, 26 août 1837.

PRÉFACE.

I.

(1853.)

Πρίν γ'αριτῆς πελάσαι τέρμασιν, ἢ θανάτου.
TYRTÉE, *chant guerrier.*

Voici les paroles que nous avons à différentes époques prononcées dans toutes les assemblées politiques dans lesquelles la Pologne opprimée a pu faire entendre sa voix aux peuples civilisés de l'Europe, qui jusqu'à présent ont gardé le souvenir de ses glorieux services et le pressentiment de sa prochaine délivrance. Aujourd'hui nous n'en avons pas une seule à rétracter. La cause polonaise est du nombre de celles que l'on ne désavoue jamais ; dans toutes les circonstances de la vie on peut hautement l'attester comme la plus sainte, comme la plus inviolable des convictions humaines. La Pologne est la religion des grandes âmes ; symbole vivant du Christ incliné sous la croix, elle a pitié des cœurs débiles qui se sont fatigués à la suivre à son Golgotha de supplice et de rédemption. Ces *Lettres slaves,* qui toutes ont trouvé accueil dans la presse française ou étrangère, sont en quelque sorte les Actes de notre apostolat pendant ces vingt dernières années, le compte rendu de notre mission en Europe.

« La question polonaise est la question première, la plus importante, » disait Talleyrand au congrès de Vienne ; et cette parole, émise en 1814, est tout aussi vraie de nos jours, lorsque chaque commotion politique remet en évidence l'anathème qui pèse sur l'Europe depuis la honteuse époque du partage. Les trois puissances du Nord, complices d'une spoliation inouïe, d'un crime qui marqua leurs fronts d'une tache ineffaçable, ne peuvent désormais se maintenir et subsister qu'à la faveur de spoliations nouvelles ; le prestige moral dont elles tentaient de s'environner est complètement dissipé : pour pouvoir prolonger d'un jour seulement leur existence maudite, il leur faut sans cesse *intimider* les peuples par de nouvelles expansions de force et de violence. L'ambassade du prince Menschikoff à Constantinople, cette tentative avortée de *communisme politique,* en est une démonstration complète. Si ce fait, purement diplomatique en apparence, a produit une si profonde sensation en Europe ; s'il a soulevé contre le malhabile négociateur et le souverain qui l'avait envoyé une clameur générale, c'est que cette question d'Orient, localisée provisoirement à Constantinople, en renferme une autre tout aussi vaste et qui nous touche de plus près encore par tous les liens de la religion et de la nationalité : celle de l'émancipation des Slaves. Les prétentions du tzar sur la Turquie, élevées soi-disant au nom de la population chrétienne de cet empire, et la manière toute barbare dont elles ont été formulées par son délégué, sont une grave insulte jetée au bon sens et à la morale publique de l'Europe entière. Il fallait arriver à notre époque de lumières, au milieu du xixe siècle, pour voir le chef d'un État despotique, sous le prétexte d'une conformité de religion, invoquer hautement et proclamer son droit de souveraineté sur les sujets d'un autre État, malgré les traités reconnus pour valables, et à l'exclusion des autres puissances, également intéressées dans le maintien de l'équilibre européen. Il fallait pour cela tout l'orgueil du cabinet moskovite ; orgueil qui se fait jour dans toutes ses relations avec l'Occident, et qui révèle, à ne plus pouvoir en douter, ses projets de domination universelle.

> Hennis d'orgueil, ô mon coursier fidèle,
> Et foule aux pieds les peuples et les rois !

disait le soldat *kosaque* de Béranger ; telle est, à la forme près, la maxime adoptée aujourd'hui par le tzar Nicolas pour sa politique étrangère. Le célèbre testament de Pierre Ier, que nous donnons en tête de ce volume, en est le programme et la feuille de route.

« L'Occident s'en va ! » ne cesse de répéter l'autocrate dans tous les défis qu'il jette à l'Europe ; l'Occident romain s'en va : c'est-à-dire que l'Orient gréco-slave, l'Orient orthodoxe dont je serai bientôt le maître et le pontife, se dispose à lui succéder. Il proclame qu'il a reçu de Dieu la *sainte mission* de rajeunir et de régénérer le monde ancien déjà voisin de la caducité, dont la centralisation des Slaves, sous le patronage et le drapeau de la Russie, sera l'instrument et le moyen. Or les Slaves, on le sait, forment un grand tiers de l'Europe ; tout ce qui n'est pas allemand ou français est généralement slave. Il possède déjà, de droit divin et en toute propriété, la septième partie de la terre habitée, avec le dixième de sa population, moins la Chine ; ce n'est pas assez : il veut l'avoir tout entière. C'est qu'on n'est pas tzar de Russie pour rien ; quand on a pied sur deux continents, sur le détroit de Behring d'une part et sur les bouches du Danube de l'autre, on peut bien se permettre quelques incartades diplomatiques pour s'arrondir un peu. Quand même cette déchéance de l'Europe romaine aurait un côté réel, ce n'est pas à Nicolas, ce ne serait pas à ses héritiers que Dieu aurait départi la mission de la réformer. Le génie de l'Occident, après une civilisation de plusieurs siècles, après avoir accumulé découvertes sur découvertes, monuments sur monuments, après avoir enfanté des prodiges incomparables dans les arts, dans la science, dans l'industrie, a bien le droit de montrer quelque peu de lassitude et d'épuisement. Mais la Russie, qu'a-t-elle fait jusqu'à ce jour pour conquérir ce droit de tutelle absolue et de protection sans limites qu'elle s'arroge si fièrement sur les nations voisines ? Quels sont les signes de cette mission divine qu'elle prétend accomplir ? Quelle est la supériorité morale ou même matérielle qu'elle pourrait mettre en avant pour la justifier ? Quels sont ses titres enfin ? Rien, absolument rien ! quelques régicides au dedans et quelques brigandages au dehors, voilà toute son histoire ; elle n'est et ne peut être que la négation de l'Europe : c'est là tout son présent, tout son avenir.

Que si même elle arrivait à s'emparer de Constantinople, supposition inadmissible quant à présent ; si elle pouvait prendre corps et chair, en revêtir son squelette tatare en s'assimilant la substance de l'Orient : la Russie serait dans l'impuissance la plus absolue pour centraliser les Slaves. Cette grande nationalité, composée de quatre souches distinctes, les Bohèmes, les Polonais, les Ruthènes et les Serbes, ne peut être centralisée et constituée qu'à la faveur d'une Fédération pacifique et volontaire ; l'esclavage et le massacre, les seuls leviers dont la Russie et ses souverains allemands aient su faire usage, n'y parviendront jamais. Elle le sait si bien qu'au dernier siècle, quelque temps avant le partage de la Pologne, elle a dû changer son nom ; et pour tromper l'opinion publique en Europe, au lieu de s'appeler le tzarat, ou si l'on veut le duché de Moskou, elle a pris le nom frauduleux d'empire de *Toutes les Russies ;* État chimérique qui n'existe pas et ne peut pas exister, parce que les anciennes Russies polonaises, savoir : la Gallicie ou *Russie-Rouge,* la Lithuanie et l'Ukraine ou *Russie-Blanche, Russie-Noire* et *Petite-Russie,* plus exactement désignées sous le nom de Ruthénies, ne lui appartiennent pas par le droit de libre adhésion, mais uniquement par le fait de la spoliation et du mensonge. Si le tzar a pu réellement se mettre dans l'idée qu'il est l'élu de la Providence, et s'il en a reçu la mission de régénérer quelque chose, qu'il commence donc par son empire, qui en a grand besoin. Nous doutons cependant qu'il veuille accepter son salut des mains de Nicolas, et qu'il puisse en recevoir d'autre bienfait que son coup de grâce et la mort. « La Russie, a dit Mickiewicz, est encore une page blanche, dont les caractères peuvent être tracés par la main de Dieu, ou par celle de Satan. » Sur cette page blanche, pendant vingt-huit années de règne, Nicolas n'a rien inscrit que son nom.

Toutefois, nous ne voulons pas atténuer les dangers de l'Europe dans le cas possible si non probable de la dissolution de l'alliance anglo-française. Tant que la Russie aura pied sur le Danube par la possession de la Bessarabie, rien ne sera fait de durable pour la sécurité de l'Orient. La réunion ou la séparation des deux principautés moldo-valaques n'est absolument d'aucune importance ; car ces principautés, soit disjointes soit réunies, ne s'étendant pas jusqu'au littoral de la mer Noire, ne peuvent servir de ligne défensive contre la Russie. On ne pourrait y créer une défense réelle qu'en remontant aux traités antérieurs à celui de Boukharest (1812) ; en réunissant la Bessarabie à la Moldavie depuis Akerman jusqu'à Chocim : c'est-à-dire en rejetant la Russie au delà du Dniester. Toute autre délimitation serait un leurre et une puérilité. La Bessarabie annexée par Alexandre Ier est la clef de Constantinople dans les mains de ses descendants ; le chemin de l'Orient reste toujours ouvert : l'Europe ne peut donc pas être garantie par ce moyen.

Cette grande mission de réparation pour les Slaves, et de protection pour l'Europe, est dévolue à la Pologne. Elle est d'abord placée au centre géographique de toutes les populations slavonnes, à leur point d'intersection qui ne se trouve ni à Moskou ni à Constantinople, encore moins à Saint-Pétersbourg, mais quelque part sur la Vistule, entre Krakovie et Varsovie. Son culte religieux lui permet de tendre la main d'une part à la Bohème et à l'Illyrie, catholiques romaines comme elle ; et de l'autre à la Serbie, à la Moldo-Valaquie et même à la Russie moskovite : moyennant l'extension du rite grec-uni, de l'Église nationale slavo-romaine qui doit un jour, par la séparation de l'autorité spirituelle et du pouvoir temporel, son dogme fondamental, ramener l'Église chrétienne à l'unité. Son principe politique et sa doctrine sociale s'expriment parfaitement par ces mots qu'elle inscrivait en 1830 sur ses bannières : « PRO NOSTRA VESTRAQUE LIBERTATE; » lorsque tout en combattant la Russie barbare elle lui jetait cette sainte devise, non pas comme une insulte et une menace, mais comme un gage de paix et de réconciliation. De plus, les sympathies et les attractions universelles qu'elle inspire sont de nature à pouvoir former aisément autour d'elle une ligue fédérale des Slaves, dont elle sera tout naturellement le centre, le point d'appui et le drapeau; type et modèle d'une imposante synthèse que nous nommerons dès à présent les PEUPLES-UNIS d'EUROPE. Voilà pourquoi, chers lecteurs, ces écrits d'un Polonais ont reçu la dénomination de *Lettres slaves*.

La Pologne seule se trouve ainsi dans toutes les conditions nécessaires pour fédéraliser les Slaves; elle seule peut opérer cette grande transformation unitaire de 87 millions d'individus, qui doit s'accomplir malgré tous les obstacles qui lui seraient opposés; et non pas la Russie dégénérée, scandinave ou tatare, grandie dans un siècle et déjà prête à s'écrouler sous l'anathème des peuples, ni son tzar allemand ou danois, n'ayant pas une seule goutte de sang slave dans les veines.

C'est parce qu'elle a la conscience et l'aptitude de cette haute mission que le tzar s'efforce en vain à lui arracher, que la Pologne ne veut pas et ne doit pas mourir.

Paris, 15 juin 1853.

II.

(1854.)

Les *Lettres slaves* de M. Kristien Ostrowski sont un ouvrage curieux et intéressant. Il y a sur les grands hommes de la Pologne a produits dans les sciences et dans les lettres des détails instructifs et qui devront désormais entrer dans l'histoire littéraire de l'Europe. Mais nous voulons surtout aujourd'hui nous occuper de la solution que M. Kristien Ostrowski propose pour la question d'Orient.

Notre correspondant d'Athènes proposait pour solution le rétablissement de l'empire byzantin; M. Kristien Ostrowski propose naturellement le rétablissement de la Pologne. C'est là encore un roman qui nous plairait fort. Nous avons tort cependant de dire que M. Ostrowski propose de rétablir la Pologne. Il demande à la fois plus et moins : moins parce qu'il ne demande pas que la Pologne soit rétablie telle qu'elle était avant 1772, avec son ancien gouvernement et son ancien ordre social. M. Kristien Ostrowski sent bien que ce serait remonter trop hardiment le cours des temps, et il n'est pas de ceux qui veulent faire rétrograder l'humanité pour améliorer son sort. Nous lui reprocherions plutôt de vouloir la faire aller trop vite et de trop embrasser dans ses espérances et dans ses projets. En effet, M. Ostrowski ne s'occupe pas seulement de reconstituer la Pologne, c'est l'Europe tout entière qu'il organise. « Au siècle suivant (au XXᵉ siècle), on sera tout étonné de voir une Pologne grande et forte, reconstruite sur un plan nouveau, avec ses anciens éléments de dix siècles, groupant autour d'elle une société nouvelle que nous entrevoyons déjà, les *Peuples-Unis d'Europe*, et de chercher la place où fut autrefois l'empire des tzars de Moskou, et où se trouvera une imposante fédération slave indestructible pour les siècles. »

Ainsi une grande fédération slave qui absorbera la Russie elle-même et les autres nations slaves, voilà l'avenir de l'Europe. La lettre de M. Ostrowski, adressée à M. Sarrans, a pour sujet la décadence de la Russie. La décadence de la Russie est en effet le préliminaire obligé de l'établissement de la fédération slave. Mais en tombant comme empire, la Russie se relèvera sous une autre forme. Il y a, selon l'auteur, deux Russies : une Russie polonaise et une Russie moskovite. L'empereur Nicolas n'est d'aucune; il appartient à la race allemande, c'est-à-dire à la race que M. Ostrowski dénonce, *je ne sais pourquoi*, à la colère et à la haine de l'Europe.

Le titre de la lettre sur la *décadence de la Russie* nous a rappelé un livre que M. Ledru-Rollin a publié, il y a deux ou trois ans, sous le titre de *Décadence de l'Angleterre*. Nous croyons, quant à nous, à la décadence de la Russie et de l'Angleterre dans l'avenir, comme nous croyons dans le passé à la décadence de l'empire des Assyriens et de l'empire des Romains; mais jusqu'à présent *nous ne voyons pas encore bien* les signes prochains de ces décadences. La mission du prince Menschikoff est le premier acte d'un grand drame *peut-être*, qui finira par un agrandissement ou par un affaiblissement politique et moral de la Russie; mais le drame doit durer longtemps sans être ni la paix ni la guerre, et il ne faut pas se hâter de le juger sur le premier acte.

Les plans de M. Ostrowski sont, je l'avouons, fort chimériques; mais ses idées sont nobles et généreuses. C'est ce qui nous a engagé à parler des *Lettres slaves*. Il y a une autre raison qui nous fait croire que, toutes vaines qu'elles sont *peut-être*, les utopies du genre de celles de M. Ostrowski méritent qu'on s'en occupe. A quelle occasion ces utopies se manifestent-elles? Quelle espérance ont-elles? Il ne faut pas se le dissimuler, la crise d'Orient et la possibilité de la guerre les ont fait naître. Aussitôt qu'elles ont pu croire que l'Europe allait entrer dans la carrière illimitée des guerres, elles se sont à leur tour donné carrière. Elles existaient assurément dans les esprits ardents et généreux qui les ont conçues; mais elles vivaient en silence sous la forme d'un noble espoir ou d'un patriotique regret. Le pressentiment de la trompette et l'odeur lointaine de la poudre les a éveillées, et la reconstitution fondamentale de l'Europe ne leur semble plus tout à fait impossible. Voilà le grand danger de la guerre en Europe. Elle fera fermenter toutes les théories; et comme dans l'état actuel des choses et des esprits il y a en Europe, à côté de chaque gouvernement réel, un gouvernement possible, rêvé de manière différente par beaucoup de personnes, tous les rêves, aussitôt la guerre allumée, feront effort pour arriver à la réalité.

SAINT-MARC GIRARDIN[1].

Les Débats, 5 août 1854.

[1]. Nous reproduisons l'article ci-dessus de M. Saint-Marc Girardin, membre du Comité franco-polonais et de l'Académie, professeur à la Sorbonne, rédacteur du *Journal des Débats*, etc., pour faire voir avec quelle superbe ignorance, avec quelle incroyable légèreté les publicistes français les plus éminents traitent les questions étrangères. Hélas! M. Saint-Marc Girardin confond, avec beaucoup d'autres savants, peut-être, les Ruthènes avec les

III.

(1857.)

Il y a vingt-cinq ans que M. Kristien Ostrowski s'est réfugié en France, après avoir vaillamment combattu pour la cause polonaise; depuis, voyant sa carrière militaire interrompue et son magnanime pays rejeté sous la domination étrangère, il s'est acquis dans notre littérature une place distinguée. Mais pendant ces vingt-cinq années, il n'a pas cessé un seul jour de penser à la patrie absente ; et toutes les fois que l'occasion s'en est présentée, soit comme poëte, soit comme publiciste, il a manifesté ses sentiments polonais et protesté en faveur de sa nationalité devant les peuples de l'Europe. Nous nous rappelons une circonstance touchante où M. Kristien Ostrowski, noblement inspiré, produisit sur une nombreuse assistance une vive impression. C'était en 1843, aux funérailles de Kasimir Delavigne, qui avait si bien chanté la Pologne. S'approchant de la tombe ouverte où descendait une des gloires de la France, il prit la parole au nom de ses compatriotes, et jeta pour dernier adieu, sur le corps de l'auteur de la *Varsovienne*, un peu de cette terre polonaise que les exilés emportent avec eux, afin de rendre les derniers devoirs à leurs frères mourant loin du sol natal. Ce fut un moment solennel et qui doit dater dans la vie de M. Ostrowski.

L'auteur reproduit aujourd'hui la plupart des lettres qu'il a écrites à diverses époques sur la question polonaise; et certes, cette publication ne pouvait se faire dans un temps plus favorable. La politique de la Russie est venue s'emparer récemment de l'attention publique, et tourner tous les yeux vers cette puissance envahissante qui, non contente de posséder la septième partie de la terre habitée, semble rêver un empire universel. Le tzar de toutes les Russies a l'air de s'imaginer, en effet, qu'il peut y avoir une Russie française, une Russie anglaise; et que la clef de la petite église de Bethléem est la clef qui lui ouvrira ces grands royaumes, centre de la civilisation moderne. Cette idée, du reste, n'est que le développement de la politique russe depuis le fameux testament du tzar Pierre Ier; on y trouve tracée d'avance la route qu'ont suivie les Nesselrode et les Menschikoff : nous le voyons en tête de ce volume.

« Je regarde, dit le tzar Pierre, l'invasion future des pays de l'Occident et de l'Orient par le Nord, comme un mouvement périodique arrêté dans les desseins de la Providence, qui a ainsi *régénéré* le peuple romain par l'invasion des barbares. »

Non, les barbares n'ont jamais rien régénéré ; et il ne saurait entrer dans les desseins de la Providence que l'industrie, les sciences, les arts, l'élégance des mœurs et les libertés des nations s'engloutissent sous la poussière soulevée par les coursiers kosaques. Non, l'Occident ne s'en va pas ; et sa lumière, de plus en plus brillante, ira éclairer au contraire les plus sombres régions du Nord. Les nations européennes ne seront pas *facilement* ni *indubitablement* conquises, malgré les adverbes joints *peu admirablement*. La Russie y regardera même à deux fois avant de déchaîner contre elle la révolte du monde.

La première recommandation de Pierre Ier est d'entretenir la nation russienne dans un état de *guerre continuelle ;* car il le croit, comme M. de Maistre, à l'éternité de la guerre : il est loin de se douter que le feu de la guerre ira toujours s'éteignant, et qu'un juste équilibre s'établira entre les peuples destinés à jouir paisiblement par le travail des bienfaits de la création, et non à s'agrandir aux dépens les uns des autres, contre toutes les lois de la logique et de l'humanité. Il parle à tout instant de *diviser*, de *corrompre*, de *prendre ;* on dirait le testament d'un voleur de grands chemins, qui laisse à sa bande grossière ses dernières instructions. Il veut surtout qu'on s'approche le plus possible de Constantinople et des Indes : « Celui qui *y régnera* sera le vrai *souverain du monde,* » ajoute-t-il. Cela est clair ; et une fois là, on pourra se passer de l'or de l'Angleterre, dont il engage d'ailleurs à rechercher l'alliance.

Mais voici le complément de sa pensée : « La Suède démembrée, la Perse vaincue, la Turquie conquise, nos armées réunies, la mer Noire et la Baltique gardées par nos vaisseaux, il faudra proposer séparément et très-discrètement, d'abord à la cour de Versailles, puis à celle de Vienne, de partager avec elle *l'empire de l'univers.* »

On ne peut pas poser plus nettement la question, et la Russie en est encore là ; non pas qu'elle avoue des prétentions si exagérées ; elle est trop habile et trop bien dirigée pour ne pas s'être mise au niveau de l'esprit du temps ; mais elle veut, sous l'apparence d'un droit, sous le prétexte d'un outrage à sa dignité, à sa grandeur, se donner une sorte de raison de commencer cette formidable campagne qui deviendra de plus en plus impossible, elle le sent bien.

Il ne faut pas prendre au mot Pierre Ier lorsqu'il parle d'un peuple jeune et neuf, et croire que ce peuple si jeune et si neuf possède toutes les vertus de l'âge d'or. Déjà, du temps de Pierre, il avait grand besoin d'être

---

Russes, Léopol avec Moskou! Il a fallu l'insurrection de 1863 et les massacres de Mourawieff pour démontrer qu'il existe une *Russie polonaise* ou Ruthénie, et une *Russie moskovite* ou Grande-Russie, de même qu'il existe une *Bretagne française* et une *Bretagne anglaise* ou Grande-Bretagne. Or nous voyons aujourd'hui de plus une *Russie autrichienne* ou Gallicie, l'ancienne Russie rouge de la république de Pologne... C'est ce que l'illustre écrivain des *Débats* « ne voyait pas bien encore » en 1854. Certaines choses qu'il traitait de rêve et d'utopie à la date du 5 août, devenaient presque à la même heure de grosses réalités. En effet, dans le même numéro du même journal, immédiatement après son article, nous lisons un extrait du *Times* du 4 août, de la teneur suivante :

« D'après le ton qu'a pris le gouvernement mardi soir, dans les deux Chambres du Parlement, et en particulier lord Clarendon dans la Chambre des Lords, il est évident qu'à mesure que nous approchons de la crise finale dans les affaires de l'Orient, la confiance des ministres dans son heureuse issue ne se raffermit pas. Au contraire, on peut considérer la conduite des autorités russes dans les principautés comme une nouvelle preuve du mépris du gouvernement russe pour les droits établis dans ces provinces en vertu des traités.

« Une puissance qui s'approprie le revenu d'un pays étranger que, de son propre aveu, elle tient à titre de dépôt provisoire, et en temps de paix, s'expose à être accusée de spoliation véritable. Que peut-on attendre de la modération ou de la justice d'un État qui s'est lancé avec un emportement aussi effréné dans la vieille ornière de l'agression et de la rapine? ou quelle confiance peut-on avoir dans les assurances de la Russie, quand chaque incident nouveau qui vient à notre connaissance nous montre d'une manière plus frappante encore avec quelle avidité elle s'acharne sur sa proie? etc. »

régénéré. Les mémoires contemporains nous ont laissé des tableaux de la cour du tzar et de la tzarine qui démontrent qu'en fait de corruption, la Russie dépassait tous les autres pays. S'il s'agit d'administration, c'est encore bien pis. C'est une sorte de brigandage organisé. Lisez Pouschkin, Gollowin, Jassonoff et vous verrez à quel point la spoliation s'exerce sur toute la surface de ce grand empire. Dernièrement un homme d'État espagnol dont on regrette l'éloquence et le grand sens, Donoso Cortès, ne s'écriait-il pas : « L'administration russe est aussi corrompue que l'administration la plus pervertie de l'Europe, et l'oligarchie russe ne le cède pas à l'oligarchie la plus vicieuse. La Russie, placée au milieu de l'Europe conquise et prosternée à ses pieds, absorbera par toutes les veines le poison qu'elle a bu et qui la tuera. La Russie ne tardera pas à tomber dans la putréfaction. » Que la Russie passe donc son temps à se *régénérer* elle-même, si c'est possible, au lieu de vouloir régénérer les autres.

Le livre de M. Ostrowski pourrait donc se résumer en ce dilemme : « Fédération slave autour de son point central, la Pologne, ou domination universelle de la Russie. » Nous voyons d'après ces termes qu'il vaut bien la peine d'y réfléchir, même pour une nation sceptique et distraite comme la nôtre.

Les *Lettres slaves* ont reçu l'approbation la plus entière et la plus honorable de lord Dudley Stuart, ce noble cœur, cette généreuse et brillante exception dans l'incorrigible aristocratie anglaise. L'auteur, en bon Polonais, prend vigoureusement à partie la puissance qui opprime son pays. Ce n'est pas un froid historien : on ne l'est jamais dans sa propre cause ; mais cette passion anime et soutient le récit, et c'est une qualité pour le lecteur. Il est bon qu'un auteur soit indigné ; l'émotion en dépend, le style se revêt de l'image la plus forte et remue davantage l'esprit. La passion vient au secours de l'écrivain et communique la chaleur de la vie à ses expressions. Nous savons, au reste, que M. Kristien Ostrowski est poëte ; il suffit, pour s'en convaincre, d'ouvrir son *Théâtre* et ses *Livres d'exil* [1].

HIPPOLYTE LUCAS.

Le Siècle, 1857.

---

[1]. Voici la lettre de lord Dudley Stuart :

« Monsieur,

« Lorsque j'ai reçu les *Lettres slaves* que vous avez bien voulu m'adresser à la fin du mois dernier, j'étais tellement accablé par les affaires du Parlement qu'il m'a été impossible de vous écrire. En conséquence, j'ai prié mon ami, M. S***, de vous remercier de ma part pour l'exemplaire que vous m'avez envoyé. Mais ne voulant pas vous laisser sans une réponse directe, je vous adresse la présente pour vous réitérer mes remerciments. J'étais honoré de l'amitié de feu monsieur votre père, et je conserve un bien touchant souvenir de ce noble patriote. Comme vous lui ressemblez par vos sentiments et votre persévérance, vous méritez aussi l'estime de tout honnête homme, de tout ami de la Pologne, et vous pouvez compter sur la mienne.

« Les *Lettres slaves*, rendues en anglais par un bon traducteur, capable de comprendre et de sentir la pensée de l'auteur, contribueraient d'une manière efficace à éclairer le public anglais sur les questions que les Slaves seront un jour appelés à résoudre.

« Agréez, etc.

« DUDLEY-COUTTS STUART.

« Londres, 23 août 1853. »

IV.

(1865.)

Depuis un siècle, l'opinion publique en Europe n'a pas cessé de s'occuper d'une question d'un intérêt universel et qui se rattache à la cause même de la civilisation : c'est la question de la Pologne. D'innombrables écrits ont paru sur cette matière sans pouvoir l'épuiser ; les plus grands génies modernes ont mis leur savoir, leur inspiration ou leur simple bon sens au service de cette noble cause, que même ses ennemis sont loin de considérer comme définitivement résolue. Les livres, les brochures, les poëmes et les traités de toute sorte qu'elle a mis au jour, soit en France, soit à l'étranger, témoignent de son importance, de la place qu'elle occupera dans l'histoire contemporaine, et suffiraient à la substance de toute une bibliothèque. Les éloquents discours prononcés dans les deux Chambres en faveur de la Pologne sont assurément les plus brillants épisodes de notre histoire parlementaire. Nous ne citerons pas les noms, de crainte d'en omettre, et des plus dignes.

A côté de ces poëtes et de ces orateurs, n'hésitons pas à nommer M. Kristien Ostrowski, le fils du dernier président de l'assemblée nationale polonaise, auquel d'incessants et remarquables travaux ont assuré depuis longtemps une place distinguée dans les rangs des publicistes français. Ancien soldat de 1831, M. Ostrowski n'a eu qu'à se souvenir, à puiser dans ses correspondances publiées depuis trente ans par la presse française ou étrangère, pour former trois volumes de lettres qui sont, à notre avis, la meilleure collection de documents historiques sur cette question de la Pologne. Les *Lettres slaves* commencent par le testament du tzar Pierre, imprimé pour la première fois dans toute son étendue. On sait que ce curieux itinéraire, tracé par le fondateur de la Russie actuelle à tous ses descendants, a été rapporté en France par le chevalier d'Éon, personnage hybride, qui l'a remis entre les mains de l'abbé de Bernis, alors ministre des affaires étrangères de Louis XV (1757). Après un premier appel adressé à la France en 1833, on trouve un Mémoire publié en 1839 en faveur de l'indépendance ottomane, des fragments de traductions des meilleurs écrivains polonais, plusieurs allocutions prononcées par M. Ostrowski aux anniversaires, aujourd'hui défendus, de l'insurrection de 1831, etc. Des lettres inédites du général Bem, d'Adam Mickiewicz, de Sadyk-pacha, contenant des détails ignorés du public sur les guerres de Hongrie et de Crimée, complètent cet ensemble. Les deuxième et troisième volumes, c'est l'histoire racontée jour par jour de l'héroïque soulèvement polonais, depuis le 21 janvier 1863.

Les *Lettres slaves* diffèrent essentiellement de ces écrits politiques, créations éphémères du moment, où la sécheresse du style le dispute à l'obscurité de l'idée. Il fallait un écrivain convaincu pour traiter la question au point de vue de l'histoire ; il fallait un poëte pour présenter sous une forme vivante et colorée les malheurs et les aspirations de tout un peuple. Mais, en outre de cette précieuse qualité, l'auteur des *Lettres slaves* possède encore les connaissances spéciales qui distinguent l'homme d'État, le coup d'œil exact et l'aptitude réelle nécessaires pour l'appréciation judicieuse des faits contemporains. La pensée capitale du livre, et qui se reproduit sous mille formes différentes, est une lutte énergique contre le *panslavisme*, que l'auteur combat presque à chaque page par tous les arguments se trouvant à sa disposition. On sait que ce terme veut dire la réunion de *cent millions* d'hommes, de la race slave tout entière, sous le sceptre et le vasselage de la Russie. Cette vaste synthèse, formulée par Pierre Ier, et qui donnerait à la Russie toute l'étendue de l'ancien empire mogol de Genghiskhan et de Koublaï, depuis l'Adriatique jusqu'aux limites du Japon, avec le septième de la population totale du globe, ne manque pas d'une certaine grandeur barbare, digne du génie altier de son inventeur. Nous devons ajouter qu'elle n'est pas sans péril pour l'avenir de l'Europe et de la civilisation. L'auteur lui oppose, comme unique moyen d'empêcher son avénement, l'idée d'une *fédération slave*, composée des quatre souches distinctes des Bohêmes, des Polonais, des Serbo-Dalmates et des Ruthènes, réunis autour de la Pologne régénérée, leur centre moral et géographique, e qu'il désigne sous le nom de Peuples-Unis d'Europe. Cette pacifique alliance, vivement souhaitée par toutes les populations de race slave, et dont le premier essai a déjà fait la grandeur des Piasts et des Jaghellons, deviendrait le rempart effectif de l'Europe, le gage permanent de sa sécurité. C'est surtout à la France, aujourd'hui prépondérante par le principe des nationalités, à voir lequel de ces deux systèmes est le plus conforme à ses idées et à ses intérêts.

C'est toujours, on le sait, une chose difficile que de se faire pardonner trois volumes compactes de notes, de documents, d'aperçus diplomatiques. Et cependant on lit ces volumes avec une attention soutenue, on s'arrête aux remarques pleines de rapprochements ingénieux, on s'attache au récit. C'est un titre nouveau que M. Ostrowski vient d'acquérir à l'estime de ses compatriotes. Nous l'engageons à s'occuper dès à présent d'une histoire générale de son pays, que personne n'est à même de mieux connaître et de faire connaître au public français.

E. M***.

LETTRES SLAVES

PREMIÈRE PARTIE

1.

TESTAMENT DU TZAR PIERRE Ier

DÉPOSÉ DANS LES ARCHIVES DU PALAIS DE PETERHOFF

Près Saint-Pétersbourg[1].

CONSIDÉRATIONS PRÉLIMINAIRES.

Au nom de la très-sainte et indivisible Trinité; Nous Pierre Ier, Empereur et Autocrate de toutes les Russies, etc., à tous nos descendants et successeurs au trône et gouvernement de la nation russienne.

Le grand Dieu de qui nous tenons notre existence et notre couronne, nous ayant constamment éclairé de ses lumières et soutenu de son divin appui, nous permet de regarder le peuple russe comme appelé par l'avenir à la *domination générale* de l'Europe. Je fonde cette pensée sur ce que les nations européennes sont arrivées, pour la plupart, à un état de vieillesse voisin de la caducité, ou qu'elles y marchent à grands pas; il s'ensuit donc qu'elles doivent être *facilement* et *indubitablement* conquises par un peuple jeune et neuf, quand ce dernier aura atteint toute sa force et toute sa croissance. Je regarde l'invasion future des pays de l'Occident et de l'Orient par le Nord, comme un mouvement périodique arrêté dans les desseins de la Providence, qui a ainsi *régénéré* le peuple romain par l'invasion des barbares. Ces émigrations des hommes polaires sont comme le flux du Nil qui, à certaines époques, vient engraisser de son limon les terres amaigries de l'Égypte. J'ai trouvé la Russie *rivière*, je la laisse *fleuve*; mes successeurs en feront une *grande mer* destinée à fertiliser l'Europe appauvrie; et ses flots déborderont malgré toutes les digues que des mains affaiblies pourront leur opposer, si mes descendants savent en diriger le cours. C'est pourquoi je leur laisse les enseignements suivants; je les recommande à leur attention et à leur observation constante, de même que Moïse avait recommandé les tables de la loi au peuple juif.

I

Entretenir la nation russienne dans un état de GUERRE CONTINUELLE, pour former le soldat et le tenir toujours en haleine; ne le laisser reposer que pour améliorer les finances de l'État; refaire les armées et choisir les moments opportuns pour l'attaque. Faire ainsi servir la paix à la guerre et la guerre à la paix, dans l'intérêt de l'agrandissement et de la prospérité croissante de la Russie.

II.

Appeler par tous les moyens possibles, de chez les peuples instruits de l'Europe, des capitaines pendant la guerre et des savants pendant la paix, pour faire profiter la nation russienne des avantages des autres pays sans lui faire rien perdre des siens propres.

III.

Prendre[1] part en toute occasion aux affaires et démêlés quelconques de l'Europe, et surtout à ceux de l'Allemagne, qui, plus rapprochée, intéresse plus directement.

IV.

Diviser la Pologne en y fomentant le trouble et les discordes civiles; gagner la haute noblesse à prix d'or, influencer les diètes, *les corrompre,* afin d'avoir action sur les élections des rois; y faire nommer ses partisans, les protéger, y faire entrer et séjourner les troupes moskovites jusqu'à l'occasion de s'y établir définitivement. Si les puissances voisines opposaient quelques difficultés, les apaiser momentanément en morcelant le pays, *jusqu'à ce qu'on puisse reprendre en détail tout ce qui aura été donné!*

---

1. Ce testament, d'une authenticité aujourd'hui incontestable, code suprême de la politique russe depuis Pierre Ier, a été remis en 1757 aux mains de l'abbé de Bernis, ministre des affaires étrangères de Louis XV. Un exemplaire s'en trouve aussi dans les archives diplomatiques de l'empire français. (*Mémoires du chevalier d'Éon*, publiés par M. Gaillardet, t. I, p. 170.)

1. On voit que Pierre Ier a largement usé dans son testament du verbe actif *prendre*, en y ajoutant toutefois les verbes *s'étendre, s'avancer, diviser, partager, dominer, subjuguer, corrompre, etc.*

V.

Prendre le plus qu'on pourra de la Suède, et savoir se faire attaquer par elle *pour avoir le prétexte de la subjuguer*. A cet effet, isoler le Danemark de la Suède et la Suède du Danemark, et entretenir avec soin leurs rivalités.

VI.

Prendre toujours les épouses des princes russes parmi les princesses de l'Allemagne; pour multiplier les alliances de famille, rapprocher les intérêts et unir d'elle-même l'Allemagne à notre cause *en y propageant nos principes*.

VII.

Rechercher de préférence l'alliance commerciale de l'Angleterre; cette puissance ayant plus que toute autre besoin de nous pour sa marine et pouvant être la plus utile au développement de la nôtre. Échanger nos bois et nos matières premières contre son or; établir entre ses marchands, ses matelots et les nôtres, des rapports continuels, qui formeront les flottes russiennes à la navigation et au commerce.

VIII.

S'étendre sans relâche vers le nord, le long de la Baltique, *ainsi que vers le sud, le long de la mer Noire*.

IX.

Approcher le plus possible de Constantinople et des Indes. CELUI QUI Y RÉGNERA SERA LE VRAI SOUVERAIN DU MONDE. En conséquence, susciter des guerres continuelles tantôt au Turk, tantôt à la Perse; établir des chantiers sur la mer Noire, s'emparer peu à peu de cette mer, ainsi que de la Baltique, *ce double point étant nécessaire à la réussite du projet*; hâter la décadence de la Perse, pénétrer jusqu'au golfe Persique; rétablir, si c'est possible, par la Syrie, l'ancien commerce du Levant, *et avancer jusqu'aux Indes*, qui sont l'entrepôt du monde. Une fois là, on pourra se passer de l'or de l'Angleterre.

X.

Rechercher et entretenir avec soin l'alliance de l'Autriche; favoriser en apparence ses idées de domination sur l'Allemagne et exciter contre elle, en sous main, la jalousie des provinces. Tâcher de faire réclamer l'intervention de la Russie par les uns et par les autres, en exerçant sur le pays une espèce de tutelle qui prépare la domination future.

XI.

Intéresser la maison d'Autriche à chasser le Turk de l'Europe et la frustrer de sa part du butin lors de la conquête de Constantinople, soit en lui suscitant une guerre avec les anciens États de l'Europe, soit en lui donnant une portion de la conquête *qu'on lui reprendra plus tard*.

XII.

S'attacher et réunir autour de soi tous les grecs-unis et désunis ou schismatiques, qui sont répandus soit dans la Hongrie, soit dans la Turquie, soit dans le midi de la Pologne; se faire leur centre, leur appui, et fonder d'avance une suprématie universelle par une sorte de royauté ou de domination sacerdotale : les Gréco-Slaves seront autant d'amis que l'on aura chez chacun de ses ennemis.

XIII.

La Suède démembrée, la Perse vaincue, la Pologne subjuguée, la Turquie conquise, nos armées réunies, la mer Noire et la Baltique gardées par nos vaisseaux, il faudra proposer séparément et très-discrètement, d'abord à la cour de Versailles, puis à celle de Vienne, de partager avec elle l'empire de l'univers. Si l'une des deux accepte, ce qui ne peut manquer pour peu que l'on flatte leur orgueil et leur ambition, se servir d'elle pour écraser l'autre; puis, écraser à son tour celle qui survivra, en engageant avec elle une lutte dont l'issue ne saurait être douteuse, la Russie possédant déjà en propre tout l'Orient et une grande partie de l'Europe (!!!).

XIV.

Si, ce qui n'est guère probable, toutes deux refusaient *l'offre de la Russie*, il faudrait savoir leur susciter des querelles et les faire s'épuiser l'une par l'autre. Alors, profitant d'un moment décisif, la Russie fera fondre ses troupes rassemblées d'avance sur l'Allemagne; en même temps que deux flottes considérables partiront l'une de la mer d'Azof et l'autre du port d'Archangel, chargées de hordes asiatiques. Sous le convoi des flottes armées de la mer Noire et de la Baltique, *s'avançant* par la Méditerranée et par l'Océan, elles inonderont la France d'un côté, tandis que l'Allemagne le sera de l'autre; et ces deux contrées vaincues, le reste de l'Europe passera facilement et sans coup férir sous le joug.

XV.

Ainsi peut et DOIT *être subjuguée l'Europe!*

PIERRE Ier,

Autocrate de toutes les Russies.

Nous n'ajouterons aucune réflexion à la publication de ce *Testament*, reproduit aujourd'hui pour la première fois dans toute son étendue. Nous croyons qu'il suffira de le mettre en lumière pour le vouer à tout jamais au ridicule et au mépris.

(*Le Siècle, la Patrie*.)

II.

APPEL AU PEUPLE FRANÇAIS.

Français,

Votre glorieuse révolution de Juillet avait jeté l'effroi dans le camp du despotisme; les vainqueurs de 1815 se mettaient en marche pour écraser la liberté : l'insurrection polonaise de 1830 leur a barré le chemin. La Pologne, trahie par les rois, abandonnée par l'Europe, a succombé. Ses tyrans disent qu'ils l'ont tuée; et cependant ils n'osent pas franchir ses limites: les ruines de l'ancienne Pologne forment encore un vaste rempart entre les peuples civilisés et les barbares.

La chute de la Pologne a mis à couvert la liberté de la France ;

On a dit en France que la Pologne ne périrait pas : le tzar a dit que la Pologne n'existera plus. La France n'a rien fait encore pour tenir sa promesse : le tzar fait tout au monde pour accomplir sa menace et pour exterminer le peuple polonais ;

Depuis le désastre de Varsovie, le tzar ne cesse d'envoyer au Kaukase tous les soldats polonais amnistiés, pour les faire servir, jusqu'à la mort, comme soldats russes ;

Le tzar a fait arracher des bras de nos mères plus de 40,000 enfants polonais : il les exile en Sibérie pour les dresser, tout jeunes encore, en cohortes de bourreaux ;

Le tzar a fait déporter plus de 30,000 familles polonaises sur la ligne du Kaukase, en Asie;

Le tzar a confisqué les biens de tous ceux qui ont pris part à la guerre d'indépendance ;

Le tzar foule aux pieds la Pologne asservie : il a cassé les lois, aboli les écoles, enrégimenté les étudiants dont tout le crime était d'étudier leur langue maternelle et leur histoire;

Le tzar persécute la nationalité polonaise jusque dans sa religion;

Le tzar introduit en Pologne une nouvelle religion, d'après laquelle lui, Nicolas, se donne pour lieutenant de Dieu sur la terre : il commande pour sa personne un culte divin, et cette doctrine infernale il veut la faire prévaloir jusqu'en France;

Le tzar jette, entre la Pologne qu'il torture et celle qu'étouffent à deux mains la Prusse et l'Autriche, une nuée de Moskovites et d'Allemands, auxquels il distribue les biens des vaincus, qui servent sa tyrannie de tout le poids de leur stupide obéissance ;

Le tzar a rempli les prisons, peuplé la Sibérie et les mines de l'Oural de patriotes polonais, et les fait périr, soit sur la potence, soit sous le knout, soit dans les travaux réservés aux malfaiteurs. Les femmes et les enfants des martyrs subissent les mêmes exécrables supplices;

Le tzar se baigne dans le sang et les larmes de la Pologne !

Et la France, qu'a-t-elle fait jusqu'à ce jour?

. . . .

La Pologne est au désespoir! Tous les jours se lèvent de nouveaux combattants; tous les jours succombent de nouvelles victimes : l'histoire d'hier sera celle de demain. Le sang qui coule prouve que la Pologne n'est point un cadavre, qu'il est encore temps de la secourir.

Dans sa dernière lutte, la Pologne aura-t-elle, de l'Europe et de la France en particulier, autre chose que des vœux stériles et des regrets impuissants?

Français! au moment où vous célébrez votre glorieuse révolution, les Polonais, vos anciens frères d'armes, gémissent dans des tourments inouïs. Français! tant que vous ne vengerez pas la Pologne, votre honneur ne sera pas satisfait, et votre liberté, sauvée par elle, succombera sans doute un jour, comme la nôtre, sous l'abandon et l'indifférence des nations !

Paris, 29 juillet 1833.

III.

A MESSIEURS LES DÉPUTÉS DE FRANCE.

LA QUESTION POLONAISE.

Messieurs les Députés,

La France et l'Angleterre n'ayant pu, dans l'intérêt de l'équilibre européen et de la justice éternelle, obtenir au congrès de Vienne le rétablissement de la Pologne entière et indépendante, ont cru du moins pouvoir élever une barrière contre la prépondérance russe, en stipulant la conservation des institutions nationales pour toute l'ancienne Pologne, et en donnant une constitution au nouveau royaume formé des débris du duché de Varsovie. Cette constitution fut accordée; mais on n'en tint pas plus de compte que de la nationalité garantie aux autres provinces. Nos libertés, nos institutions, nos droits furent tous foulés aux pieds. Après quinze ans d'oppression et de patience, éclata l'insurrection du 29 novembre. Le monde connaît cette lutte héroïque, et quelle en fut la déplorable issue. Pendant qu'elle durait encore, la Chambre des députés française, organe de la volonté nationale, forte de la teneur des traités admis par la Russie elle-même, fit entendre, dans sa première adresse de 1831, ces paroles remarquables :

« LA NATIONALITÉ POLONAISE NE PÉRIRA PAS. »

La conscience de l'Europe entière a pris acte de cette déclaration.

Quelques mois après, l'autocrate, ne se croyant aucunement lié par les traités, faisait publier les statuts dits organiques du 26 février 1832, qui abrogeaient virtuellement la constitution de 1815. Démolissant la nationalité assurée à toute l'ancienne Pologne, le tzar se fit un jeu d'en effacer jusqu'aux dernières traces. C'est ainsi que disparurent les universités de Varsovie et de Vilno, le lycée de Krzemieniec; les bibliothèques publiques et même privées furent enlevées et transportées à Saint-Pétersbourg. C'est ainsi que la langue russe fut substituée à la polonaise, l'ancien statut de Lithuanie supprimé, les églises catholiques transformées en basiliques grecques, et une quantité innombrable de propriétés privées confisquées ou mises sous séquestre, etc. Mais qui pourrait énumérer ces mille et mille moyens employés chaque jour pour dénationaliser la Pologne? Il en est auxquels l'Europe refusa d'ajouter foi, jusqu'à ce que des actes authentiques vinssent le constater. Tels sont, par exemple, *les enlèvements d'enfants ordonnés par l'oukase du 24 mai 1832, la déportation de trente mille familles polonaises sur la ligne du Kaukase, en vertu d'un rescrit du ministre des finances russes, en date du 9 novembre 1832 (n° 1183).* De tels actes soulevèrent en France l'indignation générale. La Chambre des députés, fidèle interprète des vœux de la nation, ne manqua pas de protester contre ce mode étrange d'exécuter les traités. C'est ainsi que l'adresse de 1833 contint cette éclatante manifestation :

« *L'intérêt que la France porte à un peuple héroïque s'est accru avec les malheurs inouïs qui l'accablent. La cause si chère de la nationalité polonaise, garantie par le droit des gens et par les traités, n'aura pas cessé d'occuper la pensée de votre gouvernement. Les faits changent; la justice, le droit ne changent point!* »

L'adresse de 1834 s'exprima comme il suit :

« *La Chambre des députés a l'assurance que le gouvernement de Votre Majesté a protesté contre l'état actuel de la Pologne, et qu'il réclamera toujours avec force et persévérance en faveur de cette brave et malheureuse nation.* »

Enfin, dans la dernière adresse, la Chambre, faisant allusion à l'alliance avec l'Angleterre, dit :

« *Cette heureuse harmonie nous donne l'espoir que vous pourrez, sire, rétablir l'équilibre européen, si nécessaire au maintien de la paix, et que le premier gage en sera la conservation de l'antique nationalité polonaise consacrée par les traités.* »

Depuis, et dans le courant de l'année 1835 qui vient de s'écouler, des faits nouveaux sont venus renforcer les griefs antérieurs; pour en citer quelques-uns, on n'a que l'embarras du choix :

1° Le congrès de Vienne avait déclaré la ville de Krakovie avec son territoire *libre, indépendante et strictement neutre;* et dans l'art. 9 il fut stipulé qu'*aucune force armée, sous quelque prétexte que ce soit, ne pourrait y être introduite.* Eh bien ! tout au contraire, sur l'instigation de la Russie, et sous prétexte que quelques réfugiés polonais s'y étaient établis, la république de Krakovie fut occupée par la force armée des trois puissances protectrices. Les tribunes française et anglaise ont retenti de réclamations au sujet d'une violation si flagrante des traités et du droit des gens; mais, malgré l'assurance que le précédent cabinet français avait donnée, cette occupation dure jusqu'à ce jour, bien que l'éloignement des réfugiés en ait fait évanouir le prétexte. La constitution insérée dans l'acte même du congrès de Vienne, et contenant toutes les garanties d'un gouvernement indépendant, avait déjà été arbitrairement modifiée en 1833 et sans le concours des puissances cosignataires, par l'intervention directe des résidents des trois puissances dans les affaires de l'intérieur; par la défense faite à la diète de se réunir au terme prescrit par la constitution; par les entraves qu'on met à la réorganisation de la milice citoyenne, dissoute sans aucun motif; enfin, par la présence des troupes étrangères, qui donne à Krakovie l'apparence d'une ville mise en état de siége. Ces violences durent amener une collision scandaleuse entre les autorités de la république et le corps d'occupation; celui-ci, voulant soustraire à la juridiction du pays deux étudiants détenus dans la prison de la ville, réclama leur extradition; et, sur le refus des autorités, fit enlever de force les étudiants à Podgorzé, sur le territoire autrichien, pour leur faire infliger une punition corporelle.

2° Un oukase, en date du 7 juillet 1836, tout en exprimant dans son préambule le regret que les institutions françaises aient confondu la noblesse polonaise avec les autres classes, ordonne une nouvelle production de titres impossible pour le plus grand nombre; et, en assimilant ceux qui se seront légitimés avec les nobles moskovites, ne leur accorde même pas l'exemption du recrutement et du bâton, immunités principales de la noblesse russe : il faudra qu'ils comptent dix ans de service et obtiennent le grade d'officier, pour que leurs descendants seulement soient admis à jouir de cette immunité ! Cette mesure a pour objet de dénationaliser une classe de citoyens qui ne tenaient plus à des prérogatives ne donnant aucun droit réel, mais qu'on veut forcer ainsi à former une corporation séparée du reste de la nation, par la perspective de l'exemption de peines infamantes pour leurs enfants !

3° Les confiscations des terres de particuliers continuent toujours; témoin les nombreuses listes que le *Moniteur* ne cesse d'insérer sur la réquisition du gouvernement russe.

4° On avait prétendu que ces confiscations n'auraient lieu que pour les propriétés situées dans les provinces anciennement incorporées à la Russie, et non pour celles du royaume de Pologne. Tout au contraire, les Polonais reçoivent journellement les notifications de confiscation de ces dernières; et pour n'en citer qu'un exemple frappant, qui pourra plus particulièrement intéresser les Français, les terres considérables de Dospuda, situées dans le royaume, et appartenant au général Paç, *naturalisé français,* viennent d'être données en toute propriété à un général russe. Le général Paç étant mort, c'est contre sa fille mineure que cet acte de spoliation a été exercé.

5° Le gouvernement russe ne se contente pas d'abolir la constitution, les lois et les institutions du pays ; il se permet, en outre, de régler, dans des cas spéciaux, l'ordre de succession dans les fortunes des particuliers. C'est ainsi qu'un oukase nouveau exclut de la succession des princes Radzivill le prince Michel Radzivill, généralissime pendant l'insurrection, ainsi que ses enfants, bien qu'il soit resté dans le pays et qu'il ait été compris dans l'acte d'amnistie.

6° Deux militaires polonais, rentrés dans le pays sur la foi de l'amnistie, ont été traduits, à Kalisz, devant une commission, et condamnés à la peine du knout et de l'exil en Asie. L'un d'eux n'a pas survécu à son affreux supplice ; l'autre, tout meurtri, a été traîné en Sibérie.

7° Un dernier oukase défend d'enseigner la langue polonaise dans les gouvernements polonais de Vitepsk et de Mohilew.

Après tous ces méfaits, on ne peut encore passer sous silence un acte inouï dont l'autocrate vient de souiller son règne. La mémoire du prince Joseph Poniatowski, auquel seul, parmi les généraux étrangers, Napoléon a cru devoir conférer l'éminente dignité de maréchal de France, est chère à la Pologne ; du consentement du gouvernement russe, une souscription avait été ouverte pour lui faire ériger une statue équestre, dont le travail fut confié au ciseau du célèbre Thorwaldsen. Eh bien ! ce monument national a été mutilé et transporté dans la forteresse de Modlin ; il est destiné à représenter la statue de saint Georges, patron de la Russie !

Ces actes divers fournissent des preuves incontestables que, depuis la dernière session des Chambres, la situation des choses en Pologne n'a fait qu'empirer. Tout porte donc à croire que la Chambre des députés ne manquera pas de renouveler ses précédentes protestations ; car, au cas contraire, son silence équivaudrait à l'approbation de la conduite du gouvernement russe, et semblerait dire que les droits de la Pologne ont cessé d'exister, puisqu'ils ne sont plus réclamés par les représentants de la nation française.

Paris, 27 décembre 1836.

(*Le Courrier français, le Commerce, etc.*)

IV.

A M. O*** B***, DÉPUTÉ.

CONTRE LE PARTAGE DE LA TURQUIE.

« Comment en un plomb vil l'or pur s'est-il changé ? »
RACINE, *Athalie.*

MONSIEUR,

Au nom de l'Émigration polonaise à Paris, je viens vous exprimer notre assentiment aux paroles courageuses prononcées par vous, lors de la discussion du budget des affaires étrangères, sur la question d'Orient, ainsi que notre adhésion absolue aux tendances qu'elles ont si noblement interprétées devant la Chambre.

C'est vous qui, le premier, sous ce règne, avez formulé le principe trop contesté de morale en matière de politique ; principe étrange qui, cela devait être, a produit tant de surprise parmi les partisans de la vieille politique. Que diront, en effet, les adorateurs du fait accompli et de la force matérielle ? Ceux qui font dériver la justice de la puissance et non du droit ? Ou ceux qui ont pris au sérieux le précepte ironique de Talleyrand : « La morale des hommes supérieurs, c'est l'habileté ! » Ou ceux qui s'imaginent avec Marie-Thérèse qu'une indulgence de Rome peut tout absoudre, même un brigandage national ? Ou ceux enfin qui disent avec Frédéric II : « *Suum cuique !* » ce qui pourrait au besoin se traduire par le mot devenu célèbre : « Chacun pour soi !... » Il a fallu vraiment de l'audace pour venir articuler cette formule nouvelle qui résonne d'une manière si discordante aux oreilles des Loyola de cabinet, blanchis dans les finasseries des conseils intimes, ou dans les missions délicates. La morale ? mais c'est une réforme violente, qui compromet des existences toutes faites, des droits acquis ! La morale ? mais nous l'avons mise en *actions ;* nous en avons fait une industrie fort lucrative ! La morale ? mais quel est donc le prédicateur qui s'est trompé d'auditoire, et qui s'est avisé de prononcer son sermon à la tribune !

Un instant, moi-même qui vous parle, spectateur assidu des drames parlementaires, j'ai eu peur pour vous ; j'ai cru entendre des chuchotements, qui n'osaient pas encore se convertir en murmures, entrevoir un commencement d'interruption et de rappel à l'ordre. Eh bien ! au risque de scandaliser les chastes oreilles de la majorité, vous avez dit une parole d'honnête homme et vous avez bien fait.

Vous avez le premier fait brèche à cette politique dictée par la peur, qui sanctionne les crimes heureux, qui donne raison au plus fort sur le plus faible, et qui voudrait entraîner la France dans la déshonorante complicité d'un partage.

C'est bien là cette politique odieuse qui a consacré le démembrement de la Pologne, et dont les résultats feraient la honte des temps où nous vivons, si bientôt effet et cause ne devaient pas s'évanouir à la fois devant la justice des nations. C'est bien là cette politique flétrie, il y a cinquante ans, à la même tribune, par la noble indignation de Chénier, de Lepaux, de Thibaudeau, dont les voix généreuses s'élèveraient encore aujourd'hui pour faire casser l'injuste arrêt que plusieurs de vos honorables collègues ont prononcé sur la Turquie renaissante.

Mais, à cette époque, la France était frappée de torpeur et d'épuisement ; elle ne pouvait que faire des vœux stériles pour le maintien de l'indépendance polonaise ; elle avait à peine assez d'héroïsme, d'énergie et d'activité pour pourvoir à son propre salut.

Aujourd'hui la France est forte, calme et prospère ; il ne lui manque, pour reprendre toute sa grandeur nationale, que d'en avoir la conscience et la volonté. Aujourd'hui un pareil abandon serait un tort sans excuse ; il refléterait sur l'Europe entière un long avenir de trouble et de remords.

C'est à la France surtout qu'il convient de prendre l'initiative de répression contre ce désir inouï de conquêtes, de triomphes, de spoliations, cette soif de sang qui, depuis Pierre Ier et Catherine II, tourmente les entrailles de la Russie, et qui lui a fait envahir, sans éteindre sa dévorante expansion, la septième partie du globe habité. Je suis loin de fonder des espérances chimériques d'affaissement et de mort pour la Russie sur l'extrême développement de ses limites, espérances vaines pour ceux même qui voudraient les inspirer; car, en considérant la complexion nerveuse et robuste de cet État despotique, déjà trop grand pour pouvoir s'arrêter, l'unité d'action irrésistible, quoique lente et mesurée, de sa diplomatie, et, d'autre part, l'insuffisance des expédients qui lui sont opposés, on ne peut se défendre d'un sentiment de terreur pour l'avenir des nations. Tout porte à croire qu'il n'y aura de repos, de sécurité pour l'Europe, que lorsque cette inquiète puissance sera refoulée dans ses limites naturelles, celles d'avant 1686, par les forces réunies de la civilisation.

Que si même il y avait à opter librement entre la domination musulmane ou moskovite en Orient, il faudrait sans hésitation se prononcer pour la première; et, comme ce point de vue est à mon avis fort important, permettez-moi, Monsieur, de le considérer avec toute l'attention qu'il commande.

On s'accorde généralement à reconnaître aux enfants d'Osman les vertus de probité, de tempérance, de foi gardée aux engagements, de valeur personnelle, qualités éminentes qui réhabilite l'Islamisme aux yeux de l'histoire et des hommes, et peuvent servir de base à des réformes positives, à la reconstitution radicale de l'empire turk, si toutefois son essor de rénovation n'est par arrêté par le glaive de Nicolas, de même que celui de la Pologne l'a été depuis 1764 par ses prédécesseurs. Voilà comment s'explique à ce sujet un voyageur-poëte, dont je craindrais, en les altérant, d'affaiblir les expressions[1]:

« Comme race d'hommes, comme nation, ils sont encore, à mon avis, les premiers et les plus dignes parmi les peuplades de leur vaste empire. Leur caractère est le plus noble et le plus grand, leur courage est intact, leurs vertus civiles, religieuses et domestiques sont faites pour inspirer à tout esprit impartial l'estime et l'admiration. Leur noblesse est écrite sur leurs fronts et dans leurs actions; s'ils avaient de meilleures lois et un gouvernement plus éclairé, ils seraient un des premiers peuples du monde. Tous leurs sentiments sont généreux; c'est un peuple de patriarches et de contemplateurs, d'adorateurs et de philosophes. Quand Dieu a parlé par eux, c'est un peuple de héros et de martyrs... Une pareille race d'hommes, selon moi, fait honneur à l'humanité! »

On aurait de la peine à croire que cet éloquent tableau fut tracé par le principal promoteur du partage de la Turquie, par celui qui considère sa déchéance comme une loi de la fatalité, qui, par un singulier contraste dont on ne retrouve que trop d'exemples dans ses écrits, affirme le principe pour nier tout aussitôt la conséquence. Parcourons ce livre qui naguère a produit en Europe tant de sensation; relisons surtout les pages écrites sous l'impression immédiate de l'accueil hospitalier dont le voyageur a été l'objet durant son séjour en Orient, et dégageons, s'il se peut, la vérité des préoccupations sociales et des sympathies personnelles de l'auteur. N'y trouverons-nous pas une apologie involontaire de l'Islamisme, et qui semble protester à chaque ligne contre les conclusions politiques qu'il voudrait tirer de son pèlerinage? Le diplomate amateur, redevenu poëte éminent, n'a pu se défendre d'un sentiment de justice en comparant la race turque avec les races dégénérées et bâtardes qui encombrent la Péninsule. Je cite au hasard un passage du même résumé, inscrit en tête du premier : « Si le plan que je conçois et que je propose devait entraîner la violence, l'expatriation forcée de ces débris d'une *grande* et *généreuse* nation, *je regarderais ce plan comme un crime!* »

Eh quoi! des hommes doués d'un tel caractère, pourraient-ils se résigner à céder le sol de la Turquie, sans résistance et sans une large effusion de sang, à ceux qu'ils méprisent autant au moins qu'ils les haïssent? Le successeur de Mahmoud consentirait-il de bonne grâce, même après la bataille de Nesib, à céder Constantinople aux Russes et le Caire aux Anglais, parce qu'un congrès européen aurait, dans sa haute sagesse, statué que la Turquie a cessé d'exister? Croit-on qu'il se contenterait de s'écrier comme le roi de Grenade, Boabdil, chassé de ses États, et contemplant des hauteurs de Padul les cimes merveilleuses de l'Alhambra : « C'était écrit! » et de repasser tranquillement le Bosphore?

Mais alors même, si Constantinople devenait le partage de Nicolas, si la mer Noire devenait un lac intérieur de son empire, comme la mer Blanche et le golfe de Finlande, quels seraient les dédommagements offerts à l'Autriche et à l'Angleterre? quels seraient ceux promis à la France? Pour l'Autriche, serait-ce l'embouchure du Danube? Mais à ce compte l'empire russe se verrait coupé par le milieu, puisque la Moldavie, devenue autrichienne, ferait brèche entre la Bulgarie et la Bessarabie.

Pour l'Angleterre, serait-ce l'Égypte qui lui ouvrirait une communication directe avec les Indes, et l'indemniserait des pertes de son commerce avec l'Orient, envahi par les Moskovites? Mais avant, il faudrait ensanglanter les ondes de la Méditerranée; encore le caractère belliqueux de Méhémet-Ali et d'Ibrahim pourrait-il faire évaluer avec certitude les chances d'un pareil combat? Peut-on emporter Alexandrie et Saint-Jean-d'Acre d'un coup de main?

Pour la France, serait-ce la facilité de colonisation dans les pays soumis à son protectorat, et le mince avantage d'avoir fondé plusieurs villes sur les côtes de Syrie ou dans l'île de Chypre, sans aucune indemnité réelle de territoire? Mais ce serait un marché de dupe, dont la Russie seule profiterait, et dont la France, comme toujours, serait le jouet et la victime. Nous voyons que l'idée même d'un pareil partage est inadmissible; qu'elle offre dès le premier aspect des difficultés sans solution.

---

[1]. M. de Lamartine, *Voyage en Orient.*

On ne saurait non plus admettre l'exactitude des chiffres donnés par le livre dont il est question sur la population turque; il suffira de citer Constantinople qui, d'après Niebuhr, compte un million, d'après Balbi, cinq cent mille, d'après le *Voyage en Orient,* deux cent cinquante mille habitants. Le chiffre total de la population ottomane s'élève, d'après Niebuhr, à quarante-neuf millions, y compris trente-six millions pour l'Asie et cinq millions pour l'Égypte, chiffre de beaucoup supérieur à celui du *Voyage en Orient.*

Voilà ce que disait encore l'illustre voyageur, après un feu d'artifice donné en 1833, par le comte Orloff, au sultan, à l'occasion de son départ pour la Russie et du succès prévu de son ambassade : « Que pensait Mahmoud lui-même sous le sourire affecté de ses lèvres? Quel serpent lui dévorait le cœur? Ah! il y avait là dedans quelque chose de profondément triste, quelque chose qui brisait le cœur pour lui, et qui aurait dû suffire, selon moi, pour lui rendre l'héroïsme par le remords. Et il y avait aussi quelque chose de profondément consolant pour la pensée du philosophe qui reconnaît la Providence et qui aime les hommes. C'était cette marche du temps et des choses qui faisait tomber en débris un empire immense, obstacle à la *civilisation* de la moitié de l'Orient, et qui ramenait pas à pas vers un beau pays des races d'hommes moins *usées,* des dominations plus *humaines* et des religions plus *progressives...* »

Et tout cela dans un feu d'artifice!...

Que de contradictions en quelques pages! Quel dommage que le poëte n'ait rapporté de ce beau pays autre chose que d'affligeantes élucubrations politiques et de moroses prophéties! S'il avait orné sa palette de couleurs nouvelles, s'il nous avait montré l'Orient sous son aspect merveilleux, à travers le prisme magique de sa versification, combien ses lecteurs et lui-même y auraient gagné!

Il est impossible de se dissimuler que la Turquie en est arrivée à ce point où toute nation doit se régénérer ou mourir. Le fanatisme religieux va, grâce à l'esprit moderne, en s'affaiblissant, et les plus zélés des Ulémas, à commencer par le mufti lui-même, sont bien revenus de leur foi fataliste et de leurs anciens préjugés. Ce caractère d'immobilité, qui fait remarquer dans toutes les institutions de l'Orient, pliera sans doute, il a plié déjà devant les assauts répétés de la civilisation occidentale.

On se souvient encore du hatti-chérif publié il y a quelques années par le sultan Mahmoud, par lequel « tous ses sujets, quelque religion qu'ils professent et à quelque classe qu'ils appartiennent, sont déclarés égaux devant la loi et soumis au même code, la différence de religion, d'après les termes du décret, étant une affaire de conscience qui ne regarde que Dieu ». Et plus loin : « Les divers habitants ne peuvent être jugés que par leurs propres lois, et jamais ils ne sont soustraits à leurs juges naturels. » Les chrétiens de l'île de Samos n'ont dans leur île ni kadi, ni gouverneur turk; ils sont libres de demander quelque Grec, leur compatriote pour les gouverner; il leur est accordé un pavillon particulier, avec une croix pour emblème. La peine de la confiscation est à jamais abolie dans toute l'étendue de l'empire. On se souvient aussi des nobles paroles du sultan, à propos de l'installation du tanzimat : « Je ne reconnais plus de musulmans que dans la mosquée, de raïahs que dans l'église, et de juifs que dans la synagogue. » Il ne fait en cela que remplir le précepte du Koran : « Point de contrainte en fait de religion, dit Mohammed; la vraie route se distingue assez de l'égarement! » (Verset 257.)

Voilà donc la liberté religieuse près de s'établir à côté de la liberté individuelle; l'esclavage même n'y est plus ce qu'il est encore en Russie, puisque le code religieux ne l'admet pas pour les indigènes, et que nous avons vu des affranchis devenir pachas et même visirs. Le sultan n'est point, comme le tzar, inabordable pour ses sujets; tous les vendredis, lorsqu'il se rend à la mosquée, les suppliants sont rangés sur son passage. Le sultan reçoit leurs pétitions, les met dans son sein, et souvent dès le lendemain la destitution d'un aga, d'un pacha ou même d'un visir, apprend à la Turquie la justice sommaire de l'empereur.

Obéissant à cet instinct de renaissance, la Porte vient de s'adresser à l'Académie des sciences de Paris, à l'effet d'obtenir de jeunes professeurs qui enseigneront en français la géographie, la grammaire et l'histoire. Des concours seront ouverts pour les élèves qui désireraient aller perfectionner leurs études en Europe, aux frais du gouvernement. Naguère encore nous avons vu le fils d'un visir admis à l'École polytechnique devenir un de ses meilleurs élèves, et porter à son pays un tribut d'idées généreuses et de vastes connaissances.

La jeunesse tout entière, formée par des maîtres européens, est décidée à seconder de toutes ses forces cette impulsion que le sultan Mahmoud vient d'imprimer à ses États; avide de progrès et remplie des plus nobles sentiments, elle se jette avec une ardeur inconnue jusqu'à ce jour sur les livres de science et d'histoire que le commerce apporte de l'Occident. Tous nos voyageurs ont été témoins de l'amour, de l'idolâtrie dont les quatre mille icoglans du sérail entourent les professeurs chrétiens qui les instruisent sous les yeux mêmes du sultan.

Quel canal large et rapide ouvert à la civilisation pour féconder un sol qui, depuis les croisades, était resté infertile! Quel avenir magnifique, préparé pour l'empire turk, si les puissances de l'Occident favorisent et continuent l'œuvre du sultan Mahmoud! quelle diffusion immense de lumière pouvant illuminer cette terre encore vierge, et appeler ces hommes encore neufs à une ère nouvelle de vie et de prospérité!

Serait-ce la dernière lueur d'un flambeau près de s'éteindre? Serait-ce l'éclat trompeur et passager que jette toute nation avant de disparaître pour jamais de la face du globe; et la mort de Mahmoud, serait-elle le prélude d'une réaction violente, un pas rétrograde vers la barbarie? La Pologne aussi s'éveillait de l'ivresse fatale dans laquelle deux rois saxons l'avaient plongée, lorsqu'elle s'aperçut que deux puissances ennemies avaient tout à coup grandi sur ses frontières : le tzarat de Moskovie et l'électorat de Brandebourg. Elle aussi demandait à grands cris les réformes annoncées par la constitution du 3 mai (1791), lorsque la Russie de Pierre Ier, ce vampire des peuples renaissants, qui semble avoir dans la grande famille slave la mission fratricide de Caïn dans la famille d'Adam, se révéla au monde par un premier partage, et fit mentir cette aurore de liberté. Il paraît que les tzars, issus des bandits scandinaves, ont pris goût à ce jeu infâme, car depuis le démembrement de la Pologne ils n'ont fait que rêver spoliations et conquêtes.

Les phases de grandeur et de décadence furent à peu près les mêmes pour les deux nations polonaise et musulmane. C'est aussi presque à leur naissance qu'elles atteignent leur apogée ; affaiblies toutes deux par des luttes incessantes, toutes deux éprouvent le besoin de se régénérer, de renaître ; pénétrées de cette sève tardive qui verse dans leur sein une vigueur nouvelle, elles doivent se relever ou périr en même temps.

Oh! si lors de la première guerre de Turquie, lorsque tout l'effort des armées russes venait se briser contre une citadelle mal défendue, si le concert des Osmanlis et des Polonais avait donné le signal de l'indépendance aux nombreuses tribus du Kaukase, toujours révoltées, jamais soumises, tandis que des intelligences, habilement ménagées, eussent facilement entraîné les Suédois et les Perses dans la ligue qui se préparait, alors aurait fallu plus qu'un homme de guerre, plus qu'un homme d'État à la tête de l'empire russe, pour le préserver d'une ruine totale. Mais ce n'est certes pas dans la personne du tzar Nicolas qu'on aurait espéré le trouver, lui qui n'a jamais su prononcer une harangue un peu honnête, et qui n'a jamais parcouru un champ de bataille avant le surlendemain du combat. On sait depuis 1812 que la Russie, invulnérable dans son centre, peut être partout frappée à mort sur sa circonférence. On se serait contenté d'en détacher lambeau par lambeau tout ce qui, n'étant pas précisément moskovite, ne respire qu'indépendance et liberté, c'est-à-dire les deux tiers de son territoire. Ces mêmes circonstances, ne serait-il pas facile de les faire naître encore?...

La Porte a si bien pressenti cette fraternité de gloire et de malheurs que, malgré les victoires de Zolkiewski et de son petit-fils Jean III Sobieski, malgré le désastre de Vienne en 1683, et la rancune qu'elle devait garder aux vainqueurs de la perte de ses plus belles provinces, elle a toujours été la plus fidèle alliée de la Pologne. Lorsque les puissances de l'Europe sanctionnaient par leur silence ou leur adhésion criminelle le premier partage, la Turquie seule, au risque de compromettre sa propre indépendance, s'est engagée dans une guerre désespérée avec Catherine II.

Un autre voyageur distingué, qui vient tout récemment de parcourir la Krimée dans un but scientifique, et qui sait apporter dans ses observations ethnologiques l'esprit d'analyse et l'exactitude d'un naturaliste, rend compte en ces termes de l'impression pénible que l'aspect de la population moskovite, et sa comparaison avec la population tatare et musulmane lui ont fait éprouver[1]. « Cette race d'hommes, dit-il en parlant de la première, n'offre aucun rapport avec la race slave dont elle se croit dérivée, ni avec la race kaukasienne qui jadis occupait tout le territoire de la presqu'île. La population primitive qui jadis s'élevait à près d'un million, population riche et commerçante, a été depuis un siècle, grâce aux bienfaits de l'administration russe, réduite à environ deux cent mille âmes. Les signes physiologiques des Moskovites habitant ces contrées sont tout différents du type slave ; ils sont petits et trapus, et leur figure offre un mélange de ruse et de férocité. Ils ont généralement les yeux petits et taillés en amande ; les pommettes des joues saillantes, le nez très-court et les mains très-longues. Leur caractère est en harmonie avec ces signes distinctifs de la race russo-varègue ; ils sont tellement enclins à l'ivrognerie qu'on les voit, les jours de fête surtout, couchés par centaines sur les champs et les chemins publics : avec un verre d'eau-de-vie, on fait d'un *moujik* tout ce qu'on veut. Leur instinct pour le vol est merveilleux, sans pourtant friser le brigandage ; jamais les voleurs des boulevards n'ont fait preuve de l'habileté, du sang-froid qu'ils déploient dans de semblables expéditions. Une fois saisis, ils confessent hautement leur crime et se soumettent à la bastonnade avec une muette, je dirai même héroïque résignation. Rien ne peut donner une idée de leur ignorance et de leur penchant à l'idolâtrie, dont une conversion simulée au christianisme dès le xe siècle aurait dû cependant les garantir. Mais les nombreuses invasions des Tatares-mogols, et les efforts inutiles tentés à plusieurs reprises pour secouer un joug odieux, n'ont pas peu contribué à fausser leurs croyances et à dégrader leur caractère, à rendre le schisme grec le plus fanatique, le plus impur et le plus barbare parmi toutes les communions chrétiennes. Saint Nicolas, patron des voleurs, le Mercure moderne, est dans leur idée un aussi grand saint pour le moins que le Christ ; on voit devant ses images multipliées sur toutes les routes et sur les portes des maisons, des bandes de paysans se prosterner, se frapper le front contre terre, se lacérer et se mortifier de mille manières différentes, en vociférant leur éternel : *Hospodi pomiluy* (Maître, ayez pitié de nous !), prière de sbires, de larrons et d'ivrognes. »

L'administration moskovite est tout aussi corrompue que les mœurs et les usages. Il n'est pas de cause, telle inique, telle immonde qu'elle soit, qui ne puisse dans toute l'étendue de la Russie être

---

[1] M. Huot, ancien bibliothécaire à Versailles, un des compagnons de voyage du comte A. Demidoff en Bessarabie et en Krimée. Tous ces détails sont aujourd'hui pleinement confirmés par les diverses publications de M. Gallet de Kulture, ancien secrétaire du comte, ainsi que par les nombreuses relations de la dernière guerre en Orient.

gagnée à prix d'argent. L'argent seul donne un droit; il permet au client de dicter à ses juges l'arrêt qu'il lui plaît de faire rendre dans toutes les circonstances possibles. De quelque manière qu'ils appliquent la justice, les arbitres sont sûrs de trouver dans les 40 volumes in-folio, composant le code russe, de quoi légaliser leurs prévarications et faire taire les consciences les plus timorées. Ce beau recueil des oukazes et ordonnances promulguées par les souverains, depuis Yvan-la-Bourse jusqu'à Nicolas, s'enrichit tous les jours de nouveaux suppléments et menace de grossir à l'infini. Souvent on voit paraître deux oukazes contradictoires le même jour, tous deux accompagnés de la formule sacramentelle : « *Byl po siemu,* » et tous deux revêtus de la signature du tzar. C'est en Russie également que nous voyons se réaliser la monstruosité d'un gouvernement sacerdotal et d'un pape autocrate avec l'épée au côté. Un boyar exilé, qui se cache sous les initiales N. T., et qui fournit d'excellents articles au *Journal des Débats* (Nicolas Tourgueneff), s'exprime en ces termes à ce sujet :

« L'institution du Saint-Synode date de 1721. Il avait d'abord été établi à Moskou; mais Pierre *le Grand* ne tarda pas à le transférer, comme tout le reste de son administration, loin de cet ancien centre dans la nouvelle capitale. Les affaires de la chancellerie ecclésiastique sont dirigées par un procureur impérial, et il arrive souvent, ce qui vous paraîtra peut-être singulier, que cette charge si intimement liée à l'église est confiée par le tzar à un officier militaire. C'est ce qu'avait fait dès l'origine Pierre Ier, et c'est ce qui a lieu encore aujourd'hui, le procureur actuel près le Saint-Synode étant le général comte Protassoff, aide de camp du tzar. Je dirais volontiers, si vous me permettiez cette plaisanterie, que c'est une manière de tenir en bride l'esprit clérical, toujours un peu disposé à l'emportement quand il est abandonné à lui-même. Du reste, aucun acte du Saint-Synode n'est valable qu'après avoir reçu la sanction du tzar, etc. » Aussi, plusieurs fois le Saint-Synode a été congédié par l'aide de camp du tzar, à peu près comme les États généraux ont été remerciés par Louis XIV, la cravache à la main. D'après un oukaze récent, les femmes des proscrits peuvent se remarier avec un sujet russe; les tristes fruits de cette bigamie politique sont élevés forcément dans la religion du tzar *orthodoxe*.

Voilà cette *civilisation* par laquelle M. de Lamartine veut remplacer tout ce qu'il y a de patriarcal, de généreux, de chevaleresque dans les anciennes coutumes des Orientaux! civilisation toute d'emprunt, arrivée d'un seul bond de la barbarie la plus profonde au luxe le plus effréné; civilisation toute de contrastes, réunissant l'extrême misère avec l'extrême opulence, l'ignorance la plus honteuse avec l'élégante dépravation des nations dégénérées; résumant tous les vices de la société, en offrir pour dédommagement une seule vertu; civilisation odieuse, car elle n'est propre qu'à perpétuer à tout jamais le servage et l'oppression!

Et qu'on n'espère pas que jamais cet ordre de choses puisse être modifié par les rapports continuels de Constantinople avec l'Europe. On sait qu'il existe depuis 1834 un oukaze qui défend aux seigneurs russes d'envoyer sous aucun prétexte leurs enfants à l'étranger; la confiscation punit les coupables, et les malades même n'obtiennent qu'à grand'peine un passe-port pour aller aux eaux ou dans le Midi. Il n'est permis aux Russes de mourir qu'en Russie, leurs cadavres étant, de même que leurs âmes, la propriété du tzar. Le français est mis à l'index dans toutes les écoles; il n'est permis en Pologne de donner qu'une seule leçon de français par semaine. L'étiquette commence à le proscrire de la cour même de l'empereur, qui ne fait usage dans son intérieur que du russe ou de l'allemand; c'est à peine s'il a pu se réfugier dans les chancelleries. Les derniers oukazes sur la longueur et la grosseur des verges pour les enfants ont démontré de quelle manière Nicolas entend appliquer l'instruction publique.

On a prétendu qu'en rétablissant l'empire d'Orient en faveur de la Russie, la France chrétienne ne fera que continuer la croisade de civilisation qu'elle a commencée il y a dix ans; que les Arabes d'Abd-el-Kader sont de même religion que les spahis de Mahmoud; que de Constantine à Constantinople il n'y a que la distance d'une victoire. D'accord, si les Russes usaient des mêmes moyens de civilisation que ceux dont vous vous servez dans vos possessions d'Afrique; si leurs colonies devenaient des fermes-modèles pour les colonies turques, leurs rivales; si les indigènes venaient s'asseoir à proximité pour contrefaire leurs procédés, leurs habitudes, leur industrie, comme à Clauzelbourg ou dans la plaine de la Métidja. Mais du jour où l'aigle à deux têtes aurait étendu ses ailes funèbres sur les cimes des Sept-Tours, arrière tout progrès, tout espoir d'amélioration! La Russie s'accroupira sur l'empire ottoman, avec toute la férocité de ses désirs longtemps inassouvis, avec la joie brutale d'un triomphe inespéré. Bientôt elle lui donnera sa physionomie uniforme et glacée comme les steppes de la Sibérie; la langue moskovite, dure et sifflante comme une flèche tatare, va remplacer la mélopée ottomane, si douce dans la bouche du peuple. Le catéchisme de Vilno, traduit en turk, sera le seul dépôt de toute science et de toute morale pour les enfants de Mohammed ; une ceinture de fer étreindra les limites de l'empire: ceinture de colonies et de camps retranchés, qu'il sera aussi difficile de franchir que de briser. La ville sera pendant trois jours et trois nuits livrée au pillage; le sérail seul réservé aux plaisirs des lieutenants du tzar. Les trésors merveilleux de la Kesné, amassés depuis Bajazet, iront, chargés sur des fourgons de poste, s'engloutir dans les caves du Kremlin ou les coffres du Tzarskoë-Selo; la Turquie deviendra le siège d'un gouverneur avide et vénal comme Paskéwitch; Constantinople enfin aura le sort de Varsovie.

Tout cela cependant n'est que trop vraisemblable: trois fois vingt-quatre heures suffiraient, on le sait, pour faire arriver les flottes de Sébastopol sous les murs du sérail; et quand l'Europe s'éveillerait au bruit du canon des Dardanelles célébrant la victoire d'un amiral russe, la Turquie serait garrottée, et alors ni la providence de M. Guizot ni la fatalité de M. de Lamartine ne pourraient la sauver !

Eh quoi ! le même fait qui a provoqué un cri d'indignation et d'horreur dans l'Europe entière, lorsqu'il s'agissait de la Pologne, pourrait-il trouver approbation et sympathie chez les hommes honnêtes de tous les pays, à l'égard de la Porte ottomane ? La différence du culte pourrait-elle seule absoudre cette différence de jugement à l'égard de deux crimes semblables ? et n'y aurait-il d'autre excuse pour justifier un acte immoral en lui-même que parce que nous sommes chrétiens et que les Turks sont musulmans ? Singulière manière d'entendre et d'appliquer le christianisme ! Notre siècle commettrait une faute bien lourde s'il se lançait encore sur le sol brûlant des guerres de religion ; le principe mahométan retrouverait dans la lutte l'âpreté de son énergie primitive : le bouillant fanatisme de Sélim réveillerait partout des échos. D'ailleurs, la différence du schisme à la foi romaine est tout aussi profonde, que de la foi romaine à l'Islamisme. Du temps de Godefroy de Bouillon, l'esprit de chevalerie et de piété poussait des bandes de fidèles vers la Terre-Sainte ; ils allaient, disaient-ils, au secours de l'empire de Byzance, menacé par le glaive de Saladin : au secours du faible contre le fort, de la victime contre l'exterminateur. La victime avait bien à se plaindre quelquefois de ce secours inespéré, et donnait son saint protecteur à tous les diables ; on égorgeait bien par-ci par-là quelques juifs, et puis on brûlait quelques hérétiques, comme à Worms ou Cologne, pour le salut de leurs âmes : Omar lui-même n'aurait pas saccagé Constantinople avec moins de merci que n'ont fait les chevaliers de Baudouin. N'importe ! il s'agissait de sauver la foi du Christ, succombant sous les efforts de l'Islamisme conquérant et sous les arguties des rhéteurs byzantins ; le motif en lui-même était louable : criminel seulement dans son application. On voudrait aujourd'hui aller secourir l'oppresseur contre l'opprimé, remplacer les agas par les colonels, les muftis par les popes, sous prétexte que Sainte-Sophie a été bâtie par Justinien et non par Mohammed. Ce serait le christianisme pris à contre-sens, la chevalerie à rebours, une croisade diplomatique en plein xix° siècle, au profit du Saint-Synode de Saint-Pétersbourg, et sous l'invocation de saint Nicolas, son patron orthodoxe.

Un seul État, je crois l'avoir suffisamment démontré, aurait à bénéficier au partage de la Turquie ; lui seul pourrait se faire la part du lion, tandis que les autres puissances s'en reviendraient l'oreille basse, honteuses d'avoir trempé dans un crime collectif dont elles n'auront recueilli d'autre fruit que le déshonneur. Mais, en admettant qu'elles auraient toutes une part égale à la curée, ce principe de morale que vous avez émis ne se trouverait-il pas scandaleusement outragé ? Un principe de droit des gens ne saurait être vrai et faux à cinquante ans d'intervalle. Le but secret de ceux qui voudraient ainsi éconduire le génie de la France, est de l'entraîner à son insu et les yeux bandés dans les piéges de la Sainte-Alliance.

Je voudrais pouvoir communiquer à tous la conviction qui s'est emparée de vos auditeurs lors de la discussion des affaires d'Orient. Plus d'une fois encore, il faut le croire, la même question sera soumise aux délibérations de la Chambre ; et ce n'est que lorsque la parole ferme et digne que vous avez fait entendre sera confirmée par la voix de la nation entière, lorsque cette morale politique, que certains hommes d'État osent taxer de sentimentalisme et de niaiserie, remplacera dans les rapports internationaux les honteuses intrigues de la diplomatie, que nous pourrons, pour un temps encore, plaise à Dieu le plus court possible, nous réconcilier avec la dure nécessité de l'exil.

Versailles, 7 août 1839.

(*La Presse de Seine-et-Oise*.)

V.

A M. DORNÈS,
RÉDACTEUR DU « NATIONAL ».

LA DIÈTE POLONAISE A PARIS.

Monsieur,

Le général Antoine Ostrowski, mon père, sénateur palatin et dernier président *intérimaire* de la diète nationale de Pologne[1], vient de recevoir de la part de ses collègues la mission de convoquer immédiatement tous les membres de la diète polonaise qui se trouvent en mesure de répondre à son appel. Cette énergique décision, autorisée par la gravité des circonstances, vient d'être prise en exécution d'une loi des 19 et 26 février 1831 ; loi de sagesse et de prévoyance, par laquelle les nonces polonais, pénétrés de la bonté de leur cause, mais déjà rebutés par l'indifférence absolue qu'elle rencontrait chez ses alliés naturels de la Pologne, se donnaient rendez-vous dans des temps et sous des cieux éloignés. La diète polonaise, dans le cas où elle se rassemblerait à l'étranger, serait la représentation vivante de la Pologne ; elle agirait en son nom et en vertu d'un mandat qui lui a été légalement conféré avant même l'insurrection de 1830, dans les diétines ou comices électoraux ; elle aurait en outre le pouvoir discrétionnaire dont elle fut depuis revêtue par la nuit du 29 novembre, lorsque, émanée du peuple, elle retournait au peuple par l'adoption de son œuvre. Elle mettrait fin aux manœuvres honteuses d'une maison de prétendants soi-disant issus des Jaghellons, et qui voudrait confisquer l'avenir de la Pologne à son profit. Elle administrerait l'Émigration polonaise par délégation et la grouperait autour d'un seul drapeau, pendant toute la durée de son exil, pour la ramener unie et compacte, sur le sol de la patrie.

[1]. Le président effectif (maréchal) de la diète, Vladislas Ostrowski, frère du général, se trouve depuis 1832 détenu contre le droit des gens, par le gouvernement autrichien, à Gratz, en Styrie.

Voici la teneur de cette loi du 26 février 1831 :

« Art. 1. La diète se déclare *en permanence*.

« Art. 4. Dans le cas possible de la réunion des Chambres à l'étranger, et même dans le cas où le complet des représentants de la nation voulu par la loi ne pourrait être réuni, les deux Chambres siégeront et délibéreront sous la direction *d'un président de leur choix.* »

Le complet a été fixé à un minimum légal de trente-trois sénateurs, nonces ou députés, nombre qui pourrait être atteint et au delà, puisque quarante-huit membres de la diète se trouvent dans l'Émigration.

L'Émigration polonaise embrasse et contient en abrégé tous les éléments de la vie nationale. Elle se distingue en cela de toutes les émigrations contemporaines; on ne lui trouve dans le passé d'autre analogue que celle de l'empire d'Orient : elle est en même temps religieuse, militaire et civile.

Ainsi que les exilés de Byzance, les proscrits polonais ont emporté avec eux croyance, langage et littérature ; le culte des foyers, l'âme sainte de la patrie. Rien de ce qui figurait quelque dignité morale, quelque haute fonction politique, dans la période entière de 1806 à 1834, n'a signé le pacte honteux d'alliance avec le tzar; les talents les plus renommés, les noms les plus illustres, les plus brillantes comme les plus humbles existences, ont suivi cette grande pérégrination volontaire de tout un peuple. Il y a en elle des sénateurs et des soldats, des princes et des prolétaires, des artistes et des savants, de profonds penseurs et de simples manœuvres; Niemcewicz, l'homme du siècle qui fuit, et Lelewel, l'homme du siècle qui arrive ; Mickiewicz, l'éminent poète, et Dwernicki, le redoutable preneur de canons; la société littéraire de Londres et la centralisation de Poitiers. Il y a des Français adoptés par la Pologne, et des Polonais, en petit nombre il est vrai, désirant être adoptés par la France.

L'Émigration, c'est la Pologne; mais la Pologne dans ses anciennes limites, des rives de l'Oder aux sommets des Karpathes, des sources du Dniéper à ses anciens ports sur la mer Baltique, Dantzig et Riga; à la mer Noire, Odessa et Kilia.

C'est tout le présent et tout le passé de la Pologne, avec son histoire de dix siècles et son reflet de vingt règnes glorieux, surgissant des tombeaux pour protester en masse contre la tyrannie et les infâmes conciliabules de 1815. Il n'est point une famille honorable en Pologne, noble ou roturière, qui n'ait son représentant sur la terre d'exil ; qui ne tienne par un anneau puissant à cette chaîne électrique dont les deux extrémités sont liées aux entrailles de deux grands peuples. A ce compte, les légionnaires mêmes de Kniaziewicz et de Dombrowski n'étaient que de simples volontaires, soit qu'ils suivissent les étendards de la République ou les aigles voyageuses de l'Empire.

Aussi n'est-il pas étonnant que notre Émigration se sente forte et pleine d'avenir; qu'elle vienne, au nom de la nation qu'elle représente, renouveler avec la France son pacte d'éternelle amitié, et lui offrir, non plus un corps auxiliaire ou des légions improvisées à la hâte, mais une véritable armée polonaise prête à marcher contre l'ennemi commun.

Plaise à Dieu que cette seconde convocation de la diète nationale sur la terre d'exil ne soit pas encore entravée par les lâches intrigues de la coterie pseudo-polonaise, qui prend un nom impopulaire pour drapeau, avec une royauté chimérique pour mot de ralliement [1] !

Paris, 29 novembre 1839.

(*Le National.*)

VI.

A M. J. MICHELET,

PROFESSEUR D'HISTOIRE.

LA POLOGNE AU XVIe SIÈCLE.

Monsieur,

Dans le dénombrement que vous avez fait, un de ces jours, de l'auditoire *complexe* qui vient assister à vos leçons, vous avez, à dessein peut-être, négligé de faire mention des proscrits (et le nombre en est grand dans notre siècle), qui toujours affamés d'étude et de savoir se consolent de l'inertie et de l'abjection présentes, par la pieuse contemplation du passé. Les proscrits sont les plus assidus de vos élèves; et j'ose le dire, ce ne sont pas les moins attentifs. Comment exprimer l'attente pleine d'angoisse qu'ils éprouvent, lorsque le nom oublié de leur patrie vient flotter un instant sur les lèvres inspirées du professeur ! quand sa parole prophétique, évoquant les générations couchées dans la poussière, les fait passer devant ses jeunes auditeurs pour leur décerner la part de gloire ou d'opprobre qu'elles ont méritée ! Oui, ceux-là sentent bien toute la valeur de cette méthode admirable de la Vie dont vous êtes l'éloquent révélateur, qui, rejetés en dehors de la sphère où s'agitent les passions et les intérêts publics, en dehors de la famille, de ce cercle enchanté au delà duquel ne se trouve ni bonheur, ni repos, ni considération même, n'ont plus de famille et de patrie que dans le renom de leur pays agonisant et dans le souvenir de ses grands hommes! Ils doivent chérir entre tous un livre qui leur apprend à chaque feuillet que, pour les nations comme pour les individus, les jours d'épreuve et de martyre ont précédé les jours de triomphe; qu'il n'est point d'histoire populaire, si

---

1. La représentation nationale polonaise, réunie à Paris à deux reprises (26 janvier 1833, 30 juin 1835), au complet fixé par la loi, a été dissoute par la protestation criminelle de onze membres de cette assemblée, subissant l'influence et guidés par les conseils de la maison princière des Czartoryski. Voici les noms de ces onze citoyens qui, pour des considérations personnelles, ont déserté le mandat qui leur avait été conféré par la nation : le prince A. Czartoryski, L. Plater, L. Pac, G. Malachowski, B. Niemołowski, Théod. Morawski, A. Biernacki, C. Morozewicz, J. Swirski, S. Barzykowski, J. Kaszyc. Il est juste d'ajouter qu'ils n'ont rien su mettre à la place de ce qu'ils avaient détruit.

glorieuse, si retentissante qu'elle soit, qui n'ait aussi sa page maculée de sang, son tableau déchiré par le glaive, sa ligne effacée par les larmes! Ils entendent dans leur sein, aussi distinctement que la voix de leur conscience, cette vérité qu'il n'y a pour l'âme humaine, de même que pour le monde matériel, qu'une seule impossibilité : celle du néant! « Rien ne meurt, avez-vous dit ; la mort n'est qu'une expression restreinte de la vie. »

C'est donc au nom de ces générations méconnues, foulées aux pieds, courbées sous l'étrier des héros, vrais ou prétendus, et qui se sont assoupies en laissant à peine un peu de splendeur sur leurs cendres, que je viens vous demander une mention honorable pour l'influence morale et politique que la Pologne exerça durant les siècles écoulés. Serait-il possible qu'une nation dont la brillante carrière, fournie durant mille années d'existence, n'est pas entachée d'un seul attentat contre l'humanité ; dont la civilisation prématurée et pareille à une aurore boréale, dès le xe siècle s'était levée sur l'orient de l'Europe, serait-il possible que cette nation fût sitôt livrée à l'oubli ? Malgré les fautes passées et les calamités présentes de ce grand peuple, plus grand dans sa chute même qu'il ne le fut aux jours de sa prospérité ; malgré le soin que prennent ses bourreaux d'effacer jusqu'au moindre vestige de son passage sur la terre, n'est-ce pas à la Pologne que fut dévolue la haute mission de protéger les lumières renaissantes à l'Occident, contre les peuplades sans nombre et sans nom qui menaçaient à tout moment de les étouffer ? N'est-ce pas elle qui servit d'égide à ce mouvement de rénovation et de palingénésie qui prépara les germes de toute grandeur et de toute liberté ? Cent vingt incursions de Tatars victorieusement repoussées, ou perdues sur nos sables comme les vagues de l'Océan, suffiraient pour consacrer le droit de la Pologne à l'estime et à la reconnaissance des peuples.

Aussi une telle nation devait-elle offrir l'image d'un camp, son chef devait être un soldat, son sceptre une lance ; elle devait transporter jusque dans ses conseils l'apparence et les habitudes de la guerre. Ce fut presque constamment le plus brave, le plus habile, qui était désigné par ces guerriers, habiles et braves eux-mêmes, pour porter le casque royal. Tandis que les nations voisines discutaient leurs revenus, réglaient leurs impôts, marchandaient la part de souveraineté à donner au roi, au parlement, au clergé ; dogmatisaient sur des symboles, des formules, et souvent se divisaient sur des couleurs ou des nœuds de rubans, le cavalier sarmate combattait seul avec son épée, avec sa parole, avec son exemple : il était guerrier, prêtre et poëte en même temps, et faisait arme de tout. Étranger aux guerres féodales qui agitèrent tout le moyen âge, isolé à l'extrémité de l'Europe et le front tourné vers l'Orient, comme la louve vigilante autour de l'antre de Romulus, il parcourait ses frontières de la mer Noire à la Baltique, attirant sur lui les orages qui allaient fondre sur d'autres contrées, comme il le fit en 1830, comme il le fit en 1793, comme il le fera toujours : portant secours à tous, lui qui n'implorait secours de personne, veillant, luttant sans cesse contre des ennemis qui revenaient à toute heure. Il eut aussi diverses chances de succès et de revers ; écrasé dans les forêts de la Boukovine, désarmé à Varna, trois fois victorieux sous les murs de Moskou (Olghierd, Batory et Zolkiewski), assiégé avec Jean-Kasimir dans Léopol (à peu près comme la France avec Charles VII), il eut encore en 1683 la force de changer les destinées du monde. Puis, quand le guerrier s'est senti défaillir, quand le fer ébréché de Boleslas s'est brisé à la poignée ; lorsque l'armure en pièces, le front ruisselant de sueur, le géant s'est senti frapper au cœur par ces mêmes Germains qu'il avait tant de fois sauvés, il s'est couché dans sa tombe de pierre au château de Krakovie, et comme Barberousse il attend pour se réveiller : « que les trois corbeaux aient cessé de tournoyer sur sa tête. » Mais il a creusé, en s'affaissant, un vide immense, une brèche ouverte pour les hordes asiatiques ; et cette brèche, ce n'est pas l'Allemagne qui se chargera de la couvrir : l'Allemagne toute subjuguée avant de combattre, l'Allemagne continuant la Russie au sein de l'Europe, l'Allemagne déchue avec et même avant la Pologne. Puisse donc l'Europe aujourd'hui se défendre elle-même, à la garde de Dieu !

Pour en revenir au xvie siècle qui fait l'objet de votre cours de cette année, cette période est admirablement choisie pour développer la thèse de cette mission protectrice de la Pologne ; période importante à laquelle un système commence à présider aux relations internationales des États, une sympathie moins circonscrite, sinon une pensée commune, semble germer dans les masses : il se forme déjà des alliances, non plus accidentelles, mais basées sur des besoins réels, et l'histoire des peuples depuis les bords du Borysthène jusqu'aux colonnes d'Hercule est un tout où chaque chose se tient et s'enchaîne. Au xvie siècle, la Pologne marchait à la tête de la civilisation ; ses frontières s'étendaient au loin, sa population était nombreuse, riche, commerçante ; le pays jouissait de la liberté civile et religieuse la plus étendue, la noblesse n'était pas devenue anarchique et n'avait pas encore asservi les paysans : la loi et le droit étaient également respectés. Admirablement située pour faire pencher la balance soit en faveur du Saint-Empire, soit en faveur de la France, la Pologne intervenait dans les transactions les plus importantes ; Charles-Quint demandait souvent des conseils au sage Sigismond, François 1er lui portait une estime toute particulière, et les qualités éminentes de ces trois souverains ont fait dire à Paul Jove que : « S'ils n'eussent vécu ensemble, chacun des trois méritait de régner sur les États des deux autres. » Une littérature jeune, vigoureuse, qui débuta par des chefs-d'œuvre, vint ajouter aux splendeurs de l'époque ; et, dans toute cette pléiade d'orateurs, d'historiens, de philosophes, peut-on s'empêcher de citer les noms d'Érasme Vitellio, de Jean Dantiscus, de Clément Ianicki, poëte latin couronné à Rome, au Capitole, comme le Tasse et mourant peu de jours après, de Jean Tarnowski, guerrier et historien comme César, des deux Laski, amis et disciples d'Erasmus, des trois Bielski, chroniqueurs, des quatre Kochanowski, poëtes, de Kromer, le Tite-Live de la Pologne, de Gorniçki, son Montaigne.

Ce fut alors que le cardinal Stanislas Hosius allait présider le concile de Trente, que l'astronome Kopernik détruisait le système de l'illusion, et fondait sur des bases réelles toute la science moderne. De célèbres professeurs allaient propager leur savoir dans les universités de l'Italie; et le grand nombre de leurs ouvrages imprimés à cette époque en Allemagne ou dans les Pays-Bas témoigne de leur fécondité. Dans ce XVIe siècle qui se terminait pour la Pologne par le nom glorieux d'Étienne Batory et pour la France par les règnes déplorables et la chute des Valois, la Pologne était sans contredit la première nation du continent.

Voilà, Monsieur, quelques-uns des titres de la Pologne à la reconnaissance de l'avenir; et personne, mieux que vous, ne peut les faire valoir : vous qui avez inscrit le mot sacré de JUSTICE au fronton du monument que vous élevez sous nos yeux, pierre par pierre, avec les fragments des mondes ensevelis.

Si je ne craignais pas d'étendre outre mesure cette lettre déjà trop longue, je me permettrais de vous faire observer que ce caractère général de *mansuétude* que vous attribuez à la race germanique, se trouve complètement démenti par ses relations avec la race slave; témoin Arnold et Helmoldus, écrivains du XIe siècle, et, de nos jours, le savant Herder, que l'on ne peut suspecter de partialité à notre égard.

Parmi les qualités que possède au plus haut degré la race tudesque, se trouve l'amour excessif du bien d'autrui; en voici quelques exemples. Le roi lithuanien Mindagos, offusqué du zèle peu chrétien que les Teutons manifestaient pour ses trésors et ses femmes, retournait à ses idoles et préférait mourir païen que de se laisser convertir par des missionnaires allemands. Son petit-fils, Vladislas Jaghellon, recevait des mains d'une Polonaise, de la reine Edvige, le baptême et la couronne de Pologne. Si vous visitez les tombeaux des Habsbourgs qui reposent dans les caveaux de Saint-Étienne, le *cicerone* barbu ne manquera pas de vous dire d'un air suffisant, en vous montrant la statue couchée de Léopold Ier : « Ci-gît le vainqueur des Turks et le sauveur de la chrétienté. » Et cependant « rien ne manquait à la victoire de l'empire, que l'empereur », disait méchamment Voltaire; l'empereur, qui trois jours après est venu recueillir le butin, sans même payer son bienfaiteur, Jean Sobieski, d'un « Je vous remercie ! » Ce trait est tout à fait allemand. Le partage de la Pologne n'a été qu'une suite de ces envahissements qui datent de Henri l'Oiseleur, ou plutôt encore de Charlemagne. Nos spoliateurs se sont approprié nos gloires comme nos provinces; Kopernik, au dire de M. le baron de Zach, était un astronome prussien : et l'Europe y croirait encore si, en 1829, l'illustre Humboldt n'avait pas renoncé, au nom de tous les Allemands, à l'honneur d'être son compatriote. Les magnifiques diamants, arrachés de la châsse de la sainte Vierge à Czenstochowa, sont venus, en 1807, rayonner sur le front de la jeune reine de Prusse, au moment où elle déployait toutes ses coquetteries de reine et de femme, pour changer en Capoue la bourgade de Tilsitt, en y faisant échouer le char du moderne Annibal. Ces honnêtes Germains ont merveilleusement travesti les noms de toutes les villes et provinces subjuguées, après y avoir aboli le Code Napoléon et la Constitution de 1791. Ils auraient transporté chez eux nos forêts et nos fleuves s'ils avaient pu. « Mais nos forêts et nos fleuves, disait un poëte, refuseraient de croître et de couler, plutôt que de devenir allemands. »

Permettez-moi, Monsieur, en terminant, de vous assurer que ce n'est pas une préoccupation personnelle qui me fait élever la voix en faveur d'une nation si peu connue; la science n'a que faire de ces petites passions d'un jour qui se meuvent dans les bas-fonds de l'humanité : et je n'ai pas prétendu les servir. Elle plane bien au-dessus de ces petites querelles allemandes, de ces chicanes de bout-de-champ, qui retardent le jour tant désiré de la réconciliation générale; j'ai seulement voulu attirer votre attention sur un peuple fraternel, méconnu de tous, et dont l'histoire fut trop agitée pour qu'il ait eu lui-même le temps de l'écrire.

Versailles, 1er avril 1840.

(*La Presse de Seine-et-Oise*.)

VII.

A M. F. ARAGO,
DIRECTEUR DE L'OBSERVATOIRE.

N. KOPERNIK, ASTRONOME POLONAIS.

MONSIEUR,

Fidèle à ma mission de redresseur, non des torts (j'aurais trop à faire), mais des erreurs qui se commettent journellement à l'égard de la Pologne, je vous dois ces quelques mots concernant une de ses plus réelles illustrations. Dans tous les traités d'astronomie publiés en France, depuis Lalande et Montucla jusqu'au double Liégeois pour l'année bissextile 1840, on trouve le nom de Kopernik accompagné de la désignation de chanoine *prussien* ou de chanoine *teuton;* nous allons voir jusqu'à quel point cette épithète est fondée sur la vérité. Plusieurs écrivains allemands ont voulu forcer les notions les plus positives de la géographie politique pour s'approprier le nom et la gloire de Kopernik; cette spoliation d'un nouveau genre paraît d'autant moins admissible, qu'à l'époque dont nous parlons, la Prusse, considérée comme État indépendant, n'existait pas encore; que Thorn, ville natale de Kopernik, n'a jamais cessé d'appartenir au palatinat de Culm (Chelmno), en Pologne; que la ville de Krakovie, où Kopernik fit ses études, fut la capitale de ce pays et, dans le siècle des grands hommes, la résidence de ses rois; que la Warmie enfin, le champ de ses observations, et qui vit éclore la plupart de ses écrits, fut de tout temps une province polonaise. Qu'il me soit permis d'ajouter à ces données quelques détails sur la vie de Kopernik, recueillis sur les lieux mêmes, et que je livre comme matériaux à ceux qui voudraient approfondir un sujet si digne à tous égards de fixer l'attention des savants.

Nicolas Kopernik, fils d'un citoyen de Krakovie et de Barbe Vatzelrod, sœur de l'évêque de Warmie, naquit dans la vingt-septième année du règne de Kasimir Jaghellon, en 1473. A l'âge de dix-neuf ans, il fut admis au nombre des étudiants à l'Université de Krakovie, déjà florissante à cette époque, surtout pour l'enseignement des littératures grecque et latine et des sciences exactes. La chaire des mathématiques était remplie avec distinction par le savant Brudzewski, dont la plus grande gloire fut d'avoir compté Kopernik parmi ses élèves. Il était réservé à ce dernier de revêtir l'Académie jaghellonienne de tout l'éclat dont elle jouit pendant plusieurs siècles, jusqu'à l'avénement des Vasa de Suède, époque de la décadence des lettres et de l'esprit national en Pologne. Après le départ de Brudzewski, appelé à de hautes fonctions politiques, Kopernik se rendit à Bologne, où ses vastes connaissances le firent agréger à la chaire de cosmographie, occupée alors par Dominique Maria de Ferrare, dont il fut, d'après le témoignage de Reticus, plutôt le suppléant que l'élève. Dans la vingt-septième année de sa vie, il fut appelé à Rome pour y professer publiquement l'astronomie, et c'est là que nous voyons pour la première fois germer des idées qui devaient un jour changer les notions admises sur le système du monde, mais qui ne reçurent leur entier développement que depuis le retour de Kopernik à Frauenbourg, sur la côte polonaise de la Baltique. Durant ce professorat, il étudia l'éclipse lunaire de 1500; mais l'affluence prodigieuse des élèves qui accouraient à ses leçons, les idées nouvelles qu'il faisait entrer dans le domaine inculte de la science, portèrent ombrage au Saint-Office; on l'accusa de publier des doctrines subversives et contraires aux textes de l'Écriture sainte. Averti par un de ses élèves, Kopernik se retira sagement à Padoue. C'est là qu'il déploya d'une manière brillante ses connaissances en anatomie, qui le firent surnommer par Tideman (Gizeus) l'Esculape polonais. Nous voyons souvent aussi le titre de *medicus* associé à son nom, dans les actes officiels du chapitre de Frauenbourg, de même que dans ses écrits. En effet, il était rare qu'un astronome ne fût pas en même temps quelque peu médecin, à cette époque où, les Arabes ayant introduit le principe de la fatalité dans l'art de guérir, la science d'Hipparque et celle d'Hermès, intimement liées, se prêtaient mutuellement leurs ténèbres. La sanction du temps et la protection des princes qui gouvernaient leurs États d'après les conjonctions favorables ou malfaisantes des orbes célestes, avaient donné à ces préjugés tant de force et d'autorité que les plus beaux génies même, de beaucoup plus récents que notre astronome, ne purent totalement s'en affranchir, et nous trouvons encore dans les ouvrages de Kepler et de Tycho-Brahé tels passages suspects que nous voudrions voir éliminés pour la gloire de leurs auteurs. Kopernik devait le premier délivrer l'astronomie de toutes les savantes turpitudes qui en entravaient les progrès; il jeta dans cette science une masse de lumière qui resplendit plus pure encore après les siècles, et qui doit revêtir son nom et celu de sa patrie d'une auréole d'immortalité.

A son retour en Pologne, il fut admis en 1504 au nombre des académiciens de Krakovie; et sans doute il eût adopté cette ville pour résidence si l'évêque de Warmie, son oncle, ne l'eût appelé près de lui, afin de lui conférer le canonicat de Frauenbourg. Ce fut la dernière période de sa vie; c'est depuis lors qu'il parcourut cette glorieuse carrière qui ne s'arrêta qu'au bord de la tombe, ce voyage sublime à travers les mondes où, quoique Polonais, je me garderai bien de le suivre. La Pologne lui doit aussi, de même que l'Angleterre à Newton, un système monétaire présenté à la diète de Posen en 1526. Son portrait, peint par lui-même, et se trouvant encore à l'Université de Krakovie, ainsi que son poëme intitulé *Septem Sidera,* prouvent que rien n'était étranger à ce génie embrassant l'immensité.

C'est à Jean Sniadeçki que nous devons la meilleure biographie de Kopernik, publiée à Paris en 1822, sous le titre de *Discours sur Kopernik.* Tous les écrivains qui se sont occupés de ce grand homme, depuis Delambre, dans son *Histoire de l'Astronomie moderne,* jusqu'au professeur Ideler, dans un écrit adressé à la Société philomathique de Berlin, n'ont fait que glaner sur les traces de Sniadeçki, en altérant plus ou moins le texte primitif de sa biographie. Mais le docteur Henri Westphal, dans son *Traité sur Kopernik,* publié à Constance, a trouvé plus commode de reproduire en allemand et de donner comme sien le discours entier de Sniadeçki. Est-il étonnant après cela qu'on fasse de Kopernik lui-même un Allemand? Sniadeçki a rectifié quelques fausses interprétations données par Bailly, son devancier, qui attribue à Kopernik des assertions erronées auxquelles celui-ci n'a jamais songé, et qui n'appartiennent qu'à ses nombreux commentateurs.

Quelle admiration ne devons-nous pas éprouver pour un génie qui le premier comprit la pensée de l'artiste des mondes, qui d'un seul jet fit sortir de sa tête puissante la science entière de l'astronomie avec ses développements les plus éloignés; avec une précision de chiffres qui nous saisit d'étonnement, surtout pour une époque où les ressources artificielles, inventées un siècle plus tard et perfectionnées par Tycho, Galilée et Kepler, n'existaient pas encore; avec des résultats dont les découvertes les plus récentes n'ont fait que constater la prodigieuse exactitude! En effet, ses données sur la nutation de l'axe terrestre, la précession des équinoxes, ont à peine été modifiées depuis par Euler et Laplace, abstraction faite cependant de la réfraction astronomique observée d'abord par Vitellio de Krakovie, célèbre opticien du *treizième* siècle, calculée par Rœmer le Danois, et qui depuis entra comme élément indispensable dans toutes les évaluations astronomiques. Son exposé du mouvement annuel de la terre est le plus beau monument qu'il nous ait laissé; il semblerait écrit sous une inspiration divine. C'est là que Kopernik, en parlant de l'ordre admirable des saisons, semble pénétrer les arcanes mêmes de la nature, et s'élever par la contemplation jusqu'à son divin ordonnateur; c'est là qu'il faut chercher son âme tout entière[1]. Il ne reçut le premier exemplaire de son livre que le jour même de sa mort. Cependant le grand homme eut aussi des moments d'inquiétude et de doute; dans une lettre adressée à Paul III, il semble implorer sa grâce pour avoir initié l'homme aux secrets des cieux, et pour avoir renversé tout l'édifice de la science antique. Socrate, en mourant, avait de même fait offrir un coq à Esculape.

Le champ de ses découvertes fut, comme nous l'avons dit, la petite ville de Frauenbourg. La tour qui lui servait d'observatoire fut changée par le gouvernement prussien en prison d'État, et le bruit des chaînes a remplacé les silencieuses méditations de l'astronome. Sa maison était située à quelque distance; il n'y a pas bien longtemps, on montrait encore au-dessus de la porte une petite ouverture circulaire pratiquée dans le mur, et laissant tomber les rayons solaires sur un immense gnomon tracé sur la muraille opposée. Le ministre protestant qui demeure dans cette maison a fait effacer le gnomon et boucher l'ouverture circulaire; et du peu de soin que le gouvernement prussien met à conserver de pareils souvenirs, il nous semble aisé de conclure qu'il ne se croit pas autorisé à considérer la gloire de Kopernik comme une gloire germanique.

Sa destinée, de même que celle d'Homère, fut de voir plusieurs nations se disputer l'honneur de sa naissance; tous les deux, également grands, illustrèrent leur patrie et leur époque: l'un en expliquant le poëme des Cieux, l'autre en racontant celui de la Terre. Mais, fort heureusement, l'invention de Gutenberg, presque contemporain de Kopernik, n'a pas permis que la biographie de celui-ci se couvrît de nuages, et la Pologne peut à juste titre revendiquer son héritage de famille, dont les écrivains de Frédéric II et de Guillaume III avaient tenté de la déposséder. Quant à nous, pour qui les souvenirs ont remplacé une grande partie des agitations ordinaires de la vie, il nous importe avant tout de conserver sa couronne intacte, et de ne pas souffrir que des mains étrangères viennent en détacher les plus beaux fleurons.

Kopernik n'était pas moins habile dans les choses usuelles et pratiques de la vie; il a voulu laisser aux habitants de Frauenbourg un monument durable de ses connaissances positives. Cette ville, située sur une hauteur considérable, n'avait que très-peu d'eau potable, ou bien quelquefois n'en avait pas du tout; quant aux moulins à farine, il n'y avait même pas à y songer. Kopernik, pour l'approvisionner de farine et d'eau, ces deux articles de première nécessité pour l'existence d'une ville, saisit la petite rivière de Baude à une bonne lieue de distance, l'emprisonne par une digue de trente pieds de hauteur, la force de faire mouvoir un moulin; de là, au moyen d'une roue colossale, la porte au sommet d'une tour, et puis, par des conduits en fonte, en lui faisant suivre une pente longue et tortueuse, la distribue abondamment dans les nombreux réservoirs de Frauenbourg, et la fait rejaillir en jets d'eau superbes dans les jardins particuliers des chanoines. Cet appareil sert encore aujourd'hui pour alimenter Frauenbourg, après quelques légères réparations qu'on lui a fait subir en 1801, et malgré les immenses progrès que la science hydraulique a faits de nos jours. Colbert fit demander aux habitants de cette petite ville le dessin de leur machine, et celle de Marly fut établie d'après le même modèle; c'est donc à l'idée de Kopernik que nous devons le développement dans la ville de Versailles a pris sous le règne de Louis XIV et sous les règnes suivants.

Voici l'inscription que les chanoines de Warmie ont fait tracer sur la machine de Frauenbourg, en l'honneur de leur collègue décédé:

« *Hic patiuntur aquæ, sursùm properare coactæ,*
Ne careat sitiens incola montis ope;
Quod natura negat, tribuit Copernicus arte:
Unum pro cunctis fama loquatur opus[1]. »

Versailles, 15 novembre 1840.

(*La Presse de Seine-et-Oise.*)

1. Nous ajoutons à cette notice la lettre qu'on va lire et dont l'*Indépendance belge* a refusé l'insertion:

« Posen, 5 mars 1873.

« Que vous ayez le droit de flatter la jeune nation allemande, personne ne le conteste, mais que vous veuilliez exercer ce droit au détriment d'un peuple qui malheureusement ne peut que compter sur d'autres gloires que sur celles consacrées par son passé historique, c'est un procédé qui offense la justice et qui insulte le malheur.

« Dans le numéro du 25 février de l'*Indépendance belge*, en faisant mention de la fête célébrée par les Prussiens à Thorn, à l'occasion du 4ᵉ centenaire de la naissance de Kopernik, vous vous êtes exprimé ainsi:

« Hier a été célébré à Thorn, province de Prusse, avec beau-
« coup d'enthousiasme, l'anniversaire de la naissance d'il y a
« quatre cents ans du célèbre fondateur de l'astronomie mo-
« derne, Nicolas Kopernik.

« La fête a emprunté un intérêt particulier à ce fait que les
« Polonais, sur des prétendues données historiques depuis long-
« temps réfutées par la science allemande, avaient réclamé
« Kopernik comme leur compatriote. Ces prétentions étaient
« dépassées encore par les journaux cléricaux qui, sur je ne sais
« quels indices imaginaires, avaient glorifié Kopernik comme
« ultramontain. »

« L'inexactitude des informations que l'*Indépendance belge* a reçues sur ce sujet vous ont fait tomber dans l'erreur, monsieur le rédacteur. Ayez la bonté d'apprendre que le 19 février a eu lieu à Thorn une fête célébrée par les Polonais en l'honneur de Kopernik, qui, par son importance, a fait pâlir de beaucoup celle que les Prussiens avaient organisée. Le nombre des délégations des différentes corporations scientifiques nationales et étrangères et l'affluence de ceux qui prenaient part à la fête polonaise lui donnaient un éclat et un intérêt tout particulier et dont la fête des Prussiens était tout à fait dépourvue.

« Quant à la nationalité polonaise de Kopernik, la science allemande n'a nullement réussi à la réfuter, et ne s'est bornée jusqu'à présent qu'à la mettre en doute aux yeux des Allemands seuls, tandis que les plus grands savants de France et d'Italie n'ont jamais cessé de considérer Kopernik comme Polonais.

« Les Polonais, au contraire, ont retrouvé un grand témoi-

---

1. *De revolutionibus orbium cœlestium*, Nuremberg, 1543.

VIII.

A M. SAINT-MARC GIRARDIN,

JEAN KOCHANOWSKI,

LE PRINCE DES POÈTES POLONAIS.

Monsieur,

Voici quelques détails sur un nom illustre parmi tous les grands noms que vous avez cités hier dans votre cours de littérature et qui, dès le XVIᵉ siècle, ont répandu le plus vif éclat sur les fastes littéraires de l'ancienne Pologne. Dans l'église de Zwolen, à quelques lieues de Radom, nous lisons sur une table en marbre noir l'inscription suivante :

Joannes. Kochanowski. Tribunus: Sandomir.
Hic. quiescit.
Ne. insultata. præterirel. hospes. eruditus.
Ossa. tanti. viri.
Hoc. marmor. indicio. esto.
Obiit. anno. sal. 1584. die. 22. aug. ætatis. LIV.

Jean Kochanowski fut le premier poëte national qui éleva l'idiome polonais, parlé par vingt millions d'individus, à la dignité de langue littéraire. L'histoire de l'esprit humain peut en Pologne, de même que chez la plupart des nations modernes, se partager en trois grandes époques, savoir : celle des *Moines,* embrassant une période de plus de quatre siècles, depuis Martin Gallus (1110), premier chroniqueur latin, jusqu'à Stanislas Orzechowski (1543), historien et publiciste; celle des *Chevaliers,* commençant à Jean Kochanowski (1550), et finissant à Julien Niemcewicz (1800); et celle du *Peuple,* préparée par Woronicz et Brodzinski (1800-1820), glorieusement continuée par Adam Miçkiewicz et Bogdan Zaleski (1824-1830) et qui, soit dans l'Émigration, soit dans le pays, ne cesse de fournir des chefs-d'œuvre incomparables. Kochanowski appartient donc à la seconde de ces époques, dont il est l'expression fidèle, et qu'il remplit tout entière de son nom et de ses écrits.

Né dans le village de Siczyn, il passa sa jeunesse dans les voyages; il va visiter Rome et Padoue avec ses compatriotes, Patrice Nideçki et Luc Gorniçki; puis il fait un séjour de sept ans à Paris, et se lie d'amitié avec Ronsard, le compagnon et l'émule poétique de Charles IX. Revenu en Pologne, il devient secrétaire du roi Sigismond-Auguste, et bientôt, se dérobant aux ovations et aux plaisirs de la cour, il va passer le reste de sa vie dans le village de Czarnolas, entre le culte des muses et les douces joies de la famille.

Sa biographie détaillée se trouve dans les *Chefs-d'œuvre des théâtres étrangers,* par A. Denis (1823), en tête du premier drame polonais traduit par Brykczyński, le *Congé des ambassadeurs grecs.* Ce drame, dont le sujet est emprunté à l'Iliade, et qui atteste dans son auteur de fortes études sur l'antiquité, a été composé un demi-siècle avant le *Cid* de P. Corneille (1637), et dix ans avant la trilogie de W. Shakspeare, *Henri VI* (1589-1591). A cette époque, les mystères et les sotties, annoncés à son de trompe et joués sur les places publiques, faisaient encore les délices du peuple de Paris et de la cour galante de François Iᵉʳ.

Les nombreux écrits de Kochanowski offrent une immense variété : épopée, tragédie, ode, satire, épigramme, il s'est essayé dans tous les genres, et dans tous il approche de la perfection. Les littératures chrétiennes ont généralement commencé par la traduction des livres saints; le Psautier de Kochanowski fut aussi le point de départ de la nôtre. Mais le plus beau diamant de sa couronne poétique, ce sont les élégies inspirées par la mort de sa fille, de cette jeune Ursule qui, en s'envolant aux cieux, avait emporté la meilleure moitié de son âme :

« Ursule, chère enfant, combien après ta perte
La maison paternelle est muette et déserte!
Toi seule remplissais tous les cœurs à la fois,
Et du bruit de tes pas et du chant de ta voix :
Aujourd'hui tout se tait..... »

Jamais douleur paternelle ne fut plus profonde, plus sincèrement exprimée. C'est ainsi que la poésie polonaise est née sur le tombeau d'une jeune fille.

Kochanowski expirait en 1584, tout un siècle avant le grand Corneille, en plaidant au tribunal de Lublin la cause de son beau-frère Podlodowski, assassiné contre toutes les lois de la guerre par les Moskovites. Son nom, dérivé du verbe polonais AIMER (*kocham*), fut glorieusement porté par ses frères, tous guerriers et poëtes comme lui; son frère André traduisait l'*Énéide* et prononçait d'excellents discours aux assemblées quelquefois orageuses de son pays; son frère Nicolas dictait à ses enfants les *Rotulæ* ou conseils en vers sur les devoirs du citoyen, et battait les Turks avec l'avant-garde de Vladislas IV, à la bataille de Chocim; son frère Pierre donnait une excellente traduction polonaise de la *Jérusalem délivrée* et de *Roland furieux,* et prenait part, comme chevalier de Malte, à toutes les expéditions maritimes de sa République. L'histoire lui donne encore deux frères, moins renommés, il est vrai, que les premiers : François, dont il nous

---

gnage de la nationalité polonaise de Kopernik dans les adresses que les universités d'Italie ont envoyées à la Société des amis de la science de Posen, promotrice de la fête. Ces adresses citent des extraits des documents authentiques et contemporains du grand astronome, et, entre autres, un extrait des matricules de l'Université de Bologne, où il fit ses études, et dans lesquelles Kopernik, en inscrivant de sa propre main son nom, s'est qualifié lui-même de « Copernicus Polonus ».

« Ce témoignage vaut bien plus que toutes les élucubrations des savants, qui ne pourront le réfuter même en appliquant à leurs raisonnements des arguments semblables aux canons Krupp et aux bombes remplies de pétrole.

« Je suis bien loin de croire que le récit que je viens de faire vous fasse revenir de vos convictions sur la nationalité de Kopernik; permettez cependant que je vous adresse la prière d'attendre que la science en général se prononce définitivement sur cette question, et ne vous en tenez pas au seul verdict des Allemands, qui sont trop intéressés à la question pour la traiter au point de vue exclusivement scientifique et historique.

« Agréez, etc.

« V. D'ARNESE. »

reste un poëme latin intitulé : *Decades duæ, de immaculata conceptione B. Mariæ Virg.*, et Troïan, qui commandait l'infanterie à la bataille de Chocim et la forteresse de Kozielsk dans l'expédition contre le tzar Yvan de Moskou. Voilà tous les titres de la race des Kochanowski à la reconnaissance de la postérité; voilà tous les rayons de cette lumineuse auréole qui environne leurs tombeaux; toute la Pologne chevaleresque est là. Le chant semblait être le langage naturel dans cette famille, mélodieuse nichée de rossignols dont chacun était passé maître dans l'art de la parole et du rhythme.

A deux lieues de Zwolen se trouve le village de Czarnolas, patrimoine de notre poëte, et qui vit éclore la plupart de ses ouvrages. Quand je visitai ce lieu trois fois saint à tout Polonais, la maison de Kochanowski avait subi le sort de presque tous nos souvenirs nationaux; quelques ruines dans un jardin désert, deux salles voûtées et une alcôve dont la fenêtre grillée donnait sur le canal et la prairie; voilà tout ce qui restait de la demeure du grand homme! Aucune pierre, aucune inscription n'attestait que Kochanowski avait caché dans cette retraite sa lyre d'or, pendant les dernières années de sa vie! Le tilleul célèbre qui l'abritait durant la chaleur du jour, la fontaine jaillissante qui lui parlait de sa fille bien-aimée jusque dans ses rêves, le bosquet du jardin tout peuplé de voix invisibles et tout parfumé de la senteur des roses, rien n'avait survécu! Trois peupliers seulement à la taille élancée marquaient la place où le cygne de Czarnolas avait jeté son hymne de douleur et d'adieu! Son crâne fécond, ce soleil éteint aujourd'hui, qui avait fait jaillir des flots de lumière sur la patrie d'Edvige et de Barbe Radziwill, a été recueilli dans une urne précieuse et déposé dans le musée national de Pulawy avec l'inscription que voici :

« Défends, fils de Latone, à tout cœur noble et tendre,
Que la postérité puisse outrager ma cendre ! »

La fureur des barbares ne s'est pourtant pas arrêtée, en 1831, devant cette sainte relique et cette pieuse invocation.

Mais son véritable monument, celui que ni le temps ni les hommes ne sauront anéantir, c'est la langue polonaise, dont il fut à la fois le poëte et le législateur. Avant Kochanowski, nous ne trouvons que des fragments obscurs, quelques débris épargnés par le temps et qui témoignent de son antiquité; un Hymne à la Vierge, un chant de bienvenue à Kasimir le Moine, une complainte sur l'infortunée Ludgarda : voilà presque tous les documents de son existence primitive. Elle présente cependant un phénomène qui ne se retrouve dans aucun autre dialecte de l'Europe moderne, si ce n'est dans l'italien. De même que dans les mélopées d'Homère et de Dante, elle apparaît, dès son origine, dans toute sa force et sa virilité, et ne semble avoir subi à travers les âges que d'inappréciables modifications; témoin l'Hymne à la Vierge, composé depuis plus de huit siècles, et que saint Adalbert transmit par testament au premier de nos rois nés chrétiens, Boleslas le Grand. Ce caractère de persistance et de ténacité inhérent à la race comme à la langue polonaise, ne pliera pas, uous pouvons l'affirmer, sous l'effort des barbares étrangers ou indigènes qui, sous le prétexte du *slavisme* mal compris, cherchent à la décomposer sinon à la détruire ; exilée des archives et des bibliothèques, elle s'est réfugiée dans les cabanes et les steppes : ici même, en France, elle se transmet par la voix des proscrits à la nouvelle génération.*

Le langage, c'est l'âme du peuple comme l'histoire en est le corps; c'est en lui et non pas ailleurs qu'il faut chercher son principe vital : c'est vers sa conservation qu'il nous faut porter désormais tous nos soins et notre amour.

Paris, le 29 novembre 1840.
(*La Pologne pittoresque.*)

IX.

A M. CHARLES NODIER,
BIBLIOTHÉCAIRE DE L'ARSENAL.

L'OSMANIDE DE JEAN GONDOLA,
L'ÉPOPÉE SLAVE.

Monsieur,

Voici un remarquable fragment de la poésie de nos ancêtres, cette poésie que vous aimez entre toutes, et qui se reflète sur les belles pages de *Jean Sbogar* et de *Smarra,* vos deux enfants de prédilection. C'est un épisode de l'*Osmanide* de Gondola, poëme épique illyrien du XVIIe siècle, imprimé depuis peu à Raguse. Le gouvernement de ce pays, longtemps tributaire de la Turquie, avait à dessein empêché la publication de cet ouvrage, dans lequel le fanatisme des anciens Ottomans se trouve mis en parallèle avec la valeur chevaleresque des Polonais. Les circonstances étant changées, au moins pour ce qui concerne les premiers, rien n'a pu retarder cette publication si vivement désirée par les nationaux et les étrangers; ainsi que l'attestent les quelques manuscrits répandus en Europe, et l'exemplaire, unique en France, qui se trouve dans la bibliothèque du comte de Sorgo, l'ancien ministre de la république de Raguse, et le traducteur italien de l'*Osmanide*.

Jean Gondola appartenait à une famille noble de Raguse, qui a produit à différentes époques des hommes de lettres fort distingués. Parmi ceux-ci, nous nommerons en passant le jésuite Marino de Gondola, contemporain de notre poëte, professeur d'illyrique en Toscane, et qui comptait le grand-duc Ferdinand III parmi ses élèves. La traduction du *Psautier,* imprimée à Venise, un poëme biblique intitulé les *Larmes de l'enfant prodigue,* publié à Rome, un drame d'*Ariadne* édité d'abord à Ancône, avaient déjà fait connaître le talent du jeune auteur. Sa traduction du Tasse, ainsi que beaucoup d'autres drames et poëmes, ont péri dans l'incendie de 1667, qui, après un violent tremblement de terre, a détruit de fond en comble la ville de Raguse. Mais ce qui assure la gloire véritable de Jean Gondola, ce qui l'élève au rang de premier poëte illyrien, après le seul Palmota peut-être, c'est le poëme dont nous parlons, et dont la date doit être placée entre l'année 1621, où se passèrent les événements qu'il a chantés, et l'année 1638, époque de sa mort. L'agression de la Turquie conquérante, l'héroïque résistance des Polonais, pour lesquels il ressentait toutes les sympathies qui naissent d'une communauté d'origine, de langage, de religion et d'indépendance, lui ont inspiré l'*Osmanide*. Deux chants ayant été perdus, ou, comme d'autres prétendent, supprimés par l'auteur lui-même, nous les voyons complétés de nos jours par Pierco di Sorgo, qui s'est si bien pénétré du génie de Gondola, que son travail ne fait nullement disparate avec le texte primitif. L'ouvrage entier est en vingt chants, divisés par strophes de vers rimés de huit syllabes, forme qui pourrait ne pas convenir à la noblesse épique dans toute autre langue, mais qui se trouve conforme au mètre habituel des chants populaires de l'Illyrie, traitant parfois des sujets analogues à celui qu'il a choisi.

Voici quel en est le résumé : le jeune Osman Ier, porté de la prison où languissent depuis le berceau les princes ottomans, au trône des sultans d'Istambol par une révolution du sérail, et brûlant du désir de justifier son avènement par des actions d'éclat et des conquêtes dignes de sa race, déclare la guerre à Sigismond III Vasa, roi de Pologne, qui lui oppose une vaillante armée conduite à la victoire par son fils Vladislas. Le sultan, irrité d'une défaite qu'il attribue surtout à l'orgueilleuse indiscipline des janissaires, veut les punir et les réformer; mais son projet, dévoilé par une intrigue, devient l'occasion d'une révolte nouvelle, qui renverse du trône l'infortuné Osman, massacré par les chefs des janissaires. Un sujet analogue a été traité par notre immortel Ignace Krasicki, dans son poëme de la *Guerre de Chocim*.

L'épopée illyrienne commence par des pensées d'une haute philosophie sur l'instabilité des choses humaines, dont l'heureuse et vive expression est devenue justement célèbre dans la poésie nationale. Après une rapide invocation aux Muses, le poëte s'adresse au héros polonais, le prie d'écouter ses vers avec bienveillance et d'en accepter l'hommage. Cette intention du poëte se montre dans tout le cours de l'ouvrage ; il ne laisse échapper aucune occasion d'exalter les hauts faits de Vladislas et des Polonais, et de leur témoigner son admiration. Aussi pourrait-on avec raison changer le titre du poëme et remplacer le nom d'*Osman* par celui de *Vladislas*. Cette préoccupation constante divise toutefois l'intérêt général qui devrait tout entier se porter sur le jeune Osman; ce dernier n'obtient que notre pitié : encore est-elle diminuée par la réflexion que ses malheurs sont la conséquence nécessaire de son orgueil sans frein, plutôt que de la fatalité.

De nombreux épisodes donnent une grande variété à ce poëme, dont on pourrait parfois accuser la marche trop lente, et dont le style n'est pas toujours exempt de la redondance reprochée aux Orientaux; on voit bien que l'auteur n'a pas eu à sa disposition le nombre d'années qu'Horace exigeait pour mûrir une grande conception ; néanmoins, la nation slave tout entière doit s'honorer de posséder une telle œuvre, qui pourrait prendre place après la *Jérusalem délivrée* et le *Paradis perdu,* puisqu'on y trouve une vaste idée d'ensemble, de grandes beautés de détail, une versification admirable.

Le portrait du seigneur polonais Korewoski, nom de pure invention, et de Krunoslava sa femme, qui le suit à l'armée avec ses chevaliers, le perd au milieu d'une bataille et finit par le retrouver dans les prisons de Constantinople, tout cela interrompu et repris dans plusieurs chants, fournit des passages très-intéressants, et qui nous font vivement souhaiter une traduction complète de l'*Osmanide*. Une partie en a été reproduite en vers latins par l'abbé Bernard Zamagna, traducteur de l'Odyssée et compatriote de l'auteur (1778); nous choisissons de préférence l'épisode de Suncianiza (la fille du soleil), qui se rattache plus intimement à l'histoire nationale de la Serbie.

CHANT HUITIÈME.

La beauté est un don de nature, un trésor admirable qui réunit, comme dans un vase d'élection, tout ce qui plaît aux yeux, tout ce qui est doux au cœur.

Rayon de la lumière divine, ornement et fleur du monde, bien qui résume tous les biens, pur miroir des cieux;

Ouvrage le plus parfait du créateur, qui révèle le ciel à la terre, alors que les cheveux rappellent le soleil, le front, l'Orient, les yeux, les étoiles, et le visage, l'aurore;

Mélange de joie et de volupté, proportion parfaite, désir de tous les cœurs, but charmant de tous les yeux ;

Miel assez doux pour adoucir l'absinthe, vif attrait de près comme de loin, suave repos des âmes qui la contemplent.

Mais quand à cette beauté se joint un sang illustre, sa force devenue invincible asservit le monde,

Sa renommée vole alors sur les ailes d'une gloire immense et charme les peuples inconnus[1].

Déjà le kislar-aga vient d'atteindre la blanche ville de Semendria, où il espère trouver la fille de Liubdrag, la belle et jeune Suncianiza,

De l'illustre famille des despotes de Serbie[2]; la prunelle des yeux, la lumière désirée de son père aveugle.

Neveu des neveux de George et de Djérine, dont le souvenir est encore célèbre dans tout le pays slave,

Bien que dépouillé par les fiers Ottomans de son ancienne souveraineté, il se montre encore prince par son caractère, et grand par ses actions.

---

1. Le poëte parle ici de la beauté de Cécile Renée, femme de Vladislas, fils du roi de Pologne, dont le bonheur avait excité la jalousie du sultan.
2. Le royaume de Serbie, amoindri par les conquêtes successives des Turks, fut réduit à n'être qu'une petite principauté dont le souverain se nommait *despote*.

Sa pesante vieillesse s'appuie maintenant sur le bâton qui fut autrefois le sceptre porté par la main de ses ancêtres.

Les vastes provinces où jadis les glorieux despotes étendaient leur puissance, sont réduites à la modeste prairie où paissent ses troupeaux.

Les chiens fidèles sont ses gardes, les timides brebis ses sujets et les bergers ses courtisans et ses amis.

Une humble cabane remplace son palais de marbre ; l'herbe et la paille desséchée, sa couche somptueuse.

Les voûtes verdoyantes des arbres remplacent ses tentes brodées ; un rayon de miel est sa nourriture, l'eau et le lait le désaltèrent.

Et plus blanches que la neige, les douces mains de sa fille remplacent ces coupes magnifiques qui contenaient les vins les plus exquis.

Ainsi se passent les derniers jours du vieillard qui fut le père heureux de douze fils.

Mais la barbare mort les a tous moissonnés en un jour ; et ses larmes n'ont plus tari!

Aussi, le voilà comme un arbre déraciné dans la forêt, dont la tempête a brisé et dispersé les branches [1].

. . . .

Alors, comme percés de douze dards, ses yeux répandirent tant de larmes qu'ils cessèrent de voir.

Il expirait dans les angoisses, s'il n'eût entendu les douces paroles de sa fille unique.

Cet espoir, ce soutien de la vieillesse d'un père aveugle, c'est la belle et jeune Suncianiza dont les vertus sont partout célébrées.

Il désire avoir de sa fille des rejetons dans lesquels il renaîtrait lui-même avec les enfants qu'il a perdus.

Mais en vain oserait-on prétendre au cœur de cette jeune fille ; car elle a déjà consacré à Dieu sa virginité.

Le sage vieillard le devine à plusieurs indices ; il en ressent une douleur amère ; pourtant il attribue cette résolution à la légèreté de la jeunesse.

Et pour réveiller chez sa fille le désir d'un noble amour, il institue des fêtes joyeuses et brillantes ; la jeunesse des villages de Bulgarie y accourt avec empressement.

De fraîches et gracieuses jeunes filles, accompagnées de joyeux bergers, y viennent la tête couronnée de fleurs.

Tous dansent en se tenant par la main, en chantant de doux refrains, en se livrant à des jeux variés.

Assis sur la prairie émaillée de fleurs, tous échangent des mots pleins de grâce et d'esprit.

Tantôt les bergers s'exercent dans l'art de faire résonner la cornemuse ; tantôt ils charment les échos par le son de leur voix.

Alors les bergères se disputent le prix du chant et l'honneur de tresser les plus belles couronnes.

Le vieux Liubdrag avait espéré que le cœur de sa fille s'attendrirait au milieu de ces ébats, et que parmi les jeunes gens que charmerait sa beauté, elle choisirait un époux.

La foule de ses admirateurs est nombreuse ; la jeune fille, quoique affligée et contrainte, veut néanmoins se montrer obéissante au père qu'elle adore.

Toutes les plus belles filles baissent les yeux devant l'éclat qu'elle répand sur sa parure, comme les étoiles s'effacent au lever du soleil.

Elle abandonne au zéphire les blondes et luisantes tresses de sa chevelure ; elle couronne de fleurs son front angélique.

Dans son regard amoureux brille l'astre du matin et sur son visage de madone fleurit la rose purpurine.

Dans ses lèvres joyeuses sourit l'amarante ; un voile blanc comme la neige couvre son sein encore plus éclatant.

Sa démarche est si ravissante, elle est entourée de tant de lumière, que ses pas sont une danse.

Ses yeux semblent faire naître le jour. A sa vue, les roses s'épanouissent, croyant revoir l'aurore.

Elle se met avec ses compagnes à cueillir des fleurs dans la prairie ; aussitôt les jeunes bergers accourent et forment en chantant un cercle autour d'elles.

Au doux son des flûtes et des cornemuses, le jeune Radmio chante des vers faits pour inspirer l'amour et le plaisir [1].

. . . .

Les chants venaient de cesser ; les bergères recommençaient leurs danses, lorsque l'apparition subite du kislar-aga mit fin à tous les jeux.

Il avait inutilement cherché Suncianiza dans toute la ville de Semendria.

Apprenant qu'elle habitait avec son père un village voisin, il part plus prompt qu'une flèche, avec ses gardes.

Il la trouve au milieu de ces fêtes joyeuses, et son regard lui semble un rayon de soleil.

La face noire de l'aga s'éclaircit au reflet de cette resplendissante blancheur ; en admirant cette rare beauté,

Il voit tous les yeux se fixer sur elle et l'héliotrope se tourner vers Suncianiza comme vers le soleil lui-même.

A peine l'horrible nègre est-il aperçu que tous sont glacés d'épouvante, ne sachant où porter leurs pas.

Suncianiza et ses belles compagnes laissent tomber d'effroi les fleurs qu'elles avaient cueillies pour orner leur chevelure dorée.

Elles deviennent muettes comme le marbre, et croient se cacher dans leur ombre.

Elles se couvrent le visage de leurs cheveux ; mais à travers ce voile d'or leurs beaux yeux n'ont que plus d'éclat.

L'astucieux aga veut les rassurer ; il montre à toutes une feinte douceur, et, passant la main sur sa poitrine, il leur adresse ces paroles :

« Aimables jeunes gens qui passez d'heureux

---

1. Ici le poëte décrit la mort des enfants de Liubdrag.

1. Radmio se tait, et soudain les danses reprennent ; bientôt quatre bergers redisent les exploits et les hauts faits de la maison des despotes.

jours au milieu de ces bocages, continuez paisiblement vos jeux!

« Que nul ne s'effraye; que ma présence ici n'interrompe ni les danses ni les chants; qu'elle ne cause de trouble à personne.

« Je demande à être admis parmi vous, pour y trouver la paix; souffrez que je passe ici quelques doux instants. »

A ces mots, l'orgueilleux eunuque s'assied à l'ombre d'un grand arbre, au milieu des bergers.

Il s'adresse alors avec douceur au vieux Liubdrag, et commence à le presser de questions.

« Sage et bon père de famille, puisse Allah te rendre la lumière! dis-moi quelle est ton origine.

« Je te jure, sur la tête glorieuse du sultan et sur mon bon sabre, que si tu me dis la vérité, je n'en serai point offensé.

« Quels furent tes ancêtres? parle sans crainte; furent-ils souverains? qui les déposséda? »

Le cœur troublé, le vieillard répond avec amertume : « Il est bien pénible aux malheureux de se rappeler leur grandeur passée[1].

« Une naissance illustre ne console pas ceux qu'une éternelle misère tient dans l'esclavage!

« Mais quand un seigneur tel que toi commande avec bonté, et m'adjure par la lumière des cieux, je ne saurais rien lui cacher.

« Je raconterai, ou plutôt, hélas! je rappellerai mieux que je ne les retracerai les malheurs de mes ancêtres.

. . . .

« De toute notre lignée, dit Liubdrag en terminant son récit, il ne me reste plus que cette fille chérie, mon unique consolation. »

Alors le kislar-aga tire de sa ceinture un voile tissu d'or, et, s'approchant de Suncianiza, il le lui présente avec respect, en lui disant :

« Ton malheur est maintenant grand et honorable, ô noble fille, car tu es l'épouse du sultan de l'Orient! »

Suncianiza détourne les yeux avec honte, et se laisse tomber prête à défaillir; mais l'eunuque appelle à lui ses hideux compagnons.

Il arrache avec violence des bras de son père aveugle la belle et vertueuse fille.

Elle se débattait entre les mains du noir, comme la colombe sous les serres du vautour.

Maudissant sa cécité, Liubdrag, pendant qu'on lui ravissait sa fille, arrachait ses cheveux blancs,

Et, désespéré de ne pouvoir la défendre, s'écriait dans sa douleur : « Voilà donc à quel opprobre était réservée ma pesante et malheureuse vieillesse!

« Destin cruel! n'était-ce pas assez de m'enlever les droits de mes ancêtres, de faire un berger de moi, issu de la glorieuse famille des despotes;

« De me condamner, moi vivant, à creuser la tombe des enfants qui étaient la prunelle de mes yeux :

« Tu veux encore accabler ma vieillesse en m'arrachant mon dernier bien, ma fille unique et chérie!

« O mon enfant, ô ma chère Suncianiza, où es-tu? qui te ravit maintenant à ma tendresse!

« Que j'entende ta voix, ô ma douce fille; vois quelle douleur déchire mon âme : hélas! pourquoi quitter ton père aveugle?

« La mort ne s'est donc montrée sourde à mes prières que pour rendre mon trépas encore plus douloureux dans ma vieillesse!

« Cette vieillesse dont les traits portent l'empreinte de la mort, sans force, sans espoir, sans lumière;

« Et sans toi surtout, aimable et douce fille, dans laquelle je retrouvais mes enfants, mon pouvoir et mes yeux! »

Ainsi se plaignait le vieux Liubdrag; mais à quoi lui servent ses pleurs? l'aga était déjà loin avec sa proie.

Suncianiza épouvantée est d'abord plus froide que la pierre, pâle, muette, immobile;

Ses cheveux épars couvrent son visage noyé de larmes : plus morte que vive, on la traîne plutôt qu'on ne la conduit.

Mais dès qu'elle ouvre les yeux, elle sent ses forces l'abandonner; en regardant les êtres affreux qui l'entourent, elle s'évanouit de nouveau.

Une horrible douleur l'oppresse, la parole lui manque, la terreur la glace, elle est privée de sentiment; reprenant ses forces, elle articule ces paroles entrecoupées :

« Où suis-je, malheureuse! qui m'entraîne? Mère infortunée, pour quel destin m'as-tu fait naître?

« Qui me conduit, où vais-je, esclave arrachée des bras de mon père?

« Hier au soir encore j'étais fille unique chez mon père, et ce matin je me trouve au pouvoir d'un ravisseur!

« A qui, mon tendre père, à qui donc as-tu abandonné ta fille unique, elle qui fut toujours la consolation de ta vie?

« Ah! qui pourra calmer ton trouble et tes douleurs? qui sera le soutien de ta vieillesse?

« On me conduit esclave au sultan de l'Orient barbare, et je me vois réduite à trembler pour mon honneur!

« Honneur saint que depuis longtemps j'ai consacré au Très-Haut, je suis prête, pour le défendre, à supporter les tourments et la mort!

« Mais si tu ne peux me délivrer, ô mon père, si tu ne peux t'opposer à la violence des Ottomans,

« Viens au moins, descends aux prières; peut-être fléchiras-tu le cœur de ces monstres orgueilleux,

Peut-être ton désespoir et tes larmes obtiendront-elles ma délivrance!

« Peut-être, pour prix de ma liberté, ces hommes cruels recevront-ils, au lieu d'or, les larmes du vieillard!

« Peut-être tes yeux privés de lumière, et tes cheveux blancs, arracheront-ils de leur cœur la violence et la cruauté!

« Qui donc pourra me secourir, ô mon père, seul espoir de mon cœur, si toi aussi tu m'abandonnes? »

---

[1]. C'est à peu près le commencement du récit de Francesca di Rimini : *Nessun maggior dolore...*

Elle voulait continuer, lorsque l'aga, la regardant d'un œil farouche :

« Jeune vierge, lui dit-il, tu as assez pleuré, tais-toi désormais; puisses-tu devenir aussi muette qu'une pierre. »

. . . .

CHANT QUATORZIÈME.

Les fidèles eunuques, d'après les ordres du maître, envoyés par le kislar-aga pour chercher la fleur des beautés,

Ayant parcouru l'Égypte, le royaume de Bosnie et le pays où jadis domina le puissant Herzegh,

Avaient partout ravi les jeunes filles des bras de leurs mères, qui, maudissant un sort cruel, ne voyaient plus tarir leurs larmes.

Ces filles étaient choisies parmi les plus nobles et les plus jeunes, en qui la nature avait réuni la beauté du corps à celle de l'âme.

Avec ce riche butin, les eunuques s'approchent de la résidence du sultan, et rencontrent leur chef qui venait au devant-d'eux.

Ils font avec lui leur entrée solennelle dans la ville glorieuse[1], traînant à leur suite leurs belles esclaves.

L'aga les présente à la Sublime-Porte, comme le sultan l'a ordonné; sa meilleure récompense sera la joie de son maître.

Il range en demi-cercle cet essaim de femmes demi-nues, en face du trône élevé où siége, dans sa splendeur, le puissant Osman.

On n'avait pas encore vu dans le monde un si grand nombre de beautés réunies; jamais encore le sérail n'avait joui d'un tel spectacle!

Comme on voit se grouper dans un jardin les fleurs printanières dérobées à la prairie et à la forêt, l'œil charmé par ces dons de la nature qui embellissent la terre;

Ainsi l'on voit réunies dans le sérail ces belles jeunes filles, le choix le plus parfait qu'on pût faire sous le ciel.

L'une brille des rayons de l'aurore naissante; l'autre a dans les yeux l'éclat du soleil au milieu de sa course : sur ses lèvres fleurissent l'amarante et la rose.

Celle-ci se fait remarquer par son doux sourire; celle-là par ses blonds cheveux : l'une trahit sa noblesse par sa démarche assurée, l'autre se distingue par sa taille élégante.

Mais, comme dans le ciel, l'étoile du matin répand plus d'éclat que les autres étoiles, telle Suncianiza efface toutes les autres par la splendeur de ses charmes.

Sur son visage céleste brille une beauté si noble et si fière, que jamais le jour n'en avait vu de pareille.

On admire, rassemblées sur elle seule, les beautés variées de toutes ses compagnes.

A la vue de tant de charmes réunis, le sultan sent que Suncianiza lui ravit son cœur et sa pensée.

Mais le trouble de Suncianiza, la tristesse répandue sur ses traits, décèlent une douleur intime qu'elle s'efforce en vain de cacher.

Un ruisseau de larmes illumine son visage de rose; une vertueuse pudeur colore la pâleur de ses joues.

Ses cheveux épars sur son sein, ses pleurs n'ôtent rien à sa beauté; les humides rayons de ses yeux n'en brillent que plus vivement à travers ce voile de douleur.

Le sultan, en voyant la profonde affliction de son son âme, cherche à la consoler par ces douces paroles :

« Quelle cause, ô noble fille, fait couler ces pleurs amers qui altèrent la sérénité de tes traits?

« Dis-le-moi, le sultan n'en saura rien; le seul Osman pourra peut-être apaiser ta douleur. »

Suncianiza élève sa pensée vers Dieu, et lui demande son puissant secours.

Pour pouvoir attendrir par ses paroles le cœur du sultan, recouvrer sa liberté dans ce moment décisif, et conserver le lis de sa virginité déjà consacrée au Très-Haut.

Tous les regards sont fixés sur Suncianiza; sans se troubler elle s'exprime ainsi :

« Puissant et glorieux sultan, tes paroles me donnent la force de te découvrir mon cœur.

« Je suis fille unique d'un père qui devint aveugle de douleur lorsque, dans sa vieillesse, la mort lui enleva douze enfants.

« Un sort si barbare eût terminé les jours qui lui restent, s'il n'avait eu pour consolation suprême une fille chérie.

« Maintenant qu'on lui ravit cette fille, son seul soutien, que deviendra le malheureux vieillard?

« Pauvre, faible, seul au monde, il est resté comme un arbre déraciné dans la forêt; après m'avoir perdue, il n'a plus qu'à demander la mort.

« O le plus malheureux des pères! qui prendra soin de ta vieillesse? quelle main te fermera les yeux?

« Qui rendra les honneurs funèbres à tes cendres? qui les déposera dans le tombeau de tes ancêtres auprès des ossements de tes fils?

« O le plus puissant des monarques, sois généreux pour ce pauvre aveugle, aujourd'hui le plus malheureux des hommes!

« Prends pitié des pleurs que je verse depuis que ton serviteur m'a ravi des bras de mon père!

« Que l'aga te dise ma douleur! car mon cœur a versé plus de larmes encore que mes yeux.

« Je t'adjure par l'esprit immortel de Mohammed et par la mémoire de ton illustre père Achmet!

« Permets qu'une fille chérie soit rendue à son infortuné père, afin qu'il ne pleure pas cette fille comme tous ses autres enfants déjà morts.

« Une gloire éternelle environnera ton nom; dans toutes les contrées on redira ce trait magnanime.

« Mais si mon malheur ne te touche pas; si tu me contrains à rester dans ton palais,

« Tu peux avoir ma main, tu n'auras jamais mon

---

1. C'est le nom turk de Byzance : *Istambol.*

cœur : je l'ai donné à mon père qui est toute ma joie, tout mon amour, tout mon bonheur.

« Choisis dans cet essaim une fille plus belle que moi, et qui sera volontairement ton épouse fidèle;

« Rends-moi à mes foyers, à mon père, avant que la mort implacable ne tranche ses tristes jours. »

Suncianiza cesse de parler; au milieu du silence qui l'entoure, Osman rêve indécis.

S'il lui rend la liberté, il perd la fleur d'une beauté sans pareille; s'il la refuse, il se montre barbare.

Mais la vertu qui règne dans son cœur triomphe dans cette lutte difficile.

Un véritable souverain doit savoir gouverner ses passions et se maîtriser lui-même;

Car celui qui n'a pas la force de dominer ses désirs et sa volonté, comment pourrait-il commander à ses sujets?

Le sultan ne veut pas aggraver des angoisses qui l'ont ému; le front calme, il fait cette réponse :

« Cesse de gémir, illustre et noble fille, mon cœur touché t'accorde la grâce que tu implores.

« Je ne suis ni cruel, ni insensible; Osman désire régner sur les cœurs par l'amour, et non par la violence.

« Me préserve le ciel d'abréger le peu de jours qui restent à un pauvre vieillard, et de te rendre orpheline par ma faute!

« Dès cet instant, je te rends la liberté que ton amour filial implore; car c'est la véritable preuve de ta vertu

« Qui brille encore plus pure dans le malheur, comme le soleil ayant dissipé les ténèbres.

« Puisses-tu retrouver vivant ton noble père et le combler de joie par ton retour!

« Puissiez-vous, après tant d'infortunes, couler ensemble les jours heureux que le ciel doit vous accorder ! »

Osman a parlé. Suncianiza, comme s'éveillant d'un songe pénible, ne recouvre pas aussitôt la sérénité de son front; elle ne se croit pas encore libre.

Tel le navigateur déjà près du rivage, quand les flots se soulèvent et que les ombres de la nuit enveloppent le navire,

Se croit encore en péril et n'ose se rassurer; bien que les premiers rayons de l'aurore lui découvrent la terre tant désirée.

Mais enfin Suncianiza, s'étant remise et se voyant libre, se jette aux pieds du magnanime sultan; son cœur soulagé rend à son visage toute sa beauté première.

Cependant elle verse encore des pleurs, et ses blonds cheveux épars couvrent son sein agité et ses épaules d'albâtre.

Transportée de joie, elle s'écrie : « O sultan ! ta vertu et ta puissance t'élèvent au-dessus de tous les souverains du monde!

« Comment puis-je célébrer cette grandeur à laquelle tu viens d'ajouter encore? comment te témoigner ma reconnaissance pour la liberté rendue?

« Par une seule parole, tu conserves les jours du père et de la fille, en exauçant ma prière.

« S'il est encore plus beau de se vaincre soi-même que de vaincre les ennemis dans les combats,

« Tu viens d'acquérir une gloire immortelle; et tu as montré plus de valeur que si tu avais conquis tous les royaumes de la terre.

« Je raconterai dans ma patrie ce noble trait de ta générosité; je publierai cette belle action. Le temps ni l'éloignement n'ôteront rien à la gloire de ton nom. »

Alors le sultan tire de son trésor un magnifique collier dont il fait présent à Suncianiza,

Pour qu'elle se rappelle un jour si fortuné, pour que ses charmes en soient embellis, et qu'elle célèbre à jamais sa bonté souveraine.

Il ordonne à ses esclaves de l'accompagner dans son pays natal, de la servir et de la défendre en chemin jusqu'à son retour dans la maison paternelle.

Ce merveilleux échantillon donne une idée de la poésie slave, encore complètement inconnue à la France. Nous formons des vœux ardents pour l'établissement d'une chaire d'enseignement slave au collége de France, et dont le titulaire naturel serait notre illustre Adam Mickiewicz, le plus justement renommé de nos poëtes.

Paris, 10 décembre 1840.

(*Revue du Nord.*)

X.

A M. DE SORGO,

ANCIEN MINISTRE DE LA RÉPUBLIQUE DE RAGUSE.

ADAM MICKIEWICZ, SES OEUVRES, SON COURS DE LITTÉRATURE SLAVE AU COLLÉGE DE FRANCE.

Monsieur,

Lorsque l'auteur du livre à jamais célèbre *In calumniatorem Platonis,* le cardinal Bessarion, commentait devant l'Italie suspendue à ses lèvres les discours de Démosthène, il se passa un phénomène mémorable. Le peuple toscan, accouru pour l'entendre, fut frappé comme d'une révélation soudaine; on oublia tout à coup le portique athénien, et l'Eubée, et Philippe de Macédoine. Cette parole éloquente qui retentissait à travers les âges, c'était Démosthène lui-même, se dressant du tombeau, pour protester contre la félonie et la trahison de l'Europe envers la reine de l'Orient. La Grèce est toujours la Grèce; le peuple d'Athènes, c'est l'Italie, qui allait devenir une autre Athènes sous le règne savant et poli des Médicis. Les discours des deux orateurs furent également sans résultat. L'Islamisme s'avançait, Venise s'était brisée en le combattant, les empereurs ne lui opposaient plus qu'une lâche et molle résistance; il allait infailliblement envahir l'Europe, qui semblait tout entière décliner et mourir avec le siècle de Louis XIV, lorsqu'un peuple éminemment chrétien, obéissant à sa mission de sacrifice et de martyre, se posa comme une digue formidable entre elle et les rois de l'Asie, les arrêta et s'immola lui-même au salut de la croix et de la liberté.

Quoi qu'il en soit, le flambeau des arts, éclipsé à l'Orient, fut une seconde fois transmis à l'Italie par ces généreux exilés qui avaient emporté du vaste embrasement de la patrie ce qu'elle avait de plus précieux, l'inspiration divine et le culte de l'antiquité. C'est alors seulement que l'on comprit dans l'Europe moderne la grandeur des écrivains de la Grèce ancienne, depuis qu'ils avaient Lascaris, Bessarion ou Gémisthès pour interprètes, Marullus et Politien pour émules, et l'Italie entière pour auditoire.

Cette émotion qui s'emparait du peuple toscan, peuple éminemment civilisable et façonné pour le culte des arts, lorsqu'on lui révélait des beautés que Dante et Pétrarque n'avaient fait qu'entrevoir, l'intérêt qui s'attachait à ces illustres débris d'une nation qui laissait avant de s'éteindre de si larges effusions de lumière, tout cela nous revenait irrésistiblement à la pensée toutes les fois que nous avons assisté au cours de littérature slave au collège de France. Nous ne pouvions nous défendre des solennelles et frappantes analogies qui existent entre les deux émigrations de Byzance et de Varsovie. Toutes deux ont quitté leur patrie en proie au schisme qui relevait la tête et qui, tour à tour orgueilleux et rampant, se prêtait avec complaisance à des vues ambitieuses des envahisseurs; toutes deux furent des abrégés du pays qu'elles avaient abandonné, et résumaient en elles tous les éléments de la vie sociale. Un exil commun avait enveloppé des prêtres et des guerriers, des artistes et des savants, des princes et des prolétaires; la Pologne, comme Byzance, eut des Gennadius et des Amiruzès, mais elle eut aussi des Constantin Paléologue, des Bessarion et des Lascaris.

Disons-le tout d'abord, cette chaire slave n'est pas, comme on s'est efforcé de la représenter dans quelques organes de l'étranger, l'enseignement obscur d'une langue illettrée, à peine connue dans une partie de l'Orient, et méritant tout au plus le nom de *dialecte*. L'établissement de ce cours était non-seulement le vœu unanime des admirateurs zélés de M. Mickiewicz, l'auteur des *Aïeux* et de *Konrad Wallenrod*; mais il répondait à un besoin réel et pressant de l'instruction publique. Il semblait étrange, en effet, que dans un collège destiné à l'essai des enseignements nouveaux qui avaient pris assez de développement pour s'élever à la dignité de sciences, la langue slave fût seule oubliée parmi toutes les langues vivantes qui font partie des études universitaires, comme le *copte*, le *malais*, l'*arménien*, le *tatare-mantchou*, etc. Dès le xv° siècle, le slavon méritait déjà de fixer l'attention des savants, puisque Laurent le Magnifique, dans le même qui accueillit avec tant de faste et de grandeur les lettres exilées de Constantinople, ne dédaigna pas de faire enseigner l'*illyrique* à Florence, concurremment avec le grec et le latin, en témoignant ainsi de son admiration pour le dialecte de Raguse, l'Athènes slavonne.

Une langue parlée par 80,000,000 d'individus et par des races qui, seules entre toutes, élèvent aujourd'hui des prétentions de conquête, vaut bien la peine qu'on en fasse une étude sérieuse. Considérée à cette hauteur, l'érection d'une chaire slave au collége de France n'est pas simplement une fondation scientifique; c'est un fait politique d'une haute portée, un fait dont la date coïncide merveilleusement avec les causes qui naguère ont failli susciter une lutte universelle et l'avénement des nationalités au xix° siècle. « La France, cet abrégé du monde, centre de toutes les communications artistiques et littéraires, qui réalise dans son sein, comme l'a dit M. Mickiewicz, l'idée d'une communauté chrétienne de peuples, devait donner asile à cette science du *slavisme*, aussi positive qu'un calcul, aussi poétique que la Bible. » Il eût été indigne d'une nation comme elle de repousser un enseignement dont les tribunes sont ouvertes dans toutes les grandes villes de l'Allemagne, sous les gouvernements même qui auraient le plus grand intérêt à le supprimer; lorsque des chaires de polonais sont établies en Saxe, concurremment avec les chaires des langues modernes; à Erlangen, en Bavière; lorsque le roi de Prusse vient de promettre solennellement à la députation de Posen l'érection d'une chaire slave à l'Université de Berlin et dans toutes les écoles supérieures de son royaume.

Depuis la fin du dernier siècle, la nation slave a été l'objet des recherches les plus assidues de la part de la studieuse Bohême; l'esprit d'investigation et d'analyse qui distingue les Tchèques a fouillé ce terrain vierge, et fait prendre en peu d'années un développement inouï à la science encore ignorée du *slavisme*. Les travaux des littérateurs bohêmes, illyriens et polonais, ont fait briller aux yeux les richesses de cette mine aurifère, les fruits d'or de ce jardin des Hespérides gardé par deux monstres intraitables, la difficulté de la langue et la dépréciation des choses d'autrui. La Bohême a donné le jour à Dobrowski, le grammairien, à qui l'on doit la reconstruction de l'ancien idiome sacré, le sanskrit des Slaves, dans ses *Institutiones linguæ slavicæ veteris*, code immortel qui sert de point de comparaison à tous les autres dialectes; à Hanka, le bibliographe, illustré par de précieuses découvertes et notamment celle des *Manuscrits de Kralodvor* (1847), qui contiennent tout un cycle de poëmes héroïques des viii° et ix° siècles, comme *Libusza, Zaboï et Slavoï, Cestimir et Vlaslav*, etc. La Hongrie slovaque fut la patrie de Shaffarik, dont les deux ouvrages *Histoire de la langue et de la littérature slaves* et les *Antiquités slavonnes*, ont servi de source et de modèle à tous les traités publiés depuis sur ce sujet; de Kollar, poëte lyrique, auteur d'un livre sur la *Réciprocité des Slaves* (*Wechselseitigkeit*), qui contient des trésors de science et d'imagination. L'Illyrie possède une pléiade de poëtes et de grammairiens, parmi lesquels Vuk Stéfanowicz, Gay, Kalanczić occupent le premier rang. La Pologne a Maciéiowski, véritable Léviathan de la littérature, dont le génie embrasse la

Slavie tout entière avec son histoire, sa légende et sa législation. Ses travaux cyclopéens ont été complétés par Kucharski, Maiewski, Jean Potoçki, le célèbre orientaliste, Bohusz Siestrzencewicz, le savant philologue. La Pologne revendique aussi cet homme populaire qui, pendant quarante ans, a voyagé de cabane en cabane, s'asseyant à la table du pauvre, épiant sur la bouche du paysan la chanson prête à y éclore, payant lui-même son gîte et son écot par une chanson ou quelque secret domestique. C'est à la vie laborieuse de Chodakowski que l'on devra un jour le recueil le plus complet de poésies populaires qui ait jamais existé. Un autre Polonais, Danilowicz, a entrepris la tâche difficile de réunir et d'arranger en code systématique ce que les Russes appellent leur législation, et qui n'est qu'un fatras inextricable d'oukases et de règlements contradictoires, rendus depuis Yvan-la-bourse jusqu'à nos jours; ses travaux, comme nous l'affirme M. Miçkiewicz, pourront se comparer à ceux de Justinien et de ses conseillers, et nous le croyons sur parole. Tout le monde slave a suivi ce mouvement d'élaboration intérieure; des chaires ont été établies dans presque toutes les villes mixtes; des revues innombrables ont vu le jour, des bibliothèques ont été organisées sous le patronage des divers gouvernements associés à cette grande palingénésie littéraire; et c'est ainsi que nous avons vu se former et s'étendre une vaste hétairie intellectuelle, type et symbole de la future fédération politique des Slaves; une tétrapole savante, dont tous les membres ont adopté pour devise : « *Slavus sum, slavici nihil alienum a me puto.* »

Mais tous les produits de cette association, composée pour la plupart d'érudits et de professeurs, se ressentent encore de l'aridité d'une recherche purement analytique. Il est réservé à M. Miçkiewicz, poëte et créateur avant tout, de donner à la science du slavisme la vie et la lumière qui lui manquent, de prononcer sur tous les éléments dont elle se compose la parole organisatrice, le *fiat* de la Genèse, tâche sublime dont, mieux que nous, il comprend toute l'importance. D'ailleurs, tout ce qui se rattache à la nation slave est encore aussi étranger à la France qu'il y a deux siècles, lorsque le comique Regnard écrivait son fabuleux *Voyage*, ou lorsque le fécond Nougaret inventait ses *Beautés de l'histoire de Pologne*. A part quelques ouvrages sérieux, comme l'*Histoire* de Rulhière continuée par Ferrand, l'*Histoire de Jean III Sobieski* par M. de Salvandy, les travaux de Malte-Brun et de Balbi rectifiés par L. Chodzko, tout ce qui concerne l'origine, les mœurs, la vie intime et sociale des peuples slaves, est moins connu que les fastes des Arabes ou des Chinois; dans l'idée de certains hommes de lettres et d'État, la Pologne est aussi loin de Paris que la Polynésie.

Quelques traductions partielles ont cependant fourni de merveilleux échantillons de la légende slave; deux *Nouvelles* charmantes de Charles Nodier, *Jean Sbogar* et *Smarra*, les *Chants populaires de la Serbie*, traduits de l'allemand par Mme É. Voïart, qui semblent avoir repris sous une plume féminine la grâce et la simplicité natives, les *Chants héroïques* de Niemcewicz traduits par Charles Forster, les savantes recherches de MM. Eichhoff et des Carneaux, enfin les spirituelles, mais apocryphes imitations de la *Gusla*[1], voilà tout ce qui fut révélé jusqu'aujourd'hui de cet hémisphère nouveau de la pensée humaine que M. Miçkiewicz s'est chargé de nous décrire.

Dans le premier semestre de son cours, il a pleinement justifié la brillante renommée qui l'avait devancé; il s'est posé tout d'abord parmi les professeurs les plus distingués du collège de France, en réalisant, et au delà, les espérances de ses auditeurs. Les Slaves, disait-il, ne forment qu'une seule et même nation, ne parlent qu'une seule et même langue. Leurs mœurs sont généralement agricoles et républicaines. Dans l'antiquité, elles semblent avoir le plus d'analogie avec celles des Pélasges[2] et des Grecs d'Homère. Les Grecs *scythisent,* disait Anacharsis, en écoutant les rapsodes, de même qu'aujourd'hui on pourrait dire que les Slaves *hellénisent;* et dernièrement un homme d'esprit a publié en Dalmatie une brochure ayant pour titre le *Morlaquisme d'Homère,* où les mœurs des paysans morlaques sont comparées à celles des héros de l'Iliade.

Dans un mouvement de translation accompli par le travail imperceptible des siècles, les peuples slaves ont abandonné à des races étrangères une partie de leurs possessions occidentales, et reconquis à l'orient ce qu'ils avaient perdu de ce côté. Le chêne slave étendait autrefois ses rameaux immenses, d'une part à travers la Saxe et la Poméranie jusqu'à la mer du Nord; de l'autre, le long de la Save et du Danube, jusqu'aux Alpes du Tyrol. La première métropole des Slaves était le temple triangulaire de *Rhéta*, sur l'emplacement duquel se trouve aujourd'hui le petit village de Prilvitz, dans le Mecklembourg; les souverains obotrites de ce pays sont encore de race slave. La seconde métropole était *Arkona*, dans l'île de Rügen. Jusqu'en 1731, on a célébré à Vustrow, dans le Hanovre, le service divin en langue slave. Les costumes, les danses d'Altenbourg, en Saxe, sont les mêmes que ceux des riverains de la Vistule; et jusqu'à ces mystérieuses sympathies des peuples qui tiennent souvent à une identité d'origine, tout atteste encore en Saxe l'ancienne domination de la race vende ou slavonne. C'est la race germanique qui fut destinée à lui succéder dans toutes ses possessions abandonnées. Vingt-trois empereurs, depuis Charlemagne jusqu'à Henri IV (800-1190), travaillèrent continuellement à la germaniser. L'Allemagne, dans ses bras de marâtre, étreignait, étouffait ces malheureuses peuplades, espérant se les assimiler ou leur ôter la vie. Arnold, Helmodus et Adam de Brême, écrivains du XIe siècle, comptaient déjà trente rameaux de la souche slavonne abattus par la hache tudesque. Quel était le lien mystérieux qui

---

1. Par M. Prosper Mérimée, aujourd'hui académicien.
2. Voir Hérodote, IIe livre.

cimentait entre elles toutes ces populations démembrées? Qui les a préservées du malheur de se confondre à jamais avec leur ennemie et les a sauvées de la destruction finale? Ce lien sacré, ce symbole de régénération, c'était le langage national, la parole, le Verbe trois fois saint, *Slovo*, dont la race entière est l'incarnation vivante.

La langue slave, parlée depuis les bouches de l'Elbe et l'Adriatique jusqu'au détroit de Behring, sur un tiers de l'Europe et de l'Asie, n'est partout, nous l'avons dit, qu'une seule et même langue, sauf de légères altérations d'orthographe et d'accent. Après les travaux de Siestrzencewicz, évêque de Vilno, il n'est plus permis de douter qu'elle ne soit une dérivation directe du sanskrit. Ses étymologies, ses déclinaisons, ses nombres cardinaux et les conjugaisons des verbes auxiliaires, l'attestent jusqu'à la dernière évidence. On peut la considérer comme le lien commun entre les langues gréco-latines et indo-pélasgiques, ou plutôt comme le point de départ des unes et des autres. Son nom même dérivé de *Slovo*, Verbe, Renommée ou Gloire, semble expliquer le mystère de son affinité avec toutes les langues anciennes et modernes.

L'imagination des ethnologues s'est suffisamment exercée sur l'origine du peuple slave. Il paraît cependant acquis à l'histoire qu'il est *autochthone* sur toutes les parties du territoire qu'il occupe, c'est-à-dire que son établissement y est antérieur aux temps historiques; son alphabet glagolétique, que l'on attribue par erreur à saint Jérôme, et qui, d'après quelques savants, remonte aux temps mythologiques, n'est qu'un ordre de la Divinité adressée à ce peuple, de se réunir en société et de se livrer à la culture du sol, chacune de ses lettres exprimant un précepte, un Verbe ou un commandement sacré. En voici les premières lignes : « *Moi, Dieu, voyant, je dis qu'il est bon de vivre des produits de la terre; ainsi que vous le pouvez, hommes sages, prononcez une parole ferme*, etc. » Cet alphabet, appelé *glagolé* ou *boukwiça* (Verbum-Dei), ne serait que le débris d'une ancienne écriture hiéroglyphique des Slaves, et semble avoir des rapports avec les caractères symboliques dont les Babyloniens se servaient pour désigner les heures[1]. La haute antiquité de cet alphabet est définitivement constatée par les recherches du savant Kopitar.

L'autre alphabet, appelé *kyriliça* (écriture d'église ou cyrillique), en usage jusqu'aujourd'hui dans les livres de la liturgie slavonne, a été créé par saint Cyrille, ou Constantin de Thessalonique et son frère saint Méthode, premiers apôtres slaves au IXe siècle. Cette écriture a été formée sur le modèle de l'alphabet grec, ou peut-être le glagolé fut-il leur commune origine. Les deux alphabets cyrillique et glagolétique se trouvent en regard dans la *Texte du Sacre*[1], ancien recueil d'*Epistres et d'Euangiles en lettres esclauonnes sur lesquelles nos roys mettoient la main dans leur Sacre, en faisant le serment de rendre la justice et de conserver à chacun son droict*[2]. C'est un écrit autographe de saint Procope, abbé de *Sazawa*, bénédictin du XIe siècle, et apporté en France, selon quelques-uns, par Anne Yaroslavna, femme de Henri Ier, selon d'autres par le cardinal Charles de Lorraine, archevêque de Reims (1574), à son retour du concile de Trente.

D'après Dobrowski, l'alphabet glagolétique remonte au grand schisme d'Orient, lorsque le peuple slave se partagea entre l'Église de Rome et celle de Byzance; il prévalut dans la Carniole et la Dalmatie, demeurées catholiques, tandis que les Russes et les Serbes, ayant embrassé le schisme, adoptèrent l'écriture cyrillique. L'un et l'autre sont composés d'environ quarante lettres, qui répondent à toutes les intonations de l'organe vocal, comme l'alphabet sacré des Indous. Pierre Ier, pour donner une écriture cursive à ses sujets, eut l'idée de supprimer toutes les abréviations et les accents dont les livres cyrilliques se trouvent hérissés, de dédoubler les diphthongues et d'arrondir les arêtes trop saillantes des majuscules. C'est ainsi qu'il forma cette écriture bâtarde des Russes modernes qui n'est ni le slave, ni le grec, et encore moins le romain; mais qui semble une bizarre compilation des trois, et qui rend la langue russe à jamais inaccessible pour les Européens.

Le quatrième alphabet slavon est celui employé par Vuk Stéfanowicz dans sa collection des *Chants populaires de la Serbie*. C'est encore un nouveau travestissement de l'alphabet cyrillique, avec une modification de l'*i* bref. Tous ces alphabets cependant, qui entravent par leur diversité la communion intellectuelle entre les peuples slaves, tombent en désuétude, et font place désormais à l'alphabet romain, usité par les Illyriens, les Bohêmes, les Slovaques et les Polonais.

La langue slave porte le double caractère des langues anciennes et modernes. Elle possède simultanément la déclinaison sans articles, les trois nombres, les trois genres, la liberté des inversions, le mètre et la mélodie des langues anciennes, et cette facilité de nuancer à l'infini, de se plier à toutes les abstractions de la pensée, qui fait la richesse des modernes. « Cette langue prend différents aspects dans ses divers dialectes, disait M. Mickiewicz, auquel nous empruntons ce passage de son cours. Elle apparait tantôt comme langue théologique et sacrée, comme la sanskrit des Slaves, dans le vieux russien, dans les livres de Cyrille et de Nestor; comme langue du commandement et de la domination asiatique, dans le russe moderne; comme langue de la science et de la haute érudition, de l'enthousiasme

---

1. Un écrivain arabe du IXe siècle, Ibn-Abin-Yaqoub-el-Redim, donne la copie d'une inscription slave gravée sur bois, qui lui avait été remise par l'ambassadeur d'un roi du Kaukase, envoyé en Russie, et dont la ressemblance avec le glagolé ne peut être contestée. (Voyez le *Traité sur la plus ancienne écriture des Russiens*, par le conseiller Frahn.)

1. Voyez à ce sujet l'intéressante dissertation du jeune et savant Polonais Corvinus Iastrzembski. *Journ. génér. de l'Instr. pub.*, 4 et 7 septembre 1839.
2. Pluche, *Spectacle de la nature*, t. VII, p. 256.

religieux exalté par le voisinage de la rêveuse Allemagne, dans le bohême; comme langue littéraire et *sociale* dans le sens étendu de ce mot, dans le polonais; enfin comme langue épique et musicale, comme langue primitive, chez les Monténégrins. »

Parmi tous ces dialectes, le bohême est doué de l'hexamètre le plus parfait, sans licences et sans quantités communes; les traductions d'Homère, de Virgile et d'Horace, par Vinarycki, sont sans doute les meilleures connues. Le polonais possède la prose la plus nombreuse et la plus expressive. Formée sur le modèle du latin, soit dans les assemblées publiques, soit dans les camps en présence des ennemis, soit dans les élections des souverains, cette langue a toute la gravité de l'éloquence romaine; sa collection d'orateurs, depuis Kasimir le Grand (1333) jusqu'à la diète constituante de 1794, est son plus beau patrimoine littéraire. Sa poésie est d'une date plus récente, par une singularité qui la distingue de toutes les littératures connues; chez les autres peuples, toujours le chant a précédé la parole, la poésie avant la prose; ici, Platon a devancé Homère. Sa prosodie est très-simple et ne possède qu'une seule règle; la pénultième est invariablement longue dans tous les mots, et les autres syllabes sont tantôt longues, tantôt brèves, selon l'augment grammatical. M. Mickiewicz et Bogdan Zaleski, les deux poëtes contemporains, ont cependant tenté d'heureux essais de poésie cadencée, dont les chants de Krakovie et des Karpathes offrent les plus parfaits modèles en polonais.

L'illyrique se subdivise en deux branches: le serbe et le dalmate; le serbe, dont les célèbres poésies populaires ont été recueillies par Vuk Stéfanowicz et traduites en toutes les langues[1], et le dalmate, qui se parle à Raguse, l'Athènes slavonne, et qui possède un des cycles poétiques les plus complets de l'Europe. Holly le Serbe et Katanczic le Dalmate offrent aussi des exemples merveilleux de poésie d'après l'antique. La littérature russe est toute d'imitation et ne porte encore aucun caractère national. Il faut pourtant citer quelques fragments remarquables, comme l'*Ode à Dieu*, de Dzierzavin, que l'empereur de la Chine a fait graver en lettres d'or sur les parois des pagodes, et la *Fontaine de Baqtchésaraï*, par Pouschkin, heureuse imitation de la poésie arabe, calquée sur les poëmes de notre A. Mickiewicz.

La coexistence simultanée de tous ces idiomes d'une même origine, possédant, malgré leur type individuel, un certain air de famille et semblables « *quantum licet esse sorores*, » est une question philologique de la plus haute portée et digne à tous égards de la méditation des savants. C'est dans le langage, ce penser à haute voix des peuples, que l'on trouvera leur physionomie; que l'on surprendra le secret de leur vie morale, de leurs affinités et de leurs répulsions, ainsi que de leur destinée finale. C'est dans les différentes couches de ce terrain, auquel chaque siècle est venu apporter son alluvion, que l'on peut lire leur histoire; comme on retrouve, en creusant les viscères de notre planète, quelques pages égarées de ses annales. « Certes, ce serait un spectacle intéressant pour un anatomiste, poursuivait M. Mickiewicz, s'il se trouvait quelque part un individu organisé de telle façon qu'après avoir parcouru toute l'échelle de l'être, depuis la pierre et la plante jusqu'à la vie intelligente et sensitive, il eût conservé dans ses organes les traces de tous les états intermédiaires; qu'il offrît simultanément le tableau de la nature inerte et végétale, et de la nature organique à son plus haut développement. De même, il serait précieux pour un philologue de découvrir une langue qui, après avoir parcouru toutes les phases de son élaboration, depuis le parler sauvage des barbares jusqu'à la mélopée savante d'une société très-avancée en culture, offrît à la fois, dans ses différents dialectes, les caractères d'une langue primitive, et ceux de la parole humaine dans toute sa force et sa plénitude. »

Tel est le tableau que présente la langue slave. Quelques-uns de ses dialectes sont arrivés à la maturité de langue complète, douée de tous ses organes, et pouvant se prêter à toutes les exigences de la civilisation, comme le polonais et le bohême. D'autres ont été arrêtés dans leur essor de perfectionnement par l'étreinte avilissante des hordes germaniques ou mogoles, comme le serbe et le russe moderne. D'autres se trouvent encore aujourd'hui tels qu'ils étaient il y a quelque mille ans, avant la séparation des tribus, comme le monténégrin, parlé ou plutôt scandé dans les Alpes slavonnes: orgue immense, dont toutes les touches, du grave à l'aigu, répondent à des jeux différents, mais qui produisent dans leur ensemble la plus magnifique et la plus vaste harmonie. Cependant tous ces dialectes tendent évidemment à l'unité. L'abandon simultané des caractères russes et serbes en faveur des caractères romains, avec un mode de transcription uniforme pour tous, sera le prélude d'une grande réforme linguistique. Il ne serait nullement question d'opérer dès à présent leur fusion totale, aucun de ces dialectes ne pouvant abdiquer son individualité en faveur d'un langage de convention, d'une *résultante* qui serait destinée à les remplacer; mais ils pourraient toujours se compléter l'un par l'autre, au lieu de puiser dans les idiomes étrangers qui les altèrent et les corrompent, converger sans cesse dans leurs développements, en remontant toujours aux sources primitives, comme le Psautier polonais, l'Expédition d'Igor, les chants épiques de Kralodvor, les élégies serbes et dalmates: véritables trésors où le peuple est venu déposer « la trame de ses pensées et la fleur de ses émotions [1] », jusqu'à ce qu'un poëte au souffle puissant et créateur, comme Homère ou Dante, vienne les saisir tous quatre à leur source, les fondre dans un poëme immortel, et transmettre la langue slave, une et parfaite, à l'admiration du monde à venir.

Il existe entre le génie du peuple grec et du peuple

---

1. Voyez la traduction allemande de W. Grimm et de Jacobi; ou la traduction française de Mme É. Voïart.

1. Voyez *Konrad Wallenrod*, par Mickiewicz.

slave d'autres analogies que la ressemblance des signes alphabétiques, et qui se manifestent dans leurs langues, leurs croyances religieuses et leurs institutions. Le grec, de même que le slave, se décompose en quatre dialectes : l'*attique*, l'*ionien*, le *dorien* et l'*éolien*, qui correspondent exactement par leur caractère particulier et leurs qualités aux quatre dialectes slaves, le *bohême*, le *polonais*, le *serbe* et le *russe* et se réunissent de même en deux couples symétriques : l'*attique-ionien* et le *dorien-éolien*, ou le *bohêmo-polonais* et le *serbo-russe*. Le premier semble surtout approprié à l'épopée, le second au drame, le troisième à l'idylle, le quatrième à l'ode. Ils se trouvent employés simultanément dans les récits des rapsodes, comme dans les chants des vieux lyrniki (joueurs de lyre), Homères et rapsodes de la Dalmatie. Cette étonnante conformité linguistique, dont on pourrait multiplier les exemples à l'infini, et qui a fait dire à Shaffarik : *Ingenia Slavorum habent quœdam Grœcum referentia*, etc., ne prouverait-elle pas une identité d'origine? et les *Pélasges*, ces soldats-agriculteurs qui, après avoir passé le mont Hœmus, ou le Balkan d'aujourd'hui, sont venus s'établir dans la Thessalie et la Macédoine, ne seraient-ils pas aussi les vrais ancêtres des *Polonais* (Polacy)?... Une foule de preuves viennent à l'appui de cette conjecture. Le nom des Πελασγοί (selon l'hébraïque *Phélagi*, les dispersés) est identique avec celui des *Serbes* ou *Zerves*, qui semble être le nom générique de toutes les populations slavonnes avant le christianisme, la radicale *Zrv* ayant la même signification que *Phélagi*[1]. L'ancienne théogonie pélasgique, dont on retrouve les débris dans les chants d'Hésiode, est presque identique avec la mythologie slavonne; et la guerre des Dieux et des Titans pourrait bien n'être que la destruction des rois serbes ou pélasges par les nouveaux conquérants de la Grèce, les Hellènes[2]. On pourrait également expliquer par les colonies pélasgiques établies dans la Grande-Grèce, l'affinité du slave avec le romain primitif retrouvé par M. Fauriel, et dont naguère il nous donnait la clef dans un cours plein de science et de profondeur.

En poussant plus loin cette comparaison, on trouve que la constitution sociale des deux peuples est la même. Chez les Slaves comme chez les Grecs, le système communal a toujours prévalu sur le système de centralisation adopté par les Romains. Tandis que Rome appliquait sa règle sur les provinces qu'elle subjuguait, en leur imposant despotiquement avec ses proconsuls son langage, ses croyances, ses mœurs, ou plutôt sa négation de mœurs et de croyances, la Grèce était comme la Slavonie subdivisée en plusieurs petits États qui avaient chacun leur centre, leur organisation et leurs intérêts. Quelquefois séparées par les mers, ces fractions n'avaient de lien commun entre elles que la langue et ne se coalisaient qu'au moment du danger, lorsque l'existence de la mère patrie était menacée par les Perses, les Macédoniens ou les Romains. Alors une ligue se formait, les dissensions intérieures étaient ajournées, pour renaître avec plus d'animosité lorsque la victoire ou le hasard avait détourné l'orage qui les menaçait.

Mais les Grecs, malgré leur morcellement à l'infini, malgré leur disparité de lois, d'intérêts et de caractères, ont pourtant laissé le plus splendide héritage qu'une nation en s'éteignant puisse transmettre à la reconnaissance des peuples ; des monuments artistiques, des chefs-d'œuvre littéraires qui font le désespoir de la civilisation actuelle ; et malgré un intervalle de trente siècles, ils sont encore nos maîtres en tout. Comment se fait-il que le peuple slave, si richement doué par la nature, qui semble par son génie aussi bien que par sa masse appelé à de hautes destinées, comment se fait-il que ce peuple ait le moins participé au mouvement intellectuel des temps modernes? qu'il se soit laissé tour à tour opprimer par ses voisins, lui-même plus fort qu'eux tous pris ensemble ? C'est que les Grecs avaient un temple commun, un tribunal des Amphictyons et un oracle à Delphes, des jeux lustraux à Olympie, enfin une ligue achéenne pouvant au besoin centraliser toutes les races et faire taire toutes les divisions; tandis que la ligue slavonne entre les Bohêmes, les Polonais et les Hongrois, ne put jamais avoir de durée, grâce à la jalousie des rois germains; que les deux métropoles slavonnes Kïow et Prague à peine devenues chrétiennes sont divisées par le schisme ; que du sommet des Karpathes à la Baltique et de l'Euxin à l'Oder ce fut un éternel champ de bataille, une vallée de Josaphat, où rien n'est resté debout, pas même les tombeaux. C'était une Thébaïde perpétuelle, comme disait M. Mickiewicz, dans tous les siècles et sur tous les points de l'Europe; le destin du peuple slave semble avoir été un fratricide sans terme et même sans commencement, dont ses ennemis seuls ont profité !... « Ne serait-il pas temps, s'écrie le savant Kollar, de renouveler l'antique alliance entre les enfants de *Slava* ? Ne pourrait-on pas établir, à l'exemple des Grecs, une métropole religieuse à Prague, les amphictyons à Krakovie, les jeux Olympiques dans les Alpes slavonnes, et la patrie partout ! »

Ce souhait généreux semble au moins en partie devoir se réaliser. C'est un spectacle bien digne de nos admirations que la renaissance instinctive et spontanée de tous ces peuples, se réveillant tout à coup, au milieu du XIXe siècle, avec les mœurs, les croyances, le caractère qu'ils avaient avant l'existence des temps modernes. D'une part, un gardien de troupeaux, changeant, à la manière des pâtres antiques, sa houlette contre un glaive, et puis contre un sceptre, ressuscite à lui seul l'esprit indépendant et belliqueux des Serbes; ici, une princesse obotrite, issue de la seule famille slave régnant actuellement en Europe, vient, d'après la poétique hyperbole de Grotius, hériter « de la plus belle couronne au monde après la couronne céleste ». Plus loin, la

---

1. *Zrywam*, en polonais, je romps, je brise, je disperse; *zerwany*, dispersé, rompu.
2. Nous ne hasardons aujourd'hui ce rapprochement que comme une simple hypothèse, à laquelle nos études sur Hésiode donneront plus tard une entière certitude.

Pologne et la Hongrie, se tendant la main à travers les Karpathes, marchent, à travers le sang et le martyre, vers une ère de grandeur et de liberté.

La pensée sublime des conspirateurs de 1825, étouffée sous les voûtes des cachots, ou châtiée par l'ignominie de la potence, était de séparer dans le sein du colosse oriental l'élément slave de l'élément tatare, scandinave ou germain qui l'avait souillé par son impur alliage, et de réaliser l'idéal d'une république fédérale des Slaves. Telle est aussi la foi politique de notre grande Émigration de 1831.

« Tous les peuples, a dit M. Miçkiewicz, ont parcouru les différentes phases de la vie sociale, tous ont dit leur dernier mot; c'est à présent à la nation slave de prendre la parole. » Cette grande transformation doit-elle s'accomplir sous le patronage d'un prince tatare ou germain, en vertu d'un oukaze daté de Saint-Pétersbourg et ratifié à Vienne, ou bien sous le labarum de la Pologne régénérée qui inscrivait en 1831 en tête de ses bataillons : « PRO NOSTRA VESTRAQUE LIBERTATE, » oubliant que les mots « *Patrie* et *Liberté* » n'avaient pas de termes équivalents dans la langue des Moskovites? Voilà toute la question slavonne, la question dominante, universelle, réduite à ses termes les plus précis.

C'est une grande et noble mission dévolue à M. Miçkiewicz, et dont il a, nous le croyons, le courage et la volonté. A lui donc la pensée, comme au tzar de Moskou le despotisme ; à lui le *Verbe slave* dont tous les obstacles matériels peuvent ralentir, mais non empêcher la propagation. C'est une lutte géante engagée entre les deux principes qui se partagent la vie de l'homme et de l'humanité; mais croyons-le pour l'honneur de la Providence : à l'intelligence, à la justice, à la vérité, le triomphe définitif. Cette idée féconde a germé d'abord dans le cœur chaleureux des poëtes pour pénétrer ensuite dans les masses. Pouschkin, Ryléieff, Bestoreïeff étaient, pendant son exil à Saint-Pétersbourg, les amis personnels de Miçkiewicz ; les dix-sept conjurés du Belvédère étaient presque tous artistes ou poëtes. Tout ce qui éclaire les peuples sur leurs véritables intérêts, tout ce qui relève leur dignité et les rattache à leurs souvenirs, à la patrie, au culte des ancêtres, est funeste au règne de l'injustice et du mensonge. Non, ce n'est point sous les efforts du *panslavisme* russe et d'un tzar allemand que l'unité slavonne doit s'accomplir; c'est du tombeau de la Pologne renaissante que doit sortir la grande fédération des Slaves. « L'esclavage, a dit un tzar, c'est le ciment de ma maison ! » mot affreux, et qui doit nous édifier sur les destins des Slaves, si jamais ils avaient le malheur de reconnaître la suprématie morale et politique de Saint-Pétersbourg. Otez l'esclavage de la Russie, et la Russie tout à coup et comme par enchantement cesse d'exister : la grande république slave est fondée.

Avec la double qualité dont il est doué, de grand poëte et d'éminent professeur, M. Miçkiewicz va bientôt, nous n'en doutons pas, devenir l'âme et l'organe de l'Émigration polonaise. Il a chanté mélodieusement les malheurs de sa patrie, il va maintenant prophétiser pour elle des jours meilleurs et de plus hautes destinées. Que des obstacles momentanés, des considérations d'amour-propre et la difficulté qu'il trouve dans l'accent d'une langue étrangère ne l'arrêtent pas en si beau chemin : « le génie, c'est la patience, » a-t-on dit avec raison [1]. Qu'il se garde surtout des entraînements personnels qui l'environnent, nous le savons et nous l'en avertissons, tendraient à faire de son enseignement une prédication du *Messianisme;* piège grossier dans lequel des hommes vendus à la Russie voudraient le faire tomber. Il faut aussi qu'il soit fier d'être Polonais. Car il appartient à cette grande république qui a devancé toutes ses rivales dans la carrière de l'émancipation et de la liberté; cette sœur aînée de la famille slavonne, comme l'appelle Kollar dans sa *Réciprocité*, qui a produit Sobieski et Kosciuzko, les plus grands guerriers; Vitellio, Kopernik et Zaluzanski, les plus illustres savants; Bogdan Zaleski et lui-même, les plus gracieux poëtes slaves ; et qui maintenant encore est grande entre toutes par la pensée, comme elle le fut naguère par les vertus civiques et par l'éclat des armes. Ce n'est pas une propagande politique que nous lui demandons ; mais il peut, par le simple énoncé des idées dont il est l'interprète, hâter le jour de la résurrection de sa patrie et contribuer à renverser un ordre de choses fondé sur les ténèbres et la violence. Depuis dix ans, la Pologne libre est la plus noble aspiration de la France ; Pologne veut dire, pour elle, amour de peuple à peuple, fédération nationale, fraternité universelle. Elle est le songe de tout homme de bien, la première pensée des poëtes qui l'ont célébrée dans leurs chants avec le nom de leur première amante : à tel point que ceux qui n'ont point daigné ou qui n'ont pas osé lui consacrer les prémices de leur talent, forment une véritable exception dans la vaste famille des artistes. La France est déjà vers le sommet de l'échelle intellectuelle dont les peuples slaves ont à peine parcouru la moitié; mais de même que vous et que M. Miçkiewicz, dans d'autres temps Anacharsis édifiait les Grecs par ses doctes entretiens, et venait s'asseoir aussi, lui le Scythe, le Barbare, au banquet idéal de Platon [2].

Paris, 22 décembre 1840.

(*L'Université catholique.*)

---

1. Voyez *OEuvres complètes de M. Adam Miçkiewicz,* traduction française. Chez Firmin Didot.
2. Voici le sonnet qui m'a été adressé par M. de Sorgo, en réponse à la lettre précédente :

Al signor Christino Ostrowski, poeta polacco.

Qual suol vibrare armoniosa lira
Si un altra a lei simil risuona acanto
Se che ambe par che un solo affetto inspira,
Che da un sol cuor si parta il doppio canto :

Tal pur quest' alma insiem' freme e delira
All'echeggiar di què tui carmi, u'l santo
Amor di Patria nobilmente spira,
E che son molli ancor d'eroico pianto.

XI.

AU COMITÉ POLONAIS.

XIe ANNIVERSAIRE NATIONAL [1].

MESSIEURS ET CONCITOYENS,

L'horloge des siècles a sonné dix ans!... dix ans passés dans le regret du pays et l'attente d'un meilleur avenir. Autour de nous, que de choses changées, que de splendeurs éteintes, que d'illusions évanouies! Chaque jour dans sa course fugitive est venu nous en arracher un lambeau!... Mais nos cœurs sont restés les mêmes; nos sentiments sont aussi vifs, nos douleurs sont aussi poignantes que ce jour mémorable où, le front encore couvert de la poussière des batailles, nous venions pour la première fois nous offrir à vos fraternelles étreintes.

Oh! si nos chefs, nos généraux, nos ministres, avaient eu la prescience de ce long pèlerinage qui, pour beaucoup d'entre nous, ne devait s'arrêter que sur le bord de la tombe; s'ils avaient pu voir les membres palpitants de la Pologne dispersés aux quatre coins du globe: oh! alors, le fer nu, la poitrine ensanglantée, ils se seraient précipités contre l'ennemi, pour acheter au moins le droit de tomber glorieusement sur le sol de la patrie!

Mais ce dernier bonheur nous a été refusé!... Errants sur la terre étrangère, nous avons connu le supplice de survivre à tous les amours, à toutes les félicités du jeune âge; nous avons appris, selon les paroles du poëte, « combien il est d'amertume dans le pain de l'exil, et combien il est pénible de monter et de descendre les degrés d'autrui [2]. »

Imposons silence à nos douleurs; l'anniversaire qui nous réunit est un souvenir de gloire et de liberté, et non pas un deuil irréparable : quelles que soient nos destinées à venir, la semaine sainte des Polonais vivra désormais dans la mémoire des peuples à côté de cette autre semaine de la Passion, qui perpétua sur le monde le règne de l'intelligence divine. Aussi ce ne sont point de vaines démonstrations de sympathie que je viens solliciter; permettez-moi seulement de vous faire entendre quelques paroles graves, inspirées par la gravité de cette commémoration, et qui, puisées dans une conviction profonde, sauront pénétrer dans la vôtre.

Deux faits imposants, deux faits auxquels viennent se rattacher tous les mouvements qui pendant ces dernières cinquante années ont agité les peuples, dominent de toute leur hauteur l'histoire contemporaine : je veux dire le démembrement de la Pologne et la renaissance de la Grèce. Mais d'où vient que, si l'Europe entière s'est émue au récit de ces grandes batailles qui semblaient faire revivre les combats homériques; si toutes les puissances, les yeux tournés vers la Grèce, lui prodiguaient à l'envi leurs armes, leurs vaisseaux, leurs trésors et leur sang; d'où vient que la Pologne n'a trouvé partout que des larmes stériles et des vœux sans accomplissement? C'est que ces deux faits sont dérivés d'une cause unique, l'avénement de la Russie dans la politique européenne. Il y a deux siècles, six millions d'esclaves, à peine affranchis du joug tatare, s'établissaient à leur aise sur une étendue de cent mille lieues carrées environ, comprise entre le Volga, le Don et l'Oka. C'était le tzarat de Moskou, très-peu connu du reste de l'Europe; pour la Russie, il n'en était pas encore question. Cette population sentait depuis longtemps fermenter en elle le désir des conquêtes : en remontant vers le Xe siècle, nous trouvons que des chefs de bandits scandinaves, successeurs de Ruryk, suivant le cours des rivières navigables, allaient jusqu'aux portes de Sainte-Sophie rançonner les empereurs de Byzance.

Aujourd'hui la Russie occupe la septième partie du globe, et sa population d'esclaves rivés au même joug compose environ le dixième du genre humain. Ce développement hypertrophique, elle ne le doit ni à la force de ses armes, ni à l'habileté de ses généraux, ni à la valeur de ses soldats; mais bien à sa politique astucieuse et persévérante, à cette politique qui sait attendre, parce qu'elle se croit sûre de son lendemain; qui sait parfois se détourner de son objet pour donner le change sur ses véritables intentions; à cette politique, suivant l'expression d'un écrivain russe : « patiente comme le temps et grande comme l'espace. »

« Cet empire, dit M. de Bonald [1], placé sur les confins de l'Europe et de l'Asie, pèse à la fois sur toutes les deux; et depuis les Romains, aucune puissance n'a montré une aussi grande force d'expansion. Il en est ainsi dans tout État où le gouvernement est éclairé et le peuple barbare; et qui réunit l'extrême habileté du moteur à l'extrême docilité de l'instrument. » Avant Pierre Ier, à l'endroit où s'élève aujourd'hui la capitale des tzars, croupissaient les eaux de la Newa, fange en été, glace en hiver; aujourd'hui Saint-Pétersbourg compte 450,000 habitants, et c'est, au dire de certains voyageurs décorés par le tzar, *une des plus belles villes du monde*. Saint Pierre, chef des apôtres, fonda son siége sur un roc, et Pierre Ier, le pape moskovite, établit le sien sur la boue [2]. C'est à l'aspect de cette création naissante, sortant comme par enchantement du sein des flots, que le tzar, après avoir dispersé la flotte suédoise

---

Io non ti vidi mai, ma pur già t'amo
Ostrowski, e non volgare amico, io porgo
Già a te la destra, e la tua stringer bramo.

D'istesso sangue in te un germano io scorgo;
D'un duolo istesso al par di te son gramo,
E al par di te, col canto all'Etra io sorgo.

1. Pendant toute la période de leur exil, de 1832 à 1852, les Polonais ont eu coutume de se réunir le soir du 29 novembre, pour célébrer en commun l'anniversaire de leur insurrection. Les trois allocutions qui suivent ont été improvisées à pareil jour et dans une pareille solennité.
2. DANTE, *Paradiso*, 17.

---

1. *Soirées de Saint-Pétersbourg.*
2. *La Politique oriento-méridionale du cabinet de Saint-Pétersbourg*, par Mochnacki. (Voy. la *Pologne dans ses anciennes limites*, par le général J. Bem (de Gluchow); Paris, 1836).

près des îles d'Aland, proféra ces ambitieuses paroles : « Il n'y a que la Russie qui soit une œuvre de nature; cet empire n'aura point de rival dans sa carrière. » La Russie une œuvre de nature? Bien au contraire, la Russie est l'ouvrage d'une seule volonté, le résultat d'une improvisation gigantesque du pouvoir absolu. Mais là ne s'arrêtera point son orgueil. « Celui qui a pu construire une capitale sur un terrain étranger, sous la mitraille des canons suédois, et brûler l'autre en présence de Napoléon, en trouvera sans peine une troisième dans un endroit plus beau et plus commode. » Et cette parole de Mochnaçki résume admirablement la pensée du cabinet moskovite. Le souverain des glaces à froid, il veut se rapprocher du soleil ; il a compris que celui qui sera maître de Constantinople sera l'arbitre des destinées du monde. Constantinople, placée sur les limites de trois continents, au confluent de trois mers, protégée de deux côtés par les flots, du troisième par cette muraille de montagnes que Mahomet II a dû franchir avec ses vaisseaux, Constantinople est une position inexpugnable. C'est à cette position, unique peut-être sur le globe, qu'elle doit de s'être maintenue indépendante, lorsque depuis un siècle tout ce qui l'environnait avait déjà subi la loi du sabre musulman.

Rome était le centre et la métropole du monde païen; Rome était le foyer lumineux autour duquel, comme autour du soleil, gravitaient toutes les nations barbares: aujourd'hui, lorsque l'Asie a été explorée par les Vénitiens, fouillée en tous sens par les Anglais, le point central s'est déplacé d'Occident en Orient. Ce n'est plus Rome, c'est Constantinople qui est la métropole du monde à venir; et ceci est tellement vrai, que tous les créateurs de systèmes, tous ceux qui se sont préoccupés de nouvelles doctrines sociales ont établi dans cette ville le foyer et le gouvernement de leur utopie.

En effet, consultons l'histoire : c'est aux différents âges de Byzance que se rattachent les grandes ères de l'humanité. A son érection finit le monde romain, le monde des empereurs et des idoles, et commence le moyen âge, le monde des évêques, des rois et des barons ; à la prise de Byzance par les Turks commence l'histoire moderne, la vraie histoire des peuples et de l'humanité. L'occupation de cette ville par les Moskovites serait l'avènement d'un ordre de choses tout nouveau, dont on ne pourrait dès à présent évaluer les conséquences, mais qui serait tout différent du milieu dans lequel nous existons aujourd'hui.

Cette pensée du tzar Pierre a été poursuivie par ses successeurs avec une merveilleuse ténacité; par Catherine surtout, cette Lucrèce Borgia moskovite, qui était digne de la comprendre et de la mettre à exécution. Mais pour cela, deux grandes transformations étaient nécessaires : il fallait anéantir la Pologne, qui se trouvait sur le chemin de Byzance, et ressusciter la Grèce, qui devait lui en ouvrir l'entrée. Voici une lettre qu'elle écrivait en 1794 à son ministre plénipotentiaire en Pologne :

« Fatiguée des troubles incessants excités par les têtes chaudes des Polonais, je veux une fois pour toutes en finir avec eux; c'est pourquoi je vous recommande que les troupes en Pologne, se trouvant sous vos ordres, agissent, *abstraction faite de toutes les illusions d'humanité*, avec l'énergie nécessaire pour leur ôter à l'avenir tout espoir de révolte. Il ne faut donc faire grâce à aucun des habitants de cette contrée, quand même ils allégueraient une vie calme et retirée pour défense; à l'exception toutefois de ceux qui seraient pris les armes à la main, et qui, ayant donné quelques preuves de valeur, seraient incorporés dans nos armées, pour servir à la guerre que nous devons, comme vous le savez, après la *pacification* de la Pologne, transporter vers le *sud de l'Egisse*, etc., etc. » Signé : Catherine. Cette lettre a été adressée à Repnin, alors son ambassadeur à Varsovie; et quelques jours plus tard eut lieu le massacre de Praga : cette nuit sanglante du 19 novembre, où 25,000 habitants, femmes, enfants et vieillards, furent égorgés par le farouche Souwaroff, digne exécuteur d'un tel ordre [1].

Lorsque le rapport en parvint à Saint-Pétersbourg, la tzarine avait invité à déjeuner tous les complices de ses infâmes amours : « Je souhaite, leur dit-elle, que ce repas vous soit aussi agréable que les nouvelles que je viens vous apprendre. » Et voilà pourtant la divinité que Voltaire encensait avec tant d'impudeur, et qu'il glorifiait dans le style académique du nom de la Sémiramis du Nord! « L'historien digne de ce nom, disait Victor Hugo, flétrirait avec le fer chaud de Tacite et la verge de Juvénal cette courtisane couronnée, à laquelle les altiers sophistes du dernier siècle avaient voué un culte qu'ils refusaient à leur Dieu et à leur roi; cette reine régicide qui avait choisi pour ses tableaux de boudoir, un massacre et un incendie [2]. »

Aux conférences d'Erfurth, les deux empereurs se partageaient le monde; à l'empereur français, l'Occident, au tzar de Russie, l'Orient: « *Je ne puis pas*, disait Alexandre à Napoléon, *livrer aux étrangers les clefs de ma maison!* » Et l'Europe entière ne semblait pas à ce dernier une compensation suffisante pour la perte de Constantinople et des Dardanelles.

Dans l'œuvre de renaissance de la Grèce, la Russie était merveilleusement secondée par l'esprit religieux des populations slavonnes, englobées dans l'empire d'Orient, et par la diplomatie de 1815. Ces populations, généralement schismatiques, sourdement travaillées par des agents moskovites, s'étaient habituées à désigner le tzar du nom de Messie et de libérateur. Quant à la diplomatie, science athée, éclose sous la plume de Machiavel, mise en honneur par le traité de Westphalie, devenue souveraine en 1815 qui substitue les intérêts dynastiques aux intérêts des peuples, la force matérielle à l'intelligence; la diplomatie a toujours considéré le tzar comme son maître et son idole. On sait que la bataille de Navarin, son

1. Voyez le *Massacre de Praga*, page 239.
2. Le massacre de Praga et l'incendie de la flotte ottomane dans la baie de Tchesmé. Le tzar Nicolas vient de commander pour le sien le guet-apens de Sinope.

chef-d'œuvre, que même le vainqueur de Waterloo, le soldat de la Sainte-Alliance qualifia de *fâcheux événement*, n'a profité qu'à la Russie. Un général corse (Sébastiani), qui a fait entendre à la tribune française ces sinistres paroles : « *La Pologne est destinée à périr !...* » a dit aussi quelques années plus tard : « *La Turquie n'est plus qu'un cadavre!...* » L'histoire se chargera bientôt de démentir ces deux blasphèmes. Voilà comment ces deux nations se trouvent associées par une intime fraternité de gloire et de malheur dans l'opinion des peuples et des cabinets; et de la renaissance ou de la chute de l'une d'elles, dépendra désormais l'avenir heureux ou néfaste de l'autre.

Oh! si la civilisation est la seule puissance légitime de nos jours; si ses intérêts sont les seuls respectables, combien la barbarie musulmane est encore préférable à ce que l'on veut bien appeler la *civilisation* moskovite! Tous les voyageurs, depuis Niebuhr et Jean Potocki, jusqu'à MM. Marcellus et Chateaubriand, s'accordent à reconnaître cette immense supériorité, comme peuple et comme individus, de la race turque sur les tribus schismatiques de l'empire ottoman.

Supériorité religieuse : car si l'islamisme est le déisme pur, dégagé de toute notion sur la Providence et sur la Trinité, le schisme est le culte des images et l'adoration des reliques poussée jusqu'au fétichisme le plus grossier, quoiqu'au fond ces deux religions aient beaucoup de rapports entre elles, et que le dogme de la fatalité y soit plus profondément empreint que sur toutes les autres.

Supériorité morale, dérivant de la supériorité religieuse : car si l'instinct du vol, la prévarication, le fanatisme, l'intempérance sont des vices inhérents au caractère moskovite, les vertus contraires de sobriété, de probité, de bonne foi sont traditionnelles chez les Musulmans. Le vol y est à peu près inconnu; tandis que les cachots et les mines de la Russie ne suffiraient pas, s'il fallait y enfermer tous les voleurs avec ou sans épaulettes [1].

Supériorité des institutions, dérivant de la supériorité morale : car si la centralisation arbitraire et violente des mœurs moskovites semble s'acharner à détruire les habitudes et les physionomies locales, si elle promène sur toutes les populations qui ont le bonheur de vivre sous sa tutelle, le sanglant niveau de l'esclavage, les Turks ont partout respecté les nationalités, les cultes et les usages établis. Quant à l'équitable répartition des impôts, au recensement, en un mot aux institutions municipales, je souhaiterais aux nations les mieux constituées de l'Europe d'en posséder de semblables [2].

Supériorité scientifique : car tandis que Nicolas casse les universités, fait fermer les écoles, démolir les bibliothèques, déporter la jeunesse studieuse au fond du Kaukase, sept universités naissantes surgissent à l'envi dans les sept principales villes de la Turquie, savoir : à Constantinople, Andrinople, Salonique, Brousse, Smyrne, Bagdad et Trébizonde. On sait que le respect de la science fut, chez les Abassides au moins, une tradition des anciens kalifes; soixante ans après la conquête, on voyait encore 10,000 jeunes gens fréquentant les écoles de Byzance.

Les Turks ont peu créé, il est vrai; mais aussi ils ont presque tout conservé. A voir Constantinople, ce bazar des nations, avec ses mille costumes et ses mille langages, on pourrait se croire encore au surlendemain de l'assaut; la brèche par laquelle Mahomet II a fait son entrée n'est pas refermée : seulement sur les coupoles des basiliques la croix grecque a fait place au croissant.

Et ici, qu'il me soit permis de vous parler d'un souvenir personnel, qui se presse malgré moi dans mon cœur et sur mes lèvres. Aux bords de la Vistule, en face du faubourg de Praga, dans un site enchanteur, unique peut-être en Pologne, et qui domine toute la contrée. Là, sous des allées de platanes touffus, de jeunes élèves débattaient avec de jeunes mais savants professeurs, les hautes questions de science, d'histoire et de littérature ; là, sur une étendue de quelques arpents, on voyait une chapelle, un observatoire, une bibliothèque et un jardin-modèle. C'était un monde à part, le berceau de presque toutes nos illustrations contemporaines. Ce lieu s'appelait *Jolibord*, nom pittoresque qui lui avait été donné par l'illustre Stanislas Konarski, son fondateur. Eh bien! savez-vous comment ce lieu s'appelle aujourd'hui? ce lieu s'appelle aujourd'hui la citadelle de Varsovie! Là, le cri aigu de la sentinelle moskovite sur les remparts, le froissement des chaînes dans les casemates, a remplacé le chant religieux de trois cents élèves et les doux accents de la poésie polonaise; là, dorment accroupis ces canons décorés de l'aigle à double tête, qui doivent un jour porter le ravage au sein de nos édifices; là, le génie du mal a proféré par la bouche du tzar ces homicides paroles : « *Je ferai foudroyer la ville, je détruirai Varsovie, et certes ce ne sera pas moi qui la rebâtirai* [1] ! »

Assimilation brutale et sanguinaire, haine ingénieuse et systématique contre toute nationalité qui n'est pas marquée au timbre moskovite; mettre une caserne à la place d'un palais, un faisceau d'armes à la place d'un monument, détruire dans leur germe l'espoir et la moisson des générations futures : tel est le génie du Nord, tel est tout l'avenir de la Russie.

Mais malheur à nous, malheur à l'humanité, si jamais ce génie inquiet venait à s'accoupler au génie immobile de l'Orient! car de leurs étreintes impies sortirait l'esclavage universel! Le Kosak, qui a déjà deux fois désaltéré son coursier dans les eaux de la Seine, se souvient encore de vos monuments, de vos palais, de vos trésors; il en a parlé à ses enfants, à ses proches; et toutes ces merveilles d'une civi-

---

[1]. La dépense annuelle en pain pour toutes les prisons de Constantinople s'élève à 180 francs environ. (Voyez à ce sujet l'excellent ouvrage de D. Urquhart, *Turkey and its Resources*. Londres, 1833.)

[2]. *La Question turque*, par M. de Breuvery, 1834.

[1]. Discours de Nicolas à la municipalité de Varsovie, 10 octobre 1835.

lisation raffinée, agrandies, embellies sous le prisme de leur exubérante imagination, leur apparaissent, à travers l'immensité, comme un mirage oriental qui exalte sans cesse leurs désirs. Longtemps encore leur cri de guerre sera : Paris et la France [1] !

Eh bien ! pour empêcher que le cheval kosaque ne vienne une troisième fois se laver dans les eaux de la Seine, vous n'avez qu'un seul moyen ; ce moyen, vous l'avez désigné d'avance : c'est le rétablissement de la Pologne. Est-ce que ces frêles remparts que vous élevez à grands frais autour de votre cité sauront la préserver de ces attractions infinies qui, à certaines époques marquées par la Providence, précipitent les barbares vers les grands foyers de la civilisation ? Des remparts ! des casemates ! des mines souterraines ! le despotisme seul en a besoin ; et les ingénieurs prussiens ou suédois, aux gages de la Russie, sont au moins aussi habiles que les vôtres [2] ! Non, ce n'est point ici que doit se livrer le grand combat de la liberté ; c'est là, sur la Vistule, sur le Niémen ; et nos poitrines polonaises vous défendront bien mieux que ces murs de sable et de limon ! Rendez-nous une Pologne, et vous refoulez sur l'Asie ce colosse qui menace de s'écrouler sur l'Europe ; rendez-nous une Pologne, et vous dépouillez cette mauvaise conscience d'un crime consenti, ce cilice rugueux qui depuis dix ans ronge votre chair et vous empêche de jouir des fruits de la paix ; rendez-nous une Pologne, et vous serez encore ce que vous étiez aux jours de Napoléon ou de Louis XIV : vous serez la plus grande nation du monde !... Votre révolution de 89 ne s'est souillée de tant d'horreurs qu'en expiation de l'abandon de la Pologne ; Louis XV aussi n'avait pour elle que des larmes et des vœux stériles ; eh bien ! un de ses fils est tombé sur l'échafaud, l'autre a dû trois fois mendier le pain de l'étranger, et le troisième... mort dans l'exil [3] !

Mais, pourrait-on m'objecter, nous voyons sans cesse dans l'histoire, les peuples vieillis, décimés, puis rajeunis par les peuples incultes ; et les civilisations les plus brillantes ont servi de point de mire aux barbares. La Grèce de Platon et de Périclès a cédé le premier rang à la Grèce des Thraces et des Macédoniens, ces Slaves de l'antiquité ; l'héritage des Séleucus et des Ptolémée a passé à son tour entre les mains de Rome : Rome aussi, cette puissante unité du monde païen, n'est devenue souveraine qu'après avoir mis le pied sur les ruines de trois civilisations, l'Étrurie, Athènes et Carthage, Carthage dont les autels étaient souillés de sang humain. Rome, leur héritière, devait tomber à son tour sous les efforts de nos ancêtres Goths et Vandales, de ces barbares dont le pied rapide a déposé sa trace sur la Vistule, sur le Tibre, sur le Mançanarès. Mais ces peuples vieillis, dépravés, qui n'ont plus assez de force pour vivre, et encore moins pour faire vivre les autres, ce n'est pas la Russie qui saura les rajeunir. Née d'hier, elle est déjà plus dégradée, plus corrompue, plus vieille, en un mot, que le plus ancien des peuples de l'Europe. Ce que Rome fut autrefois, la Russie l'est aujourd'hui ; mais c'est Rome à rebours, en commençant par les jours de la dépravation et du fanatisme religieux. Ce colosse si grand que son idée seule suffit pour jeter le trouble dans la conscience des peuples, ce colosse a, comme celui de la Bible, un estomac de fer et des pieds d'argile ; cet empire si vaste que jamais le soleil, comme sur les États de Charles-Quint, ne se couche sur ses frontières, cet empire n'a pas de lendemain : et cette conviction, je voudrais la sceller de tout mon sang ! Si forte pour la destruction, la Russie n'a aucune force créatrice ; cette terre infécondée, et qui n'a pas reçu l'insolation de la liberté, n'a rien produit que des tombeaux, rien enfanté que la mort ! Parcourez tout ce sombre hémisphère, depuis le golfe de Finlande jusqu'au Kamtchatka ; partout une nature âpre et monotone qui semble tenir de ses habitants la passivité de l'esclavage... mais où sont les hommes ? où sont les vestiges de leur existence ? où sont les monuments sur lesquels ils ont déposé l'empreinte de leur génie ?... Leur architecture, c'est le Kremlin, informe amas de pierres entassées symétriquement les unes sur les autres, ou la citadelle de Varsovie. Leur peinture ? ils n'en ont pas ; à moins que l'on ne veuille considérer comme peinture nationale les images enluminées qu'ils attachent sur les parois de leurs temples. Leur sculpture ? leur statuaire ? leur fonderie ? la cloche fêlée de Moskou. Leur éloquence ? le discours à la municipalité de Varsovie. Leur littérature ? quatorze ou quinze mauvaises traductions de mélodrames ou de romans.

En 1824, lorsque les conjurés de Moskou venaient pour s'aboucher avec la société des *Faucheurs* de Varsovie, dont Krzyzanowski était le fondateur et le chef, Bestoujeff, un des conjurés, proposa à ce dernier, comme moyen nécessaire à la réussite de leurs projets, l'extermination de la famille entière du tzar Alexandre. Krzyzanowski objecta que jamais les Polonais n'avaient répandu le sang que sur les champs de bataille. « Eh quoi ! lui dit le délégué moskovite, vous désirez l'indépendance, et vous reculez devant le massacre ? » Paroles profondes, et qui peignent bien le caractère de ces hommes dégénérés, atroce assemblage de l'esprit normand et mogol ; les Russes ont fait du despotisme en vrais Tatars, ils feront de la liberté en vrais Scandinaves, et boiront le sang dans les crânes des vaincus.

Dans l'antiquité, on liait le corps de l'assassin au corps de la victime, jusqu'à ce que la gangrène eût passé du cœur de la victime à celui de l'assassin. Tel est le châtiment réservé à la Russie de la part des peuples martyrs qu'elle a cru se soumettre à

---

1. V. Béranger, *le Chant du Kosaque*.
2. Nous venons d'en voir la preuve pendant la campagne de Krimée. Il suffira de citer ici le nom du général Todtleben.
3. Nous pourrions y ajouter la grande leçon de 1848. Que devient aujourd'hui la dynastie de Juillet ? Que devient la couronne de ce prince hypocrite, qui osa faire entendre à la tribune française un blasphème sanglant, marqué aujourd'hui à son front par le stigmate vengeur de l'histoire ? Que devient la mémoire de son ministre ou plutôt son complice, qui s'est chargé de le proférer ? C'est ainsi que la Providence, en frappant les parjures jusque dans la troisième génération, semble hautement avertir que celui qui trahit la Pologne trahit aussi sa sœur en liberté, la France.

jamais. Un jour viendra, et ce jour n'est pas éloigné, où le despotisme, ce lien de fer, qui étreignait tant de populations ennemies, ou du moins étrangères l'une à l'autre, se brisera violemment ; et toutes ces populations, étonnées de se trouver ensemble, se disperseront avec bruit, comme un faisceau de flèches tatares. Les vieilles républiques de Pskow et de Novogrod, jadis florissantes, revendiqueront leurs droits et rendront à la cité des tzars les représailles d'Yvan le Cruel. Un jour viendra, et ce jour n'est pas éloigné, où tout le sang versé sur les plaines de la Pologne, dans les cachots infects, sur les autels du Christ, montera vers le ciel en nuages enflammés ; et du sein de ces nuages tonnera l'imprécation de Caïn. Alors de vastes ruines couvriront tout l'Orient. . . . .
. . . .
. . . .

Mais du sein de ces ruines, Dieu fait surgir une Pologne plus grande et plus belle ! Notre aigle blanche revient se poser radieuse au front des Karpathes ! d'une aile elle frappe la mer Noire, de l'autre, la Baltique ; sous leur vaste envergure, je vois se presser comme une fédération immense : ce sont les peuples slaves, jeunes et forts, réclamant à leur tour leur place au soleil et leur part de liberté ! Et ce n'est pas un roi qu'ils viennent lui demander ; non ! la Pologne ne possède ni or pour en forger une couronne, ni pourpre pour en teindre un manteau royal. Elle leur répondrait, comme Godefroy de Bouillon, lorsque après une victoire on venait lui offrir le trône de Jérusalem : « Que sa palme de martyre est plus belle et plus sainte que tous les diadèmes de la terre. »

Cette Pologne, la verrons-nous encore, ô mes amis ? Persévérance et courage ! c'est le cri que je ne cesserai de vous faire entendre jusqu'au tombeau ; soutenons les plus faibles par nos avis, par notre exemple ; plaignons les infidèles et les lâches. Choisissons un seul d'entre nous pour nous diriger et nous conduire ; non pas quelque diplomate vieilli dans les intrigues des cours, quelque royal prétendant *in partibus*, mais un soldat, le cœur et les mains pures, jeune comme les événements auxquels il devra présider, et qui possédera au plus haut degré ces trois vertus chrétiennes : *la Foi*, *l'Espérance* et *l'Amour*, se traduisant aujourd'hui par un triple symbole, tout aussi divin que le premier... Et je vous le dis en vérité, soyez pleins de joie, car vous reverrez votre patrie heureuse, indépendante et libre !...

Et les générations futures, en voyant avec horreur les ruines sanglantes qui furent la Russie, diront : Voilà le crime ! Et, contemplant cette Pologne nouvelle se levant à l'horizon comme une Solime céleste, diront : Voici l'expiation !

Paris, 29 novembre 1841.

(*La Presse de Seine-et-Oise.*)

XII.

AU COMITÉ POLONAIS.

XIIᵉ ANNIVERSAIRE NATIONAL.

Messieurs et Concitoyens,

Onze années ont fui comme un jour...

Le temps, qui détruit tout, n'a rien changé à nos souffrances ; aujourd'hui, nous voilà réunis à la même place, célébrant le même anniversaire, animés des mêmes sentiments !...

Oh ! que les années s'écoulent avec peine et lenteur pour ceux qui attendent la liberté ! combien chaque jour vient leur apporter d'amertume et de déceptions ! que de tombeaux accumulés !...

Beaucoup d'entre nous se sont arrêtés en chemin, glacés par le souffle pesant de la mort. Naguère encore, nous venons d'ensevelir deux proscrits aux cheveux blancs, deux amis qui dès l'enfance, ayant échangé leurs âmes, ont voulu, à la manière des guerriers anciens, reposer côte à côte dans le même cercueil[1]. Artisans de la liberté, après avoir creusé leur pénible sillon, ils sont remontés là-haut pour demander leur salaire à leur divin maître... Paix à leurs cendres !

Moi-même qui vous parle, trouverai-je dans mon âme endolorie des accents dignes de vous, dignes de la grandeur de vos sacrifices ? A l'aspect de ces douleurs imméritées auxquelles je ne puis porter aucun soulagement, de ces nobles poitrines guerrières remplies de regrets déchirants, je sens ma voix s'éteindre et mes yeux se voiler de larmes...

Mais que sont nos propres infortunes, nos misères de détail, auprès de l'holocauste immense qui se consomme aujourd'hui sur le sol de la patrie ?

Vous dirai-je les Actes du martyre de la Pologne ? Vous dirai-je ses temples profanés, ses tombeaux violés, ses prêtres, ses enfants traînés en esclavage ? le culte grec-uni, cette œuvre des siècles, effacé d'un trait de plume ? D'autres l'ont fait avant moi ; d'autres le feront encore ; mais toute peinture, si vivante qu'elle soit, restera toujours bien au-dessous de la vérité !

Déployez les Actes des apôtres, consultez les temps primitifs du christianisme ; cette prophétie du passé vous apprendra mieux que moi l'histoire de l'avenir[2].

La persécution religieuse est la même ; seulement les barbares de Rome se servaient de flamme et de fer, les sauvages de Moskou se servent de gla-

1. Niemcewicz et Kniaziewicz. Voyez page 281.
2. « La pointe des épées s'émoussait à force de tuer ; et les bourreaux, épuisés de fatigue, se relevaient tour à tour... »
(Eusèbe, liv. VIII).
« Galerius ne pouvait manger s'il n'avait pas du sang chrétien à sa table... » (Lactance, *De mort. pers.*)
« Les lois romaines interdisant de mettre à mort les vierges, on les faisait auparavant violer par le bourreau, et puis on les purifiait par le feu ! » (Chateaubriand, *Martyrs.*)

çons et de lanières de cuir : chacun de son élément.

Naguère encore l'Europe feignait d'ignorer ces horreurs qui la faisaient rougir, ou ne prêtait qu'une oreille incrédule à cet immense cri de douleur qui du fond de l'Orient venait troubler ses rêves. Aujourd'hui, ces faits sont à la connaissance de tous; ils ont été résumés dans un livre immortel qui doit à jamais faire honneur à son auguste écrivain [1].

Le vieillard, un pied dans la tombe, avant de paraître devant Dieu, a interrogé sa conscience; il s'est rappelé qu'il était prêtre chrétien avant d'être pontife-roi.

Il a levé de nos fronts l'interdit terrible sous le poids duquel nous avons gémi pendant dix années; lui-même il avoue s'être abusé sur les intentions pacifiques de Nicolas.

Paix avec lui, paix avec son âme, le jour où elle paraîtra devant le Juge suprême !

Paix à la Pologne surtout, défendue en face de la chrétienté par le chef de la foi !

En présence de faits pareils, toutes les douleurs se taisent, tous les partis se confondent et se tendent la main; nous ne sommes plus que Polonais et chrétiens, enfants de la mère patrie, frères par le sang et frères par le martyre.

Consolez-vous, amis et frères ! les temps de persécution ont toujours précédé les temps de triomphe; un règne aussi violent que celui du tzar Nicolas ne saurait durer longtemps. La violence, en politique, est un signe infaillible de faiblesse et d'une réaction imminente; cet homme, n'en doutez pas, se perdra par haine et par orgueil : sa chute sera d'autant plus rapide qu'elle aura pour point de départ l'apogée même de son insatiable ambition. Lorsque la mesure de sang sera pleine, il suffira d'une seule goutte pour la faire déborder.

Notre peuple a déjà connu les jours de malheur; nous ne sommes pas les premiers, ni peut-être les derniers exilés de la Pologne ! Des orages sans nombre ont passé sur elle sans l'abattre; celui-ci passera comme les autres et ne laissera qu'un mélancolique souvenir de deuil et de souffrance dans les récits et les chants populaires.

Ce n'est pas la première fois que nous avons été comme abandonnés de Dieu et des hommes; aux temps de Jean-Kasimir, il y aura bientôt deux siècles, la totalité du pays était de même au pouvoir de l'étranger : les Suédois, les Russes, les Tatars, les Prussiens et les traîtres croyaient avoir étouffé la Pologne dans un bain de sang. Le chef du gouvernement, étranger à la nation, donnait aussi le premier l'exemple de la fuite... Eh bien ! après sa défection, la Pologne s'est relevée plus fière que jamais; et le règne déplorable du dernier Vasa fut le prélude du règne illustre de Jean Sobieski, le sauveur de la chrétienté !

Nous ne sommes plus au temps des conquêtes absolues et des partages définitifs. Ce mot même de conquête semble avoir perdu la signification qu'il avait au moyen âge; lorsque les serfs étaient attachés à la glèbe du seigneur, et lorsque la conquête de la terre entraînait celle des habitants. Il n'est plus aujourd'hui de conquêtes réelles et durables que celles de l'intelligence et de la supériorité morale; telle a été pour nous dans les siècles passés la réunion spontanée de la Pologne et de la Lithuanie, par un lien sacré, un pacte indissoluble que les dernières secousses des deux peuples ne font que resserrer de jour en jour.

Toute conquête dépose dans le sol qu'elle envahit les semences d'une révolution. Les races se rapprochent et se superposent les unes aux autres, comme les couches d'une alluvion géologique, mais ne se confondent jamais ! Vient un moment où la séparation s'opère, d'autant plus violente et plus passionnée, que l'intérêt du crime s'est plus lentement accumulé. Telle a été la révolution anglaise de 1688, la longue insurrection ibérienne contre les Maures, la révolution des Hellènes; et celle des Russes eux-mêmes, personnifiée dans Yvan le Cruel : telle a été la vôtre en 1792... tel sera le démembrement probable de l'Autriche.

Il y a trente ans à peine, la France signifiait le monde; vous avez reculé ses frontières plus loin que celles de l'empire de Charlemagne : vous avez eu vos départements des Bouches-de-l'Elbe et du Cattaro. Eh bien ! qu'advient-il aujourd'hui de cette immense agglomération de territoires conquis ? Le lien qui les étreignait s'est brisé, et les nationalités primitives ont repris leur empire. « On ne fait pas un peuple libre, » écrivait l'historien de la civilisation moderne; et je ne fais que compléter sa pensée en ajoutant : « On ne fait pas un peuple esclave ! » Il est dans l'ordre moral, aussi bien que dans l'ordre matériel, des lois qui s'accomplissent en dépit de toutes les combinaisons humaines; et celle-ci est la plus sainte de toutes, car c'est la loi de la justice divine ! Les peuples ont des physionomies distinctes comme les individus, que ni la marche des temps ni les transformations politiques ne sauraient altérer; à deux mille ans d'intervalle, nous sommes tout étonnés de les retrouver les mêmes !

Nous aussi, nous les premiers-nés de la famille slave, les premiers admis à l'illumination chrétienne, nous nous sommes appelés d'abord Pélasges, Sarmates, Serbes, Venètes, Vandales; puis Slaves, Léchkites, Polonais; et cependant, depuis Hérodote et Tacite jusqu'à Kromer et Naruszewicz, nos mœurs ont à peine varié. Notre langue même, ce curieux monument de l'antiquité, n'a subi que d'inappréciables modifications; témoin l'hymne immortel composé par saint Adalbert à la fin du Xe siècle, et qui semble écrit de la veille, tellement il est encore plein de verdeur et de clarté !

L'établissement du christianisme en Pologne ne lui a pas coûté un seul martyr; l'avénement de la liberté, qui en est le développement final, ne lui coûtera pas une seule guerre civile; et cependant le christianisme et la liberté lui doivent les plus

---

[1]. Allocution du Saint-Père au consistoire secret du 22 juillet 1842.

grandes obligations, sinon leur existence même !

Lorsque nos deux premiers apôtres chrétiens, Jean et Paul le Venète, dont la légende, sans trop d'invraisemblance, a fait deux anges, sont allés se présenter au pape pour lui rendre compte de leur mission, ils lui dirent : « Nous avons en vain cherché parmi ce peuple le supplice; nous y avons trouvé la pratique des vertus que nous venions enseigner. » Il a suffi d'abattre les idoles, de consacrer les temples, de couper les forêts, et tout était dit. La parole seule a suffi; le VERBE : *Slovo,* dont le nom même de la race slave est dérivé.

C'est ainsi que nous étions intuitivement chrétiens avant même la révélation; que nous le sommes de fait aujourd'hui malgré l'hérésie et les jésuites, que nous le serons toujours malgré Nicolas, malgré la révolution : car, hâtons-nous de le dire, cette religion du Christ, ramenée par notre martyre à sa pureté primitive, dégagée enfin de sa solidarité avec les trônes, sera la seule immuable, comme aussi la plus parfaite, la plus sociale, la plus avancée des croyances de l'humanité[1] !

Le même peuple, après avoir jeté ses chaînes brisées sous les pieds du grand-duc Constantin, lui a donné un sauf-conduit jusqu'à la frontière pour le soustraire à la fureur de ses soldats. Indigne de mourir d'une main polonaise, il est allé expirer sur le sol moskovite de cette mort lente, de ce mal héréditaire qui a tué son frère Alexandre, qui tuera son frère Nicolas, qui tuera les enfants de Nicolas jusqu'à la troisième génération ; car, vous le savez, messieurs, l'aigle de Russie a deux têtes : celle des Holstein-Gottorp, qui se nourrit du sang polonais, et celle des Orloff, dont le bec rapace fouille dans la poitrine des tzars pour en arracher le cœur. Le cruel Constantin, né d'une race parricide et maudite, après quinze ans de séjour à Varsovie, est mort en regrettant la Pologne; le Verbe slave avait à demi converti le barbare !

Admirable mansuétude de ce peuple, qui n'a toujours eu pour ses bourreaux que des prières et des larmes; qui, souffrant tous les outrages, accablé de toutes les trahisons, a dit comme le Christ mourant, son divin maître : « Seigneur pardonnez-leur, car ils ne savent pas ce qu'ils font ! »

Et c'est un pareil peuple qu'un despote en démence prétendrait subjuguer pour jamais? que l'on voudrait exclure de la grande famille européenne? déshériter de cet avenir d'émancipation intellectuelle et de prospérité vers lequel tous les autres s'avancent à pas de géant ?

Oh ! s'il est ici quelqu'un qui doute à ce point de la Providence, qu'il ait par son assentiment tacite consacré l'iniquité du partage, ce pacte d'infamie qui réunit les trois cabinets du Nord; qui dans son cœur ait commis en secret le crime que Nicolas commet à force ouverte, qu'il s'éloigne de cette enceinte, car il est le complice du tyran !

De nos jours il est évident que les peuples tendent vers l'unité; que leurs *alliances commerciales* ne sont que le prélude des *alliances politiques* qu'elles préparent. Dès à présent il est aisé de prévoir, sans tomber dans le ridicule des prophéties, que trois grandes unités doivent surgir au sein de l'Europe moderne, en vertu de cette loi permanente qui ramène la société vers son point de départ; savoir : l'unité gallo-romaine, l'unité germanique et l'unité slave. Mais quelle doit être la signification de cette dernière? sera-t-elle un symbole de paix et d'humanité, ou bien un mythe de carnage et de destruction? les Peuples-Unis d'Europe ou le Panslavisme? Quel est le culte nouveau qu'elle doit inaugurer? est-ce le catéchisme du tzar, ou la foi des illuminés? Doit-elle apporter aux deux autres la vie ou la mort? Énigme à double face, problème formidable que l'avenir jette au présent, et qu'il appartient à Dieu seul de résoudre! Quoi qu'il en soit, tant qu'il nous reste un souffle de vie, une goutte de sang à répandre, nous lutterons contre cette assimilation brutale qui voudrait nous imposer une foi nouvelle, des mœurs nouvelles, un nom nouveau parmi les peuples. La destinée de la Pologne est d'affranchir et de régénérer les Slaves; il faut donc avant tout que la Pologne existe. La fédération slave est sans doute un idéal sublime; mais afin que cette grande synthèse puisse s'accomplir, il faut maintenir la Pologne, qui seule peut lui donner la vie et le mouvement. Une nation, si comprimée qu'elle soit, n'a pas le droit de se départir de son individualité en faveur d'une autre unité prépondérante, tant que sa mission providentielle n'est pas accomplie ; les nationalités locales sont les sanctuaires de la civilisation, les refuges de la pensée divine.

Le schisme, cette hydre odieuse dont la tête est à Saint-Pétersbourg, et qui vient d'enlacer de ses retours immenses la moitié de l'Asie, règne déjà sur un grand tiers de l'Europe. Le voilà parvenu jusqu'au cœur de la chrétienté; une sentinelle moskovite veille sur le sépulcre du Sauveur, de peur qu'il ne se lève et qu'il n'écrase la tête du monstre.

L'Orient barbare est un abîme qui s'avance vers vous. Les hordes du tzar ne sont plus qu'à deux journées de Rome; ils n'ont qu'un bras de mer à traverser pour venir s'asseoir dans le Capitole de la ville éternelle. Ils ont fait leur dénombrement, et n'attendent plus qu'un chef qui prendra le nom de *Fléau de Dieu* pour les conduire. Laissez-les faire ; et demain ils viendront dresser des batteries contre vos remparts.

Mais, grâce au ciel, il n'en sera pas ainsi. Rome, obéissant à l'instinct de sa conservation, appellera tous les chrétiens aux armes; à sa voix l'esprit chevaleresque qui vous animait au temps de Godefroy se réveillera plus puissant que jamais : Byzance ne tombera pas une seconde fois sous le glaive d'un conquérant.

Les deux génies de l'Europe et de l'Asie se rencontreront dans une lutte terrible, décisive; et cette lutte sera livrée sur les plaines de la Pologne. Là, il y aura deux mondes, deux religions

---

1. Je disais ceci en 1842, sous la triste papauté de Grégoire XVI.

en présence; qui se traduisent aujourd'hui par deux symboles : despotisme et liberté.

Le fantôme russe n'est pas aussi terrible qu'on a voulu vous le faire accroire; il disparaît dès qu'on le touche au cœur. Nous qui l'avons vu de près, qui nous sommes mesurés avec lui, nous savons qu'il a des points vulnérables, et nous lui avons porté des blessures profondes dont il ne guérira jamais. La guerre interminable de la Circassie, la suppression du cartel d'échange avec l'Allemagne, qui a déjà produit plus de soixante-dix mille déserteurs slaves, les conspirations militaires qui éclatent chaque année, à point nommé, pour les fêtes de Nicolas, ont dernièrement mis à nu les ulcères de ce colosse.

Et que faut-il penser de l'avenir d'un État dont tous les souverains, de père en fils, meurent par le poison? de cette monarchie absolue tempérée par le régicide? de cette administration fondée sur le vol? de cette métropole érigée sur la vase? mélange épouvantable de grandeur et de faiblesse, d'opulence et de misère! vampire gorgé de sang, et qui n'a de puissance que dans l'imagination des lâches qu'il effraye!

Mais nous avons avons fait plus que de le vaincre; nous l'avons déshonoré. Nous avons attaché un opprobre éternel au nom du tzar Nicolas, ce despote morose et fanatique qui croit avoir une *mission divine!* Par nous, ce nom sera désormais associé à celui des tyrans exécrables comme Henri VIII, Philippe II, Yvan le Cruel; par nous, la postérité ne le reconnaîtra qu'avec l'épithète de bourreau : l'Émigration polonaise est le fouet sanglant qui le frappe éternellement au visage!

Aujourd'hui même, malgré notre faiblesse apparente, il nous reste un moyen infaillible pour ressaisir tous nos avantages; le despotisme est de cette nature, qu'un seul revers suffit pour lui donner la mort : la liberté seule, malgré ses défaites d'un jour, est impérissable.

Polonais! brisez vos chaînes, mais brisez-les toutes à la fois, et surtout ne comptez plus jamais sur l'appui de l'étranger : vous êtes assez forts pour vaincre, vous êtes vingt-deux millions d'hommes! Malheur au peuple insensé qui place ses espérances en dehors de lui-même!

Vos aïeux aussi sont tombés par excès d'orgueil, pour avoir désobéi à la volonté de Dieu; relevez-vous par un moyen tout opposé : rentrez par le peuple dans le sein de cette famille polonaise qui vous appelle ses enfants!

Brisez les entraves du peuple, et mettez-lui aux mains une épée! Qu'il n'y ait désormais ni titres, ni distinctions, ni priviléges, ni race étrangère qui puissent nous désunir! Liez-vous plus étroitement que jamais, et que de vos étreintes fraternelles naisse la liberté des Slaves! Vous direz au paysan : « Cette terre fécondée de tes sueurs, arrosée de ton sang, t'appartient tout entière; mais lève-toi et marche : et d'un commun effort affranchissons-la des ennemis qui la souillent! » Le dernier de vos rois s'écriait, en voyant le sceptre échapper de ses mains tremblantes : « Je ne veux conserver que ce qu'il faut de terre pour y poser un trône! » dites-lui : « Nous ne voulons conserver que ce qu'il faut de terre pour en couvrir nos ossements! » C'est ainsi que vous réparerez la grande iniquité qui a été commise par vos aïeux, et dont vous portez la peine, vous qui êtes aussi les héritiers de leur gloire!

Vous direz à vos ennemis : « Nous ne voulons pas vous rendre guerre pour guerre, massacre pour massacre; nous voulons seulement repousser l'agression la plus injuste, secouer le joug le plus infâme qui jamais ait pesé sur un peuple! » Et cette parole, les Moskovites eux-mêmes la comprendront; car, quelque dégradé qu'il soit par la tyrannie, il n'est pas d'esclave au monde qui n'aspire à redevenir homme libre, qui n'ait son esclavage en horreur!

Et ne craignez pas que cet appel meure sans écho dans les parois de cette enceinte; ce cri : *Justice et Liberté pour tous!* retentira bientôt des Karpathes à la Dzwina; il parviendra jusqu'au palais du tzar, et le tzar allemand sentira la terre slave s'émouvoir sous ses pieds! Tous les peuples seront saisis d'admiration et de respect; d'eux-mêmes ils viendront s'associer à vos efforts : non plus, comme il y a douze ans, par des chants et des larmes stériles, mais par la toute-puissance de leur volonté! Car celui qui avertit les rois par des exemples mémorables, sait aussi les frapper quand le jour de sa justice est venu. . . . .
. . . .

O Pologne! ô toi, nos premières amours! te voilà maintenant clouée sur la croix du supplice, et de tes flancs déchirés la vie s'exhale avec le sang de ton cœur!...

Et les Juifs se partagent au sort tes sanglantes dépouilles; et l'Europe est là, indifférente et muette, qui te contemple!...

Une seule gloire te manquait peut-être; et cette gloire, c'est ton plus cruel ennemi qui te la donne!...
Ton martyre doit-il durer longtemps encore?...

Paris, 29 novembre 1842.

XIII.

AU COMITÉ POLONAIS.

XIIIᵉ ANNIVERSAIRE NATIONAL.

MESSIEURS ET CONCITOYENS,

L'année qui va s'ouvrir dans un mois sera la treizième de notre exil... Plaise à Dieu que ce soit la dernière! Plaise à Dieu que les nobles espérances qui, dans ce moment, font battre vos cœurs à l'unisson du mien, soient enfin réalisés par la justice éternelle!

Comme l'équipage d'un vaisseau après une longue tempête se trouve surpris par le calme au milieu de l'océan; le pilote se penche à tous les points de l'horizon, et cherche à deviner de quel côté lui viendra le souffle libérateur : par moments, il lui semble qu'une brise naissante vient animer les voiles, il a senti le navire s'incliner sur les ondes... Il voit déjà la patrie lointaine, les amis, les parents qui l'attendent au foyer domestique... Vain prestige! les voiles languissantes retombent sur les mâts immobiles; le soleil s'éteint, pâle et décoloré, sur l'immensité des flots : avec lui, la dernière espérance!

De même, dans ce silence de mort qui nous environne, il nous semble entendre une voix qui nous appelle vers le pays natal; nous saisissons nos armes... hélas! ce que nous avions pris pour un cri de salut n'était qu'une illusion hâtive de nos cœurs!

Nos rangs se sont éclaircis, comme le lendemain d'une bataille; l'ange de la mort, en passant sur nos têtes, a largement frappé les victimes les plus jeunes, les plus glorieuses... Elles tombaient le front tourné vers la patrie; et leur dernier soupir était encore une prière pour elle, un vœu de liberté pour l'Europe!

Mais, si d'une part notre sainte cause a perdu quelques-uns de ses plus zélés défenseurs, de l'autre elle a conquis de nombreux et puissants alliés; maintenant, nous pouvons le dire avec un juste orgueil, elle est devenue la cause de l'humanité!

La persécution religieuse, ce fléau de tous les âges, et qui fait l'opprobre du temps où nous vivons, a pour jamais identifié l'existence de la Pologne avec celle du christianisme universel; de même que le sang des Pulaski, de Kosciuszko, de Niemcewicz et de tant d'autres, l'avait déjà rendue solidaire avec la liberté du monde.

Le christianisme primitif triomphait dans les temps anciens par le martyre et les persécutions; la liberté, qui est le christianisme moderne, doit aussi triompher par le supplice expiateur de la Pologne.

Les dernières agitations de l'Orient ont mis en lumière un fait immense : la haine profonde que la Russie inspire même à ses coreligionnaires. En Grèce, en Serbie, le tzar allemand a vu échouer sa propagande contre l'esprit d'indépendance qui a toujours germé au sein de ces peuples. Durant son voyage à Berlin, les populations allemandes l'ont partout salué sur son passage du nom de « *Menschenfeind*, l'ennemi des hommes; » et pourtant le tzar est leur compatriote : le tzar, c'est le pied de l'Allemand sur le Slave. Plus récemment encore, un roi de même origine, le roi de Danemark, repoussait une alliance avec la famille du tzar, pour ne pas se rendre l'instrument et le complice de sa politique. L'Autriche seule, cet empire apostolique, semble toujours servilement attachée au char de Nicolas; mais à quoi tient cet état de choses? Peut-être à la vie d'un ministre qui, effrayé des dangers de la liberté, a préféré chercher un appui dans le despotisme russe, et lui a généreusement livré les clefs de sa maison, l'embouchure du grand fleuve slave. Toutefois, l'Autriche de Joseph II finira avec son dernier représentant; et l'élément slave, qui s'y trouve en grande majorité, prévaudra sur l'élément germanique.

Mais ce qui a puissamment contribué à propager ce sentiment général d'hostilité à l'égard de la Russie, c'est un livre, un livre célèbre que je n'hésite pas à signaler à toute votre admiration; ce livre, c'est le *Voyage en Russie* de M. de Custine. Le noble voyageur a levé d'une main hardie l'appareil qui couvre tant de plaies hideuses et de blessures incurables; et l'Europe, en les voyant, a jeté un cri d'horreur et d'épouvante. Quelle barbarie d'une part, et quelle abjection de l'autre! quelle dégradation inouïe de la nature humaine! Se peut-il qu'un joug aussi infâme pèse sur des millions d'êtres à l'effigie de Dieu! Ce que nous n'osions jusqu'à présent articuler qu'avec réserve, se trouve ici, dans ce livre, inscrit à chaque page, en caractères de sang. Voyez! ces esclaves d'hier, à peine libérés du collier scandinave pour tomber sous le joug tatare, n'ont qu'un seul instinct, la haine, un seul désir, la vengeance; pour la liberté, la patrie, ces noms mêmes sont étrangers à leur langue : ils sont forcés de les emprunter à leurs voisins. A certaines époques fixées par le génie du mal, ils égorgent leurs nouveaux maîtres, ou les font brûler vifs au nom de l'empereur, qu'ils appellent leur *père*, les malheureux!... et le lendemain, la justice paternelle de l'empereur fait cerner les coupables, déporter des populations entières en Sibérie et mettre le feu à leurs villages, pour venger les seigneurs!... Tableau fait pour attrister profondément les plus cruels ennemis de la Russie! Ce colosse asiatique, qui menace à tous moments d'écraser l'Europe, a donc une lèpre incurable attachée à son existence : l'esclavage! une hyène sanglante qui lui ronge le cœur et le dévore : le massacre [1]!

Ce livre est bien fait pour consoler toutes nos souffrances, en nous montrant des douleurs encore plus grandes... il est fait pour détacher à jamais de la Russie les hommes de bien de tous les pays et de toutes les opinions, même ceux qui placent leurs espérances dans l'absolutisme. Et cependant, celui qui l'écrivait était bien loin, en commençant son voyage, de partager les idées qui, vers la fin du dernier siècle, ont changé la face du monde. Son grand-père, le général de Custine, son père, le marquis de Custine, sont morts sur les échafauds de 93. Mais telle est la puissance de la vérité qu'elle choisit pour ses organes ceux mêmes que le sort avait marqués pour ses adversaires!... Honneur à lui, car il ne s'est pas laissé éblouir à ce faux appareil de grandeur dont les tzars ont coutume de s'environner aux yeux des étrangers!... Honneur à lui, car les perfides cajoleries du despote lui ont laissé toute l'indépendance d'esprit nécessaire pour appeler la Russie, chargée de ses iniquités, à la barre des nations!... Honneur à lui, car il a brisé du plat de son épée le masque du comédien sur la figure du tyran!...

Cet ouvrage fera-t-il au moins rougir les Russes,

---

1. Les scènes horribles de Tarnow et de Bochnia, soudoyées par un gouvernement étranger, complice de la Russie, ne prouvent rien contre la Pologne, pas plus que les massacres en Ukraine, organisés au siècle précédent par Catherine II.

en leur présentant le miroir fidèle de leur abaissement? Nous ne le croyons pas, au moins quant à présent; on ne peut rien pour ces barbares, même en leur disant la vérité. L'esclavage a passé dans leur sang, il est devenu pour eux un besoin de nature. Mais les réactions et les vengeances qu'il a déjà provoquées attestent la colère et l'effroi du souverain de toutes les Russies; le tzar, devant qui tout tremble, a tremblé à son tour devant un livre qui lui reflétait son image : « Un mot de vérité lancé en Russie, a dit l'auteur, est une étincelle qui tombe sur un baril de poudre! » Dans un pays où tout est mensonge et prestige, la vérité doit être considérée comme une mortelle ennemie.

Lorsque Catherine II voyageait à travers les solitudes de son empire, un courtisan faisait élever sur son passage des villes, des villages, des châteaux improvisés. Ces planches de théâtre destinées à faire illusion à la tzarine, ces décors en bois peint, qui cachaient le vide, c'est la Russie tout entière. Ses régiments sans soldats, ses mers sans vaisseaux, ses déserts sans villes, ses villes sans habitants, tout cela ne vaut pas la puissance matérielle du plus chétif État de l'Occident. Mirage trompeur, éclos des brouillards de la Néva et du crépuscule boréal; de loin, il trompe les yeux par l'apparence et les couleurs de la vie; mais approchez un peu, il se décolore, se dissipe et ne laisse après lui que l'éternelle stérilité du désert.

Nous-mêmes, divisés comme nous l'étions après le partage de 1815, nous aurions vaincu, refoulé dans leurs steppes ces troupeaux de barbares, sans les fautes inexplicables de nos indignes gouvernants. Les Russes seront toujours des Grecs du Bas-Empire, perfectionnés des Normands et des Tatars; sur le champ des ruses et des trahisons, ils seront toujours passés maîtres. *Faire avec eux de la diplomatie, avoir foi dans leurs promesses, leurs serments, c'est leur donner une victoire certaine!* « La parole a été donnée à l'homme pour déguiser sa pensée, » a dit un démon à face humaine, qui méritait bien de naître à Moskou.

Eh quoi! le polype monstrueux sorti des marais de l'Ingrie étendra-t-il longtemps ses bras sordides sur la moitié du monde? Quand donc l'Europe secouera-t-elle ce rêve de sang qui la tourmente depuis la chute de Varsovie? Qui donc changera nos chaînes contre des épées!

Patience, ô mes concitoyens; la justice des peuples est parfois tardive; mais quand elle se réveille, malheur à ceux qui la bravent! Le Nord et le Midi sont là, comme deux athlètes puissants, qui s'observent et se défient du regard, avant de frapper les premiers coups. Dans ce calme de mort qui précède l'orage, le travail mystérieux de l'humanité s'accomplit; les éléments se préparent à la lutte... Écoutez! n'est-ce pas le bruit des trônes qui s'écroulent?...

Soyez prêts, mes amis; car bientôt viendra le moment décisif. Ne vous laissez pas endormir dans un lâche repos; au milieu d'un monde tout de matière, gardez bien votre jeune enthousiasme, digne des chrétiens des premiers âges : et surtout, sachez vous préserver de la contagion du doute, qui est la mort anticipée de l'âme! Durant ces quelques années d'exil, vous avez resserré les liens qui vous unissent, vous avez appris à vous connaître davantage. Il fallait cette épreuve pour sceller par la suprême consécration du malheur l'alliance de la Pologne avec la Lithuanie, qui tant de fois s'est immolée pour elle comme une sœur, comme une amante dévouée. Il fallait cette épreuve pour réduire les hommes et les choses à leur juste valeur et à leurs véritables proportions; quelques hommes se sont amoindris, l'esprit national s'est développé. Il fallait cette épreuve pour vous convaincre de la nécessité d'une réunion absolue, inconditionnelle, avec le peuple, trop longtemps déshérité de ses droits, issu du même sang, prêt aux mêmes sacrifices; car est-il une force au monde qui puisse résister à vingt millions de volontés réunies en une seule? Et que faut-il pour cela? Un homme qui devienne la personnification vivante de cette volonté. Dieu donne toujours un Messie aux peuples qui sont dignes d'entendre sa parole, et l'Irlande, la Pologne des mers, possède déjà son libérateur. Certes! il doit se sentir bien fort et bien grand, cet homme qui a pu dire avec plus de vérité que jadis un roi de France : « l'Irlande, c'est moi! » sans qu'une seule voix s'élevât pour le désavouer, même parmi les instruments volontaires de l'orgueil et de l'intolérance! Ce Daniel O'Connell, peuple fait homme qui, d'un seul mot, soulève et calme les tempêtes humaines! Grâce au despotisme, l'âme polonaise s'est étendue par delà les limites de l'Europe; grâce à la liberté, la Pologne sera plus grande qu'elle ne l'était du temps des Piasts ou des Jaghellons : les dieux s'en vont, son Sauveur ne se fera pas attendre.

La liberté fut la première amante de chacun de vous. Vous lui avez déjà sacrifié tout ce qui rend la vie heureuse et facile; joies du foyer domestique, famille, jeunesse, indépendance : faites plus encore, immolez-lui vos douleurs et vos ressentiments. Honte à celui qui s'arrête à la moitié d'un sacrifice!

Les tyrans n'ont qu'un jour, les peuples restent; car l'âme des peuples, c'est la liberté : et cette âme est immortelle!

Aimez-vous et soyez libres; car la LIBERTÉ, c'est L'AMOUR.

Paris, 29 novembre 1843.

XIV.

SUR LA TOMBE DE KASIMIR DELAVIGNE.

CHAMP DE REPOS DU PÈRE-LACHAISE.

MESSIEURS ET CONCITOYENS,

Laissez-moi vous dire sur cette tombe encore ouverte, au nom de la Pologne et de l'Émigration, une parole de deuil et d'adieu.

Nos aïeux avaient la coutume de briser leurs

dards et leurs épées sur la tombe des héros, morts pour la patrie; nous jetons un peu de terre polonaise sur les restes de nos frères, morts en exil : afin que dans le dernier sommeil, ils aient encore des rêves du pays natal.

Kasimir ! nous t'aimions enfants, lorsque tu nous parlais de gloire, ce premier rêve des enfants et des peuples;

Kasimir ! nous t'aimions soldats, lorsque ta *Varsovienne* combattait avec nous sur les plaines sanglantes de Grochow et de Waver;

Kasimir ! nous t'aimons proscrits, lorsque tu nous prédis le réveil assuré de la Pologne libre et la destruction de la Russie esclave.

Par le nom, par le sang, par le génie, nous te saluons fils de la Pologne, notre frère d'armes et proscrit de notre patrie à tous, la liberté;

Qu'il soit donc fait avec toi comme avec nos frères morts en exil : Poëte, soldat et patriote, dors en paix sous la terre polonaise [1] !

Paris, 20 décembre 1843.

(*Le Journal des Débats, le Siècle*, etc.)

XV.

LE PEUPLE-MUSICIEN.

ÉPISODE DU 24 FÉVRIER 1848.

Il était en ce moment une heure et demie à l'horloge des Tuileries.

Après avoir franchi le seuil du palais enseignes déployées, sabres nus et fusils sur l'épaule, le peuple vainqueur inondait les appartements royaux, les escaliers, les corridors, les galeries.

Une trombe populaire composée de citoyens des faubourgs, d'étudiants et d'artistes, venait de traverser la salle splendide où tous les maréchaux de l'ère impériale sont peints en pied.

De salle en vestibule, cette masse triomphante aborda enfin cette partie du château qui fut la résidence de Marie-Amélie.

« Enfants, pas d'excès ! s'écria alors un vénérable colonel, combattant octogénaire du 14 juillet 1789; pas d'excès ! nous entrons dans la demeure d'une femme ! »

Tous prirent l'engagement de se montrer calmes et modérés, même après la victoire.

La foule entra donc dans le salon de la reine; non point semblable à un torrent dévastateur, mais bien plutôt pareille à une phalange de chambellans qui se présenteraient à la cérémonie d'un baisemain.

On ne dérangea rien ; ni les aquarelles, ni les bronzes, ni les meubles, ni toutes ces délicatesses du luxe qui éblouissent l'œil du pauvre : on respecta la femme détrônée jusque dans la moindre fantaisie.

---

1. Ces quelques paroles, improvisées sous l'impression de la scène solennelle qui se passait au cimetière du Père-Lachaise, ont provoqué le cri unanime jeté par sept à huit mille voix, de : *Vive la Pologne!*

Cependant une voix s'écria :
« Un piano ! le piano de la reine ! »

— Tout beau, reprit le colonel en jetant son épée sur l'instrument : que personne n'y porte la main si ce n'est un musicien ! »

Un grand jeune homme sans armes sortit des premiers rangs, ouvrit le piano, et d'une main vigoureuse joua les premières mesures d'un air national.

La *Marseillaise!* s'écria le peuple ; et le refrain, répété en chœur par tous les assistants, se répandit de proche en proche à travers les vastes couloirs et les avenues du château.

C'étaient plusieurs milliers de poitrines sonores, encore émues par la chaleur du combat, chantant avec ensemble l'hymne immortel de Rouget de l'Isle.

Le jeune homme les conduisait avec énergie, avec amour, *rinforzando* comme diraient les Italiens; et ce n'était pourtant pas un homme du Midi.

Un artisan du boulevard le reconnut :
« C'est le citoyen Kristien Ostrowski, l'ami de Kasimir Delavigne et de Béranger, le fils du général polonais!

— Est-ce vrai ? lui demanda la foule.

— Vous l'avez dit, répondit en se levant le virtuose ; je suis un soldat de 1834 ! »

Le vieux colonel le saisit dans ses bras et le pressa sur son cœur avec effusion.

Dans ce moment, une main populaire inscrivait : *Vive la Pologne!* à l'endroit même où tout à l'heure on voyait le trône du roi fugitif, emportant avec lui sa couronne brisée et sa race évanouie.

Là-dessus les échos de *la Marseillaise* se mêlèrent aux cris : *Vive la Pologne! vive la république! vive la France!* »

Paris, 2 mars 1848.

(*Moniteur du soir*.)

XVI.

AU CORTÉGE D'ADIEU DES ÉMIGRÉS POLONAIS

PLACE DE LA BASTILLE.

Citoyens et Frères,

Au pied de cette colonne, impérissable monument de la liberté désormais souveraine, de la royauté à jamais abolie, sur cette place de la Bastille où vous avez brûlé le trône du roi fugitif, je viens vous dire une dernière parole d'espérance et d'adieu. Grâce à votre héroïque effort du 24 février, les jours de l'exil sont accomplis ; les jours du combat recommencent. Pèlerins depuis quinze ans, voici que nous reprenons le chemin de la patrie.

Après cette séparation, quand vous entendrez parler de nous, quand les noms polonais vous seront apportés par le vent des batailles, c'est qu'alors nous serons engagés dans une lutte décisive, lutte géante, lutte à mort avec le despotisme; c'est qu'alors notre sang aura coulé sur la terre polonaise, cette antique, cette glorieuse arène de la liberté!

Mais cette fois, ce ne sera plus un assassinat monarchique, dont les peuples muets resteront les impassibles spectateurs ou les complices; non ! j'en ai la conviction profonde : ce sera un réveil spontané, une commotion de volcan dont la Pologne surgira grande et forte, entre ses limites de l'Oder et de la Dzwina, rempart indestructible que Dieu même a posé entre l'Europe et les barbares. Vous direz alors au bruit lointain que vous entendrez à l'Orient: « Nos frères nous appellent, ils luttent pour leur liberté et la nôtre; allons les secourir ! allons combattre à leurs côtés ! »

Ce que nous vous demandons aujourd'hui, frères, c'est un souvenir, peut-être un regret. Des armes... nous en trouverons dans les mains de nos ennemis. Au nom des peuples slaves, nous qui briserons leurs chaînes comme vous avez brisé les vôtres, sous cette colonne sainte, à vous, nos frères en liberté, nous vous jurons éternelle alliance; puisse cet adieu suprême marquer dans l'histoire des deux peuples-soldats comme un embrassement duquel doit sortir la rédemption du monde ! Les larmes dans les yeux, nous vous pressons tous sur nos cœurs de frères, nos cœurs déchirés par les douleurs de l'exil, mais aussi palpitants des plus magnifiques espérances pour la patrie polonaise ! Merci, pour cette longue hospitalité que vous nous avez donnée, malgré les lâches réticences d'un gouvernement brisé par votre indignation; merci, pour votre assistance dans ce cortège du départ où nos rangs sont confondus avec les vôtres; merci encore pour les vœux qui nous accompagnent, pour les inspirations de dévouement sans bornes qui se pressent dans vos âmes !

Peuple français, adieu ! La Pologne vivra ; c'est notre vœu, notre espérance à tous, c'est le cri de l'humanité : c'est la volonté de l'intelligence éternelle qui veille sur le salut des peuples. Vous êtes déjà libres; notre indépendance sera la fille aînée de votre liberté !

. . . .

Paris, 26 mars 1848.

(*Le Constituant.*)

XVII.

APPEL DE LA SOCIÉTÉ

POUR

L'ÉMANCIPATION DES PEUPLES SLAVES.

ASSEMBLÉE GÉNÉRALE.

Citoyens et Frères,

Le long martyre de la Pologne vient enfin d'obtenir son résultat; il a produit chez tous les peuples unis d'origine, de sang et de langage aux Polonais, une fermentation que les gouvernements étrangers sont désormais impuissants à maîtriser. Le monde slave, remué jusque dans ses fondements par la nouvelle révolution française, prépare une insurrection immense, qui embrasera tout le nord et tout l'orient de l'Europe.

Par leur dévouement à la cause de la liberté dans tout l'univers, les Polonais ont dès longtemps acquis le droit de servir à la fois d'avant-garde et de corps de réserve à cette sainte insurrection de tous les opprimés slaves contre leurs oppresseurs. Il s'agit donc de grouper *autour de la Pologne* en un faisceau indestructible toutes ces forces redoutables, que paralyse leur isolement. Il faut que les quatre nationalités dont la race slave se compose : Polonais, Bohêmes, Russiens et Slaves du midi, tous humiliés sous une même coalition de despotes, s'unissent dans un même intérêt. Pour s'unir, ils ont besoin de délibérer sur une terre libre ; et de bien s'entendre, afin de se lier solennellement par un pacte fédéral. Alors, seulement, ils pourront sans crainte confondre leurs bannières sur le vaste champ de bataille où se décidera l'avenir du monde.

Dans le but de hâter l'heure de cette ligue émancipatrice, et d'offrir un centre de réunion pour tous les amis de la cause slave, une société s'est formée à Paris, au foyer même d'où s'élancent aujourd'hui sur le reste du monde les étincelles du feu qui détruit et qui régénère. Cette société pour l'affranchissement de tous les Slaves prétend aider les Polonais à se dégager de la triple tyrannie qui les tient enchaînés; encourager les patriotes russes dans leur généreux effort pour briser l'autocratie; offrir un appui aux Bohêmes dans leur résistance chaque jour plus hardie contre l'oppression autrichienne ; enfin éclairer dans leur marche vers la délivrance les peuples slaves de la Hongrie et du bas Danube, comme les alliés naturels de l'Italie et de la France, et comme les intermédiaires nécessaires qui unissent la Méditerranée à la Vistule : telle est la pensée et l'objet de cette association.

Convaincue que le moment est venu où tous les droits foulés aux pieds vont recevoir enfin une réparation éclatante, la *Société slave de Paris* ne négligera rien pour seconder chez les quatre grands peuples slaves les progrès de la réforme sociale, non moins que ceux de la renaissance politique. Elle s'efforcera d'établir des rapports de fraternité et de secours mutuels entre les ouvriers des pays slaves et les ouvriers français. Elle dénoncera à l'opinion les odieuses entraves qui pèsent sur l'organisation du travail, sur l'état des paysans, sur la propriété, l'industrie, les rapports civils et religieux des hommes de tout rang dans ces malheureuses contrées ; elle cherchera le remède à tant de maux, dans l'association et la solidarité.

Pour compléter son œuvre, la société se propose de publier dans les langues française et polonaise un journal destiné à servir d'organe aux diverses nationalités slaves, à discuter leurs intérêts, à faire harmoniser leurs tendances et à propager dans leur sein l'agitation émancipatrice nécessaire pour contre-miner les intrigues du panslavisme moskovite et de la domination allemande.

La société se compose de membres résidant en France et de correspondants habitant l'étranger.

Pour en faire partie, il n'y a d'exigé qu'une seule condition; celle d'un engagement formel de travailler pour la grande cause de l'affranchissement des Slaves de Pologne, de Bohême, de Russie et du Danube.

La société s'ouvre indistinctement aux hommes de toutes les nations. Néanmoins, les membres étrangers sur lesquels elle compte le plus sont les patriotes hongrois et italiens. En attirant sous le drapeau de l'aigle blanc les volontaires magyares, les légions polono-slaves pourront aller jusque dans les steppes du Don combattre et anéantir l'autocratie. D'un autre côté, en s'associant ses voisins d'Italie, avec qui les Illyriens partagent déjà de fait la possession de l'Adriatique, la révolution slave triomphera sans peine du despotisme autrichien, et ouvrira par contre-coup aux Moldo-Valaques, aux Grecs et à tout l'Orient chrétien, une ère nouvelle d'indépendance et de civilisation !

Suivent les signatures.
Paris, 28 mars 1848.

XVIII.

A L'ASSEMBLÉE POLITIQUE DE BERLIN.

RÉTABLISSEMENT DE LA POLOGNE.

Habitants de Berlin,

Pour la seconde fois l'Émigration polonaise, glorieuse phalange d'une armée trahie mais jamais vaincue, a touché le sol germanique. Elle ne vient plus cette fois s'offrir en fugitive à votre hospitalité, à vos chants de douleur ; au nom de la grande nation qui la rappelle, au nom du grand principe qu'elle représente, elle vous tend la main et vous salue comme les futurs alliés de la Pologne indépendante.

Profondément touché de votre accueil, au moment de franchir la frontière de mon pays, je viens vous adresser dans cette enceinte une parole de paix et d'amitié. Que cette première parole qui trouvera, je n'en doute point, un écho sympathique dans vos âmes, soit la réconciliation fraternelle des Allemands et des Slaves.

Si la révolution de Février, ce fait européen, fut aussi pour la Pologne le signal de la délivrance, c'est parce qu'elle lui a rendu l'active amitié de l'Allemagne, qu'elle a brisé pour jamais votre alliance avec le Nord. Le système de la domination matérielle poussée à ces dernières limites, et celui de la pensée abstraite n'ayant d'autre contrôle qu'elle-même, ne pouvait longtemps coexister en bonne harmonie ; contraires dans leur principe, opposés dans leur résultat, ils devaient finir par se séparer et se combattre. La conséquence de cette séparation doit être le rétablissement de la Pologne ; non pas de ce royaume dérisoire de 1815, création hybride des souverains, démolie par le peuple, mais d'une République grande et forte, s'établissant d'après ses mœurs, ses besoins, ses convictions nationales ;

digue formidable contre laquelle cent fois les hordes de l'Asie sont venues se briser et se briseront encore.

Et que l'on ne dise point que cet acte de haute justice, que cette expiation populaire du crime de vos rois, coûterait à l'Allemagne des sacrifices inouïs ; qu'elle soumettrait son travail d'organisation intérieure aux chances d'une guerre étrangère ; qu'elle épuiserait son trésor et le sang de ses plus nobles enfants : non ! il lui suffira pour cela d'une imposante manifestation morale de sa volonté.

Vous direz aux Polonais :

« Frères, voici des armes ! allez combattre et reconquérir votre patrie ! nous vous seconderons de nos vœux, de nos capitaux, de notre influence ; mais à condition que vous admettrez les nombreux Allemands établis en Pologne à la jouissance de tous les droits dont ils jouiraient dans leur mère patrie ; que vous nous assurerez, par un échange sans entraves, l'écoulement des produits de nos manufactures, et que vous reconnaîtrez notre fraternelle initiative par une franche et cordiale réciprocité ! »

Vous direz à la Russie :

« Nous vous retirons notre alliance jusqu'à ce que vous ayez fait à l'égard de la Pologne ce que nous faisons nous-mêmes ; rendez-lui ses anciennes provinces, dont la possession de droit ne vous sera jamais reconnue : à ce prix seulement nous vous porterons les bienfaits de notre civilisation, les moissons intellectuelles de notre pensée, si nécessaires à votre développement, et vous admettrons dans la grande famille des peuples libres qui vous désavoue et vous traite de barbares. Jusque-là, point de trêve, point de transaction ; tant que le dernier soldat moskovite n'aura pas quitté le dernier sillon de la terre polonaise, il ne peut y avoir entre nous rien de commun que le glaive ! »

Oh ! après une manifestation pareille, Messieurs, soyez-en certains, la Pologne se lèvera comme un seul homme ! Vous aurez plus fait pour elle par cet acte de souveraineté populaire que par vingt batailles rangées ! Quel que soit l'enivrement du pouvoir absolu, le tzar lui-même comprendra que la lutte serait la mort pour lui, la dislocation totale pour son empire ! Tout ce que nous vous demandons quant à présent, c'est de permettre une réorganisation complète et toute nationale du grand-duché de Posen ; c'est de neutraliser, par un vote parlementaire, l'action malfaisante de l'ancienne bureaucratie, qui soulève les deux populations l'une contre l'autre !

Votre perte territoriale, insignifiante d'ailleurs, sera réparée amplement par la suprématie morale que vous aurez conquise sans effort dans toute l'Allemagne. Cette politique franche et généreuse est la seule digne d'un peuple intelligent comme le vôtre et qui vient de reconquérir sa liberté. On vous a dit trop souvent que nous étions vos ennemis ; ne croyez pas à ce mensonge. La Prusse moderne, c'est-à-dire l'unité allemande, et la Pologne à venir, c'est-à-dire l'unité slave, sont deux trop grandes puissances pour avoir rien à s'envier ; il ne saurait y avoir entre elles de rivalités provinciales, ni de querelles de bout de champ.

Dans un élan sublime de patriotisme, vous avez brisé les chaînes des captifs polonais, dont le seul crime fut d'avoir conspiré la délivrance de leur pays; le développement nécessaire et logique de cette inspiration populaire doit être l'entière indépendance du grand-duché. C'est ainsi que vous remplirez cette mission médiatrice qui vous est assignée entre les peuples; c'est ainsi que vous établirez parmi vous et les Slaves le lien le plus puissant existant parmi les hommes : la fraternité! c'est ainsi que vous vous rendrez dignes de la signification universelle de votre nom national : *Die Allemannen!*

Mais que dis-je! le peuple russe lui-même cherchera à s'arranger du mieux qu'il pourra avec ce désir formellement exprimé; et s'il présente le combat, ce sera seulement pour sauver l'honneur de ses armes. La Russie de Pierre Ier, ce géant hydropique, n'est pas invulnérable; nous l'avons prouvé en 1834, lorsque trahis par les rois, abandonnés par les peuples, cernés de toutes parts, nous avons tenu la campagne pendant dix mois et nous avons remporté trente victoires! Nous sommes assez forts, même sans vous, pour l'abattre; donnez-nous des armes, et, Dieu aidant, nous ferons le reste!

Grâce à la politique déchue, la Prusse a été le bras droit de l'absolutisme étendu sur l'Europe, et comprimant en elle cet esprit d'indépendance qui fermente au sein des peuples; grâce à la politique triomphante, ce bras armé se retournera vers le Nord et brisera les chaînes d'un peuple indignement asservi [1]!

Berlin, 10 avril 1848.

(*Journal de Leipzig*.)

---

1. Voici le décret royal du 14 avril rendu par le cabinet prussien pendant mon séjour à Berlin. Nous le donnons ici à titre de simple concordance de dates et comme un curieux spécimen de la loyauté tudesque dans les transactions politiques :

« J'approuve la proposition de mon ministère, provoquée par les nombreuses pétitions des habitants allemands du grand-duché de Posen et relative à la réorganisation nationale de cette province *promise* aux habitants polonais. *En conséquence*, cette réorganisation *ne peut avoir lieu* dans les parties de la province où la nationalité allemande se trouve être prépondérante. Je désire, en outre, que la proposition faite auprès de la Confédération germanique pour que ces parties du duché soient réunies à la Fédération, puisse être acceptée tout de suite. Les grandes difficultés que pourrait rencontrer la réorganisation nationale des parties polonaises du grand-duché de Posen, se trouveront par là aplanies, et la réorganisation devra désormais être accomplie *sans obstacle*.

« Signé : FRÉDÉRIC-GUILLAUME. »

Nous laissons au lecteur le soin d'apprécier la sincérité des intentions du cabinet de Potsdam à l'égard de la province polonaise de Posen et de ses habitants. Voici ce qui se passait à la même date dans le grand-duché :

« Dans plusieurs contrées, des bandes de soldats et de colons prussiens, commandées par des employés et des propriétaires allemands, parcourent les villages, s'emparent des propriétaires polonais, des prêtres et des maîtres d'école de village, les enlèvent et les fustigent publiquement. C'est ainsi qu'à Grodzisk une jeune fille a été fouettée par les soldats et par les juifs pour avoir fait des cocardes et des drapeaux polonais. Dans le département de Bydgo:zcz (*Bromberg*), M. Treskoff et M. Luttichau, propriétaires allemands, viennent d'organiser une *bande armée* avec laquelle ils vont à la recherche des Polonais, qui, privés de tous les moyens de défense, se trouvent obligés de s'enfuir de leurs maisons, sous peine de se voir ignominieusement maltraités ou assassinés dans le cas où ils chercheraient à se défendre. Et ce nouveau mode de *pacification* est employé au moment même où toute la population polonaise se trouve déjà désarmée. »

(*Mémoire historique sur le grand-duché de Posen*; Paris, 1848.)

XIX.

A M. C*** B***.

LA DÉMOCRATIE EN POLOGNE.

MONSIEUR,

Dans la séance du 14 courant de l'Assemblée politique, vous avez jugé la nationalité polonaise avec une rigueur à laquelle j'étais loin de m'attendre de la part d'un jeune écrivain de l'Allemagne démocratique. Vous avez dit que la noblesse polonaise, ou plutôt la corporation des propriétaires fonciers du pays, n'avait encore donné aucune garantie solide de ses intentions libérales à l'égard du peuple; que tendre la main à la Pologne renaissante ne serait autre chose que relever son aristocratie déchue, au détriment de la classe subjuguée des producteurs et des artisans. Je ne puis passer sous silence une pareille allégation; d'autant moins qu'elle s'est fait entendre dans une réunion patriotique, où l'on vous cite vous-même comme un ami des lumières et du progrès. Non, monsieur, nous ne sommes pas de ceux qui, depuis un demi-siècle, n'ont rien appris ni rien oublié; la foi démocratique n'est pas pour nous une affaire d'entraînement ni de parti, mais une sérieuse conviction : nous ne voulons pas la liberté pour nous seuls à l'exclusion du peuple, nous la voulons pour les vingt-deux millions de Polonais qui tous ont les mêmes croyances, les mêmes aspirations que les nôtres, nous la voulons dans son expression la plus complète et dans toute son étendue.

Une constitution libre, émanée de la diète dite de Quatre ans, avait proclamé, dès 1791, l'égalité absolue devant la loi, avec l'admission successive de la classe laborieuse au bienfait de la propriété. Pour l'esclavage, il n'en a jamais été question en Pologne; jamais la propriété de l'homme par l'homme n'a été admise dans les lois de la République. Cette constitution du 3 mai, la première en date sur le continent européen, devait être soumise, tous les vingt-cinq ans, à la révision d'une assemblée délibérante. Pourquoi ses dispositions pacifiques et réparatrices ne se sont-elles pas accomplies? Demandez-le sans arrière-pensée à l'histoire de Frédéric II, à la coalition de ses successeurs avec les dévots conseillers de Marie-Thérèse; demandez-le surtout aux guerres de la révolution française, à laquelle, depuis cette époque, nous avons à tort ou à raison attaché nos destinées.

En 1831, pendant notre lutte d'indépendance avec la Russie, les motions les plus énergiques ont été présentées à la diète par les députés A. Ostrowski, Szaniecki, Wolowski, Zwierkowski, etc., pour la dotation des paysans moyennant la répartition de la propriété nationale entre tous ceux qui auraient bien mérité de la patrie. Le temps seul a manqué à la réalisation de ces projets. Jusqu'en 1846, les propriétaires du grand-duché de Posen et ceux de la Gallicie n'ont pas cessé de réclamer auprès de leurs gouvernements de meilleures institutions pour le peuple; ils n'ont omis aucune occasion d'améliorer le sort des cultivateurs, même aux dépens de la presque totalité de leurs revenus. Je vous renvoie, pour plus de détails, à la lettre adressée au prince Metternich par un *gentilhomme* polonais, un ex-diplomate, que certes on ne peut suspecter d'un enthousiasme outré pour sa nationalité, ni pour la cause démocratique [1]. On sait comment ces généreux efforts se sont évanouis dans le massacre de Tarnow! Dernièrement encore, un des membres les plus riches et les moins compromis de l'Émigration polonaise [2], vient de publier dans le journal allemand la *Réforme* une déclaration par laquelle il s'engage à supprimer la corvée dans toute l'étendue de ses domaines, en invitant les autres citoyens, émigrés ou non, possédant des terres, à suivre son exemple. Est-il nécessaire d'ajouter que cette mesure générale, la suppression de la corvée et l'admission du peuple à la propriété, sera la pierre angulaire de notre futur édifice social, reconstruit sur de nouvelles bases par tous les enfants de la Pologne indépendante; qu'elle sera la garantie du pacte fraternel entre les propriétaires et les fermiers, c'est-à-dire entre la noblesse et le peuple, que les intrigues des cours étrangères se sont vainement efforcées de dissoudre; que le mot solennel d'égalité politique doit bientôt briser la chaîne d'airain scellée par trois despotes sur la tombe de notre patrie! Interrogez notre passé, relisez notre histoire sous le règne des Piasts et des Jaghellons, avant que les dynasties suédoise et saxonne ne nous aient apporté le jésuitisme dans une main, et le judaïsme dans l'autre, c'est-à-dire la corruption des mœurs publiques et privées : comparez et jugez. Où trouverez-vous à la même époque d'aussi libérales constitutions que le statut de Wislica ou le code de Lithuanie? Où trouverez-vous dans nos lois le servage politique ou l'intolérance religieuse? l'esclavage du corps et celui de l'âme humaine? Où sont nos guerres civiles, avant les soulèvements des Kosaks ou les complots de Targowiça, toujours fomentés par les rois étrangers? Pour le ciel, où sont les attentats dont vous semblez accuser l'ancienne Pologne et dont la nouvelle aussi vous paraît devoir être solidaire? Nous sommes à vos yeux des tyrans et des oppresseurs! Permettez-moi de vous faire observer que ce langage n'est point celui d'un Allemand moderne, mais d'un Prussien de la vieille roche, d'un soldat des margraves de Brandebourg, nos anciens tributaires; si ce n'est des chevaliers renégats de Malborg, vaincus à *Grunwald* et à *Tannenberg* par les armées polonaises, à la tête desquelles je suis fier de retrouver un nom devenu traditionnel dans ma famille (1410); ou bien encore des champs de *Hundsfeld*, près de Breslaw, toujours semés d'ossements teutons depuis le XII° siècle (1109). Tout cela est fort ancien, me direz-vous, et mérite plus encore le souvenir du poëte que celui de l'historien; j'en conviens de grand cœur; mais si la race germanique est réellement, comme vous le prétendez, supérieure à la race slave, elle devrait la première donner l'exemple d'oublier des haines périmées et des rancunes éteintes. La Pologne et la Prusse peuvent bien comparer leurs annales et faire leur bilan politique sans trop de désavantage pour la première. La Prusse a sans doute de grands hommes d'État, des guerriers renommés et des savants illustres; mais la Pologne a dix siècles d'une existence souvent prépondérante en Europe, toujours glorieuse, malgré la jalousie de ses voisins, les incursions des barbares et les accusations des despotes intéressés à la flétrir. Nous avons de plus à leur opposer aujourd'hui bien mieux qu'une milice nobiliaire, nous avons tout un peuple.

Nous sommes tous démocrates, Monsieur, aussi bien et peut-être mieux que vous, car nous sommes prêts à rendre à chacun selon son droit et ses mérites.

Berlin, le 15 avril 1848.

(*Zeitungshalle de Berlin.*)

XX.

A L'EMPEREUR FERDINAND Ier.

MASSACRE DE KRAKOVIE.

Sire,

Au moment même où une constitution libérale était annoncée à tous les peuples soumis à votre empire, où l'assemblée préparatoire de Francfort retentissait des plus chaleureux souhaits en faveur de la nationalité polonaise, un acte odieux de vandalisme et de brutalité ensanglantait les rues de Krakovie.

Le baron Krieg, dont le nom seul rappelle de si cruels souvenirs [1], en retardant à dessein l'organisation de la garde nationale et l'admission dans son sein des émigrés nécessaires pour la compléter, a fait avorter toutes les dispositions de votre conseil pour relever cette ville, déjà éprouvée par tant de malheurs.

Une première manifestation a eu lieu le 25, à l'effet d'obtenir le passage pour soixante émigrés, arbitrairement retenus à *Szczakowo*, manifestation qui aurait cessé à l'instant même sans la mauvaise foi évidente et les refus du commissaire impérial, et surtout si la garde nationale avait eu des armes pour contenir le peuple impatient de revoir ses frères.

Toutefois, pressé par nos instances et reconnaissant la justice de nos réclamations, le baron Krieg a

---

1. Le *marquis* Alexandre Wielopolski.
2. Le *prince* Adam Czartoryski.

1. Son père fut l'organisateur en chef des massacres de Gallicie. *Krieg* signifie *guerre* en allemand. Tel père, tel fils.

remis entre les mains du comité national les deux arrêtés suivants :

1° Que l'Émigration polonaise serait libre de séjourner indéfiniment à Krakovie;

2° Que la garde nationale recevrait des armes, selon le décret impérial du 16 avril.

De plus, le baron Krieg, en se séparant du comité, a garanti sur sa parole d'honneur l'exécution de ces arrêtés. Cependant, dès le lendemain, des mesures de rigueur ont été prises pour empêcher les habitants de se procurer les faux et les lances déposées dans les magasins de la ville, et, finalement, ces objets ont été transportés dans le château. C'est alors que, sans aucun prétexte, même apparent, sans aucune sommation préalable, sans aucune agression de la part des habitants, le feu a été commandé sur plusieurs points, et, après un combat d'une courte durée, à la suite duquel les troupes se sont retirées hors de la ville, le bombardement a commencé. Les édifices de Krakovie, ces glorieux monuments de notre passé de dix siècles, allaient être livrés aux flammes, quand le comité national, indigné de cette violation d'une promesse récente, a délégué deux de ses membres au général comte Castiglione, commandant les troupes impériales, à l'effet d'obtenir une suspension d'armes de quelques heures; et, sur le refus du général, l'Émigration polonaise, pour éviter la destruction totale d'une ville sans défense, a quitté le sol de la patrie qu'elle revoyait pour la première fois depuis dix-sept ans.

Les écrits publics de Vienne ont déjà rapporté les détails de cette catastrophe du 26 avril, journée de deuil pour les deux nations, journée de triomphe pour les oppresseurs étrangers. Toutefois, nous attestons devant Dieu et devant les hommes qu'aucune provocation, même indirecte, n'a pu autoriser cette répression barbare, digne pendant des massacres de Gallicie. Le baron Krieg lui-même, qui s'était placé la veille sous la sauvegarde du comité, a dû reconnaître tout ce qu'il y avait de modération et de dignité dans l'esprit du peuple polonais et de l'Émigration.

Le cœur encore déchiré par l'impression de ce funeste événement, nous nous présentons devant vous, Sire, pour vous demander une éclatante et prompte réparation. Qu'une enquête sévère soit ouverte à l'instant par des juges équitables; et de quelque côté que soit venue la première violation du traité, que les auteurs en soient exemplairement punis! Ne souffrez pas, Sire, que le sang polonais soit encore répandu par les instigateurs ou les agents de l'étranger; que les lois tutélaires qui ont garanti la nationalité de Krakovie soient anéanties, foulées aux pieds pour satisfaire aux sombres vengeances de ceux qui sont chargés de les faire exécuter; que, pour les sentiments de fraternité dont naguère encore nous étions pénétrés envers la nation allemande, nous recevions de ses mains la destruction et la mort! Rappelez-vous, Sire, que la plupart de vos soldats sont de même origine que nous; des frères ne doivent pas être immolés par des frères!

Malgré le cruel souvenir de ce jour, nous vous crions du fond du cœur que nous ne sommes point les ennemis du peuple allemand; que nos ennemis communs sont ceux qui voudraient nous priver à tout jamais du bienfait de notre nationalité. Craignez qu'ils ne profitent de nos divisions! Cette voix de justice s'élève vers vous de la cité même où le nom immortel de Jean Sobieski est gravé sur chaque pierre de votre palais impérial!

Le baron Krieg et le général Castiglione, en arrachant à la ville polonaise une capitulation désastreuse, ont outre-passé leurs pouvoirs; déchirez cette page sanglante de votre histoire et remplacez-là par une page de réparation et de clémence!

Nous espérons, Sire, que cette voix parviendra jusqu'à vous, et que la ville qui nous a délégués entendra bientôt des paroles de paix et de réconciliation[1].

Vienne, 1er mai 1848.

XXI.

A M. DE LAMARTINE,

MEMBRE DU GOUVERNEMENT PROVISOIRE,

SUR SA POLITIQUE ÉTRANGÈRE.

Monsieur,

Témoin oculaire des événements de Posen et de Gallicie, je viens, au nom de l'Émigration polonaise, au nom de ma patrie outragée jusque dans sa tombe, demander à la France justice et réparation.

La question polonaise, dont la solution pacifique a été rendue impossible par la mauvaise foi des cabinets allemands, ne peut être aujourd'hui tranchée que par le glaive de la liberté. Lorsque, sur les assurances des cours de Vienne et de Berlin, qui nous promettaient la réorganisation nationale des provinces démembrées de l'ancienne Pologne, nous reprenions le chemin de la patrie, vous nous avez fait entendre ces brillantes promesses : « Les nations *sympathiques* de l'Allemagne, le roi de Prusse ouvrant les portes de ses citadelles à vos martyrs, le grand-duché de Posen redevenu polonais, Krakovie affranchie, les portes de la Pologne ouvertes, etc., etc. » Elles étaient ouvertes, en effet; mais derrière ces portes, nous avons trouvé des assassins. Partout, en Gallicie, dans le grand-duché, sur les tombeaux des Jaghellons, nous avons vu se dresser entre nous et nos ennemis du Nord les baïonnettes allemandes.

Tandis que les peuples nous accueillaient avec transport, espérant élever par nos mains une barrière impénétrable qui les garantît des projets spoliateurs de la Russie, les gouvernements, soi-disant constitutionnels, nous tendaient un piège infâme; il s'agissait de disperser l'Émigration polonaise au moment même où elle toucherait le sol de la patrie, et

---

[1]. Le bombardement de Léopol a répondu, quelques jours après, à cette adresse. Voilà comment les empereurs de la race de Habsbourg entendent leur droit de grâce.

la rejeter loin de nos frontières. Bientôt ces frontières se sont fermées pour nous; le sang polonais a coulé par torrents, les sympathies des deux nationalités rivales ne sont plus qu'un souvenir. Les menées des diplomaties étrangères, dont les agents ne se donnaient même pas la peine de déguiser leurs projets, ont pleinement réussi; les tristes victoires de Xionz et de Krakovie, si toutefois ont peut appeler de ce nom des massacres, n'ont profité qu'à l'absolutisme.

Des promesses ouvertement violées, des conventions aussitôt rompues que signées, des actes de barbarie et d'atrocité sans exemple, qui dépassent les scènes de Tarnow et de Bochnia, voilà ce que signifiait dans la bouche des gouvernements le nom de nationalité polonaise.

A Léopol, le jour même de la promulgation d'une constitution autrichienne, on s'empare des papiers du comité national, on défend de célébrer la mémoire des martyrs de Gallicie, on brûle plusieurs édifices, et on se sert pour désarmer le peuple d'une ruse indigne, qui n'échoue que grâce à la fermeté et à la prudence du comité;

A Krakovie, on organise une garde nationale, mais sans lui donner des armes, pour la trouver impuissante au moment du combat; et puis, on fait feu sur le peuple, on exige impérieusement l'expulsion de tous les émigrés, la dissolution du comité national, sous peine de réduire la ville en un monceau de cendres;

A Posen enfin, on parle de créer une administration provinciale distincte, de former un noyau de troupes polonaises avec les enseignes et les cocardes nationales; mais on détache du grand-duché d'abord onze districts de la frontière, puis la citadelle de Posen, puis la ville elle-même, et puis tout le territoire compris entre la ville et la frontière prussienne. Des colonnes armées, sous les ordres de deux généraux signalés par une hostilité flagrante à l'égard des Polonais, parcourent le pays sous prétexte de le pacifier, et sèment partout le meurtre et le brigandage. Un troisième général qui avait, aux yeux de la cour, le tort impardonnable d'être honnête homme en même temps que soldat, est immédiatement révoqué de ses fonctions, et ne peut plus retourner à Posen de crainte d'être assassiné par les Allemands du grand-duché[1].

A Berlin même, un journaliste qui rédigeait des articles favorables à notre cause, reçoit tous les jours des menaces de mort anonymes. Dans une dernière lettre on lui fait savoir que, s'il persiste, sa maison sera brûlée et démolie à ras de terre[2].

La Russie a prodigué des trésors pour soudoyer d'infâmes calomnies débitées chaque jour contre nous dans les journaux, et qui ont eu leur retentissement jusqu'à la tribune de l'Assemblée nationale[3]. Devons-nous ajouter que la diplomatie française ne fait absolument rien pour les prévenir? Dernière-

ment encore, un agent soi-disant français, délégué par vous à Berlin, vous a transmis sur les événements de Posen des dépêches remplies de faux rapports et d'injurieuses assertions[1].

D'où viennent ces trahisons qui nous font rougir de notre époque, et qui appellent les vengeances du ciel sur l'Europe monarchique! C'est que les révolutions de Vienne et de Berlin n'ont été qu'un écho stérile du mouvement républicain de Février; c'est que, durant notre passage, grâce à l'inertie de la France, une réaction sourde mais violente, s'est accomplie. La Prusse et l'Autriche sont encore, malgré les apparences, ce qu'elles étaient en 1831, lorsqu'elles désarmaient nos soldats jetés par le sort de la guerre sur leur territoire. Les formules seules ont partiellement changé; les hommes destinés à les mettre en œuvre sont toujours les mêmes, et ces hommes désavouent lâchement les concessions arrachées par la peur, le plus vil et le moins avouable de tous les sentiments humains. Le traité de la Sainte-Alliance, déchiré sur les barricades du 13 et du 18 mars, s'est ressoudé par nous-même; la main du ministre qui l'a tracé plane encore, invisible et maudite, sur les destinées de l'Allemagne.

C'est donc à la France que nous adressons nos vœux et nos espérances; nous lui demandons d'intervenir entre nous et nos meurtriers, pour faire cesser cette guerre de massacres qui jette l'épouvante dans les âmes des peuples civilisés. Cette intervention ne peut plus se faire par la voie de la pacification et des traités; toutes nos illusions sur la sincérité des souverains allemands se sont évanouies. Nous demandons au nom des paroles de fraternité que vous nous avez fait entendre, le 26 mars dernier, au nom du principe républicain sur lequel repose l'espoir de notre régénération, au nom du droit des gens foulé aux pieds par les cours spoliatrices, que la France fasse une souveraine manifestation de sa volonté, qu'elle déploie une force armée suffisante pour la soutenir.

Le principe de notre *Indépendance* et de notre *Unité*, dans les frontières d'avant 1772, reconnu et proclamé par la France républicaine, sera accepté sans opposition par la diète de Francfort. Les cours de Vienne et de Berlin se hâteront de suivre cette impulsion; et alors, quand les deux provinces de Posen et de Gallicie nous seront rendues en toute propriété, le seul bois des lances polonaises rejettera pour jamais la Russie hors de notre territoire.

C'est donc à la France, à qui appartient l'initiative politique en Europe, qu'il importe de casser l'arrêt inique du partage de la Pologne; de reprendre en sous-œuvre la tâche de sa régénération. La Providence, qui veut que les peuples soient libres, que les nationalités soient respectées, lui en fait une loi et une nécessité. Le mouvement de concentration des Slaves, ce problème immense, qui préoccupe aujourd'hui tous les esprits, a deux solutions égale-

---

1. Le digne général Willisen, aujourd'hui mis à la retraite.
2. Voy. le journal *Zeitungshalle*, 9 mai.
3. Le produit des 80 millions, déposés à la Banque de France par le tzar Nicolas en 1846, a été employé à les solder.

1. Voy. *Réfutation des dépêches de M. le chargé d'affaires de France à Berlin* (M. de Circourt), *déposées à l'Assemblée nationale le 15 mai 1848*. (Mémoire historique sur le grand-duché de Posen.)

ment possibles; c'est à la France à le résoudre dans le sens de la liberté. Malheur à nous, malheur à l'Europe, si le signal du réveil leur était donné par le despotisme! si le *panslavisme* russe arrivait à terme et prenait ses droits de primogéniture avant que la race gallo-romaine tout entière ne se soit ralliée autour du drapeau de la république! elle se trouverait alors placée entre ses difficultés intérieures et l'inimitié triomphante des barbares qui se souviennent encore de ses désastres! Il faut qu'elle les maintienne assez loin d'elle pour n'avoir plus rien à craindre de leurs agressions. Puisse le génie réparateur qui dirige ses destinées, lui inspirer une détermination digne de sa grandeur, et la préserver d'une faute insigne, dont trois de ses gouvernements ont déjà porté la peine!...

L'abandon de la Pologne pèsera comme une tache éternelle sur la mémoire de ses rois héréditaires; son indépendance sera l'œuvre de justice et d'expiation de la République (1).

Paris, 13 mai 1848.
(*Le Courrier français*.)

1. Selon notre conviction, M. de Lamartine n'est pas et n'a jamais été républicain. Il nous l'a fait sentir lorsque nous l'avons appelé *citoyen ministre*, en lui remettant cette lettre. *C'est bien assez*, nous a-t-il dit avec aigreur, *qu'on nous appelle citoyen à la tribune de l'Assemblée nationale; partout ailleurs, nous voulons être appelé* Monsieur. On peut se figurer quel fut notre étonnement d'apprendre que le même nom pouvait être un témoignage de respect *coram populo*, et une injure dans un salon. Et pourtant il nous semble que ce nom de *citoyen* est le titre le plus honorable que l'on puisse donner à un homme, quels que soient son opinion, son pays et sa dignité.

Le ministre des affaires étrangères nous a répondu quelques jours plus tard, le 23 mai, en portant à la tribune une accusation formelle contre la Pologne et l'Émigration, appuyée par les absurdes calomnies de son agent diplomatique à Berlin, M. de Circourt, marié à une princesse russe et, comme aujourd'hui M. de Morny, dévoué corps et âme à la Russie. Nous avons été forcé de leur donner un démenti public dans les journaux de Paris (25 mai) et dans le *Mémoire historique sur le grand-duché de Posen*.

La révolution de 1848 a été faite surtout au nom de la Pologne; les événements de Gallicie et de Krakovie en ont été le prélude : ce lien, M. de Lamartine l'a désavoué dix jours après, dans son trop fameux *Manifeste aux puissances étrangères*. Nous n'étions plus lors que des créanciers incommodes dont il fallait se débarrasser au plus vite et au meilleur marché possible. Nous avons vu plus haut de quel expédient peu loyal on s'était servi pour nous éloigner; il a suffi de nous jeter une seule fois le mot de *patrie*. M. de Lamartine a perdu la France et l'Europe en haine de la Pologne; haine étrange, inqualifiable dans un ministre de la république, et dont il faut chercher le secret dans ses relations personnelles, sa faiblesse d'esprit et sa crédulité. Ce sentiment vindicatif qui se reflète sur ses derniers écrits politiques (*Histoire de la Russie*, *Histoire de la Turquie*, etc.), a été la source déplorable de toutes les hésitations du gouvernement provisoire dans les questions étrangères; il en a fait le triste jouet de la chancellerie moskovite. Ces hommes ineptes ne pouvaient pas concevoir qu'il y eût, au delà du Rhin ou des Alpes, quelque chose qui ressemblât à des nations; des peuples aux aspirations généreuses, ayant une âme, un cœur, une pensée! Pour eux, l'Europe était tout entière dans la France; la France tout entière dans Paris, et Paris tout entier dans leur personne. Tel devait être le fruit de la mésalliance des hommes du *National*, républicains sincères, bien que parfois d'un orgueil ridicule, avec M. de Lamartine, dont on ne sait pas lui-même ce qu'il est.

Puissent ces fautes immenses qui ont retardé de bien longtemps peut-être l'avénement des nationalités, et qui n'ont profité qu'au principe monarchique de la Russie, servir de leçon exemplaire et d'avertissement à l'avenir! Nous le souhaitons ardemment, sans toutefois nous livrer outre mesure à cette espérance.

XXII.

AU PEUPLE.

ENVAHISSEMENT DE L'ASSEMBLÉE NATIONALE.

Citoyens de Paris,

Au nom de la Pologne, sœur de la France, au nom de la liberté, si chèrement conquise, point de guerre civile!

C'est la voix d'un Polonais, républicain comme vous, qui vous avertit et vous supplie de reprendre vos travaux; ne faites pas de la cause polonaise une arme contre vous-mêmes!

Songez que chaque balle qui frapperait l'un de vous, tuerait le frère d'un Polonais!

Laissez les représentants que vous avez choisis délibérer librement, et non pas sous la menace d'une violence; élus du peuple, ils ne prendront que des décisions conformes à votre honneur et à vos sentiments.

Les généreux accents qui ont déjà retenti dans le sein de l'assemblée nationale en faveur de ma patrie trouveront, je n'en doute point, un écho dans vos cœurs; ne les laissez pas étouffer par la voix de la discorde!

Ne donnez pas à vos ennemis le prétexte de calomnier la *Liberté* en l'appelant désordre; que le mot de *Fraternité*, que vous avez inscrit sur vos bannières, ne soit pas une vaine devise et que l'*Indépendance* de la Pologne soit le fruit d'une étreinte de paix et d'amour de toute la nation française (1)!

Paris, 15 mai 1848.
(*Le Courrier français*.)

XXIII.

A M. DE LAMENNAIS.

LA FRATERNITÉ ALLEMANDE.

« Quand vous voyez un peuple chargé de fers et livré au bourreau, ne vous pressez pas de dire : Ce peuple est un peuple violent qui voulait troubler la paix de la terre;

« Car peut-être est-ce un peuple martyr qui meurt pour le salut du genre humain. »
(Paroles d'un Croyant, v.)

I.

1. Une grande lumière se fit à l'Orient.

2. Je crus que c'était le soleil de la liberté qui se levait sur mon pays; ce n'était qu'une de ces aurores menteuses qui brillent sur le Nord trois mois avant le jour.

3. Bientôt cette aurore hâtive s'éteignit dans le

1. Cette adresse au peuple, envoyée sur tous les points de Paris, n'a pas peu contribué à calmer l'effervescence du 15 mai, conduite, à mon avis, de même que, plus tard, les sanglantes journées de Juin, par des mains ennemies de la France et de la Pologne.

sang, et je reconnus avec horreur que ce sang était le mien.

4. Je m'approchai ; je vis des hommes luttant dans l'ombre avec démence et se portant des coups terribles. En vain je me demandai quel pouvait être l'objet de leur combat ; mais bientôt je distinguai deux peuples ou plutôt deux armées : l'une avait sur le cœur une croix, l'autre avait une pièce d'or à l'effigie de Satan.

5. Dans les airs aussi, luttait un aigle blanc avec un vautour.

6. Et il se trouva un homme qui leur dit : « Insensés que vous êtes ! pourquoi donc vous entre-tuer dans les ténèbres ? Attendez que le jour soit venu ; et alors vous vous reconnaîtrez pour frères, et alors vous vous repentirez du sang que vous avez déjà versé. »

7. Je m'aperçus que ces paroles étaient arrivées jusqu'à eux ; car la lutte cessa des deux côtés : il se fit un grand silence, comme entre un éclair et le coup de tonnerre qui le suit.

8. J'avisai un soldat gisant sur le sol et gémissant à haute voix ; une large blessure déchirait sa poitrine, et sa tête sanglante était enveloppée d'un drapeau rouge et blanc.

9. Je versai un peu de vin pur sur ses lèvres ; je l'interrogeai, et il me répondit en ces mots :

« 10. Ceux que tu vois mourants autour de moi sont les fils des premiers chrétiens ; ils en ont gardé l'austérité, l'esprit d'association et la soif du sacrifice.

« 11. Leur nom de peuple est *Slovo* ou le Verbe, et ce nom leur fut donné par les apôtres.

« 12. Ceux que tu vois du côté opposé sont les fils des bandits adorateurs de Teutatès ; ils en ont gardé la soif de l'or, les instincts sanguinaires et la duplicité.

« 13. On les appelle le peuple *muet*; ce nom leur fut donné parmi les nations, car ils n'ont de parole que pour le mensonge, car leur main ne s'étend dans l'ombre que pour le crime [1].

« 14. Ils nous ont dit hier : « Venez à nous, et
« nous vous rendrons vos domaines ; vos terres que
« nous avons ravagées sont infertiles dans nos
« mains, elles seront fécondes sous les vôtres ; vos
« trésors que nous vous avons dérobés nous ont
« porté malheur, car ils ont excité la convoitise de
« nos voisins ; vos maisons dont nous vous avons
« expulsés se lézardent et s'écroulent sur nos
« têtes.

« 15. Venez et reprenez ce qui vous appartient. »

« 16. En nous disant cela, ils nous tendaient un
« piège ; car aucun d'eux n'avait intention de les
« rendre.

« 17. Nous avons répondu : « Nos trésors, gardez-
« les, pourvu que nos frères en exil puissent revoir
« leur patrie ; nous ne vous réclamons que ce qu'il
« faut de terre pour en couvrir nos ossements : pre-
« nez dans nos maisons le pain et le sel, gage d'al-
« liance et d'hospitalité.

« 18. Soyez nos amis et ne formons désormais
« qu'une même famille d'hommes libres. »

« 19. En leur disant cela, nous leur tendions les mains ; et les faux et les lances qui nous servaient au combat se sont dispersées sur la terre.

« 20. Mais aussitôt leurs chefs, nous voyant désarmés, se sont jetés sur nous pour nous égorger lâchement comme des assassins. »

21. Ici, le sang coula plus abondamment de la blessure du soldat, comme en témoignage de ses paroles ; je m'inclinai sur lui et nous confondîmes nos pleurs et nos prières.

II.

1. Le soldat reprit en revenant à lui :

« 2. Alors ce fut un carnage, une mêlée horrible, dont rien ne peut donner l'idée, si ce n'est les massacres de Tarnow et de Bochnia.

« 3. Ils frappaient sans pitié, sans pudeur, sans remords, en dépouillant les cadavres ; ils insultaient notre peuple jusque dans sa tombe ; et puis la calomnie, arme des lâches, achevait ceux que le fer ne pouvait atteindre.

« 4. Ils nous traitaient de peuple violent, parce que nous réclamions la part qu'ils avaient frauduleusement détachée de notre pays ; comme si le Christ, en chassant les vendeurs du temple de Sion, avait été violent.

« 5. De soldats devenus brigands, ils allaient, après le combat, traquer au fond des bois les malheureux qui s'y étaient réfugiés ; ils les marquaient à l'épaule d'un fer rouge ; et ceux qui résistaient, ils les assommaient après leur avoir fait subir des tourments inouïs.

« 6. Et le Juif immonde, pareil à l'oiseau vorace qui suit le soc du laboureur, suivait l'Allemand, et ramassait les débris du carnage dans le sillon de sang.

« 7. Ils ont armé le frère contre le frère, l'homme des champs contre l'homme des cités, le mécréant contre le chrétien ; dans chaque couche d'enfant ils ont mis un poignard empoisonné.

« 8. Nous leur parlions de fraternité, et ils nous répondaient par le massacre.

« 9. Or, en faisant ces choses, ils ne s'apercevaient pas qu'ils se châtiaient eux-mêmes ; car déjà les pirates finnois se sont approchés d'eux pendant la nuit ; et bientôt ils vont les charger de fers pour les vendre aux tyrans de l'Asie. »

10. A peine j'osais croire aux paroles du soldat ; n'admettant pas qu'il y eût des hommes assez pervers pour commettre de tels crimes envers d'autres hommes ; mais le soldat étendit la main comme pour me montrer le pays environnant, et ses yeux se fermèrent pour jamais.

11. Je recueillis son âme sur ses lèvres, et cette âme était celle de tout un peuple.

12. Avec cette âme je parcourus tout le territoire compris entre les fleuves et les mers de l'Europe centrale ; et ce que je vis, aucune parole humaine ne saurait le rendre, car il faudrait inventer une

---

[1]. *Niémiec*, Allemand, est synonyme de *niémy*, muet, en polonais.

langue nouvelle de malédictions et de blasphèmes pour l'exprimer.

13. Partout le règne de la mort et du néant; autour de moi, des bandes de chiens affamés dépeçant des lambeaux de cadavres ; sur ma tête, des nuées de vautours, planant comme un linceul, ou s'abattant sur les plaines avec un bruit d'ailes pareil au souffle de l'ouragan.

14. Et je me rappelai ces paroles d'un homme inspiré de Dieu : « Je vois un peuple sur lequel six rois ont mis le pied; et toutes les fois qu'il fait un mouvement, six poignards s'enfoncent dans sa gorge. »

15. Alors les assassins s'écrièrent : « Que leur sang retombe sur nous et sur nos enfants jusqu'à la troisième génération ! »

III.

1. Lorsque le Christ expirait sur la croix du Calvaire, les Juifs rassemblés disaient en ricanant : « S'il est digne d'être un Dieu, qu'il descende de sa croix, et nous le reconnaîtrons pour Messie. »

2. De même, ô mon pays! lorsqu'on te voit palpiter sous le fer du bourreau, on t'insulte en disant: « S'il est digne d'être un peuple, qu'il se délivre lui-même, et nous le reconnaîtrons pour frère. »

3. Et l'on feint d'oublier que trois clous de fer ont déchiré tes membres, et que trois couronnes d'épines ont pénétré dans tes tempes !

4. On ne se contente pas de te clouer à l'arbre du supplice, on vient avec des défis sanglants te cracher au visage!

5. Mais ceux qui t'ont blasphémé seront réprouvés devant Dieu; comme les Juifs d'autrefois, dépositaires de la pensée divine, aujourd'hui errants et fugitifs jusqu'au jour du jugement dernier.

6. Car de même que, dans les anciens jours, le Verbe de Dieu s'était fait homme pour le salut des hommes, de même, dans les jours nouveaux, le Verbe de Dieu s'est fait peuple pour le salut des peuples.

7. Ce Verbe de Dieu fait peuple se nomme la République des Slaves.

Paris, 29 mai 1848.

(*Le Courrier français.*)

XXIV.

L'ÉMIGRATION POLONAISE A PARIS.

CONTRE LE MANIFESTE DU TZAR.

Au nom du droit des gens et de l'humanité, violé par l'intervention de la Russie dans la cause hongroise; au nom du peuple polonais dont nous sommes l'émanation vivante, nous protestons contre la qualification de *sujets rebelles* qui nous est donnée par le tzar dans le manifeste récent dans lequel il essaye de motiver et de justifier ce dernier attentat contre la liberté des peuples.

Non, les Polonais émigrés, nos frères qui combattent sous les drapeaux de Bem et de Kossuth, ne sont point et n'ont jamais été les sujets de Nicolas! Non, le tzar n'est point notre souverain ; car après Dieu, il n'est pour nous de souverain que le droit ! Non, le tzar n'a pour esclaves, si toutefois il en est encore dans le temps où nous vivons, que ceux qui se soumettent de plein gré à sa tyrannie ! Il en a donc menti devant Dieu et devant les hommes en nous appelant rebelles, c'est-à-dire sujets révoltés!

La Pologne n'a jamais reconnu de sujets ni de maîtres dans le sens moskovite ; le droit sacré de l'indépendance individuelle et nationale était inscrit dans nos lois bien avant que les autres peuples, nos voisins, aient conçu la première idée de leur émancipation. Depuis le temps de notre conversion au christianisme, tout esclave redevenait libre en mettant le pied sur le sol de la Pologne; le servage et la féodalité n'y sont venus qu'à la suite des barbares.

Ce droit inaliénable proclamé par nos aïeux, nous l'avons hautement attesté en 1831, lorsque nous avons déclaré, par l'organe de la diète polonaise, la dynastie étrangère des Holstein-Gottorp à jamais écartée et déchue du trône ;

Ce droit, nous l'avons inscrit avec notre sang sur les plaines de Wawer et d'Ostrolenka, lorsque notre vaillante armée, destinée à servir d'avant-garde contre l'Europe et la civilisation, s'est retournée contre la Russie ;

C'est pour garantir à ce droit toute son intégrité que nous avons quitté patrie, famille, bonheur domestique, tous ces biens plus chers que la vie ; que nous avons souffert dix-huit ans d'exil et de pèlerinage ; ce droit est plus réel et plus positif que la puissance fantastique du tzar, que nous voyons déjà s'écrouler sous les anathèmes des Magyares et des Slaves.

Nous déclarons, par conséquent, en face de Dieu et des hommes, le prétexte sur lequel s'appuie le cabinet de Saint-Pétersbourg pour intervenir en Hongrie, nul et mal fondé ; et nous en appelons aux instincts de droiture et d'équité qui sommeillent au sein du peuple russe lui-même, pour appuyer ce démenti formel que nous donnons aux paroles de Nicolas, son oppresseur et le nôtre [1].

Paris, 29 mai 1849.

(*Le Siècle.*)

---

1. Voici quelques passages saillants de ce fameux manifeste:

« Depuis une année, l'Occident de l'Europe est devenu le théâtre de séditions incessantes qui se sont étendues jusqu'à l'Orient dans les principautés de Valaquie et de Moldavie... et surtout dans la Hongrie, d'où l'esprit de révolte menace d'envahir aussi nos provinces... Depuis qu'elle est soutenue par l'affluence de nos *sujets rebelles* polonais, et par des transfuges et des vagabonds de tous pays, l'insurrection en Hongrie a pris une telle consistance, que l'empereur d'Autriche a dû réclamer notre aide contre *l'ennemi commun*. Nous n'avons pas cru devoir lui refuser nos services... Nous sommes convaincu que le dieu des batailles donnera à la Russie le courage de remplir *sa sainte mission*, etc. »

(*Extrait du manifeste du tzar.*)

XXV.

A MM. LES MINISTRES.

LA GUERRE DE HONGRIE ET L'INTERVENTION RUSSE[1].

I.

Dans cet exposé rapide de la guerre nationale de Hongrie, je tâcherai de m'élever à un point de vue qui me permettra de la considérer dans son ensemble, avec les effets probables qui doivent en résulter pour l'avenir de l'Orient. J'espère démontrer que la chrétienté tout entière est intéressée au plus haut point à soutenir, à protéger les nobles efforts des Hongrois pour le maintien de leur indépendance.

Nul ne saurait contester que, depuis l'intervention de la Russie dans la guerre hongroise, intervention provoquée par la faiblesse du cabinet de Vienne, cette guerre ne soit entrée dans une phase universelle ; ce n'est plus la lutte de deux nationalités, croate et magyare, faisant partie d'un même État et liées depuis des siècles par des traités fédératifs ; ce n'est plus la querelle de la Hongrie avec la maison de Habsbourg-Lorraine, dont l'unique lien, la pragmatique-sanction, a été brisé pour jamais par l'appel à l'intervention russe : c'est une guerre continentale, une guerre de principes dans laquelle se trouvent en présence, les armes à la main, d'un côté le principe de paix et de progrès de l'Europe, de l'autre le principe de guerre et de domination de l'Asie : ici le monde gallo-romain, là le monde gréco-slave. Quelle qu'en soit l'issue, les hommes d'État, les esprits sérieux de tous les pays sont vivement préoccupés de cette pensée, que la guerre de Hongrie doit, par ses résultats, changer les rapports politiques entre les puissances européennes.

La France ne saurait se maintenir dans une position purement expectative en présence d'un pareil événement ; il importe autant à sa grandeur et à sa dignité qu'à la suprématie morale qu'elle a toujours exercée sur les peuples comme première puissance chrétienne de l'Occident, de sauvegarder les intérêts de la civilisation : elle ne peut le faire qu'en prêtant un appui ferme et décisif à la cause nationale de la Hongrie.

Si, après la secousse encore récente de Février, la question politique a pu être posée à l'intérieur entre le parti de la modération et celui du mouvement ; à l'extérieur elle doit être invariablement maintenue dans les termes dans lesquels Napoléon Ier l'avait placée : c'est-à-dire entre la France et la Russie, la civilisation et les barbares, personnifiés dans les deux parties belligérantes.

II.

Il n'est plus permis de douter du caractère religieux de la guerre de Hongrie, depuis ces paroles du tzar, copiées textuellement de son dernier manifeste : « Que Dieu soit avec nous, et personne ne pourra plus nous résister ; chaque Russe partage cet espoir, et *la Russie remplira sa sainte mission!* » Cette sainte mission est de convertir au schisme toutes les populations qu'elle aura conquises ; de leur imposer, avec un nouveau gouvernement, une foi nouvelle, des croyances et des mœurs nouvelles. Qu'il me soit permis d'entrer, à ce sujet, dans quelques développements numériques.

On sait que le tzar de Russie est en même temps le chef politique et le chef religieux de son immense empire ; on sait qu'en ajoutant à ses États les provinces subjuguées par la ruse ou par la violence, il devient en même temps leur souverain absolu et leur pontife suprême : c'est l'association païenne et monstrueuse d'une tiare pontificale et d'une couronne impériale sur le front d'un despote. Il me serait facile de puiser dans les statistiques les éléments de cette propagande religieuse de la Russie, exercée dans un but de domination universelle ; il suffira de dire que cet empire pèse déjà sur les destinées de l'Europe chrétienne d'une population de 60,000,000, que le schisme a, de manière ou d'autre, conquis pour ses adhérents. Ce chiffre se trouve réparti de la manière suivante :

Pour les grecs-schismatiques.....	40,500,000
Les catholiques grecs-unis.......	6,564,000
Les chrétiens dissidents	3,049,000
Musulmans et juifs..............	5,887,000
	56,000,000

Ajoutons à ce dénombrement la population du royaume de Pologne (1815) :

Catholiques romains............	3,325,000
Dissidents.....................	260,000
Grecs-schismatiques	5,000
Juifs...........................	410,000
Nous aurons pour chiffre total de la Russie	60,000,000

Dans ce vaste empire, les catholiques sont aux schismatiques dans la proportion de 1 à 4. Les autres communions sont à ces derniers comme 1 est à 12[1]. N'oublions pas de dire cependant que, grâce à la persécution que le tzar dirige contre tous les *dissidents*, les catholiques surtout de son empire, la moitié peut-être, c'est-à-dire cinq millions, ont été déjà convertis à l'Église grecque-schismatique, et l'autre moitié se trouve fortement exposée.

La soumission de la Hongrie par les armées russes non-seulement ajouterait à sa population un

---

[1]. Ce mémoire sur la Hongrie, rédigé d'après des renseignements officiels transmis à l'auteur par le général Bem, a été adressé à M. de Falloux, alors ministre de l'instruction publique et le membre le plus influent du cabinet. Bien que la question hongroise s'y trouve examinée surtout au point de vue religieux, aucune tentative n'a été faite, aucun vœu n'a même été formé pour le maintien de l'indépendance hongroise. Mon message est resté sans réponse et sans résultat.

[1]. Ces chiffres sont extraits des pièces officielles annexées à l'allocution du pape Grégoire XVI, à la date du 22 juillet 1842.

chiffre de 15 millions, mais encore ouvrirait inévitablement à la Russie le chemin de Constantinople, en attirant à elle toutes les populations de race slave qui constituent une grande partie de l'empire turk. En supposant donc que la Russie s'empare de la métropole de l'Orient, son chiffre grossirait de la manière suivante :

1° La Russie (comme ci-dessus)........	60,000,000
2° La Grèce et la Turquie (si l'on excepte ses possessions africaines) possèdent une population de.........................	20,000,000
3° En Autriche, l'élément slave est de..	15,709,000
4° En Prusse, il s'élève à.............	2,000,000
5° La Moldo-Valaquie, la Serbie, soumises à l'influence russe, comptent une population de...............................	2,300,000
C'est-à-dire que le total des populations attirées vers la Russie et pouvant se réunir à elle, soit activement, soit passivement, après la conquête de la Hongrie, serait de.	100,000,000

Cependant la Russie ne s'arrêterait pas en si beau chemin; sa soif de conquêtes ne serait plus assouvie qu'elle n'ait étendu jusqu'à Rome les limites de l'empire des tzars; Rome, qui est la proie ardemment convoitée par elle depuis des siècles; Rome, que le testament de Pierre Ier désigne à ses successeurs comme le terme glorieux où doit s'arrêter leur ambition[1].

En un mot, la Russie, réalisant son idée de *panslavisme*, qui prendrait alors la signification d'*esclavage universel*, se verrait à la tête d'une population de plus de 100 millions, et serait la maîtresse absolue des destinées du monde!

Si les audacieux desseins de Pierre Ier devaient s'accomplir, d'après ce plan que ses successeurs ont suivi avec une infatigable persévérance, que deviendraient alors, je le demande à tout homme de sens et de conviction, que deviendraient la France, la civilisation et la liberté?

III.

Il est donc évident que la Russie, croyant accomplir une *mission divine*, et sous prétexte de combattre la révolution, c'est-à-dire la France, tend à la suprématie universelle, sans égard pour les nationalités qui se trouvent déjà entraînées de manière ou d'autre dans sa sphère d'attraction. Dans cet état de choses, lorsque Nicolas est prêt aux derniers sacrifices, aux efforts les plus désespérés pour soumettre la Hongrie; lorsque les hordes asiatiques, suivies de femmes et d'enfants, comme aux jours des incursions barbares, s'avancent déjà sur les chemins du Midi, quelle est la garantie que l'Europe a le droit d'invoquer pour sa sécurité? Quelle est la barrière assez puissante pour arrêter ce flot destructeur qui vient de franchir les Karpathes, et s'achemine déjà vers les Alpes? Est-ce l'Autriche? Assurément non; et je ne crois pas que telle puisse être la pensée des hommes d'État auxquels l'élection populaire a remis les destinées de la France.

L'Autriche, on le sait à Londres et à Saint-Pétersbourg, est un État hors nature; c'est, de même que la Russie, une dynastie allemande, greffée sur un empire slave; et cette identité absolue de conformation politique la fera à tout jamais l'appendice et la vassale de la Russie. L'Autriche n'est qu'une dynastie; moins cette dynastie, l'Autriche n'existe pas. Environnée de puissances ennemies, dont chacune, prise individuellement, est assez forte pour l'écraser, l'Autriche ne doit son salut qu'à leurs dissensions. Le principe anarchique adopté pour maintenir sous sa dépendance les diverses races que comprend sa population, peut tout aussi bien s'appliquer à sa politique extérieure : *divide et impera!* Depuis Léopold Ier et la déchéance de l'empire romain consentie par ses héritiers, c'est une politique toute d'expédients et d'interventions : intervention polonaise contre les Turks, comme en 1683; intervention hongroise contre le Brandebourg, comme sous Marie-Thérèse; intervention russe contre les Hongrois, comme de nos jours; des alliances matrimoniales avec les familles régnantes, toujours fécondes pour les cabinets, toujours stériles pour les peuples. Du reste, pas de politique arrêtée, pas de finances, pas de principes positifs; ce n'est ni le principe absolu de la Russie, ni le principe constitutionnel de l'Angleterre, encore moins le principe démocratique de la France. C'est une mosaïque étrange, une Babel inachevée de races, de religions, de systèmes, de langages, étonnés de se trouver ensemble, et n'ayant d'autre lien commun qu'une dynastie dégénérée qui ne produit plus que des rejetons caducs et moribonds; un passé sans traditions, un présent sans raison d'être, un avenir sans espérance, un État de 30,000,000 d'hommes immolés à l'alimentation dispendieuse d'une pépinière d'archiducs idiots, voilà toute l'Autriche : construction vicieuse suspendue sur un abîme, et certes, ce ne sera pas la Russie qui l'empêchera longtemps d'y tomber!

Un pareil État ne saurait servir de rempart à l'Europe; le relever serait désormais impossible : *il serait insensé d'y compter sérieusement.*

L'Autriche vient de prononcer elle-même sa ruine en invoquant à son secours la Russie, la plus mortelle de ses ennemies; l'appel à l'intervention russe est, de la part du cabinet de Vienne, un acte de désespoir, un suicide politique. Il valait mieux, pour cet empire, renoncer pour jamais à ses droits réels ou prétendus sur la Hongrie, et garder les Slaves qu'il était parvenu à s'attacher, Croates, Serbes et Dalmates, que de perdre en même temps Slaves et Hongrois; et tel sera, n'en doutons pas, l'effet inévitable de l'intervention russe. Car de deux choses l'une : ou la Hongrie sera victorieuse, et alors tous les Slaves du midi quitteront le drapeau de Yellachich pour se ranger sous les bannières de Kossuth, en s'unissant avec lui dans une haine commune contre la domination allemande; ou la Hongrie sera soumise par le tzar, et le Danube redeviendra entièrement slave, depuis Vienne et Presbourg jusqu'à son

---

1. Voir page 419.

embouchure. La Russie avance à pas lents, mais ne rétrograde jamais ; c'est une loi imposée par Pierre Ier, sous peine de mort, à tous ses successeurs, et qui est devenue, pour sa politique, une maxime de cabinet.

Si, malgré nos prévisions, la Russie victorieuse renonce cette fois à l'occupation définitive de la Hongrie, ce n'est qu'une question de temps; et les cent vingt-sept millions dus pour les frais de la guerre par l'Autriche lui serviront tôt ou tard de prétexte pour en reprendre possession : si toutefois le génie de la liberté n'y met bon ordre auparavant.

Notons bien cependant que telle est la faiblesse réelle de la Russie, malgré l'immense développement de son territoire, qu'elle ne saurait remplacer l'armée d'invasion qui s'achemine à présent vers la Hongrie, dans le cas possible d'une défaite, sans dégarnir entièrement le Kaukase et la Pologne; c'est-à-dire, en voulant sauver l'Autriche, déjà disloquée, sans s'exposer elle-même à une ruine inévitable [1].

Cependant elle a fait coup sur coup, et presque sans résistance de la part de ses voisins, deux pas de géant en quelques semaines: l'un jusqu'à Léopol, capitale de la Gallicie, l'ancienne Russie-Rouge ; l'autre jusqu'à Bude-Pesth, capitale de la Hongrie. Comparons les distances, et nous trouverons que le troisième pourrait bien la conduire jusqu'aux bords de l'Adriatique, toujours dans la même direction ; et alors elle n'aurait plus qu'un bras de mer à traverser pour venir s'asseoir dans le Capitole de la ville éternelle : en réalisant ainsi la sinistre prédiction de Pierre Ier.

La propagande religieuse, organisée depuis longtemps par le cabinet de Saint-Pétersbourg, parmi les Slaves schismatiques de l'Autriche, a déjà porté ses fruits: Stur en Moravie, Hurban dans le nord de la Hongrie, Raïachich, patriarche de Serbie, le vladika grec de Monténégro, soulevés contre les Hongrois, tendent déjà ouvertement la main à la Russie. Encore quelques victoires de Paskéwitch, et Vienne subira le sort de Varsovie. L'Europe d'Orient sera toute kosaque et toute schismatique ; la France alors, isolée, repliée sur elle-même, perdra pour tout jamais sa dignité morale, comme première puissance chrétienne du continent, au profit de la Russie, qui partagera le sceptre du monde avec l'Angleterre, désormais sa seule rivale, et fera bientôt de l'église de Saint-Pierre une basilique moskovite, de même que Mahomet II a fait de la basilique grecque de Sainte-Sophie une mosquée musulmane.

Les résultats en seront très-probablement les mêmes pour l'Europe que la conquête de Byzance par les Turks et son abandon par l'Église d'Occident : faute immense, à peine expiée par la réforme protestante et par un siècle entier de guerres civiles et religieuses : les mêmes causes produisent en politique les mêmes effets.

[1]. Ceci est tellement vrai que, pour soumettre les Hongrois, le maréchal Paskéwitch a dû recourir au seul moyen dont il ne se soit jamais servi pour vaincre : la corruption.

IV.

Le seul moyen d'empêcher ce développement monstrueux du schisme, qui le mettrait immédiatement, comme nous l'avons démontré plus haut, à la tête d'une population de 100,000,000, aujourd'hui que la Pologne, trahie et désarmée, est encore une fois sous le joug : c'est de relever la Hongrie.

Ce magnifique pays, compris entre les Karpathes et l'Adriatique, est en très-grande majorité catholique-romain ; et ne compte, sur 15 millions d'habitants, que 2 millions et demi de grecs-schismatiques. Voici le relevé exact de sa population, sous le point de vue religieux :

Catholiques et protestants	11,000,000
Grecs-unis et schismatiques	3,750,000
Juifs	250,000
En tout	15,000,000

Grâce à l'esprit belliqueux de la nation magyare, aux victoires récentes qu'elle vient de remporter sur les armées réunies des deux empires, au prestige qui s'attache aux noms désormais immortels de Louis Kossuth, de Bem et de Klapka, on pourrait en faire en peu de temps le rempart et l'avant-garde de la civilisation chrétienne à l'orient de l'Europe. Tel est, selon nous, le devoir de la France et de l'Angleterre; ainsi que de tous ceux qui placent l'intérêt politique au-dessus des agitations mesquines et souvent ridicules des théories prétendues sociales.

Personne ne doute plus du caractère éminemment religieux de cette guerre de Hongrie, depuis que les prêtres se sont mis à la tête des populations insurgées, proclamant la guerre sainte et conduisant au combat les bataillons des volontaires, la croix à la main; rien aussi ne saurait égaler l'enthousiasme religieux évoqué par la lettre pastorale des évêques de Hongrie aux fidèles du royaume, dans laquelle se trouvent les paroles suivantes que nous citons textuellement :

« Lorsqu'il y a six mois, notre constitution de huit siècles fut modifiée à la diète de Presbourg suivant les exigences du temps et les vœux de la nation, et ses bienfaits étendus à tous les fils de la nation, sans distinction de langue, de classe ou de communion; lorsque le gouvernement indépendant, sanctionné par la parole du roi, reçut ses pouvoirs : nul n'aurait cru jamais qu'il était possible d'attaquer cette constitution libre, ni d'exciter contre les Hongrois les nationalités voisines. Le bien acquis étant devenu le bien de tous, l'alliance sincère de ces nationalités devait, au contraire, se fortifier ; les barrières et les murs entre les peuples comme entre les classes, devaient tomber à jamais. »

Et plus loin :

« Pressez-vous dans nos temples, autour de l'autel du Seigneur; adressez-vous à la sainte Vierge, patronne de notre patrie : qu'elle défende son cher héritage, qu'elle intercède en faveur de ce peuple qui porte son souvenir sur ses monnaies et sur ses drapeaux. Si vous vous confiez en Dieu, si vous puisez vos forces dans la religion, vous serez forts, persévérants dans la lutte, prêts à tous les sacrifices patriotiques; car celui-là suit la loi qui, selon les préceptes de l'Évangile et des apôtres, la suit par obéissance, non aux hommes, mais à Dieu : librement et non par contrainte, etc. »

Cet appel énergique à toutes les forces vives de la nation a déjà produit son effet; la Hongrie, qui, il y a un an, comptait à peine trois mille combattants, a aujourd'hui 150,000 hommes sous les armes : et la voilà bientôt sous les portes de Vienne! Tous les évêques catholiques, au nombre de quinze, ont adhéré au manifeste d'indépendance : entre autres, le vénérable Ham, archevêque de Gran et primat de Hongrie; Joseph Lenovics, archevêque d'Erlau; Michel Horwath, évêque de Csanat et ministre de l'instruction publique; César Mednyanski, aumônier en chef de l'armée hongroise; Vladislas Bemer, évêque de Grand-Wardein; Rudnyanski, évêque de Neusohl; Vincent Yehekelfalusy, évêque de Zips, etc.

Ne serait-ce pas de la part du clergé hongrois un pressentiment qu'il combat pour la cause même de la chrétienté, dont le dernier rempart est sur le point de s'écrouler sous l'effort du paganisme septentrional ?

Ce pressentiment est vrai, car la Russie réunit dans une exécration commune la cause du catholicisme et celle de la liberté; sa pensée à ce sujet est nettement formulée dans un mémoire présenté au cabinet du tzar sous le titre : *Politique et moyens d'action de la Russie* [1].

« Il est à prévoir que toutes ces propagandes qui travaillent déjà l'Orient, propagande catholique, propagande révolutionnaire, toutes opposées entre elles, mais réunies dans un sentiment de haine commune contre la Russie, vont maintenant se mettre à l'œuvre avec plus d'ardeur que jamais.

« *L'Occident s'en va!* tout s'écroule, tout s'abîme dans une conflagration générale; l'Europe de Charlemagne, aussi bien que l'Europe des traités de 1815; la papauté de Rome et toutes les royautés de l'Orient; le catholicisme et le protestantisme; la foi, depuis longtemps perdue, et la raison réduite à l'absurde; l'ordre désormais impossible, la liberté désormais impossible et sur toutes ces ruines amoncelées par elle, la civilisation se suicidant de ses propres mains!

« Et lorsque, au-dessus de cet immense naufrage, nous voyons, comme *une arche sainte*, surnager cet empire plus immense encore, qui donc pourrait douter de sa *sainte mission?* Est-ce à nous, ses enfants, à nous montrer sceptiques et pusillanimes? »

Sous le point de vue légal aussi bien que religieux, les Hongrois se trouvent parfaitement déliés de leurs serments de fidélité à l'égard de l'empereur-roi, par le fait de l'intervention russe, en vertu de la loi de 1723, nommée la pragmatique-sanction,

[1]. Par un employé supérieur du ministère des affaires étrangères.

qui garantit à la Hongrie son entière indépendance, tout en rendant la couronne héréditaire dans la maison de Habsbourg-Lorraine; et surtout du décret du roi Andréas qui fait la base de sa constitution, et dont voici le 34ᵉ paragraphe :

« Nous garantissons à tous les Hongrois le droit de la résistance armée envers le souverain, dans le cas où celui-ci voudrait commettre un acte contraire à la constitution du royaume. »

Un autre paragraphe a la teneur suivante :

« Le roi ne pourra ni déclarer la guerre, ni conclure des traités concernant la Hongrie, sans l'assentiment des États; *il ne pourra*, DANS AUCUN CAS, *faire franchir les frontières du royaume à une armée étrangère...* »

Ce décret est inscrit en toutes lettres dans la formule du serment prêté par tous les souverains en montant sur le trône; le violer, c'est abdiquer : et la diète de Debreczin était parfaitement fondée à prononcer, le 14 avril 1849, la déchéance à perpétuité de la maison régnante.

V.

J'arrive à la partie essentielle de ce travail : aux moyens d'exécution.

La question politique de l'Europe, nous croyons l'avoir surabondamment prouvé, n'est plus posée entre la Hongrie et les Slaves de l'Autriche; mais par le fait de l'intervention étrangère, elle s'est transformée en lutte continentale entre le Nord et le Midi, entre le monde gréco-slave et le monde gallo-romain : en un mot, entre le schisme et le catholicisme. Eh bien! il serait encore possible de faire triompher la Hongrie et de faire rentrer l'invasion dans ses limites, sans déclarer la guerre, mais par la voie des négociations diplomatiques. C'est en reprenant en sous-œuvre la grande politique de Louis XIV et de Napoléon à l'égard de l'Autriche, politique dont la France n'aurait jamais dû s'écarter; c'est en reformant la ligue que ces deux souverains avaient projetée entre la Turquie, les Hongrois et les Slaves ralliés autour de la bannière polonaise. Depuis la funeste époque du partage, la Russie ne doit sa puissance réelle ou fictive qu'à la diplomatie, et surtout aux traités de 1815. Inattaquable dans son centre, elle est partout vulnérable à sa circonférence; s'appuyant sur ses extrémités comme sur les bases d'un immense arc-boutant, c'est à ses limites que réside toute sa vitalité : et c'est aussi là qu'elle peut et doit être entamée. C'est pour avoir méconnu ce grand principe que Charles XII a succombé après des prodiges de valeur; que Napoléon lui-même a échoué dans son expédition de 1812. Pour restreindre la Russie, il suffirait de l'isoler; de la dépouiller de sa puissance fédérative, déjà fortement ébranlée par la révolution de Février. Tout à l'entour, c'est la Suède, l'Allemagne, la Pologne, la Krimée, la Turquie, le Kaukase, la Perse, nations toujours vivaces, quoique soumises ou désarmées; au centre, c'est le génie de la mort qui règne, opprime et rêve là conquête du monde.

Dépouillez ce fantôme de son linceul, et vous trouverez qu'il n'a pas de cœur ni d'organes; ôtez à la Russie ses annexes, et vous la réduisez à l'impuissance la plus absolue, à l'intérieur comme à l'extérieur.

Oui, l'isolement de cet empire asiatique serait à lui seul un événement immense, s'il n'était le précurseur d'un coup bien plus fatal pour lui : de l'hostilité de ces mêmes puissances qui, depuis 1772, avaient été ses complices! Oui, la Russie réduite à ses propres forces est impuissante à défendre l'immense territoire qu'elle possède! Oui, c'est sur Constantinople et le Danube que doivent se porter tous les efforts de la France, ayant pour but la délivrance de la Hongrie! c'est là que la question hongroise doit être résolue, sans qu'il soit besoin de dépenser un seul homme ni même un seul écu. Il suffirait de mettre en mouvement un levier puissant, d'un effet infaillible, et ce levier, c'est la haine instinctive, héréditaire, de la Turquie contre la domination moskovite. Les Turks ne sont plus de nos jours ce qu'ils étaient il y a quelque vingt ans. Leur armée de 300,000 hommes, bien organisée et commandée par des chefs formés aux écoles françaises, est en état de tenir tête à la Russie; cette force nouvelle, jetée dans la balance où se pèsent aujourd'hui les destinées de l'Orient, assurerait gain de cause à la nation hongroise, en préparant de loin en loin la restauration de la Pologne, sans laquelle (l'expérience d'un demi-siècle l'a trop bien démontré), il n'est point de paix et de stabilité possibles pour l'Europe, sans laquelle, car toutes les grandes questions s'y rattachent, le catholicisme romain court les plus graves et les plus imminents dangers[1].

Il convient à la France bien plus qu'à une autre puissance au monde, de prendre l'initiative dans ce mouvement universel qui doit dire au schisme d'Orient : « Tu n'iras pas plus loin! » Sa parole seule, qui ébranle les peuples ou les apaise, suffirait dans cette circonstance, en déclarant franchement et sans restrictions, en face de l'Europe civilisée, l'indépendance de la Hongrie, en invitant la Turquie, par l'organe du représentant français à Constantinople, à prendre possession des provinces moldo-valaques, pour donner la main, à travers le Danube, à la Hongrie victorieuse. Le général en chef de l'armée musulmane dans ces provinces, Omer-Pacha, de même que l'illustre Louis Kossuth, Slave de naissance, et doué des plus éminentes qualités de l'homme de guerre, n'attend qu'un signal, de quelque part qu'il vienne, pour se réunir au général Bem, et se jeter en Transylvanie. Et qu'on ne craigne pas, en agissant ainsi, une conflagration générale; la lutte se terminera sur les bords de la Theiss et du Danube. La Russie ne peut rien contre la France sans l'Allemagne, et l'Allemagne moderne est trop occupée d'elle-même pour pouvoir lui prêter, comme autrefois, aide et appui!

Le peuple anglais, ce peuple énergique et souvent généreux, se hâtera de suivre l'impulsion qui lui sera donnée par la France, et les nobles accents qui ont déjà retenti dans la chambre des lords en faveur de la cause hongroise, sont un gage assuré de son alliance!

Par ce moyen, la France maintiendra l'initiative qu'elle a toujours exercée sur les peuples, sans s'imposer de nouveaux sacrifices; elle arrachera, au profit de l'ordre et de la liberté, une arme toute-puissante aux mains de l'opposition; elle acceptera le devoir et gardera pour elle-même l'honneur de la régénération politique de l'Europe. En agissant autrement, elle ne ferait que différer la lutte, pour la transporter plus tard des bords du Danube sur ses propres frontières, sur le Rhin, lutte dont personne aujourd'hui ne saurait prévoir et garantir le résultat.

Je finirai par ces belles paroles d'un général polonais à la députation qui venait lui offrir le commandement en chef de l'armée hongroise :

« J'espère contribuer à rendre le drapeau magyar si glorieux, si pur de toute idée de nationalité dominante, que toutes les souches de la grande famille slave s'enorgueillissent de faire cause commune avec lui!... »

C'est à ce drapeau que la France doit aussi se rallier, dans l'intérêt de sa grandeur et de sa dignité.

Paris, 15 juillet 1849.

(*La Démocratie Napoléonienne.*)

XXVI.

LE GÉNÉRAL BEM.

DERNIERS
ÉVÉNEMENTS DE LA GUERRE DE HONGRIE[1].

Mon cher Camarade,

J'ai reçu presque simultanément vos deux lettres datées de Paris; la troisième, contenant le brevet du commandement en chef qui m'avait été offert après la bataille de Varsovie, ne m'est pas encore parvenue. Je vous remercie cordialement pour l'envoi de votre *Mémoire sur la Hongrie,* qui s'accorde entièrement, dans son ensemble et ses détails, avec mes propres convictions.

La fin déplorable et inattendue de l'insurrection ne m'a pas permis de vous rappeler auprès de moi. Cette guerre, de même que la nôtre en 1834, a été perdue par la profonde incapacité ou le mauvais vouloir de quelques chefs, appelés par l'intrigue ou le hasard à la diriger. Plusieurs d'entre eux, guidés par l'orgueil et l'ambition, bien plus que par le véritable intérêt du pays, repoussaient constamment les hommes qui pouvaient lui porter le salut, de crainte d'être éclipsés eux-mêmes; et, l'invasion russe ap-

---

1. « Dolemus maxime in tantum adduci periculum, Poloniæ regni statum et formam, cum qua ipsius catholicæ religionis conjuncta est securitas... »
(Clément XIII, *aux confédérés de Bar.*)

1. Cette lettre m'a été adressée d'Alep peu de temps avant la mort de l'illustre général, comme la dernière expression de sa volonté, et en quelque sorte son testament politique.

prochant, ils se sont réfugiés à l'étranger en remettant le pouvoir dictatorial aux mains d'un traître. Gœrgey, d'odieuse mémoire, a mis bas les armes devant les généraux moskovites, après avoir envoyé ses agents auprès des autres corps d'armée avec l'assurance qu'une nouvelle organisation aurait lieu incessamment, par laquelle tous les officiers devaient conserver leurs grades. Cette ruse moskovite porta le dernier coup à notre campagne si glorieusement commencée; car dès lors il devint impossible de conduire les troupes au combat. Au bruit du canon russe, j'étais accouru en toute hâte de la Transylvanie; mais il est trop tard: la trahison avait porté ses fruits, le découragement était partout. Le cœur brisé, je quittai *le dernier* le sol de la Hongrie, et je me mis sous la protection du gouvernement turk.

Je puis cependant vous assurer que, si j'avais été appelé à temps pour commander l'armée hongroise, pas un soldat russe ni autrichien ne serait sorti de ce pays; les ressources qu'il présente sont immenses, et je puis vous en donner une idée en disant qu'à la fin de la campagne, nous avions trois fois autant de troupes et de provisions de tout genre qu'à son début!

Si le désastre de la Hongrie a couvert de deuil toute cette noble contrée, ses conséquences peuvent tourner au profit de la cause nationale; car, dès à présent, une collision entre la Turquie et le tzar me paraît inévitable, et son résultat final doit être le rétablissement de l'indépendance polonaise. Les forces de la Turquie sont suffisantes pour anéantir la puissance moskovite; son armée excellente brûle de se mesurer avec l'ennemi; au premier signal, tout ce qui respire saisira le glaive. Je n'exagère pas en affirmant que, pour une guerre offensive, il sera possible de jeter trois à quatre cent mille hommes dans les frontières russes, sans dégarnir entièrement l'intérieur; vous concevez aisément ce qui en adviendra pour nous-mêmes. Mais il faut avant tout que le gouvernement turk puisse se dégager de l'onéreuse tutelle de la politique étrangère qui lui lie les mains; de celle de l'Angleterre surtout dont l'ambassadeur, lord Stratford de Redcliffe, fait ici la pluie et le beau temps. C'est à son influence aussi que je dois d'être interné dans la ville d'Alep; mais cela ne peut guère durer, car je fais pour en sortir tout ce qui est dans la puissance humaine!

Quel dommage que le gouvernement français ne donne pas à son envoyé des instructions plus précises, en lui défendant de se traîner à la remorque de la politique anglaise, pour parer aux événements décisifs qui peuvent éclater d'un jour à l'autre!

Quant à votre projet et à celui de vos compatriotes de venir me rejoindre en Turquie, nous pourrons y songer sérieusement dès que je serai à Constantinople, c'est-à-dire dans un mois ou deux, si toutefois lord Stratford veut bien le permettre, et alors, la guerre éclatant, je ne doute pas que les officiers polonais ne soient accueillis avec empressement dans les rangs de l'armée ottomane.

S'il vous arrivait de parler à des hommes haut placés de la situation actuelle de la Turquie, vous pouvez leur certifier que pour briser à tout jamais le despotisme moskovite, moyennant cette dernière, il suffirait d'un concours actif des deux puissances de l'Occident, et de l'envoi d'une petite flotte dont le but serait de tenir en respect la puissance navale de la Russie sur la mer Noire. Des armes seraient envoyées pour les nombreux Polonais se trouvant en Turquie, et à ses frais; toutes les dispositions sont déjà prises pour leur entrée immédiate en Pologne. Mais, je le répète, il faudrait que l'ambassadeur français pût agir d'après ses propres inspirations, et ne pas se traîner *à la remorque* de l'Angleterre. . . . .

C'est ainsi que, sans aucune dépense et sans effusion de sang, la France et l'Angleterre pourraient écarter cette éternelle menace qui pèse sur leur avenir et sur la sécurité de l'Europe entière!

Pour ce qui concerne ma situation personnelle, les dispositions du gouvernement à mon égard sont les meilleures possibles; l'armée me paraît très-dévouée, et les officiers du plus haut rang serviront volontiers sous mon commandement, dès que les influences étrangères cesseront de s'opposer à mon emploi.

Une de mes plus chères espérances pour l'avenir, c'est de pouvoir bientôt sans doute remettre les affaires du pays entre les mains de votre digne oncle, du vénérable président de notre assemblée nationale[1]. Sa haute intelligence, ses vertus et son expérience seront pour la Pologne la meilleure garantie de nos bonnes et loyales intentions, et la main qui trace ces lignes sera toujours et partout à ses ordres.

J'achève en vous assurant que la délivrance de notre patrie du joug moskovite, comme elle fut la première, sera la dernière pensée de ma vie.

GÉNÉRAL J. BEM (MOURAD-PACHA).

Alep, 8 mai 1850.

(*La Presse*.)

XXVII.

A NOS FRÈRES HONGROIS.

LE GÉNÉRAL BEM.

RÉPONSE.

AMIS ET FRÈRES,

Le cœur brisé par une des pertes les plus cruelles que nous ayons faites depuis vingt années d'exil, nous nous associons à votre pensée, en prenant avec vous le deuil du général Bem, le héros de votre guerre d'indépendance, le champion de notre antique liberté.

Ce deuil, nous le portions déjà dans nos cœurs, du jour où les débris de votre vaillante armée ont quitté le sol natal profané par l'invasion moskovite;

---

1. Vladislas Ostrowski, ancien colonel d'artillerie, maréchal de la diète en 1831.

hier encore, nous avons frémi d'horreur et d'indignation en voyant le sang de la Hongrie couler à torrents sous la hache du bourreau de l'Autriche, et voilà qu'aujourd'hui même, celui que le plomb de vos champs de bataille avait si souvent épargné, celui qui nous apparaissait dans le présent comme un symbole de gloire, dans l'avenir comme une espérance de grandeur nationale, vient de tomber à son tour sous l'influence du climat meurtrier sous lequel la vengeance des rois avait eu l'infernale adresse de le reléguer[1] !

Par le sang de tous nos martyrs, par toutes les douleurs communes, par tous les vœux de nos âmes fraternelles, soldats du même drapeau, nous vous jurons amour et fidélité jusqu'à la mort. Tant qu'un cœur polonais battra, la sainte cause hongroise trouvera des combattants dignes d'elle ; comme le Cid, Joseph Bem aura, même après nous, des héritiers et des vengeurs.

La glorieuse campagne de Pologne avait établi sa réputation militaire ; il a été donné à la Hongrie de rendre son nom immortel parmi les peuples. Nous, qui l'avons suivi sur la terre d'exil durant une laborieuse période de quinze années ; nous son ami le plus inséparable, le plus cruellement éprouvé, nous savons tout ce qu'il y avait de stoïque résignation, d'indomptable activité, de calme et tenace persévérance dans cette âme de héros que jamais le malheur ne put entamer ni ternir.

Naguère vous avez vu cet homme de guerre intrépide jusqu'à l'audace au milieu du danger, expansif et facile à s'émouvoir jusqu'aux larmes aux doux noms de famille, de patrie et de liberté, frappant du pied le sol de la Transylvanie, pour en faire surgir d'invincibles bataillons. En déposant les armes sur le sol musulman, Bem n'avait encore d'autre pensée que de pouvoir un jour abattre le géant moskovite, en disant à la nation turque qu'il considérait dès lors comme un levier tout-puissant entre les mains de la liberté : « Lève-toi et marche ! » Oui, si le sort l'avait placé à votre tête, s'il eût conduit votre grande armée au combat, entre le Hongrois Klapka, l'Irlandais Guyon et le Serbe Damianitch, votre cause nationale eût déjà triomphé malgré les Russes, les Autrichiens et les Croates, et votre triple victoire eût régénéré la face du vieux monde !

Le sort ne l'a pas voulu ainsi, et la Hongrie, de même que la Pologne, n'a été vaincue que par la trahison. Cependant, amis et frères, ne désespérons pas de l'avenir ; l'humanité marche par secousses électriques, et chaque étape de sa route infinie est marquée par un progrès. Quelle que soit l'issue de son dernier effort, Bem a mêlé notre sang avec le vôtre, ils nous a faits amis et frères à tout jamais.

Depuis cinq siècles déjà, nous vous tendions la main à travers les Karpathes qui nous séparent sans nous diviser ; les noms de Louis le Grand et d'Edvige éveillaient dans nos cœurs les mêmes sympathiques souvenirs ; maintenant nous avons confondu dans une même pensée de liberté tout ce que deux peuples belliqueux peuvent avoir d'énergie, de constance et d'infatigable dévouement. La Hongrie et la Pologne, réunies devant la tombe de leur héros, n'auront plus qu'une même destinée de gloire, de martyre et d'affranchissement ! .

Que son nom soit désormais notre devise d'alliance et de fraternité, notre premier cri de guerre au jour du premier combat, lorsque Dieu, qui ne permet jamais aux causes saintes de périr, nous mettra l'épée à la main pour nous mesurer une dernière fois avec les esclaves et les bourreaux du despotisme. Conformément au pieux désir exprimé dans la lettre d'hier de votre ancien envoyé, M. Vladislas Teleki, nous porterons avec vous le deuil de Bem, dans nos cœurs et sur nos vêtements, jusqu'au premier coup de canon qui sera tiré pour notre indépendance[1].

Paris, 24 janvier 1851.

(*Le Siècle, la Presse.*)

---

[1]. Le général Bem est mort le 10 décembre 1850, non pas de la peste, mais par le poison de l'Autriche. Cette conviction est fondée entre autres sur le témoignage du docteur S. Grabowski, ancien médecin en chef de l'armée polonaise, et qui vient de faire tout récemment un voyage dans le Levant. Un serviteur allemand aurait été l'instrument de ce crime et de cette lâcheté. L'Autriche est d'ailleurs coutumière du fait et n'en est pas à son coup d'essai dans ce genre de prouesses : *Cui crimen prodest...*

[1]. Voici le récit des derniers instants du général Bem, extrait d'une lettre de son compagnon d'armes, M. le major Fiala, adressée à M. Boulay de la Meurthe, président de la Société pour l'instruction élémentaire. Membre de cette Société depuis son arrivée en France, le général l'a dotée de son excellente *Méthode mnémonique franco-polonaise*, avec son application usuelle à toute l'étendue des connaissances humaines, à la propagation de laquelle il a donné dix ans de sa vie et toute sa fortune de proscrit. Cette lettre, accompagnée d'un souvenir de l'illustre défunt, fut transmise par M. de Lesseps, consul de France à Alep, au président de la Société :

« Alep, 29 décembre 1850.

« Monsieur le président,

« C'est avec la plus profonde affliction que je vous fais part de la mort de notre chef vénéré, le général Bem, décédé le 10 décembre, à une heure et demie du matin, à la suite d'une fièvre pernicieuse. Le général Bem avait cinquante-huit ans.

« L'amitié que vous portiez à l'illustre général me faisait un devoir de vous informer de sa triste fin. Je prends la liberté de joindre à ma lettre le dernier *bulletin* de sa maladie.

« Malheureusement l'illustre défunt n'a pu réaliser la promesse qu'il nous avait souvent faite de nous raconter sa vie. La plupart des biographies qui ont paru jusqu'à ce jour sur lui sont incomplètes, et les fragments qu'il a communiqués à ses amis ne sauraient remplir tant de lacunes.

« Le docteur Kalozdy, ex-médecin de l'état-major de l'armée en Transylvanie, l'a soigné jusqu'au dernier moment ; toutes les ressources de l'art ont été impuissantes à prolonger ses jours précieux ; et, suivant l'ardent désir de ses ennemis, le grand capitaine a succombé sous l'influence du climat de la Syrie.

« M. le consul de France, le général Kmetty, MM. Geoffroy et de Lanusse, et de nombreux amis, l'entouraient dans ses derniers moments.

« Il avait opiniâtrément refusé tous les médicaments ; à toutes les observations, il opposait la force de sa constitution. Le 3 décembre au matin, après une fort mauvaise nuit, il me disait en riant : « Eh bien ! monsieur le major, *je capitule* avec vous. »

« De tous côtés, on lui représentait l'impérieuse nécessité de quitter sa maison insalubre. M. de Lesseps avait mis à sa disposition des habitations meilleures ; il résista à toutes les instances, ne permettant pas même qu'on réchauffât ses appartements. Il s'ensuivit qu'il prit froid, que la fièvre reparut avec un caractère pernicieux et accompagnée de tranchées violentes. Son corps,

XXVIII.

A M. SARRANS,
REPRÉSENTANT A L'ASSEMBLÉE CONSTITUANTE.

ALLIANCES FRANÇAISES ET DÉCADENCE DE LA RUSSIE.

> « La question polonaise est la question première, la question la plus importante. »
> TALLEYRAND, *Congrès de Vienne.*

> « En relevant la Pologne, *cette clef de toute la voûte,* je ne prétendais rien acquérir; je ne me réservais que la gloire du bien, les bénédictions de l'avenir... Jamais je n'aurais mieux fait, jamais je n'ai mérité davantage. »
> NAPOLÉON, *Mémorial de Sainte-Hélène,* II, 335.

Homme de courage et de conviction, ancien aide de camp de Lafayette, par qui je fus béni peu de jours avant sa mort au nom de la fédération universelle, vous avez dans plusieurs circonstances solennelles fait entendre votre voix en faveur de mon pays, et notamment dans cette mémorable séance du 23 mai 1848, dans laquelle, malgré les fausses interprétations produites à la tribune sur les événements de Posen par l'ancien ministre des affaires étrangères, malgré le récent souvenir de l'attentat du 15 mai provoqué par les hésitations et les faiblesses du gouvernement, l'indépendance de la Pologne a été votée par acclamation au sein de l'assemblée constituante. La révolution de Février ayant ouvert la France à tous les proscrits français, vous avez désiré qu'il en fût de même pour toutes les nationalités, alliées à la France par une communion de principes, de sympathies et d'intérêts; ce sentiment qui vous honore devait être aussi, par une déduction logique, la base de la politique extérieure pour les tristes hommes d'État que le hasard ou les nécessités du moment avaient placés à la tête de cette sublime révolution. Malheureusement votre généreuse initiative pour la reconstitution d'une Pologne forte et indépendante par les volontés réunies de la France et de l'Allemagne, a été réduite, grâce à la malveillance inexplicable de quelques membres du cabinet, aux proportions d'un ordre du jour motivé, tout comme on le ferait pour une question subalterne d'un intérêt provincial, et cette magnifique démonstration, qui aurait sans doute rendu l'existence politique à tout un peuple, peut-être même sans aucune effusion de sang, est venue échouer à la tribune française contre une misérable question d'étiquette. Quoi qu'il en soit, nous avons profondément inscrit dans nos cœurs ce service rendu, d'intention au moins, à l'indépendance polonaise, et nous avons trop besoin qu'on se souvienne des nôtres, pour qu'il nous soit permis d'oublier ceux qui, de manière ou d'autre, ont bien mérité de la sainte cause nationale. Je puis donc vous adresser cette *Lettre slave,* écrite sous l'impression des agitations récentes en Orient et les présentant sous un point de vue encore inobservé.

I.

Cette vaste question de l'Orient, qui est le nœud de la politique du XIXe siècle, et qui, non résolue, est une menace éternelle suspendue sur le présent et l'avenir de l'Europe, vient d'ouvrir à la politique française de nouveaux horizons. Devant elle, toutes les autres ont pâli ou se sont effacées; religions, races, alliances, nationalités, civilisation, prépondérance, et même les questions subordonnées de commerce, d'améliorations sociales et d'échange : toutes sont renfermées en elle. Il importe donc beaucoup de la présenter sous son véritable aspect, et de l'éclairer de toutes les lumières qu'une longue étude et la connaissance approfondie de ses éléments peuvent fournir à l'impartialité de l'historien.

Le succès tout à fait négatif de l'ambassade du prince Menschikoff à Constantinople est de nos jours le point culminant et la crise de cette question orientale qui, grâce à un hasard presque providentiel, semble à présent courir vers sa solution. Disons-le tout d'abord en l'honneur de la diplomatie française; sa conduite dans cette circonstance est digne des plus grands éloges. Au moment où nous pouvions la croire d'accord sur une foule de questions fondamentales avec le cabinet de Saint-Pétersbourg, le concours ferme et loyal qu'elle a prêté à la politique anglaise a révélé en elle des dispositions d'indépendance et de courage auxquelles personne ne s'attendait, et dont elle a dû être étonnée la première. Il est vrai que sa tâche lui a été rendue immensément plus facile par les lourdes bévues diplomatiques du négociateur russe, et l'étrange manière dont il s'est acquitté de sa mission de conciliation auprès du divan. Après avoir parlé très-haut au nom du tzar de toutes les Russies, le chapeau en tête et la cravache à la main, tout comme il le ferait avec le gouverneur d'une province déjà subjuguée, il s'est retiré devant un refus positif; sans même laisser derrière lui, pour sauver sa dignité et celle de son souverain, une déclaration de guerre. Il s'agissait tout simplement de la question des Lieux-Saints, c'est-à-dire de la préséance de la religion romaine ou schismatique dans les temples mixtes de la Palestine; spectacle édifiant pour les Turks de voir deux communions chrétiennes se battre à coups de protocoles

---

usé par les fatigues et couvert de glorieuses blessures, n'y put résister.

« Il fut enterré le jour même de sa mort, selon les usages du pays.

« *La politique aura sans doute empêché que la Porte se servît d'une si vaillante épée,* mais elle n'aurait pas dû empêcher le pacha de venir le voir pendant sa maladie, et d'être présent aux funérailles du héros auxquelles assistaient les représentants de la France et de l'Angleterre.

« Daignez agréer, monsieur le président, les assurances de mon profond respect.

« FIALA,
« Ex-major de l'armée hongroise. »

(*Journal d'éducation populaire,* novembre 1851.)

sur le berceau même de notre religion : c'était un cierge de plus ou de moins à rallumer devant tel ou tel sanctuaire, une clef française ou russe à introduire dans telle ou telle porte du Saint-Sépulcre. M. de Menschikoff en a profité pour vouloir mettre dans sa poche les clefs de la Turquie elle-même. Pour y parvenir, il a usé d'un moyen qui lui avait, en 1826, très-bien réussi dans son ambassade de Perse, *l'intimidation;* et, coupant court à toutes les formalités de rigueur, il a tenu au sultan à peu près ce langage : « Reconnaissez l'autorité spirituelle du tzar sur tous les raïas, c'est-à-dire sur quatorze millions de vos sujets professant le culte grec-schismatique parmi les vingt millions restants de votre population ; nommez-le pontife suprême dans toute cette portion chrétienne de vos États jusqu'à ce qu'il puisse en devenir le chef temporel et politique ; consentez à ce que le patriarche grec de Constantinople, fût-il voleur, fripon ou débauché, ne relève que du tzar, qui le destituera quand il en trouvera l'absolue nécessité ; cédez-nous, de droit divin et sans résistance, la Bulgarie, la Bosnie, la Roumélie et au besoin Constantinople, sans attendre que nous puissions nous en emparer de force ; et nous serons contents de vous. Quant à la Grèce, c'est notre affaire; et nous nous chargerons plus tard de régler ses destinées. »

On conçoit aisément qu'après une telle allocution prononcée avec ce ton martial et ce geste impératif dont les diplomates russes possèdent seuls le secret, la Turquie ait cru devoir appeler à son aide, et de toute sa voix, l'appui des deux puissances intéressées dans la question, qui n'obéissent pas encore aveuglément aux oukazes de Nicolas, la France et l'Angleterre ; l'Angleterre surtout, qui se trouvait providentiellement, dans la personne de l'amiral Dundas, à portée de la secourir : le reste de l'ambassade était facile à prévoir.

Le prince Menschikoff, presque octogénaire, et qui, depuis l'avénement d'Alexandre, a pris part à toutes les délibérations importantes du cabinet russe, est encore neuf dans les missions diplomatiques en Europe ; et son premier essai, il faut le dire, n'a pas été entièrement à son avantage. Il avait oublié cet axiome de toute rigueur en politique comme en guerre, qu'il fallait, en cas de non-succès, avoir soin de se ménager une honorable retraite. Il avait oublié aussi que ces airs d'intimidation et de mépris, qui voilaient peut-être au fond une grande irrésolution, n'ont pas toujours été dans les traditions de la diplomatie moskovite. Le tzar Yvan le Cruel, par exemple, recommandait à ses ambassadeurs chargés de traiter avec le roi de Pologne, Étienne Batory, de supporter tous les affronts, *même les coups de poing*, à la condition de réussir. En 1688, un ambassadeur russe, admis à présenter à Mahomet IV ses lettres de créance, fut saisi à la nuque et jeté la face contre terre, pour avoir opposé de la résistance aux chambellans chargés de lui tenir les deux bras pendant l'audience, selon la règle de Bajazet II. L'envoyé moskovite, son secrétaire et son interprète furent chassés *à grands coups de poing* de la salle du trône[1]. Et cependant Mahomet IV venait de perdre la grande bataille de Vienne contre Jean Sobieski, le sauveur de la chrétienté ! M. de Menschikoff aurait dû se souvenir un peu de ces enseignements, qui ne sont pas encore assez anciens pour pouvoir être complétement oubliés.

Cependant l'ultimatum du cabinet russe, après plusieurs délais successifs qui n'ont pas été invoqués par le divan, a été rejeté. Deux bérats réglant finalement l'affaire des Lieux-Saints et du patriarcat de Constantinople ont été publiés ; Reschid-pacha est nommé président du conseil et le prince Menschikoff, sans avoir rien obtenu, s'est rembarqué pour aller rendre compte à son maître du résultat imprévu de son ambassade. Le *fiasco* est complet, la déconfiture ne laisse rien à désirer[2].

Dt qu'en résultera-t-il maintenant? la guerre entre la Turquie et le tzar ? la guerre serait pour le tzar le signal de la décomposition imminente de son empire ; événement qu'il peut bien prévoir dès à présent, mais dont il ne veut sans doute pas avancer le jour et l'heure par une résolution irréfléchie. Le désaveu du prince Menschikoff et son envoi en Sibérie ? ce n'est pas présumable non plus ; car le prince n'a agi qu'en vertu des instructions précises du souverain et conformément à ses volontés ; d'ailleurs si le descendant de l'illustre Menschikoff, que Pierre Ier avait désigné pour son successeur éventuel, était envoyé en exil sur les traces de son aïeul par le descendant de Catherine II, dès le lendemain on trouverait ce dernier étranglé dans son lit par tous les descendants des nombreux affiliés et compagnons du premier, siégeant aujourd'hui dans le sénat ou dans le conseil intime de l'autocrate. C'est donc un affront irréparable qu'il faudra dévorer ! Mais le résultat très-positif, très-certain, qu'il est permis d'en espérer, c'est la consolidation de cette alliance anglo-française que nous avons appelée de tous nos vœux pour le bonheur de l'Europe et pour le nôtre ; qui s'est déjà signalée à son début par un premier succès remporté sur l'arrogance et l'orgueil moskovites, et à laquelle nous prédisons, sans crainte de nous tromper, un vaste et splendide avenir.

II.

Cette question des alliances a été vivement débattue dans ces derniers temps, surtout depuis que deux livres ont été publiés sur cette matière : les *Limites de la France,* et les *Lettres franques,* qui tous deux ont produit une certaine sensation en France et en Angleterre. Le premier reprend l'histoire du sol français, à partir de l'époque mérovingienne et de l'établissement de la royauté, et la poursuit à travers les croisades, les guerres avec l'Angleterre et celles de la Révolution, depuis Charlemagne jusqu'à Napoléon. Il considère l'Eu-

---

1. *La France et la Russie à Constantinople,* par M. Poujoulat.
2. On se rappelle que le grand Menschikoff avait été garçon pâtissier avant d'être premier ministre : l'ambassade de son successeur, a-t-on dit, devait être une boulette diplomatique.

rope comme un composé de trois groupes de nationalités qui se résument en trois races distinctes : les Gallo-romains, les Anglo-germains et les Russo-slaves. Il voudrait voir s'opérer la centralisation de la première sous le drapeau de la France; et formule sommairement sa pensée dans le passage suivant : « Union intime avec l'Espagne et l'Italie, neutralité de la Hollande et de la Suisse, alliance avec la Russie, tel doit être le but constant de la politique française. » Et plus loin : « Les limites naturelles et surtout la ligne du Rhin, voilà la question vitale pour la France. » Il voudrait voir aussi l'influence anglaise annulée sur le continent et sa marine expulsée de la Méditerranée, moyennant la cession de Constantinople à la Russie et l'occupation par la France de trois points importants sur le littoral de l'Afrique : Maroc, Alger et Tunis. En un mot, il conseille l'alliance des deux grandes unités gallo-romaine et russo-slave, à l'exclusion de l'Angleterre, qu'il voudrait reléguer dans ses possessions indiennes et dans le Royaume-Uni. L'auteur des *Lettres franques*, qui ne semblent qu'un appendice du précédent ouvrage, va plus loin encore; il invoque à grands cris une descente en Angleterre, en évaluant les chances de succès ou les périls que pourrait offrir une pareille entreprise. Il prend pour texte de son ardent réquisitoire contre le perfide Albion ce mot d'un homme d'État anglais (prononcé sans doute dans un jour de spleen ou dans un accès de goutte) : « Si nous étions justes un seul jour, l'Angleterre n'aurait pas une année à vivre! » A chaque page il voudrait mettre l'Angleterre au ban des nations, il appelle les foudres du ciel sur ses flottes, sur son commerce, sur sa politique; il remonte jusqu'à Jeanne Darc pour raviver les vieilles haines et rouvrir les anciennes blessures, et partant de cette devise napoléonienne : *L'Empire c'est la paix!* il arrive tout naturellement à cette conclusion : *Guerre aux Anglais!* Et la fraternité des peuples, dit-il, sera désormais une vérité[1]!... On voit dans ce libelle du belliqueux avocat une plume encore inexercée à traiter les questions de droit international, et qui mettrait, si on suivait ses conseils, le feu aux quatre coins de l'Europe, comme une fusée de guerre à la Congrève.

Tous deux cependant déclarent hautement leurs sympathies à l'endroit de la branche aînée des Bourbons, tout en reconnaissant la souveraineté *de fait* du 10 décembre; et se prononcent d'une manière absolue pour l'alliance avec la Russie contre l'Angleterre. C'est ainsi que *les blancs,* comme les appelait Napoléon Ier, ces hommes incolores qui l'ont abandonné devant Paris, qui l'ont trahi à Waterloo, pourraient bien, le cas échéant, ouvrir sous le pas de son successeur les mêmes pièges et les mêmes abîmes.

Pour nous, qui avons servi la République française avec autant de dévouement et de persistance que le Consulat et l'Empire, si le souvenir du Prométhée moderne fait encore vibrer nos âmes polonaises des mêmes inspirations de gloire et de patrie, c'est que nous nous rappelons les prophétiques paroles, prononcées par lui du haut de son rocher de Sainte-Hélène : « L'Europe ne formera bientôt que deux partis ennemis; on ne se divisera plus par peuples et par territoires, mais par principes et par opinions. Et quelles que soient les phases et la durée de tant d'opinions, l'issue n'en saurait être douteuse : *Les lumières et le siècle ne rétrograderont pas*[1]. » Aimant la liberté par-dessus tout; républicains dans l'âme parce que nous sommes Polonais, et non par vanité, par caprice ou par vengeance, c'est à cette sainte idée du proscrit de la Sainte-Alliance que nous voulons être et que nous resterons fidèles. Voilà ce que signifie ce *bonapartisme* polonais, qui fait couler tant de fiel sous la plume de l'historien-poète de la Restauration. Oui, sans doute, le nom est beaucoup, mais l'idée est tout.

J'aborde à présent le cœur même de la question.

Deux alliances se sont, depuis la funeste époque de 1815, partagé les intérêts et les sympathies de la France : l'alliance anglaise et l'alliance russe. Établissons avant tout que l'idée d'une domination universelle invoquée par l'une ou par l'autre serait une idée absurde, impossible, antichrétienne. L'univers n'appartient ni à la France, ni à l'Angleterre, encore moins à la Russie; l'univers n'appartient à personne, parce qu'il est à tous. Dieu a partagé à dessein le globe en plusieurs continents, séparés par des mers, distincts de climat, de physionomie, de production, pour donner à chacune des races composant la famille humaine la part du sol qui lui convient; vouloir l'unité politique imposée par la compression ou le mensonge, c'est commettre un blasphème contre la Providence, c'est vouloir se substituer à Dieu, c'est usurper l'infini. La diversité même des nationalités est un bienfait pour toutes, car elle produit la vie, le mouvement, l'émulation; car elle est la cause incessante des progrès de l'humanité, dans sa marche régulière et simultanée vers ses destinées finales. La vie en toute chose, c'est la variété; l'uniformité absolue, c'est la mort : il n'y a d'unité de la race humaine qu'en Dieu. Aussi tous ceux qui avaient rêvé l'empire universel, comme César, Charlemagne, Tamerlan, Charles-Quint, Pierre Ier, Louis XIV, Napoléon, et de nos jours Nicolas, ont vu leur gigantesque chimère s'écrouler encore de leur vivant; après leur mort, soit dans l'exil, soit dans un cloître, sur le trône ou sous le fer d'un parricide, il n'en est resté

---

1. L'Empire, c'est fatalement la guerre et non la paix, car ce n'est plus la monarchie et ce n'est pas encore la liberté; pour se maintenir, il devra le faire des deux côtés, nécessité que n'aura pas la liberté, car elle supprimera la monarchie.
Tout système monarchique, de quelque genre qu'il soit, de droit divin, constitutionnel ou même électif, a pour base le prestige que lui donne l'emploi des armes et l'effusion du sang humain. La paix définitive, fondée sur l'*empire du droit*, ne sera le résultat que du principe national, fédératif, reposant sur le dogme de la fraternité des peuples. La menaçante épigraphe inscrite sur ses canons : *Ultima ratio regum*, fut de tout temps la définition la plus exacte de la royauté.

1. *Mémorial de Sainte-Hélène*, I, 147.

que le souvenir des plus grands désastres dans la mémoire des peuples. L'empire universel, c'est-à-dire la domination d'une race sur toutes les autres et à leur détriment, est un ordre de choses hors nature, réprouvé par Dieu et condamné par la raison humaine. Mais parmi tous ces peuples différents de caractère, de besoins et de langage, ceux qui ont les mêmes affinités, les mêmes instincts, les mêmes intérêts moraux, peuvent combiner leurs efforts, contracter des alliances, pour grandir leur cercle d'activité, faire prévaloir leurs idées d'amélioration et de progrès, et les garantir au besoin par la force des armes, contre les pressions extérieures et les violences des peuples moins policés, mais qui pourraient élever à leurs frontières des prétentions de suprématie et de conquête. Telles sont les seules alliances dignes des sociétés modernes, et qui seules auront la sanction de l'avenir; telles sont surtout celles qui conviennent à la France : nous allons voir laquelle des deux alliances proposées répond le mieux à ces conditions rationnelles.

III.

L'alliance la plus naturelle pour la nation française, celle qui ressort de son histoire de dix siècles, et qui lui garantit son inviolabilité comme l'aînée des nations chrétiennes à l'occident de l'Europe, ce serait celle des peuples aspirant comme elle à la liberté, éclairés de sa lumière et affranchis par son initiative; quel que soit le nom qu'ils portent dans la famille des peuples et à quelque race qu'ils appartiennent. Mais par une singulière anomalie, les ambitieux incapables, qui se sont toujours trouvés à la suite de chaque révolution prêts à s'emparer du pouvoir et des destinées de la France, l'ont fait dévier de cette route providentielle, et l'ont fait mentir à sa mission. Ils ont partout jeté aux peuples des paroles de liberté; et puis, au moment du combat, ils les ont livrés sans appui et sans remords, aux étreintes avilissantes du despotisme. Telle a été la marche suivie par les hommes qui se sont succédé au gouvernement depuis 1772; en 1793, en 1807, en 1815, en 1830, en 1848, toujours. Cette alliance de principes avec les nationalités opprimées, qui en se relevant formeraient une barrière impénétrable autour de la France, a donc été rendue difficile, pour quelque temps au moins. Restent les alliances d'intérêts, qui ont une source moins généreuse, une sphère d'action plus circonscrite, mais qui, en grandissant les forces de la France, lui permettraient de se ressaisir un jour d'elle-même et de son avenir.

Considérons d'abord ce que serait l'alliance russe. La Russie comme peuple n'a jamais existé; comme État, elle n'existe encore que sur la carte. Sur cette carte nous voyons plusieurs Russies, qui n'ont aucune cohésion entre elles : c'est la *Russie-Rouge* ou la Gallicie, qui depuis 1809 appartient à l'Autriche; c'est la *Russie-Blanche* et la *Russie-Noire* ou la Lithuanie qui jusqu'aujourd'hui sont tout aussi polonaises qu'avant 1793; c'est l'ancien royaume catholique ruthène ou de *Toute-la-Russie* fondé en 1246 et reconnu par le pape, embrassant la Volhynie et la Podolie polonaises; c'est la *Petite-Russie,* faisant frontière entre cette dernière et les Kosaks; c'est enfin le duché de Moskou ou la *Grande-Russie,* qui n'a pris cette dénomination qu'au XVIe siècle : nulle part nous ne trouvons l'empire de *Toutes-les-Russies,* si ce n'est dans les actes diplomatiques de Saint-Pétersbourg. C'est un nom de fantaisie inventé par Pierre Ier, et dont la reconnaissance a été frauduleusement arrachée au trône polonais par un roi parjure, élu en 1764 sous l'influence de deux traîtres. Il y a donc au moins deux Russies : la *Russie polonaise* et la *Russie moskovite.* La Russie moskovite n'est même pas un empire asiatique; c'est tout au plus la négation de l'Europe : c'est une horde campée entre l'Europe et l'Asie sur des terres immenses, incultes, presque inhabitables, et qui appartiennent au premier venu, parce que personne ne tient à les posséder. La terre n'y a aucune valeur; les hommes seuls, si on peut appeler de ce nom des esclaves, constituent la propriété; ce n'est qu'un vaste désert de boue et de glace, comme l'Enfer de Dante.

La Russie de Pierre Ier n'a même pas intérêt à exister; chacun des membres qui la composent ne demanderait pas mieux que de s'en détacher, en renonçant à sa qualité de sujet... j'allais dire *citoyen* moskovite. Ici, ce sont les vieilles républiques de Pskow et de Novogrod, jadis florissantes par l'alliance de la Pologne, plus tard étouffées dans le sang par un tzar de Moskou, lui-même esclave des Tatars, et réduites aujourd'hui à l'état de misérables bourgades; là, ce sont les belles tribus kaukasiennes qui seules, depuis quinze ans, luttent avec désespoir contre les forces réunies de la Russie, et qui en succombant lui ouvriront la route des Indes; ailleurs, ce sont les Kosaks du Don et du Dniester, cette ancienne milice républicaine, aujourd'hui dégénérée sous le bâton du recrutement; c'est enfin la Perse, la Turquie musulmane et slave, qui n'acceptera jamais le catéchisme moskovite des mains du tzar-dieu ni du prince Menschikoff, son messie, mais qui recevra plutôt le christianisme grec-uni des mains d'un pontife slavo-romain, comme ont fait les Tatars de Lithuanie, les Slovaques hongrois ou les Serbo-Dalmates. Je ne parle pas de la Pologne, car ce nom est déjà dans votre cœur, et vous l'avez prononcé avant tous les autres. Quel bonheur pour tous, si ce quelque chose sans nom, rêve insensé d'un Allemand ivre, venait à s'évanouir, la Russie! les Russes eux-mêmes applaudiraient de grand cœur, si la Russie du tzar cessait d'exister !

C'est quelque chose d'immense, comme le néant. Cet empire, auquel il faut la septième partie du globe habité pour pouvoir s'étendre, tiendrait tout entier sur la vingtième partie du sol qu'il occupe; c'est une apparence, un mirage, un trompe-l'œil, une fantasmagorie qui s'élargit sans cesse en se dissipant; c'est un géant-fantôme sans cœur et sans entrailles, qui ne subsiste qu'à la faveur de l'effroi qu'il inspire aux esprits crédules et timides, avec une grandeur théâtrale toute de perspective et de lointain; qui sent qu'il n'est rien, malgré sa taille goliathique, et qui veut grandir encore pour devenir quelque chose.

Napoléon a voulu le frapper au cœur, et son épée s'est brisée dans le vide, parce que, subissant l'illusion, il s'était imaginé que le fantôme était vivant.

Pour l'abattre, il suffisait de le frapper dans ses alliances, ou plutôt dans les lâches complaisances des cabinets allemands, depuis 1772, ses tributaires et ses complices. C'est à Vienne, à Berlin, à Varsovie et Vilno surtout qu'il fallait le combattre. Moins M. de Metternich et la Sainte-Alliance, la Russie était moins que rien; le fantôme ne prendrait corps et chair que du jour où il viendrait à s'assimiler la Turquie. Alors seulement la Russie deviendrait une terrible puissance organisée pour le mal; elle serait en effet le *Fléau des nations*. Tout après, rien avant. L'empêcher de prendre pied en Orient, c'est l'empêcher d'être. Lui donner Constantinople, ce serait lui donner la force.

L'alliance de la France avec la Russie serait donc l'alliance de la vie avec la mort, *de la réalité avec le néant*. Ce serait la consécration de ses tendances à la domination universelle, la reconnaissance de cette mission divine que Nicolas s'arroge si orgueilleusement dans ses manifestes. Oui, certes! si le vol, la déprédation, la bassesse, le fanatisme et le massacre constituent une *mission divine*, personne n'est plus à même de l'accomplir que le tzar de toutes les Russies; l'héritier de cette dynastie hybride et monstrueuse qui n'est plus allemande et ne sera jamais slave; dont tous les membres sont parricides, fratricides ou infanticides par tradition de famille! « *L'Occident s'en va!* » se plaît-il à proclamer dans ses incessants défis jetés à l'Europe civilisée, mais si l'Occident s'en va, *la Russie s'effondre!* avec un mouvement bien plus rapide, puisqu'il a suffi d'une simple négociation avortée pour la faire chanceler du sommet à la base! Elle dégèle et se rompt comme les glaces d'Austerlitz que quelques boulets français ont suffi pour entr'ouvrir sous les pas de Constantin et de sa garde impériale!

Contracter une alliance avec la Russie ce serait lui donner une marine qu'elle n'a pas encore et qu'elle ne peut avoir; mais qui, peu d'années après l'occupation de Constantinople, ferait de la Russie la troisième puissance maritime du globe, après l'Angleterre et les États-Unis ; grâce aux admirables matériaux de construction de ses forêts, au fer polonais, et surtout aux matelots grecs et illyriens les meilleurs de l'Europe et peut-être du monde entier. Les deux ports de Marseille et de Toulon deviendraient un jour des ports russes plutôt que français, encombrés des grossiers produits de l'industrie moskovite, qui certes, sous le rapport du bon marché, pourrait faire concurrence à toutes les autres. C'est alors que le tzar-fantôme et vampire étreindrait l'Europe esclave de ses deux bras, par la mer du Nord d'un côté et la Méditerranée de l'autre ; et tandis qu'à travers la Turquie, le Kaukase et la Perse il poursuivrait à grands pas sa route vers les Indes anglaises, la France affaissée, repliée sur elle-même, réduite au rang de puissance de troisième ordre, exécrée des rois et maudite des peuples, se débattrait convulsivement sous les étreintes vengeresses de l'Angleterre, qui anéantirait aisément sa marine naissante, ruinerait ses colonies et, dans un temps donné, détruirait ses possessions africaines, qui lui ont déjà coûté tant de sang et de millions : voilà ce que vaudrait l'alliance russe à la France, et voilà où la conduiraient inévitablement les belles déductions politiques des *Lettres franques* et des *Limites de la France*. « On ne doit s'allier qu'avec les forts, » disait Talleyrand; or la Russie, ce n'est encore que la violence unie à la faiblesse.

Examinons à présent ce que serait l'alliance anglaise, dans son principe et dans ses résultats.

J'éprouve, j'en conviens, quelque peu d'embarras en abordant cette analyse; car je sens que je vais toucher à des cendres encore brûlantes, à des rivalités et des rancunes mal assoupies, à des blessures à peine cicatrisées. Je sais qu'entre la France et l'Angleterre il y a bien du sang versé, bien des batailles perdues et gagnées, depuis Crécy et Azincourt jusqu'à Aboukir et Trafalgar. Mais la meilleure manière de guérir une blessure, dit un aphorisme d'Hippocrate, c'est de l'oublier. « *Il tempo è un galant'uomo !* » dit aussi le proverbe italien. Le temps a déjà beaucoup fait pour amortir cet antagonisme ardent entre deux peuples civilisés, faits plutôt pour s'estimer et se comprendre; le temps parviendra à l'éteindre entièrement, pour peu qu'il soit secondé dans son œuvre réparatrice par la sagesse des gouvernements. D'ailleurs, il faut en croire la voix de Napoléon lui-même, qui déclare qu'il n'aurait jamais songé à faire la guerre à l'Angleterre avec tout autre ministère que celui de William Pitt; et que, si le parti whig eût prévalu, il aurait eu son chef, le célèbre Fox, non pas pour ennemi, mais pour allié dans toute sa politique européenne. A quoi tiennent pourtant les destinées de l'humanité à notre triste époque de barbarie monarchique! C'est ainsi que la chute du ministère North a suffi pour éteindre la guerre d'indépendance des États-Unis ! C'est ainsi que l'ambition ou la démence d'un seul homme d'État peut faire couler des flots de sang ! Aussi, ce que nous demandons à la France, au nom de la civilisation et de la liberté, ce n'est pas un de ces entraînements romanesques comme celui qu'elle ressentit vers la fin du dernier siècle pour la patrie de Washington ; ou cette affection héroïque que la Pologne éprouva de tout temps pour sa sœur d'adoption, en lui prodiguant le meilleur de son sang et les plus purs de ses dévouements : ce que nous lui demandons quant à présent, c'est l'oubli le plus complet possible du passé, au nom de sa grandeur et de son avenir, c'est une réconciliation généreusement offerte et acceptée des deux parts ou, si vous voulez, le pardon réciproque. « L'homme n'est jamais si beau que quand il invoque le pardon ou qu'il pardonne lui-même, » dit un auteur polonais ; et cela est tout aussi vrai pour les nations : la beauté des nations c'est surtout leur grandeur morale.

« L'*accord* de l'Angleterre et de la France, dit M. Oscar d'Haussonville, porte des fruits que ne produira jamais aucune autre alliance. Il amène le maintien de la paix, et d'une paix constamment favorable à notre influence. Quand, de concert avec l'Angleterre, nous pouvons travailler au développement régulier des institutions modernes en Europe, nous avons l'avantage de remplir notre mission libérale sans prendre la physionomie révolutionnaire[1]. »

En effet, depuis la fin de la lutte américaine, toutes les fois que les deux politiques de la France et de l'Angleterre se sont trouvées d'accord, il en est résulté du bien pour l'Europe ; comme dans la guerre d'indépendance de la Grèce, dans les réformes opérées en Turquie sous le patronage des deux puissances, et tout récemment dans la question des Lieux-Saints ; toutes les fois qu'elles se sont divisées, le froissement des chaînes a retenti d'un bout du monde à l'autre : comme après la guerre d'Espagne, cette irréparable faute de Napoléon, la campagne manquée de Moskou, et enfin la désastreuse issue des deux tentatives insurrectionnelles de 1831 et de 1849, en Pologne et en Hongrie. Les intérêts de ces deux puissances, qui sont parfaitement identiques dans la question d'Orient, se trouveront encore être absolument les mêmes lorsqu'il s'agira de délivrer l'Italie du joug autrichien, devenu intolérable ; ou d'arracher la Pologne, *cette clef de voûte* (Napoléon l'a dit), au despotisme effréné de la Russie. Sur ce terrain au moins, tout le monde en convient à Londres comme à Paris, les deux nations pourront toujours parfaitement s'entendre et se réunir.

Dans toutes les autres questions, la France et l'Angleterre ont deux sphères d'action parfaitement indépendantes ; deux mondes à part, où leurs intérêts peuvent quelquefois se confondre, et jamais se trouver en opposition. La France doit primer sur le continent, de même que l'Angleterre doit primer sur la mer. La France, quoi qu'on fasse, ne deviendra jamais une puissance maritime ; ses matelots riverains, qui depuis l'enfance ne sont façonnés qu'au commerce du petit cabotage, ne suffiront jamais aux besoins d'une navigation un peu étendue : ceux du milieu des terres ne seront toujours, comme on l'a dit à Londres, que des matelots *du beau temps*. Sa marine à voiles et celle à vapeur, écrit un juge très-compétent en pareille matière, le prince de Joinville, *n'en a que le nom*[2]. Il lui faudrait vingt fois son budget de chaque année pour élever seulement le nombre de ses vaisseaux au quart du chiffre de ceux que possède la Grande-Bretagne ; qui, au 1er janvier 1848, comme l'assure M. Ledru-Rollin[3], comptait *trente-trois mille six cent soixante-douze navires*, manœuvrés par *deux cent trente-six mille soixante-neuf hommes*. L'Angleterre, de son côté, ne pourra jamais être une puissance continentale. « Notre patrie, a-t-on dit dans l'*United service* (avec une certaine opulence d'expression que nous nous plaisons à rencontrer dans un compatriote de Shakespeare), l'Angleterre est une flotte dont le vaisseau amiral est à Londres, et les autres bâtiments, partout ! » « Il ne faut pas, s'écriait lord Chatham, qu'il soit tiré sur l'Océan un seul coup de canon sans nôtre bon plaisir ! » Et Frédéric II disait avant lui : « Si j'étais roi de France, il ne se tirerait pas en Europe un seul coup de canon sans ma permission ! » Tous deux avaient parfaitement raison. L'Angleterre ne peut rien contre la France sur le continent, la France ne peut rien contre l'Angleterre sur la mer ; mais ce qu'elle peut, c'est d'étendre le génie de civilisation et de liberté qui est son âme, sa raison d'être, sa nécessité politique sur toute l'Europe ; et l'Angleterre ne peut pas l'en empêcher. Placées l'une à côté de l'autre et ne pouvant se combattre avec avantage, elles ne peuvent que se prêter mutuellement aide et appui. Ce ne peut être entre elles qu'une lutte insensée, lutte de désespoir et de barbarie indigne de notre époque, ou un concours pacifique et fécond pour le bonheur de toutes deux et la paix du monde régénéré.

On ne doit vouloir en politique que les choses possibles ; or une descente en Angleterre, tentée dans un but de conquête ou de vengeance, serait un crime, un acte de démence, qu'il faudrait abandonner avant même que les préparatifs en fussent terminés, et qui, en admettant même qu'elle pût réussir pour un instant, se retournerait par la désapprobation générale et la stérilité de ses résultats contre les chefs imprudents qui l'auraient entreprise. Si j'avais un conseil à donner à ceux qu'une pareille tentative pourrait séduire, comme de justes représailles après tous les désastres subis par la France pendant cinquante années de luttes avec sa voisine, je leur dirais : « Laissez-lui l'empire des mers, sur lesquelles la France ne sera jamais son égale ; abandonnez à tout jamais une idée de conquête impossible, qui même accomplie ne tournerait qu'au profit de la Russie, votre ennemie à toutes deux, et gardez votre dignité et votre honneur sur le continent ! Exercez cette mission d'initiative et de tutelle protectrice sur les peuples qui vous a été assignée par la Providence, et qui est la véritable mission du pouvoir actuel, issu du peuple ! Rendez l'existence nationale à l'Italie, à la Pologne, qui ont le mieux mérité de votre patrie, l'une par la communication de ses idées religieuses et civilisatrices, l'autre en jetant un demi-million d'hommes sur tous vos champs de bataille ! La France est un principe, l'Angleterre ne sera jamais qu'un fait, une force matérielle ; à ce point de vue, tout l'avantage se trouve du côté de la première ; mais ce principe et ce fait réunis forment un tout invincible, la puissance la plus imposante qui se soit encore offerte à la vénération des peuples. C'est là qu'est le devoir de la France, c'est là que se trouve sa suprématie morale ; le nom de *la France* signifie dans le langage des peuples *affranchissement* et liberté : ceux qui vous disent le contraire sont vos ennemis qui vous trompent et veulent votre ruine ! »

---

1. *Histoire de la politique extérieure du gouvernement français*, I, 117 et suivantes.
2. *Essai sur la marine française*, 1839-1852.
3. *Décadence de l'Angleterre*, 1851.

La seule objection sérieuse qu'on pourrait élever contre l'alliance anglaise, c'est le besoin pour la France d'avoir ses frontières du Rhin, que cette alliance, dit-on, ne peut pas lui donner. Oui, certes! les limites du Rhin sont un besoin vital, organique pour la France, parce qu'il ressort du principe même des nationalités. Toute son histoire, depuis un demi-siècle, n'est qu'un effort immense pour atteindre à cette limite naturelle, trop souvent négligée ou mise en oubli par l'ancienne monarchie française ; un gouvernement ne sera stable et fort, un pouvoir ne sera considéré qu'à la condition impérieuse de lui donner ce développement. Il faut à la France la Belgique, qui sera la première place d'armes de la coalition, dans le cas où la coalition des rois contre la France viendrait à se reformer. C'est par là que ses armées ont toujours pénétré. C'est là que se trouve cette ligne de bataille hérissée de forteresses établies par Vauban, et que la Sainte-Alliance a su retourner contre la France. D'ailleurs la Belgique est bien plutôt française que flamande : Liége, Namur et Mons sont tout aussi français que Lyon, Paris et Bordeaux. Si en 1830 la Belgique ne s'est pas réunie à la France, est-ce l'Angleterre qui s'y est opposée ? N'est-ce pas plutôt la lâcheté de Louis-Philippe, ce roi de la paix à tout prix, qui reculait devant l'idée d'un agrandissement de territoire, pouvant le compromettre avec la Sainte-Alliance ? faute immense qui pèsera comme une tache ineffaçable sur son règne ! En 1848, grâce à l'élan universel communiqué par la révolution de Février, il eût encore été très-facile de rattacher la Belgique à la France ; non par une honteuse manœuvre hypocritement concertée et qu'on a été forcé de désavouer, mais par un appel énergique et loyal au peuple belge, au nom du principe fraternel, solidaire, républicain. Aujourd'hui encore, l'occasion pourra s'en représenter, au nom des intérêts matériels de la Belgique, de cette usine immense, qui chôme pour la plupart du temps faute de pouvoir trouver un débouché à ses produits. Dans cette circonstance, on pourra sans doute obtenir l'assentiment de l'Angleterre, en lui offrant un concours actif et vigoureux contre ses deux rivales sur le continent, l'Autriche et la Russie, qui la délivrerait à jamais de ses craintes incessantes à l'égard de Constantinople et des Indes. Par une alliance récente la monarchie belge vient de se livrer corps et biens au système de l'Autriche ; et d'ailleurs le cabinet anglais a des vues trop vastes et trop élevées pour ne pas comprendre que l'Angleterre aurait tout à gagner à cet échange, auquel elle avait déjà consenti en 1802, en signant le traité d'Amiens avec Bonaparte.

Ainsi, d'un côté la France réunissant toutes les branches de la race gallo-romaine autour de ses frontières du Rhin et des Alpes ; tendant une main à la race slavonne qui se débat sous les étreintes du germanisme russe, et l'autre à la race anglo-saxonne, autrefois sa rivale, aujourd'hui son émule sur le champ des conquêtes pacifiques de la science et de l'industrie ; de l'autre côté l'Europe régénérée, l'Italie libre, le partage de la Pologne, cette grande honte des temps modernes effacée, la Turquie s'ouvrant à la civilisation européenne, la Russie restreinte et réprimée dans ses prétentions de domination universelle, et tout ce que Napoléon avait vainement tenté par le glaive s'accomplissant sans commotion et sans désastres par la voie des traités : tels seront les fruits immédiats ou lointains, mais indubitables, de l'alliance de la France avec l'Angleterre ; telle est, selon nous, la mission, la seule possible et la seule efficace, de la France moderne.

IV.

J'arrive à ce qui fait l'objet capital de cette lettre, à la décadence anticipée de la Russie, dont les symptômes les plus manifestes viennent de se révéler à l'occasion de l'incartade du prince Menschikoff à Constantinople.

La Russie est, de même que l'Autriche, un État impossible et hors nature ; c'est pareillement un empire presqu'en totalité slave, gouverné par un prince allemand : voilà ce qui explique leur incessante affinité. Malgré les mensonges officiels des historiens de la Russie, Karamzin en tête, Nicolas n'est point un descendant de la famille des Romanoff. Voici à ce sujet quelques renseignements précis, puisés dans les archives mêmes de Saint-Pétersbourg.

La maison des Romanoff n'est ni ancienne ni illustre dans l'histoire de la Russie. La première fois qu'il en est question, c'est au XVIe siècle, à propos d'un des mariages du tzar Yvan le Cruel (le Henri VIII de la Russie), et dont la fille d'un Romanoff devint la quatrième ou la cinquième épouse : les autres avaient été assassinées. Dans le siècle suivant, le patriarche Philarète Romanoff, après avoir acquis une certaine popularité pendant les guerres civiles de la Russie, qui voulait se rallier à l'unité romaine en se donnant un prince polonais, parvint à faire élire son petit-fils Michel duc ou tzar de Moskou. Michel Romanoff était un homme fort ordinaire ; son fils Alexis était presque idiot ; et sous le règne de ces deux *vrais* Romanoff, la Russie tomba dans un état de dégradation morale voisin de l'abrutissement, et dont les mémoires récemment retrouvés de Koszykin sont un éclatant témoignage. Alexis laissa une fille et deux fils : Sophie, Yvan et Pierre, qui régna plus tard sous le nom de Pierre Ier. Les mémoires secrets du temps rapportent que bien des fois le tzar Pierre s'est vanté auprès de ses intimes de n'être pas le fils d'Alexis. Quoi qu'il en soit, voici comment cette famille était composée à la mort de Pierre Ier :

1° *Branche aînée :* les deux filles d'Yvan Romanoff, Anne, duchesse de Kourlande, et sa sœur, duchesse de Mecklenbourg ;

2° *Branche cadette :* Pierre II, fils d'Alexis et petit-fils de Pierre Ier.

A côté de ces deux branches légitimes, il y avait encore deux princesses bâtardes, nées des amours de Pierre Ier et de Catherine la cantinière, avant que le mariage formel pardevant le pope n'eût légitimé leur union, et dont l'une avait été mariée à un duc de Holstein-Gottorp; la seconde, la princesse Elisabeth, fut reconnue plus tard tzarine.

A la mort de Pierre II, que le prince Menschikoff voulait à toute force marier avec sa fille, le trône revenait par droit de succession à la duchesse Anne de Kourlande, fille d'Yvan et nièce de Pierre Ier; et ce droit passait après elle sur la tête du jeune Yvan, son petit-neveu, fils d'une duchesse de Brunswick. Mais cette famille n'ayant pas su se faire un parti en Russie, et n'étant appuyée que par les étrangers qu'elle y avait amenés, une conspiration se servit du nom de la princesse Élisabeth, fille naturelle de Pierre Ier, pour renverser du trône le jeune Yvan et le faire enfermer dans la forteresse de Schlusselbourg. Élisabeth, devenue tzarine, s'empressa de faire venir en Russie le fils de la duchesse de Holstein-Gottorp sa sœur, marié à une princesse d'Anhalt-Zerbst, et qui monta sur le trône à la mort de sa tante, sous le nom de Pierre III. On sait comment ce prince fut assassiné en 1762 par sa femme, qui se fit couronner sous le nom de Catherine II. Aussitôt après, elle fit mourir le jeune Yvan au fond de sa prison, et dans sa personne elle anéantit la descendance légitime de la maison Romanoff, pour laisser le trône à son bâtard Paul Ier, dont on ignore jusqu'à présent la véritable famille. Paul Ier, marié à une princesse de Wurtemberg, fut le père d'Alexandre et du souverain actuel de la Russie, Nicolas, marié lui-même à une princesse de Prusse.

On voit par ce rapide exposé que les Holstein-Gottorp, après une alliance avec une fille naturelle du tzar Pierre, et après avoir passé par les Anhalt-Zerbst et les Wurtemberg, n'ont plus rien de commun avec la famille russe des Romanoff; que s'ils ont encore du sang slave ce n'est pas dans le cœur, mais sur les mains. Ce n'est pas sans un profond sentiment de dégoût que nous avons dû secouer quelques lambeaux de toute cette fangeuse histoire, pour en faire jaillir la vérité sur la descendance légitime du tzar régnant de toutes les Russies[1].

Nicolas, élevé au trône sur les cadavres de ses deux frères, Alexandre et Constantin, n'a pas menti à une pareille origine; le tzar actuel, nous l'avons dit plus haut, c'est le pied de l'Allemand sur le Slave; et son règne, il faut l'espérer, sera le dernier de cette exécrable dynastie. Le génie allemand et le génie slave sont incompatibles; accouplés, ils ne peuvent enfanter que des monstres.

L'histoire moderne, depuis Charlemagne, n'est pas autre chose que l'histoire de ces envahissements de la race germanique, obtenus par la fraude, sur des populations d'une origine étrangère. Cette race sémitique, triste débris des Mèdes et des Persans, arrivée la dernière en Europe, sans doute avec la peste, s'est interposée, on ne sait trop comment, entre les deux grandes familles indo-celtique et indo-slave, qui toutes deux ont un point de départ commun, pour les dominer, les asservir et les rendre ennemies l'une de l'autre. La Russie slave n'est nullement antipathique à la France romaine et celtique; mais la Russie mogole, germanisée par le tzar et par toute cette administration tudesque qui commence à M. de Nesselrode et qui finit au dernier *sowietnik* allemand originaire de Prusse ou de Kourlande, avec des noms finissant en *er* ou en *man*, et la France républicaine, impériale ou même royaliste, seront toujours deux mortelles ennemies. L'instinct particulier de cette race intermédiaire, c'est la domination, c'est le règne de la force brutale, c'est l'absence et la négation de tout principe moral. Son caractère général et différentiel, c'est de ne pas avoir d'attachement au sol, de nationalité proprement dite; l'Allemand, c'est le cosmopolite par excellence. La race germanique est encore aujourd'hui l'incarnation de l'esprit de secte et de protestantisme des guerres de religion, comme sous Gustave-Adolphe et Wallenstein, doublé de l'esprit féodal du moyen âge, esprit d'oppression et de vasselage. Un parti nombreux, composé de tous les barons allemands ou juifs, nommé le parti de *la Croix*, l'exploite et le propage dans ses journaux. Qu'est-ce que l'Allemagne moderne? c'est l'une des contrées les plus fertiles au monde, dont les habitants désertent par centaines de milliers, faute d'y pouvoir trouver un morceau de pain pour eux et leurs enfants; ce sont des rois, des ducs et des princes, qui, pour maintenir leurs prétentions et garder leur rang, écrasent leurs sujets d'impôts, ne pouvant les vendre au plus offrant, comme ils le faisaient autrefois aux colonies américaines, et dévorent en une soirée de jeu ou de débauche la subsistance d'une année de leurs États, de vingt lieues de périmètre. « *Ubi bene, ibi patria,* » dit chaque émigrant s'embarquant au Havre ou à Boulogne, avec sa pipe, ses enfants et son lit de plume. Du reste, sans regret, sans arrière-pensée, avec une indifférence non simulée pour tout ce qu'il laisse derrière lui, comme s'il emportait la patrie à la semelle de ses souliers: son *moi* individuel, absolu, lui vaut le monde entier; c'est l'*alpha* et l'*oméga* de la pensée allemande[1]. *Le moi est haïssable,* a dit Pascal.

Le plus populaire parmi les philosophes prussiens, le fondateur et le chef de l'école dite hégélienne, partage le monde entier en deux moitiés distinctes et indépendantes l'une de l'autre: le *moi* et le *non-moi*; c'est-à-dire l'être intérieur ou personnel, et l'être extérieur ou général. L'Allemand, c'est le *moi*, mis en face de l'humanité, qui est le *non-moi*, comme deux puissances coexistantes, également exclusives et souveraines. On ne pouvait trouver de définition

---

[1.] « Aujourd'hui même, excipant des traités de 1767 et 1773 par lesquels le grand-duc, depuis Paul Ier de Russie, a cédé au roi Christian VII de Danemark tout ce que la maison de Gottorp possédait dans le Holstein, l'empereur Nicolas déclare que cette cession n'a eu lieu qu'au profit de la descendance de Christian VII. En conséquence, tout en confirmant et renouvelant la cession faite par son père des droits de la maison de Gottorp au profit du prince Christian de Glucksbourg, successeur désigné de la couronne de Danemark, l'empereur de Russie se réserve de rentrer dans les susdits droits si la descendance mâle du prince Christian de Glucksbourg venait à s'éteindre. » (*Le Siècle*, 29 novembre 1852.) Nous applaudissons à la pensée de Nicolas de se ménager, en cas de *non succès*, une bonne retraite dans ses États héréditaires.

[1.] *Ich*, moi, est dérivé de l'hébreu *Isch*, homme.

plus exacte pour symboliser le caractère de cette race. Cette distinction à laquelle Dieu n'avait sans doute pas songé en créant l'univers, trouvée par un pédagogue allemand, est la déification de l'individualisme. L'Allemand prend sa raison particulière pour la raison universelle, il en fait une balance à faux poids, il la suspend au pivot de sa ténacité en lui donnant son orgueil pour fléau ; sur un plateau il pose *objectivement* le monde et les hommes, c'est-à-dire le *non-moi*, dans l'autre il se loge *subjectivement* lui-même, avec son *moi* despotique, ridicule et jaloux : et puis il s'imagine que la balance incline de son côté ! Nous déclarons que cette théorie philosophique préconisée aujourd'hui en Allemagne est antisociale, antihumaine, athée, subversive et barbare ; plus russe que la Russie elle-même, dans la plus mauvaise signification de ce mot : dans le sens négatif, tzarien, satanique ! Jamais une société ne sera fondée sur une pareille base ! Jamais les Allemands qui l'ont adoptée ne formeront une nation !

Toute la vie nationale allemande éteinte dans les masses s'est réfugiée sur les trônes, son dernier asile et sa place d'armes. En effet, quelque part que l'on jette les yeux en Europe, on trouve un prince allemand trônant sur des sujets d'origine celtique ou slave auxquels il est parvenu à s'imposer comme un bienfaiteur et une providence. Sur la Russie et la Pologne slaves, un Allemand ; sur l'Autriche magyare, italienne et slave, un autre Allemand ; sur la Norvége et la Suède scandinaves, encore un Allemand ; sur le Danemark, la Hollande, la Belgique, l'Angleterre, en Grèce, et même jusqu'en Portugal, partout et toujours un Allemand. Trois trônes seulement en Europe, à part la France, ont échappé à cette loi générale qui veut que la langue allemande, ce patois coriace et guttural, soit la loi du commandement et de l'autorité ; c'est un Carignan en Sardaigne, un Bourbon en Espagne, et un autre Bourbon à Naples : encore ce dernier, par les innombrables alliances de sa famille avec la maison des Habsbourg, est-il devenu bien plutôt un archiduc autrichien qu'un prince napolitain ou français. L'Amérique septentrionale et les Indes sont en voie de subir la conquête de l'Allemand. Réseau dominateur, polype immense étendu sur l'univers et l'infectant de ce principe funeste et maudit qui forme sa nature même et son élément, qui se trouvera toujours dans son cœur, sinon sur ses lèvres : la domination universelle [1] !

---

1. Voici ce qu'écrivait la *Gazette d'Augsbourg*, à la date du 1ᵉʳ juin 1859 :

« Qu'attendons-nous encore ?

« Une nécessité impérieuse commande de ne pas abandonner l'Autriche.

« L'Allemagne est prête, la France ne l'est pas encore.

« Nous avons sous la main le droit d'envahir immédiatement la France.

« Le but de la lutte est précis ; nous allons renverser l'Empire et arracher à la France, comme dépouilles opimes, la Lorraine et l'Alsace.

« Pourquoi hésiter ? Avons-nous peur de la Russie ou attendons-nous l'appui de l'Angleterre ? Raison de plus pour ne pas perdre une minute. L'Angleterre se décidera dès que nos armées marcheront. La Russie n'a qu'une force illusoire, elle n'est pas

Et à quoi tient cet état de choses ? est-ce à quel que supériorité de race morale ou physique ? non, mille fois non ! Son corps, sa physionomie, son intelligence, portent les signes évidents de l'abjection et de l'infériorité. Sa similitude avec la tribu juive, d'origine sémitique comme elle, est par trop évidente ; ce sont les mêmes traits physiologiques, les mêmes instincts de rapine et de spoliation : presque le même langage. L'Allemand et le juif baptisé ne font qu'un. Sa figure, de même que celle du juif, porte un cachet particulier, indélébile ; elle se reconnaîtra dans ses mélanges avec les autres races subjuguées, jusque dans la dixième génération. C'est la même avidité jalouse et cette tendance à vivre sur le bien d'autrui qui s'est révélée dernièrement dans les assemblées populaires de Francfort et de Berlin, réunies au nom du principe démocratique, et qui voulaient faire des provinces limitrophes de Lombardie, de Schleswig et de Posen, des enclaves allemandes : sous prétexte que la population tudesque, accueillie à titre d'hospitalité et de bon voisinage, y était devenue prépondérante ! Laissez faire l'Allemand, et bientôt la Suisse, l'Alsace et une partie de la Lorraine seront revendiquées au même titre, comme devant faire partie de l'empire germanique. L'Allemand, comme l'ivraie, étouffe et dévore tout ce qui se trouve à sa portée ; intrus sans pudeur et sans courage, une fois établi sur quelque lambeau d'un sol étranger, qu'il y soit appelé par les besoins industriels ou qu'il parvienne à s'y faire admettre par ses faux semblants de bonhomie et de placidité, il ne quitte plus jamais son nouveau terroir, qu'il considère comme sa conquête ; il exploite, il pressure, il dépossède, sous des apparences légales, les populations qui le méprisent et le détestent ; ne pouvant même vivre dans son pays, il veut dominer chez les autres : c'est une mauvaise herbe qui repousse sans cesse, et qu'il est presque impossible de déraciner. Il n'a point de patrie, car toute la terre lui appartient ; son nom générique *Alle-man* ou *Herr-man* veut dire que tous les hommes lui doivent obéissance : il veut être seul dans le monde, et n'a vu dans le démembrement de la Pologne qu'une nation d'origine slave à tuer. L'Allemand tue ce qu'il craint ; et il craint tout ce qui n'est pas allemand. Qu'on y prenne garde ! cette race insatiable envahirait l'univers ; il est temps d'en *affranchir* au moins l'Europe, en la sarclant et l'émondant avec le fer de la France ! La bonne politique à son égard, c'est celle des batailles d'Iéna et de Wagram, moins toutefois les deux fautes immenses de la paix de Tilsitt et du traité de Schœnbrunn : ce n'est pas Moskou qui a perdu Napoléon, c'est bien plutôt Vienne et Berlin [2].

---

de taille à se mesurer avec nous. Les rodomontades de la Russie cachent sa faiblesse.

« On va révolutionner l'Europe ; marchons sur Paris, et toute cette fantasmagorie tombe d'un seul coup.

« Mais notre diplomatie hésite et veut attendre. Nous lui rappelons les conséquences de ses retards.

« Ainsi, si nous voulons inspirer à la France une terreur salutaire, marchons ! jamais le moment ne fut si propice.

« La victoire est à nous et l'Allemagne *dominera*, comme autrefois, *le monde*. »

2. L'Allemand haineux et jaloux, déteste mortellement tout ce

Le rêve impossible du gouvernement de Février avait été une alliance avec l'Allemagne, c'est-à-dire avec le chaos, dont la pensée se fait jour à travers tous les nuageux discours du ministre des affaires étrangères, et qui, selon lui, devait servir à régénérer la Pologne; c'est contre cette impossibilité que le gouvernement de Février s'est brisé[1]. La race allemande et la race slave sont deux grandes antithèses : l'une est l'incarnation de l'individualisme, l'autre de la fraternité, deux idées incompatibles, dont l'expression sociale est la forme monarchique et la forme fédérale. Il n'est qu'un seul moyen de les empêcher de se nuire et de se combattre : c'est de les séparer.

Nicolas, nous l'avons démontré, appartient autant par sa naissance que par son caractère à cette race spoliatrice, dont il est la personnification la plus complète. C'est aussi pour cette raison, parce qu'il est composé de ces deux éléments irréconciliables, slave et germanique, que cet empire universel fondé sur l'esclavage, la Russie, est appelé à une catastrophe inévitable et prochaine. Voici ce que dit à ce sujet M. Marmier, l'auteur des *Lettres sur le Nord*, qui n'a aucun motif pour déguiser la vérité :

« Après la mort de l'empereur Nicolas il y aura un changement ou une révolution épouvantable. Le grand-duc Michel avouait qu'il croyait au prochain démembrement de la Russie. L'unité factice se brisera pour donner place à un ordre naturel. La Pologne attend ce moment réparateur et pour elle et pour tous les intérêts que le gouvernement actuel comprime sans pouvoir les anéantir. » Cette conclusion significative est parfaitement juste. Mais ce moment réparateur, les Russes l'attendent aussi bien que les Polonais; et nous ne sommes pas fondés à croire plus que le grand-duc Michel à l'avenir de la Russie.

Le règne de Nicolas, un des plus longs que ce peuple ait eu à subir, a été un temps d'arrêt dans l'essor dévorant et prodigieux de l'empire russe; croissance hâtive, à laquelle tous les tzars depuis Pierre Ier l'avaient habitué, et qui par là même était devenue la loi organique de son développement. Depuis 1832, c'est-à-dire depuis la soumission de la Pologne, la Russie n'a plus fait un seul pas en Europe, ni même en Asie; et cependant il faut pour elle ou s'étendre ou mourir. Nicolas le sent si bien, qu'il voudrait tenter de relever par un coup de main hardi son règne qui décline, et le discrédit dans lequel il est tombé aux yeux de ses sujets, en ouvrant une carrière nouvelle à leur ambition, en changeant la direction des esprits. Grâce à l'alliance anglaise il n'y parviendra pas. Il connaît la haine profonde dont il est l'objet de la part des Russes eux-mêmes; et tout ce que nous pourrions dire à ce propos serait au-dessous de ce qu'on trouve dans les nombreux ouvrages des auteurs russes publiés à Paris : comme ceux de MM. N. Tourgueneff, Y. Gollowin, A. Hertzen, A. Gallitzin, Sasonoff, etc., glorieuse colonie d'émigrés qui est venue abriter sur le sol de la France la pensée russo-slave, la véritable pensée nationale, pensée de fédération et de fraternité. « L'administration russe, disait M. Donoso Cortès, est aussi corrompue que l'administration la plus pervertie de l'Europe; et l'oligarchie russe ne le cède pas à l'aristocratie la plus vicieuse. La Russie, placée au milieu de l'Europe conquise et prosternée à ses pieds, absorbera par toutes les veines le poison qu'elle a bu et qui la tuera. La Russie ne tardera pas à tomber dans la putréfaction. » Cette putréfaction est déjà tout opérée; la Russie est déjà sur tous les points en pleine décomposition. Partout le vol, comme une gangrène affreuse attachée à ses flancs, mine et ronge les entrailles de cet empire chimérique. Un proverbe russe dit : « Le noble écorche le paysan, le tzar écorche le noble, et le diable écorche le tzar. » En 1829, de l'aveu d'un célèbre général au service de la Russie, Jomini, on avait volé, dans le port même de Kronstadt, un vaisseau de ligne; depuis on n'a jamais pu savoir ce que ce vaisseau est devenu. Le général Woronzoff, en prenant le commandement de l'armée du Kaukase, fut tout étonné de n'y point trouver plusieurs citadelles dont les frais de construction étaient depuis cinq ans payés aux ingénieurs et qui n'étaient indiquées que sur la carte. Ces faits sont connus de tout le monde en Russie; ils n'y produisent aucun étonnement, ils y semblent tout simples et tout naturels; l'administration tout entière n'y vit que par le vol. « *Voler* et *mentir*, a dit Bulharyn, un des meilleurs écrivains de la Russie, ce sont les deux verbes auxiliaires de notre langue. » M. Donoso Cortès, cette noble intelligence trop tôt enlevée à nos sympathies, fait tort à la Russie de la moitié au moins de sa corruption, en la comparant avec ses voisins; il atténue bien plutôt qu'il n'exagère la putréfaction moskovite. Voici tout au long l'extrait d'un discours prononcé en 1847 au sein d'une assemblée polonaise par un réfugié russe, lâchement livré par l'Autriche une année plus tard aux vengeances de l'autocrate :

« Les affaires intérieures du pays vont horriblement mal. C'est une complète anarchie avec tous les semblants de l'ordre. Sous les dehors d'un formalisme hiérarchique excessivement rigoureux se cachent des plaies hideuses; notre administration, notre justice, nos finances sont autant de mensonges : mensonge pour tromper l'opinion étrangère, mensonge pour endormir la sécurité et la conscience du souverain, qui s'y prête d'autant plus volontiers que l'état réel des choses lui fait peur. C'est enfin l'organisation en grand, une organisation pour ainsi dire étudiée et savante de l'iniquité, de la barbarie et du pillage; car tous les serviteurs du tzar, depuis ceux qui occupent les plus hautes fonctions jusqu'aux plus petits employés de district, volent, ruinent le pays, commettent les injustices les plus criantes, les plus détestables violences, sans la moindre honte,

---

qui n'est pas lui-même : le Slave, le Hongrois, le Français et l'Italien. Cette haine réciproque date de loin; le Dante, quoique gibelin, a donné aux trois faces de Satan les trois couleurs allemandes : le noir, le rouge et le jaune.

1. La même faute a été commise en 1855, par lord Palmerston, pendant la guerre d'Orient; bientôt après, le soulèvement des Indes en a été l'inévitable conséquence.

sans la moindre crainte, publiquement, au grand jour, avec une insolence et une brutalité sans exemple, ne se donnant même pas la peine de dérober leurs crimes à l'indignation du public, tellement ils sont sûrs de rester impunis.

« L'empereur Nicolas se donne bien quelquefois les airs de vouloir arrêter les progrès de cette effroyable corruption; mais comment supprimerait-il un mal dont la cause principale est en lui, dans le principe même de son gouvernement? Et voilà le secret de sa profonde impuissance pour le bien! car ce gouvernement qui paraît si fort au dehors, à l'intérieur il est impuissant; rien ne lui réussit : toutes les réformes qu'il entreprend sont aussitôt frappées de nullité. N'ayant pour fondement que les deux passions les plus viles du cœur humain, la vénalité et la peur; fonctionnant en dehors de tous les instincts nationaux, de tous les intérêts, de toutes les forces vitales du pays : le pouvoir, en Russie, s'affaiblit chaque jour par sa propre action, et se désorganise d'une manière effrayante. Il s'agite, il se démène, il change à chaque instant de propos et d'idées; il entreprend beaucoup de choses à la fois, mais il ne réalise rien. Seule, la puissance du mal ne lui manque pas; et il en use largement : comme s'il voulait hâter lui-même le moment de sa ruine. *Étranger et hostile au pays* au milieu du pays même, *il est marqué pour une chute prochaine.*

« Ses ennemis sont partout; c'est la masse formidable des paysans qui ne comptent plus sur l'empereur pour leur émancipation; et dont les soulèvements, jour par jour plus terribles et plus fréquents, prouvent qu'ils sont las d'attendre : c'est une classe intermédiaire fort nombreuse et composée d'éléments très-divers, classe inquiète, turbulente, et qui se jettera avec passion dans le premier mouvement révolutionnaire.

« C'est encore et surtout cette armée innombrable qui couvre toute la surface de l'empire. Nicolas regarde, il est vrai, ses soldats comme ses meilleurs amis, comme les plus fermes soutiens de son trône, mais c'est là une étrange illusion, qui ne manquera pas de lui être fatale. Quoi! les appuis de son trône, des hommes sortis des rangs du peuple, si profondément malheureux; des hommes que l'on enlève brutalement à leurs familles, que l'on pourchasse comme des bêtes fauves dans les forêts où ils vont se cacher, souvent après s'être mutilés eux-mêmes pour échapper au recrutement: que l'on conduit enchaînés à leurs régiments, où ils sont condamnés pendant vingt ans, c'est-à-dire pendant la vie d'un homme, à une existence d'enfer, battus tous les jours, tous les jours accablés de nouvelles fatigues, et tous les jours mourant de faim! Que seraient-ils donc, grand Dieu! ces soldats russes, si au milieu de pareilles tortures ils pouvaient aimer la main qui les leur inflige! Croyez-le bien, messieurs, nos soldats sont les ennemis les plus dangereux de l'ordre de choses actuel : ceux de la garde surtout, qui voyant le mal à sa source, ne peuvent se faire d'illusions sur l'unique cause de toutes leurs souffrances.

Nos soldats, c'est le peuple lui-même, mais encore plus mécontent; c'est le peuple entièrement désillusionné, armé, habitué à la discipline et à l'action commune. En voulez-vous une preuve? Dans toutes les dernières émeutes des paysans, les soldats congédiés ont joué le rôle principal.

« Pour terminer cette revue des ennemis du pouvoir en Russie, je dois vous dire enfin, messieurs, que dans la jeunesse noble il y a une foule d'hommes instruits, généreux, patriotes, qui rougissent de la honte et de l'horreur de notre position, qui s'indignent de se sentir esclaves, qui sont tous animés contre l'empereur et son gouvernement d'une haine implacable. Ah! croyez-le bien, les éléments révolutionnaires ne manquent pas en Russie! elle s'anime, elle se passionne, elle compte ses forces, elle se reconnaît, elle se concentre; et le moment n'est pas éloigné où la tempête, une grande tempête, notre salut à tous, éclatera!

« Messieurs, c'est au nom de cette société nouvelle, de cette véritable *nation russe*, que je viens vous proposer une alliance. L'idée d'une alliance révolutionnaire entre la Pologne et la Russie n'est pas nouvelle; déjà elle avait été conçue, vous le savez, par les héroïques conspirateurs des deux pays en 1824, et plus tard leurs martyrs. »

Et cette main que le proscrit nous tendait fraternellement au nom de sa nation libre, nous l'avons acceptée au nom de la Pologne martyre, nous l'avons serrée avec effusion! Que peut-on ajouter à cet éloquent tableau tracé par Bakounin, des souffrances intérieures de la Russie ployée sous le joug d'un despote allemand, cent fois plus détestable que celui des Tatars dont nous l'avons aidée au XVIe siècle à se délivrer? Que sont auprès de lui les déclamations à vide de la *Revue des Deux Mondes*, lorsqu'elle proclame : « Qu'il est certain que la société et le pouvoir en Russie sont fondés sur des bases imposantes, que la hiérarchie y est fortement constituée[1]. » Que signifient les accusations contre l'anarchie polonaise de M. de Saint-Priest, qui donne en toute circonstance raison à la Russie contre la Pologne, au bourreau contre la victime! Que prétend M. de Lamartine dans son *Histoire de la Restauration* lorsqu'il dit : La Pologne est anarchique, la France ne l'est pas; voilà pourquoi la Pologne a péri, et voilà pourquoi la France ne périra pas! » Il n'est pas, sans doute, ici question de la France de M. de Lamartine. Mais à ce compte la Russie ne devrait-elle pas être mille fois démembrée, anéantie, mise au ban des nations, pour l'honneur de l'humanité, pour le maintien de la foi dans la justice divine, dans la Providence! Ne devons-nous pas avoir une pitié profonde pour ce peuple qui ne sait récompenser que par le martyre et la torture morale des hommes pareils à ce noble exilé qui lui faisait espérer en même temps un penseur profond et un écrivain de génie! Fatalité sinistre pesant sur tout un peuple en expiation du meurtre de la Pologne, de ce fratricide sanglant qui mit à

---

1. *Revue des Deux Mondes*, 15 mars 1859.

son front la tache de Caïn ! Non, certes ! un État pareil ne peut pas, ne doit pas subsister ! Il n'est pas seulement en décadence, il est déjà tombé ; et bien plus tombé que nous, parce que dans notre chute momentanée nous avons garanti l'avenir ! Comment oserait-on croire à l'avenir d'un État, fût-il encore plus grand que la Russie, où il ne se trouve aucune notion de droit, ni de propriété, ni de religion, ni de morale ; rien que le tzar, rien que sa volonté, dans son extension la plus despotique : pouvoir sans contrôle, sans contre-poids, anéantissement de tous dans un seul, négation de Dieu et de l'humanité, du bien et du mal, de la justice et de l'intelligence ! Machine tendue pour la torture de l'âme russe, comme l'a dit notre frère de cœur, J. Michelet ! Mais la Russie c'est la négation de l'âme ! Pour être Russe, il faut d'abord renier la sienne, la corrompre, l'avilir et la tuer ! « Un seul homme pense en Russie, c'est le tzar ! a dit un misérable rénégat, borgne de corps et d'esprit, le comte Adam Gourowski ; et la Russie entière exécute aveuglément, sans examen, sans volonté, sans conscience. » Or, si cette pensée se pervertit et s'égare, si elle devient folle par sa tension, par l'absence même de toute règle et de toute limite ; si elle conçoit un projet impossible, hors nature, antihumain, comme celui de tuer et d'anéantir un peuple, la Russie entière deviendra folle en l'exécutant : l'instrument de cette idée se brisera de lui-même et se tuera en obéissant ! Et voilà précisément ce qui arrive aujourd'hui ou ce qui doit arriver demain.

Un seul moyen lui reste pour se préserver de cette mort certaine et pour sauver son avenir ; mais ce moyen, la Russie, c'est-à-dire le tzar, ne l'adoptera pas, et la Russie-tzar périra : ce serait d'éliminer de son sein l'élément germanique, et de redevenir réellement slave, comme l'avaient déjà tenté les héroïques conjurés de 1824, de briser le tzarisme allemand et scandinave des faux Romanoff, et de mettre à la place la *Fédération nationale slavonne*. Ce serait encore de restreindre l'autorité sans bornes, par la séparation des pouvoirs temporel et spirituel ; ce serait enfin de rentrer dans la communauté des peuples, dans la famille chrétienne, par l'assimilation de l'idée fédérale polonaise, par l'adoption du rite grec-uni, qui, en fondant une *Église catholique slave*, ferait cesser le schisme religieux et rétablirait l'unité spirituelle de l'humanité. Cette réforme essentielle a déjà été indiquée par la Pologne dans les synodes de Florence et de Brzeşç, en 1439 et 1596, dans lesquels le rite grec-uni avait été proposé et adopté pour toutes les terres russiennes dépendant de la république. Elle a été poursuivie par le tzar Alexandre, qui lui-même embrassa le catholicisme en 1824, dans un couvent dominicain de la Lithuanie, et qui négociait à Rome le retour de tout son empire à l'Église universelle lorsque la mort est venue fort à propos pour l'empêcher d'accomplir son œuvre, le surprendre dans un port de la mer d'Azof. « Attendez, soyez patients, disait-il souvent aux Polonais ; *Moi et la Russie* nous viendrons à vous ! » Après la mort d'Alexandre, on a trouvé le projet d'une constitution ébauchée par lui, qui accordait encore beaucoup, il est vrai, à l'absolutisme, mais qui, en limitant l'oligarchie, en fondant un droit constitutionnel, portait déjà le germe d'une réforme complète pour son pays. Cette mort tragique et mystérieuse, sur laquelle plane jusqu'à présent un voile impénétrable, fut celle de la Russie elle-même. Le règne de Nicolas, qui commençait par l'écroulement d'un trône, et qui doit aboutir à l'écroulement d'un empire, ne fut que le délire de son agonie. Il a fait mentir toutes les prévisions d'Alexandre et avorter tous ses projets, qui auraient pu rendre la vie à ce corps mal organisé, grandi trop vite et déjà frappé de marasme et de démence. Mais le tzar Nicolas, qui proclame tout haut que *l'Occident s'en va !* n'acceptera rien de l'Europe, ni ses idées, ni sa religion, ni sa politique ; il ne veut rien avoir de commun avec elle, il la maudit, la menace et lui déclare la guerre ! Son orgueil insensé ne se courbera jamais jusqu'à cette sainte martyre qu'il tient palpitante à ses pieds, et qui seule pourrait, en se relevant, lui donner la moitié de son âme ! Il confond dans une haine commune le *polonisme*, c'est-à-dire le sentiment de la liberté, et le *dominus vobiscum*, c'est-à-dire la foi romaine, universelle ; car il pressent qu'elles seront ses héritières. « *Plutôt la guerre que de céder une seule chaumière polonaise !* » disait en 1811 l'empereur Napoléon. « *A moins que je meure, je rétablirai la Pologne !* » proclamait en 1812 le tzar Alexandre. « *Je détruirai Varsovie et ce n'est pas moi qui la rebâtirai !* » blasphémait en 1835 le tzar Nicolas. Aucun d'eux n'aura tenu son programme, le premier faute de prévoyance, le second faute de courage, le troisième faute de temps ; l'un a été emporté par l'exil au delà des mers, l'autre est mort du mal héréditaire qui tue, de père en fils, en Russie, tous les souverains allemands : tel sera aussi le sort du dernier. « Qu'avons-nous besoin d'une constitution, disait en 1814 la princesse Lapuckin, maîtresse du tzar Alexandre, à Vladislas Ostrowski ; n'avons-nous pas nos matelas et nos écharpes ? » Que Nicolas pèse bien ces paroles échappées à la candeur d'une dame russe qui faisait de ses bras une écharpe pour le cou de son impérial amant ; et qui sont tout aussi vraies pour lui à Saint-Pétersbourg qu'elles l'étaient pour son frère à Taganrog.

V.

« La Russie n'existe pas, il n'y a que le tzar ;

« Le tzar est en même temps peuple, autocrate et dieu ; le prince Menschikoff est son messie, et le knout son symbole religieux ;

« Le tzar n'est pas slave, mais il est allemand ;

« La Russie, à moins de conquérir le monde, ne peut durer un demi-siècle ;

« Alors aussi l'humanité n'existera pas : il n'y aura plus que le tzar qui vivra, pensera, voudra pour elle, et deviendra réellement dieu de l'univers. »

C'est au nom de cette effroyable religion, laissant bien loin derrière elle le paganisme ancien, le culte du Dalaï Lama et le fétichisme des sauvages, que le prince Menschikoff allait tout récemment réclamer le protectorat du tzar-dieu sur les quatorze millions de grecs-schismatiques de la Turquie et de l'Asie Mineure. C'est aussi sous un prétexte religieux que la Russie intervenait au siècle dernier dans les affaires de la Pologne, pour protéger, disait-elle, tous les dissidents, qui n'avaient nullement besoin de cette protection : parce que les divers étrangers habitant ce pays, Allemands, Juifs, Arméniens ou Tatares, y ont toujours trouvé le libre exercice de leur culte. Mais la Russie n'est jamais embarrassée pour trouver un prétexte d'intervention, ni pour couvrir de son protectorat tous ceux qu'elle veut avoir pour esclaves. Cependant un fait inattendu est résulté de cette audacieuse tentative de communisme politique; c'est que les grecs-schismatiques de la Turquie, que l'on croyait jusqu'à présent dévoués à la personne du tzar et à sa doctrine, ont hautement protesté contre cette dangereuse tutelle qu'on voulait leur imposer : car chaque jour ils adressent au divan leurs réclamations à ce sujet. La tolérance religieuse qui est une des réformes principales du tanzimat, et qui chaque jour s'étend davantage, ne leur fait nullement désirer de voir le tzar intervenir entre eux et les musulmans, ni de rien changer à leurs conditions réciproques. L'habileté proverbiale de la diplomatie russe, qui prétendait être si bien informée et qui faisait la force principale du cabinet moskovite, a donc reçu une profonde et irréparable atteinte. Aujourd'hui, après le départ subit du prince Menschikoff, le prestige est complétement dissipé; la diplomatie russe vaut tout le reste! Nous avons sous les yeux une brochure du prince Stéphanopoli Comnène, un descendant des anciens empereurs de Byzance, qui repousse formellement, au nom de sa nation, toute idée de solidarité avec la Russie; il s'indigne de voir que l'Europe ait pu si longtemps croire aux sympathies de la Grèce chrétienne pour Nicolas :

« Le système insatiable, asservissant et corrupteur des Russes, est plus effrayant, dit-il, pour tous les peuples que celui des anciens Ottomans. Il est urgent que tous se réunissent pour en préserver le monde...

« Que la France cherche à étendre ses limites sur les provinces rhénanes, par les sympathies nationales et les autres convenances qui la lient à ses voisins, personne ne désire plus que nous son agrandissement. Mais vouloir les obtenir par des concessions humiliantes, ruineuses, facilitant en outre, sur l'Orient et l'Occident, sur le rite grec et le catholicisme, le débordement de la conquête, de la déprédation et de l'intolérance, oh! non; la France n'abdiquera pas sa loyauté ni sa magnanimité pour tomber, à ses dépens, dans un tel machiavélisme! Elle n'effacera pas l'auréole de sa gloire, ne cédera pas les trésors de son intelligence et de son industrie pour apaiser les menaces d'un audacieux conquérant, dont l'empire colossal a, du reste, des pieds d'argile. Une nation sachant, comme la France, diriger ses armées et ses flottes bien organisées par une prévoyante politique, ne laissera pas le tzar faire un pas en avant vers Constantinople, parce que là se réunissent les grands intérêts politiques, religieux et commerciaux de toutes les nations civilisées.

« Il importe hautement à la sécurité du catholicisme romain et au maintien de l'équilibre continental que la diplomatie française et anglaise fasse pressentir que la France et la Grande-Bretagne soutiendront leurs intérêts en Orient par leurs armées, si le tzar prétend user de coercition auprès du sultan dans les différends actuels, attendu que ce qu'il veut enlever à la Turquie il veut l'arracher de même à ces deux puissances, par des prétentions dont ses exigences sur les lieux saints et son protectorat sur les Grecs ne seraient que le prélude. »

Et plus loin :

« Comment l'Autriche peut-elle se flatter de conserver son indépendance, quand les Russes, possédant les provinces moldo-valaques, auront mis sous leur protection les Serbes, les Épirotes, les Gréco-Slaves, les Monténégrins, tous les *orthodoxes* de la Roumélie et de l'Asie Mineure? quand ils pèseront sur l'empire de Vienne et le royaume de Prusse? Une fois qu'ils seront arrivés sur les rives de l'Albanie, leurs flottes n'auront plus qu'à franchir la mer Adriatique pour posséder Rome et l'exarchat de Ravenne; provinces de l'ancien empire grec, dont le tzar prétend aujourd'hui, sous le masque grec, usurper les dépouilles.

« Est-il exact de dire que les Russes soient coreligionnaires des Grecs depuis que le tzar est chef de son église comme de son armée? Les empereurs de l'ancienne monarchie grecque n'ont jamais exercé cette théocratie. D'ailleurs, l'union de la religion n'emporte pas celle du territoire et de la nation; d'autant plus que *le caractère grec n'a rien de commun avec celui des Russes* (c'est le prince Comnène qui le dit) : ni dans sa physionomie, ni dans sa langue, ni dans ses institutions civiles, ni dans le reste de son développement moral, ni dans ses travaux scientifiques, artistiques et littéraires, ni enfin dans ce que son génie national a manifesté pendant les temps anciens et modernes. De quel droit le Russe s'arrogerait-il donc la qualité de Grec pour greffer sa cause sur celle des Hellènes? Le Français se dit-il Allemand, Italien ou Espagnol, se fondant sur ses rapports religieux avec ces peuples? La commune origine même est-elle invoquée entre ceux-ci quand il s'agit d'intérêts politiques ? »

Après avoir passé en revue les bienfaits rendus à la civilisation, aux arts, à la science, par la Grèce ancienne qui jusqu'à présent nourrit le monde entier de son génie, de ses traditions, il rappelle les services des empereurs d'Orient, des Comnène et des Paléologue, dont le dernier, Constantin, est mort sur la brèche encore ouverte de Mahomet II; et enfin les noms de ces nobles exilés de Byzance qui transmirent à l'Italie et à la France le flambeau de la pensée antique. Dans un langage digne de Bessarion ou de Démosthène, il s'écrie en terminant :

« Non, ce ne sont pas les Grecs qui appellent la domination et la suprématie religieuse des Russes! ce ne peuvent être que des hommes corrompus, aveugles ou salariés, recueillis dans les repaires des Fanariotes, prêts à se donner à la première puissance qui se fera précéder par quelques émissaires habiles avec des monceaux d'or. Le mal qui résultera des progrès moskovites sur le Bosphore sera plus grand encore, s'il est possible, que celui du partage de la Pologne, puisqu'il s'étendra sur l'occident, le midi et l'orient de l'Europe, dont la Russie prendra la plus grande et la meilleure part pour y centraliser la corruption et le fanatisme! »

Puis, s'adressant au pape :

« Le chef de l'Église catholique ne saurait assez travailler avec les successeurs de Charlemagne, qui l'a doté de son apanage, pour préserver la catholicité du fanatisme des Moskovites, déjà presque aussi nombreux que tous les catholiques, et qui renouvelleront sur toutes les terres conquises les persécutions religieuses qu'ils pratiquèrent contre les religieuses de Minsk.

« Enfant de la Grèce, ayant consacré toutes les facultés de mon âme à la délivrance de ma patrie ; moi, descendant des Comnène, anciens empereurs de Constantinople : je proteste, au nom des véritables Grecs et du droit des gens, contre les prétentions des Russes, se disant Grecs et héritiers des Byzantins, pour s'emparer de notre sol et de notre liberté. La Grèce est le théâtre politique où se débattent les intérêts du monde. C'est là qu'il faut empêcher les Russes de porter la perturbation dans l'ordre politique, religieux et social. *La cause des Grecs n'est pas celle des Russes.* Les nations isolées et la société entière attendent protection des élus qui ont entre leurs mains les destinées des peuples. Respect à leur caractère, mais confiance à leur sollicitude ; c'est dans les grands périls que se révèlent les grandes vertus ! »

Voilà donc à quoi se réduisent les sympathies des Grecs pour la Russie ; il faut avouer qu'elles sont très-énergiques. Nous n'aurons que peu de chose à ajouter à cette citation.

Nous avons remarqué le nom de la Pologne cité à plusieurs reprises dans cet écrit, que nous regrettons de ne pouvoir reproduire en entier. C'est que ce nom se trouvera toujours dans le cœur de tous les peuples qui revendiquent leurs droits nationaux ; qui considèrent à juste titre la Russie comme l'ennemie implacable et mortelle de l'humanité. Nous en remercions le prince Stéphanopoli Comnène que nous n'avons pas l'honneur de connaître, et du fond de notre âme, nous formons des vœux sincères pour que sa voix soit entendue. Nous le prions de se rappeler que l'affranchissement de la Grèce était une des pensées constantes du roi Jean Sobieski ; que, tout en combattant la Turquie, il négociait avec elle à Zurawno (17 octobre 1696), la restitution des lieux saints au culte romain. Toutefois il peut se rassurer sur l'avenir de sa patrie, de même que nous sommes certains du réveil de la nôtre. Toutes les nations européennes sentiront bientôt la nécessité de reconstruire cette antique barrière qui, pendant huit siècles, les a protégées contre les invasions des barbares. Le triomphe de l'indépendance polonaise est identifié d'un côté avec le triomphe des nationalités en général ; de l'autre, avec le triomphe de l'Église chrétienne universelle : par le retour du schisme grec, qu'elle seule peut ramener à l'unité. L'Europe occidentale ne permettra pas qu'une seconde page d'infamie soit ajoutée à la page sanglante qui contient l'assassinat de la Pologne ; elle ne voudra pas que Constantinople soit russe, et que la Russie soit le monde.

La France ne pourra réaliser sa devise : *l'Empire c'est la Paix!* rasseoir l'autorité sur des bases réelles, échapper aux convulsions qui depuis soixante années ont accumulé tant de ruines, qu'en faisant régner la justice en Europe ; en relevant cette *clef de voûte* sur laquelle repose tout l'équilibre des sociétés chrétiennes. Tous les pouvoirs qui s'y sont succédé depuis près d'un siècle ont péri pour avoir méconnu ce grand principe, ou pour lui avoir refusé satisfaction : Louis XV comme la République, le Directoire comme Napoléon Ier, Louis-Philippe comme les nains de Février. Le pouvoir actuel aussi, exécuteur testamentaire des idées napoléoniennes, mais non pas des erreurs napoléoniennes, ne pourra se maintenir qu'à la condition de replacer cette *clef de voûte,* tombée mais non brisée, au sommet de l'édifice européen ; sinon, il sera désavoué par ce même peuple dont il est issu. En le faisant, il aura bien mérité de la France et du monde ; ce sera notamment, à la prépondérance française, l'œuvre de *l'affranchissement* de l'Amérique. Mais cette fois sa tâche devient immensément plus aisée par l'association spontanée de l'Angleterre ; et par cette période de crise et d'affaissement politique dont nous avons observé les signes évidents et palpables dans ces dernières années du règne de Nicolas. Son étoile a pâli, nous pouvons donc espérer de voir bientôt se lever la nôtre.

La Russie n'a ni corps ni âme ; c'est le vide, mais c'est un vide qui attire et qui tue. C'est un abîme creusé sous l'Europe romaine, et qui, en s'entr'ouvrant, pourrait bien la dévorer. Elle n'a d'autre puissance que celle du prestige ; celle de tous les abîmes, dont on n'ose pas sonder les profondeurs. Ce prestige, que faut-il faire pour le dissiper? Ce qu'on a fait avec les catacombes du Panthéon ; en les étayant par des soutiens solides, pour les empêcher de s'écrouler et d'entraîner avec elles tout l'édifice : en éclairant le gouffre, en s'habituant à le mesurer du regard, à le braver. Ces piliers de voûte, nous les avons désignés dans le cours de cet écrit par les noms des quatre nationalités qui doivent un jour former la tétrapole slavonne ; ces piliers s'appellent Pologne, Bohême, Serbo-Dalmatie, et enfin Russie régénérée par le régime fédéral. Alors on aura détruit le prestige qui s'attache à l'abîme moskovite, la fascination qu'il exerce encore sur tous ceux qui craignent de l'approcher. Jetez une lumière dans le précipice et regardez au fond, vous n'y découvrirez que le tzar : le dieu du néant.

Au siècle suivant, on sera tout étonné de voir une Pologne grande et forte, reconstruite sur un plan nouveau avec ses anciens éléments de dix siècles, groupant autour d'elle une société à venir que nous entrevoyons déjà : les *Peuples-Unis d'Europe*, et de chercher la place où fut autrefois l'empire des tzars de Moskou, et où se trouvera une imposante fédération slave, indestructible pour les siècles. Ce n'est pas la Pologne qui deviendra Russie; c'est la Russie qui sera devenue Pologne, c'est-à-dire fédérale et républicaine.

Je ne sais si ces lettres produiront une réaction nécessaire contre le germanisme moskovite; toutefois il était de notre devoir d'en signaler les dangers et d'indiquer les moyens de les prévenir. Tous ces noms slaves, qui naguère encore, du temps de Napoléon Ier, ne se donnaient rendez-vous que dans les camps de la France, pourraient bien, d'un jour à l'autre, se trouver enrôlés sous les drapeaux des rois absolus; aujourd'hui même on en compte déjà beaucoup trop pour la sécurité de l'Europe; c'est un Radeçki, un Yellachich, un Paskéwitch, un Radziwil dans l'armée, c'est un Gorzkowski, un Karnicki, un Goluchowski, un Sanguszko dans l'administration du despotisme. Nous pourrions bien aussi, sans beaucoup de peine, y trouver quelques noms anglais ou mêmes français; pour les noms allemands, ceux-là forment masse et cohue. Certains noms polonais ne s'y verront jamais; mais ceux qui les portent, si l'on n'y prend garde, seront les derniers soldats et martyrs de la civilisation européenne au XIXe siècle. Il y a quelque vingt-cinq années, l'Europe était encore toute gallo-romaine et toute française; que vingt-cinq autres années s'écoulent sans une Pologne libre, et l'Europe sera toute slavo-germaine et toute byzantine : le rêve insensé de Pierre Ier deviendra une effrayante réalité.

En thèse générale :

Les princes allemands, moyennant les peuples slaves abandonnés à leur despotisme, subjugueront la race gallo-romaine;

Ou les peuples slaves affranchis de la tutelle germanique, par l'assistance des gallo-romains, deviendront les alliés et les frères de leurs libérateurs;

Il n'est point d'Europe libre, ni même constitutionnelle, sans une Pologne indépendante et fédérale;

L'alliance anglaise, c'est la paix générale et la liberté;

L'alliance russe, c'est la guerre civile et l'esclavage;

Le choix est indiqué : la France avisera.

Paris, 13 mars 1853.

(*Galignani's Messenger.*)

XXIX.

SUR LA TOMBE DE HOENÉ WRONSKI

MATHÉMATICIEN [1].

MESSIEURS,

L'homme illustre dont nous déplorons la perte en ce lieu même était l'aîné par l'âge de l'émigration polonaise, le doyen par le génie de la grande famille slavonne. Sous ce premier rapport déjà, il aurait droit à tous nos regrets, si d'autres titres plus imposants ne le recommandaient à la vénération universelle. Rejetés en dehors des conditions sociales ordinaires, durant ces crises politiques qui semblent vouloir transporter les nations les unes chez les autres, bien rarement les hommes supérieurs sans patrie, trop nombreux de nos jours, peuvent se frayer une voie facile et commode pour conquérir leur droit à l'immortalité. Quand ils y parviennent, on ne reconnaît l'étendue de leur génie qu'à l'immensité de leurs souffrances. Aussi leurs ouvrages, de quelque nature qu'ils soient, portent l'empreinte de ces déchirements qui ont agité leur vie de sacrifice et d'abnégation; à chaque pas la misère vient se dresser entre eux et le but lointain, mais généreux, qu'ils se sont proposé. Telle fut la vie de Hoené Wronski; tels sont aussi ses ouvrages qui, dans leur immense orbite, embrassent tout l'ensemble des connaissances humaines, et dont nous possédons jusqu'à présent à peine la première période. Il n'est pas dans ma pensée de donner une analyse, même la plus sommaire, des vingt volumes déjà publiés de cette impérissable encyclopédie scientifique; depuis sa *Réforme absolue du savoir humain*, et celle des mathématiques transcendantes, comme prototype de la réforme générale de la philosophie, jusqu'à la *Philosophie absolue de l'histoire* ou l'*Historiosophie*, le dernier en date et peut-être le plus remarquable de ses ouvrages. Mais qu'il me soit permis, au nom de l'Émigration polonaise, au nom de l'arme de l'artillerie, qu'il a honorée de ses travaux, de rendre sur cette tombe un hommage public à sa mémoire.

Élevé dans cette école de cadets de Varsovie qui a produit tant de citoyens illustres, dès sa seizième année il se distingua comme officier d'artillerie dans la défense de la capitale contre les Prussiens. En faisant sauter le village de Wola, dans lequel l'ennemi s'était retranché, il contribua à faire lever le siège, et mérita une récompense nationale. Plus tard, à la bataille de Maciéiowicé, cette agonie de la Pologne monarchique, il commandait l'artillerie de l'aile droite, et fut fait prisonnier à côté de l'immortel Kosciuszko. C'est sur l'invitation de ce dernier, et plus tard du général Dombrowski, chef des légions

---

1. Les nombreux écrits de Wronski ont été recueillis par son beau-frère et son élève, M. de Montferrier, éminent mathématicien lui-même; ils doivent être publiés par M. Amyot, son éditeur.

polonaises, qu'il s'occupa, dès 1800, de la rédaction d'un mémoire sur la nécessité du rétablissement de la Pologne. Cette grande nécessité, il voulait la fonder non-seulement sur les intérêts politiques, mais encore sur la découverte des plus hautes vérités morales qu'il entrevoyait déjà, et dont l'application lui présageait le salut de sa patrie par la science, et celui de la race slave par sa patrie. C'est alors que, renonçant à une brillante carrière diplomatique qui lui était offerte par Lucien Bonaparte, ministre de l'intérieur, et sur la recommandation de Kosciuszko, son ancien compagnon d'armes et de captivité, il entreprit un immense travail synthétique dans presque toutes les branches du savoir humain, en se résignant, comme Descartes l'avait fait avant lui, à dix années de retraite et de réclusion absolue. Ayant achevé son œuvre, il se présenta devant l'Institut de France avec un résumé de ses nouvelles théories et des problèmes abstraits qu'il avait résolus. Le compte rendu de ce corps savant se trouve dans le *Moniteur* du 15 novembre 1810, avec une invitation faite à l'auteur de donner à ses prolégomènes une extension pratique et usuelle. Il y répondit en publiant, en 1811, sa *Philosophie des mathématiques*, et une année après, la *Résolution générale des équations algébriques*. Sa dernière pensée fut celle de l'union absolue des peuples slaves sous le drapeau de la Pologne, qu'il appelle, dans son langage poétiquement coloré, *le dernier asile providentiel de l'humanité*. Et, bien que je sois loin d'adopter entièrement les moyens proposés par Wronski pour arriver à cette synthèse, c'est avec un sentiment tout personnel de joie et d'orgueil que j'entrevois, de même que lui, dans cette union nécessaire au nom du principe fraternel, polonais, le salut et la grandeur de l'Europe.

Paris, 11 août 1853.

(*Le Siècle*.)

XXX.

A RESCHID-PACHA,

MINISTRE DES AFFAIRES ÉTRANGÈRES
DE LA SUBLIME-PORTE OTTOMANE.

LÉGIONS POLONAISES.

En présence des grands événements qui se préparent en Orient, et qui, selon toutes les prévisions humaines, doivent amener une collision sanglante entre l'empire ottoman et les armées du tzar moskovite, les Polonais résidant à Paris et à Londres ont manifesté l'intention d'offrir à la Turquie, cette ancienne et fidèle alliée de la Pologne, le poids de leur épée, ainsi que l'autorité de leur influence morale parmi tous les peuples d'origine slave.

Ils l'ont fait avec une entière confiance et le juste espoir de la réciprocité de sa part, lorsque le moment sera venu d'employer leurs armes réunies pour le rétablissement de l'indépendance polonaise, si nécessaire à la sécurité de l'Europe, contre les projets d'envahissement et de conquête de la Russie.

Ils ont approuvé hautement et sans réserve l'attitude ferme et courageuse du gouvernement turk dans les négociations ouvertes à Constantinople par le tzar de Russie, qui ne tendaient pas à moins qu'à remettre entre ses mains les destinées de toutes les populations chrétiennes du Levant.

Ce que la Russie n'a pu obtenir par les ténébreuses intrigues de sa politique dissolvante, par la *menace* et la *corruption*, les deux principaux ressorts dont elle ait l'habitude de se servir, elle l'obtiendra moins encore par la force des armes; car, nous en avons la conviction intime, cette injuste agression ne serait, de la part du tzar Nicolas, qu'un acte de désespoir et de démence, le signal de la décomposition immédiate de tout l'empire russe.

Cependant, si malgré cette clameur de désapprobation générale qui s'est élevée au sujet de ses exigences inadmissibles, le tzar se croyait assez fort pour braver l'opinion publique de l'Europe et voulait en appeler du résultat honteux de sa négociation avortée aux chances d'une guerre continentale, nous supplions le gouvernement de la Sublime-Porte de ne pas se séparer sa cause de celle de tous les peuples ennemis de la Russie, qui tous attendent avec une égale ardeur le jour du combat, comme le jour qui doit leur rendre la vie nationale, venger leurs droits foulés aux pieds par son despotisme, et qui brûlent de se mesurer avec elle dans une lutte suprême et décisive.

Nous le prions de se rappeler qu'il se trouve en France et en Angleterre une armée jeune et vaillante, des soldats et des chefs depuis longtemps éprouvés dans toutes les guerres de l'Europe contre la tyrannie moskovite, les fils et les frères de ces anciens légionnaires polonais qui ont toujours protesté et qui protestent encore contre le triple assassinat de leur patrie.

Pénétré de ce devoir sacré, transmis par nos aïeux comme un héritage inviolable, chacun de nous est prêt à verser son sang pour une cause que nous considérons comme identique à la nôtre.

Si nous avons bien compris la pensée du tzar de Russie, cette pensée serait l'occupation définitive des principautés danubiennes, en se retranchant derrière les traités de 1841, sauf à profiter plus tard d'un moment de trouble et de surprise en Europe, d'une dissolution de l'alliance anglo-française, pour s'acheminer ouvertement vers Constantinople.

Il est donc nécessaire, selon nous, que la question soit dès à présent vidée entre la Turquie et le tzar, de manière à ne pas lui laisser l'espoir de reprendre la lutte dans des circonstances plus favorables; que cette puissance aille d'elle-même, franchement et sans délai, au-devant des projets de l'ambitieux despote, pour les déjouer, les combattre et les anéantir.

On ne peut vaincre la Russie que sur les bords de la Vistule; toute l'histoire des guerres de la République et de l'Empire français est une démonstration évidente de ce grand principe. Selon nous, ce n'est pas au cœur qu'il faut la frapper; pour la vaincre, il suffit de l'isoler de l'Allemagne, dont l'alliance, depuis 1815, constitue la seule puissance réelle de cet empire; tout le reste, on le sait, n'est que désordre, impuissance et mensonge.

La Turquie a été puissamment secondée dans sa résistance contre les frauduleux attentats de la diplomatie moskovite, par le mouvement général de l'Europe, par ce sentiment de justice et d'équité qui lui fait considérer le maintien de l'empire ottoman comme une nécessité politique d'un intérêt universel. Elle a été secondée surtout par la répulsion profonde que la Russie inspire même à ses coreligionnaires, et leur adhésion unanime et spontanée à cette résistance. Nous en prenons acte, et nous souhaitons qu'il en soit de même à notre égard, par la coopération active de la Turquie à nos efforts, au moment où les Slaves de Pologne et même ceux de l'empire moskovite voudront se libérer de l'onéreuse tutelle de l'autocrate.

C'est dans cette direction, et non pas dans une autre, que se trouve, à notre avis, le salut commun.

La Turquie en avait elle-même la conscience et le pressentiment, lorsqu'à l'époque du premier partage de la Pologne, sanctionné par la criminelle indifférence de l'Europe, elle s'est engagée volontairement, au nom du droit des gens et de la morale publique, dans une lutte désespérée avec Catherine II. Aujourd'hui les circonstances sont entièrement changées, et, grâce à l'alliance anglo-française, toutes les probabilités de la victoire se trouvent du côté du bon droit et de la raison publique.

Qu'il nous soit permis de rappeler, à cette occasion, un glorieux passé de plusieurs siècles, pendant lesquels nous nous sommes livré de rudes combats, mais dont les uns et les autres nous avons emporté beaucoup d'estime mutuelle et de profondes sympathies. La Turquie est, de même que la Pologne l'était autrefois, le pays de la valeur personnelle, de la foi gardée aux engagements, de la tendance au progrès et de l'hospitalité. La Russie est le pays de la fraude, du vol organisé, d'un fanatisme sans bornes, d'une oppression sans exemple. Déjà corrompue et gangrenée avant d'avoir pu faire éclore les premiers germes de la civilisation, elle est arrivée sous le règne actuel, aux dernières limites de la décadence morale et de l'affaissement politique. Que ce soit l'œuvre d'un jour ou de plusieurs années, la Russie se tuera en voulant s'emparer de Constantinople.

La Pologne libre, et autour d'elle une fédération des peuples slaves, imposante par sa masse et pacifique par son esprit national, sortira des ruines fumantes de cet empire de sang et de glace. Délivrée par la réunion intime des armes polonaises et musulmanes, elle deviendra la plus fidèle alliée et le rempart indestructible de la Turquie, sur la seule frontière sur laquelle son indépendance pourrait encore être menacée. Les différences de religion ne sont plus, au temps où nous vivons, des raisons déterminantes de guerre entre les peuples; il ne peut plus y avoir aujourd'hui d'autres croisades que celles de la civilisation et de la liberté.

Tous nos compatriotes sont prêts à s'employer à cette mission libératrice; car tous se rappellent la prophétie d'un patriarche de l'Ukraine : « *Que la Pologne sera victorieuse le jour où les coursiers ottomans viendront boire les flots de la Vistule*[1]. »

Paris, 25 septembre 1858.

(*Le Siècle.*)

XXXI.

A OMER-PACHA,

COMMANDANT EN CHEF LES TROUPES MUSULMANES DANS LES PRINCIPAUTÉS DANUBIENNES.

LA GUERRE D'ORIENT.

Général,

J'ai l'honneur de vous transmettre, par M. B***, ancien officier de l'artillerie légère polonaise, se rendant aujourd'hui même à Constantinople, la traduction littérale d'une lettre du général Bem, datée d'Alep, peu après la malheureuse issue de la guerre de Hongrie. Cette lettre, dont je garde pieusement l'original, contient en quelque sorte jour par jour l'histoire anticipée des événements qui viennent de s'accomplir en Orient. Expression fidèle de son patriotisme, elle augmente encore nos regrets sur la perte de l'illustre général qui, dans les circonstances présentes, serait devenu le drapeau et le point de ralliement pour tous les officiers polonais désirant, ainsi que moi-même, prendre une part active à la guerre d'indépendance de la Turquie. La grande pensée qui s'y trouve exprimée comme nécessité dominante de la situation actuelle ne peut manquer, grâce à votre appui, d'inspirer au gouvernement de la Sublime-Porte des résolutions dignes de la cause qu'elle a remise entre vos mains, en le déterminant à ordonner la formation d'un corps auxiliaire polonais. Le vœu public de l'Europe entière se trouvera sans doute favorable à cette mesure de salut, hautement invoquée par les deux nations, et dans leur commun intérêt.

Troublée au sein d'une paix profonde par un souverain dont les prétentions à la domination universelle sont aujourd'hui dévoilées, et qui passait jusqu'à présent pour la plus imposante incarnation de principe d'ordre et d'autorité, l'Europe ne peut rester impassible à l'aspect de ce grand débat qui s'agite à ses frontières, et dans lequel tous ses intérêts industriels, politiques et moraux se trouvent si puissamment engagés. Mais il importe surtout que l'Autriche, comme la plus proche voisine de la Turquie et la plus directement menacée par l'ambition moskovite, soit entraînée à prendre une part active à l'alliance anglo-française.

Il conviendrait pour cela que les agents de S. M. le Sultan auprès de la cour de Vienne fissent, dès à présent, tous leurs efforts pour réunir la cause de

---

1. Voyez plus loin : *Insurrection polonaise en Ukraine.*

l'Autriche allemande et slave avec la cause de la Turquie slave et musulmane, en offrant à la première les avantages les plus étendus pour sa navigation sur le Danube, ce grand fleuve qui coule dans les deux États, la voie de communication la plus naturelle pour les produits de l'Allemagne dans son commerce avec le Levant.

Une victoire signalée sur le Danube, un corps russe détruit ou refoulé sur le territoire autrichien, suffiraient pour briser à tout jamais la fausse alliance de la cour de Vienne avec la Russie, alliance cimentée bien plutôt par la terreur des commotions politiques que par le sentiment de ses véritables intérêts. Ce fait d'armes que l'Europe attend de votre épée effacerait le prestige qui, surtout depuis la campagne de 1849, s'attache à la puissance moskovite, et déciderait l'Autriche rassurée à se prononcer ouvertement contre son ennemie.

Je n'ignore pas que l'honneur moskovite se trouve en jeu dans la guerre actuelle, je sais que les troupes russes se défendront jusqu'à la dernière extrémité avant de repasser ignominieusement les trois fleuves qui les séparent de leurs frontières; mais ces troupes, naguère encore réputées invincibles, sont sourdement travaillées et minées par des éléments insurrectionnels, éléments qu'il serait aisé de mettre à profit en organisant autour de vous des cadres polonais, cadres aussitôt remplis que formés, et qui changeraient en un jour les émigrés russes en excellents soldats musulmans[1]. Qu'il me soit permis de vous rappeler aussi, comme officier d'artillerie, le mot célèbre de Napoléon après la campagne d'Eylau et de Friedland:

« *Que les bataillons moskovites sont des citadelles vivantes qu'il faut abattre et démolir à coups de canon.* »

Paris, 15 novembre 1853.

XXXII.

AU COMITÉ POLONAIS.

XXIIIe ANNIVERSAIRE NATIONAL.

Messieurs et Frères d'armes,

Depuis longtemps les peuples de l'Europe, guidés par le sentiment de la justice autant que par le besoin de la sécurité commune, reconnaissent d'instinct la nécessité du rétablissement de la Pologne; bientôt cette voix de la conscience universelle, cette aspiration généreuse de l'âme européenne va se traduire en faits positifs, en efforts simultanés pour redresser cet antique et respectable rempart de la civilisation.

Grâce au succès récent des armes musulmanes, présageant dans un avenir prochain des victoires plus décisives, l'écroulement de la Russie a commencé. Tous les peuples qui la composent, courbés sous un joug qu'ils détestent, aspirent à un état de choses meilleur, et font des vœux secrets pour l'indépendance de la Turquie. Dans quelques mois, dans quelques semaines peut-être, il nous sera permis de poursuivre ce combat à outrance, engagé il y a vingt-trois ans, à pareil jour, à pareille heure, avec le despotisme moskovite, et qui doit finir de même sur les bords de la Vistule. Mais avant de rejoindre nos frères, qui déjà sur le sol musulman se groupent autour d'un drapeau polonais, nous dirons une dernière fois quelles sont les croyances pieusement gardées dans nos cœurs, qui nous font considérer la cause turque comme une cause éminemment polonaise et nationale.

L'état anormal de lutte et de souffrance dans lequel se débat le vieux monde date de la seconde moitié du dernier siècle, cette époque fatale, marquée dans l'histoire par le partage de la Pologne. La guerre de Sept-Ans, terminée par la paix désastreuse de 1763, en arrachant à la France l'empire des mers, rendit la Prusse prépondérante en Allemagne et l'Angleterre toute-puissante en Amérique. L'Autriche, un instant humiliée, ne dut son salut qu'à la valeur des Hongrois; la Russie, d'après les plans de Pierre Ier, méditait dès lors ses projets de domination universelle.

Cette guerre fut le signal d'une première coalition des souverains d'origine allemande contre la France, où fermentait déjà le levain de la liberté. Mais il fallait auparavant anéantir la Pologne, qui se trouvait sur leur chemin, puissamment attachée à la France par les affinités nationales aussi bien que par les traditions historiques.

En 1772, sur l'ouverture du prince Henri de Prusse, guidé par les perfides conseils de Kaunitz, eut lieu le premier démembrement de la Pologne. Trois puissances, jusque-là rivales, se lièrent par un pacte d'iniquité; la question des dissidents, toujours soulevée par la Russie, en fut le prétexte; et l'Angleterre, alors ennemie de la France, refusa les propositions de Louis XV, de s'opposer conjointement à cette spoliation.

Le soulèvement des colonies américaines, ne voulant pas payer les impôts nécessaires pour solder les frais de la guerre contre la France, et qui donna au monde une grande nation de plus, fut le premier châtiment de l'Angleterre[1]. Les confédérés de Bar, émigrés dans le nouveau monde, réunirent à jamais

---

[1]. Ce vœu n'a pas été accueilli, pour les mêmes raisons pour lesquelles le nom de la Pologne n'a pas été prononcé au Congrès de Paris de 1856. Il n'est jamais entré dans la pensée de lord Palmerston de délivrer la Pologne, dont le réveil aurait assuré la prépondérance française sur le continent. D'ailleurs les intrigues de M. Zamoyski, le neveu et l'envoyé du prince Adam Czartoryski en Orient, ont rendu l'exécution de ce projet impossible, et ont mis à néant tous les efforts de l'Émigration polonaise pour la formation d'un corps auxiliaire en Turquie. L'organisation dérisoire de deux régiments de kosaks-ottomans a donné le change à l'opinion publique en Europe, et fait avorter les dernières espérances de la Pologne, fondées sur l'alliance anglo-française. Voyez plus loin, à ce sujet, la lettre d'A. Mickiewicz au prince Vladislas Czartoryski, fils du prétendant.

[1]. Comme aujourd'hui, le soulèvement des colonies indiennes. Lord North, de désastreuse mémoire, aura trouvé son *alter ego* dans lord Palmerston.

les noms de Kasimir Pulaski et de Kosciuszko à celui de l'immortel Washington, fondateur des États-Unis d'Amérique.

Encore meurtri de sa défaite de 1792, et couvert des boues de la Champagne, le roi de Prusse envahit la Pologne; la réforme pacifique de 1791 est annulée, et, pour ne pas rester en arrière des violences commises au nom de la Révolution, on procède à un second démembrement.

Les excès de 93 en sont l'inévitable et terrible conséquence. D'après l'expression de Descorches, envoyé de France à Varsovie, le dernier roi de Pologne imposé par la Russie, l'infâme Stanislas-Auguste, en accédant au complot de Targowiça, avait signé l'arrêt de mort de Louis XVI.

Deux années plus tard, le massacre de Praga prélude à l'assassinat de tout un peuple, et laisse bien loin derrière lui les scènes de représailles qui désolèrent la Vendée.

Depuis ce dernier partage, source de toutes les complications actuelles, la brèche de l'Europe est ouverte pour ce flot envahissant qui grossit toujours, et qui, un instant refoulé à Zurich, ne s'arrête que devant le génie militaire de Napoléon.

La Pologne ne vit plus que dans ses légions; en Italie, en Égypte, sur le Rhin, partout elle unit ses destinées à celles de la république et de l'empire français : jamais la gloire de ses armes n'a brillé d'un plus vif éclat. Les victoires d'Austerlitz et d'Iéna lui rendent une ombre d'indépendance. Le grand-duché de Varsovie est érigé pour un prince saxon allié de la France : création insuffisante qui détermine une conjuration tacite des trois cours co-partageantes; création funeste et précaire comme tout ce qui est incomplet. Les souverains de sang germanique ont toujours porté malheur à la nation polonaise. Ne l'oublions pas, Messieurs, l'humiliation de la France fut toujours et sera longtemps le vœu secret de la race allemande. Cet antagonisme ne disparaîtra qu'à l'avénement de la fédération européenne.

Les affaires d'Espagne affaiblissent en le déconsidérant le pouvoir moral et matériel de la France; l'astre impérial semble pâlir à Essling : Wagram lui rend sa splendeur. Malgré cela, dès lors on pouvait prévoir que tôt ou tard le Nord et l'Ouest se heurteraient dans une collision suprême et décisive.

La Russie, ayant failli à ses promesses, est mise au ban des nations. La campagne de 1812 s'ouvre sous les plus heureux présages; les Russes se retirent dans l'intérieur de l'empire, à l'abri de leurs remparts de neige et de glace. A Smolensk, le prince d'Eckmuhl conseille à Napoléon d'attendre à 1813 pour la seconde campagne de Russie, il présente un plan complet pour le rétablissement de la Pologne; il propose de rendre le Tyrol et les provinces illyriennes à l'Autriche en échange de la Gallicie, d'assurer à la Prusse la possession des provinces de la Russie dites allemandes; enfin, de restituer à la Suède la Finlande et son ancien littoral sur la Baltique. Malgré les sages conseils de Davoust, Napoléon, guidé trop exclusivement par une haine passionnée contre l'Angleterre, marche vers Moskou, sans réorganiser la Pologne; aussi il a successivement la Bérézina, puis Leipsick, puis Waterloo : les derniers boulets jetés à la coalition aux portes de Paris sont tirés par des canons polonais.

Deux fois en deux ans la France est couverte par ces hordes asiatiques que la Pologne libre eût absorbées, en les empêchant d'entraîner à leur suite toute l'Allemagne. Napoléon meurt sur le rocher de Sainte-Hélène ; et l'Angleterre, devenue insolvable, voit encore aujourd'hui une dette de plusieurs milliards peser sur son avenir.

Le soleil de Juillet éblouit un instant la Pologne. Trompée par Louis-Philippe, elle succombe dans une lutte inégale contre cette hideuse coalition aux trois têtes couronnées, toujours vivante, toujours reformée au moment du combat. La royauté des barricades finit comme elle avait commencé; le trône de Juillet est brûlé sur la place de la Bastille, et Louis-Philippe va, de même que Charles X, de même que Napoléon (avec lequel c'est, du reste, son seul point de ressemblance), demander une tombe à l'Angleterre.

La commotion de Février aurait pu devenir le signal d'une régénération universelle ; des pygmées sans mission et sans âme en font une détestable parodie. Le vieux monde aurait pu renaître et rajeunir, comme à toutes les grandes époques de sa transformation ; comme au XVIe siècle, comme aux temps du christianisme primitif, comme à ceux de la civilisation grecque et romaine : nouveau Lazare, il a dû rentrer dans sa tombe. Pour certains hommes, le passé et l'avenir n'existent pas, il n'y a que le présent. Ils ont oublié qu'il n'y a point de France libre sans une Europe libre ; qu'il n'y a point d'Europe libre sans une Pologne indépendante : ils espéraient même, les pauvres esprits, se faire accepter comme un pouvoir régulier par les gouvernements despotiques! Ils recueillent à présent le fruit de leurs œuvres ; mais quel que soit leur châtiment il restera toujours au-dessous d'une aussi lâche trahison.

Aujourd'hui, sous le prétexte d'une question de sanctuaire, le tzar veut devenir le souverain effectif de la Turquie. En pleine paix, il envahit les principautés danubiennes, qu'il remplit de ses exactions ; et combinant cette attaque avec une disette de grains en Europe, il espère que l'Angleterre, où sir Robert Peel a sacrifié l'intérêt agricole à l'intérêt manufacturier, pressée par le besoin d'assurer ses subsistances, laissera s'accomplir la plus brutale conquête que l'on ait encore tentée au nom du fanatisme religieux.

La question est de savoir si les pouvoirs de l'Occident accepteront sans combat les prétentions du tzar orthodoxe, s'ils assisteront en témoins impassibles au démembrement de la Turquie, comme ils l'ont fait au dernier siècle à l'égard de la Pologne ?

Ou bien, s'ils profiteront de l'énergie des Turks, secondée par le dévouement des Polonais, pour faire prévaloir le droit sur la force dans l'organisation nationale de l'Europe à venir ; si, en leur prêtant un aide moral et matériel, ils ne mettront pas la Russie hors d'état de troubler désormais la paix des autres peuples.

Ils ne peuvent assurer ce résultat et réparer toutes les fautes du passé que moyennant le RÉTABLISSEMENT INTÉGRAL DE L'ANCIENNE POLOGNE [1].

Paris, 29 novembre 1853.

XXXIII.

M. SASONOFF
A L'AUTEUR DES « LETTRES SLAVES ».

AVENIR DE LA RUSSIE.

Monsieur et Ami,

C'est avec une sincère joie que j'ai appris, par votre fraternelle invitation, la possibilité où vous étiez de vous réunir cette année, pour célébrer l'anniversaire de votre révolution. J'ai d'autant plus été touché par cette invitation qu'elle m'a rappelé la dernière fête polonaise à laquelle j'ai assisté ; celle où mon ami Bakounin prit la parole pour dire du fond de sa conscience qu'il se sentait fier de pouvoir répéter avec vous : « La Pologne n'a pas encore péri tant que nous existons. » Mon ami a depuis attesté la vérité de ses paroles à Prague comme à Dresde, comme dans les prisons de la Saxe, de l'Autriche et de la Russie. Oh! certes, je n'ose pas me comparer à ce martyr de la liberté qui est un saint pour moi ; mais du fond de ma conscience, j'ose à dire à son exemple que je ne serai pas déplacé à votre patriotique réunion. Je me rappelle que vos drapeaux portaient pour devise en 1830 : « *Za wasza i nasza wolność;* » je me rappelle que, la même année, à peine sorti de l'enfance, j'avais voulu apprendre le polonais, pour connaître la langue de ce peuple héroïque dont la mâle énergie nous ouvrait l'avenir, en provoquant une révolution aussi nécessaire à la Russie esclave qu'à la Pologne subjuguée. Les convictions de mon adolescence sont restées celles de mon âge mûr. Exilé volontaire de mon pays ; condamné par le tzar pour n'avoir pas voulu rentrer en Russie lorsqu'il me l'ordonnait, j'ai tout sacrifié pour rester maître de moi-même, pour pouvoir aimer la Pologne indépendante comme la Russie libre. Oui, chers concitoyens, je vous le dis avec tout mon cœur et avec toute mon intelligence : nous ne pouvons être libres qu'ensemble, comme ensemble nous sommes asservis! Je puis ne pas être de votre avis sur les alliances que vous rechercherez pour reconquérir votre indépendance ; mais lorsque vous agirez comme peuple polonais, le peuple russe répondra à votre appel fraternel : j'en juge par moi-même et par tous ceux qui pensent comme moi en Russie, et leur nombre est grand, croyez-le bien !

1. Cette réunion du 29 novembre, d'abord autorisée, a été défendue *par ordre supérieur*. Depuis 1852, il n'est plus permis aux Polonais émigrés de célébrer l'anniversaire d'un soulèvement national qui a donné à la France vingt années de paix et de sécurité.

Frères, laissez-moi vous dire encore quelques paroles sincères et viriles. Lorsque les envahissements incessants du tyran qui nous opprime ont soulevé dans le monde entier une clameur immense, j'aurais voulu prendre part dans ce concert de malédictions pour aider à l'écraser sous la réprobation générale ; mais l'erreur ou la passion sont venues ajouter à cette légitime révolte de l'opinion publique des outrages immérités au peuple russe. On a voulu nous confondre, nous Russes, nous Kosaks, nous Moskovites, avec ce gouvernement d'origine étrangère contre lequel nous n'avons cessé de protester, nous Russes, nous Kosaks, nous Moskovites, par des insurrections, par des conspirations, par l'exil, la déportation et la mort. On nous a accusés dans notre religion, dans notre histoire, dans nos mœurs. Eh bien ! frères d'exil, de souffrance, de croyance, je n'accepte aucune de ces injures ; et, devant vous, je viens réclamer contre une injuste animadversion.

Comme vous, nous sommes chrétiens ; cette religion dans laquelle nos mères nous ont élevés nous a appris la pratique de la liberté chrétienne dont nos confesseurs et nos martyrs nous ont enseigné la voie. Notre histoire, dont la partie la plus moderne est malheureusement entachée du plus affreux des despotismes, eut aussi ses époques de luttes généreuses et de grandes réparations ; et nous n'en récusons rien, car la liberté y a trouvé des représentants toujours dignes, quoique souvent malheureux. Les mœurs de notre peuple sont les mœurs de tous les peuples slaves ; nous attaquer à ce point de vue, c'est vous attaquer vous-mêmes. Frères, j'avais besoin de dire tout cela devant vous, assuré de votre fraternelle sympathie. La clameur qui s'élève contre la Russie blesse mon cœur sans obscurcir mon intelligence ; et le seul résultat qu'elle puisse avoir pour un cœur sincère, pour un esprit convaincu, c'est de provoquer une haine plus profonde encore et plus entière contre ce despotisme sans entrailles qui, aux yeux d'hommes civilisés, nous ravale au degré de bêtes féroces. Il n'est pas juste de confondre un peuple avec le gouvernement qui l'écrase. Haine donc ! oui, haine et vengeance contre ce gouvernement perfide, antinational autant qu'antihumain qui, en cherchant à subjuguer l'Europe, perd la Russie ; périsse à jamais le despotisme ; mais justice et réparation pour les Slaves qui le détestent !

Laissez-moi ajouter un mot pour continuer une sainte tradition, laissez-moi vous dire comme Bakounin : « La Pologne n'a pas encore péri tant que nous vivons ! » Tant que nous vivrons, le peuple russe aussi ne périra pas ; il vivra POUR SA LIBERTÉ COMME POUR LA VOTRE [1] (!?).

Paris, 29 novembre 1853.

1. M. Sasonoff, notre ami, vient de compléter aujourd'hui cette noble profession de foi par la publication d'un ouvrage remarquable, ayant pour titre : *la Vérité sur Nicolas*. Paris, 1854. Nicolas y est peint en traits de feu par un Russe, mais par un Russe tel que nous les voudrions tous : détestant et faisant détester le despotisme barbare qui pèse sur sa race.

XXXIV.

AU DIRECTEUR DU « SIÈCLE ».

COTÉ RELIGIEUX
DE LA QUESTION D'ORIENT.

Monsieur,

Parmi les choses dures pour la France, amicales pour la Russie, dont se compose la brochure de M. de Fiquelmont : *Côté religieux de la question d'Orient*, il se trouve plusieurs passages très-hostiles à l'adresse de la Pologne, et que je ne puis me dispenser de relever avec tous les égards dus à l'ancienne réputation de l'écrivain-diplomate. Il est dit, à la page 161, dans la partie de son travail formant l'épilogue :

« Les Romains ne firent la conquête du monde qu'à l'aide de la supériorité de leur civilisation et de leur intelligence; la Russie n'a conquis *jusqu'à présent* que des peuples qui lui étaient aussi inférieurs en lumières qu'en civilisation !...

« Le peuple polonais était, dans son ensemble, *inférieur* au peuple russe !...

« Le peuple russe avait le juste orgueil d'avoir triomphé de tous ses ennemis (!) ; tandis que le peuple polonais n'avait su vaincre ni les Turks *proprement dits*, ni les Tatars de la Krimée, ni les Suédois, etc., etc. »

Autant de mots, autant d'erreurs palpables ; fruit d'une distraction au moins étrange chez un ancien homme d'État, presque contemporain de M. de Metternich. Dans un autre passage, il est question, à propos du traité d'Oliva, de *l'intolérance des lois de la république de Pologne!*...

En opposant une dénégation formelle à ces assertions de M. de Fiquelmont, nous ne ferons pas à ses lecteurs français l'injure de les réfuter en détail ; il nous suffira de le renvoyer aux notions les plus élémentaires de l'histoire ancienne et moderne. Mais nous voudrions savoir ce qu'il entend par cette expression : « les Turks *proprement dits*, » sinon ceux qui furent vaincus, en 1683, par notre Jean Sobieski ; sans lequel M. de Fiquelmont n'aurait probablement jamais écrit sa brochure dans une résidence autrichienne : à moins toutefois qu'il n'attache à ce *proprement dits* un sens particulier qu'il ne nous a pas été donné de pénétrer.

Nous voudrions savoir également ce que c'est que le *peuple russe vainqueur de tous ses ennemis*, et dont personne n'avait entendu parler en Europe avant Pierre Ier, le tzar *moskovite*, fondateur de Saint-Pétersbourg. Les Russes *proprement dits*, M. de Fiquelmont ne peut pas l'ignorer, ont de tout temps appartenu à la république de Pologne et de Lithuanie. Voyez toutes les cartes de géographie avant 1795.

Ce libelle, qui semblerait écrit dans quelque chancellerie orthodoxe, met son auteur en opposition ouverte avec les tendances actuelles du cabinet autrichien, et celles de M. de Metternich lui-même, qui depuis 1815 a considéré l'existence de la Pologne comme nécessaire à la sécurité de l'Allemagne. En effet, il suffit d'un instant de réflexion pour pouvoir affirmer que l'Autriche catholique, la Prusse libérale, préféreront toujours avoir pour voisine immédiate la Pologne catholique et libérale comme elles, que la Russie schismatique et barbare qui, à un moment donné, leur reprendra les deux tiers de leurs populations. Si la France et l'Angleterre ont un intérêt moral tout-puissant à relever cette antique barrière de la civilisation qui séparait autrefois l'Europe de l'Asie, l'Allemagne, comme la plus directement menacée par l'ambition moskovite et dominée par son ascendant, a tout à la fois un intérêt moral, matériel et politique à ce grand acte de justice et de réparation qui doit lui rendre son autonomie comme peuple, et sa liberté d'action comme État. Il n'est pas un seul publiciste sérieux à Vienne et à Berlin qui ne soit de cette opinion ; et nous pourrions extraire de la presse allemande des milliers de documents à l'appui de notre affirmation.

En 1848, le lendemain de l'explosion populaire à Berlin, le gouvernement prussien autorisait, *dans l'intérêt même de l'Allemagne*, la réorganisation nationale du grand-duché de Posen, le port des couleurs nationales, la délimitation des districts allemands et polonais, etc. Le décret royal du 24 mars ajoutait : « *Cette réorganisation doit être effectuée* AU PLUS TÔT; *et, à cette fin, une commission composée de Polonais et d'Allemands sera constituée : laquelle, de concert avec le président supérieur de la province, me soumettra les propositions nécessaires*[1].» Ces sages mesures, ordonnées et *signées* par Frédérick-Guillaume, sont venues se perdre entre les mains des hommes arriérés, chargés de veiller à leur exécution.

Le cabinet autrichien, de son côté, a proposé à trois reprises différentes la cession spontanée de la Gallicie, *sans aucun dédommagement territorial*, en vue du rétablissement intégral de l'indépendance polonaise, savoir : en 1814, dans les préliminaires du congrès de Vienne, avant le débarquement et le retour en France de l'empereur Napoléon[2]; en 1828, pendant la campagne désastreuse de Nicolas en Turquie, proposition rendue stérile par les menées de l'ambassadeur russe à Paris, M. Pozzo di Borgo, et peu de temps après par la révolution de Juillet; en 1831 enfin, pendant la guerre de Pologne; une ouverture semblable, faite au ministère français, n'a pas pu être accueillie faute de l'assentiment de l'Angleterre.

Les événements actuels en Orient en sont la conséquence.

Depuis cette époque, des écrits sans nombre ont vu le jour en Allemagne, réclamant hautement le maintien de la nationalité polonaise, et, parmi les noms de leurs auteurs, je citerai ceux de MM. Rotteck, le célèbre historien ; de Raumer, l'habile

---
1. *Mémoire historique sur le grand-duché de Posen*; Paris, 1848.
2. *Histoire du congrès de Vienne*, par M. Flassan; t. I, p. 60.

homme d'État ; de Stein, Otto Spazier, Oppenheim, Eisenmann [1], etc. ; qui certes, pour la netteté des idées et l'élévation des sentiments, peuvent se comparer à M. de Fiquelmont, sans parler des chaleureux discours prononcés dans les assemblées de Francfort, de Vienne et de Berlin.

Telle est la pensée unanime des populations allemandes, cette expression infaillible des besoins et des intérêts nationaux ; il n'en faudrait d'autre indice que l'accueil enthousiaste qui a salué les débris de l'armée polonaise en 1832, durant leur passage à travers l'Allemagne, et dont l'immense entraînement a gagné jusqu'aux souverains eux-mêmes. Cet élan national s'est depuis reproduit à différentes époques ; maintenant encore, il n'attend que les événements pour pouvoir se manifester.

Ces faits sont généralement inconnus en Europe ; et leur ignorance seule peut expliquer, sinon justifier, le silence absolu des principaux organes de l'opinion publique à l'égard de la Pologne, dans la question d'Orient. Mais ils ne sauraient être ignorés de M. de Fiquelmont, ancien ministre des affaires étrangères dans son pays adoptif, et qui, depuis près d'un demi-siècle, honore la carrière diplomatique de ses talents. Ce serait d'autant plus inconcevable que lui-même est originaire de Lorraine, ce duché héréditaire de l'avant-dernier roi de Pologne, Stanislas Leszczynski, et dont les habitants se souviennent encore comme de leur bienfaiteur.

D'ailleurs, j'ai toujours considéré l'ignorance comme un des fléaux les plus implacables de l'humanité ; à l'égal au moins de la tyrannie, sa sœur aînée, dont elle sert si merveilleusement les desseins. C'est ce que pensait aussi le poëte Gœthe, lorsqu'il disait en bon allemand :

« Gegen Dummheit kæmpfen die Gœtter selbst vergebens ! »

Ce qui pourrait se traduire au besoin par ces deux beaux vers de Kasimir Delavigne dans les *Enfants d'Édouard* :

« Plus une calomnie est difficile à croire,
Plus, pour la retenir, les sots ont de mémoire. »

Que d'efforts, que de guerres sanglantes, que de révolutions tentées en vain pour guérir cette infirmité de la race humaine, l'ignorance ! Heureux l'homme d'État qui pourrait nous indiquer le moyen d'y remédier !

En somme, les intérêts de la Pologne ne sont en opposition qu'avec ceux de la Russie ; ils sont parfaitement identiques avec ceux de tous les peuples civilisés, y compris les intérêts proprement dits de l'Allemagne, qui, n'en déplaise à M. de Fiquelmont, ne prétend pas renoncer de sitôt à son indépendance.

Paris, 3 mai 1854.

(*Le Siècle.*)

[1]. *Aufruf zur Herstellung des Kœnigreichs Polen* ; Erlangen, 1848. Voyez plus loin : *Appel aux Allemands*, etc.

XXXV.

A L'ÉMIGRATION POLONAISE.

NÉCESSITÉ

D'UNE ADRESSE AUX PEUPLES DE L'EUROPE

POUR

LE RÉTABLISSEMENT DE LA POLOGNE.

Frères et Compatriotes,

L'Émigration polonaise, depuis vingt ans dépositaire de la vie politique et de la pensée nationale de la Pologne, a dans ce moment à remplir un saint devoir, conforme à son origine, à sa mission, à tous ses engagements envers la patrie et l'humanité. Grâce aux événements accomplis en Orient, d'un jour à l'autre elle peut être appelée à prendre part à cette lutte géante entre l'Europe et le tzar de Russie, dont la dernière période sera sans doute la destruction de sa puissance née d'hier et le réveil de notre antique indépendance. Cet orgueilleux despote, l'implacable ennemi de la liberté des peuples, nous provoque lui-même au combat ; il publie dans son manifeste du 3 novembre : « Que la Turquie, en confiant ses destinées aux mains des rebelles et des séditieux de tous les pays, vient de se mettre en révolte ouverte et de contraindre le chef de la foi orthodoxe, le tzar *craignant-Dieu*, à recommencer les hostilités. » Forts du sentiment profond de la sainteté de notre cause, nous recevons avec joie ce défi, dans les termes et sur le terrain que l'autocrate lui-même a choisis. Mais, en vérité, qui donc mérite mieux les noms de séditieux et de rebelle ? est-ce nous ou le tzar Nicolas qui, parmi les nations respirant à peine d'une commotion récente, rallume les flambeaux d'une guerre continentale, en couvrant du zèle religieux ses tendances personnelles et ses prétentions héréditaires à la domination universelle ? Une victoire trop facile sur l'insurrection de Hongrie, obtenue par la trahison et non par les armes, le pousse à de nouveaux attentats contre l'indépendance de ses voisins ; dès lors, son ambition inassouvie ne connaît plus de bornes. Constantinople, sous le souffle de feu d'une guerre de religion, devenant la métropole du monde ; la mer Noire, l'entrepôt d'une marine enveloppant le globe ; et lui, le roi du Nord et de l'Orient, le médiateur entre l'Europe et l'Asie, le pontife et le dieu de la foi orthodoxe, désormais souveraine et sans rivale : tel est le programme impie du tzar déguisé sous les frauduleuses paroles de son dernier manifeste.

Heureusement il a trouvé devant lui, dans sa réalisation, les rangs pressés d'un peuple plein de valeur ; un peuple qui, depuis le brigandage politique exercé sur la Pologne, a marché en avant d'un pas tout aussi rapide, que lui-même et son colossal empire ont rétrogradé vers le néant. Les premiers combats sur le Danube, laissant espérer des faits d'armes encore plus décisifs pour l'avenir, ont donné la mesure de ce que la nation musulmane, guidée par le génie de la civilisation occidentale, peut faire pour mériter une place honorable dans la famille européenne.

Ces événements, préparés par l'intelligence suprême qui veille au salut des nations, nous présagent le réveil prochain, indubitable de notre patrie ; le jour n'est pas loin où tous les gouvernements libéraux reconnaîtront la nécessité du rétablissement de la Pologne : de ce sanctuaire inviolable de la foi chrétienne, de cet antique boulevard de l'Europe contre les incessantes agressions du despotisme asiatique. Dans cet état de choses, l'Émigration polonaise réunie en France, afin de se mettre le plus tôt possible en mesure de répondre à sa vocation, a le devoir d'émettre de son sein un acte collectif, et de déclarer aux autres nations : « Qu'elle est prête à leur donner l'appui de son incontestable influence parmi les Slaves ; qu'elle oubliera volontiers ses souffrances de vingt années, pourvu que le glaive arraché de ses mains par fraude ou par violence, lui soit rendu par la justice des peuples. » Un pareil document, comme première manifestation publique de notre pensée, portera dans toute son autorité le caractère de l'idée nationale, pure de toute ambition de secte ou de coterie ; il doit émaner du cœur même de l'Émigration, réunie en face de l'Europe dans un même esprit d'amour et de dévouement. C'est afin d'accomplir cette obligation au nom de tous, que pour la première fois, frères et compatriotes, je m'adresse à vous ; en vous priant de m'en conférer le mandat par une délégation officielle.

Vous connaissez les causes pour lesquelles, malgré tant d'honorables tentatives, l'Émigration polonaise n'a pas encore pu constituer son unité politique. Vous savez que feu mon père, le général-palatin Antoine Ostrowski a fait tout ce qui dépendait de lui pour réunir à Paris les anciens membres de la diète polonaise, dans le complet prescrit par la loi du 26 février 1834 ; que tous ses efforts sont venus se briser contre la funeste protestation des Onze, conduits par l'influence antinationale d'une maison de prétendants. C'était une criminelle, une dernière explosion sans doute du *liberum veto*, qui dans les jours de sa décadence avait attiré sur la Pologne toutes les hontes et tous les malheurs. Depuis cet événement, que l'on doit considérer comme un désastre national, toutes les tendances dictatoriales, toutes les chimères dynastiques écloses sur le sol étranger, ont hardiment relevé la tête ; depuis cette scission scandaleuse notre famille de proscrits s'est séparée en autant de fractions qu'elle contenait d'éléments de progrès et d'activité : les ferments impurs qui sommeillaient au fond de toute association humaine ont monté à la surface, et le tzar de Russie a couvert d'une clameur de triomphe et de vengeance les pleurs et les gémissements de sa victime. « *Malheur à ceux*, dit l'Évangile, *qui sèment le désordre et le scandale !* » Oui, certes, malheur à ces hommes ; car ils subissent déjà leur réprobation dans le pressentiment des anathèmes de la postérité, sinon dans la voix sévère de leur mauvaise conscience [1] !

Nous, les plus jeunes de l'Émigration, honorés de plus de souffrances devant la patrie, donnons les premiers l'exemple de la concorde, portons les premiers à nos frères égarés, mais sans doute déjà repentants, les paroles de paix et de réconciliation. Oui, sans doute, chers compatriotes ; si l'Émigration, oubliant ses griefs surannés, fait entendre d'un commun accord sa voix aux nations européennes, ce jour sera le dernier de notre exil, baigné de tant de sang et de larmes : le premier de notre retour sur le sein de la mère patrie et le signal de notre rédemption nationale ! Le seul énoncé de notre mission, confirmé par l'acclamation unanime de tous ses adhérents, lui donnera sur-le-champ la plénitude de la réalisation effective ! Nous, et non pas le tzar allemand, nous sommes l'âme de quatre-vingts millions d'hommes, nés du même sang, animés du même esprit, et tendant vers une même *indépendance !* A nous, et non pas au tzar allemand, appartient par le cœur toute la race slave, librement confédérée au nom du principe divin de la *fraternité !* Par nous, couronnés de martyre, et non par le tzar allemand, avec la tache fratricide au front, la famille slave, appelée à tenir le premier rang en Europe par le nombre, l'inspiration et la vigueur juvénile, peut reconquérir sa *liberté !* Une réunion intime avec le peuple ; son admission à tous les droits que nous revendiquons pour nous-mêmes : telle sera la condition fondamentale et le premier gage de cette alliance ! La puissance même du despote deviendra le levier au moyen duquel nous élèverons les Slaves affranchis par la Pologne et l'Europe régénérée par les Slaves, à une plus haute vie sociale ! Telle est notre mission actuelle au sein de la Pologne ; la mission à venir de la Pologne au sein de l'Europe ; et ni le tzar ni ses indignes suppôts ne pourront mettre obstacle à son accomplissement !

L'inflexible Nicolas le sait si bien, qu'il s'efforce par tous les moyens de nous arracher cette arme de salut qu'il n'a pas su briser entre nos mains. Disperser les émigrés sur tous les points du globe, de manière qu'ils ne puissent jamais et nulle part se réunir sous un étendard national ; les décimer en masse par la main de ses bourreaux à gages, les diffamer et les perdre en détail par la calomnie ou le scandale : tel est le problème capital de sa politique. Une haine insensée de la foi romaine et l'effroi du nom polonais, voilà les deux caractères qui se reflètent sur tous ses appels à l'opinion publique, soit personnels, soit publiés par ses affidés et ses complices. Mais que peut un seul homme, quand il serait armé d'un million de baïonnettes esclaves, contre l'esprit du siècle qui nous prend ouvertement sous sa garde, et s'achemine avec nous vers la liberté, son but et son triomphe définitif ! Les États dynastiques, même les plus rapprochés par leur principe de l'absolutisme moskovite, se prononcent déjà hautement contre le tzar Nicolas ; et comme à

---

1. Voyez *la Diète polonaise à Paris*, page 428.

leur insu guidés par la main de Dieu, s'engagent dans une lutte à mort avec l'oppresseur de la Pologne. L'homme possédé par l'homme, le peuple écrasé par un despote, l'esclavage individuel et national, disparaîtront bientôt de tout le vieux monde; un jour encore, et la clarté de la civilisation chrétienne qui semble déjà faiblir sur l'Occident anglo-germanique et gallo-romain, doit illuminer notre Orient polono-slave : un jour encore, et le rêve hideux de Pierre Ier, éclos à la lueur sanglante de l'aurore boréale, s'évanouira sous les ruines de sa monstrueuse création, dans un cri d'affranchissement pour tous les peuples!

Le moment est grave, le plus grave peut-être depuis notre départ du pays : décisif pour la Pologne et pour nous. Prouvons à la patrie que nous sommes ses vrais enfants, que nous n'avons pas dégénéré du sang de nos aïeux; que l'esprit d'égoïsme et de doute n'a pas atteint nos cœurs et notre intelligence; que la flamme sainte emportée du foyer natal y brûle toujours avec la même énergie : et soyons certains que la Pologne aussi se montrera la grande, l'héroïque nation des Zolkiewski, des Czarniecki, des Kosciuszko, la nation de la nuit du 29 novembre! Laissons l'indifférence, les complots, les rancunes stériles, l'agitation individuelle à ceux qui n'ont su retirer aucun fruit d'un exil de vingt années! Il nous faut agir avec ensemble, harmonie, dignité; le cœur et les mains pures, commencer l'œuvre de la délivrance, que d'autres peut-être achèveront après nous : n'ayant qu'une seule pensée, une seule parole, une seule volonté et des milliers de mains et de glaives!...

Pour ce qui me concerne, ne dépendant d'aucun parti dans l'Émigration; libre par mon passé comme pour mon avenir, j'ai longtemps attendu qu'un plus digne prît en main notre cause : car je n'ai pas voulu et ne veux pas intervenir sans une délégation positive. Mais voyant que personne ne se met en devoir d'agir, qu'un temps précieux s'écoule, aidé par les conseils et l'appui de plusieurs compagnons d'exil aimant sincèrement la patrie, je m'adresse à vous, comme Polonais émigré à des frères, en vous demandant l'autorisation de publier une *Adresse aux peuples de l'Europe*, pour leur rappeler les droits imprescriptibles de notre nation à l'indépendance; pour leur exposer la nécessité de son rétablissement au nom de la paix et de la sécurité de tous; pour les inviter à coopérer avec nous à ce grand acte de justice et de réparation.

J'ai la conviction que ma démarche ne vous semblera pas prématurée. Si mon nom et ma personne sont inconnus à beaucoup d'entre vous, c'est que, jusqu'à présent, ils n'ont figuré dans aucune coterie. Mes traditions de famille, le souvenir vénéré de mon père, mon passé de soldat et de proscrit, vous serviront de garantie pour mon avenir; aimant par-dessus toutes choses la patrie et la vérité, c'est à elles seules que j'ai voué tout le culte de ma vie. Par cet amour dégagé de toute ambition et de toute crainte, je vous demande votre assentiment à cette œuvre que j'accomplirai selon le vœu de tous, bien plus que selon ma pensée individuelle. J'inscrirai en tête de cet acte collectif un axiome résumant en ces termes notre foi nationale : « *Que la Pologne doit évoquer, dans son propre sein, les forces nécessaires pour sa délivrance; selon le triple symbole adopté par elle* : INDÉPENDANCE, LIBERTÉ, FRATERNITÉ. »

J'attendrai vos décisions, transmises par des lettres particulières ou collectives, qui seront considérées par moi comme un mandat obligatoire; et je termine ce message, en vous saluant au nom de Dieu et de la patrie [1].

Paris, 29 novembre 1853.

XXXVI.

ADRESSE AUX PEUPLES DE L'EUROPE.

RÉTABLISSEMENT DE LA POLOGNE

COMME SEULE SOLUTION POSITIVE DE LA GUERRE D'ORIENT [2].

« Il n'est de souverain que le droit. »
LA LOI POLONAISE.

I.

Délégation vivante d'un peuple jadis libre et renommé dans l'histoire, aujourd'hui violemment spolié de son existence politique, il est de notre devoir de faire entendre sa voix aux nations européennes, pour attester hautement, en face de Dieu et des hommes, son droit immuable et sacré à l'indépendance, comme peuple et comme État. Ce droit a été reconnu et proclamé par la France, durant tout le règne de Louis-Philippe, par un paragraphe annuel, inséré dans l'adresse des deux chambres; il l'a été, de la manière la plus solennelle, par le vote unanime de la représentation nationale, à la date du 23 mai 1848. Aujourd'hui, lorsque toutes les puissances de l'Occident se trouvent engagées dans une guerre de répression contre le tzar de Russie, ce n'est plus par des votes parlementaires ou de timides démonstrations que ce droit veut être sanctionné dans l'intérêt de l'Europe; c'est par un effort simultané de toute la civilisation qui, en rendant l'existence nationale à la Pologne, garantirait l'Europe à venir contre les prétentions du tzar, ouvertement manifestées, à la domination universelle.

Après avoir employé plus de vingt années à saper et à dissoudre l'empire ottoman, par toutes les menées de sa diplomatie, par toutes les rancunes du

---

1. Cet appel à notre patriotique Émigration a provoqué une réponse unanime, consignée dans plus de 400 lettres collectives, m'autorisant à rédiger et publier une *Adresse aux peuples de l'Europe* que j'ai fait paraître simultanément à Londres et à Paris, à la date du 3 mai 1854.
2. Cette adresse a été remise à l'empereur Napoléon III par le maréchal Vaillant. Il est inutile d'ajouter que dans la pensée des hommes du 2 décembre, la sainte cause polonaise n'existait pas.

plus grossier fanatisme, à raffermir son ascendant sur l'Allemagne, par l'effroi des commotions politiques et par son intervention armée en Hongrie, Nicolas jette enfin le masque; d'une part, il déclare la guerre à l'Europe en attaquant directement la Turquie sous un prétexte inadmissible; de l'autre, il s'achemine vers le cœur de l'Asie, vers les Indes, afin de rattacher les Slaves, dont il veut devenir le dominateur exclusif, à l'antique berceau de leurs ancêtres. Cette pensée de l'omnipotence absolue fondée sur l'esclavage n'est pas de l'invention du tzar Nicolas; héritage des Timour-lengh et des Genghis-khan, elle a été transmise aux tzars de Moskovie par les Tatars de la Horde-d'Or et du Nogaï, autrefois leurs maîtres : les princes allemands de la maison de Holstein-Gottorp, entée sur la famille éteinte des Romanoff, l'ont ressaisie aux mains de Catherine II, pour en faire un jour leur droit public et leur instrument de conquête illimitée. Centraliser la race slave autour de trois grandes métropoles, Constantinople, Moskou et Saint-Pétersbourg ; dominer les Allemands par les Slaves et, moyennant leur adhérence, subjuguer l'Europe et l'Asie, et peut-être un jour la partie du Nouveau-monde attenant à cette dernière : tel est le plan nettement tracé dans le testament de Pierre Ier, et poursuivi par ses descendants avec une incroyable ténacité, au service de laquelle ils ont mis constamment l'infernale habileté de la fourbe mogole, la mauvaise foi byzantine et les sauvages instincts de la rapacité scandinave. Toutes les proclamations de Nicolas, son manifeste de 1849, à la veille de l'invasion de la Hongrie; celui du 3 décembre 1853; celui du 21 février et enfin du 23 avril de cette année, portent l'empreinte la plus évidente de cette atroce pensée de domination, ou plutôt de destruction universelle.

Ce plan monstrueux, émanation fiévreuse du cerveau d'un tzar maniaque, est encore bien loin de son accomplissement; car son exécuteur testamentaire, qui croit avoir une *mission divine*, se présente aux peuples de l'Europe le symbole de la foi grecque dans une main, pour asservir leur intelligence, et le knout dans l'autre, pour enchaîner leur puissance et leur volonté. L'Église *orthodoxe*, dont il est le chef absolu et le pontife suprême, religion déclarée comme hérésie par les patriarches grecs de Constantinople et d'Athènes, n'est autre que celle de la force et de la violence : religion athée dont le tzar est dieu, le prince Menschikoff, le révélateur et l'apôtre, l'obéissance muette et passive de l'esclave, le dogme et le culte extérieur. N'en dissimulons pas toutefois le danger réel et permanent ; Constantinople tomberait aux mains de la Russie et l'*Europe deviendrait kosaque*, si tous les peuples civilisés, ceux au moins qui s'appartiennent encore, se bornaient à des demi-mesures ou bien à des tentatives isolées. Les moyens de défense ne leur manquent pas, ils sont évidents; il leur suffira de toucher une seule fois avec le glaive de la Pologne le despote moskovite, pour le voir s'évanouir et disparaître dans les steppes boréales, d'où il veut s'élancer à la conquête de l'univers.

La question polonaise doit nécessairement surgir de la question d'Orient, dont elle est le point culminant, le nœud capital, la clef indispensable ; en d'autres termes : ou *l'Indépendance de la Pologne doit être et sera le résultat de la victoire des alliés,* ou bien *l'Intégrité de l'empire ottoman ne sera qu'un mot, une fiction politique.*

Constatons d'abord une vérité d'une évidence palpable, admise comme un axiome par les hommes d'État les plus dévoués aux idées d'ordre et de conservation, et gravée comme une loi divine au fond de toutes les consciences; cette vérité la voici: c'est qu'IL N'EST QU'UN SEUL MOYEN EFFICACE ET CERTAIN DE RÉPRIMER ET DE CONTENIR LA RUSSIE, SAVOIR, LE RÉTABLISSEMENT DE LA POLOGNE. Tous les autres moyens sont insuffisants, dérisoires, stériles, et ne peuvent amener sur l'Europe que de sanglantes catastrophes.

La Pologne est le côté faible, le point accessible et vulnérable de la Russie ; tout le reste est un abîme sans issue, fortifié par un rempart de glace. Lui reprendre ce pays, c'est l'isoler de l'Allemagne et de la Turquie ; c'est l'arrêter dans son expansion vers l'Occident et le Midi ; c'est lui fermer à tout jamais les chemins de l'Europe. Moins la Pologne, la Russie, ou plutôt le tzarat de Moskovie, devient à peine un État de troisième ordre, et perd jusqu'à son nom d'empire de *Toutes les Russies,* habilement usurpé sur elle pour donner le change à l'Europe; avec la Pologne, la Russie, devenue empire Græco-SLAVE, constitue une puissance formidable, écrasant l'Europe et l'Asie, et tendant à conquérir le monde. Il fallait que la Russie enlevât à tout prix cette sentinelle toujours vigilante, cette avant-garde de l'Occident, aguerrie depuis des siècles, et qui présentait des obstacles insurmontables à sa marche. Il est évident que l'agression récente contre l'empire ottoman n'aurait jamais eu lieu sans le démembrement de la Pologne ; il est également certain qu'une fois maîtresse à Varsovie, la Russie sera tôt ou tard souveraine à Constantinople, ce n'est qu'une question de temps et d'opportunité, pour porter un jour ses vues plus haut et plus loin, ses désirs s'étendant sans cesse en raison de leur satisfaction. Ses exigences immodérées au sujet des Lieux-saints; la mission du prince Menschikoff à Constantinople; l'invasion en pleine paix des principautés danubiennes, telles sont les phases successives d'une attaque indirecte préparée de longue main contre l'Europe, qu'elle craint encore assez pour ne pas lui dénoncer les hostilités, mais pas assez pour ne pas méditer son humiliation et sa ruine. Miner l'Europe par la corruption, la troubler par le fanatisme, et la subjuguer après par force ouverte ou par surprise, voilà ce que veut dire dans son langage : « Ouvrir à la nation russe un champ plus vaste, et multiplier ses rapports avec l'Occident [1]. »

Sous ce point de vue général, la cause polonaise est identique avec la cause française et musulmane ;

---

[1]. Voyez le mémoire adressé en 1814 par M. Pozzo di Borgo à l'empereur Alexandre, *Conclusion.*

ou plutôt ces trois causes indissolublement liées n'en font qu'une seule, qui doit être vidée au même instant. Mais, n'hésitons pas à le dire avec toute la force de nos convictions, le point vital, essentiel de cette grande question, composée de ces trois éléments inséparables, la France, la Pologne et la Turquie, n'est ni à Constantinople, ni sur le Danube, ni même en Krimée, il est à Varsovie ; c'est là, et non pas ailleurs, qu'elle peut et doit être résolue. *La Russie ne peut être vaincue qu'en Pologne;* c'est pour avoir méconnu ce grand principe que Napoléon Ier a perdu son empire, et la France sa suprématie en Europe. La Pologne et la Turquie sont les deux ailes du front de bataille de l'Europe, comme la France en est le corps de réserve ; la perte de l'une des ailes peut entraîner la défaite du corps tout entier, qui, selon la logique des combats, doit se porter vers l'aile la plus gravement menacée. Reconnaître le principe du partage en Pologne, ce serait le reconnaître partout ailleurs ; et alors il n'y a plus de raison pour que la Turquie, l'Allemagne, la France et l'Angleterre ne soient un jour ou l'autre également conquises et démembrées. Arracher à la Russie cette proie palpitante qui semble s'immortaliser sous le supplice, c'est remettre toute chose à sa place en Europe ; c'est réparer tous les affronts subis par la France depuis un siècle ; c'est la replacer tout d'un coup à la tête de la civilisation.

Si, d'une part, la destruction de la Pologne était nécessaire à la Russie pour prendre pied en Europe et lui assurer la conquête de Constantinople, de l'autre, elle lui servait à rapprocher et centraliser les Slaves qui, la Pologne existant, ne pouvaient se réunir qu'autour d'elle. Détourner cette mission de la Pologne au profit de son despotisme ; fonder le grand empire GRÉCO-SLAVE : telle a été et telle est encore la politique des tzars de Russie. La Pologne seule y formait obstacle ; cette puissance supprimée, la concentration des Slaves se fera nécessairement, fatalement, autour de l'empire moskovite : en vertu de cette loi de gravitation qui fait que les corps pesants attirent les corps d'un poids inférieur, et les entraînent dans leur orbite. Ce vaste assemblage d'une race virile, formant le tiers de l'Europe et le quart de l'Asie, déjà préparé par les émissaires du *panslavisme*, ferait de la Russie la plus redoutable agglomération de peuples qui jamais ait existé, et mettrait le tzar Nicolas à la tête d'une population de CENT MILLIONS. C'est sur ce chiffre assez éloquent par lui-même que nous appelons la plus sérieuse attention des peuples et des cabinets de l'Europe ; c'est là le nœud gordien de la question actuelle, qui doit être tranché par le glaive de la civilisation : c'est vers le rétablissement de la Pologne dans ses limites d'avant Pierre Ier (1686) que doivent se porter les vues de tous ceux qui veulent préserver la plus ancienne partie du monde civilisé de la barbarie moskovite, et qui tiennent à ne pas devenir, eux-mêmes ou leurs enfants, les serfs de Nicolas ou de ses successeurs.

Tels sont les termes réels de la question d'Orient ; telle est aussi sa seule solution positive.

Aujourd'hui, lorsque la guerre est commencée de fait par l'entrée des flottes anglo-françaises dans la mer Noire et la Baltique ; en réponse à la plus brutale provocation qui soit consignée dans les annales du monde, la question d'Orient se présente sous deux aspects très-divers :

Ou c'est une *guerre circonscrite* entre la Russie et la Turquie, dans les limites que la conférence de Vienne s'est efforcée de lui tracer, un duel entre le tzar et le sultan, dont les conditions ont été fixées par les traités arrachés à ce dernier par la ruse ou la violence, et devant finir sur les bords mêmes du Danube, où il a commencé, en un mot, un retour au déplorable système de 1815 ;

Ou c'est une *guerre nationale* contre l'ambition démesurée du tzar moskovite, dont le but serait de refouler la Russie dans ses frontières naturelles, celles d'avant le traité de Moskou (1686), de relever les nationalités opprimées par son influence ou convoitées par son orgueil, et dont le principe et le moyen doivent être le rétablissement de l'indépendance polonaise.

Dans l'un et l'autre cas, examinons quels en seraient les résultats.

Toute l'histoire moderne n'est autre chose que la lutte patente ou déguisée des rois absolus coalisés autour de la Russie, contre la révolution personnifiée par la France. Cette lutte existe depuis le traité désastreux imposé à la France en 1763, et se poursuit sans cesse à travers la république, l'ère impériale, les deux commotions de 1830 et de 1848, jusqu'à nos jours. Le premier de ces deux principes irréconciliables a pour alliés et pour auxiliaires les intérêts dynastiques, représentés par les maisons souveraines de Holstein-Gottorp, de Hohenzollern et de Habsbourg-Lorraine, qui depuis 1815 se sont liées par un pacte de solidarité permanente, connu sous le nom dérisoire de la *Sainte-Alliance*. Le second a pour appui l'esprit de civilisation et de progrès ; les nationalités comprimées par les traités admis, par des divisions territoriales faites au caprice des cours, au rebours de leurs affinités naturelles. Ces nationalités impérissables, après une longue et muette résignation, veulent enfin renaître à la vie et à l'indépendance. C'est l'Italie intelligente, c'est la Hongrie belliqueuse, c'est la Pologne martyre, c'est la Serbie slavonne, la Moldo-Valaquie roumane, la Grèce, l'Espagne enfin, étouffées, écrasées, avilies, sous des régimes sans pudeur, sans âme, sans pitié. Cet état anormal, monstrueux, barbare, selon la plus mauvaise acception du mot, ne saurait se prolonger indéfiniment. Tout le monde en convient, y compris le tzar Nicolas ; chacun veut, prévoit, pressent le changement, hormis peut-être la diplomatie, qui se cramponne encore aveuglément à son œuvre. L'édifice artificiel de 1815, basé sur la défaite de la France et le partage de la Pologne, se disloque de toutes parts ; et le traité dont il est sorti ne saurait plus lui donner la force et la durée qu'il n'a pas lui-même. Mais ce traité honteux, ébranlé de fond en comble, déchiré par tous ses signataires, troué de balles par le peuple de Paris, de Bruxelles, de Berlin, de Vienne, de Milan, de Neufchâtel, de Palerme, de Rome, de Florence, de Livourne, de Venise, de Krakovie, de Posen, de Léopol, de Dresde, de Bade, de Varsovie, ce traité n'existe plus de fait, il est virtuellement aboli. En effet, pour nous borner à quelques exemples, où se trouve dans ce traité le royaume de Grèce? Où est le royaume de Belgique? Ou bien l'empire français, gouverné par un membre de la famille napoléonienne, de cette famille, selon son article additionnel, expressément *exclue à tout jamais* du droit monarchique européen? Que sont devenues les institutions nationales des provinces polonaises et leur administration distincte, inscrites en tête de l'acte de Vienne et ratifiées par les traités particuliers entre la Russie, la Prusse et l'Autriche? Qu'est devenue la république libre et strictement neutre de Krakovie (art. 1, 6, 7, 8, 9, et 10)? Ce sont autant de questions auxquelles la diplomatie ne saurait répondre qu'en avouant son impuissance absolue à le maintenir.

Et si l'on voulait arguer contre la Pologne de son insurrection nationale de 1830, ne voit-on pas que ce soulèvement, n'ayant été qu'une protestation en faveur de ses droits violés par la Russie, ne devait en aucune manière entraîner leur annulation! Car autrement, si c'est la force seule qui constitue un droit international, que vient-on nous parler de traités garantis par une alliance commune, et violés par ceux mêmes qui avaient le plus grand intérêt à leur conservation! La diplomatie de Vienne voudrait étendre son aile protectrice sur les chrétiens d'Orient qui, tout le monde le sait, ne réclament nullement cette protection; mais n'y a-t-il point aussi en Pologne des chrétiens à protéger : des catholiques-romains et grecs-unis opprimés, persécutés par le tzar *craignant-Dieu* et surtout craignant l'alliance anglo-française? Aurait-elle deux poids et deux mesures pour les questions religieuses comme pour les questions politiques? serait-elle une nouvelle école du Bas-Empire? Dans son état actuel, l'Europe n'a pas d'équilibre et d'unité politique; d'un côté se trouve le fait évident, de l'autre, le droit également évident; d'un côté toute la force, de l'autre toute l'intelligence. C'est la négation absolue de tout principe, de tout système, de toute harmonie; c'est la vieille politique de 1815, c'est le désordre avec sanction légale : c'est l'anarchie.

La question d'Orient ne saurait être résolue par l'anarchie.

Il faut à l'Europe un ordre de choses normal, basé sur les intérêts réels des nationalités; des lois et des conventions nouvelles : la carte est à refaire sur tous les points, de même que les traités périmés de 1815. Il faut que pour toutes ses fractions, la force et la liberté soient proportionnées au droit et à l'intelligence. La bonne politique c'est celle de la justice; et certes, nous en sommes bien loin avec les traités en question. Vouloir pacifier l'Orient par un duel au premier sang et quelques protocoles, après le guet-apens de Sinope, après tant de sacrifices de part et d'autre, ce serait vouloir l'impossible, l'absurde. Et quand même, à force de concessions et de demi-mesures, le différend turko-russe serait momentanément assoupi, sans que la nation polonaise soit rétablie dans son indépendance, ce serait maintenir l'état de guerre dans toute sa virtualité; ce serait à recommencer dans quelques années au plus tard, dans quelques mois peut-être! Cette victoire sur le papier n'aurait d'autre résultat que d'irriter la gloriole du tzar, de l'humilier sans éteindre sa soif de conquête et de vengeance; de rendre la coalition de 1763 plus rassurée et plus solide que jamais, en rattachant l'Allemagne à la Russie par des liens indissolubles; de détruire tout au plus quelques vaisseaux dans la mer Noire ou la Baltique, au profit exclusif de l'Angleterre; et dans le cas peu probable, quant à présent, de la dissolution de l'alliance anglo-française, de remettre un jour la France aux prises avec toute l'Europe, pour donner finalement gain de cause à la Russie : voilà quelles seraient les conséquences, éloignées si l'on veut, mais certaines, de la question d'Orient résolue par la *guerre circonscrite*.

En admettant la seconde de ces hypothèses, celle d'une guerre nationale contre la Russie, tout change et tout se modifie à l'avantage de l'alliance anglo-française.

En effet, sous les limites artificielles imposées aux peuples par les derniers traités, sous cette mosaïque difforme et sans cohésion qu'on appelle le *système européen,* trois grandes races se partagent à un chiffre presque égal notre ancien continent; c'est, en commençant par les régions occidentales, la race gallo-romaine, composée de la péninsule ibérique, de la France, de la Belgique, de la Suisse et de l'Italie; c'est la race germanique, subdivisée en une multitude infinie de fragments, mais une et compacte par son esprit de méfiance jalouse à l'égard de la première; c'est enfin la race slave dans la Bohême à l'occident, la Serbo-Dalmatie au sud, la Pologne au centre et la Russie à sa frontière asiatique. Toutes les autres nationalités n'existent en Europe qu'à titre d'immigration et de droit de cité acquis par les siècles; comme les Magyars, les Roumains, les Turks, les Finnois, et qui, annexées aux grandes, doivent un jour entrer dans leur système fédéral, si ce n'est toutefois l'Angleterre, qui seule, par sa situation tout exceptionnelle, son poids imposant et sa constitution robuste, partage avec l'Amérique l'empire maritime du globe. Ces trois grandes fractions de la famille européenne convergent de leurs extrémités à leur centre; selon cette loi immuable qui ramène sans cesse la société vers son point de départ : l'unité. Elles ont pour délimitation naturelle le langage; institution impérissable, parce qu'elle est d'origine divine. A quelle époque cette unité doit-elle se réaliser pour chacune d'elles? C'est là le secret de la Providence; il n'appartient point aux hommes d'en préciser le moment : ils ne peuvent que diriger vers la civilisation ce mouvement unitaire, en le dégageant autant que possible des entraves antinationales qui pourraient le retarder. Agir ainsi, c'est agir conformément aux vues de la Divinité; c'est là ce qu'il nous sera permis d'appeler: les *Peuples-Unis d'Europe.*

Eh bien! disons-le sans restriction, la race qui semble de nos jours la plus rapprochée de cette destinée finale, c'est la race slave, qui, révélée à peine d'hier, marche du pas le plus ferme et le plus rapide vers l'homogénéité; c'est à la vérité la moins avancée dans les voies de la civilisation et des lumières, mais c'est la plus jeune et la plus belliqueuse : la seule qui, dans notre époque, élève des prétentions de conquête. Son unité nationale doit s'accomplir dans un temps donné, en dépit de tous les obstacles qui lui seraient opposés; au profit du tzar sans la Pologne, au profit de l'Europe sans le tzar. C'est une question de prédominance morale ou matérielle entre le tzar et nous, basée sur deux principes contraires ; ou bien, pour nous servir d'une expression mathématique, c'est une équation universelle à deux solutions différentes : positive avec la Pologne, négative avec le tzar. C'est la *Fédération slavonne* ou le *Panslavisme*.

La France, qui, depuis un siècle, se débat sous le souffle ardent de la révolution sociale, n'a jamais eu l'intuition complète de cette pensée unitaire; et si elle l'a eue, c'est pour la traiter de chimère et d'utopie. Elle n'est encore aujourd'hui qu'une vaste officine où s'élaborent les idées qui doivent éclairer le monde, sans en concevoir l'application pour elle-même; c'est un livre qui instruit, une tribune qui enseigne, et dont les autres profitent en agissant. La maxime de Louis XIV : « Plus de Pyrénées! » et les bases du traité d'Amiens, signé en 1802 entre l'Angleterre et la France, furent à peine les premiers indices de sa réalisation; cependant tout son avenir est dans ce seul principe, et non pas ailleurs.

Quant à l'Allemagne, elle n'a point encore de centre déterminé, de symbole national; son idée unitaire est, jusqu'à présent, à l'état d'abstraction philosophique. Dominée par l'ascendant de la Russie, pétrifiée par la peur, qui rend toute sa vie nationale impuissante et stérile, elle ne pourra songer à ressaisir son autonomie, à obtenir cette unité si désirable, qu'en s'arrachant par un effort généreux à ses mortelles étreintes. Sinon, elle restera ce qu'elle est depuis Charlemagne, le chaos; quelque chose d'éternellement inachevé comme la cathédrale de Cologne, cette Babel allemande; tout au plus, un docile appendice de la Russie. Elle aura le sort qui fut toujours réservé aux faibles et aux timides : celui de servir les forts et les audacieux. Après avoir longtemps exploité les Slaves par son industrie, la voilà depuis sa complicité dans le partage de la Pologne, suppliante et prosternée aux pieds de Nicolas; en voulant spolier la Pologne, l'Allemagne s'est démembrée elle-même : elle ne sera sans doute centralisée qu'au profit d'un despote et au détriment de tous.

Dans cette situation, quel doit être le but constant de la politique anglo-française? C'est évidemment d'arracher l'Allemagne à l'ascendant de la Russie, *par leur séparation territoriale*.

Toute la force active de la Russie réside, depuis le partage de la Pologne, dans son association avec l'Allemagne; le reste est purement imaginaire. Si la Russie ne peut rien contre la France sans son alliée, toutes deux marchant de front peuvent, comme en 1813, lui dicter des lois et lui imposer des princes de leur adoption. Les Slaves soudés aux Allemands forment une masse formidable, à laquelle aucune puissance au monde ne saurait résister, pas même celle de la France et de l'Angleterre réunies : ce sont les deux tiers du monde contre un tiers de l'Europe.

L'Allemagne appartient de fait à la Russie par toutes ses maisons régnantes qui se reconnaissent pour vassales et feudataires de Nicolas; de même que la Russie appartient de fait à l'Allemagne par Nicolas, le tzar allemand des Slaves, le pied de l'Allemand sur le Slave, lié de sang et d'intérêts à toutes les familles royales allemandes. Les Russes ne sont ennemis de la France que parce qu'ils sont conduits par un tzar allemand; les princes allemands ne sont hostiles à la France que parce qu'ils se traînent à la suite des barbares. Le seul moyen de les désarmer, et tout le règne de Napoléon Ier l'a bien prouvé, c'est d'interposer un État qui n'appartient ni à l'Allemagne ni à la Russie, mais qui, sincèrement allié à la France depuis vingt générations, s'appartient bien à lui-même : c'est, en un mot, la Pologne. Depuis 1792, la Prusse est le bras droit de la Russie étendu sur l'Europe et l'étreignant par la Vistule et le Rhin; ce bras toujours armé, toujours menaçant, il serait temps de le lui couper à l'épaule. L'Autriche, sans cesse à la veille de sa ruine, entre l'esprit libéral et la conquête russe, n'entrera franchement dans le concert européen qu'après une victoire *décisive* au nom de la Pologne, qui la garantirait à jamais des vengeances de l'autocrate; par ce moyen, l'Autriche et la Russie s'appartiendront enfin à elles-mêmes, et la France sera garantie à l'avenir des invasions de l'une et de l'autre : tel sera le résultat immédiat et certain de la question d'Orient résolue par la *guerre nationale*.

Le tzar Alexandre pressentait si bien l'évidence et l'avénement nécessaire de ces principes, qu'il disait, dès 1811, et plus tard au congrès de Vienne à qui voulait l'entendre : « A moins que je meure, je rétablirai la Pologne; » et que, pour lutter de magnanimité avec Napoléon, fondateur du grand-duché de Varsovie, il promettait en 1818 aux chambres polonaises l'adjonction des provinces lithuano-russiennes à la Pologne constitutionnelle. Mais son frère Nicolas, ce fanatique barbare, qui s'imagine que Dieu est pour quelque chose dans ses calculs d'ambition, n'y consentira jamais de son plein gré. Son caractère avide, défiant, plein d'abîmes, ne se pliera jamais à la nécessité politique la mieux démontrée. Digne successeur d'Yvan IV et de Pierre III par la démence de l'orgueil, il déteste tout ce qui est civilisation, progrès et liberté ; aussi bien la France qu'il honore de sa haine en l'appelant le *monstre révolutionnaire*, que l'Allemagne savante dont la lumière l'inquiète et le trouble; aussi bien l'Autriche qu'il tient à ses pieds comme une proie à demi dévorée, que la Turquie qu'il considère comme un obstacle à son idée de prédilection, celle d'un empire universel gréco-slave. Des sciences, il n'accepte que l'école du peloton; des arts libéraux, que le vaudeville ; de la liberté, que les instincts sauvages de meurtre et de désordre qu'il attise contre toute espèce de supériorité sociale, en terrifiant les uns pour assoupir les autres, afin de les écraser tous ensemble. « *Tout ou rien, le monde ou le néant!* » voilà le dilemne inflexible de sa politique, la maxime d'État de la Russie actuelle; tel est le portrait d'après nature du troisième fils de Paul Ier, de ce prétendu défenseur de l'ordre, de cette *sanglante idole* qui se fait un piédestal de nos cadavres.

Ce n'est pas d'un prince pareil que l'on obtiendra jamais la cession spontanée de la Pologne, ou plutôt sa *restitution* ; il faut donc l'y contraindre par le glaive. Mais cette fois, ce sera la *guerre des nations* contre un despote en démence; la *guerre de la paix universelle*.

Qu'on le sache bien, à ce nom magique de la Pologne, les armes tomberont des mains des Moskovites eux-mêmes, comme elles en seraient tombées en 1831 sur les plaines de Wawer et d'Iganié, sans l'odieuse impéritie du gouvernement des cinq, présidé par un ancien diplomate russe, et qui ne sut mettre à profit aucune des circonstances favorables à son triomphe! Si le nom de la Pologne est populaire en Europe, il l'est bien plus encore parmi les Slaves, qui le considèrent à juste titre comme le labarum de leur délivrance! Voyez ces milliers de volontaires qui s'enrôlent spontanément sous les drapeaux de la Turquie, pour échapper au knout, à la famine et à la peste, ces trois fléaux que les camps moskovites traînent constamment à leur suite! Voyez ces Kosaks eux-mêmes, qui semblaient jusqu'aujourd'hui les plus dévoués au tzar par leurs instincts naturels, et qui n'attendent qu'un chef polonais pour revivre dans leur antique indépendance! Ce sera bien mieux encore lorsqu'il s'agira de délivrer la Pologne, d'abord pour elle-même, ensuite pour tous ses alliés; on verra l'armée moskovite, cette partie la plus sacrifiée de la nation, se détourner par masses contre le tzar qui l'avait envoyée et qui n'a même plus de pain noir à lui donner! Qu'on se rappelle que la conspiration russe de 1824 à Saint-Pétersbourg, celle de 1828 à Varsovie, et celle plus récente encore de 1849 en Hongrie, se recrutaient presque en totalité parmi les militaires ; que le tiers au moins de l'armée russe est composé de soldats polonais! Un seul mot de liberté jeté dans leurs rangs enlèverait à l'armée du tzar ses plus vaillants soldats et ses meilleurs officiers, la désorganiserait tellement qu'il la mettrait dans l'impossibilité de combattre : et cet avantage vaut bien l'alliance de l'Autriche, de l'Allemagne entière!

Voici ce que disait en 1813 M. de Narbonne que Napoléon appelait le plus clairvoyant parmi ses ambassadeurs :

« La révolution, trop sanglante dans sa phase de violence, trop abattue et trop servile dans son retour à la raison, a perdu la liberté légale ; la compression des espérances généreuses de la révolution, l'abus de la force et de la guerre perdra un jour la stabilité en Europe sans y ramener la liberté! Pour longtemps peut-être, il ne laissera plus au continent que le règne alternatif des grandes insurrections et des grandes armées[1]. »

Pour détourner cette éloquente menace du compagnon inséparable de Napoléon dans sa campagne de Moskou, et qui n'est qu'un commentaire anticipé de la prophétie de Sainte-Hélène ; pour que le tzar soit mis dans l'impossibilité de poursuivre ses projets séculaires sur la Turquie et les Indes, il faut que l'indépendance de la Pologne soit proclamée dès le début de la prochaine campagne. L'objet final de cette guerre est resté flottant dans le vague de mille conjectures différentes; on s'est mis en route, sans se donner rendez-vous au terme du voyage. Aussi, est-elle bien loin d'avoir tout l'essor et la popularité qu'elle prendra tout d'un coup le jour où l'on osera prononcer le nom solennel qui doit lui donner une âme. Mais il est important, dans cette déclaration collective, de ne pas se laisser prévenir par le tzar Nicolas ou ses héritiers. Que la France et l'Angleterre, qui toutes deux y ont le plus grand intérêt, osent vouloir que la Pologne soit, et la Pologne sera! Qu'elles disent au fantôme russe de s'en aller en Asie et de laisser l'Europe en paix! L'abandon de la Pologne a été le triste fruit de leur division; que son rétablissement soit le résultat logique et le gage de leur alliance !

Quelles que soient les phases différentes de la guerre, la victoire appartiendra à la France et l'Angleterre réunies, dût l'Allemagne, par un de ces revirements soudains, si fréquents dans ses annales, se ranger du côté de la Russie. Mais pour rendre cette guerre éminemment sympathique; pour la sanctifier dans son but et son principe, en offrant une digne compensation à tant de sacrifices, il faut lui donner pour objet la Pologne; pour terme, Smolensk, Kïow et Varsovie ! Sans quoi, la victoire leur sera longtemps et chaudement disputée, payée au prix des blessures les plus graves, des plus irréparables déceptions; peut-être même arrachée dans un jour d'effervescence populaire : ceux qui leur disent le contraire sont, à leur insu, les dupes ou les complices de la Russie[2] !

La France de 1855, en combattant pour sa sœur d'adoption, retrouvera l'irrésistible élan de ses grandes journées républicaines, et le glorieux reflet de ses bannières impériales ! La Russie se sert contre elle des traités de 1841, pour lui disputer la Turquie; que la France retourne les traités de 1815 contre la Russie, pour lui disputer la Pologne! La Russie prétend exercer sa tutelle sur les grecs-schismatiques d'Orient, qui la repoussent; que la France couvre de sa protection les catholiques et les grecs-unis de Pologne, qui lui tendent les mains et font appel à sa justice ! La Russie soulève la Grèce, la Serbie et le Monténégro au nom du tzar orthodoxe; que la France appelle aux armes la Pologne, au nom de l'unité chrétienne et du progrès ! Ce sera en même

---

1. *Souvenirs contemporains*, par M. Villemain, 1854.
2. Voyez la note ajoutée à la page 545 : le *Devoir de l'Émigration*.

temps un acte de bonne politique et d'excellente stratégie; car c'est le seul moyen d'assurer à l'avance les fruits et l'infaillibilité de la victoire! Ce sera un magnifique duel entre la civilisation et la barbarie, entre le principe du bien et celui du mal, entre la lumière et les ténèbres; avec la France et ses alliés d'une part, la Russie et ses esclaves de l'autre : avec l'Europe pour témoin, et Dieu pour arbitre et pour juge! La brèche du partage fermée, l'Allemagne arrachée à l'ascendant moskovite, les traités de 1815 abolis, l'unité rendue à l'Europe organisée et pacifiée à tout jamais, telles en seront les conséquences; l'issue d'un pareil combat ne saurait être douteuse : Dieu le veut, et l'humanité le désire!

En un mot, par la guerre *circonscrite, diplomatique*, on n'obtiendrait qu'un armistice de quelques jours à Constantinople;

Mais par la guerre *étendue, nationale*, on trouvera la paix durable et définitive dans Varsovie.

II.

Qu'on se figure une grande maison dont toute une paroi, crevassée par le travail des années, se serait subitement abîmée sans cause apparente; à travers cette ouverture immense, toutes les intempéries de l'atmosphère : le souffle ardent du Midi, la bise glacée du Nord, les épidémies, les tempêtes, ne cessent d'y porter leurs ravages. Cette maison ainsi dévastée, rendue inhabitable, deviendra fatalement la proie du premier bandit qui aura l'audace ou le bonheur de s'en emparer, pour en faire le repaire impur du crime et de l'esclavage.

Cette maison, c'est l'Europe; cette paroi tombée, c'est la Pologne.

Tous les habitants de cette vieille maison du progrès et des lumières sentent instinctivement le besoin de sa restauration; personne n'a le courage de se mettre à l'œuvre : les matériaux sont prêts, personne n'ose organiser leur emploi. Il le faut cependant; car de jour en jour le danger devient plus pressant, et bientôt, si l'on n'y porte remède, l'édifice tout entier ne sera qu'un informe amas de décombres.

De même, tout décline en Europe : les mœurs, les croyances, les idées : ses arts industriels, ses conquêtes scientifiques, transportent sa puissance et sa richesse aux mains des nations barbares, et leur donnent une arme de plus contre la civilisation qui les a produits.

Cela devait être; car le partage de la Pologne, dont les souverains de l'Europe se sont rendus complices en profitant de nos dépouilles, et dont les peuples, le prenant pour un acte isolé, ont été les témoins impassibles ou les instruments, est une brèche sanglante faite à son honneur et à sa moralité. Il a mis la force à la place du droit; les anciens intérêts dynastiques à la place des nationalités renaissantes; les sauvages passions du fanatisme à la place des idées d'harmonie et de liberté qui formaient l'essence de l'âme européenne.

Le despotisme sous toutes ses formes, la guerre avec tous ses fardeaux, l'anarchie avec tous ses prestiges, semblent vouloir y fixer leur domaine, en ramenant avec eux les ténèbres et l'abjection du moyen âge. Il est temps que l'Europe lève un regard sérieux et profond sur son avenir; qu'elle rejette loin d'elle ce remords intolérable qui depuis trois quarts de siècle pèse sur sa conscience; qu'elle referme cette brèche toujours béante, à travers laquelle son repos et sa dignité se sont évanouis; qu'elle secoue ce rêve de sang qui paralyse sa force vitale, déshonore son histoire, énerve et dégrade sa pensée, et qui fait tourner tous ses efforts de régénération au profit de la compression intérieure ou de la tyrannie étrangère. Ce n'est qu'à cette condition rigoureuse qu'elle pourra se relever de sa déchéance morale et de sa désunion politique; et ce n'est qu'en reconnaissant à la Pologne son droit à l'indépendance qu'elle affirmera pour elle-même son droit à la réhabilitation.

Ce droit primordial, imprescriptible, indépendant d'aucun fait, antérieur et supérieur à toute force, que toute nation possède, celui de se gouverner elle-même, d'après sa propre volonté, de s'appartenir à elle-même, ce droit, disons-nous, n'a jamais été transféré ni abandonné par la Pologne. Elle a toujours protesté contre sa violation; soit légalement, quand elle pouvait encore parler, dans ses diètes de 1768, de 1773, de 1788, de 1793, de 1812 et de 1830; soit les armes à la main, par la confédération de Bar en 1768, par la campagne de 1792, par l'insurrection nationale de Kosciuszko, sur tous les champs de bataille de la république et de l'empire français, par son soulèvement de Varsovie en 1830, de Krakovie en 1846, de Posen en 1848 : elle proteste continuellement, mais en vain, par son martyre, par son Émigration, par ses appels successifs aux peuples de l'Europe. Après l'explosion populaire du 29 novembre 1830 à Varsovie, la diète polonaise, pour consacrer cet acte de justice nationale, a publié un Manifeste qui se terminait par les mémorables paroles que voici : « Si la liberté de la Pologne doit succomber sous les ruines de ses villes et les cadavres de ses défenseurs, notre ennemi ne régnera que sur des déserts; et tout bon Polonais emportera cette consolation que, si le ciel ne lui a pas permis de sauver sa propre patrie, il a du moins, par ce combat à mort, mis à couvert *pour un moment* les libertés de l'Europe menacée. »

Ce manifeste, sanctionné par *l'unanimité* des deux chambres réunies dans la séance du 20 décembre 1830; confirmé par l'acte de déchéance du tzar Nicolas et de ses descendants, prononcée le 25 janvier 1831, n'a jamais été renié par les représentants, ni désavoué par la nation polonaise : sa pensée se maintient donc jusqu'aujourd'hui dans toute sa vigueur originelle.

Quand la Pologne succomba dans sa lutte désespérée de l'année suivante, sous la complicité persistante des trois cours de Russie, de Prusse et d'Autriche, une grande partie de la nation et de l'armée, préférant les souffrances de l'exil au joug de l'autocrate, constitua *l'Émigration polonaise*. Cette représentation sommaire du peuple polonais, disséminée sur la terre étrangère, fut encore l'expression militante de la pensée finale de son manifeste. Après de nouveaux mais infructueux efforts en 1833, 1846, 1848 et 1849, cette phalange s'est grossie d'une nouvelle levée de proscrits; qui, ne craignant pas de quitter la terre natale, le foyer domestique, les joies de la famille, tous ces biens plus chers que la vie, n'ont d'autre souhait et d'autre espérance que de rapporter à la Pologne le drapeau glorieux et sans tache des anciens légionnaires du Pô, du Tibre, du Danube, de Saint-Domingue, du Tage, du Rhin, de la Moskowa et de Paris.

On voit dans cet héroïque essaim, appelé par nous la *nouvelle Émigration*, des volontaires de tout rang, à peine sortis de l'adolescence, prêts à braver tous les périls des batailles, à se dévouer au salut de leur patrie; et la *Légion polonaise*, déjà projetée par les gouvernements de France et d'Angleterre, en vue de la délivrance de la Pologne, ne manquera, certes, ni de chefs, ni de combattants. Cette légion se recrutera chaque jour de tous les Polonais enrôlés forcément par la Russie et composant environ un tiers de son armée; ainsi que de tous les volontaires affluant du pays.

L'immense majorité de cette Émigration, résumant en elle tous les éléments de la vie nationale, n'a jamais cessé de professer les principes formulés dans l'immortelle constitution du 3 mai 1791; développés dans les assemblées de 1812 et de 1831, savoir :

« 1° Que la Pologne veut et doit être une nation indépendante, qu'elle possède la force nécessaire pour la devenir par l'insurrection nationale;

« 2° Que cette insurrection aura pour objet d'arracher la Pologne entière, dans ses anciennes limites, à la domination étrangère;

« 3° Qu'elle rendra justice à tous et notamment à la classe la plus souffrante et la plus nombreuse, celle des paysans et des journaliers, en les faisant participer à toutes les récompenses et immunités destinées aux futurs libérateurs du pays. »

Tels sont nos principes, basés sur une existence indépendante de dix siècles; tel est l'avenir de la Pologne.

Qui ne connaît les éminents services rendus par notre patrie, à la cause du progrès et des lumières, dans les temps écoulés ? Sentinelle avancée de la civilisation chrétienne en Orient, elle a rempli jusqu'au dernier moment, elle remplit encore aujourd'hui, la mission tutélaire qui lui fut assignée par la Providence. Pendant dix siècles, la lance au poing, le harnais à l'épaule, nos aïeux ont soutenu la paix de l'Europe, ont fait jouir les peuples de l'Occident de tous les fruits de l'intelligence et de la grandeur nationale. La Pologne seule peut revendiquer l'honneur de les avoir préservés de la barbarie, en désarmant et civilisant les races du Nord, à demi sauvages, par sa parole, par son exemple, par son épée; en sauvant la chrétienté sous les murs de Vienne, par le glaive de Jean Sobieski; en donnant à la France la Lorraine, avec sa frontière allemande, héritage de Stanislas Leszczynski; en l'initiant aux bienfaits d'un gouvernement populaire, dont elle offrait le modèle dès le xve siècle, tandis que tous ses voisins étaient encore agenouillés sous la lourde férule de la féodalité. Elle a nourri l'Europe de sa pensée, comme de ses moissons; elle a donné une impulsion puissante au développement des sciences par le génie de son Kopernik, dont le système solaire a dégagé des ténèbres scolastiques du moyen âge, et fondé sur des bases réelles tout l'édifice du savoir moderne. Ces services ne sont plus ignorés de personne; et l'Europe ne saurait les renier qu'en se reniant elle-même : ils n'ont d'équivalents, dans le présent et le passé, que l'indifférence odieuse et l'oubli fratricide dont l'Europe s'est rendue coupable à l'égard de la Pologne, en la laissant partager par ces mêmes barbares qu'elle avait tant de fois vaincus pour la défendre. Dirai-je les cruautés sans exemple que les trois cours spoliatrices ont exercées sur leur victime, depuis cette honteuse époque jusqu'à nos jours ? Dirai-je les persécutions inouïes dont elle fut l'objet pour son attachement à la foi de ses pères, pour son amour de la terre natale, pour sa valeur dans les combats; pour toutes ces grandeurs de l'âme polonaise qui l'ont recommandée à l'admiration et aux respects de tous les peuples ? Dirai-je ses temples profanés, ses évêques et ses prêtres déportés en exil, ses patriotes traînés sur les échafauds, ses enfants enlevés par milliers des bras de leurs mères; toutes ces atrocités enfin, qui nous font rougir de ce xixe siècle, et qui feraient douter de la Providence et de l'humanité, si elles ne devaient pas entraîner après elles justice et réparation! Ces faits innombrables, auxquels naguère encore l'Europe ne croyait pas ou feignait de ne pas croire, ont été entendus par la chrétienté tout entière; et l'indignation unanime qu'ils ont soulevée se traduit aujourd'hui en une croisade de liberté contre la Russie. Mais qui saurait énumérer toutes ces victimes obscures disparues soudainement, la nuit, du sein de leurs familles; transportées à l'extrémité du monde, perdant leur nom, leur individualité humaine, marquées d'un numéro, d'un chiffre signifiant le tzar, enrôlées dans les régiments du Kaukase ou bâtonnées au fond des casemates, et mourant, prisonniers anonymes, sous les traits empestés d'un ciel de feu, plus rude et plus inclément encore que les flèches empoisonnées des barbares! Ce tableau est loin d'être chargé, du fond de notre âme et conscience nous attestons sa réalité; il atténue plutôt qu'il n'exagère les souffrances incessantes de la Pologne chrétienne, trahie et vendue par l'Autriche, ce Judas des Slaves, mise en croix entre la Russie schismatique et la Prusse protestante, comme le Christ entre les deux larrons! Jamais, depuis la persécution romaine aux jours de Domitien et d'Héliogabale, le ciel et la terre n'avaient été attristés par l'aspect de pareilles tortures infligées à tout un peuple de martyrs, par toute une horde de bourreaux et de tourmenteurs! Depuis 1830 seulement, le nombre des suppliciés de notre pays suffirait pour consacrer à jamais son droit souverain à l'indépendance, pour faire de la cause polonaise la cause de l'humanité : la cause sainte de tous les peuples !

Pour ôter tout prétexte d'ignorance et de doute à l'Europe, voici quelques traits principaux de ces Actes de la Pologne, depuis le 8 septembre 1831 ; tracés avec le sang et les larmes de toute une génération :

En 1832, après l'expatriation forcée des débris de l'armée et de la représentation nationale, régime militaire avec tous ses abus et ses violences; suppression de toutes les formes légales et des garanties émanant du traité de Vienne, promulgation des statuts soi-disant organiques à la place de la charte constitutionnelle, état de siège dans tout le pays;

En 1833, pendaisons de Varsovie et de Lublin, fusillades de Vilno, après la tentative échouée de Joseph Zaliwski; martyre d'Arthur Zawisza, de Szpek, de Michel Wollowicz, des soldats polonais immolés sous le knout à Kronstadt, pour n'avoir pas voulu changer de religion; fermeture des établissements d'instruction élémentaire, abolition de l'université de Varsovie, et translation de sa bibliothèque à Saint-Pétersbourg;

En 1834, déportation en masse de la noblesse et des patriotes en Sibérie, condamnations aux travaux forcés dans les mines de l'Oural, à l'armée du Kaukase, à la colonisation des provinces asiatiques, arrestations et tortures inquisitoriales dans les forteresses de Zamosc, de Modlin et de Bobruysk; recrutements extraordinaires, dégradations, confiscations des biens des émigrés, tous les désordres du despotisme triomphant et rassuré, deux cent mille victimes au moins, et 800 millions de francs résultant des confiscations;

En 1835, inauguration de la citadelle de Varsovie, mémorable discours de Nicolas à la municipalité de cette ville;

En 1837, abolition du rite grec-uni, et conversion forcée au rite schismatique; la persécution religieuse recommence, martyre des prêtres et des religieuses, surtout en Lithuanie; suppression de l'université de Vilno et fermeture de sa bibliothèque; les juifs eux-mêmes deviennent suspects et se voient condamnés à toutes sortes de honteuses vexations;

En 1839, martyre de Simon Konarski, à Vilno; déportation de plusieurs propriétaires pour avoir voulu, d'après l'inspiration de cet illustre patriote, affranchir leurs paysans; destruction incessante et systématique de l'enseignement public et de la langue nationale, par une série d'oukases de 1836 à 1847;

En 1844, martyre de Sciégenny, digne prêtre selon l'Évangile, voulant expliquer au peuple la parole du Christ et la mettre en œuvre; police secrète avec toutes ses ténébreuses dénonciations et ses perquisitions infernales; tyrannie d'une soldatesque effrénée, surtout dans les grades supérieurs, s'exerçant sur les villes et les campagnes; impôts hors de proportion, excitation à la haine et au mépris entre les citoyens, tendant à provoquer à la guerre civile;

En 1846, exemple et conseils donnés au gouvernement autrichien pour l'organisation des massacres de Gallicie; destruction de la république de Krakovie, dernier abri de la nationalité polonaise, et silence ou même assentiment tacite de la plupart des cabinets européens. . . . .

Voilà dans toute sa réalité cette page du martyrologe des temps modernes, glorieuse pour la Pologne, infamante pour ses bourreaux, et dont chaque ligne remplit tous les cœurs honnêtes d'amertume et d'horreur !

Et l'Europe, qu'a-t-elle fait, qu'a-t-elle tenté de faire en face de cette hétacombe sans cesse renouvelée? de cet holocauste toujours fumant, et ne pouvant dévorer sa victime? Comment a-t-elle payé sa dette à la Pologne?

L'Europe l'a jetée avec une froide et cruelle résignation aux pieds de son bourreau, en lui disant : « *Chacun pour soi !* » Tandis que la Pologne se débattait sur son lit de torture, l'Europe ingrate, oublieuse de son passé, insouciante de son avenir, avait à peine une aumône à jeter à ses enfants proscrits ! Livrée à sa fiévreuse activité matérielle, aux viles jouissances de la chair, il lui importait peu de conserver son honneur, pourvu qu'elle conservât sa richesse ! Elle étouffait à plaisir la voix de sa mauvaise conscience pour pouvoir prolonger d'un jour, d'une heure encore, cette existence de débauche et d'impudeur que le système de la paix à tout prix lui avait donnée, afin de complaire à ses penchants ! La triste république de 1848, qu'a-t-elle voulu faire pour répondre à la spoliation de Krakovie? Elle ne songeait à rétablir la Pologne qu'à son jour et à son heure; comme si une cause juste et sainte n'était pas de toutes les heures et de tous les instants ; comme si le sang de la Pologne ne criait pas vengeance! L'Europe n'a jamais prêté qu'une oreille impatiente à cet immense cri de douleur qui, du fond de l'Orient, venait troubler ses rêves ; il fallait qu'elle se vît menacée dans ses plus chers intérêts, dans ses relations industrielles; il fallait qu'elle sentit le glaive de Nicolas sur sa tête, pour se réveiller enfin de son inexplicable torpeur!

Mais, que dis-je ! l'Europe elle-même a coopéré au martyre de la Pologne, en applaudissant à sa défaite; en proférant sur elle, par la bouche d'un soldat diplomate, ce sinistre blasphème, dans la honte duquel s'est écroulée la monarchie de Juillet : « *L'ordre règne à Varsovie !* » En disant avec lui, ou en le laissant dire publiquement, officiellement, que la Pologne n'était plus qu'un cadavre ! Mais qui donc a le droit de condamner à mort les peuples, avant qu'ils ne soient vieillis et dégénérés ! Est-ce un cadavre que ce corps indestructible qu'on a besoin de cramponner à tous ses membres, de dépecer par lambeaux comme dans un immense charnier, de faire garder par deux cent mille soldats, pour l'empêcher de se dresser debout, et d'étouffer, dans un suprême effort de désespoir, les bourreaux lassés de le frapper? Est-ce un cadavre que cette Pologne intelligente, dont la pensée toujours active produit à elle seule plus de monuments littéraires que tous les États du tzar moskovite, couvrant la septième partie du globe? Est-ce un cadavre que cette mère féconde qui, oubliant ses immenses douleurs, enfante sans cesse de nouvelles légions d'émigrés pour tous les peuples de l'Europe combattant au nom de la liberté? Est-il un seul combat livré pour elle depuis un siècle où la Pologne n'ait envoyé ses plus nobles enfants? Répondez, pays de France, d'Italie, de Hongrie, antiques bords du Nil, âpres sommets du Kaukase, forêts du Nouveau-monde; vous nous connaissez, vous avez vu briller nos armes, palpiter nos aigles, vous savez si la Pologne est vivante, si sa vie est énergique, généreuse, inépuisable; car dans tout l'univers, elle a gravé son nom en traits indélébiles; car dans tout l'univers elle a semé nos ossements qui doivent, comme les dents du dragon, engendrer, pour elle et pour vous, des héros, des martyrs et des libérateurs! Oui, nous l'attestons en face de Dieu et des hommes, avec toute la ferveur d'une conviction religieuse : LA POLOGNE EST VIVANTE, autant et plus vivante que l'Europe elle-même, parce qu'elle a foi dans son salut! parce que, supprimée comme État, elle existe, pense, agit comme peuple, comme nation, comme armée! LA POLOGNE EST VIVANTE, parce que son sang toujours nouveau ne cesse de se répandre et de sanctifier la terre, comme une rosée de martyre et de rédemption! LA POLOGNE EST VIVANTE, parce que nous, ses enfants, ses soldats, ses apôtres, nous vivons pour attester sa vie!

Rien ne meurt, excepté ce qui veut mourir; or la Pologne ne veut pas mourir : elle veut vivre d'une vie nouvelle, supérieure, pour la gloire et le bonheur de tous. Les épreuves qu'elle a traversées, loin de l'abattre, ont élevé son âme, ont rendu sa vitalité plus robuste, ont exalté, raffermi le sentiment national. Mais non-seulement la Pologne n'est pas morte, la Pologne ne peut pas mourir; elle est impérissable, parce qu'elle porte dans son sein le feu céleste qui doit régénérer le monde! ELLE VIVRA! car le jour de sa délivrance sera le jour de la délivrance universelle! ELLE VIVRA! comme l'Angleterre, la France, la Turquie, l'Allemagne, la Hongrie, l'Italie, qui toutes trouveront dans l'affranchissement général leur part d'indépendance et de liberté! ELLE VIVRA! souveraine par le martyre, et sacrée par son propre sang!

Que si même elle était abandonnée par tous les peuples, elle vivrait cependant; mais de cette vie de désespoir et de vengeance qui ferait retomber son sang sur la tête de ceux qui l'auraient condamnée à mourir : la Pologne morte et la Russie vivante subjugueraient l'Europe, l'Asie, le monde!

On n'anéantit pas un peuple in une idée dans l'espace de quelques générations; il n'y a qu'un despote en démence qui puisse concevoir le projet de l'assassiner. Après quelques années le fer s'émousse, la corde s'use, le sang se renouvelle; le peuple soulève la pierre sépulcrale : l'idée plus radieuse que jamais sort de sa tombe en déployant ses ailes, et s'élance vers l'infini!

Pour que l'Europe se ressaisisse et redevienne elle-même; pour qu'elle ait le droit d'imposer silence à toutes les passions de haine et de jalousie qui cherchent à étouffer ses instincts traditionnels d'autorité populaire et de vraie liberté, il faut qu'elle remonte à la source même du mal qui la ronge et la dévore; il faut qu'elle reprenne en sous-œuvre et d'un commun accord, la tâche indignement abandonnée par l'ancienne monarchie, méconnue par la république, à peine ébauchée par l'empire, et enfin ouvertement trahie par les deux détestables régimes de 1830 et de 1848; il faut qu'elle relève cette paroi démolie tournée vers l'Orient et le Nord, si nécessaire à son existence, en lui donnant pour bases les conditions indispensables de l'équilibre et de la solidité. Il faut qu'elle se dégage de la vieille routine des transactions diplomatiques avec les puissances absolues qui nous ont toujours impitoyablement sacrifiés : à Bâle, en 1795; à Campo-Formio, en 1797; à Tilsitt, en 1807; à Schœnbrun, en 1809; à Vienne, en 1815; à Paris, en 1830 [1]. L'Europe n'a pas d'autre moyen d'assurer sa paix et sa liberté que de rendre son droit à la Pologne; premier échelon vers un ordre de choses meilleur, vers une organisation définitive : car IL N'Y AURA JAMAIS NI PAIX, NI LIBERTÉ POUR L'EUROPE, SANS UNE POLOGNE INDÉPENDANTE.

La discussion des deux principes d'ordre et de liberté ne peut être résolue qu'à ce prix; une juste balance ne saurait être établie entre les instincts démocratiques des temps modernes et l'autorité, avant que cette grande question nationale ne soit vidée. Comment parler en effet d'une trêve entre le pouvoir et la liberté dans certains États dont tous les fonctionnaires sont d'une nation et tous les administrés de l'autre? C'est inadmissible; dans un pareil conflit il n'y aura jamais que désordre et servitude : toute cause de révolution étant, au fond, dans une nationalité comprimée par une autre. « La France, dit le tzar Nicolas, *est un pays qui ne sait être libre, ni esclave.* » Si cette parole a pu avoir une apparence de vérité, c'est que la France est solidaire de l'Europe, à l'intérieur et au dehors; c'est qu'il ne peut pas y avoir d'autorité entourée de respect en France lorsqu'elle ne l'est pas ailleurs. La France est le cerveau de l'Europe; elle pense et sent pour elle : toutes les souffrances de ce grand corps viennent s'y refléter, comme dans l'organisme humain où tous les nerfs viennent aboutir au cerveau. Comprimer ce foyer de la pensée et de la volonté, l'amortir ou l'éteindre, ce n'est pas guérir les souffrances du corps tout entier. Rendez l'Europe heureuse en donnant satisfaction au principe national, et vous n'aurez plus besoin d'exagérer le principe de l'autorité, parce que vous n'aurez plus de luttes à subir contre les colères et les impatiences de l'esprit révolutionnaire.

On a dit que la Pologne est devenue impopulaire en France, *comme la liberté* [2]; nous acceptons le mot et la comparaison : car nous n'admettons pas que la liberté puisse jamais devenir impopulaire ailleurs qu'en Russie. Oui, sans doute, les libéraux d'avant,

---

1. Nous devons aujourd'hui, pour la vérité historique, ajouter à cette énumération la date funeste du 30 mars 1856.
2. M. Saint-Marc Girardin, dans les *Débats.*

pendant et après 1848, ont cruellement abusé de ces deux noms identiques; mais à qui la faute? Est-ce la Pologne ou les émigrés qui ont évoqué la fatale journée du 15 mai? Est-ce la Pologne ou les émigrés qui ont appelé sur la France les orages de juin et de septembre? Est-ce la Pologne ou les émigrés qui furent l'objet des agitations verbeuses et stériles des deux assemblées? Non, certes, nous étions tous absents alors; nous avions tous volé vers notre pays, sur les belles paroles du chef du gouvernement, proclamant : « *Que les portes de Krakovie nous étaient ouvertes,* etc. » Il faut rendre à chacun, dit l'Évangile, selon son droit et ses mérites; ces souvenirs funestes, nous n'en acceptons pas la responsabilité : nous les avons hautement désavoués en notre nom et au nom de notre patrie [1]. Ne faut-il pas plutôt attribuer la défaveur passagère qui, depuis quelque temps, s'attache à notre drapeau, à cette défaillance qui s'empare de l'esprit humain après toutes les grandes crises politiques? Mais la cause polonaise ne saurait en être atteinte; pas plus que le dogme chrétien n'a été atteint par les excès de l'inquisition et du jésuitisme; pas plus que la liberté elle-même n'a été atteinte par les divagations des rhéteurs et des philosophes. Elle survivra, certes, à son impopularité d'un jour, comme elle a survécu à son martyre d'un siècle. Pologne, selon nous, ne veut pas dire *violence* et *révolution*, Pologne veut dire *justice* et *nationalité;* la cause polonaise n'est pas, selon nous, une arme de parti, un moyen d'ambition : elle est un principe inviolable, une nécessité universelle.

L'Europe, tant de fois sauvée par l'ancienne Pologne, doit payer sa dette à la nouvelle, sous peine de périr elle-même. En le faisant, elle résoudra l'indéchiffrable question d'Orient, cette éternelle énigme de sphinx pour les Œdipe de sa vieille politique. C'est le tzar lui-même qui la provoque, qui la défie; il faut que l'Europe lui réponde en disant : Je veux avoir la Pologne qui me manque, cet organe robuste, ce membre indispensable, si longtemps mutilé, écrasé, et du premier coup sa victoire est certaine, la balance incline de son côté! L'Europe ne se sentirait-elle pas ce courage? Est-ce que le tzar est réellement aussi fort qu'il le pense? Est-ce qu'il possède un autre levier que son or et ses mensonges? Est-ce que la France et l'Angleterre n'ont pas plus de puissance morale et matérielle que la Russie? Est-ce que la Pologne et la Turquie n'ajouteraient pas à ce qui leur manque encore? Est-ce que l'Europe serait résignée à périr sous une nouvelle invasion de barbares?

La Pologne abandonnée, c'est le vampire asiatique terrassant la vie européenne; ce sont 100 millions d'esclaves, obéissant à une pensée, à une parole, à un geste; écrasant, *même contre leur gré,* par leurs masses compactes, le reste de l'Europe, où tout devient glacé, désert, immobile, comme la Russie; c'est le schisme grec avec le tzar à sa tête, dominant le catholicisme et le protestantisme; c'est la Turquie arrêtée dans son essor de rénovation, déchirée par le fanatisme, démembrée par l'Europe ou plutôt conquise par la Russie; c'est l'Allemagne à jamais enchaînée à la volonté du tzar; c'est l'Italie, la Hongrie, rivées à leurs fers, et replongées dans leurs cachots; la France envahie, l'Angleterre gravement menacée.

La Pologne délivrée, c'est l'Europe victorieuse; et alors tout renaît, tout se ranime : les arts, les sciences, l'industrie, le commerce, la richesse au sein de la paix à jamais raffermie, de la liberté mesurée à l'intelligence, du bonheur individuel et général. Plus de guerre possible, car plus de conquête réalisable; plus de luttes internationales, car toutes les nations sont indépendantes et jouissent des mêmes droits. C'est la race polonaise rétablie dans son intégrité territoriale, donnant la main à toutes les races slaves et les émancipant à son exemple; d'un côté, ravivant les nationalités bohème, croate, slovaque, illyrienne, serbienne, bosniaque, et les fondant dans un lien fraternel; de l'autre, relevant la malheureuse Russie de son affaissement, de sa stupeur, et la rendant européenne; préparant pacifiquement, progressivement, par les tendances naturelles, ce magnifique édifice des Peuples-Unis d'Europe posé sur le trépied *slavo-romano-germanique;* synthèse grandiose dont les proscrits polonais ont été les premiers apôtres, et dont la réalisation est réservée à l'avenir de tous les peuples : système aussi simple et sublime que le système solaire d'après Kopernik, où toute chose est à sa place et se meut librement, spontanément, en obéissant à la loi générale d'attraction.

Voilà les deux perspectives que nous montrons à l'Europe; voilà les deux chemins qui s'ouvrent devant elle : l'un mène au noir abîme de la toute-puissance asiatique, l'autre, aux riantes régions de la paix, du bien-être, de l'harmonie universelle, en un mot, à la Fédération européenne. L'heure providentielle a sonné; l'Europe est encore libre de choisir : elle ne le sera plus lorsque les négociations rompues auront renoué leurs trames homicides. Il ne faut pas que Constantinople, son palladium, puisse jamais être touché par la main du tzar moskovite!

« Celui qui y règnera, *sera le vrai souverain du monde,* » écrivait le tzar Pierre dans son célèbre testament;

C'est ce que pensait aussi Napoléon, lorsqu'il disait à Sainte-Hélène, trop tard malheureusement pour la liberté de l'Europe et la sienne :

« D'après le cours naturel des choses, dans quelques années la Turquie tombera au pouvoir de la Russie...

« Si jamais la France et l'Angleterre s'allient de bonne foi, ce sera pour empêcher l'exécution de ce projet; *mais cette alliance même ne suffirait pas...*

« Je vois dans l'avenir plus loin que les autres : aussi, je voulais opposer une barrière à ces barbares, *en rétablissant la Pologne...* »

Et nous, ses enfants, nous qui croyons à son avenir au sein de l'Europe régénérée; désirant avant tout faire accepter la Pologne comme un des éléments, sinon comme l'élément capital de la guerre,

---

[1]. Voyez le *Courrier français* du 25 mai 1848; Au peuple de Paris, page 464.

nous répétons le cri que nos glorieuses légions faisaient retentir en remettant le pied sur le sol de la patrie :

« LA POLOGNE NE MOURRA PAS ! »

III.

Les races du Nord et de l'Orient, ce premier berceau de l'humanité, sont comme un torrent diluvien qui, maintes fois, après avoir débordé sur l'Occident et le Midi, se replie sur lui-même et disparaît en laissant à sec son lit dévasté. Pendant plusieurs siècles le flot captif s'amoncèle et cherche à briser ses chaînes; il se creuse une issue souterraine pour pouvoir s'épancher de nouveau; puis, tout d'un coup, il grandit comme une marée montante, il fait une large brèche dans sa digue, et se précipite comme une mer furieuse, pour ensevelir sous ses vagues vengeresses les tombeaux et les ruines des civilisations dégénérées. Vers le VIIIe siècle, ce torrent s'est arrêté sur les plaines de la Loire, refoulé par le bras puissant de Charles Martel; depuis cette époque jusqu'à nos jours, il a été contenu dans ses limites par la nation polonaise : muraille vivante érigée entre la mer Noire et la Baltique, et séparant l'Europe de l'Asie. Cette muraille, incessamment minée par le flot barbare, a fini par s'écrouler vers la fin du dernier siècle, en couvrant deux tiers du monde de ses éclats. Pénétrant aussitôt par cette brèche, le flot vainqueur s'est extravasé sur l'Europe, pour y déployer ses tentes comme aux jours d'Attila, pour rançonner les villes, incendier les moissons, traîner le peuple en esclavage ; et puis, chargé de monceaux d'or, de dépouilles sanglantes et de malédictions, pour refluer vers sa source asiatique.

Aujourd'hui, le voilà qui menace une troisième fois d'y faire irruption par la route de Constantinople; mais cette fois, c'est pour ne plus la quitter; il veut y fixer sa demeure, lui dicter des lois selon sa nature, lui donner des souverains de sa race. Si la pensée orgueilleuse du chef de ces barbares devait prendre corps et chair, dans quelques années on verrait des rejetons de sa famille installés sur les trônes principaux de l'Europe; à l'Orient ce serait l'impérieux Constantin; au centre, sans doute un Leuchtenberg; à l'Occident, le grand-duc Alexandre, l'attaman kosaque aux manières exquises, parodie vivante de son oncle, qui lui aussi rêvait de se faire couronner à Paris et sacrer à Rome, et qui l'aurait fait au détriment de ses alliés, si la Prusse et l'Autriche avaient osé lui servir de parrains ou de complices. On se souvient avec quelle superbe complaisance Alexandre Ier prêtait l'oreille aux discours académiques, le saluant aux portes mêmes de la ville conquise des noms de sauveur et de libérateur!

Ces enseignements ne sont pas perdus pour le tzar Nicolas, le souverain voyageur, qui ne se plaît, comme Charles-Quint, que dans les États de ses voisins. La Turquie absorbée ne serait pour lui qu'une première étape; la seconde serait l'Autriche; la troisième, la France; la quatrième enfin, l'Angleterre, où les descendants de Ruryk, les fils du bandit varègue, iraient saluer leurs demi-frères, les vainqueurs normands du Livre-d'Or, héritiers féodaux de Guillaume le Conquérant.

Il y a donc un intérêt commun à relever cette digue abattue; à la reconstruire plus forte et plus compacte que jamais, afin d'écarter le flot barbare de sa route, en lui disant comme Dieu dit à l'Océan: « *Tu n'iras pas plus loin!* »

Sur quel plan cette muraille doit-elle être reconstruite? Évidemment sur un plan national, fédératif, qui lui permettrait de rallier autour d'elle les Slaves, devant être un jour de concert avec la Pologne, leur centre et leur drapeau, la sauvegarde et le rempart du monde civilisé.

En effet, aussi haut que nous puissions remonter dans la nuit des âges, nous trouvons que les vastes plaines désignées par l'antiquité du nom de pays scythes ou sarmates furent peuplées par des tribus originaires de l'Inde (probablement de la race guerrière) qui, après avoir traversé le Kaukase, où leurs traces sont toujours vivantes, vinrent s'établir entre la mer Noire, la Baltique et l'Adriatique. Le nom générique de cette race, PEUPLE SLAVE, est dérivé de l'indien *çrava*, PAROLE ou *renommée;* en polonais SLOWO et *slawa*, le VERBE ou la *gloire*. C'était donc la race *parlante* et *glorieuse*, le peuple des assemblées publiques et des batailles. Une fraction notable de ces tribus, après avoir franchi les Balkans, ou le mont Hémus des anciens, sous la dénomination de Pélasges, alla peupler la Grèce, plus tard conquise par les Hellènes; une autre en s'avançant des bords de l'Adriatique, le long du littoral italique, alla fonder les colonies pélasgiques de la Grande-Grèce, sur lesquelles Rome ancienne vint asseoir sa puissance. Une grande partie de la Turquie d'Europe, de l'empire d'Autriche, de l'empire moskovite et les régions maritimes de la Prusse moderne, sont des pays slaves. Cette race occupe donc l'immense portion de l'Europe et de l'Asie, qui s'étend de l'Adriatique à la mer Glaciale, et de la mer Caspienne à la Baltique. Au centre de toutes ces populations indo-slaves, autochthones dans tout le territoire qu'elles possèdent, se trouve la Pologne, l'ancienne Léhie, établie le long du cours de la Vistule (le fleuve VANDALUS des anciens), depuis sa naissance dans les Karpathes jusqu'à son embouchure dans la Baltique. Les deux premiers grands États slaves qui se constituèrent au moyen âge, furent la Pologne et sa voisine la Lithuanie, admise par son apostolat à l'illumination chrétienne. Au XIVe siècle, elles se réunirent par un pacte volontaire, en une fédération librement consentie, saintement observée jusqu'à l'heure du partage, et formèrent une des nations les plus considérables et les plus respectées du continent européen.

Leur territoire uni comprenait au nord-ouest, du côté de l'empire germanique, la Pologne proprement dite, la Silésie, la Poznanie et la Mazovie; et sur la Baltique, près de l'électorat de Brandebourg, la Poméranie, l'enclave dite Prusse polonaise et la

Warmie : c'est-à-dire la GRANDE-POLOGNE, avec Posen et Varsovie pour capitales ;

Au nord-est, le long de la Baltique et de la Dzwina, c'étaient la Samogitie, la Kourlande, la Livonie polonaise, la Russie-Blanche et la Russie-Noire ou Polésie : c'est-à-dire le GRAND-DUCHÉ DE LITHUANIE, avec Vilno pour centre ;

A l'orient et au sud, près de la mer Noire et du Dniester, c'étaient la Petite-Russie, Czerniéchow, les Kosaks du Dniéper, l'Ukraine et la Podolie : c'est-à-dire les TERRES-RUSSIENNES, avec Kïow pour métropole, l'ancienne ville des *Polaniens;*

Au sud-ouest, le long des Karpathes, c'était la Russie-Rouge, l'ancien royaume de Vlodomérie et de Halicz ou la Gallicie : c'est-à-dire la POLOGNE-MINEURE avec Léopol et Krakovie pour capitales.

Ajoutons-y, pour mémoire, que vers le nord, les deux villes libres de Pskow et de Nowogrod la Grande ; et vers le sud, les deux hospodarats de Moldavie et de Valaquie, constituaient des fiefs qui relevaient de la république.

C'est ainsi que la Pologne était réellement à cette époque la grande *Unité slave,* qui dans l'avenir ne peut se réaliser que par elle ; et le nom frauduleux de l'empire de *Toutes les Russies,* usurpé plus tard par les tzars de Moskovie, pour se substituer à la Pologne dans tous ses rapports avec l'Occident et le Midi, n'est qu'un mensonge, une fraude et un contre-sens.

Que trouve-t-on dans ce vaste pays, depuis son avénement au christianisme au xe siècle, à travers les grandes époques des trois Boleslas, de Kasimir le Grand, de Vladislas Jaghellon et des deux Sigismond, jusqu'à nos jours ? On voit que les traditions primitives de la race originaire y subsistaient encore, tandis que le reste de l'Europe était ployé sous le joug de fer de la féodalité ; que la société polonaise était basée sur le triple dogme de la liberté politique, de la liberté individuelle et de la liberté de conscience ; que ses mœurs et ses institutions portaient aussi ce triple caractère empreint sur la nation, sur l'individu et sur l'âme humaine.

a) Ses lois les plus anciennes renfermaient le germe du développement intérieur et organique des sociétés modernes, c'est-à-dire le principe électif ou de souveraineté populaire. Le gouvernement résidait dans l'assemblée générale des États ; les chefs et les juges responsables, élus par le peuple, présidaient à l'exécution des lois, mais leurs pouvoirs leur venaient de cette assemblée qui pouvait les révoquer. Plus que toute autre nation, la Pologne contenait en elle les moyens de se transformer et de progresser pacifiquement, parce qu'elle avait subi moins que les autres les funestes effets de l'absolutisme et d'une centralisation exagérée : témoin le statut de Wisliça (1347), le code lithuanien (1529), et surtout la constitution du 3 mai (1791). La plus haute expression de ce principe, l'élection du chef de l'État par le vœu populaire, date de Piast le charron, c'est-à-dire de trois siècles avant l'adoption du christianisme. Selon la loi polonaise, *il n'est de souverain que le droit.*

b) L'esprit traditionnel de l'indépendance individuelle était si profondément enraciné dans nos mœurs et nos habitudes, que son excès même, le *liberum veto,* regrettable à tous égards, et condamné par son abus, parvint à préserver l'honneur et l'avenir de la Pologne dans les deux diètes de Varsovie et de Grodno (1768-1793), assemblées sous l'influence et dominées par les baïonnettes moskovites. Il se formulait dans cette maxime : « Brûlons nos maisons, parcourons notre pays les armes à la main, plutôt que de nous soumettre au pouvoir arbitraire ! » Sa plus forte expansion fut l'héroïque confédération de Bar, première protestation armée contre l'invasion étrangère.

c) La tolérance religieuse est un des caractères principaux, comme une des plus grandes gloires de l'ancienne Pologne. L'inviolabilité de la conscience humaine sauva ce pays de toutes les guerres de religion qui désolèrent les autres contrées. Jamais le fanatisme ne mit son pied satanique sur le sol hospitalier de notre patrie ! Jamais il ne put y construire ses infâmes appareils de supplice ! Tandis que les bûchers du Saint-Office s'allumaient en Espagne, en France, en Italie, en Allemagne, la Pologne donnait asile à toutes les communions chrétiennes, les réunissant dans un esprit commun de charité ; les ariens, les sociniens, les luthériens, les calvinistes, étaient sûrs d'y trouver le libre exercice de leur culte : jusqu'aux juifs eux-mêmes, bannis et persécutés partout ailleurs, admis par Kasimir le Grand au droit de bourgeoisie et de cité. L'indépendance nationale de son clergé, qui date du xie siècle, indépendance bien plus complète que celle de l'église gallicane, n'a pas permis à la théocratie temporelle de Rome de s'imposer en souveraine et de dicter ses volontés à la Pologne. Son patriotisme a constamment réuni dans une même pensée le culte des autels et celui de la patrie ; d'après cette conviction que le Dieu de l'Évangile est aussi le Dieu de la liberté. Grâce à son influence, le jésuitisme, venu de l'étranger pour le malheur et la perte de la Pologne, a dû se désister de l'enseignement public, devant la régénération nationale, entreprise et réalisée par l'illustre Stanislas Konarski. Enfin, pour couronner son œuvre, il a fondé cette Église slave, ce rite grec-uni, consacré par les deux conciles de Florence et de Brzesç-Litewski (1438-1596), qui doit un jour, par l'extension de son dogme fondamental, la séparation de l'autorité spirituelle et du pouvoir temporel, ramener l'hérésie de Photius à l'unité. Cet esprit de charité vraiment apostolique de l'ancienne Pologne a fait dire au pape Paul V à la députation polonaise venant lui demander les reliques des saints, en échange des drapeaux conquis sur les infidèles (1621) : « Polonais ! chaque parcelle de votre terre ne renferme-t-elle pas la relique d'un martyr ? »

Ayant dit sommairement quel fut le passé de la Pologne, nous avons fait entrevoir quel sera son avenir.

Nous ne demandons pas pour elle ses anciennes limites du temps de Boleslas Ier (1012), avec la Moravie, la Bohême et la Lusace renfermées dans leur immense orbite; avec les piliers de fer enfouis par ce roi conquérant au confluent de l'Elbe et de la Sala; ni même celles de Vladislas Jaghellon, avec les républiques de Pskow et de Nowogrod relevant de la Lithuanie, les Kosaks des Steppes et les Tatars de Krimée pour feudataires; nous renonçons à tout jamais à la prétention de donner ou d'imposer des souverains de race polonaise au tzarat de Moskovie, comme sous Étienne Batory, dont la mort seule a préservé la Grande-Russie de devenir une province polonaise; ou plus tard, sous Sigismond III et son fils Vladislas IV, appelé au trône de Moskou par un choix national : nous ne voulons que ce qui est à nous, mais tout ce qui est à nous, sans laisser un seul lambeau de sol polonais en dehors de notre territoire. Nous consentons de grand cœur à nous séparer de tout ce qui n'est pas polonais. Agir autrement, ce serait entretenir des germes permanents de discorde et de division entre nous et nos voisins, avec lesquels nous voulons vivre en bonne harmonie, en paix cordiale et fraternelle intelligence.

Il ne peut être question non plus de cette Pologne mutilée de 1807, création informe d'un grand homme de guerre, subissant depuis Tilsitt la fascination de l'abîme moskovite; encore moins du royaume dérisoire de 1815, annexé à la Russie, avorton périssable du congrès de Vienne, et dont l'établissement même impliquait une flagrante contradiction : car il est évident que le tzar ne pouvait être en même temps autocrate en Russie et roi constitutionnel en Pologne. Le temps a déjà fait justice de ces deux déplorables aberrations; y revenir aujourd'hui, ce serait consommer un nouveau partage et reconnaître le principe des précédents. La Pologne à venir, la seule possible et rationnelle, est une Pologne large et forte, se gouvernant d'après sa propre volonté, ses principes et ses intérêts. Ce n'est point le nom de la Pologne qu'il faut à l'Europe, c'est la chose elle-même.

Malgré les savants sophismes de l'historien de la révolution française et de toute une école fondée sur la consécration du *fait accompli*, sur la force matérielle et brutale dominant le droit et les intérêts moraux, la Pologne a des frontières naturelles, des limites organiques, positives, tout aussi déterminées que celles des États les plus compactes et les plus centralisés de l'Europe : c'est à l'ouest et au midi, le cours de l'Oder et la chaîne des Karpathes, qui la séparent de la Prusse et de l'Autriche; c'est à l'orient et au nord, le cours du Dniester, les deux rives du Dniéper et de la Dzwina, qui la séparent de la Turquie et de la Moskovie.

Nous réclamons au nord les embouchures de la Vistule, avec Dantzig; celle du Niémen, avec Klaypeda (Memel); celle de la Dzwina, avec Riga; ainsi que la libre navigation de ses trois grandes artères, le Dniéper, le Boh et le Dniester, conditions indispensables de sa force et de son existence : savoir, de former une ligne fortifiée de la mer Noire à la Baltique.

Ces limites sont acquises et assurées à la Pologne par une possession incontestée de plusieurs siècles. *Elles seules* pourront lui donner une place acceptable et digne de son passé parmi les peuples qui l'honorent. *Elles seules* lui permettront de réunir et de pacifier autour d'elle la race slave, dont elle occupe le centre géographique. *Elles seules* garantiront à l'Europe l'inviolabilité de son équilibre et la protégeront à l'avenir contre toute invasion possible. Ces limites, que nous réclamons aujourd'hui à titre d'héritage et de légitime succession, étaient celles de la république-unie de Pologne et de Lithuanie, sous les Boleslas, les Kasimir, les Jaghellons; que les rois électifs n'ont cessé de maintenir de 1573 à 1795, et que les assemblées polonaises ont toujours revendiquées au nom de la nation. La Pologne ainsi composée aurait une superficie de 14,000 milles carrés géographiques (de 15 au degré); avec une population de 24 millions d'habitants, contenus dans les limites de 1772; ou de 18,000 milles carrés, avec 30 millions d'habitants en rentrant dans les pays démembrés par la Prusse, la Suède et la Russie, en 1525, 1660 et 1686 [1].

Dans ces conditions territoriales, la Pologne n'aura tout autour d'elle que des voisins sympathiques et désirant maintenir son indépendance : savoir, la Moravie et la Bohême, qui, depuis leur annexion à l'Allemagne, étouffent dans une atmosphère incompatible avec leur vitalité; la Hongrie pressentant qu'elle doit un jour unir ses destinées avec les nôtres, et qui nous tend fraternellement les mains à travers les Karpathes; la Turquie, autrefois notre loyale adversaire, aujourd'hui notre invincible alliée et l'émule de tous les peuples libres dans la carrière du progrès et de la civilisation; les Kosaks, qui se souviennent encore de leur ancienne indépendance républicaine, aujourd'hui souillés, abrutis et dégénérés sous le régime flétrissant du knout moskovite; la Suède, cette autre France du Nord, recherchant une alliance solide que la Pologne seule peut lui offrir; l'Allemagne, *redevenue allemande et constitutionnelle aussitôt que séparée de la Russie;* la Russie elle-même, rattachée à la famille slave par le système fédératif. Avec aucun de ces voisins la guerre ne sera profitable ni même possible, car tous auront les mêmes intérêts à défendre, les mêmes besoins à satisfaire; ce sera fonder cette grande ligue amphictyonienne, cette alliance générale des peuples de l'Europe, entrevue déjà par Sully, professée par Colbert, et qui aurait dû devenir la politique de Napoléon; cette voûte imposante de l'édifice européen dont la pointe restera tournée vers l'Asie, dont la Pologne sera, comme autrefois, la clef et le pivot, et dont les deux arcs-boutants s'appuieront à l'extrême nord sur la Suède, à l'extrême sud sur la Turquie. Ce système frappe trop à première vue par son évidence pour avoir besoin d'être démontré.

Quelques hommes politiques en France et en Angleterre ont paru songer un instant à créer un État inter-

---

1. Voyez Léonard Chodzko, *Encyclopédie moderne* (art. Pologne); Stanislas Plater, Swiençki, Lelewel, etc.

médiaire entre la Russie et la Turquie, avec les Roumans, les Slaves et les Grecs du Danube. Mais avant de fonder des nationalités nouvelles, ne serait-il pas plus logique, plus équitable surtout, d'organiser les anciennes? Les États danubiens, sans la Bessarabie et le littoral de la mer Noire, n'ont aucune signification en politique et ne présentent que fort peu de chances de durée. Incapables de se défendre eux-mêmes, ils pourraient encore moins servir de sauvegarde à l'Europe. Ce n'est qu'une population peu nombreuse et nullement homogène qui, détachée de la Turquie, serait livrée à la merci des deux grands empires slaves : la Russie et l'Autriche. On ne pourrait en faire un État indépendant qu'en reprenant la Transylvanie à l'Autriche et la Bessarabie à la Russie, pour les annexer aux deux autres principautés roumanes. De cette manière, *la Roumanie* aurait pour point d'appui les Karpathes, pour extrême frontière le Danube et le Dniester, avec une population d'environ 7 millions d'hommes. Nous faisons des vœux sincères pour la réalisation de ce projet, qui serait la reconstruction de l'ancienne Dacie par la main de la France et de l'Angleterre; et qui pourtant, dans les conditions indiquées, nous paraît d'une exécution fort difficile. Les *États du Danube,* sans une Pologne reconstituée, ne sauraient trouver une garantie suffisante de durée et de stabilité; leur indépendance ne refleurira qu'à l'abri de la bannière polonaise.

Quant à l'Autriche, c'est à tort qu'on a voulu, dans l'intention de ménager son alliance, ajourner, sinon éteindre la question polonaise dans la crise actuelle. L'Autriche a bien plus d'intérêt encore que la France et l'Angleterre à coopérer au rétablissement de la Pologne; car c'est pour elle une nécessité d'existence et de conservation. En effet, deux intérêts distincts et souvent opposés se croisent et se combattent dans la politique autrichienne : savoir, l'intérêt national et l'intérêt dynastique. Le premier lui commande de se prémunir contre les tendances hautement avouées du panslavisme russe, dont l'objet principal est d'absorber et de s'assimiler les 17 millions de Slaves qui la composent. Il a pour représentant M. de Metternich, auquel il n'a manqué que le courage et l'indépendance de ses opinions pour être un homme d'État national : il n'a jamais eu de détermination qu'en 1846, pour faire massacrer les Polonais. Cependant, dès 1814, il avait proposé, dans les préliminaires du congrès de Vienne, le rétablissement de la Pologne, au prix même de la rétrocession complète de la Gallicie; on sait que les sages dispositions du congrès ce sujet, fortement appuyées par le prince Schwartzenberg, ont été modifiées par le retour de l'île d'Elbe et le débarquement de l'empereur Napoléon. Cette proposition renouvelée en 1827, et transmise à Paris par M. de Caraman, ambassadeur de France à la cour de Vienne, aurait été accueillie sans les intrigues de M. Pozzo di Borgo, qui préparaient de loin en loin la révolution de Juillet. Elle a été présentée une troisième fois, en 1831, au roi Louis-Philippe, qui venait déjà de traiter avec la Russie et qui ne voulut rien entreprendre sans l'association de l'Angleterre.

L'intérêt dynastique, au contraire, commande à l'Autriche de s'appuyer sur le tzar Nicolas, comme sur l'incarnation vivante de la force et de l'autorité, contre l'esprit d'indépendance dont ses populations sont animées. Ces populations hostiles, ou du moins étrangères l'une à l'autre, n'ont de lien commun que dans la vieille dynastie régnante de Habsbourg-Lorraine. Mais les souverains de cette dynastie, n'ayant nullement réussi à se les attacher, ont sans cesse besoin d'une main du dehors, si violente qu'elle soit, pour les contenir et les garder sous leur férule. Elle chemine boiteusement entre deux abîmes, la conquête ou la révolution; mais il faut le dire : elle craint encore plus le second, et court ainsi grand risque de se laisser tomber dans le premier. Cet état précaire de la maison d'Autriche, qui dure depuis plus d'un siècle, et dont chaque jour d'existence tient du prodige, lui fera déserter sa capitale à chaque commotion politique; peut-être un jour pour n'y plus revenir, si elle ne trouve un moyen de se séparer à jamais de la Russie, et de s'élever à des destinées nouvelles, plus en rapport avec les besoins de l'époque et les aspirations nationales.

Eh bien! il serait possible de concilier ces deux intérêts en apparence contradictoires et de transformer l'Autriche en la régénérant; de lui imprimer une vie normale, de lui donner un avenir, une mission, en l'érigeant en puissance danubienne; de lui rendre son nom primitif d'*empire d'Orient germanique* (OEstreich), et sa place dans l'alliance européenne. L'Autriche n'est encore qu'une administration, il serait urgent d'en faire un État; sa *dynastie* ne deviendra populaire que par le rétablissement de la Pologne : elle ne pourra respirer que lorsqu'elle se sentira à 200 lieues de la Russie. D'après cette combinaison, *elle occuperait indéfiniment l'une des principautés du Danube,* la Moldavie, placée toutefois sous le protectorat des puissances occidentales, *moyennant la restitution immédiate de la Gallicie polonaise;* et la Turquie serait largement indemnisée de cette perte de territoire par la reprise de possession de la Krimée et de ses anciennes provinces tatares et kaukasiennes.

Nous nous abstenons à dessein de parler de la situation et de l'attitude de la Prusse dans la guerre actuelle, en face des grandes puissances de l'Occident; elle sera bientôt appréciée à sa juste valeur. Nous citerons seulement pour mémoire deux de ses hommes d'État les plus illustres, MM. de Stein et de Raumer, qui tous deux, comme ministres et comme écrivains, ont vaillamment plaidé la cause de l'indépendance polonaise.

Moyennant l'application de ces principes, nous répondons au nom de la Pologne aux peuples de l'Europe de leur repos et de leur intégrité, comme nous l'avons fait durant un parcours de vingt générations; nous nous faisons forts de leur garantir à tout jamais la stabilité, la paix et le progrès, qui leur permettront, dans un temps déterminé, de supprimer leurs armées permanentes.

Nous nous engageons, au nom de la Pologne, à contenir la Russie dans ses limites; en la combattant d'abord, et puis en la rattachant par la civilisation à la famille européenne. En la désarmant, nous la rendrons à sa vocation première et jusqu'ici méconnue par elle : celle DE FAIRE PÉNÉTRER DANS L'ASIE CENTRALE LES LUMIÈRES ET LA PAROLE CHRÉTIENNES. La Russie n'a rien à donner à l'Europe; elle a tout à donner à l'Asie, et dans cette sphère d'action, elle peut encore être éminemment utile à l'humanité. Impuissante à vivre elle-même, elle ne peut aujourd'hui que tuer les autres; mais la Pologne restaurée, elle vivra de sa propre vie, sans menace et sans danger pour personne. Et si le tzar essayait une dernière fois, comme il le fait en ce moment, de troubler la paix du monde, le seul bois des lances polonaises suffira pour chasser à tout jamais ses troupeaux de sbires hors du continent européen.

Nous nous offrons au nom de la Pologne à pourvoir à l'alimentation de l'Allemagne, de la France et de l'Angleterre, par l'échange de nos matières premières contre les produits de leur industrie. Les grains, le sel gemme et les bestiaux de ce vaste et fertile pays, débouchant par ses trois ports sur la Baltique, Dantzig, Memel et Riga, et descendant librement par ses trois affluents de la mer Noire, le Dniester, le Boh et le Dnièper, au lieu de servir les gains exclusifs du commerce moskovite, s'écouleront par les deux mers au profit des nations intelligentes et laborieuses : ils les mettront à l'abri des disettes périodiques qui les affligent, et qui, en supposant le triomphe du tzar, auraient des conséquences terribles. Le savant Czacki, comparant l'étendue du territoire polonais avec son produit, démontre que si la Pologne (celle de 1772, y compris la Lithuanie) avait seulement la moitié de son terrain cultivé, *elle pourrait aisément nourrir 58 millions d'hommes* [1]. Les mines de la Pologne suffiront, à elles seules, pour couvrir l'Europe d'un immense réseau de *chemins de fer* qui la relieront à l'Asie. C'est ainsi que la Pologne redeviendra ce qu'elle fut jadis : le *grenier de l'Europe;* en réalisant tous les vœux inaccomplis du libre-échange universel ! C'est ainsi que l'Allemagne, une des contrées les plus fertiles du monde, rendue stérile par la rapacité de ses gouvernants, ne verra plus ses enfants déserter en masse son territoire! C'est ainsi que les Juifs eux-mêmes, ces courtiers de l'Europe, exilés de l'antique Sion, auront tout à gagner au réveil de la Pologne, jusqu'à ce qu'ils puissent recouvrer leur propre nationalité, pour le bonheur du monde et le leur !

Quant à la forme de gouvernement qui pourra être adoptée par la Pologne indépendante, c'est une question réservée à l'avenir, et qu'il ne nous appartient pas de discuter. Une fois délivrée, elle choisira elle-même dans ses comices celle qui lui semblera la plus appropriée à sa mission fédérative. Ce que nous voulons, c'est *qu'elle soit* d'abord, afin que son peuple puisse la former à son image; c'est que le mouvement réparateur qui se porte vers l'Orient, ne profite pas seulement à la Pologne, mais à toutes les nationalités conquises, réclamant de Dieu leur part d'*Indépendance* parmi les hommes; c'est que l'Italie appartienne aux Italiens, la Hongrie aux Hongrois, la Pologne aux Polonais; que les Slaves s'appartiennent à eux-mêmes et non pas à des maîtres allemands ou tatars. C'est que toutes les races harmoniquement confédérées, travaillant à leur bonheur, se perfectionnant mutuellement par les progrès scientifiques, multiplient à l'infini leurs échanges et leurs richesses, pour former une alliance pacifique de la *Liberté* européenne qui deviendra la source et le point de départ de l'émancipation générale. C'est que le principe chrétien de la *Fraternité* inhérent à la nature de l'homme ne soit pas une vaine formule, mais un symbole de charité universelle; que le nom d'*étranger* ne signifie plus en aucune langue un intrus, un ennemi, mais qu'il serve à désigner un hôte venant de Dieu, et un frère venant des hommes; que les peuples eux-mêmes soient frères comme les hommes, membres d'une même famille, et tous responsables les uns des autres. Que cette sainte expression de leur solidarité : — CHACUN VIVANT PAR TOUS, TOUS VIVANT POUR CHACUN, — pénètre dans l'ordre social aussi bien que dans l'ordre politique, et soit la base d'une association des individus, des familles, des nations et de l'humanité!

Telle est la solution que nous proposons à l'Europe, avec la ferme conviction qu'elle sera tôt ou tard adoptée par elle, dans l'intérêt de son honneur et de sa conservation. Telle est la pensée qui nous a été transmise par l'homme des deux mondes, Thadée Kosciuszko, et que nous transmettrons dans toute sa plénitude à nos descendants. Telle est la *sainte mission* dévolue à la Pologne régénérée; mission libératrice qui lui fut assignée par les décrets de la Providence depuis les jours des Boleslas, de Kasimir et d'Edvige. Car c'est afin de la préparer à son accomplissement que le divin Maître a voulu la faire passer par toutes les angoisses du martyre et de l'expiation, en lui donnant pour but définitif la rédemption politique et sociale de l'Europe. C'est ainsi qu'en échange des fers dont ils l'ont chargée, la Pologne crucifiée par les rois, abandonnée des peuples, aura, par une sublime et sainte vengeance, fondé la liberté du monde, en lui léguant, comme un héritage divin, son amour et son immortalité.

*
* *

Voici l'appel décisif, le dernier peut-être que nous, émigrés polonais, nous faisons au nom de notre patrie, à la justice et à l'honneur de l'Europe. C'est le cri suprême que, du fond de notre servitude, nous élevons vers les nations libres; pour revendiquer d'elles notre propre liberté, indignement sacrifiée aux plus vils instincts de l'âme humaine : à l'*Or* et à la *Peur,* ces deux sanglantes idoles du paganisme moderne, bien plus hypocrite et plus méprisable que l'ancien, parce qu'il est sorti des entrailles mêmes de

---

[1]. Voyez *Histoire et Description de la Pologne,* par Ch. Forster, p. 23.

leur fausse civilisation. Nous leur disons à toutes, au nom de Dieu et des hommes :

« Que si la Pologne est libre, vous serez libres comme elle, avec elle et par elle;

« Que si la Pologne est esclave, vous serez esclaves comme elle, avec elle et (Dieu veuille qu'il n'en soit pas ainsi) par elle !

« Voulez-vous être les frères indépendants de la nation polonaise indépendante?

« Voulez-vous être les esclaves du tzar, le messie de l'esclavage ?

Peuples de l'Europe, choisissez ; les deux principes sont en présence, les deux armées se préparent au combat !

Les temps sont arrivés où vous devez opter entre le drapeau polonais dans la citadelle de Varsovie, ou l'étendard kosaque à Paris!

Napoléon Ier tenait, de même que vous, le salut de la Pologne dans sa main ; cette main, soit orgueil, soit jalousie, il ne daigna pas l'ouvrir, et, du faîte de la puissance et de la gloire, il est tombé dans l'exil et la captivité.

Vous tomberez et vous périrez de même, si vous laissez périr la Pologne !

Recueillez vos forces, et mesurez-les avec celles de votre ennemi. Ce n'est pas en vain que Dieu fait grandir à l'Orient, de l'Euxin à la mer Glaciale et de la Baltique à la mer Caspienne, la plus formidable des familles humaines; un peuple déjà plus nombreux que ceux de France et d'Allemagne réunis : peuple rude et juvénile, qui a besoin de mouvement et d'expansion, peuple conquérant qui veut être seul dans le monde et qui vous donnera s'il le faut, en vous écrasant, l'accord et l'unité qui vous échappent !

Vous ne vaincrez pas la Russie sans nous ; et encore moins, contre nous !

Peuples de l'Europe, prenez garde qu'un jour la Russie victorieuse ne soit une Rome nouvelle; que la France conquise ne subisse le sort de la Grèce ancienne, et que l'Angleterre dévastée ne devienne une autre Carthage !

Voici bientôt un siècle que la Pologne, torturée par tous ses membres, saigne par toutes ses veines, souffre par toute son âme; c'est à l'abri de son martyre que vous avez joui des fruits de cette paix factice de trente années ! C'est en se tordant aux pieds de ses bourreaux, en étreignant leurs glaives de ses bras crispés par la douleur, en les effrayant par sa résignation même, qu'elle les empêche d'avancer sur vous pour consommer leur œuvre de vol et de brigandage ! Mais du jour où la dernière goutte de sang aura tari dans ses veines ; où toute son âme s'exhalera dans un cri d'agonie, malheur, malheur à vous : car ce jour sera le jour de votre châtiment ! Car au même instant, la Russie triomphante s'étendra sur le monde comme un linceul de neige sanglante; de ses bras de vampire, elle enchaînera l'Europe, par la mer du Nord et la Méditerranée ; de cette étreinte de mort, rien ne sortira que la mort : bientôt elle l'aura faite à son image, et l'Europe aussi ne sera plus qu'un cadavre ! Les forces de la civilisation se redresseront contre elle-même ; ses arts et ses conquêtes scientifiques, glorieux patrimoine de sa pensée, seront détournés au profit de la tyrannie des barbares; de l'éblouissement de la lumière elle sera soudainement replongée aux ténèbres de l'ignorance; dès lors, plus de principes, plus d'idées morales, de nationalités et de progrès; plus de souvenirs historiques pour les peuples, plus de traditions de famille pour les hommes. Il n'y aura que deux faits permanents, inexorables, en face l'un de l'autre, le commandement et l'obéissance ; et, parmi toutes ces ruines amoncelées de votre société mourante, on ne verra surgir qu'un seul drapeau : le despotisme !

Alors, pour achever la destruction de l'Europe, Dieu suscitera contre elle un de ces fléaux vengeurs qui ont englouti les cités de l'Asie, mortes depuis trois mille ans ; pareils à ces ouragans de feu qui transportent des montagnes de sable mouvant d'une extrémité à l'autre du désert. Avant de rentrer dans le néant, la famille des tzars de Russie produira un monstre à face d'homme, un Attila nouveau, qui poussera devant lui Slaves et Germains comme une avalanche humaine, roulant et portant avec eux la dévastation, l'incendie et la mort. Les flammes d'Ismaïlow, de Praga et de Sinope se refléteront à Vienne, à Paris et à Londres. L'esprit asiatique de conquête et l'esprit européen d'égoïsme formeront une alliance pour le crime ; et de leur accouplement naîtra un démon hideux, trois fois maudit : l'esprit de guerre sociale, de vengeance et de massacre. Ce n'est plus seulement la guerre de peuple à peuple, mais de famille à famille, d'homme à homme, guerre de la misère contre l'opulence, de la faim contre la satiété, des haillons contre le luxe : guerre fratricide, avec des cris de désespoir et de rage, guerre d'extermination sans terme, sans issue, et sur tous les lambeaux du continent ensanglanté !

Et l'Europe sera comme une contrée maudite sur laquelle la colère de Dieu a passé.

Une voix fatidique, désolée et pleine de larmes s'élèvera du sein des ruines, et dira :

« Jadis libre, savante et féconde, te voilà devenue barbare, ignorante et stérile, malgré ton or, malgré ton industrie, tes forces matérielles, tes flottes, tes armées ; parce que tu n'as pas voulu sauver un peuple qui pendant huit siècles s'est offert pour ton salut. Il te le demandait de desceller ses chaînes, et tu l'as repoussé aux mains de ses bourreaux ; qu'il soit donc fait avec toi selon tes œuvres : sois barbare, ignorante et stérile, puisque tu l'as voulu ! »

Cette voix sera celle de l'HISTOIRE; et cette voix retentira dans les âges, comme une sentence irrévocable de la JUSTICE ÉTERNELLE !

*
* *

Peuples de l'Europe ! que la dernière guerre soit faite pour conquérir une paix glorieuse et durable à Varsovie !

En avant, contre le tzar et la destruction universelle, avec la Pologne et la *Fédération slave !*

En avant, contre le fanatisme de la barbarie, avec le saint enthousiasme de la liberté !

En avant, contre la Russie varègue et mogole, qui veut tuer l'Europe, croyant avoir tué la Pologne ; et, dès le premier combat, vous la verrez brisant ses chaînes sur la tête de son oppresseur !

Et, de même que la Pologne fut de tout temps le Précurseur et l'Apôtre de la *Fraternité parmi les Peuples;*

De même qu'en 1830, elle inscrivait sur ses drapeaux cette sainte devise : *Pour Votre Liberté et la Nôtre;*

Ainsi nous, ses enfants, vos frères, nous combattrons encore à vos côtés, *pour Votre Indépendance et la Nôtre*, et Dieu nous donnera la victoire !

Peuples de l'Europe, donnez-vous la main et marchez à la Guerre-Sainte !

Suivent les signatures.

Paris, 3 mai 1854.

(*Le Siècle.*)

XXXVII.

APPEL AUX ALLEMANDS.

LE RÉTABLISSEMENT DE LA POLOGNE

D'APRÈS UN PUBLICISTE ALLEMAND [1].

Lord Palmerston disait dans la séance du 20 mars, à la Chambre des communes :

« En ce qui touche la Pologne, je n'hésite pas à proclamer ici mon opinion, que la position actuelle du royaume de Pologne est une menace permanente pour l'Allemagne ; c'est aux puissances d'Allemagne à déterminer jusqu'à quel point elles peuvent penser que la constitution actuelle leur est ou non dangereuse ; et si, dans les circonstances qui pourraient les entraîner à la guerre contre la Russie, elles jugeraient de leur intérêt de s'efforcer de mettre un terme à cette position des affaires [2].

« Les gouvernements se sont réservé le droit, suivant les circonstances et les événements de la guerre, *d'ajouter* à l'avenir, aux quatre points, toute autre stipulation qu'ils pourront juger essentielle pour la sûreté ultérieure de l'Europe, etc. »

Quelques jours auparavant, sir Robert Peel, membre du nouveau ministère, prononçait dans un meeting tenu à Tamworth les paroles que voici :

« *Aucune solution de la question d'Orient ne sera satisfaisante, à moins de la restauration de la Pologne*, etc. »

La brochure du docteur Eisenmann, éditée en 1848 à Erlangen, et que nous livrons aujourd'hui au public français, donne une réponse péremptoire à la question ainsi posée par les deux illustres membres du cabinet anglais.

Cette première parole grave sur l'avenir de mon pays, depuis l'origine de la guerre en Orient, prononcée du haut de la tribune anglaise, retentira dans l'Europe entière. Elle exprime la conviction générale, conforme à la nôtre, qu'il n'est d'autre solution possible pour cette lutte géante, que la délivrance de la Pologne.

Toutes les opinions sont d'accord sur ce point, en France comme en Angleterre ; si ce n'est l'opinion isolée et sans écho de l'auteur de la brochure intitulée *la Paix*[1] et qui propose pour dénoûment à cette guerre de la civilisation contre la barbarie :

« Le désarmement réciproque et simultané de Sébastopol et de Gibraltar, premier acte de l'affranchissement universel de toutes les mers, de tous les détroits, de tous les fleuves et du percement successif de tous les isthmes, etc... » (Pages 33 et 34.)

Le désarmement de Gibraltar est, en effet, un moyen fort heureusement trouvé pour résoudre la question d'Orient ; pour vider à tout jamais la grande querelle entre l'Europe et l'Asie !

Un autre passage de cette brochure mérite d'être plus sérieusement discuté :

« Il faut tenter un héroïque effort, non dans le sens de la guerre et de la barbarie, mais dans le sens de la paix et de la civilisation. » (Page 34.)

Or il se trouve précisément aujourd'hui que cet *héroïque effort*, conseillé par l'auteur, donnerait gain de cause à la barbarie sur la civilisation. Car, tandis qu'on détruirait Sébastopol et Gibraltar, qu'on ouvrirait toutes les mers et qu'on percerait tous les isthmes, les Russes s'empareraient *pacifiquement* un jour ou l'autre de Constantinople et des Dardanelles, comme ils l'ont fait de Bukarest et de Sinope.

La guerre n'est pas invariablement la barbarie, comme la paix n'est pas nécessairement la civilisation ; l'histoire de France dit le contraire, depuis les croisades jusqu'à la conquête de l'Algérie.

Les guerres d'Orient en Occident sont généralement des incursions de barbares ;

Les guerres d'Occident en Orient sont généralement des croisades de civilisation.

Il est vrai qu'elles ont moins souvent réussi que les précédentes ; mais cela tient à ce que le terrain du combat a été mal choisi, qu'elles n'ont pas été engagées en temps opportun, ou qu'on avait négligé, comme on le fait en ce moment, de mettre à profit un des éléments principaux de la victoire.

Les nobles paroles prononcées dans le sein du parlement anglais s'accordent parfaitement avec ce que nous écrivions le 3 mai de l'année dernière à M. de Fiquelmont :

« Si la France et l'Angleterre ont un intérêt moral tout-puissant à relever cet antique boulevard de la civilisation qui séparait l'Europe de l'Asie, l'Allemagne, comme la plus directement menacée par l'ambition moskovite et dominée par son ascendant, a tout à la fois un intérêt moral, matériel et poli-

---

1. Cet appel est un résumé de la brochure de M. le docteur Eisenmann, *Aufruf zur Herstellung des Kœnigreichs Polen;* Erlangen, 1848.
2. Attendre le rétablissement de la Pologne des *cabinets allemands*, c'était, de la part du noble lord, une dérision ou une puérilité.

1. Par M. Émile de Girardin.

tique à ce grand acte de justice et de réparation, qui doit lui rendre son autonomie comme peuple, et sa liberté d'action comme État. »

C'est donc à l'Allemagne que nous retournons cet écrit venu de l'Allemagne; certain que la voix de l'intérêt national prévaudra dans l'esprit de ses hommes d'État sur les cris de désespoir jetés par quelques russophiles, en faveur d'une cause irrévocablement perdue : celle de la barbarie expirant sous le glaive vengeur de la civilisation.

I.

« Si vis pacem, para bellum. »

Lorsque la France, l'Italie, l'Allemagne, jouissent en paix des droits reconnus par la révolution de Février; lorsque l'esprit national renaît dans tous les membres de l'ancienne fédération germanique, avec la conviction, pour chacun d'eux, d'appartenir à une imposante fraction de la famille humaine; nous voyons à l'orient de l'Europe une généreuse nation indignement spoliée, réduite en esclavage par des maîtres étrangers, complices du plus odieux attentat qui jamais ait déshonoré les pages de l'histoire moderne. Cette nation, cependant, s'est toujours signalée et se signale encore par son amour profond, passionné, de la patrie; elle a constamment tenu le premier rang dans les combats de la civilisation contre la barbarie : depuis les incursions des Tatars et les guerres avec la Turquie envahissante, jusqu'à l'époque où le tzarisme moskovite menaçait d'étouffer et d'éteindre le soulèvement national de la France de juillet. Partout et toujours la Pologne a servi d'avant-garde à l'Europe; en remplissant ainsi la tâche providentielle qui lui avait été assignée dès son origine : partout et toujours son courage, son dévouement sans bornes, son infatigable énergie, lui ont mérité l'estime, l'admiration et la reconnaissance des peuples.

Sans la Pologne de 1683, la croix aurait été remplacée sur les tours de Vienne par le croissant de Mohammed; sans la Pologne de 1807, la Russie serait devenue de fait prépondérante en Europe; sans la Pologne de 1831, la prophétie populaire de Napoléon Ier se serait réalisée dans le sens asiatique; et si l'Europe peut à bon droit espérer de conduire à bonne fin son travail de réorganisation intérieure et sa lutte de sécurité contre les orgueilleux descendants de Pierre Ier, c'est que le prestige fantastique de la puissance russe a disparu sur les champs de bataille de la Pologne renaissante. Vaincue par le destin, elle a dans sa chute même remporté une éclatante victoire morale sur son éternelle ennemie; en nous apprenant par son exemple ce que peut une nation, si minime qu'elle soit, quand elle suit l'inspiration de son patriotisme : car si la perfidie des cabinets allemands n'était venue au secours des barbares, la victoire des Polonais eût dès lors acquis une signification réelle, une valeur positive.

Et pourtant, cette noble Pologne se trouve encore asservie et démembrée; et, ce qu'il y a de plus honteux pour nous, asservie et démembrée par la complicité jalouse de l'Allemagne elle-même! Il est juste de dire que les princes allemands sont plutôt que les peuples allemands responsables de ce forfait devant celui qui a créé les nationalités, en accordant à chacune d'elles un langage et des mœurs différentes.

Vouloir détruire une nationalité, c'est porter une main sacrilége sur l'œuvre même de Dieu; c'est commettre un crime de lèse-humanité qui tôt ou tard doit entraîner son châtiment. Nous autres Allemands nous en éprouvons déjà les effets, par l'influence toujours croissante de la Russie sur l'Allemagne, sur l'Europe entière; et s'il est vrai que les peuples doivent *expier* les torts de leurs souverains, d'après le vieil adage : « *Quidquid delirant reges, plectuntur Achivi,* » l'Allemagne, comme sa plus proche voisine, deviendra quelque jour la première proie de la Russie.

Pour détourner cette menace suspendue sur notre avenir depuis le partage de la Pologne, nous voulons *réparer* et non *subir* l'attentat commis par nos souverains sur la nation polonaise, en donnant ainsi une signification plus élevée à cet adage; nous voulons une Pologne indépendante, forte et libre, par la même raison que nous voulons une Allemagne indépendante, forte et libre.

D'après les lois de Solon : « Celui-là serait un mauvais citoyen, qui ne sentirait pas une injustice commise envers un autre citoyen aussi vivement que si elle avait été commise envers lui-même. » Nous développons la pensée du législateur en ajoutant : « Le peuple qui souffrirait un attentat commis envers un autre peuple, se condamnerait lui-même à subir tôt ou tard un pareil attentat. » Non, certes! nous ne sommes pas dignes de l'indépendance et de la liberté, si nous souffrons que la Pologne demeure esclave et démembrée! En lui tendant la main, nous accomplissons non-seulement un acte de justice, mais un acte de sagesse politique, un acte de rigoureuse nécessité!

Indépendamment de la question du droit, la délivrance de la Pologne est aussi l'intérêt dominant de l'Allemagne. Une Pologne indépendante, forte et libre, refoule le tzarisme moskovite en Asie, à laquelle il appartient à tous égards. Une Pologne indépendante, forte et libre, est la meilleure sauvegarde de nos frontières en Orient. Une Pologne indépendante, forte et libre, élève une barrière infranchissable entre le tzar et le roi de Prusse, en ôtant à ce dernier toute perspective d'accomplir ses plans réactionnaires avec la protection des barbares.

Ce dernier avantage suffirait déjà pour nous déterminer à demander *à tout prix* le rétablissement de Pologne. Le roi de Prusse ne s'est converti à la cause nationale qu'après l'avoir combattue à outrance; et lorsqu'il lui fut démontré que « cette couronne que Dieu seul lui avait donnée » n'était pas à l'abri de toute discussion. Ne rien apprendre et ne rien oublier est sans doute une grande faute politique; mais c'en est une tout aussi grave, de trop apprendre et trop vite oublier. Sa conversion est-elle sincère?

Dieu le veuille, et nous voulons lui fournir l'occasion de le prouver ; qu'il déclare la guerre à son cousin, le tzar, qu'il lui jette le gage du combat au nom de l'indépendance polonaise ; et nous croirons à sa sincérité, nous nous rangerons autour de sa bannière, nous le reconnaîtrons pour le premier empereur germanique dans les temps modernes. Autrement nous saurons à quoi nous en tenir sur ses intentions réelles; guerre nationale contre le tzar moskovite, et guerre nationale contre le roi de Prusse, son plus fidèle, son unique allié parmi les Allemands! Nous avons mûrement pesé ce que nous exigeons de lui; nous ne voulons pas évoquer cette guerre avec toutes ses conséquences, nous ne voulons pas l'entreprendre de dessein prémédité ; mais une fois entreprise, nous ne la craignons pas, et nous la conduirons à bonne fin. La Prusse, en demeurant soumise à l'influence moskovite, aurait trop de poids dans une fédération allemande pour ne pas la troubler et la détruire; une guerre nationale amènerait sans doute de meilleurs arrangements. La Westphalie et les provinces rhénanes formeraient un État à part ; la Saxe retournerait à son souverain légitime ; la Prusse royale et ducale reprendraient leur ancienne autonomie ; et la Silésie trouverait avec joie l'occasion longtemps souhaitée de se séparer du royaume. Le roi de Prusse n'a qu'à bien réfléchir sur ces éventualités imminentes ; la liberté ne perd rien à son abandon : il perd beaucoup, tout peut-être, s'il en est abandonné lui-même [1].

Ainsi, liberté aux Polonais, guerre aux Russes, telle doit être la devise de tout Allemand : guerre à ces mêmes barbares qui, peu avant les journées de Juillet, avaient conclu une alliance avec Charles X pour la spoliation de l'Allemagne. Nous ne devons pas oublier cet enseignement diplomatique ; nous agirons désormais avec la Russie selon son propre code du droit international.

II.

Afin de compléter cet appel pour la délivrance de la Pologne, nous devons nous entendre sur les trois points essentiels que voici :

1° Quelles doivent être les limites de la Pologne indépendante, sa grandeur et sa population ;

2° Quelle sera sa constitution ;

3° Quelles sont les forces avec lesquelles son indépendance doit être conquise?

La Pologne à venir doit nécessairement avoir une telle étendue qu'elle puisse en tout temps soutenir une guerre contre la Russie ; elle doit embrasser le royaume de 1815, la Gallicie, la Lithuanie, la Podolie, la Volhynie et l'Ukraine : de manière à atteindre une population d'environ dix-sept millions (?). L'Autriche, en restituant sa province polonaise, la Gallicie, pourrait en être indemnisée dans les principautés du Danube, se trouvant actuellement, grâce à la haute politique de M. de Metternich, sous le protectorat moskovite ; et pour la conquête desquelles nous voulons lui prêter assistance et main-forte. Ces principautés sont indispensables à l'Allemagne, car elle y trouverait les colonies qui lui manquent : leur possession exercerait une influence bienfaisante sur son industrie, en offrant un débouché facile et naturel au surcroît de sa population. Bientôt sans doute, elle sera forcée de tolérer, sinon de favoriser cette émigration, et de pourvoir aux frais de voyage des émigrants. Mais ces frais seront bien moins considérables pour leur transport dans les principautés danubiennes qu'en Amérique ; elle en recueillerait de plus cet avantage que ces mêmes émigrants, qui se trouvent perdus pour nous dans leur établissement en Amérique, ne cessent de nous appartenir dans les terres danubiennes : en demeurant les consommateurs de nos produits, en nous dédommageant et au delà de nos déboursés, et finalement en nous assurant la subsistance.

Ici nous rencontrons une question capitale relativement à la province de Posen. Cette province ne saurait être *intégralement* rendue à la Pologne; car sa partie occidentale pénètre profondément dans le territoire allemand, et constitue une frontière stratégique importante pour la sécurité de l'Allemagne [1]. Mais nous nous offrons à largement indemniser les Polonais pour la perte de cette enclave. Nous leur garantissons la possession d'un littoral étendu sur la Baltique, depuis le cinquante-cinquième jusqu'au cinquante-septième degré de latitude nord, en y ajoutant leur ancienne province de Kourlande et de Livonie, avec une portion du rivage de la mer Noire, au sud-est de la Podolie, aux environs d'Odessa ; et nous sommes certains que les Polonais se hâteront d'accepter cet échange. Lisez l'histoire de la Pologne ; vous y trouverez l'image d'un peuple guerrier, presque étranger à toute industrie, si ce n'est à l'agriculture ; et cela tient à ce que les Polonais n'avaient point de commerce maritime. Ouvrez-leur la mer, ne serait-ce d'abord que pour la navigation des côtes ; et vous verrez surgir, dès la première ou tout au plus la seconde génération, un peuple égal à tous les autres dans la carrière des arts et de la production industrielle. J'ai développé ce système devant les émigrés de 1834 ; ils y ont applaudi avec effusion et reconnaissance. J'espère aussi que les émigrés de 1848 me comprendront ; qu'ils apprécieront tous les avantages d'un pareil arrangement territorial, et qu'ils en expliqueront la pensée à leurs compatriotes.

Si nous y ajoutons la possibilité d'établir tous les Polonais qui veulent devenir Allemands dans la partie orientale du grand-duché, et tous les Allemands qui ne veulent pas devenir Polonais dans sa

---

1. Remarquons que c'est un patriote allemand, un publiciste distingué, qui propose ce partage de la Prusse dans le cas où elle refuserait d'accéder au vœu de l'Allemagne touchant le rétablissement de la Pologne.

1. Nous regrettons de voir que, même une intelligence aussi lucide que celle du Dr Eisenmann, n'ait pas entièrement pu se dégager de l'ancienne politique prussienne inaugurée par Frédéric II, celle de l'*arrondissement* territorial. Mais cette question de détail ne saurait nuire à l'ensemble du système de l'éminent publiciste.

partie occidentale : nous trouverons qu'une pleine satisfaction peut être ainsi donnée au principe inviolable des nationalités[1].

III.

Une question tout aussi importante est celle de la constitution de la Pologne à venir. Aucun peuple n'a le droit d'intervenir dans l'organisation intérieure d'un autre peuple ; mais lorsqu'il aide celui-ci par sa coopération à s'affranchir d'un joug étranger, il a droit, comme indemnité de guerre, de lui demander une constitution conforme aux intérêts de tous deux. Nous ne voulons exercer une pression violente sur aucune nation voisine ; nous ne voulons pas libérer la Pologne du servage moskovite pour en faire notre tributaire ; mais nous ne voulons pas aussi lui prodiguer notre sang et notre avoir sans de certaines garanties. La Pologne était une *république* nobiliaire avec un *roi électif ;* et c'est dans cette vicieuse organisation que se trouve une des causes principales de sa ruine. L'orgueil des grands propriétaires fonciers, attachés aux cours étrangères, a trop souvent mis à néant les héroïques efforts de la petite noblesse ; qui n'est autre chose que la milice permanente du pays et le foyer le plus pur de son patriotisme. Telle est l'histoire du soulèvement de Bar, en 1768 ; de l'insurrection de Kosciuszko, en 1793 ; et enfin de la guerre d'indépendance, en 1831. Il en serait de même aujourd'hui, si l'on ne trouvait un moyen de neutraliser l'esprit de caste des magnats, par l'admission de tous les habitants de la Pologne au droit de propriété et de représentation nationale. Ce moyen est déjà indiqué dans l'immortelle constitution du 3 mai (1791) ; ainsi que dans toutes celles qui l'ont suivie : il ne s'agirait aujourd'hui que de lui donner son entier développement. La Pologne deviendra aussi certainement un État indépendant et libre que l'Allemagne elle-même ; mais elle ne pourra mériter cette liberté commune à toutes deux que lorsque son ancienne aristocratie princière aura cessé d'exister. Cette condition est déjà remplie en majeure partie ; le cours naturel des événements, la tyrannie moskovite, les destinées de l'Émigration et son éducation politique formée parmi les nations étrangères ont tellement fait prévaloir l'élément libéral sur l'élément oligarchique dans toute la nation polonaise, qu'on peut justement espérer de fonder une Pologne avec toutes les garanties de l'ordre et de la stabilité.

IV.

En dernier lieu, nous avons à nous occuper de toutes les forces qui peuvent concourir au rétablissement de la Pologne. Il serait peu honorable pour l'Allemagne si elle ne pouvait soutenir le combat avec la Russie, alors qu'elle serait naturellement secondée par la vaillance et l'intrépidité reconnues du peuple polonais. Cependant un chef d'armée a non-seulement à tâche d'assurer la victoire, mais aussi de l'obtenir par le moins de sacrifices possible. Il résoudra ce problème en faisant de ses propres forces le meilleur emploi ; en calculant ses opérations de manière à pouvoir opposer à l'ennemi sur tous les points de l'attaque une puissance au moins égale à la sienne. Telle doit être aussi la tactique des nationalités ; nous voulons présenter aux Russes un tel front de bataille que le commencement de la lutte en soit aussi la conclusion.

Nous pouvons compter d'abord sur la coopération de la France. Mais afin que cette coopération puisse produire son plein effet, nous invitons la France à envoyer une flotte armée avec destination pour Memel ou Riga, afin de jeter une force imposante sur la côte méridionale de la Baltique. Tel devrait être le chemin des troupes françaises, pour que leur attaque en Lithuanie rendît insoutenable la position des troupes russes que nous attaquerons nous-mêmes en Pologne, et que nous parviendrons en peu de temps à détruire. L'Émigration polonaise, dont une partie pourrait se joindre à cette croisade, serait libre de retourner en masse dans son pays par le même chemin par lequel elle en était sortie, c'est-à-dire à travers l'Allemagne ; *elle peut et doit combattre à côté des Allemands, comme les Allemands, à côté de l'Émigration.*

Nous engageons l'Angleterre à faire simultanément une visite aux Russes de Saint-Pétersbourg ; et pénétrant chez eux par la mer Noire, à porter aux insurgés du Kaukase des secours et des matériaux de guerre. Le peuple anglais s'est toujours intéressé à la Pologne ; il ne l'abandonnera pas aujourd'hui, lorsqu'il s'agit de bien plus que de lui adresser dans un meeting quelques paroles de condoléance, ou de jeter une aumône stérile à ses émigrés. D'ailleurs, l'Angleterre sera par ses propres intérêts entraînée dans cette lutte ; car l'affaiblissement de la Russie éloigne dans la même mesure le danger qui menace les Indes : il rend inexécutables ses projets longuement conçus de la conquête de Constantinople. Cette considération seule sera déterminante pour l'Angleterre et pour tous les peuples qui tiennent à conserver l'équilibre européen.

Puis viennent les Suédois, peuple belliqueux, qui n'a pas oublié et n'oubliera jamais la perte de la Finlande ; et qui saisira cette occasion unique, la dernière peut-être, de reprendre possession de cette province. Le roi de Suède ne pourrait, sans s'exposer au plus grave péril, refuser à son peuple cette satisfaction, ni se trouver en dissentiment avec lui dans cette question vitale. La puissance continentale et maritime de la Suède est si considérable, qu'elle seule suffirait pour assurer gain de cause à notre entreprise, quand même l'Angleterre ou la France se tiendraient, pour une raison ou pour une autre, éloignées du combat. En outre, il se trouve une nécessité de la plus haute portée attachée à sa participation : celle de fonder un État fédératif sous

---

1. C'est précisément ce que voulaient obtenir les habitants du grand-duché de Posen, en 1848, par la délimitation des districts polonais et des districts allemands, qui se serait accomplie sans les beaux faits d'armes de la chancellerie de Berlin. (Voyez p. 460.)

un seul souverain au nord de l'Allemagne. Le royaume scandinave doit embrasser la Suède, la Norwége, la Finlande et le Danemark, tandis que le Schleswig, les provinces de Holstein et de Lawembourg deviendraient un État purement germanique. De cette manière seulement, les Danois peuvent accorder leurs intérêts avec ceux des Allemands. Les Danois veulent être membres d'un État fort et compacte; c'est sans doute par un malentendu qu'ils ont cherché leur point d'appui dans une fédération allemande plutôt que dans une fédération scandinave. Ils sont déjà revenus de cette aberration politique; ils doivent nous savoir gré si, par droit de représailles, nous n'exigeons pas leur incorporation dans l'Allemagne, et si nous les renvoyons à leurs alliés naturels, les Scandinaves.

De même que les précédents, nous verrons se ranger à nos côtés le vaillant peuple hongrois. Je ne parle pas ici de ces Allemands dégénérés, mêlés avec les Hongrois, qui ne font que peu d'honneur à notre nom national, et qui occupent à peu près tous les emplois lucratifs de ce pays[1]; mais de la race magyare proprement dite, de cette noblesse magyare qui a donné l'exemple à toutes les autres dans l'émancipation du peuple, en adoptant pour devise : « Justice et liberté pour tous! » Elle a volontairement consenti à l'égalisation des charges de l'État pour chaque citoyen; en ne se réservant qu'un droit de contrôle sur les revenus et les dépenses. La Hongrie est une contrée bénie du ciel, habitée par un peuple héroïque; et si elle n'a pas encore atteint le degré de prospérité matérielle qui lui a été assigné par la Providence, et l'importance politique appropriée au noble caractère de ses habitants, c'est à l'administration allemande qu'il faut uniquement l'attribuer : à cette administration qui s'est toujours opposée au progrès moral et matériel des Hongrois.

Ce peuple chevaleresque a pris part à toutes les luttes de la maison impériale des Habsbourg, sans en avoir retiré pour lui-même aucun profit. Il a plus d'une fois sauvé l'Autriche, se trouvant, comme au temps de Marie-Thérèse, à deux doigts de sa perte. Maintenant encore, il suivra le roi de Hongrie dans sa marche vers les provinces danubiennes, et combattra avec le même dévouement, la même intrépidité, surtout lorsqu'il s'agira de la délivrance de la Pologne : quand même, au lieu d'en espérer un avantage direct, il devrait se créer un rival dans l'agriculture et la production des matières premières. Il est, certes, très-regrettable qu'on ne puisse faire de la Hongrie une partie intégrante de notre fédération germanique; mais rien ne s'oppose à ce que nous en fassions notre fidèle alliée, notre plus solide défense: et c'est ce que nous voulons obtenir sans arrière-pensée et par tous les moyens possibles. En le faisant, nous rendrons service non-seulement à la Hongrie, mais à l'Europe entière; car, une pareille alliance, avec le voisinage d'une Pologne indépendante et libre, garantirait à tout jamais la paix et la sécurité de notre ancien continent.

Ajoutons-y la coopération des populations guerrières du Kaukase, d'autant plus efficace que les Anglais s'entendront avec nous pour leur procurer des armes et des munitions de guerre.

Finalement, nous pouvons nous associer la Turquie et la Perse, la première surtout ; en leur offrant la perspective de regagner, à l'issue de cette guerre, leurs provinces conquises par la Russie.

V.

Ainsi l'Allemagne, la France, l'Angleterre, la Suède, la Hongrie et la Turquie, réunies par le même intérêt, celui du rétablissement de la Pologne, dans le but de restreindre et de limiter la puissance envahissante de la Russie : telles sont les forces disponibles de la civilisation dans sa lutte contre la barbarie.

Les quatre premières suffiraient amplement pour décider la victoire, presque sans combat. L'Angleterre elle-même pourrait se retirer de la lutte ; ce quelle ne fera pas sans doute, comme première puissance maritime de l'Europe, que la cause de la Pologne pourrait être en peu de temps et avec certitude menée à bonne fin.

Tout cela ne sont pas les rêves d'un enthousiasme intempestif pour la cause des nationalités ; mais les résultats d'un calme et sérieux examen de la situation actuelle de notre hémisphère. Les projets et les alliances qui garantissent les intérêts communs de chacune des parties engagées dans la lutte, sont les seuls qui peuvent compter sur la réussite et la stabilité.

En résumé, une Allemagne indépendante, forte et libre; une Pologne indépendante, forte et libre; une Scandinavie avec l'adjonction de la Finlande et du Danemark : tels sont les problèmes dominants de notre grande époque ; et Dieu veuille qu'ils soient promptement et victorieusement résolus.

Paris, 25 mars 1855.

---

1. Les Allemands établis dans les autres monarchies ne sont, pour la plupart, que des chevaliers d'industrie qui, sans patriotisme, sans conviction politique, ne servent que leur intérêt particulier en servant l'autorité étrangère. En Russie comme en Espagne, en Hongrie comme en Portugal, ces pseudo-Germains ont pris parti pour les gouvernements contre les peuples; et ceux qui ne se livrent qu'à leur exploitation, en n'embrassant aucune cause, ne se prononçant sur aucune opinion, sont encore les meilleurs d'entre eux. Que de pareils ictrus n'aient nullement contribué à faire honorer le nom allemand par les peuples étrangers, est une chose toute simple; mais il serait insensé de vouloir juger des Allemands *allemands* d'après les Allemands *russes, hongrois, espagnols et portugais*.
Note de l'auteur.

Nous ajouterons à cette liste les Allemands *polonais*, la pire espèce de toutes, dont les menées seules ont provoqué, en 1846, les massacres de Gallicie, d'après l'aveu même de M. Eisenmann : « Les meurtriers galliciens, dit-il, se nommaient patriotes selon le vocabulaire officiel, tandis que leurs victimes étaient des criminels et des assassins!... Est-il quelque chose de plus stupide que l'opinion admise et répandue par plusieurs journaux allemands qu'on avait trouvé sur les Polonais massacrés des paquets d'arsenic, avec l'inscription : *Pour les Allemands!* »
Note du traducteur.

XXXVIII.

A L'EMPEREUR NAPOLÉON III.

LÉGIONS POLONAISES.

Sire,

Permettez à un vieillard proscrit, à l'ancien chef de la représentation nationale polonaise, à l'un des défenseurs de la ville de Dantzig en 1813, à plusieurs reprises cité dans les ordres du jour comme ayant contribué, en 1812, au salut du 10e corps de la Grande-armée, d'adresser à Votre Majesté ces quelques lignes sur le rôle que la Pologne peut être appelée à jouer dans la guerre d'Orient, et sur les ressources qu'elle peut mettre à la disposition des alliés dans une campagne décisive contre la Russie.

Depuis 1831, engagé par ma parole à ne pas quitter les États d'Autriche, vivant dans une retraite absolue loin de la Pologne et loin de la France, je ne puis me rendre personnellement auprès de Votre Majesté, comme l'interprète des vœux et des intérêts de ma nation. Mais la cause de l'indépendance polonaise est une de celles qui se plaident d'elles-mêmes; je crois, comme Polonais et chrétien, son avénement inévitable dans les combinaisons prochaines, par la force même des choses autant que par les impérissables traditions de la politique française; je crois donc conforme à mes obligations d'exposer les idées et les considérations qui suivent :

a) La Russie, combattue par les armes réunies de la France et de l'Angleterre, déjà arrêtée dans son développement vers le midi, dans son système de conquêtes sur l'Europe, ne peut manquer d'être finalement vaincue et restreinte à des limites qui ne lui permettront plus à l'avenir de troubler la paix et la sécurité du monde. Mais pour rendre leur victoire moins coûteuse, pour résoudre à l'avance une des plus grandes difficultés de l'entreprise, nous adjurons les gouvernements de France et d'Angleterre d'admettre la bravoure éprouvée, l'esprit de dévouement et de fidélité qui ont toujours caractérisé la nation polonaise, comme un des principaux éléments de cette lutte séculaire dont une période importante se trouve aujourd'hui débattue sur le terrain de la Krimée, et qui ne peut être définitivement vidée qu'en Pologne.

b) Cette grande mesure, déjà hautement invoquée par l'instinct national de la France, désorganisera promptement la puissance militaire de la Russie; en appelant sous les drapeaux des alliés une grande partie des soldats polonais retenus, contre leur gré, dans les camps moskovites : et dont le chiffre peut être évalué à 250,000 hommes. Elle seule, par le prestige indéniable du nom de la Pologne sur le peuple russe lui-même, en concentrant les efforts de l'armée anglo-française sur un point capital, le seul vulnérable, rendra la victoire infaillible et prochaine. Elle seule peut assurer à l'Europe une paix constante et solide, qu'elle chercherait en vain à conquérir par tout autre moyen.

c) La vitalité de la nation polonaise est loin d'être éteinte; grandie par la persécution, exaltée par le dévouement, chaque jour elle se signale par de nouveaux sacrifices. C'est une source intarissable de laquelle les deux États de l'Occident pourront faire jaillir leurs plus puissants moyens d'attaque contre la Russie, en déclarant d'une manière non équivoque le *rétablissement d'une Pologne indépendante*. C'est alors qu'un drapeau national polonais, arboré sur un point quelconque du combat, lui rendra toute son énergie et groupera autour d'un chef de son choix tous les enfants de la Pologne disséminés sur le globe.

d) Les deux gouvernements ne peuvent ignorer, car leurs publicistes les plus distingués, leurs hommes d'État les plus éminents l'ont déjà reconnu, et la voix de Napoléon Ier l'a solennellement proclamé, que la cause de l'indépendance polonaise est la *question première, la question la plus importante*; que la Pologne restaurée serait encore la *clef de voûte* de tout l'édifice européen. Mais c'est surtout dans une guerre contre la Russie que cette question doit avoir le pas sur toutes les autres qu'elle domine de toute la hauteur de son principe national, historique; celles-ci ne pouvant être débattues qu'après que la cause polonaise aura reçu sa complète solution.

e) Ce n'est point à l'Allemagne à la relever au nom de la conservation de l'équilibre européen; car une partie de l'Allemagne, instrument et complice de la Russie dans le crime du partage, est depuis 1795 inféodée de fait à sa redoutable voisine : comme elle le sera toujours, tant que la Pologne ne sera pas rétablie dans son intégrité. La France et l'Angleterre sont assez fortes, sans l'Allemagne, et même contre son mauvais vouloir, pour opérer cette grande réparation politique qui, seule, peut et doit rendre à l'Europe la paix et la stabilité [1].

Vladislas C. Ostrowski,

ancien maréchal de la diète polonaise.

Gratz, 29 juillet 1855.

XXXIX.

EXPOSITION UNIVERSELLE.

LES PRODUITS POLONAIS.

Quelque modeste que soit le contingent fourni par l'industrie polonaise à l'exposition de Paris, nous devons cependant y constater sa présence, soit que ces produits portent la désignation autrichienne, pour la Gallicie, ou la désignation prussienne, pour le

---

[1]. Cette lettre du digne vieillard, captif de l'Autriche depuis 1832, a trouvé chez Napoléon III le même accueil que notre adresse collective du 3 mai 1854.

grand-duché de Posen. La Russie seule, parmi tous les États de l'Europe, a brillé par son absence complète à ce grand tournoi de la civilisation moderne; et la malheureuse province échue depuis 1815 à sa tutelle, c'est-à-dire au moins les trois quarts de la Pologne démembrée, a dû nécessairement s'abstenir à l'exemple de la métropole. Ce n'est donc que pour une portion très-minime de son territoire que la Pologne a pu se faire représenter; et encore sous un nom apocryphe, qui lui est tout aussi étranger et peu sympathique que celui de la Russie. Ajoutons-y les circonstances actuelles, dont le poids se fait ressentir dans tout son orbite, ont considérablement amoindri son mouvement industriel, en l'excluant presque tout entière de ce concours fraternel des nations; que les grandes fabriques, fondées durant sa période d'indépendance restreinte, de 1815 à 1830, sont pour la plupart tombées ou même totalement anéanties; comme par exemple la ville de Zgierz, naguère florissante, qui envoyait des draps polonais jusqu'aux frontières de la Chine, aujourd'hui ruinée, dépeuplée : car le tzar a fait déporter tous les fabricants dans l'intérieur de la Russie, et enrôler tous les ouvriers dans les régiments du Kaukase. Quant aux étoffes de prix, les bures grossières fabriquées par les moujiks, lui suffiront amplement pour vêtir ses soldats et ses officiers. Il en est de même des fabriques de drap d'Ozorkow, de Tomaszow, de Rawa; ces usines de Bobrza, de Bialogon, de Suchedniow, de Kielcé, etc. Il ne faut donc pas s'étonner si ce pays, jadis un des plus productifs du monde entier, honoré dès le XVIe siècle du nom de *grenier de l'Europe*, n'ait pu révéler son existence que par quelques échantillons, attestant sa grandeur déchue, et sa fécondité tarie par l'esclavage. La Pologne entière, unie, ne se trouve pas parmi les puissances de l'Europe, elle ne peut donc se produire à l'exposition universelle; mais là, comme ici, elle se réserve une place pour l'avenir; et cette place sera bien remplie, appropriée aux besoins de tous, digne de son peuple, honorable pour ses voisins. Quoi qu'il en soit, recueillons avec soin, avec dévotion, cette étincelle de sa vie inextinguible, comme un indice certain de ce qu'elle deviendra dans l'avenir, dès qu'elle sera rendue à la liberté, à la civilisation, à elle-même; dès qu'elle aura cessé d'enfanter pour la mort, de nourrir ses ennemis, d'enrichir ses spoliateurs et ses bourreaux.

La Pologne est avant tout une contrée agricole; et sous ce point de vue elle a été admirablement partagée par la nature. Riche de toutes les matières premières que fournit une excellente culture, sous un climat tempéré, assez analogue à celui des régions septentrionales de la France, elle pourrait nourrir aisément, d'après les calculs de Thadée Czaçki et de Malte-Brun, le quadruple de sa population actuelle. Sous le règne des deux Sigismond, rien que le blé exporté de l'ancienne Pologne s'élevait à 300,000 lasts par année, ce qui représente un chiffre de 2,160.000,000 de litres : le last équivalant à 72 hectolitres[1]. Les bateaux qui descendaient la Vistule pour porter les blés à Dantzig, étaient évalués de quatre à cinq mille; ceux qui descendaient la Dzwina, aboutissant au port de Riga, à deux mille environ. Qu'on juge des richesses immenses que la vente de ses céréales devait amener en Pologne; aussi cette époque fut-elle appelée à juste titre son *âge d'or*. Les guerres désastreuses avec les Tatars qui détruisaient périodiquement une partie de sa population, l'invasion des jésuites et de l'intolérance sous la dynastie suédoise, et, comme coup de grâce, les règnes odieux des Saxons, ont réduit sa production de moitié. En 1784, c'est-à-dire à la veille du partage, elle n'exportait déjà plus que le tiers du chiffre indiqué; et, depuis, sa richesse a toujours suivi une progression descendante. Aujourd'hui même, quoique l'agriculture soit loin d'être florissante, que les bras manquent à l'exploitation du sol, employés qu'ils sont au maniement du fusil, aux travaux des mines de l'Oural, à la construction des citadelles et des cachots, on exporte les blés polonais par Pillau, Memel, Libau et Riga sur la Baltique; par Kherson et Odessa sur la mer Noire, et par terre en Allemagne. Cette prodigieuse fécondité de la terre polonaise qui, sur les plateaux de la Podolie et de l'Ukraine, produit sans aucun engrais deux moissons différentes dans une année, donne à penser que si la Pologne avait le bonheur de recouvrer son indépendance, grâce à son expérience du passé, à l'activité de ses habitants, elle deviendrait de nouveau la terre nourricière de l'Europe, elle lui donnerait du fer en échange de son or, du pain et du sel en échange de sa liberté.

Ce caractère général se reflète sur les magnifiques échantillons envoyés par les deux provinces de Gallicie et de Posen, et que nous regrettons de ne pas voir assemblés en faisceau comme on l'a fait pour les produits de l'Algérie, afin de pouvoir apprécier d'un coup d'œil leurs qualités et les comparer avec ceux des autres contrées : nous les réunirons toutefois dans cette rapide énumération. Ce sont d'abord les minerais de fer, les fontes et les fers forgés de l'est des Karpathes, envoyés par la chambre de commerce de Léopol; le soufre brut et raffiné des mines de Swoszowicé, près de Krakovie; la naphte, le goudron et l'asphalte de Tustanowicé; le bois d'orme de la société d'économie rurale de Léopol; la thérébenthine de Rzemien, près de Tarnow; celle de Mitkow, près de Zolkiew; les fèves, le chènevis et les grains de trèfle de Botozowicé, près de Stanislawow; le tabac de semence hollandaise de Chomiakowka, près de Czortkow; la laine fine de la société rurale de Léopol; le miel et la cire de Boryszkowicé, près de Czortkow; les liqueurs de Léopol; le lin de Borki. Puis, en fait de produits manufacturés, l'appareil pour l'évaporation du jus de sucre par retour de la vapeur de Dolaïnski, à Vienne; les machines agricoles et l'affût pour marine d'E. Bludowski, *ibid.*; les fils de laine teints et non teints de Lisowicé, près de Czortkow; les treillis à sacs de Przeworsk, près de Rzeszow; et enfin ces vêtements qui attirent à la fois nos regards et nos cœurs, désignés dans le catalogue sous le n° 1,546, comme suit : « Habit national de

---

1. *Tableau de la Pologne ancienne et moderne*, par Malte-Brun et Léonard Chodzko, t. II, p. 289.

paysan, dit *sukmana*, fait de drap ordinaire de Gallicie. » Drap ordinaire, si l'on veut ; mais quel merveilleux travail ! quel luxe de broderies en rubans de laine colorée sur fond blanc ou brun foncé ! Si nous nous sommes arrêté si longtemps devant cet habit du peuple, c'est qu'il nous rappelait nos premières années de jeunesse ; puis les glorieux combats de 1831, où le brave Krakus, le paysan de la veille, le héros du lendemain, prenait au vol les canons russes et les amenait en triomphe à nos artilleurs, sans que son chef ait eu le temps de lui crier : « En avant ! » C'est qu'il nous rappelait encore Thadée Kosciuszko, l'homme vénéré des deux mondes, qui, de même que Napoléon, portait aussi le vêtement du peuple, la capote grise ! Oui, certes, cet habit commode, solide, pittoresque, meilleur que les blouses et les limousines des agriculteurs français, deviendra un jour le vêtement distinctif de la nation entière, illustré qu'il est par de pareils souvenirs ! Nous remercions M. Gozdowicz de son excellente initiative.

Remarquons que la tranche méridionale de la Gallicie, celle qui longe les Karpathes, a exposé bien plus de produits que l'autre, avoisinant la Vistule et le San ; comme si le souffle empesté de la Russie inculte et déserte tarissait jusque chez ses voisins les sources de la production, secondée par le travail et l'intelligence humaine. « Où mon cheval a passé, l'herbe cesse de croître, les champs deviennent stériles, » disait Attila ; et le barbare avait trois fois raison. Le despotisme russe tient en même temps du simoun de Sahara et de l'hiver de Sibérie ; il renverse les villes, tue les habitants et pétrifie les cadavres.

Les produits du grand-duché de Posen, sans doute à cause de la situation particulière de la Prusse en face des puissances de l'Occident, sont beaucoup moins nombreux et moins variés que ceux de la Gallicie. Il serait difficile de les classer dans un ordre méthodique ; on les croirait plutôt jetés au hasard et à la dérobée sur les étalages de l'exposition, comme les épaves d'un naufrage. Signalons toutefois les douves de chêne de Posen ; le froment blanc, les laines brutes et lavées de Laszyzywięc ; le sulfate d'ammoniaque extrait de la tourbe, les pontons de toile à voile gommée de F. Oswiecimski, à Berlin ; les soies gréges et dévidées de Paradis (Ray), près de Miendzyrzeç ; les tapis de pelleterie de Leszno ; et enfin l'ambre jaune de Dantzig, travaillée en bouquins, bijoux, colliers, et autres objets dont nos villageoises font un si grand cas, en attribuant à cette substance énigmatique, qui se trouve presque exclusivement sur la côte polonaise de la Baltique, des propriétés merveilleuses. En effet, l'ambre fossile, dont on ne peut jusqu'aujourd'hui expliquer l'origine, avait de tous temps quelque chose de sacré ; il devait, en lui donnant son nom, faire découvrir l'électricité.

Voilà pour les produits de deux provinces polonaises, énumérés d'une manière toute sommaire et nécessairement incomplète. Ajoutons-y que les faux polonaises qui occupent le sommet de la pyramide des instruments aratoires dans l'Annexe, quoique les plus courtes, sont réputées les meilleures ; que les farines, les blés en gerbe et surtout les laines provenant de notre industrie agricole sont, de l'aveu de tous, de premier ordre et ne souffrent aucune comparaison. Les arts d'agrément n'ont pas été non plus oubliés ; beaucoup d'excellents pianos, signés par des facteurs polonais, ont été envoyés à l'exposition. Citons en première ligne celui de Wiszniewski jeune, de Dantzig, qui, bien que fortement endommagé par le transport, à demi couvert par un autre piano de Berlin, nous a paru réunir des qualités de son remarquables, une force et une durée de vibration qui ne laissent rien à désirer.

A côté de ces envois de la Pologne elle-même se trouvent les produits exposés par les réfugiés établis sur tous les points de l'Europe, et qui n'ont pas voulu rester étrangers à son mouvement industriel. Ce sont d'abord les pianos de M. Iastrzembski, facteur du roi des Belges, parmi lesquels nous avons remarqué un piano droit transpositeur en palissandre, de 6 octaves 3/4, richement sculpté et garni de bronzes d'un goût exquis ; un piano droit en bois d'érable, peint dans le genre des articles de Spa, par un procédé de son invention, pouvant être adapté à tous les meubles de salon ; un piano d'étude en palissandre, de la même étendue que le premier, d'une exécution et d'un prix à tenter les plus économes. Ses procédés pour donner une plus grande longueur aux cordes, et par suite pour doubler la rondeur et la puissance du son, pour en augmenter la justesse par une plus grande pression des cordes sur le chevalet, pour rendre le mécanisme tout aussi sensible que celui à double échappement, en le simplifiant : et, enfin, son nouveau système de transposition au moyen d'une serrure placée immédiatement sous le clavier, lui ont déjà valu la *prise-medal* à l'Exposition de Londres. L'horlogerie de MM. Czapek et Patek, de Genève, est digne de sa réputation européenne. Leurs montres microscopiques pour lorgnons, bracelets et flacons de senteur, sont des chefs-d'œuvre de précision, de délicatesse et de bon goût. Leurs chronomètres de poche ont toute la régularité des grandes montres de marine. M. Nétrebski, ancien élève de l'école centrale, a inventé une machine à vapeur à cylindre mobile et oscillant, d'une simplicité remarquable ; elle se compose de trois pièces : le volant, le piston et le cylindre, pas une de plus, ni de moins. Nous regrettons que sa machine *rotative*, cette dernière expression de la machine à vapeur, n'ait pas pu être terminée pour l'Exposition. Les modèles d'estampes, de gravures sur bois, d'imprimés et de lithographies sur papier non préparé de l'invention d'Adam Pilinski, à Paris, sont, pour la composition comme pour le fini, dignes des plus grands éloges ; ainsi que les dessins de Lubienski pour impressions sur étoffes. Comment se fait-il que Stanislas Hofman, dessinateur du même genre, dont les modèles sont considérés comme des chefs-d'œuvre par les fabricants de Mulhouse, de Rouen, de Manchester et de Birmingham, et qui leur fournit leurs plus charmantes fantaisies, n'ait rien exposé cette fois ? La verrière de Mme Hermanowska, de Troyes, peinte en émail, est d'un dessin irréprochable Parmi les produits de l'Algérie, les oranges, les pavots, les farines de blé tendre et dur, etc., de M. Kaczanowski, frappent tous les yeux par leur magnificence, leur éclat, leur maturité. Un fils d'agriculteur polonais ne pouvait plus noblement employer son temps, son activité, son intelligence, que d'offrir en hommage à la France des fruits tirés du sein de cette terre conquise sur le désert et fécondée aussi par le sang polonais.

Citons encore pour mémoire le plan de drainage de Koscieski, au Bois-le-Houx; le compteur à l'usage des usines de Gaiewski, à Corbeil; les tissus imperméables et les mesures linéaires sur rubans de Dybowski, à Charonne; les impressions sur châles, mérinos, foulards, crêpes de Chine, de Stanowicz, à Paris; les chocolats et dragées de Lemanski, à Reims; les fils de laine, draps castor et cuirs de Witkowski, à Vire; les armures, coffres et ornements anciens, reproduits en fer et en acier par Wendecki; et enfin les machines à compter de J. Baranowski, à Paris, ingénieur très-distingué, auquel on doit aussi un excellent système de signaux automatiques pour les chemins de fer, en voie d'exécution.

Voilà des indices irrécusables de la vie polonaise, qui n'a pu tarir sous le fer moskovite et sous le souffle plus meurtrier encore de l'administration germanique; de cette vie intelligente et robuste qui ne demande qu'à se développer, en brisant les entraves qui la compriment, pour élever la Pologne au niveau des peuples les plus policés et les plus industrieux de l'Occident. Les matériaux sont prêts; il faut seulement l'impulsion, la mise à l'œuvre : et, avant toute chose, l'indépendance. Il n'en faut d'autre garant que les divers travaux auxquels se sont livrés les émigrés polonais établis à l'étranger; ainsi que les produits des autres peuples de même race, tels, que Silésiens, Moraves, Bohêmes, Poméramiens, qui, dès à présent, se font remarquer par leur supériorité sur tous les produits allemands.

Que les Slaves sont en général très-heureusement doués sous le rapport industriel, nous en voyons la preuve évidente dans l'exposition de l'Autriche, dont les produits les plus parfaits, les plus élégants, sont ouvrés par des mains slaves. Les plus beaux draps, au moins égaux en qualité à ceux d'Elbeuf, de Sedan et de Louviers, proviennent des fabriques de Brunn et de Bielica. Or, dans la première de ces localités, les maîtres-ouvriers sont presque tous Moraves; dans la seconde, ils sont tous Silésiens ou Polonais.

La Pologne de Kopernik et de Sobieski, depuis Piast, a tenu le premier rang parmi les Slaves! C'est à ce rang qu'elle aspire encore aujourd'hui; non pas pour leur imposer le joug de fer que les khans tatars offraient en signe de souveraineté aux tzars de Moskovie, leurs vassaux, mais en se présentant à leur amour avec une gerbe de blé dans une main, et leur montrant de l'autre le soleil, source éternelle de lumière, qu'un Polonais a, le premier, désigné comme le foyer générateur autour duquel gravite la terre nourricière de l'humanité.

Paris, 22 août 1855.

(*Le Siècle*.)

XL.

EXPOSITION UNIVERSELLE.

LES ARTISTES POLONAIS [1].

« *Czém bogat, tém rad.* »
(Ce que j'ai, je l'offre de bon cœur.)

Ce que nous avons dit au sujet de l'exposition industrielle des fabricants polonais, limitée à quelques envois des provinces de Posen et de Gallicie, peut d'autant mieux s'appliquer à l'exposition de nos artistes, plus restreinte encore que la précédente, savoir : que la Pologne se trouvant exclue depuis un demi-siècle du droit public européen, n'a pu se faire représenter, comme nation intelligente et laborieuse, au concours universel de 1855. Son cœur, serré comme dans un étau de fer, entre la haine invétérée de ses ennemis et l'oubli très-apparent de ses anciens alliés, a dû se retrancher dans je ne sais quelle inertie passive et résignée qui lui permet au moins de survivre à son supplice, à son abandon ; d'attendre son avenir, sa réhabilitation de la justice de Dieu et des hommes. Toutefois elle est loin d'avoir renoncé à son rang, à sa dignité, comme la plus ancienne, la plus vivace des branches slaves ; elle fait acte d'adhésion au mouvement moral et matériel des peuples de l'Occident, par quelques œuvres que nous allons signaler, écloses dans le sang et les larmes, grandies sous la persécution et le martyre. Vienne le jour du réveil, et nous la retrouverons, comme autrefois, le grenier d'abondance et le rempart vivant de l'Europe ; nous verrons jaillir de son sein des trésors artistiques dignes d'honorer la race dont ils sont sortis, dignes de l'amour et du respect de tous les peuples. Sa vie nationale, interrompue, mais non tarie, dans toute la sève de sa croissance virile, au milieu de son premier travail de rénovation, reprendra son libre cours ; comme la Vistule avec ses glaçons brisés au premier souffle du printemps, va féconder ses rives rajeunies, pour les couvrir de fleurs, de fruits et de moissons.

Commençons cette analyse par un aveu qui doit nous coûter, on le comprendra sans doute, un effort sérieux; c'est que la Pologne de nos pères, agricole et guerrière avant toute chose, était beaucoup moins artistique que savante : que les arts de la forme et de la couleur, les arts plastiques, étaient généralement chez nous d'importation étrangère. Sa civilisation, qui date de son avénement au christianisme, civilisation tout évangélique et morale, ne devait rien emprunter à l'art grec et romain, au panthéisme

---

1. Nous cédons aujourd'hui la plume à M. Kristien Ostrowski. Nous sommes heureux de lui fournir l'occasion de rendre justice lui-même aux artistes de son pays. Cette justice sera doublement agréable pour eux, leur venant d'un compatriote et d'un critique aussi distingué.

L. DESNOYERS.

licencieux et profane dans lequel l'art moderne a pris naissance. En fait de savants, d'orateurs, de poëtes, la Pologne ne le cède à aucune nation de l'Occident; en fait d'architectes, de sculpteurs, de peintres, elle vient presque après toutes les autres. Nous ne parlons pas du tzarat moskovite qui n'a jamais fait partie de l'Europe; ni de l'empire ottoman, qui vient à peine d'y payer sa bienvenue. Nos aïeux excellaient surtout dans l'imitation la plus parfaite des chefs-d'œuvre étrangers; dans la traduction la plus fidèle de leurs beautés, qu'ils ont su s'approprier comme si elles émanaient du génie national : l'art indigène, l'art slave et polonais est encore, il faut bien en convenir, à l'état d'étude et d'essai.

De cette infériorité relative de la Pologne dans les arts libéraux, il ne faudrait pas conclure à son défaut d'organisation artistique ; rien ne serait plus faux que cette induction. Non, certes; un pays qui, de nos jours, a produit A. Mickiewicz dans la poésie et F. Chopin dans la musique, n'est pas dépourvu du sens artistique, de la conception du beau et de la facilité à le reproduire. Mais les circonstances favorables, ce souffle générateur des grandes choses, ont toujours manqué à son développement. En effet, quel est l'espoir de l'artiste? quel est l'aiguillon qui lui fait braver tous les obstacles, qui lui fait vouer toutes les facultés de son âme, toute la puissance de sa volonté à produire des chefs-d'œuvre, souvent méconnus de ses contemporains, souvent payés par l'exil, l'abandon et la misère? C'est l'espoir de survivre à son agonie de tous les jours, de renaître dans ses ouvrages ; c'est ce triste bonheur de pouvoir jeter son nom, comme l'écho d'un cri suprême de douleur et de reproche, à la justice parfois tardive de la postérité.

Ce stimulant n'a jamais existé pour les artistes polonais. Car quel est l'ouvrage sublime ou médiocre qui aurait pu résister à cet ouragan de fer et de feu qui venait chaque année, fatalement, ravager le sol de la Pologne, en déplaçant les villes, en renversant les châteaux, en emportant jusqu'aux traces mêmes de ses monuments! L'art ne pouvait fleurir et prospérer sur un sol bouleversé par des commotions sans issue. Placée en sentinelle entre l'Europe et l'Asie, sur le grand chemin des barbares qu'elle avait mission d'arrêter, la Pologne-soldat n'a jamais eu le temps de devenir artiste. A peine osait-elle déboucler le casque et l'armure, entre le combat de la veille et celui du lendemain, pour labourer et pour ensemencer son champ de bataille; trop heureuse si le canon scandinave ou le cor tatare lui laissaient achever le sillon! Elle donnait la paix et la sécurité au monde, et se réservait la guerre et l'agitation. « *Primum vivere, deinde philosophari*, » telle fut sa devise pendant les dix siècles de son orageuse existence.

« Et certes, sans les *Palaques*, disait un auteur contemporain de Henri III, élu roi de Pologne, il y a déjà longtemps que les Turcs, les Tartares et les Moscouites eussent faict un terrible eschec à la chrestienté et feussent bien avant en pays. Mais ils ont esté toujours le vray et unique rempart qui a soustenu leurs courses, invasions et surprises ; voire tout ainsy qu'une forte et puissante digue et leuée, ont arresté le cours, desbordement et inundation de ces enragez et cruels ennemys, qui aultrement eussent peu submerger une bonne partie de la chrestieneté[1]. » Cette chaleureuse apologie n'aura pas peu contribué à décider le dernier des Valois à se faire couronner et sacrer roi des Palaques.

Ces circonstances, jointes à l'amour exclusif des anciens Polonais pour le séjour des campagnes, pour la vie en famille, ce refuge inviolable du patriotisme; à leur aversion instinctive pour les villes, généralement peuplées d'étrangers et régies jusqu'en 1791 par la loi allemande, dite de Magdebourg ; à cet esprit d'hospitalité cordiale et à cet engouement funeste pour tout ce qui venait de dehors, qui ne nous a pas toujours été rendu par nos voisins; et enfin à l'intarissable opulence de l'ancienne Pologne, qui attirait à la cour de nos rois, de nos sénateurs, de nos évêques, une myriade d'artistes italiens, allemands ou français : tout cela réuni n'a pas permis à l'art national de produire son fruit et d'atteindre à sa maturité. « *Slavi sunt adversus peregrinos benigni!* » s'écriait dès le VIᵉ siècle l'empereur Maurice de Byzance.

Et cependant la terre polonaise fut, de même que l'intelligence polonaise, admirablement douée pour le culte de beaux-arts. Coupée par quatre mille rivières, hérissée de forêts immenses, semée de minerais, de métaux précieux, de marbre et de granit; couvrant les mers de ses vaisseaux et nourrissant l'Europe de sa fécondité, la Pologne avait de quoi largement rétribuer et soutenir ses artistes. La richesse, ce premier élément de la production artistique, y était répandue à profusion. Cette richesse était telle que, au XIᵉ siècle, l'évêque Ditmar, qui accompagna l'empereur Othon III en Pologne, prétend avoir vu à la cour de Boleslas le Grand, des trésors *ineffabilia ac incredibilia*. Nos mines de sel gemme à Wieliczka, sur la Vistule, les plus grandes du monde entier, n'ont pas moins de six mille pieds de développement de l'est à l'ouest, sur mille pieds de profondeur. Exploitées par deux mille ouvriers, elles produisent annuellement jusqu'à dix millions de kilogrammes de sel, pour le compte de l'Autriche bien entendu. Les mines d'argent d'Olkusz qui rendaient autrefois pour deux millions de florins polonais par an, avec une dîme royale de 1,225 marcs d'argent, n'existent plus. Les Suédois, ne pouvant les transporter dans leur pays, comme ils ont fait de nos trésors nationaux, les ont inondées, en y déversant une rivière... D'autres mines d'argent, à Slawkow, ont été anéanties par la poudre à canon... Les pyrites de cuivre de Chenciny, où l'on trouve aussi de larges veines de marbres et de lazulite, servent aujourd'hui à couler des canons russes, de même que le cuivre vierge de Miédzianagora et de Miédzianka... Le

---

[1]. *Description du royaume de Pologne*, par Blaise de Vigenère. Paris, 1573.

zinc, le plomb, le fer limoneux qui se trouve presque partout en Pologne à fleur de terre, et qui sert à forger des armes pour le tzar orthodoxe, tout nous explique les *incroyables* richesses de nos aïeux, les ardentes convoitises de nos voisins et leurs motifs philosophiques pour démembrer et spolier la Pologne... Les revenus de la couronne s'élevaient, au temps de Henri III, roi de Pologne et de France, à 300,000 ducats; sous Sigismond III Vasa, roi de Pologne et de Suède, ils n'étaient inférieurs qu'à ceux de la couronne anglaise : et le trésor royal laissé par ce monarque à son fils Vladislas, roi de Pologne et de Russie, d'après son testament, publié par l'illustre Niemcewicz, dépassait de beaucoup celui de tous les autres souverains. Ce que tout cela est devenu, Dieu le sait, et nos spoliateurs en ont sans doute gardé l'inventaire [1].

Nous en dirons autant de la richesse intellectuelle de la race polonaise. Nos aïeux, encore païens au x⁰ siècle, mais doués par anticipation de ce christianisme intuitif qui leur faisait accueillir en frères tous les apôtres étrangers, ont été des premiers à s'approprier les trésors littéraires de l'antiquité. L'historien de Thou dit, en parlant de la Pologne : « Pays fertile, plein de villes, de châteaux, habité par une noblesse courageuse qui joint ordinairement l'amour des lettres à l'exercice des armes, etc. [2]. » Ce jugement se trouve parfaitement confirmé par les témoignages contemporains. Que les lettres étaient cultivées dès le XIIᵉ siècle, on en trouve la preuve dans le chroniqueur Mathieu Cholewa (d'Empeigne), qui donne des extraits curieux de Trogue-Pompée, de Valère, historien des empereurs, auteurs aujourd'hui parfaitement inconnus : sans parler de Virgile, de Tacite et des Digestes ou Institutions romaines, découvertes trente années auparavant à Amalfi. Mathieu-l'Empeigne ne fut pas le seul homme du peuple élevé à la dignité d'évêque et de prince; au XVIᵉ siècle, lorsque, selon Muret, la Pologne et l'Italie se disputaient le premier rang parmi les peuples savants et policés de l'Europe, nous trouvons l'historien Kromer, fils de paysans, le poëte latin Dantiscus, fils d'un cordier de Dantzig, tous deux évêques et princes de Warmie; Vitellio, fils naturel d'un ménétrier et d'une cabaretière, évêque de Plock; Stanislas Hosius, fils d'on ne sait plus qui, cardinal et l'un des présidents du concile de Trente; nous trouvons aussi le grand Kopernik, fils d'un simple bourgeois de Krakovie; le poëte latin Ianicki, fils d'un jardinier, couronné au Capitole, des mains du pape, du même laurier qui ceignit le front du Tasse... Notre peuple, on le voit, à largement fourni son contingent d'hommes illustres à la Pologne.

Le *Tableau de la Pologne au* XVIᵉ *siècle*, par Siarczynski, compte, sous le règne de Sigismond III, 4,449 hommes remarquables, soit par la parole, soit par le glaive; parmi lesquels 744 écrivains et 440 guerriers. Le *Dictionnaire des poëtes polonais*, par Iuszynski, compte, jusqu'à l'année 1750, plus de 4,200 poëtes polonais ou latins, bons ou médiocres; depuis un siècle, ce chiffre s'est sans doute accru de moitié; 84 villes polonaises possédaient des imprimeries, et Krakovie seule en comptait 50 avant l'invasion des jésuites.

Toute cette pléiade d'hommes éminents, qui ont fait de la Pologne ce qu'elle était au XVIᵉ siècle, c'est-à-dire une des plus grandes nations du monde, a été formée en grande partie par l'université-mère de Krakovie. Érigée en 4347 par Kasimir le Grand, à l'instar de celle de Paris, dotée par Edvige d'Anjou, descendante de saint Louis, arrivée à son apogée sous Sigismond-Auguste, le dernier des Jaghellons, elle a lutté pendant trois siècles contre l'intolérance qui cherchait vainement à se faire jour en Pologne, pour succomber enfin sous l'étreinte corruptrice du jésuitisme. Avec elle disparut la grandeur, la gloire et la prospérité de l'ancienne Pologne. L'œuvre de destruction était déjà commencée sous Sigismond III; sous Jean III Sobieski, elle était plus qu'à moitié consommée. Les relations de ces deux rois avec l'Autriche, celles des Auguste de Saxe avec Pierre Iᵉʳ, et enfin l'élection honteuse au trône de Stanislas-*Auguste* Poniatowski (les noms sont parfois des antithèses), par l'infâme parti moskovite, achevèrent de la tuer. Elle ne se releva un instant avec le piariste Konarski, les deux Zaluski, les deux Ossolinski, Thadée Czaçki, Thadée Morski et Hugues Kollontay, noms désormais chers et sacrés à la Pologne, que pour tomber avec plus d'éclat sur le champ de bataille de Maciéiowicé, à côté de l'immortel Thadée Kosciuszko.

Cette splendeur scientifique de l'ancienne Pologne, elle la devait aussi à sa puissance nationale; aux vertus publiques et privées des grands citoyens qui ne lui ont jamais fait défaut. Depuis Vladislas Jaghellon, c'est-à-dire depuis le XIVᵉ siècle, elle offrait déjà la réalisation d'une imposante synthèse slavonne, composée de quatre grands États, la Pologne, la Mazovie, la Prusse et la Lithuanie; autour de laquelle gravitaient quatre grands satellites : la Bohême, la Hongrie, la Russie et la Moskovie. Il faut bien se garder de confondre ces deux dernières, qui sont, de la part des historiens et des publicistes étrangers, l'objet d'un éternel et déplorable malentendu. La Russie, on le sait déjà, composée des trois provinces de Lithuanie, de Gallicie et d'Ukraine, toutes trois appartenant de droit et de fait à l'unité polonaise, n'a rien de commun avec le tzarat de Moskou; ni mœurs, ni langage, ni même religion. L'une est slave, l'autre est scandinave et mogole. Le titre d'empereur de Toutes les Russies, usurpé par Pierre Iᵉʳ, appartient aussi peu aux tzars de Moskou, que celui de roi de Jérusalem à la maison de Savoie, ou celui de roi de France à la dynastie anglaise; et la Russie-Rouge, ou la Gallicie, se trouve jusqu'à nos jours entre les mains de l'Autriche. Ce titre frauduleux n'est donc, pour les tzars, qu'un prétexte à conquêtes sur leurs voisins; pour

---

[1]. *Histoire du règne de Sigismond III*, par J.-U. Niemcewicz. Breslau, 1836.

[2]. *Histoire universelle*, par J.-A. de Thou; Paris, 1740 (t. IV, p. 798).

l'Europe, qu'un leurre et une insigne fourberie.

De toutes ces splendeurs éteintes, de toute cette richesse évanouie de l'ancienne Pologne, la reine de l'Orient, que nous reste-t-il aujourd'hui ? Demandez-le à nos paysans; ils vous indiqueront des ruines, des tombeaux et des légendes d'une innénarrable tristesse. Ses châteaux démolis à ras de terre; ses temples violés et souillés; ses villes disparues sans laisser de traces : voilà tout ce que le dernier partage nous a laissé! Là, les sillons ont envahi les ruines; puis les forêts, comme des armées de fantômes, ont à leur tour envahi les sillons. Partout, dans leurs profondeurs muettes, le voyageur observe cette empreinte indélébile que la charrue laisse sur le sein de la terre; des tumulus sans nom gisent au milieu des plaines, couronnés d'ossements humains : sans doute ceux des héros d'autrefois, morts pour le salut de la chrétienté!... Le glaive de l'archange semble avoir dix fois passé sur cette terre de deuil, en couchant dans la tombe dix générations de géants...

« Et lorsque sous mes pieds la Pologne apparaît,
J'incline ma grande aile en signe de regret... »

disait Idaméel dans la *Divine Épopée* d'Alexandre Soumet. C'est que, pendant cinq siècles entiers, les barbares qui nous enserraient de tous côtés, Tatars, Turks, Moskovites, Allemands, Valaques et Suédois, parcouraient le pays la torche et le fer à la main; emmenant femmes et vieillards, dévastant tout ce qu'ils ne pouvaient emporter, changeant villes et châteaux en un vaste charnier... et puis le juif polonais, comme un oiseau de proie, vendait ou dévorait les miettes de l'infernale orgie... Sous le règne seul de Jean-Kasimir, le roi-jésuite, trois millions de population ont péri sous le glaive du massacre... Il n'est qu'une seule chose qu'ils n'aient pu nous enlever ou détruire; c'est la terre polonaise, c'est cette terre toujours féconde et dont chaque poignée renferme la relique d'un martyr... c'est cet amour ardent, passionné, de la patrie qui ne cesse d'animer tous ses habitants... Et de cette terre le peuple polonais a construit en vue de Krakovie un monument impérissable, le tertre de *Mogila,* cette montagne, élevée de main d'homme sur le sommet d'une autre montagne, à la mémoire du héros bien-aimé du peuple, Thadée Kosciuszko : et dont les Autrichiens font aujourd'hui le centre et le point de repère d'un vaste système de fortifications, dirigées, nous l'espérons encore, contre la Russie.

D'après ce qui précède, on comprendra pourquoi la ville de Krakovie, vingt fois prise d'assaut et saccagée, veuve de la plupart de ses édifices, est encore aujourd'hui, malgré son incendie de 1850, notre sanctuaire et notre musée national. Le château royal fondé vers 700 par Krakus, sur la hauteur de Wavel, dominant la Vistule ; reconstruit par Kasimir le Grand, embelli par Vladislas Jaghellon, restauré par Sigismond Ier et Auguste II, a été trois fois dévoré par les flammes. Fortifié par Dumouriez et les confédérés de Bar, puis changé en caserne autrichienne après 1795, érigé en citadelle en 1846, il présente partout les stigmates de la plus hideuse profanation. L'antique cathédrale du château, cette auguste nécropole de toutes nos grandeurs passées, contient siècle par siècle, règne par règne, les tombeaux de nos souverains des trois races, de nos rois électifs, de nos guerriers, de nos grands hommes. Toute l'ancienne Pologne est là ; depuis les trois Boleslas jusqu'à Jean Sobieski, Joseph Poniatowski et Thadée Kosciuszko, gardée par l'ombre tutélaire de Kasimir le roi des paysans, et de sa petite-fille Edvige, l'ange de la patrie. Un Polonais ne peut toucher ce parvis sacré sans une profonde émotion. Les autels des soixante-cinq églises qui faisaient autrefois de Krakovie la métropole religieuse de la Pologne, la Rome de l'Orient, aujourd'hui réduites au nombre d'une vingtaine, ont tous été décorés par des pinceaux polonais. On y voit les tableaux de Thadée Konicz et Thomas Dolabella (ou selon d'autres Della-Bella), peintres de Sigismond III ; ceux d'André Radwanski, du bernardin François Lexyçki, de Glowaçki, le pieux coloriste; de Michel Stachowicz et de Simon Czechowicz, peintres d'histoire, qui ont aussi décoré le palais des évêques de Krakovie, achevé par l'illustre prélat-poëte Woronicz, aujourd'hui détruit par l'incendie; ceux enfin d'Orlowski, peintre de la ville, et de Statler, professeur à l'Université. On ignore encore, et sans doute on ignorera toujours les auteurs de ce terrible incendie de 1850, qui dévora les deux tiers de la ville; mais à qui doit-on surtout l'attribuer, sinon à ceux qui avaient le plus grand intérêt à briser et détruire tous nos monuments et nos souvenirs nationaux ?

Varsovie, capitale du pays depuis Vladislas Vasa, et de nos jours le foyer le plus énergique de son patriotisme, possède une magnifique copie de la *Transfiguration* de Raphaël, par Oleszkiewicz; des tableaux de François Smuglewicz, de Warkulewicz, de Sokolowski, de Krzeczkowki, d'Éleisither, d'Albertrandy ; des toiles excellentes de Bacciarelli, peintre de Stanislas-Auguste, et dont la meilleure avait été enlevée en 1807 pour le Musée de Paris. Une exposition biannuelle de peinture réunissait les tableaux des professeurs Blank et Brodowski, des deux Orlowski, de Kokular, élève et grand prix de Rome, et de beaucoup d'autres ; ainsi que les dessins de Norblin, de Kondratowicz, de Suchodolski, de Letronne, de Lewiçki, de Charles Hofman, et de toute cette pléiade de dessinateurs qui ont fait depuis la fortune de nos publications illustrées. La statue de Kopernik, lui-même peintre et poëte (comme l'attestent son portrait peint par lui-même pour l'université de Krakovie et son poëme latin *Septem Sidera*), due au ciseau de Thorwaldsen, avait été érigée, par son élève Tatarkiewicz, devant le palais des Amis-des-Sciences, société fondée par Stanislas Staszic et présidée par Julien Niemcewicz. Une autre place attendait la statue équestre du prince Joseph Poniatowski, depuis 1834 indignement mutilée par les Russes[1]. Les palais de Paç, de Radzi-

---

1. Voyez : *A MM. les députés de France*, p. 421.

will et de Krasinski, étaient de véritables musées historiques. Près du palais d'été de Lazienki, le Saint-Cloud de Varsovie, se trouve cette magnifique statue de Jean Sobieski, le sauveur de la chrétienté, devant laquelle Nicolas lui-même se découvrait avec respect.

Vilno, le chef-lieu de la Lithuanie, possède aussi des monuments artistiques remarquables; comme l'église de Saint-Stanislas et l'hôtel de ville restauré par l'architecte Gucewicz, avec des tableaux de Smuglewicz et de Stachowicz, déjà cités. N'oublions pas de dire que c'est un architecte polonais du XIIe siècle, Octavien Wolkner, qui érigea la cathédrale de Saint-Étienne dans la capitale de l'Autriche, préservée de la destruction par un autre Polonais, artiste en batailles s'il en fut jamais. Nos généraux des légions étaient presque tous poëtes ou peintres; parmi les premiers, nous citerons Rymkiewicz, Godebski et notre ancien chef Mathieu Rybinski : parmi les seconds, Kniaziewicz, Vladimir Potocki et Thadée Kosciuszko. Le père de ce héros était musicien d'un très-grand mérite; lui-même donnait à ses moments perdus des leçons de dessin : son portrait du président des États-Unis, Thomas Jefferson, gravé au burin par le général Sokolnicki, est un vrai chef-d'œuvre. Nous avons sous les yeux une collection précieuse, le *Moyen âge polonais*, qui se publie à Paris sous la direction de M. Przezdziecki; une autre collection d'antiquités polonaises, laborieusement assemblée pendant trente années par les soins de M. Adolphe Cichowski, renferme plus de cent mille numéros de gravures, d'estampes et de médailles, se rattachant aux différentes époques de notre existence nationale [1].

Comment oserons-nous comparer à ces glorieux vestiges de notre indépendance, qui sont aujourd'hui toute notre vie et notre orgueil, les œuvres écloses aux jours de la servitude et de l'exil, composées avec le deuil dans l'âme, le doute et le découragement dans la pensée? Nous le ferons cependant, pour être juste envers nos exposants de 1855 qui n'ont pas voulu désespérer de la Pologne et d'eux-mêmes. Ce sont d'abord les trois portraits peints par M. Rodakowski, dont le plus remarquable est sans contredit celui du général Henri Dembinski, le commandant en chef hongrois. Il est représenté assis dans sa tente de guerre, la tête appuyée sur sa main droite, dans une attitude de profonde méditation. L'expression du visage est noble et belle; en l'examinant on doit comprendre l'indignation profonde qui a dû s'emparer de son âme au dénoûment de la campagne de Hongrie, terminée par la trahison de Gœrgey et l'intervention de Paskéwitch. Le front du noble vieillard se détache sur un fond crépusculaire embrasé par la vapeur des batailles. Une toile d'un mérite réel, chef-d'œuvre de l'artiste déjà honoré en 1852 d'une médaille de grand module. Le portrait de la mère de M. Rodakowski est un digne pendant du précédent. Nous lui conseillons toutefois d'aborder largement les sujets historiques, s'il veut perpétuer son nom dans le souvenir de ses compatriotes. Le portrait de son frère par Mlle Sophie Fredro, élève de Rodakowski, promet une artiste distinguée dans cette famille dont deux membres, Alexandre et Maximilien, tiennent un rang honorable dans la littérature nationale. Les œuvres de M. Antoine Piotruszynski de Léopol et de M. Maurice Polak, méritent les plus sérieux encouragements. La *Naissance du Christ*, par M. Pietrowski, de Bromberg, est toute empreinte du sentiment religieux; la couleur en est un peu mate et le contour inégal, mais l'effet d'ensemble est d'une grande suavité. *Suzanne, justifiée par le prophète Daniel,* par M. Kaselowski de Potsdam, est une œuvre hardie, bien conçue, vigoureusement exécutée. Ses dessins du Christ, de saint Jean et de saint Mathieu, sont une très-heureuse alliance de l'ancienne école italienne et de l'école moderne française. Hâtons-nous de payer un juste tribut d'éloges à M. Iaroslas Czermak de Prague, issu de la race tchèque ou bohème, sœur de la nôtre; et qui, dans son tableau des *Hussites,* a raconté un épisode de l'odieuse propagande austro-romaine au XVe siècle. Toutes les qualités d'une excellente peinture s'y trouvent réunies à un éminent degré. Nous souhaitons à la Pologne et aux Slaves beaucoup d'artistes pareils à M. Czermak, qui certes, a pu trouver en Belgique, où il est établi, les pieux modèles de son tableau.

Que dirons-nous des gravures de M. Antoine Oleszczynski, ce vétéran du burin polonais, que l'Europe n'ait déjà dit une autre fois? Sa renommée date de loin, et son portrait de Kosciuszko, couronné en 1828; celui de Miećkiewicz, d'après David (d'Angers); les charmantes illustrations publiées dans les recueils de M. Léonard Chodzko, notre savant historiographe, suffiraient seuls pour lui assurer la célébrité. Ses planches de cette année, et surtout son admirable *Kopernik* qui restera sans doute comme son chef-d'œuvre, ne le cèdent en rien à leurs aînées. M. Grabowski (d'Angers), a exposé la statuette en marbre d'une jeune fille grecque. C'est un début important; mais pour que l'avenir tienne toutes les promesses du présent, il faut qu'il renonce à l'imitation trop exclusive, trop difficile peut-être, de l'antiquité : il faut qu'il s'inspire de la poésie et de l'histoire nationales, comme a fait M. Statler, digne fils du peintre de Krakovie, dans son buste du général Chłapowski. Nous en dirons autant à M. Kamionowski, de Varsovie, au sujet d'un très-joli buste offert en hommage à la reine d'Angleterre. Nous regrettons de ne pas voir ici quelques dessins sur bois de M. Jean Tysiewicz qui a consacré son talent et sa fortune à l'illustration des meilleurs poëmes polonais.

C'est beaucoup sans doute pour l'honneur de la Pologne savante et lettrée, dans tous les cas, c'est bien assez pour la séparer à tout jamais de la Russie idiote et barbare, dont la civilisation, flétrie avant de naître, est déjà frappée de mort et de sté-

---

[1]. Nous regrettons vivement que cette précieuse collection, aujourd'hui disséminée et perdue après la mort de M. Cichowski, n'ait pas été achetée en bloc par les amateurs millionnaires de l'Émigration polonaise, les Czartoryski, les Braniecki, les Potoçkietc, dont la fortune colossale date surtout du partage de la Pologne.

rilité[1]. Ses poëtes, elle les tue, après en avoir fait des historiographes, pour leur faire écrire des mensonges; ses savants, elle en fait des laquais; ses patriotes, elle les déporte en Sibérie. Son seul sculpteur de talent est un Suisse: c'est l'auteur de la statue de Pierre Ier, plantée sur un rocher de granit amené de Finlande; son seul écrivain passable est d'origine polonaise : c'est l'ancien précepteur du tzar Nicolas; son seul architecte possible est un Allemand : c'est l'auteur de la grande église de Moskou, maladroite copie de Byzance; un autre Allemand a construit Sébastopol, défendue par un troisième Allemand. Tous ses artistes sont étrangers; jusqu'à ses comédiens qu'elle achète à Paris, et dont Paris reçoit les morceaux brisés par le tzar : jusqu'au tzar lui-même, de première force sur le tambour, Allemand, comme tous ses ministres. Aussi elle les paye tous avec de l'or étranger, emprunté aux juifs allemands, ou plutôt extorqué sur la Pologne. Elle se contente d'agir sans idée et sans réflexion, comme un immense appareil de torture; et ne pense que par le tzar, si toutefois le tzar se donne la peine de penser. Son art, sa littérature, son histoire, c'est le testament de Pierre Ier, le berceau et peut-être aussi le tombeau du vampire moskovite. Du reste, rien que le néant. La Russie moderne n'est qu'une horde malfaisante et sauvage, qui veut à toute force se faire passer pour nation; qui ne se souvient plus de son passé et ne croit pas encore à son avenir : voilà pourquoi n'ayant rien conçu, elle n'a rien produit, pourquoi n'ayant rien produit, elle n'a rien exposé[2].

Ces brillantes prémices offertes par nos jeunes artistes de 1855, présagent de plus beaux résultats encore dans l'avenir. Ce sont les arrhes de la dette sacrée que la Pologne payera un jour à l'Europe, si elle n'est pas violemment repoussée de son sein; si elle n'est pas rejetée dans les bras de la Russie marâtre : si elle n'est pas condamnée à devenir l'esclave des esclaves. Ses anciennes collections, ses bibliothèques, ses archives n'existent plus; ou bien il faut aller visiter les musées de Vienne, de Dresde, de Berlin, de Stockholm, de Saint-Pétersbourg surtout, pour les retrouver. Son Louvre national est un peu partout; car dans toutes les régions de l'Europe l'émigré polonais, représentant, fonctionnaire public ou simple soldat, a pu reconnaître quelque lambeau sanglant de sa patrie. Chacun d'eux atteste ses splendeurs passées et son humiliation présente; chacun d'eux porte l'empreinte de son génie et de la fureur des barbares. Que cette patrie existe, et tous les tronçons de cette chaîne rompue dont chaque anneau porte un nom de salut pour les nations, comme les batailles de Grunwald, de Kircholm, de Chocim et de Vienne, se ressouderont d'eux-mêmes pour rattacher les traditions du passé aux espérances de l'avenir; que cette patrie existe, et toutes nos villes détruites, tous nos châteaux écroulés, tous nos monuments épars surgiront, comme par une commotion souterraine, à la face du soleil, plus beaux encore qu'aux jours de leur jeunesse, et portant à leurs fronts criblés les cicatrices de huit siècles; que cette patrie existe, et nos jeunes artistes de 1855 ajouteront à son auréole une gloire nouvelle : celle des arts libéraux, la seule qui manquait encore à sa grandeur.

Paris, 29 novembre 1855.

(*Le Siècle.*)

LXI.

ADAM MIĊKIEWICZ.

Un grand deuil vient de frapper la famille polonaise qui depuis 1832 est venue abriter en France la flamme inextinguible de sa vie nationale, son impérissable amour de la patrie et de la liberté. Le plus grand poëte de la Pologne moderne, un des plus illustres poëtes contemporains, vient de s'éteindre sous le même ciel, presque au même lieu qui, trente années auparavant, voyaient éclore la première manifestation souveraine de son génie. Au moment où les émigrés polonais célébraient par la prière, ne pouvant faire autrement, le vingt-cinquième anniversaire de leur insurrection, cette rumeur soudaine : « Miċkiewicz est mort ! » est venue mêler son glas funèbre à leurs hymnes pieux. Miċkiewicz est mort !... cette grande âme de martyr en qui se résumaient les douleurs de tout un peuple ; cette voix inspirée qui semblait un écho de la patrie elle-même... le compagnon de notre jeune âge, l'orgueil des proscrits, le poëte slave et surtout polonais de cœur et d'âme : Miċkiewicz est mort, mort en exil ! à quelques pas de son pays qui va renaître !

La nouvelle de cette mort prématurée, tombée à Paris comme un coup de foudre en plein hiver, sans préparation, sans aucuns détails, mais bientôt confirmée par une relation officielle, personne n'en a ressenti le contre-coup plus rudement que nous-mêmes ; nous qui lui avons voué plusieurs années, les meilleures peut-être de notre vie, afin de rendre à l'Europe, dans une traduction française, les puissantes émotions que nous devons, avec toute la génération actuelle, à l'auteur de *Konrad Wallenrod* et des *Aïeux*. C'est un vide immense, presque irréparable, ouvert dans la littérature polonaise, que le maître avait tout entière élevée à la hauteur de son génie, pour la rendre dans le présent, comme elle le fut avant le partage, la compagne et l'émule de toutes les littératures européennes. Cette belle langue polonaise, parlée avant lui par Edvige, par Sobieski, par Kosciuszko, et que Brodzinski compare à une panoplie romaine à l'épreuve des siècles, Adam Miċkiewicz en a fait la langue la plus polie, la plus lettrée, la plus libérale parmi tous les dialectes de même origine ; on l'apprend aujourd'hui à Prague, à Trieste, à Raguse et même à Moskou. L'immense renommée de Miċkiewicz s'explique par ce seul fait qu'il est le poëte national de 72 millions d'hommes, répandus depuis le détroit de Behring, sous le cercle

---

1. Voyez *la Vérité sur Nicolas*, par M. Sasonoff. Paris, 1854.
2. Elle y croit aujourd'hui, grâce à la guerre d'Orient et au traité de Paris, qui l'ont rendue plus grande et plus formidable que jamais.

polaire, jusqu'aux bouches du Cattaro, sur l'Adriatique ; aujourd'hui divisés par l'esclavage, mais qui, le tzarisme disparu, s'uniront dans la liberté. Son nom est tout aussi populaire parmi les Serbes, les Illyriens, les Wendes, les Bohêmes, qu'il l'est en Pologne ; car tous le considèrent à juste titre comme le plus éloquent organe de l'idée et du verbe slaves. La Russie elle-même, cette haineuse marâtre qui n'avait attiré sur son sein le poëte exilé que pour lui donner une étreinte de mort, ne pourra se défendre d'un sentiment de honte, sinon de regret ; car elle aussi s'est enivrée de sa parole, qu'elle ne pouvait comprendre, mais qui la charmait à son insu par l'invincible harmonie du rhythme polonais ; car elle aussi s'est un instant illuminée aux rayons de son auréole de martyr, reflétée sur les fronts d'autres martyrs, et qui devait, en 1825, en être arrachée par le scalpel du bourreau. Et voyez ! à peine ayant appris la mort de Mickiewicz, le tzar, respirant plus à l'aise, vient d'accorder à ses *sujets* de Varsovie je ne sais quel simulacre dérisoire d'amnistie ; baiser de Judas au front de la Pologne crucifiée !

Malgré la proscription dont ses œuvres sont frappées dans toute l'étendue de l'empire, entraînant avec elle l'exil et la confiscation des biens, Nicolas les découvrit un jour dans la chambre même de son héritier présomptif, le tzar actuellement régnant. Des proscrits russes à Paris nous ont récité de mémoire des poëmes entiers de Mickiewicz. Quant aux Polonais, ils les savent par cœur d'un bout à l'autre ; dès le vivant du poëte ils sont passés à l'état de légende et de tradition populaire : les mères polonaises les apprennent à leurs enfants avec la prière et l'histoire de leur pays.

En présence de pareils services rendus à la nation polonaise par les nombreux écrits de Mickiewicz, dont plusieurs suffiraient pour immortaliser sa mémoire, toutes les imperfections de détail doivent s'effacer et s'éteindre dans une acclamation de deuil et de respect. Mickiewicz vivra dans nos souvenirs aussi longtemps que notre langue vivra, parlée par un peuple de vingt millions, c'est-à-dire aussi longtemps que la Vistule et le Dniéper ne cesseront de porter leurs ondes aux deux mers polonaises, la mer Noire et la Baltique. Et pourtant, exilé depuis sa vingt-quatrième année, il n'a jamais depuis revu sa patrie ! il n'a pas vécu un seul jour, un seul instant, dans cette atmosphère de liberté que nous avons respirée pendant les dix mois de notre insurrection ! Mais il est probable que si Mickiewicz avait été mêlé à nos agitations politiques, sa pensée aurait pris une tout autre direction ; et le poëte patriote se serait alors effacé dans le citoyen : soldat, publiciste ou représentant du peuple.

Adam Mickiewicz est né en 1798 à Nowogrodek, en Lithuanie ; d'une famille assez obscure, mais vouée tout entière aux sciences, aux lettres, à la jurisprudence : et surtout d'un patriotisme à toute épreuve. Son père, grand admirateur de Jean Kochanowski, le prince des poëtes polonais au XVIe siècle, exerçait la profession d'avocat près d'un tribunal de première instance dans son palatinat. Son frère aîné, François, perclus de naissance, jetait en 1831 ses béquilles au vent pour faire toute la campagne contre la Russie avec les insurgés et les étudiants de Vilno. Le plus jeune de la famille, Alexandre, professait le droit romain au lycée de Krzemieniec, en Volhynie. Un parent éloigné, l'abbé Mickiewicz, sécularisé après la suppression de l'ordre des jésuites par Clément XIV (1775), fut jusqu'en 1819 doyen de la faculté des sciences physiques et mathématiques à l'université de Vilno.

Voilà le milieu dans lequel notre poëte prit naissance, et qui devait nécessairement, avec une organisation comme la sienne, en faire un homme d'élite. Destiné par sa famille à l'enseignement, le jeune Adam fit, en 1819, ses premières armes au collége de Kowno, comme professeur des littératures latine et polonaise. Trois ans après, il publia les deux volumes de ses premières poésies, intitulées *Ballades et Romances*, qui firent une profonde sensation dans le monde littéraire polonais, avec les 2e et 4e parties du drame des *Aïeux*, les premières parues. Les *Aïeux* sont la *Fête des morts* chez les Lithuaniens. C'était au plus fort de cette grande querelle entre les *classiques* et les *romantiques* qui se débattait à Varsovie et à Vilno aussi chaudement qu'à Paris et à Londres, et partageait l'Europe en deux armées. L'apparition du *Romancero* de Mickiewicz, composé de fragments d'une exquise suavité, de récits et de contes populaires recueillis sur les bords du Niémen et de la Vilia, fut un appel au combat entre les deux camps rivaux. La jeunesse polonaise répondit avec transport à ce signal donné par le barde lithuanien, dont les tendances romantiques lui semblaient résumer toutes ses croyances et ses aspirations libérales. On pressentait dès lors qu'une ère nouvelle allait s'ouvrir pour notre littérature, retrempée aux sources nationales ; que la lutte littéraire devait être le prélude d'une lutte bien autrement ardente et passionnée, entre l'élément russe et l'élément polonais, la force du nombre et celle de l'idée, la trahison et le dévouement, dont la Pologne elle-même serait le champ de bataille et l'enjeu, avec l'Europe entière pour témoin et pour juge... Sous ce point de vue, le poëte novateur avait bien mérité, non-seulement de l'art national, mais aussi et avant toute chose, de l'existence même de la Pologne.

L'université de Vilno, fondée par Étienne Batory, avait alors atteint à son apogée de splendeur. On voyait parmi ses professeurs des noms tels que Jean et André Sniadecki, Lelewel, Onacewicz, Goluchowski, Malewski, etc. Thomas Zan, le plus énergique, le plus actif soldat de notre indépendance depuis les confédérés de Bar et Kosciuszko, venait de fonder la société des *Philarètes*, dont les sept divisions étaient désignées par les sept couleurs du prisme solaire. De la réunion de ces couleurs élémentaires devait jaillir la lumière qui, dans l'ingénieuse pensée de cette noble jeunesse, avait pour signification suprême la liberté. Cœur de héros s'il en fut jamais, Thomas Zan était l'âme et le bon génie de l'association, qu'il conduisait par l'amour de l'étude à l'émancipation nationale. Initié par lui dans le conseil directeur des *Rayonnants*, Mickiewicz improvisa cette magnifique *Ode à la Jeunesse* qui est encore, qui sera toujours, à notre avis, son plus beau titre de gloire.

En effet, y a-t-il rien dans la poésie moderne qui surpasse, qui égale même des accents pareils à ceux-ci :

« Jeunesse ! prends ton vol d'aigle au-dessus des plaines ; et avec l'œil du soleil, d'un pôle à l'autre, mesure l'océan de l'humanité !

« Regarde, là-bas, sous tes pieds ; cette masse opaque, inerte, noyée d'un déluge éternel de mépris : c'est la terre !...

« Vois comme sur ses eaux stagnantes surnage un nautile ; à la fois navire, pilote et gouvernail, poursuivant d'autres mollusques plus faibles, tantôt il s'élance à la surface, tantôt il plonge au fond. Il ne s'attache point à la vague qui le porte et la vague ne s'attache pas à lui... et soudain, comme une bulle légère, il se brise en éclats contre un rocher ; nul ne savait sa vie, nul ne se souviendra de sa mort : c'est l'*Égoïsme !*... » (Voyez page 304.)

Oui, certes, vouloir donner aux philarètes de Vilno un avertissement contre l'égoïsme, concentrer dans un même foyer leurs cœurs et leurs âmes, n'était-ce point leur signaler le vice dominant de notre époque ? n'était-ce point essayer de la rajeunir, de l'illuminer par une espèce de transfusion du sang et de la pensée ? « O jeunesse ! s'écriait-il, ton vol est celui d'un aigle, et ton bras pareil à la foudre ! » On peut juger du retentissement immense que dut avoir en Pologne ce chant « qui s'étendit de l'Oder à la Dzwina, et fit tressaillir vingt millions d'hommes[1]. » Il devait enflammer jusqu'aux Russes eux-mêmes, qui depuis 1817, dans les deux comités de Tultchin et de Moskou, méditaient l'affranchissement de leur pays. Le gouvernement russe s'aperçut alors seulement de la faute qu'il avait commise en autorisant sa publication ; mais il était trop tard, le *Romancero* de Mickiewicz était dans toutes les mains, son *Ode à la Jeunesse* dans toutes les mémoires ; il n'y avait plus qu'à frapper et à sévir... C'est ce qu'il fit de la manière la plus brutale et sans aucun ménagement.

Une enquête fut ordonnée par le gouverneur de Vilno, l'illustre général Korsakoff, celui que Masséna avait si vertement battu à Zurich ; on enjoignit au nouveau recteur de l'Université, Pélikan, âme vénale et corrompue, de dissoudre l'association des philarètes et de punir les fondateurs. Le sénateur Nowosiltzoff, vrai valet de bourreau, ivrogne et débauché, l'ennemi mortel de tout ce qui portait un nom polonais, fut appelé à Varsovie pour diriger l'instruction. Dès lors la persécution commença.

Les prisons et les couvents de Vilno transformés en cachots se remplirent de pauvres enfants dont tout le crime était d'avoir chanté quelques hymnes patriotiques ; une odieuse perquisition fut mise en œuvre, avec des raffinements de supplices qui nous reportent aux temps primitifs du christianisme. Après deux années de tortures inouïes les *Philomates*, dernier débris de l'ancienne société, furent traînés, les fers aux mains, au fond de la Russie asiatique, avec Thomas Zan, leur chef, qui avait en vain essayé de les sauver, et Mickiewicz, leur poëte, qui devait mourir en exil !

Et tout cela se passait en 1824, sous le règne d'Alexandre Ier, le despote sentimental, le Tatar impénétrable dont Mme Krudener avait tenté de faire un philosophe allemand !

Mickiewicz, déporté d'abord à Saint-Pétersbourg, composa son *Voyage en Russie*, peinture atroce mais fidèle de cette contrée de boue et de sang ; puis, dirigé sur Odessa, il se joignit à plusieurs de ses compatriotes pour faire un voyage à travers les steppes de la Krimée. C'est de cette période de sa captivité que datent ses *Sonnets de Krimée*, ravissante série de petits tableaux enchâssés dans quatorze vers, qu'il publia durant son retour par Moskou. Peu après, rappelé à Saint-Pétersbourg par l'influence de ses compagnons de voyage, il écrivit et fit paraître son poëme vengeur de *Konrad Wallenrod*, avec cette épigraphe significative : « *Bisogna essere volpe e leone*, » que la Russie idiote ne comprit pas, et qu'elle admirait pourtant, sur la foi de son traducteur Pouschkin, comme un chef-d'œuvre incomparable. Cette devise, empruntée à Machiavel, aurait dû cependant lui en donner la clef et révéler la pensée politique. C'est l'histoire d'un jeune Lithuanien, nommé *Alph* (monogramme transparent sous lequel on découvre le poëte lui-même), gendre du prince Keystout ; qui, voyant sa patrie sur le point d'être envahie et soumise par les chevaliers teutoniques de Marienbourg, change de nom, se fait chrétien, devient grand maître de l'Ordre, après lui avoir rendu des services signalés dans cent batailles ; puis, s'étant concerté avec Vitold, grand-duc de Lithuanie, conduit toutes les forces de l'Ordre sous les murs de Vilno, par un hiver rigoureux, les fait décimer par le froid, la famine et le glaive ennemi, et puis revient mourir à Marienbourg de la mort des traîtres et des parjures, mais après avoir vengé son pays, à jamais préservé de l'invasion germaine. On voit par cette courte analyse que le cadre est dramatique, saisissant ; et l'exécution ne le cède en rien à l'idée première. Le langage est tantôt d'une tendresse infinie dans les entretiens de Konrad avec Aldona, la fille de Keystout ; tantôt d'une âpre et farouche énergie, rugueuse comme une *saga* scandinave ou le chant guerrier de Lodbourg, dans ses conciliabules avec Halban, le vieux mage lithuanien, qui s'est attaché à ses pas comme le destin, pour attiser dans son âme le feu de la vengeance. Et pourtant, disons-le avec regret, malgré la perfection du style, cette idée n'est point polonaise ; elle n'a point jailli d'une inspiration purement nationale. Le héros du poëme est au bout du compte un traître ; il obtient sa victoire par la ruse et la dissimulation : qualités qui sont, fort heureusement, qui seront toujours antipathiques au caractère polonais. *Konrad Wallenrod* a fait en

---

[1] *Galerie des contemporains illustres*, par un homme de rien.

K. OSTROWSKI. *Œuvres choisies.*

Pologne, de même que les *Brigands* de Schiller en Allemagne, une monstrueuse école, tout antinationale, et dont la plus bizarre expression se trouve dans la *Comédie infernale* du poëte anonyme; mais cette école, empreinte de germanisme, n'est pas du fait de Mickiewicz : il fallait que le poëte, subissant la fatalité de sa condition de proscrit, couvrît sa pensée d'un voile, pour la faire accepter par ses tyrans et pour pouvoir la transmettre à ses compatriotes.

Après l'apparition de cet ouvrage, la gloire de Mickiewicz fut au comble. A dater de ce jour, le poëte Pouschkin, tué depuis dans un duel diplomatique; le poëte Ryleïeff, le savant Bestoujeff, tous deux condamnés à mort pour crime d'amour de la patrie, se déclarèrent amis et disciples du barde polonais. On chantait dans tous les salons les airs du *Konrad*, mis en musique par Mme Szymanowska, célèbre pianiste polonaise, dont la fille Marie devint plus tard la compagne du poëte exilé. Mais cet engouement frivole de l'aristocratie russe, qui s'efforçait par toutes sortes de moyens de le gagner à son parti, plus puissant et plus redouté que le tzar, lui servit au moins à briser ses chaînes; et, quelques mois après, sur le passe-port qui lui fut présenté au nom de l'autocrate, Mickiewicz inscrivit ce mot seul : « Italie!... » Enfin, hors de cet enfer de glace, comme celui de Dante, dont il avait franchi les frontières en condamné politique, et qu'il quittait à présent presque en triomphateur, il se sentit libre, il respira... mais il dut se recueillir quelque temps, avant de réchauffer son cœur et sa pensée : avant de pouvoir ouvrir de nouveau ses ailes au souffle de l'inspiration.

A la nouvelle de la révolution de Juillet, il se rapprocha de la France et vint s'établir à Genève, où nous l'avons vu pour la première fois; où nous avons les premiers serré ses mains, naguère encore chargées de chaînes!... C'est là qu'en présentant le réveil prochain de la Pologne, il composa ces stances adressées à une *Mère polonaise*, empreintes d'une mélancolie navrante, de la terreur des cachots, presque de désespoir, et qui se terminent par les vers suivants :

« Lui mort, son monument et ses gloires funèbres,
D'un gibet desséché les infâmes débris;
Quelques pleurs d'une amante... et là, dans les ténèbres,
Les os de nos martyrs déportés ou proscrits. »

Tel devait être, selon lui, le destin des enfants polonais...

Après la funeste issue de notre insurrection, nous le retrouvâmes à Dresde, traduisant le *Giaour*, de Byron ; composant *le Fort d'Ordon*, sinistre épisode de la prise de Varsovie ; puis il vint nous rejoindre à Paris avec le corps de l'Émigration, avec laquelle il ne forma depuis qu'une seule et même famille. La première œuvre qui sortit de sa plume fut le *Livre des Pèlerins polonais,* paru en 1832, et que la traduction de M. de Montalembert, et surtout l'éloquente préface qui la précède, ont suffisamment popularisé en France.

M. de Montalembert, alors un des plus fervents apôtres de la liberté de conscience, dans son enthousiasme pour la cause représentée par Mickiewicz, avait appris notre langue; ses articles publiés dans le journal hebdomadaire *Le Polonais* semblaient être sortis du cœur de notre nation, ainsi que les discours qu'il prononçait à la chambre des députés. Aujourd'hui l'occasion serait bien plus belle que sous la monarchie de Juillet; car il s'agirait à présent de la Pologne renaissante, et non pas d'une oraison funèbre à prononcer sur sa tombe!

Le *Livre des Pèlerins* vivra comme un éternel monument du passage de l'Émigration polonaise en Europe. Écrit en style biblique, inspiré par le plus sévère catholicisme, il fut cependant interdit à Rome, sous la triste papauté de Grégoire XVI; mais il eut cette destinée commune avec les *Paroles d'un croyant*, de Lamennais, qui convient lui-même avoir puisé son idée dans l'œuvre de Mickiewicz, en l'étendant d'une seule nation à toute l'humanité [1]. La troisième partie des *Aïeux*, reproduisant le drame de l'inquisition de Vilno, avec le *Voyage en Russie* pour appendice, suivit de près ce chef-d'œuvre. Une traduction partielle de Georges Sand, dans la *Revue des Deux Mondes*, sous le titre *le Drame fantastique*, l'a révélée à la France comme une composition hardie, mais dans laquelle on remarquait déjà un certain affaissement de la pensée, un grand abandon du langage, une tendance plus prononcée vers le mysticisme dont le germe fatal se trouvait déposé dans la frêle et maladive constitution de Mickiewicz [2]. Son individualisme s'était assombri, exalté, au contact de la société de Saint-Pétersbourg ; son *moi* trop exclusif était devenu l'inséparable compagnon de son mépris byronien du monde et de l'humanité, en se résumant l'un et l'autre dans ces orgueilleuses paroles de la scène terrible nommée l'*Improvisation* :

« Seul!... qu'ai-je besoin de la foule? suis-je donc chanteur pour la foule? Quel est l'homme qui supportera toute la pensée de mes chants? qui verra, sans baisser les yeux, tous les rayons de mon âme?

« Dieu, et toi, nature! écoutez-moi... voici des chants dignes de vous!... etc. »

Cette formidable imprécation de Konrad, terminée par le blasphème et la démence, était déjà une transition vers le *Messianisme*... Malheureusement ses ennemis et ceux de la Pologne en ont profité quelques années plus tard, pour tromper le poëte par des oracles supposés, et pour briser entre ses mains cette lyre d'or qui valait bien le sceptre de plomb de Nicolas !

Mais comme Mickiewicz s'est magnifiquement relevé de cette déchéance dans son dernier poëme de *Thadée Soplica ;* cette épopée pastorale polonaise où nous voyons défiler, dans des scènes rapides et bien enchaînées, tous les tableaux qui dès l'en-

---

1. *Affaires de Rome*, par Lamennais.
2. Voyez son portrait gravé sur acier par Antoine Oleszczynski, d'après un médaillon de David.

fance ont charmé nos regards; où nous croyons respirer toutes les brises et les aromes de la terre natale! Ce suprême et splendide épanouissement de son génie est, à notre avis, le plus complet et le plus vraiment national de ses ouvrages de longue haleine. C'est la vie des champs, cet Éden des anciens Polonais, avec tous ses travaux, ses fêtes, ses amours; c'est l'histoire de Dombrowski et de Kniaziewicz, les héros des Alpes et de Hohenlinden; celle des légions polonaises du Rhin et de l'Adige; c'est l'entrée des Français et de Napoléon en Pologne, qui jette à leurs pieds son sang, son or et ses moissons, car elle se sent revivre, la pauvre martyre! c'est enfin Kosciuszko, c'est Joseph Poniatowski, c'est tout 1811! Puis, dans le drame intime, c'est ce duel séculaire entre la Pologne libérale et la Russie barbare qui se poursuit à outrance dans le sein des familles, comme dans la nation; c'est tout ce qui fait battre le cœur, donne du prix à la vie, tout ce qui fait espérer l'avenir! Ceux qui nous aiment doivent aimer ce livre; ils le reliront d'un bout à l'autre, et ils le comprendront aussi bien que nous-mêmes: que les indifférents, les égoïstes et les hypocrites se gardent bien d'y toucher, car ils n'y verraient qu'une lettre morte!

Après avoir produit *Thadée Soplica*, notre poëte se reposa sur les bords du lac de Genève, à Lausanne, en professant avec éclat l'histoire et les lettres latines. Il en fut rappelé pour venir occuper la chaire slave instituée au Collége de France par M. Cousin, alors grand-maître de l'Université. Nous n'avons pas à nous occuper ici de son cours triennal (1840-1843), sur lequel nous avons déjà sommairement exprimé notre pensée, et qui, d'ailleurs, a été publié en français.

Nous dirons seulement, avec un profond sentiment de douleur et de regret, que vers la même époque un terrible malheur de famille est venu frapper le professeur-poëte; qu'une cure illusoire opérée par un charlatan lunatique, venu à Paris avec un passe-port du tzar et sans doute chargé d'une mission secrète, lui servit à s'emparer de l'esprit de Mickiewicz, à surprendre et pervertir ses convictions, et à changer sa chaire de littérature slave en une tribune de *Messianisme*: dogme vague, indéfinissable même pour les fanatiques entraînés à la suite du maître, et contre lequel est venue se briser et s'éteindre cette belle intelligence que trente années de souffrances n'avaient pu entamer ni ternir... Un imposteur aux gages de la Russie, un droguiste illuminé, un ex-libraire qui devait toute sa fortune aux écrits de Mickiewicz, tels ont été les premiers propagateurs de cette doctrine; dignes adeptes d'une pareille religion! Faut-il que la grande âme du poëte proscrit n'ait pas su résister à leurs poisons? faut-il que ce lumineux génie soit devenu le jouet d'une ruse grossière, ourdie par trois sectaires idiots? Rien n'est plus vrai pourtant. Nouveau Macbeth, enchaîné dans le cercle fatidique tracé autour de lui par ces trois énergumènes, il s'est pris à lutter corps à corps avec le démon du mysticisme, et il a succombé dans la lutte. La chaire slave fut fermée en 1844; un cri d'exécration et d'effroi fut jeté par tous les vrais amis du poëte éconduit, qui repentant déjà, mais encore frémissant du coup perfide qui venait de l'atteindre, fut nommé bibliothécaire de l'Arsenal à la place de Charles Nodier, cet autre Slave d'adoption, récemment décédé, notre ami personnel, l'auteur de *Jean Sbogar* et de *Smarra*... Il n'est resté de ces trois ans d'enseignement, de cette chaire savante où nous croyions entrevoir déjà comme une patrie intellectuelle, qu'un écrit immonde intitulé *la Cène*, publié d'après le faux prophète; absurde compilation de rêveries mystiques déjà vieilles du temps de Swedenborg et de Jacques Bœhme, avec un chiffre cabalistique de 44, qui planera toujours comme un sarcasme inexplicable et moqueur sur tout ce lamentable souvenir! Depuis, pas un vers, pas une parole polonaise n'a jailli de l'âme du poëte, subjuguée, ouverte à tous les vents, exposée à tous les affronts; pareille à ces ruines augustes dont la main de nos ennemis a si largement semé toute l'étendue de notre pays!... On nous assure toutefois que les premiers chants d'un poëme cyclique et les premiers chapitres d'une histoire de Pologne sont restés entre les mains d'un de ses amis, éminent poëte lui-même, et qui ne tardera pas sans doute à les livrer à notre admiration.

Et voilà qu'on nous apprend aujourd'hui la mort inattendue, presque mystérieuse, dont le poëte a été foudroyé en Orient, le 26 novembre 1855, en accomplissant une mission dont il avait été chargé par la France! Cette mort arrivée en tel lieu, à pareille époque, ne semble-t-elle pas comme une dernière vengeance exercée par le tzarisme aux abois et désespérant de sa cause, sur une de ses plus anciennes et de ses plus illustres victimes? Oh! comme la voix du vieux barde lithuanien eût été entendue parmi les Slaves, s'il l'avait élevée, là-bas, sous cet horizon slave, au nom de la France et de la liberté!...

Quelques-uns prétendent que Mickiewicz est mort dix années trop tard pour sa gloire et pour celle de son pays; qu'il aurait dû s'éteindre dans toute la plénitude de son talent, dans tous les rayons de son auréole: comme le Tasse, Schiller et Byron. Quant à nous qui l'avons suivi dans toutes les phases de sa vie; qui l'aimions pour ses souffrances de proscrit autant que pour sa gloire de poëte: nous croyons qu'il est mort avant le temps et sans avoir révélé toute la portée de son génie. C'est en Pologne, sur les rives du Niémen qu'il aurait dû mourir, couronné de ses œuvres, de sa palme de martyr, de l'amour unanime de ses compatriotes: le terme de son pèlerinage et du nôtre pleinement accompli! Oui, certes, une telle mort eût été bien digne de lui, s'il se fût éteint, soleil couchant, dans un dernier hymne de délivrance, jeté sur ce fleuve natal dont le souvenir n'a cessé de le suivre un seul instant de sa vie! Mais, comme le poëte de la Genèse et de l'Exode, il était dit qu'il ne reverrait pas la terre promise, qu'il ne pourrait que l'entrevoir de loin, du haut de sa pensée, en l'indiquant du doigt à sa tribu... Combien d'entre nous sèmeront encore le désert de l'exil de leurs ossements? combien d'entre nous pourront célébrer sur les bords de la Vistule ou de la Vilia la fête des Aïeux?

Paris, 21 janvier 1856. (*Le Siècle.*)

LXII.

AU DIRECTEUR DE LA *GAZETTE DE FRANCE*.

LA LÉGENDE SLAVE.

C'est une découverte archéologique du plus haut intérêt pour les origines de la race slave, composant un grand tiers de l'Europe et de l'Asie, dont nous offrons aujourd'hui les prémices au public français. Nous croyons rendre service aux amateurs toujours plus nombreux des littératures étrangères en leur donnant quelques fragments de notre légende nationale, perdus depuis des siècles, et qu'un heureux hasard vient récemment de remettre en lumière. Ils ont été retrouvés, comme nous allons le voir, sur un lambeau de manuscrit, enveloppant des flèches de soldats hussites, au fond d'une vieille tour de Bohême. Les anciens châteaux de nos pères, dévastés par le temps ou le fer étranger, produisent donc encore autre chose que des spectres et des hiboux; et quand le peuple croit y découvrir des trésors gardés par les génies, son instinct ne se trompe pas: ces trésors cachés sont nos premiers chants nationaux, parvenus jusqu'à nous dans toute leur fraîcheur primitive, comme des parfums conservés dans une urne d'or, et constituent les plus riches joyaux de notre patrimoine littéraire.

L'histoire slave, de même que l'histoire de tous les peuples anciens et modernes, a commencé par la poésie et la légende. C'est dans les chants guerriers et les traditions orales, recueillis plus tard par les rapsodes, que se reflète le caractère individuel de chaque race. On sait que les dieux et les héros de l'Inde ont été célébrés par les livres de Vyaça, de Valmiki et de Djana-Radjah, législateurs en même temps que poëtes. D'après Pline l'Ancien (*Hist. nat., XXX*), Hermippus aurait à lui seul traduit plus de cent mille vers de Zoroastre; c'était sans doute quelque poëme épique en l'honneur de Cyrus ou de Darius Hystaspe, contemporains du mage de Persépolis.

D'après Dion Chrysostome (*Disc. XI*), jusqu'au temps des Ptolémées, la poésie aurait été proscrite chez les Égyptiens, qui la considéraient comme un poison voluptueux pour l'oreille: « *Oti pharmakon touto edones esti pros ten akoen;* » à part toutefois la poésie sacrée, en usage dans la célébration des mystères; si les innombrables hiéroglyphes tracés sur les monolithes et les pylones des édifices publics ne formaient déjà une vaste épopée nationale, que le double embrasement de la bibliothèque d'Alexandrie n'a pu détruire. La Bible, avec ses versets rhythmés, ses chants de tout genre, psaumes, cantiques, visions, lamentations, prophéties, etc., n'est-elle pas en quelque sorte l'épopée du peuple de Jéhovah? La Grèce n'a-t-elle pas eu pour premiers monuments historiques les chants d'Orphée, d'Homère, d'Eschyle, qui tour à tour ont célébré l'*Expédition des Argonautes*, la *Guerre de Troie*, les combats des *Sept chefs devant Thèbes*? La guerre de Rome et de Carthage n'a-t-elle pas inspiré les poëmes de Nœvius et d'Ennius, qui précèdent l'*Énéide* et viennent après les *Chants de Triomphe et de Table*, écrits en vers saturnins, sous les rois de Rome naissante? — Puis, pour les nations de race gaëlique, Ossian marche en tête de cette armée de bardes et de scaldes de la religion d'Odin, dont le culte embrassait les contrées de la Calédonie, de la Scandinavie et de la verte Érin. L'Allemagne doit à Henri d'Ofterdingen ce sombre poëme des *Niebelungen*, cette « boucherie dans un nuage », comme l'a judicieusement appelé Henri Heine, le spirituel Allemand de Lutèce. Enfin l'Espagne et la France ont eu les troubadours des *Romanceros du Cid* et les trouvères du *Chant de Roncisvals*, dont elles savent à peine les noms, oubliés déjà de leur vivant.

Il en est de même du peuple slave; et, grâce à la découverte des trois manuscrits de Prague, de Kralodvor et de Kïow, précieux débris du plus vaste cycle poétique qui ait jamais existé, on peut se former aujourd'hui une idée assez complète de l'histoire primitive, des mœurs et de la législation de nos ancêtres.

La découverte de ces manuscrits a été accompagnée de circonstances très-singulières, et qui tiennent elles-mêmes de la légende. Le premier fut envoyé en 1818, aux mains du ministre Kollowrat, pour le musée national de Prague, par un employé slave, qui prétendait l'avoir trouvé dans les archives de son maître, Allemand fanatique, et qui désirait garder l'anonyme, disait-il dans la lettre d'envoi, « pour ne pas se brouiller avec son patron ». C'étaient deux feuilles de parchemin cousues par le milieu et formant huit pages in-8°; le texte était écrit en caractères latins, sans aucune séparation entre les mots d'un même vers. Le mystère dans lequel s'enveloppait le donateur fit d'abord douter de son authenticité le savant Dobrowski, l'auteur des *Institutiones linguæ slavicæ veteris*, le patriarche des antiquaires bohêmes; mais bientôt, grâce aux recherches de Hanka, Szafarik et Palaçki, aux preuves qui leur ont été fournies par l'histoire, la paléographie, et même à l'aide de la chimie, on reconnut dans ce manuscrit le plus ancien monument de notre littérature [1]. Le poëme qu'il renferme est le *Jugement de Libusza*; les faits se sont passés en 724, dans les temps antérieurs au christianisme: le récit est de la fin du xe siècle, et le manuscrit du commencement du xie.

Le second manuscrit a été découvert en 1817 à Kralodvor, petite bourgade de Bohême appelée *Kœniginhof* par les Allemands. Le bibliothécaire

---

1. Voyez Szafarik et Palaçki; *Die œltesten Denkmaler der bœmischen Sprache* (les plus anciens monuments de la langue bohême), § xv, p. 87, 88 et 89.

Hanka le trouva dans la crypte d'une tour d'église à demi ruinée, servant de gaîne à des flèches qu'on présume avoir appartenu aux soldats de Ziska, le héros bohème de la réforme. C'étaient douze petites feuilles de parchemin in-12, couvertes de caractères latins, dans lesquelles Dobrowski reconnut l'ancienne langue tchèque, le slave originaire qui se parlait parmi les tribus bohêmes et polonaises. Plusieurs des chants qu'il y déchiffra datent du IXe siècle ; ils avaient été recueillis de 1290 à 1310, et cachés sous le chœur de l'église par quelque patriote slave, qui voulait ainsi les préserver de la destruction organisée en grand par nos voisins. Ces poëmes historiques, sans désignation d'auteur, étaient intitulés *Zaboï et Slavoï, Benès vainqueur des Saxons, Iaroslaw vainqueur des Mogols, Oldric et Boleslaw, Cestimir et Vlaslaw, Ludisa et Lubor, le Cerf* et *Zbyhon*. Puis viennent les chants lyriques d'une moindre étendue : les *Fraises*, le *Coucou*, le *Bouquet*, la *Rose*, l'*Alouette*, la *Délaissée*, etc. S'il faut en croire l'indication des chapitres marquée sur le manuscrit mutilé, le recueil dont il faisait partie devait contenir plus de cent cinquante poëmes pareils aux précédents.

L'histoire du troisième manuscrit n'est pas moins curieuse que celle des deux autres. Le comte Mussin-Pouschkin en avait fait l'acquisition en 1795 dans la vente d'une bibliothèque appartenant à l'archimandrite de Kïow, et le fit imprimer en 1800 ; l'original a été brûlé durant l'incendie de Moskou, en 1814. Le poëme qu'il contient a été composé en l'honneur du prince Igor Swiatoslawicz (fils de Swiatoslaw) duc de Nowogrod-Siéwierski. L'auteur est resté inconnu ; il paraît cependant avoir assisté en personne aux combats dont il fait le récit. Ce poëme est en prose cadencée ; et l'action se déroule, comme dans toutes les épopées slaves, sans le secours du merveilleux. Quoique composé par un poëte chrétien, il porte encore un vague reflet du paganisme ; on y retrouve les noms et les attributs de la plupart des anciens dieux slaves : ce qui prouve combien le christianisme germanique eut de peine à se greffer sur le tronc national. Il semble avoir été écrit au commencement du XIIIe siècle ; sa langue est celle que parle encore aujourd'hui le peuple *ruthêne* des environs de Kïow : c'est donc un poëme russien-polonais.

Occupons-nous d'abord du manuscrit de Prague.

Le *Jugement de Libusza* est la narration d'un procès entre deux frères ennemis, dont la sagesse de Libusza, fondatrice de Prague, cherche à concilier les intérêts en présence de ses chevaliers convoqués à la diète. « *Ea tempestate,* dit le chroniqueur Kozmas (*Chron. Bohem.*, l. I, 12-13), *inter duos cives, opibus et genere eminentiores, orta est non minima litigio agri contigui de termino... Intrant bacchantes curiam... adeunt dominam, et ut ratione justitiæ dubiam inter eos dirimat causam, suppliciter rogant.* » L'histoire a donc confirmé le fait, et donné raison à la légende. On y voit comment la nation se réunissait, à cette époque déjà, dans des assemblées générales ; comment elle était constituée en trois classes : les *kmiets*, les *lechs* et les *vladyks*.

Les premiers étaient les vieux de la commune, les chefs de la classe agricole ; et, dans un sens restreint, mais en Bohême seulement, les douze plus anciens du pays, choisis pour former le conseil privé du souverain. Les seconds se comptaient parmi les propriétaires électifs ou choisis par la couronne, avec obligation de défendre le territoire ; les hommes d'armes qui gouvernaient les provinces, commandaient la milice ; le nom sous lequel on les désignait, *lech* ou *polech*, est devenu plus tard celui de toute la nation polonaise. Les derniers enfin étaient chargés de la direction des biens privés ; et, par extension, de l'interprétation de la loi et du culte religieux ; ils correspondaient exactement, par l'étymologie même du mot, aux *harmostes,* au pouvoir judiciaire des Grecs. Si à ces trois classes d'hommes libres on ajoute celle des prêtresses (*bacchantes*), et la reine Libusza en était une elle-même, comme la princesse polonaise Vanda, ne retrouve-t-on pas, dans cette organisation de nos tribus primitives, toutes les traces du monde oriental indien, dont la race slave est la dérivation la plus immédiate ? En effet, aucune des langues vivantes ne touche de plus près au *sanskrit* que la nôtre ; à tel point que beaucoup de substantifs sont les mêmes, et que la conjugaison des verbes auxiliaires est à peu près identique. Un autre fait non moins remarquable, c'est qu'on rencontre déjà, dans le poëme de Libusza, l'esprit d'opposition parlementaire qui a fait inscrire le *liberum-veto* dans les statuts de la république polonaise. Quoique contemporain de Charles le Chauve, le langage en est encore aujourd'hui très-intelligible ; tandis que le français de cette époque, bizarre détritus du celtique, du tudesque et d'un latin très-corrompu, peut à peine être compris des savants. La forme de ce poëme est claire, expressive, éloquente ; le vers, très-ferme, est un pentamètre coupé par une césure à la quatrième, et plus rarement après la sixième syllabe :

Aï, Vletava, — cem mutisi vodu?

ou bien :

Kegdi se vadita — rodu bratri.

« Eh ! Vletava, pourquoi troubler tes eaux ? — Quand vont se querellant de propres frères, etc. »

Ce rhythme est encore en usage de nos jours. Ainsi l'Ossian inconnu de ce chant a eu l'honneur de doter les Slaves du plus ancien vestige de leur passé, comme aussi de fixer pour toujours le mètre prosodique que les poëtes de sa race emploient de préférence à tout autre[1].

Le premier fragment du manuscrit de Kralodvor est, nous l'avons dit, le poëme de *Zaboï et Slavoï*.

C'est le récit d'une guerre de religion entre les Slaves idolâtres et les Allemands commandés par un

---

[1]. Voyez les *Livres d'exil*, p. 301, où ce passage se trouve reproduit en entier.

chef nommé Ludiek (Louis), lieutenant d'un des rois de France, de Louis le Germanique, selon toute apparence. Quelques détails semblent se rapporter à des événements arrivés sous le règne de Dagobert, au VIIe siècle. Des chefs et des soldats slaves se réunissent et conspirent au fond des bois à l'affranchissement de leur patrie. Un d'eux prend la parole; à la fois poëte et guerrier, « c'est par des chants de deuil et de colère » qu'il se plaint de la manière dont l'idée chrétienne s'est établie sur le sol slave à la suite des Allemands. Lâche serait celui qui ne combattrait pas, au prix de sa vie, un culte qui s'introduit entre les tribus de Tchech et de Lech à la faveur du massacre! Sept siècles plus tard, la même lutte se renouvelait à la voix de Jean Huss et de Ziska, entre les Slaves réformés et la cour de Vienne. Et cependant, aucun peuple n'était plus disposé que le nôtre à recevoir la *bonne nouvelle*, la parole de l'Évangile, si cette parole n'avait pas été apportée par la conquête étrangère! De tout temps il y a eu chez les Slaves un christianisme instinctif que l'autre n'a fait que féconder en l'élevant à la puissance d'un symbole religieux. Aucun apôtre chrétien n'a trouvé le martyre sur le sol slave; et, disons-le à la gloire de nos ancêtres, tout en adorant des idoles, ils étaient beaucoup plus chrétiens que ceux qui prétendaient les initier à la foi de paix et de charité, aux lueurs des glaives et des bûchers. En Bohême, en Pologne, en Lithuanie, de même qu'en France, ce sont les douces mains des femmes et non les gantelets de fer des chevaliers et des barons qui, les premières, ont répandu l'eau sainte sur la tête des rois et des peuples slaves.

Dans la pièce suivante, *Benès, vainqueur des Saxons*, nous voyons le tableau d'une expédition tchèque contre les Allemands, en 1278, après la déchéance d'Ottokar II. Cette action guerrière, coupée en strophes de quatre vers, qui se précipitent les unes après les autres comme des hommes d'armes marchant à pas pressés sur l'ennemi, commence par une poétique invocation au soleil. Dans sa ferveur, dans sa reconnaissance pour l'astre ami du Slave, le rapsode l'appelle tendrement d'un diminutif, écho de l'âge d'or, qu'il serait impossible de reproduire dans une autre langue. Ce soleil que jadis adorait l'Orient, ce dieu du jour qui ne réveille que des idées de grandeur et de majesté, il le plaint et le console, attristé qu'il est du massacre dont ses premiers rayons vont être les témoins. Mais le combat s'engage; quels coups fréquents et terribles! quelle sanglante mêlée a couvert la plaine! que de morts sans sépulture et livrés aux oiseaux de proie! Pourtant, que le front du dieu-soleil se rassérène; qu'il répande des flots de splendeur : les Allemands sont en fuite, la honte au cœur, et le poëte slave applaudit à leur désastre. Cette haine séculaire entre les Slaves et les Allemands date de fort loin, comme on peut le voir à chaque page du manuscrit de Kralodvor; elle n'a pas attendu l'ingratitude de Léopold Ier après la délivrance de Vienne par Jean Sobieski, pour se manifester : aujourd'hui même, elle s'attise encore au souffle embrasé des passions politiques. Loin de nous la pensée de la trouver juste et conforme aux intérêts de la civilisation; nous ne faisons que la constater tout en la déplorant : nous prévoyons qu'elle ne s'éteindra que lorsque la race germanique aura renoncé à toute prétention de souveraineté sur la nôtre, lorsque, par un effort national unitaire, la grande famille slave aura recouvré toute son ancienne autonomie.

Un antagonisme de date plus récente, mais tout aussi vivace, entre les Slaves et les Tatars-Mogols, se reflète sur le poëme de *Iaroslaw*. Il est du XIIIe siècle, époque à laquelle le duc Iaroslaw, par une victoire éclatante remportée sous les murs d'Olmutz, délivra l'Europe d'une invasion mogole, de même qu'en 732, Charles Martel l'avait délivrée de la puissance de l'Islam. C'est, à notre avis, le seul chant du recueil qui soit contemporain des événements racontés. Une guerre d'extermination avait été déclarée entre le khan Koublaï et les chrétiens pour la mort de sa fille captive. Ce khan Koublaï, dont Marco-Polo fait un éloge si pompeux dans son *Voyage en Asie*, souverain de l'empire mogol, qui s'étendait depuis le Dniéper jusqu'au Japon, avait envoyé son fils en Europe à la tête d'une armée formidable, pour venger sa sœur, que les Allemands avaient tuée, dit le poëte, « pour ses pierreries, son or et ses perles. » Mais le fils de Koublaï périt de la main même de Iaroslaw; et la mort de sa sœur est restée sans vengeance. « La fille de Koublaï est belle comme la lune est belle, comme le soleil levant est radieux, alors qu'il passe au-dessus des forêts profondes; plus rayonnante encore apparaît la fille de l'Orient dans sa beauté native et l'éclat de sa riche parure. » Les meurtriers avaient donc obéi à l'appât du gain, à ce trait caractéristique de la race antislave, qui se traduit aujourd'hui par l'annexion. Sur ce dernier point, beaucoup d'auteurs sont d'accord avec le chantre bohême. Tacite dit dans sa *Germanie* (§ 9, 14 et 35) : « *Pigrum quinimmo et iners videtur sudore adquirere, quod possis sanguine parare... Aleam exercent, tanta lucrandi temeritate, ut quum omnia defecerunt, extremo ac novissimo jactu, de libertate et de corpore contendant... Deum maxime Mercurium colunt!* etc. »

Le fragment intitulé *Oldric et Boleslaw* se rapporte à l'année 1002; c'est le récit de la défense de Prague par le prince bohème Ulrich ou Alaric, et du stratagème qu'il employa pour délivrer cette ville de l'armée de Boleslas le Grand, second roi de Pologne. La guerre prend ici un tout autre caractère; il ne s'agit plus d'invasion et de conquête, mais d'une lutte éphémère, pareille à celle des tribus hellènes du cycle homérique. Ce qui frappe surtout à la lecture de ce fragment, composé en vers non rimés, c'est la facilité avec laquelle les poëtes slaves alliaient, dans un même sujet, le ton lyrique à celui de l'épopée; c'est-à-dire l'inspiration au récit, la fantaisie à la réalité. Dans leurs combinaisons rhythmiques de leurs vers, toujours simples et harmonieux, comme nous avons déjà pu l'observer à l'occasion du *Jugement de Libuzsa*, ils ont rencontré quelque chose d'analogue à l'assonance de la poésie arabe, au moyen de la répétition des mêmes syllabes, soit au commencement, soit à la fin de chaque vers. La rime est née probablement de ce procédé euphonique. Comme caractère général, c'est le chant le plus grave et le plus épique de la collection. La ballade ayant pour titre *Cestimir et Vlaslaw* ne diffère du précédent que par un rhythme plus libre et plus irrégulier. Ce sont des combats livrés vers l'an 869 entre deux chefs de tribus slaves, et dont on retrouve aussi la trace dans la chronique de Kozmas. La *vendetta* de deux familles ennemies, dramatisée par l'amour, est peinte en traits de feu; le style, de même que le sujet du poëme entier, respire une farouche et sombre énergie.

Ludisa et Lubor nous raconte un tournoi où, pour prix de sa victoire sur ses rivaux, le chevalier Lubor obtient la main de la belle Ludisa, fille d'un duc de Bohême. La correction et l'harmonie du langage désignent une époque plus récente que celle des tournois du prince Ottokar, qui néanmoins en ont pu fournir l'idée première; les couplets ont de l'analogie avec ceux des *minnelieder* de l'Allemagne ancienne. Il est à remarquer qu'on y trouve la première trace des armoiries et des enseignes nationales usitées dans les pays slaves.

Nous signalons dans l'élégie du *Cerf* un exemple remarquable de ce christianisme intuitif dont nous avons parlé à propos de *Zaboï et Slavoï*, et de la façon dont les anciens Slaves concevaient l'âme humaine, comme essence une, immortelle, se dégageant du corps complète et vivante. « Le coup fatal atteint l'âme tendre du jeune héros; elle s'exhale de son sein et s'envole par ses lèvres charmantes, etc. » Ils n'avaient lu cependant ni le Phédon, ni l'Évangile; mais dans le christianisme des Germains, ils entrevoyaient déjà le futur panthéisme de l'Allemagne moderne. Or le panthéisme n'est autre chose qu'une absorption, une déprédation métaphysique. Épicure absorbait l'infini dans le fini; Spinosa absorbait le fini dans l'infini; l'école moderne d'Hégel, malgré la verbeuse logomachie dont le professeur de Berlin entoure son système, est la négation de toute personnalité divine, ou bien, en d'autres termes, c'est l'athéisme déguisé. Ce philosophe courtisan absorbe l'objectif dans le subjectif, le *non-moi* dans le *moi*, l'univers dans l'Allemagne, l'Allemagne dans le roi de Prusse; mais il absorbe surtout ses émoluments de professeur et l'intelligence de ses élèves. Non, certes, un pareil dogme n'était pas de nature à transformer les croyances de nos ancêtres, qui n'ont reçu la foi que des mains de Rome ou de Byzance. Qui sait, du reste, si ce n'est pas de ces mêmes Slaves, adversaires jadis du christianisme germanique, comme ils le sont aujourd'hui du panthéisme allemand, que jaillira quelque jour la vérité philosophique? Mais il faut pour cela la discussion libre, l'examen sans entrave; en un mot, l'indépendance.

Dans le petit poëme de *Zbyhon*, le sentiment patriotique n'est plus en jeu; l'intérêt du cœur est le seul mobile de l'action. Le vladyk Zbyhon a fait enlever la maîtresse d'un jeune guerrier, qui la délivre et qui tue son ravisseur. D'un sujet si simple, le rapsode a su tirer une émouvante pastorale. Ce chant, qui date des temps païens, pourrait bien appartenir à l'auteur du *Cerf,* dont il rappelle la couleur en maints endroits; c'est le plus ancien de la collection de Kralodvor.

« Rien n'est nouveau sous le soleil, » dit l'auteur des *Proverbes*; et les *Fraises,* charmant morceau anacréontique, dans lequel une matrone slave avertit sa fille du danger d'aller cueillir les fraises avec des garçons, en est une preuve évidente. « Pourquoi me défier d'eux? répond la jeune fille; ce sont de si braves cavaliers! » On peut en dire autant du morceau intitulé le *Coucou*...

Traduit ou plutôt travesti par Gœthe, le *Bouquet* respire un délicieux parfum de jeunesse et d'amour; mais le ton très-vif et très-joyeux qui le distingue est devenu presque élégiaque sous la plume du barde de Weimar.

La *Rose* exhale pareillement un désir voluptueux, un besoin d'amour partagé; mais, cette fois, l'expression en est toute mélancolique. C'est ici le lieu d'observer que le caractère dominant de ces poëmes est une certaine tendance à la rêverie, un sentiment particulier aux Slaves, qui tient à la fois du désir, du regret, et d'une prédisposition innée à la tristesse, pour lequel nous avons un terme spécial, *tensknota,* et dont on ne retrouve l'équivalent dans aucune langue. C'est, si vous voulez, « l'aspiration vers un bonheur absent », rendue par un seul mot. L'*Alouette,* dont la fin manque, et la *Délaissée* en offrent de touchants exemples. L'auteur de la dernière surtout connaissait bien le cœur humain; il savait que les douleurs profondes s'expriment simplement, au lieu d'éclater en hyperboles : « Hélas! vous, sombres forêts, ô bois de Miletin, pourquoi donc verdoyez-vous l'hiver comme l'été?... Je voudrais pouvoir ne pas pleurer, n'avoir plus le cœur plein d'angoisse; mais dites, ô mes amis! qui donc ne pleurerait pas à ma place?... Où est mon père, mon père chéri? Il dort dans la tombe. Où est ma mère, ma bonne mère? L'herbe croît sur elle!... Hélas! je n'ai plus ni frère, ni sœur; on m'a ravi jusqu'à mon amant!... »

Tous ces petits morceaux, d'une date plus ou moins ancienne, se distinguent par une extrême suavité de sentiment et d'expression; de nos jours encore les vierges et les matrones slaves, aux feux de la veillée, en fredonnent quelques fragments détachés, en les entremêlant parfois, sans se douter que ce sont les vénérables débris d'un monde évanoui. Il est vrai que les savants et les antiquaires ne s'en doutaient pas non plus, avant la découverte des trois précieux manuscrits. Les poëtes nationaux ont largement puisé dans cette vaste épopée populaire, comme dans une mine intarissable, où chacun a le droit de choisir le métal qui lui convient.

Hâtons-nous d'arriver au manuscrit de Kïow, à l'*Expédition d'Igor*. Le début en est simple et limpide comme la vérité, que le barde se fait un devoir de suivre dans tout le cours de sa narration; le style plein d'images toujours justes, parfois empreintes de grandeur : « Frères, n'est-il pas bon de chanter

dans notre vieille langue le douloureux récit de l'expédition d'Igor? Je commencerai donc ce chant d'après l'histoire des temps anciens, et non à la manière de Boïan. Quand Boïan l'inspiré se mettait à chanter les héros, sa pensée s'élevait comme un chêne touffu dans les bois; elle courait comme un loup gris sur la plaine; elle planait comme un aigle dans le ciel bleu. Et quand sa mémoire lui retraçait les guerres des temps anciens, il lançait dix faucons contre dix cygnes. . . . .
. . . .

Non, ce n'étaient pas dix faucons contre dix cygnes que Boïan lançait dans les airs; c'étaient dix doigts nerveux et prophétiques étreignant dix cordes vivantes qui, d'elles-mêmes, célébraient la gloire des héros! »

Certes, jamais langage ne fut plus noble et plus énergique. Après avoir dit les raisons de l'expédition du prince Igor, dont les terres avaient été envahies par les Polovciens, notre poëte passe à la revue des troupes, au dénombrement; puis, à leur marche à travers les steppes, sous la conduite de leur chef qui s'écrie :

« Avec vous, mes Russiens, j'exposerai ma tête au glaive ennemi ; je boirai le Don dans mon casque! »

C'est ainsi qu'un roi de Pologne disait : « Si le ciel vient à tomber, les lances de mes cavaliers sauront le retenir! »

Après une nouvelle invocation à Boïan, vient le tableau du premier déploiement de l'armée et de sa rencontre avec l'ennemi. Il y a ici des descriptions d'une merveilleuse originalité : « Mes Kouriens sont d'illustres combattants; nés au son de la trompette, bercés dans une cuirasse, nourris au bout d'une pique, ils connaissent toutes les routes et tous les défilés. Leurs arcs sont toujours tendus, leurs carquois toujours remplis, leurs sabres toujours aiguisés; ils bondissent comme les loups gris sur les plaines, cherchant pour eux l'honneur, pour leur souverain la gloire! »

Une seconde rencontre au fond des steppes, où les troupes d'Igor sont écrasées par les masses des Polovciens, fournit au poëte l'occasion de jeter un coup d'œil sur les troubles intérieurs qui datent du règne d'Oleg, et sur le sombre avenir du pays dont il prévoit la conquête par les barbares scandinaves et mogols; sa lyre exhale des sons d'une tristesse infinie dans le récit du désastre national, du songe fatidique et des imprécations du vieux Swiatoslaw, à la nouvelle de ce combat funeste où son fils a perdu la liberté; mais surtout dans l'héroïde amoureuse que soupire la belle Iaroslawna, l'épouse du prince Igor:

« Je m'envolerai vers le Don comme un coucou plaintif; dans l'eau de la Kaïala je tremperai mes manches de castor, et j'en essuierai les plaies saignantes sur le corps de mon seigneur, beau même après la mort!... O vent du désert, vent cruel! pourquoi donc as-tu soufflé avec tant de violence, en poussant de tes ailes puissantes les flèches du khan sur les compagnons de mon bien-aimé? N'était-ce point assez de lancer des montagnes de neige dans les airs, de faire chavirer les vaisseaux sur la mer azurée ? Fallait-il encore disperser mon bonheur d'amante parmi les herbes des steppes?. »

Heureusement pour elle, le prince Igor s'enfuit sur un cheval qui lui est donné par un soldat polovcien, et revient à Kïow, où sa présence ramène la joie et l'espoir du triomphe. La fin du poëme est un chant de gloire en l'honneur du jeune héros; l'hymne se termine par une prière, par un *amen*, comme si le poëte voulait sanctifier ses inspirations païennes en reconnaissant la souveraineté du Dieu de l'Évangile.

Il a cette terminaison commune avec l'hymne de saint Adalbert, premier monument du polonais se séparant du bohème et s'affirmant comme langue nationale. Cet hymne à la Vierge, dans un langage qui n'a presque pas varié depuis le xe siècle, fut le chant de guerre de nos aïeux jusqu'à la fin du XVIIe, c'est-à-dire jusqu'à la délivrance de Vienne par Jean Sobieski[1].

Voilà l'énumération rapide des chants et des légendes qui ont entouré le berceau de notre nation; mélodieux échos du passé, et que la triple invasion germaine, scandinave et mogole ne parviendra jamais à étouffer.

Paris, 10 décembre 1855.

(*La Gazette de France.*)

XLIII.

A M. J. LELEWEL, HISTORIEN.

LA LÉGISLATION POLONAISE.

Monsieur et cher Concitoyen,

Dans différentes attaques portées contre la nationalité polonaise, on nous fait passer tantôt, comme M. de Lamartine le soutient dans ses récentes publications, pour une aristocratie impérieuse qui, faute de guerres avec l'étranger, exerçait sa valeur dans les combats particuliers; tantôt comme l'a dit M. de Wagner dans la séance du 8 février des chambres prussiennes, pour la grande armée et le *quartier général* de la révolution. On nous permettra d'en finir une bonne fois avec ces accusations contradictoires que nos ennemis ont eu l'art d'accréditer, mais qui ne sont appuyées sur aucune base historique.

Pour ce qui concerne la première, l'esprit évangélique de nos vieilles lois républicaines, dans lesquelles le dogme de l'égalité civile se trouvait bien plus profondément empreint que dans les institutions de nos voisins, ne pouvait admettre l'esclavage légal du peuple : car l'État polonais n'aurait pu vivre et durer pendant huit siècles sur cette contradiction. L'oppression des paysans, fruit tardif de la décadence des mœurs et de l'intolérance religieuse au XVIIe siècle, n'a existé en Pologne qu'à titre d'abus et d'exception. Elle fut du reste complètement réformée dans le siècle suivant par les assem-

---

1. Voyez pages 149, 435 et 452.

blées législatives de 1768, de 1775, et surtout par la constitution du 3 mai 1791. Aujourd'hui, dans toute l'étendue de la Pologne, le peuple est aussi patriote que la noblesse, et plus encore dans certaines provinces; car il a de plus qu'elle, comme motifs tout-puissants de haine envers la Russie, l'élément religieux dans toute sa force et la conscription militaire dans toute sa rigueur. Il y a plus, nous renoncerions à l'espoir de reconstruire notre nationalité, si nous n'étions certains d'y voir concourir tout notre peuple de vingt millions d'âmes.

Cette certitude est fondée sur l'identité de race, sur notre code national, sur ce qui se passe aujourd'hui même dans notre pays[1]. Qu'il me soit donc permis de jeter avec vous un coup d'œil rétrospectif sur notre ancienne législation.

Depuis l'établissement du christianisme en Pologne au Xe siècle, à part quelques coutumes locales, nous remarquons l'unité des institutions ressortant de l'unité d'origine, dans les vastes pays habités par nos aïeux : « Les États polonais se formant d'un grand nombre de tribus, avez-vous dit dans votre savante étude sur notre législation[2], assuraient les mêmes lois aux deux classes de la noblesse et des paysans; ou, pour mieux dire, des guerriers et des cultivateurs... A l'exception de quelques prisonniers de guerre rachetés par les grands dignitaires, et qui se trouvaient immédiatement affranchis[3], la masse des habitants était *libre* et parfaitement *égale* devant la loi. »

Certes, votre autorité historique est une de celles qu'on peut invoquer sans crainte de se tromper. Et plus loin :

« L'idée qu'on se faisait de la propriété était si pure, qu'elle n'admettait pas de servitude. »

En effet, la séparation entre les nobles ou propriétaires et les non-nobles ou fermiers n'eut jamais d'autre signification en Pologne que la différence sociale entre les soldats et les agriculteurs : le nom de *milites* étant commun à la classe nobiliaire, de même que celui de *cmethones* servait à désigner les paysans. Du reste, il n'y avait parmi tous les membres de la première aucune distinction de droits et de priviléges. Les branches collatérales de la race des Jaghellons nous ont seules donné quelques princes, après la réunion de la Lithuanie à la Pologne au XIVe siècle ; en fondant cette funeste pépinière de magnats, presque étrangers au pays, dans laquelle se recrutaient les ambitions de tous les partis ; tous les autres titres, d'une date beaucoup plus récente, sont, *sans aucune exception*, d'origine étrangère[4].

Le droit de propriété prenait sa source dans l'obligation de servir l'État, seul maître absolu de la terre et qui en héritait après la mort des usufruitiers. Il devait en être ainsi chez une nation guerrière, ayant pour mission spéciale de protéger l'Europe contre l'agression des barbares. Les contestations qui s'élevaient entre les possesseurs et les fermiers étaient déférées aux *zupan*, juges de paix élus par les communes, avec délégation pour amener les parties à des arrangements à l'amiable. La peine de mort n'était admise que pour les crimes de haute trahison ou de parricide; mais, grâce à la douceur des mœurs de nos ancêtres, elle fut très-rarement appliquée : pendant toute l'existence de la Pologne, on en pourrait aisément énumérer les cas isolés. Le meurtre était puni d'emprisonnement et d'une amende pécuniaire pour les deux classes, à moins qu'il ne fût accompagné de viol ou de guet-apens. Pour tous les autres délits, le roi, juge suprême, se réservait le droit de grâce et d'allégeance.

Voilà dans toute sa mansuétude et sa simplicité l'ancienne législation polonaise, avant qu'elle ne fût réunie en un code de lois régulier, nommé *statut de Wisliça*, par le dernier des Piasts, Kasimir le Grand, à la diète de 1347. Citons quelques-unes des dispositions, à l'égard du peuple, de ce code en tête duquel se trouve inscrit le principe fondamental de la non-rétroactivité[1] :

« Le paysan est affranchi de toute poursuite à raison des procès intentés au seigneur;

« Tous les habitants d'un village sont autorisés à l'abandonner, si le seigneur attente à l'honneur de la femme ou de la fille d'un d'entre eux (le *droit du seigneur* florissait dans toute sa vigueur chez les nations voisines);

« La coutume abusive existant chez nos voisins, par laquelle le seigneur héritait des biens du paysan mort sans enfants, est abolie, et les collatéraux de celui-ci ont droit de recueillir la succession ;

« Les testaments ne sont valables pour la succession mobilière; les terres possédées à titre de propriété ou d'antichrèse ne pouvant être données ou obérées par un acte de dernière volonté, selon le principe : *Ne defensio reipublicæ minuatur*[2] ;

« Le duel est puni de six mois d'emprisonnement et d'une amende de 500 francs (c'était donc un plaisir très-coûteux pour l'époque, et que les plus riches pouvaient seuls se permettre);

« Il n'y a pas de peine spécifiée pour les crimes de lèse-majesté, qui sont jugés, selon les circonstances, par une haute cour composée des membres de la diète;

---

1. Voyez *l'Insurrection polonaise en Ukraine*.
2. *Tableau de la Pologne ancienne et moderne,* par Malte-Brun et Léonard Chodzko, t. II, p. 239.
3. « *Mater Bolesai III multos christianos de servitude judæorum suis facultatibus redimebat.* » Gallus II, p. 131.
4. La haute aristocratie polonaise ou lithuanienne, composée, 1 est vrai, d'un très-petit nombre d'individus appartenant à des familles soi-disant princières, est toute antinationale. Les titres de *prince*, de *marquis*, de *comte*, de *baron*, etc., étaient hautement réprouvés et proscrits par les lois polonaises, dont l'esprit fut de tous temps l'égalité la plus parfaite entre tous les citoyens. Pour ces magnats avides, l'indépendance ou le partage du pays n'a été qu'une question de richesse et de propriété. Il ne s'agit pas ici, bien entendu, de la petite noblesse, la *milice* ou l'armée, qui constitue l'essence même de la nation, avec l'admissibilité progressive du peuple, autorisée et sanctionnée par les lois.

1. « *Volumus ut omnes nostræ constitutiones editæ in Vislicia non respiciant præterita, sed tantummodo præsentia et futura,* etc. »
2. Cette disposition fut, en 1676, étendue jusqu'aux maisons possédées dans les villes par les deux classes.

« Les débats judiciaires criminels et civils sont et resteront toujours publics en Pologne, les juges devant être élus dans les comices de chaque district, etc. »

On voit, par ces quelques citations, que nos lois les plus anciennes n'étaient déjà pas si barbares, quoi qu'en disent certains historiens étrangers, en nous appliquant le mot de Virgile : « *Ferrea jura, insanumque forum;* » que, pour le XIV° siècle, elles portaient l'empreinte d'une civilisation très-avancée. Ce premier code polonais, qui valut à notre grand Kasimir le surnom de *roi des paysans,* titre sans contredit plus glorieux que celui que la postérité lui a si justement décerné, a devancé de neuf ans la célèbre *Bulle d'Or* de Charles VII, empereur d'Allemagne, encore toute remplie des ténèbres du moyen âge.

Le *statut de Lithuanie,* adopté pour les provinces de l'est en 1529, sous le règne de Sigismond Ier, c'est-à-dire antérieur de trois ans au code pénal allemand intitulé : *Règlement de l'empire,* porte entre autres les sages dispositions suivantes :

« La loi est *une* et *générale,* elle oblige toutes les parties et tous les habitants du pays, même les étrangers;

« Les crimes de haute trahison sont seuls punis de mort, mais la loi exige, pour les constater, la déposition de sept témoins et le serment du dénonciateur;

« Un faux accusateur subit la peine qu'aurait encourue l'accusé, si le délit avait été prouvé;

« Les délits de chasse ne peuvent en aucun cas entraîner la peine de mort, comme dans les pays voisins [1] : ils sont punis, au maximum, de six mois d'emprisonnement;

« Les peines pour attentats envers les femmes peuvent s'élever au double de celles pour attentats envers les hommes : il en est de même pour délits envers les enfants *et les hôtes étrangers;*

« La peine de la torture est abolie et ne pourra jamais être rétablie (en France, elle ne fut définitivement supprimée que par la déclaration royale de 1788);

« Pendant toute la durée de leurs fonctions, les juges ne peuvent faire aucune acquisition d'immeubles; il leur est interdit d'entendre aucune cause dans laquelle eux, leurs enfants ou leurs pupilles se trouveraient intéressés; etc. »

Ajoutons-y que, grâce à la passion instinctive de l'égalité, le droit d'aînesse, qui subsiste jusqu'aujourd'hui en Angleterre, n'a jamais pu prendre racine dans notre pays. Il n'y a eu en tout que cinq majorats sanctionnés par les lois, et dont deux seulement sont parvenus jusqu'à nous, les Radziwill et les Sulkowski : voilà pour le premier chef d'accusation.

Ces deux *statuts,* traduits du latin en polonais par Jean Herburt (1564), sous le titre de *constitutions,* furent, avec les *pacta-conventa,* jurés par les rois au moment de leur élection, obligatoires jusque vers la fin du dernier siècle.

---

[1] Comme dans certaines contrées de l'Allemagne jusqu'en 1830.

A côté de cette législation nationale, *jus commune seu terrestre,* qui réglait les rapports entre les seigneurs et les paysans, se trouvait la législation étrangère ou teutonique, *jus novi fori,* en usage dans les villes; celles de la Mazovie et de la Prusse polonaise reconnaissant le droit de Culm (Chelmno) : toutes les autres, tant en Pologne qu'en Lithuanie, la loi de Magdebourg. Cette loi, importée dans le pays par les nombreuses migrations allemandes et juives qui de tout temps venaient s'y établir, sévissait surtout contre les voleurs et les usuriers; le vol commis de nuit ou avec effraction était puni de mort. Les jugements de Dieu faisaient autorité en matière criminelle; les épreuves étaient au nombre de trois : l'eau bouillante, le fer rouge, le duel à l'épée entre les nobles, au bâton entre les non-nobles. Les cours judiciaires s'y composaient, comme en Allemagne, de maires, de baillis, d'échevins et d'avocats. Les sentences se rendaient et s'exécutaient à huis clos. Le servage, *knechtschaft,* mot teutonique s'il en fut, s'y trouvait admis dans toute sa rudesse.

Cette loi détestable fut pendant sept siècles en conflit perpétuel avec la loi polonaise, qu'elle cherchait à corrompre et à étouffer, en faisant de nos grandes villes commerciales en quelque sorte des établissements germaniques. Dans ses rapports avec la Pologne, l'Allemagne nous a constamment porté malheur; tout ce qui nous venait d'elle précipitait la ruine du pays : son action dissolvante a commencé l'œuvre de destruction, achevée plus tard par la Russie. Nulle part le dicton : « *Timeo Danaos...* » ne pouvait être plus judicieusement appliqué. Il était réservé à la constitution du 3 mai 1791 d'abroger complétement cette juridiction étrangère, et de faire revivre dans toute sa pureté la législation nationale.

Cette constitution, votée presque à l'unanimité par la diète dite de *Quatre-Ans,* malgré les intrigues de la Russie et de ses créatures, établissait l'égalité de tous les citoyens devant la loi, la juste répartition des impôts, consacrait l'*habeas-corpus* ou l'inviolabilité personnelle, assignait aux paysans des terres particulières sous la protection des tribunaux. Elle admettait une révision toutes les vingt-cinq années, qui lui garantissait le progrès. Tout imparfaite qu'elle soit à notre point de vue actuel, cette constitution a précédé de cinq mois la première charte française, octroyée le 14 septembre de la même année.

Trois ans après, le général Kosciuszko, nommé dictateur par la nation, dans un ordre du jour daté du camp de Polaniec, le 7 mai 1794, proclame l'émancipation des paysans, l'inviolabilité de leurs possessions, et substitue des juridictions locales à l'arbitraire des anciennes coutumes. Une loi de *solidarité* pour les pertes subies par chaque citoyen pendant la durée de la guerre d'indépendance, est votée d'enthousiasme par la diète. Mais c'était l'avant-veille du partage (1795); et les généraux de la tzarine, en s'avançant vers la Pologne, nous traitaient de démagogues et de jacobins, *metejniki,* comme le fait aujourd'hui M. de Wagner dans la chambre prussienne.

Ils étaient tout aussi justes à notre égard que ceux qui nous traitent, avec M. de Lamartine, d'aristocrates et de tyrans. Nous les prions de s'accorder ensemble, si c'est possible.

Certes, les confédérés de Bar, qui rendaient la liberté au roi Stanislas-Auguste au prix de leur vie, le républicain Kosciuszko, qui plaçait ce roi parjure sous la protection de l'armée, seraient bien étonnés s'ils entendaient les anathèmes lancés contre la Pologne au nom de l'ordre et de la conservation. On n'est pas anarchiste et régicide pour réclamer son bien; la révolte et le désordre sont plutôt dans l'illégitime possession du spoliateur que dans l'incessante réclamation du spolié : voilà pour le second chef d'accusation.

Depuis cinquante années, tous les efforts que nous avons faits pour améliorer le sort du peuple, ruiné par la guerre et l'oppression étrangère, se sont évanouis entre les mains de l'administration allemande ou moskovite; et nous mettons au défi nos adversaires les plus passionnés de nous prouver le contraire.

L'Allemagne nous a répondu par les massacres de Tarnow soudoyés par M. de Metternich, et la suppression de la république de Krakovie, garantie par les traités de 1815;

La Russie nous a répondu par les oukazes d'Alexandre et de Nicolas, qui défendaient que l'on parlât jamais de l'émancipation du peuple, sous peine de déportation en Sibérie.

Le code de Napoléon, adopté en 1807 pour le grand-duché de Varsovie, fut en 1832 aboli par Nicolas et remplacé par les curieux *oukazes du Sénat;* oracles sibyllins qui peuvent, dans tous les cas possibles, s'interpréter dans les deux sens , pour peu que l'on y mette le prix.

L'esclavage en Russie, esclavage de 50 millions d'âmes, est béni et sanctionné par l'Église orthodoxe; il ne peut être supprimé qu'avec la religion elle-même. Voici un fait entre mille : « Une comtesse Orloff avait, par testament, donné la liberté à un grand nombre de serfs qu'elle avait reçus de Catherine II ; le tzar, l'ayant appris, annula aussitôt la disposition testamentaire et s'appropria les paysans[1]. »

Ce que la révolution a fait dans d'autres pays, le dévouement civique l'a fait dans le nôtre, sans effusion de sang et par la spontanéité de l'assentiment commun;

Mais, comme le disait M. Peyrat, notre confrère, dans son excellent article du 17 juin dernier sur les nationalités : « *Les Polonais, depuis près de cent ans, n'ont pas eu moins à se plaindre des calomnies de leurs ennemis que de leur oppression.* »

L'Allemagne se repentira un jour amèrement d'avoir prêté les mains à son partage; d'avoir diffamé la Pologne dans ses feuilles publiques et d'avoir volontairement accepté pour elle-même et pour l'Europe la protection de la Russie.

---

[1] *L'Église schismatique russe,* par le P. Theiner, de l'Oratoire, chap. VIII, *De l'esclavage.*

En un mot :

Toutes les lois ressortant de l'instinct national étaient en faveur du peuple ; toutes les lois venues de l'étranger portaient l'empreinte féodale du moyen âge.

Nous désavouons hautement l'esclavage et le servage du peuple polonais, comme indigne de nous et de lui, notre frère de race et notre égal par le patriotisme.

Il n'est en Pologne de souverain que le droit.

Paris, 5 mars 1856.

(*Le Siècle.*)

XLIV.

A M. J. MICHELET,

AVEC UN PORTRAIT DE KOSCIUSZKO, OFFERT AU NOM DE L'ÉMIGRATION POLONAISE.

A vous, noble cœur, généreuse intelligence, qui, pendant nos jours d'exil et de captivité, nous avez soutenus par de loyales et courageuses paroles;

A vous, historien patriote, qui, pénétré de la même foi que la nôtre, croyez qu'il n'est point d'Europe libre sans une Pologne libre;

A vous, Jules Michelet, auteur de la *Légende de Kosciuszko,* invariable ami de notre Adam Mickiewicz ;

Nous, émigrés polonais, venons offrir cette image d'un héros populaire, en témoignage de l'éternelle reconnaissance que nous vous garderons dans nos âmes, pour la pieuse et constante sympathie que vous avez vouée à notre cause; pour les énergiques accents que vous avez prêtés à nos aspirations; pour cette foi robuste dans l'avenir de la Pologne qui a déjà transmis votre nom au respect de tous les peuples slaves.

Nous savons que vous ne recherchez pas les louanges des hommes; la voix intérieure de votre conscience suffit à votre patriotisme. En vous faisant cette offrande, nous obéissons surtout à un besoin de nos cœurs ; et nous vous prions de l'accepter avec le sentiment tout fraternel avec lequel nous la déposons entre vos mains.

Que les noms polonais inscrits au bas de cette page vous rappellent un jour cette famille d'exilés qui, malgré les plus amères déceptions, malgré la plus douloureuse attente, n'a jamais désespéré du salut de la patrie et de l'humanité.

Quoi qu'il advienne de ceux qui les ont signés, et qui, toujours animés de la même confiance dans la justice divine, seraient heureux de sceller de leur sang le triomphe de leur foi politique, quelles que soient les destinées à venir de la France, que nous avons longtemps considérée comme une seconde patrie, nous vous jurons un impérissable souvenir jusqu'au dernier moment de notre vie, et nous ne cesserons de vous ranger parmi les défenseurs les plus zélés, les plus actifs, comme aussi les plus méritants de la sainte cause polonaise.

Suivent les signatures.

Paris, 16 mars 1856.

RÉPONSE.

« Toute une vie de travaux serait trop payée par un tel témoignage. Qu'ai-je fait, sinon de dire ce que tous sentent aussi bien, et diraient mieux que moi?

« Je voudrais serrer sur mon cœur ceux qui ont signé. Veuillez le leur dire; et qu'aucun d'eux, JE LE SENS, *n'est plus Polonais que moi.*

« JULES MICHELET. »

Paris, 17 mars 1856. (*L'Estafette.*)

XLV.

AU DIRECTEUR DU *TIMES*.

LA POLOGNE ET LE PANSLAVISME.

MONSIEUR,

Permettez-moi de réclamer contre l'article nécrologique que vous venez de publier sur la Pologne. Comme vous ne pouviez mentir à vos généreux antécédents, ni absoudre en principe l'abandon de notre patrie par les puissances de l'Europe, vous n'avez cru pouvoir justifier la politique de lord Palmerston à son égard, qu'en disant : « Que la Pologne n'existait plus de fait, qu'elle était morte, ensevelie dans sa gloire; qu'on n'en pouvait plus retrouver quelques restes échappés au fer de ses bourreaux, qu'en Sibérie ou bien à l'étranger. »

En vérité, Monsieur, vous allez trop loin dans votre animosité contre vos futurs alliés. Que seize millions de Polonais soient tombés, depuis le triste ministère de lord Castlereagh, sous le joug de la Russie, rien n'est plus vrai; mais que la barbarie d'un gouvernement despotique, si sanguinaire qu'il soit, puisse en quelques années exterminer une population de seize millions d'hommes, qu'elle puisse anéantir leur patriotisme, lorsque ce sont des Polonais : c'est ce que personne ne voudra croire et c'est ce que vous ne croyez pas vous-même.

Vous oubliez d'ailleurs le grand-duché de Posen et la Gallicie, soumis au régime de la Prusse et de l'Autriche. La Pologne existe si bien, comme nation sinon comme État, que vous-même avez dit : « *Il a suffi aux puissances occidentales d'évoquer un instant l'ombre de la Pologne, pour forcer immédiatement la Russie à souscrire à toutes les conditions qui lui étaient imposées.* » Vous avez ajouté, d'après des correspondances de Vienne : « Que les alliés, comprenant que parer sans riposter était un mauvais jeu, avaient déclaré à l'empereur d'Autriche qu'elles allaient enfin proclamer le rétablissement de la Pologne, en offrant à celui-ci les provinces danubiennes, en échange de la Gallicie; que l'Autriche ayant accepté avec empressement une proposition aussi avantageuse, l'avait fait connaître au roi de Prusse, qui, pour ne pas perdre Posen et la Silésie sans compensation, l'avait transmise avec une note très-pressante à son neveu; que la Russie enfin, menacée d'un soulèvement général de l'Europe, et craignant une dissolution intérieure, avait adhéré sur-le-champ aux propositions de l'Autriche. »

Tout cela ressort de vos précédents articles; et, grâce au *Journal des Débats*, tout le monde le sait à Paris comme à Londres. Vous voyez donc bien qu'aucune de ces puissances, pas même la Russie, ne considère la Pologne comme anéantie et ne juge son rétablissement impossible; que moins les hommes politiques prononcent son nom, plus elle leur est présente, sous quelques drapeaux qu'ils se trouvent rangés; que l'absence même de ce nom dans les traités qui s'élaborent à Paris, le grandit encore dans l'opinion publique de l'Europe.

La Pologne se lie étroitement à ses destinées; elle est toujours sa question capitale; et cette paix dont vous semblez si heureux, conclue sur la menace de son rétablissement, est le témoignage irrécusable, le résultat positif de sa vitalité.

Vous en faut-il, Monsieur, d'autres preuves? Je n'aurai pas beaucoup de peine à vous les fournir. Vous les trouverez dans les nombreux officiers et soldats qui, malgré le mauvais accueil qui leur était fait, voulaient abandonner les rangs moskovites pour se joindre à ceux qu'ils croyaient devoir être les libérateurs de leur patrie. Vous les trouverez parmi ces prisonniers de Bomarsund et de Kinburn qui demandaient instamment à prendre du service dans les armées alliées; mais le *Morning-Advertiser* a plus d'une fois expliqué les raisons pour lesquelles ils n'ont pas été admis [1].

Non, Monsieur, la Pologne n'est pas morte, quoi que vous en disiez, car la persécution n'anéantit pas un peuple de vingt millions d'âmes, et comme l'a dit l'historien Maurice Mochnacki : « *Une nation ne meurt pas les armes à la main.* » La vie du tzar Nicolas s'est usée à la tâche de la tuer, sans pouvoir y parvenir; et l'existence même de son colossal empire s'y est trouvée compromise. Depuis 1848 seulement, plus de trente mille émigrés, jeunes gens et fonctionnaires publics, ont quitté leurs familles, espérant se faire enrôler en France dans les légions polonaises. Les ineptes hommes d'État qui se trouvaient à cette époque à la tête de la révolution n'ont pas su l'utiliser. La Pologne, comme un cratère de volcan, fait jaillir sans cesse une nouvelle lave, attestant que le foyer intérieur est loin d'être éteint. Jetez-y un mot de patrie, il s'embrasera. En 1833, le conseiller intime S*** était envoyé à Varsovie avec la mission de dénationaliser les Polonais, et muni des pleins pouvoirs les plus étendus. Nicolas lui

---

[1] Il les attribue aux anciennes relations d'amitié ou d'intérêt existant entre lord Palmerston et la princesse de Liéven, son Égérie kourlandaise.

donnait dix ans pour cette œuvre de destruction; et lui, soit vanité, soit ignorance, n'en demandait que trois : il était, disait-il, parfaitement sûr de lui-même et de ses moyens. Après six ans écoulés il fut rappelé à Saint-Pétersbourg; le tzar furieux lui demanda pourquoi il n'était pas plus avancé dans sa besogne : « Eh, sire, faites-la vous-même, si vous voulez, lui dit le farouche émissaire; mais je vous avertis que si vous restez seulement dix mois à Varsovie, vous deviendrez polonais! » Le conseiller S*** fut naturellement envoyé en Sibérie, pour accomplir le reste de sa mission.

On a voulu, de même que Napoléon Ier, faire à la Russie une guerre à « *armes courtoises;* » et on est arrivé, après deux ans de sacrifices inouïs, à la victoire de Sébastopol qui ne vaut pas mieux, pour ses résultats, que la défaite de Moskou : 1812 a trouvé son pendant, et non pas comme on voudrait le faire accroire, sa revanche en 1856.

Il n'est pas juste, Monsieur, de nier l'existence d'une nation, si malheureuse soit-elle, pour pouvoir se dispenser de la secourir. Mais s'il est une chose au monde qui puisse lui faire abjurer son patriotisme, les traditions de ses aïeux, c'est le désir de la vengeance contre ceux qui ont méconnu tous ses sacrifices; c'est l'espoir du dédommagement en gloire et en conquêtes de ce que l'abandon de l'Europe lui fait perdre en liberté. L'Autriche et l'Angleterre d'abord, et plus tard la France se repentiront d'avoir encore une fois renié notre patrie, lorsqu'il suffisait d'un généreux effort pour la sauver; elles reconnaîtront, mais trop tard, la différence qui existe entre la Russie réduite à l'impuissance par l'opposition polonaise, dont elles ont si souvent profité, et la Russie marchant de pair avec la Pologne ralliée, à la réalisation certaine des projets de Pierre Ier, c'est-à-dire au *panslavisme*[1].

Paris, 29 mars 1856.

(*Le Times. — Le Sun. — Le Galignani's-Messenger.*)

XLVI.

AU DIRECTEUR DU *MORNING-ADVERTISER*.

LES CONSÉQUENCES DE LA PAIX.

« Les dynasties ne se fondent que par la gloire. »
SIR. DE GROVESTINS.
(*Congrès de Vienne et de Paris*, 1815-1856.)

MONSIEUR,

Les conférences de Paris ont eu pour but de stipuler les clauses nécessaires au maintien, ou pour mieux dire au rétablissement de l'équilibre européen. A l'heure où nous écrivons, le différend turko-russe, transformé en lutte européenne, vient d'être réglé par la voie des négociations. Nous serions les premiers à nous en réjouir, si ces transactions pouvaient amener une paix sincère et durable, basée sur les principes au nom desquels la guerre fut entreprise par les puissances occidentales; mais telle n'est point notre pensée : elles n'aboutiront, selon nous, qu'à une trêve de quelques années, qui rendra quelque jour la guerre plus ardente et plus meurtrière, et par ses conséquences remettra pour longtemps encore en question l'avenir et la sécurité de l'Europe.

La première conséquence de la paix, conclue par les plénipotentiaires des puissances et qui vient d'être scellée par un traité, sera de rassurer la Russie dans ses conquêtes et de la raffermir dans ses prétentions. Il est évident pour elle, de même que pour nous, que la continuation de la guerre entraînait la dislocation imminente et la réduction du colossal empire du tzar, peut-être même sa destruction totale. Elle le sent si bien que, toutes les concessions qui lui sont demandées, elle s'empresse d'y souscrire, tout en discutant les détails, uniquement pour sauver l'honneur de sa diplomatie. Sébastopol *démantelé*, Nikolaïew désarmé, Kars remis au sultan, ne sont rien auprès de l'immense intérêt qui s'attache pour elle à l'acceptation des cinq articles; elle rendrait volontiers la moitié de son territoire pour pouvoir conserver le reste. La Russie a depuis longtemps appris cette politique de patience et de temporisation qui se fait au besoin basse et rampante, lorsqu'elle n'est pas certaine du triomphe immédiat, qui consiste à sacrifier une partie pour maintenir la totalité : comme le loup pris au piège s'arrache lui-même le membre captif et retourne à son gîte. Elle a profité des leçons qui lui ont été données par les Scandinaves et les Tatars. Si vous vouliez avoir un gage infaillible de sa sincérité, de son renoncement à toute idée de conquête, il fallait lui redemander la Pologne; mais c'est là précisément la seule chose qu'elle n'aurait pas consenti à vous accorder.

L'Autriche a donc sauvé la Russie en déterminant les alliés à reprendre les négociations, après la triple victoire de l'Alma, d'Inkerman et de la Tchernaïa; de même qu'à une autre époque la Russie avait sauvé l'Autriche, après les désastres de Bude, de Kapolna et de Temeswar : ce n'est pas de sa part qu'un prêté rendu. Mais cette dette de reconnaissance qu'elle vient d'acquitter envers sa rivale ne doit pas être soldée aux dépens de l'alliance anglo-française; au prix de son influence morale en Europe, de son honneur, de sa popularité. C'est un engagement particulier entre les deux empires, à l'accomplissement duquel la France et l'Angleterre ne sont aucunement intéressées. Que l'Autriche ait désiré la paix presque autant que la Russie, c'est très-probable; car la guerre l'obligeait, en vertu du traité du 2 décembre, à se déclarer contre sa bienfaitrice; mais où se trouve la garantie qu'une fois la paix conclue, l'Autriche, obéissant à ses anciennes affinités et dégagée de ses conventions nouvelles, ne quitte soudainement l'alliance anglo-française pour se jeter,

---

[1]. On sait que le *panslavisme* a pour objet la réunion de tous les Slaves et de leurs adhérents, c'est-à-dire de 100 millions d'individus, sous le sceptre de la Russie.

de force ou de gré, dans les bras de la Russie ?

Cette garantie n'existe nulle part, si ce n'est dans la mesure que nous avons maintes fois proposée et que nous proposons encore, pour éteindre la guerre d'Orient jusque dans son principe : savoir, le rétablissement de la Pologne. Cette mesure de salut pouvait soulever l'opposition diplomatique de l'Allemagne, sans toutefois la décider aux hostilités envers les alliés : car le premier coup de canon tiré sur le Rhin ou les Alpes serait tout aussi fatal à l'Allemagne qu'à la Russie elle-même. Il y a plus; déclarer l'indépendance de la Pologne comme condition indispensable de l'équilibre européen, c'était terminer la guerre d'un seul coup et dans une seule campagne : car la Russie épuisée ne songeait plus qu'à se mettre sur la défensive pour son propre territoire. Ses ressources militaires, ses arsenaux, ses finances, son prestige surtout, étaient complètement dissipés, anéantis; elle ne pouvait continuer la lutte qu'en dégarnissant la Pologne, qu'en employant ses dernières réserves et son dernier pécule : elle en avait à peine pour trois mois. La défense prolongée de Sébastopol avait tari ses moyens de résistance; celle de Saint-Pétersbourg, de Kronstadt ou même de Riga, devait être son râle d'agonie : trop heureuse si des complications intérieures n'étaient venues la mettre hors de combat dès le début de la campagne.

Dans cet état de choses, dont personne en Europe ne peut se dissimuler la portée, la conclusion de la paix, de la part des puissances alliées, sera-t-elle politique, utile, rationnelle, à quelque prix que ce soit? Évidemment non ; car le but de la guerre actuelle est encore loin d'être obtenu. Soulever une question aussi vaste, aussi prédominante que cette question d'Orient, qui tient en suspens le monde depuis la chute de Napoléon Ier, sans la résoudre, ou bien en la laissant à moitié résolue, en se contentant d'un simple ajournement, d'un expédient dilatoire, est pour la France et l'Angleterre une faute grave, la plus grave qu'elles aient encore commise : faute dont les conséquences ne tarderont pas à se traduire pour elles en pertes incalculables et en revers inouïs. Il valait mieux, croyons-nous, poursuivre le combat, une fois engagé, jusqu'à ce que leur adversaire fût mis dans l'impossibilité de le reprendre un jour et de le continuer dans des circonstances plus favorables.

Ces circonstances ne manqueront pas de se produire au moment où l'on y sera le moins préparé ; nous mettrons en première ligne la mauvaise foi traditionnelle de la Russie. Tous les traités ne sont observés par elle que lorsqu'elle ne trouve pas un avantage direct à leur violation; et nous pourrions, depuis le traité de Karlowitz jusqu'à celui de Kaïnardji [1], citer des milliers de faits à l'appui.

La teneur même des cinq articles, tels qu'ils ont été présentés aux conférences, lui en fournira le prétexte ; l'exclusion des vaisseaux de guerre de la mer Noire, une commotion politique en Europe, la dissolution possible sinon présumable de l'alliance anglo-française, lui en donneront le moyen. La ruine de Sébastopol a été amplement compensée par la prise de Kars; le dernier coup d'épée a été porté par la Russie; et la paix, en relevant le prestige de ses armes, la fera passer désormais, aux yeux de l'Europe comme aux siens, pour invincible.

De tous les souverains qui ont régné sur la Russie, le tzar Alexandre Ier est certainement celui dont on a le plus souvent glorifié la loyauté chevaleresque et la modération. Sa *modération* ne l'a pourtant pas empêché de s'approprier la Finlande, la Bessarabie, la Pologne prussienne, et de vastes contrées en Asie. Voyons si son renom de *loyauté* était mieux fondé. On sait que ce souverain, après sa défaite d'Austerlitz, n'eut rien de plus pressé que de chercher un nouvel allié pour recommencer les hostilités contre la France. Il profita *loyalement*, pour y parvenir, du mécontentement de la Prusse; il vint en personne à Berlin, excita le ressentiment du roi, l'amour-propre de la reine, près de laquelle il se montra, dit-on, très-aimable et très-empressé. Ce fut sur le tombeau même du grand Frédéric que les trois souverains jurèrent alliance entre eux et haine à la France. La guerre commencée, les Prussiens vinrent imprudemment se faire battre à Iéna; quant à leurs alliés, ils firent à peine un effort pour reconquérir la Prusse; et après les deux batailles d'Eylau et de Friedland, l'empereur de Russie conclut de nouveau la paix à Tilsitt. Là, fut-il de bonne foi lorsqu'il sembla se laisser séduire par le génie de Napoléon ? La suite permet d'en douter ; mais ce qui est certain, c'est que bientôt après, oubliant les serments de Potsdam, il abandonna lâchement son allié.

Tout traité d'alliance est naturellement offensif et défensif; il comporte de plein droit la garantie réciproque des deux territoires ; et pourtant, le chevaleresque, le loyal Alexandre abandonna par ce traité la moitié du territoire prussien, sans partager en quoi que ce soit le sacrifice. Était-ce assez d'égoïsme, de honte et de mauvaise foi? Non, il fit plus encore. Il stipula à son profit la cession d'une partie du territoire prussien du district de Bialystok, avec 400,000 âmes de population; et par ce nouvel acte de félonie, il n'abandonnait pas, il ne livrait pas seulement son beau-frère : il le vendait, en s'enrichissant de ses dépouilles.

Alexandre Ier n'en est pas moins resté dans l'histoire le plus *loyal* et le plus *modéré* des souverains de Russie ; jugez des autres : « *Ab uno disce omnes!* » Et la Prusse tout entière n'en a pas moins

---

1. Voici ce que dit M. F. Ragon, dans son *Histoire générale du* XVIIIe *siècle*, au sujet de la paix de Kaïnardji, conclue le 10 juillet 1774, par laquelle la Porte cédait la Crimée à la Russie :

« ... Le plus grand triomphe de la Russie fut qu'on ne s'occupa point de la Pologne. Cette république avait été le sujet de la guerre, et dans le traité de paix *son nom ne fut pas même prononcé*. Bien plus, comme il en avait toujours été question dans les traités antérieurs, ils furent tous expressément anéantis. Ainsi furent consommés par ce silence l'abandon et la ruine des Polonais. » (Page 462.)

recherché l'alliance de cette puissance qu'elle sent devoir bientôt la dévorer! Et le vieux roi n'en a pas moins donné sa fille au frère d'Alexandre! Et le roi actuel n'en sacrifie pas moins l'honneur de sa couronne et la sécurité de sa patrie à une alliance avec cette race perfide et parjure!

La seconde conséquence de la paix sera de rattacher pour jamais la Pologne au système de la Russie, en faisant prévaloir ses instincts de domination sur les Slaves, généralement désignés sous le nom de *panslavisme*. Il est en effet peu vraisemblable que les Polonais, après tant de déceptions et de sacrifices, après la réserve étrange que l'on a mise à prononcer le nom de la Pologne dans le débat actuel, veulent encore attendre leur salut de l'Occident; et ceci n'est point une simple conjecture, mais le résultat assuré de vingt brochures écrites depuis un an par les plus fervents patriotes. Comprend-on bien toute l'influence que les Polonais, ralliés à la Russie, vont exercer sur les Hongrois et les Slaves? Les populations slaves, qui forment un tiers de la Prusse et les deux tiers de l'Autriche, n'avaient jusqu'à présent aucune sympathie pour les Russes, et reconnaissaient les Polonais pour frères et pour libérateurs. Quelle force n'aura donc pas la croisade slave, prêchée par eux parmi les peuples de même origine; lorsqu'ils diront à leurs frères qu'ils ont en vain compté sur l'esprit libéral de l'Occident pour la délivrance commune, et que le servage russe leur paraît désormais une condition meilleure pour réaliser leur grandeur et leur unité nationales; lorsqu'ils offriront aux Bohêmes, aux Magyars, aux Roumans, la certitude de subjuguer à leur tour leurs oppresseurs allemands : comme aussi de se venger de cette France qu'ils ont tant aimée, vers laquelle ils ont tendu les bras aux jours de leur supplice, et qui les a toujours éconduits, abandonnés, trahis!

Que l'on y prenne garde! la race slave couvre le tiers de l'Europe et de l'Asie; elle compte 80 millions d'individus belliqueux; et lorsqu'elle se trouvera réunie sous un même souverain, sa force deviendra irrésistible! Cette masse grandira sans doute encore par quelques années de paix, en profitant de tous les fruits de la civilisation; la Russie alors, se trouvant déchargée des dépenses que lui imposait sa marine, gardera aisément 8 à 900,000 hommes sous les armes; la meilleure et la plus forte partie de cette armée sera naturellement accumulée dans les provinces occidentales, c'est-à-dire en Pologne : de 3 ou 400,000 hommes, toujours prêts à entrer en campagne, pèseront, selon la volonté du tzar, tant sur la Prusse que sur l'Autriche, pour les écraser l'une par l'autre, ou les entraîner toutes deux, de force ou de gré, contre la France[1]!

La Russie, on le sait du reste, attache une très-grande importance à l'adhésion de la Pologne; car il a suffi que les puissances occidentales, lasses de respecter l'intégrité de son territoire, aient menacé de transporter le théâtre de la guerre dans les provinces polonaises, pour que le tzar acceptât sur-le-champ les offres de paix de l'Autriche. Que les adversaires et les détracteurs de la Pologne, s'il en est ailleurs qu'en Russie, reconnaissent donc encore une fois que c'est à notre existence qu'ils doivent cette paix si ardemment souhaitée; mais qu'ils songent aussi que la Pologne, ralliée à la Russie, transformera vingt millions au moins d'ennemis implacables, en autant de sujets dévoués à la politique du tzar. Cette seule considération devait suffire pour déterminer les alliés à n'accepter la paix dangereuse offerte par la médiation de l'Autriche, qu'au prix de l'affranchissement total de la Pologne.

Une troisième conséquence de la paix sera de rendre la Turquie hostile, ou tout au moins indifférente aux alliés. Les frontières sud de l'empire moskovite sont assurément les plus vulnérables; et ces frontières, en vertu des cinq articles stipulant la neutralité de la mer Noire, deviendront inaccessibles. C'est surtout pour arriver à ce but, pour fermer les Dardanelles aux vaisseaux de guerre étrangers, que le tzar défunt voulait s'emparer de Constantinople; or les traités actuels vont avoir le même effet au profit de son héritier. Neutraliser la mer Noire, c'est en même temps neutraliser la Turquie, c'est la mettre hors de votre portée et de votre influence; il s'agit du cas de guerre bien entendu, car il n'y a point de *neutres* sans combat. C'est donc dans l'intérêt de la Russie et non dans celui de l'Europe que vous stipulez cette neutralité. Le tzar s'empressera sans doute de faire construire des chemins de fer stratégiques, qui lui permettront de porter rapidement ses troupes d'une extrémité à l'autre de l'empire; mais il n'aura plus que les provinces baltiques à défendre contre les alliés, ses frontières méridionales se trouvant toutes gardées par l'inviolabilité de la mer Noire. Ce n'est pas la fermeture de cette mer qu'il fallait exiger pour la mettre à tout jamais à l'abri d'un coup de main de la Russie; mais, bien au contraire, son occupation incessante par les flottes alliées; sans cela, la mer Noire, fermée à vos vaisseaux, sera toujours le grand chemin de la Russie vers Constantinople et les Indes.

Il est également certain que la politique russe va changer de système à l'égard de la Turquie; qu'elle sera désormais aussi flexible, aussi conciliante qu'elle était naguère exigeante et hautaine : le ressentiment des Turks contre leurs voisins va par conséquent décroître avec leurs appréhensions. Alors les agents du tzar, tout semant l'or et les conseils, ne manqueront pas de rappeler aux Turks tous les affronts dont la diplomatie occidentale ne cesse de les abreuver depuis Navarin et Nésib; alors on leur fera sentir tout ce qu'il y avait, dans les procédés des alliés, de dédaigneux et d'humiliant pour leur orgueil national. N'est-il pas dès lors bien évident que, lorsque vous aurez besoin de la coopération de la Turquie pour une guerre défensive, cette puissance refusera son concours, en se retranchant dans le principe de la *neutralité* sanctionné par le traité de Paris?

---

1. Voyez le *Monde slave*, par l'auteur de la *Lettre à l'empereur*, 1856.

Pour les îles d'Aland, il était bien plus avantageux d'obtenir leur restitution à la Suède, ou même leur entière indépendance, que d'imposer la défense de relever les murailles de Bomarsund. L'amour-propre de la Russie aurait été moins humilié de ce fait une fois accompli, que d'une pareille interdiction. Ne pouvoir reconstruire ses forteresses et ses arsenaux, c'est n'être pas maîtresse chez elle; rien ne sera plus populaire en Russie que la rupture d'un semblable traité. La France en a fait à ses dépens la rude expérience sous la restauration : la défense de relever les remparts d'Huningue pesait bien plus à son patriotisme que la perte des provinces qu'elle avait conquises. Nous pouvons en dire autant de Sébastopol, dont la plus forte moitié subsiste toujours; le fort du Nord vaut dix fois la tour de Malakoff, et la Russie sera libre de redresser le tout et de relever ses vaisseaux quand elle voudra, grâce à la teneur des cinq articles. Mais qu'importe telle ou telle rédaction d'un point convenu aujourd'hui et qui sera violé demain? On en eût ajouté dix autres que ce serait absolument la même chose. Ce n'est pas dans les termes plus ou moins restrictifs d'un traité que se trouve le triomphe effectif de la Russie; c'est dans le fait même de son acceptation. Il ne faut négocier avec elle qu'après l'avoir abattue ; Tilsitt et Moskou sont là, comme deux témoignages solennels des mécomptes auxquels on s'expose, en s'engageant avec elle dans des pourparlers intempestifs. Les cinq points, disons-le franchement, sont tout à son avantage, et valaient à peine le soin d'être discutés.

Ce qui le méritait bien plus, c'est la reconstruction de la Pologne, votre plus ancienne alliée; rempart vivant de l'Europe contre l'Asie, de la civilisation contre les barbares, elle seule *garantissait* pour jamais l'Allemagne de l'influence moskovite. En procédant à cette œuvre éminemment populaire dévolue à la France, et qui la rendrait plus grande qu'elle n'a jamais été, il ne s'agissait plus de demi-mesures, de plans avortés, des tristes errements de 1807 ou de 1812; il fallait la Pologne vaste et forte, telle qu'elle était avant le partage, telle que Jean Sobieski l'a laissée. Si l'Angleterre n'a pas pris l'initiative dans son rétablissement, c'est parce qu'elle ne s'y croyait pas directement intéressée, comme puissance maritime; cet intérêt et cette initiative appartiennent surtout à la France, comme puissance continentale, avec ou même sans la coopération de l'Allemagne.

Eh quoi! vous avez fait des sacrifices immenses, des pertes incalculables, en hommes et en argent; vous avez fauché un demi-million de soldats sur vos champs de bataille, en entraînant l'Europe entière dans une ligue géante contre la Russie; et tout cela, sans aucune compensation, sans indemnité de guerre, sans même obtenir la stricte exécution des traités de 1815, faits contre la France, résultat pitoyable de sa défaite et de la chute du premier empire! Quel est donc l'étrange aveuglement qui vous fait accepter, après la triple victoire de Sébastopol le rôle de suppliants et de vaincus! Lorsque vous tenez la Russie abattue à vos pieds, ruinée, désespérant de sa cause; lorsqu'il suffit d'un dernier effort, d'un élan généreux, pour venger tous vos désastres, Moskou, Leipzig, Paris, et la longue humiliation de juillet; pour organiser et pacifier l'Europe, cette fois, avec le bras et l'or de l'Angleterre : vous offrez placidement à votre ennemie, avec la Krimée conquise, tous les fruits de votre coûteuse expédition! mais alors, il valait bien mieux ne jamais l'entreprendre!... Devons-nous croire que les hommes d'État, en France et en Angleterre, qui dirigeaient cette expédition du fond de leurs cabinets, étaient ennemis des nationalités, ou même secrètement dévoués à la Russie? L'histoire demandera un compte sévère aux auteurs du traité de Paris, du résultat de cette guerre sanglante, égale en fatigue et en durée à toutes celles du premier empire; qui aurait dû vous conduire à la suprématie politique en Europe, et dont vous n'avez su retirer aucun profit, ni pour vous, ni pour vos alliés!

En un mot, si le tzar vient d'accepter les conditions stipulées dans le projet de Vienne, ce n'est ni par déférence pour les alliés, ni par un renoncement à ses vues ambitieuses, ni par amour de la paix : c'est parce qu'il espère prendre sa revanche en temps opportun. Pour vaincre, vous n'aviez plus qu'à le vouloir; l'alliance occidentale, ce grand fait historique, le plus imposant depuis plusieurs siècles, scellée sur les champs de bataille de la Finlande et de la Krimée, vous en donnait le gage infaillible et vous en imposait le devoir.

En d'autres termes, la Russie humiliée sans être affaiblie, la Pologne perdue, la Suède compromise, l'Autriche disloquée, la Turquie réduite à l'immobilité *ou même rendue hostile,* le Piémont frustré, les Finlandais, les Tatars, les Kosaks, les Circassiens, se voyant arracher les derniers vestiges de leur nationalité, *les Indes anglaises désormais sans défense,* et, par-dessus toute chose, le tzar réconcilié avec les Slaves : — telles seront les conséquences de cette paix avant la victoire, ou plutôt de cette trêve d'un jour, résultant de l'acceptation pure et simple des cinq articles, et que nous n'hésitons pas à déclarer cent fois plus désastreuse que la guerre elle-même[1].

Paris, 1ᵉʳ avril 1856.

(*Le Morning-Advertiser.* — *Le Télégraphe,* de Bruxelles.)

---

[1]. Cette lettre, admise et composée dans le *Siècle,* ainsi que les deux articles suivants, tout un mois avant la conclusion du traité, n'a pas pu paraître dans ce journal, *faute de place.* (Voyez la note de l'article intitulé : *Conclusion.*)

Napoléon III n'a jamais eu la pensée de vaincre la Russie; il n'a voulu que l'humilier, lui « *effleurer l'épiderme* », selon ses propres expressions, pour lui faire avec plus de pompe et d'éclat les honneurs d'une réconciliation impériale à Paris. Pensée stupide et criminelle, digne à tous égards de ce misérable imposteur. On ne comprend pas l'étrange aveuglement des fanatiques qui, jusqu'aujourd'hui, lui dressent un piédestal des trois grands désastres de Sébastopol, de Queretaro et de Sedan.

XLVII.

AU DIRECTEUR DU *TÉLÉGRAPHE*.

LE DEVOIR DE L'ÉMIGRATION.

Monsieur,

Plusieurs journaux étrangers ont reproduit, d'après le *Times* du 29 mars dernier, la lettre dans laquelle je disais que le désir des représailles, une longue attente déçue, l'impatience de vivre et d'agir, pourraient bien opérer un jour ce que n'avaient pu faire la violence, la persécution, le massacre ; que la Pologne, ralliée par l'indifférence de l'Europe au *panslavisme* russe, abandonnant son amour de la liberté pour l'amour des conquêtes, réunirait aisément tous les Slaves, c'est-à-dire près de *cent millions d'hommes*, sous le sceptre despotique de la Russie. Quelques amis de la Pologne, méconnaissant ma pensée, ont cru voir un conseil dans ce qui n'était, selon moi, qu'une triste prévision, une menace de l'avenir. A Dieu ne plaise qu'un tel souhait puisse jamais sortir d'une âme polonaise ! Ce serait abjurer toutes nos traditions de patriotisme, pour une pensée de désespoir et de vengeance. Proscrit, je n'ai pas le droit de parler de dévouement à ceux qui sont restés fidèles sous le martyre ; le sang versé pour une cause sainte parlera toujours plus haut que les larmes ; mais je ne me consolerais jamais si l'on pouvait donner à l'un de mes écrits une pareille interprétation.

Non ! ce n'est pas un conseil que je donne à mes frères ; c'est un danger que je leur signale, et nul d'entre eux ne saurait autoriser son apostasie de mon avertissement. Comme moi, ils sont profondément blessés de l'oubli de l'Occident ; comme moi, ils gémissent de voir le nom même de la Pologne absent dans les actes du congrès de 1855 : comme si la Pologne, la *question capitale* en 1815, avait réellement cessé d'exister ! Mais qu'ils sachent bien aussi que, malgré cette omission de la part des puissances de l'Europe intéressées ou non dans son partage, tous les esprits indépendants, tous les cœurs généreux croient à sa délivrance, et font des vœux pour qu'elle puisse s'accomplir ; que nos ennemis eux-mêmes sont loin de juger la Pologne comme à jamais perdue. « *Nous vous laisserons sous le joug de la Russie, même après l'avoir vaincue, comme le Christ sur la croix !!!* » me disait, il y a deux ans, un de ces hommes du passé qui n'ont rien compris du présent et rien prévu de l'avenir [1], sans s'apercevoir qu'en nous comparant au Christ, il avouait implicitement que notre résurrection doit sauver l'Europe et le monde !

Je dirai plutôt à mes compatriotes :

« Frères, sachez encore attendre et souffrir, car dans votre sein repose la rédemption de l'humanité ! restez fermes dans votre servitude, comme nous le sommes dans notre exil ; songez que nos aïeux n'ont jamais été plus grands qu'aux jours de leurs désastres ! gardez-vous surtout du sentiment de la vengeance, indigne de notre cause, et qui doit toujours être dominé par l'amour de la patrie ! Ceux qui nous ont abandonnés sont plus à plaindre que nous-mêmes ! Que si l'idée du désespoir allait s'emparer de vos âmes, rappelez-vous Jean-Kasimir, sous le règne duquel la Pologne fut par trois fois envahie, démembrée, presque étouffée dans un bain de sang ! rappelez-vous Jean Sobieski, son successeur, payé d'ingratitude par l'Autriche qu'il avait sauvée ; et qui, malgré sa défection, n'a jamais tendu la main aux ennemis de la chrétienté ! rappelez-vous surtout Thadée Kosciuszko, mort en exil, en souvenir de qui la Pologne a élevé un monument immortel, avec les ossements de ses soldats, avec la terre recueillie sur tous ses champs de bataille !... Voilà le conseil et l'exemple que nous vous offrons, comme les seuls qui puissent convenir à votre patriotisme ! »

Oh ! certes, on ne déchire pas une histoire gravée en pareils caractères ; on n'anéantit pas une nation, parce qu'on efface son nom de la carte du monde !

Et comment pourrions-nous abdiquer notre nom de Polonais, pour celui de Russes ou de Slaves, qui n'est à présent qu'un pseudonyme du précédent, lorsque nous voyons la Russie, jusque dans son succès politique, forcée de convenir de son infériorité, comme mœurs et comme civilisation, en face de l'Europe entière ; lorsque nous voyons les anciens sujets de l'Autriche appeler de tous leurs vœux un ordre de choses nouveau, qui les arrache au triste régime de l'abrutissement et de l'arbitraire ! Comment pourrions-nous renoncer au droit sacré de l'indépendance nationale, pour un fait éventuel, éphémère, qui disparaît déjà dans l'isolement et le mépris ! Jamais la justice de notre cause n'a reçu de consécration plus évidente !

De deux choses l'une : ou la Russie, honteuse d'elle-même, se donnera des institutions libérales, peut-être une représentation, et pour renforcer son unité voudra se séparer d'une population hostile, dont le langage, la religion et les souvenirs historiques sont tout différents des siens ; ou bien, comme il est plus probable, la Russie n'ayant *subi* la paix que comme un affront dont elle voudra se venger en temps opportun, la guerre renaîtra bientôt plus ardente et plus décisive ; et cette fois la guerre, la dernière peut-être, sera faite au nom de la Pologne, avec elle et pour elle !

D'ailleurs, deux grands faits doivent soutenir notre attente et confirmer nos espérances. L'un, c'est que l'alliance des trois États spoliateurs est à jamais dissoute. La haine de la Russie contre l'Autriche est aujourd'hui violente et profonde ; demain elle va se traduire en menaces, en sourdes excitations, peut-être en hostilités ouvertes : le pacte criminel qui

---

[1]. Le maréchal Vaillant, ministre de la guerre. Cette parole impie vaut bien celle du maréchal Sébastiani : « *L'ordre est à Varsovie.* »

nous tenait asservis est donc brisé par ses auteurs et ses complices. L'autre, c'est que la politique égoïste, craintive, imprévoyante, inaugurée par la dynastie de Juillet, tend de jour en jour à s'affaiblir, à s'effacer, pour faire place à des principes plus larges, plus populaires, plus universels; nous en voyons déjà le premier essai dans une commission européenne, revêtue d'un caractère officiel : prototype d'une grande synthèse nationale que nous avons nommée dans nos précédents écrits: les *Peuples-Unis d'Europe*.

Non! tout n'est pas encore fini, pas plus pour nous que pour les autres : les intérêts pour lesquels la guerre d'Orient a été entreprise subsistent toujours sans aucune modification; il n'y a qu'un port et quelques vaisseaux de moins dans la mer Noire; aucune question n'est finalement vidée en Europe. « *Quand Dieu veut qu'un ouvrage soit tout de sa main*, disait l'éloquent Bossuet, *il réduit tout à l'impuissance, puis il agit.* » Il agira bientôt sans doute; car jamais l'impuissance individuelle n'a été mieux et plus complétement prouvée : car dans notre époque d'abréviation matérielle et morale, où les instants comptent pour des jours, les jours pour des années, les grandes causes nationales, qui demandaient autrefois des siècles entiers pour être résolues, exigeront à peine quelques mois de labeur, de courage et de persévérance.

Paris, 1er mai 1856.

(*Le Télégraphe.* — *Le Morning-Advertiser.*)

XLVIII.

A M. LE COMTE A. COLONNA-WALEWSKI,

PRÉSIDENT DU CONGRÈS DE PARIS.

LE DROIT DE LA POLOGNE.

« L'assimilation de la Pologne rendrait la Russie toute-puissante. »
NAPOLÉON Ier.

EXCELLENCE,

Lorsque le congrès de Paris vient, par la conclusion du traité de paix du 30 mars, de donner une solution inattendue à la question d'Orient; et que, dans ce traité, ayant pour but principal le rétablissement de l'équilibre européen, les puissances occidentales n'ont rien stipulé à l'égard de la Pologne, en consacrant ainsi par une omission inexplicable toutes les spoliations commises sur elle depuis l'époque néfaste de son partage;

Nous, émigrés et représentants polonais, ayant délégation de maintenir dans toute son intégrité le principe de son indépendance, pénétrés de la sainteté de nos devoirs, forts de la justice de notre cause, portons une suprême instance devant les chefs et plénipotentiaires des États alliés de France, d'Angleterre, d'Autriche, de Sardaigne et de Turquie; en protestant de toutes les forces de notre âme contre cet abandon de nos droits nationaux, affirmés et garantis en dernier lieu par les actes du congrès de Vienne du 3 mai, du 9 juin, du 27 novembre 1815 : et qui, jusqu'au traité de Paris de cette année, n'ont été abrogés ni modifiés par aucune autre convention entre les puissances de l'Europe.

Depuis l'avénement de la question d'Orient, remise en évidence par les prétentions du tzar Nicolas sur les sujets chrétiens de l'empire ottoman, nous n'avons cessé d'espérer que la Pologne serait appelée à prendre une part active à ce grand procès des intérêts de l'Europe contre l'ambition effrénée de la Russie; et qui, selon l'attente générale, devait aboutir à notre indépendance. Après l'invasion des principautés danubiennes et le massacre de Sinope auxquels la France et l'Angleterre ont répondu par une déclaration de guerre, nous leur avons offert notre concours, en proposant la formation d'un corps auxiliaire polonais sur le territoire même de la Turquie. Cette proposition, qui semblait d'abord pouvoir être acceptée, a rencontré des difficultés regrettables dans l'opposition du cabinet de Vienne, qui plus tard est venu, par la convention du 2 décembre 1854, se joindre à l'alliance anglo-française. Dès ce jour, nous avons constamment attendu l'appel des alliés; et Dieu sait avec quelle indicible aspiration nous avons cru voir approcher le moment où il nous serait enfin donné de réunir nos aigles aux drapeaux de la France et de l'Angleterre! Ce bonheur ne nous a pas été accordé. Nous avons dû renfermer en nous toutes nos patriotiques espérances; qui pour être ajournées, n'en sont pas moins vives et moins durables.

Pendant tout le cours des négociations ouvertes à Paris pour la conclusion de la paix, nous n'avons pas élevé notre voix au nom de la Pologne; car nous ne pouvions admettre que dans ce congrès, rassemblé en vue de rétablir les anciennes relations entre les puissances de l'Europe, la question polonaise dût être entièrement écartée. La délivrance des nationalités opprimées devant, selon nous, sortir comme une conséquence rigoureuse de l'alliance occidentale, nous avons laissé la France et ses alliés plaider notre cause en même temps que celle de la Turquie; et nous avons pensé que cette réserve même devait nous mériter leur assentiment. Mais aujourd'hui, lorsque le traité du 30 mars, ratifié par les puissances, vient de paraître au jour de la publicité; et lorsque ni dans son acte officiel, ni dans les protocoles des conférences qui l'ont précédé, nous n'avons trouvé le nom de la Pologne : nous ne pourrions, sans renier notre passé, sans abdiquer notre avenir, garder encore le silence et renoncer à des droits que même nos ennemis et ceux de la France avaient reconnus légitimes.

La France et l'Angleterre, en déclarant la guerre à la Russie, n'ont, il est vrai, pris aucuns engagements nouveaux à l'égard de la Pologne; et cette guerre d'Orient, pour des raisons qu'il ne nous appartient pas de discuter, s'est terminée cette fois sans sa participation. Mais n'avaient-elles pour cela rien à stipuler à son intention dans le congrès de

Paris? Telle n'est point notre pensée. Si les traités de 1815, imposés par la force, servent toujours de règle au droit européen, pour toutes les autres questions que celle de la Turquie, la stricte observation de ces traités, approuvés en commun, doit évidemment être invoquée pour tout ce qui concerne la Pologne. Nous ne parlons que du droit de l'Europe, car notre droit à nous, c'est la Pologne d'avant 1772. L'article 5 des propositions autrichiennes, qui permet aux plénipotentiaires d'exiger des garanties pour la sécurité de l'Europe, leur offre à ce sujet une entière latitude ; il comporte de plein effet le maintien de la nationalité polonaise : et telle sera, nous l'espérons, la signification donnée à cet article par la réunion définitive du congrès. De plus, la paix actuelle n'aurait pas été si promptement conclue, sans l'influence morale que la Pologne, même absente de l'alliance anglo-française, exerce sur les déterminations du cabinet de Saint-Pétersbourg ; et les aveux de la Russie elle-même ont été trop explicites à ce sujet, pour que nous ayons besoin de recourir à d'autres preuves, extraites des principaux organes de l'opinion publique en Europe.

Les plénipotentiaires ont par conséquent le pouvoir, nous dirons même l'obligation, tous nos droits nationaux réservés, de demander à la Russie la réédification du royaume de Pologne de 1815, que l'on n'a jamais admis comme faisant partie intégrante de l'empire moskovite ; qui doit, selon la teneur du traité de Vienne, avoir son gouvernement, sa représentation, son armée, et dont le territoire ne doit être occupé par aucune troupe étrangère : ainsi que la restitution à la Pologne de la *ville libre* de Krakovie, sanctuaire inviolable de nos souvenirs historiques.

Toutes ces garanties ont été formulées dans l'*acte général* du congrès, à la date du 3 mai 1815, et dont il nous sera permis de citer les passages suivants :

« Art. Iᵉʳ. Les Polonais, sujets respectifs de la Russie, de l'Autriche et de la Prusse, obtiendront une représentation et des *institutions nationales*.

« Art. VI. La ville de Krakovie, avec son territoire, est déclarée *à perpétuité* cité libre, indépendante et strictement neutre.

« Art. IX. Les cours de Russie, d'Autriche et de Prusse s'engagent à respecter et à faire respecter *en tout temps* la neutralité de la ville libre de Krakovie et de son territoire ; aucune force armée ne pourra jamais y être introduite, *sous quelque prétexte que ce soit...* »

Nous croyons devoir en même temps rappeler à Votre Excellence les promesses solennelles qui nous ont été faites relativement à ces divers points sous le règne précédent, pendant la période entière de 1831 à 1848, par toutes les assemblées législatives ; les échos sympathiques qu'elles ont toujours trouvés dans les chambres anglaises et le vote unanime de la représentation nationale, à la date du 23 mai 1848. Ces promesses deviennent, selon notre conviction, bien plus obligatoires encore pour le pouvoir actuel, solidaire de toutes les traditions impériales ; car, en acceptant des mains de la France ces traditions qui devaient la relever de sa déchéance politique, il acceptait aussi le rétablissement de la Pologne. Nous avions trop bien servi le fondateur de l'empire pour pouvoir douter de son héritier ; nous nous en référons à ses souvenirs personnels, conformes à ceux de la nation : à ses paroles même, adressées en mainte occasion à nos compatriotes. La France veut un règne pacifique, mais glorieux ; or la gloire d'un Napoléon, c'est la Pologne délivrée.

Nous avons, par ce qui précède, suffisamment établi le droit de la Pologne à l'intervention de l'Europe réunie en congrès, pour le maintien du principe de son indépendance ; reste donc la question de l'intérêt que l'Europe peut avoir à le soutenir.

La question d'Orient, ce problème universel dont personne n'oserait encore indiquer la solution définitive, ne saurait être en aucune façon séparée de la question polonaise, son point de départ et son élément capital. Toute combinaison qui aurait pour objet de la résoudre à l'exclusion de la Pologne serait entachée à l'avance de faiblesse et de nullité ; ce dont nous voyons dès aujourd'hui la preuve dans le traité additionnel du 15 avril, annexé à l'acte du congrès et devant le consolider par une garantie prise en dehors de ses premières bases. Il y a dans la vie des peuples, comme dans celles des individus, des nécessités inexorables, et qu'on ne peut éluder par aucun expédient ; de deux choses l'une, ou la Pologne sera délivrée, ou la Turquie et l'Autriche subiront tôt ou tard le vasselage moskovite. Qu'on se rappelle que l'empire *gréco-slave*, projeté par Pierre Iᵉʳ et réalisé par ses descendants, se composerait de près de cent millions d'hommes ! *Tzarograd*, la ville des tzars, tel est depuis plusieurs siècles le nom russe de Constantinople ! Napoléon l'a dit : « *L'assimilation de la Pologne rendrait la Russie toute-puissante !...* » Et nous ajouterons : « L'interposition de la Pologne est encore le seul moyen logique et rationnel d'arrêter la Russie dans sa marche vers l'Occident et le Midi. » Les plénipotentiaires, nous en sommes certains, prendront ces principes en considération, afin d'assurer à leur œuvre la sanction de l'avenir et la solidité.

Nous repoussons loin de nous les absurdes calomnies qui tendraient à confondre la cause de la Pologne avec celle de l'anarchie ; insinuations odieuses, auxquelles personne ne croit du reste, pas même ceux qui cherchent à les propager. L'Angleterre, la Suède et même l'Autriche se sont, en 1855, montrées disposées à prêter les mains à l'œuvre de notre indépendance ; or ces puissances ne sont assurément pas intéressées à servir la cause du désordre. Dans cet acte de réparation et de justice, elles n'ont entrevu que l'accomplissement d'une grande nécessité politique ; nous ne supposons pas que leur initiative puisse être réprouvée par la France. On aurait reculé, dit-on, devant le danger d'un remaniement général de la carte de l'Europe, que l'on craignait de voir surgir d'une discussion sur la Pologne dans le sein du congrès ; comme s'il pouvait être un danger plus grave que celui que nous venons de signaler : comme si ce remaniement, résultat inévitable de toute guerre sérieuse, était au-dessus des forces de la France et de ses alliés !... Mais, en vérité, il ne s'agissait nullement de refaire la carte de l'Europe, de tracer des divisions nouvelles de territoires entre les nationalités qui la composent; bien au contraire, il s'agissait de garantir celles qui se trouvaient toutes tracées à l'origine de la lutte européenne : c'était là précisément la tâche du congrès, et cette tâche, il ne peut se dispenser de l'accomplir.

La Pologne serait-elle réservée à ce suprême outrage, de voir déchirer le dernier lambeau de son indépendance; à cette suprême iniquité, de voir son nom même effacé de la carte du monde, parce qu'il y a vingt-cinq ans elle n'a pas voulu marcher contre l'Occident et servir d'avant-garde à la Russie? Et pourquoi donc l'Europe refuserait-elle de remplir ses engagements envers une des plus anciennes, des plus vaillantes nations de la chrétienté? On s'est occupé des Grecs, des Roumans, des Serbes, des Scandinaves, des Tatars, des Zingaros et d'autres populations hétérogènes dont on connaît à peine l'existence; peut-on manquer d'en faire au moins autant en faveur des Polonais; d'une nation de vingt millions d'hommes, que l'ennemi commun tient sous un joug cent fois plus dur, plus intolérable? L'Europe rougirait-elle de prononcer notre nom, parce que ce nom lui rappelle le crime du partage, la plus grande honte des temps modernes?... Non, certes! nous ne pouvons le croire; car cette dernière injustice deviendrait la ruine de sa dignité morale : car elle donnerait gain de cause au despotisme, à la barbarie asiatique! Le sang de nos soldats s'est trop souvent mêlé à celui de la France pour qu'elle puisse aujourd'hui n'avoir aucun droit à défendre, à protéger sa sœur parmi les nations chrétiennes! Son honneur s'y trouve engagé; et l'honneur est en France un principe qu'on ne discute pas!

Persuadés que la régénération de notre patrie est seule en état d'assurer à l'Europe une paix constante et solide, le développement régulier de ses tendances libérales et sa pleine sécurité; qu'elle seule peut mettre un terme aux violentes commotions qui, depuis la fin du dernier siècle, ont agité l'Occident, en épuisant dans des luttes sans cesse renaissantes et toujours stériles les forces vives de la civilisation; qu'elle seule peut servir de compensation suffisante aux immenses sacrifices de la France et de ses alliés pendant la guerre d'Orient[1].

Nous, émigrés et représentants polonais, adjurons les chefs et les plénipotentiaires des États alliés de France, d'Angleterre, d'Autriche, de Sardaigne et de Turquie, et surtout Votre Excellence, notre défenseur naturel et président du congrès, de réparer cet oubli du nom de la Pologne, dans l'intérêt de l'Europe entière attristée de son abandon; d'exiger au moins en sa faveur, conformément aux engagements antérieurs, les stipulations que la France, bien que désarmée, avait obtenues pour elle en 1815; et que la France, aujourd'hui victorieuse, est d'autant plus autorisée à maintenir, savoir :

« Que nos *institutions nationales nous soient rendues et garanties;*

« Que le *royaume de Pologne et la ville libre de Krakovie,* érigés par le congrès de Vienne et depuis *1831-1846* illégalement absorbés *par la Russie et l'Autriche,* soient rétablis sur les bases stipulées par l'acte du congrès et consenties par les trois cours co-partageantes;

« Que le *code de Napoléon, abrogé en 1832, soit remis en vigueur dans toute l'étendue de la Pologne.* »

Confiants dans la sagesse de leurs vues, dans la droiture de leurs intentions, nous attendrons leurs décisions à cet égard; certains que les événements préparés par la justice divine nous donneront raison : que nous trouverons un généreux appui dans l'opinion publique, arbitre suprême de toutes les grandes causes nationales et qui, « dans notre époque de lumières et de progrès, remporte toutes les victoires définitives ».

Paris, 3 mai 1856.

Suivent les signatures.

(Le *Times.* — Le *Morning-Advertiser.* — La *Gazette de Cologne.* — *National-Zeitung* de Berlin. — La *Vérité.* — *L'Estafette,* etc.)

XLIX.

AU DIRECTEUR DU *PAYS.*

L'AMNISTIE DE 1856.

Monsieur,

Tout en vous remerciant pour la pensée généralement bienveillante de votre article du 7 juillet, concernant l'Émigration polonaise, nous devons déclarer que sa conclusion nous paraît tout à fait illogique. « Si cette Émigration, dites-vous, revenait à la fois sur son sol natal, elle pourrait être *très-utile à la Russie;* pour le perfectionnement de sa voirie, pour l'établissement de son réseau de chemins de fer et pour la réorganisation de ses écoles, etc. »

C'est à merveille; mais le but de l'Émigration polonaise n'est pas précisément d'être utile à la Russie. Il ne s'agit pas pour nous de reconquérir des positions perdues, ou plutôt volontairement sacrifiées; ni de rentrer dans nos biens confisqués ou mis sous séquestre : il s'agit d'un principe dont nous sommes responsables aux yeux de l'Europe, principe auquel aucune amnistie au monde ne saurait donner satisfaction.

Ce principe, tout le monde le connaît; car nous n'avons négligé aucune occasion de l'exprimer : c'est la Pologne indépendante, c'est notre nationalité maintenue, c'est notre peuple libre, devant servir

---

[1]. Pour la France seule, 100,000 hommes et 2 milliards.

d'égide et, au besoin, d'avant-garde à la civilisation.

Permis au tzar Alexandre II, dans l'intérêt de la Russie, de vouloir guérir, d'une main mal assurée, les profondes blessures causées par son prédécesseur; mais permis à nous aussi, dans l'intérêt de la Pologne, de repousser résolûment ce pardon qu'il nous offre pour un crime dont nous n'éprouvons aucun repentir : celui d'avoir, en 1831 ou 1848, combattu pour la délivrance de notre patrie.

Si l'Émigration polonaise a laborieusement acquis quelques titres à la considération des peuples éclairés; si elle s'est vouée à l'étude de leur civilisation, espérant un jour en faire profiter son pays natal, ce n'est assurément pas pour mettre son travail, son aptitude et ses connaissances au service du despotisme. Grâce à Dieu, nous ne sommes pas des chercheurs d'or et des chevaliers d'industrie.

Voilà pourquoi nous n'avons pas accepté, et nous n'accepterons à l'avenir aucune grâce individuelle; nous ne reconnaîtrons comme légale aucune mesure politique qui n'aurait pas pour objet le rétablissement de notre indépendance, garantie par les traités: et mieux encore par la voix de notre conscience.

Paris, 14 juillet 1856.

(*L'Estafette.* — *La Vérité.* — *La Presse belge.*)

L.

AU DIRECTEUR DE LA *VÉRITÉ*.

INSURRECTION POLONAISE EN UKRAINE
PENDANT LA GUERRE D'ORIENT.

Nous recevons de Kïow, tardivement peut-être, mais assez à temps encore pour apporter d'importantes rectifications aux nouvelles erronées propagées par la presse parisienne, une relation de la plus complète exactitude sur les derniers événements de l'Ukraine.

Nous savons qu'au XVIIe siècle, les Kosaks de l'Ukraine se soulevèrent contre la Pologne et se rangèrent avec Mazepa, leur chef, sous la loi moskovite. Ce ne fut pas en haine des rois de Pologne, qu'ils regardaient comme leurs protecteurs naturels; mais uniquement pour secouer le joug de la haute noblesse et du clergé. Le même fait s'est reproduit l'année dernière, contre cette nuée d'employés moskovites, plus rapaces que les sauterelles d'Afrique; et contre les armées russes qui ont rendu la position du paysan kosaque plus intolérable qu'à aucune époque de l'histoire. Il en résulte que noblesse, clergé, peuple, tous avaient espéré que la guerre d'Orient leur permettrait de reconquérir leur indépendance, sans autre appui que l'influence morale du voisinage des troupes alliées. En effet, le théâtre des opérations militaires touchait presque à l'Ukraine; on avait répandu dans les pays qu'arrose le Dniester le bruit que l'empereur des Français faisait la guerre au tzar pour le forcer d'abolir l'esclavage.

Cette nouvelle ne trouva qu'une faible créance en Podolie, où l'élément polonais prédomine. Instruits par l'exemple du passé, les Polonais ont acquis la vertu qui leur manquait, la patience; mais, dans les pays kosaques, à l'est du gouvernement de Kïow, où les lumières sont moins répandues et la crédulité plus grande, on a fermement cru à cette nouvelle; et l'insurrection a commencé. Au mois d'avril, trente villages s'étaient soulevés; à Pilawa, à Tahantcha, à Berezna, centre du mouvement, à Wolodarka, à Bialocerkiew, et sur d'autres terres appartenant aux Poniatowski, le soulèvement a été général. Les préparatifs de l'insurrection remontaient à l'époque de la mort de Nicolas. Peu de temps après cet événement, on avait, sans y prendre garde, signalé une agitation insolite parmi les paysans de l'Ukraine. Il y avait de fréquents conciliabules; il se formait des listes d'enrôlement; en un mot, tout annonçait l'explosion d'un mouvement populaire. Plusieurs propriétaires, qui se rappelaient les sanglants événements de la Gallicie, songèrent à mettre leurs familles en lieu de sûreté; les paysans essayèrent aussitôt de les rassurer.

« Que craignez-vous, leur disaient-ils, nous n'avons pas à nous plaindre de vous; ce que nous entreprenons est notre œuvre personnelle; un peu plus tard nous aurons besoin de vous et nous vous préviendrons. »

Pressés de questions par les seigneurs, ils avouèrent franchement qu'ils voulaient, comme autrefois, être Polonais et qu'ils ne craignaient pas les Russes; qu'ils ne demandaient même pas l'abolition de la corvée : sauf l'expulsion des régisseurs qui les opprimaient. Ils voulaient veiller par eux-mêmes à l'exécution desdites corvées.

Les propriétaires satisfirent à cette demande et n'eurent pas lieu de s'en repentir, mais les paysans ne se bornèrent pas à ces démonstrations pacifiques; dans les propriétés appartenant aux grands seigneurs russes, les employés furent battus et chassés : les propriétaires, dont on se défiait, étaient gardés à vue. Un métropolite envoyé de Kïow avec quinze popes et le colonel Afanarieff, pour apaiser l'insurrection, furent enfermés; les insurgés étaient déjà au nombre de plus de 40,000. A Tahantcha seulement, où il y a de grandes fabriques de drap, leur nombre s'élevait à 30,000. Ce qui prouve dans quel esprit avait lieu le mouvement, c'est que les propriétés, désertées par leurs possesseurs, furent gardées par les paysans; et, par un rare exemple de sobriété, les insurgés avaient fermé les cabarets pour éviter les excès qui auraient, disaient-ils, pu nuire à leur cause.

Le prince Lapuchin, sur les terres duquel les paysans avaient surtout manifesté leurs sentiments polonais, alla trouver le général Wasiltchikoff et le pressa d'agir, s'il ne voulait se trouver en face d'une insurrection terrible. Le prince-gouverneur demanda des instructions à Saint-Pétersbourg, mais on lui répondit qu'il ne devait annoncer une révolte que quand elle serait comprimée.

Avant de prendre des mesures énergiques, il se

rendit à Wasilkow où se trouvait un rassemblement de 6,000 paysans. Il demanda aux insurgés de lui présenter leurs chefs.

« Vous savez, leur dit le prince, que je suis votre gouverneur ; je représente ici le souverain, et vous me devez une obéissance aveugle.

— Nous n'avons pas besoin de vous pour nous gouverner. Nous avons un gouverneur de notre choix. »

Le prince demanda à le voir ; on lui amena un vieillard, qui lui dit :

« Je suis celui qu'ils appellent leur gouverneur ; car je suis vieux, et je me souviens de choses dont nul autre que moi ne se souvient en Ukraine. Il y a vingt-cinq ans, quand nos seigneurs faisaient la guerre à la Russie, je leur disais : Voilà le moment arrivé de secouer le joug du tzar ; il faut se joindre aux Polonais. Ils n'ont pas voulu ajouter foi à mes paroles, et tous nos malheurs sont venus de là. Aujourd'hui je leur dis : Restez tranquilles, nos maîtres ne bougent pas ; ils ne bougeront, croyez-moi, que quand *les pantalons rouges* seront ici. »

Le prince fut frappé de ces paroles qui lui révélaient l'immensité du danger. Il chercha à arracher aux Kosaks des plaintes contre leurs seigneurs ; mais ils lui répondirent : « Nous n'avons rien à leur reprocher, ils sont aussi malheureux que nous ; tout notre malheur vient de vous. Vous nous avez enlevé nos enfants, et bientôt il n'y aura plus de bras pour cultiver nos champs. Cependant nous voulons être libres, et nous ne vous craignons pas. »

Le prince reconnut la nécessité d'agir et envoya quelques bataillons d'infanterie contre les insurgés de Wasilkow, qui n'étaient armés que de fourches et de faux. Les paysans chargèrent résolument les soldats qui se replièrent en désordre. Le commandant ordonna de tirer, mais à blanc ; ces ménagements enhardirent les insurgés, qui attribuèrent à la protection de la Providence l'insuccès du feu des Russes. Ils se précipitèrent sur les soldats qui démasquèrent leur artillerie, et la mitraille eut bientôt abattu cette troupe encore indisciplinée. Deux cents paysans restèrent morts sur la place ; les autres se sauvèrent en désordre et se retirèrent de l'autre côté du Dniester, où ils furent généreusement accueillis. Il y eut sur d'autres points, entre autres à Berezna, des exemples terribles de sévérité...

Il n'est rien de plus capable d'agir sur l'esprit du paysan que les prophéties qui se transmettent de bouche en bouche et acquièrent une très-grande influence au moment décisif. On a fait détruire les deux monticules de Pérépiata et de Pérépiatycha sur le Dniéper, parce qu'il s'y rattache des idées d'émancipation de la Pologne. Un an avant le premier démembrement, le Kosak Wernyhora, dans les derniers jours de sa vie, fit la prophétie suivante, qui devait jouer un rôle important dans les événements actuels :

« La Pologne entière, disait-il, sera soumise à un joug terrible pendant de longues années, jusqu'au moment où une guerre générale s'allumera au sujet d'un petit pays. Alors le coq changera de plumage ; *les Turks passeront le Danube et feront boire leurs chevaux dans la Vistule.* Le roi d'Angleterre avancera l'argent pour l'organisation des Polonais, et il s'ensuivra une guerre meurtrière contre les Moskovites. Une grande bataille aura lieu près de Konstantynow (en Volhynie), dans la vallée de Gantcharycha. Les Moskovites défaits reculeront jusqu'au Dniéper, et livreront une autre bataille près des monticules qui couvrent les cendres des deux célèbres Kosaks, Pérépiata et Pérépiatycha. Ils seront vaincus, et la république de Pologne sera reconstituée dans son ancienne splendeur. Après ces bouleversements, l'Europe jouira de trente années de paix et de prospérité. Je ne puis dire, ajouta Wernyhora, ce qui arrivera après ce temps ; car à cette seule révélation, le Dniéper sortirait de son lit. »

Telle est la prophétie de Wernyhora, rétablie dans sa vérité primitive ; car depuis lors, et suivant les besoins du temps, on y a ajouté bien des choses qui l'ont altérée. Néanmoins elle circule parmi les Ruthéniens (les Russes-Polonais) ; elle a une signification menaçante et peut servir de point de départ à un soulèvement terrible.

Tels sont, dans toute leur simplicité, les événements qui se sont passés en Ukraine dans les premiers mois de 1855 ; ils n'ont ni l'étendue, ni la couleur que leur ont données les correspondances : et par là même ils gagnent en importance et en réalité[1].

Paris, 9 septembre 1856.

(*La Vérité.*)

LI.

AU PRINCE VLADISLAS CZARTORYSKI.

DERNIER ÉCRIT D'ADAM MICKIEWICZ.

Depuis 1795 jusqu'en 1818, époque à laquelle il fut *disgracié* par le tzar Alexandre, le prince Adam Czartoryski a servi, comme chambellan et ministre, la cour de Russie, et il a pris part à tous ses combats contre la France (1804-1807-1814). Sans une proclamation funeste adressée à la noblesse polonaise au nom de son maître, en 1811, la Pologne et la Lithuanie se seraient soulevées comme un seul homme. Au congrès de Vienne il a déclaré, en avoir reçu le mandat de la nation : « Que les Polonais ne voulaient d'autre souverain que le tzar Alexandre, et désiraient rester attachés à la Russie. » Par quelle singulière aberration les insurgés de 1830 l'ont-ils nommé chef du gouvernement national ? Comment la France a-t-elle pu l'accepter comme le représentant semi-officiel des intérêts polonais ? Livrée à des mains pareilles, notre cause devait nécessairement

---

1. Nous apprenons aujourd'hui (18 avril 1857) que le tzar Alexandre II vient, dans sa haute clémence, de condamner deux habitants des gouvernements de Volhynie et d'Ukraine, Joseph Rosenthal et Antoine Skowronski, à la déportation en Sibérie, pour avoir pris part à l'insurrection de 1855.

être perdue. Elle ne pourra se relever que lorsque la maison Czartoryski cessera de porter la main vers la couronne de Pologne, ou se sera franchement ralliée à la cause du despotisme.

Voici ce qu'écrivait, à la date du 19 novembre 1855, c'est-à-dire sept jours avant sa mort, Adam Mickiewicz, dans une lettre adressée au jeune prince Vladislas Czartoryski, fils du précédent :

« Prince,

« Je n'ai pas eu le cœur d'aller vous voir et de causer avec vous, depuis notre entrevue au camp de Burgas ; car un entretien sans sincérité réciproque ne saurait être qu'un vain bavardage, si ce n'est quelque chose de pire encore. Au reste, je n'aurais fait que me répéter en vous disant des vérités que vous n'aimez pas à entendre, et que vous accueillez d'habitude en vous renfermant dans votre mutisme diplomatique. Vous avez désiré que je fisse part de l'objet de cette entrevue au prince Adam votre père ; les sentiments personnels que je lui porte me faisaient un devoir de lui tout déclarer : je l'ai fait, en y ajoutant mes récentes observations sur la conduite que vous avez tenue en Orient.

« Cette conduite fut, je le dis à mon grand regret, une négation perpétuelle des espérances que nos compatriotes avaient conçues lors de votre arrivée. Vous leur êtes apparu, non pas comme un des représentants de la cause polonaise, mais comme un affidé particulier de M. Vladislas Zamoyski, votre oncle, avec la mission de nuire aux projets patriotiques de Sadyk-pacha (Czaykowski), le premier chef des Kosaks-ottomans. Du moment que j'ai reconnu vos desseins, j'ai tâché de vous démontrer, sous sa tente même, dans le camp de Burgas, la nécessité de vous entendre loyalement avec lui ; vous avez gardé le même silence. Voyant à chaque instant plus clair dans vos intentions, je vous ai déclaré qu'il était évident pour moi qu'il y avait de la part de M. Zamoyski et de la vôtre un projet arrêté pour expulser Sadyk-pacha de la haute position dans laquelle il nous avait déjà rendu tant de services, et pouvait être un jour si utile à la Pologne ; que vous tendiez à ce que ce général fût privé de tous les moyens d'agir en Turquie, et de toute protection des gouvernements étrangers. A tout cela vous n'avez encore rien répondu.

« Il n'était plus douteux pour moi que vous veniez avec des instructions toutes faites de la part de M. Zamoyski, avec un couteau tout affilé contre Sadyk-pacha. Si vous pouvez l'avoir cru inutile ou même nuisible à l'avenir, il fallait, en ce cas, vous prononcer ouvertement contre lui ; le sommer de céder la place à un meilleur, un plus digne. Il vous était bien permis de discuter avec lui, de le combattre ; mais non de forger contre lui des armes sous son propre toit, à sa table... Les Polonais, prince, agissent autrement ; un Arabe même, admis à son foyer, ne conspire pas contre son hôte !

« Vous voilà donc en Orient, où tant d'espérances peuvent éclore. Les yeux de beaucoup de Polonais étaient tournés vers vous ; le théâtre même sur lequel vous montiez vous élevait encore. Eh bien ! dans ce pays de l'avenir, la première trace que vous ayez laissée de votre passage, fut de faire publier qu'une femme, emmenée par vous, avait rendu tels ou tels services... En vérité, prince, s'il s'agissait d'une réforme des hôpitaux, il fallait d'abord en changer les médecins, les infirmiers, en attribuant des fonds à leur entretien ; mais, dans aucun cas, il n'était convenable d'exiger des souscriptions de la part des officiers qui ne recevaient aucun traitement. Vos menées au couvent, pour y faire admettre *gratis* d'autres femmes encore, me paraissent franchement risibles et scandaleuses pour les étrangers. Un camp de guerre ne saurait être uniquement destiné à l'accomplissement des œuvres de *charité*. L'Évangile nous dit : « JAMAIS LES PAUVRES NE VOUS MANQUERONT ! » Ce qui peut nous manquer, c'est cette occasion, unique peut-être, de relever l'étendard national, sur un sol si voisin du nôtre !... C'est le premier camp polonais que nous ayons eu depuis bien des années ; Dieu sait si nous l'aurons toujours tel que nous l'avons vu, même au milieu de sa détresse : plein de vie et d'espérances !

« Je dois encore ajouter que les *faïmy*, ou les rations de guerre, que perçoit ici M. Zamoyski, en sa qualité de général, suffiraient pour nourrir tout l'hospice. L'idéal de cet homme était, à ce qu'il paraît, de devenir général anglais ; cet idéal, il vient de l'atteindre : mais sa destinée arrive aussi à son terme... Quelle doit être la destinée à venir de notre nation avec un pareil chef ? Pour moi, je n'en vois aucune désirable.

« En vous exprimant, prince, toute ma tristesse, je suis, avec considération, etc.

« ADAM MICKIEWICZ.

« Constantinople, 19 novembre 1855. »

Ce cri de douleur fut le chant d'agonie de notre Adam Mickiewicz, le martyr de Vilno, le plus illustre poëte de notre race...

Il est évident que la France et l'Angleterre n'avaient nullement l'intention d'employer les Polonais, et encore moins de délivrer la Pologne, puisqu'elles se servaient de pareils instruments. MM. Zamoyski et Czartoryski n'ont été qu'un moyen entre les mains de lord Palmerston pour conclure la paix à un moment donné et aux meilleures conditions possibles...

L'histoire n'aura pas assez d'anathèmes pour cette maison de prétendants d'une origine très-douteuse, née sur le tombeau de notre patrie, qui, après avoir immolé son indépendance à je ne sais quelle orgueilleuse aberration, à l'espoir de figurer, ne fût-ce que pour un seul jour, dans l'almanach de Gotha, parmi les familles souveraines, compromet son honneur jusque dans l'exil par de fausses mesures et de scandaleuses exhibitions, dignes plutôt d'une tribu de mendiants que du nom et du caractère polonais. C'est à qui, dans cette dynastie *de fait*, comme l'appellent niaisement les organes officiels de l'hôtel Lambert, fera plus du mal à la Pologne ; depuis les princes Auguste et Michel, qui firent couronner, en 1764, leur neveu Stanislas-Auguste Poniatowski, sous la pression des baïonnettes moskovites, jusqu'au prince actuel, Adam-Georges qui, par sa fuite, en 1831, avec une escorte de *vingt-cinq mille hommes* (tout le corps de Romarino), a livré Varsovie au glaive de Nicolas. Il faut en convenir; les princes Czartoryski, dont le nom fatidique se rattache à tous nos désastres (*czart* veut dire *démon*), furent depuis un siècle les mauvais génies de la Pologne renaissante.

Voici une autre lettre de Sadyk-pacha lui-même, fondateur des Kosaks-ottomans (et non polonais), qui vient à l'appui de la précédente :

« Mon cher compatriote,

« La paix est faite ; et vous me demandez ce que deviendront les Polonais ? Rien que ce qu'ils ont été jusqu'à présent. Une partie d'entre eux attendra patiemment que le sentiment de la justice se réveille dans le cœur des gouvernements ; elle pourra attendre longtemps ; l'autre s'inscrira quand elle pourra, et comme elle pourra, chez leurs altesses de l'Émigration; la troisième enfin, la plus honorable, la plus nombreuse, gagnera, comme aujourd'hui, son pain journalier à la sueur de son front, sans même daigner maudire ceux qui l'ont indignement trompée. Malheureusement notre situation actuelle peut être en grande partie attribuée à nos propres chefs, ou plutôt à ceux qu'on a voulu nous imposer. La France, l'Angleterre et la Turquie, trois puissants États, nous offraient ce qu'elles pouvaient, en nous appelant à la vie, en nous conseillant d'agir ; depuis deux ans et demi bientôt, elles nous envoyaient armes, munitions, équipement, et même argent, dans la croyance que tout cela servirait aux kosaks-ottomans, et non pas aux émissaires privilégiés du comte Vladislas Zamoyski. Convenait-il, dans un moment aussi décisif pour la cause nationale, d'exiger des autres des sacrifices qu'il fallait faire nous-mêmes, en donnant tout notre sang et tout notre avoir ?... Le prince Adam Czartoryski avait été invité par le gouvernement ottoman à déléguer quatre généraux avec leurs états-majors pour commander les armées du sultan, et des fonds lui avaient été transmis pour cette destination, au moment où nul étranger, soit français, soit anglais, ne se trouvait encore en Turquie. On délibéra, on marchanda, on exigea des garanties de la part des gouvernements alliés, en perdant ainsi le temps le plus propice, le temps de l'entière indépendance de la Turquie; c'est-à-dire toute l'année 1853-1854. Si le prince ne se croyait pas en mesure de pouvoir fournir lui-même ces généraux, il devait retourner immédiatement son mandat à la Sublime-Porte, ou bien s'adresser aux autres corps de l'Émigration, pour une action collective, fraternelle, toute polonaise, et n'ayant pour objet que le bien du pays. Pourquoi n'a-t-il pas alors convoqué les anciens chefs, les généraux, les ministres et les députés de 1831, en les engageant à faire entre eux un choix convenable ? Pourquoi le général Chrzanowski, qui se faisait fort de repousser, avec 10,000 kurdes, les Russes au delà du Kaukase, n'a-t-il pas pris le commandement d'une armée de 50,000 hommes, de ces excellents soldats turks qui, pendant une année entière, ont retenu les Russes sur le Danube, défendu Kalafat et Silistrie, jusqu'à ce que la diplomatie européenne les ait envoyés se rendre prisonniers de guerre à Kars, après une héroïque défense, avec 200 canons de campagne ? Pourquoi le général Charles Rozycki, appelé pour réorganiser et commander les kosaks-ottomans, n'a-t-il pas accepté ? Il savait pourtant que cette milice de l'ancienne république polonaise, après le partage du pays, s'était abritée sous l'égide de la Turquie, en conservant ainsi son existence toute indépendante ! Cependant notre regrettable Mickiewicz ne lui épargnait ni les conseils ni les prières, en l'adjurant de remplacer enfin l'attente et la contemplation stérile par le fait et l'énergie patriotique! Pourquoi les généraux Bréanski et Bystrzonowski (*Arslan-pacha !*) ne se sont-ils pas occupés à deux mains de la formation des légions polonaises, qui leur était conférée par le ministre de la guerre, sur la proposition et avec l'appui de Réchid-pacha ? Pourquoi le prince, après les avoir délégués à Constantinople, ne s'est-il pas aussitôt adressé au pays et à l'Émigration, afin de réunir les sommes nécessaires à l'organisation et à l'entretien de ces légions ? Il avait bien le droit, et même l'obligation morale d'exiger du comte Zamoyski, la stricte exécution du testament de mademoiselle Cécile B*** qui lui en fournissait largement les moyens... Selon ce testament, la fortune de cette dame (sœur naturelle du prince Adam) devait être exclusivement employée pour la cause nationale, et non pas à autre chose...

« Il y avait encore beaucoup d'autres souscriptions et offrandes volontaires qui, prises ensemble, présentaient une somme suffisante et au delà pour la formation de ces légions, soit en Europe, soit en Asie, et la renommée du patriotisme polonais, nos traditions de dévouement à la patrie, l'exigeaient à tous égards...

« Le comte Zamoyski, dès son arrivée à Constantinople, où il fut appelé sur mes pressantes sollicitations, se mit aussitôt à miner sourdement ma position, comme représentant du prince, par de nombreux mémoires adressés au séraskier et à Omer-pacha. On proposa un certain M. Koscielski, comme plus digne que moi, pour former et commander une armée auxiliaire. Une ligue de fanatiques et de parasites se mit, à Paris comme à Constantinople, à contre-carrer par tous les moyens possibles mes efforts et mes desseins. On alla jusqu'à menacer d'excommunication les jeunes gens qui voudraient s'enrôler dans les kosaks-ottomans. Les choses ont bien changé depuis. Après la belle défense de Silistrie, à laquelle mes kosaks avaient pris, comme à Kalafat, une part glorieuse, M. Zamoyski étant venu chez moi, me serra dans ses bras avec effusion, en me remerciant pour ce nouveau fleuron ajouté à notre laurier. Mais en même temps, il faisait rédiger un mémoire adressé au commandant en chef, en me signalant comme un homme dangereux, incapable; en suppliant Omer-pacha de ne pas me confier un commandement exclusif, dans la crainte que je ne transportasse la guerre sur le territoire de la Russie. Depuis ce moment, les pachas, et même mes subordonnés recevaient des ordres conçus par l'exemple de la manière suivante : *Vous vous entendrez en toutes choses avec Sadyk-pacha, comme connaissant parfaitement le terrain, mais sans vous laisser entraîner par lui à aucun mouvement en avant.* Ou bien : *Vous exécuterez les ordres de Sadyk-pacha, mais sous aucun prétexte vous ne laisserez conduire l'artillerie ni l'infanterie sur la rive gauche du Sereth.* Et à moi, on me recommandait *de ne jamais me rapprocher des frontières de la Bessarabie.* J'ai en main les preuves, qui établissent que M. Zamoyski voulait se recommander de cette façon aux partisans de la guerre circonscrite. Que ce soit haute diplomatie, ambition dynastique ou patriotisme restreint, nous en voyons aujourd'hui les effets...

« Lorsque j'écrivis à M. Zamoyski, du fond de la Dobrutcha, en le priant de m'envoyer des hommes pour remplir mes cadres, des chaussures, des vêtements et, s'il se pouvait, des vivres, toutes choses qui me manquaient, afin de pouvoir réunir le plus tôt possible mes troupes et agir avec elles contre la Bessarabie, il me répondit que je devais épargner le soldat, chercher surtout le repos; qu'il s'est chargeait de faire en sorte que l'organisation ne fût pas prête avant un an : et il tint parole. Personne ne voudra croire que pour tous nos besoins et nos misères, je n'ai reçu du prince que 3,000 fr. de toutes les cotisations faites dans le pays et dans l'Émigration, et tandis que M. le colonel Zamoyski *exploitait* trois États pour arriver à un résultat aussi déplorable...

« De cette manière, on ne nous envoya même pas en Asie, lorsque la guerre sur le Danube fut fermée par l'intervention de l'Autriche; et lorsqu'il fallait, par quelques actions d'éclat, relever cette gloire militaire qui fut jusqu'à présent le patrimoine le plus sacré et la force capitale de notre patrie. Au lieu de cela, on se sépara de la Pologne, on dénatura notre drapeau, on accepta je ne sais quelle destination mercenaire, équivoque, sans aucune garantie pour l'intérêt du pays, et propre à satisfaire seulement l'ambition personnelle de M. Zamoyski; et tout cela après deux ans et demi, pendant lesquels il nous était libre de nous organiser, et dans les circonstances les plus favorables pour notre cause, dans une guerre incessante contre la Russie. Que ceux qui ont ainsi dirigé la cause nationale en la compromettant volontairement dans des vues toutes individuelles, rendent aujourd'hui compte à la Pologne et à Dieu, pourquoi ils ont agi de cette sorte.

« SADYK-PACHA. »

Sélimnia, 7 avril 1856.

(*La Presse belge*.)

Terminons par une lettre de Vladislas Mickiewicz, fils de l'illustre poète, à l'occasion de la nomination du prince Vladislas Czartoryski comme agent diplomatique du gouvernement national de 1863 à Paris et à Londres :

« *Au prince Vladislas Czartoryski.*

« Prince,

« Je crois devoir protester contre le titre que vous vous faites attribuer d'agent général diplomatique à Paris et à Londres.

« La dictature diplomatique à laquelle vous n'avez cessé d'aspirer ne serait pas moins dangereuse que la dictature militaire que prit un instant le général Mieroslawski.

« Les deux mesures furent le résultat d'une intrigue et d'une surprise que condamnera l'histoire.

« Vous ne pouvez utilement représenter la Pologne à l'étranger, car vous avez des intérêts de famille en opposition avec ceux de la nation. Nous avons lieu de redouter, en effet, votre politique jésuitique et autrichienne, au service de votre ambition dynastique.

« Les négociations du prince, votre père, en 1831, ont été considérées comme l'une des principales causes de la chute de notre insurrection. Votre conduite à vous-même, à Constantinople, en 1855, que jugea si sévèrement mais si justement mon père, doit nous inspirer de légitimes craintes pour le présent et pour l'avenir.

« Vous ne cherchez que le moyen de marchander de cour en cour le rétablissement de la Pologne au rabais.

« Pendant les premiers mois de l'insurrection, vous et les vôtres semiez le découragement. Aujourd'hui vous nous divisez.

« Je suis avec douleur, prince, etc.

« VLADISLAS MICKIEWICZ.

« Paris, 30 juillet 1863. »

LII.

AU DIRECTEUR DE *L'ABEILLE IMPÉRIALE.*

L'HOMME DES DEUX MONDES.

MONSIEUR,

Le jour anniversaire de la naissance de Thadée Kosciuszko, je vous adresse quelques détails biographiques sur ce général, une des gloires les plus pures et les plus solides de la Pologne et de l'humanité. Je ne citerai que les traits principaux, et dans l'ordre dans lequel ils se présenteront à ma mémoire.

Après son retour d'Amérique et la campagne de 1792, la tzarine fit offrir à Kosciuszko une place distinguée dans l'armée russe, avec une pension viagère; il refusa l'une et l'autre avec la fierté d'un homme qui ne veut servir que son pays. Il quitta la Pologne, déjà dominée par la faction moskovite, à la tête de laquelle se trouvaient les deux princes Czartoryski et le roi lui-même, l'ancien amant de

Catherine. N'ayant jamais accepté les subsides des cours étrangères, il ne vécut que des offrandes patriotiques qui lui étaient transmises par ses amis. Deux ans après, il reçut des Polonais le titre de généralissime, sans vanité, sans ambition, et sans autre intérêt que celui de travailler à l'affranchissement de sa patrie. Il imita son ancien chef, Washington, par le respect qu'il porta constamment aux lois de son pays, et par l'usage qu'il fit de son autorité pour les faire respecter.

Revêtu d'un pouvoir dictatorial par le vœu souverain de la nation, il refusa noblement le trône qui lui fut proposé par les plus fervents de ses admirateurs; il exigea constamment du gouvernement et des habitants de Varsovie que Stanislas-Auguste fût maintenu, sinon honoré, comme roi légitime de Pologne. Il n'aurait même pas hésité à le mettre à la tête du gouvernement qu'il venait d'établir, s'il n'en avait été détourné par ceux qui se souvenaient des antécédents de Stanislas, et qui craignaient l'influence du parti de la cour. On sait que ce triste monarque l'en a singulièrement récompensé; car, peu de temps après, il l'a fait mettre hors la loi, comme rebelle et comme ennemi de la grande tzarine de Russie.

Si la journée de Szczekociny n'a pas tourné à l'avantage des armes polonaises, la retraite de Kosciuszko a valu autant qu'une victoire aux yeux de tous les militaires expérimentés; et la défense de Varsovie, qui ne se trouvait rien moins qu'en état de soutenir un siége, acheva de le couvrir de gloire.

A la bataille de Macéiowicé (1794), la dernière heure de la Pologne indépendante, Kosciuszko, pour décider le sort du combat, qui devenait incertain, et ne voyant pas arriver les secours qu'il attendait, se précipita au milieu de l'ennemi avec l'élite de la cavalerie et tous les premiers officiers de l'armée. Cette tentative désespérée, qui fit une large trouée dans le corps du général Fersen, quatre fois supérieur en nombre à celui de Kosciuszko, ne servit qu'à lui épargner la douleur de voir ses troupes balayées par la mitraille de l'ennemi. Blessé à la tête, il tomba au milieu de la mêlée, et tous les braves qui l'avaient suivi vendirent chèrement la perte de leur vie ou de leur liberté.

Le hasard fit découvrir Kosciuszko au milieu des morts qui jonchaient le champ de bataille. A la simplicité de son vêtement, à la décoration de l'ordre américain de Cincinnatus qui lui avait été conférée par son émule et son ami, l'immortel Washington, et surtout à l'héroïque expression de sa figure ensanglantée, il fut reconnu : et dès qu'on prononça son nom, plusieurs kosaks, qui s'étaient assemblés pour le dépouiller, frappés de respect plus encore que de terreur, firent un brancard de leurs lances pour le transporter auprès du général Fersen.

C'est ainsi que s'acheva la glorieuse carrière de Kosciuszko, à laquelle se rattachaient toutes les espérances des Polonais.

Quant au mot de *finis Poloniæ*, qu'on lui attribue dans cette circonstance, ce n'est qu'un mensonge et une perfidie; jamais ce blasphème n'aurait pu sortir de la grande âme de Kosciuszko : car ce serait un démenti donné à sa vie entière. Une nation ne meurt pas avec un seul homme, cet homme fût-il un héros. Lorsqu'il apprit dans son cachot de Saint-Pétersbourg qu'on lui prêtait ce mot barbare, inventé par les historiens à gages de Catherine II, et reproduit par tous les journaux existant à cette époque, il faillit mourir de douleur. Vingt fois il l'a publiquement désavoué dans tout le reste de sa vie, et vingt fois il eut le regret de voir renaître de ses cendres cet audacieux mensonge, phénix nouveau, toujours mal consumé par le feu de la vérité. D'ailleurs le chant des légions polonaises au service de l'Empire, sous les ordres de Dombrowski: « La Pologne ne mourra pas! » (*Jeszcze Polska nie zginela*), a donné à cette invention un désaveu formel et définitif.

Voici, entre autres, la lettre adressée à l'historien de Ségur, et dont l'original se trouve dans la précieuse collection de M. Léonard Chodzko :

Paris, 30 brumaire an XII (31 octobre 1803).

« Monsieur le comte,

« En vous remettant hier l'écrit relatif à l'affaire de M. Adam Poninski, sur sa conduite dans la campagne de 1794, j'avais encore à cœur un autre fait qui se rattache à la malheureuse bataille de Macéiowicé, et qu'il me tarde d'éclaircir.

« L'ignorance ou la mauvaise foi s'acharnent à mettre dans ma bouche le mot de *finis Poloniæ*, que j'aurais prononcé dans cette fatale journée. D'abord, avant l'issue de la bataille, presque mortellement blessé, je n'ai recouvré mes sens que deux jours après, lorsque je me suis trouvé entre les mains de mes ennemis. Puis, si un pareil mot est inconséquent et criminel dans la bouche de tout Polonais, il le serait beaucoup plus dans la mienne.

« La nation polonaise, en m'appelant à défendre l'intégrité, l'indépendance, la dignité, la gloire et la liberté de la patrie, savait bien que je n'étais pas le *dernier Polonais*, et qu'avec ma mort, sur le champ de bataille ou autrement, la Pologne ne pouvait et ne devait pas *finir*.

« Tout ce que les Polonais ont fait depuis, dans les glorieuses légions polonaises, et tout ce qu'ils feront encore dans l'avenir pour recouvrer leur patrie, prouve suffisamment que si, nous, soldats dévoués de cette patrie, nous sommes mortels, la Pologne est immortelle; et il n'est permis à personne de dire ni de répéter l'outrageante épithète de *finis Poloniæ*.

« Que diraient les Français si, à la fatale bataille de Rosbach, en 1757, le maréchal Charles de Rohan, prince de Soubise, s'était écrié : *finis Galliæ*; ou si on lui faisait dire ces cruelles paroles dans ses biographies?

« Je vous serai donc obligé de ne pas reparler de ce *finis Poloniæ* dans la nouvelle édition de votre ouvrage; et j'espère que l'autorité de votre nom imposera le silence à tous ceux qui, à l'avenir, voudraient répéter ces mots et m'attribuer un blasphème contre lequel je proteste de toute mon âme.

« THADÉE KOSCIUSZKO. »

Délivré de sa prison à l'avénement au trône de Paul Ier, qui vint en personne lui annoncer sa délivrance et celle de tous ses compagnons de captivité, répartis au nombre de huit mille, dans différentes provinces de la Russie, il refusa toutes les propositions qui lui furent faites d'accepter un emploi militaire du premier rang, et de conduire les armées du tzar contre la France. S'il ne put se défendre de recevoir, comme don gratuit, une somme qui assurait sa fortune pour le reste de ses jours, il ne manqua pas de la renvoyer au tzar dès qu'il eut quitté les frontières de la Russie, en témoignant, dans une lettre écrite avec autant de mesure que de dignité, toute l'étendue de sa reconnaissance pour lui et ses compatriotes; mais en déclarant que, n'ayant plus de patrie, les richesses lui devenaient inutiles, et qu'il était déterminé à finir ses jours dans la retraite et l'obscurité.

Après avoir passé quelque temps en Amérique et en Angleterre, il s'établit en France dans les environs de Fontainebleau, où une pension modique, qu'il recevait des États-Unis pour ses anciens services militaires, suffisait et au delà à tous ses besoins. C'est là que la digne famille de Zeltner, ancien envoyé de Suisse et son invariable ami, devint désormais la sienne, et conquit par cette généreuse hospitalité des titres éternels au respect et à l'amour des Polonais.

Dans cette retraite, la société d'un petit nombre d'amis intimes, la lecture, le dessin, quelquefois la chasse, occupaient ses loisirs; tandis que l'accueil qu'il faisait aux malheureux, les aumônes qu'il répandait parmi les pauvres, apportaient de touchantes consolations à son âme, toujours pleine du souvenir vivant de sa patrie. Jusqu'à présent, aux environs de Montigny-sur-Loing, le nom de Kosciuszko, qui, en 1813, sauva ce pays de la dévastation s'étendant sur d'autres contrées, est considéré comme un symbole de vertu, de constance et de charité.

Témoin des divers changements qui se sont opérés en France, il parut indifférent à tout ce qui se passait en dehors de la sphère de ses propres aspirations. Voulant profiter de son attachement pour son pays natal, et de la confiance que les Polonais avaient en lui, Napoléon voulut l'engager à le suivre dans la campagne de 1807; il lui fit les offres les plus séduisantes, et désira que, par une proclamation signée de sa main, il donnât l'éveil à la nation polonaise, en ranimant son ancien enthousiasme et en y préparant une levée de boucliers. Le maître de l'Europe s'efforça de lui persuader qu'il avait formé le projet de rétablir la Pologne; mais Kosciuszko ne voulut point tromper ses compatriotes par des espérances auxquelles lui-même n'osait se livrer. Ces offres et ces promesses lui furent réitérées pendant les Cent-Jours; malheureusement elles échouèrent par la faute du négociateur Fouché, chargé de les lui présenter.

A l'entrée des troupes alliées à Paris, en 1814, l'empereur Alexandre voulut voir Kosciuszko; il lui parla de ses projets concernant la Pologne, dont le rétablissement devait être la base d'un ordre de choses plus libéral en Russie; il l'engagea, dans les termes les plus pressants, à rentrer dans sa patrie. Kosciuszko promit d'y revenir dès que son indépendance serait assurée et son gouvernement organisé. La mort l'enleva quelque temps après, en 1817, à Soleure, en Suisse, où la famille de Zeltner l'avait suivi.

Les amis de la liberté perdirent en lui un modèle; les militaires, un des guerriers les plus habiles et les plus intrépides; les Polonais, un des chefs les plus glorieux qui jamais aient illustré leurs annales. Entre autres nobles qualités, il aimait passionnément les beaux-arts, qu'il cultivait lui-même de main de maître. Nous avons dit qu'il excellait dans le dessin. Les beaux vers avaient sur son âme une puissance irrésistible; témoin la *Feuille de chêne*, d'Arnaud, qui lui fut récitée peu de jours avant sa mort, et qui lui coûta peut-être les dernières larmes qu'il ait versées... Elle était bien digne, en effet, d'un pareil hommage :

> « De ta tige détachée
> Pauvre feuille desséchée,
> Où vas-tu?... — Je n'en sais rien !
> L'orage a brisé le chêne
> Qui seul était mon soutien.
> De son inconstante haleine,
> Le zéphyr ou l'aquilon,
> Depuis ce jour me promène
> De la forêt à la plaine,
> De la montagne au vallon.
> Je vais où le vent me mène,
> Sans me plaindre et m'effrayer ;
> Je vais où va toute chose,
> Où va la feuille de rose
> Et la feuille de laurier. »

Le chêne abattu par l'orage, c'était la Pologne; la feuille desséchée, livrée au vent, au hasard de l'exil, c'était lui... Mais l'amour de la Pologne ne souffrira pas qu'elle tombe où va toute chose, dans l'océan de l'oubli; car cette feuille est le plus beau fleuron de sa couronne de martyre...

Les monuments élevés à la mémoire des grands hommes sont rarement épargnés au milieu des guerres civiles et des révolutions; ils ne résistent point à l'action du temps, qui détruit tout ce qu'il enfante : mais le souvenir de Kosciuszko, gravé dans le cœur de l'humanité, ne sera jamais effacé. Il vivra aussi longtemps que le tertre de *Mogila*, élevé par les mains des Polonais sur la montagne de Bronislawa, en vue de Krakovie, avec la terre recueillie sur tous ses champs de bataille, haut de dix-huit toises et dominant toute la contrée, — entre les deux tertres de Krakus et de Vanda, les premiers fondateurs de la cité polonaise, — triangle mystérieux qui renferme dans son vaste orbite tout le passé et l'avenir de notre nation... C'est le héros aimé du peuple, et qui, seul dans les temps modernes, de même que Napoléon Ier, portait le vêtement du peuple, la capote grise.

C'est à nous, ses enfants, ses compagnons d'armes, qui, soit par des traditions de famille, soit par des récits populaires, avons eu le bonheur de recueillir tous les détails de sa vie publique et privée, de fournir aux besoins de l'histoire des matériaux qui feront connaître l'homme de bien, le citoyen vertueux et le défenseur intrépide de la liberté des deux mondes.

Paris, 12 février 1857.

(*L'Abeille impériale.*)

LIII.

AU DIRECTEUR DU *CONSTITUTIONNEL*.

LA MANIFESTATION DE LONDRES.

Monsieur,

Parmi les cruelles déceptions qui ont assailli l'Émigration polonaise dans ces dernières années, une des plus douloureuses est la solidarité qu'on paraît vouloir établir entre notre cause nationale et toutes les causes révolutionnaires en Europe. Le *Constitutionnel,* dans un récent article à propos de la manifestation des réfugiés de Londres aux funérailles du député polonais Stanislas Worcell, s'exprimait en ces termes :

« Les réfugiés politiques réunis à Londres viennent de faire connaître une fois encore à l'Europe civilisée, par un acte solennel et religieux, leurs principes et leurs desseins.

« Les réfugiés, groupés par nations, suivaient leurs bannières respectives, etc. »

Cet article cite des noms français, des noms italiens, des régicides, des évadés de Cayenne, etc.; il ne nomme pas un seul émigré polonais; et cependant il nous enveloppe avec eux dans la même réprobation. Cette solidarité, nous ne pouvons, nous ne devons pas l'accepter; nous la repoussons énergiquement, au nom de la Pologne et au nôtre. M. Stanislas Worcell, député en 1831, écrivain et patriote distingué, a bien pu être l'ami personnel de quelques-uns des réfugiés de Londres qui ont suivi son convoi; mais, nous en avons en main les preuves dans toutes les lettres qu'il nous a adressées depuis vingt ans, sa doctrine n'a jamais été celle de la violence et de l'anarchie. De plus, nous tenons de bonne source qu'il n'a pas dépendu de nos compatriotes d'empêcher cette manifestation, la loi anglaise autorisant des rassemblements de 20 à 30,000 personnes, et pour des objets bien plus solennels et plus graves que des funérailles.

La scène qui vient de se passer à Londres nous reporte involontairement à la matinée du 15 mai 1848, à Paris; à cette autre exhibition du drapeau rouge, qui n'est pas le nôtre, faite soi-disant au nom de la Pologne, mais sans aucune participation des Polonais. On sait que la main de la Russie a conduit l'échauffourée du 15 mai; cette main, nous en avons la conviction, a dirigé la manifestation funèbre de Londres. Est-ce nous qu'il faut en accuser? Ce serait par trop injuste, même de la part du *Constitutionnel,* toujours si bien informé de tout ce qui touche à la politique étrangère.

Il semblerait que notre cause est considérée, par les ambitieux et les énergumènes de tout pays et de toute opinion, comme une propriété banale, une devise ambiguë, dont tous auraient droit de faire usage pour couvrir leurs calculs hypocrites d'une apparence d'honneur et de légalité. De toutes les souffrances de la Pologne, celle-là est assurément la plus grande. Aristocrates pour les uns, démagogues pour les autres, nous ne pouvons que les désavouer des deux parts, comme nous le faisons aujourd'hui.

Eh quoi! nous avons passé vingt-cinq années en France, nous livrant à des travaux toujours pénibles, très-souvent ingrats, d'après l'aveu de certains journaux qui nous conseillaient récemment d'aller porter à la Russie le fruit de notre labeur et de notre persévérance; et tout cela, pour qu'on nous accuse de complicité avec des agitateurs cosmopolites! Est-ce à nous qu'il faut imputer l'abus sacrilège que les intrigants de tous les partis, en France ou à l'étranger, ont pu faire de notre popularité conquise au prix du martyre? Est-ce notre faute, si les gouvernements, par leur coupable abandon de la cause polonaise, dont nous avons vu naguère un éclatant exemple, la rejettent comme une arme révolutionnaire à toutes fins aux mains de l'opposition qui l'exploite?

Ouvrez l'histoire de Pologne; depuis Piast jusqu'à Stanislas-Auguste, vous n'y trouverez pas un seul régicide. Cette différence la séparera toujours profondément de l'histoire de la Russie, et même de la plupart des nations de l'Occident. Le tzar actuellement régnant doit se souvenir qu'encore enfant, il se trouvait en 1829, avec toute sa famille réunie, sur une place militaire, devant les fusils chargés à balle de notre armée; que nous avons préféré subir les conséquences d'une guerre sanglante que de souiller le drapeau national par le meurtre du tzar Nicolas, son père, qui venait se confier à notre loyauté. Cependant l'occasion était belle pour délivrer à jamais la Pologne de la domination étrangère! Que de pareils exemples soient présents à la mémoire de ceux qui seraient tentés de nous assimiler aux hommes de 93!

La liberté, fille de Dieu, ne peut vivre et prospérer qu'à l'abri du meurtre; et voilà pourquoi beaucoup de révolutions ont manqué en Europe. On aura beau entasser crimes sur crimes, on ne construira jamais une grandeur quelconque. « On ne fait pas un peuple libre, » écrivait M. Guizot dans son *Histoire de la civilisation;* qu'il nous soit permis d'ajouter : « On ne fait pas un peuple esclave, » et nous en sommes la preuve vivante. Des soldats accablés par le nombre, ou séduits par de fausses promesses, comme nous l'avons été en 1831 et 1848, ne sont pas des criminels échappés à la peine ou des séditieux; et notre Émigration peut invoquer d'autres noms encore que ceux cités par le *Constitutionnel,* pour lui assurer le respect.

De même que nous avons fait le 15 mai, lors de l'envahissement de l'Assemblée nationale par le peuple égaré, nous protestons encore aujourd'hui contre cette usurpation du nom de la Pologne par de folles ambitions qui ne savent même pas respecter nos tombeaux. Il est temps que cette perpétuelle insulte de notre cause soit enfin lavée par un démenti formel et décisif. Que ceux qui n'ont rien fait pour elle en 1848, qui l'ont même publiquement outragée à la tribune, la laissent aujourd'hui en repos; qu'ils cessent de porter leurs mains impies sur le drapeau immaculé de notre patrie. Mais aussi, que nos amis sincères dans les deux nations, et leur nombre en est encore très-grand, Dieu merci, la protègent et la défendent contre les odieuses imputations qui tendraient à l'avilir au profit de la Russie, en la confondant avec celle du désordre et de l'agitation. En un mot, nous sommes loin de vouloir séparer la cause polonaise de celle de la liberté ; mais nous la séparons à tout jamais du meurtre et de l'assassinat, entièrement opposés à nos mœurs et à notre caractère, et qui ne servent que les intérêts de la tyrannie.

Paris, 19 février 1857.

(*La Vérité.*)

LIV.

AU DIRECTEUR DE L'*ESTAFETTE*.

ABOLITION DU SERVAGE.

Monsieur,

Tout en m'associant du fond du cœur au sentiment d'approbation unanime exprimé par la presse parisienne au sujet du décret du 2 décembre dernier, pour l'émancipation des serfs en Russie, qu'il me soit permis de faire observer que l'honneur de cette grande mesure, attribué en entier à la magnanimité du tzar Alexandre, revient de bon droit à mes compatriotes.

On sait, ou l'on devrait savoir, que les trois palatinats de Vilno, Kowno et Grodno, dans lesquels l'initiative de cette réforme nationale a été formulée, appartiennent à la Lithuanie polonaise; que les signataires de la note adressée au tzar pour l'abolition du servage, ainsi que les paysans en faveur de qui elle a été conçue, sont, sans aucune exception, Polonais. Les reproches de ceux qui accusaient la nation polonaise de s'être opposée, en 1831, aux réformes projetées pour l'amélioration du sort des paysans, tombent ainsi d'eux-mêmes et pour jamais. Les propriétaires de ces trois palatinats n'ont fait, en prenant cette généreuse initiative, que continuer les efforts tentés dans le même sens par les générations précédentes; efforts rendus stériles par l'habileté de ces mêmes voisins qui daignent faire aujourd'hui cette tardive, mais nécessaire concession, à l'opinion publique. Comme ce n'est point une polémique que je veux engager, mais un fait historique que j'ai à cœur de redresser, parce qu'il intéresse au plus haut point notre honneur national, je présenterai simplement mes preuves, avec la conviction que personne ne pourra les trouver insuffisantes.

Le servage du peuple n'a jamais été sanctionné par les lois polonaises; l'oppression des paysans n'a existé dans les derniers temps qu'à titre d'exception et d'abus. Sans m'arrêter aux projets d'amélioration développés dans le célèbre ouvrage de Stanislas Leszczynski : *Considérations sur le gouvernement de la Pologne,* et qui le premier, vers le début du XVIIIe siècle, en 1720, a élevé la voix en faveur du peuple des campagnes, projets débattus dans les diètes de 1776, 1780, 1788, et définitivement adoptés par l'immortelle assemblée constituante de 1791, je citerai un ordre du jour émané de l'âme héroïque du dictateur Thadée Kosciuszko, et signé le 7 mai 1794, au camp de Polaniec. En voici les principales dispositions:

1° Le peuple, en vertu de la loi, reste libre et jouit de la protection du gouvernement;

2° *Chaque paysan est libre de sa personne;* il peut s'établir où bon lui semble, après avoir déclaré à la commission de son palatinat dans quel lieu il désire se fixer, pourvu qu'il se soit acquitté de ses redevances à ses anciens propriétaires et du paiement des impôts;

3° Les jours de travail dus aux propriétaires pour l'affermage de leurs terres seront réduits au moins d'un tiers. Ils seront totalement supprimés pour ceux d'entre les paysans qui auront pris les armes pour la défense de la patrie;

6° Nul propriétaire n'a le droit d'ôter au paysan le champ qu'il possède, lorsque celui-ci remplit les obligations qui y sont attachées, selon la règle ci-dessus détaillée;

7° Si quelque administrateur ou commis enfreint le présent règlement, et s'il exerce des actes quelconques d'oppression à l'égard du peuple des campagnes, il sera traduit devant les tribunaux criminels pour y être jugé et puni selon la gravité du délit;

8° S'il se trouvait des propriétaires fonciers ordonnant ou tolérant de pareils actes d'oppression, ils seraient soumis à la même pénalité, comme coupables de vouloir faire échouer la cause sacrée de l'insurrection nationale ;

12° La justice rendue au peuple, et dont il voit l'effet dans l'allégement des charges, doit l'animer de plus en plus au travail, à la culture des terres et à la défense de la patrie;

14° Les commissions de palatinat choisiront, parmi les citoyens les plus zélés pour le bien public, des délégués qui seront tenus de se rendre dans toutes les communes, où ils assembleront le peuple et lui feront voir que le nouvel ordre de choses établi par le gouvernement national a pour objet son bonheur; et enfin ils chercheront à le pénétrer de sentiments de reconnaissance et d'attachement pour la mère patrie, afin qu'il contribue de toutes ses forces à la défendre, etc.

Certes, c'était là un acte d'affranchissement qui, pour l'extension et le souffle élevé qui l'animait, vaut dix fois le décret du 2 décembre. Six mois plus tard eut lieu le massacre de Praga, exécuté le 4 novembre par le farouche Souwaroff, sur tout ce qui restait de notre insurrection nationale; et, l'année suivante, le nom de la Pologne fut effacé, pour un temps au moins, de la carte politique de l'Europe. C'est ainsi que, de nos jours, les pétitions adressées à l'empereur Ferdinand Ier par les États de Léopol, à la date du 26 septembre 1845, pour la suppression du servage et de la corvée, ont abouti aux massacres de Gallicie et à l'anéantissement de la république de Krakovie.

Mettons en regard de ce patriotique document quelques passages du fameux *Catéchisme, ou explication du quatrième commandement de Dieu*, à l'usage des églises et institutions catholiques romaines dans l'empire de Russie, et publié par ordre supérieur, en 1832, à Vilno, à l'endroit même où s'accomplit aujourd'hui cette réforme tant désirée en faveur du peuple :

Première demande. — D'après la religion du Christ, comment considère-t-on l'autorité de l'autocrate actuellement régnant sur toutes les Russies ?

Réponse. — On considère l'autorité de l'autocrate comme procédant directement de Dieu.

Troisième demande. — D'après cette même religion, qu'est-ce que nous devons, nous, ses sujets, à l'autocrate de toutes les Russies ?

Réponse. — Nous lui devons soumission, obéissance, service militaire et civil, payement des impôts, amour par-dessus toutes choses, actions de grâces et prières devant Dieu ; enfin tout ce qui peut se résumer par ces deux mots : *Adoration* et *fidélité.*

Quatrième demande. — Comment faut-il *adorer* l'autocrate ?

Réponse. — Par tous les moyens que l'homme possède; par les paroles, par le maintien, par les actions et démarches; enfin intérieurement et dans le plus intime de son cœur.

Neuvième demande. — En quoi et comment faut-il lui prouver notre amour ?

Réponse. — Par notre participation, selon toute notre influence, aux succès sans bornes de notre autocrate, à l'extension de son empire, qui est notre patrie à tous, ainsi qu'à la prospérité de sa famille.

Dix-septième demande. — Quels sont les motifs *surnaturels* de cette adoration ?

Réponse. — L'autocrate est une émanation de Dieu ; il est son ministre et son lieutenant sur la terre : la désobéissance à son autorité est donc une désobéissance directe aux volontés divines, desquelles émane son pouvoir, etc. »

Assurément, après avoir lu ce curieux monument de blasphème et de folie, établissant clairement l'identité de la personne du tzar avec Dieu, on doit convenir que la Russie a fait un progrès immense depuis sa publication jusqu'aux décrets du 2 décembre ; mais à qui doit-elle surtout ce progrès, si ce n'est à l'initiative polonaise; si ce n'est à ces comités formés des propriétaires dans les trois palatinats lithuaniens qui, malgré des exemples terribles et la perte assurée de leurs revenus, ont déclaré vouloir changer la condition de leurs paysans ? Les mêmes vœux ont été maintes fois exprimés sous les deux règnes précédents; ils n'ont seulement pas été entendus. Puisse cette impulsion être suivie dans les autres gouvernements du centre de l'empire moskovite ! Puisse cette noble tentative qui, en un temps donné, doit élever à la dignité d'hommes libres 60 millions d'esclaves, recevoir en Russie comme en Pologne son entière et pleine exécution ! C'est alors que le mot cruel de Pierre Ier : « *L'esclavage est le ciment de ma maison,* » trouvera de la part de son héritier un éclatant et loyal démenti! Tel est notre vœu le plus ardent; car alors la Russie, devenue libre elle-même, cessera de tenir sa victime sanglante enchaînée à ses pieds. Quoi qu'il en soit, tout Polonais a le droit d'être fier de cet acte de justice et de dévouement entrepris par nos compatriotes; car c'est par eux que la Pologne vient de conquérir un de ses titres les plus réels, les plus solides à l'estime des peuples; et l'on comprend pourquoi, si malheureuse qu'elle soit, c'est encore elle entre toutes que nous aurions choisie pour patrie.

Paris, 1er janvier 1858.

(*L'Union.* — *L'Estafette.* — *La Gazette de France.*)

CONCLUSION

« Qu'il se trouve un empereur de Russie vaillant, impétueux, capable, en un mot un tzar qui ait de la barbe au menton, et l'Europe est à lui ! »

(*Mémorial de Sainte-Hélène*, VIII, p. 203.)

En terminant ce livre, en le dédiant à tous ceux qui en Europe espèrent un ordre de choses meilleur et plus équitable, nous ne pouvons nous défendre d'un sentiment profond de tristesse et de regret, d'avoir vu tous nos efforts d'un quart de siècle échouer contre l'indifférence absolue de l'Europe officielle à l'égard de notre patrie. Si la cause polonaise a encore une fois été mise en oubli, au moment le plus favorable pour la faire triompher et lorsque son avénement semblait indiqué par la logique même de la guerre, ce n'est pas nous, certes, qu'il faut en accuser; car en offrant nos services aux alliés, en leur demandant instamment la formation d'un corps auxiliaire polonais, nous n'avons négligé aucune occasion pour mettre cette cause en évidence et pour protester contre son abandon : ces *Lettres slaves* en fourniront la preuve, et nous serviront de justification. Ce n'est pas le peuple français non plus; ce peuple frère qui nous aime, qui sent et pense avec nous, et qui donnerait encore aujourd'hui le meilleur de son sang pour notre indépendance. Selon sa généreuse pensée, la guerre d'Orient, cette guerre impie, comme toute effusion du sang humain qui n'a pas pour but l'amélioration du sort des peuples, aurait été faite en vue de la délivrance de la Pologne. Nous ne parlons pas de ces hommes sans cœur qui ont toujours exploité la cause polonaise dans des vues personnelles; ceux-là nous ont fait plus de mal assurément que les aide-bourreaux de Nicolas[1].

Il faut en accuser les fautes immenses, presque irréparables, qui ont été commises vers le début de cette guerre et qui en ont dénaturé le résultat. La France s'est abdiquée entre les mains de l'Angleterre, en transportant le champ de bataille du Danube en Krimée. Après trois révolutions accomplies,

sa politique ne pouvait être de briser des hommes contre des murailles. Lord Palmerston n'a jamais songé sérieusement à vaincre la Russie; il n'a voulu que lui brûler ses ports et détruire sa marine; il savait que la France devenait trop grande avec la Pologne délivrée, et il a fait tout au monde pour l'empêcher. « *C'est bien assez d'une France*, disait-il; *avec une Pologne rétablie, nous en aurions deux!* » Le but de l'Angleterre peut lui sembler partiellement atteint; celui de la France est plus loin que jamais. Mais que servira à cette puissance égoïste d'être un jour seule sur la mer, en supposant que les flottes russes sur la Baltique soient détruites, comme l'ont été celles de la mer Noire, si au même instant la Russie se trouve être seule sur le continent? Le châtiment de l'Angleterre, nous le craignons pour elle, commencera bientôt par la perte de ses possessions indiennes; il ne lui restera désormais que l'exil sur l'Océan et la piraterie[1].

La paix c'est l'anéantissement de toutes les espérances de la Pologne, fondées sur l'alliance anglo-française. L'indépendance polonaise ne sera jamais obtenue par la voie des traités; elle ne peut être arrachée à la Russie que par la force des armes. Voici ce qu'écrivait, en 1814, un Russe d'adoption, un de ces diplomates de la vieille roche qui se sont fait un métier de tuer les peuples au profit et pour la plus grande gloire des despotes : « La *destruction* de la Pologne, comme puissance politique, forme l'histoire presque tout entière de la Russie; le système d'agrandissement sur les Turks n'a été que purement territorial, et j'oserai dire secondaire, comparé à celui qui s'est opéré sur la frontière occidentale. La *conquête* de la Pologne a été faite prin-

---

1. Parmi ces dignes publicistes à tant la ligne, il en est quelques-uns qui se sont fait une spécialité très-lucrative de la cause polonaise, moyennant laquelle ils ont obtenu *per fas et nefas* des divers chefs de gouvernements des concessions de chemins de fer, des priviléges de journaux, des directions de théâtre, etc., etc. Seulement, lorsque l'heure était venue de défendre cette cause, ils se sont fait un système de traiter à fond la cause italienne ou moldo-valaque, et réciproquement, afin de les neutraliser l'une par l'autre, et les faire avorter au moment décisif par l'inopportunité. Le martyre de la Pologne est un vieux *problème* à leur usage, inventé par eux et pour eux, qu'ils exploitent sans pouvoir le comprendre : un arsenal de vieux projectiles dont ils se servent toutes les fois qu'il s'agit de faire un peu d'opposition au pouvoir, ou d'épicer leur rhétorique quotidienne pour les besoins de l'abonnement. Aussi ne faut-il pas s'étonner si quelques-uns de ces *chercheurs d'or* sont devenus millionnaires. Une pareille conduite ferait prendre la démocratie en horreur si elle avait le malheur de compter dans ses rangs beaucoup de pareils démocrates.

1. Ce châtiment a déjà commencé; il ne s'achèvera que par la ruine totale de l'oligarchie anglaise.

cipalement dans le dessein de multiplier les rapports de la nation russe avec le reste de l'Europe; de lui ouvrir un champ *plus vaste* (!), un théâtre plus noble et plus connu, où elle pourrait exercer ses forces et ses *talents* (?) satisfaire à son *orgueil*, à ses *passions* et à ses *intérêts*... »

« Le titre de *roi de Pologne* ne pourra jamais sympathiser avec celui d'*empereur et d'autocrate de toutes les Russies* [1]. »

On conçoit, d'après ce curieux document, pourquoi la question polonaise a été considérée au congrès de Vienne comme la question première, la plus importante; à part le principe immuable de la justice, sans lequel toute convention politique est écrite sur le sable. Ce qui était vrai en 1815 l'est encore plus évidemment de nos jours; l'expérience de quarante-trois ans l'a prouvé.

Vous n'avez pas osé relever le drapeau de la Pologne, vous avez repoussé les officiers polonais qui venaient à vous pour vous seconder et vous défendre [2]; et la Russie, qui *se recueille* aujourd'hui, c'est-à-dire qui médite sa revanche, ne tardera pas à vous faire sentir qu'elle n'a pas été vaincue. Nous verrons bientôt sans doute le fruit de ce recueillement. Il faudra peu de temps à ce spectre sans cœur pour guérir ses blessures insignifiantes et pour reprendre tout son prestige. Vous avez cru beaucoup obtenir en lui faisant accepter *Komrat* en échange de *Bolgrad;* en éloignant de quelques kilomètres du Danube cet empire colossal couvrant déjà la moitié de l'Europe et de l'Asie, lorsqu'il aurait fallu l'en séparer de toute l'étendue de la Pologne. De plus, par une imprudence inexplicable, vous lui avez donné le prétexte depuis longtemps souhaité de rompre ouvertement avec l'Autriche, autrefois sa complice, aujourd'hui sa rivale et bientôt sa victime. Ce n'est pas une paix que vous en avez obtenue, ce n'est qu'un armistice. L'ours, irrité d'avoir manqué sa proie, rugit dans son antre; il franchira d'un seul bond cette toile d'araignée diplomatique dont vous cherchez à l'enlacer, et n'épie qu'un moment favorable pour se venger. Ce moment viendra, soyez-en certains. « *Que voulez-vous qu'il fît contre trois ?* » Il a fait le traité de Paris, qui n'est pas précisément la mort, mais une catalepsie politique bien simulée. Or, soyez-en également certains, la cause polonaise abandonnée par vous ne s'abandonnera pas elle-même; elle triomphera, malgré la haine invétérée de ses ennemis et l'animosité bien plus cruelle et plus coupable encore de ses anciens amis; et nous achèverons ce livre ainsi que nous l'avons commencé, en disant : « *La Pologne ne mourra pas!* »

La guerre d'Orient, entreprise sans objet et terminée sans résultat, a été un pas de géant vers le *panslavisme;* car le premier cri de la Russie reprenant l'offensive sera un appel à tous les Slaves, au nom de leur unité nationale, dont le pressentiment se trouve déjà dans le cœur de tout ce qui porte un nom slave, et ce cri de guerre sera jeté par elle au moment où vous y serez le moins préparés. Naples et la Suisse ont déjà prouvé, mieux que nous ne pourrions le faire, l'impuissance absolue du traité de Paris, sans parler de ces éclairs précurseurs des tempêtes qu'on a laissés s'amasser à l'intérieur. *Moins la Pologne, toute guerre et toute agitation en Europe ne peut tourner qu'au profit de la Russie.* Attendez un peu, et quand vous verrez le drapeau russe flotter sur l'Adriatique; lorsque Croates, Monténégrins, Serbes, Slovaques et Bulgares seront rangés en ligne de bataille sous la bannière du tzar; quand des voies ferrées réuniront Saint-Pétersbourg à Odessa et Moskou à la frontière de France, vous regretterez alors, mais trop tard, votre superbe dédain pour la cause polonaise ; vous vous repentirez, mais trop tard, de cette fausse honte qui vous a fait éviter de prononcer le nom même de la Pologne au congrès de Paris, celui que vos pères auraient assurément prononcé le premier. Vous avez craint, en le prononçant, d'évoquer la révolution ou la guerre universelle; et voilà que, sans le vouloir, sans le savoir peut-être, de toutes les causes nationales vous avez fait des causes révolutionnaires. La *peur*, devant l'accomplissement d'un devoir, n'a jamais été en politique qu'un conseiller de malheur. Elle a perdu 1830, elle a perdu 1848, elle perdra 1856. La Russie allemande est un abîme dans lequel tôt ou tard la France tombera, et y entraînant avec elle l'Europe entière. Encore quelques jours, et la question slave, que vous n'avez pas voulu comprendre ou que vous avez tenté de résoudre par quelques subtilités dilatoires, va surgir et apparaître devant vous dans toute son effrayante immensité.

Paris, 1er janvier 1858.

---

1. *Mémoire à l'empereur Alexandre Ier, sur la Question polonaise*, par le général Pozzo di Borgo.
2. Dès les premiers jours du siége, les officiers polonais de Sébastopol, l'élite de l'armée russe, ont envoyé une délégation au maréchal de Saint-Arnaud, avec l'engagement formel de lui livrer la place, non pas par surprise, mais par un combat, sans doute très-inégal, avec la garnison moskovite. Le maréchal a reçu les délégués en vrai chef tatare, le verbe haut et la cravache à la main, en leur offrant, non pas l'admission dans les troupes alliées, mais la position de prisonniers de guerre et de déserteurs. A leur retour dans la place assiégée, tous les délégués ont été passés par les armes... On conçoit que leurs camarades aient défendu Sébastopol jusqu'à la dernière extrémité.

FIN DE LA PREMIÈRE PARTIE.

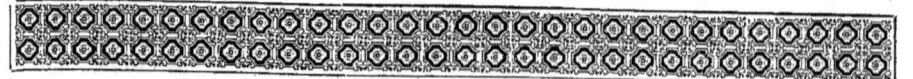

LETTRES SLAVES

DEUXIÈME PARTIE
1863-1864

INSURRECTION POLONAISE

PRÉFACE.

« Pilate, voyant qu'il n'y gagnait rien, mais que le tumulte s'excitait toujours de plus en plus, se fit apporter de l'eau; et, se lavant les mains devant le peuple, il leur dit : Je suis innocent du sang de ce Juste; ce sera à vous à en répondre.

« Et tout le peuple lui répondit : Que son sang retombe sur nous et sur nos enfants.

« Alors il leur délivra Barrabas; et, ayant fait fouetter Jésus, il le remit entre leurs mains pour être crucifié. »

SAINT MATTHIEU, XXVII.

Ces pages de sang et de larmes, écrites pour la plupart sur le théâtre même des événements qu'elles racontent, sont l'histoire d'un an de l'insurrection polonaise, qui se poursuit, en plein XIXᵉ siècle, au milieu du massacre, de l'incendie, de la déportation, de la complicité de l'Allemagne avec la Russie, et de l'indifférence absolue de l'Occident. Que cette indifférence soit bien ou mal déguisée sous une avalanche de discours, de protestations, de notes diplomatiques, toujours très-courtoises envers les bourreaux, souvent très-rigoureuses envers les victimes, peu importe; ce n'est qu'une torture de plus ajoutée à leur supplice. Elle se déguise même parfois sous le terme équivoque de sympathie, qui veut dire, à qui sait le comprendre : « *Nous serions avec vous, si vous étiez les plus riches.* » Ou bien encore : « *Chacun pour soi!* » comme dans certaine allocution récemment fort applaudie au Sénat. Pilate disait aux Juifs en se lavant les mains de la mort du Sauveur : « Je suis innocent de la mort de ce Juste ! » Et, tout en le jugeant non coupable, il le livra aux bourreaux pour être crucifié. L'éminent jurisconsulte qui vient d'instruire à nouveau le procès de la Passion, dans son livre intitulé *Jésus devant Caïphe*, etc., doit s'en souvenir mieux que personne.

Mais ce qui nous importe bien plus que les phrases plus ou moins menteuses sous lesquelles se cache l'aveugle égoïsme de l'Occident, voué à l'idolâtrie de l'or et des jouissances matérielles, ce sont les Actes du martyre de la Pologne; ce sont les glorieux combats de cette guerre de désespoir, commencée par une poignée de jeunes gens sans armes, et qui ne s'arrêtera, si Dieu le veut ainsi, qu'à l'effusion totale du sang polonais. Ces faits sans exemple, dont nous avons été les témoins immédiats, ou dont nous avons reçu les relations les plus fidèles, confirmées par une quantité de lettres identiques et de documents officiels, ont été retracés presque jour par jour dans nos correspondances transmises aux divers journaux de Paris, et principalement *l'Opinion nationale*, *la Patrie* et le nouveau journal hebdomadaire *la Pologne*, correspondances malheureusement très-mutilées par ceux à qui nous les adressions [1]. Durant cette période de notre tâche d'historien, pas un seul fait allégué par nous n'a éprouvé un démenti de la presse vénale et vendue à la Russie (celle qui compte le plus de lecteurs), pas un n'a dû subir une rectification. Pour ne pas manquer à la sainteté de notre cause, nos récits, loin de l'exagérer, sont toujours restés en deçà de la vérité. C'est cette correspondance de douze mois, écrite à la hâte, au courant de la plume, recueillie en abrégé, qui forme la substance de cette deuxième partie des *Lettres slaves*.

Et que pourrait-on ajouter à l'horreur du tableau, unique dans l'histoire, que présente en ce moment la Pologne? Un vaste plan d'extermination, ourdi par un cabinet soi-disant libéral, étendu sur un peuple de plusieurs millions, que l'on voudrait ensevelir vivant sous les glaces de la Sibérie, ne pouvant le contraindre à se renier lui-même, à changer sa croyance, ses mœurs, son langage, tout ce dont se compose son droit historique de dix siècles ! Des femmes, des enfants, des vieillards, égorgés, torturés, déportés en masse ; non pas dans les villes prises d'assaut, les armes à la main, mais de sang-froid, systématiquement, la nuit comme le jour, fusillés dans leurs demeures, dans les asiles de la prière, sur les tombeaux de leurs parents, d'après un mot d'ordre secret donné par le tzar Alexandre, dont l'Europe officielle ne cesse d'exalter les généreux sentiments, et passant par-dessus les têtes des officiers de tout grade, qui parfois échappent par le suicide à l'infamie de leur mission, pour armer de la torche, de la corde, de tous les instruments du meurtre et du carnage, les plus effrontés pillards et bandits de l'Asie kosaque et mogole !... Ici les moissons brûlées sur place, ou foulées aux pieds des chevaux tatars, pour engendrer la faim ; là, des centaines de jeunes filles, l'espérance et l'orgueil de notre race, contraintes à devenir les esclaves et les jouets de la jeunesse dorée de Saint-Pétersbourg et de Moskou...

Ce n'est pas tout ; un dernier trait manque à cette exécrable orgie du tzarisme. Les corps de victimes lacérés, morcelés par ces cannibales, sont gardés pendant des mois entiers dans les rues des villes saccagées, sur les champs de bataille, autour des châteaux en ruine, avec la défense de leur donner la sépulture. De ces cadavres amoncelés doit sortir quelque jour une contagion mortelle, qui tuera ceux qui sont encore vivants dans le pays... Voilà le noble plan de campagne proposé par M. de Bismark, accepté, sanctionné, recommandé par le miséricordieux tzar Alexandre, mis en œuvre par les Toll, les Berg, les Wittgenstein, les Bagration, les Mourawieff, les Dlotoffsky, les Anienkoff, dignes serviteurs d'un pareil maître !

Non, certes, pour tracer ce sinistre épisode de notre XIXe siècle, commencé par de glorieuses batailles, et qui finit par de hideux massacres, nous n'avons pas besoin de recourir à l'exagération ; ici, la simple réalité dépasse de beaucoup tout ce que l'imagination la plus hardie pourrait inventer ; dans cette infernale histoire il n'y a point de place pour l'émotion factice du drame ou du roman !

On a dit avec raison en 1831 : « La Russie, c'est le choléra ; » elle tient en 1863 à justifier complétement cette atroce définition de son apostolat de barbarie. A bout de soldats et de bourreaux, elle invoque pour suprêmes agents de sa *sainte mission*, la famine et la peste... Le fils de Nicolas Ier, avec son cortège de proconsuls et son armée de sbires, veut ajouter un dernier nom à la liste de ces faucheurs d'hommes, venus du sein de l'Asie, Attila, Genghiskhan, Koublaï, Batukhan, Timour-lengh, Yvan le Cruel, qui se donnaient eux-mêmes le titre de *Fléau de Dieu !*

Aujourd'hui, lorsque la question polonaise vient d'être soumise à la discussion des chambres françaises, deux routes opposées sont ouvertes à l'Europe pour la résoudre :

L'une conduit à l'établissement d'un nouveau droit des gens, fondé sur le principe des nationalités, à la réorganisation de l'Europe d'après ce principe, au désarmement et à la paix définitive, seul acheminement possible vers la liberté ; l'autre conduit à l'anéantissement par la conquête de toutes les promesses de la révolution française, à l'oppression mutuelle des races allemande et moskovite, et par toutes les deux ensemble de la race gallo-romaine ; à une guerre sans trêve et sans merci, comme celle que nous voyons en Pologne, n'ayant d'autre moyen que la fraude et la violence, d'autre issue que l'esclavage. Au terme de la première on entrevoit, d'un peu loin il est vrai, la fédération des peuples ; au terme de la seconde se dresse menaçant et fatal, le testament de Pierre Ier.

En effet, depuis cent ans, depuis qu'un aventurier sans âme a ramassé la couronne de Pologne dans le boudoir d'une tzarine allemande, la Russie marche d'un pas assuré vers sa réalisation. Elle brûle, pille, extermine, sans scrupule, sur terre et sur mer, tout ce qui lui fait obstacle, comme à Human, Praga, Oszmiana, comme à Tchosmé, Navarin et Sinope ; elle incendie même au besoin ses propres villes qu'elle ne peut défendre. Dans toutes les cours de l'Europe elle a des ministres, des diplomates, des journalistes à sa solde ; puis, de faux émigrés, des pamphlétaires, des délateurs des deux sexes, jusqu'à des histrions enrichis par l'or volé dans nos églises, et des baladines faisant sa propagande sur leurs tréteaux. Les Cobourg, ces étalons des races royales prêtes à s'éteindre, font ses affaires en Angleterre, en Belgique, en Espagne, en Portugal ; elle est parvenue à s'associer même l'Italie (dont certains agitateurs cosmopolites sont au mieux avec le prince Gortschakoff), moyennant leur haine commune contre l'autorité papale. La France seule lui échappe encore ; mais l'ayant entièrement isolée des alliances dynastiques elle médite *en se recueillant* la revanche de Krimée. Elle est dans tous les camps, tous les partis, tous les complots ; sûre d'elle-même et de son avenir, aux courtoisies de l'Europe elle répond par d'orgueilleuses bravades... Eh bien ! ce réseau d'intrigues, noué sur le monde franco-germain se brise comme une toile d'araignée, cette fantasmagorie d'omnipotence s'efface et disparaît, dès que le nom de la Pologne est prononcé. C'est que nous seuls avons le secret de sa force et de sa faiblesse ; nous seuls pouvons lui disputer à bon droit l'hégémonie slavonne ; nous seuls enfin pou-

---

1. Dans *la Patrie*, un certain M. Lef... était chargé de cette triste opération. Tout passage qui lui semblait *trop raide* était biffé sans miséricorde. « Il ne fallait pas, disait-il, chagriner par trop la Russie, qui pouvait, un jour ou l'autre, devenir l'alliée de la France. » Nous n'avons pu reconstruire ici les passages supprimés, nos lettres ayant été réimprimées d'après ce que M. Lef... a bien voulu en laisser dans les colonnes de son journal.

PRÉFACE.

vons l'arrêter, comme en 1794, comme en 1807, comme en 1831, comme aujourd'hui, dans sa marche triomphante vers Constantinople, Rome et Paris. L'empire colossal de Toutes les Russies se décompose et devient tout simplement le tzarat de Moskou, dès que les Russiens d'Ukraine et de Lithuanie, les Zmudiens de Samogitie et les Lotèces de Livonie, demandent à redevenir Polonais, comme ils l'ont été depuis le xive siècle. Malheureusement, tous ces noms slaves sont à peu près inconnus aux publicistes, aux historiens, et même aux hommes d'État de l'Occident.

Il est impossible qu'en face de ce danger, prévu depuis longtemps, et qui se signale déjà par les premiers coups de la coalition portés contre les États scandinaves, la France ne cherche pas à désarmer son implacable ennemie du Nord, à la priver des avantages d'une lutte engagée sur les bords de la Vistule, et dont l'objet réel, c'est elle-même. Ce serait une honte éternelle pour notre époque, un démenti sanglant donné à la civilisation, à la religion, à la liberté, s'il était démontré qu'on peut impunément assassiner une nation, changer en désert une des contrées les plus fertiles du monde, et cela pour étendre les limites d'un empire déjà monstrueux. Ce serait grandir l'Asie aux dépens de l'Europe.

Dans la première entrevue des souverains à Varsovie, le moment de la Russie n'était pas encore venu; la blessure de Sébastopol n'était pas bien cicatrisée. Et d'ailleurs la Pologne était là, irritée par trente ans de persécutions, prête au combat, au premier signal qui lui serait donné par la France; il fallait donc avant tout la provoquer, l'abattre et l'engloutir. Dans ce duel à mort entre l'Asie et l'Europe, il y va de la France au moins autant que de la Pologne. Elle l'a bien compris et l'a formellement exprimé, lorsqu'elle a déclaré que la question polonaise était la première question européenne. Les moyens de la résoudre par le glaive ne lui manqueront pas; car à la coalition tricéphale de l'absolutisme, elle peut opposer une alliance occidentale bien autrement formidable et souveraine, réunie de tous les peuples latins, scandinaves, magyars, musulmans, sans y compter le nôtre; car la France, isolée comme cabinet, est encore toute-puissante comme peuple. Mais cette alliance ne peut se former qu'au nom de la Pologne délivrée, arrachée à son supplice, rétablie dans ses anciennes limites; elle seule peut lui donner la vie, la force, le mouvement. Cette cause de moins, l'alliance française tombe et se dissout d'elle-même, faute de devise et de drapeau. Avec les éléments qu'elle a déjà sous la main, et de plus, la Vénétie et la Hongrie prêtes à lui servir d'auxiliaires, la victoire de la France et de la civilisation ne saurait être douteuse.

Ainsi, d'un côté nous voyons le despotisme asiatique refoulé vers sa source, forcé de devenir le civilisateur de la race tatare, occupant le tiers de l'ancien monde; l'Allemagne rendue à elle-même et redevenue nation, aussitôt que séparée de la Russie; la Pologne formant avec la France et l'Italie ce triangle fédératif, projeté par Henri IV et Napoléon Ier, rempart et sanctuaire de la liberté des peuples; toute cause de guerre en Europe définitivement écartée; la paix armée, c'est-à-dire la ruine et l'agitation perpétuelles, remplacée par la richesse et la sécurité générales; la mission providentielle de la France accomplie, et tout cela au prix d'une parole de salut hardiment jetée à l'Europe au nom de la justice et de l'humanité

De l'autre côté, la Suède écrasée, le Danemark envahi, la Pologne étouffée dans le sang, la Turquie, la Circassie, la Perse, bientôt après la Russie, conquises, démembrées, asservies; la France amoindrie aux yeux des peuples, repliée sur elle-même; le culte romain détrôné par le schisme grec; la domination ou du moins la prépondérance universelle de la Russie assurée par l'immense extension de ses limites : telles seront les conséquences plus ou moins immédiates, mais certaines, mais irréparables, de l'abandon et par suite de l'extermination de la Pologne. Nous nous abstenons à dessein de citer ici le nom de l'Allemagne; car depuis 1772, l'Allemagne et la Russie sont les deux bras du tzarisme, c'est-à-dire de la conquête du monde par la Russie, au profit de la dynastie allemande des Holstein-Gottorp. La Prusse, par ses haines féodales, l'Autriche, par ses terreurs mazziniennes, subissent plus que jamais la fascination du vampire moskovite; chassées par le fouet kosaque, elles seront, comme sous Napoléon Ier, comme au moyen âge, comme toujours, l'avant-garde et l'état-major des hordes asiatiques. Comptez tous les noms allemands qui pullulent, comme une lèpre maudite, dans l'armée, dans l'administration, dans la diplomatie russe, et jusque sur le trône!

Quant à l'Angleterre, grâce à la tortueuse et vénale politique de ses ministres, lord North, William Pitt, Castlereagh, Russell et leur maître à tous, le vicomte Palmerston, depuis trente-six ans acheté par la Russie, l'Angleterre ne veut être et ne sera désormais qu'un nid de pirates, n'ayant d'autre loi que d'agiter et d'incendier l'Europe, d'autre volonté que de l'assujettir aux calculs de son égoïsme industriel. L'empire des mers lui suffit; elle laissera volontiers celui du continent à sa rivale. Le soulèvement des Indes, fomenté par la Russie, lui payera bientôt le prix de ses honteuses concessions.

Voilà ce que deviendra, dans la seconde moitié du xixe siècle, cent ans après la révolution française, la déplorable histoire de l'Europe et de l'humanité; châtiment terrible, mais juste, pour avoir assisté, avec une hypocrite et stérile sympathie, à l'égorgement de la Pologne.

LETTRES SLAVES

DEUXIÈME PARTIE

INSURRECTION POLONAISE

La presse officielle et les journaux étrangers aux gages du tzarisme, sont remplis de récits mensongers et de calomnies touchant les débuts de notre soulèvement national. Nous avons cru nécessaire, pour repousser le mensonge par la vérité, de publier presque jour par jour des aperçus généraux de notre situation et des bulletins des principaux combats, puisés à la source même. Ces renseignements sont adressés, sous forme de correspondances, à ceux des journaux français qui ne sont pas vendus à la Russie.

I.

Février 1863.

De Varsovie, 9 février :

Le *Dziennik* (Journal officiel) contient un récit du combat de Wengrow, que ce récit lui-même appelle une bataille, et qui, d'après des rapports particuliers, a été en effet un combat sanglant d'une masse compacte de quelques milliers de fantassins et de cavaliers, soutenus par plusieurs batteries, contre une poignée d'hommes armés de faux.

Les insurgés ont accompli dans cette circonstance des faits d'armes héroïques. Pour occuper le corps russe qui avançait, et couvrir la sortie de nos partisans, deux cents jeunes gens, réunis à Wengrow, marchèrent droit sur les Russes, qui disposaient de vingt canons, ouvrirent aussitôt un feu meurtrier. Les insurgés se jetèrent sur les batteries et attaquèrent les canonniers.

Il y eut là un véritable massacre qui dura deux heures, pendant lesquelles le gros des insurgés se dirigea en ordre parfait sur Sokolow. Les deux cents volontaires se firent tous tuer sur les pièces russes, mais la masse des insurgés était sauvée. C'est là la vraie histoire de la bataille.

Voici maintenant le bulletin officiel : « Le 6 de ce mois, on a reçu des détails sur l'action d'un détachement de trois compagnies (lisez bataillons) d'infanterie, de trois escadrons de cavalerie et de six pièces, commandé par le colonel Popofosopoulo. Ce détachement, qui s'était porté la veille à six werstes de Wengrow, fut inquiété toute la nuit par les *rebelles*, qui sortaient de la forêt voisine. Quelques coups à mitraille ayant été tirés, ces attaques cessèrent.

« Le lendemain matin, les troupes marchèrent en avant, et s'arrêtèrent à huit heures à portée de canon de la ville. Des postes avancés couvraient suffisamment la position des troupes vis-à-vis des rebelles venant des forêts.

« La bataille fut engagée à neuf heures par deux pièces de la batterie n° 3 de la troisième brigade d'artillerie. Après quelques coups de canon, on remarqua un mouvement dans la ville; et, peu après, les rebelles commencèrent à la quitter dans toutes les directions. Le gros des rebelles se retira vers Sokolow.

« Le soin de défendre la ville et de couvrir la bande qui se retirait fut laissé à un détachement spécial qui occupa la route près de la barrière, du côté de Mokobody.

« Pour couper le passage aux rebelles qui sortaient de la ville, le colonel Popofosopoulo lança le quatrième escadron de hulans à leur poursuite sur le chemin de Sokolow. Les hulans les atteignirent et les obligèrent de rentrer dans la ville, où ils occupèrent le cimetière. En même temps, une division de la troisième batterie d'artillerie à cheval, couverte par une section de la onzième compagnie du régiment d'infanterie de Kostroma et deux escadrons de hulans, s'avança et ouvrit le feu contre la bande.

« Alors le détachement de rebelles, posté à l'entrée de la ville, déboucha sur nous; mais, atteint par la mitraille, il recula en désordre, et malgré le feu, cent cinquante hommes seulement marchèrent sur les pièces, en se défendant avec leurs faux contre l'attaque des deux escadrons de hulans. L'artillerie suspendit le feu, et un peloton du troisième escadron de hulans se lança contre les insurgés sous les ordres du lieutenant-colonel Feodorowsky. En même temps, les rebelles furent décimés par nos tirailleurs; et, peu après, *ils périrent tous!*

« L'artillerie reprit alors sa première position et l'infanterie marcha sur la ville. L'incendie causé au commencement de la bataille par le feu de notre artillerie augmenta la confusion. Les rebelles se jetèrent par bandes à travers les buissons et les jardins dans la forêt voisine; ils étaient poursuivis par deux pièces. Cependant l'infanterie occupa la ville. Les rebelles ont laissé cent vingt-huit morts sur le champ de bataille et neuf blessés, presque tous de la bande qui s'était précipitée sur les canons. Les rebelles emportèrent les morts et les blessés qui étaient tombés près de la ville; et, par ce fait, leur nombre ne nous est pas connu.

« Dans les troupes russes, *personne* n'a été tué. Il n'y a que six soldats blessés. Parmi les habitants, deux garçons juifs seulement ont été tués *accidentellement* par des coups de feu. »

Voilà comment cet admirable début de notre insurrection est raconté par les bulletins moskovites.

(*Patrie.*)

II.

De Krakovie, 10 février :

Le gouvernement moskovite, après avoir provoqué à dessein l'insurrection polonaise, cherche aujourd'hui à l'étouffer dans le massacre. Lorsqu'il ne peut atteindre les insurgés, forcés de céder devant le nombre, il frappe les habitants sans armes, il brûle les villes et les villages, il ordonne à ses soldats le meurtre des enfants, des femmes et des vieillards, avec une férocité dont on ne trouve que trop d'exemples dans l'histoire militaire de ce pays, depuis le massacre de Praga (1794) jusqu'à celui d'Oszmiana (1831).

Et, tout en commettant ces cruautés, il ne cesse de parler de l'indépendance des peuples slaves en Turquie, de progrès national pour l'Italie, de réformes administratives en Pologne. Toutes ces réformes, même celles sur lesquelles on pouvait encore compter après tant de promesses vaines, ont été noyées dans le sang.

Les horreurs exercées à Wengrow, à Tomaszow, à Suchedniow et à Wonchoçk, dont les habitants, sans distinction d'âge ni de sexe, ont été passés au fil de l'épée, ont couvert d'une tache ineffaçable le drapeau moskovite, ainsi que les chefs du gouvernement et de l'armée russe à Varsovie.

Les détails du carnage, dans les deux premières localités, se trouvent dans nos correspondances d'aujourd'hui (non publiées) ; nous y ajouterons un épisode terrible, mais vrai, des deux combats de Suchedniow et de Wonchoçk, et des scènes de barbarie sauvage qui les ont suivis.

Des détachements considérables de troupes russes, composés d'armes de toute sorte et de kosaks, ont quitté, le 3 courant, les deux villes de Radom et de Kielcé, et convergeant vers le camp des insurgés du palatinat de Sandomir.

Le détachement de Kielcé arrivé à Suchedniow, y rencontra environ soixante insurgés, qui, après une résistance désespérée, se retirèrent en bon ordre, en laissant deux des leurs prisonniers entre les mains des assaillants. Ces deux prisonniers furent pendus, et aussitôt commença le massacre; les soldats se ruèrent sur la ville, en tuant tous ceux qui n'avaient pu s'échapper, pour avoir, disaient-ils, donné asile aux insurgés : puis, la ville entière fut mise au pillage et réduite en cendres.

Une partie de ce même détachement fut attaquée au village de Miéliça, où deux compagnies d'infanterie de ligne et un escadron de dragons furent entièrement défaits. Les insurgés, enhardis par ce succès, quittèrent les bois et les ravins, et présentèrent le combat en plein champ aux deux détachements qui avaient opéré leur jonction.

Les paysans armés de faux (*kosyniery*) et les chasseurs se jetèrent à plusieurs reprises sur les canons et l'infanterie russe; mais bientôt, écrasés par la mitraille, après la mort des deux chefs de compagnie Prendowski et Kosieçki, ils durent se retirer vers Slupia, sur les hauteurs de Sainte-Croix, et vers Zawichost.

Les Russes, après avoir perdu 200 hommes dans ce combat, se dirigèrent vers Wonchoçk, abandonné par les insurgés; après avoir occupé la ville, ils égorgèrent les habitants et mirent le feu aux maisons dévastées, en sorte qu'il ne reste plus que l'église et la maison du pharmacien de la localité. Ils en firent autant dans cinq villages environnants; et, après ce beau fait d'armes, chargés de butin et de malédictions, ils retournèrent triomphalement à Kielcé et à Radom.

Les bulletins officiels chercheront à pallier sans doute ces atrocités, qui surpassent tout ce qu'on a jamais écrit sur les invasions des hordes tatares.

La généreuse et noble conduite des insurgés envers leurs prisonniers rend ces cruautés encore plus détestables. A Miéliça, Wonchoçk, comme précédemment à Biala, Wengrow et dans cent autres endroits, ils font soigner les blessés, ils rendent la liberté aux captifs. Ils se comportèrent de même à Sosnowicé, où ils traitèrent les femmes des officiers et les employés de la douane russe avec tous les égards possibles. Un de leurs détachements attaqua Sosnowicé dans la nuit du 6 au 7 de ce mois; la garde de la frontière s'était barricadée dans la maison de la douane, au nombre de 100 fantassins et kosaks, et faisait feu par les fenêtres; mais bientôt, forcés par les insurgés, après avoir perdu 40 des leurs tués et 20 prisonniers, les Moskovites se réfugièrent sur le territoire prussien, où ils furent reçus par leurs alliés. Les Polonais eurent 2 tués et 18 blessés, parmi lesquels le vaillant chef des *kosyniery* (faucheurs), dont le nom ne nous a pas été rapporté.

Dans les deux douanes de Sosnowicé et de Maczki, les insurgés ont saisi environ 100,000 roubles, 100 quintaux de plomb, 80 fusils et des sabres en abondance.

Les journaux de Breslau nous apprennent que près de 500 soldats russes, ayant jeté leurs armes, se sont déjà mis à l'abri de la frontière prussienne. On ajoute que le général Ramsay, commandant en chef l'armée russe dans le royaume, a été révoqué et remplacé par le général Korff.

(*Opinion nationale.*)

III.

De Krakovie, 13 février :

Les Russes continuent de se conduire avec leurs prisonniers blessés ou désarmés comme des bêtes fauves.

Le 5 de ce mois (le jour même du massacre de Tomaszow), une forte patrouille de kosaks est venue reconnaître, à une demi-werste de distance, la position des insurgés dans le bois de Bolimow. Le lendemain, dès le point du jour, le camp a été attaqué de deux côtés par les colonnes russes envoyées de Lowicz et de Varsovie.

La lutte fut acharnée; et le soir, les Russes, en se retirant en toute hâte par la ville de Bolimow, emmenaient avec eux quatre fourgons de blessés, un chariot de fusils doubles et de faux, et des prisonniers liés de cordes.

Sur le champ de bataille, on entendait presque sous chaque buisson les cris douloureux des mourants, et les corps des insurgés tués étaient tellement criblés de blessures et de coups de toute sorte, qu'il était presque impossible de reconnaître leurs figures.

Celui qui fait ce récit a vu lui-même, au milieu du taillis, six cadavres liés dos à dos, trois par trois, les têtes entièrement fracassées, les habits déchirés, gisant dans une mare de sang. C'étaient sans doute ceux de nos combattants qui n'avaient pas voulu se rendre.

Le jour suivant, lorsque le même narrateur voulut visiter cette scène de carnage, un cordon de kosaks en interdisait l'accès aux habitants de la contrée.

Vers midi seulement, on parvint à introduire dans le bois une voiture de paille sur laquelle on déposa les corps des moribonds à demi-gelés durant la nuit.

On réussit à en enlever quelques-uns et à les déposer dans une chaumière voisine, où ils ne tardèrent pas à rendre l'âme. Parmi les cadavres, qui portaient tous les traces des plus affreuses mutilations, on remarquait des jeunes gens dont le linge fin s'était littéralement collé à leur corps ensanglanté.

(*Opinion nationale.*)

IV.

De Varsovie, 13 février :

Nous sommes à la dernière semaine du carnaval, sans que personne y ait songé. Le temps est sombre, pluvieux. Les giboulées nous annoncent un printemps hâtif. Les patrouilles sillonnent les rues, les familles russes vont s'enfermer dans la citadelle. La force est au tzarisme, le droit est à nous. Les troupes russes, véritables ramas de brigands, trafiquent publiquement et vendent des fourrures de femmes, des bagues, de l'argenterie. Le soldat qui descend à l'assassinat et au vol se démoralise ; ni bravoure ni discipline ne survivent chez lui à un pareil métier.

A Rawa, succomba François Godlewski. Déporté en Sibérie pour être sorti de l'église pendant un sermon antinational de l'archevêque Félinski, il émigra ensuite en France, où, sur une dénonciation de la police impériale, il fut détenu près d'un mois. Il s'empressa enfin de rejoindre les insurgés, s'exposa et mourut en brave.

Pendant sa captivité, ses papiers, de même que ceux de Joseph Çwierciakiewicz, simultanément arrêté, avaient été livrés à l'ambassade russe à Paris, qui en prit connaissance et les rendit. Ce fut, de la part de la police française, une trahison inqualifiable, et qui devait nécessairement faire avorter l'insurrection de 1863 ; car ces papiers révélaient d'avance à la Russie toute l'organisation et les plans des insurgés, les noms de leurs chefs du Comité central de Varsovie, et les chemins par lesquels devaient leur arriver les armes de l'étranger. SIGISMOND SIERAKOWSKI (*Dolenga*), officier polonais très-distingué au service russe (plus tard chef de l'insurrection de Kowno), apprit tous ces détails de la bouche même du baron Budberg, ambassadeur russe à Paris ; il se hâta de revenir à Varsovie et d'en instruire les membres du Comité polonais. Mais il était trop tard ; les autorités russes, au courant de tout, avancèrent le terme du recrutement, et, par leur inepte instrument, le marquis Alexandre Gonzaga-Wielopolski, firent éclater l'insurrection bien avant le jour désigné[1].

Le *Journal officiel* d'aujourd'hui annonce que les

---

[1]. En 1862, pendant son séjour en Angleterre, Çwierciakiewicz est allé visiter à plusieurs reprises les exilés du 2 décembre dans l'île de Jersey, et s'est ouvert devant eux, trop imprudemment peut-être pour un délégué, sur le prochain soulèvement en Pologne. Il a été arrêté aussitôt après son retour en France, avec son compagnon Godlewski ; et leurs papiers saisis ont été livrés à l'ambassade russe, puis restitués à leurs propriétaires, sans qu'on leur fît connaître à quel usage on les avait fait servir. Nous verrons plus loin que le brave Sigismond Sierakowski, fait prisonnier, fut pendu le 25 juin 1863 par Mourawieff, le bourreau moskovite, sous les yeux même de sa femme, devenue folle de douleur. L'histoire jugera cette odieuse trahison du gouvernement de Napoléon III.

Russes ont fait fusiller, à Modlin, Kasimir Wolski, ancien aide de camp du général Cosenz en Italie; il a fait la campagne de Sicile avec Garibaldi et a été décoré par le dictateur. Honneur et gloire à sa mémoire! Plusieurs Polonais, obligés de servir dans l'armée russe, on été fusillés de même, pour s'être joints à leurs compatriotes contre l'ennemi de la patrie, entre autres les lieutenants Markiewicz et Ostrowski.

Inclinons le front devant les noms de ces glorieux martyrs de la liberté et de l'indépendance nationale! Toutes les femmes ne sont occupées ici qu'à coudre du linge, à préparer des bandages, à faire de la charpie, à pourvoir par tous les moyens possibles aux besoins de leurs frères. D'autres ont porté leurs soins hospitaliers jusque dans les camps des insurgés, comme l'ont fait leurs devancières en 1831.

(*Opinion nationale.*)

V.

Nous avons signalé les actes de barbarie atroce commis par les Russes dans le royaume de Pologne. C'est une vraie irruption de sauvages dans un pays qui, après avoir épuisé tous les moyens pacifiques, a dû protester enfin, les armes à la main, contre la violation de ses droits basés sur des traités garantis par toutes les grandes puissances de l'Europe.

Les Russes brûlent impitoyablement les villes et les villages; ils massacrent de sang-froid des citoyens paisibles et inoffensifs; les femmes mêmes et les vieillards ne trouvent pas grâce devant ces soldats ivres de haine et de fanatisme, qu'on croirait échappés du camp des Taï-Pings ou de ces contrées barbares de l'Asie centrale où s'est conservé le féroce instinct des hordes de Gengiskhan.

Aux faits que nous avons signalés, il nous faut donc, pour continuer de faire connaître sous son vrai jour l'esprit de l'invasion moskovite en Europe, en ajouter de nouveaux.

Le 8, un corps d'infanterie russe traversant la ville de Pulawy se précipita, la baïonnette en avant, sur la population, qui sortait tranquillement de l'église, après la messe de midi. Bon nombre de jeunes gens furent égorgés; des femmes et des enfants furent blessés. La chose est d'autant plus inqualifiable qu'on n'avait pas trouvé un seul insurgé dans cette ville.

Parmi les victimes, on cite une dame Gebhard et son mari, vieillard sexagénaire.

Le directeur de l'école polytechnique, M. Okunski, a voulu essayer de mettre un terme à cette boucherie. Il sortit en grand uniforme et adressa quelques paroles au commandant des troupes pour le prier de faire cesser le carnage; mais, avant que l'officier eût eu le temps de répondre, les soldats avaient atteint le savant professeur lui-même de plusieurs coups de baïonnette. L'officier s'excusa sur l'état d'ivresse de ses soldats.

Il est impossible de retracer les horribles scènes de massacre et de pillage dont chaque jour sont victimes les malheureuses populations polonaises. La terreur et l'exaspération sont au comble. Après le massacre et l'incendie de Wonchock, nous avons encore à signaler la reproduction des mêmes horreurs dans le village de Bialobrzeg.

A Varsovie même, la population n'est pas à l'abri des brutalités des kosaks.

Il y a quelques jours, dans la rue Panska, un soldat de la garde frappa d'un coup de poing à la tête une dame âgée qui le précédait et ne marchait probablement pas assez vite. En même temps il dégaina son sabre et coupa la figure d'un homme qui prenait la défense de cette dame.

Un rassemblement se forma; et ce misérable fut conduit, malgré sa résistance, au commissariat de police. Hélas! au lieu de reproches, il y reçut des compliments et fut presque aussitôt mis en liberté.

(*Opinion nationale.*)

VI.

Parmi les différentes rencontres qui ont eu lieu entre les Russes et les Polonais, deux sanglantes affaires, celles de Wengrow et de Wonchock, ont été surtout signalées par des actes héroïques qui ont fait l'admiration même des envahisseurs. Dans leurs bulletins officiels, les Russes ont honoré ces deux rencontres du nom de « batailles; » et, pour la première fois, les Polonais y sont désignés non plus comme des *brigands* ou des *rebelles*, mais comme « l'ennemi. »

On connaît les détails de la charge de Wengrow, où 200 jeunes gens se dévouèrent à la mort pour sauver le gros du corps des insurgés. Quant à Wonchock, les renseignements manquent encore, mais voici la description du camp, tel qu'il était quelques jours avant la bataille:

Dans l'ancien palatinat de Sandomir, à droite de la grande route de Kielcé à Radom, s'élève la petite ville de Wonchock, sur une colline riche en minerai de fer. Ses fonderies l'ont depuis longtemps rendue célèbre. Elle est dominée par les hautes et sombres murailles d'un couvent de religieux de l'ordre de Citeaux, dont la flèche s'élance vers le ciel; un peu plus loin s'étend un vaste établissement d'instruction publique, jadis florissant, mais qui n'a plus ni professeurs ni élèves, depuis que le pays est sous le joug des Russes.

Aujourd'hui, cette pauvre petite ville, si longtemps abandonnée et pour ainsi dire endormie dans la solitude, se réveille comme au contact d'une baguette de fée et reprend une vie nouvelle. Les tristes murailles du couvent répètent, sur un ton d'allégresse, l'écho des chants nationaux. Dans les rues, on voit passer et repasser d'intrépides volontaires vêtus, qui d'une camisole de peau de mouton, qui d'une veste usée ou d'habits de chasse; tel autre a déjà endossé son uniforme de lancier. Là, un tout jeune homme fait résonner son sabre, et sa figure rayonne d'un si fier enthousiasme, qu'on dirait qu'il court à une victoire certaine; plus loin, une ordonnance passe au galop, portant un ordre; ici, c'est une patrouille de kosyniery (faucheurs) qui s'éloigne pour une reconnaissance. On ne peut se figurer un spectacle plus vivant et plus animé.

Les cheminées des diverses usines vomissent dans l'air des tourbillons de fumée, et de tous côtés on entend le bruit de marteaux maniés par la main des forgerons, occupés à préparer des piques ou des faux. Les menuisiers confectionnent des affûts, des caissons, des bois pour pistolets ou fusils; les cordonniers font en toute hâte des chaussures, les tailleurs des uniformes. Tous travaillent gaiement au son lointain du célèbre *mazurek* des légions de Dombrowski, joué par la musique du camp, tout nouvellement organisée.

Hors de la ville, dans une vaste plaine, les jeunes gens, divisés en petites escouades, s'exercent au maniement des armes et à la manœuvre, sous la direction de quelques officiers instructeurs. On sent involontairement son cœur battre en voyant l'air de résolution et de fierté empreint sur ces visages, dont quelques-uns sont à peine ornés d'un rudiment de moustache. Il est impossible aussi de n'être pas frappé des progrès qu'ont déjà faits dans les exercices militaires, ces réfractaires d'hier qui, pour la plupart, n'avaient jamais manié un fusil. L'enthousiasme et une sorte de disposition innée leur tiennent lieu d'expérience.

Pendant que je contemplais ce spectacle avec une émotion pour laquelle j'ai peine à trouver des expressions, le chef du camp, Langiewicz, parcourait à cheval les rangs des insurgés. Cet officier a déjà fait ses preuves en Italie. Ici, il anime tout de sa présence; aux uns il indique, avec l'autorité d'un vieux soldat, les fautes commises; il encourage les autres par d'énergiques paroles; à tous, il recommande l'union et la persévérance.

L'organisation déjà donnée aux volontaires, tant à Wonchock que sur l'étendue des six lieues de pays qu'ils occupent, et la promptitude avec laquelle on est parvenu, malgré un dénûment presque complet de ressources et de matériel, à former et à développer plusieurs établissements utiles à cette organisation, sont véritablement dignes d'admiration. Déjà l'état-major a sa chancellerie, d'où sortent des ordres et des proclamations aux habitants des environs. Un commissaire spécial, agissant de concert avec la chancellerie du palatinat et celle de chacun des districts environnants, réunit dans des magasins tous les approvisionnements nécessaires à une armée; on est parvenu à créer avec les armes nouvellement fabriquées, un petit arsenal de réserve: et, quant à l'effectif en hommes, à chaque instant arrivent de nouveaux groupes de paysans ou de volontaires appartenant à toutes les classes de la société, et qui viennent grossir les rangs des défenseurs de la cause nationale.

A Wonchock comme à Ilza, que les Russes ont abandonné le 23 janvier, à l'approche des insurgés, le gouvernement national a été proclamé, et une administration locale organisée en son nom. Dans la dernière de ces villes, où il n'a point laissé de garnison, on a établi, pour maintenir l'ordre et les communications avec le camp, une garde de sûreté formée, comme en 1831, de citoyens choisis également parmi les catholiques et les juifs. Les autorités locales exécutent fidèlement les ordres du gouvernement national, et tout marche avec un ordre et une discipline exemplaires.

Les volontaires de l'armée nationale sont établis en partie dans les auberges qu'on a transformées en casernes. D'autres sont logés à Wonchock, chez les habitants, ou dans les environs, chez les paysans, qui les accueillent avec empressement et partagent fraternellement avec eux tout ce qu'ils possèdent. Les propriétaires fonciers envoient chaque jour de la farine, du gruau, de l'eau-de-vie et même des bœufs, des moutons et des viandes fumées. Aussi les magasins sont-ils abondamment pourvus. Les simples soldats reçoivent tous les jours, matin et soir, une ration d'eau-de-vie et une solde de 15 gros (30 centimes), avec lesquels ils achètent leur nourriture quand on ne la leur fournit pas en nature. Ils se réunissent généralement par groupes de plusieurs camarades, qui choisissent parmi eux le plus habile dans l'art culinaire, pour le charger du ménage. Partout règnent la gaieté, la discipline et la plus franche cordialité.

Le cœur se serre, et l'on ne sait si c'est la douleur, ou l'admiration et l'orgueil national qui l'emportent, quand on voit cette confiante et insouciante jeunesse, cette fleur du pays, aujourd'hui pleine de sève, de vie, de rayonnement, et qui demain peut-être tombera fauchée par centaines. On est profondément ému du son de ces hymnes pieux qui se mêlent aux chants nationaux et guerriers; mais comment se défendre d'un douloureux sentiment, quand on songe que ces voix qui chantent ainsi, demain peut-être seront à jamais muettes; que ces poitrines d'où s'échappent de si mâles accents vont être bientôt brisées ou percées de coups mortels!

Ce sera, l'on n'en saurait douter, un drame sanglant que la lutte désespérée qui, un jour ou l'autre, bientôt peut-être, s'engagera dans les champs qui entourent Wonchock. D'un côté, une force depuis longtemps organisée, obéissant à l'ordre d'un maître qu'elle est habituée à révérer presque à l'égal de Dieu; de l'autre, une jeunesse à peine exercée, mais portant le mépris d'une vie vouée à l'esclavage, des cœurs préparés au martyre, un courage poussé jusqu'à l'héroïsme... Là, des armes perfectionnées, le fil aiguisé des baïonnettes, les canons rayés; ici, des bras presque désarmés, mais tendus pour un effort suprême et devenus d'acier sous l'empire de l'enthousiasme, de l'amour de la patrie et d'une foi ardente dans le Dieu de Mieczyslas et de Boleslas le Vaillant. A qui restera la victoire?...

(*Patrie.*)

VII.

De Krakovie, 14 février :

La police autrichienne sévit avec une rigueur extrême, à Krakovie et ailleurs, contre toutes les personnes qui essayent de passer la frontière ou de faire parvenir des armes aux insurgés. Dans la nuit d'hier, une patrouille s'est emparée de dix jeunes gens qui se dirigeaient vers la Pologne avec une charrette chargée d'armes et de munitions.

Les nouvelles de Pologne constatent qu'à l'approche des troupes russes, tout le monde, sans en excepter les fonctionnaires russes, prend la fuite. Ces fonctionnaires restent, au contraire, sans inquiétude et sans être inquiétés, dans les endroits occupés par les insurgés. Hier, tous les employés des bureaux de douane voisins de la frontière ont pris la fuite au bruit que les Russes s'avançaient, et se sont réfugiés à Krakovie, pour ne pas éprouver le sort de leurs collègues de Tomaszow.

Le 6, une cinquantaine de faucheurs escortant deux charrettes chargées de faux s'arrêtèrent pour entendre la messe au village de Karniewo près de Makow. Attaqués par un parti de kosaks, ils se défendirent vaillamment et mirent leurs adversaires en déroute, après leur avoir fait éprouver une perte de 17 morts et de 15 blessés. Malheureusement, en quittant Karniewo, les faucheurs s'égarèrent. Attaqués alors par les kosaks, que plusieurs compagnies d'infanterie avaient renforcés, ils se battirent avec la même intrépidité que la première fois. Un d'entre eux ne tomba qu'après avoir été percé de dix coups de baïonnette. Les Russes ont perdu dans cette affaire 70 hommes, et les faucheurs 20. En outre, 18 faucheurs, grièvement blessés, ont été faits prisonniers. Parmi les morts, on cite deux jeunes gens des meilleures familles et pleins d'avenir, Steinkeller et Poninski ; ce dernier était un ancien élève de l'école polonaise militaire de Gênes.

On sait qu'à la suite du combat de Siemiatyczé, le gouverneur général de Vilno, M. Nazimoff, envoya à Saint-Pétersbourg un télégramme dans lequel il annonçait que les insurgés avaient été dispersés avec une perte de mille morts, tandis que les Russes n'ont eu qu'*un mort* et quelques blessés. Or, il résulte de renseignements que nous recevons aujourd'hui que la force des insurgés à Siemiatyczé ne dépassait pas 300 hommes. Le 6, il y eut quelques coups de fusil échangés dans les environs de la ville, entre les patrouilles russes et les avant-postes des insurgés.

Le lendemain matin, les Russes envoyèrent un parlementaire pour sommer la ville de se rendre sans condition. Cette proposition fut repoussée avec dédain par la petite troupe insurgée, qui se déclara résolue à combattre et à mourir pour la patrie. Les Russes jetèrent alors sur la ville quelques fusées à la congrève, qui allumèrent partout l'incendie. Au même moment, le commandant ordonna l'assaut.

Les insurgés se battirent comme des lions, et trouvèrent une mort héroïque au milieu des flammes et des balles. La lutte dura quatre heures.

En faisant sommer Siemiatyczé de se rendre, le général Manioukin fit engager les femmes à sortir de la ville avec leurs enfants pour éviter les tristes conséquences de l'attaque. Ces femmes firent la réponse suivante :

« En Pologne, les femmes n'abandonnent pas leurs maris dans de pareilles circonstances ; elles meurent, ainsi que leurs enfants, à côté de leurs protecteurs naturels. »

Quand les braves défenseurs de Siemiatyczé furent tombés, le meurtre et le pillage commencèrent. Les Russes s'en acquittèrent si bien que la moitié de la population fut égorgée. Quant au pillage, il commença par le château du sénateur-baron Fanshave, dont la famille a fourni plusieurs généraux à l'armée russe. Ces horribles scènes durèrent toute la nuit.

Les massacres de Syrie ne sont rien à côté de ceux que les soi-disant protecteurs des chrétiens d'Orient ont consommés sur la population chrétienne et catholique de Siemiatyczé. Aujourd'hui, à la place de cette ville, on ne voit qu'un monceau de cendres.

La population de Varsovie frémit d'indignation. Partout les dispositions du pays sont excellentes. Dans le palatinat de Płock seulement, les forces insurrectionnelles sont réduites à de faibles proportions. Le chef actuel de l'insurrection de ce palatinat, Bogdan Boncza (pseudonyme de l'héroïque Konrad Blaszczynski) a résigné ses fonctions ; il a été remplacé par Sigismond Padlewski, ancien officier d'artillerie dans l'armée russe.

(*Patrie*.)

VIII.

De Krakovie, 15 février :

Quelques copies de dépêches interceptées circulent dans la population de Varsovie.

Voici un extrait de la note diplomatique adressée le 4 février par M. Tengoborsky, chef de la chancellerie diplomatique, au ministre plénipotentiaire de Russie à Berlin, M. d'Oubril :

« Je joins quelques mots pour porter à la connaissance de Votre Excellence que les ordres relatifs au logement des personnages attendus demain de Berlin sont déjà donnés. Tout en reconnaissant l'importance de leur mission, nous ne pouvons nous en expliquer suffisamment les motifs. Nous ne nous trouvons pas dans l'état de *periculum in mora;* nous n'en sommes nullement à cette extrémité d'avoir besoin d'une armée étrangère. Pour le moment, nous ne demandons pas autre chose à la Prusse que la surveillance incessante et active de ses frontières, afin d'empêcher les insurgés de chercher un refuge en Prusse. Nous croyons qu'une mission prussienne, composée de trois militaires, est de nature à faire attacher une portée trop grande aux événements qui se passent chez nous. Cette mission aurait pu être tout aussi bien remplie par un seul de ces messieurs. Si je ne me trompe, M. T... a eu la malheureuse idée de se rendre à Berlin. Sa présence a alarmé le gouvernement prussien; il a peint le diable sous des couleurs plus sombres qu'il ne l'est réellement. Je vous saurais gré, monsieur le ministre, de vouloir bien m'envoyer une dépêche télégraphique secrète aujourd'hui même, pour me donner les détails explicatifs de cet incident. »

M. Reich, aide de camp du roi de Prusse, et le capitaine Verdi, sont arrivés à Varsovie.

On parle d'un ordre du jour du général Ramsay, commandant l'armée russe en Pologne, qui engage les officiers à passer au fil de l'épée, sans distinction d'âge ni de sexe, toutes les populations dans lesquelles se manifesterait l'esprit de révolte.

Hier, 13, la garnison russe de Miechow se disposait à conduire à Kielcé les conscrits mis sous sa garde, lorsqu'un millier d'insurgés se montra tout à coup dans la campagne. Les Russes furent donc contraints d'ajourner leur projet. Peu après, ayant reçu deux bataillons de renfort, ils se portèrent en deux colonnes vers Oyçow. La colonne gauche rencontra à Iwanowicé un détachement d'insurgés, et échangea avec lui quelques coups de fusil. Le détachement se retira en bon ordre dans un village situé à une lieue d'Oyçow. Les Russes entrèrent à Iwanowicé, où ils infligèrent la torture au régisseur du village. Ils rallièrent ensuite le corps principal.

Les Russes occupent un côté de la rivière Dlubna, tandis que l'insurrection occupe l'autre et s'étend sur les montagnes, à quelques lieues du territoire autrichien et de Krakovie.

(*Patrie.*)

IX

De Krakovie, 18 février :

On m'apprend à l'instant que les deux villes de Miechow et de Sandomir, qui n'ont jamais été occupées par les insurgés, sont en feu. Tout ceci m'apparaît, de près comme de loin, comme un exécrable complot ourdi de longue main, dans le but de détruire notre belle et vaillante jeunesse, et de changer la Pologne en un désert.

Le patriotisme de notre jeune génération n'a rendu que trop facile l'exécution de ce plan infâme, qui remonte à l'administration de Mouchanoff, et dont le gouvernement actuel a hérité. Si l'Europe occidentale, solidaire des traités de 1815, le laissait s'accomplir, elle se couvrirait d'une honte éternelle et deviendrait la complice de la Russie, dans l'œuvre la plus barbare qui ait été tentée depuis les invasions des hordes au moyen âge.

(*Opinion nationale.*)

X

On nous communique la lettre suivante, écrite par un malheureux habitant de Miechow; c'est le récit des massacres et des pillages que les Russes, commandés par le prince Bagration, ont commis dans cette ville. La lettre, dont voici le résumé, est datée du 21 février :

« Le 17, à huit heures du matin, les insurgés polonais attaquèrent Miechow et furent repoussés. Avant, pendant et après le combat, les Russes restèrent maîtres de la ville, et les habitants ne participèrent aucunement à la lutte. Le combat terminé, beaucoup de soldats qui s'étaient tenus cachés, sortirent de leur retraite et se mirent à se venger de l'épouvante qu'ils avaient eue pendant l'attaque, en massacrant ou pillant les paisibles bourgeois de Miechow. Le bourgmestre, M. Orzechowski, pour sauver la vie de sa femme et de sa fille, parut en grand uniforme, affirmant aux soldats qu'il n'y avait dans sa maison que des femmes et des enfants.

« Les Moskovites se jetèrent sur lui; l'officier qui les commandait l'arrêta et voulut le faire mener au corps de garde, mais ses soldats refusèrent de l'écouter, et, sous ses yeux, massacrèrent l'infortuné bourgmestre, qui reçut le premier coup mortel de la main du commissaire de police. Après l'avoir transpercé de coups de baïonnette et de sabre, ils l'écartelèrent et portèrent les membres de leur victime en triomphe par la ville.

« C'est en vain que plusieurs officiers s'efforcèrent de retenir la soldatesque, elle méprisa leurs exhortations; elle pilla, saccagea les maisons, tua les habitants, sans épargner les femmes et les enfants. Tous les objets que les soldats ne pouvaient pas emporter, ils les brisaient, puis y mettaient le feu. Ils n'épargnèrent pas même les édifices appartenant au gouvernement; la poste, la maison de justice furent livrées par eux aux flammes. Ils détruisirent la pharmacie, si nécessaire dans ce moment, et la collection de tableaux, de médailles et d'antiquités, la plus riche peut-être en Pologne, réunie par Zielinski, commissaire du gouvernement à Varsovie, puis chef du district de Miechow. Enfin, à trois heures de l'après-midi, ils chassèrent devant eux le reste des habitants que le fer et le feu avaient épargnés, ainsi que quelques employés, le préfet en tête.

« On compte jusqu'à 2,000 habitants éloignés de leurs demeures, sans argent, sans pain, mal vêtus et obligés de chercher un refuge dans les bois. Les Druses ont été moins impitoyables pour les chrétiens que ne le furent les Russes pour la population de Miechow.

« Non contents d'avoir pillé la ville, les soldats du tzar se sont répandus dans les environs pour imposer des contributions aux habitants, les menaçant, s'ils ne s'exécutaient point, de leur faire partager le sort de Miechow. A Wymyslow, les Moskovites, après avoir incendié plusieurs bâtiments, haranguèrent les paysans, leur promettant l'impunité pour le massacre de leurs maîtres et le partage des terres. »

(*Patrie.*)

XI.

Les extraits suivants, pris dans nos lettres de Pologne, confirment tous les renseignements que nous avons déjà donnés sur la barbarie des Russes :

Si l'Europe n'y met obstacle, bientôt le sol entier de la Pologne ne sera plus qu'une tombe. Chaque jour nous apporte les noms de plusieurs villes dépeuplées, brûlées et détruites à ras de terre. Voici déjà ceux qui sont parvenus à notre connaissance, sans compter une infinité de bourgs, châteaux, villages, pillés, saccagés, réduits en cendres, par les soldats du libéral Alexandre II : Wonchoçk, Wengrow, Suchedniow, Siemiatyczé, Pilwiszki, Tomaszow, Lodz, Rawa, Zwierzynieç, Miechow, Iwanowicé, Kierzkow, etc., etc.

Ces faits parlent assez d'eux-mêmes pour réfuter les paroles de ceux qui se bercent encore ou qui voudraient bercer la Pologne de fallacieuses promesses. Le grand-duc Constantin a rendu, le 14 de ce mois, un ordre du jour par lequel il recommande aux chefs militaires de « veiller sur la conduite des soldats, et de maintenir dans leurs troupes la plus stricte subordination, en appliquant aux pillards et aux meurtriers des citoyens inoffensifs toute la sévérité des lois martiales. »

Et cependant, trois jours après, voici les faits qui ont suivi le combat de Miechow, dans le palatinat de Radom. Aussitôt après la retraite des insurgés, les soldats russes se sont jetés sur les habitants, les ont dépouillés, puis ont mis la ville à feu et à sang. L'incendie a duré vingt-quatre heures, c'est-à-dire jusqu'au matin du 18 courant; tous ceux qui s'efforçaient de l'éteindre tombaient sous les baïonnettes de ces barbares.

Parmi ceux qui ont été tués de cette manière, on compte le bourgmestre de Miechow, homme généralement vénéré; plusieurs employés russes, et même un grand nombre de femmes et d'enfants. Les cadavres gisaient entassés sur la place, devant l'église, qui avait servi de repaire à ces bandits, et il était défendu de leur donner la sépulture. La ville elle-même était entourée d'un cordon de sentinelles, qui ne laissaient entrer ni sortir personne. Une moitié des troupes russes se rendit vers le bourg de Strzeszow, au nord de la ville, où les kosaks et les gardes-frontières à cheval pillèrent et brûlèrent tous les villages environnants.

La seconde colonne, sous les ordres du colonel-prince Bagration, qui, longeant la frontière gallicienne, avait mission de surprendre la garnison polonaise laissée à Oyçow, composée de malades et de recrues sans armes, après avoir saccagé Michalowicé, dans la nuit du 16 au 17, en fit autant le lendemain à Kierzkow, où tout fut détruit et dévasté.

Les habitants furent menés garottés à Skala, où se trouvait l'état-major de Bagration; et parmi ceux-ci le curé et le maître d'école de l'endroit.

Pendant ce pillage, les sbires invitèrent les paysans de la contrée à faire comme eux, en leur promettant l'impunité; ne pouvant les convaincre, ils ramassèrent une troupe de contrebandiers et de soldats russes en congé, et leur donnèrent l'exemple de la destruction.

Le pillage et le meurtre sont dans la nature même de l'armée moskovite, et aucune défense au monde ne saurait les réprimer. Le soldat russe, ce malheureux forçat condamné à servir pendant toute sa vie, ne reçoit par an que trois roubles (douze francs), et presque aucune nourriture. Toujours affamé, exténué de fatigue et de coups de bâton, il arrive sur le champ de bataille se soutenant à peine, blême et décharné comme un squelette. On le gorge alors d'eau-de-vie pour soutenir ses forces pendant le combat.

On conçoit alors tous les excès auxquels il se portera, pour se dédommager en un jour de toute une vie de misère et d'esclavage. Voilà en quelques mots l'explication de tous ces massacres et la base hideuse sur laquelle repose l'édifice du despotisme russe.

(*Opinion nationale.*)

XII.

De Krakovie, 19 février :

Après la relation que nous avons donnée du massacre et de l'incendie de Tomaszow, voici le rapport officiel qui a été adressé au gouvernement russe par les autorités civiles de Lublin, et que le journal officiel de Varsovie s'est bien gardé de reproduire :

« Les 29 et 30 janvier (11 et 12 février) 1863, n° 993,322 :

« Dans la nuit du 4 au 5 courant, vers cinq heures du matin, un détachement de troupes russes, composé d'infanterie et de kosaks, cerna de tous côtés la ville de Tomaszow. Prévenus de l'attaque, les insurgés, répartis dans les casernes et au corps de garde, se réunirent sur la place, et, s'étant frayé un chemin à travers les rangs moskovites, se formèrent, à peu de distance de la ville, en ligne de bataille.

« Après quelques coups de fusil de part et d'autre, les soldats russes, sans attendre l'issue du combat, se précipitèrent sur la ville, assaillirent les maisons occupées par les fonctionnaires et les habitants, et s'étant dispersés dans toutes les rues, se mirent à piller et à massacrer les citoyens inoffensifs et sans armes. »

(Ici le rapporteur oublie de mentionner que cette scène de carnage dura pendant deux heures, durant lesquelles le colonel Emanoff prenait son repas.)

« Voici les noms connus des personnes tuées :

« 1. Charles Dombrowski, caissier en chef à la

douane. — 2. Mecheda, capitaine d'état-major, quartier-maître général de la 4e division, beau-frère du précédent, en congé depuis trois mois pour cause de santé. — 3. Louis Iachowicz, garde-magasin à la douane, père de cinq enfants. — 4. Ignace Brzosko, douanier en chef, vieillard émérite de soixante-dix ans. — 5. Ferdinand Iarochowski, instituteur, soixante-trois ans. — 6. Kasimir Chmielinski, citoyen, cinquante-deux ans. — 7. Albert Żelchowski, docteur, cinquante ans.

« Tous ceux-ci, arrachés de leurs maisons et tués sur place. En outre :

« 8. L'assesseur municipal Dombrowski, médecin privé. — 9. Alexandre Razewski, adjoint aux finances. — 10. Czeslaw Czartoryski, employé à la douane. — 11. Albert Nowodnik. — 12. Antoine Nowodnik, bourgeois. — 13. Rachel Malarz, juive. — 14. Kasimir Swiderski. — 15. Michel Czarnocki, bourgeois. — 16. Paysan de Putnarzew, d'un nom inconnu, tué sur sa voiture.

« Parmi ceux qui couraient éteindre l'incendie ou qui passaient à ce moment dans la rue, tués ou blessés :

« 1. Michel Podgorski, bourgeois. — 2. Kasimir N..., cocher du docteur Zelchowski. — 3. Jean Poglazinski, forgeron. — 4. Szoel Borandel, juif. — 5. N..., cocher de l'huissier. — 6. Philippe Uminski, contrôleur aux finances. — 7. Kontrowicz et sa sœur.

« Blessés à coups de crosses et de baïonnettes :

« 8. Pultawski, bourgmestre de la ville. — 9. Gonsiewski, caissier de la ville. — 10. Piontasinski, secrétaire de la mairie.

« De plus, le capitaine commandant Brzezinski, du régiment étranger, auquel les soldats ont arraché les épaulettes, après l'avoir soufflé et lui avoir craché au visage. On coupait aux mourants les doigts à coups de sabre, pour leur arracher les bagues.

« Plusieurs maisons ont été entourées de paille sèche et allumées par les soldats ; dans l'une d'elles fut consumé le corps du docteur Zelchowski, assassiné.

« Toute la ville présente l'aspect de la destruction ; les maisons des plus riches bourgeois et celles qu'occupaient les juges de paix et les employés de la douane ont été saccagées. Tous les fonctionnaires et les bourgeois ont été dépouillés de leur avoir ; il serait difficile d'évaluer les pertes, car les survivants au massacre ont cherché leur salut dans la fuite.

« Beaucoup de personnes se sont réfugiées dans la Gallicie autrichienne ; parmi celles-ci, on cite le bourgmestre Pultawski et les deux veuves du caissier Dombrowski et du docteur Zelchowski.

« Ces deux jeunes femmes ont été frappées d'aliénation mentale à la suite du massacre de leurs maris. De tout le clergé, il n'est resté que le chanoine Wywialkowski, vieillard octogénaire, dépouillé et maltraité comme les autres ; et des fonctionnaires civils, qu'un juge de paix, un greffier et son second, un contrôleur, l'expéditeur des postes et un seul employé à la douane. »

Le reste du rapport contient un tableau de la désolation du pays, abandonné par ses habitants, qui emportaient tout ce qu'ils pouvaient et cherchaient à se soustraire à la férocité des soldats. La plupart ont été ressaisis les jours suivants, et tués dans les forêts voisines de Tomaszow.

Voici donc un rapport officiel qui confirme tout ce que nous avons dit au sujet de cet affreux brigandage, et dont personnne ne pourra contester la véracité.

Ajoutons à ce récit un détail horrible, qui nous parvient à l'instant même du champ de bataille de ces jours derniers :

Le détachement du colonel-prince Bagration, après s'être emparé d'Oyçow, où les insugés n'avaient laissé qu'une soixantaine de malades et de blessés dans la malheureuse expédition du Miechow, les a tous pendus après leur avoir crevé les yeux.

(*Opinion nationale.*)

XIII.

A LORD PALMERSTON.

Mylord,

Est-ce que les larmes sanglantes de la Pologne, qui retombent en malédiction sur la tête de ses bourreaux couronnés et de leurs complices, ne peuvent enfin délier Votre Excellence de ce vœu fatal qu'elle semble avoir formé *depuis* 1827, de la laisser sans miséricorde sous le joug intolérable de la Russie ? Nous sommes guéris actuellement, et pour toujours, de cet enthousiasme exagéré pour l'empire français qui nous a déjà coûté tant de sacrifices, et qui pouvait faire craindre à l'Angleterre de créer une *seconde France* en Europe en relevant la Pologne. Nous gardons toujours nos sympathies nationales, mais nous réservons nos intérêts, qui sont ceux de la liberté rationnelle et non du despotisme, sous quelque forme que ce soit.

Que V. Exc. prenne dans la question polonaise une courageuse initiative, digne de l'élévation de ses idées et de la noblesse de son caractère ; et en prêtant un appui effectif à notre effort d'indépendance, elle pourra former, à l'orient de l'Europe, un État allié du sien, et qui par sa reconnaissance autant que par ses traditions libérales, deviendra une *Angleterre du continent*.

Cette lettre, quoique privée, exprime la pensée nationale de beaucoup de mes compatriotes [1].

Agréez, mylord, etc.

Krakovie, 20 février 1863.

[1] Voici la seule réponse dont je fus honoré par le noble lord : « *Lord Palmerston begs to acknowledge the receipt of Count Kristten Ostrowski's letter of the 20th next.*
« *Downing Street, 25 febr. 1863.* »
Quant à Napoléon III, nous n'avons jamais compté sur son appui.

XIV.

De Krakovie 20 février :

Les actes de cruauté sauvage commis par les troupes russes, et dont la nouvelle nous parvient des environs d'Oyçow et de Miechow, soulèvent l'indignation de tout cœur honnête contre ces hordes barbares qui osent porter le nom d'armée régulière. Cette voix d'indignation et de mépris pour la férocité mogole de ces esclaves, et pour la ruse byzantine de leurs maîtres, retentira dans l'Europe entière. Quoi qu'il arrive, une part de la honte rejaillira sur leur chef, le colonel-prince Bagration, qui permet, ou plutôt ordonne à ses soldats, dans toutes les contrées qu'il traverse, le pillage, l'incendie et le massacre.

Sa colonne, après avoir dévasté par le fer et le feu tous les bourgs et villages de la belle et paisible vallée d'Oyçow, s'est emparée, le 18 au matin, de cette ville même, abandonnée l'avant-veille par les insurgés. Ce jardin de la Pologne, surnommé la Suisse polonaise, naguère couvert de maisons de campagne et d'établissements de tout genre, depuis le célèbre château d'Oyçow jusqu'aux moulins de Czaïé, n'est plus aujourd'hui qu'un monceau de ruines sanglantes et de débris fumants. Dans plusieurs endroits, il est impossible de distinguer la place où furent les habitations; on voit que la barbarie orientale a passé par là, en y semant son propre élément, la destruction et la mort.

Ceux qui peuvent croire encore naïvement aux intentions libérales de la Russie n'ont qu'à se rendre à Oyçow. Des corps à demi consumés dans le brasier; nos malades et nos blessés, trop inconsidérément laissés dans le camp d'Oyçow, pendus aux arbres ; et des enfants tués, auxquels ces monstres ont d'abord arraché les yeux à coups de baïonnettes, voilà l'aspect que présente aujourd'hui cette malheureuse contrée.

Non contents de piller et d'assassiner tout ce qui tombait sous leur main, les hordes du prince Bagration forcèrent le rebut de la population, composé de contrebandiers et de soldats russes congédiés, à s'associer à leur brigandage, en leur promettant l'impunité et même la faveur de leur chef. Il est évident que des ordres avaient été donnés en conséquence. Plusieurs détachements de ces bandits, encore ivres de carnage, sont campés autour d'Oyçow; l'un a passé la nuit dans la forêt de Czaïé, l'autre dans la petite ville de Skala, et le corps principal, sous le commandement du prince Bagration, est retourné vers Miechow, également brûlé et saccagé, après la malheureuse tentative de Kurowski.

Nous n'avons pas encore de nouvelles sur ce qui s'est passé à Skala; car tous les chemins sont infestés par les kosaks et les gardes-frontières à cheval, que les insurgés s'étaient généreusement bornés à désarmer après les avoir faits prisonniers, et que le gouvernement prussien a ramenés tout équipés et armés de nouveau à travers la frontière polonaise. On conçoit que de telles atrocités exercées avec une fureur sans exemple par les envahisseurs, embraseront partout le souffle de la vengeance.

La ville de Miechow, sur le chemin de Kielcé à Krakovie, a eu le même sort que les précédentes. La liste des paisibles citoyens massacrés dans leurs maisons, des femmes, des enfants, des vieillards égorgés, dont les noms sont déjà parvenus à notre connaissance, serait longue à citer. Beaucoup de fonctionnaires venus dans cette ville qui n'a jamais été occupée par les insurgés, ont péri, comme à Tomaszow, sous les balles ou les baïonnettes des soldats déchaînés. Tous les villages environnants ont disparu dans le massacre et le pillage. Nous n'avons pas encore de détails précis de cette partie du pays, mais nous les donnerons aussitôt qu'ils nous seront arrivés.

La colonne russe, retournée de Wolbrom à Miechow, s'est dirigée du côté de Skalmierz, vers l'orient. Une autre colonne plus considérable, renforcée de 900 soldats de la garde envoyés de Varsovie, et de troupes de ligne détachées de Piotrkow et de Czenstochowa, doit occuper la ville de Pilica. Nous savons de source certaine que le colonel qui devait conduire ce dernier détachement, ayant sans doute reçu des ordres de meurtre et de pillage, s'est fait sauter la cervelle d'un coup de pistolet, et fut aussitôt remplacé par un général dont le nom nous est inconnu.

Ce n'est pas la première fois que le sentiment de l'honneur s'est réveillé dans une poitrine moskovite. Le 7 avril 1861 le colonel Peicker s'est tué dans le château de Varsovie, sous les yeux même du prince Gortschakoff, pour ne pas obéir à l'ordre qui lui avait été donné de massacrer le peuple désarmé.

Ce fait confirme ce que nous avons dit plus haut touchant les instructions générales données aux troupes destinées à comprimer l'insurrection, et dont la source serait à Berlin, puis Saint-Pétersbourg et Varsovie.

Quant aux insurgés qui ont quitté la contrée d'Oyçow et la ville de Miechow, ils ont pris, en bon ordre, deux directions différentes; mais on comprendra les raisons pour lesquelles nous nous abstenons de les indiquer.

(*Patrie.*)

XV.

Nous recevons de Pologne, 23 février, une lettre sur le suicide de deux officiers supérieurs au service de la Russie.

En voici les principaux passages :

On nous donne aujourd'hui des détails plein d'intérêt sur le suicide de deux officiers supérieurs russes, qui n'ont trouvé que ce moyen de se soustraire aux ordres venus d'en haut de massacrer les Polonais sans défense, d'incendier les villes et les villages. Nous nous empressons de les consigner pour l'honneur de l'humanité.

Le premier de ces deux faits eut lieu à Ogrodziniec, sur le chemin de Piliça à Olkusz, où le colonel Korff, fils du général de ce nom, qui remplace aujourd'hui Ramsay dans son commandement à Varsovie, reçut de son père l'ordre de se joindre aux égorgeurs de Miechow. Ayant assemblé les officiers de son régiment, il leur dit : « Qu'il lui était impossible de concilier les instructions paternelles et son devoir d'officier, avec sa conscience d'honnête homme! » Et aussitôt, ayant passé dans la pièce voisine, il se brûla la cervelle. On voit que le proverbe : « Tel père, tel fils, » ne peut s'appliquer en toute circonstance.

Il est certain aussi que les soldats russes ne peuvent être arrêtés même par leurs officiers, qui se contenteraient volontiers de prendre l'argent dans les châteaux, comme supplément de leur solde insuffisante, sans accepter la responsabilité des actes sanguinaires de leurs subordonnés. Nous ne parlons pas ici des officiers allemands au service de la Russie, qui montrent le plus de cruauté dans cette lutte.

Le second suicide fut commis à Piotrkow, station du chemin de fer entre Varsovie et Czenstochowa. Un colonel d'extraction polonaise, d'un nom très-connu dans le pays, eut l'ordre de faire fusiller son propre neveu, qui, après avoir passé dans les rangs des insurgés, avait été repris par les kosaks.

Or la loi martiale russe est sans merci en pareille occasion, et doit être appliquée dans les vingt-quatre heures. L'oncle ne voulut pas survivre à son neveu, dont la sentence fut exécutée par un remplaçant du premier.

Nous tenons ces deux faits de bonne source, et nous pouvons garantir leur authenticité.

C'est là une démonstration évidente de ce que doivent être ces ordres « de clémence et de discipline militaire » dont parle le *Dziennik* officiel de Varsovie. Nous avons devant nous une guerre d'extermination. Il s'agit de bien plus que de vaincre les Polonais; il s'agit de ne pas laisser pierre sur pierre dans leur pays, d'empêcher à jamais jusqu'à la possibilité d'une vengeance. La question est de savoir si l'Europe n'y mettra pas obstacle.

(*Opinion nationale.*)

XVI.

Nous recevons de Krakovie de nouveaux détails sur le suicide de deux officiers supérieurs russes, qui ont mieux aimé faire le sacrifice de leur vie que d'exécuter des ordres sanguinaires réprouvés par leur conscience :

Le fils du général-baron Korff, qui remplaçait le cruel Ramsay dans son commandement à Varsovie, vient de se brûler la cervelle à la suite des ordres barbares qu'il avait reçus de son père. « Ces ordres, dit-il aux officiers russes qu'il avait rassemblés pour leur faire ses adieux, ne peuvent s'accorder avec la conscience d'un honnête homme, et je ne vois d'autre moyen de m'y soustraire que la mort. » Au même instant il se retira dans la pièce voisine et se tua.

Ce tragique événement a eu lieu à Ogrodziniec, sur le chemin de Piliça à Olkusz, où le colonel Korff devait se joindre à la soldatesque qui a commis tant d'excès à Miechow. Il prouve une fois de plus que les ordres de pillage et de massacre sont la conséquence d'un vaste plan d'extermination. Ce plan se poursuit sur toutes les parties du royaume de Pologne.

Un autre colonel, d'origine polonaise, commandant à Piotrkow, dont le neveu, après avoir passé aux insurgés, avait été repris et condamné à mort, s'est tué de la même manière que le colonel Korff.

(*Patrie.*)

XVII.

De Varsovie, 26 février :

Le rapport russe, dans le *Dziennik powszechny*, annonce qu'une bande de 150 insurgés a été dispersée dans les environs de Biala, et qu'on leur a tué 20 hommes. Ce rapport est mensonger; voici comment la chose s'est passée : à Woskrzenica, près de Biala, les insurgés ont battu et désarmé toute une compagnie russe. Peu de temps après, ceux-ci ont attaqué à Sycyn 80 insurgés, qui n'ont pas accepté le combat, mais se sont retirés dans la forêt en perdant 4 hommes et un de leurs commandants, Étienne Szaniawski. Le rapport russe fait de cette rencontre une bataille sanglante et décisive. Mais les rapports russes et ceux du journal officiel ne jouissent d'aucun crédit; et, quand on veut mettre ici une nouvelle en doute, on dit c'est une nouvelle du *Dziennik powszechny*. Pour en revenir aux différents combats qui ont eu lieu, nous mentionnerons une petite rencontre dans les environs du faubourg de Praga, près du village Marki. Un détachement assez considérable a quitté le district de Piotrkow; il s'est arrêté quelque temps dans la ville de Brzeziny (dans le palatinat de Rawa), et il y a proclamé le gouvernement national.

Le bruit s'était répandu à Varsovie que le général Fleury avait traversé cette ville pour se rendre à Saint-Pétersbourg. C'est l'arrivée de M. G. Flourens, fils de l'académicien, et dont le nom fut inscrit sur le registre d'un hôtel, qui a donné lieu à cette nouvelle, répétée même par les journaux de Varsovie.

Le journal de Saint-Pétersbourg *Siewiernaïa Pczela* s'emporte contre la Pologne, en annonçant une souscription pour les officiers et soldats blessés et pour les familles des Russes massacrés en Pologne. Nous nous permettrons de dire que l'argent recueilli pour ces orphelins passera dans la poche des collecteurs, car aucune famille russe n'a été massacrée jusqu'à présent. Malgré la menace que le gouvernement national provisoire a publiée, qu'on userait de représailles sur les Russes pour les massacres, les incendies et les assassinats des prisonniers faits parmi les Polonais, cette mesure n'a nulle part été mise à exécution.

Mais les Russes agissent tout autrement. Ils incendient les villes et les villages, après en avoir égorgé les habitants; ils torturent les prisonniers; en un mot, ils infligent au pays la plus horrible persécution. Les Turks se conduisent vis-à-vis des Slaves de leur empire avec plus d'humanité que les Russes, qui se disent Slaves et chrétiens; ce qui prouve que l'élément mogol et tatare s'est identifié à leur nature.

La guerre actuelle enlèvera pour toujours aux nations slaves leur chimère de panslavisme moskovite.

Le corps qui a défait les kosaks à Nieporent a proclamé le gouvernement national à Ianow; il a constitué aussi un gouvernement local à Stanislawow, Kamienczyk et Wyszkow. Les autres détachements agissent de même; ils ont l'ordre d'éviter un combat décisif et de faire, dans toute l'étendue du pays, la guerre de partisans. Le gouvernement russe s'efforce de tromper l'Europe, en répandant de faux rapports, pour lui faire accroire que l'insurrection est étouffée, tandis qu'elle grandit de jour en jour. Même après une défaite, les insurgés ne perdent pas courage; ils forment un nouveau détachement, qui vient harceler, avec plus d'ardeur encore, les troupes russes désorganisées par le vol et le brigandage.

C'est ainsi que les massacres et les incendies, au lieu de semer la terreur, n'ont fait qu'exaspérer la nation et donner de nouveaux auxiliaires à l'insurrection.

(*Patrie*.)

XVIII.

De Krakovie, 28 février :

Nous venons de recevoir une nouvelle, attendue avec la plus vive inquiétude, sur l'issue du combat que le général Langiewicz a livré aux Russes près de Malogoszcz, et qui, de même que les précédents, a été propice aux armes polonaises. Les Russes ont attaqué avec des forces considérables le général, qui avait rallié dans cette localité une partie du corps de Iezioranski.

Comme d'ordinaire, ces barbares ont entamé le combat par un incendie; la ville entière est devenue la proie des flammes, et si elle a échappé au massacre, c'est seulement parce que Langiewicz a eu le temps d'arriver au secours de ses habitants. Le combat a duré cinq heures; il y eut de part et d'autre un feu très-vif de carabines et même d'artillerie, car le chef polonais se servait des canons pris à l'ennemi : le résultat en a été une retraite précipitée des Russes vers les hauteurs de Chenciny.

Voilà une nouvelle brève, mais positive; demain nous aurons probablement des détails plus précis. Par cette victoire, le général Langiewicz a rompu le cercle dans lequel les Russes voulaient l'enfermer, entre les petites villes de Malogoszcz, Wloszcowa et Przedborz.

Le colonel-prince Bagration n'a pas quitté ses cantonnements, depuis son glorieux massacre de Miechow et d'Oyçow; de sorte que ce furent Dobrowolsky et Czengery, ce dernier envoyé de Kielcé, qui brûlèrent Malogoszcz.

Il est très-pobable que le gouvernement russe publiera les rapports les plus mensongers, pour couvrir en partie la honte de sa défaite, de même qu'il l'a fait après l'échec subi près du monastère de Sainte-Croix, qu'il a voulu faire passer pour une victoire.

Les deux combats de Kolo et de Gluszczyn, près de la frontière prussienne, ont été moins décisifs, mais également favorables aux nôtres. Il paraît, d'après toutes les nouvelles que nous recevons, que l'insurrection s'étend déjà depuis Kalisz jusqu'à Pinsk, et depuis Sandomir jusqu'à Dunaborg.

Dans son numéro du lendemain, 1ᵉʳ mars, le *Czas* ajoute les détails suivants :

« Nous avons des détails exacts sur la bataille livrée par Langiewicz et Iezioranski, le 24 février, contre trois corps russes, commandés par les colonels Czengery, Zwiroff et Dobrowolsky, et se montant environ à 4,000 hommes.

« Le 24 février, au matin, Langiewicz se trouvait à Malogoszcz, village situé à environ dix kilomètres de Chenciny et établi sur des hauteurs. Langiewicz y trouva Iezioranski et fit sa jonction avec lui; mais les troupes russes se dirigèrent simultanément de trois côtés vers Malogoszcz. Le colonel Zwiroff avec un bataillon d'infanterie et deux canons arrivait de Iendrzeiow.

« Dobrowolsky venait de Brzegi, village situé entre Chenciny et Iendrzeiow; il avait également un bataillon d'infanterie et deux canons; enfin le colonel Czengery avec de pareilles forces se dirigeait sur Malogoszcz par la chaussée qui conduit de Chenciny à cette ville.

« Chacune des trois colonnes était accompagnée d'un détachement de kosaks; et Zwiroff avait, en outre, avec lui un escadron de dragons. Les deux premières colonnes, celles de Zwiroff et de Dobrowolsky, se réunirent à quelque distance de la ville pour l'attaquer ensemble du côté du sud-ouest, tandis que Czengery arrivait du côté opposé.

« Langiewicz, malgré sa tactique habituelle, fut forcé d'accepter le combat. Étant sorti de la ville, il rangea ses hommes sur une éminence, à l'ouest, appuyant son aile droite à une forêt occupée par des chasseurs.

« Les Russes commencèrent à mettre le feu à Malogoszcz; mais ils ne purent piller la ville, étant sous le feu des chasseurs.

« A huit heures, le combat commença et dura jusqu'à une heure de l'après-midi ; pendant ce temps, les faucheurs attaquèrent plusieurs fois l'infanterie russe, qui battit en retraite. Durant l'attaque, les faucheurs s'étaient emparés de deux canons, mais les artilleurs s'étaient enfuis avec les chevaux; on fut obligé de les abandonner sur le champ de bataille.

INSURRECTION POLONAISE. — FÉVRIER 1863.

Après ce combat de cinq heures, les Russes commencèrent à quitter leurs positions, avec une perte de 400 hommes, tués ou blessés.

« Czengery revint à Chenciny, ne voulant pas permettre à Langiewicz d'attaquer Kielcé; les deux autres colonels russes se replièrent sur Tokarnia, qu'ils livrèrent au pillage. Langiewicz les y suivit ; mais il trouva déjà le village en ruines et abandonné par les Russes. De là, Langiewicz se dirigea d'abord sur Iendrzeiow, ensuite sur Slupia. Les trois colonnes russes, incertaines sur la direction prise par Langiewicz, revinrent à Malogoszcz; elles ne purent s'emparer que de quelques fourgons du détachement polonais. »

(Opinion nationale.)

XIX.

L'INTERVENTION RUSSO-PRUSSIENNE.

Les renseignements suivants, dont on comprendra la haute importance, nous sont transmis des frontières de la Pologne :

La violation du territoire polonais par les troupes prussiennes est un fait accompli, et nous en avons aujourd'hui des preuves incontestables. Sur tous les points de la lutte voisins de leur frontière, les Prussiens ont prêté main-forte à leurs alliés, soit en se mettant à la poursuite des insurgés, soit même, ce qui est plus grave, en prenant part au combat.

Outre le passage à travers la Prusse des régiments de la garde envoyés à Varsovie, voici les principaux faits de ce genre arrivés à notre connaissance, et qui sont déjà un commencement de guerre internationale, à la suite de la convention russo-prussienne :

A Poniatow, dans le district de Mlawa, à 5 lieues (3 milles) de la frontière, un fort détachement de hulans prussiens a fait une perquisition dans le château du propriétaire et dans les environs, où, sur un faux rapport, il croyait trouver des insurgés.

A Dobrzyn, dans le palatinat de Plock, la garnison prussienne de Golub, avertie de l'approche des insurgés, occupa la ville militairement pendant huit heures. Puis, comme ceux-ci avaient pris une autre direction, elle repassa la frontière.

A Chorzelé, en face de Soldau, un coup de fusil, tiré dans le jardin du maître de poste, donna l'alarme aux douaniers russes, qui ramenèrent bientôt avec eux un détachement prussien.

Le maître de poste Czechowicz fut arrêté, ainsi que quatre des principaux habitants de la ville; beaucoup d'autres furent maltraités ou blessés. Les captifs furent conduits, toujours par le territoire prussien, à Lomza, où ils ont été livrés au chef militaire du district et soumis à une enquête. Il en est résulté que le coup de fusil avait été tiré contre un chien enragé.

Enfin à Ianow, en face de Nidborg, les soldats prussiens ont fait cause commune avec les Russes, et de même qu'eux, après le combat, ils se sont mis à l'abri de la frontière prussienne.

Nous pourrions citer beaucoup d'autres faits pareils; mais nous ne rapportons que ceux qui sont parfaitement constatés. Ajoutons-y que les gardes-frontières russes de Maczki et Sosnowicé refoulés par les insurgés, au nombre de 500 environ, ont été triomphalement ramenés, musique en tête, par la garnison prussienne de Gleiwitz, à Czenstochowa.

Voici donc quatre faits positifs qui constatent l'intervention armée du gouvernement prussien, et une quadruple violation de la neutralité, accomplie sur le territoire même du royaume de Pologne. Nous nous abstenons de tout commentaire sur la gravité de ces actes, prévus et consacrés par la convention du 8 février. L'opinion publique et les cabinets apprécieront la conduite du roi Guillaume.

(Opinion nationale.)

XX.

Nous recevons de Saint-Pétersbourg une lettre très-intéressante, et dont l'auteur est un Russe. Nous en donnons les extraits suivants :

« Saint-Pétersbourg, 23 février.

« Je ne sais si les journaux, chez nous, sont l'expression de l'opinion publique; mais il est curieux de voir sous quel jour ils envisagent l'insurrection polonaise.

« Le *Journal de Saint-Pétersbourg* (français) s'étant permis de prendre la défense du recrutement politique qui a eu lieu en Pologne, en disant : « LA LÉGALITÉ NOUS TUE, » mot qui mérite de devenir historique, la *Gazette de Moskou* a protesté contre son impudeur; mais pendant qu'il s'agit à Paris d'ouvrir des listes de souscription pour les Polonais, ici, on souscrit, pour les soldats russes blessés en Pologne, tous les jours, de dix heures à quatre heures, à la chancellerie du prince Souwaroff, gouverneur général de Saint-Pétersbourg.

« Le fait que les femmes, en Pologne, poussent à l'insurrection par la séduction ou les menaces, est tourné en ridicule ; et les massacres sont représentés comme une chose naturelle : « Une de nos colonnes « passant par un village, reçut quelques coups de « fusil d'une ferme et quelques militaires furent bles- « sés. Les soldats entrèrent dans la maison et *tuèrent* « tous les habitants.* » Tels sont les rapports officiels.

« L'affaire du 17 février, à Miechow, est représentée comme ayant tourné à l'avantage des Russes.

« On nous élève dans la haine des Polonais; il n'y a pas d'incendie, pas de peste dont on ne leur attribue la cause. Il faut donc une certaine dose d'esprit d'indépendance pour s'émanciper de ces préjugés.

« On a honte d'être Russe en lisant toutes les atrocités qui se commettent en Pologne; mais nous sommes avilis par le despotisme, au point de ne pas sentir notre abjection.

« L'empereur ne sait pas tout, on lui cache une moitié et l'on défigure l'autre ; mais il est engagé dans une voie fatale, et les ruses de sa diplomatie ne le sauveront pas. S'il donne une constitution à la Pologne, la Pologne en fera un bon usage, et exercera naturellement des représailles. Mais un état de choses comme à Posen, conforme, si vous voulez, aux traités de 1815, ne satisfera jamais les habitants du royaume.

« Les prières que les Polonais ont si longtemps adressées à Dieu seront entendues. L'attitude de la Prusse est providentielle, les sympathies de la France ne seront pas stériles, et l'héroïsme des Polonais ne restera pas sans récompense. Les prêtres rivalisent de patriotisme avec les femmes, et c'est le cas de dire que les pierres elles-mêmes se soulèvent. Or, un peuple de quatre millions d'hommes en armes (?) est et restera invincible. »

(Opinion nationale.)

XXI.

Mars 1863.

De Krakovie, 1er mars :

Un nombre assez considérable de jeunes gens sont partis, pour combler les vides que les balles russes ont faits parmi les insurgés. Comme leurs devanciers, ils vont là sans illusion, résignés, inébranlables dans leur résolution, sans bravade, sans éclat, sans boisson ni scandale, sans arrière-pensée démocratique ou socialiste. Ils y vont comme des gens qui ont une mission religieuse ou patriotique à remplir ; c'est un spectacle qu'il faut avoir vu pour s'en faire une idée, et dont le monde peut-être n'a pas eu d'exemple depuis les premiers chrétiens, auxquels nos jeunes patriotes ressemblent sous beaucoup de rapports.

Les officiers russes sont pour la plupart non-seulement honteux des excès de leurs soldats, mais ils en sont même très-alarmés ; ils ont tous des revolvers ou des pistolets doubles constamment chargés, et cela, non contre l'ennemi, mais comme défense contre leurs subordonnés. Beaucoup d'entre eux nous avertissent que des ordres venus de Varsovie ont désigné un grand nombre de propriétés de la noblesse, de celle qui n'a pris encore aucune part à l'insurrection, pour être détruites, dans le but de compromettre l'insurrection avec les habitants.

Les agents russes disent aux paysans : « Enlevez, mes amis, tout ce que vous pourrez ; vous ne commettrez aucun mal, car nous avons ordre de détruire complétement telle ou telle propriété. Prenez toujours, ce sera autant de sauvé ! »

J'avoue que je soupçonne fortement Wielopolski d'être l'auteur de cette machination, et cela uniquement par vengeance. Ceci a eu lieu entre autres chez e père de Chrzanowski (l'un des rédacteurs du *Czas*), qui n'a pas secondé l'insurrection, mais dont Wielopolski déteste cordialement le fils.

Krakovie et Tarnow sont remplis de familles fugitives qui font peine à voir. Je ne crois pas que l'insurrection soit près de finir ; à moins que les Russes ne détruisent tous nos moyens d'existence et qu'ils ne changent le pays en désert, ce qui n'est pas impossible, s'ils viennent en plus grand nombre et s'ils ne renoncent pas à leurs infâmes procédés.

(Opinion nationale.)

XXII.

De Krakovie, 3 mars :

Chaque jour nous apporte le récit de quelque nouvelle atrocité commise par ces barbares.

L'abbé Malanowicz, dont la paroisse est à Szydlowiec, dans le palatinat de Sandomir, s'y trouvait le jour même du combat livré par l'intrépide Langiewicz.

Deux insurgés blessés se sont traînés jusqu'à sa porte en implorant du secours ; le prêtre, se souvenant de la parabole du Samaritain plutôt que de la défense du gouvernement russe, qui menace de traiter en rebelles tous ceux qui donneraient asile aux insurgés, se mit à soigner les deux blessés, presque des enfants, dont l'un expira dans ses bras. Dans ce moment, parut une bande de kosaks ; l'un d'eux acheva le survivant, et tous se jetèrent sur le prêtre pour l'emmener avec eux. Il n'opposa aucune résistance ; il objecta seulement qu'il serait plus facile de le conduire en voiture au lieu désigné.

Les kosaks attelèrent donc sa voiture ; mais au lieu d'y faire monter le prêtre, ils y montèrent eux-mêmes, le lièrent avec des cordes à l'arrière-train, et partirent au grand trot. Ils le menèrent ainsi à Radom, au chef-lieu du palatinat de Krakovie, où l'abbé Malanowicz, à demi-mort de fatigue, fut livré à la cour martiale et déclaré coupable du fait de rébellion. Nous tenons ce fait d'une source certaine, et nous pouvons garantir son authenticité.

(Patrie.)

XXIII.

L'INTERVENTION RUSSO-PRUSSIENNE.

Voici des faits qui prouvent que la convention prusso-russe, bien que condamnée en principe, ne cesse pourtant de recevoir son exécution. Nous les tenons d'une source qui ne permet pas de douter de leur véracité :

Une lettre de Dobrodzien, insérée dans la *Gazette de Silésie* du 2 mars, annonce que le général-major prussien Othegraven, commandant à Lubin, ayant appris que 200 insurgés se trouvaient dans le voisinage de la frontière, la fit franchir par un escadron de hulans du régiment n° 2. L'escadron, arrivé jusqu'à Herby, sur le sol polonais, n'y ayant trouvé personne, revint sur ses pas, après y avoir laissé une patrouille.

Une autre lettre de Kattowitz (du 28 février) insérée dans ce journal, constate que près de Słupcé, un détachement prussien a tiré sur des Polonais qui se trouvaient au delà de la frontière, et qu'il en a tué deux.

Un peloton de hulans prussiens du 8e régiment (Prusse orientale), commandé par le lieutenant Zawodda, fit plusieurs reconnaissances sur le territoire polonais, de concert avec un détachement russe, s'arrêta dans le village de Poniatow, à cinq lieues de la frontière, et après l'avoir vainement fouillé, emmena prisonnier un des habitants, sans doute pour se dédommager de sa recherche (16 février).

Le mercredi des Cendres, le chef de la douane russe d'Osiek, nommé Potuloff, avait reçu l'ordre de transporter sa caisse à Brodnica (Strasburg), en Prusse. En revenant sur le sol polonais, il fut assailli par les hussards prussiens qui l'ont blessé, dépouillé, de même que son secrétaire Godlewski. Au même endroit, 5 roubles ont été enlevés à une jeune fille par ces visiteurs inattendus.

C'est ainsi que se conduit l'armée prussienne sur la frontière polonaise. Les faits précédemment cités de Dobrzyn, de Chorzelé, de Ianow, et beaucoup d'autres prouvent avec évidence sa coopération.

Ils arrachent un cri de douleur à la *Gazette de Cologne*, qui déplore l'abaissement moral de la monarchie prussienne, et prévoit que la question polonaise ne pourra probablement être résolue que par la guerre.

Krakovie, 5 mars.
(*Opinion nationale*.)

XXIV.

On nous communique le rapport officiel du chef civil du district de Miechow, sur le massacre dont cette ville a été le théâtre, à la date du 17 février. Ce rapport, que nous tenons de bonne source, complète les détails que nous avons donnés, et dépasse tout ce qui a été publié par les journaux, au sujet des atrocités commises par les Russes depuis l'insurrection. Voici cette pièce, qui restera comme un monument ineffaçable de la barbarie moskovite.

N° 2. Au village d'Unieiow, le 6/18 février 1863.

Le chef du district de Miechow, à Son Excellence le commandant militaire du gouvernement de Radom (général Uszakoff) :

Arrivés devant la ville de Miechow, dans la nuit du 16 au 17 de ce mois, les insurgés l'attaquèrent vers six heures du matin ; mais après un combat d'une heure et demie avec les avant-postes et la garnison impériale de l'armée russe, ils durent se replier.

Les habitants n'ont pris aucune part à ce combat, en se conformant aux ordres donnés par le chef militaire local, le colonel-prince Bagration, commandant le 7e bataillon de chasseurs ; ordres renouvelés plus tard avec plus de sévérité, le 16 courant, par son lieutenant, le major Nepielin, brigadier des gardes-frontières, le prince Bagration ayant ce jour même emmené de Miechow une partie de ses soldats.

Selon ces ordres, les portes cochères, les issues et les fenêtres des maisons ont été fermées pendant la lutte ; et nul des habitants n'est sorti dans les rues, afin de ne pas gêner les mouvements des troupes.

Une demi-heure après la retraite des insurgés, les soldats commencèrent à tirer dans les fenêtres des maisons ; puis, ils les envahirent en brisant les portes, sous prétexte d'y chercher des insurgés, ou bien en affirmant qu'il était parti des fenêtres des coups de feu. Après s'être emparés de l'argent, ils arrachèrent les bourgeois paisibles de leurs demeures, les maltraitèrent avec toute la cruauté possible, en emportant les objets de prix et en brisant les meubles.

En rétablissant l'ordre de cette manière, beaucoup d'entre eux se gorgèrent de liqueurs fortes trouvées dans les caves, les celliers, les boutiques et les cafés ; dans cet état, sans même obéir aux ordres des officiers qui cherchaient à les contenir, ils se répandirent dans la ville et mirent le feu à plusieurs maisons, en profitant de l'alarme causée par l'incendie pour arrêter les passants inoffensifs, les frapper, les assommer et se livrer sur eux et sur leurs propriétés à tous les excès du massacre et du pillage.

Ni l'autorité du rang, ni le grade, ni l'uniforme, ni les signes honorifiques ne pouvaient protéger la vie de leurs victimes. Le bourgmestre de la ville, Pierre Orzechowski, renommé pour son zèle, son dévouement, proposé par le colonel-prince Bagration pour une récompense civique, lorsque les soldats assaillirent sa maison, sortit revêtu de son uniforme et portant la cocarde officielle, sans doute pour leur parler et se faire reconnaître ; mais il fut aussitôt appelé du nom de rebelle, traîné vers le corps de garde, à coups de crosse et de baïonnette, enfin égorgé devant le corps de garde même, à quelques pas de sa maison. Plus d'une demi-heure après, les soldats insultaient au cadavre en le perçant de coups de lance et de baïonnette, le dépouillant de tous ses vêtements et le jetaient dans le ruisseau, voisin du corps de garde, où des âmes charitables, touchées par les prières de sa malheureuse femme, le recueillirent pour le porter dans la maison, bientôt consumée par l'incendie avec le corps qu'on y avait déposé.

Le juge Godlewski et M. Lenczewski, maire communal de Miechow, malgré leurs décorations et leur costume officiel, furent de même attaqués et conduits à coups de crosse au corps de garde, d'où ils ne sortirent que sur les instances de quelques officiers dont ils furent reconnus, après plusieurs heures de détention. Le maître de poste, saisi dans son bureau, fut traîné dans la rue, dépouillé de ses vêtements et roué de coups.

Le chef civil du district, signataire de ce rapport, fut assailli dans sa maison, dont les portes avaient été enfoncées, menacé de mort, et ne fut sauvé que grâce aux efforts d'un invalide, non sans avoir payé une forte rançon aux sept soldats qui voulaient le tuer comme rebelle, pour avoir, disaient-ils, laissé tirer des coups de fusil de ses fenêtres, ce qui était un odieux mensonge. L'ingénieur voyer Wysocki, revenu le jour précédent de Varsovie, et bien qu'il logeât dans sa maison deux officiers du bataillon de chasseurs, fut pareillement rançonné, maltraité et dépouillé. L'ingénieur du district eut le même sort; on lui prit son argent, ses effets, ses pendules et jusqu'à sa montre.

Le nombre des habitants de Miechow immolés sans aucune provocation de leur part, est quant à présent difficile à évaluer.

Cependant, quelques officiers et quelques soldats plus humains, se rendirent dans la plupart des maisons pour conseiller aux habitants d'en sortir, malgré l'ordre donné, la ville entière devant être brûlée. Sous une escorte largement payée, ces malheureux, emmenant leurs femmes et emportant leurs enfants, furent rassemblés, y compris les fonctionnaires et les employés de tout grade, dans l'enceinte du couvent, où ils croyaient pouvoir trouver un abri, les bagages et les provisions militaires y ayant été transportées avant le combat. Durant le trajet, on ne cessa de les dépouiller de leur argent, de leurs montres, de leurs effets et de leurs vêtements. Parmi ceux qui suivaient ainsi les employés et les habitants, se trouvaient les femmes des militaires eux-mêmes ou des personnes de leurs familles, telles que la femme du capitaine des gendarmes du district Giraud, qui, depuis longtemps malade, avait été emportée à bras hors de sa maison.

C'est ainsi que toute autorité, même militaire, fut absolument méconnue. Nous avons appris que la soldatesque tirait sur les officiers qui offraient leur impuissant secours aux habitants, et que pour cette infraction à la discipline, deux ou trois soldats devaient être fusillés sur la place du marché, en vertu de la loi martiale, ou traduits devant le conseil de guerre.

Les fonctionnaires et les personnes réfugiées dans le bureau du district et dans le couvent voyaient à tout moment l'incendie embraser les maisons du marché ou des rues adjacentes; ces incendies étaient allumés par les soldats.

Bientôt, ce dernier abri même fut déclaré peu sûr par plusieurs officiers, et entre autres par le major des invalides Zubkoff, le lieutenant Kwiatkowski et un très-petit nombre de leurs camarades. Ayant obtenu l'autorisation du major Nepielin, lieutenant du chef militaire colonel-prince Bagration, ils firent escorter les employés, leurs femmes, leurs enfants et les habitants des deux sexes hors de la ville, en les laissant libres de se disperser dans les villages et d'y chercher un refuge. Conduits par détachements, ils se dirigèrent vers les pays environnants, ne pouvant rien sauver de tout ce qu'ils avaient emporté dans le couvent. Le groupe d'exilés parmi lesquels se trouvaient le chef du district, son aide, l'ingénieur, l'agent voyer, le juge de paix et plusieurs autres fonctionnaires et habitants, se rendit à pied au village de Pstrongi, distant de sept werstes de la ville; pendant le trajet, l'officier des gardes-frontières qui commandait l'escorte se prit de querelle avec ses propres soldats, qui voulaient traiter ce convoi comme un attroupement de rebelles.

D'autres groupes prirent la même route. Dans l'un d'eux se trouvait la femme de l'officier kosaque Katielnikoff, la femme du médecin militaire Kaminsky, celle du capitaine des gardes-frontières Rokitin et les personnes de sa famille, qui cherchèrent un asile dans les fermes et les chaumières des paysans.

Le premier détachement se réfugia dans le village d'Unieiow, commune de Wielko-Zagorzé, où il trouva l'hospitalité chez le maire et le curé; de là, en montant sur es hauteurs, on voyait la lueur de l'incendie qui dévorait la ville de Miechow.

Au moment où j'écris ce rapport, le secrétaire du chef de la conscription, celui du district, le sous-greffier du tribunal, l'adjoint honoraire, les maires des communes de Miechow et de Wielko-Zagorzé, viennent d'arriver à Unieiow et m'informent qu'ignorant où se trouvaient leurs familles, ils avaient suivi à pied le convoi de Patroszycé et de Podlesna-Wola, et qu'au moment de leur départ de Miechow la ville était tout en flammes.

Ne voyant pas de sécurité pour sa personne, même à cette distance, le chef du district vient d'expédier un courrier à Miechow, pour s'informer de ses bureaux et de ses archives. Il adressera des rapports plus détaillés à l'autorité civile du palatinat, sur ses actes ultérieurs, si toutefois il est dans la possibilité de le faire. Le maire de Wielko-Zagorzé est chargé de lui fournir les correspondances nécessaires.

En informant de ces choses S. Exc. le gouverneur civil de Radom, j'ai l'honneur d'ajouter que je n'ai nullement été prévenu de la lieutenance du commandement militaire déférée au major Nepielin, et qu'au moment d'une telle inconduite des troupes destinées à maintenir l'ordre, s'étant entendues avec lui par l'intermédiaire des officiers pour prévenir l'ivresse des soldats, il en a obtenu l'autorisation de faire répandre dans les rues l'esprit de vin et l'eau-de-vie renfermés dans le dépôt de la régie. Si cette mesure a pu réprimer leurs excès, ou si au contraire elle a irrité leur haine contre le chef du district et les habitants, ainsi qu'on me l'a certifié, il m'est impossible de le préciser quant à présent, toute autorité civile et militaire ayant été débordée.

Le chef civil du district de Miechow,

IANUSZKIEWICZ.

Le secrétaire du district,

KANIEWSKI.

Ajoutons, comme couronnement des faits consignés dans ce rapport officiel, qu'il n'est pas parvenu aux mains du gouverneur civil du palatinat de Radom, à qui il était d'abord adressé, le général Uszakoff ayant jugé à propos de supprimer les deux exemplaires.

(*Patrie.* — *Opinion nationale.*)

XXV.

Le *Journal de Posen* raconte un fait curieux. La mère d'un insurgé prisonnier implorait la clémence du grand-duc Constantin. Le grand-duc interrogea le général Roznoff et lui demanda s'il pouvait faire quelque chose pour le prisonnier. Le général répondit que le détenu appartenait à la plus mauvaise catégorie des rebelles, et qu'il avait tué, dans une rencontre, trois kosaks. La mère éplorée repartit que c'était faux, puisque le *Dziennik powszechny* (la feuille officielle) avait écrit qu'aucun kosak n'avait péri dans cette rencontre. Il est presque inutile d'ajouter que l'insurgé prisonnier a été condamné à mort.

(*Patrie.*)

XXVI.

Nous avons publié, il y a quelques jours, un rapport d'un fonctionnaire russe, qui a révélé les scènes de pillage et de meurtre dont la ville polonaise de Miechow avait été le théâtre.

On nous communique un second document officiel qui vient compléter ce navrant tableau d'une ville inoffensive, livrée aux horreurs d'une soldatesque sauvage. C'est le rapport qui a été adressé, le 21 février, au commandant militaire de Radom, par le chef et le secrétaire du district. Nous détachons de ce rapport les passages qu'on va lire :

De Krakovie, 6 mars :

J'avais reçu simultanément les ordres de S. Exc. le gouverneur civil de Radom du 7/19 courant, n° 404, sur les mesures à prendre pour prévenir le mouvement qui s'était manifesté parmi les paysans contre l'ordre social ; et comme j'étais informé que, dans le village de Brzuchania, près de Miechow, les paysans arrêtaient les voyageurs pour en exiger une rançon, je me dirigeai vers ce village avec mes deux aides, tandis que le personnel de mon administration s'acheminait vers Miechow, par la grande route.

Après avoir tout concilié à Brzuchania, ce dont je ne manquerai pas de faire un rapport particulier, je suis arrivé ce matin avec ma suite à Miechow, où je n'ai trouvé que des ruines.

Malgré sa réponse par écrit, qu'après le rétablissement de l'ordre, les autorités pouvaient revenir et fonctionner sans entrave, le chef militaire local vint m'avertir en personne de n'avoir à garder auprès de moi que quatre employés, indispensables pour expédier les affaires urgentes, et de renvoyer tout le reste, avec le conseil donné aux habitants de demeurer un certain temps hors de la ville, car à Miechow il ne pouvait pas répondre de leur sécurité.

Miechow présente actuellement l'aspect que voici :

Sur le marché, à partir de l'église, il ne reste debout que les maisons murées de Jacques Borzencki, de Mme Zdziarowska et deux autres ;

Dans la rue de Skalmierz, trois maisons en bois et neuf cabanes ;

Dans la rue de Krakovie, deux masures ;

Dans celle de Wolbrom, quatre ;

Dans le quartier de Ianow, douze ;

Dans celui de Podzamczé, six ;

Sur les boulevards, trois maisons et huit chaumières.

L'église paroissiale est devenue, avec son cimetière d'enceinte, un bivouac couvert de chevaux, de chariots et de soldats, tous les feux allumés, de même que les rues et le marché adjacent. Depuis mardi dernier, les portes de l'église sont fermées, malgré la fête du jubilé, et tout service divin est interrompu.

L'hôtel de ville, la caisse publique, le corps d garde, la justice de paix, la maison du notaire, celle du conseiller du district de Stobnica, la poste, la mairie communale de Miechow, tout a été brûlé par les soldats.

Le bureau et la caisse du district, l'église et le couvent, voilà tout ce qui reste de la ville.

L'incendie qui l'a consumée n'a pas été propagé par la force du vent, mais par la main des soldats, qui le rallumaient obstinément sur tous les points pendant trois jours consécutifs. Il s'est étendu de cette manière jusqu'à la ferme de Wielko-Zagorzé et au village de Zagrody, situés à quelque distance de la ville. Les pertes en bâtiments et en mobilier sont incalculables. Toute la population est sans abri, sans vêtements et sans pain.

Les soldats ont tué même les troupeaux et le bétail qu'ils ne pouvaient emmener. Les fonctionnaires publics sont, ainsi que les habitants, privés de tout leur avoir.

Dans cet état de choses, je prie S. Exc. le gouverneur civil de Radom de leur faire accorder, pour cette seule fois, des secours immédiats, afin de leur permettre de se munir des objets les plus nécessaires à leur entretien, et d'en faire autant pour les habitants de la ville, en me donnant l'autorisation d'établir un comité d'assistance publique.

(Ici le chef du district propose d'éloigner une partie de la garnison, dont la présence parmi les cadavres amoncelés pourrait engendrer la peste, et dont les vols publics ou secrets ne cessent de détruire tout ce qui reste de la fortune de cette malheureuse ville.)

Au moment où je trace ces lignes, S. A. le colonel-prince Bagration fait son entrée avec ses troupes dans la ville saccagée, en portant à plus de deux mille le nombre des soldats.

(Suit la liste des morts reconnus, en commençant par le bourgmestre Pierre Orzechowski. Parmi les victimes, il y a beaucoup de vieillards et d'enfants.)

Le chef du district,
IANUSZKIEWICZ.

Le secrétaire du district,
KANIEWSKI.

(*Patrie.*)

XXVII.

De Krakovie, 9 mars :

Voici de nouveaux exemples de cruauté barbare de l'invasion russe en Pologne :

A Wisniowek, dans la forêt d'Udzyn, près de Wyszkow, le forestier en chef Seewald a été assassiné par les kosaks; selon leur usage, ces forcenés lui ont coupé la tête et l'ont plantée sur une lance; ils ont grièvement blessé sa femme, et puis ils ont dévasté la maison.

Le 26 février, le détachement d'Alexandre Oxinski fut entouré dans les bois de Kuzniça, près d'Opatowek, par 3,000 Moskovites. Oxinski n'avait que 300 hommes. Les kosaks se sont jetés sur les chariots de bagages; et les insurgés, profitant de cette diversion, ont pu s'échapper après une perte de 6 des leurs.

Parmi les blessés, se trouvait Thadée Pikulski ; un kosak l'a attaché par le pied à son cheval, et l'a traîné ainsi toute une lieue, jusqu'à ce que son corps fût entièrement fracassé.

Dans le même combat a péri un prêtre bernardin, aumônier des insurgés. Blessé d'un coup de feu, lorsque ceux-ci voulurent l'emporter, il leur dit : « Laissez-moi pour mort, et tombez sur l'ennemi au nom de Dieu et de la patrie ! » Les Russes l'achevèrent à coups de baïonnette et lui tranchèrent la tête.

Quatre kosyniery (faucheurs) blessés s'étaient réfugiés dans une cabane. Lorsque les Russes mirent le feu, ces malheureux, à demi-consumés, voulurent se rendre prisonniers ; mais ils furent impitoyablement rejetés dans les flammes.

Krasuski, de Podlesna-Wola, et son ami Drewnowski se rendaient en voiture à Radzyn pour affaires ; sur leur chemin ils furent saisis par les kosaks et contraints par deux cents coups de fouet d'avouer qu'ils allaient rejoindre les insurgés. Tous deux furent fusillés.

Un autre forestier, nommé Wessenberg, fut également brûlé dans sa maison avec sa femme, ses trois enfants et trois domestiques. Deux insurgés poursuivis par les soldats russes lui avaient demandé un abri, et voulurent en vain le sauver en se remettant aux mains de ces barbares. Ils furent brûlés avec toute la famille de leur hôte. Ce drame horrible eut lieu au village d'Udzyn, près de Pultusk.

Enfin, tout récemment, à Pieskowa-Skala, dans le combat du 4 mars, lorsque l'arrière-garde de lezioranski dut se retirer sur les hauteurs voisines du château, les Russes y mirent le feu après l'avoir pillé de concert avec les contrebandiers qu'ils avaient recrutés dans les environs. Ce beau château, dont la restauration, en 1850, avait coûté un demi-million à son propriétaire, M. Mieroszewski, n'est plus qu'une ruine fumante, ainsi que tous les bâtiments et les fermes qui en dépendent.

Le superbe établissement d'eaux thermales, installé par le docteur Kowalski, est entièrement consumé. Le chapelain du lieu, Grzywaczewski, un autre prêtre et plusieurs malades ou blessés déposés dans le château, ont été égorgés. Les prêtres sont l'objet de la fureur persévérante de ces monstres.

L'aspect de désolation que présente cette contrée, dite la *Suisse polonaise*, depuis Oyçow et Skala jusqu'à Miechow, surpasse tout ce qu'on peut imaginer. Il en est de même d'un bon tiers du royaume de Pologne, où bientôt, si la guerre continue sur le même pied, il n'y aura plus qu'un désert.

Toute obéissance des soldats envers leurs officiers a disparu dans les rangs moskovites ; cette armée n'est plus qu'une troupe de bandits et de pillards.

Ce ne sont pas les hommes qui manquent pour les combattre, mais les armes. Que d'argent donné pour en avoir, et rien ne peut arriver ! C'est la plus grande épreuve que puisse essuyer le courage ; cependant, loin de diminuer, il s'enflamme chaque jour de plus en plus.

(*Opinion nationale.*)

XXVIII.

De Varsovie, 10 mars :

La nouvelle la plus importante, qui a produit une grande sensation dans tout le pays, c'est la démission présentée par tous les conseillers d'État. Ils ont voulu témoigner par cette démarche qu'ils répudiaient toute solidarité avec un gouvernement qui commet tant de cruautés et qui n'a pu empêcher les soldats de piller le château d'un de leurs collègues, le comte L. Poletyllo, et d'y tuer entre autres le neveu du conseiller Woïciechowski. Ce qui les a poussés à commettre ce brigandage, c'est un ordre du 7 mars, émané du commandant de l'état-major, qui, sous prétexte de mettre les propriétaires à l'abri des massacres, les place sous la sauvegarde des paysans, en ordonnant à ces derniers de saisir et de livrer à l'autorité militaire, c'est-à-dire à la soldatesque, tous les individus suspects. Nous savons ce que signifie un tel ordre, et nous demandons avec les journaux français au marquis Wielopolski ce qui l'empêche d'exhumer sa *Lettre d'un gentilhomme polonais* pour l'adresser cette fois au tzar Alexandre. L'opinion publique saura, s'il se tait, apprécier son silence.

Le rapport russe sur le combat de Pieskowa-Skala,

rédigé par le général Schachoffskoï, est rempli d'inexactitudes. Il y parle des restes de la bande de Staszow. Cette bande ne se composait que de 3,000 hommes; or, d'après le bulletin moskovite, les restes de la bande s'élevaient à 6,000 hommes. Le corps d'insurgés qu'il a combattu comptait 300 hommes et la réserve 700. Pour couvrir sa défaite, le général russe n'a point reculé devant le mensonge, et il lui serait difficile de donner une explication claire de son bulletin. Il n'y fait même pas mention du général (aujourd'hui dictateur) Langiewicz.

Le 4e numéro du journal polonais *Wiadomosciz pola bitwy*, rédigé par les insurgés, a paru à Varsovie. Les nouvelles qui concernent le royaume sont connues déjà en France. Quant à celles de Lithuanie, je me bornerai à en donner un résumé. Voici d'abord un incident qui serait comique, si le sang n'avait coulé. Dans le district de Troki, à Iezdna, près du Niémen, des espions avertirent le général Plaksin, qui commandait les forces russes dans ce district, que les Polonais y occupaient un petit bois d'une surface d'un kilomètre carré.

Le général Plaksin, sans perdre de temps, se mit en marche, et comme la nuit était très-noire, jugeant que les insurgés n'avaient pas eu le temps de quitter le bois, il le fit entourer de trois côtés. Il avait amené deux escadrons de hulans, une compagnie d'infanterie et quatre canons. Quand il eut cerné le bois, il ordonna d'ouvrir le feu.

La canonnade et les feux de mousqueterie durèrent jusqu'aux premières lueurs du jour; ce n'est qu'alors que l'on s'aperçut que la mitraille n'avait été dirigée que contre des arbres et contre les Russes eux-mêmes. Les Polonais avaient évacué le bois avant que les troupes du général Plaksin n'y arrivassent. Cette méprise leur coûta beaucoup de soldats tués et un nombre encore plus grand de blessés. Le *Dziennik powszechny* signalera probablement cette méprise comme une victoire éclatante obtenue sur les insurgés.

Le journal polonais contient ensuite des détails déjà connus sur les opérations militaires de différents corps de volontaires en Lithuanie. Il consacre, en terminant, un article aux excès commis par les Russes. Ainsi, à Dziadkowicé, le général Manioukin a fait piller l'église; le vicaire Siekluski a eu les doigts coupés en cherchant à leur arracher les vases du Saint-Sacrement; les hosties furent foulées aux pieds des soldats, et le prêtre, battu de coups de crosse, fut conduit garrotté au général Manioukin. En revenant à Czartaïew où la veille il avait été hébergé par le régisseur de l'endroit, le général Manioukin le fit bâtonner et permit aux soldats de saccager toutes les fermes.

On vient de nous apprendre que des troubles auraient éclaté en Livonie et en Kourlande; les paysans indigènes, qui sont des Lotèces (*Lotyszé*), se seraient insurgés contre leurs maîtres d'origine allemande.

(*Patrie*.)

XXIX.

De Płock, 28 février :

Les prisons sont ici tellement pleines, que pour faire place aux nouveaux arrivants, on renvoie les anciens détenus par détachements à Modlin. Parmi les personnes récemment arrêtées se trouve une dame âgée, jouissant d'une grande fortune, Mme Karasiewicz.

On vient de fusiller ici quatre jeunes gens dont le plus âgé avait vingt ans, et le plus jeune seize. Le tonnelier Iaczynski, frappé d'une balle, a été enterré vif; et lorsqu'on le jetait dans la fosse, il criait encore à haute voix : « Jésus! Marie! Joseph! » Avant de fusiller les condamnés, on les dépouille de tous leurs vêtements, on les couvre d'un sac, on les attache ensuite devant la fosse qui doit recevoir le cadavre, puis on fait feu. Il est ainsi difficile aux soldats de viser juste, et de tuer avant la sépulture.

Toutes ces victimes d'une sainte cause ne reçoivent pas la mort avec la même résignation. Ainsi l'exécution d'un ex-adjudant de l'armée russe, nommé Ostrowski, a été marquée par de tragiques incidents. Avant de tomber sous les balles russes, cet officier a vendu chèrement sa vie. Doué d'une force athlétique, il assommait tous ceux qui venaient le saisir et le garrotter. Ayant arraché un revolver, il le brisa sur la tête de ses bourreaux. Lorsque, chargé de chaînes, il fut conduit devant le général russe Semeka, celui-ci voulut faire appeler un serrurier pour desserrer les menottes. « C'est inutile, » répondit Ostrowski; puis il frappa un coup si vigoureux sur la table, que les chaînes rompues tombèrent en morceaux. Il ne laissa pas panser ses blessures avant d'être fusillé, « car, disait-il, sa mort n'en serait que plus lente. »

Dès le soir, il ne nous est plus permis de sortir dans la rue, pas même pour aller chercher un prêtre ou un médecin. Beaucoup de malades meurent ainsi faute de secours; c'est ce qui est arrivé à la jeune sœur de X... W... qui s'était jointe aux insurgés. Au lieu d'un médecin on ne put lui amener qu'un chirurgien militaire; celui-ci lui administra un remède si violent, qu'elle en mourut, au bout de quelques heures, dans les plus horribles souffrances.

(*Patrie*.)

XXX.

De Krakovie, 10 mars :

Dans les parties du royaume les plus rapprochées de Krakovie, il n'y a eu aucune bataille depuis le 5 de ce mois. Le général Langiewicz, qui se trouve à Goszcza, à deux lieues et demie de Krakovie et à trois de Miechow, s'occupe de l'organisation et de l'armement de ses troupes, qui augmentent sans cesse; il leur donne quelques jours de repos, après tant de combats et de marches forcées. Les Russes, de leur côté, battus plusieurs fois, ne se hasardent pas hors des murs de Miechow et d'Olkusz, qui sont les positions les moins éloignées du camp polonais. Seulement, les patrouilles kosaques sortent de temps en temps de Miechow pour piller les villages voisins; ils s'avancent jusqu'à l'auberge de Niedzwiedz, et s'en retournent en toute hâte.

D'après ce que l'on dit aujourd'hui, les Russes campés à Miechow ont reçu un renfort de plusieurs compagnies d'infanterie avec 4 canons. Des voyageurs de Radom ont rencontré, le 4 de ce mois, un détachement russe envoyé à Kielcé pour appuyer le corps d'armée qui y était stationné; une partie du détachement a été envoyée à Miechow, et l'autre, commandée par le colonel Czengery, dans les forêts de Sainte-Croix.

Dans le palatinat de Podlaquie, il y a plusieurs détachements polonais près de Biala et de Liwiec; il y a aussi des corps de volontaires dans le palatinat d'Augustowo, près de Tykocin et Zambrow. L'*Invalide russe* le constate lui-même, en ajoutant que plusieurs colonnes russes ont été envoyées pour anéantir les insurgés. Dans la Mazovie, à peu de distance de Varsovie, on signale plusieurs escarmouches commandées par le brave Edmond Callier, dont le résultat a été favorable aux nôtres. Dans le palatinat de Plock, quelques détachements de partisans polonais, commandés par Sigismond Padlewski, tout en évitant une rencontre avec des forces supérieures, ont eu un engagement sous Ostrolenka.

C'est dans les environs de Krakovie et de Kalisz que sont groupés en ce moment les plus grands partis d'insurgés. Malgré les échecs éprouvés dans les districts situés près de Posen, à Krzywosoncz et Nowa-Wies, le 19 et le 21 février, et à Mieczownica le 2 mars, l'ardeur pour la défense de la cause nationale n'a fait qu'augmenter. Les volontaires se présentent de tous côtés. Nous venons d'apprendre aussi que près de Piotrkow, de Radom et de Wielun, les Polonais ont formé de nombreux détachements. C'est apparemment par suite de l'extension croissante du mouvement dans le district de Kalisz, que les Russes s'y concentrent. L'*Invalide* annonce encore que des détachements d'insurgés se sont organisés en Lithuanie et parcourent le pays de Bialystok, Brzesc-Litewski et Pinsk.

Le général Anienkoff, gouverneur de Podolie et de Volhynie, rivalisant dans ses cruelles ordonnances avec Ramsay et Korff, ne permet à personne de passer d'un village à un autre; il a garni la frontière de la Gallicie d'un cordon militaire, renforcé par des paysans que des prêtres schismatiques ont fanatisés.

Des lettres particulières nous apprennent qu'une partie de l'armée russe située dans la Bessarabie a été envoyée dans la Podolie.

(*Patrie.*)

XXXI.

INTERVENTION RUSSO-PRUSSIENNE.

Je vous envoie aujourd'hui, sur l'intervention armée de la Prusse dans les affaires de Pologne, plusieurs pièces *officielles* qui, malgré leur date un peu ancienne déjà, n'en prouveront pas moins l'existence et la mise à exécution de la fameuse convention du 8 février :

« *Rapport du bourgmestre de la ville de Chorzelé au chef du district de Prasnysz, de* 1/13 *février* 1863, *n°* 472.

« Conformément aux prescriptions du gouvernement civil, j'ai l'honneur de vous informer qu'aujourd'hui, entre onze heures et midi, un détachement *armé* de hulans prussiens s'est arrêté près de la douane municipale de Chorzelé.

« Huit hommes de ce détachement, conduits par des gardes-frontières russes (*obieschtchiki*) ont pénétré dans la ville, le sabre au côté. Après avoir demandé à déjeuner au fermier des boissons, au signal de la trompette, ils ont rejoint leurs camarades et se sont éloignés.

« Deux rapports identiques ont été adressés par moi au chef militaire de Prasnysz et au commandant des gendarmes.

« *Le bourgmestre,* WEBER. »

« *Rapport du commandant de la douane d'extradition de Herby, du* 10/22 *février* 1863, *n°* 43.

« J'ai l'honneur de vous informer par la présente du passage à travers le pont limitrophe de Herby, de plusieurs détachements de troupes russes de différentes armes, et surtout de gardes-frontières qui, dans les jours ci-dessous désignés, ont pénétré sur le territoire prussien :

« Le 2/14 février 1863, un premier transport de 360 hommes.

« Le 3/15 février, un second transport de 7 hommes.

« Le 9/21 février, un troisième transport de 6 hommes. — En tout, 373 hommes.

« Après leur arrivée à Herby, ils ont reçu l'ordre de se rendre aux stationnements désignés.

« *Le capitaine d'état-major,* BRZOWSKY. »

Nous remarquons dans ces deux rapports un passage presque simultané de troupes prussiennes sur le territoire polonais, et de troupes russes sur le territoire prussien.

Un télégramme de Tarnowicé du 6 mars, inséré

dans les journaux de Silésie, annonce que les soldats russes, refoulés par les insurgés sur le sol prussien le 26 du mois dernier, ont repassé la frontière sous l'escorte des hussards prussiens, musique en tête, après avoir été complétement armés par le gouvernement allié.

Ajoutons à ces faits une anecdote qui ne manquera pas ici d'un certain à-propos.

Sous ce titre : *la Chasse prussienne aux insurgés*, les *Neueste Nachrichten* (Dernières nouvelles) racontent ce qui suit :

« Deux jeunes Polonais allaient de Posen rejoindre les rangs des insurgés. Poursuivis par deux gendarmes prussiens, ils s'étaient cachés dans une chaumière; les gendarmes, sûrs de leur proie, après avoir attaché leurs chevaux à la haie du jardin, pénétrèrent le sabre au poing dans la maison.

« Les Polonais se réfugièrent sur le toit; de là, ils sautèrent lestement dans le jardin, puis sur les deux chevaux des gendarmes, qui partant au galop, leur servirent à gagner la frontière et le camp des insurgés se trouvant dans le voisinage. Vingt-quatre heures après, deux lettres adressées à leurs parents leur apprenaient l'heureuse évasion des deux fugitifs, et contenaient 40 thalers qui avaient été trouvés dans les fontes des pistolets des gendarmes, et qu'on s'empressa de leur renvoyer. »

Le journal fait ici la judicieuse remarque que bien certainement les Russes n'en auraient pas fait autant à l'égard de leurs alliés.

12 mars 1863.
(*Opinion nationale*.)

XXXII.

De Varsovie, 13 mars :

Nous recevons la confirmation de l'avantage remporté par le colonel polonais Sigismond Padlewski, sur le général russe Toll, le 9 mars, dans le district de Płock près de Myszyniec. Les Polonais s'élancèrent par trois fois sur les Russes, et à la troisième attaque Padlewski, sous une grêle de balles, portant lui-même l'étendard, s'avança à la tête des siens sur l'ennemi : il décida la victoire qui fut complète. Les Russes s'enfuirent en laissant 100 morts sur le champ de bataille. Le nombre des nôtres tués et blessés est de 30. Lakinski a battu les Russes, le 8 mars, à Rataïé près de Gostynin. Les nouvelles de Podlaquie sont également favorables; beaucoup de petits corps y combattent avec succès, mais on se plaint du manque d'armes et de munitions.

Voici quelques détails sur l'exécution du chef de partisans Kasimir Bogdanowicz. Quand on le conduisit sur la place où on devait le fusiller, le général russe Chruszczeff lui dit : « Demandez grâce ; vous êtes si jeune ! »

— C'est vrai, répondit Bogdanowicz; mais notre cause est vieille.

— Vous avez une mère, repartit le général.

— Elle aurait honte de moi, répliqua Bogdanowicz, si je vous demandais grâce; au reste, pourquoi jouons-nous cette comédie? Je devais être fusillé à six heures, et il est six heures dix minutes; vous êtes en retard. »

Un instant après, les Russes firent feu, et Bogdanowicz, martyr d'une sainte cause, tombait le corps percé de balles.

On continue d'envoyer de nombreuses troupes dans le palatinat de Radom, par le chemin de fer. On veut écraser le corps de Langiewicz. L'insurrection éclate, grandit et s'organise sur tous les points d'où l'on vient de retirer les troupes pour les diriger sur les points de concentration des forces moskovites.

La démission des conseillers d'État a produit une forte impression à Varsovie. Le grand-duc a lui-même dû reconnaître que ceux des honnêtes gens haut placés qui voulaient lui venir en aide ne sont plus en état de le faire après les atrocités et les cruautés commises par l'armée russe, et en présence de l'odieux système de gouvernement qui pèse sur la Pologne.

(*Patrie*.)

XXXIII.

De Krakovie, 14 mars.

La désorganisation de l'armée russe est à son comble; ce n'est plus à présent qu'une cohue de bandits qui tue ses chefs lorsqu'ils ne veulent pas la conduire au meurtre et au pillage. Voici quelques faits entre mille, qui pourront en donner une idée :

Le capitaine Tidemann, chef d'une compagnie du régiment de Pultawa, faisait une révision dans le couvent des bernardins, à Wielka-Wola, près de Suléiow, pour y trouver des armes. On vint lui annoncer que ses soldats brisaient à coups de hache les portes de l'église; il y courut pour arrêter cet acte de vandalisme, mais il vit aussitôt deux baïonnettes dirigées vers sa poitrine, et il entendit le cri: «*Na sztychy ieho!*» tuez-le, jeté par ces brigands.

L'arrivée d'un autre détachement parvint à lui sauver la vie, mais n'empêcha pas que le supérieur du couvent, vieillard octogénaire, ne fût cruellement battu à coups de fouet par les kosaks.

La compagnie du capitaine Kakuszkin avait été envoyée de Konskié à Radoszycé pour faire une autre perquisition dans la maison du fermier du lieu, M. Exner. Elle n'y trouva que deux fusils de chasse, avec un permis de port d'armes donné par le général Uszakoff, commandant à Radom.

Le capitaine fit battre la retraite, mais les soldats refusèrent d'obéir en l'accusant de connivence avec les insurgés et se jetèrent dans la maison pour la piller. A leur retour à Konskié, plusieurs d'entre eux furent arrêtés; mais ils furent délivrés immédiatement par leurs camarades, qui les reconduisirent en triomphe à leurs quartiers.

A Strzemieszycé, une compagnie vient de se

révolter contre ses officiers, en les accusant de sa défaite dans une rencontre avec les insurgés. Le colonel Alenitch, commandant à Czenstochowa, a dû s'y rendre sous bonne escorte, pour y appliquer la loi martiale. Pendant son absence, un officier russe a été tué à Czenstochowa même, par un soldat qu'il menaçait de punir.

Devant des faits pareils, faits qui se reproduisent journellement, on comprend que les officiers doivent être impuissants à réprimer les brigandages commis par leurs troupes. Ces brigandages deviennent chaque jour plus fréquents, et sont accompagnés de détails plus horribles ; ils semblent dériver d'un mot d'ordre donné d'en haut à ces barbares, même à l'insu de leurs chefs immédiats. En voici un indice certain :

Après le combat de Krzywosoncz les Russes envahirent, selon leur coutume, le château et la ferme pour les mettre au pillage. Un vieillard parut sur le seuil avec le numéro du *Dziennik* de Varsovie, contenant l'ordre, signé du grand-duc, de respecter les propriétés.

« C'est bon pour le public, lui répondit la bande furieuse ; nous avons *d'autres instructions.* »

Et puis ils se mirent à piller de plus belle.

A Dobrosolow, ils saisirent un jeune médecin de Krosniewicé qui avait soigné des insurgés blessés. Ils le clouèrent en croix contre une muraille, lui déchirèrent le sein à coups de baïonnettes et l'achevèrent par trois coups de feu. Ils attachèrent deux à deux tous ceux qu'ils trouvaient dans le voisinage, et les tuèrent en leur brisant les mâchoires à coups de crosse. Le forestier Tryplicz, intendant des bois de Kazimierz, y fut de même assassiné avec la dernière atrocité.

Un autre forestier, à Wisniowek, près d'Ostrow, M. Seewald, dans la maison duquel deux insurgés s'étaient réfugiés, périt avec toute sa famille.

Les assaillants lui coupèrent la tête, après lui avoir tranché la langue ; puis ils la jetèrent à un chien, en l'excitant à la dévorer. Comme le pauvre animal ne voulait pas boire le sang de son maître, un kosak se jeta sur le chien rebelle et l'abattit à coups de sabre.

Mme Seewald, née Ianczewska, fille d'un chef de division aux finances, eut le même sort que son mari, ainsi que la jeune sœur de celle-ci, à laquelle un soldat perça les deux mains d'une balle tirée à bout portant, au moment où elle les joignait pour implorer ses assassins. Puis, la maison témoin de cet exécrable forfait fut brûlée, ainsi que toutes les granges voisines. Dans l'une d'elles, quatre paysans occupés à battre le blé avaient été enfermés par ces cannibales. Lorsqu'un kosak voulut y pénétrer, sans doute pour y prendre quelque chose, ses camarades, par un motif inexplicable, le tuèrent par une fenêtre, à coups de fusil.

Les détails de cette scène de carnage, *entièrement vrais*, malgré ce qu'ils ont d'atroce, se trouvent du reste, tout au long, dans les deux correspondances de Varsovie et d'Ostrow, insérées dans le *Czas* du 40 courant.

Voilà quelles sont ces *autres instructions* auxquelles obéissent les soldats du généreux tzar Alexandre.

J'allais oublier qu'à Dziadkowicé, dans le palatinat de Grodno, près de Biala, un prêtre fut tué devant l'autel, au moment où il célébrait l'office divin ; l'église fut ensuite dévastée.

(*Opinion nationale.*)

XXXIV.

Nous extrayons de nos lettres de Pologne de nouveaux détails sur les actes de barbarie commis par les Russes. Nous espérons, comme notre correspondant, que les cabinets européens, en voyant ce qui se passe dans ce malheureux pays, comprendront qu'il est temps d'en finir ; qu'il est urgent d'élever une barrière infranchissable entre les victimes et les bourreaux, et que l'Europe civilisée compromettrait son honneur et méconnaîtrait ses devoirs, si elle hésitait longtemps encore (?!).

De Krakovie, 15 mars :

Voici des détails atroces qui nous viennent de Siedlcé, en Podlaquie, propres à vouer à l'exécration de tous les hommes la conduite des hordes russes en Pologne. Nous voudrions, pour l'honneur de notre époque, pouvoir en douter ou les croire exagérés ; mais nous les tenons de plusieurs sources à la fois, qui toutes les confirment jusqu'à la dernière évidence.

Le 4 de ce mois, dix-huit cavaliers armés sont arrivés vers le point du jour à la ferme de Szydlowin, propriété de feu le général polonais Szydlowski, entre les villages de Nakory et de Kryniça. S'y croyant en toute sûreté, ils s'étaient couchés dans la grange, lorsqu'à six heures et demie du matin, une demie sotnia (50) de kosaks accourut dans la ferme, et après les avoir entourés, fit feu sur les insurgés. Ceux-ci, désespérant de pouvoir se défendre, ouvrirent la porte et se rendirent à merci. Les kosaks, en poussant une clameur de joie féroce, les tirèrent de la grange, les traînèrent à cinquante pas dans la plaine, et, après les avoir complètement déshabillés, firent une décharge de carabines à bout pourtant. Puis ils achevèrent ceux qui n'étaient que blessés, en les frappant sur la tête, sur les épaules, en leur ouvrant le ventre à coups de sabre. En les massacrant de la sorte, ils vociféraient les commandements des insurgés avec une raillerie atroce :

« Messieurs les faucheurs (*kosyniery*), en avant !
— Messieurs les lanciers, en avant ! »

Et lorsque ceux-ci, noyés dans leur sang, jetaient des cris de douleur, ils riaient en les contrefaisant. Pendant une heure entière, ils s'acharnèrent ainsi sur les cadavres de ces jeunes gens, dont le plus âgé n'avait pas vingt-quatre ans. Aussitôt après, ils mirent le feu à la grange et aux étables, dont ils avaient fait sortir le bétail. Ils se mirent à tirer dans les fenêtres de la maison principale, ordonnèrent aux habitants de leur livrer les meubles et l'argent; ils leur criaient en leur montrant les cadavres: « Regardez, voici votre sang, buvez-le! C'est ainsi que nous égorgerons tous les Polonais! »

Les corps morts ont été jetés, complétement dépouillés, sur cinq chariots de paysans, couverts d'un peu de paille, et conduits à Siedlcé. Trois lieues de chemin furent toutes baignées du sang qui en dégouttait. On m'assure que plusieurs de ces victimes donnaient encore quelques signes de vie en arrivant; on les fit porter à l'hôpital; mais pourra-t-on, ou plutôt voudra-t-on les sauver après de pareilles tortures? Après les avoir escortés jusqu'à Siedlcé, les kosaks s'en retournèrent au village de Kryniça, et le pillèrent.

La plume nous tombe des mains, en racontant ces horreurs; puissent-elles enfin ouvrir les yeux à ces hommes d'État qui prétendent pouvoir garder encore quelques sentiments d'estime et d'amitié pour le gouvernement qui les autorise ou les tolère! Les Russes ne font grâce à aucun de leurs prisonniers. Aujourd'hui même, je viens de voir à l'hôpital de la ville un jeune homme, ci-devant officier de l'armée autrichienne, qui, laissé pour mort dans un bois, après l'engagement de Sosnowka, reçut encore plusieurs coups de baïonnette et une balle du revolver qu'il avait à sa ceinture. Il eut pourtant le courage de ne pas jeter un seul cri, de ne pas faire un seul mouvement qui aurait pu trahir qu'il vivait encore. Je puis le nommer, car il n'est pas probable qu'il puisse survivre plus de vingt-quatre heures à ses cruelles blessures : c'est M. Kratke, de Léopol. Tel fut aussi le sort de Burzynski, sellier, Lewandowski, bourgeois de Mokobody, et Wlasek, paysan.

Ces récits parlent trop haut pour qu'il soit besoin de les commenter.

(*Opinion nationale.*)

XXXV.

De Krakowie, 13 mars :

Le dictateur Langiewicz a quitté Goszcza le 11 mars et a passé à Sosnowicé, à 3 kilomètres de Miechow. Les Russes n'ont pas encore osé attaquer le jeune chef, qui emploie le temps à exercer ses troupes. La garnison russe de Miechow compte deux mille hommes d'infanterie de ligne, un demi-escadron de dragons, cent kosaks et deux canons.

Huit cents fantassins de la garde impériale sont arrivés hier à Wolbrom, à deux milles (14 kilomètres) du camp. Ils sont sous le commandement du général-prince Schachoffskoï, qui deux fois battu à Mrzyglod par le colonel Cieszkowski, et à Pieskowa-Skala par le général Iezioranski, après avoir effectué une honteuse retraite, était reparti pour Varsovie, où il composa tant de faux bulletins de victoires. Ce matin, le général-prince Schachoffskoï, est revenu à la station de Zombkowicé, pour y attendre de nouveaux renforts.

Les détachements d'insurgés dans le palatinat de Kalisz voient chaque jour grossir leurs rangs. Ceux qui stationnent près de la ligne du chemin de fer de Varsovie à Bromberg et de Varsovie à Vienne, ainsi que le corps commandé par Kasimir Mielencki, que le dictateur vient de nommer colonel et commandant en chef de tous les détachements qui doivent être formés dans le palatinat de Kalisz, voient aussi augmenter sans cesse le nombre des volontaires.

Malgré tous les démentis donnés par les organes russes, l'insurrection se développe en Podlaquie et dans le palatinat de Lublin. Il en est de même de la Lithuanie; et nous n'en pouvons citer de meilleure preuve que l'ordre émané du proconsul de Lithuanie, Nazimoff, qui met le gouvernement de Minsk en état de siége, et principalement Pinsk et Slucķ.

Le corps russe, commandé par le général Rzewusky, qui avançait de la Volhynie vers Lublin, a été contraint de suspendre sa marche par suite de l'insurrection qui vient d'éclater en Volhynie.

(*Patrie.*)

XXXVI.

De Varsovie, 16 mars :

La démission de l'archevêque Félinski n'a pas été acceptée. Pour l'en dissuader, on lui envoya d'abord Tengoborsky; Mgr Félinski ne l'a point reçu. Nabokoff, envoyé après Tengoborsky, n'eut pas meilleur accueil. Wielopolski se décida alors à se rendre auprès de l'archevêque. Il fut admis; l'entrevue dura assez longtemps, mais sans aucun résultat. Enfin, le grand-duc tenta une dernière démarche. Voici un résumé de la conversation qui eut lieu entre le prélat et le grand-duc :

« Vous n'avez pas le droit, dit le grand-duc, de vous démettre d'une charge dont vous avez reçu de moi la nomination. La charge de conseiller d'État est intimement liée à celle d'archevêque; qui est investi de l'une l'est en même temps de l'autre.

Mgr Félinski: « En ce cas, je me démets de ma dignité d'archevêque, et je m'enferme dans un couvent, afin d'y implorer le pardon de Dieu pour avoir agi contre la nation, en croyant agir pour son bien. »

A ces mots, le grand-duc s'emporta : « Aussi longtemps, dit-il, que je serai ici, vous ne ferez pas de manifestation! Vous n'avez pas demandé votre démission, et vous resterez ce que vous avez été jusqu'à présent. »

Tandis que les uns implorent en vain leur démission, on l'accorde solennellement à d'autres. Chreptowitch, l'ennemi de Wielopolski, vient d'être destitué. Keller le remplace. Sigismond Wielopolski devient ministre de l'intérieur, et le prince Félix Oginski est nommé bourgmestre de Varsovie.

Le grand-duc, en apprenant que les membres du conseil d'État voulaient se retirer en masse, s'es écrié : « Je vois que nos prétendus amis ont conspiré avec nos ennemis. C'est une nation ingrate; elle n'apprécie pas le bienfait que je lui ai rendu en arrivant ici et en prenant en main le gouvernement. »

Il est question de rétablir la commission inquisitoriale (*komissya sledcza*). On continue à interroger le chef de partisans Léon Frankowski, qui est à Lublin, à l'hôpital, et n'est pas encore rétabli de ses blessures.

La mère de l'infortuné Krasuski est devenue folle. Par un raffinement de cruauté, on ne lui a permis de voir son fils que lorsqu'il avait déjà reçu trois cents coups de verges. Deux heures après, Krasuski fut fusillé.

Le 15 mars, le grand-duc a passé les troupes en revue, et leur a exprimé tout son contentement; il a dit qu'il était *fier de prendre leur commandement!* Il nous est difficile de comprendre comment on peut être fier de commander à des hommes qui massacrent les femmes et les enfants, qui incendient les villes et les villages abandonnés par les insurgés. Il est vrai que les soldats commettent le plus souvent ces cruautés malgré l'ordre de leurs supérieurs, impuissants à les contenir; aussi le mécontentement des officiers a-t-il beaucoup augmenté. Bontemps a demandé sa démission; le général Schachoffskoï a essayé de suivre son exemple : il a déclaré au grand-duc qu'il ne pouvait se charger de commander des troupes qui ne savent que piller. Le grand-duc l'a mis à la porte. Tous ceux qui dans l'armée russe ont quelques sentiments d'humanité sont au désespoir d'être les champions du meurtre et de l'incendie.

Un négociant, venant du palatinat de Lublin, se trouvait dans la diligence en compagnie de dames et d'un officier russe ivre, qui tira de sa poche un revolver et se mit à viser ses compagnons de route, les femmes aussi bien que les hommes. Le négociant eut la présence d'esprit de jeter l'arme à terre en appliquant sur le bras du Russe un coup de poing. L'officier se rendormit. Arrivé à la station, il se mit à faire du bruit en criant qu'on l'avait volé. Heureusement, il y avait à la station un officier, Polonais d'origine, qui, en apprenant ce qui s'était passé, se hâta de saisir le revolver et d'emmener avec lui l'officier ivre.

Le général Nazimoff a ordonné aux popes de faire signer à leurs ouailles une adresse de fidélité au tzar, sous peine de perdre leurs places.

A Dolkiew, près de Brzesc, dans le palatinat de Grodno, les soldats ivres ont massacré le propriétaire Sniezko et quatorze de ses serviteurs et servantes. Ils ont pillé et saccagé le domaine, puis ont mis le feu aux granges et à la distillerie d'eau-de-vie.

A Krolewskié-Miasto, d'autres soldats russes ont brûlé vifs trente insurgés. Ils les avaient surpris fatigués par de longues marches, et séparés du corps principal.

Les agents russes répandent la nouvelle que l'on veut faire une nouvelle conscription, pour obvier à l'injonction donnée par le gouvernement national polonais de ne quitter la ville que sur un ordre précis.

On répand parmi les paysans des livrets imprimés où on les engage à montrer leur dévouement à leur roi (c'est-à-dire au tzar), en tuant tous les propriétaires. C'est l'armée russe qui répand ces brochures.

(*Patrie*.)

XXXVII.

De Krakovie, 21 mars :

Après le conseil de guerre du 19, le dictateur Langiewicz, accompagné de plusieurs officiers et d'une escorte de vingt-cinq cavaliers, a quitté le camp de Welecz le 19 mars, à cinq heures du matin. Dans le même moment, la colonne commandée par Czachowski s'est mise en marche dans la direction du nord de Welecz, pendant que le corps commandé par Smiechowski prenait la direction contraire en se dirigeant sur Wisliça, d'où, après s'être reposé quelques heures, il a continué sa route par Nowe-Miasto et Koszycé : ce corps, entouré de tous côtés et pressé par les forces ennemies, a cependant réussi à garder les nombreux prisonniers russes faits à Grochowiska.

Par malheur, le départ du dictateur jeta quelque trouble dans les rangs polonais; des difficultés furent élevées par des officiers qui ne se rendaient pas bien compte de sa prompte disparition. Les soldats, exténués de fatigue par une marche forcée de dix heures, par trois combats et le manque de vivres, serrés de très-près par les Russes, se sont débandés et dispersés, ont passé la Vistule et sont entrés en Gallicie, après avoir déposé les armes à la frontière.

Déjà, le 17 mars, une partie de l'armée polonaise, coupée par les Russes dans le combat de Zagoscié, s'était retirée à Opatowięç, puis réfugiée sur le territoire autrichien. En outre, un détachement de quelques dizaines d'insurgés a été refoulé sur l'arrondissement de Krakovie, près de Çlo, par les troupes russes, qui, en les poursuivant jusque sur la frontière autrichienne, ont blessé quelques soldats impériaux.

Malgré la double victoire de Zagoscié et de Grochowiska, nous ne cacherons pas que cette fausse manœuvre de Langiewicz, inspirée par la coterie réactionnaire de Krakovie, le rebut et le dernier reste, fort heureusement, de notre ancienne oligarchie, est fâcheuse pour la cause nationale; néanmoins, elle ne nous décourage pas. Les désastres de Wengrow et de Siemiatyczé, loin d'abattre les dispositions enthousiastes de la population et le dévouement héroïque des insurgés, n'ont fait qu'activer le soulèvement du palatinat de Lublin et de la Lithuanie. Ces échecs ont prouvé l'inébranlable résolution des patriotes de chasser les Russes ou de mourir. Ce revers n'a, du reste, qu'une importance locale.

(*Patrie*.)

XXXVIII.

De Krakovie, 22 mars :

Les nouvelles que nous avons données sur la bataille livrée entre Chroberz et Busko sont pleinement confirmées.

Le 17, à Zagoscié et le 18 à Grochowiska, les Russes ont été battus et repoussés. De nombreuses colonnes russes venant de Dzialoszycé, de Pinczow et de Stobniça menaçaient de cerner complétement le corps polonais; les insurgés, en outre, pouvaient manquer de vivres d'un jour à l'autre, et ils étaient épuisés par des marches forcées et un combat qui avait duré deux jours.

Langiewicz comprit parfaitement que, dans de telles conditions, une plus longue résistance devenait impossible. Dans la nuit du 18 au 19, vers minuit, il convoqua un conseil de guerre qui se réunit à Welecz, à une werste de Grochowiska. On décida entre autres qu'il fallait revenir à la guerre de partisans, laquelle avait été en partie négligée par suite de l'accroissement subit du corps de Langiewicz; qu'il fallait par conséquent séparer ce corps en deux grands détachements et en d'autres plus petits, qui combattraient comme par le passé, et seraient envoyés dans différentes directions.

La chose était considérée comme d'autant plus urgente, qu'il était impossible de nourrir une aussi grande quantité d'hommes et de chevaux.

On désigna les chefs de ces détachements; car Langiewicz devait se rendre dans une autre partie du pays, afin d'organiser la lutte suivant une même idée et une même direction.

Par suite du manque d'officiers dans les autres contrées et de leur affluence dans le corps de Langiewicz, celui-ci devait prendre avec lui plusieurs officiers supérieurs et leur donner des commandements dans diverses localités.

Pour que tout ce plan d'opérations pût réussir, il devait être secret; et l'ordre du jour de Langiewicz n'a été communiqué au corps polonais qu'après un commencement d'exécution du projet.

Cet ordre du jour est ainsi conçu :

« Vaillants et fidèles compagnons d'armes!

« Les fonctions auxquelles j'ai été appelé exigent l'achèvement de beaucoup d'affaires d'une grande importance, et m'obligent à renforcer les détachements d'insurgés qui combattent sur d'autres points du pays, afin d'imprimer à leurs mouvements une direction unique.

« J'ai songé, en conséquence, à quitter pour un certain temps les rangs au milieu desquels j'ai combattu depuis le commencement de l'insurrection; mais ce n'est qu'après une victoire récente que je pouvais m'en séparer.

« C'est pourquoi j'ai tenu tête aux Russes à Sosnowka, à Miechow, à Chroberz, et j'ai livré une bataille sanglante à Grochowiska.

« Je quitte le camp sans vous congédier; mon plan, pour qu'il réussisse, doit rester secret: aussi ne puis-je vous le confier, ni vous dire quelle route je compte suivre.

« J'ai pris avec moi quelques officiers supérieurs, car plusieurs détachements d'insurgés sont actuellement sans commandants.

« J'emmène avec moi trente lanciers, qui reviendront au camp dès qu'une escorte ne me sera plus utile. J'ai partagé mon corps d'armée en deux parties; à chacune d'elles j'ai donné un chef expérimenté, auquel j'ai indiqué la route qu'il devait suivre.

« Compagnons d'armes, devant Dieu et devant vous, j'ai fait le serment de combattre jusqu'à mon dernier souffle. Je ne violerai pas mon serment. Vous aussi, vous avez juré solennellement d'obéir à mes ordres et de défendre votre patrie. Vous non plus, vous ne violerez pas votre serment. Au nom de Dieu et de la patrie, nous continuerons à lutter contre la Russie, tant que nous n'aurons pas reconquis la liberté et l'indépendance de la patrie.

« *Signé :* MARYAN LANGIEWICZ. »

A la suite du conseil de guerre, Smiechowski a été nommé commandant d'un détachement et Czachowski commandant de l'autre. Tous deux ont en outre reçu des instructions sur la direction à prendre et la manière d'agir. Rochebrun, qui s'est distingué à Chroberz, Zagoscié et Grochowiska, a reçu des instructions spéciales. Des ordres ont également été donnés à Iezioranski et à Waligorski.

(*Opinion nationale.*)

XXXIX.

De Krakovie, 23 mars.

Voici la proclamation publiée par le gouvernement provisoire après la défaite de Langiewicz :

« Compatriotes!

« La dictature prise par un général est tombée le 19 mars, et le pouvoir suprême du pays passe de nouveau aux mains du Comité national provisoire de Varsovie, qui n'a pas cessé de remplir les devoirs du gouvernement, et qui est le seul pouvoir légal du pays.

« Le retour de la direction suprême aux mains des hommes qui ont commencé l'insurrection et l'ont guidée avec persévérance vous garantira que l'insurrection sera maintenue, et qu'elle ne se terminera que par la victoire. Nous combattrons sans relâche, sans nous laisser abattre par les revers, sans nous laisser arrêter par les obstacles qui peuvent surgir.

« Nous ne concentrerons plus le pouvoir suprême dans une seule main, car cette main brisée pourrait amener la chute de l'insurrection; mais, forts du sentiment du droit, nous résisterons fermement à toutes les tentatives que pourraient faire des ambitions individuelles pour élever des pouvoirs indépendants de nous.

« Compatriotes!

« C'est avec plein espoir et une foi inébranlable que nous reprenons en mains les rênes de l'État; habitués à braver les dangers, nous sommes convaincus que nous parviendrons aussi à surmonter les périls qui résultent de la chute du dictateur.

« Fidèles à la cause dont le drapeau que nous tenons empêche toute division dans notre sein, nous demandons obéissance à tout le peuple. Aux armes ! l'ennemi est devant nous, nos frères tombent! A l'armée est aujourd'hui la place de tout Polonais!

« Au nom du Comité central, agissant comme gouvernement provisoire,

« *Le commissaire extraordinaire,*

« Étienne Dobrowski.

« 21 mars 1863. »

(*Opinion nationale.*)

XL.

Les juges de paix de la Lithuanie ont donné en masse leur démission, comme l'avaient déjà fait les maréchaux de la noblesse. Voici la lettre que ces juges de paix de chaque district ont adressée au maréchal de leur circonscription. Elle dévoile le plan conçu par les autorités russes, de lancer les paysans contre les propriétaires :

« 29 mars 1863.

« Monsieur le maréchal,

« La noblesse de Lithuanie, après avoir pris la première l'initiative de la grande œuvre de l'émancipation des paysans, a procédé sur-le-champ à la mise à exécution de cette réforme sociale. Elle était donc loin de s'attendre aux reproches qui lui sont adressés par les autorités gouvernementales, à des persécutions, et enfin à des proclamations poussant les paysans à la révolte, propagées dans le but de provoquer un antagonisme entre les classes aisées et les classes pauvres, et d'amener la Lithuanie à un bouleversement social complet.

« Toute cette attitude des autorités gouvernementales rend impossible la régularisation organique de la question des paysans, entrave tout travail des citoyens dans le but du développement des ressources morales et matérielles du pays, et empêche toute action ultérieure de la noblesse dans cette voie.

« En présence d'un tel état de choses, il ne nous est plus possible de remplir plus longtemps nos fonctions de juges de paix avec profit pour le pays. C'est pourquoi nous déposons entre vos mains, monsieur le maréchal, nos démissions, et rendons responsables les autorités gouvernementales de leurs actes et de leurs proclamations ultérieures. »

Suivent les signatures, au nombre de plus de 400.

(*Opinion nationale.*)

XLI.

De Varsovie, 28 mars :

Le major Narbutt avait organisé un corps polonais près de Rudniki, dans la Lithuanie. Après qu'il l'eut bien armé et exercé, il envoya un éclaireur à Vilno pour annoncer que les insurgés formaient un petit corps dans ces contrées. Les Russes crurent à l'émissaire, et firent partir 500 hommes par le chemin de fer. Narbutt, en voyant venir les ennemis, leur dressa une embuscade. Il envoya en avant des tirailleurs qui se mirent à fuir, et attirèrent ainsi les Russes dans des marécages. Narbutt les cerna et les défit complétement. Après cette victoire, il marcha vers le sud et se joignit à un autre corps de Polonais.

Dans les forêts de Bialowiez, 500 insurgés s'étaient assemblés. Un sous-officier les exerçait. Un officier du corps de Roginski passant par là fut sommé de prendre le commandement. Il le fit. Peu de temps après, on entendit le chant des soldats russes. C'était un détachement de cinquante kosaks qui escortait un convoi d'armes et de munitions. Les insurgés étaient armés de faux, à l'exception de huit volontaires qui avaient des fusils de chasse. Ils dressèrent une embuscade, et les huit fusils abattirent de prime abord huit soldats russes; puis, les faucheurs fondirent sur les kosaks qui s'enfuirent ou mirent bas les armes. Les insurgés recueillirent ainsi cinquante carabines, d'autres armes à feu, des lances, des vivres et des munitions de toute espèce.

Quelques jours plus tard, ces mêmes insurgés apprirent qu'un détachement se dirigeait vers le village de Czarna, près de Bialystock. A un moment donné ils tombent sur les Russes et les dispersent. Cette attaque leur valut encore 50 carabines, des munitions et des vivres. Après ce second coup de main, ils se retirèrent de nouveau dans les forêts de Bialowiez. Dans le district de Maryampol, un chef, nommé Akord, a formé un détachement assez considérable de cavalerie et a livré plusieurs combats favorables. Akord venait seulement de s'évader de la Sibérie, où il avait été déporté en 1846, après avoir supporté, sans en mourir, 4,000 coups de bâton. A Usciany, près de Dunaborg, un corps de 500 Russes a été défait; c'est à peine si une centaine des leurs sont parvenus à s'échapper.

Poniewiez, chef-lieu d'un district, a été occupé par les insurgés. On vient d'apprendre d'une source certaine que l'insurrection qui a éclaté dans le district de Nowo-Alexandrow, gagne toute la Lithuanie.

Le général russe Nostitz a reçu sa démission pour avoir publié un bulletin dans lequel il se vantait d'avoir détruit toutes les bandes et apaisé l'insurrection dans la Lithuanie.

Le *Journal de Breslau* du 31 mars raconte qu'après la victoire de Mielençki à Pontnow et à Slesin, les Russes, en se retirant, se sont jetés sur les villages voisins et les ont pillés; les insurgés blessés qui s'y trouvaient ont été, comme de coutume, massacrés, malgré les ordres contraires du général-prince Wittgenstein. Puis, ils ont arrêté le bourgmestre et deux conseillers municipaux de la ville de Warta, et les ont conduits à Kalisz, comme suspects de rébellion.

Les Russes fusillent indistinctement tous ceux qu'ils rencontrent armés, sans aucun jugement de guerre. C'est ainsi qu'à Siedlcé on a fusillé Moriz et Olszewski. Le dernier vivait encore au moment de son inhumation, malgré les nombreux coups de baïonnette qu'il avait reçus; les premières pelletées de terre ont seulement pu étouffer le cri de : *Vive la Pologne!* jeté par le mourant. Ce fait atroce est d'ailleurs confirmé par le *Czas* du 3 avril.

Un autre fait tout semblable eut lieu dans le village de Luty, palatinat de Lublin, lorsque, après deux combats livrés le même jour par le brave Lelewel (Borelowski), les Russes se sont précipités sur les bagages, séparés durant l'action. Ils ont tué 16 hommes sans armes, et les ont achevés en leur remplissant la bouche de sable et de feuilles.

On fortifie Varsovie de tous côtés. Une nouvelle redoute vient d'être construite en avant du fort de Wola, célèbre par l'héroïque résistance de Sowinski, en 1831; 36 canons de place y ont été mis en batterie, du côté de la France, c'est-à-dire sur la rive gauche de la Vistule.

(*Patrie.*)

XLII.

Avril 1863.

Nous extrayons de nos lettres de Pologne le passage suivant. Notre correspondant rapporte, en le garantissant, un fait qui est de nature à changer entièrement les dispositions de l'Autriche à l'égard de la Russie :

De Krakovie, 3 avril :

Une bande de kosaks, après avoir franchi la frontière sans aucun motif apparent, s'est jetée la semaine dernière sur le village de Siedlcé, qu'il ne faut pas confondre avec la ville de ce nom en Podlaquie, et s'est mise en devoir de la piller, en commençant par l'église.

Les paysans qui s'y trouvaient rassemblés ont couru à leurs maisons, ont saisi leurs faux et leurs fourches, et ont soutenu le combat pendant une demi-heure. A ce moment, une compagnie autrichienne est arrivée. Les kosaks, en quittant les paysans, qui faisaient une résistance désespérée, se sont tournés contre la troupe, et d'une décharge de carabines ont abattu dix soldats et un officier. La compagnie autrichienne ayant riposté par une fusillade, ils ont repassé la frontière au galop, en laissant une vingtaine des leurs sur le terrain. Les blessés des deux parts ont été transportés à Bolechowicé, petit bourg dans le voisinage.

Reste à savoir comment le ministère de Vienne prendra cette affaire; mais nous avons tout lieu de croire qu'il fera tous ses efforts pour l'étouffer, tout comme celle encore récente de Çlo, plusieurs de ses membres étant, dit-on, dans des rapports de courtoisie très-intimes avec le cabinet de Saint-Pétersbourg. Le village de Siedlcé se trouve à peu de distance du chemin de fer de Krakovie à la frontière prussienne, entre Krzeszowicé et Rudawa.

A bientôt de plus amples détails, qui compléteront les renseignements que je vous donne aujourd'hui.

(*Opinion nationale.*)

XLIII.

De Krakovie, 3 avril :

Le mouvement embrasse aujourd'hui une grande étendue de territoire. Les populations de Poniewiez et Szawlé (en Samogitie) y ont pris part. Dans le premier de ces districts, outre la noblesse et la bourgeoisie, les paysans se sont généralement soulevés. L'insurrection s'est propagée, d'un côté, jusqu'à la ville de Polonga, sur la mer Baltique, et de l'autre, jusqu'à la frontière prussienne.

Nos lettres de Kœnigsberg et de Tilsitt portent que les autorités prussiennes ont envoyé, le 30 mars, à Klaypeda (Memel) et sur d'autres points, de l'infanterie et de l'artillerie de campagne. L'insurrection samogitienne menace les communications les plus importantes de la Russie avec l'étranger; elle a produit la plus vive inquiétude à Saint-Pétersbourg. L'empereur a fait immédiatement partir de Tzarskoë-Sélo, sa résidence d'été, un régiment de chasseurs de la garde.

En même temps que l'on apprenait les événements de Samogitie, le bruit courait qu'un corps polonais était entré dans les steppes de la Bessarabie, et que les populations des contrées situées sur le Dniester et le Boh commençaient à se soulever. Toutefois, la nouvelle de l'entrée d'un corps polonais, commandé par Wierzbinski, et venant du territoire turk, c'est-à-dire de Tultcha, sur le Dniester inférieur, demande confirmation. La division du comte Rzewusky a déjà quitté le palatinat de Lublin pour rentrer en Volhynie.

La nouvelle de la défaite du corps de Cieszkowski, donnée par le *Journal officiel* de Varsovie, ne se confirme nullement. Une lettre du camp de Kamyk se borne à dire, relativement à l'affaire du 27 mars à Radoszewicé, que Cieszkowski a éprouvé des pertes sensibles, mais que les Russes ont été de même fort maltraités.

L'armée russe de Pologne est exténuée de fatigue et démoralisée par le pillage. On n'y connaît plus de discipline; elle est doublement décimée par le fer et par les maladies.

Le train de Vienne a emmené, mercredi 1er avril, l'ancien dictateur, Langiewicz, avec une escorte de police. Le gouvernement autrichien expédie tous les réfugiés polonais dans les villes d'Ihlau et d'Olmutz, où ils doivent être internés.

On compte, jusqu'à ce jour, 189 réfugiés dans la première de ces deux villes, et 465 dans la seconde. Un bon nombre sont encore retenus à Krakovie.

Les perquisitions domiciliaires et les arrestations ne discontinuent pas dans notre ville. Un vétéran de l'insurrection de 1831 qui a servi depuis dans la légion étrangère, en Algérie, le major Boski, âgé de 70 ans, était venu ici afin de terminer son existence sur le sol natal. Le séjour de la Pologne russe et celui de la Gallicie lui ayant été expressément interdits, il se fixa à Myslowicé, bourg de la Pologne prussienne, qui forme la dernière station du chemin de fer de Varsovie. Depuis la convention du 8 février, le séjour de Myslowicé lui a encore été défendu par les autorités prussiennes. Vainement les habitants de cette localité ont intercédé en faveur de ce vieillard débile et souffrant, le gouvernement prussien a été inexorable. M. Boski doit être actuellement en route pour la France, où l'on doute qu'il puisse arriver vivant.

(Patrie.)

XLIV.

De Krakovie, 4 avril :

Les nouvelles que nous recevons du palatinat d'Augustowo nous apprennent que l'insurrection augmente dans cette province, et qu'un fort détachement vient d'apparaître dans le district de Maryampol. Ce détachement a signalé sa présence en rompant en plusieurs endroits le chemin de fer d'Eitkuny à Kowno. Des nouvelles très-importantes arrivent depuis plusieurs jours de la Lithuanie.

Presque toute la Samogitie est en insurrection. Un détachement polonais a occupé Poniewiez, un autre a battu les Russes à Usciany, un troisième se trouve à Towiany, et un quatrième dans les environs de Szawlé. L'insurrection s'accroît aussi dans la Lithuanie centrale, dans les palatinats de Vilno et de Minsk. Le général Maydell a quitté Kowno le 27 mars à la tête d'un bataillon de chasseurs, de deux canons et d'une sotnia de kosaks, se dirigeant vers Polonga. Il est remplacé à Kowno par le général Lichaczeff.

La *Gazette de police,* qui paraît à Varsovie, annonce que, par un oukase de Sa Majesté impériale et royale, daté du 29 mars, le général-major Lewszyn II a été nommé directeur de police de la ville de Varsovie.

Le lieutenant-colonel Mouchanoff, qui remplissait ces fonctions, est nommé aide de camp du grand-duc Constantin, lieutenant du royaume.

La même feuille contient l'avis suivant :

« Le directeur de la police de Varsovie porte à la connaissance des habitants de la capitale, que, à l'occasion du service célébré ce soir dans les églises, en vertu d'une autorisation supérieure, et conformément au désir exprimé par S. Exc. l'archevêque métropolitain, il est permis de se promener, aujourd'hui et par exception, dans les rues de la ville, sans lanterne, depuis huit heures jusqu'à dix heures du soir.

« Varsovie, 4 avril 1863.

« Signé : *Général-major* Lewszyn.

« *Le chef de la chancellerie,* Salerno. »

(Patrie.)

XLV.

De Krakovie, 5 avril :

Le *Czas* publie aujourd'hui une lettre qu'on lui a adressée de Constantinople, le 27 mars, et qui contient la nouvelle suivante :

« Je sais de la meilleure source que M. Wielopolski, conformément au désir du grand-duc, vient de préparer un projet pour la suppression de tous les ordres religieux dans le royaume. C'est évidemment une mesure de représailles pour le patriotisme ardent qui se manifeste dans le clergé polonais, moralement et matériellement indépendant du pouvoir. La réalisation de ce projet dans le temps actuel serait une des plus grandes calamités pour l'Église aussi bien que pour la nation. »

Aucun doute n'est possible au sujet de cette mesure, depuis longtemps méditée par le gouvernement russe, qui voudrait assimiler la Pologne à la Lithuanie, par la conversion forcée des populations au rite schismatique. Elle démontre une fois de plus que l'insurrection polonaise n'est point une question purement intérieure de l'empire moskovite, une « querelle de famille, » comme ses agents ont voulu l'appeler, mais qu'elle concerne les intérêts de toutes les puissances catholiques et de toutes celles qui ont pour principe organique la liberté de conscience. Nous suivrons les développements de ce projet, et nous en publierons les détails.

Le *Journal de Constantinople,* à la date du 25 mars, contient un article semi-officiel sous le titre « la Pologne. » C'est une réponse pleine de mesure et de dignité aux réclamations du consul russe Nowikoff, contre la protection accordée par le gouvernement aux Polonais résidant en Turquie, et contre les organes de la presse favorables à la cause polonaise. On voit souvent dans ce journal des comparaisons entre les régimes turk et moskovite, toujours en faveur du premier. Et, en effet, rien en Turquie ne ressemble au fanatisme intolérant et barbare, aux instincts féroces que le gouvernement russe cherche à réveiller dans les rangs de ses soldats. Sous ce rapport, de même que pour les réformes qu'elle veut entreprendre, la Turquie semble beaucoup plus près de la civilisation que sa voisine du Nord. La condition des chrétiens en Turquie est plus heureuse que celle des catholiques en Russie. Malgré les insurrections récentes des Grecs, des Bosniaques et des Bulgares, il n'y a pas eu un seul exemple de massacres et d'incendies pareils à ceux que l'on voit si fréquemment en Pologne. Le *Journal de Constantinople* a bien le droit de donner à la Russie une leçon d'humanité.

La réclamation de M. Nowikoff n'a donc obtenu qu'une réponse verbale d'Ali-pacha, que le comité de secours pour les Polonais, étant une association privée, se trouve en dehors de la compétence du gouvernement, qui, d'ailleurs, a les plus vives obligations pour les services militaires que les Polonais lui ont rendus sur les champs de bataille.

Tous les journaux en Turquie expriment les vœux les plus ardents en faveur de la cause polonaise; et même les organes des Slaves du Sud ont suivi cette impulsion. Dans toute l'étendue de l'empire turk, de même qu'en Europe, il n'y a plus qu'une voix pour l'indépendance de la Pologne.

A Bukarest, le député Bratiano a interpellé le ministère sur l'expulsion de quelques Polonais habitant la Roumanie. On lui a répondu qu'une pression étrangère et la proximité du théâtre de la guerre ont seuls motivé cette mesure.

Nous pouvons toutefois certifier qu'aucun des émigrés polonais n'a été livré à la Russie.

Des mouvements considérables de troupes ont déjà eu lieu en Turquie; le deuxième corps d'armée a reçu l'ordre de former la ligne des Balkans au Danube, avec Choumla pour quartier général. Six bataillons d'Albanais et d'Herzégoviniens doivent le remplacer à Constantinople. Ali-pacha va être nommé grand-visir. Vous savez déjà, sans doute, que le prince Labanoff, ambassadeur de Russie, a obtenu son congé.

La Suède aussi ne fait pas défaut à la civilisation. Un grand banquet vient d'être donné à Stockholm, le 27 mars, dans la salle de la Bourse. Le président du comité polonais, baron Raab, a porté un toast au roi Charles; le général Hazelius, à la Pologne; M. Tersmeden, au prince Constantin Czartoryski, présent au banquet. Puis l'assemblée a chanté en chœur, en suédois, l'hymne célèbre : *Boze cos Polske*. Le prince l'a remerciée pour ces marques de sympathie et ces vœux manifestés par toute la nation, de la chaumière au palais royal. Il a été invité à dîner chez le roi avec le ministre des affaires étrangères, comte Manderstrœm.

La Diète a déclaré explicitement que la Suède est prête à seconder toute puissance qui entrerait en lice pour l'indépendance de la Pologne.

(*Patrie*.)

XLVI.

De Krakovie, 8 avril :

Zameczek (Cichorski), chef d'un détachement d'insurgés, après s'être réuni à Sigismond Padlewski, s'était avancé vers le palatinat de Płock. Le chef militaire polonais d'Augustowo, Romotowski, connu sous le pseudonyme de Wawr, ayant appris ce mouvement, se mit à former un détachement avec lequel il se dirigea vers le nord, dans l'intention de passer la Narew. Ayant trouvé les bacs détériorés par les Russes et constamment poursuivi par ceux-ci, en outre n'ayant pas des forces encore bien organisées, il sut éviter par des manœuvres habiles un combat décisif.

Dimanche 29 mars, il parvint à traverser la Narew, non loin de la petite ville de Wizna, et le 31 au matin, il était dans le village de Bialaczew. Comptant esquiver les Russes dans cet endroit, il attendit quelques heures et ordonna à ses soldats de prendre un peu de repos après une marche de plusieurs jours. Un espion juif avait conduit les Russes à travers les marais, et en peu de temps, grâce à ce chemin de traverse, ils se trouvèrent à Bialaczew.

Le chef polonais et son état-major dînaient au château, tandis que les soldats étaient logés chez des particuliers. A la nouvelle de l'approche de l'ennemi, le chef fit sonner l'alarme.

Les Russes attaquèrent le château ; mais, reçus par un feu meurtrier partant des fenêtres et des murs de clôture, ils furent bientôt repoussés. Quelques instants après, ils renouvelèrent l'attaque qui se termina, comme la première, par la déroute. Les Polonais abandonnèrent alors le village et continuèrent leur route dans le plus grand ordre. A peine les insurgés venaient-ils de quitter le village, que les Russes envahirent le château, tuèrent la fille de M. Swiderski, propriétaire du village, et mutilèrent d'une façon atroce son cousin, M. Swientoslawski; en outre, ils tuèrent ou blessèrent plusieurs domestiques et brûlèrent le château avec les fermes avoisinantes. Le détachement de Wawr eut 2 tués et 8 blessés. D'après le récit des soldats russes eux-mêmes, ils auraient, immédiatement après la bataille, enterré, dans une même fosse, 80 des leurs. Les faibles pertes éprouvées par les insurgés s'expliquent facilement par la position qu'ils occupaient durant le combat.

Je ne puis passer sous silence la noble conduite de M. W..., riche propriétaire des environs. Il avait su se concilier l'amour et le respect de la petite noblesse ainsi que des paysans des villages avoisinants, qui le connaissaient depuis longtemps déjà comme un « bon seigneur. » Ce digne jeune homme, en s'exposant à tous les dangers, prit une telle influence sur les paysans que ceux-ci, à l'approche de Wawr, s'armèrent de faux, et au nombre de cinquante, se rendirent chez M. W..., qui se mit à leur tête et se réunit au détachement polonais.

(*Patrie*.)

XLVII.

De Varsovie, 8 avril :

Le général Lewszyn a remplacé le colonel Mouchanoff comme directeur de la police. On assure que Mouchanoff a reçu sa démission pour n'avoir pas découvert ceux qui avaient dernièrement mis à mort deux espions russes. On ajoute que le grand-duc fit mander le colonel au château : « C'est vous qui êtes le directeur de la police? lui demanda le lieutenant du royaume.

Mouchanoff fit un profond salut, comme marque d'assentiment.

— Qui avez-vous arrêté à la suite des derniers meurtres commis?

— Personne, Altesse impériale.

— Et vous osez vous dire directeur de la police?

— Votre Altesse me pardonnera, mais je ne puis rien y faire, ayant la conviction que la police elle-même fait partie du complot.

— Ah! c'est ainsi? allez-vous-en! »

Et Mouchanoff fut destitué.

Le nouveau directeur de la police, le général Lewszyn, est un ex-président de la commission d'enquête. Vidal a été nommé président de la ville de Varsovie, en remplacement du comte Sigismond Wielopolski, nommé ministre de l'intérieur. On dit que le marquis Wielopolski aurait été mandé à Saint-Pétersbourg.

Les arrestations continuent et augmentent journellement dans la capitale. La citadelle regorge de prisonniers. Le général Witkowsky a été nommé président de la commission d'enquête. Les tortures sont de nouveau employées dans les interrogatoires. Le général Martinoff, en garnison à Piotrkow, a donné sa démission. Toutes les stations du chemin de fer sont occupées par des troupes russes.

(*Patrie.*)

XLVIII.

De Narol, 9 avril :

Hier, 8 avril, nous avons été témoins de l'enterrement de trois insurgés qui, bien que désarmés, avaient été tués par les Russes sur le territoire autrichien, près du village le Vieux-Narol, dans le district de Cieszanow. Voici comment le fait a eu lieu. Un détachement de dix hommes, sans armes, conduit par un officier qui avait longtemps servi dans le Kaukase, longeait la frontière gallicienne, dans le but probable de pénétrer dans le royaume. Il s'était arrêté près de Zwierzyniec pour y prendre quelques provisions. Le lundi de Pâques, après avoir fait une centaine de pas vers la frontière, il vit une sotnia de kosaks qui la franchissait au galop, et se mettait à sa poursuite. A une lieue de là, deux insurgés tombaient frappés à mort, et deux autres grièvement blessés. Les kosaks, après les avoir entièrement dépouillés, attachèrent par les pieds les blessés et les morts aux courroies de leurs étriers, lièrent les autres tout meurtris de coups à leurs chevaux, les traînèrent ainsi, à travers la frontière, au village de Pary, où ils se mirent à massacrer tous ceux qui survivaient, et laissant deux des leurs pour les garder, s'enfuirent vers Tomaszow.

Un paysan de Narol, Joseph Banasz, qui avait vu tuer le dernier, avertit les hussards stationnant dans ce village ; mais ceux-ci, malgré une course forcée, ne purent que recueillir les cadavres, et les ayant amenés avec eux à Narol, les déposèrent à l'église. L'état dans lequel se trouvaient ces victimes de la barbarie moskovite est indescriptible.

Le 7 avril, une commission civile et militaire autrichienne s'est rendue à Narol, pour prendre connaissance de ce fait, qui voue à l'exécration de tous les peuples civilisés les soldats du tzar Alexandre II.

(*Patrie.*)

XLIX.

De Krakovie, 9 avril :

L'insurrection en Lithuanie se développe. Les victoires de Usciany, de Poniewiez, Rossienié, Szawlé, ont enflammé tous les esprits, et chaque jour les corps de volontaires voient grossir leurs rangs, commandés par Thomas Kuszleiko, Bitys, villageois de Bialozoryszki, et le docteur Dluski-Iablonowski, à qui l'on doit surtout le succès de Rossienié.

La population, qui avait été forcée par les persécutions de Nicolas (affaire de Siemiaszko) et d'Alexandre II (affaire de Dzierzanowicé) d'embrasser le schisme, a levé l'étendard pour reconquérir son indépendance et sa liberté. Même les schismatiques sectaires appelés *starowiercy* (vieux-croyants), qui s'étaient établis en Lithuanie avant le démembrement de la Pologne, se sont joints à l'insurrection.

A Kowno, les soldats russes ont incendié le faubourg Sloboda, et ont massacré un de leurs officiers qui leur défendait le pillage. Le gouvernement russe, fort alarmé en Lithuanie, a distribué à ses agents le projet d'une adresse qu'il veut charger les popes de faire signer à leurs ouailles. Vous pouvez vous imaginer toutes les supercheries dont ces derniers useront pour arracher des signatures aux paysans, qui la plupart ne sachant ni lire ni écrire, croiront signer des actes relatifs à l'affranchissement des serfs.

Voici l'allocution des popes :

« Je vous félicite, mes frères, du fond de mon cœur, du plus grand bonheur que l'homme puisse atteindre ici-bas ; je vous félicite d'acquérir cette liberté que nous octroie notre glorieux bienfaiteur le tzar et père plein d'humanité, Alexandre II. Vous n'avez jamais eu cette liberté, vous faisiez ce que l'on vous ordonnait et où l'on vous l'ordonnait, bien que vos sillons vous fournissent une médiocre moisson. Vous étiez à peine des hommes et traités rarement comme tels ; et maintenant, ô miracle ! vous êtes libres ! Je vous en félicite derechef. Savez-vous, mes frères, à qui vous devez cette liberté ? Je vous ai cité le nom glorieux de votre sauveur. Comment payerez-vous cet amour paternel qu'il a montré pour vous ? Il ne vous demande que votre amour et vos prières. Tombe donc à genoux, âme orthodoxe (schismatique) ; fais le signe de la croix en implorant Dieu d'envoyer tout le bien possible à ton sauveur, à ton Moïse, et enseigne cette prière à ta postérité ! Il y a encore un moyen de remercier votre sauveur. Son âme est en peine, à cause de la révolte de vos anciens maîtres, des Polonais qui veulent séparer votre pays de la Russie orthodoxe, vous soustraire à la protection du tzar, et vous soumettre à votre ancien joug. Ils l'ont déjà « demandé au tzar! » en affirmant que vous vouliez vous séparer de la Russie et appartenir à la Pologne. Je vois votre indignation en présence de cette calomnie que l'on vous a imputée devant votre sauveur. Mais votre père, comment saura-t-il que c'est une calomnie? Que faire? direz-vous. Vous écrirez une adresse, où vous déclarerez que vous désirez vivre sous le sceptre du tzar et de ses successeurs, formant avec la Russie, à laquelle vous enchaînent les liens du sang, une seule famille, et n'ayant rien de commun avec la Pologne et les seigneurs polonais. »

Après la lecture de cette proclamation, on ordonne aux agents de demander aux paysans s'ils veulent être affranchis; et sur leur réponse affirmative, on leur fait signer l'adresse suivante :

« Nous, soussignés, devant Dieu tout-puissant et juste, dans son sanctuaire, au jour solennel de notre affranchissement, nous jurons à notre très-miséricordieux sauveur, au puissant tzar et empereur Alexandre Nikolaïewitch, que les méchants nous ont calomniés en affirmant que nous voulons être Polonais; tandis que nous et notre postérité, nous désirons vivre et mourir sous le sceptre du glorieux Alexandre II et de ses successeurs, dans une union indissoluble avec la Russie, qui nous est attachée par les liens du sang et de la foi : et nous ne voulons avoir rien de commun avec la Pologne et les Polonais. » (Viennent les signatures, des popes et sacristains, 19 février 1863.)

Ces adresses barbares doivent être remises aux *blohoczynny* (doyens), qui sont chargés de les envoyer au général-gouverneur militaire. Il est enjoint de modifier les adresses selon les circonstances, sans en changer le sens, et de tout couvrir d'un profond mystère. Puissent les feuilles françaises dévoiler ces nouvelles prouesses moskovites; la Russie ne craint rien tant que la publicité.

Heureusement pour notre cause, les popes ont perdu tout crédit; c'est la classe la plus méprisable, à cause de l'immoralité et de l'ivrognerie dont elle est entachée.

Les paysans de la Lithuanie ont, dans beaucoup d'endroits, chassé les popes, et se sont déclarés grecs-unis, malgré toutes les machinations et les intrigues des employés russes et des archi-popes. Leur cheval de bataille, c'est l'affranchissement des serfs; ils veulent s'en faire des complices; mais comme les Polonais ont aussi de leur côté proclamé l'affranchissement, les serfs en profitent pour revenir à la religion de leurs pères. Dans le gouvernement de Grodno, ils sont même allés déclarer au gouverneur Haller « que puisqu'ils étaient libres, ils pouvaient par conséquent quitter le schisme et redevenir grecs-unis. »

« Mais vous êtes orthodoxes (schismatiques)! leur dit le gouverneur.

— Non, seigneur (*panoczku*), nous sommes et nous avons toujours été grecs-unis (*uniaci*). »

Les Russes s'efforcent par ces moyens, en Lithuanie, de soulever les paysans contre les propriétaires. Heureusement ils n'ont réussi que chez les propriétaires russes ou allemands, entre autres dans les terres du prince Wittgenstein.

(*Patrie*.)

L.

On lit dans le n° 15 du *Ruch* (Mouvement), journal officiel du Comité central :

« Considérant que l'indépendance de la patrie est le but principal et unique pour lequel la nation a pris les armes; que cette indépendance peut être uniquement obtenue par une lutte victorieuse avec le principal oppresseur du pays; que les questions d'idées sociales, de lois individuelles, de libertés intérieures passent après le but principal, celui de la délivrance de la nation; que le but en question résume en lui tous les efforts, tous les devoirs; qu'enfin la nécessité de faire appel à toutes les forces du pays exige la participation des citoyens qui sont sous la direction unique du gouvernement national provisoire, ce gouvernement a décrété ce qui suit :

« Art. 1er. A partir d'aujourd'hui, jusqu'à ce que la lutte pour l'indépendance soit terminée, toutes les sociétés politiques existant ou pouvant exister à l'insu et sans l'autorisation du gouvernement national provisoire, sont dissoutes; il est défendu d'employer des moyens arbitraires tels que : la nomination des chefs, l'organisation des comités ou des clubs, l'envoi des pétitions ou des adresses aux puissances étrangères, à leurs représentations nationales, ou de se charger en quoi que ce soit des attributions du gouvernement national provisoire, ainsi que de le remplacer sans son autorisation spéciale.

« Art. 2. Toutes infractions à cette décision seront considérées comme trahison envers le pays, et seront comme telles punies sévèrement.

« Art. 3. L'exécution du présent décret est confiée à toutes les autorités nationales, tant civiles que militaires.

« Varsovie, 7 avril 1863. »

(*Patrie*.)

LI.

De Varsovie, 9 avril :

Je commence mon récit par vous signaler une victoire complète remportée par les Russes sur des enfants de 10 à 12 ans, à Nowy-Ziazd, près de Varsovie. Une bande de petits garçons jouait à la guerre près du carrousel. Les uns faisaient les Russes, les autres les Polonais. Tout à coup, parut un détachement d'infanterie russe qui vint déranger leurs jeux innocents et arrêter ces petits insurgés. Le fait vous paraîtra incroyable, je pense, car dans tout autre pays on aurait dispersé ces enfants sans se servir de la force armée. Plus agiles que les troupes du tzar, les jeunes garçons échappèrent bientôt aux Moskovites et se réunirent plus loin en différents groupes.

L'infanterie russe voyant son attaque déjouée, appela les kosaks, qui chargèrent ces malheureux. Mais cette charge ne réussit pas mieux que la première; les kosaks saisirent une mère qui accourait pour sauver son enfant, et la maltraitèrent cruellement. Puis, ils restèrent maîtres du champ de bataille, ayant fait quatre prisonniers, qui furent conduits devant le conseil de guerre et qu'on relâcha après les avoir battus de verges. Le même jour, les kosaks tombèrent à coups de sabre sur une troupe d'enfants qui sortaient de l'école, et ils emportèrent un garçon de six ans qu'ils avaient grièvement blessé.

Dans le gouvernement d'Augustowo, il y a eu trois rencontres. La première de Lomza, entre le major Romotowski (Wawr), et les Russes; la seconde à Bialaczew près de Szczuczyn, où les Polonais combattirent pendant toute une journée et restèrent maîtres du champ de bataille; la troisième dans le district de Maryampol près de Kozlowa-Ruda. De plus, un combat en Podlaquie, à Zalewy, près de Iadow; un petit détachement polonais y défit une bande russe assez considérable. Nous apprenons qu'il y a eu une rencontre à Piliça, mais on n'en connaît pas encore les détails.

L'insurrection continue de s'étendre en Lithuanie. Le gouvernement russe fait défendre d'y publier les bulletins de guerre, apparemment pour que l'Europe croie qu'il n'y a pas de Polonais en Lithuanie; comme s'il fallait à l'Europe ces bulletins mensongers pour s'enquérir d'un fait qui peut être constaté par mille autres moyens.

Voici ce que nous lisons dans une lettre de Vilno, qui nous est communiquée:

« Notre terre sacrée de Samogitie, baignée du sang de nos martyrs, s'est insurgée. Ce sont les habitants des campagnes des environs de Kowno et de Poniewiez qui ont donné le signal. La contrée de Nieswiez n'a pas un seul village qui n'ait fourni des volontaires. Les Russes ont débuté par la rencontre de Podbrzezé, où ils ont été défaits et repoussés jusqu'à Kieydany.

« Dans cette rencontre, les nôtres ont fait prisonniers six soldats russes. Dans le village de Noworzecz, les Russes ont envahi la demeure d'un officier malade en retraite; ils ont tué son cuisinier à coups de baïonnettes, et les officiers qui commandaient cette horde ont à peine pu mettre à l'abri leur ancien collègue. La conduite des Moskovites est le meilleur moyen d'insurger le pays. Il y a eu une seconde rencontre à Wysokidwor, dans le district de Kowno. Après cette rencontre, les Russes en se retirant envahirent la maison du forestier (lowczy) de l'État; ils la pillèrent, l'incendièrent, tuèrent à coups de baïonnettes sa femme, et jetèrent son enfant dans les flammes de la maison incendiée. Le vicaire de l'église locale, Czechiszek, fut massacré sur la grande route par ces brigands, qui s'acharnent le plus sur les femmes, les enfants et les prêtres; après ce fait d'armes, les Russes ont garrotté le prélat Wolonczewski, évêque de Samogitie, et l'ont interné à Riga. »

Brzozowski, un des meilleurs légistes de Varsovie et conseiller d'État, a offert sa démission.

Le gouvernement national, dans une récente proclamation, accorde aux paysans « la possession des « terres qu'ils cultivaient jadis, avant l'abolition du « servage. Les propriétaires devront être indemnisés « par le Crédit foncier. Le Comité somme les paysans « de payer les redevances jusqu'au moment de « la répartition des indemnités. »

Dans toute la Pologne les paysans se rendent chez leurs propriétaires et payent régulièrement les redevances qui ont été fixées par le gouvernement insurrectionnel, sans y être forcés par aucune autre autorité. Ce fait d'un paiement volontaire de redevances, prouve l'unité de sentiment qui règne parmi toutes les classes de la société dans la Pologne insurgée.

Nous apprenons du Kaukase que l'Avarie, qui était le grenier de ces montagnards, s'est insurgée. Cette province n'avait été soumise qu'après la défaite et la prise de Schamyl, en 1859. Les Russes y introduisirent leur système mogol, qui amena l'insurrection. Le jeune khan Michtulinski commande les insurgés.

(*Patrie.*)

LII.

Nous extrayons de nos lettres de Pologne le passage suivant, relatif à la violation du territoire autrichien par la Russie :

De Krakovie, 10 avril :

Malgré les dénégations de la télégraphie de Vienne, la nouvelle que nous avons donnée au sujet de la violation de la frontière autrichienne par plusieurs détachements russes est parfaitement vraie. Samedi dernier, des prisonniers kosaques, pris en flagrant délit de brigandage dans les deux villages de Siedlcé et de Paczoltowicé, ont été amenés dans la citadelle de Krakovie. Trois d'entre eux sont arrivés par le chemin de fer de Krzeszowicé vers six heures du soir. Ils avaient été saisis par les paysans galliciens au moment où ils voulaient pénétrer dans l'église, dans une autre intention apparemment que celle d'y faire leurs dévotions de Pâques.

Hier, jeudi, on en a de nouveau amené sept de Giebultow, par le territoire de Prondnik. Ils étaient à cheval, escortés par l'infanterie, et partout salués sur leur passage par des cris d'indignation.

Enfin, aujourd'hui même, trente-deux de ces oiseaux de proie ont fait une incursion jusqu'à Mogila, à deux milles de la frontière. On en a tué plusieurs, et deux ont été amenés vivants.

On se demande, en présence de ces faits, ce que signifient les arrestations des généraux polonais Langiewicz, Kruszewski, Iezioranski, et celle plus récente du député Bentkowski, dont tout le crime est d'avoir été témoin des deux dernières victoires du corps de Langiewicz, à Chroberz et à Grochowiska; — ce que signifie l'internement de *plusieurs milliers* d'insurgés désarmés, et dont la présence en Gallicie n'a pas un seul instant compromis l'ordre et la tranquillité.

Les intrigues de M. Balabin à Vienne auraient-elles plus de succès que celles de son confrère M. de Budberg à Paris? Les agents russes, dont la Gallicie est inondée, devraient-ils jouir de plus de sécurité que les habitants eux-mêmes? Quoi qu'il en soit, nous signalons sans le commenter ce retour inattendu de la politique autrichienne, qui paralyse complétement toutes les forces de l'insurrection nationale dans les contrées voisines de la frontière gallicienne.

(*Opinion nationale.*)

LIII.

De Varsovie, 13 avril :

Le général Berg, avant de proclamer l'amnistie, a donné l'ordre à ses troupes d'incendier les maisons de ceux qui étaient allés se joindre à l'insurrection.

Le 10 avril, en faisant la revue des troupes, il leur dit : « L'empereur m'a chargé de vous saluer en son nom; il espère que vous combattrez avec l'ardeur qui convient aux soldats russes. L'empereur a ordonné de ne plus tirer sur les désarmés, mais de massacrer ceux qui vous attaqueront. »

La citadelle de Varsovie renferme en ce moment 650 personnes arrêtées; il y en a 2,000 à Modlin.

Les insurgés ont eu avec les Moskovites une heureuse rencontre en Kuiavie. Ils se sont emparés du magasin militaire russe.

Wielopolski et le grand-duc resteront à Varsovie.

Près de Wyszogrod, à Kamionka, les insurgés ont pris une caisse du gouvernement qui contenait 8,000 roubles.

Le banquier Hermann Epstein est mort au moment où on l'invitait à venir siéger dans le conseil d'État. On lui avait annoncé, peu d'instants auparavant, que son fils venait d'être condamné à mort. Celui-ci a plus tard été gracié, après avoir payé une forte rançon.

Nous venons de recevoir des détails plus précis sur le combat que Lelewel a livré aux Russes à Krasnobrod. Il avait avec lui 200 volontaires, dont 80 munis d'armes à feu, 100 de faux, avec une vingtaine de cavaliers. Averti de l'approche d'une troupe assez considérable, il fit conduire les chariots dans le fond de la forêt et posta sur la lisière les chasseurs.

A une centaine de pas dans la forêt, il plaça les faucheurs. A peine étaient-ils tous à leur poste, que l'on vit s'avancer les kosaks précédés de deux espions et d'une meute de chiens. Arrivés à une petite distance de la forêt, les kosaks qui marchaient en tête aperçurent un officier insurgé sur l'aile gauche. Ils firent feu; les insurgés répondirent par une fusillade à bout portant. La plus grande confusion se mit parmi les kosaks qui se dispersèrent bientôt en laissant le terrain jonché de cadavres. L'infanterie russe s'avança alors, et un combat meurtrier s'engagea entre elle et les faucheurs. Lelewel, voyant qu'il leur avait causé de grandes pertes, et que le nombre des Russes était de beaucoup supérieur à celui de ses soldats, fit sonner la retraite, qui s'effectua en bon ordre.

(*Patrie.*)

LIV.

Des frontières de la Podolie, 14 avril :

Les provinces ruthéniennes (Podolie, Volhynie et Kiow) n'attendent pour se soulever que le signal qui doit leur venir du gouvernement national siégeant à Varsovie; tous les préparatifs d'ailleurs sont achevés. Des communications actives sont organisées dans ces trois provinces, qui se sont soumises avec la plus entière obéissance à l'autorité du gouvernement national. Cette autorité y fonctionne comme dans un pays régulièrement constitué. Le gouvernement russe, de son côté, a organisé dans toutes les localités des bandes composées pour la plupart de soldats en retraite, de repris de justice et du rebut de la population des campagnes et des petites villes; ces bandes sont tenues prêtes à se jeter sur la noblesse pour la massacrer, dès que l'insurrection aura éclaté dans une de ces trois provinces.

Le gouvernement russe espère par là atteindre un double but : d'abord celui de se défaire en masse des propriétaires fonciers et de la petite noblesse, et ensuite de faire accroire à l'Europe que cette jacquerie a été provoquée par un sentiment de patriotique attachement à la Russie des populations rurales, qu'elle prétendra alors n'avoir pu ni prévenir ni arrêter assez vite. Les populations des campagnes gardent une attitude impénétrable; l'incertitude sur la spontanéité du mouvement, la crainte des vengeances que le gouvernement russe ne manquerait pas d'exercer si, pour le malheur de l'humanité, il devait triompher cette fois encore, imposent à ces populations une prudence extrême, en comprimant des manifestations qu'à juste titre elles envisagent encore comme prématurées.

Il n'en est pas moins avéré que, dans leurs convictions, la domination polonaise leur apparaît comme la seule légitime, la seule nationale. La domination russe tout au contraire n'est envisagée par elles que comme une conquête illégitime et devant nécessairement un jour avoir une fin. A l'appui de cette assertion, il n'y a pas de preuve plus convaincante à citer que la dénomination donnée par le peuple de ces provinces à tout Russe proprement dit, qui n'est jamais désigné que par le surnom de *Moskal* (moskovite), surnom indiquant bien qu'il est étranger dans le pays et exprimant toute la haine qu'il y inspire. Le gouvernement russe met tout en œuvre pour tromper l'Europe sur la situation véritable de ces provinces; il tient à elles plus qu'à tout autre partie de sa frauduleuse conquête sur la Pologne: d'abord parce que ces provinces sont les plus fertiles de l'empire, ensuite parce qu'elles ouvrent à la Russie le chemin de Constantinople. En les perdant, la Russie devra, à tout jamais, abandonner son rêve le plus cher; aussi est-il à prévoir qu'elle ne reculera devant aucune extrémité pour s'en assurer la conservation, dût-elle perdre le reste de ses possessions polonaises.

Les massacres qu'elle est prête à faire exécuter lui paraissent un moyen sûr pour y consolider sa domination; aussi les propriétaires les plus aisés envoient-ils dans les villes leurs femmes et leurs enfants, espérant ainsi les soustraire au couteau des assassins. Les familles qui n'ont pu quitter encore leurs habitations de campagne sont soumises à de fréquentes visites domiciliaires et à des chicanes sans fin de la part de la police russe. Il y a eu récemment une visite domiciliaire exécutée avec une brutalité inouïe dans la maison d'un riche propriétaire, M. Népomucène Zbyszewski. Les arrestations y sont fréquentes, et pour la plupart sans aucun motif plausible; car il n'y a pas de distinction dans le degré d'exécration que l'on porte à ce gouvernement, comme il n'y a pas de distinction dans le degré de culpabilité.

Toute la nation est également coupable au point de vue russe, comme elle est innocente au point de vue de l'humanité, de la justice, de la conscience publique des peuples, outrées par cette iniquité que l'on nomme encore la domination russe en Pologne.

Parmi les récentes arrestations, il faut citer celle du comte Victor Podoski, vieillard de soixante-dix ans, et qui a été commise dans des conditions d'une barbarie toute moskovite. Telle est l'intolérable situation des provinces ruthéniennes.

(*Patrie.*)

LV.

De Varsovie, 15 avril:

Tout le monde a oublié l'amnistie, et surtout le gouvernement. Ses kosaks et ses agents de police n'ont pas changé de conduite; ils continuent à dévaliser les voyageurs sur les grandes routes. On n'a relâché personne des prisons; les patrouilles parcourent la ville en plus grand nombre, et le sang coule plus abondamment sur les champs de bataille. Hier, des coups de feu ont été entendus à la distance d'un mille de Varsovie. Nous ne connaissons pas encore les détails du combat.

Le 12 avril, à 5 heures après-midi, le cordonnier Zieleniewski, ancien soldat en retraite, se promenait avec sa femme et son fils en bas âge, près des casernes russes, dans la rue Gensia; il fut saisi par les soldats au moyen d'une corde à nœud coulant, qui l'enlevant de terre, le porta jusqu'au second étage. Ce ne fut qu'en se cramponnant à la corde avec ses bras qu'il sauva sa vie, car il aurait été étranglé.

Aux cris que poussa sa femme, les officiers accoururent et le firent mettre à terre. Mais on le garrotta et on le tint prisonnier jusqu'à dix heures du soir, pour le forcer à donner sa parole qu'il n'irait pas porter plainte contre ce jeu innocent du soldat moskovite en garnison à Varsovie. Pour mieux faire sentir la portée de l'amnistie, les soldats qui se promènent dans les rues s'amusent à donner des coups de crosse aux passants, comme je l'ai vu de mes propres yeux dans la rue au Miel (*Miodowa*).

A Golendzin, à deux werstes (2 kilomètres) de Praga, faubourg de Varsovie, une patrouille de kosaks a été assaillie le 12 avril par les insurgés et taillée en pièces.

A Saliçow, dans la contrée de Siéwierz, ancien palatinat de Krakovie, sur la frontière de Prusse, des paysans sont allés chasser des cerfs qui, de temps en temps, sortaient des forêts voisines et venaient faire des dégâts sur leurs champs. Des soldats prussiens stationnés près de la frontière, en les apercevant, franchirent la frontière et, les prenant pour des insurgés, se mirent à faire feu sur les villageois. L'un d'eux, père de famille, fut atteint de deux balles en pleine poitrine, et les soldats prussiens foulèrent à coups de pieds le blessé.

Le *soltys* (ancien) du lieu a fait son rapport au maire sur la violation de la frontière et le meurtre commis le 10 avril. Le résultat sera probablement celui de toutes les autres réclamations de ce genre.

L'amnistie n'empêche nullement l'exécution de l'oukase relatif aux confiscations et au séquestre; M. Enoch, ministre secrétaire d'État, vient de dresser un programme sur la mise en vigueur de l'oukase dans le royaume de Pologne.

(*Patrie.*)

LVI.

On nous transmet une ordonnance rendue par le gouverneur général de la Gallicie, à la date du 6 avril.

Voici ce document, dont notre correspondant garantit l'authenticité, et qui a été adressé aux chefs des districts voisins de la frontière polonaise:

De la lieutenance impériale à Léopol, N° 662.

Comme le passage d'hommes et les transports d'armes dans le royaume de Pologne ne cessent d'avoir lieu, dans le dessein de secourir l'insurrection, je ne saurais vous recommander assez sévèrement d'employer tous les moyens dont vous pouvez disposer pour mettre un terme à cette alarmante agitation.

Dans ce but, des gardes locales doivent partout être établies, et des ordres donnés aux autorités dans chaque village pour faire annoncer sans aucun délai aux chefs des districts tout passage ou toute affluence d'étrangers, en quelque lieu que ce soit. Les chefs des districts ont donc à faire saisir, également sans aucun délai, *toutes* les personnes susmentionnées, soit durant leur trajet, soit dans leurs points de réunion.

Dans les localités où les autorités n'ont aucune assistance à leur service, les paysans, sous une intelligente direction, pourront être employés à cet effet.

Pourvu que les autorités procèdent avec intelligence et avec zèle à l'exécution de cette ordonnance, tous les efforts de secourir l'insurrection doivent désormais rester sans aucun résultat.

Léopol, le 6 avril 1863.

MENSDORFF-POUILLY.

(*Patrie*.)

LVII.

De Krakovie, 17 avril :

La feuille semi-officielle de Vienne, *General Korrespondenz*, donne les détails suivants sur l'insurrection lithuanienne :

« Dans le gouvernement de Vilno, le district de Lida fut le premier qui arbora l'étendard de l'insurrection ; aussitôt toute la force russe disponible se jeta sur ce point. Les insurgés se retirèrent dans d'autres contrées, et les troupes, après avoir enlevé plus de cinquante propriétaires et prêtres du district, pillèrent et détruisirent leurs habitations. Tel fut le sort de la famille Narbutt, dont le chef, vieillard presque octogénaire, est un des plus célèbres historiens de la Lithuanie, et dont les deux fils ont rejoint l'insurrection. Ce nom exerce un tel prestige sur leurs compatriotes, que le gouverneur civil et militaire Nazimoff mit la tête de l'aîné au prix de plusieurs milliers de roubles.

« Après l'insurrection de Lida, éclata celle de Swienciany et d'Oszmiana, où les marécages et les profondes forêts sont très-favorables à une guerre de partisans. C'est dans cette dernière localité qu'eut lieu le massacre de 1831. Des groupes d'insurgés font fréquemment des sorties jusqu'aux environs de Vilno.

« Dans le district de Swienciany, les arrestations sont à l'ordre du jour. La Samogitie et le gouvernement de Kowno sont devenus le théâtre de la lutte actuelle. Le voisinage du royaume et celui de la mer y offrent de plus grandes ressources aux insurgés que partout ailleurs.

« Bien que Vilno soit toute remplie de soldats, cette ville fournit chaque jour de nouveaux volontaires. Les jeunes gens saisis par la police ou les soldats sont enfermés dans le couvent des dominicains, faute de place dans la citadelle. Des femmes en grand nombre y sont également incarcérées. Si les paysans de la Samogitie montrent plus de zèle que ceux de Vilno, il faut l'attribuer, non pas à la sympathie de ces derniers pour le gouvernement russe, mais à la conduite de ses agents, qui ne reculent devant aucun moyen pour les détourner de l'insurrection. On vient de leur envoyer cent mille abécédaires schismatiques, qu'on leur distribue gratuitement. Le directeur des écoles a, en outre, reçu de Saint-Pétersbourg l'autorisation de fermer au besoin les collèges et les gymnases, et d'employer les fonds à l'établissement des écoles communales ; évidemment dans le but d'y faire élever les enfants dans la foi schismatique.

« Le haut clergé lithuanien, terrifié par les menaces de la Russie, montre moins de ferveur que celui du royaume ou de la Samogitie. Cependant il a fourni déjà de nombreuses victimes au fanatisme moskovite. Ainsi le vicaire Szepielowski, après avoir été torturé dans son cachot, a été envoyé aux mines de Sibérie. On avait en vain demandé au consistoire de Vilno de lui ôter la prêtrise. La même demande a été faite à l'évêque Krasinski au sujet du vicaire Korzeniowski, condamné à douze ans de travaux forcés dans les mines. Cet évêque, malade et d'un caractère très-faible, n'a osé ni refuser ni admettre la demande de Nazimoff, et pour toute réponse s'est retourné sur son lit de douleur. »

Heureusement ces exemples de faiblesse sont rares dans notre clergé, assurément le plus national, le plus populaire qui existe. A l'appui de cette affirmation, nous citerons la pièce officielle suivante, adressée à l'administrateur du diocèse de Kielcé (ancien palatinat de Krakovie), à la date du 25 mars dernier :

A Son Émin. Maïerczak, évêque de Jéricho, administrateur du diocèse de Krakovie, les blessés de l'armée nationale dans le combat de Szancé.

Les soussignés, ayant pris les armes pour la défense des droits les plus sacrés de la nation polonaise, dans la persuasion qu'ils avaient affaire à une armée régulière, représentant la force d'un peuple ennemi, mais comptant encore parmi les nations européennes, croyaient que cette armée, ayant pour chef S. A. I. le tzarewitch Constantin, respecterait au moins les droits extrêmes de l'humanité, d'autant plus que les feuilles officielles du royaume avaient publié :

« Que les devoirs religieux ou les soins de l'art médical portés aux blessés étant pour les prêtres et les médecins l'accomplissement d'une mission, sont autorisés par le gouvernement... »

Cependant, le 19 mars dernier, un ecclésiastique de l'Observance, le P. Antoine Maïewski, sur la nouvelle d'un combat engagé entre un détachement de l'armée nationale commandé par le dictateur Langiewicz en personne, et l'armée russe sous les ordres du tzarewitch-lieutenant du royaume, accourut du couvent de Stobniça sur le champ de bataille, afin de porter les secours de la religion aux blessés de notre armée, ainsi qu'aux catholiques pouvant se trouver dans l'armée russe; et pour montrer qu'il n'appartenait nullement aux deux camps opposés, vêtu du surplis et de l'étole, il ne cessa de prodiguer ses soins aux blessés et aux mourants, en leur administrant les sacrements au plus fort du combat.

Une heure après la lutte terminée, ce même religieux, au moment où il confessait un insurgé blessé, fut tué par les soldats russes à coups de fusil et de lances, dépouillé par eux de ses vêtements, de sa chaussure, et laissé sur le lieu même de son martyre. En admirant le sublime dévouement et la mort héroïque de ce saint homme, nous croyons qu'il aura plu à Dieu de grossir de sa personne le nombre des martyrs de cet ordre, assassinés dans l'exercice de leurs devoirs sacrés, et dont plusieurs, déjà martyrisés par les païens du Japon, ont été rangés par le Saint-Siége parmi les élus du Seigneur et les gloires de notre Église catholique.

C'est pourquoi, ignorant le terme de notre lutte de désespoir, et croyant que, selon les paroles de l'Apôtre : « Celui qui meurt avec Jésus-Christ doit vivre avec lui, » nous nous adressons à Votre Éminence comme pasteur de ce diocèse, en la priant de représenter aux chefs de ces soldats russes, et au tzarewitch-lieutenant du royaume, que, puisque les incendies, le massacre des nobles et même des paisibles habitants ne prenant aucune part au combat, semblent être la règle habituelle de cette armée barbare, il soit au moins permis aux prêtres de préparer à la mort ceux d'entre nous qui tombent en défendant la patrie! Car aujourd'hui, témoins du martyre de ce digne religieux, après la publication par les feuilles officielles du décret du grand-duc, il y a un mois à peine, nous ne pouvons admettre que ce décret soit parvenu à la connaissance de ses troupes, renommées pour leur ancienne discipline, et nous y voyons plutôt une pièce mensongère fabriquée par les journaux du gouvernement.

Si pourtant Votre Éminence ne pouvait l'obtenir d'une personne se trouvant, comme schismatique, dans l'impossibilité de comprendre ce que sont les secours spirituels pour un soldat de notre religion, — la sagesse du Saint-Siége, dans la prévision du danger qui peut résulter pour notre foi d'une situation pareille à celle du royaume, ayant défendu de reconnaître et de recevoir un prince dissident comme roi de Pologne, par une bulle papale conçue dans les termes suivants : « *Quod tam in præsens quam in futurum nemo unquam agnoscatur in regem Poloniæ nisi fuerit vere catholicus* » (Bulle de Sixte V, *Pastoralis nostra sollicitudo*); — dans ce cas, nous supplions Votre Éminence, et comme catholiques nous l'invoquons en notre nom et au nom de nos frères combattant ou devant combattre, de porter, par la voie qui lui semblera la plus convenable, nos vœux à Sa Sainteté, certains qu'elle daignera les agréer, et qu'elle intercédera pour nous auprès du gouvernement russe, afin d'obtenir que les desservants des autels, en accomplissant auprès des fidèles mourants ou blessés les plus saints devoirs de notre religion, ne soient plus exposés à être massacrés comme le père Antoine Maïewski, et conséquemment que nos soldats et les siens ne soient pas privés des consolations suprêmes et divines de la religion chrétienne.

(*Suivent les signatures.*)

Le 25 mars 1863.

Nous pensons que cette prière a été entendue, et qu'elle n'est peut-être pas étrangère aux deux lettres adressées par le Pape à Napoléon III et à François-Joseph sur les affaires de Pologne. Le sang du digne aumônier de Stobniça n'aura pas coulé en vain sur le champ de bataille de Szancé.

(*Patrie.*)

LVIII.

Un de nos correspondants de Varsovie nous transmet la traduction de la lettre suivante qu'un officier moskovite, envoyé en Prusse pour s'y concerter avec les autorités locales, adressait, le 15 avril, au général russe Semeka :

EXCELLENCE,

Après avoir parcouru mon arrondissement, je viens d'arriver dans la ville prussienne de Willenberg, située en face de Chorzelé, à une distance de deux lieues.

Je vous écris pour rectifier les rumeurs qui circulent et pour vous transmettre, mon général, les nouvelles que j'ai pu recueillir dans les environs de Mlawa. Tous les officiers et le commandant militaire de l'endroit, le major des lanciers von Neumark, assurent que les insurgés occupent les forêts depuis la ville de Myszyniec jusqu'au village de Surowa, dans une étendue d'environ 20 kilomètres. Ils allument leurs bivouacs sur la frontière même; sans la moindre crainte ils entonnent leurs chants patriotiques et exercent leurs recrues.

J'ai donc l'honneur, comme connaissant la localité, de soumettre à Votre Excellence le projet suivant pour anéantir ces bandes :

Une première colonne devra sortir de Wincenty; et dès que vous m'en aurez informé par une dépêche télégraphique portant ces deux mots : « Agissez tel jour, » j'enverrai les gardes-frontières au nombre de 200 au moins, et je prierai en votre nom le commandant militaire de Lomza d'occuper l'espace qui sépare Kempa de Nowogrod pour empêcher les insurgés de passer la Narew.

Une seconde colonne doit les attaquer en se dirigeant d'Ostrolenka vers Myszyniec; là, elle se joindrait aux gardes-frontières et aurait pour mission de rejeter les insurgés sur le territoire prussien.

Une troisième colonne, débouchant de Prasnysz, occupera le pont sur l'Omulew, la seule retraite des insurgés au cas où on les poursuivrait du côté de Myszyniec. Je m'engage en même temps à faire avertir les Prussiens, afin qu'ils puissent, comme ils me l'ont spontanément promis, envoyer leurs troupes sur la frontière.

Maintenant, il ne reste plus que la question de savoir comment ce plan peut s'exécuter.

Je crois que le mieux serait d'envoyer l'ordre à Prasnysz, qui est à 30 ou 40 kilomètres du pont de l'Omulew, d'occuper ce pont à l'instant convenu, ce dont je vous serais reconnaissant de m'informer catégoriquement par le télégraphe, en m'indiquant la personne avec laquelle je dois m'aboucher à Ostrolenka. Je ferai venir cette personne à Lomza, et je lui communiquerai ce projet, ainsi que vos ordres sur ce qu'il y aura à faire. Je vous prierai d'en faire mention dans la dépêche, et d'en transmettre la nouvelle aux autorités prussiennes.

Vous savez peut-être, mon général, que la 6e compagnie des gardes-frontières est postée sur le parcours de Myszyniec à Mlawa. Mais comme cette contrée, couverte de forêts, et les petites villes des alentours fourmillent d'insurgés, une partie de la 6e compagnie campe près de la ville frontière de Peplowka, tandis que l'autre se trouve à la douane de Wincenty. Dans cette position, au milieu d'un pays découvert, cette compagnie n'est d'aucune utilité. J'ai donc l'honneur de vous prier humblement de faire occuper la ville de Chorzelé par deux compagnies de la garnison de Prasnysz, qui en compte huit. Je viendrai aussitôt renforcer ce détachement avec la 6e compagnie, composée d'environ 100 cavaliers et 120 fantassins. Ces forces seront suffisantes pour harceler les insurgés à l'aide de colonnes volantes et pour contenir les petites villes.

J'ai l'espoir que vous ne répondrez pas par un refus à ma prière, et qu'en exécutant ce plan vous ferez avertir le major Lysienko, commandant la 6e compagnie, pour qu'il puisse en même temps que les 2 compagnies du régiment de Nowogrod, entrer dans la ville de Chorzelé, où l'effervescence des esprits est à son comble.

Ne pourrait-on pas signaler le capitaine d'état-major Klimontowitch comme officier de mérite, en le proposant pour la décoration ?

Tout à vous, etc.

L'original de cette lettre, interceptée par les insurgés polonais, nous a été communiqué.

(Patrie.)

LIX.

On nous communique une lettre de l'évêque Maïerczak, administrateur du diocèse de Kielcé, à l'archevêque de Varsovie Félinski, sur la profanation des églises à Miechow, et sur l'impossibilité pour les prêtres d'y accomplir les devoirs religieux.

Une requête conçue dans le même sens avait été adressée au gouvernement; mais il est presque inutile de dire qu'elle est restée sans réponse.

A Son Éminence J. X. Félinski, archevêque-métropolitain de Varsovie, l'évêque administrateur vicaire apostolique du diocèse de Kielcé (ancien palatinat de Krakovie), N° 466.

Je crois indispensable d'informer Votre Éminence que, le 28 février dernier (n° 328), j'ai porté à la connaissance du chef du gouvernement civil du royaume, marquis Wielopolski, et de la commission des cultes et de l'instruction publique, en implorant la protection des lois, les faits déplorables que voici :

1° Après l'incendie de la ville de Miechow, le 17 février et les jours suivants, lorsque le combat avait cessé sur tous les points, il a été impossible aux desservants de dire l'office divin à cause des menaces et des violences des soldats, bien que l'ouverture de l'église eût été réclamée par les fidèles.

2° Le 24 du même mois, après le combat et l'incendie de Malogoszcz, un détachement de troupes assaillit le presbytère de la ville, et y ayant trouvé un vieillard de soixante-treize ans, le prêtre Stanislas Michalski, résidant, comme émérite, auprès de l'église paroissiale, lui porta quatre blessures, dont il mourut le 26 du mois. Le presbytère a été dévasté, et les bâtiments adjacents brûlés avec l'inventaire et le bétail.

Le 24 de ce mois (n° 447), j'ai fait savoir au gouverneur civil et au chef militaire de Radom, pour en exiger l'exécution des lois, les tristes détails que voici :

3° Après la rencontre de Miechow entre les troupes et les insurgés, il était défendu au clergé de procéder aux funérailles des Polonais; les soldats russes, après avoir pris quartier dans la demeure du curé et des vicaires, les ont dépouillés de tout leur avoir, ont établi leur camp sur le cimetière au pourtour de l'église, ont profané ce lieu saint par des amas d'immondices, et en l'investissant ainsi de tous côtés, en ont rendu l'accès impossible au peuple qui venait y recevoir les sacrements. Il est devenu d'autant plus difficile au curé d'accomplir ses fonctions religieuses dans une paroisse de six mille âmes, que n'ayant plus d'asile pour lui et ses vicaires, privé de ses deux domestiques, dont l'un a été tué et l'autre grièvement blessé, spolié de tout son bien, il n'a pas même de quoi faire face aux nécessités les plus pressantes de la vie, et ne peut suffire au service des blessés à l'hôpital et dans sa paroisse.

4° Enfin, le 18 mars, j'ai porté à S. A. I. le grand-duc Constantin, lieutenant du royaume, une intercession en faveur des prêtres Çwiklinski, Bierunski et Wronski enlevés à ce diocèse, en lui demandant leur mise en liberté; mais Son Altesse impériale n'a daigné répondre à aucune de mes instances et pétitions.

MATHIAS MAÏERCZAK, évêque.

Kielcé, le 27 mars 1863.
(*Patrie*.)

LX.

De Krakovie, 28 avril :

Tandis que l'Europe officielle se flatte encore de pouvoir obtenir de la Russie de chimériques concessions, les deux parties belligérantes comprennent seules que chaque jour de combat élargit l'abîme qui les sépare, que l'avalanche des notes diplomatiques, des oukases, des manifestes et des amnisties sur le papier, est désormais impuissante à le combler. Les Polonais et les Russes se connaissent mutuellement; ils savent que c'est entre eux une guerre à mort; que la Russie victorieuse dominera la Pologne pour un temps déterminé, ou, vaincue, cessera d'être une puissance européenne et s'en retournera en Asie. C'est pourquoi, malgré la prévision d'une action armée de l'Europe, les uns et les autres se préparent à une lutte acharnée, et n'attachent que peu d'importance aux timides paroles de la diplomatie, comme s'il n'avait jamais été question de traités, de congrès, de lettres autographes ou d'entrevues personnelles. Nous en avons une preuve dans les adresses ordonnées à la noblesse et à la bourgeoisie des sept gouvernements de la Russie proprement dite.

Une conséquence immédiate de ces adresses, proclamant l'intégrité du territoire moskovite, a été la levée en masse du peuple ordonnée dans ces mêmes gouvernements. Ces mesures extrêmes ont une double signification : c'est d'abord que la Russie conteste à l'Europe le droit de réclamer contre la condition des possessions polonaises incorporées à l'empire par les deux premiers partages; en second lieu qu'aujourd'hui comme en 1812, le gouvernement russe veut imprimer à la guerre en Pologne le caractère d'une guerre de religion et de nationalité. Cette tendance se manifestait déjà dans l'adresse des nobles de Saint-Pétersbourg, ainsi que dans la réponse du tzar à cette adresse, dans lesquelles la Russie était qualifiée de *sainte*. Cette sainteté fort douteuse d'un État barbare, et ne pouvant quitter, malgré tous ses efforts de rénovation, l'antique ornière de l'esclavage, contient un aveu implicite de sa faiblesse.

Après trois mois de lutte avec des insurgés, presque des enfants, privés de tout moyen de communication avec le reste de l'Europe, la Russie en est réduite à appeler sous les armes le peuple des campagnes en le fanatisant par la menace d'une invasion et par la promesse du pillage.

On s'est bien gardé toutefois d'ordonner la levée dans les provinces conquises, bien que ces provinces fussent considérées par le gouvernement comme irrévocablement liées à l'État moskovite, que ses historiens, ses publicistes et ses espions ne cessassent de démontrer l'identité de la Lithuanie et de la Ruthénie avec l'empire de toutes les Russies, nom frauduleux, de création moderne, et qui n'est qu'une désignation politique. Le peuple de ces deux provinces s'est levé, il est vrai; mais il s'est levé pour l'expulsion des hordes russes, de leur langue, de leurs popes et de leur administration. On verra donc bientôt se dresser l'un contre l'autre, non pas deux armées, mais deux peuples, comme dans ces époques néfastes où les incursions mogoles et tatares inondaient la Pologne et la Lithuanie, qui ne forment qu'une même nation depuis le XIVe siècle. Cette levée en masse, au lieu d'éteindre l'insurrection, ne peut-elle pas la propager au delà de nos frontières? Notre peuple, en voyant affluer vers lui les mougiks de Moskou, ne les regardera-t-il pas comme les futurs colons de ses campagnes, et devant les repeupler après l'extermination des premiers habitants? Ne se lèvera-t-il pas en masse pour la défense de ses foyers?

Il peut donc en résulter une guerre, non pas entre des armées régulières comme toutes les précédentes, non pas une guerre d'insurgés comme celle d'aujourd'hui, mais une guerre de peuple à peuple, embrassant des espaces immenses et des générations entières. L'Europe ne se doute même pas quels terribles ressorts la Russie vient de mettre en jeu pour étouffer l'insurrection polonaise; elle ne pressent pas le danger qui la menace, et délibère sur telle ou telle expression plus douce ou plus énergique à employer dans ses remontrances au cabinet de Saint-Pétersbourg. Cette correspondance diplomatique vient fort à point à la Russie, car elle lui permet de *se recueillir*, tout en se préparant à une guerre à outrance sans offenser l'Europe, et sans rejeter de prime abord ses représentations en faveur de la Pologne.

(*Patrie*.)

LXI.

De Posen, 15 avril :

Malgré les lois prussiennes, qui n'admettent dans aucun cas la peine de la confiscation, le tribunal du district de Gniezno (*Gnesen*) vient de prononcer le sequestre des biens du comte Joseph Krasiçki, du village de Karszen, près de Witkow, sur la simple prévention de favoriser l'insurrection polonaise. M. Krasiçki avait d'abord été arrêté dans sa maison le jour même de l'expédition de Mieczownica, et un procès de haute trahison (*Staatsverrath*) contre la Prusse lui a été intenté par la justice locale. Peu après, il a été enjoint à la direction de la société du Crédit foncier de Posen d'avoir à mettre le séquestre sur les propriétés du délinquant. Il est à présumer que cette direction, dans laquelle se trouvent des patriotes tels que MM. Marcellin Zoltowski et Joseph Morawski, ne se pressera pas d'obéir à cet ordre illégal et barbare, jusqu'à ce que la sentence du tribunal de Gniezno ait été rendue.

Le président Schwede et les juges du district, Schmauch et Rohr, procèdent à l'instruction des accusés dans l'affaire de Mieczownica ainsi que des personnes *suspectes* d'avoir pris part à cette expédition.

Malgré ces mesures de rigueur, l'insurrection dans le palatinat de Kalisz prend des proportions toujours plus grandes. Sans en exagérer l'importance, je puis vous certifier que l'effectif de tous les détachements entre Kalisz, Warta, la Prosna et le lac de Goplo peut être évalué à 8,000 hommes armés, il est vrai, selon l'exiguïté de nos moyens. D'après ce nombre, il est évident que ces détachements sont composés en majeure partie de paysans, dont l'ardeur est au-dessus de toute expression, surtout dans nos districts limitrophes. Ils vont dans le royaume se joindre aux insurgés, comme ils iraient à une fête patronale.

Le général-prince Wittgenstein vient de quitter Konin et de passer par le territoire prussien, on ne sait pour quelle destination; le major Nelidoff le remplace dans le commandement des troupes.

En un mot, si tout le pays fait ce que le palatinat de Kalisz a pu faire en quatre jours seulement, le règne du tzarisme en Pologne est à jamais terminé!

(*Patrie*.)

LXII.

De Varsovie, 19 avril :

Le général Berg vient, assure-t-on, de recevoir l'ordre secret de mettre tout le pays à feu et à sang, à commencer par le sac de Varsovie, s'il ne parvient pas à étouffer l'insurrection au 13 mai. Voilà une réponse claire et décisive aux trois notes diplomatiques de la France, de la Grande-Bretagne et de l'Autriche. Si la Russie a su brûler Moskou, elle n'aura aucun scrupule d'incendier et de piller Varsovie.

Nous recevons de toutes parts des nouvelles du champ de bataille et des excès commis par les Russes. En Kuiavie, où les paysans étaient, dans les premiers moments, contraires à l'insurrection, on les voit accourir en demandant des armes, qui manquent malheureusement dans beaucoup de contrées; la moitié du corps de Seyfrid, formé de 800 hommes, est composée de paysans. Seyfrid, comme vous ne l'ignorez pas sans doute, a remporté, le 10 avril, une victoire complète sur le prince Wittgenstein, qui avait 1,000 soldats et 2 canons.

Un détachement dans les environs de Sieradz, composé de 250 hommes sous le commandement d'Urbanowicz, a livré aux Russes plusieurs combats heureux.

Dans le palatinat de Sandomir il y a les 5 détachements de Czachowski, Krysinski, Kononowicz, Lopacki, Wierzbinski et en outre trois petites bandes.

Dans le palatinat d'Augustowo, outre les deux grands détachements du colonel Andruszkiewicz, il y a plusieurs partis d'insurgés.

Il y a encore plusieurs détachements dans les environs de Varsovie, dans le palatinat de Plock, dans la Podlaquie et dans le palatinat de Lublin.

En Lithuanie, dans le district de Kowno, un détachement de 800 insurgés a engagé avec les Russes, le 13 avril, un combat entre Lenczé et Szuszwa; les Russes ont perdu 30 soldats, les nôtres 3.

En Samogitie, le 8 avril, 400 insurgés ont combattu contre trois colonnes russes. Les pertes des deux côtés sont de 40 hommes. Les paysans se présentent en grand nombre dans le camp des insurgés; un seul village de cent maisons a fourni 250 volontaires.

Dans le gouvernement de Mohilew, les citoyens ont consigné ce qui suit dans un procès-verbal :

« La noblesse du gouvernement de Mohilew, s'étant réunie pour délibérer sur les nécessités du pays, a annoté les remarques suivantes :

« Les citoyens de notre gouvernement sont exposés à toutes les persécutions politiques; les arrestations sont continuelles, de même que les bannissements dans les contrées lointaines de la Russie. Ils n'ont aucune défense ni protection devant le pouvoir arbitraire qui les opprime. On persécute pour leurs sentiments et leurs désirs les habitants d'une province qui a été longtemps unie à la Pologne, et a partagé son sort. Ces persécutions sont arrivées au point que les agents du pouvoir gouvernemental s'efforcent de miner l'ordre social en semant la discorde entre les paysans et les propriétaires. Étant dans une pareille situation, nous ne pouvons plus délibérer que sur les désespérantes circonstances dans lesquelles se trouve notre province.

« Puisque nos délibérations, pour remédier à ces circonstances, dans les gouvernements habités par un peuple d'origine ruthène, ont été infructueuses et n'ont servi qu'à attirer des malheurs et des calamités de la part du gouvernement russe; eu égard à ces circonstances et au manque de sûreté personnelle, les citoyens du gouvernement de Mohilew ont jugé à propos de clore leurs délibérations, en signalant la situation désespérée dans laquelle se trouve le pays. »

Cette proclamation nous prouve que toute l'ancienne Pologne est animée des mêmes sentiments.

(*Patrie*.)

LXIII.

De Krakovie, 29 avril :

A une lieue du village de Kosymin, palatinat de Plock et district de Mlawa, stationnait un détachement de 100 hommes réunis par Séverin Siemienski, fils unique du poëte et du rédacteur littéraire du *Czas* de Krakovie, M. Lucien Siemienski, l'un des hommes les plus éclairés de cette ville d'artistes et de savants. Le jeune Séverin, ce héros de dix-huit ans, à peine guéri d'une blessure qu'il avait reçue à Radzanowo, et qui l'avait traversé de part en part, avait réuni dans les châteaux voisins ce petit groupe d'insurgés, presque tous jeunes comme lui, et avait déjà livré quelques brillantes escarmouches.

Il se trouvait à ce moment avec ses deux camarades, Wilkowski et Oyrzanowski, dans le château de Kosymin, pour y prendre quelque repos, après plusieurs jours de combats. Un colon allemand avertit de leur présence les kosaks stationnant dans les environs; ceux-ci se hâtèrent d'assaillir le château. Siemienski et ses deux frères d'armes, sans avoir eu le temps de s'habiller, saisirent leurs revolvers et se présentèrent sur le seuil. Exercés au tir, ils tuèrent plusieurs assaillants; mais, après une longue résistance, les cartouches étant épuisées, ils refusèrent de se rendre et furent massacrés sur place.

Bien entendu, le château avec tout ce qu'il contenait, devint la proie des Russes. Après quoi, les kosaks voulurent se jeter sur le camp des insurgés, privés de leur chef; mais ceux-ci n'acceptèrent point le combat, et se retirèrent dans les forêts.

Ce tragique événement eut lieu le 18 de ce mois. Séverin Siemienski est généralement regretté, autant pour son bouillant courage, qualité commune à nos jeunes gens, que pour les hautes espérances qu'il donnait à sa famille et à ses amis. Nous l'avons vu nous-même, à la première nouvelle de l'insurrection, quitter Paris, où il occupait une place avantageuse dans la bibliothèque de l'école polonaise de Batignolles; et les ressources lui ayant manqué à mi-chemin, il fit le reste de la route à pied. Son père Lucien, en recevant la nouvelle de sa mort, tomba à genoux et remercia le ciel d'avoir donné à son fils unique cette mort glorieuse, aspiration suprême de tout Polonais combattant pour l'indépendance de sa patrie.

Le sang de cet enfant rachète bien des fautes et des hésitations; c'était une âme fortement trempée et d'une maturité précoce, comme celle de cet autre héros, Étienne Bobrowski, tué dans un malheureux duel près de Rawicz. Les résultats de ce duel, dont nous donnerons les détails dans une prochaine correspondance, sont l'objet des plus amers regrets chez nous comme à Varsovie. On se dit avec raison que ce n'est pas aujourd'hui le temps de vider par les armes les différends particuliers. Bobrowski était un des délégués les plus actifs du gouvernement national; son courage, sa présence d'esprit, ses talents politiques autant que son dévouement sans bornes à la cause de l'insurrection, lui avaient conquis en peu de temps l'estime et l'admiration générales.

Son successeur au commandement de la ville de Varsovie, Titus Zienkowicz, a rendu une ordonnance par laquelle, en vertu du décret du gouvernement national, en date du 9 avril, il relève les habitants de tout payement d'impôts établis par le gouvernement russe, qui cessent d'être obligatoires depuis la date précitée; il défend, en outre, de prendre part, soit personnellement, soit par fondés de pouvoirs, à toute vente publique ordonnée par ce gouvernement en exécution des impôts; enfin il interdit tout achat des objets volés ou arrachés de force par les soldats russos, pour ne pas leur faciliter les moyens de vendre les dépouilles saisies, pour la plupart, sur les prisonniers de guerre massacrés, comme cela a eu lieu tout récemment au carnage de Wola, où cinquante blessés sur soixante-douze combattants ont été achevés par ces barbares.

Les arrestations sont de plus en plus fréquentes à Varsovie. Les restaurants, les rues et les églises sont les théâtres ordinaires de ces exploits, accomplis sans aucuns motifs, sans provocation, sur le simple vouloir d'un espion ou d'un soldat. C'est une proscription permanente qui date du 17 février et qui se poursuit sans relâche. Nous avons sous les yeux une longue liste de ces proscrits, dont la plupart ne reverront sans doute jamais leur patrie, à moins que l'insurrection ne parvienne jusqu'aux confins du Kamtchatka. Une autre liste donne les noms des tués et des blessés au combat de Buda-Zaborowska. On y trouve, entre autres, le nom du jardinier Jean Kaminski, de Macierzyszé, qui vendit chèrement sa vie en tuant dix soldats moskovites à coups de faux, et celui de l'intrépide commandant du détachement, Valentin Remiszewski, qui tomba couvert de dix-sept blessures, et dont nous avons raconté la mort dans une précédente correspondance (non publiée). Un des cadavres, dont le visage avait été lacéré de blessures, n'a pas été reconnu; on croit pourtant que c'était M. Edmond Durszynski, membre de la commission de l'intérieur de Varsovie.

En Kuiavie, dans le palatinat de Kalisz, comme dans celui de Podlaquie, l'insurrection augmente journellement. Il ne manque partout que des armes, des armes qui nous suffiraient pour tenir tête aux hordes moskovites, et même pour nous en débarrasser à tout jamais!

(*Patrie.*)

LXIV.

Mai 1863.

De Krakovie, 10 mai :

Les populations polonaises et lithuaniennes sont généralement convaincues qu'après le 13 mai, terme fixé pour la soumission des *rebelles*, il y aura une recrudescence terrible dans les persécutions, les massacres et les incendies.

On dit que le gouvernement est dans l'intention de mettre le feu aux forêts contiguës au chemin de fer dans le palatinat d'Augustowo, afin d'ôter aux insurgés la possibilité de s'y maintenir. Ce système a déjà été pratiqué par les Russes dans le Kaukase. Mais il pourrait bien avoir en Pologne un résultat tout opposé à celui que l'on veut atteindre, en forçant la population rurale à se joindre en masse aux insurgés.

Les engagements qui ont eu lieu récemment dans le voisinage de Krakovie ont été funestes à l'insurrection. Bien que les pertes en hommes n'aient pas été très-considérables, les corps polonais qui se succédaient les uns aux autres, ayant à lutter contre des forces de beaucoup supérieures, ont été contraints, après d'héroïques mais stériles efforts, à se réfugier sur le territoire autrichien, où ils ont déposé les armes. De cette manière l'insurrection a été privée de nombreux défenseurs, ainsi que d'une grande quantité d'argent et d'équipements militaires qu'elle avait acquis avec de grandes difficultés.

Un corps de trois cents insurgés, commandé par Rumowski, fut surpris par les Moskovites le 7 mai, près du village de Nowa-Wies. Pris entre deux feux, les insurgés luttèrent héroïquement contre des forces trois fois plus nombreuses ; mais, après plusieurs heures de combat, ils durent se retirer en laissant dix morts sur le champ de bataille et en emportant un grand nombre de blessés. Les pertes des Russes ont été considérables. Le corps de Rumowski, contraint de passer la frontière de Gallicie, a été désarmé par une compagnie des troupes autrichiennes. Un petit nombre seulement des hommes qui le composaient a pu rallier d'autres bandes insurrectionnelles.

Le gouvernement national de Varsovie a publié le 8 mai une proclamation dans laquelle il invite tous les Lithuaniens à se grouper autour de l'autorité nationale de Vilno, et à courir aux armes pour reconquérir l'indépendance de la patrie.

Il vient de se former sur les frontières de Gallicie et de Silésie un corps de cavalerie, qui remplit en quelque sorte les fonctions de gendarmes pour le compte de l'insurrection. Dans le palatinat de Ploçk, de semblables corps secondent puissamment l'insurrection en se chargeant de la police militaire.

La *Gazette nationale* de Léopol publie un télégramme de Brody en date du 8 mai, d'après lequel on aurait entendu, ce jour-là même, plus de vingt-quatre décharges d'artillerie à Ponikowicé et à Gaïé (Volhynie).

(*Patrie.*)

LXV.

De Krakovie, 11 mai :

Je vous ai annoncé récemment que les Russes, en voulant attaquer le général Ieziorauski, s'étaient mitraillés les uns les autres. Une ruse du général polonais a occasionné cette méprise, qui leur a coûté trente morts et près de cent blessés.

Avant de quitter le camp retranché qu'il occupait dans la forêt de Kobylanka, Ieziorauski fit allumer des feux pour faire croire aux Russes que sa troupe y bivouaquait ; puis il sortit dans le plus grand silence. Après son départ, les Russes entourèrent le camp abandonné; comme ils tiraient des deux côtés, persuadés de la présence des insurgés, ils se rapprochèrent en se fusillant mutuellement, et le combat aurait duré plus longtemps encore si l'on n'avait pas commandé l'assaut contre des arbres brisés par les projectiles.

L'heure de l'amnistie est écoulée, et personne n'a même songé à se rendre. Nous ne sollicitons pas des Russes une amnistie; nous demandons qu'ils fassent la guerre comme il convient entre nations civilisées, c'est-à-dire sans massacrer les femmes, les enfants, les vieillards et les blessés : en un mot, qu'ils ne fassent pas ce qui est contraire au droit des gens. Hélas ! c'est en vain que nous le réclamons, et l'opinion de l'Europe a beau flétrir les Moskovites, leur conduite barbare ne change pas.

Voici les dernières nouvelles du théâtre de la guerre. Le colonel Czachowski, ayant rallié le détachement de Iankowski, a livré trois combats du 4 au 7 mai.

La première rencontre, entre Bory et Bartow, fut très-favorable aux armes polonaises ; dans la seconde, près de Bodzechow, on prit aux Russes quarante carabines, un chariot de munitions, et on leur tua quatre-vingt-dix soldats, deux officiers et le major Klewzoff. Enfin, le 6 mai, Czachowski, attaqué de deux côtés, près de Rzeczniow, par des forces de beaucoup supérieures, partagea sa troupe. Un détachement de quatre cents Galliciens a tenu tête à sept compagnies russes; et, quoiqu'on les eût séparés momentanément du corps principal, ils viennent de rejoindre le détachement de Iankowski. Dans ces trois rencontres, nous avons perdu seize combattants, une cinquantaine de blessés ; mais les volontaires se trouvent en lieu sûr, après avoir repoussé l'ennemi.

Dans le palatinat de Lublin, outre le détachement du général Iezioranski, il y a celui de Czerwinski; le colonel russe Kwiecinskoï, blessé dans le combat d'Opolé, y a perdu presque toute sa bande.

Dans les environs de Lubartow, un nouveau corps d'insurgés s'est mis en campagne sous le commandement du major Kotkowski. En Podlaquie, trois détachements, sous les ordres de Krysinski, Elzanowski et Czarnecki, ont battu les Russes à Miendzyrzeç et à Dolki.

Le gouvernement de Kowno a fourni à l'insurrection treize mille soldats. Voici les principaux détachements : Kolysko, Mackiewicz, Iablonowski, Dolenga (Sigismond Sierakowski), Kuszleiko, Alexandraïtys, Bronislawski, Kilinski, Ciszkiewicz, et d'autres moins considérables.

Le neveu de ce dernier, Skirmunt (Klet Korewa), avait le premier réuni un détachement dans le palatinat de Troki. Fait prisonnier après le combat de Lewinty, il a été fusillé à Kowno.

Ces détachements ont livré, dans ces derniers temps, des combats où l'avantage leur est resté. Kolysko a été deux fois entouré par les Russes, mais il leur a heureusement échappé. Iablonowski, qui avait réuni deux mille insurgés, les a partagés en trois colonnes; avec la sienne, il a fait un camp retranché près de la frontière de la Prusse, et il a deux fois repoussé les Russes de Tawrog. Soixante-cinq morts et quatre-vingts blessés ont été amenés dans cette ville et à Iurborg. Les armes des Russes tués et deux chariots de munitions sont restés aux mains des vainqueurs.

Le détachement de Dolenga, fort de deux mille sept cents insurgés, a battu l'ennemi sur la grande route de Wilkomierz à Poniewiez, dans la forêt de Rogow ; il doit surtout la victoire au chapelain Maćkiewicz, qui, la croix à la main, conduisant les faucheurs, est tombé sur le flanc des Russes et les a mis en déroute. Les Moskovites laissèrent sur le champ de bataille quarante cadavres et un chariot de munitions.

Les détachements d'insurgés se multiplient dans les districts de Szawlé et de Telszé. Pisarski a battu Imirnoff à Tryszki. Horodenski et Wislouch ont livré avec leurs détachements réunis, un combat près de Szyrwinty : le premier a péri avec deux cents insurgés ; mais Wislouch conduisit les troupes à l'attaque, et repoussa les Russes, qui perdirent cent soldats. L'insurrection grandit dans les districts de Vilno, Grodno et Minsk.

Une lettre de Dunaborg, en date du 30 avril, nous apprend que le gouvernement russe organise des bandes de paysans, qui vont de château en château, garrottent les propriétaires, les maltraitent et les amènent dans les villes pour les livrer aux chefs militaires. Parfois ils les massacrent.

Le général Schouwaloff, envoyé à Dunaborg soi-disant pour une enquête, n'a eu rien de plus pressé que de boire à la santé de ces bandits, et de les remercier au nom du tzar pour ces preuves de leur attachement. C'est une affreuse imitation des massacres de Gallicie en 1846. La Russie reste fidèle à son système asiatique d'assurer ses conquêtes par la démoralisation des masses. Nous pourrons bientôt vous en donner des détails plus précis.

(*Patrie*.)

LXVI.

LA LEVÉE EXTRAORDINAIRE EN RUSSIE.

On sait qu'une levée extraordinaire vient d'être décrétée dans plusieurs gouvernements de la Russie proprement dite.

Chacun des sept gouvernements compris par l'oukase impérial doit fournir 8,000 hommes armés. On voit par cet acte que les mesures extrêmes déjà prises pour étouffer l'insurrection, comme l'envoi du général Berg à Varsovie, ont été trouvées insuffisantes. Elle n'est donc pas si aisée à comprimer, cette insurrection commencée par une poignée de jeunes gens sans armes, serrée dans un cercle d'ennemis ouverts ou secrets, et que n'ont pu décourager les horribles massacres commis par les soldats moskovites au nom du tzar et sur les ordres réitérés de leurs chefs.

Ainsi la Russie, une puissance militaire de premier rang, en est réduite, après trois mois de lutte, à ce dernier moyen de défense, auquel elle n'avait recours autrefois que lorsqu'elle était menacée d'une invasion étrangère, et que l'Europe entière était coalisée contre elle sous la conduite d'un homme de génie.

Assurément, cet état de choses atteste une décadence profonde. Cette décadence date de l'avénement au trône du tzar Nicolas, qui, au lieu de s'appuyer sur l'élément slave, noyau et seul lien commun de la nation, ou pour mieux dire de l'État moskovite, n'a régné, pendant trente ans, que par les Allemands, et pour eux seuls. Aussi son règne a-t-il dû finir par la ruine de Sébastopol, avec les guerres d'extermination de la Pologne et du Kaukase entre les deux termes.

Depuis sa mort, cette décadence s'accélère de jour en jour, maintenant surtout que l'esclavage, la seule force réelle de la Russie, « ce ciment de ma maison, » comme l'appelait Pierre Ier, tombe en dissolution avec la maison elle-même. Telle est la fatale destinée de cet État, tout asiatique par son origine et son histoire, et qui, méconnaissant cette origine, aspire toujours à s'étendre vers l'occident et vers le midi ; il ne peut exister qu'à la condition d'être et de rester esclave ou de périr. On comprend que cette condition d'existence les Polonais ne l'accepteront jamais, puisque leur destinée — un siècle de luttes héroïques l'a prouvé — c'est au contraire d'être libres ou de n'être pas.

Quel sera maintenant le but ou le résultat de cette levée extraordinaire ? Elle pourrait bien servir à la Russie pour une attaque venant de l'étranger ; mais lui sera-t-elle utile dans ses frontières ? Elle ne peut qu'augmenter le désordre, déjà grand, de ses provinces les plus voisines de l'insurrection, et ce qui serait encore plus grave, devenir le signal de meurtres et d'incendies, dont elle-même a donné l'exemple et dont elle recueillerait le fruit sur son propre territoire. Déjà des signes précurseurs d'une terrible révolution sociale se manifestent en Kourlande, dans les provinces finnoises et à Moskou même. Enfin, si cette levée en masse est une réponse aux notes diplomatiques des puissances européennes, elle ne peut que les convaincre plus tôt de l'insuffisance, de l'inefficacité de leurs tentatives pacifiques, et leur donner en même temps la mesure de la faiblesse actuelle et des embarras de la Russie.

Que le tzar Alexandre II ne cédera pas devant l'action combinée de la diplomatie européenne, nous en avons la preuve dans les Adresses de commande des nobles de Saint-Pétersbourg ; dans l'envoi à Varsovie du vieux général Berg, exécré en Finlande comme il l'est depuis 1834 en Pologne ; dans la levée en masse des sept gouvernements limitrophes ; dans la reproduction très-significative faite par les journaux de Vilno des mémorables paroles adressées par l'empereur Nicolas à la municipalité de Varsovie ; et enfin dans celles qu'il a prononcées lui-même lors de son avénement.

Pour tout ce qui concerne la Pologne, la politique du tzar actuel ne diffère en rien de celle de son père. « Vous m'êtes aussi chers que les Finlandais, a-t-il dit le 23 mai 1856, aux délégués de Varsovie, mais l'*ordre* établi par mon père doit être invariable. Point de rêveries! Ceux qui continueront à rêver, je saurai les mettre à la raison; je ne souffrirai jamais que leurs utopies franchissent les limites de leur imagination. Le bonheur de la Pologne dépend de sa fusion absolue avec la sainte Russie. » Et quelques jours plus tard, il disait aux députés de la noblesse : « Je garantis à la Pologne tout ce que mon père lui a accordé; mais *je ne changerai rien!* Tout ce que mon père a fait est bien fait... Mon règne sera la continuation de son règne... »

Le tzar Alexandre a tenu sa promesse, et les événements présents en Pologne en sont la conséquence. Ces huit premières années ont déjà plus que triplé le nombre des victimes arrachées à jamais à leur foyer natal, immolées au fond des cachots ou bien étouffées dans les mines de Sibérie. Cependant les « rêveries polonaises » ont largement franchi « les limites de l'imagination; » elles sont devenues les Actes sanglants du nouveau martyre de la Pologne. L'insurrection actuelle n'est qu'une haute protestation contre cette « fusion absolue avec la sainte Russie, » de laquelle doit dépendre son bonheur. A cette protestation est venue se joindre celle des trois puissances, dont la voix demande aujourd'hui la réalisation de ce que le tzar caractérisait en 1856 de « rêveries. » S'il est un rêve quelque part, il existe dans l'esprit de ceux qui espèrent une réunion, une réconciliation politique, sous des conditions quelconques, de la Pologne et de la Russie.

L'orgueil moskovite ne l'espère pas plus que nous-mêmes; mais il se croit encore trop fort pour céder, et malgré cette amnistie jetée comme une insulte à la face de l'Europe, il poursuivra jusqu'au bout son œuvre de compression et de destruction. Dompter cet orgueil, forcer la Russie à lâcher sa proie, à renoncer à cette mission barbare qui lui est imposée par le tzarisme allemand, telle est la rigoureuse nécessité de la situation actuelle.

Cet acte de justice doit profiter à la Russie elle-même, dont la véritable destinée est d'étendre son influence sur l'Asie, et non sur l'Europe, afin d'y porter avec elle les premiers rudiments de la civilisation.

Ce ne sont pas des populations de beaucoup ses aînées dans la civilisation que la Russie peut jamais espérer de s'assimiler. L'histoire et la raison protestent contre cet espoir illogique. En Asie, au contraire, elle pourrait rendre aux contrées sur lesquelles elle s'étendrait l'impulsion civilisatrice qu'elle a reçue de l'Europe. Qu'elle renonce donc, pour son bien, à son œuvre d'agrandissement dans l'occident, comme elle a dû y renoncer pour l'empire turk, dans le midi; et qu'elle tourne ses regards vers ses frontières orientales.

Ce moyen peut seul prolonger son existence, et lui venir en aide pour résoudre ses propres difficultés à l'intérieur. Ces considérations sont tellement fondées, que les plus éclairés parmi les patriotes russes en sont venus à souhaiter la défaite de leur armée en Pologne, car cette défaite ne serait, à leurs yeux, que celle de l'absolutisme; l'absolutisme tombé, rien n'empêcherait plus la Russie de s'élever à des institutions plus en rapport avec les idées et la marche progressive de notre époque. Jusque-là, point de paix, point de liberté. Le joug qu'elle impose à la Pologne l'enchaîne à tout jamais à la tâche abhorrée de la destruction de tout un peuple. En Asie, cette tâche serait bien différente. Elle ferait pardonner à la Russie son passé, et servirait de garantie à son avenir. Elle peut ouvrir une voie large et glorieuse à son activité; mais ce ne sont pas les conseillers actuels du tzar, dont la politique traditionnelle est d'exterminer les Slaves par les Mogols, de les assujettir au même joug et d'y établir la domination allemande, ce ne sont pas ces conseillers qui pourront aider la Russie à l'accomplir!

(*Patrie.*)

LXVII.

LES MASSACRES DE LIVONIE.

Le gouvernement russe, n'ayant pu réussir à exciter les paysans contre la cause nationale, à laquelle au contraire ils se rallient de jour en jour davantage, réussit plus aisément à trouver des auxiliaires dignes de lui, dans les colons russes de la secte des vieux-croyants (*raskolniki*), qui nous récompense aujourd'hui par le pillage, le massacre et l'incendie, de l'hospitalité et de la protection que nous leur accordâmes jadis. Les méfaits de ces bandes sanguinaires et barbares augmentent de plus en plus; et comme la contagion gagne déjà le gouvernement de Pskow, chose sur laquelle on n'avait pas compté, les Moskovites voudraient en arrêter les progrès; mais M. Schouwaloff et le gouverneur de Vitepsk déclarent qu'ils ne sont plus en état d'y porter remède.

Tandis que de l'autre côté de la Dzwina, des hordes effrénées mettaient tout à feu et à sang, le 30 avril dernier, le gouverneur général Nazimoff manda chez lui tous les citoyens et propriétaires demeurant pour le moment à Vilno, et leur adressa la parole en ces termes :

« Quoique je sache combien il vous est pénible de venir chez moi, je vous ai pourtant convoqués, car je crois de mon devoir de vous représenter à quelles extrémités le pays sera réduit par la continuation de la révolte. »

Là-dessus il fit lecture de la calomnieuse relation des événements de Dunaborg, que le journal officiel de Vilno publiait le lendemain dans ses colonnes.

« Messieurs, ajouta-t-il, il serait temps de réfléchir et de rentrer en vous-mêmes... Voilà le résultat de ce qui a été commencé il y a deux ans. On a débuté par une comédie (*sic*), et cela finit maintenant par une tragédie. Les masses se sont soulevées et détruisent vos propriétés, et moi je vous répète, messieurs, *que le tzar n'a pas assez de troupes, pas assez de force pour s'opposer aux massacres. Oui, messieurs, le gouvernement est impuissant, et ne peut rien à cela. Veillez donc vous-mêmes sur vos familles, car je ne réponds pas de leur sécurité.* » Il accusa ensuite les femmes et le clergé d'exciter le pays à la révolte, et finit par ces paroles : « J'ai donné des ordres pour qu'ici, en ville, les soldats ne commettent ni désordre, ni excès. — Les chefs militaires me répondent de la discipline des troupes. — Je vous déclare toutefois, messieurs, qu'au premier coup de feu tiré dans la rue, je ferai détruire la ville de fond en comble, en n'y laissant pas pierre sur pierre. Je la ferai raser au niveau du sol. »

Le lendemain de cette brillante allocution, le maréchal de la noblesse Domeyko présenta sa démission.

Voici maintenant le tableau de ce qui se passe aux confins de la Russie-Blanche, dans les districts de Dunaborg et de la Dzwina.

Les colons russes, vieux-croyants, travaillés par des émissaires du gouvernement, qui parviennent à leur faire croire que le but principal de l'insurrection polonaise est de les massacrer jusqu'au dernier et de brûler leurs villages, se sont tous soulevés au nom de l'empereur, non contre les insurgés armés, qu'ils évitent avec soin, mais contre tout propriétaire ou citoyen de la contrée sans défense. Parcourant le pays comme un vrai fléau de Dieu, la hache et les torches en main, ils brûlent, massacrent et pillent tout ce qui se trouve sur leur passage. Cela paraît impossible, n'est-ce pas? et pourtant il faut se rendre à l'évidence incontestable des faits copiés mot pour mot sur un rapport officiel :

Le 14/26 avril ont été pillées, dévastées et brûlées les propriétés et habitations suivantes :

1° Wyszki, appartenant au comte Moll;
2° Solowyszki, appartenant à la comtesse Moll;
3° Wasilowo, propriété du comte Moll.

De plus, l'abbé Kensmin, vicaire de la paroisse de Wyszki, a été arraché de l'autel pendant qu'il célébrait la sainte messe, et revêtu encore de ses habits sacerdotaux, lié de cordes et traîné à Dunaborg, où, en compagnie de son curé, le vénérable chanoine Sandro, vieillard sexagénaire, également maltraité, et d'autres prisonniers, il fut écroué à la forteresse au milieu de la bande furibonde qui l'escortait.

Les autres habitations pillées sont :
4° Dubno, appartenant à M. Urbain Bronislawski.
Le propriétaire lui-même, frappé et garrotté, fut conduit à Dunaborg; ses filles, Louise, Hélène et Eugénie, à l'aide d'une forte rançon, parvinrent à gagner les bois et ensuite à se réfugier à Dunaborg;

5° Belmonty, appartenant au comte Stanislas Zyberg-Plater.

Le 15/27 avril :
6° Ostaszewo, appartenant à M. Klaczkowski.

Dans ce dernier endroit, six courageux jeunes gens, dont les uns, élèves de l'Université, et les autres sortis d'établissements militaires, se défendirent à outrance à coups de pistolet (seules armes qu'ils eussent), et en lançant des briques par les fenêtres sur les assaillants. Ceux-ci ne pouvant pas, malgré leur nombre, se rendre maîtres de la maison, y mirent le feu. Quatre de ces jeunes gens se laissèrent prendre; les deux autres se couchèrent sur le toit pour y attendre la mort. Bientôt enveloppés par les flammes, perdant connaissance, on les vit expirer dans la cour au milieu d'affreuses convulsions. Les quatre jeunes prisonniers furent remis entre les mains de l'autorité.

Continuons l'énumération des propriétés pillées :
7° Dadga;
8° Wilanow;
9° Zabory, propriétés de la famille Buinicki.

M. Boleslas Buinicki, juge de paix, frappé sans miséricorde au point d'en être méconnaissable, doit être mort à l'heure qu'il est. M. Sigismond Buinicki et quelques autres jeunes gens, parmi lesquels un officier du génie, furent pris dans un bois où ils s'étaient réfugiés, liés, frappés et remis entre les mains des autorités. L'abbé Rozga, traité de même, fut écroué à Dunaborg.

10° Zubry, appartenant au comte Eugène Plater;
11° Staromysl, propriété de M. Kiborj;
12° Ludwiampol, appartenant au comte Kasimir Plater.

Le propriétaire battu et grièvement blessé, ainsi que quelques employés de l'administration.

Le 16/28 avril, ont été brûlés ou pillés :
13° Konstantynowo, propriété d'un Allemand, le docteur Ewerk.

Le vieux Ewerk fut frappé et laissé mourant sur le terrain. Les pillards voulant arracher une bague au jeune Ewerk, lui coupèrent le doigt.

14° Banduny, appartenant à un autre Allemand, M. R. Tyzenhold. Le propriétaire lié et conduit à Krastyn, fut remis aux mains des autorités.

15° Oxa, appartenant à M. A. Tyzenhold.
16° Birzy, propriété de M. Schrœders.
17° Dubniazy, appartenant à M. Petrycki.
18° Hieronimowo, appartenant à Mme Oskierko.

Après le pillage et la dévastation complète de cette propriété, Mme Oskierko maltraitée, battue, fut attachée à un arbre et passa ainsi toute la nuit. Quelques personnes qui se trouvaient chez elle, le curé Grochowski, entre autres, le juge de paix Alexis Bohomolec, subirent le même sort et furent traînés ensuite à la station de Ruszany.

19° Kamieniec, appartenant à M. Reutt;
20° Gornewyszki, appartenant au comte Jean Moll.

A Solowyszki, une servante qui tenta de défendre la propriété de sa maîtresse fut égorgée; partout où les bandes des vieux-croyants ont passé, il ne reste, dans toute l'acception du mot, que des monceaux de décombres et de cendres. Les femmes de ces barbares arrivent avec des sacs dans lesquels elles enfouissent pêle-mêle tout ce qui leur tombe sous la main : blé, bijoux, linge, tout y passe; ce qu'on ne peut emporter est brisé ou brûlé. Les citoyens les plus paisibles, les vieillards sans défense, les femmes, les enfants, rien n'est respecté. Quelques propriétaires furent sauvés par le dévouement courageux de nos paysans catholiques.

Enfin, M. Ogolin, gouverneur de Vitepsk, arriva à Dunaborg, et les citoyens vinrent aussitôt se plaindre des horreurs sans nom auxquelles le pays est en proie. Ce haut fonctionnaire n'hésita pas à répondre avec le plus grand sang-froid, que le gouvernement avait été forcé de se servir des vieux-croyants, pour suppléer aux forces militaires qui lui manquent. Toutefois, comme le renversement social que le tzar oppose aux nobles élans d'une nation opprimée qui réclame ses droits et son indépendance, dépassa bientôt les frontières polonaises et pénétra dans le gouvernement de Pskow, le cabinet de Saint-Pétersbourg s'alarma du danger qui le menaçait, et le comte Schouwaloff, général aide de camp de l'empereur, fut envoyé sur les lieux sous prétexte d'y faire une enquête et de punir les coupables.

Arrivé à Dunaborg, et pendant que le district était livré au pillage, le commissaire de Sa Majesté soi-disant expédié pour faire prompte justice et arrêter le fléau dévastateur, *but à la santé des pillards* et s'occupa des procès-verbaux des prisonniers qui remplissent la citadelle. Il se rendit enfin à Wasilowo, où il avait fait rassembler les bandes incendiaires des colons russes, qu'il harangua en ces termes :

« Mes enfants,

« L'empereur remercie ceux d'entre vous qui ont exécuté ses ordres et désapprouve ceux qui ont agi arbitrairement, les premiers recevront trois roubles de récompense par tête, les seconds seront punis. Vous n'avez pas le droit d'incendier, de tuer et de piller. Vous êtes autorisés seulement à fouiller les maisons pour y trouver les armes qu'on y cache, à lier et livrer aux autorités tout individu, quel que soit son rang, son âge ou son sexe, que vous soupçonnez d'avoir des rapports avec les insurgés. »

Même scène à Ostaszewo, ou les primes de trois roubles furent largement distribuées, tandis qu'il ne fut nullement question d'enquête ni de punition des coupables.

En attendant, les bandes, encouragées par les procédés du général Schouwaloff, parcouraient le pays et traînaient devant l'aide de camp du tzar, des vieillards, des femmes, des prêtres, des enfants, garrottés, meurtris, ensanglantés. Cet homme, plus hideux encore dans son cynisme officiel, que ces pauvres insensés dont le gouvernement russe se fait une arme qui ne manquera pas de lui être fatale, recevait ironiquement, le bonnet sur l'oreille, les prisonniers, et sans égard ni à l'âge, ni au sexe, ni à l'état d'épuisement de ces malheureux, les faisait diriger à pied sur Dunaborg.

Le 17/29, Schouwaloff promit de s'occuper de l'enquête.

Le massacre et le pillage continuaient cependant, sans que rien fût entrepris ou même tenté pour s'y opposer; on répandit le bruit que trois chefs de bandes incendiaires seraient fusillés dans la matinée. Le peuple se rassembla pour assister à cet acte de justice; mais au lieu de cela, le général aide de camp, après avoir encore une fois remercié les pillards au nom de l'empereur et distribué derechef des récompenses pécuniaires, revint à Dunaborg.

Au moment où cette correspondance nous parvient, nous recevons d'autres nouvelles de plus en plus navrantes. Le pillage continue, trente-six propriétés ont été de nouveau brûlées et dévastées.

Cependant l'esprit du pays se soutient; que disons-nous?... Il se retrempe dans le sang généreux versé pour l'indépendance. « Que notre pauvre patrie ne soit plus qu'une poignée de cendres, mais qu'elle soit libre !... »

Voilà le vœu, le cri unanime de la nation; et ce cri ne sera étouffé que lorsque le dernier cœur polonais aura cessé de battre.

(*Patrie*.)

LXVIII.

De Krakovie, 13 mai :

Pendant que le prince Gortschakoff menace d'une révolution sociale les puissances qui vont intervenir en notre faveur, c'est le gouvernement russe qui tend lui-même à bouleverser l'ordre social, en propageant l'émeute et le schisme. A Proszowicé (à 5 lieues de Krakovie), le major Gawriloff tint aux paysans l'allocution suivante :

« Le tzar vient enfin d'arracher la corvée des mains de vos maîtres, restez-lui donc fidèles; n'écoutez plus la voix de vos prêtres ni de vos anciens seigneurs et employés, et si vos curés se refusent à vous absoudre, nos popes sont tout prêts à les remplacer. »

Pour répondre aux menaces du prince Gortschakoff, il suffit de citer les faits, afin de se convaincre que ce n'est pas l'insurrection, mais le gouvernement du tzar qui détruit l'ordre social. Les Russes ne savent pas se gouverner eux-mêmes; le livre *la Vérité sur la Russie*, du prince Pierre Dolgoroukoff, le prouve, et chez nous il suffit de voir les ruines qu'ils laissent après leur passage.

Les Russes ont voulu organiser ici un bureau de police secrète, mais ils ont échoué; aucun propriétaire n'a voulu loger Mouchanoff, ancien chef de la police à Varsovie, et son aide Anienkoff. Ils se sont présentés à l'hôtel de *la Rose*, avec un billet de logement militaire. A la séance du conseil municipal, qui fut réuni peu après, le conseiller Wieloglowski a interpellé le distributeur des billets de quartier, pour savoir de quel droit il en avait donné à ces officiers russes réputés espions; en même temps, il a fait mander le propriétaire de l'hôtel, qui a donné les renseignements suivants :

« Le 4 mai sont arrivés deux individus munis de

billets, se disant officiers au service de l'Autriche ; l'un en uniforme d'état-major autrichien, l'autre en civil. Je lus le nom du premier : Esslingen, sur sa carte de légitimation; le second se dit : Anienkoff, sujet russe. Ils ne passèrent qu'une nuit à l'hôtel ; le lendemain ils se rendirent en voiture à Baran et Michalowicé, et le 5 ils partirent par le train de Léopol. Quant à Mouchanoff, j'affirme qu'il n'a pas logé à l'hôtel de *la Rose*. Ces messieurs m'ont demandé d'ôter le tableau où j'inscris les noms de mes hôtes, sous prétexte de se soustraire à toute obsession. Le billet de quartier, ajouta-t-il, a été donné non par la commission de logement, mais sur un ordre du commandant de la place. »

Ce qui nous réjouit dans cette affaire, et ce qui doit causer aux deux agents le plus de chagrin, c'est que, malgré leur petite fraude, la chose a été découverte. Car ces messieurs, qui chez eux ne sont habitués à aucune sorte de ménagements, ne se doutaient pas que tout en se faisant passer pour deux officiers autrichiens, ils se verraient dans l'obligation de trahir leur incognito et de continuer leur voyage; or, pour un espion, il n'y a rien de si désagréable, je pense, que la publicité.

Nous espérons que dorénavant les Russes, qui ne respectent pas la légalité chez eux, seront plus attentifs à l'observer chez leurs voisins.

Le détachement du colonel Kononowicz a attaqué, le 4, deux compagnies d'infanterie russe, un escadron de dragons et 100 kosaks à Magnuszow, près de Kozienicé. Il les a mis en fuite, leur a tué 94 soldats, et a recueilli, sur le champ de bataille, 80 carabines rayées.

Voici un nouvel acte de la clémence moskovite qui soulèvera en France le même sentiment de réprobation qu'il a excité parmi la population de Krakovie :

Le jeune Stanislas Zaluski, neveu du vénérable général-comte Joseph Zaluski, l'un des vétérans de l'armée napoléonienne, avait été grièvement blessé dans un des combats livrés aux environs d'Olkusz. Sa sœur aînée, la comtesse Zelinska, se rendit aussitôt dans cette ville pour obtenir l'élargissement du prisonnier, et pour l'emmener avec elle à Krakovie. Le général Schachoffskoï lui répondit qu'il ne pouvait pas le lui accorder de son chef, mais qu'il demanderait par le télégraphe une autorisation spéciale au grand-duc. La réponse, transmise à la comtesse Zelinska le 12 de ce mois, était conçue en ces termes :

« La translation dans sa famille du blessé Zaluski est interdite par ordre supérieur.

« *Le lieutenant-général* : MINKWITZ. »

C'est tout simplement une condamnation à mort. Mais ce fait est loin d'être isolé; chaque jour nous en voyons de nombreux exemples dans toutes les familles polonaises.

(*Patrie*.)

LXIX.

De Pologne, 16 mai :

L'insurrection en Lithuanie et en Samogitie s'accroît de jour en jour. Les rapports russes publiés dans les journaux officiels attestent eux-mêmes l'extension et la continuité de la lutte. L'*Invalide russe* des 8, 9 et 10 mai donne un tableau de l'insurrection, d'après lequel on voit qu'elle a gagné tous les districts des provinces de Vilno, de Minsk et de Vitepsk.

Quoique les colonnes russes parcourent le pays dans toutes les directions, de nouveaux détachements se forment partout où les troupes sont absentes pour un seul instant. Le peuple prend une part de plus en plus active dans le mouvement; le clergé lui appartient tout entier.

Le manque d'armes meilleures se fait généralement sentir d'une manière cruelle. Il est presque impossible d'en avoir par la Prusse ; les autorités prussiennes sont plus actives et déploient plus de zèle que les autorités russes.

Ces jours derniers, l'insurrection a éclaté et s'est propagée dans tout le district de Wilkomierz, jusqu'à la frontière du district de Iéziorow. Le district de Telszé, où des forces russes considérables se trouvaient concentrées, a profité du départ du général Maydell avec 2,500 hommes, pour s'insurger immédiatement. Dans le district de Szawlé, l'insurrection prend des proportions menaçantes. Le 29 avril déjà, Pisarski, à la tête d'une poignée d'insurgés, a fait éprouver, près de Tryszki, des pertes sensibles à deux colonnes ennemies. Les Russes, en se retirant, incendièrent le château de Bialoniszanié et jetèrent dans les flammes une partie de leurs morts pour dissimuler leurs pertes.

En général, les Russes mettent beaucoup de soin et font tout le possible pour cacher le véritable chiffre de leurs morts. Quand ils sont maîtres du champ de bataille, ils dépouillent de leurs vêtements les cadavres, afin que l'on ne puisse plus distinguer les insurgés des soldats ; ils les enterrent alors ou les font enterrer par des paysans, auxquels il est défendu, sous les peines les plus sévères, de dévoiler le nombre des corps russes ainsi ensevelis. Naturellement le secret n'est pas toujours bien gardé.

Chaque jour il y a des rencontres plus ou moins importantes; il est difficile de donner des détails précis sur chacune d'elles, mais en général on peut dire que l'avantage reste aux insurgés.

Au commencement, les Polonais perdaient assez souvent leurs bagages; mais maintenant, instruits par l'expérience, ils savent les préserver. La perte en hommes est presque toujours plus grande du côté des Russes.

Dans cette dernière quinzaine, les insurgés ont eu plusieurs rencontres très-heureuses. Iablonowski, après avoir organisé son détachement dans le district de Poniewiez et l'avoir porté à 2,000 hommes, le divisa en plusieurs colonnes, et lui-même, à la tête de la plus petite, s'avança jusqu'à la frontière prussienne, s'empara de quelques armes; puis, après s'être retranché sous les fortifications de Tawrog, près de Karopol, il repoussa les Russes qui avaient attaqué son camp à deux reprises, et leur fit éprouver de grandes pertes. Des marais entouraient le camp polonais; les Russes s'y engagèrent et furent reçus par un feu bien nourri. Bientôt ils lâchèrent pied, et n'eurent même pas le temps d'enlever leurs morts et leurs fusils; ils eurent 67 tués, et plus de 80 blessés furent conduits à Iurborg et à Tawrog. Les insurgés eurent 15 morts. Après cette rencontre, Iablonowski regagna son ancienne position. Les insurgés, commandés par Dolenga (Sierakowski), Kuszleiko et l'abbé Mackiewicz, ont repoussé le 5 mai, sous le village de Madeiki, la colonne du général Ganecky. L'abbé Mackiewicz fut le héros du jour; il encourageait au combat par ses paroles et par son exemple. A la tête des faucheurs, il fit une attaque de flanc si vigoureuse, que les Russes se dispersèrent.

Mais le lendemain, le chef moskovite ayant reçu un renfort de 200 chasseurs kourlandais, attaqua les insurgés dans les bois de Rogow, près de Gudziszki. Le combat dura toute la journée. A 5 heures du soir, Dolenga fut atteint d'une balle en pleine poitrine et fait prisonnier avec Kuszleiko. Le 7 mai, près de Sznurkiszki, les insurgés tentèrent une revanche, mais en vain; manquant de munitions, malgré les efforts de Mackiewicz, ils durent se diviser en plusieurs détachements.

Dolenga comptait plus de 2,700 hommes dans le sien; celui commandé par l'abbé Mackiewicz entra dans la petite ville d'Onikszty, où toutes les autorités russes furent abolies. Onikszty se trouve entourée de communes habitées par les paysans du fisc, qui se distinguent surtout par leur part active dans l'insurrection.

L'abbé Mackiewicz y a été accueilli avec le plus grand enthousiasme. Le peuple se prosternait sur son passage et embrassait les pans de son habit; les mères lui présentaient leurs jeunes fils. Il y a huit jours, une rencontre a eu lieu non loin de la chaussée allant de Wilkomierz à Vilno; à Szyrwinty. Un fort détachement russe, commandé par le général Gaciéiewskoï et comptant six compagnies d'infanterie et deux escadrons de cavalerie, s'est rencontré avec les détachements réunis de Horodenski et de Wislouch. La lutte fut acharnée; Horodenski et treize insurgés furent tués. Les Russes eurent quatre-vingt-neuf morts. Après le départ des insurgés, les Moskovites ordonnèrent aux paysans, après s'être assurés de leur silence, d'enterrer les morts, à l'exception de quatre, qui furent envoyés à Vilno pour sauver les apparences, et enterrés dans cette ville avec les honneurs militaires. Assurément, le bulletin russe ne fera mention que de ces quatre morts. Gaciéiewskoï continua son chemin sur Onikszty, où il arriva deux jours après le passage dans cette ville de l'abbé Mackiewicz.

La démission de tous les juges arbitres de Lithuanie est un fait accompli. Domeyko même qui avait résisté très-longtemps, a demandé la sienne il y a quelques jours en expliquant, dans une lettre énergique adressée au gouverneur Nazimoff, les motifs de sa démarche.

(*Patrie*.)

LXX.

De Krakovie, 17 mai :

Nous avons appelé votre attention sur le séjour de deux agents russes à Krakovie; aujourd'hui nous pouvons vous rendre compte de leurs actions. Ces deux agents ont été envoyés, Anienkoff à Krakovie et Mouchanoff à Olmutz, pour interroger les insurgés internés. Ils sont chargés de les amener à demander l'amnistie, et de payer 5 florins (10 fr.) à chaque insurgé qui consentirait à signer la demande. Aussi nous ne nous étonnons plus d'avoir vu Anienkoff logeant avec un officier autrichien de l'état-major. Cet officier est probablement chargé d'accompagner et de contrôler Anienkoff dans ses visites aux insurgés internés.

Voilà à quel prix la Russie cherche à faire accepter l'amnistie; il n'est pas impossible qu'elle trouve des individus qui consentiront à signer, et qui même accepteront la somme de dix francs, mais dans l'espoir, bien entendu, de pouvoir aller rejoindre les camps des insurgés. Au reste, si ces individus ont le bon esprit de refuser leurs offres, les Russes ne seront pas embarrassés d'inventer des noms et de forger des listes pour essayer de tromper l'opinion publique de l'Europe.

Anienkoff, pendant son séjour à Krakovie, est allé, en compagnie de l'officier autrichien, à la frontière de Michalowicé et de Baran, pour y porter probablement ses instructions touchant la conduite que l'on aurait à suivre à l'égard des insurgés qui signeraient la demande d'amnistie. Nous ne serions nullement étonné, connaissant la mauvaise foi moskovite, de voir aussitôt traiter en prisonniers de guerre, c'est-à-dire en forçats, les insurgés amnistiés, dès qu'ils seraient rentrés dans le pays.

Le bruit s'est répandu ici que les Prussiens venaient d'envahir le territoire du royaume de Pologne; on ajoutait que les Autrichiens se disposaient à faire de même, et que les troupes russes devaient se retirer dans les forteresses. Les Prussiens occuperaient le pays comme alliés de la Russie, et les Autrichiens comme représentants des trois grandes puissances qui interviendraient en notre faveur par la voie diplomatique.

Les officiers russes, dans le district de Miechow, continuent de fomenter les révoltes des paysans, mais sans résultat. Ils les exhortent à ne plus écouter leurs prêtres et leurs seigneurs, dont la plupart cependant se sont réfugiés dans les rangs des insurgés pour se mettre à l'abri du drapeau polonais.

(*Patrie*.)

LXXI.

De Krakovie, 24 mai :

Nous venons de recevoir un mémoire fort curieux présenté au général Sumorokoff par le professeur Pogodin, qui propose de dénationaliser les provinces polonaises prises par les Russes, c'est-à-dire la Volhynie, la Podolie, l'Ukraine et la Lithuanie.

L'auteur du mémoire commence par se dire partisan de la liberté et de l'autonomie de la Pologne; puis il prétend qu'en voyant le sang russe couler à la suite d'une trahison infâme (c'est le mot dont il qualifie une juste insurrection), il déclare que la question polonaise ne peut être résolue ni à Varsovie, ni dans le royaume de Pologne, mais seulement dans les provinces occidentales (ruthènes) dans lesquelles les Polonais mettent leur plus grand espoir et voient leur principale force. Il insiste pour que dans ces provinces l'élément polonais soit amoindri, sinon anéanti. Voici les moyens qu'il propose :

1° Acheter et affranchir toutes les colonies de serfs;

2° Vendre aux enchères les propriétés des Polonais hypothéquées ou sur lesquelles les bureaux de crédit russes ont des garanties, et adjuger ces biens à des Russes;

3° Acheter toutes les terres qui, aux contrats de Kïow, sont mises en vente, par des Russes ou par le gouvernement;

4° Il y a bon nombre de patriotes russes qui ont des biens dans le royaume de Pologne, et des terres du gouvernement; il faudrait échanger celles-ci contre des terres situées dans les susdites provinces;

5° Comme il y a peu d'hommes aussi malheureux que les paysans de la Russie (Ruthénie) Blanche, il faudrait améliorer leur sort;

6° Le clergé schismatique est pauvre et ignorant, il importe de le doter et de l'instruire aux frais du gouvernement;

7° Affermer toutes les terres du gouvernement à des Russes;

8° Introduire dans l'instruction la langue russe, et n'admettre que des professeurs russes. Quant aux Polonais, il faut les renvoyer dans le royaume ou dans le fond de la Russie;

9° Tous les employés doivent être moskovites et agir dans l'unique intérêt de la Russie;

10° Point d'entrave à la polémique avec les Polonais dans les journaux et les revues;

11° Liberté et indulgence complète dans le royaume, mais dans les provinces sévérité la plus rigoureuse, etc.

Tel est le plan que les Russes, heureusement, se trouvent incapables d'exécuter.

Voici quelques nouvelles du théâtre de la guerre :

Dans le dernier combat livré aux Russes par le colonel Czachowski, il leur a tué 82 soldats; les Moskovites ont ramené vingt-sept chariots de blessés.

Dans le district d'Opoczno, il y a un détachement de cent hommes à cheval, commandés par Lipinski.

Dans le palatinat de Krakovie, il y en a un de deux cents, commandé par Bogdan Boncza.

Plusieurs rencontres ont eu lieu les 13, 14 et 15, entre Kolo et Klodawa, dans le palatinat de Kalisz.

En Podlaquie, il y a eu une rencontre à Malkinia, près du chemin de fer, que les insurgés avaient coupé en enlevant les rails, afin d'empêcher l'arrivée des troupes; Mystkowski et Plucinski attaquèrent les Russes qui stationnaient à Malkinia, et les dispersèrent, puis ils se portèrent près du lieu où ils avaient ôté les rails; le train qui amenait les renforts russes sous les ordres du général Toll, dérailla. — Les insurgés en profitèrent pour attaquer les Russes à coups de carabines; et, après leur avoir causé beaucoup de mal, ils se retirèrent dans une forêt voisine. Il y a eu plusieurs rencontres aussi en Lithuanie. Les nouvelles de la Volhynie, de la Podolie et de l'Ukraine sont très-vagues, car le gouvernement a défendu à la poste de recevoir et d'expédier les lettres. Nous avons reçu toutefois une nouvelle très-importante, c'est que l'insurrection a éclaté dans la petite Ruthénie, au delà du Dniéper.

(Patrie.)

LXXII.

De Krakovie, 22 mai :

Nous n'en avons pas fini avec MM. Mouchanoff et Anienkoff, envoyés par le gouvernement russe pour convertir les insurgés à l'amnistie. Mouchanoff, malgré son déguisement, malgré ses favoris rasés et ses lunettes bleues, a été parfaitement reconnu par des personnes qui avaient eu l'occasion de le voir à Varsovie. Tous deux font des excursions dans les forteresses où sont internés les insurgés, à force de menaces, d'offres d'argent ou de promesses, ils veulent contraindre les détenus à signer la demande d'amnistie, qui doit leur ouvrir les portes de leur prison. Quelques fonctionnaires autrichiens les secondent de leur mieux. On entasse les insurgés dans des casemates humides et malsaines, on leur refuse la promenade, on leur soustrait une partie de leurs vivres, tout cela dans le but de faire réussir la mission des agents de la police russe. Nous nous hâtons de livrer ces faits à la publicité, supposant que le gouvernement autrichien n'en a qu'une connaissance imparfaite, et qu'il s'empressera d'y remédier.

Les plus importantes nouvelles du théâtre de la guerre sont les progrès constants que fait l'insurrection en Volhynie. Un détachement de 600 cavaliers polonais, formé comme par enchantement du 8 au 10 mai, est entré à cette dernière date dans la ville de Lubar. Là, renforcé par plusieurs centaines de volontaires, il s'est partagé en deux, en se dirigeant, les uns vers Ostropol, les autres vers Labun. Quant à la Lithuanie, le mouvement a déjà gagné les palatinats de Kowno, Grodno, Vilno, Lida, Minsk, la Samogitie et la Polésie. On voit que la mort de Narbutt, ce chef si généralement regretté, n'a pu refroidir l'ardeur des insurgés.

Dans le royaume, Czachowski, qu'une fausse nouvelle disait refoulé en Gallicie, se maintient dans le palatinat de Sandomir avec Boncza, Kononowicz et Lopacki. En Podlaquie, Czarnecki vient de battre les Russes à Miendzyrzec, entre Siedlcé et Brzesc. Dans le palatinat de Lublin, le général Iezioranski, se voyant entouré par les forces de beaucoup supérieures de Mielnikoff, Sternberg et Chrustcheff, s'est réuni avec Waligorski, au détachement de Czerwinski. En Mazovie, les troupes d'insurgés se rapprochent de jour en jour des portes de la capitale.

Le manque d'armes et de munitions suffisantes empêche seul les Polonais de se lever en masse pour achever la délivrance du pays.

(*Patrie.*)

LXXIII.

De Krakovie, 24 mai :

Les télégrammes russes de Varsovie sont toujours de la plus insigne fausseté; il ne faut même accepter qu'avec réserve ceux qui vous arrivent par la voie de Léopol et de Krakovie, depuis qu'un bureau de mensonges russe a été établi dans cette ville. C'est ainsi que tous les récits des derniers combats ont été dénaturés; presque tous ces combats, livrés en Mazovie, dans les contrées de Rawa, de Lublin, en Samogitie, en Volhynie et en Ukraine, ont tourné à l'avantage des Polonais.

Le colonel Slupski a battu les Russes à Babsk le 17 mai. Kononowicz les a vaincus à Rozniszew, sur la Piliça, le 15 mai, et à Choynow, près de Czersk, le 19. Les combats dans le palatinat de Lublin, de Tyszowcé, le 18, de Tuczapy, le 19, et de Laszczow, le 20 mai, ont eu le même résultat. Les détachements de Lelewel, Zapalowicz, Czerwinski et celui de Wisniewski, qui, après une excursion en Volhynie, vient d'y rentrer par Krylow, s'y maintiennent avec succès.

Après la victoire de Babsk, le colonel Slupski, à la tête des deux détachements réunis de Wlodek et d'Oborski, a fait son entrée à Rawa, chef-lieu de l'ancien palatinat de ce nom, puis à Tomaszow (de Mazovie) sur la Piliça.

A Lask, les détachements de Dobrowolski et de Lipinski eurent à soutenir le choc des troupes russes, beaucoup plus considérables, et se retirèrent en bon ordre dans les forêts, où l'ennemi n'osa pas les suivre. Le lendemain 20 mai, Stamirowski vengea cet échec, en dispersant près de Radziwillow, par une charge de cavalerie bien exécutée, un bataillon d'infanterie russe, et en s'emparant des armes des vaincus.

Dans le gouvernement de Mohilew, les insurgés ont occupé Orsza, sur le Dniéper, où le prince Constantin Ostrogski, Ruthène de naissance, défit et anéantit, en 1514, 40,000 Russes conduits par Yvan Czeladzin. Ce succès est de bon présage pour le triomphe de nos armes. En Volhynie, les paysans de Lubar, Zwiahel, Owruck, Nowogrod; en Ukraine, les Kosaks polonais de Berdyczew, Radomysl, Taraszcza, ont déclaré ne plus vouloir servir la Russie, et se rendent par centaines dans les camps des insurgés.

La jacquerie projetée par les Russes y a donc complétement échoué, sauf dans les trois districts de Kïow, Wasilkow et Zytomierz, où des soldats travestis en paysans ont conduit le peuple au pillage des fermes et des châteaux, en y renouvelant les scènes horribles de la Livonie. Ces brigands ont amené 250 propriétaires enchaînés à Kïow et 300 à Zytomierz, où, comme on le sait, ils ont reçu du gouverneur, prince Druckoï-Sokolinskoï, 25 roubles par tête.

Les Russes, dans leurs rapports officiels, accusent déjà une perte de 25,000 hommes depuis le commencement de l'insurrection; chiffre menteur et que nous pouvons hardiment porter à 50,000. Voilà les premiers résultats de notre guerre d'indépendance, malgré l'hostilité la plus évidente des puissances allemandes qui nous environnent.

(*Patrie.*)

LXXIV.

MORT DE SIGISMOND PADLEWSKI.

De Krakovie, 28 mai :

Après sa victoire de Myszyniec, après avoir refoulé les Russes à Drozdzowo, et n'ayant pas trouvé les armes qui lui avaient été promises à Zielun, Padlewski, escorté de deux aides de camp, se frayait un chemin vers Dobrzyn, pour prendre le commandement d'un détachement qui se formait dans la Prusse occidentale. Son lieutenant, Kolbe, devait se maintenir aux environs de Prasnysz. Malheureusement, il tomba sur des avant-postes russes, au nord de Lipno. Saisi et reconnu par d'anciens collègues au service russe, il fut conduit à Lipno, puis à Plock, où il fut traduit devant un conseil de guerre. L'issue de son procès n'était pas douteuse, malgré le décret d'amnistie publié récemment par le cabinet du tzar. Ses amis tentèrent en vain de le faire évader; le 15 mai, au matin, la sentence de mort de Padlewski fut exécutée par une compagnie russe sous les ordres du colonel Pozniak. Percé de balles, son corps fut jeté dans une fosse. Mais, à peine avait-on répandu sur lui quelques pelletées de terre, on entendit ce cri terrible : « *Au nom de Dieu, ne m'enfouissez pas! Je suis vivant!* » Pozniak ne tint aucun compte de cet appel suprême, et donna l'ordre aux soldats de continuer l'ensevelissement. Aux murmures des officiers russes, il répondit par un dernier coup de revolver tiré dans la tombe, et tout fut accompli.

La balle de Pozniak a-t-elle atteint le cœur du martyr, à travers la terre sanglante qui le couvrait déjà ? Cet acte de barbarie est attesté par tous les témoins présents, qui en parlent avec la plus vive indignation.

Dans le palatinat d'Augustowo, outre les détachements de Wawr et d'Andruszkiewicz, ceux de Mroczkowski, Hlasko et Suzin (le fils du *philarète* de Vilno) viennent d'entrer en campagne, et deux autres sont en voie de formation. Les espérances des diplomates, qui fondent la réussite de leurs projets sur l'extinction du soulèvement polonais, ne sont donc pas sur le point de se réaliser. Le gouvernement russe a eu l'imprudence de rappeler sous les drapeaux tous les soldats en congé. Ces derniers se sont hâtés d'aller grossir les rangs des insurgés. Nous lui souhaitons beaucoup d'autres mesures de ce genre.

La désertion augmente dans l'armée russe; la plupart des chefs des détachements sont d'anciens militaires au service de la Russie. Excellente école, dans le Kaukase surtout, où les Circassiens leur ont appris la guerre de partisans. Près d'Olkusz, il y a des bandes de maraudeurs russes qui font la guerre pour leur propre compte, qui pillent les châteaux et les fermes où il y a encore quelque chose à piller, surtout dans le voisinage des garnisons moskovites; qui dévalisent ou rançonnent les voyageurs, et s'attaquent surtout aux prêtres catholiques. Les curés de Souspow et de Minoga ont augmenté la liste de leurs victimes.

En remettant le pouvoir aux mains de la soldatesque, en plaçant les maires, les préfets et les sous-préfets sous les ordres immédiats des officiers, le gouvernement a détruit les derniers rouages de son administration. Les gardes provinciales, composées de paysans, ne lui ont pas mieux réussi. Ces derniers répondent habituellement aux autorités : « Vous avez des canons et des fusils, et vous ne pouvez pas venir à bout de l'insurrection; comment voulez-vous que nous la fassions, nous qui n'avons que des faux et des massues? » On se gardera bien pourtant de leur donner d'autres armes.

Le gouvernement se console de ces mécomptes en faisant brûler les forêts ou les villes, a seule chose qui lui réussisse constamment. A Koniecpol sur la Piliça, après le brillant combat livré par Oxinski, plusieurs maisons ont été dévastées et leurs propriétaires égorgés, entre autres M. Genelli, fabricant de fer. Les égorgeurs se sont retirés en menaçant d'en faire autant dans tous les châteaux des environs. Cependant ces dévastations ont amené dans le pays une disette affreuse; aucune semaille n'a été possible, aucune récolte n'est à espérer.

Le royaume est ruiné pour de longues années; de toute son ancienne prospérité, grâce à la modération du tzar et de ses agents, il ne reste plus que des décombres. La diplomatie, par ses lenteurs, semble vouloir laisser s'accomplir cette sinistre prophétie : « Il y aura une Pologne, mais il n'y aura plus de Polonais. » Quoi qu'il en soit, le pays est bien déterminé à ne plus souffrir d'autre gouvernement que le sien; à rejeter la barbarie moskovite au delà du Dniéper et de la Dzwina, qu'elle n'aurait jamais dû franchir.

Le combat de Babsk près de Rawa (en Mazovie) par les détachements d'Oborski, de Wlodek et de Szumlanski, réunis sous le commandement de Slupski, a été un des plus heureux dans le mois de mai. Ce corps se compose de 1,800 insurgés, parmi lesquels 600 chasseurs armés de carabines ou de fusils de chasse, 400 cavaliers, presque tous du grand-duché de Posen, ayant jadis appartenu aux détachements de Taczanowski et de Younck, et 800 faucheurs, dont la moitié au moins de paysans. L'ordre et la discipline se font remarquer dans toutes leurs marches et leurs campements, comme dans l'armée la mieux organisée.

Deux jours après ce combat, le 16 mai, comme l'a annoncé sommairement une dépêche, ils ont fait leur entrée dans la petite ville de Tomaszow, une des plus grandes fabriques de drap dans le royaume, et y ont proclamé le gouvernement national.

On dit que le corps de troupes du Kaukase, composé en majeure partie de Polonais incorporés dans les régiments, vient de refuser obéissance au gouvernement russe et de se mettre en marche sur Odessa. Ce fait, s'il est réel, et les 300 prisonniers russes signalés par les journaux de Saint-Pétersbourg semblent le confirmer, déciderait d'un seul coup le succès de notre insurrection.

(*Patrie.*)

LXXV.

De Krakovie, 29 mai :

Voici quelques nouveaux détails sur la victoire de Koniecpol, remportée par les deux détachements réunis d'Oxinski et de Luttich, et dont nous avons fait mention dans notre correspondance d'hier. Oxinski avait posté ses tirailleurs sur la lisière de la forêt, entre Chrzonstow et Teresow. Les Russes, commandés par Bentkoffskoï, avec cinq compagnies d'infanterie du régiment de Smolensk, deux escadrons de dragons et de kosaks, après avoir traversé Chrzonstow, se jetèrent sur le détachement polonais, qui les reçut par un feu bien nourri; une prompte attaque des faucheurs les mit en déroute. Poursuivis à travers des prairies et des marécages jusqu'à la ville de Koniecpol, pour arrêter les vainqueurs, ils mirent le feu aux premières maisons, dont ils tuèrent les habitants, et se barricadèrent dans les rues. Oxinski fit éteindre l'incendie et refoula l'ennemi de l'autre côté de la Piliça.

Les Russes ont perdu 150 hommes, dont 108 furent enterrés dans une même fosse près de la route de Szczekociny; la perte des Polonais est de 23, sans compter les bourgeois égorgés dans la ville de Koniecpol. Si le détachement à cheval de Bogdan Boncza était survenu à temps, comme il en avait reçu l'ordre du chef principal, la victoire eût été plus complète; mais le message a été probablement intercepté, ou bien ce hardi partisan avait déjà quitté le district d'Opoczno. Oxinski, après avoir remis les blessés polonais et russes aux sœurs de Saint-Félix, s'est dirigé vers Cielentniki.

La mise à mort de l'infâme Miniszewski, frappé en plein jour par une main inconnue, a produit une impression salutaire dans l'entourage de l'orgueilleux et despotique marquis Wielopolski. C'était son âme damnée, son espion et son secrétaire. Il rédigeait sous sa dictée des articles diffamatoires contre les patriotes, et prêchait ouvertement l'unification complète de la Pologne avec la Russie. Cependant cet acte de justice sommaire a été vivement blâmé par le gouvernement national, qui voulait soumettre ce malfaiteur à un jugement en règle, et reste à la charge du chef militaire de la ville. Le grand-duc tança vertement l'ex-directeur de la police, Mouchanoff, que nous avons vu récemment à Krakovie, et son successeur Lewszyn. Mouchanoff lui ayant fait remarquer que presque tous les agents de la police, même secrète, étaient en même temps aux ordres du gouvernement national, le grand-duc a résolu de les remplacer par des agents de police moskovites, venus tout exprès du fond de l'empire. Cette mesure ne sera guère plus heureuse que les autres; car il est probable que ces agents nouveaux, ignorant nos relations, seront aisément éconduits par ceux du gouvernement national. C'est ainsi que la Russie récolte ce qu'elle a semé; Nicolas a protégé la vénalité et la démoralisation des employés : le tzar actuel n'a plus même de délateurs et d'espions auxquels il puisse se fier.

En Volhynie et en Ukraine, l'insurrection commencée le 6 au 10 mai, compte aujourd'hui 6 à 8,000 hommes sous les armes. Elle a pris le plus de développement dans les districts de Zwiahel et de Zaslaw, où un détachement de 1,300 insurgés, après avoir occupé la ville de Lubar, a défait les Russes à Ostropol, sur la Slucz, près de Konstantynow. Deux autres détachements, commandés par Kraïewski et Cieszkowski, après avoir opéré leur jonction, se sont dirigés sur Polonné, où ils ont été rejoints par plusieurs officiers au service de la Russie, avec six canons et une centaine de soldats moskovites.

Malheureusement le nombre des insurgés dépasse de beaucoup celui des armes propres au service; et nous pouvons hautement déclarer que si la Pologne en possédait une quantité proportionnée à ses besoins actuels, elle se suffirait à elle-même pour se délivrer du joug odieux que les diplomates de 1815 lui ont imposé.

(*Patrie*.)

LXXVI.

Juin 1863.

De Krakovie, 5 juin :

Les habitants de Krakovie ont enfin pu se délivrer de leurs hôtes les moins souhaités, MM. Mouchanoff et Anienkoff, délégués tout exprès par la police russe pour établir dans cette ville et à Léopold un bureau de mensonges télégraphiques. Cédant au vœu général de la population, le gouvernement autrichien les a priés de s'en retourner d'où ils étaient venus. C'est à eux que l'on doit toutes les fausses nouvelles sur les prétendus désastres de l'insurrection en Volhynie. Il est vrai qu'à Slawuta, domaine des princes Sanguszko, après une lutte acharnée qui dura huit heures, les Polonais, attaqués par des forces de beaucoup supérieures, ont dû se replier; mais l'hostilité des paysans dans cette rencontre est une invention des deux émissaires moskovites. Après la bataille, les soldats voulant piller, selon leur coutume, le château de Slawuta, ont vainement essayé d'entraîner avec eux les paysans ruthènes des environs; ne pouvant y parvenir, ils se sont eux-mêmes travestis en paysans, et après avoir distribué force rations d'eau-de-vie (*wodki*), ils ont marché à l'assaut. Le château, non défendu, un des plus beaux du pays, et enrichi de précieuses collections d'antiquités depuis le xive siècle, a été saccagé de fond en comble.

Les paysans des trois provinces de Volhynie, de Podolie et d'Ukraine, sont en général bien disposés pour l'insurrection; et lorsqu'ils ne font pas cause commune avec les détachements polonais, ils gardent au moins une bienveillante neutralité. Aussi de nouveaux corps d'insurgés ne cessent de s'y former, et le pillage de Slawuta a bientôt été vengé par les trois victoires de Slawatyczé, de Czersk et de Berdyczew, où commandait Platon Krzyzanowski, ancien officier au service de la Russie. Il en est de même en Podolie, où les forces polonaises se sont concentrées près de Chmielnik.

En Lithuanie, l'insurrection augmente de jour en jour, malgré la captivité du colonel Sierakowski (Dolenga), et les menées anti-sociales propagées par le gouvernement dans les provinces limitrophes. Dans celles de Mohilew et des Vitepsk, les insurgés, de plus en plus nombreux, ont occupé les deux points importants d'Orsza et de Gorka.

Dans le palatinat de Lublin, quatre nouveaux détachements viennent de se former, outre celui de Lelewel (Martin Borelowski), que les bulletins russes ont si souvent anéanti et qui ne se trouve pas moins en pleine activité. Ce héros avait été maître puisatier, et occupait, sous la conduite de l'ingénieur Joseph Sporny, un millier d'artisans, sur lesquels il avait gagné par sa haute raison et sa justice une autorité absolue.

Dans les contrées les plus voisines de Krakovie, le détachement à cheval de Bogdan Boncza, ancien chef d'état-major de Langiewicz, après avoir traversé Opoczno, Olkusz et Wodzislaw, s'est dirigé vers Miechow et se trouve aujourd'hui campé entre Slomniki et Proszowicé, à 16 kilomètres de Krakovie. Boncza y a pourvu à la formation de nouveaux détachements de cavalerie destinés à inquiéter l'ennemi par des marches rapides, à le prendre à l'improviste et à parcourir le pays en tout sens. Il semble avoir, mieux que personne, compris et réalisé cette devise d'une guerre de partisans : « Se trouver partout et nulle part. »

Après le brillant combat de Koniecpol, Oxinski et Luttich réunis, ont remporté un second avantage à Ianow près de Potok, sur le chemin qui conduit de cette ville à la station fortifiée de Czenstochowa. Ayant appris que deux compagnies d'infanterie et un demi-escadron de dragons marchaient à sa rencontre, Oxinski posta ses tirailleurs le long de la route, encaissée parmi des collines boisées et des rochers très-escarpés. Les Russes s'avançant en toute sécurité vers Ianow, furent reçus des deux côtés par une fusillade presque à bout portant; et les faucheurs qu'Oxinski avait placés derrière une hauteur, leur coupèrent aussitôt la retraite. Ne pouvant escalader les rochers, ils couraient le long de la route en poussant des cris d'épouvante, et tombaient sous les coups de nos tirailleurs ou se rendaient prisonniers. Une vingtaine seulement parvint à s'échapper en passant à travers les rangs des faucheurs, et courut porter à Czenstochowa la nouvelle de leur défaite.

Ce succès fait le plus grand honneur aux talents militaires du jeune patriote. Deux autres victoires nous sont signalées : l'une à Bialobrzeg sur la Piliça, où Czachowski et Kononowicz ont entouré et détruit quatre compagnies d'infanterie et un escadron de dragons; l'autre près de Lask, dans le palatinat de Kalisz, sur la route de Lodz, où le corps récemment réorganisé de Taczanowski a fait éprouver aux Russes des pertes considérables.

D'autres rencontres ont eu lieu dans le palatinat de Plock, entre Ostrow et Ostrolenka, en Podlaquie et en Lithuanie, dans les palatinats de Minsk et de Vilno; mais nous attendons des détails plus précis pour en publier les résultats. Hâtons-nous toutefois de constater que tous ces combats, à l'exception de celui de Slawuta, ont tourné à l'avantage de l'insurrection.

(*Patrie.*)

LXXVII.

LES MASSACRES DE LIVONIE.

Pour se former une idée de cette guerre de massacres et d'incendies que le gouvernement russe, à bout d'expédients, fait à la Pologne insurgée, rappelons-nous les circonstances dans lesquelles plusieurs districts de la Livonie polonaise (*Inflanty*) ont été ravagés de fond en comble vers la fin du mois dernier.

Ces massacres et ces dévastations, qui rappellent les atrocités commises en 1846 dans la Gallicie, préparés de longue main, ont été ordonnés du 26 au 29 avril, c'est-à-dire pendant la durée de la prétendue amnistie qui devait mettre un terme à la lutte.

Durant ces trois jours, plus de soixante des plus belles propriétés de cette province ont été livrées au pillage, détruites à ras de terre, sans qu'aucun indice d'insurrection ait pu motiver ces dévastations.

Les instruments employés à ces actes odieux n'ont pas été les paysans livoniens, les Lotèces (*Lotyszé*), dévoués de cœur et d'âme aux propriétaires polonais, malgré la différence de langage, mais bien les colons russes (*raskolniki*), auxquels, par un mensonge inqualifiable, on avait fait croire que le but de l'insurrection polonaise était de les exterminer jusqu'au dernier.

Tous ces faits, fondés sur des pièces officielles, ont été racontés en détail dans notre correspondance du 12 mai. Ajoutons-y que le fanatisme religieux, secondé par l'ignorance du peuple moskovite, un des ressorts les plus puissants que le gouvernement mette en jeu dans la guerre actuelle, a eu la plus grande part dans ces scènes de barbarie. Nous en voyons la preuve dans les traitements indignes éprouvés par les prêtres polonais, martyrs de leur foi religieuse autant que de leur patriotisme. Olczykiewicz, curé de Warchlany, Markiewicz, curé d'Anten, le chanoine Sandro, octogénaire, et l'abbé Kensmin, curé et vicaire de Wyszki, ont été immolés par la fureur de ces barbares, ou bien arrachés de l'autel, traînés les fers aux mains, vêtus de leurs habits sacerdotaux, dans la forteresse de Dunaborg.

Nous sommes loin de citer tous ceux qui ont éprouvé le même sort; nous ne donnons que les noms les plus connus, les plus généralement vénérés. Lorsque couverts de sang et de blessures, méconnaissables, les membres tordus par les liens qui les comprimaient, ils tombaient dans les rues de fatigue et d'inanition, les soldats russes les faisaient relever à coups de crosses et de baïonnettes. Quant aux propriétaires, on ne se donnait pas la peine de les conduire plus loin, on les achevait sur place. Les survivants sont aujourd'hui entassés par centaines dans les casemates de la citadelle. Il suffisait, pour être constitué prisonnier, d'avoir été amené à Dunaborg par un raskolnik, sous un prétexte quelconque.

Presque toute la famille des comtes Zyberg-Plater, une des plus anciennes de la Livonie, qui a donné à la Pologne de vaillants défenseurs, entre autres Émilie Plater, l'héroïne de 1831, a été anéantie de cette manière.

Le lendemain, 30 avril, le gouverneur de Vilno, un de ces hommes que la Russie trouve toujours sous sa main pour faire l'office de bourreau, déclarait aux seigneurs lithuaniens qu'il en ferait autant chez eux à la première occasion. « Au premier coup de feu, dit-il, je ne laisserai pas dans Vilno pierre sur pierre! » Et peu de temps après, le général Schouwaloff, commissaire du gouvernement, buvait à la santé des raskolniks et leur payait 3 roubles (12 francs) pour chaque tête de propriétaire, à la plus grande gloire de la clémence tant vantée de son auguste maître !

La section du gouvernement national de Lithuanie vient d'envoyer au gouvernement national de Varsovie la proclamation trouvée, comme nous l'avons annoncé, sur des soldats travestis en raskolniks et qui avaient pris part aux massacres et au pillage en Livonie. Cette proclamation authentique ouvrira les yeux à ceux qui se complaisent à vanter la magnanimité du tzar ; adressée aux soldats et aux agents moskovites, elle devait rester inconnue à l'Europe comme tant d'ordres secrets et d'instructions confidentielles du gouvernement. Voici cette pièce qui révèle toute la barbarie de cette horde moskovite, désormais indigne de figurer parmi les puissances européennes :

« *Volonté secrète du Tzar.*

« Nous proclamons à tout le peuple que la volonté du Tzar est d'exterminer tous les catholiques, en commençant par les seigneurs et toute la noblesse, et en finissant par les paysans. Les propriétés et les terres des défunts seront distribuées en récompense à ceux qui aiguiseront leurs couteaux, leurs faux et leurs haches. Encouragez les gens au massacre, mettez-vous tous à l'œuvre, et vous serez tous riches ! Le Tzar, par reconnaissance, vous fera citoyens et gentilshommes russes, et vos pères spirituels vous confirmeront dans les résolutions que vous prendrez ; car telle est la *volonté divine !*

« C'est l'amour commun de tous les Russes qui vous y exhorte, c'est la vraie foi et les fidèles confesseurs, qui vous ordonnent d'exterminer les catholiques jusqu'au dernier. Du chef de l'autorité de l'Église orthodoxe, nous vous bénissons pour cette sainte cause et nous vous recommandons de ranimer vos esprits (*avec de l'eau-de-vie*), pour l'extermination des serviteurs de Satan et pour balayer de la surface du monde les ennemis de Dieu !

« De par Dieu, l'Église orthodoxe et le Tzar. »

C'est ainsi qu'une des contrées les plus fertiles et les plus peuplées du littoral de la Baltique, qui, sous le sceptre de la Suède comme sous celui de la Pologne, avait fleuri pendant des siècles, vient d'être changée en désert. Puis, quand on eut peur que ces massacres ne vinssent à se propager en Russie (et la chose peut bien avoir lieu, car il est difficile de retenir une populace ivre de sang), on donna l'ordre de les suspendre.

Que peut-on alléguer pour justifier ou du moins pour expliquer des forfaits qui nous reportent à dix siècles en arrière, au temps des invasions musulmanes ou mogoles ? Rien, sinon la fureur éprouvée par le gouvernement russe à la suite de ses désastres en Pologne et en Lithuanie, le projet insensé de terroriser l'insurrection faute de pouvoir la vaincre, et, par-dessus tout, le dédain de la Russie pour l'opinion publique en Europe, pour les négociations diplomatiques entamées par les puissances de l'Occident. Si ce gouvernement organise une jacquerie dans une des premières provinces englobées par le partage, soi-disant pour y prévenir l'insurrection et avant même que le terme fixé par le décret d'amnistie soit écoulé ; si au lieu de punir des hordes de brigands il les récompense et stimule leur zèle ; s'il fait mettre à feu et à sang des châteaux et des bourgades entières, décimer une population dont le seul crime est d'avoir une religion différente de la sienne, c'est qu'évidemment il ne se croit pas en droit de considérer cette province comme sa propriété. Les nations qui ont été émues par les massacres de Syrie, provoqués par les mêmes haines de race et de croyances, resteront-elles indifférentes à de tels crimes ? Se borneront-elles, cette fois, à d'amicales représentations en faveur de la Pologne ? Faut-il pour les émouvoir que toutes les menaces du tzar Nicolas et de son successeur aient été accomplies ? que les deux cités mères de Varsovie et de Vilno soient, comme tout le nord et le midi de la Pologne, réduites en un monceau de cendres ? Nous ne pouvons le penser, pour l'honneur de ce siècle, qui se renierait lui-même par l'abandon de la Pologne.

P. S. — Au moment même où nous achevons ces lignes, nous apprenons de source certaine que des bandes armées, pareilles à celles de Livonie, vont être organisées par décret impérial dans tous les gouvernements limitrophes de la Pologne.

(*Patrie.*)

LXXVIII.

De Vilno, 29 mai :

Le *Journal de Saint-Pétersbourg* vient de publier la nouvelle d'une prétendue victoire remportée par le comte Schouwaloff à Lubonary.

Voici comment les choses se sont passées :

L'engagement a eu lieu le 21 mai. Ayant reçu par des espions quelques renseignements sur le lieu où campaient les insurgés, le comte Schouwaloff et le colonel de la garde Poltoratzky quittèrent avec leurs détachements la station du chemin de fer de Swienciany, le 19 mai. La journée du 20 se passa en recherches ; le lendemain, les Russes atteignirent le camp des insurgés. Le combat commença à sept heures du matin ; vers onze heures, les Russes, acculés à une petite rivière marécageuse, battirent en retraite, laissant 17 morts et emportant sur 18 chariots leurs blessés, qu'ils expédièrent à Vilno par un train de marchandises arrêté sur le chemin de fer.

La calèche du comte Schouwaloff, un caisson de poudre, ainsi que 20 carabines restèrent aux mains des insurgés qui, de leur côté, eurent 10 morts et plusieurs blessés ; trois de ces derniers furent emportés par les Russes, l'un était percé de dix-sept coups de baïonnettes. En retournant, les Russes égorgèrent des gens inoffensifs et sans armes ; deux femmes, entre autres, qui revenaient de l'église et s'étaient mises à fuir à l'approche des kosaks, furent massacrées sans pitié.

Plusieurs districts du gouvernement de Vitepsk

ont été mis en état de siége. Voici les nouvelles que notre correspondant a reçues de ces contrées :

Les *isprawniks* (chefs de police) avaient eu l'ordre d'arrêter tous les propriétaires et tous les prêtres qu'ils pourraient soupçonner de sympathie pour la cause de l'insurrection. Aussi n'en trouve-t-on presque plus dans les districts de Siebiez et Lucyn, tant est grand le nombre de ceux qu'on a écroués. Beaucoup d'églises ont dû être fermées, faute de desservants. Les populations ont adressé des plaintes au gouvernement, disant qu'on manquait d'ecclésiastiques pour baptiser les enfants et administrer les mourants ; on leur a répondu qu'elles n'avaient qu'à passer au schisme et qu'alors le tzar leur ferait don de toutes les terres des seigneurs.

Les kosaks, qui parcourent en tous sens le pays, propagent ces idées et tâchent d'exciter les paysans à égorger les propriétaires. Le lieutenant général Dlotoffsky, chef militaire de Vitepsk, ne laisse échapper aucune occasion de haranguer le peuple et surtout les gens de la campagne, en leur déclarant que les terres leur appartenaient de tout temps ; que les Polonais sont des intrus qui s'en étaient emparés par ruse, et qu'il fallait s'en débarrasser pour inaugurer le règne de Dieu et le vrai bonheur. « Ils ont subjugué vos ancêtres, répète-t-il ; ils vous ont asservis, ils ont bu votre sang et vos sueurs pendant des siècles : il est temps de vous en délivrer à jamais. »

Après le pillage de la Livonie, organisé à l'aide des vieux-croyants (*raskolniks*), il leur fut enjoint de vive voix par les envoyés du tzar de restituer les objets pillés, mais on leur fit savoir sous main que ce n'était que pour la forme ; chaque jour on voit des raskolniks arriver au marché de Dunaborg et y étaler sous les yeux de la police et des envoyés du tzar l'argenterie et différents objets pillés dans les châteaux, sans qu'ils soient inquiétés le moins du monde.

En recevant des détachements de troupes en Samogitie, le général Dlotoffsky les a harangués de la sorte : « Nous ne pouvons garder les rebelles ; où les mettrions-nous? Aussi, ne faites pas de prisonniers. Le tzar vous a donné des baïonnettes, le moment est arrivé de vous en servir ; le plus grand service que vous puissiez rendre à notre père le tzar, c'est d'exterminer toute cette race maudite. L'empereur et la Russie vous remercieront si vous ne faites pas de prisonniers, et si vous passez tout au fil de l'épée ! »

On parle chaque jour d'un massacre général ; tout le monde est préparé à la mort.

La commission d'enquête poursuit ses investigations. Seize jeunes gens des premières familles polonaises travaillent, rivés avec des forçats, dans la forteresse de Dunaborg. Le conseil de guerre instruit le procès de l'abbé Rozga et de quatre propriétaires du royaume. Le chef de la commission d'enquête, Storozenko, trouvé trop clément, vient d'être remplacé par le conseiller d'État actuel, Paniutin, envoyé de Saint-Pétersbourg.

La plupart des employés du chemin de fer ont été congédiés et remplacés par des Russes.

Le chef de la station de Pskow, Bartoszewski, et l'adjoint du bureau télégraphique de cette ville, ont été conduits à Saint-Pétersbourg.

(*Patrie*.)

LXXIX.

De Krakovie, 10 juin :

A Varsovie, on voit un fait unique dans l'histoire : deux gouvernements opposés l'un à l'autre, et qui fonctionnent en même temps ; l'un, le gouvernement officiel, réduit à la plus entière impuissance, ayant perdu tout crédit, toute autorité ; l'autre, le gouvernement national, tacitement consenti par tous, agissant sans entraves, sans contrôle, presque à découvert, et souvent même obéi par les agents du premier. Ce phénomène, inconcevable pour l'Europe, est parfaitement rationnel pour nous, qui voyons de près les deux régimes, et qui pouvons les juger par leurs actes. Il s'explique par la déconsidération profonde dont se couvrent journellement les chefs de l'administration moskovite, par tous les désordres qui forment le cortége officiel de cet État barbare, et par la modération, la sagesse, et surtout l'immense popularité qui s'attache à tous les actes du gouvernement national.

Le jour de la Fête-Dieu, que les Varsoviens ont coutume de célébrer par une procession solennelle, s'est passé dans l'ordre le plus parfait, à cause de l'absence des soldats et des agents de la police russe. Le gouvernement national avait publié la veille un ordre du jour dans lequel il répondait, à cette seule condition, de la tranquillité de la ville, et sommait le gouvernement étranger de se conformer à ses dispositions. Il a été obéi de part et d'autre ; et cette fois on n'a pas eu à déplorer, comme les années précédentes, de fusillades dans les rues, le sang n'a pas rougi le pavé de Varsovie. L'archevêque Félinski a officié pontificalement, entouré des notables et suivi de la population entière. Pour la première fois, les églises de Saint-Jean, des Récollets et de Saint-Alexandre, remplies de fidèles, n'ont pas été profanées par la violence et le massacre.

Quelques jours auparavant, le 2 juin, une rixe sanglante avait eu lieu dans le faubourg de Praga, entre les marchands et les soldats de la garde impériale, arrivés ce jour-là même de Saint-Pétersbourg. Aussitôt en quittant la gare du chemin de fer, ces défenseurs de l'ordre se sont mis à piller les magasins les plus voisins, à prendre sans payer tout ce dont ils avaient besoin pour se refaire après leur long voyage. Les sergents de police accoururent, croyant avoir à comprimer une émeute. L'un d'eux fut blessé par un soldat d'un coup de baïonnette, un autre fut tué par un officier qui déchargea sur lui son pistolet à bout portant. On fit sonner l'alarme ; le maître de police Lewszyn et le général-commandant Berg arrivèrent à la tête de la garnison et firent enfin comprendre à ces pillards qu'ils n'étaient point venus pour saccager Varsovie, mais pour combattre les insurgés.

On n'obéit plus qu'aux ordres du gouvernement national pour le paiement des impôts; et, chose qui vous paraîtra à peine croyable, c'est lui qui délivre les passe-ports à l'étranger. Le 4 juin, un détachement de volontaires, parmi lesquels une trentaine d'israélites, a remonté en plein jour la Vistule en bateaux, a franchi la ligne des canonnières russes, et s'est rendu dans le camp le plus voisin des patriotes.

On sait que l'ordre a été donné à tous les soldats en congé de rejoindre leurs régiments; une circulaire a été adressée à tous les maires pour que cet ordre fût publié dans les villages. Le gouvernement national s'est empressé de ratifier cette circulaire par son approbation, sans quoi les maires n'auraient pas osé s'y conformer. Les soldats en congé répondaient généralement (et nous le savons de la bouche d'un témoin oculaire), par ces paroles : « Puisqu'on veut, disaient-ils, nous forcer d'aller nous faire tuer pour une cause étrangère, nous préférons mourir en combattant pour notre patrie. » Et presque tous sont allés grossir les rangs de l'insurrection. La plupart des gendarmes de Varsovie, que l'on voulait envoyer dans les régiments d'Orenbourg, et remplacer par des miliciens venus du fond de la Russie, en ont fait tout autant.

Les Russes épuisent leurs dernières réserves; et des cinq mille hommes de la garde envoyés de Saint-Pétersbourg, un détachement de sept cents est resté en chemin, sur la voie ferrée de Vilno à Varsovie. Un groupe d'insurgés lithuaniens, qui campait non loin de là, pour intercepter le passage des troupes, enleva les coussinets qui supportent les rails, sur une forte pente d'une centaine de mètres, et remplit de terre les cavités. Le train dérailla; trois cents soldats furent écrasés sur le coup par la chute des wagons, et beaucoup d'autres furent blessés. Cette ruse de guerre se justifie suffisamment par les affreux excès commis en Lithuanie et en Livonie.

Les combats se multiplient dans toute l'étendue du royaume. Le corps de Lelewel, que les bulletins russes ont déjà détruit une dixaine de fois, vient de remporter une victoire entre Zaklikow et Zawichost, dans le palatinat de Lublin. Après une halte dans la partie sud-ouest de ce palatinat, employée à reposer et à exercer ses troupes, Lelewel s'est avancé vers le centre, et en débouchant des bois de Gosciradz, a rencontré les Russes qu'il a mis en déroute et refoulés vers la Podlaquie. Dans cette marche, grâce à ses excellentes dispositions, il n'a perdu qu'une trentaine des siens, et fait subir à l'ennemi des pertes considérables. En Lithuanie, Iablonowski, l'abbé Mackiewicz, et en Livonie, le détachement d'Albertynski, ont livré des combats dont l'issue a été favorable à l'insurrection. Le dernier numéro (du 5 mai) du journal national publié à Vilno, *Nouvelles de l'insurrection en Lithuanie,* nous apprend la victoire de Sleszoty.

Kononowicz, après avoir battu les Russes à Bialobrzeg, de concert avec Czachowski, s'en est séparé faute de vivres et de munitions. Voyant son détachement cerné par des troupes fraîches envoyées pour venger la défaite de Bialobrzeg, il lui fit cacher ses armes et lui indiqua un autre point de ralliement. Une rencontre sérieuse a eu lieu près de Kamieniec, en Podolie; mais les détails nous manquent encore.

La Russie emploie tous les moyens imaginables, promesses, menaces, violences, pour contraindre les paysans de Volhynie, de Podolie et d'Ukraine, à piller leurs seigneurs et propriétaires; et malgré tous ces moyens, malgré la propagande active des popes schismatiques, elle échoue et commence à désespérer de sa cause. Les communes, bannières déployées, leurs anciens (*starszyzna*) en tête, reçoivent partout les insurgés selon la coutume slave, en leur offrant le pain et le sel.

(*Patrie.*)

LXXX.

Voici un document qui nous est transmis de Lithuanie :

« *Instructions secrètes au général Mourawieff.*

« Saint-Pétersbourg, mai 1863.

« Sa Majesté Impériale, attachant la plus haute importance à la répression immédiate des troubles qui ont éclaté dans *quelques* districts des provinces lithuaniennes, a daigné nommer S. Exc. M. le général Mourawieff, gouverneur général et commandant en chef de l'armée du gouvernement de Vilno, etc. Connaissant les sentiments hostiles de la noblesse de ces provinces envers le tzar et la Russie, Son Excellence doit employer les mesures les plus énergiques contre ceux qu'il suppose être favorables à la rébellion.

« Son Excellence doit se laisser renseigner par les maréchaux de la noblesse sur les dispositions des propriétaires à l'égard du tzar ; elle prendra les mesures qu'elle jugera convenables *contre les suspects.*

« Son Excellence doit instruire, par tous les moyens, les paysans des intentions paternelles du tzar pour eux, et leur signaler les propriétaires comme leurs ennemis et leurs oppresseurs. Si Son Excellence le trouve convenable, elle fournira des armes à ceux des paysans qui sont attachés au tzar et à la Russie.

« Son Excellence doit sévir avec la plus grande rigueur contre le clergé catholique, qui est l'instigateur de la rébellion actuelle. Elle doit se faire dresser une liste des prêtres *suspects,* et elle prendra contre eux les mesures les plus énergiques.

« En ce qui concerne les rebelles, Son Excellence fera fusiller immédiatement les chefs qui tomberont en notre pouvoir, et prendra les mesures qu'elle jugera les plus convenables contre les prisonniers.

« Si les circonstances le commandent, Son Excellence peut prendre des mesures contre les familles qui comptent des membres dans les rangs des insurgés. Son Excellence doit s'opposer à certaines démonstrations des femmes; et, pour les empêcher, elle adoptera, même contre elles, des mesures sévères.

« Si Son Excellence ne trouve pas suffisantes les forces qui sont actuellement en Lithuanie, elle doit demander immédiatement des renforts.

« Son Excellence doit donc, en résumé, employer tous les moyens qu'elle jugera nécessaires à la pacification immédiate, S. M. le Tzar ayant daigné lui conférer pleins pouvoirs à cet effet. »

Patrie.)

LXXXI.

De Krakovie, 19 juin :

Nous apprenons de bonne source que les membres nouvellement admis à la direction du gouvernement national n'ont en rien changé le programme de leurs devanciers, dont le moyen principal est l'affranchissement et la dotation du peuple, et le but définitif l'indépendance de la Pologne. Le changement de personnes dont il a été question dans la presse étrangère n'a été motivé que par la nécessité de remplacer les membres tués ou faits prisonniers par la Russie. Quant à l'armistice, le gouvernement national ne s'y soumettra que dans le cas où l'intervention des puissances aurait pour objet de trancher la question polonaise dans le même but et selon les mêmes principes que les siens. Dans ce cas, disons-nous, il fera le sacrifice d'arrêter la lutte pour laisser le champ libre à l'intervention, et la secondera de tous ses efforts. Mais si cette intervention tardait à agir dans le sens indiqué, il est à craindre qu'un élément étranger ne se mêle, soi-disant comme auxiliaire, à l'action du gouvernement national.

On sait qu'une somme considérable a été prélevée, non pas à la Banque, comme l'ont faussement annoncé les télégrammes moskovites, mais à la caisse du Trésor du gouvernement russe, à Varsovie, sur quittance.

Ce n'est pas un vol privé; bien au contraire, c'est une reprise de possession.

Les feuilles russes avouent qu'on a soustrait la somme de 3,500,000 roubles argent, dont 3,200,000 en lettres de gage du Crédit foncier du royaume et le reste en lettres de change dont on pourra, disent-elles, recouvrer la valeur. Des renseignements particuliers nous apprennent que c'est une somme de 5 millions de roubles que le gouvernement national s'est fait solder à la caisse du Trésor, et que les lettres de change, déjà payées, sont retirées de la circulation. Il est vrai que le gouvernement étranger avait précédemment voulu faire un emprunt équivalent à la banque du Crédit foncier; mais à cause du peu de garantie qu'il offrait, cet emprunt lui a été refusé.

Les persécutions continuent de plus belle, et la Russie semble vouloir braver l'opinion publique par un redoublement de cruautés. Je ne sais s'il faut vous énumérer tous ces actes de barbarie sauvage qui nous reportent aux premiers temps du christianisme; car il nous semble que l'Europe ne s'en émeut que pour les taxer d'exagération, ou pour s'en laver les mains, en nous renvoyant ironiquement à la magnanimité du Tzar de Russie.

A Vilno comme à Dunaborg, Mourawieff ne cesse d'organiser des massacres, et tient à justifier son surnom de Mourawieff *le Pendeur*. Le télégraphe vous a déjà appris que cet homme cruel, pour s'emparer des chefs des insurgés, fait saisir et jeter dans les cachots leurs femmes, en les menaçant de les faire pendre si dans les six semaines leurs maris ne viennent se livrer à leur place. Pour prouver la réalité de ce fait, si invraisemblable qu'il puisse paraître en Europe, je vous citerai le nom de Mme Buinicka, renfermée dans la citadelle de Dunaborg jusqu'à ce que son mari se soit constitué prisonnier. Vous répéterai-je que les soldats ont l'ordre de ne tuer les insurgés ou les propriétaires polonais qu'à la seconde décharge, et que les bourreaux chargés des pendaisons doivent laisser tomber leur victime à terre du haut de la potence, pour lui faire endurer le supplice d'une plus longue agonie, comme cela eut lieu avec le chef Kolysko, pendu à Vilno par Mourawieff, et avec l'abbé Iszora, vicaire de Lukiszki, fusillé pour avoir promulgué un décret du gouvernement national et que l'on enterra respirant encore.

Et que certaines feuilles russes n'essayent pas de nous opposer des dénégations; nous avons les preuves en main, les témoignages officiels et les récits de témoins oculaires, que nous produirons au besoin. La *Volonté secrète du Tzar* contestée par un journal, est une pièce authentique, irrécusable; elle circule encore aujourd'hui par milliers d'exemplaires, parmi les *raskolniks* et les colons schismatiques de Livonie. Nous en possédons plusieurs pour votre édification; le *Czas* du 14 a suffisamment démontré leur origine officielle.

D'un autre côté, nous voyons les troupes russes, battues dans plusieurs rencontres, et toujours se vengeant de leurs défaites sur les blessés et sur les prisonniers. Nous avons à enregistrer aujourd'hui la victoire d'un des détachements que commandait Taczanowski à Ignacew, où le sang a déjà coulé à plusieurs reprises; puis celle de Czachowski à Blzniny. Le même jour, trois rencontres ont eu lieu en Podlaquie : 1° dans la nuit du 10 au 11 courant, le détachement de Krysinski a mis en fuite deux compagnies d'infanterie russe, entre Radzyn et Wodyn; 2° une colonne russe a été dispersée près de Sokolow, et le lendemain le général Dreier a dû quitter Siedlcé pour rallier les fuyards; 3° un détachement de gendarmes polonais à cheval a désarmé une patrouille de kosaks à Miendzyrzec, et lui a pris ses chevaux. Il est faux que Bogdan Boncza, le chef du détachement volant, ait été battu près de Krakovie, où il n'a pas livré de combat. Lelewel, après plusieurs rencontres heureuses, a pris position à Lubartow, au nord de Lublin.

A part les atrocités que nous avons signalées, les nouvelles de Lithuanie sont favorables à notre cause. Deux cents insurgés, commandés par Calixte Andrzeykowicz, propriétaire de Horki, s'étaient embusqués dans la forêt de Welsza, et attendaient l'ennemi sur une digue traversant un marais. Les Russes, au nombre de deux compagnies d'infanterie et d'une sotnia de kosaks, après avoir pillé et brûlé le village de Horki, pour la plupart ivres, s'engagèrent sur la digne. Aussitôt un feu roulant des tirailleurs polonais les reçut des deux côtés; et les faucheurs, en courant à l'attaque, leur coupèrent la retraite. Un grand nombre de Moskovites se noya dans le marais; les autres furent fusillés. Tout ce qui leur appartenait, c'est-à-dire plusieurs centaines de carabines, leurs chariots et leurs besaces remplies de butin, les cartouches, les munitions et les chevaux des kosaks, tomba au pouvoir des vainqueurs.

Leur chef, furieux d'avoir donné dans le piége, se fit sauter la cervelle; et le lieutenant général Rudanoffskoï, lorsqu'il apprit la nouvelle de cette défaite, constata dans son bulletin officiel la perte de neuf soldats tués et de quatorze blessés. « Le typhus, disait-il, qui règne ordinairement dans ces contrées, a légèrement augmenté ce chiffre. »

Non-seulement dans les anciennes provinces polonaises l'insurrection s'étend et se propage, mais dans la Grande-Russie elle-même, chez les kosaks du Dniéper, du Don et du Volga, le sentiment de l'indépendance se réveille; ce qui fait que la Russie ne peut plus envoyer en Pologne les deux corps de réserve et les deux divisions de grenadiers qu'elle avait destinés à nous combattre. Nazimoff, Toll, Berg, Mourawieff sont les derniers ressorts de la machine de Nicolas, dont les rouages ont été brisés pendant la guerre de Krimée, et que l'insurrection actuelle achève d'user.

(*Patrie.*)

LXXXII.

La *Gazette de Breslau* raconte le fait suivant :

Le grand-duc Constantin reçoit tous les jours les journaux étrangers dans un seul paquet, qu'il tient à ouvrir lui-même, afin qu'on ne puisse soustraire à son attention aucune nouvelle importante. Un de ces jours, le paquet arrive ; on examine chaque journal l'un après l'autre, et tout paraît être en très-bon ordre. Mais voilà qu'on trouve au fond du paquet le numéro du jour du *Ruch*, le journal du gouvernement national de Varsovie.

Comment le numéro rebelle a-t-il pu se glisser dans le paquet, bien cacheté, venant de l'étranger ? On n'a pu le savoir jusqu'ici. « Si cela continue ainsi, s'est écrié le grand-duc, nous serons battus, eussions-nous dix armées. Toutes nos troupes ne nous serviront à rien, tant que nous n'aurons pas découvert cet affreux gouvernement national! »

Nous pouvons affirmer aujourd'hui que les journaux secrets du gouvernement national, tels que le *Ruch* (Mouvement), *les Nouvelles du champ de bataille*, *l'Indépendance*, *les Ordres du jour du chef militaire de Varsovie*, etc., se rédigeaient, se composaient et s'imprimaient à trois ou cinq mille exemplaires dans les bureaux mêmes du gouverneur et du marquis Wielopolski; et cela d'une manière si habile et si mystérieuse qu'on n'a jamais pu découvrir les imprimeurs et les distributeurs invisibles de ces écrits.

(*Patrie.*)

LXXXIII.

De Krakovie, 20 juin :

Je vous envoie la circulaire adressée par le pope diocésain de Lubieszow (en Lithuanie), à ses ouailles schismatiques. Je traduis mot pour mot de l'original que j'ai sous les yeux, et qui donne la certitude que des ordres semblables ont été transmis à tous les grecs orthodoxes établis en Pologne :

« *Circulaire intime au clergé du diocèse de Lubieszow.*

« Du 1ᵉʳ au 3 mai, grande fête, mort aux Polonais et résurrection pour nous et pour notre nation ! Notre hôte, le Polonais maudit, nourri de notre pain, se dispose à nous payer notre hospitalité par un festin de sang. Le 1ᵉʳ mai doit éclater, comme la dernière lueur d'un feu qui s'éteint, une insurrection polonaise générale, commandée dans notre district par un certain Sokol (épervier). Ces convulsions d'agonie doivent agiter les Polonais expirants jusqu'au jour du 3 mai.

« Frères, attamans et peuple, priez et veillez, afin d'éviter un grand désastre ! Que le Polonais détesté sache enfin que son gosier nobiliaire ne fera pas de nous une seule bouchée ! S'il y a chez lui des éperviers, il y a maintenant chez nous un vautour ; nous lui prouverons que notre histoire nous est chère, que, loin de la ternir, nous y ajoulerons une page de splendeur. L'âme illustre de saint Serge tressaillera de joie en voyant que nous sommes prêts, tous tant que nous sommes, à répandre le sang infidèle. Le tzar grandira, et le Polonais tremblera. La Russie, notre mère bien-aimée, sera fière de ses enfants, qui tous égaleront les hauts faits des Susanin, des Minin (ancien boucher de Moskou) et de Pozarsky. Frères! aussitôt après avoir reçu la présente, appelez votre maire et vos adjoints, faites-leur connaître les projets impies de Pharaon, sommez-le d'agir *selon la pensée du souverain slave*, ils vous comprendront. De la vigile du 1ᵉʳ mai jusqu'au 3, que tout se lève, que toutes les mains saisissent les armes, tel un pieu, tel une hache, tel une fourche, tel une faux, tous enfin ce qu'ils pourront trouver, pour combattre à mort les bandes des Polonais!

« Au premier coup de la cloche sainte, le fusil et la croix à la main, tous à l'œuvre, en avant! Et puis, selon que Dieu voudra! Il nous ont assez opprimés; pour les bienfaits du tzar, ils l'ont noirci, de même que nous, aux yeux des juifs de l'Occident. Il est temps de chasser leur poussière du sol natal, de la terre sainte de Russie!

« Dans le cas où le maire aurait reçu la contagion du souffle polonais, il ne mériterait plus votre confiance. Cet écrit vous dira que ceux qui découvriront ou saisiront des insurgés seront largement récompensés, et ceux qui les cacheront ou les laisseront s'échapper sains et saufs, paieront une amende d'un rouble par tête d'insurgé.

« Des ordres ont été donnés à ce sujet; informez-vous-en dans les communes; sachez s'ils ont été publiés, et faites-m'en le rapport.

« *Le pope diocésain* JOHAN DYMKOWSKY,

« Avec témoins, pour transmettre en gardant le secret.

« 29 avril 1863. »

Ce curieux document du fanatisme barbare du clergé schismatique, implanté pour notre malheur dans quelques districts de la Lithuanie, a déjà été publié par plusieurs journaux étrangers. Il contient une réponse suffisante à ce que certains détracteurs de notre nationalité nomment *l'oppression des dissidents en Pologne*. Certes, le mahométisme n'a jamais produit un pareil acte de déraison et d'intolérance.

Et cependant, malgré tous leurs efforts pour soulever les paysans, les Russes éprouvent partout défaite sur défaite. En Lithuanie, ils ont été battus le 24 mai par Iablonowski à Deplamy, et par Wislouch à Proweniszki. En Volhynie, entre Miropol et Polonné, district de Zaslaw. Enfin, aux portes mêmes de Varsovie, Iankowski a fait une heureuse démonstration à Okuniew, et pour la première fois a fait briller aux yeux des Varsoviens les aigles et les lances polonaises.

Le général Brunner vient de recevoir sa démission pour avoir donné un soufflet au général Krasnosudzkoï, qui lui reprochait de s'être caché, pendant le combat de Brudzew, dans un caisson doublé de fer; ce qui ne l'avait pas empêché de s'attribuer la victoire dans son rapport au grand-duc. Les troupes russes sont dans l'état le plus déplorable; le gouvernement n'ose plus lever de contributions pour les payer, de peur d'exaspérer les paysans, et les israélites refusent toutes les fournitures. Sans solde, sans linge et sans vivres, les soldats, exténués, ne se soutiennent qu'à force d'eau-de-vie, et une grosse capote forme tout leur vêtement.

Après l'affaire de Brudzew, presque tout un régiment franchit la frontière prussienne avec armes et bagages, fut reçu, hébergé par les autorités à Pleszew, et s'y conduisit, comme partout, avec la dernière brutalité. Un officier tira un coup de revolver contre un bourgeois de Pleszew, et fut reconduit, sans avoir été désarmé, à la frontière de Pologne. Les soldats ont pareillement gardé leurs fusils et leurs cartouches.

Que dira lord Palmerston en face d'une pareille conduite? Est-ce une *puissance neutre* que celle qui autorise de semblables excès? La convention du 8 février n'existe-t-elle pas dans toute son étendue? Les procès intentés aux patriotes polonais de Posen n'en sont-ils pas la conséquence? Le 1er juin, les colonels Wunck, Rohrscheidt et Frankenberg, en compagnie de douze officiers, se sont rendus à Grodzisko, pour une entrevue avec un général russe.

(*Patrie*.)

LXXXIV.

CIRCULAIRE DU GÉNÉRAL DLOTOFFSKY

aux chefs militaires du gouvernement de Vitepsk.

Forteresse de Dunaborg.

Il est prouvé par les faits que dans divers endroits de la province de Vitepsk, malgré la sévère défense du gouvernement, beaucoup d'habitants sont munis d'armes qu'ils cherchent à soustraire aux autorités. Il est constaté aussi que des vagabonds continuent à errer dans les forêts et trouvent un refuge dans les villages; que bien des propriétaires sympathisant avec l'insurrection polonaise entretiennent des relations secrètes avec le comité révolutionnaire et contribuent à former des bandes de partisans; en sorte que l'ordre et la tranquillité publique ne sont pas encore bien rétablis.

Cet état de choses rend nécessaire la création d'une police spéciale, placée sous la surveillance des maréchaux de la noblesse et de la police rurale, et sous l'autorité suprême des chefs militaires des districts :

1° Dans les campagnes, le chef militaire du district, de concert avec le maréchal de la noblesse et la police rurale, sera tenu de dresser une liste de tous les propriétaires nobles et autres, ainsi que des membres de leur famille. Les propriétaires des maisons particulières et des hôtels seront tenus d'annoncer immédiatement à la police l'arrivée de toute personne qui fera un séjour plus ou moins prolongé dans la ville.

2° Les propriétaires et les nobles résidant sans but déterminé dans les villes, ou possédant des biens ou des fermes dans le district, seront obligés de se rendre dans leurs terres, et ne pourront les quitter pour leurs affaires personnelles, qu'après avoir reçu une autorisation spéciale du chef militaire. Ce permis devra être présenté dans les villes à la police municipale, et dans les villages aux chefs de la police rurale, ainsi qu'aux patrouilles armées;

3° Tous les vagabonds, tous les gens qui ne seront pas munis de ce permis, devront être arrêtés immédiatement et conduits à l'autorité compétente pour fournir des renseignements et des explications;

4° Tous les propriétaires nobles ou autres, et en leur absence les intendants chargés de l'administration de leurs biens, s'engageront par écrit, sur l'honneur et sous la garantie de leur fortune et de leur vie, à maintenir dans le district l'ordre et la tranquillité publique; à ne tolérer aucun attroupement défendu, aucune relation avec le comité révolutionnaire polonais, aucune conspiration, aucune publication de proclamation et de bruits mensongers, capables d'induire en erreur les esprits faibles; à ne pas permettre aux vagabonds d'errer dans les forêts; à refuser tout asile aux perturbateurs, et quand ils auront connaissance de l'endroit où ceux-ci se sont réfugiés, à les livrer à l'autorité, sans égard à la parenté ou autres considérations personnelles; enfin, non-seulement à remplir tous leurs devoirs envers S. M. l'empereur, ainsi que l'honneur et le serment de tout fidèle sujet l'exigent, mais encore à dénoncer toute personne qui oserait manquer à l'accomplissement rigoureux de ces devoirs;

5° Tous les propriétaires, nobles ou autres, livreront immédiatement aux autorités militaires les plus rapprochées toutes les armes qui sont en leur possession et s'empareront de celles qui pourraient rester cachées chez quelques-uns d'entre eux. Un délai de cinq jours sera accordé après la déclaration de cet ordre pour en faciliter l'exécution. Ce terme écoulé, le chef militaire du district sera tenu de faire une perquisition domiciliaire et devra livrer à la rigueur des lois ceux qui n'auraient pas remis volontairement leurs armes;

6° Tout propriétaire, instruit de la présence d'une bande d'insurgés dans les environs, sera tenu d'en avertir immédiatement le chef militaire le plus rapproché, afin d'arriver à une prompte et complète répression;

7° Tout individu qui prêtera asile et secours à un perturbateur, ou qui ne le livrera pas à l'instant même sous bonne escorte au chef militaire, sera considéré comme complice des insurgés et comme tel traduit devant un conseil de guerre;

8° Tout propriétaire qui, prévenu de la présence d'individus suspects cachés chez un de ses voisins, n'aura pas dénoncé sans retard la chose aux autorités, sera passible de la même peine que celui qui aura accordé un refuge au coupable;

9° Le maréchal de la noblesse, ainsi que le bourgmestre de la ville et le chef de la police rurale (*isprawnik*) dans les campagnes, seront soumis à l'autorité militaire du district. Ils formeront ensemble l'administration suprême et agiront avec le concours de la police municipale et des propriétaires;

10° Le maréchal de la noblesse et le chef de la police rurale, d'autre part, devront présenter aussi souvent que possible des rapports sur l'état du pays au chef du district;

11° Les chefs de la police rurale et leurs agents (*starszoï*) veilleront à ce que tous les villages soient pourvus de patrouilles armées formées de paysans et chargées de parcourir les rues, de visiter les cabarets, pour y arrêter les individus privés de permis et les livrer à l'autorité compétente.

7/19 mai 1863.

Signé :

Le chef militaire du gouvernement de Vitepsk, lieutenant général,

DLOTOFFSKY.

INSTRUCTIONS DU GÉNÉRAL MOURAWIEFF

aux autorités civiles et militaires de son gouvernement.

L'*Invalide russe* du 20 juin publie une longue instruction adressée par le général Mourawieff aux autorités civiles et militaires des gouvernements de Vilno, Kowno, Grodno, Vitepsk, Minsk et Mohilew, pour leur rappeler les exigences sévères de l'état de siége. Ce document est un digne pendant de la circulaire du général Dlotoffsky qu'on vient de lire.

Il y est dit que les nobles et les ecclésiastiques dont les sympathies pour le gouvernement seraient soupçonnées, doivent être arrêtés et jugés avec toute la sévérité des lois martiales, ainsi que tous ceux qui prêteraient plus ou moins leur concours à l'insurrection ou refuseraient leur coopération aux troupes pour la combattre. Mourawieff ordonne le désarmement des propriétaires nobles, du clergé et en général de toute la population catholique et polonaise.

Il veut qu'on distribue des armes à ceux des paysans qui se sont montrés favorables au gouvernement.

Comme le général Dlotoffsky, son collègue Mourawieff ordonne l'arrestation des propriétaires qui viendraient pécuniairement en aide aux insurgés, qui leur donneraient asile dans leurs maisons, ou même qui n'avertiraient pas les autorités moskovites de leur présence. Leurs biens doivent être confisqués et les revenus affectés à la subsistance des troupes chargées de pacifier la province.

Mourawieff prévient les ecclésiastiques et principalement les curés de paroisse et les supérieurs des couvents que toute assistance donnée à l'insurrection, soit par des discours, soit par la lecture de proclamations révolutionnaires dans les églises ou en dehors, soit par toute manifestation et cérémonie religieuse, sera considérée comme un crime de haute trahison et punie avec toute la sévérité des lois martiales.

La contrainte et la violence auxquelles ils seraient en butte de la part des insurgés ne pourraient *servir d'excuse aux ecclésiastiques, attendu que les serviteurs de l'autel doivent moins que les autres se laisser intimider par les menaces.*

Les autorités civiles, les propriétaires, les ecclésiastiques, les paysans, tous les habitants enfin sont soumis à la juridiction suprême des commandants militaires établis dans chaque district et investis du pouvoir de vie et de mort sur tout le monde.

Mourawieff ordonne enfin aux gouverneurs militaires de hâter l'instruction de tous les procès politiques et de faire procéder sans retard à l'exécution des arrêts des conseils de guerre.

(*Opinion nationale.*)

LXXXV.

LES MASSACRES DE LIVONIE.

Nous avions pensé que l'indignation universelle soulevée par les brigandages des *raskolniks* en Livonie, et que le comte Russell a flétris dans son discours à la Chambre des lords, ferait changer, quand ce ne serait qu'en apparence, la conduite des autorités russes à Dunaborg, afin de pouvoir au moins démentir les crimes déjà commis. Il n'en est rien cependant; et de nouvelles atrocités viennent d'être ajoutées à ce sanglant épisode de notre insurrection. La famille entière des comtes Plater a été assaillie et mise aux fers dans son château de Belmonty; le château même fut pillé et réduit en cendres par des soldats travestis en paysans. Le comte Stanislas Moll, momentanément relâché après l'enquête de Dunaborg, vient d'être incarcéré de nouveau sans aucun motif, sans doute pour l'empêcher de porter plainte à Saint-Pétersbourg, et le forcer à se déclarer satisfait. Chaque jour on amène de nombreux prisonniers, saisis et garrottés dans leurs maisons, n'ayant pris aucune part au combat et cependant montrés à la foule comme des trophées de victoire. Puis, on les conduit enchaînés à St-Pétersbourg, où sans doute ils subiront un jugement qui les enverra pour la vie entière aux extrémités de l'Asie. Citons seulement pour mémoire MM. Czerniawski, Garbowicz, Pilsudzki, le docteur Chmielewski, déportés avec beaucoup d'autres du 17 au 18 mai. Les femmes mêmes ne sont pas exceptées de cette proscription en masse. Mmes Czerniawska et sa pupille, Garbowicz, Wieleçko, Bielewicz et sa fille, ont été de même que leurs maris déportées en Russie.

Tous le pays offre l'image de la plus affreuse désolation. Dans le gouvernement de Vitepsk, comme en Livonie, il n'y a pas un château, une ferme, un village qui n'ait été ravagé, dévasté de fond en comble par les raskolniks, les kosaks, les tirailleurs ou les hulans de la garde du corps impérial. Les cachots et les maisons d'étapes du district ne suffisent plus à contenir les blessés et les captifs, entassés pêle-mêle, sans aucun secours des médecins. Deux femmes qui essayaient de leur porter des vivres ont été égorgées sur le seuil des prisons.

Le général Dlotoffsky, chef militaire de Mohilew, se distingue entre tous par la brutalité de ses actes et de ses paroles. « Nous ne savons plus où mettre ces chiens de rebelles, dit-il aux soldats en les envoyant au massacre; ne faites donc plus de prisonniers : *ceux même qui se rendraient à merci, tuez-les!* » Ces paroles sont constatées par une lettre de Vitepsk du 25 mai que nous avons sous les yeux. Dans une autre occasion, il leur criait : « N'avez-vous pas vos baïonnettes pour en finir avec les Polonais? *Plus vous en tuerez et moins vous en ferez prisonniers, plus le tzar et la Russie vous seront reconnaissants!* » C'est avec de tels ordres que ces bandits quittent Dunaborg et se répandent dans les campagnes.

Le simple soupçon de sympathiser avec l'insurrection devient un crime capital, et un motif suffisant pour l'arrestation du coupable. Aussi tous les propriétaires et les prêtres des districts de Siebiez et de Lucyn sont aux casemates ou dans les fers. La plupart des églises en Livonie sont fermées faute de desservants. Lorsque les paysans viennent porter plainte à Dunaborg, que leurs enfants, leurs malades meurent sans recevoir le baptême ou les sacrements, on leur offre généreusement des popes russes, tout prêts à les confesser ou même à les absoudre, le cas échéant, du meurtre de leurs maîtres. « Vous recevrez ce prix, leur dit-on, les terres de ceux que vous aurez égorgés; les Polonais sont parmi vous des intrus qu'il faut exterminer jusqu'au dernier, pour que la terre et son produit vous appartiennent, et pour que vous n'ayez plus d'autre maître que le tzar. » Des kosaks envoyés dans les villages leur portent les mêmes conseils et les mêmes suggestions; toutefois les bons *Lotyszé*, Finlandais d'origine mais Polonais de cœur, se gardent bien d'y céder et préfèrent mourir plutôt que de renier la foi de leurs pères.

Le conseiller d'État Paniutin vient d'être envoyé de Saint-Pétersbourg pour présider la commission d'enquête à la place du vieux Storozenko, que l'on trouvait encore trop doux et trop humain. Il n'est rien de plus pressé que d'ôter la lumière et l'air aux prisonniers, en faisant clouer les fenêtres, et de leur défendre toute communication avec leurs parents. On permet, il est vrai, l'envoi de l'argent et du linge, mais ils ne parviennent jamais à leur destination. Ces malheureux, enfermés vivants dans une tombe, meurent pour la plupart avant que leur interrogatoire ne soit commencé.

Aussi de telles cruautés, au lieu d'étouffer l'insurrection, ont servi à la propager et à l'étendre. Le détachement d'Albertynski, formé à Wilkomierz, a défait celui du général Schouwaloff à Lubonary, lui a pris ses bagages, la voiture du général et une quantité de fusils. La veille de ce jour, Schouwaloff, envoyé extraordinaire du tzar, disait à qui voulait l'entendre : « Qu'il se chargeait de donner une leçon aux insurgés, et qu'il voulait montrer comment il faut les combattre. » Le 24 mars, après un engagement de trois heures, refoulé sur des marais, ayant perdu la moitié de ses troupes, il ramenait huit chariots de blessés à la station de Swienciany, et y revenait lui-même sur un train de marchandises pris en réquisition.

Aujourd'hui, le général Schouwaloff cherche à combiner ses forces avec celles du colonel Poltoradzky, pour entourer Albertynski, qui se trouve déjà sans doute hors de leur atteinte. Un second détachement polonais se trouvait, à la même date, aux environs de Dzisna, sur le grand fleuve polonais.

C'est ainsi que les Russes, voyant leurs troupes battues par les insurgés, trouvent qu'il est beaucoup plus commode de piller et d'incendier les riches et florissantes propriétés des seigneurs livoniens, de massacrer femmes et enfants, de faire de la propagande par les kosaks et les soldats déguisés en paysans, et de changer ainsi cette guerre nationale en une guerre de désordre et de dévastation. Détruire l'élément polonais en Livonie, en soulevant deux parties de la population l'une contre l'autre, leur paraît plus facile que de la combattre à force ouverte. C'est ainsi qu'ils prétendent établir leurs droits despotiques sur cette province où les colons moskovites, persécutés par Catherine II, n'ont été admis qu'à titre d'hospitalité ; où paysans, prêtres et seigneurs, tout est demeuré radicalement polonais, malgré soixante-dix ans d'oppression ; où tous attestent en ce moment par le martyre leurs droits à l'indépendance nationale.

(Patrie.)

LXXXVI.

De Krakovie, 24 juin :

Le gouvernement russe à Varsovie voulait faire abattre plusieurs maisons dans le faubourg de Krakovie, pour y construire des casernes ; parmi ces maisons se trouvaient des monuments historiques, des vestiges de notre ancienne grandeur, que l'on avait intérêt à faire disparaître. Le gouvernement national s'y est opposé, et a publié la défense la plus formelle aux marchands, spéculateurs et banquiers de Varsovie de se présenter à l'enchère de ces bâtiments. Au jour désigné, personne n'est venu. Alors, comme on ne trouvait pas d'acheteurs dans le pays, on résolut de faire venir des entrepreneurs et des ouvriers allemands de la Prusse. Aussitôt une caravane de près de 200 émigrants quitta la frontière prussienne, et par Kalisz et Lowicz s'avança vers Varsovie. Ces gens sans patrie allaient généralement à pied, suivis de chariots où ils emportaient leurs dieux pénates et leur avoir. Arrivés à la hauteur de Konin, ils campèrent économiquement dans une plaine pour y passer la nuit.

Un détachement russe était dans les environs ; croyant avoir affaire à un camp d'insurgés, le chef, précédé de trois cents kosaks, s'approcha à une demi-portée de fusil du camp non gardé, et commanda le feu. Aux cris et aux gémissements de ces malheureux sans défense, ayant reconnu son erreur, il vit des femmes, des enfants gisant à terre, fusillés par ses soldats ; et, au lieu de les secourir, il prit bravement la fuite pour éviter toute responsabilité.

Heureusement un groupe d'insurgés se trouvait à proximité ; aux coups de feu il s'empressa d'accourir, et comme les kosaks avaient disparu, il put donner ses soins aux blessés, qu'il abrita dans un village voisin, enterrer les morts et dresser un procès-verbal qui fut envoyé au gouvernement national de Varsovie. Les survivants n'eurent garde de continuer leur voyage, et reprirent le chemin de la Prusse, en maudissant un pays où l'on ne pouvait camper en plein air sans être pris pour des insurgés. Grâce à cet événement, les maisons du faubourg de Krakovie sont encore debout.

Le gouvernement russe ne manquera pas de publier dans ses feuilles officielles, tant à l'étranger qu'en Pologne, un bulletin de victoire ainsi conçu : « Nos troupes ont rencontré une bande d'insurgés dans les environs de Konin, et l'ont dispersée après en avoir tué la moitié. De notre côté, un kosak et un cheval ont été blessés... » Ce bulletin vous arrivera par le télégraphe de Varsovie.

Le détachement de gendarmes qui a quitté Varsovie pour se joindre aux insurgés a déjà livré un combat près de Wyszogrod, dans le palatinat de Płock.

En Lithuanie, deux nouvelles victoires nous sont signalées : l'une de Suzin à Dembniki, l'autre à Horki sur la Prypeç. Nous vous en donnerons prochainement les détails.

(Patrie.)

LXXXVII.

De Posen, 25 juin :

Le 3 juin, à neuf heures du matin, l'abbé Stanislas Iszora a été fusillé sur la place du faubourg Lukiszki, à Vilno. Le crime qui lui coûte la vie n'avait attiré, il y a quelques jours, sur un de ses confrères, l'abbé Korzeniowski, qu'une condamnation à douze ans d'exil. Les Russes se soucient peu de cette inégalité dans les peines ; tout, chez eux, se décide par l'arbitraire le plus éhonté. L'abbé Iszora a subi la mort avec un calme et une confiance en Dieu dignes d'un prêtre fidèle, au milieu des larmes d'une foule éplorée, qu'il bénit avant de tomber sous les balles moskovites.

L'abbé Iszora n'était âgé que de vingt-cinq ans. Vicaire de l'église de Zoludko, dans le district de Lida, il fut poursuivi pour avoir lu du haut de la chaire un manifeste du gouvernement national, appelant aux armes tous les Polonais sous la domination russe, et proclamant l'égalité de tous les citoyens devant la loi, la liberté de conscience et l'émancipation des paysans. Il était déjà parvenu à échapper aux Russes et se trouvait en sûreté, lorsqu'il apprit que l'abbé Joseph Ianczewski, vieillard vénérable et curé de Zoludko, venait d'être arrêté à sa place. Iszora n'hésita pas alors à se constituer lui-même prisonnier pour sauver le curé innocent. Traduit devant un conseil de guerre, l'abbé fut condamné à mort ; le général Nazimoff, alors gouverneur de Lithuanie, commua cette peine en cinq ans de travaux forcés en Sibérie.

Sur ces entrefaites, Mourawieff succéda comme gouverneur au général Nazimoff, cassa la décision de son prédécesseur, maintint l'arrêt du conseil de guerre et ordonna que l'abbé Iszora fût fusillé. Le faubourg de Lukiszki avait été choisi pour le lieu de l'exécution.

Le 3 juin, à huit heures du soir, le condamné, escorté par la troupe, se rendit au lieu fatal avec beaucoup de résignation et de calme. La foule était immense, le bruit des tambours ne parvenait même pas à étouffer les sanglots des assistants. Le père de l'infortuné Iszora assistait à l'exécution; sa mère, brisée de douleur, n'avait pas eu la force de s'y rendre. A neuf heures, la sentence était exécutée : l'abbé Iszora avait cessé de vivre.

(*Patrie.*)

[LXXXVIII.

De Krakovie, 28 juin :

Si les faits d'armes des Polonais, accomplis au milieu de difficultés inouïes, achetés au prix des plus sanglants sacrifices, ne cessent d'émouvoir les sympathies séculaires de la France, vous jugerez facilement de la joie qui s'est répandue dans les camps des insurgés, à la nouvelle de la prise de Puebla. Cette belle victoire, qui vient augmenter encore l'éclat des aigles françaises, nous laisse entrevoir le jour où elles reprendront leur essor vers la Vistule, pour rendre à l'Europe, à la civilisation, une grande nation amie et sœur de la France, un des plus anciens membres de la famille chrétienne, pour l'affranchir à jamais cette fois du joug le plus odieux, le plus intolérable, qui ait encore pesé sur les hommes. Aussi, des fêtes militaires vont être organisées dans la plupart des camps de l'insurrection, et la prise de Puebla sera célébrée sur le sol polonais comme un triomphe national.

Le général Czachowski vient d'obtenir un nouveau succès à Blizniny, entre Konskié et Kielcé, dans l'ancien palatinat de Krakovie. Depuis un certain temps, il observait un détachement russe de cinq compagnies d'infanterie et d'une sotnia de kosaks. Il apprit par les paysans que les Russes, après avoir pillé le village de Blizniny, avaient établi leur camp dans le voisinage et se livraient à une orgie effrénée, sans même employer les mesures de prudence nécessaires. Il mit à l'instant ses troupes en marche et parvint, à la tombée de la nuit, sur les hauteurs environnantes. A un signal donné, les chasseurs ouvrirent le feu des deux côtés, et les faucheurs s'avançant par le milieu surprirent les Russes s'adonnant à la boisson, ivres pour la plupart et hors d'état de se défendre. La cavalerie acheva leur défaite, s'empara des armes qu'ils avaient mises en faisceaux et qu'ils n'avaient pas eu le temps d'emporter. Le lendemain, cent blessés ont été amenés, et sept officiers russes enterrés à Kielcé.

En Volhynie, le colonel Rozycki, fils du vaillant général de 1831, s'est servi d'un excellent moyen pour gagner les soldats russes à l'insurrection : il a fait distribuer à tous les prisonniers du combat de la veille un rouble par tête, et leur a rendu la liberté. Il est hors de doute que ceux-ci ne manqueront pas d'aller raconter la chose à leurs camarades et de leur vanter la générosité des insurgés, qui les traitent bien mieux que leurs propres officiers, enrichis généralement par les retenues sur leur solde et les concussions de tout genre. Ils sauront par ce moyen que, s'ils sont faits prisonniers, le meilleur accueil les attend, et s'ils combattent, ils n'ont à espérer que la mort ou l'esclavage pour toute leur vie.

Le *Czas* du 14 juin consacre son article de fond à énumérer les forces que la Russie a déjà sur le théâtre de la guerre, celles qu'elle possède pour garder ses vastes États, et celles enfin qu'elle pourrait utiliser dans le cas d'une intervention étrangère en faveur de la Pologne. Pour combattre l'insurrection, la Russie a mis en campagne douze divisions qui appartenaient aux 1er, 2e, 3e et 5e corps d'armée. En outre, il y a dans le royaume la 3e division de la garde et une brigade de cavalerie aux environs de Vilno. Ajoutons-y la 3e division de la cavalerie de réserve en Volhynie, sous les ordres du renégat Adam Rzewusky. Enfin, la 2e et la 3e division de réserve qui se trouvaient à Dunaborg agissent dans les gouvernements de Vitepsk et de Mohilew; la 5e a son quartier général à Kiow, en Ukraine.

Deux divisions actives, appartenant au 5e corps, sont en garnison entre Odessa et Kiszeniew. Elles sont nécessaires dans cette contrée pour y prévenir l'insurrection, garder la frontière de Turquie et les bords de la mer Noire. Les forces que la Russie possède en dehors du théâtre de la guerre sont : A Saint-Pétersbourg, la 1re division d'infanterie de la garde, dont une partie a déjà été envoyée en Finlande, une division de grenadiers, la division des cuirassiers de la garde, composée du régiment des gardes à cheval (*kawalergardy*), les cuirassiers du tzar et de la tzarine; à Moskou il n'y a qu'une division de grenadiers. Dans la vaste étendue de Saint-Pétersbourg à Archangel et du Kaukase au Volga sont disséminés deux corps de réserve, anciennement les 4e et 5e corps de l'armée active; le premier a son quartier général à Kazan et le second à Saratow. Finalement, trois divisions de réserve d'infanterie et trois de cavalerie sont stationnées entre le Dniéper et le Don.

La plupart de ces corps d'armée sont loin d'être au complet depuis la guerre de Krimée. Les cadres sont pour la plupart à moitié vides, en sorte que du golfe de Bothnie et de la mer Blanche à l'Oural et au Kaukase, on compte à peine 150,000 soldats de troupes régulières. Nous ne parlons pas ici des corps inamovibles, comme le sont l'armée du Kaukase, les corps d'Orenbourg et de Sibérie. Quant aux bataillons de réserve, ils ne figurent que sur le papier, et servent de propriétés de bon rapport aux généraux en retraite qui seraient chargés de les commander s'ils existaient réellement, et qu'on envoie comme proconsuls, gouverneurs de province, métropolites, intendants des cultes dans les malheureux pays destinés à les rétribuer. Parmi ces délégués en Pologne, il suffit de citer MM. Mourawieff, Nazimoff, Souchozanett et Berg.

(*Patrie.*)

LXXXIX.

Juillet 1863.

De Krakovie, 3 juillet :

A la nouvelle des derniers succès de la France, de la victoire de Puebla, la lutte s'est ranimée plus ardente que jamais dans toute l'étendue du territoire polonais. On nous signale un grand nombre de combats, de la Vistule à la Dzwina, qui presque tous ont tourné à l'avantage de l'insurrection, et qui font contraste avec les horreurs exercées par les agents de la barbarie moskovite. Il nous serait impossible de les énumérer tous; citons au moins ceux sur lesquels nous avons les détails les plus récents.

Dans le district de Wielun, près de Lutatow, ainsi qu'a pu vous l'annoncer déjà une dépêche télégraphique, un détachement de 140 insurgés a été entouré par 600 fantassins et 100 kosaks. Malgré l'inégalité du nombre, les insurgés soutinrent pendant plusieurs heures le choc de l'ennemi, et lui firent éprouver des pertes considérables. On parlementa; et comme les Russes ne voulaient point accepter les conditions posées par les Polonais, le combat recommença. Oxinski, ayant appris la détresse de ce détachement, s'empressa de voler à son secours et refoula victorieusement les Russes, qui laissèrent 60 morts sur le champ de bataille.

En Podlaquie, les forces des insurgés ont atteint un chiffre considérable. Voici les noms des principaux chefs des détachements : Zielinski, dans le district de Lukow; Lutynski, dans le district de Wengrow; Rudzki, dans le district de Biala; enfin Grzymala (colonel O'Byrn) qui a détruit complétement une colonne russe près de Wiechow. Outre ces détachements, il y a beaucoup de volontaires qui n'attendent que des armes pour aller rejoindre les insurgés. Dans une seule ville, où le gouvernement national avait fait un appel à la population, il s'est présenté tant de volontaires, qu'on a été obligé de faire tirer au sort ceux qui seraient admis.

Dans le palatinat d'Augustowo, les forces des insurgés, commandées par Andruszkiewicz, ont occupé Lomza, Styczyn et Graïewo; les Russes, après plusieurs escarmouches, se sont retirés à Suwalki, le chef-lieu du palatinat. D'autres rencontres ont eu lieu dans le palatinat de Krakovie, à Stobniça, à Kaminsk près de Radomsk, où plusieurs wagons, convoyant des soldats russes, ont été écrasés par un déraillement; près de Xionz, sur la grande route de Miechow à Kielcé, où le général Czengery aurait été grièvement blessé; dans le palatinat de Ploçk, à Popow près de Pultusk, où les Russes ont été refoulés dans la direction de Seroçk; en Lithuanie, à Orny près de Grodno, à Krolowy-Most près des forêts de Bialowiez, où les insurgés, commandés par Kiersnowski, ont tenu tête à des forces quadruples des leurs, et enfin à Rudniki près de Vilno, où 120 insurgés qui se sont rendus à discrétion, après un combat inégal, ont été impitoyablement massacrés.

Ajoutons les brillants combats de Lelewel dans le palatinat de Lublin, de ce chef habile et constamment heureux qui, toujours aux prises avec l'ennemi, parvient à déjouer toutes ses combinaisons, le harcèle et l'inquiète sans cesse, sans jamais lui-même se laisser surprendre. Le nom de Lelewel (Martin Borelowski), déjà illustre, grandit journellement dans l'estime de ses compatriotes. Mais tous ces avantages, ainsi que le savent déjà les lecteurs de la *Patrie*, ont été chèrement payés par la mort d'un de nos meilleurs chefs de partisans, l'organisateur et le commandant de nos détachements de chasseurs à cheval, le vaillant Bogdan Boncza (Konrad Blaszczynski).

Les arrestations et les exécutions continuent dans le royaume comme en Lithuanie, et les chefs russes ne connaissent plus de bornes à leurs cruautés. A Siedlcé, chef-lieu de la Podlaquie, Alexandre Olszewski et Nicolas Moryç viennent d'être fusillés; quinze autres ont été envoyés à Varsovie pour subir la même sentence. Cent neuf sont condamnés à l'exil en Sibérie ou à l'incorporation dans les compagnies de discipline, et cinquante-deux attendent à Siedlcé et Biala leur jugement. A Mohilew, Ancypa, Korsak et les deux frères Macewicz ont été passés par les armes; à Piotrkow, Bokiewicz a été pendu.

On défend aux parents et amis des prisonniers de les visiter dans la citadelle de Varsovie, de peur d'ébruiter toutes les horreurs qui s'y commettent; néanmoins nous savons qu'elles consistent en fusillades, pendaisons et noyades nocturnes dans la Vistule. Mourawieff se complaît à Vilno dans le sang et le carnage.

En Podolie, les Russes se servent des derniers moyens pour ameuter les paysans et les forcer au pillage. Comme l'eau-de-vie n'est déjà plus un moyen assez efficace, ils ont pris le parti de les réunir en masses compactes, en en font un rempart vivant dans leurs rencontres avec les insurgés; s'ils refusent de les couvrir en marchant à l'attaque, ils les tuent.

En Ukraine, un code particulier a été institué pour réglementer le pillage et le massacre; en voici les principales dispositions :

« Après le combat avec les bandes rebelles, distribuer les chevaux, les fourrages et autres objets utiles, à ceux des paysans qui, ayant volontairement accompagné l'armée, ont épuisé leurs provisions et sont forcés d'acheter argent comptant leur nourriture ;

« Partager le bétail et les provisions de bouche entre les paysans et les soldats ;

« Renvoyer à l'autorité l'argent et les objets de prix, de même que les armes et les munitions de guerre ;

« Lui livrer tous les prisonniers et tous ceux que l'on soupçonne de faire cause commune avec l'insurrection ;

« Si un détachement de kosaks parvient à piller une propriété sans la participation des paysans, on agira selon l'article 3077, paragraphe 275-280, supplément 38 du premier livre du Code martial russe (1) ;

« Quant aux armes conquises, les kosaks auront le droit de les échanger contre les leurs, qu'ils remettront à leurs chefs pour les renvoyer à l'arsenal ;

« Dans le cas où le pillage s'accomplira en compagnie d'autres soldats et de paysans, partager le butin d'après le mode ci-dessus mentionné, etc. »

Ce règlement étrange, nécessité par le genre de guerre que la Russie fait chez nous en ce moment, est signé du général aide de camp Anienkoff II. Il fait honneur à l'esprit d'ordre et de justice du lieutenant du tzar en Pologne.

(*Patrie.*)

XC.

De Krakovie, 4 juillet :

Je vous transmets aujourd'hui le rapport du chef de détachement (Jordan) qui commandait à la malheureuse affaire de Komarow, dans le palatinat de Krakovie. On sait que ce détachement, qui venait à peine de franchir la frontière, a été refoulé sur le territoire galicien par les Russes, prévenus d'avance du lieu de passage et du nombre des insurgés, les gardes-frontières autrichiens ayant tiré des coups de fusil pour avertir les Moskovites. On a peine à comprendre les complaisances de certaines autorités, dans ces contrées, pour le gouvernement que représentent Mourawieff, Toll, Berg et Dlotoffsky; d'autant plus que l'opinion publique en Allemagne, dans le sein du Reichsrath comme dans les Chambres prussiennes, se prononce ouvertement contre les atrocités qu'ils exercent. « Il y a un être plus vil que le bourreau, dit Schiller dans *Don Karlos,* c'est son valet. »

Voici le rapport :

« Trois quarts d'heure après le passage de la Vistule, plusieurs kosaks se montrèrent, et l'on entendit des coups de feu dans la direction où devait se trouver notre second détachement.

« Nous nous arrêtâmes à un point où deux routes se croisent, l'une à gauche menant à la ferme de Komarow, et l'autre au village de Zalesié. Comme d'après le petit nombre de coups de feu qu'on entendait, on ne pouvait croire à un sérieux engagement au delà de la Vistule, ne voulant pas fermer pour mon détachement un passage vers l'intérieur du pays, j'envoyai toute la cavalerie dans la direction des coups de feu, avec ordre d'explorer le terrain et de faire une diversion sur les derrières du détachement ennemi. J'ordonnai en outre au chef d'escadron Stoïowski de revenir le plus tôt possible pour dresser un rapport exact sur le détachement du major Zaykowski, faire connaître s'il avait passé la Vistule, quelle direction il avait prise, s'il combattait, et quelles étaient les forces ennemies dirigées contre lui.

« Je joins à mon rapport celui du chef d'escadron Stoïowski, qui explique l'absence du second détachement. Je ne puis ajouter qu'une chose, c'est que ce détachement s'est engagé avec les forces ennemies trop promptement et trop à la légère, et qu'il n'a pu, pour cette raison, venir à notre aide, ni mon envoyé faire son rapport sur le détachement de Zaykowski. Après une demi-heure d'attente, j'ordonnai à mes troupes de marcher vers la ferme de Komarow, pour porter secours au détachement qui se battait à notre gauche. Je n'avais avec moi que six cavaliers, que j'avais gardés pour surveiller la route qui conduisait au village de Polaniec, et qui restèrent avec nous jusqu'à la fin de la bataille.

« Arrivés à mille cinq cents pas de la ferme de Komarow, nos tirailleurs rencontrèrent l'ennemi, et un feu bien nourri commença à l'instant. Notre détachement repoussait les chasseurs ennemis en avançant avec rapidité; ce n'est que près de la ferme elle-même qu'une lutte acharnée s'engagea.

« Notre aile gauche s'empara des maisons à mille cinq cents pas de la ferme, le centre éparpillé en tirailleurs répondait aux coups de l'ennemi, et enfin l'aile droite, appuyée contre une plaine marécageuse, formait le corps de réserve et protégeait le détachement contre les dragons ennemis, dont le premier escadron s'était déjà rangé sur nos derrières. Nous occupâmes cette position difficile en combattant pendant trois heures et demie sans interruption.

« Deux choses nous restaient à faire : ou nous emparer des bâtiments de la ferme qui couvraient et protégeaient l'ennemi, et après leur enlèvement et la défaite des troupes russes, nous rapprocher du détachement de Zaykowski; ou bien encore attirer les forces ennemies sur nous, et donner par là le moyen à l'autre détachement de déboucher sur les derrières et l'aile droite du détachement ennemi. Je résolus d'attaquer la ferme; mais malgré le courage des officiers et des volontaires, toutes nos attaques furent repoussées. Une seule fois les troupes russes commencèrent à faiblir et à se retirer, quand d'un côté le capitaine Chosciakiewicz et de l'autre le comte Tarnowski, la baïonnette en main, en tête des volontaires, coururent à l'assaut. Malheureusement une balle vint frapper au front le jeune Tarnowski et le tua sur place, à quelques pas du réduit des Russes, au milieu des bâtiments mêmes de la ferme.

« Ce coup terrible nous arracha la dernière lueur d'espoir, et enleva à la Pologne un de ses fils les plus valeureux. C'est en vain que le sous-lieutenant

Piotrowski s'efforça de mettre le feu à la ferme; comme de tous les volontaires il ne restait plus que deux debout, l'ennemi revint à la charge, s'empara de nouveau des bâtiments et les occupa jusqu'à la fin de la bataille.

« La 4ᵉ compagnie restée en corps de réserve ne put prendre part à l'attaque, ayant de son côté une tâche difficile à remplir; car l'escadron de dragons rangé sur nos derrières chargea quatre fois notre aile droite. Grâce au sang-froid des officiers et au courage des soldats, les dragons arrivés à cent cinquante pas s'enfuirent en désordre devant le feu de nos tirailleurs.

« La conduite courageuse et hardie de la 4ᵉ compagnie contribua surtout à nous faire garder notre position. Comme malgré tous nos efforts nous ne pûmes chasser l'ennemi de la ferme, je résolus de garder la même position jusqu'à l'arrivée du détachement du major Zaykowski, qui pouvait plus facilement attaquer l'ennemi caché derrière les bâtiments mais découvert du côté de la Vistule; mon détachement resta donc immobile sous un feu continuel jusqu'à midi. Alors voyant que nos efforts n'aboutissaient à rien, comme nous n'entendions plus les coups de feu du côté du détachement de Zaykowski, et que, de plus, un nouvel escadron de dragons et plusieurs compagnies d'infanterie arrivaient de Staszow et de Stobniça, je résolus de quitter la place et de gagner un petit bois éloigné d'un mille dans la direction de Paçanow.

« Malgré l'extrême fatigue de nos soldats, malgré l'attaque continuelle des Russes qui nous pressaient des deux côtés avec trois escadrons, avec l'infanterie et les kosaks par derrière, cette marche d'un demi-mille s'effectua dans le plus grand ordre, sous le feu continuel de l'ennemi et sous l'escorte des dragons, qui fuyaient en désordre dès qu'ils voyaient que nous nous arrêtions pour les recevoir.

« A une heure, nous gagnâmes la forêt; mais comme l'ennemi la débordait et voulait nous intercepter le passage dans l'intérieur du pays, sans nous arrêter, nous tournâmes à droite en poussant vers le village de Lubniça dans la direction opposée à la Vistule. C'est dans cette grande plaine qu'un nouvel escadron de dragons nous attaqua de front et fit une trouée dans nos rangs. Ce qui restait de notre infanterie se dirigea vers le village de Polaniec; moi-même, avec quelques cavaliers, je me dirigeai vers le nord dans l'intérieur du pays, attirant dans cette direction tout l'escadron ennemi.

« Je ne me trouve qu'aujourd'hui dans la possibilité d'envoyer ce rapport au gouvernement national. En outre, ce n'est que maintenant que j'ai reçu des détails sur le second détachement dont l'inaction jusqu'ici me paraissait inexplicable.

« Ce détachement, commandé par le major Zaykowski, avait passé la Vistule près du village de Maniow à la même heure que nous; mais attaqué à l'instant par des forces russes considérables, malgré tout le courage du chef et des officiers, il dut se replier et repasser la Vistule. Le major Dunaïewski et son aide de camp Szymonowicz, en couvrant eux-mêmes la retraite, se noyèrent dans le fleuve. Les pertes de ce détachement furent peu considérables, bien que plusieurs hommes se soient noyés en repassant la Vistule. Malheureusement on ne peut en dire autant du détachement du capitaine Chosciakiewicz, où périt l'élite de notre jeunesse; devant la ferme seule de Komarow, gisaient soixante-six morts et autant de blessés. En tout, je compte deux cents hommes tant tués que blessés.

« Bien que ce soit après un échec terrible et non une victoire, je crois de mon devoir de donner au gouvernement national les noms de ceux dont le courage, s'il n'a pu détourner de nous ce sort malheureux, a du moins sauvé l'honneur de nos armes. Avant tout, je dois encore rendre hommage à la mémoire du comte Jules Tarnowski, et je demande au gouvernement national de donner à la famille désolée une marque de sympathie au nom du pays tout entier. Le capitaine Chosciakiewicz, chef du premier détachement, pendant tout le cours de la bataille, a donné des ordres avec le plus grand sang-froid; la baïonnette au poing, il conduisit les volontaires à l'attaque de la ferme de Komarow et arriva jusque près de la grange.

« Le docteur F..., ancien officier durant la campagne de Hongrie, pansait les blessés au milieu du feu le plus intense, et pendant les moments libres, se rappelant son ancienne profession, conduisait avec entrain le combat. L'aumônier du détachement, dont je dois taire le nom, rendait les derniers devoirs là où le danger était le plus grand, et par des paroles chaleureuses enflammait nos combattants. Toute sa conduite depuis le commencement jusqu'à la fin a été admirable.

« Les cavaliers Piotrowski et Brockhausen, descendant de cheval, se trouvèrent parmi les volontaires qui attaquaient les bâtiments occupés par l'ennemi. Brockhausen fut tué sur place; quant à Piotrowski, malgré ses efforts pour allumer les granges, il n'y put parvenir, et seul il fut sauvé par le capitaine Chosciakiewicz. Le chef d'escadron Dobrzanski, frère de deux officiers tués près de Miechow et de Malogoszcz, s'est acquitté avec sang-froid et un courage exemplaire des fonctions d'aide de camp du capitaine Chosciakiewicz. Enfin le volontaire comte Louis W..., qui remplissait près de moi les fonctions d'aide de camp, portait mes ordres au milieu d'une grêle de balles, menait les tirailleurs à l'attaque, et m'a sauvé la vie à la fin de la journée. Tous ceux que je viens de nommer ont été admirables de courage et de dévouement; plusieurs ont eu des chevaux blessés et tués. En recommandant ces jeunes gens au gouvernement national, et en demandant pour le comte L. W... un grade d'officier pour sa conduite exemplaire, je ne fais qu'accomplir mon devoir de chef et de Polonais.

23 juin 1864.

Ajoutons à ce rapport une triste, mais sérieuse réflexion. Notre bonne ville de Krakovie, malgré les sacrifices accomplis pour la cause nationale, n'a eu jusqu'à présent que de glorieux revers. Y aurait-il dans cette contrée, ancien berceau de notre nation, moins de patriotisme, moins de véritable dévouement que dans les autres ? A Dieu ne plaise ! Mais des événements comme ceux auxquels nous assistons demandent pour les diriger des hommes ayant une foi plus vive dans le triomphe final de notre insurrection.

(*Patrie*.)

XCI.

De Krakovie, 5 juillet :

Après la défaite de Langiewicz, le général Rochebrun avait été chargé par le directeur du département de la guerre dans les provinces méridionales, le général Joseph Wysocki, de réunir les détachements qui n'avaient pas franchi la frontière autrichienne, de les réorganiser et de les conduire dans l'intérieur du pays. Mais éconduit par les intrigues du parti de Mieroslawski et par les conseils de l'abbé Paul Kaminski, il eut la singulière idée de s'emparer de la dictature et de réclamer du général Wysocki tout l'argent et les papiers du département de la guerre. Il fut accueilli par une verte remontrance et par l'expulsion de ses conseillers, qui voulaient sous son nom se mettre à la tête du mouvement national. Rochebrun avoua qu'on l'avait indignement trompé, reçut une gratification avec sa démission de son commandement, et partit pour l'étranger. Cependant le parti de Mieroslawski ne cesse de s'agiter et de contrecarrer les plans du gouvernement national, en adoptant pour centre de ses agissements, non pas le champ de bataille, mais l'hôtel de Saxe à Krakovie.

Dans un combat livré par Oxinski et Luttich, entre Przedborz et Trzebnica, sur le bord de la Piliça, le général russe Czengery, qui s'était souillé quelques jours auparavant par d'affreuses profanations sur le corps du vaillant Bogdan Boncza, a été, dit-on, mortellement blessé.

En Podlaquie, l'infatigable Lelewel a de nouveau combattu près de Lukow. Nous apprenons en outre que de petits détachements de cavalerie, chasseurs, lanciers et gendarmes polonais, sont très-actifs sur la Narew, et qu'un de ces détachements a défait une sotnia de kosaks près de Zegrzé. Le commandement de Boncza a été repris dans le palatinat de Krakovie par le comte Louis Mycielski, excellent officier de cavalerie, précédemment blessé à l'affaire de Grochowiska.

Dans le district d'Olkusz, un nouveau détachement s'était formé sous les ordres de Chmielinski ; il a débuté en mettant en fuite et en écrasant dans la forêt de Ianow une compagnie d'infanterie russe. Plusieurs autres combats ont eu lieu à Kolo sur la frontière prussienne, en Lithuanie et en Samogitie. Sont-ce là des titres suffisants à l'intérêt actif de l'Europe ? Ne hâteront-ils pas son intervention armée en notre faveur, la seule vraie, la seule efficace ? La mesure du sang répandu par nous n'est-elle pas déjà pleine à déborder ? Et s'il ne suffit pas des balles moskovites, faut-il encore que la hache de Mourawieff le Pendeur le fasse tarir jusqu'à la dernière goutte ?

L'archevêque Félinski, après une entrevue avec le tzar, où ce prélat a dignement défendu les intérêts de son pays et de son église, a été transféré à Iaroslaw et placé sous la surveillance du gouvernement militaire. L'évêque de Vilno, que les Russes déportaient à Viatka, est mort en route à la suite des mauvais traitements que Mourawieff lui avait fait éprouver.

(*Patrie*.)

XCII.

De Léopol, 13 juillet :

L'Autriche joue un rôle étrange en face des événements actuels, et semble avoir pris à tâche de mettre une singulière contradiction entre ses actes et ses paroles. Elle a, comme le dieu Janus, deux visages : l'un constitutionnel, l'autre despotique ; souriant tous les deux, l'un à la France, l'autre à la Russie. Tandis qu'une Note presque identique à celles de M. Drouyn de Lhuys et de lord Russell a été envoyée par M. de Rechberg à Saint-Pétersbourg, demandant entre autres choses pour la Pologne une administration distincte, nationale, *inspirant de la confiance au pays*, des actes d'une nature tout opposée s'accomplissent sur toute l'étendue de ses possessions polonaises ; et ces actes ouvertement hostiles n'ont pas pour objet de protéger ou de rétablir l'ordre, que personne n'a jamais songé à troubler en Gallicie, malgré les excitations de la police moskovite, mais de faire échouer l'insurrection polonaise dans le royaume, en lui ôtant tous ses moyens de défense.

Si aucune expédition n'a pu aboutir de ce côté, si les détachements polonais ayant à peine franchi la frontière sont aussitôt refoulés par les troupes russes concentrées à point nommé sur le lieu de leur passage, il faut l'attribuer surtout à la connivence tacite des chefs militaires russes et autrichiens. Telle a été l'histoire des deux expéditions manquées de Maniow et de Radziwillow, pour lesquelles nous avons des preuves matérielles, irrécusables, de cette connivence, ou, pour mieux dire, de cette trahison. Dans l'une d'elles, les Russes ont été avertis par des coups de feu tirés à dessein par le corps d'observation ; dans l'autre, par un message du gouverneur général de la Gallicie, ainsi que nous l'apprend la *Gazette de Breslau*. Il est plus que probable qu'il en a été de même de toutes les expéditions précédentes, depuis celle d'Oyçow et de Pieskowa-Skala, commandée par Kurowski, jusqu'aux combats livrés par le dictateur Langiewicz, rendus stériles par son arrestation en Gallicie.

Presque tous les chefs civils et militaires de l'insurrection polonaise sont à l'heure qu'il est dans les cachots de l'Autriche, ou n'ont été élargis que momentanément, sous caution, sauf à être repris peu de jours après. Il suffira de citer les noms de Langiewicz, du député Bentkowski, accusé uniquement d'avoir été sous-chef d'état-major pendant trois jours, et qui probablement sera livré à la Prusse, du général Kruszewski, coupable d'avoir porté l'ancien costume polonais, et enfin du prince Adam Sapiéha, arrêté à Léopol sur le simple soupçon d'avoir favorisé l'expédition de Radziwillow. Tous sont sous le coup d'une instruction criminelle. On a fait au palais du prince une perquisition qui a duré quatre heures, de même qu'au domicile de M. Grelinger, secrétaire de la Société agronomique de Léopol, et chez qui l'on croyait trouver des papiers compromettants pour le prince. Naturellement on n'a rien découvert. Les attroupements qui se sont formés devant le palais Sapiéha et devant le siége de la Société agronomique à la nouvelle de cette arrestation, ont été dispersés à coups de crosse. Depuis ce moment, des patrouilles ne cessent de sillonner les rues; on réclame de tous les passants des cartes de légitimation, faute desquelles on les conduit, sans autre forme de procès, dans les prisons de la ville.

Les mêmes scènes ont lieu à Krakovie. Chaque nuit, plusieurs maisons sont envahies, explorées minutieusement, et toujours il en résulte l'arrestation d'habitants n'ayant, pour la plupart, aucun lien avec l'insurrection. Dans une de ces explorations, la maison de M. Sosnowski, maître bottier de la ville, a failli prendre feu, un falot ayant été laissé dans le grenier par les nocturnes visiteurs; heureusement Mme Sosnowska s'est aperçue à temps du danger. Toutes les portes ont été brisées par les soldats et bien qu'on n'eût rien trouvé de suspect, M. Sosnowski et ses vingt ouvriers, parmi lesquels un sourd-muet, ont été conduits à la citadelle.

La tenue d'insurgé, qui est celle de tous les jeunes gens de la classe moyenne, sans aucun autre indice, suffit pour être arrêté dans la rue, jeté dans un cachot, puis interné. Tout récemment, dix-sept jeunes gens, soupçonnés d'avoir voulu se rendre au détachement de Mycielski, étaient publiquement traînés, sous l'escorte de soixante fantassins, par la grande place de Krakovie. La foule les suivait en silence, chacun pouvant supposer parmi les prisonniers la présence d'un frère, d'un parent, d'un ami. Tout à coup, arrivés à la porte de la prison, rue Kanonna, les soldats font volte-face et tirent sur le peuple; deux hommes sont tués, et trois autres personnes, parmi lesquelles une dame âgée, tombent grièvement blessées.

Sur la frontière, les choses vont encore plus mal que dans les deux cités galliciennes. Là, l'arbitraire, la violence règnent sans aucune mesure. Non-seulement les soldats, les gendarmes, les gardes-chasse, mais tous les paysans, tous les colons allemands ont le droit d'arrêter ceux qui leur semblent suspects de patriotisme; et, en cas de résistance, de les garrotter et de les amener pieds et poings liés à la plus prochaine station militaire. Les forteresses de Moravie et de Bohême, telles que Brunn, Ihlaw, Olmutz, Josephstadt, sont remplies tout autant d'insurgés que de personnes ignorant les motifs de leur arrestation. Tous les transports d'armes, de vêtements, de munitions, sont dénoncés par des agents russes apostés tout exprès, interceptés, confisqués, avant même d'avoir pu atteindre la frontière; sur dix caisses, une seule à peine arrive à sa destination. L'Autriche seule en a déjà fait saisir pour la valeur de plusieurs millions...

(Potrie.)

XCIII.

De Krakovie, 14 juillet :

Après toutes les ignominies dont s'est souillé le gouvernement russe, il ne lui manquait plus que le rétablissement de la torture. On vient de la faire subir au malheureux Wisniewski, arrêté récemment à Radomsk, dans le palatinat de Krakovie, et que l'on supposait à tort être un agent du gouvernement national. Pendant l'interrogatoire, on lui liait les bras de manière à les joindre jusqu'aux épaules, et on enfonçait des coins dans les jointures. Puis on le frappait de verges, on lui enfonçait des morceaux de bois sous les ongles. Wisniewski, sans avoir rien avoué, est mort à la suite de ce supplice.

Les cruautés des chefs militaires russes, Mourawieff et Dlotoffsky en tête, s'exercent avec un redoublement de rage sur tous les points du territoire polonais, et contrastent singulièrement avec l'aménité des Six points proposés par les puissances. L'idée d'une conférence n'est nullement contraire aux vues du gouvernement national; mais les Six points sont si peu de chose et leur simple application tellement incompatible avec le régime moskovite, qu'ils ne pourraient offrir une garantie sérieuse et durable de paix pour l'Europe, qu'à la condition d'être considérés uniquement comme point de départ des négociations. Le gouvernement national est donc loin de repousser l'idée d'une conférence, comme veulent le faire accroire les ennemis de notre cause, mais il déclare, dès à présent, les Six points insuffisants pour la pacification de la Pologne et ne pouvant qu'entraver l'action ultérieure des puissances.

Le colonel Czachowski a reformé son détachement dans les environs d'Opoczno; il a rassembl les débris de plusieurs corps d'insurgés, et il compte de nouveau plusieurs centaines de chasseurs, de faucheurs et de cavaliers. Après la victoire de Potok, Chmielinski, se voyant cerné par un grand nombre de troupes fraîches, a séparé son détachement; une partie s'est dirigée vers Olkusz, l'autre s'est réunie dans le nord du palatinat de Krakovie.

Les débris du détachement qui a combattu à Radziwillow sous les ordres du regrettable Horodynski, ont servi de noyau à plusieurs détachements nouveaux agissant aujourd'hui en Podolie et en Ukraine

Une conscription ayant été ordonnée dans ces provinces, les paysans quittent en foule leurs villages et vont chercher un abri dans les rangs des insurgés. Ils ont pendu plusieurs *isprawniks* (recruteurs russes), envoyés avec des listes de conscription ; à Lachowiczé, Mizocz, Klewan, Czapowiczé et Leszczyn, ils se sont emparés des caisses du gouvernement.

Dans toutes ces localités, ils introduisent le libre débit de l'eau-de-vie, en supprimant le *kabak* ou la régie des liqueurs fortes, généralement affermée à des israélites. Le gouvernement russe perd par là un de ses principaux revenus. Une bande plus considérable que les autres ayant pris pour chef le paysan Bilenko, est devenue la terreur de tous les employés moskovites. Ces bandes, armées à la hâte, mais composées d'indigènes connaissant parfaitement le pays, et pouvant, en cas d'échec, rentrer dans leurs villages sans crainte d'être reconnus, peuvent être d'un très-utile secours à l'insurrection.

Malgré les bruits contradictoires qui ont circulé sur le général Wysoçki, je puis vous certifier qu'il se trouve toujours sur la ligne de bataille avec son détachement à peine entamé devant Radziwillow, et que, grâce aux nombreux officiers d'élite qu'il commande, il ne peut manquer d'accomplir la mission dont il est chargé par le gouvernement national.

Dans la ville de Rozan, les kosaks, transportant à Modlin les détenus de Lomza, ont tué deux citoyens et blessé plusieurs paysans venus au marché. N. Domanski, arrêté par le général Czengery, a été mis à mort sans aucun jugement. On a fait de même dans la citadelle de Varsovie avec Niemirycz.

Le numéro du 8 juillet du *Dziennik narodowy*, organe du gouvernement national de Varsovie, contient les paroles suivantes, auxquelles nous applaudissons de toutes nos forces :

« Le gouvernement national est au-dessus de tous les partis et les domine ; il ne repousse personne, mais aussi il ne se soumet à personne. Il ne s'incline que devant une seule puissance supérieure à la sienne, celle du patriotisme. »

(*Patrie*.)

XCIV.

De Léopol, 16 juillet :

Une personne arrivant de Krakovie nous donne les détails suivants sur la conduite des troupes autrichiennes dans cette ville. Le 14 juillet, après midi, la police fit une visite domiciliaire dans la maison de M. Obrembski, rue Sienna (au Foin), et la rue fut interceptée en tous sens par une haie de soldats. Les passants se groupaient sur la grande place pour s'enquérir du motif de ce déploiement de force militaire, sans que l'ordre et la tranquillité fussent troublés un seul instant. Vers huit heures du soir, les agents de police conduisirent dans trois fiacres cinq individus arrêtés. Chaque fiacre était précédé et suivi d'un détachement de troupes.

A l'angle de la rue Nicolas, où se trouve la direction de la police, et du boulevard extérieur, une bande de gamins se dispersa en fuyant à l'approche du cortège. L'agent de police Sandor envoya un de ses hommes aux soldats, qui, sans aucun ordre de leurs chefs, sans la moindre sommation préalable, tirèrent sur les passants. Plusieurs victimes tombèrent aussitôt ; d'abord le maître boucher Zombkiewicz qui est mort à la suite de ses blessures ; puis l'abbé Gorczalewicz, vieillard de soixante ans, blessé d'une balle à la tête ; l'abbé Sokulski, prédicateur de Notre-Dame ; le chantre de la même église, Byliça, et plusieurs autres assistants. Assurément ces derniers ne se trouvaient que par hasard sur le passage des prisonniers, et ne songeaient nullement à insulter les troupes.

Au bruit des coups de feu, les soldats qui se trouvaient au corps de garde de la grande place quittèrent *sans commandement* leur poste, bousculèrent les passants et se mirent à frapper à droite et à gauche tous ceux qui leur tombaient sous la main. C'est ainsi que le jeune Bryniarski, dont parlait hier une correspondance de Krakovie, eût la tête fracassée d'un coup de sabre. Lorsqu'on le conduisit à l'une des maisons de la place, les soldats firent feu de leur propre mouvement sur les personnes réfugiées sous la porte.

Nous avons vu pendant cette agression inqualifiable de la troupe autrichienne, d'un côté les soldats tuant ou blessant les citoyens inoffensifs sans attendre le signal de leurs chefs ; de l'autre côté, la population indignée, mais calme, se dispersant d'elle-même devant la force militaire, sans jeter une pierre, sans proférer une menace.

Je m'abstiens de toute remarque au sujet de ce fait, qui rappelle les scènes sanglantes de 1862 à Varsovie, et je le raconte tel qu'il s'est passé. Beaucoup de personnes penchent à croire que cette visite domiciliaire et cette arrestation en plein jour, avec un appareil militaire insolite, avait pour but de provoquer un conflit, de faire déclarer Krakovie en état de siège, et, à la suite, de réagir sur l'alliance autrichienne avec les États de l'Occident, dans un sens favorable à la Russie. Il paraît certain que plusieurs fonctionnaires de la localité n'ont pas su résister aux avances du cabinet moskovite.

Sur plusieurs points de la Gallicie, mais principalement dans les environs de Bochnia, les paysans ont formé des bandes armées, dans l'intention probable de renouveler les sinistres épisodes de l'année 1846 ; il ne leur a manqué qu'un chef pour les conduire. On attribue ces désordres aux menées des employés subalternes, gagnés par la Russie. Puisse la commission nommée dans le sein du Reichsrath porter un prompt remède à cet état de choses, qui ferait échouer les vues du gouvernement autrichien contre le mauvais vouloir et la mauvaise foi de certains de ses agents.

(*Patrie*.)

INSURRECTION POLONAISE. — JUILLET 1863.

XCV.

Un de nos correspondants nous fait connaître aujourd'hui une nouvelle mesure de Mourawieff qui mérite d'être signalée :

On sait les excès auxquels se sont livrés les raskolniks ou vieux-croyants russes, dans les environs de Dunaborg, contre les propriétaires. Une vingtaine de châteaux ont été brûlés et leurs propriétaires massacrés.

Les autres seigneurs polonais, ne voulant plus rien avoir de commun avec ces bandits, ont refusé depuis lors de prolonger les baux qu'ils avaient faits avec eux pour l'exploitation de leurs domaines. Mais Mourawieff est alors intervenu. Non-seulement il a enjoint aux propriétaires polonais, en les menaçant de peines terribles, de prolonger le bail des raskolniks, mais encore il a eu soin de fixer un maximum, de façon que le propriétaire ne puisse exiger plus de 3 roubles par *dessiatine* du bandit qu'il est forcé de garder chez lui.

Cette mesure du proconsul de Vilno n'a pas besoin de commentaires.

Le *Courrier de Vilno* publie la lettre suivante du général Mourawieff aux gouverneurs militaires de Vilno, Kowno, Grodno et Minsk :

« Il résulte des rapports qui me parviennent que les propriétaires polonais continuent à fournir aux insurgés qui passent dans leurs domaines les subsistances nécessaires, en prétextant toujours de la pression exercée sur eux par les rebelles.

« Ces propriétaires ne sont rien moins que disposés à prévenir, conformément à mes précédentes instructions, les commandants militaires les plus proches de l'apparition des bandes insurrectionnelles dans leurs domaines, bien qu'ils connaissent d'avance le jour et l'heure, attendu que ces bandes se composent pour la plupart de leurs parents, fils, amis ou serviteurs. Par suite de cette circonstance, j'engage Votre Excellence à ordonner la saisie immédiate des domaines des propriétaires qui auront fourni aux insurgés des subsistances, ou auront pourvu à leurs besoins d'une façon quelconque.

« Les céréales et autres denrées alimentaires qui s'y trouveront devront être mises à la disposition des troupes. Leurs chevaux et voitures serviront à l'organisation des moyens de transport des troupes. Les propriétaires, et en leur absence leurs régisseurs et administrateurs, devront être arrêtés et traduits devant les conseils de guerre. Enfin, leurs familles seront immédiatement chassées du domaine. »

(*Patrie.*)

XCVI.

MOURAWIEFF II

LE PENDEUR.

Le proconsul lithuanien Mourawieff vivra désormais dans l'histoire, comme un type de cruauté, avec ce terrible et honteux surnom de *Mourawieff le Pendeur (Wieszatel)*, qu'il s'est donné lui-même et dont il se fait gloire devant son maître. Aussi sanguinaire que le duc d'Albe, l'exécuteur des ordres fanatiques de Philippe II, il a de moins que lui l'illustration de la valeur militaire. Il tremble dans son repaire de Vilno comme un criminel pris au piége, ne signe les arrêts de mort que la terreur dans l'âme et ne sort jamais, même pour voir le supplice de ses victimes. Tel est l'homme que le tzar a choisi pour la *pacification* de la Pologne !

Chassé de la cour par Alexandre II qui le déteste et le méprise pour ses exactions pécuniaires, il n'est rentré en grâce que pour remplir l'office de bourreau.

« Sire, je suis cruel par caractère et par conviction, lui dit Mourawieff en recevant son mandat ; je mettrai sur votre règne une tache de sang.

— Vous êtes précisément l'homme dont j'ai besoin ! » lui répondit le tzar moskovite ; et Mourawieff partit à l'instant pour Vilno.

Mourawieff a changé la Lithuanie, cette sœur jumelle de la Pologne, en un véritable charnier humain. A peine arrivé, il fit dresser dans toutes les villes, sur les places publiques, des gibets et des poteaux, qui servent à des exécutions journalières. On remplirait plusieurs pages des noms de tous ceux qu'il a fait pendre, fusiller, égorger dans leurs maisons, déporter en Sibérie ou dans les mines, bien qu'on ne connaisse qu'une faible partie de ses condamnations de toute sorte. Une armée de limiers de police et de sicaires à ses ordres parcourt sans cesse le pays, et se jette comme une troupe de bêtes fauves sur la population polonaise. Non-seulement ceux qui ont pris part à l'insurrection, mais aussi « ceux qui en ont eu connaissance d'une manière quelconque sans dénoncer les rebelles, fussent-ils leurs propres enfants ou leurs frères, ceux qui les ont secourus mourants ou blessés, » sont aussitôt frappés par le bourreau, ou bien envoyés pour la vie aux travaux forcés dans le fond de la Russie ; leurs propriétés sont mises au pillage par les soldats ou confisquées au profit du trésor moskovite. Toute la classe éclairée, de quelque rang que ce soit, est suspecte à Mourawieff ; or il suffit de lui paraître suspect pour être aussitôt tué ou déporté. Son mot d'ordre habituel est : « *Point de pitié ni merci ! frappez tous ceux que vous pouvez atteindre !* »

Ses aides-bourreaux et lui-même promettent aux paysans une part dans le butin des châteaux saccagés et le partage des terres, pour prix de leurs dénonciations ou de leurs brigandages. L'armée russe emporte des fermes et des métairies tout ce qui se trouve à sa convenance : les chevaux, le bétail, le blé et même les instruments de labour. Les fonctionnaires moskovites, du plus haut au plus bas, s'évertuent à inventer des suspicions, faute de crimes évidents, pour pouvoir s'emparer des biens des citoyens, vendre à l'encan leur mobilier, séquestrer leurs maisons et leurs domaines. Ce système d'extermination de la race polonaise, appliqué en grand par Mourawieff, est parfaitement secondé par a police et la bureaucratie russes, démoralisées par e vol public et la vénalité.

Tous les fonctionnaires polonais, transportés dans l'intérieur de l'empire ou dans les colonies militaires, sont remplacés par des Kourlandais ou des Moskovites; les premiers font le voyage à leurs dépens, et s'ils osent demander des frais de route, sont destitués ou mis au cachot comme rebelles. Les autorités ont sévèrement défendu aux cultivateurs de payer leurs redevances aux propriétaires et de travailler pour eux dans toute l'étendue de la Lithuanie. Cependant, exaspérés par les pendaisons et les fusillades des prêtres catholiques, les paysans deviennent de jour en jour plus hostiles à la Russie; ils rejoignent les camps des insurgés lorsqu'ils se trouvent à proximité, partagent leurs victoires ou leurs défaites, et, dans les deux cas, ne reviennent plus à leurs foyers.

Non-seulement l'Occident, mais même nos plus proches voisins, les Allemands, voués d'instinct à la Russie, auront peine à croire à la réalité de ce tableau, à ces atrocités ordonnées ou autorisées par Mourawieff. Nous y croyons, nous qui tenons tous ces détails de témoins oculaires, de rapports officiels et d'innombrables correspondances. Nous avons vu du reste à l'œuvre ses pareils dans le royaume. Nous sommes fâchés pour l'Europe d'avoir à la réveiller de son rêve d'or par la réalité de ces sinistres peintures, que l'on feindra peut-être de croire exagérées pour se dispenser de s'en émouvoir, et qui ne sont pourtant que le pâle reflet de ce qui se passe sur un point isolé de la lutte. Nous espérons toutefois qu'en présence de cette tâche de bourreau acceptée par Mourawieff, de ce sang polonais qui coule à torrents sur les champs de bataille et sur les échafauds, de ce désespoir d'un peuple qui se jette sans armes sur ses assassins, et préfère mourir que de vivre sous un tel joug, on nous épargnera désormais l'insulte de nous renvoyer aux *sentiments magnanimes* du tzar Alexandre.

(*Patrie.*)

XCVII.

On a voulu révoquer en doute la connivence secrète de quelques fonctionnaires autrichiens avec les autorités russes. Voici une lettre adressée par M. Merkl, président de l'administration civile de Krakovie, au marquis Paulucci, directeur de la police secrète de Varsovie, et qui prouve jusqu'à l'évidence qu'un échange continuel de confidences et de bons procédés existait entre ces deux personnages. Cette lettre nous vient d'une source irrécusable. A Dieu ne plaise que nous fassions remonter jusqu'au gouvernement autrichien la responsabilité de ces actes répréhensibles. Nous avons lieu de croire que le cabinet de Vienne sera tout aussi étonné que nous l'avons été nous-même, du document officiel que nous publions. Voici la lettre de M. Merkl au marquis Paulucci ;

« Veuillez excuser, monsieur le marquis, mon silence involontaire depuis ma dernière lettre du 4 juin. J'ai été accablé d'affaires, et en outre un peu indisposé. Mille remercîments pour les papiers importants que vous avez eu la bonté de me communiquer, savoir : les correspondances de MM. Rochebrun, Ceyras, Émile Maison, Andreoli, etc. Afin d'en pouvoir faire un usage efficace, principalement contre Chrzanowski (rédacteur du *Czas*), il me faudrait savoir si l'on pourrait se baser sur ces lettres devant le tribunal de Krakovie. Veuillez avoir la bonté de m'informer sur ce doute.

« Selon les rapports de nos consuls en Valaquie, Mieroslawski se trouve à Repede, près de Iassy. Il ramasse de l'argent et des volontaires pour l'insurrection. Le nº 434 ci-joint du *Czas* contient l'exposé de la sentence rendue dans le procès du marquis Wielopolski contre les rédacteurs de ce journal. Le signalé Troïak ne se présente pas jusqu'ici [1]. Votre lettre, qui arrivait ici le 15 juin, se trouve toujours au bureau de poste. Que dites-vous de la publication, dans le *Neueste Nachrichten* de Vienne, de votre rapport confidentiel au général R... sur l'organisation de la police secrète? S'il n'est pas apocryphe, la trahison surpasse toute idée.

« S. Exc. le chevalier Tengoborsky m'a honoré d'une lettre, en me recommandant le docteur Hermann comme un homme dévoué qui désire concourir à la découverte du Comité central, dont quelques-uns des principaux membres se trouvent à Krakovie. Je lui ai témoigné tout mon empressement pour l'entendre et pour l'aider de la manière la plus efficace. Mais, outre quelques déclamations générales, outre l'énumération surabondante de ses relations intimes avec de hauts personnages, je me suis convaincu qu'il ne disposait pas de la moindre trace pouvant mener à une découverte quelconque. Je ne doute pas de la bonne volonté de ce monsieur-là; mais je doute décidément de sa qualification pour des services *si délicats* [2].

« Veuillez avoir la bonté de communiquer ces

---

1. Troïak a écrit une lettre à S. A. le grand-duc Constantin, pour lui signaler un complot contre son auguste personne. (*Note en marge, du marquis Paulucci.*)

2. Ce docteur Hermann, intrigant du plus bas étage, dont les papiers renfermant de fausses dénonciations et des rapports souvent imaginaires avaient été saisis par la police nationale, fut trouvé tué dans sa demeure, à l'hôtel de l'Europe, vers le commencement d'octobre.

remarques à M. Tengoborsky. On compte à présent plus opiniâtrément que jamais sur une intervention prochaine ; et c'est principalement de l'Angleterre que l'on attend le signal de la guerre.

« Signé : *Le président de l'administration civile de Krakovie,*

« Merkl. »

(*Patrie. — Opinion nationale.*)

XCVIII.

De Krakovie, 16 juillet :

La proclamation suivante a été affichée hier sur les murs par ordre de la police autrichienne :

« Dans ces derniers temps, à la suite d'attroupements, il y a eu des rixes répréhensibles et l'on a même jeté des pierres sur les patrouilles. Quoique l'autorité soit persuadée que la plus grande partie de la population éclairée blâme et condamne de tels excès, elle se voit forcée de tenir tout le monde en garde pour que l'on n'y participe pas, et d'attirer l'attention du public sur la mesure suivante :

« Tout individu qui, après le signal donné, ne se retirera pas, est coupable, d'après l'article 283 du code criminel au sujet des émeutes ; et les soldats, d'après le règlement militaire, étant personnellement offensés, sont forcés, pour sauvegarder l'honneur militaire, de se servir de leurs armes sans prévenir personne.

« On exhorte donc les habitants à s'éloigner de tout attroupement et désordre, et surtout les pères de famille, artisans, ouvriers ; en un mot, on recommande à tous les maîtres de veiller à ce que leurs subalternes et serviteurs restent à domicile dans de pareils moments. et qu'ils fassent tous leurs efforts pour que de pareils excès ne se répètent pas.

« Direction de la police.

« J. R.

« Krakovie, 15 juillet 1863. »

Dans la déplorable affaire du 14 juillet, Bryniarski, jeune homme de dix-neuf ans, revenait de l'enterrement de son beau-frère, André Herç, et devait passer par la rue Sienna pour rentrer chez lui. Sans aucune provocation de sa part, il se vit assailli par un caporal de la police qui le frappa à coups de sabre. Couvert de sang, il s'efforça de fuir vers la Szara-Kamieniça (Maison grise), sur la grande place ; mais le caporal le poursuivit et le tua.

(*Patrie.*)

XCIX.

On nous communique un chaleureux appel d'un israélite polonais émigré, M. Léon Hollenderski, à ses coreligionnaires, pour les exciter à participer de toutes leurs forces au soulèvement national. Cet appel d'un patriote généralement estimé ne peut manquer de produire la meilleure impression parmi nos hôtes de dix siècles, et servira de réponse à ceux qui naguère encore accusaient les Polonais d'intolérance et de fanatisme religieux.

AUX ISRAÉLITES POLONAIS.

Debout, Israël ! Enfants de Jacob, sortez de votre léthargie ! L'heure est précieuse, ne perdez pas de temps. La liberté de la Pologne, c'est la délivrance d'Israël. Frères, rappelez-vous que sous le knout de la Russie notre honneur s'est avili, que nos fortunes nous ont été arrachées, ainsi que tous les biens chers à nos cœurs. Le Moskovite nous a tous écrasés ; notre religion est profanée, les meilleures œuvres de notre théologie sont mutilées par la censure. Nos frères, nos fils sont arrachés de nos bras ; traînés au loin dans les steppes ou sur les mers, ils sont contraints de subir la torture ou le baptême schismatique.

L'accès de la Russie nous a été de tout temps interdit. Son gouvernement arbitraire s'étend jusqu'à régler la coupe de nos habits nationaux. L'avidité des agents de la police secrète nous dépouille, nous réduit à la plus atroce misère.

Frères, n'oublions pas que la Pologne fut l'unique pays où nos pères ont trouvé l'hospitalité. N'oublions pas que depuis *dix siècles* nous y habitons. Dans toutes les autres contrées de l'Europe, nous étions spoliés, persécutés, anéantis. La Pologne seule eut pitié de notre infortune et nous accorda toute liberté. Tant que la Pologne fut indépendante et grande, les israélites y vécurent heureux et honorés.

Aussi, quel est le pays où notre antique religion a pu être pratiquée aussi librement qu'en Pologne ? Quel pays sur la terre a compté un nombre aussi considérable d'israélites que la Pologne libre ? Dans les siècles précédents, les juifs polonais fournissaient des savants, des rabbins à tous les autres pays de l'Europe.

L'histoire nous raconte que nous possédions en Pologne des biens considérables, des terres ; le commerce, l'industrie florissaient entre nos mains à l'intérieur et à l'extérieur ; nous sentions en nous la dignité d'hommes libres ; nous étions Polonais alors, et nous combattions à côté de nos frères chrétiens pour la patrie commune, sous Kosciuszko et Dombrowski, avec le colonel Berko, notre coreligionnaire. Mais sous le gouvernement russe, hélas ! nous avons tout perdu, honneur, bien-être, sécurité !

Notre population, en Pologne, se monte à *deux millions et demi;* c'est la neuvième partie de la population polonaise. Notre puissance morale et matérielle est donc considérable. Nous sommes en possession de ressources assez grandes pour servir utilement la sainte cause de nos vaillants et braves frères polonais. Il s'agit de sauver notre croyance, de fonder la liberté et d'assurer l'honneur et la prospérité de notre race en Pologne, en face de l'Europe. Le moment est enfin venu où l'on reconnaît nos droits de citoyens. Il est temps de nous mettre à l'œuvre pour le bien de tous, pour le bien de notre mère patrie, la Pologne.

Vous voyez les événements qui se passent dans notre malheureux pays : d'un côté, bravoure, héroïsme, sacrifices surhumains; de l'autre, atrocité, pillage, incendie, barbarie! Aussi toute l'Europe acclame de louanges, d'admiration et de sympathies unanimes les Polonais, réprouve et maudit les bourreaux moskovites. Employons donc, nous aussi, toutes nos forces, toute notre volonté, pour montrer à nos frères chrétiens que nous ne sommes point des membres parasites de la société qui nous adopte; mais que nous avons à cœur de remplir avec fermeté les devoirs du citoyen.

Rabbins, prodiguez la parole sacrée à vos fidèles, enseignez-leur les devoirs qu'ils doivent remplir envers la patrie et la liberté. Citez-leur les paroles du prophète Jérémie, qui dit, au nom de Dieu : « Aidez au salut du pays où je vous ai dispersés. » Répétez-leur les ordres de notre deuxième Moïse (Maïmonide), qui nous dit : « *Les Noachites sont nos frères, surtout les chrétiens qui adorent Dieu comme nous, qui observent la même loi divine et honorent nos prophètes comme nous.* » Faisons tous nos efforts, chacun selon ses moyens, pour que notre peuple se voue corps et âme à la liberté de la Pologne! C'est le moyen de conquérir l'amour de nos compatriotes, l'estime des autres nations et de transformer en amis nos persécuteurs les plus obstinés. Nous pourrons alors marcher tête levée parmi les nations, et l'on reconnaîtra en nous aussi la dignité d'hommes.

Frères, jetons un regard joyeux vers l'avenir qui se montre à nous, brillant comme l'aurore, et nous soutiendrons la lutte avec courage. Tout obstacle s'aplanira, tout fardeau s'allégera par cette pensée : « *Je souffre pour ma patrie !* »

Que la concorde et l'harmonie règnent désormais parmi nous, et la bénédiction divine ne nous faillira point. Car ce sera l'accomplissement de ces paroles de nos Talmudistes : « Que la venue du Messie ne se signalera uniquement et ne différera des autres temps que par la délivrance de l'oppression et de l'esclavage. » (*Tract. Sanhedrin et Berakoth.*) Gardiens de la synagogue, demandez au Tout-Puissant la victoire prompte et complète de la Pologne, amie de son peuple! Apprenez et prêchez à ceux qui vous sont soumis que cette cause patriotique est la plus sainte pour tout Israël!

Frères, vous vous êtes montrés dignes du nom polonais dans les derniers événements de la Pologne martyre; mais il ne suffit pas d'agir isolément : montrons tous nos forces morales et matérielles, comme nos compatriotes, comme nos héros sous Saül, sous David, et comme les Machabées. Que nos cœurs et nos âmes s'épanouissent. Ouvrons les yeux et comprenons que la part active que nous prendrons à la victoire de la Pologne, notre patrie, frayera le chemin d'un bonheur impérissable à toute notre race; tandis que notre indifférence serait notre honte perpétuelle et notre ruine : « *Le bras diligent* — dit l'Ecclésiaste — *gouvernera; mais la main nonchalante sera tributaire!* »

Il est inutile d'ajouter que les juifs polonais n'ont répondu à cet appel que par leurs armes ordinaires : la fraude, l'espionnage et la trahison.

(*Patrie.*)

C.

De Krakovie, 24 juillet :

Le *Moskal* (Moskovite) ne se contente pas d'assassiner et d'incendier dans ce qu'il appelle son chez soi; il ne manque pas l'occasion d'en faire autant chez ses voisins. Nous avons aujourd'hui l'explication des nombreuses visites de MM. Mouchanoff et Anienkoff en Gallicie; nous la trouvons dans les tentatives d'incendies qui ont eu lieu aux environs de Bochnia, Wisnicz et de Brzesko. M. Mouchanoff, ancien directeur de la police russe à Varsovie, est derechef dans nos murs, travesti cette fois en officier autrichien. Qui peut lui en avoir donné l'autorisation ? Nous l'ignorons. Mais il sème l'or à pleines mains pour ameuter la population de Krakovie contre les autorités autrichiennes; il paye vingt roubles par jour les militaires qui consentent à se promener avec lui; de plus, il rétribue les incendiaires qu'il envoie porter le feu dans les petites villes limitrophes. Le 16 juillet, il avait ordonné à ses émissaires d'incendier Tarnow; et, sûr de la réussite, il osa répandre le bruit de cet incendie comme d'un fait accompli. Heureusement son indiscrétion fit échouer sa tentative; M. Mouchanoff en fut pour ses frais, et le gouvernement autrichien vient d'être mis sur la trace de ses machinations.

Grâce aux dénonciations de ses agents, les visites domiciliaires et les saisies d'armes de toute espèce se poursuivent activement dans toute l'étendue de la Gallicie. Les journaux viennois nous apprennent que la semaine dernière treize caissons d'armes ont été arrêtés sur le chemin de fer de Vienne à Krakovie. Sur cette seule voie, depuis le commencement de l'insurrection, plusieurs centaines de caisses de différentes grandeurs ont été séquestrées et déposées dans un vaste local affecté à leur conservation. Les menées de M. Mouchanoff auraient cependant dû délier l'Autriche de tous ses devoirs internationaux envers la Russie.

Les nouvelles du champ de bataille sont toujours favorables à l'insurrection, bien qu'elles attestent la ruine et la désolation générale du pays. Chaque succès coûte aux Polonais la perte de plusieurs domaines et villages incendiés. Dans le palatinat de Płock, des rencontres ont eu lieu le 14, le 15 et le 16, à Dombrowa, Komorow et Porzondz, entre les détachements de Iasinski et de Wawr, comptant 2,000 hommes, et 5,000 Moskovites. Près de 100 insurgés y ont péri, et quatre fois ce nombre dans les rangs ennemis. Après ces combats, les Russes se sont retirés vers Pultusk, et les détachements polonais, après avoir recueilli les armes abandonnées sur les champs de bataille, ont maintenu leur excellente position dans les contrées marécageuses entre le Bug et la Narew.

Dans le district d'Ostrolenka, les gendarmes polonais ont défait une demi-sotnia de kosaks, qui s'apprêtaient à piller la petite ville de Miastkow. Dans le palatinat de Lublin, à Polichno, près de Ianow, une colonne russe, qui escortait une caisse du gouvernement, a été mise en fuite, en laissant le lieu du combat jonché de morts et de blessés, et ne sauvant que la susdite caisse.

Tandis que la Russie feint d'adopter en principe les Six points (moins l'armistice et la formation d'une armée nationale, bien entendu), sauf à les violer aussitôt après, la persécution religieuse ne se ralentit en rien à Varsovie. Le grand-duc vient d'ordonner une enquête contre deux jeunes personnes de l'institut des demoiselles, nommées Szprynglewska et Buszmakin, qui s'étaient faites catholiques. La mère de la première et le père de la seconde sont du rite grec orthodoxe; or on sait que tous les enfants issus des mariages mixtes doivent être, selon la loi russe, élevés dans la religion du tzar. Deux cousines du prince Gortschakoff les dénoncèrent au pope de l'institut, qui les dénonça à l'archimandrite (évêque) et celui-ci au grand-duc Constantin.

Le colonel Nabokoff, chargé de l'enquête, et Mme Lazareff, envoyée pour les prendre et les conduire au château, se rendirent deux fois à l'établissement sans pouvoir les trouver. On nomma une commission pour découvrir ou celles qui ont conseillé aux jeunes filles de devenir catholiques. Cette commission, composée du général de gendarmerie Kuczynsky, de l'aide de camp Kireieff, de MM. Grabowski et Paplonski, n'obtint également aucun résultat. Les deux demoiselles répondirent qu'elles avaient passé au catholicisme de leur propre impulsion, et qu'elles se laisseraient hacher en morceaux plutôt que d'apostasier.

On a voulu au moins connaître le nom de leur confesseur; mais on peut être certain que sur ce point, comme sur les autres, on n'en obtiendra aucun aveu, aucune rétractation. Rappelons-nous que Mlle Pustowoïtoff, l'aide de camp de Langiewicz, avait rejoint les insurgés pour ne pas abjurer la foi de sa mère polonaise.

(*Patrie*.)

CI.

De Krakovie, 25 juillet :

A un dîner d'apparat qui eut lieu chez le grand-duc Constantin, peu après la réception des Notes des trois puissances, le grand-duc porta un toast à la santé de Mourawieff, et le lui fit mander par un télégramme. Il le pria simultanément de lui faire parvenir les instructions d'après lesquelles il règle sa conduite. Mourawieff obéit; Constantin, les ayant reçues, fit ses observations en marge de la dépêche, et la renvoya au proconsul de Vilno pour avoir son avis sur les remarques qu'il avait faites. Ces remarques lui étaient dictées, ajoutait-il, par les exigences des cabinets de l'Occident. Mourawieff les lui retourna avec l'annotation que voici :

« Toutes ces demi-mesures, Altesse Impériale, sont une puérilité; il n'y a qu'une seule manière d'agir que j'approuve et qui puisse produire un effet certain : c'est de fusiller son monde ou de le faire pendre, les autres démonstrations ne donnant aucun résultat favorable. »

Les idées de Mourawieff ont été communiquées aux autres chefs, avec l'injonction de s'y conformer, chacun selon le genre et l'étendue de ses fonctions. Aussi les emprisonnements, les exécutions, les spoliations des biens ou des emplois, font aujourd'hui l'histoire quotidienne de Varsovie et du royaume. Nous ne parlons pas de la Lithuanie, où Mourawieff sévit avec un redoublement de rage, depuis l'approbation qu'il a reçue du frère de l'empereur. On s'en prend partout aux ecclésiastiques, convaincus ou non de patriotisme. Il suffit à un prêtre d'aller porter les secours de la religion aux insurgés blessés, ou d'enterrer les morts, pour être aussitôt incarcéré comme suspect de connivence avec l'insurrection. Entre autres exemples, je citerai le curé de Warka, qui avait fait entourer l'endroit où les Russes avaient enseveli, après l'avoir fusillé, le chef Kononowicz, afin de préserver son corps de toute profanation. Cet ecclésiastique est aujourd'hui, pour ce seul fait, prisonnier dans la citadelle.

Le fanatisme des soldats moskovites est porté à une exaltation incroyable. Trois canots, qui servaient de pont volant sur la Vistule pour les passagers des deux rives, ont été démolis à coups de hache, parce que les bateliers avaient osé repêcher dans le fleuve les corps de trois prêtres liés ensemble, que l'on y avait jetés la nuit précédente.

Les trois Notes ont été accueillies à Varsovie parmi les fonctionnaires et les agents russes, avec la même ironie et les mêmes sarcasmes qu'à Saint-Pétersbourg. Le grand-duc disait à qui voulait l'entendre : « Vous voyez le prestige de la Russie; on la craint, et on nous demande pour la Pologne bien moins que ce que nous avons déjà accordé nous-mêmes. On nous délie les bras; nous nous en servirons pour frapper! »

Espérons que ce prestige de la Russie, s'il existe encore, ne tardera pas à se dissiper.

(*Patrie.*)

CII.

Le *Kladderadatch,* CHARIVARI de Berlin, annonce en ces termes l'acceptation des Six points par la Russie :

« On prétend, dans les cercles généralement bien informés, que le prince Gortschakoff a accepté les Six points aux conditions suivantes :

1° L'amnistie générale sera appliquée à tous ceux qui n'auront pris aucune part à l'insurrection ;

2° L'armistice sera mis à exécution. Les Polonais déposeront les armes; les Russes, au contraire, les garderont pour en faire l'usage humain que tout le monde connaît;

3° Les biens confisqués ne seront pas restitués, mais les propriétaires recevront en dédommagement l'exploitation des mines en Sibérie;

4° La conscription est abolie; on sera libre toutefois, sous peine de mort, de prendre du service comme volontaire;

5° La liberté de conscience est garantie aux Polonais, au Kaukase;

6° Les Polonais qui aiment tant le mystère, obtiendront leur ancienne constitution, mais elle sera exécutée en secret, afin que personne ne puisse s'en apercevoir. »

(*Opinion nationale.*)

CIII.

De Krakovie, 30 juillet :

Nous remarquons, en général, que les chefs polonais, instruits par une expérience de plusieurs mois, font aujourd'hui une véritable guerre de partisans, la seule qui convienne à l'insurrection actuelle et à la disproportion de ses forces avec celles de l'ennemi. C'est à cette manière de combattre, inusitée dans notre pays depuis la confédération de Bar (1768), qu'il faut attribuer les nombreux avantages obtenus dans ces derniers temps, et l'effet moral qu'ils ont produit sur l'esprit des troupes moskovites. Après la rencontre restée indécise du 7 juillet près de Maïdan, où combattaient les détachements de Rudzki, Zielinski et Ianowski, le colonel Krysinski entama les Russes le 15 à Parczew, au nord de Lubartow, et Wierzbicki les acheva le 18 à Polichno et Stroza. Le troisième détachement de Varsovie, réuni à ceux de Chmielinski et de Grabowski, remporta le 10 la victoire de Studziana et Oxa par une combinaison de leurs forces au moment décisif. Dans le district de Pultusk, Wawr attira sur lui les Russes sans accepter le combat, et permit aux colonnes de Iasinski et Trombczynski de défaire deux compagnies d'infanterie à Zalenzé.

C'est à la même tactique que l'on doit l'éclatante victoire de Krasnystaw. Les Russes étaient commandés par le général Chrustcheff, les Polonais par Wierzbicki, Rudzki et Krysinski. Quand les deux chefs polonais se virent menacés par des forces supérieures, ils avertirent du danger qu'ils couraient le détachement de Wierzbicki, qui se trouvait à quelques lieues de distance. Wierzbicki se mit en marche en transportant son infanterie sur des chariots, et il arriva lorsque la bataille était déjà engagée. Les Russes, surpris à l'improviste par une troupe fraîche de près de deux mille insurgés, prirent la fuite en laissant un grand nombre de cadavres sur le terrain. La cavalerie polonaise poursuivit les fuyards jusqu'à quatre lieues de Lublin, leur point de ralliement, situé à vingt lieues de Krasnystaw. Cette victoire nous coûta deux cents hommes.

Nous avons des détails plus précis sur la rencontre de Ianow, en Podlaquie, dans le district de Stanislawow. Iankowski et Zielinski, réunis le 18 juillet, après avoir battu deux colonnes russes venant de Siedlcé et de Radzyn, les poursuivirent jusque vers Minsk, à quelques lieues de Varsovie.

Soixante-dix des nôtres et deux cents Moskovites périrent dans cette rencontre. A Przysucha, près de Konskié, district de Radom, les troupes envoyées pour faire une perquisition dans les usines de fer de cette localité, et qui, selon leur coutume, se livraient au pillage et à l'ivrognerie, furent assaillies par les deux détachements de Rudowski et Dolinski et taillées en pièces. Quelques fuyards seulement allèrent à Radom annoncer leur défaite. Dans le palatinat d'Augustowo, le détachement de Lomza surprit et mit en fuite deux compagnies de grenadiers de la garde en leur tuant près de cent cinquante soldats, contre une perte de cinquante insurgés.

Nous avons en outre une affaire importante à signaler près de Piontek, dans le district de Lenczyca, conduite le 18 juillet, par le vaillant colonel Callier, qui s'était adjoint les gendarmes polonais de Gostynin. Le chef moskovite envoya au major commandant à Skierniewicé une dépêche ainsi conçue : « Nous sommes cernés de tous côtés par des bandes rebelles; arrivez au plus tôt! »

Cette dépêche arriva trop tard; et lorsque deux compagnies accoururent au combat, elles ne trouvèrent que les débris des leurs, et le champ de bataille jonché de cadavres moskovites. Les insurgés l'avaient déjà quitté en emportant les carabines et les munitions qu'ils avaient conquises et distribuées aux nouveaux volontaires affluant de toutes parts.

Le lendemain, le colonel Callier battit les Russes près de Sobota; et le surlendemain, ayant rencontré à Walewicé la colonne que le commandant russe avait envoyée de Skierniewicé, occupée à piller et à s'enivrer dans la distillerie de l'endroit, il lui tua quatre-vingts soldats et dispersa le reste. Le 25, d'autres colonnes tentèrent de le cerner, mais ce fut en vain; Callier, ayant rejoint le détachement de Syrewicz, avait déjà passé dans une autre contrée.

Les détachements dans les deux palatinats de Krakovie et de Sandomir se sont considérablement accrus dans ces derniers temps. Eminowicz, Rudowski et Dolinski, jadis officiers du corps de Czachowski, les commandent; deux autres sont sous les ordres de Grabowski et Chmielinski. Ce dernier vient de repousser les Russes à Secemin le 28 juillet. Il campait à Przyrow, où il fut rejoint par le détachement de Chabrolles, quand il apprit que l'on avait envoyé contre lui de Kielcé huit compagnies d'infanterie. Il marcha sur-le-champ par Koniecpol vers Secemin et, après avoir franchi la forêt de deux lieues qui les sépare, occupa le village de Brzozowa et les bords de la grand'route de Kielcé à Czenstochowa. C'est dans cette excellente position, coupée de broussailles et de marais, qu'il attendit avec ses chasseurs l'approche de l'ennemi. Les Russes donnèrent tête baissée dans l'embuscade de Chabrolles et Chmielinski. Au moment où ils s'avançaient au nombre de quatre compagnies en colonne serrée vers Koniecpol, ils furent reçus des deux côtés par un feu meurtrier presque à bout portant. Malgré le désordre qui se mit dans leurs rangs, ils tentèrent, mais en vain, de s'emparer du village de Brzozowa; puis, voyant qu'ils perdaient du monde sans causer grand dommage aux Polonais, ils emportèrent leurs morts et leurs blessés; et, traversant Secemin, qu'ils n'ont pas eu le temps de brûler, comme ils l'avaient promis en arrivant, ils revinrent à Iendrzeiow.

Leur perte est de cent soldats tués et autant de blessés; la nôtre, grâce à l'avantage du terrain, n'est que d'une trentaine d'insurgés, tombés en défendant le village de Brzozowa. Un détachement de gendarmerie polonaise à cheval occupe depuis six semaines les palatinats de Krakovie et de Sandomir, sans que les Russes, découragés par de si fréquents échecs, viennent l'attaquer.

Dans le nord de la Volhynie, les détachements des colonels Soltan et Traugut agissent avec succès. Nous en avons la preuve dans la dépêche du général Kazielnikoff au général Chrustcheff, interceptée par les insurgés avant la victoire de Krasnystaw, et dans laquelle le premier explique pourquoi il ne peut venir au secours de son collègue. Dans le palatinat de Kalisz, le colonel Pomeranzoff et le major Pisanko, s'étant associé l'ex-directeur de la police, le trop célèbre Mouchanoff, continuent d'agir à la Mourawieff et de provoquer une jacquerie parmi les paysans. Mouchanoff en sera cette fois encore pour ses frais d'éloquence et d'eau-de-vie, comme il l'a été en Gallicie, en soudoyant l'incendie de Tarnow. Furieux de leur insuccès auprès des paysans auxquels ils avaient en vain promis le partage des terres et prêché l'assassinat, ces trois sbires ont fait garrotter les propriétaires Zbïewski, Prondzynski et Walewski, les ont battus de verges et les ont renvoyés à la citadelle de Varsovie. Le comte Stanislas Walewski est fils de l'ancien maréchal de la noblesse de Varsovie, neveu de l'ancien ministre d'État et des affaires étrangères à Paris, et proche parent du marquis Wielopolski.

Le marquis, démissionné par le tzar, après tant de services rendus, vient de quitter Varsovie muni d'un passe-port et d'un sauf-conduit du gouvernement national. Assurément il ne l'avait pas demandé; mais il y avait droit après tout, ayant payé, bien malgré lui, les impôts exigés par le gouvernement. Il a trouvé le passe-port et le sauf-conduit dans son sac de voyage, le jour de son départ.

Plusieurs journaux prussiens ont eu l'audace d'écrire que le grand-duc Constantin avait entrepris de se concilier l'estime, sinon l'attachement des Polonais. Ce mensonge inqualifiable mérite à peine d'être relevé. Oui, vraiment, si toutes les cruautés sans nom que le grand-duc autorise, celles des Wittgenstein, Toll, Pomeranzoff, Mouchanoff; si tous les ordres barbares qu'il signe, ayant pour but de soulever la guerre civile, d'armer les paysans contre les maîtres; si la conduite de ses agents avec les prisonniers de Modlin, de Zamosc et de Varsovie; si enfin la défense faite aux juges d'instruction civils d'assister aux enquêtes, la torture introduite par lui dans la citadelle, suivie de noyades nocturnes de jeunes gens et de prêtres dans la Vistule; si toutes ces horreurs exercées en son nom, à deux pas de lui, sont des titres suffisants à l'estime des Polonais, les journaux prussiens ont raison : personne n'y a plus de droit que le grand-duc Constantin. Mais quand on fait de ces choses ou qu'on les tolère, il faut avoir au moins, comme Mourawieff, le courage d'en accepter la honte et le mépris.

Est-ce que les bourreaux russes se figurent qu'une simple dénégation publiée dans les feuilles mercenaires de Berlin ou de Bruxelles suffira pour couvrir les cris des victimes, cris qui ont trouvé un écho dans l'Europe entière? Une nation dix fois plus puissante que la Russie serait à jamais perdue, après les atrocités que celle-ci a commises dans l'espace de six mois.

Ajoutons un dernier trait à ce tableau. Les trois régiments des kosaks du Don qui viennent d'arriver et d'être passés en revue à Varsovie sont destinés, dit-on, à faire table rase de tout ce qui reste encore debout dans notre pays; à réaliser le mot du prince Gortschakoff à l'un des ministres étrangers : « Avant que vous ne soyez arrivés, nous ne laisserons en Pologne qu'un monceau de cendres! »

(*Patrie*.)

CIV.

Août 1863.

LA POLOGNE ET LES SIX POINTS.

I.

Tel est le titre d'un article de fond du journal polonais *Niepodleglosç* (l'Indépendance), écrit sous l'inspiration du gouvernement national. La politique suivie par la *Patrie* à l'égard de la Pologne insurgée reçoit ici une nouvelle sanction, son point de vue se trouvant exactement le même que celui du gouvernement, ou pour mieux dire de la nation polonaise. Le remarquable travail dont nous publions aujourd'hui la première partie constate, comme nous l'avons fait, que les Six points stipulent pour la Pologne bien moins que ne lui avaient accordé les traités de 1815, et même les statuts organiques de 1832, ce code de vengeance de Nicolas Ier. On ne conçoit vraiment pas que le prince Gortschakoff ait eu la malheureuse idée de les couvrir d'ironie et de mépris. C'est bien le cas de dire : « *Quem Jupiter perdere vult, dementat.*

Les événements en Pologne ont trouvé l'Europe non préparée, connaissant à peine les bases de notre édifice social, ignorant le caractère et la portée de la lutte incessante qui se poursuit depuis quatre-vingt-dix ans sur toute l'étendue du territoire polonais. Bercée par un long triomphe du crime du partage, l'Europe s'était habituée à le considérer comme un fait irréparable, sinon comme un droit, garanti aux spoliateurs par la prescription.

Le tzarisme seul, connaissant toute l'importance de ce mouvement intérieur qui sapait son pouvoir, s'efforçait de le comprimer dans son germe ; témoins les prisons et les jugements secrets, — les steppes de Sibérie peuplées de déportés, — le long martyrologe polonais depuis Catherine II jusqu'à Alexandre II, — témoin surtout la convention russo-prussienne qu'il s'est hâté de conclure à la première nouvelle de l'insurrection, convention qui ouvrit tout à coup les yeux à l'Europe, et lui montra l'avant-garde de la Russie apparaissant sur ses frontières rhénanes.

La conscience publique s'éveilla et reconnut les funestes conséquences pour l'avenir des peuples de ce crime du dernier siècle, qui avait détruit tous les principes du droit international et les avait remplacés par la violence.

La diplomatie seule souleva timidement et comme à regret la question polonaise. Fidèle à ses traditions de lenteur et de pusillanimité, méconnaissant nos besoins et nos tendances, entravée par la mutuelle défiance des cabinets, heurtée dans son orgueil par un soulèvement populaire, enlacée par les fils innombrables de l'intrigue, la diplomatie élabora les propositions actuelles que la Russie finira par accepter pour tromper l'Europe, pour achever son œuvre d'extermination, pour atteindre enfin à coup sûr le foyer même de la civilisation.

En face de ces hésitations et de ces éternels délais, de la barbarie sans exemple du gouvernement russe, combattant par le pillage, le meurtre et l'incendie, la Pologne abandonnée à elle-même ne cesse d'attester ses droits par le sang de ses meilleurs enfants, par l'unanimité de tous ses citoyens, par le cri de douleur sorti du sein de toute la nation, et qui trouve un écho dans le cœur de tous les peuples civilisés.

Et il n'y aura de paix et de sécurité pour l'Europe que lorsque ce cri sera entendu par les gouvernements.

Elle leur dit à tous : « Nous n'avons pas pris les armes et nous ne sommes pas résolus à mourir pour certaines améliorations fictives arrachées à la dédaigneuse magnanimité de nos bourreaux, enrichis de notre sang et de nos dépouilles. Toute négociation avec le tzar ne peut avoir pour objet que le plus ou le moins de supplices à endurer, le plus ou le moins de cruautés à commettre, et il les commettra toutes, soyez-en certains ; car si pour la nation moskovite la conquête de la Pologne est un éternel obstacle à tout progrès et à toute liberté, pour le tzarisme cette conquête est une condition d'existence, comme l'extirpation de tout ce qui est polonais serait son triomphe définitif. »

Il ne s'agit donc pas pour nous de réformes, d'un peu moins ou d'un peu plus de souffrances, — celles-ci étant déjà à leur comble ; — il ne s'agit même pas de considérations d'humanité, toutes foulées aux pieds par nos ennemis ;

Il y va pour nous de l'indépendance, de la vie. Et nous avons droit de vivre, droit fondé sur la justice éternelle, sur tout notre passé, sur cette lutte de près d'un siècle attestant notre vitalité, sur l'identité sociale et politique de toutes les parties de l'ancienne Pologne, sur l'intérêt de la paix et de la sécurité de l'Europe.

Depuis dix siècles, nous sommes le rempart de la civilisation contre les barbares. La garantie de nos droits politiques est inscrite dans les traités de tous les âges, auxquels ont participé les premiers États de l'Europe. Point de légalité pour eux, tant qu'il n'y en a pas pour la Pologne. Point d'unité nationale pour chacun d'eux, tant que cette unité basée sur l'histoire sera contestée à la Pologne.

Nous n'avons même plus à réfuter aujourd'hui les audacieux mensonges que certains écrivains opposent à notre nationalité.

L'ancien droit public polonais, qu'on a tant calomnié sous l'inspiration de Catherine II, prouve que l'idée nationale était plus avancée chez nous que chez la plupart des peuples voisins ou éloignés de nos frontières ; ce dont tout juge impartial et connaissant notre histoire conviendra sans peine.

Les fautes mêmes de nos institutions, ces fautes expiées par une si terrible expérience, et dont une triple conjuration de despotes a su profiter au moment même où la nation cherchait à les réparer, démontrent la grande cohésion et la maturité de notre peuple, qui, malgré le manque d'un pouvoir exécutif fortement organisé, a vécu pendant plusieurs siècles sur les vertus civiques et le dévouement des citoyens, ayant pour loi suprême le salut de la patrie.

Bien plus, ce peuple qui protégeait l'Europe des invasions barbares et qui lui-même s'abstenait de toute conquête, sans un pouvoir central exploitant à son profit, comme chez ses voisins, toutes les forces de la nation, ce peuple s'associait et s'assimilait d'autres peuples limitrophes, en leur donnant une part de sa vie et de sa liberté. C'est ainsi que les Lithuaniens et par ceux-ci les Ruthènes se sont spontanément réunis à la Pologne, les Ruthènes échappés au joug mogol imposé aux Moskovites et devenus Européens ; les Ruthènes chez qui le tzarisme n'a établi la vente des esclaves qu'après le partage, et ne l'a abolie, en apparence au moins, que sous l'impulsion des propriétaires polonais, lorsqu'une lutte avec l'Europe lui eut fait sentir l'impuissance de ses efforts de rénovation.

L'union de la Lithuanie et de la Ruthénie avec la Pologne est devenue un fait historique permanent, irrévocable, persistant jusqu'à nos jours, malgré l'oppression sanglante que les délégués du tzar font peser sur ces deux provinces. Personne mieux que le féroce Mourawieff n'en est convaincu.

Ne pouvant contester ce fait, le tzarisme lui oppose de fallacieuses prétentions appuyées sur l'unité de race, sur cette unité qu'il voudrait établir en principe avec les populations slaves d'Autriche et de Turquie, et qui, sous le nom de *panslavisme*, a déjà évoqué la grande guerre de Krimée. Mais les faits qu'il s'efforce en vain de falsifier prouvent jusqu'à l'évidence que les plus anciennes traditions nationales des Ruthènes n'appartiennent nullement à l'histoire de la Russie moderne.

C'est en vain qu'il invoque la communauté de croyance religieuse des Moskovites et des Ruthènes, imposée par la force depuis le partage, et qui pourtant n'en fera jamais un même peuple, comme l'a fait la tolérance entre les Ruthènes et les Polonais. Le tzarisme a dénaturé le rit grec, professé depuis des siècles par les Ruthènes, et dont le chef suprême a toujours été le patriarche de Constantinople, et non le tzar de Moskou. Catherine II, d'odieuse mémoire, a la première usurpé le patriarchat, et comme premier acte de son autorité religieuse, a ordonné les massacres des paysans en Ukraine [1].

C'est en vain qu'il met en avant son titre frauduleux de souveraineté de *Toutes les Russies*, offrant une certaine ressemblance nominale avec la *Ruthénie*, et qui a été arraché à la diète de convocation en 1764, sous la pression des baïonnettes moskovites. Voici quelles ont été, à cette diète, les déclarations à ce sujet des envoyés moskovites Keyserling et Repnin :

« On sait que, dans l'année 1686 (14 avril), un traité de paix, conclu entre la Russie et la sérénissime république de Pologne, désigne les pays, les provinces et les terres appartenant et *devant appartenir* à l'une ou l'autre partie, de manière qu'aucun doute, aucune prétention ne puisse être élevée au sujet de cette possession [1].

« On craint souvent ce qui n'est pas à craindre ; ce dont le titre nouvellement admis de *toutes les Russies* est un exemple récent. Pour attester et mettre en évidence la bonne foi et l'amitié de l'impératrice de toutes les Russies pour la sérénissime république de *Pologne et du grand-duché de Lithuanie*, nous déclarons par la présente que Sa Majesté Impériale notre souveraine ne cherchera jamais, ni pour elle-même, ni pour ses successeurs, ni pour son empire, à s'arroger en vertu de ce titre de *toutes les Russies*, ni sous quelque prétexte que ce soit, des droits aux terres et domaines qui, sous le nom de Ruthénie (*Rus*), appartiennent au royaume de Pologne et au grand-duché de Lithuanie et se trouvent sous leur gouvernement ; bien au contraire, elle garantit à la sérénissime république le maintien de ses droits et de ses titres, ainsi que la possession indéfinie des terres et des pays auxquels elle a droit ou qu'elle possède actuellement. »

Une semblable déclaration a été déposée à cette même diète pour ce qui concerne le titre officiel du roi de Prusse.

Huit ans après la ratification par Catherine de cette déclaration signée en son nom, elle s'empara des provinces si solennellement garanties à la république, et renouvela des prétentions qu'elle avait reconnues illégitimes.

Voilà quelle est l'origine des droits du tzarisme sur la Lithuanie et la Ruthénie, qu'il veut faire passer aux yeux de l'Europe pour sa propriété. Voilà la mesure de la bonne foi, d'ailleurs bien connue, de toutes les déclarations et des promesses moskovites.

La Pologne, la Lithuanie et la Ruthénie n'ont pas cessé de combattre par le martyre et aujourd'hui par les armes l'usurpation et le mensonge du tzarisme, en soutenant leur droit historique méconnu par l'Europe, la liberté politique, la tolérance religieuse, l'égalité devant la loi des cultes et des conditions, et partant tous les principes de la civilisation européenne.

Mais le droit abstrait n'est pas la seule base de notre lutte actuelle. La Pologne puise ses forces dans le fait même des nationalités, que l'Europe ne peut plus renier aujourd'hui, puisqu'elle l'a inscrit en tête de son code politique. Le tzarisme voudrait lui per-

---

1. La tolérance est un mot vide de sens en Russie, de même que la liberté. Toute conversion du schisme au catholicisme est punie de confiscation des biens et d'exil en Sibérie, pour le prêtre catholique comme pour celui qu'il a converti. Les mariages mixtes ne sont permis qu'à la condition d'élever les enfants dans la foi orthodoxe (russe), et deviennent ainsi des instruments de prosélytisme pour la religion dominante. Nous en avons vu récemment plusieurs exemples à Varsovie même. (V. p. 637.)

1. Par le traité dit de Grzymultowski les provinces au delà du Dniéper ont été cédées à la Russie ; l'Ukraine, moins Kïow, est restée à la Pologne.

suader, par une série de mensonges inqualifiables, que les nationalités ruthène et moskovite sont identiques.

Leurs langues diffèrent tout autant que celles des Polonais, des Bohêmes, des Bulgares, des Serbes, etc. Elles sont plutôt deux mortelles ennemies, et ne peuvent s'absorber que par la destruction de l'une d'elles. La Pologne écrivait des lois pour les Ruthènes dans leur langue; leurs députés s'exprimaient en ruthénien dans le sein de la diète polonaise. Le tzarisme proscrit à la fois les deux langues de l'administration et des écoles. La Pologne défend contre lui la nationalité ruthène, à l'égal de la lithuanienne et de la polonaise. Leur fusion n'est qu'un fait d'adhésion volontaire consacré par le droit.

Notre époque ne reconnaît un droit que lorsqu'elle le voit soutenu par la force. Voilà pourquoi la Pologne a dû recourir à l'insurrection.

CV.

LA POLOGNE ET LES SIX POINTS.

La seconde partie de l'article du journal *Niepodleglose*, que nous donnons ci-après, contient l'appréciation des Six points par le gouvernement national polonais; elle prouve une fois de plus que la diplomatie a fait fausse route en essayant un compromis entre les spoliateurs et les spoliés sur cette base chétive et dérisoire. Le royaume de 1815, informe création d'un moment de surprise, arraché à la Sainte-alliance par la peur que lui causait le retour de Napoléon Iᵉʳ, ne pouvait être accepté par la Pologne, insurgée pour le maintien de son droit national, et non pour quelques réformes de détail que la Russie n'aurait jamais sincèrement accordées et encore moins exécutées. Nous croyons rendre service aux négociateurs des trois puissances en leur mettant sous les yeux ce document, qui leur épargnera sans doute une seconde faute du même genre, et partant une nouvelle déception. La devise adoptée par la Russie est : extermination et massacre; la nôtre est tout aussi explicite, c'est : indépendance, intégrité et liberté. L'Europe ne peut que se rallier à l'une ou à l'autre, à celle qui lui paraîtra le plus conforme à son honneur et à ses intérêts.

II.

Les limites de notre insurrection sont celles de la nationalité polonaise. Tous les éléments civilisateurs de la Lithuanie et de la Ruthénie, les traditions du passé de même que les éléments de progrès pour l'avenir, se sont formés sur l'organisme politique de la Pologne. L'industrie, l'agriculture, le grand commerce dans ces deux pays sont exclusivement polonais. Point d'avenir, point d'existence possible pour eux dans leur fusion avec la Russie. Elle n'est dans toute l'étendue de nos anciennes limites qu'une invasion permanente, tarissant toutes les sources de la vie nationale et sapant tous les principes sur lesquels repose notre société : la religion, la propriété, la sécurité personnelle, le saint amour de la patrie, l'harmonie entre les différentes classes de la population.

Le tzar Alexandre jette enfin le masque d'un faux libéralisme, avec lequel il voulait se faire passer pour législateur de son pays aux yeux de l'Europe; il surpasse ses devanciers en barbarie vindicative et sauvage. Il faudrait remonter jusqu'aux temps d'Yvan le Cruel pour lui trouver un pendant. Afin de prouver que la Ruthénie polonaise lui appartient, il trouve tout simple d'exterminer un peuple, de le décapiter dans sa classe la plus éclairée et partant la plus patriotique, d'évoquer une lutte fratricide entre les propriétaires et les paysans.

Qu'adviendrait-il si son projet insensé devait s'accomplir?

Qu'on se figure un peuple sans foi religieuse, sans lumières, sans une idée précise de la propriété, ignorant toute industrie, toute transaction commerciale, et l'on aura une image incomplète de ce que seraient les provinces dites conquises, si la Russie parvenait à en extirper l'élément polonais. La Bretagne celtique, privée de tous les fruits de son association avec la France, serait encore un pays très-heureux et très-civilisé auprès de ce que la Russie veut faire de ces provinces, car il lui resterait au moins l'élément religieux.

Le paysan lithuanien, plus que tout autre, a le sentiment de l'avenir qu'on lui prépare, lorsque bravant les menaces de Mourawieff, s'exposant à voir sa cabane incendiée et sa famille égorgée, il saisit sa faux et va rejoindre les insurgés. Après la conquête politique, la Russie veut couronner son œuvre par la conquête sociale, par le pillage en grand de toutes les propriétés et de toute la fortune de ces malheureuses provinces.

Sa vie est celle du vampire, qui ne saurait exister qu'à la condition de s'assimiler la vie des autres. Qu'un seul jour elle soit abandonnée à elle-même, la Russie rentre dans son tombeau de glace pour ne plus en sortir. Mais déjà tous les ressorts de son action dissolvante lui échappent ou se brisent entre ses mains. Outre l'insurrection polonaise, la guerre du Kaukase, le soulèvement probable des provinces suédoises, tracent autour d'elle un cercle de feu.

La Pologne concentre chaque jour ses forces et les grandit; leur développement, sous cette immense pression de la tyrannie moskovite, démontre à quel point l'esprit d'organisation a pénétré dans les mœurs depuis l'époque du partage.

On ne saurait plus taxer les Polonais d'anarchie, lorsqu'ils obéissent tous, par un consentement tacite, à un gouvernement anonyme, privé de tout point d'appui à l'étranger, mais qui représente à leurs yeux les intérêts et les tendances de la nation.

L'épreuve des quatre-vingt-dix ans d'oppression qu'elle vient de traverser, et surtout la lutte actuelle, entreprise presque sans armes contre le colosse moskovite, colosse aux pieds d'argile, mais jouissant encore en Europe de je ne sais quel fantastique prestige, au milieu de l'inimitié ouverte ou cachée des puissances allemandes qui l'étreignent, démontrent le droit de la Pologne à une existence individuelle, séparée à jamais de celle de la Russie.

En présence d'une pareille situation, qui émeut et passionne l'Europe entière, même les peuples dévoués d'instinct ou d'habitude à la Russie, viennent éclore les Six points proposés par la diplomatie.

Nous le disons hautement, sans atténuer nos paroles, la nation considère ces Six points comme une sanglante ironie à ses souffrances. Si ces propositions étaient sérieuses, les hommes d'État qui les auraient faites prouveraient seulement qu'ils sont au-dessous de leur mission et de leur époque, en réduisant à une question de réformes partielles la grande cause que la Pologne soutient au prix de son sang. Il semblerait que les notions des diplomates sur le droit public en Europe et les destinées de la Pologne auraient pour horizon leur propre carrière officielle ; qu'ils ont oublié ou qu'ils n'ont pas appris ce qu'était l'Europe avant le congrès de Vienne.

Et cependant ce congrès, qui n'a fait que constater le partage de la Pologne, a reconnu son droit historique, le principe de sa nationalité, principe admis aujourd'hui dans le droit international de tous les peuples.

Tandis que la diplomatie, limitant ses propositions au royaume de 1815, le dépouille encore des plus importantes garanties du congrès, savoir, d'une représentation nationale pour toutes les provinces polonaises, d'une autonomie distincte, devant s'étendre à la Lithuanie et à la Ruthénie, auxquelles elle refuse aujourd'hui sa protection, on ne saurait logiquement invoquer le traité de Vienne qu'en faisant valoir tous les droits qu'il avait garantis. Devrait-on faire moins aujourd'hui pour les principes de justice et de nationalité, après un demi-siècle de progrès, que n'a fait la Sainte-alliance au moment de sa victoire ?

On se demande si la Russie acceptera les propositions des puissances.

Les vrais ascendants des tzars actuels, les grands-ducs de Moskou, recevaient les envoyés des khans tatares, leurs maîtres, en se prosternant à terre, hors des limites de la ville, en ramassant avec leur langue les gouttes de lait de leur cavale, en écoutant ainsi prosternés, dans un muet recueillement, les ordres que ceux-ci daignaient leur transmettre. Si nous revenions aux usages diplomatiques des treizième, quatorzième et quinzième siècles, le grand-duc de Moskou ferait de nos jours un pareil accueil aux propositions de l'Occident. Sa reconnaissance sera la même que celle de ses devanciers, les Yvan, les Dimitri, les Wasil, pour les *tarkhans* (oukases) des chefs de hordes leur conférant de nouveaux territoires ; mais cette fois, l'humiliation sera pour les donateurs. Seulement, cette humiliation se traduira, dans le langage diplomatique d'aujourd'hui, en sympathie pour la Pologne, regret du sang répandu, appel aux *sentiments magnanimes* du tzar moskovite, et autres termes semblables.

Le 27 juin, date de l'envoi des propositions, doit être célébré à Saint-Pétersbourg comme une fête solennelle, à l'égal de cette bataille de Pultawa, gagnée à pareil jour il y a 154 ans, et dans laquelle la Russie étouffa la liberté du nord de l'Europe.

En effet, la diplomatie donne au tzarisme la victoire sans combat, falsifie elle-même la base des négociations, en les limitant au royaume du congrès. Si la Russie n'obtenait que cette seule concession, elle lui vaudrait bien plus que le gain de cinquante batailles rangées.

Il semblerait que l'Europe ne se rend pas compte du piège palpable et grossier que lui tend le cabinet moskovite. Sans parler de ce qui est déjà évident même pour les cotonniers belges, que la Russie cherche à gagner du temps, qu'elle veut s'armer de toutes pièces pour nous mieux massacrer, quel est le but réel qu'elle poursuit dans ces interminables négociations ?

Il est clair comme le jour qu'en hérissant de difficultés fictives les exigences de l'Occident au sujet du royaume, elle saisit l'occasion de s'assurer la possession incontestée des provinces conquises, de consolider sa spoliation, d'en rendre solidaires et complices les puissances mêmes qui n'en ont pas profité.

Elle en agit de même avec l'Église, lorsqu'elle se déclare prête à recevoir le nonce du pape, pour obtenir de sa présence la consécration des meurtres et des atrocités qu'elle commet à l'égard du clergé polonais.

L'Europe pourrait abréger la lutte et mettre un terme à l'effusion du sang en jetant son épée dans la balance, et en assurant à la cause polonaise une victoire plus prompte, quoique toujours infaillible.

Ses hésitations ne peuvent tourner qu'au profit de la Russie ; chaque jour, chaque heure écoulée est autant de gagné pour la Russie, autant de perdu pour l'Europe. L'œuvre de la diplomatie ne lui profitera que lorsque, au lieu de cette courtoisie servile de son langage, qui fait la risée des négociateurs moskovites, la plus entière franchise règnera dans ses déclarations ; lorsqu'on approuvera hautement le principe de l'insurrection polonaise, basé sur la nationalité, en couvrant de honte et de mépris la conduite des Berg et des Mourawieff, basée sur le brigandage et la spoliation.

Alors le premier mot vrai aura été prononcé parmi les diplomates.

Nous croyons fermement à la victoire de la justice, et nous ne jetterons pas notre bon droit sous les pieds du tzarisme.

Nous connaissons trop bien la Russie pour nous laisser tromper par elle. Le temps viendra où la diplomatie elle-même reconnaîtra qu'elle a fait fausse route en lui demandant pour nous ce que nous ne saurions accepter.

Il ne nous appartient pas de dire ici quelle sera la conduite du gouvernement national dans telle ou telle circonstance. Nous pouvons seulement certifier à l'Europe que cette conduite sera conforme à la volonté de la Pologne soulevée pour son indépendance, dont le gouvernement est l'expression fidèle; et que, connaissant les ressources nationales et la perversité de l'ennemi, il agira selon les besoins de chaque moment et les véritables intérêts de la patrie.

(*Patrie*.)

CVI.

De Krakovie, 7 août :

Voici quelques nouveaux détails sur le combat de Secemin, que je vous ai décrit dans ma dernière lettre. Le capitaine français Yvan Amic (Chabrolles), commandant les zouaves dans le corps du colonel Callier et de Wierzbiçki, a péri en combattant à la tête de son détachement. Une balle lui ayant fracassé le bras droit, il saisit l'épée de la main gauche et continuait le combat, lorsqu'il reçut une blessure mortelle à la poitrine. Nous avons en outre à déplorer la perte des officiers Rzuchoçki et Rzensiçki, qui commandaient, l'un les faucheurs, l'autre les chasseurs. Nous devons mentionner aussi un détachement d'une trentaine d'Allemands qui s'est jeté sur les canons ennemis, et qui réussit à briser à coups de hache les affûts.

Dans la matinée du même jour, les Moskovites avaient massacré le fermier de Zarog, Boleslas, pour lui prendre son argent. Ce fut un ancien soldat en retraite, nommé Royka, qui les conduisit à l'habitation du fermier; et quand son fils, âgé de douze ans, se plaça devant lui, espérant fléchir ces barbares, l'espion le tua d'un coup de sabre. Les soldats en firent autant avec le père; et, après avoir dévasté la maison, y mirent le feu.

A part ces pertes sensibles, la journée de Secemin a été victorieuse pour nos armes, et les Moskovites, comme nous l'avons dit, ont laissé 200 hommes sur le terrain, malgré la précaution qu'ils avaient prise de se faire précéder par leurs prisonniers. Ils comptaient quatre compagnies d'infanterie, une sotnia de kosaks et 4 canons.

Au nombre des détachements d'insurgés que les Russes ont déjà détruits une dixaine de fois, dans les colonnes de l'*Invalide* bien entendu, sauf à les faire revivre quelques jours après pour les détruire de nouveau, il y a celui de Bogdanowicz, qui a battu, le 28 juillet, deux compagnies de chasseurs de la garde impériale, une compagnie du régiment de Narwa, un escadron de hulans et un détachement de kosaks sous les ordres du colonel Schouwaloff. Cette rencontre eut lieu près de Wobolniki, dans le district de Poniewiez.

Après avoir pillé les châteaux et les fermes, les Moskovites font main basse sur les couvents, particulièrement sur ceux qui sont renommés pour la richesse de leurs *ex-voto*. A Czenstochowa, où la piété des pèlerins, qui affluent de toutes les contrées polonaises, vient apporter annuellement des offrandes considérables, le colonel Egart vient de faire une visite domiciliaire au couvent de moines de Saint-Paul, c'est-à-dire une saisie de tous les objets précieux qu'il put y trouver. Après avoir fait fouiller toutes les cellules et tous les recoins de l'église de Notre-Dame, il arrêta sept religieux de l'ordre, parmi lesquels le gardien du trésor et le sacristain.

Il est probable qu'il les gardera sous le secret jusqu'à la découverte de l'objet même de ses recherches, des *ex-voto* déposés depuis plusieurs siècles autour du tableau miraculeux de la Vierge. Ces pillards ont commis les mêmes profanations dans les églises de Bendzin, de Czeladz, de Groïeç, dont ils ont fait garrotter les desservants, aux couvents de Paradyz, dans le district d'Opoczno, et de Sainte-Anne, à Przyrow, dans celui de Kalisz.

A la suite des perquisitions de Mouchanoff, beaucoup de personnes ont été arrêtées, battues de verges, maltraitées de la façon la plus cruelle dans ce même palatinat. Voici leurs noms : Mme Pstrokonska, âgée de 70 ans; le comte Vincent Walewski, de Stroza; Karszniçki, de Sionkowicé; Wongrowięcki, d'Ozegow; Antoine et Thadée Sadowski, de Rudlicé; Golembiowski, de Biala; Swiontkowski, de Brodzencin; Sulmierski, de Lubç; Zychlinski, de Brzy; Tulczynowicz, de Dobiczyna; Podgorski, de Makowiska; Tymowski, le neveu du ministre secrétaire d'État de ce nom à Saint-Pétersbourg, d'Ulesié; Pietrasiewicz, de Zawada ; Grabowski, de Kurzyna; Stanislas Podczaski, de Nowa-Wies; Jean Blumer, de Ianki.

Nous avons déjà précédemment cité les noms de François Zbïewski, de Chorzow ; de Prondzynski, devenu fou à la suite des tortures qu'on lui a fait éprouver ; et de Stanislas Walewski, parent du ministre français, de Zielencin.

On vient de saisir, en outre, plusieurs propriétaires du district de Radom, parmi lesquels MM. Chruscikowski et Rudkowski.

Le toast porté à Mourawieff par le grand-duc Constantin a produit son effet.

(*Patrie*.)

CVII.

De Krakovie, 9 août :

L'intervention diplomatique n'a eu pour résultat que d'encourager et d'augmenter les barbaries de Mourawieff, qui déciment aujourd'hui toute la population polonaise.

A Varsovie, les arrestations, les pendaisons, fusillades et noyades dans la Vistule, sont de plus en plus à l'ordre du jour; tantôt on les accomplit mystérieusement, pour ne pas révéler le nom des victimes, tantôt avec éclat, avec exécution militaire et jugement en forme, inséré dans le *Dziennik powszechny*.

Nous avons dit que la torture a été introduite dans la citadelle, accompagnée de supplices qui feraient pâlir les auto-da-fés de l'inquisition espagnole. Après l'exécution de quatre prisonniers, le maître tourmenteur Ditwald déclara qu'il ne pouvait plus continuer ses fonctions, lui et ses quatre aides, de peur d'encourir la vengeance des citoyens. Il a été mis immédiatement au secret dans la citadelle, et ses aides sont surveillés par la police.

Le 20 juillet, le directeur de la police Lewszyn, en recevant les commissaires, leur signifia d'avoir à redoubler de rigueur; car dans huit jours le tzar aurait le projet ou de tout concilier, ou de recourir aux moyens extrêmes pour asservir la Pologne. Aussi chaque nuit des centaines de prisonniers sont conduits sous escorte hors de la citadelle, pour être envoyés à perpétuité au fond de l'Asie, et bientôt remplacés par d'autres, arrivant des provinces. Dans la plupart de palatinats, comme ceux de Kalisz, de Lublin et de Podlaquie, on ne trouve plus aucun propriétaire polonais. Si l'Occident veut venir à notre aide, qu'il se hâte; car dans quelques semaines la blessure portée au cœur de la Pologne deviendra irréparable.

Cependant le combat se poursuit partout, et le gouvernement national redouble d'énergie et d'activité. Après la victoire de Krasnystaw, eut lieu le combat de Rybczewicé, entre le détachement de Grzymala et de Zielinski et le colonel Baumgarten, ayant sous ses ordres trois compagnies d'infanterie, un escadron de hulans et 100 kosaks. Les Russes y laissèrent 50 soldats tués et autant au moins de blessés; ce qui fait que le journal officiel annonça la perte de 5 hommes. En général, quand on lit les rapports moskovites, si l'on veut avoir le chiffre exact des soldats tués, il faut y ajouter au moins un zéro. Pour les insurgés, c'est tout le contraire.

Les deux proclamations du gouvernement national, celle à la nation polonaise et celle à l'Europe, ont été mal appréciées par les journaux allemands et rendues dans une version qui change en beaucoup d'endroits le sens du texte polonais.

Le *Czas* s'est chargé de rectifier cette altération, pour prévenir le mauvais effet qu'elle n'aurait pas manqué de produire en Prusse et en Autriche. Si le gouvernement national avait entrepris de reconquérir l'indépendance des deux provinces qui leur sont soumises, il y aurait fait éclater l'insurrection, comme il l'a fait dans le royaume et en Lithuanie; tandis qu'il a cru devoir limiter la lutte aux provinces conquises par la Russie, les autres pouvant devenir l'objet d'un arrangement. Voilà dans quel sens a parlé le gouvernement polonais.

Cependant, dans la sphère administrative, pour la perception des impôts comme pour les passeports, c'est lui qui est le véritable maître de la situation. Dernièrement, il avait imposé le grand-duc Constantin lui-même de 10,000 roubles argent (40,000 fr.). Le grand-duc voulant, à toute force, arriver à la découverte de ses membres, envoya le lendemain un aide de camp, porteur de cette somme, au quatrième étage de la maison indiquée. L'aide de camp prit une nombreuse escorte de soldats, cerna la maison et entra. Ne voyant dans la chambre qu'une femme âgée occupée à coudre, il voulut s'éloigner; mais elle l'arrêta, en le priant de déposer son argent. L'officier s'exécuta de bonne grâce, certain que la vieille serait bientôt aux mains de ses soldats. « Je vais chercher la quittance, » lui dit-elle en sortant; puis, elle ferma la porte à clef. L'aide de camp attendit un quart-d'heure, une demi-heure; enfin, impatienté, il enfonça la porte et courut à sa troupe. La vieille avait disparu et la maison était déserte. Il retourna les mains vides chez le grand-duc, qui, à son tour, étonné de sa longue absence, lui montra la quittance du gouvernement national, qu'il avait reçue depuis une heure. Ce fait, si merveilleux qu'il puisse paraître, est vrai dans tous ses détails.

Varsovie a, de même que la province, célébré le deuil du vaillant Bogdan Boncza, mort le 18 juin à la suite d'une blessure reçue l'avant-veille au combat de Gory. Malgré toutes les défenses possibles, l'église des capucins, tendue de noir et jonchée de cyprès, ne pouvait contenir la foule de ceux qui venaient honorer la mémoire du chef insurgé. Boncza, après avoir fait d'excellentes études à Varsovie, terminées à l'école d'artillerie de Saint-Pétersbourg, allait être nommé capitaine de cette arme au moment où éclata l'insurrection. Il fut l'un des premiers à se mettre à la tête d'un détachement; et, après avoir soutenu pendant quelques semaines la lutte dans le palatinat de Plock contre des forces quadruples des siennes, il rejoignit Langiewicz, dont il devint l'aide de camp. Nous avons raconté depuis, presque jour par jour, sa campagne aux environs d'Opoczno, dans le palatinat de Krakovie, avec un détachement volant de sa formation, et le guet-apens dont il est tombé victime à Gory. Nous avons dit aussi les glorieuses funérailles qui lui ont été faites par la noblesse et le peuple des environs, et les profanations inouïes exercées sur son corps, quelques jours après, par un général moskovite. Nous ajouterons aujourd'hui que Bogdan Boncza n'était qu'un nom de guerre, et que le véritable nom de ce jeune héros, mort à vingt-huit ans, est Konrad Blaszczynski.

(*Patrie.*)

CVIII.

De Krakovie, 12 août :

La situation de l'insurrection polonaise est aussi avantageuse que possible, malgré l'étrange abandon dont elle paraît menacée. Les notes diplomatiques des puissances n'ont fait qu'exaspérer la férocité de nos ennemis, en leur donnant tous les délais nécessaires pour rassembler leurs forces et les jeter, en premier lieu, sur la Pologne. De nouveaux régiments arrivent chaque jour du fond de la Russie pour remplir les vides, déjà considérables, ouverts dans les rangs moskovites. De l'autre côté, malgré les efforts immenses de la nation, malgré le sacrifice absolu de la génération actuelle, déterminée à combattre jusqu'au dernier homme et jusqu'à la dernière cartouche ; malgré les ruines amoncelées sur tout son territoire, la Pologne est loin de désespérer de sa cause : confiante dans son droit, elle attend que l'Europe change enfin ses paroles en actes décisifs, que la France surtout se souvienne de ses engagements solennels, et du sang polonais versé sur tous les champs de bataille du premier empire.

L'insinuation de quelques journaux étrangers, que la Pologne repousse une intervention armée en sa faveur, nous a remplis de la plus vive indignation, et ne peut avoir été mise en avant que par des organes vendus à la Russie. Bien au contraire, l'insurrection a eu pour objet principal d'évoquer cette intervention, en lui frayant les voies par ses premières victoires.

Elle l'appelle de tous ses vœux, non pas comme un bienfait sans compensation, mais comme un acte d'un intérêt universel, celui de poser à l'orient de l'Europe une limite infranchissable à l'ambition du tzarisme. Cet intérêt peut n'être qu'un droit, sans être un devoir pour l'Angleterre, comme l'a dit lord Palmerston en parlant des traités de 1815 ; il est en même temps l'un et l'autre pour la France, qui seize fois en seize années a déclaré que la nationalité polonaise ne périra pas.

On nous annonce du palatinat de Lublin que, depuis le 4 août, il y a eu plusieurs rencontres dans les environs de Krasnik et de Ianow. Ce jour même le colonel Miednikoff, avec 5 compagnies d'infanterie, 2 canons de la batterie kosaque et 150 cavaliers, a été attaqué près du village de Chruslina, entre Urzendow et Iozefow par les détachements réunis de Krysinski et Wierzbicki. Ce dernier, depuis la blessure de son chef, est commandé en sous-ordre par Wagner. Les Russes attaqués en rase campagne ont bientôt cédé au choc des insurgés ; et, fuyant en pleine déroute, ont été poursuivis jusqu'à Ianow.

Le lendemain, il y eut une nouvelle rencontre à Polichno ; et le jour suivant le colonel Kruk, commandant en chef dans les palatinats de Lublin et de Podlaquie, ayant réuni à Ianow six détachements polonais, a livré une bataille rangée à Miednikoff, auquel Emanoff avait amené les garnisons de Krasnystaw, de Lublin et de Tomaszow. On se rappelle que le colonel Emanoff s'est acquis une triste célébrité par le massacre et l'incendie de cette dernière ville.

Les détails nous manquent encore sur ce combat ; nous savons toutefois que les Russes ont complétement dégarni la frontière du palatinat de Lublin et de la Galicie, pour se porter sans doute au secours de Miednikoff. Le major Rudzki a battu les Russes près de Dubienka, sur les rives du Bug, et les détachements d'Eminowicz et de Cwiek ont passé du palatinat de Sandomir dans celui de Lublin.

Le détachement de Callier, après être entré en Mazovie, a fait une démonstration sous les portes mêmes de la capitale, et détruit près de Raszyn un escadron de hulans escortant des prisonniers.

Les gendarmes à cheval de Kalisz ont attaqué près de Radomsk un train du chemin de fer conduisant des troupes contre le détachement de Chmielinski, le vainqueur de Secemin. Plusieurs corps d'insurgés, sous les ordres de Wawr, Iasinski et Trombczynski, agissent dans le palatinat de Płock.

La brochure, l'*Empereur, la Pologne et l'Europe*, a été reproduite en entier dans le *Czas* et a produit ici le plus grand effet. On a cru y voir l'annonce d'une phase nouvelle, celle de l'action, dans la cause de l'indépendance polonaise.

La torture, rétablie à la citadelle, fonctionne continuellement, malgré la retraite de l'ancien bourreau, Ditwald, devenu à son tour prisonnier pour refus de service. Le patriote Édouard Iurgens, atteint du typhus, vient d'expirer, dans la nuit du 2 ou 3 août, aux mains des nouveaux tourmenteurs.

(*Patrie.*)

CIX.

De Léopol, 22 août :

Les autorités militaires autrichiennes agissent en Galicie comme dans un pays conquis par la force des armes. Les actes des employés civils sont en désaccord complet avec la politique du ministère, et donnent un démenti formel aux notes diplomatiques de M. de Rechberg, si pâle que soit leur contenu. Citons quelques faits entre mille.

Le 19 de ce mois, à Olsza, près de Krakovie, un jeune homme fut frappé d'une balle à la tête par un soldat autrichien, au moment où il traversait le pont de la petite rivière de ce nom. Cet assassinat ne peut être que le résultat d'une consigne, dont personne dans la contrée n'a été informé.

Le 20, dans la rue Krupnicza, un soldat de police frappa un passant d'un coup de baïonnette si furieux, qu'il ne put dégager à lui seul l'arme enfoncée dans le corps de la victime, et dut appeler à l'aide un de ses camarades.

Plusieurs élèves de l'université de Krakovie s'étaient rendus en partie de plaisir au rocher de Kmita, promenade très-fréquentée par la population et à deux lieues de la ville. Tous étaient munis de leurs cartes de sûreté, indispensables aujourd'hui pour tout homme ayant seulement à traverser la place du marché. A peine arrivés à cet endroit, ils furent arrêtés par les soldats, conduits chez le *gefreiter* (sergent), puis chez le *führer* (adjudant sous-officier), et après avoir subi plusieurs interrogatoires, escortés à Mydlniki, où demeurait le capitaine.

Celui-ci, sans égard pour leurs cartes de sûreté, renvoya les promeneurs à 11 heures du soir dans la maison d'arrêt de la police, où ils passèrent la nuit et la matinée du lendemain, sans pouvoir communiquer avec leurs parents et amis, ni les informer de leur détention. Vers midi, sur les instances de quelques notables de la ville, qui vinrent constater leur identité, on les relâcha, en leur signifiant que l'on avait agi envers eux de la sorte *parce qu'on les soupçonnait de vouloir se rendre parmi les insurgés.* C'est là un délit que n'avait pas prévu le code pénal autrichien, et qui a dû être emprunté à la législation russe.

Dans les campagnes aussi, les autorités civiles et militaires se comportent exactement comme si l'état de siége avait été proclamé en Galicie; toutes les mesures exceptionnelles qui en découlent ont été mises en vigueur. Il suffit de porter l'habit national, offrant une certaine ressemblance avec l'uniforme des volontaires, la ceinture de cuir, les bottes fortes ou le bonnet carré, pour paraître *suspect de vouloir se rendre parmi les insurgés*, conduit au poste le plus voisin, de là chez le chef du district, etc., puis dans quelque place forte de Moravie ou de Bohême. La proclamation de l'état de siége n'ajouterait, certes, plus rien à ces rigueurs officielles.

Nous devons attribuer cet état de choses, injurieux pour l'Autriche autant que pour ses alliés, et qui dure depuis tantôt six mois, aux suggestions des agents moskovites, qui n'ont épargné ni leur or, ni leurs soins, dans leurs fréquentes excursions en Galicie. La *Presse* de Vienne faisait récemment mention du séjour de M. Paulucci lui-même à Léopol. La *Gazeta Narodowa* ajoute qu'un personnage, s'intitulant adjoint de l'université de Charkow, a eu en même temps des conférences secrètes avec les principaux membres du clergé grec-uni, qui se rendaient processionnellement à son hôtel. Ce dévot personnage finit par éveiller la susceptibilité de la police locale, qui lui signifia l'ordre de quitter Léopol dans les vingt-quatre heures. Au lieu de continuer son voyage à Brody comme il en avait déclaré l'intention, il repartit immédiatement pour Berlin. Enfin, un troisième agent, affidé subalterne de la police russe, parut en Galicie vers la même époque et fit toutes sortes de tournées sans être nullement inquiété.

Plus récemment encore, nous avons vu un officier russe déguisé débarquer à Léopol, à l'hôtel Lange. Le lendemain matin 18, il fut éveillé par les coups de canon que l'on tirait pour célébrer la fête de S. M. François-Joseph. Il n'en fallut pas davantage pour faire croire à l'émissaire moskovite à une insurrection générale. L'épée au poing, il se mit à parcourir les rues en appelant au secours. On finit par l'arrêter et le conduire au corps de garde, où il eut toutes les peines du monde à se remettre de sa frayeur, puis on le ramena, complètement rassuré, à son domicile.

Nous demandons s'il est dans l'intérêt de l'Autriche de tolérer les pérégrinations, à travers ses États, de ces émissaires d'un gouvernement étranger, chargés de préparer les voies au *panslavisme*, c'est-à-dire à la domination moskovite sur ses provinces ruthènes?

(*Patrie.*)

CX.

De Krakovie, 24 août :

Nous avons à signaler aujourd'hui des faits de la plus haute gravité, qui viennent de se passer sur la frontière de Galicie. Dans la nuit du 14 au 15 août, deux détachements ont pénétré dans le royaume, après avoir essuyé, sans y riposter, le feu des troupes autrichiennes, et ont été immédiatement enveloppés par les forces moskovites, réunies sur le lieu de leur passage. L'un d'eux, celui du colonel Tetera, qui comptait 370 insurgés, fut attaqué, comme nous l'avons dit hier, non loin d'Igolomia, par une patrouille autrichienne, qui, après lui avoir tué 2 hommes et blessé 12, le suivit en le harcelant bien au delà de la frontière. Quoique supérieur en nombre, et pouvant par une simple démonstration forcer le passage, le détachement polonais passa l'arme au bras devant le feu des agresseurs, le colonel Tetera ayant défendu tout acte d'hostilité, conformément aux ordres du gouvernement national. 50 insurgés qui servaient d'arrière-garde au corps principal, ne pouvant le rejoindre sans un combat dans lequel ils auraient eu tout l'avantage, ont été faits prisonniers et se sont laissé interner.

Aussitôt arrivé sur le territoire du royaume, le colonel Tetera fit halte et ordonna de charger les armes. Au même moment, du haut d'une colline boisée qui domine toute la contrée, on vit les Moskovites s'avançant en colonne serrée, avec trois compagnies d'infanterie, un détachement de dragons, un détachement de soldats de la douane à cheval et cent kosaks. Malgré l'inégalité du nombre, Tetera résolut de se faire jour à travers les rangs ennemis. Il soutint pendant deux heures un combat meurtrier contre des forces au moins quadruples des siennes; deux fois les Russes tentèrent de le déloger de sa position, et deux fois ils furent repoussés. Mais ils avaient reçu un nouveau renfort de gardiens de la douane, qui intercepta pour les insurgés tout passage dans l'intérieur du pays. Après un nouvel assaut soutenu pendant trois heures, Tetera voyant ses rangs décimés sans aucun résultat possible, ordonna la retraite et ramena le reste de ses soldats sur le territoire gallicien.

Des faits odieux, et tels qu'on n'en voit que dans notre pays, livré à la férocité moskovite, eurent lieu durant cette retraite. Une cinquantaine de blessés, qui jonchaient la route, furent achevés après avoir subi des cruautés inouïes; vingt autres ont été massacrés par les kosaks sur le domaine autrichien, sous les yeux des officiers et des soldats de l'armée impériale, qui, bien qu'en nombre suffisant pour leur faire rebrousser chemin, étaient occupés de leur côté à dépouiller les insurgés.

Parmi ces derniers, se trouvait le comte Alexandre Mielzynski, officier de 1831, qui, grièvement blessé durant le combat, s'était mis à l'abri de la frontière autrichienne, lorsqu'il fut atteint par les kosaks et les fantassins moskovites. Ceux-ci le percèrent de trente coups de baïonnette; puis, après lui avoir enlevé tous ses vêtements, le jetèrent expirant sur un chariot rempli de cadavres. Plusieurs fermiers et propriétaires des environs, accourus pour recueillir les blessés, suppliaient les officiers autrichiens de faire cesser le carnage, et de rejeter ces bandits hors de la frontière, en faisant tirer quelques coups de fusil dans leur direction. Prières inutiles! Un sergent-major, qu'on interpellait ainsi, arrêta ses soldats en leur criant : « *Halt, kein feuer!* » (Ne tirez pas!); conduite que nous ne saurions expliquer, si nous n'avions la certitude que les officiers subalternes sont gagnés par l'or moskovite. C'est encore un effet des pérégrinations de MM. Anienkoff et Mouchanoff, et de leurs politesses envers les autorités autrichiennes en Galicie.

Témoin de ces atrocités commises contre le droit des gens et de l'humanité, un habitant du pays usa d'un stratagème bien permis en pareille occasion, et cria *feu* aux soldats, qui obéirent à son commandement. Une décharge en l'air s'ensuivit. Les Russes, comme une volée de corbeaux, s'empressèrent de fuir, en emportant les dépouilles des blessés, qui, sans cette détonation fortuite, auraient été massacrés et achevés comme tant d'autres. Et cependant, l'empereur François-Joseph avait déclaré que son gouvernement ferait pour la Pologne tout ce qu'exigeraient les droits de l'humanité!

Le second détachement, commandé par le colonel A..., qui avait pris à la même heure le chemin du royaume, eut aussi maille à partir avec le corps d'observation autrichien. Encore sans armes, il défila sous une fusillade à bout portant, eut plusieurs tués ou blessés, et perdit une trentaine de prisonniers. Quand le détachement fut armé, il passa la frontière près de Szycé et Modlniça, au nombre de 350 soldats, toujours molesté par les patrouilles autrichiennes, et s'établit à Czaïowicé. Le 15, à cinq heures du matin, il se dirigea sur Pieskowa-Skala, y pourchassa les kosaks, passa entre Grodzisko et Pieskowa-Skala, mit en déroute à Wielmoza une compagnie d'infanterie qui lui barrait le passage, et s'avança vers Wolbrom pour s'y joindre au détachement de Chmielinski, arrivant de Szczekociny.

Les kosaks qui avaient été mis en fuite se rendirent à Michalowicé pour y chercher du secours, tandis que d'Olkusz et de Miechow, deux colonnes russes s'avançaient pour arrêter le détachement. Arrivé à Glanow, le colonel A... résolut d'y bivouaquer, pour donner du repos à sa troupe après vingt heures de marche. Il n'était resté qu'une heure à Czaïowicé. Tout à coup, les têtes de colonnes ennemies débouchèrent des deux côtés; celle d'Olkusz avec trois compagnies d'infanterie, un escadron de dragons et cent kosaks; celle de Miechow avec une compagnie d'infanterie, puis celle qui avait été repoussée à Wielmoza, et les kosaks de Pieskowa-Skala.

Le commandant polonais, pour empêcher la jonction des deux colonnes, protégé par une double chaîne de tirailleurs, s'établit sur un monticule en face d'Ibramowicé. Engagé trop avant dans la plaine, le lieutenant K..., commandant les tirailleurs, se voyant coupé du corps principal, résolut de s'enfermer dans la maison du fermier de Glanow et de s'y défendre jusqu'à la dernière cartouche. Il ramassa donc une vingtaine de tirailleurs, et se fraya, la baïonnette en avant, un chemin vers la maison du fermier. Je décrirai plus loin les détails du siège qu'il eut à y soutenir.

Le colonel A..., appuyé à droite sur la forêt, voulut recevoir la colonne qui débouchait d'Olkusz et chargea son frère d'arrêter celle qui venait de Miechow sur des chariots. Celui-ci se jeta sur le convoi, y sema le désordre, mais ne put empêcher la jonction des deux corps moskovites, qui, sous les ordres du général-prince Schachoffskoï, se rangèrent en bataille au nombre de cinq compagnies d'infanterie et de trois cents cavaliers. La lutte fut acharnée et dura trois heures. Le colonel A..., qui avait disputé pied à pied le terrain et n'avait plus autour de lui que cinquante soldats, traversa les rangs ennemis et, toujours suivi par les dragons, qui voyant sa bonne contenance n'osaient pas le charger, s'ouvrit un chemin vers les bois de Pieskowa-Skala. Une autre partie du détachement engagée dans la forêt de Glanow parvint à se joindre, au nombre de soixante-dix hommes, au détachement de Chmielinski.

Cependant le lieutenant K..., assiégé dans la maison du fermier de Glanow, Rudkowski, combattait avec ses dix hommes contre toute une compagnie d'infanterie, celle qui avait été culbutée le matin du même jour à Wielmoza. Les Moskovites, se sentant les plus forts, assaillirent de toutes parts la maison, et commencèrent par y mettre le feu. Mais elle était bâtie en pierre, et le toit seul brûla. Sous ce rempart de flammes, les dix insurgés leur répondaient par des coups si bien ajustés, qu'à chaque fois ils étendaient à terre un des assaillants.

Les Moskovites, voyant tous leurs coups échouer contre cette poignée de braves, incendièrent les bâtiments et les granges de la ferme. A ce moment, Rudkowski, ancien militaire de 1834, sortit de la maison embrasée, où il s'était enfermé avec les insurgés, et flétrit en termes énergiques la conduite de ces lâches qui, n'osant pas s'attaquer à quelques hommes, s'en prenaient à leur propriété. Une décharge de mousquets fut leur seule réponse; et Rudkowski tomba baigné dans son sang, malgré le drapeau blanc qu'il agitait dans sa main comme parlementaire.

Heureusement pour les assiégés, le bruit s'était répandu parmi les Moskovites que Chmielinski approchait, et ils se hâtèrent d'évacuer Glanow incendié. Le lieutenant K..., avec les sept survivants de ces dix héros, profitant de la panique des ennemis, fit une sortie vigoureuse et pénétra dans la forêt, où il rallia d'abord cinquante insurgés appartenant à la colonne du frère du colonel d'A..., puis trente autres, qui tombant de fatigue, n'avaient pu suivre le corps principal, et grossissant peu à peu le nombre de ses soldats, se dirigea par des sentiers perdus vers le détachement de Chmielinski.

Lorsque le feu fut mis à la ferme de Glanow, et que la femme de Rudkowski, suivie de ses enfants et de plusieurs servantes, eut quitté la maison, les Moskovites accueillirent les fugitifs par une décharge de carabines et tuèrent une femme. Il nous faut ajouter pour être justes que le prince Schachoffskoï envoya un de ses aides de camp pour protéger la fermière; mais malgré ce mouvement d'homme de cœur, il ne put empêcher ses soldats et surtout ceux de la douane (*obiestchiki*) de se porter aux derniers excès envers les blessés et les prisonniers.

Le détachement de Chmielinski, en se dirigeant vers Wolbrom pour se joindre au colonel d'A..., rencontra, le 6 août, une colonne russe envoyée de Kielcé par Czengery avec une compagnie d'infanterie de Miechow, et lui livra un combat près d'Obichow, entre Szczekociny et Zarnowiec. Le lendemain, après avoir opéré sa jonction avec le frère du colonel d'A... et le lieutenant K..., il battit près de Biala le général-prince Schachoffskoï, qui eut la jambe percée d'une balle; 150 Moskovites, parmi lesquels un colonel et plusieurs officiers, ont-été tués dans cette rencontre. Il y eut au moins autant de blessés. Les nôtres y ont perdu 50 morts et 30 blessés, comme toujours achevés par les douaniers et les kosaks, et 40 prisonniers, dont 7 ont été assassinés à Mielonki et à Tarnawa.

(*Patrie*.)

CXI.

De Krakovie, 25 août :

Nous inscrivons aujourd'hui en tête de notre correspondance les noms des dix braves qui ont soutenu pendant cinq heures l'assaut de toute une compagnie d'infanterie à la ferme de Glanow ; ces noms désormais impérissables, les voici :

Le lieutenant K..., leur commandant ; le fermier Léon Rudkowski, le sergent Kaczorowski, tués dans une sortie ; Martini, grièvement blessé ; les survivants Adam Iaworski, lieutenant; Ludomir Fridrich, sous-lieutenant; Léon Stoszewski, sergent, signalé par la justesse de ses coups; Joseph Gorski, Charles Fierganek, Ferdinand Johne, Joseph Dudasinski et Gaëtan Borowiecki. Bien qu'enfermés dans une maison en flammes, ils avaient juré au lieutenant K... de ne pas se rendre ; aujourd'hui, grâce à la panique de leurs ennemis, ils ont rejoint, comme nous l'avons dit, le corps de Chmielinski. D'après le témoignage des habitants de la contrée, soixante cadavres moskovites jonchaient les alentours de la ferme de Glanow.

Un détachement nouvellement formé a combattu près de Iedlno, dans le palatinat de Sandomir. Hâtons-nous d'ajouter que les paysans de ce palatinat ont pris une part très-active à ce combat, et qu'ils ne demandent plus que des armes pour se joindre à l'insurrection. Si dans beaucoup de localités ils ont gardé jusqu'à présent une position expectante, c'est qu'ils avaient compris que la faux ne suffisait plus depuis l'action des carabines à longue portée, pour pouvoir se mesurer avec les soldats moskovites. On voit d'après cela que reconnaître les Polonais comme belligérants, les mettre à même de se procurer les moyens du combat, serait non-seulement un acte de justice et de loyauté envers un peuple qu'on cherche à étouffer dans le sang, mais le seul mode d'assurer le succès de l'intervention diplomatique.

En Lithuanie, les scènes de massacre se renouvellent chaque jour sous les arrêts de plus en plus sanguinaires de Mourawieff. Vous en jugerez d'après le récit suivant :

Dans le palatinat de Grodno, plusieurs soldats travestis en paysans, et parcourant le pays pour espionner les insurgés, vinrent au chef-lieu pour informer le gouvernement moskovite que des villageois de Szczuka, appartenant à la petite noblesse, avaient fourni des vivres et des munitions aux insurgés. On référa le fait à Mourawieff, qui ordonna d'y envoyer 100 kosaks, pour y remplir les mesures qu'il avait prescrites. Les kosaks, après avoir enlevé et vendu à l'encan tous les meubles d'une vingtaine de cabanes dont se composait le village, y mirent le feu ; et lorsque toutes les maisons et les granges furent incendiées, on fit abattre les décombres et on distribua le terrain aux soldats. Les malheureux villageois, auxquels on n'avait laissé que leurs haillons, furent menés sous escorte à Grodno.

Là, deux femmes expirèrent à la suite des mauvais traitements qu'on leur avait fait subir durant le trajet ; plusieurs enfants tombés d'inanition et laissés pour morts sur la route, furent recueillis par de charitables voisins. Jetés dans les cachots, les habitants de Szczuka doivent être déportés au fond de la Sibérie. La plupart périront en route, car ils sont dénués de tout et n'ont pas de quoi se garantir contre l'hiver moskovite. Un fait tout semblable vient d'avoir lieu à Dziczka dans le district de Bialystok, dont un millier d'habitants a déjà pris le même chemin. Après avoir détruit les châteaux, les Russes, on le voit, n'ont plus qu'à raser les villages.

Voilà ce que doivent être les concessions du tzar à la Pologne, et sa réponse donnée par Mourawieff aux notes diplomatiques de l'Europe !

(*Patrie*.)

CXII.

Septembre 1863.

On nous communique une pièce importante, adressée par le gouvernement polonais de 1831 à ses agents en France, et qui semble une prophétie de ce qui se passe aujourd'hui dans le tournoi diplomatique de 1863. Les combattants sont les mêmes des deux côtés, et pour la même cause ; moins toutefois les atrocités de Mourawieff, dont l'exemple a fait l'école. Ajoutons-y avec une profonde tristesse que l'attitude de l'Europe, en face du mouvement polonais, n'a aucunement modifié les conditions et les chances du combat. Ce document, malgré sa longueur, est tellement intéressant, que nous ne pouvons nous défendre de vous le donner en entier.

Information envoyée de Varsovie aux représentants de la Pologne à Paris, le 15 août 1831.

Adressez-vous sur-le-champ au cabinet français pour lui communiquer les renseignements que nous vous transmettons; faites-lui sentir là nécessité où nous nous trouvons d'avoir une connaissance exacte de ce que nous avons à espérer de son appui. Demandez des réponses catégoriques et claires, et si on nous refuse son appui, qu'on ne nous laisse pas au moins dans le doute ; la vérité, toute triste qu'elle sera, ne pourra nous être aussi nuisible que les illusions. Si les cabinets n'ont pas eu le courage de nous seconder, qu'ils aient au moins celui d'avouer leur barbare indifférence pour notre cause ; et s'ils ont méconnu le devoir que leur imposaient la prudence, la morale, l'humanité, les Polonais sauront suivre celui que leur prescrivent la sainteté de leurs droits et l'amour de la patrie.

Poussés vers le bord de l'abîme par une fatalité attachée à notre sort, nous profitons des derniers moments qui nous restent, peut-être, pour vous avertir des dangers qui nous menacent, et pour vous exposer les sentiments qui nous animent, en vous engageant à les porter à la connaissance du cabinet français. Nous l'avons à plusieurs reprises prévenu de l'avenir qui nous attendait, de la tournure que devaient prendre les opérations militaires, si aucune voix ne s'élevait en notre faveur en Europe... Nos prévisions sont au moment de s'accomplir. Bientôt, peut-être, nous serons écrasés par des forces supérieures, bientôt réduits à nous défendre dans les murs de Varsovie... Nous verrons toutes nos espérances, toutes nos ressources concentrées dans l'étroite enceinte de la capitale... Nous pourrons être privés des moyens de communiquer avec vous.

Aussi, un devoir impérieux nous commande aujourd'hui de faire entendre notre voix aux cabinets européens, qui seuls ont encore le pouvoir de seconder nos efforts et de sauver notre cause. Mais nos illusions se sont déjà évanouies, la vérité toute nue a paru à nos yeux ; nous ne comptons plus sur l'appui des puissances qui ont pu et qui n'ont pas voulu, qui peuvent encore et ne veulent pas nous sauver.

Nous n'osons plus ajouter foi aux promesses qu'elles nous ont faites et qu'elles dénaturent par leur conduite; nous ne cherchons aujourd'hui notre salut que dans notre désespoir, et nous n'avons confiance que dans les miracles de Dieu et dans notre ferme détermination de périr. Nous ne devons pas vous cacher qu'un rayon d'espérance vient quelquefois nous ranimer. Il nous ranime, quand nous songeons à tous les devoirs qu'imposent aux puissances européennes la morale, l'humanité, la politique et l'opinion des nations. Quand nous nous rappelons les espérances flatteuses que nous firent concevoir certains cabinets, nous ne pouvons pas supposer qu'ils aient surpris notre bonne foi et notre confiance, pour régler des intérêts d'un ordre inférieur, et pour nous précipiter dans l'abîme après les avoir réglés.

Nous nous efforçons enfin de chercher nos consolations dans l'idée qu'il est impossible qu'ils ne nous tiennent pas compte de tout notre sang répandu, de notre persévérance et de tous les services que, dans ce court espace de temps, nous avons rendus à l'Europe. En effet, une guerre générale menaçait l'Europe ; la Pologne l'a arrêtée et en a soutenu tous les maux. Une froideur menaçante entre les cabinets de Saint-Pétersbourg et du Palais-Royal en étant l'avant-coureur, le réveil de la Pologne hâta l'envoi des premières lettres de créance de l'ambassadeur russe à Paris, et rapprocha les deux cabinets. Bientôt l'empereur Nicolas devint coulant dans ses arrangements avec la Turquie ; d'ailleurs, cédant aux désirs de la conférence de Londres, il consentit à reconnaître l'indépendance des Belges, contre lesquels ses troupes avaient déjà l'ordre de marcher. Qui peut prévoir les chances qu'une guerre générale aurait alors amenées? Mais il est sûr que la contagion dont la Pologne est aujourd'hui le théâtre serait à l'heure qu'il est déjà établie au sein de l'Europe, et aurait porté ses ravages jusque dans le Midi.

Pour de tels services, que la Pologne, à peine ressuscitée, a déjà rendus, comment est-elle recompensée? Nous n'avons pas oublié les assurances d'intérêt que donna à plusieurs reprises le cabinet anglais à nos agents de Londres ; nous regrettons toutes celles que vous nous avez rapportées dans vos dépêches.

Le cabinet français nous fit des promesses plus flatteuses encore au mois de juin ; il nous assura que notre cause était sauvée, et le ministre anglais fit aussi entendre des paroles semblables. On nous demanda de *tenir* encore un mois, puis deux, et nous fîmes ce qu'on nous demandait. On nous promit de Paris et de Londres qu'on s'occuperait sérieusement de nos affaires, dès que celles de la Belgique seraient arrangées. On se servit même de nous pour en hâter le dénouement ; et aujourd'hui que les Belges eux-mêmes ont déclaré que c'est pour nous sauver qu'ils ont renoncé volontairement à leurs prétentions, que la question belge est résolue, et qu'on peut s'occuper de la Pologne... on l'abandonne, on la livre à ses bourreaux !

L'Angleterre et la France ne nous auraient donc employés par occasion que comme un instrument propre à servir le courant de leurs intérêts ? L'Angleterre ne nous aurait bercés de quelques illusions que pour avoir un moyen de plus pour établir l'indépendance de la Belgique, et la France ne nous aurait fait des promesses que pour gagner la majorité dans les Chambres? La bonne foi serait-elle donc entièrement bannie des cabinets, et les paroles d'un ministre anglais et français ne seraient-elles que des sons dénués de toute valeur ?

Quoique nous connaissions toutes les sinuosités d'une politique tortueuse, nous nous sommes cependant reposés avec confiance sur la noblesse et la générosité des gouvernements anglais et français. Nous n'avons pas supposé qu'un peuple qui se soulève contre un ennemi dix fois plus fort, pour la défense de la plus sainte des causes ; qu'un peuple malheureux, accablé de toutes les calamités, ayant à lutter contre des forces supérieures, contre la disette, contre les fureurs d'une contagion meurtrière, contre la neutralité équivoque de deux voisins puissants, que ce peuple, dis-je, eût encore à se méfier de la sincérité de ceux qui se disaient ses amis, et qu'il eût à combattre la cruelle dissimulation de leur politique! Si la France et l'Angleterre nous abandonnent aujourd'hui et ne réalisent en rien les espérances qu'elles nous ont données, ce ne sera ni l'acharnement de la Russie, ni l'inimitié de la Prusse, ni l'indifférence de l'Autriche... ce sera la soi-disant sympathie que la France et l'Angleterre nous ont montrée qui aura causé notre ruine !

Si ces deux puissances avaient repoussé avec vigueur dès le commencement nos demandes ; si elles avaient parlé clairement sans jamais changer de langage, même dans les derniers temps; si elles avaient dit nettement :

« Nous ne vous secourrons pas, quand même vous auriez pendant sept mois résisté à tout l'empire russe, quand même vous auriez détruit le prestige qui le rend si fort ; nous ne vous secourrons pas quand même vous auriez éveillé les sympathies de toutes les nations, quand même vous auriez gagné les louanges exaltées de l'Europe par votre courage, l'estime des cabinets par votre modération; nous ne vous secourrons pas quand même tous les Polonais soumis à la domination russe auraient révélé leurs sentiments patriotiques, leur dévouement héroïque; nous ne vous secourrons enfin ni par des motifs d'humanité, ni de justice, ni par ceux d'une politique sage et généreuse. »

En entendant ces paroles, nous aurions reconnu tout le positif de la détermination des deux cabinets de Paris et de Londres, nous ne nous serions pas laissé bercer par des illusions funestes, et nous aurions eu recours à d'autres moyens de salut, qui peut-être auraient assuré nos succès... Mais nous nous sommes reposés sur la noblesse et la sagesse des cabinets; mais, nous y fiant, nous n'avons pas tiré parti de toutes les ressources qui s'offraient à nous intérieurement et extérieurement, pour gagner l'approbation des cabinets, pour mériter leur confiance, pour nous assurer leur appui. Nous avons subordonné notre marche au désir de les satisfaire, et nous ne nous sommes jamais écartés de la ligne de la plus stricte modération, qui peut-être a paralysé bien des efforts qui nous auraient secondés; et même, dans ces derniers temps, sans les promesses des cabinets, nous aurions déjà peut-être frappé un coup décisif... Mais on nous demanda deux mois d'existence, nous crûmes qu'il fallait temporiser et ne rien laisser au hasard, et nous nous persuadons aujourd'hui qu'il n'y a que le hasard qui puisse nous sauver.

Mais non; notre salut dépend encore des puissances européennes. Notre position est critique, elle n'est pas désespérée ; nous sommes, il est vrai, pressés par un ennemi formidable; d'un côté, sur la rive gauche, le maréchal Paskéwitch, avec les forces principales de l'ennemi, se trouve en présence de nos troupes; de l'autre, le général Rüdiger manœuvre pour opérer sa jonction avec la grande-armée russe. Sur la rive droite, des corps arrivés de la Lithuanie s'avancent vers Pultusk. Le général Rosen pousse ses avant-postes jusqu'à Praga; mais nous avons encore une armée forte de 60,000 hommes avec une bonne artillerie, et animée de l'enthousiasme le plus vif; mais notre levée en masse menace les derrières de l'ennemi; mais l'insurrection est loin d'être étouffée dans les provinces russes, et de nouveaux corps d'insurgés s'y organisent, les matières combustibles s'y accumulent, et un incendie général y éclatera au premier moment favorable. Enfin, si nous sommes obligés de nous retirer dans les murs de Varsovie, d'un côté nous avons les ouvrages de Praga, qui nous défendent contre les attaques de l'ennemi; de l'autre, un triple rang de retranchements, où nous opposerons une résistance opiniâtre, en appelant aux armes la population patriotique de Varsovie. Quand même l'ennemi attaquerait la ville, nous pourrions encore tenir jusqu'à la fin de septembre. Ce n'est pas l'ennemi que nous craignons; — il n'osera pas même nous attaquer : — *c'est la famine*. Si les puissances européennes ne viennent pas à notre secours, nous épuiserons nos dernières ressources et manquerons bientôt de moyens de subtances; nous périrons, après avoir tenté tous les moyens de salut suggérés par le désespoir.

Si les grandes puissances veulent nous sauver, elles le peuvent encore. Faites-leur l'énumération de tous les avantages que cette conduite noble et généreuse leur ferait recueillir, ne serait-ce que pour répéter ce qui a été dit tant de fois; mais il faut leur faire observer que l'abandon barbare dans lequel on nous laissera, sans égard pour tous les préceptes de la justice et de la prudence, *ne restera pas impuni;* et nous pouvons prophétiser d'une voix mourante que des guerres et des maux terribles s'élèveront de notre tombeau sur l'Europe, désastre dont elle aurait pu être sauvée par notre existence.

Comment peut-on penser à un désarmement général, dont le discours du roi fait mention, sans avoir réglé les affaires de la Pologne, et assuré son indépendance? Au reste, délaissés par tout le monde, nous nous défendrons jusqu'à la dernière extrémité; et qui peut prévoir l'avenir ? Le désespoir est fécond en résultats.

Dieu est tout-puissant, et les miracles du courage et du dévouement ne sont pas épuisés pour un peuple qui va à la mort. Si quelqu'événement imprévu vient à notre secours, si, après nous être convaincus du peu de compte que les puissances font de notre confiance... qui sait si la Pologne, après s'être concilié les nouvelles affections des peuples et en cherchant de nouveaux alliés, ne se mettra pas peut-être forcément en opposition avec les intentions des cabinets? D'un autre côté, si la Pologne succombe, l'avenir le plus sombre lui est préparé. La mort, la destruction, et toutes les vengeances d'un ennemi *implacable* la menacent. L'Europe pourra-t-elle donc contempler sans émotion un spectacle si déchirant? Non, certes, les gémissements de tout un peuple mourant retentiront longtemps dans tous les cœurs généreux; et ce peuple trouvera ses vengeurs, comme il a trouvé ses bourreaux.

Nous vous avons fait connaître notre situation actuelle, nous avons fait pressentir notre avenir.

15 août 1831.

CXIII.

De Krakovie, 4 septembre :

Voici le rapport officiel du colonel Kruk, aujourd'hui général, sur les deux brillants combats de Zyrzyn et de Chruslina. Cet exposé donne le tableau le plus fidèle de cette guerre de partisans qui se poursuit depuis sept mois en Pologne, le pays le moins propre peut-être en Europe à ce genre de guerre, mais où la valeur des insurgés supplée à l'absence des côtes maritimes et des gorges de montagnes. Ce rapport est de la teneur suivante :

« Le 4 août, me trouvant avec les détachements de Wierzbiçki, Krysinski, Lutynski et Iaroçki dans les villages de Chruslina, Boby et Monieçki, je fus averti que les Russes approchaient du côté d'Urzędow, et je pris les dispositions ci-après. Les bagages couverts par 50 cavaliers auront à se retirer derrière Stanislawow et à attendre les ordres ultérieurs. Les détachements se rangeront en ligne de bataille sur la route de Stanislawow à Chruslina. Celui de Krysinski formera l'avant-garde sur la lisière de la forêt; tous les autres, ainsi que la cavalerie, se rangeront sur une hauteur entourée de trois côtés de ravins, position qu'occupa Lelewel lorsqu'il remporta sa victoire de Chruslina.

« Le major Krysinski riposta vigoureusement à l'attaque moskovite dirigée sur son aile droite. L'ennemi déjà repoussé, ayant renforcé sa colonne d'attaque, tenta de le tourner pour le prendre à revers; voyant cette manœuvre, j'ordonnai au major Wagner, qui commande provisoirement le détachement de Wierzbiçki, de soutenir avec une partie de sa troupe le détachement de Krysinski et d'arrêter avec l'autre l'attaque dirigée sur son aile. Ramenés une seconde fois, les Russes engagèrent toutes leurs forces en attaquant les deux ailes à la fois. Je laissai donc en réserve la moitié des chasseurs et des faucheurs de Lutynski et Iaroçki sur cette forte position, et je portai l'autre vers l'ennemi pour soutenir le combat. Grâce à Dieu, ce mouvement nous a réussi ; et les Russes, chassés une troisième fois, se mirent à fuir en désordre, sans même pouvoir emporter sur leurs chariots tous leurs morts et leurs blessés. La lutte, commencée à une heure et demie, dura jusqu'à sept heures du soir.

« Nous poursuivîmes l'ennemi sur une étendue de 12 werstes (14 kilomètres), et notre réserve le refoula dans les rues d'Urzendow, où le combat se prolongea jusqu'à la nuit. J'aurais pu, le lendemain, forcer les Russes à mettre bas les armes, si les munitions ne m'eussent manqué; je les fis donc reconduire vers Krasnik par quelques pelotons de cavalerie. Nos jeunes soldats, dont la plupart allaient au feu pour la première fois, se conduisirent dans ce combat en rase campagne comme des vétérans. Nous avons eu 12 tués et 30 blessés; l'ennemi a essuyé des pertes considérables, 14 officiers ont été tués et une trentaine de chariots remplis de morts et de blessés ont été amenés à Demblin. Nos forces se composaient de 800 chasseurs, 600 faucheurs et 200 cavaliers; les Russes avaient 9 compagnies d'infanterie 300 kosaks et 3 pièces de canon.

« Le 8 août, en traversant la grand'route de Varsovie à Lublin, j'interceptai à la porte de Zyrzyn une correspondance chiffrée, dont je parvins pourtant à trouver la clef, et qui m'apprit que le même jour la caisse militaire, escortée de deux compagnies d'infanterie, de trois pelotons d'*urlopniki* (soldats instructeurs rappelés de congé), de 75 soldats de garnison, de 40 kosaks et de deux pièces de canon, devait passer par la poste de Zyrzyn. Je résolus aussitôt de m'en emparer. A peine la queue de notre colonne avait-elle franchi la chaussée, qu'un coup de feu d'une sentinelle placée sur la route m'avertit de l'approche des Moskovites.

« Ayant arrêté la marche, j'allai avec les majors Iankowski et Zielinski, le capitaine Miecznikowski et le lieutenant Léonard, mon aide-de-camp, faire une reconnaissance. Je rencontrai l'avant-garde russe composée de kosaks, suivie par l'infanterie à la distance de deux werstes. J'ordonnai à Lutynski de ranger sa troupe à cheval sur la grand'route à une werste du corps principal, et d'arrêter l'ennemi, tandis que j'attaquerais son aile gauche avec les détachements de Iaroçki, Zielinski et Iankowski; son aile droite, avec ceux de Wagner (Wierzbiçki) et de Krysinski, destinés à l'envelopper.

« Cependant le combat eut lieu contrairement à mes dispositions ; car les Russes s'étant d'abord jetés sur le détachement de Iaroçki, celui de Wagner accourut pour le soutenir, tandis que Krysinski prenait l'ennemi à dos. Après plusieurs mouvements qui décelaient leur hésitation, les Moskovites formèrent une masse compacte et profonde, qui se défendit obstinément, mais dans laquelle aucune balle de nos chasseurs ne fut perdue. J'avais accepté le combat n'ayant que sept cartouches par tête, mais certain de vaincre, à cause de la bonne contenance de mes chasseurs, qui frappaient à trente pas les Russes agglomérés; les faucheurs restant à peu près inactifs.

« L'événement prouva que je ne m'étais pas trompé; et d'ailleurs, en cas de revers, j'avais assuré ma retraite. Les Russes étaient tellement démoralisés, qu'ils n'avaient même pas songé à envoyer à leur arrière-garde les chariots avec l'argent et les munitions, de sorte que je détachai en vain une partie de ma cavalerie pour leur couper le chemin.

« Mon premier rapport a été trop modeste quant aux pertes éprouvées par l'ennemi; 43 seulement revinrent à Demblin (Yvangrod), et à peu près autant à Kurow; 14 officiers ont été tués, 5 blessés et 2 faits prisonniers avec 150 soldats; une cinquantaine d'entre eux ont demandé à se joindre aux insurgés et à combattre la Russie. On a fait, comme toujours, droit à leur demande. Nous avons eu 10 morts et 50 blessés,

« *Le colonel*, KRUK. »

On sait que ces 150 soldats avec 2 officiers ont été mis en liberté, d'après la lettre du chef polonais au général Chrustcheff, commandant les forces russes dans le palatinat de Lublin, adressée à la *Patrie* à la date du 1er septembre[1]. Ce général s'est dispensé de suivre le noble exemple donné par le vainqueur de Zyrzyn. Mais on chercherait en vain à réveiller un sentiment humain dans le cœur de ces chefs de barbares, qui ont pour mot d'ordre l'extermination et le pillage. Ajoutons à ce rapport une nouvelle de la plus haute importance pour l'avenir de l'insurrection.

Des bandes de paysans se sont formées en Ukraine pour résister à la conscription moskovite, qui aurait enlevé au pays tous les hommes valides et vigoureux. Ces bandes ne veulent plus du gouvernement russe; elles ont quitté leurs demeures et campent dans les steppes, déclarant hautement qu'elles n'attendent plus qu'un *Lech* (un chef polonais) pour les mener au combat, et alors ces fils de l'Ukraine indépendante montreront qu'ils n'ont pas dégénéré de leurs aïeux. Dans les terres du prince Guillaume Radzivill, 8,000 paysans se sont rassemblés près du village de Lysianka. Interrogés par les autorités russes, ils ont répondu que le tzar leur avait promis des terres en toute propriété, et qu'ils sont venus exiger l'exécution de cette promesse.

Les deux compagnies d'infanterie escortant les fonctionnaires ont voulu fraterniser avec les paysans; et pendant qu'on les exhortait à rentrer dans la soumission et à s'armer contre les insurgés, pour obtenir du tzar la récompense promise, les soldats se sont mis à boire avec eux et à danser au son de la *gusla* (lyre ukrainienne). Les voyant bien ivres, à un signal donné par leurs chefs, les paysans s'emparèrent de leurs armes et les massacrèrent jusqu'au dernier. Ils en firent autant des orateurs officiels, en affirmant qu'ils n'obéiraient plus qu'à un attaman de leur choix, qui serait placé sous la protection du futur roi de Pologne. En attendant, ils pendent les employés moskovites et les popes, à moins que ceux-ci ne fassent cause commune avec l'insurrection.

Les éléments de victoire existent partout pour la Pologne, en Ukraine, en Samogitie, en Lithuanie surtout, où plusieurs millions de paysans sont prêts, au moindre secours qui leur sera porté, à se soulever comme un seul homme pour rejeter la race moskovite au delà du Dniéper, cette antique frontière qu'elle n'aurait jamais dû franchir.

(*Patrie.*)

[1]. Perdue comme beaucoup d'autres. Voyez la *Préface*, p. 562.

CXIV.

Nous recevons d'un témoin oculaire des détails sur le combat de Zyrzyn, dont nous avons déjà parlé, quelques jours après qu'il a eu lieu. Bien qu'ils nous arrivent avec retard, nous les publions, persuadés qu'on les lira avec intérêt. Ils prouveront surtout que le courage et le patriotisme peuvent en quelques cas suppléer aux connnaissances stratégiques, un des héros de ce mémorable combat n'étant qu'un simple paysan, chef de volontaires faucheurs.

Une forte colonne d'infanterie russe, appuyée par de l'artillerie et allant de Demblin à Lublin, fut attaquée le 8 août par les Polonais, commandés par Wierzbicki, Krysinski et Parada.

Le feu de l'artillerie et celui de la nombreuse infanterie russe arrêta un moment les Polonais.

Le capitaine Parada, paysan polonais, commandant les faucheurs, décida la victoire en s'emparant des canons, et après avoir détruit une compagnie russe qui s'était avancée pour repousser cette attaque.

Les Russes perdirent 150 hommes tués, et 230 furent blessés grièvement. Le lieutenant-colonel y perdit la vie. Le major et 4 officiers restèrent prisonniers.

Quant aux Polonais qui avaient combattu, protégés par le bois, ils ne perdirent que 18 tués et 42 blessés, presque tous faucheurs. Tous les bagages tombèrent au pouvoir des vainqueurs, qui s'emparèrent de la caisse militaire, contenant 1,000,000 de francs à peu près. On estime à près de 50,000 francs le butin enlevé par les faucheurs dans les fourgons.

On le voit, malgré les allégations calomnieuses des Moskovites, les paysans embrassent chaleureusement la cause de la patrie. Dans les villages, on accueille les insurgés avec les marques de la plus vive sympathie.

Le 9 août, lendemain de cette brillante victoire, les israélites du bourg de Baranow reçurent les insurgés avec des hourrahs enthousiastes et des cris de : Vive l'armée polonaise!

Le 11 août, dans le bourg d'Urzendow, 66 bourgeois se joignirent aux insurgés.

Il est à remarquer que dans le palatinat de Lublin, il y a beaucoup de Ruthènes; et cependant les Russes disent qu'ils se montrent hostiles à la cause polonaise. C'est le contraire qui est la vérité. Ils sont tous dans les rangs de l'armée nationale.

Les forces insurrectionnelles dans ce palatinat s'élèvent à plus de 5,000 hommes, et chaque jour il se forme de nouveaux détachements.

(*Opinion nationale.*)

CXV.

De Krakovie, 5 septembre :

Le *Moskal* ne se contente plus de piller les châteaux, de ravager les fermes et les villages pouvant donner asile aux insurgés ou les nourrir, il cherche à présent à réparer ses finances épuisées en dépouillant les églises. On sait que le monastère de Czenstochowa est pour les Polonais l'objet d'une vénération particulière ; il renferme ce tableau miraculeux de la Sainte-Vierge invoquée de tout temps comme la patronne et la reine de Pologne, et que la légende attribue au pinceau de saint Luc. Le peuple apporte chaque année dans ce sanctuaire des *ex-voto* et des offrandes dont le produit constitue en quelque sorte un trésor national, trésor consacré par les prières et les actions de grâce des donateurs, et qui maintes fois déjà fut employé pour les besoins de la patrie. Du temps des guerres suédoises, sous Jean-Kasimir Vasa, et de la confédération de Bar, sous Stanislas-Auguste, ce couvent fortifié, dans une admirable position sur la Warta, a servi de retraite inexpugnable aux patriotes polonais, commandés à la première époque par le moine Kordecki, à la seconde par le jeune chef de la confédération, Kasimir Pulaski, le héros de Savannah.

On conçoit que la richesse de ce sanctuaire, resté debout au milieu des ruines de la patrie, a dû allécher l'avidité des proconsuls moskovites. Un colonel, que l'on dit allié de très-près à la famille impériale, a déjà tendu ses filets autour du monastère, pour pouvoir s'emparer, le plus légalement qu'il est possible, du trésor qu'il convoite. Se fondant sur quelques dénonciations salariées, il a pénétré dans la place non défendue, fait prisonniers les prêtres, qu'il a renvoyés à la citadelle de Varsovie, et poursuit maintenant une enquête dont le but réel est le transport à Saint-Pétersbourg de tous les objets précieux réunis à Czenstochowa. Il aurait déjà obtenu le fruit de tant de recherches, sans la crainte d'exaspérer le peuple et de le jeter, par cette spoliation sacrilége, dans les rangs des insurgés.

Il a donc résolu de s'en faire un complice, en le poussant à d'autres crimes envers les propriétaires de la contrée. De petits détachements ont été envoyés aux environs pour s'opposer, au nom du tzar, à la récolte des blés dans les domaines particuliers, en menaçant les paysans de la déportation en cas de rébellion. D'une autre part, on les excite à se défaire de leurs seigneurs et des *hommes portant redingote*, c'est-à-dire de toute la classe éclairée, par la promesse de la distribution de leurs terres. On les disperse à coups de fouets, en les traitant d'ingrats envers le tzar, lorsqu'ils ne se laissent pas aller à ces criminelles suggestions. Aussi la plupart des récoltes dans les biens seigneuriaux sont-elles encore sur pied, et périront faute de mains pour les moissonner. La barbarie turque dans les pays conquis, en Albanie, en Grèce ou en Serbie, certes, n'a jamais égalé la férocité tatare.

Aussi toute la population, y compris les paysans, est-elle prête à saisir les armes qu'elle trouve sous la main, et à combattre jusqu'au dernier sang. Le tzar ne régnera sur la Pologne qu'après en avoir fait un désert, à la condition de tuer le dernier enfant sur le sein de sa mère. Des corps de partisans surgissent de tous côtés; mal pourvus, mais toujours actifs, ils ne cessent de harceler l'ennemi, d'intercepter les courriers, les convois et les postes; vaincus sur un point, ils reparaissent immédiatement sur un autre, en se décuplant pour faire face à un adversaire dix fois plus nombreux.

Telle est la guerre que nous sommes forcés de faire depuis sept mois, faute d'un point d'appui, d'une place d'armes quelconque, d'une base d'opérations; faute même d'une frontière neutre, que nous avons en vain espéré pouvoir trouver dans la frontière autrichienne. On sait à présent, et nous savons mieux que personne, ce que vaut la neutralité de l'Autriche.

Les armes qui nous y ont été vendues ont été ressaisies et revendues jusqu'à cinq fois, grâce aux dénonciations de la police russe, organisée et fonctionnant à découvert en Gallicie. Quant à la Prusse, tout a été dit sur sa convention soi-disant secrète avec la Russie, d'abord désavouée, puis reconnue par les chefs militaires du grand-duché de Posen, mais qui équivaut à une intervention armée en Pologne. En voici un exemple tout récent :

Le colonel Ganier d'Abin, volontaire français, avait essayé le 15 août de pénétrer dans le royaume avec son détachement. La *Gazette nationale* du 9 courant fait de cette tentative la relation suivante:

« Ce détachement, composé de 300 chasseurs, a été attaqué, *sur le territoire de Posen*, par les troupes réunies russes et prussiennes. A celles-ci, qui avaient déjà commencé le feu, le colonel envoya un parlementaire avec la déclaration qu'il n'avait pas le dessein de les combattre; le parlementaire fut arrêté et la fusillade durait toujours. Alors Ganier donna le signal de l'attaque, croyant n'avoir affaire qu'à une trentaine de soldats prussiens; mais, à sa grande surprise, il vit sortir des blés une colonne forte de 800 hommes, soutenue par 200 Moskovites. Après une heure et demie de combat, se voyant cerné de toutes parts et désespérant de pouvoir se frayer un chemin, il ordonna aux siens de se disperser et de cacher leurs armes. Sa perte a été de 3 hommes tués et de 18 blessés; les Prussiens ont perdu un capitaine, 2 sous-officiers et 34 fantassins morts ou blessés; 7 Moskovites sont restés sur le terrain.

« A l'exemple de ces derniers, *les Prussiens ont achevé 13 de nos blessés à coups de baïonnette;* puis ils ont livré le commandant des faucheurs à ces barbares, qui, après l'avoir mis à nu et lui avoir ordonné de s'en aller, l'ont fusillé par derrière. »

Qui se ressemble s'assemble, dit le proverbe; et les soldats du roi Guillaume n'ont plus rien à envier aux bandits d'Alexandre II. Dans ces conditions, chaque jour d'existence de l'insurrection polonaise est un prodige; et ce prodige s'accomplit depuis sept mois aux yeux de l'Europe, qui se croise les bras.

(*Patrie*.)

CXVI.

Sous ce titre : UNE VISITE AU CAMP DES INSURGÉS, l'*Invalide russe* publie le récit suivant :

« Les femmes polonaises secondent principalement l'insurrection dans les abris secrets du foyer domestique et des hôpitaux. Elles raniment le courage des hommes au sein de la famille, elles enflamment l'ardeur belliqueuse des fils, maris, frères et fiancés ; elles passent les nuits sans sommeil au chevet des lits où gémissent et meurent des hommes qu'elles n'ont pas connu autrement que pour leur dévouement et leurs blessures reçues en servant la cause sacrée de la patrie.

« Toutes les ressources réunies de leurs séductions féminines, de leur affection persistante et de leur patriotisme inépuisable sont employées à des actes d'héroïque dévouement et d'oubli de soi-même. Elles passent de longues heures, quelque temps qu'il fasse, dans les cours des prisons, attendant la permission d'entrer dans les cellules et de visiter les prisonniers.

« Partout où un patriote a été frappé, soit par la persécution, soit par les combats, les femmes polonaises viennent les premières lui apporter des consolations et des secours. Leur intelligence active et hardie, jointe à un grand tact naturel, en fait de précieux auxiliaires à l'insurrection. Nous pouvons hautement déclarer que, sans leur impulsion et sans leur concours, le mouvement n'aurait pas duré aussi longtemps. Ce sont des femmes qui font l'espionnage le plus audacieux et le plus habile pour le compte des insurgés ; elles sont les intermédiaires les plus sûrs pour la transmission des nouvelles importantes. Le gouvernement national leur confie les missions les plus difficiles et il n'a jamais eu à s'en repentir. Leur esprit inventif trouve dans les moments critiques les plus ingénieuses combinaisons, que met ensuite en pratique la main ferme et énergique des hommes. Dans toutes les affaires et toujours on se heurte aux femmes polonaises et aux ecclésiastiques. C'est une force avec laquelle nous sommes obligés de compter. »

(*Patrie*.)

CXVII.

De Krakovie, 6 septembre :

Le général Baagowut, un des plus rigides exécuteurs des hautes œuvres du tzar moskovite, vient d'être envoyé à Pultusk pour y *gouverner* à la Mourawieff. Depuis son arrivée, les cruautés de tout genre ont redoublé dans toute l'étendue du palatinat de Płock. Entre autres massacres ordonnés par lui des plus paisibles habitants, et dont la liste suffirait seule pour remplir notre correspondance, il a fait égorger l'abbé Laurent Kruszewski, de l'ordre des récollets du couvent de Pultusk, sans aucun autre motif que son titre de prêtre catholique et de Polonais. Les circonstances de ce meurtre et les profanations qui l'ont suivi donnent la mesure de ce qu'on peut attendre pour la Pologne sous le régime moskovite ; elles rejettent tout d'un coup notre xix⁰ siècle aux temps les plus barbares du moyen âge, aux premiers débordements de l'Asie sur l'Europe.

Ce digne prélat, revenant d'une visite auprès d'un malade, auquel il avait porté l'extrême-onction dans le village de Gorkow, eut le malheur de rencontrer un détachement russe, qui venait d'être battu par Iankowski. Les soldats, sans égards pour ses vêtements sacerdotaux, qui auraient dû le protéger, l'arrachèrent de sa voiture, le jetèrent dans la boue du chemin, et, après avoir déchiré ses habits à coups de fouet, se mirent à le torturer de la manière la plus atroce. Les huiles saintes ont été répandues à terre, les vases qui les contenaient remplis de sable, l'étole et le scapulaire suspendus au cou des chevaux. Vainement les paysans de Gorzkow sont accourus pour secourir le prêtre, en assurant qu'il était de Pultusk, et qu'il n'appartenait point à un parti d'insurgés ; ils ont été chassés à coups de crosses et de baïonnettes. Après trois heures de supplice, pendant lesquelles les soldats, fatigués de frapper, se cédaient la place mutuellement, l'abbé Kruszewski a été laissé pour mort sur le chemin.

Les villageois recueillirent le malheureux prêtre et le portèrent tout meurtri dans la maison du propriétaire, qui lava ses blessures et le pansa de son mieux. Mais ici l'attendait un plus affreux martyre, qui ne devait se terminer que par la mort. Une autre bande de Moskovites, passant par le village, se jeta comme de coutume sur la maison du propriétaire pour la piller. Ayant découvert le blessé, ces forcenés se ruèrent sur lui, le traînèrent dans la cour, et l'achevèrent en lui fracassant la tête avec les crosses de leurs fusils. C'est dans cet état que le martyr, qui n'avait cessé de prier pour sa patrie, rendit son âme à Dieu.

Après ce meurtre, les assassins revinrent à leur première besogne, en saccageant le village. Et pourtant, la Russie avait déclaré qu'il serait permis aux médecins et aux prêtres de porter aux insurgés blessés les secours de l'art et de la religion !... Ici, rien ne justifie ce forfait, pas même les nécessités de la guerre, qui en ont déjà tant fait commettre dans notre malheureux pays ; il ne se trouvait point d'insurgés dans le village, et le vieillard moribond, à qui le prêtre martyr avait administré les sacrements, venait d'expirer.

Quelques jours plus tard, le même général Baagowut, ayant rencontré un frère quêteur de Prasnysz, le fit fusiller sans autre forme de procès ; puis, ayant demandé au curé de cette ville s'il appartenait à l'ordre des récollets, sur sa réponse affirmative, il lui dit « qu'il avait déjà eu l'honneur d'expédier deux de ses confrères dans l'autre monde. » Dans la même expédition, un officier voulant allumer son cigare, mit le feu à une chaumière du village de

Magnuszew, qui fut incendié; plusieurs de ses habitants, parmi lesquels les fermiers Szalla et Dombkowski, ont été égorgés au seuil de leurs maisons.

Cependant l'insurrection ne se décourage pas; abandonnée ou trahie par ceux qui ont le plus grand intérêt à la soutenir, elle puise des forces nouvelles dans son désespoir. Les combats, avec des chances diverses, mais toujours renaissants, se multiplient. En Podlaquie, le détachement de Grzymala, comptant 500 insurgés, a combattu trois fois dans la journée du 25 août contre trois colonnes qu'avait envoyées contre lui le général Dreier de Konstantynow et de Biala. Le major Griniewsky, commandant la première, fut repoussé près de Sarnaki avec des pertes considérables. Le colonel Popofosopoulo vint trop tard pour secourir le général, et ne parvint qu'à saisir quelques chariots d'arrière-garde de Grzymala. Enfin le colonel Antusiewitch, qui l'attaqua en flanc, et qui comptait le faire prisonnier, ne put empêcher sa retraite dans les bois. En somme, les Russes perdirent dans ces trois engagements plus de monde que les nôtres, qui eurent 25 hommes hors de combat. Le *Dziennik,* de Varsovie, quadruple ce nombre en le portant à 100 tués.

La cavalerie de Taczanowski, après la malheureuse rencontre de Zdrowa, s'est partagée en plusieurs groupes, qui opèrent dans le palatinat de Kalisz. Dans celui de Krakovie, outre le corps de Chmielinski, nous avons celui de Rudowski, qui s'est séparé d'Eminowicz pour agir de concert avec le précédent, et celui d'Iskra (Étincelle), qui les met en communication avec Lelewel.

A Krakovie même, les perquisitions et les arrestations ne discontinuent pas, malgré les plaintes portées à Vienne par trois députés. Les représentants Athanase Benoë, César Haller et Joseph baron Baum, arrêtés sans aucun ordre judiciaire, ont été, après huit jours de détention, envoyés sous escorte à Léopol, en wagon de 3ᵉ classe. Sur leur réclamation, on a prétexté qu'il était défendu aux soldats de voyager dans un wagon de classe supérieure. Pendant ces huit jours, aucun interrogatoire n'a été fait, aucune explication admise, bien que la loi ordonne de rédiger les procès-verbaux et de lire à l'accusé les motifs de son arrestation dans les vingt-quatre heures.

Le député au Reichsrath Rogawski, arrêté de même le 5 septembre, et écroué dans la caserne des gendarmes de Tarnow, vient d'être ramené sous escorte à Krakovie. En outre, on a fait des visites domiciliaires dans la maison du vénérable comte Morstin, dans celle de M. Florkiewicz, et dans les fermes de Dzikow et Chorzelow, propriétés des comtes Tarnowski. Le résultat de ces visites a été nul, et la police autrichienne n'est pas plus heureuse dans ses recherches que sa rivale de Varsovie.

Un Anglais, correspondant du *Times,* était arrivé à Vilno, pour se convaincre si les accusations de cruauté portées contre Mourawieff étaient vraies. L'implacable proconsul lui fit mille politesses pour l'enguirlander, et fit préparer pour ses prisonniers un repas convenable dans une partie de la prison nettoyée de sang. Puis, il y conduisit l'Anglais, pour lui prouver qu'il avait été l'objet d'inqualifiables calomnies. Puissent les correspondants des journaux étrangers visiter souvent ces cachots, où gémissent les meilleurs et les plus méritants d'entre nous, ne serait-ce que pour procurer une heure de soulagement aux infortunés prisonniers !

Le fils de Mourawieff, en apprenant que son père, au lieu de pendre un prisonnier, avait commué la peine de mort en celle de dix ans de travaux forcés en Sibérie, s'est écrié : « Mon père *se polonise;* il devient trop clément pour ses victimes ! » On voit, par ces paroles monstrueuses, que la génération nouvelle en Russie est encore *en progrès* sur la génération du tzar Nicolas !

(*Patrie.*)

CXVIII.

De Krakovie, 7 septembre :

Nous avons aujourd'hui deux victoires importantes à vous signaler : celle de Zaklikow, du 30 août, et celle de Panasowka, du 2 septembre. Le détachement de Çwiek ayant passé la Vistule le 26 août près de Pulawy, avait l'ordre du général Kruk de la remonter et de rejoindre celui de Lelewel. Arrivé à Irena, près de Zaklikow, il rencontra deux compagnies d'infanterie et une demi-sotnia de kosaks. Après un court et vigoureux engagement, 180 Moscovites furent rejetés sur le territoire de Gallicie; et 4 kosaks seulement, démontés et sans armes, parvinrent à s'échapper pour porter au colonel Miednikoff la nouvelle de leur défaite.

Miednikoff était alors occupé à détruire la forêt de Ianow, pour mettre les insurgés à la portée du canon en cas d'une attaque de leur part. Pour hâter son opération, il y mit le feu et brûla plusieurs villages environnants. De Zaklikow, le détachement vainqueur marcha ver Bilgoray, suivi par quatre compagnies d'infanterie, cent kosaks et deux canons envoyés par Miednikoff. En même temps, Lelewel avançait de Iozefow à sa rencontre.

Une patrouille de cinquante chevaux, conduite par son aide de camp Sklodowski, entendit des coups de feu sortant de la forêt de Bilgoray, et vit aussitôt le détachement de Çwiek aux prises avec les troupes moskovites. Sans consulter l'inégalité du nombre, Sklodowski se précipita sur les assaillants, qui, croyant avoir affaire à tout le corps de Lelewel, se portèrent en masse de son côté. Dégagé par ce secours inattendu, Çwiek gagna la forêt, où les Russes n'osèrent pas le suivre, et, conduit par Sklodowski, se joignit au détachement de son chef.

Le lendemain, 2 septembre, les deux corps réunis marchèrent de Bilgoray vers Zamosç, et se retranchèrent sur une colline, près du village de Panasowka. Le combat, engagé à cinq heures du matin, finit à huit heures du soir, par la déroute complète des Moskovites. Les faucheurs se distinguèrent une fois de plus dans cette journée. Marchant en ligne d'attaque sous le feu de l'ennemi, ils s'arrêtaient à courte distance, et se servaient de leurs faux en guise de chevalets pour lui lancer des fusées.

Sur huit compagnies moscovites, 300 hommes ont été mis hors de combat; les nôtres ont eu 40 morts et 90 blessés, qu'on a pu transporter en Gallicie. Restés maîtres du champ de bataille, ils éteignirent le feu que les Russes avaient mis à la forêt, en sept endroits différents, ainsi qu'à la ferme de Poremba.

(*Patrie.*)

CXIX.

De Krakovie, 9 septembre :

Le quatrième numéro de l'*Indépendance* de Varsovie, qui a paru le 28 août, contient un tableau intéressant et fidèle de la Lithuanie se débattant sous les serres de vautour de Mourawieff, et répandant les dernières gouttes de son sang pour la cause nationale. Les héroïques efforts de cette province martyre, courbée depuis soixante-dix ans sous le joug intolérable de la Russie, attestent mieux que toute déduction historique son unité indissoluble avec la Pologne, consacrée par cinq siècles d'existence commune. Que ceux qui aspirent à les séparer, sous prétexte d'ériger je ne sais quel royaume sur la Vistule, lisent cette page sanglante; ils y trouveront une réponse péremptoire aux exigences du cabinet moskovite, qui voudrait se faire garantir par l'Europe la possession indéfinie des provinces lettones et ruthènes.

« Dans les palatinats de la rive droite du Niémen, dit l'*Indépendance*, surtout dans ceux de Kowno et de Grodno, la lutte dure toujours, malgré la plus terrible dévastation du pays. Les villages détruits, les châteaux incendiés, les neuf dixièmes des citoyens déportés, morts ou prisonniers; autant de domaines sequestrés, exploités par des *tchinowniki* (fonctionnaires) moskovites, tel est le tableau général qu'il présente. La situation des détachements assez nombreux, mais disséminés sur cette vaste étendue, est digne à la fois d'admiration et de pitié. Des semaines entières s'écoulent sans que le soldat trouve un repas fortifiant, un toit pour se reposer; les forêts natales lui donnent bien un abri certain et de bonnes positions de combat; mais le manque absolu de vivres et de munitions, la dislocation et l'isolement prolongé des corps de partisans; l'impossibilité de laisser les malades et les blessés dans les villages, où ils sont bientôt découverts par les espions moskovites; les châtiments affreux qui s'ensuivent pour ces villages, brûlés ou démolis à ras de terre, et pour leurs habitants traînés en esclavage avec leurs femmes et leurs enfants, ou condamnés à périr de faim sur place au milieu du cordon de sbires qui les entoure, — ce dont les palatinats de Samogitie et de Grodno ont déjà vu de nombreux exemples, — tout cela asservit l'existence des insurgés à de trop dures conditions. Chaque malade ou blessé ne pouvant rejoindre son détachement peut déjà se considérer comme perdu.

« Le terrorisme de Mourawieff et de ses sicaires, pour qui tout moyen est bon, tout forfait est légal, pourvu qu'il parvienne à briser quelque fibre au cœur de la Pologne, ce régime de meurtre, de pillage et d'incendie n'a pas produit tout le fruit qu'il en espérait, grâce à l'honnêteté, à la disposition religieuse du peuple lithuanien.

« Dans certaines contrées, dans celle de Kowno, par exemple, chaque village a fourni son contingent à l'armée nationale; dans d'autres, où tous les pouvoirs civils sont dans les cachots ou sur le chemin de la Sibérie, où les détachements n'ont pas assez de force pour défendre la population contre les attentats moskowites, comme dans les communes plus rapprochées de Vilno, le peuple, sans chefs et sans protection, engourdi par un esclavage sans bornes, assiste en témoin impassible à ce qui se passe autour de lui.

« Cette torpeur est transitoire, sans doute, mais elle réagit d'une manière fâcheuse sur le développement de l'insurrection.

« Il faut des efforts surhumains, un dévouement et un courage inusités pour surmonter de pareils obstacles. Mais la Lithuanie a fait ses preuves; elle n'a jamais manqué et ne manquera pas cette fois de cet ardent esprit de sacrifice qui l'a maintenue intacte pendant de si longues années d'oppression. Le mal passager cédera devant une puissante organisation nationale, qui couvrira toute la surface du pays et qui rappellera bientôt aux Moskovites les journées de Gineitany, Popielany et Woboloniki. »

(*Patrie.*)

CXX.

De Krakovie, 11 septembre :

Rien ne donne une idée plus juste des difficultés inouïes au milieu desquelles se maintient notre insurrection, que le rapport du général Kruk, après la malheureuse affaire de Faïslawicé, du 24 août dernier. Nous y trouvons à chaque ligne la certitude de la victoire et du succès final de notre soulèvement, si nos troupes étaient mieux pourvues, et si, après chaque combat, elles n'étaient pas forcées de renoncer à tous les fruits de leurs héroïques efforts, faute de munitions de guerre suffisantes. Nous ne parlons pas des chances favorables que pourrait nous donner la levée en masse du peuple des campagnes, dont l'armement dans les circonstances actuelles, au milieu du triple rempart d'ennemis qui nous étreint, est d'une impossibilité absolue.

Sans cette fatale connivence, ouverte ou cachée, des trois puissances copartageantes, agissant de concert depuis le début de l'insurrection; et tendant à nous isoler complètement de tout secours de l'Occident, le succès de notre cause serait assuré, même sans une intervention étrangère. Aujourd'hui, les choses sont arrivées au point que cette intervention seule pourrait égaliser la lutte en équilibrant nos forces avec celles de l'ennemi. Voici quels sont les termes de ce rapport, adressé au gouvernement national :

« Il est à la connaissance du département de la guerre que j'ai livré le combat de Zyrzyn n'ayant en tout que sept cartouches par homme, qui naturellement ont été épuisées durant ce combat. Si les deux compagnies d'infanterie arrivées de Kurow au secours des Moskovites vaincus, au lieu de s'arrêter à une werste du champ de bataille, nous avaient attaqués, il est hors de doute que nous aurions été écrasés. Ayant des cartouches, je les aurais forcées avec mes trois cents cavaliers à accepter le combat et je les aurais anéanties, à moins qu'elles n'eussent mis bas les armes.

« Le 9 août, le surlendemain de la bataille de Zyrzyn, trois compagnies d'infanterie avec cinquante kosaks s'en retournaient sans canons de Demblin à Garwolin. Je le savais, et j'en aurais tiré parti ; *mais je n'avais plus de cartouches.*

« A Demblin, après l'affaire de Zyrzyn, régnait une telle consternation parmi les Moskovites que, d'après le témoignage de leurs officiers, toute la garnison, composée d'une compagnie et demie, se serait rendue, si dès le 9 août j'avais pu me rapprocher de cette place forte. Les deux compagnies de Kurow et les trois autres retournant à Garwolin ayant été détruites, cette panique eût été d'autant plus grande et l'effet de notre attaque sur Demblin d'autant plus assuré ; *mais je n'avais plus de cartouches.*

« J'étais suivi par onze compagnies d'infanterie, avec 200 kosaks et quatre canons, à la distance d'une journée de marche. Cette colonne, arrivée sur le lieu du combat de Zyrzyn, encore couvert de cadavres moskovites, refusa l'obéissance au colonel de Cwiercinsky, son commandant, et se remit en marche en pleine révolte. J'aurais pu facilement venir à bout d'une pareille troupe, d'autant plus que mes forces étaient équivalentes à celles de l'ennemi ; j'avais alors 1,400 chasseurs, 600 faucheurs et 300 cavaliers, *mais je n'avais plus de cartouches.*

« Après les succès que je viens d'énumérer, j'aurais pu laisser une partie de mes forces en Podlaquie, et ralliant à l'autre les détachements de Cwiek et d'Eminowicz, il m'eût été possible d'attaquer les garnisons russes du district de Hrubieszow, se composant pour la plupart d'une ou deux compagnies d'infanterie, et même parfois n'ayant que des troupes à cheval ; je les aurais détruites l'une après l'autre. Après quoi, sans laisser aux Moskovites le temps de se reconnaître, je serais revenu à marches forcées, en voiturant mes hommes, en Podlaquie, où m'attendaient de nouveaux avantages.

« Telle était notre situation après l'heureux combat de Zyrzyn ; et je n'aurais pas manqué d'en profiter si j'avais été pourvu de munitions suffisantes. Au lieu de cela, j'ai dû me retirer par Baranow sur Dworzec, où, partageant mes forces en trois colonnes, je divisai chacune en deux détachements, et chaque détachement en deux ou trois parties, selon la direction que les Russes devaient prendre en les poursuivant. A la tête des deux détachements de Krysinski et Wagner, j'exécutai moi-même une marche de flanc par Lysoboki vers Lenczna, en couvrant par ce moyen le mouvement des autres colonnes, et en attirant l'ennemi sur la mienne. Comme il ne se disposait pas à me suivre, je reconduisis le premier détachement dans les forêts de Lubartow et le second dans celles de Puhaczew, et je retournai en toute hâte avec mes cavaliers aux environs de Lukow, pour m'informer du sort des autres subdivisions. Là, je reçus la fâcheuse nouvelle que les détachements de Zielinski et de Iarocki, talonnés par les Russes, s'étaient dissous ; Iankowski en avait fait de même, en ne gardant que 100 chasseurs avec lesquels il avait traversé la Vistule. Je me vis donc amoindri d'à peu près 1,000 fantassins, et toujours *n'ayant plus de cartouches.*

« C'est alors que je reçus du gouvernement l'ordre d'envoyer les détachements Eminowicz et Cwiek dans le palatinat de Sandomir. Je restai donc avec une poignée d'hommes à opposer aux forces russes qui m'environnaient de toutes parts.

« Dans ces circonstances, la catastrophe de Faïslawicé était inévitable.

« De Lukow, je revins dans le palatinat de Lublin, où le détachement de Krysinski était pressé par sept compagnies, de Radzyn, de Lukow, de Wlodawa, avec deux escadrons de dragons, une sotnia de kosaks et 4 canons. Je le trouvai à Siedliszki, où nous apprîmes que Wagner et Rudzki, également talonnés par les garnisons de Bilgoray, Tomaszow et Ianow, tendaient à nous rejoindre. Je fus instruit aussi que les colonnes russes avaient quitté Lublin, Krasnystaw et Chelm, dans une direction inconnue. Cernés de tous côtés, nous n'avions que deux partis à prendre : prévenir la jonction des colonnes ennemies en attaquant résolument l'une d'elles, ou nous faire jour entre Chelm et Krasnystaw pour nous rendre vers Hrubieszow, et après la concentration de toutes les troupes moskovites, les entraîner à notre suite.

« Je m'arrêtai au premier de ces deux projets, parce que, n'ayant que fort peu de munitions (15 à 20 cartouches par homme) et encore moins de chaussures, je ne comptais pas pouvoir m'en approvisionner près de Hrubieszow ; secondement, qu'ayant attiré sur moi toute la masse de l'ennemi, je pouvais, en me rapprochant de Bug, rencontrer encore quelques troupes envoyées de Hrubieszow ou de l'autre rive de ce fleuve ; enfin, qu'ayant détruit une des deux colonnes poursuivant Wagner et Rudzki, j'avais la chance de pouvoir me jeter dans le palatinat de Sandomir, où je pourrais donner au moins deux jours de repos à mes soldats, harassés par des marches forcées, en évitant le combat faute d'approvisionnements nécessaires, avant que les Moskovites eussent pu y soupçonner ma présence. Je savais, en outre, que Rudzki avait brûlé le pont sur le Wieprz à Dorohucza ; et prévoyant que l'ennemi s'y arrêterait pour le réparer, je voulus marcher vers Faïslawicé pour le prendre à revers et pour gagner, peut-être même sans combat, le palatinat de Sandomir.

« Les choses ne se passèrent point cette fois selon mes prévisions. Les Moskovites, avertis de l'incendie du pont, avant d'arriver à Dorohucza, se sont portés vers Faïslawicé, où nous les vîmes déboucher aussitôt après avoir franchi le Wieprz avec le détachement de Krysinski. Le combat était donc inévitable. J'ordonnai à Krysinski, se trouvant en première ligne, d'occuper les bois de Stryi ; je portai le détachement de Rudzki dans une forêt en arrière, où le principal engagement eut lieu, et je laissai Wagner en réserve. Je portai moi-même ces dispositions à Olesnicé, où stationnaient les deux derniers. Tandis qu'ils se rendaient aux postes qui leur étaient assignés, un autre corps plus considérable de l'ennemi parut inopinément du côté de Biskupicé. Krysinski, déjà engagé, n'avait pas eu le temps d'occuper sa position ; les autres détachements durent se ranger sous la protection de mes cavaliers, qui maintenaient vigoureusement les dragons et l'infanterie moskovites. Mais cela ne pouvait durer longtemps ; les forces ennemies étaient trop prépondérantes, et nos soldats, épuisés par le chemin qu'ils avaient parcouru, commencèrent à fléchir. Le détachement de Wagner (Wierzbicki) tint avec le plus de fermeté et fut presque entièrement détruit autour de son chef, qui malgré les efforts de sa suite pour l'entraîner, préféra rester sur le champ de bataille et périt de la mort des braves.

« Je dois encore mentionner ici l'officier Léon Podoski, dont le courage et le sang-froid ont puissamment contribué au salut de notre cavalerie. Nos soldats ont combattu pendant plusieurs heures, malgré la perte de 200 morts ou blessés, dont quelques-uns ont été achevés par les Moskovites, et 240 prisonniers, pour la plupart du corps des faucheurs. Dans cette lutte inégale, nous avions 1,400 fantassins et 150 cavaliers, contre 25 compagnies d'infanterie, 4 sotnias de kosaks, 2 escadrons de hussards et 2 escadrons de dragons ennemis.

« *Le général*,
« Kruk. »

Ajoutons à ce rapport d'une des plus désastreuses journées de notre lutte nationale que les détachements en retraite du regrettable major Wagner et de Rudzki ont déjà été réorganisés par ce dernier, bien que blessé (et non pas tué, comme les télégrammes l'avaient annoncé), à l'affaire de Faïslawicé. Le général Kruk, avec son escorte de cavalerie, s'est fait jour après le combat à travers les rangs ennemis ; grâce à ses talents militaires déjà bien reconnus, il ne tardera pas à prendre sa revanche. La cavalerie de Krysinski n'a pas été entamée, et les soldats dispersés ont déjà rejoint leurs détachements.

Les Russes, après leur victoire, se sont livrés, comme de coutume, aux plus exécrables cruautés.

Un officier blessé, fait prisonnier par eux, a été couvert de paille et brûlé vivant. Le colonel des kosaks Enochin s'est le plus signalé dans cette sanglante orgie, dont les affreux détails nous sont rapportés par des témoins dignes de foi.

(*Patrie*.)

CXXI.

De Krakovie, 12 septembre :

Nous avons mentionné dans notre lettre précédente les actes de cruauté barbare auxquels le colonel kosaque Enochin s'est livré pendant et après le combat de Faïslawicé. A sa férocité native, il a cru devoir ajouter, comme stimulant, l'ivresse, trop commune chez cette sorte de gens qui ne combattent ni pour un principe, ni par dévouement à leur souverain, encore moins pour l'honneur militaire, mais uniquement pour pouvoir un jour rapporter à leurs dignes compagnes le produit de leurs déprédations. « En Pologne, il n'y a qu'à se baisser pour prendre, » disait Catherine II au prince Henri de Prusse au moment du premier partage (1774).

Indigné de ces honteux excès, le général Kruk a écrit une seconde lettre au général Chrustcheff, dont nous donnons ci-après la traduction. La première a été adressée à la *Patrie*, à la date du 1er septembre :

« *Au commandant des troupes moskovites dans les palatinats de Podlaquie et de Lublin.*

« Général,

« Dans la persuasion que, même dans le sein d'un homme dévoué au tzarisme, c'est-à-dire la tyrannie asiatique, mais possédant tant bien que mal quelques apparences de la civilisation européenne, les sentiments humains ne peuvent être entièrement étouffés et n'ont besoin que d'être éveillés pour agir conformément à la loi de Dieu et de la nature, j'ai pris sur moi de vous adresser une lettre en vous renvoyant les prisonniers saisis par mes soldats durant le combat de Zyrzyn. Cette conduite de ma part a dû vous paraître étrange, à vous pacificateurs d'un peuple constamment rebelle au tzarisme. En effet, à Sosnowka déjà, vous avez exercé toutes sortes de vengeances sur de paisibles habitants ; vous les avez frappés sans pitié, couverts de blessures dont ils auront de la peine à guérir dans les hôpitaux, pour les contraindre à vous dire ce qu'ils ignoraient eux-mêmes, car nous n'avons pas la coutume de les mettre dans le secret de nos mouvements.

« Vous pouvez vous enquérir de ce que votre colonel Enochin a commis, en état d'ivresse, à Faïslawicé ; le dégoût que j'en éprouve m'empêche de vous le redire.

« Je prévoyais que telle serait votre réponse à

ma première lettre; mais respectant toujours les lois de la guerre, je voudrais vous contraindre vous-même à les observer... Vous m'avez déjà prouvé sur le champ de bataille, que vous m'aviez compris : en dérision de mon acte de clémence, après avoir lardé de coups de baïonnettes un de mes soldats et lui avoir fait subir une dernière et odieuse mutilation, vous l'avez rendu à la liberté !!! Ce sont là, général, des représailles moskovites... mais souvenez-vous que des atrocités pareilles ne doivent pas rester impunies. De mon côté, je ferai tout mon possible pour vous rappeler sans cesse l'affaire de Zyrzyn ; et bien que je sois résolu d'agir toujours de même envers vos simples soldats, considérant les officiers comme les plus coupables de tout le mal, aussitôt qu'ils me seront tombés dans les mains, de quelque rang qu'ils soient, je les ferai fusiller.

« *Le commandant des troupes nationales dans les palatinats de Podlaquie et de Lublin*,

« Général KRUK.

« *L'aide de camp,*

« FR. LÉONARD. »

Le 3 septembre 1863.

Après la mort de Lelewel, au combat de Batorz, son commandement a été déféré au major Grodzienski par le gouvernement national. Les détachements réorganisés de Zielinski, de Rudzki, ceux de Iankowski, Lutynski et Grzymala, opèrent dans le même palatinat. Le major Ćwiek, par un acte de modestie qui l'honore, s'est démis de son commandement entre les mains d'un officier du plus haut mérite. Dans le palatinat de Kalisz, plusieurs détachements formés du corps de Taczanowski, après l'échec de Kruszyna, ceux du colonel Slupski, du capitaine Matusiewicz et de Parczewski, réunis dans la journée du 3 septembre, ont mis en déroute les moskovites près de Strykow et Lodz, en leur tuant une centaine de soldats.

L'état de siége vient d'être non pas établi, comme disent les journaux allemands, mais porté à ses dernières limites à Varsovie. La grande-duchesse, au moment de son départ, disait que « son mari avait résolu de quitter la ville, *parce qu'il ne voulait pas y remplir l'office de bourreau.* » Aussi chacun s'y attend à des actes d'extrême violence. La ville est close pour dix jours ; et les Russes pourraient bien en profiter pour s'y livrer au pillage, sous prétexte de se faire payer les impôts, comme ils le font généralement dans les campagnes dévastées, saccagées, incendiées pour le même motif. Certes, l'impassibilité de l'Europe est bien faite pour les enhardir à tous les excès possibles.

Le fils du ministre de l'intérieur, A. Ostrowski (notre homonyme seulement), vient d'être arrêté à Piotrkow, parce qu'il avait secouru quelques insurgés blessés dans les combats de Koniecpol, de Rudniki, d'Obichow et de Biala, ce dont il avait été remercié par le gouvernement national. Il paraît que les Moskovites exigent des Polonais d'égorger leurs frères, comme ils le font eux-mêmes.

Ces mesures à la Mourawieff semblent annoncer l'arrivée prochaine du proconsul de la Lithuanie dans l'ancienne capitale de nos rois.

Patrie.)

CXXII.

De Krakovie, 13 septembre :

Le journal *Niepodleglosc* (Indépendance), organe semi-officiel du gouvernement national, publié à Varsovie, fait dans un article de fond, du 5 septembre, les réflexions suivantes sur la situation diplomatique actuelle :

« Le gouvernement moskovite a pris son temps pour méditer sa réponse aux notes des trois puissances ; selon nos prévisions, voici ce qui résultera de ce recueillement prolongé :

« 1° Refus itératif opposé aux remontrances faites par les cabinets d'Angleterre, de France et d'Autriche ;

« 2° Refus d'une conférence des cinq ou huit puissances signataires des traités de 1815, dont l'acceptation serait un acte illogique de la part de la Russie, et ne pourrait être expliquée que par la menace d'une intervention active de la part de trois de ces puissances ;

« 3° Réponse donnée aux trois notes par un simple accusé de réception, tout en rendant plus rigides les mesures pacificatrices adoptées pour la Pologne, savoir : massacres officiels, confiscation des biens, pendaisons, pillages, incendies, déportations en masse en Sibérie, avec tout leur cortège d'atrocités et de crimes.

« Cette troisième alternative a été bien certainement adoptée avant même le départ du grand-duc Constantin, qui lui sert de commentaire ; et l'impôt de 10 0/0 devant être prélevé en Lithuanie, Volhynie, Podolie et Ukraine, équivaudra, grâce aux brigandages des autorités russes, à une dévastation complète de ces provinces.

« Il est possible que cette augmentation de pillages et de meurtres soit accompagnée d'un acte de grâce pareil à l'amnistie accordée au mois d'avril, acte d'ironie pour l'Europe, d'assimilation violente pour la Pologne. Dans ce cas, la France, accordant un congé à son ambassadeur, lui fera peut-être quitter la Russie, pour éviter un grand scandale, et les journaux s'empresseront de constater l'isolement de la puissance moskovite. Elle ne s'en inquiétera guère ; car pour une puissance accessible seulement à sa frontière méridionale, l'isolement diplomatique ne peut être d'aucun effet. Le tzar n'en continuera pas moins son œuvre d'extermination, tandis qu'il sera réellement débarrassé d'un contrôle importun, occasionné par la présence du consul français à Varsovie et de l'ambassadeur à Saint-Pétersbourg.

« Le fait du traité secret conclu entre la Prusse et la Russie, simultanément avec la convention du 8 février, n'est plus sujet à aucun doute. M. de Bismark aurait signifié au cabinet de Londres, au mois de juillet dernier, que toute attaque portée contre la Russie serait considérée par la Prusse comme une attaque portée contre elle-même et deviendait un *casus belli*. Cette déclaration du ministre prussien aurait dû ouvrir les yeux et démontrer que la situation est exactement la même qu'en 1811, lorsque les promesses et la ruse byzantine du tzar Alexandre Ier réussirent à calmer les craintes, momentanément éveillées, des trois grandes puissances.

« En face d'un tel résultat des négociations, attestant que le droit des nations est une lettre morte pour l'Europe diplomatique, que ses seuls mobiles sont la force et la violence; en face de cette victoire sur le papier obtenue par le cabinet moskovite à la fin de la campagne diplomatique de 1863, engagée sur une base fausse et dérisoire, où donc est maintenant la clef de la situation?

« La clef de la situation n'est ni à Vienne, ni à Paris, ni à Londres, elle est sur les bords de la Vistule, du Niémen, de la Dzwina et du Dniéper.

« Nous sommes actuellement les maîtres de la situation, et nous le serons tant que nous maintiendrons la concorde dans la nation, sa constance dans les sacrifices, son héroïsme sur les champs de bataille. Dieu nous a bénis jusqu'à ce jour, sa main nous protège visiblement.

« L'insurrection compte déjà huit mois d'existance; elle dure plus longtemps que l'insurrection de 1831, que nos pères ont soutenue avec une armée organisée, des chefs expérimentés, des forteresses et des arsenaux. Aujourd'hui, rien de tout cela; mais nous avons pris la résolution de vaincre ou de mourir, et la protection divine ne nous manquera pas.

« Notre liberté, notre indépendance, c'est la cause de l'humanité entière; c'est l'Europe à jamais pacifiée, c'est le royaume de Dieu que nous parviendrons à conquérir par la force de la foi, en le couvrant de nos poitrines contre l'agression des barbares.

« Cette foi dans la Providence, dans la sainteté de la cause nationale, dans nous-mêmes, a déjà produit un fait important : l'insurrection; elle en créera d'autres qui paraîtront visibles et puissants aux yeux de tous... »

Trois rencontres nouvelles ont été trois succès pour l'insurrection. A Zelechow, en Podlaquie, le 4 septembre, un détachement de notre cavalerie fut rencontré par plusieurs compagnie d'infanterie moskovite. Malgré l'inégalité du nombre, le chef ordonna l'attaque, et nos cavaliers se firent jour à travers les rangs de l'ennemi, qui se replia en perdant un colonel et 80 soldats. Notre perte est de 30 morts ou blessés.

A Zambrow, dans le palatinat d'Augustowo, le 3 courant, un détachement de 300 insurgés mit en déroute complète la cavalerie du général Toll. Les Russes, dans leurs bulletins officiels, s'attribuent, comme d'habitude, la victoire, et n'ont perdu, comme de coutume, qu'un officier de kosaks. S'ils avaient réellement été victorieux, ils n'auraient annoncé qu'un simple kosak tué.

A Gumow, dans le palatinat de Ploçk, la cavalerie du colonel Waluieff n'a pas été plus heureuse dans un combat livré le 8 de ce mois. Dans son rapport, inséré au *Dziennik*, le colonel russe se vante d'avoir pris trente chevaux aux insurgés. Ces trente chevaux avaient été enlevés dans les fermes par lesquelles passait la colonne moskovite aux propriétaires, que l'on considère généralement comme des insurgés, et renvoyés à Ploçk comme trophées de victoire. Il est fort heureux qu'on les ait renvoyés avant le combat, car on n'aurait guère eu cette occasion à l'issue de la lutte, et la remonte capturée serait restée apparemment aux mains des vainqueurs.

Le grand-duc Constantin, avant de quitter Varsovie, a voulu y laisser un souvenir de sa lieutenance; il a imposé au pays une contribution de 74,040 tchetwerts (boisseaux) d'avoine, et de 698,840 pouds (13,976,800 kil.) de foin.

Les perquisitions, arrestations et internements continuent de plus belle en Gallicie. C'est une véritable chasse aux insurgés, présumés ou réels, et qui contraste singulièrement avec le langage des organes libéraux de la presse aurichienne. La mise en liberté du conseiller d'État Charles Rogawski sera peut-être le point départ d'un ordre de choses tout nouveau dans la conduite des autorités à Krakovie et à Léopol.

(*Patrie.*)

CXXIII.

Le *Moskal* ne se contente pas d'acclamer Mourawieff comme « le meilleur patriote de la sainte Russie, » il lui tresse une couronne triomphale de tous les récits de ses cruautés, flétries par l'indignation de l'Europe. D'après son ordre, chaque jour le *Journal de Vilno* imprime en tête de ses colonnes les articles dirigés contre lui par la presse étrangère; chaque jour de nombreuses exécutions fournissent de nouveaux éléments à cette sanglante biographie. Au fait, ce cynisme et ce mépris de l'opinion publique peuvent bien s'expliquer, d'une part, par la conduite de la Russie, qui seule *agit* comme une grande puissance et, de l'autre, par celle de l'Europe, qui perd son temps à *négocier*. Hélas! nous devons l'avouer, les plus nobles paroles, insérées dans les journaux les plus populaires de la France, de l'Angleterre et de l'Allemagne, non-seulement n'ont pas été en état d'arrêter l'effusion du sang, mais n'ont empêché aucune des atrocités de Mourawieff, les plus contraires aux droits des gens et de l'humanité. Aussi ce vrai Tatar peut se jouer de toutes les attaques des journaux et même les reproduire dans le sien, pour s'en faire gloire auprès de son maître, qui le récompense, et pour insulter ses victimes en leur offrant comme consolation suprême la stérile pitié de l'Occident.

Racine avait dit avant nous :

« Il faut des actions et non pas des paroles ! »

surtout lorsque ces paroles n'ont produit pour dernier résultat que les réponses ironiques du prince Gortschakoff.

Nous avions toujours cru que l'opinion publique était aussi une grande puissance, avec laquelle les souverains sont obligés de compter; Mourawieff et M. É. de Girardin tiennent à nous prouver le contraire, et l'abandon de la Pologne leur donnerait raison sur ce point.

(Patrie.)

CXXIV.

De Krakovie, 22 septembre :

Nous avons aujourd'hui beaucoup de faits à consigner, soit du champ de bataille, soit du lieu des exécutions, aussi nombreuses à présent dans le royaume qu'en Lithuanie. Nous tâcherons d'être le plus bref possible, lorsque nous ne pourrons pas nous borner à une simple énumération.

Trois rencontres ont eu lieu, ces jours derniers : l'une près de Blonié, dans le palatinat de Mazovie, le 12 courant; l'autre à Ciepliny, dans le même palatinat; la troisième à Sencygniow, dans celui de Krakovie. Les deux premiers combats, livrés par Sokolowski et le lieutenant-colonel Zielinski, sont restés indécis; le dernier, livré par le détachement d'Iskra, n'a pas été favorable aux insurgés. Après avoir quitté Iendrzeiow et perdu, dans un engagement de tirailleurs, à Chelmno, quelques chariots de munitions, Iskra se replia vers Sencygniow; là, pressé de tous côtés par des forces supérieures, après une lutte sanglante, il se retira dans les forêts, où les ennemis n'osèrent pas le suivre.

Le même jour, à Lutomierz, dans le palatinat de Kalisz, eut lieu cet affreux massacre, déjà signalé par les journaux; les soldats d'Alexandre II, mis en fuite par les détachements de Szumlanski et de Matusiewicz, passèrent tous les habitants au fil de l'épée. Une seconde rencontre eut lieu à Lask, où la victoire a dû rester aux patriotes, car trois compagnies d'infanterie, deux escadrons de hussards avec quatre pièces de canon ont été envoyés de Kalisz au secours des Moskovites. Les petits détachements formés du corps de Taczanowski après la malheureuse affaire de Kruszyna, continuent à combattre en harcelant l'ennemi sur tous les points. Le nombre des insurgés du palatinat de Lublin augmente chaque jour autour des détachements réorganisés de Rudzki et de Wierzbiçki, déjà guéri de ses blessures.

En Lithuanie, une colonne moskovite, sous les ordres du général-prince Bariatynsky, sortie de Vilno le 22 août, passa le Niemen, près de Merecz, et rencontra, le 24, le détachement de Lubicz; après un combat de tirailleurs, les deux partis se séparèrent avec une perte à peu près égale. Une seconde rencontre eut lieu le 22, près de Zimno, entre le détachement de cavalerie polonaise de Rychlewski et le colonel Dehn; les bulletins moskovites attribuent la victoire à ce dernier. Le même détachement a combattu quelques jours plus tard la colonne du prince Bariatynsky, à Krasnopol.

Dans le palatinat de Grodno, district de Bielsk, le carnage de Lutomierz a trouvé son digne pendant. Les Polonais avaient occupé la petite ville de Ciechanowięc, et s'étaient emparés des armes qu'ils y avaient trouvées sous la garde d'une petite escorte; les Moskovites, arrivant en grand nombre, pillèrent la ville et l'incendièrent sans faire grâce à aucun des habitants; ils les accusaient d'avoir livré leurs armes aux insurgés. Le 27 août suivant, ils éprouvèrent un échec au village de Strumileç, près de Szereszow.

C'est pour des exploits de ce genre que Mourawieff le Pendeur vient d'être décoré de l'ordre de Saint-André Apôtre; aussi les bourreaux, voyant leur patron si largement payé, ont partout redoublé de zèle et d'activité. Plusieurs créatures moskovites, parmi lesquelles nous sommes forcés de citer le vieux prince Alexandre Radzivill d'Anopol, ont consenti à signer l'Adresse de fidélité, ou plutôt l'Adresse de terreur au tzar de toutes les Russies. La princesse Radzivill, née Stafnagiel, se rendit aussitôt chez le gouverneur pour protester contre cet acte de faiblesse de son mari, depuis longtemps, disait-elle, tombé en enfance, presque aveugle, et auquel on avait sans doute présenté l'Adresse par surprise. Mourawieff fit arrêter la princesse. Il agit de même avec tous les propriétaires qui avaient refusé de signer; nous passerons leurs noms sous silence, pour ne pas exposer les victimes aux farouches vengeances du proconsul moskovite, qui leur fait toujours expier la publicité donnée à ses méfaits.

Il est du reste parfaitement secondé par ses pareils dans l'intérieur du royaume. A Sokolowicé, près de Koszycé, les villageois arrêtèrent un paysan qui mettait le feu à leurs granges, et parvinrent fort heureusement à éteindre l'incendie. Le paysan, qui leur était complètement étranger, avoua sans détour qu'il était soldat russe, des compagnies de discipline, qu'on l'avait mis en liberté sous condition d'aller incendier les fermes des Polonais. Il se réclamait du général Czengery, et menaçait les villageois de les faire pendre s'ils osaient exercer contre lui la moindre violence. Aussi les paysans, déjà favorables à l'insurrection, surtout dans les contrées où l'influence des écoles communales et celle de notre patriotique clergé ont répandu le plus de lumières, commencent à participer activement à la lutte nationale. Nous avons dit que le gouvernement polonais avait fait don aux paysans du cens qu'ils étaient tenus de payer aux propriétaires à la suite de l'affranchissement, et défendu en même temps aux propriétaires de percevoir ce cens, sauf indemnité par l'État.

Le gouvernement a été obéi des deux parts; toutefois, dans les districts voisins de l'Autriche, encore démoralisés par le souvenir de la jacquerie de 1846, les paysans ont été remettre à leurs curés les redevances que personne ne voulait accepter. Cependant le gouvernement moskovite, auquel les impôts n'avaient pas été payés depuis six mois, se trouvait dans l'alternative ou bien de supporter le déficit causé par le non-versement des impôts, ou d'exaspérer les paysans en s'appropriant le cens refusé par les propriétaires. Il s'arrêta tout naturellement à ce dernier parti. Il s'ensuit que les paysans, en voyant le gouvernement étranger leur retirer le bienfait accordé par le gouvernement national, ont résolu de se soulever; dans le district de Stobniça, voisin de la frontière de Gallicie, ils ont déclaré qu'ils étaient prêts à chasser à coups de fléaux les Moskovites hors du sol polonais.

Les mêmes mesures fiscales ont été adoptées à Varsovie, où depuis le 17 septembre on pille systématiquement un quartier de la ville après l'autre. On a commencé par la rue du Faubourg de Krakovie, une des plus riches et des plus commerçantes. Des détachements de soldats y stationnent jour et nuit: vingt ou trente pénètrent dans les maisons pour y faire main basse sur tous les objets de quelque valeur. Les officiers arrêtent indistinctement tous les passants qui leur déplaisent, et avant de les conduire en prison, leur prennent tout ce qui se trouve à leur convenance. Un bataillon de ces barbares a commis dans le cimetière de Powonzki les plus odieuses profanations. Sous prétexte de chercher des armes, on se mit à déterrer les morts, en brisant les bières, les sarcophages, et en s'emparant de tout ce qui pouvait être emporté. Ce n'était pas assez de dépouiller les vivants; il fallait violer les tombes pour ravir à la Pologne jusqu'aux souvenirs de son martyre.

Mais voici un détail auquel on aura peine à croire en Europe, et dont nous certifions pourtant la plus exacte vérité. Sipowicz, condamné sans jugement à être pendu, fut conduit au lieu de son supplice le sac de toile sur la tête. Le bourreau, nommé Ditwald, au lieu de lui passer la corde autour du cou, la noua dans sa bouche entre les deux mâchoires; et le patient, ainsi torturé, n'expira qu'au bout d'une demi-heure. Les soldats moskovites de l'escorte insultaient les spectateurs en jouant atrocement avec la victime...

Voilà quelle est la signification réelle de la réponse donnée par le prince Gortschakoff aux Notes des trois puissances, réponse où il parle des sentiments bienveillants du tzar pour la Pologne; le pays commence à s'en ressentir par un redoublement d'horreurs et de calamités. Il paraît que les Moskovites comprennent qu'il faudra tôt ou tard évacuer la Pologne; ils exécutent donc le dernier acte de leur sanglante invasion: ils pillent et dévastent Varsovie. Quant aux provinces, il suffit de voir les villes saccagées, les forêts coupées ou brûlées sur des longueurs de plusieurs lieues, les récoltes desséchant sur pied faute de bras pour les moissonner, pour se convaincre que s'ils se voient forcés de quitter notre pays, les soldats du tzar ne veulent y laisser qu'un désert.

(*Patrie.*)

CXXV.

De Krakovie, 25 septembre :

Lorsque nous parlons de l'incorrigible férocité du Moskal, qui ne se contente pas de tuer sa victime, qui la déchire en lambeaux, qui fouille les tombes comme l'hyène, et brise tous les objets dont il ne peut faire emploi, nous éprouvons parfois le sort de Cassandre : on ne veut pas nous croire; on se rabat sur l'exagération, excuse facile et commode de l'égoïsme et de l'indifférence; comme si nous avions besoin de charger les couleurs de ce sombre tableau que présente aujourd'hui la Pologne; comme si les faits vrais, simplement racontés par nous, ne dépassaient pas toutes les bornes de l'horrible et du monstrueux. Que ceux qui doutent de nos récits ou font semblant d'en douter, pour le plus grand calme de leur conscience et de leurs spéculations, lisent l'histoire de la confédération de Bar et des massacres de l'Ukraine dans les *Révolutions de Pologne* de Rulhière, ou la destruction de Nowgorod dans l'historien russe Karamzin; ils y trouveront les mêmes barbares de l'Asie, se conduisant absolument de même sous le magnanime Alexandre II que sous la libérale Catherine II, son aïeule.

Ils y liront, à leur grand étonnement, les mêmes discours d'affranchissement et de liberté, prononcés par les souverains au milieu des villes en cendres, des campagnes changées en déserts. Ils y verront encore des notes diplomatiques, tout aussi menteuses que celles du prince Gortschakoff. Attila, Genghiskhan, Yvan le Cruel parlaient déjà, dans leur temps, de régénérer l'Europe par l'Asie; Mourawieff et Berg sont les dignes pendants des Dréwitch et des Souwaroff. Il n'y a de changé que les noms.

Et pourtant, pas un des faits allégués par nous depuis le commencement de notre tâche d'historien n'a subi la moindre contradiction; nous ne les rapportons qu'après avoir reçu, pour les confirmer, de nombreux témoignages, soit écrits, soit de témoins oculaires; et nous croirions faire outrage à la sainteté de notre cause si nous voulions la servir par le mensonge. Cette arme, nous la laissons sans réserve aux écrivains officiels de la Russie. Ceux qui ne veulent pas nous croire sont ceux qui reculent devant la lumière trop vive de la vérité, ou ceux qui sont intéressés de manière ou d'autre à laisser exterminer la Pologne.

Après Dunaborg, Vitepsk, Mohilew, Kïow et Vilno, c'est aujourd'hui le tour de Varsovie. Les Moskovites avaient depuis longtemps l'intention de s'emparer des deux palais du comte André Zamoyski, ainsi que de plusieurs maisons avoisinantes appartenant aux missionnaires de l'église de Sainte-Croix, pour en faire un point stratégique formidable se reliant au système général de fortifications dont la citadelle est le pivot. La citadelle elle-même a été construite sur l'emplacement d'un collége célèbre, nommé Jolibord, fondé par le piariste Konarski. On avait entendu déjà les officiers moskovites s'exprimer dans ce sens; ils devaient être bientôt, disaient-ils, logés et casernés dans les palais de l'ancien président de la Société agronomique, et leurs menaces ne laissaient pas que d'alarmer vivement les habitants de ces palais, qui toutefois étaient loin de supposer qu'on en viendrait à ces excès de barbarie à leur égard. Mais pour spolier ce patriote, auquel le tzar Alexandre lui-même avait témoigné des sentiments d'estime et d'amitié avant de l'envoyer en exil, il fallait à toute force une provocation, il fallait une émeute. L'occasion ne s'en fit pas attendre. Le 19 septembre, à cinq heures un quart, au moment où la voiture du général Berg venait de passer devant un des palais faisant face à l'Académie de médecine, une bombe fut jetée du quatrième étage du palais, alors inoccupé, bientôt suivie de deux coups de fusil.

Personne ne fut atteint par l'explosion, sauf un kosak à cheval, qui reçut une contusion sans gravité. Au même instant, comme à un signal donné, les troupes arrivèrent en masse et se jetèrent sur le palais Zamoyski.

Vous connaissez les dévastations et et les horreurs commises par les Russo-Tatars; nous avons seulement à ajouter que les officiers de la garde impériale, l'élite de la nation moskovite, encourageaient les soldats au pillage, en leur criant : *Iskat zolota!* (cherchez de l'or); de même dans les palais Zamoyski que dans l'église de Sainte-Croix, où toutes les profanations ont été commises. Presque en un tour de main, l'ordre a été fait dans ce quartier somptueux de Varsovie; l'ordre d'après Tacite, bien entendu : « *Ubi solitudinem faciunt, pacem appellant.* »

Cependant, malgré tous ces excès, l'émeute attendue n'éclatait pas; et si la capitale n'est pas encore réduite en un monceau de ruines comme les deux palais Zamoyski, on le doit aux efforts constants du gouvernement national. Il avait d'avance prémuni la population contre toute tentative désespérée, en signifiant que tout agresseur contre les troupes moskovites, sans un ordre formel de sa part, serait déclaré traître à la patrie.

Il a fallu toute son énergie pour empêcher la foule de se jeter sur les pillards et les assassins, ce qui aurait infailliblement amené le bombardement et la destruction de Varsovie.

Vainement on a cherché à le discréditer à l'étranger, en lui imputant l'attentat contre le général Berg; pour empêcher tout contrôle et tout témoignage, pour pouvoir arranger dans les télégrammes officiels toute cette horrible histoire, excuser ou démentir tout ce qui serait déshonorant pour la Russie, on a fermé pendant vingt-quatre heures les rues attenant au palais Zamoyski, sans laisser pénétrer âme qui vive. S'il avait voulu user de représailles, ce ne serait pas au vieux et caduc général Berg que le gouvernement national se serait adressé; il aurait préféré lancer une bombe au bourreau de Vilno, Mourawieff, ou à ses deux aides à Mohilew et à Kiow, Dlotoffsky et Anienkoff [1].

Au reste, la police russe vient de donner un ordre qui pourrait bien amener une catastrophe; tous les habitants d'une maison devant laquelle on poignarderait un espion seront passés au fil de l'épée.

Après cet attentat qui ne tue personne, que fait l'autorité moskovite? Elle arrête près de quinze cents paisibles habitants, après avoir tout pillé, changé deux beaux palais en casernes, brûlé des bibliothèques et des collections savantes, profané des tombes... Un pays où l'on se comporte ainsi, contre tous les droits des gens et de l'humanité, où l'on détruit à plaisir une fortune de 200,000 florins de rente, où l'on se rend à tout jamais odieux à toutes les classes de la population, aux bourgeois comme aux seigneurs, aux paysans comme aux propriétaires, n'est pas un pays que l'on espère garder.

Après ce qui vient de se passer, et dont nous vous avons donné les véridiques détails, tout nous porte à souhaiter, si ce n'est une intervention collective des trois puissances, au moins une occupation provisoire de la Pologne par une armée étrangère, comme le proposait *la Presse* de Vienne dans un récent article relevé par les journaux parisiens. Toute mesure décisive serait bénie par nous, pourvu que nous soyons débarrassés d'une autorité haïssable, qui non-seulement n'a jamais protégé les lois, la religion, la propriété particulière de chaque citoyen, mais qui, elle-même, pille, massacre, dévaste, porte le deuil et la désolation dans les plus humbles comme dans les plus illustres familles du pays. Une nation telle que les Moskovites, si toutefois on peut appeler nation une horde de barbares, n'est pas digne de faire partie de l'Europe, à moins que l'Europe ne devienne barbare comme elle.

(*Patrie*.)

CXXVI.

De Krakovie, 27 septembre :

Pendant que les Moskovites pillent et saccagent Varsovie, les insurgés soutiennent la lutte dans les provinces et, dans la plupart des rencontres, ont le dessus sur leurs ennemis. Si ces rencontres sont moins fréquentes que par le passé, c'est que les chefs des nombreux détachements, disséminés autant que possible, cherchent surtout à tenir l'armée moskovite, profondément découragée, dans une alerte in-

---

[1]. Nous savons aujourd'hui que les vrais auteurs du complot étaient deux agents de la police russe. Le sculpteur Dominique Krasuski, accusé à tort de leur avoir fourni des armes et des projectiles, a été pendu en août 1864.

cessante, en la harcelant sur tous les points. Nous savons par des renseignements certains que, dans le cas d'une intervention étrangère, cette armée, fatiguée de son rôle d'assassins et d'incendiaires refuserait presque partout le combat. Nous allons toutefois citer les engagements les plus importants.

Le 4 septembre, dans le palatinat d'Augustowo, le détachement Nadmiler dut accepter une rencontre avec des forces triples des siennes; après avoir tué trente-quatre soldats et perdu quinze des siens, il se retira en bon ordre sans être suivi par l'ennemi; le 7 du même mois, il défit complétement une sotnia de kosaks. Après avoir remporté, près de Labendz, dans le district de Lomza, une brillante victoire dont nous n'avons pas encore les détails, il se mit à couvert dans une contrée coupée de bois et de marécages, devant plusieurs colonnes envoyées contre lui pour venger ces deux défaites. A Rydzé, dans le palatinat de Płock, district de Pultusk, les détachements réunis de Ziembinski et Gostkowski ont repoussé les Moskovites avec une perte d'une vingtaine de soldats; les insurgés Mosciski, Ganczewski et le lieutenant Louis Frycze sont tombés dans une attaque à la baïonnette.

Vous connaissez déjà les horreurs commises à Dzialoszycé, palatinat de Krakovie, après le combat livré par Iskra; plusieurs israélites ont été spoliés, d'autres massacrés, et l'un deux, que l'on soupçonnait de préparer des vêtements pour les insurgés, torturé et brûlé à petit feu.

Le détachement de Chmielinski opère dans ce palatinat, entraîne à lui les troupes ennemies pour dégager son compagnon, et parvient toujours à leur échapper. On les nomme ici les deux Fabius de notre insurrection. Plusieurs colonnes étaient sorties de Kielcé, de Piotrkow et de Czenstochowa, pour les cerner dans les environs de Szczekociny. Chmielinski fit une marche forcée pour les séparer; puis, arrivé près de Ciern, il tomba brusquement sur la colonne de Kielcé, composée de cinq compagnies d'infanterie, deux escadrons de cavalerie, deux pièces de canon et une demi-batterie de fusées à la congrève. Notre cavalerie chargea sous un feu très-vif, mais mal dirigé, car notre perte n'est que de dix morts et vingts blessés, parmi lesquels le lieutenant Skompski; celle des Moskovites est de trente tués et autant de blessés. Après cette brillante affaire, Chmielinski se rendit à Nawarzycé, où il s'arrêta le lendemain, et se trouve actuellement hors d'atteinte.

Le général Czengery, repoussé par lui les 21 et 22 septembre, se distingue entre tous les exécuteurs des pillages officiels exercés dans les provinces, sous le prétexte de la perception des impôts. Dans les villes et les villages où il s'arrête, si on ne lui paye pas la somme exigée, il menace les bourgeois et les propriétaires d'incendier les maisons et de les raser au niveau du sol; c'est *la bourse ou la vie* en permanence. Dans la capitale même, le général Berg n'agit pas autrement. Outre les palais Zamoyski, les maisons des missionnaires et les couvents, on sait que l'archevêché vient d'être occupé militairement, sous le même prétexte. Dans les maisons des particuliers, les soldats entrent, sous la conduite d'un agent de police, font main basse sur tous les objets de prix, brisent les glaces et déchirent les portraits à coups de baïonnettes, qu'ils portent même, le cas échéant, aux locataires. Leur résister, c'est se condamner à périr sur place.

Le 22 septembre, deux offices funèbres ont été célébrés à Krakovie, l'un dans l'église des franciscains pour le colonel Lelewel, l'autre dans l'église des capucins pour le cardinal Marini, chef de la ville de Rome pendant la visite du tzar Nicolas, et l'un des plus constants défenseurs de la cause polonaise à la cour papale. Ces titres étaient exprimés sur la lettre d'invitation.

Des milliers de citoyens ont rendu les derniers devoirs à ces deux hommes, qui ont si bien mérité de la Pologne, quoique chacun dans une sphère d'action différente. Le gouvernement national a décrété une pension viagère pour la sœur du héros de Terespol, Lelewel, dont le nom de famille est Borelowski.

(*Patrie*.)

CXXVII.

Un des internés d'Olmütz nous adresse une lettre où nous trouvons des détails navrants sur la situation des prisonniers polonais atteints et convaincus d'avoir fait leur devoir envers la patrie. Cette lettre est du 16 juillet; elle a mis tout le temps à franchir le cordon des geôliers autrichiens. Nous en résumons les parties principales :

« Monsieur le rédacteur,

« Jouissant depuis un mois des agréments d'une détention à Olmütz, j'ai conçu l'idée de vous adresser quelques renseignements sur la manière dont la police impériale autrichienne se conduit envers les internés polonais. Le numéro 115 du *Czas*, qui les contenait, a été confisqué par la police de Krakovie; je me vois donc forcé de m'adresser à une feuille étrangère. Je me bornerai à relater simplement les faits, en laissant leur appréciation au lecteur.

« Le 9 mai dernier, le commissaire de police en chef d'Olmütz, M. Weber, eut la prévenance de nous informer qu'il ne serait plus permis aux internés du fort Tafelberg de se rendre en ville; en outre, il nous fit des reproches sur nos trop fréquentes prières dans les églises, sur la célébration collective de la fête du patron de la Pologne, saint Stanislas, sur l'évasion de plusieurs d'entre nous, qui le forçait de redoubler de rigueur envers les autres, etc., etc.

« Il nous répéta les mêmes choses le 10 mai, et défendit sévèrement toute sortie, même pour se rendre à la messe. Or, nous apprîmes que, le même jour, avait eu lieu l'enterrement d'un des nôtres, mort du typhus à l'hôpital militaire. Il est bon d'ajouter ici quelques mots sur le genre de sépulture que l'on donne aux internés.

« On les enveloppe de paille, dépouillés de tout vêtement; on les jette dans un fourgon; puis, les ayant conduits le plus promptement possible au cimetière, en compagnie de deux aides, on les descend dans la fosse commune, sans une prière, sans une larme de leurs frères, qui ne savent même pas qu'un vide s'est ouvert dans leurs rangs, qu'un martyr de plus de la cause nationale est tombé sur le sol étranger...

« Ses camarades se seraient volontiers cotisés pour lui acheter un cercueil; mais M. le commissaire de police en chef remplit si rigoureusement les ordres qu'il prétend avoir reçus, que même ce dernier devoir d'humanité leur est interdit, sous le gouvernement apostolique et paternel de l'Autriche...

« Le journal local, *le Moravien*, avait déjà fait mention de ces funérailles des internés; les habitants d'Olmütz, les larmes aux yeux, lui en avaient porté le témoignage... et rien n'a changé depuis.

« Nous nous trouvons ici sous la dictature immédiate d'un caporal de police, qui fait tout ce que bon lui semble, décide toute chose à coups de sabre ou de baïonnette, à la grande satisfaction de M. Weber, qui lui donne l'absolution la plus complète de toutes ces violences, et répond à toutes nos réclamations : « *Ce que mon caporal a fait est bien fait!* » En un mot, nous reconnaissons à chaque instant que la loi d'humanité qui protège encore les derniers criminels n'existe pas pour nous.

« Il n'est pas de jour où un interné ne soit brutalement assommé par les soldats de police à coups de poings et de lanière, sinon criblé de coups de sabre ou de baïonnette; le blessé se rend à l'hôpital de la prison et n'en sort que très-rarement, car le typhus y est en permanence. La cantine, bouge infect, où l'on nous prépare nos aliments, que nous payons le triple de leur valeur, en est la source habituelle.

« Dans quelques forts, comme dans celui de Laska, l'air est tellement humide et vicié, que les détenus y succombent au bout de quelques jours; les autres ne sont guère plus supportables. Les blessures de ceux qui ont été frappés durant le combat, ne cessent de s'ouvrir. MM. les commissaires en chef et le gouverneur d'Olmütz ne s'en inquiètent nullement; et toute demande de résider en ville jusqu'à guérison est refusée à l'avance.

« Parfois, l'excès des mauvais traitements force un captif à se défendre; mais bientôt roué de coups, meurtri, couvert de sang, il est jeté dans un cachot sans grabat, sans air et sans lumière...

« Et pourtant, pas un de nous n'a songé à profiter de l'amnistie moskovite; pas un de nous n'a reçu de réponse à sa demande de passe-port pour l'étranger. Les journaux de Vienne et d'Olmütz parlent de notre envoi prochain en Styrie ou bien en Carinthie, où nous devons être employés, dit-on, avec les forçats, aux travaux publics...

« Je termine ma lettre, n'ayant dit qu'une partie de ce que j'ai souffert moi-même ou vu souffrir autour de moi. »

(Opinion nationale.)

CXXVIII.

Octobre 1863.

De Krakovie, 2 octobre :

Nous avons aujourd'hui de nouveaux détails à ajouter sur les vexations journalières que l'on fait subir à la population de Krakovie, dont l'indépendance maintenue jusqu'en 1846, en vertu des traités de Vienne, est un fait encore trop récent pour pouvoir être entièrement oublié. Ici, plus que jamais, les arrestations continuent; il ne se passe pas de jour sans qu'on ne jette en prison plusieurs personnes, soit de la ville, soit des environs, *soupçonnées* uniquement de sympathiser avec l'insurrection nationale, et sans le moindre indice de culpabilité.

Aujourd'hui même, à sept heures du matin, à la suite d'une longue perquisition, où l'on n'a rien trouvé qui puisse le compromettre, on vient d'arrêter le comte Stanislas Tarnowski, propriétaire en Gallicie. C'est une preuve de plus que nous vivons entièrement sous le régime de l'arbitraire, à la merci des employés, dont un bon nombre est gagné par l'or moskovite, et non pas à l'abri de la constitution autrichienne, qui défend toute arrestation préventive, toute perquisition à domicile. C'est une imitation servile des procédés du gouvernement russe; avec cette seule différence que ce dernier agit ouvertement, qu'étant prévenu de ses mauvaises intentions, on peut s'attendre à tout moment à voir arriver devant sa porte les kosaks et une kibitka, tandis qu'ici, sous le manteau de la légalité, on se permet des violences, des guets-apens de tout genre.

Non, ce n'est pas un gouvernement neutre que celui qui souffre à Krakovie et à Léopol une nuée d'espions moskovites; on sait que les chefs de police Anienkoff, Mouchanoff et Richter ont séjourné longtemps dans ces deux villes, que les agences de délations qu'ils ont organisées fonctionnent jusqu'à ce jour. Un général que je ne nommerai pas, car tout le monde le connait dans cette ville, envoie ouvertement, par un hussard de la garnison, des rapports quotidiens aux chefs moskovites de la frontière de Michalowicé. Parfois même on s'est emparé, chez quelqu'un que l'on venait d'arrêter, d'une somme d'argent considérable, sous prétexte que cette somme appartenait au gouvernement national. De la même manière, on s'est approprié beaucoup d'effets, d'habits, de vivres, réunis à frais communs et destinés à l'entretien de pauvres habitants, sans parler des armes et des munitions déjà saisies pour la valeur de plusieurs millions.

Les Polonais, systématiquement appauvris par

une administration perfide et jalouse, offrent leurs dernières ressources pour l'achat de ces provisions et de ces moyens de défense; et ces ressources vont se perdre dans les mains insatiables des employés de tout grade, qui les partagent avec leurs chefs. Telle est la bureaucratie autrichienne, que la constitution même ne saurait atteindre, et qui, surtout dans nos contrées, est entièrement hostile à ses administrés. Il est expressément défendu aux militaires, de se permettre aucun procédé brutal envers les prisonniers inoffensifs ; or, nous voyons chaque jour nos concitoyens indignement traînés par des patrouilles, souffletés, criblés de coups de baïonnettes.

Les oukases du général Berg, à Varsovie, ont atteint le comble de la démence. Par un ordre inséré dans la *Gazette de police,* tous les propriétaires sont responsables des objets prohibés trouvés chez leurs locataires, comme écrits clandestins, armes, papiers insurrectionnels, journaux de l'étranger, etc. La découverte de ces objets entraîne pour les propriétaires toute la rigueur des lois de guerre mogoles; ils devront par conséquent faire eux-mêmes de fréquentes recherches dans leurs maisons, et rendre compte aussitôt à l'*oberpolizmeister* Lewszyn.

Les voilà transformés en dénonciateurs, sous peine du pillage et de la déportation. Vous savez déjà que des sentinelles sont postées dans toutes les églises pendant le service divin. Dans celle des bernardins, deux soldats stationnent l'arme au bras entre le maître-autel et la sacristie. Nous apprenons en outre que Berg a demandé à la commission de l'intérieur un autre emplacement pour loger les religieux, car il veut faire abattre l'église et le couvent. Les religieux des différents ordres, strictement surveillés par les soldats, ne peuvent ni sortir ni rentrer chez eux; confinés par dizaines dans d'étroites cellules, ils sont littéralement prisonniers.

Hier à midi, 27 septembre, le prieur des capucins a été arrêté parce qu'il avait reçu d'un inconnu, pour la commande d'une messe, la somme de 2 florins, qu'un soldat lui a brutalement arrachée.

A la rue du Nowy-Swiat, un officier, sans doute sortant de table, se mit à courir, le sabre à la main, après deux jeunes filles, dont l'une avait osé cracher par terre en sa présence, les atteignit, et blessa l'une d'elles assez grièvement.

Mais tout cela n'est que le prélude du grand acte de destruction qui se prépare à Varsovie. Les 50,000 vautours moskovites qui vont s'abattre sur la Pologne, et dont l'arrivée nous est annoncée par le télégraphe, sont pour nous un sinistre présage.

(*Patrie.*)

CXXIX.

De Krakovie, 9 octobre :

« *Mort à tous les Polonais!* » Telle est la devise sanglante qui vient d'être adoptée par la Russie depuis la dernière Note du prince Gortschakoff. Ce n'é-tait pas assez d'avoir détruit les palais Zamoyski, d'avoir mis aux fers tous les habitants ruinés par le pillage; il fallait encore s'emparer de l'Hôtel de l'Europe, le plus vaste de Varsovie, qui, par sa position, offrait au général Berg un point stratégique important. Ce sont là de tristes victoires, pour répondre à celles des insurgés dans l'intérieur du pays. Le docteur Hermann venait d'être exécuté par un gendarme national. On avait saisi dans l'escalier Émilien Chodanowski, lequel ne put expliquer sa présence à l'hôtel, ayant été porter un message à un membre du gouvernement national qui s'y trouvait le jour de cette exécution. Chodanowski fut conduit à la citadelle, battu, torturé, enfin pendu, malgré la promesse qu'on lui avait faite de commuer sa peine s'il s'avouait coupable. Bientôt après, le véritable assassin du docteur Hermann fut découvert et pendu de même.

Mais le gouvernement national possède à Varsovie plus de cent jeunes gens qui ont fait vœu d'exécuter ses ordres et de se laisser saisir par les sbires du général Berg, afin d'épargner à la ville les pillages qu'occasionnerait une exécution dont l'auteur resterait inconnu. Contrairement à leurs propres décrets, malgré la saisie des coupables, les Moskovites ont agi avec l'Hôtel de l'Europe tout comme avec les palais Zamoyski, en le confisquant et en le livrant aux soldats.

C'est ainsi que toute la fortune de la Pologne, acquise au prix du travail et des plus grands sacrifices, est allée déjà s'engloutir dans cet abîme moskovite, qui, pareil au gouffre infernal, dévore et ne rend jamais. Mais que dire de nos anciennes provinces, la Lithuanie, la Podolie, la Volhynie, l'Ukraine! Là, les Mourawieff, les Anienkoff, les Dlotoffsky, ont fait table rase, non-seulement des propriétés, mais aussi des propriétaires, déportés par milliers en Sibérie ou dans les monts Oural, à l'exception de ceux qui sont allés rejoindre les rangs des insurgés ou qui ont été forcés de s'expatrier. Aujourd'hui, le gouvernement moskovite, pour les faire rentrer dans le pays, vient de leur adresser un ordre dans lequel il les menace de la confiscation de leurs terres. Assurément le piège est trop grossier pour qu'ils puissent s'y laisser prendre, leurs domaines étant déjà la proie des barbares, et leur sort devant être absolument le même que celui des propriétaires déportés.

Aussi, nous n'avons pas besoin de les prémunir par ces quelques lignes; mais nous les écrivons pour informer l'opinion publique en Europe de la signification du décret moskovite. Voilà l'alternative qui leur est offerte par ce décret : ou revenir à leurs risques et périls, pour se russifier en changeant de religion et de nationalité, ou bien s'exiler jusqu'à ce que la Pologne soit devenue indépendante et que leurs biens leur soient rendus par la justice nationale. Quant aux jeunes gens, ils ont suivi et suivront naturellement l'impulsion de leur patriotisme, qui leur commande d'aller chercher dans les camps de l'insurrection la victoire ou la mort, à moins d'être jetés sur le territoire autrichien, où les attendent les cachots d'Olmütz et d'Iglaw. Ce décret ne peut donc concerner que ceux auxquels l'âge et la santé ne permettent pas de se joindre aux insurgés, et que les baïonnettes polonaises ou une juste intervention de l'Europe peuvent seules mettre à l'abri de la spoliation.

L'histoire reprochait au dernier siècle le crime du partage. Plaise à Dieu qu'elle n'ait pas à reprocher à notre époque le crime de l'extermination !

(*Patrie.*)

CXXX.

De Varsovie, 20 octobre :

Les frères Hauser, jardiniers allemands, avaient fondé à Varsovie un vaste établissement d'horticulture, sorte de jardin d'acclimatation, destiné aux plantes exotiques; ils y avaient réuni les plantes les plus recherchées en fait de fleurs et de fruits. Les frères Hauser avaient formé une école de bons jardiniers. Eh bien ! cet établissement a été occupé par les troupes, enlevé par conséquent à ses propriétaires; cette riche pépinière de fleurs a été détruite sous le prétexte qu'on y avait tiré un coup de fusil ou de pistolet !

Nous sommes vivement porté à croire que ce n'est que le commencement de ces tentatives mogoles de transformation de tous les établissements publics, industriels et scientifiques en casernes russes. Connaissant la ville de Varsovie, nous présumons que les Russes ne s'en tiendront pas là; qu'ils trouveront bien l'occasion de créer encore beaucoup de points stratégiques semblables.

La rue du Nouveau-Monde n'a pas encore été le théâtre d'une pareille transformation; aussi nous attendons-nous à voir l'Institut des sourds-muets changé prochainement en caserne; ce bâtiment, situé à l'entrée de la rue Wieiska, qui mène à Lazienki, ferme la place de Saint-Alexandre.

Peut-être même, au moment où j'écris, l'ordre est-il déjà donné d'y faire porter quelques sabres ou révolvers par des officiers russes, qui viendront y opérer une perquisition quelques heures après; et le dépôt d'armes découvert, ils auront un prétexte pour chasser les malheureux sourds-muets et les remplacer par des kosaks du Don. La rue Leszno, bien qu'à proximité du corps de garde de Saint-Charles-Borromée, subira le même sort. Les Russes n'épargneront pas davantage les fabriques de la rue Zelazna, qui mène du chemin de fer à la barrière de Wola; l'hôpital de l'Enfant-Jésus, à l'encoignure de la rue de Mazovie et de Sainte-Croix; l'église des franciscains; la ferme de Sainte-Croix, dans l'allée de Jérusalem ; l'Hôtel de Pologne, rue Longue, et la synagogue de Praga. Voilà quelques-uns des édifices qui sont menacés de l'occupation moskovite. Il ne faut pas être prophète pour prédire que les Russes feront naître une occasion pour en chasser les propriétaires et s'emparer au nom du tzar de ces nouveaux points stratégiques.

(*Patrie.*)

CXXXI.

De Krakovie, 24 octobre :

Nous apprenons du théâtre de la guerre que le colonel Chmielinski, à la tête d'un millier d'insurgés, a été attaqué par les Russes à Oxa, dans le palatinat de Krakovie, entre Iendrzeiow et Secymin. Les Moskovites avaient plusieurs compagnies d'infanterie, deux escadrons de cavalerie, et un détachement d'artilleurs chargés de lancer des fusées à la congrève. Malgré leur supériorité numérique, ils furent battus et forcés de se retirer avec perte. Chmielinski perdit treize soldats et quelques blessés. Les Russes avaient espéré, à l'aide de fusées, mettre la cavalerie polonaise en désordre; ils incendièrent même le village d'Oxa. Cela ne leur réussit guère, car les insurgés parvinrent à éteindre l'incendie, et mirent les troupes moskovites en déroute par une brillante charge de cavalerie que secondait un feu de tirailleurs bien nourri. Après cette victoire, Chmielinski passa la nuit sur le champ de bataille; le lendemain, après avoir partagé son corps en trois parties, il s'enfonça dans les forêts.

Le même jour 20 octobre, le général Czachowski battit près de Rudka (palatinat de Sandomir), les Russes, qui avaient attaqué son arrière-garde. Czachowski est un des plus brillants capitaines de l'insurrection. Ayant commencé à guerroyer à Kampinos, en janvier, il ne tarda pas à se joindre à Langiewicz, dont il commanda l'infanterie. Après la reddition du dictateur, Czachowski, seul avec huit cents hommes, se rendit dans les forêts de Sainte-Croix, et s'y distingua par une campagne de trois mois. Ce n'est qu'après avoir été blessé qu'il céda le commandement à ses frères d'armes Eminowicz et Çwiek. Sa réapparition sur le théâtre de la guerre a été signalée par une nouvelle victoire sur les Moskovites.

L'Autriche semble décidée à traiter la Gallicie en pays conquis. Le 15 octobre, vers le soir, M. Rylski, propriétaire à Wiewiorka, près de Dembiça, station du chemin de fer de Krakovie à Léopol, vit sa maison assaillie par une troupe de soldats autrichiens du régiment du prince de Prusse. Le caporal, en lui mettant la baïonnette sur la poitrine, lui déclara qu'il venait chercher quinze insurgés cachés dans sa maison, et qu'il lui ferait subir une perquisition rigoureuse. Puis, il plaça cinq soldats devant sa porte, avec ordre de ne laisser entrer ni sortir personne, et de faire feu sur tous ceux qui oseraient enfreindre la consigne. Le propriétaire demanda que la perquisition se fît en présence d'un employé, pour constater cette violation de son domicile, puis il ferma à clef toutes les issues de la maison. Dans ce moment, une bande de paysans armée de fourches, de bâtons et de fléaux, parut dans la cour; ils avaient été amenés par le caporal, pour tenir tête aux insurgés, sa troupe, disait-il, se trouvant insuffisante. M. Rylski se rappela alors les affreuses scènes de 1846, qui avaient laissé au village de Wiewiorka de si tristes souvenirs, et se prépara à une défense désespérée.

L'employé, demeurant à une lieue, arriva enfin, et vit les assaillants apportant des monceaux de paille autour de la maison. Les paysans, interrogés par lui sur la cause de cette invasion nocturne, répondirent que le chef du district, M. Trüger, en présence de vingt maires de communes, leur avait enjoint de prêter main-forte au caporal, en faisant tout ce qu'il aurait ordonné. L'employé fit partir les paysans; toutefois le caporal se crut autorisé à retenir les chefs des communes pour assurer le résultat de sa perquisition. Toute la nuit se passa dans l'attente d'un autre fonctionnaire du district, nécessaire pour procéder à cette opération; et pendant ce temps les soldats se livrèrent aux actes les plus odieux.

Le lendemain, vers midi, le fonctionnaire arriva, et, après révision faite, ordonna le départ. C'est ainsi qu'une fausse dénonciation et le bon plaisir d'un caporal autrichien peuvent exposer tout propriétaire polonais aux plus indignes violences, à voir sa maison incendiée par les paysans ameutés par la promesse du pillage. Ce fait n'a pas besoin de commentaires; je le cite tel qu'il s'est passé.

Ajoutons-y que, le 18 suivant, entre Lezaysk et Niskié, un détachement autrichien a livré combat aux insurgés, leur a enlevé 160 prisonniers et plus de trente chariots de munitions. Parmi les prisonniers se trouvent deux sujets turcs, deux Anglais, deux Français et un Bavarois, qui doivent être renvoyés hors du pays. Les cachots d'Olmütz et d'Iglaw, déjà trop remplis, attendent ceux qui sont nés dans le royaume ou en Gallicie.

(*Patrie.*)

CXXXII.

De Samogitie, 25 octobre :

La situation de notre province n'a pas changé; on emprisonne, on pille, on pend, on fustige, on expédie en Sibérie. On s'est tellement habitué à cette situation terrible, qu'on regarde l'exil comme une chose de peu d'importance. J'ai entendu dernièrement causer sur les tristes événements du jour; on vint à parler d'une personne récemment déportée à Orembourg; une des assistantes me dit:

« Être envoyée à Orembourg, ce n'est pas encore trop mal ! »

Voilà l'état moral d'un pays où l'on regarde l'exil en Sibérie comme une chose de peu de valeur. Les deux Mourawieff, père et fils, continuent leur œuvre de dévastation. Ils ont chassé tous les employés d'origine polonaise et les ont remplacés par des Russes venus du fond de l'empire ou pris dans les rangs de l'armée.

Beaucoup d'emplois civils sont occupés par des officiers de kosaks.

Un colonel de kosaks, nommé Nazinsky, fut envoyé par Mourawieff fils, gouverneur de Kowno, dans le district de Rossienié, avec mission de sonder les esprits et d'emprisonner les suspects. Au bout de quinze jours, l'ordre moskovite régnait dans ce district; 350 propriétaires fonciers avaient été incarcérés et le district était complètement dévasté. On avait emmené, distribué ou vendu tout le bétail; les blés avaient été détruits sur pied ; tout le mobilier ayant quelque valeur avait été enlevé au profit du colonel Nazinsky et de son escorte.

Le mobilier qu'on n'avait pu emporter avait été détruit sur place. Les propriétaires plus qu'indifférents à l'insurrection n'ont pas été épargnés. La princesse Oginska a vu sa terre de Retow pillée et dévastée; le domaine de Mme Kayssaroff, d'origine russe, a eu le même sort; chez les comtes Plater, on a tout enlevé et la terre a été vendue à des paysans des environs. Les gens attachés au service des comtes Plater ont été emprisonnés sans exception. Les officiers russes, cela se conçoit du reste, mènent grand train. Ce n'est ni l'argent, ni les voitures à quatre places, ni les chevaux de race qui leur manquent. Ils ont trouvé tout cela sous l'administration des deux Mourawieff.

Dans le district de Rossienié, la contribution de 10 0/0 n'a pu être complètement levée; il n'y avait plus rien à prendre, tout ayant été pillé ou dévasté.

Outre cette contribution ruineuse, Mourawieff a donné l'ordre de faire payer aux propriétaires cent cinquante chevaux de kosaks tués dans la guerre contre les insurgés ; dans ce but, on a pris au hasard et sans distinction de fortune trente-cinq propriétaires. On dit que ces jours-ci on va faire payer aux propriétaires, non-seulement les armes enlevées aux Russes par les insurgés, mais encore les différentes caisses gouvernementales tombées entre les mains de ces derniers.

La brutalité, la prévarication des agents de Mourawieff surpassent tout. Mme Pilsuçka, riche propriétaire du district de Rossienié, vint trouver le général Bellegarde et le supplia de lui permettre de voir son mari, actuellement en prison. Le général russe la reçut debout ; Mme Pilsuçka se sentant faiblir, car elle relevait de couches, tomba plutôt qu'elle ne prit place sur une chaise. Le général Bellegarde la saisit alors par la main, et rouge de colère lui cria :

« Comment oses-tu t'asseoir en ma présence, rebelle ! Est-ce que tu viens me faire une visite, par hasard ? »

Là-dessus, il la chassa impitoyablement. Dans la petite ville de Plunziany, district de Telszé, gouvernement de Kowno, un officier russe vint arrêter un propriétaire, M. Andrzeiewski, accusé d'avoir fourni des vivres aux insurgés; la sœur du propriétaire, voyant les Russes emmener son frère, se mit à pleurer. L'officier russe emmena aussi Mlle Andrzeiewska, qui fut jetée en prison; elle en sortit au bout de six jours... mais elle était folle.

Malgré ces persécutions odieuses, l'insurrection s'accroît de jour en jour; des détachements nouveaux s'arment et s'organisent. Les insurgés, fidèles à la tactique que nous leur avons conseillée dans notre *Note au gouvernement national* du 22 septembre, évitent avec soin les rencontres décisives avec les Russes et n'acceptent le combat que lorsqu'il devient inévitable.

(*Patrie*.)

CXXXIII.

De Krakovie, 27 octobre :

Le général Czachowski a annoncé, par la victoire de Rubowa, la réorganisation de son corps d'armée; aujourd'hui nous apprenons que les troupes de ce vaillant capitaine ont remporté deux nouvelles victoires.

Le lendemain de la journée de Rubowa, Czachowski se dirigea vers le nord à travers Osiek, et attaqua le 20 octobre au soir, une colonne russe composée de deux compagnies d'infanterie, un escadron de dragons et un détachement de kosaks, près de Rybięc au-delà d'Osiek.

Notre général, ayant aperçu les avant-postes russes, rangea aussitôt ses troupes en ordre de bataille, reçut l'attaque des Moskovites, qu'il repoussa vigoureusement, et les obligea de fuir dans le plus grand désordre. Ils laissèrent leurs morts et leurs blessés sur le champ de bataille.

Après le combat, Czachowski réunit son conseil de guerre, et, après avoir développé son plan de campagne, se dirigea vers une contrée que nous ne voulons pas désigner, en laissant l'autre partie de ses troupes sous le commandement du major Liwocza, du capitaine Rozner et du capitaine Popowski, qui tous trois s'étaient distingués dans l'affaire précédente.

Comme de raison, les Russes voulurent venger leurs défaite. A cet effet, le colonel Zwiroff rassembla les fuyards de Rubowa, et avec un renfort de sept compagnies d'infanterie, un escadron de dragons, un détachement de kosaks et un autre de douaniers à cheval, il forma le projet d'écraser la colonne de Liwocza. Celui-ci s'était dirigé vers le sud-ouest sur Bogoria; et c'est près de Iurkowicé qu'il rencontra les avant-postes russes. Malgré la supériorité de leurs forces, l'intrépide Liwocza entreprit de leur livrer bataille. Il rangea ses troupes de la manière suivante : une partie de son infanterie, sous le commandement de Popowski, dans le cabaret du village de Iurkowicé; la seconde partie de l'infanterie, sous le commandement de Rozner, près de la forêt qui borde le village; une ligne de tirailleurs, commandée par lui-même, entre la forêt et le village.

Le capitaine russe Plaskatscheffskoï, avec trois compagnies d'infanterie attaqua le village, pendant que l'autre partie de l'infanterie et la cavalerie moskovite attaquaient les insurgés du bord de la forêt. Les nôtres se défendirent longtemps dans le cabaret; mais les Russes en ayant incendié le toit, nos soldats furent obligés de se retirer dans une maison en construction, où ils se défendirent jusqu'à ce qu'ils eussent épuisé leurs cartouches. Alors ils firent une sortie, repoussèrent les Russes à coups de baïonnettes, et rejoignirent l'infanterie polonaise qui se battait au bord de la forêt. Sur ces entrefaites se répandit la nouvelle de l'approche du corps d'Eminowicz et de Rudowski. Les Moskovites se retirèrent à Staszow, emportant avec eux 74 blessés, après avoir perdu 154 hommes. Les nôtres eurent 80 morts et 54 blessés, dont malheureusement 50 furent emmenés par les Russes à Staszow. Parmi nos officiers, nous avons perdu les vaillants capitaines Rozner et Popowski.

(*Patrie*.)

CXXXIV.

L'insurrection polonaise nous adresse le document suivant, octobre 1863 :

« *A tous les amis de la Pologne.*

« Depuis longtemps, l'Europe contemplait dans un morne abattement la Pologne déchue de sa puissance d'autrefois; il lui semblait voir un corps de qui l'âme s'était envolée.

« A la tristesse succéda l'oubli, là même où l'honneur et la conscience auraient dû perpétuer les mêmes souvenirs de gloire.

« C'est un cadavre ! disaient les nations.

« Mensonge ! répondit la Pologne; le sang ne saurait couler du sein d'un cadavre ! »

« Un cri de menace et de souffrance, l'écho de sacrifices surhumains, tournèrent l'attention vers un peuple martyr réclamant une existence trop longtemps contestée.

« La Pologne n'est pas morte ! dirent les nations.

« Elle n'est pas morte ! » avez-vous acclamé, nobles citoyens, en présence du peuple français, dont vous êtes la parole vivante.

« Et ce cri a retenti dans nos cœurs fraternels comme un signal de délivrance et de salut.

« Nous disions à nos frères d'armes :

« L'amour de la Pologne fut de tout temps la no-
« blesse morale de la France ; cette noblesse, on ne
« saurait la lui ravir qu'au prix de sa déchéance
« comme peuple initiateur du progrès et de la li-
« berté. »

« Nous tous, fils de cette Pologne déchirée, nous enfants de cette terre arrosée avec les larmes des vieillards et des mères, avec le sang des martyrs et des héros, pour votre sympathique participation à nos combats, nous vous envoyons une cordiale étreinte.

« Amis de la Pologne, recevez le salut de ceux qui vont mourir ! »

(*Suivent vingt mille signatures de propriétaires fonciers, de membres du clergé, d'israélites et de paysans.*)

(Opinion nationale. — Patrie.)

CXXXV.

Novembre 1863.

Nous recevons les adresses des trois palatinats de Vilno, Kowno et Grodno, couvertes de 249,646 signatures, et transmises au gouvernement polonais. Ces trois adresses, écrites par des citoyens qui ont risqué leur vie, leur liberté et leur fortune en les signant, sont le témoignage unanime et solennel de l'indissoluble solidarité des deux grandes fractions de l'unité polonaise. Voici l'adresse de Vilno :

« *Au gouvernement national, les citoyens du palatinat de Vilno.*

« Au milieu de la lutte sanglante avec les Moskovites pour reconquérir notre indépendance, et à laquelle participent toutes les classes de la population de la Lithuanie, l'ex-maréchal de la noblesse du palatinat de Vilno avait adressé au tzar une adresse de *loyauté*, et les autorités moskovites sommèrent la noblesse d'apposer leurs signatures au bas de cet acte vil et humiliant.

« Les hommes magnanimes qui, par le refus de leur signature, tout en s'exposant à la perte certaine de leurs biens, à l'exportation en Sibérie, ou enfin au martyre pour la sainte cause, ont donné à l'univers un témoignage éclatant de leur patriotisme, flétrissent les moyens que les Moskovites ont employés pour extorquer les signatures.

« Tant de sang innocent répandu, tant de sacrifices sans bornes, prouvent d'un côté jusqu'à quel point la Russie est convaincue qu'elle a perdu en Lithuanie tout appui légal ; et, pour combler ce vide, elle forge des droits mensongers, qu'elle ne peut réaliser qu'à force de violence et de barbarie. D'un autre côté, les adresses et les signatures extorquées par la force des armes, par les menaces de la corde et de l'exil en Sibérie, par les meurtres et les pillages, par la torture dans les prisons, ont perdu toute valeur, si jamais elles pouvaient en avoir. Mais tout cœur polonais dans lequel l'amour de la patrie s'est identifié avec la religion déplore une apostasie apparente, arrachée par le terrorisme moskovite.

« C'est pourquoi nous soussignés, citoyens du palatinat de Vilno, aussi bien ceux qui ont été contraints par la violence russe à signer cet acte infâme, que ceux qui, jusqu'à ce jour, n'ont pas été exposés à cette rude épreuve, tous nous protestons contre l'esprit et la lettre de la susdite adresse et nous révoquons nos signatures comme extorquées par la violence, en les déclarant nulles et non avenues. Nous rejetons toute solidarité et toute alliance avec l'invasion moskovite, comme contraires à notre esprit national, au développement de la civilisation et des intérêts de notre pays.

« Nous jurons de nouveau fidélité à la Pologne, avec laquelle nous sommes unis par un lien indissoluble, fidélité jurée par nos pères à Horodlo et à Lublin, affermie par une union de cinq siècles, par la gloire et le malheur que nous avons toujours partagés en commun. Nous voulons servir notre patrie jusqu'à la mort ; et pour reconquérir son indépendance, nous offrons nos personnes et nos biens au gouvernement national, seul pouvoir légal que nous reconnaissions dans notre pays. Cette déclaration nous la faisons devant Dieu, l'Europe et notre patrie, et nous la confirmons par nos propres signatures. »

(*Suivent 89,315 signatures.*)

(Patrie.)

CXXXVI.

De Krakovie, 5 novembre :

Nous recevons des détails précis sur les opérations militaires du général Bosak (Hauké), dont le détachement vient de soutenir une lutte héroïque contre des forces russes de beaucoup supérieures en nombre et qui, vu l'inégalité de la lutte, auraient dû écraser et anéantir ce petit détachement, composé de 200 fantassins et 80 cavaliers. Le général russe Czengery avait 8 compagnies d'infanterie, 2 pièces de canon, 450 kosaks et 2 escadrons de dragons.

Le détachement polonais occupait, dans la nuit du 29 octobre, le couvent du mont Sainte-Croix, quand il apprit qu'il était cerné de toutes parts. S'y retrancher et soutenir un siège était impossible, faute de magasins et de provisions de bouche, car il aurait pu être bloqué et affamé. Aussi le général Bosak se décida-t-il à quitter sa position et à se frayer un chemin à travers les rangs ennemis. Il parvint à le faire ; et après avoir repoussé les Russes par une charge de cavalerie, il vint camper à Ieziorko, pour reposer ses troupes fatiguées. Les Russes, qui avaient reçu de nouveaux renforts, revinrent le matin du 29 attaquer le détachement des insurgés. Leur avant-garde fut repoussée par une charge vigoureuse des lanciers du major S..., appuyés par un feu de tirailleurs.

Mais à peine l'avant-garde s'était-elle repliée que l'on vit avancer le gros des forces russes en demi-cercle, l'infanterie et les canons au centre, les dragons et les kosaks aux ailes. Le major S... repoussa de nouveau les dragons, et se retira dans la forêt.

Bosak était resté avec treize cavaliers auprès des tirailleurs, décidé à périr ou à sauver ses fantassins comme il avait sauvé les cavaliers. L'infanterie, chargée par les dragons russes, se retirait en bon ordre vers Pokrzomianka, lorsqu'à la troisième charge des dragons, qui furent ramenés, le général Bosak avec son aide de camp Veadislas... et treize cavaliers, se vit séparé de son infanterie.

Un désordre momentané se mit dans les rangs ; mais bientôt tout le détachement réuni, se voyant hors du cercle formé par les Russes, parvint, par une marche forcée, à gagner une autre contrée, où il rejoignit un second détachement.

Il est difficile d'apprécier au juste le chiffre des morts et des blessés des deux côtés ; les Russes ont dû perdre beaucoup de monde, les deux escadrons de dragons et les kosaks ont surtout souffert. Les Polonais ont laissé sur le champ de bataille sept cavaliers morts et blessés, vingt fantassins tués et cinquante prisonniers, la plupart blessés.

La défense des insurgés a été tellement acharnée que le général Czengery se refusait à croire qu'il n'avait à combattre, avec près de 2,000 hommes, que 300 et quelques insurgés; jusqu'à la fin de la journée, il était convaincu qu'il avait affaire aux détachements du général Bosak et du colonel Chmielinski réunis, tandis que Chmielinski s'était séparé quelques jours auparavant du général Bosak pour aller tenter une diversion sur les flancs de l'ennemi.

(*Patrie*.)

CXXXVII.

De Krakovie, 13 novembre :

Les premières rigueurs de l'hiver n'ont ralenti en rien l'insurrection. Chaque jour nous apprenons que de nouveaux détachements se forment dans toute l'étendue du royaume de Pologne et de la Lithuanie. Plusieurs corps bien armés et bien équipés se trouvent dans le palatinat de Lublin.

Le 29 octobre, les forces polonaises s'étaient concentrées près de Turobin, et s'étant divisées ensuite en plusieurs détachements, se dirigèrent vers Hrubieszow et Krasnystaw. Les Russes, après avoir rassemblé un corps très-considérable, se mirent à leur poursuite; mais le colonel russe Emanoff, trouvant les Polonais rangés en bon ordre devant la ville, crut qu'il était plus sûr de se retirer et de s'abriter derrière les murailles de la forteresse de Zamosc, que d'accepter une bataille en rase campagne. Le même jour, le lieutenant-colonel Rudzki s'emparait d'un transport militaire, et le colonel Krysinski dispersait un corps de kosaks à Krasnystaw.

Deux rencontres avantageuses ont eu lieu en Mazovie, le 27 octobre et le 6 novembre, à Kuflewo et à Zelaznica, non loin d'Ostrolenka. Ajoutons que l'insurrection ne faiblit point en Lithuanie. Le valeureux partisan abbé Mackiewicz vient de remporter sa trentième victoire, entre Kieydany et Snoweliszki.

Les Polonais, conduits par leur brave commandant, attaquèrent l'ennemi à la baïonnette et firent essuyer aux Russes une sanglante défaite. Les rencontres de Poniewiez, Onikszty, Swientobierz et de Ibiany prouvent assez que les Polonais ne cessent de combattre pour leur indépendance, dans les palatinats de la Lithuanie, depuis le Niémen jusqu'à la Dzwina, et qu'ils sont décidés à tout souffrir et à tout sacrifier plutôt que de déposer les armes.

Les Russes, de leur côté, continuent un système de terrorisme qui aurait déjà dû leur prouver son inefficacité. Mourawieff, non content d'avoir envoyé en Sibérie et dans les prisons de la citadelle la moitié au moins des propriétaires fonciers, veut encore ruiner le reste des habitants.

Outre les contributions signalées au mois de septembre, on vient de décréter en Lithuanie une contribution de vingt pour cent sur toutes les propriétés territoriales. La ruine est imminente pour des milliers de personnes qui manquent même du nécessaire.

(*Patrie*.)

CXXXVIII.

De Krakovie, 19 novembre :

Dans une de mes dernières correspondances, je vous ai envoyé l'adresse des populations lithuaniennes au gouvernement national. Aujourd'hui je suis à même de vous communiquer une adresse identique des habitants de la Livonie. La voici :

« *Au gouvernement national, les citoyens du palatinat de Livonie.*

« Il y a bientôt quatre siècles que la Livonie, en présence de Sigismond-Auguste, roi de Pologne, a juré à Vilno, capitale de la Lithuanie, l'union avec la Pologne. Les Livoniens ont serré la main de leurs voisins de la Lithuanie, et dès ce moment ils se sont considérés comme appartenant à la grande famille polonaise.

« Une partie des habitants des vastes possessions des grands-maîtres de la Livonie, qui avait longtemps repoussé l'invasion étrangère, a dû, il est vrai, succomber enfin à la force ; et, perdant la foi de ses pères, elle s'est séparée, avec sa capitale Riga, de l'union jurée avec la Pologne.

« Après avoir été dominée par différents gouvernements, elle est enfin tombée au pouvoir de la Russie. L'autre partie est restée fidèle à la foi jurée, et a pris le nom de Livonie polonaise. Jamais, ni par paroles, ni par actions, elle a renié la Pologne; unie avec elle sous le joug barbare de la Russie, elle a subi pendant de longues années les persécutions. tant religieuses que politiques, du gouvernement tyrannique des tzars; et ses enfants, aussi bien que ceux de la Pologne, ont peuplé les déserts de la Sibérie. Enfin, en 1862, pendant la mémorable réunion de Horodlo et d'Alexota, ses délégués ont renouvelé le serment d'une union indissoluble avec la Pologne.

« Aujourd'hui, la Livonie, dévastée et saccagée, arrosée du sang et des larmes de ses enfants les plus aimés, est encore menacée d'une dépopulation complète; tous ses habitants nobles et influents ont été jetés dans les fers et emmenés dans les steppes de l'Oural. Des prêtres, des vieillards et des femmes, des pères de famille et enfin la fleur de la jeunesse, gémissent dans les mines de la Sibérie.

« Nous qui sommes restés encore sur le sol natal, exposés aux barbaries et aux cruautés du gouvernement russe, menacés sans cesse de prison et de carnage, nous avons refusé tout pacte et tout arrangement avec l'invasion moskovite.

« Nous protestons contre et regardons comme nulles les signatures extorquées par les menaces de confiscation, et mises au bas des adresses fabriquées par les officiers russes, qui remplacent chez nous les maréchaux de la noblesse emprisonnés. Nous renouvelons l'ancienne alliance de nos pères, en prenant à témoins nos frères les Livoniens, victimes de la sainte cause, tués ou emmenés en Sibérie.

« Nous jurons, devant Dieu, de n'accepter aucune grâce, de n'entrer dans aucun arrangement avec le tzar et ses esclaves. Nous reconnaissons comme seul pouvoir légal notre gouvernement national polonais; nous acceptons unanimement ses autorités et nous offrons nos biens et notre vie pour reconquérir l'indépendance complète de la Pologne. En présence de l'Europe entière, des peuples et des gouvernements, nous confirmons cet acte par nos propres signatures. »

(Suivent 29,372 signatures des citoyens de la Livonie, légalisées par les pouvoirs nationaux civils du palatinat de Livonie.)

(*Patrie.*)

CXXXIX.

De Krakovie, 21 novembre :

L'absence de nouvelles du théâtre de la guerre a pu faire croire que la saison rigoureuse, peut-être l'épuisement, avaient contraint les patriotes à se cacher ou à fuir devant les Russes. Les victoires de Syrokomla et de Zelazna, remportées le 8 et le 9 de ce mois, par le général Kruk dans le palatinat de Lublin, et par le major Rynarzewski dans celui de Płock, sont venues, après un assez long silence, témoigner que l'insurrection n'avait rien perdu de sa vigueur et de sa confiance.

Il y a une semaine que nous avons annoncé que des forces très-considérables étaient concentrées sur la frontière du palatinat de Lublin et de la Podlaquie, et que l'expédition du colonel Emanoff était restée sans résultat. Les Russes envoyèrent alors plusieurs détachements pour combattre l'insurrection, si solidement établie dans la partie sud-ouest du palatinat de Lublin. Mais le général Kruk prévint l'ennemi et lui barra le passage près de Syrokomla, dans les forêts de Chelm. Les Russes, attaqués à l'improviste dans une position désavantageuse, ne purent même pas se défendre. Trois compagnies furent détruites, et le reste des troupes se sauva en désordre, laissant sur le champ de bataille deux canons, des caisses et des munitions. La bravoure des capitaines Szydlowski et Leniecki a beaucoup contribué à la victoire, dont l'honneur, pourtant, revient au général Kruk, qui sut, par des combinaisons savantes, s'assurer un avantage considérable.

Dans le palatinat de Płock, les forces polonaises s'élèvent à 3,000 faucheurs et à 500 cavaliers; elles occupent les districts de Mlawa, Lipno et Lomza. Le major Rynarzewski, commandant en chef, y tenait en échec, depuis deux mois, des troupes russes de beaucoup supérieures en nombre. Enfin quand il crut ses soldats assez aguerris, il n'hésita plus à se mesurer avec l'ennemi. Ce fut le 7 de ce mois qu'il rencontra entre Myszyniec et Kolno, près du village Zelazna, le général Baklanoff avec quatre compagnies d'infanterie, dont trois appartenaient au régiment Semenowski, un des meilleurs de la garde russe, un détachement de kosaks et 170 cavaliers.

La lutte fut acharnée; mais les Russes, attaqués à la baïonnette, cédèrent, laissant sur le terrain soixante morts et autant de blessés. Malheureusement, cette victoire coûta aux insurgés la vie du major Rynarzewski, qui, mortellement blessé dans l'attaque, expira le lendemain. Le 12, un autre officier qui remplaçait Rynarzewski, rencontra les Russes et les battit à Poremby, près d'Ostrolenka.

Vous voyez donc que l'insurrection ne faiblit pas, et qu'on aurait tort de craindre pour elle les rigueurs de l'hiver. Le soldat devient moins sensible aux fatigues et aux privations, et les chefs après avoir eu occasion d'étudier les localités, commencent à mieux comprendre la guerre de partisans. Les détachements deviennent plus mobiles, savent se réunir, se disperser à temps, et de cette manière ils font éprouver à l'ennemi les pertes les plus sensibles.

(*Patrie.*)

CXL.

Nous trouvons dans le *Daily-News* la correspondance suivante :

Nieszawa, 18 novembre.

Le 13 de ce mois, le capitaine Schwartz, aide de camp du prince Wittgenstein, est arrivé ici avec une nombreuse escorte; et, après avoir réuni les habitants sur la place du Marché, il leur a dit :

« Les autorités ont frappé la ville de Nieszawa d'une contribution de 7,500 roubles argent (30,000 fr.). Cette somme doit être acquittée par les habitants en trois payements, à quinze jours d'intervalle. Connaissant toutefois le triste état des affaires dans le pays, non-seulement les autorités vous déchargeront de cette taxe, mais elles sont prêtes à vous accabler de bienfaits dont vous n'avez pas même l'idée. Vous serez affranchis de toute autre taxe, vous pourrez présenter vos griefs à Son Exc. le Namiestnik (lieutenant), et même adresser vos pétitions à notre très-gracieux tzar et maître. »

Les habitants, étonnés de tant de condescendance, se regardaient les uns les autres, en croyaient à peine leurs oreilles. Mais l'illusion ne fut pas de longue durée; le capitaine Schwartz reprit la parole en ces termes :

« Toutes ces faveurs, tous ces bienfaits tomberont sur vous comme une abondante récolte, si vous voulez signer une Adresse d'actions de grâces au tzar. Je ne vous demande pas de le faire; vous devez le faire de votre propre mouvement. Je vous fais seulement observer que, si vous ne le faites pas, il vous faudra payer, de la manière suivante, la contribution mise sur votre ville.

« Vous me donnerez aujourd'hui même 2,000 roubles argent pour commencer. Je vous accorderai quinze jours pour réfléchir; et si alors l'Adresse n'est pas signée, vous me payerez 2,000 autres roubles, et ainsi de suite. Quand vous aurez payé la contribution tout entière, si l'Adresse n'est pas encore signée, j'enverrai chez vous mes kosaks en partie de plaisir. Ainsi, par la simple signature d'une Adresse, une bagatelle, vous éviterez la contribution, les billets de logements, les coups de fouet et le reste. Mais souvenez-vous que je ne vous dis pas de le faire. Il faut que la chose vienne de vous-mêmes. »

Nos propres renseignements sont d'accord avec ceux du journal anglais. Voilà comment les choses se passent en Pologne. Le burlesque s'y mêle parfois à l'odieux.

(*Patrie.*)

CXLI.

De Varsovie, 22 novembre :

Le convoi de quatre cents déportés, qui vient de quitter notre ville, a fait dans les prisons des vides qui ne tarderont malheureusement pas à être comblés. Déjà beaucoup d'arrestations ont eu lieu dans la nuit de mercredi à jeudi. Tout le monde tremble, car avec les prétextes qu'on imagine et les moyens qu'on emploie, il n'y a personne qui puisse échapper. On veut une Adresse, mais l'on exige surtout qu'elle soit couverte de signatures honorables. Pour cela, on pénètre la nuit dans les maisons et l'on enlève les habitants dont on veut avoir « l'adhésion. » Une fois arrêtés, on les fait comparaître devant une douzaine de généraux assemblés en conseil de guerre, qui leur adressent invariablement, sous la foi du serment, ces deux questions : « 1° Faites-vous partie du gouvernement national? 2° Connaissez-vous des personnes qui en fassent partie? »

Sur la réponse naturellement négative du prisonnier, on lui présente à signer, sans qu'il puisse même la lire, l'Adresse préparée par l'administration, et on lui promet à l'avenir aide et protection contre les violences dont il pourrait être victime. Comme le plus souvent il refuse de signer, et jusqu'ici, en effet, aucune personne notable n'a voulu céder à ces honteuses menaces, le conseil de guerre déclare que : « Attendu que N. ne veut pas signer l'Adresse, et fait par conséquent partie du gouvernement national, il sera déporté en Sibérie. » Qui peut être certain d'échapper à de pareilles mesures?

Dès qu'une centaine de personnes ont subi cette procédure dérisoire, on les envoie en prison, et quelques jours après en Sibérie, livrées dès lors à l'arbitraire et aux mauvais traitements de la soldatesque. Aussi est-ce avec une véritable terreur qu'on a appris hier les arrestations de la nuit précédente, dans lesquelles figurent les noms des personnes les plus honorables et les plus connues de la ville : MM. Iasinski, notaire; le docteur Chalubinski, qui gardait le lit depuis quelques semaines; l'abbé Woïna, procureur général des Pères missionnaires; un grand nombre d'avocats, parmi lesquels je citerai M. Tafilowski, les deux frères Iablonski, MM. Magnuski, Wyrzykowski, Dominique Zielinski; Mmes Naïmska et Kwiatkowska, tenant, l'une un établissement de bains, l'autre un magasin rue Miodova. Un notaire bien connu pour être complètement étranger à la politique, M. Maslowski, a été également arrêté.

Enfin, Mme veuve Bansemer et son intendant ont été arrêtés dans des conditions odieuses. Son fils avait dû la quitter précipitamment au mois d'août, étant soupçonné de faire partie du gouvernement national. Depuis lors, on n'avait cessé de la surveiller et de l'inquiéter, jusqu'à lui refuser cet été un passe-port pour une ville de bains. Avant-hier, pendant la nuit, on pénétra chez elle; on la força, malgré son âge et ses souffrances, à s'habiller devant les soldats et à les suivre immédiatement, lui refusant même d'embrasser ses deux enfants de onze et douze ans. Pourquoi ces raffinements de cruauté? Il faut s'attendre que d'un moment à l'autre elle partira pour la Sibérie sans avoir pu dire un dernier adieu à sa famille!

(*Patrie.*)

CXLII.

De Krakovie, 25 novembre :

Le gouvernement russe ne recule devant rien pour atteindre son but en Pologne. Ennemi naturel de la nationalité polonaise, il la combat avec tous les moyens que sa ruse byzantine et mogole lui suggère.

Dans la lutte que nous soutenons contre le despotisme, nous ne nous sommes jusqu'à présent, et nous en tirons gloire, souillés d'aucune lâcheté ; tandis que notre adversaire, la Russie, s'est tour à tour servie de ses armes habituelles, le mensonge, la fraude, la vénalité, la spoliation et le meurtre. Aujourd'hui encore, elle s'avise, pour la deuxième fois, de lancer au nom du gouvernement national des proclamations invitant nos braves soldats à déposer les armes.

Voici à ce sujet un ordre du jour du chef polonais de la ville de Varsovie :

« On a tâché de répandre le bruit que le gouvernement national aurait voulu licencier les troupes insurrectionnelles et faire cesser la résistance armée. Ce bruit nous rappelle la ruse dont s'est servie la Russie après la chute de Langiewicz, quand elle attribua au comité central le projet, qu'il n'avait jamais eu, de déposer les armes. Aujourd'hui, le même bruit a pour but de tromper les gens qui ne connaissent pas les forces et les moyens de l'insurrection, et d'affaiblir la confiance publique, condition nécessaire d'un meilleur avenir. Pour rectifier cette nouvelle absurde et calomnieuse, qui n'est répandue que par les agents moskovites, nous publions ce qui suit d'après l'ordre formel du gouvernement national :

« La valeur de nos soldats, la résistance et la protestation continuelles de la part de tous les citoyens du pays contre l'invasion étrangère, l'unité et la persévérance de la nation, défendaient jusqu'à présent les droits de la Pologne contre ses ennemis. Aujourd'hui que le pouvoir moskovite est presque détruit, qu'il flétrit les derniers moments de son règne par les meurtres et les pillages, l'unique moyen de sauver le pays d'une ruine complète et préparer pour la cause nationale une victoire certaine, c'est la persévérance dans la lutte commencée. C'est pourquoi le gouvernement national n'a jamais voulu et ne peut pas vouloir faire cesser l'insurrection. Il regardera toujours la lutte comme absolument nécessaire pour la cause nationale. Enfin il déclare tous les bruits contraires comme nuisibles et perfides.

« Quoiqu'il soit presque impossible de compter au juste le nombre des combattants, le gouvernement national fait connaître à la nation que, d'après les rapports officiels, les forces insurrectionnelles sont beaucoup plus considérables qu'elles ne l'étaient au commencement, et que les soins continuels du gouvernement tendront à grandir de plus en plus l'insurrection et à lui fournir des moyens de défense. En marchant avec précaution et persévérance dans cette voie, le gouvernement national a déjà atteint tous les résultats possibles, et il a le droit d'espérer d'en obtenir de plus grands encore.

« Il demande seulement que les citoyens lui conservent à l'avenir la même confiance et cette obéissance absolue qu'ils n'ont pas cessé de lui montrer depuis le commencement de l'insurrection. Maintenant que la cause nationale est défendue avec plus de zèle, que l'insurrection a des garanties certaines d'existence ; maintenant que les Russes emploient les moyens les plus violents pour abattre le courage national, il serait honteux et lâche de déposer les armes et d'abandonner une cause qui a déjà coûté tant de sacrifices et de victimes. »

(*Patrie.*)

CXLIII.

Un livre rare et curieux nous tombe sous la main ; il a pour titre : *Anecdotes recueillies par un voyageur ayant séjourné 13 ans parmi les Moskovites.* — Londres 1792. — Nous en citons textuellement quelques passages, pour l'édification des partisans de la sainte Russie :

« Dans le temps que le roi de Pologne, Étienne Batory, tenait la ville de Pleskow étroitement assiégée, le tzar Yvan le Cruel, inquiété d'un autre côté par les Suédois, n'osait venir à son secours. Ses sujets étaient indignés de rester oisifs ; quelques-uns vinrent se jeter à ses pieds, en ajoutant qu'il n'avait qu'à commander, et qu'il verrait bientôt sur pied une armée aussi nombreuse « que les feuilles d'une vaste forêt ; » et que s'il voulait mettre à leur tête son fils aîné, ils se sentaient capables de surmonter tous les obstacles. Yvan, en entendant cette remontrance, entra dans une colère épouvantable ; et soupçonnant que son fils était d'intelligence avec ceux qui l'avaient demandé pour général, il lui en fit une sévère réprimande. Ce prince demanda la permission de se justifier. Le tzar lui ferma la bouche, *en lui assénant un coup de bâton ferré sur la tempe.* Le prince ne reprit l'usage de ses sens que pour assurer à son père qu'il n'y avait aucun complot ; que, bien loin de conspirer contre lui, il priait le Tout-Puissant de lui donner l'empire de l'univers... » (P. 115.)

C'est peut-être à Yvan Basilewitch que Pierre Ier a dû l'idée de se rendre le chef suprême, au spirituel comme au temporel, en réunissant sur sa tête la double dignité de tzar et de grand-pontife... » (P. 119.)

« Yvan rechercha en mariage Élisabeth, reine d'Angleterre, qui offrait sans cesse à son esprit *la perspective de la conquête du monde entier.* Son véritable projet était de réunir dans sa main l'empire des deux nations, anglaise et moskovite. Son médecin Bonnet n'ayant pu réussir auprès de cette reine, se vit exposé à toutes les fureurs d'Yvan... » (P. 134).

« Devenu veuf, Yvan avait fait la demande en mariage de la belle Catherine, sœur du roi de Pologne Sigismond-Auguste. Les Polonais lui envoyèrent, par manière de raillerie, au lieu de la princesse, une cavale habillée comme une dame de qualité. Que l'on juge de la colère d'Yvan ! Il fit tous ses efforts pour enlever Catherine ; ayant échoué dans cette entreprise, il adressa à son mari, Jean, roi de Suède, une lettre pleine d'injures et de menaces, et qui se termine par les phrases que voici (P. 135.) :

« A l'égard de la Livonie, *notre patrimoine*, que

« tu as usurpé contre tout droit, nous ne resterons « pas en repos jusqu'à ce que Dieu nous en ait rendu « maître ! » (La Livonie était le patrimoine d'Yvan, au même titre que la Lithuanie, la Volhynie et la Ruthénie sont le patrimoine d'Alexandre II.)

« Tu as pris pour armes la gueule d'un chien ; tu « aimes à aboyer pour ton propre déshonneur : cela « te sied. C'est un honneur pour toi et une tache « pour le grand souverain qui est en correspondance « avec toi. » (P. 153.)

« Écrit dans notre patrimoine de Livonie, dans la « ville de Paula, l'an 1512, la 40ᵉ année de notre « règne. *Yvan Basilewith,* tzar de Russie. » (P. 154.)

On voit que le style diplomatique en Russie a un peu varié depuis le tzar Yvan jusqu'au prince Gortschakoff, bien que la pensée du cabinet moskovite soit au fond toujours la même. En voici la démonstration :

« Pierre Iᵉʳ était du nombre des admirateurs d'Yvan. Arrivant un jour en Esthonie, un vieux conseiller lui dit : « Sire ! ces décombres publient la « cruauté inouïe du tyran Basilewitch ! — Vous avez « bien tort, mon cher, répondit le tzar Pierre, de « taxer Yvan de tyrannie; croyez-moi, c'est le plus « grand monarque qu'ait eu la Russie... Plût à Dieu « que je l'égalasse en jugement et en politique ! « Sachez, au surplus, que je me le suis proposé pour « modèle ! » (P. 154.)

Il l'a si bien imité, qu'à son retour de France, il tua son fils Alexis, sans doute pour apprendre au monde qu'il avait profité de tous les enseignements de la civilisation.

C'est aussi probablement le tzar Yvan le Cruel, que son successeur, Alexandre le Magnanime, avait présent à la pensée, lorsqu'il adressait ces fameuses paroles à la députation de Varsovie : « *Point de rêveries ! je saurai sévir et je sévirai !* » L'histoire se chargera d'y répondre, en les retournant contre celui qui les a prononcées.

(*La Pologne.*)

CXLIV.

De Krakovie, 26 novembre.

Le rôle d'un correspondant de Varsovie est, je vous assure, très-difficile. Il s'agit de rapporter simplement les faits... dira-t-on; oui, mais ces faits paraissent pour ceux qui ne vivent pas parmi nous d'une monstruosité tellement peu vraisemblable, qu'on a souvent de la peine à s'en faire le rapporteur fidèle. Ainsi, pour gagner la confiance des lecteurs étrangers, il nous faut de toute nécessité viser au-dessous du vrai, atténuer jusqu'à la barbarie moskovite.

Je ne puis pourtant pas me dispenser de signaler quelques faits, qui, vous allez le voir, caractérisent suffisamment la Russie.

Nous avons cru que, pour le bonheur de la civilisation, les temps de Pierre Iᵉʳ étaient passés. Eh bien ! nous étions dans l'erreur, et c'est le comte Berg qui s'est chargé de nous l'apprendre. Le 18 de ce mois, les sbires russes ont reçu l'ordre de mettre à exécution le fameux coup d'État conçu par Pierre Iᵉʳ et copié par l'illustre lieutenant du royaume. Il s'agit ni plus ni moins que... de la barbe; il fait donc la chasse aux barbes, aux moustaches et aux favoris.

Je ne saurais vous décrire à combien de scènes ridicules et atroces en même temps cette nouvelle manière de tracasser notre pauvre ville a donné lieu ; il m'importe seulement de constater la logique avec laquelle agit le gouvernement russe. En effet, après l'ordonnance sur le deuil paraît celle sur les barbes.

Les arrestations suivent leur train, elles vont même *crescendo*. On s'attaque maintenant à des personnes qui, soit par leur instruction, soit par leur position sociale, peuvent avoir *à l'avenir,* notez bien le mot, quelqu'influence. Ainsi, il ne s'agit pas seulement de déporter les personnes accusées justement ou non d'avoir participé au mouvement insurrectionnel, il faut prévenir le crime et frapper celles qui, dans un moment donné, pourraient devenir coupables. Ceci est parfaitement raisonné ; et nous nous inclinons devant la logique écrasante qui marque tous les actes du gouvernement russe. Parmi les personnes coupables à l'avenir et actuellement déportées en Sibérie, il faut citer MM. Wenglinski, Reske, propriétaires, etc.

Un mot encore pour finir. Le baron Korff qui, comme vous le savez, occupe un poste important à Varsovie, feint souvent d'implorer, pour les pauvres mères dont les fils gémissent dans la citadelle, la permission d'aller les voir, afin de pouvoir verser quelques larmes ensemble. Eh bien ! cet homme se joue indignement de leur désespoir. Il délivre un permis d'aller à la citadelle, mais donne en même temps l'ordre à M. Iermoloff, commandant, de n'y laisser entrer personne. Jugez du désespoir de ces pauvres mères, qui reviennent sans avoir pu bénir leurs enfants déportés !

(*Patrie.*)

CXLV.

De Krakovie, 27 novembre :

Hier a été exécuté, sur une des places publiques de Varsovie, Joseph Piotrowski, accusé d'après le journal officiel russe, d'avoir fait partie de l'organisation nationale polonaise. Il avait été, en effet, chef militaire de la ville, puis préposé à l'armement. C'était un spectacle navrant que de voir ce jeune homme, au visage calme, mais portant les traces visibles des souffrances dont il a été victime, envoyer un dernier adieu à sa malheureuse mère, agenouillée au pied de l'échafaud, priant Dieu de lui donner la force de supporter avec résignation la vue du martyre de son enfant bien-aimé. Au moment de monter à l'échafaud, Piotrowski prit la croix des mains du prêtre qui l'accompagnait, et, l'ayant baisée, il offrit courageusement sa tête au bourreau.

Les nouvelles que nous recevons sur les arrestations continuelles dans la ville de Varsovie sont déplorables. Tous les jours un grand nombre de personnes sont enlevées et traînées à la citadelle, et de là, sans jugement et sans preuves, déportées dans les déserts de la Sibérie. Dernièrement, on a arrêté M. Venceslas Luszczewski, directeur des affaires industrielles au ministère de l'Intérieur, qui était resté à son poste jusqu'à ce jour.

Il paraît que les Russes veulent même abolir les quelques réformes faites dans l'instruction publique. Comme vous le savez, toutes les écoles russes avaient été fermées à Varsovie; eh bien! on vient d'en fonder une, et pour engager les parents pauvres à y envoyer leurs enfants, l'instruction y sera donnée gratuitement. On chasse tous les employés polonais pour les remplacer par des Russes; et le général Pawlistcheff doit, dit-on, succéder au ministre de l'instruction publique Grabowski, qui vient de mourir.

Le général Berg, de son côté, ne perd pas son temps; et, pour imiter Mourawieff, il a pris la résolution de faire signer dans tout le royaume des Adresses de loyauté au tzar.

Attendons-nous donc à voir se renouveler dans le royaume de Pologne les scènes atroces de la Lithuanie. La corde, le knout et l'emprisonnement forceront peut-être quelques malheureux habitants à mettre leurs noms sur ces Adresses, dont la portée et la valeur ne peuvent plus tromper personne.

(*Patrie*.)

CXLVI.

De Vilno, 30 novembre :

Les insurgés tiennent toujours la campagne; l'automne, peu rigoureux cette année, leur est très-favorable, et, malgré les rapports officiels russes, il est impossible de prévoir la fin et l'issue de la lutte, car l'insurrection est loin de faiblir.

Les bois sont la retraite naturelle des patriotes; aussi les Russes ont-ils résolu de détruire les forêts; on y pratique de grandes éclaircies et on abat les arbres à cinquante toises de chaque côté des routes principales; grâce à ce système, les forêts vierges de la Lithuanie sont réduites à de simples bouquets d'arbres, à des carrés boisés dont chaque côté a trois werstes d'étendue. Tout en combattant l'insurrection, on ne néglige pas de ruiner les propriétaires fonciers; on poursuit les deux buts à la fois. Ainsi chaque propriétaire est obligé de faire couper sa forêt à ses frais; et comme les ouvriers sont rares, il est forcé de payer les bûcherons 2 fl. de Pologne par jour, c'est-à-dire plus d'un franc; mais il ne peut ni prendre ni vendre le bois coupé, qui est distribué gratis ou vendu par les Russes à qui bon leur semble.

Les déportations, les confiscations et les contributions sont à l'ordre du jour; et les prisons, bien que regorgeant de détenus, voient chaque jour entrer de nouvelles victimes.

Dans toutes les villes, les enseignes polonaises sont détruites par les Russes; dans les restaurants, on a défendu même de rédiger la carte du jour en polonais. Rien n'est respecté de ce qui peut rappeler la Pologne. La persécution s'étend même aux objets d'art. Un groupe de marbre représentant Edvige et Jaghellon, dû au ciseau de Sosnowski, se trouvait dans un des musées de Vilno; on s'est empressé de le transporter à Saint-Pétersbourg, parce que ce groupe, rappelant l'union de la Pologne et de la Lithuanie, pouvait « exciter les esprits et les pousser à la rébellion. »

Une Polonaise bienfaisante, Mlle Tekla Iwiçka, avait consacré sa vie à l'éducation des enfants trouvés qui ne pouvaient être placés à l'orphelinat de l'Enfant Jésus, établissement administré par les Russes. A force de charité et de dévouement, elle était parvenue à soutenir pendant plusieurs années plus de 200 orphelins, qui grandissaient sous sa protection maternelle.

Mourawieff donna l'ordre de confisquer l'établissement au profit des autorités militaires, de disperser les enfants ou de les rendre aux personnes qui viendraient les réclamer; ceux qui resteraient sans asile seront adoptés par le gouvernement et convertis au schisme.

Quant à Mlle Iwiçka, on lui a sévèrement interdit de s'occuper désormais de l'éducation des enfants trouvés et de leur donner ses soins. La maison qui servait d'asile aux orphelins de Mlle Iwiçka, et qui lui avait été offerte par la comtesse Caroline Czapska, a été confisquée au profit des autorités militaires.

On connaît la triste histoire de Mme Houwald, qui a été dénoncée par son fils, enfant de douze ans. On força le malheureux enfant, par des traitements d'une extrême rigueur, à convenir que sa mère recevait chez elle des insurgés, et avait soigné des compatriotes blessés. Cette dénonciation d'un enfant effrayé par la torture a suffi pour faire condamner sa mère à douze années de travaux forcés. Mlle Élisabeth Labençka a eu le même sort. Après la lecture de l'arrêt, on donna l'ordre aux soldats de revêtir les deux dames du costume des condamnés; cela se fit en présence du commandant et de plusieurs officiers.

On leur enleva leur chemise de toile fine, leurs médailles et leurs scapulaires, saintes reliques que chaque Polonaise porte sur sa poitrine. Revêtues de la casaque des forçats, elles furent déportées au milieu des malfaiteurs et des criminels au fond de la Sibérie. Cette exécution préliminaire, contraire à la pudeur et à l'honnêteté, eut lieu en plein jour, en présence d'une foule d'officiers et d'employés moskovites, qui narguaient les malheureuses victimes ou les outrageaient cruellement. Quant aux enfants de Mme Houwald, ils furent enlevés à leur famille et placés à la « salle d'asile, » où on les exhorte à embrasser le schisme. Un nouveau mode de confiscation vient dont d'être inauguré. C'est la confiscation des enfants au profit du gouvernement!

Des visites domiciliaires ont été faites dans la nuit du 25 au 26 novembre dans tous les pensionnats de demoiselles de Vilno; ces perquisitions, qui restèrent comme de raison sans résultat, furent effectuées par des officiers et employés moskovites, qui déployèrent dans cette circonstance toute l'impudence et tout le cynisme qui caractérisent ce peuple barbare.

Onze personnes ont été pendues ou fusillées pendant ces huit derniers jours dans plusieurs petites villes du seul district d'Oszmiana.

(*Patrie*.)

CXLVII.

Décembre 1863.

De Krakovie, 1er décembre :

Le 23 novembre, le détachement polonais commandé par le général Bosak a remporté un avantage réel sur les troupes russes. Ayant appris qu'Opatow, petite ville du palatinat de Krakovie, était occupée par une garnison russe peu nombreuse, le général résolut de l'attaquer. Le 25 novembre, à cinq heures du matin, il fit entourer la ville par les détachements du colonel Chmielinski et des capitaines Turski, Prendowski et Rodakowski, commanda l'attaque, et bientôt la ville tomba au pouvoir des nôtres. Après avoir fait plusieurs prisonniers, les Polonais enlevèrent la caisse russe, qui contenait 6,000 roubles, beaucoup d'armes et de munitions, et sortirent de la ville sans attendre que des forces russes considérables qui accouraient de toutes parts vinssent les y attaquer.

Le gouvernement autrichien a publié hier l'instruction suivante pour la Gallicie (n° 2,066) :

« Malgré la proclamation du 15 du mois de mars de l'année courante et celle du 10 avril, l'insurrection dans le pays limitrophe est soutenue en Gallicie par des envois d'hommes et de munitions. On avertit donc les habitants pour la troisième fois, que quiconque hébergera ou facilitera le passage des individus étrangers nommés insurgés, sera puni, selon l'édit impérial du 20 avril 1854, d'un emprisonnement de quatorze jours, ou payera une amende de 100 florins d'Autriche.

« L'autorité s'est aperçue que beaucoup de personnes possèdent des armes et des munitions sans permission ; elle se trouve dans l'obligation de rappeler que, d'après le paragraphe 32 de l'ordonnance impériale du 24 octobre 1852, les possesseurs d'armes prohibées seront punis d'un emprisonnement d'un mois ou seront passibles d'une amende de 100 florins. Des circonstances aggravantes pourront porter la peine à trois mois de prison ou à 500 florins d'amende.

« Toutes ces armes devront être déposées, au plus tard le 15 décembre, au bureau de la police, à Léopol ou à Krakovie, et en province aux bureaux des districts. Ceux qui possèdent des permis d'armes encore valables devront les faire renouveler, sous peine de nullité. Ce terme passé, ceux qui se trouveront en contravention avec le présent ordre seront traités avec toute la sévérité des ordonnances légales mentionnées plus haut.

« Léopol, le 27 novembre 1863.

« Alexandre, comte MENSDORFF-POUILLY,
« *Gouverneur de la Gallicie.* »

Ainsi donc, grâce à cet ordre du comte Mensdorff-Pouilly, ceux qui donneront asile à de pauvres blessés, à des malheureux expulsés de leur pays, et n'ayant pas où reposer leur tête, seront criminels aux yeux du gouvernement autrichien, et regardés comme cachant des brigands et des voleurs. C'est vraiment pousser la prudence par trop loin ; il est cruel de défendre à des Polonais d'héberger et de nourrir des frères dans la détresse. Quant à la seconde partie de l'ordonnance, je ne sais pas si elle ne nous présage pas bientôt l'annonce de l'état de siège en Gallicie, conséquence des paroles prononcées par M. de Schmerling dans la Chambre des députés à Vienne.

(*Patrie*.)

CXLVIII.

De Krakovie, 2 décembre :

Dans un grand nombre de communes, la police russe a déclaré aux paysans ruthènes qu'ils avaient le droit d'arracher les vêtements des personnes portant le deuil et de les conserver pour eux; mais les paysans n'ont point accepté cette indigne mission; ils laissent ce soin aux agents de police et aux autorités moskovites, qui savent naturellement mieux dépouiller leurs victimes.

Après avoir incendié le village d'Ibiany et avoir jeté dans les prisons ses infortunés habitants, les Russes veulent les contraindre à avouer que l'incendie de leur village n'est dû qu'à une cause purement accidentelle. Après avoir violé le sanctuaire des morts, en ouvrant le cercueil de la comtesse Zamoyska, ils veulent forcer le prieur du couvent de Sainte-Croix d'affirmer, dans une déclaration écrite, que ce qu'il a vu de ses propres yeux n'était que le produit d'une imagination en délire.

La situation en Lithuanie n'a pas changé. Les prisons regorgent de captifs, malgré les déportations journalières en Sibérie ou dans le fond de la Russie. Dans le seul palatinat de Kowno, cinq mille propriétaires environ gémissent dans des cachots infects et malsains.

Les exécutions sanglantes continuent dans le royaume et en Lithuanie; outre MM. Piotrowski, Truszynski, Rawicz, Cielecki, Puhaczewski et Dobrowolski, les Russes ont encore fusillé le 24 novembre à Wloclawek, André Bogusz, accusé d'avoir pris part à l'insurrection et de faire partie de l'organisation nationale (1); le 27 courant, le nommé Merecz, pareillement accusé de faire partie de l'organisation nationale, a été pendu à Czenstochowa.

Parmi les actes de cruauté inouïe qui se commettent dans le palatinat d'Augustowo, récemment placé sous la tutelle de Mourawieff, quelques-uns suffiront à donner une idée du système barbare qui règne ici.

Il y a de cela quatre mois, on avait arrêté une veuve, mère de six enfants, madame Wiedzka, résidant à Suwalki. Aucun délit n'était reproché à cette pauvre femme, honorée et respectée dans toute la ville, et qui par son travail seul élevait sa nombreuse famille. Les traitements atroces qu'on lui fit subir la rendirent tellement malade qu'on dut la transporter à l'hôpital, où elle resta deux mois. Dès qu'elle fut convalescente, on la chargea de chaînes et on la déporta en Sibérie. Avant de partir, la malheureuse mère demanda qu'on lui accordât comme une grâce d'embrasser ses enfants et du moins l'aîné qui était à l'agonie. Toute la ville de Suwalki se portait garant qu'elle ne chercherait pas à fuir; et pourtant ces barbares sans âme furent sourds à la prière de cette mère infortunée.

Un propriétaire, M. Grabowski, fils d'un pasteur protestant, fut arrêté et jeté dans les casemates; sa jeune femme se rendit à la prison pour avoir de ses nouvelles, elle eut le même sort que son mari. Elle supplia alors ses bourreaux de lui faire partager son cachot avec son fils qu'elle allaitait. Cette grâce lui fut refusée; et le nouveau-né, se trouvant alors abandonné, mourut faute de soins.

Une veuve, mère de quatre enfants, habitant Krolowé-Krzeslo fut aussi arrêtée et emmenée à Kowno. Après avoir emprisonné tous les propriétaires, les Russes assouvissent maintenant leur vengeance sur les femmes.

Ces jours-ci, la police a reçu l'ordre d'arrêter les passants et de les visiter minutieusement; on veut ainsi s'emparer des personnes qui ont des quittances du nouvel emprunt national.

(*Patrie.*)

1. André Bogusz, aide de camp et trésorier du colonel Callier, avait reconduit celui-ci à la frontière le 6 août.

CXLIX.

De Krakovie, 3 décembre :

Les persécutions des autorités russes dans le royaume de Pologne redoublent de raffinement et de cruauté. L'imagination des oppresseurs s'épuise à inventer de nouveaux tourments. Pour le moment, ils sont occupés à faire signer aux habitants des Adresses à l'empereur, témoignant de leur attachement et de leur fidélité. Amère dérision, contre laquelle tout le pays proteste à main armée. A l'exemple de Mourawieff en Lithuanie, les proconsuls du royaume envoient de gros détachements de troupes dans les villes, et là, menaçant les habitants d'incendie, de pillage, du knout et de meurtre, ils parviennent à recueillir des signatures. C'est de cette manière que le général-prince Wittgenstein présenta aux habitants de la ville de Ciechocinek une pétition conçue en ces termes :

« Les habitants jurent fidélité et obéissance au tzar; ils recherchent sa protection contre des bandes de brigands qui dévastent la contrée et qu'ils promettent de saisir et de livrer à l'autorité. »

Cette pétition fut signée par quelques hommes faibles et craintifs; la majorité résista cependant, malgré les menaces et les mauvais traitements. L'exemple du prince Wittgenstein est suivi par d'autres gouverneurs militaires, notamment par le prince Bariatynsky et le général Kleinmichel, dans le palatinat d'Augustowo; par Bellegarde, à Kalisz; Raden, à Piotrkow; Ehrnroth, à Czenstochowa; Uszakoff, à Radom; Maniukin, en Poldaquie.

On nous signale du royaume une ordonnance du gouvernement russe portant qu'à l'approche d'une troupe d'insurgés, le propriétaire du village commandera aux paysans de se rassembler avec des armes et devra courir sus aux patriotes. La désobéissance sera punie d'une contribution s'élevant de 500 à 5,000 roubles; ceux qui offriront un asile à un insurgé seront punis de même.

On espère ainsi venir à bout de l'insurrection, en armant les Polonais contre les Polonais. Cela démontre suffisamment que les Russes n'espèrent pas la comprimer, même à l'aide d'une armée de 200,000 hommes, puisqu'ils emploient de pareils moyens; c'est là, d'ailleurs, une excellente occasion pour les officiers russes de s'enrichir aux dépens des habitants, car qui oserait entraver le passage des insurgés, et qui serait assez inhumain pour leur refuser un asile?

Les horreurs accomplies en Lithuanie dépassent les bornes du vraisemblable; on fait à toute heure de la nuit des visites domiciliaires : un bonnet à la polonaise, une paire de bottes et même un gros bâton trouvés dans un appartement, suffisent pour l'arrestation du propriétaire. Il ne se passe pas de jour où il n'y ait quelque exécution à mort, et l'on compte par centaines les malheureux habitants arrachés chaque semaine à leurs familles et transportés en Sibérie.

Nous avons à signaler un incident qui a produit ici un effet immense. Il y a quelques jours, un numéro du *Czas* fut saisi pour avoir imprimé la proclamation du chef de la ville de Varsovie. Aujourd'hui, l'affaire était portée devant le tribunal; le *Czas* a été condamné à être suspendu pendant trois mois. Ainsi, l'unique journal polonais qui jusqu'à présent avait soutenu la cause de la Pologne, avec autant d'ardeur que de modération, est menacé dans son existence. L'événement coïncide avec la visite du grand-duc Constantin à Vienne. On sait que le *Czas* n'avait cessé de défendre les droits de la nation contre les prétendues réformes moskovites et la mission conciliatrice du grand-duc, mission qui a abouti à une proscription en masse du peuple polonais. Il a jugé le marquis Wielopolski avec une sévère impartialité, comme le pays tout entier l'avait jugé avant lui. Son arrêt sera celui de la postérité.

D'un autre côté, le *Czas* se comportait envers le gouvernement autrichien avec une réserve irréprochable. Dans des circonstances très-difficiles, il a su garder la mesure, en évitant les procès qu'on fait à tout propos et sous le moindre prétexte aux journaux polonais de Gallicie.

A tous ces égards, le *Czas* ne méritait pas le coup qui l'a frappé. Le jugement ressemble trop à une intrigue russe pour qu'il puisse être approuvé. Aussi espère-t-on que, quand l'affaire viendra devant la cour d'appel, la sentence des premiers juges ne sera pas confirmée. Autrement on pourrait se demander ce que signifie la liberté de la presse, proclamée par la constitution autrichienne.

Est-ce que le gouvernement autrichien voudrait comprimer l'esprit national polonais dans ce qu'il a de plus respectable? Est-ce qu'il voudrait étouffer jusqu'aux cris des victimes qui meurent sur les échafauds moskovites?

Il y a encore dans cette sentence un côté à relever. La suspension du journal a produit à Krakovie une sensation d'autant moins favorable au gouvernement que la population est aigrie par les mesures soi-disant de précaution que prennent la police et les tribunaux autrichiens. La situation est certainement très-tendue; et il nous semble qu'on ne devrait pas l'aggraver encore par des vexations qui peuvent finir par aliéner à jamais la population de la Gallicie au gouvernement qui les ordonne.

(*Patrie*.)

CL.

De Krakovie, 5 décembre :

Dans le palatinat de Lublin, il y a eu de nouvelles rencontres des troupes insurgées avec l'armée russe. Voici un extrait des bulletins envoyés au gouvernement national, par le colonel Krysinski et le major Kozlowski. Krysinski écrit ce qui suit : « Un détachement comptant 400 hommes d'infanterie, 200 faucheurs et 100 cavaliers, en tout 700 hommes, était logé au village de Dembiça. Ayant eu connaissance qu'un détachement de troupes russes avait quitté la ville de Biala pour extorquer les impôts dans le voisinage, je me rendis en toute hâte dans la petite vil'e de Rososz pour leur couper le chemin; mes troupes occupèrent la ville. Nous aperçûmes bientôt une colonne de cavalerie russe; et à son approche, nous l'assaillîmes vivement avec une fusillade bien nourrie. Les ennemis se retirèrent en laissant sur la place une vingtaine d'hommes; mais renforcés bientôt par trois compagnies d'infanterie et 200 kosaks, ils revinrent à la charge et attaquèrent avec ardeur. On se battit assez longtemps sans résultat. Voyant une compagnie de l'armée ennemie s'engager trop loin, par un mouvement de mon flanc gauche, je la retranchai du gros de l'armée, et elle fut presque entièrement détruite. Le reste de l'armée ennemie voyant notre résistance opiniâtre, battit en retraite. Nos pertes s'élèvent à 30 hommes, celles de l'ennemi, à 60 tués et blessés, et 84 prisonniers. Craignant d'être attaqué par des forces supérieures, je me retirai au village de Holendernia, où se joignit à moi le lieutenant-colonel Wroblewski avec 120 cavaliers. Nous fûmes bientôt attaqués par un détachement russe, comptant environ 800 hommes et deux canons. Après un combat acharné, l'ennemi se retira en emportant un grand nombre de morts et de blessés. »

Le rapport du major Kozlowski relate, qu'après avoir livré quelques combats insignifiants, il parvint à rejoindre le colonel Krysinski, et ils attaquèrent ensemble, dans le village de Ruda, le colonel Borodin qui s'y trouvait à la tête de 6 compagnies d'infanterie avec trois canons. Les Russes commencèrent à s'ébranler; mais bientôt un renfort considérable leur arriva, consistant en 11 compagnies d'infanterie, 500 cavaliers et 2 canons. Ceci détermina les commandants polonais à battre en retraite. Ils se firent jour à travers les rangs ennemis la baïonnette en main. Les pertes des deux côtés sont très-considérables, et s'élèvent à environ cinq cents hommes.

Le rapport suivant a été adressé par le général Bosak au gouvernement national, sur l'attaque dirigée le 25 novembre contre la ville d'Opatow, ville de 5,000 âmes environ, dans le palatinat de Sandomir :

« Ayant été informé le 20 novembre que les Russes avaient quitté Radom et Opatow avec des forces considérables et s'étaient dirigés vers les bois d'Ilza, je réunis immédiatement un corps de 210 cavaliers autour des villages de Wierzbowiça, Lipa et Kempy, afin de troubler par une diversion les mouvements de l'ennemi, et en même temps d'attaquer la cavalerie qui était près d'Ostrowiec.

« Le 24, ayant appris que les Russes s'étaient avancés dans la direction de Wierzbinki, et notre infanterie s'étant portée par une marche antérieure vers Batorow, je me dirigeai avec ma cavalerie, par une marche forcée de nuit, sur Bodzechow, dans l'intention d'attaquer Opatow, où l'on m'avait signalé une compagnie d'infanterie avec un escadron de kosaks et de gendarmes. Après m'être assuré de l'exactitude de ce renseignement, je parus devant Opatow à cinq heures du matin; apprenant que l'infanterie occupait la maison commune qui est au centre de la ville, je pris les dispositions suivantes pour l'attaquer :

« Le détachement du capitaine Rudzki, auquel s'adjoignit le colonel Chmielinski, eut ordre de pénétrer dans la ville par la gauche et de s'emparer de la caisse du district. Celui du capitaine Prendowski fut chargé d'attaquer les gendarmes. Le troisième détachement, momentanément sous les ordres du capitaine Solbach, avec lequel je me trouvais en personne, dut observer et inquiéter la ville sur la gauche. L'attaque réussit complétement. La caisse du district, qui contenait 35,000 florins, tomba en notre pouvoir, et cinq gendarmes furent faits prisonniers.

« En entrant dans la ville, nous capturâmes également un piquet d'infanterie et un des kosaks; nous prîmes des chevaux, des carabines, des sabres et des révolvers. De notre côté, le brave sous-lieutenant Tyszkiewicz a été tué et le sous-lieutenant Morze blessé. Le capitaine Prendowski et le lieutenant Bromirski se sont particulièrement distingués.

« J'ai l'honneur d'ajouter que c'est la première fois que les troupes nationales paraissent à Opatow.

« *Le commandant des palatinats de Krakovie et de Sandomir,*

« BOSAK. »

Le nom de Chmielinski est depuis quelque temps dans toutes les bouches. C'est un chef habile et heureux. Non-seulement il a remporté plusieurs victoires, mais plusieurs fois il a échappé à des forces supérieures lancées contre lui. Il a su inspirer une telle confiance aux officiers et aux soldats qu'il commande, qu'il peut les laisser libres pendant quelque temps; au jour et à l'heure indiqués, il est sûr de les trouver à l'endroit désigné.

Aussi l'*Invalide russe* annonce-t-il que le corps de Chmielinski n'existe plus; et huit jours après on apprend qu'il a battu les Russes, leur a pris des armes et des munitions.

(*La Pologne.*)

CLI.

De Krakovie, 6 décembre :

Voici un extrait d'un rapport du général Kruk, commandant en chef les troupes polonaises dans le palatinat de Lublin :

« J'occupais avec environ six cents hommes le petit village de Bogdanka, situé à une distance de deux werstes de la ville de Puhaczew, lorsqu'on me fit savoir que les Russes se trouvaient dans cette ville au nombre de quatre compagnies avec 150 kosaks. J'envoyai aussitôt quelques cavaliers pour faire une reconnaissance. Ils furent assaillis par les kosaks et se replièrent sur le gros de l'armée. Je fis alors avancer une compagnie de tirailleurs, qui mit les kosaks en fuite.

« Après avoir rangé mon détachement en ordre de bataille, je procédai à l'attaque de la ville. Un combat de quelques heures s'engagea; il fut opiniâtre, mais nous parvînmes à déloger les ennemis qui se retirèrent dans le village de Brzeziny. La nuit qui arrivait et le manque de cavalerie nous empêchèrent de les poursuivre. Nos pertes s'élèvent à une trentaine d'hommes; celles des ennemis sont plus considérables, car ils ont emmené, selon le témoignage des habitants, dix chariots de morts et de blessés. Le lendemain, le général Waligorski est venu me rejoindre; mais à l'approche de nouvelles forces russes, nous nous séparâmes et nous nous engageâmes dans les forêts des environs. »

Le général Gonęcky, nommé par Mourawieff gouverneur à Lomza, ne s'est pas montré moins barbare que les autres généraux. Chemin faisant pour arriver à la ville, il faisait distribuer à droite et à gauche des coups de knout à tous ceux qu'il rencontrait; à Zambrowo, il a fait donner cent coups de verges à un vieillard octogénaire. A son arrivée à Lomza, il força tous les passants à le saluer en les accablant d'injures. Il fit venir toutes les autorités et les principaux habitants de la ville et leur parla en ces termes : « Vous êtes des chiens et des canailles; vous avez juré fidélité au tzar et vous avez rompu votre serment; mais moi, je saurai bien rétablir l'ordre parmi vous: allez-vous-en ! » Il fit ensuite rassembler, à l'aide des kosaks, tous les habitants sur la grande place, et les força à se mettre à genoux; ceux qui s'y refusèrent furent cruellement maltraités. Puis, il ordonna de réciter des prières pour le tzar. Il a fait mettre en prison les personnes les plus notables, les plus considérées; il espère leur arracher l'aveu de crimes qu'elles n'ont pas commis. Il permet aux Moskovites de faire tout ce qu'ils veulent; aussi personne n'est à l'abri des excès de cette soldatesque déchaînée, qui pille même les églises et les couvents.

Telle est aussi la conduite du colonel Ehrnroth à Czenstochowa. Afin d'intimider les habitants pour leur faire signer une Adresse au tzar, il fit décapiter sur la place publique trois habitants; puis il convoqua les autorités, le clergé et les notables, et leur signifia d'avoir à s'exécuter dans les vingt-quatre heures.

Voilà, certes, deux dignes candidats pour l'ordre de Saint-André-Apôtre, qui décore déjà la poitrine de Mourawieff.

(*Patrie.*)

CLII.

De Krakovie, 11 décembre :

Varsovie ressemble à une ville où régnerait une épidémie qui décime les habitants. A toute heure du jour et de la nuit, la voiture fatale arrive; elle arrache la victime du sein de sa famille et la conduit Dieu sait où, à la mort ou dans le désert. Personne ne sait quel sort lui est réservé, quel est le crime dont on l'accuse. Aussi la population attend-elle les événements avec le calme et la résignation du martyre. Chacun est prêt à tout; le silence de la tombe règne dans la ville.

A chaque moment des transports considérables de prisonniers de toute sorte, femmes, jeunes gens, vieillards, riches et pauvres, sont envoyés en Sibérie; leurs vêtements se composent de toile et de bure grossière, comme ceux des derniers criminels. Une dépêche vous aura déjà appris que, le 7 de ce mois, après avoir cerné la gare du chemin de fer, on a enlevé une vingtaine d'employés supérieurs qui ont été conduits à la citadelle; on les remplacera probablement par des employés moskovites.

Malgré les dénégations du préfet de police Lewszyn, c'est un fait d'une vérité incontestable que le commissaire de police du 8ᵉ arrondissement Rychansky a fait donner des coups de knout à une femme enceinte. Le même préfet a fait chasser tous ceux qui venaient se plaindre à lui des excès dudit commissaire. Le 10 de ce mois, les Russes ont pendu à Varsovie, vis-à-vis de l'hôtel de l'Europe, Émilien Chodanowski, accusé d'avoir tué le délateur Hermann; cette accusation cependant n'était appuyée d'aucune preuve ni d'aucun témoignage positif.

Un épisode caractéristique dans les annales de l'insurrection actuelle, est assurément le sort qui est échu au prince Jean-Thadée Lubomirski. Le prince, adonné aux études de l'archéologie et voué aux soins de la bienfaisance, ne s'occupait point de politique; il semblait donc que les Russes dussent l'épargner. Mais le prince jouissait d'une grande popularité, justifiée, d'ailleurs, par les services qu'il a rendus comme vice-président de la Société des pauvres, et il venait d'épouser la nièce du comte André Zamoyski. Ces raisons suffisaient pour le désigner à la haine des Russes et le vouer à l'exil. Après avoir été conduit et tenu pendant plusieurs jours dans la citadelle, à la suite du pillage du palais Zamoyski, pillage dans lequel il perdit la moitié de sa fortune, le prince Lubomirski fut de nouveau arrêté dans la nuit du 4 au 5 décembre. Aujourd'hui nous recevons la nouvelle que le prince a été transporté en Sibérie. Sa femme, qui s'est toujours associée à ses actes de générosité et de bienfaisance, le suivra dans l'exil.

(*Patrie*.)

CLIII.

De Krakovie, 15 décembre :

Nous vous avons mandé, dans une de nos précédentes correspondances, les premiers exploits du général Bosak, qui a commencé sa carrière militaire dans les premiers jours d'octobre. Après la défaite de Ieziorko, il a reparu avec son détachement réorganisé et augmenté, et il a inauguré sa campagne d'hiver par la prise de la ville d'Opatow. Renforcé ensuite par le détachement du colonel Chmielinski, Bosak n'hésita plus à accepter une rencontre avec les Russes. S'étant assuré une position avantageuse sur le revers sud-ouest de la montagne de Sainte-Croix, et ayant disposé ses forces dans le village Ociosenki et la forêt voisine, le général y soutint plusieurs attaques de l'infanterie russe, forte de huit à dix compagnies, c'est-à-dire de 1,500 à 1,800 hommes. Les insurgés tenaient à merveille dans le village, et une attaque de flanc des chasseurs apostés dans la forêt décida la victoire. Les Russes, ayant essuyé une perte de 150 hommes, se retirèrent en désordre. Du côté des Polonais, la perte serait peu considérable si on n'eût pas eu à déplorer la mort du brave capitaine Tilmann, tué dans cette attaque.

Après la victoire d'Ociosenki, Bosak partagea sa cavalerie en plusieurs détachements, pour inquiéter les Russes dans tout le parcours du palatinat de Sandomir. Les Russes employèrent ce moment pour assaillir l'infanterie polonaise qui était restée sous le commandement du major Remba'ïlo, à Mierzwin, près de Iendrzeiow.

Cette nouvelle rencontre finit comme la première, par une victoire complète des Polonais. En même temps, la cavalerie, conduite par le général lui-même, fut plusieurs fois attaquée par les Russes. Cependant les rencontres de Sprowa, de Rakoszycé et de Raczkow (4, 5, 6 et 7 décembre), ne furent pas décisives. Bosak qui ne voulait qu'inquiéter l'ennemi, n'acceptait plus de rencontre dont l'issue pouvait être douteuse; il se contentait de repousser les avant-postes qu'il rencontrait sur son chemin et d'aller plus loin. Ainsi, vous voyez qu'on peut espérer beaucoup des talents du général et de l'enthousiasme de ses troupes; qu'il saura maintenir l'insurrection dans les palatinats où, jusqu'à présent, elle n'avait essuyé que des désastres.

Récemment la ville de Kowno a été le théâtre d'un fait assez curieux. Les *bourlaki* (secte de vieux-croyants), qui avaient reçu des armes de la Russie, se réunirent au nombre de 500, devant le palais du gouverneur Mourawieff fils, et déclarèrent qu'ils ne s'en iraient pas avant qu'on leur ait donné à chacun 250 roubles et 30 arpents de terre, ainsi que la promesse leur en avait été faite. Mourawieff fils, pour se débarrasser de ces hôtes incommodes, leur offrit 2 roubles par tête pour 3 mois de service au tzar. Les bourlaki, que l'eau-de-vie rendait très-braves, pénétrèrent de force dans le palais, accablèrent Mourawieff d'injures et le traitèrent de voleur, puisqu'il avait gardé pour lui l'argent qui leur était donné par leur père le tzar. Deux compagnies d'infanterie arrivèrent enfin et dispersèrent les mécontents à coups de crosses. Les plus coupables furent chargés de fers et jetés dans un cachot.

On sait que les terrains du village de Ibiany, incendié par les Russes, ont été donnés aux bourlaki; des indigènes déportés en Sibérie, on ne laissa que quelques habitants, mais à la condition qu'ils attesteraient que la ville a été incendiée par les Polonais et non par les Russes. On prélève déjà une seconde contribution; et dans quelques localités, pour la troisième fois, un impôt de 20 p. 100 d'après l'évaluation la plus modérée.

(La Pologne.)

CLIV.

De Krakovie, 16 décembre :

Voici la circulaire que la rédaction du *Czas* vient d'envoyer à ses abonnés, et dont je vous transmets le texte :

« En vertu de la sentence du tribunal de Krakovie, prononcée le 3 décembre dernier, n° 19,864, et confirmée par la cour d'appel, à la date du 14 décembre, n° 20,745, la publication du *Czas* a été suspendue pour trois mois.

« Le *Czas* cesse de paraître à partir d'aujourd'hui, jusqu'à l'époque fixée par le décret. En échange de notre journal nous servirons à MM. les abonnés une autre feuille politique, avec laquelle la rédaction du *Czas* vient de s'entendre à ce sujet.

« Après une interruption inévitable de quelques jours, nous leur ferons connaître le titre du journal qui doit nous suppléer.

« Krakovie, 15 décembre 1863.

« La rédaction du *Czas*. »

Cette mesure de rigueur nous attriste d'autant plus qu'elle signale de la part du gouvernement autrichien un parti pris de seconder la Russie dans ses efforts pour comprimer l'insurrection polonaise. Nous ferons remarquer que les deux décrets qui ont frappé notre patriotique journal ont été rendus avec une célérité jusqu'alors inconnue dans les annales de la bureaucratie autrichienne, dont l'habitude est de faire attendre un jugement des années entières, surtout lorsqu'il s'agit de délits politiques. Il paraît que cette fois on a trouvé le moyen de faire marcher la justice d'un pas plus rapide, et qu'une forte pression a été exercée d'en haut pour précipiter la décision finale.

Ainsi donc le seul organe qui pouvait utilement servir la cause polonaise, la défendre contre les invectives de la presse moskovite, est désormais condamné au silence. Nos ennemis de toute sorte auront beau jeu à présent; ils représenteront l'insurrection, aux yeux de l'Europe, sous l'aspect qu'ils voudront bien lui donner; personne ne réclamera contre leurs mensonges et leurs calomnies. Les faits seront dénaturés, les cris d'agonie des victimes seront étouffés ou transformés en actions de grâces pour leurs bourreaux. On fournira à nos adversaires peu scrupuleux des documents fabriqués avec notre sang et nos larmes.

Cet événement, si douloureux pour une nation qu'on dépouille, qu'on extermine, qu'on outrage, se relie étroitement au séjour du grand-duc Constantin et de M. Sigismond Wielopolski à la cour de Vienne. Il fait pressentir l'influence qu'ils y exercent au détriment de la cause polonaise et des intérêts de l'Occident. Les relations amicales entre Vienne et Saint-Pétersbourg s'établissent d'une manière de plus en plus solide, et font prévoir une entente prochaine entre les deux puissances. En un mot, si les rancunes politiques et personnelles du marquis Wielopolski sont admises en fait par l'Autriche, et si M. Schmerling reste au ministère, c'est que la coalition s'est réformée, c'est qu'à l'exemple de l'Angleterre, l'Autriche et la Russie seront absentes du congrès projeté par Napoléon III.

(Patrie.)

CLV.

De Varsovie, 17 décembre :

L'*Indépendance* (Niepodleglosç), journal du gouvernement national, a reparu, et le gouverneur polonais de Varsovie en a profité pour porter une seconde fois ses proclamations à la connaissance de ses concitoyens. Le même numéro prouve très-péremptoirement l'innocence du pauvre Chodanowski, accusé du meurtre du docteur Hermann.

Du reste, les autorités russes elles-mêmes n'étaient pas très-convaincues de sa culpabilité, mais il fallait absolument une victime, et, le tenant, on l'a gardé. Dire les promesses qu'on lui a faites, les tortures qu'on lui a infligées à la citadelle pour qu'il s'avouât coupable, serait impossible. En fin de compte, on lui a offert la commutation de sa peine en dix ans d'exil s'il faisait des aveux; il y a cru, il s'est accusé lui-même de tout ce qu'on avait imaginé pour le perdre, et le conseil de guerre l'a condamné. « Émilien Chodanowski, dit en effet le *Dziennik*, *ayant avoué* son crime, a été condamné à mort. » Mais on connaît aujourd'hui le vrai coupable. Le malheureux n'en a pas moins été exécuté, pendu sur la place du faubourg de Krakovie, le quartier le plus populeux de la ville; et son corps, pour servir de terreur et d'exemple, est resté deux heures attaché à la potence. Ces exécutions si fréquentes ne font que resserrer les liens de toutes les classes;

tous les cœurs se sont rapprochés, atteints par le même coup. Aussi le sentiment de solidarité est-il plus intime que jamais ; il s'étend à toute la patrie.

(*Patrie*.)

CLVI.

De Krakovie, 19 décembre :

Nous avons à enregistrer de nouvelles mesures du lieutenant général du royaume, comte Berg. Il vient d'ordonner à tous les propriétaires fonciers de quitter la capitale et de se rendre dans leurs terres, sous peine de confiscation de leurs domaines. Le clergé n'est pas plus épargné par le général. Il a adressée l'ordonnance suivante au conseil administratif :

« Vu que le clergé catholique-romain dans le royaume de Pologne n'apporte aucun soin à ramener à l'ordre la population du pays, qu'il la maintient au contraire dans des dispositions hostiles au gouvernement légitime, je l'impose d'une contribution qui sera perçue selon les principes ci-dessous exprimés :

« 1° La contribution à percevoir sur le clergé catholique-romain est évaluée à 12 % du revenu annuel, sur lequel est déjà prélevé l'impôt nommé l'offre du clergé ;

2° La contribution sera perçue dès le 1er janvier 1864, jusqu'au jour de l'abolition de l'état de siége ;

« 3° Le lieutenant se réserve d'employer les fonds provenant de cette contribution comme bon lui semblera. »

De nouvelles ordonnances ont été rédigées par le préfet de police Lewszyn. Voici un extrait d'une de ces ordonnances :

« Si un attentat est commis dans la rue, et si le coupable cherche un asile dans une maison ou dans un logement voisin, le propriétaire de la maison ou du logement en sera responsable sur sa personne ou sur sa vie. »

D'autres ordonnances élèvent d'une manière considérable le prix du papier timbré pour les passe-ports et l'impôt des boissons ; tout cela pour couvrir les frais de l'augmentation de la police.

(*Patrie*.)

CLVII.

De Krakovie, 23 décembre :

On nous mande de Varsovie que les arrestations et les envois en Sibérie augmentent de jour en jour. Les propriétaires fonciers qui, ayant dernièrement reçu l'ordre de quitter la ville et de se rendre dans leurs propriétés, n'avaient pu le faire jusqu'à ce jour, sont arrêtés dans leurs demeures et conduits à la citadelle. Les Russes en veulent surtout aux hommes qui, par leur mérite et leur position sociale, peuvent avoir une certaine influence dans le pays. Ils n'en épargnent aucun ; ils les envoient en exil sans preuves et sans jugement. Le comte Stanislas Zamoyski, enfermé depuis plusieurs mois, est, d'après le *Dziennik powszechny*, fortement compromis. Comme on n'a aucune preuve contre lui, on n'ose pas le condamner ; mais on voudrait à toute force le trouver coupable, pour excuser la dévastation des palais du comte André Zamoyski, son père.

Une nouvelle bien triste nous est parvenue de Moskou. Le prélat Bialobrzeski, septuagénaire, a été renvoyé et conduit à pied dans une des villes les plus reculées de la Sibérie. Quel crime les Russes ont-ils à lui reprocher, si ce n'est d'avoir un autre Souverain-Pontife que le tzar?

On a interdit aux prêtres et aux fidèles toute communication avec l'archevêque Félinski. La cause de cette défense est, dit-on, le refus de l'archevêque de publier une lettre pastorale rédigée par les autorités russes. Le général Berg a envoyé au ministère de l'instruction publique et des cultes un ordre par lequel il exige que notre clergé lève le deuil prescrit dans les églises.

Il s'agit de savoir si le clergé avait le droit d'ordonner le deuil après l'emprisonnement de son archevêque. Je crois que sur ce point il n'y a pas de doute possible, puisque le clergé de Pologne a motivé cet ordre sur les décisions des conciles.

(*Patrie*.)

CLVIII.

De Samogitie, 20 décembre :

Il a plu à Dieu de faire subir à l'insurrection de Samogitie une perte douloureuse, et de porter à tous les cœurs polonais un coup cruel. L'abbé Antoine Maçkiewicz est au pouvoir des Russes ! Sous l'annonce d'un pareil désastre, nos pensées se troublent, notre raison chancelle ; le mal devrait-il triompher ? Tout ce qu'il y a de saint, de grand, de généreux ; tout ce qui ne recule pas devant le martyre, succombe l'un après l'autre sous le poids de la force brutale. L'abbé Maçkiewicz commença la lutte contre les Moskovites dans les premiers jours de mars ; à partir de ce moment, il ne cessa de combattre et de prier. C'était un apôtre en même temps qu'un guerrier. Le peuple le vénérait comme un saint, et accourait de toutes parts sous ses drapeaux. Lorsqu'à la tête de ses bandes héroïques, il entrait dans nos villes et dans nos villages, entonnant le chant national, tous se portaient sur son passage ; les femmes le montraient à leurs enfants et leur disaient : « Regardez, voici notre sauveur ! » Comme l'abbé Marc, en Ruthénie, cette figure légendaire restera dans la mémoire du peuple, qui l'érige déjà en prophète. Hélas! il est dans les mains de l'ennemi, destiné à cueillir la palme de Loga, Dembek, Romanowski, Kruszewski, Iszora et tant d'autres!

C'est le 17 décembre, jour fatal, que l'abbé Maçkiewicz fut fait prisonnier avec son aide de camp Dartauzi.

C'était dans la soirée; séparés de leur détachement, ils étaient entrés dans une cabane de paysans, près du bourg de Sredniki dans le district de Kowno, pour se reposer. Par malheur, des Russes vinrent à passer; guidés par leur instinct de bêtes fauves, ils envahirent la chaumière pour se livrer au pillage, et découvrirent bientôt leurs proies. Les deux insurgés voulurent se défendre, mais ils durent céder au nombre. Le lendemain, les deux prisonniers furent conduits à Kowno; la joie des autorités russes n'avait plus de bornes. Un bal fut organisé en l'honneur de cette capture inattendue et si ardemment souhaitée; le *tchaï* (thé à l'eau-de-vie), coula sans mesure.

Le fils de Mourawieff, de retour de Saint-Pétersbourg, où il reçut de l'empereur un accueil qui ne peut que l'encourager dans la dévastation systématique de la Pologne, n'assistait pas à cette fête. Il passa la nuit entière à interroger ses prisonniers. On raconte que, les ayant fait amener devant lui, il daigna leur parler avec douceur, leur déclarant qu'il ferait tous ses efforts pour alléger leur sort, s'ils consentaient à faire des aveux complets et à ne rien cacher de ce qu'ils devaient savoir. L'abbé Maçkiewicz répondit : « Quant à moi, j'avoue tout ce qui me concerne. J'ai fait mon devoir envers la patrie; j'ai appelé le peuple aux armes contre les oppresseurs et les tyrans, le hasard de la guerre m'a mis entre vos mains, que la volonté de Dieu soit faite. Maintenant, général, accomplissez votre devoir envers le tzar. C'est tout ce que j'avais à dire, et désormais je ne prononcerai plus une parole. »

L'abbé Maçkiewicz a été pendu à Kowno le 18 décembre.

L'insurrection compte un martyr de plus.

(*La Pologne.*)

CLIX.

De Léopol, 24 décembre :

L'insurrection augmente de jour en jour dans les palatinats du Lublin et de Podlaquie. Les forces des insurgés, partagées en petits détachements, occupent les forêts, où ils ont construit des chalets fortifiés pour y camper à l'abri des attaques moskovites.

Ils sont toujours commandés par le général Kruk, qui les réunit de temps à autre pour frapper contre les Russes un coup d'éclat. Outre les détachements à pied de Zaremba et Wroblewski, il y a un détachement de cavalerie commandé par Poninski et Iunosza, plus considérable que les détachements de gendarmerie à cheval, qui parcourent le pays pour maintenir l'ordre et pour y surveiller les manœuvres des ennemis, et qui, en cas de combat, viennent prêter main-forte aux détachements insurgés engagés dans la lutte.

A Léopol même, le nombre des visites domiciliaires et des arrestations n'a pas diminué. Le 19, la police est entrée dans la confiserie de M. Rothlender et y a arrêté trois personnes. Le même jour, les agents ont visité avec beaucoup de rigueur les bureaux de la Société de crédit. Cette visite a duré plusieurs heures, mais la police n'a rien trouvé de compromettant. Je ne parle plus des visites dans les hôtels, car celles-ci continuent journellement.

Ces derniers jours on a mis en liberté le comte Étienne Zamoyski, Poninski et Liban. Les deux premiers avaient été incarcérés au mois de juillet. Ils ont été libérés de la prison préventive pour manque de preuves des faits dont ils étaient accusés. Tel est en général le système usité aujourd'hui par l'Autriche; les employés de la Gallicie, pour prouver leur zèle aux Moskovites, arrêtent les premiers venus, qui ont du reste habituellement des torts envers la Russie, sans s'inquiéter du gouvernement autrichien. Quand ils ont arrêté un individu pour satisfaire à l'influence moskovite, ils le tiennent enfermé dans une maison d'arrêt, pendant quelques mois, avant de lui faire son procès, et puis, ils le mettent en liberté, faute de preuves; ou bien encore, après six mois de détention préventive on lui fait son procès et il est condamné à quinze jours de prison. Ce système rend les autorités de la Gallicie maîtresses absolues de la liberté et de la sécurité de chacun, attendu qu'elles peuvent arrêter et tenir des mois entiers en prison qui bon leur semble, quitte à le mettre en liberté faute de preuves.

Ce sont les commerçants et les personnes moins aisées qui souffrent le plus de ces emprisonnements arbitraires, dans un pays déjà ruiné par les mesures fiscales de l'Autriche.

(*La Pologne.*)

CLX.

De Vilno, 25 décembre :

Les déportations continuent, soit en Sibérie, soit dans les colonies pénitentiaires à l'intérieur de l'empire; et chaque jour des convois de victimes chargées de chaînes sont promenés dans la ville, pour la terrifier par ce douloureux spectacle. Les condamnés sont d'abord conduits à la préfecture de police, où on leur fait prendre indistinctement, hommes, femmes ou enfants, l'habit de galérien. De là, ils vont chez les chefs militaires, chez les généraux, et devant la demeure du gouverneur-général, qui les passe en revue un à un, jurant ou ricanant, selon la position ou le rang des victimes, et qui donne l'ordre du départ. On les mène ensuite, entourés de soldats, jusqu'au débarcadère, qui se trouve ici à plus d'un demi-mille de la demeure du gouverneur. C'est navrant à voir, et cela se répète tous les jours! On ne sait vraiment s'il vaut mieux partir ou rester !

Parmi les dernières arrestations qui comprennent un grand nombre de femmes dont j'ignore les noms, je vous citerai l'ex-maréchal Dowgird, les ex-juges arbitres Maleçki, Lutkiewicz, Antoszewski, Lansberg. A Kowno, où la police redouble aussi de rigueur, on a arrêté le docteur Dzieszkowski, un étudiant en médecine nommé Mickiewicz, trois employés, Wyszynski, Gierycz, Hryniewicz, celui-ci avec toute sa famille, sans que rien justifiât cet excès de sévérité.

L'ex-maréchal Zylinski, arrêté depuis quelque temps déjà dans des circonstances vraiment inqualifiables, est toujours en prison. Comme les insurgés n'allaient jamais chez lui, les Russes en ont conclu qu'il devait être un des principaux membres du gouvernement national; depuis lors ils le gardent, sans pouvoir lui prouver sa prétendue complicité.

Bien plus, Mourawieff ne trouvant plus dans les faits actuels assez de motifs pour exercer ses rigueurs et satisfaire ses vengeances, évoque toutes les vieilles affaires de 1861, qu'on avait dites oubliées et pardonnées. Il fait arrêter et déporter ceux qui avaient alors chanté des hymnes ou mis une *czamarka*. On a dernièrement amené à Kowno des prisonniers du district de Vilkomir, qui étaient tous dans ce cas ; une lettre portant la date de 1861 et trouvée dans une perquisition a servi de pièce de conviction. C'était une dame qui, écrivant à une de ses amies, racontait ce qu'elle avait vu et citait les personnes qui avaient chanté des hymnes ou porté des insignes nationaux. Parmi les victimes de cette perquisition rétrospective, je nommerai madame Szatynska et sa fille, mesdames Koncza, Laudanska, le pharmacien Szymkiewicz et beaucoup d'autres. Enfin le capitaine du génie Kolakowski a été repris, jugé et condamné à la déportation, pour un prétendu délit dont les tribunaux l'avaient absous en 1861 ; la sentence avait ratifiée par l'empereur lui-même.

Mais Mourawieff ne s'arrête devant rien, pourvu qu'il ruine et dépeuple la Pologne. Aux colonies de Ibiany, de Kempa et de Ruda, dévastées et incendiées, il faut en ajouter seize autres dans le seul gouvernement de Kowno, dont les habitants seront internés en Sibérie. Toute la noblesse sera transportée sur les confins de l'Asie, disent les Russes eux-mêmes, et le nombre des déportés s'élèvera à plus de soixante-dix mille.

C'est le même plan de dépopulation en masse qui se poursuit dans toute la Lithuanie. Partout les employés sont chassés, et quoiqu'il n'y ait plus rien à prendre, puisque le pays est complétement ruiné, les bandes affamées des tchinowniks se tiennent toutes prêtes à fondre sur la proie qu'on leur destine.

La plupart des villes ressemblent plus à des campements de nomades qu'à des cités industrieuses. D'un côté ce sont des tentes coniques autour desquelles rôde un Tcherkesse, de l'autre des bandes de kosaks courant et jouant avec leurs chevaux en liberté au milieu de nos places désertes; de temps en temps des convois de prisonniers passent épuisés, accablés, mais aiguillonnés par les baïonnettes russes. Quel tableau! Sont-ce là des cités européennes au xixe siècle?

Tout ce qui était science, commerce, industrie a été détruit. On a fermé le lycée de Vilno, supprimé l'enseignement de la langue polonaise, confisqué les établissements commerciaux de Kleczkowski, Poznanski, Plater, Houwald, Dowgird, parce qu'ils étaient polonais, la fabrique d'instruments agronomiques de Heidukiewicz à Kowno, et l'horlogerie de Iachimowicz, pour le même motif. En un mot, par le fer, le feu, l'exil ou la ruine, il faut que la Pologne périsse aux mains de Mourawieff !

(*La Pologne.*)

CLXI.

De Krakovie, 30 décembre:

Tous les jours de nouvelles contributions et de nouveaux impôts de la part du gouvernement russe viennent accabler les malheureux propriétaires qui possèdent encore quelques biens tant en Lithuanie que dans le royaume de Pologne.

Ainsi, le 24 du mois, un ordre du général Berg imposait une contribution sur les propriétaires fonciers qui ont pris une part même fictive dans l'isurrection. Il donne ainsi plein pouvoir aux chefs militaires de prendre tout l'argent dont ils auraient besoin sur toute personne, solvable ou non, qu'il leur plairait encore de dépouiller.

L'ordre était superflu, car nous savons que depuis longtemps déjà les chefs militaires des différents districts rançonnaient leurs administrés sous les prétextes les plus futiles.

Je ne citerai qu'un fait pour démontrer combien les Moskovites pressurent impitoyablement la Pologne. Une dame âgée fut mise en prison, parce qu'elle préparait de la charpie et des bandages pour des blessés polonais qui se trouvaient dans son village. Pour sa délivrance, on exigea 5,000 florins (3,000 francs).

C'est ainsi que les Russes veulent, par des exactions continuelles, ruiner successivement tous ceux qui possèdent encore quelque fortune en Pologne.

Nous recevons des nouvelles sur l'état de l'insurrection en Podlaquie et dans le palatinat du Lublin. Les Russes ont rempli de troupes les deux palatinats; on dit qu'ils en font venir encore, mais nous sommes préparés à toute éventualité. L'hiver même, l'allié naturel de la Russie, lui fait défaut cette année; nous avons un temps tout à fait supportable, et, en outre, nos volontaires sont munis de vêtements analogues à la saison.

Les détachements d'insurgés se sont retirés dans les forêts, où, dans des huttes construites de branchages, ils sont préparés à l'attaque. Si l'ennemi est trop nombreux, ils peuvent facilement faire retraite; si, au contraire, on leur ordonne de se défendre, ils combattront jusqu'au dernier homme.

Les trois nouveaux détachements du district de Hrubieszow, ceux de Zaremba, de Wrobiewski et de Poninski sont bien vêtus et pourraient braver l'hiver le plus rigoureux. Enfin, les hommes sont là; il y en a plus qu'il n'en faut pour soutenir la campagne, mais le manque d'armes et de munitions se fait sentir partout...

Les dispositions de nos paysans sont des plus favorables à l'insurrection. Malgré les calomnies des agents moskovites, qui voulaient faire accroire aux paysans que notre insurrection, provoquée par les propriétaires, avait pour objet de rétablir la corvée; malgré les encouragements et les récompenses données à qui livrerait ou dénoncerait un insurgé, les Russes n'ont pu parvenir à mettre les paysans de leur côté. Ces braves gens se sont révoltés à la suite de tant de barbarie et de cruauté. Partout dans nos contrées, les insurgés sont reçus par eux à bras ouverts; on leur fournit la nourriture nécessaire, on les prévient de l'approche des ennemis. Ce qui manque, c'est l'appui moral de l'Occident, qui semble s'être lavé les mains du martyre de la Pologne.

(*Patrie.*)

CONCLUSION

Voilà donc une année entière de glorieux combats d'une part, et d'infâmes supplices de l'autre, infligés à tout un peuple par les exécuteurs du magnanime tzar Alexandre, sans que l'Europe s'en soit émue jusqu'à ce jour, sans qu'elle ait témoigné son indignation autrement que par de vaines sympathies et de timides remontrances diplomatiques! L'enseignement sévère qui résulte de toute notre histoire de dix siècles, couronnée par les affreux massacres de 1863, c'est qu'un peuple malheureux comme le nôtre ne doit aimer d'abord que lui-même, sauf à porter amour et dévouement aux autres, lorsqu'il n'aura plus besoin de leur appui pour reprendre son rang et sa dignité de peuple libre.

La loi de l'Europe moderne, dominée par des croyances, des régimes, des intérêts contraires, c'est l'égoïsme; son droit politique et social est nettement exprimé dans cette abominable devise: « *Chacun pour soi.* » Malgré la grande déception de 1863, malgré cette leçon de bassesse et de trahison, expiée par la perte de toute une génération, cette devise ne sera jamais la nôtre; car elle n'est ni chrétienne, ni juste, ni même logique. Si tout le sang polonais répandu depuis cent ans pour des causes étrangères avait coulé pour la Pologne, assurément nous serions déjà plus libres et plus forts que tous ceux qui nous tuent, nous oppriment ou nous renient. Mais nous avons pensé qu'en nous immolant pour la cause de la civilisation, nous en recevrions en échange un secours effectif au moment suprême. Un peuple qui se défend contre une invasion barbare, seul au monde, oublié par ses anciens amis, trahi, vendu et livré par la lâcheté de ses voisins, et qui pourtant fort de son droit, confiant dans la justice divine, n'implore ni trêve ni merci, mais veut combattre au dernier sang, un tel peuple, s'il est écrasé, emporte jusque dans la tombe la certitude de sa résurrection. Toutefois, nous pressentons, et nous appelons de tous nos vœux le jour où, malgré leur diversité de race et de croyance, la solidarité fraternelle deviendra la loi des nations.

La conscience publique de l'Europe ne peut tarder à se réveiller, ou le châtiment à frapper les complices de la Russie.

1er Janvier 1864.

FIN DE LA DEUXIÈME PARTIE.

LETTRES SLAVES

TROISIÈME PARTIE

1864-1874

INSURRECTION POLONAISE

PRÉFACE.

Voici la lettre que nous recevons de notre meilleur et plus ancien ami en France, M. Émile Deschamps, au sujet de la troisième partie de cette publication :

Comment vous remercier de votre précieux souvenir et de votre glorieux envoi ! Comment surtout ne pas vous en remercier mille fois du fond de mon cœur ?

Vous m'avez fait passer plusieurs soirées palpitantes des plus vives émotions avec vos *Lettres slaves,* ces pages *de sang et de larmes,* comme vous les nommez dans votre excellente introduction.

Ce livre est appelé à un grand retentissement, et par le fond des choses et par la forme que vous avez su leur donner.

Le retentissement sera littéraire et philosophique aujourd'hui, politique plus tard.

Le tableau que vous faites de l'Europe-Russie est effrayant ; mais j'ai bien peur qu'il ne devienne ressemblant... Toutefois, espérons dans la Providence et la sagesse passionnée des peuples !

Si je n'étais toujours en proie aux caprices d'une santé depuis longtemps éprouvée, j'aurais tenté l'honneur et le bonheur d'aller vous serrer la main, cette main qui a tracé tant de vers inspirés du même sentiment que celui des *Lettres slaves.* Le poëte se relève partout et toujours, soit qu'il tienne la lyre ou le burin de l'histoire :

> Même quand l'oiseau marche, on sent qu'il a des ailes !

Ce charmant vers de Lemierre est l'épigraphe de tout vrai poëte ; c'est aussi la vôtre.

« ÉMILE DESCHAMPS. »

Versailles, 18 janvier 1865.

Nous n'avons rien à ajouter à cette acclamation d'un cœur fraternel, qui, pour la dernière partie des *Lettres slaves*, restera notre unique préface, avec les vers dantesques d'Antoni Deschamps pour conclusion.

A KRISTIEN OSTROWSKI.

LA DIPLOMATIE OCCIDENTALE.

Mourawieff a toujours le pied sur la Pologne,
Il insulte, il égorge, il pille sans vergogne ;
Tout un peuple martyr expire sous le faix,
L'injustice est partout, et vous parlez de paix !
Vous osez marchander, sans que votre cœur gronde,
Les frais du grand berceau de l'avenir du monde !
Non, ce n'est pas la paix, croyez-moi, c'est la mort ;
On ne dort jamais bien sur le lit du remord :
Non ! l'heure de la paix, de cette paix féconde,
N'est point encor sonnée au grand cadran du monde !
Quand le *droit* sera maître, et le *juste* vainqueur,
Quand l'univers aura subi la loi du cœur,
Quand, l'égoïsme enfin refoulé dans l'abîme,
Peuples et rois seront sous le niveau sublime,
Quand, un jour seulement, les vainqueurs de demain
Aux vaincus de la veille auront tendu la main,
Alors, sans demander ce que le temps recèle,
Nous jurerons, debout, la paix universelle ;
Pour apaiser celui qu'on laissa terrasser,
Il faut le relever avant de l'embrasser !
Cependant, pour sauver cette race intrépide,
La France n'aurait fait que tendre son égide,
Puis, sans rien demander, retirerait sa main
Et de ses chers sillons reprendrait le chemin.
La France, ce n'est plus la grande conquérante
Qui portait en tous lieux une faim dévorante
Qui la fit redouter des bons et des pervers,
Quand elle convoitait cet immense univers ;
Notre France nouvelle a bien assez d'espace,
Et plus de profondeur encor que de surface :
Elle porte en son sein sa force et ses ressorts,
Sa grandeur est dans l'âme et non pas dans le corps !
Aux projets de conquête elle ne peut descendre ;
Les pensers de vengeance, elle les met en cendre,
Moskou, Dresde et Leipzig, Saxons et Bavarois,
Et les défections des peuples et des rois,
Et le *sauve-qui-peut* de la grande déroute
Qui sema de débris cette fatale route,
Elle a tout oublié, pour ne se souvenir
Que des jours glorieux promis à l'avenir !
Car la fidélité de la Pologne sainte
Étouffe dans nos cœurs le reproche et la plainte ;
Mieux vaut aimer un bon que haïr vingt méchants.
Vous, nos vieux ennemis, cultivez donc vos champs !
Lorsqu'aux jours merveilleux de la terre de Grèce
Dans une ville en deuil passait une déesse,
Les mourants, à sa vue arrachés au trépas,
Sentaient un baume pur s'exhaler de ses pas ;
Ainsi, comme un parfum d'amour et d'espérance,
S'exhalera des lieux où passera la France ;
Son âme restera chez les peuples, son corps
Disparaîtra soudain et comme sans efforts.
Ce songe qu'en ces vers retrace ma mémoire,
Peuples, peut-être un jour s'appellera l'histoire.
France, ô mon cher pays, accepte-le de moi,
Regarde l'avenir sans trouble et sans effroi.
France, soldat de Dieu, c'est là ta destinée ;
Marche donc le front haut, dans cette grande année :
Le conquérant du siècle, il se nomme le cœur,
Tout doit céder enfin à ce nouveau vainqueur !

Antoni Deschamps.

1er janvier 1865.

LETTRES SLAVES

TROISIÈME PARTIE

INSURRECTION POLONAISE

I.

Janvier 1864.

De Krakovie, 1ᵉʳ janvier 1864 :

Notre correspondant de Vilno nous envoie la dernière proclamation de Mourawieff au consistoire catholique-romain de Vilno, datée du 18 novembre 1863, n° 10,546, concernant l'enseignement de la langue russe dans les séminaires : « Le gouverneur de la province a remarqué que, dans le séminaire catholique-romain, les personnes dirigeant l'éducation des élèves ne s'occupent pas assez des progrès de leurs élèves dans la langue russe, et que l'enseignement de cette langue est presque négligé. Comme une bonne connaissance de la langue *nationale* est très-nécessaire aux personnes désignées pour diriger les paroisses et porter la parole divine au peuple, comme le séminaire doit y mettre toute son attention, le gouverneur de la province croit devoir contribuer à ce résultat en ordonnant que l'enseignement de la langue russe, dans le séminaire, ne soit pas borné à quelques heures seulement, mais qu'il s'étende aux devoirs de mémoire et à ceux écrits. Il faut que les élèves qui font leurs études pour être prêtres, soient en état de prêcher le culte catholique-romain dans la langue *nationale*, à la population qui appartient à la grande famille de la nation russe. Le gouverneur recommande au directeur du séminaire, sous une sévère responsabilité, que les rapports sur l'accomplissement de son ordre lui soient ponctuellement envoyés. »

La barbarie et l'absurdité de cet ordre sont évidentes. Après avoir saccagé et dépeuplé la Lithuanie, qui a défendu avec tant de patriotisme ses droits et sa nationalité polonaise, les Russes veulent faire croire à l'Europe que le pays est habité par une population qui ne parle que le russe et qui ne comprend pas une autre langue. Nous apprenons qu'une contribution de 10,000 roubles a été imposée au propriétaire de la maison par laquelle l'assassin de l'espion Rothkirch s'est enfui. Si la somme n'est pas payée dans l'espace de dix jours, la maison deviendra la propriété du gouvernement russe.

(*Patrie.*)

II.

De Krakovie, 3 janvier :

La télégraphie vous aura sans doute déjà apporté une triste nouvelle. Le *Dziennik powszechny* mande que Chmielinski, jugé et condamné, a été fusillé à Radom le 23 décembre. Ce valeureux chef, comme l'ont appris les deux rapports russe et polonais, avait été blessé le 16 décembre près de Bodzechow et fait prisonnier. Le colonel Chmielinski, pendant tout le temps de ses opérations militaires dans le palatinat de Krakovie, a donné des preuves incontestables d'énergie et de capacité. Commandant dans un palatinat où bien des fois déjà nous avons eu à déplorer des pertes considérables, il sut par son courage tourner la chance de notre côté et tenir tête à l'ennemi.

Chmielinski était un des chefs les plus remarquables que nous ayons eus depuis le commencement de l'insurrection. Il comprit parfaitement la guerre de partisans. Profitant de toutes les circonstances favorables, il évita des défaites certaines et put se glorifier de bien des victoires.

Le détachement de Chmielinski existe toujours, et le major Rembaïlo en a pris le commandement. Bien que la mort du colonel Chmielinski soit une perte sérieuse pour l'insurrection, il se trouvera sans contredit des hommes qui ne le vaudront peut-être pas en capacité, mais qui l'égaleront en courage et en dévouement.

Le numéro 8 des *Instructions et Nouvelles de la police du gouvernement national* a paru à Varsovie le 30 décembre. Il parle d'un ordre donné par le général Berg à l'évêque Rzewuski, administrateur du diocèse, de publier une adresse au clergé et à la nation entière, en recommandant à tous la soumission. L'évêque répondit avec beaucoup de dignité : « Que le clergé polonais n'existait pas pour un but politique, mais pour le service de Dieu. » Berg présenta alors un ultimatum à l'évêque, par lequel il donnait au clergé vingt-quatre heures de réflexion, après quoi il le traiterait avec toute la rigueur des lois martiales.

« C'est donc une nouvelle persécution, ajoute la feuille du gouvernement national, dirigée contre le clergé polonais ; mais nous savons que nos prêtres sont au-dessus des outrages et des persécutions : ils n'ignorent pas que la guerre actuelle est entreprise au nom de la foi et de la patrie, au nom du christianisme et de la civilisation. »

Le même journal ajoute que pendant les fêtes de Noël plus de trois mille jeunes gens ont été arrêtés à Varsovie.

(*Patrie.*)

III.

De Krakovie, 8 janvier :

On nous envoie de Varsovie l'adresse que les autorités russes, par les menaces d'emprisonnement et de confiscation, ont fait signer à quelques pauvres israélites ou employés subalternes, dont les signatures doivent paraître ainsi devant l'étranger comme l'expression des vœux de leur pays. L'adresse surpasse de beaucoup tout ce qu'on a vu jusqu'à présent dans ce genre. En voici la traduction exacte :

« Magnanime autocrate !

« Pour toutes les grâces et tous les bienfaits dont vous nous comblez, pour tous les droits et tous les priviléges dont vous nous avez investis, nous vous sommes très-reconnaissants et nous nous hâtons de vous exprimer de notre propre mouvement notre amour vrai et sincère. Ordonnez, seigneur tout-puissant, et nous sommes prêts à faire tout ce que vous voudrez. Nous ferons le sacrifice de notre vie et de nos biens pour défendre l'indépendance de votre trône.

« Nous osons vous prier, grand monarque, d'accepter la déclaration de notre fidélité et de notre amour, profondément gravés dans nos cœurs ; nous vous les garderons pendant toute notre vie, en les transmettant après nous à nos enfants.

« Avec le sentiment du respect le plus profond, nous restons, de Votre Majesté, les plus fidèles et les plus obéissants sujets, etc. »

Si la chose n'était pas si triste, elle serait ridicule. Après avoir déporté plus de cent mille habitants, après avoir imposé des contributions énormes sur toutes les fortunes, Berg fait signer une adresse de loyauté à quelques malheureux, et croit se garantir ainsi devant l'opinion publique de l'Europe. Les adresses d'adhésion au gouvernement national, couvertes de près d'un demi-million de signatures, ont montré clairement au monde les vrais désirs et les vrais sentiments des populations lithuaniennes et ruthènes. A Varsovie, qui a déjà fait tant de sacrifices et montré tant de dévouement, un démenti n'est pas même nécessaire ; l'imposture est trop palpable pour qu'on ait besoin de la dévoiler.

Le gouvernement saxon, depuis le commencement de la guerre, s'était toujours montré impartial envers les exilés polonais auxquels il a bien voulu donner asile et protection. Un sentiment d'humanité qui lui fait honneur, et les vieilles relations de la Saxe avec la Pologne, ont amené ce résultat, d'autant plus méritoire, que la Prusse et l'Autriche s'acharnent contre tout ce qui peut être soupçonné d'avoir des sympathies pour la Pologne.

Un grand nombre de réfugiés réside à Dresde. Malheureusement, depuis quelques jours, la conduite de la police saxonne, jusqu'aujourd'hui juste et modérée, semble céder à une pression venant de l'étranger, de la Russie, ou peut-être de l'Autriche.

On vient de notifier l'ordre de quitter Dresde à plusieurs personnes, sans le motiver et d'une manière tout à fait arbitraire ; entre autres à un homme dont nous ne voulons pas citer le nom, et qui ne s'occupait que de ses affaires. Il nous semble que tant qu'on ne viole pas l'ordre public et les lois du pays que l'on habite, une expulsion pareille ne devrait pas avoir lieu. La Saxe peut bien, dans l'exercice du droit de l'hospitalité, revendiquer l'indépendance qui lui est due ; mais, en sa qualité d'ancienne alliée de la Pologne, elle ne devrait pas courber la tête devant les injonctions des grandes puissances protectrices.

(*Patrie.*)

IV.

De Krakovie, 9 janvier :

La veille du nouvel an, le *Dziennik powszechny* publia un ordre par lequel les employés de tout grade devaient se trouver au château pour souhaiter la bonne année au général Berg. Beaucoup d'entre eux, craignant quelque embûche, ne se rendirent pas à l'invitation. Il n'y eut donc qu'un très-petit nombre d'employés supérieurs qui se trouvèrent à cette réception. Le général Berg les accueillit avec beaucoup de politesse et une bienveillance qu'il ne leur avait jamais témoignée.

Après les souhaits ordinaires, il dit en finissant : « Qu'il espérait que tous les malheurs qui pesaient sur le pays finiraient avec l'année qui commence ; qu'il comptait sur tous les employés pour l'aider dans cette œuvre de pacification, et qu'ils pouvaient se fier à la grandeur d'âme de l'empereur, pourvu que le pays rentrât dans l'ordre. » Il leur lut ensuite un télégramme de l'empereur avec les souhaits pour tous les employés.

Il est clair que la Russie veut de nouveau se former un parti ; ses séductions s'étendront certainement à toutes les classes de la société. Mais, nous osons le dire d'avance, le gouvernement russe ne réussira pas ; car l'amour de la patrie et le désir de la sauver des mains des Moskovites sont trop grands dans le cœur de tout Polonais pour qu'aucun puisse se laisser entraîner par des récompenses ou des promesses d'avancement.

Comment, en effet, les employés mêmes pourraient-ils se laisser séduire, eux qu'on déporte sans cesse au fond de la Sibérie sans preuve et sans jugement ? On permet aux femmes d'accompagner leurs maris, mais on ajoute : « Vous pouvez les suivre, si tel est votre désir ; mais pour revenir, c'est autre chose. » La conduite des Russes est vraiment monstrueuse ; d'une main ils caressent, de l'autre ils torturent, et veulent, par cette duplicité barbare, étouffer la voix de l'indignation unanime de l'Europe.

(*Patrie*.)

V.

De Krakovie, 10 janvier :

Ce n'est pas Berg qui gouverne à Varsovie, c'est le club des officiers russes, sorte de camarilla formée de soi-disant radicaux, d'escrocs, de jeunes gens de bonne maison ruinés, de cadets de famille venus à Varsovie pour s'enrichir, auxquels le général Berg sert de manteau pour couvrir leurs rapines. Ce club est en relations avec les camarilla de Saint-Pétersbourg et celle de Moskou. Pour conserver les bonnes grâces de ces dernières, dont le club de Varsovie dépend, il leur envoie de temps en temps des transports de jeunes filles des meilleures familles, condamnées à six ou douze années aux travaux forcés en Sibérie, et qui, arrivées à Saint-Pétersbourg ou à Moskou, se trouvent graciées par l'intermédiaire de ces messieurs, pour être internées dans les lupanars des deux capitales. C'est un nouveau trafic d'esclaves. Les noms de plusieurs victimes nous sont parvenus ; nous ne les signalerons pas, pour épargner l'honneur des familles polonaises qui subissent de telles ignominies. Les feuilles russes essayeront de démentir ces faits, qui du reste pourraient être vérifiés, si les agents diplomatiques de l'Occident voulaient se donner la peine de les constater.

(*La Pologne*.)

VI.

De Krakovie, 21 janvier :

Voilà un an déjà que les Polonais se sont soulevés pour reconquérir leur indépendance. L'Europe a jusqu'aujourd'hui assisté en témoin impassible à cette lutte sanglante, où l'héroïsme et la générosité d'un peuple sans armes, sans alliés, sans ressources, a su maintenir le combat contre les hordes du tzar moskovite, qui ne connaissent d'autre manière de faire la guerre que l'incendie, le pillage et le massacre. La Lithuanie, que le bourreau Mourawieff croyait étouffée dans des flots de sang et des monceaux de cendres, fait retentir dans ses forêts des chants de liberté et d'indépendance. La jeunesse se range sous les drapeaux de Wroblewski et de Poninski.

Dans le royaume, à peine les grands froids ont-ils cessé que déjà nos troupes ont remporté plusieurs victoires ; l'une dans le palatinat de Lublin, où Lutynski a battu les Russes près de Siélaniec, à deux lieues de Zamosc ; l'autre, dans celui de Krakovie, où Rembaïlo vient de défaire, à Daleszycé, trois compagnies d'infanterie avec cent kosaks, sous les ordres de Dobrowolsky et Bentkoffsky, et tient en échec les garnisons russes de Miechow, Proszowicé et Dzialoszycé.

Pour charmer leurs loisirs et profiter de leur inaction, les Moskovites organisent, dans les villes qu'ils occupent, des bals publics, où ils font danser leurs prisonniers, momentanément tirés de leurs cachots, et leur font signer des adresses de loyauté au tzar Alexandre. Ces lâches orgies nous font désirer le dégel et la reprise active des hostilités qui, seuls pourront mettre un terme aux passe-temps cruels de ces sbires, exercés sur des personnes hors d'état de se défendre.

Vous y distinguerez surtout ceux qui les premiers ont tourné les talons à Zyrzyn, Terespol, Kobylanka, Grochowiska, Koniecpol et mille autres combats, où les soudards du Kaukase et de Krimée ont fui devant nos jeunes volontaires. Je me contenterai de vous citer à ce sujet un rapport officiel russe du chef du district de Lomza au gouvernement civil du palatinat d'Augustowo :

« J'ai l'honneur de vous mander que le 6/18 décembre, une fête d'un genre *tout particulier* a été organisée à Tykocin, par le capitaine Dymitrieff, commandant la garnison. Il avait invité à des soirées dansantes les seigneurs des environs et les employés civils des districts. (Les invitations se font aussi d'une manière *toute particulière*, invitations auxquelles on est forcé de se rendre, sous peine de coups de fouet et autres mauvais traitements.)

« La fête se passa comme je vais le décrire :

« Un officier, en état d'ivresse, tout débraillé et déboutonné, était chargé de recevoir les invités à l'entrée du salon. Il s'en acquittait en les saluant *au rebours* et en tenant des propos indécents aux dames. Quand tout le monde fut arrivé et que la danse commença, le capitaine Dymitrieff fit son entrée avec trois juifs mal famés et détestés pour leurs habitudes d'espionnage et d'escroquerie. Après les avoir menés au centre de l'assemblée, il les embrassa et ordonna à tous ses invités d'en faire autant.

« A la fin du bal, le capitaine Dymitrieff conduisit ses hôtes dans la cour, pour leur faire admirer son feu d'artifice. Il avait fait entourer de paille la potence sur laquelle plusieurs prisonniers venaient d'être exécutés, et y mettre le feu. Peu s'en fallut que la flamme ne se communiquât aux habitations voisines et ne causât un affreux désastre. J'ignore ce que tout cela signifiait ; mais je juge que l'on aurait pu fêter le jour de naissance de Son Altesse le grand-duc, héritier du trône de Russie, d'une manière plus digne. Des dames d'un âge très-avancé ont été contraintes de danser ; il y eut encore beaucoup de pareilles inconvenances, dont je ne connais pas tous les détails, attendu que le bourgmestre de Tykocin est gardé à vue par le capitaine commandant Dymitrieff, etc. »

Si tel est le rapport officiel d'un employé russe, obligé de peser chaque parole, sous peine des plus atroces châtiments, nous pouvons nous faire une idée de l'orgie qui a dû avoir lieu à Tykocin, et dont on ne trouverait des exemples que dans la société de forçats évadés ou parmi les cannibales du Nouveau-monde, fêtant une victoire remportée sur une tribu ennemie. Voilà le degré de turpitude et de férocité où sont descendus les anciens défenseurs de Sébastopol !

Le vol est organisé sur une grande échelle. La grande majorité des officiers et des fonctionnaires russes chargés des enquêtes et des perquisitions, trouve facilement les moyens de spolier les familles aisées de Tykocin. Un marchand israélite a été obligé de payer 15,000 roubles, pour se soustraire à la bastonnade et à la prison. A Lomza, un autre israélite a prouvé son innocence, moyennant 5,000 roubles.

Un de ces jours, il s'est présenté, au Crédit foncier de Varsovie, un individu pour toucher les coupons des obligations volées, lors du pillage du palais Zamoyski. Le porteur de ces valeurs a été interrogé ; il a déclaré qu'il était seulement le fondé de pouvoirs du colonel russe Labanoff.

Deux officiers de la garde se sont fait photographier dans la calèche *à l'américaine* dérobée au palais du comte. Cette photographie de grand format se vend jusqu'aujourd'hui chez les marchands d'estampes de Varsovie.

(*La Pologne.*)

VII.

De Vilno, 22 janvier :

Les mesures sanguinaires qui ont signalé toute l'année 1863, ont inauguré également l'année 1864. Le 1er janvier, un convoi de déportés, condamnés soit aux travaux forcés, soit aux compagnies disciplinaires, soit à l'exil en Sibérie, a quitté notre ville. Le 2 janvier, les Russes ont exécuté, sur la place Lukiszki, Ignace Zdanowicz, fils d'un professeur d'histoire, et Miécislas Darmanowski, accusés tous deux de faire partie de l'organisation nationale. Zdanowicz n'a reçu l'autorisation de voir son fils que lorsque ce dernier se préparait à mourir.

A l'approche du moment fatal, le chef de la police de Vilno fit signifier aux deux condamnés qu'on leur accorderait grâce pleine et entière s'ils consentaient à dénoncer les autres membres de l'organisation nationale. Les deux jeunes gens repoussèrent avec dédain ce moyen de préserver leur vie, et marchèrent avec calme et courage à la mort des martyrs. Cette offre révoltante leur fut encore renouvelée au pied même du gibet.

Les nouvelles qui nous arrivent de la province sont terribles. Ainsi le général Kowalewskoï, ayant épuisé les moyens barbares et voyant l'attachement inébranlable des villageois à la cause nationale, résolut d'avoir recours au meurtre, à l'assassinat judiciaire d'innocentes victimes, pour amener la population rurale à se soumettre. Il se mit donc à la recherche de victimes, c'est-à-dire d'individus suspects et plus ou moins compromis. On prit au hasard deux jeunes paysans du bourg d'Iodukaïnié, paroisse de Kopyszki, qui avaient pris les armes dans les commencements de l'insurrection, mais qui étaient revenus dans leurs foyers et s'occupaient tranquillement d'agriculture. Il fit fusiller l'un d'eux, Kozakiewicz, en présence d'une foule nombreuse, à Kopyszki, le 24, et il fit subir le même sort à l'autre, nommé Downarowicz, le même jour, à Dusiaty. L'infortuné Downarowicz a été plutôt étouffé que fusillé ; car, blessé seulement par les balles des soldats, il fut précipité dans la fosse et *enterré vivant !* (Comme précédemment, Sigismond Padlewski).

A côté de ces faits, les actes de pillage sont peu de chose, mais ils ne discontinuent pas. Nous en citerons un dont la notoriété prouve que les Russes ne reculent devant aucune infamie : c'est l'incendie du château du comte Tyszkiewicz à Solohubiszki, qui fut dévasté et brûlé, parce qu'un détachement de volontaires avait passé sur ses terres. Le fermier a de plus été arrêté par ordre du général Kowalewskoï et jeté en prison avec toute sa famille.

Outre les convois des prisonniers partant tous les jours pour l'exil, des convois, non moins pénibles à voir, traversent nos campagnes désolées; ce sont ceux des objets volés, meubles, linge, glaces, voitures, pianos, livres, tableaux, etc. jetés pêle-mêle dans des wagons de chemin de fer, sous l'escorte d'officiers russes qui vont les vendre ou qui se les partagent comme butin. C'est ainsi que tout ce qu'il y avait de précieux dans les terres de Wizun, propriété du comte Czapski, a été transporté à Moskou par le colonel Sobotkin.

Les prisons sont remplies. Plusieurs personnes sont arrêtées depuis bientôt un an; jusqu'à présent elles n'ont pas encore été interrogées et ne savent pas même de quoi elles sont accusées.

Aux paysans condamnés à la déportation, on propose d'accepter l'orthodoxie; mais le peuple refuse avec énergie et dédain. On a défendu en général d'apprendre à lire et à écrire en polonais, et on promet au peuple de publier sous peu des livres de prières catholiques en langue russe.

Plusieurs chefs d'insurgés étaient paysans, entre autres Bitis, dans le district de Szawlé; Diekwis, dans celui de Poniewiez; Lukawszunas, dans le district de Vilkomir; Gugès, dans celui de Rossienié; ce dernier est tombé dernièrement de la mort des braves.

La Russie osera-t-elle dire encore que notre peuple des campagnes lui est favorable?

(La Pologne.)

VIII.

De Krakovie, 23 janvier :

Le premier numéro de la seconde année des *Ordonnances et Nouvelles de la police du gouvernement national* a paru à Varsovie, le 2 de ce mois. La feuille polonaise ne parle que des adresses extorquées, par le général Berg, aux malheureux habitants du royaume de Pologne. Sa première remarque est des plus justes : « Que le gouvernement russe le premier, avait défendu solennellement toute adresse ou toute pétition au tzar, et que maintenant, non-seulement il y engage, mais emploie même la force pour l'exécution de son plan. » Cette dernière tentative de la Russie la met en contradiction avec elle-même et démontre clairement combien elle est impuissante vis-à-vis du mouvement polonais. « A quoi peuvent servir à la Russie, continue la feuille polonaise, ces adresses de fidélité, puisque ses fidèles sujets combattent contre elle ? Pour nous, nous ne savons qu'une chose : Dès qu'une adresse sera renvoyée à Saint-Pétersbourg, le *Dziennik* proclamera l'insurrection anéantie, et appellera bandes de voleurs les détachements polonais qui protesteront contre cette déclaration. Le magnanime empereur, touché du *repentir* de la Pologne, lui pardonnera, fera mettre à exécution les réformes promises et se réjouira un moment de la paix et de la tranquillité de la Pologne ; jusqu'à ce que le tonnerre grondant de nouveau, le réveille jusque dans son palais et, déchirant le voile de ses illusions, lui montre l'abîme sous ses pas. » Ce passage est très-curieux, car il découvre un plan assez probable de la Russie, qui craint, par-dessus tout, la solution de la question polonaise par l'Europe, solution qu'à toute force elle voudrait éviter.

L'*Invalide russe* donne les rapports sur les opérations des troupes russes et leurs engagements avec les insurgés en Samogitie, en Lithuanie et dans le palatinat d'Augustowo. Nous ferons remarquer qu'il y a quelques jours à peine, les organes russes proclamaient que dans ces contrées régnait la tranquillité la plus parfaite. Il paraît que le général Mourawieff lui-même n'est pas bien sûr que l'insurrection n'éclate pas avec une nouvelle force au printemps, car il vient d'ordonner aux grands propriétaires de couper leurs forêts.

(La Pologne.)

IX.

De Krakovie, 25 janvier :

Le journal *Chwila*, de Krakovie, et la *Gazeta Narodowa*, de Léopol, contiennent journellement des comptes-rendus des procès intentés à différentes personnes, pour participation à l'insurrection. L'Autriche donne, de plus en plus, dans le piège que lui tend la Russie, en lui faisant croire à une conspiration contre l'empire autrichien, en Gallicie et en Hongrie. Elle vient de créer, en Gallicie, des commissaires de la sûreté publique dans chaque district, avec des pouvoirs très-étendus. Ils ont le droit d'arrêter qui bon leur semble, de faire des visites à domicile sans arrêt du tribunal et sans ordre judiciaire, enfin de se servir des paysans pour les perquisitions. Nous passons sous silence tout ce qu'il y a d'inconstitutionnel et d'arbitraire dans la mesure mentionnée, et qui a été prise dans l'intérêt de la Russie.

Les *Nouvelles du théâtre de la guerre* ne cessent de nous énumérer les nombreux détachements qui opèrent, malgré la rigueur de la saison. Les palatinats de Krakovie, de Sandomir, de Lublin, de Kalisz, nous envoient des nouvelles plus fréquentes, à cause de la proximité de la frontière. Des autres parties de la Pologne, les nouvelles nous arrivent plus tard et d'après les relations des organes moskovites, toujours falsifiées; quant aux résultats, il en ressort que, même en Lithuanie, l'insurrection est loin de s'éteindre. La conduite des Russes est toujours violente et cruelle ; elle se manifeste par des tortures infligées aux prisonniers, tant dans les prisons de Varsovie, que dans les prisons des villes des provinces. Elle se manifeste aussi par des transports de prisonniers en Sibérie et au fond de la Russie, puis par des bals organisés à Varsovie et dans les villes de province, où l'on traîne du cachot à la salle de bal les victimes pour les faire danser, sous la menace du knout, avec leurs bourreaux. A Kalish entre autres, un bal a eu lieu le 3 janvier, à la suite duquel les officiers russes ont fait fustiger plusieurs dames qui avaient osé mettre des robes de couleur sombre. Il faut ajouter que les Russes profitent de ces réunions pour faire signer des adresses au tzar.

Quant aux autres bals en province, nous espérons bien que les opérations des généraux Bosak, Kruk et Rudzki, sauront bien les changer en fêtes d'une toute autre nature.

(*La Pologne.*)

X.

Février 1864.

De Krakovie, 5 février :

La *Chwila* publie aujourd'hui une lettre de l'archevêque Félinski, adressée à l'un des chanoines de Varsovie, qui lui avait demandé des conseils sur la question du deuil des églises. Nous résumons en peu de mots la pensée du digne prélat :

« ... Dans la proclamation d'un ordre ou d'un contre-ordre, il faut avoir des raisons suffisantes sur lesquelles on puisse la motiver, surtout lorsqu'il s'agit d'un ordre qui regarde une nation entière. Or, quelles raisons pourrais-je alléguer pour faire cesser en ce moment le deuil dans nos églises? Est-ce parce que le gouvernement russe vient de frapper le clergé d'une nouvelle contribution? Est-ce parce qu'il ne cesse de le molester en lui interdisant les exercices mêmes les plus habituels de son culte? Sont-ce là des raisons suffisantes pour forcer un évêque exilé à détruire ce qui a été fait en son absence, et que jusqu'à ce jour il a approuvé? Un prêtre doit être toujours en mesure de répondre de sa conduite devant Dieu, devant les hommes et sa propre conscience. Si j'approuvais cette décision, qu'aurais-je à dire pour ma justification? »

Dans un autre passage, il dit :

« ... Si la question du deuil était une question disciplinaire, qui ne regardât que nous, si ce deuil n'était qu'un signe de tristesse en l'absence du pasteur, comme un *annus luctûs* l'est après sa mort, alors, sans aucun scrupule, je m'empresserais de demander la levée du deuil pour ne pas priver mes ouailles des grâces que Dieu accorde aux fidèles pendant les fêtes de l'Église. Mais à mon avis, la position est tout autre. Mon exil n'a pas seulement privé les fidèles de leur pasteur, mais il a été une violation des droits de la chrétienté, contre laquelle on ne pouvait protester qu'en ordonnant le deuil dans les églises. Dois-je vous répéter en toute conscience les paroles qui m'ont été dites par les auteurs mêmes de cette violation :

« C'est en vain que vous vous attristez, réjouissez-
« vous plutôt ; il faut vous accoutumer aux vio-
« lences et faire semblant de ne pas les voir ! »

« Ma conscience me dit de ne pas vous engager à cet acte, que je regarde comme inconsidéré ; de vous recommander, au contraire, de vous opposer constamment à de pareilles mesures... Renvoyez-moi donc tous ceux qui vous feraient de pareilles propositions ; demandez-moi officiellement ce que vous devez faire, et je vous assure qu'il me sera plus facile et plus doux de combattre pour vous, d'exposer ma personne et ma vie, que d'accepter des conditions humiliantes au détriment des intérêts de l'Église. »

On voit, d'après cette lettre, combien est difficile et pénible en Pologne la position de ceux qui veulent sauvegarder même l'ombre de leurs droits, de leur dignité, ou même remplir les obligations les plus élémentaires attachées à leur rang ; car, à la moindre concession obtenue, même par des moyens barbares et cruels, la Russie s'empresse de proclamer qu'elle a gagné de nouveaux adhérents à son despotisme.

(*Patrie.*)

XI.

On nous adresse le rapport officiel du combat de Radkowicé, livré le 20 janvier par le détachement de Rembaïlo, dans le palatinat de Krakovie. Ce rapport est de la teneur suivante :

Au général Bosak, commandant en chef dans les palatinats de Krakovie et de Sandomir.

« Après le combat d'Ilza, où les troupes insurgées avaient eu à lutter contre des forces au moins quadruples, je marchai vers minuit par Lipié et Radkowicé, où je parvins le 18 au soir, dans l'intention de me rendre aux forêts de Sainte-Croix. Chemin faisant, j'appris que les Russes avaient envoyé de Radom 14 compagnies d'infanterie à Ilza, et de Kielcé 11 compagnies à Bodzentyn. Je dus changer de plan, et je résolus d'attendre le passage des colonnes ennemies dans le bois de Radkowicé, à une demi-lieue du village. Le 19 je me rendis au poste désigné ; et le soldat après un jour et demi de repos, était prêt à tout événement. Le 20, à dix heures du matin, les sentinelles donnèrent l'alarme ; et malgré la célérité avec laquelle je rangeai ma troupe sur la lisière du bois, nous fûmes en un instant enveloppés par les masses moskovites. J'ordonnai à mes capitaines d'agir chacun séparément avec sa compagnie, et je me mis à la tête de celle du centre pour assaillir le front de l'ennemi. Le révolver au poing, je me jetai corps à corps sur la colonne russe, lorsque mon aide de camp tomba à mes côtés, frappé d'une balle à bout portant. Le capitaine Iagielski m'avertit que j'allais être coupé de mon détachement ; j'ordonnai donc la retraite et je me retranchai dans un ravin, où par une fusillade bien nourrie j'arrêtai la marche de la colonne du centre.

« Après une heure d'une lutte acharnée, les Russes se voyant assaillis de tous côtés, perdirent contenance, et malgré leurs compagnies d'infanterie, appuyées par 200 cavaliers, ils sonnèrent la retraite devant un ennemi qui ne comptait que 300 soldats. Nos pertes sont de huit morts, parmi lesquels mon aide de camp et le capitaine des faucheurs, et de sept blessés. Les Russes ont perdu, outre leur chef, le colonel Suchonin, mort à la suite de ses blessures, deux officiers qu'ils ont ensevelis à Bodzentyn, de plus cinq morts et douze blessés, qu'ils ont amenés au village de Radkowicé. Avant de battre en retraite, le commandant disait à ses soldats :

« Ils nous ont tué beaucoup de monde, mais nous nous vengerons. »

« *Le lieutenant-colonel* REMBAÏLO. »

« Le 23 janvier 1864. »

Quelle sera la nature de cette vengeance des troupes moskovites, après la défaite signalée ? Nous pouvons aisément nous le figurer d'après la description que voici d'un bal donné par le capitaine Dymitrieff, commandant la garnison de Tykocin. Cette description, insérée dans la *Chwila* du 5 courant, est extraite d'un rapport adressé au gouvernement national :

« Le capitaine Dymitrieff, chef du détachement russe de Tykocin, avait donné l'ordre, sous les peines les plus sévères, à tous les bourgeois et les propriétaires du district d'assister avec leurs femmes et leurs filles au bal qu'il devait donner pour fêter le jour de naissance de S. A. I. le grand-duc héritier du trône. Presque tous les invités se rendirent à l'heure désignée devant la maison où devait avoir lieu cette infernale orgie ; ils trouvèrent une potence illuminée. A leur entrée, ils furent tous fouillés par les soldats, sans en excepter les femmes ; puis, ayant pénétré dans la salle, ils y trouvèrent trois espions juifs exécrés dans toute la contrée, qu'il leur fut ordonné d'embrasser à tour de rôle. Un intermède joué par des kosaks, plein de propos obscènes, fut le principal épisode de cette fête ; plusieurs femmes s'évanouirent lorsque les acteurs finirent par une décharge de pistolets en l'honneur du grand-duc.

Cependant Dymitrieff, à demi couché sur un sofa, riait aux éclats. Alors commença la danse. Il ordonna à madame K..., plus que sexagénaire, de danser avec lui une polka, comme au temps de sa jeunesse. Dymitrieff la saisit, et sous la menace de trente coups de verges, la força de faire avec lui le tour de la salle. Le bourgmestre et le maire de Tykocin avaient été chargés de faire les frais du souper. Dymitrieff s'y attabla lui seul ; puis, ayant largement fait honneur au repas, il rentra dans le salon, ordonna aux convives d'en faire autant et de s'en aller. Il les congédia d'un geste qui n'est en usage que chez les satrapes moskovites, et dont Miasoïadoff (Mangeur-de-viande), son compère à Lomza, nous a donné le premier exemple. »

Voilà, certes, un échantillon remarquable de la civilisation nouvelle que les Moskovites veulent introduire en Pologne.

(*Patrie*).

XII

De Varsovie, 8 février :

Vers la fin du mois dernier, en faisant une perquisition domiciliaire chez la famille d'un ancien artiste du théâtre des Variétés, nommé Boguslawski, la police moskovite a découvert, dans un caveau dépendant de la maison qu'il habitait, un petit portefeuille contenant quelques en-tête de lettres du secrétaire du gouvernement national et du chef de la ville de Varsovie, plusieurs imprimés du gouvernement, une liste des espions russes, et une autre enfin contenant cent trente noms qui, comme on présume, étaient ceux des personnes désignées à la surveillance de la police nationale.

Aussitôt tous les habitants de la maison, excepté le propriétaire, qui n'est autre qu'un général russe, furent arrêtés et conduits à la citadelle.

Comme des faits pareils sont quotidiens dans notre capitale, personne, ici, n'est de la famille des individus arrêtés, n'y a fait grande attention.

Mais aujourd'hui, après avoir reçu les journaux étrangers, et y ayant trouvé un télégramme annonçant la découverte des archives du gouvernement national, je me suis mis à la recherche du vrai de l'affaire.

Comme le résultat des enquêtes faites par les agents de Lewszyn est souvent inséré dans les journaux moskovites, j'en ai pris lecture, et voici ce que j'y ai trouvé :

« Les papiers saisis chez les Boguslawski, dit un correspondant des *Nouvelles de Saint-Pétersbourg*, démontrent évidemment que Boguslawski père, ancien comédien, âgé de soixante ans, est le secrétaire en chef du gouvernement national, que son fils est le commandant de la ville, et qu'un certain Lauber est directeur de la police ; et bien que tous trois persistent à le nier, le fait n'en est pas moins avéré. »

Reste à savoir par quelle logique.

Écoutez bien : ce gouvernement qui, depuis un an, a discipliné, régi, commandé un peuple de 23 millions d'hommes, aurait pour secrétaire d'État un sexagénaire, un ci-devant comédien ; son fils, à peine connu des habitants de Varsovie, serait préposé au poste le plus important, celui du commandement de la ville.

Et voici que, sur ce point, l'*Invalide* oppose à son collègue un démenti formel, en disant que « les papiers manuscrits du chef de la ville, trouvés dans le paquet, ayant été comparés avec l'écriture du père et du fils Boguslawski, n'ont offert *aucune ressemblance* avec celle-ci, et se rapporteraient plutôt à la première. » Enfin, quant à ce « certain Lauber », qui serait, d'après le correspondant des *Nouvelles de Saint-Pétersbourg*, directeur de la police nationale, j'ai appris que ce jeune homme était le fils d'un pasteur allemand, n'ayant d'autres rapports avec les Boguslawski que d'habiter avec eux la même maison.

Vous comprenez que, voulant vous donner des renseignements exacts sur cette affaire, dont les Russes font tant de bruit, et qui n'a servi qu'à maintenir le commissaire Rydzewsky dans ses fonctions, je suis allé à la source même, et je puis vous assurer que ni le secrétaire du gouvernement, ni le chef de la ville, ni le directeur de la police nationale n'ont été découverts. Le portefeuille trouvé dans le caveau n'était que le carnet d'un employé subalterne de la direction, et les papiers qu'il contenait, tout à fait insignifiants, ne peuvent que donner à penser au gouvernement étranger, qui doit tout naturellement se faire cette question : « Puisque les Polonais connaissent la liste de nos espions, pourquoi payer à l'avenir tous ces coquins ? »

« Ce qui est vraiment étonnant, ajoute le correspondant des *Nouvelles de Saint-Pétersbourg*, c'est que, même après la saisie des papiers et l'arrestation de cent trente-six personnes qui en fut la conséquence, les *Ordonnances et Nouvelles de la Police nationale* n'ont pas cessé de paraître, et voilà deux nouveaux numéros, ceux du 28 et du 30 janvier, qui viennent d'être distribués à Varsovie ! »

Nous pouvons rassurer cette feuille en certifiant que le journal polonais durera aussi longtemps au moins que les *Nouvelles de Saint-Pétersbourg*. Pas plus que la nation, dont il est le courageux organe, le journal polonais ne veut mourir.

(*Patrie*.)

XIII.

De Varsovie, 9 février :

Nous avons dit à quoi se réduisent les grandes découvertes dont les Russes se sont vantés dans leurs télégrammes de Varsovie, après l'arrestation de la famille Boguslawski. Le correspondant de l'*Invalide* donne, à la date du 5 février, de nouveaux renseignements sur cette affaire. Il cite le texte d'un rapport du directeur de la police de Varsovie au département de la police du gouvernement national, et qui ne contient rien de plus qu'un appel de fonds nécessité par les mesures récemment adoptées par le gouvernement étranger, le budget de l'année dernière ne pouvant pas suffire aux besoins courants. Voilà le document principal; nous voyons qu'il y a loin de là à la découverte des archives du gouvernement national.

Les autres papiers saisis par les Russes sont plusieurs avis communiqués par un agent de la police nationale à un des commissaires, et ne contiennent, d'après leur texte inséré dans la même correspondance, rien de particulier. Il n'est donc rien résulté de cette enquête, que la découverte du nom du directeur de la police nationale, Adolphe Pienkowski, qui heureusement se trouvait déjà hors d'atteinte, le gouvernement l'ayant envoyé à Breslau, puis à Paris (décédé le 30 juin 1867). Cependant Vladislas Boguslawski, mortellement malade, a été déporté en Sibérie, et son ami Lauber, enfermé dans la citadelle.

L'*Invalide* annonce de source officielle qu'en Lithuanie, dans le district de Poniewiez, onze insurgés ont été faits prisonniers du 19 au 22 janvier, et qu'on leur a pris sept armes à feu. Trois insurgés ont été pris dans le district de Rossienié. Les batailles dans lesquelles les Russes ont obtenu ces avantages ne sont pas mentionnées. Mourawieff ayant proclamé qu'il n'y avait plus d'insurrection en Lithuanie, reste à savoir comment ces prisonniers ont été pris sans combat.

Le bal que la ville de Varsovie a donné au général Berg a été élevé à la hauteur d'une manifestation. Malheureusement l'*Abeille du Nord* du 6 février nous annonce que les honneurs du bal étaient faits par mesdames Minkwitz et Witkoffskoï, épouses de deux généraux, et qui certes n'ont pas la prétention d'être des dames polonaises. Après tout, ce bal n'avait d'autre objet pour l'état-major du général Berg que de s'amuser aux frais de la ville, qui a dû dépenser pour cette solennité la somme de 28,000 fr. Il nous semble que ces frais auraient pu être prélevés sur les sequestres, confiscations et rapines de tout genre, dont notre capitale est journellement frappée depuis l'arrivée du général Berg.

(*Patrie*.)

XIV.

De Varsovie, 13 février.

Le *Dziennik* de Varsovie, dans ses deux derniers numéros, nous annonce deux nouveaux combats, celui de Wygoda, dans le palatinat de Lublin, du 31 janvier, et celui d'Opatow, dans le palatinat de Sandomir. Ce dernier combat est raconté d'une manière très-curieuse par le journal russe. Le *Dziennik* soutient avec un aplomb tout moskovite qu'un détachement polonais de cent fantassins, retranché dans les maisons et faisant feu par les fenêtres, a été délogé par quarante kosaks. Cette fois, ajoute-t-il, *deux kosaks* ont été tués et deux autres légèrement blessés.

Je vous ai donné des renseignements positifs sur

l'affaire Boguslawski et sur la prétendue découverte des archives du gouvernement national. Le correspondant de l'*Invalide* vient aujourd'hui confirmer mes relations. Des cent trente-six personnes arrêtées, cent-quinze ont été remises en liberté après un interrogatoire, et vingt et une ont été livrées à la seconde commission d'enquête. Or il faut que vous sachiez ce que c'est que cette seconde commission. Lorsqu'après avoir interrogé les accusés dans la commission dite de police, composée d'officiers de tout grade, on n'est pas parvenu à les convaincre de culpabilité, on les mène à la commission de guerre siégeant dans la citadelle, où, par toutes sortes de supplices, le fouet, la faim, l'insomnie, on arrache des aveux à la victime. Il n'est presque pas d'exemple qu'un individu tombé aux mains de cette seconde commission soit rendu à sa famille, qui n'est même pas admise à le visiter dans sa prison; il n'en sort généralement que pour être fusillé, pendu ou déporté.

Voilà probablement le sort qui attend les détenus à la suite de l'affaire Boguslawski; et quand même leur innocence aurait été clairement établie devant la première commission, on leur prouvera devant la seconde, par toutes les tortures imaginables, qu'ils font partie de l'organisation nationale. L'arrestation du député Rogawski, à Krakovie, se rattache évidemment à cette nouvelle enquête, et prouve une fois de plus la complicité de l'Autriche avec la Russie.

(*Patrie*.)

XV.

De Krakovie, 17 février,

Outre les dernières rencontres dont nous avons donné le détail, l'*Invalide russe* cite d'autres combats livrés vers la fin de janvier, comme celui de Runow, palatinat de Sandomir, du 24, avec trois cents hommes d'infanterie de Dombrowski; celui de Przedborz, du 24, avec le même détachement; deux autres engagements, du 21 et du 30 janvier, dans le palatinat de Lublin, et dont il s'abstient de donner le résultat ainsi que les noms des combattants.

Le même journal annonce, dans un télégramme de Varsovie du 10 février, que le général Iezioranski, inactif depuis la défaite de Langiewicz, a reparu dans le palatinat de Lublin, et que le 7 février il a inauguré son entrée en campagne par la victoire d'Annopol. Plusieurs détachements, dit-il plus loin, ont franchi la Vistule sur les glaçons dont elle est couverte, sans que les troupes russes aient pu s'opposer à leur passage. Nous voyons par ces relations que notre guerre d'indépendance va reprendre avec une vigueur nouvelle avant les premiers jours du printemps.

Le général Berg inflige à la ville de Varsovie un genre de supplice qui peut paraître étrange aux yeux de l'Occident : non content d'ordonner des bals officiels, il fait organiser des théâtres de société, qui seront la contre-partie des drames sanglants joués dans les cachots et sous les potences de la citadelle. Il ordonne en même temps à ses agents à l'étranger, particulièrement à Dresde, où plusieurs familles polonaises se sont réfugiées, d'arracher à celles-ci, par la menace de confiscation de leurs biens, des adresses de soumission. Ces adresses ont pour principal objet de déterminer le prince Souwaroff, aujourd'hui gouverneur de Saint-Pétersbourg, à accepter la lieutenance du royaume; le prince ayant déclaré qu'il ne voulait point participer à la lutte barbare qui se poursuit en Pologne, réprouvée par sa conscience et par son honneur militaire. Nous avons lieu de croire que les Polonais résidant à Dresde ne prêteront pas l'oreille à ces suggestions des émissaires moskovites, pas plus que leurs compatriotes de Varsovie n'ont cédé à la menace du knout et de l'exil en Sibérie.

Ceux qui agiraient autrement seraient hautement désavoués par la nation, qui aurait droit de les considérer comme transfuges, et qui n'admettra d'autre issue de la lutte actuelle que l'indépendance. Si le tzar Alexandre veut réellement pacifier la Pologne et non la détruire, qu'il en retire ses troupes, accoutumées au brigandage, démoralisées par tous les excès commis durant une année de massacre et de spoliations. Mais nous pouvons prédire à l'avance qu'il ne le fera pas, ne serait-ce que pour préserver la Russie elle-même des désordres et des violences auxquels les Berg et les Mourawieff les ont trop habituées.

(*Patrie*.)

XVI.

De Krakovie, 18 février :

Jadis il fallait à Varsovie au moins un coup de pistolet pour autoriser l'administration militaire à s'emparer d'une maison et à la changer en caserne ; aujourd'hui on ne se donne même plus la peine de jouer cette comédie : un ordre du général Berg coupe court à toutes les formalités. C'est ainsi qu'on vient d'exproprier, pour cause d'utilité publique, le fabricant de vinaigre Eckert, en lui prenant sa maison, sa fabrique et tout ce qu'elle contenait. Bien entendu, le pillage officiel qui précède l'accomplissement de toute occupation, et qui fait partie du Code de procédure moskovite, a été exécuté sur une large échelle.

Mais voici un crime nouveau qui voue à l'exécration de tous les cœurs honnêtes le gouvernement du général Berg à Varsovie. Deux officiers russes, ayant entrevu mademoiselle Neumann, renommée pour sa beauté, et ne pouvant parvenir à se faire admettre auprès d'elle, résolurent de l'enlever à main armée. Une nuit, ces messieurs ayant appelé à leur aide plusieurs hommes de police, stationnant dans la rue, pénétrèrent dans la maison sous prétexte d'y chercher des insurgés, et s'emparèrent de mademoiselle Neumann, sœur du propriétaire. Depuis, personne ne sait ce qu'elle est devenue ; Trepoff lui-même, le maître de la police urbaine, ne peut arriver à la découvrir. Vous comprenez qu'un fait pareil produit ici une émotion indescriptible ; personne n'est à l'abri des violences de ce genre, on est sans cesse exposé à voir enlever la nuit, dans son intérieur, sa femme ou sa fille, sur je ne sais quelle accusation imaginaire.

Toutefois, ce n'est là que l'effet naturel du régime introduit par le général Berg, qui outrageant tous les droits de l'humanité, a fait enlever et déporter en quelques semaines les femmes les plus respectables ; des mères de famille comme mesdames Dziekonska, Naïmska, Banzemer, Waliszewska ; des jeunes personnes comme mesdemoiselles Laska, les sœurs Waszkowska, et beaucoup d'autres, coupables d'être Polonaises.

Un autre fait qui caractérise ce régime de barbarie et de brutalité, c'est la pendaison du vaillant et généreux chef d'insurgés, Joseph Iankowski. Depuis les premiers jours de l'insurrection, il s'était mis à la tête d'un détachement dans le district de Stanislawow, et avait livré 40 combats, presque tous victorieux ; le premier à Nieporent, le dernier entre Sawin et Lowcza, le 21 novembre. S'étant rapproché de Varsovie, il fut saisi le 23 janvier aux environs de Blonié, conduit à la citadelle et pendu le 12 février. Déjà la corde au cou, il ne cessait de crier : Vive la Pologne ! Voici comment un journal russe, les *Nouvelles de Moskou*, dans sa correspondance du 13 courant, s'exprime à ce sujet ; nous traduisons littéralement : « Iankowski était un des plus nobles chefs de l'insurrection ; jamais il n'a fait exécuter un prisonnier ; bien au contraire, les officiers russes qui tombaient entre ses mains étaient presque immédiatement remis en liberté. Il agissait avec nous comme il convient à un ennemi plein de cœur. »

Telles sont les propres paroles du correspondant moskovite ; et pourtant, pas un des officiers délivrés par ce chef après l'avoir combattu, n'a eu le courage de protester contre la sentence qui frappait Iankowski, contre le hideux genre de mort qui lui était destiné!

A l'exemple de Varsovie, des pendaisons nombreuses ont lieu dans les provinces. Dominique Pawlik, hôtelier de Borki, a été pendu à Siedlcé, le 6 février, pour avoir abrité quelques insurgés blessés. Vincent Sulzyçki, paysan de Wisztyncé, devant subir la même peine à Kalwarya, palatinat d'Augustowo, pour le même crime, s'est tué dans sa prison.

(*Patrie.*)

XVII.

De Krakovie, 20 février :

Malgré les proclamations de Berg et de Mourawieff, tout n'est pas fini en Pologne. Nous en avons la preuve dans les lettres de Varsovie, annonçant l'entrée de cent cinquante mille hommes de troupes nouvelles dans le royaume. Il n'est pas douteux que les Russes auraient besoin de ce renfort pour comprimer l'insurrection ; mais nous serions curieux de savoir où ils pourraient le prendre, à moins d'évacuer le Kaukase. Les dernières réserves de la Russie ont déjà été envoyées en Pologne ; et malgré tout l'intérêt qu'elle doit avoir à sortir triomphante de la lutte actuelle, nous doutons qu'elle se résigne à sacrifier le Kaukase pour conserver un pays qui, en fin de compte, doit lui échapper. Cette annonce est donc, selon nous, comme bien d'autres de ce genre, un moyen pour tromper et pour effrayer l'Europe.

Nous recevons aussi des détails intéressants sur les derniers moments du vaillant Iankowski. Le général Berg était déjà sur le point de signer le décret de grâce, commuant la sentence de mort en une déportation à perpétuité aux mines de Sibérie, lorsqu'il apprit qu'en Podlaquie, qu'il se flattait d'avoir pacifiée, ses troupes venaient d'être battues. Pour venger cet échec, il signa l'ordre de faire pendre Iankowski ; vengeance d'un chef moskovite, qui fait expier aux prisonniers les défaites de ses soldats.

Iankowski fut conduit au lieu du supplice avec un jeune homme de dix-huit ans, nommé Schindler, soupçonné d'appartenir à la gendarmerie nationale. Quand Schindler apprit le nom de son compagnon d'infortune, il s'agenouilla, lui baisa la main et lui demanda sa bénédiction, en disant qu'il rendait grâce à Dieu de subir le martyre pour la patrie et la liberté en compagnie d'un chef si justement honoré. La foule, à ce spectacle, éclata en sanglots et en imprécations ; et les bourreaux eux-mêmes, saisis de respect pour les victimes, n'osèrent lui imposer silence. Un roulement de tambours couvrit les derniers adieux des jeunes héros, qui marchèrent à la mort en récitant une prière de délivrance pour leur patrie.

Les arrestations qui ont lieu journellement à Krakovie et en Gallicie, et le redoublement de rigueurs en général prouvent que la Sainte-Alliance conclue sur le partage de la Pologne vient de se resserrer par des liens que le temps et la communauté des intérêts ont rendus plus solides. La *Chwila* est remplie du récit de ces arrestations ; les passe-ports et les laissez-passer ne garantissent plus la population contre les tracasseries incessantes de la police autrichienne. Professeurs, négociants, avocats, fonctionnaires, tous ont fait un séjour plus ou moins prolongé dans les prisons de la ville. On se demande avec étonnement où le gouvernement paternel de l'Autriche veut en venir avec ses persécutions sans motif et sans objet. La nouvelle de l'évasion du prince Adam Sapiéha de la prison de Léopol, le soir du 18 février, a rempli de joie toute la province. Mais combien de milliers de jeunes gens, des meilleures comme des plus humbles familles, gémissent encore dans les cachots d'Olmütz, d'Iglaw et de Kœniggratz ! Assurément l'Autriche tient à réparer tous ses torts envers la Russie, et la seconde de son mieux dans son œuvre d'extermination.

(*Patrie.*)

XVIII.

De Krakovie, 23 février :

Le *Dziennik* de Varsovie, dans son numéro du 19 courant, nous signale les combats suivants, livrés dans le seul palatinat de Radom. Le 1er février, sous Maluszyn, avec le détachement de Denisiewicz ; le même jour, près de Bryzgow, avec un détachement dont le chef n'est pas nommé par le journal ; le 2 février, dans les environs d'Ilza, district d'Opatow, avec le détachement de Gorski ; le 9, près de Zwolen, district de Radom, sans autre désignation ; enfin sous le village de Cencelowka, avec le détachement de Piwnicki, sans date.

Malgré cette énumération, le journal officiel, par une inadvertance singulière, s'efforce de démontrer qu'il n'y a plus d'insurrection en Pologne. Mais alors, peut-on lui demander, pourquoi toutes ces arrestations et ces déportations en masse de Varsovie ? pourquoi tous ces nouveaux règlements, signés de Mourawieff II, et publiés dans les derniers numéros du journal de Vilno ? Le *Dziennik* serait fort embarrassé de répondre.

A ces rencontres nous en avons d'autres très-nombreuses à ajouter : d'abord celle de Koniecpol, où Oxinski, Luttich et Denisiewicz ont remporté, l'année dernière, une victoire signalée. Pour venger leur nouvelle défaite, les Russes ont, selon leur coutume, garrotté les propriétaires des environs et les ont conduits à Czenstochowa. Le 16 février, une lutte acharnée a eu lieu près de Groïec, à cinq lieues de Varsovie, avec un détachement nouvellement formé. Le 17, Rudowski a battu les Russes à Oronsk, leur a fait prisonniers 6 officiers et soixante soldats. Au lieu d'user envers eux de représailles, il leur a fait prêter serment de ne plus porter les armes contre la Pologne, et il les a fait mettre en liberté.

Le général Bosak, après avoir passé en revue ses troupes le 15 février à Chmielniki, détacha sa cavalerie pour inquiéter les colonnes ennemies que les Russes envoyaient pour le cerner. La colonne de Kielcé, qui comptait quatre compagnies d'infanterie, avec une escorte de dragons et de kosaks, fut attaquée cinq fois dans la nuit du 18 au 19 février par le détachement polonais d'Uragan. L'indiscipline se mit dans les rangs moskovites ; les soldats, forcés de passer la nuit suivante sous les armes, malgré un froid intense, accusaient leurs chefs de connivence avec les insurgés, et ceux-ci pour sauver leur vie, ordonnèrent la retraite vers Kielcé. Une autre colonne, harcelée par nos cavaliers entre Oxa et Wloszczowa, eut le même sort que la précédente ; les Polonais se replièrent vers le camp de Bosak par Konieczno.

L'*Invalide russe* du 19 février nous apprend que les insurgés ont fait sauter le chemin de fer de Bromberg à Varsovie sous Wloclawek, pour briser le train qui devait porter le général Wittgenstein, chef militaire du district de Kuiavie. Ce général, jadis accueilli en Pologne avec la plus cordiale hospitalité, se distingue entre tous par son inexorable cruauté ; dans le seul district confié à son administration, il a fait pendre plus de vingt habitants. Le hasard l'a préservé ; un train de marchandises de vingt-six wagons a été précipité hors de la voie : mais aucun voyageur n'a péri. Le même journal disait, il y a quelques jours, dans une correspondance : « *Tout va bien* à Varsovie ; on arrête et on déporte chaque jour davantage ». Ce témoignage est bon à constater de la part d'un journal semi-officiel.

Certains détails sur les atrocités moskovites, rapportées dans la *Chwila* et répétés par le *Morning-Post*, ont provoqué un démenti de la part du *Dziennik*. Rétablissons les faits dans leur réalité, selon nos propres renseignements. Le propriétaire Pulaski, de Lulaza, dans le palatinat de Lublin, presque octogénaire, a été arrêté au mois d'octobre dernier et conduit dans la prison de Bielsk, chef-lieu du district de ce nom. Durant son interrogatoire, il a été fustigé de telle sorte que sa chair tombait en lambeaux, et que le chirurgien du district Zawadzki a été forcé de pratiquer une opération pour prévenir la gangrène. Il fut jeté sur le pavé du cachot, avec soixante-douze autres compagnons d'infortune ; gagné par eux, le sous-officier Petrowitch lui fournit un sac rempli de paille, et sur ce grabat la malheureuse victime expira vers le milieu du mois de novembre. Avant de mourir, il implora l'assistance d'un prêtre ; mais le colonel Boreysza répondit que : « Tel qui vit comme un chien peut bien mourir de même » ; et le prêtre lui fut refusé. Le corps de Pulaski (nom illustre depuis 1768) fut jeté dans un égout et n'en fut retiré que quelques jours plus tard par un soldat russe, qui l'enterra.

Parmi ses compagnons de captivité, je citerai des noms connus et respectés dans le pays, comme ceux de Malinowski, de Malinow ; Sulkowski, régisseur des terres d'Alexandrow ; Pietraszko ; Tyborowski de Tomielow ; Krasowski, propriétaires. Plusieurs sont déjà exilés en Sibérie, Tyborowski entre autres, auquel le même colonel Boreysza a arraché l'aveu d'un crime imaginaire, en le faisant fouetter par les kosaks.

A l'un d'eux, Piankowski d'Osnowka, ce monstre a cassé les dents d'un coup de poing dans le ventre ; un autre, le vénérable Zaleski, propriétaire de Kaleyczycé, en a reçu des coups de pied dans le ventre ; son fils, officier dans l'armée russe, a vainement cherché à en obtenir satisfaction. Il en a fait de même avec l'abbé Parys, de Siedlcé.

Voilà des faits positifs, constatés par une foule de témoignages authentiques ; et nous mettons le *Dziennik* officiel de Varsovie au défi de pouvoir les démentir.

(*Patrie.*)

XIX.

De Krakovie, 26 février :

Des nouvelles troupes moskovites doivent entrer en Pologne. Les officiers russes annoncent que les corps qui s'y trouvent actuellement vont occuper la Pologne autrichienne et prussienne, dans la prévision d'une guerre menaçant ces deux contrées, et que ces corps seront remplacés par des troupes fraîches, venues du fond de l'Asie.

Ces bruits sont confirmés par les conseils de guerre qui se tiennent sans relâche chez le général Berg, avec l'assistance du général Kaufmann, envoyé tout exprès par le ministère de la guerre de Saint-Pétersbourg.

Avant-hier, trois cent cinquante personnes ont été extraites des prisons de Varsovie et déportées en Sibérie; les cellules vides ont été comblées par des arrestations faites la nuit suivante.

La *Gazette de police* d'hier publie un ordre du général Berg, d'après lequel tous les habitants de Varsovie doivent porter jour et nuit *à leur cou* des cartes de laissez-passer, sous peine d'être arrêtés et conduits à la citadelle.

Le *Dziennik* du 22 énumère les combats livrés dans le palatinat de Podlaquie. Le 34 janvier, sous Kopina et Maydan, district de Radzyn, le capitaine Polubinskoï attaqua les détachements réunis de Sienkiewicz et Mioduszynski et engagea une lutte de plusieurs jours avec ces détachements. Les Polonais, très-nombreux, comme l'assure le journal, ont perdu dans ces combats quinze morts et cinq prisonniers; les Russes, malgré l'acharnement de la lutte, *n'ont pas perdu un seul homme!*
Le 7 février, à Lisia-Wolka, district de Siedlcé, les insurgés ont attaqué une colonne russe qui faisait halte dans le village. Le résultat n'est pas indiqué.

Le 9 février, une escarmouche eut lieu près de Mordy, district de Biala, entre un demi-escadron de cavalerie polonaise, conduit par Neumann, et autant de kosaks commandés par Jéremin. Celui-ci, avec un nouveau détachement de kosaks, rencontra le 11 février un autre escadron polonais près de Drupié; six cavaliers polonais, dit le *Dziennik*, ont été démontés.

A la même date, le capitaine russe Siverin attaqua le détachement de Sienkiewicz, près de Wolka-Konopianska, district de Radzyn.

Enfin, le 10 février, un combat, près de Smolanka, district de Lukow, entre un détachement d'infanterie russe, sous les ordres du lieutenant Derewinskoï, et un escadron de cavalerie polonaise, n'a coûté aux patriotes, d'après le *Dziennik*, que deux morts et un prisonnier.

Un ordre du jour du chef national de Varsovie, concernant l'impôt volontaire, a été publié le 22.

A Krakovie, les arrestations continuent. Beaucoup de personnes ont été arrêtées et relâchées jusqu'à dix fois; et, entre autres, nous citerons M. Vladislas Muszynski, docteur en droit.

L'Autriche, lasse de dissimuler, jette enfin le masque, et malgré les molles résistances de M. Schmerling, se déclare ouvertement pour la Russie. On parle d'un traité d'alliance offensive et défensive, dont la date remonterait au séjour du grand-duc Constantin à Vienne. Le *Czas*, dans un de ses derniers numéros, avant sa suspension trimestrielle, celui du 8 décembre, disait ce qui suit :

« Des personnes bien informées nous écrivent de Vienne qu'au mois d'octobre il était facile d'engager l'Autriche dans une action simultanée, effective, en faveur de la Pologne; mais il fallait pour cela, assure-t-on, lui poser un *ultimatum* précis, et lui dire : Nous agirons avec vous ou sans vous pour soutenir l'indépendance polonaise. Cette conviction était partagée par des membres du cabinet viennois, appartenant, comme M. Schmerling, à la minorité libérale. Ce qu'il y a de certain, c'est que l'Autriche ne se laissera plus détourner de la voie qu'elle aura une fois choisie, *celle de l'action*, pour rentrer dans l'ornière usée des hésitations et des correspondances diplomatiques. »

Nous voyons que les choses ont changé du tout au tout depuis cette époque, et nous en avons la preuve dans ce qui se passe aujourd'hui en Gallicie. Les arrestations se multiplient de jour en jour; les prisons de notre malheureuse ville sont remplies de détenus, et on vient d'en ouvrir de nouvelles à côté de l'église de Saint-Pierre. L'état de siége va être proclamé.

Les Russes viennent de mettre en campagne, contre le général Bosak, une vingtaine de compagnies d'infanterie avec des kosaks et des dragons; nous ne tarderons pas à recevoir la nouvelle de quelque rencontre, bien que le général ait résolu de temporiser et d'éviter une affaire décisive. Le colonel Krysinski a passé avec son détachement du palatinat de Lublin en Podlaquie. En Volhynie, la persécution moskovite contre le catholicisme, dirigée surtout contre les paysans ruthènes, que l'on force qui à coups de knout à embrasser le schisme, a surexcité tous les esprits; le peuple s'aperçoit qu'il a été trompé par de fausses promesses, et on peut s'attendre bientôt à un soulèvement.

Plusieurs nouveaux détachements ont paru dans le district de Lomza. Le petit corps commandé par Kazigrodzki a passé la Narew et défait, le 15 février, un parti de kosaks attiré dans une embuscade. Un autre détachement, celui de Nowina, s'étant formé dans le district de Kalwarya, ne cesse d'enlever les sentinelles et les avant-postes russes. Un troisième agit dans le district de Seyny. Ces derniers jours, Topor a battu, près d'Opatow, quatre compagnies d'infanterie et une escorte de cavaliers. Le colonel Jules de la Croix, commandant le 5ᵉ détachement dans le palatinat de Plock, a dégagé sur ce point la frontière prussienne et puni de nombreux méfaits commis par les Moskovites; deux morts et trois blessés sont la seule perte éprouvée durant cette expédition.

Voilà des indices certains que la lutte reprend

avec vigueur sur tout le territoire polonais, et qu'il ne faudrait que des armes en nombre suffisant pour assurer la victoire à la cause de la justice et de la civilisation.

(*Patrie.*)

XX.

On nous communique une fort touchante lettre d'un correspondant chargé par le comité franco-polonais, que préside le duc d'Harcourt, de faire la collecte dans les villages de la Meurthe. Cette lettre, écrite avec toute la simplicité d'un sentiment profond et vrai, prouve quelles sont les dispositions des populations rurales françaises à l'égard de la Pologne. C'est une bonne fortune pour nous d'avoir pu le constater d'une manière aussi évidente; voici cette lettre :

Bayonville (Meurthe, canton de Thiaucourt.)

Monsieur,

Curieux de voir l'effet que produiraient les listes de souscription en faveur de nos bien-aimés frères les Polonais, j'ai pris le parti de parcourir moi-même chaque village et de déposer les listes aux mairies de chaque commune.

Hier, j'ai commencé par la vallée du Rupt de Mad, comprenant les villages de Jaulny, Rambercourt, Wandelainville, Bayonville et Arnaville.

Partout la sympathie est générale, principalement chez les femmes.

Ces villages comprennent la partie vignoble du canton de Thiaucourt ; les habitants sont loin d'y être à leur aise ; peu importe, leur bon cœur est pour moi d'un plus grand prix que les sacrifices d'argent qu'ils pourront faire.

Mais si elle est la plus pauvre du canton, cette partie est la plus accessible aux sentiments de reconnaissance et de fraternité.

Dans un groupe qui m'entourait, un bon paysan disait :

« Ah! messieurs, n'oublions pas ces braves Polonais; sans eux, en 1831, ces *pandours*-là seraient venus nous visiter encore une fois, fricasser nos bandes de lard, nos saucisses, nos jambons, nos poules, oies et canards; et pour payement, nous aurions reçu une régalade de coups de knout sur le dos ! »

Mais ce qui m'a le plus ému, c'est le récit d'une bonne femme âgée de près de 75 ans, la veuve Barbé, née Person, d'Arnaville, native de Thiaucourt. Le voici :

« Mon frère était attaché, en qualité de maréchal-ferrant vétérinaire, à un régiment de cavalerie polonaise; je crois que c'était le régiment de Barcz. Après être descendu de cheval à quelques pas du prince Poniatowski, il s'est jeté à la rivière en même temps que le prince et l'a vu périr; mais comme mon frère était bon nageur, il a pu parvenir à l'autre rive et s'en est tiré avec grand'peine, en escaladant la digue qui s'opposait à sa sortie. S'il n'avait trouvé une goutte d'eau-de-vie achetée pour 30 sous, il serait mort de fatigue et d'épuisement.

« Revenu au pays, mon frère pleurait journellement la mort de ce prince, qu'il chérissait; il lui semblait toujours le voir se lancer avec son cheval dans la rivière.

« Mon mari avait acheté plusieurs images représentant les adieux du prince à sa famille, et le jour fatal de sa mort. Les cadres étaient accrochés au mur de notre chambre ; chaque fois que mon frère venait nous voir, il se passait une scène douloureuse; il fondait en larmes devant l'image du prince, refusant de boire et de manger, répétant sans cesse : « J'étais là, j'ai tout vu ! »

« A son lit de mort, il nous a fait promettre de ne jamais oublier la Pologne et de la secourir en toute circonstance, par reconnaissance de son dévouement pour notre cause. »

Comme j'avais sur moi la liste des souscripteurs de Thiaucourt, j'y jetai un coup d'œil et fis voir à la bonne veuve que le fils de son frère, le sieur Henri Person, serrurier, le sieur Barbé, maréchal-ferrant, ancien artilleur, son neveu, et la veuve Renaudin, née Person, sa sœur, avaient tous souscrit.

« A la bonne heure, me dit-elle, sans quoi je les aurais maudits. »

Dans un autre groupe, je racontai les malheurs de la Pologne, donnant une idée des moyens qu'emploient les kosaks pour faire périr les femmes, enfants et vieillards, et par là dépeupler la terre polonaise de tous ses habitants. Un vieux grognard, la pipe à la bouche, m'interrompit en me disant :

« Rayez ce mot *périr* de vos tablettes. Quand on meurt pour sa religion, pour sa patrie, on ne *périt* pas, on s'*immortalise !!* »

Devant une réflexion aussi juste, aussi magnanime, je n'ai pu que m'incliner.

La semaine prochaine, je continuerai à parcourir les autres villages du canton, et j'ai tout lieu de croire que ceux de la Moselle et de la Meuse, limitrophes aux nôtres, vont nous imiter.

Agréez, etc.

Pirolle, anc. notaire.

27 février 1864.

(*Patrie.*)

XXI.

De Krakovie, 28 février :

Dans l'*Abeille du Nord*, du 23 février, nous lisons la phrase suivante, que nous traduisons mot à mot : « *Chez nous*, à Varsovie, tout va pour le mieux ; chaque jour nous arrêtons davantage, nous faisons de nouvelles découvertes ; mais dans les environs de notre ville, les bandes des insurgés *se montrent chaque jour en plus grand nombre.* » Cet aveu du correspondant de l'*Abeille* contraste singulièrement avec l'ordre du général Berg, donné à tous les journaux, de publier qu'il n'y a plus d'insurgés en Pologne, excepté quelques petites bandes vagabondes dans le palatinat de Radom. En m'appuyant sur une attestation aussi formelle du journal russe, je puis vous donner quelques nouveaux détails qui serviront à l'expliquer.

Les détachements polonais des palatinats de Mazovie, de Plock et d'Augustowo ont été à dessein disséminés par leurs chefs dans les petites villes et villages à l'approche des froids rigoureux de décembre; mais le gouvernement national ayant ordonné de recomposer ces détachements pour le 1er février, afin d'en former le 3e corps de l'armée insurrectionnelle, tous les soldats qui se trouvaient à leurs quartiers ont été appelés sous les armes; voilà la cause de l'apparition spontanée de ce grand nombre de bandes insurgées dans les environs de la capitale. Le *Dziennik* russe signale le détachement de Paul Gonsowski dans le district de Varsovie, celui de Slupski dans le district de Lenczyça, celui de Szokalski dans le district de Wloclawek. Nous savons de bonne source que d'autres détachements paraîtront sous peu dans le même palatinat.

Le détachement de Gonsowski a débuté par un combat heureux, le 16 février, près des villages Lipié et Muszary, à huit lieues de Varsovie. Le rapport du commandant russe major Zankisoff, inséré dans l'*Invalide* du 24 février, démontre jusqu'à quel point peut arriver l'arrogance des chefs moskovites en Pologne. Il commence par dire que la bande comptait près de cent fantassins; en terminant, il en tue ou blesse grièvement cent dix, et trouve encore moyen de faire cinq prisonniers. En revanche, le valeureux major Zankisoff évalue sa perte dans cette affaire à *un sous-officier kosak!*

D'après des nouvelles plus véridiques, le combat a été très-meurtrier ; les *Enfants de Varsovie* (c'est le nom du détachement de Gonsowski, composé pour la plupart de Varsoviens) ont lutté contre des forces triples, appuyées par des troupes venues de Zwolen au secours des Moskovites; des deux côtés il y eut près de cent vingt morts ou blessés. Après ce combat, les Polonais ont rejoint le détachement du district de Czersk, commandé par Michalski, et les Russes, se voyant devant un adversaire presque égal en nombre, se sont repliés sur Varsovie.

Les troupes insurgées du palatinat d'Augustowo ont également quitté leurs quartiers d'hiver et ont repris leurs positions. Kulwicz et Nowina commandent dans ces contrées ; le premier dans le district de Kalwarya, le second dans celui de Lomza, où il vient de détruire un escadron de kosaks dans la forêt de Lonczyk.

Je vous ai fait part, il y a quelques jours, des engagements qui ont eu lieu dans les palatinats de Kalisz, de Krakovie, de Sandomir et de Lublin ; ils attestent que l'insurrection est loin de se ralentir, et que le printemps nous trouvera avec des forces bien plus considérables qu'elles n'étaient vers la fin de l'année 1863. Pour ce qui se passe à Varsovie même, je ne puis me dispenser de vous rapporter le nouveau mode d'exaction imaginé par le général Berg, et dont le *Dziennik* nous donne les détails. Nous y lisons jour par jour que quarante ou soixante propriétaires et habitants de toute condition ont payé des amendes pour la non-fermeture des portes cochères, pour manque d'ordre dans la cour des maisons et autres délits semblables.

L'*Invalide* du 24 mai traduit textuellement le n° 31 des *Ordres du jour du chef national de la ville*, publié il y a quelques jours, et concernant l'impôt volontaire. Les *Ordonnances de la police nationale* du 23 donnent un démenti formel aux indignes calomnies insérées dans le *Dziennik* contre l'héroïque Iankowski, que l'on aurait dû se contenter de faire pendre, sans chercher à flétrir sa mémoire. A l'instant même nous recevons le n° 2 de l'*Écho de la Lithuanie*, contenant la relation des combats livrés jusqu'au 15 février dans cette partie de la Pologne.

(*Patrie*.)

XXII.

De Krakovie, 29 février :

Je vous ai donné, il y a quelques jours, des nouvelles précises sur la saisie des papiers trouvés chez Boguslawski, que les Russes, pour attribuer plus d'importance à leur découverte, ont fait passer pour le chef national de la ville. Après une enquête à laquelle le général Berg lui-même a présidé, ils ont dû renoncer à leur première supposition, et la plupart des personnes arrêtées ont été relâchées, à l'exception de la famille Boguslawski et de quelques autres, qui seront punis à tout hasard, pour prouver par le châtiment qu'ils étaient coupables.

Le *Dziennik* russe d'avant-hier nous annonce une seconde arrestation du chef de la ville, opérée le 21 ; mais ce journal se dément lui-même, en ajoutant que c'est peut-être *un des inspecteurs* de la police. Cette fois, comme par le passé, je puis vous assurer que le chef de la ville n'a pas cessé de fonctionner; il doit, dans un prochain ordre du jour, signaler cette nouvelle bévue ou ce nouveau mensonge des autorités moskovites. Leur grande découverte, selon l'expression du journal officiel, prouve que les Russes n'ont pas la moindre notion de l'organisation nationale ; le chef de la ville de Varsovie, comme premier fonctionnaire administratif de la capitale, n'a aucun lien immédiat avec la police nationale, formant un bureau tout spécial, et dans laquelle il n'existe point d'inspecteurs.

Le général Berg en sera donc encore une fois pour ses frais d'arrestations et de supplices. D'ailleurs, le correspondant des *Nouvelles de Saint-Pétersbourg*, qui paraît être parfaitement renseigné, écrit ce qui suit à la date du 22 février : « Je vous mandais hier que nous avions fait une découverte de la plus haute importance ; savoir, la révision opérée la nuit dernière dans l'hôpital des Enfants-

Trouvés, la saisie des papiers cachés dans un tonneau vide chez le pharmacien de l'établissement, et enfin l'arrestation de ce pharmacien; il s'appelle Stanislas Stronski; et d'après la teneur des papiers confiés à sa garde, ce doit être le chef d'une des sections [1] de la ville rebelle, etc. »

Voilà donc à quoi se réduisent les perquisitions poursuivies avec tant de ténacité par nos hôtes étrangers; ils s'en prennent à de pauvres comédiens sans emploi ou même à des pharmaciens pour en faire des chefs de l'organisation nationale, et ils permettent à leurs journaux de signaler aussitôt leur méprise et de détromper le public sur l'importance de leurs découvertes.

Le même numéro des *Nouvelles de Saint-Pétersbourg* nous apprend que dans le seul gouvernement de Kïow on a arrêté, depuis le commencement de l'insurrection, 4,386 personnes, de tout âge et de tout sexe, dont trois seulement ont été mises en liberté. Il est inutile de dire ce que sont devenues les 4,383 autres.

Selon l'*Invalide* du 26 février, on a fait une importante capture dans le village d'Ochota, commune de Czyste, aux environs de Varsovie. Le paysan Ponda, conduit à la citadelle, a fait des aveux complets : il était percepteur de l'impôt national dans sa commune. On voit par cette nouvelle que les paysans, auxquels le gouvernement national a donné les terres cultivées par eux en toute propriété, prennent une part de plus en plus active à l'insurrection.

(*Patrie.*)

XXIII.

De Krakovie, 7 mars :

Le *National-Zeitung* de Berlin contient une correspondance de Saint-Pétersbourg du 2 mars, où nous lisons : « On s'attend à Varsovie au retour très-prochain du grand-duc Constantin, qui va reprendre, dit-on, ses anciens travaux au conseil d'État. Son retour apportera quelques changements dans les hautes régions administratives. »

Le même journal annonce de Varsovie que le 28 février un nouveau convoi de 300 déportés a été expédié pour la Sibérie. La nuit suivante, on a fait de nombreuses arrestations. Après la prise d'Opatow, dit encore le *National-Zeitung*, la division krakovienne du 2ᵉ corps d'armée polonais a combattu le 22 février sous Piaski, près de Staszow, et le 27 devant Sandomir.

On s'attend à Varsovie à l'arrivée de nouvelles troupes venant du fond de la Russie; l'état-major des corps stationnant en Pologne a été transporté vers la frontière occidentale, à Kalisz. Dans les *Nouvelles de Moskou,* du 27 février, nous lisons ce qui suit :

« On écrit de Varsovie à l'*Invalide russe* que le chef secret de la ville ne cesse pas de fonctionner; le 24, notre police a arrêté dans les rues un jeune homme porteur d'un billet signé du chef de la ville; et un ordre du jour, émanant de la même source, récemment paru, ne laisse plus aucun doute à ce sujet. » C'est ainsi que se trouve démentie la nouvelle donnée par le *Dziennik*, organe officiel du général Berg.

Il en est de même de la nouvelle donnée par l'*Invalide* de l'arrestation d'un gendarme national, sur lequel on aurait trouvé un poignard et des papiers compromettants. C'est le correspondant des *Nouvelles de Saint-Pétersbourg* qui s'est chargé de la rectifier, en écrivant, à la date du 20 février : « M. L. Ol... (le correspondant de l'*Invalide*), en annonçant cette nouvelle dans le n° 34 du journal, a été mal renseigné. Je vais rétablir les faits sous leur véritable jour.

« Il est vrai que sur l'individu arrêté on a saisi un couteau; mais de même que lui, *tous nos agents de police sont munis de poignards*. D'ailleurs, cet individu nous a déjà rendu de nombreux services et n'a été momentanément retenu que sur une fausse dénonciation. »

C'est ainsi que tout l'échafaudage des mensonges publiés contre le gouvernement national s'écroule sans laisser de traces. Dans ce seul fait nous avons l'explication des nombreux meurtres commis dans les rues de Varsovie, et que l'on se plaisait à mettre sur le compte des gendarmes nationaux, bien que l'institution de cette gendarmerie fût abolie depuis plusieurs mois déjà par notre gouvernement. Des condamnations à mort ont été prononcées contre des malfaiteurs reconnus; mais quoique nous ayons toujours protesté contre les assassinats commis dans les rues de Varsovie à l'insu de nos autorités, nous n'étions pas en mesure de prouver que la plupart de ces crimes étaient du fait de la police moskovite. Cette preuve, le journal de Saint-Pétersbourg vient de la fournir. Et pourtant, combien d'innocents ont péri sur l'échafaud, pour faire croire à l'opinion publique en Europe à l'existence d'un tribunal révolutionnaire, d'une *wehme* organisée et fonctionnant au sein du gouvernement polonais! C'est toujours la fable *le Loup et l'Agneau*.

Voici une dernière citation du *Journal de la guerre dans le royaume de Pologne,* publié tous les quinze jours à Varsovie, et reproduit cette fois par les *Nouvelles de Moskou* du 1ᵉʳ mars. Nous y lisons que pendant les premiers quinze jours de février les Russes ont livré seize combats aux insurgés dans une seule portion du pays. Les *bandes rebelles* étaient commandées par Rembaïlo, Dombrowski, Wagner, Bellart, Denisiewicz, Wysocki, Turski, Piwnicki, Gorski et autres.

Je ne vous donne pas en détail les récits russes de ces combats, se terminant tous de même, par la dispersion des bandes insurgées et par la perte

---

[1]. Varsovie était en effet partagée en cinq sections, commandées chacune par un chef relevant du gouvernement national.

d'*un kosak*. Mais par le nombre de ces rencontres et par celui des détachements polonais, vous pouvez juger de l'extension que prend l'insurrection avec l'approche du printemps.

En terminant, je vous ferai part d'une nouvelle très-affligeante venue du fond de la Russie. Vous savez que la plupart des déportés sont conduits à pied depuis Nijni-Nowgorod, où finit le chemin de fer, les bras chargés de chaînes, à travers les neiges qui couvrent ces contrées une bonne moitié de l'année. Il en résulte qu'ils tombent presque tous malades en chemin, et faute de médecins, requis pour le service de l'armée, ils meurent. C'est ainsi que viennent de périr, à Orenbourg, le comte Michel Wielhorski, à Tamen, Auguste Szadurski, tous deux riches propriétaires en Livonie, cette province déjà éprouvée par tant de pillages et de massacres.

(*Patrie*.)

XXIV

De Krakovie, 7 mars :

Nous recevons le rapport détaillé de l'attaque d'Opatow commandée par Topor, qui avait sous ses ordres plusieurs détachements du corps d'insurgés du général Bosak. Les Russes avaient cinq compagnies d'infanterie, un demi-escadron de dragons et une sotnia de kosaks ; nous comptions 350 hommes du détachement de Rembaïlo, major Iagielski ; 200 hommes du détachement de Liwocza, capitaine Bandurowski ; 180 de celui de Bogdan, capitaine Walter ; 160 de Rosenbach, major D*** ; 117 de Denisiewicz, capitaine Karweçki, et 40 cavaliers : en tout 1,037 combattants.

A quatre heures de l'après-midi, le détachement de Denisiewicz parut du côté d'Ostrowieç. Tandis que vingt fantassins occupaient le couvent des bernardins, à l'extrémité de la ville, le reste du détachement se répandit en tirailleurs dans les maisons à gauche de la route, et fusillait les Russes courant en désordre vers l'hôpital militaire. Leurs compagnies arrivaient en toute hâte vers le point menacé, lorsque le gros de nos forces déboucha du côté d'Iwaniska, à l'opposé de la ville. Un engagement de tirailleurs s'ensuivit.

Le capitaine Lubin, à la tête d'une des compagnies en marche, refoula les tirailleurs russes dans le cimetière israélite, couvert d'un fossé. La porte ayant été enlevée par le capitaine Bandurowski, les Moskovites se retirèrent en escaladant les murs, dans le cimetière de l'église paroissiale, où se trouvait la majeure partie de la garnison. Pour les en expulser, les nôtres mirent le feu à la cure et aux maisons attenantes, autour desquelles s'engagea une lutte corps à corps. Tous ceux qui essayaient d'en sortir tombaient sous nos balles, ou se trouvaient repoussés vers le cimetière israélite, déjà occupé par Lubin. Cependant le capitaine Karweçki avait pris d'assaut l'hôpital ; les Russes se réfugièrent dans les bâtiments et les décombres à droite de la rue Powiatowa. Chassés de cette position par le lieutenant Gorski, ils occupèrent l'autre côté de la rue et le magasin militaire qui fait le coin. Une autre compagnie, conduite par le lieutenant Lauszke, parvint à les en déloger, et les refoula vers le centre de la ville. On trouva dans le magasin 250 fusils, près de 40 mille cartouches, des habits, des fourrures et des provisions de toute sorte.

Tandis que l'attaque du côté d'Ostrowieç avait réussi, du côté opposé, à Iwaniska, le major Iagielski enlevait d'assaut le cimetière catholique. Le capitaine Ziembowicz y pénétra la baïonnette en avant, et força les Russes de se réfugier, par les deux poternes latérales, dans les bâtiments de la chaussée de Sandomir, formant le côté gauche de la rue principale d'Opatow. Un feu nourri de part et d'autre dura pendant quelque temps ; le major Iagielski, voyant qu'il perdait du monde sans pouvoir atteindre l'ennemi, résolut de s'emparer des maisons. A la suite d'une nouvelle attaque à la baïonnette, les Russes, en quittant les maisons, qui commençaient à brûler, se replièrent vers le marché, et mirent en défense toutes les rues qu'ils traversaient. Les insurgés les suivaient pied à pied, et emportaient à la baïonnette une maison après l'autre. Les Russes reculant toujours, occupèrent la mairie, la maison du district et la caserne des gendarmes, situées au centre de la ville. Le major Iagielski et le capitaine Bandurowski y arrivèrent en même temps que les Moskovites.

Cependant les restes de la compagnie chassée de l'hôpital s'étaient retranchés avec le demi-escadron de dragons, combattant à pied, dans les maisons dominant le fossé qui conduit à la ville ; là, le capitaine Karweçki, ayant perdu le lieutenant Lauszke, deux sous-officiers et cinq soldats, dut changer de route ; il rejoignit la première compagnie du capitaine Gorski, et ayant tourné la position des dragons par la porte principale de la ville, il les rejeta sur le marché, où ils furent détruits par les détachements polonais.

Cette manœuvre habile fait le plus grand honneur au sang-froid et à l'intrépidité de Karweçki. Sur ces entrefaites, arriva la nouvelle que trois compagnies moskovites venaient de Sandomir au secours de la garnison ; le colonel Topor, saisissant un fusil, ordonna une dernière attaque sur la maison du district et la caserne. Après une lutte acharnée, ne pouvant venir à bout de ces deux points fortifiés, et voyant les pertes éprouvées des deux parts, il donna l'ordre de la retraite, qui commença vers minuit. Les détachements furent dirigés vers Ialowenzy et vers Oziemblow ; la réserve, commandée par les capitaines Walter et Rosenbach, se rendit simultanément à Lagow.

Nos pertes sont de 100 tués et autant de blessés ; parmi les premiers, les lieutenants Gorski, Lauszke, Batory, ce dernier signalé par une valeur au-dessus de tout éloge, et l'aumônier polonais Przybylowski ; parmi les blessés, le major Iagielski, les capitaines Eminowicz, Karlsbad et Bezdzieda. On a compté dans les maisons et les rues emportées d'assaut jusqu'à 200 cadavres moskovites.

Le nom de famille du colonel Topor, fait prisonnier et pendu le 27 suivant, par le général russe Bellegarde, sur le marché d'Opatow, est Louis Zwierzdowski. C'était un officier du plus grand mérite, ancien capitaine de l'état-major général de l'armée russe. Sa perte sera vivement sentie par toute la Pologne.

(Patrie.)

XXV.

De Krakovie, 14 mars :

La conséquence inévitable de l'état de siége en Gallicie, mesure de provocation et non de prudence, commence à s'accomplir. Des troubles ont eu lieu à Bochnia et à Nowytarg, où les paysans se sont refusés à l'enrôlement. Ce ne sont encore que des indices; mais la tranquillité de notre province dépendra surtout de la conduite des autorités militaires, aujourd'hui les seuls représentants du pouvoir. Si à la suite des ordonnances de M. Mensdorff-Pouilly et de leur exécution, le sang coule en Gallicie, le gouvernement autrichien ne pourra s'en prendre qu'à lui-même. Déjà on nous signale plusieurs abus de la force, qui ne présagent rien de bon pour l'avenir. Le 5 mars, trois internés étaient transportés par le chemin de fer sous l'escorte de soldats autrichiens. Arrivés à la salle d'attente de la station de Przemysl, après un voyage de nuit, ils voulurent déjeuner; mais le soldat de garde s'y opposa.

« Les insurgés polonais, dit-il, n'ont qu'à mourir de faim ! » Puis il se mit à les insulter de la façon la plus grossière. Un officier survint; s'étant enquis de la cause de la dispute, il renchérit les sur injures du soldat, et leur jeta une de ces invectives allemandes (*Hundepolen*) qui ne se laissent traduire dans aucune langue. Un des internés demanda satisfaction; mais l'officier, de plus en plus irrité, les fit enchaîner et les condamna à recevoir chacun soixante-quinze coups de bâton. Sur la déclaration du médecin militaire qu'aucun d'eux ne serait en état de supporter un pareil châtiment, vingt-cinq coups furent appliqués sur place à chacun des trois insurgés.

Ce traitement barbare donne une idée de ce qui se passe dans les prisons d'Olmütz et d'Iglaw. On permet, il est vrai, aux plus aisés, de demander des passe-ports pour l'étranger; mais que deviendront les plus pauvres, ceux qui, ayant quitté famille et foyer domestique dans le royaume, n'ont emporté pour toute richesse qu'un fusil pour aller combattre l'invasion ? La pire destinée qui puisse leur échoir, ce serait d'être livrés aux mains des Moskovites ; ce serait un supplice plus affreux que la mort. Deux cent cinquante d'entre eux nous écrivent pour nous demander d'intervenir en leur faveur auprès de l'opinion publique. Nous appelons, à ce sujet, l'attention sur la lettre d'un interné d'Iglaw, insérée dans le dernier numéro de la *Pologne*, celui du 13 mars. Est-ce que les gouvernements de l'Europe ne feront rien pour ces pauvres victimes? Est-ce qu'ils les abandonneront aux mauvais traitements de leurs geôliers, qui semblent avoir pris à tâche d'en diminuer le nombre à force de tourments et de privations?

Nous sollicitons donc pour eux la même faveur que celle qui est accordée aux plus fortunés, de pouvoir passer à l'étranger, où ils trouveront au moins asile et protection.

(Patrie.)

XXVI.

LA POLITIQUE DE L'AUTRICHE

EN GALLICIE.

Le manifeste impérial du 24 février proclamant l'état de siége en Gallicie, et l'ordonnance rendue le 27 février à Léopol, et publiée le 1er mars par le comte Mensdorff-Pouilly, sont la révélation d'une phase nouvelle de la politique autrichienne, désormais associée à celle de la Russie dans la question polonaise. L'Autriche constitutionnelle se rend ainsi solidaire des actes de violence du tzarisme, et devient l'objet de la suspicion et de l'inimitié de l'Europe libérale. Cette reculade, dont l'effet immédiat sera d'évoquer les orages qu'elle prétend conjurer, ne se laisse justifier par aucune considération sérieuse. Pour le prouver, nous n'avons qu'à rappeler les événements accomplis depuis le mois de janvier 1863.

Dès le début de l'insurrection, la Russie, pressentant qu'elle ne pourrait seule, ni même avec l'assistance de la Prusse, écraser le soulèvement polonais, fit tout son possible pour entraîner l'Autriche à lui prêter son concours. Ne pouvant obtenir, dans les premiers mois, l'appui du cabinet de Vienne, engagé avec la France et l'Angleterre dans la campagne stérile des notes diplomatiques, la Russie envoya, dès le mois de mai, trois de ses plus habiles émissaires, Mouchanoff, Anienkoff et Richter, pour organiser en Gallicie une police secrète, dans le but de provoquer les habitants à des actes hostiles envers l'Autriche, et, par suite, contraindre celle-ci à faire cause commune avec elle. Les menées de ces agents restèrent sans résultat, grâce à la sagesse du gouvernement national, qui, dans son premier manifeste, avait condamné toute agression contre l'Autriche. Ayant échoué dans ses efforts sur la population gallicienne, la police russe se tourna du côté des employés autrichiens, et cette fois elle réussit complétement.

Dès lors commença cette campagne de persécutions et d'abus de pouvoir dont nous avons donné le récit dans notre correspondance de Krakovie, à partir du mois de juin. Chose remarquable, l'influence morale du gouvernement national était déjà si grande, son autorité si respectée, que, malgré les violences du pouvoir local, pas un seul fait de résistance n'eut lieu dans toute l'étendue de la Gallicie. Mais après les insolentes réponses du prince Gortschakoff et l'abandon de l'intervention diplomatique par l'Angleterre, le cabinet viennois, se croyant dégagé de ses obligations envers l'Occident, et craignant de s'attirer le ressentiment de la Russie, voulut se faire pardonner par un redoublement de zèle.

Dès le mois de septembre, une entente cordiale existait entre les autorités autrichiennes et les agents russes établis en Gallicie, entre les états-majors autrichiens et les chefs des corps moskovites avoisinant la frontière. Leurs efforts combinés faisaient avorter toutes les expéditions tentées sur ce point par les Polonais. Un détachement d'insurgés se formait-il au prix des plus grands sacrifices, on n'avait garde d'empêcher sa formation, mais on fournissait les renseignements nécessaires aux chefs ennemis; on laissait dans les troupes garnissant la frontière un vide qui se refermait aussitôt après le passage du détachement. Ces souricières, organisées avec habileté, furent la cause des désastres continuels des détachements polonais débouchant de Gallicie, et remplirent en peu de temps les prisons d'Olmütz, d'Iglaw et de Josephstadt. La Prusse même ne peut se vanter d'avoir rendu de pareils services à son alliée moskovite.

Le voyage du grand-duc Constantin à Vienne mit fin à toutes les hésitations, et amena une entente complète entre les deux cours. Les adhérents de la politique russe, plus nombreux et plus influents, prévalurent au sein du cabinet sur la fraction libérale, qui menaça un instant de s'en séparer. Les conseils des ministres s'occupèrent du meilleur moyen d'écraser le mouvement polonais. La mise en état de siége de la Gallicie fut décidée; mais la voix du ministre des finances, la présence du Reichsrath, la crainte du discrédit et des interpellations, et, plus encore que tout cela, l'indignation soulevée en Europe par la conduite barbare de la Russie, firent ajourner cette mesure extrême. On résolut d'user de toutes les rigueurs exceptionnelles, d'appliquer l'état de siége de fait, sans en prononcer le nom. La Gallicie fut livrée à l'arbitraire des employés, stimulés par la double perspective d'un avancement et d'une prime largement payée par les agents moskovites. Cependant les Polonais persistaient dans la ligne de modération qu'ils s'étaient tracée, et, comme à Varsovie durant l'année 1862, ils restèrent constamment sourds à toutes les provocations.

Tandis que des milliers de victimes encombraient les prisons, les places vides dans les rangs des insurgés étaient aussitôt remplies.

Exaspéré par cet admirable esprit de sacrifice, le gouverneur général comte Mensdorff-Pouilly, enguirlandé par la Russie lors de son ambassade à Saint-Pétersbourg, et partisan déclaré du tzarisme, ne cessait d'implorer l'état de siége, comme le seul moyen d'amener une solution conforme à ses vœux.

Le 24 décembre, sa proposition fut reportée au conseil des ministres; mais l'emprunt des 40 millions n'ayant pas encore été voté, on ne pouvait congédier le Reichsrath, d'autant moins que la motion Zyblikiewicz sur les actes du gouvernement en Gallicie avait fait infliger un blâme unanime au ministère, par la commission chargée de l'examiner. On sait que le Reichsrath fut inopinément prorogé le lendemain du vote de l'emprunt, de façon que la motion ne put être discutée. Délivré du contrôle important du Reichsrath, le ministère se mit à préparer l'opinion publique à de nouvelles rigueurs en Gallicie, en dénaturant les faits dans les journaux; on y parlait sans cesse du terrorisme établi par le gouvernement national, de conspiration, de révolte imminente. L'arrivée de M. de Manteuffel mit le comble à cette panique officielle et fit déborder la coupe. L'empereur, excité par l'envoyé prussien, par le ministre de Russie Knorring et le parti réactionnaire, décréta l'état de siége le 22 février; le manifeste fut rédigé le 23 et signé le 24. On voulait qu'il tombât comme la foudre, sans donner à l'opinion publique le temps de se reconnaître; on résolut toutefois de garder le secret pendant quelques jours pour prendre toutes les dispositions nécessaires, avant que la nouvelle ne transpirât à l'étranger et dans le pays. La veille même de la proclamation, on faisait dire aux feuilles ministérielles que personne ne songeait à troubler l'ordre légal dans les provinces polonaises.

Le 1er mars, l'Autriche jetait enfin le masque : les télégrammes de Léopol annonçaient à l'Europe que l'état de siége avait été proclamé en Gallicie. Les ordonnances du gouverneur général, maître absolu de la vie et de la liberté des citoyens, se suivent chaque jour, ne cessant d'aggraver la situation; elles sont d'une rigueur inusitée, même sous le régime exceptionnel de l'état de siége. Il suffira de dire que la proclamation du 1er mars implique un effet rétroactif, que par un de ses paragraphes elle donne aux autorités militaires le droit d'emprisonner qui bon leur semble, pendant toute une année, sans le moindre indice de culpabilité et par une simple mesure de précaution.

Cet événement, on ne peut se le dissimuler, est pour l'insurrection polonaise le coup le plus terrible qui lui ait été porté. Il ne fera pas fléchir le courage des patriotes, mais il rendra leur tâche d'une difficulté incontestable. Ce n'est pas une mesure intérieure, mais une *mesure politique,* d'après l'aveu du *Wanderer,* qui développe cette thèse dans son article du 1er mars; le nom seul du comte Mensdorff-Pouilly suffirait pour lui imprimer son véritable caractère, celui d'une déclaration de guerre à l'élément polonais en Gallicie.

Le gouvernement national relèvera-t-il le gant qui lui est jeté par l'Autriche, devenue complice de la Russie? Nous l'ignorons; toutefois, nous n'en serions pas étonné. S'il n'a pas cherché à faire la guerre à deux ennemis à la fois, il ne saurait renoncer à l'obligation de se défendre contre une agression qu'il n'a pas provoquée.

Dans tous les cas, cette mesure inconstitutionnelle ne peut manquer de créer de nouveaux embarras à l'Autriche elle-même, dont une moitié est déjà privée du bénéfice de la loi, l'autre moitié traitée en pays conquis, l'état de siége existant en Hongrie, en Vénétie, dans une partie de Tyrol, et venant d'être inauguré sous l'influence moskovite dans celle de ses provinces dont la possession lui semblait jusqu'à présent la plus invariablement assurée.

(*Patrie.*)

XXVII.

La comtesse Sophie Wodziçka, une des dames de Krakovie les plus honorées pour leur dévouement, vient d'être arrêtée le 26 mars, à neuf heures du soir, par la police autrichienne. Après une perquisition domiciliaire accomplie avec toute la brutalité possible, et restée sans aucun résultat, elle a été mise au secret, c'est-à-dire placée dans l'impossibilité de se défendre et de recevoir les visites de ses parents. Et pourtant la comtesse Wodziçka compte plus d'une illustre alliance avec la cour de Vienne; son frère, le comte Rzyszczewski, marié avec la comtesse Stadion-Tannhausen, est attaché comme chambellan à la personne de l'archiduc François-Joseph, oncle de l'empereur, et une de ses cousines germaines est mariée au prince de Lichtenstein.

Sous égard pour son rang, sa santé affaiblie et ses relations, elle a été traitée en *rebelle*. On s'évertue en vain pour pénétrer les motifs de son arrestation, à moins que son titre de dame patronesse des hôpitaux de Krakovie, titre précédemment admis par les autorités locales, ne soit devenu, sous le régime de l'état de siége, le principal chef de sa culpabilité.

Le même jour et à la même heure, a été incarcérée madame Ostrowska, réfugiée du royaume, et qui, depuis plus d'une année, avait trouvé un asile à Krakovie. Ses quatre enfants, tous mineurs, ont été conduits et enfermés dans la citadelle. C'est par de tels actes que le gouvernement autrichien fait face à ses embarras intérieurs, et croit pouvoir se sauver de la révolution par l'ignominie, en faisant la guerre aux femmes.

(*Patrie.*)

XXVIII.

Le comte Mensdorff-Pouilly, le chef déclaré du parti russe en Autriche, ne se contente pas de l'état de siége en Gallicie; il veut faire peser sur cette province le régime que Berg et Mourawieff ont inauguré en Pologne. Après mesdames François Wodziçka et Ignace Ostrowska, mises au secret pour crime de charité, est venu le tour de madame Zakaszewska et de mademoiselle Wielowieiska, incarcérées pour le même crime. La visite même de leurs parents leur est absolument interdite; et pourtant l'une d'elles, la comtesse Wodziçka, est gravement malade.

Des cours martiales siégent sans cesse dans les deux villes, et chaque jour des femmes sont condamnées à recevoir de dix à trente-cinq coups de fouet. Si l'on doutait de l'authenticité de cette ignominie, publiquement infligée à des femmes, nous renverrions aux journaux autrichiens, et surtout à la *Gazette de Vienne*, qui enregistre dans chaque numéro, avec désignation des noms, plusieurs condamnations de ce genre; nous citerons entre autres Julie Chrostowska et Catherine Samborska, de Léopol.

Ajoutons que, pendant l'arrestation de madame Ostrowska et la visite domiciliaire qui l'a précédée, les sbires de M. Merkl, gouverneur civil de Krakovie, ont fait main basse sur toutes les valeurs en argent et en objets précieux qu'ils ont trouvées chez elle, et qui représentaient presque toute sa fortune. De plus, malgré les dénégations des télégrammes officiels, à l'heure qu'il est, dix-huit réfugiés ont déjà été livrés à la Russie par la seule douane-frontière de Michalowicé.

Voilà ce que vaut à l'Autriche constitutionnelle l'alliance moskovite, implorée par le comte Mensdorff-Pouilly depuis toute une année.

(*Patrie.*)

XXIX.

Avril 1864.

De Krakovie, 4er avril :

Nous avons déjà dit plusieurs fois l'insistance avec laquelle les gouvernements de Russie et d'Autriche ont réclamé, à Bukarest, contre l'hospitalité donnée par le prince Couza aux émigrés polonais et hongrois. La Russie a tout d'abord protesté par l'intermédiaire de la Porte, elle a fait entendre ensuite les plaintes les plus vives; puis est arrivée l'Autriche, poussée par le cabinet de Saint-Pétersbourg. Les réclamations n'ayant produit aucun effet, on prétend que la Russie et l'Autriche songent à passer à la menace. Les concentrations de troupes, qu'on explique par la crainte d'un coup de main tenté par les émigrés hongrois, ne seraient que les préliminaires d'une mesure violente à laquelle se prêterait aussitôt la Russie, c'est-à-dire une occupation provisoire du territoire moldo-valaque. La participation de la Porte aurait été demandée et peut-être obtenue.

La présence à Bukarest d'un général russe est considérée comme la dernière sommation de la Russie. Mais les correspondances que nous recevons de Iassy et de Bukarest expriment toujours l'espoir que le prince Couza ne faiblira pas, et qu'il saura racheter jusqu'au bout le triste souvenir de la malheureuse affaire Milkowski. Il serait impossible, d'ailleurs, que la France et l'Angleterre laissassent les Principautés à la merci de la Russie et de l'Autriche, sous prétexte que le sol de la Roumanie est devenu le dernier asile des familles hongroises et polonaises, traquées par les polices moskovite, prussienne et autrichienne.

Le territoire de la Roumanie est neutre. Tant que la participation du gouvernement du prince Couza aux projets plus ou moins belliqueux de ses hôtes ne sera pas prouvée, il ne saurait être permis aux États voisins des Principautés de violer les conventions qui protégent la Moldo-Valaquie, et de poursuivre jusqu'à Iassy et à Bukarest l'application de la politique violente que l'Europe laisse triompher en Pologne et en Gallicie.

(*Patrie*.)

XXX.

Le neuvième numéro de *l'Autographe* donne le *fac-simile* d'une lettre du général Bosak, précédée de l'introduction que voici :

Le général Bosak, chef militaire polonais dans les trois palatinats de Krakovie, Sandomir et Kalisz, est entré en campagne au mois de septembre dernier. Il avait alors sous ses ordres à peu près 900 hommes ; aujourd'hui, il est à la tête de 6,000 combattants.

Formé par une longue expérience de la guerre de partisans dans le Kaukase, le général Bosak est un officier du plus grand mérite. Il l'a prouvé dans une infinité de combats livrés depuis six mois. Quoique se trouvant toujours dans les positions les plus difficiles, il a su constamment, par des marches savantes, diviser les forces russes qui l'entouraient. Considéré par les Polonais comme un des plus fermes soutiens de l'insurrection, il inspire en même temps une confiance absolue aux paysans des trois palatinats, et un sentiment tout opposé aux soldats du tzarisme.

Maintenant, voici la lettre du général :

Cher et estimable M. Montaigut,

C'est avec un véritable bonheur que j'apprends que votre santé s'améliore ; mais on me dit en même temps que vous tenez à nous quitter ! Cher docteur, renoncez-y, je vous prie. Songez donc que jusqu'au printemps, il ne reste plus que trois mois ! ! ! Tant que votre santé l'exige, tant que vous le désirerez, vous resterez à vous reposer, et on vous soignera autant que nous le pouvons. Vous l'avez bien mérité par votre long et périlleux séjour avec nous. Tandis que si vous partez, les autres voudront vous imiter. Cher docteur, je vous en prie, restez-nous.

C'est avec estime que je serre votre main et que je suis

Votre humble serviteur,
BOSAK.

Ce 29 décembre 1863.

Mille et mille choses à notre brave Vigier Latour.

Cette lettre, ajoute *l'Autographe*, est adressée à un de nos compatriotes, M. le docteur Montaigut, jeune docteur de 28 ans, qui s'est battu courageusement sous le drapeau polonais, et qui, tout en soignant les blessés, a reçu sept coups de sabre et un coup de lance dans une seule rencontre (nous constatons en outre une balle de revolver logée dans la cuisse). Il attend impatiemment en France le retour du printemps.

A une autre page du même numéro, se trouve cette sinistre signature : *Mourawieff*, que le journal attribue à tort à Mourawieff-*le-Pendeur*, et qui appartient à la baladine du grand Opéra de Paris, la Mourawieff de *Giselle* et de *Diavolina*.

(*La Pologne*.)

XXXI.

Nous lisons dans la *Chwila* du 22 mars :

« Les soirées que donne M. de Lamartine, rue Ville-l'Évêque, sont régulièrement fréquentées par MM. Émile de Girardin, Léonce Dupont, Larochejaquelein, Paul Foucher, de Laguéronnière et de Circourt, mari d'une princesse russe, l'inspirateur occulte et permanent du noble amphitryon. Ces messieurs, soit dans le sénat, soit dans les journaux, soutiennent les intérêts de la Russie. Après lui avoir conquis de grands avantages, en égarant une partie de l'opinion publique, ils appuient maintenant les candidatures pacifiques au nom de ce qu'ils appellent... la liberté. »

Ce nom semble, en effet, avoir été inventé à l'usage exclusif du rédacteur de la *Presse*, qui s'en sert comme d'une arme empoisonnée à tous les alinéas de ses articles russophiles [1].

(*La Pologne*.)

XXXII.

De Krakovie, 3 avril :

Le correspondant de Saint-Pétersbourg écrit à la *Gazette de Cologne* ce qui suit, à la date du 26 mars :

« Le comte Barauoff, envoyé à Varsovie pour pro-

[1]. Le nouveau journal de M. É. de Girardin, soutenant à outrance les intérêts de la Russie, s'appelle *la Liberté*, au même titre que l'esprit des ténèbres se nomme *Lucifer*. Il est vrai que « l'éminent publiciste » n'est pas, comme son homonyme, M. Saint-Marc Girardin, membre du comité franco-polonais ; bien au contraire, nous le savons très-fidèle habitué du consulat de Prusse et de l'ambassade de Russie.

céder à la publication des oukazes sur l'émancipation des paysans, est de retour de sa mission. Pour en juger d'après ses impressions personnelles, les réformes dont il était chargé, quoique plus efficaces que celles qui ont été publiées chez nous il y a trois ans, n'auront pas le succès de ces dernières. Le paysan polonais, auquel le pouvoir n'a pas permis jusqu'à présent de prendre part à l'administration de la commune, se trouvant tout à coup doté d'un *self-government*, ne sera pas en état de comprendre les hautes destinées auxquelles il est appelé par lesdits oukazes. »

Voilà ce que pense le général Baranoff sur le résultat de ces mesures d'expropriation, trop tardives en ce qui concerne la dotation des paysans, prématurées en ce qui concerne le *self-government* des communes. C'est donc un échec constaté par ceux mêmes qui étaient chargés de l'application de ces mesures.

Les arrestations se suivent à Varsovie.

Le chef national de la ville, ayant épuisé tous les moyens pour contraindre quelques individus à remplir leurs devoirs de citoyens, en payant les impôts échus à la date du 1er avril, s'est enfin trouvé dans la nécessité de publier leurs noms dans un ordre du jour. Nous nous abstiendrons de reproduire ces noms, d'ailleurs très-obscurs, et déjà condamnés par l'opinion publique. Aussitôt après, la police russe, sur l'ordre du général Trepoff, a saisi tous les individus désignés dans le bulletin du chef de la ville. Voilà une de ces inconséquences qu'on ne peut s'expliquer, mais dont nous sommes tous les jours témoins de la part des autorités moskovites.

La *Gazette du Peuple*, de Berlin, nous donne des détails sur l'évasion de quatre prisonniers d'État, le 29 mars dernier.

« C'est d'abord le comte Dzialynski, qui, après avoir successivement présidé le comité académique, le conseil des patriotes et le bureau de police nationale, avait équipé à ses frais un corps de volontaires à la tête duquel il remporta les victoires de Nietrzeba et de Dembno. Blessé à la dernière affaire, il dut se réfugier dans le grand-duché de Posen, où il fut arrêté. Puis Vladislas Danilowski, saisi à Breslau sous le nom de Lipowski, au moment où il allait se rendre à Varsovie pour prendre part aux travaux du gouvernement national. Enfin, Jean Dudkiewicz et Gordon, anciens officiers de l'armée russe, tous deux arrêtés en même temps que le précédent. Ils devaient être livrés à la Russie ; et, chose à peine croyable, leur évasion eut lieu en plein jour, tout au milieu des gardes et des soldats prussiens qui devaient les emmener. »

Nous ajouterons, comme renseignement indispensable, que tous les faits consignés dans nos relations nous sont transmis par des intermédiaires et dont la plupart nous sont personnellement inconnus. Nous pouvons toutefois, après vérification, garantir à nos lecteurs l'entière exactitude de ce que nous écrivons.

(*Patrie*.)

XXXIII.

De Krakovie, 7 avril :

La Société de Saint-Vincent-de-Paul, qui était la providence des pauvres et des malades, vient d'être dissoute par le comte Mensdorff-Pouilly, gouverneur de Gallicie ; soixante prêtres ont été expulsés pour participation à cette œuvre de charité. Ce n'est pas tout : cent-cinquante dames de tout rang, les plus honorées du pays, ont été arrêtées par la police et conduites à la prison criminelle. Madame Zakaszewska, dont nous avons déjà cité le nom, incarcérée avec sa fille et son mari, était entourée de l'estime universelle ; sa sœur est morte, il y a quelques années, à la suite des mauvais traitements qu'elle a dû subir dans les cachots autrichiens. Toutes deux sont filles du respectable général Rozycki, une des gloires de l'armée nationale polonaise de 1831. Madame Ostrowska est proche parente de l'ancien ministre de l'intérieur, Alexandre Ostrowski, dont le fils a été déporté à Orenbourg pour avoir fait donner des soins à quelques insurgés blessés dans ses domaines.

Voici l'ordonnance *secrète* du comte Mensdorff-Pouilly contre les femmes de Gallicie, et qu'un heureux hasard nous permet de mettre en lumière :

A tous les chefs de cercles et de districts en Gallicie.

Un décret du gouvernement national est, dit-on, en circulation dans le pays. Ce décret est de la teneur suivante :

« Il est pour chaque citoyen un devoir sacré, le premier après celui de combattre pour la patrie, c'est de pourvoir à l'entretien des veuves, enfants et familles des victimes de la guerre d'indépendance ; c'est de soutenir les parents privés de tous moyens d'existence par la captivité ou l'exil des chefs de la famille.

« Pour avoir un fonds de subvention, le gouvernement national décrète un impôt payable, par chaque citoyen, à dater du 1er janvier de l'année courante. Le montant de cet impôt sera le centième du revenu annuel, soit le douzième du revenu mensuel, payable dans le courant de chaque mois. Les fonds seront versés entre les mains des percepteurs désignés par les autorieés nationales.

« L'encaissement de ces fonds restera sous le contrôle des autorités urbaines et des *comités des dames*. »

En conséquence, les employés veilleront avec la plus grande sévérité sur les *personnes* qui s'occuperaient de la perception de ces offrandes, et séviront contre les coupables, d'après le premier paragraphe de notre ordonnance du 29 février 1864.

Signé : le comte MENSDORFF-POUILLY, *lieutenant général*.

Cependant la Gallicie se dégarnit peu à peu de troupes, qui semblent toutes se diriger vers les Principautés danubiennes et le Tyrol. La garde du pays est confiée à la gendarmerie et aux milices rurales, excitées contre les populations urbaines et les propriétaires polonais. Il en est de même du royaume, où les états-majors et les quartiers généraux sont transportés vers la frontière occidentale, aux environs de Kalisz, ce qui explique la formation et l'activité de nombreux détachements d'insurgés dans les palatinats de Krakovie et de Sandomir.

A qui s'adresse cette menace, on ne peut le préciser, quant à présent; mais il est certain qu'un vaste plan d'opérations, combiné entre les deux empires, est sur le point de se réaliser.

(*Patrie.*)

XXXIV.

LA POLITIQUE DE L'AUTRICHE

EN GALLICIE.

Comme nous l'avons précédemment indiqué, le décret proclamant l'état de siége en Gallicie ne cesse d'être appliqué de la manière la plus rigoureuse. Le comte Mensdorff-Pouilly, adversaire déclaré de l'élément polonais en Autriche apporte encore à l'exécution de ce décret la part de ses prédilections et de ses haines personnelles. Outre les mesures de compression violente dont nous avons rendu compte, les journaux de Krakovie et de Léopol sont bâillonnés; il leur est défendu, sous peine de confiscation, de puiser leurs nouvelles de Pologne à d'autres sources que le *Dziennik* de Varsovie ou l'*Invalide russe* de Moskou.

Les brutalités de la soldatesque, les visites domiciliaires guidées par des agents moskovites installés à demeure dans les deux villes, atteignent tout le monde sans exception; et récemment nous avons vu trois dames patronnesses des hôpitaux de Krakovie traînées ignominieusement avec leurs enfants à la citadelle. Dans les rues, sous le moindre prétexte, on est assailli, frappé, arrêté par les patrouilles; la plus juste réclamation expose à recevoir un coup de sabre ou de baïonnette. En vertu des dispositions rétroactives du décret, les personnes incarcérées antérieurement à l'état de siége passent devant les cours martiales et sont condamnées pour des délits commis non contre l'Autriche, mais contre la Russie.

Les démentis du gouvernement au sujet de l'extradition des réfugiés polonais sont en opposition flagrante avec la notoriété des faits et des actes officiels; l'ordre formel d'extradition existe; il a été placardé dans les rues et publié dans les journaux; il s'exécute depuis plusieurs jours par toutes les douanes-frontières. Les réfugiés qui ne peuvent pas justifier de la possession de 50 florins (environ 120 fr.) sont conduits les chaines aux mains dans le royaume, où les attend le gibet ou l'exil en Sibérie. Il est avéré que depuis le 1er mars il a été arrêté ou renvoyé de Krakovie plus de neuf mille personnes.

L'Autriche, qui a tiré l'épée dans le Schleswig-Holstein pour défendre le principe des nationalités, a une singulière manière de le pratiquer chez elle. Par un coup donné à l'improviste à l'insurrection, le gouvernement s'est frappé lui-même, car il s'est dépossédé moralement de la Gallicie. Sa politique à contre-sens, inspirée par l'effroi des rancunes moskovites, est cent fois pire que celle du cabinet prussien, qui, du moins, a le mérite de la franchise. Malgré son titre d'apostolique-romaine, l'Autriche prête son concours à tous les efforts d'oppression des catholiques en Orient; elle excite le gouvernement turk contre les chrétiens des Principautés danubiennes; en Gallicie, elle soulève les paysans contre la noblesse; en Pologne, elle est du côté des bourreaux contre les victimes. Et pourtant les Polonais ne sont pas et n'ont jamais voulu être en guerre avec l'Autriche; patients et résignés, ils ne lui demandaient qu'une stricte neutralité, qui aurait suffi pour assurer le triomphe de leur indépendance, pour établir une barrière puissante entre elle et sa dangereuse voisine, la Russie. Au lieu de cela, en aidant celle-ci, en saisissant les armes, les vivres, les vêtements, et jusqu'à la charpie destinée aux Polonais, en jetant les blessés hors des hôpitaux, l'Autriche suit une politique imprévoyante et contraire à ses intérêts.

Les conséquences de cette politique ne tarderont pas à se produire; car la Gallicie, désaffectionnée, n'hésitera plus, à l'occasion, de rendre sa cause solidaire avec celle de la Hongrie, de la Vénétie et des provinces slaves, qui subissent un régime à peu près identique. Dès aujourd'hui, elle est fermement résolue à ne plus envoyer de députés au conseil de l'empire, et à se renfermer dans un rôle expectant, comme le font déjà les autres pays tributaires de l'Autriche.

Le moment est proche où Polonais, Slaves, Italiens et Hongrois refuseront enfin de servir de chair à canon à l'Autriche. S'il leur arrivait un jour de se compter, de se concerter, ils verraient que le nombre et la force sont de leur côté dans une proportion énorme. Il leur suffirait, pour reprendre leur entière autonomie, vainement espérée et toujours promise par le ministère autrichien, de lui refuser, à un jour donné, l'impôt du sang et l'impôt d'argent qu'ils lui payent. Par leur abstention simultanée, toute cette mise en scène de constitution fédérative, qui ne sert qu'à faire voter le budget et à déguiser la ruine au dedans et au dehors, tomberait d'elle-même et sans retour.

(*Patrie.*)

XXXV.

De Moskou, 17 avril :

La question polonaise, toujours renaissante, alarme de plus en plus les esprits des habitants de Saint-Pétersbourg, et notamment les sphères officielles. On dit tout haut que, si cette guerre, renfermée même dans les limites actuelles, allait durer encore quelques mois, la Russie ferait banqueroute.

L'industrie, le commerce, toutes les opérations financières sont aux abois; par la réglementation incomplète de la question des paysans, les arriérés ou le non-payement des impôts sont à l'ordre du jour, tant de la part des paysans que de la noblesse. Il en résulte une haine ardente contre ceux auxquels on impute, à tort ou à raison, les malheurs de la Russie, et des mesures toujours plus rigoureuses tendant à l'extermination du peuple polonais. Ceux des fonctionnaires qui se font remarquer par une implacable barbarie à l'égard des victimes sont les seuls admis aux faveurs de la cour et sont généralement appelés *patriotes*.

Le grand-duc Constantin est considéré dans tout Saint-Pétersbourg comme traître et comme transfuge; on lui attribue la longue durée de l'insurrection polonaise et les efforts vainement tentés pour la comprimer. Puisqu'il est frère du tzar, il avait le droit, dit-on, de faire pendre plus de personnes et de déporter plus de milliers d'habitants que Mourawieff et Berg; il s'est contenté de quelques victimes obscures : de là tout le mal. Ceux qui s'aviseraient d'être d'un avis contraire craindraient de partager le sort de ces victimes. Seul, le général Souwaroff, commandant le gouvernement de Saint-Pétersbourg, et appelé depuis longtemps le plus honnête homme de la Russie, reste calme au milieu de cet entraînement officiel. Il dit un jour, à un dîner d'apparat où se trouvaient les personnages les plus marquants de la capitale : « Si Dieu ne nous châtie pas pour l'infamie avec laquelle nous traitons les Polonais, je cesserai de croire en Dieu ! » On s'est moqué de ces nobles paroles, et aujourd'hui l'homme le plus populaire de Saint-Pétersbourg passe pour un énergumène.

Des faits atroces s'accomplissent en Lithuanie. Nous ne parlons plus des confiscations et des ventes à l'encan des domaines, de la sécularisation des églises et de la conversion forcée à la foi grecque de la noblesse et des paysans. Ces faits sont suffisamment connus en Europe. Mais comment qualifier la déportation en masse de tout un peuple au fond de la Russie, ordonnée par le tzar et servilement exécutée par Mourawieff ? Dans le seul gouvernement de Kowno, plus de trente mille personnes ont été transportées de cette manière en Sibérie. Mais cela ne suffisait plus, il fallait décimer toute la population polonaise et catholique ; et comme il restait encore six à sept cent mille habitants, on a partagé en carrés égaux la carte du palatinat pour simplifier la besogne. Tous les habitants compris dans chacun de ces carrés doivent être remplacés par autant de *raskolniks*. On alloue à ces derniers des frais de route prélevés sur les confiscations et les amendes, et on les exonère pour plusieurs années de tout impôt et de toute charge publique. Cette œuvre de destruction, entreprise en Samogitie, doit être appliquée aux autres provinces de la Lithuanie.

Chaque samedi on fait enlever de Kiow deux cents personnes, coupables ou non, peu importe, pourvu que le chiffre désigné par le troisième bureau de la chancellerie impériale soit au complet. Dès la veille, les listes sont arrêtées et transmises au gouverneur militaire.

Le ministre des finances, Reutern, a déclaré qu'il ne sait plus où chercher des fonds pour faire face à des dépenses non prévues par le budget. Il a été menacé de destitution; mais vu l'état des finances de la Russie, radicalement ruinées, on n'a pas trouvé de candidat pour le remplacer. Il en est de même du ministre de l'instruction publique, Golowin, que l'on accuse d'être une créature du grand-duc Constantin, et qui, de plus, n'a pas voulu souscrire pour le tableau d'honneur offert à Mourawieff ; mais il est soutenu par tout ce qu'il y a d'intelligent dans l'administration et dans l'enseignement.

Ceux qui gouvernent la Russie et qui connaissent le mieux son impuissance actuelle s'expriment de cette manière : « Si la guerre éclate, nous préférons encore nous débarrasser du grand-duché de Varsovie (*Kongresowka*) que de perdre tout ou beaucoup ; car nous serions dans l'impossibilité la plus absolue de nous défendre avec une armée qui, pendant une année entière, a été tenue en échec par les insurgés, et avec des ressources que nous sommes forcés de puiser chez nos ennemis. »

Le seul espoir des hommes d'États moscovites est dans la rivalité des puissances de l'Occident et dans l'intimidation produite par les essais de résurrection de la Sainte-alliance.

(*Opinion nationale.*)

XXXVI.

De Krakovie, 18 avril :

Nous avions espéré que la voix de l'opinion publique ferait cesser les faits d'extradition qui s'accomplissent en Gallicie. Il n'en est rien cependant. Les réfugiés de Lithuanie surtout sont livrés par les autorités autrichiennes aux implacables vengeances de la Russie. Vladislas Pobog, Vladislas Grzmot et Antoine Gilewski, après s'être présentés spontanément au chef du district de Borszczow, ne demandant d'autre faveur que de pouvoir résider dans une province autrichienne ou de passer à l'étranger, ont été immédiatement reconduits à la douane-frontière de Husiatyn, remis aux mains des kosaks et fusillés sur place sans jugement. Le même sort attend tous les réfugiés lithuaniens. Tel est le régime de l'état de siége inauguré par le comte Mensdorff-Pouilly.

Un employé de la bibliothèque de Léopol, Bernard Kalicki, pour avoir transmis la relation de ce fait aux journaux de Prague, a été arraché à sa famille, dont il était l'unique soutien, et jeté dans un cachot.

Le système de terreur, qui s'était un moment ralenti en Lithuanie, a repris depuis quelque temps avec une nouvelle intensité; les derniers numéros du *Courrier de Vilno*, journal officiel russe, sont remplis de la liste des exécutions ordonnées par Mourawieff. Le clergé surtout est en butte aux persécutions moskovites; quatorze ecclésiastiques viennent d'être déportés dans le seul gouvernement de Minsk. Un d'entre eux, incarcéré depuis plusieurs mois, Rodowicz, a été soumis aux plus cruelles tortures. Dépouillé de ses habits sacerdotaux, revêtu de la capote des criminels, il a été enseveli vivant, la nuit, sans aucun secours religieux, dans l'ancien cimetière des cholériques. On voit que rien n'a manqué à son martyre.

La plupart des églises n'ont plus de desservants. Pour forcer les paysans à faire baptiser leurs enfants dans la loi orthodoxe (schismatique), le gouverneur de Minsk leur ordonne de présenter les actes de mariage et les extraits de baptême; or, l'exhibition de ces actes officiels, exigeant des frais onéreux, leur est généralement impossible. La seule maladie de l'enfant contraint ces malheureux à le remettre entre les mains du pope de l'endroit. L'évêque schismatique de Kamieniec, en Podolie, pour avoir refusé de récompenser un de ces hommes, signalé par de nombreuses dénonciations, a été banni de son diocèse.

La *Gazette de Saint-Pétersbourg* constate que dans le seul gouvernement de Grodno, district de Pruzany, cent-deux familles de tout rang ont embrassé l'orthodoxie. Cette liste figure dans une rubrique à part, ce qui a tout l'air d'indiquer que la feuille russe a l'intention de la continuer périodiquement.

(*Patrie.*)

XXXVII.

De Krakovie, 27 avril :

Le comte Mensdorff-Pouilly persévère dans ses mesures arbitraires. La comtesse Mionczynska, octogénaire, une des dames les plus honorées du pays, venait hier lui proposer une caution pour M. Aurélien Balinski, malade et blessé, dont elle lui demandait l'élargissement jusqu'au jour de sa convalescence. Sans égard pour l'âge de la suppliante, pour sa position sociale, le gouverneur général s'emporta en paroles pleines d'injures et de menace, et lui répondit, en frappant du poing sur la table, que sa demande était insensée. Madame Mionczynska, étonnée plus encore qu'effrayée de cette réception, dit en se retirant : « Je croyais avoir l'honneur de parler au feld-maréchal, comte Mensdorff-Pouilly; je m'aperçois que je me suis trompée. »

La femme du vaillant général Bosak, chef militaire dans les palatinats de Krakovie et de Sandomir, la comtesse Hauke, parente de l'impératrice de Russie, vient de recevoir l'ordre de quitter Léopol et la Gallicie dans les vingt-quatre heures. Faute de temps, elle a dû vendre à vil prix tout son avoir, et le même jour, elle est partie pour la Suisse.

La comtesse Mniszech, une des dames de la cour de Vienne, a été arrêtée hier à la gare du chemin de fer de Léopol; aussitôt après, elle a été fouillée de la manière la plus inconvenante. M. Engelström, Suédois, prisonnier à Léopol depuis le mois d'août 1863, et M. Bentkowski, ancien officier russe, résidant en Gallicie avec un passe-port en règle, ont été chassés du pays.

Enfin notre illustre écrivain J. Pol, justement vénéré par tous ses concitoyens, a été saisi par les sbires autrichiens au milieu de sa famille, et malgré sa santé altérée par le travail, jeté dans un cachot où sont déjà enfermées madame W..., mère d'une nombreuse famille, mademoiselle Z... et ses deux sœurs, mesdames K..., N... et beaucoup d'autres.

Plus de 900 citoyens gémissent dans les prisons de Léopol, bien qu'on fasse des envois journaliers dans les forteresses, dans les régiments galliciens, et malgré l'extradition incessante des réfugiés du royaume. Tout accès auprès des prisonniers est interdit.

(*Patrie.*)

XXXVIII.

Mai 1864.

De Krakovie, 1er mai :

L'arrivée subite du comte Mensdorff-Pouilly dans notre ville a eu pour effet d'activer le zèle des autorités locales dans leur campagne contre l'élément polonais en Gallicie. Après la protestation du duc de Gramont contre l'extradition des réfugiés, il fallait trouver un moyen détourné pour arriver au même résultat. On ne les remet plus, comme précédemment, entre les mains des kosaks, mais on les conduit de force à la frontière, et on avertit les Russes de leur présence. Les cours martiales fonctionnent dans toutes les villes; plus de deux cents dames de tout rang sont incarcérées dans les maisons de correction, pêle-mêle avec les voleurs et les femmes de mauvaise vie. Les dernières dames arrêtées sont la comtesse Marie Tarnowska et la comtesse Zaluska, petite-nièce de Thadée Kosciuszko, le plus illustre patriote de l'ancienne Pologne. Le gouverneur général proclame tout haut qu'il usera des derniers moyens pour leur faire avouer leur complicité avec le gouvernement national.

Les hommes ne sont pas mieux traités; M. Bentkowski, l'éminent député du parlement de Berlin, détenu depuis dix mois dans un cachot malsain, sans avoir été seulement interrogé, se meurt d'une maladie de poitrine. Le respectable général Kruszewski, anciennement au service belge, établi en Gallicie depuis plusieurs années, également malade, est privé de l'assistance de sa famille. Enfin, le général comte Joseph Zaluski, vétéran du premier empire, vient d'être arraché aux travaux d'art et d'histoire auxquels il consacrait le reste de ses jours. Compagnon de Napoléon Ier, il analysait et décrivait avec talent les guerres et les combats dont il a été témoin. Sa vie calme et retirée n'a pu le garantir contre cette persécution dont le vaste réseau s'étend sur toute la Pologne, et qui ne s'attaque plus aujourd'hui aux *crimes* commis contre la Russie, mais à la *qualité* même de Polonais. Son interrogatoire a commencé le 27 avril dans la prison criminelle de Przemysl.

Voici le chiffre officiel des extraditions publié dans le journal allemand de Krakovie : 275 habitants du royaume livrés aux autorités russes (le journal a soin d'ajouter que 46 d'entre eux ont été livrés par contrainte); 359 autres expulsés à l'étranger, probablement en France; enfin 80 individus de toutes nationalités, renvoyés dans leurs pays respectifs. C'est là le chiffre officiel, avons-nous dit, mais il est bien loin d'atteindre le chiffre réel, que nous donnerons à l'occasion.

Malgré l'ardeur du gouverneur civil de Krakovie, Merkl, à exécuter de tels ordres, et malgré ses relations intimes avec le marquis Paulucci, un des chefs de la police russe à Varsovie, le comte Mensdorff-Pouilly a amené avec lui trois agents subalternes qui avaient été le bras droit du général Haynau dans ses exécutions militaires en Hongrie, plus tard congédiés à cause de leurs excès de tout genre.

(*Patrie*.)

XXXIX.

Des frontières de Pologne, 3 mai :

L'oppression, les exécutions sanglantes, la confiscation déguisée sous le nom d'impôts, de mesures fiscales et d'amendes, et par-dessus tout la conversion forcée à l'orthodoxie atteignent leur apogée. En dépit de cette persécution, la résistance morale du peuple polonais ne faiblit pas et la résistance matérielle reste debout.

Voici, d'après l'*Abeille du Nord*, de Saint-Pétersbourg, la liste de quelques-uns des combats livrés dans le courant du mois dernier : dans la nuit du 26 au 27 avril, à Raszyn, à proximité de Varsovie; un autre, à la même date, dans le village de Karszyn, près de Radzyn; le 29, entre les villages de Brzutowo et Mysiakowka, dans le district d'Opoczno. Le chef de la bande, Gwiazda (l'Étoile), a été fait prisonnier avec trente insurgés. D'après le même journal, l'apparition de plusieurs bandes isolées (lisez détachements) a été signalée, à la même époque, à Kolo, Sieradz Mlawa, Opatow, Kielcé, Gostynin.

Malgré les dénégations des journaux viennois, l'*Abeille du Nord* du 30 avril, dans laquelle nous puisons ces renseignements, constate l'extradition par l'Autriche, à la date du 24 mars (7 avril), de dix insurgés, qui ont été exécutés à Sandomir, et la pendaison dans le village de Zabiela, district de Lomza, d'un brave paysan nommé Klam, à la date du 11 avril. On avait choisi pour lieu du supplice la cour de sa chaumière, et forcé sa femme et ses huit enfants d'en être témoins.

D'après nos propres correspondances, quatre détachements polonais opèrent dans le palatinat d'Augustowo : 1º ceux d'Obuchowicz et d'Uiazdowski, réunis en un seul; 2º celui du capitaine C. Nowina, fraîchement organisé; 3º celui du capitaine Miecz (le Glaive); 4º celui du capitaine B..., bien armé et bien approvisionné.

Dans le palatinat de Plock, une rencontre a eu lieu, le 3 avril, près de Prasnysz, entre quatre-vingts insurgés et la compagnie du capitaine russe Axentieieff. Dans les palatinats de Krakovie, de Lublin et de Podlaquie, des combats journaliers ont été livrés avec des chances diverses, mais attestant la vitalité de l'insurrection.

L'infatigable général Bosack (comte Hauke) a battu, le 22 avril, près de Daniszow, palatinat de Sandomir, le commandant russe Asieieff. Celui-ci a été traduit devant un conseil de guerre. Le même jour, une rencontre heureuse pour nos armes a eu lieu dans les bois d'Ilza, et le 16, près de Zawichost.

Les dix détachements qui opèrent dans ces contrées sous la direction de Bosak sont les suivants: Markowski, Iunosza, Dolinski, Koroncewicz, Nowicki, Kubicki, Grosman, Niewiarowski, Walter et Krzywda. Quatre d'entre eux sont composés de cavaliers.

En Samogitie, cette contrée si cruellement ravagée par les *raskolniks* de Mourawieff, l'insurrection se maintient dans toute sa force. Des détachements nouveaux ne cessent d'y surgir, pour la plupart composés de paysans, mais n'ayant d'autres armes que leurs faux, leurs fourches et leurs cognées. Si mal pourvus qu'ils soient, ces héros, dignes des temps homériques, viennent de remporter, au nombre de quatre cents, près de Kowno, une victoire brillante, qui coûta la vie à soixante Moskovites. Que serait-ce donc si les armes qu'ils attendent toujours en vain de l'Occident, et pour lesquelles les propriétaires samogitiens ont versé leur dernière obole, leur permettaient de se mesurer à forces égales avec les Russes ?

Le *Dziennik* de Varsovie, le journal imprimé sous les yeux du général Berg, annonce la formation de plusieurs détachements dans les districts de Wloclawek et de Stanislawow. Il s'empresse d'y ajouter la nouvelle de la pendaison à Wierzbnik, le

18 avril, du vaillant chef d'insurgés Denisiewicz, le 14 du même mois, à Dunaborg, de l'ancien lieutenant du génie Przemyslas Kolbe, et le 11, à Minsk (Lithuanie), du sous-lieutenant d'artillerie Antoine Olendzki. Le nom de Kolbe était un pseudonyme adopté en l'honneur de l'héroïque Thomas Kolbe, qui avait pris le commandement dans le palatinat de Płock après l'horrible exécution, rapportée plus haut, de Sigismond Padlewski. Dans les premiers jours de mai 1863, attaqué par des forces dix fois supérieures entre Plonsk et Ciechanowiec, Kolbe se défendit jusqu'à la dernière cartouche, qu'il réserva pour lui-même, ne voulant pas tomber vivant aux mains des Moskovites. Plusieurs de ses compagnons en firent autant. Le général russe Waluieff, bien connu par sa férocité, le fit enterrer avec pompe dans le village de Knieza, et lui rendit les honneur militaires. Il reçut, naturellement, une verte réprimande du cabinet de Saint-Pétersbourg.

Dans l'ordre civil, la Pologne est livrée à l'anarchie administrative la plus complète. Des proconsuls ignorant la langue du pays, altérés de vengeance, étrangers aux notions les plus élémentaires d'ordre et de légalité, se sont abattus sur le royaume. Ils sont chargés d'appliquer les oukazes du 2 mars, qui ne sont que la consécration de l'état de choses décrété par le gouvernement national, mais faussé par l'addition d'éléments subversifs et dissolvants de toute société régulière.

Tel est le système du régime asiatique imposé à la Pologne.

(*Patrie.*)

XL.

Des États-Unis, 20 avril :

Par une de ces contradictions bizarres plus fréquentes dans notre époque de transition que dans toute autre, une entente complète s'est établie entre les États-Unis d'Amérique et la Russie, c'est-à-dire entre la démocratie et l'absolutisme.

Quel est le lien mystérieux existant, non pas entre ces deux principes irréconciliables, mais entre les deux gouvernements qui les représentent? Un avenir prochain pourra nous l'expliquer. Voici pourtant quelques faits qui serviront à donner la clef de ce singulier rapprochement.

Tout le parti portant M. Lincoln à la future présidence est dévoué corps et âme à la Russie. Il est composé des abolitionistes zélés, amis intéressés ou non des nègres, ennemis de tout ce qui est européen, surtout de race latine et de croyance catholique; nommés *black republican* par les opposants, et s'intitulant eux-mêmes *union republican*. Ce sont les débris des anciens partis des *knownothings*, des *natifs* et des *whigs*, associés dans une seule phalange, dont la devise est : « *might is right*, » la force c'est le droit.

Ce sentiment peu honorable de jalousie contre tous les étrangers, contre la prospérité de toutes les autres nations du globe, qu'ils doivent probablement à leur origine anglo-saxonne, s'exerce surtout à l'égard de la France impériale, qu'ils accusent de sympathiser avec la cause du Midi.

L'avénement du parti opposé ferait cesser la guerre civile qui déchire les États-Unis, si la candidature de son chef, M. Fremont, devenait plus certaine; mais il a contre lui les riches propriétaires, les entrepreneurs, les armateurs, les grands négocians, ayant depuis longtemps des relations de commerce établies avec l'Allemagne et la Russie.

On conçoit alors l'ostentation avec laquelle les avances de cette dernière ont été reçues par le parti dominant, désormais acquis aux intérêts de la Sainte-alliance. Il s'est pourtant effrayé de l'impression que cet accueil a produite sur la masse de la population américaine d'une autre origine que de la sienne, admise aux mêmes droits électoraux; et depuis, il se montre plus sobre de démonstrations russophiles.

Quoi qu'il en soit, le gouvernement de Washington en sait plus sur les intentions secrètes de l'absolutisme que ce qu'on nomme la diplomatie occidentale. Deux mois avant la proclamation de l'état de siége en Gallicie, il était instruit de cette mesure; il sait aujourd'hui que certains actes énergiques et rapides équivaudront à un défi jeté par la Prusse à l'Occident. Après l'arrivée de chaque courrier d'Europe, MM. Seward, Gerolt, Shekel et le remplaçant de l'envoyé autrichien tiennent de longues conférences, dont l'objet n'est autre qu'une action collective contre l'alliance occidentale, dans le cas de quelque grave complication.

D'un autre côté, M. Bayard Taylor, publiciste renommé, ex-secrétaire de l'ambassade américaine à Saint-Pétersbourg, ne cesse de parcourir les villes centrales de l'Union et de faire de la propagande pour le compte de la Russie. Le tzar Alexandre est, selon lui, le sauveur et le libérateur de l'humanité; le peuple moskovite est plein d'intelligence, du sentiment de sa dignité et d'un patriotisme raisonné. L'alliance de l'Amérique avec la Russie est, toujours d'après M. Taylor, une nécessité capitale, comme le seul moyen d'expulser les Français ou du moins l'influence française du Mexique. L'insurrection polonaise n'est, conséquemment, qu'une tentative de la noblesse pour ressaisir ses anciens priviléges, une intrigue des jésuites, une conspiration féodale dont le centre et le foyer d'action serait à Paris. En un mot, il y en a pour tous les goûts et tous les désirs, mais toujours selon la même tendance. Malgré la certitude acquise que, grâce à l'intervention de M. Ménier, la France ne songe même pas à reconnaître le Midi, on insinue que cette reconnaissance est déjà décidée en principe et qu'on ne cherche plus qu'à vaincre les résistances du cabinet de Saint-James.

Un ancien ami et partisan de Hertzen, M. Davidoff, aujourd'hui attaché de l'ambassade russe, fait écho à la propagande de M. Taylor. Il cherche à lier des relations avec les réfugiés polonais de ce pays, et leur fait la paraphrase de l'Adresse des patriotes moskovites publiée au printemps de l'année dernière. « Pourquoi, leur dit-il, ne prenez-vous pas entre le tzar et vous des intermédiaires plus désintéressés et plus fidèles que la France et ses adhérents? Sur le terrain de la conciliation, tout peut encore être réparé. » Il voudrait ranger les Polonais sous le drapeau du *slavisme*, derrière lequel se cache le projet de conquête de l'Orient par la Russie. Il est inutile d'ajouter que ses suggestions restent sans effet.

A Dieu ne plaise que tous les Américains suivent la voie indiquée par les meneurs que je viens de nommer; là comme en Europe, la cause polonaise trouve dans la presse honnête et loyale de vaillants défenseurs. Il faut citer en première ligne madame Martha Walker-Kook, sœur de l'ancien secrétaire du Trésor, J. Walker, publiant une revue très-estimée et très-répandue, sous le titre de *Continental-Monthly*. Nous y avons remarqué, outre des traductions des meilleurs auteurs polonais, un excellent article intitulé : *Our friends the Kosaks* (nos amis les Kosaks). « Tant que je dirigerai le *Continental*, dit-elle, personne ne jettera autour de moi la pierre à ce Christ des nations. » La revue de madame Walker-Kook compte de sept à huit mille souscripteurs. Hâtons-nous de rendre un hommage public à cette digne compatriote de Franklin et de Washington.

Ce qui donne la meilleure explication de cette alliance hybride d'une république avec le tzarisme, c'est la présence auprès du président Lincoln d'un renégat borgne, du comte Adam Gurowskoï, un des plus dangereux émissaires de la Russie.

(*Globe*.)

XLI.

De Vienne, 5 mai :

Le député au Reichsrath Schuselka est assurément la personne la plus populaire à Vienne; mais aussi, il le mérite à tous égards. C'est un véritable ami du peuple dont il est sorti; et, bien qu'il se soit élevé très-haut dans l'estime publique par son savoir et sa probité, il n'a pas renié son origine. Récemment, il a déclaré devant ses électeurs qu'il était fils d'un simple caporal. Démocrate sincère, il défend la cause de toutes les nationalités; plus d'une fois, dans son excellent journal *la Réforme*, il a soutenu avec énergie les droits de la Pologne à une existence indépendante.

Naturellement, il éprouve de la part du gouvernement toutes sortes de persécutions; c'est ainsi que, pour un délit de presse, il a été condamné à la prison et à la perte de son mandat de député. Les électeurs l'ont nommé une seconde fois; mais le gouvernement n'a pas validé son élection. Pour terminer cette affaire, l'empereur, usant de son droit de grâce, a fait casser la sentence des juges, et Schuselka vient d'être accueilli avec le plus grand enthousiasme dans le sein du Reichsrath.

Dès son début, il a prouvé qu'il n'avait pas abdiqué ses croyances libérales; il s'agissait de la question de l'entretien des pauvres par les communes, dont le gouvernement cherche à restreindre, autant que possible, les attributions locales.

« Il est vrai, dit-il, dans ce discours qui a produit à Vienne la plus vive sensation, il est vrai que chaque commune a mission de soutenir et d'alimenter ses pauvres, mais elle a droit aussi d'exiger du pouvoir de ne pas en augmenter le nombre par les errements de sa politique. La politique actuelle a fait établir dans presque toutes les provinces de l'empire un régime exceptionnel; le printemps nous amène de nouveaux dangers, ajoutés à ceux de l'année dernière, tandis que l'état de nos finances nous menace d'un désastre général. L'isolement des provinces orientales (galliciennes), en vertu de l'état de siége, en entravant notre commerce, a grossi outre mesure le nombre des indigents; et le gouvernement, loin de chercher à conjurer une catastrophe imminente, loin de songer à l'éducation du peuple, à laquelle il ne cesse de créer de nouveaux obstacles, semble se plaire à jeter en proie à la plus affreuse misère des cohortes de mendiants et de vagabonds.

« Que le ministère, dit-il en terminant, adopte enfin une politique plus loyale; qu'il se préoccupe avant tout du chiffre de jour en jour plus élevé du prolétariat : car, c'est là notre mal organique, consumant dans leur germe toutes les forces vitales de la nation, et qui finira, si l'on n'y prend garde, par amener une crise mortelle. »

Si salutaire que soit ce conseil, nous doutons fort qu'il soit suivi par les hommes d'État autrichiens, qui subissent aujourd'hui, comme en 1849, la fascination du vasselage moskovite. Toutes les mesures, de plus en plus rigoureuses, adoptées en Gallicie, le prouvent avec évidence. Voici le chiffre *officiel* des extraditions, des expulsions et des emprisonnements opérés dans le courant du mois de mars, dans le seul district de Krakovie :

Deux cent soixante-quinze réfugiés du royaume, dont quarante-huit insurgés, livrés aux troupes russes. Ces derniers, ainsi que tous ceux qui ne peuvent pas justifier d'un passeport en règle, sont immédiatement pendus;

Trois cent cinquante-neuf expulsés, soit en Bavière, soit en Suisse;

Deux cent dix-sept internés à Kœnigsgraiz;

Un grand nombre d'autres, internés dans différentes places fortes de la monarchie autrichienne.

Ces derniers jours, tous les photographes de Krakovie ont été appelés dans les prisons de la ville pour faire les portraits de plusieurs *criminels* dont la Russie avait exigé l'extradition. Aucun d'entre eux ne voulut se charger de cette indigne besogne.

Il se trouva un ancien canonnier au service de l'Autriche, depuis adonné à la photographie, qui, moins scrupuleux que ses confrères, fit une certaine quantité d'épreuves d'après nature. Celles-ci furent sur-le-champ envoyées aux chefs moskovites.

Nous vous donnerons prochainement le nom, et s'il se peut la photographie de cet officieux artiste, pourvoyeur des gibets et des échafauds.

(*Globe*)

XLII.

Des frontières de Pologne, 9 mai :

L'allocution du saint-père a produit une impression grande et générale. Après le silence qui s'était fait dans les conseils des diplomates sur la cause polonaise, on s'attendait peu à ces paroles solennelles et hardies adressées par le chef auguste de la chrétienté au chef politique et religieux de l'orthodoxie russe. Nous avons tout lieu de penser que cette impression se propagera jusqu'à Moskou et Saint-Pétersbourg, mais qu'elle y sera de tout autre nature que dans le reste de l'Europe. « Jadis les paroles de Rome, dit le *Czas* du 8 mai, auraient provoqué une levée de boucliers générale contre l'oppresseur de la Pologne ; aujourd'hui elles n'excitent plus que les colères des journaux russes. »

Les feuilles semi-officielles de Vienne, prenant exemple du regrettable silence du *Moniteur* français, se taisent sur cette allocution, qui met les hommes d'État autrichiens dans un grand embarras. Comment concilier, en effet, le titre d'*apostolique* que se donne l'Autriche, avec les rigueurs étranges, inqualifiables, exercées par elle contre les catholiques de Pologne? Nous ne serions pas étonnés de voir un jour Pie IX lui-même vertement admonesté par les organes du gouvernement, pour les encouragements qu'il donne à la résistance des Polonais, pour la flétrissure morale qu'il imprime au front de leurs bourreaux. D'un autre côté, à moins que l'autorité ne s'y oppose, une Adresse de remerciment sera signée dans toute l'étendue du pays, bien plus sincère et plus unanime que les Adresses de soumission extorquées par le knout et la confiscation aux victimes de Berg et de Mourawieff. Quelle leçon donnée aux soi-disant princes chrétiens, qui les regardent faire sans broncher, et dont les deux plus voisins se sont faits les auxiliaires de leurs sanglantes exécutions !

On est pénétré d'admiration et de respect pour ce vieillard-pontife qui a osé prononcer la parole vraie sur cette question de Pologne impliquant toutes les autres, et qui a appelé les choses par leur nom. C'est la papauté rentrée dans sa voie véritable, celle dont elle n'aurait jamais dû s'écarter, dans ses grandes traditions de défense des faibles et des opprimés. Assurément, ce sera la plus belle page de la vie de Pie IX; on sent qu'il a cédé au mouvement d'un cœur humilié d'avoir trop longtemps gardé le silence sur l'extermination d'un peuple catholique, en pleine Europe et en pleine civilisation. S'il eût parlé plus tôt, il eût sauvé la Pologne !

(*Globe.*)

XLIII.

LA RUSSIE JUGÉE PAR UN RUSSE.

Nous recevons de Moskou, c'est-à-dire du cœur même de la Russie, un écrit de la plus haute importance. C'est le cri d'une âme honnête, indignée contre les horreurs qui se commettent actuellement en Pologne, avec l'approbation ou, pour mieux dire, par l'ordre du tzar Alexandre II. Cet écrit impartial, convaincu, donne une idée plus exacte de ce pays barbare que les éloges intéressés de quelques hommes d'État ou de lettres, gagnés par les avances de la diplomatie moskovite.

I.

Depuis trois années le monde assiste en témoin impassible à la grande lutte qui se poursuit en Orient, entre un noble peuple s'efforçant de briser le joug qui l'oppresse, et les sicaires du tzarisme asiatique. La vieille Europe contemple cette lutte presque avec indifférence, comme les spectateurs d'un cirque romain assistaient au combat d'un gladiateur contre un tigre ou un léopard ; parfois elle prononce un mot de compassion ou de regret, parfois même, ce qui est bien plus honteux, elle applaudit à la mort de l'esclave chrétien, déchiré par les ongles de la bête fauve. Cette même Europe qui, autrefois, protégeait les nègres et volait au secours des chrétiens d'Asie, n'a aujourd'hui que des paroles de commisération, presque d'ironie, pour le peuple le plus généreux, le plus civilisé de l'Orient, que le tzarisme s'efforce d'anéantir, comme la dernière entrave à ses projets de domination universelle. Abandonnée de tous, même de ceux sur l'appui desquels elle avait droit de compter ; la pauvre victime succombera sans doute ; mais cet abandon laissera sur notre mercantile et judaïque époque une trace ineffaçable.

Qui suis-je, pourrez-vous me demander, pour oser élever la voix en faveur d'une nation torturée depuis un siècle par trois voisins devenus puissants par son partage, et reniée du reste de l'Europe?

Voici ma réponse : Je suis Russe et j'aime sincèrement ma malheureuse patrie, menée de force, par un gouvernement barbare, à l'opprobre et à l'infamie ; je suis Russe, et j'use de mes droits d'homme et de citoyen pour vouer à l'exécration de mes compatriotes les bourreaux de la Pologne. Sur les sombres pages de notre histoire, souillées aujourd'hui par la main sanglante du tzar Alexandre II, je veux graver au moins une protestation énergique et vivante, au nom de l'avenir de mon pays, contre ceux qui cherchent à déshonorer son présent. Le sang et les larmes des martyrs russes qui gémissent dans les casemates de Saint-Pétersbourg seront à l'appui de mes paroles et porteront témoignage de leur vérité !

C'est pourquoi je prends la plume afin de donner à l'Europe une image vraie du peuple russe, ce peuple qu'elle connaît si peu, bien qu'elle en ait ressenti plus d'une fois le bras rude et puissant. Comme toute notre civilisation nous vient de l'Occident, nous le connaissons plus en détail que notre propre pays ; nous n'y trouvons de réciprocité que dans les histoires étranges que lui font certains journaux et certains hommes d'État, convaincus d'ignorance et de partialité. Nous y lisons parfois, à côté de la nouvelle de la découverte du Nil, des anecdotes pareilles à celles-ci : « A la prise d'un navire turk, pendant la bataille de Sinope, un officier russe coupa les oreilles à un soldat turk, et les mangea avidement. »

Je ne saurais vous peindre mon étonnement lorsque je lus les discours tenus dans le sénat français, à propos de la discussion de l'Adresse. J'ai surtout été stupéfait de la hardiesse de quelques orateurs, débitant devant cette grave assemblée des contes des *Mille et une Nuits*, sans que personne osât les interrompre. S'ils avaient mieux connu la Russie, ils auraient gardé le silence plutôt que de la défendre au nom de la démocratie et de la liberté. Dans le moment actuel, c'est là un contre-sens absurde et dérisoire. Si elle avait mieux connu la Russie, la France n'aurait pas éprouvé le désastre de 1812 ; si elle avait mieux connu la Russie, sa victoire en Krimée, obtenue avec le secours de quatre grandes puissances, n'aurait pas abouti à une coûteuse déception.

« La Russie barbare, nous dit-on, ne peut être redoutable à l'Europe. » Quant à moi, je pense tout le contraire. La Russie civilisée cessera d'être conquérante ; barbare, elle gardera tous ses instincts d'agrandissement aux dépens de ses voisins. Ses voisins aujourd'hui sont, par la Pologne subjuguée, l'Autriche et la Turquie ; par l'Allemagne asservie, la France et l'Angleterre. Civilisez la Russie, et ce géant formidable que vous êtes forcés de surveiller, au prix de toute votre richesse nationale, deviendra un allié sincère, un membre inoffensif de la famille européenne.

Je le dis avec toute la force de mes convictions : le seul moyen de civiliser la Russie, c'est de délivrer la Pologne. La maintenir sous le joug, c'est river à tout jamais la Russie à sa tâche maudite d'extermination et de massacre. On ne peut les sauver toutes deux qu'en les séparant. Aujourd'hui même, quelques efforts suffiraient, en mettant à profit la lutte engagée en Pologne ; demain peut-être il sera trop tard, et ce débat qui pourrait s'arranger à présent sans trop de difficultés, suivra fatalement la route sanglante et pénible de la révolution. Lorsque j'envisage notre position relative à l'Europe, je songe involontairement à ces sociétés de bienfaisance qui font des quêtes pour les sauvages d'Otaïti, et ferment les yeux aux malheurs qui les environnent. Porter la civilisation dans la Chine et le Japon, rétablir l'ordre dans le Mexique, c'est fort bien ; mais nous sommes soixante millions d'hommes en Europe, et nous méritons peut-être aussi qu'on s'occupe un peu de nous. Nous ne demandons pas mieux que de vivre de la vie européenne, pourvu que nous soyons d'abord initiés à ce qui fait l'essence même de cette vie, l'ordre et la liberté.

II.

Savez-vous ce que c'est que la Russie ? Jusqu'au moment présent, la Russie c'est le tzar. Figurez-vous une énorme caserne pour des millions d'hommes, vêtus d'uniformes allemands, tous muets, tous aveuglément soumis à la volonté de leur chef, obéissant à son moindre signe, prêts à donner ou à recevoir la mort à son commandement, et vous aurez une idée encore bien incomplète de notre société. Examinons de plus près les divers éléments qui la composent.

Le peuple d'abord, masse inerte et douée d'un seul instinct de soumission sans bornes ; ne vivant que du présent, tout son passé n'étant qu'une tradition d'une rude et perpétuel esclavage ; sans patriotisme, car aucun souvenir de gloire ou de prospérité ne le rattache au sol qui l'a vu naître ; sans religion, car sa croyance orthodoxe, qui seule pourrait lui servir de culture, semble être une invention du despotisme pour le maintenir dans un état d'ignorance irréparable. Toute idée morale est anéantie dans son germe par le grossier matérialisme de cette religion, voisine de l'idolâtrie, qui n'a pour objet que les pratiques extérieures et ne peut élever l'âme au-dessus des besoins de la vie quotidienne.

Touchez seulement aux légendes religieuses du peuple, vous n'y trouverez qu'un fétichisme abject et complètement dépourvu de la notion du bien. Le culte que le peuple rend aux images de Dieu et des saints est celui des sauvages d'Amérique pour leurs manitous ; il adore les images mêmes, mais non pas l'idée qu'elles représentent. Ceci vous explique pourquoi vous voyez en même temps une superstition sans exemple dans le peuple, et une incrédulité poussée jusqu'à l'athéisme dans les autres classes. A côté de cette religion, et même fondue avec elle, vous voyez la bizarre adoration du tzar, plus craint et plus vénéré que Dieu.

« *Dieu est bien loin, le tzar est partout!* » dit le proverbe. Le tzar, c'est l'incarnation de la toute-puissance ; l'esclave naît avec cette idée ; cette sombre idole en uniforme préside à tous les actes de sa vie ; dès son enfance, son oreille s'habitue à entendre le nom de l'empereur invoqué dans toutes les prières de l'Église, et sa jeune imagination se fait un type redoutable de cet homme-dieu qui n'a d'autre loi que sa volonté, pour qui l'impossible n'existe pas. Tel est le degré de culture intellectuelle et religieuse de notre peuple.

La classe commerçante n'est pas plus éclairée, mais, en revanche, elle est plus corrompue. Notre marchand, ne voyant d'autre moyen de s'affranchir que la richesse, n'est pas difficile dans le choix des expédients. Quand il a commis un vol, il court à l'église mettre un gros cierge devant un saint de prédilection, et s'en retourne, le cœur net, à la maison, méditer de nouvelles tricheries. Il ne se fait aucun scrupule de tromper Dieu et même le tzar. Il vend à faux poids et partage ses profits avec les fonctionnaires de tout grade. Ses idées politiques ne sont pas moins extravagantes que celles du peuple ; un négociant millionnaire vous affirmera sans broncher que la France est une province dépendante de la Russie, et que le refus des Anglais de payer leur tribut à l'empereur a motivé la dernière guerre de Krimée. En 1862, durant l'émeute des étudiants de l'université de Moskou, la police fit courir le bruit que c'était un soulèvement excité par les Polonais. La bourgeoisie courut aux armes et fit avec les soldats main basse sur ces jeunes gens, qui ne s'étaient assemblés que pour parler à l'empereur. Tout homme voulant être libre est nécessairement un Polonais.

Le clergé orthodoxe forme une caste à part, dont les traits caractéristiques sont l'ignorance et l'avidité. Comme le gouvernement s'en trouve fort bien, il ne songe nullement à l'éclairer. Les prêtres sont presque tous des ivrognes, des fourbes et des athées, prêts à faire pour de l'argent toutes les bassesses imaginables; pour les vrais fanatiques, il ne s'en trouve pas un seul dans toute l'étendue de la Russie. Le haut clergé et le saint-synode dépendent complètement du tzar ; sa volonté est la base de la religion et décide toutes les questions canoniques. Cet état de choses n'a pu mettre le clergé que très-bas dans la considération générale ; le paysan et le marchand ne passent jamais à côté d'un prêtre sans cracher à terre, parce que, dans leur opinion, « la rencontre d'un pope ou celle d'un lièvre qui vous traverse le chemin ne peut manquer de vous porter malheur! »

La classe nobiliaire, sur qui repose tout l'espoir de la Russie, n'est pas beaucoup plus cultivée que les précédentes. Je ne parle pas, bien entendu, de cette culture artificielle qu'on acquiert en lisant les mauvais livres et en faisant de ruineux voyages, qui ne pénètre jamais au delà de l'épiderme et qui pourtant fait beaucoup de dupes à l'étranger. Dans celle-ci, nous excellons entre tous les peuples de l'Europe ; et, il faut le dire, elle ne sert pas médiocrement les intérêts de notre diplomatie. Nous n'avons pas d'aristocratie de race ; il n'existe chez nous que l'aristocratie de fortune et de rang. Depuis que le tzar Féodor Alexiéwitch, par la destruction des livres et des diplômes généalogiques, a mis à néant les droits féodaux des boyars, notre ancienne noblesse n'existe plus que de souvenir. Remarquons, en passant, à quel point cette classe puissante était assujettie au caprice du tzar, puisque, d'un seul coup et sans murmurer, elle laissa détruire tous ses priviléges. Aujourd'hui, après deux siècles de relations continuelles avec l'Europe, nous supportons avec la même soumission que nos ancêtres les ordonnances et les exécutions les plus arbitraires. Quelques récalcitrants, s'ils ne veulent pas s'exposer à être déportés en Sibérie, doivent, pour la vie entière, s'exiler du pays, en abandonnant leur famille et leurs biens à la merci de l'autocrate.

Pour preuve, nous n'avons qu'à examiner le règne de Nicolas Ier, et surtout le règne actuel. A son avénement au trône, en 1825, Nicolas ordonna l'exécution des plus nobles enfants de la Russie, coupables d'avoir rêvé pour elle la liberté dont elle serait appelée à jouir dans une grande *Fédération slavonne*. Nous les regardâmes mourir avec une stupide résignation, ces premiers apôtres de notre affranchissement ; et le peuple, en revenant de cette sanglante exécution qui détruisait l'espoir et la gloire future de la Russie, répétait tout bas : « Ils ont mérité leur sort, ce n'étaient que des Polonais rebelles (*buntowtchiki*). » Mais la conscience troublée du tzar ne put être tranquillisée par notre soumission. Les hommes d'intelligence, en si petit nombre qu'ils fussent alors en Russie, lui semblaient le germe permanent d'une révolution à venir. Dès ce moment il engagea une lutte à mort avec la civilisation qui nous venait de l'Occident, avec l'esprit de progrès et d'émancipation du siècle actuel, et il faut avouer qu'il mourut vainqueur. Pendant les trente années de son règne, ôtant à la jeunesse les moyens de s'instruire, nommant aux emplois savants de vieux soldats comme Nazimoff, qu'il fit recteur de l'université de Moskou, le tzar Nicolas réussit à léguer à son fils la Russie ignorante, mais soumise. La Pologne seule lui résistait ; elle ne voulait pas abdiquer le rang qu'elle avait tenu pendant huit siècles parmi les peuples les plus intelligents de l'Europe : voilà pourquoi elle ressentit tout le poids de sa main de fer. Il fallait la tuer ou l'assimiler à la Russie barbare. Cependant la Providence poussait l'humanité dans des voies nouvelles ; Nicolas mourut, et le jeune empereur n'était pas capable de poursuivre l'œuvre commencée. Le tzar Alexandre II, d'un caractère naturellement craintif, longtemps courbé sous l'inflexible despotisme de son père, ne se plaisait nullement à l'administration violente dont il avait hérité.

La Russie ne tarda pas à le sentir et crut un instant renaître ; les universités se remplissaient d'élèves, de nouvelles écoles surgissaient de tous côtés : il semblait que l'aube d'une meilleure existence commençât à poindre pour elle. Mais l'illusion fut de courte durée ; ce qui paraissait à tous une régénération nationale n'était qu'une fantaisie momentanée du despote. « Je ne veux pas, disait Alexandre, qu'un autre que moi seul puisse avoir des serfs dans mon empire. » Un semblant de liberté fut donné aux paysans, qui ne comprirent pas cette offrande et qui hésitèrent à l'accepter ; on leur enseigna la reconnaissance à coups de bâton.

Quant aux propriétaires, dépouillés de la presque

INSURRECTION POLONAISE. — MAI 1864.

totalité de leurs revenus, un petit nombre d'entre eux approuva l'oukaze impérial, le reste se soumit en maudissant le donateur.

On espérait que le tzar irait plus loin, et qu'il élargirait les priviléges de l'autre partie de la nation. Ce fut en vain ; et les nobles, désabusés, s'irritèrent de rester serfs de l'empereur, tandis que les paysans recevaient la liberté. Une sourde agitation se fit remarquer dans tout le pays; les plus hardis manifestèrent tout haut leur mécontentement. La noblesse de Twer, la plus voisine de la Pologne, donna la première le signal de l'opposition, et protesta dans un acte officiel. Le tzar en fut effrayé; et bientôt les opposants payèrent chèrement leur témérité.

Un oukaze limitant les attributions des universités trouva de la résistance dans toute la jeunesse avide de s'instruire ; on dispersa à main armée les étudiants de Saint-Pétersbourg et de Moskou. Une quantité d'écrits révolutionnaires parurent en même temps dans les deux capitales ; on commença à se rassembler, à se concerter sur la nécessité d'un changement d'administration, on conçut même l'idée d'une adresse à l'empereur pour lui demander une constitution. Les événements de Varsovie, les meurtres commis sur une population sans défense, ajoutaient à l'excitation générale. La position de l'empereur devenait fâcheuse; il ne lui restait d'autre alternative que de suivre franchement la route du progrès, ou bien de comprimer dans leur germe ses premières manifestations. Il n'hésita pas à choisir le dernier parti. Avec tout l'emportement d'une âme vulgaire, il se mit à défaire son œuvre et s'efforça d'arrêter le cours dangereux des idées nouvelles.

Emprisonnements, déportations, suppression de journaux, tout fut employé pour éclaircir les rangs des patriotes et pour faire rentrer la masse du peuple dans l'obéissance habituelle. Le général Anienkoff donna, comme il le disait lui-même, la chasse aux citoyens de Twer, par ordre de l'empereur, et les envoya captifs à Saint-Pétersbourg. Les propriétaires furent partout menacés d'une révolte des paysans, arme familière du tzarisme.

III.

Dans ce moment la Pologne, réduite au désespoir par la barbarie des satrapes du tzar, engagea une lutte inégale, mais acharnée, contre ses bourreaux. La première nouvelle de l'insurrection polonaise ne produisit en Russie que de l'étonnement. On était convaincu, d'après le dire des journaux, que l'insurrection ne durerait pas au delà de quelques semaines; mais tout au contraire, elle ne faisait que s'accroître et commençait à préoccuper sérieusement les cabinets de l'Europe. Dans cet état de choses, le tzar, craignant une intervention de l'Occident, qui lui semblait la conséquence naturelle de ses sympathies, résolut de l'intimider par un déploiement de forces insolite et par des mesures de rigueur qui frapperaient d'épouvante les amis de la cause polonaise. Une agitation dans ce sens fut organisée à l'intérieur même de l'empire. On ordonna des Adresses de loyauté dans toutes villes, on calomnia l'insurrection en mettant sur le compte des insurgés toutes les atrocités commises par nos troupes, et cette même noblesse, qui naguère rongeait son frein avec impatience, se montra prête à soutenir les prétendus droits de l'autocrate.

Sous ce rapport, l'insurrection provoquée, comme à dessein, par les manœuvres du marquis Wielopolski, vint fort à propos résoudre les plus graves embarras intérieurs de la Russie. Était-ce de la part du cabinet russe, un plan prémédité d'avance, dont l'exécution aurait été confiée à l'orgueilleux marquis? Nous ne pourrions encore nous prononcer sur ce point avec une entière certitude. Mais si vous jetez un regard sur la Russie, vous la verrez tout entière animée d'un sentiment de haine ardente contre les Polonais, et du désir de leur destruction totale.

Et pourtant, d'où vient cette animosité? Quel mal nous ont fait les Polonais? Tant d'années de souffrance n'ont-elles pu même réveiller en nous le sentiment humain de la compassion?

Dans les plus mauvais jours du règne de Nicolas, nous leur devons la première idée de l'émancipation de nos paysans, formulée en premier lieu par la noblesse des trois palatinats de Vilno, Kowno et Grodno. Quand les Italiens entreprirent de secouer le joug jésuitique de l'Autriche, toute notre nation applaudit à leurs efforts; et quelques années plus tard, nous maudissons et nous calomnions les hommes qui se soulèvent pour le même principe, celui des nationalités.

Pour comprendre ce changement subit, il faut avoir une idée exacte de notre esprit public. Ce n'est pas le patriotisme qui nous exalte, nous ne sommes guidés que par l'instinct du troupeau obéissant à son guide. Notre peuple n'est pas encore en état de se faire son propre jugement sur les affaires du pays; il accepte tout fait des mains du plus fort et du plus habile. Un instant les libéraux eurent le dessus, nous fûmes libéraux avec eux ; aujourd'hui le despotisme nous domine, nous devenons plus despotes que le tzar.

Qu'il lui prenne la fantaisie de nous faire aimer les Polonais, nous les chérirons comme nos meilleurs amis. L'esprit d'imitation forme l'essence de notre caractère.

Ne trouvant rien qui puisse nous satisfaire chez nous, nous empruntons à l'Occident les modes, les coutumes, les idées admises, sans nous soucier si elles sont applicables en Russie. Une des singeries du jour est l'idée de nationalité, au nom de laquelle nous commettons tant d'actions odieuses. On nous voit fréquemment à l'étranger. Pourvu que nous en ayons les moyens, nous désertons volontiers notre pays triste et servile, pour la vie joyeuse de Paris ou le beau ciel de Naples. Mais ces voyageurs si expansifs, si libéraux durant leurs pérégrinations, vous ne les reconnaîtriez pas à leur retour en Russie. Gagnés par le spleen, soupirant après les plai-

K. OSTROWSKI. Œuvres choisies.

sirs qu'ils viennent de quitter, ils passent leur vie à arranger des dîners en l'honneur de Mourawieff, ou des meetings anti-polonais, toujours en manière de passe-temps et pour avoir l'air d'êtres utiles à la société. Demain, ils sont capables de souscrire à la séparation de la Pologne. Telle est l'organisation de notre société, régie par un gouvernement qui la traite avec dédain et qui ne se gêne pas dans le choix des moyens qu'il emploie pour affermir son pouvoir.

IV.

Le tzar, c'est la Russie, avons-nous dit plus haut; mais le gouvernement n'est pas toujours le tzar. Cet homme, symbole de la toute-puissance, est parfois gouverné par ses favoris. Souvent faible et docile envers eux, il est toujours implacable et dur envers son peuple; et il n'y a là rien qui doive étonner. Tout enfant encore, on lui disait que ce n'était pas pour nous qu'il était né, mais que nous étions nés pour lui; que les soixante millions d'esclaves qu'il gouverne selon son bon plaisir lui ont été donnés par le Créateur pour lui rendre la vie plus agréable. Aussi, tout notre sort dépend du caractère individuel de l'empereur. Un caractère opiniâtre, un naturel ombrageux, un cœur de bronze nous donneront pour souverain le feu tzar Nicolas Ier; un caractère chancelant, une nature indolente, un cœur efféminé nous procureront le doux règne d'Alexandre II. Sous le premier, l'oppression sera systématique, menée par une seule volonté; sous le second, elle sera désordonnée, dirigée par tous ceux qui sauront capter sa bienveillance.

Les ordres du gouvernement sont exécutés par toute une armée de fonctionnaires, divisés en quatorze classes, appuyés par un demi-million de baïonnettes. Qu'est-ce que notre employé? C'est un valet qui ne sert son maître que pour s'enrichir à ses dépens. *« Que j'aie assez d'argent, et je gagnerai le tzar lui-même, »* dit le proverbe: *« Une main lave l'autre, »* répond l'employé sur un vol qu'il vient de commettre. Vous croirez peut-être que la cause de tout cela tient à notre dépravation native? Il n'en est point ainsi. C'est le gouvernement qui s'efforce de nous démoraliser, car il y trouve son intérêt. Pour preuve, je ne citerai que le fait suivant. Le tzar venait de nommer gouverneur de Saint-Pétersbourg le prince Souwaroff, quoique la probité de cette homme de bien gênât les courtisans. Peu de temps après, une plainte fut portée devant le gouverneur par une foule de négociants, créanciers du comte Adlerberg, qui ne voulait pas payer leurs avances. Conformément à la loi, Souwaroff fit mettre le séquestre sur le palais du comte. Le fait fut rapporté à l'empereur, qui, lié d'amitié avec Adlerberg, lui promit de payer le demi-million de ses dettes. Quelques jours après, un nouveau billet de créance ayant été présenté par une dame à l'empereur en personne, celui-ci en versa le montant entre les mains du comte. Mais quelle ne fut pas sa surprise au jour d'audience suivant, en apprenant de la dame en question que sa créance était toujours impayée, le comte Adlerberg ayant emporté le billet et l'argent! Nous pourrions citer une foule de faits du même genre à la charge du même personnage, comme le vol d'un portrait enrichi de diamants au musée impérial, celui d'une fourniture de drap écarlate pour l'armée, d'une valeur d'à peu près cent mille roubles, etc., etc. Et pourtant le comte Adlerberg ne cesse de jouir de la faveur du tzar, il est comblé d'honneurs et de plus il dirige sa politique extérieure. Voilà ceux qui nous gouvernent et qui, certes, n'ont pas le loisir de songer à la moralisation des masses.

V.

Dans la sphère de l'enseignement, nous trouvons les mêmes tendances et les mêmes exemples. Délivrés de la pesante tutelle du tzar Nicolas, nous nous sommes jetés avec ardeur vers l'étude. Un grand nombre d'écoles gratuites furent fondées; notre jeunesse y instruisait le peuple pour le préparer à l'émancipation promise. Le gouvernement inventa toutes sortes d'obstacles à cette soudaine expansion de lumières. Pour détourner la jeunesse de la tâche généreuse qu'elle avait entreprise, on résolut de la jeter dans les bras de la prostitution. Des secours pécuniaires furent accordés à tous ceux qui établiraient des bals publics; en peu de temps Saint-Pétersbourg put se vanter de posséder trente-six de ces bouges infâmes, où les jeunes gens venaient apprendre le cancan, étude plus conforme aux vues du gouvernement que le travail des écoles.

Les bals masqués des théâtres impériaux devinrent des orgies de sauvages. La littérature, un instant régénérée et foudroyant avec vigueur les vices de notre société, fut réduite au silence. Tous les journaux indépendants, même ceux qui ne s'occupaient que d'art et de science, furent supprimés et leur rédacteurs mis au cachot. Tchernichewsky, rédacteur du *Contemporain*, frappé le premier et mis aux fers sans jugement, gémit aujourd'hui encore dans les souterrains de la Newa [1]. Ceux qui étaient accessibles à la corruption furent achetés. Katkoff, rédacteur de la *Gazette de Moskou*, autrefois faux démocrate, aujourd'hui plus impérialiste que le tzar, reçoit une pension viagère de soixante mille roubles. Dans chaque numéro de son odieux journal il pousse à l'extermination des Polonais, et prétend diriger à lui seul l'opinion publique en Russie. Nous pourrions citer beaucoup d'autres coquins de ce genre, qui signent leurs quittances de subvention avec une plume trempée dans le sang.

Feuilletez leurs publications d'aujourd'hui, vous serez étonnés du mépris avec lequel nous y sommes traités nous-mêmes. Est-il possible que nous ajoutions foi à des relations qui nous représentent sans cesse *un kosak* blessé sur *cent insurgés* tués ou

---

1. Le jugement qui le condamne à sept ans de travaux forcés dans les mines et à l'exil à perpétuité en Sibérie, vient d'être confirmé par le sénat de Saint-Pétersbourg. (V. p. 727.)

faits prisonniers? Vous y trouverez parfois des récits pareils à celui-ci. « A la prise d'un château fort, défendu par trois cents hommes bien armés, deux des nôtres ont été tués, tandis que tous les assiégés ont péri par le fer ou par le feu. » Et pourtant nos soldats massacrent sans pitié des gens qui, nous dit-on, ne savent pas se défendre! Que signifie alors cette dénomination de brigands et de bandits qu'on leur applique dans tous les journaux du tzarisme?

Messieurs les rédacteurs officiels, donneriez-vous tout votre sang et tout votre avoir pour la défense d'une idée, comme le font ces bandits? Sont-ce des femmes de brigands que ces nobles compagnes polonaises qui renoncent à la fortune, à la patrie, qui suivent à pied leurs maris ou leurs frères condamnés aux travaux forcés en Sibérie, comme l'ont fait mesdames Murzyçka, Lagowska, comme le fait en ce moment la célèbre Deotyma (Luszczewska), la Corinne polonaise, et des milliers d'autres dont nous savons à peine les noms? Qui êtes-vous donc pour oser flétrir ainsi tant d'actes d'héroïsme et de dévouement qui font honneur à l'humanité? Ah! mon cœur plein d'amertume ne peut même trouver l'expression propre à vous qualifier! Pourquoi votre indignation ne retombe-t-elle pas sur les bourreaux qui massacraient toute la population de Siemiatycé et de neuf autres villes dans le même palatinat? sur ces monstres qui tuent, après le combat, les blessés abandonnés sur le champ de bataille? sur ce Mourawieff, enfin, qui déshonore la Russie en lui faisant une sanglante auréole de ses crimes? C'est que, voulant vous faire passer pour les représentants de l'opinion publique, vous n'êtes que les vils instruments du tzarisme! Vous citez un catéchisme polonais trouvé, dites-vous, sur le corps d'un insurgé; et vous ne dites rien de ces brochures infâmes, répandues par milliers dans les provinces méridionales, dans le but d'exciter les paysans à massacrer leurs seigneurs! Eh bien, c'est moi qui parlerai pour vous.

Un de ces livres, imprimé l'année passée à Moskou, sous le titre: *De la justice russe et de l'iniquité polonaise*, commence de la manière suivante:

« Il est connu de tout le monde que les Polonais viennent de commettre le plus grand des forfaits. Ils ont trahi le grand et glorieux tzar Alexandre II Nicolaïewitch, en payant de la plus noire ingratitude tous les bienfaits qu'ils en ont reçus. Sur nos églises russes les Polonais veulent planter leur croix latine; ils veulent convertir à leur foi catholique tout le peuple orthodoxe, et lui faire reconnaître pour chef suprême de l'Église le pape, et non Jésus-Christ. Ils disent que notre foi, c'est la foi des paysans. Ils désirent rétablir chez eux l'esclavage et la corvée. Ils pendent et martyrisent les prêtres orthodoxes, massacrent leurs familles, pillent et incendient leurs maisons et leurs temples. Ce sont les prêtres catholiques qui exécutent eux-mêmes les condamnés. Nos soldats ont saisi l'un d'eux, qui avait déjà pendu dix-huit des nôtres et qui confessait le dix-neuvième en tenant une corde à la main... »

Plus loin, on y trouve l'histoire de Pologne racontée sur le même ton. Vous apprendrez, dans ce curieux récit, que les nobles polonais se sont mis en rébellion sur le refus de l'empereur de maintenir le servage. On y raconte aussi comment les prisonniers russes tombés dans leurs mains sont écorchés vifs; que chaque bande est escortée de prêtres qui la poussent au carnage; enfin, vous trouverez un résumé politique où vous lirez que « l'empereur russe Alexandre Ier exila l'empereur français Napoléon Ier sur une île déserte. »

Les quelques passages que je viens de citer suffisent pour indiquer les moyens que le gouvernement emploie pour pousser au crime le peuple ignorant, pour étouffer en lui tous les généreux instincts. C'est par ses mains qu'il veut exterminer la race polonaise; et tout germe de civilisation une fois anéanti, il pourra régner à son aise sur des ruines fumantes...

Je sais bien que cette lettre soulèvera des cris d'indignation dans mon pays. Les plus modérés m'en voudront de mettre ainsi à découvert le mal incurable qui le ronge; mais j'aime mieux encourir les reproches des égoïstes qui tiennent surtout à conserver leur position, que de participer, ne fût-ce que par mon silence, aux horreurs que le tzarisme commet et fait commettre en Pologne. Je suis Russe, mais je n'hésite pas à déclarer tout haut mes sympathies pour la cause de cette noble martyre que nous torturons aujourd'hui, comme les Juifs crucifiaient le Sauveur. Toutefois ces paroles du Christ: « Pardonnez-leur, mon père, parce qu'ils ne savent pas ce qu'ils font, » ne peuvent s'appliquer à la Russie. C'est que, tout en aidant le gouvernement dans son œuvre de destruction, nous ne cessons de répéter tout bas que les efforts de ce peuple pour reconquérir sa liberté ne peuvent manquer de réagir sur nous, et de nous amener en fin de compte une constitution libérale.

En agissant ainsi, nous agissons contre notre conviction et notre conscience. Quel prix peut avoir pour nous une constitution achetée par le sang d'autrui, baignée des larmes des mères polonaises, qui voient périr leurs enfants pour donner la liberté à leurs oppresseurs barbares? Souvenons-nous qu'il faudra des siècles pour laver cette tache de Caïn, qu'une guerre fratricide imprime au front de la Russie; que le bienfait reçu des mains de la victime ne lui portera pas bonheur. En voulant tuer la Pologne, la Russie se tuera elle-même. Ce n'est qu'en lui rendant justice, en lui restituant ses droits et sa nationalité, que nous pouvons espérer de reconquérir la nôtre.

UN RUSSE.

Moskou, 1864.

(*Globe*)

XLIV.

AFFAIRE DES PAPIERS DE L'INSURRECTION [1].

II.

Nous avons donné, il y a quelques jours, un extrait du *Czas* (non publié), d'après lequel des papiers saisis à Paris sur quelques réfugiés polonais, en 1862, auraient été communiqués au gouvernement russe et livrés par celui-ci au gouvernement prussien. Les derniers numéros du journal *Oyczyzna* (la Patrie), de Leipzig, donnent de nouveaux détails à ce sujet. Voici ce qu'il écrit, à la date du 11 mai :

« La citadelle de Posen et les maisons d'arrêt des districts sont remplies de détenus politiques, au nombre de plusieurs centaines, la plupart arrêtés sans aucune preuve, sans même un motif quelconque, soit dans leurs maisons, soit en voyage, arrachés à leurs ateliers ou à leurs travaux champêtres. Il n'est pas question de les interroger dès à présent ; on pense qu'ils ne seront jugés que dans le courant de l'hiver.

« Quant à ceux des captifs qui ont été emmenés à Berlin, leur procès est enfin instruit après une incarcération d'une année. L'acte d'accusation, déjà terminé, les range dans la catégorie des criminels d'État. Les gouvernements d'Autriche et de Russie ont coopéré à cet acte d'accusation, en transmettant tout ce qui pouvait se rattacher aux Polonais du grand-duché de Posen, et ce qu'on avait eu l'occasion de saisir sur les prisonniers civils et militaires, ou même sur le corps des insurgés massacrés.

« Faut-il ajouter que le gouvernement français se range aussi, dans cet acte, du côté de l'accusation, puisqu'il a livré à l'ambassade russe à Paris, en décembre 1862, c'est-à-dire quelques mois avant l'insurrection, les papiers trouvés pendant l'arrestation de Godlewski et Ćwierciakiewicz. »

Le journal ajoute en note :

« Ces papiers ont été rendus à Godlewski et à Ćwierciakiewicz, et leurs copies seulement communiquées à l'ambassade russe. Celle-ci les a transmises dans leur intégrité, *selon les propres expressions du procureur général*, au gouvernement prussien. » (*Oyczyzna*, n° 8, page 3, 1re col.)

Le numéro du 14 mai revient sur le même objet dans les termes suivants :

« Beaucoup d'autres papiers, soit trouvés durant les perquisitions chez les membres de l'organisation nationale, soit transmis par les gouvernements russe,

autrichien, et *même français* (!) sont cités dans l'acte d'accusation, etc. »

Voilà donc les deux principaux organes de l'opinion publique en Pologne parfaitement d'accord pour porter contre le gouvernement français une accusation de la plus haute gravité. Nous avons déjà fait nos réserves sur l'exactitude des faits énoncés, en engageant le gouvernement à s'expliquer d'une manière catégorique. Nous ne pouvons que renouveler aujourd'hui nos instances [1].

(*Opinion nationale.*)

XLV.

Des frontières de Pologne, 16 mai :

Le journal polonais *Oyczyzna* (la Patrie), paraissant à Leipzig, énumère les combats qui ont été livrés dans le courant du mois dernier. Un détachement polonais, après avoir franchi la frontière prussienne, le 16 avril, a livré le lendemain un combat près de Ciéciora, dans le district de Lomza. Après une perte de neuf insurgés, il a pénétré dans l'intérieur du pays. Le 22, le commandant Chaïmek a battu les hussards et les dragons russes près de Tarnogor ; et le 24, le détachement de Prenzyna a soutenu une lutte de plusieurs heures près de Zaklikowka. Les Russes se sont retirés en perdant une cinquantaine des leurs ; les pertes des Polonais sont à peu près équivalentes.

Le colonel Krysinski, dont le nom s'est déjà trouvé si souvent sous notre plume, a reparu dans le palatinat de Lublin. Le 17 avril, après avoir attiré les Russes dans une embuscade près d'Ulez, district de Lukow, il leur a fait subir une rude défaite. Attaqué par des forces considérables le 21, il a retraversé le Wieprz et a pris position dans les forêts de Lonczany. Son aide de camp Borkowski a été tué dans une de ses rencontres.

D'après le *Dziennik*, journal officiel de Varsovie, une bande, sous le commandement de Rokitnicki, déjà dispersée à plusieurs reprises, s'est reformée près de Zamosc, et opère dans le même palatinat. Cette bande, ajoute-t-il, est de nouveau détruite et son commandant fait prisonnier. Nous savons, au contraire, qu'elle s'y maintient avec vigueur, ainsi que celle de Narbutt, le frère du héros lithuanien.

L'*Invalide* constate l'apparition de nouveaux détachements dans le district de Biala. Son correspondant de Suwalki tâche de démontrer que l'insurrection est ravitaillée depuis très-longtemps par les habitants de la Prusse orientale, qui sont des Polonais.

Sur les instances de la Russie, des précautions très-rigoureuses ont été prises par le gouvernement prussien pour intercepter le passage de la frontière.

---

1. Voyez deuxième partie, page 567, à l'occasion de la mort de Godlewski.

1. Le gouvernement de Napoléon III ne s'est pas encore expliqué : « *Qui tacet, consentire videtur.* » La première édition de ce livre a paru en 1865, chez Amyot.

C'est la Poznanie, dit le journal russe, qui est maintenant le centre de l'organisation militaire. Le ministre de l'intérieur s'est rendu à Posen, pour examiner l'urgence de la proclamation de l'état de siége, exigée par la Russie.

Nous saurons bientôt quel a été le résultat de sa mission.

Les persécutions de Mourawieff et Baklanoff ont fait surgir dans le palatinat d'Augustowo de nouveaux corps de partisans. Celui qui l'occupe actuellement est le cinquième, et porte pour désignation la lettre R. La Livonie est encore le théâtre des mêmes scènes de barbarie que l'année dernière. Une bande de 800 *raskolniks* porte la mort et le ravage dans cette malheureuse province. Après avoir détruit et pillé les belles fabriques d'étoffes de M. Ianowski à Wiélona, elle s'est jétée sur le village de Warchlany et sur le château de M. Charles Borch, décédé depuis plusieurs années. Son cercueil et celui de son fils ont été retirés du caveau de famille, et leurs corps mis en lambeaux.

Des faits analogues se passent dans le royaume. Le correspondant de la *Gazette de Breslau* dit entre autres : « Le général Manioukin, commandant à Siedlcé, avait été prévenu que les cadavres de deux hommes tués par les insurgés venaient d'être trouvés dans les environs. Manioukin fit peser les cadavres et fit payer aux habitants une amende de 26 roubles par kilogramme. »

Dans plusieurs localités, la publication des oukazes russes a provoqué une lutte entre les soldats et les paysans, comme à Seyny et à Kalwarya. A Ludwinow, un paysan a exprimé hautement au commandant russe le mécontentement de sa commune au sujet des nouvelles lois, qui anéantissent en fait les priviléges accordés par le gouvernement national. Le chef moskovite fit arrêter le paysan rebelle ; mais ses compagnons le délivrèrent aussitôt et forcèrent la troupe à se retirer.

Les agents moskovites proclament que le général Berg s'est adouci, qu'il est mieux disposé pour les Polonais, en donnant pour preuve que personne n'a été pendu depuis six jours. Et cependant, un convoi de déportés, enlevant plus de 200 victimes à la population de Varsovie, vient encore de partir pour le fond de la Russie. En Lithuanie, on fait une vente publique de *deux mille* propriétés confisquées, et partout on continue à prélever des contributions de guerre dix fois plus exorbitantes et plus ruineuses que celles que les commandants prussiens font peser sur le Jutland.

(Patrie.)

XLVI.

Des frontières de Pologne, 25 mai :

Il nous arrive de Pologne, outre le bruit du combat, un immense cri de douleur et de désespoir soulevé par les ordres de plus en plus barbares des exécuteurs moskovites. Aux horreurs de la lutte et du massacre se mêle la déportation en masse de la race polonaise, nobles, bourgeois, prêtres et paysans, dans ces déserts profonds et glacés de l'Asie d'où l'on ne revient jamais. Chaque convoi de déportés emmène de Varsovie de 5 à 600 condamnés, parmi lesquels des femmes, des enfants, se vouant volontairement à un dur et éternel exil pour accompagner leurs maris, leurs frères et leurs parents.

Au départ d'un de ces convois, composé de neuf wagons remplis de prisonniers, ceux-ci entonnèrent en chœur l'hymne national *Boze cos Polske;* ce chant, répété par tous les assistants, malgré la présence des Moskovites, fut cette fois leur adieu suprême à la patrie. Ils sont généralement enchaînés deux par deux, souvent avec des criminels, la tête à demi rasée, les vêtements mi-parties fauve et noir. Dans ce nombre figurent des étrangers, Français, Anglais et même Allemands, volontaires, aujourd'hui martyrs de l'insurrection.

Les Moskovites, eux-mêmes, ont payé leur tribut à cette vaste hécatombe de tout un peuple. Le 27 avril, le soldat russe Szymkoff a été fusillé à Suwalki pour avoir pris part à l'insurrection. Au moment de tomber sous les balles, il déclarait hautement qu'il était fier de mourir pour l'indépendance de la Pologne. Quatre autres de ses camarades avaient déjà subi le même sort dans le palatinat d'Augustowo.

L'*Invalide russe* cite en outre un arrêt de mort contre le capitaine de grenadiers Melchior Czyzyk, qui, après avoir passé à l'insurrection, s'était mis à la tête d'un détachement, et contre le Lithuanien Bronislas Ludgaïlo (Czarnoskalski), lieutenant au régiment de Polock, démissionné en 1862. Ce dernier a été pendu par Mourawieff, à Kowno, le 19 mars. En revanche les *raskolniks* de Livonie qui se sont distingués dans les massacres de l'an passé ont été décorés d'une médaille avec l'étrange inscription : *« Pour patriotisme et bravoure! »*

Le même journal et la *Gazette de Moskou* ne cessent, depuis quelque temps, d'attaquer le gouvernement de Napoléon III. Aujourd'hui le *Dziennik* de Varsovie, malgré sa réserve habituelle à l'égard de l'Occident, donne des extraits de leurs articles et appelle sans façon le souverain français « la révolution couronnée. » Le passage relatif aux principautés danubiennes ne manque pas non plus d'une certaine importance : « Napoléon, dit-il, érige dans les principautés une batterie menaçant à la fois la Russie, l'Autriche et la Turquie. Il va sans dire que ces puissances ne le regarderont pas faire les bras croisés. »

Depuis le départ de Mourawieff, rappelé et malade à Saint-Pétersbourg, notre plus cruel persécuteur est actuellement le général Bellegarde, commandant à Radom. A son entrée à Opatow, pour intimider les habitants, il a fait saisir et pendre à la même potence les six premières personnes qu'il a rencontrées. Ne pouvant nier ce fait, le *Dziennik* cherche à le colorer en affirmant que les six victimes étaient des gendarmes nationaux de la bande de Grosman. Or,

Grosman, capitaine de cavalerie sous les ordres du colonel Syrewicz, puis du général Bosak, n'a jamais commandé des gendarmes, et se maintient jusqu'aujourd'hui avec succès dans le palatinat de Mazovie. Chaque pas de Bellegarde dans le royaume est marqué par un meurtre. Lors de la réunion des membres de la société de Crédit, il a fait dresser de nombreux gibets dans la ville, pour les contraindre à signer une adresse de fidélité à l'empereur; c'est sous cette menace que l'adresse a été rédigée et envoyée par une députation à Saint-Pétersbourg. Parmi les plus récentes victimes de ce proconsul, pendues sans jugement, on compte le major Zawadzki et le chef de détachement Denisiewicz.

Les extraditions des insurgés livrés par l'Autriche à la Russie n'ont pas cessé. La *Presse* de Vienne cite sept insurgés livrés à la date du 9 mai, et le *Czas* (le *Temps* polonais), quatre autres, par la douane de Radziwillow. Oksza, Podlewski et Szerszen ont été livrés de Krakovie même par la douane de Michalowice. La statistique municipale de Pskow constate le passage par cette seule ville de quatre-vingt-sept mille déportés. On peut se faire une idée du chiffre énorme atteint par la déportation dans toutes les autres villes de l'empire.

Que dire de ces faits inouïs, accomplis en plein dix-neuvième siècle, en face de l'Europe qui s'intitule libérale? Rien, sinon qu'en les laissant commettre, la civilisation se déjuge et se renie elle-même.

(*Patrie*.)

XLVII.

Des frontières de Pologne, 29 mai :

M. Pawlistcheff, rédacteur en chef du *Dziennik* (journal officiel russe de Varsovie), en parlant de la généalogie du général Bosak (comte Hauke), avait jugé à propos de le faire descendre d'une tribu de *tziganes*. Le propriétaire du moulin de Mariemont, chez qui le roi Stanislas-Auguste, enlevé par les confédérés de Bar, a été transporté, serait, d'après cette généalogie, le bisaïeul du brave général. Le colonel Hauke, directeur des théâtres de Varsovie, s'est porté garant de l'honneur de sa famille, et a provoqué M. Pawlistcheff en duel. Le général Berg, instruit de cette affaire, en a référé à Saint-Pétersbourg, et on ignore encore quel en sera le résultat.

Quoi qu'il en soit, le rédacteur en chef du *Dziennik* aurait dû se rappeler que les Hauke sont proches parents de la famille impériale, le grand-duc de Darmstadt, frère de l'impératrice, ayant épousé une Hauke. Mais les titres glorieux que le général Bosak vient d'acquérir sur le champ de bataille ont éclipsé à tout jamais ceux qu'il pouvait devoir au hasard de la naissance.

A côté de cet incident, un acte authentique vient donner un démenti formel à ceux qui voulaient séparer la cause de la noblesse polonaise de celle de la nation.

Voici la rectification adressée au *Bund* (allemand) de Berne, par l'agent politique du gouvernement national en Suisse, le comte Vladislas Plater :

« Monsieur le rédacteur, je crois remplir un devoir impérieux exigé par mes fonctions, en rectifiant une grave erreur de votre journal, publiée dans le *Bund* à la date du 21 mai. Selon les organes russes auxquels vous ajoutez foi, la noblesse polonaise chercherait à pactiser avec la Russie, en envoyant à l'empereur Alexandre II des adresses ayant pour but d'empêcher l'exécution sérieuse de la loi relative à l'émancipation des paysans.

« La Pologne est séparée de la Russie par un infranchissable abîme de sang et de larmes ; parler de réconciliation entre la victime et le bourreau, c'est ajouter une nouvelle blessure à celles d'une nation martyre pour la cause de la liberté. Qui ne connaît les moyens atroces adoptés par le gouvernement moskovite pour se procurer des adresses d'adhésion et de soumission ? Ceux qui ne signent pas s'exposent à être dépossédés de leur fortune et déportés en Sibérie ; et pourtant ces adresses ne sont que très-difficilement obtenues. La comédie de la députation des paysans polonais envoyés à Saint-Pétersbourg est déjà suffisamment connue pour donner une idée de ce système de terrorisme et de mensonge.

« La noblesse polonaise a pris les devants dans l'œuvre de l'émancipation et de la dotation des paysans : elle leur assure des avantages plus grands et plus réels que ceux que leur promet aujourd'hui le gouvernement moskovite. Ce n'est donc pas elle qui pourrait jamais réagir contre cette mesure libératrice proclamée par le gouvernement national.

« L'insurrection du droit contre l'oppression et la barbarie ne cessera en Pologne qu'avec la vie du dernier combattant ; de nouvelles luttes constatent et constateront son énergie.

« Permettez-moi donc de faire appel à votre impartialité et à vos sentiments bien acquis à la cause polonaise, en vous priant d'insérer cette rectification dans votre estimable journal.

« Recevez, etc.

« Zurich, 23 mai 1864. »

Cette lettre nous dispense de revenir sur l'accord qui règne entre toutes les classes de notre nation, si souvent et toujours si injustement contesté. Tous tant que nous sommes, nobles, bourgeois et paysans, nous n'avons qu'une seule alternative : vivre indépendants ou mourir. Si l'un de ces deux termes est encore refusé à quelques-uns d'entre nous, c'est que la somnolence de l'Europe ne nous a pas encore fourni l'occasion attendue par tous avec une égale impatience.

Le *Journal de Moskou* du 12 mai (n° 104) donne l'énumération des exécutions et des pendaisons effectuées dans le courant d'avril et de mai dernier :

Le 15 avril, dit-il, les Prussiens nous ont livré

plusieurs insurgés; entre autres Antoine Marcewicz, faisant partie du détachement Kolbe, et Julien Barczewski, propriétaire et commandant révolutionnaire du district de Płock, déjà blessé à plusieurs reprises en combattant nos troupes;

Le 24 avril, le paysan Sniadecki a été pendu à Nieszawa, près Włocławek, pour avoir pris part à l'insurrection;

Le 26, ont été pendus, dans la ville de Szczuczyn, plusieurs insurgés, et entre autres Édouard Horodecki et Balthazar Rutkowski;

Le 27, à Łowicz, André Soppe;

Le 29, à Wielun, Wislowski, ouvrier, pour avoir travaillé à l'équipement des insurgés;

Le 3 mai, à Stobnica, Iastrzembinski; dans le district de Lomza, Chrzanowski et Kraïewski; et à Opatow, six autres patriotes, pris les armes à la main;

Le 6 mai, à Lenczyça, Wodzinski;

Le 8 mai, à Dluzewo, district de Stanislawow, Tobald (Ratynski), sur lequel on a trouvé un décret du gouvernement national, sous la date du 24 avril, n° 574;

Le 11 mai, Michel Oskierko, docteur en médecine, fusillé à Mohilew (Lithuanie);

Enfin à Pruchno, district de Sieradz, le corps du chef de détachement Leniewski, pendu la veille, a été enlevé la nuit par des personnes inconnues et inhumé au cimetière.

Ajoutons à cette liste lugubre que le sénat de Saint-Pétersbourg a confirmé l'arrêt prononcé contre Nicolas Tchernicheffsky, un des meilleurs publicistes de la Russie, et qui le condamne à sept ans de travaux forcés dans les mines et à la déportation à perpétuité en Sibérie, pour avoir sympathisé avec la cause polonaise.

(*Patrie.*)

XLVIII.

AFFAIRE DES PAPIERS DE L'INSURRECTION.

[LE PROCÈS DES 127 PATRIOTES DE POSEN.

III.

Que de sang! que de larmes! que de ruines après un dévouement surhumain! C'est de la Pologne que nous parlons, de la mère de douleur qui voit ses fils les plus nobles, ses filles les plus généreuses, transportés par vingtaines de milliers au fond de la Sibérie, dans les gorges de l'Oural et dans les steppes d'Orenbourg.

La Pologne, accablée sous le joug, méditait et préparait au commencement de l'année dernière un suprême effort. Une vaste insurrection s'organisait; elle devait éclater au mois de juin, après avoir réuni les ressources, les munitions et, en un mot, tous les moyens propres à assurer le succès de cette revendication du droit et de la liberté.

Plusieurs centaines d'hommes étaient instruits de tout ce qui se passait, et chacun d'eux y travaillait avec ardeur, dans le pays et à l'étranger; mais les Polonais savent garder un secret; l'histoire merveilleuse du gouvernement national est là pour le prouver; il n'y eut donc pas une indiscrétion de commise; et pourtant, on sut tout à Saint-Pétersbourg, et les Russes, pour amoindrir le danger, brusquèrent les choses et firent éclater l'insurrection en plein hiver, lorsque aucun préparatif n'avait pu encore être fait.

Qui avait révélé au prince Gortschakoff le secret de la Pologne? C'est la France, répond d'une voix unanime toute l'Allemagne, depuis la Baltique jusqu'aux Alpes. Les journaux allemands reproduisent tous, en effet, les comptes-rendus du grand procès qui se poursuit en ce moment en Prusse contre 127 patriotes du grand-duché de Posen, accusés de haute trahison; et il résulte de ces comptes-rendus, que les papiers, saisis à Paris en décembre 1862, chez MM. Ćwierciakiewicz et Godlewski, délégués à Paris pour l'achat des armes et pour le fret d'un vaisseau destiné à une expédition dans la Baltique, avaient été communiqués en copie au gouvernement russe, qui aurait ainsi connu du même coup et le plan de l'insurrection et les noms de ceux qui s'y trouvaient engagés.

Nous avions déjà demandé au gouvernement, en invoquant l'honneur même de la France, des explications sur ces faits sans cesse dénoncés à l'étranger, et nos lecteurs ont appris par la note que nous avons reçue du ministère de l'intérieur le 24 mai, que « *le gouvernement français* n'a jamais fait aucune communication de ce genre. »

Le démenti était formel; nous l'avons accueilli avec joie, et nous sommes heureux aujourd'hui de constater que la presse étrangère a cessé elle-même de faire peser des accusations si graves sur le gouvernement français. Mais elle persiste à soutenir que la copie des papiers saisis n'en a pas moins été livrée aux agents de la Russie, et continue à rendre la France responsable d'un acte qui a coûté tant de sang à la Pologne, et a fait échouer l'effort gigantesque qu'elle voulait tenter pour recouvrer son indépendance[1].

Il importe de signaler au gouvernement cette phase nouvelle d'un débat si triste et si douloureux, et de mettre sous ses yeux et sous ceux du public les passages les plus saillants des journaux polonais.

Voici d'abord un extrait d'un long article inséré dans le *Czas* de Krakovie:

« Nous savons de la manière la plus positive que l'acte d'accusation formulé par le procureur général

---

1. On a prononcé, au sujet de cette infâme trahison, une des plus grandes hontes du second empire, déjà si riche en ce genre d'illustration, le nom du promoteur secret du 2 décembre, le comte de Morny, président de la Chambre des députés et mari d'une princesse russe. Il aurait reçu, pour ce service signalé rendu au tzar de toutes les Russies, plusieurs millions de roubles, prélevés sans doute sur les contributions extorquées par Berg et Mourawieff.

prussien auprès des tribunaux pour délits politiques (*Staatsgerichtshof*), contre les cent vingt-sept patriotes du grand-duché de Posen, dit avoir puisé les matériaux du procès dans les papiers de deux réfugiés, saisis en décembre 1862 par la police française et transmis en extrait (*im Auszuge*) au parquet de Berlin par l'ambassade russe à Paris. Ces papiers, par qui lui ont-ils été livrés?

« C'est ce que nous ne pouvons savoir ; nous laissons toutes les recherches et les vérifications de ce dernier point aux autorités françaises, dont nous sommes loin de vouloir suspecter les bonnes intentions et la véracité. Toute discussion même à ce sujet nous semblerait déplacée. Mais il est évident pour tous qu'un acte d'une nature aussi grave, un acte juridique duquel dépendent la vie et la liberté de plusieurs centaines de citoyens, ne peut être basé sur un mensonge.

« Pour s'en assurer, il suffirait que l'ambassade française à Berlin envoyât une personne sachant l'allemand à l'audience du 7 juillet prochain du tribunal pour délits politiques ; cette personne entendrait *in-extenso* l'acte d'accusation de nos prisonniers, constatant la communication de papiers saisis à Paris, chez les délégués polonais. »

Les assertions du *Czas* sont confirmées par la *Patrie* (*Oyczyzna*) de Leipzig, du 1er juin, qui reproduit le texte allemand de l'acte d'accusation. Voici la traduction littérale du passage relatif aux papiers saisis à Paris :

« Chez un des membres les plus actifs de l'Émigration démocratique à Paris, et dont le nom a plusieurs fois figuré dans les entreprises révolutionnaires des Polonais, Çwierciakiewicz, les autorités françaises ont mis en réquisition certains écrits qui, plus tard, *nous ont été communiqués en extraits* par l'entremise des autorités russes, et nous ont donné les notions les plus récentes *sur cette phase des préparatifs de l'insurrection*[1].

« Cet extrait de l'acte d'accusation est significatif, dit l'*Oyczyzna* ; et nous comptons sur les journaux français, jaloux avant tout de sauvegarder l'honneur national et la vérité, pour demander à qui de droit l'élucidation complète de cette ténébreuse affaire. »

Nous méconnaîtrions le premier de nos devoirs si, trompant la légitime confiance de la presse polonaise, nous ne demandions pas au gouvernement une enquête sévère sur un acte qui a été si fatal à la cause sacrée de la Pologne, et qui, en ce moment encore, livre à la justice prussienne les plus nobles têtes de la Poznanie.

(*Opinion nationale.*)

---

1. Voici le texte allemand de ce passage :
« ... Bei einem der thætigsten Mitglieder der demokratischen Emigration in Paris, dessen Name vielfach in die revolutionær-polnischen Unternehmungen dieser Periode hinein spielt, Joseph Çwierciakiewicz, sind seitens der franzœsischen Behœrde Schriftstücke mit Beschlag belegt, *die spæter im Auszuge durch Vermittelung der russischen Behœrden hierher mitgetheilt*, weiteren Aufschluss über dieses Stadium der Vorbereitungen zum Aufstande gaben. »

XLIX.

Juin 1864.

Des frontières de Pologne, 7 juin :

Selon l'*Invalide russe*, la fondation de la première colonie moskovite en Lithuanie a été célébrée le 21 mai (3 juin), sur l'emplacement même où se trouvait autrefois le village d'Ibiany, à vingt werstes de Kowno, habité par des laboureurs d'extraction nobiliaire, et qui fournissaient les plus vaillants soldats aux détachements de Petrowicz et de Dungaïlo. Ce village incendié a été détruit à ras de terre, par ordre de Mourawieff, les familles polonaises déportées, et la terre distribuée aux *starowiercy* (vieux-croyants), ces sectaires mis hors la loi, même en Russie, et dont on a trouvé cet ingénieux moyen de se débarrasser. « La fête, ajoute le journal russe, a été splendide. »

Les *Nouvelles de Moskou* du 2 juin parlent de plusieurs combats livrés le mois dernier, et donnent une longue liste de pendaisons. Parmi les combats les plus importants, elles citent celui de Dombrowa, dans le district de Wielun, du 11 mai, et celui de Dobrzatowo, dans le district de Lomza, où le chef de détachement Obuchowicz, propriétaire des environs de Minsk, a été fait prisonnier à la date du 15 et fusillé à Lomza le 1er juin. Parmi les exécutés nous voyons encore figurer les noms de plusieurs officiers russes démissionnaires ayant pris part à l'insurrection, comme François Patek, fusillé à Radom le 26 avril ; Berkiszkin le 18, et Georges Iwanoff le 16 avril ; de plusieurs paysans, Paul Rybin, pendu le 13 mai ; Jean Pietrali, organiste de Byczkowce, et Vincent Lakomiec du même village, le 19 mai ; enfin, Naum Perszyn, kosak de l'Ukraine, Jean Pawloff, ancien soldat russe, puis chef d'un petit détachement, Pierre Kominiarz, ancien grenadier du régiment de Mohilew, tous trois fusillés à Radom le 13 mai.

Les « bandes de brigands, » dit l'*Abeille du Nord* de Saint-Pétersbourg, commandées dans le district de Ianow par Flis, Prenzyna, Lukasik et Zielinski, ne cessent de tenir nos troupes en échec. Ces bandes sont aujourd'hui concentrées près de Modliborzycé. Le gouvernement, ajoute-t-on, a donné les ordres les plus sévères pour leur prompte dispersion. Le correspondant de Dresde annonce à cette feuille que le gouvernement saxon a ordonné l'expulsion de soixante-neuf réfugiés. Ces faits sont confirmés par nos propres informations. Nous apprenons en effet que la Saxe, se rendant aux exigences de la Russie et de ses alliés, a commencé la persécution en grand contre les Polonais résidant à Dresde. Tous les jours on fait des arrestations et des perquisitions dans leurs domiciles ; on saisit leurs papiers pour les remettre à l'ambassade russe. Mais ce qui devrait surtout attirer l'attention de l'Occident, c'est que plusieurs des personnes arrêtées sont envoyées à la frontière autrichienne et prussienne et livrées à la police de ces deux gouvernements.

Le droit d'asile n'existe donc plus pour nous dans toute l'étendue de l'Allemagne. C'est ainsi que MM. Nowalik, sujet prussien, Émile Prentkowski, ancien officier autrichien, ont été remis le même jour entre les mains des Moskovites. M. Szczecinski, gravement compromis dans l'insurrection et réclamé à plusieurs reprises par la Russie, arrêté et mis au secret, n'a dû son salut qu'à un hasard.

De pareils faits se passent probablement contre l'intention de S. M. le roi de Saxe, et il faut espérer qu'une fois dénoncés à l'opinion publique, ils cesseront de se produire dans un pays longtemps notre allié et celui de la France. La Saxe ne saurait, sans abdiquer son honneur national et son indépendance, se rendre complice des deux grandes puissances allemandes, dans l'œuvre de destruction qu'elles ont entreprise au profit de la Russie.

De nombreuses arrestations ont été accomplies le 22 et le 23 mai dans le palatinat de Krakovie. On cite les noms de plus de vingt propriétaires fonciers. L'un d'eux, M. Golemberski, s'étant réfugié à l'étranger, sa femme et sa sœur ont été enlevées et mises au secret. On dit même que ces deux dames seront déportées au fond de la Russie.

(*Patrie*.)

L.

Des frontières de Pologne, 13 juin :

Nous recevons aujourd'hui seulement communication de l'écrit adressé par le gouvernement national au comité des dames de Gallicie. En voici la teneur :

« Mères et sœurs polonaises ! A cette grande et sublime lutte de la nation, se frayant à travers le massacre et l'incendie le chemin de son indépendance, lutte terrible où tous les jours vous voyez périr vos fils et vos frères, vous avez apporté quelque chose de plus que les larmes et la prière ; fortes de votre amour, fidèles à vos espérances, vous veillez au seuil des prisons, vous vous penchez sur les lits des hôpitaux, vous donnez votre dernière obole pour l'achat de ces armes précieuses consacrées par vous à la délivrance de la Pologne.

« Mères et sœurs polonaises, le gouvernement national vous remercie. Vous avez prouvé au monde qu'il n'est point de loi salique pour le dévouement, et vous avez acquis des droits égaux à la gloire virile de tous ceux qui ont bien mérité de la patrie. Héroïnes du foyer, pour qui la foi, la charité, tiennent lieu de glaive et d'armure, courez à chaque gémissement, tendez les bras à chaque martyre. En remettant à vos frères les drapeaux qui doivent les guider au combat, inspirez-les de toutes les splendeurs de vos âmes angéliques, et que votre poitrine leur fasse entendre pour adieu cette immortelle devise de nos pères : « Tant que nous vivrons, la Pologne ne mourra pas ! »

Les dames de Gallicie ont répondu à cet appel du pouvoir national en redoublant, s'il se peut, de zèle et de courage. A peu d'exceptions près, elles ont mis leur fortune, leur vie, leur liberté même, à la disposition de la cause nationale, et beaucoup d'entre elles expient en ce moment, dans les prisons de Krakovie et de Léopol, ces sacrifices surhumains dont notre histoire, depuis un siècle, peut se glorifier entre toutes.

A bout de forces, épuisées d'offrandes, elles ont adressé au comité de secours des dames de Londres la lettre que voici :

« Mesdames et sœurs ! Bien que notre foi dans la justice divine ne soit nullement diminuée et que nous soyons loin de douter du triomphe final de notre sainte cause, toutes nos ressources sont complètement taries. Nous sommes brisées par le nombre toujours croissant de nos ennemis et par le besoin de nouveaux sacrifices, qui augmente de jour en jour, d'heure en heure.

« Vous avez noblement répondu à notre message de l'année dernière ; permettez-nous donc de recourir encore à votre générosité, comme épouses et sœurs de nos guerriers, combattant pour la civilisation et la liberté de tous. Les hommes qui combattent pour elles sur toute la surface du globe sont aussi vos époux et vos frères.

« Krakovie, Léopol, la Gallicie entière soumises à l'état de siège, ont rendu notre situation analogue à celle des provinces gémissant sous les jougs moskovite et prussien. Les prisons sont remplies de victimes des deux sexes, privées de toute assistance, même du secours des médecins.

« Beaucoup d'entre elles sont incarcérées pour avoir seulement osé donner des soins à leurs frères blessés. Les noms les plus distingués du pays se trouvent sur la liste des cachots. Il est affreux de penser qu'on puisse nous imputer à crime des œuvres de simple charité, et qu'en les découvrant, la police autrichienne ait l'ordre de nous livrer aux mains des Moskovites, c'est-à-dire à la mort sans jugement. Ayant déjà donné tout ce que nous possédions, jusqu'à nos anneaux de mariage, nous sommes forcées de vous faire cet appel, et par votre intermédiaire, à toutes les dames anglaises. Nous espérons que vous voudrez bien y répondre, pour nous aider à secourir les infortunés que nous voulons rendre à la famille et à la patrie. »

« Krakovie, 1er mai 1864. »

(*Patrie*.)

LI.

De Dresde, 19 juin :

La situation des réfugiés polonais sur les diverses parties du territoire allemand empire de jour en jour; en Saxe, elle n'est presque plus tenable. L'Europe, n'ayant pas voulu comprendre ses devoirs envers une nation malheureuse, voudrait aussi ne plus avoir devant les yeux le triste spectale des victimes de son indifférence.

Partout on traque, on expulse, on emprisonne ces débris d'un grand naufrage, comme on le ferait d'une bande de criminels.

Le roi de Saxe est, dit-on, un homme de cœur et un sage; mais la pression de l'Autriche et de la Prusse, servant les intérêts et les vengeances de la Russie, force le gouvernement saxon à des actes désavoués par sa conscience.

A chaque instant, des ordres non motivés de départ frappent des Polonais depuis longtemps établis dans le pays. Les visites domiciliaires, les perquisitions, les extraditions même sont très-fréquentes. Parmi les expulsés, on compte les colonels Syrewicz et Bogdan, le major Miaskowski et le lieutenant Antosiewicz; Horalik vient d'être exécuté sur la frontière moskovite, de même que les officiers Kostkowski, Lepkowicz et l'ouvrier Jeske, livrés en même temps par l'Autriche. Karwowski, ancien officier russe, grâce aux recherches de l'inspecteur de police Bose, aux gages de la Russie, aurait subi le même sort s'il n'était parvenu à s'échapper.

Et pourtant la Saxe, traditionnellement alliée à la Pologne, est un pays constitutionnel... Aucun organe allemand n'a osé relever ces actes illégaux, cette violation flagrante du droit d'asile inscrit dans le droit public européen. C'est que la Russie a inscrit à sa place une loi nouvelle, extraite des codes barbares d'Yvan le Cruel et de Catherine II, la loi d'extermination, qui forme aujourd'hui toute sa jurisprudence, sa raison d'État et sa politique.

(*Globe.*)

LII.

Des frontières de Pologne, 18 juin :

En Gallicie, toujours la même situation d'oppression arbitraire et violente. Les emprisonnements et les extraditions vont leur train, et les journaux n'en parlent plus, étant rigoureusement bâillonnés. Des deux cents dames incarcérées pour crime de bienfaisance et de charité, une seule a été réintégrée dans son hôtel et consignée sur parole : c'est la comtesse Sophie Wodziçka, dont la santé est gravement altérée par le régime des prisons autrichiennes. Toutes les autres attendront longtemps encore leur jugement, et se trouvent entassées pêle-mêle avec les voleurs et les femmes de mauvaise vie.

Dans le royaume, la situation est encore plus intolérable. Persécutions, pendaisons, déportations, flagellation de prisonniers des deux sexes, tous ces traitements indignes infligés à un peuple sans défense sont à l'ordre du jour. L'anarchie administrative est au comble; la propagande communiste se fait au grand jour, avec l'approbation des chefs, par les soldats et les innombrables agents moskovites qui se sont abattus sur la Pologne comme une nuée de vautours. La conduite sanguinaire de Mourawieff *le Pendeur* a été une fois de plus approuvée, applaudie et couronnée par Alexandre *le Magnanime*.

Bien mieux, les plans spoliateurs de Milioutin, pour la subversion de la propriété foncière, ont prévalu dans les conseils du tzar sur les réserves formulées par le général Berg lui-même, personnellement intéressé dans la question. On sait que, depuis 1834, des biens considérables lui ont été donnés en Pologne par feu le tzar Nicolas. Milioutin fait le vide dans l'ordre économique, par la confiscation déguisée sous l'apparence de réformes, comme Mourawieff opère dans l'ordre social par le massacre et la déportation en masse. Ces deux hommes étaient bien faits pour se comprendre et se soutenir mutuellement : Mourawieff tue, Milioutin, lui, dépouille ses victimes.

Les nominations des membres au conseil d'État sont faites dans le même ordre de défi à la conscience humaine. Les nouveaux conseillers sont choisis parmi les individualités notoirement hostiles au pays, comme le général Zaboloçkoï, célèbre pour avoir le premier donné l'ordre à la troupe, en 1861, de faire feu sur une foule agenouillée et désarmée, et comme le général Braunschweig, signalé par des actes de violence et de brutalité sans nom dans son gouvernement de Podolie.

Un grand sujet d'étonnement et de scandale se trouve dans ce qui se passe aujourd'hui en Allemagne. Se peut-il que le tzar Alexandre le Magnanime, après avoir itérativement fait l'apothéose du meurtre dans la sinistre personnalité de Mourawieff, les mains teintes du sang de cent mille Polonais catholiques et de presque autant de Circassiens, ose en plein pays catholique, en Bavière, affronter la réprobation de la conscience européenne; et que l'empereur apostolique-romain François-Joseph, avec une foule de princes allemands de même religion, tienne à grand honneur de lui faire cortége, de toucher en la baisant cette main ensanglantée par tant de crimes !

Voilà ce qui confond la pensée, ce qui mesure le degré de honteux abaissement où l'Europe moderne est tombée par l'oubli de tous les devoirs de toutes les traditions d'honneur et de patriotisme ! Le moyen âge n'a pas connu de pareilles ignominies, et ses princes chrétiens n'ont pas glorifié, que nous sachions, les exterminations des Omar et des Attila.

(*Patrie.*)

LIII.

Des frontières de Pologne, 23 juin :

Le gouvernement prussien fait tous ses efforts pour détruire l'élément polonais dans le grand-duché de Posen. Il se sert à cet effet des moyens les plus illégaux et les plus barbares, et semble avoir pris à tâche de rivaliser avec la Russie et l'Autriche dans l'œuvre de notre anéantissement. Il ne se contente plus d'introduire la langue allemande dans les écoles primaires du grand-duché; le gouverneur a déclaré qu'il était indispensable de fermer successivement toutes les écoles polonaises. On a commencé par celle de Trzemeszno, très-fréquentée et jouissant d'une ancienne réputation : plusieurs centaines de jeunes gens ont été jetés sur le pavé et mis dans l'impossibilité de continuer leurs études.

A Varsovie, comme à Vilno, on ne recule devant aucun moyen pour en finir avec l'insurrection, qui, cependant, ne cesse de dominer le pays. Le maître de police Kolyschkin s'acharne particulièrement contre les femmes, qu'il voudrait contraindre à quitter le deuil, à paraître en toilette aux bals officiels, aux théâtres, aux promenades publiques. Quelle humiliation pour ces pauvres veuves, dont les fils gémissent dans les cachots ou suivent à pied les chemins glacés de la Sibérie, de se présenter, le sourire aux lèvres, devant les sbires en épaulettes de Berg et de Milioutin! Mais il le faut, car une invitation est un ordre, et le refus entraîne immédiatement la prison! L'imagination moskovite a pu seule inventer ce châtiment nouveau, le *supplice du bal officiel*...

L'insurrection, quoique plus faible que l'année dernière, par les pertes qu'elle a subies et par l'établissement de l'état de siége en Gallicie, se maintient toujours. Le brave général Bosak vient de publier deux proclamations aux paysans, parfaitement accueillies dans les campagnes. La *Oyczyzna* du 25 courant annonce la formation de plusieurs petits détachements près de Kalisz et dans le district de Konin.

Une rencontre eut lieu près de Piasezcno, district de Rawa; des deux côtés, il y eut 15 à 20 blessés : ceux des Russes ont été transportés à Varsovie. D'autres groupes, désignés par les rapports moskovites du nom de gendarmes, parcourent en tous sens le pays.

L'*Abeille du Nord* de Saint-Pétersbourg signale, à la date du 22 juin, une bande d'insurgés bien armés dans les environs de Pultusk. Entrés dans la ville de Wyszkow, chef-lieu de la direction des forêts, ils se sont emparés de 170 roubles que contenait la caisse du gouvernement et se sont retirés dans une direction inconnue. Les bandes de Zielinski et Wisniewski, dit ce journal, existent encore dans le dictrict de Ianow : les chefs évitent le combat et sont soutenus principalement par les paysans. Il en est de même des parties montagneuses et boisées du palatinat de Radom, les plus appropriées à une guerre de partisans.

La *Gazette de Moskou*, rédigée par le célèbre Katkoff, l'Émile de Girardin moskovite, continue, dans ses numéros du 12 au 19 juin, sa propagande d'extermination contre les Polonais.

« Il ne s'agit plus seulement, dit-elle, d'introduire la langue moskovite dans les écoles et les tribunaux; mais il faut encore empêcher les Polonais, par tous les moyens possibles, de s'instruire dans leur langue.

« Nous n'avons pu jusqu'à présent influer moralement par *notre civilisation* sur la jeunesse polonaise, précisément à cause de la supériorité de l'élément polonais dans les provinces occidentales (la Livonie, la Samogitie, la Lithuanie et l'Ukraine). C'est donc leur conquête morale qu'il nous faut faire, et qui ne peut être obtenue qu'à l'aide de toute l'intelligence russe.

« Les forces morales de la société russe, ajoute M. Katkoff, sont, il faut l'avouer, très-minimes comparativement à celles de nos ennemis; mais elles nous suffiraient, je pense, si le gouvernement voulait user des *moyens* que nous lui proposons, s'il voulait adopter nos *idées.* »

Les moyens et les idées de M. Katkoff (une par jour), tout le monde les connaît aujourd'hui. C'est le massacre, le gibet, la déportation, avec tout leur cortége d'horreurs et d'infamies. Le réformateur Milioutin, qui les a mises en œuvre dans le royaume, n'a guère à s'applaudir des conseils de l'ancien faux démocrate.

Depuis le 15 juin, tous les maires de communes ont été forcés de suspendre leurs fonctions; partout les paysans se sont mis en révolte et ne veulent plus reconnaître l'autorité de ses agents. Il n'est pas impossible qu'il s'ensuive un soulèvement général, et que cette arme terrible de la spoliation, dirigée contre les propriétaires polonais, se retourne au premier jour contre la Russie.

(*Globe.*)

LIV.

Plusieurs journaux ont annoncé la formation, à Madrid, d'une *junte centrale* pour venir en aide aux Polonais. Nous recevons aujourd'hui le premier manifeste de ce comité, publié à la date du 4 juin, et digne à tous égards des généreux sentiments qui distinguent la nation espagnole. Voici cette pièce remarquable :

La junte de Madrid pour la cause polonaise, aux Espagnols.

Parmi les nations accablées sous le joug le plus odieux et supportant l'oppression avec la plus noble énergie, nous voyons figurer en première ligne l'héroïque et malheureuse Pologne. Grande dans les temps de sa prospérité, lorsqu'elle délivrait l'Europe chrétienne de la conquête musulmane, plus grande dans sa chute, lorsque trois cours chrétiennes se sont réunies pour lui ravir son indépendance, elle tomba sous le nombre de ses ennemis ; et toutes les fois qu'elle n'eut pas assez de force pour combattre, elle eut assez de courage pour souffrir. Grande encore dans l'esclavage, elle porta jusqu'aux dernières limites sa patiente résignation ; grande enfin aujourd'hui, lorsqu'en brisant ses chaînes, sans espérance de vaincre, mais aussi sans désespérer de sa cause, elle s'apprête à succomber une fois de plus, pour se retremper dans le malheur et ressaisir la victoire.

Une telle dignité dans la force, une telle grandeur dans l'infortune ont ému l'Europe étonnée.

Le Saint-Père a donné l'exemple, adressant des prières à Dieu pour cette héroïque nation. A son appel, tous les nobles cœurs ont pris parti pour les faibles contre les forts, pour les opprimés contre les oppresseurs ; et partout où la politique n'a pas étouffé la voix de l'humanité, ils se sont réunis pour venir en aide aux Polonais, pour participer à leurs souffrances et à leur gloire.

Le peuple espagnol, qui, avec les mêmes efforts et le même courage, a lutté pendant sept siècles pour sa foi, son indépendance et sa nationalité, et qui, même dans le siècle présent, s'est vu sous le joug étranger, mais, plus heureux que la Pologne, s'en est affranchi dans la mémorable guerre de 1808 à 1814, ce peuple ne saurait rester indifférent aux dangers d'un peuple frère, auquel l'unissent son caractère, ses sentiments, sa religion, et défendant ce que l'Espagne a toujours défendu. L'Espagne et la Turquie furent les seuls États qui, en 1773, protestèrent contre le partage de la Pologne ; c'est pourquoi l'Espagne ne saurait être aujourd'hui la dernière à tendre les bras vers la Pologne catholique, lorsque, la croix d'une main et le glaive de l'autre, elle s'efforce de reconquérir sa liberté, envoie périr dans de sanglants combats sa jeune génération déjà née dans l'esclavage, et ne cesse momentanément la lutte que pour enfanter de nouvelles victimes pour de nouveaux supplices, espérant toujours trouver la récompense finale de sa foi dans l'avenir et son inébranlable fermeté.

Nous n'avons pas le droit d'alimenter l'effusion du sang d'autrui, nous n'avons pas à prononcer la limite où devra s'arrêter un si grand sacrifice ; nous pouvons pourtant témoigner l'indignation que produit en nous la tyrannie, manifester les sympathies que nous inspirent les victimes, et, détournant les yeux de cette lutte terrible, les reporter vers les blessés, les veuves et les orphelins, vers ceux qui, agonisants ou vaincus, sont contraints à quitter les rangs de leurs frères ; ceux qui, par la sainteté de leur vocation ou par le manque de force, ne peuvent porter les armes, vers ceux enfin qui gémissent sans secours en exil ou dans les fers. A l'égard de tous ceux-là doit s'exercer la charité chrétienne du peuple espagnol, charité puisée dans le sentiment de la sainteté de leur cause, de la justice et de la vérité.

Par ces motifs, les signataires ont cru devoir former un comité central pour les blessés, les veuves et les orphelins polonais, composé d'hommes de toutes les opinions politiques, unis par le même lien de compassion pour leurs frères opprimés.

Le comité a fait les premières démarches relatives à cet objet ; il en entreprendra d'autres dont il donnera bientôt avis au public. En attendant, il s'adresse par la voie des journaux aux nobles sentiments du peuple espagnol, afin que celui-ci prenne en considération les efforts et les souffrances des Polonais, qui, environnés de toutes parts d'oppresseurs et d'ennemis, ne comptant plus que sur la justice divine, combattent pour une cause qui, étant celle de l'humanité, est par cela même la cause du peuple espagnol.

Avant de publier de nouvelles dispositions, le comité ouvre une liste de souscription en faveur des victimes de l'insurrection polonaise, dans les bureaux du *Peninsulares*, 20, calle Mayor, et, en province, chez les agents de cette compagnie.

Tous les journaux sont autorisés à ouvrir de pareilles listes et à recevoir les offrandes.

Madrid, 4 juin 1864.

Signé : LE DUC DE VILLAHERMOSA, président ; PASENAL MADOR, trésorier ; CANDIDO NOCEDAL ; ANTONIO APARASI Y GUIJARRO ; FRANCISCO NAVARRO VILLÒSLADA ; LE PRINCE FERNAN NUNEZ ; PRAXEDES SAGASTA ; LE MARQUIS MONISTROL ; LE COMTE DE SASTAGO ; SEVERO CATALINA ; DANIEL CARBALLO ; NERMESIO FERNANDEZ CUESTA, secrétaire délégué du comité de Paris.

(Suit l'annonce de l'émission d'obligations de l'emprunt national polonais, payables à la fin de chaque année, et dont les titres seront délivrés à l'adresse ci-dessus du *Peninsulares*).

(*Patrie*.)

LV.

Deux proclamations publiées au nom du gouvernement national par le brave général Bosak, commandant les palatinats de Krakovie et de Sandomir, viennent d'appeler aux armes le peuple polonais. Voici la première :

« Peuple, frères d'armes, citoyens ! Les promesses que je vous ai renouvelées, il y a trois mois, au nom du gouvernement national, du pays et de vos anciens propriétaires, aujourd'hui dépossédés par la Russie, vont recevoir leur exécution.

« Par notre patriotisme, notre persévérance et le courage des divers détachements armés pour la défense de nos droits, la Russie a été contrainte de remplir le vœu du gouvernement national, en vous faisant donation des terres, des redevances et des fermages que celui-ci vous avait précédemment accordés. Mais, toujours avide et parjure, la Russie a restreint ce bienfait par une rançon équivalente aux susdites redevances, dont vous aviez été gratuitement déchargés par le gouvernement polonais ; je viens donc, en son nom et par ordre, protester contre cette injuste restriction.

« Si les envahisseurs qui souillent encore notre patrie, et qui voudraient, avant de la quitter, s'enrichir de nos dépouilles, osent maintenir leurs prétentions, le gouvernement vous appellera aux armes ; agissant au nom du peuple, il aura recours à la force collective du peuple. C'est par mon organe qu'il vous donnera le signal d'une levée en masse sur toute l'étendue du pays.

« Alors, vous vous lèverez tous comme un seul homme, pour en finir une fois avec un ennemi haineux et barbare, pour arrêter l'effusion du sang précieux, pour assurer la victoire à notre immortelle insurrection.

« Mais, afin de nous trouver forts et menaçants devant l'ennemi au jour désigné, je recommande à chacun de vous de se munir d'une faux, et à tous, d'être prêts à recevoir dans vos rangs vos anciens propriétaires, soit comme chefs, soit comme simples combattants. Je vous recommande en outre de ne pas agir en masse avant le signal, mais d'envoyer des volontaires aux détachements déjà formés.

« Peuple ! le gouvernement national vous appellera au moment le plus propice ; soyez donc tous préparés à la lutte, car ce moment, déjà proche, sera celui du salut de la patrie et de sa délivrance entière de l'odieuse domination moskovite.

« *Le commandant du 2ᵉ corps,*

« *Signé :* Le citoyen général BOSAK. »

Voici la teneur de la seconde proclamation publiée le 1ᵉʳ juin sous la forme d'un ordre du jour par le chef d'état-major du général :

« Officiers, soldats, volontaires ! J'ai reçu l'ordre de vous rappeler sous les drapeaux de l'insurrection. Je le fais avec une joie indicible, car la patrie se trouve aujourd'hui dans les camps du peuple insurgé, car elle veut maintenir ses droits nationaux avec l'épée et le fusil, non avec de vaines paroles. Aux armes donc, pour la défense de ses lois et de sa liberté !

« Vos chefs vous indiqueront les points du pays où vous devrez vous rassembler : combattant à votre tête, ils vous guideront à l'affranchissement de notre patrie.

« Suivez-les avec pleine confiance, et Dieu nous donnera la victoire !

« Vive la Pologne ! honneur et gloire à ceux qui mourront pour elle !

« Pour le général Bosak :
   « *Le chef d'état-major du 2ᵉ corps.* »

(*Patrie.*)

LVI.

Nous recevons d'un habitant de la Lithuanie une lettre qui confirme les renseignements que nous avons déjà publiés sur les dispositions des paysans de cette contrée à l'égard de la France, d'après la lettre d'une dame lithuanienne. Nous nous faisons un plaisir d'en citer les principaux passages. Il y a là, suivant nous, une grande leçon pour la France :

« Réfugié à Paris, écrit notre correspondant, je me hâtai de retourner en Lithuanie à la première nouvelle de l'insurrection nationale, et j'arrivai à l'improviste chez mes parents, mon oncle, mes cousins, mes neveux appartenant presque tous à la classe agricole. Comme je revenais de cette France pour laquelle notre peuple garde toujours les sentiments de la plus vive amitié, je fus reçu avec tous les honneurs possibles. On ne se lassait pas de m'interroger sur Paris, la grande ville, sur la politique de l'empereur Napoléon III, sur son armée, sur nos frères réfugiés depuis 1832. Il y a évidemment dans ce peuple une croyance instinctive à la mission de la nation française, appelée, selon lui, à l'affranchissement des peuples opprimés. Les Français ont donné la liberté aux paysans du grand-duché de Varsovie ; ceux de Lithuanie ne sont redevenus esclaves qu'après 1813. La suppression du servage en Russie n'eut lieu, toujours d'après le même ordre d'idées, qu'à l'intervention officieuse de la France.

« De plus, il se trouve chez nous des vieillards ayant servi Napoléon 1ᵉʳ. Le monde connaît l'enthousiasme de nos vétérans pour le grand capitaine qui les conduisait à la victoire. Ces hommes d'un autre siècle, vivant aujourd'hui d'aumônes, pour la plupart, vont porter de cabane en cabane les récits merveilleux de l'épopée impériale. Un de ces conteurs ambulants était le frère de mon aïeul. Il avait combattu à Saragosse ; sous les murs de Paris, il avait vu de ses propres yeux le *petit caporal,* il avait eu l'honneur de lui parler après une bataille, et parfois tirant de son sein une vieille image de l'Empereur, apportée de je ne sais où, il nous la montrait à la ronde et nous invitait à bien retenir ses traits dans notre mémoire.

« On conçoit quelle impression doivent produire ces scènes sans cesse renouvelées, car on trouve encore quelqu'un de ces conteurs, ou, si l'on veut, de ces rapsodes, dans presque toutes les communes de la Lithuanie. Ils perpétuent dans les populations l'amour de la France, et traduisent en paroles ardentes cette admiration passionnée que nous éprouvions pour elle. Demandez à une jeune fille de village qui elle voudrait épouser, d'un Français ou d'un Allemand; à peine daignera-t-elle vous répondre, tant la question lui paraîtra étrange et malsonnante, — pour ne pas dire blessante.

« Il est donc tout naturel que ces braves gens m'aient accueilli de leur mieux, se figurant que je leur apportais une bonne parole de la nation libératrice. Aussi leur première question fut:

« — Les Français vont-ils venir?

« Mon embarras était extrême.

« — La France, répondis-je à ces hommes à la foi vive et au dévouement sans bornes, la France a pour la Pologne les plus vives sympathies; mais les peuples ne sont pas toujours les maîtres de leurs destinées.

« Je me tus sur le reste.

« Après un instant de réflexion, j'ajoutai toutefois que, tant que nous serons inactifs, personne ne viendra chez nous. Commençons par chasser les Russes, et, si nous sommes les plus faibles, les autres nations se mêleront à la lutte. Après tout, le plus sage est encore de ne compter que sur nous-mêmes.

« — C'est ce que disait aussi ton père, s'écria ma vieille tante, lorsqu'il allait combattre la Russie, en 1831. Va rejoindre les tiens dans la forêt; tu vengeras sa mort! » En me disant cela, elle me bénit et me baisa au front.

« Personne ne viendra-t-il avec moi? demandai-je aux jeunes gens. Tous se rangèrent à mes côtés; mais bien peu devraient, hélas! evenir dans le pays...

« Le cabinet des Tuileries avait, de concert avec l'Angleterre, adressé une note au tzar moskovite. Le peuple lithuanien en eut connaissance: « Voilà, s'écriaient-ils, les Français qui écrivent déjà à nos ennemis; plaignons les uns et méfions-nous des autres! » En vain m'efforçais-je de leur faire comprendre que cette note était écrite en faveur de la Pologne et pourrait arracher au tzar d'importantes concessions.

« — Fable que tout cela! répondaient les paysans; le *Moskal* (Moskovite) n'écoute aucune écriture, c'est un impie! »

« La Lithuanie tout entière n'en a pas moins la conviction de son affranchissement par la France. Cette croyance vient-elle de Dieu, ou n'est-elle qu'un préjugé populaire? L'avenir nous l'apprendra; mais, il est dans le ciel et sur la terre, comme dit Shakespeare, des choses que n'ont jamais rêvées les philosophes.

« Un Lithuanien. »

(*Opinion nationale.*)

LVII.

Juillet 1864.

Une nouvelle extradition vient d'avoir lieu à Krakovie. La conduite de la cour de Vienne à l'égard des Polonais réfugiés sur son territoire est toujours celle d'une fidèle alliée de la Russie. En voici un exemple concluant, et qui vient d'émouvoir profondément la population de cette malheureuse cité des Piasts et des Jaghellons.

M. Célestin Zakaszewski, originaire de Podolie, mais depuis longtemps propriétaire et l'un des habitants les plus considérés de Krakovie, vient, après plusieurs mois de détention, d'être livré aux mains des Moskovites. Sa famille se composait de madame Zakaszewska, issue d'un sang héroïque et sœur de cette mademoiselle Anna Rozyçka qui, à la suite des plus mauvais traitements endurés pendant plusieurs années, est morte en 1858 dans la forteresse de Theresienstadt; de deux filles, dont l'une en bas âge, et de mademoiselle Wielowieiska, sa cousine.

Voici dans quelles circonstances eut lieu cette extradition :

M. Zakaszewski avait été arrêté dans les premiers jours du mois de mars, en vertu de la loi martiale, malgré son passe-port délivré par les autorités russes, n'expirant qu'au mois d'août prochain, et son permis de séjour, signé du directeur de la police de Krakovie, M. English. Quelques jours après, eut lieu l'arrestation de sa femme, d'une santé très-débile, et de mademoiselle Wielowieiska. Le tribunal militaire de Gallicie a rendu, à la date du 15 juin, un arrêt relevant M. Zakaszewski de toute culpabilité, et autorisant la prolongation de son séjour dans le pays.

Cependant M. English, malgré la promesse solennelle donnée aux notabilités de la ville de la délivrance immédiate du prisonnier, l'a fait transférer le même jour à la prison de police dite du *Télégraphe*, et puis, sur un ordre du gouverneur civil, M. Merkl, déporter à la frontière de Michalowicé, où l'attendait l'officier russe chargé de le recevoir. C'est en vain que sa fille aînée, ayant obtenu du général commandant Bittermann de pouvoir lui dire un dernier adieu, a cherché à le rejoindre; les sbires moskovites avaient déjà emmené leur proie dans la ville d'Olkusz, tandis que sa femme et mademoiselle Wielowieiska sont toujours sous le coup d'un interrogatoire dans la maison d'arrêt de Krakovie.

C'est ainsi que toute une famille respectable a été brisée, spoliée, anéantie, par le simple bon vouloir d'un fonctionnaire autrichien dévoué à la Russie, et malgré une sentence d'acquittement des cours martiales. On connaît les rapports journaliers de M. Merkl avec le maître de police russe, marquis Paulucci, et son *alter ego*, le chancelier Tengoborsky. On nous apprend simultanément que le comte Stanislas Tarnowski, coupable d'avoir fait partie du comité de secours de cette ville, a été condamné à douze ans de prison, et que, selon la teneur de l'arrêt, il doit y rester enchaîné.

(*Patrie*.)

LVIII.

Des frontières de Pologne, 8 juillet :

Le publiciste russe, M. Katkoff, a publié le 19 juin (1er juillet), dans son journal les *Nouvelles de Moskou*, un article qui contient un singulier rapprochement avec les notes secrètes divulguées par le *Morning Post*. Il mérite d'autant plus l'attention des hommes politiques que le journal de M. Katkoff occupe à l'égard du prince Gortschakoff la même situation que le journal anglais à l'égard de lord Palmerston. « Rien n'est plus gênant, dit-il, pour les gouvernements, que les traités internationaux qui se rapportent à leurs affaires intérieures. Le droit de protection dévolu aux gouvernements étrangers sur leurs propres sujets est en même temps désagréable et dangereux. Si les traités qui se rédigeaient à Vienne n'avaient rien dit concernant la Pologne, il est évident que l'orage diplomatique de l'année dernière n'aurait pas eu lieu, et que l'insurrection polonaise aurait perdu sa raison d'être. Jamais cette vérité n'est apparue aux yeux de tout le monde avec autant de précision et de clarté. » Nous pourrions ajouter que jamais un sophisme n'a été formulé avec autant d'audace.

Plus loin, M. Katkoff prétend que les oukazes pour l'émancipation des paysans ont été faits en vue de punir les propriétaires polonais d'avoir pris part à l'insurrection. Cette question est traitée par la feuille moskovite comme prématurée, et son application n'est qu'une mesure politique, ajoutée à toutes les autres mesures de prudence et de sécurité.

La conduite des autorités russes est en harmonie avec les sentiments exprimés par leur organe semi-officiel. Le terrorisme et l'arbitraire sont au comble à Varsovie et dans les provinces. On parle d'un impôt pour subvenir aux frais de déportation et d'exécution des prisonniers. Depuis que le gouvernement national a publié un décret pour défendre aux habitants tout achat des biens confisqués, les journaux russes ne cessent de pousser à la vente des domaines de l'État, en démontrant l'immense avantage qu'il y aurait pour le pays, si ces domaines, aujourd'hui très-mal administrés par les employés, passaient entre les mains des particuliers.

Un haut fonctionnaire a été envoyé à Berlin pour traiter de cette vente avec des acheteurs allemands. Cette spoliation, prouvant une fois de plus que les Russes ne se sentent plus chez eux en Pologne, échouera contre l'énergie et l'activité du gouvernement national, et le *Dziennik powszechny* du 30 juin a reçu un *communiqué* dans ce sens.

Les exécutions se multiplient sur toute l'étendue du pays. Parmi les plus atroces, je citerai celle du paysan Blaise Komorowski, du village de Kielbowo, le 20 juin, par le général Bellegarde, et celle d'Énoch Stolzmann, israélite converti, à Kiernozié, district de Gostyn. Au moment où le condamné était hissé à la potence, les cordes se rompirent et le malheureux fut supplicié une seconde fois. Le prêtre qui avait confessé Énoch fut frappé d'une amende de 50 roubles pour avoir laissé une petite croix au cou du moribond, ainsi que le maire de l'endroit pour avoir fourni des cordes trop faibles. Énoch s'était fait distinguer par sa bravoure dans le détachement de Syrewicz.

Comme le ridicule se mêle à l'odieux dans tous les actes de l'administration russe, on vient d'instituer à Varsovie une commission pour les enseignes publiques. De hauts dignitaires de l'armée en font partie ; tout industriel qui aspire à la faveur de pouvoir placer une enseigne est tenu de présenter un projet de rédaction à ladite commission, qui, après mûr examen, décide s'il y a lieu d'accorder la faveur sollicitée.

Une autre commission s'occupe des cochers ; leur livrée doit être conforme au dessin du commissaire *ad hoc*, sous peine d'être envoyés en Sibérie, sans même pouvoir faire ce long voyage dans leur voiture.

Nous apprenons que le comte Sigismond Dombski est mort le 24 juin, à la suite des mauvais traitements éprouvés dans la prison d'Olsztyn, en Poznanie. Son frère Bruno, blessé et fait prisonnier à Obiechow dans le détachement de Chmielinski, est mort en route pour la Sibérie. Leur père Apollinaire avait fait les campagnes de l'empire français.

(*Patrie*.)

LIX.

APPEL DES PRÊTRES POLONAIS

AU CLERGÉ CATHOLIQUE UNIVERSEL.

Le clergé polonais, qui, loin de se séparer de la nation dans les moments de crise, fait toujours cause commune avec elle, et par son dévouement s'est acquis un renom bien mérité de patriotisme, vient de publier un *Appel au clergé catholique universel*, intéressé comme lui dans la lutte sanglante qui se poursuit en Pologne. Nous faisons des vœux pour que cet appel, ayant pour objet de secourir d'héroïques souffrances, endurées pour le maintien de la foi catholique en Pologne, soit entendu par tous ses desservants en Europe, qui ne feront, en s'y associant, que suivre l'exemple donné par le chef de l'Église. Dans d'autres temps, ce cri suprême de la Pologne martyre aurait été celui de Pierre l'Ermite « *Dieu le veut !* » appelant la chrétienté à une croisade contre l'Islam ; dans le nôtre, exclusivement mercantile, qu'il serve au moins à organiser une souscription en faveur des blessés et des proscrits.

12 juillet 1864.

« Au milieu des calamités, des malheurs et des persécutions inouïes sous lesquelles succomberait toute autre nation que la Pologne, nous, prêtres polonais, fils de la sainte Église catholique-apostolique romaine, nous élevons notre voix vers vous, vénérables frères, ministres de Dieu, afin de vous exposer nos douleurs et nos souffrances.

« Depuis près de cent ans déjà, nos ennemis allemands et moskovites, usant de trahisons inouïes, ont morcelé notre pays. Depuis près de cent ans, nous gémissons en présence des outrages faits à Dieu, à la religion, à notre Église, et à tout ce que nous considérons comme saint et sacré. Chaque année, oubliant que toute démonstration publique est punie par la prison, l'exil ou la mort, des milliers d'enfants de la Pologne, de tout rang et de tout état, élèvent la voix pour protester contre les violences faites à leur culte et à leur nationalité.

« Nos ennemis, au lieu de revenir à de meilleurs sentiments, cherchant à combler la mesure de leurs forfaits, ont résolu de détruire, de dépeupler, de ruiner de fond en comble tout ce qui constitue la richesse morale et matérielle du pays; les victimes qui survivent encore à tant de désastres sont forcées par eux de renoncer à leur croyance, à leur langue et à toutes leurs traditions nationales.

« La religion catholique étant un obstacle à leurs desseins, ils ont décidé d'employer tous les moyens de compression dont dispose la tyrannie, pour la déraciner, la fouler aux pieds et l'étouffer dans le sang.

« Nous avons été témoins de toutes ces persécutions dont les siècles de barbarie ne nous ont pas offert de précédents. Quel triste tableau présentent aujourd'hui nos campagnes, nos cités, nos églises! Des milliers de jeunes gens égorgés, d'autres luttant depuis trois ans avec l'énergie du désespoir contre un ennemi de beaucoup supérieur en nombre, des milliers de pères, de mères et d'enfants journellement arrachés du sol natal, chargés de fers, déportés au fond de l'Asie, tandis que les vieillards, les veuves et les orphelins expirent dans l'abandon et la misère. D'autres milliers, de tout âge et de tout sexe, miraculeusement échappés à ces massacres, errent dans les différentes contrées de l'univers, privés de tous moyens d'existence et ne pouvant porter aucun secours à leur patrie.

« Cette persécution contre les habitants de la Pologne catholique s'accomplit aussi sur leurs pasteurs. Nos évêques, nos prêtres, ont été emprisonnés, déportés. On ne les a pas seulement dépouillés du respect qui est dû à leur caractère, mais encore on les a traités avec le dernier mépris. Beaucoup d'entre eux, arrachés du milieu des fidèles, jetés dans les cachots, gémissent dans les mines glacées de la Sibérie; d'autres, plus heureux, tombés sur les champs de bataille, ont reçu la couronne du martyre, en scellant de leur sang leur amour de la patrie et de la foi.

« Si vous pouviez douter de l'immensité de nos souffrances, il suffirait, pour vous en convaincre, de consulter les faits qui viennent de s'accomplir sous les yeux de l'Europe civilisée.

« Sous les règnes de Catherine II, de Nicolas Ier et d'Alexandre II, la Russie convertit de force au schisme grec 10,000,000 de catholiques romains et grecs-unis; elle emprisonne les prêtres, bannit les moines, exerce une horrible persécution, en 1842, contre les religieux et les religieuses de Saint-Basile; toute l'Europe a frémi au récit de ces persécutions dont on ne peut mettre en doute la véracité.

« Les mêmes traitements nous sont réservés aujourd'hui. Nos églises profanées ou transformées en temples schismatiques; quelques-unes changées en prisons; nos couvents convertis en casernes où s'abrite et se démène une ignoble soldatesque. L'accomplissement des devoirs religieux passe pour un crime, de même qu'au temps des Néron et des Dioclétien. Citerons-nous pour preuve la mort des prêtres portant le viatique aux agonisants et aux massacrés sur le chemin? Dans beaucoup de diocèses toute communication entre les pasteurs et les évêques est interdite. L'audace des popes moskovites n'ayant plus de frein, ils enlèvent les enfants nouveau-nés et les baptisent selon le rite schismatique. Des émissaires parcourent le pays, attaquent les bases du culte catholique, excitent par leurs paroles et par leurs écrits le peuple contre les prêtres, en portant ainsi les premiers coups au pouvoir spirituel, aux droits canoniques et à la personne sacrée du Saint-Père. Toute cette trame odieuse nous apparaît comme le déchaînement des puissances infernales contre notre nationalité, antique et vénérable rempart de l'Église à l'orient de l'Europe.

« En présence de ce mépris de toutes les lois divines et humaines, le monde chrétien verrait-il sans s'émouvoir couler le sang innocent? N'aurait-il pour nous que des paroles de compassion? Jadis la nation polonaise, à l'appel de l'Église et de la chrétienté, refoula les hordes tatares qui envahissaient la civilisation et préserva l'Europe des malheurs qui la menaçaient; et aujourd'hui cette même nation doit-elle être abandonnée par l'Europe, et la civilisation laissée en proie à la férocité des proconsuls moskovites, plus cruels que les chefs des hordes asiatiques?

« Au milieu de cette cruelle persécution de notre race, la voix seule du Saint-Père a retenti pour prendre la défense des opprimés. Dès l'origine de notre mouvement national, lui seul a compris le droit et la sainteté de notre cause. Ni les efforts des Moskovites, ni les calomnies que répandaient sur nous les organes salariés du tzarisme, publiant que notre insurrection tendait à la destruction de la religion et de l'ordre social, n'ont empêché le vicaire de Notre-Seigneur Jésus-Christ de flétrir énergiquement la tyrannie barbare de nos oppresseurs. En 1861, il avait déjà publiquement approuvé et béni la noble conduite de l'archevêque de Varsovie, d'immortelle mémoire, Antoine Fialkowski. Grande fut la douleur du père de la chrétienté à la nouvelle de l'audacieuse arrestation de l'administrateur de l'archevêché, Antoine Bialobrzeski, désigné par lui du nom de *virum constantem*. Depuis, à plusieurs reprises, le Saint-Père a exprimé ses sentiments et sa douleur dans les allocutions papales, en nous recommandant aux prières publiques des catholiques de Rome. Enfin s'appuyant sur ces faits et les documents authentiques dans sa mémorable allocution du 24 avril 1864, il nous a rendu pleine justice; et du haut de son autorité sans égale, il a lancé l'anathème contre ce potentat du Nord, ce persécuteur de femmes et d'enfants, qui déporte et destitue nos évêques, pend ou fusille nos prêtres, et qui veut substituer à la sainte foi catholique le schisme sacrilège dont il est le promoteur et le pontife.

« Après que cette voix auguste s'est fait entendre en faveur de la Pologne, il est temps que nos ennemis réels, ou bien induits en erreur par la fraude, se taisent; qu'ils cessent d'outrager le peuple-martyr en envisageant notre lutte comme un danger pour la sainte Église et pour l'ordre en Europe. Non, notre patrie, délivrée du joug de ses oppresseurs, ne sera pas le théâtre de sinistres bouleversements sociaux et religieux, car chez nous le prêtre est intimement lié au peuple; car, de même que lui, il a tout sacrifié pour la patrie commune; car il souffre et meurt la croix à la main pour le bonheur de ses frères ! Sa voix sera toujours respectée; la religion du Christ, cette religion d'amour et de vérité, ne sera pas profanée. La Pologne indépendante, aujourd'hui de même qu'au temps de sa grandeur, loin de persécuter les autres cultes, gardera pieusement le précieux héritage qui lui fut transmis par ses pères, la sainte foi catholique, la persuasion et la tolérance !

« Le clergé polonais, connaissant de longue date les nobles aspirations du peuple et de ceux qui tenaient les rênes du gouvernement, unit ses efforts et ses labeurs à ceux de la nation; il n'aurait pu agir autrement sans attirer sur sa tête la honte et le mépris. C'est que tout Polonais, et à plus forte raison tout prêtre polonais, savait que le tzarisme corrupteur et immoral est un ennemi mortel de la foi catholique autant que de la nation polonaise et de ses plus chères traditions. Donc, en notre qualité de prêtres et de Polonais, nous avons marché d'un commun accord avec la nation.

« D'après cet exposé sommaire, le vénérable clergé catholique universel peut entrevoir jusqu'à quel point la Pologne est malheureuse et combien sa chaîne est pesante. En vérité, Dieu ne saurait être bravé, l'humanité foulée aux pieds avec plus d'audace et d'ignominie !

« Vénérables pères de la foi, évêques de cette sainte Église pour la défense de laquelle nous souffrons tous ce qu'une nation peut souffrir, et vous, prêtres, nos frères par le sacerdoce, à l'exemple du lévite de l'Évangile, vous ne passerez pas devant un peuple infortuné sans lui venir en aide !

« Trois choses nous sont nécessaires : le secours de vos offrandes, l'appui de vos prières, et les manifestations éclatantes de vos sympathies. En faisant appel à vos nobles cœurs, à vos sentiments de religion et d'humanité, nous vous conjurons d'écouter le cri suprême d'un peuple crucifié.

« A l'exemple de notre Saint-Père, vous élèverez la voix en notre défense; vous direz au monde combien notre cause est juste et sacrée, quelle est l'étendue de nos souffrances, à quel point il importe au salut de l'Église que la Pologne martyre soit rétablie dans ses droits, son indépendance et son intégrité, vous souvenant de ces paroles de Clément XIII adressées aux confédérés de Bar, nos aïeux : « *Dolemus maxime in tantum adduci periculum Poloniæ regni statum et formam, cum quâ ipsius catholicæ religionis conjuncta est securitas.* »

Paris, le 29 juin 1864, jour de saint Pierre et saint Paul.

« Charles Mikoszewski, chanoine honoraire, curé de Zelazna, dans l'archidiocèse de Varsovie; Victor Lisicki, directeur et professeur du séminaire, à Pultusk, dans le diocèse de Plock; Vincent Szumowski, premier vicaire de la cathédrale de Plock; Kasimir Zulinski, vicaire de l'église de Saint-Alexandre, à Varsovie; Alexandre Balczewski, administrateur d'une paroisse, en Lithuanie. »

Au nom du gouvernement national polonais, nous, commissaire plénipotentiaire dudit gouvernement, accrédité en France et en Angleterre, certifions par la présente que les sussignés prêtres polonais agissent en vertu d'un mandat qui leur est conféré par le clergé de Pologne.

Paris, 1ᵉʳ juillet, 1864. — Nᵒ 852.

Adam, prince Sapiéha.

(*Gazette de France.*)

LX.

Voici une curieuse page de l'*Histoire des trois démembrements de la Pologne*, par A. F. Ferrand, et qui se rapporte si exactement à l'époque actuelle, qu'il n'y a que les noms à changer pour qu'elle devienne l'histoire du présent. Ces noms, nous laisserons à nos lecteurs eux-mêmes le soin de les désigner, en faisant toutefois cette réserve que les hommes d'État du dernier siècle avaient au moins pour eux l'illustration d'un grand mérite personnel.

Voici le passage en question :

« On sera surtout affligé de voir comment les erreurs d'un ministre qui, pendant quarante ans, passa pour le plus grand politique de l'époque, ont conduit à ce honteux brigandage (le démembrement de 1772); comment on y a été amené par les tâtonnements de Kaunitz, par ses fausses combinaisons, notamment par ce désir perfide, source de toutes ses erreurs, *de rendre la France nulle* dans la politique de l'Europe... Trois souverains, au moment de faire une guerre sanglante, ont tout à coup tourné leurs forces contre un peuple généreux et pacifique, qui ne s'était armé que pour défendre sa liberté, pour régénérer son gouvernement, pour se soustraire à un joug étranger. Tous trois occupaient déjà une grande place dans l'histoire : Frédéric, par la force de son caractère, par l'étendue de son génie, par toutes ses qualités héroïques : Catherine, par l'éclat de son règne, par la grandeur de ses entreprises, par son amour même pour la célébrité ; Marie-Thérèse, par ses vertus, par sa piété éclairée, par son courage inaltérable dans les revers, par l'attachement que ses peuples lui avaient voué. Kaunitz, en tenant une conduite ferme et franche, pouvait maintenir la balance entre ces trois souverains, et s'immortaliser en conservant à l'Europe le bienfait de l'indépendance de la Pologne. Il perdit tout dans les négociations, parce qu'il voulut s'y rendre maître de tout ; il finit par rendre le faible encore plus faible et le fort encore plus fort ; et, perdu lui-même au milieu de toutes ses intrigues, il ne put en sortir que par une perfidie qui déshonora la fin du règne de Marie-Thérèse, et dont elle ne parla dans la suite que les larmes aux yeux et avec des remords qu'elle ne cherchait pas à dissimuler. »

L'enlèvement des nonces patriotes à la diète de 1766 y est traité de la manière suivante :

« L'enlèvement des nonces, exécuté par les Russes au nom d'un ministre russe, leur transport et leur séjour en Sibérie, furent des événements inouïs dans les fastes des nations civilisées. L'Europe politique aura toujours à se reprocher de n'avoir pas été assez scandalisée d'une pareille violation du droit des gens. Il est des principes d'une raison universelle, d'un intérêt général, dont l'infraction, surtout quand elle est hautement avouée ou soutenue, ébranle les fondements de l'ordre social : il repose sur eux, mais il est chargé de les maintenir. La garde de ces bases sacrées appartient à la société tout entière ; et quand elle approuve, ou même quand elle tolère qu'on les attaque, elle manque au premier de ses devoirs : elle agit contre le plus grand de ses intérêts. Repnin avoua sans détour sa monstrueuse iniquité, et mit en avant qu'il en avait *le droit,* puisqu'il en avait *le pouvoir.* Si tous les cabinets eussent sur-le-champ témoigné leur juste indignation ; s'ils eussent, au nom de la société outragée, demandé la retraite des troupes russes et la liberté des nonces arrêtés, ils auraient probablement pu l'obtenir. »

Enfin, nous trouvons dans le Ier livre la conclusion ci-dessous, à laquelle nous nous associons de toute notre âme :

« Tous ceux qui cherchent dans l'histoire de grandes leçons, qui voudraient surtout les trouver sur le trône, parce que ces leçons seraient alors de grands exemples, ne verront pas sans un sentiment douloureux les trois cours de Prusse, de Russie et d'Autriche, démentir leurs traités, leurs déclarations, leurs garanties, et s'accorder pour démembrer tout ce qui était à leur convenance ; tandis que les autres puissances européennes, étonnées de cette perfidie, osent à peine risquer *quelques plaintes inutiles,* et, malgré l'indignation de toutes les âmes sensibles et honnêtes, ne font pas un effort pour épargner cette honte au *dix-huitième* siècle. »

Ce dernier trait achève le rapprochement que nous avons signalé. Le livre de A. F. Ferrand, ministre d'État sous la Restauration, n'existe plus que dans quelques bibliothèques de choix ; et bien qu'il soit écrit sous un autre point de vue que le nôtre, celui du *droit divin,* nous voulons le faire revivre, comme nous l'avons fait pour l'*Histoire de Rulhière,* afin de rendre à nos contemporains les grands enseignements dont il est rempli [1]. Selon lui, la révolution française serait l'expiation du partage de la Pologne ; malgré les sinistres événements actuels, nous ne désespérons pas qu'elle n'en devienne un jour aussi la réparation.

(*Globe.*)

LXI.

Des frontières de Pologne, 19 juillet :

Le séjour du tzar à Kissingen a été signalé par de nombreux oukazes, qui témoignent de sa ferme volonté de dénationaliser complétement la Pologne. Le conseil supérieur d'administration du pays a été choisi parmi les hommes qui ont donné les gages les plus nombreux de leur barbarie. C'est ainsi que Koszeleff, Solowieff, les généraux Braunschweig et Zabolockoï ont été désignés à ces fonctions. Ce sont eux qui appliqueront en grand ces mesures de pacification qui consistent à persécuter les habitants du royaume, coupables ou non de participation au soulèvement national. Bellegarde et Manioukin ont déjà pris les devants, l'un dans les palatinats de Krakovie et de Sandomir, l'autre dans celui de Podlaquie.

A Osiek, près de Wielun, un maréchal-ferrant a été pendu sur une fausse dénonciation ; à Krzaski, près de Sieradz, un vieillard sexagénaire, Urbanowski, a été de même exécuté par le général Bremsen, sur le refus des paysans de se charger de cette besogne. La direction de l'Instruction et des Cultes vient d'être supprimée et réunie à la commission de l'Intérieur, ayant pour chef le prince schismatique Tcherkaskoï. Enfin, d'un jour à l'autre, on attend l'oukaze qui supprime tous les couvents d'hommes et de femmes dans le royaume de Polo-

1. Publié chez Firmin Didot, 1865.

gne. Cette dernière mesure est due aux instances du socialiste réformateur Milioutin, dont les plans et les idées ont prévalu dans les conseils du tzar de Russie.

A côté de ces sages dispositions, le gouverneur moskovite n'oublie pas les fêtes et les spectacles, dont Varsovie a été trop longtemps privée ; il ordonne que les représentations théâtrales recommencent, que les cafés chantants et les bals publics soient ouverts et subventionnés aux frais de la ville, que les vêtements de deuil soient déposés pour les toilettes d'apparat. Aussi notre capitale présente-t-elle le plus triste et le plus étrange aspect.

La province n'est pas plus heureuse. Le gouverneur de Podlaquie fait aujourd'hui ressaisir tous ceux qui étaient sortis de prison sous caution, ainsi que ceux qui avaient déposé les armes avant le 27 juin, sur la foi des ordonnances du général Berg.

Grâce à ces violences, l'insurrection, un instant assoupie, s'est rallumée sur quelques points. Plusieurs bandes à cheval ne cessent de parcourir le pays, toujours poursuivies par les garnisons russes, et combattent jusqu'au dernier sang plutôt que de se laisser traîner en Sibérie. L'une d'elles, sous la conduite du prêtre Brzozka, s'est approchée jusqu'à un demi-mille de Siedlcé, la résidence de Manioukin.

Les habitants de la Kuiavie paient pour la troisième fois une énorme contribution de guerre ; la première ordonnée au mois de janvier sans cause déterminée ; la seconde imposée pour leur refus de signer une Adresse au tzar ; la troisième, enfin, actuellement prélevée, vu que l'Adresse signée par quelques-uns contient des réclamations pouvant déplaire au gouvernement moskovite.

Il en est de même du palatinat d'Augustowo, où les persécutions et les spoliations sont dirigées par un juif renégat, nommé Tugendhold, qui s'acharne de préférence contre ses anciens coreligionnaires.

Pour compléter ce tableau, voici un décret que nous trouvons dans le journal officiel de Vilno, du 6 juillet :

« Le gouverneur-général du pays, ayant appris
« que plusieurs propriétaires et employés ont fondé
« certaines bibliothèques, formée en grande partie
« de livres polonais, et considérant l'existence de
« ces établissements comme dangereuse pour la
« tranquillité du pays, ordonne leur fermeture immé-
« diate et la confiscation des livres qui les compo-
« sent.

« Signé : SKWARTZOFF. »

Ce n'est là qu'un commentaire de la récente ordonnance de Mourawieff, qui proscrit l'usage du polonais en Lithuanie en le déclarant audacieusement « une langue étrangère. »

(Patrie.)

LXII.

INSURRECTION DE KAZAN.

Le sang polonais coule non-seulement sur les bords de la Vistule et du Niémen, mais sur toute l'étendue de cette terre qu'on appelle la Russie. Il ne se trouve point de prison qui ne soit encombrée de proscrits polonais, pas d'échafaud qui ne soit sanctifié par leur martyre. Le journal de M. Katkoff, *Nouvelles de Moskou*, donne, avec une joie qu'il ne cherche pas à déguiser, les noms des quatre Polonais fusillés le 6 (18) juin à Kazan, sur la place d'armes, nommée Podluzné : Iwanicki, capitaine d'état-major ; Mroczek, lieutenant ; Stankiewicz, sous-lieutenant ; et Jérôme Kiniewicz, propriétaire à Minsk, en Lithuanie.

Quel était leur crime ?

Ils étaient accusés, dit le journal moskovite, d'avoir voulu organiser sur le Wolga un complot conçu avec une grande audace, qui se rattachait à l'insurrection polonaise de 1863, et dont la réussite aurait ébranlé la base même du tzarisme. Son confrère, l'*Invalide russe*, entre à ce sujet dans quelques détails qu'il nous paraît intéressant de publier.

Ce complot devait débuter par la prise des manufactures d'armes et des magasins d'Izewsk et par l'occupation de Kazan ; les chefs du mouvement avaient répandu sur les bords du Wolga et de l'Oka un manifeste insurrectionnel, dans lequel ils promettaient à toutes les classes de la population une liberté pleine et entière ; aux paysans, la propriété sans redevances des terres qu'ils cultivaient, l'exemption du recrutement, de l'impôt capital nommé *poduszne* ; aux communes, le choix des chefs de districts, et aux chefs de districts la nomination des gouverneurs des provinces. Ce manifeste, publié au nom du tzar et revêtu du sceau de l'État, simulait parfaitement les actes officiels émanant de la chancellerie impériale.

Vers la fin d'avril 1863, quatre conjurés, Ferdinand Nowicki, Eustache Gosciewicz, Alexandre Maïewski et Auguste Olechowicz, tous Lithuaniens des environs de Vilno, avaient quitté Moskou porteurs de cet appel à l'insurrection, et commençaient à le répandre, à partir d'Arzamas, au-delà de Nijni-Nowgorod. L'itinéraire des deux premiers était par Sarensk, Gorodyszcz, Symbirsk et Wolzsk ; les deux autres s'avançaient par Temnikow, Spask, Szack, Sapozok, Riazsk, Skopin, Epifan, Bogorodick, Tula. Maïewski et Olechowicz furent découverts et arrêtés à Spask, le 8 mai suivant ; Gosciewicz le 14 mai, à Symbirsk, et Nowicki, le 12, à Samara.

La police s'empara des écrits qu'ils avaient semés sur leur route ; mais dans le gouvernement de Penza, les paysans résistèrent aux autorités, et pour les soumettre, on dut recourir à la force armée.

L'insurrection de Kazan avait pour objet d'opérer une diversion en faveur de celle de la Pologne. Le lieutenant Czerniak, de Vilno, se chargea d'initier au complot la jeunesse de Kazan qui, plus tard, le désavoua durant l'interrogatoire, en se rejetant sur le faux manifeste publié au nom du tzar Alexandre. Iwanicki, Mroczek et Stankiewicz se rendirent eux-mêmes à Kazan, et dressèrent le plan de l'insurrection projetée. Elle devait éclater au moment même du passage par cette ville d'un transport de déportés de Varsovie; les plus hardis des habitants devaient, avec l'aide d'une centaine d'hommes armés, expédiés de Moskou par Kiniewicz, délivrer les proscrits et les prisonniers retenus à Kazan, s'emparer de l'arsenal, du magasin à poudre et des trois bouches à feu qui le protégeaient, et alors, sous la conduite des chefs désignés, attaquer les troupes dans les casernes. Après l'arrestation des trois officiers supérieurs et des employés civils, on voulait s'assurer des communications avec les autres provinces par es bateaux à vapeur du Wolga et de l'Oka.

Ces dispositions prises, on devait proclamer la levée en masse (*narodne opolczenie*), à Kazan, Perm et Wiatka, et fournir aux volontaires les armes saisies dans les fabriques d'Izewsk; pour l'exécution de ce plan, évidemment concerté par des hommes d'action et des officiers de mérite, Iwanicki, Mroczek et Stankiewicz, s'étaient mis, comme Czerniak, en relation avec la jeunesse de Kazan, prête à secouer le joug du tzarisme, et n'attendaient que le signal des chefs insurrectionnels du royaume, tandis que Kiniewicz, considéré comme le principal promoteur du complot, envoyait de Moskou des émissaires dans toutes les directions.

Les paysans de Bezdna, dans le district de Spask, préparés par Iwanicki, ne demandaient que des armes pour prendre part au soulèvement.

Ce généreux projet, qui aurait pu élever à la condition d'hommes libres 60 millions de serfs qui ne sont encore émancipés que de nom, échoua par l'arrestation dont nous avons parlé de ses premiers agents, chargés de la propagation du manifeste. Selon l'*Invalide*, à qui nous avons emprunté la plupart de ces renseignements, les coupables ont été partagés en trois catégories : dans la première se trouvent les quatre conjurés fusillés à Kazan, avec Nowicki, Maïewski, Olechowicz et Yvan Orloff, fils d'un pope de Kudary, district de Zabaïkal, en Sibérie, étudiant de l'université de Kazan ; la condamnation à mort de ces cinq derniers a été commuée par le gouverneur-général de la province en travaux forcés à perpétuité ;

Dans la seconde catégorie se trouvent vingt-et-un accusés, parmi lesquels le Lithuanien Hazewicz, et qui ont été déférés aux tribunaux civils ;

Dans la troisième, enfin, tous ceux qui, faute de preuves, n'ont encouru que des peines correctionnelles.

Il résulte de tous ces renseignements que l'influence du mouvement insurrectionnel de 1863 s'étendait jusqu'au cœur de la Russie, qu'il aurait pu régénérer tout entière s'il avait été secondé par l'Europe. La liberté pouvait enfin régner dans l'empire moscovite ; mais aujourd'hui le tzarisme triomphe et les puissances occidentales pourraient payer cher leur indifférence pour la Pologne, s'il ne restait encore au peuple vaillant de Sobieski assez de sang dans les veines et de patriotisme dans l'âme pour servir encore, au moment opportun, d'avant-garde à l'Europe et faire retentir jusqu'au fond de la Russie la parole émancipatrice inscrite sur les drapeaux polonais en 1831 : « POUR NOTRE LIBERTÉ ET LA VÔTRE. »

(*Opinion nationale.*)

LXIII.

AFFAIRE DES PAPIERS DE L'INSURRECTION.

IV.

UNE SÉANCE DE LA HAUTE COUR DE BERLIN.

Nous avons aujourd'hui des renseignements certains sur les papiers saisis en 1862 chez les délégués Cwierciakiewicz et Godlewski, et transmis aux autorités prussiennes par l'intermédiaire de l'ambassade russe à Paris. Ce fait, relevé par plusieurs journaux étrangers, confirmé par les comptes-rendus officiels de la haute-cour de Berlin, ne saurait plus être contesté ni passé sous silence ; aussi, nous allons lui donner l'explication la plus complète possible.

Après la publication dans l'*Opinion nationale* et dans le *Temps* du passage textuel de l'acte d'accusation prussien relatif à cette transmission, le gouvernement français a obtenu, par son ambassade à Berlin, que le susdit passage fût supprimé ; se fondant sur cette suppression promise, il a adressé au journal le *Temps* le *communiqué* du 11 juillet (Le *Czas*, 21 juillet).

Cependant, par un de ces hasards qui dérangent parfois les combinaisons les plus habiles, le malencontreux passage, écarté de l'acte d'accusation en allemand, a été maintenu, par inadvertance sans doute, dans la traduction polonaise, lue à ceux des accusés qui ne connaissent point d'autre langue que la leur. Or, c'est précisément cet oubli involontaire qui a provoqué une interpellation publique à la haute-cour de Berlin du 14 juillet. Nous trouvons dans le compte-rendu sténographique de cette séance et nous citons textuellement ce qui suit :

« A la reprise des débats, vers midi et demi, l'ac-
« cusé comte Chotomski demande la parole et dé-
« clare : Que dans l'acte d'accusation en polonais
« il est fait mention des papiers saisis à Paris par
« la police française, tandis qu'il n'en est point
« question dans l'original allemand dont on vient de
« terminer la lecture. A l'appui de sa réclamation, il
« lit un extrait de la *Gazette de Cologne*, dans le-
« quel ce passage se trouve reproduit dans toute
« son étendue. »

Cette dissemblance entre les deux pièces lues à la haute-cour fait disparaître tous les doutes; reste à savoir de quelle manière et par qui les papiers polonais saisis à Paris ont été transmis aux autorités prussiennes? (Voyez p. 727.)

Voici maintenant, d'après le *Botschafter,* un extrait de l'acte d'accusation appuyé sur ces documents :

« Il semble que le parti polonais a fait, vers le milieu de 1862, les premières démarches pour obtenir l'intervention de la France en faveur de la cause polonaise. Le *Comité blanc,* ou nobiliaire, agissait dans ce sens en commun avec le *Comité rouge,* ou démocratique. A partir de ce moment, le gouvernement central de Varsovie organise l'insurrection et la propage dans les provinces prusso-polonaises. Parmi les lettres du député Guttry, accusé contumace, on a saisi un message important d'un nommé Sigismond Padlewski, du 20 octobre 1862, dans lequel celui-ci l'invite à former un comité local, ayant pour objet de seconder les efforts du comité varsovien pour les transports, les magasins, les communications postales et les envois de volontaires, sans lesquels l'insurrection du royaume, au moment de son explosion, ne pourrait tirer aucune ressource de la province limitrophe de Posen. Il l'engage en même temps à se mettre en rapport avec certaines personnes de Varsovie, qui doivent lui être aussitôt adressées. »

Suit le paragraphe relatif à Çwierciakiewicz et à Godlewski, l'historique des premiers jours de l'insurrection, les essais de réunion du comité conservateur de Gallicie, personnifié dans la dictature de Langiewicz, avec le comité du grand-duché, présidé par Guttry.

« Le député Guttry, poursuit l'acte d'accusation, tenait entre ses mains le fil conducteur qui, en passant par Posen, reliait l'Émigration parisienne avec les *révolutionnaires* de Varsovie. Le 28 janvier 1863, il obtient de ces derniers la somme de 200,000 francs, destinée à l'achat des armes, et qui devait être répartie entre les agents Milowicz et Lukaszewki. Il reçoit le 2 février suivant une lettre de l'émigré russe Bakounin, qui lui parle de son projet d'évoquer en Finlande et en Suède un mouvement en faveur de celui de Varsovie, de sa tentative avortée de rallier les officiers russes à la cause de l'insurrection, et qui finalement lui donne le conseil de compter sur les forces nationales plutôt que sur les secours de l'étranger.

« Le rapport trouvé chez l'agent Çwierciakiewicz s'étend sur le mode de procéder à l'achat des armes, sur les relations déjà formées avec les fabricants de divers pays; avec Kossuth, avec le parti révolutionnaire en Hongrie, sur la possibilité de contracter un emprunt national, sur les rapports du parti Czartoryski avec les cours étrangères, sur l'agitation produite en Angleterre, enfin sur la direction que prendront les transports d'armes et sur les agents qui seront chargés de les expédier.

« A la suite d'une perquisition dans la maison du comte Dzialynski à Posen, du 28 avril 1863, on a trouvé dans son carnet de notes manuscrites les noms que voici :

« H. Guttry et Kosinski, pour le département de la guerre; Niegolewski, pour la police; Wolniewicz, pour la presse; Dzialynski, pour les finances; le même et R. Raczynski, pour l'intérieur; le secrétaire. Raczynski. C'est plus qu'il n'en fallait pour arriver à la découverte de toute l'organisation du gouvernement provincial de Posen.

« On saisit également une circulaire donnant une idée précise de tous les actes de ce gouvernement, et les sceaux envoyés par le comité central de Varsovie, qui, selon l'usage admis par celui-ci, devaient servir à remplacer la signature au bas de ces actes.

« Le premier rôle dans les relations que le comité s'efforçait de former à l'étranger, dit plus loin l'acte d'accusation, était destiné aux officiers français appelés à commander les détachements. A la tête de ceux-ci se trouvait le colonel vicomte de Noë, frère du grand artiste connu sous le pseudonyme de Cham, et qui dès le 22 mars, était arrivé dans le pays avec son ancien officier d'ordonnance. L'insurrection lui doit le plan de la formation des colonnes mobiles, transmis par le comte Dzialynski, le 3 avril, au commissaire général de la guerre à Varsovie. »

Ici vient un épisode curieux sur la part que les prêtres du grand-duché auraient prise au recrutement des volontaires; ils se servaient, dit l'accusation, du secret de la confession pour y engager les jeunes gens du pays, en leur refusant l'absolution en cas de résistance. On a soin pourtant d'ajouter que ce fait n'est constaté par aucune preuve positive, et qu'il ne se trouve à ce sujet que de fortes suppositions. Il en est de même pour le serment prêté par les insurgés de délivrer la Pologne en même temps de la domination moskovite et prussienne.

« Les Polonais, est-il dit vers la fin, voulaient rétablir la Pologne dans ses frontières d'avant 1772, c'est-à-dire, y compris les provinces actuellement en possession de la Prusse; et la dénomination spéciale de *l'oppresseur tatare,* trouvée dans les actes du comité de Posen, semble se rapporter non-seulement à la Russie, mais à toutes les puissances qui ont pris part au démembrement (?). Par ces motifs, les procureurs généraux Adelung et Mittelstædter concluent à prouver que l'appui prêté par les accusés à l'insurrection contre la Russie est en même temps un crime de haute trahison contre la Prusse (!). »

Voilà, en substance, la teneur de cet acte volumineux, dont la lecture a occupé quatre séances et demie (en tout 22 heures), et dont les principaux chefs d'accusation tombent d'eux-mêmes, depuis que les papiers sur lesquels ils s'appuient ont perdu, par la dénégation du ministère français, tout caractère de légalité.

(*Opinion nationale.*)

LXIV.

Le dernier journal polonais qui jouissait encore de quelque indépendance, la *Oyczyzna* (la Patrie), publié à Leipzig, est menacé dans son existence par les intrigues de la Russie. Les Polonais résidant dans cette ville sont depuis quelques jours persécutés par la police. C'est surtout contre les propriétaires et rédacteurs du patriotique journal que s'exerce cette persécution. Voici les faits : le 19, à neuf heures et demie du matin, une perquisition minutieuse eut lieu chez toutes les personnes appartenant au journal; les maisons de MM. Wienbrack, libraire, et Engelhardt, imprimeur, furent entourées par les hommes de police, et personne ne pouvait sortir sous peine d'être arrêté. On cherchait les adresses et les noms des correspondants polonais de Varsovie. On mit en accusation les rédacteurs J.-B. Wagner et J. Ratominski, pour quarante-neuf articles portant outrage à la personne du tzar, et qui plus tard furent condamnés, par contumace, à 18 mois et à 2 ans de prison. La population de Leipzig s'étonnait de voir qu'on s'en prît à des faits qui n'intéressent d'aucune manière le gouvernement saxon; mais bientôt tout s'expliqua lorsqu'on apprit que, la veille, le prince Gortschakoff était arrivé à Dresde.

Le but de son mystérieux voyage à travers les petits États de l'Allemagne est connu, depuis les révélations publiées par un journal de Gotha. La diplomatie russe s'est donné la tâche de réconcilier les cours allemandes, un peu divisées entre elles par les péripéties de la question danoise, et de persuader aux petits États qu'ils ont tout intérêt à seconder la Prusse et l'Autriche dans leurs projets de conquête. Ayant réussi sur ce point, il a, dit-on, conclu avec plusieurs de ces États un traité d'alliance. Une des premières conditions de ce traité, qui a été signé à Dresde le jour même de son arrivée, serait l'expulsion de tous les Polonais du territoire saxon, et la suppression du journal *Oyczyzna*, dont les principaux rédacteurs devaient être arrêtés et livrés à la police prussienne, qui s'empresserait, à son tour, de les remettre aux mains des Moskovites. La Russie s'engage à payer les frais occasionnés par ce déplacement, et déjà le ministre d'Alexandre II vient d'ouvrir une souscription pour venir en aide à ceux des Polonais qui voudraient rentrer volontairement en Pologne.

Nous nous demandons quel sera, dans un avenir prochain, le sort de l'Allemagne, si le plus libéral de ses États se condamne à un tel vasselage.

(*Patrie.*)

LXV.

Des frontières de Pologne, 25 juillet :

La conduite des fonctionnaires prussiens envers les prisonniers polonais atteint le dernier degré de barbarie. C'est surtout à Koscian (Kosten), prison criminelle à onze lieues de Posen, que s'exerce la cruauté de ces hommes qui veulent se créer des titres auprès du pouvoir, en renchérissant sur les instructions déjà très-rigides qu'ils en ont reçues. Il y a là deux agents qui seraient dignes de figurer parmi les exécuteurs de Berg et de Mourawieff, pour l'acharnement avec lequel ils torturent les malheureux soumis à leur garde, le landrath Madaï, et le directeur de la prison *von* Zaluskosky.

Les captifs sont condamnés à carder la laine ou à confectionner cinquante cigares par jour; faute d'avoir pu achever le nombre désigné, ils reçoivent des coups de bâton à la discrétion du geôlier. Un jeune homme de bonne famille, Julien Bolinski, plus maltraité que les autres, résolut à tout prix de s'évader, au risque d'être tué par la sentinelle. Il avait déjà franchi le mur d'enceinte, lorsqu'il fut saisi par le directeur, qui se jeta sur lui, le souffleta, le foula aux pieds, puis le força, la corde au cou, à lui montrer le chemin par lequel il avait tenté d'opérer son évasion. Après une forte bastonnade, le jeune homme a été mis aux fers et jeté sur les *lattes*, supplice intolérable, qui consiste à rester étendu sur un grillage en bois aiguisé. Depuis ce jour, l'infortuné Bolinski ne travaille que les fers aux mains, et sous la surveillance de deux gardiens armés.

Un autre prisonnier, déjà gravement malade, Rzeszotowski, est mort à la suite d'un pareil traitement. Wolynski, blessé plus de dix fois durant l'insurrection, a été transporté à l'infirmerie, atteint d'aliénation mentale.

Dans la forteresse de Posen, où il y a plus de deux cents détenus, les choses se passent de la même manière. Joseph Nawrocki, jeté en bas des escaliers par un sous-officier furieux, venait de mourir à l'hôpital militaire. La famille du défunt demanda aux autorités la permission de le transporter au cimetière sur un char funèbre, afin d'épargner à son corps l'insulte d'y être porté par des forçats. Cette permission a été refusée, « pour éviter, disait-on, le *mauvais exemple.* » Cependant le cercueil, en s'avançant vers le champ du repos, fut suivi par une foule immense, composée de personnes de tout rang et de toute condition. A l'entrée de l'enceinte, les jeunes gens s'emparèrent du pieux fardeau, qui descendit dans la fosse tout couvert de fleurs, au milieu d'un chant national à la patronne et reine de Pologne.

Dans notre ville, encore polonaise en 1815, souvent le père est arrêté à cause de l'absence ou de l'évasion du fils, ce qui eut lieu avec M. Stasinski, de Konarzewo, près de Posen, sur l'ordre de M. Kruger, conseiller du *Kammergericht*. Le juge d'instruction, Mechow, chargé de l'affaire, lui déclara qu'il ne sortirait pas de prison tant que son fils ne se présenterait pas. Aussi le vieillard, retenu pendant plusieurs semaines dans une casemate humide, est tombé malade et a dû être renvoyé à l'hôpital. Nous apprenons toutefois que, grâce à une haute intervention, il a été élargi sous caution, sauf à être repris si, dans un temps déterminé, son fils ne se constituait pas prisonnier.

Il est donc très-concevable, je dirai même très-excusable, que quelques-uns de ces martyrs demandent comme une grâce d'être livrés à la Russie, et qu'ils préfèrent encore le gibet ou la Sibérie aux supplices qu'ils endurent dans les cachots allemands. L'un d'eux, fustigé et traîné sur les lattes, cherchait à s'étouffer avec les lambeaux de ses vêtements; il n'a été rendu à la vie que par un voisin de captivité, qui, forçant un grillage, est arrivé à temps pour l'empêcher d'accomplir son suicide. Cette scène terrible, qui s'est passée également à Koscian, est constatée par la *Oyczyzna* du 23 courant.

(*Patrie*.)

LXVI.

Des frontières de Pologne, 29 juillet :

La Pologne, sous les étreintes de la Russie, est devenue un vaste champ de supplices, sur le seuil duquel semble écrite la devise fatidique de l'enfer de Dante : *Lasciate ogni speranza*. Nous recevons une lettre de l'Ukraine, qui donne une idée de cette extermination en grand de l'élément polonais décorée du nom de nécessité politique; nous en traduisons littéralement quelques passages :

« En Ukraine, en Pologne, en Volhynie, les prisons sont tellement pleines, qu'il a fallu en construire de nouvelles dans chaque district, et entasser par centaines les prisonniers politiques avec les malfaiteurs et les bandits. Des districts on les transporte, en kibitka ou à pied, par Zytomir et Kamieniec à Kïow, d'où ils ne sortent que pour l'échafaud ou la Sibérie. Il y a peu de temps, après de mauvais traitements endurés dans la citadelle, le prince Guillaume Radzivill est devenu fou; son compagnon de captivité, Max Stafnagel, riche négociant de Berdyczew, est dangereusement malade. Le typhus, la dyssenterie, le scorbut, enlèvent la plupart des prisonniers, qui succombent sans l'assistance du prêtre et sans les secours du médecin. « Un Polonais, « disent nos geôliers, doit être traité et doit mourir « comme un chien. »

« Beaucoup de détenus considèrent comme une grande faveur d'être condamnés aux mines de Sibérie et de faire deux mille lieues à pied, enchaînés à une barre de fer, plutôt que de gémir dans l'odieux cachot de Kïow. Il est permis à ceux qui peuvent disposer de 700 roubles (2,800 fr.), s'ils ont rang de nobles, de faire le trajet en kibitka. A Kïow, il se trouve actuellement près de 1,000 prisonniers, en Volhynie 400, en Podolie 500. Tous sont destinés aux travaux forcés dans les exploitations malsaines de mercure et de plomb, où l'on meurt au bout de quelques mois. Chaque jour les prisons sont évacuées, chaque jour elles sont remplies de nouveaux arrivants.

« Les biens des déportés sont séquestrés, puis mis en vente à bas prix, au profit des Moskovites ou des Allemands, à l'exclusion des habitants du pays. Les employés polonais de tout rang, du plus infime au plus élevé, sont écartés du service et remplacés par des bureaucrates russes. Des milliers de familles périssent dans les champs abandonnés, faute de pain, de refuge, de vêtements.

« On est déporté à Kazan, à Orenbourg, à Nertchinsk, sans aucune preuve, sans enquête, et même souvent sans une délation qui pourrait fournir un indice quelconque de culpabilité. Il arrive même qu'un prisonnier, chemin faisant, avant d'avoir atteint le lieu de sa destination, apprend qu'il a été déporté *par erreur*, qu'on l'avait pris pour un autre. Mais il est à mille lieues de son pays natal, et il est trop tard pour retourner; il achèvera sa peine, comme s'il avait été le vrai coupable. Il arrive aussi qu'on fusille un individu *par erreur*, comme, par exemple, M. Thadée Rakowski, soupçonné d'avoir fait pendre un maître de postes au combat de Bulhaïé, et qui, le lendemain de son exécution, fut reconnu innocent.

« La délation est organisée d'une manière effrayante. A côté de la police ordinaire, le général gouverneur Anienkoff vient d'établir une police dite de guerre, avec pouvoir discrétionnaire sur la fortune et la vie des habitants, ayant surtout pour but de découvrir les membres et les affidés du gouvernement national. En outre, les juges arbitres pour le règlement de la question des paysans ont reçu, à la date du 8 octobre 1863, une instruction, d'après laquelle « leur mission n'est autre que de *réaliser* « *la grande idée politique de l'extermination des* « *Polonais*. »

Cette instruction est contresignée des membres de la commission provisoire de Kïow.

(*Patrie*.)

LXVII.

Depuis plusieurs jours, on parle de condamnations à mort prononcées contre des prisonniers renfermés dans la citadelle de Varsovie. Nous avons cru d'abord que ces rumeurs, émanées de la police russe, n'avaient pour objet que de terrifier les habitants; mais nous apprenons que les dernières instructions données par le tzar au général Berg lui recommandant « d'en finir au plus tôt avec les sentences de mort prononcées contre les insurgés, afin de pouvoir, après une pause de quelques semaines, vers le 15 septembre, envoyer une députation de la noblesse à Saint-Pétersbourg. » Ainsi, tout doit se faire en temps utile; les députés polonais n'auront plus à traverser une mare de sang, parce qu'il s'écoulera *quelques semaines* entre le spectacle des gibets dressés à Varsovie et le départ de la députation pour Saint-Pétersbourg.

Milioutin vient d'adresser au tzar Alexandre un

rapport dans lequel il avoue qu'il ne parviendra pas à russifier la Pologne aussi rapidement qu'il se l'était proposé. Cependant en Podlaquie, il ne cesse de semer la discorde entre les paysans et les propriétaires; mais cela n'aboutit à rien moins qu'à une entente plus cordiale de ces deux classes, également dévouées à leur patrie. C'est le général Manioukin, digne émule de Mourawieff, qui gouverne ce pays, et sous ses ordres les arrestations, les pendaisons, les contributions de guerre y sont en permanence.

Dernièrement, il a fait arrêter un vieillard octogénaire, M. Korzybski, propriétaire de Wilczysk, qui, par son âge même, devait être à l'abri de tout soupçon de participation au soulèvement; mais M. Korzybski était riche, et le général avait d'anciennes dettes à payer à ses créanciers.

Une fois en prison, il lui intima l'ordre de lui verser la somme de 20,000 florins, sous peine d'être déporté en Sibérie.

Le vieillard trouva le moyen de porter plainte au général Berg, qui, par considération pour ses anciens services militaires, réduisit la contribution à 13,000 florins.

Le journal officiel de Vilno nous apprend qu'on vient de fusiller quatre insurgés saisis dans le gouvernement de Kowno, près de la frontière prussienne, parmi lesquels un chef de détachement nommé Wolski.

Même les États-Unis d'Amérique semblent s'être associés depuis quelque temps à cette persécution générale de l'élément polonais, entreprise par les trois cours de Russie, de Prusse et d'Autriche. A l'arrivée de la flotte russe à New-York, un certain nombre de captifs polonais, forcément enchaînés au service russe, ont quitté les vaisseaux pour s'engager comme volontaires sous les drapeaux qu'avaient jadis illustrés Kasimir Pulaski et Thadée Kosciuszko.

Sur les réclamations des chefs moskovites, ces malheureux, découverts par les agents de la Russie qui pullulent aujourd'hui dans les États du Nord, ont été, contre toutes les lois du pays, livrés par leurs officiers et réintégrés sur les vaisseaux de la marine russe, pour y subir la peine des déserteurs.

Le comité polonais central de New-York, présidé par le docteur Maçkiewicz, a adressé, dans son journal l'*Écho de la Pologne,* une plainte au sénat de Washington contre cette violation flagrante du droit des gens et du droit d'asile, la première et, Dieu le veuille, la dernière sur le sol encore libre des États-Unis. Le sénateur Reverdy Johnson lui a répondu par une lettre à la date du 22 juin 1864, de la teneur suivante:

« Je viens de recevoir votre lettre et la demande de vos compatriotes, datées du 20 courant, et je me suis empressé de les présenter au sénat.

« Aucun Américain ne peut être indifférent à un déni de justice subi par le dernier de vos concitoyens sur le territoire de l'Amérique.

« Le peuple des États-Unis n'oubliera jamais et ne cessera jamais de proclamer avec le plus vif sentiment de reconnaissance la dette qu'il a contractée envers la Pologne.

« Les éminents services rendus par Kosciuszko, Pulaski et beaucoup d'autres Polonais à notre guerre d'indépendance, ont laissé dans nos cœurs une impression que le temps n'a fait que fortifier.

« Nous serions donc profondément contristés si notre gouvernement a ordonné ou autorisé une injustice quelconque envers un seul Polonais; nous espérons toutefois que cette injustice n'a pas été commise... etc. »

Malheureusement, elle l'a été de fait; et si la décision tardive du sénat américain n'a pu sauver le brave Milewski et beaucoup de ses compatriotes du plus affreux supplice, elle empêchera au moins l'extradition de ceux de nos frères qui combattent encore sous le drapeau des États-Unis. Plusieurs d'entre eux nous sont personnellement connus, et sont appelés à rendre un jour de grands services à la cause de leur pays.

(*Globe.*)

LXVIII.

Août 1864.

Des frontières de Pologne, 2 août:

La *Gazette de Moskou* publie un long article de M. Katkoff sur la question d'Orient, qui, selon l'opinion de « l'éminent publiciste », demande à être tranchée sans aucun délai. Contrairement aux plans de l'*Invalide russe,* qui témoigne des dispositions moins belliqueuses, elle ne veut pas que la Russie s'occupe uniquement de l'organisation intérieure du pays; elle pense que la question étrangère est la seule qui mérite son attention. « Au moment, dit-elle, où le prince Couza se met en opposition ouverte avec la Russie, pour se lier intimement avec ses ennemis de l'Occident; lorsqu'il commence à protéger l'Émigration polonaise, dans un but facile à pénétrer; qu'il songe même à l'introduction dans ses États de la religion grecque-unie; lorsqu'il déclare enfin à Constantinople que, dans le cas d'une guerre contre la Russie, il serait du côté de l'alliance occidentale, la Russie ne saurait, sans se manquer à elle-même, détourner les yeux de ce qui se prépare en Orient. L'alliance anglo-française, dit M. Katkoff, tend à se raffermir; la politique européenne, loin de suivre une voie normale, pourrait amener d'un jour à l'autre des complications qui pèseraient énormément sur toute l'histoire de Russie. *Ses destinées sont intimement liées avec celles de l'Orient,* tant au point de la vue de la politique nationale que de son influence commerciale; il lui faut donc, avant tout, s'attacher à empêcher que cette question ne puisse être résolue dans un sens défavorable à ses intérêts. »

C'est le cas de redire ce que nous avons tant de fois avancé, que la Russie, ruinée par le désordre de son administration, se trouve dans l'impossibilité la plus absolue de faire subsister son armée, sans lui donner une nouvelle proie à dévorer.

Après la Pologne, les provinces danubiennes; après celles-ci, ce sera naturellement le tour de la Turquie, si, nous l'espérons encore, le génie de la civilisation n'y met bon ordre une fois pour toutes.

Malgré les affirmations du gouvernement moskovite, proclamant par tous ses organes que l'insurrection est entièrement comprimée, le *Journal de Saint-Pétersbourg*, à la date du 11/23 juillet, relate le fait suivant :

« Il y a quelques jours, plusieurs insurgés se sont présentés chez un M. Rudnicki, des environs de Siedlcé, pour réclamer des chevaux appartenant à divers détachements polonais, et qui se trouvaient provisoirement chez lui. Ils venaient, disaient-ils, au nom du commandant abbé Brzozka, chef du détachement qui stationnait dans la contrée. Le sieur Rudnicki non-seulement refusa de leur livrer les montures, mais appela à son aide les paysans pour faire arrêter les émissaires. Les paysans, leur *soltys* à leur tête, au lieu d'obéir à Rudnicki, délivrèrent les insurgés, qui, à l'approche des Moskovites, se hâtèrent de rejoindre leur détachement. »

En Samogitie, il se trouve encore un millier d'insurgés répartis en petits groupes de 60, de 100 et de 300 combattants. La plupart sont des paysans qui préfèrent verser leur sang sur le sol natal que de renier la foi de leurs pères, et qui n'ont pas, comme ceux des classes plus élevées, la perspective de se réfugier à l'étranger. D'après la conviction du peuple lithuanien, il n'est point de malheur plus grand que d'être enseveli sous une terre étrangère; aussi on les voit partout, la croix à la main, marcher à une mort certaine, qui pour eux vaut mieux que l'exil.

Un détachement d'une centaine de ces braves résolut de livrer bataille près de Zyzmory et de périr jusqu'au dernier. A leur grande surprise, l'ennemi prit la fuite devant cette attaque héroïque; mais bientôt les Russes, revenus en nombre, cernèrent cette poignée d'hommes, dont la moitié resta sur le terrain, le reste fut fait prisonnier.

(*Patrie.*)

LXIX.

AFFAIRE DES PAPIERS DE L'INSURRECTION.

V.

La conduite des autorités prusiennes envers les prisonniers polonais atteint le dernier degré de barbarie et prend tout le caractère d'une haine de race.

A part le grand procès politique qui se déroule devant la haute cour de Berlin contre 149 accusés de haute trahison, chaque jour des faits de violence inouïs, et dont nous ne connaissons qu'une faible partie, se passent dans les cachots et les casemates, où presque toute la jeunesse et l'élite du grand-duché de Posen se trouvent accumulées. Le rôle de la Prusse devient d'autant plus odieux que l'insurrection de 1863 n'était nullement dirigée contre elle ; que, bien au contraire, le gouvernement national de Varsovie l'avait formellement limitée dans le territoire envahi par la Russie, ce qui ressort avec évidence de toutes les pièces officielles du procès de Berlin, et que la Prusse apparaît ici, non pas comme défendant ses propres intérêts, mais comme satellite et vassale du tzarisme.

Citons en première ligne M. Bärensprung, l'ancien maître de police à Posen, dont les provocations à la prise d'armes contre la Prusse, tramées en compagnie de Niederstretter, son conseiller, et de Post, son interprète, dévoilées par les interpellations du député Niegolewski, ont été publiquement flétries à la Chambre de Berlin. Dès lors, il déclara, dans une lettre au même Niederstretter, *qu'il aurait sa revanche ;* et, ce qu'il y a de plus anormal, M. Bärensprung se trouve aujourd'hui, non pas sur le banc des accusés, mais parmi les témoins de l'accusation. Certes, la moralité de son témoignage n'a plus besoin d'être démontrée.

Après cet homme, M. Madaï, l'ancien *landrath* de Koscian, a repris son poste de directeur de la police de Posen, et en a reçu le mot d'ordre. Depuis son avénement, les arrestations, les perquisitions, les interrogatoires ne cessent plus dans cette malheureuse province. MM. Kasimir Niegolewski, parent du député, et Stanislas Chlapowski, du district de Szrem, ont été frappés les premiers ; MM. Potocki, de Bendlew, et le graveur Below, de Posen, ont dû subir plusieurs perquisitions, à la suite desquelles ce dernier a été transporté au fort de Winiary, dans cette tour mal famée de Kehlthurm, où nos frères sont exposés aux plus infâmes traitements de la part du geôlier, le lieutenant Weiss.

Digne successeur du lieutenant von Beutefink, il soufflette, frappe à coups de sabre, injurie comme on ne peut injurier qu'en allemand, tous les prisonniers polonais du fort de Winiary. Ne point le saluer au passage est un crime puni aussitôt d'un coup de poing sur la tête, accompagné de plusieurs jours de cachot, ou tout au moins d'une invective grossière. Tel a été le cas entre autres des détenus Szumski, Benisch et Léon Styczynski. Le dernier avait cependant déclaré qu'il le saluerait autant de fois que cela lui ferait plaisir. Telle est aussi la conduite du major Schack à Gnesen; du major *von* Zaluskosky (remarquez bien la particule), surnommé le Tyran de Koscian, et de beaucoup de leurs pareils.

En province, ceux qui se distinguent le plus dans cette tâche abjecte d'extermination et de vengeance sont l'officier des gendarmes Lompa à Zerkow, et le baron Massenbach, landrath à Szamotuly. Ces deux hommes emprisonnent tous ceux qui possèdent quelque fortune ou quelques sillons de terre, les font mettre aux fers, les menacent de les envoyer dans les maisons de correction, uniquement pour leur arracher des aveux qui puissent les compromettre, eux ou leurs voisins, et toujours certains à l'avance d'être approuvés par le gouverneur civil de la province M. Horn.

A Berlin, le procès des patriotes en est arrivé à sa vingtième séance. Le gouvernement s'est efforcé de démontrer que les événements actuels de la Pologne sont intimement liés avec le complot organisé en 1860 par la police de Posen; mais, grâce aux nobles plaidoyers du professeur Gneist, de MM. Elven, Brachvogel et autres avocats, ce point de l'accusation a complètement échoué. Dans un dernier discours, M. Gneist est arrivé à démontrer que les imprimés, les placards, les proclamations anonymes déposés au parquet comme preuves de culpabilité des accusés, ne méritaient même pas d'être lus devant la haute cour.

« Dans tous les procès historiques et politiques, a-t-il dit, la plupart des sentences injustes ont été rendues sur de fausses pièces d'accusation. Tels sont les écrits que l'on vient de citer. Même les tribunaux du moyen âge, ceux de l'Inquisition, n'ont jamais osé fonder leurs jugements sur des écrits anonymes, n'ayant que des cachets pour toute signature. »

Malgré cette admirable plaidoirie, il n'a pu convaincre le tribunal, qui voudrait faire retomber sur tous les accusés polonais la responsabilité des écrits et des proclamations émanant du gouvernement national, et dont l'arrêt définitif était dicté bien avant l'ouverture des débats.

(*Globe.*)

LXX.

Des frontières de Pologne, 5 août :

Le testament de Pierre Ier, ce programme de la politique russe tracé par le fondateur du tzarisme pour tous ses descendants, et qui se termine par ces paroles significatives : « Ainsi *peut* et *doit* être subjuguée l'Europe, » sera longtemps encore la feuille de route de la Russie dans sa marche séculaire vers l'Orient et Constantinople. Ralentie par les victoires du premier empire français, par la prise de Sébastopol, et surtout par les deux soulèvements polonais de 1830 et de 1863, elle a repris un nouvel essor depuis la soumission du Kaukase. M. Wolffko rend compte en ces termes, dans son journal le *Den* (le Jour), de cette nouvelle phase de l'expansion périodique de Russie :

« Avec la chute du Kaukase, la dernière barrière de l'empire ottoman vient de s'écrouler. Ce n'est pas sur le Danube, en Bulgarie, au delà du Balkan, pas même dans les murs byzantins de Stamboul que le sort de la Turquie devait être décidé; car le sultan y aurait toujours trouvé des alliés prêts à le défendre. Mais c'est là, sur la rive orientale de la mer Noire, sur les plateaux de l'Arménie chrétienne, situés à une grande distance des communications maritimes, où nous n'avons à craindre personne, où les armées françaises et anglaises ne sauraient pénétrer faute de routes praticables, où se présente pour nous seuls l'alliance du shah de Perse; c'est là, entre Kars, Hassan-Kalé et Trapezunt, que doit s'ouvrir un vaste champ pour nos premières opérations. Tandis que les Roumains, les Slaves et les Grecs saperont l'empire turk en Europe, nous l'attaquerons du côté de l'Asie; et la question d'Orient se trouvera finalement résolue par le réveil spontané des quatre États roumain, serbe, bulgare et grec, tels qu'ils étaient avant leur conquête par la Turquie. La force de nos armes fera le reste.

« La soumission du Kaukase, ajoute le publiciste russe, nous a donné une excellente position stratégique, plus importante pour nous que la navigation de la mer Noire, la flotte de Sébastopol, la possession du Danube et le libre accès du Balkan. Toute l'attention de la Russie doit être tournée vers Kars, Batum et Trapezunt! »

Ainsi, c'est bien évident : la Circassie et la Pologne ne sont que deux étapes; le but définitif, c'est la Turquie. Nous savons gré à M. Wolkoff de sa sincérité; elle donne parfaitement la réplique à son confrère des *Nouvelles de Moskou*, et vient à point pour nous édifier sur les vues libératrices et pacifiques de la Russie. L'Europe doit se tenir pour avertie, et Dieu veuille qu'elle ne le soit pas trop tard !

(*Patrie.*)

LXXI.

Des frontières polonaises, 12 août :

Les Moskovites ont une singulière manière de célébrer leurs anniversaires. Le 4 août, c'était la fête de l'impératrice de toutes les Russies, jour de jubilation, de festins et de parades militaires; le lendemain, 5 août, c'était jour d'exécutions, de deuil et de larmes.

Après tout le sang déjà versé en Pologne, il s'en trouve encore pour couler à une pareille solennité. Cinq des membres principaux de l'organisation nationale ont été pendus à dix heures du matin sur les glacis de la citadelle; beaucoup d'autres, parmi lesquels plusieurs femmes, ont été déportés aux mines de Sibérie. Les noms de ces martyrs sont : Romuald Traugut, Raphaël Kraïewski, Joseph Toczyski, Romain Zulinski et Jean Iezioranski. Ils avaient remplacé un soi-disant gouvernement national, composé de cinq jeunes gens du parti extrême, (Ignace Chmielenski, Stanislas Frankowski, J. Narzymski, le poëte Asnyk, etc.), qui en dix jours de temps avaient désorganisé tous les rouages du pouvoir central. Depuis le mois de septembre 1863, Traugut fut l'âme du nouveau gouvernement; par son énergie et son activité, il parvint à faire face à tous les besoins, et tint glorieusement pendant six mois le drapeau de l'insurrection. Il fut arrêté avec ses collègues à la suite de l'arrestation de J. Lawcewicz sur lequel on avait saisi des papiers importants, et des tortures infligées à plusieurs employés de l'ancien gouvernement; le Dr K. Przybylski, le Dr Marian Dobiecki, le jeune Laüber et autres. Traugut et ses quatre collègues sont morts en héros, sans avoir livré une seule victime à leurs bourreaux. Le *Dziennik* de Varsovie publie, à la date même du 4, l'arrêt qui condamne les uns à la potence, les autres à la déportation; certes, un pareil hommage de la part des autorités russes de cette ville à l'auguste tzarine ne peut manquer son effet.

Ce singulier rapprochement s'explique par l'ordre donné au général Berg, au retour du tzar de Kissingen, d'en finir au plus tôt avec les exécutions capitales. Aussi le général se hâte dans sa besogne de *pacification,* et coupe court à toutes les formalités de procédure pour pendre, fusiller, déporter les coupables, avec ceux qui pourraient un jour le devenir. Voici une liste partielle des condamnations du mois dernier :

Le 5 juillet, Bielicki, fusillé à Ostrow; le 18, Poznicki, officier de santé à Wloclawek, pour avoir donné des soins aux insurgés blessés; le 19, cinq insurgés pendus dans le village de Slubiça, un sixième à Swienciany; le même jour, Michelson, fusillé à Radzyn, palatinat de Lublin; le 25, Wlas, Korenczuk et Karczuk, paysans, fusillés à Radom pour avoir pris part à l'insurrection; le 27, un officier russe, d'extraction polonaise, fusillé à Varsovie pour connivence avec les insurgés; et le 28, les deux bourgeois Jean Zarzycki et Thomas Malinowski pendus dans le village de Czysté, banlieue de Varsovie, pour le même délit.

Tous ces noms sont donnés par les *Nouvelles de Moskou,* le journal de M. Katkoff, qui signalait récemment dans un article humoristique le double spectacle offert par la ville de Varsovie, dans les termes que voici :

« Varsovie jouit maintenant d'une vie complète; elle a son théâtre français, sa promenade suisse, sa musique saxonne; elle a ses feux d'artifice dans le parc de Lazienki, des acrobates amenés à grands frais de l'étranger, des jeux gymnastiques militaires sur la place d'Ujazdow. Il y a foule partout; mais la plus compacte se porte à la station du chemin de fer de Saint-Pétersbourg, toutes les fois qu'un convoi de prisonniers se met en route pour la Sibérie. Là, il y a aussi une musique, mais une musique toute spéciale : ce sont des gémissements, des larmes et des cris de douleur. Que ce soit une partie de plaisir, un genre de distraction ou tout ce que vous voudrez, c'est toujours *une promenade à la mode.* »

On frémit d'horreur en lisant ce cynique compte rendu du feuilletoniste tatare.

Mourawieff vient d'être *honoré* par le tzar, à son voyage à Saint-Pétersbourg, de la nomination de chef du 104e régiment, dit de Perm. Il est vrai que peu de jours auparavant il avait versé au Trésor, contre son habitude, la somme de 15 millions, dont nous n'avons pas besoin d'indiquer l'origine.

Où donc s'arrêtera cette affreuse orgie mogole où la Russie semble se complaire depuis trois ans, comme pour braver, en face de l'Europe, la civilisation et l'humanité?

(*Globe.*)

LXXII.

On nous communique les notes suivantes sur la situation déplorable où se trouve Posen et la Gallicie, qui, dès aujourd'hui, sont soumis aux Russes bien plus qu'aux Allemands :

15 août 1864.

Une tentative a été faite auprès des propriétaires de Gallicie, pour les déterminer à signer une adresse d'actions de grâces à l'empereur François-Joseph, en lui demandant la suppression de l'état exceptionnel qui pèse sur cette province.

Il est presque inutile de dire que cette tentative a complètement échoué, aucun des propriétaires polonais ni même étrangers n'ayant voulu faire amende honorable !pour des torts imaginaires, et pour une injustice qui a été commise à leur égard.

La rédaction qui leur était proposée par M. Merkl, gouverneur civil de Krakovie, est en effet très-singulière : « Les représentants de la noblesse des royaumes de Gallicie et de Vlodomérie (*sic*), en demandant grâce à S. M. l'empereur pour les troubles *dont ils ont été cause,* le supplient de faire lever l'état de siége... etc. »

Nous soupçonnons dans cette ingénieuse rédaction un piége très-subtil tendu aux notabilités galliciennes, pour les impliquer dans un procès pareil à celui qui se déroule en ce moment devant la haute-cour de Berlin.

Heureusement pour le pays, et même pour le gouvernement autrichien, personne n'a voulu se charger d'une pareille responsabilité, et l'idée de l'adresse a dû être abandonnée faute de signatures.

Cette défaite, M. Merkl la fera payer cher aux habitants, et déjà les arrestations ont doublé durant ces derniers jours. Parmi les personnes écrouées à la citadelle de Krakovie (l'ancien château des rois de Pologne), on cite les noms de MM. Patelski et Chwalibogowski, propriétaires urbains, et du riche négociant Kosz. Les deux premiers ont été malades pendant tout le cours de l'insurrection, et l'on ne sait sur quels motifs a pu se fonder leur arrestation, ainsi que celle de M. Kosz; à moins, toutefois, que leur fortune, honnêtement acquise, ne soit un délit aux yeux de l'administration autrichienne.

Le général Kruszewski, démissionnaire retraité de l'armée belge, naturalisé en Gallicie, a été condamné à trois ans de prison et à l'expulsion du pays. C'est par de tels actes que le gouvernement de Sa Majesté Apostolique prétend récompenser la sagesse et la modération gardées par ses sujets polonais, en face de l'insurrection nationale de 1863.

Une pluie de décorations russes vient de s'abattre

sur les fonctionnaires civils et militaires de tout rang dans la province de Posen. Il est facile de deviner à l'avance les noms des décorés; ce sont les plus actifs et les plus zélés parmi les pourvoyeurs des cachots et des échafauds moskovites.

Nous citerons toutefois les principaux : MM. Horn, gouverneur civil de la province, nommé chevalier de l'ordre de Sainte-Anne de première classe; le comte von Eulenberg, président du district de Marienwerder, chevalier de Saint-Stanislas de première classe; von Bärensprung, directeur de la police de Posen, chevalier de Sainte-Anne de deuxième classe; les landraths Rospot, Tiszi, Schreter, Steinmann, von Heine, von Gronow, Nottau, Gregorowius, Stalberg, comte Monck, von Studin, chevaliers de Sainte-Anne de troisième classe; von Madaï, landrath de Koscian, et Rudolf, conseiller, chevaliers de Saint-Stanislas de deuxième classe sans couronne; et beaucoup d'autres, parmi lesquels nous remarquons surtout des directeurs de police et des chefs de douane.

Il nous semble toutefois qu'on aurait dû attendre, pour décorer tout ce monde, l'issue encore indécise du procès de Berlin.

(*Opinion nationale.*)

LXXIII.

LA RUSSIE EN FEU.

La Russie brûle; les incendies ont recommencé le 27 avril (vieux style) à Wiazniki; le 29, 54 maisons brûlaient dans la province de Kalouga. Le 4 mai, 60 sur 204, étaient détruites à Okhansk; le lendemain, Sarapol était la proie des flammes. Le 13 mai, il n'y avait plus traces, à Serdobsk, de 561 habitations. Dans la nuit du 22 au 23 mai, la moitié de la ville de Mozyr, province de Minsk, a été incendiée. Le 4 juin, c'était le tour de 1,514 boutiques et de 148 bâtiment divers à Nijni-Nowgorod. Du 4 au 23 juin, 6 sinistres ont eu lieu dans un seul district de la province de Saratow. Le 16, la poudrière d'Okhta sautait en l'air et le feu était mis à celle de Kazan. Le 30 juin et la nuit suivante, il se déclarait à Riga en plusieurs endroits à la fois. Le 1er juillet, Orenbourg était en cendres. Le 4 et le 5, c'est la province de Kostroma qui est atteinte. Le 11, à Arkhangel, le 13 et le 14 à Tumen et à Kourgan, jusqu'en Sibérie, des milliers d'habitations sont consumées. Le 18 août, Serpoukhow est sur pied, puis Iaroslaw faillit disparaître; et Simbirsk, une des plus importantes villes de l'empire, n'existe littéralement plus.

130,000 desiatines de bois à Ekaterinenbourg ont été brûlées.

Les *raskolniks*, après avoir incendié les châteaux de la noblesse podolienne et lithuanienne, continuent leur œuvre en Russie. Le tzarisme ne peut plus retenir ceux qu'il a déchaînés. Et il semble que les incendiaires rencontrent dans la population tout entière une complicité inexplicable.

L'*Invalide russe* avoue que ces sinistres doivent être attribués « au défaut d'action spontanée de la part des populations. » La Moskovie prélude par l'incendie à la révolution sociale.

Quand un gouvernement sème le crime, il récolte le châtiment.

(*Opinion nationale.*)

LXXIV.

Septembre 1864.

LE GOUVERNEMENT NATIONAL DE POLOGNE

A LA NATION.

Après dix-neuf mois d'une lutte acharnée contre toutes les forces de la Russie, soutenue par les complices du meurtre de la Pologne et enhardie par l'indifférence de l'Occident, notre insurrection a faibli et nos rangs se sont éclaircis.

Sur les tombes de cinquante mille héros morts dans les combats, sur les chemins sillonnés par les roues des kibitka qui ont emmené cent mille de nos martyrs dans les neiges de la Sibérie, sur les décombres des milliers de villes et de villages incendiés, l'envahisseur entonne un hymne de triomphe et redouble ses barbares fureurs; hymne perfide et mensonger, dont le refrain est acclamé par les complices de la Russie, conjurés pour notre perte, qui tous répètent à l'envi : « La lutte est finie, il n'y a plus de Pologne! »

En cet instant terrible et suprême, nous, gouvernement national, fort de notre foi dans la puissance, les droits et l'avenir de la nation, plein de confiance dans son dévouement, nous sentons le devoir d'élever la voix vers toi, peuple polonais, pour démentir et confondre ceux qui, une fois encore, veulent te faire descendre dans la tombe, pour te dévoiler sans faiblesse tes plaies les plus douloureuses, pour te faire envisager face à face les fautes accomplies, pour te montrer les héros encore intacts de ta puissance, pour te frayer la voie à travers laquelle le gouvernement national, mandataire fidèle de tes droits imprescriptibles, a résolu de te guider, et au bout de laquelle sont l'indépendance, la liberté, l'égalité, la fraternité.

En prenant les armes le 21 janvier 1863, la Pologne ne comptait ni sur une assistance étrangère, ni sur des démarches diplomatiques qui ne devaient être appuyées par aucune force effective.

La nation savait que son droit et son devoir est de vivre et d'être indépendante. Elle sentait qu'il n'y a pas de puissance au monde capable de river vingt millions de bras à des chaînes éternelles. La nation a cru à ses propres forces et elle s'est levée.

Le premier acte de l'autorité nationale fut de restituer au peuple ce qui est sa propriété; et, par cet acte, le gouvernement montra tout d'abord la source à laquelle l'insurrection devait avant tout puiser ses forces et ses ressources.

Mais, avant que l'insurrection dépourvue d'armes fût parvenue à se développer, avant qu'elle eût pu mener au combat les masses qui brûlaient d'entrer en lice, déjà ceux qui les premiers avaient donné le signal de la lutte n'étaient plus là pour la diriger.

A l'esprit de dévouement de ces héros et de ces martyrs, à leur foi ardente, leurs successeurs substituèrent de misérables expédients pour tenir tête à l'ennemi et conduire l'insurrection. Ils doutèrent de la puissance d'un peuple de vingt millions d'hommes, ils doutèrent du patriotisme du peuple polonais!

On changea l'insurrection en une démonstration armée, on demanda à la nation de prodiguer son avoir et de verser son sang, dans le seul but d'amener et d'obtenir, à force de pitié, une intervention étrangère.

Alors commença cette direction étrange à laquelle il serait difficile de trouver une autre explication.

On fonda toutes les espérances et tous les projets sur l'intervention de l'Occident, sur l'alliance fantastique du plus perfide de nos voisins, qui devait négocier avec le tzar, en invoquant les Six-points, non plus la liberté de la patrie, mais une autonomie partielle et monstrueuse, dans laquelle il eût été également impossible à la nation de vivre et de mourir.

Au dedans, une lutte dépourvue de plan et de but, prolongée au jour le jour, abandonnée aux efforts individuels, sans intention ni désir de la transformer en une grande et puissante guerre nationale, comme si on eût voulu convaincre la nation d'impuissance, parce qu'on ne croyait pas à ses forces réelles.

Bientôt l'acte du 24 janvier ne fut plus qu'une espérance vague et illusoire, soit qu'on ne sût pas, soit qu'on ne voulût pas appeler aux armes, suivant la tradition de nos aïeux, tout le peuple polonais; et aujourd'hui les Moskovites le déportent par milliers en Sibérie.

On ne sut pas, ou on n'osa pas demander à la nation les sacrifices voulus pour une grande guerre nationale, qui doit décider de sa vie ou de sa mort; et aujourd'hui la Moskovie la ruine et lui arrache des millions.

On ne crut pas au peuple, on se défia du peuple. La faute a été terrible! Et cependant le peuple a repoussé les faveurs traîtresses du tzar, et il n'attend qu'une direction et un commandement.

Des hommes à la voix sinistre voudraient persuader à la nation qu'elle est écrasée et anéantie! Qu'ils regardent les gibets auxquels se balancent chaque jour les cadavres des nouveaux martyrs de la liberté, qu'ils regardent ces tombes chaque jour plus nombreuses, qui témoignent de la domination soi-disant assurée de l'oppresseur, et qu'ils vous disent si la lutte est terminée!

Peuple polonais! la lutte ne peut cesser; demander le pardon du tzar, ce serait une bassesse et une infamie dont tu n'es pas capable.

Il faut que la lutte continue, parce que le tzar a juré d'exterminer notre nationalité, notre religion et notre langue. Plus nos armes s'abaissent, plus la Moskovie redouble de rage! Il n'y a pas de guerre qui puisse nous coûter autant de victimes que l'interruption de la lutte; ce n'est pas la guerre que veut le tzar: c'est l'anéantissement de notre indomptable nation qu'il poursuit dans sa fureur insensée.

La mort sur le champ de bataille et la liberté, ne fût-ce que pour nos enfants, ou bien la mort sur le gibet, une lente agonie dans les neiges de Sibérie et la misère dans l'exil, voilà le choix qui nous reste.

Nous avons essuyé de grandes pertes, subi de grandes douleurs; mais l'œuvre de la rédemption ne peut s'accomplir que par de grands sacrifices! En revanche, nous avons grandi de cœur et d'âme; nous avons acquis l'expérience, nous savons désormais où est l'impuissance, où sont nos forces. Les gémissements de nos sœurs et de nos mères fouettées par nos bourreaux, les pleurs de nos frères entraînés pêle-mêle vers un éternel exil, le craquement des gibets qui plient sous le poids des cadavres des plus nobles fils de la Pologne, résonnent aux oreilles et au cœur de la nation, comme le clairon qui l'appelle à la lutte, lutte acharnée, lutte à la vie et à la mort.

Infâme ou traître celui qui veut le repos et qui reste sourd à l'appel! Mais toi, peuple polonais, tu l'entends et tu seras debout; tu dois rester debout pour le combat suprême, et là où tu te lèveras, peuple polonais, la victoire est certaine!

Dans cette situation si difficile, le gouvernement national ne voit qu'un moment de transition; c'est la seconde période de la guerre qui commence, la guerre populaire. Pour remplir sa mission, il déploiera toutes les ressources, il ne reculera devant rien, il ne négligera rien, parce que telle est la volonté de la nation, et tel est par conséquent le devoir de son gouvernement. Dans cette voie, i n'hésitera pas, ne faiblira pas; et malheur à ceux qui oseraient se mettre à la traverse!

En appliquant tous ses efforts à l'accomplissement de sa tâche, le gouvernement ne compte que sur les forces de la nation, mais il acceptera l'appui fraternel et les sympathies des peuples.

La Sainte-Alliance des despotes et la civilisation, l'ancien régime de la force brutale et le droit éternel de l'humanité, se trouvent aujourd'hui en présence. Peuple polonais! toi, qui jadis étais le premier sur la brèche pour la défense de la chrétienté, tu es aujourd'hui le premier debout pour venger les droits de l'humanité et de la liberté, outrageusement violés en ta personne. Ta mission vient de Dieu, ton salut est entre tes mains. Peuple polonais! peuple grand par l'amour fraternel qui t'anime, tu dois aujourd'hui, non pas châtier les fautes du passé, mais fonder et assurer l'avenir.

Dieu ne t'abandonnera pas, parce que tu es appelé à être le rempart de la liberté contre la barbarie du

Nord. C'est à travers tes ruines et tes décombres que la Russie veut marcher à la conquête de l'Europe. Mais tu ne périras pas; courage donc et persévérance !

Varsovie, le 8 septembre.

(*Sceau du gouvernement national*[1]).

(*Opinion nationale.*)

LXXV.

ORDRE DU JOUR

DU CHEF DE LA VILLE DE VARSOVIE.

Citoyens,

Depuis près de cent ans, il n'y a pas eu un seul jour qui n'ait éclairé les martyres de nos frères, pas une seule nuit qui n'ait voilé les crimes de nos oppresseurs; et cependant notre persévérance ne s'est pas ébranlée un seul instant, et des milliers de martyrs l'attestent à chaque heure.

Nous n'avons pas oublié les devoirs sacrés que nos pères nous ont légués, de génération en génération, du haut des gibets et du fond des mines de la Sibérie.

Nous avons su vivre au milieu de la mort, parce que notre nation n'est pas morte, en dépit des efforts des meurtriers qui veulent la refouler au tombeau, et la lutte que nous soutenons pour la délivrance de notre sol natal, pour les cendres de nos pères, pour l'honneur de nos sœurs et de nos mères, pour le pain de nos enfants affamés, pour la liberté et les droits de l'humanité, ne cessera que lorsque nous aurons reconquis l'indépendance et que, sur le vaste champ de bataille de la Pologne, nous aurons planté la palme due au passé, et l'étendard de la fraternité et de la liberté pour l'avenir.

Aujourd'hui, notre œuvre est plus rude et plus grande que jamais; aussi la situation actuelle du pays a exigé des changements dans l'organisation et dans la composition de ses membres. Ces changements ont été mis à exécution à partir du 16 de ce mois, ce dont je donne avis aux citoyens, en déclarant ce qui suit :

1° Chaque membre de l'organisation qui s'adressera en mon nom aux habitants de la ville devra montrer une autorisation revêtue du sceau connu de tous et apposé au présent ordre du jour; cette autorisation sera délivrée par le chef de la ville, pour un temps qui ne dépassera pas quinze jours;

2° A partir du commencement de ce mois, la perception de l'impôt de l'offrande nationale (au moyen des quittances bleues) a cessé d'avoir lieu. L'emprunt national devra, comme par le passé, être versé par les contribuables entre les mains des collecteurs, autorisés à cet effet;

3° Considérant les pertes douloureuses que nous avons subies et les arrestations dont beaucoup de citoyens, étrangers à l'organisation, ont été victimes, uniquement par suite de propos inconsidérés colportés dans la ville, j'ordonne, sous la peine de la plus rigoureuse responsabilité, à tous ceux dont l'indiscrétion a exposé leurs pauvres frères aux sanglantes vengeances de la police moskovite, d'éviter désormais le rôle hideux de délateurs et de s'abstenir, soit de prononcer des noms, soit de parler des fonctions qu'ils supposent remplies par telle ou telle personne. J'invite, en outre, le chef de la police nationale à exercer une sévère surveillance sur quiconque enfreindrait le présent ordre, et à livrer immédiatement les coupables à la justice, pour être soumis à un châtiment exemplaire.

Observation. — Les ordres du jour du chef de la ville paraîtront à intervalles périodiques et seront divisés en deux parties : la première contiendra les avis et les arrêtés officiels; la seconde, les nouvelles courantes et des communications sur les actes de la Russie.

Varsovie, le 27 septembre.

(*Sceau du chef de la ville de Varsovie.*)

(*Opinion nationale.*)

LXXVI.

LE RÈGNE DE MOURAWIEFF II.

Le règne de Mourawieff-*le-Pendeur*, qui dure depuis le mois de mai de l'année dernière, aurait déjà changé la Lithuanie en une lande déserte de l'empire moskovite, sans l'inextinguible vitalité de l'élément polonais. Personne mieux que lui ne pouvait mettre en œuvre le principe adopté par le conseil des ministres de Saint-Pétersbourg au printemps dernier, savoir :

1° La destruction à tout prix de la nationalité polonaise dans les provinces occidentales;

2° L'extirpation de la foi romaine au profit du schisme;

3° La spoliation des propriétaires polonais de leur dernière obole et de leur dernier lambeau de terre lithuanienne.

Cette triple décision était exigée par Mourawieff, rappelé tout exprès à la cour pour remplir l'office de bourreau, et l'accompagnait dans sa mission au gouvernement de Vilno. On conçoit qu'il n'eût pas

---

1. Malheureusement ce nouveau groupe, présidé par un ancien aide de camp de Mieroslawski, J. Kurzyna, ne pouvait avoir aucun crédit en Pologne. Le seul vrai représentant de l'insurrection était le chef militaire de Varsovie, Alexandre Waszkowski, qui succéda en décembre 1863 à Joseph Piotrowski, et remplit cette périlleuse fonction jusqu'aux derniers jours de notre soulèvement. Il fut arrêté et fusillé le 17 février 1865; son père, déporté en Sibérie, mourut à Czystopol, avant d'avoir franchi la frontière du pays.

de peine à l'arracher; et dès lors, le tzar et la Russie ont abdiqué entre ses mains leur pouvoir, leur volonté et leur conscience.

Les chefs militaires qui lui sont adjoints exécutent avec une implacable barbarie les instructions qu'ils en reçoivent, et souvent les outrepassent, bien entendu pour s'enrichir aux dépens de leurs victimes. A son dernier voyage en Allemagne, le tzar Alexandre avait défendu à ses aides de camp de lui parler politique et d'intercéder en faveur de qui que ce soit, car il voulait, disait-il, se reposer des terribles émotions que l'insurrection polonaise lui avait fait éprouver. Cependant une famille lithuanienne, horriblement mutilée par Mourawieff, était parvenue à se frayer accès auprès de l'empereur, et à lui faire entendre ses plaintes par l'intermédiaire d'une des personnes de sa suite. Les faits étaient prouvés par des documents authentiques. « C'est affreux! s'écria le tzar, après avoir écouté le récit; je ne l'aurais jamais supposé. » Le plaignant profita de cette disposition pour lui faire observer qu'un seul mot de Sa Majesté pourrait tout réparer et laver son règne d'une injustice aussi criante. « Vous vous trompez, répondit le tzar; j'ai promis à Mourawieff de ne pas me mêler dans les affaires de son gouvernement. *Je n'y puis rien!* »

Voilà donc l'impunité acquise à l'avance à tous les crimes et à toutes les violences. En voici maintenant les résultats sur le terrain national, religieux et social. La contribution de 5 pour 100 des revenus arbitrairement désignés, et même absolument fictifs, est exécutée sans trêve ni merci. Cette contribution est employée à augmenter le salaire des popes et à la construction d'innombrables chapelles orthodoxes; et cela à la veille d'une famine imminente, car les récoltes pourriront sur pied faute de bras pour les moissonner. L'évêque de Samogitie a été condamné à payer 5,000 roubles; l'évêque Beresniewicz, recteur de l'académie religieuse de Saint-Pétersbourg, à 1,000 roubles. Où les prendront-ils? peu importe, pourvu qu'ils paient. Beaucoup de desservants, dans les villes et les campagnes, n'ayant que 400 roubles d'émoluments pour l'entretien de leurs églises, ont à payer jusqu'à 3,000 roubles. Les couvents de Vilno, de Kowno, etc., sont supprimés; même les sœurs de charité n'ont pu échapper à cette proscription en masse du clergé et des ordres catholiques. « Je détruirai le *polonisme* et le *Dominus vobiscum*, » disait souvent le tzar Nicolas, en laissant à son fils l'accomplissement de cette double mission.

A part la défense de restaurer les temples et les monuments historiques, frappés des mêmes oukazes que la population lithuanienne, une infinité de petites croix grecques sont envoyées aux communes au nom de l'impératrice. Elles sont naturellement fabriquées aux frais de l'autre culte. Les paysans, qui les reçoivent par intimidation ou par contrainte, sont aussitôt inscrits sur les livres du clergé russe, et considérés dès lors comme schismatiques. Les écrivains ruraux sont toujours des fils de pope. Il en est de même des paysans protestants de la Livonie polonaise, convertis de force par la propagande du tzar Nicolas, et qui veulent absolument revenir à leur ancienne religion. Ils se rassemblent et se concertent pour résister aux autorités, et la situation y est déjà très-tendue.

En passant sur le domaine social, nous trouvons dans tout le pays des commissions dites de *vérification*, et qui, mentant à leur titre, ne sont que la suite des confiscations légales de l'année dernière, mais sur une plus vaste échelle. Celles-ci enlevaient aux propriétaires les revenus, celles-là s'emparent des capitaux. Elles évaluent au plus bas les terres, pour en offrir l'achat à des spéculateurs allemands ou moskovites. Elles en détachent arbitrairement les bois et les pâturages, qu'elles distribuent *gratis* aux russes, en se faisant payer par eux des honoraires. Il suffit à un paysan d'avoir fait paître une seule fois ses chevaux ou son bétail sur le bien domanial, pour que ce bien lui soit adjugé à sa première demande. C'est la loi byzantine du moyen âge, qui admettait un paysan à la jouissance d'un jardin dès qu'il en avait soustrait une pomme, rétablie dans toute sa vigueur. On conçoit l'immense démoralisation qui en est la conséquence, la perversion de toutes les idées de propriété, de droit, de justice; c'est le mot de M. Proudhon au rebours, car ici « *le vol c'est la propriété*. » Tout propriétaire, foncier surtout, est une espèce de paria contre lequel tout est permis, tout est autorisé, par l'initiative et l'exemple du gouvernement. Il est hors la loi.

Et quels sont les agents chargés d'appliquer ces mesures? Il faut avoir vu à l'œuvre ces présidents, ces juges arbitres, ces membres des commissions de vérification en Lithuanie, tous élevés à l'école *sociale* de Milioutin, pour savoir ce que c'est que la vénalité, la mauvaise foi, le vol public et privé. Tout service administratif se marchande ouvertement, et doit être payé à l'avance. Les employés ont rejeté toute honte et toute pudeur; ils pressentent sans doute qu'un tel état de choses ne saurait durer longtemps, et ils ont hâte de s'enrichir. Toutefois, il est certain qu'ils laisseront table rase du pays, qu'ils auront donné l'éveil à toutes les mauvaises passions et qu'ils emporteront avec eux toute notion du bien et du mal. Tout gouvernement fait germer dans les masses les instincts dont il est doué lui-même; mais la probité innée au caractère polonais saura-t-elle jamais réparer ou même atténuer cette effrayante corruption évoquée par le règne de Mourawieff sur la terre de Lithuanie?

« Encore deux ans, nous dit-on, deux ans de ce règne, et vos souffrances vont finir. » Mais pendant ces deux années, que de ruines morales vont être accumulées sur la ruine matérielle déjà complète! Ce lit de Procuste, sur lequel on étend la Lithuanie pour la tailler au niveau moskovite, pourrait bien devenir sa tombe; et ces deux ans de Mourawieff à subir encore ne veulent-ils pas dire qu'après ce terme sa hache n'aura plus rien à niveler?

Les déportations et les enlèvements, même de femmes et de mères de famille, ne discontinuent pas. A Dabbel, deux dames prenant les bains de mer ont disparu. Elles avaient sans doute encore quelques bijoux ou quelque argent à dérober. Tout travail, toute étude sérieuse est impossible; car il suffit d'un seul mot suspect, même sans aucune portée actuelle, même relatif au règne de Néron ou de Domitien, pour motiver aussitôt une dénonciation. Ce sont là des choses nouvelles dans notre époque, inouïes depuis les Césars de Rome ou les tzars de Moskou, mais vraies dans tous leurs détails, dans toute leur étendue.

(*Globe.*)

LXXVII.

LA BANQUEROUTE MOSKOVITE.

I.

Malgré les confiscations, les amendes et les désordres de tout genre exercés en Pologne dans les années 1863 et 1864, la Russie, ruinée d'argent et de crédit, insolvable envers l'Europe comme envers elle-même, poursuit à grandes guides son chemin vers la banqueroute. Il ne peut pas en être autrement dans un pays où le vol public est érigé depuis un siècle en maxime fondamentale de l'État. M. Louis Wolowski, dans son remarquable travail sur les *Finances de la Russie*, est loin d'avoir exagéré la situation désespérée du trésor moskovite; bien au contraire, n'ayant opéré que sur les chiffres officiels publiés par les chancelleries, chiffres toujours menteurs, selon l'habitude invétérée du cabinet de Saint-Pétersbourg, il a dû l'atténuer dans certaines parties, et il est plutôt resté en deçà de la vérité. Renseigné par des rapports puisés à la source même, par des actes irréfutables computés avec un soin minutieux, nous sommes en mesure de prouver avec la dernière évidence que la guerre de Pologne, évoquée par la Russie pour détourner les yeux de l'Europe de sa propre décomposition, a porté le dernier coup à son système financier, et doit amener, dans un terme très-rapproché, un désastre général qu'elle se trouve impuissante à conjurer.

La détresse du trésor russe date en réalité de la campagne de Hongrie en 1849. Depuis cette époque, le tzar Nicolas, indifférent en apparence à un mal déjà irrémédiable, consacrait tout son temps à exercer ses troupes dans le palais d'hiver, à grossir chaque jour leur nombre, pour intimider l'Europe par un vaste déploiement militaire. L'armée et la diplomatie absorbaient la totalité des revenus de l'empire; tandis que son état intérieur, son administration, son instruction, ses finances étaient livrés à des hommes sans intelligence, et presque toujours sans moralité.

Aux réclamations du ministre du trésor contre les dépenses exorbitantes exigées par ses deux collègues de la guerre et de l'extérieur, le tzar se contentait de répondre : « Les forts ont tout ce qu'ils veulent, même de l'argent; j'en veux avoir et j'en aurai ! » Cependant, il est bien difficile d'être fort, même avec un demi-million de baïonnettes, sur une étendue de 20,647,000 werstes (kilomètres) carrées, où la force d'inertie de cette masse de terre improductive annihile toute autre puissance que la sienne. Ici la terre est plus forte que l'homme.

Élevé dans les principes paternels, le tzar Alexandre a dit, au jour de son avénement : « Mon règne sera la continuation du règne de mon père. » Et il s'est mis comme lui à faire de la diplomatie et des manœuvres.

Lorsqu'un de ses anciens précepteurs lui faisait observer l'immense infériorité financière de la Russie relativement à tous ses voisins, il s'écria : « Pour conquérir le monde, je n'ai pas besoin de finances ; mes dix millions de kosaks seront mes receveurs et mes banquiers ! » Puis il fit appeler son ministre du trésor, et lui ordonna une effrayante émission de papier-monnaie. « Vous voyez bien, ajouta-t-il, que je fais de l'argent avec du papier ; et les chiffons ne coûtent pas cher en Russie ! »

Avec une pareille maxime, des notions si profondes et si justes sur l'organisation de la richesse nationale, on peut aller très-loin, plus loin même qu'on ne voudrait. Le résultat ne s'est pas fait attendre : c'est l'entière démonétisation de la Russie ; et, par suite, la crise actuelle. Parcourez tout ce vaste hémisphère de long en large, vous y rencontrerez toujours des billets de banque dépréciés, mais de l'or ou de l'argent, jamais ! Pas un demi-impérial, pas un rouble monnayé, pas même de la monnaie de billon qui, dans certaines provinces, a tellement disparu, que pour changer votre coupon vous êtes forcé de recourir aux petits bons des marchands ou même aux timbres-poste. Tous les marchés, les échanges, les fournitures se font par les juifs, seuls dépositaires, mais dépositaires à perpétuité, de l'argent, qui, en passant dans leurs mains, ne rentre plus jamais dans la circulation. Les valeurs réelles sont à l'étranger, ou sont si profondément enfouies que le flair même d'un kosak ne saurait les déterrer.

Cependant, dira-t-on, la Banque russe change son papier en espèces à ceux qui en font la demande. En effet ; mais elle s'y prend de manière à rendre ce change très-difficile, sinon tout à fait impossible. Un paragraphe de l'oukaze impérial relatif aux billets de banque porte ce qui suit :

« La Banque ne change que 100 roubles au plus à une seule personne. »

Ce curieux paragraphe est imprimé en toutes lettres sur chaque billet, à l'exception de ceux du royaume de Pologne. On peut donc se figurer le nombre de jours qu'il faudrait pour changer, par exemple, une somme de 100,000 roubles ou de 340,000 francs selon le taux actuel. Trois ans et demi, en décomptant les jours fériés, pendant lesquels la Banque reste fermée, suffiraient à peine à cette tâche ingrate, abstraction faite des refroidissements et de l'ennui éprouvés en faisant la file avec la foule des demandeurs. Si incroyable que la chose paraisse, elle est vraie; et M. Katkoff lui-même, le directeur des *Nouvelles de Moskou*, et le plus hardi propagateur des mensonges officiels, ne saurait le contester.

Le papier donc, et rien que le papier, soutenu non par le crédit, non par la confiance dans le gouvernement, mais par le fouet kosaque, les fers et la Sibérie, sans aucune autre garantie que sur les épaulettes d'or ou faux de ses proconsuls, forme toute la richesse monétaire de la Russie.

Jetons maintenant un coup d'œil sur le royaume de Pologne, et sur ce que les Russes appellent leurs provinces occidentales, c'est-à-dire la Lithuanie. Là, nous trouvons encore le même système de pillage et de dilapidation. Ce pays, jadis le grenier de l'Europe, mais ayant le malheur d'être le voisin immédiat de la Russie, n'est plus qu'un désert, et ne présente partout qu'une affreuse image de barbarie et de destruction.

Les massacres de 1863 ont, il est vrai, établi une certaine différence entre ces deux moitiés de l'ancienne Pologne; mais cette différence même fait mieux sentir l'action dissolvante de la Russie, et son impuissance absolue à s'organiser en société régulière. Tous ses essais de réforme ont échoué, parce qu'ils étaient une mesure politique dirigée contre les propriétaires polonais, et non une mesure sociale; parce qu'ils étaient fondés sur la spoliation, et non sur le droit. Toutes les sources de revenus publics, dans cette contrée si fertile, aujourd'hui noyée dans le sang, sont pour longtemps oblitérées. « Pour dompter les Polonais, disaient les conseillers du tzarisme, il faut les appauvrir! » Le gouvernement leur délia les mains et les mit à l'œuvre; et voilà qu'aujourd'hui, leur tâche de destruction accomplie, la Russie n'en est pas plus avancée.

Bien au contraire, elle a rétrogradé d'un siècle vers l'état sauvage, et s'est couverte d'une honte indélébile. Comme un malade portant déjà la mort dans son sein, le tzarisme périra, selon toute vraisemblance, de ce mal qui le tue, le désordre, plutôt que d'un accident extérieur. Ce moribond failli donne encore des bals, des festins, en engageant les derniers vestiges de son ancienne splendeur, qui appartiennent déjà à ses créanciers; il prend des airs juvéniles, il fait de somptueux voyages à l'étranger pour faire croire à sa vigueur et à sa prospérité. Mais l'heure fatale est là, elle va sonner son glas d'agonie; mais l'ancien prodigue n'a plus de quoi payer ses soldats, ses uniques appuis : quant à ses généraux, ceux-là savent se payer eux-mêmes. Ils lui resteront fidèles, tant qu'ils auront une seule parcelle de notre patrimoine à dévorer. Aussitôt après, ces fidèles adorateurs du tzarisme se hâteront de s'en retourner chez eux chargés de butin; c'est-à-dire, pour la plupart d'entre eux, en Allemagne.

II.

Une des principales causes de la détresse du trésor russe est la falsification en grand des billets de banque. Les chevaliers d'industrie ont puissamment aidé au discrédit de ces non-valeurs, en établissant pour leur compte des fabriques de papier-monnaie. Cette falsification s'est manifestée, il y a une cinquantaine d'années, vers la fin du premier empire; depuis elle a pris un si vaste développement, que l'on compte aujourd'hui jusqu'à *trente-cinq* espèces de fausses banknotes; quoiqu'à dire vrai, elles ne soient pas beaucoup plus fausses que celles émises par la banque moskovite. Il est pourtant digne de remarque que le gouvernement de Nicolas, si peu scrupuleux dans ses opérations financières, les rachetait au fur et à mesure de leur apparition, bien entendu en livrant du papier contre du papier. Ces rachats produisaient des pertes énormes; mais il était impossible d'agir autrement pour un gouvernement dont toutes les ressources étaient fondées sur des valeurs fictives.

Cependant la ruine des finances allait toujours en augmentant. Pressé par la guerre de Krimée, le tzar Nicolas avait beau épuiser toutes les réserves, spolier les couvents, déposséder l'Académie de Saint-Pétersbourg et de Moskou des donations particulières, affermer à des juifs allemands le débit de l'eau-de-vie, une des sources principales de ses revenus, mais aussi de l'abrutissement du peuple moskovite, tout cela ne comblait pas l'abîme béant de son déficit, arrivé aujourd'hui à son apogée. On peut dire que le tzar Nicolas est mort insolvable encore plus que vaincu.

C'est dans cet état que le tzar actuel, dépourvu de toute notion de gestion administrative, indispensable dans un empire déjà trop vaste de moitié, a hérité du trésor, ou plutôt des dettes de son père. Il a cru pouvoir se tirer d'affaire par des réformes sociales. Mais en affranchissant le paysan sur des bases peu rationnelles, en lui promettant plus qu'il n'a pu lui donner, il s'est mis en quelque sorte dans sa dépendance, et il a dû renoncer à créer de nouveaux impôts. De cette manière, armée, marine, administration, déjà si mal payées, tout se trouve littéralement à la demi-solde, hors la diplomatie et la police. L'insurrection polonaise, évoquée comme dernier moyen de salut, est encore venue multiplier les dépenses.

Pour y satisfaire, le tzar eut recours aux contributions de guerre, aux confiscations et à la vente à l'encan des propriétés, aux amendes et aux exactions de tout genre. Il comptait retarder de quelques instants au moins le désastre final; mais il comptait sans ses proconsuls, aujourd'hui ses receveurs généraux et ses trésoriers, Mourawieff, Berg, Anienkoff, avec toute leur meute d'aides de camp et d'employés, qui ne songent qu'à s'enrichir aux dépens du premier venu, sans s'inquiéter nullement de leurs maîtres. *Chacun pour soi*, c'est là la maxime générale et sans aucune exception de ces hommes de sang et de rapine.

En effet, dans cette Pologne hier encore industrieuse et riche, les villes saccagées, les châteaux démolis à coups de canon, les cabanes incendiées, les gravois et la cendre, tels sont les tristes monuments de leur invasion et de leur implacable barbarie. Mais l'argent n'est pas arrivé jusqu'aux caisses du gouvernement; il s'est arrêté en chemin. On peut être certain que les poches de tel ou tel gouverneur militaire sont plus remplies que la caisse de toute sa province. La perception des fonds publics se fait sans écritures, sans quittances, de la main à la main, partant sans aucun moyen de contrôle. L'honneur et le désintéressement des percepteurs constituent leur seule garantie; on peut donc juger ce qui doit en revenir au pouvoir central. Nous ne parlons pas ici des incendies qui s'allument sur cent points différents de l'empire moskovite, et que l'ingénieux M. Katkoff attribue si généreusement aux déportés polonais, là même où pas un seul d'entre eux n'a eu le malheur de passer. Ces brasiers qui jettent un jour sinistre sur l'état intérieur de la Russie, sont probablement le premier indice d'une vaste révolution sociale, où le tzarisme périra corps et biens.

Si nous avions pourtant un conseil à lui donner pour ce qui concerne la Pologne et la Lithuanie, *ses provinces occidentales,* c'est que pour simplifier sa manipulation administrative et assurer ses revenus, il ferait mieux de les affermer une fois pour toutes à ses proconsuls. Nous lui certifions qu'il obtiendrait par ce procédé une somme plus ronde et plus exactement payée. Les enchérisseurs ne lui feront pas défaut; et nous pouvons lui répondre, sans crainte de nous tromper, de Berg pour le royaume et de Mourawieff pour la Lithuanie, déjà assez riches pour pouvoir lui payer d'avance le prix du fermage.

C'est ainsi que les exécuteurs du tzarisme se sont retournés contre le pouvoir qui les emploie, en le frappant dans son côté le plus douloureux, ses finances; et Alexandre II, en voulant tuer un peuple, tentative insensée, n'aura réussi qu'à se tuer lui-même.

(*Globe.*)

LXXVIII.

LE BUDGET DE L'INSURRECTION

ET M. É. DE GIRARDIN.

Une parole de protestation, que nous avons cru devoir publier ici contre l'étrange procédé de la *Presse* dénonçant au gouvernement de Vienne les projets supposés de quelques Vénitiens et Hongrois, a fait naître une polémique des plus déplorables; fidèle à son système de défendre la Russie contre les aspirations nationales des Polonais, M. de Girardin n'a pas hésité à accuser de *vol* ces patriotes qui ont scellé de leur sang la cause sacrée de la Pologne. Il a plu au rédacteur de la *Presse* d'inventer un budget de recettes fabuleux, de supprimer les neuf dixièmes des dépenses et d'établir ainsi que les martyrs réduits aujourd'hui au silence par les gibets de Varsovie et de Vilno s'étaient approprié tantôt 90, tantôt 40 millions. Il est aisé de voir que la *bonne foi* de M. de Girardin a été surprise par ses correspondants russes et autrichiens, et que son budget de dépenses et de recettes est trop absurde pour tromper qui que ce soit.

Il serait difficile, pour ne pas dire impossible, d'évaluer au juste la quotité des sommes qui se trouvaient entre les mains du gouvernement national, la presque totalité de ses membres ayant péri, de manière ou d'autre, victime de leur dévouement à la patrie; ce seul fait suffirait donc pour détruire les audacieuses allégations de la *Presse*. Cependant nous pouvons affirmer que ces sommes, obtenues avec tant de difficultés, au milieu d'une armée ennemie et sous la surveillance d'une police implacable, ne dépassaient pas 34 millions de florins polonais (soit 20,400,000 francs). A qui M. de Girardin fera-t-il accroire que la Pologne ait pu fournir pour les besoins de l'insurrection, malgré ce qu'il y aurait d'honorable pour elle dans ce sacrifice, la somme énorme de 131,250,000 florins (soit 78,750,000 francs)? « Par les contributions forcées, dit-il, et par les gendarmes nationaux. » C'est puéril et dérisoire. Quand on se mêle de secouer des chiffres pour en frapper l'honneur d'une nation vaincue, il faudrait au moins se piquer d'exactitude. Ce n'est pas là le souci de M. de Girardin, qui établit ses recettes dans une monnaie et ses dépenses dans l'autre, et qui compte des mois pour des années. Or, les contributions prélevées dans les provinces restaient généralement dans ces provinces, et servaient soit à l'organisation locale des détachements, soit à l'achat des armes, sans passer par la caisse du gouvernement national.

La Gallicie et la Poznanie, qui équipaient elles-mêmes leurs volontaires, ne lui adressaient que le surplus de leurs offrandes; plusieurs autres provinces ont même employé pour ce seul objet tout le montant de leurs cotisations.

D'après la *Oyczyzna,* dont les rédacteurs actuels faisaient partie de l'organisation nationale, toute la somme recueillie avant l'insurrection n'atteignait pas au chiffre de 500,000 florins; et le comité central, au moment d'engager la lutte, disposait au total de 80,000 florins, déduction faite de ses premières dépenses. C'est avec de si faibles ressources qu'il n'hésita pas à jeter son défi à la Russie, et qu'il publia son premier appel aux armes.

Pendant le cours de l'insurrection, l'héroïque Lithuanie, à laquelle Mourawieff sut extorquer 15 millions de roubles argent pour les verser au trésor moskovite en échange de sa croix de Saint-André et de son régiment des gardes, trouva encore le moyen de fournir 150,000 roubles aux insurgés.

La Vollhynie, la Podolie et l'Ukraine, pressurées, décimées par Anienkoff et Dlotoffskoï, se sont cotisées pour une somme de 300,000 roubles environ, versés avant le mois de juillet 1863. A part les offrandes recueillies à Krakovie, la Gallicie a fourni de son côté 500,000 *guldens* (florins autrichiens, à 2 francs). La capitale du royaume, Varsovie, toujours prodigue de son sang et de son avoir pour la cause nationale, a donné à elle seule l'équivalent à peu près de ce qu'on a recueilli dans toute l'étendue du pays.

Nous voyons par cet exposé, fait d'après des données authentiques et certaines, que nous sommes encore très-loin du chiffre fabuleux des recettes présenté avec tant d'aplomb par M. de Girardin. En les évaluant au *maximum*, nous arrivons à peine à 20,400,000 fr., comme ci-dessus.

Où se trouverait alors pour le gouvernement national la possibilité de dilapider les fonds publics, pendant une lutte de dix-huit mois, soutenue jour par jour, heure par heure, contre une armée russe de 450,000 hommes? C'est donc là une atroce et détestable calomnie, arme tout aussi familière, on le sait, aux écrivains de la Russie, que la corde et les instruments de torture sont familiers aux mains de ses proconsuls. De Mourawieff à Katkoff et *consorts*, il n'y a que la distance de la plume qui signe les arrêts de mort à la plume qui les exalte.

Le chapitre des dépenses présenté par la *Presse* est tout aussi véridique que le précédent. A l'intérieur de la lutte, les commissaires, les employés civils, les chefs de détachements et les soldats ne recevaient aucune sorte d'émolument ni de solde journalière ; presque tous y dépensaient, au contraire, l'argent qu'ils avaient emporté de chez eux, et les plus riches partageaient fraternellement avec ceux qui n'avaient que leur fusil et leurs cartouches. A l'étranger, les commissaires d'armes et les délégués du gouvernement ne recevaient que le stricte nécessaire ; et même, le plus souvent, ils vivaient de leurs propres deniers.

Ici, nous avons donc une notable réduction à faire dans le chiffre des dépenses, et les sommes affectées à ce service sont à peine le quart de celles indiquées par la *Presse*. Mais, en revanche, les frais de route pour les insurgés refoulés sur le territoire autrichien et prussien, et cherchant un refuge à Londres, à Paris ou en Suisse, sont de beaucoup plus considérables que dans le relevé de M. de Girardin.

Voilà à quoi se réduisent les données que l'on peut établir sur les recettes et les dépenses de l'insurrection de 1863, avant que le comité de la dette nationale, déjà saisi de ce travail, n'ait publié son rapport. Les chiffres approximatifs que nous avons inscrits dans ce résumé suffiront pour le moment. Personne aujourd'hui, pas même ceux des membres du gouvernement national qui vivent encore, n'est en état de faire isolément un bilan plus exact ; et encore moins M. de Girardin, qui cependant se présente avec un tableau détaillé, pièces en mains, comme s'il avait été lui-même ministre des finances de l'insurrection. Car qui donc a pu lui dire combien d'armes de toute sorte ont été confisquées au passage de la frontière, vendues, puis encore confisquées, et revendues jusqu'à cinq fois aux insurgés ? A quel prix ces armes ont été achetées dans les manufactures belges ou silésiennes ? Combien de ces armes sont restées sur le lieu de leur fabrication, faute de moyens de les faire parvenir à destination ?

Ces déloyales opérations ont certainement enrichi beaucoup de commerçants et de douaniers cosmopolites ; mais non pas, comme M. de Girardin le prétend, les membres du gouvernement national. Ceux-ci ont presque tous payé de leur vie cette grande entreprise manquée à la suite de l'abandon de l'Europe ; et il aurait mieux valu, pour l'honneur de la presse en général et pour M. de Girardin en particulier, de respecter leurs tombes.

(*Globe*).

LXXIX.

Décembre 1864.

LE RÈGNE DE MOURAWIEFF II.

Nous sommes condamné, depuis un an et demi que dure le martyre de la Lithuanie, à être l'historien des hauts faits de Mourawieff ; cependant, malgré l'invincible dégoût, mêlé d'horreur, que nous éprouvons à les retracer, nous accomplirons notre tâche jusqu'au bout, certain que le surnom de *Wieszatel* (le Pendeur) restera comme un des traits caractéristiques du règne d'Alexandre II, que l'on se plaît quelquefois à nommer le *Magnanime*. Une des plus belles intelligences du pays, le docteur Julien Micewiez, vient encore de tomber victime de l'implacable barbarie du *Wieszatel*. Son seul crime était d'avoir donné ses soins à nos frères blessés durant la lutte ; et son châtiment devait être, comme pour la plupart des prisonniers de Mourawieff, la potence. L'arrêt a été exécuté à Kowno, cette ville déjà presque dépeuplée par la déportation en masse de ses habitants, le 17 du mois dernier, presque au moment où le tzar, en quittant la France, s'en revenait dans sa capitale.

Bientôt après, des mesures d'une atrocité inouïe, et trois nouveaux oukazes sans précédents dans l'histoire des peuples civilisés, sont venus nous avertir que le règne de Mourawieff allait être étendu sur tout l'orbite de l'ancienne Pologne.

Et d'abord, l'ordre impératif a été donné au général Berg d'extorquer des habitants du royaume, par tous les moyens possibles, des adresses d'incorporation pure et simple à l'empire moskovite ; ce qui doit amener immédiatement une recrudescence de sévices de tout genre. Les proconsuls de troisième ordre, dans les provinces, sont chargés d'arracher les signatures aux propriétaires fonciers, en les menaçant de contributions énormes, ou d'exil perpétuel en Sibérie.

Placés entre le supplice et la signature de l'adresse, les caractères sans virilité succombent ; mais disons-le en l'honneur de notre nation, la très-grande majorité préfère subir un exil pire que la mort dans un climat sauvage, au milieu d'hommes plus sauvages que le climat, plutôt que de trahir, d'un seul trait de plume, la sainte cause de la Pologne, et, par celle-ci, de toute l'Europe occidentale.

Il suffit de signaler ces manœuvres, parodiant avec une rare audace les formes libérales de la civilisation, pour enlever tout caractère sérieux à des adresses arrachées par la terreur, et le genou appuyé sur la gorge des faibles. Quant aux trois nouveaux oukazes du tzar Alexandre, les voici :

1° Abolition des couvents catholiques, avec effraction et guet-apens nocturne, confiscation et vol des fonds non-seulement d'institution privée, mais chose inouïe, des ressources individuelles de nos martyrs déportés. Le tzar a la magnanimité d'allouer à chacune de ces victimes 40 roubles par an, soit 120 francs au cours actuel. En ne comptant que pour 900,000 florins polonais la valeur des biens enlevés à chaque communauté, cela fait au total, pour les 114 couvents spoliés, une somme de 102,600,000 florins, soit 61,560,000 francs ;

2° Recrutement militaire portant exclusivement sur la classe nobiliaire, les capacités et les populations urbaines, combinaison infernale ayant pour but de tuer toute l'intelligence de la nation. Le royaume compte 4,500,000 habitants, sur lesquels 3,004,329 paysans, 520,784 juifs et 250,698 colons allemands ; restent donc 724,189 habitants sur lesquels le recrutement de 30,000 hommes doit être prélevé : soit un homme sur 24, ou, plus exactement sur 8, en déduisant les femmes, les vieillards et les enfants. Ajoutons-y l'astuce mogole et les vengeances personnelles de chaque agent recruteur, qui désignera sans doute les meilleurs et les plus utiles au pays ;

3° Un oukaze plus monstrueux, plus barbare encore que les deux autres, ordonne ceci : Transporter, sans distinction d'âge ni de sexe, comme colons, sur les bords du fleuve Amour, aux frontières de la Chine, tous les rentiers polonais ne possédant pas d'immeubles dans les provinces incorporées, dites occidentales, de la Volhynie, de la Podolie et de l'Ukraine.

Par le même arrêté, tous les nobles, même titulaires de propriétés foncières, mais dont les titres nobiliaires n'ont pas été confirmés par le comité héraldique de Saint-Pétersbourg, seront inscrits sur les états des paysans de la couronne, et partant soumis à la peine du bâton, au gré des employés du gouvernement.

On cite deux personnes, appartenant aux premières familles du pays, propriétaires de biens considérables, tombées sous l'application de cet inqualifiable oukaze : ce sont les comtes Leduchowski et Rzyszczewski, qui, faute d'avoir leurs diplômes parafés et légalisés par les chancelleries russes, seront désormais livrés à toutes les chicanes des *tchinowniks*, et ne pourront plus faire un pas, même dans leurs terres, sans bourse délier. Une foule d'autres, dans ces malheureuses provinces, se trouveront probablement soumis au même régime.

Évidemment, ces mesures atroces ont été conseillées par l'ingénieux Katkoff, l'inspirateur du tzarisme, qui répétait en 1860, aux approches de l'insurrection un mot devenu célèbre : « Nous n'avons qu'un seul moyen d'*en finir* avec les Polonais ; il nous faut *trois mois de massacres*, et nous aurons *trente années de paix !* »

Aujourd'hui, ses prétentions ont grandi avec le succès de sa théorie ; ce n'est plus trente ans qu'il lui faut, c'est la paix perpétuelle qu'il veut fonder, non pas comme l'abbé de Saint-Pierre, par l'application en politique des préceptes de l'Évangile, mais par l'effusion du sang et l'extirpation de la race polonaise. Chaque article des *Nouvelles de Moskou* est un appel à la destruction de la Pologne, dépouillé de tout artifice de langage.

Non content de prêcher ouvertement sa croisade d'extermination, il calomnie les déportés polonais ; en leur attribuant les incendies qui dévorent les villes, il excite la populace à les massacrer. La propagande homicide de ce Marat du despotisme a porté fruit dans beaucoup d'endroits ; et le sang des infortunés, qui souvent même combattaient ces incendies avec le reste de leurs forces, a coulé par torrents. A aucune époque de l'histoire des faits pareils ne se sont produits, ou n'ont revêtu le même caractère de démence et de férocité ; le mot sinistre de Mourawieff au tzar Alexandre : « *Sire, je mettrai une tache de sang sur votre règne,* » se réalise dans toute son horreur.

Personne n'était mieux en mesure de mettre en pratique *les idées* du publiciste moskovite que le *pacificateur* de Vilno ; et depuis son arrivée en Lithuanie, une entente cordiale ne cesse de régner entre l'instigateur et le bourreau. Chaque parole du proconsul est un arrêt de mort, chaque geste un coup de hache. La religion nationale proscrite, ses ministres dépouillés, emprisonnés, traqués comme des bêtes fauves, les églises fermées ou transformées au profit du culte schismatique, l'esprit national russifié, c'est-à-dire frappé de mort ; voilà l'œuvre sanglante que poursuit Mourawieff, avec l'assentiment, ou pour mieux dire par la volonté du tzar. Dans beaucoup de contrées, comme aux premiers siècles de l'Église, les prêtres catholiques sont réduits à célébrer l'office dans les caves ou bien au fond des forêts. D'autres, comme l'abbé Brzozka, suivis d'une troupe de paysans, se retranchent dans ces forêts profondes, les plus belles du continent, et livrent chaque jour des luttes désespérées. L'héroïque Maçkiéwicz, le martyr de l'année dernière, a trouvé en lui son digne successeur.

Le moyen âge même n'a pas offert d'exemple d'un pareil abus de la force, d'un tel débordement de crimes accomplis au nom d'un souverain. Le bilan du tzarisme depuis trois ans se liquide déjà d'une manière effrayante : en Asie, 50,000 Circassiens, vaincus par trahison, moitié passés au fil du glaive, moitié forcés de s'expatrier avec leurs familles ; en Europe, 53,000 Polonais égorgés, durant et surtout après les combats, 1,468 prisonniers pendus et au delà de 200,000 déportés au fond de la Russie, traînant leurs chaînes entre la vie et la mort ; et pour dernier trait du tableau, le triumvirat Mourawieff-Katkoff-Milioutin gouvernant l'empire russe, c'est-à-dire le septième du globe habité.

Un des étonnements de l'histoire sera la conduite aveugle du gouvernement apostolique-romain de l'Autriche, qui, au mépris du droit et de la justice, et contre les intérêts patents de son avenir menacé, donne son concours à l'égorgement des catholiques polonais et se fait sans pudeur le satellite de la Russie. Le nouveau chef de son cabinet, le comte Mensdorff-Pouilly, l'implacable geôlier des émigrés polonais, dont il a fait des prisonniers de guerre sans combat, le fouetteur des femmes de Léopol, personnifie complétement la politique insensée et sans entrailles de ce gouvernement; et nous ne serions pas surpris de le voir devenir un jour le Polignac de la dynastie apostolique-romaine des Habsbourg.

(Globe.)

LXXX.

Janvier 1865.

LA BANQUEROUTE MOSKOVITE.

III.

« Couper l'arbre pour avoir le fruit, voilà le despotisme, » a dit Montesquieu. La définition est on ne peut plus exacte, surtout lorsqu'il s'agit du despotisme moskovite. Tel est, en effet, l'ingénieux moyen dont s'est servi le tzar de toutes les Russies pour réparer, aux dépens de la Pologne, le désordre irrémédiable de ses finances et combler l'abîme béant de son déficit. Mais le résultat n'a pas répondu à son attente ; et l'emprunt actuel, décrété *in extremis* à l'intérieur de l'empire, en est une preuve concluante. Les impôts de guerre et le pillage ne suffisent pas dans un État aussi vaste que la Russie, dépourvu de toute industrie, et n'ayant que des produits bruts à échanger contre les objets de luxe dont il a besoin ; les hommes ineptes qui le gouvernent ne sauraient être suppléés par les Mourawieff, les Berg et les Anienkoff, ces grands receveurs généraux du trésor russe.

Depuis l'établissement des commissions dites de paysans, qui ne fonctionnent que pour leur profit personnel, les finances russes sont tombées dans l'anarchie la plus complète ; tous ceux qui possédaient quelques capitaux les ont transportés à l'étranger, pour les soustraire à l'insatiable avidité des employés, et même ont fini par s'y transporter corps et biens : il ne reste littéralement dans le pays que les mougiks, les popes et les soldats.

Cette administration, qui n'a trouvé d'autre expédient pour se perpétuer que de soulever un peuple industrieux et riche afin de l'exterminer après, date, nous l'avons dit, du règne de Nicolas Ier.

A cette époque, lorsque la Pologne, à l'abri d'un semblant de constitution, établissait des manufactures, des usines, des comptoirs, attirait et naturalisait chez elle des fabricants français, anglais, allemands, envoyait ses produits jusqu'en Chine et fondait cette grande institution du Crédit foncier, imitée depuis par ses rivaux en civilisation, la Russie ne songeait qu'à étendre ses frontières en Europe et en Asie, préludait, par les agitations de la Grèce à la conquête de la Turquie, et par la guerre du Kaukase, à la conquête des Indes. Se sachant barbare et stérile, il lui fallait à tout prix paraître intelligente et prospère, pour tenir le rang que les traités de Vienne lui avaient imprudemment donné parmi les grandes puissances. Nous allons voir à quel point elle y a réussi.

La cause principale de la dépréciation actuelle des valeurs russes de toute sorte est dans l'énorme émission du papier-monnaie sous le ministère de M. P. Brock. Cet homme ayant succédé en 1852 à Wronczenko, trouva pour 304,578,000 roubles argent d'assignats. A la conclusion du traité de Paris, en 1856, ce chiffre était déjà de 690,000,000 roubles. La guerre de Krimée avait donc coûté à la Russie un milliard et demi. Mais M. Brock était persuadé que faire la guerre pour de l'argent en papier, que l'on pouvait fabriquer à volonté et sans aucune garantie, c'était la faire pour rien. Nous avons vu que telle était aussi l'opinion du tzar Nicolas. Durant cette guerre, l'échange du papier-monnaie contre des espèces fut généralement suspendu ; à l'exception toutefois de la maison Stieglitz, avec laquelle M. Brock avait des rapports personnels très-intimes. Toutes les réclamations des autres commerçants restèrent sans effet ; on répondait à leurs plaintes que la raison d'État, c'est-à-dire le tzar, le voulait ainsi. Les opérations financières étaient conduites dans le plus grand secret, et, selon l'expression vulgaire, *sous la table ;* on faisait prêter serment à tous les employés du trésor de ne rien divulguer de ce qu'ils voyaient faire autour d'eux, ou de ce qu'ils faisaient eux-mêmes.

Malgré cette contrainte et ce mystère, des nuages sinistres s'amassaient au-dessus du trésor moskovite, et faisaient entrevoir une crise prochaine. En 1858, on s'aperçut des conséquences d'un gouvernement despotique, n'ayant d'autre loi que la conquête, d'autre règle que la volonté illimitée du souverain. Plusieurs faillites éclatantes, le commerce nul, les actions industrielles, même celles garanties par le gouvernement en discrédit complet, l'or et l'argent disparus, la monnaie de billon soumise à un taux exorbitant, les capitaux dépaysés ou profondément enfouis, tel fut l'état général des finances créé par ce désastreux ministère, et les raisons qui forcèrent Alexandre II à le remplacer par un autre.

Cependant, après avoir gardé pendant trois ans depuis son avénement au trône, faute de pouvoir en trouver un meilleur, et comme pour le récompenser de ses bons et loyaux services, le tzar actuel fit entrer M. Brock au conseil d'État, et lui alloua une pension viagère de 12,000 roubles. Il lui donna pour successeur Knazewitch, dont il est difficile de dire quelque chose, sinon qu'il trouva la ruine des finances déjà consommée, et qu'il n'imagina d'autre alternative pour la réparer qu'une banqueroute inévitable, ou bien une réforme absolue dans le système administratif, portant, du plus haut au plus bas, sur toutes les classes de la nation. Cette réforme, impossible en Russie, mise à l'essai par le tzar Alexandre dans ce qu'on appelle en certain lieu « *le serf libre dans la Russie libre,* » a déjà complètement échoué, ou donné des résultats purement négatifs.

Loin de nous la pensée de vouloir condamner le peuple russe à un esclavage perpétuel : mais le véritable mal de la Russie, c'est le tzarisme ; c'est cette domination tyrannique et violente d'une race étrangère, qui remonte à l'Allemande Catherine II, érigeant en maxime d'État l'exploitation du Russe par l'Allemand, la suprématie politique et sociale de celui-ci, et par suite le servage sans espoir et l'obéissance passive du premier ; et ce mal, dont la source est au sommet de l'organisation moskovite, entraîne et consacre nécessairement tous les autres. Les récompenses décernées aux favoris et la liste civile absorbent presque en entier les revenus de l'empire. M. Adlerberg seul coûte annuellement à la Russie plus de 100,000 roubles, sans compter le parti qu'il sait tirer en maintes circonstances de sa haute position, et ainsi des autres. La cour dépense 23,000,000 de roubles par an, à part les dotations des grands-ducs, dont le nombre croît dans une proportion démesurée, et dont chacun se fait construire et monter un palais à l'époque de son mariage.

Cependant les recettes devant suffire à ces dépenses, loin d'augmenter, diminuent chaque jour. Le commerce d'importation dépasse de beaucoup celui d'exportation, celui-ci se bornant uniquement aux matières premières, ayant perdu presque toute leur valeur depuis que l'Amérique et l'Océanie se sont chargées de les fournir à la consommation. Ajoutons-y que les négociants russes n'ont aucune idée des affaires telles qu'elles se traitent en Europe, et que tout leur commerce se trouve entre les mains des Juifs, qui, en achetant de première main, réalisent les plus gros bénéfices et vont souvent en jouir à l'étranger. A cette rivalité de la Russie et du Nouveau-monde viennent se joindre les frais de transport de ses produits, inutilement doublés par l'absence des chemins de fer. On aura peine à comprendre en Occident qu'une des causes pour lesquelles on défend aux compagnies privées de les construire est la faveur dont jouit le général comte Kleinmichel, administrateur de la ligne de Saint-Pétersbourg à Moskou, et qui ne se soucie nullement de voir ses frais de construction comparés avec ses recettes.

Il en est de même des mines d'or et d'argent de l'Oural et de la Sibérie, qui ne rapportent presque rien et suffisent à peine à payer en espèces l'intérêt des capitaux étrangers nécessaires à leur exploitation. Reste donc l'impôt sur le fermage des eaux-de-vie, qui constitue à lui seul la moitié des recettes de l'empire. Tel impôt, tels contribuables, a-t-on dit avec raison ; aussi le gouvernement ne néglige rien pour maintenir à son *maximum* le chiffre de ce respectable revenu. Il poursuit avec acharnement les sociétés de tempérance qu'il considère comme des foyers de révolte ; il fait défendre aux prêtres, par le saint-synode, de prêcher contre l'abus des liqueurs fortes et l'ivrognerie ; il destitue et emprisonne comme criminels d'État ceux qui ont osé transgresser cette défense. Nous n'inventons rien ; il nous serait facile de donner les dates des trois communications qui ont été faites à ce sujet au saint-synode de Saint-Pétersbourg.

Voilà le tableau général de la Russie telle que l'a faite l'administration du tzar Alexandre II, héritière de celle de Nicolas Ier ; administration incapable, se dédommageant de la ruine par le brigandage, fouillant dans le cœur d'une nation pour en extraire quelques parcelles d'or ; administration de fraude et de rapine où l'honnête homme, s'il en est parmi les employés, est considéré non-seulement comme un idiot, mais comme un homme dangereux ; administration toute asiatique, et qui pourtant trouve jusque dans notre vieille Europe ses admirateurs et ses partisans.

(*Globe*.)

LXXXI.

Février 1865.

LES

HOMMES D'ÉTAT DE LA SAINTE-ALLIANCE.

I

MOURAWIEFF LE PENDEUR.

Ce nom sinistre résume à lui seul toute la politique du tzarisme, dans ses rapports avec l'Europe et la civilisation. Conquérir en exterminant, détruire d'un seul coup mœurs, croyance, langage, propriété, tout ce qui constitue la vie nationale des peuples, la vie individuelle des familles et des citoyens ; bouleverser de fond en comble les relations sociales entre les différentes classes, les rendre hostiles les unes aux autres, en substituant à cette vaste ruine d'un édifice de plusieurs siècles un symbole effrayant du pouvoir absolu, telle est la devise d'une nouvelle Sainte-alliance dont le tzarisme est le pivot et la clef de voûte. Il fallait à cette politique dévastatrice un premier champ de manœuvre ; le proconsul du tzar Alexandre l'a trouvé tout naturellement dans la Lithuanie.

Rien ne saurait donner l'idée des atrocités qui s'accomplissent au grand jour, dans cette province polonaise, au su de toute l'Europe, aux acclamations sanguinaires de tous les Russes du parti Katkoff et Milioutin. Chargé de faire table rase de tout l'élément polonais en Lithuanie, Mourawieff y est plus puissant que le tzar, qui ne s'est pas même réservé le droit de grâce. L'oukaze récent de déportation est un arrêt de mort pour tous les petits propriétaires; tous ceux qui possèdent des parcelles de culture sur les domaines des grands seigneurs sont expropriés et chassés avec leurs familles aux extrémités de l'Asie, sur les bords du fleuve Amour.

Cet oukaze, qui enlève à la Lithuanie tout ce qu'elle compte d'hommes intelligents et laborieux, s'exécute avec une barbarie tout asiatique. On a déporté en plein hiver des vieillards de soixante-dix ans, des malades, des femmes, des enfants, dénués de toutes ressources, presque de vêtements. Sur un seul convoi de 2,800 individus, 2,000 sont restés en chemin, décimés par le froid, les mauvais traitements et la faim (car les officiers spéculent sur leur nourriture), et quelquefois par les violentes agressions d'une population fanatisée, avide du sang polonais. L'odieux Katkoff, le directeur de la presse officielle de Moskou, ne cesse de désigner à la haine de la populace les victimes de Mourawieff, auxquels il attribue tous les désastres qui désolent la Russie, ces incendies terribles de villes entières, allumés par des mains inconnues, qui lui ont fait jeter son fameux cri d'alarme : « La Russie brûle ! »

Son complice Mourawieff lui fait écho sur les bords du Niémen; il réalise jour par jour les *idées* et les doctrines du publiciste moskovite, en dressant des potences sur les places de Vilno. Il s'en prend surtout à la jeunesse, que l'Autriche de M. Mensdorff-Pouilly s'est chargée de lui fournir, en vidant ses cachots de Léopol et de Krakovie. Il fait la chasse au propriétaire, au prêtre, à la langue même qu'il veut frapper en proscrivant les livres polonais, convertit de gré ou de force les paysans à la sainte orthodoxie, et fait de la Lithuanie un désert pour prouver qu'elle appartient à la Russie.

Cependant, le sang, les larmes et les souffrances de tant de victimes devaient finir par monter au cerveau de ce monstre. Mourawieff *le Pendeur*, l'objet des complaisances du tzarisme, des adulations plus ou moins sincères de la cour, de l'enthousiasme non simulé du peuple russe, a été pris de vertige. De même que son fils, appelé à le seconder dans sa tâche, il ne voit, ne rêve partout que conjurations et complots. On l'a vu dernièrement, dans un accès de démence furieuse, donner ordre, par le télégraphe, de faire arrêter, à Saint-Pétersbourg même, deux fonctionnaires russes haut placés, les conseillers d'État de Grote et Andreff, qu'il soupçonnait de connivence avec les insurgés; et telle est la mesure du crédit dont il jouit, de l'ascendant qu'il exerce, de la terreur qu'il inspire, que les autorités de la capitale n'ont pas osé lui résister. Trois hommes seulement ont protesté contre cette usurpation de pouvoir qui s'exerçait au siège même du gouvernement. Il faut les nommer, pour rendre justice à tous. Ces hommes sont : le grand-duc Constantin, aujourd'hui président du conseil privé; le prince Souwaroff, gouverneur de Saint-Pétersbourg, respecté pour la droiture de son caractère; et le comte Orloff, ambassadeur de Russie à Bruxelles.

Cette insolente témérité du proconsul de Vilno a ouvert les yeux à beaucoup de ses anciens admirateurs; on commence à le discuter, la lumière se fait sur ses actes. On dit que cet homme insatiable de sang et de rapines, qui ne voit que le jour et l'heure présente, travaille à son insu, par ses extorsions et ses déportations en masse, à l'expansion du catholicisme, plus dangereuse pour la Russie que toutes les influences extérieures, et sert la cause de l'insurrection polonaise, dont il dissémine les débris sur toute l'étendue de l'empire.

L'indignation des vrais patriotes et des honnêtes gens commence à ne plus voir en Mourawieff qu'un vulgaire meurtrier, le concussionnaire destitué en 1856, à l'avénement du tzar Alexandre. Nous espérons que cette opinion prévaudra sur l'entraînement général, si chaudement fomenté par MM. Katkoff et Leontieff, et qu'elle déterminera le tzar à le renvoyer de nouveau, s'il ne veut pas avoir la potence pour unique monument de son règne.

(*Opinion nationale.*)

LXXXII.

Des frontières de Pologne :

La situation est loin de s'améliorer en Pologne. L'oppression exercée par le gouvernement russe semble avoir passé de la période aiguë à l'état chronique; pour être moins sanguinaire, faute de victimes, elle n'en est ni moins tracassière ni moins brutale. Dans le gouvernement de Radom, toutefois, elle persiste dans toute sa rigueur. Le général Bellegarde y continue ses exhibitions de potences et d'échafauds, par goût sans doute, et pour soutenir sa réputation bien acquise de férocité. On compte jusqu'à quatre-vingts individus de toute condition, exécutés sans bruit, sans jugement, sans publication dans les journaux, et la plupart du temps sans qu'on se soit donné la peine de constater leur identité. Aussi beaucoup d'entre eux ont été pendus *par erreur*, à cause d'une ressemblance fortuite de noms ou du signalement.

Dans l'ordre administratif, même confusion et même mépris de toute règle et de toute mesure. L'application de la loi de propriété, ou pour mieux dire, d'expropriation, est livrée sans réserve à l'inexpérience de quelques jeunes officiers pris au hasard dans l'armée, entièrement étrangers aux mœurs, à la langue et à la législation du pays. La Pologne est littéralement mise au pillage par les espions, les sbires et les bourreaux qui composent ce qu'on appelle le gouvernement russe à Varsovie. La publication officielle du budget du royaume pour l'exercice de 1865 en fournit une preuve irréfragable. Nous y voyons que la seule police de cette ville coûte autant que l'instruction publique dans tout le pays, et que les frais de l'état de siége atteignent au chiffre énorme de 16 millions, qui représente le cinquième de la totalité du budget.

Pressé d'assouvir ses haines aveugles, insoucieux du lendemain à l'instar des sauvages, le gouvernement russe est encore à comprendre que la prospérité des gouvernés fait toute la force et la richesse des gouvernants; qu'en épuisant par le gaspillage la substance d'un pays, à quelque titre qu'on le possède, on anéantit du même coup sa puissance contributive, on se prive, dans un cas urgent, de toutes les ressources qu'il pouvait fournir. Mais le tzarisme ne se préoccupe qu'en apparence de ses améliorations intérieures; les yeux fixés sur l'étranger, il place toute sa prévoyance, toute son intelligence politique, dans la désunion, et partant dans la faiblesse de ses voisins. Au lieu de chercher à fermer, à cicatriser des plaies encore béantes, il cherche au contraire à les envenimer par l'iniquité sous toutes ses formes, qui semble constituer l'incarnation et l'essence du génie moskovite.

Un oukaze du tzar vient de créer une médaille en récompense des services de tout genre rendus pendant la campagne de Pologne. A part les héros des massacres, les égorgeurs des prisonniers et des blessés, il est évident que les délateurs, les émissaires et les écrivains orthodoxes ou étrangers auront une large part dans cette honorifique rémunération. On se rappelle qu'au mois de mai de l'année dernière, les *raskolniks* de Livonie avaient déjà été décorés d'une pareille médaille, avec l'inscription : « *Pour patriotisme et bravoure.* » Nous ne serions pas étonné de la voir figurer sur les poitrines de MM. Katkoff, Leontieff *et consorts*, qui l'ont tout aussi bien méritée.

Si tel est le régime qu'on fait subir à la Pologne conquise, mais gardant encore une ombre d'existence nationale, quel sera celui que l'on réserve à la Pologne incorporée à la Russie, c'est-à-dire devenue asiatique et barbare ! C'est un vaste pays de moins pour la civilisation et la richesse, de plus pour le désordre et la conquête. Libre à ses amis, et même à ses détracteurs d'en tirer les conséquences.

(*Opinion nationale.*)

LXXXIII.

LES
HOMMES D'ÉTAT DE LA SAINTE-ALLIANCE.

II.

M. BISMARK.

A côté du proconsul de Vilno, du farouche Mourawieff qui, sans la sauver, déshonore la Russie, vient tout naturellement se placer M. Otto Bismark von Schœnhausen, ministre d'État du roi Guillaume et chef du parti despotique allemand.

On sait aujourd'hui, ou l'on devrait savoir, que M. Bismark a été l'instigateur des répressions sanglantes et des mesures fiscales savamment combinées pour frapper et dépouiller, dans les provinces polonaises, celles des victimes qui ont pu échapper aux massacres officiels. La convention du 8 février 1863 est son chef-d'œuvre diplomatique. Conclue avec la Russie et divulguée au lendemain de l'insurrection, elle prouve par la date de sa publication, la connivence ourdie de longue main entre la Prusse et son alliée, pour étouffer dans le sang l'esprit de civilisation et de progrès qui se manifestait en Pologne. « Il faut en finir avec le *polonisme*, disait-il sans cesse au tzar Alexandre; et le seul moyen d'y parvenir, c'est de provoquer une insurrection et de l'exterminer après. »

Le mot d'ordre qu'il a donné à la politique prussienne, et par celle-ci au cabinet de Saint-Pétersbourg, est l'extirpation complète (*Ausrottung*) de cette nationalité vivace, afin de s'assurer la possession indéfinie de la Prusse polonaise et du grand-duché de Posen, qui pourraient être, un jour ou l'autre, réclamés par la Pologne indépendante. Nous pouvons même croire, à certains indices, que ses vues allaient au delà de cette limite, et que M. Bismark ne rêvait rien moins qu'un nouveau partage de la Pologne, pareil à celui de 1795, c'est-à-dire avec toutes ses provinces occidentales jusqu'au cours de la Vistule, y compris Varsovie, englobées dans la monarchie prussienne.

Évidemment il avait compté sans son alliée qui, selon sa loi traditionnelle, s'avance toujours et ne recule jamais. L'idée d'un pareil partage, éclose dans la tête de M. Bismark, ne pourrait, même dans le cas d'une défaite, être admise par la Russie. Bien au contraire, on peut prévoir que dans un temps donné, les susdites provinces seront occupées par elle à titre de polonaises et annexées à l'empire moskovite. Bien entendu, si jusque-là rien n'est changé en Europe. Voilà ce qu'aura produit, pour premier résultat, la politique ultra-germaine et haineuse de M. Bismark, et cette pression vers l'est (*Drang nach Osten*) qui forme aujourd'hui son essence.

Malgré cet échec, M. Bismark n'a pas cessé de servir les intérêts de la Russie, aux dépens de ceux mêmes de la Prusse. Ce sont ses intrigues, aujourd'hui dévoilées, qui ont dissuadé le ministère sénile de Saint-James de faire cause commune avec la nation française dans les affaires de Pologne. Il n'y a trouvé qu'un trop facile accès, grâce aux alliances personnelles des deux cours, grâce à ce système dégradant du « *Chacun pour soi et chez soi* » inauguré en plein xixe siècle par lord Russell et lord Palmerston[1].

---

[1]. Dans une de ces crises financières si fréquentes dans l'éternelle jeunesse du vicomte Palmerston, en 1827, la princesse de Lieven est généreusement venue au secours du noble lord, en

La nouvelle mise en circulation par la presse allemande sur l'éventualité d'une tentative d'insurrection en Lithuanie et en Samogitie, n'est encore qu'une manœuvre de M. Bismark, pour justifier les concentrations de troupes prussiennes le long de la frontière, afin de coopérer avec les Moskovites à l'indigne chasse que ceux-ci ont entreprise, sous le couvert du recrutement, à tout l'élément polonais. Ce sera pour lui une digne revanche de l'issue du procès de Berlin, qui, malgré les efforts de l'accusation, s'est terminé contrairement à ses espérances.

Les hommes d'État allemands sont tous jetés dans le même moule; même après les grandes étapes parcourues par l'Europe libérale depuis 1815, ils n'ont rien appris et rien oublié. L'horizon de leurs idées est invariablement le même; ils prennent pour pivot principal, et nous pouvons ajouter pour unique pivot de leur politique, le servilisme moskovite. Seul, le prince Schwartzenberg a fait exception; aussi bien, il aurait fait l'Autriche puissante et glorieuse, si son système avait été suivi par ses trop nombreux successeurs.

Le comte de Rochberg a eu un moment la velléité de se rallier à la politique occidentale; mais bientôt, manquant de vigueur, d'initiative, de hauteur de vues, il est retombé dans l'ornière de ses sympathies russes, et s'est associé M. de Mensdorff-Pouilly, qui fait de l'Autriche une vassale docile et complaisante du tzarisme.

M. Bismark a suivi la même voie. Il a entrepris de faire par le despotisme ce qui ne pourra jamais être durablement accompli que par la liberté, le seul ingrédient des grandes choses. Ce hobereau de troisième classe, comptant à peine dans les rangs de l'oligarchie allemande, s'est proclamé l'adversaire de toutes les aspirations libérales, et par la logique inexorable des faits, il s'est établi le pourvoyeur des exécutions moskovites. Par ses ambitions malsaines et de mauvais aloi, il a compromis l'avenir de la Prusse et l'a fait dévier de sa mission évidente, qui était celle-ci : « Achever l'œuvre de l'unité allemande par l'attraction de la liberté et du progrès, exercée au dedans de la confédération germanique, et sur les provinces allemandes de ses voisins; seconder les revendications des nationalités, dont le droit, aujourd'hui foulé aux pieds, aura son heure et sa revanche à une échéance plus ou moins éloignée. » Au lieu de cela, le ministre prussien a été chercher tous ses points d'attache à Saint-Pétersbourg ; et, par une contradiction que l'on ne rencontre que chez les Allemands, il revendiquait hypocritement d'une part les droits du Schleswig-Holstein, pendant que de l'autre il se faisait l'auxiliaire de la politique de bête fauve du tzarisme.

On ne conçoit pas, en effet, comment les Allemands, qui sont un peuple très-paisible dans la vie du foyer domestique, relativement libéral, honnête et laborieux, peuvent haïr la France démocratique, maudire les légitimes aspirations de l'Italie et de la Pologne, et n'avoir de tendres sympathies, je dirais d'admirations passionnées que pour les oppresseurs moskovites, les ennemis déclarés de la civilisation européenne. Ce fétichisme inexplicable et dégradant du knout, symbole et labarum du tzarisme orthodoxe, a marqué de stérilité tous les efforts des Allemands vers la liberté; et tant qu'ils n'auront pas fait un changement de front en brisant ce joug indigne qui les cloue au despotisme étranger, ils resteront morcelés, divisés, asservis au joug de leurs innombrables souverains et maîtres. Ils ne seront libres que du jour où ils s'affranchiront de leurs préjugés contre la liberté des autres, où ils la voudront au même degré pour les Italiens et les Polonais que pour eux-mêmes. Jusque-là point d'unité politique, point de puissance et de bien-être : l'Allemagne ne sera, comme elle l'est aujourd'hui, qu'une avant-garde de la Russie contre l'Europe[1].

Le fait dominant de notre époque, c'est l'avénement lent, mais infaillible, des nationalités, ce droit commun de tous les hommes. C'est sur cette large base que doit être rétablie la pyramide politique de l'Europe, et non sur sa pointe, c'est-à-dire sur les intérêts exclusifs de quelques familles. Ce principe n'a eu jusqu'à présent qu'une victoire éphémère, grâce aux défaillances des deux vieillards qui dirigent les destinées de l'Angleterre; mais l'échec qu'il a subi en Pologne n'est que le temps d'arrêt qui précède les grandes solutions : il triomphera de toutes les résistances qui lui sont opposées par les hommes d'État allemands, de tous les massacres organisés par les bourreaux du tzarisme.

A. M. Bismark restera la triste gloire d'avoir momentanément retardé le char du progrès, d'avoir médité, conseillé, dirigé toutes les exterminations des faibles par les forts, en Danemark et en Pologne, qui ont déshonoré les années 1863 et 1864. Si c'est là le piédestal qu'il a voulu s'ériger pour dominer son époque, il a complètement réussi ; et moins que personne nous chercherons à le lui contester.

(Opinion nationale.)

LXXXIV.

Le gouvernement national de Pologne vient d'adresser aux habitants de Varsovie la proclamation suivante :

---

lui faisant une avance de plusieurs millions, qui lui a permis d'imposer silence à tous ses créanciers. Depuis cette époque, la reconnaissance sans bornes de mylord s'est reportée de la princesse kourlandaise sur la Russie elle-même, au point de lui faire oublier parfois jusqu'à l'intérêt de son pays.

1. La guerre de 1870 contre la France en est une éclatante démonstration. Grâce à M. de Bismark, l'Allemagne est aujourd'hui plus en retard, plus divisée et même *plus pauvre*, qu'elle ne l'était avant cette guerre.

Le chef de la ville de Varsovie.

Habitants de Varsovie!

Le *Journal de Varsovie* annonce pour demain les exécutions capitales des deux victimes Alexandre Waszkowski et Emmanuel Szafarczyk[1].

Les meurtres ne cessent pas; ainsi tout ce qu'on a écrit sur la pacification du pays n'est pas vrai. Qu'y aura-t-il demain ou après-demain? Quel sera le nouveau condamné à mort dont parlera le *Journal de Varsovie?*

Peut-être nous-mêmes!

Varsoviens, et toi Pologne entière, croyez-le, nous sommes les successeurs des martyrs, nous sommes vos apôtres. Nous vous invitons donc en ce moment comme toujours au travail, à l'unité et à la concorde.

L. S.

Varsovie, le 16 février 1865.

(*Opinion nationale.*)

LXXXV.

De Saint-Pétersbourg :

M. Bismark vient d'envoyer ici une note diplomatique relative aux duchés. Cela n'a rien de bien extraordinaire; mais, ce qui l'est plus, c'est la compensation que le ministre prussien offre, dit-on, à la Russie, si elle veut lui assurer la possession paisible des duchés. La note de M. Bismark n'est pas d'une clarté excessive : elle parle de *quelques changements du côté de Posen.* Cela veut-il dire que le grand-duché de Posen sera cédé à la Russie? Cela ferait bien l'affaire du tzar Alexandre; ou s'agit-il tout simplement de nouvelles mesures relatives à la *dénationalisation* de la Pologne prussienne? Le temps éclaircira ce mystère.

Du reste, le vieux parti russe ne dissimule aucunement ses prétentions sur les parties prussienne et autrichienne de la Pologne. La *Gazette de Moskou,* organe de ce parti, déclarait l'autre jour formellement que le seul moyen d'assurer la paix et l'avenir de la Russie, c'est d'anéantir complétement l'élément polonais, à l'intérieur comme à l'extérieur. « Jetons l'ancre solidement, disait en propres termes la *Gazette,* dans la Pologne russe, qui nous ouvrira, tôt ou tard, une porte de l'Allemagne, et qui nous donnera la facilité de *revendiquer également la Gallicie, à la première occasion que l'Autriche nous fournira!* »

Le tzar a reçu ces jours-ci des députations des marchands et des fabricants de Moskou qui le remerciaient de la réponse négative qu'il a faite aux prétentions parlementaires de la noblesse. On en attend encore d'autres villes. Vous savez qu'en Russie rien ne peut se faire sans députations et sans adresses : c'est une sorte de représentation nationale où l'on est sûr de ne jamais rencontrer d'opposition.

Il n'y a encore rien d'*officiellement* décidé relativement à la réorganisation du royaume de Pologne; le gouvernement russe a fait saisir à la frontière tous les journaux étrangers qui reproduisaient ou commentaient les bruits relatifs à cette réorganisation.

Les défenseurs du gouvernement russe prétendent qu'il n'y a là qu'une manœuvre du parti révolutionnaire polonais; mais il faut bien considérer que le télégraphe n'est pas libre en Russie, qu'il est, comme toutes les manifestations de la pensée, soumis à une censure très-rigoureuse. Or, c'est par un télégramme adressé de Varsovie à l'agence Wolff de Berlin, que la première nouvelle de cette réorganisation s'est répandue. Ce télégramme ne pouvait donc émaner d'une source révolutionnaire. Les journaux allemands dévoués à la Russie l'ont d'ailleurs accueilli avec une entière confiance, et n'ont paru nullement douter de son authenticité.

D'autre part, les démentis des journaux russes se sont fait un peu attendre; cela peut s'expliquer. Le télégramme a été expédié de Varsovie le 10 février, c'est-à-dire cinq jours avant le discours de l'empereur des Français : c'était un ballon d'essai; le gouvernement russe voulait voir quelle impression cette nouvelle produirait en Europe, et ce qu'en penserait Napoléon III. Napoléon III n'a point parlé, et le gouvernement russe, embarrassé de ce silence, a démenti la nouvelle pour avoir le temps d'aviser.

(*Opinion nationale.*)

LXXXVI.

De Varsovie :

La *Gazette de Moskou* de M. Katkoff, fidèle à son habitude de frapper par le mensonge ceux que la hache de Mourawieff ne peut atteindre, a publié dans ces derniers temps une calomnie atroce. Un propriétaire polonais du palatinat de Radom aurait, dit-elle, coupé la langue à deux de ses paysans, soupçonnés d'avoir fait partie d'une bande d'insurgés, et puis les aurait fait ensevelir vivants. L'*Invalide russe* s'est hâté de reproduire l'invention de M. Katkoff, et après lui, la plupart des journaux du tzarisme. On conçoit la déplorable influence qu'une pareille nouvelle, mise en circulation dans toute l'étendue de l'empire, doit avoir exercée sur le sort des déportés polonais. C'est un brandon de plus jeté dans les foyers mal éteints de Symbirsk et de Kazan.

Vainement le *Czas* de Krakovie a mis par huit fois le journal orthodoxe en demeure de désigner le nom de ce propriétaire, ainsi que le lieu de son habitation; M. Katkoff s'est renfermé, comme on peut bien le penser, dans le silence le plus absolu (*Czas,* 25 mars).

---

[1]. Waszkowski fut fusillé, Szafarczyk pendu. Très-actif depuis le début de l'insurrection, il était alors chef du détachement des gendarmes nationaux.

Et voici qu'un journal de l'Émigration publié à Bruxelles, *Wytrwalosç* (la Persévérance), nous donne aujourd'hui un commentaire explicatif de l'origine de cette nouvelle, et du parti que le gouvernement russe a su en tirer pour attiser la haine sauvage de son peuple contre la nation vaincue :

Un renégat allemand, nommé Leuchte, étant devenu propriétaire dans le palatinat de Płock (et non de Radom), avait tué de sa propre main deux paysans de ses domaines. Instruit de l'affaire, le gouvernement russe le suspendit de ses fonctions et fit commencer une enquête, uniquement pour sauver les apparences. Ce Leuchte était membre de la commission inquisitoriale de la citadelle de Varsovie; sa fortune avait grandi par les sommes extorquées aux victimes; on était donc certain à l'avance de son impunité.

Après avoir fait traîner son procès en longueur pendant plusieurs mois, le gouvernement lui infligea un châtiment plus terrible que celui d'être marqué à l'épaule des trois lettres K, A, T (bourreau); il lui fit endosser l'uniforme de colonel de gendarmerie, décoré sur le côté gauche d'un ordre moskovite. De plus, il le confirma dans ses fonctions d'inquisiteur et de tourmenteur à perpétuité de la jeunesse polonaise renfermée dans la citadelle.

Ce même homme, si toutefois on peut l'appeler un homme, tombait, en 1863, sur la route de Varsovie à Modlin, frappé d'une main inconnue.

C'est sans doute pour réhabiliter sa mémoire qu'on voudrait faire aujourd'hui rejaillir l'infamie de ce monstre sur les propriétaires polonais dont il torturait les fils par milliers pour des crimes imaginaires. Telle est la bonne foi des journaux de Moskou et de Saint-Pétersbourg; et c'est plus que jamais le cas de leur dire : « *A chacun selon ses mérites... ou ses forfaits.* »

A la même époque le général de cavalerie, comte Tolstoï, tuait d'un coup de sabre un cocher de fiacre qui ne le menait pas assez vite; et comme on était sous le régime de l'état de siège, le conseil de guerre jugea convenable de l'acquitter. Le curateur des écoles Mouchanoff, l'homme le plus ignare de toutes les Russies, en faisait autant avec le portier de la maison universitaire, dite le palais Kasimir; il fut également mis hors de cause, sur l'attestation donnée par le médecin K... « que ce portier, étant mortel, pouvait tout aussi bien mourir de sa mort naturelle. »

Ces faits sont à la connaissance de toute la ville de Varsovie; ils sont consignés dans les archives des tribunaux, et le journal polonais de Bruxelles met au défi les *Nouvelles de Moskou* et l'*Invalide russe* de pouvoir les contester. Les sanglantes prouesses de ces messieurs donnent une mesure exacte de ce que doivent être les réformes moskovites en Pologne.

(*Époque.*)

LXXXVII.

Avril 1865.

De Varsovie :

La Pologne, sur le point d'être absorbée par l'invasion moskovite, présente le tableau de tous les supplices et de tous les désastres. La main de fer du tzarisme s'appesantit sur elle tous les jours pour y étouffer les derniers vestiges de la vie nationale. On arrête, on déporte, on frappe de contributions énormes les biens et la famille de tous ceux qu'on a pu convaincre d'avoir payé l'impôt du sang ou l'impôt de l'argent à l'insurrection; et comme c'est à peu près tout le monde, nul n'est sûr pour vingt-quatre heures de sa fortune ou de sa vie. Ces derniers jours, 200 individus ont été saisis à Varsovie seulement, sous la charge de cette inculpation, et au moins dix fois autant dans les provinces. Le lieutenant général du royaume, comte Berg, s'en lave hypocritement les mains; il feint d'ignorer ce qui se passe, tandis qu'il stimule en dessous le zèle et les instincts sauvages des proconsuls.

A toutes ces magnanimités du gouvernement d'Alexandre II vient s'ajouter un dernier coup de massue; c'est l'oukaze d'incorporation pure et simple du royaume de Pologne à la Russie, au mépris des traités de 1815. Déjà l'ordre a été donné de transférer à Saint-Pétersbourg la banque polonaise, avec tous les fonds en consignation, ceux des églises, les dépôts des mineurs, le contentieux, etc.; et tout cela pour avoir une nouvelle occasion de vol et de spoliation, en forçant les titulaires à faire un trajet de 400 lieues pour aller plaider dans la ville des tzars leur cause à l'avance condamnée. On proclame tout haut dans les cercles officiels de Saint-Pétersbourg que le tzar aurait obtenu à Nice carte blanche (de Napoléon III) pour faire de la Pologne tout ce que bon lui semblera. Les Polonais s'attendent à voir ce bruit, injurieux pour la France, démenti par une énergique protestation de l'Occident. Mais la réponse évasive donnée par lord Palmerston à l'interpellation de M. Hennessey leur laisse peu d'espoir à ce sujet du côté de l'Angleterre.

Un fait grave vient d'impressionner profondément le peuple russe, très-superstitieux, comme le sont tous les barbares : c'est l'explosion à Saint-Pétersbourg d'une épidémie contagieuse, qui a pris tous les caractères de la peste. On voit dans ce fléau, qui moissonne plus de cent victimes par jour, un châtiment céleste pour les atrocités commises en Pologne. On se rappelle les nobles paroles prononcées l'année dernière par le prince Souwaroff, gouverneur de la province de Saint-Pétersbourg : « Je cesserai de croire en Dieu, s'il laisse impunis les exécrables forfaits de Mourawieff et de ses pareils! » Quoi qu'il en soit, la contagion a déjà gagné Moskou, et l'ingénieux Katkoff s'efforce, comme toujours, d'en faire retomber la responsabilité sur les internés polonais. Il insinue dans sa *Gazette* qu'ils ont peut-être empoisonné les rivières et les puits, et déterminé méchamment une maladie mortelle. La plupart de ses lecteurs n'auront garde de douter de son explication.

Malgré le blâme du vieux Souwaroff, renommé pour la droiture de son caractère, le crédit de Mourawieff non-seulement se maintient, mais grandit au milieu des pendaisons et des massacres. Un seul trait suffira pour mesurer le degré de faveur dont il jouit auprès du tzar. Le comte Strogonoff, gouverneur des provinces baltiques, a été disgracié pour avoir osé flétrir les excès de ce monstre. Toute censure de sa conduite, ou de celle de Barantzoff, aide de camp de l'empereur et chef du parti exterminateur à Saint-Pétersbourg, est assimilée au crime de lèse-majesté. L'odieux pillard, frappé d'une destitution en 1856, méprisé même par ses complices, est devenu le héros et l'idole de la Russie moderne, tout comme le chevalier Bayard dans l'ancienne France, Washington en Amérique, Thadée Kosciuszko en Pologne. Sa vie est tellement précieuse pour son souverain qu'il a détaché une *sotnia* de kosaks de la garde pour veiller à sa sûreté, à Vilno. Ce fait caractéristique on dit assez sur l'état moral de cet empire, où le bourreau, honni et conspué, tient la première place auprès de l'autocrate ; où le meurtre d'une population désarmée est l'objet d'apothéoses officielles, à l'égal du dévouement et de la vertu civiques.

La classe infime de la population ne vaut guère mieux que les autres. L'ivrognerie, cette source intarissable de revenus pour le trésor, d'abrutissement pour le peuple, a pris une telle extension en Russie, qu'il sera difficile, sous le règne actuel, d'en arrêter les progrès. « Quand Auguste (un prince allemand) buvait, la Pologne était ivre, » disait à une autre époque l'astucieux promoteur de son partage, le fondateur de la monarchie prussienne. Ce dicton voltairien pourrait aujourd'hui s'appliquer bien plus justement à la Russie. S'il est acquis qu'un peuple n'a que le gouvernement qu'il mérite, il est également vrai qu'un gouvernement, despotique surtout, façonne le peuple à son image et porte finalement la peine de ses désordres.

(*Époque.*)

LXXXVIII.

Voici un épisode curieux de la persécution moskovite en Pologne, de nature à troubler la conscience des plus zélés partisans de la Russie. Quant à nous, nous exprimons hautement notre indignation pour ces actes d'une barbarie sans nom, exercés après le combat, et qui ne servent qu'à déshonorer celui qui les ordonne ou les tolère. Nous lisons ce qui suit dans une correspondance de Varsovie :

Les récits des exécutions et des massacres officiels publiés dans les journaux étrangers donnent à peine une faible idée de ce qui se passe chez nous, jour par jour, sous les yeux de tous les agents diplomatiques de l'Europe. Après l'arrivée des gardes impériales dans le palatinat d'Augustowo, nous vîmes s'établir à Seyny le chef militaire prince Bariatinsky, avec une foule de jeunes gens appartenant aux premières familles de Saint-Pétersbourg, comme MM. Adlerberg, Kleinmichel, Skobeloff, Leontieff, etc., faisant leur première campagne en Pologne, après la guerre, bien entendu. Jamais la pauvre ville de Seyny, déjà cruellement ravagée, n'a été le théâtre de tant d'horreurs que durant le séjour de ces messieurs.

Tout insurgé fait prisonnier ou se rendant à merci, dans les mois de novembre ou de décembre dernier, était jeté, la nuit, dans une cave à demi inondée, d'où il ne sortait, le jour suivant, que pour être torturé, fustigé, mis en lambeaux avec tous les raffinements possibles de cruauté, puis réintégré dans cette tombe de glace. C'est ce que la cour martiale, composée de ces jeunes officiers, l'élite de la société russe, appelait l'interrogatoire des captifs.

Pendant des jours entiers, la ville était remplie des gémissements de ces malheureux, qui demandaient la mort comme un bienfait, sans pouvoir l'obtenir ; tristes jouets de cette jeunesse dorée de la cour moskovite, qui brille dans les salons étrangers par ses bonnes manières et ses grâces tatares, et qui, bientôt après, va se retremper dans le sang polonais pour mieux mériter les faveurs du souverain. Quel que soit l'accueil qui doit les attendre ailleurs, ces jeunes gens, princes, comtes ou simples gentilshommes, ont laissé parmi nous un souvenir de honte ineffaçable.

C'est ainsi que, dans le village de Metelé, le prince Bariatinsky ayant daigné lui-même faire une visite au propriétaire de l'endroit, M. Uszynski, avec une escorte de kosaks de la garde, fit bâtonner l'un après l'autre tous les hommes de service et les domestiques, pour leur faire avouer que leur maître avait donné asile à des insurgés. Témoin de ces brutalités, Mme Uszynska, Française de naissance, tomba malade et mourut peu de jours après. Le *Dziennik* de Varsovie publia sa nécrologie au mois de janvier dernier, mais il se garda bien d'indiquer la cause de sa mort. Ce devoir, nous le remplissons pour lui ; et nous portons à sa famille en France, aux Doro, une parole de regret, sinon de consolation.

L'opinion devient de plus en plus générale en Pologne que tous les chefs moskovites se ressemblent par le côté le moins honorable de la nature humaine, la férocité ; et que les Mourawieff, les Adlerberg, les Bariatinsky et les Dolgorouki ne font qu'un seul et même barbare, dépourvu de toute notion de justice et d'humanité. Aucun rapprochement n'est désormais possible entre les bourreaux et les suppliciés ; il n'y a pour eux de réconciliation à espérer que dans la mort. Quelques Russes rougissent, il est vrai, de leurs compatriotes ; mais ceux-là n'ont aucune puissance pour arrêter ce débordement de crimes qui fait tache sur notre XIXᵉ siècle, ou restent muets, de crainte de partager le sort des victimes.

(*Époque.*)

LXXXIX.

Des frontières de Pologne :

La Pologne, par sa malheureuse position de voisine immédiate de la Russie, reçoit toujours la première les bienfaits de cette puissance; comme, en 1831, elle en reçut le choléra, comme aujourd'hui elle lui doit la peste et les réformes de Milioutin. Le typhus symptômatique s'est déjà déclaré dans plusieurs localités; dans la petite ville de Kolo, entre autres, palatinat de Kalisz, sur dix-huit malades, seize ont succombé, après quelques heures de souffrances, sans que la nature de ces cas isolés soit encore bien déterminée par les médecins. Les mesures suivantes prises par le gouvernement russe indiquent toutefois la gravité de cette contagion. La garnison a dû évacuer Saint-Pétersbourg pour se soustraire aux progrès de la mortalité; un crédit de 120,000 roubles argent a été ouvert pour organiser des hôpitaux; des médecins étrangers sont appelés pour combattre le fléau qui résiste à tous les moyens curatifs. Dans le gouvernement de Samara, districts de Buzuluksk et de Nikolaïew, la famine est venue se joindre à ses ravages. Le peuple moskovite est frappé de consternation; il voit dans ces désastres nouveaux qui désolent la Russie, après les incendies de l'année dernière, un châtiment du ciel pour les atrocités qui ne cessent de se commettre en Pologne.

Le grand-duc Constantin, le prince Souwaroff et le comte Strogonoff sont l'objet des méfiances de la cour pour avoir osé les flétrir. Ce sera un jour leur titre à l'estime de l'histoire, de s'être inscrits en faux contre ce système abject de meurtre et de spoliation dont l'avenir démontrera l'impuissance et la stérilité. Les hideuses exterminations de Pologne ne sont pas seulement des crimes, elles sont de plus une faute irréparable. Au lieu de marcher vers la pacification, les proconsuls moskovites s'en éloignent chaque jour davantage; le sang cruellement versé des victimes du tzarisme, engendre d'implacables haines qui attendent, embusquées et frémissantes, leur jour et leur heure.

Dans l'ordre administratif, Milioutin, avec sa meute de réformateurs, fait le même vide et le même travail de destruction que Mourawieff, avec ses sbires dans l'ordre politique.

Comme tous deux procèdent de la même école, leur but et leurs moyens sont identiques : c'est la spoliation violente des propriétaires fonciers au profit des classes agricoles; c'est l'appel, sous toutes les formes, aux mauvaises passions et aux discordes civiles; c'est la perversion de toutes les idées de morale et de justice sur lesquelles repose notre société. L'abus des liqueurs fortes est placé en Pologne et en Lithuanie sous la sauvegarde du gouvernement; bon nombre de prêtres ont été déportés pour avoir prêché la tempérance. Le travail, l'étude, l'économie, sont regardés comme suspects et séditieux; en un mot, tout est permis aux protégés de Milioutin et de Mourawieff, excepté d'être honnête homme, ce qui équivaudrait pour eux à la qualification de rebelle.

Cependant leurs efforts ne sont pas toujours couronnés de succès. Le gouvernement moskovite s'étant fait l'exécuteur testamentaire du gouvernement national polonais, en s'emparant de son programme, mais en faussant dans l'exécution son esprit humanitaire et libéral, rencontre partout d'opiniâtres résistances. Le bon sens natif du paysan polonais juge parfaitement, selon leurs mérites, le bienfaiteur et le spolié; il acceptera le sillon enlevé à son ancien propriétaire, tué ou déporté, mais il laissera de côté la reconnaissance, et ne cessera d'appeler le donateur *Moskal,* c'est-à-dire pillard et brigand. Il se souviendra surtout que chaque insurrection a été pour lui, depuis 1794, un signal d'affranchissement. Visant la Pologne, le tzarisme n'aura réussi qu'à se frapper lui-même; car il se trouve dans l'impossibilité complète d'en faire autant en Russie, où toute réforme sociale doit nécessairement engendrer la révolution.

Le fils de Mourawieff marche dignement sur les traces de son père. Il avait fait fusiller, les 30 janvier dernier, dans la petite ville d'Uszwenty, un jeune homme de moins de vingt ans, nommé Tawlowicz, élève au collège du Szawlé. Sa mère obtint du colonel Tintoff de pouvoir le faire ensevelir au caveau de famille; mais Mourawieff l'ayant appris, congédia le colonel Tintoff, fit déterrer le cadavre et le fit jeter sans sépulture sur la place qui avait été témoin de son martyre.

(*Époque.*)

XC.

Des frontières de Pologne :

Le *Journal médical* de Saint-Pétersbourg donne les renseignements suivants sur l'épidémie qui sévit en ce moment en Russie. D'après le docteur Malinin, le symptôme caractéristique de cette contagion, qu'il désigne du nom de fièvre revenante (*febris recurrens*), est une dilatation extraordinaire des pupilles, semblable à celle que produit la belladone à haute dose. Le docteur Richter, mort à la tâche, a cru voir dans ce symptôme un indice de l'efficacité qu'aurait peut-être l'emploi de ce médicament; il est regrettable qu'il n'ait pas eu le temps d'en faire l'expérience. Il a remarqué toutefois que si la dilatation persiste, une rechute ne peut manquer d'avoir lieu; si elle cède aux moyens curatifs, on peut espérer une guérison.

A Moskou, des mesures sont prises pour arrêter,

ou du moins pour retarder l'invasion de l'épidémie. La *Gazette du gouvernement de Moskou* publie les dispositions du gouverneur a ce sujet; elle prétend qu'une mauvaise nourriture, des logements malsains, la malpropreté des cours et des maisons, si chère à la race moskovite, et l'insuffisance des vêtements, ont favorisé le développement de la maladie bien plus que l'influence atmosphérique. On a donc établi une stricte surveillance non-seulement sur le bon état de la voirie, mais sur les vivres fournis par les maîtres fabricants à leurs ouvriers.

La *Presse médicale* de Vienne ajoute des détails sur les hôpitaux de Saint-Pétersbourg. Les anciens ne suffisant plus au nombre toujours croissant des malades, les cinq ailes de la grande caserne des gardes d'Ismaïlow ont été converties en infirmerie. Journellement on y apportait de 80 à 90 moribonds. Dans un des premiers jours de février, ce chiffre s'est élevé à 142; de sorte que ces établissements nouveaux, abritant déjà 1,175 pestiférés, étaient forcés de renvoyer la plupart de ceux qui se présentaient, faute de lits pour les admettre.

Le ministère de la guerre, disposant de toutes les maisons pouvant être converties en hôpitaux, a désigné en outre à cet effet la fabrique de l'arsenal d'Alexandre.

Le chiffre des malades admis du mois d'août 1864 à janvier 1865 a dépassé de 8,900 celui de l'année précédente. C'est au mois de novembre que l'épidémie s'est déclarée dans toute sa force. En moyenne, 40 à 45 malades sur 100 entraient en convalescence après un mois de médication. Durant les six mois précités, la mortalité s'est accrue de 1,277 sur l'année 1863, qui fut pourtant celle de l'insurrection. Parmi les médecins, sont morts le docteur Erichson, âgé de soixante-quinze ans, jadis attaché à la personne du tzar Nicolas; le docteur Abramecki, médecin du tzar actuel; les docteurs Bielacz et Richter, dont nous avons déjà fait mention, ce dernier attaché à l'hôpital d'Obuchow; ainsi qu'une foule d'officiers de santé, de gardiens, de sœurs de charité.

Jusqu'à présent, dit la *Presse médicale*, le nombre des cas ne diminue guère. Elle les attribue surtout à l'ivrognerie, excessivement développée à Saint-Pétersbourg, au manque d'eau potable, celle employée à tous les usages domestiques étant puisée dans les canaux infects, à la mauvaise alimentation de la ville, enfin à la longue durée de l'hiver, qui est venu joindre à toutes ces causes morbides ses besoins et ses souffrances.

Puisse ce fléau terrible avertir la Russie que ce n'est pas sur l'extension de ses frontières, sur le massacre et le vol, qu'elle peut et doit fonder sa prospérité, mais sur la répartition plus équitable du bien-être parmi tous ses habitants, et partant sur la suppression de ses quatorze classes officielles, toutes malheureuses, toutes opprimées les unes par les autres, et qui ne ressemblent pas mal, pour nous servir d'une comparaison littéraire, aux neuf cercles maudits de l'*Enfer* du Dante.

(*Époque*.)

XCI.

LES HOMMES D'ÉTAT DE LA SAINTE-ALLIANCE.

III

LE COMTE MENSDORFF-POUILLY.

Le comte Alexandre Mensdorff-Pouilly, lieutenant feld-maréchal, conseiller intime et ministre des affaires étrangères de l'Autriche, ne se distingue par aucun trait saillant dans l'esprit ni le caractère, si ce n'est par son dévouement absolu aux intérêts du tzarisme. Un seul trait le fera connaître mieux que toute autre explication. Lorsque, au mois de mars 1863, il venait prendre possession de son poste de gouverneur général de la Gallicie, les notables de Krakovie se rendirent auprès de lui pour lui garantir la tranquillité de la ville pendant toute la durée de l'insurrection, dirigée uniquement contre la Russie. « Je n'ai pas besoin de vos assurances, leur répondit brutalement le comte; les baïonnettes de mes soldats et les canons de la citadelle sauront bien vous maintenir dans le devoir. » Certes, le tzar Nicolas ne parlait pas autrement, en 1835, à la municipalité de Varsovie.

A partir de ce moment, cet autocrate au petit pied s'est donné toutes les peines imaginables pour provoquer l'état de siége en Gallicie; nous avons dit ailleurs comment il y a réussi, et comment il en a profité pour frapper à dos l'insurrection polonaise, en lui prenant ses meilleurs soldats, qu'il ne cesse de livrer à la Russie, et tous les moyens de combat. Cette mesure décisive, qui rivait irrévocablement l'Autriche au joug du tzarisme, devait fatalement aussi la conduire à remettre à M. Mensdorff-Pouilly la direction de sa politique extérieure. Reste à savoir à qui profitera cette politique à contresens, soufflée par un homme que ses sympathies moskovites auraient dû à tout jamais exclure des conseils du cabinet autrichien.

Le système de M. Mensdorff-Pouilly, nous allons le démontrer, est un abandon complet des intérêts de l'Autriche, et prépare la ruine plus ou moins éloignée, mais certaine, de la monarchie autrichienne.

Constatons d'abord que l'alliance orientale de l'Europe n'existe pas de fait; qu'elle se réduit à une étroite alliance entre la Prusse et la Russie, dans laquelle l'Autriche n'est admise que temporairement, à titre de victime, pour être bientôt dévorée par les deux autres.

Les hommes d'État des deux premières, nous le savons de bonne source, disent confidentiellement entre eux que *les jours de l'Autriche sont comptés;* et nous ne pouvons nous défendre de partager cette opinion, fondée sur toute l'histoire de ces trois puissances.

M. Mensdorff-Pouilly, malgré ses puissantes attaches avec la cour de Saint-Pétersbourg, pourrait bien être d'un autre avis; mais nous le prions de se rappeler les derniers moments du tzar Nicolas, racontés tout au long dans un livre précieux, aujourd'hui disparu de la circulation, intitulé : *la Vérité sur le tzar Nicolas I*er*, par un patriote émigré, M. Sasonoff. Il y trouvera qu'au moment de sa mort, ce despote hautain, humilié dans son orgueil, brisé par l'insuccès de la campagne de Krimée, recommandait à son fils une alliance perpétuelle avec *son cousin* de Berlin, qui devait leur assurer la suprématie politique en Europe. A la Prusse, revenait l'unité germanique, composée de tous les États de la Confédération, et, le cas échéant, *la couronne de l'empire allemand;* à la Russie, l'unité slavonne, composée de tous les États slaves de la Russie, de la Pologne, de l'Autriche et de la Turquie, désignée sous le terme de *panslavisme* : et, par la réalisation de ces deux grandes synthèses, le rétablissement de *l'ordre* à l'occident de l'Europe.

Grâce à la *suppression* de la Pologne, ce plan doit aujourd'hui s'accomplir, au moins pour ce qui concerne l'Autriche. Elle n'a existé jusqu'à ce jour qu'en vertu des traités de 1815, moyennant l'interposition du royaume de Pologne, entre elle et la Russie. Par sa conformité absolue avec sa puissante rivale du Nord (une population en grande majorité slave, gouvernée par une dynastie allemande), l'Autriche fait, en quelque sorte, double emploi avec la Russie, et doit nécessairement être absorbée par elle. Toute la presse allemande, inspirée par M. Bismark, ne cesse de lui répéter que son rôle en Allemagne est entièrement terminé; et il ne peut venir à l'idée de personne (pas même de M. Mensdorff-Pouilly), de rétablir au seul profit l'empire germanique perdu depuis tant d'années : car il sait qu'à notre époque, les restaurations des anciennes dynasties ont peu de durée. Et d'ailleurs il trouverait à cette tendance un rude adversaire dans la personne de M. Bismark.

Restait donc à l'Autriche un rôle de protection sur les neuf ou dix fragments de nationalités qui la composent, et dont elle aurait pu, avec d'autres hommes et d'autres principes, constituer un vaste État fédératif. Or, comment a-t-elle exercé cette protection sur ses gouvernés? Fidèle à son système de centralisation arbitraire et violente, elle s'est attachée depuis un siècle à les germaniser, et n'est parvenue qu'à les rendre ses irréconciliables ennemis. La vie du prince de Metternich, cet adversaire juré de toutes les aspirations libérales, s'est usée à cette tâche impossible, et il a eu la tristesse de survivre à sa défaite.

M. Schmerling, bien que représentant du système parlementaire, suit les mêmes errements. Au nom de la nationalité la moins nombreuse, personnifiée dans la dynastie régnante, il tient aux trente millions de Hongrois, Bohêmes, Serbes, Roumains, Slovaques, Polonais, Italiens, etc., etc., à peu près ce langage :

« Je vous donne des institutions libérales, mais à la condition que vous deviendrez Allemands ! »

Ses efforts dans ce sens auront-ils plus de succès que ceux de M. de Metternich? Nous pouvons répondre d'avance, d'une manière positive, que non.

Toutes ces populations, depuis la fin du dernier siècle, ont senti renaître en elles le besoin impérieux d'une existence nationale. Les Slaves, les plus nombreux, loin de se laisser germaniser, réclament hautement leur autonomie dans le Reichsrath, dans leurs écrits de tout genre, dans leurs assemblées populaires; les Hongrois, bien qu'ils n'aient pas encore élevé leurs exigences à la hauteur du progrès européen, demandent l'exécution des traités qui leur assurent une alliance personnelle avec l'Autriche; les Roumains pressentent une ère nouvelle pour leur pays dans les actes de vigueur et l'initiative hardie de leur souverain; et, pour ce qui concerne la Vénétie, personne en Autriche ne songe sérieusement à la conservation indéfinie de cette province, qui tôt ou tard doit rentrer dans l'unité italienne.

Ajoutons-y la propagande panslaviste, exercée par les travaux de Rieger et de Palatzky en Bohême, les prédications du clergé schismatique en Serbie, en Transylvanie, celles des affiliés de Saint-Georges (*Swientoiurcy*) dans la Gallicie orientale, qui depuis longtemps ont frayé les voies à la conquête moskovite.

Plusieurs hommes d'État, parmi lesquels M. Rechberg, voient bien tout le danger de la situation générale de l'empire; mais quels expédients trouvent-ils pour le conjurer? Ils font publier un code pénal où les crimes politiques sont réprimés avec une rigueur inconnue même aux temps de l'absolutisme; c'est-à-dire qu'au lieu d'écarter la source du mal, ils cherchent leur salut dans l'excès des châtiments. Moyen usé, condamné par la philosophie du droit, réprouvé par la morale et démenti par l'histoire qui en démontre l'inefficacité. M. Schmerling verra donc échouer son œuvre de centralisation, tout comme ses devanciers, et pourra se dire un jour avec regret : « *Oleum et operam perdidi !* »

La politique extérieure de l'Autriche, inaugurée par M. Mensdorff-Pouilly, est tout aussi fausse et irréfléchie que sa politique intérieure. Son point d'appui ne saurait être du côté de la France, dont le génie a donné cours à certaines idées diamétralement opposées aux siennes, et dont le glaive leur a déjà conquis droit de bourgeoisie dans les relations internationales de l'Europe : savoir le principe des nationalités et le vote universel. Leur alliance ne serait possible que si l'Autriche adoptait franchement chez elle le libre développement de ces idées, ce qui ne paraît guère présumable sous le règne actuel. D'ailleurs cette alliance impliquerait pour elle l'abandon immédiat de la Vénétie. L'Autriche a donc tourné ses vues vers ses deux anciennes alliées, la Prusse et la Russie.

Mais c'est ici précisément que les plus graves périls se dressent sous ses pas. En se résignant à laisser à la Prusse le premier rôle en Allemagne, elle doit souffrir les annexions qu'elle fait ou qu'elle médite, non-seulement avec indifférence, mais même, en qualité de *bon voisin*, avec joie, en ne cherchant de dédommagements que dans sa propre dignité. Redevenue presque exclusivement slavonne, elle devient en même temps un objet de convoitise perpétuelle pour son alliée moskovite. En compulsant les documents nécessaires pour bien comprendre sa nouvelle mission, elle trouvera le *Testament de Pierre I*^{er}, qui a transmis à tous ses héritiers les plus beaux projets pour l'envahissement successif du territoire slave, s'étendant jusqu'à l'Adriatique, comme acheminement vers d'autres conquêtes.

D'après les traditions qui se répètent sur les bords du Wolga, la prophétie biblique d'un pasteur, d'un troupeau et d'une bergerie voudrait dire le tzar, la sainte Russie et Saint-Pétersbourg. Les deux termes synonymes de conquête et de spoliation (*zabor*), exercent sur l'intelligence de ces peuples, pauvres et guerriers, le même prestige que sur l'esprit de l'Occident les mots de progrès et de nationalité.

L'histoire de l'extension progressive de la Russie en Europe devrait être le *vade-mecum* des diplomates autrichiens. Ils y verraient qu'un misérable assemblage de quelques tribus nomades, chassées de l'Asie et asservies par les Tatars, est devenue en moins de deux siècles un État de 74 millions d'hommes, et, pour son étendue territoriale, n'a point eu de pareil depuis l'origine des temps. Aujourd'hui la Russie vient de franchir une dernière barrière qui s'opposait à son expansion, en déchirant la Pologne faute de pouvoir se l'assimiler; mais elle ne s'arrêtera pas en si beau chemin. Le tzar Nicolas disait en 1854, que la plus grande faute de son règne était d'avoir sauvé l'Autriche de l'insurrection hongroise de 1849; cette faute, son successeur se gardera bien de la renouveler.

Il possède actuellement en Pologne 200,000 hommes de troupes complètement démoralisées par le manque de toute discipline, et dont il peut disposer à son gré, car la conscription de cette année lui en fournira le double. Il lui sera donc facile de les jeter en Gallicie, et l'Autriche se trouvera dans l'impossibilité de soutenir leur choc, devant tenir tête aux soulèvements des Hongrois et des Italiens, que ne peuvent détourner aucunes combinaisons diplomatiques. Après la Gallicie (Russie-Rouge ou Ruthénie) le tzar prendra naturellement les provinces slaves du Danube, et M. Bismark se contentera des États allemands de l'Autriche, annexés à l'empire germanique et devenus les fiefs inséparables de sa couronne.

Le comte Mensdorff-Pouilly pourra nous répondre que l'Autriche trouvera dans son armée une protection suffisante contre tous ses ennemis; malheureusement cette armée se compose pour la plupart de Slaves, de Hongrois et d'Italiens, et nous lui rappelons Solferino et Magenta, qui, sans la... longanimité de la France, auraient été ses dernières batailles. Aujourd'hui, prise entre le panslavisme russe et l'unité italienne, l'Autriche ne trouverait plus les mêmes ménagements après la défaite; et M. Mensdorff-Pouilly, l'ami personnel du tzar Alexandre, pourrait bien être le dernier ministre autrichien.

(*Opinion nationale.*)

XCII.

Nous recevons de tristes nouvelles de Léopol et de Krakovie. Le cabinet Mensdorff-Pouilly sévit contre les restes désarmés de l'insurrection polonaise avec une rigueur qui doit lui valoir les applaudissements de la Prusse et de la Russie. Voici quelques-unes des condamnations qui ont été prononcées dans le courant du mois de mars par les tribunaux militaires de ces deux villes :

« *Pour crime de haute trahison* : Alfred Szczepanski, docteur en philosophie, de Krakovie, âgé de 24 ans, condamné à 10 ans de fers; Louis Kubala, docteur en philosophie, de Sandecz, âgé de 25 ans, Kasimir Miczynski, ingénieur, de Krakovie, âgé de 28 ans, condamnés à 5 ans de la même peine; la comtesse Victoire Ostrowska, de Zanokorzycé dans le royaume, veuve, âgée de de 45 ans, condamnée à 5 ans de fers, avec perte de la noblesse dans les États autrichiens; Ignace Macieiowski, de Kobiernki dans le royaume, âgé de 25 ans, Léon Smolinski, dit *Pontoise*, autrefois professeur à l'école polonaise de Paris-Batignolles, âgé de 29 ans, Ignace Trzaskowski, ingénieur, de Krakovie, âgé de 27 ans, condamnés chacun à 8 ans de fers.

« *Pour crime de rébellion* : Jean Antonowicz (Théodore Tirpicz), commandant d'un détachement d'insurgés, âgé de 22 ans, condamné à 4 ans de prison; Mesdames Sophie comtesse Wodzicka, de Krakovie, Thérèse Zebrowska, propriétaire, Marie Ilming, boulangère, Éléonore Alexandrowicz, femme du pharmacien de ce nom, Thérèse Dymidowicz, femme du conseiller du tribunal d'appel, Marie Wilkoszewska, commerçante, Mathilde comtesse Koziebrodzka, propriétaire, condamnées chacune à trois mois de prison, comme ayant fait partie du Comité des dames polonaises, etc., etc. »

Il y a donc aussi des Mourawieff en Autriche; dans cet empire que M. Thiers voudrait donner pour allié à la France!

(*Opinion nationale.*)

XCIII.

Notre correspondance de Pologne roule aujourd'hui presque exclusivement sur l'épidémie qui sévit à Saint-Pétersbourg, et qui, depuis les jours du dégel, menace de prendre une nouvelle extension. En voici le résumé :

On a dit en 1830 : « La Russie, c'est le choléra; » on pourrait dire aujourd'hui, le fait n'étant malheureusement que trop avéré : « La Russie c'est la peste. » Voici ce que nous lisons dans la *Gazette médicale hebdomadaire* de Vienne, à la date du 7 avril : « Dans les deux derniers jours, c'est-à-dire depuis que le premier rayon de soleil s'est montré, l'épidémie, qui semblait toucher à son terme, s'est réveillée avec une intensité qui nous cause les plus vives appréhensions pour l'avenir. Les médecins s'accordent à dire qu'ils n'ont plus affaire à présent à un typhus contagieux, à la *febris recurrens*, mais à la peste de Sibérie.

« Depuis hier on ne s'occupe que de l'installation d'hôpitaux provisoires, d'assainissements des habitations de la classe ouvrière. Malgré toutes les précautions prises, l'épidémie a déjà frappé plusieurs maisons opulentes de la rue dite Perspective de la Néwa. La maladie s'annonce généralement par des vertiges et des défaillances, bientôt suivis des plus graves symptômes. Le conseil a été donné à l'empereur de quitter Saint-Pétersbourg, et les bruits les plus contradictoires ne cessent de circuler à ce sujet. Dans le gouvernement de Samara, on a dû fermer les établissements publics, suspendre les conseils municipaux et de districts. »

L'*Invalide russe* de la même date ajoute :

« Le 5, le nombre des malades était de 3,749; 311 cas nouveaux ont été constatés, parmi lesquels 244 guérisons et 106 décès.

« Le 6, 229 cas nouveaux, 195 guérisons et 66 décès; il restait donc à cette date 3,684 malades. »

Ces tristes nouvelles sont confirmées par une lettre de Berlin, insérée dans le *Times* du 11 courant, de la teneur suivante :

« En 1855, sur 849,700 cas de maladie contagieuse observés dans toute l'étendue de la Russie, il y a eu environ 163,000 décès. Malgré l'énormité de ce chiffre, nous le croyons plutôt atténué qu'exagéré, des rapports officiels publiés à cette époque constatant 324,000 cas de choléra asiatique et 124,500 décès.

« En 1848, un rapport adressé à l'empereur par le ministre de l'intérieur, lui annonçait 4,686,849 cas de choléra et 668,012 décès. Dans l'une et dans l'autre année, l'épidémie avait franchi les frontières moskovites; mais à peine ayant pénétré en Allemagne, elle perdait beaucoup de son intensité. Il en sera probablement de même avec la peste actuelle, qui, depuis plus de six mois, exerce ses ravages dans le fond de la Russie asiatique, et qui cependant n'a pas encore visité la rive gauche du Dniéper ni la Pologne. »

Malheureusement, le *Télégraphe*, de Kïow, donne un fâcheux démenti à cette observation, en annonçant qu'une maladie épidémique inconnue s'est déclarée dans cette ville, et que plusieurs personnes en sont déjà mortes. Il en est de même du delta que forme la Vistule à son embouchure, particulièrement aux environs d'Elbing, ce qui est constaté par une dépêche de lord Napier de Berlin à la date du 5. Et cependant, deux jours après, dans la séance du 7 avril, sir Georges Grey cherchait à rassurer le parlement anglais sur la possibilité de l'invasion de l'épidémie, par les dépêches des consuls de Saint-Pétersbourg, de Kœnigsberg et de Klaypeda.

Nous concevons parfaitement que les journaux russes aient cherché à dissimuler la gravité de cette épidémie en publiant des bulletins mensongers comme l'étaient ceux de la guerre de 1863, dans lesquels *un kosak* était invariablement mort ou blessé sur 100 ou 200 insurgés; mais s'il nous était permis d'exprimer notre opinion dans une question toute spéciale, nous ne saurions recommander aux gouvernements de l'Occident assez de prudence et de fermeté dans l'application vigoureuse des mesures sanitaires usitées contre ces fléaux qui nous viennent périodiquement de l'Asie, à 10 ou 15 ans d'intervalle.

C'est bien assez que la Russie de Pierre Ier et de Catherine II vienne apporter à l'Europe l'esclavage et le massacre, qu'elle tienne suspendue sur elle une incessante menace d'incursion des barbares; il nous semble inutile qu'elle lui fasse présent, comme en 1831, comme en 1848, comme en 1853, de ce venin pestilentiel qu'elle tient attaché à ses flancs, et qui suit partout ses conquêtes. La Sibérie, cet enfer de glace des exilés et des déportés, en est évidemment la source.

Selon ceux qui ont eu le bonheur d'en échapper et qui nous en ont fait récemment la description, la lente déclivité du globe dans cette contrée produit des marécages immenses, comme ceux du fleuve Irtisch, qui deviennent en été des foyers permanents d'infection. La vie végétale et animale se développant à cette période de l'année avec une énergie effrayante, y fait surgir des nuées d'insectes et des monceaux de reptiles, dont les détritus empoisonnent les eaux et les terrains avoisinants. La peste avec tous ses caractères, le furoncle, les taches livides et les bubons, y est établie à demeure; il n'est donc pas étonnant qu'elle ait gardé en Europe le nom du lieu de sa naissance. Les remèdes pour la guérir sont encore à trouver.

Les villes de Nowgorod, de Pskow, la Lithuanie, l'Ukraine et les frontières de la Prusse en sont déjà atteintes, et une quarantaine maritime ne suffirait plus pour en arrêter la marche vers l'Occident. Avec la rapidité des communications actuelles, il ne faudrait pas moins, à notre avis, qu'une occlusion absolue des frontières moskovites pour renfermer dans son foyer ce terrible fléau, qui paraît être un châtiment immédiat pour les crimes de lèse-humanité commis en 1863, 1864 et jusqu'à nos jours.

(*Époque.*)

XCIV.

Des frontières de Pologne, 22 avril :

Les souffrances de nos compatriotes exilés, s'acheminant péniblement vers les contrées qui n'ont pas encore subi la loi du tzarisme, dépassent souvent toute expression. En voici un exemple tout récent : Stanislas Wieczorek, de Varsovie, âgé de vingt ans, trois fois blessé dans les combats livrés par les insurgés, avait subi un emprisonnement d'un an dans la forteresse d'Olmütz. Après l'expiration de sa peine, il fut transporté avec plusieurs compagnons de captivité en Bavière et voulut se rendre en Suisse, où il comptait recouvrer la santé, ou du moins mourir sur une terre hospitalière et libre.

Mais à peine arrivé à Rorschach, petite ville suisse sur le lac de Baden, en vertu d'une décision de la police cantonale, il fut renvoyé en Bavière. De Lindau il fit tous ses efforts pour pénétrer par Romanshorn sur le territoire helvétique; il fut itérativement reconduit à son point de départ. Les francs-tireurs suisses, et les Polonais du canton, résolurent de l'y amener par un autre chemin; mais après tous ces voyages, accomplis pour la plupart à pied, les forces commencèrent à lui manquer. On dut le laisser à Lindau, où il ne fut guère mieux traité que dans la prison d'Olmütz.

Cependant, Wieczorek sentait un besoin irrésistible de quitter le sol allemand, et de se rendre parmi ceux de ses compatriotes que la Suisse avait déjà reçus comme les représentants d'une grande cause. Cette fois, en quittant l'hôpital de Lindau, il tomba d'inanition sur la route conduisant au port, et mourut peu d'instants après. Le même jour, ses restes furent reconduits par ses frères d'exil à Saint-Gall, et inhumés le lendemain dans le sol helvétique, qui n'avait pu lui servir de refuge.

Wieczorek, victime d'une politique sans entrailles, inspirée par les agents du tzarisme, était seul au monde. Son père avait péri dans les rangs des insurgés ; son frère est déporté en Sibérie, où la contagion actuelle exerce de cruels ravages parmi les Polonais, traités en prisonniers de guerre. De toute sa famille, il ne reste que sa pauvre mère, aujourd'hui seule et sans soutien à Varsovie. La croix de son tombeau, dit le journal de Saint-Gall, est un triste monument de notre civilisation au XIXe siècle.

Malgré toutes leurs infortunes, les Polonais savent encore être reconnaissants pour ceux qui les ont secourus. Les accusés de la première série du procès de Berlin, acquittés après les éloquents plaidoyers du docteur Gneist, lui ont offert un témoignage éclatant de leur gratitude. C'est un magnifique service de table en argent de deux pieds de haut, surmonté d'une image de la Pologne tenant en main un drapeau avec l'inscription de 1831 : « POUR NOTRE LIBERTÉ ET LA VOTRE, » avec la Sagesse et la Justice au piédestal, autour duquel on lit la légende : « *Rudolpho Gneist defensori, Poloni anno 1864, perduellionis criminis rei facti, hoc pii gratique animi signum esse voluere.* »

Ce souvenir, exécuté par MM. Sy et Wagner sur les plans du docteur Szuman, fut présenté le 6 de ce mois à l'éminent jurisconsulte allemand par les délégués Szuman et Lubienski, au nom de tous ceux qu'il avait si noblement défendus, ou plutôt de la Pologne entière.

(*Époque.*)

XCV.

Nous insérons ici cette page de M. Jules Labbé, notre ami et confrère, comme une des plus éloquentes qui aient été écrites depuis 1863 :

Elles étaient quarante-quatre dans un monastère de Vilno. Ces femmes commettaient chaque jour quelque crime : elles priaient Dieu en polonais, et pleuraient en secret sur la patrie ; on les soupçonnait même d'avoir favorisé l'évasion de quelques proscrits.

Une nuit, des hommes armés, des sauvages de l'Oural, hideux, ivres, païens, pénétrèrent chez ces femmes criminelles : c'était la justice de Mourawieff qui venait leur demander compte de leurs prières et de leurs larmes. Tout fut pillé, saccagé, profané. Aujourd'hui elles sont en France, à Paris, réfugiées dans un couvent de leur ordre, d'où elles tendent vers nous leurs mains sanglantes et bénies.

Il leur reste quelques diamants, elles les offrent à la France en échange d'un peu de pain et de six pieds carrés d'une cellule où elles puissent oublier et mourir.

Nous ne sommes point catholique ; mais quand des femmes sont ainsi conspuées, chassées, bannies ; quand elles souffrent ce dur martyre pour la liberté religieuse, pour le droit sacré entre tous, *le droit de prier,* notre cœur se soulève, notre sang bout ; et à ce bandit qu'on appelle Mourawieff, à ce Carrier du despotisme, à ce Jeffries de l'orthodoxie, à ce monstre pétri dans le sang et dans la boue, qui pend les braves, insulte les vierges et se vautre sur une nation qu'il a mise au linceul, nous jetons encore une fois notre flétrissure, impuissante comme les colères de la défaite, mais ineffaçable comme la malédiction des morts !

Nous n'ignorons pas que quelques-uns sont fatigués de nous entendre crier ainsi chaque jour pour la justice. Que nous importe si l'Occident est vraiment aveuglé par l'égoïsme ou frappé du vertige de la peur ; si le remords l'empêche de regarder en face le cadavre de ce qui fut la Pologne ! Nous ne nous tairons pas pour plaire à ceux qui veulent dormir du sommeil de la honte ! Et si l'Église n'a plus que de froides bénédictions pour ceux qui meurent pour elle, si la démocratie européenne a perdu le sens de la solidarité universelle, notre protestation acharnée ira réveiller les morts, moins glacés dans leurs tombes, moins insensibles dans leurs suaires, que ces lâches vivants qui se bouchent les oreilles pour ne pas entendre le râle des peuples qu'on tue, le sanglot des femmes qu'on insulte. — J. Labbé.

(*Opinion nationale.*)

XCVI.

On écrit de Poltawa au *Journal de Posen* :

Plusieurs détachements de prisonniers polonais dirigés sur la Sibérie ont traversé notre ville. Non-seulement on les a traités comme on traite d'ordinaire chez nous les prisonniers, mais encore on les privait de nourriture, au point qu'ils étaient forcés de demander un morceau de pain aux passants.

Alexandre Krysztof, ancien étudiant à l'université de Kïow, se trouvant un jour près d'Ostrog, entendit ce cri déchirant :

« Donnez-nous un morceau de pain, pour la grâce de Dieu ! »

Afin de venir en aide à ces malheureux, il crut devoir s'adresser à l'autorité supérieure, attribuant les mauvais procédés exercés contre les prisonniers à un abus de la part des autorités subalternes. Il fit donc une demande écrite au colonel de gendarmerie. Ce dernier l'envoya au fameux gouverneur Alexandre Wolkoff.

Wolkoff manda aussitôt Krysztof et lui demanda comment il osait se mêler des affaires du gouvernement; et lorsque celui-ci eut exposé le motif de sa demande, il lui répondit :

« D'où pouvez-vous connaître les projets du gouvernement; peut-être le gouvernement désire-t-il *que l'on traite ainsi les déportés polonais!* »

Puis Krysztof, en compagnie d'un gendarme fut envoyé à Moskou, où, comme homme suspect, il se trouve sous la surveillance de la police.

Nous ne sommes pas près de voir la fin de toutes ces horreurs. Mourawieff, disgracié, a fait école et laisse de nombreux imitateurs.

(*Opinion nationale.*)

XCVII.

Mai 1865.

LE DUC D'HARCOURT.

M. le duc d'Harcourt, président du *Comité franco-polonais*, était un de ces nobles caractères, une de ces intelligences d'élite qui honorent tout un pays et toute une époque. Né le 22 août 1786, le duc Eugène d'Harcourt entra dans la vie publique vers le milieu de la Restauration, fit partie du Comité philhellène et fut chargé par lui d'une mission en Grèce. Nommé en 1827 député de Provins (Seine-et-Marne), il siégea dans les rangs de l'opposition libérale et vota l'adresse des 221. Après 1830, il fut ambassadeur à Madrid, mais il n'y resta qu'un an, et revint reprendre sa place à la Chambre.

Quand la France, après les tristes événements de 1831, ouvrit ses portes à l'Émigration polonaise, le duc d'Harcourt fut un des premiers à lui donner la bienvenue; bientôt les membres du Comité franco-polonais organisé sous les auspices de Lafayette le mirent à leur tête, et il n'a cessé de le présider au milieu des circonstances politiques les plus diverses, sans que son zèle pour cette noble cause se soit jamais refroidi.

Ses discours à la chambre des pairs eurent pour objet la liberté d'enseignement, et surtout la question du *libre échange,* qu'il défendait comme président de la société formée sous ce nom en 1846.

Nommé ambassadeur à Rome, en 1848, il revint en France deux ans après et se consacra dès lors aux travaux agricoles, une des préoccupations les plus constantes de sa vie, et à la gestion du Comité franco-polonais, une des gloires les plus belles, et nous pouvons le dire aujourd'hui, les plus durables de la France. L'Émigration polonaise a fait dans le duc d'Harcourt une perte presque irréparable; mais d'un autre côté, elle puise une suprême consolation dans cette certitude qu'une cause inspirant de pareils dévouements, se personnifiant dans des âmes aussi grandes, ne peut pas être une cause éteinte et délaissée.

(*Époque.*)

XCVIII.

Nous trouvons dans la 16e liste des offrandes adressées au *Comité central franco-polonais*, un trait de dévouement que nous signalons à l'admiration de nos compatriotes. M. Pascal Meriadec, de Tours, en envoyant au secrétaire du comité une médaille d'honneur héritée de son père, de la valeur de 100 fr., l'accompagnait de la lettre suivante, datée du 28 février 1865 :

« J'étais attristé de ne pouvoir contribuer au soulagement de grandes souffrances qui ont toutes mes sympathies, lorsqu'il me vint une pensée qui apporta dans mon cœur une joie sincère. J'avais trouvé un moyen qui me permettait d'accomplir mes devoirs envers l'humanité. Je possède une médaille d'une valeur de 100 fr., et qui fut la récompense d'un acte de dévouement accompli par mon défunt père.

« Ce souvenir ne peut être vendu par moi ; mais je puis l'échanger, ou plutôt lui faire subir une transformation qui, bien loin de l'effacer, le rendra encore plus honorable. Je vous adresse donc cette médaille, afin que la récompense du courage serve à alléger de cruelles souffrances, et, comme échange, je vous prie d'avoir l'extrême bonté de m'envoyer un reçu au nom du *Comité central franco-polonais,* et d'y mentionner l'inscription de la médaille. Quoique je ne veuille pas que mon nom figure sur aucune liste, vous comprendrez qu'un jour, si j'ai des enfants, je pourrai être bien aise de justifier la disparition de l'objet que je vous envoie. Je fais des vœux et je prie Dieu pour que tous les Français répondent au généreux appel du comité : ce ne sera pas leur moindre titre à la gloire devant la postérité.»

Malheureusement, ces élans de fraternité nationale, si fréquents autrefois, font aujourd'hui exception, et le comité franco-polonais n'existe plus que de nom.

(*Opinion nationale*.)

XCIX.

On nous annonce de nouvelles exécutions de déportés au fond de la Russie.

Huit prisonniers de guerre polonais, employés dans la petite ville d'Orel, comme forçats, à la fabrication des briques, avaient fait une tentative d'évasion. Ressaisis par les habitants, généralement hostiles aux Polonais, ils furent traduits devant une cour martiale; mais, sans attendre leur jugement, le chef militaire du district de Charkow fit fusiller les plus coupables et enchaîner les autres. Les noms des premiers sont : François Czyborowski, Alexandre Kaminski, André Ostrowski et Bart. Kasprzak, exécutés à Orel le 14 mars.

Ceux qui ont eu le malheur de leur survivre sont condamnés à vingt ans de travaux dans les mines de Sibérie.

Quand donc la mesure de sang sera-t-elle pleine, et quand donc l'Europe oublieuse dira-t-elle : C'en est assez !

(*Opinion nationale*.)

C.

On nous communique des détails pleins d'intérêt sur le caractère du feu tzarewitch de Russie. D'une santé toujours débile et chancelante, d'une humeur naturellement timide et rêveuse, ce n'était pas l'héritier qui convenait au trône du plus vaste empire du monde, et surtout d'un empire barbare.

L'énergie toute scandinave de sa race ne se signalait que par quelques éclairs qui, bientôt, en s'éteignant, le laissaient plongé dans son apathie habituelle. En voici quelques exemples :

Lorsqu'à la mort de Nicolas Ier, toute sa famille fut appelée pour recevoir ses derniers adieux, le tzar expirant dit à son petit-fils Nicolas, alors âgé de treize ans :

« Regarde bien comment doit mourir un tzar de Russie, et sois toujours, comme lui, ferme et persévérant.

— Je n'oublierai jamais, répliqua le tzarewitch, le nom de *celui* (Napoléon III) *qui vous a conduit au tombeau*, et j'attendrai le jour des représailles ! »

Une autre fois, le prince Paskéwitch, gouverneur de Varsovie, entra dans sa chambre, toute parsemée de jouets d'enfants, de sabres, de petits canons, de soldats en bois, etc. Par mégarde, il mit le pied sur une figure plus grande que les autres, et l'écrasa : c'était l'image du padischah de Turquie, Abdul-Medjid. Tandis que le prince-maréchal, confus de sa maladresse, s'excusait en saluant, le tzarewitch s'écria joyeusement :

« Pourquoi ce sultan en carton n'était-il pas vivant, comme l'autre ! »

Ces deux anecdotes, précieuses à recueillir pour une vie aussi courte, sont rapportées par le *Morgenpost* de Vienne, dans le compte rendu des derniers moments du tzarewitch défunt. Nous savons d'ailleurs qu'elles sont parfaitement conformes aux sentiments de l'entourage du prince.

(*Opinion nationale*.)

CI.

Des frontières de Pologne, 9 mai :

La Russie continue de jouer la comédie de la civilisation, mais en la parodiant de la manière la plus déplorable, au point de faire regretter le règne franchement despotique de Nicolas Ier. Une seule plume, si rapide qu'elle soit, et l'étendue d'un seul journal ne suffiraient pas pour enregistrer tous les actes de violence et d'iniquité qui s'accomplissent soit en Russie, soit en Pologne, jour par jour, à la honte de notre époque, à la confusion de ceux qui croyaient entrevoir dans l'avénement d'Alexandre II la conciliation de deux principes incompatibles : le tzarisme et la liberté. Le premier de ces deux principes, négatif par sa nature, issu du pangermanisme, antinational même en Russie, aura beau entasser ruines sur ruines, tendre à l'extrême ses moyens de vengeance et de compression, il ne parviendra jamais à produire un progrès réel, et ne laissera après lui que désordre et que néant. Ce qui se passe aujourd'hui dans les deux États si bizarrement associés par les traités de 1815 en est la plus éclatante démonstration.

Dans le royaume, la question dite des paysans, infectée du venin communiste de Milioutin, Katkoff et Tcherkaskoï, a détruit la propriété sans le moindre profit pour qui que ce soit, si ce n'est pour les oiseaux de proie qui se partagent les lambeaux du territoire conquis et les derniers débris de sa richesse. Le paysan, se croyant déjà propriétaire, mais ne possédant rien par le fait, refuse le travail et ne peut s'attendre qu'à la misère; l'ancien seigneur déjà réduit à l'indigence, regarde, les bras croisés, ses champs abandonnés sans espoir de récolte, ou, s'il lui reste encore quelques ressources, est forcé de recourir à des cultivateurs étrangers. La classe moyenne, ouvriers et négociants, n'ose se livrer à aucune industrie, aucun commerce, de crainte de voir passer tous ses bénéfices dans les mains des spoliateurs. Tous attendent avec terreur, avec désespoir, le jour le plus prochain qui sera celui de la dévastation complète du pays, de la ruine irrémédiable de ses habitants.

Un seul fait scandaleux, connu de tout Varsovie, donnera la mesure des ignobles machinations auxquelles se livrent les soi-disant réformateurs moskovites. Une organisation occulte de voleurs et de flibustiers s'était formée depuis un an dans toute l'étendue du royaume, ayant pour but d'extorquer des familles polonaises des sommes impossibles, par la promesse de faire mettre en liberté ceux de leurs membres qui se trouvent sous les verrous ou dans l'exil en Sibérie. A la tête de cette organisation, recrutée parmi les fonctionnaires de tout grade, les chefs de police civils ou militaires, étaient les deux frères barons Piper, officiers supérieurs démissionnaires de l'armée russe. Les affiliés de cette bande se faisaient généralement passer pour agents secrets de la commission inquisitoriale, et, tantôt par des menaces, tantôt par des instances simulées d'élargissement des prisonniers, rançonnaient à merci les malheureux qu'ils ne trouvaient que trop accessibles à leurs piéges. Mais comme ils ne faisaient pas toujours la part du lion au comte Berg et au général Trepoff, ils furent arrêtés vers la fin de l'année dernière, au moment où ils emportaient à Saint-Pétersbourg le fruit de leurs spéculations. Un procès s'ensuivit, mais un procès à la manière moskovite, c'est-à-dire où l'on est toujours sûr d'être acquitté, pour peu que l'on partage avec ses juges. Du seul district de Piotrkow, ces industriels sont parvenus à tirer près de vingt mille roubles ; jugez combien de dupes ils ont dû faire dans d'autres localités ! D'ailleurs, on n'a rien rendu, et on ne rendra rien à personne de ses avances aux barons Piper.

Un fait tout semblable a eu lieu en Lithuanie, sous le gouvernement de Mourawieff. A la suite d'une enquête ordonnée par le trésor, le président d'une commission dite de vérification, Lidoff, a voulu se faire sauter la cervelle, dans le bourg de Pluszginy ; un autre membre de cette commission a pris la fuite. On ignore encore toute la portée de cette mystérieuse affaire, dans laquelle Mourawieff lui-même pourrait bien être impliqué. Les spoliés n'ont garde de se plaindre, car toute plainte est déjà considérée comme un acte de révolte, et, comme telle, punie d'une amende de cent roubles et au-dessus.

En Russie, même gaspillage. L'ivrognerie, ouvertement favorisée par le ministère, s'y est développée d'une manière tellement effrayante, qu'on peut affirmer qu'elle fait presque autant de victimes que la peste de Sibérie. D'après les rapports officiels, depuis le décret qui permet à chacun le débit des liqueurs fortes, il meurt, en moyenne, trois mille hommes par mois de plus que par le passé ; mais les revenus de l'empire se sont accrus en proportion. Est-il croyable que le seul impôt de l'eau-de-vie suffit à l'entretien de toute l'armée moskovite et forme la moitié du budget annuel de l'État ? Et pourtant rien n'est plus vrai. Or, l'eau-de-vie que le peuple boit en Russie, fabriquée avec les matières les plus viles, est un poison infaillible ; pour ceux qui en font usage, à côté de la nourriture insuffisante ou malsaine des artisans et des soldats, toute maladie devient nécessairement mortelle. C'est là quelque chose de plus abject, de plus profondément immoral que la guerre que les Anglais ont faite à la Chine, pour la contraindre à lui acheter son opium, à se dépeupler dans l'intérêt de ses finances. Les Anglais tuaient les Chinois pour les forcer à s'empoisonner ; les Russes empoisonnent les Russes pour les exciter à tuer les Polonais.

Cet état de choses explique la rapide extension de la contagion sibérienne, que le tzarisme ne saurait arrêter qu'en renonçant à la source principale de ses revenus. Un instant comprimée par l'hiver, elle vient de se réveiller avec une force nouvelle, et n'est pas sur le point de s'éteindre. Le nombre des malades ne diminue guère à Saint-Pétersbourg ; dans les provinces, des districts entiers ont été ravagés, comme le sont aujourd'hui ceux de la Lithuanie par la hache de Mourawieff. Dans certaines contrées, la famine a partagé son œuvre, comme dans les steppes des Kosaks du Don, ces vautours insatiables que toute armée russe traîne à sa suite, et que leur butin fait en Pologne n'a pu préserver de ses atteintes.

A Simbirsk, l'enquête sur l'incendie de l'année dernière, attribué par MM. Katkoff et Leontieff aux déportés polonais, a produit un résultat inattendu et fâcheux en tous points pour le gouvernement. Le nom de l'incendiaire est le major d'infanterie Benderskoï. Ayant appris qu'un commissaire des guerres devait venir inspecter son bataillon, et craignant d'être traduit devant une cour martiale pour ses nombreux détournements, cet homme n'imagina rien de mieux que de mettre le feu aux magasins de vivres et d'effets militaires, pour anéantir avec eux toute trace de ses fourberies. Le vent porta la flamme sur les bâtiments voisins, et la ville entière fut réduite en cendres. Nos prisonniers portèrent encore la peine de ce crime, et payèrent de leur sang les généreux efforts qu'ils avaient tentés pour la sauver.

Voilà où en est aujourd'hui la Russie, et voilà ce que vaudrait son alliance pour l'Occident.

(*Époque*.)

CII.

Des frontières de Pologne :

Le rappel de Mourawieff, l'exécuteur des hautes œuvres du tzarisme en Lithuanie, est un fait accompli ; ce n'est pas, comme on le disait, le général Potapoff, l'organisateur de la police de Varsovie, mais le général von Kaufmann, directeur au ministère de la guerre, qui est destiné à le remplacer. On a trouvé que les services de l'illustre proconsul de Vilno coûtaient trop cher aux finances et à la bonne renommée de la Russie ; que sa réponse au ministre du trésor : « En temps de guerre, on ne rend pas de comptes des contributions militaires, » était un peu trop cavalière, surtout pour une monarchie despotique. Cet événement, malheureusement trop tardif, était à prévoir depuis l'entrée du grand-duc Constantin au conseil privé ; on peut même espérer que d'autres mesures de ce genre se suivront dans le royaume et dans les provinces ruthènes où les généraux Berg, Trepoff, Bellegarde, Bezac et Mourawieff fils ne cessent de pressurer et de décimer la population polonaise.

Quelle que soit la signification politique de cet événement, auquel la mort du grand-duc héritier du trône n'est peut-être pas tout à fait étrangère, il ne réparera pas les profondes blessures faites à la Lithuanie par ce monstre, animé d'une haine inexorable contre tout ce qui portait un nom polonais. Les gibets de Mackiewicz, de Sierakowski (Dolenga), de Micewicz et d'une foule d'autres ne rendront pas leurs victimes ; les déserts et les mines de Sibérie, peuplés par lui, ne se rouvriront pas pour l'élite et la fleur de la jeunesse lithuanienne, l'espérance brisée de toute une nation et de toute une époque. La marque de sang qu'il lui avait promise au premier jour de son envoi, restera imprimée, indélébile et fatale, au front du tzarisme.

Au bout de deux ans d'un règne presque souverain, Mourawieff, las de meurtres et de massacres, gorgé de richesses extorquées ou arrachées à ses victimes, rentre enfin dans la vie privée, après avoir fait autour de lui le vide et le néant. Un des premiers motifs de sa disgrâce a été son prosélytisme trop ardent pour la conversion forcée des populations au rite orthodoxe. Voilà comment s'y prenait cet apôtre d'une nouvelle espèce : il envoyait des myriades de petites croix grecques en laiton aux habitants des différentes classes, particulièrement aux paysans, pour être portées au cou comme un signe distinctif de la faveur de son maître. Personne n'osait refuser ce dangereux présent, car tous le considéraient comme un talisman protecteur contre les exactions du proconsul et les fureurs de la soldatesque. Un peu plus tard, dans le recensement des citoyens selon la diversité des cultes, tous ceux qui possédaient les susdites croix étaient inscrits sur les listes comme appartenant au culte schismatique ; les récalcitrants étaient enfermés, ou même, en cas de récidive, déportés, c'est-à-dire mis à mort. On conçoit que, même en Russie, une pareille propagande a dû sembler par trop violente, surtout dans un moment où le tzar s'efforce de capter les bonnes grâces de la cour de Rome.

Les anciens palatinats de Vilno, de Minsk, de Mohilew, de Kowno sont entièrement dépeuplés, dévastés, assimilés aux steppes les plus incultes de la Russie asiatique. Le *Courrier de Vilno* constate qu'aucune moisson, et par conséquent aucune semaille n'a été faite l'été dernier. Les blés ont pourri sur pied, et les foins n'ont été coupés que par les paysans. De là, disette et fièvres typhoïdes parmi les habitants, mortalité des bestiaux. Les prix des céréales sont énormes, et menacent d'augmenter encore. En Samogitie, dit la *Gazette de Kowno*, la mendicité s'est développée d'une manière effrayante. Tous les propriétaires spoliés qui ont échappé aux massacres sont forcés de tendre la main ; et, par une circulaire récente, Mourawieff fils, gouverneur de Kowno, ordonne de tenir ces indigents sous la plus stricte surveillance. La police et les sbires, sous prétexte de chercher des insurgés, ne cessent d'envahir les maisons et les chaumières qui sont encore debout, et d'y prendre tout ce qui se trouve à leur convenance. On emprisonne au hasard, sans aucune apparence de culpabilité ; les prisonniers se rachètent, s'ils le peuvent, par des contributions exorbitantes. Un prêtre a été arrêté à Wornié, pour avoir prononcé un sermon sur le dernier jugement ; un autre prêtre, Narwoïsz, a été condamné à mort, après un an de détention, bien qu'il soit rentré dans le pays sur la foi de la parole de Mourawieff qui promettait une grâce pleine et entière à tous ceux qui se rendraient à merci.

Tel est à peine un point isolé de l'horrible tableau de mort et de désolation que présente la Lithuanie, naguère encore une des portions les plus fertiles, les plus productives du territoire polonais ; telle est l'histoire d'un seul jour de cette infernale boucherie qui dure depuis deux ans. L'Asie ne commence plus aux monts Ourals et à la mer Caspienne, comme avant le règne d'Alexandre II ; elle ne s'arrête aujourd'hui qu'aux Karpathes et à l'Oder. Plaise à Dieu et au génie des peuples qu'elle ne franchisse pas cette limite !...

Ajoutons à cette page de deuil une nouvelle navrante pour tous les cœurs polonais : l'abbé Brzozka, le dernier combattant de notre insurrection de 1863, vient de tomber entre les mains des Moskovites. Avec un groupe de quelques hommes, il avait constamment tenu la campagne après la mort ou la défaite de tous les chefs de détachements ; protégé par les paysans qui l'aimaient et le vénéraient comme un père, il était parvenu à se soustraire à toutes les poursuites. Les Russes envoyaient parfois des régiments entiers pour s'emparer de sa personne ; un de ses compagnons, fait prisonnier et soumis à la torture, dit le *Journal de Breslau* du 1er mai, donna quelques indices sur le lieu de sa retraite. Le héros, enveloppé, se défendit vaillamment contre trente soldats russes, et finit par succomber. Le même journal indique le 16 avril comme la date de son dernier combat, le dernier de cette lutte héroïque et néfaste dont l'issue consacre un principe encore nouveau en Europe, celui de l'extermination.

(*Époque*.)

CIII.

L'*Invalide russe* du 5 mai contient le rescrit suivant du tzar Alexandre II au général comte Mourawieff II (*le Pendeur*).

Ce rescrit est daté *de Nice*, 29 avril :

« Comte Michel Nitcolaëwitch !

« Au moment difficile où l'insurrection perfide qui avait éclaté dans le royaume de Pologne s'étendait aux provinces limitrophes, et parvenait déjà à ébranler les principes de l'ordre social et de l'autorité du gouvernement, je vous ai appelé à administrer les provinces du nord-ouest (Lithuanie et Russie blanche).

« Vous avez accepté avec *une abnégation exemplaire* les nouvelles fonctions que je vous confiais *malgré l'état de votre santé* qui m'avait déterminé à accepter votre démission de ministre des domaines et du corps des géomètres.

« *Vous avez complétement justifié mes espérances.*

« L'insurrection a été étouffée, la force de l'autorité relevée, la *tranquillité publique rétablie et assurée par une série de mesures qui ont été appliquées avec l'activité infatigable, la connaissance des conditions locales et l'énergie inébranlable qui vous distinguent.* Vous avez porté votre attention sur toutes les branches de l'administration dans le pays qui vous était confié.

« Vous avez *mis à exécution* et réalisé mon plan de réorganisation de la situation de la grande majorité des paysans, dont l'attitude a montré une fois de plus l'ancienne et indissoluble union des provinces occidentales avec la Russie. Vous avez rétabli dans la conscience publique les saintes traditions séculaires de l'Orthodoxie. Vous avez travaillé à l'amélioration de la position du clergé grec orthodoxe; *vous avez coopéré à la construction et à l'ornementation des églises gréco-russes,* et, par la multiplication des écoles populaires de notre nation, vous avez jeté les bases de l'organisation de l'éducation dans le sens de l'orthodoxie et de la nationalité russes. *Vos actes ont été pleinement appréciés par moi et ils vous ont acquis ces sympathies générales qui vous ont été manifestées tant de fois dans toutes les contrées de notre empire!*

« A mon grand regret, le surcroît de vos occupations a affaibli encore davantage votre santé, et vous avez dû me faire connaître de nouveau l'impossibilité où vous étiez de remplir plus longtemps vos pénibles et difficiles fonctions.

« Me rendant à votre demande, je vous relève avec regret de vos fonctions de gouverneur général des gouvernements du nord-ouest, tout en vous maintenant votre dignité de membre du conseil de l'empire.

« Pour vous manifester *ma reconnaissance* et perpétuer le souvenir de vos mérites vis-à-vis du trône et de la patrie, je vous confère par un oukaze, donné au Sénat dirigeant, la dignité héréditaire de comte de l'empire.

« Je demeure votre *affectionné et sincèrement reconnaissant.*

« Alexandre II. »

(Opinion nationale. — Moniteur universel.)

CIV.

Nous lisons dans la *Cloche* (*Kolokol*) de M. A. Hertzen :

Au nombre des personnes auxquelles l'entrée en Russie est interdite de longue date, se trouve le prince L.-Napoléon, celui qui est aujourd'hui l'empereur Napoléon III. La liste imprimée se trouve à toutes les douanes frontières de la Lithuanie, à Tauroggen, Wirballen, etc. Mais, par courtoisie, sous le nom du prince on a eu soin d'ajouter: « *S'excuser le plus poliment possible.* »

Les journaux suisses annoncent que M. Alexandre Hertzen et le poëte Ogareff, chefs du parti révolutionnaire russe et rédacteurs du *Kolokol*, viennent d'arriver à Genève pour s'y établir. Ils ont loué la campagne appelée La Boissière et y ont fait transporter toute l'imprimerie russe qu'ils avaient établie à Londres. C'est donc à Genève que paraîtra désormais la *Cloche* dont les tintements ont le privilége de réveiller très-désagréablement les hauts fonctionnaires du tzarisme.

Le colonel Edmond Callier, de Posen, un des chefs de l'insurrection polonaise, après avoir résidé pendant quelque temps auprès de sa famille, vient de se constituer prisonnier à Posen. Il a été immédiatement dirigé sur Graudentz pour y subir la sentence de la cour de Berlin, qui le condamne à une année d'emprisonnement

(Opinion nationale.)

CV.

Les Polonais demeurant en Suisse ont adressé au président Johnson une lettre dont voici les principaux passages :

« Citoyen président,

« Les soldats de la liberté, les compatriotes de Kosciuszko et de Pulaski, qui ont scellé de leur sang la cause de l'indépendance américaine, saisissent avec empressement l'occasion qui leur est offerte d'exprimer par votre organe au peuple américain la profonde horreur qu'ils ont ressentie à la nouvelle de la mort d'Abraham Lincoln, votre prédécesseur, le modèle du patriotisme et des vertus civiques, et qui sut donner un rare exemple de générosité et de modération après la victoire.

« Les fils de la Pologne, combattant de génération en génération et souffrant le martyre pour une sainte cause, ne pouvaient rester indifférents devant ce meurtre exécrable, qui trancha les jours d'une des plus nobles individualités de notre époque. Ils sont persuadés que la puissance des États-Unis d'Amérique, délivrée au prix de si grands sacrifices d'une lutte intérieure pèsera de plus en plus sur les destinées des nations et que les faits ne tarderont pas à donner raison à cette croyance.

« Dans cette conviction, les émigrés polonais s'identifient de cœur et d'âme avec le triomphe et le deuil du peuple américain; ils lui adressent leur vœux unanimes pour sa grandeur et sa prospérité, désormais inséparables de l'avenir et de la liberté du monde.

« Zurich, 3 mai 1865. »

(*Suivent les signatures.*)

(*Opinion nationale.*)

CVI.

Nous donnons, d'après l'*Invalide russe*, la substance d'une lettre de Varsovie, relative à l'arrestation de l'héroïque abbé Brzozka, dont nous avons parlé dans une de nos précédentes correspondances.

« L'abbé Stanislas Brzozka, le dernier chef actif de l'insurrection polonaise, vient d'être arrêté dans la nuit du 18 au 19 avril (du 30 avril au 1er mai), et conduit sous escorte à la citadelle de Varsovie. Voici de quelle manière eut lieu cet *heureux* événement, et quels sont les précédents du chef de bande polonais:

« Brzozka, aujourd'hui âgé de trente-trois ans, est né de parents villageois, dans le district de Biala; après avoir fait ses premières études dans une école du district, il se rendit, à dix-sept ans, à l'université de Saint-Vlodimir, à Kïow, et deux ans après, obéissant à sa disposition d'esprit capricieuse et fantasque, il entra au séminaire de Ianow. En 1857, ayant reçu les ordres, il fut nommé vicaire à Sokolow, dans le district de Siedlcé, puis il remplit les mêmes fonctions en 1860 à Lukow, dans le palatinat de Lublin. La dignité et les devoirs du prêtre ne changèrent nullement le caractère aventurier de cet homme, et ne servirent qu'à exalter en lui ce fanatisme passionné, inhérent à tout le clergé catholique en Pologne.

« Dans l'automne de 1862, le comité central avait ordonné à ses agents de former dans le pays une organisation révolutionnaire ecclésiastique, semblable à l'organisation civile; il va sans dire que l'abbé Brzozka en fut un des premiers membres. L'agent délégué de Varsovie réunit dans la ville de Radzimin les prêtres du voisinage et leur lut le manifeste du comité, fondant ses plus grandes espérances sur le clergé.

« Dès l'explosion du soulèvement, l'abbé Brzozka, la croix dans une main et le poignard dans l'autre (c'est le correspondant russe qui le dit), se joignit aux insurgés commandés par Lewandowski; après la dispersion de la bande, il prit part à tous les combats de Krysinski, et se mit à la tête d'un détachement de cavalerie [1].

« Blessé à la jambe, le prêtre-partisan dut renoncer momentanément à la vie des camps; mais aussitôt rétabli, il monta derechef à cheval, forma un détachement des débris de celui de Krysinski et ne cessa de combattre en désespéré. La colonne mobile de Brzozka, composée d'abord de 200 hommes, fut réduite vers la fin de l'année dernière à 9; passant rapidement d'un point à un autre, elle se dispersait dans les bois à l'approche des nôtres, et s'abritait particulièrement dans les villages habités par la petite noblesse. Le prestige de Brzozka, soutenu par des exécutions sommaires, était si puissant que nul châtiment ne pouvait contraindre ses complices à nous révéler le lieu de son séjour. En vain le colonel Zankisoff, avec ses vaillants kosaks réguliers, s'acharnait à la poursuite de sa bande; en vain faisait-il deux ou trois prisonniers, le chef lui-même nous échappait toujours. Vers le 15 (27) du mois dernier, ayant obtenu (par la torture) des indices certains sur la retraite de Brzozka, le chef de gendarmerie de Minsk (près Varsovie) et le chef militaire du district de Stanislawow, accompagnés d'un sergent de gendarmes et de *dix kosaks*, se rendirent au village de Sypitki, district de Siedlcé, et cernèrent la maison du maire de la commune, Xavier Biélinski, où le *bandit* se cachait depuis le mois de février avec son compagnon François Wilczynski.

« Depuis l'évasion (?) de Brzozka, Wilczynski, fils d'un forgeron, âgé de vingt ans, d'une physionomie noble et douce, avait constamment suivi son chef dans toutes ses expéditions. La chambre du maire était partagée par une cloison simulant parfaitement une muraille, et derrière laquelle ces *deux malfaiteurs* ont vécu pendant près de deux mois, ne sortant qu'à la faveur de la nuit.

« Par une étroite ouverture pratiquée au bas de la cloison et masquée par un bahut, et que les deux chefs militaires ont heureusement aperçue, Brzozka se serait encore évadé des mains de la justice. Après un coup sur la cloison qui les avertit du danger, les fugitifs sortirent de leur cachette, firent feu sur nos soldats, et profitant du désordre, se jetèrent dans la cour, sans doute espérant gagner la forêt. Les suivant de près, l'officier kosaque tira sur Brzozka, l'atteignit à la main, et le sergent de gendarmes, avec ses hommes, n'eut pas de peine alors à le faire prisonnier...

« Le signalement de Brzozka n'offre rien de bien remarquable. Sa taille élevée, ses traits fins et brunis, mais éclairés par des yeux noirs d'une singulière expression, ses longs cheveux cendrés encadrant son visage et tordus derrière la tête par *la plique*, maladie commune chez les villageois, lui donnent un aspect général très-désagréable (probablement pour les deux chefs militaires), que rehausse encore un vêtement en pièces, et je ne sais quel air

---

[1]. C'est inexact. Après la mort de Lewandowski, il rejoignit Lelewel (Borelowski) et forma en 1864 un détachement à cheval qu'il commanda glorieusement jusqu'au 26 avril 1865.

d'audace et de férocité... Telle devait être l'apparence du dernier partisan de 1863. »

Tel est le récit de l'*Invalide russe,* dans lequel on n'aura pas de peine à démêler l'admiration et la terreur que doit inspirer à ses bourreaux ce dernier soldat de notre indépendance, martyr d'une cause aujourd'hui reniée par l'Europe, cet exemple immortel pour tous ceux qui, à une autre époque, se feront un devoir de l'imiter.

(*Époque.*)

CVII.

Des frontières de Pologne :

L'*Invalide russe,* tout en nommant Mourawieff le sauveur et l'apôtre de la Russie, avait eu soin de nous annoncer que son rappel ne changerait rien à l'état des choses en Lithuanie. Des exécutions et des pendaisons sont venues confirmer ces prévisions, et rassurer les chefs du parti de l'extermination en Russie. Voici les noms des dernières victimes du tzar Alexandre le Magnanime, dont la lettre de rappel, datée du territoire français, du lit de mort de son fils, a hautement témoigné sa reconnaissance à Mourawieff *le Pendeur* :

« Telesphore Cholewa, propriétaire noble de Cholewszczyzna, gouvernement de Minsk, âgé de vingt-quatre ans, pendu le 30 mars à Borowlany, pour participation à l'insurrection et autres crimes semblables;

« Édouard Charewicz, pendu à la même date par sentence de la cour martiale;

« Michel Laskowski, chef d'un détachement de gendarmes nationaux, accusé d'avoir fait fusiller six émissaires moskovites, pendu le 2 mai à Suraz, son lieu de naissance, district de Bialystok. Pour donner plus d'apparat à son exécution, on avait rassemblé tous les paysans des villages voisins. »

Ces détails nous sont transmis par le journal officiel de Mourawieff, le *Courrier de Vilno.*

C'est ainsi qu'une fois engagé dans cette ornière, le tzar Alexandre ne peut plus s'arrêter jusqu'à ce que son pied glisse dans le sang.

Cependant, au milieu de tous ces gibets et de tous ces supplices, les Russes ne se croient encore bien en sécurité sur l'ancien territoire polonais. Voici quelques extraits d'une lettre adressée de Szawlé en Samogitie, par un de ses affidés, à l'ingénieux Katkoff de Moskou :

« Tout n'est pas encore fini, et les Polonais ne cessent de s'agiter en Samogitie. Les plus modérés songent à la reconstruction de la Pologne dans ses anciennes frontières, tout comme il y a trois ans, et comptent sur la coopération des sociétés secrètes à l'étranger. Chose digne d'attention, les Allemands de ce pays semblent vouloir faire cause commune avec les Polonais !

« Les bandes, en se dispersant, ont laissé beaucoup de vagabonds, que nous ne pouvons atteindre, malgré tous nos efforts, les seigneurs et les prêtres s'étant donné le mot pour nous cacher leur présence. Ce ne peuvent être des insurgés, disent-ils; le pays est inondé de vos troupes! La propagation de la langue moskovite fait à Szawlé peu de progrès; tous les habitants, y compris les Russes eux-mêmes parlent généralement le polonais. Quant à nos concitoyennes (les dames russes), elles vont de préférence aux églises polonaises, avec des livres de prières polonais, et comptent le carême à partir du mercredi saint, selon la coutume polonaise.

« La prépondérance de cette langue se fait surtout sentir dans le chef-lieu ; dans les campagnes, nos soldats donnent des leçons de russe aux paysans samogitiens. On conçoit qu'ils sont parfaitement écoutés de leurs élèves. Ceux-ci avaient une aversion instinctive pour l'*homme russe* et sa langue jusqu'à l'insurrection de 1863 ; aujourd'hui, grâce à l'oukaze du 19 février (2 mars) et au caractère sociable de nos soldats, ils semblent prendre l'un et l'autre en grande affection. Témoin le temple orthodoxe à Szawlé, construit des matériaux *gratuitement et volontairement* apportés par ces enragés catholiques, etc. »

Cette lettre prouve une fois de plus la perpétuité de l'élément polonais en Samogitie, élément attractif, qui fait des prosélytes jusque dans les rangs de ses bourreaux. Nous mettons au défi l'inventif rédacteur des *Nouvelles de Moskou* de nous citer un seul exemple pareil en faveur de l'élément moskovite. Il ne parvient à rallier à lui que quelques renégats titrés, désireux de conserver ou d'accroître leur fortune ; mais le peuple polonais ne se laissera jamais convertir à la foi de l'*homme russe,* foi de meurtre et de brigandage, avec le tzar pour dieu et le gibet pour crucifix, ni à la langue de l'*homme russe,* dans laquelle manquent absolument les trois expressions européennes : « Honneur, Patrie et Liberté. »

(*Époque.*)

CVIII.

Des frontières de Pologne :

La démission de Mourawieff devait nécessairement entraîner celle de ses deux compères dans la presse moskovite : les rédacteurs en chef des *Nouvelles de Moskou* et de l'*Invalide russe.* Le premier, M. Katkoff, vient d'être l'objet d'une ovation publique de ses concitoyens ; la noblesse russe a ouvert une souscription pour lui offrir cent mille roubles (330,000 fr.), en récompense des éminents services rendus à la cause du tzarisme. Ce présent doit être accompagné d'un encrier d'honneur en argent (pourquoi pas en or?), dont la désignation moskovite, *czernilica* (vase à noircir), indique suffisamment le mode de son emploi. Le second, le colonel Romanoffsky, a été remplacé dans la rédaction de l'*Invalide* par le colonel Chikoff. Dans ce singulier pays, unique au monde pour l'absurde et le contre-sens, taillé à coups de hache par Pierre Ier en État européen, ce sont les colonels qui rédigent les journaux, et ce sont les hommes de lettres (quels hommes de lettres, grand Dieu!) qui dirigent les opérations militaires. Du reste, dans l'ordre hiérarchique des quatorze classes officielles, tout fonctionnaire civil est apte à porter l'épaulette et réciproquement; le cocher de l'empereur a grade de colonel, tout comme MM. Chikoff et Romanoffsky.

Le successeur de Mourawieff au gouvernement de Vilno, le général aide de camp von Kaufmann, avait été commandant de la neuvième division de l'armée active. Détesté par les officiers et les soldats pour ses manières brutales et ses habitudes de violence, il a été rappelé au ministère de la guerre, où il occupait le poste de chef de la première chancellerie jusqu'au jour de sa nomination. Ces précédents, il faut l'avouer, sont peu rassurants pour l'avenir de la Lithuanie. De même que son prédécesseur, il est revêtu d'un pouvoir sans limites et sans contrôle, les généraux Chrustcheff et Potapoff, adjoints au sanglant gouverneur de Vilno, ayant été démissionnés pour l'excessive mansuétude de leur caractère.

Le premier acte du général von Kaufmann a été la suppression du théâtre polonais de Vilno. Le directeur moskovite, Wasilieff, outre la subvention de 3,000 roubles prise sur les fonds confisqués aux Polonais, a reçu une gratification d'une somme pareille, à charge pour lui de ne plus jouer que des pièces du répertoire national (lisez moskovite). Ses appointements comme artiste et ceux de sa femme montent déjà au double de cette somme. Les artistes polonais faisant partie de sa troupe sont forcés d'apprendre le russe, sous peine d'être congédiés, et le *Courrier de Vilno* fait la judicieuse remarque que la prononciation et l'accent de plusieurs entre eux laissent beaucoup à désirer. Il en est de même des théâtres de Minsk, Kowno et Grodno, qui sont l'objet d'une égale sollicitude de la part du général von Kaufmann.

La *Poste du Nord* nous apprend que la mortalité s'est accrue à Saint-Pétersbourg, dans le courant du mois d'avril, à cause du dégel et de l'affluence des ouvriers habituelle à cette époque. Un décès sur sept cas de typhus et sur onze cas de fièvre contagieuse (peste de Sibérie), tel est le chiffre officiel.

D'après le *Courrier d'Odessa,* le décret ordonnant l'expulsion de tous les israélites du gouvernement de Charkoff vient d'être mis en vigueur. Cette province, de même que toute la petite Russie, appartenait autrefois à la Pologne ; or, les juifs, accueillis depuis plus de six siècles, se multiplient aussi loin que s'étendaient les anciennes frontières de la république. Totalement exclus de l'empire moskovite, ils seront réduits à la plus affreuse misère, et n'auront d'autre asile qu'en Turquie, où ils rejoindront les tribus circassiennes exilées en masse de leur pays natal.

D'un autre côté la petite ville de Rydzyn, dans le grand-duché de Posen, élève à ses frais un temple israélite des offrandes recueillies chez tous les habitants. La commune juive s'est adressée au prince Sulkowski pour en obtenir les bois et les matériaux. Celui-ci, non content de les fournir gratuitement aux demandeurs, assista en personne avec sa famille à la pose de la première pierre, le 26 avril dernier. Le *Journal de Posen,* qui relate ce fait, nous donne l'occasion d'exprimer toutes nos sympathies pour cet acte de fraternité si bien en harmonie avec les traditions séculaires de nos aïeux, bien que trop souvent payées d'ingratitude.

(*Époque.*)

CIX.

LES HOMMES D'ÉTAT DE LA SAINTE ALLIANCE.

IV

LE MARQUIS ALEXANDRE GONZAGA-WIELOPOLSKI.

Le titre d'abord est étranger à la Pologne, comme celui qui le porte est étranger à ses instincts et à ses aspirations.

Le comte Alexandre Wielopolski (marquis de Gonzaga-Myszkowski par alliance, héritier du majorat de ce nom) n'est pas un traître, comme trop de nombreuses bévues politiques ont pu le faire supposer ; ce n'est qu'un sot orgueilleux. Gravement infatué de son illustration nobiliaire, autant au moins que de son renom de capacité, il jouit de l'une et de l'autre à un titre à peu près équivalent; mais la première n'est pas de notre domaine, c'est de ses faits et gestes personnels que nous avons surtout à nous occuper.

Rien n'est plus dangereux pour un peuple qu'une ambition individuelle, puisée dans une source étrangère à ses intérêts. Si elle réussit, elle le fait dévier de sa route et lui imprime un caractère qui n'est pas le sien ; si elle échoue, son insuccès entraîne d'irréparables désastres. Tel fut le sort de la Pologne sous l'administration transitoire du marquis Wielopolski. Né à l'époque des luttes suprêmes et des martyres incessants, cet homme tout personnel, haineux et vindicatif, qui, par cela même, aurait dû être à jamais écarté des fonctions publiques, a retardé de toute la durée de sa pernicieuse influence le jour de la régénération politique et sociale de la Pologne.

Le tzar Alexandre l'avait admis dans ses conseils, parce qu'il pressentait que cette intelligence obtuse, atteinte d'un orgueil incurable, lui servirait d'instrument dans son œuvre de destruction, préméditée à l'avance avec ses deux affidés intimes, le prince Gortschakoff et M. Bismark, publiquement annoncée dans ses deux discours de joyeux avènement à Varsovie, le 23 et le 25 mai 1856. Faisant le mal sans le vouloir et parfois sans le savoir, le marquis a rendu à la Russie le plus grand service qu'un homme puisse rendre à un État, aux dépens de son peuple, bien entendu.

Un orage grondait sur elle; une révolution immense, amenée par la loi mal digérée de l'émancipation des serfs, allait éclater sur tous les points de l'empire moskovite. L'insurrection polonaise de 1863, provoquée par les rancuneuses menées du marquis, est venue fort à point pour aider la Russie à résoudre ses difficultés intérieures, à transporter dans une lutte nationale à l'extérieur l'agitation croissante et terrible qui menaçait de la dévorer. Nous ne concevons pas qu'à la suite d'un pareil bienfait, rendu spontanément, ou peut-être, ce qui revient au même, contre son gré, au plus cruel ennemi de la Pologne, au tzarisme, l'illustre marquis ait pu devenir l'objet d'une disgrâce.

Comment se fait-il que le *Sauveur de la Russie,* comme l'appellent ses compatriotes, l'homme de la proscription du 17 janvier 1863, soit aujourd'hui le plastron de toutes les railleries et l'objet de tous les dédains des hommes d'État allemands et moskovites? Assurément c'est, de leur part, au moins une ingratitude. Détesté dans son pays pour son esprit de chicane et ses tendances ouvertement panslavistes, recherchant et bravant l'impopularité, mais voulant à toute force laisser un nom historique pour en imposer à ses rivaux, il lui fallait absolument son coup d'État; nous savons comment il y a réussi.

Le malheur des temps a voulu qu'il fût le seul lien possible entre la Pologne réclamant enfin ses droits, après trente ans d'intolérable oppression, et la Russie s'obstinant à les lui contester, voulant s'armer de sa résistance même pour lui porter le coup fatal. Cette position intermédiaire, il la devait surtout à sa fameuse *Lettre d'un gentilhomme au prince de Metternich,* publiée en 1846, au lendemain des massacres de Gallicie. A part l'indignation très-légitime qui devait s'emparer de tout Polonais, noble ou roturier, à la vue de ces boucheries fomentées, ordonnées et récompensées par l'Autriche, nous voyons déjà dans cette lettre une tendance très-prononcée vers les opinions condamnables que le marquis a tenté de faire prévaloir en 1861 et 1862. Nous y lisons par exemple ce qui suit :

« La noblesse polonaise préférera sans doute marcher avec les Russes à la tête de la *civilisation* slave, jeune, vigoureuse et pleine d'avenir, que de se traîner coudoyée, méprisée, haïe, injuriée, à la queue de votre civilisation décrépite, tracassière et présomptueuse. En compensation de tout ce que nous apporterions à la Russie, elle fournirait à notre race une vaste carrière de travail social, d'intérêts positifs et majeurs, qui rempliraient le vide désespérant de notre situation actuelle (p. 43). »

Et plus loin, s'adressant à l'empereur de Russie :

« Nous venons nous remettre à vous, comme *au plus généreux* de nos ennemis!... Unissant désormais nos destinées à celles de votre empire, nous nous donnons à vous en hommes libres, qui ont le courage de se reconnaître vaincus; nous le faisons de notre propre volonté, sans démonstration et sans calcul, de cœur et de conviction. Vous devenez aujourd'hui pour nous, comme vous l'étiez déjà malgré nous, notre souverain par la grâce de ce Dieu au jugement duquel, manifesté dans les destinées de notre peuple, *nous nous soumettons...* (p. 44). »

En voilà assez pour juger le genre de patriotisme du marquis, dont cette lettre fut pourtant la seule et unique explosion durant toute sa carrière politique. Esprit étroit et faux, à qui même un crime de lèse-nation commis par l'Autriche n'arrachait qu'un cri de servitude et de soumission! Depuis cette époque, le marquis n'a pas cessé de réclamer pour ses compatriotes la protection du tzarisme, et d'ambitionner pour lui-même la dignité de sujet russe. Des procès nombreux, entachés d'une injustice patente, mais couverts d'une ombre de légalité qu'il gagna contre les créanciers du majorat Myszkowski, ont en même temps grandi démesurément sa fortune et porté le dernier coup à sa popularité.

Se voyant haï, abandonné, séparé de ses compatriotes, réduit à l'impuissance, lui, fiévreusement ambitieux, il entreprit d'humilier à son tour ses ennemis, en se mettant au service du gouvernement moskovite, non par intérêt, non par apostasie, mais par un sentiment de personnalité profondément ulcérée. C'est dans cet ordre d'idées qu'il faut chercher l'interprétation de la plupart de ses actes.

Deux circonstances contribuèrent à l'engager dans cette voie fatale; ce fut en premier lieu son antagonisme ardent contre le chef du parti national, le comte André Zamoyski, président de la Société agricole du royaume et l'un des patriotes les plus estimés pour la droiture de son caractère; en second lieu, l'affaire de la succession Swidzinski. Nommé légataire universel d'une fortune considérable, à charge pour lui de tenir à la disposition du public la vaste bibliothèque du testateur, il fit tous ses efforts pour éluder ses engagements et publia dans le *Czas,* de Krakovie, une lettre de tous points malheureuse, où il se plaignait entre autres de ce que les exigences du procès qu'il avait à soutenir contre les successeurs de Constantin Swidzinski avaient forcé son fils Sigismond d'interrompre sa carrière militaire. Le marquis l'avait poussé dans l'armée moskovite, à une époque où aucune famille polonaise n'avait osé le faire.

Cette lettre malséante, où il arborait de nouveau ses sympathies pour le tzarisme et son dédain pour la démocratie, souleva une clameur générale. Le marquis y répondit en proposant de signer une adresse au tzar, où il bornait ses revendications de la Pologne à l'autonomie du royaume, emportant virtuellement l'abdication des provinces incorporées. Sa proposition, anticipée sur Mourawieff, eut pour corollaire le refus du comité de la Société agricole de l'admettre dans son sein. Peu après, la Société fut dissoute et dispersée par les baïonnettes russes.

Mais il fallait à la dureté inqualifiable de son orgueil encore une autre revanche. Pour tirer vengeance de la démocratie militante qui avait dirigé contre lui deux attentats, il imagina l'oukaze de proscription, déguisé sous le nom euphémique de recrutement, et qui devait enlever à la Pologne, dans la nuit du 17 au 18 janvier 1863, la fleur de sa jeunesse intelligente et laborieuse. Bien plus, il eut la cruauté d'insulter aux victimes de ce guet-apens, par un article du *Dziennik* de Varsovie, où il les félicitait d'avoir mis tant d'empressement à se ranger sous les drapeaux de la sainte Russie.

C'en était trop pour ces pauvres martyrs; et l'exaspération publique, portée à son comble, se traduisit par une prise d'armes désespérée. A M. Wielopolski appartient donc la responsabilité de la catastrophe qui a amené une effusion de sang inouïe, et des malheurs qui ont frappé la Pologne; car sans cette mesure de vengeance et de haine, ou le parti du mouvement n'eût pas rallié à lui le gros du pays, et l'insurrection n'aurait pas éclaté, ou bien elle eût été ajournée à une échéance plus opportune, à un soulèvement inévitable et prochain dans l'intérieur de la Russie, qui lui aurait assuré gain de cause. Une fois la lutte engagée, le marquis n'avait plus à reculer; sa tâche devenait identique avec celle de MM. Bismark et Gortschakoff.

Son soin principal fut dès lors de découvrir les membres du gouvernement national, pour donner le coup de grâce à l'insurrection, qui devait, disait-on, être comprimée dans l'espace de quelques semaines. Malgré ses recherches, elle a duré deux ans et quatre mois. Une fois, dans un accès de colère, il s'écria devant le conseil d'État : « Je découvrirai ce gouvernement occulte sous les cadavres des derniers insurgés ! » Ce trait achève la peinture de son caractère.

La médiocrité de cette intelligence, obscurcie par un népotisme outré, par un orgueil qui touchait à la démence, est affirmée aujourd'hui par la position que lui ont faite ses actes mal inspirés; disgracié par le tzar et réprouvé par ses compatriotes, il est l'objet de la désaffection universelle. Pour faire de lui un homme utile à son pays, il ne lui eût fallu que plus de cœur, une part plus grande d'abnégation, d'humanité et d'amour désintéressé de la patrie; mais comme tous les ambitieux manqués, il a mis l'assouvissement de ses passions égoïstes au-dessus de son devoir de Polonais.

Quelques-uns prétendent qu'il aurait voulu jouer le rôle de Konrad Wallenrod dans le poëme de l'illustre Mickiewicz; mais il nous semble bien plus équitable de lui appliquer le mot de Tacite : *Omnia serviliter pro dominatione*. A-t-il servi le tzarisme, comme il en avait indubitablement la pensée, ou bien a-t-il servi l'expansion de la prochaine insurrection de Pologne? c'est ce que l'avenir se chargera tôt ou tard de nous apprendre.

Aujourd'hui, nous dit-on, le marquis, en regardant avec effroi son passé, avoue qu'il a été la dupe de la Russie. L'aveu vient un peu tard, après la perte d'un demi-million d'hommes dans son pays, après l'incendie et le pillage de la plupart des villes, la ruine du commerce, le désespoir et le deuil dans toutes les familles polonaises. Cependant, il est bon de le consigner, comme exemple pour tous les réformateurs sans mission, qui voudraient entreprendre après lui la tâche absurde de concilier deux principes diamétralement opposés; et nous voulons bien, par longanimité, lui offrir la chance d'une réhabilitation.

Qu'il se rallie franchement et sans réserve au parti national, qui veut l'indépendance de la Pologne dans ses frontières de 1772; qu'il abjure ses sympathies moskovites et se déclare ouvertement l'adversaire du tzarisme, ce vampire des peuples slaves; qu'il reprenne, s'il en est encore capable, les grandes traditions des vrais apôtres de la liberté polonaise, Thadée Czacki, Ignace Potocki, Hugues Kollontay et Thadée Kosciusko; qu'il dévoue à cette œuvre glorieuse sa fortune et sa vie et fasse entendre à l'Europe une parole de regret : alors, mais alors seulement, nous effacerons volontiers la tache ignominieuse imprimée sur son passé, en considération de son avenir. Mais nous en sommes trop certain : l'ineptie et l'entêtement, les deux mauvais génies du marquis, fermeront la route au repentir, et finiront sa carrière politique dans le mépris.

(*Opinion nationale*.)

CX.

La *Gazette nationale* de Léopol contient une lettre très-intéressante écrite par un Polonais de Monastir, en Turquie, et dont voici les principaux passages :

« Me voici depuis deux jours à Monastir (Bitolia), autrefois la capitale macédonienne, aujourd'hui habitée par 20,000 hommes de tout pays et de toute croyance, Bulgares, Turks, Grecs, et je ne sais combien d'autres. Un mélange à faire frémir. Il y a un consul anglais, autrichien, russe, grec, italien et français. Tout alentour, des montagnes à pic couvertes de neige une grande partie de l'année; au milieu une terre désolée, infertile, sauvage, peuplée d'êtres humains aussi sauvages qu'elle-même, ne sentant aucun besoin de communiquer avec leurs voisins immédiats, et encore moins avec le reste de l'humanité. Aussi tous les chemins sont impraticables; on ne voyage qu'à cheval ou à dos de mulet, au risque de se casser le cou en plein jour. On dit bien que le gouvernement turk projette un chemin de fer de Salonique à Monastir, mais ce n'est encore qu'un projet.

« Il vient d'arriver 80 des nôtres, dans l'intention de prendre du service dans les troupes étrangères à la solde turque, ou pour mieux dire dans les régiments polonais. Ces régiments sont les kosaks-ottomans, en garnison à Monastir, et les dragons, stationnant à Perlep, à sept heures de marche. Tous deux sont placés sous le commandement du général Czaykowski (Sadyk-pacha), résidant à Constantinople, auprès du sultan, avec une suite nombreuse, de même que le général Koscielski (Sepherpacha), administrateur de l'Émigration polonaise en Turquie et directeur des haras.

« Le régiment kosaque se compose de six escadrons, de 120 hommes chacun; le régiment des dragons n'a que trois escadrons, de 150 à 180 hommes. Tous deux sont incomplets et se recrutent de nos volontaires. Le regrettable colonel Kirkor, chef du premier, mort le 18 mars, est remplacé par le lieutenant-colonel des dragons Gosciminski. Parmi les majors, je trouve les noms de Lançkoronski, Dwernicki, Kotwicz; parmi les capitaines, Jablonowski, Kanelli, Zabora, Laskowski, Brodowski, Sztefy. Les autres grades sont occupés par Skowronski, Teodorowicz, Smolinski, Brodowicz, Kolodzieiczyk.

« La paye est assez haute, car un major touche 1,500 piastres par mois, sans compter les vivres, et le soldat reçoit 34 piastres, outre le ménage et l'habillement. De même chez les dragons. Pour être payé régulièrement, c'est une autre affaire. Les majors du régiment des dragons sont Frenezy, remplissant les fonctions de colonel; le Tatar polonais Mucha, Koszutski, Monasterski. Les autres officiers sont Zabawa, Gerleç, Rotter, Koniarski, Idzinski, Terlecki, Luczynski, Glowinski, le Serbe Dragutin, Labencki, etc. Dans ces deux régiments, le commandement et le langage sont polonais. Un escadron doit être ajouté au premier, trois escadrons au second, pour les mettre au complet. Dans quelques jours, dit-on, ils doivent se rendre à Constantinople pour y tenir garnison auprès de Sa Hautesse.

« A la vue de ces vaillants frères d'armes, j'ai cru me retrouver dans la patrie; et comme j'espère bien encore pouvoir lui dévouer ma vie et mon sang, je n'ai d'autre désir que de faire route avec eux et de servir sous leurs drapeaux, qui sont ceux de l'aigle blanc de Pologne et du cavalier de Lithuanie... »

Voilà donc un noyau de force militaire tout organisé, et que l'on pourrait jeter dans la balance de notre affranchissement, dans le cas d'un conflit probable entre la Russie et notre ancienne alliée, la Porte-ottomane.

(*Époque*.)

CXI.

De Constantinople, 17 mai.

Les nouvelles que l'on a reçues de Serbie ne manquent pas d'intérêt dans les circonstances où nous nous trouvons. Elles confirment les appréhensions que ressentent tous ceux qui suivent avec intérêt la phase que traverse aujourd'hui l'empire ottoman.

L'empereur de Russie vient de décorer M. Garatchanin, ministre des affaires étrangères du prince Michel, M. Stefzio et plusieurs autres personnages influents à Belgrade. Si l'on se rend compte des dispositions belliqueuses manifestées depuis quelque temps par les Serbes à l'égard de la Porte, et des excitations de la Russie pour provoquer une nouvelle guerre entre la principauté de Serbie et l'empire ottoman, on ne sera pas surpris en apprenant la faveur dont le ministre serbe a été l'objet de la part du gouvernement de Saint-Pétersbourg. Elle était, dans tous les cas, bien méritée. Les journaux de Belgrade et la presse autrichienne qui s'intéresse particulièrement aux événements qui se préparent en Orient, parlent déjà ouvertement d'une grande guerre qui éclaterait entre la Turquie et la Serbie, grâce aux intrigues des agents du panslavisme.

Les manifestations qui se préparent à Belgrade et le langage des journaux serbes suffisent pour ne plus laisser aucun doute sur les dispositions agressives de cette principauté, qui se repentira amèrement, et ce jour-là n'est peut-être pas bien éloigné, de l'aveugle confiance qu'elle accorde aux promesses de la Russie.

Ces menées s'étendent, d'ailleurs, à toute la Bosnie et au Monténégro, qui forme avec la Serbie les deux satellites de la puissance moskovite en Orient. La *Correspondance générale* nous annonçait tout récemment encore que le consul russe, résidant à Raguse, mais qui est nommé pour le Monténégro, apportait, d'un voyage à Saint-Pétersbourg, la nouvelle que la Russie accorderait au prince Nicolas une subvention de 40,000 roubles. Ces faits n'ont besoin d'aucun commentaire.

Le rôle de l'Autriche, dans toutes ces tristes affaires, est curieux à observer. Désespérant de conserver longtemps encore la Vénétie, elle s'allie à la Russie en Orient et fait tous ses efforts pour se rapprocher des principautés du Danube, afin d'y acquérir une influence qu'elle saura tourner à son profit le jour où elle aura réussi, de concert avec sa puissante alliée, à provoquer une conflagration générale dans la Turquie d'Asie. Elle semble lui dire : à toi l'Asie, mais à moi les provinces européennes de l'empire ottoman. C'est ainsi que l'Autriche favorise de tous ses efforts l'émigration des Bosniaques en Serbie, émigration à laquelle un nouveau décret du gouvernement serbe vient de fournir toutes les facilités imaginables. On assure que l'émigration va toujours croissant, par l'appât des franchises qui lui sont offertes par la Serbie. Naturellement, la Porte obvie à ce dépeuplement dangereux comme elle peut. Elle envoie dans ces provinces les Circassiens, qui recommencent à immigrer sur le sol hospitalier de la Turquie.

Il va sans dire que les correspondances répandues par toutes les parties intéressées, ont soin d'attribuer le mouvement aux exactions des autorités turques. Les émigrants ne sont pas toujours très-satisfaits de leurs nouveaux maîtres, malgré l'exonération de toute contribution, les terres, les instruments de culture, et même les sommes d'argent qui sont mises à leur disposition. Mais ils sont compromis devant les autorités turques, et, parlant, ne peuvent ni n'osent plus retourner en arrière. C'est tout ce que demande le gouvernement serbe, qui ne songe qu'à fortifier l'élément slave dans la principauté.

L'Autriche, de son côté, voit d'un bon œil la diminution de cet élément orthodoxe dans la Bosnie et l'Herzégovine, où elle se pose en protectrice de la religion catholique; dès lors tout va pour le mieux en Turquie et en Serbie au gré de l'empereur d'Autriche, comme de l'empereur de Russie.

Ainsi toute la Turquie d'Asie et du Danube à l'Adriatique, est un vaste champ d'opérations où la Russie et l'Autriche travaillent en toute liberté à fomenter le mécontentement parmi les populations chrétiennes contre les autorités locales et à raffermir par tous les moyens leur influence. Ce sont la Russie et l'Autriche qui exercent dans cette partie de l'Orient le rôle de protecteurs des peuples opprimés; et l'Europe occidentale semble assister avec une parfaite indifférence à cette épouvantable comédie qui ne peut se dénouer, en effet, qu'aux dépens des intérêts les plus chers de la civilisation. Le jour où ces deux puissances auront assis définitivement leur domination ou tout au moins leur influence définitive, on pourra bien dire: *finis Europæ!* Heureusement nous n'en sommes pas encore là. Monseigneur Schtrozmayer, évêque de Croatie et le chef reconnu de la propagande panslaviste, est attendu prochainement à Belgrade, avec des bénédictions, des croix orthodoxes et des subsides.

(*Opinion nationale.*)

CXII.

Juin 1865.

Des frontières de Pologne:

On nous transmet des détails sur la pendaison de l'abbé Stanislas Brzozka et de son fidèle compagnon d'armes François Wilczynski. L'arrêt barbare qui frappe, nous n'hésitons pas à le dire, la plus généreuse individualité de la Pologne insurgée, son dernier apôtre militant, a été exécuté le 23 mai, à Sokolow, en Podlaquie. Les circonstances de son arrestation ont été sommairement racontées dans une de nos précédentes correspondances; nous y ajouterons que c'est au chef militaire du district de Stanislawow, major von Kremer, et au capitaine des gendarmes de Minsk Czygirin que revient l'honneur de cette glorieuse capture.

Un rigide interrogatoire, subi par mademoiselle A. K..., qui l'avait suivi dans plusieurs expéditions, révéla aux deux limiers moskovites le lieu de retraite de l'abbé Brzozka, chez le paysan Biélinski, maire de la commune de Sypitki. Ce n'est que lorsque le capitaine Czygirin, ayant fait cerner la chaumière, essaya d'y mettre le feu, que Brzozka sortit de sa cachette, et, secondé par Wilczynski, qui lui chargeait ses armes, se défendit en désespéré jusqu'au moment où il fut blessé lui-même à la main droite d'un coup de pistolet tiré par le sous-officier des gendarmes.

Le *Dziennik* de Varsovie donne la teneur de la sentence portée par la cour martiale contre les deux héros, énumérant tous les faits que nous avons rapportés, et concluant à la peine de mort par le gibet.

Voici maintenant un exemple des traitements inhumains que la Prusse fait subir à ses victimes, les condamnés du fameux procès de Berlin. Le brave colonel Edmond Callier, malgré la caution qu'il avait fournie et sa promesse de se rendre en prison au jour désigné, a été arrêté en pleine rue à Posen et conduit à la citadelle. Sa digne mère n'apprit cette arrestation que deux jours après, par un commissaire de police, qui lui intima l'ordre de livrer les effets de son fils, devant être enfermé dans la prison de Graudentz. En vain elle essaya de fléchir le préfet de police Bœrensprung, et d'en obtenir au moins la faveur de pouvoir embrasser son fils au moment d'une séparation peut-être éternelle; ce misérable, maintenu à son poste malgré ses nombreux méfaits et ses faux témoignages, animé d'une haine implacable contre tous les Polonais du grand-duché, renvoya par deux fois la mère éplorée de son cabinet et lui défendit l'accès de la prison.

Ce fait n'a pas besoin de commentaires; et de nouvelles extraditions de prisonniers de la Prusse à la Russie sont sur le point de s'accomplir.

Le rappel de Mourawieff et d'Anienkoff devait entraîner celui de Berg, mais par un motif tout différent; le lieutenant général du royaume, contre lequel le chef de police Trepoff ne cessait d'agiter à Saint-Pétersbourg, a été trouvé trop clément et remplacé par l'ancien démagogue, aujourd'hui le réformateur Milioutin. Dès le 22 mai il a quitté Varsovie, en annonçant dans le *Dziennik* une absence de trois jours, mais qui pourrait bien se prolonger indéfiniment. Son successeur éventuel s'est déjà rendu à son poste, en compagnie des conseillers intimes Warrand et Hilferding, deux émissaires jurés du parti de l'extermination à Saint-Pétersbourg. Chaque voyage de Milioutin en Pologne a été pour elle l'annonce de nouveaux désastres. Voilà comment le tzar Alexandre a profité de l'avertissement qui semble lui avoir été donné d'en haut par la mort du tzarewitch Nicolas, le chef présumé de sa dynastie.

(*Époque.*)

CXIII.

Nous transcrivons d'un journal suisse le passage suivant, remarquable autant pour la généreuse pensée qui l'inspire que par l'énergie de l'expression:

« L'autre jour, un jeune homme de vingt ans était étendu sur un lit de douleur; à son chevet, sa mère éplorée veillait et priait avec angoisse ; un père, une fiancée, une famille désolée avaient franchi l'espace, traversé l'orbite de l'Europe, pour apporter à l'être aimé, à l'héritier du plus vaste empire de la terre, un dernier témoignage de dévouement et de tendresse.

« En effet, rien n'avait été épargné ; et, cependant, tout fût inutile !

« Le jeune homme, objet de tant de soins et d'espérances, mourut. Était-ce la maladie qui l'avait tué? Non, ce fut le dernier écrit de son père, sa lettre de louanges et de gratitude adressée au bourreau de la Pologne.

« *Je saurai sévir et je sévirai!* » disait jadis le tzar Alexandre II au peuple héroïque de Varsovie: « *Tu mourras avant de régner!* » répondit Dieu au tzarewitch, son fils.

« Est-il possible de concevoir un pareil écrit, en face d'un enfant bien-aimé qui va mourir ? Un ordre de clémence l'eût peut-être sauvé ; l'occasion était belle, et l'Europe étonnée aurait applaudi à ce premier acte de justice et de réparation, signé sur un cercueil. Comment, votre cœur saigne, et vous ne pensez pas aux cœurs des autres ? Vous souffrez et vous oubliez, non ! vous commandez la souffrance des autres ? La mère du moribond est là, devant vous, et vous ne songez pas aux mères de tant de proscrits, de déportés, de suppliciés... Ah! vous êtes sans pitié pour la Pologne martyre ; et Dieu, que vous invoquez, n'aura pas pitié de vous, il vous frappera encore !

« Si votre cœur est tellement endolori qu'il ne perçoive aucune plainte ; si des écrivains, chèrement achetés avec l'or des victimes, vendent le sang d'un peuple, ne les croyez pas ! Celui qui vend du sang pour de l'or est un maudit. Croyez plutôt à l'humanité, croyez à la souffrance, au désespoir de ce peuple entier qui vous crie justice, étendu sur son lit d'agonie comme ce fils bien-aimé qui meurt entre vos bras...

« Ah ! si vous ne la lui faites pas, Dieu vous la fera, sans aucun doute, il vous frappera encore !... »

(*L'Aigle blanc.*)

CXIV.

Le gouvernement américain a répondu en ces termes à l'adresse des Polonais demeurant en Suisse, du 3 mai dernier, au sujet de l'assassinat du président Lincoln :

« Citoyens,

« Le soussigné, ministre résidant des États-Unis auprès de la confédération helvétique, s'empresse de vous informer qu'il a reçu avec reconnaissance l'éloquente adresse de condoléance et de sympathie qui lui a été présentée par les associations de secours fraternels des Polonais de Zurich, Saint-Gall et Genève, concernant le meurtre du président Lincoln, cet événement sinistre qui a privé le pays d'un grand citoyen, la cause de la liberté d'un vaillant défenseur.

« Lorsque tous les États de l'Europe portent leur tribut d'admiration et de respect à la mémoire de cet homme illustre et vertueux, dont la perte a surtout frappé les États-Unis d'Amérique, la Pologne aussi ne pouvait garder le silence, bien qu'elle ne puisse faire entendre sa voix que par ses fils émigrés.

« En transmettant cette adresse au gouvernement de Washington, le soussigné profite de l'occasion pour remercier tous ceux qui l'ont couverte de leurs noms, pour les nobles sentiments qu'ils ont exprimés à l'égard du peuple et du gouvernement des États-Unis, et leur certifier que ces sentiments seront accueillis par eux avec une égale reconnaissance.

« Je suis, avec une sincère sympathie pour la cause et les malheurs de la nation polonaise, etc.

« Georges G. Fugg. »

(*Opinion nationale.*)

CXV.

Des frontières de Pologne :

Après la destruction de l'élément polonais en Lithuanie et l'expulsion des tribus circassiennes du Kaukase, devait naturellement venir le tour des anciens maîtres de la Moskovie, les Tatars, désirant se soustraire par l'émigration aux bienfaits du tzarisme. Déjà sous le règne de Catherine II, le rameau principal de cette race, les Kalmouks, établis entre le Iaïk et le Wolga, ont quitté en masse cette terre inhospitalière pour s'en revenir à leur point de départ, aux frontières de la Chine, sur les bords du fleuve Obi. Des six cent mille émigrants partis le 16 décembre 1770, avec leur famille et leur avoir, un grand tiers est resté en route, après un voyage de huit mois. Le même événement est sur le point de se reproduire de nos jours.

Les Tatars des environs de Kazan, suivant l'impulsion d'un des leurs nommés Tiamaïka, ont résolu de se transporter, de même que les Circassiens, sur le territoire ottoman. Il est probable que le cabinet de Saint-Pétersbourg n'y mettra pas obstacle, car il y trouvera le moyen de se débarrasser d'une population qui lui est hostile, et de s'enrichir de ses dépouilles. C'est là le mode de gouverner du tzarisme.

Les Ruthènes eux-mêmes (*Rusini*), auxquels les Moskovites (*Moskale*) ont dérobé jusqu'à leur nom pour s'en faire un instrument de conquête, ne seront pas mieux traités, à moins d'abjurer le langage et la foi de leurs aïeux. Nous voyons poindre dans les *Nouvelles de Moskou* des projets d'annexion de la

Gallicie autrichienne (Russie-Rouge), habitée par les Ruthènes polonais :

« Si les Ruthènes galliciens, dit le journal, n'éprouvent pas de notre part une protection suffisante contre la propagande polonaise, ce n'est pas parce qu'ils se sont séparés de l'orthodoxie et réunis à l'église de Rome; la Russie a-t-elle jamais fait preuve d'une pareille intolérance? Elle a donné assez de gages de son amour désintéressé de la liberté! Ils n'ont à s'en prendre de cet abandon qu'à eux-mêmes, à leur obstination à parler un langage différent du nôtre, à publier des livres et des journaux dans ce dialecte illettré. Mais qu'ils déclarent franchement, publiquement, qu'ils sont Russes comme nous, et non pas Ruthènes, comme ils le prétendent ; qu'ils se jettent résolûment dans les bras de leur *mère* Russie (leur *marâtre*, a-t-il voulu dire), qu'ils se pénètrent du sentiment de ce qu'ils sont à notre égard, et ils pourront compter sur nos secours les plus actifs, etc. »

A la bonne heure. Il faut que les Ruthènes embrassent l'orthodoxie, avec le tzar pour dieu et Mourawieff pour apôtre ; qu'ils remplacent la mélopée ruthène par le jargon moskovite; de paisibles agriculteurs qu'ils étaient, qu'ils deviennent pillards et bandits, et alors on leur pardonnera d'avoir fait partie durant cinq siècles de l'unité polonaise. Malheureusement l'Autriche de M. Mensdorff-Pouilly ne fait rien pour se concilier ces populations slaves, qui détestent les Moskovites au moins autant que les Allemands, mais qui finiront par se rattacher aux premiers, ne serait-ce que pour changer de maîtres. On ne voit en Gallicie que procès de presse, suppressions de livres et de journaux, aggravation des peines pour délits politiques décrétées en première instance, extradition des prisonniers à la Russie, enfin, en un mot, des barbaries et des absurdités de tout genre. Aujourd'hui même, on nous apprend de Léopol la confiscation du journal polonais *Praça* (le Travail), la condamnation à seize ans de fers dans les prisons de Josephstadt du docteur Stanislas Torczewski, médecin de Kïow, l'extradition de Jacques Steinik, incarcéré depuis une année à Prague, en Bohême, etc. Certes, le tzarisme à un jour donné, aura beau jeu avec un pareil adversaire !

Nous avons à peine besoin d'ajouter qu'en Prusse l'extirpation du polonisme est à l'ordre du jour tout aussi bien qu'en Russie; mais que là elle s'exerce ouvertement, sans fausse honte et sans duplicité. A quoi bon sauver les apparences ? Ce n'est qu'un peuple qu'on égorge à trois, selon la coutume allemande, dans l'intérêt de trois despotes. Pour M. Bismark, tout Polonais est un criminel par cela même qu'il est Polonais. Dès lors, plus de ménagements; il faut l'écarter de toute fonction publique, même dans le grand-duché ; il faut lui interdire le droit d'être avocat et de plaider sa défense ou celle des autres ; il faut l'empêcher de prier dans ses églises et supprimer l'archevêché de Posen pour le partager entre ceux de Berlin et de Breslau, d'autant plus qu'on est sûr à l'avance d'être appuyé par l'ambassadeur russe à la cour de Rome, qui emploiera même, s'il le faut, la menace de sévir contre le clergé polonais du royaume. Tout cela est parfaitement logique pour les héritiers des croisés de Marienbourg, et pour leurs fils plus ou moins légitimes, les chefs du parti polonophage dit de la Croix (*Kreutzpartei*), composé d'usuriers juifs et de chevaliers d'industrie beaucoup plus que de chevaliers teutoniques.

Cette tendance invétérée de l'ultra-germanisme prussien inspire à M. Yvan Golowin, notre ami, une lettre éloquente et conforme en tous points à notre propre sentiment :

« Tout ce qui se passe d'horrible en Pologne et en Russie, dit-il, n'est pas toujours l'œuvre des Moskovites. Les mesures les plus sauvages, les plus cruelles, sont inspirées par les Prussiens qui ont envahi les postes les plus importants dans le sénat, dans le conseil d'État, dans les administrations et la diplomatie. Réunissons nos efforts pour nous défaire de ces intrus, tous venus à la suite du tzarisme allemand qui date de Catherine II, et qui devraient bien s'en aller avec lui... »

Nous nous associons de tous nos vœux à la noble pensée de M. Golowin, sans trop nous livrer à l'espoir de sa réalisation. Le tzarisme est un instrument aveugle au service de la Prusse pour tuer la Pologne, la tête et le cœur de la race slavonne ; et cet instrument se brisera entre ses mains avant qu'elle renonce à son projet de germaniser les Slaves ou les refouler en Asie, et de faire de la Vistule un fleuve allemand comme le Rhin et le Danube.

(*Opinion nationale.*)

CXVI.

LE PEUPLE POLONAIS.

I.

A la persistance des persécutions et des menaces, qui semblent s'être identifiées avec la nature moskovite et ne plus devoir la quitter jusqu'au jour de la dissolution de ce vaste empire, le peuple polonais oppose une persistance non moins grande dans son attachement à la foi de ses pères et dans son amour de la patrie. Loin de se laisser prendre aux pièges et aux séductions de la réaction polonaise, qui voulait utiliser, au profit de je ne sais quelle royauté fantastique, le soulèvement national de 1831-1863, il comprend aujourd'hui que ses vrais amis sont ceux qui l'ont doué du bienfait suprême, l'égalité entre les citoyens, l'admission de tous à ce lien intime entre l'homme et la terre qu'il habite, la propriété. Ce droit lui a été reconnu d'une manière solennelle par l'acte du gouvernement national, daté du 22 janvier 1863.

En vain le gouvernement d'Alexandre II, représenté par le parti pseudo-socialiste de Milioutin, et la réaction polonaise, personnifiée dans la faction Czartoryski, s'efforcent de lui persuader qu'il ne doit cette grande mesure de justice et d'affranchissement qu'à leur initiative; notre peuple ne reçoit leurs dons simulés ou leurs promesses que sous bénéfice d'inventaire, car il sent instinctivement qu'il ne devra la consécration définitive de ses droits qu'à la Pologne délivrée, la seule autorité légitime qui puisse la lui conférer. Tout l'édifice des réformes de Milioutin, plagiat informe et monstrueux du décret du gouvernement national, s'écroule déjà bien avant son achèvement; car la question des paysans, telle qu'il l'a posée, œuvre de haine et non de justice, a pour objet de ruiner le paysan comme le propriétaire, de les plonger l'un et l'autre dans la misère et le prolétariat dans la dépendance la plus absolue de leur ennemi mortel, le tzarisme. Après nous avoir dépouillés de tout au monde, il nous *emprunte* aujourd'hui, pour la travestir, l'émancipation des paysans; c'est tout à fait conforme à ses habitudes. Telle est la tendance manifeste du triumvirat Berg, Trepoff et Milioutin, qui régit actuellement la Pologne. Ces messieurs s'entendent souvent très-peu sur les menus détails de leur administration; mais le besoin de se soutenir mutuellement les réunit, car ils savent fort bien que la chute de l'un d'eux pourrait entraîner celle des deux autres, et avec eux tout ce système de déprédation et de pillage qui leur permet de faire des fortunes colossales aux dépens de leurs administrés.

Les commissions établies par eux ne distribuent aux paysans que les jardins et les champs incultes, en réservant les terrains productifs aux acquéreurs étrangers, allemands ou moskovites. Elles ont adopté pour base trois arpents par propriété; c'est assurément moins que rien. Il est défendu aux grands propriétaires, sous peine de confiscation, d'y rien ajouter. Une pareille solution de la question des paysans est impraticable, et ne pourrait qu'amener à sa suite le crime ou la mendicité.

D'un autre côté, le peuple polonais n'attend plus rien du parti réactionnaire de l'Émigration à l'étranger, composé d'un groupe très-peu nombreux, mais riche à millions. Il sait que ce parti, recruté des débris de l'ancien complot russe dit de *Targowiça*, dès le début de l'insurrection a conspiré contre le mouvement national, en essayant d'établir une dictature militaire, intrigue dont notre regrettable Langiewicz a été le jouet et la victime.

Il sait que ses affidés en Angleterre (le colonel Vladislas Zamoyski) se sont ouvertement prononcés contre une intervention armée en notre faveur, dans les *meetings* mêmes qui avaient pour objet d'évoquer cette intervention); et que, par cette perfide manœuvre, ils n'ont que trop justifié l'attitude passive et presque hostile du gouvernement anglais.

Il sait enfin que ce parti, dépositaire de presque tous les fonds disponibles de l'insurrection, les a dilapidés par de folles dépenses, d'abord pour surpayer les agents secrets et les écrivains domestiques, puis pour la formation d'un simulacre de flotte polonaise (on ne sait sur quelles mers et sous quel pavillon), lorsqu'il aurait fallu les employer exclusivement à l'achat d'armes et de munitions, aux besoins de nos braves détachements, commandés par Narbutt, Czachowski, Lelewel, Chmielinski et tant d'autres. A tous ceux qui lui parlent d'un nouveau soulèvement, le peuple répond : « Nous sommes trop faibles aujourd'hui, car nous n'avons que nos poings et nos bâtons contre les bandes armées des Moskovites; mais viennent un jour les Français *avec ceux de Garibaldi,* et nous chasserons ces damnés pillards de toute la terre que Dieu a faite polonaise! »

Les tertres abandonnés, sur lesquels les sbires du tzarisme ont brisé toutes les croix élevées en 1861 et 1862, sont l'objet de sa vénération particulière. Ne pouvant y prier le jour, il les entoure la nuit avec des prières et des larmes. Chez lui, les renégats et les transfuges sont de très-rares exceptions. Admirable peuple qui, laissé à ses propres instincts, sans aucun appui de ses chefs naturels, aujourd'hui proscrits ou déportés, élabore en lui-même les sentiments et les idées patriotiques qui sommeillaient au fond de son âme! On conçoit tout l'avantage qu'on aurait pu en tirer en 1863, si on l'avait appelé en masse à la défense du territoire polonais; mais dès les premiers mois, le mouvement s'est trouvé entre les mains de la réaction, maîtresse de tous les postes importants dans le pays comme à l'étranger; et cette force imposante qui, employée à propos, aurait fait pencher la balance en faveur de l'insurrection, est restée faute d'armes et d'argent, surtout dans le royaume, presque entièrement en dehors de la lutte.

Malgré leur victoire, les Russes ne se sentent nullement rassurés en Pologne; car ils s'aperçoivent qu'on ne tue pas un peuple et qu'ils auront, un jour ou l'autre, à compter avec lui. La capture de Brzozka et de Wilczynski, réfugiés pendant des mois entiers chez les paysans de Podlaquie, les a consternés bien plus que n'ont fait leurs premières défaites. Sur la frontière prussienne du palatinat d'Augustowo, ils ne cessent d'allumer des signaux et d'établir des cordons militaires. Ils élèvent partout des redoutes et dressent des camps retranchés, comme à la veille d'une bataille. On dirait que le sol polonais brûle sous leurs pas et les repousse. Vienne une commotion en Europe, à laquelle la Russie soit forcée de prendre part, et notre peuple, déjà arrivé à maturité, tendra les mains à ceux des chefs de l'Émigration qui se sont dévoués à sa cause et se lèvera comme un seul homme. Il n'est pas de force au monde, si barbare, si destructive qu'elle soit, qui puisse le *russifier,* lui ôter le souvenir de son origine et le sentiment de sa nationalité; mais c'est à présent à l'Europe, découverte de ce côté, à lui donner le signal du combat, à relever cette antique barrière qui seule peut la préserver d'une nouvelle agression de la Russie, et l'Allemagne de M. Bismark aidant, de la compression définitive de tout progrès et de toute liberté.

II.

En Lithuanie, de même que dans le royaume, le peuple, foncièrement polonais, à quelque religion qu'il appartienne, résiste aux efforts et aux séductions du tzarisme, qui consistent surtout à lui distribuer des croix schismatiques et des images de l'autocrate, aux frais des propriétaires mis à mort ou déportés. On a beau multiplier les massacres et les pendaisons, dépeupler les villes, démolir les bourgades à ras de terre, incendier les forêts, l'œuvre de *russification* entreprise par Mourawieff n'en est pas plus avancée; et son insuccès arrache au célèbre rédacteur des *Nouvelles de Moskou* un cri de rage et de terreur. C'est dans cette feuille sanguinaire, organe officiel de la presse moskovite, dans le n° 94, consacré presque en entier à la glorification de Mourawieff, que nous rechercherons les preuves de notre assertion; et les chiffres fournis par M. Katkoff lui-même ne laisseront aucun doute à ce sujet.

« Mourawieff a sauvé la Russie, dit-il; et le jugement impartial de l'histoire reconnaîtra, quelque jour, les *services éminents* de ce grand homme, comme ils sont déjà complétement reconnus par son auguste souverain. » En effet, ces services éminents ont déjà valu à Mourawieff le surnom ineffaçable de *Pendeur,* que lui gardera l'histoire, et les éloges non moins honorables de M. Katkoff. Quant à l'autocrate, il a jugé nécessaire de se débarrasser de cet instrument dangereux, de ce proconsul plus puissant que lui-même pendant les deux années de sa gestion en Lithuanie, en lui conférant le titre de comte de l'empire et en l'envoyant jouir dans la retraite du fruit honteux de ses rapines. Sa lettre de remerciment, datée de Nice, du territoire français, signée sur le cercueil du prince héritier son fils, a soulevé l'horreur et l'indignation de l'Europe entière. Triste récompense pour le sauveur de la Russie, pour l'homme à qui l'on croyait devoir la conservation des provinces occidentales, le prétendu berceau du tzarisme!

Et voici que M. Katkoff, dans un accès de franchise que nous tenons à constater, vient détruire jusqu'à ce dernier prestige, en soufflant sur cette nuée de sang qui cache aux yeux de l'Europe les services éminents de son héros. Comme César, il pense que rien n'est fait tant qu'il reste quelque chose à faire :

« Le parti national en Russie, dit-il, serait le jouet d'une singulière illusion s'il croyait l'œuvre de Mourawieff achevée; quelque énergie qu'il ait déployée dans ses actes, il ne pouvait tout accomplir en deux ans. Jusqu'à ce jour nous n'avons rien obtenu des propriétaires *polonisés* (ou plutôt exclusivement polonais); et pas davantage de la classe agricole, surchargée de travail, passive et privée de toute initiative dans les affaires d'intérêt public. De plus, elle est exposée à l'influence de la propagande polonaise, qui, sans employer la force (comme le fait partout et toujours le tzarisme), trouve souvent un facile accès auprès du peuple des campagnes. Il ne faudrait rien moins que la russification la plus complète de l'élément populaire, pour assurer à l'empire la possession indéfinie des provinces incorporées... »

Devant cet aveu formel du publiciste tatare, chez qui l'extirpation du polonisme inspirée par M. Bismark semble être passée à l'état de manie, que deviennent les prétentions soi-disant historiques de la Russie sur la Lithuanie, la Volhynie, la Podolie et l'Ukraine? Elles se réduisent purement et simplement à la conquête, ou pour mieux dire au partage de 1795. Pour prouver que presque rien n'est encore fait pour leur assimilation, M. Katkoff ajoute à son raisonnement une série de chiffres que nous reproduisons ici sans les commenter :

En Lithuanie et en Russie (Ruthénie) Blanche, sur 5 millions 1/2 de population, M. Katkoff trouve 2,200,000 de polonais catholiques-romains, grecs-unis et *latinisants,* savoir :

Dans le gouvernement de Kowno : 828,000 sur 997,000;

Dans le gouvernement de Vilno : 607, sur 892,000;

Dans le premier, les orthodoxes ne comptent que pour 1/10 de la population urbaine;

Dans le second, pour 1/8;

Dans le gouvernement de Grodno, pour 1/6;

Dans celui de Podolie, pour 2/5;

Et dans toutes les villes relevant du gouvernement général de Vilno, pour 1/4 seulement du chiffre total.

Les Israélites, habitant généralement les villes, sont au nombre de 1,800,000 dans les neuf gouvernements des provinces dites incorporées; mais ils inclinent tous vers leurs coreligionnaires de Pologne, où ils sont admis à tous les droits civiques, et n'ont, de l'aveu de M. Katkoff, que fort peu de goût pour le régime moskovite.

Ces quelques données statistiques, produites par le panégyriste de Mourawieff, nous suffiront pour démontrer que la Lithuanie n'est pas plus russifiée aujourd'hui qu'elle ne l'était avant 1863; nous ajouterons même avec toute certitude qu'elle ne le sera jamais. On ne déracine point un peuple de 6 millions d'âmes, comme on le fait d'une tribu kaukasienne ou d'une horde tatare; surtout lorsqu'il s'agit d'un peuple comme le nôtre, attaché au sol natal plus passionnément qu'à la vie. La volonté de fer du tzar Nicolas s'est usée à cette tâche impossible; celle du tzar actuel, chancelant et timide comme le sont les derniers rejetons d'une dynastie condamnée, s'y brisera de même, sans que M. Katkoff puisse l'empêcher. Il paraît être aussi de cet avis, lorsqu'il s'écrie avec l'accent du désespoir : « Quels efforts surhumains ne faudra-t-il pas faire à la Russie, non-seulement pour maintenir ce pays rebelle sous sa dépendance, mais encore pour le *rendre russe* à perpétuité! »

Nous pouvons lui certifier dès aujourd'hui que ses cris de hyène resteront à jamais stériles, et n'auront pour résultat que de creuser encore l'abîme de sang qui sépare nos deux nations. Le peuple lithuanien est tout aussi polonais que celui des environs de Posen ou de Varsovie ; de plus, il exècre le *Moskal* comme son oppresseur immédiat et permanent, comme l'ennemi juré de sa race et de sa religion. Les détachements de Narbutt, Maçkiewicz, Iablonowski, Wroblewski, Poninski, étaient en très-grande majorité composés de paysans. Le manque d'armes a seul empêché le gouvernement national d'ordonner une levée en masse, qui aurait sauvé le pays sans l'assistance de l'étranger. C'est donc une force en réserve, qu'il sera loisible d'utiliser à un moment donné. La Russie, ce monstre asiatique germanisé par le tzarisme, doit fatalement se dissoudre en mille fragments à la première commotion ; tandis que l'unité polonaise, scellée par le martyre de cinq générations, restera debout et verra se grouper autour d'elle la vaste fédération slavonne, déjà préparée par les aspirations nationales de notre grande race de 72,000,000. Vienne une seconde guerre d'Orient, la seule qui soit vraiment populaire en France, la seule qui puisse lui valoir l'alliance sincère du peuple anglais; et, cette fois, la Pologne et la Lithuanie, irritées mais non courbées par le massacre, mieux guidées qu'elles ne l'étaient en 1863, viendront d'elles-mêmes offrir leur contingent d'intrépides légions aux nouvelles victoires de l'Alma et de Sébastopol. Toute la question se réduit à leur donner des armes de combat, qui ont été refusées par l'Europe libérale de 1863, à la Pologne insurgée pour le maintien de ses droits.

Nous avons en main une quantité de documents pour prouver ce refus; nous ne citerons que la lettre suivante, qui nous a été remise en 1863, au camp du général Langiewicz :

« Le général de brigade J. Smiechowski donne, par la présente, la garantie la plus complète à M. K. Ostrowski, au nom du général M. Langiewicz, chef militaire des deux palatinats de Krakovie et de Sandomir, que les fusils, pistolets et sabres, ainsi que les armes quelconques, propres au service, qui seront fournis au camp du général Langiewicz, seront immédiatement payés par lui à M. Ostrowski ou à son fondé de pouvoirs.

« Au nom du général Langiewicz, le général de brigade commandant l'infanterie,

« JOSEPH SMIECHOWSKI;

« *Le lieutenant aide de camp,*

« E*** S***.

« Au camp de Goszcza, 6 mars 1863. »

A ma demande d'achat de ces armes en France, il m'a été répondu, par l'organe d'un des premiers fonctionnaires de l'empire (M. le comte A. Colonna-Walewski, alors ministre d'Etat, des affaires étrangères, etc.) :

« *La France n'a pas un seul fusil pour l'insurrection polonaise, car elle n'est pas en guerre avec la Russie.* »

(Époque.)

CXVII.

Janvier 1866.

Des frontières de Pologne :

Depuis l'avènement du ministère Belcredi-Maïlath, l'atmosphère morale et administrative de la Gallicie s'est sensiblement modifiée. Un revirement heureux s'est opéré dans la politique intérieure de l'empire, dont le courant semble se diriger vers les idées d'apaisement, d'équité et des progrès matériels. L'amnistie la plus étendue, la suppression de la formalité inutile des passe-ports, les circulaires du comte Belcredi, recommandant aux autorités l'emploi de la langue nationale dans l'expédition des affaires, et par-dessus tout l'ouverture simultanée des Diètes provinciales, rallient les populations au gouvernement. Le nouveau ministère est composé d'hommes notoirement loyaux et honorables, sans engagements avec le passé, libres de toute influence extérieure, hormis toutefois le comte Mensdorff-Pouilly, tristement connu par ses sympathies ultra-moskovites et ses rigueurs impitoyables contre les débris de l'insurrection de 1863. Le comte Belcredi, en cherchant la force de l'empire dans la satisfaction à donner aux nationalités, a trouvé la voie véritable, la voie exclusivement féconde de l'Autriche régénérée. Et la preuve qu'il est dans le vrai, c'est que cette tendance d'évolution libérale a eu pour double corollaire le raffermissement du crédit autrichien, la hausse de tous les fonds publics, et d'autre part une dépréciation inouïe du papier-monnaie moskovite, qui traduit éloquemment tout l'écart qui se fait dans les situations respectives des deux gouvernements au profit de l'Autriche.

Le papier-monnaie russe perd environ 30 % contre le papier autrichien. Le gouvernement autrichien, par l'extension de son principe fédéral, gagne dans l'opinion des Slaves tout le terrain que perd à jamais le tzarisme sous l'opprobre de ses excès sanguinaires ; car, tandis que le premier entre plus avant dans la solidarité du mouvement économique européen par la multiplication de ses traités de commerce, s'occupe du bien-être des populations et reconnaît les droits des nationalités, le second s'éloigne tous les jours davantage de la civilisation, s'enferme dans ses frontières pour s'absorber dans le travail d'extermination des catholiques polonais, et demande aux gibets, à la spoliation en grand et à la ruine systématique du pays l'assimilation impossible de la Pologne.

La rage délirante du tzarisme ne peut qu'aboutir à un immense avortement ; il est tellement exécré que la Pologne, si elle le pouvait, se donnerait volontiers à l'Autriche, et même à la Turquie, pour échapper au joug moskovite. L'antagonisme de l'Autriche et de la Russie se dessine chaque jour plus nettement. La Diète de Gallicie a protesté à plusieurs reprises contre la violation de toutes les lois divines et humaines par le gouvernement russe en Pologne, et ses réclamations ont trouvé un écho dans l'opinion publique, dans la presse, et jusque dans le cabinet autrichien. Le tzarisme est au plus haut point exaspéré de ce revirement politique de l'Autriche, naguère encore sa docile alliée. Les journaux polonais ont reçu défense de publier la nouvelle de l'amnistie autrichienne ; et pendant que l'Autriche ouvre sans réserve ses frontières à la libre circulation des voyageurs de toute l'Europe, la Russie consigne toute la population à domicile par des formalités et des règlements barbares concernant les passe-ports, en y cherchant des sources de revenus qui lui échappent ailleurs. Aussi, à quelques lieues de Krakovie, à la douane frontière du royaume, commence l'Asie, avec ses ténèbres, ses corruptions et ses inexorables vengeances.

D'un compromis loyal avec la Hongrie pourrait sortir une attitude plus énergique envers le tzarisme, ennemi naturel de toute liberté, et surtout de la liberté de conscience. Si le ministère Belcredi subit un échec, il aura eu la gloire d'avoir fait une première tentative dans le sens d'une séparation morale et politique avec la Russie, d'avoir indiqué à l'Autriche un autre avenir que celui que le *panslavisme* et la conquête russe semblent lui avoir préparé. Ses libertés intérieures seront la meilleure barricade contre les agressions de ses deux implacables ennemies : la Prusse et la Russie. A un moment donné, toutes les races slaves se grouperont autour de l'Autriche et se retireront à jamais des étreintes du tzarisme, qui ne sait que leur apporter les fers et le massacre. Pendant que l'Autriche s'organise et fait déjà pressentir le jour où toutes les attractions de l'Europe centrale se dirigeront vers elle, le tzarisme mogol, ce hideux assemblage de turpitude et de férocité, n'ayant jamais eu de slave que le nom, accélère son mouvement dans un sens tout opposé et court tête baissée vers la dissolution.

S'il est vrai que chaque peuple a le gouvernement qu'il mérite avoir, que faut-il penser du peuple moskovite, qui tolère, bien plus, encourage un système d'extermination et de rapine, qui a des apothéoses pour le meurtrier et le pillard Mourawieff, qui permet au sanguinaire Katkoff de tenir ouvertement et sans vergogne une chaire de massacre ! Certes, ce peuple est plus à plaindre que celui qu'il cherche à détruire, s'il peut y avoir de la pitié pour le crime organisé et devenu maxime d'Etat; mais, à coup sûr, ce n'est point là un peuple européen.

Nous concevons fort bien que l'Autriche ne puisse accepter, avec un tel peuple et un tel gouvernement, aucune solidarité. Rappelons-nous qu'elle a proposé à plusieurs reprises, depuis 1815, le rétablissement de la Pologne, proposition qui n'a été que froidement accueillie ou mollement appuyée par les puissances occidentales. Quels que fussent les motifs de leur hésitation, nous espérons trouver aujourd'hui, de leur part, plus de franchise et d'unanimité.

(*Époque.*)

CXVIII.

Des frontières de Pologne :

Les nouvelles de Lithuanie et d'Ukraine sont de plus en plus navrantes. Le tzarisme s'absorbe dans ce qu'il ose appeler l'œuvre des réformes, mais qui n'est au fond qu'un travail opiniâtre de russification et de persécution religieuse. Cet effort pour tuer une nationalité vivace, qui doit nécessairement échouer, comme toute chose monstrueuse et brutale, est arrivé à son plus haut paroxysme entre les mains des généraux von Kaufmann et Bezak, gouverneurs des deux provinces. Une fièvre de férocité mogole s'est emparée du gouvernement et de la société moskovites, sous l'action d'une propagande d'extermination stimulée d'en haut par le tzarisme, qui, par calcul plutôt que par un reste de pudeur, veut avoir l'air de céder à la pression de l'opinion publique.

Tous les sentiments généreux du cœur humain sont considérés en Russie comme des manifestations séditieuses. Le *Golos,* journal du grand-duc Constantin, vient de recevoir un avertissement pour avoir élevé la voix en faveur des mesures de clémence et d'humanité.

Le grand-duc Constantin, le prince Souwaroff (remarquez bien ce nom!), le comte Orloff, envoyé à Bruxelles, ont seuls eu le courage, après l'immense effusion du sang des dernières années, d'exprimer des idées de justice et de modération. Un prochain avenir établira de quel côté se trouve l'intérêt bien compris de la Russie. Il n'y a pas seulement dans un peuple des résistances matérielles à abattre; il y a surtout les résistances morales à vaincre, et celles-là se dressent dans toute leur énergie contre les meurtriers et les spoliateurs. Milioutin et Tcherkaskoï veulent passer pour des réformateurs libéraux, tandis qu'ils ne sont purement et simplement que les plagiaires du gouvernement national polonais, dont ils exécutent le programme en le travestissant à la russe, c'est-à-dire en le souillant par le vol et le pillage. La sainte Russie s'est choisi un héros à son image et à la taille de ses sentiments dans la personne de Mourawieff, passé à l'état d'apôtre de la foi orthodoxe. Bien plus, oubliant sa destitution, en 1858, pour détournements scandaleux des deniers publics, le tzar veut à toute force lui confier le portefeuille des finances, espérant violenter le crédit de l'État comme il a violenté les héroïques vaincus des provinces occidentales. On raconte à ce propos un mot de Mourawieff qui a fait grand bruit à Saint-Pétersbourg.

M. de Reutern, le ministre actuel, rencontrant un jour l'illustre proconsul, lui dit :

« Est-il vrai, général, que vous allez me remplacer ?

— Pas le moins du monde; j'en ai refusé la proposition au tzar lui-même, en lui disant que je m'entendais aux finances tout autant que vous. »

Une foule d'autres, parmi lesquels le marchand

Fraenkel, de Varsovie, ont fait de même. Personne ne veut accepter la responsabilité de ce système barbare inauguré depuis l'avénement d'Alexandre II, porté à son comble par Milioutin et Mourawieff, et procédant à la manière des sauvages qui coupent l'arbre pour avoir le fruit. Aussi le désarroi financier le plus irrémédiable est désormais un fait accompli. Toutes les forces du pays sont appliquées à des emplois improductifs, à solder une armée de sbires et d'espions qui sont en même temps le fléau du gouvernement et des gouvernés. La moitié du papier-monnaie en circulation se compose de billets falsifiés, qui perdent généralement 30 pour 100 à l'étranger. Chose à peine croyable et vraie pourtant, toute émission nouvelle faite par la banque russe est accompagnée d'un chiffre au moins égal en faux papiers! L'industrie locale et les exportations sont presque nulles, tandis que les articles d'importation vont en croissant. Le commerce languit dans un pays d'arbitraire où les intérêts ne trouvent ni sécurité, ni protection, ni liberté de transaction. Par toutes ces causes, et surtout par la tentative avortée d'émancipation des serfs, le déficit augmente d'année en année, et le tzarisme, devenu insolvable, est à la veille d'un cataclysme financier.

Le mécontentement est général en Russie, même parmi la noblesse, qui veut à son tour être affranchie de l'absolutisme du gouvernement. Il ne trouve d'autre expédient, pour s'y soustraire, que de prêcher une croisade orthodoxe contre l'élément catholique en Pologne qui, à l'inverse des autres pays, y représente la liberté politique et la liberté de conscience. Tous les dignitaires de l'Église sont frappés d'exil ou de déportation; les églises sont fermées les unes après les autres, et les populations urbaines et agricoles en Lithuanie sont forcées, par les sévices les plus cruels, par la contrainte ou la corruption, à l'apostasie. Et ce qui serre le cœur des catholiques polonais, c'est que le Saint-siége, qui fulmine des anathèmes contre les francs-maçons qui ne persécutent personne, mais qui pratiquent au contraire des principes de solidarité et de charité chrétiennes, ne trouve pas une seule parole pour protester contre cette vaste extermination des catholiques en Russie, et les livre pieds et poings liés à la férocité de leurs bourreaux. Pour dernier coup de massue, le gouvernement vient de décréter la dépossession en masse du clergé, sous le prétexte hypocrite d'améliorer la situation du clergé inférieur; mais le vrai but de cette mesure est de le ravaler par des retenues de traitement à la condition d'instrument d'espionnage, tout comme le clergé schismatique, qui n'est qu'une succursale de la police du tzarisme.

La Russie est *incivilisable* comme le désert qu'elle habite ou qu'elle fait autour d'elle; et *quand même la Pologne n'existerait pas, il faudrait en créer une,* rien que pour garantir l'Occident de ce foyer de corruption qui pénètre déjà, par la Prusse de M. Bismark, jusqu'au cœur de l'Europe.

(*Époque.*)

CXIX.

Des frontières de Pologne :

Le royaume de Pologne, triste objet des expériences du tzarisme, s'ingéniant à tuer une nation qui ne veut pas mourir, vient de subir une nouvelle organisation, c'est-à-dire la désorganisation la plus absolue de la part du cabinet moskovite. Le journal officiel de Varsovie, le *Dziennik,* publié par dérision en langue polonaise, contient un arrêté du tzar Alexandre, contresigné du général Berg, ajoutant aux cinq gouvernements déjà existants (*gubernie*) trois nouveaux, composés des fragments des anciens, ceux de Kielcé, de Kalisz et de Siedlcé. A chaque gouverneur civil est associé un vice-gouverneur militaire, avec une chancellerie à part, qui pourra, d'après les termes ambigus de cet arrêté, être formée d'officiers russes en retraite. Le régime de l'état de siége est partiellement levé pour les affaires purement administratives, qui sont déférées aux deux commissions de l'intérieur et des cultes; mais les chefs militaires des districts sont maintenus, ainsi que la police fonctionnant sous leurs ordres. Ils relèveront, est-il dit plus loin, des gouverneurs civils et de la commission de l'intérieur, pour les affaires touchant les attributions de ces autorités, et des gouverneurs militaires et du commandant en chef de la police, le général Trépoff, pour toutes les autres.

D'après ces chaotiques dispositions, les fonctionnaires civils dépendront en même temps des gouverneurs militaires et de la commission de l'intérieur; les chefs militaires dépendront également de la commission de l'intérieur et de la police centrale. Il était impossible d'imaginer une anarchie plus complète de tous les pouvoirs gouvernant cette malheureuse contrée; vraie tour de Babel, dont il ne peut résulter que tiraillements de tout genre, désordre et ruine pour le pays et ses habitants. Voilà comment le gouvernement du tzar Alexandre sait pacifier un pays noyé dans le sang.

Pendant qu'en Pologne et dans les provinces annexées, *un sixième* de la population a été incarcéré ou déporté, en Russie même, suivant un mot d'ordre venu d'en haut, les malheureux captifs sont l'objet de tous les plus exécrables traitements. « Si vous persistez à rester catholiques, leur dit-on, vous mourrez! » On leur refuse le logement, les vivres, les choses de première nécessité, pour les contraindre à changer de croyance en même temps que de patrie. Les déportés, généralement condamnés aux travaux forcés dans les mines, sont conduits par centaines dans ces oubliettes d'un nouveau genre, inventées par l'imagination mogole des destructeurs de la Pologne, et à mesure qu'une fournée a été engloutie sous les décombres des galeries à dessein mal étayées, une autre vient aussitôt la remplacer.

Celte persécution odieuse, érigée en art, en doctrine scientifique, en maxime d'État, et revêtue du nom de patriotisme par des plumes vénales, s'exerce surtout contre les prêtres, que l'on cherche, par tous les moyens possibles, à tuer ou à pervertir. Les derniers oukazes, concernant la double spoliation des propriétaires fonciers et du clergé, n'ont d'autre but que de dégrader les desservants du culte catholique en les réduisant, par des retenues arbitraires de traitements, à la condition d'espions et d'auxiliaires des sbires moskovites.

Cependant la machine de l'État moskovite tendue à l'excès vers un seul but, celui d'anéantir les derniers vestiges de la race polonaise, se détraque visiblement avant d'avoir accompli son œuvre de destruction. Le crédit public tombe de plus en plus, et tous les efforts faits pour le relever tournent au détriment du Trésor. La confiance disparaît, les sources de la richesse publique tarissent, le trafic et la circulation des chemins de fer sont presque nuls. Le papier-monnaie russe a subi une nouvelle dépréciation; la fabrication des faux-billets se fait presque ouvertement, non-seulement à l'étranger, mais en Russie même. A Simbirsk et à Nijni-Nowgorod, on a découvert des fabriques en grand de papier-monnaie. On évalue à *plus d'un milliard* la circulation de ces non-valeurs, tolérée par le Trésor pour ne pas achever le discrédit de ses propres émissions. Mourawieff propose comme mesure extrême de réduire le rouble, qui est l'unité de la monnaie moskovite, à trente kopecks, c'est-à-dire à moins du tiers de sa valeur.

Ajoutons un dernier trait à ce tableau. Les journaux russes, inspirés par le tzarisme, sont remplis chaque jour des calomnies les plus atroces contre tout ce qu'il y a d'honorable dans l'Émigration polonaise, en dénigrant avec la dernière brutalité tous ceux de nos amis qui se sont signalés par leur dévouement à notre cause, en France et en Suisse. Le comité de Zurich pour les affaires polonaises vient d'adresser au journal officiel de Varsovie la protestation suivante :

« Zurich, le 3 mars 1866.

« Nous soussignés, Suisses, membres du comité de Zurich, considérant que le *Journal de Varsovie*, comme organe officiel d'un gouvernement, devrait avoir pour principe la vérité et l'impartialité, croyons devoir nous adresser les lignes suivantes, en demandant leur prompte insertion :

« Votre correspondant de Zurich a pris pour tâche, depuis longtemps, d'inventer des faits ou de les dénigrer, *en calomniant indignement* les Polonais et même les Suisses. Ayant pris une connaissance exacte de ces calomnies, nous croyons devoir nous associer à la déclaration faite à ce sujet par M. le directeur de police Freichler, reproduite dans les journaux, et repousser *comme fausses et déloyales* les accusations de votre correspondant.

« Ce n'est pas avec les armes du mensonge que l'on peut exercer une influence quelconque sur l'opinion publique.

« Signé : *Le président*, Charles WALDER, commandant et membre du grand conseil; NOTZLI, chef de la police; H.-C. HUBER, commandant. »

Nous exprimons hautement notre reconnaissance aux autorités suisses, signataires de cette protestation, qui ont pris l'initiative de cet acte de justice, en donnant ainsi un solennel exemple à la diplomatie européenne.

(*Époque.*)

CXX.

A M. Amédée de Césena, rédacteur en chef du Pays.

Monsieur,

Sans prétendre engager une polémique au sujet de votre article du 5 mars dernier, où vous parlez de l'abandon *logique* de la question polonaise par la France, permettez-moi d'y relever certaines erreurs de fait, qui donnent à cet article une si fâcheuse conclusion.

Vous établissez une distinction absolue entre l'amendement relatif à la Pologne, qui a été rejeté par la Chambre, et l'amendement relatif aux duchés de l'Elbe, qu'elle a renvoyé à la commission de l'Adresse, sur ce fait, dites-vous, « qu'en intervenant entre la Russie et la Pologne, le cabinet de Paris interviendrait entre le souverain et le sujet, parce qu'en vertu des traités qui ont établi l'équilibre européen, la Pologne fait partie de l'empire russe. » En lisant ces quelques mots, on pourrait croire que vous n'avez jamais eu sous les yeux le texte du traité du 3 mai 1815, dont voici le premier article :

« Les Polonais, sujets respectifs de la Russie, de l'Autriche et de la Prusse, obtiendront une *représentation* et des *institutions nationales*, etc. »

Cette stipulation, signée par les ministres de toutes les puissances, y compris la France, a été partiellement observée par l'Autriche et la Prusse pour les deux provinces de Gallicie et de Posen ; elle a été *foulée aux pieds*, selon les expressions du souverain lui-même, par la Russie, pour le royaume de Pologne et la Lithuanie. Dans les deux premières, les Polonais sont représentés par leurs délégués aux Diètes provinciales et au conseil d'État; en Russie, ils sont représentés par cinq générations de martyrs, tués, déportés ou captifs, pour avoir osé *rêver* et défendre les institutions nationales qui leur ont été garanties par le traité de Vienne.

La Pologne n'a pas été *conquise* par la Russie, comme vous le dites, elle a été temporairement *attachée* à la Russie par les liens de sa propre Constitution, sous certaines conditions que la Russie n'a jamais remplies, et qu'aujourd'hui même elle viole ouvertement aux yeux de l'Europe civilisée. Nous tenons beaucoup, monsieur, à maintenir cette distinction, plus solide et plus sérieuse que celle que vous formulez entre la question polonaise et la question des duchés de l'Elbe, en l'appuyant pour la première sur la triste doctrine des faits accomplis.

Si même la Pologne avait été conquise de force ouverte par la Russie, resterait encore tout entier le principe d'humanité, comme dans les questions des Lieux saints et du Liban, que la France, de concert avec ses alliés, a fait valoir les armes à la main; mais vous ajoutez :

« La situation respective de la Pologne et de la Russie est une *ancienne* situation *acceptée* par l'Europe; la France *n'a pas d'intérêt* dans la question polonaise et n'a pas à se préoccuper d'éventualités déjà réalisées; elle ne peut pas, elle ne veut pas réagir *par la force* contre les faits accomplis, elle doit se taire : sa dignité même lui commande le silence... etc. » Vous voyez, monsieur, qu'il me suffit de citer ces quelques phrases cruelles pour en faire ressortir toutes les contradictions.

Eh quoi! outre *la force*, qui serait ici l'auxiliaire du droit, n'y a-t-il pas encore *la parole*, qui est la sauvegarde de l'honneur? La parole, que la France a fait entendre à tant de reprises dans les Chambres, qu'elle a élevée si haut en 1848 et même en 1863, qui sera toujours, quoique vous en disiez, l'expression suprême du vœu national, parce que sa conscience lui dit que toute cause juste est par cela même d'un intérêt général? que la question polonaise, loin d'être définitivement éteinte, est une question réservée pour un avenir qui ne peut manquer à certain jour de devenir le présent?

La question des duchés de l'Elbe n'implique pas une modification radicale à l'équilibre européen; elle ne tient peut-être qu'aux velléités conquérantes d'un homme d'État prussien : l'assimilation complète de la Pologne par la Russie serait une menace perpétuelle pour l'Europe et la civilisation, et certes, la plus grave qui ait jamais pesé sur leur avenir.

La France, en intervenant diplomatiquement, si vous voulez, entre la Russie et la Pologne, n'interviendrait donc pas entre le souverain et le sujet, mais entre l'Europe, signataire du traité de 1815, et la Russie qui le foule aux pieds; et de plus, au point de vue de l'humanité, entre le bourreau et la victime. Ces termes, en présence de Mourawieff et consorts, toujours dominants dans les conseils du tzarisme, ne vous sembleront pas exagérés.

Nos aspirations nationales vont, il est vrai, bien au delà des stipulations de ce traité, que nous considérons comme un premier échelon vers une reconstruction définitive, basée sur le principe européen et français par excellence, celui des nationalités. Mais parce que nous réclamons tout notre droit, il n'est pas logique de nous en contester cette faible partie, importante, toutefois, et concernant le salut de tous, qui nous a été assurée par l'acte du 3 mai, sous la garantie de toutes les puissances. Si une dette reconnue ne peut encore être soldée, ce n'est pas une raison pour en refuser l'intérêt, surtout lorsque cet intérêt a été fixé par un accord unanime de tous les débiteurs. C'est là que se trouve la logique, la dignité, et, bien mieux encore, la *justice éternelle*, la *justice inflexible*, que vous qualifiez de grands mots « aussi creux qu'ils sont sonores. » Selon nous, ces mots expriment le principe sacré sur lequel repose tout ordre social, tout droit, toute autorité. Mais pour soutenir votre thèse, parfaitement injuste, il fallait logiquement commencer par nier la justice.

C'est au nom de ce principe que je vous demande l'insertion de ces lignes dans le *Journal de l'Empire*, dans lequel les Polonais émigrés ont vu avec un douloureux étonnement se produire des opinions tout opposées aux sentiments d'amitié et de fraternité séculaires qui unissent les deux nations, en dépit de ce que vous voulez bien nommer le fait accompli, et ce qui n'est en réalité que le hasard et le malheur du moment.

Paris, le 9 mars 1866.

(*Opinion nationale.*)

CXXI.

Des frontières de Pologne :

La retraite du ministre de l'intérieur, M. Waluieff, a été motivée par son refus de suivre le gouvernement moskovite dans cette voie de spoliations et de persécutions inouïes où il a été poussé par les conseils tout puissants de Mourawieff et de Katkoff. Il fallait que la mesure fût réellement comble pour émouvoir enfin la conscience de cet homme d'État, jusqu'à lui faire donner sa démission. Ce fait isolé ne changera rien à la route fatale où le gouvernement s'est engagé, et dont il recueille dès à présent le fruit dans la ruine la plus absolue de ses finances. L'emprunt à l'intérieur, de 90,000,000 de roubles, n'a pas été réalisé; on suspecte avec raison la destination secrète de cet emprunt; on craint que le gouvernement, placé entre une banqueroute devenue infaillible et ses embarras intérieurs, ne se lance pour leur échapper dans tous les hasards d'une guerre à l'étranger. C'est la seule ressource qui lui reste pour se maintenir quelque temps encore, et nous pouvons être certain qu'il en profitera.

La persécution religieuse ne se ralentit pas. Tous les employés catholiques des provinces annexées ont été destitués en masse et remplacés par la lie des fonctionnaires orthodoxes, attirés par l'appât du pillage et apportant avec eux la haine du nom polonais. Un certain Andreieff, ci-devant dandy de la cour de Saint-Pétersbourg, est chargé de la propagande anti-catholique à Varsovie même, et la fait avec toute l'activité d'un grand inquisiteur tatare. M. de Meyendorff, dont l'insolente algarade à Rome n'a eu d'autre conséquence que la rupture des relations diplomatiques entre les deux cours, vient d'être récompensé par le don gratuit d'une terre confisquée en Lithuanie. Non content de cette propagande forcée à l'intérieur, le gouvernement ne cesse d'agiter hors de ses frontières, et surtout en Gallicie, en fomentant les popes du rite grec-uni contre l'élément polonais pour scinder l'unité nationale de cette province. Les Ruthènes de Gallicie, *Rusini*, dont le langage est une variété du polonais, n'avaient jamais élevé de prétentions, dans l'ancienne république de Pologne, à une individualité politique à part; ce n'est que depuis quelques années, surtout depuis 1863, que leurs aspirations à l'autonomie se sont fait jour sous l'incitation des agents moskovites. Leurs tendances séparatistes ne sont pas plus admissibles que ne le seraient celles des Basques, des Gascons ou des Provençaux voulant quitter l'unité française sous le prétexte d'un dialecte distinct. Il est regrettable que quelques individualités, cédant au penchant inné des ambitions malsaines ou se faisant l'écho des défaillances héréditaires, aient jugé à propos de se mettre au service de cette intrigue moskovite. Ces messieurs, oubliant qu'ils ont été élus dans les districts exclusivement polonais, par une coupable aberration d'esprit, ont déserté les intérêts de leurs commettants, et se sont faits les organes des affiliés de Saint-Georges (*swiento-iurcy*), que la Russie emploie pour battre en brèche sur toutes ses faces ce dernier rempart de notre nationalité. Nous nous abstenons de citer ici leurs noms, déjà frappés à bon droit par la réprobation unanime de l'opinion publique.

(*Époque.*)

CXXII.

Janvier 1867.

Des frontières de Pologne :

Contrairement aux assertions de la presse moskovite, la Gallicie, fidèle à ses engagements envers l'Autriche et à la ligne de conduite qui lui a été tracée par ses représentants, reste indifférente aux intrigues du tzarisme, dont les agents voudraient entraîner le peuple des campagnes à une nouvelle jacquerie contre les propriétaires et le clergé. Les paysans galliciens, ruthènes et polonais, ne s'en émeuvent nullement, malgré la promesse d'une spoliation à leur profit des prairies et des bois, objet de leur incessante convoitise, tant l'horreur du nom moskovite est profondément enracinée dans ces deux assises de notre population. Ces intrigues trouvent malheureusement un accès plus facile en Hongrie et en Croatie; on assure même que MM. Gortschakoff et Bismark ont promis l'indépendance à la Hongrie, à la condition qu'elle refuse tout accord avec la monarchie autrichienne. C'est là et non pas ailleurs qu'il faut chercher la cause des exigences outrées des Hongrois, oubliant que si l'Autriche ne peut pas se passer de la Hongrie, celle-ci n'est pas encore viable en dehors de l'Autriche.

On considère l'alliance russo-prussienne comme un fait accompli; elle aurait pour objectif, d'abord le démembrement de l'Autriche et l'extinction totale de l'élément polonais, devenus solidaires l'un de l'autre par la force des circonstances, et plus tard une attaque générale contre la France, si celle-ci était assez mal inspirée pour laisser abattre sa dernière alliée à l'orient de l'Europe.

Les nouvelles les plus navrantes nous parviennent de Podolie et de Volhynie. Le général gouverneur Bezak, juif de naissance, cherche à surpasser Mouravieff en atrocités et en déprédations de tout genre. Il paraît qu'en prévision de quelque grand événement au printemps, il a reçu l'ordre de confisquer en masse les propriétés polonaises. Il vient de faire une *razzia*, non-seulement sur les habitants qui n'ont pris aucune part au mouvement de 1863, mais sur ceux même qui, à tort ou à raison, ont été suspectés de connivence avec le tzarisme.

On cite les noms de plusieurs attachés à la cour de Saint-Pétersbourg, fort étonnés de se trouver récompensés de cette manière de leur abjecte et servile soumission. Simultanément, le clergé schismatique dirige une croisade très-active contre les catholiques, ce qui dans son langage équivaut au titre de rebelles, et semble vouloir préparer leur massacre en masse au premier signal d'une guerre avec l'Autriche. C'est dans ce but que le gouvernement a décrété la formation de milices communales dans chaque district, et organise dans les anciennes provinces polonaises les éléments d'une guerre civile. En résumé, c'est une lutte à mort entre le tzarisme et la Pologne, et ce qu'il y a de plus affreux, c'est que tous les moyens lui sont bons pour tuer le corps et corrompre l'âme : le meurtre, l'incendie, le pillage, la trahison, l'apostasie, armes qui n'ont jamais été employées par les Polonais.

Cependant, parmi le peuple ruthène circule une légende séculaire, que le dominateur moskovite serait définitivement brisé en 1868, aux environs d'une ville située non loin de la frontière et parfaitement indiquée sous le nom de *Piatyhora* (les cinq collines); que son vainqueur serait le *tzar blanc*, nom sous lequel on a l'habitude de désigner l'empereur d'Autriche, sans doute à cause de la couleur de son uniforme. L'auteur *ruthène* de cette légende, Wernyhora, était au siècle dernier un des bardes les plus renommés de la poétique Ukraine. Nous ajouterons que sa prophétie vient en aide à la popularité croissante de l'Autriche dans le monde polonais; et personne ne doute qu'en cas de conflit l'armée du *tzar blanc* n'ait bon marché des bandits et des pillards qui composent aujourd'hui l'armée moskovite, ayant désormais perdu l'unique mérite qui la distinguait du temps de Nicolas, la discipline.

(*Époque.*)

CXXIII.

Des frontières de Pologne :

La bataille de Sadowa a été pour l'Autriche un avertissement et une incitation sérieuse au progrès. Grâce aux sages mesures du ministère Belcredi, le terrain se raffermit rapidement, et l'union entre le gouvernement et ses administrés en Gallicie devient de jour en jour plus intime. L'agitation ruthène, fomentée par la Russie, s'est retournée contre ses auteurs, malgré les efforts de l'évêque de Léopol, Litwinowicz, de l'abbé Kuziembski et de quelques popes grecs-unis, notoirement vendus au tzarisme, fondateurs d'une société dite de Saint-Georges, qui n'est autre chose qu'un foyer permanent d'intrigues moskovites. Les paysans ruthènes eux-mêmes, étonnés de la longanimité du gouvernement, ne cessent de lui envoyer des protestations contre les opérations ouvertes ou secrètes de ces apostats. Aussitôt la transaction conclue avec la Hongrie, l'Autriche, soutenue par les populations en deçà et au delà des frontières polonaises, sera parfaitement en mesure de défier les grotesques provocations du tzarisme, dont l'armée, désorganisée par l'indiscipline et le pillage, n'est pas en état de soutenir le choc des troupes autrichiennes.

Pour refouler les lâches égorgeurs des prêtres et des enfants polonais, la Gallicie, outre son contingent, donnera volontiers son dernier homme et son dernier écu; la Hongrie, se souvenant de l'invasion russe de 1849, en fera tout autant. L'organisation de la *landwehr* en Gallicie est une mesure d'avenir d'une très-grande portée, car elle initiera tout le gros de la population au métier des armes, fournira des cadres, des instructeurs, et, si les circonstances forçaient l'Autriche à prévenir l'agression de la Russie, lui permettra de jeter un corps d'armée en Pologne.

La Russie ne saurait, à son exemple, former des landwehrs sur son territoire où sur 72,000,000 de population, elle ne compte que 44,000,000 de vrais Moskovites, cantonnés dans les profondeurs de l'empire, tout le reste, y compris les 16,000,000 de Polonais, étant animé d'une haine inextinguible contre le tzarisme.

Armer la Russie, ce serait la forcer à se suicider. En face d'un pareil état de choses, on ne peut assez admirer la démence du prétendu réformateur Milioutin qui, au lieu d'apaiser, de réconcilier les vaincus par des actes ou, du moins, par des semblants de clémence, les a rejetés systématiquement dans le camp de l'Autriche. Milioutin, s'il voulait rallier les paysans, aurait dû respecter la religion, si profondément enracinée dans le peuple polonais, parce qu'elle lui sert encore d'une garantie quelconque contre l'oppression.

Le tzarisme se convaincra bientôt que tout ce que font les sicaires de Milioutin, ils le font contre la Russie et en faveur de la Pologne, dont ils ont accru les forces dans une proportion inouïe par celles de nos paysans désormais initiés au patriotisme. Et s'il croit qu'avec trois oukazes barbares, décrétant une centralisation insensée, il a supprimé la Pologne, il se condamne à d'amères déconvenues. Il est vrai qu'à Varsovie il y a une légère détente; on redoute l'influence allemande qui semble avoir prévalu dans les conseils du tzar ; car on la sait plus intelligente et plus tenace que la tyrannie moskovite, toujours entachée d'une ineptie sans bornes, et on croit après tout la germanisation plus dangereuse que la russification.

Les journaux officiels battent la grosse caisse autour des préparatifs militaires du tzarisme. Mais ce qu'on ne sait pas assez à l'étranger, et ce qui pourtant est vrai, c'est que la Russie n'a plus d'armée capable d'entrer en lice avec une armée européenne quelconque. Pourvue de chefs ignares, plus aptes au métier de bourreaux qu'à celui d'hommes de guerre, sans patriotisme, sans gloire, sans ambition, elle se débandera comme un faisceau de flèches tatares à la première rencontre sérieuse. On aura beau lui donner des canons rayés, il y a manque absolu de canonniers pour les servir. L'*Invalide russe* parle de 300,000 fusils à aiguille devant être distribués à l'infanterie; mais de l'avis des officiers russes eux-mêmes, il faudra vingt ans pour former une génération de soldats capables de manier des armes perfectionnées.

La Prusse a dû ses succès bien plus à la supériorité de culture de ses troupes qu'à son fusil à aiguille. En Autriche aussi, tout le monde est chasseur et plus ou moins familiarisé avec les armes de tir. Mais les chefs ont manqué à l'armée autrichienne, et la défaite de Sadowa a été surtout l'œuvre du général Benedek. Cet homme sans talent, professant un profond mépris pour tout enseignement militaire, a dû son élévation à une source impure : trois cents gentilshommes polonais égorgés à Gdow en sa présence lui ont servi de piédestal pour conquérir son bâton de feld-maréchal et son titre de commandant en chef de l'armée autrichienne.

Notons que, par une singulière coïncidence, ce nom fatidique de Gdow est aussi celui d'une moitié du village de Sadowa. Son dernier fait d'armes a été l'expiation du premier. Une pareille expiation attend le tzarisme, s'il s'avise de changer ses menaces en hostilités ouvertes, et de renouveler en Gallicie les affreux massacres commis en 1863 dans une trentaine au moins de villes polonaises.

(*Époque.*)

CXXIV.

On écrit de Prague, le 6 août 1867, à l'agence Bullier :

Un supplément de *Kolokol* contient un article de Hertzen qui a produit chez nous une immense impression. A propos du langage des journaux russes contre le verdict du jury français dans l'affaire de Berezowski, l'éminent patriote slave s'écrie avec douleur :

« La Russie libre ! Hélas ! nous ne la verrons pas. Briser les obstacles et purifier le pays des miasmes malsains, voilà toute notre tâche. Nous mourrons encore dans l'antichambre d'un meilleur avenir et ce n'est point par peur des gendarmes qui nous barrent l'entrée, mais parce que dans nos veines coule le sang de nos ancêtres fouettés par le knout et les cannes des Pierre et des Biren, de nos ancêtres qui ont condamné nos martyrs et ont prononcé l'arrêt de mort de la Pologne.

« Nous resterons, hélas ! longtemps encore, les descendants de ces laquais mouchards de la 3e division (police secrète); de ces officiers qui ont fouetté jusqu'à la mort nos soldats; de ces seigneurs qui ont fait mourir dans les prisons et enchaîné même après leur mort nos malheureux paysans. Voilà pourquoi circule encore dans les veines de nos *leaders*, de nos journalistes meneurs, le sang de leurs pères, vicié dans les écuries, les antichambres et les bureaux. Il reste dans chacun de nous un atome de Araktchejeff ; il y coule une goutte de Mourawieff ; comment serions-nous capables de comprendre le verdict d'un jury dans les procès politiques!!!... »

(*Opinion nationale.*)

CXXV.

Juin 1868.

Une noble et glorieuse existence s'est éteinte à Antopol, aux dernières limites de la Ruthénie polonaise. La jeune princesse Jeanne Czetwertynska, célèbre par sa beauté et son talent poétique, et qui en 1862 avait reçu à la cour des Tuileries l'accueil e plus empressé, venait d'épouser à Kïow son cousin, M. Ielowięki. Aux premiers jours de l'insurrection de 1863, offrant l'exemple du dévouement et du patriotisme à tous les habitants de la contrée, elle rassembla ses paysans, et leur fit solennellement, dans l'église grecque-unie, donation des terres qu'ils cultivaient. C'était le lien le plus puissant à la cause nationale, en les élevant de la condition de serfs au rang de propriétaires et de citoyens. Accusée pour ce fait de connivence avec les insurgés, de participation secrète à la lutte d'indépendance déjà engagée dans le royaume, elle fut d'abord surveillée à vue, puis emprisonnée dans sa maison, sous la garde de ces mêmes paysans dont elle avait été la bienfaitrice. Bientôt elle accoucha d'un fils, qui, privé des soins nécessaires, tomba malade. Le médecin qu'elle avait fait appeler, bien que polonais, avait l'ordre de n'écrire des ordonnances qu'en langue moskovite, langue étrangère pour elle, et naturellement antipathique à tout Polonais. Il prescrivit deux poudres, l'une pour l'usage interne, l'autre pour le bain de l'enfant. La pauvre mère se trompa ; l'enfant expira dans ses bras, empoisonné par le médicament qui devait lui rendre la santé... Vingt jours plus tard, la princesse Jeanne, devenue folle de douleur, suivit son fils dans la tombe...

Ainsi, dans ce malheureux pays du martyre sans trêve et sans pitié, il faut devenir Russe, c'est-à-dire abjurer sa nationalité, sa croyance, son langage, ou mourir.

(*International.*)

CXXVI.

Juillet 1868.

LE DERNIER JOUR D'UN BOURREAU.

La *Gazette du Rhin* nous donne sous ce titre, avec la signature de M. Gustave Rasch, des détails saisissants et encore inconnus sur les deux Mourawieff, le père et le fils, les sanglants proconsuls de Vilno et de Kowno, détails fondés, dit-elle, sur des pièces authentiques et des témoignages non suspects d'exagération :

« A quelques lieues de Berlin, dans une délicieuse vallée, se trouve le village de Schönberg, dont la maison principale a été changée par son propriétaire, le docteur Lewinstein, en maison de santé. Au milieu d'un ameublement somptueux, évidemment destiné aux plus illustres malades, on y distingue un fauteuil d'une forme étrange, sans dossier, et dont le devant est garni d'une planche mobile, pouvant descendre et monter au moyen d'un mécanisme. C'est sur ce fauteuil, semblable à un chevalet de torture, qu'expira un des plus cruels persécuteurs de la Pologne martyre, Nicolas Mourawieff, en 1863-64 émissaire du tzar à Kowno, le fils de Michel Mourawieff, dit le *Pendeur,* gouverneur général de la Lithuanie.

« Arrivé de Wiesbaden vers la fin d'octobre 1867, en compagnie de cet engin mortuaire, il ne le quitta plus jusqu'à sa dernière heure, et son agonie, juste expiation d'une vie pleine de forfaits, commencée le dixième jour, se prolongea durant tout un mois. Il était atteint depuis un an d'une hydropisie générale produite par une hypertrophie du cœur, dont le volume, après la dissection, a été reconnu par le docteur Lewinstein, trois fois plus grand que dans l'état normal. L'état du moribond était affreux ; il ne pouvait ni faire un mouvement ni même s'étendre sans les plus atroces douleurs : ce qui ne l'empêchait pas de se gorger, jusqu'à la fin, de rhum et de champagne, pour accélérer, croyait-il, les pulsations de son cœur, qui refusait de battre et menaçait de l'étouffer. Sa présence d'esprit et sa mémoire ne l'ont pas abandonné un seul instant; loin de se repentir de ses crimes, il en rejetait toute la responsabilité sur son maître, qui les avait ordonnés, et qui seul, à son avis, devait en porter la peine. Personne, hors le docteur, ne pouvait l'approcher, et de tous les sentiments humains il n'avait gardé qu'une terreur invincible de la mort. Un cri effrayant, entendu par tous les habitants de la maimasion, annonça le terme de son supplice en ce monde...

« C'est ainsi, dit M. Rasch, que celui qui avait brisé tant de cœurs polonais, fut tué lentement, cruellement, durant une agonie de trente jours, par son propre cœur, devenu son tortionnaire et son bourreau. » Voici, en abrégé, le portrait de ce monstre, tel qu'il a été tracé par un des amis du publiciste allemand au service de la Russie :

« Nicolas Mourawieff, surnommé *dourak* (idiot) par ses frères d'armes, était de taille moyenne, blond fauve, avec un front à moitié dépouillé et de grands yeux gris sans expression. C'était un débauché de toutes pièces, et son cynisme égalait sa cruauté. Élevé à l'institut des pages de Saint-Pétersbourg, il entra dans le régiment de lanciers de la garde, qu'il dut quitter peu après comme lieutenant pour faire un mariage d'argent. Le divorce ne se fit pas attendre. Son père, pour s'en débarrasser, le fit nommer gouverneur civil à Simbirsk, à Wiatka, puis à Saratow, et enfin, en 1863, chef militaire à Kowno, à la place du baron Engelhardt. Toute conversation lui était odieuse, excepté s'il s'agissait d'orgie et de massacre. Il craignait son père, et il tremblait en sa présence; il exécutait aveuglément ses ordres, et souvent il cherchait à les surpasser... On ne saurait dire lequel de ces deux hommes a fait plus de victimes dans les familles polonaises; Mourawieff III, le fils, s'est vanté, devant le docteur Lewinstein, d'avoir fait pendre, certain dimanche, une douzaine de prêtres catholiques et grecs-unis. Lorsque ses compagnons lui reprochaient ses excès et ses rapines, il répondait avec une atroce ironie : « Tenez, tout ce sang versé ne vaut pas un verre de champagne... » et il les invitait à boire. Un jour on lui dit que son père avait fait relâcher un prisonnier reconnu innocent: « Décidément, s'écriat-il avec fureur, le vieux a perdu l'esprit... *il se polonise!* »

« D'après ce portrait, ressemblant mais bien au-dessous du modèle, on peut se figurer quelle a dû être l'administration de Mourawieff III dans la province lithuanienne. Il ne se passait pas un jour sans exécutions capitales et sans pendaisons. Il suffisait du moindre soupçon pour être saisi; les captifs étaient entassés par centaines dans des caves humides changées en cachots, et souvent expiraient sous le bâton. Les officiers russes et les employés de tous grades extorquaient des sommes énormes des habitants avec ce seul mot : — Vous êtes suspect! — Or, pour être suspect, il suffisait d'avoir recueilli un blessé, fût-il un frère, ou de posséder un livre de prières en polonais. Les couvents, sans cesse vidés et remplis, ne pouvaient plus contenir les prisonniers de tout âge et de toute condition; le surplus était déporté en masse pour faire place aux arrivants, et la déportation était réputée, dans le langage officiel, mesure de clémence. A Vilno seulement, sous le règne exécrable de Mourawieff II, il se trouvait 5,000 prisonniers d'État, dont bien peu sans doute aujourd'hui ont survécu à leur bourreau. Les veuves et les filles étaient traînées de force aux bals moskovites, sous la menace de voir pendre ce qui restait de leurs parents. Sigismond Sierakowski, officier du plus haut mérite, que le gouvernement russe avait envoyé à plusieurs reprises en France et en Allemagne, pour étudier l'armement des places fortes, ayant pris part, sous le nom de Dolenga, à l'insurrection de 1863, fut saisi et pendu à Vilno sous les yeux de sa femme. Celle-ci, devenue folle, fut déportée en Sibérie, et son fils jeté dans l'hospice des enfants trouvés...

« Voilà quelques traits, entre mille, de cette politique d'extermination adoptée par le tzarisme en Pologne, dont les deux Mourawieff ont été l'incarnation la plus complète, et qui s'exerce encore aujourd'hui dans toute sa rigueur. Le général von Kaufmann, successeur de Mourawieff II, a fait pendre un nombre quadruple de victimes, mais sans ostentation et dans l'ombre des cachots, comme s'il avait à tâche de faire disparaître, non plus les patriotes polonais, mais la race elle-même. Par un oukaze daté du sol français, le père, avant de mourir, a été gratifié du grand cordon de Saint-André; le fils, mort comme lui dans l'ivresse du sang et du carnage, n'a pas été jugé digne même de cette méprisable distinction. »

(*International.*)

CXXVII.

Août 1869.

Le *National* de Léopol, (*Gazeta Narodowa*) nous transmet les paroles prononcées par M. Kristien Ostrowski, dans une réunion patriotique, le 11 de ce mois. Il avait été chargé par les émigrés polonais de Paris de porter quelques poignées de terre recueillie sur les tombes de ses compatriotes illustres morts en exil, pour le monument élevé en souvenir de l'Union polono-lithuanienne, et dont le troisième centenaire a été célébré à Léopol le 11 août dernier.

Voici le résumé de son allocution :

« Je ne croirais pas avoir rempli le mandat dont j'ai été chargé par nos frères en exil, si je ne vous remerciais publiquement, dans les limites qui nous sont tracées par les lois du pays, pour votre accueil unanime à notre message du 11 août dernier, pour l'écho fraternel qu'ont trouvé dans vos cœurs ces milliers de voix arrivées d'outre-tombe, par tous les chemins du globe, à l'occasion du troisième centenaire de l'Union polono-lithuanienne. D'outre-tombe, ai-je dit ; car, croyez-le bien, amis et frères, cette existence aventureuse de l'exil, loin de vous, loin du pays natal, ce n'est point la vie réelle. Nous ressemblons à ces ombres errantes, condamnées à ne jamais s'arrêter, jusqu'à l'entière expiation de leurs fautes ; ne pouvant ni vivre ni mourir, elles n'aspirent désormais qu'à l'anéantissement total ou à l'entière résurrection. Quelques hommes, il est vrai, se sentent plus à l'aise sous un ciel étranger, s'expriment plus volontiers dans un langage étranger, et n'appartiennent plus à leur pays que par le nom et la fortune... Mais ces hommes sans patrie, ces renégats du martyre, dont le nombre va toujours en décroissant, vous les connaissez trop bien par leurs œuvres, et vous savez que nous ne sommes pas ici leurs délégués. C'est la Pologne des Piasts, des Jaghellons et des confédérés de Bar qui nous envoie. Notre croyance, notre symbole, notre unique espérance et notre gloire, est un dévouement de tout notre être, individuel et collectif, à sa sainte cause, au salut de tous les peuples ses alliés par le sang ou la liberté. C'est là le lien perpétuel, plus solide que toutes les tyrannies, entre nous et la patrie polonaise, entre le passé et l'avenir, depuis le jour de l'Union triséculaire de Lublin jusqu'à ce moment. Un jour, lorsque je me sentirai revivre parmi vous, guéri de ce mal trop souvent mortel, car il ronge à la fois le corps et l'âme, mal qui me suit depuis tantôt quarante années, et que vous avez déjà tacitement nommé l'expatriation, je vous dirai notre pensée à tous sur la situation présente de la Gallicie, sur les devoirs que cette situation unique dans notre histoire nous impose envers nous-mêmes, envers les Slaves d'une même origine, envers l'Europe. C'est de ce tronc toujours vivace, bien que flétri au sommet, que doit se relever de toute sa hauteur l'arbre à demi brisé de l'ancienne Pologne. Aujourd'hui, je ne puis que vous transmettre du fond du cœur, bien que d'une voix presque éteinte, au nom de mes compagnons d'exil, ces paroles de fraternité. Je ne puis que vous rendre, au nom de nos pères, dont j'ai répandu les saintes reliques sur le tertre commémoratif de l'Union, cette bénédiction pour vous et pour vos patriotiques efforts de conservation et de rénovation nationale. »

(*National*.)

CXXVIII.

Je viens de recevoir d'un digne jeune homme, un des héros de Châteaudun, une lettre qui me remplit de tristesse ; elle est courte, la voici :

Paris, 19 mai 1873.

Cher compatriote,

Suivant votre conseil, je suis allé à Saint-Cyr, et je me suis présenté au général Rossel, commandant de l'École. Je lui ai exposé ma triste position, en lui témoignant le désir d'être admis, par son influence, au nombre des élèves. Comme il m'a vu personnellement à l'œuvre, pendant la guerre de 1870, il m'a fort bien accueilli ; mais il m'a dit, avec tous les ménagements possibles que, « d'après un ordre formel du ministre de la guerre, les étrangers sont désormais exclus de l'École militaire, et particulièrement *les Polonais*... Cette mesure, a-t-il ajouté, lui fait d'autant plus de peine que, pendant la campagne, lui-même a commandé beaucoup de braves soldats de cette nation, auxquels il gardera toujours le plus affectueux souvenir, etc. »

Ce qui rend cette réponse plus singulière, c'est que le signataire de la lettre ci-dessus, le jeune prince Henri Oginski, s'est distingué au siége de Châteaudun, sous les ordres de Lipowski, sorti lui-même de l'école Saint-Cyr, et qu'il a été décoré de la main du général... Grièvement blessé, il a profité de sa première sortie, après deux ans de souffrance, pour faire la demande et pour recevoir la réponse que nous venons de lire.

Trois cent mille soldats polonais sont tombés dans les rangs de la République et de l'empire français ; on a peine à comprendre les motifs qui font exclure aujourd'hui leurs descendants d'une armée où leur place était acquise à l'avance par le droit du sang.

(*Opinion nationale*.)

CXXIX.

LE PANSLAVISME.

Le *panslavisme* est, on le sait, l'unification de tous les peuples d'origine slave sous le sceptre de la Russie, projetée par Pierre Ier et poursuivie sans relâche par tous ses descendants. Afin de donner une idée des dangers qui résulteraient pour l'Occident de cette agglomération de la race slave, la plus nombreuse en Europe, sous un gouvernement barbare, nous mettrons sous les yeux de nos lecteurs le tableau suivant, composé d'après les travaux de Malte-Brun, de Schnitzler, du général J. Bem, etc., et qui présente sommairement les envahissements successifs du tzarat de Moskou, depuis son origine jusqu'à nos jours.

Tzarat (grand-duché) *de Moskovie*.

Dates et faits.	Étendue en mill. carrés géogr.	Population.
1328, à l'avénement d'Yvan (à la Bourse)..	4,656	7,290,000
1462, à l'avénement d'Yvan Ier	18,474	
1503, à la mort d'Yvan Ier	37,137	
1584, à la mort d'Yvan II	125,465	
1645, à la mort de Michel Ier	134,361	
1689, à l'avénement de Pierre Ier	203,900	16,000,000

Empire de Russie.

Dates et faits.	Étendue en mill. carrés géogr.	Population.
1725, à l'avénement de Catherine Ire	273,815	20,000,000
1762, à l'avénement de Catherine II	319,538	25,000,000
1796, à la mort de Catherine II	331,830	33,000,000
1825, à la mort d'Alexandre Ier	367,494	56,000,000
1831, à la prise de Varsovie	369,761	60,000,000

C'est-à-dire que depuis deux siècles la Russie a doublé son territoire, et que, depuis cent ans, elle a triplé sa population.

Ses conquêtes depuis soixante ans sont égales à tout ce qu'elle possédait en Europe avant cette époque;

Ses conquêtes sur la Suède sont plus grandes que tout le reste de ce royaume;

Ses conquêtes sur les Tatars ont une étendue égale à celle de la Turquie d'Europe, avec la Grèce, l'Italie et l'Espagne;

Ses conquêtes sur la Turquie d'Europe sont plus grandes que le royaume de Prusse, moins les provinces rhénanes;

Ses conquêtes sur la Turquie asiatique sont égales à tous les petits États de l'Allemagne;

Ses conquêtes sur la Perse sont égales à l'Angleterre;

Ses conquêtes sur la Pologne sont égales à tout l'empire d'Autriche.

En dépouillant le chiffre de sa population, on trouve :

2,000,000 pour les tribus du Kaukase.
4,000,000 pour les Kosaks, les Kirghiz et les Géorgiens.
5,000,000 pour les Turks, les Mogols et les Tatars.
6,000,000 pour les Suédois, les Finnois et les Ouraliens.
20,000,000 pour les Moskovites du rit grec-schismatique.
23,000,000 pour les Polonais du rit romain et grec-uni.

60,000,000

La population de l'ancienne Pologne compte pour les 2/5 de la population totale, sur 4/8 du territoire;

C'est-à-dire que l'élément polonais s'y trouve en très-grande majorité relativement à tous les autres.

Cependant, en admettant la possibilité de la conquête de l'empire ottoman par la Russie, le chiffre de sa population grossirait de la manière suivante :

1° La Russie d'Europe et d'Asie		56,000,000
2° Le royaume de Pologne (1815)		4,000,000
3° La population slave en Autriche		15,700,000
4° — en Prusse		2,000,000
5° La Moldo-Valaquie et la Serbie		2,300,000
6° La Grèce et la Turquie (moins l'Égypte)		20,000,000
		100,000,000

C'est-à-dire que la Russie, après la réunion des peuples slaves (romains et schismatiques) et l'occupation de Constantinople, qui en serait la première conséquence, aurait une population de 100,000,000 d'habitants sur la sixième partie du globe habité.

Cent millions d'hommes! tel est donc le total de la population de l'empire *gréco-slave* rêvé par le tzar Pierre Ier, et qui deviendrait nécessairement une réalité par l'absorption de la Pologne.

D'après ces données basées sur des chiffres incontestables, le dernier terme du panslavisme serait :

La domination universelle de la Russie.

Espérons, toutefois, qu'il n'en sera pas ainsi : *République* ou *kosaque,* a dit Napoléon Ier.

Alexandre II, dit *le Magnanime,* avec son compère Bismark et son digne ami Mourawieff II *le Pendeur,* et Napoléon III *le Petit,* avec son respectable frère de Morny, seront probablement les derniers représentants du principe monarchique en Europe, qu'ils ont flétri et rendu impossible à tout jamais. Il est vrai que ce n'est plus un principe, mais un fait monstrueux dans l'époque actuelle. Heureusement pour leurs héritiers, il leur restera comme dernier refuge l'Asie, avec la Chine à conquérir, et peut-être une partie de l'Afrique méridionale, dans le voisinage des Hottentots, avec des esclaves nègres à faire bâtonner pour leurs menus plaisirs. Mais il est essentiel de ne pas les laisser vaguer en liberté sur notre ancien continent, pour y faire tout le mal qu'ils peuvent faire encore, pas plus que les fauves des bois dans une cité ouverte à l'intelligence et au travail.

(*Opinion nationale.*)

ÉPILOGUE

« Scrivo, perchè non m'è dato di fare. »
ALFIERI.

Voici quelles ont été nos pertes en hommes durant l'insurrection de 1863 :

a. Sur le champ de bataille	53,800
b. Par la pendaison	1,468
c. Déportés en Sibérie	28,681, dont 164 femmes.
d. Déportés dans les mines de l'Oural	38,786
e. Internés au fond de la Russie asiatique	12,558, dont 218 femmes.
f. Enrôlés dans les compagnies de discipline	2,416
g. Mis au secret	31,500, dont 620 m. en pris.
h. Condamnés à mort par contumace	760
i. Paysans déportés de la Lithuanie, au moins	100,000
Total	269,969

Ce bilan est bien au-dessous de l'exacte vérité, notre évaluation s'appuyant surtout sur les rapports officiels de nos ennemis, et beaucoup de combats ayant été livrés sans qu'aucune relation nous en soit parvenue.

En somme, près de 270,000 existences de moins au service de la civilisation et de la liberté! C'était assurément l'élite de la nation polonaise, une génération entière de sa jeunesse intelligente et brave, trahie avant même de combattre, et qui pouvait devenir éventuellement l'avant-garde de la France...

En reproduisant ce chiffre, un journal allemand des États-Unis (*New-Yorker Staats-Zeitung*) du mois de mars 1875, s'écrie avec indignation :

« La Russie seule est capable de commettre de pareils massacres. »

Nous compléterons sa pensée en disant :

« La Pologne seule est capable de subir de pareils sacrifices, qui, sans aucun doute, ne seront pas les derniers. »

Nous aurions voulu continuer ces *Lettres slaves*, depuis le dernier soupir de notre insurrection, pendant la campagne de Sadowa, l'expédition du Mexique, etc., ces sinistres folies ou plutôt ces trahisons préméditées de Napoléon III; mais nous avons dû suspendre notre travail, désormais inefficace pour la cause que nous servons. La France moderne, assoupie dans le parlementarisme verbeux et stérile de la dynastie de Juillet, judaïsée, c'est-à-dire corrompue d'outre en outre par le second empire, ne veut pas, et le voulût-elle sérieusement, ne peut pas nous entendre. L'intelligence française, nous le disons avec une douloureuse conviction, s'arrête aux limites actuelles de la France, à la Moselle et aux Pyrénées; tout ce qui est au delà est pour elle incompréhensible, chimérique, fabuleux; faute de pouvoir s'en rendre compte, elle le raille ou le nie ouvertement. Les Slaves n'existent pas; c'est quelque chose d'énigmatique et de légendaire, comme le souvenir des nations disparues depuis vingt siècles : et si l'on voit encore quelques rejetons de cette race évanouie, ce sont toujours des chercheurs de fortune et de positions à l'étranger. Parfois après une heure de conversation avec un homme d'État ou bien un publiciste français, il m'est arrivé d'entendre ces mots singuliers, en guise de conseil amical : « Amnistie générale, retour en grâce de S. M. l'empereur de toutes les Russies... » ou quelque bonne naïveté de ce genre. Dans une autre sphère, le *voyou*, c'est-à-dire l'artisan buveur et désœuvré, élevé par certains petits énergumènes haut placés dans l'horreur du capital, de la propriété, de la famille et du gendarme, a déteint un peu trop largement sur les affaires politiques de son pays. Il a ses orateurs à la Chambre, ses écrivains dans les journaux, sa grande association dans l'*Internationale* de Londres, ses affiliés partout. On lui a tant dit qu'il était le *souverain*, qu'il a fini par adopter les goûts et les habitudes de son état. Et voyez comme les noms même sont menteurs! Ces prudents réformateurs qui méditent dans l'ombre l'entière destruction de la société, sans doute pour pouvoir se partager ses dépouilles, se font appeler *socialistes* par leurs aimables élèves! Les doctrines insensées de ces charlatans, procédant du comte de Saint-Germain ou de Cagliostro plutôt que de Fourier, ont retardé de bien longtemps, sinon rendu impossible, l'avénement de la liberté en Europe.

A ces hommes, ou pour mieux dire ces bêtes fauves, toute cause qui n'a pas pour but ostensible ou secret *le pillage*, est absolument indifférente ou même hostile : ces *know-nothings* de notre ancien continent unissent la Pologne, la légitimité, le pouvoir, l'armée, le jésuitisme, la religion et surtout la cour d'assises dans une même exécration. La jeunesse est presque entièrement livrée à la littérature interlope de MM. tels et tels, avec accompagnement de musique de guinguette allemande. Les plus délicats prennent modèle sur les héros de la *Vie parisienne* et du *Demi-monde*. L'armée seule, cette partie encore vivante et vivace de la nation, nous estime et nous aime; mais ce n'est que l'armée, c'est-à-dire une force obéissant à une volonté qui n'est pas la sienne... Tristes ruines morales accumulées sur la France pendant vingt années par la corruption du second empire, cent fois plus hideuses et plus difficiles à déblayer que les décombres, encore debout, des édifices parisiens, calcinés par le pétrole de la Commune !

Continuer dans ces conditions notre lutte de parole et de plume, ce serait donc perte de temps, sinon perte d'illusions; car nous pouvons affirmer que nous n'avons jamais partagé les puériles croyances de nos compatriotes dans la solidarité de la France avec les nations opprimées. Nous nous souvenons trop du « *Chacun pour soi !* » sacremental de tous les gouvernements qui se sont succédé depuis 1830. On lui doit tout, et elle ne doit rien à personne. Ceux qui lui ont donné leur sang et leur avoir n'ont fait que payer un tribut très-légitime, une rançon de barbares soumis, n'emportant aucune obligation de sa part. Tel est le génie de cette singulière nation, retranchée comme dans une muraille de la Chine dans un assemblage de préjugés mesquins et surannés, tout à fait incompatibles avec l'époque de relations universelles dans laquelle nous vivons. Il vaut mieux, pour notre salut et celui de l'Europe, tourner désormais nos yeux vers nous-mêmes, les aînés de la grande famille slave, pour faire profiter nos alliés naturels, Hongrois, Ruthènes ou Bohêmes, de notre esprit de sacrifice et de l'expérience acquise par tant de malheurs, avant que nous puissions les utiliser pour le prochain réveil et le triomphe effectif de notre indépendance.

« *Trois mois de révolte et de carnage, et puis trente années de paix...* » disait l'empereur des Français au grand-duc Constantin, alors son hôte à Paris, qui se plaignait de ne savoir où donner de la tête avec l'indomptable patriotisme des Polonais. On voit que le coup d'homme du 2 décembre a été suivi ponctuellement par les fils du tzar Nicolas, à cela près que, *la révolte et le carnage,* au lieu de durer trois mois, se sont prolongés pendant plus de deux années, et sont loin d'être à leur dernière limite. Les tueries orthodoxes de Chelm, exercées sur de pauvres paysans du rite grec-uni, en sont aujourd'hui même la continuation. Si Napoléon III a pu se figurer que des meurtres pareils à ceux qui ont inauguré son règne pouvaient étouffer dans le sang leur sentiment national et leur volonté d'être libres, c'est qu'il ne connaissait pas les Polonais. Le miséricordieux tzar Alexandre II a résolu de même, pour étendre et illustrer le sien, l'anéantissement total de la race polonaise; il a mis à l'œuvre les Mourawieff, les Toll, les Bagration, les Korff, les Ramsay; il a déchaîné contre elle les vieux-croyants, les Baskirs, les Kalmouks, tous ces monstres à face humaine de la Russie kosaque et mogole; il a fait massacrer des femmes et des enfants, peupler la Sibérie de déportés et combler les mines de l'Oural de cadavres; il a appelé à son aide la peste et la famine, tout cela pour l'accomplissement de cette pensée atroce de destruction, digne d'un sauvage ivre, inspirant à la fois l'horreur et le mépris.

Et la France, qu'a-t-elle fait ?

Ainsi, pour trois cent mille soldats polonais, morts sur les champs de bataille de Napoléon Ier, non-seulement le *second* empire n'a pas secouru la Pologne, mais il l'a vendue et livrée à ses bourreaux à beaux deniers comptants, comme Judas avait vendu et livré le Christ... C'est un dignitaire français, le président de l'Assemblée nationale, le frère utérin de l'empereur, qui a été l'agent de cette ignoble perfidie. Déjà riche à millions, il a triplé sa fortune en spéculant sur le martyre de la Pologne. A Dieu ne plaise que nous rendions la nation française responsable du crime de ses tyrans ! Napoléon III a fait de même à son égard, lorsque, renfermé dans Sedan avec ses fourgons remplis d'or, au lieu de périr glorieusement, il a jeté son épée encore intacte aux pieds des vainqueurs de Sadowa. Il s'agissait pour lui non de sauver l'honneur, en prolongeant un combat désormais inutile, mais de sauver... un milliard, très-utile à un prince détrôné, dont les intérêts ont servi à solder les orgies de l'exécrable *Commune,* son instrument de vengeance, et le complot permanent de *l'Appel au peuple,* son exécuteur testamentaire[1].

La guerre de 1870 n'aurait pas eu lieu si la France, fidèle à ses anciennes traditions, à ses engagements tant de fois formulés dans les deux Chambres, depuis leur première Adresse en 1831 jusqu'au vote *unanime* du 23 mai 1848, avait aidé la Pologne à se relever. Les massacres de Varsovie n'ont été, dans la pensée de M. Bismark, leur instigateur occulte, que le prélude d'une attaque depuis longtemps méditée contre la France; la seconde étape devait être Vienne, la troisième Paris. Mais il fallait d'un côté engager celle-ci dans une expédition aventureuse au delà des mers, la déconsidérer par l'abandon de la Pologne; de l'autre, occuper la Russie d'une lutte désespérée, qui la paralyse encore aujourd'hui, avant de frapper les premiers coups sur le Rhin. Notre victoire aurait fait évanouir ce plan audacieux du ministre teuton, en forçant la Prusse à se tenir

---

1. Ce bâtard d'extraction allemande, fils apocryphe d'un forban hollandais (Verhuel), ne se souciait de rien au monde, hors de l'argent. Aussi les banquiers de Londres et de New-York connaissent mieux que personne les motifs réels de la capitulation de Sedan. La misère simulée de la famille napoléonienne est évidemment la plus audacieuse des fourberies.
Voyez : *Le Dernier des Napoléon,* p. 27, par un homme d'État autrichien (probablement M. de Beust).

ÉPILOGUE.

sur la défensive dans ses provinces polonaises. Cette victoire, la France pouvait l'assurer sans même déclarer la guerre, et sans dépenser une obole. Elle pouvait le faire avec l'association, alors possible, de l'Autriche, de la Turquie, de la Suède, voire même de l'Angleterre, qui n'aurait pas manqué de motifs tout-puissants pour la seconder, association proposée par elles dès le début de notre insurrection, ce dont nous avons en main des témoignages et des preuves irrécusables[1]. Elle pouvait le faire d'abord par une manifestation collective de leur volonté, basée sur les traités de 1815, pour faire cesser une guerre d'égorgements et d'incendies, puis en nous envoyant, à nos frais, les armes de rebut dont ses arsenaux étaient encombrés, et quelques officiers d'élite de la campagne de Krimée, qui n'attendaient qu'un signal pour venir se mettre à notre tête. Ce secours, nous l'avons demandé par délégation au nom du gouvernement national; il nous a été répondu, par l'organe du ministre d'État et des affaires étrangères : « *Que la France n'avait ni un fusil ni une cartouche pour l'insurrection polonaise, et ne voulait pas se départir de sa neutralité*[2]. » Ce secours, nous l'attestons hautement, nous aurait suffi pour venir à bout des hordes moskovites, ce ramas de bandits déjà terrifiés par nos premiers combats, profondément démoralisés par l'ivresse, le meurtre et le pillage. Elle en avait le droit, et bien plus, l'obligation, surtout depuis la violation réitérée du territoire polonais par l'intervention prussienne, du territoire autrichien par les troupes moskovites.

Au lieu de cela, elle a fait adresser de timides remontrances au lieutenant du tzar, à Varsovie, qu'elle savait d'avance n'avoir d'autre effet possible que d'exaspérer les massacres; rédiger et publier ce chef-d'œuvre d'ineptie diplomatique, intitulé les Six Points...

A vrai dire, la France n'a jamais eu l'intention de nous tendre une main secourable; bien au contraire, elle semblait avoir à cœur, au moment décisif, de faciliter la tâche d'extermination entreprise par nos ennemis. Il y a plus : la France s'est opposée, à plusieurs reprises, par des motifs que nous ne pénétrons pas, au rétablissement de la Pologne, dont la non-existence est devenue pour elle, depuis un siècle, de même que pour l'Europe monarchique, une maxime de cabinet[3]. « *A quoi bon une Pologne indépendante ?* disait en 1863 lord Palmerston; *c'est bien assez d'une France en Europe !* » Elle a préféré se donner sans réserve aux juifs de Frankfort et de Berlin, qui tiennent aujourd'hui toutes les avenues de la finance, du commerce, de l'industrie, de la presse, du théâtre, etc., qui seront demain les maîtres fonciers du pays, et qui lui ont apporté en échange, dans leurs besaces de vagabonds, la lèpre dont elle meurt, l'usure, la débauche et l'abrutissement. La suprême aspiration de sa politique, si on peut appeler ainsi une série de bévues sans nom et sans nombre, a toujours été, depuis Catherine II, l'alliance russe. Quelle alliance, grand Dieu, pour une nation soi-disant républicaine, ou simplement libérale ! Ne serait-ce pas le cas de dire : « *Tel qui se ressemble, s'assemble ?...* » Mais alors, il faut en convenir, la France a complètement manqué de franchise et de réciprocité à notre égard. Il n'aurait pas fallu nous bercer, comme elle l'a fait en 1807, en 1830, en 1848 de promesses ambiguës qui devaient aboutir à une éclatante défection. Il eût été plus généreux et surtout plus loyal de nous dire : « Nous voulons bien que vous ayez confiance dans nos sympathies et que vous fassiez tout au monde pour les mériter, à la condition toutefois qu'elles ne se changent jamais en faits positifs, et restent invariablement à l'état de souhaits platoniques. Nous nous servirons de vous pour les besoins de notre politique extérieure, nous vous donnerons même asile chez nous à titre d'étrangers et de proscrits à perpétuité, mais voilà tout, ne nous en demandez pas davantage ! » Ce langage, assurément, nous aurait dessillé les yeux sur notre situation d'isolement et d'abandon; il aurait prévenu les deux grandes catastrophes de 1831 et de 1863, qui nous ont jetés en proie à la Russie. Mieux informés, nous aurions placé ailleurs nos espérances et nos incalculables dévouements[1].

---

1. Voyez : pour la Turquie, p. 592 ; pour la Suède, p. 593 ; pour l'Autriche, p. 702.
2. Voyez page 787.

3. *(a) Convention secrète signée le 4 janvier 1810 (23 décembre 1809), entre la France et la Russie :*

« Art. 1er. — Le royaume de Pologne ne sera *jamais* rétabli.
« Art. 2. — Les hautes parties s'engagent à veiller à ce que la dénomination de Pologne ne s'applique *jamais* à aucune des parties qui ont précédemment constitué ce royaume, et disparaisse *pour toujours* de tout acte officiel et public.
« Art. 3. — Les ordres de chevalerie qui appartenaient à l'ancienne Pologne seront abolis, sans pouvoir *jamais* être rétablis... etc. »

Histoire de France, par BIGNON, t. IX, p. 102.

« Sa Majesté approuve que le nom de Pologne et de Polonais disparaisse, non-seulement de *toute transaction politique*, MAIS MÊME DE L'HISTOIRE!... »

(Lettre de M. de Champagny au comte de Roumianzoff, 20 octobre 1809. *Ibidem*, t. VIII, p. 390.)

(b) Instructions envoyées par Louis XVIII à son ambassadeur au Congrès de Vienne :

« La Russie ne veut pas le rétablissement de la Pologne pour perdre ce qu'elle a acquis, elle le veut pour acquérir ce qu'elle ne possède pas. Or, ce serait créer pour l'Europe un danger si grand, si imminent, que, quoiqu'il faille tout faire pour la conservation de la paix, *si l'exécution d'un tel plan ne pouvait être empêchée que par la force des armes*, IL FAUDRAIT LES REPRENDRE !... »

(*Le Congrès de Vienne* (1814-1815) et *le Congrès de Paris* (1856), par le baron S. DE GROVESTINS, chez Dentu, p. 40.)

Ainsi la France officielle voulait empêcher, *même par la force des armes*, le rétablissement de la Pologne, projeté en 1814 par Alexandre Ier !

Il n'y a pas un esprit honnête et sensé, croyons-nous, qui lisant ces deux passages, ne soit saisi d'indignation et de colère. Rien de pareil n'a été proféré, même par nos plus cruels ennemis, les Moskovites. Et pourtant Louis XVIII descendait d'une reine polonaise, Marie Leszczynska ! Et pourtant la couronne de Pologne lui avait été offerte par Napoléon, le 26 février 1803, à Varsovie même, où il reçevait une hospitalité vraiment royale !... *Ab uno disce omnes.*

1. On ignore généralement que les subsides accordés aux

Elle porte aujourd'hui la peine de sa duplicité dans l'unification de l'Allemagne, que la Russie épuisée, avilie par sa dégradante victoire, que l'Autriche atterrée par sa défaite ne pouvaient empêcher, et dans la perte de ses frontières rhénanes, l'Alsace et la Lorraine, l'héritage du roi de Pologne, Stanislas Leszczynski [1].

Il résulte de tout ceci que nous avons eu tort de compter sur la fraternité nationale de la France, chevaleresque rêverie de nos ancêtres, aujourd'hui disparue dans le sang et les larmes de trois générations. Leçon terrible et suprême pour tout peuple qui, dans nos jours néfastes, oserait remettre ses destinées aux mains d'un peuple d'une autre race que la sienne, si grande que soit leur conformité de croyances, de mœurs et de caractère. Il n'en sera jamais compris et il ne le comprendra jamais. En dehors de la liberté, la fraternité des peuples n'existe pas; or sous Napoléon Ier comme sous Napoléon III, ni la France ni la Pologne n'étaient libres. Les esclaves n'ont pas de frères.

La République actuelle, au lieu de profiter des enseignements du passé, de chercher sa force réelle dans le principe sauveur des nationalités, sorti de ses entrailles, semble au contraire, par une aberration inexplicable, incliner du côté de la Russie, qui en est la négation la plus absolue. Comme nous, elle croit trouver son point d'appui en dehors d'elle-même, dans une race étrangère, illusion fatale que nous avons payée de notre existence. Or, la Russie et la Prusse, en politique, ne font qu'un; elles seront toujours soudées l'une à l'autre par un intérêt dominant et commun à toutes deux, la destruction du culte romain, qui ne peut être obtenue que par la conquête et l'asservissement total de la France. Cette alliance, ou plutôt cette complicité, qu'on n'espère pas la disjoindre par d'autres intérêts, qui resteront nécessairement subordonnés à celui-ci. Ce serait de la part des hommes d'État français, s'il en est encore, retomber dans les errements des deux empires; marcher les yeux bandés vers un abîme sans issue, ou pour exprimer toute notre pensée, vers le démembrement de leur patrie. D'ailleurs, nous l'avons dit plus haut, l'idéal de l'Allemand et du Moskovite, par la conquête du sol, comme celui du Juif par l'argent, c'est la domination, c'est-à-dire l'esclavage universel, et non pas la fédération, c'est-à-dire la liberté. C'est dans cette disposition égoïste, négative, anti-fraternelle, de la race allemande, et de son annexe, le tzarisme, que se trouve le malheur irrémédiable de notre espèce.

Non, la force de la France est ailleurs; elle est en elle-même et dans les peuples de race latine qui l'environnent. La France purement française, est absolument impuissante en face du *panslavisme russe* et du *pangermanisme prussien*, soit réunis contre elle, soit même isolés. Son unique salut, et un prochain avenir le lui prouvera, est dans une *Fédération gallo-romaine,* dont elle serait l'initiatrice et le foyer. C'est vers la réalisation de cette vaste synthèse, la meilleure et la plus sûre de toutes les alliances, et surtout vers l'instruction telle, quelle de son pauvre peuple à demi-sauvage (le mot pourra sembler excessif à l'étranger, il est à peine suffisant), que devraient tendre désormais tous ses efforts et son activité, plutôt que de s'énerver dans des compétitions de pouvoir, des luttes de portefeuilles et des essais de restaurations impossibles. Comme masse, comme étendue, comme intelligence, elle serait alors de beaucoup la plus forte. L'Allemagne vous a vaincus par l'unification de sa race; faites comme elle, et vous vaincrez. Ce conseil désintéressé que nous lui donnons aujourd'hui, lorsque nous n'avons plus rien à attendre d'elle, mais que nous n'espérons pas faire accepter à son incurable orgueil, décidera dans les vingt-cinq dernières années de ce siècle, de sa régénération ou de sa ruine.

En terminant notre laborieuse tâche de quarante années, nous déclarons, une fois pour toutes, qu'obéissant à la voix de la justice et de la vérité, fidèle à nos traditions de famille, nous n'avons de parti pris contre personne de nos compatriotes, si ce n'est contre certains faux frères, en très-petit nombre, Dieu merci, qui, sous le manteau de l'Émigration, servent plus ou moins ouvertement les intérêts du tzarisme. Ces dangereux malfaiteurs sont jugés par leurs actes; et leur sordide industrie, objet de mépris pour les Russes eux-mêmes, nous trouvera toujours inexorable comme le destin. Il n'en est pas ainsi de nos compatriotes égarés, qui défendent loyalement, à leur point de vue, les droits sacrés de la Pologne indépendante, quoique par des moyens que nous sommes loin d'approuver. Nous serons heureux si leur avenir nous permet quelque jour de remplacer par l'éloge le plus absolu, le blâme équitable et sincère que les malheurs du pays nous ont fait un devoir d'exprimer sur leur présent.

14 juillet 1875.

---

réfugiés polonais indigents sont prélevés sur les intérêts d'un capital de 100 millions, emprunté par Napoléon Ier au grand-duché de Varsovie.

En 1834, l'ex-ministre des finances du royaume, le prince Xavier Drucki-Lubecki, a été chargé par Nicolas de réclamer du gouvernement français le payement de cette somme, déjà plus que doublée par une accumulation de vingt-cinq années. Heureusement, on a trouvé un prétexte pour la lui refuser dans l'entretien des émigrés, dont la dépense annuelle équivaut à peine à la moitié des intérêts, et laisse jusqu'aujourd'hui le capital lui-même parfaitement intact.

1. Par une singulière coïncidence, la capitulation de Strasbourg a été signée, pour le compte de l'Allemagne, du nom d'un colonel Leszczynski.

TABLE DES MATIÈRES

Préface. v

THÉATRE.

		Pages.
I.	Griselde ou la Fille du peuple, drame.	3
II.	Françoise de Rimini, tragédie.	30
III.	Edvige de Pologne, drame.	46
IV.	Jean III Sobieski, trilogie guerrière. — Deuxième partie : le Siége de Vienne, drame.	77
V.	Marie-Magdeleine, ou Remords et Repentir, drame.	111

		Pages.
VI.	Adalbert, martyr, poëme lyrique.	146
VII.	Azaël, ou le Fils de la Mort, poëme lyrique. .	154
VIII.	La Lampe de Davy, ou l'Amour et le Travail, comédie.	165
IX.	L'Avare, comédie de Molière, mise en vers. . .	173
X.	Pygmalion, poëme lyrique d'après J.-J. Rousseau.	208

LIVRES D'EXIL.

LIVRE I. — NUITS D'EXIL.

I.	La Chênaie	213
II.	Sur le monument de Kosciuszko	215
III.	Le Doute et la Foi.	217
IV.	Le Songe.	219
V.	Le Néant.	221
VI.	Résignation.	223
VII.	Les Deux Ames	225
VIII.	Les Dernières Amours.	227
IX.	Le Baiser des morts.	229
X.	Dernier Rêve.	229
XI.	L'Hommage du Pharis	230
XII.	Eldjéni.	231
XIII.	A M. Ary Scheffer	233
XIV.	A Tony Robert-Fleury	235

LIVRE II. — VARSOVIENNES.

I.	Hymne à Kosciuszko.	237
II.	Le Massacre de Praga	238
III.	Non, tu ne mourras pas	242

IV.	Boze cos Polske	243
V.	Gloire au sol polonais !	243
VI.	Liberté !	244
VII.	Le 29 novembre.	244
VIII.	Le Rêve de sang.	249
IX.	Le Réveil	252
X.	La Hongroise	254
XI.	Le Coup d'État.	255
XII.	Avec le sang.	256
XIII.	Hymne à la Pologne.	257
XIV.	Vive la paix !.	257
XV.	Ode à l'obélisque.	258

LIVRE III. — L'HERBIER.

FLEURS MORTES.

I.	Les Adieux.	260
II.	Dans les Alpes.	260
III.	Le Righi.	260
IV.	A l'Italie.	261
V.	A Mlle Eugénie D***	261
VI.	L'Orpheline.	261

TABLE DES MATIÈRES.

		Pages.
VII.	A la Ristori	261
VIII.	A Antoni Deschamps	261
IX.	Malheur	262
X.	Au Christ	262
XI.	Tableau d'histoire	262
XII.	L'Amour et la Mort	263
XIII.	Aux heureux	263
XIV.	Le Printemps	263
XV.	L'Exilé	264
XVI.	L'Orage	264
XVII.	A E*** D***	264
XVIII.	Son Portrait	264
XIX.	Mon Portrait	264
XX.	Lucciola	266
XXI.	La Spinarose	267
XXII.	Rose du ciel	268
XXIII.	Hymne à la Vierge	268
XXIV.	Chant de guerre	268
XXV.	Reine des cieux	269
XXVI.	Psaume	269
XXVII.	Le 3 mai	269
XXVIII.	Rêve d'enfant	270
XXIX.	Dans l'église de l'Assomption	270
XXX.	Si tu m'aimais	271
XXXI.	Oh! dis-moi	271
XXXII.	Napolitaine	271
XXXIII.	Absence	271
XXXIV.	Les Serments de sire Éloy	272
XXXV.	La Rose au bois	272
XXXVI.	Conte de la reine Ginèvre	273
XXXVII.	Prologue	274
XXXVIII.	A Mlle Philippe Belphégor	274
XXXIX.	Mignon	275
XL.	Consolation	275
XLI.	A M. Joseph Ricciardi	275
XLII.	Le Réveil	275
XLIII.	Serment à la patrie	276
XLIV.	L'Offrande	276

FABLES.

XLV.	Le Boulet et l'Ane	276
XLVI.	L'Araignée	276
XLXII.	Un Miracle	277
XLVIII.	La Mer et les Vaisseaux	277
XLIX.	Le Singe et ses Enfants	277
L.	Le Bijoutier en faux	277

AIGUILLONS.

		Pages.
LI.	Sur la mort de Rébard	278
LII.	A Mlle Bérangère	278
LIII.	A M. A*** M***	279
LIV.	A Rosette M***	279
LV.	Les deux Brohan	279
LVI.	La Comtesse Ida	279
LVII.	Le Mécène français	279
LVIII.	A M. Belmontet	279
LIX.	A l'auteur de *Lucrèce*	279
LX.	La Géographie romaine	279
LXI.	La Sœur de Tartufe	279
LXII.	Sur la tombe d'Esther	279
LXIII.	A ma tante Lucie Morska	279
LXIV.	A la même	280
LXV.	Sous le buste de J. Lelewel	280
LXVI.	Au prince prétendant	280
LXVII.	A M. Florimond Levol	280
LXVIII.	A Mme la baronne de Montaran	280
LXIX.	A MM. Émile et Antoni Deschamps	280
LXX.	A Victor Hugo	280

LIVRE IV. — FRAGMENTS.

I.	Julien Niemcewicz	281
II.	Le Major Antoine Rudzki	283
III.	A une Mère polonaise	285
IV.	Le Joueur de lyre	285
V.	Le Pharis	287
VI.	Le Fort d'Ordon	289
VII.	La Mort de Marie	290
VIII.	La Vilia	290
IX.	Alpuhara	291
X.	Grajina	291
XI.	Ode à la Jeunesse	301
XII.	Le Jugement de Libusza	301
XIII.	Le Jugement de Dieu	302
XIV.	*L'Enfer* du Dante	303
XV.	Ode à sainte Cécile	305

LIVRE V. — LES AMOURS DES ANGES.

I.	A Thomas Moore	307
II.	Histoire du premier ange	308
III.	— deuxième ange	312
IV.	— troisième ange	320

LÉGENDES.

I.	La Tour aux Crânes, légende africaine	325
II.	Rêve de bonheur, légende maltaise	330
III.	Antonio Solario, légende napolitaine	341
IV.	Helva, ou la Reine des Elfes, légende suisse	357
V.	Marc l'Aumônier, légende polonaise	362
VI.	La Famille de Senneville, légende russe	378
VII.	Les Martyrs d'Oszmiana, légende lithuanienne	382
VIII.	Le Dernier Oncle, légende gasconne	383
IX.	Le Serment, légende normande	389
X.	France et Maroc, légende bretonne	393
XI.	Viéslav, légende krakovienne	400

LETTRES SLAVES.

PREMIÈRE PARTIE (1833-1863).

Préface (1853)		413
Préface (1854)		415
Préface 1857		416

Préface (1865)		417
I.	Testament du tzar Pierre Ier	419
II.	Appel au peuple français	421
III.	A MM. les députés de France	421
IV.	A M. O*** B*** député (question d'Orient)	423

TABLE DES MATIÈRES.

		Pages.
V.	Au directeur du *National* (la Diète polonaise).	428
VI.	A M. J. Michelet (la Pologne au XVIe siècle)	429
VII.	A M. François Arago (N. Kopernik)	431
VIII.	A M. Saint-Marc Girardin (J. Kochanowski).	434
IX.	A M. Charles Nodier (l'*Osmanide*).	435
X.	A M. de Sorgo (le cours de A. Miçkiewicz).	440
XI.	Au Comité polonais (11e anniversaire)	447
XII.	— — (12e anniversaire)	451
XIII.	— — (13e anniversaire)	454
XIV.	Sur la tombe de Kasimir Delavigne	456
XV.	Le Peuple musicien (24 février 1848)	457
XVI.	Sur la place de la Bastille (26 mars 1848).	457
XVII.	Émancipation des peuples slaves (28 mars 1848).	458
XVIII.	A l'assemblée politique de Berlin (10 avril 1848).	459
XIX.	La Démocratie en Pologne (15 avril 1848).	460
XX.	A l'empereur Ferdinand Ier (Massacre de Krakovie)	465
XXI.	A M. de Lamartine (sur sa politique étrangère).	462
XXII.	Au peuple de Paris (15 mai 1848)	464
XXIII.	A M. de Lamennais (la Fraternité allemande)	464
XXIV.	Contre le manifeste du tzar (29 mai 1848)	466
XXV.	A MM. les ministres (la guerre de Hongrie)	467
XXVI.	Lettre du général J. Bem (8 mai 1850).	471
XXVII.	A nos frères Hongrois (mort du général Bem).	472
XXVIII.	A M. Sarrans (Décadence de la Russie).	474
XXIX.	Sur la tombe de Hœné Wronski.	488
XXX.	A Réchid-pacha (Légions polonaises).	489
XXXI.	A Omer-pacha (la Guerre d'Orient).	490
XXXII.	Au Comité polonais (23e anniversaire).	491
XXXIII.	Lettre de M. Sasonoff (l'Avenir de la Russie).	493
XXXIV.	Au directeur du *Siècle* (question d'Orient).	494
XXXV.	A l'Émigration polonaise (projet d'Adresse)	495
XXXVI.	Adresse aux peuples de l'Europe (rétablissement de la Pologne).	497
XXXVII.	Appel aux Allemands (id.).	514
XXXVIII.	A Napoléon III (Légions polonaises).	519
XXXIX.	Exposition universelle (les produits polonais).	519
XL.	Exposition universelle (les artistes polonais).	522
XLI.	Mort d'Adam Miçkiewicz	527
XLII.	Au directeur de la *Gazette de France* (la Légende slave)	532
XLIII.	A M. J. Lelewel (la Législation polonaise).	536
XLIV.	A M. J. Michelet (portrait de *Kosciuszko*)	539
XLV.	Au directeur du *Times* (la Pologne ou le Panslavisme).	540
XLVI.	Au directeur du *Morning-Advertiser* (les Conséquences de la paix)	541
XLVII.	Au directeur du *Télégraphe* (le Devoir de l'Émigration).	545
XLVIII.	A M. le comte A. Colonna-Walewski (le Droit de la Pologne).	546
XLIX.	Au directeur du *Pays* (l'Amnistie de 1856)	548
L.	Au directeur de la *Vérité* (Insurrection en Ukraine).	549
LI.	Au prince W. Czartoryski (dernier écrit d'A. Miçkiewicz).	550
LII.	Au directeur de l'*Abeille impériale* (le Héros des deux mondes).	553
LIII.	Au directeur du *Constitutionnel* (la Manifestation de Londres).	556
LIV.	Au directeur de l'*Estafette* (Abolition du servage).	557
Conclusion.		559

DEUXIÈME PARTIE (1863-1864).

Préface (1864).		561
I-III.	Insurrection polonaise (*février* 1863).	565
IV.	Affaire des papiers de l'Insurrection.	567
V-XII.	Insurrection.	568
XIII.	A lord Palmerston	573
XIV-XVIII.	Insurrection	574
XIX.	Intervention russo-prussienne.	577
XX.	Insurrection.	577
XXI-XXII.	Insurrection (*mars* 1863).	578
XXIII.	Intervention russo-prussienne.	578
XXIV-XXX.	Insurrection.	579
XXXI.	Intervention russo-prussienne.	584
XXXII-XLI.	Insurrection.	585
XLII-LXIII.	— (*avril* 1863).	591
LXIV-LXV.	— (*mai* 1863).	604
LXVI.	Levée extraordinaire en Russie	606
LXVII.	Massacres de Livonie.	607
LXVIII-LXXIII.	Insurrection.	609
LXXIV.	Mort de Sigismond Padlewski.	613
LXXV.	Insurrection	614
LXXVI.	— (*juin* 1863).	615
LXXVII.	Massacres de Livonie.	616
LXXVIII-LXXXIII.	Insurrection.	617
LXXXIV.	Mourawieff et Dlotoffsky.	622
LXXXV.	Massacres de Livonie.	624
LXXXVI-LXXXVIII.	Insurrection.	625
LXXXIX-XCV.	— (*juillet* 1863).	627
XCVI.	Mourawieff *le Pendeur*.	633
XCVII-CIII.	Insurrection.	634
CIV-CVI.	La Pologne et les *Six Points*.	640
CVI-CXI.	Insurrection (*août* 1863).	644
CXII-CXXVII.	Insurrection (*septembre* 1863).	649
CXXVIII-CXXXIV.	Insurrection (*octobre* 1863).	666
CXXXV-CXLVI.	— (*novembre* 1863).	671
CXLVII-CLXI.	— (*décembre* 1863).	678
Conclusion.		688

TROISIÈME PARTIE (1864-1874).

Préface (1865).		689
I-IX.	Insurrection (*janvier* 1864).	691
X-XXII.	— (*février* 1864).	696
XXIII-XXV.	— (*mars* 1864).	705
XXVI.	Politique de l'Autriche en Gallicie.	707
XXVII-XXVIII.	Insurrection.	709
XXIX-XXXIII.	— (*avril* 1864).	709
XXXIV.	Politique de l'Autriche en Gallicie.	712
XXXV-XXXVII.	Insurrection.	713
XXXVIII-XLII.	— (*mai* 1864).	714
XLIII.	La Russie jugée par un Russe.	718
XLIV.	Affaire des papiers de l'Insurrection.	724
XLV-XLVII.	Insurrection.	724
XLVIII.	Affaire des papiers de l'Insurrection.	727
XLIX-LVI.	Insurrection (*juin* 1864).	728
LVII-LVIII.	— (*juillet* 1864).	734
LIX.	Appel des prêtres polonais au clergé.	735
LX-LXI.	Insurrection.	737
LXII.	Insurrection de Kazan.	739
LXIII.	Affaire des papiers de l'Insurrection.	740

TABLE DES MATIÈRES.

	Pages.
LXIV-LXVII. Insurrection	742
LXVIII-LXXII. — (août 1864)	744
LXXIII. La Russie en feu	748
LXXIV-LXXV. Insurrection (septembre 1864)	748
LXXVI. Le Règne de Mourawieff II	750
LXXVII. La Banqueroute moskovite	752
LXXVIII. Le Budget de l'Insurrection et la *Presse*. (novembre 1864)	754
LXXIX. Le Règne de Mourawieff II (*décembre* 1864)	755
LXXX. La Banqueroute moskovite (*janvier* 1865).	757
LXXXI. Mourawieff *le Pendeur* (*février* 1865).	758
LXXXII. Insurrection	759
LXXXIII. M. Bismark	760
LXXXIV-LXXXVI. Insurrection	761
LXXXVII-XC. — (*avril* 1865)	763
XCI. Le comte Mensdorff-Pouilly	766
XCII-LXVI. Insurrection	768
XCVII. Mort du duc d'Harcourt (*mai* 1865)	771
XCVIII-CVIII. Insurrection	771
CIX. Le marquis A. Gonzaga-Wielopolski	778
CX-CXI. Insurrection	780
CXII-CXV. Insurrection (*juin* 1865)	782
CXVI. Le Peuple polonais	784
CXVII. Insurrection (*janvier* 1866)	787
CXVIII. — (*février* 1866)	788
CXIX-CXX. — (*mars* 1866)	789
CXXI. — (*avril* 1866)	791
CXXII. — (*janvier* 1867)	792
CXXIII. — (*avril* 1867)	793
CXXIV. — (*août* 1867)	793
CXXV. — (*juin* 1868)	794
CXXVI. Le Dernier jour d'un bourreau (*juillet* 1868)	794
CXXVII. Insurrection (*août* 1869)	795
CXXVIII. — (*mai* 1873)	796
CXXIX. Le Panslavisme	796
ÉPILOGUE	799

FIN DE LA TABLE DES MATIÈRES.

ACHEVÉ D'IMPRIMER

PAR J. CLAYE

LE QUATORZE JUILLET MIL HUIT CENT SOIXANTE QUINZE

POUR A. LEMERRE, ÉDITEUR.

OUVRAGES DU MÊME AUTEUR

Œuvres poétiques complètes de Adam Mickiewicz, traduction française en 2 volumes, 5ᵉ édition; chez MM. Firmin Didot, 56, rue Jacob, 1859.

Les Révolutions de Pologne, par Cl.-C. de Rulhière, édition revue sur le texte et complétée, en 3 volumes; chez les mêmes, 1861.

Les Trois Démembrements de la Pologne, par C.-A.-F. Ferrand, édition revue sur le texte et complétée, en 3 volumes; chez les mêmes, 1865.

Essai sur l'Unité de la Science ou la Mathèse, 1 volume; chez A. Franck, 69, rue Richelieu, 1849.

Hymnes et Chants nationaux polonais (1797-1867); à l'École polonaise de Paris-Batignolles, 1867.

Dziela polskie, Dramata i Poezye, wydanie zupełne, w księgarni Alphonse Lemerre, 1875.

www.ingramcontent.com/pod-product-compliance
Lightning Source LLC
Chambersburg PA
CBHW071425300426
44114CB00013B/1319